NOUVELLE COLLECTION

DES

MÉMOIRES

POUR SERVIR

A L'HISTOIRE DE FRANCE.

TROISIÈME SÉRIE.

VIII.

NOUVELLE COLLECTION

DES

MÉMOIRES

POUR SERVIR

A L'HISTOIRE DE FRANCE,

DEPUIS LE XIIIe SIÈCLE JUSQU'A LA FIN DU XVIIIe;

Précédés

DE NOTICES POUR CARACTÉRISER CHAQUE AUTEUR DES MÉMOIRES ET SON ÉPOQUE;

Suivis de l'analyse des documents historiques qui s'y rapportent;

PAR MM. **MICHAUD** DE L'ACADÉMIE FRANÇAISE ET **POUJOULAT**.

TOME HUITIÈME.

LA PORTE, TEMPLE, MADAME DE LA FAYETTE, LA FARE,
BERWICK, MADAME DE CAYLUS, TORCY.

A PARIS,

CHEZ L'ÉDITEUR DU COMMENTAIRE ANALYTIQUE DU CODE CIVIL,

RUE DES PETITS-AUGUSTINS, N° 24.

IMPRIMERIE D'ÉDOUARD PROUX ET COMP^e, RUE NEUVE-DES-BONS-ENFANTS, N. 3.

1839

MÉMOIRES
DE P. DE LA PORTE,

PREMIER VALET DE CHAMBRE DE LOUIS XIV,

CONTENANT PLUSIEURS PARTICULARITÉS DES RÈGNES DE LOUIS XIII ET DE LOUIS XIV.

NOTICE

SUR

LA VIE DE P. DE LA PORTE

ET SUR SES MÉMOIRES.

On ne sait de la vie et des infortunes de P. de La Porte rien de plus que ce qu'il en a dit lui-même. Madame de Motteville parle de lui en termes fort honorables, il est vrai; mais elle n'ajoute aucun fait à ceux qu'il a racontés dans ses *Mémoires*. C'est donc sur son propre témoignage qu'il faut le juger. Peut-être s'est-on jusqu'à présent trop abandonné aux sentiments de pitié qu'inspirent les malheurs dont il se plaint; peut-être a-t-on reporté sur les *Mémoires* trop de l'intérêt qu'on accorde si aisément à l'auteur. Pour moi, je l'avoue, je me sens du penchant à être plus sévère; et si je donne quelqu'étendue à cette notice, c'est qu'il m'importe d'autant plus de motiver mon jugement qu'il s'éloignera davantage de l'opinion commune.

Pierre de La Porte naquit en 1603, d'une famille noble; mais un de ses ancêtres avait dérogé « à cause de sa pauvreté, dit-il, pour avoir été dépouillé de tous ses biens dans les vieilles ligues; » et sa famille n'avait pas été réhabilitée.

Il entra vers l'année 1621 dans la maison de la reine Anne d'Autriche avec l'emploi de porte-manteau ordinaire. En 1624, le duc de Buckingham vint en France pour y conclure le mariage de Madame, sœur de Louis XIII, avec le prince de Galles, depuis Charles Ier. Ses galanteries extravagantes excitèrent la jalousie du Roi, qui crut à quelqu'intrigue et exigea de la Reine qu'elle éloignât d'elle tous ceux qu'il soupçonnait d'y avoir joué un rôle. La Porte fut désigné nominativement; il eut ordre de quitter la cour. Anne d'Autriche le fit admettre dans sa compagnie de gendarmes, avec laquelle il fit la campagne de 1631 en Italie. Par une circonstance singulière, ce fut précisément cette compagnie qui fut chargée de conduire du château de Coiffy à la Bastille lord Montaigu, négociateur secret d'une ligue formée entre le roi d'Angleterre, les ducs de Lorraine, de Savoie, de Bavière, l'archiduchesse, gouvernante des Pays-Bas, et dans laquelle la Reine avait été compromise par l'imprudence de madame de Chevreuse. Il importait fort à Anne d'Autriche que le prisonnier ne prononçât pas même son nom s'il était interrogé.

La Porte fut chargé de le pressentir sur ce point; il s'acquitta de cette difficile mission avec beaucoup d'intelligence et d'adresse.

Ce fut à son frère aîné qu'il dut de rentrer dans sa charge vers la fin de l'été de 1631. Dévoué tout entier au service de la Reine, il devint bientôt l'agent de la correspondance que cette princesse entretenait avec le roi d'Espagne, avec la gouvernante des Pays-Bas, avec le duc de Lorraine, avec la duchesse de Chevreuse, alors dans la disgrâce. Il fait connaître fort au long, dans ses *Mémoires*, les moyens par lesquels le secret de cette correspondance était assuré. Il raconte que la Reine ayant voulu mettre une de ses femmes dans la confidence, il s'y opposa absolument. La raison qu'il en donna fut que cette femme pourrait avoir un amant à qui elle ne manquerait pas de dire tout ce qu'elle saurait. Or, ajoutait-il, « le galant d'un tel visage ne l'est pas pour ses beaux yeux, mais pour faire ses affaires; et il les fera *in ogni modo* sans en avoir aucune obligation qu'à sa fortune. » Cette réponse est à la fois un trait de mœurs et de caractère qu'il n'est pas sans intérêt de recueillir. Peut-être La Porte avait-il encore une autre raison: c'est qu'il était bien aise de rester seul maître d'un secret de cette importance, non pas dans une pensée de trahison, mais dans l'espoir des récompenses qu'il s'en promettait.

Les espions du cardinal de Richelieu avaient les yeux sur lui. Ils savaient ses entretiens fréquents avec la Reine. Le 12 août 1637, La Porte fut arrêté et conduit à la Bastille. On trouva dans sa poche une lettre d'Anne d'Autriche à madame de Chevreuse. Par un heureux hasard, cette lettre était complètement insignifiante. Mais madame de Chevreuse, qui était à Tours, s'enfuit aussitôt qu'elle eut appris l'arrestation de La Porte, et se réfugia en Espagne. D'un autre côté, la Reine avoua qu'elle avait employé ce fidèle serviteur pour faire passer une lettre au Roi, son frère. Ces deux faits venaient déjà confirmer les rapports des espions. La Porte fut interrogé par un maître des requêtes, puis par le chancelier, puis encore par le cardinal de Richelieu lui-même. Il reconnut la lettre adressée à madame de Chevreuse ; mais il n'alla pas plus loin. En vain on essaya de lui surprendre des aveux par la ruse ; en vain on lui prodigua tour à tour les promesses et les menaces, il ne se laissa ni intimider ni séduire ; rien ne parvint à lui faire perdre son courage ou sa présence d'esprit ; il resta ferme devant les instruments de la question comme devant les flatteries du cardinal. Et quand après plusieurs interrogatoires il se décida tout à coup à accorder ses réponses avec la confession de la Reine, c'est que malgré la surveillance dont il était l'objet dans sa prison, il était parvenu à être informé exactement des démarches de cette princesse et à recevoir ses ordres. Cette affaire, dont La Porte rend compte avec détail, lui a fourni les pages les plus curieuses de ses *Mémoires*.

Sa conduite habile, prudente et courageuse, lui valut d'être retiré de son cachot et de jouir des *libertés de la Bastille* ; mais elle eut encore une autre conséquence : une réconciliation sincère eut lieu entre le Roi et la Reine ; et de cette réconciliation naquit Louis XIV, que La Porte appelle fort plaisamment *l'enfant de son silence*.

Peu de temps après, la Reine obtint la liberté de La Porte sous la condition expresse qu'il se retirerait à Saumur, d'où il ne sortirait pas sans la permission du Roi. Le 12 mai 1638, La Porte fut en effet délivré de sa prison. Il nous apprend par ses *Mémoires* que son exil n'eut rien de bien rude, et que ni le Roi ni le cardinal ne voulurent être informés des voyages qu'il fit au Mans, à Poitiers et même à Paris.

Ce ne fut pourtant qu'en 1645, après la mort de Louis XIII, qu'il rentra en grâce en même temps que la plupart des personnes qui avaient été éloignées de la cour par l'inflexible Richelieu. Anne d'Autriche était régente. Elle lui fit le plus bienveillant accueil et dit publiquement : « Voilà ce pauvre garçon qui a tant souffert pour moi et à qui je dois tout ce que je suis à présent. » Elle lui donna cent mille livres pour acheter la charge de premier valet de chambre du Roi.

La cour se partageait en deux cabales principales qui se disputaient la faveur de la régente et le gouvernement : la cabale du cardinal Mazarin et celle du duc de Beaufort et de l'évêque de Beauvais. On ne savait encore celle qui prévaudrait à la fin. Craignant de se tromper dans son choix, La Porte alla tout droit à la Reine et lui demanda à quel parti il devait s'attacher pour lui plaire ; trait habile de courtisan, qui aurait dû le mettre à couvert des événements s'il avait toujours montré la même prudence. Anne d'Autriche lui répondit qu'elle avait jeté les yeux sur Mazarin et voulut le présenter elle-même au cardinal.

La Porte n'était pas médiocrement vain des services qu'il avait rendus à la Reine ; il les estimait très haut et prétendait que la régente les récompensât largement. Ce n'était pas peut-être qu'il voulût gouverner l'État ; mais il se croyait des droits absolus à la confiance d'Anne d'Autriche et aux faveurs utiles dont elle était la souveraine dispensatrice. Il fut assez content d'abord ; car outre les cent mille livres qu'il avait reçues, il eut encore quelques grâces pour ses amis. Mais il ne tarda pas à s'apercevoir, je me sers ici de ses propres expressions, que ses affaires n'iraient pas bien sous le nouveau ministre. Son premier grief contre le cardinal Mazarin fut que la régente ne donnait plus aux personnes de sa maison un accès aussi facile auprès d'elle ; le second, qu'elle ne répandait pas assez abondamment ses bienfaits sur ses anciens serviteurs.

Il chercha donc de bonne heure à prévenir Anne d'Autriche contre Mazarin. Il lui parla d'abord ; il ramassa tous les bruits de la cour qu'il lui rapporta avec une hardiesse au moins imprudente. « Comme je voyois, dit-il, que ces discours fâchoient la Reine, j'essayai de la détromper par une autre voie et plus libre et moins dangereuse. J'écrivis une lettre où je marquai généralement tous les bruits qu'on faisoit courir d'elle, ce qu'elle devoit faire pour les détruire, et les choses que je prévoyois devoir arriver si elle n'y mettoit ordre. L'ayant fait copier d'une autre main, je la mis dans son lit où elle la trouva en se couchant. Elle me fut fort en colère après l'avoir lue, ce qu'elle me fit paraître le lendemain matin en me la montrant, sans pourtant me permettre de la lire. Mais cette voie ne me réussit pas mieux que les autres. » On ne sait ce qu'il faut le plus admirer, ou de la sottise de La Porte, ou de la confiance avec laquelle il raconte un pareil acte d'inconvenance ! Il est certes permis de penser qu'il était plus poussé par sa haine contre le cardinal que par son zèle pour le service d'Anne d'Autriche, zèle maladroit dans tous les cas qui blessait pour avertir ! On a besoin de lire dans ses *Mémoires* les remontrances qu'il adressait à la régente, pour croire à un pédantisme si voisin de l'insolence. Cependant Anne d'Autriche toléra cette liberté avec une patience qui justifie tout ce qu'on a dit de la bonté de son âme. Il ne paraît pas que de son côté le cardinal se soit beaucoup alarmé des folies de La Porte.

Lorsque Louis XIV, ayant atteint sa septième année, fut remis entre les mains des hommes, La Porte prit son service de premier valet de chambre. Il s'étudia de ce moment à rendre Mazarin odieux au Roi, mais en évitant toutefois de se compromettre : « Nonobstant tous les soins des surveillans, dit-il lui-même, je ne laissois pas de frapper de petits coups si à propos dans les heures où je n'étois observé de personne, que le Roi avoit conçu la plus forte aversion contre le cardinal et qu'il ne le pouvoit souffrir ni lui ni les siens. » Et dans un autre endroit : « Quoique le cardinal eût grand soin qu'on ne fît rien au Roi qui lui pût nuire auprès de lui, je ne laissois pas, le plus adroitement que je pouvois, d'entretenir son esprit dans les dispositions où je le voyois à l'égard de Son Éminence. » Toute cette habileté était bonne tout au plus à contenter la haine de La Porte; car il savait assez que les sentiments personnels du jeune Roi ne pouvaient influer en aucune façon sur la marche du gouvernement.

Ce petit manége dura jusqu'au mois d'avril 1653, qu'il reçut ordre de se faire remplacer dans son service auprès du Roi. On verra, dans les *Mémoires*, la cause de cette nouvelle disgrâce. La Porte y revient jusqu'à la fin avec une insistance qui n'est peut-être pas toujours de bonne foi. Ainsi il affirme que madame de Motteville fut instruite par la régente du *crime* dont on l'accusait; et madame de Motteville n'en convient pas. Au reste, tous les biographes de La Porte le blâment unanimement sur ce point; ils reconnaissent que la haine le fit agir sans prudence, sans discrétion, et qu'il fut lui-même la cause de sa perte.

La Porte mit une certaine roideur dans son obéissance. Anne d'Autriche lui avait fait demander sa démission : il ne la donna qu'après y avoir réfléchi long-temps, et quand il vit, je cite ses propres paroles, ses cent mille livres comptées. On ne sait pas pour quelle cause il fit son testament cette même année 1653. Cette pièce, dont parle Fontette, est datée du 20 novembre. La Porte y proteste de son innocence ; mais il faut entendre qu'il était innocent de l'acte infâme dont il avait voulu charger le cardinal, et non de la calomnie pour laquelle il avait été éloigné de la cour.

Après la mort de Mazarin il écrivit à la Reine mère et au Roi deux lettres d'une haute inconvenance. Il les sommait en quelque sorte de déclarer s'ils le croyaient coupable. Il suffit de lire ces lettres pour comprendre qu'il ne dut lui être fait aucune réponse. Mais il osa plus encore, il demanda au confesseur de la Reine mère d'interroger sa pénitente sous le sceau de la confession. Cela passe en vérité toutes les bornes. Il est impossible de pousser plus loin l'extravagance. Et c'est lui-même qui nous a conservé tous ces détails.

Il avait profité de son crédit sous la régence pour se faire réhabiliter. Mais les usurpations de noblesse furent si nombreuses alors, que Louis XIV se vit dans l'obligation d'annuler toutes les lettres qui avaient été expédiées pendant les troubles, se réservant de confirmer celles qui auraient été accordées pour des services réels. La Porte avait des titres qui ne furent pas méconnus. Il obtint de nouvelles lettres en 1666 ; il eut même la permission de se présenter devant le Roi, mais sous la condition très-expresse qu'il garderait le silence le plus absolu sur le passé. Il se soumit; il vint à la cour, et, après un séjour d'une semaine environ, il la quitta pour n'y plus reparaître. Il mourut le 13 novembre 1680, âgé de soixante-dix-sept ans.

La Porte avait épousé Françoise Cottignon de Chauvry, dont il eut un fils et une fille. Le fils, Gabriel de La Porte, est mort doyen du parlement de Paris.

Les *Mémoires* de La Porte comprennent un intervalle de quarante-deux ans, c'est-à-dire de 1624 à 1666; mais les grands événements qui ont signalé cette longue période de temps n'y sont pas même indiqués. Je ne sais pas pourquoi on leur a toujours demandé plus qu'ils ne promettent. Ce ne sont pas des mémoires historiques que La Porte a écrits, ce sont des mémoires justificatifs de sa conduite, ou tout simplement, ainsi qu'il le dit lui-même, une relation des aventures qui lui sont arrivées à la cour. Pour quiconque les a lus, il est évident qu'il n'a été préoccupé que d'une seule pensée, celle d'établir sa justification par l'exposé des services qu'il a rendus à la Reine, Anne d'Autriche, et par le récit des faits relatifs à sa dernière disgrâce.

Il ne faut donc pas dire qu'il parle beaucoup trop de lui, et encore moins s'étonner qu'il ne s'arrête qu'à des circonstances qui lui sont personnelles. S'il ne nous apprend presque rien sur l'enfance de Louis XIV, c'est qu'il ne s'agissait pour lui que de lui-même, de sa cause, de ses intérêts.

Il était dans les plus mauvaises conditions d'impartialité. Il ne juge pas, il plaide, et il plaide pour sa défense. On comprend assez qu'il ne pouvait pas être juste envers la Reine, à qui il reproche de l'avoir abandonné; envers Richelieu, qui l'avait fait mettre à la Bastille et l'avait exilé à Saumur; envers Mazarin, qui l'avait privé de sa charge et repoussé de la cour. Je ne veux pas attaquer sa probité que ses précédents biographes nous ont garantie; mais il faut reconnaître du moins, car il le dit lui-même, que s'il se prit à haïr le cardinal Mazarin, c'est qu'il s'aperçut que ses affaires n'iraient pas bien sous ce nouveau ministre, motif dont l'honnêteté peut être aisément contestée, et que sa haine ne se montra jamais délicate sur les moyens. Je n'en citerai pour preuves que la lettre anonyme qu'il déposa dans le lit de la Reine, et le soupçon infamant qu'il essaya de faire peser sur le cardinal Mazarin.

La Porte avoue ingénument d'ailleurs que « sa mémoire ne lui présentoit presque plus que des idées détachées et dénuées de plusieurs circonstances, dont il lui auroit été difficile de faire un ouvrage suivi. » Et en effet, il commet parfois des erreurs graves, comme dans son récit de la *Journée des Dupes*. De tout cela, il résulte que ses *Mémoires* sont sans importance, presque sans intérêt, et qu'on ne doit les consulter qu'avec une extrême réserve.

La première édition des *Mémoires* de La Porte est de Genève, 1755, un volume in-12. Ils avaient été trouvés dans les papiers d'un homme de lettres, décédé depuis peu de temps. On ne donne pas d'autres renseignements sur l'origine du manuscrit. L'éditeur dit que « le style en est un peu lâche, et qu'il se ressent un peu des premières années où a vécu l'auteur: que cependant on n'y a corrigé que quelques endroits où le sens péchoit manifestement. »

Foutette paraît avoir eu sous les yeux le manuscrit original, qui était encore, à ce qu'il prétend, en 1769, entre les mains d'une dame « qui avoit épousé un descendant par femmes de La Porte. » Et il affirme (*Bibliothèque historique*, tome II) qu'il est en tout conforme à l'imprimé. Mais comme cette dame a déclaré qu'elle ne l'avait jamais communiqué à personne, il faut croire qu'il en existait au moins une copie.

Le manuscrit original était suivi, 1° de trente-quatre anecdotes écrites de la main de l'auteur ; 2° de vingt-six lettres, dont quelques unes de La Porte lui-même, et une d'Anne d'Autriche, celle du 25 août 1637, toutes relatives aux faits rapportés dans les *Mémoires*; 3° du testament de La Porte ; 4° de la clé des noms dont il est parlé dans les lettres. On ne voit pas qu'il ait été retrouvé jusqu'ici.

Les *Mémoires* n'ont été réimprimés que pour la collection Petitot.

MOREAU.

MÉMOIRES
DE P. DE LA PORTE.

Il y a long-temps que j'ai eu dessein de faire une relation de toutes les aventures qui me sont arrivées à la cour ; mais dans le temps que j'en avois la mémoire encore fraîche, cent choses m'en ont détourné ; et présentement que j'ai ce loisir, ma mémoire ne me présente presque plus que des idées détachées et dénuées de plusieurs circonstances dont il me seroit difficile de faire un ouvrage suivi. Malgré cela, je ne laisserai pas d'écrire ce que je sais, et de l'assembler comme je pourrai, puisque mon intention n'est pas d'écrire pour le public, mais seulement de laisser à ma famille un portrait de ma vie.

[1624] L'an 1624, il y avoit environ trois ou quatre ans que j'étois au service de la feue reine Anne d'Autriche, en la charge de porte-manteau ordinaire de Sa Majesté, lorsque le comte de Carlisle, que l'on appeloit alors milord de Haye, vint en France, en qualité d'ambassadeur du roi d'Angleterre, demander Madame, sœur du Roi, pour le prince de Galles : il fut bientôt suivi de milord Riche, qui depuis a porté le nom de comte de Holland, un des plus beaux hommes du monde, mais d'une beauté efféminée ; et l'année suivante le duc de Buckingham, favori du même Roi, vint en qualité d'ambassadeur extraordinaire pour la conclusion de ce mariage, et pour conduire Madame en Angleterre. C'étoit l'homme du monde le mieux fait et de la meilleure mine ; il parut à la cour avec tant d'agrément et de magnificence, qu'il donna de l'admiration au peuple, de la joie et quelque chose de plus aux dames, de la jalousie aux galans, et encore plus aux maris.

M. de Chevreuse épousa Madame au nom du prince de Galles, avec toute la pompe imaginable ; et cette cérémonie eût été suivie d'un ballet que la Reine avoit étudié, sans la mort du roi d'Angleterre, qui changea toute cette cérémonie en deuil. Mais Madame ne fut pas long-temps à se consoler de cette perte : un royaume que lui donnoit cette mort valoit bien un beau-père, outre qu'il n'est pas permis aux personnes de cette condition de s'affliger long-temps, leurs personnes étant trop chères au public.

[1625] M. et madame de Chevreuse la conduisirent en Angleterre ; la reine-mère Marie de Médicis, et la reine régnante Anne d'Autriche, l'accompagnèrent jusqu'à Amiens, où ces trois reines tinrent sur les fonts de baptême les trois enfans de M. de Chaulnes. Pendant qu'elles séjournèrent en cette ville, elles furent logées séparément, n'y ayant point de maison dans la ville où trois reines pussent loger ensemble. La Reine (Anne d'Autriche) logea dans une maison où il y avoit un fort grand jardin le long de la rivière de Somme ; la cour s'y promenoit tous les soirs, et il y arriva une chose qui a bien donné occasion aux médisans d'exercer leur malignité.

Un soir que le temps étoit fort serein, la Reine, qui aimoit à se promener tard, étant en ce jardin, le duc de Buckingham la menoit, et milord Riche menoit madame de Chevreuse. Après s'être bien promenée, la Reine se reposa quelque temps et toutes les dames aussi, puis elle se leva ; et dans le tournant d'une autre allée où les dames ne la suivirent pas si tôt, le duc de Buckingham se voyant seul avec elle, à la faveur de l'obscurité qui commençoit à chasser la lumière, s'émancipa fort insolemment jusqu'à vouloir caresser la Reine, qui en même temps fit un cri, auquel tout le monde accourut.

Putange, écuyer de la Reine, qui la suivoit de vue, arriva le premier et arrêta le duc, qui se trouva fort embarrassé ; et les suites eussent été dangereuses pour lui, si Putange ne l'eût laissé aller. Tout le monde arrivant là-dessus, le duc s'évada, et il fut résolu d'assoupir la chose autant que l'on pourroit.

La reine d'Angleterre, M. et madame de Chevreuse partirent incontinent avec tous les Anglois pour Boulogne, où la flotte d'Angleterre étoit arrivée ; mais aussitôt il s'éleva une tempête qui les empêcha de s'embarquer pour l'Angleterre, et les arrêta huit jours, pendant lesquels nos deux Reines demeurèrent à Amiens. Comme la Reine avoit beaucoup d'amitié pour madame de Chevreuse, elle avoit bien de l'impatience d'avoir de ses nouvelles, et surtout du sujet de leur retardement : la Reine, tant pour cela que pour mander à madame de Chevreuse ce qui se passoit à Amiens et ce qu'on disoit de l'aventure du jardin, m'envoya en poste à Boulogne, où j'allai et revins continuellement tant que la reine d'Angleterre y séjourna. Je portois des lettres à madame de Chevreuse, et j'en rapportois des réponses qui paroissoient être de grande conséquence, parce que la Reine avoit commandé à M. le duc de Chaulnes de faire tenir les portes de la ville ouvertes à toutes les heures de la nuit, afin que rien ne me retardât. Malgré la tempête il arriva une chaloupe d'Angleterre qui passa un courrier, lequel portoit des nouvelles si considérables, qu'elles obligèrent messieurs de Buckingham et de Holland de les apporter eux-mêmes à la Reine mère. Il se rencontra que je partois de Boulogne en même temps qu'eux ; et les ayant toujours accompagnés jusqu'à Amiens, je les quittai à l'entrée de la ville.

Ils allèrent au logis de la Reine-mère, qui étoit à l'évêché ; et j'allai porter mes réponses à la Reine, avec un éventail de plumes que la duchesse de Buckingham, qui étoit arrivée à Boulogne, lui envoyoit. Je lui dis que ces messieurs étoient arrivés, et que j'étois venu avec eux. Elle fut surprise, et dit à M. de Nogent-Bautru qui étoit dans sa chambre : « Encore revenus, Nogent ! je pensois que nous en étions délivrés. »

Sa Majesté étoit au lit, car elle s'étoit fait saigner ce jour-là. Après qu'elle eut lu ses lettres et que je lui eus rendu compte de tout mon voyage, je m'en allai, et ne retournai chez elle que le soir assez tard : j'y trouvai ces messieurs, qui y demeurèrent beaucoup plus tard que la bienséance ne le permettoit à des personnes de cette condition lorsque les Reines sont au lit ; et cela obligea madame de La Boissière, première dame d'honneur de la Reine, de se tenir auprès de Sa Majesté tant qu'ils y furent ; ce qui leur déplaisoit fort : toutes les femmes et tous les officiers de la chambre ne se retirèrent qu'après que ces messieurs furent sortis.

Le lendemain ils firent plusieurs allées et venues chez la Reine ; ils prirent enfin congé et s'en allèrent. Aussitôt que la reine d'Angleterre fut partie de Boulogne, nos deux Reines partirent d'Amiens et s'en allèrent trouver le Roi à Fontainebleau, qui ayant été averti de tout ce qui s'étoit passé, en conçut une très-forte jalousie, par la maligne interprétation qu'on lui fit de toutes ces choses, dont les ennemis de la Reine se servirent pour entretenir la division entre le Roi et elle ; mais la Reine mère ne put s'empêcher de rendre témoignage à la vérité, et de dire au Roi que tout cela n'étoit rien ; que quand la Reine auroit voulu mal faire il lui auroit été impossible, y ayant tant de gens autour d'elle qui l'observoient ; et qu'elle n'avoit pu empêcher que le duc de Buckingham n'eût de l'estime et même de l'amour pour elle. Elle rapporta de plus quantité de choses de cette nature qui lui étoient arrivées dans sa jeunesse. Ces raisons, quoique incontestables, n'éteignirent pas la jalousie du Roi ; et il ne laissa pas d'ôter d'auprès de la Reine tous ceux qu'il crut avoir eu part à cette intrigue.

Le 20 juillet, il envoya le père Seguirent, son confesseur, dire à madame Du Vernet, à Ribert, premier médecin de la Reine, à Putange et à Du Jart, gentilhomme servant, qu'ils eussent à se retirer promptement de la cour. Ils obéirent tous, hors Du Jart, qui étoit pour lors en Angleterre, où la Reine l'avoit envoyé savoir comment la reine d'Angleterre et madame de Chevreuse s'étoient portées sur la mer, la Reine n'ayant pu m'y envoyer parce que j'étois demeuré malade à Fontainebleau en y arrivant ; mais à son retour il eut ordre de se retirer. Pour moi, comme je ne songeois qu'à me tenir prêt, suivant l'ordre de la Reine, pour aller en Angleterre savoir des nouvelles de madame de Chevreuse, quand j'aurois recouvré ma santé, aussitôt qu'on sauroit que cette dame seroit accouchée, tout changea de face avant cela. Il fallut partir pour un voyage à la vérité moins long, mais bien plus fâcheux, à quoi je ne m'attendois pas, car n'ayant point été chez la Reine le jour que tous les disgraciés eurent leur congé, à cause de mon indisposition, je n'appris cette nouvelle que sur le soir, que Pecherat, chirurgien du corps de la Reine, me venant saigner, me la raconta, et me dit de plus qu'il couroit un bruit que j'étois du nombre des malheureux. Cela me fit faire un effort : je me levai, et le lendemain j'allai au lever de la Reine, que je trouvai fort triste. Dans ce même temps le père Seguirent vint chez elle pour la seconde fois, pour lui dire que le Roi vouloit qu'elle ôtât encore d'auprès d'elle un de ses domestiques qui s'appeloit La Porte. La Reine me regarda fort tristement, et dit au père Seguirent qu'il dît au Roi qu'elle le supplioit de nommer tous ceux qu'il vouloit ôter d'auprès d'elle, afin que ce ne fût plus à recommencer.

Madame de La Boissière prit aussitôt la commission de me faire ce commandement ; ce qui suprit la Reine, de voir qu'elle s'empressoit pour une affaire de cette nature. En effet, elle me pressa si vivement, qu'il sembloit qu'elle rendoit un service considérable à l'Etat, et qu'il ne seroit pas en sûreté tant que je serois à Fontainebleau. Je ne pus obtenir d'elle que deux heures, tout malade que j'étois, et il fallut partir sans prendre congé de la Reine; ce qui m'affligea beaucoup.

Lorsque je fus à Paris, Sa Majesté m'envoya quelque argent par Gaboury, avec un ordre à M. Feydau, intendant de sa maison, pour m'en donner encore: elle commanda à M. le comte d'Estaing, enseigne de sa compagnie de gendarmes, de m'y donner une place, qu'elle voulut que j'acceptasse, en attendant que les affaires s'accommodassent.

J'allai à Bar-sur-Aube, où la compagnie étoit en garnison; et là je fis une étroite amitié avec le baron de Ponthieu, qui en étoit guidon, laquelle ne me fut pas inutile dans une occasion qui se présenta pour servir la Reine, comme il se verra par la suite.

Aussitôt que je sus que madame de Chevreuse étoit de retour d'Angleterre, je revins à Paris, en intention de rentrer à la cour par son moyen: elle me donna d'abord de l'espérance, et m'obligea même, en 1626, de faire le voyage de Nantes *incognito*; ce que je fis avec beaucoup de peine, n'osant paroître que la nuit. Mais la prison de messieurs de Vendôme à Blois, et la mort de M. de Chalais à Nantes, firent voir à tout le monde qu'elle étoit bien éloignée d'être en état de faire la paix des autres; et ensuite elle-même eut ordre de se retirer de la cour, avec le choix d'aller avec madame la vidame d'Amiens, ou en Lorraine; et elle choisit ce dernier parti.

Nous revînmes à Paris, où madame de Chevreuse ne fut pas plus tôt arrivée qu'on apprit l'exécution de M. de Chalais, qui fut fort cruelle, parce qu'ayant fait évader le bourreau, on fut obligé de la faire faire par un soldat, qui le massacra de telle sorte, qu'il lui donna vingt-deux coups avant de l'achever. Madame de Chalais, sa mère, monta sur l'échafaud, et l'assista courageusement jusqu'à la mort.

On parla diversement de son crime: les uns disoient qu'il avoit voulu tuer le Roi, et que la Reine, qui étoit de ce complot, devoit épouser Monsieur; et ceux qui ont eu cette imagination l'ont poussée jusqu'à dire que, plusieurs fois, M. de Chalais, étant maître de la garde-robe, avoit tiré le rideau du lit du Roi comme il dormoit, pour exécuter son dessein; et qu'il en avoit été empêché par un certain respect qui lui arrêtoit le bras lorsqu'il envisageoit Sa Majesté. Tout cela est ridicule; et ce qui fait voir la fausseté de ce discours, c'est que le maître de la garde-robe ne demeure pas dans la chambre du Roi pendant qu'il dort, mais le premier gentilhomme de la chambre ou le premier valet de chambre, lequel ne sort jamais lorsque le Roi est au lit. D'autres disoient plus vraisemblablement, que M. de Chalais avoit conseillé à Monsieur de prendre le parti des huguenots pour empêcher son mariage avec mademoiselle de Montpensier, qui fut fait à Nantes peu de jours avant la mort de M. de Chalais.

Le Roi eut soupçon que la Reine étoit de cette cabale; car, avant de partir de Nantes, Sa Majesté tint un grand conseil avec la Reine mère et M. le cardinal de Richelieu, où la Reine fut mandée. Je ne sais pas précisément ce qui s'y passa; mais je sais bien que le Roi lui fit donner un petit siége pliant, et non pas un fauteuil, comme si elle eût été sur la sellette, et elle fut interrogée comme une criminelle. La Reine mère la consola néanmoins, et les choses s'adoucirent.

Madame de Chevreuse eut dessein de me mener avec elle en Lorraine; mais comme je ne voulois pas quitter le poste où la Reine m'avoit mis, je m'en retournai à l'armée aussitôt qu'elle fut partie, et n'en revins que l'année suivante 1627.

En arrivant à Paris, j'appris que Madame étoit accouchée d'une fille, et qu'elle étoit en grand danger: elle mourut deux jours après, et l'on vit périr tant de belles espérances qu'elle pouvoit avoir en se voyant grosse et la Reine sans enfans; ce qui lui attiroit une cour qui donnoit de la jalousie à la Reine. Sa Majesté la fut voir inhumer à Saint-Denis *incognito*, et il y a eu des gens assez méchans pour dire que cette démarche étoit un effet de la joie qu'elle avoit de cette mort; mais cela est sans apparence à son égard: et quand elle n'auroit pas été aussi pieuse qu'elle étoit, son esprit étoit si éloigné de la vengeance, que je me suis étonné cent fois comment elle a pu pardonner à ses plus grands ennemis lorsqu'elle a eu le plus de pouvoir de les perdre.

[1628] En 1628, le Roi fut fort malade à Villeroi, où la Reine l'étant allé voir, M. d'Humières, premier gentilhomme de la chambre en année, la fit entrer sans demander, ne croyant pas que le commandement qu'on lui avoit fait de ne laisser entrer personne, s'étendît jusqu'à la Reine. Il eut ordre de se retirer; ce qui fit voir que le Roi n'étoit point encore revenu de l'affaire de Nantes. Le Roi s'en retourna à La Rochelle aussitôt qu'il fut guéri pour en continuer le siége, et là, M. le cardinal de Richelieu lui découvrit une ligue qui s'étoit faite peudant sa maladie, entre le roi d'Angleterre, les ducs de Lorraine, de Savoie, de Bavière et l'archiduchesse. Madame de Chevreuse étoit de cette intrigue, qu'elle apprit à la Reine, à qui elle ne déplut pas à cause de la manière dont elle étoit traitée. Le roi d'Angleterre, qui y avoit été engagé par le duc de Buckingham, qui vouloit, par ce moyen, prendre sa revanche du mauvais succès que les Anglois avoient eu dans l'île de Ré, envoya pour conclure cette ligue milord Montaigu, depuis catholique, prêtre, abbé et dévôt, vers tous ces princes. M. le cardinal envoya ordre de la part du Roi à M. de Bourbonne, dont la maison est sur les frontières du Barrois, par où devoit passer milord Montaigu, de le faire observer et de l'arrêter s'il pouvoit; ce qu'il exécuta de cette manière.

Il fit déguiser deux Basques qu'il avoit en compagnons de métier, qui couroient le pays, lesquels suivirent partout milord Montaigu, tantôt de près, tantôt de loin, ainsi que la commodité le leur permettoit et qu'ils le jugeoient à propos. Pour ne lui pas donner de soupçon, lorsqu'il fut dans le Barrois à son retour, et qu'il approcha le plus près de la frontière de France et de la maison de M. de Bourbonne, un de ses Basques le vint avertir : aussitôt, avec dix ou douze de ses amis, il se rendit à son passage et l'arrêta avec un gentilhomme nommé Okenkam, et un valet de chambre dans la valise duquel étoit tout le traité de cette ligue. Il les mena souper à Bourbonne, et de là coucher dans le château de Coiffy, qui est assez bon pour n'être pas pris d'insulte; et comme l'on craignoit les troupes de Lorraine, qui étoient en grand nombre dans le Barrois, les troupes de Bourgogne et de Champagne eurent ordre de s'y rendre, pour de là conduire ce prisonnier à la Bastille; et la compagnie des gendarmes de la Reine, où Sa Majesté m'avoit mis, fut du nombre de ces troupes.

Cette nouvelle mit la Reine en une peine extrême, craignant d'être nommée dans les papiers du milord, et que cela venant à être découvert, le Roi, avec qui elle n'étoit pas encore en trop bonne intelligence, ne la maltraitât et ne la renvoyât en Espagne, comme il auroit fait assurément; ce qui lui donna une telle inquiétude, qu'elle en perdit le dormir et le manger.

Dans cet embarras, elle se souvint que j'étois dans sa compagnie de gendarmes, qui devoit être du nombre des troupes commandées pour la conduite du milord; c'est pourquoi elle s'informa à Lavau où j'étois; et par bonheur étant venu passer le carême à Paris, il me trouva et me conduisit, après minuit, dans la chambre de la Reine, d'où tout le monde étoit retiré. Elle me dit la peine où elle étoit, et que n'ayant personne à qui elle se pût fier, elle m'avoit fait chercher, croyant que je la servirois en cette occasion avec affection et fidélité; que de ce que je lui rapporterois dépendoit son salut ou sa perte : elle me dit toute l'affaire, et qu'il falloit que je m'en allasse à sa compagnie, où, dans la conduite que nous ferions de milord Montaigu, je ferois en sorte de lui parler, et de savoir de lui si, dans les papiers qu'on lui avoit pris, elle n'y étoit point nommée; et que si d'aventure il étoit interrogé lorsqu'il seroit à la Bastille, et pressé de nommer tous ceux qu'il savoit avoir eu connoissance de cette ligue, il se gardât bien de la nommer. Ensuite elle me fit beaucoup de belles promesses à la manière des grands lorsqu'ils ont affaire à des petits; de sorte que je partis sans attendre le jour.

J'arrivai à Coiffy comme les troupes en partoient, au milieu desquelles étoit milord Montaigu sur un petit bidet, sans épée et sans éperons; et j'appris qu'on avoit mandé à celui qui commandoit les troupes de Lorraine dans le Barrois, qu'au sortir de Coiffy on tireroit deux volées de canon du château pour signal qu'on emmenoit le prisonnier, et que s'ils avoient dessein de s'y opposer, on les attendroit; ce que l'on fit, car on se mit en bataille, et on leur donna assez de temps pour leur donner moyen de le secourir : mais elles ne sortirent point de leurs quartiers, et nous marchâmes avec huit ou neuf cents chevaux commandés par messieurs de Bourbonne et de Boulogne, son beau-père.

Lorsque j'arrivai à Coiffy, le baron de Ponthieu, guidon de ma compagnie, duquel j'ai parlé ci-dessus, qui étoit fort serviteur de la Reine, se douta bien que la diligence avec laquelle j'étois venu avoit un autre objet que d'être à la conduite du prisonnier; et même il m'en témoigna quelque chose, à quoi je ne contredis point, car j'avois affaire de lui pour me faciliter l'approche du milord, qui étoit fort observé. Il me retint auprès de lui; et comprenant bien en quoi il me pourroit servir sans m'en demander davantage, il ne voulut point que j'allasse au quartier de la compagnie, pour me donner lieu de demeurer tous les soirs avec le prisonnier, que l'on faisoit jouer souvent avec M. de Bourbonne et les officiers des troupes qui le conduisoient. Je ne manquois pas un soir de me trouver à son logis; et le milord m'ayant aperçu et reconnu, se douta bien que j'étois venu pour lui parler et que la Reine étoit en peine; mais il n'y avoit pas moyen que je lui parlasse sans hasarder de tout perdre : le baron de Ponthieu nous observoit, et fut enfin confirmé dans l'opinion qu'il avoit eue d'abord que j'étois venu pour parler au milord ; et croyant rendre un service à la Reine, sans savoir quel il étoit, un soir qu'il manquoit un quatrième à ces messieurs pour jouer au reversi, il me demanda si je savois ce jeu ; et lui ayant dit que je le savois un peu, il me fit asseoir entre lui et le milord, qui en fut ravi, et qui aussitôt me marcha sur le pied. Je lui rendis sur-le-champ son compliment de la même manière, puis nous jouâmes ; et étant apprivoisés, il prit sujet de me parler tous les jours, et ainsi nous accoutumâmes tous les surveillans à mon visage sans qu'ils se doutassent de rien. Je lui dis la peine où étoit la Reine : à cela il me répondit qu'elle n'étoit nommée ni directement ni indirectement dans les papiers qu'on lui avoit pris, et m'assura que s'il étoit interrogé, il ne diroit jamais rien qui lui pût nuire, quand même on le devroit faire mourir. Ce fut assez. Je continuai toujours à me trouver les soirs pour voir jouer ces messieurs, afin que rien ne parût affecté ; et quoique je susse l'impatience où étoit la Reine, je ne voulus point prendre les devans, de peur que cela ne fût remarqué. Je suivis toujours le convoi ; et étant arrivé à Paris le jour du vendredi saint, on mit le prisonnier à la Bastille, et je fus ramené par Lavau la nuit au Louvre. Je trouvai la Reine fort affligée, et extrêmement ennuyée de la longueur de mon voyage ; mais après lui avoir rendu un compte exact, lui avoir fait entendre que la chose étoit fort délicate, et particulièrement à un homme chassé de la cour ; qu'après avoir parlé au milord Montaigu, je n'avois pas osé quitter la compagnie pour la venir ôter de peine, de peur de donner à connoître que je n'étois allé que pour cela, elle approuva ma conduite. Mais après que je lui eus dit la réponse de Montaigu, elle tressaillit de joie, et me réitéra toutes les belles promesses qu'elle m'avoit faites avant de partir, me disant que ce service étoit le plus grand et le plus important qu'on lui pût jamais rendre.

La découverte de cette intrigue et la prise de La Rochelle dissipèrent tous les desseins des princes ligués, et milord Montaigu demeura encore quelques années à la Bastille.

[1629] L'année suivante, qui étoit, ce me semble, 1629, les affaires de Lorraine se brouillèrent ; et pour les pacifier, M. de Ville, frère de M. de Bourbonne, dont nous avons parlé, alloit sans cesse de Lorraine à la cour, et de la cour en Lorraine, sans pouvoir rien faire ; si bien que la négociation étant cessée, le duc de Lorraine, mal informé de ce qui se passoit à la cour contre lui, donnoit dans tous les panneaux qu'on lui tendoit. La Reine, poussée par l'inclination qu'elle avoit pour madame de Chevreuse, et par pitié pour ce pauvre prince, à qui elle savoit que ces choses arrivoient par les artifices de M. le cardinal, leur ennemi commun, chercha toutes les voies de l'obliger, en lui donnant tous les avis qu'elle pouvoit ; et pour cela elle me fit chercher par Lavau. Il lui fut aisé de me trouver, car j'étois demeuré malade à Paris, et je ne faisois que commencer à sortir de la chambre quand il me vint dire qu'il falloit aller au Louvre à l'heure ordinaire, où la Reine me dit qu'elle vouloit avertir le duc de Lorraine d'une chose fort importante ; mais qu'il falloit qu'il reçût sa lettre avant que La Mazure, qui y alloit de la part de la Reine mère, y arrivât ; et que si je le rencontrois au retour, je prisse bien garde d'être reconnu. J'arrivai à Nancy, je donnai mes lettres, j'eus réponse, et j'étois parti avant que La Mazure fût arrivé, car je le trouvai à Ligny en Barrois : mais m'étant écarté du chemin, il ne put me reconnoître.

La Reine, fort satisfaite, me redoubla ses promesses, qui auroient pu donner de grandes espérances à un homme ambitieux. Je m'en retournai à la garnison, où quelque temps après nous eûmes ordre de marcher avec armes et bagages à Villejuif, et nous trouvâmes quinze cents chevaux de différentes compagnies à ce rendez-vous, sans savoir pourquoi ; mais aussitôt nous y vîmes arriver la Reine mère en litière, et la princesse Marie dans le carrosse du corps, qui suivoit avec toutes les dames : tout cela marchoit entre la cavalerie légère et la gendarmerie, et nous allâmes en cet ordre jusqu'à l'entrée de la forêt de Fontainebleau, où nous trouvâmes les gendarmes du Roi, les chevau-légers de la garde et les mousquetaires du Roi, qui achevèrent de conduire la Reine mère et cette princesse à Fontainebleau, où le Roi les attendoit. On nous dit que Monsieur étoit amoureux de cette princesse : la Reine mère avoit eu peur qu'il ne l'enlevât, car elle ne vouloit point ce mariage, à cause de l'aversion qu'elle avoit toujours eue pour M. de Nevers, par ce que, disoit-on, lorque le feu roi Henri IV la voulut épouser, il l'en avoit dissuadé de tout son pouvoir, jusqu'à dire qu'il l'avoit refusée lui-même. Dans notre marche il arriva un accident que je ne veux pas omettre, quoiqu'il semble être hors de mon sujet, parce qu'il fait bien connoître jusqu'où va la foiblesse des grands. Un des mulets qui portoit la litière de la Reine tomba dans la plaine de Longboyau :

il ne fut pas plus tôt relevé, que Sa Majesté envoya un de ses gentilshommes, nommé Desgarets, à Paris, pour savoir d'un Italien nommé Nerli, qui étoit à madame de Combalet, à présent madame d'Aiguillon, lequel se mêloit de faire des horoscopes, ce que signifioit la chute de son mulet, tant elle étoit prévenue de la vaine science de ces charlatans.

[1630] Le duc de Mantoue mourut l'année suivante 1630; mais le duc de Nevers, à qui ses Etats appartenoient, n'en put obtenir l'investiture de l'Empereur : cela alluma la guerre entre lui et le Roi, qui avoit pris ce prince sous sa protection, et qui pour cet effet s'en étant allé à Lyon, y tomba si malade qu'il en pensa mourir. J'y passai dans ce temps-là, avec la compagnie des gendarmes de la Reine, qui alloit servir dans l'armée du maréchal de Marillac : chacun sait ce qui se passa à Lyon et dans l'armée d'Italie, où le maréchal de Marillac fut arrêté prisonnier, et comme le sieur Mazarin, depuis cardinal, fit la paix devant Casal, et en fit partir les Espagnols ainsi que de tout le Monferrat par une ruse, lorsque nous étions prêts à le faire par la force. Je revins ensuite à Paris, après avoir enterré à Veillane M. de Ponthieu, mon bon ami, qui mourut de maladie.

A mon arrivée, pour augmentation d'affliction, j'appris que madame Du Fargis, dame d'atour de la Reine, venoit d'être disgraciée avec M. et madame de Lavau-Irlan, qui étoit aussi à la Reine, et mes amis particuliers. Le sujet de ce fâcheux accident fut que M. le cardinal ayant toujours entretenu la division par ses pratiques entre la Reine mère et la Reine, croyant cela nécessaire à ses desseins, où je ne veux point pénétrer, madame Du Fargis réconcilia les deux Reines, lesquelles s'étant déclaré réciproquement tout ce que M. le cardinal avoit dit à l'une pour l'animer contre l'autre, la Reine mère indignée fit une cabale contre lui, et prit son temps de la maladie du Roi à Lyon, pendant lequel elle ne manquoit pas de gens qui venoient s'offrir à elle, par les prétentions qu'ils avoient en cas que le Roi mourût, et même après la convalescence de Sa Majesté et son retour à Paris : elle se déclara ouvertement contre Son Eminence ; ce qui fit qu'une grande partie de la cour s'alla encore offrir à elle, espérant la voir bientôt maîtresse, de quoi elle fut fort près. Mais quelques jours après, ayant accompagné le Roi à Versailles pour l'entretenir plus commodément, et M. le cardinal n'ayant osé suivre Sa Majesté, le cardinal de La Valette lui dit qu'il avoit grand tort de quitter la partie :

il le crut, s'y en alla, et étant entré hardiment où le Roi et la Reine mère étoient seuls, il les surprit tellement, et mit la Reine mère en un si grand désordre, qu'elle ne put rien répondre à tout ce qu'il dit au Roi. Ainsi il lui fut aisé de dissiper tous les desseins de cette cabale, dont les auteurs furent si bien pris pour dupes, que la journée où cela arriva fut toujours depuis nommée la *Journée des Dupes*.

Cette aventure remit M. le cardinal dans l'esprit du Roi, où son crédit avoit été fort ébranlé, et l'y confirma si bien, qu'il eut même les moyens de perdre tous les auteurs de cette intrigue, et il remonta jusqu'à la première cause : je veux dire madame Du Fargis, qui se retira à Nancy, et M. et madame de Lavau-Irlan, à qui l'on ne permit pas d'être ensemble ; de sorte qu'elle fut au Bourget, et lui à Montreuil près Vincennes, où je l'accompagnai, et séjournai un mois avec lui, et là nous apprîmes que la cour alloit à Compiègne.

[1631] Madame de Lavau, qui se tenoit toujours le plus près de la cour qu'elle pouvoit, afin d'avoir des nouvelles de son mari et de ce qui se passoit à la cour, m'engagea pour cet effet d'aller encore avec eux à une maison près de Compiègne, appelée le Plessis-des-Rois, qui étoit au feu baron de Ponthieu, où elle eut facilement la liberté de se loger. Ils me chargèrent d'une lettre pour la Reine, mais étant disgracié, je n'osois me montrer. Je priai Gaboury de me loger à son logis, et de donner cette lettre à la Reine, ce qu'il fit ; mais je n'en pus avoir de réponse, à cause du grand changement qui arriva à la cour en ce temps-là, qui étoit au commencement de l'année 1631 : ce qui embarrassa fort la Reine. Voici comment cela arriva.

M. le cardinal de Richelieu s'étoit rétabli dans l'esprit du Roi ; mais craignant que la Reine mère ne fît de nouveaux efforts pour l'y ruiner, il prit le dessein de la faire sortir du royaume. Pour en venir à bout, et perdre en même temps ceux qui s'étoient attachés à elle à son préjudice, il fit trouver bon au Roi de la faire arrêter à Compiègne : pour couvrir ce dessein, il fit courir le bruit que la cour alloit passer tout l'hiver en cette ville, et que l'on s'y divertiroit admirablement bien ; ce que tout le monde crut aisément, par les appareils, ou machines pour les ballets et comédies qu'il y fit porter. Pour couvrir encore son jeu, il s'avisa d'un tour d'esprit très-subtil, qui fut, voyant M. de Bassompierre, de lui demander ce qu'on disoit à Paris. M. de Bassompierre lui répondit que tout le monde jugeoit, par les préparatifs, que la cour passeroit agréablement l'hiver à Compiègne. « Ne savez-vous que cela ? lui répartit M. le cardinal ; il y a bien d'autres nouvelles : on va arrêter la Reine mère et mettre M. de Bassompierre à la Bastille. » Il lui dit encore en riant d'autres choses qu'il avoit dessein de faire, afin que la Reine et M. de Bassompierre, apprenant ces nouvelles d'ailleurs, les regardassent comme de faux bruits, et ne prissent aucunes mesures pour parer le coup qu'il vouloit leur porter. Cette subtilité lui réussit : la Reine mère ni ses affidés ne se doutèrent de rien, et ainsi ils furent pris pour dupes.

Le Roi s'en retourna à Paris, laissant la ville de Compiègne à la Reine mère pour prison, sous la garde de M. le maréchal d'Estrées ; mais comme cette princesse n'avoit rien fait qui lui pût faire raisonnablement appréhender un plus mauvais traitement, on lui dressa un piége qui fut cause de sa perte. Quelques-uns des siens, gagnés par ses ennemis, lui persuadèrent que si elle alloit à Paris elle ne seroit point en liberté, qu'on lui donneroit des gardes même dans sa maison, et l'engagèrent à se retirer en Flandre, où ils lui firent croire qu'elle trouveroit près de La Capelle une armée de dix mille hommes pour la recevoir et la venger aussitôt de ses ennemis. Pour s'en éclaircir elle-même, elle envoya sur les lieux un de ses gentilshommes, qui, étant aussi gagné, lui rapporta avoir vu cette armée en très-bon état, qui l'attendoit.

M. Cottignon, secrétaire de ses commandemens, homme d'honneur, franc et libre, se défiant de ces belles apparences, eut beau la dissuader, et lui dire que les espérances qu'on lui donnoit étoient aussi mal fondées que la peur qu'on lui vouloit faire de mauvais traitemens de la part du Roi ; qu'allant chez elle à Paris, elle étonneroit ses ennemis, qui ne souhaitoient rien plus ardemment que sa sortie hors du royaume, quoiqu'on fît semblant de la retenir prisonnière (ce qui la perdroit assurément) : elle ne le voulut point croire, elle s'évada, ce qui lui fut fort aisé, et se retira en Flandre, où, au lieu d'une armée, elle ne trouva que des malheurs, et périt enfin misérablement.

Outre ce changement, il en arriva un autre, qui fut qu'à la place de madame Du Fargis on choisit pour dame d'atour de la Reine madame de La Flotte, afin d'attirer à la cour mademoiselle d'Hautefort, sa petite-fille, dont le Roi étoit amoureux, et à qui il donna la survivance de cette charge quelque temps après.

Dès que j'eus appris cette nouvelle, je m'en allai promptement trouver mes amis au Plessis-des-Rois, à qui l'ayant appris, ils en furent fort surpris et fort affligés. Nous retournâmes au Bourget, voyant que la cour revenoit à Paris, où je fus quelque temps après. Et cependant Cerelle, médecin du Roi, qui venoit de Nancy voir madame Du Fargis, vint au Bourget rendre compte de son voyage à M. et madame de Lavau ; mais comme il alloit à Paris, il fut arrêté par le chevalier du guet, qui, le fouillant, lui trouva des lettres de madame Du Fargis pour plusieurs personnes, avec un horoscope du Roi ; ce qui le fit condamner aux galères, quoiqu'il dît qu'un médecin devoit avoir l'horoscope de son maître : il y demeura jusqu'au commencement de la régence, que revenant, comme tous les autres exilés, par ordre de la Reine, il mourut en chemin. Madame de Lavau, pour l'avoir vu au Bourget, fut envoyée à Poitiers, où son mari l'étant allé trouver peu après, elle y mourut de la peste, et eut cet avantage en mourant que la Reine la pleura et en eut un extrême regret : aussi étoit-ce une personne qui valoit beaucoup.

Je fus fort heureux de ne m'être point trouvé à cette entrevue du Bourget, car assurément il me seroit arrivé un semblable malheur ; mais j'en étois parti sur ce que madame de Chevreuse étoit appelée à la cour, où M. le cardinal en avoit affaire pour ses négociations avec le duc de Lorraine. Ce retour me fit espérer de rentrer dans ma charge, parce que je n'avois été éloigné qu'à cause d'elle et des Anglois, comme je l'ai dit ci-dessus. Je la fus trouver à Paris ; elle me fit toutes les promesses imaginables, et m'obligea de la suivre *incognito* à Saint-Germain et à Fontainebleau ; mais après avoir reconnu qu'elle craignoit de se charger de mes affaires, par la peine qu'elle se donnoit de chercher des défaites, je perdis l'espérance de réussir par cette voie : néanmoins comme alors je n'en voyois point d'autre, je dissimulai et feignis de croire tout ce qu'elle me promettoit. Enfin, las de cette contrainte, comme je voyois peu de gens de ma connoissance assez généreux ou assez en crédit pour me protéger, je fus obligé d'aller droit au Roi même, par le moyen de mon frère aîné, qui étoit connu de Sa Majesté. Il le fut trouver à Monceaux ; et d'abord que le Roi le vit, il lui demanda ce que je faisois, ce qui lui donna lieu de dire au Roi que, depuis six mois que j'avois eu ordre de me retirer, je n'avois pris aucun emploi que pour son service ; que j'avois toujours servi dans la compagnie des gendarmes de la Reine, dans toutes les occasions qui s'étoient présentées ; ce que le Roi trouva fort bon, et lui demanda ce qu'il désiroit de lui. Mon frère le supplia d'avoir pour agréable que je rentrasse dans ma charge chez la Reine; qu'ayant tout dépensé à l'armée, il ne me restoit plus que cela pour vivre : il le lui accorda, et manda à madame de Sennecey, par le comte de Nogent, qu'elle me reçût dans ma charge, et que j'avois fait une assez grande pénitence pour des péchés que je n'avois pas commis. M. de Nogent y alla; et madame de Sennecey dès le soir même me présenta à la Reine, qui en fut fort surprise, et me témoigna que si elle avoit eu du crédit je n'aurois pas été si longtemps hors de son service; mais que si elle eût fait voir l'envie qu'elle en avoit, la chose n'auroit jamais pu réussir. Madame de Chevreuse fut fort étonnée, et me dit de l'aller voir à sa chambre, ce que je fis : elle me témoigna être ravie de mon rétablissement, et me demanda par quel moyen j'en étois venu à bout : je ne pus m'empêcher de lui dire que c'étoit sans en avoir obligation à personne qu'au Roi. Elle me dit cent choses obligeantes, que je feignis de croire pour ne pas rompre tout-à-fait avec elle, et afin de ne l'avoir pas pour ennemie, parce que la Reine l'aimoit toujours, et que d'ailleurs elle étoit bien en apparence dans l'esprit du Roi et de Son Éminence, qui s'en servoit pour les négociations qu'il avoit entamées avec le duc de Lorraine.

La cour étant à Monceaux au commencement de l'automne de cette année 1631, il arriva une chose qui confirma l'opinion qu'on avoit de la faveur de madame de Chevreuse. M. de Montmorency étant allé voir madame de Montbazon, de laquelle on disoit que M. de Chevreuse étoit amoureux, ils s'amusèrent à faire des valentins rimés; chacun y travailloit, et M. de Montmorency en fit un sur M. de Chevreuse, qui pour lors avoit mal à un œil et à une dent, que voici :

Monsieur de Chevreuse,
L'œil pourri et la dent creuse.

M. de Chevreuse en fut averti; et se trouvant à quelques jours de là chez la même dame, où étoit M. de Montmorency, il prit occasion de parler des valentins, et dit qu'on en avoit fait un sur lui; mais que le poète étoit un grand coquin de n'avoir osé mettre son nom, et que s'il le savoit il le traiteroit comme il le méritoit. A tout cela M. de Montmorency ne répondit rien; mais le lendemain il envoya M. le marquis de Praslin appeler M. de Chevreuse, qu'il trouva sur les six heures au cercle chez la Reine, laquelle remarqua bien qu'ils étoient sortis avec quelque dessein. M. de Chevreuse prit son écuyer, nommé La Chaussée, pour lui servir de second contre M. de Praslin. Ils ne purent aller jusque dans la basse-cour du château, parce qu'ils s'aperçurent qu'on les observoit : si bien qu'ils mirent l'épée à la main entre les corps des gardes françoises et suisses, qui en même temps prirent les armes et les investirent; mais ils ne purent sitôt les arrêter qu'ils ne se fussent allongé quelques estocades. M. de Montmorency s'apercevant qu'il sortoit quantité de gens du château avec M. Du Hallier à leur tête, donna promptement son épée à un gentilhomme qui se trouva auprès de lui, afin qu'il ne fût pas surpris l'épée à la main; et M. de Chevreuse alla pour séparer son écuyer, qui avoit porté M. de Praslin par terre et le tenoit sous lui. Comme ils faisoient tous des efforts, M. de Praslin pour se tirer de dessous, La Chaussée pour l'en empêcher, et M. de Chevreuse pour les séparer, il tomba sur eux, d'où nous le relevâmes, La Rivière, contrôleur-général de la maison de la Reine, et moi; et après nous séparâmes ces messieurs, qui nous furent ôtés en même temps par les gardes, qui les conduisirent dans le château, où M. de Montmorency avoit déjà été mené par Du Hallier. M. de Chevreuse monta à cheval et se sauva; mais après que M. le cardinal eut assuré madame de Chevreuse qu'il pouvoit revenir en sûreté, il vint dans la chambre au château, où on lui donna pour la forme M. de La Coste, enseigne des gardes du corps, pour le garder. M. de Saint-Simon, pour lors premier gentilhomme de la chambre et favori, demanda M. de Montmorency, et dit qu'il en répondoit; ce qui lui fut accordé, et on lui donna un exempt des gardes.

Sur ce différend, la cour se trouva partagée tout d'un côté et presque rien de l'autre. Je ne vis que M. de Rambouillet et quelques gentilshommes s'aller offrir à M. de Chevreuse; mais il eut M. le cardinal et M. de Châteauneuf. Un grand conseil fut tenu le lendemain, au sortir duquel M. de Praslin et La Chaussée furent envoyés à la Bastille, le lendemain M. de Montmorency à sa maison de Chantilly, et un jour ou deux après M. de Chevreuse à sa maison de Dampierre, où ils furent quinze jours ou trois semaines. Lorsqu'on les rappela à la cour, on fit revenir M. de Chevreuse deux ou trois jours avant M. de Montmorency, auquel cette différence fut très-sensible, ne s'attendant à rien de pareil de la part de M. le cardinal, qui lui avoit de grandes obligations. Quoiqu'on eût fait sortir M. de Praslin et La Chaussée de la Bastille, il embrassa la première occasion qui se présenta de faire éclater son ressentiment, qui fut lorsque Monsieur s'étant retiré en Lorraine, et de là en Flandre, dans le dessein de faire un parti pour la Reine mère, il s'en alla lever des troupes pour Son Altesse Royale en son gouvernement de Languedoc, où il périt de la manière que chacun sait, en 1632.

Lorsqu'il fut pris, le Roi partit pour Lyon; et cependant la Reine m'envoya de Nevers à Bourges trouver madame la princesse sa sœur, pour lui témoigner la part qu'elle prenoit à son affliction. Je rejoignis la cour à La Palisse, où je m'aperçus bien que mon voyage n'avoit pas plu au Roi. Un peu après que nous fûmes arrivés à Lyon, la Reine apprit la mort de l'infant don Carlos, son frère; ce qui mit toute la cour en deuil, et ce chagrin fut encore augmenté par la petite vérole qu'eut madame d'Hautefort, qui l'empêcha de faire le voyage.

On fit mourir M. le comte de L'Estrange au Pont-Saint-Esprit, M. des Hayes à Béziers, et M. de Montmorency à Toulouse, tous trois presque pour le même sujet. M. de Montmorency fut décapité dans l'hôtel-de-ville, les portes fermées; et dès que l'exécution fut faite, on ouvrit les portes. J'y vis entrer le peuple en grande foule, ramasser tout son sang dans leurs mouchoirs, et emporter les ais de l'échafaud où il en étoit encore resté, tant il étoit aimé des peuples de son gouvernement; et la présence du Roi à Toulouse n'empêcha point le peuple de cette ville de lui rendre ce témoignage d'affection. Mais ce que j'admirai davantage fut le procédé de M. de Chevreuse, lequel passoit pour son ennemi, tant pour les anciennes jalousies de leurs maisons, que pour le démêlé dont je viens de parler, et qui fut néanmoins le seul avec Monsieur qui sollicitoit ouvertement pour lui sauver la vie; à quoi n'ayant pu réussir, il en eut tant de regret, que je l'en ai vu moi-même pleurer très-amèrement: et ce fut de cette mort que Monsieur prit prétexte de faire son second voyage en Lorraine et en Flandre.

Après l'exécution de M. de Montmorency, le Roi s'en revint à Versailles en toute diligence par le Limosin. M. le cardinal vint avec la Reine, et prit la route de Guienne et de Poitou, dans le dessein de lui faire une magnifique réception à La Rochelle; mais Son Excellence se trouva mal en chemin d'une rétention d'urine. Cependant nous arrivâmes à Cadillac, où M. d'Epernon traita la Reine et toute la cour trois jours de suite avec une grande magnificence. M. le cardinal, dont le mal augmenta, n'osa s'y arrêter qu'une nuit, de crainte que M. d'Epernon, qui n'étoit pas son ami, ne lui jouât un mauvais tour: il crut y avoir donné bon ordre, car il se fit accompagner en ce voyage par ses gendarmes, chevau-légers et gardes de son corps, et de plus encore par douze cents chevaux de l'armée du Roi. Etant arrivés à Cadillac, M. d'Epernon fit loger toute cette escorte de l'autre côté de la rivière, hormis les gardes du corps et les domestiques, qui ne trouvèrent point de logis pour eux; et M. d'Epernon disoit en raillant à La Flèche, maréchal des logis de Son Eminence : « Logez bien les gens de M. le cardinal, mais ne logez pas les miens. » En effet il avoit donné de si bons ordre pour que les gens de M. le cardinal ne fussent point logés, que M. de Cahusat étoit logé chez le maréchal ferrant: ainsi tous ses gens logèrent dans sa chambre et dans son antichambre. Il délogea dès le grand matin, sans avoir rien pris qu'un bouillon, qui n'étoit pas de la cuisine de M. d'Epernon. Le prétexte de cette diligence fut la crainte de la marée; mais la vérité étoit que M. le cardinal ne se croyoit pas en sûreté où M. d'Epernon étoit le plus fort. Etant arrivé à Bordeaux, il y demeura malade tout à fait.

La marée suivante, la Reine partit pour Bordeaux; mais comme elle ne se hâtoit pas, M. d'Epernon vint le matin lui faire ce compliment : « Madame, je ne vous veux pas faire peur, ni vous chasser de chez moi, mais je vous avertis que la marée va partir; et puisqu'elle n'a pas attendu Son Eminence, je ne crois pas que Votre Majesté doive espérer qu'elle l'attende. » La Reine vint donc à Bordeaux, où elle ne demeura qu'un jour; et elle en partit pour Blaye. Aussitôt après M. d'Epernon vint à Bordeaux, où il trouva Son Eminence fort malade; il l'alla voir soigneusement tous les matins, avec deux cents gardes qui l'accompagnoient jusqu'à la porte de sa chambre, où s'asseyant sur un fauteuil à côté de son lit, il lui disoit : « Je ne viens point pour vous incommoder, mais pour savoir l'état de votre santé. » Ce qui ne guérissoit pas la fièvre de Son Eminence, qui craignoit qu'il ne se saisît de sa personne et ne le mît au château Trompette; ce qu'on prétend qu'il eût fait, sans la croyance qu'il avoit qu'il ne réchapperoit pas de cette maladie, et qu'il en seroit défait sans user de violence : mais s'il eut ce dessein (ce que je ne veux pas croire), il fut fort trompé dans la suite.

La Reine étant allée de Blaye à Paris, me renvoya à Bordeaux savoir des nouvelles de la santé de M. le cardinal, curieuse de savoir s'il étoit si mal qu'on le disoit : elle et madame de

Chevreuse lui écrivirent. Je le trouvai entre deux petits lits sur une chaise, où on lui pansoit le derrière, et l'on me donna le bougeoir pour lui éclairer à lire les lettres que je lui avois apportées ; ensuite il m'interrogea fort sur ce que faisoit la Reine, si M. de Châteauneuf alloit souvent chez elle, s'il y étoit tard, et s'il n'alloit pas ordinairement chez madame de Chevreuse : à quoi je répondis en homme qui n'avoit connoissance que des choses que tout le monde savoit.

Après qu'il eut bien finassé avec moi, et que j'eus fait l'ignorant autant qu'il me fut possible, il m'envoya diner ; mais j'allai voir auparavant M. le maréchal de Schomberg qui étoit malade, ayant à lui donner une lettre de madame de Liancourt sa fille. Je le trouvai en assez bonne santé, à ce qu'il croyoit ; et il me dit même qu'il alloit se lever pour diner avec M. l'évêque d'Agen, son neveu, qui a été depuis archevêque d'Alby ; que je pouvois assurer sa fille qu'il étoit guéri et qu'il avoit bon appétit ; qu'après qu'il auroit dîné, il me donneroit sa réponse. Je fus pour la quérir, mais je le trouvai mort : un abcès ayant crevé à la fin de son repas l'avoit étouffé.

Je retournai chez M. le cardinal, qui m'avoit envoyé chercher pour me donner sa réponse ; il savoit déjà cette mort, dont je le trouvai fort touché et fort alarmé, soit pour la perte d'un homme qu'il croyoit tout à lui, soit parce qu'il en appréhendoit autant, n'étant pas guéri, en état de l'être sitôt : il me chargea de dire à la Reine, à madame de Chevreuse et à M. de Châteauneuf qu'il les prioit de faire en sorte que cette mort fût si secrète que madame de Liancourt ne la sût point, parce qu'elle apporteroit du trouble à la fête qu'il vouloit donner à la Reine et à toute sa cour à La Rochelle, où il avoit envoyé M. le maréchal de La Meilleraye et M. le commandeur de La Porte, ses parens, pour la recevoir. J'avois aussi été voir M. d'Epernon, à qui la Reine m'avoit commandé d'aller faire un compliment de sa part, lequel me fît donner une haquenée et un laquais pour faire une commission dans Bordeaux, car j'avois laissé mes chevaux de poste à Blaye : il fit ce qu'il put pour me faire accepter cette haquenée, mais je m'en défendis, et je tins bon jusqu'à la fin, n'ayant jamais aimé à recevoir que de ma maîtresse.

Comme j'eus repris mes chevaux à Blaye, je n'eus pas fait deux postes que je trouvai un courrier de la part de M. le garde-des-sceaux de Châteauneuf, nommé Lange, qu'il m'envoyoit pour me hâter ; car il était en grande impatience de savoir si Son Eminence mourroit de cette maladie.

Je trouvai la Reine à Surgères ; mais comme il étoit trop matin pour lui parler, j'allai descendre chez M. de Châteauneuf, auquel je dis d'abord que Son Eminence se portoit mieux ; qu'un chirurgien, nommé Mingelousaux, l'avoit fait uriner, et que toutes les opérations qu'on avoit faites depuis ce temps-là avoient bien réussi. Je m'aperçus bien que ce récit ne lui plaisoit pas ; et après lui avoir dit la mort de M. le maréchal de Schomberg, il me parut surpris et touché : ce qui me fit croire qu'ils étoient amis, et qu'il y avoit intelligence entre eux. J'allai de là chez madame de Chevreuse, où il se rendit aussitôt ; et peu de temps après on les vint avertir que la Reine étoit éveillée. J'y allai avec eux ; et après avoir rendu compte à Sa Majesté de tout mon voyage, lui avoir dit la supplication que lui faisoit M. le cardinal de tenir la mort de M. de Schomberg secrète, et lui avoir rendu mes dépêches, je les laissai en conseil, où je crois qu'il n'y eut rien de résolu que de faire bonne mine, et de montrer sur le visage plus de joie qu'ils n'en avoient dans le cœur ; car leur ayant dit les interrogations que M. le cardinal m'avoit faites, ils durent croire qu'il soupçonnoit leur intrigue.

De Surgères nous allâmes à La Rochelle, où la Reine, toute sa maison et toute sa cour furent traitées trois jours de suite avec toute la pompe imaginable ; il y eut toute sorte de plaisirs et de divertissemens, un combat naval, feux d'artifice, bals, comédies, musique de toute espèce. L'entrée fut admirable, et la harangue que le lieutenant criminel fit à la Reine fut trouvée par Sa Majesté la plus belle qu'elle eût entendue depuis qu'elle étoit en France.

De La Rochelle la Reine s'en alla à Poitiers, d'où elle m'envoya à Saujon, où Son Eminence s'étoit fait porter après la mort de M. de Schomberg, ne croyant pas pouvoir demeurer à Bordeaux en sûreté, M. d'Epernon y étant le maître et la cour éloignée : aussi en étoit-il parti à son insu, accompagné du cardinal de La Valette, son fils, qui s'étoit entièrement attaché à Son Eminence au préjudice de son père, au moins en apparence ; et cette évasion, que j'ai sue de M. de La Houdinière, capitaine des gardes de Son Eminence, qui y étoit, fait bien voir la fausseté de ce qui est rapporté à ce sujet dans l'histoire de M. d'Epernon, où il est dit qu'il accompagna le cardinal jusqu'au bateau. Je trouvai Son Eminence un peu mieux, mais non pas en état de se pouvoir mettre en chemin ; dès le lendemain j'eus mes dépêches, qu'il me donna lui-même en me faisant bien des caresses et me questionnant toujours sur la conduite de madame de Chevreuse et de M. de Châteauneuf.

A mon retour je trouvai la Reine à Amboise, d'où nous vînmes droit à Paris, où étant arrivés, nous apprîmes que M. le cardinal étoit en chemin, et la cour alla ensuite à Saint-Germain pour le recevoir; ce qui se passa, ce me semble, vers la fin de l'année.

[1633] M. le cardinal, qui avoit été éclairci de la cabale que madame de Chevreuse et M. de Châteauneuf avoient faite pour le retour de la Reine mère pendant le voyage et sa maladie, fit aussitôt après arrêter prisonnier M. de Châteauneuf et lui fit ôter les sceaux. M. d'Hauterive, son frère, se sauva, sur l'avis que lui donna M. le comte de Charost sans y penser; ce qui le mit mal avec Son Eminence : mais après avoir fait voir son innocence et s'être offert d'aller à la Bastille, on lui pardonna.

M. d'Hauterive eut une plaisante aventure dans la suite; car, sur l'avis de M. le comte de Charost, étant allé chez son frère, où il vit les Suisses de la garde du Roi qui gardoient la porte, aussitôt, sans changer un habit de velours noir et des bottes blanches qu'il avoit, il monta à cheval, et passant par Beaumont, où le prévôt étoit en quête après quelques voleurs qui avoient fait un meurtre depuis deux jours, le trouvant en équipage d'un homme qui se sauve, il l'arrêta et le mit en prison. Le juge du lieu l'étant allé voir pour l'interroger, le reconnut pour le frère de M. le garde des sceaux, apparemment parce qu'il passoit souvent par la pour aller à son gouvernement de Breda. Cela étant venu à la connoissance du prévôt et des archers qui l'avoient arrêté, ils se vinrent jeter à ses pieds et lui demander pardon, qu'il leur accorda volontiers, pourvu qu'ils lui fissent donner des chevaux en diligence pour regagner le temps qu'ils lui avoient fait perdre, et qui avoit retardé les affaires du Roi, pour lesquelles il leur fit croire qu'il voyageoit, et qu'elles étoient si pressées qu'il n'avoit pas même eu le temps de changer d'habit; en quoi il leur disoit vrai sans se faire entendre.

Cependant M. de Châteauneuf fut envoyé à Angoulême, qu'on lui donna pour prison et où il demeura toujours depuis jusqu'à la fin du ministère.

Pour madame de Chevreuse elle demeura à la cour, à cause du besoin qu'en avoit le cardinal pour ses affaires en Lorraine; car le duc de Lorraine, excité par Monsieur, ayant voulu faire quelques mouvemens, la peur qu'on eut qu'ils n'attirassent l'Empereur dans leur parti fit qu'on suscita les Suédois qui étoient en Allemagne, et qu'on les fit entrer en Lorraine. Le duc de Lorraine leva aussitôt une belle armée pour s'opposer à cette incursion; mais le Roi, pour le désarmer sans coup férir, lui envoya l'abbé Du Dorat, qui étoit à M. de Chevreuse; et madame de Chevreuse même, quoique cette négociation ne lui plût pas, cependant, pour montrer son zèle à M. le cardinal, agit dans cette affaire contre ses propres sentimens, ne croyant pas le duc de Lorraine si facile; mais elle fut trompée, car l'abbé Du Dorat ayant trouvé cette Altesse à Strasbourg avec son armée, fit si bien qu'il l'engagea à la licencier, et l'abbé en eut pour récompense la trésorerie de la Sainte-Chapelle.

Cependant le Roi, qui ne s'attendoit point à cela, partit pour Metz; et étant à Château-Thierry, il m'envoya, avec des lettres de madame de Chevreuse, trouver à Nancy M. le duc de Vaudemont, père du duc de Lorraine, qui me fit bien connoître que les lettres que je lui avois apportées étoient pour les obliger de ne point s'opposer aux Suédois, à faute de quoi il leur feroit la guerre. Comme j'avois encore ordre de la Reine de faire un compliment de sa part à la princesse Marguerite, je le dis à M. de Vaudemont, son père, qui l'envoya quérir dans sa chambre; et je ne lui eus pas plus tôt fait le compliment de la Reine, qu'on leur apporta la nouvelle de la mort du prince de Phalsbourg, fils naturel du défunt duc de Lorraine, qui les affligea beaucoup, aussi bien que le Roi quand je la lui eus apprise. Je fus aussi, par pure curiosité, chez la princesse de Phalsbourg, fille de M. de Vaudemont, où le cercle se tenoit les soirs; et j'y vis Monsieur, qui ne m'eut pas plutôt aperçu, qu'il me demanda ce que je venois faire et si je n'avois rien à lui dire.

A mon retour je trouvai le Roi à Châlons, et de là je suivis la cour à Metz, où l'on apprit que le duc de Lorraine avoit licencié ses troupes. Cette nouvelle fâcha fort la Reine et madame de Chevreuse, qui pourtant n'en témoignèrent rien; mais la Reine ne put s'empêcher de lui reprocher sa folie d'une plaisante manière : elle me commanda de faire faire un *tababare*, ou bonnet à l'anglaise, de velours vert, chamarré de passemens d'or, doublé de panne jaune, avec un bouquet de plumes vertes et jaunes, et de le porter de sa part au duc de Lorraine. C'étoit un grand secret; car si le Roi et M. le cardinal l'eussent su, quelques railleries qu'elles en eussent pu faire, ils eussent bien vu leur intention. J'allai donc en poste à Nancy trouver cette Altesse à qui, ayant demandé à parler, on me fit entrer dans sa chambre, et m'ayant reconnu, il imagina bien que j'avois quelque chose de particulier à lui dire : il me prit par la main et me mena dans son cabinet, où je lui donnai la lettre que la Reine lui écrivoit. Pendant qu'il la lut, j'accommodai le bonnet avec les plumes, et je lui dis ensuite que la Reine m'avoit commandé de lui donner cela de sa part : il le mit sur sa tête, se regarda dans un miroir et se mit si fort à rire que tous ceux qui étoient dans la chambre en étoient fort étonnés. Il me tint une bonne heure avec lui seul dans son cabinet et me conta tout ce qu'il avoit fait en Allemagne contre les Suédois pour le salut des catholiques, et que son voyage avoit été pour défendre l'église de Dieu plus que pour toute autre chose, à l'exemple de ses ancêtres. Il fit réponse ; et je retournai à Metz, où je trouvai la Reine en grande impatience de savoir comment son présent avoit été reçu.

La suite des affaires de Lorraine se peut voir dans l'histoire : comme on fit la guerre à ce duc, comme il vint trouver le Roi, prit l'écharpe blanche, fit le beau traité qu'il rompit après pour en faire d'autres encore plus désavantageux, et comme on se servit de tous ses changemens pour lui prendre toutes ses places les unes après les autres.

Je reviendrai donc à Metz où la cour passa tout l'hiver de 1633 : outre les affaires de Lorraine, il n'y arriva rien de remarquable que la mauvaise réception qui fut faite aux députés du parlement que le Roi avoit mandés, et auxquels il n'avoit point fait marquer de logis, pour les mortifier de ce qu'ils lui avoient désobéi en quelque chose. Ce fut pendant ce séjour que le branle de Metz revint à la mode, et que commencèrent les petits jeux tous les soirs chez la Reine, lesquels ne se faisoient pas pour elle, mais pour madame d'Hautefort et ensuite pour mademoiselle de La Fayette ; changement dont nous parlerons ci-après.

[1635] En 1635, la guerre ayant été déclarée aux Espagnols, et la première campagne ayant été d'abord fort heureuse par le gain de la bataille d'Avein, la cour étant à Château-Thierry, on dit au Roi que la Reine avoit pleuré de dépit de cette victoire ; en sorte qu'un soir, avec peu de monde, il vint chez elle où il ne trouva que moi dans sa chambre. Il me demanda où elle étoit ; et lui ayant dit qu'elle étoit dans son cabinet, il ne voulut pas que je l'allasse avertir, et n'y entra pas cependant. Il s'amusa à lire sept ou huit lettres, puis après les avoir lues il les mit à terre, prit lui-même un flambeau et y mit le feu, disant tout haut

« Voilà le feu de joie de la défaite des Espagnols contre le gré de la Reine ; » puis il s'en alla sans la voir.

Aussitôt qu'il fut parti j'en avertis la Reine, car je crus qu'il n'avoit fait cela que pour qu'elle le sût. Cela l'affligea fort, d'autant plus que depuis ce moment il n'alloit presque plus chez elle : ce qui l'obligea d'envoyer à Condé où logeoit M. le cardinal, pour lui faire ses plaintes des opinions que le Roi avoit d'elle, et des mauvais offices qu'on lui rendoit auprès de Sa Majesté. Par là l'on peut voir où elle étoit réduite, puisqu'il falloit qu'elle eût recours pour être défendue à ceux mêmes qui lui faisoient le mal ; car c'étoit Son Eminence qui lui faisoit toutes ces pièces afin qu'elle eût besoin de lui, qu'il eût occasion de la servir et de gagner ses bonnes grâces, qu'il n'avoit pu obtenir autrement. Il vint donc a la cour ; il se fit un grand éclaircissement et les choses s'accommodèrent, au moins en apparence. M. le cardinal étoit ravi de ces rencontres, car il vendoit bien cher ces petits services et prétendoit que la Reine lui étoit fort obligée ; dont je rapporterai ici une preuve :

Un jour le Roi étant allé de Saint-Germain à Versailles, la Reine prit ce temps pour aller à Paris, où en arrivant près des Tuileries elle rencontra Son Eminence qui y étoit venue et s'en retournoit à Ruel. Par une hardiesse surprenante, il voulut faire arrêter le carrosse de la Reine, en criant : « Arrête, cocher ! » et déjà le cocher de la Reine s'arrêtoit. Quand Sa Majesté vit celui de Son Eminence arrêté, elle cria à son cocher de marcher ; de quoi le cardinal fut fort offensé, et il y eut un grand démêlé à ce sujet entre la Reine et lui. Il lui manda par M. Le Gras, secrétaire des commandemens de Sa Majesté, qui étoit fort dans ses intérêts, qu'il croyoit par ses services avoir assez mérité d'elle pour lui pouvoir parler, et qu'elle lui fît l'honneur de l'écouter lorsqu'il avoit des choses de conséquence à lui dire, et qui regardoient son service. Elle lui manda qu'il pouvoit venir chez elle toutes les fois qu'il le jugeroit à propos ; que le lieu où il l'avoit rencontrée n'étoit pas propre pour parler d'affaires de conséquence, et que son carrosse n'arrêtoit que pour le Roi.

A quelque temps de là le duc de Weimar, de la maison de Saxe, qui depuis la mort du roi de Suède commandoit pour nous en Allemagne, où il avoit remporté des avantages considérables, étant venu à la cour, madame de Rohan jeta les yeux sur lui pour en faire son gendre. Or, comme M. le cardinal étoit fort malade à Ruel, où la Reine, quelque chose qu'on lui pût dire, ne le vouloit point aller voir, madame de Rohan, qui savoit qu'on le souhaitoit passionnément, et qui vouloit l'obliger pour qu'il fît réussir son dessein, importuna tant la Reine qu'elle résolut d'y aller, et elle y fut reçue magnifiquement; car il lui donna la collation, la musique, et fit chanter devant elle une chanson que Chausi avoit faite exprès.

En arrivant à Ruel, elle me commanda d'aller à Paris voir de sa part le marquis de Mirabel, ambassadeur d'Espagne en France; et le soir à Saint-Germain elle me demanda ce qu'on disoit d'elle à Paris sur son voyage de Ruel. Je lui répondis qu'on disoit qu'elle avoit les meilleurs sentimens du monde, mais qu'elle ne tenoit pas ferme. Elle en rougit, et frappa du pied, en disant quatre ou cinq fois : « J'enrage ! » En effet cette princesse avoit au fond de très-bonnes intentions ; mais aussitôt que ceux qui avoient du crédit auprès d'elle tenoient ferme, elle se rendoit et demeuroit d'accord de leur opinion, si ce n'étoit en des choses qu'elle affectionnât particulièrement.

Ce fut à peu près vers ce temps-là que commença la passion du Roi pour mademoiselle de La Fayette, et ce changement arriva à cause de la trop grande inclination que madame d'Hautefort avoit pour la Reine, qui étoit telle, que négligeant les bonnes grâces du Roi qui lui étoient acquises, et hasardant entièrement sa fortune, elle aimoit mieux secourir une princesse d'un tel mérite dans son malheur, que de profiter elle-même de sa faveur; en sorte que ni la protection de M. le cardinal, qui avoit besoin d'elle pour le servir auprès du Roi, ni toutes les offres qu'il lui faisoit faire par M. de Chavigny et ses émissaires, ne furent pas capables d'ébranler une si généreuse résolution.

Pendant ce temps il se fit une cabale de M. de Saint-Simon, de l'évêque de Limoges, de madame de Senecey, et de mesdemoiselles d'Aiches, de Vieux-Pont et de Polignac, pour introduire mademoiselle de La Fayette à la place de madame d'Hautefort. Son Éminence protégea tellement cette intrigue, qu'en peu de temps on vit que le Roi ne parloit plus à madame d'Hautefort, et que son grand divertissement chez la Reine étoit d'entretenir mademoiselle de La Fayette, et de la faire chanter. Elle se maintint bien en cette faveur par les conseils de ceux et celles de son parti, et n'oublia rien pour cela: elle chantoit, elle dansoit, elle jouoit aux petits jeux avec toute la complaisance imaginable ; elle étoit sérieuse quand il falloit l'être ; elle rioit aussi de tout son cœur dans l'occasion, et même quelquefois un peu plus que de raison; car un soir à Saint-Germain, en ayant trouvé sujet, elle rit si fort qu'elle en pissa sous elle : si bien qu'elle fut long-temps sans oser se lever. Le Roi l'ayant laissée en cet état, la Reine la voulut voir lever, et aussitôt on aperçut une grande mare d'eau. Celles qui n'étoient pas de son parti ne purent se tenir de rire, et la Reine surtout ; ce qui offensa la cabale, d'autant plus qu'elle dit tout haut que c'étoit La Fayette qui avoit pissé. Mademoiselle de Vieux-Pont soutenoit le contraire en face de la Reine, disant que ce qui paroissoit étoit du jus de citron, et qu'elle en avoit dans sa poche qui s'étoient écrasés. Ce discours fut cause que la Reine me commanda de sentir ce que c'étoit : je le fis aussitôt, et lui dis que cela ne sentoit point le citron ; de sorte que tout le monde demeura persuadé que la Reine disoit vrai. Elle voulut sur-le-champ faire visiter toutes les filles pour savoir celle qui avoit pissé, parce qu'elles disoient presque toutes que ce n'étoit point La Fayette, mais elles s'enfuirent dans leurs chambres. Toute cette histoire ne plut point au Roi, et moins encore la chanson qui en fut faite ; mais comme ce n'étoit pas un sujet pour que le Roi témoignât être fâché contre la Reine, la chose se passa ainsi, et les demoiselles n'osèrent pas non plus faire paroître leur ressentiment, remettant à se venger dans l'occasion, comme elles firent dans la suite en ma personne.

Ces petites choses aigrissant l'esprit du Roi contre la Reine, le rendirent susceptible de tous les soupçons qu'on lui insinua contre elle ; de sorte qu'il fut aisé de le persuader qu'elle avoit une grande passion pour les intérêts d'Espagne : mais comme il n'en avoit point de preuves, il n'osoit lui en faire de reproches, et se contentoit de lui témoigner beaucoup de froideur; ce qui la touchoit extrêmement. D'ailleurs, se voyant sans enfans, et ses ennemis dans une puissance absolue, elle avoit sujet de craindre qu'ils ne prissent cette occasion pour la perdre, en la faisant répudier et renvoyer en Espagne, pour faire épouser madame d'Aiguillon au Roi. Ces réflexions lui donnèrent de grandes inquiétudes, et n'ayant aucun sujet de consolation, elle en voulut chercher dans ses proches et dans les autres personnes qui lui étoient affectionnées, et qui avoient les mêmes ennemis. Pour y parvenir, elle tâcha d'entretenir correspondance avec le roi d'Espagne et le cardinal infant, ses frères, avec l'archiduchesse gouvernante des Pays-Bas, sa tante, avec le duc de Lorraine et avec madame de Chevreuse. Comme elle avoit peu de domestiques qui ne fussent pensionnaires du cardinal, et qu'elle avoit assez

2.

de preuves de ma fidélité, elle jeta les yeux sur moi pour ses correspondances : elle me donna les clefs de ses chiffres et de ses cachets ; en sorte qu'étant au Val-de-Grâce et les soirs au Louvre, quand tout le monde étoit retiré, après avoir fait tout ce qu'elle pouvoit pour tromper ses espionnes, elle écrivoit ses lettres en espagnol, qu'elle me donnoit après pour les mettre en chiffres ; et lorsque je recevois les réponses je les déchiffrois et les mettois en espagnol pour les lui donner. Je lui faisois signe de l'œil, en sorte qu'elle prenoit son temps pour me parler, et je les lui donnois sans qu'on s'en aperçût.

Pour faire tenir ces lettres en Flandre et en Espagne, nous avions un secrétaire d'ambassade en Flandre qui les donnoit au marquis de Mirabel, qui étoit ambassadeur d'Espagne pour l'archiduchesse, après l'avoir été en France. Cet ambassadeur faisoit tenir tous nos paquets à leurs adresses, et nous recevions les réponses par les mêmes voies : pour la Lorraine, nous avions l'abbesse de Jouarre, de la maison de Guise, que j'allois voir fort souvent ; et pour les lettres de madame de Chevreuse, je les lui envoyois à Tours par la poste, et je recevois ses réponses par la même voie ; outre que la Reine et elle s'écrivoient encore par le moyen de ceux qui alloient ou qui passoient à Tours. Nos lettres étoient écrites avec une eau en l'entre-ligne d'un discours indifférent, et en lavant le papier d'une autre eau l'écriture paroissoit ; ainsi la Reine avoit des nouvelles de toutes parts sans qu'on s'en aperçût ; ce qui dura assez de temps. Cependant les espions et espionnes de la Reine veilloient et l'observoient continuellement ; et comme la Reine me parloit fort souvent, ils en eurent des soupçons qu'ils ne manquèrent pas de rapporter au cardinal : de quoi la Reine se défia, s'étant aperçue, un jour qu'elle écrivoit, qu'une de ses femmes, qui tenoit des heures ouvertes comme pour prier Dieu, ne songeoit qu'à jeter les yeux sur sa lettre ; ce qui lui parut évidemment, parce qu'elle tenoit ses heures le haut en bas.

La Reine ne douta donc plus qu'elle ne fût observée : c'est pourquoi, me parlant un jour de cela, elle me dit que pour me mettre à couvert elle donneroit ces lettres à une autre de ses femmes pour me les donner, quand elle ne le pourroit elle-même ; à quoi je lui répondis que si elle les lui donnoit, elle pourroit aussi lui commander de les faire tenir à ses correspondances, parce que je ne voulois point avoir de commerce avec une femme du caractère de celle qu'elle me proposoit. Elle me demanda pourquoi : « Parce, lui dis-je, Madame, qu'il y va de ma vie. — Il est vrai, dit-elle ; mais je te promets qu'elle n'en dira rien. — Aussi, lui repartis-je, si elle le dit, je suis assuré de la mort ou de la prison : alors l'assurance que me donne Votre Majesté ne me servira guère ; et quand elle ne le diroit pas à Son Eminence, c'est une femme qui peut avoir une inclination, et je sais qu'une femme n'a jamais rien célé à son amant. Or le galant d'un tel visage ne l'est pas pour ses beaux yeux, c'est pour faire ses affaires : ainsi ce galant homme ne se souciera ni de Votre Majesté ni de moi, et les fera *in omni modo*, sans en avoir obligation qu'à sa bonne fortune. Je supplie donc Votre Majesté de ne me point donner de ces confidentes. »

La Reine ne me répondit rien sur l'heure, mais à quelques jours de là elle me dit que j'avois raison : ce qui fait voir combien cette princesse étoit facile à persuader, et à prendre confiance aux gens qui la flattoient (ce qui a causé une partie de ses malheurs) ; et toutefois ne l'ayant pas été lorsqu'elle le devoit être, c'est ce qui a causé le plus de mal. Enfin elle n'avoit de fermeté que pour les choses qu'elle affectionnoit extraordinairement ; et si elle me crut en cette occasion, ce fut à cause du grand besoin qu'elle avoit de mon service.

Elle me le fit paroître un jour que madame de Savoie m'ayant fait écrire par une fille de mes amies, qui étoit à elle, que si je voulois quitter la Reine, dont elle savoit bien que je n'avois reçu aucun bien, elle me donneroit la charge de maître de sa garde-robe, et me répondoit de ma fortune. Il arriva que comme je lisois cette lettre dans le grand cabinet de la Reine, M. de Guitaut, capitaine aux gardes, vint derrière moi sans que je m'en aperçusse, et lut ainsi ma lettre en même temps que moi, me la prit et la porta à la Reine, qui me demanda si je la voulois quitter ; qu'à la vérité elle ne m'avoit point fait de bien, mais qu'elle ne seroit pas toujours malheureuse, et que j'aurois raison de la quitter si elle ne m'en faisoit pas lorsqu'elle auroit le moyen de m'en faire. Cette princesse avoit une bonté si engageante, que je me dévouai entièrement à elle ; mais comme j'étois obligé de lui parler souvent en particulier, cela augmenta les soupçons de ses espions, qui me tendirent plusieurs pièges pour me perdre.

[1636] Le premier fut en 1636, que les ennemis ayant pris Corbie, on fit une armée de toutes pièces pour la reprendre, composée de tout ce qui étoit resté à M. le comte de Soissons, qui avoit été défait au passage de Bay, des troupes qui étoient au siége de Bâle que l'on leva, et d'autres qu'on leva à la hâte. Le Roi et toute la cour étoient à Madrid, au bois de Boulogne, lorsqu'on apprit cette nouvelle : il vint aussitôt à Paris, où tous les corps de métier le vinrent trouver dans les galeries du Louvre. Il les embrassa, les priant de l'assister d'hommes et d'argent ; ce qui leur gagna tellement le cœur, qu'ils en répandirent des larmes de tendresse, et donnèrent beaucoup plus qu'on ne leur demandoit : d'où l'on peut voir combien cette nation aime son prince, pour le service duquel il n'est rien qu'elle ne fît par la douceur. Tous les particuliers se cotisoient eux-mêmes pour donner des soldats, et il n'y eut pas une porte cochère qui ne donnât un cavalier armé de toutes pièces. Tous les officiers des maisons royales de toute condition, qui pouvoient porter les armes et quitter leur service, alloient à l'armée, et chacun se croyoit offensé qu'on lui en refusât la permission.

J'eus cette émulation comme les autres, et je demandai mon congé à la Reine pour y aller ; ce qu'elle ne me voulut pas permettre, ayant affaire de moi pour la réception de ses lettres. Mais elle fut bien contrainte de s'y résoudre ; car un samedi, comme elle revenoit de Notre-Dame, le Roi vint chez elle, et étant passé sur le balcon qui est sur la cour pour la voir arriver, il m'y trouva, et me demanda fort rudement pourquoi je n'allois pas à l'armée. Je lui répondis que j'en avois demandé plusieurs fois la permission à la Reine, qui me l'avoit toujours refusée, et que je le suppliois très humblement de me l'obtenir. Il entra dans le cabinet de la Reine, et lui dit : « Pourquoi ne voulez-vous pas que La Porte aille à l'armée ? — C'est qu'il est tout seul dans sa charge, lui répondit-elle. — Je veux qu'il y aille, repartit le Roi. » Quand la Reine vit qu'il le prenoit d'un ton si haut : « Hélas ! dit-elle, et moi aussi ; il y a long-temps qu'il me tourmente pour cela. » Elle vit bien que ce n'étoit que pour m'ôter d'auprès d'elle. Deux jours après je me mis en équipage, et m'en allai volontaire avec M. le comte d'Orval, premier écuyer de la Reine, et gendre de M. de La Force, l'un des généraux sous lesquels j'avois servi du temps des guerres d'Italie. Les troupes levées à Paris étant jointes à celles qui venoient de Dôle et à celles de M. le comte de Soissons, Monsieur vint commander cette armée, qui se trouva de quarante mille hommes.

Elle prit sa marche droit à Roye, qui eut la hardiesse de tenir et de brûler ses faubourgs, et nous fûmes assez mal conduits pour nous y arrêter ; car cette ville étant au milieu des terres, nous pouvions la laisser derrière nous sans courir aucun risque, et pousser les ennemis qui ne se pouvoient sauver ; mais ce siége qui dura deux jours leur en donna le temps, et encore celui de sauver leur bagage, qu'ils avoient abandonné au passage du ruisseau d'Ancre, et ils mirent encore le feu à la ville en s'en allant. On avoit donné avis à nos généraux de l'état des ennemis, et qu'ils étoient aisés à défaire dans le désordre où ils étoient ; mais lorsque M. le comte de Soissons les voulut aller charger, M. le duc d'Orléans y voulut aller aussi. On tint conseil, et il y fut résolu de ne pas hasarder la personne de Son Altesse Royale qui, voyant cela, ne voulut pas que M. le comte y allât s'il n'y alloit aussi ; et ce fut de cette manière que la jalousie de ces princes sauva les ennemis d'un très grand danger.

Cependant le Roi, après avoir fait faire des forts et des retranchemens depuis Saint-Denis, le long du ruisseau de Gonesse, jusqu'au-dessus de Pontillon, s'en vint assiéger Corbie, et se logea à Mucin, au-delà de la rivière de Somme. Son Altesse Royale passa de l'autre côté, où commandoit M. le maréchal de La Force. Les ennemis firent mine de vouloir secourir cette place, mais ils n'osèrent, et enlevèrent seulement le quartier d'Aiguefeuil ; car M. de Gassion faisant ferme dans le sien, M. le comte et M. de La Force eurent le temps de mettre l'armée en bataille, et toute la nuit nous marchâmes à eux, ce qui les obligea de se retirer. Ensuite étant allé en parti avec M. le duc de La Force, fils du maréchal, et M. de Gassion au long de la rivière, nous n'y rencontrâmes aucun des ennemis. Corbie tint près de six semaines ; et à la fin du siége cette grande armée, qui étoit de quarante mille hommes, se trouva réduite à dix mille, plus par la désertion que par la mort.

Je revins à Paris avec une maladie d'armée qui m'étoit venue d'avoir campé où les ennemis avoient campé pendant qu'ils assiégeoient Corbie, où ils avoient tant laissé de corps morts, que leur infection causa force maladies dans notre armée. La Reine fut bien aise de mon retour, car elle étoit fort embarrassée de ses lettres qui étoient arrivées, et qu'elle ne pouvoit déchiffrer, n'en ayant pas la liberté, à cause des espions qui l'observoient continuellement pour voir ce qu'elle feroit en mon absence, et si Sa Majesté ne mettroit point quelqu'une d'elles en sa confidence.

Pendant les correspondances de la Reine,

elle eut une grande inquiétude sur un avis qu'on lui donna d'un livre qu'on avoit fait contre la jalousie, qui avoit passé en beaucoup de mains, et que mademoiselle de Fruges, à présent madame de Fiennes, avoit alors : on lui dit que le Roi le faisoit chercher, et que s'il le voyoit il pourroit croire que la Reine l'avoit fait faire pour lui, à cause de son humeur jalouse. Comme la cour étoit alors à Saint-Germain, la Reine m'envoya chez cette demoiselle à Paris, lui dire de sa part de ne montrer ce livre à personne, et me commanda de partir si matin, que je fusse de retour à Saint-Germain avant que personne fût éveillé, afin qu'on ne s'aperçût point de mon voyage. J'arrivai chez mademoiselle de Fruges avant le jour, où j'eus bien de la peine à faire venir les valets pour m'ouvrir, et bien plus pour me faire parler à la fille de la maison, car je ne voulois pas dire de quelle part, et eux avec raison ne vouloient pas faire entrer un homme inconnu si matin dans la chambre d'une fille de qualité : enfin, après bien des contestations, on me mena dans sa chambre, où l'on ne voyoit absolument point. Comme on fit du bruit en entrant, elle s'éveilla en sursaut, et demanda qui c'étoit. Je me nommai, et m'approchai du lit, que je ne voyois point : elle se rassura, et s'imagina bien de quelle part je venois. Elle ouvrit aussitôt son rideau, je m'approchai au bruit qu'elle fit ; et elle s'avançant pour m'écouter, nous nous donnâmes de la tête l'un contre l'autre de telle sorte que cela nous étourdit tous les deux, et il fallut du temps pour reprendre nos esprits. Après en avoir ri, je lui fis entendre le sujet de mon voyage, à quoi elle me fit réponse telle que je la désirois, et me dit que si le Roi lui demandoit ce livre, elle lui diroit qu'elle ne savoit ce que c'étoit.

L'esprit du Roi étoit tellement en garde contre la Reine, que la moindre petite apparence lui donnoit de grands soupçons, de sorte que les espionnes de la Reine avoient beau jeu pour lui faire pièce ainsi qu'à moi, et elles n'en laissoient échapper aucune occasion.

Après l'affaire de Corbie, M. le duc d'Orléans s'étant retiré mécontent à Blois, tant à cause de l'affaire de Puylaurens, que de son mariage que le Roi ne vouloit pas approuver, Sa Majesté partit au cœur de l'hiver pour s'en aller à Fontainebleau, et lui envoya le père Gondran, supérieur de l'Oratoire, et confesseur de Son Altesse Royale, pour le porter à un accommodement, à quoi s'employa aussi M. de Chavigny. De Fontainebleau le Roi alla à Orléans par Malesherbes, et la Reine par Pitteaux, où elle coucha sur les carreaux de son carrosse, parce que ni les mulets, ni les chariots n'avoient pu arriver, les chemins étant si mauvais que les carrosses mal attelés ne purent arriver. Par malheur pour moi, je demeurai à Paris jusqu'à la veille du jour que le Roi partit, la Reine m'y ayant laissé pour lui apporter des lettres de Flandre, et pour les lui donner toutes déchiffrées : à quoi ayant passé quelque temps, il étoit déjà tard quand j'arrivai à Fontainebleau, ce qui fut cause que tout ce soir-là je ne vis personne ; et le lendemain le Roi partit si matin que je ne le vis point. Il fut facile de lui persuader que ne m'ayant point vu à Fontainebleau depuis que la cour y étoit, la Reine m'avoit donné quelque commission. En effet, on lui dit que j'étois allé à Tours faire déguiser madame de Chevreuse, et la mener dans un couvent à Orléans pour lui faire voir la Reine ; et l'on avoit si bien persuadé cela au Roi, qu'il avoit résolu, dès que je serois de retour de ce voyage imaginaire, et que je serois entré chez la Reine, de me faire jeter par les fenêtres. Ne sachant rien de cette résolution, j'allai chez la Reine aussitôt que je fus arrivé à Orléans, et j'y trouvai le Roi qui se chauffoit. Dès qu'il me vit il m'appela, et me demanda assez rudement d'où je venois. Je lui dis que je venois de Fontainebleau. À quoi m'ayant reparti qu'il ne m'y avoit point vu, je lui dis que j'y étois arrivé le soir fort tard ; que Sa Majesté en étoit partie le lendemain de grand matin. « Mais, me dit-il, j'ai rencontré la Reine près d'Artenay, et je ne vous ai point vu à sa suite. » Je lui répondis fort ingénument que mon cheval s'étoit déferré, et que je m'étois amusé à le faire referrer ; qu'après je m'en étois venu au galop, et que j'avois vu Sa Majesté auprès d'Artenay, qui voloit la pie dans les vignes. Comme il vit que je lui disois la vérité ingénument, il sourit ; et pour m'ôter l'inquiétude que cela me donnoit, dont il s'aperçut bien, il me dit : « Ce n'est rien, La Porte, ce n'est rien. »

Toutefois cela me donna fort à penser, et je crus avec raison qu'on m'avoit rendu quelque mauvais office. J'en avertis la Reine, qui commanda à M. de Guitaut, qui étoit dans sa confidence, de s'informer ce que ce pouvoit être ; et il apprit que ses demoiselles avoient dit au Roi ce prétendu voyage de Tours, et que j'en devois être jeté par les fenêtres ; mais cet artifice ne leur réussit pas mieux que les autres.

Cependant le père Gondran et M. de Chavigny firent si bien par leurs négociations avec Monsieur, à qui ils promirent l'approbation du

Roi pour son mariage, qu'ils l'engagèrent de venir trouver le Roi à Orléans, où je vis leur entrevue qui se passa ainsi. Quand Monsieur arriva, le Roi étoit chez la Reine ; à leur abord ils ne parlèrent de rien touchant leur accommodement. Le Roi dit à Monsieur qu'il avoit ouï dire qu'il avoit mal à un œil, et me commanda d'apporter un flambeau pour voir ce que c'étoit : le mal ne se trouva pas grand, et en même temps ils s'approchèrent du cercle, où Son Altesse Royale salua la Reine. Le Roi me commanda ensuite de lui donner un siége ; ce qu'il n'avoit jamais eu en sa présence, et ne s'étoit jamais couvert devant lui, sinon en carrosse, à table ou à cheval, qui sont des libertés que tout le monde a, et que cependant Monsieur ne donnoit pas à ceux qui alloient dans son carrosse ; ce que le Roi désapprouvoit fort, et s'en moquoit lui-même en usant d'une autre manière.

[1637] Après tant de soupçons, le Roi eut enfin quelques avis plus certains qui causèrent ma disgrâce et ma prison. Je ne les dirai pas ici, n'en sachant rien alors, et depuis même on eut bien de la peine à me les apprendre. Notre correspondance dura jusqu'au mois d'août 1637. Le 10 de ce mois, le Roi, qui étoit à Saint-Germain, manda à la Reine, qui étoit à Paris depuis quelques jours, qu'elle se préparât pour aller à Chantilly le 12 ; qu'il alloit coucher à Ecouen, et qu'il s'y rendroit le même jour. La Reine ne manqua pas de partir comme il lui avoit été ordonné, et me commanda de demeurer quelques jours pour attendre ses lettres qui devoient arriver, et pour faire quelques autres commissions.

Je lui avois dit dès le soir précédent que M. Thibaudière des Ageaux, gentilhomme de Poitou, qui étoit dans la confidence de M. de Chavigny, m'avoit prié de lui demander si elle vouloit écrire à madame de Chevreuse à Tours ; qu'il y passoit, et qu'il seroit bien aise de lui dire des nouvelles de Sa Majesté. Elle lui écrivit seulement un mot, qui portoit en substance qu'étant sur son départ, elle avoit tant d'affaires qu'elle n'avoit pas le loisir de lui faire une longue lettre ; qu'elle se portoit bien ; qu'elle alloit à Chantilly, et que le porteur diroit plus de nouvelles qu'elle ne lui en pouvoit écrire. Je mis cette lettre dans ma poche, et le lendemain la Reine partit après dîner.

Aussitôt qu'elle fut partie, je descendis dans la chambre de madame de La Flotte, où madame d'Hautefort étoit demeurée pour solliciter avec elle un procès qui lui étoit de grande importance : j'y trouvai Thibaudière, et incontinent ces dames voulant aller faire leurs sollicitations, nous les conduisîmes à leur carrosse. Ensuite étant demeurés seuls dans la cour du Louvre, je lui voulus donner la lettre qu'il m'avoit fait demander à la Reine ; mais il me pria de la lui garder jusqu'au lendemain, disant qu'il avoit peur de la perdre ; ce qui me fit croire depuis qu'il savoit, par le moyen de M. de Chavigny, que je devois être arrêté prisonnier le même jour, et que l'affaire avoit été concertée pour qu'on me trouvât chargé de cette lettre, pensant qu'il y auroit quelque chose de grande conséquence ou de particulier, ou que l'on vouloit embarquer madame de Chevreuse dans cette affaire, pour faire croire au public que c'étoit une grande cabale contre l'Etat ; car c'étoit la coutume de Son Eminence de faire passer des choses de rien pour de grandes conspirations.

Nous sortîmes, Thibaudière et moi, par le derrière du Louvre, et nous allâmes ensemble jusque dans la rue Saint-Honoré. Je le quittai pour aller voir, de la part de la Reine, M. de Guitaut, capitaine aux gardes, qui étoit malade de la goutte et d'une blessure qu'il avoit eue à la cuisse, où la balle étoit demeurée. Je restai chez lui jusqu'à six heures du soir, et en m'en allant je trouvai un carrosse à deux chevaux, dont le cocher étoit habillé de gris, arrêté au tournant de la rue des Vieux-Augustins et de la rue Coquillière ; et comme je passois entre le coin et le carrosse, un homme que je ne pus voir, parce qu'il me prit par derrière, me mettant les mains sur les yeux, me poussa vers le carrosse, et en même temps je me sentis enlever par plusieurs mains, qui après abattirent les portières ; en sorte que je ne pus voir qui m'arrêtoit. Nous allâmes en grande diligence à la Bastille, où notre carrosse ne fut pas plus tôt arrivé qu'on referma les portes de la basse cour ; on leva les portières, et en même temps j'aperçus la Bastille, car jusque là je n'avois point su où l'on me menoit. Je connus que celui qui m'avoit arrêté étoit Goulard, lieutenant des mousquetaires du Roi, avec cinq mousquetaires dans le carrosse, et quinze ou seize autres à cheval qui le suivirent.

A la descente du carrosse on me fouilla, et l'on me trouva cette lettre de la Reine que Thibaudière n'avoit pas voulu recevoir. On me demanda de qui elle étoit : je dis à Goulard qu'il connoissoit bien le cachet des armes de la Reine, et que c'étoit pour madame de Chevreuse.

J'ai déjà dit que la reine ne faisoit point finesse d'écrire à madame de Chevreuse, et même elle lui écrivoit souvent par l'archevêque de Bordeaux, qui passoit ordinairement par Tours pour aller en son diocèse ; ce qui faisoit bien voir que ce n'étoit pas un secret. Après avoir été fouillé, l'on me fit passer le pont et entrer dans le corps-de-garde entre deux haies de mousquetaires de la garnison qui avoient la mèche allumée et se tenoient sous les armes, comme si j'eusse été un criminel de lèse-majesté.

Je fus bien une demi-heure dans ce corps-de-garde pendant qu'on me préparoit un cachot, qui fut à la fin celui d'un nommé Du Bois, qui en avoit été tiré depuis peu pour aller au supplice, parce qu'il avoit trompé le Roi et Son Éminence, à qui il avoit promis de faire de l'or. On me vint dire qu'il falloit marcher, et j'entrai dans cette tour même du corps-de-garde, où l'on avoit coutume de mettre ceux que l'on devoit bientôt faire mourir. Etant arrivé dans mon cachot, on me déshabilla pour fouiller une seconde fois : après avoir été fouillé, je repris mes habits ; on m'apporta un lit de sangle pour moi, et une paillasse pour un soldat qu'on enferma avec moi, avec une terrine pour mes nécessités naturelles ; et l'on ferma sur nous trois portes, une en dedans de la chambre, la seconde au milieu du mur, et la troisième en dehors sur le degré. Chacune de ces portes se fermoit à clef ; la fenêtre se fermoit de la même façon, avec trois grilles, mais elles n'avoient que trois doigts d'ouverture en dehors, et bien quatre pieds en dedans.

Une heure après être entré dans ce lieu, on m'apporta à souper, dont le soldat mangea plus que moi. Cependant M. le cardinal, qui vouloit faire bien du bruit de peu de chose, et faire croire à tout le monde que cette affaire étoit une grande conspiration contre l'Etat et contre le Roi, envoya, aussitôt que je fus arrêté, de la cavalerie vers Orléans, et fit courir le bruit que c'étoit pour arrêter madame de Chevreuse, afin qu'elle s'enfuît et qu'on la crût criminelle ; et de peur qu'elle ne pût sortir de Tours faute d'argent, il lui envoya dix mille écus par M. Arnould, commis de M. des Noyers, qu'elle ne connoissoit point, et qui ne se fît point connoître à elle, lui disant seulement que c'étoit de la part d'un de ses amis, qui lui donnoit avis de se sauver. La Reine, qui savoit la finesse de M. le cardinal, fit ce qu'elle put pour empêcher madame de Chevreuse de donner dans ce panneau ; et pour cet effet elle lui envoya M. de Montalais, parent de madame d'Hautefort, pour l'informer de ce qui se passoit, lequel la trouva dans la résolution d'aller en Espagne pour sa sûreté : il fit ce qu'il put pour

l'en dissuader, sentant bien que cela feroit tort à la Reine, et que M. le cardinal ne désiroit que cela pour les faire paroître criminelles aux yeux du public. Il suspendit un peu sa résolution, par la promesse qu'il lui fit de l'avertir de toutes choses, dont elle ne voulut d'autres marques, sinon que s'il apprenoit qu'on la voulût arrêter, il lui enverroit une paire d'heures rouges, et de bleues si les affaires alloient bien. Il lui en envoya de bleues, parce que moi ne disant rien, et tenant ferme comme je fis, il y avoit apparence que les choses s'accommoderoient ; mais elle prit le bleu pour le rouge (au moins est-ce sur cette méprise de couleur qu'elle s'excusa de ce voyage entrepris si mal à propos) : elle s'en alla à cheval, déguisée en homme, avec un de ses domestiques nommé Hilaire, et l'on envoya le président Viguier après elle, pour informer de sa retraite en Espagne.

Pour revenir à mon cachot, aussitôt que le soldat eut soupé, il accommoda mon lit qui ne valoit pas mieux que sa paillasse, et nous nous couchâmes. Comme je commençois à m'assoupir, plus d'abattement que de sommeil, j'entendis tirer un coup de mousquet dans la maison, ce qui étonna plus mon soldat que moi, car je ne savois si c'étoit la coutume ou non : mais après nous entendîmes crier *aux armes !* et un grand bruit dans notre escalier. Le soldat, qui ne pouvoit sortir non plus que moi, se tourmentoit extraordinairement et faisoit autant de bruit seul dans ma chambre que la garnison en faisoit dehors ; enfin, après avoir bien pensé et écouté, nous entendîmes ouvrir nos portes, et celles des étages au-dessus et au-dessous de nous.

Au-dessus on mit le baron de Tenance, gentilhomme champenois, lequel avoit quitté le service du roi de Suède pour venir servir le Roi au siége de Corbie, et avoit été mis en prison pour avoir parlé du gouvernement avec un peu trop de liberté. Au-dessous l'on mit M. de Lenoncourt de Serre, capitaine des gardes du corps du duc de Lorraine, qui avoit été retenu prisonnier à la capitulation de Saint-Michel ; et l'on mit avec moi M. de Hercé, parent de M. le chancelier, jeune homme que sa mère retenoit en prison pour le mûrir : on le mit dans ma chambre sans lit et sans lumière, et l'on referma nos portes. Il me parla d'abord aussi familièrement que si nous nous étions connus de longue main ; et sans nous connoître ni nous voir, il nous conta d'abord son histoire, qui étoit qu'ayant fait partie de se sauver avec messieurs de Tenance et de Lenoncourt, ils avoient pris l'occasion d'une nuit, non pas tout-à-fait obscure, car il faisoit clair de lune, mais il faisoit assez de nuages pour la cacher : alors, par le moyen de gens qui les attendoient avec des chevaux, ils avoient attaché avec des tire-fonds une grosse corde de la porte Saint-Antoine au haut de la tour voisine, où il y avoit un cabinet ; ils devoient passer trois anneaux à cette corde, et y joindre chacun une moindre corde, avec un bâton en manière d'escarpolette ; et après s'être ceints avec des écharpes, chacun à leur corde, ils prétendoient se laisser couler le long de la grosse corde : à quoi l'on pouvoit objecter le danger qu'il y avoit qu'en descendant avec rapidité ils ne s'allassent heurter contre les brancards de la porte Saint-Antoine ; mais on répondit à cette difficulté qu'on pouvoit tendre la corde tant soit peu lâche, et que cela contribuant avec la pesanteur du corps à faire faire un angle à la corde, le mouvement auroit été assez retardé pour empêcher qu'ils ne se fussent blessés. Toutes choses étoient prêtes, et ils alloient s'embarquer, lorsque la lune paroissant trop, découvrit la corde au soldat qui étoit dans le corridor du dehors du fossé, lequel tira ce coup de mousquet, qui mit l'alarme et rompit leur dessein. Les officiers prirent les armes, les surprirent tous trois dans ce cabinet, et les enfermèrent dans ces trois chambres, comme je viens de le dire.

M. de Herce, après m'avoir raconté tout cela, se mit à pester contre le gouvernement, sans se soucier du soldat qui étoit avec nous. Je ne savois pas encore qui étoit cet homme ; et me défiant de toutes choses, je lui dis que je ne croyois pas que tout cela servît à nous faire sortir de la Bastille ; qu'il falloit prendre patience et se taire. Il se tut, et s'endormit sur une chaise de paille, la tête sur le pied de mon lit.

Nous passâmes ainsi la nuit, moitié assoupissement et moitié inquiétude. Comme tous les matins à sept heures on apporte à tous les prisonniers du pain et du vin, M. de Herce me persuada de déjeûner ; et à midi on nous apporta à dîner.

Après dîner le sergent me vint dire qu'il falloit descendre ; je lui demandai pourquoi, mais il ne me le voulut pas dire : je descendis au bas du degré, j'y trouvai six soldats qui m'environnèrent afin que je ne parlasse à personne. On me fit traverser la cour, où il y avoit quantité de prisonniers qui se mirent en haie pour me voir passer, les uns haussant les épaules, comme voulant dire que je serois bientôt exécuté, car c'étoit le bruit commun de la Bastille et de toute la ville. Entre ces prisonniers je reconnus le commandeur de Jars, qui avoit été arrêté à l'affaire de M. de Châteauneuf, lequel avoit toujours été serviteur de la Reine, et, nonobstant toutes les persécutions du cardinal, avoit toujours conservé beaucoup de passion pour son service. Il me faisoit signe, autant qu'il pouvoit, d'avoir bon bec, en mettant le doigt sur la bouche ; et se promenant à grands pas pour n'être pas aperçu, il fit si bien que je l'entendis. On me fit monter dans la chambre de M. Du Tremblay, gouverneur de la maison, où M. de La Poterie, maître des requêtes, lequel m'ayant fait lever la main et jurer de dire la vérité, tira d'un sac de velours la lettre que je devois donner à Thibaudière ; et après me l'avoir lue il me la donna à lire. Comme c'étoit une lettre de conséquence, je pensai lui dire que je devois la rendre à Thibaudière, qui l'avoit demandée pour la rendre à madame de Chevreuse ; mais je crus que cela pourroit nuire à Thibaudière et peut-être ruiner sa fortune, ne m'imaginant pas qu'il eût été assez lâche pour l'aller dire, croyant que je le dirois, ni assez méchant pour m'avoir laissé la lettre afin qu'on me la trouvât, car il pouvoit savoir que je devois être arrêté, M. de Chavigny étant de ses amis : ainsi je dis à M. de La Poterie que j'eusse envoyé cette lettre par la poste, comme j'en avois envoyé bien d'autres, et que la Reine ne m'avoit point nommé de personnes particulières à qui la donner. Il me dit : « La Reine marque au porteur de sa lettre qu'il doit plus dire de nouvelles qu'elle n'en écrit ; et c'est une lettre de créance, et celui qui la devoit porter avoit assurément bien des choses à dire. Il faut de nécessité que vous la dussiez donner à quelqu'un, ou que vous la dussiez porter vous-même. » Je répondis toujours que la Reine ne m'avoit nommé personne, ni commandé de la porter ; et qu'assurément si son intention avoit été que je la donnasse à quelqu'un, elle l'avoit oublié, parce qu'il y avoit beaucoup de monde autour d'elle qui lui parloit de différentes choses, comme c'est l'ordinaire quand on est sur son départ. Nous en demeurâmes là ; et après il me tira de son sac quantité de lettres que j'avois reçues de madame de Chevreuse, dans lesquelles il n'y avoit rien de conséquence ; mais il ne laissa pas de les lire toutes, et de me faire expliquer des endroits et des noms particuliers qui étoient en chiffre, que je lui expliquai à ma fantaisie, à cause que je ne voulois pas qu'il connût plusieurs de ceux qui y étoient nommés. Tout cela ne me donna pas beaucoup de peine ; mais j'en eus une très-grande quand je considérai que pour avoir ces lettres il falloit qu'on eût été dans ma chambre, où j'avois un coffre et une armoire, et de plus un trou dans un coin de fenêtre, où je mettois les bras jusques au coude, et où j'avois tous mes papiers de conséquence, les clefs des chiffres et les cachets. Ce trou se bouchoit avec un morceau de plâtre qui en étoit sorti si justement, qu'on avoit peine à s'apercevoir qu'il eût été rompu.

J'étois assuré que personne ne connoissoit cet endroit, car je ne l'ouvrois jamais que je n'eusse fait sortir mon laquais, dont bien me prit, car aussitôt que je fus arrêté, le nommé Boispille, intendant de M. de Chevreuse, fit prendre mon laquais et le mena à M. le chancelier, qui fit ce qu'il put pour lui faire dire où je mettois mes papiers, si j'écrivois souvent, et où il portoit mes lettres. Cela fit si grand'peur à ce pauvre garçon, qu'ils ne purent jamais le rassurer; et il ne fit que pleurer, ne sachant rien de ce qu'on lui demandoit: ainsi M. le chancelier ne put avoir que les lettres dont j'ai parlé, et plusieurs papiers inutiles qu'il trouva dans mon coffre et dans mon armoire, dont il fit un inventaire.

M. de La Poterie continua de m'interroger et me demanda si je n'allois pas souvent au Val-de-Grâce; ce qui me consola un peu, car par là je connus qu'il cherchoit, et qu'il n'avoit point de certitude, parce que je n'allois que rarement au Val-de-Grâce, où bien souvent la Reine écrivoit: elle me donnoit ensuite ce qu'elle y avoit écrit, afin que je le misse en chiffre. Ils avoient eu quelques avis confus, ou du moins des soupçons; car après lui avoir dit que je n'y allois jamais que quand mes dévotions m'y menoient, il me demanda combien il y avoit que je n'y avois été. Je lui dis que je n'y avois pas été depuis Pâques; de quoi il parut étonné, et me pressa fort là-dessus: mais comme il me trouva toujours ferme et égal, il se rebattit à me demander s'il n'y avoit pas une petite malle couverte de toile cirée verte au Val-de-Grâce, et si je ne l'y avois point vue. A cet article je dis bravement la vérité, car de ma vie je n'avois vu cette malle, ni n'en avois ouï parler; ce qui me fit croire que c'étoit un avis de quelqu'une des espionnes, et que la Reine étoit trahie.

Après avoir bien dit et redit tout ce qui se put dire en deux heures de temps sur ce sujet, et qui étoit écrit par un greffier rousseau, on me proposa de signer; ce dont je fis difficulté. Il faut cependant que je rende ici témoignage à la vérité. M. de La Poterie n'usa jamais de surprise en toutes les interrogations qu'il me fit, et même il m'avertissoit, quand il me voyoit un peu embarrassé, de prendre garde à ce que je dirois, et que je ne me pressasse point; et quand il fallut signer, il voulut que je lusse et que je prisse bien garde s'il y avoit quelque chose qui ne fût pas véritable. Je signai donc, il s'en alla, et l'on me ramena dans mon cachot.

Il n'y avoit pas un prisonnier qui n'eût bien voulu savoir ce qu'on m'avoit demandé et ce que j'avois répondu; et il n'y en avoit pas un à qui je ne fisse pitié, car on tenoit pour certain que peu de jours je serois expédié. J'eus tout le lendemain pour me reposer; mais le 15 août, jour de Notre-Dame, M. de La Poterie revint: on me remena dans la chambre du gouverneur comme la première fois, et je vis encore en allant M. le commandeur de Jars, qui me regarda d'un œil parlant, et j'entendis bien son langage. M. de La Poterie, après la cérémonie ordinaire du serment, me fit repasser sur toutes les choses que nous avions dites dans l'interrogatoire précédent, mais d'une manière différente. Heureusement j'eus de la mémoire, moi qui n'en avois jamais eu; car je me souvins de tout ce que je lui avois répondu. Après cela il commença à faire mine de tirer de son sac quelques papiers de conséquence, et en même temps il me regardoit fort fixement. J'avoue que d'abord j'eus peur que ce ne fussent les papiers du trou; et je ne sais s'il s'aperçut de ma peur, mais je la sentois bien, et j'étois fort en colère contre moi de ma foiblesse: enfin ce ne fut rien, que des vers à la louange de Son Éminence qui s'étoient trouvés dans mon coffre, avec ceux que Barault avoit faits pour la Reine sur le deluge de Narbonne. Il les remit aussitôt, faisant semblant d'en chercher d'autres, afin de voir ma contenance, qui fut toujours la même, quoique le dedans fût fort ému toutes les fois que je voyois sortir un papier du sac, craignant toujours que ce ne fussent ceux du trou, où il y avoit un magasin de toutes les pièces du temps contre Son Eminence, et même la Milliade de l'abbé d'Estelan, pour laquelle il y avoit alors quatre ou cinq prisonniers à la Bastille. Heureusement, toutes les figures de M. de La Poterie ne furent rien que des tentatives. Je signai, et l'on me ramena. M. de La Poterie m'ôta mon soldat, parce qu'il avoit le flux de sang, et nous n'avions qu'une terrine; mais celui que l'on mit à sa place ayant couché sur sa paillasse prit le même mal, et ce fut un grand bonheur que je ne le prisse point: en récompense, j'en avois un pire à l'esprit; et Dieu, qui ne nous impose jamais plus de peines que nous n'en pouvons porter, me préserva des infirmités du corps.

M. de La Poterie ne revint point le lendemain, car ses visites étoient alternatives comme la fièvre tierce, ce qu'il ne faisoit pas pour me donner du repos, mais pour avertir la cour de mes réponses, et pour en recevoir les ordres.

Le jour d'après il revint, et continuant son interrogatoire, il me parla fort du Val-de-Grâce, me demanda si je ne savois point qu'il y allât personne voir la Reine, et si madame de Chevreuse n'y étoit point venue. Mais après mes réponses, il crut que je n'avois aucun commerce avec les religieuses du Val-de-Grâce ; ce qui l'obligea de me parler d'autres choses qui me donnèrent bien à penser.

Il me demanda si je ne savois point que la Reine écrivît en Flandre et en Angleterre. Après lui avoir dit que non, il me dit que cela étoit vrai, et que c'étoit moi qui la servois en ce commerce de lettres. Je m'écriai fort contre cette imputation. Il me demanda qui la servoit donc en ces correspondances ; ce qui me fit croire qu'il n'étoit pas bien assuré ce fût moi. Nous discourûmes long-temps sur ce sujet, puis il s'en alla, après m'avoir conté bonnement qu'il n'y avoit rien de plus certain que la Reine écrivoit et avoit commerce en Angleterre et en Flandre, et par conséquent en Espagne ; que c'étoient les ennemis du Roi et de l'Etat, et que je serois bien malheureux si la Reine se servoit de moi en ces sortes d'affaires. Il m'ajouta que la Reine l'avoit avoué après qu'on lui eût montré une lettre qu'on avoit interceptée, laquelle elle écrivoit au marquis de Mirabel, pour lors ambassadeur d'Espagne en Flandre, où il y avoit des termes qui avoient fort fâché le Roi.

Il disoit vrai ; et j'ai su depuis que M. le chancelier ayant montré cette lettre à la Reine, Sa Majesté la voulut retenir et la cacha dans son sein, d'où M. le chancelier l'ayant voulu reprendre, elle la rendit. Il l'interrogea là-dessus et sur beaucoup de choses : elle avoua d'avoir écrit cette lettre, et que c'étoit par mon ministère qu'elle avoit été envoyée ; ce qui fit croire que cette lettre n'étoit pas la seule, et que la Reine en avoit écrit bien d'autres en d'autres lieux : mais on n'avoit que celle-là. C'est pourquoi l'on voulut tirer de moi la connoissance du reste, mais inutilement.

La reine fut tellement touchée du traitement qu'elle avoit essuyé, qu'elle fut deux jours sans boire ni manger, à ce que j'ai appris, et même fut saignée deux fois, à cause d'un étouffement que lui avoit causé cette affliction. Le Roi ne la voyoit point, ni M. le cardinal, ni même aucune personne de la cour, hormis son domestique, dont la plus grande partie la trahissoit.

M. de Guitaut la vit, et n'en fit pas mieux sa cour.

On remarqua que quantité de courtisans, passant dans la cour du château de Chantilly, baissoient la vue pour qu'on ne crût pas qu'ils regardoient les fenêtres de sa chambre ; si bien qu'elle fut abandonnée de tout le monde, hormis de madame d'Hautefort, à qui son malheur ne servit qu'à redoubler le zèle qu'elle avoit pour elle.

Pendant que la Reine étoit ainsi tourmentée à Chantilly, M. le cardinal, voyant que M. de La Poterie n'avoit pu rien tirer de moi qui pût nuire à la Reine, vint lui-même à Paris ; et dès le lendemain, à huit heures du soir, il envoya un carrosse, avec un lieutenant de la prévôté et quatre archers, pour me conduire à son hôtel. Je m'allois coucher lorsque j'entendis un grand bruit et ouvrir mes portes ; ce qui m'étonna extrêmement et me donna de l'appréhension, car j'avois ouï dire à plusieurs personnes, et même à mon soldat, qu'on avoit fait mourir des prisonniers la nuit, de crainte que le peuple ne s'émût. Je crus que j'allois être traité de la sorte ; ce qui me fit demander à La Brière, sergent de la Bastille, qui me vint quérir, où l'on me vouloit mener : il me répondit assez brusquement qu'on vouloit me faire sortir de la Bastille. Je ne savois comment entendre cette sortie ; mais lorsque je fus descendu dans la basse-cour, et que je vis un carrosse et des archers, je crus aller au supplice. Je demandai au lieutenant, que je connoissois, nommé Picot, où il me menoit ; il me répondit fort tristement qu'il n'en savoit rien. Je crus d'abord, en partant, n'aller qu'à un coin de Saint-Paul, où ordinairement on exécutoit ceux qu'on tiroit de la Bastille : quand nous eûmes passé cet endroit, j'eus peur du cimetière Saint-Jean, ensuite de la Grève, et enfin de la Croix du Tiroir.

Mais après que tout cela fut passé, je commençai à respirer plus à mon aise, et je demandai encore une fois au lieutenant où nous allions ; ce qu'il ne me voulut pas dire : nous allâmes arrêter à la porte de M. le chancelier. Picot sortit du carrosse et entra dans la maison, d'où il revint aussitôt, et dit à notre cocher de suivre le carrosse qui alloit sortir, qui étoit celui de M. le chancelier. Il nous mena dans la cour des cuisines du palais Cardinal, où l'on me fit descendre ; et mes gardes, après m'avoir conduit dans le jardin, me mirent entre les mains de M. de La Houdinière, capitaine des gardes de Son Éminence, lequel me conduisit au long de la galerie jusqu'à la porte de la chambre de

M. le cardinal, où il étoit seul avec M. le chancelier, que nous avions suivi, et M. des Noyers.

D'abord M. le cardinal me dit qu'il m'avoit envoyé quérir pour me faire dire une chose qu'il savoit déjà bien, parce que la Reine l'avoit dite au Roi et à lui, mais qu'il étoit nécessaire que je le lui confirmasse. Je lui répondis que je lui dirois tout ce que je savois : à quoi il me répondit en souriant qu'il l'avoit bien cru ; et que cela étant il me donnoit sa parole que je ne retournerois pas à la Bastille. M. le chancelier me fit lever la main et faire le serment ordinaire. Ensuite M. le cardinal m'interrogea sur toutes les choses que M. de La Poterie m'avoit déjà rebattues plusieurs fois ; et comme il vit que je faisois les mêmes réponses, et que sa présence ne me faisoit point changer, il me fit connoître que si je voulois dire ce qu'il souhaitoit, il mettroit ma fortune en état de donner de la jalousie à mes pareils ; qu'il savoit bien que la Reine avoit correspondance en Flandre et en Espagne; qu'elle y écrivoit souvent, et que c'étoit moi qui la servois en toutes ces intelligences ; que je n'avois qu'à en demeurer d'accord, et que ma fortune étoit faite ; que je ne devois rien craindre, puisque la Reine l'avoit avoué elle-même, et qu'elle avoit dit que c'étoit de moi qu'elle se servoit. Je lui répondis que je ne savois pas si la Reine écrivoit en Espagne et en Flandre ; mais que si elle y écrivoit, elle se servoit d'un autre que de moi, et que je ne m'étois jamais mêlé que de faire ma charge. Sur quoi il me demanda si j'avois connoissance qu'elle se servît de quelque autre ; ce qui me fit croire qu'il n'étoit si sûr de son fait qu'il le disoit. Cela me fortifia, et je lui soutins toujours que je ne savois rien de toutes ces choses, et que je ne m'étois jamais aperçu que la Reine eût des correspondances en Espagne ni ailleurs. Après cela, il se mit un peu en colère, et me dit que puisque je ne voulois pas avouer une vérité qu'il savoit bien, je pouvois bien croire qu'il avoit le pouvoir de me faire faire mon procès, et que cela alloit bien vite quand il s'agissoit de l'intérêt de l'Etat et du service du Roi ; que je me piquois mal à propos de générosité et de servir fidèlement ma maîtresse, qui ne faisoit rien pour moi. « A propos, ajouta-t-il, on n'a trouvé que cinq cents livres dans votre cabinet : est-ce là votre bien ? » Je lui dis que c'en étoit une grande partie. A quoi il répliqua, en regardant M. le chancelier : « Voilà bien de quoi être si opiniâtre à nier une chose que la Reine a avouée ! » D'où je pris occasion de lui dire que c'étoit une marque certaine que je ne la servois pas dans les choses que Son Excellence croyoit ; et que si cela étoit, la Reine m'auroit fait plus de bien qu'elle ne m'en avoit fait ; mais que quoiqu'elle ne m'en fît point, je ne laissois pas d'être obligé de la servir fidèlement dans ma charge. Il me dit que cela étoit vrai ; mais que je devois fidélité au Roi avant la Reine, parce qu'étant né François, je devois obéir au Roi, qui me commandoit de dire la vérité, qu'il me faisoit demander par ses ministres et ses officiers, en une chose qui regardoit son service et le bien de l'Etat ; que j'y étois obligé en conscience ; et que si je ne le faisois pas, je ne m'en trouverois pas bien. Je lui dis que je ne croyois pas être obligé en conscience d'accuser la Reine d'écrire en Espagne, n'en sachant rien, et n'en ayant jamais eu de connoissance. « Mais, me dit-il en colère, elle l'avoue et dit que c'est par vous qu'elle entretient ses correspondances, non-seulement avec le roi d'Espagne et le cardinal infant, mais avec le duc de Lorraine, l'archiduchesse et madame de Chevreuse. — Si la Reine dit cela, lui répondis-je, il faut qu'elle veuille sauver ceux qui la servent en ces intelligences, en disant que c'est moi. » Il me demanda si je savois qu'elle se servît de quelqu'un ; et après lui avoir dit que non, il me demanda pour qui étoit cette lettre de la Reine que l'on m'avoit trouvée. A quoi je répondis la même chose qu'à M. de La Poterie. « Vous êtes un menteur, me dit-il, vous la vouliez donner à Thibaudière : vous voulûtes la lui donner dans la cour du Louvre, il vous pria de la lui garder jusqu'au lendemain, de peur de la perdre ; et après cela vous voulez que je vous croie. Puisqu'en une chose de nulle conséquence vous ne dites pas la vérité, je ne vous dois pas croire en d'autres. Eh bien ! que dites-vous à cela ? » Je fus fort surpris, et ce coup m'assomma, car il étoit vrai ; et Thibaudière ayant eu peur que je ne l'accusasse, s'étoit accusé lui-même, pour avoir meilleur marché de la peine qu'il croyoit encourir : car je ne veux pas croire que l'amitié que M. de Chavigny avoit pour lui l'eût pu obliger à demander cette lettre à la Reine, afin que, se confiant à lui, elle eût pu mander des choses de conséquence, sachant que je devois être arrêté, et que pour cela il m'eût laissé la lettre à garder, ce qui seroit une perfidie détestable. M. le cardinal n'ajoutant point de foi à ce que je lui pus dire là-dessus, j'avouai enfin la chose, parce que je ne pouvois plus la lui cacher ; sur quoi il me gronda fort, et me demanda pourquoi j'avois fait finesse de cela. Je lui dis ingénument que j'avois eu peur de ruiner la fortune de ce gentilhomme pour une chose de rien : à quoi il me répliqua que j'étois bien considérant. Il s'arrêta ensuite, et songea assez long-temps sans rien dire; et après il me dit : « Je ne saurois plus vous croire : il faut que vous écriviez à la Reine, et que vous lui mandiez qu'elle ne sait ce qu'elle veut dire quand elle dit qu'elle a des correspondances avec les étrangers et les ennemis de l'Etat, et que c'est de vous qu'elle se sert pour ses intrigues. » Je lui dis que je n'osois pas écrire à la Reine et à ma maîtresse de la manière dont il me l'ordonnoit, et que ce seroit trop de liberté à moi. A quoi il répliqua en raillant : « Eh bien ! nous le verrons aussi respectueux que fidèle. Vous aurez du temps pour y penser ; il faut cependant retourner à la Bastille. » Je le fis souvenir qu'il m'avoit promis que si je disois la vérité je n'y retournerois pas. « Il est vrai, me dit-il ; mais vous ne l'avez pas dite, et vous y retournerez. » M. le chancelier prenoit quelquefois la parole, et M. des Noyers écrivoit mes réponses. Il s'avisa aussi de me demander si madame de La Flotte ne savoit rien de toutes ces intrigues. Je lui répondis que comme je ne savois rien, je ne savois pas si les autres savoient quelque chose. M. le cardinal lui dit : « Il n'y a plus rien à espérer par la voie de douceur, après l'affaire de Thibaudière. » M. des Noyers me voulut faire signer mes dépositions, ce que je ne voulus point faire avant de les lire ; et comme il faisoit difficulté de me les laisser lire, M. le cardinal lui dit que j'avois raison. De sorte qu'après les avoir lues je les signai, et l'on me renvoya comme j'étois venu.

Mon interrogatoire et mon voyage durèrent cinq heures : j'étois parti à huit heures, et il étoit plus d'une heure quand je fus de retour à la Bastille, où je trouvai que M. de Herce s'étoit couché dans mon lit, croyant que je ne reviendrois point.

Le lendemain il vint à la Bastille un exempt des gardes du corps du Roi me faire commandement, de la part de Sa Majesté, d'écrire à la Reine sur ce que M. le cardinal m'avoit dit. On me mena dans la chambre du gouverneur, on me donna du papier et de l'encre, et j'écrivis à la Reine à peu près en ces termes :

« Madame,

» M. le cardinal me dit hier que Sa Majesté avoit dit au Roi qu'elle avoit des intelligences avec le Roi d'Espagne, le cardinal infant, l'archiduchesse, le duc de Lorraine et madame de Chevreuse, et que c'étoit par moi que Votre Majesté entretenoit ces correspondances. J'ai tant de confiance en la bonté de Votre Majesté et en sa justice, que je ne saurois croire qu'elle me voulût accuser d'une chose dont elle sait bien que je suis innocent : toutefois, s'il y va du service de Votre Majesté de dire toutes ces choses, quoique je n'en sache rien, je les dirai, pourvu que Votre Majesté me fasse savoir ce qu'il lui plaît que je dise ; mais si cela n'est point, je la supplie très-humblement de détromper le Roi et Son Éminence de l'opinion qu'ils ont que j'ai servi Votre Majesté en toutes choses qu'ils disent. »

Je donnai ma lettre toute ouverte à l'exempt. Quelques jours après M. le chancelier m'envoya quérir la nuit, de la même manière que j'avois été chez M. le cardinal. On me mena chez lui ; et étant seul avec moi dans son cabinet, il m'interrogea tout de nouveau sur les mêmes choses, me disant que je voulois me perdre à plaisir ; qu'on savoit tout, et que si je ne disois la vérité, on alloit travailler à mon procès ; qu'il m'avoit envoyé quérir pour me le dire lui-même. Je lui répondis toujours de la même façon. Il m'interrogea encore sur les lettres que la Reine écrivoit au Val-de-Grâce et sur les gens qui l'y alloient voir ; mais Dieu me fit toujours la grâce de ne point varier dans mes réponses, et de ne me point couper.

Après cela il tira une lettre de sa poche qui n'étoit point cachetée, et me dit de la lire ; ce que je fis. Il me demanda ensuite si je connoissois cette écriture : je lui dis qu'elle étoit de la Reine. Comme elle ne m'est pas demeurée, je ne puis la rapporter mot à mot ; mais elle portoit à peu près ces termes :

« La Porte, j'ai reçu la lettre que vous m'avez écrite, sur laquelle je n'ai rien à vous dire, sinon que je veux que vous disiez la vérité sur toutes les choses dont vous serez interrogé. Si vous le faites, j'aurai soin de vous, et il ne vous sera fait aucun mal ; mais si vous ne les dites point, je vous abandonnerai.

» *Signé* ANNE. »

M. le chancelier me dit : « Eh bien ! êtes-vous content ? Voilà votre scrupule levé : la Reine vous mande de dire la vérité, vous pouvez dire tout ce que vous voudrez, cette lettre vous met à couvert. » Sur quoi je m'écriai : « Quoi ! Monseigneur, parce que la Reine me mande de dire la vérité, vous voulez que je l'accuse des choses dont je ne la sais point coupable ! Je veux bien que vous sachiez qu'il n'y a point de peur de la mort, ni d'envie de faire ma fortune, qui puisse me faire faire cette lâcheté. » Il me répliqua en souriant que j'étois bien délicat ; que la Reine avoit dit que c'étoit moi qui la servois en toutes ses intrigues, et que puisqu'elle m'avoit accusé moi innocent, comme je disois l'être, je pouvois bien aussi dire tout ce que je savois d'elle; à quoi je répondis qu'elle étoit ma maîtresse, et qu'elle pouvoit dire tout ce qu'il lui plaisoit. « Mais à propos, me dit-il, vous lui avez mandé que quoique les choses dont on l'accuse ne fussent pas vraies, si elle vous commandoit de les dire vous les diriez : elle vous le mande, et vous ne lui tenez pas parole. » Je lui répondis que si la Reine me mandoit positivement les choses qu'elle vouloit que je disse, je le dirois; mais me laissant libre, et me commandant de dire la vérité, je l'avois dite, et que je n'en savois point d'autre que celle qui étoit dans mes interrogatoires.

Je lui demandai si la Reine les avoit vus : je lui dis que s'il les lui faisoit voir, elle connoîtroit bien que j'avois dit la vérité. « Mais, me dit-il, vous vous êtes engagé à dire tout ce que la Reine vous commanderoit; ne savez-vous pas qu'il y va de la vie d'être dans des intrigues contre le service du Roi et de l'État ? — Je ne crois point, lui répondis-je, que la Reine soit dans des intrigues de cette nature; mais quand il me faudroit mourir, ce seroit le plus grand honneur qui pourroit arriver à un homme de ma sorte que de perdre la vie pour le service d'une princesse persécutée. » Il fit mine de se fâcher sur ce mot, et il m'ordonna d'écrire encore à la Reine, et que je lui mandasse que je n'ajoutois point de foi à ce qu'elle m'avoit écrit. Je m'en excusai d'abord, mais il me fallut obéir ; j'écrivis donc en cette sorte :

« Madame,

« J'ai reçu la lettre qu'il a plu à Votre Majesté de m'écrire, par laquelle elle me commande de dire la vérité sur toutes les choses dont je serai interrogé : je l'ai fait ; et s'il plaît à Votre Majesté de se faire apporter tous mes interrogatoires, elle verra bien que je l'ai dite. M. le chancelier continue toujours de dire que Votre Majesté a des intelligences avec les ennemis de l'État, et que c'étoit par moi qu'elle s'y conduisoit et entretenoit : Votre Majesté en sait la vérité, et que je suis innocent de ce dont on m'accuse ; c'est pourquoi je la supplie très-humblement de détromper l'esprit du Roi. S'il plaît à Votre Majesté que je dise toutes les choses qu'on veut que je sache, qu'elle me fasse la grâce de me mander mot à mot tout ce qu'elle voudra que je dise, parce que, ne sachant rien, je pourrois manquer au service qu'elle désireroit de moi. »

Après ma lettre écrite on me renvoya à la Bastille. Mais pendant que toutes ces choses se passoient, la Reine étoit dans la plus grande affliction qu'elle eût jamais eue ; et ne sachant que faire ni à quoi se résoudre, elle eut recours à madame d'Hautefort, à qui elle écrivit par l'entremise de mademoiselle de Chemerault, une de ses filles d'honneur, à présent madame de La Basinière, et sa lettre lui fut apportée par M. de Coislin, parent de M. le cardinal et gendre de M. le chancelier : ce qui est admirable, que cette princesse fût obligée d'avoir recours aux proches de ses plus grands ennemis, et qu'elle y trouvât de la fidélité. Par ces voies elle fit savoir ses peines et ses inquiétudes à madame d'Hautefort, qui étoient de savoir comment on me traitoit, ce qu'on me demandoit, et ce que je répondois ; car tout rouloit là-dessus. L'évêque de Beauvais et le père Caussin, confesseur du Roi, m'ont dit depuis qu'en ce temps-là ils étoient tous en prières pour m'obtenir de Dieu la grâce de me taire, lesquelles, Dieu merci, furent efficaces. Madame d'Hautefort se mit aussitôt à chercher des moyens pour servir cette pauvre princesse, nonobstant toutes les difficultés qui se présentèrent en grand nombre ; car le Roi l'aimoit, il lui avoit fait un peu de bien, et elle ne pouvoit souffrir l'ombre même de l'ingratitude ; outre qu'elle étoit d'une condition et d'un âge qui ne lui permettoient pas de courir, de se déguiser et de se servir de moyens secrets pour faire réussir ses desseins : de sorte qu'il falloit qu'elle courût risque de perdre absolument sa fortune. Mais la passion qu'elle avoit pour la Reine étoit si violente, qu'elle la fit passer par dessus toutes ces considérations ; et sa générosité s'accordoit si bien avec le pitoyable état où étoit la Reine, qu'elle se fût exposée à des périls encore plus grands pour l'en délivrer.

Elle se souvint que le commandeur de Jars étoit à la Bastille, et que comme il avoit toujours été serviteur de la Reine, il la pourroit bien servir en cette rencontre ; mais elle ne voyoit point d'apparence de l'aller chercher directement, parce que c'étoit tout perdre ; mais comme son esprit agissoit continuellement, elle s'avisa que madame de Villarceaux, qui étoit nièce de M. de Châteauneuf, seroit assurément des amies du commandeur de Jars : elle l'alla trouver, lui fit connoître l'extrémité où la Reine étoit réduite, et comme madame de Chemerault lui avoit mandé de sa part que le salut de la Reine dépendoit absolument de me faire savoir ce que j'avois à répondre aux interrogations qu'on me faisoit.

Tout cela consistoit en ce que la Reine avoit avoué au Roi qu'elle avoit écrit une lettre au marquis de Mirabel, ambassadeur d'Espagne à Bruxelles, et que c'étoit moi qui l'avois donnée à M. Ogier, secrétaire de l'ambassadeur d'Angleterre qui étoit à Paris, pour la faire tenir. Or cette lettre avoit été interceptée je ne sais comment; et la Reine, qui savoit bien qui l'avoit trahie, n'a jamais voulu le dire. Je niois tout absolument dans mes interrogatoires; et comme la Reine avoit avoué cela, cette contradiction donnoit de grands soupçons qu'il y avoit encore beaucoup d'autres choses à découvrir : l'unique moyen de détruire tous ces soupçons étoit de me faire savoir cet aveu de la Reine, afin que je fisse de même.

Madame de Villarceaux fut ravie de pouvoir contribuer à rendre ce service à la Reine : elle s'offrit de faire ce qu'elle pourroit, et dit à madame d'Hautefort qu'elle voyoit souvent le commandeur de Jars à la grille du corps-de-garde, et qu'elle l'aboucheroit avec lui quand il lui plairoit; mais qu'il ne falloit pas qu'elle fût connue. Elle eut assez de zèle pour consentir à se déguiser, et prendre l'habit d'une femme de chambre de madame de Villarceaux, et de la suivre en cet équipage à la Bastille, où toutes deux elles entretinrent le commandeur du service dont la Reine avoit besoin. Le commandeur en fit d'abord beaucoup de difficulté, se défiant de madame d'Hautefort, qu'il ne croyoit pas son amie, parce que, voulant entrer un jour dans le cabinet de la Reine, où Sa Majesté étoit seule avec madame de Chevreuse et elle, par ordre de la Reine elle lui en ferma la porte ; ce qu'il croyoit qu'elle avoit fait de son propre mouvement. Il avoit encore d'autres défiances mal fondées; mais les dangers qu'il avoit courus lui étoient une raison plus forte de se défier de tout le monde. Cependant l'occasion de secourir la Reine, dès qu'il fut instruit de ses intentions et de l'état de ses affaires, l'emporta sur tout cela, et il se mit aussitôt à en chercher les moyens.

Il gagna le valet d'un prisonnier nommé l'abbé de Trois, lequel valet avoit de l'esprit, et se nommoit Bois-d'Arcy. Ce garçon pensa à ce qu'il y avoit à faire, et il ne trouva point de moyen qui lui parût plus court que de gagner les prisonniers qui étoient dans ma tour au-dessus de moi, et ceux qui étoient au haut de ladite tour. Le hasard voulut que sur l'affût d'un canon Bois-d'Arcy trouvât une des grandes pierres qui pavent cette terrasse rompue par un coin, droit sur le haut de cette tour où j'étois.

Il prit le temps que la sentinelle, qui se promène continuellement sur cette terrasse, étoit à l'autre bout; il leva le morceau de pierre, et en même temps il entendit parler des croquans de Bordeaux qui étoient là pour quelque sédition. Il leur parla, ayant toujours l'œil sur la sentinelle, et ils lui promirent de le servir ; car tous les prisonniers ont des charités les uns pour les autres qui ne sont pas imaginables, et que je n'aurois jamais cru, si je ne les avois expérimentées et pratiquées moi-même. Ces croquans firent un trou au haut de la voûte que Bois-d'Arcy avoit recouverte de son morceau de pierre; ils en firent un autre à leur plancher, et parlèrent aux prisonniers qui étoient sous eux, dont un étoit le baron de Tenance, et l'autre un nommé Réveillon, qui avoit été domestique du maréchal de Marillac, lesquels s'offrirent de bon cœur à faire ce qu'on voudroit : ils firent aussi un trou à leur plancher sous lequel étoit mon cachot, lequel trou ils couvrirent du pied de leur table ; et quand ils entendoient ouvrir mes portes à mon soldat pour aller vider la terrine sur le degré, et qu'ainsi je demeurois seul, ils me descendoient avec un filet les lettres que les croquans recevoient de Bois-d'Arcy, à qui le commandeur de Jars les donnoit.

La première lettre que je reçus par cette voie du commandeur portoit qu'il étoit venu une personne de mes amies lui parler, qu'il désiroit savoir ce qu'on m'avoit demandé dans mes interrogatoires, et aussi pour me dire quelque chose qu'il me manderoit aussitôt qu'il sauroit que ses lettres me seroient rendues; que je prisse confiance en lui, qui étoit prisonnier, fort de mes amis, et serviteur de ma maîtresse; qu'il me donnoit avis de ne me fier à personne, et que tous ceux de cette maison me fussent suspects.

En cela je lui obéissois trop, car lui-même me l'étoit. Je ne connoissois point son écriture, et ne savois qui m'écrivoit ; car il n'avoit osé mettre son nom, craignant que sa lettre ne me fût pas si fidèlement rendue. Il falloit faire réponse, mais je n'avois ni papier ni encre ; d'ailleurs je craignois que ce fût une finesse pour me surprendre : c'est pourquoi j'en demeurai là.

Deux jours après, aussitôt que le déjeûner fût venu, et que mon soldat fût sorti pour sa fonction ordinaire, je vis descendre un autre billet qui me pressoit fort d'écrire, et me donnoit quelques lumières qui m'assuroient que ces billets me venoient de bonne part : ainsi j'y pris quelque confiance ; et lorsque la nuit fut venue et que mon soldat fut endormi, je me levai, et me mettant entre la lumière de la chandelle et son visage, j'écrasai du charbon, un peu de cendre de paille brûlée, et les détrempai avec un reste d'huile de la salade du souper, et en fis une espèce d'encre; ensuite, avec un brin de paille taillée en pointe, j'écrivis sur un dessus de lettre qu'on m'avoit laissée dans ma poche, et je mandai qu'on m'avoit tant demandé de choses, que je ne les pouvois pas écrire en l'état où j'étois; mais que je n'avois rien dit qui pût nuire à personne, parce que je ne savois rien.

Les prisonniers qui étoient au-dessus de moi me parlèrent, ayant entendu sortir mon soldat, et me descendirent un filet avec une petite pierre, que j'ôtai, et y attachai ma belle lettre, qu'ils tirèrent à eux. Elle donna de l'assurance au commandeur, qui vit par là que je recevois ses billets; ce qui l'engagea à m'en écrire de plus clairs et à se faire connoître à moi : il me fit donner papier, plumes et encre par un prisonnier qui, prenant son temps pour aller voir les croquans pendant que ma porte étoit ouverte, et que le soldat faisoit sa charge de *porte-chaise*, me donna adroitement cette encre et ce papier, que je cachai dans mon lit. Après cela j'écrivis tout à mon aise, et notre commerce continua. Madame d'Hautefort vint quelquefois voir le commandeur pour savoir des nouvelles et lui en dire; si bien que je fus pleinement instruit de ce que la Reine avoit avoué, et de ce qu'il falloit que j'avouasse.

La cour n'étant point satisfaite de mes lettres ni de mes réponses, m'envoya M. de Laffemas, maître des requêtes et grand gibecier de France, lequel me rapporta encore la même lettre de la Reine que M. le chancelier m'avoit fait voir. Ce galant homme n'oublia rien pour me persuader de dire tout ce que je savois, et que Son Eminence désiroit. Je lui dis d'abord, pour lui épargner son éloquence, qu'il ne falloit pas qu'il espérât que je lui disse ce que je ne savois pas, et ce que M. le cardinal et M. le chancelier ne m'avoient pu faire dire. Il me dit qu'il voyoit bien que je voulois me perdre; mais que si je voulois le croire, je serois le plus heureux homme du monde; que non seulement je sortirois de la Bastille, mais que je retournerois à la cour, et qu'assurément le Roi feroit quelque chose de considérable pour moi; que je devois faire comme M. Patrocle qui, ayant avoué tout ce qu'il savoit, et demandé pardon au Roi, avoit aussitôt été rétabli dans sa charge. Je lui demandai aussitôt si M. Patrocle étoit en peine. Il ne me répondit rien; mais un peu après il m'interrogea pourquoi je lui avois demandé si M. Patrocle étoit en peine. « Parce que vous me l'avez dit, lui répondis-je; car je ne vous l'aurois pas demandé autrement. » Et après il me demanda quelle connoissance j'avois avec lui; s'il ne se mêloit point des intrigues de la Reine. A quoi je lui répondis par manière de raillerie : « Eh quoi! Monsieur, vous dites que c'est moi, et que la Reine l'a dit au Roi! Il faut donc que la Reine ait bien des intrigues, puisqu'il faut tant de gens pour les conduire. » Il ne me répondit rien là-dessus, mais il me questionna sur cent bagatelles, afin de m'embrouiller. Je lui dis que je connoissois M. Patrocle pour être écuyer ordinaire de la Reine; que je ne lui avois jamais vu faire autre chose que sa charge, et que je ne lui en avois parlé que sur ce qu'il m'en avoit dit. Il ne voulut point que son greffier écrivît ce que je disois; mais je lui dis que s'il ne l'écrivoit, je ne lui signerois pas l'interrogatoire. Nous eûmes là-dessus un grand démêlé, car je vis bien qu'il vouloit m'embrouiller et me surprendre.

Enfin il fit écrire mes réponses et se mit à m'embrasser; puis il ajouta que je me défiois de lui, mais qu'il étoit plus mon serviteur que je ne pensois; que dès le commencement de ma prison Son Eminence lui avoit voulu donner la commission de m'interroger; mais que lui étant recommandé par mes amis, il s'en étoit excusé; que M. de La Poterie s'en étoit fait de fête, et qu'il en étoit bien aise; mais que n'ayant pu rien tirer de moi, le Roi avoit voulu absolument qu'il me vînt trouver, et qu'il n'y étoit venu qu'à dessein de me servir. Il me nomma tous mes amis et tous mes ennemis de la cour, tant il s'étoit informé de mes affaires : « Avouez, avouez, me disoit-il, et vous ferez la plus belle action du monde; vous serez cause de la réconciliation du Roi et de la Reine. Dites seulement un mot; continuoit-il en m'embrassant et me baisant, et j'accommoderai l'affaire; en sorte que tout ce qui s'est passé tournera à votre avantage et à votre honneur. »

Comme il vit que toutes ces belles paroles ne m'ébranloient pas, il changea tout d'un coup de ton, et me dit que puisque je me voulois perdre, il m'alloit apprendre bien d'autres nouvelles que je ne savois pas. En même temps il tira un papier de son sac, et en me le montrant : « Voilà, dit-il, un arrêt par lequel vous êtes condamné à la question ordinaire et extraordinaire; voyez où vous en êtes et où vous jette votre opiniâtreté. » Il me fit descendre dans la chambre de la question avec le sergent La Brière, et là ils m'en firent voir tous les instrumens, me la présentèrent, et me firent un grand sermon sur les ais, les coins, les cordages, exagérant le plus qu'ils pouvoient les douleurs que cela causoit, et comme cette question aplatissoit les genoux; ce qui véritablement m'auroit étonné si je n'eusse été résolu à quelque chose de pis, et si je n'eusse tenu la paix dans mes mains en disant à propos ce que j'avois ordre de dire. Je lui dis que le Roi étoit le maître de ma vie, qu'il pouvoit me l'ôter, et qu'à plus forte raison il pouvoit me faire aplatir les genoux ; mais que je savois qu'il étoit juste, et que je ne pouvois croire qu'il consentît qu'on me traitât de la sorte sans l'avoir mérité.

Je fus tout prêt d'avouer ce que j'avois ordre de dire par une instruction secrète ; mais j'eus peur qu'il ne crût que c'étoit la peur qui me le faisoit dire, et que cela ne lui donnât envie de me faire donner la question qu'il m'avoit présentée, afin d'en savoir davantage : outre que d'aller avouer tout d'un coup une chose après l'avoir long-temps niée, cela lui auroit donné des soupçons des avis qu'on m'avoit donnés. C'est pourquoi je lui dis seulement que j'avois quelque chose à dire ; mais que je ne le dirois jamais si la Reine ne me le commandoit. Il ne manqua pas de me dire que la Reine me l'avoit commandé par sa lettre. « Mais, lui dis-je, cette lettre m'est suspecte, on a peut-être forcé la Reine à me l'écrire ; elle m'est donnée par M. le chancelier, et tout ouverte, c'est pourquoi je n'y saurois ajouter foi. — Que voulez-vous donc ? me dit-il. — Je voudrois, lui répartis-je, que la reine m'envoyât un des siens qui fût homme de bien, qui me vînt dire de sa part s'il lui plaisoit que je disse ce que je savois. — Cela est bien aisé, me dit-il, et qui voulez-vous qui vienne de sa part ? » Je me souvins heureusement que le contrôleur général de la maison de la Reine, nommé La Rivière, étoit fort de ses amis ; ainsi, je lui dis que je ne connoissois personne dans la maison de la Reine, à qui je me fiasse tant qu'au contrôleur général La Rivière. Il en fut si ravi, qu'il ne put se tenir de m'embrasser encore une fois, et de me dire que j'avois raison ; qu'il le connoissoit, et qu'il étoit fort homme d'honneur ; que je ne pouvois pas mieux faire et que j'étois bien inspiré.

M. de Laffemas écrivit promptement à la cour qu'il avoit si bien fait, que j'étais prêt à tout dire, pourvu que La Rivière, contrôleur général de la maison de la Reine, vînt de sa part m'assurer que je pouvois dire tout ce que je savois. Aussitôt le Roi et Son Eminence envoyèrent quérir La Rivière, à qui ils commandèrent de me venir trouver de la part de la Reine, et de me dire que Sa Majesté me commandoit absolument de dire tout ce que je savois, et que je n'omisse aucune chose ; qu'elle m'auroit une grande obligation si j'avouois tout,

et qu'elle avoit tout avoué ; qu'après elle se reconcilieroit avec le Roi, qu'elle seroit en repos, que je serois cause du plus grand bien qui lui pût jamais arriver.

Les choses étant ainsi disposées, M. le chancelier m'envoya quérir un soir à la manière ordinaire. D'abord, après avoir pris mon serment, il me donna une réponse que la Reine faisoit à ma dernière lettre, dont la teneur étoit qu'elle avoit reçu ma lettre, et qu'elle n'avoit autre chose à me dire sinon qu'elle vouloit que je disse la vérité. Je dis à M. le chancelier que je l'avois dite, et que je n'en savois point d'autre. « Mais, me dit-il, vous avez dit à M. de Laffemas que vous diriez tout ce que vous savez de ces affaires-ci, pourvu qu'un homme de la part de la Reine vous en apporter la permission. — Il est vrai, lui répondis-je ; car je ne me fie point aux lettres que la Reine m'écrit. » Aussitôt il appela un de ses gens, et lui dit qu'il fît entrer La Rivière. Dès qu'il fut entré, M. le chancelier me demanda si je le connoissois : après lui avoir dit qu'oui, il me demanda pour qui je le connoissois. « Pour un fort honnête homme et très-homme de bien, lui répondis-je. — Eh bien ! me répliqua-t-il, allez entendre ce que la Reine vous mande par lui. »

Nous allâmes au coin du cabinet où, pendant que M. le chancelier parloit à un de ses gens, La Rivière me dit que la Reine lui avoit commandé de me venir trouver, voyant que je ne voulois rien dire de toutes les choses qu'elle m'avoit commandées par ses lettres ; qu'elle en étoit bien en colère contre moi ; qu'elle vouloit absolument que je disse tout ce que je savois, que je ne célasse aucune chose, et que je lui rendrois le plus grand service qu'elle eût jamais reçu de personne ; qu'elle avoit avoué toutes ses intrigues, que le Roi savoit tout, qu'il n'étoit plus temps de faire finesse, et qu'il ne falloit plus songer qu'à trouver grâce auprès du Roi ; qu'il me l'offroit, pourvu que j'avouasse tout ce que je savois ; que si je faisois autrement, la Reine m'abandonneroit, et que j'étois perdu sans ressource.

Je feignis de le croire, et je retournai à M. le chancelier, à qui je dis que j'étois satisfait, et que j'étois prêt à dire tout ce que je savois, puisque la Reine le vouloit, mais que sans cela je ne l'aurois jamais dit, quoi qu'il en pût arriver.

Il écrivit ma déposition, qui fut que la Reine m'avoit donné une lettre pour le marquis de Mirabel ; que je ne savois pas ce qu'elle contenoit ; que je l'avois donnée à M. Ogier, secrétaire de l'ambassadeur d'Angleterre ; et que c'étoit tout ce que je savois. « Mais il y a bien d'autres choses, me dit-il. » Puis il commença à repasser sur toutes les choses dont j'avois été interrogé tant de fois, sur les correspondances de Flandre, d'Espagne, d'Angleterre, de Lorraine, et des religieuses du Val-de-Grâce. Sur tout cela je lui dis que je ne savois rien, et que si j'avois su quelque chose je l'aurois dit comme le reste, puisque la Reine me commandoit de dire tout ce que je savois. Nous eûmes là-dessus une longue contestation ; il me menaça encore de la question, et de me faire faire mon procès. A quoi je répondis qu'il feroit tout ce qu'il voudroit, mais que je n'étois pas assez méchant pour accuser la Reine d'une chose que je ne savois pas être véritable ; et que quand on m'arracheroit les membres du corps les uns après les autres, je ne dirois jamais rien contre ma conscience, et que je me repentois d'en avoir tant dit, puisqu'il ne s'en contentoit pas.

La chose en demeura là. Il me fit signer ma déposition, me renvoya à la Bastille, après avoir prié La Rivière de dire à la Reine que j'avois dit tout ce qu'elle avoit voulu, et tout ce que je savois. Cela cadroit justement à ce que la Reine avoit avoué ; ce qui fut cause que depuis on ne me demanda plus rien.

J'appris ensuite que lors de cet aveu que la Reine n'avoit pu s'empêcher de faire quand on lui avoit montré sa lettre, qui parloit du Roi en termes fort désobligeans, elle fut contrainte de demander pardon par écrit, et de promettre de ne plus écrire. Ce fut là tout son châtiment, car, comme je n'avois rien dit, on ne trouva pas cela assez fort pour la renvoyer en Espagne. M. Le Gras, secrétaire de ses commandemens, lui ayant apporté ce pardon dressé par écrit à signer, elle y résista long-temps, mais après qu'il lui eut fait entendre qu'il y avoit ordre de la mettre dans un château avec des gardes, en cas qu'elle ne le voulût signer, elle y consentit ; mais comme cela fut secret, et qu'on ne sut pas sitôt la réconciliation qui s'ensuivit, il courut un bruit sur ce refus de signer qu'on alloit arrêter la Reine prisonnière, et ce bruit vint jusque dans mon cachot renouveler mes appréhensions.

Justement dans ce temps-là j'entendis le tambour des gardes qui passoit à la porte Saint-Antoine : je demandai ce que c'étoit, et l'on me dit que la cour venoit à Saint-Maur-des-Fossés ; ce qui redoubla ma frayeur, parce que je croyois que la cour n'alloit à Saint-Maur que pour mettre la Reine à Vincennes ; que si on l'arrêtoit ce ne seroit pas pour peu de temps, ou que si elle en sortoit ce ne seroit que pour aller en Espagne, ce qu'on auroit de la peine à faire si je ne parlois ; et comme j'étois toujours ferme dans la résolution de ne rien dire qui lui pût nuire, il étoit à craindre qu'ils ne me fissent mourir, et ne fabriquassent un testament de mort par lequel j'accuserois la Reine de tout ce qu'il plaisoit à ses ennemis ; qu'il étoit fort aisé de contrefaire ma signature, et que je ne reviendrois pas de l'autre monde pour les accuser de fausseté.

Mais cette crainte se dissipa tout-à-fait quand, tiré du cachot après y avoir été retenu six semaines, et jouissant des libertés de la Bastille, j'appris la vérité de toutes choses par madame d'Hautefort et mademoiselle de Chamerault, qui me vinrent voir à la grille. Elles me dirent que la réconciliation de Leurs Majestés s'étant faite à Chantilly quelques jours après la signature du pardon, le Roi en étoit parti pour venir à Paris voir mademoiselle de La Fayette, qui s'étoit retirée aux Filles de Sainte-Marie de la porte Saint-Antoine, et passant par là pour aller à Saint-Maur, me donna l'appréhension dont je viens de parler. Un jour ou deux après, la Reine vint à Paris, et passa par la porte Saint-Antoine pour aller trouver le Roi à Saint-Maur ; de quoi ayant été averti, je montai sur les tours pour la voir passer. Aussitôt qu'elle m'aperçut, elle descendit du devant de son carrosse, et se mit à la portière pour me faire signe de la main, et me témoigner autant qu'elle pouvoit, par des signes de tête, qu'elle étoit contente de moi et de ma conduite. Il n'y eut pas un prisonnier à qui je ne fisse autant d'envie que je lui avois fait de pitié, et qui n'eût voulu souffrir plus que je n'avois souffert pour mériter ce témoignage, quoique léger, de la reconnoissance d'une grande Reine : tant il est vrai que les François se satisfont aisément d'un peu de fumée.

De Saint-Maur Leurs Majestés revinrent à Paris, où elles couchèrent ensemble, et dès la première nuit la Reine devint grosse du Roi notre maître ; si bien qu'avec raison on le pouvoit appeler le fils de mon silence, aussi bien que des prières de la Reine et des vœux de toute la France.

Au sortir de mon cachot, on me mit avec M. le comte d'Achon, gentilhomme très-sage, plein d'honneur, et neveu du père de Chanteloube, prêtre de l'Oratoire, qui étoit avec la reine mère, Marie de Médicis, en Flandre, et qui fut du conseil de faire prendre madame d'Aiguillon pour sauver la vie de M. de Montmorency. Ce fut le comte d'Achon qui conduisit cette entreprise avec M. de Besançon l'aîné, qui s'étant sauvé du Fort-l'Evêque, où il étoit prisonnier, par le moyen d'une machine qu'il avoit inventée, se retira en Flandre avec la Reine mère. Leur dessein étoit d'enlever madame d'Aiguillon lorsqu'elle se promèneroit sur une haquenée dans le parc de Vincennes, et de la mener en Flandre, pour donner la peur à M. le cardinal que la Reine mère n'usât de représailles sur cette dame s'il faisoit mourir M. de Montmorency. Il y eut quelque faux frère qui découvrit la chose. Un soldat fut pendu, M. le comte d'Achon et un valet de chambre de la Reine mère furent mis à la Bastille ; mais celui-ci s'en sauva, et le pauvre comte d'Achon fut mis dans un cachot, sans autre lumière que celle d'une lampe. Il y demeura sept ans ; et y étant entré sans barbe, il en sortit avec des cheveux blancs ; mais il n'en eût pas encore été quitte pour cela, sans madame d'Aiguillon, qui ne voulut pas qu'on ôtât la vie à un gentilhomme pour l'amour d'elle. Cependant ses parens s'étoient saisis de son bien, ne croyant pas qu'il revînt jamais de là ; si bien qu'il étoit accablé de toutes sortes de malheurs : de quoi m'entretenant avec lui, il me vint en pensée que madame de Rambouillet, depuis madame de Montausier, étoit fort aimée de madame d'Aiguillon, et qu'en offrant quelque chose à un pauvre gentilhomme qui étoit à elle, il pourroit engager sa maîtresse à solliciter madame d'Aiguillon de pousser sa générosité jusqu'au bout. M. d'Achon promit mille pistoles : le gentilhomme s'employa ; j'en parlai aussi à madame de Rambouillet dans l'intervalle de ma sortie de la Bastille et de mon voyage de Saumur ; et elle fit si bien auprès de madame d'Aiguillon, qu'elle fit la chose de la meilleure grâce du monde ; car elle prit son temps de le faire sortir lors du mariage de M. de Saint-Sauveur, parent de M. le cardinal, avec mademoiselle de Jalaine, parente de M. le maréchal de Brézé ; et de la Bastille elle le fit venir du même pas à ces noces : de sorte que, par la première lettre que je reçus de lui en arrivant à Saumur, il me manda que de l'enfer il avoit passé tout d'un coup en paradis ; et madame d'Aiguillon, non contente de cela, prit ses intérêts en main et lui aida à solliciter ses procès, qu'il gagna tous, et le fit rentrer dans la possession de son bien.

Il y avoit encore avec lui, dans la même chambre, M. de Chavaille, lieutenant-général d'Uzerche en Limosin, qui étoit là pour un démêlé qu'il avoit eu avec M. de Ventadour, gouverneur de la province, auquel il n'avoit pas voulu obéir.

Nous passions le temps tous trois à différentes choses : M. d'Achon étudioit les mathématiques et se divertissoit quelquefois à dresser des chiens au manége (ce qu'il faisoit admirablement) ; M. de Chavaille composoit un livre, et j'apprenois à dessiner, avec la perspective, que M. Du Fargis me montroit. Ce gentilhomme avoit été pris avec M. Du Coudray-Montpensier lorsque Monsieur revint de Bruxelles, et que M. de Puylaurens fut arrêté au Louvre et mené à Vincennes.

Outre ces messieurs et ceux dont j'ai parlé ci-dessus, la Bastille étoit remplie de quantité de personnes de qualité. M. le maréchal de Bassompierre y avoit été mis pour les affaires de la Reine mère, dans le même temps qu'elle fut arrêtée. Comme j'ai dit, son âge lui avoit fait perdre la mémoire ; en sorte qu'il racontoit à tous momens aux mêmes personnes l'histoire de ses amours. Mais il n'en étoit pas pour cela moins galant ; car il courtisoit fort une mademoiselle de ***, aussi prisonnière, jusque-là que le bruit en courut à la ville et à la cour. Tantôt l'un disoit qu'il l'avoit épousée et l'autre qu'elle étoit grosse (ce qui lui faisoit tort) ; dont ayant été averti par ses amis, il voulut donner le change au maréchal de Vitry, qui n'entendit pas raillerie là-dessus et la fit sortir de sa chambre toutes les fois qu'elle y vint.

M. le maréchal de Vitry fut mis à la Bastille depuis moi, à cause des plaintes des Provençaux, qui l'accusoient de quelques violences. Cependant, quelque violente que fût son humeur, il supporta sa prison avec une constance merveilleuse. Comme il ne pouvoit voir de feu sans en être incommodé, jusque-là que ses joues se fendoient et en saignoient, il envoyoit tous les matins chauffer sa chemise dans notre chambre, qui étoit au-dessus de la sienne ; et son laquais lui ayant rapporté que j'étois là, il me manda qu'il étoit en grande peine pour des papiers de conséquence qui étoient chez lui, et qu'il avoit peur que l'on vît ; que je lui ferois grand plaisir si par mes correspondances je pouvois faire tenir une lettre de lui à ses gens à la ville, pour les avertir de mettre ses papiers en lieu de sûreté, et que je fis : sa lettre fut tenue et ses papiers mis à couvert. La chose lui toucha tellement au cœur, que quand nous fûmes tous deux en liberté il me mena chez lui et commanda devant moi à ses enfans d'avoir un souvenir éternel du service que je lui avois rendu.

M. le comte de Cramail étoit à la Bastille long-temps avant moi, et y avoit été mis pour avoir averti le Roi, quand Sa Majesté fut en

Lorraine, que sa personne n'étoit pas en sûreté, parce que l'armée des Lorrains étoit plus forte que la sienne ; ce qui fut rapporté par M. de Chavigny à Son Éminence, qui le punit de la prison pour avoir donné de l'appréhension au Roi, quoiqu'elle fût juste et raisonnable ; c'étoit un fort honnête homme et très-sage, qui avoit si bien acquis l'estime de la Reine, que j'ai ouï dire à Sa Majesté, long-temps auparavant, que si elle avoit des enfans dont elle fût la maîtresse, il en seroit le gouverneur.

Le commandeur de Jars y étoit aussi avant moi, pour avoir eu part à l'intrigue de M. Châteauneuf. Il avoit d'abord été envoyé à Troyes, avec ordre à M. de Laffemas de lui faire son procès : il se défendit bien contre lui, jusque-là qu'ayant été mené par ses gardes à l'église le jour d'une grande fête, et l'ayant vu communier, il sauta aussitôt à lui, le prit au collet, et le pressa d'avouer devant Dieu, qu'il tenoit en sa bouche, qu'il avoit aposté tous les témoins qu'il lui avoit confrontés : de quoi M. de Laffemas demeura très-surpris, et ne lui dit autre chose, sinon qu'il étoit trop violent et qu'il se perdroit ; ce qui pensa arriver, car il fut condamné à avoir la tête tranchée, mené sur l'échafaud les yeux bandés, et prêt à recevoir le coup, lorsqu'on vint crier *grâce !* ce qui fit paroître que tout ce qu'on avoit fait n'étoit que pour le faire parler : mais il demeura toujours ferme et on l'emmena de là à la Bastille, où je le trouvai en arrivant fort à propos pour la Reine et pour moi, comme il paroît par ce que j'ai dit ci-dessus.

M. de Gouillé, gentilhomme très-bien fait, qui avoit été nourri page de M. de Nemours, y fut mis par adresse de la ***, célèbre demoiselle qu'il entretenoit ; et comme son inconstance ne lui plaisoit point, il la maltraitoit quelquefois, et effarouchoit tous ses autres galans par sa bravoure ; de sorte que pour s'en défaire elle écrivit à M. le cardinal qu'elle lui avoit ouï dire qu'il ne mourroit jamais que de sa main.

M. Vautier, médecin de la reine mère Marie de Médicis, qui a été ensuite premier médecin du Roi, avoit été mis à la Bastille dans le temps que sa maîtresse fut arrêtée à Compiègne, parce qu'il fut soupçonné de lui avoir donné des conseils qui ne plaisoient pas à la cour. Il supportoit sa prison avec beaucoup de chagrin, quoique pour le charmer il fît venir Pierre Eigonne, grand mathématicien, qui lui enseignoit l'astronomie. Cependant se promenant sur la terrasse, on lui entendoit dire dans son ennui ces paroles de David : *Usquequò, Domine, usquequò ?*

J'omets ici une infinité d'autres personnes qui étoient à la Bastille pour divers sujets.

Comme j'avois gagné dans mon cachot une fièvre lente qui m'avoit bien affoibli, le plaisir de la société, le grand air que je respirai sur le haut des tours, et la tranquillité où je me trouvai après une si grande secousse, rétablirent en peu de temps ma santé. La vue de la Reine, et le témoignage de reconnoissance qu'elle m'avoit donné du haut des tours, me fit concevoir des espérances d'une meilleure fortune, dont la première marque fut ma sortie de la Bastille, où je demeurai neuf mois jour pour jour, comme dans le ventre de ma mère ; avec cette différence qu'elle ne fut point incommodée de cette grossesse, dont j'eus seul toutes les tranchées et les douleurs. Ce ne furent pourtant point celles-là qui la firent accoucher de moi, mais une autre grossesse ; car la Reine étant a mi-terme, et ayant senti remuer son enfant, elle demanda ma liberté par l'entremise de M. de Chavigny ; ce qu'on lui accorda, à la charge que j'irois en exil à Saumur, et que je n'en sortirois point sans ordre du Roi.

[1638] Le 12 mai de l'année 1638, M. Le Gras, secrétaire des commandemens de la Reine, avec un commis de M. de Chavigny, vint me faire signer la promesse que je faisois au Roi d'aller à Saumur à cette condition. Je signai, et le lendemain je sortis de la Bastille, après avoir pris congé de tous les prisonniers.

Ainsi le premier coup de pied du Roi me fit ouvrir toutes les portes de la Bastille, et m'envoya à plus de quatre-vingts lieues de là. Aussitôt que je fus sorti de prison, on me mena chez M. de Chavigny, que la Reine avoit employé pour obtenir ma liberté, lequel me reçut le plus honnêtement du monde, et témoigna qu'il avoit de la joie de ce que j'avois eu assez de fermeté pour défendre la Reine ; ce qui me fit croire qu'il étoit serviteur de Sa Majesté autant que le pouvoit être un homme à la place où il étoit. Il me dit que je ne pouvois demeurer que deux jours à Paris ; mais après lui avoir représenté que ma prison avoit dérangé toutes mes affaires, et que m'en allant pour long-temps, j'avois besoin de quelques jours de séjour pour y donner ordre, il m'accorda huit jours, à la charge que je ne verrois personne de la cour et que je n'irois que la nuit à mes affaires. Je le remerciai autant que je pus ; et après avoir pris congé de lui, j'allai rendre grâce à Dieu et à la Vierge à Notre-Dame.

J'allai ensuite chez madame de La Flotte pour rendre mes devoirs à madame d'Hautefort. C'étoit là qu'il falloit faire des remercimens et des protestations de reconnoissance ; mais elle m'arrêta tout court, et je crois qu'elle eut raison, car, outre que je les faisois mal, c'est à mon gré une méchante monnoie pour payer de véritables obligations : bonne ou mauvaise cependant, c'étoit tout ce que je pouvois donner à la générosité si extraordinaire d'une personne qui avoit pris tant de peine à m'assister ; car, outre les choses qui regardoient le service de la Reine, elle m'avoit rendu tous les bons offices qu'elle avoit pu, et eut bien plus de soin de mes affaires qu'elle n'en a toujours eu des siennes. Ce n'étoit pas une générosité commune qui attend les occasions, elle les cherchoit continuellement ; et ce qui est admirable, c'est qu'elle a toujours été et qu'elle est encore à présent de la même force. Je fis aussi mon compliment à madame de La Flotte, qui me dit qu'elle avoit ordre de la Reine de me voir et de me dire qu'elle me donneroit sa vie durant six cents écus de pension.

Avant de partir, M. le cardinal me fit demander par madame la marquise de Mons si je voulois me donner à lui, ce que je ne crus pas à propos de faire ; et j'ai appris depuis de M. l'abbé de Beaumont, son maître de chambre, qu'après l'interrogatoire qu'il m'avoit fait subir chez lui, il avoit fait appeler tous ceux de sa maison, et leur avoit dit qu'il souhaiteroit pour beaucoup être assuré d'avoir parmi eux une personne aussi fidèle que moi.

Après avoir donné ordre à mes petites affaires, je m'en allai à Saumur, où je ne m'établis pas d'abord pour un long séjour ; car on m'avoit toujours fait espérer que je retournerois à la cour aussitôt que la Reine seroit accouchée : mais les affaires changèrent de face, et la Reine eut assez de peine à se conserver elle-même, et à se défendre de ses ennemis, qui n'étoient pas moins puissans qu'avant qu'elle eût des enfans.

Je trouvai à Saumur M. de la Berchère, premier président du parlement de Dijon, qui y étoit, il y avoit huit ou dix mois, par ordre du Roi pour satisfaire feu M. le prince, qui n'avoit su compatir avec le crédit, le mérite et l'affection pour le service du Roi qu'avoit au souverain degré cet excellent homme.

Nous fîmes ensemble une étroite amitié, et nous nous promîmes réciproquement que le premier qui seroit en pouvoir auroit soin de son compagnon. Je fus assez heureux pour être le premier rappelé ; et, après l'avoir fait revenir, nonobstant les oppositions de M. le prince, et qu'il fût abandonné de tous ses parens, qui craignoient de se faire un tel ennemi, je fus le seul à presser la Reine de le faire rentrer dans sa charge : à quoi, ne pouvant réussir, il arriva que la première présidence de Grenoble étant venue à vaquer, M. le prince fut le premier à la demander pour lui afin de s'en défaire. Nous passâmes cinq années ensemble à Saumur, où nous avions souvent la compagnie de M. l'abbé de Foix, qui avoit été mis à la Bastille, et de là renvoyé à son abbaye du Leroux, pour avoir été à la Reine mère.

Nous voyions aussi quelquefois M. de Servien, qui venoit souvent d'Angers, où il étoit exilé, se promener et faire sa cour au maréchal de Brézé.

Quand j'eus appris que la Reine étoit accouchée, et qu'elle n'en avoit pas plus de pouvoir, je commençai à m'établir pour longues années, et j'écrivis à madame d'Hautefort que je la suppliois d'employer son crédit pour m'obtenir la permission de me promener aux environs de Saumur ; ce qu'elle obtint avec bien de la peine par l'entremise de M. de Chavigny, à condition que je n'en abuserois pas, et que nos promenades ne passeroient pas sept à huit lieues à la ronde.

La première sortie que je fis fut pour aller à Richelieu avec M. de La Berchère. En y allant nous passâmes par Champigny, où nous vîmes les ruines de cette belle et ancienne maison, qu'on avoit démolie pour bâtir Richelieu. Après avoir vu la Sainte-Chapelle, qui seule étoit restée de tout le bâtiment, nous continuâmes notre voyage, et de Richelieu nous fûmes voir les possédées à Loudun.

Depuis ce temps-là j'allongeai ma chaîne peu à peu ; mais j'appris une fâcheuse nouvelle qui l'appesantit extrêmement, c'est que madame d'Hautefort étoit reléguée au Mans. Je n'en ai jamais bien su positivement la cause, ni elle non plus ; car de croire que ce fût pour m'avoir donné des avis pendant que j'étois à la Bastille, cela avoit été trop secret pour qu'on en découvrit quelque chose ; et d'ailleurs, si cela eût été, on auroit assurément doublé ma peine. Ce qui me fait croire que la chose arriva, parce que Son Eminence voyant que madame d'Hautefort n'étoit pas de ses amis, et qu'elle avoit une grande passion pour la Reine, il voulut mettre à sa place dans l'esprit du Roi une personne entièrement dépendante de lui ; et, pour cet effet, il jeta les yeux sur M. de Cinq-Mars, fils de M. d'Effiat son parent, qui l'étoit aussi de M. des Noyers ; mais il fut trompé, car M. de Cinq-Mars le voulut supplanter lui-même, et l'accabler en lui suscitant une grande guerre par des négociations qu'il fit en Espagne, et qui causèrent sa perte. La Reine, pour avoir eu connoissance de ses desseins, en fut très mal auprès du Roi, jusque-là qu'on fut près de lui ôter ses enfans.

Dès que j'eus appris que madame d'Hautefort étoit au Mans, j'allai lui rendre mes devoirs sous le nom de L'Hermitage, de peur qu'on ne mandât à la cour que j'y avois été ; ce qui lui auroit pu nuire, et à moi aussi. Il ne se passa point d'année que je n'eusse l'honneur de la voir, et de faire de petits voyages avec elle ; de son côté elle en fit un à Saumur, où elle avoit mandé à mademoiselle de Chemerault de se trouver. Je leur avois retenu un logement pour les loger ensemble, et cette affaire devoit être fort secrète ; mais cette demoiselle, qui gardoit toujours des mesures avec la cour, où elle faisoit tont son possible pour retourner, ne faisoit rien aussi qui lui pût nuire. Elle donna avis qu'elle venoit à Saumur avec madame d'Hautefort, et le publia avant de partir de Poitiers ; en sorte que quand madame d'Hautefort arriva à l'hôtellerie il n'y avoit pas un valet ni une servante qui ne sût leur arrivée. Cela me surprit et me donna du soupçon, car j'étois assuré que cela ne venoit point de madame d'Hautefort ; et comme je savois que mademoiselle de Chemerault avoit trop d'esprit pour avoir rien dit sans y penser, je crus qu'elle avoit fait courir ce bruit exprès : et ce qui me le confirma fut que j'aperçus en même temps M. de Noirmoutier qui arrivoit à l'hôtellerie voisine de celle où elles devoient loger, lequel me dit aussitôt que mademoiselle de Chemerault lui avoit mandé que madame d'Hautefort et elle devoient venir à Saumur. Il me déclara le sujet de son voyage, qui étoit une extrême passion pour madame d'Hautefort, à laquelle il venoit offrir son service, et que mademoiselle de Chemerault lui avoit promis de le servir ; qu'il croyoit l'occasion d'autant plus favorable qu'on n'en sauroit rien. Mais lorsque je lui eus dit que M. de Villars étoit avec elle, il en pensa mourir de douleur, et il chercha tous les moyens d'écarter M. de Villars, et de parler à madame d'Hautefort et à sa confidente sans qu'il le sût ; ce que lui ayant fait connoître être impossible, jamais homme ne fut plus affligé. Il étoit résolu d'aller chez un orfèvre faire faire un cachet du Roi, puis de fabriquer une lettre de cachet portant ordre à M. de Villars de se rendre en diligence à Paris, et de la lui envoyer par un homme aposté ; mais il en fut dissuadé par un gentilhomme nommé Du Rossai, qui étoit à lui.

Madame d'Hautefort fut extrêmement surprise lorsque je lui dis cela, et crut bien d'abord que c'étoit mademoiselle de Chemerault qui lui avoit fait cette pièce : de quoi elle fut fort en colère contre elle ; mais avec tout cela elle ne se put défendre de le voir, ce qui n'avança pas ses affaires ; et quoiqu'il voulût s'aller jeter dans la rivière ou en faire le semblant, on étoit fort résolu de le laisser boire sans lui en faire raison. Il fit tout ce que l'amour peut suggérer quand il est extrême et que le sujet est sans défauts ; mais il avoit affaire à une personne qui n'étoit pas aisée à toucher, et pour laquelle les têtes couronnées avoient souvent fait des vœux qui n'avoient jamais été exaucés. Elle le congédia plusieurs fois ; mais comme elle vit qu'il ne se rebutoit pas, elle partit de grand matin et s'en retourna au Mans. Il courut après : on ferma les portières du carrosse, et enfin on le traita de manière qu'il fut obligé de s'en retourner à Saumur, où il fut encore quelques jours avec mademoiselle de Chemerault ; et comme madame d'Hautefort s'étoit séparée d'elle assez froidement, elle voulut me faire voir, par le traitement qu'elle faisoit à M. de Noirmoutier, qu'elle n'étoit point tant son amie, et qu'elle en étoit même importunée. Elle lui tiroit la langue par derrière en se moquant de lui, ce qu'elle pouvoit aussi bien faire à madame d'Hautefort qu'à lui ; car cette bonne demoiselle étoit fort adroite à servir les deux partis, comme il paroîtra par ce que je vais dire.

[1639] L'année d'après, madame d'Hautefort me manda que je l'allasse attendre à Tours, et me pria de l'accompagner à Poitiers ; ce qui fut fait. Nous y fûmes huit jours, et M. de Villemontée, intendant de justice, nous y traita splendidement. Pendant tout ce temps-là j'appris à Poitiers que mademoiselle de Chemerault avoit intelligence à la cour, et que même elle en recevoit des bienfaits ; ce qui paroissoit par la dépense qu'elle faisoit, à quoi elle n'eût pu fournir de son revenu particulier. Je l'observai dans les entretiens ; et comme je me défiois d'elle, il ne me fut pas difficile de connoître que les soupçons que j'avois eus n'étoient pas mal fondés. J'avertis madame d'Hautefort de ce que j'avois vu et entendu ; mais comme elle est bonne, et qu'elle a la conscience délicate, elle ne put croire qu'elle fût capable de faire une si lâche action ; et comme de jour en jour je m'affermissois dans la croyance qu'elle trompoit son amie, je ne pouvois m'empêcher d'avertir madame d'Hautefort de prendre garde à elle, et sa générosité naturelle l'empêchoit toujours d'ajouter foi à ce que je lui disois, ne pouvant s'imaginer qu'une personne qu'elle aimoit pût commettre un crime dont elle ne pouvoit pas seulement souffrir la pensée : aussi, pour avoir jugé par elle-même, elle se trouva trompée, et n'en put jamais être persuadée qu'après la mort de Son Eminence, dans le cabinet duquel il se trouva dix-sept lettres où, par le moyen de madame de La Malaye, elle rendoit un compte fort exact à Son Eminence de tout ce que madame d'Hautefort lui avoit confié, tant de ce qui la concernoit en particulier que de ce qui regardoit la Reine, laquelle envoya ces lettres à madame d'Hautefort au Mans, et qui depuis ont été vues de toute la France, et imprimées pendant les désordres de Paris.

[1642] M. le cardinal étant mort le 2 décembre 1642, le Roi tomba malade quelque temps après, d'une maladie si violente qu'on crut qu'il n'en échapperoit point : on nous avertissoit de tout ce qui se passoit, et qu'il étoit nécessaire que madame d'Hautefort se trouvât auprès de la Reine aussitôt que le Roi seroit mort ; c'est pourquoi nous crûmes qu'il ne falloit pas attendre cette nouvelle pour partir. Nous vînmes *incognito* à Paris; nous y arrivâmes exprès fort tard, de peur de rencontrer des gens de connoissance ; ce qui nous donna bien de la peine, car tant de gens s'étoient rendus à Paris à cause du changement de règne qu'on croyoit fort proche, que nous fûmes jusques à onze heures du soir sans pouvoir trouver où nous loger : nous trouvâmes enfin une maison garnie sur les fossés près l'hôtel de Condé, où nous vîmes le lendemain matin force apparence d'un mauvais lieu. Nous y apprîmes en même temps que le Roi se portoit mieux, qu'il s'étoit fait faire le poil, et qu'il jouoit de la guitare ; si bien que nous reprîmes aussitôt le chemin de Blois, et de là à Saumur, d'où madame d'Hautefort s'en retourna au Mans.

[1643] Quelque temps après nous eûmes des avis certains que le Roi étoit mort le 14 mai 1643 ; et aussitôt la Reine envoya Du Tale à madame d'Hautefort, avec ordre de me venir quérir. J'allai trouver madame d'Hautefort au Mans, et j'y rencontrai Gaboury, qui étoit encore venu pour la hâter de partir.

Nous nous en allâmes tous à Paris, où d'abord la Reine nous fit la meilleure réception du monde ; et comme je ne m'étois pas présenté à elle dès le soir de notre arrivée, elle m'en fit reproche, et me demanda pourquoi je n'étois pas allé la voir en arrivant. Je m'en excusai sur ce que je n'étois pas habillé de deuil.

Après que je lui eus fait mon compliment, elle dit tout haut devant messieurs les évêques de Beauvais et de Nantes, M. le président de Bailleul et plusieurs autres : « Voilà ce pauvre garçon qui a tant souffert pour moi, et à qui je dois tout ce que je suis à présent. » Ce qu'elle redit plusieurs fois, et qu'elle n'auroit jamais de repos qu'elle ne m'eût mis en état d'être satisfait d'elle.

Deux ou trois jours après elle commença, en me disant qu'elle avoit affaire auprès du Roi d'une personne qui fût absolument à elle ; qu'elle avoit jeté les yeux sur moi, et qu'elle croyoit que je ne lui manquerois jamais. Après que je l'en eus assurée, elle me dit qu'elle me donnoit cent mille livres pour acheter de Beringhen la charge de premier valet de chambre du Roi. Après l'avoir remerciée, elle me dit que je n'en demeurerois pas là ; que je ne me misse point en peine, et que je la laissasse faire. Je ne doute point qu'elle ne m'eût tenu parole si elle n'en eût été empêchée. Elle me témoigna être fort embarrassée de tant de gens qui lui demandoient, mais qu'elle vouloit préférer ceux qui l'avoient servie aux autres ; à quoi je lui répondis que, dans toutes les affaires où elle seroit importunée, il n'y avoit point d'autre moyen pour s'en soulager que de faire justice à tout le monde. Elle me dit qu'elle y étoit bien résolue, et qu'elle feroit grande différence entre les gens de la solitude et ceux de la multitude : cependant la multitude l'emporta dans la suite.

Il y avoit plusieurs brigues à la cour pour le gouvernement, celle du cardinal de Mazarin, et celle de messieurs de Beaufort et de Beauvais, entre lesquelles on ne savoit celle qui prévaudroit ; ce qui m'engagea de dire à la Reine que comme j'étois à elle d'une manière que je voulois bien que tout le monde sût, je la suppliois très-humblement de me dire laquelle de ces brigues elle vouloit protéger, parce que je ne savois quel parti prendre, et que je n'en voulois point d'autre que le sien. Elle me répondit qu'elle avoit jeté les yeux sur le cardinal Mazarin, dont ensuite elle me dit tous les biens imaginables ; ce qui me fit connoître que le choix en étoit fait. Ainsi je la suppliai de me donner sa connoissance, ce qu'elle reçut fort bien ; et dès le soir même Son Eminence étant avec elle en particulier dans son grand cabinet, Sa Majesté en sortit pour me dire que j'y entrasse et que je lui disse mon nom.

Comme elle venoit de l'entretenir de tous les services que je lui avois rendus, il m'embrassa à plusieurs reprises, et me dit qu'il savoit l'estime que la Reine faisoit de moi ; qu'il avoit appris mes services, et que n'ayant point d'autre dessein que de servir Sa Majesté, il seroit ami de tous ses serviteurs, et le mien particulièrement ; ce qu'il tâcha de me persuader par de belles promesses. Il me pria de le voir tous les matins, à quoi je ne manquai guère ; et si j'y manquois quelquefois, il m'en faisoit le soir des plaintes chez la Reine, et me disoit que quand même il ne seroit pas éveillé il vouloit que j'entrasse dans sa chambre, et donna ordre à l'abbé Auvray, son maître de chambre, de m'en laisser l'entrée libre à quelque prix que ce fût; ce qui dura quelque temps avec une grande familiarité.

Depuis s'étant plaint à moi que la Reine ne se faisoit pas assez respecter de ses domestiques, et particulièrement de ses femmes, il me dit qu'il falloit que je le disse à Sa Majesté, et que je la portasse à vivre d'une autre façon. Je crus d'abord qu'il voulut éprouver par là si j'avois assez de crédit pour servir ou pour desservir; je lui répondis que la Reine étoit bonne, et qu'elle avoit toujours vécu fort familièrement avec ses domestiques; que c'étoit cette bonté qui faisoit qu'on la servoit avec tant de passion sans intérêt, et qu'elle n'avoit point eu jusqu'à présent d'autre monnoie pour payer ses serviteurs. Il me dit qu'il ne falloit pas abuser de cette bonté, ce dont je demeurai d'accord. Nous nous séparâmes avec des sentimens bien contraires; car il me prit pour une bonne bête, et moi je ne le pris ni pour l'un ni pour l'autre : toutefois nous fûmes encore en bonne intelligence, car il n'étoit pas encore dans une assiette assez bien affermie pour ne pas craindre d'augmenter le nombre de ses ennemis.

Dans cet intervalle je fus en état de rendre service à mes amis : je fis revenir M. de La Berchère, comme je lui avois promis; je fis donner à Gaboury la charge que j'avois chez la Reine; j'obtins pour M. le comte de Montignac, frère de madame d'Hautefort, la charge de capitaine lieutenant des gendarmes de Monsieur; et je fis donner une place de femme de chambre de la Reine, vacante par la mort de madame de Lingende, à madame de La Moussardière, qui étoit à madame d'Hautefort, laquelle me laissa demander toutes ces choses, parce qu'elle ne vouloit pas avoir obligation à Son Eminence. Elle ne lui demandoit rien; ce qui faisoit que ses proches ne s'en trouvoient pas mieux.

A quelque temps de là M. le cardinal eut ombrage de mademoiselle d'Ance, femme de chambre de la Reine, laquelle entroit au prie-dieu de Sa Majesté, et avoit grande part en sa familiarité. Il ne me la nomma pas, mais il me fit un second chapitre des femmes de la Reine en général, me disant qu'il falloit que je disse à la Reine qu'elle n'eût plus de familiarité avec ses femmes, et que cela lui faisoit tort; que je ne me misse pas en peine, et qu'il me maintiendroit bien. Je l'entendis fort bien, et lui dis que je lui avois promis d'être son serviteur; mais que je suppliois Son Eminence de se servir de moi dans les choses auxquelles j'étois propre; qu'il étoit dans une place où il trouveroit assez de gens disposés à le servir en toutes choses; que pour tout ce que pourroit faire un homme de bien et un homme d'honneur, je le ferois avec un grand zèle; que pour celles qu'il désiroit actuellement de moi je les ferois si mal et de si mauvaise grâce, qu'il n'en retireroit jamais l'avantage qu'il souhaitoit. Il me prit les mains, et me dit qu'il m'en estimoit davantage; mais avec tout cela ce fut le commencement de l'aversion qu'il eut depuis pour moi, laquelle s'accrut à mesure qu'il s'établit dans l'esprit de la Reine, duquel devenu maître, il ne se soucia plus de personne.

Il s'en déclara un jour à l'abbé de Beaumont, précepteur du Roi, depuis évêque de Rhodez et archevêque de Paris, lequel lui donnoit un avis comme son serviteur, qui étoit que tout le monde se plaignoit de lui à cause de sa façon de donner; qu'il promettoit la même chose à cent personnes, et que ne la pouvant donner qu'à une seule, il en désobligeoit quatre-vingt-dix-neuf; et que même il n'obligeoit pas la centième à qui il la donnoit, à cause de la longueur du temps qu'il la faisoit attendre, ou à cause de ce qu'il exigeoit de ceux à qui il donnoit. Il répondit à M. de Beaumont ? « Que les François s'accoutument s'ils veulent à ma façon d'agir, car je ne me veux pas accoutumer à la leur. Quand j'aurai le Roi et la Reine pour moi, ils seront tous mes amis, et si je tombois dans leur disgrâce, je n'aurois plus que faire d'eux, parce que je ne demeurerois pas en France; et si j'y demeurois, ceux que j'aurois le plus obligés seroient mes plus grands ennemis. »

Tous les serviteurs de la Reine s'aperçurent bientôt que leurs affaires n'iroient pas bien sous la conduite de ce nouveau ministre; et entre autres madame d'Hautefort, qui avoit perdu sa fortune pour avoir trop aimé la Reine, fut la première à connaître cette vérité du psaume : *Ne mettez point votre confiance dans les grands de la terre ;* car d'abord que nous fûmes arrivés de nos exils, un soir ayant voulu entrer au prie-dieu de la Reine comme elle faisoit autrefois, madame d'Ance lui dit de la part de Sa Majesté qu'elle sortît, et que la Reine ne vouloit personne avec elle à cette heure-là. Madame d'Hautefort me le dit aussitôt, et qu'elle eût voulu être encore au Mans; cependant la Reine la traitoit bien encore, à cela près.

M. le cardinal cependant, pour se faire des créatures à lui seul, et pour empêcher que personne ne s'attachât à la Reine, fit ce qu'il put pour détruire peu à peu dans l'esprit de Sa Majesté tous ceux et celles qui l'avoient le mieux servie : de leur côté ils tâchoient de continuer leurs services, et de remontrer à Sa Majesté qu'elle perdoit tous ses serviteurs en préférant un étranger à tant d'honnêtes gens, et que les conférences particulières qu'elle avoit avec lui serviroient de prétexte à ses ennemis pour donner atteinte à sa réputation. Un jour, comme madame d'Hautefort lui disoit que M. le cardinal étoit encore bien jeune pour qu'il ne se fît point de mauvais discours d'elle et de lui, Sa Majesté lui répondit qu'il n'aimoit pas les femmes ; qu'il étoit d'un pays à avoir des inclinations d'une tout autre nature.

La grande passion qu'avoit madame d'Hautefort pour la conservation de la réputation de la Reine n'avançoit pas ses affaires en lui disant tout ce qu'elle savoit ; et moi, qui ne pouvois me défaire de cet attachement et de cette fidélité que j'avais toujours eus pour elle, je n'en faisois pas mieux les miennes, car au commencement de la régence la Reine m'ayant commandé de l'avertir de tout ce que je savois, qu'elle se fioit en moi, et que je ne craignisse rien, je crus qu'elle entendoit par là que je lui dirois bonnement tout ce qu'on diroit d'elle, pour s'en instruire et se corriger ; mais comme son dessein n'étoit autre sinon que je révélerois ceux qui blâmoient sa conduite et que j'aurois une complaisance aveugle, nous ne nous entendîmes point : de sorte que je ne la servois pas selon son intention, mais bien selon la mienne, qui étoit de la servir véritablement.

Un jour après que le conseil fut fini, j'entrai dans le cabinet des livres au Louvre, où il se tenoit, et je trouvai la Reine presque seule, car il n'y avoit avec elle que M. de Guitaut, capitaine de ses gardes, et mademoiselle de Siffredi, l'une de ses femmes de chambre. Dès que Sa Majesté me vit, elle m'appela à son ordinaire, et me demanda ce qu'on disoit. Suivant le commandement qu'elle m'avoit fait, je lui parlai librement, et peut-être un peu trop ; je lui répondis que j'étois fort triste, et que je ne savois ce que je lui devois dire ; qu'en ne lui disant rien je n'obéissois pas à ses ordres, et qu'en lui rapportant les bruits communs je me mettois au hasard de lui déplaire. Elle me repartit qu'elle vouloit absolument que je lui disse toutes ces choses, et qu'elle me le commandoit. Je lui dis donc que tout le monde parloit d'elle et de Son Éminence d'une manière qui la devoit faire songer à elle ; que sa vertu l'avoit mise où elle étoit ; que sa bonne réputation l'avoit défendue de ses ennemis ; qu'elle avoit su consoler toute la France de la mort du feu Roi ; qu'elle avoit vu elle-même tout Paris aller au-devant d'elle jusqu'à Saint-Germain, avec des acclamations qui lui faisoient bien voir avec quelle satisfaction elle étoit reçue pour régente, avant même que le parlement l'eût déclarée ; que si une fois elle ne répondoit pas à ce qu'on attendoit d'elle, et qu'elle donnât sujet à ses ennemis de la décrier, elle verroit bientôt un grand changement non-seulement dans les esprits, mais dans les affaires. Elle me demanda qui m'avoit dit cela. Je lui dis : «Tout le monde,» et que cela étoit si commun qu'on ne parloit d'autre chose. Elle devint rouge et se mit fort en colère, disant que c'étoit M. le prince qui la décrioit et faisoit courir ces bruits ; que c'étoit un méchant homme. Je lui répliquai que puisqu'elle avoit des ennemis, elle devoit bien prendre garde de leur donner sujet de parler : à quoi elle repartit que quand on ne faisoit point de mal on ne devoit rien craindre. Je lui répondis que ce n'étoit pas assez, et qu'il falloit garder les apparences, parce que le public ne s'arrête pas à ce qui est, mais à ce qu'on dit. Après avoir bien battu la vitre avec son éventail, elle s'apaisa un peu ; et je pris sujet de lui dire qu'elle avoit un exemple bien récent pour sa conduite, savoir celui de la reine mère Marie de Médicis et du maréchal d'Ancre, et que les fautes qu'elle avoit faites la devoient instruire pour les éviter. « Quelles fautes ? me dit-elle. — D'avoir fait mal parler d'elle et de cet Italien, lui répondis-je ; d'avoir abandonné dans sa prospérité ceux qui l'avoient servie dans sa première disgrâce ; ce qui avoit été cause qu'à la seconde elle avoit été abandonnée de tout le monde, ou assistée fort foiblement ; qu'elle n'avoit point eu soin dans sa prospérité de s'assurer de bonnes places, ou ports de mer, ou frontières, ni fait provision d'argent, et qu'enfin elle étoit morte de faim. » Elle me dit qu'elle y donnoit bon ordre et qu'elle ne craignoit pas de manquer, parce qu'elle ne se départiroit jamais du service du Roi. Je lui dis alors que puisqu'elle se chagrinoit, je ne l'avertirois plus de rien. Elle me répliqua que ce n'étoit pas contre moi, et qu'elle vouloit que je continuasse à lui faire savoir toutes choses. Là-dessus il entra quelqu'un qui finit le dialogue.

Je ne fus pas le seul qui donnai cet avis à la Reine, et qui lui rapportai l'exemple de la feue Reine mère. M. Cottignon, père de mon épouse, que j'introduisis un jour dans la chambre de Sa Majesté, suivant la franchise de son naturel lui dit la chose devant le monde, et avec bien moins de réserve; ce qui arriva sur ce que la Reine lui ayant dit que si la défunte Reine l'avoit voulu croire, elle auroit évité tous les malheurs qui l'avoient accablée, M. Cottignon lui répliqua librement : « Il est vrai, Madame, mais vous êtes toutes faites comme cela : si vous vouliez vous jeter par la fenêtre, il ne seroit pas permis de vous retenir par votre robe; il faut vous laisser noyer. »

Comme je voyois que tous ces discours fâchoient la Reine, j'essayai de la détromper par une autre voie, et plus libre et moins dangereuse : j'écrivis une lettre où je marquai généralement tous les bruits qu'on faisoit courir d'elle, ce qu'elle devoit faire pour les détruire, et les choses que je prévoyois devoir arriver si elle n'y donnoit ordre. L'ayant fait copier d'une autre main, je la mis dans son lit, où elle la trouva en se couchant. Elle se mit fort en colère après l'avoir lue; ce qu'elle me fit paroître le lendemain matin en me la montrant, sans pourtant me permettre de la lire. Mais cette voie ne réussit pas mieux que les autres.

Il y avoit encore quelque espérance que les choses pourroient changer par le retour de madame de Chevreuse; mais M. le cardinal craignant son esprit, prévint celui de la Reine contre elle, et l'engagea de vivre avec elle d'une manière plus réservée que par le passé : c'est pourquoi Sa Majesté étoit résolue de m'envoyer au devant d'elle pour lui dire qu'elle changeât d'humeur, parce qu'elle-même en avoit changé; mais M. le cardinal ne me croyant pas assez dans ses intérêts pour lui inspirer les sentiments qu'il vouloit, choisit Montaigu à ma place pour faire cette commission. A son arrivée, madame de Chevreuse se trouva aussi étonnée que les autres, car elle ne lui trouva aucun reste de cette grande amitié du temps passé; ce qui lui fit prendre le parti des importans, dont M. de Beaufort, autrefois de ses amis, étoit le chef.

Je ne rapporterai point toutes les intrigues que firent les différents partis pour se détruire les uns les autres; je me contenterai de dire que celui de M. de Beaufort succomba, et qu'il fut pris parce que, dit-on, M. le cardinal eut soupçon qu'il avoit des desseins un peu violens contre sa personne. Voici comment il fut arrêté :

J'étois dans le cabinet de la Reine, où étoient Sa Majesté, Son Eminence, madame et mademoiselle de Chevreuse, madame d'Hautefort, M. de Beaufort et M. de Guitaut. La Reine et M. le cardinal sortirent pour aller dans une petite chambre qu'elle avoit prise du logement du Roi, qu'on appeloit la chambre grise : aussitôt M. de Guitaut s'approcha de M. de Beaufort qui parloit à ces dames, et lui dit tout bas qu'il avoit ordre de la Reine de s'assurer de sa personne. M. de Beaufort redit tout haut à ces dames ce que M. de Guitaut lui avoit dit, et sortit en même temps. Il coucha cette nuit dans le Louvre, et le lendemain fut mené à Vincennes.

Ce fut là une grande marque de pouvoir de Son Eminence, qui jeta dans le désespoir tous ceux qui n'étoient pas de son parti, et tous les véritables serviteurs de la Reine. Mais peu après il arriva des choses non-seulement difficiles à croire, mais même à imaginer.

Dès le lendemain, madame de Chevreuse eut ordre d'aller à Dampierre; mais la Reine, craignant qu'à cause de la proximité de ce lieu plusieurs personnes ne l'allassent voir, m'envoya lui porter un second ordre d'aller à Tours.

La violence qu'on fit à la Reine pour venir à ces extrémités, et la liberté que chacun se donnoit de censurer ses actions, lui causèrent tant d'affliction qu'elle en eut la jaunisse; de quoi cette princesse n'étoit point tant à plaindre que de ce qu'elle entretenoit elle-même la cause de son mal. Ses serviteurs, qui la voyoient courir à sa perte, eurent recours à madame d'Hautefort, parce qu'il n'y avoit personne à la cour qui dût être mieux dans son esprit qu'elle, tant par ses services que par sa vertu. Madame de Senecey fut de ce nombre, et beaucoup d'autres qui étoient bien aises qu'elle cassât la glace et dît librement toutes choses à la Reine.

Elle, qui n'en disoit que trop pour le peu que cela servoit, se piquant de générosité, voulut servir la Reine en dépit d'elle; ce qui peu à peu la fit appréhender à la Reine, qui ensuite la prit en telle aversion qu'elle ne la pouvoit plus souffrir; et comme madame d'Hautefort n'avoit point de défauts par où elle pût donner prise sur elle, Sa Majesté prit occasion de se moquer d'elle de ce qu'elle s'amusoit à ramasser tous les écrits du temps, et voulut, par ce moyen, la tourner en ridicule devant tout le monde. Madame d'Hautefort s'apercevant que la froideur de la Reine augmentoit, se retint autant que la passion qu'elle avoit pour son service le pouvoit permettre; mais comme Sa Majesté vit qu'elle ne lui disoit plus rien du cardinal, elle crut qu'elle en parloit à tout le monde, et qu'il n'y avoit plus d'entretien à la cour qui ne fût à ses dépens. En voici une preuve bien certaine.

[1644] Un soir, pendant l'hiver de 1644, Gaboury et moi nous nous chauffions dans son cabinet, où madame d'Hautefort arrivant se chauffa aussi, et après avoir bien chauffé sa jupe, se la fourra entre les jambes, ce qui nous fit rire. La Reine entra en même temps, qui nous voyant rire, crut que c'étoit d'elle, puisque nous avions cessé de rire à son arrivée.

Quelques jours après, un gentilhomme servant de la Reine, nommé Du Nedo, de Bretagne, ayant prié madame d'Hautefort de demander quelque chose pour lui à Sa Majesté, elle se chargea volontiers de son placet, tant elle avoit de plaisir à obliger tous ceux qu'elle pouvoit; si bien que le soir, au coucher de la Reine, elle lui présenta ce placet, que Sa Majesté refusa, disant que d'autres personnes avoient demandé la même chose. Madame d'Hautefort insista fort pour ce gentilhomme : en sorte que la Reine, qui ne cherchoit qu'un prétexte, la querella, et la chose alla si loin, que le lendemain au matin elle eut ordre de se retirer, au grand étonnement de toute la cour et de toute la France; et quand la Reine l'a vue depuis, après son mariage avec M. de Schomberg, ç'a toujours été d'une manière fort froide.

On crut d'abord que je serois aussi chassé, parce que l'on voyoit que la Reine me faisoit froid, et ne me parloit plus à son ordinaire. Je laissai passer huit ou dix jours sans dire mot, attendant toujours qu'elle me parlât; mais comme je vis qu'elle continuoit son froid sans me rien dire, je pris mon temps pour lui demander si j'avois été assez malheureux pour lui avoir déplu, et que si cela étoit, je ne savois pas en quoi; qu'il y avoit long-temps que je m'examinois, et que je ne me trouvois coupable de rien. Elle me répondit que je ne devois pas trouver étrange qu'elle me fît froid, puisque j'étois plus à madame d'Hautefort qu'à elle. Je ne pus m'empêcher de crier contre cela; et comme je voulois dire mes raisons, elle m'interrompit en me disant que, depuis que madame d'Hautefort étoit hors de la cour, il sembloit que j'étois mort, et que j'étois si triste, qu'il étoit bien aisé de voir que ses intérêts me touchoient plus que les siens. Je lui dis qu'il étoit vrai que j'étois triste, que j'avois bien sujet de l'être, et que la disgrâce de madame d'Hautefort m'avoit si sensiblement touché que je ne m'en pouvois remettre. « On le voit bien, me dit-elle. — Oui, Madame, lui répondis-je, j'en suis touché; mais c'est plus pour votre intérêt que pour le sien. Si Votre Majesté savoit le tort que lui fait cette disgrâce, elle ne regarderoit point comme ses serviteurs ceux qui n'en sont pas touchés. Oui, Madame, ajoutai-je, il faut que Votre Majesté sache que toute la terre la blâme d'avoir éloigné d'elle une personne d'un tel mérite et qui vous a si bien servie; et cela, sans autre sujet que d'avoir trop de passion pour Votre Majesté. — Qui le sait mieux que moi? Tu sais bien, me répliqua-t-elle, qu'il y a long-temps qu'elle se moque de moi et qu'elle en fait des contes à tout le monde; et tu es assez bien avec elle pour qu'elle ne t'ait pas célé ce qu'elle a dit à tant d'autres, et tu ne m'en as pas avertí. » Je lui protestai que je ne lui avois jamais entendu dire aucune chose dont elle se pût offenser; et que si je lui avois dit tout ce que je lui avois entendu dire, elle auroit été obligée de lui vouloir plus de bien qu'elle ne lui vouloit de mal. Elle me dit que cela étoit fort bon si elle ne l'avoit pas vue elle-même se moquer, et lui rire au nez de tout ce qu'elle disoit. « Tu sais bien, ajouta-t-elle; et si tu voulois avouer la vérité, tu demeurerois d'accord que dernièrement, quand je vous trouvai, elle, Gaboury et toi dans mon cabinet, vous riiez de moi; car lorsque j'entrai je vous trouvai tout interdits. » Je ne pus m'empêcher de lui dire qu'il étoit bien étrange qu'elle eût cette opinion, et qu'il n'y avoit qu'elle en France qui pût croire que Sa Majesté pût donner des sujets de risée et de moquerie; et que s'il y avoit des gens assez impertinens pour cela, je n'étois pas homme à le souffrir, bien loin d'être du nombre. « Il est vrai, Madame, ajoutai-je, que je suis serviteur de madame d'Hautefort, et Votre Majesté elle-même m'a dit plusieurs fois que je lui avois obligation. — Mais, me répliqua-t-elle, si elle vous a procuré du bien, c'est moi qui vous l'ai fait. — Il est vrai, Madame, lui répondis-je, tout le monde le sait; et s'il falloit prendre parti, Votre Majesté ne me verroit pas balancer, et je ne crains pas qu'elle ait jamais sujet de m'accuser d'ingratitude. — Mais pourtant, me dit-elle, des gens à qui je ne me fios pas tant qu'à toi m'ont avertie de bien des choses que tu savois aussi bien qu'eux. — Est-il possible, lui repartis-je, que Votre Majesté croie tout ce que l'on dit? Ne sait-elle pas bien qu'une partie du monde fait sa cour aux dépens de l'autre? Et dès qu'on voit une personne mal à la cour, tous les officieux lui donnent à dos, non pas par complaisance et pour l'amour de vous, mais pour l'amour d'eux-mêmes. Je supplie très-humblement Votre Majesté de croire que je ne cède point à ces gens-là ni en fidélité ni en affection; mais avec tout cela je ne saurois être son serviteur qu'autant que mon honneur et ma conscience me le permettent, et je ne crois pas qu'elle voulût que je me damnasse en la servant. — Jésus, nenni, me répondit-elle. — Que Votre Majesté s'assure donc, lui répliquai-je, que je la servirai bien, non pas à la façon de ces gens-là, qui vous en ont tant dit; et je m'assure, si Votre Majesté me veut dire la vérité, que lorsqu'ils lui ont fait tous ces contes, ils l'ont priée de ne les pas nommer. » A cela elle se prit à sourire un peu ; ce qui me fit croire que j'avais deviné. « Enfin, Madame, lui dis-je, si Votre Majesté veut que je la serve en ruinant des gens pour faire ma fortune, j'y renonce de bon cœur, et j'aime mieux qu'elle me renvoie à la Bastille d'où elle m'a tiré, que d'être à la cour à cette condition. Qu'elle ne croie pas pour tout cela que je refuse de la servir, et de lui donner des avis quand l'occasion s'en présentera ; mais s'il se trouve des gens qui disent ou fassent des choses contre votre service, je ne vous prierai pas de ne me point nommer, car je le leur soutiendrai à eux-mêmes. »

Après cette grande conférence, la Reine me commanda d'aller trouver Son Éminence, et de lui rapporter tout ce que je lui avois dit. Je le fus trouver chez lui à Paris, où, après que je lui eus dit à peu près les mêmes choses qu'à la Reine, il me témoigna être satisfait de moi ; mais que madame d'Hautefort avoit eu tort de manquer de complaisance pour la Reine, et qu'elle avoit l'esprit altier : à quoi je répondis qu'elle étoit gasconne, et qu'il devoit excuser cela, puisqu'au fond elle étoit la meilleure personne du monde. « Je ne me suis point mêlé de cela, me dit-il ; mais aussi je ne me suis point mêlé de la défendre, car elle n'a jamais voulu être de nos amis. » Là-dessus il entra du monde qui m'obligea à la retraite, et depuis ce temps-là ses affaires allèrent toujours de bien en mieux, et les nôtres de mal en pis.

A quelque temps de là, pendant l'été de l'année 1644, la cour étant à Fontainebleau, il me donna un trait de sa politique. Se promenant dans le jardin de La Vallière, il m'appela et me demanda ce que faisoit madame d'Hautefort. Je lui dis que je croyois qu'elle prioit Dieu, et que je ne lui voyois point d'autre recours. Il me dit qu'il n'y avoit rien de désespéré, et que son accommodement dépendoit de sa conduite. C'étoit sa façon d'agir ; car il n'a jamais poussé personne à bout, qu'en même temps il ne lui ait donné des espérances pour l'empêcher de se porter aux extrémités contre lui.

[1645] L'an 1645, après que le Roi fut tiré des mains des femmes, que le gouverneur, le sous-gouverneur, les premiers valets de chambre entrèrent dans les fonctions de leurs charges, je fus le premier qui couchai dans la chambre de Sa Majesté, ce qui l'étonna d'abord, ne voyant plus de femmes auprès de lui ; mais ce qui lui fit le plus de peine étoit que je ne pouvois lui fournir des contes de Peau d'Ane, avec lesquelles les femmes avoient coutume de l'endormir.

Je le dis un jour à la Reine, et que si Sa Majesté l'avoit agréable, je lui lirois quelque bon livre ; que s'il s'endormoit, à la bonne heure ; mais que s'il ne s'endormoit pas, il pouvoit retenir quelque chose de la lecture. Elle me demanda quel livre : je lui dis que je croyois qu'on ne pouvoit lui en lire un meilleur que l'Histoire de France ; que je lui ferois remarquer les rois vicieux pour lui donner de l'aversion du vice, et les vertueux pour lui donner de l'émulation et l'envie de les imiter. La Reine le trouva fort bon ; et je dois ce témoignage à la vérité, que d'elle-même elle s'est toujours portée au bien quand son esprit n'a point été prévenu. M. de Beaumont me donna l'histoire faite par Mézeray, que je lisois tous les soirs d'un ton de conte ; en sorte que le Roi y prenoit plaisir, et promettoit bien de ressembler aux plus généreux de ses ancêtres, se mettant fort en colère lorsqu'on lui disoit qu'il seroit un second Louis-le-Fainéant ; car bien souvent je lui faisois la guerre sur ses défauts, ainsi que la Reine me l'avoit commandé.

Un jour à Ruel ayant remarqué qu'en tous ses jeux il faisoit le personnage de valet, je me mis dans son fauteuil et me couvris ; ce qu'il trouva si mauvais qu'il alla s'en plaindre à la Reine, ce que je souhaitois. Aussitôt elle me fit appeler, et me demanda en souriant pourquoi je m'asseyois dans la chambre du Roi et me couvrois en sa présence. Je lui dis que, puisque le Roi faisoit mon métier, il étoit raisonnable que je fisse le sien, et que je ne perdrois rien au change ; qu'il faisoit toujours le valet dans ses divertissemens, et que c'étoit un mauvais préjugé. La Reine, qu'on n'avoit pas encore prévenue là-dessus, lui en fit une rude réprimande.

Quant à la lecture de l'histoire, elle ne plut point à M. le cardinal ; car un soir à Fontainebleau le Roi étant couché, et moi déshabillé en robe de chambre, lui lisant l'histoire de Hugues Capet, Son Éminence, pour éviter le monde qui l'attendoit, vint passer dans la chambre du Roi pour de là descendre dans le jardin de La Vallière, et aller à la conciergerie où il logeoit. Il vint dans le balustre, où il vit le Roi, qui fit semblant de dormir dès qu'il l'aperçut, et me demanda quel livre je lisois : je lui dis ingénument que je lisois l'Histoire de France, à cause de la peine que le Roi avoit à s'endormir si on ne lui faisoit quelque conte. Il partit fort brusquement, sans approuver ce que je faisois ; et n'osant le blâmer, il voulut me laisser à deviner le sujet de son brusque départ. Il dit à son coucher, à ses familiers, que je faisois le gouverneur du Roi, et que je lui apprenois l'histoire. Le lendemain, un de mes amis, qui en avoit ouï parler, me dit en passant auprès de moi : « Chez Son Eminence vous ne fûtes pas bon courtisan hier soir. — Je vous entends bien, lui dis-je, mais je ne saurois faire autrement : tant que je vivrai j'irai droit, et je ferai mon devoir tant que je pourrai ; pour l'événement je ne m'en mets pas en peine, car il dépend de Dieu. »

Il étoit aisé dès ce temps-là de connoître l'intention de M. le surintendant de l'éducation du Roi, car il étoit couché avec ce titre sur l'état de la maison du Roi ; mais malgré cela je ne laissai pas de dire à la Reine, à quelque temps de là, voyant le peu de soin qu'on prenoit d'en faire un honnête homme, qu'autrefois elle m'avoit fait l'honneur de me dire, lorsqu'elle s'emportoit contre les défauts du feu Roi, que si jamais Dieu lui faisoit la grâce d'avoir des enfans, elle les feroit bien élever d'une autre manière qu'il ne l'avoit été ; et que Sa Majesté en ayant présentement, elle y devoit songer sérieusement, et qu'elle auroit toujours meilleur marché d'un honnête homme que d'un autre. Elle me dit pour cette fois qu'elle n'y oublieroit rien. Je me retirai en disant en moi-même : « Dieu le veuille ! »

Comme le Roi croissoit, le soin qu'on prenoit de son éducation croissoit aussi, et l'on mettoit des espions auprès de sa personne, non pas à la vérité de crainte qu'on ne l'entretînt de mauvaises choses, mais bien de peur qu'on ne lui inspirât de bons sentimens ; car en ce temps-là le plus grand crime dont on pût se rendre coupable, étoit de faire entendre au Roi qu'il n'étoit justement le maître qu'autant qu'il s'en rendroit digne. Les bons livres étoient aussi suspects dans son cabinet que les gens de bien ; et le beau Catéchisme royal de M. Godeau n'y fut pas plus tôt, qu'il disparut sans qu'on pût savoir ce qu'il étoit devenu.

M. de Beaumont, précepteur de Sa Majesté, prenoit cependant grand soin de l'instruire, et je puis dire avec vérité qu'à toutes les leçons où j'étois présent, j'étois témoin qu'il n'omettoit rien de ce qui dépendoit de sa charge ; mais ceux qui étoient auprès de sa personne, ou toujours à sa suite, au lieu de lui faire pratiquer les préceptes qu'il avoit reçus, s'amusoient à jouer, ou à épier ceux qui l'entretenoient, ou à solliciter leurs affaires. Je ne prétends pas comprendre en ce nombre M. Du Mont, un de ses sous-gouverneurs, car il faisoit tout ce qu'un sage gentilhomme y pouvoit faire ; mais il y étoit de la main du Roi, ce qui lui étoit un péché originel si considérable qu'on ne lui savoit aucun gré de tous ses soins ; et, bien éloigné d'en être récompensé, il ne pouvoit être payé de ses appointemens, que les autres recevoient sans peine.

On ne donna point d'enfans d'honneur au Roi, comme les autres rois en avoient toujours eu dans leur enfance : la raison apparente étoit que les enfans ne disent que des bagatelles, et que des gens en âge de discrétion le rendroient raisonnable dès son bas âge, ce qui fut approuvé de tout le monde ; mais ceux qui voyoient un peu plus clair que le commun, entendirent bien le secret de l'affaire. Des enfans sans discrétion, et desquels on n'eût pu se plaindre, eussent pu dire au Roi qu'il étoit le maître, et qu'il falloit qu'il le fût ; outre cela, ils n'auroient pas rendu compte de tout ce qui se seroit passé entre le Roi et eux, comme faisoient ces gens sages et discrets dont le but étoit de faire les affaires sans se soucier que la France eût un grand roi, pourvu que leur fortune fût point petite. Nonobstant tous les soins de ces surveillans, je ne laissois pas de frapper de petits coups si à propos, dans les heures où je n'étois observé de personne, que le Roi avoit conçu la plus forte aversion contre le cardinal, et qu'il ne le pouvoit souffrir, ni lui, ni les siens.

Lorsque le Roi se couche, le premier valet de chambre donne, par ordre de Sa Majesté, un bougeoir avec deux bougies allumées à celui qu'il plaît au Roi qui demeure à son coucher ; et le Roi me défendoit toujours de le donner à M. de Mancini, qui fut tué depuis au combat du faubourg Saint-Antoine, tant il avoit de peine à souffrir auprès de lui ceux qui appartenoient à Son Eminence.

Un jour à Compiègne le Roi voyant passer Son Eminence avec beaucoup de suite sur la terrasse du château, il ne put s'empêcher de dire assez haut pour que Le Plessis, gentilhomme de la Manche, l'entendît : « Voilà le Grand-Turc qui passe. » Le Plessis le dit à Son Eminence, et Son Eminence à la Reine, qui le pressa autant qu'elle put de lui dire qui lui avoit dit cela ; mais il ne le voulut jamais nommer, car tantôt il disoit que c'étoit un rousseau, tantôt un homme blond. Enfin la Reine se fâcha tout-à-fait, mais il tint ferme jusqu'à la fin, et ne nomma jamais celui qui avoit donné le nom de Grand-Turc au cardinal ; aussi crois-je qu'il avoit cette pensée de lui-même.

Il est vrai qu'il étoit déjà fort secret, et je puis dire y avoir contribué ; car je lui ai dit plusieurs fois, pour l'y préparer, qu'il falloit qu'il fût secret, et que si jamais il venoit à dire ce qu'on lui auroit dit, il pouvoit s'assurer qu'il ne sauroit jamais rien que les nouvelles de la gazette.

Voici encore une marque de l'aversion que le Roi avoit pour le cardinal. Etant à Saint-Germain pendant les troubles de Paris [1649], comme Sa Majesté étoit à sa chaise d'affaires, dans un petit cabinet au vieux château, M. de Chamarante, un de mes camarades, que le cardinal avoit mis en cette charge, entra dans le cabinet et dit au Roi que Son Eminence, sortant de chez la Reine, étoit entré dans sa chambre pour être à son coucher; ce qui étoit une chose extraordinaire. Le Roi ne répondit aucun mot. Chamarante fut fort étonné de ce silence; et comme il n'y avoit auprès de Sa Majesté que M. Du Mont, son gouverneur, un garçon de la chambre et moi, il nous regarda tous les uns après les autres. La crainte que j'eus qu'il ne m'en crût la cause, m'obligea de dire au Roi que s'il ne faisoit rien, il devoit s'aller coucher, puisque Son Eminence l'attendoit. Il ne me répondit non plus qu'à Chamarante, et demeura jusqu'à ce que Son Eminence s'ennuyât, et s'en alla par le petit degré qui descend au corridor. Comme il s'en alloit, les éperons et les épées de tous ceux de sa suite firent grand bruit dans ce petit degré, ce qui obligea le Roi de parler et de nous dire, en regardant si Chamarante y étoit encore : « Il fait grand bruit où il passe ; je crois qu'il y a plus de cinq cents personnes à sa suite. » Nous fîmes tout ce que nous pûmes pour lui persuader que ce bruit venoit de la concavité du degré.

Quelques jours après, au même lieu et à la même heure, le Roi revenant de ce cabinet pour s'aller coucher, et ayant vu un gentilhomme de M. le cardinal, nommé Boisfermé, dans ce passage, il nous dit, à M. de Nyert, premier valet de chambre, et à moi : « M. le cardinal est encore chez maman, car j'ai vu Boisfermé dans le passage; l'attend-il toujours comme cela? » Nyert lui dit qu'oui; qu'il y en avoit encore un dans le degré et deux dans le corridor. « Il y en a donc d'enjambées en enjambées, » répondit-il avec une mine qui marquoit son aversion.

Quoique le cardinal eût grand soin qu'on ne dît rien au Roi qui lui pût nuire auprès de lui, je ne laissois pas, le plus adroitement que je pouvois, d'entretenir son esprit dans les dispositions où je le voyois à l'égard de Son Eminence; et quoique je ne fusse plus bien avec lui, il me souffroit néanmoins, ne craignant pas que je lui pusse faire tort, parce que le Roi étoit fort jeune, et par cette même raison il ne prenoit aucun soin de contenter Sa Majesté en quoi que ce fût, et le laissoit manquer non-seulement des choses qui regardoient son divertissement, mais encore des nécessaires.

La coutume est que l'on donne au Roi tous les ans douze paires de draps et deux robes de chambre, une d'été et l'autre d'hiver : néanmoins je lui ai vu servir six paires de draps trois ans entiers, et une robe de chambre de velours vert doublée de petit gris, servir hiver et été pendant le même temps, en sorte que la dernière année elle ne lui venoit qu'à la moitié des jambes ; et pour les draps, ils étoient si usés que je l'ai trouvé plusieurs fois les jambes passées au travers, à cru sur le matelas; et toutes les autres choses alloient de la même sorte, pendant que les partisans étoient dans la plus grande opulence et dans une abondance étonnante.

Un jour, le Roi voulant s'aller baigner à Conflans, je donnai les ordres accoutumés pour cela. On fit venir un carrosse pour nous conduire avec les hardes de la chambre et de la garde-robe ; et comme j'y voulus monter, je m'aperçus que tout le cuir des portières qui couvroient les jambes étoit emporté, et tout le reste du carrosse tellement usé qu'il eut bien de la peine à faire ce voyage. Je montai chez le Roi, qui étudioit dans son cabinet ; je lui dis l'état de ses carrosses, et que l'on se moqueroit de nous si on nous y voyoit aller : il le voulut voir et en rougit de colère. Le soir, il s'en plaignit à la Reine, à Son Eminence et à M. de Maisons, alors surintendant des finances ; en sorte qu'il eut cinq carrosses neufs.

Je ne finirois point si je voulois rapporter toutes les mesquineries qui se pratiquoient dans les choses qui regardoient son service ; car les esprits de ceux qui devoient avoir soin de Sa Majesté, étoient si occupés à leurs plaisirs ou à leurs affaires, qu'ils se trouvoient importunés lorsqu'on les avertissoit de leur devoir.

M. de Beaumont, disant un jour à Son Eminence que le Roi ne s'appliquoit point à l'étude, qu'il devoit y employer son autorité et lui en faire des réprimandes, parce qu'il étoit à craindre qu'un jour il ne fît de même dans les grandes affaires, il lui répondit : « Ne vous mettez pas en peine, reposez-vous-en sur moi; il n'en saura que trop, car quand il vient au conseil il me fait cent questions sur la chose dont il s'agit. »

Ce qui nuisoit encore beaucoup à l'instruction du Roi, c'est que ses véritables serviteurs ne lui laissant rien passer, cela lui faisoit une peine extrême ; ce qui n'est que trop ordinaire à tous les enfans : de sorte qu'il demeuroit chez lui le moins qu'il pouvoit, et qu'il étoit toujours chez la Reine, où tout le monde l'applaudissoit, et où il n'éprouvoit jamais de contradiction.

La Reine étoit fort aise qu'il se plût chez elle ; mais elle ne s'apercevoit pas que c'étoit plutôt pour les raisons que je viens de dire que par affection, quoiqu'il en ait toujours eu beaucoup pour la Reine, et beaucoup plus même que les enfans de cette condition n'ont accoutumé d'en avoir pour leur mère.

Je dis un jour à la Reine qu'elle le gâtoit ; que chez lui on ne lui souffroit rien, et que chez elle tout lui étoit permis ; que je la suppliois très-humblement encore une fois de se souvenir qu'elle avoit dit autrefois, que si Dieu lui faisoit la grâce d'avoir des enfans, elle les feroit bien mieux élever que n'avoit été le feu Roi. A cela elle me demanda si M. de Villeroy ne s'en acquittoit pas bien. Je lui dis que je croyois que tout le monde faisoit son devoir, mais qu'elle y avoit son principal intérêt. Elle me commanda de lui dire si ceux qui étoient auprès de lui pour son éducation ne s'en acquittoient pas bien, et qu'en mon particulier je lui disse tout ce que je croyois à propos, comme si c'étoit mon fils. Je lui dis que je m'attirerois la haine de la plupart de ceux qui étoient auprès du Roi ; à quoi elle ne me donna d'autre remède, sinon que je leur disse qu'elle me l'avoit commandé. Il n'y en avoit pourtant pas un qui s'offensât de ce que je disois au Roi ; car ils savoient bien tous que celui qui en faisoit le plus n'en faisoit pas mieux sa cour.

Il arriva même plusieurs fois qu'étant seul avec M. de Villeroy, voyant le Roi faire des badineries, après avoir bien attendu que le gouverneur fît sa charge, voyant qu'il ne disoit mot, je disois tout ce que je pouvois à cet enfant-roi pour le faire penser à ce qu'il étoit et à ce qu'il devoit faire ; et après que j'avois bien prôné, le gouverneur disoit : « La Porte vous dit vrai, Sire, La Porte vous dit vrai. » C'étoient là toutes ses instructions ; et jamais de lui-même, ni en général ni en particulier, il ne lui disoit rien qui lui pût déplaire, ayant une telle complaisance que le Roi même s'en apercevoit quelquefois et s'en moquoit : particulièrement lorsque Sa Majesté l'appeloit et lui disoit : « M. le maréchal, » il répondoit : « Oui, Sire, » avant de savoir ce qu'on lui vouloit, tant il avoit peur de lui refuser quelque chose. Et avec tout cela il m'a dit plusieurs fois qu'on n'avoit jamais vu un gouverneur devenir favori de son maître, parce qu'il étoit obligé de le contredire souvent.

Cette complaisance pensa coûter une fois la vie au Roi à Fontainebleau ; car, après s'être déshabillé pour se coucher, il se mit à faire cent sauts et cent culbutes sur son lit avant de se mettre dedans ; mais enfin il en fit une si grande, qu'il alla de l'autre côté du lit à la renverse se donner de la tête contre l'estrade, dont le coup retentit si fort que je ne savois qu'en croire. Je courus aussitôt au Roi, et l'ayant reporté sur son lit, il se trouva que ce n'étoit rien qu'une légère blessure, le tapis de pied qui étoit sur des ais pliants ayant paré le coup ; en sorte que Sa Majesté eut moins de mal de sa blessure que M. le gouverneur de la peur, dont il fut tellement saisi qu'il demeura un quart-d'heure sans pouvoir remuer de sa place. Il se seroit fort aisément exempté cette peine, s'il eût empêché les culbutes comme il devoit.

La complaisance de la Reine pensa faire aussi une autre chose qui ne valoit pas mieux. Le Roi ayant fait faire un fort dans le jardin du Palais-Royal, s'échauffa tant à l'attaquer qu'il étoit tout trempé de sueur. On lui vint dire que la Reine s'alloit mettre au bain : il courut vite pour s'y mettre avec elle ; et m'ayant commandé de le déshabiller pour cet effet, je ne le voulus pas : il l'alla dire à la Reine, qui n'osa le refuser. Je dis à Sa Majesté que c'étoit pour le faire mourir que de le mettre dans le bain en l'état où il étoit. Comme je vis qu'elle ne me répondit autre chose, sinon qu'il le vouloit, je lui dis que je l'en avertissois, et que s'il en arrivoit accident elle ne s'en prît point à moi. Quand elle vit que je me déchargeois de l'événement sur elle, elle dit qu'il falloit donc le demander à Vautier, son premier médecin. Je l'envoyai promptement chercher ; et étant arrivé à temps, il dit à la Reine qu'il ne répondoit pas de la vie du Roi s'il se mettoit dans le bain dans l'état où il étoit.

Le soir, je pris sujet là-dessus pour lui faire un chapitre sur la complaisance que l'on a pour les grands ; je l'avois déjà grondé pour quelque chose qu'il avoit fait, ce qui l'engagea à me demander si je grondois mes enfans comme je le grondois. Je lui répondis que si j'avois des enfans qui fissent les choses qu'il faisoit, non-seulement je les gronderois, mais que je les châtierois sévèrement ; et qu'il n'étoit pas permis à des gens de notre condition d'être des sots, si nous ne voulions mourir de faim ; mais que les rois, quelque sots qu'ils fussent, étoient assurés de ne manquer de rien ; ce qui faisoit qu'ils ne s'appliquoient point et ne se corrigeoient de rien. Le soir donc, étant en particulier avec lui, je lui demandai s'il trouvoit mauvais ce que je lui avois dit : il me répondit que non. Je lui dis qu'il avoit raison, parce que je ne le disois pas pour moi, mais pour lui, et que ceux qui avoient de la complaisance pour tous ses défauts ne le faisoient pas pour lui, mais pour eux; qu'ils se cherchoient et non pas lui; que leur but étoit de se faire aimer de Sa Majesté pour faire leur fortune, et que le mien étoit de contribuer autant que je pourrois à le rendre honnête homme; que s'il le trouvoit mauvais, je ne lui dirois jamais rien; mais que si un jour il étoit ce que je souhaitois qu'il fût, il m'en sauroit gré, et qu'autrement il n'y auroit pas grande satisfaction d'être auprès de lui.

Quelque chose que je lui aie dite, il n'en a jamais témoigné d'aversion pour moi : bien loin de là, lorsqu'il vouloit dormir il vouloit que je misse la tête sur son chevet auprès de la sienne, et s'il s'éveilloit la nuit il se levoit et venoit se coucher avec moi; en sorte que plusieurs fois je l'ai reporté tout endormi dans son lit : il étoit fort docile et se rendoit toujours à la raison. Dès son enfance il a fait voir qu'il avoit de l'esprit, voyant et entendant toutes choses, mais parlant peu, s'il n'étoit avec des personnes familières. Il a toujours aimé à railler, mais avec esprit. Quoique dans un âge tendre, il a témoigné avoir du courage; car je l'ai vu fort jeune au siége de Bellegarde et à celui d'Etampes, où on lui tiroit force coups de canon, sans que cela lui donnât de la crainte; et ceux qui l'ont vu dans les dernières occasions, disent qu'il est intrépide. Il étoit naturellement bon et humain, et dès ce temps-là il y avoit toutes les apparences du monde qu'il seroit un grand prince; mais on ne cultivoit pas avec assez de soin ses bonnes dispositions, on ne lui inspiroit pas assez les sentimens de maître. Cela parut un jour à Compiègne, que M. le prince, qui étoit pour lors tout puissant à la cour, entrant dans le cabinet de Sa Majesté qui étudioit, pour aller de là chez Son Eminence par dessus la terrasse, le Roi se lève pour le recevoir, et ils furent quelque temps tous deux auprès du feu, où le Roi se tenoit toujours découvert, ce qui ne me plaisoit pas. Je m'approchai donc de son précepteur et lui dis qu'il le falloit faire couvrir; à quoi il ne me répondit rien. J'en dis autant au sous-gouverneur, qui n'eut pas plus de hardiesse. Ainsi je m'approchai de Sa Majesté, et lui dis tout bas par derrière de se couvrir; ce que M. le prince ayant aperçu, lui dit aussitôt : « Sire, La Porte a raison, il faut que Votre Majesté se couvre; et c'est assez nous faire d'honneur quand elle nous salue. » En effet, M. le prince avoit de très-bons sentimens sur l'éducation du Roi, comme il le fît paroître à M. l'abbé de Beaumont et à moi un jour que nous le fûmes voir ensemble au retour d'une campagne de Flandre, où il avoit remporté une grande victoire; car sitôt qu'il nous vit il nous mena auprès d'une fenêtre et nous demanda en secret s'il y avoit apparence que le Roi fût honnête homme; à quoi lui ayant répondu qu'il en donnoit toutes les espérances qu'on pouvoit souhaiter : « Vous me ravissez, nous dit-il ; car il n'y a pas de plaisir d'obéir à un sot. »

Je ne parlerai point ici des troubles de Paris, parce qu'ils ne sont pas de mon sujet, outre que je n'y eus de part qu'en partageant la misère publique : je dirai seulement que lorsqu'on eut fait évader le Roi de Paris, la veille des Rois de l'année 1649, je voulus faire sortir de Paris ma femme qui étoit grosse, avec mon fils, ne les y croyant pas en sûreté pendant le siège. J'eus toutes les peines imaginables à y réussir, parce que le peuple en armes empêchoit qui que ce fût d'en sortir. J'en sortis cependant avec une escorte qui me mena jusqu'au milieu du Cours. Je les menai à Nanteuil, château de M. le duc de Schomberg, où ayant établi ma famille, je fus retrouver la cour à Saint-Germain. Ces troubles s'apaisèrent bientôt; mais s'étant ensuite renouvelés par la prison des princes, M. le cardinal prévoyant ce grand orage qui le menaçoit tout seul, se retira à Sedan, et de là à Bouillon au commencement de l'année 1651. Et ce qu'il y a de surprenant, c'est que cet homme, après avoir soulevé contre lui le parlement, qui avoit mis sa tête à prix par plusieurs arrêts, malgré la fureur d'un peuple armé, se tira d'affaires; et après avoir gouverné du lieu même de son exil, revint en 1652, malgré l'armée des princes, joindre la cour à Poitiers.

Cependant j'étois demeuré malade à Paris; mais comme je me portois mieux et que le commencement de mon quartier approchoit, nous nous assemblâmes environ cent cinquante officiers de la maison du Roi et de la Reine pour aller à Sully, où étoit la cour.

Quand nous passâmes à Orléans, où Mademoiselle s'étoit jetée, elle me fit entrer avec trois officiers et en fit passer plus de quarante autres dans des bateaux au-dessous de la ville. Cette princesse me tint deux heures à me conter les raisons qu'elle avoit eues de se jeter dans Orléans et d'en refuser les portes au Roi, me donnant charge de les dire à la Reine; et elle me fit entendre qu'en lui donnant le Roi pour mari, c'étoit le moyen de faire une bonne paix.

Je dis tout cela à la Reine qui se moqua de moi, me disant : « Ce n'est pas pour son nez, quoiqu'il soit bien grand; » et me l'envoya dire à Son Éminence, qui me dit que le Roi n'étoit pas encore à marier, et me fit en cette rencontre fort bon visage, ce qui m'étonna; mais, après y avoir bien pensé, je conçus que cela ne venoit pas d'amitié, mais du mauvais état de ses affaires.

De Sully nous allâmes à Gien, où bientôt après nous apprîmes que M. le prince étoit arrivé de Guyenne, lui cinquième, *incognito*, en l'armée que commandoient messieurs de Beaufort et de Nemours, lesquels n'étoient pas en bonne intelligence. M. de Turenne commandoit l'armée du Roi, dont M. d'Hocquincourt menoit l'avant-garde, qui fut défaite; et si M. de Turenne n'eût fait bonne contenance, faisant paroître toute son armée de front sur le haut d'un coteau, nous aurions couru de grands risques; mais heureusement M. le prince ne le poussa point et se contenta de sa première victoire, dont nous nous trouvâmes bien; car s'il eût chargé M. de Turenne, il y a toutes les apparences du monde qu'il l'eût défait, à cause du peu de gens qu'il avoit et qui étoient fort mécontens, aussi bien que toute la cour, qui n'avoit pas un teston; mais Dieu gouverna cet événement pour la conservation du Roi et de toute la France.

Le combat s'étant donné à trois quarts de lieue de Gien, où étoit la cour, pauvre et misérable, à qui toutes les villes fermoient leurs portes, et qui n'avoit aucun secours d'argent, l'alarme y fut grande. Dès le soir la Reine m'envoya quérir, sur l'avis qu'elle avoit eu que les armées étoient en présence, pour me dire que j'envoyasse en diligence quérir les mulets et les chariots, et qu'à la pointe du jour au bout du pont on fît venir tous les équipages qui étoient à cinq lieues de Gien au-delà de la Loire, car les princes étoient maîtres de tout le côté de deçà.

Les ordres furent donnés partout, et dès la pointe du jour tous les carrosses étoient au-delà du pont, pleins de dames et de demoiselles; mais les équipages filèrent avec tant d'embarras et de précipitation, que si M. le prince eût poussé sa pointe, il prenoit toute la cour dans Gien. A tout moment il venoit des alarmes de l'armée que tout étoit perdu: Dieu sait si chacun songeoit à ses affaires! Enfin nous apprîmes que l'armée des princes se retiroit, au grand contentement de tout le monde, car ce fut le coup de partie et la ruine entière des princes, qui depuis ce temps-là ne firent rien qui vaille.

De Gien nous allâmes coucher à Saint-Fargeau, si étourdis, qu'on ne savoit ce qu'on faisoit ni ce qu'on devoit faire. Il arriva de Paris un laquais de madame de Nyert, femme de chambre de la Reine, qui avoit rencontré près de Montargis l'armée des princes qui alloit loger à l'abbaye de Ferrières. Je crus que Son Éminence n'en avoit aucune nouvelle, à cause du peu de dépense qu'elle faisoit en espions : c'est pourquoi je dis à Chamarante qu'il lui allât dire cette nouvelle, ne croyant pas ce service assez considérable pour lui aller dire moi-même. Je fus fort surpris que sur cet avis on assemblât le conseil, où l'on fit venir ce laquais; et sur ce qu'il dit, on prit les résolutions de ce que l'on avoit à faire.

De Saint-Fargeau la cour alla à Auxerre, à Joigny, à Sens, à Montereau. Pendant cette marche les ordres furent si mal donnés, qu'on se mangeoit les uns les autres; et l'insolence alla au point que le comte de ***, frère de M. de Broglie, pilla la petite écurie du Roi, et eut aussi peu de respect pour la livrée de Sa Majesté que pour celle du dernier des Cravates. M. le premier lui envoya Givry, écuyer du Roi, pour lui redemander ses chevaux, dont on se moqua; et tout cela passa chez Son Éminence pour galanterie.

De Montereau nous vînmes à Corbeil, où le Roi voulut que Monsieur couchât dans sa chambre, qui étoit si petite qu'il n'y avoit que le passage d'une personne. Le matin, lorsqu'ils furent éveillés, le Roi sans y penser cracha sur le lit de Monsieur, qui cracha aussitôt tout exprès sur le lit du Roi, qui un peu en colère lui cracha au nez : Monsieur sauta sur le lit du Roi et pissa dessus; le Roi en fit autant sur le lit de Monsieur : comme ils n'avoient plus de quoi cracher ni pisser, ils se mirent à tirer les draps l'un de l'autre dans la place, et peu après ils se prirent pour se battre. Pendant ce démêlé je faisois ce que je pouvois pour arrêter le Roi; mais n'en pouvant venir à bout, je fis avertir M. de Villeroy, qui vint mettre le holà. Monsieur s'étoit plutôt fâché que le Roi, mais le Roi fut bien plus difficile à apaiser que Monsieur.

Après cette petite guerre terminée, Monsieur demanda au maréchal de Villeroy où l'on alloit : « A Saint-Germain, » lui dit-il. Il demanda par quel chemin : on le lui dit; puis il repartit au maréchal : « Pourquoi par ce chemin-là, M. le maréchal? Je vous assure Paris, c'est le plus court. »

Lorsque nous fûmes arrivés à Saint-Germain, nous apprîmes que les Parisiens avoient rompu tous les ponts, et qu'il n'y avoit pas moyen d'avoir communication avec Paris pour avoir de l'argent ; de quoi tout le monde étoit bien dénué.

On sut aussitôt qu'il s'étoit donné un combat à Etampes, où les ennemis avoient été battus, mais qu'ils s'étoient emparés de la ville. Cette nouvelle arriva à la pointe du jour, et on la fit dire d'abord à M. de Villeroy, qui vint heurter si rudement à la chambre de Sa Majesté, que je crus que tout Paris étoit à Saint-Germain ; mais quand je lui eus ouvert, et qu'il m'eut dit : « Victoire ! » je commençai à faire tout mon possible pour paroître gai ; car véritablement nous ne savions pas trop ce qu'il nous falloit, et lequel nous seroit le meilleur, de battre ou d'être battus. Le Roi se leva ; et tous trois en bonnets, mules et robes de chambre, nous allâmes porter cette nouvelle à M. le Cardinal, qui dormoit, et qui se leva eu même équipage que nous, hormis que sa moustache étoit plus en désordre ; car, sans mentir, son dormir n'avoit pas été si tranquille que le nôtre.

Comme c'est la coutume des grand hommes de ne se point réjouir d'abord des prospérités, et de ne se point affliger des infortunes, Son Eminence ne témoigna point de joie de cet avantage ; et moi, qui l'observois, voyant que la chose l'intéressoit plus que moi, je le voulus imiter en cela, ne le pouvant en beaucoup d'autres choses. Le Roi prit aussitôt congé de la compagnie, où étoient déjà arrivés tous les ministres pour consulter Son Eminence, et nous allâmes nous recoucher.

A quelques jours de là, Birague, premier valet de garde-robe du Roi, pria M. de Créqui, premier gentilhomme de la chambre en année, de parler au Roi pour un de ses cousins, enseigne dans le régiment de Picardie, qui avoit été blessé au combat d'Etampes, et qui demandoit la place de son lieutenant qui y avoit été tué. Le Roi trouva cela juste, et promit de bonne grâce d'en parler à la Reine et à Son Eminence ; mais ne donnant point de réponse, à cinq ou six jours de là, lorsque nous habillions Sa Majesté, M. de Créqui lui demanda s'il avoit eu la bonté de se souvenir de parler de l'affaire de M. de Birague. Le Roi ne répondit rien ; c'est pourquoi je lui dis que ceux qui avoient l'honneur d'être à lui étoient bien malheureux, puisqu'ils ne pouvoient pas même espérer les choses justes. Comme j'étois un genou en terre, et baissé pour le chausser, il mit sa bouche contre mon oreille, et me dit d'un ton plaintif et fort bas : « Je lui ai parlé, mais cela n'a servi de rien. » A quoi je ne répondis qu'en haussant les épaules. On peut juger par là du crédit qu'il avoit, quoiqu'il fût majeur.

De Saint-Germain nous retournâmes à Corbeil, et de là le Roi alla au siége d'Etampes. Sa Majesté se leva de grand matin, sur ce que M. le cardinal lui avoit dit qu'à cause des grandes chaleurs il falloit partir de bonne heure ; et cependant le vigilant personnage dormit encore deux heures après que le Roi fût levé.

J'étois allé déjeûner lorsqu'on me vint dire que le Roi me demandoit. Je m'en allai le trouver ; et m'étant enquis de Sa Majesté ce qu'elle désiroit, elle me dit qu'elle m'avoit fait appeler pour me donner cent louis d'or que M. de La Vieuville, alors surintendant des finances, lui envoyoit par son fils, le marquis, tant pour ses menus plaisirs que pour en faire des libéralités aux soldats estropiés. Il me dit qu'il les avoit mis dans ses poches ; mais qu'ayant la botte haute, il auroit peine à les garder. Je lui dis qu'ils étoient aussi bien dans ses poches que dans les miennes ; mais cela ne se trouva pas vrai dans la suite.

Comme Moreau, premier valet de garde-robe, avoit avancé onze pistoles pour des gants qu'il avoit achetés à Saint-Germain pour Sa Majesté et par son ordre, quand il vit que le Roi avoit de l'argent, il me pria de les lui demander, et de lui dire que comme on ne pouvoit avoir accès à Paris pour en faire venir de l'argent, tout le monde avoit besoin de son petit fait ; ce que je lui promis.

De Corbeil nous allâmes coucher au Ménil-Cornuel, où nous apprîmes la blessure du Chevalier de La Vieuville. Le Roi soupa et fut chez Son Eminence jusqu'à ce qu'il voulût se coucher ; quand il fut couché, et que tout le monde se fut retiré, je lui dis ce que Moreau m'avoit chargé de lui dire : à quoi il répondit tristement qu'il n'avoit plus d'argent. Je lui demandai s'il avoit joué chez M. le cardinal, il me répondit que non ; et plus je le pressois pour savoir ce qu'il en avoit fait, moins il avoit envie de me le dire. Enfin je devinai, et lui dis : « N'est-ce point M. le cardinal qui vous a pris votre argent ? » Il me dit : « Oui ; » mais avec un chagrin si grand, qu'il étoit aisé de voir qu'il ne lui avoit pas fait plaisir de lui prendre son argent, ni moi de lui demander ce qu'il en avoit fait.

Nous allâmes au siége d'Etampes, où le Roi parut fort assuré, quoiqu'on lui tirât force volées de canon, dont il y en eut deux ou trois qui ne passèrent pas loin de lui ; et comme tout le monde le félicitoit le soir sur sa hardiesse, il me demanda, parce qu'il m'avoit vu auprès de lui, si je n'avois point eu peur de ces coups de canon : à quoi je lui dis que non, et qu'ordinairement on n'avoit point peur quand on n'avoit point d'argent. Il m'entendit bien, et se prit à sourire ; mais personne n'en devina la cause.

Le Roi voyoit quantité de soldats malades et estropiés qui couroient après lui, demandant de quoi soulager leur misère, sans qu'il eût un seul douzain à leur donner ; de quoi tout le monde s'étonnoit fort.

Outre la misère des soldats, celle du peuple étoit épouvantable ; et dans tous les lieux où la cour passoit, les pauvres paysans s'y jetoient, pensant y être en sûreté, parce que l'armée désoloit la campagne. Ils y amenoient leurs bestiaux, qui mouroient de faim aussitôt, n'osant sortir pour les mener paître. Quand leurs bestiaux étoient morts, ils mouroient eux-mêmes incontinent après ; car ils n'avoient plus rien que les charités de la cour, qui étoient fort médiocres, chacun se considérant le premier : ils n'avoient de couvert, contre les grandes chaleurs du jour et les fraîcheurs de la nuit, que le dessous des auvents, des charrettes et des chariots qui étoient dans les rues ; quand les mères étoient mortes, les enfans mouroient bientôt après ; et j'ai vu sur le pont de Melun, où nous vînmes quelque temps après, trois enfans sur leur mère morte, l'un desquels la tétoit encore. Toutes ces misères touchoient fort la Reine ; et même comme on s'en entretenoit à Saint-Germain, elle en soupiroit, et disoit que ceux qui en étoient cause auroient un grand compte à rendre à Dieu, sans songer qu'elle-même en étoit la principale cause.

Vers la fin de juin, le Roi fit quelque séjour à Melun, où pour se divertir il fit faire un petit fort au bord de l'eau ; et tous les jours il y alloit faire collation. Il y avoit auprès de Sa Majesté messieurs de Vivonne, de Villequier, de Damville, de Mancini, Du Plessis-Praslin, et plusieurs autres officiers d'armée. Le jour de la Saint-Jean de la même année 1652, le Roi ayant dîné chez Son Eminence, et étant demeuré avec lui jusques vers les sept heures du soir, il m'envoya dire qu'il se vouloit baigner : son bain étant prêt, il arriva tout triste, et j'en connus le sujet sans qu'il fût nécessaire qu'il me le dît. La chose étoit si terrible, qu'elle me mit dans la plus grande peine où j'aie jamais été, et je demeurai cinq jours à balancer si je la dirois à la Reine. Mais considérant qu'il y alloit de mon honneur et de ma conscience de ne pas prévenir par un avertissement de semblables accidens, je la lui dis enfin, dont elle fut d'abord satisfaite, et me dit que je ne lui avois jamais rendu un si grand service : mais comme je ne lui nommai pas l'auteur de la chose, n'en ayant pas de certitude, cela fut cause de ma perte, comme je le dirai en son lieu (1).

De Melun nous allâmes passer à Chemine, maison de M. le président Viole, près de Lagny, où étant dans le château, j'y vis arriver Son Eminence, qui s'étant mis à la fenêtre de sa chambre, le dos tourné du côté de la cour, pour entretenir quelques personnes qui étoient avec lui, je le considérai long-temps, et ne pus m'empêcher d'admirer la providence de Dieu, en ce que cet homme, dont la tête venoit d'être mise à prix, se tenoit en cette posture près d'une fenêtre d'un bas étage, en un lieu où passoient tous les officiers des maisons royales, officiers d'armée, soldats, pages, laquais, cochers, charretiers, muletiers, marmitons, portefaix, et tout ce que la cour et l'armée traînent à leur suite, sans que cet homme prît la moindre précaution pour sa sûreté ; ce qui me fit croire que Dieu le conservoit pour nos péchés.

L'armée de Paris nous côtoyoit, mais elle n'osa nous empêcher le passage de Lagny ; si bien que nous vînmes à Saint-Denis, où le Roi logea dans un couvent de filles, et notre armée fit un pont sur la rivière à Epinay pour aller attaquer les ennemis. Cependant je sortis de quartier, et avec beaucoup d'autres officiers je m'en revins à Paris : les habitans qui gardoient la porte Saint-Denis nous reçurent avec joie et nous laissèrent entrer sans difficulté. Je m'en retournai, parce que mon fils étoit à l'extrémité.

Dès le soir, les ennemis voyant que les nôtres avoient passé la rivière, se retirèrent sous Paris ; et le lendemain se donna le combat de la porte Saint-Antoine, où furent tués le neveu de Son Eminence, et Le Fouilloux, enseigne des gardes de la Reine. Les ennemis y avoient été défaits, quoique M. le prince y eût fait des merveilles de sa personne : il étoit perdu si Mademoiselle ne lui eût fait ouvrir la porte Saint-Antoine, et n'eût fait tirer le canon de la Bastille sur l'armée du Roi, qui y étoit en personne.

L'armée des princes passa la rivière de Seine sur les ponts de Paris, et s'alla camper vis-à-

---

(1) « Il y a dans les Mémoires de La Porte une anecdote sur l'enfance de Louis XIV, qui rendrait la mémoire du cardinal Mazarin exécrable, s'il avait été coupable du crime honteux que La Porte semble lui imputer. Il paraît que La Porte fut trop scrupuleux et trop mauvais physicien ; il ne savait pas qu'il y avait des tempéramens fort avancés. Il devait surtout se taire ; il se perdit pour avoir trop parlé et pour avoir attribué à la débauche un accident fort naturel. »

(Voltaire, *Siècle de Louis XIV*.)

vis de l'Arsenal. On peut voir dans l'histoire ce qu'elle devint, et comme les princes, qui voyoient les notables s'assembler à l'Hôtel-de-Ville, se résolurent, pour mettre la terreur dans les esprits, et se rendre maîtres de la ville, de faire le massacre, où les sieurs Le Gras, maître des requêtes, et Miron, maître des comptes, furent tués ; ce qui donna une horreur extrême à tout le monde pour ce parti, et inspira le dessein de favoriser le Roi, d'autant plus que ce massacre fut suivi du feu que l'on fit mettre à l'Hôtel-de-Ville. Mademoiselle arbora la paille ; en sorte que personne n'étoit en sûreté, s'il n'en avoit à son chapeau ou sur la tête de ses chevaux ; ce que tous les serviteurs du Roi étoient dans Paris ne pouvoient supporter sans beaucoup de peine. En sorte que l'abbé***, qui sous main avoit fait avertir quelques particuliers qu'il seroit bon, pour contrecarrer cette paille, de faire une assemblée au Palais-Royal, leur fit dire de venir avec leurs amis ; ce qu'ils firent : si bien qu'en peu de temps il s'y trouva cinq ou six cents personnes de toute condition. On me vint quérir ; j'y allai. Un de la compagnie monta dans la chaire du prédicateur, et exhorta tout le monde à faire une ligue pour faire revenir le Roi, et chacun la signa ; et pour s'opposer à la paille, chacun prit le papier à son chapeau. Ainsi, à toutes les rencontres du papier et de la paille, c'étoient des combats continuels.

Pendant cette assemblée même, Mademoiselle ayant passé devant la porte du Palais-Royal, cria *à la paille!* mais tous ceux qui avoient le papier tinrent ferme dans leur parti. M. de La Ferté-Imbault vint pour l'empêcher, mais il ne gagna rien ; bien des gens prirent notre parti, et le feu de paille ne dura guère.

Cependant le Roi assembla un parlement à Pontoise, composé de ceux de ce corps qui étoient dans ses intérêts, et de quelques maîtres des requêtes en petit nombre ; et là il fut résolu, pour contenter le peuple de Paris, que Son Eminence sortiroit de la cour et du royaume. Ainsi il s'en retourna à Bouillon, et le cardinal de Retz se servit de cette occasion pour aller à Compiègne, avec tous les curés de Paris, pour quérir le Roi et le faire revenir en cette ville, où Sa Majesté arriva vers la fin d'octobre ; et ayant mandé le parlement au Louvre, toutes choses furent pacifiées.

Vers ce temps-là je tombai malade ; en sorte que tout le monde crut que j'étois hors d'état d'en revenir. Le Roi m'envoya visiter tous les jours, et la Reine fit dire à mes proches que ma charge étoit assurée à mon fils, pendant que quantité de gens l'étoient allé demander à Son Eminence, qui de Bouillon, où il avoit ramassé quelques troupes, les avoit envoyées à M. le maréchal Du Plessis-Praslin, qui battoit les Espagnols ; et ensuite Son Eminence vint le joindre en Champagne, voulant faire croire que le secours qu'il avoit envoyé avoit déterminé le gain de la bataille.

Pendant l'absence de Son Eminence il se faisoit beaucoup d'allées et devenues secrètes pour son service par des gens dont il ne s'est guère soucié depuis. Il revint ; les Parisiens le reçurent avec joie après la bataille, et tous les princes étant sortis de Paris, le Roi y demeura le maître. M. le cardinal fut raffermi dans son autorité, dont une grande marque fut la prison du cardinal de Retz, que je vis arrêter ; et là-dessus j'admirai l'inconstance des François à l'égard du cardinal Mazarin, sur qui, après avoir bien crié *Tolle!* ils se tuoient à son retour pour aller au-devant de lui ; et ceux mêmes qui avoient été ses plus grands ennemis furent les plus empressés à se produire et à lui faire la révérence. Je vis une multitude de gens de qualité faire des bassesses si honteuses en cette rencontre, que je n'aurois pas voulu être ce qu'ils étoient à condition d'en faire autant : tout le monde disoit tout haut au Roi et à la Reine que toute la France étoit mazarine, et qu'il n'y avoit personne qui ne tînt à grande gloire de l'être. J'étois dans le cabinet de la Reine lorsque Son Eminence y entra : j'y vis, parmi tant de gens qui s'étouffoient à qui se jetteroit à ses pieds le premier ; j'y vis, dis-je, un religieux qui se prosterna devant lui avec tant d'humilité, que je crus qu'il ne s'en relèveroit point. Deux ou trois jours après que la grande presse fut passée, j'allai voir Son Eminence, qui me reçut assez bien en apparence ; mais je ne laissai pas d'en prendre un mauvais augure, parce qu'il en faisoit trop pour un homme avec qui je n'étois pas assez bien pour empêcher un traitement si favorable, comme je m'en aperçus bientôt.

[1653] En effet l'hiver ne fut pas plus tôt passé, et les trois premiers mois de l'année 1653 (ne devant entrer en quartier que le premier jour d'avril), que le 30 mars au matin, comme je me levois, je vis entrer Gaboury dans ma chambre. Après les civilités ordinaires, il me dit de faire retirer mes gens, parce qu'il avoit quelque chose à me dire ; et après quelques excuses de ce qu'il n'avoit pu s'empêcher de m'apporter une nouvelle qui me toucheroit, il m'annonça que la Reine lui avoit commandé de me venir dire de ne point servir mon quartier, et que je priasse un de mes compagnons de servir pour moi. Je lui demandai si c'étoit pour toujours et si c'étoit une véritable disgrâce. Il me répondit qu'oui, et que la Reine lui avoit commandé de me dire que je ne la visse point, ni le Roi ni Son Eminence; que je fisse le malade et me misse au lit, et que je ne parlasse à personne; ce qui me sembla bien extraordinaire, car les rois n'ont pas accoutumé de tenir secrets les châtimens qu'ils font à ceux qui les ont mérités. Ils doivent faire justice, et la plus grande gloire qu'ils aient est lorsqu'ils la font bien.

La raison qu'avoit la Reine de m'ordonner de n'en parler à personne étoit la honte de sa foiblesse; car elle se doutoit bien que tout le monde la blâmeroit d'abandonner sans aucune raison un homme qui l'avoit servie comme j'avois fait.

Je priai Gaboury de dire à la Reine qu'elle ne trouveroit en moi que de l'obéissance; mais que pour me mettre au lit, cela étoit inutile si la chose devoit être pour toujours; qu'elle savoit bien que je savois me taire, mais qu'en cette rencontre c'étoit une mauvaise finesse; car tout le monde sachant que j'étois à Paris en bonne santé, et qu'un autre servoit mon quartier, il ne seroit pas difficile de deviner que c'étoit par ordre. Je fis comme il m'étoit enjoint, excepté de me mettre au lit; et M. Bontemps ayant accepté la prière que je lui fis de servir pour moi, tout le monde s'aperçut bientôt de ma disgrâce.

Je dis à Gaboury qu'après avoir servi la Reine si long-temps, je serois bien aise de prendre congé de sa bouche et de lui faire la révérence. Elle l'accorda, à la charge que je ne lui dirois rien, et qu'en lui faisant la révérence je me retirerois. Je dis à Gaboury que je baisois très-humblement les mains à Sa Majesté; que je n'avois désiré la voir que pour lui dire tout ce que j'avois sur le cœur; et c'étoit ce qu'elle appréhendoit.

La chose fut aussitôt déclarée, et la plus grande partie de mes amis de cour me vinrent voir, ne pouvant s'imaginer que ma disgrâce fût pour long-temps, et croyant que devant retourner à la cour dans peu, je leur serois fort obligé de ce témoignage de bonne volonté; mais quand ils virent que c'étoit une affaire sans retour, ils n'en firent point non plus chez moi.

On me laissa ainsi pendant sept à huit mois, pendant lesquels je m'en allai à une maison que j'avois en Brie, où Nyert, premier valet de garde-robe, vint me voir pour me dire que c'étoit à lui à monter à la chambre, étant le plus ancien de la garde-robe. Je lui dis que comme je n'avois point commis de crime et que Leurs Majestés étoient très-justes je ne croyois pas qu'elles me forçassent à donner ma démission; que j'étois résolu de ne la point donner, et qu'il ne pouvoit prétendre à ma charge jusqu'à ce que l'on m'eût commandé de donner ma démission. Il venoit me pressentir et savoir si j'avois espérance de retourner à la cour. Je lui dis que j'attendrois les ordres du Roi, et Gaboury m'a dit depuis que ces ordres ne me seroient pas venus si promptement si madame de Nyert ne se fût fort empressée pour cela.

Je demeurai en Brie jusqu'à la mi-septembre, auquel temps étant allé voir un de mes amis à Sussy, M. de Bois-Franc y arriva et m'apporta l'ordre de donner ma démission avec une lettre de M. de Bartillat, qui me mandoit qu'ayant eu le commandement de m'apporter cet ordre, il avoit évité l'occasion de me trouver, et qu'ayant été trouver la Reine à La Fère, elle lui avoit demandé compte de sa commission. Il lui avoit dit qu'il ne m'avoit pas trouvé à Paris; qu'ensuite ne s'étant pas mis en peine de cacher cette défaite, il lui avoit déclaré ingénument qu'il n'avoit pu se résoudre à causer ce déplaisir à une personne qu'il savoit l'avoir si bien servie; de quoi Sa Majesté s'étant fâchée, elle lui avoit commandé de remettre cette commission à M. de Bois-Franc, qui s'en acquitta comme je viens de le dire.

Je priai M. de Bois-Franc de ne se point hâter de rendre réponse à la Reine et de me donner du temps pour songer à ce que j'avois à faire, ce qu'il m'accorda.

J'employai ce temps à prendre conseil de mes amis si je donnerois ma démission ou non, ne voulant rien faire de ma tête dont je pusse me repentir, et tous me conseillèrent de la donner, m'alléguant l'exemple de M. de Champdenier, qui s'étoit achevé de perdre en refusant la sienne. A la vérité cela me faisoit bien de la peine de n'avoir que cent mille livres de ma charge, de laquelle j'avois déjà refusé le double; ainsi j'en aurois eu encore davantage si j'avois eu la liberté de la vendre à qui j'aurois voulu.

Ce ne fut pas encore cette perte qui me toucha le plus, ce fut de voir comment cette chose, dont la Reine étoit si satisfaite d'abord, produisit un effet si contraire à celui que j'en devois raisonnablement espérer. Je m'examinai long-temps moi-même, sans que la conscience me reprocha la moindre chose là-dessus, et après avoir bien balancé je me résolus d'obéir, et en même temps je pris la liberté d'écrire une lettre à la Reine, que je donnai à M. de Bois-Franc pour la rendre à Sa Majesté par M. de Bartillat, ce qui fut fait.

La Reine fit grande difficulté de prendre cette lettre, ce qui obligea M. de Bartillat de lui dire qu'il ne croyoit pas que je lui perdisse le respect ; et après avoir regardé autour d'elle si personne ne la voyoit, elle la prit, puis s'étant appuyée sa tête dans sa main, elle rêva quelque temps. M. le cardinal étant arrivé là-dessus, elle entra avec lui dans son cabinet, et auparavant elle dit à M. de Bartillat de ne pas s'en aller qu'elle ne lui eût fait réponse. Ils conférèrent apparemment sur ma lettre qui étoit conçue en ces termes :

« Madame,

» J'ai reçu une lettre de Bartillat qui porte un ordre de Votre Majesté que je remette ma charge entre les mains du Roi, ce qui m'a autant surpris qu'affligé ; mais comme il n'est pas à moi à entrer en raison avec elle, et qu'il faut obéir aveuglément, je le ferai et recevrai ce coup de la main de Dieu qui me châtie bien visiblement pour avoir eu plus de passion pour votre service que pour le sien. Je ne veux point ici redire les services que j'ai rendus à Votre Majesté, ni ce que j'ai souffert pour elle, toute la terre le sait assez, et personne ne peut l'ignorer, puisque Votre Majesté elle-même a eu la bonté de le publier assez souvent. Je la supplie seulement de se souvenir que mes intentions ont été sincères, et que ce que je lui dis à Melun ne regardoit que la gloire de Dieu, le salut du Roi et son service particulier, et que j'aurois mérité le traitement que je reçois aujourd'hui si j'en avois usé autrement. Je souhaiterois presque d'être coupable en quelque chose, afin que Votre Majesté fût exempte du blâme que lui cause le mal qu'elle me fait sans sujet. Enfin, Madame, il est juste que je me retire et que je ne paroisse plus devant Votre Majesté, puisque mon innocence me rend désagréable ; mais il est juste aussi, Madame, puisque je n'ai point commis d'autre crime que celui que de vous avoir fidèlement servie, que vous ordonniez qu'on me paie ce qui m'est dû, et que vous n'ôtiez pas le pain à deux pauvres enfans qui n'ont point d'autre bien que celui que mes services de trente années leur avoient acquis. Si Votre Majesté leur dénie cette justice, ces âmes innocentes la demanderont à celui qui vous la fera un jour, et qui sait que, nonobstant le mal qu'on me fait, je serai le reste de mes jours, de Votre Majesté, etc. »

La Reine en sortant dit à Bartillat : « Dites à La Porte qu'il obéisse ; qu'on lui paiera ce qu'on lui doit quand on paiera ses compagnons, et qu'on aura soin de lui. » Je ne demandois pas une grande grâce, et cependant on l'empêcha de me tenir parole à ce sujet.

J'obéis donc, et quand je fus de retour à Paris je donnai ma démission quand je vis mes cent mille livres comptées.

Depuis M. le cardinal tomba malade de la maladie dont il mourut ; et comme je le croyois la principale cause de mon malheur, M. de Carnavalet, mon ancien ami, me donna avis qu'il connoissoit le père Sévère, théatin, son confesseur, et que je lui devois écrire pour faire ressouvenir Son Eminence de déclarer la vérité qu'il savoit au sujet de ma disgrâce, pour décharger sa conscience du mal que je croyois qu'il m'avoit fait. J'écrivis à ce père et je donnai ma lettre à M. de Carnavalet qui la lui porta à Vincennes, et le pressa fort de la prendre, lui disant que c'étoit une affaire qui regardoit le salut de Son Eminence ; mais il ne la voulut point recevoir, disant que lorsque M. le cardinal l'avoit pris pour son confesseur, il lui avoit fait promettre de ne lui jamais parler d'aucune affaire.

Après la mort de Son Eminence, je priai à diverses fois tous mes anciens amis qui voyoient familièrement la Reine de lui parler de moi quand ils en trouveroient l'occasion ; ce qu'ils firent le plus généreusement du monde. Le premier fut le commandeur de Jars, qui n'attendit pas que je lui en parlasse pour le faire, mais ce fut inutilement ; ensuite madame de Motteville poussa la Reine si avant là-dessus, qu'elle l'obligea de lui déclarer pour sa justification le mal qu'elle croyoit de moi, et lui défendit absolument de m'en parler. Madame de Cavoye et madame de Beauvais firent aussi ce qu'elles purent dans les occasions, et toutes m'ont dit que quand elles parloient de moi à la Reine, elle rougissoit jusque dans la racine des cheveux.

[1663] En 1663, la Reine étant déjà attaquée de son cancer, madame de Beauvais, qui craignoit pour la conscience de Sa Majesté, parla de moi à son confesseur, puis me manda de l'aller trouver pour lui en parler aussi ; ce que je fis, et le priai de demander à la Reine, sous le sceau de la confession, si j'étois coupable ou non ; que si je l'étois, elle me devoit châtier comme je le méritois ; mais que si je ne l'étois pas, elle devoit terminer mon malheur ; et quoique je crusse avoir assez mérité par mes services pour prétendre des grâces, que néanmoins en cela je ne demandois que justice. Il me promit, comme il avoit fait à madame de Beauvais, qu'il en parleroit à la Reine ; et après avoir appris qu'elle avoit été à confesse à lui, je le fus retrouver et lui demander réponse; mais il ne m'en voulut point faire, et je le trouvai si embarrassé que je crus qu'on lui avoit imposé silence.

[1664] En 1664, j'essayai encore un autre moyen, qui fut de me justifier par une lettre contre les calomnies de mes ennemis ; la voici en propres termes :

« Madame,

» Que Votre Majesté me permette s'il lui plaît de lui dire, avec le respect que je lui dois, que sans y penser elle m'ôte l'honneur et la réputation, en disant à tous ceux qui lui parlent de moi, que je suis plus coupable qu'ils ne pensent. Votre Majesté peut-elle dire cela en conscience ? Non, Madame, elle ne le peut sans en être bien assurée, et elle ne le peut être que par le rapport d'une personne intéressée, qui ne l'a peut-être pas dit, mais fait dire à une jeune personne qui n'a pu le refuser, et qui à présent a peine à s'en dédire. Votre Majesté connoîtroit bien la vérité si elle vouloit se donner la peine d'examiner la chose à fond ; car voici le sujet de ma disgrâce. Je donnai avis à Votre Majesté à Melun, en 1652, que le jour de la Saint-Jean le Roi, dînant chez M. le cardinal, me commanda de lui faire apprêter son bain sur les six heures dans la rivière, ce que je fis ; et le Roi en y arrivant me parut plus triste et plus chagrin qu'à son ordinaire ; et comme nous le déshabillions, l'attentat manuel qu'on venoit de commettre sur sa personne parut si visiblement, que Bontemps, le père, et Moreau le virent comme moi. Mais ils furent meilleurs courtisans que moi : mon zèle et ma fidélité me firent passer par dessus toutes les considérations qui me devoient faire taire, et je crus être obligé en conscience d'en avertir Votre Majesté. Je le fis, et elle m'en témoigna être satisfaite de mon procédé, en me disant que tous les services que je lui avois rendus n'étoient rien en comparaison de celui-là. Votre Majesté se souviendra, s'il lui plaît, que je lui ai dit que le Roi parut fort triste et fort chagrin ; ce qui étoit une marque assurée qu'il n'avoit pas consenti à ce qui s'étoit passé et qu'il n'en aimoit pas l'auteur. Je ne voudrois pas, Madame, en accuser qui que ce soit, parce que je craindrois de me tromper ; mais ce qui est certain, c'est que si je n'eusse point donné cet avis à Votre Majesté, je serois encore auprès du Roi, mais j'aurois manqué à la fidélité que je lui devois.

» Je dis encore une fois à Votre Majesté que si elle vouloit prendre la peine d'examiner toutes les circonstances de cette affaire, elle connoîtroit aisément mon innocence, et pourroit aisément se décharger la conscience du mal que je souffre il y a douze années. Je sortis de quartier à Saint-Denis ; je fus neuf mois sans approcher du Roi, pendant lesquels je fus malade à l'extrémité. Le Roi me faisoit l'honneur d'envoyer de deux jours l'un savoir de mes nouvelles, et même il envoya son premier médecin. M. Carnavalet, avec qui je logeois, pourroit témoigner cette vérité, et que toutes les fois qu'il alloit au Louvre le Roi lui demandoit comment je me portois. Lorsque je fus guéri, et que j'eus assez de force pour aller au lever de Sa Majesté, je la trouvai encore au lit ; et, en présence de M. Valot et de Bontemps, le Roi se leva en son séant et me témoigna de la joie de ma guérison. Votre Majesté eut la bonté de faire assurer mes beaux frères que si je mourois elle conserveroit ma charge à mon fils : ce n'étoit pas là me traiter en coupable ; et néanmoins il y avoit déjà quatre ou cinq mois que je vous avois donné cet avis à Melun. Quand est-ce donc que j'ai commis ce crime ? je n'ai pas couché dans la chambre du Roi depuis ce temps-là. Peut-il tomber dans la pensée qu'un homme dont on ne se plaint point, que l'on traite comme l'homme du monde dont on est le plus satisfait, allât lui-même découvrir la chose pour en accuser un autre ? Je ne devins coupable que neuf mois après, quand M. le cardinal revint de Bouillon. Je ne lui avois point écrit comme les autres, à cause de ma grande maladie : il témoigna toutefois être satisfait de moi lorsque je pris congé de lui en sortant de quartier à Saint-Denis. Cela ne l'empêcha pas, étant à Bouillon, de promettre ma charge au nommé Talon, pendant que Votre Majesté l'assuroit à mes enfans ; et lorsqu'il fut venu auprès du Roi, et que je fus prêt d'entrer en quartier, il me fit passer dans l'esprit de Votre Majesté pour l'auteur du mal que je n'avois pas fait, mais que j'avois vu, et que je vous avois dit : on ne m'en eût jamais accusé.

» Je proteste à Votre Majesté que si j'avois été assez malheureux et assez méchant pour avoir commis ce crime, je n'en aurois jamais parlé, ni à Votre Majesté ni à personne, puisqu'on ne s'en plaignoit pas ; et si on m'en eût accusé, je ne serois pas demeuré sur le pavé de Paris, et je ne me serois pas avisé de me vouloir justifier ;

car Votre Majesté sait le nombre des personnes qui ont eu la bonté de l'en importuner, sans que cela ait pu rien gagner sur son esprit. Je n'ai plus qu'une seule chose à dire à Votre Majesté, c'est que le Roi sait la vérité; si elle a pour agréable de lui en parler lorsqu'il fera ses dévotions, je ne crois pas qu'une si belle ame aille contre la vérité en une chose où il y va de sa conscience. Il ne s'agit point de savoir qui est le coupable, mais seulement si je le suis ou non. La chose demeurera éternellement secrète, et moi toute ma vie, de Votre Majesté, le très-humble, etc. (1) »

Pour obliger le Roi de dire la vérité à la Reine, sa mère, je lui écrivis cette lettre pour l'en prier :

« Sire,

» Si j'avois à demander justice à un prince qui n'eût pas toutes les qualités que Votre Majesté possède, je pourrois craindre de ne la pas obtenir; mais puisque je la demande au plus équitable, au plus généreux de tous les rois, plein de confiance je me jette à ses pieds pour supplier très-humblement Votre Majesté de vouloir bien détromper la Reine, sa mère, de l'opinion qu'elle a de moi; car, sans dire quelle est ma faute, elle dit à toutes les personnes qui lui parlent de moi que je suis coupable d'une faute considérable pour laquelle on m'a ôté d'auprès de Votre Majesté, et ainsi elle me couvre de honte et m'ôte l'honneur et l'estime des honnêtes gens. Votre Majesté sait si j'ai fait quelque chose de mal : je ne veux point d'autre juge de ma conduite qu'elle; et si elle a toléré ma disgrâce, ç'a été dans le temps de son enfance, pendant lequel elle n'agissoit pas encore par ses propres sentimens. A présent qu'elle fait tout par elle-même, et que sa bonté lui fait écouter l'oppressé et le malheureux, j'espère qu'elle me rendra l'honneur, et qu'elle rendra le calme à ma vie languissante depuis treize années, lui protestant que j'en emploierai le reste à demander à Dieu qu'il lui plaise de combler de ses saintes bénédictions toutes les années de Votre Majesté. Ce sont les vœux que fait, Sire, de Votre Majesté, etc. »

Comme madame de Motteville étoit la seule à laquelle la Reine se fût déclarée sur le sujet de ma disgrâce, et qu'elle lui avoit dit que j'étois coupable du crime dont je l'avois avertie, je crus ne pouvoir mieux choisir qu'elle pour la prier de donner ces lettres à la Reine, et de supplier Sa Majesté de donner au Roi celle qui s'adressoit à lui, afin qu'elle eût un entier éclaircissement de mon innocence.

Madame de Motteville, qui ne se lassoit point de m'obliger, se chargea volontiers de ces lettres; et non contente de les donner à la Reine, elle l'obligea de les lire en sa présence, appuya sur les plus fortes raisons, et, sans craindre de déplaire à une princesse qui l'aimoit, n'oublia rien pour lui faire connoître avec tout le respect possible combien elle étoit obligée de chercher des éclaircissemens sur une telle affaire, bien loin de les éviter; mais la prévention l'emporta sur toutes ses raisons, et mes lettres n'eurent aucun effet.

[1666] Enfin après la mort de cette princesse, qui arriva en 1666, vers la fin de janvier, quoique je n'eusse aucune espérance de rentrer dans ma charge, ni de me faire payer de plusieurs années de mes appointemens qui m'étoient dues, néanmoins je considérai le tort que cette disgrâce faisoit à ma famille, et que le Roi sachant mon innocence, qu'il n'avoit laissé opprimer qu'à cause de son bas âge, il étoit trop juste pour ne la vouloir pas faire connoître, et me rendre au moins ma réputation si je lui en faisois parler. Comme l'affaire étoit délicate, je désespérois d'en venir à bout, n'osant hasarder aucun de mes amis; mais il arriva une chose qui la fit réussir lorsque je m'y attendois le moins.

Un de mes ancêtres ayant dérogé à cause de sa pauvreté, pour avoir été dépouillé de tous ses biens pendant les vieilles ligues, j'avois obtenu une réhabilitation pendant la régence; mais comme il étoit fait pendant ce temps quantité d'usurpations de noblesse, le Roi, pour réformer cet abus, avoit cassé toutes les lettres accordées pendant les troubles, se réservant néanmoins la faculté de confirmer celles qui avoient été données pour services. Ainsi ce m'étoit une espèce de nécessité d'honneur, et en quelque façon une permission de me produire; ce que pourtant je n'osai faire, et même j'eus bien envie de retenir la générosité de M. le comte de Montignac, qui s'offrit à moi de parler au Roi de mon affaire, car je craignois fort de fatiguer un tel ami; mais heureusement je pensai qu'il pouvoit avoir quelque liaison avec M. Le Tellier, parce qu'il est parent de madame de Louvois; ainsi je crus qu'il seroit à propos qu'il en parlât à M. Le Tellier, et lui donnât un mémoire de mon affaire : ce qu'il fit vers le mois de juillet de la même année 1666.

M. Le Tellier fut bien aise d'avoir cette occa-

(1) Voyez la note ci-dessus, page 51.

sion de m'obliger. Il parla de mon affaire au Roi dans le conseil, et Sa Majesté eut la bonté de lui accorder la grâce que je lui demandois, et même une autre que je n'osois espérer, qui étoit que dorénavant j'aurois l'honneur de le voir; ce que je n'aurois jamais obtenu de Sa Majesté ni même demandé, si j'eusse été coupable du crime dont on m'accusoit.

Aussitôt que madame la comtesse de Montignac m'eut appris cette nouvelle par une lettre de monsieur son mari, je m'en allai à Fontainebleau où étoit alors la cour; et y étant arrivé, M. le comte de Montignac me présenta à M. Le Tellier, qui me reçut fort agréablement. Et après que je l'eus remercié, il me dit que je pouvois me présenter au Roi et que les chemins étoient aplanis; mais que je me gardasse bien d'entrer dans aucun éclaircissement avec Sa Majesté.

Le lendemain 20 juillet, comme le Roi sortoit du conseil, M. le comte de Montignac me présenta à Sa Majesté; et après l'avoir remercié des grâces qu'il me faisoit, et qu'il m'eût témoigné avoir pour agréable que j'eusse l'honneur de le voir, j'allai à sa messe et à son dîner, et huit jours durant je fus à son lever, où Sa Majesté m'accorda les mêmes entrées que lorsque j'étois en possession de ma charge.

Madame de Montausier me présenta à la Reine, qui me reçut fort bien, et s'informa fort à cette dame et à madame la nourrice de toutes mes aventures: sur quoi elles ne purent pas la satisfaire pleinement, car personne n'a su, hors les intéressés, la véritable cause de ma disgrâce.

Voilà tout ce que j'ai pu faire pour détourner de dessus mes enfans les suites ordinaires d'un tel malheur; car sans eux je me serois contenté pour moi de la satisfaction intérieure de mon innocence, et de la connoissance que Dieu en a. De plus, mes amis n'en ont jamais douté, et mes ennemis ne se sont jamais mis en peine que je fusse coupable, pourvu qu'ils pussent le faire croire; et tout ce dont les autres peuvent m'accuser, c'est de n'avoir pu être politique aux dépens de mon honneur et de ma conscience.

On ne doit pas non plus s'étonner de ce que je n'ai pas fait de grands efforts pour rétablir mon fils dans ma charge, comme quelques-uns le craignoient. Je n'y ai pas trouvé jour, et j'ai cru qu'il étoit juste d'abandonner à la Providence le choix de sa condition, puisque j'ai éprouvé toute ma vie que les choses que j'ai souhaitées avec le plus de passion ne m'ont jamais réussi, et qu'au contraire les avantages qui me sont arrivés ont toujours été des choses auxquelles je ne m'attendois pas. Je serois donc bien incorrigible si je n'instruisois mon fils par mes malheurs, de la foiblesse humaine et de la fragilité des espérances de ce monde, et si je lui laissois chercher un véritable appui ailleurs qu'en Dieu.

FIN DES MÉMOIRES DE P. DE LA PORTE.

MEMOIRES

DE CE QUI S'EST PASSÉ

DANS LA CHRÉTIENTÉ,

DEPUIS LE COMMENCEMENT DE LA GUERRE EN 1672,
JUSQU'A LA PAIX CONCLUE EN 1679;

PAR LE CHEVALIER TEMPLE,

Seigneur de Sheene, Baronnet, Ambassadeur du roi de la Grande-Bretagne auprès de Messeigneurs les États-Généraux des Provinces-Unies, et aux traités de paix d'Aix-la-Chapelle en 1668 et de Nimègue en l'an 1678.

TRADUIT DE L'ANGLOIS.

NOTICE

SUR

LA VIE DU CHEVALIER TEMPLE

ET SUR SES MÉMOIRES.

Le chevalier Guillaume Temple naquit à Londres en 1628. Il descendait d'une branche cadette de la famille des Temple de Temple-Hall, comté de Leycester. Son grand-père, nommé Guillaume comme lui, tour à tour compagnon de Sidney et secrétaire du comte d'Essex, se fit quelque réputation dans les lettres latines. Son père, le chevalier Jean, fut maître des rôles et conseiller privé d'Irlande.

Le jeune Temple commença ses études sous la direction du docteur Hammond, son oncle, et les termina dans un des colléges de l'Université de Cambridge. En 1648 il partit pour voyager sur le continent. Il devait se rendre d'abord en France et à Paris. Il toucha à l'île de Whigt, où l'infortuné Charles Ier était retenu prisonnier dans le château de Carisbrock ; il y rencontra le chevalier Osborn, gouverneur de Guernesey pour le roi, qui se rendait à Saint-Malo avec sa sœur. Temple les accompagna ; et pendant la traversée il devint amoureux de mademoiselle Osborn qu'il épousa six ans après. De France, où il demeura deux ans, il passa successivement en Flandre, en Hollande, en Allemagne, et apprit les langues de ces divers pays. De retour en 1654, il se retira en Irlande avec sa femme et y vécut loin des affaires, occupé seulement de l'étude de l'histoire et de la philosophie.

La restauration de Charles II vint l'arracher aux loisirs laborieux de sa retraite. Il fut élu en 1660 membre de la Convention d'Irlande, dans laquelle il se fit remarquer autant par ses talents que par son caractère, et l'année suivante envoyé au parlement par son père par le comté de Carlow. L'un des commissaires députés auprès du Roi en 1662, il connut pendant son voyage le duc d'Ormond, récemment nommé lord lieutenant d'Irlande. C'est peut-être cette circonstance qui le décida à se fixer en Angleterre avec sa famille. Le duc, qui avait conçu pour lui une estime toute particulière, le recommanda avec instance au lord Clarendon, chancelier, et au secrétaire d'état Arlington.

Le chevalier Temple avait témoigné le désir d'être employé à l'étranger, pourvu que ce ne fût pas sous un climat trop rude ; mais il n'y avait de vacante que l'ambassade de Suède. Arlington lui proposa en attendant une mission secrète auprès de l'évêque de Munster qu'il s'agissait de lancer contre les Hollandais, alors en guerre avec l'Angleterre. Temple accepta. Il fit aisément comprendre au prélat belliqueux que tout serait profit pour lui dans cette affaire, puisque le cabinet de Saint-James offrait de lui payer une somme considérable à titre de subsides. Le traité fut conclu et signé en vingt-quatre heures. On a remarqué que Temple tira dans cette négociation un grand avantage de la connaissance approfondie qu'il avait de la langue latine, l'évêque de Munster parlant cette langue plus volontiers que toute autre. Il fut en récompense de son succès créé baronnet et nommé résident à Bruxelles. C'était en 1665.

Pendant son séjour dans la capitale des Pays-Bas Espagnols il avait fait un voyage à La Haye, où il s'était lié d'amitié avec le grand pensionnaire de Witt. En 1667, il eut ordre d'entamer des négociations avec les Etats généraux dans le but de les détacher de l'alliance de la France ; car les conquêtes de Louis XIV en Flandre commençaient à inquiéter sérieusement la cour de Londres. Il se servit avec beaucoup d'habileté de ses relations familières avec le grand pensionnaire, qu'il entraîna dans les projets du cabinet de Saint-James ; et le traité de la triple alliance fut conclu en 1668 entre l'Angleterre, la Suède et la Hollande. Le but de ce traité fut atteint avant même qu'il n'eût été signé par toutes les parties. L'Angleterre et la Hollande s'offrirent pour médiatrices entre l'Espagne et la France. Il fut convenu, sur leur proposition, qu'un congrès s'assemblerait à Aix-la-Chapelle : Temple fut un des plénipotentiaires pour l'Angleterre.

La base des négociations était que Louis XIV se renfermerait dans les conditions qu'il avait proposées lui-même au commencement des hostilités, c'est-à-dire, qu'il choisirait entre la Franche-Comté et les villes conquises du côté de la Flandre, ou que les puissances alliées lui feraient la guerre par terre et par mer jusqu'à ce que la France fût restreinte dans les limites du traité des Pyrénées. Louis XIV abandonna la Franche-Comté, et la paix générale fut signée le 2 mai 1668.

Mais cette paix, arrachée par les nécessités du moment, n'était pas complètement sincère. Louis XIV se sentait profondément irrité de la défection des Hollandais. Il songea aussitôt à se ménager les moyens de faire tomber sur eux le poids de sa colère. Il fallait d'abord séparer l'Angleterre de la triple alliance. Le comte d'Estrades, ambassadeur de France à Londres, commença très habilement avec les ministres une négociation que la duchesse d'Orléans vint ensuite terminer avec Charles II. On sait que cette princesse, profitant de l'ascendant qu'elle avait sur le Roi, son frère, assura l'entier succès des desseins de Louis XIV. Il fut convenu que la France pourrait attaquer la Hollande sans que l'Angleterre s'y opposât, et que le monarque anglais saisirait, de son côté, la première occasion de déclarer la guerre aux Etats généraux.

Pendant que les choses s'arrangeaient ainsi à Londres, le chevalier Temple, nommé depuis la paix ambassadeur extraordinaire auprès des Etats généraux, obéissant à ses instructions, s'efforçait, à La Haye, de faire confirmer les stipulations de la triple alliance et d'y obtenir l'accession de l'Espagne, de l'Empereur et des princes allemands. Tout à coup il fut rappelé par son cabinet. D'abord les ministres le laissèrent dans une ignorance complète de ce qui s'était passé; mais enfin il fallut l'en instruire; et alors ils lui proposèrent de retourner à La Haye et de chercher à faire naître sous main quelque prétexte d'hostilités contre la Hollande. Temple était en principe opposé à toute alliance de l'Angleterre avec la France. Il n'eut garde de se prêter à l'exécution d'une convention qui, outre qu'elle devait être sans profit pour la nation britannique, se présentait du côté du cabinet de Saint-James avec tous les caractères d'une insigne mauvaise foi. Il refusa positivement la déloyale mission qu'on lui offrait. Toutefois le prétexte de guerre ne manqua pas. Le capitaine du Yacht qui ramenait en Angleterre la famille du chevalier Temple, avait ordre de faire baisser pavillon à toute la flotte hollandaise qu'il devait traverser, et, en cas de refus, de tirer jusqu'à ce qu'on eût tiré sur lui. Il en arriva ce que les ministres anglais avaient prévu : l'amiral hollandais voulut conserver l'honneur de son pavillon, et la guerre fut déclarée.

Le chevalier Temple se retira à sa maison de Sheene, près de Richemond, et s'y livra tout entier à la culture des lettres. C'est alors qu'il composa son ouvrage intitulé : *Observations sur les Provinces-Unies*.

L'Angleterre ne fut pas heureuse dans la guerre injuste et impolitique qu'elle faisait à la Hollande. Il s'éleva dans le parlement une vive et forte opposition qui en vint à menacer de refuser les subsides. Charles II dut songer à la paix. Temple, rappelé par le Roi, fut chargé des négociations avec l'ambassadeur d'Espagne qui avait les pleins pouvoirs des Etats généraux. On sentait le besoin d'en finir de part et d'autre; on s'entendit promptement; le traité de paix fut signé le 19 février 1674.

Le ministère offrit l'ambassade d'Espagne au chevalier Temple. Le père de celui-ci vivait encore. Je vois dans les *Mémoires* que ce fut lui qui prescrivit à son fils de refuser l'ambassade; mais je n'y vois pas la raison de ce refus. Il fut aussi question de nommer le chevalier Temple à un emploi de secrétaire d'Etat; c'était la pensée de Charles II. Temple refusa encore; mais en même temps il dit qu'il accepterait une mission en Hollande, si le cabinet jugeait à propos de la lui confier. Il fut donc, au mois de mai 1674, renvoyé comme ambassadeur auprès des Etats généraux. Il lui était spécialement enjoint de proposer la médiation de l'Angleterre pour une paix générale. Ses ouvertures à ce sujet ne furent rejetées par aucune puissance; mais il y avait partout fort peu de disposition à traiter. On discuta près de deux ans sur le choix du lieu où devait se tenir le congrès, et les négociations ne commencèrent à Nimègue, qu'en 1676. Il fallut encore deux ans pour arriver à la conclusion du traité, qui fut enfin signé le 10 août 1678. Les médiateurs, pour l'Angleterre, étaient lord Berkley, le chevalier Temple et sir Lionel Jenkins.

Ce fut pendant les travaux du congrès que le prince d'Orange conçut la pensée d'épouser la princesse Marie, fille aînée du duc d'Yorck, depuis Jacques II. Il consulta, sur ce sujet, le chevalier Temple, qui avait eu l'habileté de gagner sa confiance dans le temps même où il entretenait les relations les plus intimes avec le grand pensionnaire de Witt. Le mariage se fit, comme on sait, en 1677.

Après la conclusion du traité de Nimègue, le chevalier Temple retourna en Angleterre. Charles II, qui voyait s'affaiblir l'autorité de son gouvernement, lui fit proposer encore une fois de le nommer à un emploi de secrétaire d'Etat; Temple répondit par un nouveau refus; mais il engagea le Roi à recomposer son conseil privé et à y faire entrer des hommes dont les opinions connues pussent ramener les esprits. Il consentait lui-même à en faire partie. Le conseil privé fut en effet réformé quelque temps après. Temple n'assista que très rarement à ses délibérations, parce que la présidence avait été donnée à lord Schafsbury, dont il était l'adversaire déclaré. A cette époque il fut élu membre du parlement par l'Université de Cambridge; mais il parla peu dans la chambre des communes, et il n'y joua pas le rôle que semblait lui imposer son caractère officiel.

Le chevalier Temple s'éloignait chaque jour davantage des affaires; il avait pourtant accepté l'ambassade d'Espagne qui lui fut retirée, on ne sait pourquoi, au moment où ses préparatifs de départ allaient être finis. Le parlement ayant été dissous, il aurait consenti à se faire réélire par l'université de Cambridge, si le Roi lui-même n'avait pas considéré cette démarche comme tout-à-fait inutile à son service. Mais il ne paraissait presque plus au conseil privé, dont il fut enfin exclu avec les lords Essex et Cumberland.

Il était encore dans la fleur de l'âge, et, malgré cela, il résolut de ne plus prendre part au maniment des affaires publiques. En 1686, il acheta le château de Moor Park, dans le comté de Surrey. En passant à Londres pour s'y rendre, il eut une audience de Jacques II qui venait de succéder à Charles II, son frère. Le Roi lui fit des reproches pleins de bienveillance et de grâce sur sa retraite prématurée. Temple fut touché des paroles de Jacques; mais il resta inébranlable dans sa résolution.

La révolution de 1688 le trouva dans la même volonté. Il ne servit pas la cause de Jacques II; mais il ne la combattit pas non plus; il se renferma dans la neutralité la plus absolue. Il ne voulut pas permettre que son fils allât rejoindre le prince d'Orange tant que Jacques fut encore dans le royaume. Quand le Roi Guillaume et la Reine Marie eurent pris possession de la couronne, Temple parut un moment à la cour ; mais il repoussa toutes les offres d'emploi qui lui furent faites, et vers la fin de 1689 il retourna à Moor-Park pour n'en plus sortir.

Le chevalier Temple perdit son fils en 1689, sa femme en 1694, et mourut lui-même en 1698, âgé de soixante-dix ans, suivant l'auteur de sa vie, placée en tête de ses *Mémoires*, ou à la fin de 1700, suivant Chalmers ; alors, il auroit eu soixante-douze ans. Il était depuis long-temps si horriblement tourmenté de la goutte, que ses facultés intellectuelles en avaient été affaiblies. Il fut enterré à Westminster ; mais, conformément aux prescriptions de son testament, son cœur, enfermé dans une boîte d'argent, fut déposé sous le cadran solaire de son jardin de Moor-Park.

Dans la vie privée, le chevalier Temple n'a pas mérité la haute estime qui s'est attachée à ses services publics. Il était d'un caractère vaniteux et morose. Il y avait tant de violence dans ses haines, qu'il ne pouvait voir sans trouble ceux qu'il haïssait, ni parler d'eux sans colère. Son ambition était pleine d'envie et d'orgueil. Matérialiste entêté, il répétait que : « le sage dispose à son gré de la vie, et qu'il faut partir quand il n'y a plus d'espoir de vivre agréablement. » Il fut cruellement puni d'avoir professé au sein de sa famille cette doctrine impie : son fils unique, qui avait reçu de Guillaume III, à son avènement le ministère de la guerre, et qui voyait devant lui un long avenir de puissance et d'honneur, pour avoir échoué dans une entreprise qu'il avait conseillée au Roi, se noya volontairement dans la Tamise.

Dans la vie publique, Temple fut un homme d'état savant, habile, désintéressé. Il avait de l'esprit, de l'adresse, de l'insinuation et avec cela une simplicité apparente qui lui conciliait aisément la confiance. Sa participation active aux traités généraux d'Aix-la-Chapelle et de Nimègue, avait rendu son nom célèbre dans toute l'Europe et lui avait mérité une noble et légitime popularité en Angleterre.

Nul n'avait plus entièrement les sentiments et les préjugés anglais. Il se montra dans toutes les occasions ennemi acharné et détracteur insolent de la France. Il porta même la prévention et la haine à cet égard, jusqu'à défendre à ses petites filles, par une clause expresse de son testament, de se marier jamais avec des Français. Dans ses *Mémoires*, il est constamment d'une injustice et d'une partialité si révoltantes, qu'il me suffira d'en citer quelques exemples sans avoir besoin de le réfuter autrement. En 1672, la France et l'Angleterre faisaient la guerre à la Hollande. « Nos flottes, dit le chevalier Temple, sembloient plutôt affaiblies que fortifiées par la jonction de celles des François. Nos matelots combattoient lâchement; et il paroissoit qu'ils se défioient plus de leurs alliés qu'ils ne craignoient leurs ennemis. » Ailleurs il prétend que Turenne attribuait une grande partie de ses succès au courage des régiments anglais au service de France. Après la mort de ce grand homme, « M. de Lorges passa le Rhin à la vue de l'armée impériale par les bons ordres qu'il donna partout, et à la faveur de la bravoure des régimens anglois, qui arrêtèrent plusieurs fois les Impériaux et donnèrent temps au reste de l'armée de passer. » Enfin, et je terminerai par là ces étranges citations : « Il est certain, dit le chevalier Temple, que Louis XIV doit sa grandeur et le bruit qu'il a fait dans le monde, aux soins et aux artifices dont on se servoit pour ménager l'esprit facile du Roi, et à l'indifférence qu'il avoit pour la guerre, s'il m'est permis de parler ainsi. »

Ce n'est pas juger trop sévèrement de pareils *Mémoires*, que de dire qu'ils demandent à être lus avec la plus grande réserve. Temple n'est pas impartial ; j'ajouterais volontiers qu'il ne veut pas l'être. Il hait Louis XIV ; il est jaloux des Français, et il a une admiration passionnée pour le prince d'Orange.

Cependant il ressort de son récit que, dans le congrès de Nimègue, les plénipotentiaires français se conduisirent avec une franchise, une loyauté et une habileté tout ensemble, qui firent tout le succès de leurs négociations. C'est un fait qu'il faut avoir grand soin de remarquer.

Le chevalier Temple avait écrit des *Mémoires* qui comprenaient tout l'intervalle du temps où il avait été employé aux affaires publiques. Ces *Mémoires* se divisaient en trois parties : la première était consacrée aux négociations dont il fut chargé, de 1665 à 1670. Elle a été brûlée par lui-même. On croit que c'est parce qu'il y faisait l'éloge de lord Arlington qui, après avoir puissamment contribué au traité de la triple alliance, avait ensuite négocié la convention de 1668 entre la France et l'Angleterre contre la Hollande.

La seconde partie contient un précis des guerres entre la France et la Hollande, depuis 1672 jusqu'à la paix de Nimègue, et une relation détaillée des négociations qui vinrent y mettre fin. C'est celle qui fait partie de cette collection. Elle a été publiée à Londres en 1692; et la même année il en a paru une traduction française à La Haye. Temple vivait encore. Quoique ses *Mémoires* soient adressés à son fils, et qu'on ait voulu en conclure qu'ils ont été composés pour lui seul, on ne peut guère douter qu'il n'ait donné son consentement à cette double publication. Une seconde édition de la traduction française a été également imprimée à La Haye en 1693. On n'y remarque qu'un léger changement dans le premier paragraphe, changement devenu nécessaire par la suppression de la première partie des *Mémoires*.

Enfin, la troisième partie commence à la paix de Nimègue et se termine à l'époque de la retraite définitive du chevalier Temple. Elle ne concerne que les affaires intérieures de l'Angleterre, et par conséquent elle n'a pas dû trouver place parmi les *Mémoires* relatifs à l'histoire de notre pays.

La correspondance du chevalier Temple avec les ministres pendant les années comprises dans la première partie de ses *Mémoires*, a été publiée en 1699, 1701 et 1703. Elle n'est pas sans intérêt pour l'histoire générale de l'Europe. Temple l'avait revue quelque temps avant sa mort.

Je n'ai point à m'occuper des autres ouvrages du chevalier Temple. Je me contenterai donc de citer les titres de ceux qui ont été le plus remarqués : *Observations sur l'état des Provinces-Unies des Pays-Bas* ; *Introduction à l'histoire d'Angleterre* ; *Considérations sur la situation des diverses puissances de l'Europe par rapport à l'Angleterre* ; *Recherches sur l'origine et la nature du gouvernement* ; *sur les moyens d'avancer le commerce de l'Irlande* ; *Essai sur les mécontentements populaires* ; *Essai sur le savoir des anciens et des modernes* ; *Défense de cet Essai* ; etc.

Ces deux derniers ouvrages nous ont valu un jugement de Voltaire sur l'auteur : « Ce qui est étonnant, dit-il, c'est qu'ayant toute sa vie cultivé les belles-lettres, il ne raisonne pas mieux sur nos bons auteurs et sur nos philosophes ; il regarde Rabelais comme un grand homme ; il cite les *Amours des Gaules* comme un de nos meilleurs ouvrages... C'était pourtant un homme savant, un homme de beaucoup d'esprit, un ambassadeur qui avait fait de profondes réflexions sur tout ce qu'il avait vu ; il possédait de grandes connaissances. Un préjugé suffit pour gâter tout ce mérite. »

Temple a encore écrit d'autres Essais sur la santé, sur la longue vie, sur l'excès des afflictions, et même sur l'emploi du moxa pour la guérison de la goutte. Il avait souffert de cette maladie depuis l'âge de quarante ans et n'avait jamais voulu voir de médecin.

La traduction française de la seconde partie de ses *Mémoires* a été réimprimée pour la collection de Petitot.

MOREAU.

A M. ROSENBOOM,

CONSEILLER DE LA COUR DE JUSTICE DE HOLLANDE, ETC.

Monsieur,

Il y a long-temps que je cherchois l'occasion d'avoir quelque chose à vous offrir qui pût vous marquer la reconnoissance que je vous dois pour tant de bontés que vous m'avez témoignées ; mais n'ayant rien rencontré jusques à présent qui méritât de vous être offert, je m'étois contenté de conserver dans mon cœur le juste désir que j'avois de vous rendre un tel hommage. Mon bonheur a voulu à la fin qu'il me soit tombé entre les mains un ouvrage d'un des grands hommes de ce siècle, illustre par les grands emplois qu'il a exercés, et par l'estime qu'ont faite de lui plusieurs grands princes de l'Europe. Rien ne m'a semblé, Monsieur, plus digne de vous, et plus propre à m'acquitter auprès de vous de tant d'obligations que je vous ai, que ce dernier ouvrage de ses Mémoires que l'on a mis au jour, où il fait un portrait si naturel et si admirable de notre auguste monarque, et où il étale tant de belles actions de ce grand héros dont vous avez été le témoin oculaire, l'ayant accompagné partout, dans toutes ses fameuses expéditions et conquêtes, avec un zèle inestimable, et un attachement qui n'a guère d'exemple. Aussi, Monsieur, votre fidélité aussi bien que votre prudence et votre sagesse ont trouvé auprès d'un si grand et si généreux prince tout le retour qu'elles pouvoient espérer, non-seulement par les nouvelles charges dont Sa Majesté a honoré votre personne et tous ceux de votre maison, mais par la distinction qu'il en fait paroître, et par les marques d'estime qu'il vous témoigne publiquement dans toutes les occasions. C'est là, Monsieur, le bel endroit de la vie d'un honnête homme ; et l'on peut bien juger qu'un monarque si éclairé, et si admirable dans le choix des personnes, ne jette point les yeux sur quelqu'un qu'il ne fasse en même temps son éloge, et le fasse regarder comme véritablement digne de ses bonnes grâces.

J'ose espérer, Monsieur, que vous ne condamnerez pas la hardiesse que j'ai eue de vouloir contribuer de mon côté à éterniser votre mérite en mettant au jour les bienfaits dont ce grand monarque vous a honoré. C'est à quoi ce livre me sert, lequel j'ai fait traduire de l'anglois dans une langue universellement plus entendue : et quoiqu'il paroisse, par l'avertissement du libraire anglois, que ce livre n'a pas été publié en anglois de l'aveu de l'auteur, cependant comme il ne l'a pas désavoué, et qu'il paroît, par tout le contenu, qu'il ne peut être que de cet habile ministre, j'ai jugé qu'il étoit de mon devoir d'y mettre son nom, afin que le public reconnût à l'ouverture à qui il a obligation d'un si bon ouvrage. Et comme l'auteur vous ressemble en modestie, n'agréant pas l'encens, aimant toujours plus de le mériter que de le recevoir, je n'ai voulu rien mettre ici qui pût faire rougir la vôtre.

J'espère, Monsieur, que vous me pardonnerez bien la liberté que j'ai prise de vous le consacrer, comme le témoignage le plus authentique qu'un homme de ma profession pouvoit vous donner, et d'y ajouter que je suis et serai toute ma vie, avec un très-profond respect,

Monsieur,

Votre très-humble et très-obéissant serviteur,

ADRIAN MOETJENS.

AVERTISSEMENT
DU LIBRAIRE ANGLAIS.

Ces Mémoires me furent donnés il y a quelque temps par une personne à qui je ne saurois plus les rendre; et je n'ai pas su, depuis que je les ai, que l'auteur se soit mis en peine de découvrir ce qu'ils sont devenus. Il paroît, à la vérité, par l'épître qu'il adresse à son fils, qu'il souhaitoit que cet ouvrage ne fût pas publié pendant sa vie; mais, malgré le respect que j'ai pour lui, je ne saurois être de son sentiment, et je croirois faire un grand tort au public si je retenois plus long-temps un ouvrage qui a donné tant de satisfaction à tous ceux qui l'ont lu. J'espère même que l'auteur n'aura pas sujet de se plaindre de moi, s'il considère qu'on ne m'a pas défendu de le publier lorsqu'on me l'a mis entre les mains. Si les amis de cet illustre auteur peuvent obtenir de lui la première et la troisième partie de ces Mémoires, ils rendront un grand service à tout le monde, et aura sans doute un très-grand plaisir de les voir, parce qu'il y a lieu d'espérer qu'ils seront plus corrects que ceux-ci, qui vraisemblablement n'ont pas été revus.

Je ne dirai rien de l'auteur; la première page de son livre le fera assez connoître: je ne dirai rien non plus des motifs qui l'ont porté à écrire, ni du temps qu'il a écrit; on le peut voir par sa lettre. Ainsi je finis en priant Dieu de tout mon cœur qu'il lui donne une bonne santé et une longue vie, afin qu'il continue d'être l'ornement de la république des lettres, aussi bien que celui de son pays.

A MON FILS.

Le .... d'avril 1683.

Je ne me souviens pas de vous avoir refusé aucune chose que vous m'ayez demandé : ce que je dis moins pour faire valoir ma complaisance, que pour vous louer de ne m'avoir jamais fait que des demandes raisonnables ; ce qui est bien plus extraordinaire à un jeune homme, qu'il ne l'est à un vieillard d'accorder à un fils ce qu'il souhaite de lui. Je me suis enfin résolu d'acquiescer à ce que vous m'avez si souvent demandé ; et je veux bien, si je vis, vous laisser quelques Mémoires de ce qui s'est passé pendant les emplois publics que j'ai eus dans les pays étrangers depuis l'an 1665 jusqu'à 1678. J'ai eu part dans toutes les plus importantes négociations de la couronne d'Angleterre, et j'ai été instruit de presque toutes les révolutions qui sont arrivées durant ce temps-là. La confiance que le Roi mon maître a eue en moi, aussi bien que ses principaux ministres et ceux des princes étrangers, m'a donné l'avantage de pouvoir découvrir les véritables causes de tant d'événemens, en quoi la cour et le parlement se sont si souvent trompés, et d'où il est arrivé que certaines personnes ont été louées, d'autres blâmées, et d'autres enfin soupçonnées sans l'avoir mérité.

J'ai employé vingt ans dans les affaires publiques, à savoir depuis la trente-deuxième jusqu'à la cinquante-deuxième année. C'est là, selon moi, le temps de la vie le plus propre à servir son prince et son pays, parce que celui qui procède et celui qui suit est ordinairement le partage des plaisirs et du repos. L'amour que j'ai toujours eu pour ma patrie, et la vénération que j'avois pour ses lois, ne me permirent pas d'entrer dans les affaires publiques jusqu'à l'heureux retour du Roi en 1660 ; et vous vous souvenez bien aussi que je vous envoyai en 1680 pour informer Sa Majesté de la résolution que j'avois prise de renoncer pour toujours aux emplois publics et de mener une vie retirée. Avant et depuis le temps que je viens de marquer, je n'ai pas plus pris de part à tout ce qui s'est fait dans le monde qu'un vieillard en prend d'ordinaire à ce qui se passe sur un théâtre où, après être assis le plus commodément qu'il peut, il se divertit de ce qu'il y voit, sans se mettre en peine ni des acteurs ni de l'intrigue, et sans se soucier de sortir avant que la comédie soit finie. Tout ce que vous devez donc attendre de moi est renfermé dans cet espace de temps ; et n'espérez pas d'y trouver d'autre ornement que la vérité. Vous savez combien je suis naturellement paresseux, combien je suis infirme, combien mes yeux sont affoiblis, et enfin combien j'emploie de temps à me promener à cheval ou à pied, pour combattre autant qu'il m'est possible deux maladies qui me font une cruelle guerre depuis quelque temps ; de sorte que vous êtes en partie redevable de la satisfaction que vous vous promettez de mon ouvrage à ma mauvaise santé ou au mauvais temps, qui sont deux accidens qui ne manquent jamais aux gens de mon âge et dans notre climat. Au reste, si vous trouvez dans ces Mémoires quelque chose d'instructif et de divertissant, vous devez uniquement l'attribuer à la tendresse et à l'estime que j'ai pour vous ; sans quoi je n'aurois pas employé mon temps à faire un pareil recueil. Comme je n'ai en vue que votre seule satisfaction, je souhaite aussi que ces Mémoires ne servent qu'à vous seul pendant ma vie ; mais quand je serai mort ils demeureront, aussi bien que tout ce que j'ai, à votre disposition. Je serois bien aise que mes emplois publics contribuassent du moins quelque chose à votre divertissement, puisqu'ils ont si peu contribué à votre fortune. J'avoue qu'il a été souvent en mon pouvoir de la rendre meilleure, mais je n'ai pas voulu profiter des occasions que j'en avois ; et j'ai bien plus souvent considéré de combien peu de choses je manquois, que je n'ai pensé à augmenter le bien que j'avois déjà. Si vous êtes dans les mêmes sentimens, vous serez toujours assez riche ; mais si vous avez d'autres pensées, vous serez infailliblement toujours pauvre.

MÉMOIRES
DU CHEVALIER TEMPLE.

CHAPITRE PREMIER.

[1673] Ayant fini la première partie de ces Mémoires au temps que je quittai tous les emplois publics, c'est-à-dire à l'année 1671, qui fut bientôt suivie de la seconde guerre de Hollande (1), je commencerai la suite de ces Mémoires par les acheminemens à la paix qui fut conclue en 1673 entre l'Angleterre et les Etats généraux.

Il s'étoit déjà passé deux étés depuis cette guerre, avec diverses rencontres en mer sans en venir à aucune action décisive ; après quoi les deux partis commencèrent à songer sérieusement à la paix, et s'aperçurent qu'elle leur étoit absolument nécessaire. Les deux nations s'étoient engagées dans cette guerre sans être mal ensemble, et l'on avoit cru des deux côtés que c'étoit plutôt une querelle entre les ministres des deux Etats qu'entre les peuples. Les Hollandois s'imaginèrent d'abord que cette guerre étoit seulement contre la faction de de Witt, en faveur du prince d'Orange (2) : en Angleterre, quelques-uns l'attribuèrent à des ministres corrompus par l'argent de France; et d'autres, qui prétendoient pénétrer plus avant, l'attribuèrent à des desseins plus profonds et d'une plus grande conséquence. La violence et l'emportement que le lord Cliffort fit paroître pour la commencer donnèrent un méchant air en général à toute cette affaire; et le mépris qu'on témoigna pour le parlement, sans la participation duquel on l'entreprit, coupa pour ainsi dire le principal nerf de la guerre.

Les secours d'argent que nous recevions de la France n'étoient pas proportionnés à la dépense qu'il nous falloit faire pour nos flottes, qui d'ailleurs semblèrent être plutôt affoiblies que fortifiées par la jonction de celle des François. Nos matelots combattoient lâchement, et il paroissoit qu'ils se défioient plus de leurs alliés qu'ils ne craignoient leurs ennemis; d'ailleurs les mécontentemens dans le royaume étoient si grands, que l'assemblée de notre milice pour défendre nos côtes sembloit être d'une aussi dangereuse conséquence qu'une descente de nos ennemis. Mais ce qui pressa le plus le Roi à songer à la paix, fut la résolution que l'Espagne prit de déclarer la guerre à l'Angleterre en faveur de la Hollande, comme elle avoit déjà fait à la France, à moins que la paix ne fût bientôt conclue. Ce coup auroit été fatal à notre négoce, et l'on n'auroit pu que très-difficilement réparer la perte qu'il nous auroit causée, parce que par là nous aurions perdu le commerce de la mer Méditerranée, comme nous avions déjà fait celui du Nord par la guerre de Hollande. Cette nécessité étoit visible ; et si l'on ne s'y rendoit pas, c'étoit seulement pour conserver l'honneur de notre alliance avec la France. Mais comme cette couronne ne fut pas en état de nous fournir assez d'argent pour continuer la guerre sans le secours du parlement, elle ne put pas empêcher qu'on ne le convoquât en cette occasion. Quand il fut assemblé, il parut d'abord assez disposé à donner de l'argent au Roi, non pas pour faire la guerre à la Hollande, mais au contraire pour la finir ; et Sa Majesté leur ayant demandé leur avis, ils déclarèrent unanimement qu'il falloit faire la paix.

Il y avoit trop de puissances engagées dans cette querelle pour penser à une paix générale. Il est bien vrai que les ministres de l'Empereur, ceux d'Espagne, de Hollande, et de quelques autres princes de l'Empire d'une part, et ceux de France de l'autre, étoient déjà entrés en traité à Cologne par la médiation de la Suède, mais sans aucune apparence de succès. Tous les confédérés souhaitoient la paix entre l'Angleterre et la Hollande, et aucun ne la vouloit avec la France. Ce fut dans cette vue que les Hollandois et les Espagnols se servirent de tous les moyens qu'ils purent imaginer pour porter le Roi à faire une paix particulière, à quoi

---

(1) Guerre de 1672, dans laquelle la duchesse d'Orléans avait entraîné le Roi, son frère.

(2) Guillaume-Henri de Nassau, fils posthume de Guillaume IX, prince d'Orange, et d'Henriette-Marie, fille de Charles I*er*, roi d'Angleterre, né le 14 octobre 1650, élu stathouder en 1672, proclamé roi d'Angleterre en 1689; enfin mort en 1702.

la nécessité de ses affaires, l'humeur de son peuple et les sollicitations de son parlement le déterminèrent vers la fin de l'année 1673.

Dans la première assemblée du parlement, le duc de Buckingham ayant remarqué que les communes commençoient à témoigner du chagrin contre ceux que l'on soupçonnoit être les auteurs de cette guerre, il tâcha de s'insinuer dans leurs bonnes grâces ; et pour cet effet il leur demanda qu'il pût être ouï en sa défense sur ce sujet. Le discours qu'il fit tendoit uniquement à dissiper les soupçons qu'on avoit contre lui, et à les faire tomber sur le lord Arlington ; et entre plusieurs moyens dont il se servit, il pria la chambre qu'on demandât à ce seigneur qui étoit l'auteur de la triple alliance (1), voulant insinuer par là que c'étoit lui qui l'étoit. Le lord Arlington vint ensuite dans la chambre des communes pour le même sujet ; et après avoir répondu à quelques articles du discours du duc, il dit, au sujet du dernier, qu'il lui étoit très-facile d'y répondre, en disant que c'étoit le chevalier Guillaume Temple qui étoit l'auteur de la triple alliance. Voilà, à ce que je pense, ce qui fit réfléchir sur ce qui s'étoit passé dans mes précédentes ambassades en Hollande et à Aix, et qui fit prendre au Roi et à ses ministres la résolution de me tirer de la retraite où j'avois déjà passé deux ans, et où j'avois dessein de passer le reste de mes jours, pour m'engager d'aller en Hollande pour faire la paix avec les Etats-généraux.

[1674] Le second de février 1674, le Roi reçut avis certain qu'il avoit été résolu dans l'assemblée des Etats, que toutes les charges et dignités possédées par le prince d'Orange et par ses ancêtres seroient héréditaires à ses enfans. Il reçut en même temps une lettre des Etats, par laquelle ils demandoient à Sa Majesté des passe-ports pour les ambassadeurs qu'ils avoient résolu d'envoyer avec les instructions nécessaires, et plein pouvoir de conclure la paix, offrant en même temps une cessation d'armes. Cette offre vint fort à propos pour fortifier l'avis du parlement, qui conseilloit au Roi d'entrer en négociation avec l'ambassadeur d'Espagne sur les propositions qu'il avoit avancées, et dont le Roi leur avoit donné communication. Les ministres crurent qu'il n'étoit pas possible de refuser d'entrer en traité sans attirer sur eux la haine du peuple, et sans faire murmurer contre le gouvernement. D'un autre côté, comme ils n'ignoroient pas que cette guerre avoit causé un mécontentement général dans tout le royaume,

(1) Entre l'Angleterre, la Suède et la Hollande.

ils craignoient les intrigues des ambassadeurs de Hollande, et ce fut là le véritable motif qui leur fit prendre la résolution, dans un conseil de cabinet qui fut assemblé le même jour, d'envoyer plutôt une ambassade que de la recevoir sur ce sujet ; et en même temps je fus nommé. Deux gentilshommes furent envoyés chez moi une demi-heure l'un après l'autre, l'un par le comte de Demby, qui étoit pour lors grand trésorier, et l'autre par le comte Arlington, premier secrétaire d'Etat, pour me faire savoir que le Roi m'ordonnoit de me rendre en cour. Milord Arlington me dit qu'il ne pouvoit pas se faire l'honneur de m'avoir nommé le premier, et qu'il ne pouvoit pas dire non plus si c'étoit le Roi qui l'avoit fait, ou bien le grand trésorier ; mais qu'il m'assuroit que tous ceux qui composoient le conseil avoient unanimement déclaré que puisqu'il falloit faire la paix, on ne devoit pas songer à d'autre personne qu'à moi. Là-dessus le Roi me commanda, avec beaucoup de marques de bonté et de confiance, de me préparer à partir, et ordonna au secrétaire d'Etat de dresser mes instructions. Je répondis au Roi que je lui obéirois, et j'avois une joie inexprimable de voir que Sa Majesté reprenoit les mêmes mesures sur lesquelles je l'avois servi. J'ajoutai que, dans le dessein que j'avois de le faire encore avec ardeur, je souhaitois d'aller en Hollande sans être revêtu du caractère d'ambassadeur, pour m'épargner le temps et l'embarras de faire mes équipages, et pour éviter les cérémonies, qui, outre leur inutilité, sont un grand obstacle aux négociations où il faut de la diligence. Le Roi approuva ce que je dis, et déclara que j'aurois seulement le titre de plénipotentiaire ; mais qu'à tous égards j'aurois les appointemens d'un ambassadeur, et que même je prendrois ce caractère dès que la paix seroit conclue.

Je fus prêt dans trois jours ; et le même matin que mes dépêches le furent, le marquis de Fresno, ambassadeur d'Espagne, envoya dire à milord Arlington, pendant que j'étois encore avec lui, qu'il avoit reçu plein pouvoir des Etats de Hollande de conclure la paix, et qu'il étoit prêt d'entrer en négociation quand le Roi voudroit. Milord Arlington parut surpris, et son premier avis fut que le Roi ne devoit point changer les mesures qu'il avoit prises, et que je devois continuer mon voyage, sans donner aucune part aux Espagnols dans cette affaire. Je fus d'un autre sentiment ; et outre l'honneur que je voyois tout de mon côté à faire la paix à Londres plutôt qu'à La Haye, je crus de mon intérêt de pouvoir mieux faire valoir nos intérêts étant recherchés des Etats, que si nous allions les chercher chez eux. D'ailleurs comme je prévoyois des obstacles à l'égard de certains petits points d'honneur, particulièrement au sujet du pavillon, qui quoique peu considérable devoit pourtant être cher au Roi, le caractère de la nation espagnole me fit espérer qu'on ne nous feroit pas de procès sur cet article, et que les Espagnols agiroient rondement, sans souffrir que les Hollandois s'arrêtassent à ces vétilles. Milord Arlington, après quelque dispute, convint avec moi, et me pria d'aller informer le Roi, qui étoit pour lors dans la chambre des seigneurs, de cet incident si peu attendu. Il me parut aise de ce changement : il me dit que puisque je ne traitois pas de la paix à La Haye, je le ferois à Londres, et m'ordonna d'aller trouver le marquis de Fresno, et de lui dire que si lui et moi pouvions convenir des termes, l'affaire seroit bientôt faite.

Les termes sur lesquels on devoit insister furent réglés par Sa Majesté dans le comité du conseil pour les affaires étrangères, qui étoit composé du lord chancelier Finch, du grand trésorier, du comte Arlington, et de M. Coventry, secrétaires d'Etat, et auquel j'assistai par un ordre exprès du Roi. Dès que je fus instruit de sa volonté, j'allai trouver le marquis de Fresno, et dans trois conférences nous conclûmes entièrement le traité. Le Roi en fut extrêmement satisfait, et le marquis en eut une joie inexprimable, soit à cause de l'honneur qu'il croyoit avoir acquis par là, soit à cause des récompenses qu'il croyoit avoir lieu d'attendre du Roi son maître. Les articles de ce traité ayant été publics, je ne les rapporterai point ici. Les deux points sur lesquels il se trouva le plus de difficultés étoient celui du pavillon, et celui des troupes angloises qui étoient au service de France, dont on demandoit le rappel. Pour lever le dernier obstacle, on s'engagea par un traité particulier qu'on laisseroit périr les troupes en refusant des recrues, et on permit aux Etats de lever autant de monde qu'ils voudroient sur toutes les terres de l'obéissance du Roi. L'autre point, qui regardoit le pavillon, fut réglé aussi avantageusement que le Roi pouvoit le souhaiter. Les plus puissans de nos voisins sur mer reconnurent par ce traité ce que les plus foibles n'avoient jamais voulu reconnoître, je veux dire la souveraineté que la couronne d'Angleterre a toujours prétendu sur les mers qui séparent la France et de la Hollande, qui jusqu'ici n'avoit servi que de prétexte à la guerre toutes les fois qu'eux et nous avions envie d'y entrer par d'autres motifs. Ce succès me donna, je l'avoue, plus de satisfaction que tout ce que j'avois fait dans mes emplois publics. C'étoit un point que j'avois toujours eu fortement à cœur, et que j'avois fait tous les efforts possibles de gagner dans mes premières négociations en Hollande, mais en vain. M. de Witt fut toujours inflexible, quoiqu'il convînt avec moi que c'étoit un écueil sur lequel nos plus fermes alliances seroient toujours en danger de se briser, toutes les fois qu'une des parties trouveroit de l'avantage à rompre les mesures que nous avions prises à la conclusion de la triple alliance. D'ailleurs la somme d'argent que les Etats donnèrent au Roi, quoique peu considérable en elle-même, et moins encore à ce prince, puisqu'elle fut presque tout employée à payer au prince d'Orange le mariage de sa mère, dont il n'avoit jamais rien reçu, donna cependant au Roi tout l'honneur et tout l'avantage de la paix ; et l'argent que son parlement lui accorda a cette considération, la joie et la satisfaction de son peuple, lui en firent goûter toutes les douceurs. C'est ainsi que nos différends se terminèrent heureusement pour nous, et que nous n'eûmes plus de part dans une guerre dont les conséquences ont été si fatales au reste de la chrétienté, et dont peut-être nul homme vivant ne verra la fin.

Cette guerre (j'entends celle qui nous regardoit particulièrement) avoit été commencée et continuée aussi long-temps qu'on l'avoit pu, par je ne sais quelle fatalité, sous le ministère de cinq hommes qu'on appeloit ordinairement *la cabale* (1), mot composé des cinq premières lettres de leur nom, savoir Clifford, Arlington, Buckingham, Ashley et Lauderdale. Quoiqu'elle eût commencée, par la conduite et le conseil de ces gens, par deux actions peu honorables et peu avantageuses à la couronne, qui furent d'attaquer la flotte hollandoise qui venoit de Smyrne, et de faire perdre au public les fonds qu'on en avoit empruntés, cependant on peut dire que ces messieurs réussirent parfaitement dans les fins et les avantages qu'ils se proposoient : Clifford parvint par là à la charge de grand trésorier et à la dignité de baron ; Arlington fut fait chevalier de la Jarretière et comte ; Ashley, grand chancelier et comte, et Lauderdale, chevalier du même ordre, avec un duché. Pour le duc de Buckingham, comme il étoit déjà revêtu de toutes les dignités que la couronne peut donner, il ne fit pas un meilleur marché en cette rencontre qu'il avoit accoutumé de faire en tout ce qui le regardoit, et il n'avoit d'autre prétention que d'avoir du

(1) En anglais, *cabal*.

commandement dans les armées. Voilà comment cette cabale, qui avoit prétendu de faire un grand et puissant Roi par cette guerre contre la Hollande et par l'alliance avec la France, eut seulement l'honneur de faire quatre grands sujets.

Après la paix faite, le premier soin du Roi fut d'adoucir ce coup autant qu'il lui fut possible à l'égard de la France. Pour cet effet, on représenta la nécessité où l'on s'étoit trouvé (ce qui n'avoit pas besoin de fausses couleurs), et en même temps le Roi proposa d'offrir sa médiation aux puissances engagées dans la guerre, en cas que la France le voulût ainsi ; ce qu'elle n'accepta pas d'abord, et il se passa quelque temps avant qu'elle se fût déterminée. Je demeurois cependant toujours dans le dessein de mener une vie particulière, comme j'avois fait avant cette révolution ; mais, environ huit jours après l'entière conclusion du traité, milord Arlington me dit que le Roi avoit été si satisfait de la diligence que j'avois témoignée pour aller en Hollande, du peu de chagrin que j'avois témoigné quand cette commission avoit manqué, et des peines et des soins que j'avois pris pour faire réussir le traité avec l'ambassadeur d'Espagne, qu'il avoit résolu de m'envoyer ambassadeur extraordinaire à la cour de Madrid, n'ayant pas de meilleure récompense à me donner ; et que pour cet effet, il alloit rappeler le chevalier Guillaume Godolfin, qui y résidoit en qualité d'ambassadeur ordinaire. « Et cela, me dit-il, est nécessaire en cette conjoncture pour diverses raisons. »

Je répondis que j'étois fort sensible à l'honneur que le Roi me faisoit, mais que je ne pouvois pas accepter cet emploi jusqu'à ce que j'eusse consulté mon père, qui étoit pour lors en Irlande, mais qui en devoit revenir dans peu de jours, et que je ne demandois qu'un mois de temps pour donner une réponse positive. Milord Arlington fut un peu surpris, et il me dit qu'il ne s'attendoit pas que je fisse aucune difficulté à accepter cet emploi, qui lui paroissoit le meilleur que le Roi pût donner ; que dans cette pensée il en avoit déjà parlé à l'ambassadeur d'Espagne, qui en avoit témoigné beaucoup de joie, et qui lui avoit dit qu'il en donneroit incessamment avis à la cour de Madrid (ce qu'il ne doutoit point qu'il n'eût fait), et que par conséquent on ne regardât la chose comme faite ; mais que cependant il se faisoit fort que le Roi me donneroit le temps que je demandois pour me résoudre à cause de mon père. Je lui écrivis donc pour avoir son consentement sur ce sujet. Il me fit réponse que, bien loin d'approuver que j'ac-

ceptasse cette ambassade, il ne pouvoit pas y consentir ; de sorte que ne pouvant trouver aucun tempérament pour le satisfaire, je fus contraint de m'en excuser. Le Roi me dit, lorsque je lui fis mes excuses, qu'il ne prenoit point cela en mauvaise part, et qu'au contraire il avoit dessein de me donner un meilleur emploi ; qu'à la vérité il avoit promis la charge de secrétaire d'Etat, qui devenoit vacante parce que milord Arlington étoit grand chambellan ; mais que la première qui viendroit à vaquer seroit pour moi. Je rapportai cela à milord Arlington, qui me dit qu'il avoit bien cru que je ne refusois l'ambassade d'Espagne qu'en vue de la place de secrétaire d'Etat ; et que puisque je la souhaitois, et que le Roi m'en avoit parlé, il faciliteroit la chose autant qu'il lui seroit possible. Il ajouta qu'il en étoit convenu avec le chevalier Williamson moyennant six mille livres, et que le Roi avoit consenti qu'il en prît possession à son retour de Cologne, d'où il étoit attendu au premier jour ; mais qu'il trouvoit tant de différence entre ce gentilhomme et moi, qu'il trouveroit moyen de rompre cet accord, si je voulois donner la même somme. Je lui répondis que je n'avois point un tel dessein, ni tant d'argent à mettre à un emploi, parce que mon père jouissoit de tout le bien de la famille ; que quand je serois en état de le faire, je ne voudrois pas l'obliger à rompre une parole déjà donnée ; et qu'ainsi je le priois de n'y penser plus. Quoique je lui pusse dire, il crut que je n'étois retenu que par le manque d'argent. Il en parla à MM. Montague et Sydney, qui étoient nos amis communs, et les pria de me porter à terminer l'affaire avant que l'autre fût arrivé. Ils m'en pressèrent l'un et l'autre ; et quoique M. Montague fût assez obligeant pour m'offrir de me prêter cette somme, je le refusai toujours. Je dis cependant à milord Arlington que, pour faire voir que ce n'étoit point par caprice que j'avois refusé ses offres et celles du Roi, j'accepterois l'ambassade de Hollande, en cas que Sa Majesté eût dessein d'y en envoyer une au sujet de la paix, parce que, connoissant déjà l'état des affaires de ce côté-là, je pourrois lui rendre service avec plus de succès. L'affaire en demeura là.

La France résolut cependant d'accepter la médiation du Roi, celle de Suède ayant fini, et l'assemblée qui s'étoit faite à Cologne sur ce sujet s'étant séparée sans avoir produit que des plaintes et des querelles, particulièrement à cause que l'Empereur avoit fait enlever le prince Guillaume de Furstemberg, lequel, quoique sujet de l'Empire, avoit toujours été dans les intérêts de la France, aussi bien que l'évêque de Strasbourg, son frère, qui avoit toujours favorisé les desseins et les usurpations de cette couronne sur ses voisins. Sur quoi le Roi me dit qu'il avoit résolu d'offrir sa médiation à tous les princes confédérés, comme il avoit déjà fait à la France; et que voyant que je n'avois pas voulu accepter aucun des emplois qui m'avoient été offerts, il avoit résolu de m'envoyer en qualité d'ambassadeur extraordinaire en Hollande pour y offrir sa médiation, comme étant le lieu du conseil général de tous les confédérés, et pour tâcher par le moyen des Etats de la faire accepter par tous les autres princes engagés dans cette guerre; que je connoissois mieux que personne le lieu et les gens, et qu'ainsi je pourrois lui rendre plus de services en cela, et à entretenir une bonne intelligence entre lui et les Etats, laquelle il avoit dessein de conserver; que j'aurois le caractère d'ambassadeur extraordinaire, et les mêmes appointemens que j'aurois eus en Espagne. J'acceptai sans balancer cette offre, et mon ambassade fut déclarée au mois de mai 1674.

Mais, avant que d'entrer sur le théâtre de ces grandes négociations, il est nécessaire que je rapporte ici en abrégé l'état des affaires étrangères, depuis le commencement de la guerre jusqu'à la paix conclue entre le Roi et la Hollande, et les différentes dispositions où étoient les intéressés pour faciliter ou traverser les desseins de la médiation que le Roi leur faisoit offrir.

Un coup de tonnerre dans un beau jour d'hiver ne surprendroit pas plus le monde que notre déclaration de guerre contre la Hollande en 1672 le surprit. Nous commençâmes par voies de fait en attaquant leur flotte de Smyrne, et ensuite (en conséquence de ce coup, quoique manqué) par une déclaration dans les formes, dans laquelle nous donnâmes les raisons que nous en avions; au lieu que les François n'en donnèrent point d'autre que la gloire de leur Roi. Les Hollandois ne pouvoient pas croire que ce fût sérieusement jusqu'à ce que le coup fût donné; et ils s'étoient imaginé que nos plaintes et nos manières désobligeantes ne tireroient à demander de l'argent, ou le rétablissement du prince d'Orange dans les dignités de ses ancêtres. Les puissances, qui s'intéressoient à leur conservation, ne pouvoient pas se persuader non plus qu'après avoir sauvé la Flandre des mains de la France nous voulussions laisser tomber la Hollande dans le même danger; et milord Arlington me dit en ce temps-là que la France ne le crut elle-même qu'après l'attaque de la flotte de Smyrne. Ce coup ne fut pas plus tôt fait, que les François publièrent leur déclaration et commencèrent leurs hostilités. C'est à cette surprise qu'ils doivent les prodigieux succès qu'ils eurent au commencement. Les Hollandois n'avoient fait aucune préparation pour se défendre; et l'Empire, l'Espagne et la Suède regardèrent tranquillement le commencement de la guerre, ne sachant pas quels accords il pouvoit y avoir entre la France et nous pour la commencer, et combien nous voudrions laisser étendre les conquêtes de la France. D'ailleurs les animosités des partis en Hollande, qui avoient paru sous leur nouveau gouvernement et sous le ministère des de Witt, commencèrent à se réchauffer de nouveau par les malheurs de leur pays. Les amis du prince publioient hardiment et hautement qu'il n'y avoit rien qui pût satisfaire l'Angleterre que le rétablissement du prince, et que la lâcheté de leurs troupes ne venoit que de ce qu'on avoit cassé tous les officiers de mérite et de courage, à cause seulement qu'ils étoient affectionnés au prince, et qu'on avoit mis en leur place des gens de néant, qui n'avoient pour tout mérite qu'une haine déclarée contre la maison d'Orange. Cela faisoit attendre une soudaine révolution: les Etats étoient troublés et irrésolus sur ce qu'ils devoient faire; les troupes étoient sans général, et (ce qui est bien pis encore) elles étoient sans courage. Il n'y avoit que leur flotte qui fût exempte de ce mal contagieux, en ayant été préservée par la prudence admirable de Ruyter. Enfin la faction, la défiance et la sédition pénétrèrent si avant dans l'Etat et dans l'armée que lorsque les troupes de France les attaquèrent il n'y eut pas une ville ni une forteresse du côté d'Allemagne, excepté Maëstricht, quoique estimées imprenables dans les guerres précédentes, qui firent la moindre résistance; de sorte que les François n'employèrent pas plus de temps à se rendre maîtres de toutes les places du plat pays, que les voyageurs en mettent ordinairement à les voir et à les considérer. Maëstricht fut pris après un siége fort court, aussi bien que le fort de Skink, à cause de la grande sécheresse qui rendit la rivière guéable en des endroits où elle ne l'avoit jamais été auparavant. Le roi de France marcha droit à Utrecht, qu'il choisit pour la résidence de sa cour et pour le campement de son armée; et de là il commença à songer aux moyens de se rendre maître du reste des villes de la Hollande. Elles n'avoient d'autre défense que leur situation sur quelque terrain bas, que l'on avoit gagné ou garanti des inondations avec un travail prodigieux par le moyen des digues et des canaux, mais qui pouvoit être facilement inondé par le moyen des écluses lorsque les Hollandois ne trouveroient plus le moyen de sauver leur pays qu'en le perdant. Voilà ce qu'on croyoit généralement à la cour et à l'armée de France ; ce qui, comme je l'ai appris depuis, fut cause du salut des Etats. Le roi Louis XIV ne voulut pas risquer sur un élément impitoyable son honneur et les grandes conquêtes qu'il avoit faites cette campagne ; à s'exposer au sort d'un nouveau genre de guerre où la conduite et le courage étoient inutiles. Il crut qu'il valoit mieux laisser le reste à des négociations de paix avec les Etats, ne doutant point d'y trouver son compte à cause des grands avantages qu'il avoit, et du peu de distance qu'il y avoit entre lui et eux ; se flattant que quand il ne réussiroit pas de ce côté-là, il pourroit dans l'hiver, à la faveur des glaces qui manquent rarement dans ce pays-là, faire passer sûrement à son armée des lieux que les eaux ou la qualité du terrain rendoient impraticables pendant l'été.

Cependant l'Etat et le gouvernement de Hollande prit une nouvelle forme, et avec elle un nouveau cœur. M. de Witt et son frère avoient été massacrés à La Haye par la fureur de la populace, destin ordinaire aux ministres qui gouvernent par faction, lesquels sont presque toujours sacrifiés aux premières infortunes qui arrivent à un Etat. Le fait et la manière étant fort extraordinaires, ont été le sujet de la recherche de bien de gens, aussi bien que de la mienne. Voici ce que j'en ai pu apprendre. Le Ruart de Putten, frère aîné de M. de Witt, avoit été accusé d'avoir formé un dessein contre la vie du prince, et d'avoir tâché de corrompre par de l'argent un domestique de Son Altesse, pour le porter à l'exécuter. Ce fait ne fut pas bien prouvé, de sorte qu'on le condamna seulement à un bannissement ; de quoi le peuple fut extrêmement irrité, parce qu'il le croyoit coupable. Le matin qu'on le devoit mettre hors de prison, M. de Witt, contre l'avis de ses amis, voulut absolument y aller lui-même pour l'en tirer avec plus d'honneur et le conduire hors de la ville ; et pour cet effet il y alla en carrosse à quatre chevaux. Comme cela n'étoit pas ordinaire à ce ministre, le peuple s'en émut et s'assembla tumultueusement d'abord dans les rues où il passoit, et ensuite devant le lieu où le prisonnier étoit gardé. Une partie de la milice de La Haye qui étoit de garde se mêla avec la populace, et ils commencèrent à crier tout haut contre le jugement de la cour, contre le crime d'un des frères et contre l'insolence de l'autre, qui prétendoit, disoient-ils,

emmener ce criminel en triomphe. Pendant cette fureur, allumée par les discours du peuple, les deux frères vinrent à sortir ; ils furent arrêtés par quelques-uns de la milice, qui les maltraitèrent d'abord de paroles, et qui dans la suite en vinrent aux coups : sur quoi M. de Witt, prévoyant bien la fin de cette tragédie, prit son frère par la main ; mais en même temps il fut renversé par terre d'un coup de bout de mousquet. La vie leur fut bientôt ôtée, et leurs corps furent traînés par les rues et déchirés en pièces. C'est ainsi que finit une des plus belles vies d'aucun sujet de ce siècle, dans sa quarante-septième année, après avoir servi ou plutôt gouverné cette république en qualité de pensionnaire de Hollande pendant dix-huit ans, avec beaucoup de gloire pour lui et pour son pays. Après la mort de ces deux frères, les provinces et les villes demandèrent d'un consentement unanime que le prince fût rétabli dans l'autorité de ses ancêtres. Les Etats l'avoient déclaré au commencement de l'année capitaine-général et amiral de leurs forces ; ce qui n'étoit pas plus que ce que de Witt avoit toujours dit qu'on lui destinoit quand il seroit en âge. Mais comme cela ne contentoit ni l'Angleterre ni le parti que le prince avoit en Hollande, tous les membres des Etats convinrent de tous les actes qui parurent nécessaires pour l'entier rétablissement de Son Altesse, qui avoit précisément atteint l'âge de vingt et un ans, dans la charge, dignité et pouvoir de stathouder, avec tous les avantages dont ses ancêtres avoient joui, et même avec quelques autres. M. Fagel fut fait en même temps pensionnaire de Hollande, à la place de Witt. L'amour que ce ministre avoit pour sa patrie lui fit aimer le prince, croyant que c'étoit lui seul qui la pouvoit sauver, et l'idée qu'il avoit pour sa religion le rendroit ennemi irréconciliable de la France, qui avoit formé le dessein et qui faisoit profession de la détruire.

Comme cette révolution remit le calme dans le dedans de l'Etat, elle fit naître l'espérance de conserver ce qu'on avoit encore. L'esprit d'union se remit dans le corps de l'Etat, l'armée reprit cœur et les princes étrangers commencèrent à prendre confiance en l'honneur et en la constance du jeune prince ; ce qu'ils n'avoient pu faire à l'égard de l'Etat, à cause des brouilleries et des divisions qui le ravageoient. Les François eux-mêmes tâchèrent d'attirer le prince dans leur parti, et lui firent toutes les offres les plus honorables et les plus avantageuses pour sa personne et pour sa famille que l'on sauroit imaginer, pourvu qu'il voulût dépendre d'eux. L'amorce la plus délicate qu'on lui présenta, et dont on se promettoit un effet infaillible, fut l'offre qu'on lui fit de le faire souverain des Sept-Provinces sous la protection d'Angleterre et de France, qu'on accompagna encore de mille artifices pour la faire réussir. A dire le vrai, dans un temps où il y avoit si peu de pays au pouvoir des Etats, le reste étant sous l'eau ou conquis, et ce qu'ils avoient encore étant dans un danger imminent à la première gelée, il semble que c'étoit une proposition que toute âme moins grande que celle du prince pouvoit accepter. Mais la sienne étoit au-dessus de cela : il répondit toujours sans hésiter, qu'il ne trahiroit jamais la confiance qu'on avoit eue en lui, et qu'il ne vendroit jamais la liberté de son pays, que ses ancêtres avoient si long-temps défendue. Cependant on croyoit si fort qu'il hasardoit tout et qu'il jouoit à tout perdre, qu'un de ses domestiques qui l'approchoit de plus près m'a dit qu'il avoit pris bien des fois la liberté de contredire le prince là-dessus, et qu'un jour ils en vinrent si avant qu'il lui demanda comment il prétendoit vivre après que la Hollande seroit perdue, et s'il y avoit jamais bien pensé. Le prince lui répondit qu'oui ; qu'il avoit résolu de se retirer sur ses terres en Allemagne, et qu'il aimoit beaucoup mieux y aller passer le reste de ses jours à la chasse, que de vendre sa patrie à la France à quelque prix que ce fût. Je ne dirai rien ici de l'ambassade que le Roi envoya au roi de France à Utrecht, où les trois ambassadeurs, le duc de Buckingham, les lords Arlington et Halifax, trouvèrent ce monarque dans le plus haut point de sa gloire. Je dis que je n'en dirai rien, parce que je n'en ai jamais su le sujet ni le but. On crut communément en Angleterre et en Hollande que c'étoit un effet de la jalousie que nous avions de la rapidité des conquêtes de la France, pendant que les nôtres étoient si lentes, et on se flatta d'en voir arrêter le cour. Mais ces espérances s'évanouirent bientôt : les ambassadeurs revinrent, après avoir affermi les mesures que les deux couronnes avoient prises auparavant. Ils étoient pourtant bien aises, en passant par la Hollande, que l'on eût cette pensée ; ce qui fut l'occasion d'une bonne repartie que fit la princesse douairière au duc de Buckingham. Le duc, passant par La Haye, rendit visite à la princesse, et dans la conversation il dit plusieurs fois qu'ils étoient bons Hollandois : elle lui dit que c'étoit plus qu'on ne demandoit et qu'on souhaitoit seulement qu'ils fussent bons Anglois. Il l'assura qu'ils étoient non-seulement tels, mais encore bons Hollandois, comme il l'avoit déjà dit ; qu'à la vérité ils ne traitoient pas la Hollande comme une maîtresse, mais qu'ils l'aimoient comme une femme. « Vraiment, répondit-elle, je crois que vous nous aimez comme vous aimez la vôtre. »

Quand la France eut perdu l'espérance d'ébranler la fermeté du prince d'Orange, elle tourna toutes ses pensées à subjuguer où à ruiner le reste du pays. Ils s'avancèrent jusqu'à Woërden, et de là ils firent des incursions dans le pays et ravagèrent jusqu'à deux ou trois lieues de Leyde, avec plus d'inhumanité et de violence que la prudence n'en auroit permis, s'ils avoient espéré de pouvoir vaincre l'opiniâtreté que le prince et les Etats témoignoient pour leur défense. Cependant le prince s'avança avec son armée et campa près de Bodegrave, entre Leyde et Woërden, où avec une poignée de gens il tint si ferme, que les François ne purent jamais le forcer. L'hiver ne fut pas si favorable à leurs desseins qu'ils avoient cru : il gela pourtant, et l'espérance que le froid redoubleroit les fit mettre en marche ; ce qui faillit à leur être fatal, à cause d'un dégel qui arriva soudainement. Cela les épouvanta, et leur fit prendre des précautions peut-être plus qu'il n'étoit nécessaire, et donna loisir au prince et aux Etats de prendre des mesures pour la campagne suivante avec l'Empereur, l'Espagne, l'électeur de Brandebourg et le duc de Lunebourg, qui firent une si grande diversion des armes de la France, qu'en ayant attiré une partie en Allemagne et l'autre en Flandre, les François se virent obligés de renoncer au dessein de faire de plus grandes conquêtes en Hollande.

Le prince, après avoir pris Naarden, à trois lieues d'Amsterdam, au commencement de l'hiver, malgré la résistance des François et la rigueur de la saison, résolut, comme un autre jeune Scipion, de sauver son pays en l'abandonnant, et d'éviter un si grand nombre de sièges qu'il lui auroit fallu faire pour reprendre toutes les places qu'on avoit perdues. Pour cet effet il laissa une partie de son armée pour garder les principaux postes, et avec le reste il marcha en Allemagne ; et quelques troupes confédérées l'ayant joint, il assiégea Bonn, qui avoit été mise entre les mains des François dès le commencement de la guerre, et où l'électeur de Cologne et l'évêque de Munster étoient entrés en alliance avec la France. La hardiesse de cette action surprit tout le monde ; mais le succès fit briller la prudence et la bravoure dont elle avoit été accompagnée. Le prince prit Bonn, et par là il ouvrit un passage sur le Rhin aux troupes allemandes pour venir en Flandre. D'ailleurs cela brouilla si fort les mesures de la France et rompit tellement ses desseins, que les François abandonnèrent incessamment toutes leurs conquêtes en moins de temps qu'ils ne les avoient faites ; et de tout ce qu'ils avoient pris sur la Hollande ils ne retinrent que Maëstricht et Grave.

Voilà l'état où se trouvoient les affaires dans les pays étrangers lorsque la paix entre la Hollande et l'Angleterre fut conclue ; ce qui fut fait au mois de février 1674. Cette paix redoubla le courage du prince d'Orange et le mit en état de commencer, de concert avec les Allemands et les Espagnols, une guerre offensive, et de marcher en France à la tête d'une armée de quarante mille hommes.

Ce fut alors que les François commencèrent à souhaiter la fin de la guerre et qu'ils furent ravis d'accepter la médiation du Roi, qui d'un autre côté étoit bien aise de faire quelque chose en faveur de la France pour lui faire satisfaction du tort qu'il lui avoit causé en abandonnant son parti et en faisant une paix particulière. D'ailleurs quelques-uns de ses ministres prévirent que le Roi seroit l'arbitre de la paix en étant le médiateur, et qu'en offrant sa médiation pour une paix générale il pourroit empêcher tous les traités particuliers et rétablir par là la paix dans la chrétienté quand il le trouveroit à propos, et aux conditions qui lui paroîtroient sûres et équitables.

Les seules difficultés qui se présentoient sur ce sujet étoient celles que l'on craignoit que les princes confédérés fissent d'accepter la médiation du Roi, à cause des engagemens qu'il avoit eus depuis peu avec la France, qui le faisoient soupçonner de partialité en faveur de cette couronne. La maison d'Autriche, d'un autre côté, voyant la France abandonnée de l'Angleterre, avoit conçu de trop grandes espérances de tirer raisons des outrages qu'elle en avoit reçus pour pouvoir consentir à un traité, jusqu'à ce que les succès de la guerre l'eussent réduite sur le pied qu'elle étoit à la paix des Pyrénées. Ce sont ces difficultés, à ce que je pense, qui me firent choisir pour cette ambassade. Les négociations que j'avois ménagées à La Haye, à Bruxelles et à Aix-la-Chapelle, qui sauvèrent la Flandre des mains de la France en 1668, firent croire que j'avois quelque crédit parmi les Espagnols aussi bien qu'en Hollande.

Mais ayant souvent fait réflexion sur le fatal changement des mesures du conseil de notre cour, contre l'avis de tant de gens éclairés aussi bien que contre le mien, et sur le malheureux succès de mes derniers emplois qui avoit été causé par ce changement, je résolus de reconnoître avant de partir le terrain où je me trouvois, et de tâcher de découvrir autant qu'il me seroit possible les véritables sentimens du Roi et ses dispositions par rapport aux mesures qu'il venoit de prendre, et de ne me confier plus aux ministres qui m'avoient trompé, ou plutôt qui s'étoient trompés eux-mêmes. Dans cette vue je pris occasion, dans une longue audience que le Roi me donna dans son cabinet, de réfléchir sur les conseils et sur le ministère de la cabale. Je représentai combien étoit pernicieux celui qu'ils avoient donné à Sa Majesté, de rompre des mesures et des traités dont on étoit si solennellement convenu ; combien on lui avoit fait de tort par les murmures que cette démarche avoit excités parmi le peuple qui avoit crié hautement contre ce procédé, qui d'ailleurs avoit fait naître de grands soupçons contre la couronne. Le Roi me répondit qu'il étoit vrai qu'il avoit mal réussi, mais que s'il eût été bien servi il auroit tiré un grand avantage de cette affaire, et ajouta plusieurs autres choses pour justifier ce qui s'étoit passé. J'eus du chagrin de reconnoître par là que le Roi pourroit bien revenir aux-mêmes méthodes, et ce fut ce qui m'obligea d'aller jusqu'au fond de l'affaire. Je fis voir combien il étoit difficile, pour ne pas dire impossible, d'établir dans ce royaume le gouvernement de la France, où la même religion qu'on y professoit ; que le penchant général de la nation étoit contre l'un et l'autre ; que plusieurs personnes qui peut-être étoient assez indifférentes en fait de religion, cesseroient de l'être quand ils considéreroient qu'il falloit une armée pour la changer, parce qu'ils verroient bien que le même pouvoir qui rendroit le Roi maître de la religion le rendroit aussi maître de leurs libertés et de leurs biens ; qu'il n'y avoit en France que la noblesse et le clergé qui fussent considérables, et que quand le Roi les pourroit engager dans ses intérêts, il n'avoit rien plus à faire, parce que les paysans n'ayant point de terres, ils n'étoient pas plus considérables, par rapport au gouvernement, que les femmes et les enfans l'étoient ici ; que tout au contraire la principale force de l'Angleterre consistoit dans le tiers-état, dont le cœur étoit aussi orgueilleux à cause de l'aise et de l'abondance dont il jouissoit, que celui des François étoit abattu par le travail et par la misère ; que les rois de France étoient puissans à cause des grands domaines qu'ils possédoient, et par la multitude d'emplois civils, ecclésiastiques et militaires dont ils pouvoient disposer ; au lieu que les rois d'Angleterre n'ayant que peu d'emplois à donner, et ayant renoncé aux biens qu'ils possédoient autrefois, ils n'étoient pas en état de lever une armée et moins encore de l'entretenir sans le secours de leurs parlemens, ni de faire la guerre à leurs voisins; et que quand ils auroient une armée sur pied, il étoit vraisemblable que si elle étoit composée d'Anglois, elle ne serviroit jamais pour des fins qui seroient l'objet de la haine ou de la crainte du peuple; que les catholiques romains en Angleterre ne faisant pas la centième partie de la nation, et en Ecosse la deux centième, il sembloit qu'on ne pouvoit pas, sans choquer le sens commun, prétendre de gouverner avec un seul homme quatre-vingt-dix-neuf autres d'une opinion et d'une humeur tout opposées. Qu'à l'égard des troupes étrangères, il falloit considérer que si elles étoient en petit nombre elles seroient inutiles, ou plutôt qu'elles fomenteroient la haine et le mécontentement; et que d'un autre côté il étoit bien difficile d'en avoir un grand nombre et de les faire passer en Angleterre et de les y maintenir. Que pour subjuguer les libertés de la nation et dompter la fierté des Anglois, il falloit compter tout au moins sur une armée de soixante mille hommes, puisque les Romains avoient été contraints d'y entretenir douze légions pour cet effet, les Normands soixante-deux mille hommes, et que Cromwell, en dernier lieu, en avoit laissé à sa mort près de quatre-vingt mille. Que Gourville qui passoit, de ma connoissance, dans l'esprit du Roi pour le plus habile François qu'il eût jamais vu, étoit le seul étranger qui à son sens connût bien l'Angleterre; et que lorsque j'étois à Bruxelles dans la première guerre de Hollande, il me dit que puisque le parlement en étoit las, le Roi n'avoit qu'à se résoudre à faire la paix; qu'il avoit été assez long-temps en Angleterre; qu'il connoissoit assez notre cour, l'humeur du peuple et du parlement, pour conclure qu'un roi d'Angleterre qui veut être l'homme de son peuple est le plus grand roi du monde; mais s'il veut être davantage, par Dieu il n'est plus rien.

Quoique le Roi eût témoigné un peu d'impatience au commencement, il m'écouta attentivement jusqu'à la fin, et me dit que j'avois raison en tout, et Gourville aussi; puis mettant sa main dans la mienne, il ajouta: « Et je veux être l'homme de mon peuple. »

Mon ambassade extraordinaire ayant été déclarée au mois de mai, et mes dépêches à la trésorerie et au bureau du secrétaire d'Etat finies peu de temps après, je partis en juillet. Mes instructions en général étoient d'assurer les Etats de l'amitié du Roi, et de sa ferme résolution à entretenir les traités faits avec eux; je devois ensuite leur offrir sa médiation pour terminer cette guerre, dans laquelle eux et la plupart des princes chrétiens étoient engagés; et je devois encore, après que les Etats l'auroient acceptée, tâcher de la faire accepter par leur moyen aux autres princes alliés. J'avois ordre aussi de me rendre auprès du prince d'Orange immédiatement après que je serois arrivé à La Haye, pour lui faire part des intentions de Sa Majesté sur cette affaire, et l'assurer de son affection, et tâcher ensuite de l'engager le plus qu'il se pourroit à seconder les desseins du Roi, qui tendoient uniquement à procurer une paix générale, dans laquelle il sembloit que les Provinces-Unies devoient avoir le plus d'intérêt.

J'arrivai à La Haye au mois de juillet 1674; et après avoir délivré mes lettres de créance au président qui étoit de semaine, je rendis visite au Pensionnaire. Je découvris dans la conversation que les Etats avoient pour la paix une aussi forte inclination que leur honneur et les engagemens dans lesquels ils étoient avec leurs alliés pouvoient permettre, et je fus assuré qu'ils accepteroient la médiation du Roi. Je partis incessamment pour Anvers, dans l'espérance de trouver encore le prince entre cette place et Louvain, où il avoit déjà campé quelque temps, attendant que les troupes confédérées qu'il vouloit joindre à son armée dès qu'elles seroient en Flandre se fussent avancées. Mais deux jours avant que j'arrivasse à Anvers, l'armée avoit marché au-delà de Louvain; de sorte que je fus contraint d'aller à Bruxelles et de demander une escorte pour me rendre au camp. Le point d'honneur, ou plutôt les vétilles attachées au caractère d'un ambassadeur, ne me permirent pas de voir le comte de Monterey, quoique j'eusse vécu en grande amitié et fort familièrement avec lui à Bruxelles pendant quelques années. Il y a peut-être peu d'étrangers qui aient été traités plus civilement à Bruxelles par les personnes de qualité, et généralement de tout le monde, que je l'ai été pendant trois ans que j'y résidai; de sorte que je fus fort surpris de la froide réception que me fit le gouverneur, aussi bien que les personnes de qualité, qui ne daignèrent pas seulement me rendre visite. Le seul qui me vint voir fut le comte d'Egmont, qui n'étoit pas pour lors fort bien en cour; et quoique les autres que je trouvai au parc ou dans les rues m'embrassassent à bras ouverts, ils ne vinrent pourtant jamais me voir, et se contentèrent seulement de me dire qu'ils y viendroient. J'envoyai mon secrétaire au comte de Monterey, pour lui faire mes complimens, et pour lui demander une escorte pour me rendre auprès du prince, qui n'étoit qu'à six lieues de là. Il répondit fort froidement à mes complimens, et me fit faire des excuses au sujet de l'escorte qui ne valoient pas mieux qu'un refus. Il dit que les chemins étoient si dangereux à cause des partis qui couroient le pays, qu'il ne me conseilloit pas de me mettre en chemin sans une bonne garde, qu'il lui étoit impossible de me donner, à cause des grands détachemens des troupes espagnoles qui étoient allés en campagne. J'envoyai une seconde fois pour lui demander le nombre qu'il me pouvoit donner, et je lui fis dire que quoique je ne voulusse pas exposer le caractère du Roi ni ses affaires par aucun accident qui pût s'éviter, cependant, après que j'aurois fait tout ce que j'aurois pu auprès de Son excellence, je tenterois fortune, quand il ne me pourroit accorder que six gardes. Il répondit qu'il lui étoit impossible de m'en accorder aucun; mais que le lendemain au matin il devoit arriver une compagnie de cavalerie en ville, et que dès qu'elle seroit arrivée il donneroit ordre au capitaine de m'escorter. Le lendemain matin fut remis au soir, et le soir encore au jour suivant; mais le comte ayant appris que j'avois résolu de partir sans escorte plutôt que d'attendre plus long-temps, m'envoya un capitaine espagnol avec quarante maîtres, pour m'accompagner jusqu'à Louvain. Cette froideur ne venoit que du grand ombrage que les Espagnols avoient pris de la médiation que le Roi avoit fait offrir à La Haye, et du penchant que les Etats et les peuples de la Hollande avoient à la paix. Ils craignoient d'ailleurs si fort que si je ne rendisse le prince moins ardent dans la poursuite de leurs desseins et de leurs espérances, que je sus qu'il avoit été résolu premièrement de faire différer mon entrevue avec le prince autant qu'il leur seroit possible, ou d'empêcher absolument que je ne le visse avant la fin de la campagne; mais cependant de le faire avec le plus de bienséance qu'il se pourroit. Pour cet effet Du Moulin, qui étoit pour lors secrétaire du prince, et ancien ennemi de la cour d'Angleterre, fit plusieurs voyages du camp à Bruxelles pendant que j'y étois, et avec des escortes dont la moitié m'auroit bien contenté.

Je trouvai à mon arrivée à Louvain que le prince avoit décampé et qu'il marchoit du côté de Tirlemont; mais il me fut impossible d'apprendre en quel lieu il avoit dessein de camper. Le capitaine espagnol me dit qu'il avoit ordre de ne passer pas Louvain; de sorte que je me trouvai sans savoir où aller et sans oser me mettre en chemin sans gardes, à cause du danger qu'il y avoit. J'envoyai cependant M. Bulstrode, qui m'avoit accompagné depuis Bruxelles, pour voir le prince, et pour le prier de me marquer le lieu et le temps que je pourrois me rendre auprès de Son Altesse; ce que j'avois dessein de faire sans autre escorte que le petit nombre de domestiques que j'avois, et les gens que j'avois pu louer à Louvain, où je couchai cette nuit-là.

M. Bulstrode revint le lendemain matin avec la réponse du prince: elle contenoit qu'il étoit en marche; qu'il seroit bien aise de me voir, mais qu'il lui étoit impossible de me marquer le temps ni le lieu, parce que ses mouvemens étoient incertains et qu'ils dépendroient des avis qu'il recevroit. Je connus clairement par là ce que j'avois seulement soupçonné à Bruxelles, que je ne verrois pas le prince avant que la campagne eût commencé par les actions concertées par les confédérés. Je fis cependant semblant de ne l'entendre pas de cette manière, et au contraire de le prendre suivant la raison de Son Altesse, parce que je savois fort bien que quand un homme ne veut pas être vu il lui est très-facile de l'éviter, et surtout dans les circonstances où j'étois à l'égard du prince, puisqu'il falloit nécessairement que je suivisse les mouvemens qu'il me prescriroit. Cela me fit prendre la résolution de n'exposer ni le caractère de Sa Majesté ni son crédit avec son neveu, en publiant ce qui s'étoit passé secrètement entre le prince et moi sur ce sujet; et, sous prétexte que ma santé ne me pouvoit pas permettre de suivre le prince, je retournai à Anvers. Je donnai incessamment avis au Roi de tout ce qui s'étoit passé: il approuva fort ma conduite, et que je n'eusse pas insisté davantage sur un point dont je ne pouvois pas attendre de succès, et que le prince et le comte de Monterey avoient reçu si différemment de ce que le Roi s'étoit promis.

Je couchai seulement à Anvers une nuit, qui se passa en tonnerres et en éclairs qui me firent espérer que j'aurois beau temps le lendemain pour m'en retourner à Rotterdam, dans un yacht des Etats qui m'attendoit. Le matin fut tel que je l'avois souhaité; mais sur le soir le ciel devint obscur, et les matelots, présageant qu'il y auroit tempête, résolurent de mouiller l'ancre devant Berg-op-Zoom, le vent étant contraire et petit. La nuit vint, et la plus obscure que j'aie jamais vue, jusqu'à ce qu'elle fût éclairée par de grands éclairs accompagnés des plus grands coups de tonnerre, que je ne pense pas qu'on en ait jamais ouï de semblables dans ce siècle et dans notre climat. Cela continua toute la nuit, et nous ressentions à chaque grand éclair une si violente chaleur, que le capitaine craignoit qu'ils missent le feu à son vaisseau. Cette tempête cessa le lendemain matin à huit heures, et se changea en un vent frais et fort qui nous mena dans quatre heures à Rotterdam, où l'on ne parloit que des ravages que le tonnerre, la foudre, la grêle et le vent avoient faits aux navires et aux maisons la nuit dernière. Mais le jour suivant il arriva de plusieurs endroits à La Haye des relations de cette tempête, qui en rapportoient des effets si surprenans qu'ils étoient presque incroyables. Ceux qu'elle causa à Amsterdam étoient déplorables : il y eut plusieurs arbres déracinés, plusieurs vaisseaux dans le port coulés à fond, plusieurs bateaux sur les canaux enfoncés, diverses maisons abattues et plusieurs personnes enlevées dans les rues et précipitées dans les canaux. Mais tout cela n'étoit rien en comparaison de ce qu'on manda d'Utrecht, où la grande et ancienne église cathédrale fut mise en pièces par la violence de cette tempête, et les grands piliers de pierre qui la soutenoient furent changés en colonne torse, ayant été si bien bâtis, et composés d'un ciment si dur, qu'ils souffrirent ce changement de figure plutôt que de rompre, comme fit le reste de cet édifice. A peine y eut-il quelque église qui échappa à la fureur de cette tempête, et peu de maisons qui n'en portassent de tristes marques. Les ravages qu'elle fit en France et en Flandre n'étoient pas moins surprenans, puisque les lettres de Paris et de Bruxelles nous apprirent que le tonnerre, la foudre et une grêle d'une grosseur prodigieuse y avoient fait des maux infinis.

Après mon retour à La Haye, j'eus de longues conversations avec le Pensionnaire, dans lesquelles j'acquis toutes les lumières nécessaires pour découvrir toute la scène des affaires, et les dispositions des confédérés à l'égard d'une paix générale. Je lui dis la satisfaction que le Roi avoit eue de celle qu'il avoit faite avec les Etats, et combien il souhaitoit de la cultiver; combien il avoit lieu d'être satisfait de se voir en paix avec tous ses voisins, pendant qu'ils étoient tous en guerre; que les avantages qui lui venoient du commerce étoient assez considérables pour l'empêcher de se donner de la peine à procurer la paix à la chrétienté, si sa bonté et sa piété n'avoient plus de force sur son esprit que son intérêt; que c'étoient ces deux motifs, avec le désir du bien de tout le monde, qui l'avoient obligé d'offrir sa médiation pour terminer cette querelle; que la France avoit déjà accepté cette médiation, et que l'Empereur et l'Espagne avoient répondu qu'ils en délibéreroient avec leurs alliés; que l'ambassadeur des Etats en Angleterre avoit assuré le Roi que ses maîtres en seroient fort aises, et qu'il ne doutoit pas qu'ils ne consentissent que le traité se fît à Londres; et que sur cela Sa Majesté m'avoit chargé d'une lettre pour les Etats, par laquelle elle leur offroit sa médiation; que je ne doutois point qu'ils ne l'acceptassent de la meilleure grâce qu'il se pût, puisqu'ils y avoient intérêt d'être en paix, et de ne désobliger pas le Roi; que si le Roi avoit de la partialité pour quelque parti, on devoit croire que ce seroit pour celui dans lequel son neveu étoit si intéressé (ce qui paroîtroit visiblement si l'on consideroit que Sa Majesté offroit sa médiation dans un temps que les avantages de la France et ses grands préparatifs pouvoient la flatter d'un heureux succès si la guerre continuoit); qu'il savoit que ses intérêts ne lui pouvoient pas permettre de voir perdre la Flandre; mais que, considérant ce qui s'étoit passé, son honneur ne lui pouvoit pas permettre de la sauver que par une paix; que le Roi seroit fort aise que cette paix laissât la Flandre espagnole en meilleur état que la dernière ne l'avoit laissée, et que les territoires qui en dépendent fussent plus unis; que lorsque cette paix seroit conclue, Sa Majesté entreroit dans les plus fortes garanties que l'on pourroit souhaiter, et qu'il pourroit avec honneur entrer en guerre pour la faire entretenir; ce qu'il ne pouvoit pas faire pour la terminer. Le Pensionnaire commença par me remercier des bons offices que j'avois rendus aux Etats dans la conclusion de la paix et dans toutes les démarches qu'on avoit faites pour renouveler une bonne intelligence entre le Roi et eux depuis qu'elle avoit été interrompue. Il donna ensuite de grands éloges à la piété et à la générosité que le Roi témoignoit dans cette offre, et reconnut que son intérêt lui conseilloit un autre parti; qu'il ne doutoit point que les Etats ne l'acceptassent sans hésiter, mais qu'il pourroit y avoir quelques difficultés à l'égard du temps et de la manière; qu'ils ne pouvoient pas le faire sans le communiquer à leurs alliés, mais qu'il leur feroit incessamment savoir l'offre de Leurs Majestés, et la disposition que les Etats avoient à l'accepter; que, pour les conditions de la paix, ils s'en remettroient de tout leur cœur à la décision de Sa Majesté; qu'ils avoient déjà recouvert toutes les places qu'ils avoient perdues, excepté Grave et Maëstricht; qu'ils avoient en quelque façon engagé la dernière à l'Espagne dès qu'elle seroit reconquise, et qu'ils ne doutoient pas d'être bientôt les maîtres de l'autre, ayant déjà donné ordre de l'investir ; qu'il ne croyoit pas qu'il y eût tant de facilité à l'égard des demandes des alliés, et qu'il étoit impossible aux Etats d'abandonner des princes qui les avoient garantis d'une ruine totale lorsque deux si puissans rois les avoient attaqués, ni de rompre l'alliance offensive qu'ils avoient faite avec l'Empereur, l'Espagne et l'électeur de Brandebourg ; que les conditions stipulées avec l'Espagne les obligeoient à réduire la France sur le pied des traités des Pyrénées, et qu'il n'y avoit aucune exception à cet engagement, à moins que les parties ne convinssent d'une autre manière (ce qui étoit expressément marqué par une clause dudit traité); qu'ainsi ils seroient toujours contens pourvu que l'Espagne le fût, quoiqu'ils connussent également bien l'un et l'autre les desseins et l'ambition de la France, et sa mauvaise intention contre les Etats ; qu'ils ne pouvoient jamais espérer une conjoncture plus favorable pour la réduire dans des bornes et dans un état qui assurât la sûreté de ses voisins et la tranquillité de la chrétienté ; que c'étoit un temps peu propre pour entrer en négociation de paix entre l'Espagne et la France, parce qu'ils auroient mauvaise grâce de demander la restitution des villes que les Espagnols avoient perdues en Flandre par la dernière guerre, et qui avoient été cédées par la paix; et que le Roi savoit fort bien qu'il n'y pouvoit point avoir une paix solide et sûre pour la Flandre, pour la Hollande, ni par conséquent pour l'Angleterre, sans cette restitution; qu'il croyoit qu'il ne se passeroit pas beaucoup de jours sans que les armées, qui étoient assez proches l'une de l'autre, en vinssent à une action décisive qui pourroit donner jour aux négociations de paix, dont on pourroit traiter l'hiver suivant ; et que le Roi trouveroit, dans l'humeur et dans l'intérêt d'une nation négociante comme la hollandoise, de grandes dispositions à presser leurs alliés autant qu'il leur seroit possible à faciliter un si grand et un si bon ouvrage. Il ajouta qu'il ne soupçonnoit pas qu'il y eût de grandes difficultés à l'égard des autres alliés, à cause du peu de temps qu'il y avoit depuis qu'ils étoient en guerre avec la France.

Le Pensionnaire avoit raison d'attendre bientôt quelque action entre les armées, car environ la mi-août on reçut la nouvelle de la bataille donnée à Senef (1) entre l'armée confédérée sous le commandement du prince d'Orange, et celle de France commandée par le prince de Condé. Cependant elle ne fut pas si décisive qu'on l'avoit attendu de deux armées si nombreuses et si animées par la haine et par la vengeance, aussi bien que par la bravoure et l'ambition des deux généraux. Le succès de ce combat fut si différemment rapporté, qu'il n'étoit pas facile de juger de la victoire. L'un et l'autre parti la prétendoient, et l'un et l'autre peut-être sans beaucoup de raison. Les confédérés avoient, pendant que les armées étoient aux environs de Nivelle, cherché le combat avec autant de passion et de soin que les François en avoient eu pour l'éviter, dans la résolution de ne le donner point sans aucun visible avantage. On en attribuoit d'un côté la raison à l'ardeur qu'avoit le jeune prince d'Orange de s'ouvrir un chemin en France par la victoire, afin de venger son pays des ravages des François, et de faire en même temps son premier coup d'essai de bataille rangée contre un si grand et si fameux général que le prince de Condé ; d'un autre côté, ce vieux général croyoit qu'il avoit trop d'honneur à perdre et trop peu à gagner d'entrer en lice contre un prince de vingt-trois ans, qui avoit été élevé dans l'obscurité par une faction contraire, et où il étoit demeuré jusqu'à ce qu'il en eût été tiré par l'invasion des François. L'avantage de l'armée de France n'étoit pas moins grand par rapport à la réputation de leurs troupes que par rapport à leur général. Elle étoit composée de braves officiers, de soldats choisis, bien disciplinés, et préparés de longue main au combat et animés par le bonheur continuel qui les avoit accompagnés pendant deux guerres. L'armée hollandoise, au contraire, quand le prince d'Orange en prit le commandement, étoit composée, ou de vieux soldats paresseux, désaccoutumés de la guerre par une longue paix, et commandés par des officiers ignorans, qui n'avoient eu d'autre mérite pour être nommés que parce qu'ils étoient du parti contre la maison d'Orange, ou de soldats levés sans distinction au commencement de la guerre, et qui avoient perdu courage par la perte de tant de villes et par la défaite de plusieurs partis durant les deux premières campagnes. Il y avoit une autre raison qui retenoit l'ardeur naturelle du prince de Condé : il considéroit qu'ayant été sur un méchant pied à la cour depuis le règne de Louis XIV, il seroit beaucoup plus responsable qu'un autre s'il arrivoit quelque grand malheur à son armée, parce que les confédérés auroient eu par là un chemin ouvert pour entrer en France, d'où les frontières étoient sans défense de ce côté-là ; ce qui auroit

(1) Le 11 août 1674.

pu avoir d'étranges suites, et donner une terrible secousse à la grandeur de cette couronne, à cause des mécontentemens généralement répandus dans le royaume, et dans lesquels on soupçonnoit que le prince avoit part. Ces différentes dispositions obligèrent les deux généraux, l'un à chercher soigneusement le combat, et l'autre à l'éviter. Enfin le prince d'Orange croyant qu'il n'y avoit point de moyen d'attirer les François au combat qu'en entreprenant le siége de quelque place considérable qui les attirât au secours, il décampa et marcha du côté de Senef. Il divisa son armée en trois corps : les Allemands, sous le commandement du comte de Souches, eurent l'avant-garde; les Espagnols, sous le prince de Vaudemont, firent l'arrière-garde, et les Hollandois, commandés par le comte de Waldeck, eurent le corps de bataille.

Le prince de Condé, qui étoit retranché assez près de là, ayant observé leur marche, et qu'il falloit nécessairement qu'ils passassent quelques défilés fort étroits, attendit que l'avant-garde et le corps de bataille fussent passés; mais quand il vit que l'arrière-garde commençoit à défiler, il sortit de ses retranchemens et chargea vigoureusement les Espagnols. Il les rompit sans beaucoup de résistance, en fit un grand carnage, prit leur bagage, plusieurs étendards, et fit plusieurs prisonniers de marque. Le prince d'Orange, sur l'avis que les François marchoient contre les Espagnols, avoit détaché trois escadrons pour aller à leur secours en toute diligence; mais les Espagnols, qui avoient été rompus, se renversèrent sur les Hollandois et les mirent en quelque désordre : de sorte que les François, qui poursuivoient leur pointe avec beaucoup de vigueur, les rompirent aisément, tuèrent ou prirent tous leurs officiers avec leurs étendards.

Si le prince de Condé se fût contenté de ce succès, il est certain qu'on ne lui pouvoit point disputer la victoire; mais, attiré par l'espérance d'en remporter une complète, et croyant que les Hollandois, qu'il estimoit les plus méchantes troupes, ne feroient jamais ferme après l'entière défaite des Espagnols et d'une partie de leur cavalerie, il fit avancer toute son armée, et en vint à une bataille; ce qu'il n'avoit pourtant pas dessein de faire. Cependant le prince d'Orange marchoit au secours des Espagnols et des escadrons qu'il avoit détachés; mais il fut d'abord enveloppé par les fuyards, qu'il ne put jamais arrêter ni par paroles, ni par coups, ni par promesses, ni par reproches. Les Allemands, avertis de tout ce qui se passoit, arrivèrent à propos pour renforcer les Hollandois, et ce fut alors que la bataille commença avec une grande furie d'un côté et d'autre. Elle dura huit heures de jour et deux heures à la clarté de la lune, laquelle venant à leur manquer aussi, on peut dire que le combat finit plutôt à cause de l'obscurité de la nuit, que par la lassitude ou la foiblesse des combattans. Le prince d'Orange, pendant toute cette action, donna tous les ordres nécessaires avec une prudence admirable. Il ne négligea aucun avantage dont il pût profiter, et chargea plusieurs fois les ennemis à la tête de ses escadrons avec beaucoup de bravoure; il fit ferme aussi bien contre ses gens rompus qui se renversoient sur lui, que contre ses ennemis qui poursuivoient leur victoire avec beaucoup de vigueur, et demeura engagé pendant plus de six heures dans le plus chaud du combat, jusqu'à ce qu'il fût emporté par les fuyards; il les rallia plusieurs fois et les ramena à la charge; enfin il s'exposa à plus de dangers que le moindre soldat : de sorte que le vieux comte de Souches, dans la lettre qu'il écrivoit aux Etats sur ce sujet, dit que pendant tout le combat le prince avoit témoigné la conduite d'un vieux général expérimenté et la valeur d'un César. Ses alliés et ses amis ne furent pas les seuls à lui donner la gloire qu'il méritoit, ses ennemis en convinrent avec eux. Mais le plus glorieux témoignage qu'il eut fut celui du prince de Condé : il dit, en parlant du prince d'Orange, qu'il avoit agi en tout en vieux capitaine, excepté en s'exposant à trop de dangers, en quoi il avoit agi en jeune homme. Cependant ce vieux général étoit tombé dans cette faute lui-même, et il s'étoit exposé dans cette journée autant que le plus jeune cavalier de son armée, lorsqu'il vit que la bataille étoit si sanglante, le succès si incertain, et qu'il s'agissoit de tout perdre ou de tout gagner. On convient que les Hollandois ne seroient jamais retournés à la charge après leur première déroute, sans l'exemple de leur général, qu'ils eurent honte d'abandonner dans les grands périls où il s'exposa plusieurs fois. Le combat fut opiniâtre de part et d'autre, et les deux généraux s'engagèrent si avant dans le péril, qu'ils firent croire qu'ils aimoient mieux mourir que de perdre la bataille.

Comme les deux armées étoient assez égales en nombre quand le combat commença, aussi compta-t-on que le nombre des morts fut à peu près égal d'un côté et d'autre, et qu'elles y perdirent entre six à sept mille hommes chacune; mais que du côté des François on y avoit perdu plus d'officiers et de gentilshommes qu'on n'avoit perdu jusques alors, à proportion des soldats.

6.

La nuit ayant séparé les deux armées, les François se retirèrent dans leur camp, et les alliés le lendemain matin se mirent en marche vers celui qu'ils avoient marqué le jour du combat. Les alliés prétendirent la victoire parce qu'ils étoient demeurés maîtres du champ de bataille; et les François se l'attribuèrent à cause d'un plus grand nombre de prisonniers et d'étendards qu'ils emmenèrent. Ainsi, sans décider qui eut l'honneur, on peut dire qu'ils perdirent beaucoup les uns et les autres.

Après que les deux armées se furent rafraîchies, et qu'on eut réparé autant qu'on le put le dommage qu'elles avoient souffert dans cette rude rencontre, elles se remirent en campagne, et firent entendre qu'elles en viendroient à un second combat avant de la finir. Le prince d'Orange fit tout ce qui lui fut possible pour cela; mais le prince de Condé choisit toujours des postes si avantageux, et se retrancha si bien, qu'il ne pouvoit pas être forcé sans un grand désavantage. Il se contenta d'observer les mouvemens des alliés, de conserver les conquêtes des François, et d'empêcher l'armée alliée d'entrer en France. Ce dessein avoit été projeté par les confédérés, et on se promettoit qu'on l'exécuteroit cette campagne en Flandre et en Alsace. Ce coup fut manqué également d'un côté et d'autre, si ce n'est à l'égard de M. Starrenburg. Ce gentilhomme étant à table avec le prince au commencement de la campagne, et se plaignant que le vin n'étoit pas bon, le prince lui dit qu'il lui en feroit boire de bon en Champagne avant la fin de l'été. Lui, qui aimoit à boire, pria le prince de se souvenir de sa parole. Il arriva ensuite que ce gentilhomme fut pris à la bataille de Senef, et mené à Reims avec plusieurs autres officiers hollandois; et ayant trouvé le vin bon, il but à la santé du prince, et dit qu'il se fieroit en lui toute sa vie, puisqu'il lui avoit tenu la parole qu'il avoit donnée de lui faire boire de bon vin en Champagne.

Le prince d'Orange voyant qu'il n'y avoit point de moyen d'en venir à une action, mit le siége devant Oudenarde au mois de septembre; et par là il parvint à son but, qui étoit d'attirer le prince de Condé hors de ses retranchemens. Il les quitta pour venir incessamment au secours de la place, et pour combattre les alliés avant qu'ils pussent donner quelque assaut à la ville. Dès que l'armée de France parut, le prince d'Orange fit assembler le conseil de guerre, et proposa de sortir des lignes et d'aller attaquer les François, sans leur donner le temps de se remettre des fatigues de leurs pénibles marches.

Les Espagnols furent de son avis, mais le comte de Souches n'y voulut jamais consentir; ce qui fit perdre cette occasion et naître une si grande division entre les officiers généraux, que le lendemain les Allemands quittèrent la tranchée et s'allèrent poster à une lieue de là: ce qui donna aux François la facilité de faire entrer dans la ville tout le secours qu'ils voulurent. Cette démarche des Allemands obligea le prince d'Orange à lever le siége; et ensuite, après plusieurs conférences avec les comtes de Monterey et de Souches, il résolut de laisser une partie des troupes hollandoises en Flandre, et d'aller avec le reste presser le siège de Grave.

Ce fut alors que commencèrent les divisions entre les principaux officiers de l'armée confédérée, dont les suites ont été si fatales pendant tout le cours de la guerre, et qui ont fait avorter tous leurs desseins, justifiant, contre toute apparence, la vérité du proverbe espagnol, qui dit que *liga nunca coje grandes paxaros*. Le même mot qui signifie glu, signifiant aussi une ligue, le sens de ces paroles est que comme la glu ne prend jamais de grands oiseaux, de même une ligue ou alliance ne fait jamais de grandes conquêtes, et qu'elle est seulement bonne pour se garantir et pour se défendre. On tâcha cependant de remédier à ces premières divisions : à cet effet l'Empereur rappela le comte de Souches et l'Espagne le comte de Monterey, qu'on croyoit avoir agi de mauvais pied, et avoir rendu cette campagne infructueuse, ou tout au moins de n'avoir pas secondé comme ils auroient pu faire la vigueur que le prince d'Orange avoit témoignée pour la faire réussir tout autrement qu'elle n'avoit fait. Ce prince n'ayant pu exécuter le dessein qu'il avoit en faveur des Espagnols, résolut de ne laisser pas passer la saison sans délivrer sa patrie de la dernière marque de la servitude sous laquelle on avoit tâché de la réduire.

Grave étoit l'unique place que les François avoient dans les Sept-Provinces : ils en avoient fait un magasin pour y garder les dépouilles des autres villes, qu'on n'avoit pas pu emporter quand ils les avoient abandonnées; de sorte qu'il y avoit trois cents pièces de canon et une bonne garnison composée de leurs meilleures troupes. La place étoit d'ailleurs bien fortifiée; car outre ses anciennes fortifications, qui la faisoient passer pour une des plus fortes villes de Hollande, les François y avoient ajouté tout ce qu'on avoit pu faire pour la rendre bien forte. Les Hollandois l'avoient investie un mois avant que le prince y arrivât, et cependant il trouva le siége peu avancé : les soldats au contraire étoient si rebutés de la vigoureuse défense de la garnison, que sans la grande ardeur du prince qui les menoit lui-même à l'assaut, et qui les rassuroit par sa présence quand ils s'ébranloient, ils n'auroient jamais emporté cette place comme ils firent dans une saison si avancée. Le grand courage du prince ne peut jamais être assez loué ni assez blâmé, parce que, s'exposant au danger comme il faisoit, sa patrie et ses alliés seroient demeurés sans général s'il y avoit perdu la vie, et loué, parce que, s'il ne se fût pas exposé, ils n'auroient point eu d'armée. Enfin, par ses soins, par son courage et par les méthodes ordinaires qui se pratiquent dans les siéges, il prit Grave sur la fin d'octobre, à la grande joie des Sept-Provinces, et revint à La Haye vers la mi-septembre, après avoir mis ses troupes en quartier d'hiver.

La plupart des officiers généraux revinrent à La Haye avec le prince d'Orange, et entre autres le vieux prince Maurice de Nassau, lequel (à ce que le prince d'Orange me dit) avoit cherché avec tous les soins imaginables l'occasion de mourir dans le lit d'honneur à la bataille de Senef, sans y avoir pu réussir; de quoi il avoit un extrême regret. Cette envie, qui seroit surprenante en un autre homme, ne me surprit point à l'égard de ce prince, qui étoit âgé de soixante-seize ans, et incommodé depuis longtemps de la goutte et de la pierre. Il me fit l'honneur de me venir voir à son retour à La Haye, et avant qu'il partît pour son gouvernement de Clèves. La dernière fois que je le vis, il me vint dans la pensée de lui faire une question un peu curieuse. J'avois toujours eu envie de savoir de sa propre bouche ce qu'il y avoit de vrai dans une histoire que j'avois ouï dire plusieurs fois au sujet d'un perroquet qu'il avoit pendant qu'il étoit dans son gouvernement du Brésil: comme je crus que vraisemblablement je ne le verrois plus, je le priai de m'en éclaircir. On disoit que ce perroquet faisoit des questions et des réponses aussi justes qu'une créature raisonnable auroit pu faire; de sorte que l'on croyoit dans la maison de ce prince que ce perroquet étoit possédé. On ajoutoit qu'un de ses chapelains, qui avoit vécu depuis ce temps-là en Hollande, avoit pris une si forte aversion pour les perroquets à cause de celui-là, qu'il n'en pouvoit pas souffrir, disant qu'ils avoient le diable dans le corps. J'avois appris toutes ces circonstances et plusieurs autres qu'on m'assuroit être véritables; ce qui m'obligea de prier le prince Maurice de me dire ce qu'il y avoit de vrai. Il me répondit avec sa franchise ordinaire, et en peu de mots, qu'il y avoit quelque chose de véritable; mais que la plus grande partie de ce qu'on m'avoit dit étoit fausse. Il me dit que lorsqu'il fut sur le point de partir du Brésil il avoit ouï parler de ce perroquet, et que bien qu'il crût qu'il n'y avoit rien de vrai dans le récit qu'on lui en faisoit, il avoit eu la curiosité de l'envoyer chercher; qu'il étoit fort vieux et fort gros, et que lorsqu'il vint dans la salle où le prince étoit, avec plusieurs autres Hollandois auprès de lui, le perroquet dit d'abord qu'il les vit: « Quelle compagnie d'hommes blancs est celle-ci? » On lui demanda, en lui montrant le prince, qui il étoit. Il répondit que c'étoit quelque général. On le fit approcher, et le prince lui demanda : « D'où venez-vous? » Il répondit : « De Maranham. » Le prince : « A qui êtes-vous? » Le perroquet : « A un Portugais. » Le prince : « Que fais-tu là? » Le perroquet : « Je garde les poules? » Le prince se mit à rire, et dit : « Vous gardez les poules? » Le perroquet répondit : « Oui moi, et je sais bien faire chuc-chuc; » ce qu'on a accoutumé de faire quand on appelle les poules, et ce que le perroquet répéta plusieurs fois. Je rapporte les paroles de ce digne dialogue en françois, comme le prince me les dit. Je lui demandai encore en quelle langue parloit le perroquet : il me répondit que c'étoit en brésilien. Je lui demandai s'il entendoit cette langue : il me répondit que non, mais qu'il avoit eu soin d'avoir deux interprètes, un Brésilien qui parloit hollandois, et l'autre Hollandois qui parloit brésilien; qu'il les avoit interrogés séparément et qu'ils lui avoient rapporté tous deux les mêmes paroles. Je n'ai pas voulu omettre cette histoire, parce qu'elle est extrêmement singulière et qu'elle peut passer pour bonne; car j'ose dire au moins que ce prince croyoit ce qu'il me disoit, ayant toujours passé pour un homme de bien et d'honneur. Je laisse aux naturalistes à raisonner là-dessus, et autres gens à croire ce qu'ils voudront : quoi qu'il en soit, je crois qu'il n'est pas hors de propos d'égayer un sujet aussi sérieux que celui-ci par quelques digressions, soit qu'elles viennent au sujet ou qu'elles n'y viennent pas.

Avant d'entrer dans le détail des négociations qui se firent l'hiver suivant, je crois qu'il est nécessaire de rapporter en peu de mots ce qui se passa entre les autres armées qui agissoient pour et contre la France, puisque tout contribue aux différentes inclinations qui parurent ensuite à La Haye au sujet de la paix. Ce fut le théâtre sur lequel se passèrent de grandes affaires, à cause de la médiation de Sa Majesté, et du grand poids qu'avoient les Etats dans l'alliance; mais plus encore à cause de la résidence du prince d'Orange, qui en sembloit être l'ame et le génie, et pour lequel tous les confédérés aussi bien que les Etats avoient une extrême déférence. Plusieurs de leurs ministres ne firent point difficulté de me dire que leurs maîtres ne seroient jamais entrés dans les engagemens où ils étoient, s'ils n'avoient eu plus de confiance en la justice et en l'honneur du prince qu'en la conduite et aux forces des Etats-généraux, particulièrement à l'égard des traités et des négociations étrangères.

Il ne se passa rien de remarquable en Roussillon entre les armées. Les deux couronnes n'avoient d'autre but, de ce côté-là, que de secourir ou de réduire Messine, qui s'étoit ouvertement révoltée contre l'Espagne, et avoit demandé la protection de France : ce qui n'étoit pas difficile dans cette conjoncture, puisque par ce seul endroit on pouvoit non-seulement faire une grande diversion des armes d'Espagne, mais encore ouvrir un chemin aux François pour conquérir la Sicile et pour renouveler leurs prétentions sur le royaume de Naples, qui avoit été pendant si long-temps le théâtre des guerres entre les maisons de France et d'Arragon.

Du côté d'Allemagne, l'électeur palatin, ceux de Mayence et de Trèves s'étoient ligués avec l'Empereur (1) pour la défense des libertés germaniques contre tous les étrangers. La France fut si outrée contre l'électeur palatin à cause de cette alliance, que M. de Turenne entra dans son pays avec une armée, et y fit de si cruels ravages, et si contraires à la coutume de ce général, que l'électeur lui envoya faire un appel. M. de Turenne répondit qu'il ne le pouvoit pas accepter sans la permission de son maître; mais qu'il étoit prêt de vider ce différend avec lui à la tête de son armée, contre celle que lui ou ses nouveaux alliés pourroient assembler.

Ce prince, désolé de voir ruiner son pays sans le pouvoir empêcher, fut le principal motif qui porta les princes d'Allemagne à unir leurs forces, la campagne suivante, contre la France. Le duc de Lunebourg fut le premier, et l'électeur de Brandebourg le second, qui s'engagèrent dans la cause commune, c'est-à-dire dans la défense de l'Empire. On porta Strasbourg à renoncer à la neutralité dont elle avoit joui depuis le commencement de la guerre, et à se déclarer pour l'Empire. Le nouvel évêque de Munster prit les mêmes mesures, et tous ensemble firent une armée considérable qui se mit en campagne de l'autre côté du Rhin vers la fin d'août, ou au commencement de septembre. Le vieux duc de Lorraine les joignit avec ses troupes. Le duc de Lunebourg étoit en personne dans l'armée, et l'électeur palatin en avoit le commandement. Tous les généraux furent partagés en deux sentimens : un parti vouloit que l'on entrât incessamment en action, et l'autre qu'on attendît l'arrivée de l'électeur de Brandebourg, qui étoit en marche avec une armée considérable, et qui joignit les confédérés en octobre. Cela fit concevoir de grandes espérances et le dessein d'entrer en Lorraine ou en Bourgogne, ou bien de prendre Brisach, ou tout au moins Saverne et Haguenau, et de s'assurer par là des quartiers d'hiver en Alsace. M. de Turenne se mit sur la défensive avec sa petite armée, qui d'ailleurs étoit fort maltraitée par les maladies qui y régnoient. La France se trouva pour lors dans une si grande disette de troupes, et dans une si grande crainte que les alliés ne fissent une irruption dans son pays par la Flandre ou par l'Alsace, qu'on y fit assembler le ban et l'arrière-ban, ce qui ne s'étoit pas pratiqué depuis long-temps. Cependant M. de Turenne ayant été renforcé de quelques nouvelles levées, et d'un détachement de l'armée de Flandre après la bataille de Senef, fit si bien, par cette admirable conduite dans la guerre que personne de son siècle ne lui pouvoit disputer, et qu'il possédoit au souverain degré, et par une vigilance extraordinaire, qu'il fit avorter les desseins qu'avoient les confédérés d'en venir à une bataille rangée, quoiqu'il fût contraint d'en venir à quelques rudes rencontres : de sorte que la campagne finit sans succès, et les alliés furent obligés de renoncer à leur dernière prétention, savoir aux quartiers d'hiver dans l'Alsace et dans les autres pays du même côté du Rhin ; ce qui auroit été d'une grande conséquence.

La plus considérable perte qui arriva sur le Rhin fut la mort du jeune prince de Brandebourg, qui mourut sur la fin de la campagne à Strasbourg, d'une fièvre si violente et si précipitée que cela donna lieu aux soupçons et aux discours dont la mort des jeunes princes qui promettent beaucoup est ordinairement suivie. L'intime amitié qui étoit entre ce jeune prince et le prince d'Orange donna encore plus de force à ces soupçons. Ils étoient cousins-germains et engagés dans une même querelle; mais la ressemblance d'humeur et les liens d'une amitié personnelle les unissoient encore plus étroitement que ceux de l'intérêt et du sang. Le prince

---

(1) Léopold I⁺ʳ.

d'Orange en fut fort touché ; et je ne sache pas l'avoir jamais vu aussi sensiblement ému de pas un malheur qui lui soit arrivé, qu'il le fut de celui-ci.

De toutes les troupes de M. de Turenne, il n'y en eut point qui se signalassent si souvent et qui témoignassent tant de bravoure que les régimens anglois qui étoient encore au service de France. Les Allemands leur attribuèrent tous les succès de M. de Turenne, et lui-même leur en attribua une grande partie. Cependant on peut dire avec beaucoup de justice que la division qui se glissa entre les princes qui composoient l'armée confédérée en fut la principale cause, sans prétendre par là faire tort au mérite personnel de M. de Turenne qui, de l'aveu de tout le monde, surpassoit tous les plus grands capitaines de son siècle en conduite et en prudence, soit qu'il s'agît de ménager les troupes, de profiter des avantages d'une campagne, ou d'empêcher ceux de ses ennemis (quoique le prince de Condé fût beaucoup au-dessus de lui dans un jour de bataille), soit pour l'ordre et la disposition d'une armée, soit pour pousser vigoureusement une attaque, ou pour prendre sur-le-champ des résolutions avantageuses, suivant l'occasion qui s'en présentoit.

La Suède et le Danemarck n'avoient pas encore pris parti, mais ils sembloient être sur le point de le prendre. Le roi de Suède s'étoit toujours porté pour médiateur, même depuis la rupture du traité de Cologne ; et ses ambassadeurs à Vienne et à La Haye avoient fatigué pendant tout l'été ces deux cours de leurs longs et fréquens mémoires sur ce sujet. La France, d'un autre côté, ne cessoit pas ses intrigues, et par des offres avantageuses à ce prince et à ses principaux ministres, de solliciter cette couronne à se déclarer pour elle ; mais ce qui la détermina tout-à-fait fut vraisemblablement l'alliance que l'électeur de Brandebourg fit avec les autres confédérés contre la France, et l'expédition qu'il fit ensuite sur le Rhin, qui laissa son pays ouvert à l'invasion de la Suède, et lui fournit un prétexte pour rompre les traités, en ce que la Suède prétendoit que ce prince ne devoit pas sans son consentement déclarer la guerre à la France. L'électeur ne fut pas plus tôt parti avec la plus grande partie de ses forces, que les Suédois assemblèrent les leurs dans la Poméranie ; et à mesure que ce prince avançoit contre la France suivant les résolutions prises avec ses alliés, la Suède, sans déclarer la guerre, agissoit selon celles qu'elle avoit prises avec cette couronne ; de sorte qu'avant la fin de l'année elle avoit fait entrer ses troupes dans le pays de Brandebourg. Elles ne firent pourtant aucune entreprise sur les villes, et elles déclarèrent qu'elles n'y vouloient vivre qu'en payant. Cette invasion mit fin à la médiation de cette couronne, et par là le roi d'Angleterre fut le seul qui en demeura chargé. D'ailleurs cela fit concevoir aux alliés l'espérance d'engager le Danemarck dans leur parti, quand il n'y auroit eu d'autre raison que leur ancienne maxime d'être toujours opposés à la Suède, à ses intérêts et à ses alliés.

Aussitôt que le prince fut arrivé à La Haye, je me rendis auprès de lui ; et après les complimens ordinaires je lui dis que le Roi m'avoit ordonné de l'assurer de son estime et de son affection, et de la résolution où il étoit d'entretenir une bonne intelligence entre l'Angleterre et les Etats ; qu'il m'avoit ordonné aussi de lui communiquer le désir qu'il avoit de voir la paix rétablie dans la chrétienté, en quoi il avoit dessein d'agir entièrement de concert avec Son Altesse ; que Sa Majesté souhaitoit de savoir ses sentimens le plus clairement et le plus tôt qu'il seroit possible, soit par rapport à la paix, ou aux conditions sur lesquelles il faudroit insister, à l'égard de Son Altesse. Le prince me répondit avec des expressions pleines de respect et d'affection pour le Roi, et d'envie de voir les deux nations étroitement unies ; ce qui seul, à son sentiment, pouvoit assurer le Roi d'une parfaite tranquillité. Il dit, à l'égard de la paix, que quoiqu'il eût de grandes plaintes à faire contre la conduite des Allemands et des Espagnols depuis leur alliance, les Etats ne pouvoient cependant, ni en conscience ni en honneur, faire une paix particulière avec la France, quelque avantage qu'elle leur offrît ; qu'il n'étoit pas possible de faire une paix générale sans laisser la Flandre en état de se défendre elle-même d'une nouvelle invasion, contre laquelle il n'y avoit point de garantie qui pût l'assurer ; qu'il n'y avoit point d'échange à proposer à l'Espagne pour le comté de Bourgogne ou pour le Cambrésis, non plus que pour quelque autre pays de Flandre, au-delà de ce qui avoit été cédé par le traité des Pyrénées, à moins que ce ne fût Aire et Saint-Omer ; que c'étoit là son sentiment : mais que si le Roi lui vouloit faire connoître les siens, et qu'il ne les trouvât pas contraires à la sûreté de son pays et à son honneur, il tâcheroit de les faire réussir, comme il avoit déjà fait à l'égard de la médiation de Sa Majesté, qui venoit d'être acceptée à Madrid et à Vienne. Je répondis que le Roi ayant été l'auteur et le garant de la paix d'Aix, et les François n'ayant été chassés d'aucune des villes qui leur avoient été cédées par ce traité, Sa Majesté auroit mauvaise grâce de leur proposer quelque chose au-delà de ces conditions, à moins que ce ne fût sur quelque équivalent. Là-dessus le prince me répondit résolument qu'il valoit donc mieux continuer la guerre, quelque longue qu'elle pût être, et à quelque prix que ce fût ; que le Roi pouvoit fort bien, s'il vouloit, proposer à la France tout ce qu'il croiroit juste et équitable ; et que la plus grande marque d'affection que Sa Majesté lui pouvoit donner seroit de le tirer de cette guerre avec honneur : que s'il ne vouloit pas, il la falloit continuer jusqu'à ce qu'il arrivât quelque changement de fortune qui rendît la paix plus nécessaire à l'un ou à l'autre parti; qu'il ne pouvoit pas dire comment cela arriveroit ; qu'il laissoit cela à Dieu, mais qu'il croyoit qu'ils avoient aussi beau jeu que la France ; qu'il étoit sûr que les François auroient pu être entièrement défaits à Senef si le comte de Souches l'avoit voulu, et qu'ils l'auroient encore été à Oudenarde si on eût profité de l'occasion qu'on en avoit ; qu'il étoit persuadé que l'Allemagne pouvoit fournir de meilleures troupes et en plus grand nombre que la France ; que les princes de l'Empire étoient presque tous unis pour sa défense, et qu'il espéroit que les conseils de l'Empereur ne seroient plus trahis à l'avenir comme ils avoient été par le passé; que, quoi qu'il en arrivât, il feroit toujours en son particulier tout ce que son honneur et celui des Etats-généraux l'obligeoient de faire envers ses alliés.

Je m'imaginai, lorsque le prince parla des conseils de l'Empereur, qu'il faisoit réflexion sur l'affaire du prince Lobkowitz, dont la disgrâce fit tant de bruit environ ce temps-là, et qui nous apprit des particularités si extraordinaires des intrigues des François de la cour de Vienne, qu'elles étoient presque incroyables. Comme je n'en savois rien de certain, je ne voulus pas en parler au prince ; et je n'en rapporterai rien ici, parce qu'elles n'ont aucune liaison avec ce sujet.

J'entrai en matière sur un autre article avec le prince : ce fut à l'égard de plusieurs mécontens en Angleterre, au sujet du ministère de la cabale et de la guerre contre les Etats. On les avoit soupçonnés d'avoir comploté avec la Hollande d'exciter tout au moins des séditions dans le royaume, et peut-être même un soulèvement, si la guerre avoit continué et que la flotte hollandoise eût paru sur nos côtes, qui vraisemblablement auroient été exposées à une descente, à cause que le Roi, faute d'argent, n'étoit pas en état de mettre une flotte en mer pour les défendre. On soupçonnoit entre autres que milord Shafsbury s'étoit engagé depuis peu dans ce parti. Cependant ce seigneur avoit si fort donné dans les conseils de la cabale, que, dans un discours qu'il fit au parlement, il appliqua le *delenda Carthago* à l'intérêt que nous avions de détruire la Hollande ; mais quand il vit que le parlement et la nation murmuroient contre cette guerre, et qu'il étoit impossible au Roi de la continuer contre leur volonté, il changea entièrement de mesures, et prit parti avec le peuple et le parlement contre la cour et la cabale, et se mit à crier contre leurs desseins et leur conduite, quoiqu'il lui en coûtât sa charge de chancelier; ce qui fit croire qu'il complotoit avec la Hollande d'exciter quelque soulèvement ici. Je dis au prince que le Roi soupçonnoit plusieurs de ses sujets, sans lui en nommer pourtant aucun ; et que Son Altesse rendroit un signalé service à Sa Majesté en lui découvrant qui ils étoient. Le prince fut surpris, et me répondit qu'il étoit assuré que le Roi ne voudroit pas le presser sur une chose si malhonnête que de trahir des gens qui se déclaroient ses amis. J'informai Sa Majesté de tout ce qui s'étoit passé entre le prince et moi : on jugea en cour que la réponse du prince témoignoit un peu de froideur à l'égard de Sa Majesté, et peu d'inclination à la paix ; c'est pourquoi je n'eus point de nouveaux ordres sur ce sujet que huit ou dix jours après. J'appris que milord Arlington et milord Ossory avoient résolu de venir faire un tour en Hollande avec M. d'Odick et ses deux sœurs, pour rendre visite à leurs amis de La Haye ; et environ le mois de décembre ils arrivèrent dans des yachts du Roi, mais sans aucun caractère, et sans qu'ils parussent avoir aucune affaire.

Milord Arlington m'apporta une lettre écrite de la propre main du Roi, par laquelle il me marquoit qu'il l'avoit envoyé pour régler quelques points entre le prince et lui, dont on ne devoit pas demeurer plus long-temps en doute ; et me recommandoit de l'assister en tout ce que je pourrois, m'assurant au reste de sa confiance et de son affection. Ce seigneur porta des lettres de créance les plus amples que le Roi les pouvoit donner à l'égard du prince, qui me fit part de tout ce qui se passa entre eux avec autant de franchise et de familiarité que l'autre me témoigna de froideur et de réserve en m'en disant quelque chose. Le prince me donna par là le moyen de découvrir le mystère de ce voyage (ce que je n'aurois jamais fait autrement) et tout le secret de l'affaire, dont on avoit caché la plus grande partie au grand trésorier même, quoique le Roi témoignât en ce même temps-là autant de confiance en lui qu'il en avoit jamais témoigné à aucun de ses ministres.

Milord Arlington s'étant déclaré le chef des mesures que le Roi avoit prises pendant le ministère de cabale, dans l'alliance qu'il avoit faite avec la France contre la Hollande, s'aperçut que son crédit étoit diminué à cause du mauvais succès de cette affaire, et que celui du comte de Demby augmentoit de jour en jour. Ce dernier avoit succédé au lord Clifford dans la charge de grand trésorier, laquelle avoit toujours été l'objet de l'ambition de milord Arlington, qui en conçut une si grande haine contre milord Demby, que leurs amis ne purent jamais l'éteindre : il étoit d'ailleurs fort mal dans l'esprit de la nation, à cause de la part qu'il avoit eue dans la rupture de la triple alliance, et dans la ligue qu'on avoit faite ensuite avec la France pour ruiner la Hollande, et pour un autre dessein, à ce qu'on croit, encore plus odieux aux Anglois. Cependant, lorsque le parlement eut commencé à faire éclater son chagrin contre la cabale, et à rompre les mesures qu'elle avoit prises, milord Arlington imita le lord Shaftsbury et se joignit au duc d'Ormond et au secrétaire-d'État Coventry pour persuader au Roi d'éloigner le duc d'Yorck de la cour et des affaires publiques, comme étant le seul moyen d'apaiser les mécontentemens du parlement au sujet des soupçons que la conduite de la cour avoit fait naître. Ce conseil avoit furieusement irrité le duc d'Yorck contre milord Arlington ; de sorte que ce seigneur se voyant mal avec Son Altesse Royale et avec le parlement, et d'un autre côté s'apercevant que son crédit auprès du Roi diminuoit tous les jours, il crut que le seul moyen de se remettre sur pied étoit de se rendre l'instrument de quelques mesures secrètes entre le Roi et le prince d'Orange. Il fit d'abord goûter au Roi la nécessité et l'avantage d'une telle négociation, et le persuada ensuite qu'il falloit lui en donner la commission, à cause du grand crédit qu'il auroit en Hollande par le moyen des parens et des amis de sa femme, et parce que, ayant été du secret du Roi pendant si long-temps, il pourroit beaucoup mieux qu'un autre donner de bonnes couleurs à ce qui paroîtroit désagréable au prince dans la conduite que la cour avoit tenue. Quoique milord Arlington eût toujours fait profession d'être de mes amis, il représenta pourtant au Roi que vraisemblablement le prince ne pouvoit pas avoir en moi la confiance nécessaire, à cause de l'intime amitié qu'il y avoit eu entre M. de Witt et moi dans mon ambassade précédente. Il allégua la difficulté que le prince avoit faite de me voir pendant la campagne comme une preuve de sa répugnance, ou tout au moins d'indifférence pour moi. Il résolut de mener avec lui toutes les personnes qui pourroient faire réussir son dessein ; de sorte que non-seulement madame la comtesse Arlington passa avec son mari en Hollande, mais encore mademoiselle Beverwert, sa sœur, qui avoit dans son humeur et dans sa conversation quelque chose de fort agréable au prince. Il n'oublia pas non plus le chevalier Gabriel Sylvius, qui se croyoit en grand crédit en cette cour, et particulièrement auprès de M. de Benthin, à cause du long séjour qu'il avoit fait en Hollande. Il n'y eut pas jusqu'au docteur Durel qu'on crût propre à gagner M. Desmarets, ministre françois, qui passoit pour avoir quelque crédit auprès du prince. Pour milord Ossory, on savoit qu'il avoit une grande part dans l'estime et dans l'affection du prince, soit à cause de son mariage dans la famille des Beverwert, soit à cause de la valeur qu'il avoit témoignée dans toutes les occasions où il s'étoit trouvé ; qualité que le prince aimoit, quoiqu'elle fût employée contre lui.

On avoit fait accroire à milord Demby qu'une lettre écrite par le prince à M. d'Odick, un des ambassadeurs de Hollande à Londres, étoit le sujet de ce voyage, comme si le prince eût demandé quelque personne en qui il pût avoir la dernière confiance ; mais Son Altesse m'assura qu'il n'y avoit rien eu de semblable ; que M. de Ruvigny, le ministre de France en Angleterre, avoit eu plus de part que lui dans ce voyage, et peut-être que qui que ce fût ; et que tous les efforts qu'on avoit faits pour la paix venoient de ce côté-là.

Quoi qu'il en soit, milord Arlington arriva à La Haye avec toute cette compagnie ; et à notre première entrevue il me dit qu'il étoit venu pour ajuster quelques différends entre le Roi et le prince, et pour établir entre eux une parfaite union et une bonne intelligence à l'avenir ; que pour y réussir il falloit aller au fond du mal, et rappeler bien des choses passées (ce qui étoit une commission bien désagréable), et que je n'aurois pas pu faire, parce que je n'avois eu aucune part dans les affaires d'État dans le temps dont le prince se plaignoit ; que Sa Majesté l'avoit choisi pour cet emploi, parce qu'il pouvoit mieux que personne justifier l'intention que le Roi avoit toujours eue pour Son Altesse pendant toute cette affaire ; qu'à l'égard de la paix, bien que le Roi la souhaitât, il ne vouloit pourtant point s'en mêler, à moins que le prince n'en fît quelque ouverture de lui-même, et qu'il tâcheroit seulement de lui donner toutes les lumières qu'il pourroit pour lui faire connoître l'état des affaires en général, et ce que Son Altesse devoit attendre de ses alliés aussi bien que de la France ; que si le prince ne faisoit aucune avance, il ne pousseroit pas plus loin, mais qu'il me laisseroit cette affaire à ménager suivant les ordres que je recevrois ; qu'il savoit fort bien que la commission qu'il avoit ne pouvoit être que désagréable, pour ne pas dire injurieuse, à un autre ambassadeur, et qu'aussi il ne s'en seroit jamais chargé si tout autre que moi eût été ici ; mais que le Roi, aussi bien que lui, comptoient si fort sur l'amitié qui étoit entre nous, qu'ils s'étoient persuadés que je n'en serois pas chagrin, et qu'au contraire je lui donnerois toute l'assistance dont il auroit besoin. Il ajouta qu'après qu'il auroit vidé la querelle du Roi avec le prince il en avoit une encore à terminer qui le regardoit en son particulier, et qu'il croyoit n'avoir pas mérité le froid que Son Altesse lui avoit depuis peu témoigné ; qu'après cela il n'avoit rien plus à faire en Hollande qu'à voir ses amis et à se divertir ; qu'il me prioit de l'introduire, lui et milord Ossory, suivant les manières ordinaires, auprès du prince ; mais qu'après la première fois ils ne le verroient plus en cérémonie, et qu'ainsi ils ne me donneroient plus cette peine.

Je répondis que j'étois fort aise de le voir dans ce pays, quelques affaires qu'il y eût ; que je le serois encore davantage de voir finir celle du Roi, sans me mettre en peine qui en auroit la commission ; mais que cependant je serois beaucoup plus satisfait que ce fût par son moyen ; que je croyois que le plus grand service qu'on pût rendre au Roi et au prince étoit de terminer les différends qui étoient entre eux ; qu'à l'égard de ce qu'il disoit d'aller au fond de la plaie, et de combattre pour la justification de ce qui s'étoit passé, je n'avois rien à dire là-dessus, et que je laissois le tout à sa prudence ; que, de l'humeur dont je connoissois le prince, j'étois persuadé que tout se passeroit d'une manière fort honnête, et sans approfondir trop les matières, et qu'en mon particulier j'avois toujours été du sentiment que les plaintes et les reproches réussissoient bien en amour, mais fort mal entre des amis ; que j'enverrois demander une heure au prince, et que dès que je l'aurois introduit auprès de Son Altesse je l'y laisserois après les complimens ordinaires, sans me soucier d'avoir d'autre part dans cette affaire que celle qu'il y trouveroit à propos de me donner ; que quand il me feroit connoître qu'il auroit besoin de moi, je le servirois le mieux qu'il me seroit possible ; et qu'au reste je lui laisserois le champ libre, aussi bien qu'à milord Ossory, en tout ce qui regarderoit cette négociation secrète ; et qu'ils pouvoient, pendant leur séjour à La Haye, se servir de moi et de ma maison.

Milord Arlington reçut fort bien ce que je lui dis, et me dit qu'il ne falloit pas, après que je l'aurois introduit auprès du prince, que je le laissasse ; mais ce fut d'une certaine manière que je vis bien que cela ne lui déplairoit pas, et qu'il seroit bien aise qu'on crût que personne que lui n'eût eu part dans le succès dont il se flattoit : de sorte que le lendemain matin je les menai au prince, et après avoir demeuré un quart-d'heure avec eux, je les laissai ensemble. Son Altesse voulut m'arrêter, mais milord Arlington ne dit mot, et moi je m'excusai sous prétexte de quelque affaire pressante ; et depuis ce temps-là je ne les vis jamais ensemble qu'à dîner, ou bien en public.

Cependant je ne fus pas moins bien instruit de tout ce qui se passoit : milord Arlington m'en apprenoit tous les jours quelque chose, et le prince me faisoit part non-seulement du sujet de l'affaire, mais encore de la manière dont on s'y prenoit ; ce qui étoit plus important que le sujet même, puisqu'il ne produisoit aucun effet, au lieu que la manière en produisoit beaucoup, et qu'on y demeura long-temps. Milord Arlington m'entretint souvent de ses plaintes et du bon tour qu'il avoit pris pour justifier la conduite du Roi dans la dernière guerre, aussi bien que la sienne propre ; mais qu'après tout il trouvoit le prince froid et chagrin, ou tout au moins fatigué, comme s'il eût souhaité la fin de cette négociation ; que sur le discours qu'il lui avoit fait au sujet de l'état de la chrétienté par rapport à la guerre où il étoit engagé, le prince avoit seulement répondu que le Roi pouvoit l'en tirer avec honneur s'il vouloit, et procurer la paix et la sûreté de la chrétienté ; mais que si Sa Majesté ne le vouloit pas, il falloit continuer la guerre, jusqu'à ce qu'il arrivât quelque revers de fortune qui fît changer de sentiment aux uns et aux autres ; que cela pourroit arriver la campagne suivante, à moins que le Roi ne le prévînt en portant la France à des conditions qu'il croiroit justes et propres pour assurer la paix de la chrétienté.

Voilà la substance de ce que Milord Arlington me dit au sujet des trois conférences qu'il avoit eues avec le prince, après lesquelles il commença d'y avoir tant de froideur entre eux, que ce seigneur me dit qu'il avoit entièrement abandonné son entreprise, et qu'il ne parleroit plus un seul mot d'affaire pendant qu'il seroit à La Haye ; qu'il tâcheroit de se divertir le mieux qu'il lui seroit possible ; qu'il verroit le prince aussi souvent qu'il lui en prendroit envie, à dîner ou en compagnie, mais qu'il ne le verroit plus en particulier, à moins que le prince ne l'en priât, et qu'il n'attendoit que les ordres du Roi pour s'en retourner. De tout son discours je m'aperçus aisément qu'il étoit fort mal satisfait, et qu'il avoit eu un très-méchant succès dans ses entreprises.

Le prince, d'un autre côté, me fit part de l'orgueil et de l'insolence avec laquelle milord Arlington avoit agi avec lui, sur le sujet des plaintes du Roi et sur les siennes propres ; que ce n'étoit pas seulement dans ses discours qu'il avoit prétendu le traiter en enfant et lui faire croire ce qu'il vouloit, mais que, dans la manière dont il s'étoit comporté pendant toute cette affaire, il sembloit qu'il se croyoit prince d'Orange, et qu'il le prenoit pour le lord Arlington ; que tout ce qu'il avoit dit étoit si artificieux, et qu'il avoit donné de si fausses couleurs à des choses connues de tout le monde, qu'il lui avoit été impossible, étant franc de son naturel, de le supporter ; et en un mot, qu'il n'avoit jamais été si las d'aucune conversation en sa vie. Je jugeai de tout ce discours que le prince étoit fâché contre milord Arlington, et peu content de l'intention que le Roi avoit eue dans ce message, quoiqu'il me dît qu'il étoit assuré que Sa Majesté ne pouvoit pas avoir eu intention qu'il fût traité de la manière dont il l'avoit été, si elle s'étoit souvenue qu'il étoit son neveu, quand elle n'auroit voulu considérer autre chose.

Après ces premières conversations, milord Arlington demeura encore près de six semaines en Hollande, attendant ses ordres, ou bien retenu par le vent. Il dîna plusieurs fois avec le prince, et fort souvent chez le comte de Waldeck, chez M. d'Odick et chez moi, faisant toujours la meilleure mine qu'il pouvoit, et affectant extérieurement l'air d'un homme qui n'avoit aucune affaire en tête ni aucun dessein dans son voyage, quoiqu'en même temps il eût un violent chagrin dans le cœur d'être retenu si long-temps en Hollande, et d'être obligé de s'en retourner sans avoir fait aucun progrès dans ses entreprises. La suite fit voir que son chagrin étoit assez bien fondé.

J'appris du Pensionnaire et du comte de Waldeck que le but de Milord Arlington étoit de persuader au prince de faire la paix avec la France ; de tâcher de découvrir qui étoient les personnes qui avoient proposé au prince ou aux Etats d'exciter des troubles en Angleterre pendant la dernière guerre ; de lui faire prendre de secrètes mesures avec le Roi pour l'engager à assister Sa Majesté contre les rebelles de son royaume et contre ses autres ennemis ; et enfin de lui faire concevoir le dessein ou l'espérance de se marier avec la fille aînée du duc d'Yorck. Mais j'appris en même temps que le prince avoit répondu qu'il ne vouloit point s'engager dans la première proposition ; qu'il avoit rejeté ouvertement la seconde ; qu'il avoit traité la troisième d'injurieuse au Roi ; et qu'à l'égard de la quatrième, dont milord Ossory avoit fait l'ouverture, il avoit donné pour toute réponse que sa fortune ne lui permettoit pas de songer à se marier.

C'est ainsi que finit ce mystérieux voyage, que j'ai voulu développer, parce que peut-être autre que moi ne l'auroit pu faire ; ce qui aussi m'auroit été impossible sans les lumières que j'ai eues de divers endroits. Ce voyage, à la vérité, ne produisit aucun fruit pour lors ; mais on y jeta de certaines semences qui ont produit quelques grands événemens dans la suite.

Milord Arlington fut reçu à son retour fort froidement du Roi, et fort mal du duc d'Yorck, qui fut fâché contre lui à cause de ce qu'on avoit parlé de la princesse Marie, quoique ce fût milord Ossory qui en eût fait la proposition : si c'étoit par l'ordre du Roi ou non, c'est ce qu'on ne sait point encore. Jamais dessein de courtisan n'a si mal réussi, et n'a eu un effet plus contraire aux fins avantageuses que l'auteur s'en proposoit : au lieu d'avancer la paix, il en fit perdre entièrement l'espérance ; au lieu d'établir une bonne intelligence et une grande confiance entre le Roi et le prince, il ne fit qu'augmenter la froideur qu'il y avoit entre eux ; au lieu de s'acquérir la confiance et l'amitié du prince, il s'attira une aversion qui dura toujours ; au lieu de regagner le crédit qu'il avoit eu en cour, et que le lord Demby lui avoit enlevé, il perdit entièrement celui qu'il avoit encore auprès du Roi, qui depuis ce temps-là n'eut aucune confiance particulière en lui ; et il eut le chagrin de voir que celui de son rival avoit plus augmenté pendant les six semaines de son absence, qu'il n'avoit fait pendant plusieurs mois auparavant.

Je ne sais pas le besoin que la France avoit de la paix, mais je sais bien qu'elle en avoit un extrême désir, et qu'elle tenta cet hiver-là, pour la faire réussir, tous les moyens imaginables, excepté ceux qui auroient trop découvert sa nécessité. J'ai toujours cru que les François appréhendoient le dessein sur lequel les confédérés comptoient peut-être avec un peu trop d'assurance. Ils se persuadoient que s'ils pouvoient gagner une bataille ils entreroient infailliblement en France, et que s'ils y étoient une fois, les mécontentemens du peuple ne manqueroient jamais d'éclater contre le gouvernement, et donneroient jour aux ravages et aux succès qu'ils se promettoient, ou tout au moins à une paix qui mettroit les voisins de cette couronne en sûreté et en repos. On commença à parler, dans la chaleur de la guerre, du mariage du roi d'Espagne avec la fille aînée de Monsieur; et le comte d'Oxenstiern, ambassadeur de Suède à la cour de Vienne, proposa une suspension d'armes, et qu'on envoyât incessamment des plénipotentiaires pour traiter de la paix, offrant que si on acceptoit cette proposition l'affaire du prince Guillaume de Furstenberg seroit renvoyée jusqu'à la fin du traité, et qu'on accorderoit des passe-ports aux ministres du duc de Lorraine; sur quoi on avoit fait beaucoup de difficultés auparavant. D'un autre côté, il n'y eut point d'intrigue dont on ne se servît pour détacher de l'alliance les princes de Brandebourg et de Lunebourg; et le maréchal d'Estrades entretint correspondance avec un homme qui avoit été pensionnaire de Maëstricht, qui faisoit voir toutes ses lettres au pensionnaire Fagel. Elles tendoient à porter les Etats à faire une paix particulière avec la France, à rompre leur alliance avec la maison d'Autriche, et à renouveler celle qu'ils avoient eue si longtemps avec la France; et pour les y porter on offroit tout ce que les Etats pouvoient souhaiter d'avantageux pour leur commerce, et tout ce que le prince d'Orange pouvoit désirer pour sa personne.

Mais le prince fut inébranlable sur l'article qui regardoit ses alliés: il ne put jamais se résoudre à les abandonner, bien qu'il prévît qu'il auroit bien du chagrin à essuyer de leur part la campagne suivante, et plus encore peut-être de la part du peuple, qui étoit las de la guerre à cause des grandes taxes qu'il payoit, de la décadence de leur négoce, et des appréhensions où il étoit que, si la guerre continuoit plus longtemps, les Anglois n'attirassent tout le commerce chez eux, et qu'ainsi ils ne pussent jamais le recouvrer. Ces considérations obligèrent le prince à faire un effort pour faire une paix honorable avant que l'hiver fût fini, et qu'il fallût se préparer aux actions de la campagne suivante. Voici le plan qu'il se proposa: que le mariage proposé entre le roi d'Espagne et Mademoiselle seroit accompli; que la France lui donneroit en dot ses conquêtes de Flandre, et que le Roi auroit deux cent mille livres sterlings pour ses bons offices. Par ce moyen, la paix eût été faite à la sûreté de l'Espagne et de la Hollande, parce que par là les frontières de Flandre auroient été en état de défense; et à l'honneur de la France, puisqu'elle n'auroit renoncé à ses conquêtes que pour la dot d'une fille de la maison royale. Le prince y auroit aussi trouvé son compte, puisque son honneur envers ses alliés eût été à couvert, et enfin Sa Majesté y auroit eu de l'honneur et du profit: ce qu'on ne croyoit une nouvelle désagréable à notre cour dans les circonstances où elle étoit.

Le prince et le Pensionnaire ayant digéré ces propositions du mieux qu'il leur fut possible, me les communiquèrent et me prièrent de les proposer au Roi comme le seul moyen pour faire cette paix tant désirée, et comme une chose qu'ils étoient assurés que le Roi pouvoit faire, et que la France ne pouvoit pas refuser s'il l'en pressoit. Le prince ajouta que ce seroit le plus grand plaisir que Sa Majesté lui pût faire, puisqu'il ne voyoit pas d'autre moyen de sortir de cette guerre avec honneur. Ils me prièrent d'en écrire seulement au Roi, et de n'en dire rien à personne jusqu'à ce que Sa Majesté m'eût fait réponse.

J'écrivis deux fois au Roi, mais les réponses me donnèrent peu d'espérance. On ne peut dire si les François prirent le souhait du prince comme une preuve qu'il étoit las de la guerre, ou du moins que le peuple l'étoit; ou bien s'ils ne la voulurent pas finir sans rompre le nœud de cette alliance; ou plutôt, comme le prince le croyoit, sans laisser la Flandre ouverte à une autre invasion quand ils se trouveroient en des conjonctures plus favorables à leurs desseins. D'autres crurent que la révolte de Messine leur avoit fait espérer de mettre l'Espagne hors d'état de leur nuire en attirant ses armes de ce côté-là, et en les disposant à la paix par une plaie dans une partie si sensible, et se pouvoit communiquer à tout le reste de l'Italie; ou bien qu'ils avoient absolument engagé la Suède dans leurs intérêts, et qu'ils croyoient que les Suédois obligeroient non-seulement l'électeur de Brandebourg à quitter le Rhin avec ses troupes, mais que s'ils venoient à réussir ils alarmeroient tellement l'Empire de ce côté-là, que les Allemands seroient obligés de diviser leurs forces, et de n'en avoir qu'une partie sur le Rhin la campagne suivante. Quoi qu'il en soit, l'entreprise du prince manqua, et avec elle finirent toutes les espérances d'une paix prompte. Ainsi je demeurai seul à poursuivre froidement une médiation dans les formes ordinaires, pendant qu'on travailloit partout avec chaleur aux préparatifs de la campagne suivante.

[1675] Le prince partit au mois de février pour aller établir en Gueldre les nouveaux magistrats, suivant sa charge de stathouder. Pendant qu'il y étoit, les députés de la province lui offrirent d'un consentement unanime la souveraineté de leur pays, avec l'ancien titre de duc de Gueldre, qu'ils prétendoient avoir été autrefois dans sa famille. Le prince leur dit qu'il ne pouvoit pas leur répondre positivement sur une affaire d'une si grande conséquence, qu'il n'eût premièrement consulté les autres provinces. Il écrivit immédiatement en Hollande, en Zélande et à Utrecht, pour leur communiquer cette offre, et pour leur demander leur avis. La Zélande répondit qu'elle n'étoit pas d'avis que Son Altesse acceptât cette proposition, parce que cela pourroit donner de la jalousie aux autres provinces, et que d'ailleurs cela étoit incompatible avec les lois de leur union, qui ne permettoient pas qu'une province disposât de sa souveraineté sans le consentement des autres. Utrecht fut d'avis que le prince l'acceptât; la Hollande fut long-temps à répondre, à cause du grand nombre de villes dont il falloit avoir les sentimens : de sorte qu'avant que cela fût fait, le prince répondit aux Etats d'Utrecht qu'il s'étoit excusé envers ceux de Gueldre, et qu'il n'avoit pas accepté leur offre.

Il ne s'est peut-être rien passé dans tout ce temps-là qui ait tant tourmenté la cervelle des politiques que cette affaire. Quelques-uns l'attribuèrent à l'ambition du prince, et la regardèrent comme un présage du dessein qu'il méditoit sur les autres provinces; d'autres en accusèrent quelques-uns de ses jeunes conseillers; d'autres prétendirent qu'il avoit seulement dessein de sonder l'humeur des provinces, et qu'il vouloit avoir la gloire de refuser cette souveraineté, après que toutes lui auroient conseillé de l'accepter; ce qu'on ne doutoit point qu'elles ne fissent. Pour moi, je ne puis rien dire là-dessus de certain, n'ayant jamais vu le prince pendant qu'il fut dans cette conjoncture, et n'ayant jamais parlé avec lui sur ce sujet avant ni après. Mais si l'ambition du prince avoit en vue la souveraineté des autres provinces aussi bien que de la Gueldre, c'étoit assurément un dessein fort différent de tout ce qu'il avoit témoigné pendant la guerre, et particulièrement lorsque la France la lui avoit offerte avec tous les avantages capables de l'y maintenir. D'ailleurs cela étoit encore fort opposé à ce qu'on lui avoit fait connoître, et dont il étoit aussi fortement persuadé que qui que ce soit, que si la Hollande dépendoit d'un prince souverain, son commerce seroit infailliblement ruiné dans peu de temps, et par conséquent les richesses et la grandeur de cet Etat, et qu'ainsi ce prince demeureroit sans pouvoir et sans considération dans le monde; au lieu que les princes d'Orange, par le poste qu'ils y occupoient depuis quatre générations, avoient eu autant de poids dans la guerre et dans les traités que la plupart des rois de la chrétienté. A l'égard des jeunes conseillers qu'on soupçonnoit d'avoir engagé le prince dans ce dessein, je n'en saurois parler avec plus de certitude que du dessein même; mais je suis sûr que s'il y en a eu, ils n'étoient pas tous jeunes, car personne ne doute que M. Fagel ne fût de ce sentiment; et M. Beverning, qui passoit pour un des hommes les plus zélés pour sa patrie, me dit qu'il avoit conseillé au prince d'accepter l'offre qu'on lui faisoit; ce que je ne pense pas qu'il eût voulu faire s'il avoit prévu quelque danger pour son pays. Que le prince ou ses amis eussent part dans la première ouverture qui en fut faite, ou non, il est certain que l'intérêt des députés, des magistrats et des nobles de Gueldre y en eut beaucoup. Cette province est la première qui s'engagea dans l'union, et a elle seule plus de noblesse que toutes les autres ensemble; cependant à cause de sa pauvreté, causée par un terroir infertile et par manque de commerce, elle est beaucoup moins considérable que plusieurs des autres provinces, et sa voix est presque engloutie par celle de la Hollande qui, par son négoce et par ses richesses, a beaucoup de pouvoir sur les habitans de Gueldre. Les députés de cette province, voyant qu'ils étoient encore beaucoup moins considérés qu'ils n'étoient avant la guerre, à cause que leur pays avoit été presque entièrement ruiné pendant les conquêtes de la France, crurent qu'il n'y avoit point d'autre moyen pour recouvrer leur autorité, suivant le rang qu'ils tenoient, que de se dépouiller de la souveraineté de leur province en faveur du prince d'Orange. D'ailleurs plusieurs des nobles ayant en vue des emplois dans la guerre pour eux ou pour leurs amis, crurent, en avançant cette proposition, faire leur cour au prince, de qui ces emplois dépendoient. Il est certain que ces considérations eurent grande part dans cette résolution, mais je ne saurois dire si le prince la laissa tomber, ou bien si lui ou ses amis l'appuyèrent; et ainsi je la laisse et je la considère comme un champignon qui crut dans un moment, et qui dans un moment se sécha et disparut, sans laisser seulement la trace du lieu où il étoit.

Le prince revint à La Haye au mois de mars 1675, et je reçus en même temps une lettre écrite de la propre main du Roi, par laquelle il m'apprenoit qu'il avoit été averti que le prince avoit résolu de passer en Angleterre dès que le parlement seroit assemblé, et m'ordonnoit de faire mes efforts pour l'empêcher, comme si effectivement Sa Majesté eût cru cet avis. Je me hasardai d'écrire au Roi qu'il n'y avoit rien de semblable, même avant que d'avoir vu le prince. Lorsque je le vis, je ne fis pas semblant d'avoir appris cela du Roi, mais je lui dis seulement que j'avois appris qu'on lui en avoit parlé. Il me répondit qu'il n'en doutoit point, et que ce ne fût le lord Arlington, parce qu'il lui avoit parlé plusieurs fois d'un semblable voyage quand la paix seroit faite ; mais qu'il seroit bien fâché que le Roi le crût, qui que ce fût qui le lui eût dit; qu'il étoit très-humble serviteur du Roi, et que s'il ne pouvoit pas le servir, au moins qu'il ne lui rendroit aucun mauvais office ; que si le Roi étoit prévenu autrement, il ne pouvoit qu'y faire ; et que cependant il me prioit de l'assurer qu'il n'y avoit aucun fondement dans ce rapport. L'après-midi, le prince vint chez moi et me dit avec beaucoup de chaleur que depuis qu'il ne m'avoit vu il avoit reçu la plus impertinente lettre de milord Arlington, qu'on pût jamais écrire sur un tel sujet; qu'il traitoit cet avis comme vrai, et que ce voyage étoit pour exciter de la division dans le parlement et des brouilleries dans le royaume ; qu'il ajoutoit qu'il n'y auroit jamais qu'une fausse amitié entre le Roi et lui si elle se faisoit à coups de bâton, ajoutant : « Et il y a des plaies chez vous qui saigneront encore si on y met la main (1). » Le prince me dit qu'il savoit fort bien ce que le lord Arlington vouloit dire par cette expression, parce qu'il avoit dit à M. Read en Angleterre, lorsque ce gentilhomme y étoit dans le temps des premières propositions de paix, que le Roi pouvoit faire traiter le prince comme l'avoient été les de Witt, s'il s'en vouloit donner la peine. Cette lettre, et les réflexions qu'il venoit de faire, le mirent dans une terrible colère contre milord Arlington : il traita son procédé d'insolent et de malicieux, et me dit qu'il lui écriroit de la manière qu'il méritoit, mais que jamais il n'auroit rien à faire avec lui ; que puisqu'il ne pouvoit pas se confier aux ministres du Roi, il écriroit au Roi même ; et me pria de lui faire tenir ses lettres si sûrement, qu'elles ne tombassent en d'autres mains qu'en celles de Sa Majesté.

Le comte de Waldeck partit bientôt après pour Vienne, afin d'y concerter les opérations de la campagne suivante. Le comte de Montecuculli fut nommé pour commander l'armée impériale à la place du duc de Bournonville, et le comte de Souches fut envoyé dans un gouvernement en Hongrie. Au mois de mars suivant, l'électeur de Brandebourg vint à Clèves, où le prince d'Orange et le marquis de Grana, ministre de l'Empereur, se rendirent pour conférer ensemble. Le principal point qu'on y agita fut le moyen de défendre la Poméranie contre l'invasion de la Suède, qui commença pour lors à lever le masque en ravageant le pays et en attaquant quelques places qui leur étoient nécessaires pour leurs quartiers ; d'ailleurs l'argent que la France donnoit à cette cour avoit été compté si publiquement à Hambourg, que personne ne doutoit plus que les Suédois n'en vinssent à une rupture ouverte. Sur quoi les Etats envoyèrent dire à Eberstein, ambassadeur de Suède à La Haye, qui faisoit toujours encore la figure de médiateur, qu'à l'avenir il n'eût à présenter aucun mémoire sur le sujet de la médiation, puisqu'ils ne les pouvoient recevoir de la part d'un ministre d'un prince qui, ouvertement et sans cause, avoit attaqué un de leurs alliés.

Il arriva en même temps un ambassadeur de Danemarck à La Haye, afin de voir quels avantages son maître pourroit recevoir dans la conjoncture présente, s'il refusoit d'entrer en alliance avec la France et la Suède. Toutes choses étant ainsi dans une extrême fermentation, il arriva un coup imprévu qui ôta le mouvement à toutes ces grandes affaires : ce fut la maladie du prince d'Orange, laquelle fit voir qu'il étoit l'ame et le ressort qui faisoit agir toutes les roues de cette grande machine. Pendant que la maladie dura, tout demeura en suspens, et tous les partis engagés dans cette guerre ne sembloient avoir d'autre mouvement ni d'autre sentiment que ceux que la crainte ou l'espérance d'une si importante vie leur donnoient. On s'aperçut, après quatre ou cinq jours de fièvre violente, que c'étoit la petite vérole ; ce qui redoubla les appréhensions de ses amis, parce qu'elle avoit été extrêmement fatale à sa famille. Le peuple témoigna en cette occasion combien il s'intéressoit dans la santé du prince ; et les portes du palais étoient sans cesse occupées par une grande foule de gens qui venoient demander en quel état étoit Son Altesse. Il lui prit fantaisie pendant son mal de ne manger ni boire que ce qui venoit de chez moi ; de quoi le peuple s'aperçut bientôt. Il y a peut-être peu de gens qui aient eu le bonheur d'être plus civilement traités et plus estimés que ma famille et moi l'avons été en Hollande : ce-

(1) Cette phrase est en français dans l'original.

pendant plusieurs de nos amis hollandois nous dirent qu'ils craignoient que la populace n'abattît notre maison et ne nous déchirât en pièces, s'il arrivoit quelque funeste accident au prince, parce que tout le monde savoit que tout ce qu'il prenoit venoit de chez nous. Dieu merci, il n'arriva rien de fâcheux, quoique au commencement de dangereux symptômes fissent tout craindre. On attribua sa convalescence à la grande égalité de son tempérament, et à une grande fermeté d'ame qui empêcha les troubles de son imagination, qui sont ordinairement d'une si dangereuse conséquence dans cette maladie. Enfin elle passa, et dans vingt jours le prince fut en état de sortir et de travailler avec application aux affaires, et particulièrement aux préparatifs de la campagne, qui étoient la principale.

Je ne saurois m'empêcher de donner ici à M. de Benting les louanges qu'il mérite, et de dire que je n'ai jamais vu un si bon domestique que lui. Il ne quitta ni nuit ni jour son maître pendant toute sa maladie; et ce fut lui qui lui donna tout ce qu'il prit, et qui le remua dans son lit toutes les fois qu'il le fallut. Le prince m'a dit depuis qu'il ne savoit pas s'il avoit dormi, mais qu'il étoit bien assuré que pendant seize jours et seize nuits il n'appela jamais personne que M. de Benting ne répondit comme étant éveillé. Dès que le prince fut assez bien pour avoir la tête peignée, M. de Benting lui demanda permission, après que cela fut fait, de s'en aller chez lui, parce qu'il ne pouvoit plus se soutenir. Il se retira et tomba dans la même maladie immédiatement après. Il fut à l'extrémité; mais il eut le bonheur d'en échapper, et d'être remis assez à temps pour accompagner son maître en campagne, où il fut toujours près de sa personne.

Les François commencèrent la campagne plus tard qu'ils n'avoient accoutumé de faire. Ils attendoient l'événement de la maladie du prince, et ils avoient été obligés de faire marcher des troupes en Guienne et en Bretagne, pour y apaiser des troubles qui s'y étoient élevés au sujet des impôts; mais quand ils virent que le prince étoit remis, et qu'ils eurent apaisé ces désordres, ils se préparèrent à une vigoureuse campagne. Le roi de France résolut d'attaquer la Flandre à la tête de ses meilleures forces; et cependant il ne voulut être que volontaire dans l'armée, et déclara le prince de Condé général. On ne sait s'il avoit dessein par là de reconnoître publiquement ce grand mérite, et de lui faire le plus d'honneur qu'il pourroit, ou d'empêcher que Monsieur ne fît difficulté d'agir sous les ordres de ce prince. M. de Turenne fut envoyé en Alsace pour amuser les Allemands, de crainte qu'ils ne fissent une trop grande diversion en Flandre; et on lui donna ordre d'agir de concert avec le comte Wrangel, général des forces suédoises en Poméranie, lequel faisoit espérer aux François qu'il pénétreroit si avant dans l'Allemagne, qu'il pourroit concerter ses actions, ou du moins ses mouvemens avec M. de Turenne; d'un autre côté, les confédérés ne s'endormoient pas et travailloient avec ardeur à se munir contre les desseins de leurs ennemis. On gagna l'électeur de Mayence, on le fit renoncer entièrement à la neutralité, et consentir de recevoir les troupes impériales dans ses villes, de même qu'avoit fait Strasbourg. On s'appliqua encore avec soin à changer les dispositions de la cour de Bavière, et on espéra de réussir. Montecuculli se prépara à venir en Alsace avec l'armée impériale et celle des cercles; et l'électeur de Brandebourg vint à La Haye après la maladie du prince d'Orange. On y conclut une alliance avec le roi de Danemarck, et on renouvela les traités avec le duc de Lunebourg. Cela fait, l'électeur de Brandebourg s'en retourna pour défendre son pays contre les hostilités de la Suède. Pendant que ce prince demeura à La Haye, nous nous fîmes faire des complimens dans la manière ordinaire, mais sans visite ou entrevue, quoique l'électeur la souhaitât et qu'il la recherchât avec un empressement qui me surprenoit. Il m'envoya premièrement son ministre à La Haye pour me la demander, et ensuite il pria le prince de trouver quelque expédient sur la difficulté des cérémonies, ou bien de proposer un tiers lieu : mais comme les ambassadeurs de France ont toujours refusé de rendre visite aux électeurs, à moins que ces princes ne leur donnassent la main dans leurs maisons (à quoi les électeurs n'ont jamais consenti), je répondis que je ne pourrois pas m'abaisser plus que les ambassadeurs de France en cela ni en autre chose; et que si je me trouvois en tiers lieu, il sembleroit que j'approuvasse le refus des électeurs. Cela fit que je ne vis jamais ce prince; de quoi j'ai eu beaucoup de regret, à cause de plusieurs belles qualités que ce prince avoit, et qui me donnoient une grande estime pour sa personne.

Je continuai cependant toujours à poursuivre la médiation du Roi, quoiqu'elle fût pour lors assez inutile. Après que toutes les parties l'eurent acceptée, la première chose sur laquelle on délibéra fut sur le lieu où se pourroit faire le traité; difficulté que les Suédois n'avoient jamais pu surmonter pendant tout le cours de leur médiation. La maison d'Autriche avoit proposé pour le congrès quelques villes libres de l'Empire, comme Francfort, Hambourg, Strasbourg et quelques autres ; mais la France avoit refusé d'entrer en traité dans aucune ville de l'Empire, à cause de l'insulte qu'ils avoient reçue à Cologne en la personne du prince Guillaume de Furstenberg, qui y fut enlevé par ordre de l'Empereur, avec une grande somme d'argent appartenant à la France ; et elle offrit en même temps d'entrer en traité à Breda, quoique cette place appartînt à une des parties engagées dans la guerre : ce que les François vouloient faire passer pour une preuve de la forte inclination que leur Roi avoit pour la paix.

Les confédérés, au contraire, ne vouloient point entendre parler de Breda, croyant que cette proposition étoit un artifice des François, et qu'ils avoient deux choses en vue, l'une de s'insinuer dans les bonnes grâces des Etats au préjudice des autres alliés, et l'autre (qui étoit la plus importante) afin d'être à portée pour ménager une paix particulière avec la Hollande, et pour entretenir leurs correspondances avec plusieurs villes et diverses personnes, afin de tâcher de faire réussir ce traité particulier sur les difficultés et les délais qui naîtroient sur le général. Les confédérés avoient tant de jalousie à cet égard, que les députés des Etats pour les affaires étrangères, qui ménageoient toute cette affaire en premier ressort, crurent qu'il étoit nécessaire de paroître aussi opposés qu'aucun de leurs alliés à ce que le traité se fît dans aucune ville de la dépendance des Etats. Toutes les places d'Allemagne, de France et des Pays-Bas étant donc ainsi exclues, il restoit Londres à proposer ; mais on ne pouvoit l'accepter à cause de son éloignement, et de la difficulté d'y entretenir correspondance par lettres, à cause de l'inconstance des vents et de la mer. Après bien des difficultés et des conférences sur ce sujet avec les députés et le Pensionnaire, je leur proposai deux places, comme les seules qui me parussent sans objection. La première fut Clèves, qu'on ne pouvoit pas dire ville de l'Empire, puisqu'elle appartenoit à l'électeur de Brandebourg en qualité de duc de Clèves, et non pas en qualité de prince de l'Empire ; l'autre étoit Nimègue, comme étant la dernière ville de la dépendance des Etats, et sur la frontière d'Allemagne : toutes deux capables de recevoir le nombre des gens qui seroient nécessaires à la suite des ambassadeurs, en bon air et de facile abord, placées entre l'Espagne, la Suède, la France et l'Empire, et assez proches d'Angleterre, où étoit l'âme de tout ce traité. Je crus que la France approuveroit Clèves à cause du voisinage des Etats, et que les confédérés ne pourroient pas la refuser, puisqu'elle appartenoit à l'un d'eux ; et qu'en cas qu'ils l'acceptassent, et que les François n'y voulussent pas consentir, les alliés ne pourroient pas ensuite faire dificulté d'accepter Nimègue, qui n'étoit que trois lieues plus près de La Haye ou d'Amsterdam, où ils soupçonnoient que la France avoit des intrigues ; et que ces villes en étoient séparées par plusieurs grandes rivières qui rendoient le commerce entre ces trois places plus difficile et plus lent qu'il n'étoit à l'égard des autres villes de la dépendance des Etats. Une autre raison encore qui m'obligea à nommer ces deux places fut, je l'avoue, que je n'en savois point d'autres qui ne fussent déjà exclues : et sur cela les députés consentirent que je les proposasse au Roi, afin que Sa Majesté les proposât ensuite à toutes les parties, mais que je commençasse par Clèves ; ce que je fis.

La France refusa cette ville, sous prétexte qu'elle étoit en quelque manière dépendante de l'Empire ; mais vraisemblablement ce fut plutôt par chagrin contre l'électeur de Brandebourg, contre lequel ils étoient pour lors plus irrités que contre aucun des autres confédérés. Clèves ayant été refusé, on proposa Nimègue : les François l'acceptèrent les premiers, et ensuite les alliés, qui ne pouvoient pas honnêtement le refuser, après avoir témoigné qu'ils seroient contens de Clèves ; et ainsi Nimègue fut choisi pour être le théâtre de cette négociation.

Mais en même temps que les François acceptèrent le lieu du traité, ils déclarèrent qu'ils n'y enverroient pourtant point leurs ambassadeurs, jusqu'à ce que l'Empereur leur eût donné satisfaction sur deux points sur lesquels ils avoient insisté si long-temps, savoir la liberté du prince Guillaume de Furtenberg et la restitution de l'argent qui leur avoit été saisi à Cologne. Les François n'avoient pas été plus obstinés à demander raison sur ces deux articles, que la cour de Vienne l'avoit été jusqu'ici à les refuser ; de sorte qu'on fit peu de progrès vers la paix, et on attendit que les succès de la campagne suivante terminassent le temps, la manière et la condition du traité de paix.

Les François commencèrent la campagne par le siége de Limbourg : le roi de France y laissa une partie de son armée, et il s'alla camper avec le reste dans un poste fort avantageux, pour empêcher que le prince d'Orange, qui marchoit au secours de la place, ne vînt à bout de son dessein. Mais elle ne fit aucune résistance, et se rendit avant que le prince en approchât; car, outre quelques jours de retardement que lui causa sa maladie, il commença dès-lors à sentir le fardeau qu'il porta lui seul pendant tout le cours de la guerre, à cause de la lenteur de la cavalerie allemande et de la foiblesse des troupes espagnoles, qui étoient pourtant nécessaires pour rendre son armée assez nombreuse pour s'opposer à celle de France, qui étoit composée de braves troupes aguerries, et commandées par un si grand capitaine que l'étoit le prince de Condé.

Après la prise de Limbourg, les François ni les confédérés ne firent aucune action ni entreprise considérable : ils n'osèrent jamais, ni les uns ni les autres, assiéger aucune place de conséquence. Il sembla aussi qu'ils n'eurent jamais sérieusement le dessein d'en venir à une bataille à moins d'avoir un visible avantage, à cause que la perte auroit eu de trop grandes conséquences. Les alliés craignoient que toute la Flandre ne fût perdue si les François remportoient l'avantage; et ceux-ci craignoient que les confédérés n'entrassent en France, s'ils remportoient une victoire tant soit peu considérable. D'ailleurs ils attendoient ce qui se passeroit sur le Rhin entre les Impériaux et les François, et en Poméranie entre la Suède et le Brandebourg; ce qui sembloit décider du destin de cette guerre sans qu'on en vînt à quelque nouvelle action en Flandre, les alliés n'espérant pas moins de leurs forces en Alsace, que les François de celles des Suédois en Poméranie.

Le roi de France, lassé d'une campagne ennuyeuse et qui se passoit sans éclat, laissa l'armée vers la fin de juillet sous le commandement du prince de Condé, et s'en retourna à Versailles. Dans le même mois, le Roi voyant que les négociations de paix étoient assoupies pour quelque temps, m'ordonna de repasser en Angleterre, afin de lui rendre compte des observations que j'avois faites à l'égard des conjonctures présentes, et recevoir de nouvelles instructions pour continuer sa médiation.

Le parlement d'Angleterre étoit fort satisfait de la paix particulière que le Roi avoit faite avec la Hollande, mais il ne l'étoit pas du dessein que Sa Majesté avoit d'en procurer une générale. Il croyoit que la puissance des François étoit trop grande depuis leurs conquêtes en Flandre, et qu'ils faisoient paroître trop ouvertement l'ambition qu'ils avoient d'achever leur dessein d'une manière ou d'autre. Il soupçonnoit que la cour favorisoit trop la France, en sollicitant une paix qui romproit une si forte ligue contre cette couronne; il prenoit encore ombrage des conseils de ceux qui pendant la dernière cabale avoient fait une alliance entre la France et nous : et d'ailleurs, outre les notions communes du peuple, qu'il faut tenir le pouvoir de nos voisins en équilibre, les desseins ambitieux de quelques particuliers inquiets et turbulens fomentoient les mécontentemens de la nation contre le dessein qu'avoit le Roi de procurer une paix générale.

Le lord Shaftsbury, chagrin au dernier point d'avoir perdu la grande part qu'il avoit dans le ministère, et espérant de regagner ce qu'il avoit perdu, s'étoit rangé du parti du parlement et du peuple, et ne cessoit de censurer la cour, et de crier contre notre partialité pour la France, et particulièrement contre la conduite des ministres. D'un autre côté, le lord Arlington fut si outré de voir le crédit du lord Demby s'augmenter tous les jours par la ruine du sien, qu'il se mêla avec le parlement, et jeta tant de soupçons et d'ombrages dans la chambre des communes, que les plus considérables membres qui la composoient convinrent entre eux de ne consentir jamais qu'on donnât de l'argent au Roi pendant que le comte de Demby seroit grand trésorier. Sur cela ils commencèrent à poursuivre le duc de Lauderdale, qui étoit le seul de la cabale qui eût encore quelque crédit à la cour, et pressèrent le Roi à rappeler les troupes angloises qui étoient au service de France, bien qu'il y en eût un plus grand nombre en celui des Etats. Mais ce ne fut pas tout : la division se glissa dans les deux chambres au sujet de leurs priviléges, et leurs disputes s'échauffèrent si fort, que le Roi fut contraint de les proroger vers la fin du mois de juin.

Dès que je fus arrivé, le Roi me dit les raisons qui l'avoient obligé de me faire venir, et ajouta qu'il croyoit que la guerre qui ravageoit ses voisins étoit la cause ou le prétexte de la discorde et des troubles qui avoient depuis peu éclaté dans le parlement, et que tant qu'elle dureroit elle feroit toujours le même effet; que cela l'incommodoit beaucoup pour ses revenus, qui n'étoient pas considérables sans l'assistance du parlement; que les membres les plus échauffés des deux chambres vouloient l'engager dans une guerre contre la France : ce qu'il ne feroit pas par plusieurs raisons, dont la principale étoit qu'il étoit assuré qu'ils ne laisseroient pas de l'abandonner, quoiqu'elle se fît par leur avis, et qu'ils se serviroient de cette occasion pour ruiner ses ministres, et pour le tenir lui-même dans leur dépendance beaucoup plus qu'il ne vouloit, et qu'aucun roi n'y devoit être; mais qu'outre cela, il étoit persuadé qu'une impertinente querelle entre le grand trésorier et le grand chambellan lui avoit fait plus de préjudice dans le parlement que je ne pouvois m'imaginer, puisque le dernier ne se soucioit pas du tort qu'il pouvoit faire à ses affaires, pourvu qu'il ruinât le grand trésorier; et que c'étoit dans cette pensée qu'il avoit persuadé plusieurs membres des communes que cela arriveroit infailliblement, s'ils demeuroient fermes à ne donner point d'argent pendant son ministere; qu'il savoit qu'ils étoient tous deux mes amis, et qu'il souhaitoit que je tâchasse de les réconcilier pendant mon séjour en Angleterre. Je fis tous mes efforts pour cela, mais en vain. Milord Demby y témoignoit pourtant assez de penchant, étant si avantageusement posté, qu'il n'avoit rien à souhaiter que de demeurer dans le poste où il étoit, et que les affaires du Roi pussent prospérer entre ses mains; mais milord Arlington se trouvoit si inquiet dans l'état où il étoit, à cause de la grandeur du grand trésorier, qu'il n'étoit pas traitable sur ce sujet-là : de sorte que voyant que la plaie étoit incurable, je l'abandonnai, disant à l'un et à l'autre que puisque je ne pouvois pas les rendre amis, au moins je voulois vivre avec eux comme s'ils l'étoient, et je les priai de n'attendre pas que je sacrifiasse un ami à l'autre. Milord Demby parut content de ma franchise; mais milord Arlington s'en offensa, et devint froid dès le moment à mon égard dans toutes les affaires qui se passèrent entre nous, mêlant quelquefois de certains petits reproches de ma grandeur à ceux qu'il faisoit à l'autre. Enfin il devint si las et si chagrin de la cour, où il se voyoit négligé, qu'il alla passer le reste de l'été à la campagne.

C'est ainsi que les semences des mécontentemens qui avoient été semés dans le parlement sous le ministère de la cabale commencèrent à paroître et à jeter de profondes racines après qu'elle fut entièrement éteinte, et que ces aigreurs furent fomentées sous d'autres prétextes par deux des principaux ministres qui composoient cette cabale. Le temps et quelques accidens les fortifièrent; et c'est qu'elles ont produit des flammes qui ont paru depuis. Quel que fût leur principe et leur accroissement, il est certain que les agitations de l'Angleterre eurent une grande influence chez les étrangers par rapport à la paix et à la guerre. Les confédérés se promettoient que le parlement et le peuple engageroient enfin le Roi dans leur querelle; ce qui forceroit infailliblement la France à une paix telle qu'on la souhaitoit. L'Espagne en particulier s'assuroit si fort que l'Angleterre ne souffriroit pas la perte de la Flandre, que les Espagnols négligèrent de la défendre, et d'y envoyer les secours et les ordres nécessaires, se persuadant que les Hollandois la conserveroient pour le présent, et que le Roi s'en mêleroit quand elle seroit en plus grand danger. Ces considérations rendoient les alliés moins enclins à la paix, qu'ils auroient pourtant pu faire plus avantageusement l'hiver suivant qu'ils ne firent dans la suite, à cause des révolutions qu'ils ne prévoyoient pas, bien que les gens habiles, qui connoissoient la foiblesse des Espagnols et la division de la cour impériale, le soupçonnassent dès ce temps-là.

Pendant mon séjour en Angleterre, qui fut environ de six semaines, on apprit la nouvelle d'un grand soulèvement en Bretagne, qui auroit pu être de dangereuse conséquence à la France s'il y avoit eu un chef pour soutenir la vigueur et le nombre de gens avec lequel il commença; mais comme ce corps n'étoit composé que de la lie du peuple, qui haïssoit la noblesse de la province, ce soulèvement fut bientôt apaisé, partie par douceur et partie par force. La France reçut un autre coup bien plus considérable que n'auroit été la perte de quelque province : ce fut la mort de M. de Turenne, dont notre cour reçut en même temps la nouvelle. Ce grand capitaine avoit pendant trois mois amusé l'armée impériale de l'autre côté du Rhin; résolu de ne point combattre à moins qu'il n'y vît un grand avantage, son dessein étant seulement d'empêcher les Allemands d'assiéger Philisbourg, de se porter en Alsace, et particulièrement de les empêcher d'entrer en Lorraine ou dans la comté de Bourgogne. Il fit tout cela; mais les Impériaux l'ayant pressé vivement, et resserré dans ses quartiers, il souffrit beaucoup, manque de provisions, et son armée se trouva fort affoiblie par les maladies et par la désertion, qui ne manquent presque jamais dans ces conjonctures. Enfin les François se trouvant sans fourrage, furent contraints de forcer le poste qui leur étoit le plus incommode. Il y eut une rude escarmouche, et les François y perdirent bien du monde, particulièrement à cause des deux pièces de canon que les Impériaux avoient mises en batterie sur une hauteur, d'où ils tiroient sur les François avec avantage (1). M. de Turenne résolut d'élever une batterie pour les démonter; et comme il alloit avec Saint-Hilaire, lieutenant général de l'artillerie, reconnoître un endroit propre à la placer, les deux pièces des Impériaux firent feu sur eux presque toutes deux en même temps :

(1) C'est une erreur énorme. Turenne se préparoit à livrer bataille avec la confiance qu'il battroit les Impériaux.

un des boulets blessa Saint-Hilaire à l'épaule, et l'autre, après deux ou trois bons, frappa M. de Turenne sur l'estomac, sans lui faire d'autre blessure apparente qu'une contusion, et le renversa mort sur la place (1); mort imprévue, subite et sans douleur, telle que la souhaitoit autrefois César. On ne sauroit exprimer l'étonnement de l'armée françoise après la perte de leur général, et la présomption des Impériaux, qui se regardoient déjà comme maîtres des François, qu'ils tenoient acculés sur le bord du Rhin, malades, sans provisions, et découragés par la mort de M. de Turenne. Tout le monde attendoit effectivement la même chose dans l'état qu'étoient les François, mais tout le monde se trompa aussi. M. de Lorges prit le commandement de l'armée, et eut l'honneur de faire une retraite aussi glorieuse qu'une victoire. Il passa le Rhin à la vue de l'armée impériale par les bons ordres qu'il donna partout, et à la faveur de la bravoure des régimens anglois, qui arrêtèrent plusieurs fois les Impériaux et donnèrent temps au reste de l'armée de passer. M. de Lorges campa de l'autre côté du Rhin, et se conserva fort heureusement jusqu'à l'arrivée du prince de Condé, qui avoit été envoyé en Flandre en toute diligence avec un grand détachement, pour s'opposer aux progrès des Impériaux en Alsace.

Cependant l'électeur de Brandebourg ayant assemblé ses forces, et quelques Impériaux qu'il tira de Silésie, tomba avec tant de courage et de bonheur sur les Suédois en Poméranie, qu'il les chassa bientôt de la partie qui lui appartenoit, et les poursuivit jusques dans la leur. Il eut ensuite une entrevue avec le roi de Danemarck, qui étoit pour lors entré dans les intérêts des confédérés, dans la résolution de déclarer la guerre à la Suède; et ce fut dans cette entrevue que ce prince prit des mesures avec l'électeur pour la pousser vigoureusement pendant le reste de la saison.

Lorsque le prince de Condé partit de Flandre pour aller prendre la place de M. de Turenne en Alsace, le duc de Luxembourg fut nommé pour commander l'armée de Flandre, avec ordre de ne hasarder point de combat, mais d'observer les mouvemens du prince d'Orange, et de couvrir les places exposées; de quoi il s'acquitta si bien, que pendant tout le reste de la campagne il ne se passa aucune action, si ce n'est que le prince prit Binch (2), et le rasa. Pour réparer le temps qu'on avoit en quelque manière perdu en Flandre, les confédérés firent de concert une entreprise de grand éclat et d'une plus grande conséquence encore: ce fut le siége de Trèves. Les Allemands s'y attachèrent dans l'espérance de s'ouvrir par là un passage en France, ayant trouvé trop de difficulté à y entrer par l'Alsace: les Espagnols y consentirent, pour se faire un chemin pour secourir Luxembourg quand il en auroit besoin; ce qui leur étoit d'une grande conséquence. Le duc de Lorraine avoit une passion violente pour ce siége, dans l'espérance que cette prise lui donneroit entrée dans la Lorraine; le prince palatin croyoit que ce seroit un acheminement à la prise de Philisbourg, qui étoit une fâcheuse épine à son pied: de sorte qu'ils joignirent une partie de leurs troupes avec celles de l'électeur de Trèves, et un corps de celles de Lunebourg sous le commandement des ducs de Zell et d'Osnabruck, et mirent le siége devant Trèves.

Le maréchal de Créqui assembla toutes les troupes qu'il put dans les provinces voisines, dont il fit une puissante armée pour venir au secours. Les confédérés laissèrent partie de la leur à la garde de leurs tranchées, marchèrent avec le reste contre M. de Créqui, passèrent une rivière à sa vue, l'attaquèrent, le défirent avec un grand carnage, et dispersèrent tellement son armée qu'il sembloit qu'elle s'étoit évanouie dans un jour. M. de Créqui se sauva dans Trèves avec quatre ou cinq personnes seulement, où il se défendit près d'un mois, avec une vigueur extraordinaire, contre toute cette armée victorieuse. Les Anglois qui étoient dans la ville acquirent beaucoup d'honneur, mais aussi ils souffrirent une grande perte. Quoiqu'il n'y eût aucune apparence de secours, et que la ville fût réduite à la dernière extrémité, le général ne voulut jamais capituler: de sorte que la garnison se mutina contre son opiniâtreté, capitula pour elle seule, et livra M. de Créqui prisonnier, avec la plupart des officiers, entre les mains des Allemands (3). Les ducs de Lunebourg et le vieux duc de Lorraine acquirent beaucoup de gloire dans cette action; et en vérité ce fut une des plus vigoureuses qui se soient faites pendant toute la guerre, et des plus glorieuses aussi, puisqu'on y gagna une victoire complète et une ville considérable. On donna beaucoup de louanges au marquis de Grana, qui commandoit dans cette occasion les troupes impériales: on croyoit que c'étoit lui qui conçut le premier ce dessein, qui y avoit engagé les alliés, et qui les fit de-

(1) Le 27 juillet.
(2) Au commencement de septembre.

(3) Le 6 septembre.

meurer fermes jusqu'à ce qu'il fût achevé. Les François perdirent beaucoup de monde dans la bataille et dans la ville : cela, joint à la mort de M. de Turenne et à ce qu'on attendoit de Montecuculli, avec la perte que les Suédois avoient faite en Poméranie, changea tellement la face des affaires, que, dans une lettre que le Roi m'écrivit après mon retour à La Haye, au mois de septembre, Sa Majesté m'ordonnoit de me servir de cet argument pour porter le prince d'Orange à la paix, et de lui dire qu'il étoit temps d'appréhender la grandeur de la maison d'Autriche au lieu de celle de France. A la vérité il y avoit apparence que les Impériaux entreroient en Lorraine, ou tout au moins qu'ils se saisiroient des villes les plus considérables d'Alsace pour s'y maintenir pendant l'hiver, afin d'être prêts au commencement du printemps à faire quelque entreprise considérable. Le comte de Montecuculli assiégea pour cet effet Haguenau, et ensuite Saverne, qui étoient les deux places les plus considérables. Haguenau offrit de se rendre par capitulation; mais dans le même temps Montecuculli leva le siége pour aller donner combat au prince de Condé, qui témoignoit, par un mouvement qu'il venoit de faire, avoir le dessein de secourir la place. Ce mouvement fut fait si à propos, que les Allemands manquèrent de donner bataille et de prendre la ville. On n'a jamais bien compris la raison qui obligea ensuite Montecuculli à lever soudainement le siége de Saverne : quelques-uns dirent que ce fut par un ordre exprès de Vienne, qu'il reçut le soir auparavant; d'autres, que c'étoit dans le dessein de livrer combat à l'armée de France, ou d'assiéger Philisbourg; mais ni l'un ni l'autre n'arriva; et ce qui fut bien pis encore, il finit la campagne en repassant le Rhin avec toute l'armée, laissant entièrement l'Alsace à la discrétion des François.

Je ne me souviens point d'avoir jamais ouï parler d'aucune action importante si surprenante et moins excusable que cette retraite; car il est fort malaisé de s'imaginer que la corruption ou la cabale d'une cour puissent aller si loin, quoiqu'on soupçonnât que ces deux choses avoient en part dans ce grand événement, qui étoit décisif en quelque manière. On crut que le vieux duc de Lorraine en eut tant de ressentiment qu'il en mourut de douleur, laissant au prince Charles son neveu sa succession à ce duché. Jamais prince n'a eu plus de malheurs que lui, et jamais prince ne les a moins ressentis, et n'a donné de si fortes preuves de ce que la philosophie nous enseigne, que les biens ou les maux de la vie des hommes viennent plutôt de leur humeur que de leur fortune. Il avoit été chassé de ce beau duché par les armes de la France sous le ministère du cardinal de Richelieu ; contraint de se mettre au service d'Espagne en Flandre avec un corps de Lorrains qui voulurent toujours suivre sa fortune, quelle qu'elle fût ; ensuite chagriné et maltraité par les gouverneurs espagnols, arrêté et emprisonné par ordre de cette couronne, rétabli dans la possession de son duché par la paix des Pyrénées, et dans l'année 1670 contraint de se sauver de nuit presque tout seul, à cause de la soudaine invasion que les François firent dans son pays au milieu de la paix. Il n'eut après cela jamais plus de repos chez lui, et passa le reste de sa vie à mendier la protection et le secours de divers princes de la chrétienté. Ils connurent tous la justice de sa cause, mais aucun ne voulut la défendre ni même s'intéresser pour lui, jusqu'à la dernière guerre ; car alors ce prince entra en alliance avec l'Empereur et avec la plupart des autres alliés pour être rétabli dans son duché, et il fournit deux ou trois mille Lorrains qui étoient toujours demeurés à son service, malgré tous ses malheurs. Il sembloit qu'il ne méritoit pas la fortune d'un prince, seulement parce qu'il ne paroissoit pas s'en soucier, et qu'il avoit de l'aversion pour la contrainte et les cérémonies qui l'accompagnent ; outre qu'il n'estimoit d'autres plaisirs dans la vie que les plus naturels et les plus faciles. Quand il possédoit ces derniers, le manque des autres ne lui donnoit jamais de chagrin. Il étoit généreux envers ses domestiques et envers ses soldats quand il en avoit le pouvoir ; et quand il ne l'avoit pas, il tâchoit de les récompenser par les libertés qu'il leur donnoit : ce qui lui avoit entièrement gagné leur cœur. Pour finir son portrait, je rapporterai ce qu'un de ses ministres me conta un jour. Il me dit que peu de temps avant que ce prince mourût tout son train consistoit en un écuyer, un valet de chambre, et un petit garçon qui pansoit un bidet que le prince avoit accoutumé de monter. Il ajouta qu'un jour il avoit demandé son cheval, et que les deux premiers officiers lui dirent qu'ils ne pouvoient pas trouver le garçon. Il leur dit que cependant il falloit qu'il eût son cheval ; mais qu'eux ne purent jamais s'accorder ensemble, et contestèrent à qui le selleroit, jusqu'à ce que le duc leur dit de le faire l'un ou l'autre, ou qu'autrement il l'iroit seller lui-même ; de quoi ses domestiques ayant eu honte, se résolurent à la fin de lui amener son cheval tout prêt.

La vieille princesse douairière d'Orange

mourut aussi environ dans ce temps-là. C'étoit la femme du meilleur esprit et en général du meilleur sens que j'aie jamais connue; et je ne doute point que le prince n'ait tiré de cette vertueuse princesse, aussi bien que de ses trois derniers illustres ancêtres, le principe de toutes les grandes qualités qu'il possède.

Jamais personne n'a mieux fait voir l'avantage du bon ordre et de l'économie que cette princesse. Depuis la mort de son mari, elle ne jouissoit que d'un petit revenu qui ne passoit pas douze mille livres sterlings; et cependant elle vécut toujours avec autant de magnificence et de propreté qu'on en voit en des plus grandes cours. Outre les meubles magnifiques qu'elle avoit, elle se faisoit toujours servir en vaisselle d'or, et je remarquai entre autres de grandes aiguières, des flacons, et une grande citerne; en un mot, la clef de son cabinet et tout ce qu'elle touchoit étoit de ce métal. J'ai voulu rapporter ces particularités, parce que je ne pense pas qu'aucun roi de l'Europe ait eu rien de semblable. Il arriva cette même année, au mois de novembre, une furieuse tempête, le vent étant nord-ouest, avec une marée si forte qu'elle fit craindre que la Hollande ne fît quelque perte irréparable. Elle rompit en plusieurs endroits les grandes digues qui sont près d'Enckhuysen, et celles qu'il y a entre Amsterdam et Harlem; ce qui causa de si grandes inondations qu'homme vivant n'en avoit vu de semblables, et qui firent mille ravages dans le pays. Cependant la diligence incroyable du peuple, et leurs efforts unanimes en cette occasion, arrêtèrent la fureur de cet élément, et firent si bien qu'on recouvra l'année suivante toutes les terres que l'eau avoit gagnées, mais non pas les hommes, les bestiaux et les maisons qu'elle avoit emportés.

Avant que l'année fût finie, les Danois prirent Wismar sur les Suédois; et ces deux couronnes s'engagèrent dans la commune querelle par une guerre ouverte. L'expédition que don Juan étoit prêt de faire en Sicile et en Italie faisoit attendre quelque grand succès, et quelque heureux changement dans les affaires des Espagnols. Il y alloit pour commander généralement toutes les troupes de cette couronne; mais comme il étoit prêt d'aller joindre de Ruyter, qui l'attendoit à Barcelone avec la flotte hollandoise destinée pour Messine, il fut rappelé à Madrid par une intrigue de cour. Le Roi(1) parvint alors à sa quatorzième année, et prit le gouvernement en main, comme étant en majorité. Quelques-uns de ses favoris lui conseillèrent d'écrire à don Juan pour l'inviter de venir en cour, afin de l'assister dans le gouvernement. Il obéit, mais il ne demeura pas plus de quinze jours dans cet état, car le crédit et l'autorité de la Reine mère lui firent perdre le terrain et l'obligèrent à se retirer à Sarragosse; et par là s'évanouirent les grandes espérances qu'on avoit conçues en Espagne et ailleurs de l'administration de ce prince. On perdit aussi les grandes sommes d'argent qu'on avoit employées à faire son équipage. On commença pour lors à désespérer de la Sicile. Les François se rendirent maîtres de plusieurs postes considérables aux environs de Messine et en menaçoient d'autres; de sorte qu'on craignoit que plusieurs villes ne suivissent l'exemple de cette grande révolte.

Le prince revint de la campagne au mois d'octobre; et après son retour à La Haye j'eus plusieurs conférences avec lui au sujet de la paix, et des conditions que Sa Majesté et les Etats trouveroient raisonnables à l'égard de la France et de l'Espagne, et qui pouvoient être probablement acceptées par les deux couronnes. La France prétendoit s'en tenir au traité d'Aix, et de garder au surplus la comté de Bourgogne qu'elle avoit conquise depuis ce temps-là; mais que si elle étoit obligée de rendre cette province, ou quelques autres places frontières des plus importantes, on lui donneroit un équivalent pour cette restitution. Les Espagnols au contraire ne parloient d'autre chose que du traité des Pyrénées, et ils déclaroient qu'ils aimeroient mieux perdre le reste de la Flandre par la guerre que de céder la comté de Bourgogne par la paix. Ils ajoutoient, à l'égard des Pays-Bas, que l'Angleterre et la Hollande étoient autant intéressées que l'Espagne dans la sûreté de la Flandre, et à faire en sorte, par la paix ou par la guerre, qu'elle eût d'autres frontières que celles qui lui avoient été marquées par la paix d'Aix.

Ce que milord Arlington avoit proposé au prince et au Pensionnaire passoit dans leur esprit pour les véritables sentiments du Roi, quoique ce seigneur eût déclaré que c'étoit sans ordre. C'étoit les mêmes conditions que celles d'Aix-la-Chapelle; mais à l'égard des frontières, que l'on vouloit avoir meilleures que celles qui avoient été assignées par ce dernier traité aux Espagnols, il avoit proposé que les François rendroient Ath, Charleroi et Oudenarde, pour Aire et Saint-Omer; et que s'ils étoient obligés de céder la comté de Bourgogne, on leur donneroit quelque autre chose en échange. Le Roi m'ordonna d'assurer le prince

(1) Charles II, roi d'Espagne.

que si la paix se faisoit à ces conditions, ou à d'autres que la France voudroit accepter, Sa Majesté, pour la sûreté de la Flandre, entreroit en garantie de la paix, et dans la plus étroite alliance que les États pussent souhaiter, afin de la conserver, ou de la défendre en cas d'une nouvelle invasion. Le Roi m'ordonnoit encore d'assurer le prince que les domaines qui lui appartenoient en propre dans la comté de Bourgogne lui seroient conservés quand bien cette province demeureroit aux François, s'il n'aimoit mieux les vendre au roi de France, au prix qu'il voudroit lui-même les estimer. Ces domaines dont le Roi parloit valoient environ huit mille livres sterlings de rente; mais ils étoient les plus nobles et les plus seigneuriaux de toute cette province.

Le prince répondit qu'à son égard il seroit fort aise de laisser les conditions de la paix à la décision de Sa Majesté, et qu'il croyoit que les États en feroient de même; mais qu'ils étoient si engagés avec leurs alliés et par traités et par honneur, qu'il n'étoit pas possible de penser à faire la paix sans eux; qu'il croyoit bien que les Espagnols s'en tiendroient aux conditions du traité d'Aix, avec la restitution d'Ath, de Charleroi ou d'Oudenarde, pour faire quelque espèce de frontière de ce côté-là; mais qu'ils ne céderoient jamais dans l'état où étoient les affaires, Aire ni Saint-Omer sans un plus grand échange. Qu'il étoit sûr que l'Empereur ni l'Espagne ne consentiroient jamais que la France gardât la comté de Bourgogne, à moins qu'ils ne fussent réduits à la dernière extrémité, ce qui ne paroissoit pas être à craindre; que pour lui en son particulier il y consentiroit, pourvu que les François donnassent en échange aux Espagnols Tournay, Courtray, Lille et Douay, avec toutes leurs dépendances, parce que par ce moyen la Flandre auroit une bonne frontière de ce côté-là, ayant de l'autre Ath et Charleroi; que si cela se faisoit ainsi, la Flandre seroit en sûreté, ce qui étoit le principal intérêt de la Hollande et son but dans cette paix; qu'à son égard il remercioit le Roi de ses offres au sujet de ses terres de Bourgogne; que cela ne lui étoit jamais venu en pensée par rapport à la paix, et qu'aussi cela ne l'empêcheroit jamais d'y consentir; qu'au contraire il seroit bien aise de les perdre, si les Espagnols pouvoient gagner par là quelque bonne ville en Flandre.

Je lui parlai, suivant l'ordre du Roi, des appréhensions que lui et les États devoient avoir de la grandeur de la maison d'Autriche si les succès continuoient : il me répondit que cette crainte étoit peu nécessaire, jusqu'à ce qu'ils la vissent passer les bornes du traité des Pyrénées; que quand cela arriveroit, il seroit alors aussi bon François qu'il étoit présentement Espagnol, mais non pas avant ce temps-là. Il finit en priant Sa Majesté que, quelque plan qu'elle eût à proposer pour la paix, elle le proposât au congrès de Nimègue, parce que le nombre des prétentions des différens princes engagés dans cette guerre étoit tellement accru, qu'il n'étoit pas possible de proposer quelque chose sur la paix en aucun autre endroit, et que pour lui il ne consentiroit jamais à faire un traité séparé de ses alliés; qu'il croyoit qu'ils seroient tous raisonnables, et que si la France le vouloit être aussi, la paix seroit bientôt faite; sinon, que peut-être la campagne suivante la mettroit à la raison : ce qu'on auroit déjà fait, si quelques différends survenus entre lui et les Espagnols sur les actions concertées n'avoient pas empêché les succès qu'ils attendoient en Flandre, et si l'impatience que Montecuculli avoit eue d'être à Vienne, et d'y passer l'hiver à cause des factions de cette cour, ne l'avoit obligé de repasser le Rhin et de prendre ses quartiers d'hiver dans les cercles de l'Empire, parce qu'il croyoit que sa présence seroit nécessaire à l'armée si elle demeuroit en Alsace.

Cette conférence finie, et le Roi ne me faisant aucune réponse sur ce que je lui en mandai, je ne parlai plus des mesures particulières entre le Roi, le prince et les États au sujet de la paix, et l'on ne songea plus qu'à former le congrès de Nimègue.

Un des ministres espagnols me donna un autre témoignage de la fermeté que j'avois toujours remarquée dans le prince au sujet de la paix, en me contant ce qui s'étoit passé entre Son Altesse et le duc de Villa-Hermosa. Le prince sollicitoit à la cour de Madrid une prétention de deux cent mille livres sterlings, dues à sa famille par la couronne d'Espagne depuis la paix de Munster. On avoit toujours différé de le satisfaire; mais enfin l'argent du prince pressa si fort la Reine régente, qu'il obtint avec beaucoup de peine un ordre pour recevoir cinquante mille livres sterlings; et en conséquence de cet ordre, un des ministres lui mit en main des lettres de change payables en Flandre, lesquelles furent protestées. Le duc de Villa-Hermosa eut tant de honte de ce traitement, qu'il envoya un exprès au prince pour lui en faire des excuses, et l'assurer que ce n'étoit ni la faute de la Reine ni de ses ministres, mais seulement celle de la personne par qui on avoit envoyé les billets, le priant au reste de ne prendre pas cela en mauvaise part à l'égard de la

Reine. Le prince répondit qu'il n'avoit garde de le faire; qu'au contraire il avoit raison d'être satisfait en cela du procédé de la Reine; « car, ajouta-t-il, si elle ne me croyoit pas le plus honnête homme du monde, elle ne me traiteroit pas de cette manière; mais, quoi qu'il en soit, cela, ni autre chose semblable, ne m'empêchera jamais de faire tout ce que je dois à mes alliés et à mon honneur. »

Nonobstant tout ce que j'avois écrit au Roi au sujet du prince, milord Arlington, sous prétexte de quelque avis qu'il avoit reçu de ses parens en Hollande, tâcha de persuader au Roi qu'il ne connoissoit pas les sentimens du prince, faute de quelque personne qui eût plus de crédit auprès de lui que je n'en avois; et en même temps il écrivit au prince pour l'engager de prier le Roi de lui envoyer quelqu'un avec qui il pût entrer dans la dernière confiance sur toutes les affaires qui étoient entre eux. Le prince me montra les lettres, et me dit d'assurer le Roi et milord trésorier qu'il ne pouvoit rien ajouter à ce qu'il avoit dit et qu'il n'en voudroit pas tant dire à tout autre homme qu'à moi. Cependant milord Arlington tourna si bien l'esprit du Roi, que Sa Majesté envoya le chevalier Gabriel Sylvius pour tâcher de connoître à fond les véritables sentimens du prince au sujet de la paix avant que la campagne commençât. Ce seigneur donna d'abord avis au prince de la résolution que le Roi avoit prise, et il lui manda qu'il lui envoyoit un homme en qui ils savoient que Son Altesse avoit de la confiance. Le prince me fit voir encore cette lettre, et me dit qu'il ne savoit pas ce qu'ils pensoient, et que le lord Arlington savoit aussi bien qu'homme du monde quelle confiance il avoit au chevalier Gabriel Sylvius et en moi. J'avois toujours entretenu correspondance avec milord Arlington, quoique froidement, depuis mon dernier voyage d'Angleterre; mais comme je n'ai jamais su l'art de dissimuler, qui est si en usage aujourd'hui, et particulièrement en la cour où je vivois, il ne fut pas possible d'écrire davantage à ce seigneur après cette dernière action, et je rompis dès-lors entièrement le commerce que j'avois encore avec lui. Le chevalier Sylvius arriva à La Haye au mois de janvier, et je me préparai à partir pour Nimègue.

Ce chevalier passa d'abord à La Haye pour un homme de grande intrigue. Il étoit éternellement à la cour, ou bien en visite, ou en conversation avec les personnes qui approchoient le prince et qui étoient employées dans les affaires d'état; mais il connut bientôt, aussi bien que milord Arlington, quel succès auroit son voyage.

Le prince, qui est l'homme du monde le plus sincère et qui hait les ruses et ceux qui s'en servent, ne lui donna aucune marque de confiance pendant tout son séjour en Hollande; et loin de changer, lorsqu'il le renvoya il chargea une autre personne de tout ce qu'il écrivit de conséquence en Angleterre avant que d'aller en campagne. La vérité est que le prince crut que milord Arlington avoit eu dessein dans cet envoi de me marquer du ressentiment et d'exciter de la jalousie entre les confédérés en leur faisant soupçonner qu'il y avoit quelque secrète négociation entre le Roi et le prince, à laquelle on ne m'avoit pas cru propre. En effet, plusieurs ministres des alliés à La Haye eurent cette pensée; mais M. de Lyra, ministre d'Espagne, qui étoit en grand crédit à la cour de son maître, et fort avant dans la confidence du prince, demeura toujours ferme dans l'opinion qu'il avoit eue de l'honneur et de la constance de Son Altesse, à quoi il disoit que son maître se confioit plus qu'à des traités; et ainsi il aida beaucoup à dissiper les soupçons des autres ministres.

Cependant tous les princes qui étoient intéressés dans la guerre commencèrent à faire toutes les démarches nécessaires pour former le congrès de Nimègue, et firent espérer que les ambassadeurs s'y rendroient bientôt. Le plus grand obstacle qu'on avoit trouvé étoit l'article de la liberté du prince Guillame de Furstenberg, sur lequel la France vouloit absolument être satisfaite avant que d'envoyer ses ambassadeurs; sur quoi on avoit porté l'Empereur à promettre l'élargissement de ce prince, à la conclusion du traité seulement. Mais on trouva un expédient pour mettre à couvert l'honneur de la France sur ce point, et pour faciliter le traité, qui paroissoit pour lors nécessaire à ses affaires. L'évêque de Strasbourg présenta une requête en forme au Roi, pour le supplier qu'aucun intérêt ou égard particulier pour son frère ne retardât un traité de paix qui étoit d'une si grande conséquence à la chrétienté. Sa requête fut fort favorablement reçue dans cette circonstance, et on lui accorda facilement ce qu'il demandoit : de sorte qu'on ne fit plus aucune difficulté sur cet article.

Là-dessus le Roi invita tous les princes engagés dans la guerre à envoyer incessamment leurs ministres au lieu du congrès, leur faisant savoir en même temps qu'il avoit ordonné aux siens de s'y rendre. Il y avoit déjà quelques mois qu'il avoit nommé le lord Berkley, qui étoit alors ambassadeur à Paris, les chevaliers Guillaume Temple et Lionel Jenkins, pour ses ambassadeurs, médiateurs et plénipotentiaires au traité de Nimègue [1676]. Le chevalier Jenkins fut incessamment dépêché, et il arriva à La Haye vers la fin de janvier 1676 : il apporta avec lui nos instructions pour cette ambassade, et partit pour Nimègue, après avoir demeuré quelques jours à La Haye. L'expédition des passe-ports qu'on devoit donner à tous les ministres des princes ayant été commise à mes soins, et plusieurs étant déjà arrivés, comme il se trouvoit des difficultés pour le passe-port de quelques autres, nous conclûmes qu'il étoit nécessaire que je demeurasse à La Haye jusqu'à ce que cela fût fini, et que le chevalier Jenkins se rendroit au lieu du congrès, pour hâter par sa présence l'arrivée des autres ministres, dont il y en avoit plusieurs qui ne témoignoient pas pour lors beaucoup d'empressement pour le traité.

Les ambassadeurs de France s'étoient déjà avancés jusqu'à Charleville, et ils n'attendoient que leurs passe-ports pour continuer leur voyage. Ceux de Hollande nous avoient informés, à l'arrivée du chevalier Jenkins à La Haye, que les Etats leur avoient ordonné de se rendre incessamment à Nimègue, et avoient enjoint au magistrat de cette ville, laquelle ils considéroient alors comme neutre, de recevoir tous les ordres de nous, médiateurs, et particulièrement à l'égard de la réception qu'on devoit nous faire à notre arrivée.

Nous leur répondîmes que le Roi ne pensoit qu'à faire réussir promptement le traité, et qu'il n'y avoit rien qui apportât tant d'obstacles que les cérémonies qui accompagnent ordinairement ces sortes d'assemblées; que pour cela il nous avoit ordonné d'introduire, autant qu'il nous seroit possible, la méthode que tous les ambassadeurs vécussent là en personnes privées, autant que l'honneur de leurs caractères le pourroit permettre ; et qu'ainsi nous ne fissions aucune entrée publique, pour donner exemple aux autres qui viendroient après nous.

Pour éviter toutes les chicanes qu'on auroit pu faire au sujet du temps que les princes donneroient leurs passe-ports, on étoit convenu qu'on me les enverroit tous à La Haye, et que lorsque je les aurois en main je les distribuerois à tous les ambassadeurs en même temps. Ceux de France vinrent bientôt, mais différens de ceux des confédérés. La principale omission regardoit la liberté que chaque ambassadeur devoit avoir d'envoyer des courriers aux cours de leurs maîtres avec leurs passe-ports ; ce qui paroissoit absolument nécessaire pour continuer le traité. Outre cela, les passe-ports accordés aux ministres du duc de Lorraine n'étoient pas dans les formes ordinaires; car, au lieu que la couronne de France avoit toujours donné aux précédens ducs de Lorraine le titre de duc et de frère, elle ne traitoit celui-ci que de cousin, et de prince Charles de Lorraine. Pour les autres différences, elles étoient fort petites : c'étoit seulement quelques mots équivoques, et d'autres minuties qui ne valoient pas la peine d'en parler et qu'on pouvoit aisément surmonter. J'avertis incessamment le Roi mon maître de tout cela. Sa Majesté fit là-dessus tout ce qu'elle put envers la France pendant quelques mois, mais elle ne reçut jamais de réponse positive au sujet du duc de Lorraine. A l'égard de la liberté des passe-ports, la France répondit nettement qu'elle n'y inséreroit jamais cet article. Cependant M. Van-Beuningen, ambassadeur des Etats à Londres, écrivit plusieurs fois pendant ce temps-là à ses maîtres, que le Roi l'avoit assuré que la France ne feroit aucune difficulté au sujet du duc de Lorraine.

Au commencement de février 1676, je reçus une lettre de M. de Pomponne, secrétaire d'Etat pour les affaires étrangères en France, par laquelle il m'apprenoit que le Roi son maître ayant appris de Sa Majesté Britannique les difficultés qui se trouvoient à former le congrès, il lui avoit ordonné de me faire savoir ses raisons : premièrement, à l'égard des courriers, qu'il ne trouvoit pas à propos de laisser ses places et ses provinces exposées aux observations de ses ennemis, sous prétexte des fréquens passages des courriers ; que l'inconvénient regardoit autant les confédérés que lui, et qu'il ne demandoit pas plus qu'il ne vouloit donner. Que pour ce qui regardoit les ministres de Lorraine, il ne pouvoit pas insérer dans ses passe-ports le titre de duc, qui emportoit celui de frère, parce que ce duché appartenoit à Sa Majesté Très-Chrétienne en vertu du traité fait entre elle et le dernier duc en 1662.

Peu de jours après, je reçus une lettre du secrétaire d'Etat Williamson, par laquelle il me mandoit que M. de Ruvigny avoit donné les mêmes raisons au Roi, et que Sa Majesté m'ordonnoit de les communiquer aux Etats ; ce que je n'avois pas fait sur la lettre de M. de Pomponne, n'ayant pas trouvé à propos de faire cette démarche sans un ordre exprès du Roi. Les Etats et leurs alliés furent fort surpris de cette prétention sur la Lorraine, la France n'en avoit jamais parlé, non pas même quand elle s'étoit emparée de ce duché ; et depuis ce temps-là ses ministres avoient déclaré dans toutes les cours de l'Europe, que la France ne s'étoit emparée de ce duché que pour maintenir la paix où se trouvoit alors la chrétienté contre les dangereuses et incertaines dispositions de ce duc, avec qui Sa Majesté Très-Chrétienne ne pouvoit prendre aucune mesure solide, et que ses ennemis vouloient gagner : et que cependant leur maître n'avoit aucun dessein de retenir aucune partie de ce duché que pour conserver la paix de la chrétienté. M. de Serinchamps, envoyé de Lorraine, allégua toutes ces circonstances et beaucoup d'autres dans les conférences qu'il eut avec les Etats et les ministres alliés sur ce sujet ; mais, à l'égard du traité de 1662, il parut s'étonner que la France s'en voulût servir, comme étant dans son esprit entièrement invalide, et croyant que tout le monde l'avoit oublié il y avoit long-temps. Il soutint que le dernier duc ne pouvoit disposer de ce duché, parce que si la loi salique avoit lieu en Lorraine, il étoit par conséquent inaliénable du plus proche héritier mâle ; que si les femmes avoient droit à la succession, ce duc lui-même n'avoit aucun droit à ce duché, et qu'il appartenoit au duc d'aujourd'hui, même du vivant de son oncle. Il fit voir, en second lieu, que ce prétendu traité étoit invalide, puisque les François n'avoient pas effectué de leur côté la seule condition pour laquelle le vieux duc prétendoit l'avoir fait, savoir : que les princes de cette famille auroient le rang des princes du sang de France, et que lorsqu'on avoit fait enregistrer ce traité de 1662 au parlement de Paris sans cette clause, le vieux duc l'avoit déclaré nul trois semaines après. En troisième lieu, que, par un autre traité conclu à Marsal en 1663, entre le Roi Très-Chrétien et ledit duc, il étoit porté que ledit duc jouiroit de toutes les terres et seigneuries dépendantes du duché de Lorraine, excepté Marsal, de la même manière qu'il en avoit joui par le traité de 1662, comme effectivement il en avoit joui jusqu'à 1670, que les François, au milieu de la paix, s'en étoient emparés, sous le prétexte ci-dessus rapporté ; ce que la France fit déclarer à Sa Majesté Britannique et aux autres cours de la chrétienté, comme le prouva très-bien M. de Serinchamps.

Ces raisons eurent tant de force sur tous les confédérés, qu'ils résolurent unanimement d'insister sur les passe-ports des ministres de Lorraine, afin de les avoir dans les formes ordinaires ; et la prétention que la France venoit de déclarer sur ce duché ne servit qu'à rendre les alliés plus fermes sur cet article, parce qu'ils n'avoient jamais soupçonné cette prétention. Les ministres de la maison d'Autriche me déclarèrent franchement qu'ils n'entreroient jamais en traité à moins qu'on n'accordât au duc de Lorraine ses véritables titres, et qu'ils ne consentiroient jamais à la paix qu'il ne fût rétabli dans son duché. Les Etats-généraux dirent que pour eux ils remettroient et cela, et tout ce qui regarderoit le traité, à la décision du Roi ; mais qu'ils étoient déjà engagés par d'autres traités envers les alliés, et particulièrement envers le duc de Lorraine, et qu'ils ne pouvoient pas les rompre sur un article qui leur paroissoit si visiblement juste. Le prince tint le même langage, et ajouta que le serment de stathouder qu'il avoit pris l'obligeoit, entre autres choses, à faire tous ses efforts pour faire observer aux Etats leurs traités ; et qu'avec la grâce de Dieu il le feroit en cette occasion et en toutes les autres.

Le Roi ayant été informé de cette résolution, la fit savoir à la cour de France, qui persista opiniâtrement dans la sienne ; et comme les alliés firent la même chose à l'égard de la leur, on regarda le congrès comme fini avant qu'il eût commencé. Les alliés regardèrent cette prétention de la France comme un moyen dont elle se servoit pour éluder le traité, dans l'espérance de quelque grand succès, ou bien en vue de quelque dessein sur la Sicile ou sur Naples ; ou bien enfin dans l'espérance d'engager les Polonois à secourir la Suède. Mais la vérité de l'affaire est que les François avoient été obligés de découvrir par cet incident ce qu'ils avoient toujours eu fortement à cœur, et que je remarquai dans les suites de ces négociations : c'est qu'il y avoit trois articles qui méritoient, selon eux, qu'on continuât la guerre jusqu'à la dernière extrémité, plutôt que de rendre la Lorraine, la comté de Bourgogne, et de laisser une bonne frontière à la Flandre espagnole. Ce dernier article auroit pu empêcher le progrès du grand dessein qu'ils formoient d'étendre leur empire jusqu'au Rhin ou au-delà ; et les deux premiers leur auroient été un obstacle invincible à l'entière conquête de la Flandre, à cause du passage que les Allemands auroient eu pour venir au secours, ou pour faire une puissante diversion, en entrant en France par la Lorraine ou par la Bourgogne.

Le Roi fut fort surpris de la prétention de la France sur la Lorraine, et la désapprouva entièrement : cependant M. de Ruvigny le porta à proposer pour expédient qu'il donneroit, en qualité de médiateur, des passe-ports à tous ceux qui devroient composer le congrès à Nimègue. M. Van-Beuninghen fit en cette rencontre plutôt le personnage d'un bourguemestre d'Amsterdam que d'un ambassadeur des Etats. Pour faire sa cour à cette ville, qui commençoit à témoigner beaucoup d'impatience pour la paix, il assura le Roi que ses maîtres consentiroient infailliblement à cet expédient. Je prévis qu'ils le refuseroient ; c'est pourquoi j'en donnai avis au Roi avant que de le proposer, croyant que l'honneur de Sa Majesté et celui de sa médiation seroient intéressés dans un refus ; mais ayant reçu un ordre positif de le proposer, je le fis. Les Etats me répondirent qu'en leur particulier ils l'accepteroient, et tout ce que Sa Majesté leur proposeroit ; mais qu'ayant communiqué cet expédient à leurs alliés, ils n'y avoient jamais voulu consentir ; que quelques-uns l'avoient rejeté avec chaleur, accusant le Roi de partialité pour la France ; et que les autres avoient répondu froidement qu'il leur falloit de nouveaux ordres de leurs maîtres.

Là-dessus on désespéra du congrès, et tous les intéressés se préparèrent à entrer en campagne, sans qu'on eût rien touché pendant trois mois que cette prétention. Cependant il se donna un combat naval, entre les François, et les Hollandois et les Espagnols, proche de Messine. De Ruyter y fut blessé au talon d'un boulet de canon, dont il mourut peu de jours après ; ce qui fut la plus grande perte qui se fît de ce côté-là, puisque le meilleur amiral du siècle, et le plus fidèle sujet qu'un prince ou un Etat puisse avoir, périt dans cette occasion. Au reste, l'avantage de ce combat ne fut pas beaucoup considérable de part ni d'autre, et les suites ne favorisèrent guère le progrès des armes des François en Sicile, ni le projet qu'ils avoient fait de faire quelque entreprise sur Naples. D'un autre côté, les affaires de la Suède alloient fort mal en Poméranie, et le Danemarck et le Brandebourg menaçoient cette couronne d'une grande invasion la campagne suivante ; ce qui décria les conseils de ceux qui l'avoient engagée dans cette querelle. Le comte Oxenstiern et Olivencrantz, qui avoient toujours été d'un sentiment contraire, furent nommés pour assister en qualité d'ambassadeurs au traité de Nimègue. Les Suédois commencèrent de changer entièrement de parti, et de témoigner beaucoup d'impatience pour la paix, et pour cet effet d'entrer en négociation. Ils déclarèrent qu'ils désapprouvoient les prétentions de la France sur la Lorraine, qui ne sembloient avoir été proposées que pour former un obstacle au traité, et qu'ils enverroient leurs ministres au congrès, quand même ceux de la France n'y viendroient pas. Leur commissaire à La Haye seconda si bien les nouvelles dispositions de la cour, que lorsqu'on désespéroit entièrement du congrès, à cause de l'opiniâtreté des deux partis au sujet de la Lorraine, les Etats, par le consentement de leurs alliés, envoyèrent des passe-ports et des vaisseaux aux ambassadeurs de Suède, pour les amener de Gottenbourg en Hollande.

D'ailleurs les confédérés étoient extrêmement fortifiés dans leurs espérances par les dispositions qui avoient paru dans les premières séances du parlement d'Angleterre. Il avoit témoigné tant d'animosité contre la France, ou au moins, sous ce prétexte, contre la conduite du Roi et de ses ministres, que Sa Majesté avoit été contrainte de le proroger vers Noël, avant que les résolutions projetées par les membres les plus échauffés de la chambre des communes fussent mises en exécution.

Les François marchoient cependant en Flandre ; et leur Roi, à la tête d'une belle et puissante armée, menaçoit les alliés de quelque grande entreprise. Le prince se préparoit d'entrer en campagne, dans la résolution et dans l'espérance de la commencer par une bataille. On ne pensoit plus avoir le congrès assemblé qu'après que la campagne seroit finie ; mais environ la mi-mai je fus extrêmement surpris de recevoir un paquet du secrétaire d'Etat Williamson, dans lequel je trouvai des passe-ports pour les ministres du duc de Lorraine, dans les formes et avec les titres que les alliés avoient demandés. De sorte que n'y ayant plus aucune difficulté sur ce sujet, les passe-ports furent échangés vers la fin du même mois.

On perdit encore quelques jours par la demande que les alliés firent pour avoir des passe-ports pour les ministres du duc de Neubourg, qui étoit nouvellement entré dans l'alliance ; ce qu'on attendoit aussi du duc de Bavière, comme au moins les Allemands s'en flattoient. Sur cela, quelques ministres des alliés, qui ne souhaitoient pas que le congrès commençât avant la fin de la campagne, obligèrent les Etats à m'envoyer des députés pour me demander des passe-ports pour les ministres du duc de Neubourg, et pour ceux de tous les princes qui entreroient dans leur alliance, déclarant que si la France les refusoit, ils regarderoient comme nul tout ce qui avoit été fait jusqu'à présent.

Un message si peu attendu de la part des Etats me surprit, et je dis à leurs députés qu'il étoit impossible d'exécuter une telle résolution ; que le Roi avoit procuré des passe-ports pour toutes les puissances engagées dans la guerre, et pour tous leurs alliés qui avoient été nommés des deux côtés ; que cela étoit fait et que le congrès étoit prêt à commencer ; que de différer sur ce prétexte c'étoit manquer de respect au Roi ; et que d'ailleurs la France n'y consentiroit jamais, ni aucun des alliés qui envisageroit les conséquences qui en pourroient arriver ;

que quelque allié de la France pourroit prendre le parti des confédérés, ou quelques-uns des confédérés celui de la France, et que cela pourroit arriver en certaines circonstances que les uns ni les autres ne trouveroient pas à propos d'accorder des passe-ports ou de traiter avec eux au congrès; que d'ailleurs c'étoit contre toutes les formes et les manières ordinaires, de demander des passe-ports sans nommer les personnes pour qui ils seroient. Après plusieurs autres raisons alléguées de part et d'autre, les députés me prièrent de leur donner le temps de représenter aux Etats les raisons que je leur avois données, et d'attendre leur réponse jusqu'à l'après-midi. Un de ces députés me dit en sortant que j'avois toute la raison de mon côté, et qu'ils s'étoient rendus trop facilement aux instances de quelques alliés. Le jour suivant, les députés vinrent me trouver pour m'apprendre que les Etats avoient changé de résolution, et qu'ils demandoient seulement que le Roi voulût procurer des passe-ports aux ministres du duc de Neubourg; ce que je promis sans difficulté. Ce changement de résolution ne s'étoit pas fait sans qu'il y eût eu bien de l'emportement entre les députés des Etats et les ministres de quelques alliés; ces derniers les pressoient si fort, qu'un des députés leur dit: « Que prétendez-vous donc, Messieurs? de nous faire déchirer par la canaille? » ce qui fait voir combien les pays négocians sont généralement enclins à la paix.

Il restoit encore un préliminaire à régler : c'étoit combien d'étendue devoit avoir la neutralité aux environs du lieu du congrès. La France vouloit qu'elle s'étendît seulement deux lieues à la ronde; et les alliés prétendoient que du côté de la Hollande elle se terminât à la rivière du Wahal. Ces deux propositions étoient fondées toutes deux sur la même raison : la France vouloit par là faciliter le commerce de ses ambassadeurs avec les villes de Hollande, afin d'y ménager par leurs intrigues une paix particulière; et les alliés avoient dessein d'empêcher le passage facile et secret des émissaires de France. Cependant ils demeurèrent les uns et les autres fermes dans leur résolution; de sorte que l'affaire ne fut réglée que quelque temps après que le congrès eut commencé.

◇◇◇

CHAPITRE II.

Le prince étoit prêt d'aller en campagne, et il me dit qu'il vouloit, avant que de partir, me parler en particulier et à loisir; et que pour cet effet il me prioit que ce fût dans le jardin de Honslardick. Nous arrêtâmes l'heure, et nous nous y trouvâmes. Il me dit que je croirois aisément qu'étant l'unique de toute sa famille, ses amis l'avoient pressé plusieurs fois de se marier, et qu'ils lui avoient proposé diverses personnes; qu'il savoit bien que c'étoit une chose qui devoit se faire un jour, mais qu'il avoit toujours remis à y penser tout de bon après la fin de la guerre; qu'outre ses amis, les députés des Etats commençoient à l'en solliciter de plus en plus tous les jours, parce qu'ils voyoient bien que la guerre pouvoit continuer, et peut-être parce qu'ils y avoient plus d'intérêt que les autres; qu'il avoit été obligé de leur promettre qu'il y penseroit plus sérieusement qu'il ne l'avoit fait, et qu'il étoit donc résolu de se marier mais que le choix d'une personne lui paroissoit fort difficile; qu'il n'avoit aucun penchant pour toutes celles qu'on lui avoit proposées en France ou en Allemagne, ni en aucun endroit, excepté pour la proposition qu'on lui avoit faite en Angleterre : mais qu'avant de faire aucun pas vers ce côté-là il vouloit avoir mon avis sur deux points, qu'il ne me demanderoit pourtant pas si je ne lui promettois de lui répondre en ami, ou tout au moins comme une personne indifférente et non pas comme ambassadeur du Roi. Sur l'assurance que je lui donnai de faire ce qu'il souhaitoit, il continua et me dit qu'il m'avouoit que pendant la dernière guerre plusieurs personnes considérables en Angleterre n'avoient cessé de soliciter les Etats et lui-même en particulier, à se déclarer les chefs des mécontentemens que la conduite de la cour pendant tout le cours de la guerre avoit fait naître; qu'il savoit fort bien que cette guerre étoit contre le sentiment de la nation et qu'elle auroit pu avoir de dangereuses suites pour la couronne si elle n'avoit pas fini comme elle avoit fait; que toutes ces personnes, qui se déclaroient si fort ses amis, étoient extrêmement opposées à la proposition qu'on lui faisoit de se marier en Angleterre; que leur raison étoit qu'il perdroit par là l'estime et le crédit qu'il y avoit, parce qu'on croiroit qu'il auroit donné dans les desseins de la cour, qu'on estimoit si différens de ceux de la nation, et particulièrement au sujet de la religion; qu'ils croyoient de plus que le gouvernement ne seroit pas long-temps sans trouble et sans désordre, à moins qu'il ne changeât bientôt de mesures, à quoi on ne voyoit pas beaucoup d'apparence; que c'étoit sur cet article qu'il me demandoit mon avis. Le second étoit au sujet de la personne et de l'inclination de la jeune princesse : il dit que bien qu'il ne voulût pas passer dans le monde pour un prince qui entrât dans toutes ces particularités, cependant il ne feroit point de façon à m'avouer, sans aucune affectation, qu'il y entroit plus que personne du monde, et à un tel degré, que toutes les circonstances de la fortune et de l'intérêt ne l'engageroient jamais sans celles de la personne, et particulièrement au sujet de l'humeur et de l'inclination ; qu'il ne seroit peut-être pas un mari trop commode pour une femme, et qu'il étoit sûr au moins qu'il ne le seroit pas pour la plupart des femmes des cours de ce siècle ; que s'il en rencontroit une qui lui donnât du trouble et de l'inquiétude, il ne le pourroit pas supporter, en ayant assez à souffrir d'ailleurs, selon toutes les apparences ; et qu'après tout, il avoit résolu de prendre la meilleure femme qu'il pourroit trouver : qu'il vouloit aussi qu'elle eût de la disposition à vivre bien avec lui, ce qui dépendoit de son humeur et de son éducation ; et que si je savois quelque chose de particulier sur cela à l'égard de la princesse Marie, je l'obligerois de lui dire franchement.

Je répondis à Son Altesse que j'étois fort aise de la voir dans le sentiment de se marier ; que c'étoit ce qu'il devoit à sa famille et à ses amis, et que j'étois encore plus aise de ce que son inclination le déterminoit vers l'Angleterre ; que je croyois que c'étoit autant ses intérêts que ses autres amis anglois croyoient que c'étoit contre; que le Roi et Son Altesse pouvoient se faire plus de bien ou plus de mal l'un à l'autre que d'autres princes ne pouvoient faire ; que c'étoit un grand pas pour être d'un degré plus proche de la couronne, et même, suivant toutes les apparences, pour en être le premier héritier; qu'il falloit que ses prétendus amis en Angleterre vissent plus clairement que moi, pour croire que le Roi fût dans les dangers et dans les circonstances qu'ils s'imaginoient; que la couronne d'Angleterre étoit fondée sur des fondemens bien plus fermes que dans le temps passé, et que ce qui étoit arrivé dans le dernier règne l'avoit encore plus affermie ; en un mot, que je croyois les peuples d'Angleterre meilleurs sujets que le Roi même ne les estimoit; qu'il étoit cependant au pouvoir de Sa Majesté d'être aussi bien avec son peuple qu'elle le voudroit ; et que quand il ne le seroit pas, il pourroit avec un peu de ménagement passer son règne en paix, quoique peut-être ce ne fût pas avec tant de magnificence et de gloire qu'il pourroit faire s'il donnoit dans les sentimens de son peuple : que si la cour avoit des desseins différens de ceux de Son Altesse, ses prétendus amis lui feroient plus d'honneur de croire qu'elle feroit embrasser les siens à la cour, plutôt que de croire que la cour l'attirât dans ses sentimens ; et que d'ailleurs les plus séditieux hommes d'Angleterre auroient bien de la peine à trouver un méchant côté à ce mariage. Que pour le second article je ne savois pas grand chose, mais que j'avois toujours ouï parler à ma femme et à ma sœur à l'avantage de la princesse, et que je leur avois ouï dire plusieurs fois qu'elles remarquoient en elle toutes les belles qualités qu'on pouvoit remarquer dans une princesse si jeune; que d'ailleurs sa gouvernante, qui étoit leur amie particulière, leur en avoit fait mille éloges ; et que j'étois assuré qu'elle avoit été bien élevée, parce que sa gouvernante en avoit pris beaucoup de soin et qu'elle en étoit fort capable.

Après deux heures de conversation sur ce sujet, le prince conclut qu'il poursuivroit ce dessein, et qu'il écriroit au Roi et au duc pour avoir leur approbation, et la liberté de passer en Angleterre à la fin de la campagne ; que ma femme, qui s'y en retournoit pour mes affaires particulières, porteroit ses deux lettres ; et qu'il la prieroit de tâcher, pendant le séjour qu'elle y feroit, de s'informer, le plus particulièrement qu'il lui seroit possible, de l'humeur et des inclinations de la jeune princesse.

Deux ou trois jours après, le prince porta lui-même ses lettres à ma femme, et partit immédiatement après pour l'armée. Ma femme partit aussi pour l'Angleterre avec ces dépêches ; et moi je me préparai à me rendre à Nimègue, où les ambassadeurs de Hollande et ensuite ceux de France étoient déjà arrivés, et qui étoient ceux des deux principaux partis engagés dans la guerre.

Quelques jours avant que je partisse, Du Moulin rencontra mon chapelain dans le Foorhout. Il lui dit qu'il étoit si mal, qu'il savoit bien qu'il ne vivroit pas long-temps; mais qu'il ne pouvoit pas mourir tranquillement sans m'avoir demandé pardon de tant de choses fausses et injurieuses qu'il avoit dites de moi depuis ma dernière ambassade, quoiqu'il eût pour moi auparavant toute l'estime imaginable. Il pria mon chapelain que puisque j'avois refusé de le voir, il me demandât pardon pour lui, comme pour un homme mourant. Ce Du Moulin avoit été en grande faveur auprès de milord Arlington pendant la triple alliance ; mais étant tombé en sa disgrâce dès le moment qu'on eut pris d'autres mesures à la cour d'Angleterre, il alla en

Hollande, et fut fait secrétaire du prince. Il acquit beaucoup sa faveur et sa confidence pendant la dernière guerre, et les mécontens d'Angleterre se servirent de lui à La Haye pour faire leurs propositions ; enfin milord Arlington fit tous ses efforts et employa toutes ses sollicitations, pendant qu'il étoit à La Haye, pour le faire chasser du service du prince. Je reçus ensuite des ordres sur ce sujet, et je les exécutai, non pas sans peine et sans difficulté. Il n'y avoit pas long-temps qu'il étoit sorti de chez le prince lorsqu'il trouva mon chapelain ; de sorte que je ne saurois dire s'il mourut de chagrin de ce fâcheux revers, ou de la résolution que le prince avoit prise de se marier en Angleterre, ou bien enfin de pulmonie, comme ses amis le publioient ; mais je sais bien du moins qu'il mourut peu de temps après, et avec lui finirent les intrigues d'un parti d'Angleterre, lequel pendant quelque temps l'avoit occupé lui et ses amis.

Après que je me fus débarrassé de l'échange des passe-ports, qui m'avoit retenu pendant quelque temps, je partis de La Haye au commencement de juillet pour me rendre à Nimègue, où les ambassadeurs de France et de Hollande étoient déjà arrivés. Ils pressoient extrêmement ma venue, parce que le chevalier Jenkins s'excusoit toujours sur mon absence, et qu'il ne vouloit faire aucun office de médiateur jusqu'à ce que je fusse arrivé, se contentant seulement de faire les visites ordinaires. Les observations que j'avois faites sur les différentes dispositions des partis au sujet du congrès dont j'allois faire l'ouverture, me donnoient lieu de croire qu'il ne se termineroit de long-temps, mais que les succès des armées et les événemens de cette campagne y contribueroient plus que tout autre chose. Les François avoient apporté depuis quelques mois toute la facilité qu'ils avoient pu pour former le congrès, et ils avoient témoigné beaucoup de diligence à envoyer leurs ambassadeurs sur les lieux, soit qu'ils crussent qu'ils ne pouvoient pas espérer de circonstance plus heureuse pour faire la paix à leur avantage que celle où ils étoient, soit qu'ils eussent eu vue, par leur diligence et par la lenteur de quelques alliés, de pouvoir faire une paix particulière avec quelques-uns d'eux qui y faisoient paroître de la disposition, et qui paroissoient être las de la guerre. Ceux de la maison d'Autriche étoient chagrins comme tous ceux qui perdent le sont d'ordinaire, et faisoient voir beaucoup de lenteur et peu d'inclination pour le traité. Les Allemands attendoient un grand succès de leurs armes, à cette campagne, et les Espagnols se flattoient de l'intérêt que Sa Majesté Britannique avoit dans la conservation de la Flandre, et de la part que le parlement avoit témoigné de prendre dans leurs affaires ; de sorte que les uns et les autres croyoient qu'il arriveroit quelque changement qui donneroit lieu à leurs prétentions, qu'ils auroient eu mauvaise grâce de proposer dans l'état où se trouvoient alors leurs affaires. La Suède souhaitoit la paix de bon cœur, ayant plus d'espérance de regagner par ce moyen-là ce qu'elle avoit perdu, que par la continuation de la guerre. Le Danemarck et le Brandebourg, au contraire, vouloient à toute force continuer la guerre, dans l'espérance de chasser entièrement les Suédois d'Allemagne, parce qu'ils étoient fort foibles et qu'ils ne pouvoient être secourus par la France que de quelque somme d'argent. Comme les Etats de Hollande n'avoient d'autre but que de sortir avec honneur d'une guerre qui ruinoit leur commerce et qui consumoit leur argent, ils souhaitoient la paix ; mais ils n'osoient se séparer de leurs alliés, n'ayant pas assez de confiance en l'Angleterre ni en la France pour s'appuyer sur l'un ou sur l'autre de ces Etats après que la paix seroit faite. Il y avoit un but général dans les conseils des deux partis : les François tâchoient, d'un côté, à rompre la grande union des alliés, en faisant des avances à plusieurs d'eux en particulier pendant le cours du traité ; les confédérés, de l'autre, faisoient leurs efforts de la conserver non-seulement pour continuer la guerre, mais même après que la paix seroit faite. Bien que plusieurs puissances eussent offert de recevoir le Roi pour arbitre aussi bien que pour médiateur dans leurs différends, et que par conséquent Sa Majesté pût être l'un et l'autre, elle nous ordonna de faire simplement l'office de médiateurs, et de prévenir que les parties ne remissent leurs différends à sa décision : de sorte que, tout bien considéré, il étoit facile de prévoir que les congrès aboutiroient seulement à des formalités, et qu'il n'y auroit que les événemens de la campagne suivante qui déterminassent les deux partis à quelque conclusion.

Cependant l'ouverture de ce congrès pouvoit fort bien être appelée l'aurore de la paix : ce qui me fait ressouvenir d'une prophétie, qui est la seule de son espèce que j'aie jamais crue digne de quelque réflexion ; encore ne la rapporterois-je pas, si M. Colbert ne me l'avoit montrée dès que je fus arrivée à Nimègue. Je me souvins alors que je l'avois vue en 1668 entre les mains de milord Arlington, qui me dit qu'elle étoit fort ancienne, et qu'elle avoit été trouvée dans quelque abbaye d'Allemagne. La voici en ses propres termes : *Lilium intrabit in terram leonis, feras in brachiis gerens ; aquila movebit alas, et in auxilium veniet filius hominis ab austro : tunc erit ingens bellum per totum terrarum orbem ; sed post quatuor annos pax elucescet, et salus erit filio hominis unde exitium putabatur.* Ceux qui voudront ajouter foi à ces sortes de prophéties par la suite des événemens, doivent convenir que par *feras* il faut entendre les léopards des armes d'Angleterre ; par *filius hominis*, le roi d'Espagne ; que le congrès de Nimègue, qui commença précisément quatre ans après le commencement de la guerre, est cette aurore de la paix dont parle la prophétie ; et que le *salus filii hominis*, dont elle parle en dernier lieu, signifie que l'Espagne a été sauvée par les Etats-généraux et par le prince d'Orange, desquels elle devoit attendre sa ruine. Mais j'ai un grand penchant à croire que de toutes les prophéties qui courent dans le monde, les unes doivent leur naissance à l'invention de quelques gens rusés et subtils, d'autres aux songes de quelques enthousiastes ; et que le sens qu'elles renferment, au moins s'il y en a, est enveloppé dans quelques expressions mystérieuses qui peuvent recevoir diverses interprétations. Il y a d'autres prophéties qui viennent de l'oisiveté de quelques grands esprits, qui, faute d'occupation, tâchent de se divertir en écrivant des choses à l'aventure pour amuser le monde sur rien ; il y en a d'autres enfin qu'on fait passer pour vieilles quand les événemens sont arrivés, ou quand ils sont si vraisemblables que les gens tant soit peu éclairés les peuvent aisément conjecturer. Les hommes ont généralement tant d'inclination à croire les prophéties, et s'appliquent avec tant de subtilité à l'ordre des paroles pour y trouver le sens qu'ils y cherchent, que je m'étonne qu'il y en ait si peu qui aient leur accomplissement parmi le grand nombre de celles de la première espèce dont je viens de parler. Je ne saurois assurer que celle que j'ai rapportée soit de la dernière espèce ou non ; mais je puis bien dire que, dans le temps que cette prophétie fut donnée à milord Arlington par un François, le dessein d'entrer en ligue avec la France et en guerre contre la Hollande étoit non-seulement projeté en Angleterre, mais même fort avancé, par les intrigues que M. Colbert avoit dans notre cour, où il étoit pour lors ambassadeur, et par la violente inclination de milord Cliffort. De sorte que le même jour que le parlement donna au Roi une grande somme d'argent pour lui témoigner combien il étoit satisfait de la triple alliance conclue en 1668, ce seigneur, en sortant de la chambre des communes dont il étoit pour lors un membre, ne put pas s'empêcher de dire, à un de mes amis qui sortoit avec lui, que, nonobstant cette grande joie, il ne se passeroit pas long-temps que nous n'eussions une autre guerre contre la Hollande. Voilà deux prophéties : je laisse à un chacun la liberté de juger laquelle des deux est la plus claire et la mieux inspirée.

Nimègue est situé sur le penchant d'une montagne, sur la rivière du Wahal, qui arrose la basse ville et la sépare du Betaw, qui est un pays plat et bas, situé entre le Wahal et le vieux Rhin, qui en font une île. C'étoit autrefois la demeure de ces peuples que les Romains appelèrent Bataves, qui étoient si braves et si jaloux de leur liberté, que les Romains les prirent en alliance lorsqu'ils subjuguèrent tous les autres habitans des provinces des Gaules et d'Allemagne voisines de ces peuples. Betaw et Wahal étoient les vieux noms allemands, que les Romains changèrent en *Batavia* et *Vahalis*, comme Clèves et Cologne sont des noms latins changés en allemand. Betaw, en vieux allemand, signifie bon terroir gras, comme Welow, qui est un grand pays de bruyère de l'autre côté du Rhin, signifie terre infertile. Je ne puis pas déterminer si Nimègue vient de *Neomagus* ou *Neomagus* de Nimègue ; mais il paroît, par le vieux château qu'on y voit encore, et par plusieurs restes d'antiquités qu'on y a trouvés, que c'étoit une colonie romaine. Cette ville est située en bon air, environnée de trois côtés de grandes plaines de bruyère toujours sèche, bien bâtie, et habitée par de bonnes gens.

Quoique les magistrats eussent envoyé sur mon chemin pour s'informer du temps que j'arriverois, je ne voulus pas le leur déclarer. Je leur en fis mes excuses, et je refusai les cérémonies qu'on vouloit faire à mon arrivée, afin de prévenir par là que les autres ambassadeurs n'en prétendissent, et d'éviter les troubles et les désordres qui arrivent dans ces occasions. Cependant je ne pus pas empêcher qu'on ne me fît quelque civilité qui faillit à me coûter plus cher qu'elle ne valoit. La rivière de Nimègue est fort rapide au milieu du courant qui est proche des murailles de la ville ; mais du côté du Betaw elle est fort tranquille, parce qu'elle s'étend fort au large sur ce terrain plat. On passe le courant dans un bac si spacieux, qu'il contenoit mes deux carrosses à six chevaux, un chariot chargé de mes coffres, huit chevaux de selle, et en auroit pu encore contenir davantage. Ce bateau est fait d'une manière si singulière et en même temps si commode, que je m'étonne de n'en avoir jamais vu de semblable : c'est la seule force du courant qui donne contre le bac qui lui fait insensiblement traverser la rivière, et sa course est dirigée par un gros câble qui s'étend d'un bord à l'autre, et qui passe par une poulie du bateau ; de sorte que plus le courant est violent, et plus tôt on le passe. Là où la rivière commence à n'être plus profonde et le courant à se ralentir, on trouve un pont de bois long environ de deux cents pas, fort mal entretenu, sans garde-fous, et dont les planches sont déjointes et branlantes en plusieurs endroits. Lorsque mes carrosses parurent sur ce pont, le canon de la ville commença à tirer, et continua tant que je fus sur la rivière. Mes chevaux furent si épouvantés de ce grand bruit et de celui que les planches faisoient sous leurs pieds, que je craignis qu'ils ne m'emportassent dans l'eau ; mais par l'aide de mes domestiques, qui avoient mis pied à terre pour les conduire, nous gagnâmes heureusement le bac : de sorte qu'n'y ayant plus aucun danger à craindre, nous traversâmes facilement de l'autre côté de la ville. J'allai descendre chez le chevalier Jenkins, où je demeurai jusque sur le soir, afin de n'être pas troublé ce jour-là de visites et de cérémonies.

Le jour suivant, les ambassadeurs de France et M. d'Avaux me rendirent visite, dans laquelle il ne se passa que des complimens ordinaires. Mais le maréchal d'Estrades et M. Colbert, que j'avois connus particulièrement dans mes précédentes ambassades à Aix-la-Chapelle et à La Haye, voulurent, dans les premières visites séparées qu'ils me rendirent, entrer en matière avec moi sur certains points qui me donnèrent lieu de découvrir le dessein de la France dans ce traité, et pourquoi elles avoient fait paroître tant d'empressement à former le congrès, et à faire trouver à Nimègue ses ambassadeurs avant que ceux des alliés fussent en chemin pour s'y rendre. Ils me dirent l'un et l'autre qu'ils avoient un ordre exprès et particulier du Roi leur maître, de m'assurer de l'estime que Sa Majesté Très-Chrétienne avoit pour ma personne, et de s'adresser uniquement à moi pendant tout le cours de cette négociation, bien qu'un des médiateurs vînt de résider à sa cour ; qu'ils savoient fort bien que j'avois la confiance du Roi, mon maître, aussi bien que celle de ses ministres ; et qu'ayant formé moi-même en quelque manière ce congrès et réglé tous les préliminaires, il n'y avoit point d'autre main capable de le finir que moi ; de sorte qu'ils présageoient que j'en aurois toute la gloire : que je devois compter que le Roi leur maître y apporteroit toute la facilité possible ; mais qu'après les grands succès de ses armes, et les armées formidables qu'il avoit par mer et par terre, on ne devoit pas attendre qu'il cédât ce qu'il avoit conquis ; que, d'un autre côté, ils savoient fort bien que quoique les Etats eussent une forte inclination pour la paix, l'emportement et les demandes extravagantes de leurs alliés les engageroient aussi long-temps qu'ils pourroient dans la guerre, à moins que le prince d'Orange n'interposât son autorité, lequel avoit tant de pouvoir sur les confédérés, qu'ils ne doutoient point de leur consentement à toutes les conditions que le prince leur voudroit proposer ; de sorte que pour amener ce traité à une heureuse fin, il falloit que Son Altesse convînt particulièrement avec la France des conditions, et qu'ensuite ils les feroient agréer de concert dans le cours de la négociation ; que pour la faire réussir, le prince pouvoit se servir de l'inclination que les Etats témoignoient publiquement, ou bien faire une paix particulière en cas que les demandes déraisonnables des alliés empêchassent ou retardassent la générale ; que l'électeur de Bavière s'étoit servi de cette voie dans la paix de Munster, et qu'il avoit pris des mesures secrètes avec la France pendant tout le cours du traité, bien que ses intérêts fussent agités en public avec ceux des autres alliés ; qu'il devoit la grandeur de sa maison à cette démarche et au support qu'elle avoit toujours reçu de France depuis ce temps-là ; que si le prince d'Orange vouloit agir de la même manière à Nimègue, il pourroit faire la même chose et pour lui et pour sa famille ; que pour ce qui regardoit le prince en son particulier, le Roi leur maître leur avoit ordonné de l'assurer qu'il auroit la carte blanche, et qu'il n'avoit qu'à dresser telles conditions qu'il voudroit ; que quoiqu'ils eussent d'autres moyens de faire cette ouverture au prince, ils avoient ordre de ne la faire que par moi, si je m'en voulois charger ; qu'ils savoient fort bien la confiance que le prince avoit en moi, et combien il déféreroit à mes sentimens au sujet de l'intérêt de ses alliés et du sien propre ; et que si je voulois prendre cette affaire à cœur, outre l'honneur que j'aurois d'avoir donné moi seul la paix à la chrétienté, je pourrois attendre tout ce que je voudrois de la bonté et de la générosité du Roi leur maître.

Voilà la substance de ce que l'un et l'autre me dirent dans plusieurs visites particulières. J'observai cependant que M. Colbert étoit chargé de quelques instructions particulières, surtout à mon égard, que son collègue, quoique M. d'Estrades me témoignât particulièrement qu'il avoit une joie extrême d'entrer en cette négociation avec moi préférablement à tous les autres, ajoutant qu'il avoit plusieurs moyens de le faire avec le prince même aussi bien qu'avec les Etats, par le grand nombre d'habitudes que je savois qu'il avoit faites en Hollande pendant tout le temps qu'il y avoit demeuré.

Je répondis que j'étois fort obligé à Sa Majesté Très-Chrétienne de la bonne opinion qu'elle avoit de moi, et à eux en leur particulier de lui en avoir donné une idée si avantageuse, n'ayant pas moi-même l'honneur d'être connu d'elle ; que je ne ferois jamais aucun méchant usage de cet honneur et de la confiance que le Roi leur maître me témoigneroit, quand bien je ne pourrois pas en faire un bon ; qu'ils savoient aussi bien que moi combien Sa Majesté Britannique souhaitoit de procurer la paix, mais que plusieurs raisons l'avoient obligée de nous donner des instructions pour procurer seulement une paix générale, sans faire aucun pas pour en faire quelque particulière entre les parties ; que si le prince d'Orange prenoit quelques mesures secrètes avec la France avant le traité général, cela ressembleroit beaucoup à une paix particulière et séparée de ses alliés, et qu'ainsi je ne pourrois pas m'en mêler sans un ordre exprès du Roi ; que d'ailleurs je leur avouois que je ne croyois pas qu'il produisît beaucoup d'effet quand bien je le recevrois, et qu'ainsi le meilleur service que je leur pouvois rendre étoit de leur dire sincèrement tout ce que je savois et ce que je croyois des dispositions du prince à l'égard de cette grande affaire, afin qu'ils pussent conjecturer ce qu'ils devoient attendre de lui ; que j'étois assuré qu'il ne souhaitoit pas moins la paix que les Etats ; que la foible conduite de l'Espagne et les divisions des conseils de l'Empire étoient d'assez grands motifs pour l'y porter, quand il n'y seroit pas obligé par d'autres circonstances qui étoient trop connues pour en parler ; que le prince savoit fort bien qu'il n'y auroit aucune difficulté sur les conditions entre la France et la Hollande, et que toutes celles qui naîtroient sur le traité, viendroient de la part des alliés, qui n'étoient entrés dans cette guerre que pour la défense des Provinces-Unies ; que les Etats avoient engagé leur foi et leur honneur par divers traités conclus avec les confédérés, qui les empêchoient de penser à une paix particulière ; que dans tous ces traités l'honneur du prince étoit particulièrement engagé, parce que tous les confédérés avoient déclaré qu'ils se confioient plus en sa personne que dans les résolutions ou dans les actes des Etats ; que s'il se pouvoit trouver quelque expédient pour tirer Son Altesse de cette guerre avec honneur, et d'une manière que ses alliés fussent satisfaits, j'étois sûr qu'il l'accepteroit avec la plus grande joie du monde ; mais que je ne croyois pas qu'on le portât jamais à rompre avec les confédérés contre sa parole et ses traités, à moins que la guerre ne le réduisît à la dernière extrémité, ou que d'autres nécessités ne l'y contraignissent. Qu'à l'égard de ses intérêts particuliers, j'étois persuadé que le prince feroit peu d'état des offres qu'on lui feroit, quelque avantageuses qu'elles fussent ; et que deux ou trois villes pour servir de frontière à la Flandre espagnole auroient plus de force sur lui que tout ce qui le regardoit en particulier à Orange et dans le comté de Bourgogne. Que je croyois qu'il prendroit en mauvaise part toutes les propositions particulières qu'on lui feroit, de quelque part qu'elles vinssent ; mais que je lui dirois cependant, la première fois que je le verrois, tout ce qui s'étoit passé dans cette conversation ; qu'au sujet de la déférence qu'ils croyoient que le prince auroit pour mes sentimens, je pouvois les assurer que je croyois qu'il n'en avoit, ni pour les miens, ni pour ceux des autres, qu'autant que les raisons qu'on lui allégueroit l'emportoient dans son jugement ; qu'il avoit assez de sens pour se gouverner, et que je ne doutois point qu'il ne s'en fiât toujours à lui-même, quoiqu'il pût prendre les avis de quelques autres personnes.

Après ces conversations, M. Colbert, durant mon séjour à Nimègue, me fit plusieurs attaques de cette espèce, et quelquefois il se contentoit de dire quelque petit mot dans le discours, pour voir si je voudrois entrer plus avant en matière sur ce sujet ; mais le maréchal d'Estrades changea d'abord de batterie, et tourna tous ses efforts contre le pensionnaire Fagel, par l'entremise d'une personne de Maëstricht. J'ai vu la plupart des lettres qu'il lui écrivit sur ce sujet : elles contenoient les offres les plus avantageuses au prince qu'il fût possible de faire ; et cependant Son Altesse les reçut de la manière que j'avois prédit.

Après les premières visites des ambassadeurs de France et de Hollande, qui étoient les seuls arrivés à Nimègue, les magistrats de la ville nous rendirent visite, et nous dirent que les Etats leur avoient ordonné de remettre le gouvernement de la ville entre nos mains, et d'agir pendant tout le cours du traité suivant les ordres que nous médiateurs trouverions à propos de leur donner. Nous leur répondîmes que Sa Majesté vouloit que nous ne nous en mêlassions en aucune manière; mais qu'au contraire nous remettrions entre les mains de la justice ordinaire de la ville ceux de nos domestiques qui commettroient quelque crime, afin qu'ils fussent punis suivant leur faute, sans que nous voulussions les faire évader ou les protéger contre les lois, en vertu des droits et priviléges du caractère dont Sa Majesté nous avoit revêtus.

Après cela nous nous appliquâmes à proposer quelques réglemens pour conserver la tranquillité, et pour prévenir tous les désordres qu'une si grande assemblée que celle-là devoit être, selon toutes les apparences, pouvoit causer dans une ville si petite que Nimègue, et dont les rues sont extrêmement étroites. Nous songeâmes aussi à fixer l'étendue de la neutralité aux environs de la place, afin que la compagnie qui s'y rendroit pût se divertir et se promener. A l'égard du premier point, nous donnâmes certains articles par écrit aux ambassadeurs de France et de Hollande, et nous les priâmes d'y vouloir consentir, ne doutant point que tous ceux qui viendroient ensuite ne se conformassent aux réglemens dont ils seroient convenus auparavant avec nous, à notre prière. Les voici en françois, dans les mêmes termes que nous les leur donnâmes. Ce fut de cette langue que nous nous servîmes dans toutes les conférences, et dans laquelle la plupart des actes de ce traité furent écrits.

I. Que, pour éviter les inconvéniens qui pourront arriver par le grand nombre de trains dans les rues si étroites et entre des coins si incommodes, les ambassadeurs médiateurs proposent de ne faire les visites, même de cérémonie, chaque ambassadeur qu'avec deux pages et quatre laquais, et un carrosse à deux chevaux; et de n'aller à aucune place de conférence, ou autres lieux publics, avec plus d'un page et de deux laquais à chaque ambassadeur.

II. Qu'en cas de rencontre de carrosses dans les lieux trop étroits pour le passage de l'un et de l'autre, chacun, au lieu de s'embarrasser pour le pas, y apportera toute sorte de facilité, et s'arrêtera le premier quand il sera le premier averti que le passage est trop étroit, et fera place, en cas que de son côté cela se trouve le plus facile.

III. Que les laquais ne porteront épée, bâton ni baguette par les rues, ni les pages que la baguette seulement.

IV. Que les ambassadeurs, sur aucun crime commis par aucuns de leurs domestiques contre la paix publique, renonceront à la protection desdits domestiques, et les remettront aussitôt entre les mains de la justice de la ville, la priant et l'autorisant de procéder contre eux selon les règles ordinaires.

V. Qu'en cas de quelque insulte ou querelle faite par aucuns de leurs domestiques contre ceux d'aucun autre ambassadeur ou ministre public, les ambassadeurs remettront tels domestiques entre les mains de la partie offensée, pour être punis selon sa discrétion.

Les ambassadeurs de France reçurent ces articles avec beaucoup d'approbation, et nous complimentèrent sur le dessein et la manière dont ils étoient conçus. Ils nous dirent qu'ils étoient prêts de consentir à tout ce qu'ils contenoient, excepté au second article, parce que le Roi leur maître leur avoit commandé de maintenir en toute rencontre le rang que l'Espagne avoit cédé à la France par traité: de sorte qu'ils ne pouvoient pas s'arrêter ou faire place aux ministres de cette couronne, quoiqu'ils consentissent de le faire à l'égard de ceux de Brandebourg, à moins d'avoir de nouveaux ordres de leur maître. Nous répondîmes que nous ne doutions pas que les ambassadeurs de l'Empereur ne se conformassent pour cette bonne fin à la règle générale; et que pour nous nous l'observerions pour donner l'exemple, bien qu'en qualité de médiateurs personne n'eût droit de nous disputer le rang.

Les ambassadeurs de France semblèrent se rendre à ces raisons; mais cependant ils demandèrent qu'ils pussent en informer leur cour. Ceux de Hollande approuvèrent entièrement les articles, et résolurent de s'y conformer entièrement, à moins que les autres ambassadeurs ne refussassent. Environ quinze jours après, les ambassadeurs de France commencèrent à changer de langage, sur les nouvelles instructions qu'ils avoient reçues. Ils dirent, à l'égard du premier article, que M. de Pomponne ne trouvoit pas à propos de restreindre le nombre du train des ambassadeurs, puisqu'il étoit suffisamment pourvu par les articles suivans aux désordres qui pourroient arriver; outre que ce seroit en quelque manière égaler les ambassadeurs des plus grands rois aux ministres des plus petits princes, du moins aux yeux du peuple, qui ne juge de la dignité des personnes que par le nombre des gens qui les suivent; que pour le second article, ils y consentoient avec une apostille qu'on y avoit faite en France, pourvu que cela ne préjudiciât en aucune manière aux droits de pas un prince, et qu'on n'en pût tirer à l'avenir aucune conséquence en autre temps et lieu. Ces réponses nous firent remarquer que les ambassadeurs de France avoient moins de vanité que leur cour. Nous nous étonnâmes qu'elle l'avouât si publiquement, et qu'elle descendît à des circonstances si basses et si petites ; car, bien que la vanité soit une foiblesse ou un défaut dont peu de gens soient exempts, c'est celui de tous qu'on avoue le moins ; et peu de particuliers, quoique peut-être charmés de voir les rues remplies de peuple qui accourt de tous côtés pour les voir passer, voudront avouer qu'ils y ont pris garde. Cependant nous trouvâmes à propos de consentir à ce que cette cour voulut sur cet article, parce que nous savions que ce n'étoit non plus le sentiment des ambassadeurs de France que le nôtre. Il y avoit une raison particulière qui les déterminoit à notre opinion : c'étoit le bruit des grands préparatifs et des équipages magnifiques que le marquis de Balbacès et le comte Antoine faisoient pour paroître au congrès. Le premier étoit le plus riche sujet de la couronne d'Espagne, héritier et descendant du fameux Spinola ; et le second jouissoit de fort grands revenus, étant fils naturel du duc d'Oldembourg, et le Danemarck l'avoit choisi exprès, afin qu'il parût avec grand éclat dans cette ambassade. Les ambassadeurs de France craignoient que leur lustre ne fût terni à l'arrivée de ces deux ambassadeurs, ou bien que cela ne les engageât à des dépenses plus grandes que ce qu'ils recevoient de leur cour, qui remet ordinairement à récompenser à l'avenir ces sortes de services par des emplois plutôt que par argent comptant. Lorsqu'ils nous communiquèrent la réponse de leur cour, nous dîmes seulement que ce que M. de Pomponne disoit à l'égard du petit peuple étoit au-dessous de la grandeur de son maître et du style d'un grand ministre, et que nous en avertirions les ambassadeurs de Hollande, afin qu'ils pussent retirer le consentement qu'ils avoient donné, puisqu'ils sembloient en avoir fait de même ; que pour nous, nous suivrions les règles que nous avions proposées, et qu'à leur égard ils pourroient faire comme ils voudroient. Il ne voulurent jamais demeurer d'accord qu'ils les eussent refusées, et dirent qu'ils nous avoient communiqué seulement les réflexions de M. de Pomponne ; mais qu'ils ne pouvoient pas consentir entièrement à ces réglemens sans en avoir premièrement délibéré avec leurs alliés les ambassadeurs de Suède, dont ils attendoient l'arrivée tous les jours. Bien qu'ensuite les réglemens proposés fussent entièrement acceptés, les ambassadeurs de France ne laissèrent pas de faire toujours leurs premières visites avec trois carrosses à six chevaux, et avec tout leur train, qui s'étendoit quelquefois plus loin que la maison du ministre qu'ils visitoient n'étoit éloignée. Pour nous, nous fîmes toujours les nôtres à deux chevaux, et avec le nombre de domestiques que nous avions proposé ; mais le reste des réglemens fut si bien exécuté, que pendant un an que je demeurai à Nimègue il n'arriva aucune plainte ni désordre, nonobstant le prodigieux nombre de gens qui y étoient.

Nous proposâmes, de concert avec les ambassadeurs de France, d'étendre la neutralité à trois lieues à la ronde de Nimègue, afin d'enfermer dans cet espace la ville de Clèves, dont j'avais toujours ouï parler comme du lieu le plus agréable d'Allemagne. Mais comme cette proposition étoit prête à passer, il vint un ordre aux ambassadeurs de France de n'étendre la neutralité qu'à deux lieues de Nimègue, et que même cette étendue seroit sujette aux contributions et à exécution militaire, en cas qu'elle ne payât pas ce qu'elle avoit accoutumé de payer à la garnison de Maëstricht. Nous jugeâmes que cela étoit impossible, et que les ambassadeurs ni leurs trains ne pourroient pas jouir de cette neutralité avec sûreté, à cause des incursions que les troupes feroient sous prétexte de contribution, qui donneroient lieu à mille disputes. Les ambassadeurs de France avoient permission de sortir de la ville toutes les fois qu'ils voudroient, pour prendre l'air ou pour se divertir ; ceux de Hollande nous prièrent de leur dire que les Etats ne pouvoient pas répondre de leur sûreté, jusqu'à ce qu'on fût convenu d'un pays neutre qui fût exempt de contribution. Enfin après quelque temps, plutôt que de s'exposer au danger des partis qui couroient le pays pour les contributions, ou au chagrin de demeurer prisonniers dans la ville, on convint de fixer la neutralité à deux milles d'Angleterre, tout autour de Nimègue. On fit élever pour cet effet des poteaux, et l'on fit défense à tout soldat de les outre-passer, sous quelque prétexte que ce fût.

Il y eut plusieurs difficultés proposées à l'ouverture du congrès, laquelle il faut rapporter au temps que les deux médiateurs se trouvèrent sur le lieu, au sujet du droit qu'avoient les différens princes d'envoyer des ambassadeurs. On avoit arrêté au traité de Munster, que chaque électeur pourroit envoyer un ministre avec le caractère d'ambassadeur ; mais que s'ils en envoyoient deux joints en même commission, on accorderoit seulement au premier le titre d'*ex-*

cellence, et les autres cérémonies dues aux ambassadeurs. Nous demeurâmes d'accord de suivre ce réglement au traité de Nimègue ; et l'électeur de Brandebourg y ayant envoyé deux ministres, nous traitâmes seulement le premier d'*excellence*, sans nous mettre en peine des prétentions et des plaintes de l'autre. Les François suivirent notre exemple ; mais les autres ambassadeurs agirent comme ils le trouvèrent à propos, suivant l'intérêt qu'ils avoient de témoigner de la complaisance à cet électeur.

Dès que nous eûmes résolu d'admettre dans le congrès les ambassadeurs des électeurs, les ducs de Lorraine, de Neubourg et de Lunebourg firent paroître la même prétention. Il y eut grande dispute sur ce sujet ; mais les exemples qu'ils alléguèrent ayant été contestés, ils y renoncèrent, et leurs envoyés arrivèrent quelque temps après à Nimègue.

Nous résolûmes de ne rendre la première visite et de ne donner la main dans nos maisons à quelque ministre que ce fût au-dessous du caractère d'ambassadeur, ni à aucune autre personne qui ne fût comte de l'empire ou officier général des armées.

Les François ayant cédé les premiers le rang aux médiateurs, personne ne le disputa jusqu'à l'arrivée des Impériaux. Ils ne le cédèrent ni le refusèrent ouvertement, mais ils faisoient paroître assez clairement qu'ils souhaitoient qu'il y eût cette marque de distinction entre les ambassadeurs de l'Empereur et ceux des autres têtes couronnées. Nous prétendîmes qu'ils nous devoient céder le rang aussi bien que les autres ; mais nous évitâmes d'en venir à aucune décision jusqu'au moment que le traité fut signé, voyant que l'Empereur n'avoit pas intention de le céder, et qu'il étoit clair que s'il le refusoit les autres ambassadeurs rétracteroient, à son exemple, la cession qu'ils en avoient faite.

Les autres ambassadeurs demeurèrent dans leurs prétentions ordinaires, les François prétendant que tous leur devoient céder, et chacun des autres prétendant qu'il ne devoit céder à personne : en quoi les Suédois poussèrent le point d'honneur avec autant de délicatesse et aussi loin que pas un des autres, même à l'égard des François leurs alliés.

Les ambassadeurs de Suède arrivèrent vers la mi-août, et nous envoyèrent d'abord notifier leur arrivée, et ensuite ils firent la même chose à ceux de France. Comme ils étoient arrivés tard, nous remîmes au lendemain matin à faire nos complimens et à demander une heure ; mais les François firent les leurs le soir même au comte d'Oxenstiern, qui étoit le premier en commission. Il leur donna une heure pour le lendemain au matin ; et à nos secrétaires, qui y allèrent à peu près dans le même temps, une pour l'après-midi. Nous leur rendîmes donc visite ; et comme nous insistions que la première visite devoit être rendue aux médiateurs préférablement à tous les autres, quoiqu'ils ne l'eussent pas faite les premiers, les ambassadeurs de Suède, après quelque délibération, nous la rendirent avant d'aller chez les ambassadeurs de France, qui les avoient visités les premiers ; et tous les ambassadeurs qui vinrent dans la suite observèrent le même ordre pendant tout le temps que j'y demeurai.

Voilà les seuls points du cérémonial qui furent établis pendant tout le cours de cette assemblée, excepté un autre qui nous regardoit en particulier. Nous déclarâmes que nous ne dînerions avec aucun ambassadeur jusqu'à ce que la paix fût faite, voulant par là éviter l'embarras d'être sans cesse en festin, ou bien le chagrin de s'en excuser. Mais chacun de nous tenoit table ouverte trois jours de la semaine, en réservant deux autres pour nos affaires à cause de la poste, et un autre pour aller à la promenade. Cependant plusieurs ambassadeurs, malgré notre déclaration, vinrent souvent à notre table, et particulièrement ceux de France, quoiqu'ils témoignassent être un peu fâchés du réglement que nous avions fait à cet égard ; mais, pour récompenser les uns et les autres, nous partageâmes les soirées par tour chez tous les ambassadeurs où il y avoit des dames. On s'y divertissoit à la danse et au jeu, et on y faisoit quelques soupers légers et des collations. J'eus toujours part dans tous ces divertissemens, et mon collègue n'y assista jamais ; ce qui fit dire que la médiation étoit toujours sur pied pour faire sa fonction, parce que je me couchois toujours tard et me levois de même, au lieu que mon collègue se couchoit à huit heures du soir et étoit debout à quatre du matin : et, à dire la vérité, jamais gens si différens en humeur et en manières n'ont été joints en même commission, et ne se sont mieux accordés que nous.

Il se passa fort peu d'affaires au congrès jusqu'à l'arrivée des ministres de l'Empereur. Il est bien vrai que ceux de France avoient demandé audience dès que je fus arrivé à Nimègue, et avoient offert de remettre leurs pleins pouvoirs entre nos mains, ne doutant point, disoient-ils, que les ministres de Hollande ne fussent prêts de faire la même chose. Nous fîmes part aux ambassadeurs des Etats de cette ouverture : ils répondirent que ceux de France

8.

pouvoient agir comme ils le trouveroient à propos, mais qu'ils ne croyoient pas que cette démarche pût gagner du temps, puisqu'ils n'avoient pas ordre de faire ce pas sans en avoir premièrement concerté avec leurs alliés ; et que quand bien les ministres de France remettroient leurs pleins pouvoirs entre nos mains, ils ne pouvoient pas pour eux produire alors les leurs, ni faire les réflexions nécessaires sur ceux des François. Les ambassadeurs de France se servirent de cette occasion pour presser extrêmement ceux de Hollande à solliciter leurs alliés de se rendre incessamment au lieu du traité, et de leur déclarer que s'ils ne s'y rendoient pas en peu de temps, ils entreroient en négociation sans eux. Ils ajoutèrent aussi que leur maître avoit résolu de les rappeler, en cas qu'on différât plus long-temps le congrès. Les ministres de Hollande s'excusèrent de ce retardement, et l'attribuèrent aux difficultés que la cour de France avoit faites sur les passe-ports, qui n'étoient pas encore expédiés à quelques-uns de leurs nouveaux alliés ; mais cependant ils promirent qu'ils donneroient avis aux Etats des instances des ministres de France, et qu'ils tâcheroient de les disposer à fixer un temps auquel ils ordonneroient à leurs ambassadeurs d'entrer en négociation, en cas que les ministres des alliés ne fussent pas arrivés à Nimègue.

Dans cette affaire, et dans quelques autres qui se passèrent entre les ambassadeurs de France et de Hollande, nous portâmes aux uns et aux autres dans leurs maisons les propositions et réponses qu'ils se faisoient de bouche seulement : ce qui dura jusqu'à ce que le congrès fût complet, et qu'on eût marqué la maison de ville de Nimègue pour le lieu des conférences. On convint, avec beaucoup de difficulté de part et d'autre, qu'il y auroit deux chambres pour les deux partis opposés, et une pour les médiateurs : il n'y eut pas un point qui nous donnât tant de peine à régler que celui-là ; de sorte que cette affaire étant finie, nous en reçûmes quelque soulagement, mais aucun avantage. Les François avoient paru, dès le commencement du congrès, opposés à ce que l'on traitât par écrit et que l'on marquât un lieu pour les conférences publiques, parce qu'ils voyoient bien que cela tendoit à entretenir l'union des alliés dans le traité aussi bien que dans la guerre ; au lieu que le but de la France étoit de rompre cette union par le traité puisqu'elle n'avoit pu la rompre par les armes, et de tâcher par ce moyen de faire une paix particulière avec quelques-uns des alliés. Pendant ce temps-là les confédérés se servirent de tous les prétextes imaginables pour retarder l'arrivée de leurs ministres au congrès, et ils agirent toujours de cette manière tant qu'ils espérèrent d'empêcher les Hollandois d'entrer en traité sans eux ; ce qu'ils crurent pouvoir faire jusqu'à la fin de la campagne. Ils attendoient que les événemens qu'elle produiroit leur donneroient lieu de prendre des mesures plus justes pour la paix, et ainsi ils tâchoient de différer les négociations ; en quoi ils réussirent si bien, qu'aucun ambassadeur n'arriva à Nimègue avant le mois de novembre, quoique nous, ceux de France de Hollande et de Suède, y fussions depuis fort long-temps.

Cependant les succès de la campagne, qu'on avoit crus absolument décisifs pour déterminer les parties à la paix, ne furent pas tels qu'on avoit attendu ; mais ils furent aussi avantageux à la France que désavantageux à la Suède. Les François, à force d'argent, et par le bon ordre qu'ils faisoient observer, avoient toujours leurs magasins pleins en hiver ; de sorte qu'ils pouvoient se mettre en campagne dans le printemps d'aussi bonne heure qu'ils vouloient, sans craindre la rigueur du temps pour leur infanterie, ni être obligés d'attendre l'herbe pour leur cavalerie. Les Espagnols, au contraire, faute d'argent et de bon ordre, laissoient leurs troupes en Flandre dans un si pitoyable état, qu'elles étoient incapables d'agir pour quelque entreprise soudaine ; et ils ne pouvoient non plus fournir des provisions aux Allemands et aux Hollandois, qui pouvoient venir à leur secours. Leurs places étoient mal fortifiées et encore plus mal défendues ; de sorte que le roi de France, à la tête d'une belle et nombreuse armée, prit Condé en quatre jours, au mois d'avril 1676, avant que pas un des confédéré fût en campagne ; et il envoya ensuite au mois de mai le duc d'Orléans avec une partie de l'armée pour assiéger Bouchain. C'est une petite place, mais assez bien fortifiée, et fort considérable par sa situation pour la défense des Pays-Bas espagnols. Le Roi, avec l'élite de ses troupes, se saisit d'un poste si avantageux, qu'il pouvoit empêcher le prince d'Orange de secourir la place, et de donner bataille sans un désavantage visible.

Le prince surmonta cependant toutes les difficultés de la saison ; et, malgré le manque de provisions et de magasins, il fut environ la mi-mai en vue de l'armée de France. Les deux armées demeurèrent quelques jours faisant face l'une à l'autre, et se mirent plusieurs fois en ordre de bataille. Ils ne trouvèrent pourtant jamais à propos les uns ni les autres de la commencer, soit qu'ils ne voulussent pas hasarder sans nécessité ou sans avantage une action aussi importante que celle-là devoit être, ou que les François se contentassent de prendre Bouchain, qui ne pouvoit pas tenir sans être secouru. Le prince d'Orange vouloit cependant donner bataille; mais les Espagnols l'en empêchèrent, parce qu'ils voyoient bien que s'ils la perdoient toute la Flandre étoit absolument perdue. Les armées continuèrent en vue l'une de l'autre, jusqu'à ce que Bouchain se fût rendu. Le prince s'en retourna pour faire rafraîchir son armée, harassée par les longues et pénibles marches qu'elle avoit faites; et le roi de France s'en retourna à Versailles, laissant son armée sous le commandement du maréchal de Schomberg, avec ordre d'observer les mouvemens des ennemis. Le prince entreprit le siège de Maëstricht de concert avec les Espagnols et les princes allemands du Bas-Rhin. C'étoit la plus forte place qu'eussent les Hollandois lorsque les François l'avoient prise, et depuis ce temps-là on n'avoit rien épargné pour y ajouter toutes les fortifications qui avoient paru nécessaires. Il y avoit d'ailleurs une garnison de huit mille hommes choisis; et Calvo, qui étoit un Catalan fort résolu (1), commandoit dans la place en l'absence du maréchal d'Estrades, qui en étoit le gouverneur, et qui étoit pour lors à Nimègue.

Le prince fit ouvrir la tranchée sur la fin de juillet; et le siège fut poussé avec tant de vigueur et on donna des assauts si terribles pendant trois semaines, que l'on faisoit des gageures à Nimègue, dans lesquelles on donnoit beaucoup d'avantage, que Maëstricht seroit pris dans un certain temps. Nous ne remarquâmes jamais que le maréchal d'Estrades voulût gager le contraire, ni qu'il crût que la place se défendît aussi bien qu'elle fit. Le prince, ou le rhingrave qui étoit destiné pour être gouverneur de la ville comme son père l'avoit été, étoient sans cesse aux attaques, et ils se servirent avantageusement du courage intrépide des troupes angloises : tous les ouvrages de dehors furent emportés avec un grand carnage d'un côté et d'autre; mais les assiégés opposoient sans cesse aux assiégeans de nouveaux retranchemens; et ils faisoient tout ce qu'on peut attendre de l'art et de l'industrie d'un brave capitaine et de la bravoure de vaillans soldats. Le prince, qui s'exposoit en toutes occasions comme un simple soldat, reçut, environ la mi-août, un coup de mousquet dans le bras; et l'armée s'en étant aperçue, perdit courage dans le même moment. Le prince l'ayant remarqué, porta la main à son chapeau, et en fit plusieurs tours du même bras qui avoit été blessé, afin de montrer le coup n'étoit que dans la chair seulement, et que l'os n'avoit point été rompu. Cela ranima les troupes et le siège continua avec la même vigueur, sans que la blessure du prince l'empêchât de se trouver aux attaques. Mais une cruelle maladie ayant attaqué l'armée, elle fut beaucoup plus affoiblie par cet endroit-là que par tous les assauts qu'elle avoit donnés à la place. Les Allemands ne vinrent pas avec le secours qu'ils avoient promis, et dans l'espérance duquel on avoit entrepris le siège; et le rhingrave, qui après le prince étoit le ressort qui faisoit agir toute l'armée, ayant été blessé et contraint de se faire porter dans un château voisin où il mourut de ses blessures, l'ardeur des troupes commença à se ralentir, et le siège ne fut plus poussé avec la même vigueur. Cependant le maréchal de Schomberg ne doutant pas que Maëstricht ne fît une vigoureuse résistance, avoit assiégé et emporté Aire, et venoit au secours de Maëstricht à travers les Pays-Bas espagnols avec une puissante armée. Le prince ayant fait assembler le conseil de guerre à l'approche des François, il y fut résolu de lever le siège; ce qui finit la campagne dans les Pays-Bas. Le prince d'Orange commença dès-lors à perdre les espérances qu'il avoit conçues de cette guerre, après avoir expérimenté souvent la foiblesse des troupes espagnoles et l'irrésolution perpétuelle des Allemands.

Pendant ce temps-là l'armée impériale prit Philisbourg sur la fin de septembre 1676. Cette place fut obligée de se rendre faute de provision, contre l'opinion de presque tout le monde, qui avoit cru que les Impériaux ne prendroient jamais cette ville, et que Maëstricht au contraire seroit obligé de se rendre au prince d'Orange.

Les affaires du Danemarck et du Brandebourg étoient en fort bon train : ils avoient remporté l'avantage sur les Suédois en toutes les rencontres qu'il y avoit eu pendant la campagne; de sorte que la Suède perdoit extrêmement vite ce qu'elle avoit possédé depuis si long-temps en Allemagne. Les troupes impériales au contraire, quoique renforcées de celles de plusieurs princes d'Allemagne, ne firent aucun progrès dans les conquêtes qu'elles avoient projetées vers le Haut-Rhin, et elles furent con-

---

(1) Au commencement du siége, Calvo dit aux ingénieurs : « Messieurs, je n'entends rien à la défense d'une place; tout ce que je sais, c'est que je ne veux pas me rendre. »

traintes, à l'approche des troupes de France, de repasser ce fleuve pour prendre leurs quartiers d'hiver, dans l'Allemagne ; ce qui prouva bien clairement le peu de succès qu'ils avoient eu cette campagne.

Après cela toutes les puissances engagées dans la guerre commencèrent à penser plus sérieusement au traité qu'elles n'avoient fait jusqu'alors. Le prince d'Orange me pria, par une lettre qu'il m'écrivoit, de me rendre à Soësdyk, proche d'Amersfort, à une journée de Nimègue, où il souhaitoit de m'entretenir. Il fit de grandes plaintes, et sans doute avec beaucoup de raison, de la conduite des alliés, de la foiblesse ou plutôt de l'inutilité des troupes espagnoles en Flandre, manque de paie et de bon ordre, et de ce que les Impériaux agissoient sans dessein sur le Rhin, et selon les ordres qui leur venoient de Vienne, où la jalousie des ministres faisoit faire mille fausses démarches aux généraux ; ce qui avoit été cause que la campagne s'étoit passée avec peu de succès, malgré les grandes promesses qu'ils avoient faites d'entrer en France ou en Lorraine. Il se plaignit encore des ducs de Lunebourg, qui avoient manqué d'envoyer leurs troupes à Maëstricht, et qui avoient empêché par là la prise de cette place, parce que la maladie avoit fait emporter un grand nombre de ses soldats. Il ajouta qu'il commençoit à désespérer du succès de la guerre, et qu'il seroit fort aise d'apprendre quelque bonne nouvelle du traité de Nimègue, dont il s'informa particulièrement. Je lui dis le peu de progrès qu'on y avoit fait, à cause de la lenteur que les alliés témoignoient à envoyer leurs ministres pour former le congrès ; le peu de succès qu'on en devoit attendre à cause des prétentions déraisonnables des deux partis, particulièrement de la France, qui prétendoit garder tout ce qu'elle avoit conquis, et de l'Espagne, qui vouloit recouvrer tout ce qu'elle avoit perdu ; que le Roi mon maître ne se vouloit mêler de la paix qu'en qualité de médiateur, et que nos ordres étoient seulement de porter la parole des uns aux autres, et d'éviter soigneusement que les parties ne remissent leurs différends à la décision de Sa Majesté : de sorte que je croyois que la guerre seule étoit capable de faire la paix, ce qui arriveroit enfin, soit parce qu'on se lasseroit de la guerre, ou que quelqu'un des partis ne seroit plus en état de la soutenir.

Le prince demeura d'accord de ce que je disois, et me dit que les événemens de la guerre dépendroient absolument de la conduite qu'on tiendroit à Madrid et à Vienne avant le commencement de la campagne suivante ; et que si elle étoit aussi infructueuse que celle qu'on venoit de faire, il ne croyoit pas que les Etats voulussent continuer la guerre plus long-temps. Je lui rapportai le discours que M. Colbert m'avoit tenu à mon arrivée à Nimègue touchant Son Altesse. Le prince me répondit froidement qu'il avoit déjà appris la même chose par une autre voie dont le maréchal d'Estrades s'étoit servi auprès du pensionnaire Fagel, mais que ceux qui lui faisoient de telles propositions le connoissoient fort peu ; qu'on trouvât seulement le moyen de sauver son honneur en rendant l'Espagne satisfaite, et qu'on verroit pour lors que ses intérêts particuliers ne retarderoient pas la paix d'un moment.

Après avoir pris congé du prince, je retournai à Nimègue. Je trouvai que les ambassadeurs de France s'empressoient fort d'entrer en négociation. C'étoit sans doute sérieusement, parce qu'ayant remporté de grands avantages la campagne dernière, ils étoient en état d'insister sur leurs prétentions et de demander qu'on leur accordât leurs conquêtes : il faisoient en cela à peu près comme les joueurs, qui après avoir gagné cherchent à se retirer, si on ne les oblige à continuer. Les ministres de Suède se pressoient encore plus que les autres d'entrer en traité, ayant perdu entièrement l'espérance de réparer par la guerre les pertes qu'ils avoient faites en Allemagne. Les Hollandois souhaitoient la paix avec impatience, voyant que la France ne faisoit aucune difficulté sur ce qui les regardoit en particulier, et qu'elle faisoit offrir par ses émissaires, particulièrement à Amsterdam, tel réglement de commerce qu'ils pourroient souhaiter, la restitution de Maëstricht, et toute la satisfaction que le prince pouvoit prétendre pour les pertes qu'il avoit faites dans la guerre. Le Danemarck au contraire et le Brandebourg étoient diamétralement opposés à la paix, ayant déjà englouti en espérance tout ce que la Suède possédoit en Allemagne ; et quoiqu'il semblât que l'Empereur n'eût rien à prétendre, après la prise de Philisbourg, que la restitution de la Lorraine, et que les villes d'Alsace fussent remises au même état qu'elles avoient été laissées par la paix de Munster, cependant le Danemarck et le Brandebourg étoient si fort enchaînés avec l'Empire et l'Espagne, qu'ils résolurent de ne faire aucun pas dans le traité que d'un commun consentement et de concert. Les Espagnols savoient bien le triste état de leurs affaires en Flandre et en Sicile : cependant, sur un dessein qui se tramoit à la cour de Madrid pour éloigner la Reine régente du ministère afin d'y mettre don Juan, ils avoient conçu l'espérance de revenir des grandes maladies que la division de leur conseil et le mauvais ménagement de leurs finances leur avoient causées. D'ailleurs leurs ministres en Angleterre les assuroient que le Roi ne souffriroit jamais la perte entière de la Flandre, ou que son parlement l'engageroit dans la guerre. Toutes ces différentes raisons portoient les alliés à témoigner peu d'empressement pour le congrès; il y en avoit même quelques-uns d'eux qui n'y pensoient presque point : de sorte qu'il n'y avoit que les ambassadeurs de France, de Suède et de Hollande qui se fussent rendus sur les lieux. Mais sur la fin de septembre ceux de France nous déclarèrent que leur maître ayant considéré les avances qu'il avoit faites pour la paix, et la lenteur des confédérés, ou plutôt le peu d'envie qu'ils avoient d'entrer en négociation, il avoit résolu de rappeler ses ambassadeurs, à moins que ceux des principaux alliés ne se trouvassent à Nimègue dans l'espace d'un mois.

Nous communiquâmes cette déclaration aux ambassadeurs de Hollande, et eux la communiquèrent à leurs maîtres, lesquels, après quelques conférences avec les ministres de leurs alliés, résolurent qu'ils entreroient en traité particulier avec la France, si les ministres de leurs alliés ne se trouvoient à Nimègue le premier de novembre. On ne déclara pas d'abord si c'étoit vieux style ou nouveau style; mais dans la suite, après quelque dispute, il fut déclaré qu'on avoit entendu se servir du vieux, à cause que le nouveau n'étoit pas reçu dans le lieu du congrès.

Cette résolution des Etats fit grand bruit parmi leurs alliés, quoiqu'il n'y eût pas grand danger pour ce qu'ils craignoient, y ayant autant de moyens de prolonger le traité après que leurs ambassadeurs seroient arrivés, qu'il y en avoit auparavant. Cependant cette résolution eut tant d'effet, que les princes confédérés firent partir leurs ministres pour Nimègue. L'Empereur dépêcha le comte de Kinski, et l'Espagne don Pedro Ronquillo, qui résidoit pour lors à la cour d'Angleterre en qualité d'envoyé; mais comme ils n'étoient pas les chefs de leurs ambassades, ni chargés des instructions les plus particulières, ils n'avoient pouvoir que de régler les préliminaires. Le roi de Danemarck envoya M. Heug, qui ne nous apporta pas plus de nouvelles des préparatifs du comte Antoine, qui devoit être le principal ambassadeur de cette couronne, que le comte de Kinski et don Pedro Ronquillo nous en avoient appris de ceux de l'évêque de Gurck et du marquis de Balbacès, les principaux ambassadeurs des cours de Vienne et de Madrid.

Cependant les Hollandois commencèrent à presser leurs alliés, à se plaindre de la lenteur qu'ils témoignoient pour entrer en traité, et à chicaner sur les grands secours d'argent qu'ils étoient obligés de donner à tant de princes leurs alliés pour continuer une guerre à laquelle leur intérêt et leur ambition les poussoient, quoique peut-être ils s'y fussent d'abord engagés pour la défense de la Hollande, de laquelle dépendoit leur propre conservation. Sur quoi les ministres des Etats prirent la liberté de dire publiquement et en diverses compagnies, à Nimègue et à La Haye, que leurs maîtres ne donneroient aucun argent aux alliés la campagne suivante, à moins qu'ils n'agissent rondement et sincèrement dans le traité, afin de pouvoir mettre les François dans le tort, pour me servir de leurs expressions.

Les ambassadeurs de Suède nous avoient offert, aussi bien que ceux de France, de remettre leurs pleins pouvoirs entre nos mains; mais les Hollandois s'excusèrent toujours sur leurs alliés, jusqu'à ce que le premier de novembre fût passé. Ce fut alors que les ministres de France se pressèrent si vivement en conséquence de la résolution des Etats, que les ambassadeurs de Hollande consentirent à remettre les leurs; de sorte qu'après plusieurs difficultés on convint, d'un commun accord, que le vingt-et-unième jour de novembre les pleins pouvoirs seroient portés chez nous médiateurs par les ambassadeurs, à telle heure que nous marquerions; qu'ils seroient remis entre nos mains; que nous en communiquerions les originaux réciproquement à chaque ambassadeur dans leur maison, et que nous leur en laisserions copie signée par nous.

La chose fut faite comme on l'avoit projetée; et le jour suivant les ambassadeurs de Hollande nous apportèrent plusieurs exceptions qu'ils avoient été obligés de faire à l'égard de diverses expressions contenues dans les préfaces des pleins pouvoirs des ambassadeurs de France et de Suède, qui étoient, disoient-ils, plus propres pour des manifestes que pour des pleins pouvoirs d'entrer en négociation, particulièrement celles qui parloient de la justification des causes de la guerre, et de la défense du traité de Westphalie. Mais la plus grande difficulté qu'il y avoit regardoit une clause du plein pouvoir des François, où il étoit parlé de la médiation du Pape. Les Hollandois dirent que leurs maîtres ne pouvoient pas y consentir, comme autrefois ils avoient refusé de le faire au traité de Munster. Quoique peut-être les ministres de Hollande eussent dessein en quelque manière de gagner du temps pour leurs alliés par leurs exceptions, elles étoient cependant conçues avec tant de bon sens et exprimées si judicieusement, qu'il paroissoit que M. Beverning joignoit un génie subtil et pénétrant à la grande expérience qu'il avoit dans les affaires ; et j'ajouterai que dans tout le cours de mes emplois je n'ai point trouvé d'ambassadeur si habile que lui.

Les ambassadeurs de France et de Suède répondirent aux exceptions des ministres de Hollande par d'autres exceptions qu'ils firent à leur plein pouvoir ; mais ils offrirent en même temps d'entrer en traité pendant qu'on régleroit cette affaire. Les ambassadeurs de Hollande acceptèrent cette proposition, à condition que ceux de France s'engageroient à produire de nouveaux pleins pouvoirs où il n'y eût aucune des exceptions qu'ils avoient faites, offrant de faire la même chose à l'égard des leurs. Après bien des difficultés sur cet article, ils convinrent enfin qu'ils prieroient les médiateurs de dresser un formulaire des pleins pouvoirs dont toutes les parties se pussent servir. Nous le fîmes, et il fut approuvé de tous. Les François firent pourtant quelque difficulté au sujet de la médiation du Pape, de laquelle on ne parloit pas ; ils firent aussi quelques tentatives pour voir si nous voudrions consentir qu'on ne parlât point du tout de celle du Roi, puisqu'on ne parloit pas de celle du Pape. Nous déclarâmes que nous ne pouvions pas le faire, parce que le congrès etoit un effet de la médiation de Sa Majesté, sans l'intervention de celle du Pape ; que la médiation du Roi avoit été acceptée par toutes les parties, et que celle du Pape ne l'avoit pas été ; et qu'au contraire plusieurs s'étoient opposés à ce qu'il en fût parlé dans les pleins pouvoirs. Ensuite, sur de nouveaux ordres que nous reçûmes de la cour touchant cette dispute, nous déclarâmes que bien que Sa Majesté ne prétendit pas exclure aucune autre médiation dont les parties se voudroient servir, le Roi ne pouvoit ni agir conjointement avec le Pape, ni souffrir que ses ministres eussent aucun commerce avec ceux que ce Pape pourroit avoir à Nimègue.

M. Heug, un des ambassadeurs de Danemarck, messieurs Somnitz et Blaspyl, ambassadeurs de Brandebourg, milord Berkley, un des médiateurs, et don Pedro Ronquillo, un des ambassadeurs d'Espagne, arrivèrent à Nimègue au mois de novembre. Le dernier de ces ministres demeura *incognito* jusqu'à l'arrivée du comte de Kinski, lequel, sous prétexte de la goutte, demeura à Cologne jusqu'au commencement de l'année suivante.

L'ambassadeur d'Espagne étant venu rendre visite à ma femme, et m'ayant rencontré chez elle, se servit de cette occasion pour entrer en matière avec moi. Il convint avec les François sur le point qui regardoit la médiation du Pape, et qu'il falloit ou que Sa Majesté consentît qu'on en fît mention dans leurs pleins pouvoirs, ou bien qu'elle voulût souffrir, pour l'amour de la paix, qu'on ne parlât point aussi de la sienne. Les Danois et les Hollandois, d'un autre côté, refusèrent absolument de recevoir aucun plein pouvoir où il fût parlé de la médiation du Pape. Les ministres de Hollande proposèrent pour expédient que les ministres de chaque parti eussent plusieurs pleins pouvoirs, afin de traiter avec les différens princes qui étoient en guerre ; mais la France refusa d'accorder d'autres pleins pouvoirs que pour les Hollandois et leurs alliés ; de sorte que l'année 1676 finit avant que ces difficultés fussent levées.

Je ne rapporterai point ici plusieurs incidens qui arrivèrent pendant le cours du traité sur le point d'honneur dans les visites et dans les cérémonies : je regarde ces choses comme des impertinences que ce siècle a attachées au caractère d'ambassadeur, et qui doivent leur naissance à des gens qui, n'ayant aucun talent qui les rendît recommandables, ont voulu se faire valoir par une exactitude et une délicatesse ridicule sur les cérémonies. D'ailleurs on en a déjà parlé dans des discours qui ont paru sur ce traité, et on en pourra savoir quelque jour la vérité tout au long par les papiers originaux de notre ambassade, qui sont entre les mains de deux ou trois personnes. Je me propose seulement de faire voir la suite de ces grandes affaires par les circonstances les plus importantes, et la véritable source de plusieurs grands événemens, au lieu de me rompre la tête à rapporter mille chicanes qui amusèrent si long-temps le congrès de Nimègue.

Je ne ferai que deux remarques sur le cérémonial : la première regarde la conduite de l'Empereur à l'égard des ambassadeurs de Brandebourg. Sa Majesté Impériale permit à ses ministres de traiter les ambassadeurs de Brandebourg comme ceux des têtes couronnées, quoique nous traitassions seulement de cette manière le premier en commission, suivant l'exemple du traité de Munster ; en quoi les François et les Suédois nous imitèrent pendant tout le cours de celui de Nimègue. Cette démarche de l'Empereur n'étoit pas tant un effet de la complaisance qu'il vouloit marquer à un allié si considérable, comme bien des gens le croyoient, que du dessein qu'il avoit d'appuyer par là la différence du rang d'avec les autres têtes couronnées, que les empereurs ont toujours prétendue ; au lieu que les rois de la chrétienté leur cèdent bien la première place et le pas, mais non pas cette différence de rang qu'ils prétendent. Il est clair que si l'Empereur pouvoit par son exemple obliger les rois à traiter les électeurs comme les autres têtes couronnées, cela fortifieroit extrêmement ses prétentions pour la différence du rang, y en ayant sans contredit une très-grande entre l'Empereur et les électeurs.

Ma seconde remarque regarde les chicanes sur le point d'honneur que les ambassadeurs de Suède et de Danemarck poussèrent plus loin à Nimègue que tous les autres ministres. Les Suédois étoient si délicats sur cet article, qu'ils ne le vouloient céder à personne, non pas même aux ambassadeurs de France, quoique cette couronne fût leur alliée, et que d'elle seule ils pussent attendre la restitution des Etats qu'ils venoient de perdre en Allemagne. L'ambassadeur de Danemarck ne céduit pas aux Suédois en délicatesse ; car lorsque les ministres de France eurent remis leurs pleins pouvoir en françois, celui de Danemarck dit qu'il donneroit le sien en danois, à moins que les François ne donnassent le leur en latin, qui devoit être la langue commune, alléguant qu'il ne reconnoissoit point de différence entre les têtes couronnées ; que les rois de Danemarck avoient été aussi puissans que le roi de France l'étoit alors, et qu'ils étoient aussi absolus encore dans leurs Etats que les rois de France dans les leurs. M. Beverning voyant toutes ces chicanes, ne put s'empêcher d'y faire quelque réflexion, et de nous dire qu'il ne se souvenoit pas que les deux rois du Nord eussent jamais disputé la préséance aux trois autres grands rois de la chrétienté ; que la manière dont les Etats-généraux agissoient avec eux étoit fort différente, et que les ministres de Suède et de Danemarck n'avoient jamais fait de difficulté de signer les actes après ceux de France, d'Angleterre et d'Espagne.

Personne n'ignore, je pense, que Gustave-Adolphe a été le premier des rois du Nord qui a prétendu que toutes les têtes couronnées étoient égales : il dit un jour à M. de Gramont, ambassadeur de France à la cour de Suède, que quant à lui il ne reconnoissoit d'autre différence entre les rois que celle de leur mérite. Cette prétention ne fut pas beaucoup contestée à ce prince, à cause des grandes qualités qu'il avoit et du grand succès de ses armes ; mais depuis ce temps-là ses successeurs ayant prétendu la même chose, et les rois de Danemarck les ayant imités, il en est arrivé mille disputes, et l'affaire est demeurée indécise. A la vérité les François ont prétendu, avec plus de bruit que les autres, la première place après l'Empereur ; mais personne n'a encore consenti à la leur céder, excepté les Espagnols, qui aimèrent mieux il y a quelque temps donner le pas à la France que d'entrer dans une guerre qu'ils n'étoient pas en état de soutenir. Ils ont eu tant de honte de cette foiblesse qu'ils n'ont pas voulu l'avouer ; et c'est ce qui les a obligés d'appuyer autant qu'ils l'ont pu la prétention d'égalité entre les têtes couronnées. Ils en donnèrent une forte preuve au congrès de Nimègue, sur le différend qui arriva entre leur ambassadeur et celui de Danemarck pour la première place dans les assemblées des confédérés : don Pedro Ronquillo consentit qu'ils l'eussent chacun par tour, et que le sort décidât qui commenceroit le premier de l'occuper. Les ambassadeurs de France prétendirent que les ambassadeurs qui arriveroient dans la suite seroient obligés de leur rendre visite immédiatement après qu'ils l'auroient rendue aux médiateurs ; mais les ministres de Suède et de Danemarck le refusèrent, aussi bien que ceux de l'Empereur, lesquels, après avoir rendu visite aux médiateurs, la rendirent ensuite aux ambassadeurs qui étoient allés chez eux les premiers, sans se mettre en peine de la prétention de ceux de France. L'Empereur prit avantage de ce que les François aussi bien que les autres avoient cédé le rang aux médiateurs, et il fit difficulté de le faire, quoiqu'il ne le refusât pas ouvertement ; en quoi il se distingua des autres têtes couronnées. Nous évitions aussi soigneusement qu'il nous étoit possible d'en venir à aucune décision ; mais un jour que les alliés se devoient assembler chez l'ambassadeur de Danemarck, il s'en fallut peu que l'affaire n'en fût décidée. Le comte de Kinski s'étoit rendu dans la salle des conférences avant que le chevalier Jenkins et moi y fussions arrivés. Nous entrâmes, et après le salut ordinaire j'allai prendre la première place, et je me mis devant ma chaise, attendant que les autres ministres fussent prêts à s'asseoir ; mais mon collègue ne fut pas si diligent que moi, soit qu'il fût engagé dans de trop longs complimens, soit qu'il voulût éviter des contestations : ce qui donna temps au comte de Kinski, qui étoit naturellement fort brusque, de prendre la seconde place et de se trouver par conséquent entre le chevalier Jenkins et moi. Je vis par là que bien que les ministres de l'Empereur me cédassent la place d'honneur, ce n'étoit pourtant pas en qualité d'ambassadeur du Roi ; de sorte que j'aimai mieux demeurer debout pendant toute la conférence, faisant semblant de ne songer pas à m'asseoir, afin d'empêcher par là que cette affaire ne fût décidée.

Le prince d'Orange m'écrivit une lettre vers la fin de décembre, par laquelle il me prioit instamment d'aller passer quelques jours à La Haye, sachant que le Roi m'avoit permis de le faire quand je le trouverois à propos. Comme ma présence n'étoit pas nécessaire à Nimègue, je partis pour La Haye, et j'y arrivai le dernier jour de l'année ; et le lendemain, premier jour de l'an 1677, j'allai rendre mes devoirs à Son Altesse. Les progrès du traité, la froideur des parties, les délais volontaires des Impériaux et des Espagnols, et l'aversion que le Danemarck et le Brandebourg avoient pour la paix, furent les sujets de notre conversation, et nous conclûmes qu'il y avoit peu de succès à attendre de ce congrès. Le prince me demanda ensuite si depuis qu'il ne m'avoit vu le Roi m'avoit communiqué quelque chose de particulier à l'égard de la paix : je lui dis qu'il m'avoit écrit quelquefois, et qu'il me marquoit dans sa dernière lettre qu'il jugeoit bien, par les discours que le prince m'avoit tenus, qu'il n'avoit aucun penchant à la paix, et qu'il en étoit fâché, parce qu'il croyoit que le prince agissoit contre ses intérêts aussi bien que contre les siens ; qu'il avoit tâché de pénétrer l'intention de la France ; mais que si elle ne vouloit pas se déclarer davantage, et que Son Altesse en fît de même, Sa Majesté agiroit seulement en qualité de médiateur dans les formes ordinaires. Le prince me répondit que le roi paroissoit bien indifférent sur cet article ; que Sa Majesté devoit considérer qu'elle seule pouvoit faire la paix, et qu'elle n'ignoroit pas à quoi aboutiroient les formalités du congrès de Nimègue ; qu'en son particulier il souhaitoit la paix pour beaucoup de raisons, soit parce que le Roi la souhaitoit aussi, et que Sa Majesté croyoit qu'elle leur étoit avantageuse à l'un et à l'autre, soit parce que les Etats estimoient qu'elle seroit non-seulement à leur avantage, mais qu'ils en avoient absolument besoin ; qu'il ne diroit pas cela à toute autre personne qu'au Roi et à moi, parce que si les François le savoient ils seroient plus difficiles sur les conditions de la paix ; que l'Espagne et l'Empereur y avoient moins d'inclination que sur la fin de la dernière campagne ; que les nouveaux ministres de ces deux Etats y paroissoient encore moins disposés que les précédens ; de sorte que de tous les alliés il n'y avoit que les Etats qui souhaitassent sérieusement la fin de la guerre ; que pour lui il seroit toujours de leur sentiment, et qu'il la désiroit avec beaucoup de passion, mais qu'il ne savoit pas comment on pourroit faire la paix avant le commencement de la campagne ; que si on entroit une fois en action, ils seroient tout de nouveau comme sur une mer, et contraints d'aller où le vent les voudroit pousser ; que si Sa Majesté avoit dessein de faire la paix, et qu'elle voulût lui communiquer franchement les conditions sur lesquelles le Roi croiroit qu'elle se pût faire, il tâcheroit, avec la plus grande sincérité du monde, de les faire réussir, pourvu qu'elles ne fussent pas contraires à son honneur et aux intérêts de son pays.

Il me pria d'écrire directement au Roi ce qui s'étoit passé dans ce discours, sachant que Sa Majesté m'avoit non-seulement permis de lui écrire de cette manière, mais même commandé de le faire toutes les fois que je le croirois nécessaire. Je vis deux jours après le pensionnaire Fagel, au sujet de quelques affaires publiques qui regardoient mon ambassade à La Haye, desquelles j'avois confié le soin à mon secrétaire. Lorsque je lui eus dit ce que j'avois à dire sur ce sujet, il me demanda si j'avois apporté avec moi la paix de Nimègue : je lui répondis que puisqu'il étoit si peu informé de ce qui se passoit au congrès, je lui dirois que les Hollandois agissoient en habiles gens ; que, pour obliger les alliés à se rendre à Nimègue, ils avoient déclaré qu'ils entreroient en négociation après le premier jour de novembre, quand bien les ministres des confédérés n'y seroient pas ; qu'après ce terme expiré ils avoient trouvé à redire aux pleins pouvoirs qu'on avoit produits ; qu'ils en avoient demandé de nouveaux ; qu'ils avoient fait courir les médiateurs pendant deux mois pour cette affaire, et enfin qu'ils avoient si bien fait que les ministres de l'Empereur et d'Espagne étoient à la vue de Nimègue ; ce qui, à mon sentiment, étoit le but de toutes leurs difficultés. Le Pensionnaire me répondit, d'un air triste et sérieux, que je ne connoissois pas les Hollandois, ou l'état de leurs affaires depuis que j'avois quitté La Haye, ou bien que je faisois semblant de ne pas connoître ; qu'ils souhaitoient non-seulement la paix, mais même qu'elle leur étoit absolument nécessaire ; qu'ils seroient déjà entrés en négociation, si les François avoient exhibé des pleins pouvoirs en bonne forme, ou s'ils avoient voulu s'engager d'en produire de nouveaux ; qu'ils n'insisteroient pas sur la paix suivant les prétentions de leurs alliés, et qu'il ne répondoit pas que les Etats ne fissent un traité particulier. Je lui dis que cette affaire étoit de si grande conséquence, que j'étois assuré qu'ils y penseroient encore un an avant que de la faire. Il approcha pour lors sa chaise de moi et commença à me parler avec plus de chaleur et de passion que sa santé ne lui devoit permettre : il me dit premièrement qu'ils y avoient déjà pensé assez long-temps, et qu'après avoir sérieusement examiné toutes choses ils s'étoient aperçus que le mal étoit sans remède ; qu'ils étoient obligés à l'Espagne de ce qu'elle s'étoit engagée dans cette guerre pour sauver la Hollande, quoique la Flandre y fût beaucoup intéressée ; mais qu'ils n'avoient pas été ingrats à ce bienfait, puisqu'ils avoient continué la guerre pendant trois ans, seulement pour l'intérêt des Espagnols ; qu'outre cela, ils s'étoient de plus engagés de la continuer encore une autre année, et qu'ils le feroient aussi, si leurs alliés avoient fait de leur côté ce qu'ils avoient promis de faire. Que les Espagnols témoignoient par leur conduite qu'ils étoient résolus à périr ; qu'ils avoient renvoyé la flotte hollandoise qui étoit en Sicile sans lui payer les sommes dont ils étoient convenus, et qu'ils avoient souffert tranquillement que les Etats la payassent à son retour ; que les Etats ne pouvoient pas retirer un sou d'une grande somme d'argent qu'ils avoient déboursée pour les provisions et pour les autres dépenses de la campagne dernière, quoique cet argent eût été destiné pour fournir les magasins en Flandre la campagne suivante, sans quoi leurs troupes ne pourroient pas se mettre en marche dans un pays où ils savoient bien que les Espagnols ne leur avoient rien préparé ; qu'ils avoient représenté plusieurs fois à l'Espagne la nécessité qu'il y avoit d'entretenir et de payer un certain nombre de troupes réglées pour défendre leurs villes, pendant que le prince se mettroit en campagne avec l'armée de l'Etat pour empêcher les siéges, mais que l'Espagne n'avoit pas fait un mot de réponse sur ce sujet ; qu'ils avoient ensuite prié les Espagnols de recevoir dans leurs places un nombre suffisant de troupes des princes allemands leurs alliés, afin d'être en état de les défendre, mais qu'au lieu de cela ils les avoient envoyées hors de leur pays ; que les Etats avoient toujours dit à l'Empereur qu'à moins que son armée n'entrât en France, ou qu'elle ne forçât les François à détacher un grand nombre de leurs troupes de Flandre pour donner une bataille, les Pays-Bas espagnols seroient infailliblement perdus la campagne dernière, ou au plus tard dans la campagne suivante, à moins que les troupes impériales ne prissent leurs quartiers d'hiver en Alsace, ou du même côté du Rhin ; mais qu'à Vienne l'on ne s'intéressoit pas plus dans la conservation des Pays-Bas que la Hollande s'intéressoit dans celle de la Hongrie ; et que d'ailleurs les officiers impériaux trouvant mieux leur compte à prendre leurs quartiers d'hiver en Allemagne qu'à les prendre dans un pays ruiné comme l'Alsace, ces raisons, selon toute apparence, avoient obligé l'armée impériale de repasser le Rhin et de renoncer par là à tous les avantages de la campagne dernière et aux espérances de la suivante ; que, manque de magasins, deux ou trois fortes places frontières de Flandre seroient prises le printemps prochain avant que les Impériaux fussent en campagne ; que si Cambray, Valenciennes et Mons étoient pris, tout le reste du pays se révolteroit, à cause des misères qu'on y avoit déjà souffertes, et qu'on y souffriroit encore par une plus longue guerre ; que le prince ne seroit pas en état de marcher au secours de ces places, faute de provisions, à travers un pays désolé ; que bien qu'il y pût aller, il ne pouvoit pas raisonnablement hasarder une bataille ou tenter le secours d'une place pendant que les troupes espagnoles seroient si foibles ; et l'armée de France au contraire si forte, n'ayant aucun ennemi sur le Rhin qui l'obligeât à faire marcher des troupes de ce côté-là ; que les amis du prince ne pouvoient pas souffrir qu'il allât en campagne pour voir prendre des villes en sa présence, ou pour voir peut-être perdre toute la Flandre, pendant qu'on espéroit qu'il la défendroit ; que quoique ce fût uniquement par la faute des Espagnols, ils ne laisseroient pourtant pas de l'en blâmer, aussi bien que ses ennemis étrangers et ceux qu'il y avoit dans le cœur du pays, qui seroient ravis d'en avoir l'occasion ; que d'un autre côté la France leur offroit tous les avantages qu'ils pouvoient souhaiter, comme la restitution de Maestricht, un règlement de commerce, et tout ce que le prince voudroit demander pour sa famille : que M. d'Estrades leur écrivoit toutes les semaines des lettres extrêmement pressantes sur ce sujet, afin de les engager à une paix particulière. Le Pensionnaire ajouta que le plus grand chagrin qu'il pût avoir seroit de faire un traité particulier ; que cependant il ne voyoit aucun moyen de l'éviter, et qu'il ne connoissoit personne dans toute la Hollande qui ne fût de même sentiment que lui sur ce sujet ; qu'en me parlant de cette manière il ne me regardoit pas comme un ambassadeur, mais comme un ami dont il demandoit le sentiment ; qu'il m'avoit dit leur fort et leur foible, et qu'il seroit fort aise de savoir ce que je croyois qu'ils pussent faire dans ces fâcheuses conjonctures et dans l'accablement de leur Etat par une si longue guerre. Je répondis à ses civilités par des complimens, et je m'excusai de donner mon avis à une personne qui étoit si capable de prendre les mesures les plus avantageuses à l'Etat. Je lui demandai cependant ce qu'il croyoit que deviendroit la Flandre après que la Hollande auroit fait une paix particulière avec la France, parce que les autres Etats voisins étoient autant intéressés dans le sort des Pays-Bas espagnols que les Hollandois mêmes. Il me répondit que la Flandre seroit perdue dans une campagne ou dans deux tout au plus tard, mais que vraisemblablement la première l'emporteroit; qu'il croyoit que Cambray, Valenciennes, Namur et Mons seroient pris en une campagne; qu'après la perte de ces places les autres villes ne voudroient pas se défendre, et même ne seroient pas en état de le faire, excepté Anvers et Ostende, pour lesquelles ils pourroient peut-être prendre quelques mesures avec la France, sur le pied des offres que je savois que les François avoient faites à M. de Witt en 1667, lorsqu'ils attaquèrent la Flandre. Je lui demandai comment il croyoit que la Hollande pourroit subsister après la perte des Pays-Bas espagnols, et si elle ne seroit pas pour lors à la discrétion des François. Il me pria de croire que s'ils pouvoient espérer de sauver la Flandre en continuant la guerre, ils ne songeroient jamais à une paix particulière; mais que si elle devoit être nécessairement perdue, les Etats aimoient beaucoup mieux que ce fût par la paix, parce qu'ils ménageroient par là l'argent du peuple et l'honneur du prince; qu'après que la Flandre seroit perdue, il faudroit que la Hollande vécût avec les François d'une manière qui les persuadât qu'il leur étoit plus avantageux de conserver cet Etat que de le détruire; qu'il n'y avoit point de choix à faire, mais qu'il falloit prendre ce parti comme un dernier remède; qu'il s'étoit flatté de quelque ressource dans l'espérance que les Espagnols changeroient de conduite, ou que les forces de l'Empire sur le Rhin pourroient obliger les François à faire la paix à des conditions raisonnables; que même il avoit toujours cru que l'Angleterre alloit crier halte aux François à chaque pas qu'ils faisoient; et il ajouta que bien que peut-être nous ne fussions pas fâchés de voir la moitié de la Flandre perdue, il ne pouvoit pas croire que nous souffrissions qu'elle le fût entièrement, non plus que la Sicile, à cause de notre commerce dans la mer Méditerranée; que le Roi ayant eu en main la paix depuis deux ans, il l'auroit pu faire s'il l'avoit voulu, et aux conditions qu'il auroit trouvées raisonnables et sûres pour ses voisins et pour lui; que tout le monde savoit que la France n'étoit pas en état de refuser les conditions que le Roi lui proposeroit, quelles qu'elles fussent, ou de s'engager dans une guerre contre l'Angleterre unie à tous les autres confédérés; que le moindre semblant pour le faire croire aux François seroit assez pour les déterminer à la paix; que les Etats avoient fait représenter cela en Angleterre depuis long-temps par M. Van-Beuningham, et qu'ils avoient offert de s'en rapporter à la décision du Roi, et d'accepter toutes les conditions qu'il leur voudroit prescrire; mais qu'ils n'avoient jamais eu un mot de réponse, et que leur proposition avoit été reçue avec la plus grande froideur du monde, bien que beaucoup de gens crussent que nous devions nous y intéresser un peu plus; que cela l'avoit obligé plus que tout le reste à penser à une paix particulière; qu'il confessoit qu'il falloit éprouver toutes choses, jusqu'à ce qu'on trouvât la plaie incurable; qu'il savoit fort bien ce que je voulois dire quand je lui avois demandé comment les Etats prétendoient subsister avec la France après que la Flandre seroit perdue; mais qu'après tout il y avoit apparence que les François tourneroient plutôt leurs armes du côté d'Italie et d'Allemagne, ou peut-être contre l'Angleterre, que contre la Hollande; que ce n'étoit point l'intérêt de la France de détruire ou de conquérir cette république, mais plutôt de la conserver en quelque dépendance de cette couronne; que les François tireroient beaucoup plus d'avantage des flottes hollandoises que de quelques pauvres villes de pêcheurs auxquelles ils seroient réduits, si l'on entreprenoit quelque chose sur leurs libertés et sur leur religion; que le roi de France avoit vu leur pays, qu'il le connoissoit fort bien, et qu'il avoit dit plusieurs fois qu'il aimoit mieux avoir ce peuple pour ami que pour sujet : mais qu'après tout cela si je voulois conclure que leur Etat devoit tomber dans vingt-quatre heures, il étoit pourtant raisonnable de différer sa ruine jusqu'au dernier moment, et qu'il valoit mieux que cela arrivât au soir qu'à midi.

Le Pensionnaire prononça ce discours avec tant de chaleur et de véhémence qu'il ne put pas le continuer. Je lui dis que cette affaire étoit de trop grande conséquence pour être terminée par nous deux; après quoi je le quittai, en lui souhaitant assez de santé pour pouvoir ménager les affaires dans une conjoncture si délicate.

J'allai le lendemain voir le prince, et je lui rapportai ce qui s'étoit passé entre le Pensionnaire et moi. Je lui demandai ensuite si Son

Altesse l'avoit vu depuis, ou si elle en savoit quelque chose. Le prince me répondit que non; de sorte que je lui fis le détail de tout notre discours, et je lui rapportai particulièrement que le Pensionnaire avoit conclu qu'il ne voyoit pas le moyen d'éviter une paix particulière, et qu'il ne connoissoit personne dans toute la Hollande qui ne fût de même sentiment que lui sur ce sujet. Le prince m'interrompit là-dessus, et dit : « Et moi j'en connois un, et c'est moi-même, et je l'empêcherai aussi long-temps que je pourrai ; mais si quelque malheur m'arrivoit, ajouta-t-il, je sais que la paix seroit faite dans deux jours. » Je voulus savoir s'il étoit de même sentiment que le Pensionnaire à l'égard des événemens de la campagne suivante : il me répondit que les apparences étoient mauvaises, mais que les campagnes ne finissoient pas toujours comme elles commençoient ; qu'il pouvoit arriver des accidens que personne ne pouvoit prévoir, et que s'ils en venoient une fois à une bataille, il n'y avoit point d'homme qui pût répondre de l'événement ; que le Roi pouvoit faire la paix s'il vouloit avant que la campagne commençât ; mais que si les Anglois avoient assez d'indifférence pour laisser passer cette occasion, il étoit résolu en son particulier de tenter fortune ; qu'il avoit vu ce matin-là un vieillard seul dans un petit bateau, qui ramoit de toute sa force contre le courant d'une écluse ; qu'après avoir gagné avec bien de la peine le lieu où il souhaitoit d'aller, le courant l'avoit entraîné ; qu'il avoit tourné son bateau le mieux qu'il avoit pu, et que pendant qu'il l'avoit regardé il avoit eu trois ou quatre fois le même sort que la première. Le prince conclut qu'il y avoit beaucoup de rapport entre les affaires de ce bonhomme et les siennes, et qu'il devoit agir comme ce vieillard avoit fait, sans savoir pourtant ce que ses efforts produiroient.

Je fis savoir en cour exactement ce qui s'étoit passé dans ces conversations ; j'écrivis directement au Roi ce qu'il y avoit de plus particulier, et le reste aux secrétaires d'Etat. J'ajoutai à tout cela que j'étois de sentiment que si Sa Majesté continuoit à n'interposer seulement que les offices d'une médiation dans les formalités ordinaires, et que la maison d'Autriche et les alliés du Nord parussent si opposés à la paix qu'ils avoient paru jusqu'alors, il en arriveroit infailliblement que les François et les Hollandois entreroient en des négociations particulières ; que toutes les circonstances que je pouvois remarquer me faisoient juger qu'ils seroient bientôt d'accord, et qu'une paix seroit conclue en deux jours entre ces deux nations, quand les Hollandois seroient tout-à-fait lassés des longueurs de leurs alliés et de leur mauvaise foi à l'égard du traité, ou quand l'inclination violente que le peuple avoit pour la paix contraindroit le prince de se conformer au sentiment des Etats sur cet article ; que je m'étois cru obligé d'ajouter ma pensée à tout ce que je mandois, afin que Sa Majesté pût avoir toutes les lumières nécessaires dans une conjoncture si délicate et si dangereuse. Le Roi me fit réponse de sa propre main dans une longue lettre, par laquelle il faisoit de grandes plaintes contre la conduite de quelques ministres des alliés en Angleterre, qui cabaloient avec les membres du parlement pour porter l'esprit du peuple contre la paix ; qu'ils avoient si bien réussi, qu'il étoit fort difficile et presque impossible à Sa Majesté de faire quelque démarche envers la France pour une paix générale, à moins que l'ambassadeur des Etats ne lui présentât un mémoire pour le presser de la part de ses maîtres de le faire, et de déclarer que si Sa Majesté ne vouloit pas s'en mêler, la Flandre seroit entièrement perdue.

Le secrétaire d'Etat Williamson m'écrivit, pour toute réponse à ce que je lui avois mandé au sujet du discours du Pensionnaire et des sentimens que j'avois sur ces conjonctures, que le Roi et les seigneurs du comité pour les affaires étrangères étoient surpris que je crusse que les François fussent si prêts de faire une paix particulière lorsque les Hollandois la voudroient, et qu'on ne se souvenoit pas que ce que mon collègue ou moi avions écrit de Nimègue eût aucun rapport à cette pensée. Cela m'obligea de lui communiquer les fréquentes conversations que j'avois eues sur ce sujet avec M. Colbert, et que le Pensionnaire m'avoit fait voir plusieurs lettres de la part du maréchal d'Estrades, et d'une autre personne de Maëstricht de laquelle il se servoit ; ce qui me persuadoit que ce que j'avois écrit avoit des fondemens légitimes. Cependant il ne me fit aucune réponse sur cet article, bien que j'eusse cru être obligé de donner cet avis en qualité d'ambassadeur en Hollande, quand bien celle de médiateur à Nimègue ne m'y auroit pas engagé.

Le prince et le Pensionnaire furent d'avis que l'on devoit donner ordre à M. Van-Beuninghen de faire la démarche que le Roi souhaitoit ; mais ils me prièrent d'écrire encore une fois à Sa Majesté pour savoir son sentiment sur les conditions de la paix, et le prince ajouta que si l'on attendoit davantage il seroit trop tard, à cause que le temps d'entrer en campagne seroit proche. Je priai là-dessus le prince de considérer qu'il pourroit gagner tout au moins trois semaines de temps, s'il vouloit dire le premier ses sentimens au Roi; au lieu que s'il falloit écrire à Sa Majesté pour savoir les siens, lui récrire encore pour lui communiquer ceux du prince et attendre ensuite sa dernière réponse, on perdroit bien du temps inutilement, outre que le Roi prendroit avec plaisir, comme une marque de confiance, que Son Altesse se fût expliquée la première. Le prince, après avoir un peu pensé, me dit que pour témoigner à Sa Majesté la confiance qu'il vouloit toujours avoir en elle, il ne feroit aucune difficulté de s'expliquer le premier, bien qu'il eût plusieurs raisons pour ne le pas faire; que si le Roi avoit dessein de finir cette guerre, il falloit qu'il le fît sur le pied du traité d'Aix-la-Chapelle, et qu'il auroit un prétexte légitime en ce qu'il avoit été lui-même l'auteur et le garant de cette paix; qu'on ne proposeroit d'autre échange que celui d'Ath et de Charleroi pour Aire et Saint-Omer, et qu'il croyoit que ces deux dernières places étoient beaucoup plus importantes aux François que les deux autres, à moins qu'ils ne déclarassent ouvertement qu'ils ne finissoient cette guerre que dans le dessein d'en commencer une autre qui leur facilitât la conquête entière de la Flandre; que ces conditions entre la France et l'Espagne étoient suffisantes; et qu'à l'égard de l'Empereur et de la Hollande, il falloit que l'Empereur rasât Philisbourg qu'il venoit de prendre sur la France, et que les François rasassent Maëstricht qu'ils avoient pris sur les Hollandois; et qu'ainsi toute cette guerre passât comme un tourbillon qui avoit cessé, après avoir menacé beaucoup et fait fort peu de remuemens au monde.

Je fus surpris d'entendre sur-le-champ des propositions si courtes et si décisives, et qui sembloient devoir facilement réussir si Sa Majesté les vouloit appuyer. Je jugeai par là que le prince avoit une connoissance consommée de l'état des affaires de l'Europe, et que le jugement qu'il en venoit de faire étoit le plus décisif qu'il auroit pu donner après les plus longues délibérations. Je lui fis pourtant remarquer qu'il ne s'étoit pas expliqué au sujet de la Lorraine et de la comté de Bourgogne; et je lui demandai s'il croyoit que les François, après les grandes acquisitions qu'ils avoient faites depuis cette guerre, et celles qu'ils pouvoient encore espérer, voulussent rendre ce qu'ils possédoient à moins d'un équivalent. Le prince répondit que ces deux articles étoient expliqués par les conditions du traité d'Aix; que la France n'avoit prétendu ôter la Lorraine qu'au dernier duc seulement; que l'Espagne ne pouvoit céder la comté de Bourgogne qu'en échange de plusieurs places en Flandre; que cela traîneroit le traité en longueur et feroit naître un si grand nombre de difficultés, qu'on ne pourroit les terminer avant la campagne. A l'égard de la seconde question que je lui avois faite, il répondit qu'il ne croyoit pas que les François consentissent à cette restitution, à moins que le Roi n'interposât vigoureusement son autorité; que si Sa Majesté le vouloit faire, il étoit assuré que l'affaire réussiroit comme il la souhaitoit; mais que si elle ne le vouloit pas, il falloit continuer la guerre et s'en remettre à la Providence; que tous les alliés en seroient aises, et qu'il croyoit lui-même que le ministère de don Juan d'Autriche changeroit entièrement la face des affaires du côté de l'Espagne; que, quoi qu'il en arrivât, il ne falloit qu'une seule ville bien défendue, ou une vigoureuse bataille, pour changer entièrement la scène; qu'il avouoit que le plus grand plaisir que le Roi lui pût faire seroit de le tirer de cette guerre avec honneur et à des conditions raisonnables; mais que si Sa Majesté souffroit que les François en offrissent d'injustes, il aimoit mieux hasarder tout que de les accepter. Que le Pensionnaire et d'autres pouvoient me dire ce qu'ils voudroient à l'égard de la paix particulière avec la France, mais qu'il m'assuroit que la Hollande ne la feroit jamais tant qu'il vivroit et qu'il seroit en état de l'empêcher; qu'il vouloit bien me confier qu'il se croyoit assez puissant pour le faire; qu'il savoit fort bien que s'il venoit à mourir, la paix seroit faite le lendemain; mais que si cela arrivoit il faudroit que d'autres y prissent garde, et que peut-être que les Anglois y seroient les plus intéressés.

Je promis à Son Altesse d'écrire directement au Roi tout ce qu'elle m'avoit dit, et je le fis aussi. Le prince partit le jour suivant pour Dieren, qui n'est qu'à six lieues de Nimègue, et je lui donnai parole de l'y aller trouver dès que j'aurois reçu réponse de Sa Majesté. Je rapporte au long ce qui se passa entre le prince, le Pensionnaire et moi dans cette conjoncture, parce que ces discours découvrent non-seulement les véritables sources de la paix qui fut ensuite conclue, mais parce qu'ils représentent encore quels étoient les intérêts de la plupart des princes chrétiens, selon le sentiment de deux personnes qui, après M. de Witt, les ont mieux entendus qu'aucun autre que j'aie connu dans le cours de mes emplois.

Après que le prince fut parti, j'eus encore une autre conférence avec le Pensionnaire : il me dit qu'il persistoit toujours dans le sentiment qu'il falloit en venir à une paix particulière; qu'il avoit déjà dit aux ministres de l'Empereur que si la cour de Vienne ne prenoit pas, avant la fin du mois de février suivant, les mesures que les Etats lui proposoient, ils seroient contraints d'entrer en traité avec la France; que si don Emmanuel de Lyra ne les avoit pas assurés que l'Espagne avoit fait faire actuellement des remises pour le paiement de la dépense que les Hollandois avoient faite la campagne dernière pour l'entretien de leurs flottes dans la mer Méditerranée et dans la mer Baltique, ils n'auroient pu s'empêcher de faire la paix cet hiver même. Je lui dis que le prince étoit d'un autre sentiment que lui; qu'il m'avoit dit que pendant qu'il vivroit il ne se feroit jamais une paix particulière, au moins s'il pouvoit l'empêcher; et qu'il avoit ajouté, qu'il croyoit avoir assez de pouvoir pour cela. Le Pensionnaire me dit que cette circonstance ne lui donnoit pas moins de chagrin qu'au prince; mais que Son Altesse elle-même pourroit être forcée à cette paix par la mauvaise conduite des alliés, par les mauvais succès de la campagne et par les mutineries du peuple, qui n'y paroissoit déjà que trop disposé à Amsterdam, à cause des délais du traité de Nimègue; que la révolution qui venoit d'arriver en Espagne contre la Reine régente témoignoit assez ce que pouvoit la populace animée, et que le prince connoissoit trop bien l'humeur de celle de Hollande pour s'opposer trop à ce qu'elle vouloit; que le Roi pouvoit, s'il le vouloit, faire une paix générale; et que peut-être l'Empereur et l'Espagne pourroient engager les Hollandois dans une autre campagne, en prenant les mesures que les Etats leur avoient proposées; mais que si ces deux choses venoient à manquer, il faudroit nécessairement en venir à une paix particulière.

Pendant mon séjour à La Haye, lequel fut d'environ un mois, mon collègue crut s'apercevoir d'une négociation particulièrement entre les ambassadeurs de France et M. Beverning, sans la communication des médiateurs ni des ministres des alliés. Cela leur fit soupçonner quelque traité particulier, et les obligea d'en donner avis à la cour d'Angleterre. Le Roi donna ordre en même temps qu'en cas qu'il y eût déjà une paix particulière conclue à Nimègue entre la France et la Hollande, ou sur le point d'être conclue, qu'on protestât en son nom contre cette paix. Le chevalier Jenkins étoit fort embarrassé là-dessus, et il m'écrivit à La Haye le 10 de janvier. Il me mandoit qu'il soupçonnoit la chose, mais qu'il ne s'attendoit pas de la savoir qu'après qu'elle seroit faite, et qu'il doutoit fort que la protestation que nous ferions contre eût de bonnes suites. Il me prioit de lui écrire mes sentimens là-dessus, et de les faire savoir en cour le plus tôt qu'il me seroit possible.

J'écrivis effectivement à milord trésorier et au secrétaire d'Etat Coventry, et je leur dis franchement que je ne comprenois ni la raison de l'ordre que mon collègue avoit reçu au sujet de la protestation qu'il devoit faire à Nimègue; que si une paix particulière entre la France et la Hollande paroissoit à la cour aussi dangereuse que je savois qu'elle le paroîtroit au peuple, le Roi pouvoit l'empêcher, et que cela étoit encore en son pouvoir; mais que si cette paix étoit une fois conclue, je ne voyois pas que notre protestation pût produire d'autre effet que d'irriter les deux parties, qui deviendroient encore plus unies par le chagrin que nous témoignerions de les voir bien ensemble; que d'ailleurs je ne voyois pas le prétexte que nous pouvions avoir pour une telle protestation; qu'à la vérité les parties avoient accepté la médiation du Roi pour une paix générale, mais qu'aucune d'elles n'avoit promis à Sa Majesté de n'en faire point de particulière sans sa médiation; que, supposé qu'ils l'eussent fait, je ne comprenois pas pourquoi le même intérêt qui les obligeoit de rompre avec tous leurs alliés ne les rendroit pas aussi hardis à l'égard d'un médiateur; que comme le meilleur conseil que le Roi pouvoit prendre étoit d'empêcher cette paix particulière, Sa Majesté devoit aussi, le plus tôt qu'il seroit possible, faire savoir sa résolution à la France; mais que quand la chose seroit faite je ne voyois pas un grand sujet de nous plaindre, et encore moins moyen de nous venger; et qu'agissant de cette manière, il sembloit que nous attendissions d'être frappés pour avoir lieu seulement de crier: qu'il valoit mieux, à mon sens, chagriner une des parties avant la paix particulière, que de les chagriner toutes deux après qu'elle seroit faite; et que si nous devions manquer de complaisance à leur égard, il valoit mieux que ce fût en faisant une paix générale qu'en protestant contre une particulière.

Lorsque je partis de Nimègue pour La Haye, le chevalier Jenkins ni moi n'avions point soupçonné que les François et les Hollandois fussent en quelque négociation secrète, et par conséquent nous n'en avions jamais rien écrit en cour; de sorte qu'elle ne voulut pas croire ce que je mandai ensuite de La Haye sur ce sujet; mais les lettres de mes collègues ayant confirmé mes soupçons, la cour ne douta plus qu'il n'y eût une telle négociation sur pied. L'ordre que le Roi envoya à mes collègues de protester contre témoignoit tant de ressentiment, que je ne doutois point que Sa Majesté ne déclarât incessamment aux deux partis ses véritables sentimens sur les conditions de la paix générale; et je savois fort bien, d'un autre côté, que ni les uns ni les autres ne les pouvoient refuser si le Roi vouloit se déclarer positivement, et surtout étant appuyé du prince. Mais les conseils de notre cour balançoient tellement entre l'envie de vivre tout au moins en bonne intelligence avec la France, et la crainte d'irriter le parlement en le prorogeant si souvent, que tout ce que nous faisions sur ce sujet n'étoit que des contradictions perpétuelles dont personne ne pouvoit comprendre le sens, et sur lesquelles les puissances engagées dans la guerre, aussi bien que les deux partis qui étoient dans la chambre des communes, se trompèrent presque toujours.

Le vingt-cinquième jour de février, je reçus la réponse du Roi à mes dernières dépêches, c'est-à-dire sur les expositions du prince. Comme Son Altesse étoit à Dieren, et que ce lieu n'étoit pas beaucoup éloigné du droit chemin de Nimègue, j'y passai pour lui communiquer ce qu'elle contenoit. Le tout se réduisoit à deux chefs: Sa Majesté offroit d'entrer avec les Etats dans une alliance défensive la plus étroite qu'ils pourroient souhaiter, afin de les assurer contre la crainte qu'ils avoient des armes de la France après que la paix seroit faite; et le reste étoit plutôt des remarques sur les conditions de paix proposées par le prince, que les sentimens du Roi à cet égard. Sa Majesté disoit qu'elle croyoit que la France pourroit rendre Ath, Charleroi, Oudenarde, Condé et Bouchain, en échange de Cambray, Aire et Saint-Omer; que ce plan étoit tout ce qu'elle pensoit qu'il fût possible d'obtenir de la France, quoique ce ne fût pas tout ce qu'on devoit souhaiter.

J'observai que le prince changea de couleur quand je nommai Cambray et les autres villes: il écouta cependant avec attention tout ce que j'avois à dire, aussi bien que les raisons subtiles dont le chevalier Joseph Williamson se servoit pour appuyer le plan de Sa Majesté. Il disoit, entre autres choses, que la Flandre auroit par là une double frontière qui la mettroit à couvert, et que cela seul devoit plus importer au Roi et aux Etats que tout le reste. Après que j'eus cessé de parler, le prince me dit que le dîner étoit prêt, et que nous parlerions de cela plus au long l'après-midi. Il sortit; mais comme il fut près de la porte il se retourna vers moi, et me dit que bien qu'après dîner il eût dessein de m'entretenir sur ce sujet, il vouloit bien cependant, sans y penser davantage, me déclarer qu'il mourroit plutôt que de faire une telle paix.

Dès que nous eûmes dîné, nous nous retirâmes dans sa chambre, où il me dit que j'avois troublé son dîner, et qu'il n'attendoit pas de Sa Majesté un pareil retour pour la confiance qu'il lui avoit témoignée. Il me fit remarquer que l'offre que le Roi faisoit de l'alliance étoit contenue dans une lettre écrite de la main de Sa Majesté, mais que les conditions de paix venoient seulement du secrétaire d'Etat; qu'il s'embloit, par le style dont elles étoient écrites, que ce ministre le prenoit pour un enfant qu'il falloit nourrir de crème fouettée; que puisque les propositions avoient été devant le comité pour les affaires étrangères, il étoit assuré qu'elles avoient aussi été devant l'ambassadeur de France; que les conditions qu'on m'avoit envoyées étoient de sa façon, et qu'elles étoient cent fois plus rudes que celles qu'on auroit pu avoir directement de France. Il les lut encore, et me dit que cela vouloit dire, en bon françois, qu'il falloit que l'Espagne cédât le comté de Bourgogne, le Cambrésis, Aire et Saint-Omer, qui valoient deux autres provinces en temps de guerre, le tout seulement pour les cinq villes ci-dessus nommées; mais qu'en un mot il falloit risquer tout puisqu'il y étoit engagé, et qu'il n'y avoit pas moyen de sortir d'affaire autrement. Je dis au prince que j'espérois qu'il écriroit au Roi ses sentimens sur ces conditions, et qu'il y penseroit un peu plus avant que de le faire. Il me répondit qu'il écriroit à Sa Majesté ce soir-là-même, mais qu'il n'entreroit dans aucun détail, ne jugeant pas que cela en valût la peine, et qu'il s'en remettoit à moi. Son Altesse me pria ensuite de faire savoir au Roi que les propositions que je lui avois envoyées de sa part étoient fort sincères; qu'il s'étoit relâché autant que la sûreté de son pays et de ses alliés, et son honneur, l'avoient pu permettre; qu'il n'étoit pas assuré que l'Espagne voulût accepter les conditions qu'il avoit lui-même proposées, mais qu'il étoit sûr qu'elle aimeroit mieux perdre toute la Flandre par la guerre que de consentir à celles du Roi, et que pour lui il ne les proposeroit jamais; que si on laissoit la Flandre dans l'état que Sa Majesté disoit, la Hollande ni l'Angleterre même ne pourroient jamais la défendre contre une autre invasion; que cela le déterminoit entièrement à l'avis des Espagnols, qui croyoient que s'il falloit nécessairement que la Flandre fût perdue, il valoit mieux que ce fût par la guerre que par la paix; que lorsque cela arriveroit la Hollande ne pourroit éviter d'être dans une entière dépendance de la France, et qu'ainsi l'alliance que Sa Majesté faisoit offrir aux Etats ne serviroit de rien, parce qu'ils ne voudroient pas, après la perte de la Flandre, que leur pays fût le théâtre d'une guerre contre laquelle ni l'alliance du Roi ni leurs propres forces ne pourroient le défendre. Il conclut que si Sa Majesté vouloit le tirer de cette guerre avec honneur, soit par affection pour lui, soit par égard à l'intérêt que sa couronne devoit prendre dans cette affaire, il auroit une parfaite reconnoissance de ce service; mais que si le Roi ne le vouloit pas, il falloit continuer la guerre, quelque chose qui en pût arriver; et que pour lui il aimeroit mieux charger mille hommes avec cent seulement, quand il seroit assuré d'y périr, que d'entrer en négociation de paix sur de pareilles conditions.

J'ecrivis au Roi tout ce qui s'étoit passé dans cette entrevue, et je m'en retournai à Nimègue.

Les alliés avoient conçu beaucoup d'ombrage du voyage que j'avois fait à la Haye, et ils soupçonnoient que c'étoit pour négocier quelque paix particulière entre la France et la Hollande. Cependant le prince et le Pensionnaire témoignèrent peu d'empressement à les satisfaire sur cet article. Ils se servirent seulement de cette occasion pour leur faire savoir qu'on ne pensoit point encore à un tel traité; mais qu'à la fin les Etats y seroient contraints, si l'Empereur et l'Espagne ne prenoient pas les mesures qui leur avoient été proposées de la part de la Hollande. Cette déclaration produisit quelque effet à Vienne, mais fort peu à Madrid et en Flandre, comme on s'en aperçut au commencement du printemps.

Je trouvai, à mon retour à Nimègue, que le comte de Kinski y étoit arrivé en mon absence: c'étoit un homme qui avoit de fort belles qualités, comme une imagination vive et un esprit pénétrant; mais comme il n'avoit jamais passé par un semblable emploi, il étoit fort exact et fort scrupuleux dans sa conduite, et par conséquent très-pointilleux; ce qui l'avoit engagé à son arrivée dans beaucoup de difficultés sur les cérémonies des visites à l'égard de mes collègues et des ambassadeurs de France: de sorte que pendant tout le traité il n'y eut aucune visite entre ce comte et les François; mais j'eus le bonheur de remettre une bonne intelligence entre les médiateurs et lui. Je trouvai aussi qu'il y avoit une négociation secrète entre les ambassadeurs de France et de Hollande, et que c'étoit M. Olivencrantz, second ambassadeur de Suède, qui la ménageoit, sans la participation de mes collègues; que M. Beverning témoignoit un empressement extrême pour la paix sans avoir beaucoup d'égards pour ses alliés, disant qu'il avoit ordre des Etats de pousser l'affaire autant qu'il lui seroit possible; que ces ambassadeurs étoient convenus de la forme et du nombre des pleins pouvoirs, et que pour cet effet les médiateurs seroient priés de dresser un formulaire de préambule ou préface dont toutes les parties se serviroient, et qui contiendroit seulement que tels et tels princes, par un sincère désir pour la paix, avoient encore telles et telles personnes à Nimègue, qui étoit le lieu qui avoit été choisi par l'intercession du roi de la Grande-Bretagne; que les médiateurs dresseroient aussi un acte d'obligation qui seroit signé par tous les ambassadeurs, par lequel ils s'engageroient de procurer de nouveaux pleins pouvoirs dans soixante jours après la date de l'obligation, laquelle demeureroit entre les mains des médiateurs; que les titres seroient insérés dans ces nouveaux pleins pouvoirs *bonâ fide*, suivant le style ordinaire de la chancellerie de chaque cour; et que tous les ambassadeurs signeroient en un autre acte, par lequel ils déclareroient qu'on ne pourroit tirer à l'avenir aucune conséquence des titres qu'on auroit oubliés, ou dont on se seroit servi dans les nouveaux pleins pouvoirs.

Je trouvai aussi que tous les alliés étoient convenus de ces articles par la médiation de mes collègues, après qu'ils eurent été concertés par les ministres de France et de Hollande; que ces ambassadeurs se visitoient souvent, et qu'ils avouoient publiquement que c'étoit pour faciliter le progrès du traité; que les Hollandois commençoient à parler de finir un traité provisionnel avec les François aussitôt que les actes au sujet des pleins pouvoirs seroient entièrement dépêchés; que cependant ce traité n'auroit lieu qu'après que la paix générale seroit conclue, mais que dès qu'il seroit fini ils emploieroient leurs bons offices entre leurs alliés et les François.

M. Hyde avoit augmenté le nombre des médiateurs en mon absence. Ce gentilhomme avoit été envoyé l'année précédente en Pologne, afin d'assister au nom du Roi au baptême d'un enfant de Sa Majesté Polonoise, et il devoit en revenant passer par Vienne, pour faire des complimens de condoléance à l'Empereur sur la mort de l'Impératrice; mais ayant trouvé l'Empereur remarié, il y passa *incognito*. Il arriva à Nimègue peu de jours après que j'en fus parti, et après y avoir demeuré quinze jours il me vint trouver à la Haye. Il me dit qu'en passant par Rotterdam il avoit trouvé des lettres de la cour, avec une commission d'aller résider quelque temps à Nimègue en qualité d'un des ambassadeurs médiateurs, afin de pouvoir informer le Roi avec plus de certitude de l'état et du progrès des affaires du traité. Il ajouta qu'il étoit énoncé dans cette commission qu'il étoit à Nimègue; mais que comme elle n'étoit arrivée qu'après qu'il en étoit parti, il étoit en doute s'il devoit s'en servir ou non ; et il me pria de lui donner mon avis s'il devoit s'en retourner à Nimègue, ou partir incessamment pour Angleterre. Je compris aisément que le but de cette commission étoit d'introduire M. Hyde dans cette sorte d'emploi, et de lui donner connoissance de la manière dont on s'y gouvernoit : ainsi je lui conseillai de s'en retourner à Nimègue. Il le fit, et il y demeura quelque temps ; mais il s'excusa de ménager aucune conférence et de faire les dépêches : de sorte que sa modestie, et le grand âge et les infirmités de milord Berkley, furent cause que le chevalier Jenkins et moi demeurâmes chargés de toute la fatigue de cet emploi. Nous tombâmes d'accord d'écrire alternativement les dépêches à notre cour et aux princes ou à leurs ministres ; ce qui fut toujours régulièrement observé pendant tout le temps que je demeurai sur les lieux.

Lorsque j'arrivai à Nimègue, il y avoit encore quelques difficultés à régler qui avoient retardé la dépêche des pleins pouvoirs. Les François avoient bien consenti de fournir de nouveaux pleins pouvoirs pour l'Empereur, l'Espagne, le Danemarck et la Hollande, chacun séparément ; mais ils refusoient d'en procurer un pareil pour le Brandebourg, comme ils avoient fait pour ces autres puissances. Les ministres de ce prince insistoient sur ce sujet ; et les Etats avoient de si grandes obligations à cet électeur, que leurs ambassadeurs furent contraints d'appuyer ses ministres en cela. Ce n'étoit pourtant pas sans répugnance, soit qu'ils crussent que la France n'y consentiroit pas, soit qu'ils prévissent que les autres princes d'Allemagne, non-seulement les électeurs, mais encore ceux des maisons de Lunebourg et de Neubourg, qui ne cèdent aux électeurs que la préséance, ne manqueroient jamais de prétendre la même chose, et qu'ainsi cette affaire pourroit avoir des suites désagréables. Mais, pour distinguer les ministres de Brandebourg, ils s'avisèrent de nous alléguer que ce prince étant le principal chef dans la guerre contre la Suède, il ne pouvoit pas être considéré seulement comme allié de l'Empereur ou des Etats.

L'ambassadeur de Danemarck demeuroit ferme dans la résolution qu'il avoit prise de ne recevoir point le plein pouvoir des François s'il n'étoit en latin, qui, selon lui, devoit être la langue commune entre les deux couronnes ; et il protestoit qu'à moins de cela il alloit donner le sien en danois. Les ambassadeurs de France répondirent que c'étoit une nouveauté, pour ne pas dire une impertinence ; et que si on leur faisoit voir un exemple que dans toutes les affaires qui s'étoient passées entre les deux couronnes les François ne s'étoient pas toujours servis de la langue françoise et les Danois de la latine, ils consentoient que l'ambassadeur de Danemarck donnât son plein pouvoir non-seulement en Danois, mais encore en hébreu s'il vouloit. Le ministre de Danemarck répondit qu'il ne pouvoit pas alléguer tous les exemples sur ce sujet ; mais que si par le passé il y en avoit eu de mauvais, il étoit temps d'en établir de nouveaux qui fussent bons ; que son maître avoit plus de droit que ses prédécesseurs, sa couronne ayant été déclarée successive, au lieu qu'auparavant elle n'étoit qu'élective, et qu'il étoit plus absolu dans ses Etats que pas un autre roi de la chrétienté ne l'étoit dans les siens. Il ajouta que ses ordres étoient positifs sur cet article, et qu'il ne pouvoit pas agir à moins qu'on ne lui accordât sa prétention.

Ces deux points principalement empêchèrent pendant un mois que l'article des pleins pouvoirs ne fût entièrement conclu ; mais enfin nous obligeâmes les ambassadeurs de France de s'engager à procurer de nouveaux pleins pouvoirs pour l'électeur de Brandebourg, sur l'assurance que les ministres de Hollande nous donnèrent de ne demander rien de semblable pour le reste des princes de l'Empire, leurs alliés ; et qu'en cas que quelques-uns formassent la même prétention, et que la France les refusât, ils ne laisseroient pas d'entrer en traité. L'ambassadeur de Danemarck voyant que pas un des confédérés n'appuyoit ni n'approuvoit ce qu'il prétendoit au sujet du langage, renonça à sa prétention, et réussit fort mal en cette occasion dans le dessein qu'il avoit d'établir le principe de l'égalité entre les têtes couronnées.

Il étoit arrivé un autre incident pendant mon absence qui avoit fait naître beaucoup de brouilleries. Les alliés avoient commencé leurs assemblées dans la maison du comte de Kinski, espérant par là de diriger les résolutions générales et d'empêcher que l'alliance ne se rompît.

Les ambassadeurs de Hollande, qui croyoient être plus intéressés dans la paix que les autres confédérés, témoignèrent du ressentiment contre la conduite et l'intention que ce comte faisoit paroître aux conférences, dans lesquelles, disoient-ils, il vouloit être le seul dictateur. Ils ne vouloient pas cependant le contredire ouvertement dans sa maison; c'est pourquoi ils s'en allèrent à la maison de ville et choisirent une chambre pour y tenir leurs conférences avec leurs alliés. Les ambassadeurs de France s'en offensèrent et prétendirent que les ministres de Hollande ayant entrepris de disposer de la maison de ville sans le consentement des autres ministres, ils avoient violé la neutralité qui devoit durer pendant que l'assemblée seroit là. Les Hollandois répondirent que les chambres qu'ils avoient prises n'appartenoient point à la ville, mais aux nobles de Gueldre; qu'ils n'avoient pris que le bas, et que tout ce qui étoit en haut étoit encore à la disposition des médiateurs, et qu'ils en pouvoient ordonner comme ils le trouveroient à propos pour l'usage commun des parties. Les François ne furent point satisfaits de ces raisons, et menacèrent de rompre le congrès. Nous fîmes tous les efforts possibles pour apaiser ces différens, et pour cet effet nous obligeâmes les alliés à consentir de ne s'assembler plus dans la maison de ville jusques à ce que nous eussions dressé des propositions dans les formes pour prier les parties que, pour leur commodité et pour leur soulagement, elles voulussent s'assembler dans une salle de la maison de ville, ou tout au moins que les deux alliances prissent chacune une chambre, pendant que nous nous assemblerions dans une autre, afin d'être prêts à faire l'office de notre médiation. Cet expédient fut accepté, et nous marquâmes les chambres pour nous et pour les parties; mais nous fûmes obligés d'en marquer deux différentes pour les ambassadeurs de France et pour ceux de Suède, parce qu'ils ne voulurent jamais céder les uns aux autres, ni tirer au sort, comme avoient fait ceux d'Espagne et de Danemarck.

Il restoit une autre difficulté qui regardoit particulièrement le Roi. Les François, les Espagnols et les Impériaux avoient insisté à l'envi les uns des autres que dans les nouveaux pleins pouvoirs il fût fait mention de la médiation du Pape aussi bien que de celle de Sa Majesté. Les Hollandois et les Danois avoient absolument refusé de traiter sur des pleins pouvoirs où il seroit parlé en aucune manière de la médiation du Pape. Nous avions aussi représenté combien il y avoit de différence entre la médiation du Roi qui avoit été acceptée par toutes les parties, et celle du Pape qui n'avoit été reçue que par quelques princes, et pour laquelle les autres puissances témoignoient tant d'aversion qu'elles ne vouloient pas souffrir qu'il en fût fait la moindre mention dans les pleins pouvoirs; que c'étoient les médiateurs de la part de Sa Majesté qui avoient proposé le lieu du traité, fait l'échange des passe-ports, formé le congrès, et ménagé toutes les négociations depuis si long-temps, sans qu'aucun ministre du Pape eût paru, et sans qu'il sût s'il seroit reçu en cas qu'il vînt, et par qui sa médiation seroit acceptée. Enfin on convint que dans les pleins pouvoirs il ne seroit fait mention que de la médiation du Roi; de sorte que n'y ayant plus aucune difficulté à régler, tous les actes furent signés vers la mi-février, et remis entre nos mains, après quoi nous en fîmes l'échange entre les différentes parties.

Après que tous les préliminaires furent réglés, les parties nous remirent de concert leurs propositions ou prétentions. Les François ne demandoient à l'Empereur et à l'électeur de Brandebourg que l'entière restitution du traité de Munster: ils demandoient à l'Espagne la cession de toutes les conquêtes qu'ils avoient faites, alléguant, pour fonder cette prétention, que les Espagnols avoient violé la paix. Ils ne demandoient rien aux Etats-généraux, mais au contraire ils leur offroient de renouer amitié avec eux et de consentir à un réglement de commerce. L'Empereur, de son côté, demandoit que la France rendît à lui, à l'Empire et à tous ses alliés, tout ce qu'elle avoit pris sur eux pendant cette guerre, et qu'elle fît réparation de tous les dommages qu'ils avoient soufferts. Les Espagnols demandèrent la restitution de toutes les places qu'ils avoient perdues, et un dédommagement de toutes les pertes qui leur avoient été causées de la part de la France depuis 1665. Les Hollandois demandoient à la France la restitution de Maëstricht, un réglement de commerce; qu'elle fît satisfaction au prince d'Orange au sujet de sa principauté; et que de part et d'autre on renonçât entièrement à toutes sortes de prétentions. Et à l'égard des dommages qu'ils avoient reçus, ils dirent qu'ils en faisoient un sacrifice à la paix publique, pourvu que l'on donnât satisfaction à leurs alliés.

Les demandes des rois du Nord et des princes d'Allemagne étoient si étendues que je ne les rapporterai point. Je dirai seulement qu'elles se réduisoient à ceci: que tous ceux qui avoient fait des conquêtes prétendoient les garder entièrement, et que tous ceux qui avoient perdu dans cette guerre, prétendoient la restitution de tout ce qu'on leur avoit pris et la réparation des dommages qu'ils avoient soufferts. Le comte de Kinski remit aussi entre nos mains les prétentions du duc de Lorraine, scellées comme les autres; mais nous ne les ouvrîmes pas, parce que les ambassadeurs de France nous dirent qu'ils n'avoient pas reçu de leur cour des contre-prétentions sur le duc de Lorraine, et qu'ils croyoient que c'étoit à cause qu'il n'avoit point paru de ministre au congrès de la part de ce prince. A la vérité ils n'avoient jamais déclaré leurs prétentions contre la Lorraine depuis la mort du dernier duc, et il auroit été très-difficile à leurs ministres et à leurs avocats, quelque habiles qu'ils fussent, de les pouvoir dresser : c'est pourquoi ils trouvèrent à propos de l'éviter, et remirent cet article à un autre temps qu'ils seroient en état de prescrire les conditions de la paix, au lieu d'en traiter.

Ces propositions firent juger à tout le monde ce que les gens éclairés avoient jugé auparavant, qu'on ne devoit point attendre la paix par ce traité dans les circonstances où étoient les affaires, et qu'il n'y auroit que les événemens de la guerre qui pussent déterminer les parties à quelque conclusion.

J'allai le 24 février voir le prince à sa maison de Soësdick, qui n'est qu'à une journée de Nimègue, suivant une lettre que Son Altesse m'avoit fait l'honneur de m'écrire pour m'en prier. Il n'y avoit que huit jours que je lui avois écrit par ordre du Roi, et c'étoit sur cela que le prince vouloit m'entretenir. Je lui dis ce que contenoient les lettres que j'avois reçues. Il me demanda si elles étoient de la main du Roi, ou si elles venoient seulement de ses ministres : je lui répondis que c'étoit le secrétaire d'Etat Williamson qui m'avoit écrit par le commandement du Roi. Le prince me dit alors qu'il savoit d'où elles venoient, mais que cependant il me prioit de lui faire voir ce qu'elles contenoient. Ces lettres marquoient que le Roi s'étoit aperçu que le prince n'avoit pas compris sa pensée; que les conditions dont Sa Majesté parloit, n'étoient pas des propositions, puisqu'elle ne se croyoit pas obligée d'en faire, et que même elle n'avoit pas d'autorité pour cela, mais seulement une marque de la confiance qu'elle avoit au prince; que l'échange de Cambray étoit proposé comme une chose qu'on devoit souhaiter, parce qu'au lieu de cinq places dont le prince demandoit la restitution, il faudroit, par le plan de Sa Majesté, que les François en rendissent six; que cela seroit une espèce de double frontière à Bruxelles, et laisseroit par conséquent la Flandre en un état plus sûr que celui que le prince proposoit; et que c'étoit pour cela que le Roi prioit le prince d'y penser un peu plus sérieusement, et de ne pas témoigner à cet égard tant d'indifférence et de froideur qu'il en marquoit par sa dernière lettre, sans essayer ce qu'on en pourroit tirer. Le secrétaire d'Etat ajoutoit à toutes ces réflexions que si le prince avoit quelques propositions à faire à la France, le Roi les lui proposeroit promptement, et de la manière la plus avantageuse qu'il le pourroit.

Pendant que je lisois cette lettre, le prince eut à peine la patience d'en entendre la lecture. Le style du chevalier Williamson lui étoit toujours si désagréable, et tout ce que je venois de lire lui paroissoit si artificieux, qu'il le reçut d'abord avec indignation et avec mépris, au lieu d'y faire les réflexions qu'on lui demandoit. Il me dit que ces mots de *froideur* et d'*indifférence* venoient de milord Arlington; que la double frontière pour Bruxelles étoit de la crême fouettée du secrétaire, qui n'étoit bonne que pour les enfans, et que tout le reste étoit de la façon de l'ambassadeur de France, qui vouloit continuer un traité particulier avec lui par le moyen du Roi, pendant que son maître iroit en campagne. Il répondit en termes fort clairs qu'il avoit assez pensé à cela, et qu'il n'avoit plus rien à dire sur ce sujet; que la dernière fois qu'il m'avoit entretenu à La Haye il croyoit qu'on auroit pu obtenir des conditions plus avantageuses que celles qu'il proposoit, si le Roi avoit voulu les demander à la France, soit par affection pour lui ou pour l'intérêt de sa couronne ; qu'il étoit fort fâché de trouver les sentimens du Roi si éloignés des siens, et que s'il venoit à changer, il seroit bien aise de le savoir; mais qu'il regardoit présentement la campagne comme commencée, et qu'il croyoit qu'à ce moment-là le canon jouoit devant Valenciennes; qu'il ne voyoit plus aucune espérance de la paix, mais qu'il s'attendoit à une longue guerre, à moins que la Flandre ne fût perdue, et que si cela arrivoit il falloit que les Etats traitassent sur les conditions les plus avantageuses qu'ils pourroient; qu'il s'attendoit à un fort méchant commencement de campagne, à y faire lui-même une triste figure, et à porter le blâme des fautes que les autres feroient; mais que si l'Empereur faisoit ce qu'il avoit promis, la campagne pourroit finir autrement qu'elle n'avoit commencé; que quand on étoit à la grand'messe on y étoit, voulant dire, je pense, par là, que lorsqu'on y est il faut attendre qu'elle soit dite, à cause que la foule est si grande qu'on n'en sauroit sortir ; qu'il remercioit le Roi de l'offre qu'il lui faisoit de faire savoir à la France les propositions qu'il voudroit faire, mais que cela n'avoit jamais été sa pensée, et que s'il avoit eu ce dessein-là, il auroit aisément trouvé un chemin plus court ; que son intention avoit été seulement de faire confidence à Sa Majesté de ses sentimens au sujet de la paix, dont il eût souhaité lui être entièrement redevable ; mais que si le Roi vouloit faire au roi de France d'autres propositions, il le devoit faire de la part de toute l'alliance, et non pas de la sienne.

Après cette conversation, le prince partit incessamment pour La Haye ; et moi je retournai à Nimègue, où toutes les négociations demeurèrent entièrement en suspens jusque vers la fin du mois d'avril. M. Stratmann, un des ambassadeurs de l'Empereur, et M. Christin, un des ministres d'Espagne, arrivèrent environ ce temps-là ; mais ce dernier et don Pedro Ronquillo ayant prétendu les mêmes honneurs que les ambassadeurs, bien qu'ils n'eussent que le titre de plénipotentiaires, et ayant été refusés par les François et par les Suédois, ils demeurèrent *incognito* jusqu'à l'arrivée du marquis de Balbacès.

M. Stratmann fit notifier en même temps, à ce qu'il dit, son arrivée à tous les ambassadeurs : celui de Danemarck et ceux de Suède lui rendirent les premières visites, et ensuite ceux de France. Ce ministre la rendit premièrement aux médiateurs, ensuite aux ministres de Suède, celui de Danemarck étant hors de ville ; après quoi il envoya demander une heure à ceux de France : mais le maréchal d'Estrades répondit que M. Stratmann ayant manqué de respect au Roi leur maître, ils ne vouloient point recevoir de visite de sa part. Là-dessus messieurs Kinski et Stratmann nous prièrent de demander aux ambassadeurs de France pour quel sujet ils refusoient leur visite, parce qu'ils ne pouvoient pas s'imaginer le prétexte qu'ils en avoient, à moins, dirent-ils, que la France ne prétende la préséance sur toutes les autres couronnes, et qu'en conséquence de cette prétention ses ambassadeurs ne se soient attendus que nous leur rendrions la première visite, bien que les ministres des autres rois nous aient visités les premiers. Ils souhaitoient de tout leur cœur que les François voulussent avouer que c'étoit pour cette raison, parce qu'ils espéroient que cela les brouilleroit avec nous et avec les ministres de Suède, qui n'aurions pas manqué de nous déclarer contre cette prétention. Mais les François, quelque instance que nous fissions, se tinrent toujours à leur première réponse ; que M. Stratmann avoit manqué de respect au Roi leur maître, qu'il l'avoit fait à plusieurs égards, et qu'il savoit bien lui-même en quoi ; qu'ils ne vouloient pas entrer plus avant en matière sur cet article, et qu'ils ne vouloient point absolument recevoir sa visite.

Pendant que ces petites affaires servoient à amuser le congrès, les principaux points du traité se ménageoient en campagne. Les François avoient bloqué Cambray et Valenciennes vers la fin de février ; ils avoient d'ailleurs pendant l'hiver rempli leurs magasins de toutes sortes de provisions pour l'entretien de leurs forces : de sorte qu'ils furent en état d'entrer en Flandre et dans l'Allemagne de l'autre côté du Rhin. Ce fut dans ce pays-là particulièrement qu'ils exercèrent les plus cruels ravages qu'on pouvoit pratiquer, brûlant et ravageant tout d'une manière si extraordinaire, qu'on n'avoit rien vu de semblable depuis le commencement de la guerre. Les alliés portèrent plainte au Roi contre cette nouvelle et barbare manière de faire la guerre ; Sa Majesté employa tous les offices envers la France pour empêcher qu'on n'agît si cruellement pendant qu'on traitoit de la paix par sa médiation : mais l'affaire étoit faite, et les François avoient réussi dans ce qu'ils s'étoient proposé, qui étoit de ruiner entièrement le pays, afin que les troupes impériales n'y trouvassent aucune chose pour subsister si elles vouloient entrer en Alsace, et que par ce moyen rien ne les empêchât d'employer toutes leurs forces en Flandre, avant que les Hollandois fussent en état de se mettre en campagne pour secourir les places qu'ils avoient dessein d'attaquer.

Le roi de France mit le siège devant Valenciennes au commencement de mars, et malgré la rigueur de la saison il prit la place le 17 du mois. De là il se mit en marche avec une puissante armée et assiégea Cambray, pendant que le duc d'Orléans assiégeoit Saint-Omer avec un autre corps de troupes. Cambray se rendit par capitulation, après cinq jours de tranchée ouverte ; mais la citadelle se défendit encore quelque temps.

Cependant les Etats ayant reçu l'argent que l'Espagne leur devoit, et voyant que les François cherchoient seulement à les amuser par le traité pendant qu'ils exécutoient le dessein qu'ils avoient contre la Flandre, résolurent de continuer la guerre encore une campagne. Le prince d'Orange les avoit pressés si vivement sur l'observation de leurs traités, et leur avoit si bien représenté le grand intérêt qu'ils avoient dans la conservation de la Flandre, qu'il leur avoit fait prendre cette résolution. Sur le premier mouvement des François, le prince avoit donné les ordres nécessaires à son armée, et pressé l'Espagne de tenir les siennes prêtes à le joindre; il avoit aussi, avec une peine incroyable, pourvu à la subsistance de ses troupes en Flandre, de quoi les Espagnols ne s'étoient pas mis en peine. Cependant, malgré toute sa diligence et tous ses soins, il ne put pas arriver assez à temps pour secourir Valenciennes ni Cambray. Le prince voyant que ces deux places étoient prises, marcha droit à Saint-Omer, résolu de faire lever le siége et de donner bataille avec les troupes des Etats seulement, les Espagnols n'ayant pas été en état de le joindre. Le duc d'Orléans ayant eu avis de la marche des Hollandois, laissa un petit corps de troupes à la garde des tranchées, et s'avança avec le reste de son armée pour donner combat au prince. Il fut joint en chemin par le maréchal de Luxembourg avec un gros détachement de l'armée du Roi, qui n'avoit gardé avec lui que le nombre de troupes qui lui étaient absolument nécessaire pour continuer le siége de la citadelle de Cambray. Les armées se rencontrèrent à Mont-Cassel et combattirent avec beaucoup de bravoure; mais, après une vigoureuse dispute, les premiers régimens de l'infanterie hollandoise commencèrent à plier et à tomber en désordre. Le prince y accourut, les rallia plusieurs fois et les ramena à la charge: cependant il fut emporté lui-même par les fuyards qu'il ne put jamais arrêter. Il en fut si outré, qu'il coupa le visage d'un de ces lâches, criant à haute voix : « Coquin, je te marquerai, au moins, afin de te faire pendre. » Ni paroles, ni coups, ni menaces, ni exemples, ne furent capables de donner courage à des gens qui l'avoient déjà perdu : de sorte que le prince fut contraint de céder au torrent et de se laisser emporter vers le reste de ses troupes qui faisoient encore ferme. Il les joignit, et ayant rassemblé une partie de celles qui avoient été rompues, il fit une retraite qui ne fut guère moins honorable qu'une victoire, et qui contribua beaucoup, de l'aveu même de ses ennemis, à augmenter cette réputation qu'il s'est acquise avec tant de justice. On attribua entièrement à la conduite et à la valeur du prince le salut du reste de l'armée hollandoise, après la déroute de leurs premières troupes. Cette action fut bientôt suivie de la reddition de Saint-Omer et de la citadelle de Cambray, qui capitulèrent le 20 d'avril. Les Espagnols perdirent par la prise de ces deux places les meilleures frontières de la Flandre de ce côté-là, comme ils avoient perdu dans la dernière guerre les meilleures qu'ils avoient de l'autre, savoir Ath et Charleroi. Ils perdirent aussi l'espérance de lever des contributions sur les terres de France, qui jusque là avoient fait la plus grande partie de la subsistance des troupes espagnoles; et il ne leur resta plus de place frontière considérable que Namur et Mons du côté de terre, et Ostende et Nieuport du côté de la mer. Les autres places des Pays-Bas espagnols étoient de grandes villes dont on ne pouvoit pas attendre de résistance quand les François trouveroient à propos de les attaquer, et qu'ils se verroient en état de pouvoir épargner assez de monde pour les garder lorsqu'ils s'en seroient rendus maîtres. Les habitans de ces villes étoient en grand nombre; et d'ailleurs ils avoient une haine si invétérée contre le gouvernement de France, qu'il n'auroit pas été possible de conserver ces places sans de fortes garnisons, à moins que, par une entière conquête, tous les Pays-Bas espagnols ne fussent devenus françois, et que pour lors ces villes eussent servi de frontière contre les Hollandois et les Allemands, et de théâtre à la guerre, comme sont toutes les nouvelles conquêtes.

Les Espagnols croyoient que l'Angleterre et la Hollande ne souffriroient jamais cela : et il sembloit qu'ils eussent abandonné le destin de la Flandre au soin de ces deux Etats, avec une résignation qui convenoit mieux à de bons chrétiens qu'à de bons politiques. J'ai toujours remarqué, par ce que j'ai vu moi-même et par ce que j'ai lu dans les histoires, qu'il n'y a point d'ordinaire de raisonnemens si faux que ceux qu'on fait sur la conduite des princes et des Etats, par les choses qui nous paroissent évidemment être le véritable intérêt de leur pays. Il faut considérer que les intérêts de ceux qui gouvernent sont toujours différens des intérêts de ceux qui sont gouvernés; qu'il y a des gens qui sont naturellement paisibles, qui n'ont d'autre passion que de conserver ce qu'ils ont; qu'il y en a d'autres, au contraire, qui sont inquiets et turbulens, qui veulent avoir ce qu'ils n'ont pas, et qui se servent pour cela de moyens injustes et violens, s'ils n'en ont pas de légitimes : de sorte que je n'ai point trouvé de meilleure méthode, pour juger des véritables résolutions d'un Etat, que de s'appliquer à connoître le tempérament, l'esprit et l'humeur des princes et des principaux ministres qui ménagent les affaires. Les Espagnols ne suivoient pas ce principe, et raisonnoient suivant l'intérêt de chaque nation. Ils savoient que la Hollande sauveroit la Flandre si elle le pouvoit, et que l'Angleterre le pouvoit faire si elle le vouloit ; et ils croyoient qu'à la fin elle y seroit obligée par son intérêt et par l'humeur du peuple. Don Bernard de Salinas, envoyé d'Espagne en Angleterre, et Fonseca qui y résidoit en qualité de consul, contribuoient beaucoup à nourrir leur cour de ces espérances. On peut dire avec justice qu'ils fomentèrent fort adroitement les divisions et les emportemens qui parurent pour lors dans le parlement, sur la crainte qu'on eut que les François ne fissent l'entière conquête de la Flandre et de la Sicile. L'affaire fut poussée si loin, que le parlement présenta une adresse au Roi pour lui représenter le progrès des armes de la France, et pour le supplier de les vouloir arrêter avant qu'elles fussent plus dangereuses à l'Angleterre et à leurs autres voisins. Don Bernard de Salinas dit à quelques membres des communes que cette adresse avoit tellement irrité le Roi, qu'il avoit dit que ceux qui en étoient les auteurs étoient une bande de coquins. Cela fit grand bruit dans la chambre des communes, et le Roi prit cela comme un effet de la malice de Salinas, ou tout au moins comme un dessein d'animer la chambre des communes : c'est pourquoi il lui ordonna de sortir du royaume dans un certain temps. Cependant le parlement fit une autre adresse sur le même sujet, pour prier le Roi de faire une ligue offensive et défensive avec les Etats-généraux, afin de s'opposer au progrès des armes de France. Sa Majesté, prenant cette prière comme un attentat sur ses prérogatives, fit une rude réponse, et prorogea le parlement jusqu'à l'hiver suivant.

Cependant les François eurent tant d'égard aux murmures qui s'étoient élevés en Angleterre sur le soupçon qu'on y avoit qu'ils avoient formé le dessein de faire une entière conquête de la Flandre, qu'après s'être emparés de ces trois importantes places (1) ils dispersèrent leur armée, et le Roi s'en retourna à Versailles. Dès qu'il y fut arrivé, il écrivit à Sa Majesté que pour faire voir qu'il n'avoit point intention de conquérir la Flandre, mais qu'il étoit au contraire dans le sentiment de faire une paix générale, il consentoit à une trêve, malgré les grands avantages qu'il avoit et les grandes armées qu'il tenoit sur pied, pourvu que les Suédois ses alliés y voulussent consentir : de quoi il prioit Sa Majesté de s'informer elle-même, puisqu'il ne lui étoit pas possible de le faire, n'ayant pas la liberté d'envoyer des courriers en Suède.

(1) Valenciennes, Saint-Omer et Cambray.

Les ambassadeurs de France publièrent le contenu de cette lettre parmi tous les ministres des alliés ; mais cela ne fut pas reçu de la manière qu'ils avoient espéré, et jugèrent tous que c'étoit un artifice grossier. M. Beverning lui-même, quoique le plus ardent pour la paix, prit cette offre en fort mauvaise part. Il dit ouvertement à ce sujet que les François méritoient d'être loués en ce qu'ils ne négligeoient aucune occasion importante, non pas même un amusement ; que les François avoient donné leur coup et qu'ils vouloient empêcher les confédérés de donner les leurs ; que la condition du consentement de la Suède étoit un moyen fort aisé d'éviter la trêve si les alliés l'acceptoient ; que cette trêve ne pouvoit pas se faire, parce que la Flandre ayant perdu toutes ses places frontières, elle pourroit être emportée dans un moment à la première invasion ; que les villes dont les François s'étoient emparés deviendroient pendant la trêve entièrement françoises, et que par conséquent il seroit plus difficile de les regagner ou par la paix ou par la guerre ; que pour lui il souhaitoit la paix, malgré les raisonnemens politiques de M. Van-Beuninghen et des autres ministres des confédérés en Angleterre ; et que nonobstant leurs intrigues et ce qu'ils disoient sur ce sujet, il étoit assuré que le Roi ne s'engageroit jamais dans la guerre pour sauver quelque ville de Flandre. Cette persuasion lui faisoit embrasser tous les moyens qu'il croyoit propres pour avancer la paix, et lui fit faire, au sentiment de quelques-uns, plus d'avances que sa commission ne portoit, lesquelles d'ailleurs étoient fort mal concertées avec les démarches des alliés. Il nous apporta vers la mi-avril un projet de traité de commerce entre les Etats, la France et la Suède, et nous pria de le vouloir communiquer aux ministres de ces deux couronnes ; ce que nous fîmes seulement pour la forme, sachant bien qu'il leur avoit déjà été communiqué par les ambassadeurs de Hollande même. Quelques jours après ils entrèrent en conférence sur ce projet dans la maison des ambassadeurs de France, qui ne parurent pas beaucoup éloignés de ce que les Hollandois demandoient pour leur commerce ; ce qui faisoit pourtant à leur égard la plus grande difficulté du traité.

Sur la fin d'avril 1677, les ministres des alliés nous apportèrent leurs réponses par écrit aux propositions de la France, et ils offrirent de les remettre entre nos mains lorsque nous les assurerions que les ambassadeurs de France et de Suède seroient prêts de donner les leurs. Nous communiquâmes à ces ministres la proposition des alliés ; mais ceux de France refusèrent positivement de répondre par écrit, et ils alléguèrent pour justifier leur sentiment l'exemple du traité de Munster, et que d'ailleurs il étoit à craindre qu'on en vînt aux injures et aux invectives dans les écrits ; ce qu'il étoit bon d'éviter. Les alliés persistèrent pendant quelque temps, sans vouloir se désister de donner leurs réponses par écrit ; mais enfin ils consentirent les uns et les autres à l'expédient que nous proposâmes : ce fut que chaque parti nous dicteroit ce qu'il auroit dessein de dire à l'autre ; que nous en mettrions la substance par écrit ; que nous la leur lirions, afin qu'ils pussent juger si nous avions compris leur pensée et si nous l'avions bien exprimée ; et que nous écririons suivant notre style et non pas suivant le leur, pour éviter toute querelle.

Le président Canon, envoyé du duc de Lorraine, arriva environ la mi-mai, et mit entre nos mains les prétentions de son maître. Tous les alliés s'attendoient que les François y répondroient, ne pouvant plus différer sur le prétexte qu'ils avoient déjà allégué, puisqu'un ministre de la part de ce prince s'étoit rendu sur les lieux ; mais les ambassadeurs de France répondirent ouvertement qu'ils n'avoient aucune instruction sur cette affaire. Les confédérés en témoignèrent beaucoup d'indignation et s'en plaignirent fortement à nous, avec protestation qu'ils étoient tous résolus d'abandonner le traité, à moins que les intérêts du duc de Lorraine n'y fussent considérés comme les leurs.

Le nonce du Pape arriva vers la fin de mai ; sur quoi les ambassadeurs de Suède et de Danemarck nous vinrent incontinent trouver pour nous demander de quelle manière nous avions dessein d'agir à l'égard de ce ministre. Ils nous dirent l'un et l'autre qu'ils se trouvoient fort embarrassés ; que l'un d'eux étoit pressé par les François, et l'autre par les Impériaux et les Espagnols, de pratiquer tout au moins les cérémonies et les civilités ordinaires avec un ministre pour lequel ils témoignoient à l'envi tant de respect et tant de déférence ; mais ils nous dirent qu'ils n'avoient exemple ni instruction de leurs cours pour se déterminer sur cette matière, et qu'ainsi ils étoient absolument résolus à observer les démarches que nous ferions. Nous tranchâmes net sur cet article ; nous leur déclarâmes que nous étions résolus de n'avoir aucun commerce avec le nonce du Pape, soit dans les fonctions de notre charge ou dans les affaires de cérémonie, et que les ordres de notre cour étoient si précis sur ce sujet qu'il n'y avoit aucun milieu à prendre. Le jour suivant, messieurs Colbert et d'Avaux vinrent en cérémonie nous communiquer l'arrivée du nonce, et nous dirent qu'il avoit dessein de nous faire la première visite s'il étoit assuré d'être bien reçu. Nous leur répondîmes ce que nous avions déjà répondu aux ministres de Suède et de Danemarck ; et bientôt après tous les ministres des princes protestans à Nimègue suivirent notre exemple, et résolurent de n'avoir aucun commerce avec le nonce.

Environ dans le même temps, les parties consentirent à répondre par écrit aux propositions les uns des autres, et de les mettre entre nos mains pour en faire l'échange. Il y eut bien de la peine et nous employâmes bien du temps pour les obliger à cela, et encore ne voulurent-ils pas s'engager à suivre la même méthode à l'avenir. Cette réserve n'étoit pourtant pas fort nécessaire, car j'estime que cette démarche fut la seule qui se fit pour un traité général, auquel ces réponses n'avoient pas plus de rapport que les propositions mêmes.

Le marquis de Balbacès, premier ambassadeur d'Espagne, arriva le dernier jour de mai ; et presque dans le même temps milord Berkley s'en retourna en Angleterre où il mourut, après avoir langui le reste de l'été.

Le 7 de juin, les ambassadeurs de Hollande nous apportèrent le projet d'un traité entre eux et la France, digéré en articles suivant toutes les formalités, et nous dirent que, dans une conférence qu'ils avoient eue sur ce sujet avec les ambassadeurs de France, ils étoient à peu près convenus de tous ces points, et que tout au moins il n'y en avoit que deux au sujet du commerce qui ne fussent pas entièrement réglés ; mais qu'ils croyoient les terminer entièrement dès que les ministres de France auroient reçu réponse de leur cour sur leur dernière dépêche, et qu'aussitôt que leur traité seroit fini ils emploieroient leurs offices entre leurs alliés et les François. Tous les articles entre les François et les Hollandois furent effectivement conclus au commencement de juillet, et M. Beverning commença dès-lors à faire l'office de médiateur, et même quelque chose de plus : il poussa les alliés à la paix d'une manière fort pressante et un peu rude, et avec plus d'empressement, au sentiment de quelques-uns, que ses maîtres ne le lui avoient ordonné ; à quoi il y avoit quelque apparence, puisque les Etats prétendoient toujours être attachés à leurs alliés. Cependant M. Beverning disoit publiquement que Van-Beuningen et les ministres d'Espagne à la cour d'Angleterre en imposoient à tous leurs amis en

Hollande, en les flattant de l'espérance que le Roi entreroit dans la guerre, ou tout au moins qu'il prescriroit aux parties un plan de paix. Beverning ne croyoit ni l'un ni l'autre, et prétendoit être moralement assuré de son opinion, sur quoi il fondoit la nécessité de la paix.

Le duc de Zell commença pour lors à faire des difficultés sur les cinq mille hommes qu'il avoit promis aux alliés, et refusa de les envoyer à moins de quelques nouvelles stipulations. Les François offrirent dans le même temps une garantie à la maison de Lunebourg pour toutes les conquêtes que ces princes avoient faites sur la Suède dans le duché de Brême, pourvu qu'ils voulussent embrasser la neutralité ; ce qui donna de grands ombrages aux alliés aussi bien qu'à la Suède, et leur fit craindre que la France et la maison de Brunswick ne fussent sur le point de prendre quelques mesures particulières. Les Hollandois, d'un autre côté, se trouvèrent fort embarrassés sur des avis qu'ils reçurent de Vienne et de Madrid que don Juan d'Autriche traitoit d'une paix particulière avec les François, et qu'une des conditions étoit que l'Espagne céderoit à la France les Pays-Bas, et que les François renonceroient au Roussillon et à la Sicile. Les confédérés firent là-dessus de grandes instances en Angleterre pour obliger le Roi à rappeler ses troupes qui étoient encore au service de la France, parce qu'ils attribuoient la plus grande partie des succès des François en Allemagne à la bravoure des troupes angloises ; mais Sa Majesté s'en excusa sur la qualité de médiateur, et sur ce qu'elle avoit un plus grand nombre de troupes au service des alliés qu'il n'en avoit en France. Cette réponse fit perdre aux confédérés l'espérance qu'ils avoient eue jusqu'alors que le Roi relèveroit leurs affaires languissantes, et ils la regardèrent comme un triste présage de ce qu'ils devoient attendre de ce côté-là à l'avenir. Les grandes espérances qu'on avoit conçues des actions que les Impériaux avoient promis de faire sur le Rhin, cette campagne commencèrent aussi à s'évanouir, parce que leurs troupes ne trouvèrent aucune subsistance dans les pays que les François avoient ravagés au commencement de l'année, pour prévenir la marche des Allemands. Le prince d'Orange ayant observé toutes ces circonstances, et voyant que, selon toutes les apparences, la campagne se passeroit sans action en Flandre, puisque les François ne vouloient pas en venir à une bataille, et qu'il n'étoit pas en état d'entreprendre un siége à la vue de l'armée de France, qui pourroit venir au secours,

il jugea que les alliés n'avoient plus d'autre ressource que l'Angleterre : c'est pourquoi il y envoya M. de Benting, pour prier le Roi d'agréer qu'il y fît un voyage dès que la campagne seroit finie. Sa Majesté répondit fort civilement, mais elle témoigna qu'elle souhaitoit que le prince songeât premièrement à faire la paix, et qu'il différât son voyage jusqu'à ce qu'elle fût conclue.

Vers la mi-juin, mon fils me vint trouver à Nimègue et m'apporta des lettres de milord trésorier, par lesquelles il me marquoit que le Roi m'ordonnoit de passer en Angleterre pour prendre possession de la charge de secrétaire d'État. Il ajoutoit que M. Coventry avoit offert à Sa Majesté de s'en démettre moyennant dix mille livres sterlings ; que là-dessus le Roi avoit dit qu'il en paieroit cinq mille pour moi, et que je donnerois le reste ; que cependant il ne doutoit point que le Roi ne fît encore quelque autre chose, afin de m'aider à payer cette somme. Je fis incessamment réponse à milord trésorier, pour remercier Sa Majesté de la bonté qu'elle avoit pour moi, mais je m'excusai en même temps d'accepter cette offre : j'alléguai que je n'étois pas en état de compter une si grosse somme, parce que mon père vivoit encore et qu'il jouissoit de tout le bien de la famille ; et que du moins je prîois Sa Majesté de différer jusqu'à ce qu'on vît le tour que le traité prendroit. Le 2 de juillet, le sieur Smith, un des messagers du Roi, arriva à Nimègue, et m'apporta, pour réponse à mes lettres, un ordre du Roi par lequel Sa Majesté m'ordonnoit de me rendre incessamment à bord d'un yacht qu'elle avoit envoyé expressément pour moi, afin de me passer en Angleterre. J'obéis, et je partis de Nimègue sans aucune cérémonie, sous prétexte que quelques affaires m'appeloient en Angleterre ; mais je ne dis le sujet de mon voyage qu'à mes meilleurs amis.

Le Roi me fit plusieurs questions sur mon voyage et sur le congrès, et il me querella agréablement sur la grande dépense que nous lui faisions pour rien. Il me demanda aussi des nouvelles du chevalier Jenkins, comment je l'avois instruit, en quelle estime il étoit parmi les ambassadeurs, et plusieurs autres choses divertissantes sur ce même sujet. Après quelque temps de conversation, Sa Majesté dit que je savois fort bien pourquoi elle m'avoit ordonné de venir ; qu'il y avoit long-temps qu'il avoit ce dessein-là ; mais que cependant je ne devois pas l'en remercier, puisqu'il ne connoissoit personne que moi qui fût capable d'occuper ce poste. Je répondis au Roi que ce qu'il me disoit étoit fort à mon avantage, mais que c'étoit un méchant compliment à ma nation et que je croyois qu'elle ne méritoit pas ce reproche; que j'étois persuadé qu'il avoit plusieurs personnes qui étoient capables de remplir cet emploi et quelque autre que ce fût, et que j'en pourrois nommer deux sur-le-champ qui étoient plus capables d'être secrétaires d'état que moi. Le Roi me dit en riant : « Allez-vous-en à Sheene ; je vois bien que nous ne pourrions avoir raison de vous que vous n'ayez été là ; et quand vous vous serez reposé, revenez-vous-en ici. » Je ne l'ai jamais vu de meilleure humeur qu'il étoit alors, et je n'ai point trouvé de conversation plus charmante que la sienne quand il vouloit se familiariser. Il avoit l'imagination fort vive, l'esprit agréable, une connoissance des choses extrêmement étendue, et le jugement plus solide qu'on ne l'auroit cru, vu la manière libre et naturelle avec laquelle il agissoit. Tout son but étoit de passer sa vie dans un repos et dans une tranquillité perpétuelle ; il auroit souhaité aussi que tout le monde eût voulu faire de même, et il auroit été ravi de voir tous ses sujets contens et d'être en état de ne refuser jamais à personne ce qu'on lui demandoit. Mais d'un autre côté, la facilité de son tempérament lui faisoit embrasser les sentimens de toutes les personnes en qui il avoit de la confiance, quelque différens qu'ils fussent de ceux qu'il avoit eus auparavant ; il étoit d'ailleurs fort sujet à se défaire des gens qu'il employoit lorsqu'il s'imaginoit qu'ils l'avoient engagé dans quelques embarras; de sorte qu'il ne paroissoit rien de stable ni même aucun but certain ni réglé dans toute la conduite de ses affaires. Cependant on peut dire avec justice qu'il avoit toutes les qualités pour s'attirer l'amour et l'estime de tous les hommes, et que jamais prince n'a eu moins d'orgueil et de vanité, et n'a été si ennemi de la flatterie, dont le seul soupçon lui rendoit les gens insupportables. Son humeur, dont je viens de parler, lui fit négliger plusieurs occasions de rendre sa couronne plus glorieuse qu'elle n'étoit, et il semble que, malgré son indifférence à cet égard, tout conspiroit à lui présenter les momens les plus favorables qu'il pouvoit souhaiter pour se rendre le plus glorieux prince du monde. Cette négligence donna lieu aux desseins ambitieux d'un prince voisin ; et il est certain qu'il doit sa grandeur et le bruit qu'il a fait dans le monde aux soins et aux artifices dont on se servoit pour ménager l'esprit facile du Roi, et à l'indifférence qu'il avoit pour la guerre, s'il m'est permis de parler ainsi.

Je demeurai deux jours à Sheene, et pendant ce temps-là, quelques amis de M. Coventry firent si bien, qu'ils le portèrent à déclarer qu'il ne se démettroit pas de sa charge, à moins que le Roi ne lui donnât permission de nommer une personne pour lui succéder dans la place de secrétaire d'Etat, et duquel il pût recevoir tout l'argent qu'il vouloit avoir pour sa démission, sans que le Roi en demeurât chargé d'une partie. Lorsque je vins en cour, le Roi me dit dans son cabinet ce qui s'étoit passé le jour auparavant entre lui et M. Coventry sur ce sujet. Sa Majesté me dit qu'elle n'entendoit point ce qu'il vouloit dire, ni le fin de cette affaire ; que c'étoit Coventry lui-même qui lui avoit proposé sa démission, sous prétexte que sa santé ne lui permettoit plus de remplir cet emploi ; qu'il étoit convenu du prix qu'il en vouloit, et qu'il avoit arrêté toutes choses avant que j'eusse reçu ordre de partir : mais que présentement il avoit changé de langage, et qu'il disoit qu'il ne quitteroit pas son emploi si on ne lui donnoit la permission de nommer une personne pour lui succéder, et qu'il ne croyoit pas avoir rien fait qui pût obliger le Roi de l'en chasser. Sa Majesté ajouta qu'elle étoit résolue de le prendre à sa parole, et qu'elle lui avoit déclaré que c'étoit sa volonté, et qu'il y pensât. Je représentai là-dessus au Roi combien M. Coventry avoit été fidèle au Roi, son père, et à lui-même ; les grands services qu'il lui avoit rendus dans la charge de secrétaire d'Etat ; combien il lui en pourroit rendre encore dans la chambre des communes, où il avoit beaucoup de crédit, et où Sa Majesté en pourroit avoir besoin, à cause du mauvais état de ses revenus ; d'ailleurs combien cette action seroit contraire à son inclination naturelle et à sa coutume ; que pour moi, en particulier, je prendrois comme une marque de bonté si Sa Majesté vouloit différer le changement jusqu'à ce qu'on pût voir le train que prendroit le traité ou la guerre ; et que cela m'obligeoit de la supplier de ne forcer pas un habile secrétaire d'Etat à quitter son emploi, pour en prendre un autre qui ne seroit pas si éclairé, et qui y avoit même de la répugnance ; et que M. Coventry demeurât dans ce poste jusqu'à ce qu'il parût plus disposé à s'en défaire. Le Roi me dit qu'il consentoit à laisser dormir cette affaire pendant quelque temps, ne doutant pas qu'un de nous deux ne changeât bientôt de sentiment.

Cependant le sujet de mon voyage fut divulgué : milord Arlington et plusieurs autres personnes me demandoient quand on m'en pourroit féliciter, et déjà on commençoit à m'importuner pour avoir des emplois sous moi. Cela me rendit la cour insupportable et redoubla l'amour que j'avois pour la campagne, où je demeurois le plus qu'il m'étoit possible. Je venois pourtant quelquefois en cour, et Sa Majesté m'honora plusieurs fois de sa conversation dans son cabinet, sans autres témoins que le duc ou milord trésorier; mais le plus souvent nous étions seuls. Ces conversations rouloient ordinairement sur la paix et sur le voyage du prince d'Orange en Angleterre. Le Roi témoigna beaucoup de désir pour le premier article, mais non pas pour le second, à moins que la paix ne fût auparavant conclue. Il dit que le parlement ne seroit jamais en repos, ni favorable à ses desseins, pendant que la guerre duroit; qu'il s'étoit mis dans la tête de l'y engager malgré qu'il en eût; qu'il prenoit pour prétexte le bien public et les dangers qu'il y avoit à craindre de la France, et qu'il y avoit peut-être plusieurs personnes entre les membres qui le composoient qui agissoient effectivement par ces motifs; mais que ces divisions et ces emportemens avoient été fomentés par des chefs de parti qui, ayant toujours en vue leur propre avantage, le vouloient engager dans la guerre et l'y laisser, à moins qu'ils ne pussent disposer des emplois à leur fantaisie; qu'il ne pouvoit pas se résoudre à se mettre si fort à leur merci, qu'il y seroit s'il l'avoient une fois engagé dans la guerre; que d'ailleurs il s'apercevoit que plus elle duroit, et plus elle seroit au désavantage des confédérés; que la Flandre achevoit de se perdre tous les jours; que la conduite de l'Espagne perdroit tout infailliblement, et que c'étoit ce qui l'obligeoit à désirer que le prince fît la paix pour les Espagnols, s'ils étoient assez insensés pour ne la pas faire eux-mêmes; que s'il pouvoit convenir des conditions avec le prince, il étoit assuré que la paix se pourroit faire.

Après plusieurs discours sur ce sujet qui durèrent presque un mois, le Roi me dit qu'il souhaitoit que je fisse un voyage vers le prince pour tâcher encore de le persuader à faire cela, et pour l'assurer que si l'on étoit convenu de cette affaire, il seroit ravi de le voir en Angleterre. Le duc et le grand trésorier me pressèrent aussi extrêmement sur cet article; mais, dans une longue conférence que j'eus avec eux à ce sujet, je leur représentai combien de fois j'avois été inutilement employé auprès du prince pour le même dessein; que je l'avois toujours trouvé inébranlable, et que j'étois assuré qu'il le seroit encore, à moins que le Roi ne lui proposât un autre plan que celui qu'on lui avoit déjà proposé, qui mît plus la Flandre et son honneur à couvert; que j'avois déjà fait tous mes efforts pour cela, et que je ne pourrois que répéter ce que j'avois plusieurs fois dit, suivant les ordres qui m'en avoient été donnés; que les réponses du prince avoient toujours été les mêmes, et que cela avoit fait croire à quelques-uns de mes bons amis en cour que j'écrivois plutôt mes propres pensées que celles de Son Altesse; que Sa Majesté feroit mieux de faire sonder l'esprit du prince par une autre personne, afin de voir si ses réponses seroient les mêmes; et que si elles étoient différentes, elle connoîtroit au moins que je l'avois mal servi. Le Roi me dit que comme c'étoit une affaire de confiance entre le prince et lui, elle devoit être ménagée secrètement, et qu'il n'avoit personne à lui envoyer que moi seul. Je répondis que si Sa Majesté me le vouloit permettre, j'en nommerois un: elle me le permit, et je nommai M. Hyde. J'ajoutai que ce gentilhomme ayant déjà assisté au congrès de Nimègue en qualité de médiateur, il pouvoit prendre le prétexte d'y retourner pour y faire la même fonction pendant mon absence, et se servir de cette occasion pour passer au camp du prince d'Orange; qu'il pourroit dire à Son Altesse ce que le Roi lui ordonneroit, savoir ses dernières résolutions sur la paix, et se rendre ensuite à Nimègue pour ne donner pas d'ombrage aux alliés; que ce voyage ne feroit pas tant de bruit que le mien en feroit; qu'on en pouvoit juger par les lettres du chevalier Jenkins, où il étoit expressément marqué que M. Beverning avoit souhaité qu'il ne se fît aucun pas dans le traité pendant mon absence, ayant appris que je ne tarderois pas long-temps en Angleterre, et que Sa Majesté enverroit par moi le plan qu'elle avoit fait de la paix. Le duc donna d'abord dans la proposition d'envoyer M. Hyde, et le Roi et le grand trésorier en convinrent aussi après quelque contestation; sur quoi il fut résolu qu'il partiroit le plus tôt qu'il seroit possible. Il partit, et trouva le prince dans son camp. Son Altesse ne fut pas moins inflexible cette fois-là sur les conditions de la paix que le Roi proposoit, que je l'avois prévu; je jugea bien, par les lettres que M. Hyde écrivit au sujet de cette conférence, que j'avois raisonné fort juste sur cette matière. Ce gentilhomme continua sa route droit à Nimègue, et il m'écrivit une lettre sur ce qui s'étoit passé entre le prince et lui, dans laquelle il me marquoit qu'il n'avoit jamais vu tant de fermeté dans aucune personne.

Je savois d'ailleurs que le voyage de M. Hyde seroit d'un grand soulagement au chevalier Jenkins, qui, pour me servir de ses propres termes, étoit dans une perpétuelle agonie depuis qu'il étoit seul. Il se défioit si fort de son jugement, que, quoiqu'il eût la meilleure intention du monde de bien faire les choses, il ne savoit bien souvent comment s'y prendre, faute de résolution ; et il étoit aussi embarrassé des petites pointilleries dans les visites et dans les cérémonies qui accompagnoient cette ambassade, que s'il avoit été accablé de grandes affaires. Il étoit d'ailleurs exposé à l'aversion du secrétaire d'Etat Williamson, qui, par le ressentiment de quelque différend qu'il avoit eu autrefois avec lui à Cologne, ne laissoit échapper aucune occasion de censurer sa conduite, et d'épiloguer sur ses lettres devant le Roi et le comité du conseil pour les affaires étrangères. Il arriva environ ce temps-là que les ambassadeurs d'Espagne ayant reçu une nouvelle commission, parurent pour la première fois en public : ils le notifièrent aux Impériaux, qui leur rendirent incessamment visite, et deux heures après les Espagnols leur rendirent la même civilité ; après quoi ils envoyèrent, suivant les formalités ordinaires, avertir les médiateurs premièrement, et ensuite tous les autres ambassadeurs. Le chevalier Jenkins se trouva embarrassé, parce qu'il avoit ordre de prendre le pas devant les ministres de l'Empereur, aussi bien que devant les autres ambassadeurs, et de ne le céder à personne en cas de contestation. Il avoit aussi ordre que quand il se rencontreroit des difficultés sur les cérémonies qui ne pourroient pas souffrir qu'on attendît de nouveaux ordres, de consulter les autres ambassadeurs, et particulièrement ceux de France et de Suède, qui poussent d'ordinaire le point d'honneur plus loin que les autres ; et enfin de se gouverner le mieux qu'il lui seroit possible par les exemples. Il délibéra avec ces ambassadeurs s'il devoit visiter les Espagnols, puisqu'ils avoient premièrement averti les Impériaux ; et il fut conclu qu'il leur feroit demander s'ils avoient en cela regardé les ministres de l'Empereur comme ambassadeurs en général, ou bien s'ils avoient fait cette démarche à leur égard à cause de la proximité de sang qui est entre les deux maisons d'Autriche ; que s'ils répondoient qu'ils avoient regardé les Impériaux comme ambassadeurs de l'Empereur, il ne devoit pas les visiter, à cause qu'ils avoient manqué de respect pour les médiateurs, auxquels tous les autres ambassadeurs avoient cédé ; ce qu'ils n'auroient pas fait si l'Empereur l'eût refusé, et qu'il se fût voulu distinguer des autres têtes couronnées : mais que si les Espagnols répondoient que c'étoit seulement à cause de la proximité de sang qui étoit entre les maisons d'Autriche, ni lui ni eux n'y devoient trouver à redire, puisque ces deux couronnes avoient fait la même chose à Munster sans que les médiateurs s'en fussent offensés, bien qu'ils fussent nonces du Pape, avec lesquels par conséquent il n'y avoit point de dispute. Les Espagnols ayant déclaré par écrit au chevalier Jenkins que ce qui s'étoit passé entre eux et les Impériaux étoit à cause de la parenté, et sur le même pied qu'au traité de Munster, il leur rendit la visite et reçut les leurs. Le secrétaire d'Etat Williamson représenta au Roi que c'étoit une désobéissance à des ordres positifs, et qu'il avoit cédé aux Impériaux ; sur quoi il lui écrivit une rude lettre et lui fit des censures fort aigres. Je me trouvai en cour peu de temps après, et je tâchai de justifier l'intention et le procédé de mon collègue : je fis voir qu'il avoit suivi positivement ses ordres ; qu'il avoit consulté les autres ambassadeurs ; qu'il s'étoit conformé au meilleur exemple, qui étoit le traité de Munster ; que s'il avoit rompu avec les Espagnols sur cet article, il auroit provoqué les Impériaux à déclarer ouvertement qu'ils ne vouloient pas céder aux médiateurs : sur quoi les autres ambassadeurs n'auroient jamais manqué de révoquer la concession qu'ils avoient faite, et ainsi on auroit mis en compromis ou peut-être perdu la place d'honneur qu'on avoit accordée à la médiation du Roi. J'eus le bonheur de satisfaire Sa Majesté et ses ministres sur ce sujet, et j'obtins un ordre pour faire expédier un pardon à mon collègue, car c'est ainsi qu'on voulut appeler cette faveur ; de quoi ce gentilhomme témoigna autant de reconnoissance que si sa faute avoit été bien grande.

On ne fit aucun autre progrès dans le traité pendant le reste de l'été, et l'affaire du duc de Lorraine exerça suele les médiateurs. Tous les alliés en corps pressèrent les François à répondre aux prétentions que ce prince avoit fait délivrer par le président Canon ; mais eux ne pouvant plus se servir de la même excuse dont ils s'étoient déjà servis, formèrent une autre difficulté pour éluder les instances des alliés, et déclarèrent qu'ils ne pouvoient pas répondre au ministre du duc de Lorraine jusqu'à ce que les agens de l'évêque de Strasbourg eussent été reçus dans le congrès. L'Empereur témoigna pour cela une répugnance invincible, et protesta qu'il n'entreroit jamais en traité avec un de ses vassaux : de sorte qu'il se passa inutilement plusieurs conférences sur ce sujet, dans lesquelles les ambassadeurs de France commencèrent à insinuer aux médiateurs que leur maître n'avoit jamais eu dessein qu'on considérât dans le traité l'affaire de la Lorraine que comme un accessoire.

L'évêque de Gurck et le comte Antoine, l'un principal ambassadeur de l'Empereur, et l'autre du roi de Danemarck, arrivèrent à Nimègue au mois d'août. Le premier fut d'abord visité par les Espagnols, et il leur rendit incessamment leur visite; après quoi il envoya notifier son arrivée aux médiateurs et à tous les autres ministres. Ni les uns ni les autres ne firent de difficulté sur cette affaire, parce qu'il déclara ce que les Espagnols avoient déjà déclaré sur le même sujet, que les premières visites entre les ministres des deux maisons d'Autriche étoient des visites d'affection et de parenté, et non pas de cérémonie. Le comte Antoine, à son arrivée, tomba dans des difficultés dont on ne put jamais voir la fin : il eut dessein d'envoyer avertir premièrement les médiateurs, comme tous les autres ministres avoient fait; mais les Impériaux en ayant eu le vent, lui envoyèrent dire qu'ils attendoient qu'il rendît la première civilité à l'Empereur; et ce fut dans cette occasion qu'ils déclarèrent ouvertement leur prétention, au préjudice de l'honneur qu'on avoit jusque là accordé à la médiation du Roi. Le comte Antoine se trouvant un peu embarrassé, envoya M. Hoeg, son collègue, pour informer les médiateurs de cet incident, et pour les prier d'y trouver quelque expédient; mais ils s'en excusèrent sur les ordres positifs qu'ils avoient de prétendre les premières notifications. Les Danois ne vouloient désobliger le Roi ni l'Empereur : de sorte que ne trouvant aucun tempérament dans cette affaire, bien que les ministres de France et de Hollande en eussent proposé plusieurs, le comte Antoine résolut de laisser cette dispute à décider, et de ne recevoir ni ne rendre aucune visite. Il ne laissa pourtant pas d'assister régulièrement aux conférences des alliés, de jouer et de prendre sa part dans les autres divertissemens qui se faisoient toutes les fois chez les ambassadrices. Il se ménagea de cette manière pendant les sept ou huit mois qu'il demeura à Nimègue. Au reste, c'étoit une personne généralement fort estimée, qui possédoit d'aimables qualités : il avoit les manières nobles et la conversation charmante; il ne cédoit à aucun ambassadeur en magnificence, et son équipage et celui du marquis de Balbacès se firent plus remarquer que tous les autres.

Sur la fin de juillet, le prince d'Orange fit une tentative sur Charleroi : il l'avoit concertée auparavant avec le duc de Lorraine, qui fit mine d'entrer en Champagne afin d'attirer les forces de France de ce côté-là, et de les empêcher de s'opposer au dessein du prince. Son Altesse avoit espéré de prendre cette place par surprise; mais il trouva une bonne garnison sur ses gardes, et la ville autant fortifiée qu'il étoit possible. Il campa devant, et l'auroit assiégée dans les formes si le duc de Lorraine avoit pu faire diversion et empêcher l'armée de France de marcher au secours. Mais M. de Louvois ayant laissé au maréchal de Créqui assez de troupes pour s'opposer au duc de Lorraine, il assembla avec une extrême diligence une puissante armée pour secourir Charleroi. Le prince fit assembler un conseil de guerre à l'approche des François, pour délibérer si on devoit quitter les lignes et aller donner combat à l'armée de France, ou bien lever le siége. Le dernier fut résolu et exécuté, et ainsi finit la campagne en Flandre. Cette retraite fit naître plusieurs murmures secrets parmi les alliés, aussi bien qu'en Hollande; et on soupçonna que le prince avoit abandonné son dessein, sur quelques intrigues entre le Roi et lui. M. de Benting avoit fait le voyage d'Angleterre sans que personne en sût le sujet, et milord Ossory étoit arrivé au camp précisément le jour avant que le conseil de guerre où la levée du siége fut résolue eût été assemblé; ce qui fit croire à plusieurs que ce seigneur avoit apporté d'Angleterre quelques nouvelles qui déterminèrent le prince à cette résolution. Je n'ai jamais pu cependant découvrir que milord Ossory eût d'autre but dans ce voyage que l'espérance de voir une bataille (ce qui avoit toujours été son inclination favorite), quoique peut-être milord Arlington se fût proposé de se conserver par le moyen de milord Ossory la faveur du prince, lorsqu'il vit que presque toutes les affaires de la chrétienté rouloient sur la personne de Son Altesse.

Environ ce temps-là le congrès de Nimègue parut en danger de se rompre, à cause d'une résolution emportée des ambassadeurs de Suède. Ils avoient insisté fortement, dès le commencement du traité, pour avoir la liberté d'envoyer des courriers à leur cour par les terres du Danemarck; mais les Danois l'avoient toujours refusé, à l'exemple de la France, qui n'avoit jamais voulu accorder cette liberté aux Espagnols. Cette dispute s'étoit passée en divers messages, dont les médiateurs avoient été chargés réciproquement par les parties; et les alliés des deux côtés s'y étoient également intéressés. Cette matière avoit été agitée quelquefois avec beaucoup de chaleur, et quelquefois d'une manière assez languissante; on l'avoit laissée quelquefois entièrement tomber, et puis on l'avoit reprise : de sorte qu'un an s'étoit passé sans qu'on fût venu à aucune conclusion sur cet article. Mais environ ce temps-là les ministres de Suède vinrent trouver les médiateurs pour leur demander encore une fois leurs offices envers les ambassadeurs de Danemarck, et pour leur déclarer que sans cette liberté qu'ils demandoient pour leurs courriers, il leur étoit impossible de donner les avis nécessaires à leur cour et d'en recevoir les ordres ; faute de quoi ils seroient obligés de quitter l'assemblée. Les Suédois persistèrent pendant quelque temps si positivement dans cette résolution, qu'on croyoit qu'elle auroit les suites dont ils menaçoient ; mais leur fougue ayant eu trois semaines pour se dissiper, et les ambassadeurs de Hollande s'étant engagés pour expédient de faire tenir sûrement en diligence les dépêches à la cour de Suède, les ministres de cette couronne se calmèrent peu à peu et allèrent leur train ordinaire. Peu de temps après les ambassadeurs de France changèrent entièrement de langage à l'égard des affaires de la Suède : ils les avoient traitées avec beaucoup d'indifférence, et ils s'en soucioient si peu qu'ils dirent à M. Beverning que leur maître ne voudroit pas céder une ville en Flandre, quand il ne faudroit que cela pour remettre les Suédois en possession de ce qu'ils avoient perdu. Mais pour lors ils publièrent que la France ne feroit jamais la paix que les Suédois ne fussent entièrement rétablis dans tout ce qu'on avoit pris sur eux, et l'on disoit publiquement que ces deux couronnes avoient fait une nouvelle alliance à Paris sur ce sujet. Quelques-uns crurent aussi que c'étoit de concert entre les ministres de ces deux couronnes que les Suédois publièrent que les François avoient dessein de rompre cette assemblée et d'entrer en traité à Rome avec l'Espagne par la médiation du Pape, et que tous ces discours étoient un effet de la crainte qu'ils avoient que le Roi ne changeât de mesures, soit par l'ombrage que les conquêtes de la France lui pouvoient donner, ou bien par les vives sollicitations de son parlement. Mais ce tourbillon ayant passé, tout devint calme à Nimègue, et M. Olivencrantz partit vers la fin d'août pour se rendre en Suède.

On avoit pendant tout ce temps-là différé l'examen des affaires, dans la pensée que le Roi me dépêcheroit bientôt avec le plan de la paix qu'il avoit dessein de faire ; et l'on ne doutoit point que les parties ne l'acceptassent, quel qu'il fût, tant on avoit d'égard des deux côtés pour la volonté de Sa Majesté et pour sa puissance. Cependant on peut dire que le voyage du prince d'Orange en Angleterre, qui se fit vers la fin de septembre 1677, fut ce qui arrêta entièrement les affaires du congrès. Le traité changea de face, et tout le monde détourna ses yeux de Nimègue pour les porter vers Londres, dans l'attente de ce qui y alloit être conclu.

CHAPITRE III.

Le prince ayant débarqué à Harwich, témoigna l'impatience d'un amant et prit la poste pour se rendre à New-Market, où la cour étoit alors pour y prendre les divertissemens de la saison. Milord Arlington se rendit auprès de Son Altesse aussitôt qu'elle eut mis pied à terre, voulant faire paroître qu'il avoit plus de part que nul autre dans sa confiance ; et la cour même en étoit persuadée, à cause de son absence et des voyages qu'il avoit faits en Hollande. Milord trésorier et moi allâmes à la rencontre du prince ; mais nous le trouvâmes sur les degrés, environné d'une grande foule : il nous parla tout bas à l'un et à l'autre, et me dit qu'il falloit que je fusse son garant envers milord trésorier, et celui de milord trésorier envers lui, afin qu'ils pussent entrer en affaire et en conversation, comme s'ils s'étoient connus de longue main. Le prince fit là un coup fort sage, à cause du grand crédit que ce seigneur avoit pour lors en cour, et qui servit beaucoup à Son Altesse dans toutes les affaires qu'elle eut en Angleterre. Cela chagrina au dernier point milord Arlington et ses amis : cependant ceux qui savoient ce qui s'étoit passé depuis peu entre le prince et lui ne s'en étonnèrent pas, et ils ne furent pas plus surpris que, pendant le séjour qu'il fit en Angleterre, il vécût avec ce seigneur comme avec beaucoup d'autres, c'est-à-dire dans les formalités ordinaires. Le prince fut fort bien reçu du Roi et du duc : ils voulurent l'engager plusieurs fois à parler d'affaire, mais il l'évita fort adroitement. Le Roi en fut surpris et m'ordonna de tâcher d'en découvrir la raison. Le prince me dit qu'il avoit résolu de voir la jeune princesse, et d'entrer en matière sur cet article avant que de parler de la paix. Je rapportai cela au Roi : Sa Majesté se prit à rire de la délicatesse du prince, et ajouta qu'il vouloit pourtant le satisfaire, et que pour cet effet il partiroit de New-Market plus tôt qu'il ne l'avoit résolu ; ce qu'il fit effectivement.

Le prince ayant vu la princesse immédiatement après son arrivée, il fut si charmé de sa personne et des marques de la bonne humeur dont on lui avoit parlé, que d'abord il la demanda au Roi et au duc. Sa proposition fut fort bien reçue, mais seulement avec cette condition qu'il falloit auparavant convenir entre eux de la paix. Le prince s'en excusa, et dit qu'il devoit finir ses propres affaires avant que de commencer celles des autres. Le Roi et le duc persistèrent toujours dans leur opinion, et le prince parut aussi ferme dans la sienne : enfin il dit que, dans l'état où les affaires étoient, il prévoyoit que les alliés feroient une paix peu avantageuse, et qu'ils pourroient peut-être croire qu'il avoit fait son mariage à leurs dépens ; qu'ainsi il ne vendroit jamais son honneur pour une femme. Cela n'eut aucun effet sur l'esprit du Roi : au contraire, il demeura pendant trois ou quatre jours si positif sur la première proposition, que milord trésorier et moi craignîmes que cette affaire n'échouât sur cette petite délicatesse. J'allai un soir par hasard chez le prince, et je le trouvai dans la plus méchante humeur où je l'aie jamais vu : il me dit qu'il se repentoit d'être venu en Angleterre ; qu'il avoit résolu de n'y demeurer que deux jours davantage, si le Roi continuoit dans la résolution de traiter de la paix avant de parler de son mariage ; mais qu'avant qu'il partît il falloit que le Roi choisît de quelle manière il vouloit vivre avec lui à l'avenir ; qu'il falloit qu'ils se séparassent bons amis, ou bien irréconciliables ; qu'il me prioit de faire savoir au Roi sa résolution, et de lui rapporter ce que Sa Majesté diroit là-dessus. J'allai le lendemain matin trouver le Roi et lui dis tout ce que le prince m'avoit prié de lui dire. Je lui représentai d'ailleurs les dangereuses conséquences de cette rupture, et qu'il falloit avoir égard aux mécontentemens qu'un grand nombre de ses sujets avoient fait paroître contre les mesures que nous avions prises avec la France, et aux offres qu'ils avoient faites au prince d'Orange pendant la dernière guerre. Le Roi m'écouta avec beaucoup d'attention, et lorsque j'eus achevé de parler il me dit : « J'ai jugé plusieurs fois de l'honnêteté des gens par leur air, et je ne me suis jamais trompé dans le jugement que j'en ai fait » (de quoi il me donna quelques exemples) ; « et si je ne me trompe cette fois, je suis assuré que le prince est le plus honnête homme du monde. Je me veux fier en lui, il aura sa femme ; et vous, allez dire à mon frère ma résolution. » Je le fis, et le duc parut d'abord un peu surpris ; mais quand j'eus fini, Son Altesse Royale me dit : « Le Roi sera obéi, et je serois ravi que tous ses sujets apprissent de moi l'obéissance qu'ils lui doivent. Je lui dis mes sentimens avec beaucoup de liberté ; mais quand je connois ce qu'il veut, je lui obéis sans peine. » Je quittai le duc pour aller dire au prince le succès de mon message : il eut peine à croire ce que je lui dis, mais enfin il me dit, en m'embrassant, que je l'avois rendu le plus heureux homme du monde, contre son attente. Je le laissai pour aller rapporter au Roi ce qui s'étoit passé ; et dans l'antichambre du prince je rencontrai milord trésorier. Je lui fis part de ce qui étoit arrivé, et il se chargea d'ajuster tout ce qui restoit à régler entre le Roi et le prince. Il y réussit si bien, que le mariage fut déclaré le soir même dans un comité du conseil, avant que personne de la cour en sût rien ; et le lendemain le Roi le déclara au grand conseil, où l'on reçut la proposition avec une joie universelle, qui fut ensuite dans tout le royaume ; et je ne me souviens pas d'en avoir remarqué une plus générale pendant le règne de ce Roi. L'ambassadeur de France et milord Arlington furent les deux seules personnes de la cour qui témoignèrent n'en être pas satisfaites : le premier ne savoit comment s'excuser envers son maître de ce qu'une affaire de cette importance s'étoit passée sans sa communication et sans qu'il en eût eu avis, principalement dans une cour où il avoit su pendant plusieurs années tout ce qui s'y passoit. Pour milord Arlington, il étoit chagrin de ce que la chose s'étoit faite sans sa participation, parce qu'il vouloit toujours faire croire à la cour qu'il avoit part dans la confidence du prince. Son Altesse me rapporta le compliment que ce seigneur lui avoit fait : il lui dit qu'il y avoit certaines choses bonnes en elles-mêmes qui étoient gâtées par la manière de les faire ; qu'il y en avoit d'autres au contraire qui étoient mauvaises de leur nature, et que la manière de les faire rendoit bonnes ; mais qu'il avouoit que celle-ci (parlant du mariage) étoit si bonne, que de quelque manière qu'elle fût faite elle ne pouvoit pas devenir mauvaise.

Dans trois jours le mariage fut consommé, et immédiatement après on entra en conférence sur la paix. Cette affaire fut traitée aussi secrètement que celle du mariage, et il n'y eut que milord trésorier et moi qui y eussions part. Le prince insistoit toujours sur les frontières de Flandre, et il soutenoit qu'à moins d'en laisser de bonnes la France ne finiroit cette guerre qu'en vue d'en commencer bientôt une autre pour emporter la Fandre en une seule campagne. Le Roi étoit un peu plus facile sur cet article, dans la pensée qu'il avoit que les François étoient si las de la guerre, que s'ils pouvoient sortir de celle-ci avec honneur ils n'en recommenceroient jamais d'autre pendant son règne. Sa Majesté ajoutoit que le Roi de France étoit sur la fin de sa jeunesse, qu'il aimeroit plus le repos à l'avenir; qu'il tourneroit ses inclinations du côté des plaisirs de la cour; qu'il s'amuseroit à ses bâtimens, et laisseroit ses voisins en paix. Le prince, au contraire, croyoit que la France ne vouloit faire la paix présentement que pour rompre le nœud de l'alliance, et pour commencer une autre guerre avec plus d'avantage; que l'ambition des François ne seroit jamais satisfaite jusqu'à ce qu'ils eussent conquis toute la Flandre, étendu leur royaume jusqu'aux bords du Rhin, mis par là la Hollande en dépendance, et l'Angleterre sur un pied qu'elle ne leur fût pas beaucoup redoutable; qu'ainsi cette paix ne pourroit pas assurer le repos de la chrétienté, à moins que la Flandre n'eût les frontières qu'il proposoit, et que les François ne rendissent la Lorraine et tout ce qu'ils avoient pris sur l'Empereur en Alsace. Je dis au Roi sur ce sujet que j'avois toujours remarqué que les biens ni l'âge n'apportent aucun changement à l'inclination naturelle des hommes; mais qu'un bon garçon devient ordinairement un bon homme, un jeune étourdi un vieux fou, et un jeune fripon un vieux scélérat; que je croyois que le roi de France auroit toujours quelque passion violente, tantôt la guerre, tantôt l'amour, tantôt les bâtimens; mais que j'étois persuadé avec le prince qu'il ne vouloit faire cette paix que dans le dessein de commencer une nouvelle guerre, après qu'il auroit assuré ses conquêtes. Le Roi approuva tout ce que je dis. Sa Majesté et le duc convinrent facilement du point de la Lorraine et de l'Alsace; mais ils ne vouloient pas entendre parler de la comté de Bourgogne, croyant que la France n'y voudroit jamais consentir. Le prince, au contraire, insistoit si fortement sur cet article, que le Roi crut que c'étoit à cause des belles terres qu'il avoit dans cette province: ce qui obligea Sa Majesté de lui dire qu'il se chargeoit de l'en faire jouir avec autant de sûreté sous la domination de France que sous celle d'Espagne; et que s'il ne vouloit pas dépendre en cela de cette couronne, il se faisoit fort de lui en faire donner le prix qu'il voudroit lui-même les estimer. Le prince répondit généreusement sans balancer qu'il n'apporteroit jamais aucun obstacle à la paix sur cet article; qu'il ne s'en tourmenteroit pas beaucoup, et qu'il seroit fort aise de perdre tout ce qu'il avoit dans la Franche-Comté pourvu qu'on voulût donner en récompense une bonne ville en Flandre pour servir de frontière aux Pays-Bas. Le Roi vit bien par cette réponse que toutes les difficultés rouloient de ce côté-là; mais il y eut de grandes contestations entre lui et le prince à cet égard, le Roi prétendant que la France ne consentiroit jamais au plan du prince, et le prince que l'Espagne ne consentiroit jamais à celui du Roi. Enfin ils convinrent que la paix devoit se faire aux conditions suivantes: que la France rendroit à l'Empire et à l'Empereur tout ce qu'elle avoit pris dans cette guerre; qu'elle restitueroit le duché de Lorraine à son duc; à l'Espagne les villes d'Ath, Charleroi, Oudenarde, Courtray, Tournay, Condé, Valenciennes, Saint-Guilhain et Binch; et que la Hollande et la France se rendroient réciproquement tout ce qu'elles avoient pris l'une sur l'autre. Il fut aussi arrêté que le prince se chargeroit de procurer le consentement de l'Espagne, et le Roi celui de France; que pour cet effet Sa Majesté dépêcheroit incessamment quelqu'un en France pour y porter les propositions; que cette personne auroit ordre de n'entrer point en raisonnement sur cette affaire, mais de demander une réponse positive dans deux jours, et de s'en revenir immédiatement après ce terme expiré. Il y eût de la difficulté à faire choix de cette personne, et milord trésorier dit qu'il falloit nécessairement que ce fût lui ou moi, puisque nous étions les seuls qui avions eu communication de cette affaire. Le prince dit qu'il falloit que ce fût moi, parce qu'on ne pouvoit pas se passer de milord trésorier, et qu'il falloit que ce fût une personne en qui il pût se confier, et à qui il pût ajouter foi sur les jugemens qu'il feroit des intentions de cette cour. Le Roi m'ordonna d'être prêt à partir dans deux jours: je le fus, et le soir, avant le jour marqué pour mon départ, je le trouvai qui se promenoit dans le parc. Il m'appela et me dit, en changeant un peu de couleur, qu'il avoit fait réflexion sur mon voyage et sur le mauvais accueil qu'on me feroit. Le Roi ajouta qu'ayant seulement dessein de gagner la paix, il avoit de la répugnance à chagriner les François plus qu'il n'étoit nécessaire; que d'ailleurs, comme on ne devoit point entrer en raisonnement sur cette affaire, il avoit pensé que toute autre personne feroit ce voyage aussi bien que moi, et qu'ainsi il avoit dessein d'y en envoyer un autre, ayant de quoi m'occuper à des affaires qui lui étoient très-importantes. Je m'aperçus que le Roi avoit quelque espèce de crainte que je ne prisse ce compliment en mauvaise part; mais je lui répondis sans aucun déguisement qu'il me feroit le plus grand plaisir du monde; que je n'avois jamais eu moins envie de faire un voyage que j'en avois pour celui-là, et je n'y avois consenti que par obéissance. Le

Roi, qui étoit le prince du monde le plus honnête, fut bien aise de me trouver dans cette disposition : il s'entretint ensuite avec moi sur le choix de la personne qui devoit aller en France, et me demanda mon avis au sujet de milord Duras. Je lui répondis qu'il étoit fort propre pour cela, et là-dessus le Roi sembla s'y résoudre ; mais je sus bientôt après que la chose avoit été conclue dès le matin à la prière du duc. Son Altesse Royale crut que la France accepteroit les conditions que le Roi lui proposoit, que la paix seroit infailliblement faite, et il en vouloit avoir l'honneur en envoyant un de ses domestiques pour en faire la proposition. Que ce fût là le seul motif, ou non, c'est ce que je ne saurois déterminer ; mais, quoi qu'il en soit, milord Duras partit avec les ordres dont j'ai déjà parlé, et quelques jours après le prince et la princesse s'embarquèrent pour la Hollande, où les affaires demandoient absolument sa présence. Le Roi l'assura qu'il ne se relâcheroit jamais sur le moindre article du plan qu'ils avoient envoyé en France, et qu'il déclareroit la guerre à cette couronne si elle le refusoit. Cependant Son Altesse eut le chagrin de voir avant son départ le parlement prorogé jusqu'au printemps prochain, par un effet des intrigues de l'ambassadeur de France : ce ministre gagna cela sur l'esprit du Roi, qui voulut encore faire bon visage à la France après le mariage du prince, et avant que d'y envoyer les conditions de la paix.

La cour de France fut extrêmement surprise de l'arrivée de milord Duras et du sujet de son voyage. Cependant les François firent bonne mine, et reçurent les propositions d'une manière fort honnête : ils dirent que Sa Majesté Britannique savoit bien que la paix seroit toujours en sa puissance ; mais que les conditions à l'égard des villes de Flandre leur sembloient bien rudes, particulièrement au sujet de Tournay, dont les fortifications leur avoient coûté des sommes immenses ; et qu'ils demandoient un peu de temps pour répondre. Milord Duras leur dit qu'il ne pouvoit demeurer que deux jours ; mais quand ce terme fut expiré on l'engagea à demeurer encore quelques jours, et à s'en revenir sans une réponse positive. Il rapporta pour toute réponse ce qu'on lui avoit d'abord dit, que le Roi Très-Chrétien espéroit que son frère ne voudroit pas rompre avec lui pour une ou deux villes ; mais que cependant il donneroit ordre à son ambassadeur à Londres d'entrer en traité sur cet article avec Sa Majesté elle-même. Les François ayant gagné ainsi du temps, tirèrent le traité en longueur ; et sans refuser positivement les propositions du Roi, ils les éludèrent artificieusement : ce qu'ils auroient difficilement fait par une autre voie. La douceur apparente de la France adoucit effectivement le Roi, et l'ambassadeur de cette couronne déclara qu'il avoit ordre de céder tout, excepté Tournay ; et même de traiter de cette place sur quelque équivalent, si le Roi y insistoit absolument. Mais comme le prince étoit parti, cette résolution dont il avoit été l'auteur et l'appui ne fut plus poussée avec la vigueur qu'elle devoit être ; de sorte que le traité commença à traîner en messages et en réponses.

Cependant les mécontentemens du peuple éclatèrent plus qu'ils n'avoient encore fait, dont le bruit de la paix qu'on négocioit en France et la prorogation du parlement furent les principales causes. Pour y remédier, le Roi, après le retour de milord Duras, donna une proclamation pour le faire assembler avant le temps marqué par la prorogation, quoique ce fût une démarche extraordinaire ; et le Roi parut résolu d'entrer en guerre. Le parlement avoit toujours témoigné une passion violente pour cela tant que le Roi y avoit été opposé ; mais dès que la cour y parut disposée, il soupçonna qu'il y avoit là-dessous quelque mystère et en conçut de l'ombrage. Sur la fin de décembre 1677, le Roi m'envoya ordre de me rendre au comité pour les affaires étrangères : il me dit que, ne pouvant avoir aucune réponse positive de la France, il avoit résolu de m'envoyer en Hollande afin de faire une ligue avec les Etats-généraux, pour contraindre la France et l'Espagne à accepter les conditions de paix qu'il proposoit. Je répondis au Roi qu'il étoit convenu d'entrer en alliance avec tous les confédérés, en cas qu'il n'eût pas de réponse positive de la France ; que cela satisferoit le prince, tous les alliés, et peut-être même son peuple ; au lieu qu'une ligue particulière avec la Hollande ne contenteroit personne et désobligeroit la France et l'Espagne ; que d'ailleurs elle auroit peu de force, et qu'il n'en seroit pas de même de la triple alliance ; que celle-là étoit un excellent original, dont celle-ci ne sembloit être qu'une méchante copie, et que c'étoit pour ces raisons que je prioit le Roi de m'excuser, et de ne me presser pas de faire ce voyage. Le Roi le vouloit absolument ; mais je m'en défendis si bien sur les grandes affaires que j'avois à cause de la mort de mon père, que le duc pria le Roi de ne m'obliger pas à faire un voyage pour lequel j'avois de la répugnance, et qui étoit si préjudiciable à mes affaires, et de permettre que je nommasse quelque autre personne capable de le faire. Je remerciai le duc de sa bonté, et je fus d'avis qu'on fit partir incessamment M. Thyn, un des commis des bureaux des secrétaires d'Etat, pour porter le projet du traité à M. Hype, qui étoit pour lors à La Haye, où il s'étoit rendu de Nimègue pour rendre visite à la princesse. [1678] Cela fut fait, et le traité y fut signé le seizième de janvier : ce ne fut pourtant pas sans beaucoup de difficultés, et sans que le prince en eût un extrême regret, bien que le ministre d'Espagne y eût secrètement consenti au nom de son maître, et que par conséquent la guerre menaçât uniquement la France, en cas qu'elle refusât les conditions que le Roi proposoit.

Cependant les François tiroient à Londres le traité en longueur; ils ne formoient jamais qu'une difficulté à la fois, et faisoient de grandes plaintes de ce que le Roi vouloit rompre avec eux pour la seule ville de Tournay. C'étoit pourtant une place plus importante que trois des autres, parce que c'étoit la seule bonne ville frontière de ce côté-là, qui pouvoit empêcher les François de faire quelque entreprise sur Gand ou sur Anvers, et de pénétrer dans le cœur du pays. Pendant que les François jouoient ce rôle en Angleterre, ils tâchoient par leurs intrigues de faire naître en Hollande, et particulièrement à Amsterdam, des soupçons contre les mesures prises entre le Roi et le prince au sujet de son mariage, lesquelles ils représentoient extrêmement dangereuses pour les libertés de la Hollande. Ils publioient que par ce mariage le Roi et le duc avoient entièrement attiré le prince dans leurs intérêts et dans leurs sentimens. Ils proposèrent aux Hollandois des conditions de paix différentes de celles du Roi, et moins sûres pour la Flandre : c'étoit de rendre seulement six villes aux Espagnols, et de faire mention de la Lorraine dans le traité, mais avec des termes ambigus. On n'auroit jamais écouté ces propositions en Hollande, sans l'ombrage que le mariage du prince avoit fait naître parmi le peuple, qui avoit une jalousie incurable contre notre cour, et qui par conséquent n'avoit pas au prince toute la confiance qu'il méritoit.

Hoeft et Walkenier, bourguemestres d'Amsterdam, avoient en ce temps-là toute l'autorité de la ville entre leurs mains. Le premier étoit un homme généreux, honnête, riche de naissance, savant, spirituel, agréable, sans ambition, qui avoit refusé de beaux emplois que les Etats lui avoient offerts, et qui servoit seulement sa ville en qualité de bourguemestre quand cela venoit à son tour, prenant le moins de part aux affaires qu'il lui étoit possible. Il avoit l'esprit tout-à-fait naturel ; et je me souviens qu'il me dit deux choses dans la conversation que je n'avois jamais ouï dire auparavant, et qui m'ont paru si extraordinaires dans un homme de son caractère, que je les rapporterai ici.

La première, que quand un homme seroit condamné à mourir de mort violente, il ne devoit pas laisser de se divertir le jour d'auparavant; et que si cela n'arrivoit pas, cela venoit de quelque foiblesse de corps ou d'esprit. La seconde, qu'un homme qui souhaitoit de vivre après soixante ans étoit un coïon ; et que pour lui, après cet âge-là, dont il approchoit beaucoup, il seroit fort aise de mourir à la première occasion honnête qu'il en trouveroit. Il prouva effectivement ce qu'il avançoit : il fut pris de la goutte après soixante ans ; il négligea son mal à dessein, et mourut avec cette circonstance qu'il s'entretint avec ses amis jusqu'à ce qu'il se crût près de mourir, et alors il leur donna congé, ne voulant pas mourir en leur présence. Mais ayant vu qu'il ne mourroit pas aussitôt qu'il le croyoit, il les envoya chercher, et leur dit qu'il lui restoit encore pour une demi-heure de conversation. Voilà quel étoit le caractère de M. Hoeft. Nous étions fort bons amis, quoiqu'il fût un peu fantasque ; et j'ai été, à ce qu'il m'a dit, le seul ambassadeur qu'il a jamais visité. Il avoit autant de crédit dans la ville qu'il étoit possible d'en avoir, sans qu'il l'eût jamais recherché et sans en faire aucun usage. Walkenier, au contraire, le recherchoit avec tous les soins imaginables, et n'en avoit jamais eu la moitié tant que l'autre. C'étoit un homme chagrin et attaché aux formalités ; mais, d'un autre côté, c'étoit un homme à réflexion, fin et avare, à ce qu'on disoit, et qui consentoit facilement à tout ce qu'on lui demandoit, pourvu qu'il y trouvât son intérêt particulier. Ces deux bourguemestres avoient été long-temps ennemis, et on les croyoit irréconciliables ; mais enfin les agens de France employèrent tant de soins et tant d'artifice, qu'ils finirent la querelle, et les unirent tous deux dans le dessein de faire la paix aux conditions que la France proposoit.

Le parlement s'assembla en janvier, en vertu de la proclamation du Roi ; et comme c'étoit avant le temps marqué par la prorogation, on s'attendoit à quelque chose d'extraordinaire. Le Roi l'informa de la ligue qu'il avoit faite avec la Hollande, et lui demanda de l'argent pour se mettre en état de pousser la guerre si la paix ne se faisoit pas. Le parlement lui en accorda dans l'espérance de la guerre, et non pas de la paix. Ce parlement avoit duré dix-sept ans, et s'étoit divisé en deux factions publiques : l'une sous le nom de parti de la cour, et l'autre sous le nom de parti du peuple. Celui de la cour s'étoit beaucoup accru par les intrigues de milord Cliffort, qui avoit introduit la coutume d'acheter les membres les uns après les autres ; mais cependant celui du peuple étoit encore plus fort en nombre, et il avoit beaucoup plus de crédit, soit à cause de la corruption de l'autre, soit à cause du prétexte qu'ils prenoient d'être inviolablement attachés aux intérêts de la nation, et particulièrement à l'égard de la France et du papisme. Lorsqu'il avoit été question de ces deux points, plusieurs membres du parti de la cour s'étoient joints au parti du peuple ; et de même aussi, quand la cour parut entrer dans les sentiments de la nation, plusieurs membres du parti du peuple se joignirent à la faction de la cour, et surtout lorsque le Roi témoigna de vouloir déclarer la guerre à la France si elle refusoit la paix.

Le maréchal de Créqui avoit pris par feinte Fribourg au mois d'octobre, avant que le duc de Lorraine eût pu venir au secours ; et dans le même mois Stettin fut pris par l'électeur de Brandebourg après une vigoureuse résistance : de sorte que la balance étoit aussi égale entre les deux ligues qu'elle l'étoit auparavant.

La France différant toujours de répondre positivement aux conditions proposées par le Roi, Sa Majesté entra au mois de janvier en négociation avec les ministres des confédérés à Londres, afin d'être prête la campagne prochaine, en cas que la France refusât la paix. On avoit toujours espéré qu'elle se feroit ; mais l'entreprise que les François firent sur Ypres, et les menaces qu'ils firent à Ostende, firent évanouir toutes les espérances qu'on en avoit eues jusqu'alors. Le Roi envoya incessamment des troupes, à la prière de l'ambassadeur d'Espagne, pour assurer cette importante place ; le ministre de France n'en témoigna pourtant aucun chagrin, et il continua de faire sa cour à l'ordinaire et de poursuivre son traité.

Vers la fin de février, le roi de France partit de Versailles avec la Reine et toute la cour ; et s'étant mis à la tête d'une puissante armée, il fit semblant de vouloir attaquer Luxembourg, Namur ou Mons. Les Espagnols firent avancer leurs troupes de ce côté-là, croyant effectivement que c'étoit le dessein de la France ; mais les François ayant traversé tout d'un coup le pays, mirent le siége devant Gand, et s'en rendirent les maîtres avant la fin du mois, aussi bien que d'Ypres, pendant que l'Angleterre paroissoit toujours résolue d'entrer en guerre, ou tout au moins qu'elle en flattoit les confédérés. Cela alarma la Hollande, et fortifia extrêmement le crédit de ceux qu'on avoit gagnés pour porter le peuple à faire la paix. Le premier d'avril suivant, la France publia par une déclaration à quelles conditions elle vouloit faire la paix. Elles étoient fort différentes de celles dont le Roi et les Etats étoient convenus, et plus encore des prétentions des alliés ; mais comme ce qui regardoit l'Espagne et la Hollande avoit été concerté avec les chefs des principales villes, il se trouva que les propositions de la France furent le plan de la paix, non-seulement pour la Hollande, mais encore pour tous les autres confédérés. Ce fut dans ce temps-là que les François commencèrent à traiter de la paix d'une manière impérieuse, qui dura pendant toute la négociation, déclarant qu'ils n'avoient que telles et telles conditions à proposer, et que là-dessus leurs ennemis pouvoient choisir la paix ou la guerre. La France déclara en même temps qu'elle ne donnoit aux alliés que jusqu'au dixième de mai à se résoudre, mais qu'après ce temps-là elle seroit en liberté de changer et de restreindre ses propositions comme elle le trouveroit à propos.

Je me trouvai un soir avec milord trésorier, et comme nous étions dans son cabinet, il reçut un paquet de M. Montaigu, qui étoit pour lors ambassadeur à Paris. Ce ministre lui mandoit que M. de Louvois avoit eu, par ordre du Roi son maître, une longue conversation avec lui, dans laquelle il lui avoit représenté les mesures qu'on avoit déjà prises en Hollande pour la paix sur les conditions proposées par la France ; qu'il avoit ajouté que puisqu'ils étoient d'accord, le Roi son maître espéroit que Sa Majesté britannique ne s'y opposeroit pas ; que cependant il lui avoit ordonné d'offrir à Sa Majesté une grosse somme d'argent pour son consentement, bien qu'elle n'y fût plus intéressée, la Hollande ayant accepté les conditions proposées ; qu'il l'avoit ensuite prié d'écrire immédiatement à milord trésorier, et de lui offrir une somme considérable pour lui-même, qu'on lui feroit toucher à son choix, ou en lettres de change, ou en argent, ou en pierreries. M. Montaigu mandoit de plus qu'on l'avoit prié que cette affaire fût traitée entre eux deux seulement et qu'elle ne fût point communiquée aux secrétaires d'Etat. Milord trésorier me lut la lettre, et je lui demandai ce qu'il disoit de cette offre. Il me répondit que, selon lui, c'étoit la même chose que si l'on demandoit au Roi de

10.

mettre Windsor entre les mains des François, et qu'on lui demandât, à lui en particulier, de faire accepter cette proposition; qu'ainsi on ne devoit point s'y arrêter, mais continuer notre traité avec les confédérés. Le soin en fut commis à ce seigneur et à moi ; et le traité étoit sur le point d'être fini, lorsque vint des lettres de la part de M. Hyde qui en empêchèrent l'entière conclusion. Ces lettres portoient que le pensionnaire de Hollande lui avoit représenté que le peuple avoit une violente inclination pour la paix, et qu'il croyoit lui-même qu'il étoit absolument nécessaire de la faire à cause de la prise de Gand, et du danger où se trouvoit Anvers, qui étoit pour lors menacé par les François, et dont la perte seroit fatale à toute la Hollande, et particulièrement à Amsterdam. Là dessus on dépêcha M. Godolfin en Hollande avec ordre de s'informer le plus exactement qu'il lui seroit possible des mesures que les Etats avoient prises sur cette affaire, et de revenir incessamment. Il fit une extrême diligence, et son rapport se trouva entièrement conforme à ce que M. Hyde avoit écrit. Nous reprîmes cependant le traité ; mais lorsqu'il fut question de l'achever, M. Van-Beuninghen fut contraint d'avouer qu'il n'avoit pas pouvoir de le conclure avant que de l'avoir communiqué aux Etats ; ce qui tira l'affaire en longueur et en incertitude.

L'ambassadeur de France avoit déclaré jusqu'alors que le Roi seroit toujours l'arbitre de la paix ; mais il commença à changer de langage : il dit que le Roi son maître étant d'accord avec la Hollande, il s'étonnoit (et que même il avoit lieu de se plaindre) que Sa Majesté voulût obtenir pour les Espagnols des conditions meilleures que celles dont les Hollandois étoient satisfaits.

Le Roi et milord trésorier me pressèrent extrêmement d'aller en Hollande pour savoir la dernière résolution des Etats et s'ils voudroient continuer la guerre en cas que le Roi s'y engageât. Mais je m'en excusai, sur ce que je reconnoissois trop bien les Hollandois pour croire qu'ils se déclarassent sur la proposition du Roi : j'alléguai que les François étoient trop près d'eux, et je dis que si le Roi avoit effectivement dessein d'entrer en guerre, il falloit qu'il prît premièrement ses mesures avec son parlement ; qu'ensuite il envoyât dire aux Etats qu'il étoit prêt de se déclarer, s'ils vouloient continuer la guerre ; et que je connoissois trop bien les Hollandois pour croire qu'ils refusassent de continuer leur alliance avec Sa Majesté. Le Roi témoigna de la répugnance à le faire, et envoya M. Godolfin pour une seconde fois en Hollande dans le mois d'avril, pour savoir la dernière résolution des Etats, et prorogea le parlement pour quatorze jours.

Le Roi ayant reçu de l'argent de son parlement, leva une armée pendant ces négociations, et dans six semaines il eut vingt mille hommes sur pied. C'étoient des gens les mieux faits que l'on pût voir ; et il est certain qu'il en auroit pu lever un plus grand nombre, tant le peuple avoit d'inclination pour la guerre. Tous les ministres étrangers en furent surpris, et ils avouèrent qu'il n'y avoit point de roi dans la chrétienté qui pût lever de si belles troupes en si peu de temps.

Milord trésorier me vint trouver environ le 20 du mois, pour me dire que le Roi s'étoit à la fin déterminé à la guerre, et pour me prier de préparer le discours que le Roi devoit faire sur ce sujet au parlement. Je le fis ; et lorsque je le portai chez ce seigneur j'y trouvai des lettres de M. Hyde et de M. Godolfin, par lesquelles ils marquoient que les Etats étoient résolus à accepter la paix aux conditions que la France proposoit, et qu'ils avoient arrêté d'envoyer en Angleterre M. Van-Leewen pour disposer le Roi à y consentir. Ce gentilhomme étoit le principal magistrat de la ville de Leyde, et il s'étoit joint à ceux d'Amsterdam, de Harlem, de Delft et de quelques autres places, pour faire la paix aux conditions proposées par la France ; mais comme il étoit homme d'honneur et de mérite, et qu'il n'avoit fait cette démarche que dans la pensée que l'Angleterre agissoit encore dans le fond de concert avec la France, et que tout le reste n'étoit que grimace, le prince fit en sorte qu'on le députa en Angleterre, afin qu'il connût lui-même que le Roi avoit dessein d'entrer effectivement en guerre et qu'il pût en persuader son parti ; ce que le prince crut être l'unique moyen capable d'empêcher la paix.

Lorsque j'allai voir M. Van-Leewen, il me dit franchement qu'ils avoient un extrême regret en Hollande de se voir obligés de faire la paix à des conditions si désavantageuses et qui laissoient la Flandre dans un état si dangereux ; que si le Roi avoit déclaré la guerre comme il avoit promis de le faire en cas que la France différât ou refusât d'accepter son plan, les Etats l'auroient aussi continuée ; mais que les procédés de Sa Majesté avoient toujours paru si incertains et si irrésolus, que cela avoit fait craindre à la Hollande que nous ne fussions encore dans les intérêts de la France ; que cela avoit persuadé à la plupart des villes qu'il ne falloit songer qu'à faire la paix le plus tôt qu'il leur seroit possible ; et que présentement l'armée de France étoit si proche d'Anvers, qu'il n'y avoit plus à balancer. Il me protesta cependant en particulier que si le Roi déclaroit incessamment la guerre, il ne doutoit point que les Etats ne la continuassent, suivant les conditions spécifiées dans le traité de leur alliance.

Sur le rapport que je fis au Roi de ce que M. Van-Leewen m'avoit dit, Sa Majesté parut résolue à déclarer la guerre si le parlement le lui conseilloit et s'il promettoit de le secourir ; mais dans ce même temps-là une malheureuse proposition faite par le chevalier T** C**, en dépit de milord trésorier, passa dans la chambre des communes, savoir qu'on ne donneroit aucun argent au Roi jusqu'à ce qu'on eût reçu satisfaction sur les matières de religion. Cela rompit toutes les mesures qu'on avoit prises. Le Roi en fut si en colère qu'il me reprocha mes notions populaires (appelant ainsi mes sentimens), et me demanda comment je pouvois croire qu'il se pût fier à la chambre des communes et compter sur les secours qu'elle lui promettroit s'il s'engageoit dans la guerre. A la vérité, je n'eus pas beaucoup de choses à répondre sur cela, considérant les divisions qui régnoient dans la chambre ; et, malgré tous les soins que j'apportai dans l'examen de cette affaire, je ne pus jamais trouver d'assez fortes raisons pour m'assurer si le Roi avoit effectivement dessein d'entrer en guerre, ou bien si la chambre des communes le voudroit secourir en cas qu'il y entrât, ou bien si elle se serviroit de cette occasion pour ruiner les ministres. Il est certain que jamais délibération ne fut faite plus à contre-temps que celle-ci, ni ne traversa plus le dessein de la chambre, qui sembloit généralement tendre à engager le Roi dans la guerre. Je ne doute point aussi que la personne qui la proposa ne fût elle-même de ce sentiment ; mais comme ce gentilhomme avoit toujours eu une forte animosité contre tous les ministres depuis qu'il avoit perdu ses emplois à la cour, son chagrin particulier lui fit prendre parti contre le dessein général de la chambre. Plusieurs autres membres l'imitèrent, et protestèrent que bien qu'ils voulussent fournir au Roi de l'argent, soit pour faire la guerre, soit pour payer ses dettes, ils ne pouvoient pourtant pas le faire pendant le ministère de milord trésorier. En un mot, il y avoit réciproquement une si fatale défiance entre la cour et le parlement, qu'il étoit fort difficile de prendre de justes mesures. Le Roi s'aperçut bien alors qu'il avoit perdu l'occasion favorable d'entrer en guerre s'il en avoit

effectivement le dessein, et qu'il devoit l'avoir fait précisément après le retour de milord Duras, en s'unissant avec tous les confédérés. Milord d'Essex me dit là-dessus que j'avois été prophète, en refusant d'aller en Hollande pour faire une ligue avec les Etats ; qu'il étoit arrivé ce que j'avois prédit, que cette alliance particulière n'avoit satisfait ni le peuple ni les étrangers, et qu'elle avoit obligé les Etats de prendre des mesures avec la France.

Le tour que le Roi donna à toute cette affaire fut que puisque les Hollandois vouloient faire la paix aux conditions proposées par la France, et que cette couronne lui offroit de l'argent pour consentir à une chose qu'il ne pouvoit pas empêcher, il ne voyoit pas pourquoi il refuseroit cet argent, et m'ordonna d'entrer en traité sur ce sujet avec l'ambassadeur de France, qui avoit ordre pour cela. Je voulus m'en excuser ; mais le Roi me dit que je ne pouvois me défendre de voir ce ministre, puisqu'il devoit être le lendemain à sept heures du matin chez moi. Il vint effectivement me trouver, et je lui dis que j'avois été fort mal toute la nuit et qu'il m'étoit impossible de parler d'affaires : il en fut surpris et me pressa beaucoup ; mais comme il vit que je m'excusois toujours sur mon indisposition, il me laissa. Je me levai, et je partis incessamment pour Sheene, d'où j'écrivis à milord trésorier, par ma femme, le 10 mai 1678. Je lui témoignai le chagrin que j'avois qu'on voulût me faire ménager un semblable traité avec l'ambassadeur de France ; que cela ne convenoit point à l'emploi que j'avois, et que d'ailleurs on savoit fort bien que je croyois le traité déshonorable au Roi. J'offris de quitter mon ambassade de Nimègue et de renoncer à la charge de secrétaire d'Etat que le Roi m'avoit promise. Milord répondit que le Roi ne contraignoit personne à faire ce qu'on ne vouloit pas, et que si j'avois résolu de faire savoir au Roi ce que je lui avois écrit, je devois le lui dire moi-même, ou bien l'en informer par quelque autre, n'ayant pas dessein pour lui de faire si mal ma cour. L'affaire en demeura là pendant quelque temps, et je demeurai à Sheene jusqu'à ce que le Roi m'envoyât chercher.

Cependant, dès le commencement de mai, la chambre des communes avoit commencé à faire paroître sa mauvaise intention contre les ministres, et il s'étoit fait plusieurs discours et plusieurs délibérations contre leur conduite. Cela confirma le Roi dans les soupçons que leur empressement pour la guerre lui avoit donnés ; mais néanmoins il conçut (à ce que je sais de bonne part) tant d'indignation contre un article du traité secret proposé par M. de Barillon, qu'il protesta qu'il ne l'oublieroit jamais. Il ne me témoigna rien de son ressentiment, quoiqu'il me parût plus résolu à la guerre que je ne l'avois encore vu, et même plus que je ne l'avois pensé.

M. de Ruvigny le fils fut dépêché en France pour savoir les dernières intentions de cette cour sur les conditions de paix proposées par le Roi. Il ne rapporta aucune réponse positive; de sorte que Sa Majesté continua ses levées et se prépara pour la guerre : mais le onzième de mai la chambre des communes ayant fait une autre délibération pour refuser de l'argent, le Roi en fut tellement offensé qu'il prorogea le parlement pour dix jours, ne doutant pas que dans ce temps-là il feroit paroître si clairement l'intention qu'il avoit d'entrer en guerre, que les communes en seroient satisfaites, et que cela les mettroit de bonne humeur. M. Van-Leewen, dégoûté de ces longueurs, et de la mésintelligence entre le Roi et le parlement, commença de parler hautement de la nécessité où étoient ses maîtres de faire la paix le mieux qu'il leur seroit possible, puisqu'il n'y avoit pas moyen de prendre des mesures solides avec l'Angleterre au sujet de la guerre, et que la saison étoit trop avancée pour souffrir de plus longs délais. L'envie que le Roi avoit de faire la guerre commença à se refroidir après qu'il eut appris les discours de M. Van-Leewen, et il dit qu'il falloit laisser faire la paix de la manière que la Hollande l'avoit projetée. Cependant le parlement s'assembla le 23, et il parut être alors mieux disposé que quand il s'étoit séparé; mais dans le même temps on apprit que les Etats avoient envoyé M. Beverning à la cour de France, qui étoit pour lors à Gand, pour proposer une cessation d'armes pour six semaines, afin d'avoir le temps de convenir entièrement des conditions de la paix : de sorte que le Roi et le parlement regardèrent cette affaire comme conclue, ou tout au moins comme hors d'état de recevoir d'autre mouvement que celui que la France et la Hollande lui donneroient. A parler sincèrement, les deux partis avoient tant d'inclination pour la paix que les conditions furent bientôt réglées. Les articles de ce traité ayant été publiés, je ne les rapporterai point ici : je dirai seulement que ces conditions parurent si rudes à l'Espagne et aux princes du Nord, qui avoient fait des conquêtes sur la Suède, qu'ils déclarèrent unanimement qu'ils ne les accepteroient jamais. Les ambassadeurs de France à Nimègue prièrent mon collègue le chevalier Jenkins de présenter ces articles aux ministres des confédérés; mais il refusa de le faire et d'avoir aucune part dans un traité de paix dont les conditions étoient si différentes de celles que le Roi son maître avoit proposées, et que Sa Majesté et la Hollande s'étoient obligées de faire accepter, en conséquence de leur traité conclu à La Haye.

Environ ce temps-là, la France, après avoir envoyé M. de La Feuillade à Messine pour maintenir la guerre en Sicile, ordonna à ses troupes, par une conduite fort surprenante, d'abandonner entièrement cette île. Elles le firent, et plusieurs Messiniens suivirent les François, aimant mieux abandonner leur pays que de demeurer exposés à la vengeance des Espagnols. Ce fut là le seul service important que l'inclination que le Roi témoigna pour la guerre rendit à la couronne d'Espagne; car il est certain, et personne n'en doute, que les François n'abandonnèrent la Sicile que de crainte de se voir en guerre avec l'Angleterre, contre laquelle ils crurent qu'ils auroient besoin de toutes leurs forces. Tous les confédérés tournèrent aussi leurs yeux et leurs espérances de ce côté-là; de sorte que n'y ayant plus, selon l'apparence, de ressource à leurs affaires, après avoir été abandonnés des Hollandois par une paix si précipitée, les ministres des principaux alliés quittèrent Nimègue et se rendirent en Angleterre, où ils crurent que seroit le théâtre des grandes affaires. Le comte Antoine, ambassadeur de Danemarck, arriva le premier, et fut bientôt suivi de M. Olivencrantz, ambassadeur de Suède, des ministres de l'électeur de Brandebourg, et de plusieurs autres princes.

Cependant les négociations continuèrent à Nimègue entre les ambassadeurs de France et ceux de Hollande, jusqu'à ce que M. Beverning fût envoyé au camp des François, où il convint entièrement des conditions de la paix vers la fin de juin, et d'une cessation d'armes en Flandre pendant six semaines. On ne donna ce temps aux Hollandois que pour disposer les Espagnols à accepter les conditions de paix dont ils étoient convenus ensemble. Pendant tout le cours de cette négociation, la France ne témoigna aucun égard que pour la Hollande, et les Etats eurent tout le sujet du monde d'être satisfaits du roi Très-Chrétien sur cet article. Il leur déclara que quand l'Espagne n'accepteroit pas la paix, il prendroit soin qu'on laissât en Flandre la barrière qu'ils jugeroient nécessaire pour leur sûreté : il les assura aussi qu'après que la paix seroit faite et que l'ancienne amitié seroit rétablie entre les deux Etats, il seroit toujours prêt d'entrer avec eux dans les engagemens qu'ils croiroient propres pour conserver à jamais leur repos et leur liberté.

Tout le monde prit ces offres en mauvaise part, et l'on ne douta point qu'on ne les fît pour cajoler les ennemis du prince. On savoit fort bien qu'ils s'étoient fait un grand parti parmi le peuple, en représentant qu'ils craignoient que le prince n'aspirât à une trop grande autorité; et on n'ignoroit pas que c'étoient les principaux d'entre eux qui avoient le plus contribué à cette paix. A la vérité le prince ne s'étoit point ménagé pour l'empêcher, et il s'y étoit opposé ouvertement, autant que les lois de l'Etat le lui permettoient : cependant ce fut inutilement; car l'inclination que le peuple avoit pour la paix s'étant généralement répandue par toute la province de Hollande, et ensuite dans toutes les autres, il fut impossible au prince de s'y opposer plus long-temps.

Cependant l'Angleterre commença à devenir assez indifférente au sujet de la paix; l'Espagne témoigna de l'inclination à y consentir pour ce qui la regardoit; mais l'Empereur, le roi de Danemarck et l'électeur de Brandebourg y parurent si opposés, qu'ils en vinrent à des sanglans reproches contre la Hollande. Ils publièrent dans leurs déclarations tout ce qu'ils avoient perdu ou hasardé dans une guerre qu'ils avoient uniquement commencée pour la conservation des Provinces-Unies, et firent voir l'injustice que les Etats leur rendoient en consentant pour eux, sans leur consentement, à des conditions de paix arbitraires et impérieuses. Ils déclarèrent cependant qu'ils ne refusoient point d'entrer en traité avec la France, et de faire la paix à des conditions sûres et raisonnables; mais qu'ils ne souffriroient jamais qu'on leur imposât les lois comme à des vaincus, et qu'ils aimeroient mieux risquer tout que d'accepter les propositions qu'on leur faisoit, particulièrement celles qui regardoient le duc de Lorraine, auquel on faisoit le plus d'injustice, bien qu'en apparence ses intérêts fussent plus chers aux confédérés que ceux des autres princes, et les moins contestés par la France.

Cet orage, excité par les alliés, ne fut pas capable d'ébranler les Hollandois : ils continuèrent d'agir de la même manière qu'auparavant, sans avoir que peu d'égard à la satisfaction de leurs confédérés, excepté de l'Espagne en ce qui regardoit la sûreté de la Flandre. La nécessité où les Espagnols se trouvoient les obligea à paroître contens, quoique dans le fond ils le fussent aussi peu que les autres; de sorte que la paix étoit sur le point d'être signée par les ambassadeurs de France et de Hollande. Mais dans le même temps il arriva un incident imprévu qui pensa renverser entièrement tout cet ouvrage, renouveler la guerre avec plus d'animosité et d'égalité qu'auparavant, et engager l'Angleterre à se déclarer en faveur des confédérés; ce qu'on avoit tant de fois inutilement tenté et dont on avoit alors perdu l'espérance.

Les François s'engageoient par le traité de paix à rendre aux Espagnols six villes en Flandre; mais le temps de cette restitution n'étoit pas précisément marqué dans les conditions du traité, les Hollandois aussi bien que les Espagnols entendant que ce devoit être dans le temps de la ratification de la paix faite entre eux et la France, quand bien leurs alliés n'y seroient pas compris. Mais lorsque le traité fut prêt d'être signé, le marquis de Balbacès voulut savoir plus particulièrement l'intention des François sur cet article. Leurs ambassadeurs répondirent sans façon que le Roi leur maître étant obligé de faire rendre à la Suède tout ce qu'elle avoit perdu dans cette guerre, il ne pouvoit faire évacuer les villes de Flandre jusqu'à ce qu'on eût rendu aux Suédois celles qu'on avoit prises sur eux, et qu'il croyoit que la rétention de ces places étoit l'unique moyen de porter les princes du Nord à accepter la paix.

M. Beverning fit savoir à ses maîtres cette nouvelle prétention de la France, et les Etats lui ordonnèrent de déclarer aux ambassadeurs de cette couronne qu'il ne pouvoit pas signer la paix, à moins que les François s'engageassent de restituer les places de Flandre dans le temps de la ratification du traité. Les ministres de France persistèrent dans leur première déclaration, et dirent qu'ils avoient aussi ordre positif de leur cour d'insister sur la restitution des villes prises sur les Suédois leurs alliés. Cela obligea les Etats de dépêcher incessamment M. Van-Leewen en Angleterre, afin d'informer le Roi de cet incident, et de savoir sa résolution sur un point où la paix de la chrétienté et la sûreté de la Flandre en particulier étoient si fort intéressées. Le Roi eut d'abord de la peine à croire ce que M. Van-Leewen lui dit; mais ayant envoyé chez l'ambassadeur de France pour en savoir la vérité, et ce ministre ayant avoué que son maître avoit dessein de garder ces places jusqu'à ce que la paix générale fût conclue et la Suède satisfaite, Sa Majesté fut surprise et fâchée du procédé de la France. Je reçus ordre le lendemain de me rendre au comité du conseil pour les affaires étrangères, où le Roi déclara qu'il avoit résolu de m'envoyer incessamment en Hollande pour signer un traité avec les Etats, par lequel ils s'obligeroient de continuer la guerre ; et Sa Majesté s'engageroit d'y entrer, en cas que la France ne consentît pas dans un certain temps limité à évacuer ces villes. Le duc appuya cette proposition avec beaucoup de feu, et dit à tout le comité qu'il paroissoit clairement par cette démarche que la France n'agissoit pas sincèrement dans le traité de paix ; que cette couronne ambitieuse visoit à la monarchie universelle, et que dans l'état où se trouvoit la chrétienté il n'y avoit que Sa Majesté seule qui fût capable de l'en empêcher. Tous les seigneurs du conseil convinrent si unanimement de cette proposition, qu'il n'étoit pas possible de s'imaginer que cette résolution ne fût ferme et constante, malgré la foiblesse et l'inconstance de toutes celles que nous avions prises auparavant. Le Roi prit lui-même la peine de presser Van-Leewen de passer en Hollande avec moi, pour persuader les Etats de sa sincérité et de la ferme résolution où il étoit de poursuivre les mesures qu'il venoit de prendre ; et Sa Majesté se chargea de faire les excuses envers les Etats ses maîtres pour ce voyage, qu'il faisoit sans leur consentement.

Comme je fus sur le point de partir, M. Godolfin, qui étoit arrivé depuis peu de Hollande, me dit que si je portois les Etats à accepter le traité proposé par le Roi, il feroit ses efforts auprès du parlement pour l'obliger à faire ériger ma statue. Je rapporterai dans la suite le succès de cette proposition.

M. Van-Leewen et moi partîmes en juillet 1678 dans deux yachts : nous nous rencontrâmes bientôt à La Haye. J'entrai d'abord en conférence avec les commissaires pour les affaires secrètes, et l'un d'eux me dit pour compliment qu'ils regardoient mon arrivée en Hollande comme celle des hirondelles, qui mènent toujours le beau temps avec elles.

Le prince me reçut avec la plus grande joie du monde : mon message lui faisoit concevoir l'espérance de continuer la guerre, ou tout au moins d'obtenir pour ses alliés les conditions de paix que la violence d'un parti formé dans Amsterdam, et qui s'étoit ensuite répandu dans le reste des Sept-Provinces, lui avoit arrachées des mains.

Pour faire quelque ouverture à cette négociation, je concertai avec M. Van-Leewen d'aller dîner à sa maison de campagne avec messieurs Hoeft d'Amsterdam, Van-Tilt de Harlem, Paats de Rotterdam, et deux ou trois autres des principaux bourguemestres qui avoient avancé ou plutôt précipité la paix sur les conditions proposées par la France. Nous entrâmes après dîner en grande conférence, et M. Van-Leewen les assura avec beaucoup de zèle de la sincérité de la résolution que le Roi venoit de prendre : il seconda fort vigoureusement tout ce que j'avois à dire sur ce sujet, et il est certain que ses discours eurent d'autant plus de force sur l'esprit de ces messieurs qu'il avoit été lui-même un des plus ardens pour la paix.

Je ne doutois point que le prince n'attendît avec beaucoup d'impatience le succès de notre entrevue, et cela m'obligea de me rendre auprès de lui dès le soir même, afin de lui en apprendre des nouvelles. Je lui dis tout ce que je crus avoir remarqué dans notre conversation ; que M. Paats étoit incurable, et qu'il falloit le considérer ainsi ; mais que tous les autres étoient gens d'honneur, et bien intentionnés pour leur patrie ; qu'à la vérité ils avoient été trompés, premièrement par l'ombrage que le mariage de Son Altesse en Angleterre avoit fait naître, ensuite par la crainte qu'ils avoient que notre cour ne fût entièrement dans les intérêts de la France, et enfin par les offres avantageuses que cette couronne leur avoit faites ; que le refus que la France avoit fait de rendre les six villes aux Espagnols avant la satisfaction de la Suède les avoit un peu éclairés ; que je ne doutois pas que toutes les villes de Hollande ne s'éveillassent là-dessus, et que cette démarche des François ne les portât à recevoir agréablement dans cette conjoncture la proposition de Sa Majesté. Ce que j'avois prévu arriva : M. Hoeft proposa à Amsterdam d'éprouver la sincérité que les François pouvoient avoir dans le traité par l'évacuation des villes espagnoles, et à moins de cela de continuer la guerre. Sa proposition fut approuvée en dépit de Walkenier, et ensuite toutes les autres villes prirent la même résolution ; de sorte que voyant du jour à ma négociation, je la commençai, et en six jours je conclus un traité par lequel il étoit porté que les François déclareroient, quatorze jours après la date dudit traité, qu'ils évacueroient les villes espagnoles ; qu'en cas de refus, la Hollande continueroit la guerre, et que l'Angleterre la déclareroit incessamment à la France, conjointement avec les Etats et les autres alliés.

On ne sauroit s'imaginer combien ce traité fut favorable à l'autorité du prince d'Orange : les Etats convinrent pour lors qu'il avoit porté un jugement plus solide qu'eux sur les mesures qu'on devoit attendre de la France et de l'Angleterre. On s'aperçut qu'on avoit eu tort de soupçonner l'Angleterre de mauvaise foi dans les offres qu'elle avoit toujours faites d'entrer en guerre, et que les François avoient eu si peu de sincérité dans les démarches qu'ils avoient faites pour la paix, qu'après avoir levé tant de difficultés ils avoient bloqué Mons, la meilleure des places frontières de la Flandre espagnole, dans l'espérance que cette ville tomberoit entre leurs mains avant la fin du terme qu'on leur avoit marqué pour la conclusion ou pour la rupture de la paix.

Le prince se prépara avec une diligence incroyable pour aller secourir Mons, et dix mille Anglois qui étoient déjà débarqués en Flandre eurent ordre de marcher incessamment pour joindre son armée. Il se mit en campagne, dans une forte persuasion que la guerre continueroit: il croyoit que l'honneur des François étoit trop intéressé dans l'évacuation de ces places, et que quand bien ils y consentiroient, l'Espagne ne pourroit pas signer le traité de paix dans le temps limité, sans quoi les Etats ne la vouloient pas conclure. Il espéroit d'ailleurs de livrer bataille à l'armée de France avant que le terme marqué pour la conclusion de la paix fût expiré, et il avoit résolu de secourir Mons, ou de mourir dans l'entreprise, que la paix se fît ou non; de sorte que la continuation de la guerre paroissoit inévitable. Mais personne, depuis Salomon, n'a jamais assez bien considéré combien les choses du monde sont sujettes au temps et au hasard; combien les hommes les plus sages et les plus éclairés se trompent dans les jugemens qu'ils font sur les événemens futurs, quelque apparence qu'ils voient à leurs prédictions; et combien de fois il arrive que les plus grandes révolutions dépendent de quelques petits accidens, de quoi la suite de cette entreprise est une des preuves les plus authentiques.

Après que le traité entre le Roi et la Hollande eut été signé et signifié à la France, il n'y eut point d'artifice que cette couronne ne mît en usage pour tirer l'affaire en longueur, méthode qui lui avoit si bien réussi à Londres. Elle offrit premièrement d'entrer en traité sur cette affaire à Saint-Quentin, ensuite à Gand, où le Roi lui-même entreroit en conférence avec tels ambassadeurs que les Hollandois voudroient lui envoyer. Mais les Etats demeurèrent fermes dans leur résolution: ils déclarèrent qu'ils se tiendroient inviolablement attachés au traité conclu avec Sa Majesté Britannique, et persistèrent dans ce sentiment jusqu'à cinq jours devant que le terme donné aux François fût expiré. Il arriva pour lors d'Angleterre un nommé Ducros: c'étoit un moine françois qui depuis quelque temps avoit quitté son froc pour une jupe, et s'étoit si bien insinué dans la cour de Suède, qu'il en avoit obtenu une commission pour être une espèce d'agent en Angleterre. Dès qu'il avoit été à Londres il s'étoit entièrement dévoué à M. Barillon, ambassadeur de France, sous prétexte d'agir pour les intérêts de la Suède. J'avois dépêché un secrétaire en Angleterre pour y porter le traité conclu avec les Etats; et environ huit jours après, ce Ducros m'apporta un paquet de la cour, par lequel je reçus ordre de me rendre incessamment à Nimègue, afin d'y faire tous les efforts qu'il me seroit possible au nom du Roi pour porter les ambassadeurs de Suède à déclarer à ceux de France qu'ils consentiroient non-seulement que leur maître fît évacuer les villes de Flandre, mais même qu'ils le prieroient que, pour le bien général de la chrétienté, il ne différât pas plus long-temps la paix, sans avoir égard à l'intérêt particulier de la couronne de Suède. Je reçus ordre aussi d'assurer en même temps ces ambassadeurs que dès que la paix seroit faite le Roi feroit tous ses efforts pour faire rendre aux Suédois tout ce qu'ils avoient perdu par cette guerre.

Jamais homme n'a peut-être été si surpris que je le fus de cette nouvelle; mais le pensionnaire Fagel en fut tout étourdi: il me vint trouver, et me dit tout le contenu de mes dépêches avant que j'en eusse parlé à personne. Il m'apprit de plus que Ducros en avoit adroitement informé tous les députés des villes; qu'il leur avoit dit que les deux rois étoient entièrement convenus des conditions de la paix; qu'il m'avoit apporté des ordres pour me rendre à Nimègue, et que je devois y trouver à mon arrivée des lettres de milord Sunderland, ambassadeur d'Angleterre à Paris, avec tous les articles conclus entre les deux couronnes.

Je ne prétends pas déterminer par qui et comment Ducros avoit obtenu cette dépêche; mais à mon retour en Angleterre le duc me dit qu'il n'en avoit rien su qu'après qu'il avoit été parti, ayant été à la chasse toute cette matinée. Milord trésorier me dit tout ce qu'on peut dire pour s'en excuser, et je n'en parlai jamais au secrétaire d'Etat Williamson; mais le Roi me dit plaisamment que ce coquin de Ducros avoit été plus fin qu'eux tous. Tout ce que je pus apprendre en cour sur cette affaire fut que ces ordres avoient été expédiés un matin dans une heure de temps dans l'appartement de la duchesse de Portsmouth, par l'intervention de M. Barillon. Quelques efforts que notre cour fît ensuite pour réparer ce coup, elle n'y put jamais réussir, et ce seul incident changea entièrement la destinée de la chrétienté; à quoi il y avoit si peu d'apparence, que même avant l'arrivée de Ducros, les ambassadeurs de Suède à Nimègue avoient fait une semblable déclaration à ceux de France, et leur avoient dit que je devois partir de La Haye pour les y porter.

Quand j'arrivai à Nimègue, il ne restoit plus que trois jours du temps donné aux François par le traité conclu entre le Roi et les Etats pour se déterminer à évacuer les villes espagnoles, ou à continuer la guerre contre l'Angleterre, la Hollande et tous les autres confédérés. Je trouvai que tout le monde étoit persuadé que la paix ne se feroit pas, et, à parler franchement, il y avoit beaucoup d'apparence. Les ministres de France avoient délivré à ceux de Hollande, en forme de manifeste, plusieurs raisons pour lesquelles le Roi leur maître ne pouvoit pas consentir à rendre les villes de Flandre qu'avant toutes choses l'on n'eût entièrement donné satisfaction à la Suède, dont les intérêts lui étoient autant chers que les siens propres, offrant cependant d'accepter tels expédiens que les Etats voudroient faire proposer, soit à Nimègue, soit à Saint-Quentin ou à Gand. Les ambassadeurs de Hollande répondirent par écrit que cela n'étoit plus possible ; que, depuis les difficultés qu'ils avoient fait naître sur l'évacuation des places espagnoles, les Etats, leurs maîtres, avoient signé un traité avec l'Angleterre ; qu'ils ne vouloient pas s'en départir, non plus que du terme fixé, qui devoit décider du sort de la guerre ou de la paix ; que n'y ayant presque plus de temps à écouler, il seroit inutile de députer à Saint-Quentin ou à Gand, et qu'il n'y avoit point d'autre expédient que d'évacuer ces villes. Après cette réponse, les ministres de France déclarèrent à ceux de Hollande que le Roi leur maître étoit résolu, à la prière des Suédois, de ne retarder pas plus long-temps la paix à leur considération ; qu'il consentiroit à l'évacuation des villes de Flandre, pourvu que les Etats lui envoyassent des députés pour traiter avec lui, et assurer qu'on donneroit satisfaction à la Suède ; ce qui étoit également l'intention des deux partis. Mais les ambassadeurs de Hollande répondirent vigoureusement encore que leurs maîtres ne pouvoient point faire une telle députation, et que si le terme fixé par leur traité avec l'Angleterre étoit une fois passé, il n'y avoit point de remède et qu'il falloit continuer la guerre. Les François répliquèrent que leurs mains étoient liées, et que sans cette députation ils ne pouvoient pas procéder plus loin : de sorte qu'on désespéroit de la paix, avec d'autant plus d'apparence que dans le même temps le duc de Luxembourg pressoit Mons, et le maréchal de Schomberg menaçoit Cologne, et demandoit une prompte satisfaction sur l'argent qui avoit été saisi aux François dans cette ville pendant le congrès qui s'y étoit tenu. Bruxelles même étoit dans une grande inquiétude de se voir entourée de tant de troupes françoises. Tout cela faisoit que les ministres des alliés se tenoient comme assurés de ce qu'ils avoient si long-temps désiré, c'étoit de pouvoir continuer la guerre conjointement avec l'Angleterre ; car ils ne pouvoient pas s'imaginer que les François voulussent céder un point qu'ils avoient si long-temps et si publiquement contesté ; et que s'ils ne le cédoient pas, les Hollandois souffrissent que leurs ambassadeurs signassent le traité de paix sans l'Espagne. Il y avoit d'ailleurs trop peu de temps à couler pour que les deux couronnes pussent faire un traité particulier, n'y ayant rien de digéré sur cette affaire.

Enfin arriva le jour fatal marqué par le traité de La Haye, qui devoit donner à la chrétienté une soudaine paix ou une longue guerre. M. Boreel, qui avoit été envoyé d'Amsterdam aux ambassadeurs de Hollande à Nimègue, alla ce jour-là de fort grand matin chez les ministres de France ; et après quelques conférences avec eux, les trois ambassadeurs de cette couronne allèrent chez ceux de Hollande, et leur déclarèrent qu'ils avoient reçu ordre de consentir à l'évacuation des villes de Flandre et de signer la paix. Si les Hollandois furent surpris ou non, du moins ils parurent l'être, et ils entrèrent en de grandes contestations sur quelques articles qui les regardoient en particulier, et sur d'autres qui concernoient uniquement l'Espagne. Cette conférence dura près de cinq heures ; mais enfin ils convinrent de tout, soit pour la paix, soit pour le commerce, et ils firent travailler avec toute la diligence possible à mettre au net ce qu'ils avoient arrêté, afin que le traité pût être signé ce jour-là même que le soir.

Les ambassadeurs de France avoient envoyé demander une heure au chevalier Jenkins et à moi, et ils vinrent à mon hôtel sur les quatre heures après midi. Ils nous déclarèrent qu'ils étoient convenus avec les ambassadeurs de Hollande de tous les articles qui avoient fait de la difficulté entre eux ; que les affaires étoient si bien disposées que leur traité devoit être signé ce soir, et qu'ils étoient venus pour nous offrir de le signer chez moi, afin que nous y puissions avoir la part qui étoit due à la médiation du Roi.

Nous leur répondîmes qu'ayant été envoyés par Sa Majesté avec des instructions pour procurer une paix générale, nos ordres ne nous permettoient pas d'assister à la conclusion d'un traité particulier ; qu'ainsi nous les priions de nous excuser d'avoir aucune part dans ce traité fait entre eux et les Hollandois, et que nous ne pouvions pas souffrir qu'il fût signé chez nous, et qu'on insérât nos noms dans le traité en qualité de médiateurs.

Les ambassadeurs de Hollande vinrent ensuite pour nous faire les mêmes offres, et nous leur donnâmes la même réponse. J'observai dans leur conversation qu'ils n'étoient pas peu embarrassés sur un si grand changement; qu'ils étoient un peu irrésolus, et que même ils n'étoient pas bien d'accord entre eux. M. Beverning se plaignoit de l'incertitude de notre conduite en Angleterre, et des ombrages invincibles que le voyage de Ducros avoit fait naître en Hollande; que puisque le Roi souhaitoit la paix, leurs maîtres n'avoient rien plus à faire qu'à la conclure; que leurs instructions le portoient ainsi, et qu'il falloit nécessairement qu'ils signassent la paix, sur l'offre que les François leur faisoient d'évacuer les villes. M. Van-Haren ne s'expliqua pas si clairement au sujet de leurs ordres, et je n'ai jamais pu savoir si, à l'arrivée de Ducros à La Haye, les députés des États avoient envoyé ordre à leurs ambassadeurs à Nimègue de signer la paix même sans le consentement des Espagnols, en cas que les François voulussent évacuer les villes espagnoles dans le temps qu'on leur avoit donné, ou bien seulement si c'étoit la ville d'Amsterdam qui avoit envoyé M. Boreel à M. Beverning pour l'obliger de le faire, avec assurances de le tirer d'affaires quand ainsi ses ordres pourroient recevoir une interprétation. Quoi qu'il en soit, M. Beverning avoit une violente inclination de voir finir la guerre ; et il témoigna tant de diligence pour finir le traité, que tous les articles furent mis au net et prêts à être signés entre onze et douze heures du soir (1). Voilà comment on éluda les effets qu'on avoit attendus du traité de La Haye, et comment s'évanouirent les espérances que les confédérés avoient conçues de voir continuer la guerre. Cela irrita tellement plusieurs ministres des alliés, qu'ils protestèrent hautement contre les ambassadeurs de Hollande, espérant par là de les empêcher de signer la paix sans avoir reçu de nouveaux ordres de leurs maîtres ; mais tout cela ne servit de rien, M. Beverning fut inébranlable et l'affaire fut faite.

Le jour après que la paix fut signée, je reçus par un exprès les ratifications du traité conclu à La Haye entre le Roi mon maître et les États, avec ordre d'en faire incessamment l'échange.

(1) Le 10 août.

C'étoit une démarche si opposée aux dépêches que j'avois reçues par Ducros, et aux suites qu'elles avoient eues, que les ratifications de ce traité me parurent entièrement inutiles. Je partis pourtant incessamment pour La Haye ; et le lendemain de mon arrivée je fis l'échange des ratifications, suivant l'ordre que j'en avois reçu.

Je trouvai que le Pensionnaire et plusieurs autres députés des États étoient fort mal satisfaits de la paix, et plus encore de la précipitation que M. Beverning avoit témoignée en signant la paix le même jour que les François avoient offert d'évacuer les villes de Flandre, sans avoir voulu attendre de nouveaux ordres des États sur ce sujet. Ils dirent qu'il avoit outre-passé ses ordres ; ils parlèrent de le mettre en affaire pour cela, de désavouer ce qu'il avoit fait, d'avoir recours au traité conclu avec Sa Majesté qui venoit d'être ratifié, et de continuer la guerre conjointement avec l'Angleterre. Ils étoient d'autant plus portés à cela, qu'ils voyoient que la France ne vouloit pas s'y engager, et qu'elle avoit mieux aimé rabattre quelque chose de l'orgueil et de la fierté qu'elle avoit toujours fait paroître en traitant avec ses voisins, soit dans les paix ou dans les guerres. Mais d'autres députés, particulièrement ceux de la ville d'Amsterdam, déclarèrent qu'ils étoient contens du traité de Nimègue : ils dirent que la foiblesse de leurs alliés, surtout de l'Espagne, et l'irrésolution de l'Angleterre, avoient rendu la paix absolument nécessaire à la Hollande ; que la précipitation de leurs ambassadeurs devoit être excusée sur la nécessité qu'il y avoit eu de faire cette démarche, puisque le temps qu'il auroit fallu employer pour envoyer à la Haye auroit engagé les États à continuer la guerre suivant le traité conclu avec l'Angleterre.

Pour rendre justice à un chacun, je dirai que je n'ai jamais vu ni lu qu'aucune négociation ait été ménagée avec tant d'habileté et d'adresse que celle-ci le fut de la part des François, particulièrement depuis le mariage du prince d'Orange, qu'on avoit cru d'abord fatal pour eux, et qu'ils tournèrent dans la suite si fort à leur avantage. Il est certain qu'ils n'avoient pas dessein de continuer la guerre si l'Angleterre embrassoit le parti des confédérés, parce que la puissance de ce royaume et l'humeur du peuple n'auroient pas manqué de faire pencher la balance de ce côté-là : d'où l'on peut conclure que la France auroit accepté sans hésiter toutes les conditions de paix que le Roi auroit voulu prescrire pendant le cours de sa médiation. Les François estimoient beaucoup plus nos troupes que celles des alliés, et principalement depuis les grands services qu'ils en avoient reçus contre les Allemands ; et ils craignoient d'ailleurs que notre flotte étant jointe à celle de Hollande, nous ne fissions quelque descente sur leurs côtes, qui auroit pu avoir de dangereuses suites, à cause des mécontentemens du peuple. Outre cela, ils prévirent sagement une autre conséquence qui leur auroit été plus fatale en deux ans que tout le reste ne le leur avoit été : ils considérèrent que la principale source de la grandeur de leur Etat venoit du grand nombre des marchandises et denrées que les nations voisines tiroient de la production de leur terre ou de l'industrie de leurs ouvriers. S'ils avoient eu guerre avec l'Angleterre, tous ces canaux, par lesquels ces immenses richesses couloient dans la France, auroient été bouchés, excepté du côté d'Italie, qui est fort peu considérable, parce qu'elle ne prend ni les vins, ni le sel, ni les modes des François ; au lieu que les autres nations au nord de l'Europe font une infinie dépense pour ces choses, et portent des sommes immenses dans ce florissant royaume, qui, à mon sentiment, est plus favorisé de la nature que tous les autres du monde.

La perte de cet avantage, fondé sur la nécessité, la folie et le luxe des autres nations, auroit fait sentir à cette couronne, en deux ou trois ans, une si grande foiblesse dans les nerfs de la guerre, et réduit ses sujets à une si grande pauvreté, que quand les alliés n'auroient fait autre chose contre la France, c'en auroit été assez pour consumer ses forces et sa vigueur. Les François étoient trop prudens pour ne prévoir pas ces dangers, aussi ne voulurent-ils jamais s'y exposer ; et comme le mariage du prince d'Orange leur faisoit craindre ce revers, ils n'en témoignèrent aucun ressentiment contre le Roi, mais au contraire ils se servirent adroitement du bon naturel de ce prince pour faire tourner ce mariage à leur avantage, en l'obligeant de proroger le parlement immédiatement après ; ce qui fit voir à l'Angleterre et aux pays étrangers qu'ils avoient encore beaucoup d'ascendant sur notre cour. Ils éludèrent ensuite les effets qu'on attendoit du voyage de milord Duras, et le plan de la paix que Sa Majesté avoit dressé ; et pour y réussir ils se plaignirent d'abord de l'amitié du Roi, et firent traîner l'affaire en traité. Pendant qu'ils amusoient ainsi notre cour, ils faisoient leurs affaires en Hollande, et même avec plus d'adresse et plus d'artifice : ils empoisonnèrent l'esprit du peuple par l'ombrage qu'ils lui firent prendre au sujet du mariage du prince, et ils semèrent qu'on avoit formé un dessein contre leurs libertés, et que le moyen qu'on prenoit pour le faire réussir étoit d'épuiser le peuple, en continuant la guerre sans aucune nécessité. Ils unirent deux factions opposées à Amsterdam, et trouvèrent le secret de les porter toutes deux à faire la paix aux conditions qu'ils offrirent eux-mêmes, afin d'éviter celles que le Roi avoit proposées. Après que la plupart des Etats les eurent acceptées, ils firent savoir à Sa Majesté qu'ils étoient assurés de la paix de ce côté-là, et lui firent offrir, de même qu'à ses premiers ministres, par son ambassadeur à Paris, de grosses sommes pour la porter à consentir à une paix dont la Hollande elle-même étoit contente. Dès que les Etats furent entièrement résolus à la paix, forcés par la faction d'Amsterdam, et par la crainte qu'ils avoient des armes de la France après la prise de Gand, et le danger qui menaçoit Anvers, les François crurent que les Hollandois avoient une si violente inclination pour la paix, et qu'ils étoient si mécontens des irrésolutions de la cour d'Angleterre, qu'ils pouvoient bien agir fièrement avec eux au sujet de l'intérêt de l'Espagne ; et ce fut pour lors qu'ils déclarèrent qu'ils n'évacueroient pas les villes de Flandre, que la Suède n'eût reçu satisfaction sur les pertes qu'elle avoit faites. Je sais bien que les politiques ont dit que la France avoit fait là une fausse démarche ; mais je n'ai jamais été de leur sentiment, parce que, dans la situation où étoient pour lors les affaires, il y avoit toutes les apparences du monde qu'elle réussiroit dans sa prétention. Les François n'avoient pas lieu de croire que l'Angleterre et la Hollande s'intéressassent dans cette affaire au point qu'elles firent, et que nous pussions prendre si promptement des mesures aussi justes que nous en prîmes sur ce sujet par le traité conclu à La Haye au mois de juillet. Ce fut alors qu'ils mirent tout en usage pour rompre ces mesures : ils firent leurs efforts pour mettre l'affaire en négociation, et témoignèrent aux Etats une condescendance extraordinaire, et même plus qu'ils n'en avoient jamais témoigné aux plus grands rois. Ils répandirent leur venin sur la dépêche que Ducros m'apporta, et en publièrent artificieusement tout le contenu, bien qu'on m'écrivit de notre cour que cette dépêche étoit du dernier secret. Ils déclarèrent en même temps qu'ils ne se relâcheroient jamais sur les difficultés qu'ils avoient faites que par un traité, afin d'endormir par là les confédérés, et les empêcher de prévenir un coup dont ils ne se doutoient point, dans la pensée que l'honneur de la France y étoit trop engagé. Ils continuèrent d'agir de cette manière jusqu'au dernier jour du terme qu'on leur avoit donné pour se déclarer ; et leur secret fut si religieusement gardé, que personne n'en eut le moindre soupçon, non pas même le matin qu'ils se déclarèrent. Ils attendirent précisément ce dernier moment, afin que les ambassadeurs de Hollande n'eussent pas le temps d'en avertir leurs maîtres, de crainte que si les Etats en étoient avertis, ils ne voulussent pas signer la paix sans le consentement de l'Espagne, et qu'ils demeurassent exposés aux dangers qu'il y avoit à craindre par le traité entre l'Angleterre et les Etats-généraux.

Voilà comment les François firent la paix avec la Hollande, ôtant par là au Roi tous les prétextes légitimes d'entrer en guerre après les grosses dépenses qu'il avoit faites pour mettre une armée sur pied, et pour en transporter une partie en Flandre, et après les grandes espérances que ses sujets en avoient conçues. L'Espagne fut contrainte, d'une nécessité indispensable, d'accepter les conditions de paix que les Hollandois avoient négociées pour elle ; ce qui laissa la paix de l'Empire et la restitution de la Lorraine entièrement à la discrétion de la France. Tout ce que je viens de rapporter me fait encore conclure que la conduite des François dans toute cette affaire a été admirable, et qu'il est très-vrai, selon le proverbe italien, que *gli Francesi pazzi sono morti*. Nos conseils au contraire et notre conduite ressembloient à ces îles flottantes que les vents et la marée chassent d'un côté et d'autre. Le Roi étoit porté, par ses inclinations naturelles, à garder les mesures qu'il avoit prises avec la France, et par conséquent à procurer une paix générale qui rompît la forte alliance qu'il y avoit contre la France. Le peuple et le parlement avoient une violente inclination d'engager le Roi dans la guerre ; mais les ministres balançoient entre la crainte de faire mal leur cour, ou de s'attirer la haine de la chambre des communes, dont le Roi avoit toujours besoin à causes de ces grandes dépenses. C'est à ces différentes dispositions qu'il faut attribuer les irrésolutions perpétuelles de notre cour, que ceux qui n'étoient pas bien instruits des affaires croyoient beaucoup plus mystérieuses qu'elles ne l'étoient dans le fond. Il arriva enfin un accident qui obligea la cour à prendre effectivement la résolution d'entrer en guerre, mais ce fut trop tard. Il est bien vrai qu'on envoya en diligence les ratifications du traité conclu en juillet avec les Etats-généraux, mais elles n'arrivèrent que le jour après que les François et les Hollandois eurent signé la paix, et cela ne servit qu'à faire croire aux Etats que le Roi n'avoit jamais eu un véritable dessein de ratifier ce traité, et qu'il avoit toujours été dans les intérêts de la France. Le voyage de Ducros, et l'ordre que je reçus de me rendre à Nimègue dans un temps que ma présence étoit absolument nécessaire à La Haye, soit pour ratifier le traité, soit pour entretenir les Etats dans la résolution qu'ils avoient prise, donnèrent lieu aux soupçons qu'on eut de la sincérité du Roi.

C'est ainsi que s'évanouit en fumée cette négociation qui étoit sur le point de produire de si grandes flammes. La France, après avoir fait la paix avec la Hollande, fit peu d'état du reste des confédérés, et ne témoigna pas grand empressement pour entrer en traité, croyant bien de pouvoir jouer à jeu sûr avec eux. L'Angleterre se voyoit menacée d'une cruelle convulsion, et, pour s'en délivrer, elle auroit bien souhaité d'entrer en guerre si la Hollande y avoit voulu consentir ; mais les Etats ne pouvoient pas avoir assez de confiance en nous pour risquer l'avantage qui leur revenoit du négoce sur les événemens d'une guerre dans laquelle ils croyoient leurs voisins plus intéressés qu'eux.

Environ deux ou trois jours après que je fus arrivé à La Haye et que j'eus fait l'échange des ratifications, nous reçûmes nouvelle du combat donné à Mons entre le prince d'Orange et l'armée de France, sous le commandement du duc de Luxembourg, qui s'étoit posté très-avantageusement avec l'élite des troupes françoises pour empêcher que le prince ne secourût Mons. Je me souviens que le jour que la paix fut signée à Nimègue entre les Hollandois et les François, je dis au maréchal d'Estrades qu'il pourroit bien arriver que nous aurions en un même jour un traité de paix signé et un combat donné, et que je voyois beaucoup de jour à cela. Il me répondit qu'il n'y avoit rien à craindre de ce côté-là, et que le duc de Luxembourg lui avoit écrit qu'il étoit si bien retranché, que quand il n'auroit que dix mille hommes et le prince quarante, il ne seroit jamais forcé, au lieu que son armée étoit aussi forte que celle de Hollande. Il n'est pas besoin que je rapporte une action si connue de tout le monde : je dirai seulement que malgré les grands désavantages que le prince avoit, soit à cause de ces marches précipitées qui avoient harassé son armée, soit à cause des postes avantageux que ses ennemis occupoient, et qu'ils avoient fortifié avec tout l'art imaginable, il attaqua, le 14 d'août, les François avec tant de résolution qu'ils en furent surpris ; il les poussa si vigoureusement, qu'après un sanglant combat il les mit en désordre. La nuit sépara les combattans et empêcha la fin de l'action. On demeura d'accord que si le prince avoit eu la liberté de pousser sa pointe le lendemain, avec sept ou huit mille Anglois qui étoient près de joindre son armée, il auroit, suivant toutes les apparences, non-seulement secouru Mons, mais encore pénétré en France, dessein qu'on avoit toujours formé depuis le commencement de la guerre, mais qu'on n'avoit jamais entrepris. Un officier françois qui étoit présent au combat (1), dit à ce sujet qu'il estimoit que c'étoit la seule action héroïque qui se fût faite pendant tout le cours de la guerre.

Le jour après la bataille, le prince reçut avis de grand matin, de la part des Etats, que la paix avoit été signée à Nimègue; de quoi il avertit incessamment le duc de Luxembourg. Après les complimens faits d'un côté et d'autre, le duc souhaita de voir le prince : on en convint, et ils se rencontrèrent à la tête de leurs principaux officiers. Tout se passa avec beaucoup de civilité, et les François témoignèrent beaucoup d'empressement à voir ce jeune prince qui avoit déjà fait tant de bruit dans le monde, et qui, le jour auparavant, avoit soutenu avec tant de vigueur un combat si inégal que celui de Saint-Denis. Les amis du prince firent, aussi bien que ces ennemis, plusieurs réflexions sur cette bataille : quelques-uns dirent que Son Altesse savoit avant le commencement du combat que la paix avoit été signée; qu'il avoit trop hasardé les forces des Etats et fait un trop grand sacrifice à son honneur, puisqu'il ne lui en pouvoit revenir aucun avantage. D'autres dirent que les lettres que les Etats écrivoient au prince pour l'avertir que la paix avoit été conclue, étoient, à la vérité, arrivées au camp avant le commencement du combat, mais que le marquis de Grana les avoit interceptées et les avoit cachées au prince, dans l'espérance que cette action pourroit empêcher les effets du traité. Je n'ai jamais pu être informé de la vérité de cet affaire : ce qu'il y a de certain, est que le prince d'Orange ne pouvoit finir la guerre avec plus de gloire, ni témoigner un plus grand ressentiment qu'on lui arrachât des mains une si belle occasion en signant si précipitamment la paix, qu'il n'avoit jamais cru que les Etats pussent signer sans le consentement de l'Espagne. Il fit pourtant retirer son armée dès qu'il fut averti de la chose, et il s'en retourna à La Haye, laissant aux Etats le soin de finir le traité entre la France et l'Espagne; à quoi les ambassadeurs hollandois à Nimègue s'employèrent avec beaucoup de zèle et de diligence, non pas comme parties ou comme alliés, mais seulement comme médiateurs. Le chevalier Jenkins, qui étoit encore sur les lieux, ne voulut se mêler de cette affaire en aucune manière, voyant bien que notre cour n'y vouloit avoir aucune part, non plus que dans la paix particulière conclue entre la France et la Hollande.

Le prince ne demeura que peu de jours à La Haye, et il en partit pour Dieren, dans le dessein d'aller prendre le divertissement de la chasse dans le Velow, comme ayant peu d'autres choses à faire. Mes affaires m'appeloient dans ce même temps à Amsterdam ; et comme je pris congé de lui, il me pria de faire ses complimens à M. Hoeft le principal bourguemestre, et de lui dire que Son Altesse le prioit de n'être attaché à ses intérêts qu'autant qu'il les trouveroit conformes à ceux des Etats. Je le fis, et M. Hoeft me répondit généreusement qu'il me prioit d'assurer le prince qu'il suivroit son conseil, et qu'il seroit inviolablement attaché aux intérêts de Son Altesse pendant qu'ils s'accorderoient avec ceux de sa patrie; que si le prince s'en départoit, il seroit le premier à s'opposer à ses desseins; mais que jusque là il ne soupçonneroit ni ne censureroit jamais sa conduite, parce qu'il savoit fort bien que la ruine de son pays étoit inévitable, à moins qu'il n'y eût une mutuelle confiance entre Son Altesse et les Etats. M. Hoeft demeura dans ce sentiment jusqu'à sa mort; et l'on peut dire qu'à son exemple cette grande ville, qui avoit toujours eu de l'ombrage de la conduite du prince, commença de se confier en lui, non-seulement à l'égard de sa conduite, mais encore pour l'administration des affaires de l'Etat.

Pendant que je demeurai à Amsterdam, j'étois tous les jours en conversation avec M. Hoeft. C'étoit un homme de mérite, qui avoit grande autorité dans sa ville, sincère et savant, mais qui avoit outre cela l'humeur agréable, sans aucun artifice ; ce qui, à mon sens, est le plus grand charme de la conversation, et qui est infiniment plus à estimer que ces esprits gênés dont quelques-uns font tant de cas, et qui sont plus amoureux d'eux-mêmes que ne le sont ceux qui se trouvent dans leur compagnie.

---

(1) A Saint-Denis près Mons. Il est à peu près certain que le prince d'Orange, qui espéroit surprendre le maréchal de Luxembourg, l'attaqua le 14 août quoiqu'il eût reçu le 13 la nouvelle du traité signé le 10 à Nimègue entre la France et la Hollande. L'avantage resta aux François.

M. Hoeft m'invita un jour à dîner : j'étois fort enrhumé, et je remarquai que toutes les fois que je crachois il y avoit une grosse servante qui nettoyoit avec un linge bien blanc le plancher que je gâtois. On se mit à parler de mon rhume et de la grande incommodité que j'en recevois : je répondis qu'il m'incommodoit effectivement, mais que le plus grand chagrin qu'il m'avoit donné venoit de la peine que cette pauvre fille en souffroit. M. Hoeft me dit là-dessus que je l'échappois belle, et que si sa femme s'étoit rencontrée au logis, ma qualité d'ambassadeur ne m'auroit pas sauvé, et qu'elle m'auroit jeté dehors pour avoir sali sa maison. Il ajouta en riant qu'il y avoit deux chambres dans son logis où il n'avoit jamais osé mettre le pied, et qu'il croyoit qu'on ne les ouvroit que deux fois l'année pour les nettoyer. Je lui répondis que je m'apercevois qu'il aimoit beaucoup sa patrie ; qu'il n'étoit pas seulement attaché aux intérêts de sa ville, mais même aux coutumes qu'on y observoit, parmi lesquelles j'avois appris qu'il y en avoit une qui établissoit l'empire des femmes sur leurs maris. Il répliqua que cela étoit vrai, et que tout ce qu'un homme pouvoit souhaiter à Amsterdam sur ce sujet, étoit d'avoir une douce patronne, et qu'il étoit assez heureux pour avoir une femme de cette humeur. Un autre magistrat qui dînoit avec nous, et qui étoit plus grave, dit là-dessus que M. Hoeft vouloit rire, mais que cette coutume n'étoit pas plus établie dans Amsterdam que dans les autres villes qu'il connoissoit. Hoeft répondit brusquement que la chose étoit telle qu'il la représentoit ; que cette coutume étoit fort ancienne, et que quiconque entreprendroit de la violer, il verroit bander contre lui non-seulement toutes les femmes de la ville, mais encore tous les maris qui se laissent gouverner par leurs épouses, qui faisoient un trop fort parti pour qu'on y pût résister. Dans une visite que je fis après midi, on m'apprit plusieurs histoires surprenantes au sujet de la propreté générale de cette ville. Il y en avoit quelques-unes de si extraordinaires, que ma sœur crut qu'on les inventoit pour faire rire ; mais le secrétaire d'Amsterdam, qui étoit de la compagnie, la priant de s'approcher de la fenêtre, lui dit : « Voilà, madame, une maison où un de nos magistrats alla il y a quelque temps pour rendre visite à la maîtresse. Quand il eut heurté à la porte, une grosse et puissante fille de la Nord-Hollande vint demander qui il étoit : il lui dit son nom, et lui demanda si sa maîtresse étoit au logis : elle répondit qu'oui, et là-dessus il voulut entrer ; mais cette fille ayant remarqué que ses souliers n'étoient pas fort propres, elle le prit par les bras, le chargea sur son dos, et le porta à travers deux chambres jusqu'au pied du degré. Elle lui déchaussa ensuite ses souliers et lui donna une paire de pantoufle sans lui dire un mot ; mais enfin quand elle eut fait cela elle lui dit que sa maîtresse étoit dans sa chambre, et qu'il pouvoit monter. »

Je suis fort aise de pouvoir, par quelques historiettes, égayer un sujet si sérieux et si fatigant que celui-ci. J'y ai été si profondément engagé, que j'avoue que le seul souvenir renouvelle encore en moi les cruelles inquiétudes que j'ai senties autrefois à cette occasion. Mais je reprends le fil de mon discours.

Après que la paix entre la Hollande et la France eut été conclue, les ministres des confédérés, particulièrement ceux de Danemarck et de Brandebourg, firent tous les efforts imaginables pour empêcher que les Espagnols n'acceptassent les conditions de paix que les Hollandois avoient négociées pour eux. Ils dirent qu'il y alloit de leur honneur et de leur intérêt ; que ce qu'il leur restoit en Flandre par ces conditions étoit sans défense, et que cela ne serviroit qu'à épuiser leurs troupes et leur argent ; que le dessein de la France étoit de rompre le nœud de cette alliance par ces traités particuliers, afin que les Espagnols étant abandonnés de tous leurs alliés, ils ne fussent pas en état de s'opposer à la conquête de la Flandre ; et que les François avoient lieu d'attendre cela, si l'Espagne n'avoit pas plus d'égard à son honneur et à ses traités que les ambassadeurs de Hollande ne vouloient qu'elle en eût. Ces derniers trouvèrent dans leur médiation plus de difficulté qu'ils n'avoient cru, parce que les François formèrent une nouvelle prétention sur la comté de Beaumont et la ville de Bouvignes, laquelle ils n'avoient jamais auparavant déclarée dans tout ce qui s'étoit passé entre les Hollandois et eux au sujet de l'Espagne avant que la paix fût signée.

Toutes ces circonstances faisoient qu'on ne voyoit point encore clairement à quoi les Etats se détermineroient, et l'on doutoit qu'ils dépêchassent leurs ratifications avant que le traité de l'Espagne fût conclu, bien que celles de France fussent arrivées à Nimègue dès le vingt-deuxième du mois, et que M. d'Avaux eût reçu ordre de se rendre à La Haye pour y résider en qualité d'ambassadeur extraordinaire auprès des Etats, et que l'armée françoise se fût retirée en France dans le même temps que celle de Hollande s'en étoit retournée de devant Mons. Il paroissoit d'un côté que les François avoient effectivement dessein de faire la paix, et de l'autre que l'Empire et les princes du Nord vouloient continuer la guerre. Les Espagnols étoient irrésolus, et ne savoient s'ils devoient accepter ou refuser les conditions de paix que les Hollandois avoient négociées pour eux ; et les Etats même doutoient s'ils devoient ratifier ce que leurs ambassadeurs avoient signé, ou tout au moins le faire avant que le traité de l'Espagne fût conclu.

Pendant qu'on étoit occupé à raisonner sur cette conjoncture, et que les esprits étoient partagés en différens sentimens aussi bien qu'en souhaits, M. Hyde arriva d'Angleterre à La Haye vers la fin d'août. Comme je n'avois point été averti de son voyage, j'en fus surpris, et plus encore du sujet pour lequel on l'avoit envoyé avec tant de diligence. C'étoit pour dire aux Etats combien le Roi avoit été surpris d'apprendre que leurs ambassadeurs avoient signé un traité particulier avec la France sans y avoir compris l'Espagne, et sans aucune garantie pour l'évacuation des villes de Flandre dans le temps limité; et pour se plaindre de la précipitation des Etats, et en même temps de la prétention que les François formoient sur la comté de Beaumont et sur la ville de Bouvignes : ce qui regardoit la paix de l'Espagne, et empêchoit qu'elle ne fût conclue en même temps que celle de Hollande, bien que Sa Majesté eût toujours cru que c'étoit l'intention des Etats aussi bien que la sienne. Que, sur ces considérations, le Roi croyoit et entendoit que le traité conclu au mois de juillet entre lui et les Etats devoit être mis en exécution, puisque la condition marquée par ledit traité étoit échue, et qu'ainsi les deux parties étoient obligées d'entrer conjointement en guerre contre la France. Que si les Etats vouloient là-dessus refuser de ratifier le traité que leurs ministres avoient signé à Nimègue, le Roi déclareroit incessamment la guerre à cette couronne, et la pousseroit de la manière portée par les articles du traité fait entre lui et les Etats.

Quoique M. Hyde ne pût pas m'apprendre la véritable source de cette démarche résolue de notre cour, et qui étoit si opposée à la conduite que nous avions tenue dans toute cette affaire, il m'assura pourtant que cette résolution étoit sincère, et que la cour ne souhaitoit rien tant que d'entrer promptement en guerre et de la pousser vigoureusement, en cas que la Hollande la voulût continuer; et qu'ainsi il n'y avoit point de temps à perdre, ni aucun moyen à négliger pour faire réussir cette affaire. La commission qu'il apporta étoit adressée à nous deux conjointement, et la cour m'en recommandoit le soin avec les instances les plus pressantes qu'on puisse imaginer. Nous allâmes trouver le prince ce soir là même à Honslardick, et M. Hyde lui communiqua tout au long le sujet de son voyage et ses instructions.

Le prince l'écouta froidement, et lui conseilla de présenter un mémoire aux Etats pour demander des commissaires pour entrer en traité, afin de pouvoir connoître par là les dispositions où ils étoient, sur lesquelles il ne vouloit faire aucune conjecture.

Après cette courte audience, M. Hyde s'en alla chez la princesse, et me laissa seul avec le prince. Il ne fut pas plus tôt parti, que le prince, levant ses mains deux ou trois fois vers le ciel, me dit : « Y eût-il jamais rien de si chaud et rien de si froid que votre cour ? Le Roi, qui est si souvent en mer, n'apprendra-t-il jamais un mot dont on s'y sert, que j'y appris dans mon dernier passage, et dont je me souviendrai toujours ? La tempête étoit fort violente, et le capitaine du vaisseau ne cessa de crier toute la nuit au matelot qui étoit au gouvernail : *Ferme, ferme!* Si cette dépêche étoit arrivée il y a vingt jours, elle auroit changé la face des affaires de la chrétienté, et on auroit pu continuer la guerre jusqu'à ce que la France eût été réduite sur le pied du traité des Pyrénées, et par conséquent en un état qu'elle auroit laissé le monde en paix le reste de nos jours ; mais à présent elle ne servira de rien : du moins c'est mon opinion, quoique je n'en aie rien voulu dire à M. Hyde. »

Après cela il me demanda ce que je pensois de cette nouvelle résolution de notre cour, à qui j'en attribuois l'origine, et quel pouvoit être le motif qui lui faisoit prendre ce parti si mal à propos, après le peu de satisfaction qu'elle avoit témoignée du dernier traité lorsqu'on l'avoit envoyé, et après la dépêche de Ducros, si contraire à ce qu'on avoit arrêté. Je répondis à Son Altesse que je ne lui pouvois rien apprendre là-dessus, ni m'imaginer la cause d'un si prompt changement. Je demeurai effectivement dans cette ignorance plusieurs mois après ; mais enfin je reçus avis que la conspiration qui fit ensuite tant de bruit dans le monde commençoit précisément pour lors à éclater, et que la cour, pour éviter les dangereuses suites qu'elle pouvoit avoir à cause du mécontentement du parlement, dont on attribuoit l'origine à la paix, avoit porté le Roi à entrer en guerre contre la France, pour donner à son peuple la satisfaction qu'il avoit si long-temps demandée. Voilà tout ce que je puis dire sur cette dernière résolution de notre cour.

L'événement prouva le jugement que le prince avoit d'abord fait. Les députés des Etats eurent pourtant plusieurs conférences avec nous sur cette proposition ; mais cela ne servit qu'à remplir toutes les puissances intéressées de différentes appréhensions, et à faciliter le traité entre la France et l'Espagne. Le Pensionnaire me dit dès le commencement que c'étoit tout ce qu'on devoit attendre de cette négociation, et que les Etats étoient si mécontens de la conduite que notre cour avoit tenue pendant qu'on avoit traité de la paix, que bien qu'ils fussent bien aises de nous voir engagés dans cette guerre, ils étoient résolus de n'y avoir plus de part, à moins que la France ne refusât ce qu'elle avoit promis pour l'Espagne. Cependant cette affaire fut agitée d'une certaine manière, qu'elle devoit avoir, suivant toutes les apparences, une fin bien différente de celle que le prince et le Pensionnaire en attendoient ; mais ils connoissoient si bien les affaires de la Hollande, qu'il n'y avoit qu'eux seuls capables de porter un jugement juste sur les mesures que les Etats prendroient, quelque apparence qu'il y eût du contraire. Plusieurs des députés étoient si mécontens de ce que leurs ambassadeurs avoient signé la paix, qu'ils se déterminoient à accepter les propositions du Roi. Ils dressèrent plusieurs articles contre le procédé de M. Beverning, par lesquels ils le chargèrent d'avoir mal compris le sens de sa commission, d'avoir oublié des choses absolument nécessaires dans le traité, et d'avoir passé ses ordres et ses instructions, particulièrement en ce qu'il avoit stipulé que les Etats donneroient garantie pour la neutralité de l'Espagne. Je doute qu'à ce dernier égard il eût aucun ordre de ses maîtres à produire pour sa justification ; mais il sembloit que les autres accusations ne venoient que du chagrin qu'on avoit qu'il eût conclu si promptement une affaire qui auroit pu avoir une autre fin s'il avoit attendu davantage. On peut pourtant dire, sans crainte de se tromper, que lorsque M. Beverning signa le traité, ses accusateurs attendoient aussi peu que lui quelque chose de l'Angleterre, puisque ni les uns ni les autres ne pouvoient avoir aucun soupçon du ressort qui donna ce mouvement violent à notre cour. Quels que fussent les ordres et le procédé de M. Beverning, il est certain qu'on étoit si irrité contre lui à La Haye, que quelques-uns proposèrent non-seulement de désavouer ce qu'il avoit fait, mais encore d'intenter action contre lui sur ce sujet. Il fit un voyage pour cette affaire à La Haye ; et bien que dans le peu de temps qu'il y demeura il eut le bonheur d'apaiser ses ennemis, il fut pourtant extrèmement mortifié d'être si mal récompensé des grands services qu'il prétendoit avoir rendus à son pays. On remarqua, à son retour à Nimègue, que ses procédés dans les négociations étoient plus froids et plus circonspects qu'à son ordinaire, et qu'il témoignoit moins de partialité pour la paix qu'il n'avoit fait auparavant.

Pendant que ces affaires étoient en mouvement à La Haye, le Roi faisoit transporter continuellement ses forces en Flandre, comme si la guerre avoit dû continuer infailliblement. Cela anima en Hollande ceux qui désapprouvoient la paix, et porta les Espagnols à prendre toutes les mesures imaginables avec les ministres des confédérés à Nimègue pour faire traîner le traité entre cette couronne et la France, dans la confiance que la Hollande ne ratifieroit jamais le sien que celui d'Espagne n'eût été conclu. Ils espéroient d'ailleurs que dans cette intervalle les violentes dispositions que la cour d'Angleterre témoignoit pour continuer la guerre, aussi bien que celles qui paroissoient dans les confédérés, pourroient porter les Etats à la continuer aussi. Les ambassadeurs d'Espagne se servoient de tous les prétextes qu'ils trouvoient pour contester sur le style dont on s'étoit servi dans les articles que les Hollandois avoient négociés pour eux. Ils trouvèrent des difficultés sur l'état où devoient être les villes de Flandre quand les François les évacueroient, sur les fortifications que les François y avoient faites, et sur l'artillerie et les munitions qui étoient dans ces places lorsque les Hollandois étoient convenus de ces conditions. Ils trouvèrent encore matière de disputer sur les dépendances de ces villes, et particulièrement sur la châtellenie d'Ath, dont les François avoient démembré soixante villages pour les joindre à celle de Tournay, et qui avoient été cédés par l'Espagne au traité d'Aix-la-Chapelle. Mais comme les François prétendoient restituer ces places dans l'état où ils les avoient trouvées, et non pas comme elles étoient alors, les Espagnols en firent de grandes plaintes à Londres et à La Haye, et traitèrent ce dernier article d'innovation que les François, disoient-ils, vouloient faire aux conditions qu'ils avoient eux-mêmes proposées aux Hollandois au mois d'avril dernier, et qui avoient été regardées comme le fondement de la paix.

Les affaires demeurèrent pendant trois semaines dans cette incertitude à La Haye ; et les sentimens de la plupart du monde, et les gageures à Amsterdam, alloient généralement contre la paix. On s'imagine ordinairement que ces gageures découvrent les dispositions intérieures d'un Etat, mais on se trompe : ce n'est tout au plus qu'une espèce de négoce pratiqué par des gens qui ont peu de capacité ou de bonheur dans un autre, et où il y a plus de ruse et de tromperie qu'il ne semble. On ne forge pas seulement de fausses nouvelles sur les lieux pour parvenir à ses fins, mais encore on en fait venir des pays étrangers : on a l'adresse de faire écrire les mêmes avis de différens endroits, et de faire un grand secret des nouvelles qu'on a reçues, quoiqu'on ait dessein de les rendre publiques. Voilà de quelle manière se ménagent les gageures à Amsterdam, et d'où dépend bien souvent l'augmentation ou le rabais des actions de la compagnie des Indes.

Les François crurent cependant que cette conjoncture étoit trop importante pour laisser plus long-temps les affaires dans cette incertitude : c'est pourquoi ils envoyèrent un exprès à leurs ambassadeurs à Nimègue, pour leur permettre de donner satisfaction aux Etats sur les clauses du traité qui ne leur plaisoient pas, et dans lesquelles il sembloit qu'ils avoient raison de se plaindre de la conduite de M. Beverning, afin de mettre à couvert par là le crédit de ce ministre, qui avoit témoigné tant de passion pour faire réussir le traité. Ils permirent encore à leurs ministres de se radoucir un peu envers les Espagnols, et de relâcher quelque chose de la rigueur avec laquelle ils contestoient les plus petits points. Enfin, par un autre exprès, ils leur donnèrent pouvoir de remettre tous les différends qui avoient retardé le traité entre la France et l'Espagne à l'arbitrage et à la décision des Etats-généraux.

Cette démarche fit voir que le Roi Très-Chrétien avoit une si grande confiance aux Etats, et une si grande sincérité dans les avances qu'il avoit faites pour la paix, qu'elle produisit l'effet qu'on s'en étoit promis. Les villes et les provinces commencèrent à procéder aux ratifications de la paix, afin qu'elles pussent être entre les mains de leurs ambassadeurs quand le traité de l'Espagne seroit signé. M. Beverning ayant le vent favorable, les dispositions de son pays s'accordant avec les siennes, et étant d'ailleurs secondé par les facilités que la France lui donnoit, fit une si grande diligence pour terminer les différends qui restoient entre l'Espagne et la France, que le traité fut conclu et signé le vingtième de septembre (1); et le même jour les ratifications des Etats furent échangées selon les formalités ordinaires. Le chevalier Jen-

(1) Le 17 septembre.

kins n'eut aucune part dans toutes ces affaires, sachant bien que le Roi son maître désapprouvoit tous ces traités. Les ambassadeurs de Hollande firent dans ce traité les fonctions ordinaires de médiateurs; le traité entre les deux couronnes fut signé dans leur maison, et ils eurent un soin extrême de bien régler toutes choses dans la chambre où les ambassadeurs se devoient trouver pour signer la paix, afin qu'ils ne pussent faire aucune difficulté sur les cérémonies. M. Hyde eut le chagrin de s'en retourner en Angleterre sans avoir rien fait, et moi je demeurai à La Haye pour y faire la charge ordinaire d'ambassadeur. La France ayant fait la paix avec la Hollande et l'Espagne, se vit en état de la pouvoir faire accepter à l'Empereur et aux princes du Nord, aux conditions qu'elle vouloit elle-même leur imposer; et l'Angleterre demeura occupée à éteindre un feu qui commença à paroître chez elle avec une fumée extraordinaire et un bruit surprenant : de sorte que comme il étoit fort difficile de découvrir le commencement de cet incendie, il l'étoit encore bien plus d'en prévoir la fin.

Après que la paix de l'Espagne eut été signée et celle de Hollande ratifiée, les ministres de l'Empereur, du roi de Danemarck et de l'électeur de Brandebourg furent outrés de chagrin; mais cependant les ambassadeurs de Hollande agirent si adroitement qu'ils les obligèrent d'entrer en conférence avec les François. Le chevalier Jenkins, mon collègue, reçut ordre en même temps de reprendre la fonction de médiateur : il le fit, mais on peut dire qu'il fit plus dans cette affaire celle de messager que celle de médiateur. Les princes du Nord continuoient leurs préparatifs comme s'ils avoient été résolus de pousser la guerre; mais pour lors l'Empereur en prit ombrage, et soupçonna qu'il y avoit sur pied quelques traités particuliers entre la France et le Danemarck, et d'autres entre la même couronne et le Brandebourg par le moyen de M. Despense, qui étoit un vieux domestique de l'électeur, mais sujet de la France. D'un autre côté, la France faisoit de grands préparatifs pour attaquer l'Empire, prétendant de forcer l'Empereur à accepter les conditions de paix qu'elle avoit prescrites. Cela intimida tellement les princes du Rhin, qui étoient les premiers exposés à la fureur des armes des François, que les électeurs de Mayence et de Trèves, et le duc de Neubourg, envoyèrent en diligence vers les Etats pour leur demander d'être compris dans la paix qu'ils avoient faite, en vertu d'un article du traité qui leur donnoit la liberté d'y comprendre tels de leurs alliés qu'ils voudroient nommer dans six semaines. La France s'opposa à cela, et offrit seulement de comprendre dans le traité l'Empereur et l'Empire, s'ils demandoient conjointement d'y être compris comme alliés de la Hollande ; mais non pas aucun prince de l'Empire en particulier. Le duc de Lorraine voyant alors que l'alliance se brisoit en tant de différentes pièces, et que chaque prince ne songeoit qu'à ses propres intérêts, il trouva à propos d'accepter les conditions de paix que la France lui avoit proposées, et de prendre l'alternative que cette couronne lui avoit offerte, par laquelle Nancy devoit demeurer aux François. L'Empereur protestoit qu'il avoit une forte inclination pour la paix générale, mais qu'il ne vouloit pas souffrir qu'on lui imposât des lois. Il consentoit au rétablissement des traités de Westphalie, ce qui sembloit être tout ce que les François prétendoient ; mais il ne pouvoit pas consentir au passage que les François demandoient pour leurs troupes toutes les fois qu'ils le jugeroient nécessaire pour l'exécution desdits traités, sur quoi la France insistoit positivement. Les ministres impériaux ne vouloient pas non plus céder la prétention que la France formoit sur dix villes d'Alsace en conséquence du traité de Munster, et ils nièrent premièrement qu'il y eût rien de semblable dans ce traité cité par les François, et en second lieu que ce fût l'intention dudit traité, et que la France en pût tirer aucune conséquence juste pour appuyer sa prétention.

Pendant que ces dispositions et ces difficultés retardoient le traité entre l'Empereur et la France, l'Espagne différoit, de concert, à ce qu'on croyoit, entre les deux maisons d'Autriche, d'envoyer les ratifications de celui qu'elle avoit fait : de sorte que le temps marqué pour l'échange de ces ratifications étoit presque entièrement écoulé, quoiqu'il eût été deux fois prolongé par la France à la prière des Etats-généraux. Dans cet intervalle, les troupes françoises firent des incursions dans les parties les plus riches de la Flandre, qui jusques alors avoient été à couvert de leurs insultes, et en exigèrent de si grosses contributions et firent de si grands ravages dans les lieux où l'on refusa de les satisfaire, que les Pays-Bas espagnols furent plus ruinés pendant le temps qui se passa depuis le traité signé jusqu'à la ratification, qu'ils ne l'avoient été pendant tout le cours de la guerre.

Les cris et les calamités des peuples de Flandre émurent enfin les Espagnols et les obligèrent de renoncer à leur lenteur ordinaire ; à quoi les brouilleries qui régnoient en Angleterre au sujet de la conspiration contribuèrent beaucoup, parce qu'ils virent bien que la cour et le parlement étoient si occupés à leurs propres affaires, qu'ils s'intéressoient peu dans celles de leurs voisins. Cette considération obligea la Hollande de presser vivement ses alliés d'en venir à une paix générale, et la France, profitant sagement d'une conjoncture si favorable, donna de grands sujets de crainte à l'Empereur par les grands préparatifs qu'elle fit pour l'attaquer, déclarant en même temps que si l'Empereur n'acceptoit pas, dans un certain terme qu'elle marqua, les conditions de paix qui lui avoient été offertes, elle en proposeroit après cela de plus dures.

Toutes ces circonstances, appuyées par les ambassadeurs des Etats à Nimègue, déterminèrent enfin la maison d'Autriche à échouer, quoi qu'il en pût arriver, plutôt que de tenir la mer pendant une si rude tempête dont elle se voyoit menacée et dont elle ne se pouvoit pas mettre à couvert. Après toutes les contestations inutiles des ministres de l'Empereur, et les vaines espérances que les Espagnols et les autres confédérés avoient fondées sur l'Angleterre, les ratifications d'Espagne arrivèrent, et pour lors le chevalier Jenkins écrivit en cour qu'il regardoit le traité entre l'Empereur et la France comme conclu. Je reçus ordre là-dessus de partir incessamment pour Nimègue, afin d'assister comme médiateur à la conclusion de la paix qui paroissoit pour lors être générale.

Je n'ai jamais obéi aux ordres du Roi avec tant de répugnance que je le fis en cette rencontre. Je jugeois mon voyage entièrement inutile, ou qu'il ne devoit tout au plus aboutir qu'à des formalités à quoi je n'avois pas accoutumé d'être employé ; et d'ailleurs le temps étoit si rude lorsque je partis de La Haye, qu'on assuroit que de mémoire d'homme il n'y en avoit point eu de semblable. La neige avoit dix pieds de profondeur en plusieurs endroits où je passai, et j'étois contraint d'avoir des gens pour faire creuser un chemin pour mon carrosse ; plusieurs postillons moururent sur la route, et l'on avoit en même temps compassion et envie de rire de voir aux gens qui passoient des chandelles de glace qui leur pendoient au nez. Le Rhin et le Wahal étoient si fort glacés que mes carrosses et mes chariots passèrent dessus sans aucun danger ; et je puis dire que je n'ai jamais tant souffert que dans ce voyage, malgré toutes les précautions que j'avois prises contre le froid, ce qui auroit été encore bien pis si je n'avois pas su le chemin aussi exactement que je le savois. Il n'étoit point du tout nécessaire que les médiateurs signassent cette paix, puisqu'ils n'avoient point signé celle qu'on avoit faite avec la Hollande ; et quand il l'auroit fallu, il sembloit qu'il n'étoit pas besoin que deux médiateurs le fissent, puisqu'un seul avoit assisté à cette négociation depuis qu'elle avoit été renouée entre l'Empire et la France. D'ailleurs j'étois persuadé que ni l'un ni l'autre ne signerions ce traité, parce que je ne pouvois pas croire que les ambassadeurs de l'Empereur voulussent céder la préséance aux médiateurs à la conclusion de la paix, puisqu'ils ne l'avoient pas voulu faire pendant tout le cours du traité. Toutes ces réflexions me firent regarder ce voyage comme un effet de la bonne volonté de quelques bons amis que j'avois dans le comité du conseil pour les affaires étrangères, ou bien comme une suite des pressantes sollicitations du chevalier Jenkins qui étoit dans ses agonies ordinaires, de crainte d'être obligé de signer tout seul un traité qui ne lui plaisoit pas, et duquel il croyoit que la plupart des Anglois seroient peu satisfaits.

[1679] J'arrivai à Nimègue sur la fin de janvier 1679, et je trouvai que le traité étoit entièrement conclu et qu'il ne restoit plus qu'à le signer. Cependant les ministres de l'Empereur demandèrent encore deux conférences après mon arrivée, dans lesquelles ils firent tous les efforts imaginables pour porter les François à relâcher quelques articles à l'égard de la Lorraine et des villes d'Alsace. Ces deux points leur paroissoient plus rudes que tous les autres, et ils croyoient que l'honneur et la justice de leur maître étoient trop intéressés dans le premier pour pouvoir consentir à la paix sans quelque relâchement sur ce sujet : c'est pourquoi le comte de Kinski fit mine de rompre entièrement le traité et de se vouloir retirer. Mais les ambassadeurs de France connoissoient trop bien la force de cette conjoncture, et que la paix de Hollande et d'Espagne réduisoit l'Empereur à une telle nécessité, qu'il ne pouvoit pas se défendre de consentir à la paix aux conditions que la France avoit marquées. D'ailleurs ces ministres étoient trop habiles pour ne pas se servir avantageusement de ces dispositions, ou pour donner quelque espérance aux vives sollicitations des Impériaux, ou bien enfin pour faire quelque état de leurs menaces. D'un autre côté, les ambassadeurs de l'Empereur n'osoient pas attendre que le terme fixé par la France fût entièrement expiré, de crainte d'être exposés à la clause de réservation que les François y avoient faite, par laquelle ils déclaroient qu'après ce temps-là ils offriroient de nouvelles conditions plus dures encore que les premières : de sorte que la paix fut signée trois jours après mon arrivée (1). Le pauvre duc de Lorraine trouva les deux alternatives qu'on lui avoit proposées si cruelles et si rudes qu'il les refusa toutes deux, ne pouvant pas se résoudre à choisir. Par la première, à laquelle il s'étoit d'abord déterminé, son duché étoit démembré de plusieurs belles parties, et ce qui lui en restoit demeuroit à la discrétion des François, parce qu'ils prétendoient avoir en propriété une grande étendue de pays à travers tout celui du duc pour la marche de leurs armées, toutes les fois qu'ils le trouveroient nécessaire : de sorte que ce grand mais malheureux prince se vit exclu du traité et de la jouissance de son duché, malgré les engagemens réitérés de tous les confédérés, et l'intention que le Roi avoit déclarée pendant les négociations.

Lorsque le traité fut sur le point d'être signé, les ambassadeurs de France offrirent de céder en cette rencontre la préséance aux médiateurs, comme ils avoient fait pendant tout le cours des négociations ; mais les Impériaux le refusèrent ouvertement, et nous, suivant nos ordres, refusâmes de signer ce traité, à moins que nous ne le signassions les premiers. Cette déclaration ne produisit aucun bon effet, et tout au contraire elle ne servit qu'à faire juger contre nous un point qui avoit demeuré jusqu'alors dans l'incertitude.

Pendant que j'étois à Nimègue, on m'envoya une feuille de papier écrite en latin. Celui qui me l'envoyoit m'étoit inconnu ; mais je jugeai, par son style et par son caractère, que c'étoit un Allemand. Ce papier contenoit un long commentaire sur ce quatrain de Nostradamus :

Né sous les ombres d'une journée nocturne,
  Seras en los et bonté souverain ;
Fera renaître le sang de l'antique urne,
  Et changera en or le siècle d'airain.

Le but de tout ce discours étoit de prouver que le prince d'Orange étoit par là désigné à la couronne d'Angleterre, et que son règne seroit accompagné d'une gloire et d'une félicité tout extraordinaires. Si ce quatrain n'étoit pas interprété et appliqué fort ingénieusement, je ne le rapporterois point ici, parce que j'ai fort peu d'égard pour ces sortes de prédictions, qui ne sont faites d'ordinaire que pour amuser le monde ; et quoique l'état présent de la famille

(1) Le 5 février 1679.

royale permette de supposer qu'un pareil événement aura lieu dans un temps ou dans un autre, cependant cet événement est à une trop grande distance de mes yeux, qui, selon le cours de la nature, seront fermés avant qu'il arrive. Ce commentateur de Nostradamus entendoit par *les ombres d'une journée nocturne* la chambre de deuil de la princesse royale, où il n'y avoit d'autre lumière que celle qui venoit de quelques lampes le jour que le prince vint au monde (ce qui arriva peu de temps après la mort de son père); et par *le sang de l'antique urne* qui devoit être rétabli, il entendoit celui de Bourbon ou de Charlemagne, duquel il faisoit descendre le prince. Le reste du discours ne contenoit qu'un panégyrique de Son Altesse, avec quelques réflexions sur la gloire qu'elle devoit avoir, et sur l'âge d'or que son règne devoit ramener dans le monde.

Le jour après que le traité fut signé, je partis de Nimègue pour retourner à La Haye. La fatigue que je souffris dans ce cruel voyage, et l'argent que j'y dépensai, ne servirent de rien; de quoi je reçus un sensible chagrin, et particulièrement quand je fus de retour en Angleterre, parce que je me trouvai en avance de plus de sept mille livres sterlings. Après bien des longueurs et une peine inconcevable, et même après quelque argent qu'il m'a fallu dépenser encore pour engager dans mes intérêts des gens plus habiles que moi dans la poursuite de ces sortes d'affaires, j'ai eu le bonheur d'être payé d'une partie de ma dette; mais il m'est encore dû deux mille deux cents livres sterlings dont je cours risque de n'être jamais payé et que je regarde comme perdues; ce qui me fait voir combien j'ai peu de talens pour vivre à la cour. Je dirai en passant, sur ce sujet, que bien que M. Godolfin m'eût écrit et déclaré qu'il proposeroit au parlement de faire ériger ma statue si je pouvois conclure le traité dont j'ai déjà parlé entre le Roi et les Etats généraux, il a été depuis pendant plusieurs années commissaire de la trésorerie, et m'a vu fort tranquillement dans le besoin, sans se mettre en peine de me faire rendre ce que j'ai déboursé pour le service de la couronne.

Je ne veux point me fatiguer à rapporter le reste des négociations qui se firent pour la paix générale: elles ne regardent que la paix du Nord, qui fut entièrement laissée à la discrétion de la France. Le Danemarck et le Brandebourg ne laissèrent pas de parler fièrement encore quelque temps après que la paix entre l'Empereur et le Roi Très-Chrétien eut été signée, et prétendirent de conserver toutes les conquêtes qu'ils avoient faites sur les Suédois en Allemagne: mais à peine les troupes françoises furent-elles entrées sur les terres de Brandebourg, que ces deux princes firent toute la diligence possible pour finir leurs traités séparés avec la France; et, en considération de certaines sommes d'argent qui leur furent accordées, ils rendirent à la couronne de Suède tout ce qu'ils avoient pris sur elle pendant la guerre. La paix fut ainsi rétablie généralement dans toute la chrétienté, et la France n'eut plus d'autre occupation que de tâcher de gagner sur ses voisins tout ce qu'elle pourroit, sous prétexte des dépendances et de droit de bienséance. Les François se servirent si avantageusement de ces deux prétextes, soit contre l'Empire, soit contre l'Espagne, qu'ils firent en quelque manière des acquisitions plus considérables après la paix qu'ils n'en avoient fait pendant la guerre. Ils acquirent non-seulement de grandes étendues de pays, mais outre cela Strasbourg et Luxembourg servirent de victime à leur ambition, sans qu'aucun prince ou Etat voisin s'intéressât ou du moins osât s'intéresser pour la défense de ces deux importantes places. Je n'ai pas dessein de pousser plus loin mes remarques à cet égard: je laisse ce soin à d'autres.

Peu de jours après mon arrivée à La Haye, le Roi m'envoya ordre de me préparer à partir le plus tôt qu'il me seroit possible, et d'informer le prince et les Etats qu'il me rappeloit pour me faire secrétaire d'Etat à la place de M. Coventry. Milord trésorier m'écrivit sur ce sujet et il me témoignoit par sa lettre beaucoup plus d'estime que je n'en mérite, me disant entre autres choses qu'ils étoient tombés dans une cruelle maladie, et qu'il n'y avoit qu'un aussi habile médecin que moi qui les en pût guérir. Cela me fit souvenir d'un conte que l'on fait du docteur Prujean, un des plus fameux médecins de ce siècle, et je le dis à quelques-uns de mes amis qui se trouvèrent avec moi lorsque je reçus ces lettres. Une dame étant venue consulter ce médecin sur une indisposition de sa fille, dont elle avoit beaucoup d'inquiétude: « Hé bien, qu'a-t-elle? lui dit-il. — Hélas! Monsieur, répliqua-t-elle, je ne vous le saurois dire; mais elle a perdu sa bonne humeur, sa beauté et son appétit; d'ailleurs ses forces se consument chaque jour: de sorte que nous craignons beaucoup qu'elle ne meure. — Pourquoi ne la mariez-vous pas, dit le médecin? — Nous le voudrions bien, repartit la mère affligée, et nous lui avons proposé les partis les plus avantageux qu'elle puisse souhaiter; mais elle ne veut point entendre parler de mariage. — Cela est assez extraordinaire, ajouta le médecin; et ne soupçonnez-vous pas qu'il y ait quelque personne avec qui votre fille ne seroit pas fâchée de se marier? — Ah! Monsieur, vous êtes justement au fait, dit la bonne femme, et c'est ce qui nous met au désespoir : elle aime un jeune gentilhomme, et je ne saurois non plus que mon mari consentir à cet amour. — Hé bien, Madame, répondit le médecin gravement en feuilletant ses livres, voici l'état de l'affaire : votre fille veut se marier à une personne et vous voulez qu'elle se marie à une autre. J'ai beau feuilleter tous mes livres, je n'y trouve point de remède contre de semblables maladies. »

Je regardois, je l'avoue, les affaires d'Angleterre dans un état aussi dangereux que cette maladie, et je croyois qu'il étoit inutile à qui que ce fût d'entreprendre d'y remédier; mais surtout que ce ne devoit pas être un homme qui n'avoit jamais eu sa fortune à cœur, même dans les occasions les plus favorables, et qui n'avoit jamais pu se résoudre à faire quelque chose contre les lois et les véritables intérêts de son pays, qui sont ordinairement en danger pendant les divisions d'un Etat. Ces considérations m'obligèrent à faire mes excuses au Roi et à milord trésorier; et je demandai permission à Sa Majesté d'aller jusqu'à Florence, afin de m'acquitter de la promesse que j'avois faite au grand duc de l'aller voir dès que mes emplois publics m'en donneroient le loisir. Bien loin qu'on m'accordât cette faveur, le Roi m'envoya un yacht vers la fin de février 1679, avec ordre de passer incessamment en Angleterre pour prendre possession de la charge de secrétaire d'Etat à la place de M. Coventry, en même temps que milord Sunderland entroit dans le même emploi à la place du chevalier Joseph Williamson. Il fallut obéir à Sa Majesté, et j'informai, suivant mes ordres, le prince et les Etats du sujet de mon voyage. Ils me firent des complimens fort obligeans et me voulurent faire croire que la charge de secrétaire d'Etat me récompenseroit des dépenses de mon ambassade. Je répondis au prince qu'il falloit nécessairement que j'obéisse à l'ordre qu'on m'avoit envoyé de partir; mais que dans l'état où nous voyions les affaires d'Angleterre, à la distance où nous en étions, je ne me chargerois jamais de cet emploi, quelques conditions avantageuses qu'on pût m'offrir. Nous savions fort bien en Hollande que les deux chambres du parlement étoient persuadées qu'il y avoit une conspiration, et que le clergé, la ville et le peuple en général étoient de ce sentiment, ou du moins qu'ils agissoient comme s'ils en avoient été effectivement persuadés. Nous savions que le Roi et quelques seigneurs de la cour n'en croyoient rien, et que cependant ils n'osoient pas déclarer leur sentiment. Le prince me dit à ce sujet qu'il avoit de fortes raisons pour croire que le Roi étoit catholique romain dans le cœur, quoiqu'il n'osât pas en faire profession. Pour moi, je ne savois que penser sur toutes ces affaires; mais je voyois qu'il n'étoit pas difficile de présager que ces vents contraires exciteroient à la fin une si furieuse tempête, que le vaisseau feroit infailliblement naufrage, quelque habile que fût celui qui tiendroit le gouvernail.

Je trouvai, à mon arrivée en Angleterre, que le Roi avoit cassé le parlement : il avoit duré dix-huit ans, et avoit toujours donné de grands témoignages de fidélité et de complaisance pour Sa Majesté, jusqu'au temps qu'il fit éclater son chagrin au sujet de l'alliance qu'on avoit faite avec la France et de la conspiration qui fut découverte. Le Roi avoit convoqué un nouveau parlement; et afin que les affaires s'y passassent avec plus de tranquillité, il avoit résolu d'éloigner le duc d'Yorck de la cour et de l'envoyer en Hollande. Il s'en éloigna effectivement et s'embarqua le jour d'après à Londres. Les élections des membres de la chambre des communes furent poussées avec tant de chaleur, qu'elles étoient presque toutes faites lorsque j'arrivai. Il étoit aisé de prévoir, par les dispositions de ceux qui élisoient et de ceux qui étoient élus, de quel esprit devoit être la chambre. Milord Shaftsbury, milord Essex et milord Halifax s'étoient ligués avec le duc de Montmouth. Celui-ci devoit employer pour eux le crédit qu'il avoit auprès du Roi, et les autres devoient appuyer le sien par celui qu'ils avoient dans le parlement. Le premier de ces seigneurs avoit trempé autant que nul autre dans tous les conseils et les desseins de la cabale lorsqu'il étoit chancelier : cependant il s'étoit joint aux deux autres, et ils avoient pris parti tous ensemble contre la cour et les ministres, tâchant d'enflammer les mécontentemens qui régnoient parmi le peuple; et ils étoient convenus de n'aller jamais à la cour, à moins qu'ils ne fussent tous quatre ensemble. Le chevalier Guillaume Coventry étoit le membre de la chambre des communes qui avoit le plus de crédit, et, à mon avis, celui qui la méritoit le plus. Il étoit non-seulement fort habile, mais encore il s'étoit rendu recommandable aux communes, en ce qu'il avoit été chassé du conseil et de la trésorerie pour faire place à la grandeur de milord Clifford, et n'être plus un obstacle aux desseins de la cabale. Il avoit toujours été opposé aux alliances que nous avions faites avec la France, et il avoit fait tous ses efforts pour engager l'Angleterre à déclarer la guerre à cette couronne en faveur des confédérés. Il étoit extrêmement mécontent de la paix, et par conséquent irrité contre les ministres, qu'il soupçonnoit de l'avoir facilitée, ou tout au moins de n'avoir pas fait ce qu'ils pouvoient pour l'empêcher (ce qui leur auroit été très-facile s'ils l'avoient voulu); de sorte que, suivant toutes les apparences, ce gentilhomme alloit être suivi par la plus saine partie des communes. Pour le grand trésorier et le grand chambellan, je les trouvai d'admirables emblèmes de la félicité tant estimée des ministres d'Etat. Ce dernier, malgré la grande habileté qu'il avoit dans les affaires de la cour, malgré le merveilleux tour d'esprit qu'il avoit dans la conversation, et malgré encore la belle figure qu'il avoit faite, comme je l'ai rapporté dans la première partie de ces Mémoires, avoit entièrement perdu le crédit qu'il avoit auprès du Roi, auprès du duc, et auprès du prince d'Orange; de sorte qu'il étoit contraint de se maintenir par ses intrigues avec les ennemis de milord trésorier, contre lequel il avoit une envie inconcevable. Le grand trésorier n'étoit pas dans une meilleure condition que milord Arlington; au contraire, il étoit sans doute dans des circonstances plus fâcheuses, quoiqu'il ne parût pas qu'il en fût si touché. Il avoit été fort mal dans l'esprit du dernier parlement, à cause des mesures que nous avions prises avec la France : à la vérité il n'avoit pas acquiescé aux accusations qu'on faisoit contre lui, mais aussi il n'avoit jamais osé s'en défendre ouvertement, de crainte d'exposer trop le Roi son maître. Il étoit haï de l'ambassadeur de France, parce que ce ministre croyoit qu'il avoit voulu engager le Roi à déclarer la guerre à la France. Il étoit en danger de se voir poursuivi par ses ennemis à l'ouverture du parlement, sur l'accusation qu'on lui faisoit d'avoir fait la paix, et d'avoir fait tous ses efforts pour empêcher qu'on ne recherchât les auteurs de la conspiration. Je m'aperçus cependant, environ quinze jours après mon arrivée, qu'il n'étoit plus bien dans l'esprit du Roi, et Sa Majesté m'apprit elle-même les raisons de ce changement, et entre autres que c'étoit pour avoir porté dans l'affaire de la conspiration, malgré la défense expresse qu'elle lui en avoit faite. Enfin, pour achever de peindre le bonheur de ce principal ministre, contre lequel il y avoit tant de jaloux, il suffit de rapporter que la duchesse de Portsmouth et le comte de Sunderland se joignirent au duc de Monmouth et au comte de Shaftsbury, dans le dessein de le perdre sans ressource. Il n'y a point d'homme, quelque habile qu'il soit, qui eût pu dire à quoi devoient aboutir ces brouilleries et ces divisions si violentes : mais pour moi, sans entrer dans cet examen, je résolus de n'avoir aucune part dans toutes ces affaires, n'ayant jamais eu rien si fortement à cœur que l'union de mon pays, d'où dépendent, à mon avis, sa gloire et sa grandeur. L'histoire m'a trop bien appris les déplorables effets que la division a causés dans Athènes, dans Rome, et, pour s'approcher plus près de notre temps, en Angleterre et en France, pour m'engager dans ces difficultés : aussi fut-ce pour cette raison que je refusai la charge de secrétaire d'Etat immédiatement après mon arrivée. Il fallut pourtant, pour m'en défaire, user d'artifices : je demandai du temps, et je représentai au Roi combien il lui étoit nécessaire d'avoir un secrétaire d'Etat membre de la chambre des communes, et qu'ainsi je ne devois pas accepter cet emploi avant que je fusse membre du parlement. On tâcha de me faire élire, mais on n'y put pas réussir. Je destine la troisième partie de ces Mémoires à faire voir combien de temps cette excuse me garantit de cet emploi, de combien de nouveaux prétextes je me servis encore, et enfin comment le Roi m'obligea d'avoir part dans l'établissement d'un nouveau conseil. J'ajouterai comment, après avoir inutilement travaillé pendant deux ans à remettre une bonne intelligence entre le Roi et le parlement, je pris la résolution de mener une vie particulière, et de renoncer pour jamais aux affaires d'Etat.

FIN DES MÉMOIRES DU CHEVALIER TEMPLE.

HISTOIRE
DE
MADAME HENRIETTE D'ANGLETERRE,

PREMIÈRE FEMME DE PHILIPPE DE FRANCE, DUC D'ORLÉANS.

PAR MADAME DE LA FAYETTE.

MÉMOIRES
DE LA COUR DE FRANCE,

PENDANT LES ANNÉES 1688 ET 1689,

PAR LA MÊME.

NOTICE

SUR

MADAME DE LA FAYETTE

ET SUR SES MÉMOIRES.

La véritable gloire de cette femme célèbre, c'est d'avoir réformé le roman, détrôné la Calprenède et mademoiselle de Scudéry, en composant des ouvrages tels que *Zaïde* et *la Princesse de Clèves*; ses ouvrages historiques ne viennent qu'en second ordre. Née en 1633, Marie-Madeleine Pioche de la Vergne était fille d'Aymar de la Vergne, maréchal-de-camp, gouverneur du Havre-de-Grace, et de Marie Pena, dont la famille, originaire de Provence, avait produit plusieurs hommes distingués dans les lettres et les sciences. Son père présida lui-même à son éducation : elle avait quinze ans lorsqu'elle le perdit, et vers la fin de 1650, sa mère se maria en secondes noces avec le chevalier de Sévigné, oncle de la femme spirituelle et bonne qui s'illustra en écrivant à sa fille et à ses amis. Une sorte de parenté rapprochait donc ces deux personnes, entre lesquelles devait s'établir une étroite et solide amitié. Ménage et le père Rapin s'étaient chargés d'enseigner le latin à mademoiselle de la Vergne, qui profita merveilleusement de leurs leçons, s'il est vrai, qu'au bout de trois mois, comme Segrais l'assure, elle en sut plus que ses maîtres, et leur expliqua le sens d'un passage qu'ils n'entendaient ni l'un ni l'autre. Admise de bonne heure à l'hôtel de Rambouillet, elle acheva de s'y former dans le commerce élégant des beaux esprits de l'époque, sans se laisser corrompre par leur mauvais goût.

Le cardinal de Retz, qui donne une assez mauvaise idée des principes de madame de la Vergne, en racontant comment elle lui procura quelques entretiens avec mademoiselle d'Angennes, si fameuse depuis sous le nom de comtesse d'Olonne, rend hommage au contraire à la sagesse de sa fille. Quand le cardinal fut transféré au château de Nantes (1654), M. de Sévigné y conduisit mademoiselle de la Vergne : « Elle étoit fort jolie et fort aimable, dit le Cardinal.... Elle me plut beaucoup, et la vérité est que je ne lui plus guère, soit qu'elle n'eût pas d'inclination pour moi, soit que la défiance que sa mère et son beau-père lui avoient donnée dès Paris même, avec application, de mes inconstances et de mes différentes amours, la missent en garde contre moi. Je me consolai de sa cruauté avec la facilité qui m'étoit assez naturelle. »

En 1655, à l'âge de vingt-deux ans, mademoiselle de la Vergne épousa François Motier, comte de La Fayette, frère de Louise de La Fayette, cette fille d'honneur d'Anne d'Autriche, qui succéda à madame d'Hautefort dans l'affection et la faveur de Louis XIII. Les mémoires contemporains gardent un silence absolu sur le comte : on n'a retrouvé qu'une chanson, qui ne le représente nullement comme un homme d'esprit. On ignore l'époque à laquelle madame de La Fayette devint veuve; on sait seulement que le plus jeune de ses fils naquit en 1659. Selon toutes les apparences, sa liaison avec le duc de La Rochefoucault remonte à la date de son mariage, circonstance qui contredit un peu sa réputation de vertu sévère. Cette liaison dura vingt-cinq ans, jusqu'à la mort du duc, et, comme on l'a pu voir dans la notice consacrée à ce dernier, madame de La Fayette caractérisait l'influence qu'ils s'étaient mutuellement renvoyée, en disant : « *Il m'a donné de l'esprit, mais j'ai réformé son cœur.* » Segrais ajoutait que l'auteur des *Maximes* lui avait donné non seulement de l'esprit, mais de la politesse.

C'est en 1660 que parut *la Princesse de Montpensier*, petite nouvelle, par laquelle s'essaya madame de La Fayette, et qui obtint beaucoup de succès. *Zaïde* fut publiée en 1670, et *la Princesse de Clèves*, terminée en 1672, ne vit le jour qu'en 1678. Ce n'est pas ici le lieu d'insister sur le mérite depuis long-temps reconnu de ces compositions où, pour la première fois, des sentiments vrais étaient exprimés dans un style naturel. « Avant madame de La Fayette, a dit Voltaire, on écrivait d'un style ampoulé des choses peu vraisemblables. » *Zaïde* et *la Princesse de Clèves* furent imprimées sous le nom de Segrais, qui du reste a consacré lui-même les droits de l'auteur, en se réservant une certaine part dans la disposition du premier de ces romans, « où, dit-il, les règles de l'art sont observées avec une grande exactitude. » Madame de La Fayette est aussi l'auteur de la *Comtesse de Tende*, nouvelle que lui inspirèrent peut-être les critiques dont *la Princesse de Clèves* avait été l'objet. On avait blâmé l'aveu que la princesse fait à son mari de sa passion pour M. de Nemours : *la Comtesse de Tende*, après avoir trahi ses devoirs, expie en mourant la faute qu'elle a commise, et la révélation qui lui en est arrachée. Il n'est pas inutile de remarquer que l'apparition de *la Princesse de Montpensier* coïncide avec la représentation des *Précieuses ridicules* : la révolution littéraire était en bon train.

La veuve de Charles Ier, Henriette de France, passait une partie de l'année au couvent des Filles-Sainte-Marie de Chaillot, où madame de La Fayette allait visiter sa belle-sœur, l'ex-favorite de Louis XIII. Elle y voyait souvent la jeune princesse Henriette d'Angleterre, qui la prit en amitié, et qui plus tard, mariée à Monsieur, lui donna chez elle ses entrées particulières. Ce fut la princesse elle-même qui l'engagea à rédiger en forme d'histoire les confidences qu'elle lui faisait. Dans la préface, madame de La Fayette rend compte de la manière dont cet ouvrage fut commencé, interrompu, terminé. Souvent l'historien trouvait la matière délicate, et alors la princesse prenait la plume en riant pour préparer le travail : on croit même que madame de La Fayette a intercalé dans son livre, et sans y rien changer, plusieurs morceaux écrits par la princesse. *L'Histoire d'Henriette d'Angleterre* parut pour la première fois en 1720.

Madame de La Fayette a laissé des *Mémoires de la Cour de France* pour les années 1688 et 1689, publiés en 1731 : le récit des événements de l'année 1689 n'est pas complètement terminé. Entre ces *Mémoires* et *l'Histoire d'Henriette d'Angleterre*, il y a cette différence que, travaillant sous la dictée d'une princesse, madame de La Fayette ne se permet jamais d'intervenir et se borne à un rôle passif ; tandis qu'écrivant en son nom et pour son propre compte, elle ne laisse pas échapper une occasion de lancer des traits malins contre Louis XIV et ses ministres, quoiqu'elle n'eût personnellement à se plaindre ni du Roi ni de la cour ; mais elle avait été élevée au milieu des chefs de la Fronde, et ses anciennes habitudes ne s'étaient pas perdues.

On créa tout exprès pour madame de La Fayette une formule de louange, en disant qu'elle était vraie ; si l'on en croit Bussy-Rabutin, son extrême sincérité allait jusqu'à la sécheresse. Elle se piquait d'avoir l'esprit parfaitement juste, et fut très flattée de ce que Segrais lui dit un jour : « Votre jugement est supérieur à votre esprit. » Sa conversation n'était pas aussi brillante ni aussi vive que celle de plusieurs femmes de son temps, mais elle parlait avec une élégante et ingénieuse précision. Suivant elle, « une période inutile retranchée d'un ouvrage valait un louis d'or, une période vingt sous. » Elle comparait les sots traducteurs à ces laquais imbéciles qui travestissent en impertinences les compliments dont on les a chargés. « A-t-on gagé d'être parfaite? disait-elle encore ; non assurément. Si j'avois fait cette gageure, j'aurois perdu mon argent. » Dans une lettre à madame de Sévigné, on trouve les lignes suivantes : « Le goût d'écrire vous dure encore pour tout le monde ; il m'est passé pour tout le monde, et si j'avois un amant qui voulût de mes lettres tous les matins, je romprois avec lui. »

La mort du duc de La Rochefoucault fut pour madame de La Fayette une cruelle épreuve, et néanmoins elle lui survécut treize années. Elle mourut en 1693, à l'âge de soixante ans. Elle avait eu deux fils, dont l'aîné embrassa le parti de l'église, le second celui de l'armée ; elle ne négligea rien de ce qui pouvait contribuer à leur fortune. Madame de Sévigné nous l'apprend dans une de ses lettres : « Voyez, dit-elle, comme madame de La Fayette se trouve riche en amis de tous côtés et de toute condition. Elle a cent bras, elle atteint partout. Ses enfans savent bien qu'en dire, et la remercient bien tous les jours de s'être formé un esprit si haut : c'est une obligation qu'elle a à M. de La Rochefoucault, dont sa famille s'est bien trouvée. » Cependant elle pensait que l'on peut être heureux ici bas sans ambition, sans passion, et, pour exprimer cette idée, elle disait à Segrais : « C'est assez d'être. »

Les œuvres complètes de madame de La Fayette ont été plusieurs fois réimprimées, sans qu'il existe aucune différence de texte entre les diverses éditions.

Édouard MONNAIS.

PRÉFACE.

Henriette de France, veuve de Charles Ier, roi d'Angleterre, avoit été obligée par ses malheurs de se retirer en France, et avoit choisi pour sa retraite ordinaire le couvent de Sainte-Marie de Chaillot. Elle y étoit attirée par la beauté du lieu, et plus encore par l'amitié qu'elle avoit pour la mère Angélique (1), supérieure de cette maison. Cette personne étoit venue fort jeune à la cour, fille d'honneur d'Anne d'Autriche, femme de Louis XIII.

Ce prince, dont les passions étoient pleines d'innocence, en étoit devenu amoureux; et elle avoit répondu à sa passion par une amitié fort tendre, et par une si grande fidélité pour la confiance dont il l'honoroit, qu'elle avoit été à l'épreuve de tous les avantages que le cardinal de Richelieu lui avoit fait envisager.

Comme ce ministre vit qu'il ne la pouvoit gagner, il crut, avec quelque apparence, qu'elle étoit gouvernée par l'évêque de Limoges, son oncle, attaché à la Reine par madame de Senecey (2). Dans cette vue il résolut de la perdre et de l'obliger à se retirer de la cour : il gagna le premier valet de chambre du Roi, qui avoit leur confiance entière, et l'obligea à rapporter de part et d'autre des choses entièrement opposées à la vérité. Elle étoit jeune et sans expérience, et crut ce qu'on lui dit : elle s'imagina qu'on l'alloit abandonner, et se jeta dans les Filles de Sainte-Marie. Le Roi fit tous ses efforts pour l'en tirer : il lui montra clairement son erreur et la fausseté de ce qu'elle avoit cru; mais elle résista à tout, et se fit religieuse quand le temps le lui put permettre.

Le Roi conserva pour elle beaucoup d'amitié et lui donna sa confiance : ainsi, quoique religieuse, elle étoit très-considérée, et elle le méritoit. J'épousai son frère quelques années avant sa profession; et comme j'allois souvent dans son cloître, j'y vis la jeune princesse d'Angleterre, dont l'esprit et le mérite me charmèrent. Cette connoissance me donna depuis l'honneur de sa familiarité; en sorte que quand elle fut mariée j'eus toutes les entrées particulières chez elle, et quoique je fusse plus âgée de dix ans qu'elle, elle me témoigna jusqu'à la mort beaucoup de bonté et eut beaucoup d'égards pour moi.

Je n'avois aucune part à sa confidence sur de certaines affaires; mais quand elles étoient passées, et presque rendues publiques, elle prenoit plaisir à me les raconter.

L'année 1664, le comte de Guiche (3) fut exilé. Un jour qu'elle me faisoit le récit de quelques circonstances assez extraordinaires de sa passion pour elle : « Ne trouvez-vous pas, me dit-elle, que si tout ce qui m'est arrivé et les choses qui y ont relation étoient écrit, cela composeroit une jolie histoire? Vous écrivez bien, ajouta-t-elle; écrivez, je vous fournirai de bons Mémoires. »

J'entrai avec plaisir dans cette pensée, et nous fîmes ce plan de notre histoire telle qu'on la trouvera ici.

Pendant quelque temps, lorsque je la trouvois seule, elle me contoit des choses particulières que j'ignorois; mais cette fantaisie lui passa bientôt, et ce que j'avois commencé de-

---

(1) Mademoiselle de La Fayette.
(2) Dame d'honneur d'Anne d'Autriche.

(3) Fils aîné du maréchal de Gramont.

meura quatre ou cinq années sans qu'elle s'en souvînt.

En 1669, le Roi alla à Chambord : elle étoit à Saint-Cloud, où elle faisoit ses couches de la duchesse de Savoie, aujourd'hui régnante. J'étois auprès d'elle ; il y avoit peu de monde : elle se souvint du projet de cette histoire, et me dit qu'il falloit la reprendre. Elle me conta la suite des choses qu'elle avoit commencé à me dire : je me remis à les écrire ; je lui montrois le matin ce que j'avois fait sur ce qu'elle m'avoit dit le soir ; elle en étoit très-contente. C'étoit un ouvrage assez difficile que de tourner la vérité, en de certains endroits, d'une manière qui la fît connoître, et qui ne fût pas néanmoins offensante ni désagréable à la princesse. Elle badinoit avec moi sur les endroits qui me donnoient le plus de peine ; et elle prit tant de goût à ce que j'écrivois, que, pendant un voyage de deux jours que je fis à Paris, elle écrivit elle-même ce que j'ai marqué pour être de sa main, et que j'ai encore.

Le Roi revint : elle quitta Saint-Cloud, et notre ouvrage fut abandonné. L'année suivante, elle fut en Angleterre ; et, peu de jours après son retour, cette princesse étant à Saint-Cloud perdit la vie d'une manière qui fera toujours l'étonnement de ceux qui liront cette histoire. J'avois l'honneur d'être auprès d'elle lorsque cet accident funeste arriva ; je sentis tout ce que l'on peut sentir de plus douloureux en voyant expirer la plus aimable princesse qui fût jamais, et qui m'avoit honorée de ses bonnes grâces. Cette perte est de celles dont on ne se console jamais, et qui laissent une amertume répandue dans tout le reste de la vie.

La mort de cette princesse ne me laissa ni le dessein ni le goût de continuer cette histoire, et j'écrivis seulement les circonstances de sa mort, dont je fus témoin.

HISTOIRE

DE

MADAME HENRIETTE D'ANGLETERRE.

PREMIÈRE PARTIE.

[1659] La paix étoit faite entre la France et l'Espagne; le mariage du Roi étoit achevé après beaucoup de difficultés; et le cardinal Mazarin, tout glorieux d'avoir donné la paix à la France, sembloit n'avoir plus qu'à jouir de cette grande fortune où son bonheur l'avoit élevé. Jamais ministre n'avoit gouverné avec une puissance si absolue, et jamais ministre ne s'étoit si bien servi de sa puissance pour l'établissement de sa grandeur.

La Reine mère (1), pendant sa régence, lui avoit laissé toute l'autorité royale, comme un fardeau trop pesant pour un naturel aussi paresseux que le sien. Le Roi (2), à sa majorité, lui avoit trouvé cette autorité entre les mains, et n'avoit eu ni la force ni peut-être même l'envie de la lui ôter. On lui représentoit les troubles que la mauvaise conduite de ce cardinal avoit excités comme un effet de la haine des princes pour un ministre qui avoit voulu donner des bornes à leur ambition; on lui faisoit considérer le ministre comme un homme qui seul avoit tenu le timon de l'Etat pendant l'orage qui l'avoit agité, et dont la bonne conduite en avoit peut-être empêché la perte.

Cette considération, jointe à une soumission sucée avec le lait, rendit le cardinal plus absolu sur l'esprit du Roi qu'il ne l'avoit été sur celui de la Reine. L'étoile qui lui donnoit une autorité si entière s'étendit même jusqu'à l'amour. Le Roi n'avoit pu porter son cœur hors de la famille de cet heureux ministre; il l'avoit donné, dès sa plus tendre jeunesse, à la troisième de ses nièces, mademoiselle de Mancini; et s'il le retira quand il fut dans un âge plus avancé, ce ne fut que pour le donner entièrement à une quatrième nièce qui portoit le même nom de Mancini, à laquelle il se soumit si absolument, que l'on peut dire qu'elle fut la maîtresse d'un prince que nous avons vu depuis maître de sa maîtresse et de son amour.

Cette même étoile du cardinal produisoit seule un effet si extraordinaire. Elle avoit étouffé dans la France tous les restes de cabale et de dissension; la paix générale avoit fini toutes les guerres étrangères; le cardinal avoit satisfait en partie aux obligations qu'il avoit à la Reine par le mariage du Roi qu'elle avoit si ardemment souhaité, et qu'il avoit fait, bien qu'il le crût contraire à ses intérêts.

Ce mariage lui étoit même favorable, et l'esprit doux et paisible de la Reine (3) ne lui pouvoit laisser lieu de craindre qu'elle entreprît de lui ôter le gouvernement de l'Etat; enfin on ne pouvoit ajouter à son bonheur que la durée, mais ce fut ce qui lui manqua.

La mort interrompit une félicité si parfaite; et, peu de temps après que l'on fut de retour du voyage où la paix et le mariage s'étoient achevés, il mourut (4) au bois de Vincennes, avec une fermeté beaucoup plus philosophique que chrétienne.

Il laissa par sa mort un amas infini de richesses. Il choisit le fils du maréchal de La Meilleraye (5) pour l'héritier de son nom et de ses trésors : il lui fit épouser Hortense, la plus belle de ses nièces, et disposa en sa faveur de tous les établissemens qui dépendoient du Roi, de la

---

(1) Anne d'Autriche.
(2) Louis XIV.
(3) Marie-Thérèse d'Autriche, fille de Philippe IV, roi d'Espagne.

(4) Le 9 mars 1661.
(5) Depuis duc de Mazarin.

même manière qu'il disposoit de son propre bien.

Le Roi en agréa néanmoins la disposition, aussi bien que celle qu'il fit en mourant de toutes les charges et de tous les bénéfices qui étoient pour lors à donner. Enfin, après sa mort, son ombre étoit encore la maîtresse de toutes choses, et il paroissoit que le Roi ne pensoit à se conduire que par les sentimens qu'il lui avoit inspirés.

Cette mort donnoit de grandes espérances à ceux qui pouvoient prétendre au ministère : ils croyoient, avec apparence, qu'un roi qui venoit de se laisser gouverner entièrement, tant pour les choses qui regardoient son État que pour celles qui regardoient sa personne, s'abandonneroit à la conduite d'un ministre qui ne voudroit se mêler que des affaires publiques, et qui ne prendroit point connoissance de ses actions particulières.

Il ne pouvoit tomber dans leur imagination qu'un homme pût être si dissemblable de lui-même, et qu'ayant toujours laissé l'autorité de roi entre les mains de son premier ministre, il voulût reprendre à la fois et l'autorité de roi et les fonctions de premier ministre.

Ainsi beaucoup de gens espéroient quelque part aux affaires, et beaucoup de dames, par des raisons à peu près semblables, espéroient beaucoup de part aux bonnes grâces du Roi. Elles avoient vu qu'il avoit passionnément aimé mademoiselle de Mancini, et qu'elle avoit paru avoir sur lui le plus absolu pouvoir qu'une maîtresse ait jamais eu sur le cœur d'un amant ; elles espéroient qu'ayant plus de charmes elles auroient pour le moins autant de crédit, et il y en avoit déjà beaucoup qui prenoient pour modèle de leur fortune celui de la duchesse de Beaufort (1).

Mais, pour faire mieux comprendre l'état de la cour après la mort du cardinal Mazarin, et la suite des choses dont nous avons à parler, il faut dépeindre en peu de mots les personnes de la maison royale, les ministres qui pouvoient prétendre au gouvernement de l'Etat, et les dames qui pouvoient aspirer aux bonnes grâces du Roi.

La Reine mère, par son rang, tenoit la première place dans la maison royale, et, selon les apparences, elle devoit la tenir par son crédit ; mais le même naturel qui lui avoit rendu l'autorité royale un pesant fardeau pendant qu'elle étoit tout entière entre ses mains, l'empêchoit de songer à en reprendre une partie lorsqu'elle n'y étoit plus. Son esprit avoit paru inquiet et porté aux affaires pendant la vie du Roi, son mari ; mais dès qu'elle avoit été maîtresse et d'elle-même et du royaume, elle n'avoit pensé qu'à mener une vie douce, à s'occuper à ses exercices de dévotion, et avoit témoigné une assez grande indifférence pour toutes choses. Elle étoit sensible néanmoins à l'amitié de ses enfans : elle les avoit élevés auprès d'elle avec une tendresse qui lui donnoit quelque jalousie des personnes avec lesquelles ils cherchoient leurs plaisirs. Ainsi elle étoit contente pourvu qu'ils eussent l'attention de la voir, et elle étoit incapable de se donner la peine de prendre sur eux une véritable autorité.

La jeune Reine étoit une personne de vingt-deux ans, bien faite de sa personne, et qu'on pouvoit appeler belle, quoiqu'elle ne fût pas agréable. Le peu de séjour qu'elle avoit fait en France, et les impressions qu'on en avoit données avant qu'elle y arrivât, étoient cause qu'on ne la connoissoit quasi pas, ou que du moins on croyoit ne la pas connoître, en la trouvant d'un esprit fort éloigné de ces desseins ambitieux dont on avoit tant parlé. On la voyoit tout occupée d'une violente passion pour le Roi, attachée pour tout le reste de ses actions à la Reine, sa belle-mère, sans distinction de personnes ni de divertissemens, et sujette à beaucoup de chagrin, à cause de l'extrême jalousie qu'elle avoit du Roi.

Monsieur, frère unique du Roi, n'étoit pas moins attaché à la Reine, sa mère. Ses inclinations étoient aussi conformes aux occupations des femmes que celles du Roi en étoient éloignées ; il étoit beau et bien fait, mais d'une beauté et d'une taille plus convenables à une princesse qu'à un prince : aussi avoit-il plus songé à faire admirer sa beauté de tout le monde, qu'à s'en servir pour se faire aimer des femmes, quoiqu'il fût continuellement avec elles. Son amour-propre sembloit ne le rendre capable que d'attachement pour lui-même.

Madame de Thianges, fille aînée du duc de Mortemart, avoit paru lui plaire plus que les autres ; mais leur commerce étoit plutôt une confidence libertine qu'une véritable galanterie. L'esprit du prince étoit naturellement doux, bienfaisant et civil, capable d'être prévenu, et si susceptible d'impressions, que les personnes qui l'approchoient pouvoient quasi répondre de s'en rendre maîtres en le prenant par son foible. La jalousie dominoit en lui ; mais cette jalousie le faisoit plus souffrir que personne, la douceur de son humeur le rendant incapable des actions

---

(1) Gabrielle d'Estrées.

violentes que la grandeur de son rang auroit pu lui permettre.

Il est aisé de juger, par ce que nous venons de dire, qu'il n'avoit nulle part aux affaires, puisque sa jeunesse, ses inclinations et la domination absolue du cardinal, étoient autant d'obstacles qui l'en éloignoient.

Il semble qu'en voulant décrire la maison royale je devois commencer par celui qui en est le chef, mais on ne sauroit le dépeindre que par ses actions ; et celles que nous avons vues jusqu'au temps dont nous venons de parler, étoient si éloignées de celles que nous avons vues depuis, qu'elles ne pourroient guère servir à le faire connoître. On en pourra juger par ce que nous avons à dire : on le trouvera sans doute un des plus grands rois qui aient jamais été, un des plus honnêtes hommes de son royaume, et l'on pourroit dire le plus parfait, s'il n'étoit point si avare de l'esprit que le Ciel lui a donné, et qu'il voulût le laisser paroître tout entier, sans le renfermer si fort dans la majesté de son rang.

Voilà quelles étoient les personnes qui composoient la maison royale. Pour le ministère, il étoit douteux entre M. Fouquet, surintendant des finances, M. Le Tellier, secrétaire d'État, et M. Colbert. Ce troisième avoit eu, dans les derniers temps, toute la confiance du cardinal Mazarin : on savoit que le Roi n'agissoit encore que selon les sentiments et les mémoires de ce ministre, mais l'on ne savoit pas précisément quels étoient les sentiments et les mémoires qu'il avoit donnés à Sa Majesté. On ne doutoit pas qu'il n'eût ruiné la Reine mère dans l'esprit du Roi, aussi bien que beaucoup d'autres personnes ; mais on ignoroit celles qu'il y avoit établies.

M. Fouquet, peu de temps avant la mort du cardinal, avoit été quasi perdu auprès de lui pour s'être brouillé avec M. Colbert. Ce surintendant étoit un homme d'une étendue d'esprit et d'une ambition sans bornes, civil, obligeant pour tous les gens de qualité, et qui se servoit des finances pour les acquérir et pour les embarquer dans ses intrigues, dont les desseins étoient infinis pour les affaires aussi bien que pour la galanterie.

M. Le Tellier paroissoit plus sage et plus modéré, attaché à ses seuls intérêts et à des intérêts solides, sans être capable de s'éblouir du faste et de l'éclat comme M. Fouquet.

M. Colbert étoit peu connu par diverses raisons, et l'on savoit seulement qu'il avoit gagné la confiance du cardinal par son habileté et son économie. Le Roi n'appeloit au conseil que ces trois personnes ; et l'on attendoit à voir qui l'emporteroit sur les autres, sachant bien qu'ils n'étoient pas unis, et que quand ils l'auroient été, il étoit impossible qu'ils le demeurassent.

Il nous reste à parler des dames qui étoient alors le plus avant à la cour, et qui pouvoient aspirer aux bonnes grâces du Roi.

La comtesse de Soissons (1) auroit pu y prétendre par la grande habitude qu'elle avoit conservée avec lui, et pour avoir été sa première inclination. C'étoit une personne qu'on ne pouvoit pas appeler belle et qui néanmoins étoit capable de plaire. Son esprit n'avoit rien d'extraordinaire, ni de fort poli ; mais il étoit naturel et agréable avec les personnes qu'elle connoissoit. La grande fortune de son oncle l'autorisoit à n'avoir pas besoin de se contraindre. Cette liberté qu'elle avoit prise, jointe à un esprit vif et à un naturel ardent, l'avoit rendue si attachée à ses propres volontés, qu'elle étoit incapable de s'assujettir qu'à ce qui lui étoit agréable. Elle avoit naturellement de l'ambition, et, dans le temps où le Roi l'avoit aimée, le trône ne lui avoit point paru trop au-dessus d'elle pour n'oser y aspirer. Son oncle, qui l'aimoit fort, n'avoit pas été éloigné du dessein de l'y faire monter ; mais tous les faiseurs d'horoscopes l'avoient tellement assuré qu'elle ne pourroit y parvenir, qu'il en avoit perdu la pensée, et l'avoit mariée au comte de Soissons. Elle avoit pourtant toujours conservé quelque crédit auprès du Roi et une certaine liberté de lui parler plus hardiment que les autres ; ce qui faisoit soupçonner assez souvent que, dans certains momens, la galanterie trouvoit encore place dans leur conversation.

Cependant il paroissoit impossible que le Roi lui redonnât son cœur. Ce prince étoit plus sensible en quelque manière à l'attachement qu'on avoit pour lui, qu'à l'agrément et au mérite des personnes. Il avoit aimé la comtesse de Soissons avant qu'elle fût mariée ; il avoit cessé de l'aimer, par l'opinion qu'il avoit que Villequier ne lui étoit pas désagréable. Peut-être l'avoit-il cru sans fondement, et il y a même assez d'apparence qu'il se trompoit, puisque, étant si peu capable de se contraindre, si elle l'eût aimé elle l'eût bientôt fait paroître. Mais enfin, puisqu'il l'avoit quittée sur le simple soupçon qu'un autre en étoit aimé, il n'avoit garde de retourner à elle lorsqu'il croyoit avoir une certitude entière qu'elle aimoit le marquis de Vardes.

Mademoiselle de Mancini (2) étoit encore à la cour quand son oncle mourut. Pendant sa vie,

(1) Nièce du cardinal Mazarin.

(2) Marie de Mancini.

il avoit conclu son mariage avec le connétabl Colonne ; et l'on n'attendoit plus que celui qui devoit l'épouser au nom de ce connétable, pour la faire partir de France. Il étoit difficile de démêler quels étoient ses sentimens pour le Roi, et quels sentimens le Roi avoit pour elle. Il l'avoit passionnément aimée, comme nous avons déjà dit ; et, pour faire comprendre jusqu'où cette passion l'avoit mené, nous dirons en peu de mots ce qui s'étoit passé à la mort du cardinal.

Cet attachement avoit commencé pendant le voyage de Calais, et la reconnoissance l'avoit fait naître plutôt que la beauté : mademoiselle de Mancini n'en avoit aucune ; il n'y avoit nul charme dans sa personne, et très-peu dans son esprit, quoiqu'elle en eût infiniment : elle l'avoit hardi, résolu, emporté, libertin, et éloigné de toute sorte de civilité et de politesse.

Pendant une dangereuse maladie (1) que le Roi avoit eue à Calais, elle avoit témoigné une affliction si violente de son mal, et l'avoit si peu cachée, que lorsqu'il commença à se mieux porter tout le monde lui parla de la douleur de mademoiselle de Mancini ; peut-être dans la suite lui en parla-t-elle elle-même. Enfin elle lui fit paroître tant de passion, et rompit entièrement toutes les contraintes où la Reine mère et le cardinal la tenoient, que l'on peut dire qu'elle contraignit le Roi à l'aimer.

Le cardinal ne s'opposa pas d'abord à cette passion ; il crut qu'elle ne pouvoit être que conforme à ses intérêts : comme il vit dans la suite que sa nièce ne lui rendoit aucun compte de ses conversations avec le Roi, et qu'elle prenoit sur son esprit tout le crédit qui lui étoit possible, il commença à craindre qu'elle n'y en prît trop et voulut apporter quelque diminution à cet attachement. Il vit bientôt qu'il s'en étoit avisé trop tard : le Roi étoit entièrement abandonné à sa passion, et l'opposition qu'il fit paroître ne servit qu'à aigrir contre lui l'esprit de sa nièce, et à la porter à lui rendre toutes sortes de mauvais services.

Elle n'en rendit pas moins à la Reine dans l'esprit du Roi, soit en lui décriant sa conduite pendant la régence, ou en lui apprenant tout ce que la médisance avoit inventé contre elle. Enfin elle éloignoit si bien de l'esprit du Roi tous ceux qui pouvoient lui nuire, et s'en rendit maîtresse si absolue, que, pendant le temps que l'on commençoit à traiter la paix et le mariage, il demanda au cardinal la permission de l'épouser, et témoigna ensuite par toutes ses actions qu'il le souhaitoit.

(1) La petite vérole.

Le cardinal, qui savoit que la Reine ne pourroit entendre sans horreur la proposition de ce mariage, et que l'exécution en eût été très-hasardeuse pour lui, se voulut faire un mérite envers la Reine et envers l'Etat d'une chose qu'il croyoit contraire à ses propres intérêts.

Il déclara au Roi qu'il ne consentiroit jamais à lui laisser faire une alliance si disproportionnée ; et que s'il la faisoit de son autorité absolue, il lui demanderoit à l'heure même la permission de se retirer hors de France.

La résistance du cardinal étonna le Roi et lui fit peut-être faire des réflexions qui ralentirent la violence de son amour. L'on continua de traiter la paix et le mariage ; et le cardinal, avant que de partir pour aller régler les articles de l'un et de l'autre, ne voulut pas laisser sa nièce à la cour : il résolut de l'envoyer à Brouage. Le Roi en fut aussi affligé que le peut être un amant à qui l'on ôte sa maîtresse ; mais mademoiselle de Mancini, qui ne se contentoit pas des mouvemens de son cœur, et qui auroit voulu qu'il eût témoigné son amour par des actions d'autorité, lui reprocha, en lui voyant répandre des larmes lorsqu'elle monta en carrosse, qu'*il pleuroit* et qu'*il étoit le maître*. Ces reproches ne l'obligèrent pas à le vouloir être : il la laissa partir, quelque affligé qu'il fût, lui promettant néanmoins qu'il ne consentiroit jamais au mariage d'Espagne, et qu'il n'abandonneroit pas le dessein de l'épouser.

Toute la cour partit quelque temps après pour aller à Bordeaux, afin d'être plus près du lieu où l'on traitoit la paix.

Le Roi vit mademoiselle de Mancini à Saint-Jean-d'Angely : il en parut plus amoureux que jamais dans le peu de momens qu'il eut à être avec elle, et lui promit toujours la même fidélité. Le temps, l'absence et la raison le firent enfin manquer à sa promesse ; et quand le traité fut achevé il l'alla signer à l'île de la Conférence, et prendre l'infante d'Espagne des mains du Roi son père, pour la faire reine de France dès le lendemain.

La cour revint ensuite à Paris. Le cardinal, qui ne craignoit plus rien, y fit aussi revenir ses nièces.

Mademoiselle de Mancini étoit outrée de rage et de désespoir : elle trouvoit qu'elle avoit perdu en même temps un amant fort aimable et la plus belle couronne de l'univers. Un esprit plus modéré que le sien auroit eu de la peine à ne pas s'emporter dans une semblable occasion : aussi s'étoit-elle abandonnée à la rage et à la colère.

Le Roi n'avoit plus la même passion pour

elle : la possession d'une princesse belle et jeune comme la Reine sa femme l'occupoit agréablement. Néanmoins, comme l'attachement d'une femme est rarement un obstacle à l'amour qu'on a pour une maîtresse, le Roi seroit peut-être revenu à mademoiselle de Mancini, s'il n'eût connu qu'entre tous les partis qui se présentoient alors pour l'épouser, elle souhaitoit ardemment le duc Charles, neveu du duc de Lorraine, et s'il n'avoit été persuadé que ce prince avoit su toucher son cœur.

Le mariage ne s'en put faire par plusieurs raisons : le cardinal conclut celui du connétable Colonne, et mourut, comme nous avons dit, avant qu'il fût achevé.

Mademoiselle de Mancini avoit une si horrible répugnance pour ce mariage, que, voulant l'éviter s'il elle eût vu quelque apparence de regagner le cœur du Roi, malgré tout son dépit elle y auroit travaillé de toute sa puissance.

Le public ignoroit le secret dépit qu'avoit eu le Roi du penchant qu'elle avoit témoigné pour le mariage du neveu du duc de Lorraine ; et comme on le voyoit souvent aller au palais Mazarin, où il logeoit avec madame Mazarin sa sœur (1), on ne savoit si le Roi y étoit conduit par les restes de son ancienne flamme, ou par les étincelles d'une nouvelle, que les yeux de madame de Mazarin étoient bien capables d'allumer.

C'étoit, comme nous l'avons dit, non-seulement la plus belles des nièces du cardinal, mais aussi une des plus parfaites beautés de la cour. Il ne lui manquoit que de l'esprit pour être accomplie, et pour lui donner la vivacité qu'elle n'avoit pas : ce défaut même n'en étoit pas un pour tout le monde, et beaucoup de gens trouvoient son air languissant et sa négligence capables de se faire aimer.

(1) Hortense Mancini.

Ainsi les opinions se portoient aisément à croire que le Roi lui en vouloit, et que l'ascendant du cardinal garderoit encore son cœur dans sa famille. Il est vrai que cette opinion n'étoit pas sans fondement : l'habitude que le Roi avoit prise avec les nièces du cardinal lui donnoit plus de dispositions à leur parler qu'à toutes les autres femmes ; et la beauté de madame de Mazarin, jointe à l'avantage que donne un mari qui n'est guère aimable à un roi qui l'est beaucoup, l'eût aisément porté à l'aimer, si M. de Mazarin n'avoit eu de même soin que nous lui avons vu depuis d'éloigner sa femme des lieux où étoit le Roi.

Il y avoit encore à la cour un grand nombre de belles dames sur qui le Roi auroit pu jeter les yeux.

Madame d'Armagnac, fille du maréchal de Villeroy, étoit d'une beauté à attirer ceux de tout le monde. Pendant qu'elle étoit fille, elle avoit donné beaucoup d'espérance à tous ceux qui l'avoient aimée qu'elle souffriroit aisément de l'être lorsque le mariage l'auroit mise dans une condition plus libre. Cependant sitôt qu'elle eut épousé M. d'Armagnac, soit qu'elle eût de la passion pour lui, ou que l'âge l'eût rendue plus circonspecte, elle s'étoit entièrement retirée dans sa famille.

La seconde fille du duc de Mortemart, qu'on appeloit mademoiselle de Tonnay-Charente, étoit encore une beauté très-achevée, quoiqu'elle ne fût pas parfaitement agréable. Elle avoit beaucoup d'esprit, et une sorte d'esprit plaisant et naturel, comme tous ceux de sa maison.

Le reste des belles personnes qui étoient à la cour ont trop peu de part à ce que nous avons à dire pour m'obliger d'en parler ; et nous ferons seulement mention de celles qui s'y trouveront mêlées, selon que la suite nous y engagera.

DEUXIÈME PARTIE.

[1661] La cour étoit revenue à Paris aussitôt après la mort du cardinal. Le Roi s'appliquoit à prendre une connoissance exacte des affaires : il donnoit à cette occupation la plus grande partie de son temps, et partageoit le reste avec la Reine sa femme.

Celui qui devoit épouser mademoiselle de Mancini au nom du connétable Colonne arriva à Paris, et elle eut la douleur de se voir chassée de France par le Roi : ce fut, à la vérité, avec tous les honneurs imaginables. Le Roi la traita dans son mariage et dans tout le reste comme si son oncle eût encore vécu ; mais enfin on la maria, et on la fit partir avec assez de précipitation.

Elle soutint sa douleur avec beaucoup de constance, et même avec assez de fierté ; mais, au premier lieu où elle coucha en sortant de Paris, elle se trouva si pressée de sa douleur, et si accablée de l'extrême violence qu'elle s'étoit faite, qu'elle pensa y demeurer. Enfin elle continua son chemin, et s'en alla en Italie, avec la consolation de n'être plus sujette d'un Roi dont elle avoit cru devoir être la femme.

La première chose considérable qui se fit après la mort du cardinal, ce fut le mariage de Monsieur avec la princesse d'Angleterre. Il avoit été résolu par le cardinal ; et quoique cette alliance semblât contraire à toutes les règles de la politique, il avoit cru qu'on devoit être si assuré de la douceur du naturel de Monsieur, et de son attachement pour le Roi, qu'on ne devoit point craindre de lui donner un roi d'Angleterre pour beau-frère.

L'histoire de notre siècle est si remplie des grandes révolutions de ce royaume, et le malheur qui fit perdre la vie au meilleur Roi du monde sur un échafaud (1) par les mains de ses sujets, et qui contraignit la Reine sa femme à venir chercher un asyle dans le royaume de ses pères, est un exemple de l'inconstance de la fortune qui est su de toute la terre.

Le changement funeste de cette maison royale fut favorable en quelque chose à la princesse d'Angleterre (2). Elle étoit encore entre les bras de sa nourrice, et fut la seule de tous les enfans de la Reine sa mère (3) qui se trouva auprès d'elle pendant sa disgrâce. Cette Reine s'appliquoit tout entière au soin de son éducation ; et le malheur de ses affaires la faisant plutôt vivre en personne privée qu'en souveraine, cette jeune princesse prit toutes les lumières, toute la civilité, et toute l'humanité des conditions ordinaires, et conserva dans son cœur et dans sa personne toutes les grandeurs de sa naissance royale.

Aussitôt que cette princesse commença à sortir de l'enfance, on lui trouva un agrément extraordinaire. La Reine mère témoigna beaucoup d'inclination pour elle, et comme il n'y avoit nulle apparence que le Roi pût épouser l'infante sa nièce, elle parut souhaiter qu'il épousât cette princesse. Le Roi, au contraire, témoigna de l'aversion pour ce mariage, et même pour sa personne : il la trouvoit trop jeune pour lui, et il avouoit enfin qu'elle ne lui plaisoit pas, quoiqu'il n'en pût dire la raison. Aussi eût-il été difficile d'en trouver : c'étoit principalement ce que la princesse d'Angleterre possédoit au souverain degré, que le don de plaire et ce qu'on appelle grâces, et les charmes étoient répandus en toute sa personne, dans ses actions et dans son esprit, et jamais princesse n'a été si également capable de se faire aimer des hommes et adorer des femmes.

En croissant, sa beauté augmenta aussi ; en sorte que quand le mariage du Roi fut achevé, celui de Monsieur et d'elle fut résolu. Il n'y avoit rien à la cour qu'on pût lui comparer.

En ce même temps, le Roi son frère (4) fut rétabli sur le trône par une révolution presque aussi prompte que celle qui l'en avoit chassé. Sa mère voulut aller jouir du plaisir de le voir paisible possesseur de son royaume ; et avant que d'achever le mariage de la princesse sa fille, elle la mena avec elle en Angleterre. Ce fut dans ce voyage que la princesse commença à reconnoître la puissance de ses charmes. Le duc de Buckingham, fils de celui qui fut décapité (5), jeune et bien fait, étoit alors fortement attaché à la princesse royale sa sœur (6), qui étoit à Londres. Quelque grand que fût cet attache-

---

(1) Charles Ier, roi d'Angleterre, décapité le 9 février 1649.
(2) Henriette-Anne, fille de Charles Ier.
(3) Henriette de France, fille de Henri IV.
(4) Charles II, rétabli en 1660.
(5) Non pas décapité, mais assassiné par Felton.
(6) Henriette-Marie, femme de Guillaume de Nassau, prince d'Orange.

ment, il ne put tenir contre la princesse d'Angleterre; et ce duc devint si passionnément amoureux d'elle, qu'on peut dire qu'il en perdit la raison.

La reine d'Angleterre étoit tous les jours pressée par les lettres de Monsieur de s'en retourner en France pour achever son mariage, qu'il témoignoit souhaiter avec impatience. Ainsi elle fut obligée de partir, quoique la saison fût fort rude et fort fâcheuse.

Le Roi son fils l'accompagna jusqu'à une journée de Londres. Le duc de Buckingham la suivit, comme tout le reste de la cour; mais, au lieu de s'en retourner de même, il ne put se résoudre à abandonner la princesse d'Angleterre, et demanda au Roi la permission de passer en France : de sorte que, sans équipage, et sans toutes les choses nécessaires pour un pareil voyage, il s'embarqua à Portsmouth avec la Reine.

Le vent fut favorable le premier jour; mais le lendemain il fut si contraire que le vaisseau de la Reine se trouva ensablé, et en grand danger de périr. L'épouvante fut grande dans tout le navire; et le duc de Buckingham, qui craignoit pour plus d'une vie, parut dans un désespoir inconcevable.

Enfin on tira le vaisseau du péril où il étoit; mais il fallut relâcher au port.

Madame la princesse d'Angleterre fut attaquée d'une fièvre très-violente. Elle eut pourtant le courage de vouloir se rembarquer dès que le vent fut favorable; mais sitôt qu'elle fut dans le vaisseau, la rougeole sortit : de sorte qu'on ne put abandonner la terre, et qu'on ne put aussi songer à débarquer, de peur de hasarder sa vie par cette agitation.

Sa maladie fut très-dangereuse. Le duc de Buckingham parut comme un fou et un désespéré dans les momens où il la crut en péril. Enfin, lorsqu'elle se porta assez bien pour souffrir la mer et pour aborder au Havre, il eut des jalousies si extravagantes des soins que l'amiral d'Angleterre prenoit pour cette princesse, qu'il le querella sans aucune sorte de raison; et la Reine, craignant qu'il n'en arrivât du désordre, ordonna au duc de Buckingham de s'en aller à Paris pendant qu'elle séjourneroit quelque temps au Havre pour laisser reprendre des forces à la princesse sa fille.

Lorsqu'elle fut entièrement rétablie, elle revint à Paris. Monsieur alla au devant d'elle avec tous les empressemens imaginables, et continua jusqu'à son mariage à lui rendre des devoirs auxquels il ne manquoit que l'amour; mais le miracle d'enflammer le cœur de ce prince n'étoit réservé à aucune femme du monde.

Le comte de Guiche étoit en ce temps-là son favori. C'étoit le jeune homme de la cour le plus beau et le mieux fait, aimable de sa personne, galant, hardi, brave, rempli de grandeur et d'élévation. La vanité que tant de bonnes qualités lui donnoient, et un air méprisant répandu dans toutes ses actions, ternissoient un peu tout ce mérite; mais il faut pourtant avouer qu'aucun homme de la cour n'en avoit autant que lui. Monsieur l'avoit fort aimé dès l'enfance, et avoit toujours conservé avec lui un grand commerce, et aussi étroit qu'il y en peut avoir entre de jeunes gens.

Le comte étoit alors amoureux de madame de Chalais, fille du duc de Marmoutiers : elle étoit très-aimable sans être fort belle; il la cherchoit partout, il la suivoit en tous lieux : enfin c'étoit une passion si publique et si déclarée, qu'on doutoit qu'elle fût approuvée de celle qui la causoit, et l'on s'imaginoit que s'il y avoit eu quelque intelligence entre eux, elle lui auroit fait prendre des chemins plus cachés. Cependant il est certain que s'il n'en étoit pas tout-à-fait aimé, il n'en étoit pas haï, et qu'elle voyoit son amour sans colère. Le duc de Buckingham fut le premier qui se douta qu'elle n'avoit pas assez de charmes pour retenir un homme qui seroit tous les jours exposé à ceux de madame la princesse d'Angleterre. Un soir qu'il étoit venu chez elle, madame de Chalais y vint aussi. La princesse lui dit en anglois que c'étoit la maîtresse du comte de Guiche, et lui demanda s'il ne la trouvoit pas fort aimable. « Non, lui répondit-il; je ne trouve pas qu'elle le soit assez pour lui, qui me paroît, malgré que j'en aie, le plus honnête homme de toute la cour; et je souhaite, Madame, que tout le monde ne soit pas de mon avis. » La princesse ne fit pas réflexion à ce discours, et le regarda comme un effet de la passion de ce duc, dont il lui donnoit tous les jours quelque preuve, et qu'il ne laissoit que trop voir à tout le monde.

Monsieur s'en aperçut bientôt, et ce fut en cette occasion que madame la princesse d'Angleterre découvrit pour la première fois cette jalousie naturelle dont il lui donna depuis tant de marques. Elle vit donc chagrin; et comme elle ne soucioit pas du duc de Buckingham, qui, quoique fort aimable, a eu souvent le malheur de n'être pas aimé, elle en parla à la Reine sa mère, qui prit soin de remettre l'esprit de Monsieur, et de lui faire concevoir que la passion du duc étoit regardée comme une chose ridicule.

Cela ne déplut point à Monsieur, mais il n'en

fut pas entièrement satisfait : il s'en ouvrit à la Reine sa mère, qui eut de l'indulgence pour la passion du duc, en faveur de celle que son père lui avoit autrefois témoignée. Elle ne voulut pas qu'on fît du bruit; mais elle fut d'avis qu'on lui fît entendre, lorsqu'il auroit fait encore quelque séjour en France, que son retour étoit nécessaire en Angleterre : ce qui fut exécuté dans la suite.

Enfin le mariage de Monsieur s'acheva et fut fait en carême, sans cérémonie, dans la chapelle du palais. Toute la cour rendit ses devoirs à madame la princesse d'Angleterre, que nous appellerons dorénavant Madame.

Il n'y eut personne qui ne fût surpris de son agrément, de sa civilité et de son esprit. Comme la Reine mère la tenoit fort près de sa personne, on ne la voyoit jamais que chez elle, où elle ne parloit quasi point. Ce fut une nouvelle découverte de lui trouver l'esprit aussi aimable que tout le reste. On ne parloit que d'elle, et tout le monde s'empressoit à lui donner des louanges.

Quelque temps après son mariage, elle vint loger chez Monsieur aux Tuileries; le Roi et la Reine allèrent à Fontainebleau; Monsieur et Madame demeurèrent encore quelque temps à Paris. Ce fut alors que toute la France se trouva chez elle; tous les hommes ne pensoient qu'à lui faire leur cour, et toutes les femmes qu'à lui plaire.

Madame de Valentinois, sœur du comte de Guiche, que Monsieur aimoit fort à cause de son frère et à cause d'elle-même (car il avoit pour elle toute l'inclination dont il étoit capable), fut une de celles qu'elle choisit pour être dans ses plaisirs; mesdemoiselles de Créqui et de Châtillon, et mademoiselle de Tonnay-Charente (1), avoient l'honneur de la voir souvent, aussi bien que d'autres personnes à qui elle avoit témoigné de la bonté avant qu'elle fût mariée.

Mademoiselle de La Trémouille et madame de La Fayette (2) étoient de ce nombre. La première lui plaisoit par sa bonté, et par une certaine ingénuité à conter tout ce qu'elle avoit dans le cœur, qui ressentoit la simplicité des premiers siècles. L'autre lui avoit été agréable par son bonheur; car, bien qu'on lui trouvât du mérite, c'étoit une sorte de mérite si sérieux en apparence, qu'il ne sembloit pas qu'il dût plaire à une princesse aussi jeune que Madame. Cependant elle lui avoit été agréable, et elle avoit été si touchée du mérite et de l'esprit de Madame, qu'elle lui dût plaire dans la suite par l'attachement qu'elle eut pour elle.

Toutes ces personnes passoient les après-dînées chez Madame. Elles avoient l'honneur de la suivre au Cours; au retour de la promenade, on soupoit chez Monsieur; après le souper, tous les hommes de la cour s'y rendoient, et on passoit le soir parmi les plaisirs de la comédie, du jeu et des violons, enfin on s'y divertissoit avec tout l'agrément imaginable, et sans aucun mélange de chagrin. Mademoiselle de Chalais y venoit assez souvent; le comte de Guiche ne manquoit pas de s'y rendre : la familiarité qu'il avoit chez Monsieur lui donnoit l'entrée chez ce prince aux heures les plus particulières. Il voyoit Madame à tous momens, avec tous ses charmes; Monsieur prenoit même le soin de les lui faire admirer : enfin il l'exposoit à un péril qu'il étoit presque impossible d'éviter.

Après quelque séjour à Paris, Monsieur et Madame s'en allèrent à Fontainebleau. Madame y porta la joie et les plaisirs. Le Roi connut, en la voyant de plus près, combien il avoit été injuste en ne la trouvant pas la plus belle personne du monde. Il s'attacha fort à elle et lui témoigna une complaisance extrême. Elle disposoit de toutes les parties de divertissement; elles se faisoient toutes pour elle, et il paroissoit que le Roi n'y avoit de plaisir que par celui qu'elle en recevoit. C'étoit dans le milieu de l'été : Madame s'alloit baigner tous les jours; elle partoit en carrosse, à cause de la chaleur, et revenoit à cheval, suivie de toutes les dames, habillées galamment, avec mille plumes sur leur tête, accompagnées du Roi et de la jeunesse de la cour : après souper on montoit dans les calèches, et au bruit des violons on s'alloit promener une partie de la nuit autour du canal.

L'attachement que le Roi avoit pour Madame commença bientôt à faire du bruit et à être interprété diversement. La Reine mère en eut d'abord beaucoup de chagrin : il lui parut que Madame lui ôtoit absolument le Roi, et qu'il lui donnoit toutes les heures qui avoient accoutumé d'être pour elle. La grande jeunesse de Madame lui persuada qu'il seroit facile d'y remédier, et que, lui faisant parler par l'abbé de Montaigu, et par quelques personnes qui dévoient avoir quelque crédit sur son esprit, elle l'obligeroit à se tenir plus attachée à sa personne, et de n'attirer pas le Roi dans des divertissemens qui en étoient éloignés.

Madame étoit lasse de l'ennui et de la con-

---

(1) Depuis madame de Montespan.

(2) L'auteur de ces Mémoires.

trainte qu'elle avoit essuyés auprès de la Reine sa mère. Elle crut que la Reine sa belle-mère vouloit prendre sur elle une pareille autorité ; elle fut occupée de la joie d'avoir ramené le Roi à elle, et de savoir par lui-même que la Reine mère tâchoit de l'en éloigner. Toutes ces choses la détournèrent tellement des mesures qu'on vouloit lui faire prendre, que même elle n'en garda plus aucune. Elle se lia d'une manière étroite avec la comtesse de Soissons, qui étoit alors l'objet de la jalousie de la Reine et de l'aversion de la Reine mère, et ne pensa plus qu'à plaire au Roi comme belle-sœur. Je crois qu'elle lui plut d'une autre manière ; je crois aussi qu'elle pensa qu'il ne lui plaisoit que comme un beau-frère, quoiqu'il lui plût peut-être davantage : mais enfin comme ils étoient tous deux infiniment aimables, et tous deux nés avec des dispositions galantes, qu'ils se voyoient tous les jours au milieu des plaisirs et des divertissemens, il parut aux yeux de tout le monde qu'ils avoient l'un pour l'autre cet agrément qui précède d'ordinaire les grandes passions.

Cela fit bientôt beaucoup de bruit à la cour. La Reine mère fut bien ravie de trouver un prétexte si spécieux de bienséance et de dévotion pour s'opposer à l'attachement que le Roi avoit pour Madame. Elle n'eut pas de peine à faire entrer Monsieur dans ses sentimens ; il étoit jaloux par lui-même, et il le devenoit encore davantage par l'humeur de Madame, qu'il ne trouvoit pas aussi éloignée de la galanterie qu'il l'auroit souhaité.

L'aigreur s'augmentoit tous les jours entre la Reine mère et elle. Le Roi donnoit toutes les espérances à Madame, mais il se ménageoit néanmoins avec la Reine mère ; de sorte que quand elle redisoit à Monsieur ce que le Roi lui avoit dit, Monsieur trouvoit assez de matière pour vouloir persuader à Madame que le Roi n'avoit pas pour elle autant de considération qu'il lui en témoignoit : tout cela faisoit un cercle de redites et de démêlés qui ne donnoit pas un moment de repos ni aux uns ni aux autres. Cependant le Roi et Madame, sans s'expliquer entre eux de ce qu'ils sentoient l'un pour l'autre, continuèrent de vivre d'une manière qui ne laissoit douter à personne qu'il n'y eût entre eux plus que de l'amitié.

Le bruit s'en augmenta fort ; et la Reine mère et Monsieur en parlèrent si fortement au Roi et à Madame, qu'ils commencèrent à ouvrir les yeux, et à faire peut-être des réflexions qu'ils n'avoient point encore faites : enfin ils résolurent de faire cesser ce grand bruit, et, par quelque motif que ce pût être, ils convinrent entre eux que le Roi seroit l'amoureux de quelque personne de la cour. Ils jetèrent les yeux sur celles qui paroissoient les plus propres à ce dessein, et choisirent entre autres mademoiselle de Pons, parente du maréchal d'Albret, et qui, pour être nouvellement venue de province, n'avoit pas toute l'habileté imaginable ; ils jetèrent aussi les yeux sur Chemerault, une des filles de la Reine, fort coquette, et sur La Vallière, qui étoit une fille de Madame, fort jolie, fort douce et fort naïve. La fortune de cette fille étoit médiocre : sa mère s'étoit remariée à Saint-Remy, premier maître d'hôtel de M. le duc d'Orléans ; ainsi elle avoit presque toujours été à Orléans ou à Blois. Elle se trouvoit très-heureuse d'être auprès de Madame. Tout le monde la trouvoit jolie : plusieurs jeunes gens avoient pensé à s'en faire aimer ; le comte de Guiche s'y étoit attaché plus que les autres ; il y paroissoit encore tout occupé, lorsque le Roi la choisit pour une de celles dont il vouloit éblouir le public. De concert avec Madame, il commença non-seulement à faire l'amoureux d'une des trois qu'ils avoient choisies, mais de toutes les trois ensemble. Il ne fut pas long-temps sans prendre parti : son cœur se détermina en faveur de La Vallière ; et quoiqu'il ne laissât pas de dire des douceurs aux autres, et d'avoir même un commerce assez réglé avec Chemerault, La Vallière eut tous ses soins et toutes ses assiduités.

Le comte de Guiche, qui n'étoit pas assez amoureux pour s'opiniâtrer contre un rival si redoutable, l'abandonna et se brouilla avec elle, en lui disant des choses assez désagréables.

Madame vit avec quelque chagrin que le Roi s'attachoit véritablement à La Vallière. Ce n'est peut-être pas qu'elle en eût ce qu'on pourroit appeler de la jalousie, mais elle eût été bien aise qu'il n'eût pas eu de véritable passion, et qu'il eût conservé pour elle une sorte d'attachement qui, sans avoir la violence de l'amour, en eût eu la complaisance et l'agrément.

Long-temps avant qu'elle fût mariée, on avoit prédit que le comte de Guiche seroit amoureux d'elle ; et sitôt qu'il eut quitté La Vallière on commença à dire qu'il aimoit Madame, et peut-être même qu'on le dit avant qu'il en eût la pensée : mais ce bruit ne fut pas désagréable à sa vanité ; et comme son inclination s'y trouva peut-être disposée, il ne prit pas de grands soins pour s'empêcher de devenir amoureux, ni pour empêcher qu'on ne le soupçonnât de l'être. L'on répétoit alors à Fontainebleau un ballet que le Roi et Madame dansèrent, et qui fut le plus agréable qui ait jamais été, soit par le lieu où il se dansoit, qui étoit le bord de l'étang, ou par l'invention qu'on avoit trouvée de faire venir du bout d'une allée le théâtre tout entier, chargé d'une infinité de personnes qui s'approchoient insensiblement, et qui faisoient une entrée, en dansant devant le théâtre.

Pendant la répétition de ce ballet, le comte de Guiche étoit très-souvent avec Madame, parce qu'il dansoit dans la même entrée : il n'osoit encore lui rien dire de ses sentiments ; mais, par une certaine familiarité qu'il avoit acquise auprès d'elle, il prenoit la liberté de lui demander des nouvelles de son cœur, et si rien ne l'avoit jamais touchée. Elle lui répondoit avec beaucoup de bonté et d'agrément, et il s'émancipoit quelquefois à crier, en s'enfuyant d'auprès d'elle, qu'il étoit en grand péril.

Madame recevoit tout cela comme des choses galantes, sans y faire une plus grande attention : le public y vit plus clair qu'elle-même. Le comte de Guiche laissoit voir, comme on a déjà dit, ce qu'il avoit dans le cœur ; en sorte que le bruit s'en répandit aussitôt. La grande amitié que Madame avoit pour la duchesse de Valentinois contribua beaucoup à faire croire qu'il y avoit de l'intelligence entre eux, et l'on regardoit Monsieur, qui paroissoit amoureux de madame de Valentinois, comme la dupe du frère et de la sœur. Il est vrai néanmoins qu'elle se mêla très-peu de cette galanterie ; et quoique son frère ne lui cachât point sa passion pour Madame elle ne commença pas les liaisons qui ont paru depuis.

Cependant l'attachement du Roi pour La Vallière augmentoit toujours ; il faisoit beaucoup de progrès auprès d'elle. Ils gardoient beaucoup de mesures : il ne la voyoit pas chez Madame et dans les promenades du jour ; mais à la promenade du soir il sortoit de la calèche de Madame et s'alloit mettre près de celle de La Vallière, dont la portière étoit abattue ; et comme c'étoit dans l'obscurité de la nuit, il lui parloit avec beaucoup de commodité.

La Reine mère et Madame n'en furent pas moins mal ensemble. Lorsqu'on vit que le Roi n'en étoit point amoureux, puisqu'il l'étoit de La Vallière, et que Madame ne s'opposoit pas aux soins que le Roi rendoit à cette fille, la Reine mère en fut aigrie : elle tourna l'esprit de Monsieur, qui s'en aigrit, et qui prit au point d'honneur que le Roi fût amoureux d'une fille de Madame. Madame, de son côté, manquoit en beaucoup de choses aux égards qu'elle devoit à Monsieur ; en sorte que l'aigreur étoit grande de toutes parts.

Dans ce même temps le bruit fut grand de la passion du comte de Guiche. Monsieur en fut bientôt instruit, et lui fit très-mauvaise mine. Le comte de Guiche, soit par son naturel fier, soit par chagrin de voir Monsieur instruit d'une chose commode qu'il lui étoit ignoré, eut avec Monsieur un éclaircissement fort audacieux, et rompit avec lui comme s'il eût été son égal. Cela éclata publiquement, et le comte de Guiche se retira de la cour.

Le jour que ce bruit arriva, Madame gardoit la chambre et ne voyoit personne : elle ordonna qu'on laissât seulement entrer ceux qui répétoient avec elle, dont le comte de Guiche étoit du nombre, ne sachant point ce qui venoit de se passer. Comme le Roi vint chez elle, elle lui dit les ordres qu'elle avoit donnés : le Roi lui répondit en souriant qu'elle ne connoissoit pas mal ceux qui devoient être exemptés, et lui conta ensuite ce qui venoit de se passer entre Monsieur et le comte de Guiche. La chose fut sue de tout le monde ; et le maréchal de Gramont, père du comte de Guiche, renvoya son fils à Paris et lui défendit de revenir à Fontainebleau.

Pendant ce temps-là les affaires du ministère n'étoient pas plus tranquilles que celles de l'amour ; et quoique M. Fouquet, depuis la mort du cardinal, eût demandé pardon au Roi de toutes les choses passées ; quoique le Roi le lui eût accordé, et qu'il parût l'emporter sur les autres ministres, néanmoins on travailloit fortement à sa perte, et elle étoit résolue.

Madame de Chevreuse, qui avoit toujours conservé quelque chose de ce grand crédit qu'elle avoit eu sur la Reine mère, entreprit de la porter à perdre M. Fouquet.

M. de Laigues, marié en secret, à ce que l'on a cru, avec madame de Chevreuse, étoit mal content de ce surintendant : il gouvernoit madame de Chevreuse. M. Le Tellier et M. Colbert se joignirent à eux ; la Reine mère fit un voyage à Dampierre, et là la perte de M. Fouquet fut conclue, et on y fit ensuite consentir le Roi. On résolut d'arrêter ce surindant ; mais les ministres craignant, quoique sans sujet, le nombre d'amis qu'il avoit dans le royaume, portèrent le Roi à aller à Nantes, afin d'être près de Belle-Isle que M. Fouquet venoit d'acheter et de s'en rendre maître.

Ce voyage fut long-temps résolu sans qu'on en fît la proposition ; mais enfin, sur des prétextes qu'ils trouvèrent, on commença à en parler. M. Fouquet, bien éloigné de penser que sa perte fût l'objet de ce voyage, se croyoit tout-à-fait assuré de sa fortune ; et le Roi, de concert avec les autres ministres, pour lui ôter toute sorte de défiance, le traitoit avec de si grandes distinctions, que personne ne doutoit qu'il ne gouvernât.

Il y avoit long-temps que le Roi avoit dit qu'il vouloit aller à Vaux, maison superbe de ce surintendant ; et quoique la prudence dût l'empêcher de faire voir au Roi une chose qui marquoit si fort le mauvais usage des finances, et qu'aussi la bonté du Roi dût le retenir d'aller chez un homme qu'il alloit perdre, néanmoins ni l'un ni l'autre n'y firent aucune réflexion.

Toute la cour alla à Vaux, et M. Fouquet joignit à la magnificence de sa maison toute celle qui peut-être imaginée pour la beauté des divertissemens et la grandeur de la réception. Le Roi en arrivant en fut étonné, et M. Fouquet le fut de remarquer que le Roi l'étoit : néanmoins ils se remirent l'un et l'autre. La fête fut la plus complète qui ait jamais été. Le Roi étoit alors dans la première ardeur de la possession de La Vallière : l'on a cru que ce fut là qu'il la vit pour la première fois en particulier ; mais il y avoit déjà quelque temps qu'il la voyoit dans la chambre du comte de Saint-Aignan, qui étoit le confident de cette intrigue.

Peu de jours après la fête de Vaux, on partit pour Nantes ; et ce voyage, auquel on ne voyoit aucune nécessité, paroissoit la fantaisie d'un jeune Roi.

M. Fouquet, quoique avec la fièvre quarte, suivit la cour, et fut arrêté à Nantes. Ce changement surprit le monde, comme on peut se l'imaginer, et étourdit tellement les parens et les amis de M. Fouquet, qu'ils ne songèrent pas à mettre à couvert ses papiers, quoiqu'ils en eussent eu le loisir. On le prit dans sa maison, sans aucune formalité ; on l'envoya à Angers, et le Roi revint à Fontainebleau.

Tous les amis de M. Fouquet furent chassés et éloignés des affaires. Le conseil des trois autres ministres (1) se forma entièrement : M. Colbert eut les finances, quoique l'on en donnât quelque apparence au maréchal de Villeroy ; et M. Colbert commença à prendre auprès du Roi ce crédit qui le rendit depuis le premier homme de l'Etat.

L'on trouva dans les cassettes de M. Fouquet plus de lettres de galanterie que de papiers d'importance ; et comme il s'y en rencontra de quelques femmes qu'on n'avoit jamais soupçonnées d'avoir de commerce avec lui, ce fondement donna lieu de dire qu'il y en avoit de toutes les plus honnêtes femmes de France. La seule qui fut convaincue ce fut Meneville, une des filles de la Reine, et une des plus belles personnes, que le duc de Damville avoit voulu épouser. Elle fut chassée, et se retira dans un couvent.

(1) De Lyonne, Le Tellier, Colbert.

TROISIÈME PARTIE.

Le comte de Guiche n'avoit point suivi le Roi au voyage de Nantes. Avant qu'on partît pour y aller, Madame avoit appris de certains discours qu'il avoit tenus à Paris, et qui sembloient vouloir persuader au public que l'on ne se trompoit pas de le croire amoureux d'elle. Cela lui avoit déplu, d'autant plus que madame de Valentinois, qu'il avoit priée de parler à Madame en sa faveur, bien loin de le faire, lui avoit toujours dit que son frère ne pensoit pas à lever les yeux jusqu'à elle, et qu'elle prioit de ne point ajouter foi à tout ce que des gens qui voudroient s'entremettre pourroient lui dire de sa part : ainsi Madame ne trouva qu'une vanité offensante pour elle dans les discours du comte de Guiche. Quoiqu'elle fût fort jeune, et que son peu d'expérience augmentât les défauts qui suivent la jeunesse, elle résolut de prier le Roi d'ordonner au comte de Guiche de ne le point suivre à Nantes; mais la Reine mère avoit déjà prévenu cette prière : ainsi la sienne ne parut pas.

Madame de Valentinois partit, pendant le voyage de Nantes, pour aller à Monaco. Monsieur étoit toujours amoureux d'elle, c'est-à-dire autant qu'il pouvoit l'être. Elle étoit adorée dès son enfance par Péquilin (1), cadet de la maison de Lauzun : la parenté qui étoit entre eux lui avoit donné une familiarité entière dans l'hôtel de Gramont ; de sorte que s'étant trouvés tous deux très-propres à avoir de violentes passions, rien n'étoit comparable à celle qu'ils avoient eue l'un pour l'autre. Elle avoit été mariée depuis un an, contre son gré, au prince de Monaco ; mais comme son mari n'étoit pas assez aimable pour lui faire rompre avec son amant, elle l'aimoit toujours passionnément : ainsi elle le quittoit avec une douleur sensible ; et lui, pour la voir encore, la suivoit déguisé, tantôt en marchand, tantôt en postillon, enfin de toutes les manières qui le pouvoient rendre méconnoissable à ceux qui étoient à elle. En partant, elle voulut engager Monsieur à ne point croire tout ce qu'on lui diroit de son frère au sujet de Madame, et elle voulut qu'il lui promît qu'il ne la chasseroit point de la cour. Monsieur, qui avoit déjà de la jalousie du comte de Guiche, et qui ressentoit l'aigreur qu'on a pour ceux qu'on a fort aimés et dont l'on croit avoir sujet de se plaindre, ne parut pas disposé à accorder ce qu'elle lui demanda. Elle s'en fâcha, et ils se séparèrent mal.

La comtesse de Soissons, que le Roi avoit aimée, et qui aimoit alors le marquis de Vardes, ne laissoit pas d'avoir beaucoup de chagrin : le grand attachement que le Roi prenoit pour La Vallière en étoit cause, et d'autant plus que cette jeune personne, se gouvernant entièrement par les sentimens du Roi, ne rendoit compte ni à Madame ni à la comtesse de Soissons des choses qui se passoient entre le Roi et elle. Ainsi la comtesse de Soissons, qui avoit toujours vu le Roi chercher les plaisirs chez elle, voyoit bien que cette galanterie l'en alloit éloigner. Cela ne la rendit pas favorable à La Vallière : elle s'en aperçut, et la jalousie qu'on a d'ordinaire de celles qui ont été aimées de ceux qui nous aiment se joignant au ressentiment des mauvais offices qu'elle lui rendoit, lui donna une haine fort vive pour la comtesse de Soissons.

Quoique le Roi désirât que La Vallière n'eût pas de confidente, il étoit impossible qu'une jeune personne d'une capacité médiocre pût contenir en elle-même une aussi grande affaire que celle d'être aimée du Roi.

Madame avoit une fille appelée Montalais : c'étoit une personne qui avoit naturellement beaucoup d'esprit, un esprit d'intrigue et d'insinuation ; et il s'en falloit beaucoup que le bon sens et la raison réglassent sa conduite. Elle n'avoit jamais vu de cour que celle de madame douairière (2) à Blois, dont elle avoit été fille d'honneur. Ce peu d'expérience du monde, et beaucoup de galanterie, la rendoient toute propre à devenir confidente. Elle l'avoit déjà été de La Vallière pendant qu'elle étoit à Blois, où un nommé Bragelone en avoit été amoureux : il y avoit eu quelques lettres ; madame de Saint-Remy s'en étoit aperçue ; enfin ce n'étoit pas une chose qui eût été loin. Cependant le Roi en prit de grandes jalousies.

La Vallière trouvant donc, dans la même chambre où elle étoit, une fille à qui elle s'étoit déjà fiée, s'y fia encore entièrement ; et comme Montalais avoit beaucoup plus d'esprit qu'elle,

---

(1) Depuis duc de Lauzun.

(2) Madame de Lorraine.

elle y trouva un grand plaisir et un grand soulagement. Montalais ne se contenta pas de cette confidence de La Vallière, elle voulut encore avoir celle de Madame. Il lui parut que cette princesse n'avoit pas d'aversion pour le comte de Guiche ; et lorsque le comte de Guiche revint à Fontainebleau après le voyage de Nantes, elle lui parla, et le tourna de tant de côtés, qu'elle lui fit avouer qu'il étoit amoureux de Madame. Elle lui promit de le servir, et ne le fit que trop bien.

La Reine accoucha de monseigneur le Dauphin le jour de la Toussaint 1661. Madame avoit passé tout le jour auprès d'elle ; et comme elle étoit grosse et fatiguée, elle se retira dans sa chambre, où personne ne la suivit, parce que tout le monde étoit encore chez la Reine. Montalais se mit à genoux devant Madame, et commença à lui parler de la passion du comte de Guiche. Ces sortes de discours naturellement ne déplaisent pas assez aux jeunes personnes pour leur donner la force de les repousser ; et de plus Madame avoit une timidité à parler qui fit que, moitié embarras, moitié condescendance, elle laissa prendre des espérances à Montalais. Dès le lendemain elle apporta à Madame une lettre du comte de Guiche : Madame ne voulut point la lire ; Montalais l'ouvrit et la lut. Quelques jours après, Madame se trouva mal ; elle revint à Paris en litière, et comme elle y montoit Montalais lui jeta un volume de lettres du comte de Guiche. Madame les lut pendant le chemin, et avoua après à Montalais qu'elle les avoit lues. Enfin la jeunesse de Madame, l'agrément du comte de Guiche, mais surtout les soins de Montalais, engagèrent cette princesse dans une galanterie qui ne lui a donné que des chagrins considérables. Monsieur avoit toujours de la jalousie du comte de Guiche, qui néanmoins ne laissoit pas d'aller aux Tuileries, où Madame logeoit encore. Elle étoit considérablement malade. Il lui écrivoit trois ou quatre fois par jour. Madame ne lisoit pas ses lettres la plupart du temps, et les laissoit toutes à Montalais, sans lui demander même ce qu'elle en faisoit. Montalais n'osoit les garder dans sa chambre ; elle les remettoit entre les mains d'un amant qu'elle avoit alors, nommé Malicorne.

Le Roi étoit venu à Paris peu de temps après Madame : il voyoit toujours La Vallière chez elle ; il y venoit le soir et l'alloit entretenir dans un cabinet. Toutes les portes à la vérité étoient ouvertes ; mais on étoit plus éloigné d'y entrer que si elles avoient été fermées avec de l'airain. Il se lassa néanmoins de cette contrainte ; et quoique la Reine sa mère, pour qui il avoit encore de la crainte, le tourmentât incessamment sur La Vallière, elle feignit d'être malade, et l'alla voir dans sa chambre.

La jeune Reine ne savoit point de qui le Roi étoit amoureux : elle devinoit pourtant bien qu'il l'étoit ; et ne sachant où placer sa jalousie, elle la mettoit sur Madame.

Le Roi se douta de la confiance que La Vallière prenoit en Montalais. L'esprit d'intrigue de cette fille lui déplaisoit : il défendit à La Vallière de lui parler. Elle lui obéissoit en public ; mais Montalais passoit les nuits entières avec elle ; et bien souvent le jour s'y trouvoit encore.

Madame, qui étoit malade et qui ne dormoit point, l'envoyoit quelquefois quérir, sous prétexte de lui venir lire quelque livre. Lorsqu'elle quittoit Madame, c'étoit pour aller écrire au comte de Guiche, à quoi elle ne manquoit pas trois fois par jour ; et de plus à Malicorne, à qui elle rendoit compte de l'affaire de Madame et de celle de La Vallière. Elle avoit encore la confidence de Mademoiselle de Tonnay-Charente, qui aimoit le marquis de Marmoutiers et qui souhaitoit fort de l'épouser. Une seule de ces confidences eût pu occuper une personne entière, et Montalais seule suffisoit à toutes.

Le comte de Guiche et elle se mirent dans l'esprit qu'il falloit qu'il vît Madame en particulier. Madame, qui avoit de la timidité pour parler sérieusement, n'en avoit point pour ces sortes de choses : elle n'en voyoit point les conséquences ; elle y trouvoit de la plaisanterie de roman. Montalais lui trouvoit des facilités qui ne pouvoient être imaginées par une autre. Le comte de Guiche, qui étoit jeune et hardi, ne trouvoit rien de plus beau que de tout hasarder ; et Madame et lui, sans avoir de véritable passion l'un pour l'autre, s'exposèrent au plus grand danger où l'on se soit jamais exposé. Madame étoit malade, et environnée de toutes ces femmes qui ont accoutumé d'être auprès d'une personne de son rang, sans se fier à pas une. Elle faisoit entrer le comte de Guiche quelquefois en plein jour, déguisé en femme qui dit la bonne aventure ; et il la disoit même aux femmes de Madame, qui le voyoient tous les jours et qui ne le reconnoissoient pas ; d'autres fois par d'autres inventions, mais toujours avec beaucoup de hasard ; et ces entrevues si périlleuses se passoient à se moquer de Monsieur et à d'autres plaisanteries semblables, enfin à des choses fort éloignées de la violente passion qui sembloit les faire entreprendre. Dans ce temps-là on dit un jour, dans un lieu où étoit le comte de Guiche avec Vardes, que Madame étoit plus mal qu'on ne pensoit, et que les médecins croyoient qu'elle ne guériroit pas de sa maladie. Le comte de Guiche en parut fort troublé ; Vardes l'emmena et lui aida à cacher son trouble. Le comte de Guiche lui avoua l'état où il étoit avec Madame et l'engagea dans sa confidence. Madame désapprouva fort ce qu'avoit fait le comte de Guiche ; elle voulut l'obliger à rompre avec Vardes : il lui dit qu'il se battroit avec lui pour la satisfaire, mais qu'il ne pouvoit rompre avec son ami.

Montalais, qui vouloit donner un air d'importance à cette galanterie, et qui croyoit qu'en mettant bien des gens dans cette confidence elle composeroit une intrigue qui gouverneroit l'Etat, voulut engager La Vallière dans les intérêts de Madame : elle lui conta tout ce qui se passoit au sujet du comte Guiche, et lui fit promettre qu'elle n'en diroit rien au Roi. En effet La Vallière, qui avoit mille fois promis au Roi de ne lui jamais rien cacher, garda à Montalais la fidélité qu'elle lui avoit promise.

Madame ne savoit point que La Vallière sût ses affaires, mais elle savoit celles de La Vallière par Montalais. Le public entrevoyoit quelque chose de la galanterie de Madame et du comte de Guiche. Le Roi en faisoit de petites questions à Madame, mais il étoit bien éloigné d'en savoir le fond. Je ne sais si ce fut sur ce sujet ou sur quelque autre qu'il tint de certains discours à La Vallière qui lui firent juger que le Roi savoit qu'elle lui faisoit finesse de quelque chose ; elle se troubla et lui fit connoître qu'elle lui cachoit des choses considérables. Le Roi se mit dans une colère épouvantable : elle ne lui avoua point ce que c'étoit ; le Roi se retira au désespoir contre elle. Ils étoient convenus plusieurs fois que, quelques brouilleries qu'ils eussent ensemble, ils ne s'endormiroient jamais sans se raccommoder et sans s'écrire. La nuit se passa sans qu'elle eût de nouvelles du Roi ; et se croyant perdue, la tête lui tourna. Elle sortit le matin des Tuileries et s'en alla comme une insensée dans un petit couvent obscur qui étoit à Chaillot.

Le matin on alla avertir le Roi qu'on ne savoit pas où étoit La Vallière. Le Roi, qui l'aimoit passionnément, fut extrêmement troublé ; il vint aux Tuileries pour savoir de Madame où elle étoit : Madame n'en savoit rien et ne savoit pas même le sujet qui l'avoit fait partir.

Montalais étoit hors d'elle-même de ce qu'elle lui avoit seulement dit qu'elle étoit désespérée, parce qu'elle étoit perdue à cause d'elle.

Le Roi fit si bien qu'il sut où étoit La Vallière : il y alla à toute bride, lui quatrième ; il la trouva dans le parloir du dehors de ce couvent (on ne l'avoit pas voulu recevoir au dedans). Elle étoit couchée à terre, éplorée et hors d'elle-même.

Le Roi demeura seul avec elle ; et, dans une longue conversation, elle lui avoua tout ce qu'elle lui avoit caché. Cet aveu n'obtint pas son pardon : le Roi lui dit seulement tout ce qu'il falloit dire pour l'obliger à revenir, et envoya chercher un carrosse pour la ramener.

Cependant il vint à Paris pour obliger Monsieur à la recevoir : il avoit déclaré tout haut qu'il étoit bien aise qu'elle fût hors de chez lui, et qu'il ne la reprendroit point. Le Roi entra par un petit degré aux Tuileries et alla dans un petit cabinet où il fit venir Madame, ne voulant pas se laisser voir, parce qu'il avoit pleuré. Là il pria Madame de reprendre La Vallière et lui dit tout ce qu'il venoit d'apprendre d'elle et de ses affaires. Madame en fut étonnée, comme on se le peut imaginer ; mais elle ne put rien nier. Elle promit au Roi de rompre avec le comte de Guiche, et consentit à recevoir La Vallière.

Le Roi eut assez de peine à l'obtenir de Madame ; mais il la pria tant, les larmes aux yeux, qu'enfin il en vint à bout. La Vallière revint dans sa chambre, mais elle fut longtemps à revenir dans l'esprit du Roi : il ne pouvoit se consoler qu'elle eût été capable de lui cacher quelque chose, et elle ne pouvoit supporter d'être moins bien avec lui ; en sorte qu'elle eut pendant quelque temps l'esprit comme égaré.

Enfin le Roi lui pardonna, et Montalais fit si bien qu'elle entra dans la confidence du Roi. Il la questionna plusieurs fois sur l'affaire de Bragelone, dont il savoit qu'elle avoit connoissance ; et comme Montalais savoit mieux mentir que La Vallière, il avoit l'esprit en repos lorsqu'elle lui avoit parlé. Il avoit néanmoins l'esprit extrêmement blessé sur la crainte qu'il n'eût pas été le premier que La Vallière eût aimé ; il craignoit même qu'elle n'aimât encore Bragelone.

Enfin il avoit toutes les inquiétudes et les délicatesses d'un homme bien amoureux ; et il est certain qu'il l'étoit fort, quoique la règle qu'il a naturellement dans l'esprit, et la crainte qu'il avoit encore de la Reine sa mère, l'empêchassent de faire de certaines choses emportées que d'autres seroient capables de faire. Il est vrai aussi que le peu d'esprit de La Vallière empêchoit cette maîtresse du Roi de se servir des avantages et du crédit dont une si grande passion auroit fait profiter une autre : elle ne songeoit qu'à être aimée du Roi et à l'aimer ; elle avoit beaucoup de jalousie de la comtesse de Soissons, chez qui le Roi alloit tous les jours, quoiqu'elle fît tous ses efforts pour l'en empêcher.

[1662] La comtesse de Soissons ne doutoit pas de la haine que La Vallière avoit pour elle; et, ennuyée de voir le Roi entre ses mains, le marquis de Vardes et elle résolurent de faire savoir à la Reine que le Roi en étoit amoureux. Ils crurent que la Reine sachant cet amour, et appuyée par la Reine mère, obligeroit Monsieur et Madame à chasser La Vallière des Tuileries, et que le Roi ne sachant où la mettre, la mettroit chez la comtesse de Soissons, qui par là s'en trouveroit la maîtresse ; et ils espéroient encore que le chagrin que témoigneroit la Reine obligeroit le Roi à rompre avec La Vallière, et que lorsqu'il l'auroit quittée il s'attacheroit à quelque autre dont ils seroient peut-être les maîtres. Enfin ces chimères, ou d'autres pareilles, leur firent prendre la plus folle résolution et la plus hasardeuse qui ait jamais été prise : ils écrivirent une lettre à la Reine, où ils l'instruisoient de tout ce qui se passoit. La comtesse de Soissons ramassa dans la chambre de la Reine un dessus de lettre du Roi, son père. Vardes confia ce secret au comte de Guiche, afin que, comme il savoit l'espagnol, il mît la lettre en cette langue : le comte de Guiche, par complaisance pour son ami et par haine pour La Vallière, entra fortement dans ce beau dessein.

Ils mirent la lettre en espagnol : ils la firent écrire par un homme qui s'en alloit en Flandre et qui ne devoit point revenir; ce même homme l'alla porter au Louvre à un huissier, pour la donner à la signora Molina, première femme de chambre de la Reine, comme une lettre d'Espagne. La Molina trouva quelque chose d'extraordinaire à la manière dont cette lettre lui étoit venue ; elle trouva de la différence dans la façon dont elle étoit pliée ; enfin, par instinct plutôt que par raison, elle ouvrit cette lettre, et après l'avoir lue elle l'alla porter au Roi.

Quoique le comte de Guiche eût promis à Vardes de ne rien dire à Madame de cette lettre, il ne laissa pas de lui en parler; et Madame, malgré sa promesse, ne laissa pas de le dire à Montalais ; mais ce ne fut de long-temps. Le Roi fut dans une colère qui ne se peut représenter : il parla à tous ceux qu'il crut pouvoir lui donner quelque connoissance de cette affaire, et même il s'adressa à Vardes, comme à un homme d'esprit et à qui il se fioit. Vardes fut assez embarrassé de la commission que le Roi lui donnoit : cependant il trouva le moyen de faire tomber le soupçon sur madame de Navailles (1) ; et le Roi le crut si bien, que cela eut grande part aux disgrâces qui lui arrivèrent depuis.

Cependant Madame vouloit tenir la parole qu'elle avoit donnée au Roi de rompre avec le comte de Guiche, et Montalais s'étoit aussi engagée auprès du Roi de ne se plus mêler de ce commerce. Néanmoins, avant que de commencer cette rupture, elle avoit donné au comte de Guiche les moyens de voir Madame, pour trouver ensemble, disoit-elle, ceux de ne se plus voir. Ce n'est guère en présence que les gens qui s'aiment trouvent ces sortes d'expédiens : aussi cette conversation ne fit pas un grand effet, quoiqu'elle suspendît pour quelque temps le commerce de lettres. Montalais promit encore au Roi de ne plus servir le comte de Guiche, pourvu qu'il ne le chassât point de la cour; et Madame demanda au Roi la même chose.

Vardes, qui étoit pour lors absolument dans la confidence de Madame, qui la voyoit fort aimable et pleine d'esprit, soit par un sentiment d'amour, soit par un sentiment d'ambition et d'intrigue, voulut être seul maître de son esprit, et résolut de faire éloigner le comte de Guiche. Il savoit ce que Madame avoit promis au Roi, mais il voyoit que toutes les promesses seroient mal observées.

Il alla trouver le maréchal de Gramont ; il lui dit une partie des choses qui se passoient, il lui fit voir le péril où s'exposoit son fils, et lui conseilla de l'éloigner et de demander au Roi qu'il allât commander les troupes qui étoient alors à Nancy.

Le maréchal de Gramont, qui aimoit son fils passionnément, suivit les sentimens de Vardes, et demanda ce commandement au Roi ; et comme c'étoit une chose avantageuse pour son fils, le Roi ne douta point que le comte de Guiche ne la souhaitât et la lui accorda.

Madame ne savoit rien de ce qui se passoit : Vardes ne lui avoit rien dit de ce qu'il avoit fait, non plus qu'au comte de Guiche, et on ne l'a su que depuis. Madame étoit allée loger au Palais-Royal, où elle avoit fait ses couches : tout le monde la voyoit, et des femmes de la ville, peu instruites de l'intérêt qu'elle prenoit au comte de Guiche, dirent dans la ville, comme une chose indifférente, qu'il avoit demandé le commandement des troupes de Lorraine et qu'il partoit dans peu de jours.

Madame fut extrêmement surprise de cette nouvelle. Le soir, le Roi la vint voir : elle lui

(1) Dame d'honneur de la jeune Reine.

en parla, et il lui dit qu'il étoit véritable que le maréchal de Gramont lui avoit demandé ce commandement comme une chose que son fils souhaitoit fort, et que le comte de Guiche l'en avoit remercié

Madame se trouva fort offensée que le comte de Guiche eût pris sans sa participation le dessein de s'éloigner d'elle; elle le dit à Montalais et lui ordonna de le voir. Elle le vit; et le comte de Guiche, désespéré de s'en aller, et de voir Madame mal satisfaite de lui, lui écrivit une lettre par laquelle il lui offrit de soutenir au Roi qu'il n'avoit point demandé l'emploi de Lorraine, et en même temps de le refuser.

Madame ne fut pas d'abord satisfaite de cette lettre. Le comte de Guiche, qui étoit fort emporté, dit qu'il ne partiroit point et qu'il alloit remettre le commandement au Roi. Vardes eut peur qu'il ne fût assez fou pour le faire : il ne vouloit pas le perdre, quoiqu'il voulût l'éloigner; il le laissa en garde à la comtesse de Soissons, qui entra dès ce jour dans cette confidence, et vint trouver Madame pour qu'elle écrivît au comte de Guiche qu'elle vouloit qu'il partît. Elle fut touchée de tous les sentimens du comte de Guiche, où il y avoit en effet de la hauteur et de l'amour ; elle fît ce que Vardes vouloit, et le comte de Guiche résolut de partir, à condition qu'il verroit Madame.

Montalais, qui se croyoit quitte de sa parole envers le Roi puisqu'il chassoit le comte de Guiche, se chargea de cette entrevue; et Monsieur devant venir au Louvre, elle fît entrer le comte Guiche, sur le midi, par un escalier dérobé et l'enferma dans un oratoire. Lorsque Madame eut dîné, elle fît semblant de vouloir dormir, et passa dans une galerie où le comte de Guiche lui dit adieu. Comme ils y étoient ensemble, Monsieur revint : tout ce qu'on put faire fut de cacher le comte de Guiche dans une cheminée, où il demeura long-temps sans pouvoir sortir. Enfin Montalais l'en tira, et crut avoir sauvé tous les périls de cette entrevue; mais elle se trompoit infiniment.

Une de ses compagnes, nommée Artigni (1), dont la vie n'avoit pas été bien exemplaire, la haïssoit fort. Cette fille avoit été mise dans la chambre par madame de La Basinière, autrefois Chemerault, à qui le temps n'avoit pas ôté l'esprit d'intrigue, et elle avoit grand pouvoir sur l'esprit de Monsieur. Cette fille, qui épioit Montalais, et qui étoit jalouse de la faveur dont elle jouissoit auprès de Madame, soupçonna qu'elle menoit quelque intrigue. Elle découvrit à madame de La Basinière, qui la fortifia dans le dessein et dans le moyen de la découvrir; elle lui joignit, pour espion, une appelée Merlot; et l'une et l'autre firent si bien qu'elles virent entrer le comte de Guiche dans l'appartement de Madame.

Madame de La Basinière en avertit la Reine mère par Artigni; et la Reine mère, par une conduite qui ne se peut pardonner à une personne de sa vertu et de sa bonté, voulut que madame de La Basinière en avertît Monsieur. Ainsi l'on dit à ce prince ce que l'on auroit caché à tout autre mari.

Il résolut, avec la Reine sa mère, de chasser Montalais, sans en avertir Madame ni même le Roi, de peur qu'il ne s'y opposât, parce qu'elle étoit alors fort bien avec lui, sans considérer que ce bruit alloit faire découvrir ce que peu de gens savoient. Ils résolurent seulement de chasser encore une autre fille de Madame, dont la conduite personnelle n'étoit pas trop bonne.

Ainsi, un matin, la maréchale Du Plessis, par ordre de Monsieur, vint dire à ces deux filles que Monsieur leur ordonnoit de se retirer; et à l'heure même on les fit mettre dans un carrosse. Montalais dit à la maréchale Du Plessis qu'elle la conjuroit de lui faire rendre ses cassettes, parce que si Monsieur les voyoit Madame étoit perdue. La maréchale en alla demander la permission à Monsieur, sans néanmoins lui en dire la cause : Monsieur, par une bonté incroyable en un homme jaloux, laissa emporter les cassettes, et la maréchale Du Plessis ne songea point à s'en rendre maîtresse pour les rendre à Madame. Ainsi elles furent remises entre les mains de Montalais, qui se retira chez sa sœur. Quand Madame s'éveilla, Monsieur entra dans sa chambre et lui dit qu'il avoit fait chasser ses deux filles : elle en demeura fort étonnée, et il se retira sans lui en dire davantage. Un moment après, le Roi lui envoya dire qu'il n'avoit rien su de ce qu'on avoit fait, et qu'il la viendroit voir le plus tôt qu'il lui seroit possible.

Monsieur alla faire ses plaintes et conter ses douleurs à la reine d'Angleterre, qui logeoit alors au Palais-Royal. Elle vint trouver Madame, et la gronda un peu, et lui dit tout ce que Monsieur savoit de certitude, afin qu'elle lui avouât la même chose et qu'elle ne lui en dît pas davantage.

Monsieur et Madame eurent un grand éclaircissement ensemble : Madame lui avoua qu'elle avoit vu le comte de Guiche, mais que c'étoit la première fois, et qu'il ne lui avoit écrit que trois ou quatre fois.

(1) Depuis comtesse du Roule.

Monsieur trouva un si grand air d'autorité a se faire avouer par Madame les choses qu'il savoit déjà, qu'il lui en adoucit toute l'amertume; il l'embrassa, et ne conserva que de légers chagrins. Ils auroient sans doute été plus violens à tout autre qu'à lui; mais il ne pensa point à se venger du comte de Guiche; et quoique l'éclat que cette affaire fît dans le monde semblât par honneur l'y devoir obliger, il n'en témoigna aucun ressentiment : il tourna tous ses soins à empêcher que Madame n'eût de commerce avec Montalais; et comme elle en avoit un très-grand avec La Vallière, il obtint du Roi que La Vallière n'en auroit plus. En effet elle en eut très-peu, et Montalais se mit dans un couvent.

Madame promit, comme on le peut juger, de rompre toutes sortes de liaisons avec le comte de Guiche, et le promit même au Roi; mais elle ne lui tint pas parole. Vardes demeura le confident, au hasard même d'être brouillé avec le Roi; mais comme il avoit fait confidence au comte de Guiche de l'affaire d'Espagne, cela faisoit une telle liaison entre eux qu'ils ne pouvoient rompre sans folie. Il sut alors que Montalais étoit instruite de la lettre d'Espagne, et cela lui donnoit des égards pour elle dont le public ne pouvoit deviner la cause, outre qu'il étoit bien aise de se faire un mérite auprès de Madame de gouverner une personne qui avoit tant de part à ses affaires.

Montalais ne laissoit pas d'avoir quelque commerce avec La Vallière, et, de concert avec Vardes, elle lui écrivit deux grandes lettres, par lesquelles elle lui donnoit des avis pour sa conduite, et lui disoit tout ce qu'elle devoit dire au Roi. Le Roi en fut dans une colère étrange, et envoya prendre Montalais par un exempt, avec ordre de la conduire à Fontevrault et de ne la laisser parler à personne. Elle fut si heureuse qu'elle sauva encore ses cassettes, et les laissa entre les mains de Malicorne, qui étoit toujours son amant.

La cour fut à Saint-Germain. Vardes avoit un grand commerce avec Madame; car celui qu'il avoit avec la comtesse de Soissons, qui n'avoit aucune beauté, ne le pouvoit détacher des charmes de Madame. Sitôt qu'on fut à Saint-Germain, la comtesse de Soissons, qui n'aspiroit qu'à ôter à la Vallière la place qu'elle occupoit, songea à engager le Roi avec La Mothe-Houdancourt, fille de la Reine. Elle avoit déjà eu cette pensée avant que l'on partît de Paris; et peut-être même que l'espérance que le Roi viendroit à elle s'il quittoit La Vallière, étoit une des raisons qui l'avoient engagée à écrire la lettre d'Espagne. Elle persuada au Roi que cette fille avoit pour lui une passion extraordinaire; et le Roi, quoiqu'il aimât avec passion La Vallière, ne laissa pas d'entrer en commerce avec La Mothe, mais il engagea la comtesse de Soissons à n'en rien dire à Vardes; et en cette occasion la comtesse de Soissons préféra le Roi à son amant, et lui tut ce commerce.

Le chevalier de Gramont (1) étoit amoureux de La Mothe. Il démêla quelque chose de ce qui s'étoit passé, et épia le Roi avec tant de soin, qu'il découvrit que le Roi alloit dans la chambre des filles.

Madame de Navailles, qui étoit alors dame d'honneur, découvrit aussi ce commerce. Elle fit murer des portes et griller des fenêtres. La chose fut sue : le Roi chassa le chevalier de Gramont, qui fut plusieurs années sans avoir permission de revenir en France.

Vardes aperçut, par l'éclat de cette affaire, la finesse qui lui avoit été faite par la comtesse de Soissons, et en fut dans un désespoir si violent, que tous ses amis, qui l'avoient cru jusques alors incapable de passion, ne doutèrent pas qu'il n'en eût une très-vive pour elle. Ils pensèrent rompre ensemble; mais le comte de Soissons, qui ne soupçonnoit rien au-delà de l'amitié entre Vardes et sa femme, prit le soin de les raccommoder. La Vallière eut des jalousies et des désespoirs inconcevables; mais le Roi, qui étoit animé par la résistance de La Mothe, ne laissoit pas de la voir toujours. La Reine mère le détrompa de l'opinion qu'il avoit de la passion prétendue de cette fille : elle sut par quelqu'un cette intelligence, et que c'étoient le marquis d'Alluye et Fouilloux, amis intimes de la comtesse de Soissons, qui faisoient les lettres que La Mothe écrivoit au Roi; et elle sut à point nommé qu'elle lui en devoit écrire une, qui avoit été concertée entre eux pour lui demander l'éloignement de La Vallière.

Elle en dit les propres termes au Roi, pour lui faire voir qu'il étoit dupé par la comtesse de Soissons; et le soir même, comme elle donna la lettre au Roi, y trouvant ce qu'on avoit dit, il brûla la lettre, rompit avec La Mothe, demanda pardon à La Vallière, et lui avoua tout : en sorte que depuis ce temps-là La Vallière n'en eut aucune inquiétude; et La Mothe s'est piquée depuis d'avoir une passion pour le Roi, qui l'a rendue une vestale pour tous les autres hommes.

L'aventure de La Mothe fut ce qui se passa de plus considérable à Saint-Germain. Vardes pa-

---

(1) Depuis comte de Gramont, frère du maréchal.

roissoit déjà amoureux de Madame, aux yeux de ceux qui les avoient bons; mais Monsieur n'en avoit aucune jalousie, et au contraire étoit fort aise que Madame eût de la confiance en lui.

La Reine mère n'en étoit pas de même; elle haïssoit Vardes, et ne vouloit pas qu'il se rendît maître de l'esprit de Madame.

On revint à Paris. La Vallière étoit toujours au Palais-Royal; mais elle ne suivoit point Madame, et même elle ne la voyoit que rarement. Artigni, quoique ennemie de Montalais, prit sa place auprès de La Vallière : elle avoit toute sa confiance, et étoit tous les jours entre le Roi et elle.

Montalais supportoit impatiemment la prospérité de son ennemie et ne respiroit que les occasions de s'en venger, et de venger en même temps Madame de l'insolence qu'Artigni avoit eue de découvrir ce qui la regardoit.

Lorsqu'Artigni vint à la cour, elle y arriva grosse, et sa grossesse étoit déjà si avancée que le Roi, qui n'en avoit point ouï parler, s'en aperçut et le dit en même temps : sa mère la vint quérir, sous prétexte qu'elle étoit malade. Cette aventure n'auroit pas fait beaucoup de bruit; mais Montalais fit si bien qu'elle trouva le moyen d'avoir des lettres qu'Artigni avoit écrites pendant sa grossesse au père de l'enfant, et remit ces lettres entre les mains de Madame : de sorte que Madame, ayant un si juste sujet de chasser une personne dont elle avoit tant de raisons de se plaindre, déclara qu'elle vouloit chasser Artigni, et en dit toutes les raisons. Artigni eut recours à La Vallière : le Roi, à sa prière, voulut empêcher Madame de la chasser. Cette affaire fit beaucoup de bruit et causa même de la brouillerie entre le Roi et elle. Les lettres furent remises entre les mains de madame de Montausier (1) et de Saint-Chaumont, pour vérifier l'écriture; mais enfin Vardes, qui vouloit faire des choses agréables au Roi afin qu'il ne trouvât pas à redire au commerce qu'il avoit avec Madame, se fit fort d'engager Madame à garder Artigni, et comme Madame étoit fort jeune, qu'il étoit fort habile, et qu'il avoit un grand crédit sur son esprit, il l'y obligea effectivement.

Artigni avoua au Roi la vérité de son aventure. Le Roi fut touché de sa confiance : il profita depuis des bonnes dispositions qu'elle lui avoit avouées; et, quoique ce fût une personne d'un très-médiocre mérite, il l'a toujours bien traitée depuis, et a fait sa fortune comme nous le dirons ci-après.

Madame et le Roi se raccommodèrent. On dansa pendant l'hiver un joli ballet. La Reine ignoroit toujours que le Roi fût amoureux de La Vallière, et croyoit que c'étoit de Madame.

Monsieur étoit extrêmement jaloux du prince de Marsillac, aîné du duc de La Rochefoucault, et il l'étoit d'autant plus qu'il avoit pour lui une inclination naturelle qui lui faisoit croire que tout le monde devoit l'aimer.

Marsillac, en effet, étoit amoureux de Madame; il ne le lui faisoit paroître que par ses yeux ou par quelques paroles jetées en l'air, qu'elle seule pouvoit entendre. Elle ne répondoit point à sa passion; elle étoit fort occupée de l'amitié que Vardes avoit pour elle, qui tenoit plus de l'amour que de l'amitié; mais comme il étoit embarrassé de ce qu'il devoit au comte de Guiche, et qu'il étoit partagé par l'engagement qu'il avoit avec la comtesse de Soissons, il étoit fort incertain de ce qu'il devoit faire, et ne savoit s'engager entièrement avec Madame, ou demeurer seulement son ami.

Monsieur fut si jaloux de Marsillac qu'il l'obligea de s'en aller chez lui. Dans le temps qu'il partit il arriva une aventure qui fit beaucoup d'éclat, et dont la vérité fut cachée pendant quelque temps.

Au commencement du printemps, le Roi alla passer quelques jours à Versailles. La rougeole lui prit, dont il fut si mal qu'il pensa aux ordres qu'il devoit donner à l'Etat; et il résolut de mettre monseigneur le Dauphin entre les mains du prince de Conti, que la dévotion avoit rendu un des plus honnêtes hommes de France. Cette maladie ne fut dangereuse que pendant vingt-quatre heures; mais, quoiqu'elle le fût pour ceux qui la pouvoient prendre, tout le monde ne laissa pas d'y aller.

M. le duc (2) y fut et prit la rougeole; Madame y alla aussi, quoiqu'elle la craignît beaucoup. Ce fut là que Vardes, pour la première fois, lui parla assez clairement de la passion qu'il avoit pour elle. Madame ne le rebuta pas entièrement : il est difficile de maltraiter un confident aimable quand l'amant est absent.

Madame de Châtillon, qui approchoit alors Madame de plus près qu'aucune autre, s'étoit aperçue de l'inclination que Vardes avoit pour elle; et quoiqu'ils eussent été brouillés ensemble après avoir été fort bien, elle se raccommoda avec lui, moitié pour entrer dans la confidence de Madame, moitié pour le plaisir de voir souvent un homme qui lui plaisoit fort.

---

(1) Dame d'honneur de la Reine.

(2) Louis de Bourbon, petit-fils du grand Condé.

Le comte Du Plessis, premier gentilhomme de la chambre de Monsieur, par une complaisance extraordinaire pour Madame, avoit toujours été porteur des lettres qu'elle écrivoit à Vardes, et de celles que Vardes lui écrivoit ; et quoiqu'il dût bien juger que ce commerce regardoit le comte de Guiche, et ensuite Vardes même, il ne laissa pas de continuer.

Cependant Montalais étoit toujours comme prisonnière à Fontevrault. Malicorne et un appelé Corbinelli, qui étoit un garçon d'esprit et de mérite, et qui s'étoit trouvé dans la confidence de Montalais, avoient entre les mains toutes les lettres dont elle avoit été dépositaire ; et ces lettres étoient d'une conséquence extrême pour le comte de Guiche et pour Madame, parce que pendant qu'il étoit à Paris, comme le Roi ne l'aimoit pas naturellement, et qu'il avoit cru avoir des sujets de s'en plaindre, il ne s'étoit point ménagé en écrivant à Madame, et s'étoit abandonné à beaucoup de plaisanteries et de choses offensantes contre le Roi. Malicorne et Corbinelli voyant Montalais si fort oubliée, et craignant que le temps ne diminuât l'importance des lettres qu'ils avoient entre les mains, résolurent de voir s'ils ne pourroient pas en tirer quelque avantage pour Montalais, dans un temps où l'on ne pouvoit l'accuser d'y avoir part.

Ils firent donc parler de ces lettres à Madame par la mère de La Fayette, supérieure de Chaillot, et l'on fit aussi entendre au maréchal de Gramont qu'il devoit aussi songer aux intérêts de Montalais, puisqu'elle avoit entre ses mains des secrets si considérables.

Vardes connoissoit fort Corbinelli : Montalais lui avoit dit l'amitié qu'elle avoit pour lui ; et comme le dessein de Vardes étoit de se rendre maître des lettres, il ménageoit fort Corbinelli, et tâchoit de l'engager à ne les faire rendre que par lui.

Il sut par Madame que d'autres personnes lui proposoient de les lui faire rendre ; il vint trouver Corbinelli comme un désespéré, et Corbinelli, sans lui avouer que c'étoit par lui que les propositions s'étoient faites, promit à Vardes que les lettres ne passeroient que par ses mains.

Lorsque Marsillac avoit été chassé, Vardes, dont les intentions étoient déjà de brouiller entièrement le comte de Guiche avec Madame, avoit écrit au comte qu'elle avoit une galanterie avec Marsillac. Le comte de Guiche trouvant que ce qu'il lui mandoit son meilleur ami, et l'homme de la cour qui voyoit Madame de plus près, s'accordoient avec les bruits qui couroient, ne douta point qu'ils ne fussent véritables, et écrivit à Vardes, comme persuadé de l'infidélité de Madame.

Quelque temps auparavant, Vardes, pour se faire un mérite auprès de Madame, lui dit qu'il falloit aussi retirer les lettres que le comte de Guiche avoit d'elle. Il écrivit au comte de Guiche que, puisqu'on trouvoit moyen de retirer celles qu'il avoit écrites à Madame, il falloit qu'on lui rendît celles qu'il avoit d'elle. Le comte de Guiche y consentit sans peine et manda à sa mère de remettre entre les mains de Vardes une cassette qu'il lui avoit laissée.

Tout ce commerce pour faire rendre les lettres fit trouver à Vardes et à Madame une nécessité de se voir ; la mère de La Fayette, croyant qu'il ne s'agissoit que de rendre des lettres, consentit que Vardes vînt secrètement à un parloir de Chaillot parler à Madame. Ils eurent une fort longue conversation, et Vardes dit à Madame que le comte de Guiche étoit persuadé qu'elle avoit une galanterie avec Marsillac ; et lui montra même les lettres que le comte de Guiche lui écrivoit, où il ne paroissoit pas néanmoins que ce fût lui qui eût donné l'avis ; et là-dessus il disoit tout ce que peut dire un homme qui veut prendre la place de son ami : et comme l'esprit et la jeunesse de Vardes le rendoient très-aimable, et que Madame avoit une inclination pour lui plus naturelle que pour le comte de Guiche, il étoit difficile qu'il ne fît pas quelque progrès dans son esprit.

Ils résolurent, dans cette entrevue, qu'on retireroit ses lettres qui étoient entre les mains de Montalais. Ceux qui les avoient les rendirent en effet, mais ils gardèrent toutes celles qui étoient d'importance. Vardes les rendit à Madame chez la comtesse de Soissons, avec celles qu'elle avoit écrites au comte de Guiche, et elles furent brûlées à l'heure même.

Quelques jours après, Madame et Vardes convinrent ensemble de se voir encore à Chaillot : Madame y alla, mais Vardes n'y fut pas et s'excusa sur de très-méchantes raisons. Il se trouva que le Roi avoit su la première entrevue ; et soit que Vardes même le lui eût dit, et qu'il crût que le Roi n'en approuveroit pas une seconde, soit qu'il craignît la comtesse de Soissons, enfin il n'y alla pas. Madame en fut extrêmement indignée : elle lui écrivit une lettre où il y avoit beaucoup de hauteur et de chagrin, et ils furent brouillés quelque temps.

La Reine mère fut malade pendant la plus grande partie de l'été : cela fut cause que la cour ne quitta Paris qu'au mois de juillet. Le Roi en partit pour prendre Marsal ; tout le monde le suivit. Marsillac, qui n'avoit eu qu'un avis de s'éloigner, et qui n'en avoit point d'ordre, revint et suivit le Roi.

[1663] Comme madame vit que le Roi iroit en Lorraine, et qu'il verroit le comte de Guiche, elle craignit qu'il n'avouât au Roi le commerce qu'ils avoient ensemble, et elle lui manda que s'il lui en disoit quelque chose, elle ne le verroit jamais. Cette lettre n'arriva qu'après que le Roi eut parlé au comte de Guiche et qu'il lui eut avoué tout ce que Madame lui avoit caché.

Le Roi le traita si bien pendant ce voyage que tout le monde en fut surpris. Vardes, qui savoit ce que Madame avoit écrit au comte de Guiche, fit semblant d'ignorer qu'il n'avoit pas reçu la lettre; il manda à Madame que la nouvelle faveur du comte de Guiche l'avoit tellement ébloui qu'il avoit tout avoué au Roi.

Madame fut fort en colère contre le comte de Guiche; et ayant un si juste sujet de rompre avec lui, et peut-être ayant d'ailleurs envie de le faire, elle lui écrivit une lettre pleine d'aigreur, et rompit avec lui, en lui défendant de jamais nommer son nom.

Le comte de Guiche, après la prise de Marsal, n'ayant plus rien à faire en Lorraine, avoit demandé au Roi la permission de s'en aller en Pologne. Il avoit écrit à Madame tout ce qui la pouvoit adoucir sur sa faute; mais Madame ne voulut pas recevoir ses excuses et lui écrivit cette lettre de rupture dont je viens de parler. Le comte de Guiche la reçut lorsqu'il étoit prêt à s'embarquer; et il en eut un si grand désespoir, qu'il eût souhaité que la tempête qui s'élevoit dans le moment lui donnât lieu de finir sa vie. Son voyage fut néanmoins très-heureux : il fit des actions extraordinaires ; il s'exposa à de grands périls dans la guerre contre les Moscovites, et y reçut même un coup dans l'estomac qui l'eût tué sans doute, sans un portrait de Madame qu'il portoit dans une fort grosse boîte qui reçut le coup et qui en fut toute brisée.

Vardes étoit assez satisfait de voir le comte de Guiche si éloigné de Madame en toute façon. Marsillac étoit le seul rival qui lui restât à combattre; et quoique Marsillac lui eût toujours nié qu'il fût amoureux de Madame, quelque offre de l'y servir qu'il lui eût pu faire, il sut si bien le tourner et de tant de côtés, qu'il le lui fit avouer : ainsi il se trouva le confident de son rival.

Comme il étoit intime ami de M. de La Rochefoucault, à qui la passion de son fils pour Madame déplaisoit infiniment, il engageoit Monsieur à ne point faire de mal à Marsillac.

Néanmoins, au retour de Marsal, comme on étoit à une assemblée, il reprit un soir à Monsieur une jalousie sur Marsillac : il appela Vardes pour lui en parler; et Vardes, pour lui faire sa cour et pour faire chasser Marsillac, lui dit qu'il s'étoit aperçu de la manière dont Marsillac avoit regardé Madame, et qu'il en alloit avertir M. de La Rochefoucault.

Il est aisé de juger que l'approbation d'un homme comme Vardes, qui étoit ami de Marsillac, n'augmenta pas peu la mauvaise humeur de Monsieur, et il voulut encore que Marsillac se retirât. Vardes vint trouver M. de La Rochefoucault et lui conta assez malignement ce qu'il avoit dit à Monsieur, qui le conta aussi à M. de La Rochefoucault. Vardes et lui furent prêts à se brouiller entièrement, et d'autant plus que La Rochefoucault sut alors que son fils avoit avoué sa passion pour Madame.

Marsillac partit de la cour, et passant par Moret, où étoit Vardes, il ne voulut point d'éclaircissement avec lui; mais depuis ce temps-là ils n'eurent plus que des apparences l'un pour l'autre.

Cette affaire fit beaucoup de bruit, et l'on n'eut pas de peine à juger que Vardes étoit amoureux de Madame. La comtesse de Soissons commença même à en avoir de la jalousie; mais Vardes la ménagea si bien que rien n'éclata.

Nous avons laissé Vardes content d'avoir fait chasser Marsillac, et de savoir le comte de Guiche en Pologne. Il lui restoit deux personnes qui l'incommodoient encore et qu'il ne vouloit pas qui fussent des amis de Madame. Le Roi en étoit un ; l'autre étoit Gondrin, archevêque de Sens.

Il se défit bientôt du dernier, en lui disant que le Roi le croyoit amoureux de Madame, et qu'il avoit fait la plaisanterie de dire qu'il faudroit bientôt envoyer un archevêque à Sens. Cela lui fit gagner son diocèse, d'où il revenoit rarement.

Il se servit aussi de cette même plaisanterie pour dire à Madame que le Roi la haïssoit et qu'elle devoit s'assurer de l'amitié du Roi, son frère, afin qu'il pût la défendre contre la mauvaise volonté de l'autre. Madame lui dit qu'elle en étoit assurée. Il l'engagea à lui faire voir les lettres que son frère lui écrivoit : elle le fit, et il s'en fit valoir auprès du Roi, en lui dépeignant Madame comme une personne dangereuse; mais que le crédit qu'il avoit sur elle l'empêcheroit de rien faire mal à propos.

Il ne laissa pourtant pas, dans le temps qu'il faisoit de telles trahisons à Madame, de paroître s'abandonner à la passion qu'il disoit avoir pour elle, et de lui dire tout ce qu'il savoit du Roi. Il la pria même de lui permettre de rompre avec la comtesse de Soissons, ce qu'elle ne voulut pas souffrir; car, quoiqu'elle eût assurément trop d'indulgence pour sa passion, elle ne laissoit pas d'entrevoir que son procédé n'étoit pas sincère, et cette pensée empêcha Madame de s'engager; elle se brouilla même avec lui très-peu de temps après.

Dans ce même temps, madame de Meckelbourg et madame de Montespan étoient les deux personnes qui paroissoient le mieux avec Madame. La dernière étoit jalouse de l'autre; et cherchant pour la détruire tous les moyens possibles, elle rencontra celui que je vais dire. Madame d'Armagnac étoit alors en Savoie, où elle avoit conduit madame de Savoie. Monsieur pria Madame de la mettre, à son retour, de toutes les parties de plaisir qu'elle feroit : Madame y consentit, quoiqu'il lui parût que madame d'Armagnac cherchoit plutôt à s'en retirer. Madame de Meckelbourg dit à Madame qu'elle en savoit la raison : elle lui conta que, dans le temps du mariage de madame d'Armagnac, elle avoit une affaire réglée avec Vardes, et que, désirant de retirer de lui ses lettres, il lui avoit dit qu'il ne les lui rendroit que quand il seroit assuré qu'elle n'aimeroit personne.

Avant que d'aller en Savoie, elle avoit fait une tentative pour les ravoir, à laquelle il avoit résisté, disant qu'elle aimoit Monsieur; ce qui lui faisoit appréhender de se trouver chez Madame, de peur de l'y rencontrer.

Madame résolut, sachant cela, de redemander à Vardes ses lettres pour les lui rendre, afin qu'elle n'eût plus rien à ménager. Madame le dit à la Montespan, qui l'en loua, mais qui s'en servit pour lui jouer la pièce la plus noire qu'on puisse s'imaginer.

En ce même temps M. le grand (1) aimoit Madame; et quoiqu'il le lui fît connoître très-grossièrement, il crut que puisqu'elle n'y répondoit pas elle ne le comprenoit point. Cela lui fit prendre la résolution de lui écrire; mais ne se trouvant pas assez d'esprit, il pria M. de Luxembourg et l'archevêque de Sens de faire la lettre, qu'il vouloit mettre dans la poche de Madame au Val-de-Grâce, afin qu'elle ne la pût refuser. Ils ne jugèrent pas à propos de le faire, et avertirent Madame de son extravagance. Madame les pria de faire en sorte qu'il ne pensât plus à elle, et en effet ils y réussirent.

(1) C'est ainsi qu'on appeloit le grand écuyer de France. Louis de Lorraine, comte d'Armagnac.

Mais madame d'Armagnac, revenant de Savoie, se trouva fort jalouse. Madame de Montespan lui dit qu'elle avoit raison de l'être, et, pour la prévenir, alla au devant d'elle lui conter que Madame vouloit avoir ses lettres pour lui faire du mal, et qu'à moins qu'elle ne perdît madame de Meckelbourg, on la perdroit elle-même. Madame d'Armagnac, qui employoit volontiers le peu d'esprit qu'elle avoit à faire du mal, conclut avec madame de Montespan qu'il falloit perdre madame de Meckelbourg. Elles y travaillèrent auprès de la Reine mère par M. de Beauvais, et auprès de Monsieur, en lui représentant que madame de Meckelbourg avoit trop méchante réputation pour la laisser auprès de Madame.

Elle, de son côté, voulut faire tant de finesses qu'elle acheva de se détruire; et Monsieur lui défendit de voir Madame. Madame, au désespoir de l'affront qu'une de ses amies recevoit, défendit à mesdames de Montespan et d'Armagnac de se présenter devant elle. Elle voulut même obliger Vardes à menacer cette dernière, en lui disant que si elle ne faisoit revenir madame de Meckelbourg, il remettroit entre ses mains les lettres en question : mais, au lieu de le faire, il se fit valoir de la proposition; ce qui fortifia Madame dans la pensée qu'elle avoit que c'étoit un grand fourbe.

Monsieur l'avoit aussi découvert par des redites qu'il avoit faites entre le Roi et lui : ainsi il n'osa plus venir chez Madame que rarement; et voyant que Madame, dans ses lettres, ne lui rendoit pas compte des conversations fréquentes qu'elle avoit avec le Roi, il commença à croire que le Roi devenoit amoureux d'elle, ce qui le mit au désespoir.

Dans le même temps on sut, par des lettres de Pologne, que le comte de Guiche, après avoir fait des actions extraordinaires de valeur, étoit réduit, avec l'armée de Pologne, dans un état d'où il n'étoit pas possible de se sauver. L'on conta cette nouvelle au souper du Roi : Madame en fut si saisie, qu'elle fut heureuse que l'attention que tout le monde avoit pour la relation empêchât de remarquer le trouble où elle étoit.

Madame sortit de table; elle rencontra Vardes et lui dit : « Je vois bien que j'aime le comte de Guiche plus que je ne pense. » Cette déclaration, jointe aux soupçons qu'il avoit du Roi, lui fit prendre la résolution de changer de manière d'agir avec Madame.

Je crois qu'il eût rompu incontinent avec elle, si des considérations trop fortes ne l'eussent retenu. Il lui fit des plaintes sur les deux sujets qu'il en avoit. Madame lui répondit en plaisantant que, pour le Roi, elle lui permettoit le personnage de chabanier ; et que pour le comte de Guiche, elle lui apprendroit combien il avoit fait de choses pour le brouiller avec elle, s'il ne souffroit qu'elle lui fît part de ce qu'elle sentoit pour lui. Il manda ensuite à Madame qu'il commençoit à sentir que la comtesse de Soissons ne lui étoit pas indifférente. Madame lui répondit que son nez l'incommoderoit trop dans son lit pour qu'il lui fût possible d'y demeurer ensemble. Depuis ce temps-là l'intelligence de Madame et de Vardes étoit fondée plutôt sur la considération que sur aucune des raisons qui l'avoient fait naître.

[1664] L'on alla cet été à Fontainebleau. Monsieur ne pouvant souffrir que ses deux amies mesdames d'Armagnac et de Montespan fussent exclues de toutes les parties de plaisir, par la défense que Madame leur avoit faite de paroître en sa présence, consentit que madame de Meckelbourg reverroit Madame ; et elles le firent toutes trois avant que la cour partît de Paris : mais les deux premières ne rentrèrent jamais dans les bonnes grâces de Madame, surtout madame de Montespan.

L'on ne songea qu'à se divertir à Fontainebleau ; et, parmi toutes les fêtes, la dissension des dames faisant toujours quelques affaires, celle qui fit le plus de bruit vint à la médianoche où le Roi pria Madame d'assister. Cette fête devoit se donner sur le canal, dans un bateau fort éclairé, et accompagné d'autres où étoient les violons et la musique.

Jusqu'à ce jour la grossesse de Madame l'avoit empêchée d'être des promenades ; mais, se trouvant dans le neuvième mois, elle fut de toutes. Elle pria le Roi d'en exclure mesdames d'Armagnac et de Montespan ; mais Monsieur, qui croyoit l'autorité d'un mari choquée par l'exclusion qu'on donnoit à ses amies, déclara qu'il ne se trouveroit pas aux fêtes où ces dames ne seroient pas.

La Reine mère, qui continuoit à haïr Madame, le fortifia dans cette résolution, et s'emporta fort contre le Roi, qui prenoit le parti de Madame. Elle eut le dessus néanmoins, et les dames ne furent point du médianoche, dont elles enragèrent.

La comtesse de Soissons, qui depuis longtemps avoit été jalouse de Madame jusqu'à la folie, ne laissoit pas de vivre bien avec elle. Un jour qu'elle étoit malade, elle pria Madame de l'aller voir ; et voulant être éclaircie de ses sentimens pour Vardes, après lui avoir fait beaucoup de protestations d'amitié, elle reprocha à Madame le commerce que depuis trois ans elle avoit avec Vardes à son insu ; que si c'étoit galanterie, c'étoit lui faire un tour bien sensible ; et que si ce n'étoit qu'amitié, elle ne comprenoit pas pourquoi Madame vouloit la lui cacher, sachant combien elle étoit attachée à ses intérêts.

Comme Madame aimoit extrêmement à tirer ses amies d'embarras, elle dit à la comtesse qu'il n'y avoit jamais eu dans le cœur de Vardes aucun sentiment dont elle pût se plaindre. La comtesse pria Madame, puisque cela étoit, de dire devant Vardes qu'elle ne vouloit plus de commerce avec lui que par elle. Madame y consentit. On envoya quérir Vardes dans le moment : il fut un peu surpris ; mais quand il vit qu'au lieu de chercher à le brouiller Madame prenoit toutes les fautes sur elle, il vint la remercier, et l'assura qu'il lui seroit toute sa vie redevable des marques de sa générosité.

Mais la comtesse de Soissons, craignant toujours qu'on ne lui eût fait quelque finesse, tourna tant Vardes qu'il se coupa sur deux ou trois choses. Elle en parla à Madame pour s'éclaircir, et lui apprit que Vardes lui avoit fait une insigne trahison auprès du Roi, en lui montrant les lettres du roi d'Angleterre.

Madame ne s'emporta pourtant pas contre Vardes ; elle soutint toujours qu'il étoit innocent envers la comtesse, quoiqu'elle fût très-malcontente de lui : mais elle ne vouloit pas paroître menteuse, et il falloit le paroître pour dire la vérité.

La comtesse dit pourtant tout le contraire à Vardes ; ce qui acheva de lui tourner la tête : il lui avoua tout, et comment il n'avoit tenu qu'à Madame qu'il ne l'eût vue de toute sa vie. Jugez dans quel désespoir fut la comtesse ! Elle envoya prier Madame de l'aller voir. Madame la trouva dans une douleur inconcevable des trahisons de son amant. Elle pria Madame de lui dire la vérité, et lui dit qu'elle voyoit bien que la raison qui l'en avoit empêchée étoit une bonté pour Vardes, que ses trahisons ne méritoient pas.

Sur cela elle conta à Madame tout ce qu'elle savoit ; et, dans cette confrontation qu'elles firent entre elles, elles découvrirent des tromperies qui passent l'imagination. La comtesse jura qu'elle ne verroit Vardes de sa vie : mais que ne peut une violente inclination ! Vardes joua si bien la comédie qu'il l'apaisa.

QUATRIÈME PARTIE.

Dans ce temps le comte de Guiche revint de Pologne : Monsieur souffrit qu'il revînt à la cour, mais il exigea de son père qu'il ne se trouveroit pas dans les lieux où se trouveroit Madame. Il ne laissoit pas de la rencontrer souvent, et de l'aimer en la revoyant, quoique l'absence eût été longue, que Madame eût rompu avec lui, et qu'il fût incertain de ce qu'il devoit croire de l'affaire de Vardes.

Il ne savoit plus de moyen de s'éclaircir avec Madame : Dodoux, qui étoit le seul homme en qui il se fioit, n'étoit pas à Fontainebleau ; et ce qui acheva de le mettre au désespoir fut que, comme Madame savoit que le Roi étoit instruit des lettres qu'elle lui avoit écrites à Nancy, et du portrait qu'il avoit d'elle, elle les lui fit redemander par le Roi même, à qui il les rendit avec toute la douleur possible, et toute l'obéissance qu'il a toujours eue pour les ordres de Madame.

Cependant Vardes, qui se sentoit coupable envers son ami, lui embrouilla tellement les choses, qu'il lui pensa faire tourner la tête. Tous ses raisonnemens lui faisoient connoître qu'il étoit trompé ; mais il ignoroit si Madame avoit part à la tromperie, ou si Vardes seul étoit coupable. Son humeur violente ne le pouvant laisser dans cette inquiétude, il résolut de prendre madame de Meckelbourg pour juge, et Vardes la lui nomma comme un témoin de sa fidélité ; mais il ne le voulut qu'à condition que Madame y consentiroit.

Il lui en écrivit par Vardes pour l'en prier. Madame étoit accouchée de mademoiselle de Valois et ne voyoit encore personne ; mais Vardes lui demanda une audience avec tant d'instance, qu'elle la lui accorda. Il se jeta d'abord à genoux devant elle ; il se mit à pleurer et à lui demander grâce, lui offrant de cacher, si elle vouloit être de concert avec lui, tout le commerce qui avoit été entre eux.

Madame lui déclara qu'au lieu d'accepter cette proposition elle vouloit que le comte de Guiche en sût la vérité ; que comme elle avoit été trompée, et qu'elle avoit donné dans des panneaux dont personne n'auroit pu se défendre, elle ne vouloit pas d'autre justification que la vérité, au travers de laquelle on verroit que ses bontés, entre les mains de tout autre que lui, n'auroient pas été tournées comme elles l'avoient été.

Il voulut ensuite lui donner la lettre du comte de Guiche ; mais elle la refusa, et elle fit très-bien, car Vardes l'avoit déjà montrée au Roi, et lui avoit dit que Madame le trompoit.

Il pria encore Madame de nommer quelqu'un pour les accommoder : elle consentit, pour empêcher qu'ils ne se battissent, que la paix se fît chez madame de Meckelbourg ; mais Madame ne vouloit pas qu'il parût que cette entrevue se fît de son consentement. Vardes, qui avoit espéré toute autre chose, fut dans un désespoir nompareil : il se cognoit la tête contre les murailles, il pleuroit, et faisoit toutes les extravagances possibles. Mais Madame tint ferme et ne se relâcha point, dont bien lui prit.

Quand Vardes fut sorti le Roi arriva. Madame lui conta comment la chose s'étoit passée, dont le Roi fut si content qu'il entra en éclaircissement avec elle, et lui promit de l'aider à démêler les fourberies de Vardes, qui se trouvèrent si excessives qu'il seroit impossible de les définir.

Madame se tira de ce labyrinthe en disant toujours la vérité, et sa sincérité la maintint auprès du Roi.

Le comte de Guiche cependant étoit très-affligé de ce que Madame n'avoit pas voulu recevoir sa lettre ; il crut qu'elle ne l'aimoit plus, et il prit la résolution de voir Vardes chez madame de Meckelbourg, pour se battre contre lui. Elle ne les voulut point recevoir ; de sorte qu'ils demeurèrent dans un état dont on attendoit tous les jours quelque éclat horrible.

Le Roi retourna en ce temps à Vincennes. Le comte de Guiche, qui ne savoit dans quels sentimens Madame étoit pour lui, ne pouvant plus demeurer dans cette incertitude, résolut de prier la comtesse de Gramont, qui étoit Angloise, de parler à Madame, et il l'en pressa tant qu'elle y consentit ; son mari même se chargea d'une lettre qu'elle ne voulut pas recevoir. Madame lui dit que le comte de Guiche avoit été amoureux de mademoiselle de Grancey, sans lui avoir fait dire que c'étoit un prétexte ; qu'elle se trouvoit heureuse de n'avoir point d'affaire avec lui, et que s'il eût agi autrement, son inclination et la reconnoissance l'auroient fait consentir, malgré les dangers auxquels elle s'exposoit, à conserver pour lui les sentimens qu'il auroit pu désirer.

Cette froideur renouvela tellement la passion du comte de Guiche, qu'il étoit tous les jours chez la comtesse de Gramont, pour la prier de parler à Madame en sa faveur : enfin le hasard lui donna occasion de lui parler à elle-même plus qu'il ne l'espéroit.

Madame de la Vieuville donna un bal chez elle. Madame fit partie pour y aller en masque avec Monsieur ; et pour n'être pas reconnue elle fit habiller magnifiquement ses filles et quelques dames de sa suite, et elle avec Monsieur allèrent avec des capes dans un carrosse emprunté.

Ils trouvèrent à la porte une troupe de masques. Monsieur leur proposa, sans les connoître, de s'associer à eux, et en prit un par la main ; Madame en fit autant. Jugez quelle fut sa surprise quand elle trouva la main estropiée du comte de Guiche, qui reconnut aussi les sachets dont les coiffes de Madame étoient parfumées ! Peu s'en fallut qu'ils ne jetassent un cri tous les deux, tant cette aventure les surprit.

Ils étoient l'un et l'autre dans un si grand trouble qu'ils montèrent l'escalier sans se rien dire. Enfin le comte de Guiche ayant reconnu Monsieur, et ayant vu qu'il s'étoit allé asseoir loin de Madame, s'étoit mis à ses genoux, et eut le temps non-seulement de se justifier, mais d'apprendre de Madame tout ce qui s'étoit passé pendant son absence. Il eut beaucoup de douleur qu'elle eût écouté Vardes ; mais il se trouva si heureux de ce que Madame lui pardonnoit sa ravauderie avec mademoiselle de Grancey, qu'il ne se plaignit pas.

Monsieur rappela Madame, et le comte de Guiche, de peur d'être reconnu, sortit le premier ; mais le hasard, qui l'avoit amené en ce lieu, le fit amuser au bas du degré. Monsieur étoit un peu inquiet de la conversation que Madame avoit eue : elle s'en aperçut, et la crainte d'être questionnée fit que le pied lui manqua, et du haut de l'escalier elle alla bronchant jusqu'en bas, où étoit le comte de Guiche, qui en la retenant l'empêcha de se tuer, car elle étoit grosse. Toutes choses sembloient, comme vous voyez, aider à son raccommodement : aussi s'acheva-t-il. Madame reçut ensuite de ses lettres ; et un soir que Monsieur étoit allé en masque, elle le vit chez la comtesse de Gramont, où elle attendoit Monsieur pour faire médianoche.

Dans ce même temps, Madame trouva occasion de se venger de Vardes. Le chevalier de Lorraine étoit amoureux d'une des filles de Madame qui s'appeloit Fiennes : un jour qu'il se trouva chez la Reine devant beaucoup de gens, on lui demanda à qui il en vouloit ; quelqu'un répondit que c'étoit à Fiennes. Vardes dit qu'il auroit bien mieux fait de s'adresser à Sa maîtresse. Cela fut rapporté à Madame par le comte de Gramont : elle se le fit raconter par le marquis de Villeroy, ne voulant pas nommer l'autre ; et l'ayant engagé dans la chose aussi bien que le chevalier de Lorraine, elle en fit ses plaintes au Roi, et le pria de chasser Vardes. Le Roi trouva la punition un peu rude ; mais il le promit. Vardes demanda à n'être mis qu'à la Bastille, où tout le monde l'alla voir.

Ses amis publièrent que le Roi avoit consenti avec peine à cette punition, et que Madame n'avoit pu le faire casser. Voyant qu'en effet cela se trouvoit avantageusement pour lui, Madame repria le Roi de l'envoyer à son gouvernement ; ce qu'il lui accorda.

La comtesse de Soissons, enragée de ce que Madame lui ôtoit également Vardes par sa haine et par son amitié, et son dépit ayant augmenté par la hauteur avec laquelle toute la jeunesse de la cour avoit soutenu que Vardes étoit punissable, elle résolut de s'en venger sur le comte de Guiche.

Elle dit au Roi que Madame avoit fait ce sacrifice au comte de Guiche ; et qu'il auroit regret d'avoir servi sa haine, s'il savoit tout ce que le comte de Guiche avoit fait contre lui.

Montalais, qu'une fausse générosité faisoit souvent agir, écrivit à Vardes que s'il vouloit s'abandonner à sa conduite, elle auroit trois lettres qui pouvoient le tirer d'affaire : il n'accepta pas le parti, mais la comtesse de Soissons se servit de la connoissance de ces lettres pour obliger le Roi à perdre le comte de Guiche. Elle accusa le comte d'avoir voulu livrer Dunkerque aux Anglois, et d'avoir offert à Madame le régiment des gardes ; elle eut l'imprudence de mêler à tout cela la lettre d'Espagne. Heureusement le Roi parla à Madame de tout ceci. Il lui parut d'une telle rage contre le comte de Guiche, et si obligé à la comtesse de Soissons, que Madame se vit dans la nécessité de perdre tous les deux pour ne pas voir la comtesse de Soissons sur le trône après avoir accablé le comte de Guiche. Madame fit pourtant promettre au Roi qu'il pardonneroit au comte de Guiche si elle lui pouvoit prouver que ses fautes étoient petites, en comparaison de celles de Vardes et de la comtesse de Soissons : le Roi le lui promit, et madame lui conta tout ce qu'elle savoit. Ils conclurent ensemble qu'il chasseroit la comtesse de Soissons, et qu'il mettroit Vardes en prison. Madame avertit le comte de Guiche en diligence par le maréchal de Gramont, et lui conseilla d'avouer sincèrement toutes choses, ayant trouvé que dans toutes les matières embrouillées la vérité seule tire les gens d'affaire. Quelque délicat que cela fût, le comte de Guiche en remercia Madame; et sur cette affaire ils n'eurent de commerce que par le maréchal de Gramont. La régularité fut si grande de part et d'autre qu'ils ne se coupèrent jamais, et le Roi ne s'aperçut point de ce concert. Il envoya prier Montalais de lui dire la vérité : vous saurez ce détail d'elle. Je vous dirai seulement que le maréchal, qui n'avoit tenu que par miracle une aussi bonne conduite que celle qu'il avoit eue, ne put long-temps se démentir; et son effroi lui fit envoyer en Hollande son fils, qui n'auroit pas été chassé s'il eût tenu bon.

Il en fut si affligé qu'il en tomba malade; son père ne laissa pas de le presser de partir. Madame ne vouloit pas qu'il lui dît adieu, parce qu'elle savoit qu'on l'observoit, et qu'elle n'étoit plus dans cet âge où ce qui étoit périlleux lui paroissoit plus agréable : mais comme le comte de Guiche ne pouvoit partir sans voir Madame, il se fit faire un habit des livrées de La Vallière; et comme on portoit Madame en chaise dans le Louvre, il eut la liberté de lui parler. Enfin le jour du départ arriva; le comte avoit toujours la fièvre, il ne laissa pas de se trouver dans la rue avec son déguisement ordinaire; mais les forces lui manquèrent quand il fallut prendre le dernier congé; il tomba évanoui; et Madame resta dans la douleur de le voir dans cet état, au hasard d'être reconnu ou de demeurer sans secours. Depuis ce temps-là Madame ne l'a point revu.

[1670] Madame étoit revenue d'Angleterre avec toute la gloire et le plaisir que peut donner un voyage causé par l'amitié et suivi d'un bon succès dans les affaires. Le Roi son frère, qu'elle aimoit chèrement, lui avoit témoigné une tendresse et une considération extraordinaires : on savoit, quoique très-confusément, que la négociation dont elle se mêloit étoit sur le point de se conclure; elle se voyoit à vingt-six ans le lien des deux plus grands rois de ce siècle; elle avoit entre les mains un traité d'où dépendoit le sort d'une partie de l'Europe (1); le plaisir et la considération que donnent les affaires se joignant en elle aux agrémens que donnent la jeunesse et la beauté, il y avoit une grâce et une douceur répandues dans toute sa personne qui lui attiroient une sorte d'hommage, qui lui devoit être d'autant plus agréable qu'on le rendoit plus à la personne qu'au rang.

Cet état de bonheur étoit troublé par l'éloignement où Monsieur étoit pour elle depuis l'affaire du chevalier de Lorraine; mais, selon toutes les apparences, les bonnes grâces du Roi lui eussent fourni les moyens de sortir de cet embarras. Enfin elle étoit dans la plus agréable situation où elle se fût jamais trouvée, lorsqu'une mort moins attendue qu'un coup de tonnerre termina une si belle vie et priva la France de la plus aimable princesse qui vivra jamais.

Le 24 juin de l'année 1670, huit jours après son retour d'Angleterre, Monsieur et elle allèrent à Saint-Cloud. Le premier jour qu'elle y alla, elle se plaignit d'un mal de côté et d'une douleur dans l'estomac, à laquelle elle étoit sujette : néanmoins, comme il faisoit extrêmement chaud, elle voulut se baigner dans la rivière. M. Gueslin, son premier médecin, fit tout ce qu'il put pour l'en empêcher; mais, quoi qu'il lui pût dire, elle se baigna le vendredi, et le samedi elle s'en trouva si mal qu'elle ne se baigna point. J'arrivai à Saint-Cloud le samedi à dix heures du soir : je la trouvai dans les jardins; elle me dit que je lui trouverois mauvais visage, et qu'elle ne se portoit pas bien : elle avoit soupé comme à son ordinaire, et elle se promena au clair de la lune jusqu'à minuit. Le lendemain, dimanche 29 juin, elle se leva de bonne heure et descendit chez Monsieur qui se baignoit : elle fut long-temps auprès de lui, et en sortant de sa chambre elle entra dans la mienne, et me fit l'honneur de me dire qu'elle avoit bien passé la nuit.

Un moment après je montai chez elle. Elle me dit qu'elle étoit chagrine, et la mauvaise humeur dont elle parloit auroit fait les belles heures des autres femmes, tant elle avoit de douceur naturelle, et tant elle étoit peu capable d'aigreur et de colère.

Comme elle me parloit on lui vint dire que la messe étoit prête. Elle l'alla entendre, et en revenant dans sa chambre elle s'appuya sur moi et me dit, avec cet air de bonté qui lui étoit si particulier, qu'elle ne seroit pas de si méchante humeur si elle pouvoit causer avec moi; mais qu'elle étoit si lasse de toutes les personnes qui l'environnoient, qu'elle ne les pouvoit plus supporter.

Elle alla ensuite voir peindre Mademoiselle, dont un excellent peintre anglois faisoit le portrait, et elle se mit à parler à madame d'Epey-

---

(1) A la persuasion de Madame, Charles II, son frère, abandonna la triple alliance pour se joindre à Louis XIV.

non et à moi de son voyage d'Angleterre, et du Roi son frère.

Cette conversation, qui lui plaisoit, lui redonna de la joie. On servit le dîner : elle mangea comme à son ordinaire, et après le dîner elle se coucha sur des carreaux, ce qu'elle faisoit assez souvent lorsqu'elle étoit en liberté. Elle m'avoit fait mettre auprès d'elle, en sorte que sa tête étoit quasi sur moi.

Le même peintre anglois peignoit Monsieur : on parloit de toutes sortes de choses, et cependant elle s'endormit. Pendant son sommeil elle changea si considérablement, qu'après l'avoir long-temps regardée j'en fus surprise, et je pensai qu'il falloit que son esprit contribuât fort à parer son visage, puisqu'il le rendoit si agréable lorsqu'elle étoit éveillée, et qu'elle l'étoit si peu quand elle étoit endormie. J'avois tort néanmoins de faire cette réflexion, car je l'avois vue dormir plusieurs fois, et je ne l'avois pas vue moins aimable.

Après qu'elle fut éveillée elle se leva du lieu où elle étoit, mais avec un si mauvais visage que Monsieur en fut surpris et me le fit remarquer.

Elle s'en alla ensuite dans le salon, où elle se promena quelque temps avec Boisfranc, trésorier de Monsieur, et en lui parlant elle se plaignit plusieurs fois de son mal de côté.

Monsieur descendit pour aller à Paris où il avoit résolu d'aller. Il trouva madame de Meckelbourg sur le degré et remonta avec elle. Madame quitta Boisfranc et vint à madame de Meckelbourg. Comme elle parloit à elle, madame de Gamaches lui apporta, aussi bien qu'à moi, un verre d'eau de chicorée qu'elle avoit demandé il y avoit déjà quelque temps : madame de Gourdon, sa dame d'atour, le lui présenta. Elle le but ; et en remettant d'une main la tasse sur la soucoupe, de l'autre elle se prit le côté, et dit avec un ton qui marquoit beaucoup de douleur : « Ah ! quel point de côté ! ah ! quel mal ! Je n'en puis plus. »

Elle rougit en prononçant ces paroles, et dans le moment d'après elle pâlit d'une pâleur livide qui nous surprit tous : elle continua de crier, et dit qu'on l'emportât, comme ne pouvant plus se soutenir.

Nous la prîmes sous les bras : elle marchoit à peine, et toute courbée. On la déshabilla dans un instant ; je la soutenois pendant qu'on la délaçoit. Elle se plaignoit toujours, et je remarquai qu'elle avoit les larmes aux yeux. J'en fus étonnée et attendrie, car je la connoissois pour la personne du monde la plus patiente.

Je lui dis en lui baisant les bras, que je soutenois, qu'il falloit qu'elle souffrît beaucoup : elle me dit que cela étoit inconcevable. On la mit au lit ; et sitôt qu'elle y fut elle cria encore plus qu'elle n'avoit fait, et se jeta d'un côté et d'un autre, comme une personne qui souffroit infiniment. On alla en même temps appeler son premier médecin, M. Esprit : il vint, et dit que c'étoit la colique, et ordonna les remèdes ordinaires à de semblables maux. Cependant les douleurs étoient inconcevables : Madame dit que son mal étoit plus considérable qu'on ne pensoit ; qu'elle alloit mourir ; qu'on lui allât quérir un confesseur.

Monsieur étoit devant son lit ; elle l'embrassa, et lui dit, avec une douceur et un air capables d'attendrir les cœurs les plus barbares : « Hélas ! Monsieur, vous ne m'aimez plus il y a long-temps ; mais cela est injuste : je ne vous ai jamais manqué. » Monsieur parut fort touché ; et tout ce qui étoit dans sa chambre l'étoit tellement, qu'on n'entendoit plus que le bruit que font des personnes qui pleurent.

Tout ce que je viens de dire s'étoit passé en moins d'une demi-heure. Madame crioit toujours qu'elle sentoit des douleurs terribles dans le creux de l'estomac. Tout d'un coup elle dit qu'on regardât à cette eau qu'elle avoit bue ; que c'étoit du poison ; qu'on avoit peut-être pris une bouteille pour l'autre ; qu'elle étoit empoisonnée, qu'elle le sentoit bien, et qu'on lui donnât du contre-poison.

J'étois dans la ruelle, auprès de Monsieur ; et quoique je le crusse fort incapable d'un pareil crime, un étonnement ordinaire à la malignité humaine me le fit observer avec attention. Il ne fut ni ému ni embarrassé de l'opinion de Madame : il dit qu'il falloit donner de cette eau à un chien ; il opina, comme Madame, qu'on allât quérir de l'huile et du contre-poison, pour ôter à Madame une pensée si fâcheuse. Madame Desbordes, sa première femme de chambre qui étoit absolument à elle, lui dit qu'elle avoit fait l'eau, et en but ; mais Madame persévéra toujours à vouloir de l'huile et du contre-poison : on lui donna l'un et l'autre. Sainte-Foy, premier valet de chambre de Monsieur, lui apporta de la poudre de vipère. Elle lui dit qu'elle la prenoit de sa main, parce qu'elle se fioit à lui : on lui fit prendre plusieurs drogues dans cette pensée de poison, et peut-être plus propres à lui faire du mal qu'à la soulager. Ce qu'on lui donna la fit vomir ; elle en avoit déjà eu envie plusieurs fois avant que d'avoir rien pris : mais ses vomissemens ne furent qu'imparfaits, et ne lui firent jeter que quelques flegmes, et une partie de la nourriture qu'elle avoit prise. L'agitation de ces remèdes, et les excessives douleurs qu'elle souffroit, la mirent dans un abattement qui nous parut du repos; mais elle nous dit qu'il ne falloit pas se tromper, que ses douleurs étoient toujours égales, qu'elle n'avoit plus la force de crier, et qu'il n'y avoit point de remède à son mal.

Il sembla qu'elle avoit une certitude entière de sa mort, et qu'elle s'y résolût comme à une chose indifférente. Selon toutes les apparences, la pensée du poison étoit établie dans son esprit; et voyant que les remèdes avoient été inutiles, elle ne songeoit plus à la vie, et ne pensoit qu'à souffrir ses douleurs avec patience. Elle commença à avoir beaucoup d'appréhension. Monsieur appela madame de Gamaches pour tâter son pouls; les médecins n'y pensoient pas : elle sortit de la ruelle épouvantée, et nous dit qu'elle n'en trouvoit point à Madame, et qu'elle avoit toutes les extrémités froides. Cela nous fit peur; Monsieur en parut effrayé : M. Esprit dit que c'étoit un accident ordinaire à la colique, et qu'il répondoit de Madame. Monsieur se mit en colère et dit qu'il lui avoit répondu de M. de Valois, et qu'il étoit mort; qu'il lui répondoit de Madame, et qu'elle mourroit encore.

Cependant le curé de Saint-Cloud, qu'elle avoit mandé, étoit venu. Monsieur me fit l'honneur de me demander si on parleroit de se confesser. Je la trouvois fort mal; il me sembloit que ses douleurs n'étoient point celles d'une colique ordinaire : mais néanmoins j'étois bien éloignée de prévoir ce qui devoit arriver, et je n'attribuois les pensées qui me venoient dans l'esprit qu'à l'intérêt que je prenois à sa vie.

Je répondis à Monsieur qu'une confession faite dans la vue de la mort ne pouvoit être que très-utile, et Monsieur m'ordonna de lui aller dire que le curé de Saint-Cloud étoit venu. Je le suppliai de m'en dispenser, et je lui dis que, comme elle l'avoit demandé, il n'y avoit qu'à le faire entrer dans sa chambre. Monsieur s'approcha de son lit, et d'elle-même elle redemanda un confesseur, mais sans paroître effrayée, et comme une personne qui songeoit aux seules choses qui lui étoient nécessaires dans l'état où elle étoit.

Une de ses premières femmes de chambre étoit passée à son chevet pour la soutenir : elle ne voulut point qu'elle s'ôtât et se confessa devant elle. Après que le confesseur se fut retiré, Monsieur s'approcha de son lit : elle lui dit quelques mots assez bas que nous n'entendîmes point, et cela nous parut encore quelque chose de doux et d'obligeant.

L'on avoit parlé de la saigner, mais elle souhaitoit que ce fût du pied; M. Esprit vouloit que ce fût du bras : enfin il détermina qu'il le falloit ainsi. Monsieur vint le dire à Madame comme une chose à quoi elle auroit peut-être de la peine à se résoudre; mais elle répondit qu'elle vouloit tout ce qu'on souhaitoit; que tout lui étoit indifférent, et qu'elle sentoit bien qu'elle n'en pouvoit revenir. Nous écoutions ces paroles comme des effets d'une douleur violente qu'elle n'avoit jamais sentie, et qui lui faisoit croire qu'elle alloit mourir.

Il n'y avoit pas plus de trois heures qu'elle se trouvoit mal. Gueslin, que l'on avoit envoyé quérir à Paris, arriva avec M. Vallot qu'on avoit envoyé chercher à Versailles. Sitôt que Madame vit Gueslin, en qui elle avoit beaucoup de confiance, elle lui dit qu'elle étoit bien aise de le voir; qu'elle étoit empoisonnée, et qu'il la traitât sur ce fondement. Je ne sais s'il le crut, et s'il fut persuadé qu'il n'y avoit point de remède, ou s'il s'imagina qu'elle se trompoit et que son mal n'étoit pas dangereux; mais enfin il agit comme un homme qui n'avoit plus d'espérance, ou qui ne voyoit point de danger. Il consulta avec M. Vallot et avec M. Esprit; et, après une conférence assez longue, ils vinrent tous trois trouver Monsieur et l'assurer sur leur vie qu'il n'y avoit point de danger. Monsieur vint le dire à Madame. Elle lui dit qu'elle connoissoit mieux son mal que le médecin, et qu'il n'y avoit point de remède : mais elle dit cela avec la même tranquillité et la même douceur que si elle eût parlé d'une chose indifférente.

M. le prince la vint voir : elle lui dit qu'elle se mouroit. Tout ce qui étoit auprès d'elle reprit la parole pour lui dire qu'elle n'étoit pas en cet état; mais elle témoigna quelque sorte d'impatience de mourir, pour être délivrée des douleurs qu'elle souffroit. Il sembloit néanmoins que la saignée l'eût soulagée : on la crut mieux. M. Vallot s'en retourna à Versailles sur les neuf heures et demie, et nous demeurâmes autour de son lit à causer, la croyant sans aucun péril. On étoit quasi consolé des douleurs qu'elle avoit souffertes, espérant que l'état où elle avoit été serviroit à son raccommodement avec Monsieur : il en paroissoit touché; et madame d'Epernon et moi, qui avions entendu ce qu'elle avoit dit, nous prenions plaisir à lui faire remarquer le prix de ses paroles.

M. Vallot avoit ordonné un lavement avec du séné : elle l'avoit pris; et quoique nous n'entendissions guère la médecine, nous jugions bien néanmoins qu'elle ne pouvoit sortir de l'état ou elle étoit que par une évacuation. La nature tendoit à sa fin par en haut : elle avoit des envies continuelles de vomir, mais on ne lui donnoit rien pour lui aider.

Dieu aveugloit les médecins et ne vouloit pas même qu'ils tentassent des remèdes capables de retarder une mort qu'il vouloit rendre terrible. Elle entendit que nous disions qu'elle étoit mieux, et que nous attendions l'effet de ce remède avec impatience. « Cela est si peu véritable, nous dit-elle, que si je n'étois pas chrétienne je me tuerois, tant mes douleurs sont excessives. Il ne faut point souhaiter de mal à personne, ajouta-t-elle; mais je voudrois bien que quelqu'un pût sentir un moment ce que je souffre, pour connoître de quelle nature sont mes douleurs. »

Cependant ce remède ne faisoit rien. L'inquiétude nous en prit : on appela M. Esprit et M. Gueslin ; ils dirent qu'il falloit encore attendre : elle répondit que si on sentoit ses douleurs, on n'attendroit pas si paisiblement. On fut deux heures entières sur l'attente de ce remède, qui furent les dernières où elle pouvoit recevoir du secours. Elle avoit pris quantité de remèdes, on avoit gâté son lit, elle voulut en changer, et on lui en fit un petit dans sa ruelle : elle y alla sans qu'on l'y portât, et fit même le tour par l'autre ruelle pour ne pas se mettre dans l'endroit de son lit qui étoit gâté. Lorsqu'elle fut dans ce petit lit, soit qu'elle expirât véritablement, soit qu'on la vit mieux parce qu'elle avoit les bougies au visage, elle nous parut beaucoup plus mal. Les médecins voulurent la voir de près et lui apportèrent un flambeau ; elle les avoit toujours fait ôter depuis qu'elle s'étoit trouvée mal. Monsieur lui demanda si on ne l'incommodoit point. « Ah! non, Monsieur, lui répondit-elle, rien ne m'incommode plus : je ne serai pas en vie demain matin, vous le verrez. » On lui donna un bouillon, parce qu'elle n'avoit rien pris depuis son dîner. Sitôt qu'elle l'eut avalé, ses douleurs redoublèrent et devinrent aussi violentes qu'elles l'avoient été lorsqu'elle avoit pris le verre de chicorée. La mort se peignit sur son visage, et on la voyoit dans des souffrances cruelles, sans néanmoins qu'elle parût agitée.

Le Roi avoit envoyé plusieurs fois savoir de ses nouvelles, et elle lui avoit toujours mandé qu'elle se mouroit. Ceux qui l'avoient vue lui avoient dit qu'en effet elle étoit très mal ; et M. de Créqui, qui avoit passé à Saint-Cloud en allant à Versailles, dit au Roi qu'il la croyoit en grand péril : de sorte que le Roi voulut la venir voir, et arriva à Saint-Cloud sur les onze heures.

Lorsque le Roi arriva, Madame étoit dans ce redoublement de douleurs que lui avoit causé le bouillon. Il sembla que les médecins furent éclairés par sa présence. Il les prit en particulier pour savoir ce qu'ils en pensoient ; et ces mêmes médecins qui deux heures auparavant en répondoient sur leur vie, et qui trouvoient que les extrémités froides n'étoient qu'un accident de la colique, commencèrent à dire qu'elle étoit sans espérance ; que cette froideur et ce pouls retiré étoient une marque de gangrène, et qu'il falloit lui faire recevoir Notre-Seigneur.

La Reine et la comtesse de Soissons étoient venues avec le Roi ; madame de La Vallière et madame de Montespan étoient venues ensemble. Je parlois à elle ; Monsieur m'appela, et me dit en pleurant ce que les médecins venoient de dire. Je fus surprise et touchée comme je le devois, et je répondis à Monsieur que les médecins avoient perdu l'esprit, et qu'ils ne pensoient ni à sa vie ni à son salut ; qu'elle n'avoit parlé qu'un quart-d'heure au curé de Saint-Cloud, et qu'il falloit lui envoyer quelqu'un. Monsieur me dit qu'il alloit envoyer chercher M. de Condom : je trouvai qu'on ne pouvoit mieux choisir, mais qu'en attendant il falloit avoir M. Feuillet, chanoine, dont le mérite est connu.

Cependant le Roi étoit auprès de Madame : elle lui dit qu'il perdoit la plus véritable servante qu'il auroit jamais. Il lui dit qu'elle n'étoit pas en si grand péril ; mais qu'il étoit étonné de sa fermeté, et qu'il la trouvoit grande. Elle lui répliqua qu'il savoit bien qu'elle n'avoit jamais craint la mort, mais qu'elle avoit craint de perdre ses bonnes grâces.

Ensuite le Roi lui parla de Dieu : il revint après dans l'endroit où étoient les médecins ; il me trouva désespérée de ce qu'ils ne lui donnoient point de remède, et surtout l'émétique : il me fit l'honneur de me dire qu'ils avoient perdu la tramontane, qu'ils ne savoient ce qu'ils faisoient, et qu'il alloit essayer de leur remettre l'esprit. Il leur parla, et se rapprocha du lit de Madame, et lui dit qu'il n'étoit pas médecin, mais qu'il venoit de proposer trente remèdes aux médecins : ils répondirent qu'il falloit attendre. Madame prit la parole, et dit qu'il falloit mourir par les formes.

Le Roi voyant que, selon les apparences, il n'y avoit rien à espérer, lui dit adieu en pleurant. Elle lui dit qu'elle le prioit de ne point pleurer ; qu'il l'attendrissoit, et que la première nouvelle qu'il auroit le lendemain seroit celle de sa mort.

Le maréchal de Gramont s'approcha de son lit. Elle lui dit qu'il perdoit une bonne amie, qu'elle alloit mourir, et qu'elle avoit cru d'abord être empoisonnée par méprise.

Lorsque le Roi se fut retiré j'étois auprès de son lit ; elle me dit : « Madame de La Fayette, mon nez s'est déjà retiré. » Je ne lui répondis qu'avec des larmes ; car ce qu'elle me disoit étoit véritable, et je n'y avois pas encore pris garde. On la remit ensuite dans son grand lit. Le hoquet lui prit : elle dit à M. Esprit que c'étoit le hoquet de la mort. Elle avoit déjà demandé plusieurs fois quand elle mourroit, elle le demandoit encore ; et quoiqu'on lui répondit comme à une personne qui n'en étoit pas proche, on voyoit bien qu'elle n'avoit aucune espérance.

Elle ne tourna jamais son esprit du côté de la vie ; jamais un mot de réflexion sur la cruauté de sa destinée, qui l'enlevoit dans le plus beau de son âge ; point de questions aux médecins pour s'informer s'il étoit possible de la sauver ; point d'ardeur pour les remèdes, qu'autant que la violence de ses douleurs lui en faisoit désirer ; une contenance paisible au milieu de la certitude de la mort, de l'opinion du poison, et de ses souffrances, qui étoient cruelles ; enfin un courage dont on ne peut donner d'exemple et qu'on ne sauroit bien représenter.

Le Roi s'en alla, et les médecins déclarèrent qu'il n'y avoit aucune espérance. M. Feuillet vint : il parla à Madame avec une austérité entière, mais il la trouva des dispositions qui alloient aussi loin que son austérité. Elle eut quelque scrupule que ses confessions passées n'eussent été nulles, et pria M. Feuillet de lui aider à en faire une générale : elle la fit avec de grands sentimens de piété, et de grandes résolutions de vivre en chrétienne si Dieu lui redonnoit la santé.

Je m'approchai de son lit après sa confession. M. Feuillet étoit auprès d'elle, et un capucin, son confesseur ordinaire. Ce bon père vouloit lui parler et se jetoit dans des discours qui la fatiguoient : elle me regarda avec des yeux qui faisoient entendre ce qu'elle pensoit ; et puis les retournant sur ce capucin : « Laissez parler M. Feuillet, mon père, lui dit-elle avec une douceur admirable, comme si elle eût craint de le fâcher ; vous parlerez à votre tour. »

L'ambassadeur d'Angleterre arriva dans ce moment. Sitôt qu'elle le vit, elle lui parla du Roi son frère et de la douleur qu'il auroit de sa mort ; elle en avoit déjà parlé plusieurs fois dans le commencement de son mal. Elle le pria de lui mander qu'il perdoit la personne du monde qui l'aimoit le mieux. Ensuite l'ambassadeur lui demanda si elle étoit empoisonnée : je ne sais si elle lui dit qu'elle l'étoit, mais je sais bien qu'elle lui dit qu'il n'en falloit rien mander au Roi son frère ; qu'il falloit lui épargner cette douleur, et qu'il falloit surtout qu'il ne songeât point à en tirer vengeance ; que le Roi n'en étoit point coupable, qu'il ne falloit point s'en prendre à lui.

Elle disoit toutes ces choses en anglois ; et comme le mot de *poison* est commun à la langue françoise et à l'angloise, M. Feuillet l'entendit, et interrompit la conversation, disant qu'il falloit sacrifier sa vie à Dieu et ne pas penser à autre chose.

Elle reçut Notre-Seigneur ; ensuite Monsieur s'étant retiré, elle demanda si elle ne le verroit plus : on l'alla quérir ; il vint l'embrasser en pleurant. Elle le pria de se retirer, et lui dit qu'il l'attendrissoit.

Cependant elle diminuoit toujours, et elle avoit de temps en temps des foiblesses qui attaquoient le cœur. M. Brager, excellent médecin, arriva. Il n'en désespéra pas d'abord ; il se mit à consulter avec les autres médecins. Madame les fit appeler ; ils dirent qu'on les laissât un peu ensemble : mais elle les renvoya encore quérir, ils allèrent auprès de son lit. On avoit parlé d'une saignée au pied. « Si on la veut faire, dit-elle, il n'y a pas de temps à perdre ; ma tête s'embarrasse et mon estomac se remplit. »

Ils demeurèrent surpris d'une si grande fermeté, et voyant qu'elle continuoit à vouloir la saignée, ils la firent faire ; mais il ne vint point de sang, et il en étoit très-peu venu de la première qu'on avoit faite. Elle pensa expirer pendant que son pied fut dans l'eau. Les médecins lui dirent qu'ils alloient faire un remède ; mais elle répondit qu'elle vouloit l'extrême-onction avant que de rien prendre.

M. de Condom arriva comme elle la recevoit : il lui parla de Dieu conformément à l'état où elle étoit, et avec cette éloquence et cet esprit de religion qui paroissent dans tous ses discours ; il lui fit faire les actes qu'il jugea nécessaires. Elle entra dans tout ce qu'il lui dit avec un zèle et une présence d'esprit admirables.

Comme il parloit, sa première femme de chambre s'approcha d'elle pour lui donner quelque chose dont elle avoit besoin ; elle lui dit en anglois, afin que M. de Condom ne l'entendît pas, conservant jusqu'à la mort la politesse de son esprit : « Donnez à M. de Condom, lorsque je serai morte, l'émeraude que j'avois fait faire pour lui. »

Comme il continuoit à lui parler de Dieu, il lui prit une espèce d'envie de dormir, qui n'étoit en effet qu'une défaillance de la nature. Elle lui demanda si elle ne pouvoit pas prendre quelques momens de repos ; il lui dit qu'elle le pouvoit, et qu'il alloit prier Dieu pour elle.

M. Feuillet demeura au chevet de son lit ; et quasi dans le même moment Madame lui dit de rappeler M. de Condom, et qu'elle sentoit bien qu'elle alloit expirer. M. de Condom se rapprocha et lui donna le crucifix ; elle le prit et l'embrassa avec ardeur. M. de Condom lui parloit toujours, et elle lui répondoit avec le même jugement que si elle n'eût pas été malade, tenant toujours le crucifix attaché sur sa bouche : la mort seule le lui fit abandonner. Les forces lui manquèrent; elle le laissa tomber, et perdit la parole et la vie quasi en même temps. Son agonie n'eut qu'un moment ; et, après deux ou trois petits mouvemens convulsifs dans la bouche, elle expira à deux heures et demie du matin, et neuf heures après avoir commencé à se trouver mal.

LETTRES.

Lettre écrite au comte d'Arlington, alors secrétaire d'État de Charles II, roi d'Angleterre, par monsieur Montaigu, ambassadeur à Paris, mort depuis duc de Montaigu.

« Paris, le 30 juin 1670, à quatre heures du matin.

» Milord,

» Je suis bien fâché de me voir dans l'obligation, en vertu de mon emploi, de vous rendre compte de la plus triste aventure du monde. Madame étant à Saint-Cloud le 29 du courant, avec beaucoup de compagnie, demanda, sur les cinq heures du soir, un verre d'eau de chicorée qu'on lui avoit ordonné de boire, parce qu'elle s'étoit trouvée indisposée pendant deux ou trois jours après s'être baignée. Elle ne l'eut pas plus tôt bu qu'elle s'écria qu'elle étoit morte, et, tombant entre les bras de madame de Meckelbourg, elle demanda un confesseur. Elle continua dans les plus grandes douleurs qu'on puisse s'imaginer, jusqu'à trois heures du matin, qu'elle rendit l'esprit. Le Roi, la Reine et toute la cour restèrent auprès d'elle jusqu'à une heure avant sa mort. Dieu veuille donner de la patience et de la constance au Roi notre maître pour supporter une affliction de cette nature ! Madame a déclaré en mourant qu'elle n'avoit nul autre regret, en sortant du monde, que celui que lui causoit la douleur qu'en recevroit le Roi son frère. S'étant trouvée un peu soulagée de ses grandes douleurs, que les médecins nomment *colique bilieuse*, elle me fit appeler, pour m'ordonner de dire de sa part les choses du monde les plus tendres au Roi et au duc d'Yorck, ses frères. J'arrivai à Saint-Cloud une heure après qu'elle s'y fut trouvée mal, et je restai jusqu'à sa mort auprès d'elle. Jamais personne n'a marqué plus de pitié et de résolution que cette princesse, qui a conservé son bon sens jusqu'au dernier moment. Je me flatte que la douleur où je suis vous fera excuser les imperfections que vous trouverez dans cette relation.

» Je suis persuadé que tous ceux qui ont eu l'honneur de connoître Madame, partageront avec moi l'affliction que doit causer une perte pareille.

» Je suis, Milord, etc. »

Extrait d'une lettre écrite par le comte d'Arlington à monsieur le chevalier Temple, alors ambassadeur d'Angleterre à La Haye.

« De Whitehall, le 28 juin 1670, *vieux style*.

» Milord,

» Je vous écris toutes les nouvelles que nous avons ici, à l'exception de celle de la mort de Madame, dont le Roi est extrêmement affligé, aussi bien que toutes les personnes qui ont eu l'honneur de la connoître à Douvres. Les brouilleries de ses domestiques et sa mort subite nous avoient d'abord fait croire qu'elle avoit été empoisonnée; mais la connoissance qu'on nous a donnée depuis du soin qu'on a pris d'examiner son corps, et les sentiments que nous apprenons qu'en a Sa Majesté Très-Chrétienne, laquelle a intérêt d'examiner cette affaire à fond, et qui est persuadée qu'elle est morte d'une mort naturelle, a levé la plus grande partie des soupçons que nous en avions. Je ne doute pas que M. le maréchal de Bellefond, que j'apprends qui vient d'arriver avec ordre de donner au Roi une relation particulière de cet accident fatal, et qui nous apporte le procès-verbal de la mort de cette princesse et de la dissection de son corps, signé des principaux médecins et chirurgiens de Paris, ne nous convainque pleinement que nous n'avons rien à regretter que la perte de cette admirable princesse, sans qu'elle soit accompagnée d'aucune circonstance odieuse, pour rendre notre douleur moins supportable. »

Lettre de monsieur Montaigu, Ambassadeur d'Angleterre, au comte d'Arlington.

« A Paris, le 6 juillet 1670.

» Milord,

» J'ai reçu les lettres de Votre Grandeur, celle du 17 juin par M. le Chevalier Jones, et celle du 23 par la poste. Je suppose que M. le maréchal de Bellefond est arrivé à Londres. Outre le compliment de condoléance qu'il va faire au Roi, il tâchera, à ce que je crois, de désabuser notre cour de l'opinion que Madame ait été empoisonnée, dont on ne pourra jamais désabuser celle-ci, ni tout le peuple. Comme cette princesse s'en est plainte plusieurs fois dans ses plus grandes douleurs, il ne faut pas s'étonner que cela fortifie le peuple dans la croyance qu'il en a. Toutes les fois que j'ai pris la liberté de la presser de me dire si elle croyoit qu'on l'eût empoisonnée, elle ne m'a pas voulu faire de réponse, voulant, à ce que je crois, épargner une augmentation si sensible de douleur au Roi notre maître. La même raison m'a empêché d'en faire mention dans ma première lettre, outre que je ne suis pas assez bon médecin pour juger si elle a été empoisonnée ou non. L'on tâche ici de me faire passer pour l'auteur du bruit qui en court; je veux dire Monsieur, qui se plaint que je le fais pour rompre la bonne intelligence qui est établie entre les deux couronnes.

» Le Roi et les ministres ont beaucoup de regret de la mort de Madame; car ils espéroient qu'à sa considération ils engageroient le Roi notre maître à condescendre à des choses, et à contracter une amitié avec cette couronne plus étroite qu'ils ne croient pouvoir l'obtenir à présent. Je ne prétends pas examiner ce qui s'est fait à cet égard, ni ce qu'on prétendoit faire, puisque Votre Grandeur n'a pas jugé à propos de m'en communiquer la moindre partie; mais je ne saurois m'empêcher de savoir ce qui s'est dit publiquement, et je suis persuadé que l'on ne refusera rien ici que le Roi notre maître puisse proposer pour avoir son amitié; et il n'y a rien de l'autre côté que les Hollandois ne fassent pour nous empêcher de nous joindre à la France. Tout ce que je souhaite de savoir, Milord, pendant que je serai ici, est le langage dont je me dois servir en conversation avec les autres ministres, afin de ne point passer pour ridicule avec le caractère dont je suis revêtu. Pendant que Madame étoit en vie, elle me faisoit l'honneur de se fier assez à moi pour m'empêcher d'être exposé à ce malheur.

» Je suis persuadé que, pendant le peu de temps que vous l'avez connue en Angleterre, vous l'avez assez connue pour la regretter tout le temps de votre vie : et ce n'est pas sans sujet, car personne n'a jamais eu meilleure opinion de qui que ce soit, en tous égards, que celle que cette princesse avoit de vous; et je crois qu'elle aimoit trop le Roi son frère pour marquer la considération qu'elle faisoit paroître en toutes sortes d'occasions pour vous, depuis qu'elle a vécu en bonne intelligence avec vous, si elle n'eût été persuadée que vous le serviez très-bien et très-fidèlement. Quant à moi, j'ai fait une si grande perte par la mort de cette princesse, que je n'ai plus aucune joie dans ce pays-ci, et je crois que je n'en aurai plus jamais en aucun autre. Madame, après m'avoir tenu plusieurs discours pendant le cours de son mal, lesquels n'étoient remplis que de tendresse pour le Roi notre maître, me dit à la fin qu'elle étoit bien fâchée de n'avoir rien fait pour moi avant sa mort, en échange du zèle et de l'affection avec lesquels je l'avois servie depuis mon arrivée ici; elle me dit qu'elle avoit six mille pistoles dispersées en plusieurs endroits, qu'elle m'ordonnoit de prendre pour l'amour d'elle : je lui répondis qu'elle avoit plusieurs pauvres domestiques qui en avoient plus besoin que moi; que je ne l'avois jamais servie par intérêt, et que je ne voulois pas absolument les prendre; mais que s'il lui plaisoit de me dire auxquels elle souhaitoit les donner, je ne manquerois pas de m'en acquitter très-fidèlement. Elle eut assez de présence d'esprit pour les nommer par leurs noms. Cependant elle n'eut pas plus tôt rendu l'esprit, que Monsieur se saisit de toutes ses clefs et de son cabinet. Je demandai le lendemain à une de ses femmes où étoit cet argent, laquelle me dit qu'il étoit en un tel endroit. C'étoit justement les premières six mille pistoles que le Roi notre maître lui avoit envoyées. Dans le temps que cet argent arriva, elle avoit dessein de s'en servir pour retirer quelques joyaux qu'elle avoit engagés en attendant cette somme : mais le roi de France la lui avoit déjà donnée deux jours avant que celle-ci arrivât, de sorte qu'elle avoit gardé toute la somme que le Roi son frère lui avoit envoyée.

» Sur cela j'ai demandé ladite somme à Monsieur comme m'appartenant, et que l'ayant prêtée à Madame, deux de mes domestiques l'avoient remise entre les mains de deux de ses femmes, lesquelles en ont rendu témoignage à ce prince; car elles ne savoient pas que ç'avoit été par ordre du Roi notre maître. Monsieur en avoit déjà emporté la moitié, et l'on m'a rendu le reste. J'en ai disposé en faveur des domestiques de Madame, selon les ordres qu'elle m'en avoit donnés, en présence de M. l'abbé de Montaigu et de deux autres témoins. Monsieur m'a promis de me rendre le reste, que je ne manquerai pas de distribuer entre eux de la même manière. Cependant s'ils n'ont l'esprit de le cacher, Monsieur ne manquera de le leur ôter dès que cela parviendra à sa connoissance. Je n'avois nul autre moyen de l'obtenir pour ces pauvres gens-là, et je ne doute pas que le Roi n'aime mieux qu'ils en profitent que Monsieur. Je vous prie de l'apprendre au Roi pour ma décharge, et que cela n'aille pas plus loin. M. le chevalier Hamilton en a été témoin avec M. l'abbé de Montaigu. J'ai cru qu'il étoit nécessaire de vous faire cette relation.

» Je suis, Milord, etc.

» *P. S.* Depuis ma lettre écrite, je viens d'apprendre de très-bonne part, et d'une personne qui est dans la confidence de Monsieur, qu'il n'a pas voulu délivrer les papiers de Madame à la requête du Roi avant que de se les être fait lire et interpréter par M. l'abbé de Montaigu; et même que, ne se fiant pas entièrement à lui, il a employé pour cet effet d'autres personnes qui entendent la langue, et entre autres madame de Fiennes; de sorte que ce qui s'est passé de plus secret entre le Roi et Madame est et sera publiquement connu de tout le monde. Il y avoit quelque chose en chiffres qui l'embarrasse fort, et qu'il prétend pourtant deviner. Il se plaint extrêmement du Roi notre maître à l'égard de la correspondance qu'il entretenoit avec Madame, et de ce qu'il traitoit d'affaires avec elle à son insu. J'espère que M. l'abbé de Montaigu vous en donnera une relation plus particulière que je ne le puis faire; car, quoique Monsieur lui ait recommandé le secret à l'égard de tout le monde, il ne sauroit s'étendre jusqu'à vous si les affaires du Roi notre maître y sont intéressées. »

Lettre écrite par Monsieur de Montaigu à Charles II, roi d'Angleterre.

« Paris, le 15 juillet 1670.

Au Roi.

» Sire,

» Je dois commencer cette lettre en suppliant très-humblement Votre Majesté de me pardonner la liberté que je prends de l'entretenir sur un si triste sujet, et du malheur que j'ai eu d'être témoin de la plus cruelle et de la plus généreuse mort dont on ait jamais ouï parler. J'eus l'honneur d'entretenir Madame assez long-temps le samedi, jour précédent de celui de sa mort. Elle me dit qu'elle voyoit bien qu'il étoit impossible qu'elle pût jamais être heureuse avec Monsieur, lequel s'étoit emporté contre elle plus que jamais deux jours auparavant à Versailles, où il l'avoit trouvée dans une conférence secrète avec le Roi, sur des affaires qu'il n'étoit pas à propos de lui communiquer. Elle me dit que Votre Majesté et le roi de France aviez résolu de faire la guerre à la Hollande dès que vous seriez demeurés d'accord de la manière dont vous la deviez faire. Ce sont là les dernières paroles que cette princesse me fit l'honneur de me dire avant sa maladie; car Monsieur étant entré dans ce moment, nous interrompit, et je m'en retournai à Paris. Le lendemain, lorsqu'elle se trouva mal, elle m'appela deux ou trois fois, et madame de Meckelbourg m'envoya chercher. Dès qu'elle me vit elle me dit : « Vous voyez le triste état où je suis; je me meurs. Hélas! que je plains le Roi mon frère! car je suis assurée qu'il va perdre la personne du monde qui l'aime le mieux. » Elle me rappela un peu après, et m'ordonna de ne pas manquer de dire au Roi son frère les choses du monde les plus tendres sa part, et de le remercier de tous ses soins pour elle. Elle me demanda ensuite si je me souvenois bien de ce qu'elle m'avoit dit, le jour précédent, des intentions qu'avoit Votre Majesté de se joindre à la France contre la Hollande : je lui dis qu'oui; sur quoi elle ajouta : « Je vous prie de dire à mon frère que je ne lui ai jamais persuadé de le faire par intérêt, et que ce n'étoit que parce que j'étois convaincue que son honneur et son avantage y étoient également intéressés; car je l'ai toujours aimé plus que ma vie, et je n'ai nul autre regret en la perdant que celui de le quitter. » Elle m'appela plusieurs fois pour me dire de ne pas oublier de vous dire cela, et me parla en anglois.

» Je pris alors la liberté de lui demander si elle ne croyoit pas qu'on l'eût empoisonnée. Son confesseur, qui étoit présent, et qui entendit ce mot-là, lui dit : « Madame, n'accusez personne, et offrez à Dieu votre mort en sacrifice. » Cela l'empêcha de me répondre; et quoique je fisse plusieurs fois la même demande, elle ne me répondit qu'en levant les épaules. Je lui demandai la cassette où étoient toutes ses lettres, pour les envoyer à Votre Majesté; et elle m'ordonna de les demander à madame de Bordes, laquelle s'évanouissant à tout moment, et mourant de douleur de voir sa maîtresse dans un état si déplorable, Monsieur s'en saisit avant qu'elle pût revenir à elle. Elle m'ordonna de prier Votre Majesté d'assister tous ses pauvres domestiques, et d'écrire à milord Arlington de vous en faire souvenir; elle ajouta à cela : « Dites au Roi mon frère que j'espère qu'il fera pour lui, pour l'amour de moi, ce qu'il m'a promis; car c'est un homme qui l'aime et qui le sert bien. » Elle dit plusieurs choses ensuite tout haut en françois, plaignant l'affliction qu'elle savoit que sa mort donneroit à Votre Majesté. Je supplie encore une fois Votre Majesté de pardonner le malheur où je me trouve réduit de lui apprendre cette fatale nouvelle, puisque de tous ses serviteurs il n'y en a pas un seul qui souhaite avec plus de passion et de sincérité son honneur et sa satisfaction, que celui qui est, Sire, de Votre Majesté, etc. »

Lettre de Monsieur de Montaigu à milord Arlington.

« Paris, le 15 juillet 1670.

» Milord,

» Selon les ordres de Votre Grandeur, je vous envoie la bague que Madame avoit au doigt en mourant, laquelle vous aurez, s'il vous plaît, la bonté de présenter au Roi. J'ai pris la liberté de rendre compte au Roi moi-même de quelques choses que Madame m'avoit chargé de lui dire, étant persuadée que la modestie n'auroit pas permis à Votre Grandeur de les dire au Roi, parce qu'elles vous touchent de trop près. Il y a eu depuis la mort de Madame, comme vous pouvez bien vous l'imaginer dans une occasion pareille, plusieurs bruits divers. L'opinion la plus générale est qu'elle a été empoisonnée; ce qui inquiète le Roi et les ministres au dernier point. J'en ai été saisi d'une telle manière, que j'ai eu à peine le cœur de sortir depuis. Cela, joint aux bruits qui courent par la ville du ressentiment que témoigne le Roi notre maître d'un attentat si rempli d'horreur qu'il a refusé de recevoir la lettre de Monsieur, et qu'il m'a ordonné de me retirer, leur fait conclure que le Roi notre maître est mécontent de cette cour au point qu'on le dit ici. De sorte que quand j'ai été à Saint-Germain, d'où je ne fais que de revenir, pour y faire les plaintes que vous m'avez ordonné d'y faire, il est impossible d'exprimer la joie qu'on y a reçue d'apprendre que le Roi notre maître commence à s'apaiser, et que ces bruits n'ont fait aucune impression sur son esprit au préjudice de la France. Je vous marque cela, Milord, pour vous faire connoître à quel point l'on estime l'union de l'Angleterre dans cette conjoncture, et combien l'amitié du Roi est nécessaire à tous leurs desseins : je ne doute pas qu'on ne s'en serve à la gloire du Roi et pour le bien de la nation. C'est ce que souhaite avec passion la personne du monde qui est avec le plus de sincérité, Milord, etc.

Lettre de Monsieur de Montaigu à milord Arlington.

« Milord,

» Je ne suis guère en état de vous écrire moi-même, étant tellement incommodé d'une chute que j'ai faite en venant, que j'ai peine à remuer le bras et la main. J'espère pourtant de me trouver en état, dans un jour ou deux, de me rendre à Saint-Germain.

» *Je n'écris présentement que pour rendre compte à Votre Grandeur d'une chose que je crois pourtant que vous savez déjà : c'est que l'on a permis au chevalier de Lorraine de venir à la cour, et de servir à l'armée en qualité de maréchal de camp* (1).

» Si Madame a été empoisonnée, comme la plus grande partie du monde le croit, toute la France le regarde comme son empoisonneur, et s'étonne avec raison que le roi de France ait si peu de considération pour le Roi notre maître que de lui permettre de revenir à la cour, vu la manière insolente dont il en a toujours usé envers cette princesse pendant sa vie. Mon devoir m'oblige à vous dire cela, afin que vous le fassiez savoir au Roi, et qu'il en parle fortement à l'ambassadeur de France s'il le juge à propos; car je puis vous assurer que c'est une chose qu'il ne sauroit souffrir sans se faire tort.

(1) Ce passage étoit écrit en chiffres.

FIN DE L'HISTOIRE DE MADAME HENRIETTE D'ANGLETERRE.

MÉMOIRES
DE LA COUR DE FRANCE.

[1688] La France étoit dans une tranquillité parfaite : l'on n'y connoissoit plus d'autres armes que les instrumens nécessaires pour remuer les terres et pour bâtir ; on employoit les troupes à ces usages, non-seulement avec l'intention des anciens Romains, qui n'étoit que de les tirer d'une oisiveté aussi mauvaise pour elles que le seroit l'excès du travail ; mais le but étoit aussi de faire aller la rivière d'Eure contre son gré, pour rendre les fontaines de Versailles continuelles. On employoit les troupes à ce prodigieux dessein, pour avancer de quelques années les plaisirs du Roi, et on le faisoit avec moins de dépenses et moins de temps que l'on n'eût osé l'espérer.

La quantité de maladies que cause toujours le remuement des terres mettoit les troupes qui étoient campées à Maintenon, où étoit le fort du travail, hors d'état d'aucun service ; mais cet inconvénient ne paroissoit digne d'aucune attention, dans le sein de la tranquillité dont on jouissoit. La trève étoit faite pour vingt ans avec toute l'Europe. Les Impériaux, quoique victorieux des Turcs, avoient encore assez d'occupation pour nous laisser en repos, et l'on espéroit que des conquêtes quasi sûres auroient plus d'appas pour eux que le plaisir d'une vengeance douteuse ; l'Espagne étoit trop abaissée pour nous donner même ombre d'appréhension ; l'Angleterre trop tourmentée dans ses entrailles et les deux Rois trop liés pour qu'il y eût rien à craindre. L'on étoit fort persuadé des mauvaises intentions du prince d'Orange, mais nous étions rassurés par l'état de la république de Hollande, dont le souverain bonheur consiste dans la paix : nous étions donc persuadés que si la guerre commençoit, ce ne pourroit être que par nous.

Tout ce que je viens de dire laissoit au Roi le plaisir tout pur de jouir de ses travaux. Ses bâtimens, auxquels il faisoit des dépenses immenses, l'amusoient infiniment, et il en jouissoit avec les personnes qu'il honore de son amitié, et celles que ces personnes distinguent par dessus les autres. Il étoit bien persuadé que si la paix du Turc se pouvoit faire, ses ennemis se rassembleroient tous contre lui ; mais cette pensée-là étoit trop éloignée pour lui faire de la peine : cependant cet éloignement n'empêchoit pas que la politique ne lui fît prendre des précautions. Une de celles que l'on jugea la plus utile fut de s'assurer de l'électorat de Cologne, sans s'en saisir. Nous étions déjà les maîtres de tout le Haut-Rhin par la possession de l'Alsace ; il n'y avoit que Philisbourg que nous n'avions pas : mais l'on bâtissoit une place à Landau, pour rendre celle-là inutile aux Impériaux. Luxembourg nous mettoit tout le pays de Trèves dans notre dépendance ; et une place appelée le Mont-Royal, que nous faisions sur la Moselle, nous en rendoit entièrement les maîtres. Par là l'électeur de Trèves, celui de Mayence et le Palatin étoient entièrement sous notre couleuvrine, et les ennemis du Roi ne pouvoient pas aisément se faire un passage par ces endroits-là. L'électorat de Cologne étoit donc le seul dont nous ne fussions pas les maîtres. Nous l'avions été par la liaison que M. l'électeur de Cologne avoit toujours eue avec le Roi ; mais on le voyoit dépérir et il ne pouvoit vivre encore long-temps. Comme les chanoines de cette église sont tous allemands, et qu'il en faut nécessairement élever un à la dignité d'électeur, le Roi n'en trouvoit aucun dans ses intérêts que le prince Guillaume de Furstemberg, qui y avoit toujours été, à qui il avoit donné l'évêché de Strasbourg après la mort de son frère, qu'il avoit fait cardinal, et à qui il avoit donné quantité de bénéfices en France. Il avoit été de tout temps attaché au Roi, et c'étoit son frère et lui qui avoient ménagé tous les commencemens de la guerre de Hollande. Le Roi jugea donc qu'il lui étoit nécessaire de l'élever à cette dignité ; et l'on crut que l'on y réussiroit plus aisément en le faisant du vivant de M. l'électeur, qu'en attendant après sa mort. On fit donc consentir l'électeur à demander un coadjuteur. On s'assembla ; et après beaucoup de difficultés que formèrent les partisans de l'Empereur (1) et de l'Empire, M. de Furstemberg fut élu coadju-

(1) Léopold Ier.

teur. On crut en ce pays-ci que c'étoit une affaire faite et que rien ne pouvoit plus empêcher qu'il ne le fût. On dépêcha des courriers à Rome et à Vienne : à Rome, pour avoir les bulles ; à Vienne, pour l'investiture. Toutes les deux furent refusées : l'Empereur refusa par son intérêt particulier, et le Pape (1) par une opiniâtreté épouvantable, mêlée d'une haine pour la France, et le tout couvert du voile de religion et de zèle pour l'Eglise. On ne peut pas dire que le Pape ne soit homme de bien, et que dans les commencemens il n'ait eu des intentions très droites ; mais il s'est bien écarté de cette voie d'équité et de justice que doit avoir un bon père pour ses enfans. Je crois que l'on ne doit pas trouver mauvais qu'il ait aidé l'Empereur, le roi de Pologne (2) et les Vénitiens dans la guerre qu'ils avoient contre les Infidèles ; on peut même soutenir le parti qu'il a pris sur l'affaire des franchises, et il est excusable d'avoir été offensé contre les ministres de France sur tout ce qui s'est passé dans les assemblées du clergé, car c'est son autorité, qui est la chose dont l'humanité est plus jalouse, que l'on attaque ; et quand l'humanité n'y auroit point de part, et qu'un pape ne seroit défait en montant sur le trône de saint Pierre, ce seroit l'Eglise et ses droits qu'il défendroit : mais un endroit où le Pape n'est pas pardonnable ni même excusable, c'est la manière dont il s'est comporté dans l'affaire de Cologne. Pendant le reste de vie de M. l'électeur de Cologne, il refusa les bulles à M. de Furstemberg, qui avoit pourtant été élu coadjuteur canoniquement, et qui avoit eu toutes les voix nécessaires, sans que le parti de l'Empereur, qui proposoit un frère de M. de Neubourg, l'eût pu empêcher. Le Pape savoit l'état où étoit M. de Cologne, et qu'en ne donnant point de bulles au coadjuteur il falloit recommencer l'élection à la mort de l'électeur. La raison du Pape pour ne lui point donner de bulles fut que c'étoit un homme qui avoit mis le feu dans toute l'Europe, qui étoit cause des guerres passées ; que celles qui viendroient en seroient toujours une suite ; qu'un homme comme celui-là n'étoit pas digne de remplir une aussi grande place, et que, s'il y étoit une fois, il entreprendroit encore plus aisément de troubler le repos de la chrétienté. Le Pape s'applaudissoit d'une raison qui paroissoit sortir des entrailles du père commun des chrétiens, et refusoit cette grâce au cardinal de Furstemberg parce qu'il étoit appuyé de la France, et que c'étoit prendre une vengeance grande et certaine du Roi, qu'il avoit trouvé opposé aux choses qu'il avoit voulues.

Dans le temps que le Roi sollicitoit le plus fortement les bulles du coadjuteur, et que le Pape y étoit le plus opposé, l'électeur de Cologne vint à mourir (3), et laissa vacant, outre l'archevêché de Cologne, l'évêché de Munster, celui de Liége et celui d'Hildesheim. L'intention du Roi étoit que M. de Furstemberg en remplît le plus qu'il se pourroit ; mais il s'attachoit le plus fortement à ceux de Cologne et de Liége, comme les plus voisins de ses Etats, et par conséquent les plus nécessaires. L'obstination du Pape à refuser les bulles faisoit qu'il falloit refaire une nouvelle élection, et que la coadjutorerie que l'on avoit donnée au cardinal de Furstemberg étoit entièrement inutile : il demeuroit seulement, pendant le siége vacant, administrateur de l'archevêché ; et comme il avoit gouverné pendant toute la vie du feu électeur, il étoit entièrement maître des places et avoit un assez grand crédit parmi les chanoines. On fut, après la mort de l'électeur, un temps assez considérable sans procéder à l'élection ; mais pourtant, selon l'usage ordinaire, l'évêque de Munster et celui d'Hildesheim furent nommés, sans qu'il fût question de M. de Furstemberg : aussi ne s'étoit-on donné, du côté de la cour, qu'un médiocre mouvement pour lui faire remplir ces deux places. Il n'en étoit pas de même de celle de Cologne : on y avoit envoyé le baron d'Asfeld, homme de beaucoup d'esprit, que M. de Louvois emploie souvent dans des négociations. On fit avancer des troupes sur les frontières ; on envoya de l'argent dans l'archevêché de Cologne, pour distribuer aux chanoines et à des prêtres qui sont au-dessous des chanoines, et qui ont une voix élective, mais qui ne peuvent jamais être élus. L'Empereur opposa pour négociateur à Asfeld le comte de Launitz, homme, à ce que l'on dit, de peu d'esprit, mais qui avoit pourtant réussi à mettre M. l'électeur de Bavière dans les intérêts de l'Empereur : il est vrai que sa femme y avoit eu plus de part que lui, car M. l'électeur en étoit devenu amoureux ; et il est difficile de trouver des gens qui persuadent mieux que les amans ou les maîtresses. M. de Launitz proposa aux chanoines l'évêque de Breslaw, fils de l'électeur palatin et frère de l'Impératrice, pour archevêque de Cologne : il fut peu écouté, et l'on espéroit une heureuse négociation à l'égard du cardinal de

---

(1) Innocent XI.
(2) Jean Sobieski.

(3) Le 3 juin 1688.

Furstemberg. Quand l'Empereur vit que l'affaire ne pouvoit pas réussir pour l'évêque de Breslaw, on fit proposer le prince Clément de Bavière, frère de M. l'électeur. Il n'avoit pas l'âge (1), et il ne pouvoit pas y avoir une plus grande opposition ; mais on couvrit ce défaut d'un prétexte spécieux d'avantage pour l'électorat, qui fut que M. le prince Clément n'en jouiroit que quand il auroit l'âge ; que l'on en donneroit l'administration à des chanoines jusqu'à ce temps-là, et que les revenus seroient employés à rétablir l'archevêché qui étoit en désordre. En même temps on présenta des brefs du Pape qui dispensoient M. le prince Clément d'âge. Le Pape y représentoit les services de M. l'électeur pour la chrétienté, et l'avantage de l'archevêché. Il ne falloit pas être trop éclairé pour discerner les mouvemens qui le faisoient agir : aussi les regarda-t-on en France comme on devoit. Les Hollandois n'étoient pas encore entrés fort avant dans cette négociation, et le prince d'Orange surtout avoit peu paru et ne s'étoit pas pressé de faire beaucoup de pas, de peur qu'on ne les détruisît ; mais afin qu'on n'eût pas le temps il envoya, la surveille de l'élection, à Cologne, un nommé Isaac, qui est son maître d'hôtel, et le seul qui partage sa confiance avec le comte de Benting (2) ; mais pourtant avec cette différence que l'un se trouva là comme son ami, et l'autre presque comme son premier ministre et comme un homme qui lui est très-utile. Ils se rendirent à Cologne avec des lettres de change considérables, qui déterminoient entièrement ceux qui balançoient, qui pourtant avoient donné leurs voix au cardinal quand il avoit été question de le faire coadjuteur. On procéda à l'élection le jour que l'on avoit assigné, et on la fit avec toutes les voix ordinaires de vingt-quatre chanoines, dont est composé le chapitre de Cologne. Le cardinal de Furstemberg eut treize voix, le prince Clément huit, et deux autres en eurent chacun une. Il y en eut une de ces deux-là qui se joignit ensuite à celles qu'avoit déjà le cardinal, de manière qu'il en eut quatorze. Comme celui qui a le plus de voix doit l'emporter selon les apparences, on proclama le cardinal électeur. Ceux qui étoient dans le parti du prince Clément firent une espèce de protestation et se retirèrent chacun chez soi, sans vouloir assister à la proclamation. Cependant le voilà déclaré électeur : pour l'être parfaitement, il lui manquoit et les bulles du Pape et l'investiture de l'Empereur. M. le cardinal de Furstemberg eut d'abord recours au Roi pour le soutenir. Le Roi lui envoya des troupes, qui pourtant prêtèrent le serment entre les mains du cardinal, comme électeur : il en remplit les places de l'archevêché et y mit des commandans françois.

Pendant tout ce temps-là une grande partie de l'infanterie du Roi étoit à Maintenon ; sa cavalerie étoit campée en différens endroits. M. de Louvois étoit malade et prenoit les eaux à Forges pour rétablir sa santé. Les maladies de Maintenon commençoient d'une si grande violence, que l'on étoit obligé de mettre les troupes dans les quartiers, et l'on comptoit que le travail continueroit encore six semaines ou deux mois : il ne paroissoit pas que l'on dût prendre des partis violens pour cette année. M. de Louvois revint de Forges, et deux jours après on envoya au marquis d'Huxelles, qui commandoit le camp de la rivière d'Eure, des ordres pour en faire décamper toutes les troupes. Le bruit se répandit alors que l'on alloit déclarer la guerre ; on parla d'augmentation de troupes, et on donna peu de temps après des commissions pour de nouvelles levées. On apprit en même temps la nouvelle de la prise de Belgrade ; on jugea les Turcs dans une impuissance entière de soutenir encore la guerre : il étoit extrêmement question de paix entre eux et l'Empereur, et l'on ne pouvoit pas douter que si elle se faisoit une fois, toutes les forces de l'Empire ne retombassent sur nous.

Les affaires de Rome alloient de mal en pis : personne ne pouvoit vaincre l'opiniâtreté du Pape (3) ; elle étoit trop bien fomentée par les gens en qui il avoit le plus de confiance, et ceux qui eussent pu lui parler pour le faire changer de sentiment lui étoient trop suspects. Le Roi se résolut d'y envoyer Chamlay, homme en qui M. de Louvois a une très-grande confiance, et qu'il emploie volontiers. Le Roi le chargea d'une lettre de sa main pour le Pape, avec ordre de n'avoir aucun commerce avec M. de Lavardin son ambassadeur, ni avec le cardinal d'Estrées, qui faisoit toutes les affaires du Roi. Son instruction étoit de s'adresser à Cassoni, le favori du Pape, et puis au cardinal Cibo. Il s'acquitta de ses ordres en homme d'esprit, mais il eut le malheur de ne pas réussir. Cassoni et Cibo se moquèrent de lui ; ils se renvoyèrent l'un à l'autre, et il s'en revint sans avoir vu que l'Ita-

---

(1) Il avoit dix-sept ans.
(2) Depuis milord Portland.
(3) Au sujet de l'abolition des franchises dont les ambassadeurs jouissaient à Rome ; de tous les souverains, Louis XIV seul prétendait conserver ce privilège abusif.

lie. Son voyage ne servit qu'à donner du chagrin au cardinal d'Estrées et à M. de Lavardin, et à grossir le manifeste que le Roi fit publier dans le temps que l'on partit pour le commencement de la guerre.

Quand l'élection de Cologne fut faite, les chanoines de Liége s'assemblèrent pour la leur. Nous avions un très-grand besoin d'un homme qui fût dans nos intérêts, et le Roi voulut absolument que ce fût le cardinal de Furstemberg; mais à peine fut-il seulement question de lui dans l'élection. On offrit au Roi d'élire le cardinal de Bouillon; mais Sa Majesté étoit trop mécontente de lui et de toute sa famille pour en souffrir l'élévation. Le Roi dit qu'il ne le vouloit pas, et en même temps donna ordre au cardinal de Bouillon de donner sa voix et d'engager celles de ses amis pour Furstemberg. Il y a apparence qu'il ne fit pas ce que le Roi avoit souhaité de lui, et il fit en très-malhabile homme, car d'abord il s'engagea et promit tout ce que le Roi voudroit; et puis il écrivit une lettre au père de La Chaise, confesseur du Roi, où il lui demandoit son conseil, et prétendoit que sa conscience l'engageoit à d'autres intérêts que ceux qui lui étoient prescrits par le Roi. Enfin on vit clairement, peu de temps après, que l'on n'avoit pas lieu d'être content de sa conduite; car on fit arrêter son secrétaire chez M. de Croissy, et peu de temps encore après un sous-secrétaire. On élut donc un autre évêque de Liége que Furstemberg: c'est un gentilhomme du pays, un très-saint homme, que l'esprit ne conduit pas à de grands desseins, et qui peut-être, à l'heure qu'il est, est très-fâché d'avoir été élu. Le Roi fut offensé que le chapitre de Liége n'eût pas suivi ses intentions; mais il s'en consola par la quantité de contributions qu'il espéra tirer de tout le pays.

On ne songea plus qu'à soutenir l'élection du cardinal de Furstemberg à Cologne. On y fit marcher plus de troupes qu'il n'y en avoit déjà; et l'on envoya M. de Sourdis pour commander dans le pays. On fit des propositions à M. l'électeur de Bavière, et on espéroit qu'il les pourroit accepter, parce qu'on prétendoit que sa femme ne pouvoit point avoir d'enfans, et que le prince Clément n'avoit point envie de s'engager dans l'état ecclésiastique: mais la grossesse de madame l'électrice, qui vint quelque temps après, ne laissa plus d'espérance.

En même temps que l'on apprit que les élections avoient mal réussi, le Roi eut avis que le prince d'Orange faisoit un armement de mer prodigieux qui regardoit l'Angleterre. Il avoit eu des conférences avec M. l'électeur de Brandebourg et avec M. de Schomberg. D'abord on avoit cru que ces entrevues n'étoient que pour nous empêcher d'être maîtres de l'électorat de Cologne, mais le prince d'Orange achetoit des troupes de tous côtés pour charger ses vaisseaux; enfin on disoit que depuis l'armée navale de Charles-Quint on n'en avoit pas vu une plus formidable. Sa Majesté donna avis au roi d'Angleterre que tous ces apprêts-là le regardoient: le roi d'Angleterre (1) n'en fut pas plus ému, parce qu'il ne le crut pas. Quand le prince d'Orange vit son dessein découvert, il se pressa plus qu'il n'avoit fait, et répandit de très-grandes sommes d'argent pour être en état de partir au plus tôt, étant bien persuadé que les grands desseins réussissent difficilement quand ils sont éventés et longs dans l'exécution. Sa Majesté ne laissa pas d'offrir au roi d'Angleterre de le secourir toutes les fois qu'il en auroit besoin.

Pendant ce temps-là on se préparoit à faire une campagne; on avoit fait une grande promotion d'officiers généraux, on en avoit fait marcher en différens endroits: on voyoit bien qu'il y auroit quelque chose avant la fin de l'année. Les courtisans étoient dans un grand embarras si le Roi marcheroit lui-même, ou s'il n'enverroit qu'un maréchal de France aux expéditions que l'on méditoit. L'embarras étoit aussi grand pour eux de quel côté l'on marcheroit. Le Roi avoit fait dire aux Hollandois, qu'en cas que le prince d'Orange entreprît quelque chose contre l'Angleterre, il leur déclareroit la guerre. Il avoit fait la même menace à M. le marquis de Castanaga, gouverneur des Pays-Bas. Beaucoup de gens trouvoient que Namur étoit une place absolument nécessaire au Roi, et croyoient que l'on s'en saisiroit; enfin chacun jugeoit selon sa fantaisie ou selon ses connoissances. Tout ce qui paroissoit sûr étoit qu'il y avoit un dessein considérable. La cour devoit partir pour Fontainebleau dans cinq ou six jours, quand le Roi déclara qu'il ne marcheroit pas, mais qu'il envoyoit Monseigneur pour prendre Philisbourg et le Palatinat; que M. Duras, que l'on avoit déjà envoyé à son gouvernement de Franche-Comté il y avoit du temps, commanderoit l'armée sous lui. Monseigneur partit trois jours après que son voyage fut déclaré, et se rendit en douze jours devant Philisbourg. M. de Boufflers avoit un corps de troupes considérable en deçà du Rhin, et le maréchal d'Humières avoit marché avec un autre dans le pays de Clèves et de Luxem-

(1) Jacques II.

bourg, afin que si les troupes que l'on disoit toujours qui s'assembloient auprès de Cologne faisoient le moindre mouvement, il fût en état de se porter où il seroit nécessaire. M. de Boufflers prit d'abord avec son armée une petite place à M. le palatin dans la Lorraine allemande, appelée Kayserslautern. Le marquis d'Huxelles, qu'on avoit envoyé devant en Alsace pour servir dans l'armée de Monseigneur, en prit une autre appelée Neustadt, et vint ensuite se rabattre sur un ouvrage à corne de Philisbourg, qui étoit en deçà du Rhin; et dans le même temps M. de Montclar, qui commandoit en Alsace, investit la ville de l'autre côté du Rhin. Le Roi partit de Versailles pour aller à Fontainebleau, et fit publier en même temps un manifeste où il rendoit raison de toute sa conduite avec l'Empereur, avec le Pape et avec tous ses voisins. Madame la Dauphine n'y fut que trois jours après lui, parce qu'elle étoit très-incommodée, et depuis long-temps. Monseigneur fit son voyage en onze jours, et le fit dans sa chaise jusqu'à Sarrebourg. Sa cour étoit composée de peu de personnes par le chemin, les officiers se rendant devant à leurs emplois, et ses courtisans n'ayant pas aussi eu le temps de faire des équipages. Le Roi lui avoit donné M. de Beauvilliers pour modérateur de sa jeunesse. A Sarrebourg il monta à cheval et fit une très-grande journée : il avoit appris à Dieuze que l'on avoit ouvert quelques boyaux devant la place; il apprit en même temps la prise de Kayserslautern par M. de Boufflers. Il fut en trois jours de Sarrebourg à Philisbourg, et eut un vilain chemin et très-long. En arrivant devant Philisbourg, quoiqu'il fût très fatigué, il ne laissa pas d'aller voir la disposition de tout avec M. de Duras qui commandoit l'armée sous lui, et qui étoit venu au devant de Monseigneur un peu par de là le pont, qui étoit à une lieue et demie au-dessus de Philisbourg. Saint-Pouange, qui représentoit M. de Louvois à cette armée, y vint aussi avec M. de Duras. Tout le monde fut assez long-temps sans équipage, et même Monseigneur, parce que le temps étoit très-avancé pour un siége aussi considérable que celui-là, et que l'on faisoit passer les troupes et les choses nécessaires pour le siége préférablement à tout. On continua la tranchée, qui avoit été commencée en l'absence de Monseigneur, où il montoit d'abord deux bataillons de garde, et on l'appela *la tranchée du haut Rhin*, parce qu'elle suivoit le cours de la rivière. Trois jours après que Monseigneur fut arrivé, on ouvrit une autre tranchée à l'opposite de celle-là, que l'on appela *le bas Rhin*, et l'on y envoya un des bataillons qui montoient à l'autre. Six jours après l'arrivée de Monseigneur, on ouvrit encore une tranchée qui fut appelée *la grande attaque*, où il montoit deux bataillons, avec un lieutenant général et le brigadier de jour : aux deux autres montoit un maréchal de camp. Deux jours avant que l'on ouvrît cette tranchée, un ingénieur nommé La Lande, qui avoit été dans la place pendant que les Impériaux l'avoient assiégée, fut emporté d'un coup de canon en allant reconnoître le travail qu'il devoit faire faire. Sa mort ne laissa pas que de fâcher M. de Vauban, parce que c'étoit lui qui avoit le plus de connoissance de la place; encore étoit-elle changée depuis qu'il en étoit sorti. Les assiégés firent toujours un feu de canon prodigieux. Il ne se passa rien du tout à l'ouverture de la tranchée, et il n'y eut personne de considérable ni de tué ni de blessé. Le premier homme qui le fut, ce fut Sarcé qui, en venant du quartier où étoient campés son régiment et celui de Monseigneur, eut le poignet emporté d'un coup de canon.

Pendant que Monseigneur étoit occupé au siége, il détacha M. de Montclar, mestre de camp général de la cavalerie et lieutenant-général, avec une partie de la cavalerie, pour entrer dans le Palatinat. Il se saisit de quelques petites villes où il n'y avoit aucune fortification, et y demeura pour entreprendre quelque chose de plus considérable quand l'occasion s'en présenteroit. Les trois ou quatre premières nuits de tranchée se passèrent très-doucement. On avançoit pourtant beaucoup le travail ; mais notre canon fut tout ce temps-là à mettre en batterie. La quatrième nuit on emporta aux ennemis un petit retranchement l'épée à la main. Le régiment d'Auvergne étoit de tranchée : Presse, qui en est le colonel, y fut blessé. Le matin, les ennemis firent semblant de faire une sortie : ils trouvèrent des travailleurs avec la tête du régiment d'Auvergne, qui s'ébranla parce que les travailleurs s'étoient renversés sur eux ; mais la plupart des hommes qui étoient sortis furent tués et faits prisonniers. Catinat, qui étoit de tranchée ce jour-là, eut une balle dans son chapeau, et se donna beaucoup de mouvement, comme il fit pendant tout le siége. Après M. de Vauban, ce fut sur lui aussi que le siége roula le plus : c'est un homme en qui M. de Louvois a beaucoup de confiance, et en qui il n'en peut trop avoir. D'un commun consentement, personne n'a plus d'esprit ni de mérite que lui.

Pendant ce temps-là Monseigneur envoya ordre à M. de Montclar de tâcher de prendre

Heidelberg, capitale du Palatinat. La ville est d'une conquête aisée; elle est le long du Necker, entre deux collines fort élevées. D'un côté est le château, résidence ordinaire des électeurs palatins, qui est assez beau et assez bon. M. de Montclar n'avoit pas d'infanterie et n'avoit que quelques pièces de canon; ainsi il eût difficilement réussi en l'attaquant par les règles. Le grand maître de l'ordre Teutonique, fils de M. l'électeur palatin, étoit dedans avec peut-être sept à huit cents hommes des troupes de son père. On trouva que la voie de l'honnêteté étoit la meilleure; et Chamlay, qui étoit avec M. de Montclar, se chargea du compliment. Il lui dit qu'il venoit de la part de Monseigneur pour savoir sa résolution; qu'il seroit fâché qu'il lui arrivât du mal; enfin Chamlay, par ses bonnes raisons, fit que M. le grand maître, tout malade qu'il étoit, se résolut d'abandonner le château et de s'en aller trouver son père qui étoit allé dans le duché de Neubourg. Chamlay fit la composition pour la garnison telle qu'il plut au grand maître, qui demanda qu'elle fût conduite à Manheim, place du Palatinat. On le lui accorda; mais comme le dessein étoit d'assiéger Manheim aussitôt que Philisbourg seroit pris, et que par conséquent il ne nous convenoit pas qu'il y entrât un renfort aussi considérable, on fit partir Rubentel, lieutenant-général, avec ce qui restoit de cavalerie dans le camp, hors ce qui étoit nécessaire pour le garder, et on l'envoya faire semblant d'investir Manheim. Quand la garnison de Heidelberg, qui étoit déjà beaucoup diminuée, se présenta pour y entrer, on lui dit que l'on ne laissoit pas entrer des troupes dans une place investie: ainsi il fallut qu'elle prît son chemin pour s'en retourner dans le pays de Neubourg. Quand il l'eut vue partir, Rubenthel s'en revint au camp devant Philisbourg. Cependant les attaques du haut et du bas Rhin devinrent les bonnes: on prit l'ouvrage à corne sans aucune difficulté, et on leur prit quelque monde dedans, entre autres un neveu de M. de Staremberg, gouverneur de la place, nommé le comte d'Arcos. On y perdit très-peu de monde: de personnes de marque il n'y eut que le fils de M. Courtin, qui y étoit à la suite de M. de Vauban, qui y fut tué; et il le fut par nos gens, parce qu'il ne savoit pas le mot de ralliement. La grande attaque alloit très-foiblement, parce qu'il y avoit une flaque d'eau assez considérable à passer, qui faisoit une espèce d'avant-fossé. M. de Vauban n'étoit occupé que d'épargner du monde, et craignoit extrêmement les actions de vigueur. On avoit fait des batteries fort considérables de canons et de bombes, mais elles ne faisoient pas grand mal aux assiégés; et au contraire leurs canons, dont ils avoient quantité, et qui étoient bien servis, rasoient absolument la queue de la tranchée et nous tuoient toujours des gens; mais ils faisoient un feu si médiocre de leurs mousquets, qu'ils ne nous détruisoient pas par ce moyen beaucoup de monde. Le Bordage, qui étoit maréchal de camp et qui s'étoit converti depuis peu, fut tué d'un coup de mousquet par la tête, et ne vécut que deux heures après l'avoir reçu. Trois jours après, Nesle, qui étoit aussi maréchal de camp, en reçut un au même endroit, et mourut un mois après à Spire. C'étoit un fort honnête garçon, d'un esprit médiocre, mais assez aimé, malheureux, et ses malheurs lui étoient une sorte de mérite. Le marquis d'Huxelles, lieutenant général, fut aussi blessé dans le même temps d'un coup de mousquet entre les deux épaules; mais le coup fut heureux. On passa la flaque d'eau. A la grande attaque, on prit une redoute que les ennemis abandonnèrent d'abord qu'ils furent attaqués, et les jours suivans on prit quelque angle de la contrescarpe: cependant on voyoit bien que ce n'étoit pas la bonne attaque. On avoit fait des batteries dans l'ouvrage à corne, et on avoit fait aussi une brèche très-considérable à l'ouvrage à couronne, dont le revêtement n'étoit pas bon. Le lieutenant général changea de poste et prit l'attaque du Rhin; car ces deux-là n'étoient devenues qu'une. M. le duc du Maine, qui étoit volontaire, et qui avoit été obligé de suivre l'exemple des autres volontaires [1], dont le nombre étoit excessif, c'est-à-dire de choisir un régiment pour monter à la tranchée, avoit choisi le régiment du Roi, qui a trois bataillons. Il avoit monté d'abord au premier, qui montoit avec le troisième à la grande; et le second montoit à celle du Rhin. Il demanda permission à Monseigneur de monter au second, croyant qu'il y auroit plus à voir. Le duc [2], dont le régiment montoit aussi à la grande attaque, demanda en grâce à Monseigneur que son régiment montât aussi à celle-là, et que l'on envoyât le régiment de Grancey, dont le colonel étoit absent, qui y devoit monter naturellement à sa place, à la grande attaque. Monseigneur l'accorda aussi: les officiers en furent très-scandalisés, et vou-

---

[1] Le fils de madame de La Fayette servoit parmi les volontaires.

[2] Louis de Bourbon, petit-fils du grand Condé.

lurent rendre leurs commissions. Dans ce temps-là Grancey arriva, qui représenta ses raisons : elles furent inutiles pour le soir, mais le lendemain matin Monseigneur envoya prier M. le duc de ne se pas servir de la permission qu'il lui avoit donnée ; ainsi M. le duc ne monta pas. Mais quand Monseigneur ne le lui auroit pas ordonné, ce petit avantage ne lui auroit pas servi ; car toute la nuit on combla le fossé et on fit un pont de fascines pour pouvoir passer commodément à la brèche. Dès la nuit précédente on avoit fait reconnoître en quel état elle étoit ; et le comte d'Estrées, qui fut le seul des volontaires blessés, l'avoit été à la cuisse par un coup d'une décharge que les ennemis avoient faite sur deux sergens que l'on avoit envoyés pour regarder un peu exactement. Dans la même nuit, Harcourt, maréchal de camp, en allant visiter quelque chose, tomba de huit ou dix pieds de haut et se déhancha, dont il a été très-long-temps incommodé.

Pour revenir donc à M. du Maine, il monta avec le second bataillon du régiment du Roi ; mais il quitta la tranchée vers les dix ou onze heures du matin, croyant qu'il n'y auroit rien à faire. Vauban, dont le dessein étoit d'attaquer l'ouvrage à couronne la nuit, dit qu'il falloit envoyer tâter les ennemis. On fit deux ou trois petits détachemens de grenadiers du côté du régiment d'Anjou, qui montoit à ce que l'on appelloit l'attaque du Haut-Rhin ; et pendant que M. de Vauban passoit à celle du bataillon du régiment du Roi, ils montèrent. Ils ne virent presque personne dans l'ouvrage, qui est d'une grandeur prodigieuse : ils descendirent dedans, et dans le temps qu'ils descendoient il vint à eux une trentaine d'ennemis ; mais à mesure que les détachemens avançoient on avoit fait avancer aussi le gros du bataillon, tellement que les piqueurs même étoient sur le haut de la brèche. Pendant ce temps-là M. de Vauban avoit passé de l'autre côté, et il faisoit marcher ses détachemens quand il entendit un grand bruit du côté qu'il avoit quitté. Il jugea ce que c'étoit et fit dépêcher de marcher. Les grenadiers du régiment du Roi arrivèrent sur le haut de leur brèche, que les ennemis étoient déjà poussés de l'autre côté. Comme on travailloit au logement avec l'impatience ordinaire aux soldats de se mettre à couvert du feu, on entendit battre la chamade. On ne jamais soupçonner que ce fût pour se rendre ; il falloit encore emporter la contrescarpe de la ville, passer un très-grand et très-profond fossé, et le corps de la place n'étoit pas entamé : on voyoit bien aussi que ce n'étoit pas pour retirer les morts, car les ennemis n'avoient eu que cinq ou six hommes de tués. On se trouvoit donc dans un assez grand embarras de ce que ce pouvoit être, lorsqu'ils déclarèrent que c'étoit pour capituler (1). L'étonnement fut grand : on l'alla dire à Monseigneur, avec tout l'empressement que méritoit une si bonne nouvelle. Monseigneur s'en alloit, selon sa coutume ordinaire, voir monter la tranchée aux bataillons qui en étoient. Sa surprise fut extrême, d'autant que M. de Vauban comptoit que la place dureroit encore dix jours. Cependant les pluies nous incommodoient extrêmement, et la saison étoit si avancée qu'il n'y avoit pas d'espérance d'autre temps. On avoit aussi mandé à la cour que l'on seroit une dizaine de jours à prendre la place ; mais dans le moment on fit partir un courrier pour apporter la nouvelle qu'elle capituloit. On délivra les otages de part et d'autre : ceux qui vinrent de la ville furent chez Monseigneur. Comme Allemands, ils étoient tout fiers de leur belle défense, et se moquoient fort de nous de ce que nous ne les avions pas pris plus tôt. Ils tinrent vingt-six jours de tranchée ouverte, et l'on en fut sept ou huit que l'on n'avoit rien du tout encore. Dans la capitulation, nous leur accordâmes toutes les choses honorables ; on leur donna deux pièces de canon et trois jours pour se préparer. M. de Staremberg s'avisa de dire qu'il étoit bien malade, et envoya demander bien sérieusement en grâce à Monseigneur de lui envoyer un confesseur et un médecin. Il pouvoit bien se passer de l'un et n'avoit guère besoin de l'autre ; car sa maladie n'étoit qu'une fièvre quarte très-simple. On fit partir dès le lendemain des troupes pour aller investir Manheim, et le régiment de cavalerie de M. le duc y marcha. M. le duc marcha avec ; et M. le prince de Conti, volontaire dans l'armée, qui avoit monté la tranchée avec M. le duc, qui outre cela n'avoit pas manqué un seul jour d'aller voir ce qui s'étoit fait la nuit, et tout de défaut étoit d'en vouloir trop faire, marcha aussi, croyant que ceux de Manheim auroient plus de courage qu'il n'en avoit paru à ceux de Philisbourg. Cela fut à peu près égal : ainsi messieurs les princes n'eurent d'autre plaisir que de se faire tirer quelques coups de canon. Quand la capitulation de Philisbourg fut signée, d'Antin partit pour en aller porter la nouvelle au Roi ; mais M. de Saint-Pouange l'avoit fait précéder de cinq ou six heures par un courrier qui arriva à Fontainebleau comme l'on disoit le sermon. M. de Louvois, qui savoit

(1) La capitulation est du 29 octobre 1688.

l'impatience où étoit le Roi de savoir des nouvelles, lui alla porter celle-là au sermon. Le Roi fit taire le prédicateur, dit que Philisbourg étoit pris, et lut la lettre que Monseigneur lui écrivoit. Le prédicateur, qui étoit le père Gaillard, jésuite, au lieu d'être troublé par l'interruption, n'en parla que mieux, et fit au Roi, sur cet heureux événement, un compliment qui attira l'applaudissement de l'assemblée. Pour madame d'Antin, qui savoit que son mari devoit apporter cette nouvelle à Sa Majesté, elle fit la bonne femme et s'évanouit à l'autre bout de l'église, croyant qu'il étoit arrivé quelque chose à son mari, puisque c'étoit un autre qui apportoit la nouvelle. Quand d'Antin partit, on avoit déjà rapporté tous les articles ; et dans le moment on livra une porte de la ville au régiment de Picardie, qui est le plus ancien, et on songea à faire partir les choses nécessaires pour le siége de Manheim. Le lendemain, les bataillons montoient encore la tranchée et étoient occupés à la raser. Un officier du régiment du Roi, qui étoit de tranchée ce jour-là, s'ennuyant, prit un fusil de soldat pour tirer des bécassines. Monseigneur arriva dans le moment, et tous les officiers qui étoient assis se levèrent pour le voir venir. Cet autre, qui ne prenoit pas garde à ce mouvement, vit en même temps partir une bécassine : il tira, et donna d'une balle, qui étoit dans le fusil avec du menu plomb, au travers du corps du chevalier de Longueville, qui étoit un bâtard de feu M. de Longueville. Sa vie, coupée dans sa première jeunesse (car il n'avoit que vingt ans) par un accident aussi funeste, donna de la pitié à tout le monde.

Le jour de la Toussaint, jour de la naissance de Monseigneur, M. de Staremberg sortit de sa place dans son carrosse à la tête de sa garnison, qui étoit composée de son régiment, dont il y avoit encore dix-huit cents hommes en état de servir, et soixante dragons à cheval. Les officiers jetoient la faute sur les soldats, disant qu'ils n'avoient pas voulu leur obéir ; les soldats disoient qu'ils n'avoient jamais vu leurs officiers pendant le siége : enfin on jugea que ni les uns ni les autres ne valoient guère. Il leur paroissoit une si grande gaîté, que l'on pouvoit assurer qu'ils avoient également part à la mauvaise défense de la place. M. de Staremberg descendit de son carrosse pour saluer Monseigneur, qui étoit à voir sortir la garnison. On leur donna une escorte pour les conduire jusqu'à moitié chemin d'Ulm, où ils devoient s'embarquer pour s'en aller à Vienne. Le lendemain que la garnison fut sortie, Monseigneur alla dans la place faire chanter le *Te Deum*.

Pendant que l'on étoit devant Philisbourg, le prince d'Orange avoit voulu mettre sa flotte en mer ; mais les vents lui avoient toujours été contraires, et il avoit été obligé de rentrer dans le port avec quelques vaisseaux maltraités et d'autres perdus. Son armée étoit composée de troupes qu'il avoit achetées de toutes les nations. Il lui en étoit même venu de Suède, et le prince régent de Wirtemberg lui en avoit aussi vendu ; mais on a bien fait payer au double à celui-ci le profit qu'il en avoit retiré, car tout son pays a été au pillage des troupes du Roi. Le prince d'Orange avoit une armée nombreuse, une grande quantité de bons officiers françois huguenots, qui avoient quitté le royaume pour la religion. M. de Schomberg, qui avoit joint le prince, étoit le meilleur général qu'il y eût dans l'Europe. Tout ce que l'on peut s'imaginer non-seulement de nécessaire, mais de propre pour faire une défense considérable, étoit chargé sur ces vaisseaux, et l'entreprise avoit été conduite pendant long-temps avec un secret impénétrable ; le reste dépendoit de Dieu. Elle ne donnoit pas moins de jalousie à la France qu'à l'Angleterre.

Peu de jours après que l'on fut parti pour Philisbourg, le Roi eut avis que cet apprêt étoit pour faire une descente sur les côtes de Normandie. On voulut fortifier Cherbourg, ville sur le bord de la mer, et l'on commença ; mais elle n'étoit pas en état de résister, et il n'y avoit pas assez de troupes dedans pour la défendre quand même elle eût été bonne. On voulut aussi faire marcher deux bataillons qui étoient à Versailles et revenoient de travailler à Maintenon ; mais ils étoient en si mauvais état qu'il fut impossible de les y envoyer, car on ne put jamais trouver que cent hommes qui pussent marcher. On commanda la noblesse de la province et les milices ; on envoya Artagnan, major des gardes, avec des officiers et des sergens du même régiment ; et Sonelle, commandant la seconde compagnie des mousquetaires, pour y commander. On envoya d'autres officiers aux gardes et des mousquetaires à Belle-Isle, de peur que la descente ne fût de ce côté-là. On envoya aussi de grosses garnisons à Calais et à Boulogne ; enfin on fit tout ce qu'on auroit pu faire si l'on eût été assuré d'une descente.

Pendant le siége de Philisbourg, M. de Boufflers avoit fait entrer des troupes dans Worms, ville assez considérable sur le Rhin. Il s'étoit saisi de Mayence, moitié du consentement de M. l'électeur, moitié par force et par adresse. On étoit entré en quelque négociation avec M. l'électeur de Trèves pour avoir Coblentz : on ne lui demandoit point sa forteresse d'Hermanstein, mais on vouloit être assuré de tous les passages du Rhin de notre côté. M. l'électeur de Trèves même sembloit y pencher assez ; et l'on espéroit une heureuse négociation, quand on apprit tout d'un coup qu'il étoit entré dans Coblentz des troupes de M. l'électeur de Saxe et des princes voisins. Francfort, qui étoit dans une appréhension horrible, reçut aussi une grosse garnison de ces mêmes troupes. Le déplaisir de n'avoir pu avoir Coblentz, et d'avoir été amusé par une négociation, fut certainement violent. On s'en dépiqua du mieux que l'on put en ravageant les terres de l'électorat de Trèves, et en prenant prisonnier le grand maréchal de l'électeur, que l'on croyoit avoir fait changer son maître de parti; après quoi enfin on se résolut à bombarder Coblentz.

Après que tout ce qui étoit nécessaire pour le siége de Manheim fut parti du camp de Philisbourg, Monseigneur partit à la tête de ce qui restoit de troupes de son armée (car il y en avoit beaucoup qui avoient pris les devans), et alla camper à un château de chasse de M. l'électeur palatin, qui appartient à madame l'électrice palatine douairière. Le lendemain, Monseigneur arriva devant Manheim. Le temps étoit épouvantable, et l'on fut obligé de faire cantonner les troupes dans les villages. Le gouverneur de Manheim n'étoit qu'un bourgeois de Francfort, vendeur de fer, anobli par l'Empereur. Quand Monseigneur fut arrivé, on fit dire à ce gouverneur qu'on le feroit pendre s'il laissoit ouvrir la tranchée, et qu'il n'étoit point à M. l'électeur palatin. Il ne répondit que rodomontades à ce discours et fit tirer fréquemment du canon. On ne fit point de lignes de circonvallation : la plus grande partie de l'armée étoit couverte du Necker et du Rhin, dont nous étions les maîtres, et il n'y avoit guère d'apparence que les ennemis vinssent attaquer ce qui étoit par delà cette première rivière. Nous avions un pont de bateaux dessus, et le quartier de Monseigneur étoit à la portée du canon de la place, mais extrêmement couvert d'arbres. Manheim est de la plus parfaite situation qu'il y ait au reste du monde, après celle du fort de Kelh : elle est au confluent du Necker et du Rhin, et couverte d'un côté par un marais. Il y a une citadelle belle et grande, et parfaitement bien bâtie en dedans. L'électeur y avoit un fort vilain palais. La ville est jolie, les rues tirées au cordeau : cependant tout y a l'air pauvre. Elle étoit très-moderne, car il n'y avoit pas quarante ans que le feu électeur, c'est-à-dire le père de Madame, l'avoit fait commencer. Quand on eut reconnu la place, on fit ouvrir la tranchée du côté de la ville ; on l'avança extrêmement, et on fit en même temps une batterie de bombes. Le matin, M. de Mornay, qui étoit aide de camp de Monseigneur et fils de M. de Montchevreuil, y fut tué. Son père, qui avoit suivi M. du Maine, eut ce déplaisir, qui fut grand, parce que c'étoit un fort honnête garçon et bien établi, qui pourtant ne promettoit pas d'aider beaucoup à la fortune pour son avancement : elle l'étoit venu chercher, et l'auroit tiré d'un état au-dessous du médiocre pour le mettre dans une assez grande opulence, sans aucun éclat. Il fut emporté d'un coup de canon avec le lieutenant des gardes de M. du Maine, et deux soldats. Le soir on ouvrit la tranchée devant la citadelle, et on commanda quatorze cents hommes pour le travail de la nuit. On poussa la tranchée jusqu'à trente toises de la contre-escarpe, et on commença à travailler à une batterie de quatorze pièces de canon. Il y en avoit une de l'autre côté du Rhin, que l'on avoit faite avant que d'ouvrir la tranchée, qui incommodoit extrêmement une batterie que les ennemis avoient sur la tranchée ; si bien qu'en très-peu de temps elle la rendit presque inutile et eût beaucoup incommodé. Monseigneur alla ce jour-là voir Heidelberg, et on le fit boire sur ce muid si célèbre qui est l'admiration de toute l'Allemagne. A son retour il apprit que Manheim vouloit capituler. On voulut quelque temps tenir bon et ne la point recevoir que la citadelle ne se rendît : cependant à la fin on jugea à propos de la recevoir, parce qu'on prétendoit faire une attaque à la citadelle par le côté de la ville. Les ennemis, le jour que l'on avoit ouvert la tranchée devant la ville et la citadelle, avoient passé leur nuit avec des violons et des hautbois sur les remparts ; mais cette gaîté ne leur dura pas long-temps. Enfin on reçut la ville à capitulation (1). Le feu que les bombes avoient mis à un côté avoit causé quelque dissension entre le gouverneur et la bourgeoisie, et de son côté le gouverneur menaçoit ceux-ci de les brûler s'ils se rendoient : cependant, comme il n'étoit pas trop le maître de sa garnison, il fallut qu'il fît ce que les bourgeois vouloient. On leur conserva tous leurs priviléges, et le régiment de Picardie entra dans la ville. Le matin on alla reconnoître le côté de la citadelle du côté de la ville. On la trouva plus mauvaise que par aucun autre endroit, et l'on se préparoit le soir à y faire une attaque, quoique le gouverneur mandât qu'il alloit mettre le feu par toute la ville ; mais vers les quatre heures du soir sa fierté se

(1) Le 11 novembre 1688.

ralentit, et il demanda à composer. Sa garnison, qui s'étoit beaucoup diminuée en entrant de la ville dans la citadelle, dit qu'elle vouloit de l'argent ou qu'elle ne tireroit pas. Il n'avoit point d'argent et n'en pouvoit plus tirer de la bourgeoisie : enfin il capitula. On lui accorda qu'il sortiroit enseignes déployées avec tous les vains honneurs que l'on demande, et que l'on obtient aisément quand on s'est mal défendu. On lui accorda aussi deux pièces de canon que l'on ne lui donna pas, et deux fois vingt-quatre heures pour se préparer à son départ. Pendant ces deux fois vingt-quatre heures il pensa être assassiné par ses soldats, et il fallut qu'il demandât une garde des troupes de la ville. Ce gouverneur sortit, comme on étoit convenu, à la tête de cinq ou six cents hommes, entre lesquels il y avoit soixante dragons, et s'en alla coucher dans une petite ville du Palatinat. Monseigneur le vit sortir et lui donna une escorte de quarante maîtres, commandés par le chevalier de Comminges. Il demanda en partant son canon et trois chariots de pain qu'on lui avoit promis ; mais il n'eut ni l'un ni l'autre. Quand la garnison fut à la petite ville où elle devoit aller coucher, elle fit un complot de la piller, sous prétexte qu'elle lui devoit encore de l'argent sur ce qui leur avoit été assigné pour leur subsistance. Le chevalier de Comminges en fut averti, qui se trouva assez embarrassé avec sa petite troupe ; mais il fit partir un homme pour en avertir M. de Duras, et se retrancha avec ses quarante hommes. On lui envoya la nuit trois cents chevaux, qui arrivèrent avant la pointe du jour et qui empêchèrent le complot. La garnison fut obligée de se remettre en marche : elle devoit aller jusqu'à Dusseldorf. La route étoit fort longue, et les soldats murmuroient toujours contre leur commandant : enfin il fut obligé de les laisser et de prendre la poste, de peur qu'ils ne l'assommassent ; il leur laissa son équipage, qui étoit une très-médiocre ressource. Monseigneur envoya Sainte-Maure porter au Roi la nouvelle de la reddition de la place, et donna tous les ordres nécessaires pour la disposition du siége de Franckendal, où le Roi lui avoit mandé qu'il falloit qu'il allât encore, et au retour duquel il lui avoit promis de grands plaisirs à la cour. Monseigneur fit son entrée dans Manheim et fit chanter le *Te Deum* dans l'église de la citadelle, qui étoit la seule catholique, et encore y faisoit-on trois exercices de différente religion dans la journée. Le régiment de Picardie demeura pour garnison à Manheim, et le lieutenant colonel pour y commander.

Toutes les troupes qui devoient hiverner au-delà du Rhin partirent du camp devant Manheim pour se rendre dans leurs quartiers, et celles qui devoient demeurer en deçà suivirent Monseigneur au siége de Franckendal. La journée étoit très-petite de Manheim à Franckendal. Le lendemain que Manheim fut rendu, on fit partir la cavalerie qui étoit au-delà du Rhin avec M. de Joyeuse, pour aller investir la place. On l'investit ; et le lendemain on envoya le chevalier de Courcelles, major du régiment des cuirassiers, pour parler au gouverneur de se rendre, et l'assurer que sans cela il n'auroit point de quartier. Il répondit en brave homme. Le jour que Monseigneur arriva, on voulut renouer quelque traité, et le gouverneur y entroit tout-à-fait ; mais son major le fit changer d'avis, en l'assurant qu'il seroit perdu de réputation s'il ne se faisoit pas tirer au moins du canon. Il donna dans cette fausse bravoure, et dit qu'il se rendroit quand il lui conviendroit. Au bout de deux jours on ouvrit la tranchée. Le second jour de la tranchée ouverte, on travailla aux batteries de canons et de bombes. Tout cela tira le troisième au matin. La ville fut enflammée depuis sept heures du matin jusqu'à midi ; le grand clocher fut brûlé. Le feu dura jusqu'à dix heures du soir. A onze heures et demie du matin, ils battirent la chamade et demandèrent à capituler (1). La joie fut grande dans l'armée ; car quoique l'on eût beaucoup de plaisir à servir sous Monseigneur, cependant il étoit le vingtième de novembre, et l'on redoutoit extrêmement le vilain temps.

On bombardoit encore Coblentz pendant le siége de Franckendal. Les ennemis avoient dans cette dernière un ouvrage à couronne, d'où ils incommodoient extrêmement les troupes. Barbesière, à la tête de son régiment de dragons, l'emporta très-bravement, malgré le feu de toute la ville, qui fut grand. Monseigneur accorda une fort honnête composition au gouverneur de Franckendal, et vit sortir la garnison, qui étoit de sept ou huit cents hommes. Il demeura trois jours pour séparer toutes les troupes de son armée, envoya M. de Caylus porter la nouvelle de la prise de la ville au Roi, et fit donner ordre qu'on lui tînt des chevaux de poste prêts depuis Verdun jusqu'à Paris. Le lendemain de la prise de la place, il y eut beaucoup de gens qui le quittèrent, et M. le duc entre autres, qui en fut assez mal reçu du Roi, aussi bien que ceux qui l'avoient suivi.

Monseigneur vint en cinq jours de Francken-

(1) La capitulation est du 18 novembre 1688.

dal à Verdun sur ses chevaux, et en deux jours de Verdun à Versailles en poste. Le Roi, madame la Dauphine et toute la cour le vinrent attendre à Saint-Cloud, et l'on avoit mis du canon à Saint-Ouen, que l'on devoit tirer quand il arriveroit, afin de partir en même temps, et d'aller au devant de lui jusqu'au bois de Boulogne. Cela fut exécuté. Le Roi, madame la Dauphine, Monsieur, Madame et les princesses, descendirent de carrosse. Quand il arriva, le Roi l'embrassa ; mais lui très-respectueusement lui embrassa les genoux. Le Roi lui fit une infinité de caresses et l'accabla de douceurs. Il avoit été si content de toutes les lettres qu'il lui avoit écrites, et tout le monde avoit mandé tant de bien de Monseigneur, à quoi ni le Roi ni le public ne s'attendoient pas, parce qu'il étoit peu connu, que le Roi avoit peur de ne lui pas faire assez d'honneur. M. le prince de Conti arriva avec Monseigneur, et fut le seul, avec les officiers qui lui étoient nécessaires, qui le suivit. Il n'y avoit pas long-temps que ce prince étoit marié, et sa femme avoit pour lui tout l'amour que peut inspirer un homme aussi aimable et aussi estimable dans le cœur d'une jeune personne vive, et qui n'a pu encore rien aimer. Elle n'avoit pas seulement souri pendant tout le temps de son absence, et à peine avoit-elle parlé. M. de Beauvilliers, qui avoit marché comme modérateur de la jeunesse de Monseigneur, n'arriva que deux jours après lui. La joie fut extrême à la cour de voir arriver Monseigneur, et de le voir triomphant. Tous les poètes laissèrent couler leur veine bonne ou mauvaise, et l'accablèrent de louanges qui toutes retomboient sur le Roi.

On laissa des officiers généraux sur toutes les frontières. Montclar, qui commandoit naturellement en Alsace, y demeura, avec deux maréchaux de camp et des brigadiers sous lui : son commandement s'étendoit jusqu'au Necker. Le marquis d'Huxelles demeura à Mayence, avec deux maréchaux de camp aussi sous lui, et des brigadiers : son commandement s'étendoit depuis le Necker jusqu'au Mein, et par delà. M. de Sourdis commandoit dans tout l'électorat de Cologne ; M. de Montal, le long de la Moselle ; M. de Boufflers, dans son gouvernement. M. de Duras demeura à l'armée devant Franckendal, jusqu'à ce que la dernière troupe fût partie. Il eut ordre de laisser son équipage en ce pays-là et de s'en revenir à Paris. Cependant on avoit nouvelle que les troupes de l'Empereur s'avançoient : ainsi il ne falloit pas perdre de temps pour tirer les contributions, dont M. de Louvois faisoit un cas extraordinaire. En partant de Philisbourg on avoit envoyé Feuquières avec son régiment dans Heilbronn, ville impériale. M. de Bade-Dourlach avoit livré à Monseigneur une petite ville de son pays, à l'entrée du Wirtemberg, que l'on appelle Pforzheim, où l'on mit garnison. On en mit une grosse à Heidelberg, et les troupes d'en deçà le Rhin furent dispersées dans les autres garnisons.

On n'avoit point eu à l'armée de nouvelles sûres du prince d'Orange : seulement on avoit appris son nouveau rembarquement, et qu'une seconde tempête l'avoit encore obligé de relâcher, par laquelle il avoit perdu beaucoup de chevaux que l'on avoit été obligé de jeter dans la mer ; mais il y avoit déjà du temps, et tout le monde étoit dans l'impatience d'en savoir d'une aussi grande catastrophe qu'il paroissoit que celle-là devoit être. En arrivant à Paris, on apprit que le prince avoit fait sa descente fort heureusement ; qu'il étoit entré dans le pays ; qu'il s'étoit saisi d'une ville ; mais qu'aucune personne ne l'étoit allé trouver. Chacun jugeoit de cette entreprise selon son inclination. Le Roi avoit fait dire aux Hollandois qu'en cas que le prince d'Orange entreprît quelque chose contre le roi d'Angleterre, il leur déclareroit la guerre. Il n'y manqua pas. Tous les princes protestans d'Allemagne étoient joints d'intérêt au prince d'Orange, et cette guerre étoit un effet de haine pour le Roi et de zèle pour la religion. Le prince d'Orange donna ordre à l'envoyé des Hollandois auprès de l'Empereur de travailler très-sérieusement à faire conclure la paix entre le Turc et l'Empereur, afin que les forces de l'Empire fussent toutes jointes ensemble contre la France. Il y a quelque apparence que le Roi, de son côté, fit informer la Porte, par son ambassadeur, qu'il attaqueroit l'Empire afin qu'elle ne fît pas la paix ; et Tékély même, de qui l'on avoit parlé depuis long-temps, commença à se vouloir un peu remuer.

La situation du prince d'Orange ne demeura pas long-temps dans le même état. Le premier qui commença à quitter le roi d'Angleterre pour l'aller trouver fut un lieutenant de ses gardes, avec quelques gardes. On apprit dans le même temps qu'il y avoit une révolte dans le nord de l'Angleterre et que milord Delamar assembloit des troupes. Peu de jours après, presque tout un régiment alla trouver le prince d'Orange ; mais il en revint beaucoup le lendemain. Le roi d'Angleterre sortit de Londres et prit un poste très-avantageux, par où il falloit que le prince d'Orange passât pour venir à Londres. Milord Feversham, frère de M. de Duras, commandoit l'armée qui étoit nombreuse, et qui eût accablé le prince d'Orange si elle eût été aussi fidèle qu'elle étoit belle; mais beaucoup de lords l'abandonnèrent et allèrent trouver le prince d'Orange; entre autres un nommé Churchill (1), capitaine des gardes du Roi, son favori, et qu'il avoit élevé d'une très-petite noblesse à de hautes dignités, ne s'étoit pas contenté de vouloir aller joindre le prince d'Orange, mais vouloit lui livrer aussi le Roi. Un saignement de nez, qui prit au Roi en allant dîner chez lui, empêcha l'effet de la trahison. Le prince de Danemarck, qui avoit épousé la princesse Anne, seconde fille du Roi, l'abandonna aussi; sa fille même suivit son mari; et le Roi fut obligé de s'en revenir à Londres, de peur qu'il n'y eût quelque émeute et qu'il ne fût plus le maître dans la ville.

Ces nouvelles étonnèrent fort la cour de France; car comme on avoit vu que peu de personnes s'étoient déclarées d'abord pour le prince d'Orange à son arrivée, on avoit presque compté qu'il avoit pris de fausses mesures. Sa Majesté déclara dans ce temps-là, au moment que l'on s'y attendoit le moins, qu'elle avoit résolu de faire des cordons bleus. La promotion fut grande; elle fut de soixante-treize. Les gens de guerre y eurent beaucoup de part, parce qu'on voyoit bien que l'on alloit avoir besoin d'eux, et que les autres récompenses eussent été plus chères que celles-là. Il parut aussi que M. de Louvois seul avoit décidé de ceux qui seroient faits cordons bleus. Madame de Maintenon eut, pour sa part, son frère et M. de Montchevreuil, et contribua peut-être à faire Villarceaux chevalier de l'ordre. Il y eut trois officiers de la maison du Roi qui ne le furent pas : le grand prévôt (2), le premier maître d'hôtel (3), et Cavoye (4), grand maréchal-des-logis. Le premier avoit, par-dessus sa charge, sa naissance, et son père qui l'avoit été; mais les deux autres n'avoient que leurs charges. A la vérité l'on en fit quelques-uns chevaliers, dont la naissance, aussi bien que la leur, faisoit grand tort à l'ordre; mais c'est où paroît le plus la grandeur des rois d'égaler les gens de peu aux grands seigneurs d'un royaume. Des ducs, il y en eut trois qui ne furent pas faits cordons bleus : messieurs de Rohan, de Ventadour et de Brissac. Ces trois-là étoient très-peu souvent à la cour, n'alloient point à la guerre, et étoient, chacun en son espèce, des gens extraordinaires, quoique de très-différens caractères l'un de l'autre. M. de Soubise et le comte d'Auvergne refusèrent l'ordre, parce qu'on leur proposa de passer parmi les gentilshommes, puisqu'ils n'avoient pas de duché. Les princes Lorrains avoient consenti de passer après M. de Vendôme, mais ils précédèrent tous les ducs. M. le comte de Soissons (5), que le Roi avoit nommé pour remplir une place, lui fit demander permission de ne la pas accepter, parce que son père n'avoit pas voulu passer après feu M. de Vendôme, et que comme il étoit mal avec la princesse de Carignan, sa grand'mère, outre que M. de Savoie ne l'aimoit pas, cela les aigriroit encore contre lui. Le Roi eut la bonté d'entrer dans ces raisons, mais il fut piqué contre le comte d'Auvergne et contre M. de Soubise. La gloire des Bouillon, à qui il avoit donné le rang des princes, quoique naturellement ils ne fussent que des gentilshommes de très-bonne maison d'Auvergne, avoit été la cause de leur malheur. Le Roi fit mettre dans les archives que le comte d'Auvergne avoit refusé le cordon bleu, de peur de passer après les ducs, quoique ses grands-pères n'eussent été qu'au rang des gentilshommes; et que M. de Soubise avoit aussi refusé cet honneur, quoiqu'un homme de sa maison, appelé le comte de Rochefort, n'eût fait aucune difficulté de l'accepter aux conditions proposées. Pour M. de Monaco (6), qui a le même rang, il le reçut avec toute la soumission que l'on doit quand on reçoit des grâces de son maître, et il dit qu'il se contentoit de marcher au rang de son duché. Peut-être le fit-il parce qu'il ne se trouvoit pas à la cérémonie, et qu'il ne se devoit trouver à aucune. Il y eut bien des lieutenans de roi des grandes provinces qui comptoient que cet honneur leur étoit presque dû, mais qui en furent privés, entre autres les trois de Languedoc. C'étoit leur faute d'y compter; car depuis long-temps on leur avoit donné tant de dégoûts, et eux l'avoient souffert avec tant d'humilité, que l'on crut pouvoir encore leur donner celui-là. M. de La Trémouille fut très-favorisé, car il s'en falloit un an tout entier qu'il n'eût l'âge. Il y en eut beaucoup qui ne vinrent pas à la cérémonie, parce qu'ils étoient employés pour le service du Roi dans les provinces; et d'autres que le Roi dispensa, parce que comme il les avoit déclarés tard, et qu'à peine même ceux

---

(1) Depuis duc de Marlborough.
(2) Du Bouchet, marquis de Sourches.
(3) Louis Sanguin, marquis de Livry.
(4) Louis d'Oger, marquis de Cavoye.

(5) Louis-Thomas de Savoie, comte de Soissons.

(6) Antoine de Grimaldi, prince de Monaco, duc de Valentinois.

qui étoient à Paris avoient eu le temps de faire faire leurs habits, ceux qui seroient venus de si loin ne les eussent pu avoir : par exemple M. de Monaco, qui n'étoit parti pour aller chez lui que dix jours auparavant que l'on déclarât la promotion, et M. de Richelieu qui s'étoit fait un exil volontaire à Richelieu, parce qu'il avoit perdu en une fois plus de cent mille francs, qu'il n'étoit pas en état de payer.

Le Roi paroissoit assez chagrin. Premièrement il étoit fort occupé, et l'étoit de choses désagréables ; car le temps qu'un peu auparavant il passoit à régler ses bâtimens et ses fontaines, il le falloit employer à trouver les moyens de soutenir tout ce qui alloit tomber sur lui. L'Allemagne fondoit tout entière ; il n'avoit aucun prince dans ses intérêts, et il n'en avoit ménagé aucun : les Hollandois, on leur avoit déclaré la guerre, les affaires d'Angleterre alloient si mal, que l'on craignoit tout au moins qu'il n'y eût un accommodement entre le Roi et le prince d'Orange, qui retomberoit entièrement sur nous ; et on trouvoit même que c'étoit le mieux qui nous pût arriver. Les Suédois, qui avoient été nos amis de tout temps, étoient devenus nos ennemis. Le roi d'Espagne disoit qu'il vouloit conserver la neutralité ; mais celui là, par-dessus les autres, ne faisoit rien, et l'on s'attendoit qu'il ne conserveroit cette neutralité que jusqu'au temps que nous serions bien embarrassés : ainsi le Roi vouloit, ou que les Espagnols se déclarassent, ou qu'ils lui donnassent deux villes, qui étoient Mons et Namur, comme otages de leur foi. La proposition étoit dure, mais aussi nous ne pouvions avoir d'avantage considérable qu'en Flandre ; et Namur nous étoit absolument nécessaire, parce que c'étoit le seul passage qu'eussent les Hollandois et les Allemands pour venir à notre pays. Nos côtes étoient fort mal en ordre : M. de Louvois, qui a la plus grande part au gouvernement, n'avoit pas trouvé cela de son district ; il savoit l'union qui étoit entre les deux rois, et cela lui suffisoit. Les vues fort éloignées ne sont pas de son goût. Il falloit nécessairement que la Hollande et l'Angleterre se joignissent pour nous faire du mal. Cette jonction ne se pouvoit imaginer chez lui, et Dieu seul avoit pu prévoir que l'Angleterre seroit en trois semaines soumise au prince d'Orange. Tout cela faisoit qu'on avoit négligé nos côtes.

Le dedans du royaume n'inquiétoit pas moins le Roi. Il y avoit beaucoup de nouveaux convertis qui gémissoient sous le poids de la force, mais qui n'avoient ni le courage de quitter le royaume, ni la volonté d'être catholique : leurs ministres, qui étoient dans les pays éloignés, les avoient toujours flattés de se voir délivrer de la persécution dans l'année 1689. Ils voyoient l'événement d'Angleterre, qui commençoit dans ce temps ; ils recevoient tous les jours des lettres de leurs frères réfugiés, qui les fortifioient encore davantage ; et quand ils songeoient que tout le monde étoit contre le Roi, ils ne doutoient point du tout qu'il ne succombât et qu'il ne fût obligé de leur accorder le rétablissement de leur religion. Outre les nouveaux convertis, il y avoit beaucoup d'autres gens malcontens dans le royaume qui se joindroient à eux si la fortune penchoit plus du côté des ennemis que du nôtre. Le Roi voyoit tout cela aussi bien qu'un autre, et l'on eût été inquiet à moins. Il ne falloit pas une moindre grandeur d'âme et une moindre puissance que la sienne pour ne pas se laisser accabler : le moyen d'avoir assez de troupes pour résister en même temps à tout cela ? On avoit compté sur les Suisses, mais on se brouilla avec eux : ils ne vouloient pas nous permettre de levées dans leurs Etats ; au contraire, ils en permettoient à l'Empereur. Il y avoit un traité avec feu M. de Savoie pour avoir trois mille hommes, qui étoient un petit secours : celui-ci fit le difficile ; le Roi se dépita et dit qu'il n'en vouloit plus. Enfin M. de Savoie fut obligé de le prier de les prendre ; mais ce fut un très-médiocre secours. Il falloit donc que le Roi tirât tout de son seul Etat. On délivra des commissions jusqu'au premier de janvier, et le Roi fit une ordonnance pour la levée de cinquante mille hommes de milices dans toutes ses provinces, qui se transporteroient où l'on le jugeroit à propos ; et cela fut divisé par régimens. On mettoit pour officiers tous gens qui avoient servi ; et les dimanches et les fêtes on exerçoit cette milice à tirer. Enfin le Roi devoit se trouver au printemps plus de trois cent mille hommes, sans ses milices ; et c'étoit infiniment. Tout le mois de décembre s'étoit passé en Allemagne à tirer des contributions, qu'on avoit poussées jusque dans les Etats de l'électeur de Bavière ; et Feuquières, qui commandoit dans Heilbronn, et qui avoit marché avec un gros détachement, avoit fait trembler tous ces pays. On s'étoit fait donner cinquante mille francs du côté de la Hollande, c'est-à-dire dans le Brabant hollandois. Baloride y avoit marché, et avoit brûlé un village au prince d'Orange, nommé Rosenthal, auprès de Breda, qui avoit refusé de payer la contribution. Elle étoit établie aussi dans les pays de Liége et de Juliers, et tout cet argent servoit très-utilement. Les troupes, à la vérité, en tiroient un très-médiocre avantage, car on ne leur en donnoit rien : mais c'est une habitude que l'on a prise en France, et dont on se trouve fort bien. On fut obligé, à la fin de décembre, de retirer les troupes que l'on avoit au-delà du Rhin ; mais on pilla et démolit les places, comme Heilbronn, Stuttgard, Zinsheim et beaucoup d'autres. On travailla à fortifier Pforzheim, qui est une place à l'entrée du Wirtemberg, et dont la situation est bonne parce qu'elle est dans les montagnes. On travailloit aussi à la fortification de Mayence.

On fut quelque temps à la cour sans entendre parler des affaires d'Angleterre : il n'en venoit aucune nouvelle sûre ; on savoit seulement que les affaires du roi de cette île alloient très-mal. Il en arriva un gentilhomme de M. de Lauzun, qui s'en étoit allé en Angleterre au commencement de toutes ces affaires : on eut par lui des nouvelles, mais le bruit ne se répandit point de ce que c'étoit. Peu de jours après on sut que la reine d'Angleterre étoit passée en France avec le prince de Galles, sous la conduite de M. de Lauzun, et qu'ils étoient arrivés à Calais. On jugea que ce courrier avoit été dépêché pour apporter au Roi le projet de sa fuite, et pour savoir s'il l'approuvoit ; on dit aussi que le roi d'Angleterre devoit arriver vingt-quatre heures après, mais on attendit son arrivée inutilement. Deux jours se passèrent sans que l'on dît rien du tout sur le projet de sa fuite. On débitoit que les ports d'Angleterre étoient fermés ; enfin il se répandit un bruit qu'il avoit été arrêté à Rochester, en se voulant sauver. Il n'avoit voulu dire ni à la Reine ni à M. de Lauzun le projet de sa fuite. A l'égard de la Reine, la chose avoit été et bien projetée et bien exécutée. Le roi d'Angleterre eut envie de faire sauver le prince de Galles, et l'avoit fait sortir de Londres, de peur de n'en être plus le maître. Il l'avoit confié à milord d'Ormond, qu'il avoit cru entièrement dans ses intérêts et qui commandoit sa flotte. On conte qu'il lui ordonna de le faire sauver ; que milord d'Ormond ne le voulut pas, et qu'il lui dit qu'il en seroit responsable à toute l'Angleterre ; ajoutant que tout ce qu'il pouvoit faire c'étoit de lui renvoyer le prince, dont Sa Majesté feroit après ce qu'elle voudroit. Le roi d'Angleterre fut désolé de voir que tout le monde lui manquoit ; car il douta que milord d'Ormond lui remît le jeune prince entre les mains, et il ne sut que le jour d'après qu'il l'avoit renvoyé. Le roi de la Grande-Bretagne avoit proposé à la Reine son épouse de partir sans le prince de Galles, mais elle n'y avoit pas voulu consentir ; enfin on lui apporta la nouvelle qu'il étoit arrivé ; on le laissa trois jours dans un faubourg de Londres. La Reine avec deux femmes, dont l'une étoit gouvernante du prince de Galles, appelée madame Fiden, son mari, M. de Lauzun et Saint Victor, partirent à l'entrée de la nuit. D'abord le Roi se coucha, comme à son ordinaire, avec la Reine sa femme, et ils se relevèrent une heure après. Le Roi s'étant habillé, la fit descendre par un degré dérobé, et la remit entre les mains de M. de Lauzun, qui avoit publié depuis plusieurs jours qu'il s'en retourneroit en France, et à cet effet avoit retenu un yacht et un carrosse de louage pour les conduire. Quand il fut arrivé à son carrosse, le cocher jura qu'il ne vouloit point marcher : cependant le temps pressoit. M. de Lauzun lui donna de l'argent qui lui fit entendre raison ; mais dans le temps qu'il montoit sur son siège il vint une émeute sur ce qu'on disoit que des catholiques se sauvoient, qui les remit encore en danger d'être arrêtés ; mais le cocher, qui eut peur, se dépêcha par le moyen de l'argent que lui donna encore M. de Lauzun : ainsi ils se sauvèrent de ce danger et arrivèrent heureusement au yacht. On fit entrer le prince de Galles sans que le patron s'en aperçût ; la Reine se cacha extrêmement, et remit son voyage entre les mains de Dieu. Cependant tous les périls n'étoient pas évités, car l'armée navale de Hollande croisoit dans la Manche, et le vent les pouvoit rejeter en Angleterre. Quand le yacht se mit en mer le vent étoit excellent ; mais il changea peu de temps après. La nuit venue, le vent fut si fort qu'il fallut plier toutes les voiles. Le patron ne savoit où il en étoit : il entendit du bruit, il crut être auprès de quelque port ; mais peu de temps après il entendit les cloches dont on se sert pour appeler à la prière dans les vaisseaux : alors il jugea qu'il étoit au milieu de la flotte de Hollande, et jugea vrai. Le vent s'étant un peu abaissé, on mit les voiles, et le yacht arriva enfin heureusement à Calais vers les neuf heures du matin. La garde du port qui vit arriver ce yacht, envoya avertir le gouverneur, qui étoit M. de Charost. Il envoya deux chaloupes pour reconnoître, selon la coutume.

L'affaire de M. de Charost et de M. de Lauzun a fait trop de bruit pour ne la pas rapporter ici. Quand on fut revenu de reconnoître, on vint dire à M. de Charost que c'étoit M. de Lauzun. Ils étoient amis. Le duc de Charost alla au devant de lui et l'embrassa. M. de Lauzun le pria de lui donner un logement pour deux dames de ses amies qui s'étoient sauvées d'Angleterre avec lui. Le duc de Charost lui répondit qu'il étoit bien fâché de ne les pouvoir loger chez lui, parce que sa maison étoit toute percée, et qu'il y pleuvoit; mais qu'il lui alloit donner le meilleur logement de la ville. En même temps il pressa M. de Lauzun de lui dire qui étoient ces femmes. Celui-ci en fit quelque difficulté; enfin il lui dit que c'étoit la reine d'Angleterre, mais qu'elle ne vouloit pas être reconnue; qu'il ne falloit lui rendre ni honneur ni marque de distinction, et qu'autrement on la mettroit au désespoir. M. de Charost ne crut point M. de Lauzun, et s'en alla au devant d'elle pour lui rendre, à ce qu'il dit, tous les honneurs qu'il put. Il lui envoya chez elle des gardes, reçut les ordres de Sa Majesté, et se retira ensuite pour en donner avis à la cour. Quand il eut dit à M. de Lauzun ce qu'il alloit faire, celui-ci lui répondit qu'il s'en donnât bien de garde et qu'il alloit tout gâter, parce qu'elle ne vouloit pas de ces honneurs. Il se fâcha presque contre M. de Charost, qui, ne voulant pas entendre raison, dit qu'il faisoit son devoir, et que tout ce qu'il pouvoit lui accorder c'étoit de lui donner le temps d'écrire. Il fit ensuite fermer la porte de la ville, ordonna que l'on ne donnât point de chevaux de poste, et donna avis de l'arrivée de la Reine et du prince de Galles. Quand le patron du yacht vint demander permission de s'en retourner, M. de Lauzun dit encore au duc de Charost qu'il falloit absolument le retenir. M. de Charost répondit qu'il avoit ordre de ne faire aucune violence aux Anglois; que tout ce qu'il pouvoit faire seroit de l'amuser et de lui conseiller de ne pas s'en retourner; mais qu'il ne l'arrêteroit pas autrement. Et il arriva que le patron ne voulut point adhérer aux conseils du duc.

Pendant tout le temps que la Reine demeura à Calais, M. de Charost fit servir trois tables pour elle et pour sa suite, et lui rendit toujours tous les honneurs qui étoient dus à une Majesté. Cependant, après l'arrivée de M. de Lauzun, le bruit se répandit ici que M. de Charost avoit très-mal rempli son devoir à cet égard; que le service du Roi se faisoit fort mal à Calais, et que la place n'étoit pas seulement gardée; mais il s'en justifia, et à son retour il fut fort bien traité du Roi. Lorsque le courrier de M. de Charost arriva ici, ce fut une fort grande joie à la cour, où l'on attendoit avec impatience des nouvelles du roi d'Angleterre. On savoit qu'il devoit se sauver peu de temps après la Reine; mais on n'avoit point de nouvelles de son arrivée, et les ports d'Angleterre étoient fermés. Il vint un bruit que le Roi avoit été arrêté à Rochester déguisé, en se voulant sauver. Ce bruit vint sans que l'on sût par où : à celui-là succédèrent d'autres bruits, comme il arrive toujours dans les événemens extraordinaires; enfin on eut des nouvelles sûres, qui étoient que le Roi s'étant déguisé en chasseur, comme il alloit entrer dans un bateau qui le devoit conduire à des bâtimens françois répandus sur la côte et cachés dans des rochers, des paysans ivres l'avoient arrêté, disant que des catholiques s'enfuyoient, et, sous ce prétexte, ils l'avoient conduit dans les prisons de Rochester. Il y fut reconnu, et la noblesse des environs vint l'en retirer, lui baiser la main et lui rendre les soumissions qu'ils devoient à leur Roi. Ces gentilshommes se plaignirent à Sa Majesté de ce qu'elle vouloit les abandonner. Comme l'on conduisoit le Roi à Rochester, il se souvint d'un certain milord du voisinage de cette ville, et il lui manda la peine où il étoit. Le milord lui fit réponse que Sa Majesté pouvoit se tirer d'affaire comme elle le jugeroit à propos; mais que puisqu'il ne lui étoit bon à rien, il ne l'iroit pas trouver. Le Roi fut reconduit à Londres, et logé comme à l'ordinaire dans son palais de Windsor, où ses peuples vinrent plaindre à lui de ce qu'il les vouloit abandonner.

La reine d'Angleterre vint de Calais à Boulogne, où elle demeura quelque temps pour savoir des nouvelles de son époux. On peut croire qu'elle apprit ce qui se passoit avec un déplaisir mortel. On le lui avoit caché d'abord; mais, étant à la fenêtre, elle reconnut un des domestiques du Roi qui s'étoit sauvé et qui se devoit sauver avec lui. A l'égard de la cour de France, tout y étoit comme à l'ordinaire. Il y a un certain train qui ne change point : toujours les mêmes plaisirs, toujours aux mêmes heures, et toujours avec les mêmes gens. M. de Lauzun avoit écrit de Calais une lettre au Roi, où il lui avoit mandé qu'il avoit fait serment au roi d'Angleterre de ne remettre la Reine sa femme et le prince de Galles qu'entre ses mains; que comme il n'étoit pas assez heureux pour voir Sa Majesté Britannique, il le prioit de vouloir bien le dispenser de son serment, et de lui ordonner entre les mains de qui il remettroit la Reine et le prince de Galles. Le Roi fit réponse de sa main à M. de Lauzun, lui manda qu'il n'avoit qu'à revenir à la cour, envoya un lieutenant des gardes, un exempt, quarante gardes, M. le premier avec des carrosses, des maîtres d'hôtel, et ce qui étoit nécessaire pour la Reine fugitive. Le Roi dit ensuite qu'il venoit d'écrire à un homme qui avoit beaucoup vu de son écriture et qui seroit bien aise d'en revoir encore. Cette attention du Roi pour M. de Lauzun en donna une grande aux ministres, qui ne l'aimoient pas, et les mit dans une furieuse appréhension que le goût du Roi pour M. de Lauzun ne recommençât. Sa Majesté envoya M. de Seignelay à Mademoiselle, pour lui dire qu'après les services que M. de Lauzun venoit de lui rendre, il ne pouvoit s'empêcher en aucune façon de le voir (1). Mademoiselle s'emporta, et dit : « C'est donc là la reconnoissance de ce que j'ai fait pour les enfans du Roi ! » Enfin elle fut dans une rage si épouvantable qu'elle ne la put cacher à personne. Un des amis de M. de Lauzun fut chargé de lui présenter une lettre de sa part : elle la prit, et la jeta dans le feu en sa présence ; mais cet ami la retira et représenta à Mademoiselle que du moins elle la devoit lire : mais Mademoiselle alla s'enfermer, et revint un moment après dans la chambre dire qu'elle l'avoit brûlée sans la lire.

On fit alors des chevaliers du Saint-Esprit, avec le moins de cérémonies que l'on put, le Roi ayant une aversion naturelle pour tout ce qui le contraint : on les fit en deux fois, parce qu'autrement il eût fallu trop de temps. La moitié fut faite à vêpres la veille du jour de l'an, et l'on commença par des gens titrés. Le lendemain on acheva le reste à la messe : il ne s'y passa rien de considérable. Deux jours auparavant il y avoit eu une grande dispute entre les ducs de La Rochefoucauld et de Chevreuse. Le duc de Luynes, père du dernier, s'étoit défait de son duché en faveur de son fils, et ce duché étoit plus ancien que celui de La Rochefoucault : par conséquent il prétendoit passer à la cérémonie. M. de La Rochefoucault soutint qu'il n'étoit pas reçu duc de Luynes, mais seulement de Chevreuse : qu'ainsi il ne passeroit qu'au rang de Chevreuse. Ils se disputèrent. Enfin le dernier obtint du Roi un ordre pour que le premier président le fît recevoir sans que les chambres fussent assemblées, et il fut reçu le jour même de la cérémonie. Le duché de Chevreuse fut cédé au comte de Montfort. On envoya porter l'ordre par des courriers aux gens éloignés que le Roi avoit honorés du cordon bleu. Je ne puis m'empêcher de dire ici la manière dont cet honneur fut reçu par deux personnes de différent caractère, dont l'une étoit M. de Boufflers, et l'autre le marquis d'Huxelles. Le premier le reçut en remerciant bien humblement Dieu et le Roi des grâces continuelles dont ils le combloient, et, dans ses actions de grâces, il cherchoit les termes de la plus profonde reconnoissance pour le Roi et pour M. de Louvois ; l'autre ne remercia que M. de Louvois, et recommanda au courrier de lui dire en même temps que si l'ordre l'empêchoit d'aller au cabaret et tels autres lieux, il les lui renverroit. Je dois ajouter ici que ces deux hommes, de caractère si différent, sont tous deux très-honnêtes gens. Voilà une petite digression un peu burlesque.

M. de Lauzun, après avoir reçu du Roi la permission de le saluer, vint à la cour. Dans les transports d'une joie extraordinaire, il jeta ses gants et son chapeau aux pieds du Roi, et tenta toutes les choses qu'il avoit autrefois mises en usage pour lui plaire. Le Roi fit semblant de s'en moquer. Quand Lauzun eut vu le Roi, il s'en retourna trouver la reine d'Angleterre, qui venoit se rendre à la cour, n'ayant point de nouvelles de son époux. On dit d'abord qu'on la logeroit à Vincennes, mais le Roi jugea plus à propos de lui donner Saint-Germain. Pendant qu'elle étoit en chemin, la nouvelle arriva que le prince d'Orange avoit fait arrêter le roi d'Angleterre. L'exemple de la mort tragique de Charles Ier, son père, fit trembler pour lui ; mais le soir même le Roi dit, en s'en allant à son appartement, qu'il avoit des nouvelles que ce prince étoit en sûreté. Un valet de garde-robe françois, que Sa Majesté britannique avoit depuis long-temps, l'avoit vu s'embarquer proche de Rochester. De là ce prince étoit venu repasser à Douvres, et ensuite avoit passé à Ambleteuse, petit port auprès de Boulogne. Le valet de chambre étoit venu devant, et avoit rapporté qu'il avoit entendu tirer le canon à Calais. Qu'apparemment c'étoit son maître qui y arrivoit. Toute la soirée se passa, sans que l'on fût étonné de n'avoir point d'autres nouvelles de l'arrivée du roi d'Angleterre ; mais le lendemain on fut au lever fort consterné quand on vit qu'il n'y en avoit point encore. On trouvoit que la nuit étoit trop longue pour que si le canon que l'on avoit entendu tirer à Calais eût été pour lui, le courrier n'en fût pas arrivé. On commença à raconter le matin que milord Feversham, frère de M. de Duras, avoit été arrêté par le prince d'Orange comme il venoit lui parler de la part du roi d'Angleterre ; que le prince d'Orange avoit mandé au roi d'Angleterre qu'il falloit qu'il sortît de Windsor, parce que tant qu'il y seroit on ne pouvoit pas travailler aux choses nécessaires pour le bien de l'Etat. Le Roi en fit quelque difficulté ; mais peu de momens après le prince d'Orange lui renvoya dire qu'il le falloit et qu'il se retirât à Hampton-Court, qui est une maison des rois

---

(1) Mademoiselle avait eu beaucoup à se plaindre de Lauzun.

d'Angleterre. Le Roi manda qu'il n'y pouvoit pas aller, parce qu'il n'y avoit aucun meuble; mais que s'il le lui permettoit et qu'il le jugeât à propos, il iroit à Rochester. Le prince d'Orange y consentit, et lui manda en même temps que pour sa sûreté il lui donneroit quarante de ses gardes pour l'y conduire. Il fallut en passer par où le prince d'Orange voulut, et le Roi sortit ainsi en peu de momens de Windsor. Sa Majesté Britannique fut gardée très-étroitement. Le premier jour, le prince d'Orange lui avoit donné presque tous gardes catholiques et un officier : ils entendirent la messe avec lui. Quand le Roi fut à Rochester, on le garda moins. Il y avoit des portes de derrière à son palais; un domestique qui étoit au Roi, lui fit trouver des chevaux, dont il se servit. Il partit à l'entrée de la nuit, et se rendit à un endroit où l'attendoit un petit bateau pour le conduire à un plus grand bâtiment. En arrivant à la petite barque, il y trouva des paysans ivres, qui l'obligèrent de boire à la santé du prince d'Orange. Sa Majesté leur donna de l'argent pour y boire encore. On contoit aussi toutes les particularités qu'avoit dites le valet de garde-robe le matin, et chacun raisonnoit selon sa portée. Les uns croyoient que le prince d'Orange lui avoit fourni les moyens de s'embarquer, afin de le faire ensuite jeter dans la mer; les autres, afin de le faire transporter en Zélande, où il le retiendroit prisonnier; enfin chacun donnoit pour bon ce qui lui passoit par la tête. Le Roi étoit triste, les ministres fort embarrassés.

[1689] Le Roi étoit à la messe, n'attendant plus que des nouvelles de la mort du roi d'Angleterre, quand M. de Louvois y entra pour dire à Sa Majesté que M. d'Aumont venoit de lui envoyer un courrier qui lui annonçoit l'arrivée du roi d'Angleterre à Ambleteuse. La joie fut extrême à la cour, et égale entre les gens de qualité et les domestiques. On dépêcha aussitôt un courrier à la Reine d'Angleterre, qui étoit en chemin. M. le grand étoit parti dès le matin pour aller la recevoir à Beaumont. Pour le Roi d'Angleterre, à ce que conta le courrier, il étoit dans un très-petit bâtiment, où il avoit quelques gens armés avec lui et quelques grenadiers. Il aperçut de loin un vaisseau plus gros que le sien ; il donna ses ordres pour se défendre en cas qu'il fût attaqué ; mais quand ils s'approchèrent il reconnut que c'étoit un vaisseau françois. La joie fut grande de part et d'autre. Il se mit dans ce vaisseau et arriva fort heureusement, mais pourtant très-fatigué, car il y avoit bien du temps que ses nuits n'étoient pas bonnes.

Le Roi alla de Versailles à Chatou au devant de la reine d'Angleterre et du prince de Galles. Il y attendit, avec une fort grosse cour à sa suite, cette reine qui arriva un moment après. Elle fut reçue parfaitement bien. Sa Majesté Britannique parla avec tout l'esprit et toute la politesse que l'on peut avoir, plus même que les femmes ordinaires n'en peuvent conserver dans des malheurs aussi grands qu'étoient les siens. Le Roi la conduisit à Saint-Germain, et fit ce qu'il put pour adoucir ses peines, qui étoient extrêmement diminuées par la joie d'avoir appris que le Roi son époux étoit en France et en bonne santé. Après cela le Roi s'en retourna à Versailles, et envoya le lendemain chez la Reine une toilette magnifique, avec tout ce qu'il lui falloit pour l'habiller et ce qui étoit nécessaire pour le prince de Galles, le tout travaillé sur le modèle de ce que l'on avoit fait pour M. de Bourgogne. Avec cela on mit une bourse de six mille pistoles sur la toilette de la Reine : on lui en avoit déjà donné quatre mille à Boulogne. Le lendemain (1), jour que le roi d'Angleterre arrivoit, le Roi l'alla attendre à Saint-Germain, dans l'appartement de la Reine. Sa Majesté y fut une demi-heure ou trois quarts d'heure avant qu'il arrivât. Comme il étoit dans la garenne on le vint dire à Sa Majesté, et puis on vint avertir quand il arriva dans le château. Pour lors Sa Majesté quitta la reine d'Angleterre et alla à la porte de la salle des gardes au devant de lui. Les deux rois s'embrassèrent fort tendrement, avec cette différence que celui d'Angleterre, y conservant l'humilité d'une personne malheureuse, se baissa presque aux genoux du Roi. Après cette première embrassade, au milieu de la salle des gardes, ils se reprirent encore d'amitié ; et puis, en se tenant la main serrée, le Roi le conduisit à la Reine, qui étoit dans son lit. Le roi d'Angleterre n'embrassa point sa femme, apparemment par respect.

Quand la conversation eut duré un quart-d'heure, le Roi mena le roi d'Angleterre à l'appartement du prince de Galles. La figure du roi d'Angleterre n'avoit pas imposé aux courtisans : ses discours firent encore moins d'effet que sa figure. Il conta au Roi, dans la chambre du prince de Galles, où il y avoit quelques courtisans, le plus gros des choses qui lui étoient arrivées ; et il les conta si mal, que les courtisans ne voulurent point se souvenir qu'il étoit Anglois, que par conséquent il parloit fort mal françois, outre qu'il bégayoit un peu, qu'il étoit fatigué, et qu'il n'est pas extraordinaire

(1) Le 7 janvier 1689.

15.

qu'un malheur aussi considérable que celui où il étoit diminuât une éloquence beaucoup plus parfaite que la sienne.

Après être sortis de chez le prince de Galles, les deux rois s'en revinrent chez la Reine. Sa Majesté y laissa celui d'Angleterre et s'en revint à Versailles. Presque tous les honnêtes gens furent attendris à l'entrevue de ces deux grands princes. Le lendemain au matin, le roi d'Angleterre eut à son lever tout ce qui lui étoit nécessaire, et dix mille pistoles sur sa toilette. L'après-dînée, ce prince vint à Versailles voir le Roi, qui fut le recevoir à l'entrée de la salle des gardes et le mena dans son petit appartement. Ensuite il fut voir madame la Dauphine, Monseigneur, Monsieur et Madame. Il demeura très-long-temps avec le Roi. Monseigneur et Monsieur furent rendre la visite à Saint-Germain. Il y eut de grandes contestations pour les cérémonies : le Roi voulut que le roi d'Angleterre traitât Monseigneur d'égal, et le roi d'Angleterre y consentit, pourvu que le Roi traitât le prince de Galles de même. Enfin il fut décidé que le Dauphin n'auroit qu'un siége pliant devant le roi d'Angleterre, mais qu'il auroit un fauteuil devant la Reine. Les princes du sang avoient aussi leurs prétentions, disant que comme ils n'étoient pas sujets du roi d'Angleterre, ils devoient avoir aussi d'autres traitemens. A la fin tout cela se passa fort bien ; mais quand il fut question des femmes, cela ne fut pas si aisé. Les princesses du sang furent trois ou quatre jours sans aller chez Sa Majesté d'Angleterre, et quand elles y furent, les duchesses ne les y suivirent pas. Celles-ci prétendirent avoir les deux traitemens, celui de France, qui est de s'asseoir devant leur souveraine, et celui d'Angleterre, qui est de la baiser. La reine d'Angleterre, qui, quoique glorieuse, ne laisse pas d'être fort raisonnable, dit au Roi qu'il n'avoit qu'à ordonner, qu'elle feroit tout ce qu'il voudroit, et qu'elle le prioit de choisir lui-même le cérémonial qu'elle observeroit. Enfin il fut décidé que les duchesses s'en tiendroient à celui de France. Quand la reine d'Angleterre vint à Versailles, la magnificence l'en surprit, et surtout la grande galerie, qui sans contredit est la plus belle chose de l'univers en son genre : aussi la loua-t-elle extrêmement, mais dans les termes qui convenoient et qui pouvoient faire plaisir au Roi. Elle fit les mêmes visites qu'avoit faites le Roi son époux, et s'en retourna à Saint-Germain avec de très-grands applaudissemens.

Pendant ce temps-là il arrivoit toujours des troupes du côté du Rhin : les contributions diminuoient, et il falloit abandonner les villes où nous nous étions étendus. On commença par Heilbronn et par le pays de Wurtemberg. On le pilla bien auparavant ; mais dans le temps que l'on sortit d'Heilbronn par une porte, les ennemis, qui y entroient par l'autre, donnèrent sur une petite arrière-garde, tuèrent des malades que l'on avoit laissés dans la ville et que l'on n'avoit pas encore pu retirer. Toutes les troupes qui étoient de ce côté-là se retirèrent à Pforzheim, et celles qui étoient un peu plus avancées de l'autre côté se retirèrent à Heidelberg. On y rassembla une forte garnison : celle de Manheim fut aussi renforcée. La précipitation avec laquelle il fallut quitter tout cela ne fit honneur ni à la France ni à ses troupes, ni aux généraux qui avoient eu la conduite de cette retraite. On en donna le tort au comte de Tessé, et entre autres choses on trouva mauvais qu'un homme qui a servi ne sût pas que quand on se retire d'une place on en ferme les portes, hors celles par où l'on sort.

Le roi d'Angleterre étoit à Saint-Germain, recevant les respects de toute la France : les ministres y furent des premiers ; l'archevêque de Reims, frère de M. de Louvois, le voyant sortir de la messe, dit avec un ton ironique : « Voilà un fort bon homme ; il a quitté trois royaumes pour une messe. » Belle réflexion dans la bouche d'un archevêque ! On régla pour la maison du roi d'Angleterre six cent mille francs, et pendant le premier mois il eut toujours les officiers du Roi pour le servir. Tous les jours il arrivoit beaucoup de cordons bleus anglois. Le Roi voulut lever deux régimens de deux mille hommes chacun, qu'il donna aux deux enfans du roi d'Angleterre.

Malgré les fâcheuses circonstances de son état, Sa Majesté Britannique ne laissoit pas d'aller courageusement à la chasse avec Monseigneur et piquoit comme eût pu faire un homme de vingt ans, qui n'a d'autre souci que celui de se divertir. Cependant ses affaires alloient fort mal, car le prince d'Orange avoit été reçu du peuple de Londres avec de très-grandes acclamations : presque tous les grands étoient pour lui. Il n'étoit question que de trouver la manière d'assembler un nouveau parlement; car le Roi qui, un peu avant de quitter son royaume, avoit convoqué le parlement, l'avoit cassé en partant et avoit jeté les sceaux du royaume dans la mer. On rit beaucoup en France en songeant à cet expédient que Sa Majesté Britannique avoit trouvé ; et cependant cela ne laissoit pas de faire quelque embarras en Angleterre, à cause de leurs lois. A la vérité l'embarras fut bientôt levé. On apprit ici que tout se disposoit à faire une élection du prince d'Orange à la royauté, bien qu'on ne laissât pas de proposer d'autres milieux ; mais ils ne convenoient pas au prince, qui vouloit être Roi, quoi qu'il en pût être. L'Irlande tenoit toujours ferme pour son premier Roi : seulement il y eut un petit parti de protestans Irlandois qui s'éleva contre ; mais il fut abattu en très-peu de temps par Tirconel, qui étoit vice-roi d'Irlande et avoit amassé beaucoup de milices, généralement mal disciplinées, sans armes et sans munitions. Cela ne témoignoit que de la bonne volonté. Tirconel pria le Roi de passer en Irlande, et l'assura que ce voyage lui seroit très-avantageux. Le Roi fut quelque temps à se résoudre ; et pendant ce temps-là l'on envoya un homme de confiance, nommé Pointis, capitaine de vaisseau, pour rendre compte de l'état où il avoit trouvé tout, et pour prendre des mesures plus justes.

Plus les François voyoient le roi d'Angleterre, moins on le plaignoit de la perte de son royaume. Ce prince n'étoit obsédé que des jésuites. Il vint faire un voyage à Paris : d'abord il alla descendre aux grands jésuites, causa très-long-temps avec eux et se les fit tous présenter. La conversation finit par dire qu'il étoit de leur société : cela parut d'un très-mauvais goût. Ensuite il alla dîner chez M. de Lauzun. On faisoit presque tous les quinze jours un voyage à Marly, de quatre ou cinq jours. C'est, comme on sait, une maison entre Saint-Germain et Versailles, que le Roi aime fort et où il va faire de petits voyages, afin d'être moins obsédé de la foule des courtisans. Le roi et la reine d'Angleterre y furent. On représentoit à Trianon, qui est une autre maison que le Roi a fait bâtir à un bout du canal, un petit opéra sur le retour du Dauphin. La princesse de Conti, madame la duchesse (1) et madame de Blois y dansoient et en étoient assurément le principal ornement ; car du reste les vers en étoient très-mauvais et la musique des plus médiocres. Sa Majesté pria le roi et la reine d'Angleterre d'y venir et leur donna ce plaisir.

Madame de Maintenon, qui est fondatrice de Saint-Cyr, toujours occupée du dessein d'amuser le Roi, y fait souvent faire quelque chose de nouveau à toutes les petites filles qu'on élève dans cette maison, dont on peut dire que c'est un établissement digne de la grandeur du Roi, et de l'esprit de celle qui l'a inventé et qui le conduit : mais quelquefois les choses les mieux instituées dégénèrent considérablement ; et cet endroit, qui, maintenant que nous sommes dévots, est le séjour de la vertu et de la piété, pourra quelque jour, sans percer dans un profond avenir, être celui de la débauche et de l'impiété ; car de songer que trois cents jeunes filles qui y demeurent jusqu'à vingt ans, et qui ont à leur porte une cour remplie de gens éveillés, surtout quand l'autorité du Roi n'y sera plus mêlée ; de croire, dis-je, que de jeunes filles et de jeunes hommes soient si près les uns des autres sans sauter les murailles, cela n'est presque pas raisonnable. Mais revenons à ce que je disois : madame de Maintenon, pour divertir ses petites filles et le Roi, fit faire une comédie par Racine, le meilleur poète du temps, que l'on a tiré de sa poésie, où il étoit inimitable, pour en faire, à son malheur et celui de ceux qui ont le goût du théâtre, un historien très-imitable. Elle ordonna au poète de faire une comédie, mais de choisir un sujet pieux ; car, à l'heure qu'il est, hors de la piété point de salut à la cour, aussi bien que dans l'autre monde. Racine choisit l'histoire d'Esther et d'Assuérus, et fit des paroles pour la musique. Comme il est aussi bon acteur qu'auteur, il instruisit les petites filles. La musique étoit bonne ; on fit un joli théâtre et des changemens. Tout cela composa un petit divertissement fort agréable pour les petites filles de madame de Maintenon : mais comme le prix des choses dépend ordinairement des personnes qui les font ou qui les font faire, la place qu'occupe madame de Maintenon fit dire à tous les gens qu'elle y mena que jamais il n'y avoit eu de plus charmant ; que la comédie étoit supérieure à tout ce qui s'étoit jamais fait en ce genre-là ; et que les actrices, même celles qui étoient transformées en acteurs, jetoient de la poudre aux yeux de la Champmêlé, de la Raisin, de Baron et des Montfleury. Le moyen de résister à tant de louanges ! Madame de Maintenon étoit flattée de l'invention et de l'exécution. La comédie représentoit, en quelque sorte, la chute de madame de Montespan et l'élévation de madame de Maintenon : toute la différence fut qu'Esther étoit un peu plus jeune, et moins précieuse en fait de piété. L'application qu'on lui faisoit du caractère d'Esther, et de celui de Vasthi à madame de Montespan, fit qu'elle ne fut pas fâchée de rendre public un divertissement qui n'avoit été fait que pour la communauté et pour quelques-unes de ses amies particulières. Le Roi en revint charmé ; les applaudissemens que Sa Majesté donna augmentèrent encore ceux du public ; enfin l'on y porta un

---

(1) Louis III, duc de Bourbon-Condé, étoit désigné sous le titre de *M. le duc*, et sa femme sous celui de *madame la duchesse*.

degré de chaleur qui ne se comprend pas, car il n'y eut ni petit ni grand qui n'y voulût aller; et ce qui devoit être regardé comme une comédie de couvent devint l'affaire la plus sérieuse de la cour. Les ministres, pour faire leur cour en allant à cette comédie, quittoient leurs affaires les plus pressées. A la première représentation où fut le Roi, il n'y mena que les principaux officiers qui le suivent quand il va à la chasse. La seconde fut consacrée aux personnes pieuses, telles que le père de La Chaise et douze ou quinze jésuites, auxquels se joignit madame de Miramion et beaucoup d'autres dévots et dévotes. Ensuite cela se répandit aux courtisans. Le Roi crut que ce divertissement seroit du goût du roi d'Angleterre : il l'y mena et la Reine aussi. Il est impossible de ne point donner de louanges à la maison de Saint-Cyr et à l'établissement : ainsi ils ne s'y épargnèrent pas, et y mêlèrent celles de la comédie. Tout le monde crut toujours que cette comédie étoit allégorique; qu'Assuérus étoit le Roi; que Vasthi, qui étoit la femme concubine détrônée, paroissoit pour madame de Montespan; Esther tomboit sur madame de Maintenon; Amant représentoit M. de Louvois, mais il n'y étoit pas bien peint, et apparemment Racine n'avoit pas voulu le marquer.

La chasse, le billard et la comédie de Saint-Cyr partageoient les plaisirs innocens du Roi. Il alloit à Marly tous les quinze jours et jouoit aux portiques, qui est un jeu de nouvelle introduction, où il n'y a pas plus de finesse qu'à croix et pile. Le Roi y étoit pourtant très-vif. Monseigneur donnoit un peu plus dans les plaisirs de la jeunesse, car il fut trois ou quatre fois au bal. Monseigneur en donna un; M. de La Feuillade en fit un autre, d'une magnificence qui approchoit de la profusion. Monseigneur avoit fait une partie avec la princesse de Conti d'y aller; le Roi ne l'approuva pas, disant que jamais on n'alloit à ces sortes d'endroits qu'il n'y eût quelque conte désagréable, et que les femmes d'un certain air n'y devoient pas aller. Cela fit que la princesse, qui aime bien les plaisirs, s'en priva à son grand regret.

A Versailles il y en eut aussi : Monseigneur donna le sien au public; M. le duc et M. le prince de Conti en donnèrent aussi à Monseigneur. Il n'y eut point d'aventure remarquable : madame la comtesse Du Roure s'y trouva; mais Monseigneur est un amant si peu dangereux, que l'on ne parla pas seulement de lui. Il n'y a que madame la Dauphine, qui se défie de la force de ses charmes, qui croie qu'il y ait autre choses que les lorgneries qu'elle lui voit : ainsi la pauvre princesse ne voit que le pire pour elle, et ne prend aucune part aux plaisirs. Elle a une fort mauvaise santé et une humeur triste, qui, jointes au peu de considération qu'elle a, lui ôtent le plaisir qu'une autre que la princesse de Bavière sentiroit de toucher presque à la première place du monde. Le goût de Monseigneur aux bals est de changer souvent d'habit, par le seul plaisir de n'être pas reconnu et de parler à des personnes indifférentes. Les bals de la cour étoient si tristes qu'ils ne commençoient qu'à près de minuit, et ils étoient toujours finis avant deux heures. La princesse de Conti ne s'y masquoit que pour un moment. Elle a des yeux qui la font reconnoître de tout le monde; et ces yeux-là, quelque beaux qu'ils soient, s'ils lui donnoient le plaisir de les entendre admirer, faisoient éloigner les personnes qui l'auroient pu amuser, par la peur d'avoir le lendemain une affaire auprès du Roi. Ainsi la pauvre princesse n'y prenoit guère de plaisir, et Monseigneur étoit assurément celui qui s'y attachoit le plus, sans prendre d'autre plaisir que celui du bal.

Les plaisirs n'étoient pas assez grands pour empêcher que l'on n'eût beaucoup d'attention aux affaires de la guerre. Vers ce temps-là M. de Bavière vint sur le Rhin, à l'heure que l'on s'y attendoit le moins, pour reconnoître un peu le pays où il devoit faire la guerre l'été et pour se montrer à ses troupes. Il vint se faire tirer du canon à toutes les places que nous tenions, et s'avança avec beaucoup d'escadrons à la portée d'Heidelberg. Il se retira après s'être montré, et laissa un poste retranché à un quart de lieue de la ville; mais il n'y demeura pas long-temps, car Melac, qui est un vieux officier de cavalerie, sortit sur lui avec de la cavalerie, des dragons et des grenadiers en croupe. On entra très-vigoureusement dans le retranchement et on tua beaucoup d'ennemis : ce fut une assez jolie action.

Le maréchal de Lorges partit dans ce temps-là pour s'en aller commander en Guienne, et le maréchal d'Estrées pour s'en aller commander sur les côtes de Bretagne. On fit marcher des troupes de tous ces côtés-là, parce qu'on avoit une très-grande appréhension que les Anglois, joints aux Hollandois, ne fissent des descentes; et cela étoit sûr, pour peu que les affaires d'Angleterre allassent au gré du prince d'Orange.

Vers les derniers temps du carnaval, lorsque les beaux jours commençoient, le Roi voulut faire voir son jardin et toutes ses fontaines au roi d'Angleterre avant son départ; car le passage de ce prince en Irlande commençoit à être certain. On avoit déjà nommé les officiers qui y devoient passer avec lui ; et comme charité bien ordonnée commence par soi-même, ceux que l'on nomma étoient d'une habileté très-médiocre. On retira beaucoup de vieux officiers, de qui l'on croyoit que l'âge avoit diminué la force et le courage, des postes où ils étoient, pour en mettre de plus jeunes, en cas que les places fussent attaquées, et on les fournit généralement de ce qui étoit nécessaire. Calais entre autres fut celle pour laquelle l'on eut plus de peur : aussi y fit-on travailler très-vigoureusement, et l'on y mit deux ou trois commandans pour se succéder les uns aux autres, en cas qu'il y arrivât quelque chose. Il sembloit enfin que tout le monde attendoit avec une grande impatience de savoir sa destinée.

Mais sur quoi l'on étoit encore plus impatient, c'étoit sur les pensions, qui ne se payoient point du tout. La plupart des officiers n'avoient pourtant que cet argent de sûr et de solide. Cela faisoit appréhender la continuation de la guerre, quoique d'abord on l'eût souhaitée démesurément ; car il paroissoit certain que puisque après dix ans de paix, ou peu s'en falloit, et le Roi jouissant d'un aussi grand revenu, on ne trouvoit pas un sou dans ses coffres, deux ans de guerre mettroient un tel désordre dans les finances que l'on seroit obligé de prendre le bien de tout le monde. Pour trouver de l'argent, on commença par créer deux charges de trésorier de l'épargne ; on obligea Bremont et Brunet, qui étoient les financiers les plus à leur aise, de prendre ces charges. C'étoit une taxe fort honnête ; il leur en coûtoit à chacun sept cent mille livres. Ensuite on créa six nouvelles charges de maître des requêtes, que l'on vendit deux cent mille francs chacune. On rechercha les partisans, dont on tira beaucoup d'argent. M. Betan fut un des plus recherchés, et il paya quatre cent mille francs. Les villes firent des présens considérables au Roi ; celle de Toulouse commença, et lui donna cent mille écus ; celle de Paris suivit son exemple peu de temps après, elle donna quatre cent mille francs ; et puis celle de Rouen donna aussi cent mille écus. Le Roi reçut ceux qui lui venoient porter la parole de ces présens avec une douceur et une humanité qui les payoient assez de leur argent.

On avoit averti, il y avoit déjà quelque temps, le maréchal de Duras qu'il falloit qu'il songeât à partir. Les ennemis se remuoient beaucoup sur le Rhin : il y en arrivoit tous les jours, et l'on étoit dans de grandes appréhensions à la cour que la paix de l'Empire ne se fît avec le Turc, et que tous les efforts ne tombassent de ce côté-là. Le maréchal sut profiter de l'occasion ; il remplissoit la plus grande place de l'Etat, et il n'avoit jamais roulé sur M. le prince et sur M. de Turenne d'aussi grandes affaires qu'il en alloit rouler sur lui. De plus, il souhaitoit passionnément l'établissement de sa famille avant sa mort, sans quoi son fils demeuroit un très-médiocre gentilhomme de quinze mille livres de rente au plus. Mademoiselle de La Marck, qui étoit le plus grand parti de France, étoit déjà trop âgée pour une fille, car elle avoit passé trente ans ; mais l'incertitude de sa mère en étoit cause. Il y avoit eu des propositions très-avancées ; entre autres son mariage avoit presque été fait l'année précédente avec le duc d'Estrées. Rien n'étoit plus sortable, et cependant cela fut rompu tout d'un coup. Tout nouvellement son mariage avoit presque été conclu avec le comte de Brionne, fils aîné de M. le grand, que la naissance et les établissemens de son père rendoient le parti de France le plus considérable. L'affaire avoit été si avancée que les deux partis l'avoient publiée faite ; mais cela s'étoit rompu, et même avec beaucoup d'aigreur des deux côtés. On proposa donc au maréchal de Duras de faire épouser mademoiselle de La Marck à son fils (1), s'il pouvoit avoir le duché passé au parlement. Il se servit de la conjoncture ; il obtint du Roi le duché à cause du mariage, et la fille à cause du duché. Ainsi, quelque disproportion d'âge qu'il y eût (car le fils de M. de Duras n'avoit que dix-sept ans), le mariage se fit, au grand contentement du maréchal de Duras de voir son fils si bien établi ; et celui de la fille d'être mariée, et d'avoir pour mari un aussi joli garçon que le petit Duras : c'étoit de tous les jeunes gens le plus joli et le mieux fait.

Vers la fin du carnaval (il n'en restoit plus que trois jours, qui étoient destinés à passer en cérémonie, c'est-à-dire un jour un grand souper dans l'appartement du Roi, et le mardi-gras un grand bal en masque dans le grand appartement), l'on apprit la mort de la reine d'Espagne, fille de Monsieur (2). Toute la cour en fut affligée, et cela retrancha les plaisirs sérieux dont je viens de parler. La nouvelle en vint le soir assez tard. M. de Louvois, qui est toujours mieux informé de tout que M. de Croissy, quoique celui-ci ait les affaires étrangères, vint

---

(1) Henri de Durfort, depuis duc de Duras.

(2) Marie-Louise d'Orléans, fille de Monsieur et d'Henriette d'Angleterre, sa première femme.

l'apprendre au Roi une demi-heure avant que M. de Croissy eût reçu son courrier. Le Roi n'en voulut rien dire à Monsieur le soir, et ne le dit à personne ; mais le lendemain à son lever il le dit tout haut, et quand il fut habillé il se transporta à l'appartement de Monsieur, le fit éveiller, et lui apprit cette triste nouvelle. Monsieur en fut affligé autant qu'il est capable de l'être. Dans le premier mouvement, ce furent des transports, et quatre ou cinq jours après tout fut calme. Monsieur l'aimoit naturellement; mais il étoit encore plus flatté de voir sa fille reine, et d'un aussi grand royaume que l'Espagne. A la vérité, la manière dont elle mourut ajoutoit quelque chose à la douleur de Monsieur, car elle mourut empoisonnée. Elle en avoit toujours eu du soupçon, et le mandoit presque tous les ordinaires à Monsieur. Enfin Monsieur lui avoit envoyé du contre-poison, qui arriva le lendemain de sa mort. Le roi d'Espagne aimoit passionnément la Reine; mais elle avoit conservé pour sa patrie un amour trop violent pour une personne d'esprit. Le conseil d'Espagne, qui voyoit qu'elle gouvernoit son mari, et qu'apparemment, si elle ne le mettoit pas dans les intérêts de la France, tout au moins l'empêcheroit-elle d'être dans des intérêts contraires ; ce conseil, dis-je, ne pouvant souffrir cet empire, prévint par le poison l'alliance qui paroissoit devoir se faire. La Reine fut empoisonnée, à ce que l'on a jugé, par une tasse de chocolat. Quand on vint dire à l'ambassadeur qu'elle étoit malade il se transporta au palais; mais on lui dit que ce n'étoit pas la coutume que les ambassadeurs vissent les reines au lit. Il fallut qu'il se retirât, et le lendemain on l'envoya quérir dans le temps qu'elle commençoit à n'en pouvoir plus. La Reine pria l'ambassadeur d'assurer Monsieur qu'elle ne songeoit qu'à lui en mourant, et lui redit une infinité de fois qu'elle mouroit de sa mort naturelle. Cette précaution qu'elle prenoit augmenta beaucoup les soupçons, au lieu de les diminuer. Elle mourut plus âgée de six mois que feu Madame, qui étoit sa mère, et qui mourut de la même mort, et eut à peu près les mêmes accidens. Cette princesse laissa par son testament, au Roi, son mari, tout ce qu'elle lui put laisser ; donna à la duchesse de Savoie, sa sœur, ce qu'elle avoit de pierreries, avec une garniture entière de toutes pièces ; et à M. de Chartres et à Mademoiselle ce qu'elle avoit apporté de France.

Dans le temps que la reine d'Espagne mourut, on assuroit qu'il alloit se faire un échange de places considérables de Flandre, qui nous étoient nécessaires, contre des places de Catalogne. Cet échange ne devoit pas être à perpétuité ; mais il servoit de gage de fidélité entre les deux rois. Tout cela fut démanché par la mort de la Reine. On envoya ordre à l'ambassadeur de se retirer le plus tôt qu'il pourroit.

Pendant ce temps-là, le roi d'Angleterre songeoit à son départ pour l'Irlande. M. de Tirconel, qui en étoit le vice-roi, lui manda qu'il croyoit que sa présence étoit nécessaire. Cela fut fort débattu dans le conseil ; enfin on jugea à propos que Sa Majesté Britannique s'y en allât incessamment. Elle fit partir le duc de Berwick (1), un de ses enfans naturels, avec ce qu'il y avoit ici d'Anglois, d'Ecossois et d'Irlandois, pour se rendre à Brest, où ils devoient s'embarquer. Les officiers généraux que l'on avoit nommés pour servir avec lui s'y rendirent aussi. M. de Lauzun avoit envie d'y suivre le roi d'Angleterre ; mais il vouloit faire ses conditions bonnes. Les ministres n'étoient point fâchés de le voir partir : ils appréhendoient toujours le goût naturel que le Roi avoit eu pour lui. Ils opinèrent fort à ce qu'il suivit le roi d'Angleterre ; mais quand il fut question de partir, il demanda qu'on le fît duc, et en fit la première proposition à M. de Seignelay, pour la porter au Roi. M. de Seignelay lui dit de bien songer à ce qu'il faisoit. Le Roi reçut très-mal cette proposition ; et quand Lauzun parla au Roi, Sa Majesté lui répondit très-rudement. Lauzun s'excusa en disant que le roi d'Angleterre lui avoit dit de le faire, et prévint le roi et la reine d'Angleterre, afin qu'ils dissent la même chose au Roi ; ce qu'ils ne manquèrent pas de faire l'un et l'autre. M. de Lauzun s'étant vu refusé, ne voulut plus aller en Irlande et trouva que ce voyage ne lui convenoit plus. On nomma Rosen pour y aller en qualité de lieutenant-général. Les autres officiers que l'on y avoit envoyés étoient Maumont, capitaine aux gardes, pour maréchal de camp ; Pusignan, colonel du régiment de Languedoc, pour brigadier d'infanterie ; Lezy-Girardin, brigadier de cavalerie, et Boeslo, capitaine aux gardes, pour major-général. Ils étoient tous fort honnêtes gens, mais des plus médiocres officiers des troupes du Roi. Le seul Rosen, qui est Allemand, étoit celui sur qui l'on pouvoit se confier pour faire tenter quelque chose par lui. Avec cela l'on envoya cent capitaines et cent lieutenans des corps qui n'étoient pas destinés à servir en campagne, et deux cents cadets. Cela ne laissoit pas d'être considérable, et pouvoit en peu de temps ser-

(1) L'auteur des Mémoires qui font partie de ce volume.

vir à discipliner des troupes. On travailla à l'équipage du roi d'Angleterre. Le Roi lui fit tenir prêt tout ce qui lui étoit nécessaire, et avec profusion, meubles, selles, housses; enfin tout ce que l'on peut s'imaginer au monde. Le Roi lui donna même sa cuirasse.

Le roi d'Angleterre voulut, avant que de partir, laisser quelque marque à M. de Lauzun de sa reconnoissance. Sa Majesté Britannique vint à Paris faire ses dévotions à Notre-Dame, et y donna à M. de Lauzun l'ordre de la Jarretière; en le lui donnant, il mit à son ruban bleu une médaille de Saint-Georges enrichie de diamans, qui étoit la même que le roi d'Angleterre, qui eut le cou coupé, avoit donné à son fils le feu Roi en se séparant de lui : les diamans en étoient très-considérables. Comme il n'y a que vingt-cinq personnes qui aient cet ordre, il n'y en avoit qu'un de vacant, qui étoit celui de l'électeur de Brandebourg. Le Roi le donna ici à M. de Lauzun, et le prince d'Orange le donna en Angleterre à M. de Schomberg; à quoi il ajouta vingt mille écus de pension, avec la charge de grand-maître de l'artillerie du royaume. Il dispensa beaucoup d'autres grâces à ceux qui l'avoient suivi.

Le roi d'Angleterre, après avoir donné l'ordre à M. de Lauzun, alla dîner chez lui avec le nonce du Pape qui résidoit à sa cour, M. l'archevêque de Paris et beaucoup d'autres gens. Ses amis les jésuites y vinrent lui dire adieu. Ensuite il alla chez les religieuses angloises, où il toucha des écrouelles, qu'il ne touche et dont il ne prétend guérir qu'en qualité de roi de France. Il vint ensuite voir Mademoiselle au Luxembourg, qui n'alloit point à la cour, parce qu'elle étoit fort mécontente du Roi sur le sujet de M. de Lauzun. Elle prenoit le prétexte de la mort de madame de La Menuille, qui étoit morte de la petite vérole dans sa maison de la ville à Versailles. Il est vrai qu'elle en étoit tombée malade dans le château, au sortir de chez Mademoiselle. Le roi d'Angleterre alla aussi aux Filles de la Visitation de Chaillot, qui étoient ses amies du temps qu'il avoit demeuré en France, parce que la reine d'Angleterre sa mère y faisoit d'assez longs séjours; et il repassa ensuite par Saint-Cloud pour faire compliment à Monsieur sur la mort de la Reine sa fille, et pour voir Saint-Cloud, qu'il n'avoit jamais vu. De là il alla à Versailles dire adieu au Roi, et s'en retourna à Saint-Germain où il fesoit son séjour ordinaire. Le lendemain, le Roi lui alla aussi dire adieu à Saint-Germain. Leur séparation fut fort tendre : le Roi dit au roi d'Angleterre que tout ce qu'il pouvoit lui souhaiter de meilleur étoit de ne le jamais revoir. Il nomma M. d'Avaux pour le suivre comme ambassadeur, et le comte de Mailly, qui avoit épousé une nièce de madame de Maintenon, pour l'accompagner jusqu'à Brest, où il s'embarquoit. La reine d'Angleterre demeura avec son fils le prince de Galles à Saint-Germain, et pria qu'on ne lui allât faire sa cour que les lundis, trouvant qu'il ne lui étoit pas convenable de se livrer beaucoup au public dans le temps que, selon les apparences, son mari alloit essuyer de grands périls.

Le roi d'Angleterre alla en chaise jusqu'à Brest, mais sa chaise se rompit à Orléans : les gens superstitieux trouvèrent cela de mauvais augure. Il arriva un autre malheur à son équipage, qui s'étoit embarqué : il y eut un bateau qui se rompit contre les arches du pont de Cé; et un de ses valets de garde-robe, nommé La Bastie, qui étoit celui qui l'avoit toujours suivi fidèlement, se noya. Il prit, à sa place, un des valets de chambre de Mailly. Sa Majesté Britannique arriva à Brest sans avoir souffert d'autre accident : elle y trouva une escadre de treize vaisseaux toute prête à le transporter; mais le temps fut si mauvais, qu'il fallut demeurer un assez long-temps à Brest. Le vent ayant tourné, le Roi s'embarqua; mais à peine l'étoit-il, que dans le moment il changea si bien qu'il fallut rentrer dans le port. Comme il y rentroit, un autre vaisseau qui sortoit à pleines voiles vint donner sur celui du roi d'Angleterre, et ce prince courut grand risque, sans l'habileté du capitaine, qui dans le moment fit faire une manœuvre excellente; et le vaisseau du Roi en fut quitte pour le mât de beaupré, qui fut rompu.

Après que le grand deuil de la reine d'Espagne fut passé, on recommença les comédies, et l'on croyoit que les appartemens recommenceroient aussi; mais le Roi retrancha ses plaisirs, et dit qu'il avoit beaucoup d'affaires; que l'heure des appartemens étoit celle qui lui convenoit le plus pour travailler, et qu'il aimoit mieux employer le beau temps à aller à la chasse. Ainsi ce fut là une occupation de moins pour les courtisans. M. de Duras partit alors avec Chamlay pour se rendre sur les bords du Rhin, et prendre toutes les mesures pour la campagne. Il y avoit de temps en temps de petites escarmouches entre les troupes du Roi et celles des Allemands, et le plus souvent nous n'y trouvions pas notre avantage. On jugea que l'on ne pourroit pas soutenir les places du pays de Cologne, qui étoient Neuss, Kayserswerd, Lintz et Rhinberg : le Roi avoit besoin de ses troupes, et ne les vouloit pas exposer sans en tirer quelque avantage, outre que les places étoient si mauvaises que la prise en étoit sûre.

Le départ du roi d'Angleterre pour l'Irlande ne laissa pas une grande espérance au Roi de le voir remonter sur le trône. Il n'avoit pas été long-temps en France sans qu'on le connût tel qu'il étoit, c'est-à-dire un homme entêté de sa religion, abandonné d'une manière extraordinaire aux jésuites. Ce n'eût pas été pourtant son plus grand défaut à l'égard de la cour; mais il étoit foible, et supportoit plutôt ses malheurs par insensibilité que par courage, quoiqu'il fût né avec une extrême valeur, soutenue du mépris de la mort, si commun aux Anglois. Cependant c'étoit quelque chose qu'il eût pris ce parti-là. On en étoit défait en France; et, selon les apparences, les troupes que le prince d'Orange s'étoit engagé d'envoyer sur les côtes pour faire une diversion alloient passer en Irlande. On donna donc à Sa Majesté Britannique une escadre de dix vaisseaux, et il arriva enfin heureusement en Irlande avec beaucoup d'officiers françois et avec tous les Anglois et Irlandois qui l'étoient venus trouver, ou qui avoient demeuré en France. Le Roi les fit conduire tous à Brest par différentes routes, à ses frais, et ils y firent un désordre épouvantable. Le roi d'Angleterre, qui avoit été homme de mer étant duc d'Yorck, ne fut pas content de la marine, et le manda au Roi : cela donna des vapeurs à M. de Seignelay. Il y eut des ordres pour faire conduire à Brest toutes les choses nécessaires pour l'Irlande : elles y furent expédiées avec promptitude et en grande quantité, parce que M. de Louvois s'en mêla. On y envoya aussi tout ce qui étoit nécessaire pour un corps raisonnable de cavalerie, et pour armer l'infanterie. L'armée du roi d'Angleterre produisit une grande joie en Irlande dans l'esprit des peuples : il y avoit un temps infini qu'ils n'en avoient vu, et ils étoient comme les esclaves des Anglois. Le Roi leur conserva leurs priviléges, les augmenta même, et confisqua aux catholiques les biens que l'on avoit autrefois confisqués aux grands seigneurs de la religion anglicane. Il fit Tirconel duc, pour le récompenser du soin qu'il avoit pris de lui conserver cette île, et de sa fidélité personnelle.

La mort de la reine d'Espagne avoit entièrement indisposé la cour du Roi Catholique contre la France. La passion que ce prince avoit pour son épouse l'avoit empêché de se déclarer contre nous, malgré les menées de la cour de l'Empereur, qui tenoit auprès du Roi Catholique l'homme d'Allemagne qui avoit le plus d'esprit : c'étoit M. de Mansfeld, qui avoit épousé mademoiselle d'Aspremont, veuve du duc de Lorraine, et qui étoit maître de l'esprit du conseil d'Espagne. On sut à la cour à quoi l'on devoit s'attendre des Espagnols, et l'on prévint leurs desseins en leur déclarant la guerre. On ordonna à Rubenac, ambassadeur en Espagne, de revenir incessamment; et tout fut fini de ce côté-là.

La cour étoit fort occupée pour les affaires de la guerre. Il y avoit peu d'argent, il en falloit beaucoup; et le contrôleur général étoit homme peu capable et peu stylé à son emploi. Il falloit que M. de Louvois, qui l'avoit porté à cette place, l'y soutînt et travaillât pour lui; et lui-même avoit déjà tant d'affaires, qu'il étoit étonnant comment il n'y succomboit pas. Cependant il n'y avoit point à reculer; il falloit cheminer, quoi qu'il en fût, car les ennemis se préparoient très-fortement. On fit la destination des armées : il y en devoit avoir une en Allemagne, commandée par M. de Duras; une en Flandre, par le maréchal d'Humières; une en Roussillon, par M. de Noailles, gouverneur de la province; et une au milieu de la France, pour prévenir les désordres dont on étoit menacé par les gens de la religion, et aussi pour qu'elle pût être transportée en quelque endroit que ce fût, en cas que les ennemis fussent assez forts pour faire une descente. Pour le Roi, il demeuroit à Versailles, afin d'être toujours dans le milieu du royaume, et de là pouvoir plus aisément donner ses ordres partout. On envoya M. le maréchal de Lorges commander en Guienne; M. le maréchal d'Estrées dans les deux évêchés de Saint-Paul et de Cornouailles en Bretagne, où les ennemis pouvoient plus aisément faire des descentes; M. de Chaulnes, dans le reste de la Bretagne, qui étoit son gouvernement; M. de La Trousse en Poitou et pays d'Aunis, quoique Gacé, qui étoit gouverneur de la province, y fût actuellement : mais afin de lui faire supporter plus patiemment ce désagrément, on le fit maréchal de camp. On laissa le commandement de la Normandie aux lieutenans généraux de la province Beuvron et Matignon, gens de qualité et honnêtes gens, mais fort peu capables pour la guerre. Beuvron étoit frère de madame d'Arpajon, que madame de Maintenon avoit faite dame d'honneur de madame la Dauphine. Les Beuvron s'étoient attachés à madame de Maintenon : cela suffisoit pour ne point recevoir de désagrément, et l'on ne pouvoit pas bien traiter l'un sans faire le même traitement à l'autre. Beuvron dont je parle étoit beau-frère de M. de Seignelay, et faisoit fort bien sa charge quand il n'y avoit rien à faire. On lui donna La Hoguette, officier des mousquetaires, pour maréchal de camp, qui étoit celui sur lequel rouloient les affaires de la guerre. On mit, pour commander en Languedoc, Broglio, lieutenant général, parce qu'il se trouvoit beau-frère de l'intendant, qui étoit homme d'esprit, et en qui la cour avoit beaucoup de confiance. On laissa en Provence Grignan, lieutenant de roi de la province, qui y avoit toujours bien fait ce qu'il avoit à faire. En Dauphiné l'on y mit Lassay, maréchal de camp, qui était d'une famille de robe, mais qui avoit toujours eu la réputation de bon officier. En Béarn on envoya le duc de Gramont, pour représenter seulement, car l'on savoit bien qu'il n'y avoit rien à faire.

Telle étoit la disposition des commandemens. On changea beaucoup de gouverneurs de villes particulières, parce qu'ils étoient trop vieux, et que les affaires présentes demandoient des gens un peu plus actifs qu'ils ne pouvoient être. On fit faire le tour du royaume à M. de Vauban pour visiter les places maritimes, qui étoient en fort mauvais état, parce qu'elles n'étoient pas du district de M. de Louvois; outre que, tandis que la France n'avoit point d'affaire avec l'Angleterre, il ne pouvoit rien arriver de mauvais de ce côté-là; cependant l'on y fit travailler très-vigoureusement. La Rochelle fut en fort peu de temps mise en bon état: on travailla à Bordeaux, et Brest fut mis en représentation de défense; car la place vaut si peu de chose par sa situation, que rien ne la peut rendre bonne. M. de Vauban ordonna aussi des redoutes le long des côtes, dans les endroits où l'on pouvoit faire des descentes, et fit planter des palissades en manière de cheval de frise le long des rivages de la mer; on posta beaucoup de pièces de canon, selon la situation des endroits, pour battre les bâtimens qui pourroient tenter la descente; enfin toutes les côtes furent, au mois de mai, en état de défense. On déclara la guerre au prince d'Orange et aux Anglois qui l'avoient suivi et qui avoient contribué à chasser leur prince naturel; on fit marcher des troupes aux endroits de France où l'on croyoit en avoir le plus de besoin: tout en fourmilloit depuis le Béarn jusqu'à la Normandie.

Cependant chacun songeoit, à la cour, à son départ. Le prince de Conti, qui n'étoit pas encore rentré dans les bonnes grâces du Roi, lui avoit demandé dans le commencement de l'hiver, et avec instance, un régiment: le régiment lui fut refusé. Il demanda ensuite d'être brigadier, croyant qu'un régiment tiroit à conséquence parce que l'on s'y faisoit des créatures: sa demande lui fut aussi refusée. Enfin il demanda d'aller volontaire dans l'armée d'Allemagne: on ne lui put refuser, et il se prépara à y aller avec M. le duc, qui fut prêt à n'y avoir non plus aucun commandement, car l'on mit son régiment d'infanterie dans Bonn, et celui de cavalerie aussi; et quand il s'en plaignit, on dit que c'étoit la faute de M. de Sourdis, à qui l'on avoit mandé d'y mettre un régiment de dragons, et qu'il avoit lu *Bourbon*. On crut que l'on ne pourroit pas aisément tirer le régiment de Bourbon de Bonn; on lui donna un brevet pour commander le régiment de Condé. Cependant à la fin on l'en tira, et il servit à la tête de son régiment. M. du Maine, qui devoit aussi servir en Allemagne, n'y fut pourtant pas employé. On fit venir son régiment en Flandre; mais en entrant en campagne on lui donna une brigade à commander, pendant que les princes du sang avoient à peine la simple permission de servir: encore fut-ce beaucoup que l'on leur épargnât le désagrément d'être dans la même armée.

Vers ce temps-là il ne se passa rien de considérable à la cour, que le combat du comte de Brionne avec Hautefort-Saint-Chamans, qui étoit exempt des gardes du corps, honnête garçon, et assez bien traité de tout le monde. Il avoit chez madame la princesse de Conti, la fille du Roi, une sœur qui étoit fort laide: cependant elle se fit aimer du comte de Brionne, et cette passion dura fort long-temps. Ils se brouillèrent et se raccommodèrent plus d'une fois, comme il arrive dans toutes les passions. Enfin la demoiselle, que l'exemple de la comtesse de Soissons avoit gâtée, comme bien d'autres qui croyoient qu'on ne les aimoit que pour les épouser, parla de mariage. Je crois que le comte de Brionne le sut: il s'en moqua. Le frère, en sortant du coucher de Monseigneur, attaqua le comte de Brionne de conversation. Ils allèrent sur le bord de l'étang auprès de l'hôtel de Soissons, qui étoit un chemin peu passant, surtout à l'heure qu'il étoit, et ils s'y battirent. Hautefort fut blessé d'abord, mais il donna un coup d'épée dans la cuisse du comte de Brionne, et lui laissa son épée. Le coup de Hautefort ne l'empêcha pas de paroître encore le soir, mais le lendemain tout se sut. Le grand prévôt fit des informations. Hautefort s'écarta, et fut cassé; on fit si bien que cela ne passa pas pour duel. Le parlement en prit connoissance, et on les mit tous deux en prison, le comte de Brionne à la Bastille, et l'autre à la Conciergerie. La demoiselle alla du château où elle demeuroit à l'hôtel de Conti. Elle fut trois semaines ou un mois sans paroître ; ensuite elle revint, et voulut faire comme auparavant. On lui dit de se retirer : elle se mit dans le Port-Royal.

Il partit dans ce temps-là un secours considérable pour l'Irlande. Il y eut une escadre de vingt-deux ou vingt-trois vaisseaux commandés par le comte de Château-Regnault, qui sortirent de Brest avec beaucoup de bâtimens de charge, tous chargés de ce que l'on avoit pu assembler depuis trois ou quatre mois de choses nécessaires à une armée. Le prince d'Orange avoit aussi mis une flotte en mer, inférieure de deux ou trois vaisseaux à celle du Roi. Cette flotte étoit commandée par Herbert, dont la réputation et la capacité étoient beaucoup supérieures à celles de M. de Château-Regnault. On vouloit aller débarquer à Kinsale, petit port d'Irlande où le roi d'Angleterre avoit descendu quand il étoit arrivé dans l'île ; mais l'on apprit que les ennemis étoient postés à portée de là. On tint conseil de guerre, on trouva le hasard trop grand de faire un débarquement à la vue des ennemis : on prit donc le parti d'aller chercher un autre port à l'occident de l'Irlande, on le trouva propre et on travailla avec beaucoup de vitesse au débarquement à la baie de Bantry. Comme il n'y avoit plus que deux brûlots à décharger, les ennemis parurent : on appareilla pour aller au devant d'eux, on se canonna beaucoup, mais on ne s'approcha guère. Enfin les ennemis prirent le large, et voilà ce que l'on appela un combat gagné. Herbert s'y trouva blessé, et les ennemis confessèrent que si l'on avoit voulu on auroit mis leur flotte hors d'état de servir et qu'on leur auroit pris quelques vaisseaux, quoique les Anglois soient beaucoup meilleurs voiliers que les nôtres. M. de Château-Regnault se contenta de s'avoir fait heureusement son débarquement, et d'avoir par devers lui l'idée ou la représentation d'une bataille gagnée. Il s'en revint content avec un bon vent à Brest, ayant fort peu de monde de tué, et un seul de ses vaisseaux incommodé, qui étoit celui qu'avoit Coëtlogon, dont la dunette et la galerie avoient sauté en l'air. Quand le comte de Château-Regnault fut arrivé, il envoya son neveu à la cour. D'abord la joie y fut grande, mais deux ou trois jours après que chaque officier général et les plus éveillés des particuliers eurent envoyé des relations, on ne fut plus du tout content. Ils se jetoient la faute les uns sur les autres de ce que l'on n'avoit pas davantage battu les ennemis : aussi en eurent-ils des réprimandes de la cour.

Cependant on travailloit dans les ports avec une grande activité à mettre une grosse flotte en mer ; on travailloit aussi à Toulon, où l'on devoit mettre vingt-deux vaisseaux, à ce que l'on disoit, pour la Méditerranée. A Brest et à Rochefort on en devoit mettre plus de quarante. On envoyoit courriers sur courriers à Brest pour faire avancer ; et cependant cela alloit avec une lenteur extraordinaire. M. de Seignelay faisoit marcher Bonrepos, son premier ministre, et tout manquoit.

Malgré cela, il y avoit déjà quelque temps que M. Duras avoit eu ordre de partir pour se rendre en Allemagne, sur ce que les troupes de l'Empereur et celles de l'électeur de Bavière avoient marché sur le Rhin. Elles s'étoient déjà saisies des postes que les troupes du Roi avoient abandonnés de l'autre côté, et commençoient à se retrancher dans une île dans le Rhin entre Philisbourg et le Fort-Louis, qui en ôtoit la communication. Ils nous eussent trop incommodés s'ils s'y fussent établis. Ils avoient encore un poste fort considérable à portée de là, qui étoit Hausen, où le prince Eugène de Savoie avoit pris poste avec beaucoup de troupes. Le reste de leurs troupes s'étendoit dans le Wirtemberg et dans le petit Etat de M. de Bade-Dourlach, jusqu'à Huningue. On avoit grand'peur qu'ils n'attaquassent cette place qui est fort voisine des Suisses ; et l'on n'étoit pas encore trop sûr de leur amitié. Le parti des ennemis y étoit très-puissant ; la religion mettoit entièrement contre nous les cantons protestans. Le nonce du Pape affectoit de persuader aux catholiques que cette affaire-ci n'étoit point une affaire de religion, et se servoit de toutes sortes de raisons pour les mettre contre nous : de plus, nous avions déjà souvent abusé de leur bonne foi. Enfin tout les portoit à nous devenir contraires ; et quoique les levées eussent été faites l'hiver, comme nous le souhaitions, cependant nous étions peu certains de leur amitié. On avoit fait revenir Tambonneau, qui étoit ambassadeur il y avoit déjà quelque temps, parce qu'il parloit beaucoup et ne faisoit que peu de chose. A sa place on y avoit envoyé M. Amelot, qui n'étoit pas un homme tout-à-fait consommé dans les négociations ; mais aussi il avoit un esprit plus posé, plus froid, et par conséquent plus convenable à l'humeur et au naturel des Suisses. Peu de temps après qu'il y fut, il renvoya le traité ratifié et scellé de tous les cantons. Si nous eussions encore eu les Suisses contre nous, il eût été bien difficile de résister, parce que c'est l'entrée de France la moins fortifiée. Nous n'avions plus alors dans l'Europe que le Danemarck qui fût notre allié ; mais il étoit trop séparé de nous pour se pouvoir soutenir l'un l'autre. Tous ses voisins étoient ligués contre lui, et parce qu'il étoit allié de la France, et parce qu'il s'étoit saisi des Etats du duc de Holstein-Gottorp par droit de bienséance. Mais ce seul allié, nous le pouvions perdre encore : les intérêts de son frère le prince Georges, qui naturellement devoit succéder au prince d'Orange parce qu'il avoit épousé la seconde fille du roi d'Angleterre, et que le prince d'Orange n'avoit point d'enfans, le pouvoient détacher en peu de temps de l'alliance qu'il avoit avec le Roi.

Le projet de la campagne fut très-sage. Les ministres supposoient que tant de différens princes ne pouvoient pas demeurer long-temps unis. La plus grande partie de ceux d'Allemagne sont très-pauvres, et ne peuvent subsister, quand ils ont des troupes, que par les quartiers d'hiver qu'ils prennent ou dans le pays ennemi, ou les uns sur les autres. Le Roi étoit bien sûr qu'en ne hasardant rien, les ennemis ne pouvoient pas prendre de quartier dans son pays. En Allemagne il y avoit les pays des princes ecclésiastiques, qui d'ordinaire fournissent les quartiers aux princes protestans : nous tenions la plus grande partie des trois électorats ; le Roi avoit Mayence, et toutes les petites villes qui en dépendent en deçà du Rhin ; le pays de Trèves étoit au moins partagé, car le Mont-Royal d'un côté, et Bonn de l'autre, nous laissoient un grand terrain à notre disposition. A la vérité les ennemis avoient Coblentz, que l'on avoit manqué l'hiver dernier. Pour celui de Cologne, nous étions maîtres des quatre places fortifiées de l'électeur, qui étoient Bonn, Rinberg, Neuss et Kayserswerth. On avoit abandonné Neuss au commencement de l'hiver ; et ce fut en se retirant que les ennemis battirent la garnison, et que M. de Sourdis, qui commandoit dans tout ce pays, la laissa battre et s'enfuit. Kayserswerth demeura sous le commandement de Marconié : c'étoit une mauvaise place, d'où l'on retira toute la garnison françoise pour y en laisser une allemande. M. de Furstemberg avoit mis dans Rhinberg un Allemand, domestique de feu M. l'électeur de Cologne, en qui il avoit beaucoup de confiance ; mais l'Allemand le trahit, et avant le commencement de la campagne prêta serment à M. le prince Clément, concurrent de M. de Furstemberg pour l'électorat de Cologne, et appuyé par les bulles du Saint-Père. Dans Bonn on avoit mis huit bataillons de campagne, un régiment de cavalerie et un de dragons : Asfeld commandoit, et on lui avoit donné de bons officiers subalternes. Mayence étoit garni à foison ; on y avoit mis le marquis d'Huxelles pour y commander : M. d'Huxelles étoit l'officier d'infanterie à la mode et la créature de M. de Louvois. On dit qu'on lui avoit donné quatre cent milliers de poudre, avec douze bataillons des meilleurs qui fussent en France, le régiment des bombardiers, la compagnie des mineurs, un régiment de cavalerie, un de dragons ; M. de Choisy, habile ingénieur, et qui avoit défendu Maëstricht sous M. de Caylus, pour commander sous lui ; et trois ou quatre autres bons officiers, en cas qu'il mésarrivât aux premiers. La place n'étoit pas excellente ; mais on y avoit travaillé tout l'hiver et on l'avoit laissée assez bien raccommodée. Le Mont-Royal, qui étoit encore une place pour laquelle il y avoit beaucoup à craindre, d'autant plus qu'elle n'étoit pas encore achevée, étoit fourni de même, et avoit M. de Montal pour y commander. Philisbourg et Landau étoient encore pourvus de la même manière. Outre cela, le Roi avoit beaucoup de troupes répandues dans le Palatinat, pays qu'on avoit juré de ruiner entièrement parce qu'il étoit trop voisin de l'Alsace, et que celui qui avoit le plus de part à la guerre étoit M. l'électeur palatin. Quoiqu'on l'appelât alors le *Nestor germanique*, sa prudence s'étoit bien endormie d'aigrir le Roi au point qu'il l'avoit aigri : il devoit se reconnoître trop petit prince, et trop sous la couleuvrine de la France, pour ne pas s'accommoder au temps. Toutes les places du palatin étoient garnies des troupes du Roi, et pendant l'hiver on avoit tiré tout l'argent qu'on avoit pu du pays. D'abandonner ces places, et de les laisser dans leur entier, c'étoit presque mettre les ennemis du Roi dans son pays. On commença par évacuer la plus avancée, qui étoit Heidelberg, capitale du Palatinat ; on fit sauter la moitié du château, qui avoit l'air grand et méritoit des égards, on brûla la moitié de la ville, avec des excès qu'une guerre moins vindicative auroit empêchés. Ensuite on évacua Manheim ; on rasa la ville et la citadelle, en sorte qu'il n'y resta pas une maison, et les ruines même en furent jetées dans le Rhin et dans le Neker. On brûla Worms, qui étoit une petite république sur le Rhin. On en fit autant à Spire, ville appartenante à l'électeur de Trèves comme évêque de Spire, parce qu'on trouvoit qu'elle pressoit trop l'Alsace. Pour Franckendal, il fut rasé seulement, parce que, comme l'on avoit Mayence, il étoit difficile à nos ennemis de s'en rendre les maîtres. On fit un pareil traitement à un grand nombre de petits mauvais châteaux que les troupes du Roi avoient occupés pendant l'hiver, et qui pouvoient servir de postes aux ennemis. M. de Duras alla s'établir à Strasbourg, pour attendre le commencement de la campagne. Les Allemands ne s'y mettent jamais de bonne heure : mais nous ne pouvions rien faire pour les prévenir ; il falloit voir à quoi ils s'attacheroient. Il y avoit deux places qui n'étoient point achevées, qui étoient Béfort et Landau ; on y travailloit à force : ainsi il falloit laisser les troupes, et surtout l'infanterie, tout le plus long-temps que l'on pouvoit dans les places. A l'égard de la cavalerie, il n'étoit pas bon non plus qu'elle campât de trop bonne heure, parce qu'il y en avoit beaucoup de nouvelle, et que même dans la ville on avoit été obligé d'y fourrer beaucoup de compagnies qui venoient d'être tout fraîchement faites. Ainsi tout demeura dans les places ou dans des quartiers, jusqu'à ce que les Allemands commencèrent à paroitre du côté de la Flandre. M. le maréchal d'Humières, qui étoit à Lille, eut ordre de s'en aller à Philippeville, pour mettre de bonne heure l'armée en campagne. Il eut ordre de l'assembler auprès de Maubeuge, et le fit au commencement de mai, que les ennemis n'avoient pas encore songé à assembler leurs troupes. Il reprit quelques châteaux dont les ennemis s'étoient saisis pendant l'hiver, et les fit raser. Il eut le même ordre qu'ont tous les généraux en France : ce fut de ne pas combattre. M. de Waldeck, informé de cet ordre, assembla son armée, l'assembla foible, et donna au maréchal d'Humières de fort belles occasions de le battre : même il n'y a pas de précaution qu'il prenoit alloit ou à la malhabileté ou à l'insolence. Cependant le maréchal, suivant son ordre aveuglément, n'en profita point.

Le premier exploit qui se passa fut en Catalogne, où M. de Noailles, qui commandoit l'armée, composée de deux ou trois vieux régimens d'infanterie, avec quelque cavalerie nouvelle, des dragons de même, et le reste des milices de la province, se saisit de Campredon (1), mauvais village, et d'une tour qui étoit à deux lieues de là. Comme c'étoit là son premier exploit, il envoya un courrier en porter la nouvelle à la cour, et l'on y parla de cette conquête comme de quelque chose de fort considérable. Le poste étoit pourtant de lui-même fort mauvais : il y avoit peu de gens à le défendre, point d'armée à le secourir, les Espagnols n'étant pas assez puissans pour mettre deux mille hommes ensemble dans leur pays.

(1) Le 23 mai.

On espéroit toujours en France que l'humeur hautaine du prince d'Orange deviendroit insupportable aux Anglois ; et comme nous nous flattons très-volontiers, on ne doutoit point de voir en très-peu de temps une révolte en Angleterre. Cependant le prince d'Orange avoit été couronné roi d'Angleterre, avec de très-grands applaudissemens ; la Convention d'Ecosse lui avoit aussi envoyé la couronne, quoique le Roi eût encore des partis fort puissans dans le nord de l'Ecosse. Le prince d'Orange avoit fait assembler le parlement, qui lui avoit accordé généralement tout ce qu'il lui avoit demandé, c'est-à-dire de l'argent pour payer les troupes hollandoises et pour rembourser les avances que lui avoit faites la Hollande pour son dessein, de l'argent pour sa subsistance, et les moyens d'en tirer pour faire la guerre à la France. Tout cela s'étoit fait avec une tranquillité étonnante. Londres, qui n'étoit point accoutumée à avoir des troupes, en étoit remplie, sans oser souffler ; et le prince d'Orange, en deux mois, étoit devenu plus maître de l'Angleterre qu'aucun roi ne l'avoit jamais été. Les Anglois, qui avoient chassé leur Roi sous prétexte de défendre et conserver leur religion, la voyoient changer entièrement ; car le prince d'Orange, tout en faisant semblant d'accommoder les deux religions, c'est-à-dire l'anglicane et la sienne, prétendue réformée, laissoit les ministres de la dernière entièrement les maîtres, et professoit publiquement son calvinisme, à quoi tous les Anglois applaudissoient.

Le prince d'Orange faisoit travailler avec un grand soin à l'armement de la flotte angloise, pour la joindre avec celle des Hollandois. On ne pouvoit pas s'imaginer dans ce pays-là qu'après les dépenses que le Roi avoit faites il fût en état de mettre sur pied une flotte assez considérable pour leur opposer, et ils comptoient d'être entièrement les maîtres de la mer. Dans les combats particuliers qui s'étoient donnés de vaisseau à vaisseau, les François avoient presque toujours eu l'avantage, et on avoit fait plus de prises aux ennemis qu'ils ne nous en avoient fait. Ils ne comptoient pas que l'on laissât la Méditerranée entièrement abandonnée et gardée seulement par les galères ; ils savoient que nous avions la guerre contre les corsaires d'Alger, et jugeoient que cette guerre suffisoit pour occuper un nombre assez considérable de vaisseaux. On traitoit pourtant de la paix ; mais en traitant nous continuions dans cette hauteur à quoi nous sommes si bien accoutumés et depuis si long-temps. Quoique nous ne vissions que des ennemis autour de nous, nous voulions que les

Algériens se contentassent d'une trève, parce qu'il y avoit un grand nombre de leurs gens qui étoient esclaves sur nos galères qui nous servoient bien, et que par la trève on ne rendoit pas : mais les Algériens n'y voulurent point consentir.

Le prince d'Orange comptoit donc que l'armée de mer n'apporteroit aucun obstacle à ses desseins, et par là il regardoit l'affaire d'Irlande comme une très-petite affaire. Ceux qui dans le commencement y avoient tenu son parti avoient été battus, et tous s'étoient réfugiés dans une place assez bien fortifiée pour une province comme l'Irlande, où il n'y en a aucune. Les Anglois l'avoient fait bâtir pour la sûreté du commerce avec l'Irlande : elle s'appeloit Derry ; et comme c'étoient les marchands de Londres qui l'avoient fait bâtir, ils y avoient ajouté *London*, qui en anglois veut dire Londres ; de manière qu'elle s'appeloit Londonderry. Tous les partisans du prince d'Orange s'étoient jetés dedans et en cédèrent le commandement à un Anglois qui avoit été ministre. Le roi d'Angleterre donna ses ordres pour la faire investir, sans pourtant quitter Dublin. Sa Majesté Britannique avoit deux officiers d'infanterie françois que le Roi lui avoit donnés pour aller avec lui, qui étoient Maumont, capitaine aux gardes et maréchal de camp, et Pusignan, colonel d'infanterie et brigadier. Il y avoit long-temps qu'ils servoient tous deux, mais avec cela ils étoient au nombre des officiers de médiocre capacité : cependant ils pouvoient passer pour bons en Irlande, où il n'y en avoit point de meilleurs. Les troupes qu'ils commandoient étoient fort mal disciplinées, celles qui étoient dans Londonderry l'étoient tout aussi mal ; mais les Anglois ont pour la nation irlandoise un mépris qui leur donnoit un air de supériorité. Maumont fut tué en allant reconnoître la place ; et l'autre, peu de jours après, voyant une sortie que les ennemis faisoient assez en désordre, crut qu'il n'y avoit qu'à les pousser avec le peu de gens qu'il avoit. Il ne s'aperçut pas d'une embuscade que l'on avoit dressée : il fut coupé, et il y périt avec beaucoup de gens. Il ne restoit plus d'officiers sur qui l'on pût faire rouler le siége ; car Rosen, qui étoit le meilleur que le Roi eût envoyé en Irlande, étoit un Allemand, très-bon officier de cavalerie, mais qui en sa vie n'avoit rien su qui regardât l'infanterie. On se contenta de tenir bloqué Londonderry, dans l'espérance qu'il seroit obligé de se rendre, parce que la quantité de gens qui s'étoient retirés dedans ne pouvoient subsister long-temps ; et l'on comptoit aussi qu'ils ne seroient pas secourus. On prit deux petits forts qui gardoient la rivière par où l'on y pouvoit jeter du secours : on fit faire ensuite une estacade pour empêcher les bâtimens de passer la nuit, et l'on employa le peu d'artillerie qu'il y avoit pour la défendre.

Tous les jours il nous venoit de fausses nouvelles de ce pays-là. Il y eut des vaisseaux anglois qui après le combat de Bantry se détachèrent : le bruit fut d'abord qu'ils s'étoient venus rendre au Roi ; mais il se trouva qu'ils étoient allés pour tenter le secours de Londonderry, qu'ils tentèrent d'abord fort inutilement ; mais dans la suite ils trouvèrent moyen de rompre l'estacade et de porter dans la ville un secours considérable, qui fit qu'on leva le blocus et qu'on ne songea plus au siége de cette place. Il y eut même des révoltés qui se saisirent encore d'une autre petite place dans les marais ; mais le roi d'Angleterre y envoya Hamilton, qui étoit lieutenant-général de ses armées et qui avoit été long-temps colonel d'infanterie en France. On l'avoit chassé de la cour parce qu'il s'étoit rendu amoureux de la princesse de Conti, fille du Roi, et qu'il paroissoit qu'elle aimoit bien mieux lui parler qu'à un autre. Hamilton défit ces révoltés, qui étoient en fort petit nombre.

Cependant la reine d'Angleterre étoit à Saint-Germain, dans une tristesse et un abattement épouvantables. Ses larmes ne tarissoient pas. Le Roi, qui a l'âme bonne et une tendresse extraordinaire, surtout pour les femmes, étoit touché des malheurs de cette princesse et les adoucissoit par tout ce qu'il pouvoit imaginer. Il lui faisoit des présens ; et parce qu'elle étoit aussi dévote que malheureuse, c'étoient des présens qui convenoient à la dévotion. Il avoit aussi pour elle toutes les complaisances qu'elle méritoit : il la faisoit venir à Trianon et à Marly, aux fêtes qu'il y donnoit ; enfin il avoit des manières pour elle si agréables et si engageantes, que le monde jugea qu'il étoit amoureux d'elle. La chose paroissoit assez probable. Les gens qui ne voyoient pas cela de fort près assuroient que madame de Maintenon, quoiqu'elle ne passât que pour amie, regardoit les manières du Roi pour la reine d'Angleterre avec une furieuse inquiétude. Ce n'étoit pas sans raison ; car il n'y a point de maîtresse qui ne terrasse bientôt une amie. Cependant le bruit de cet amour ne fut que l'effet d'un discours du public, fondé sur les airs honnêtes que le Roi ne pouvoit s'empêcher d'avoir pour une personne dont le mérite étoit aussi avoué de tout le monde que celui de la reine d'Angleterre, quand même elle n'eût été que particulière.

M. de Lauzun étoit le seul françois considérable qui eût eu part à l'affaire d'Angleterre, parce qu'il étoit le seul qui y fût.

Cependant Sa Majesté Britannique crut lui avoir des obligations infinies, et le laissa en partant dans la confidence de la Reine. A proprement parler, M. de Lauzun étoit le ministre d'Angleterre en France. Il n'avoit jamais été aimé de M. de Louvois ; mais il faisoit tout ce qu'il pouvoit pour gagner les bonnes grâces de madame de Maintenon. Il savoit bien qu'il n'y avoit que ces deux côtés pour pouvoir approcher le Roi, et peut-être comptoit-il celui de madame de Maintenon comme le plus sûr. Il jugeoit, avec tout le monde, que madame de Maintenon ne regardoit point M. de Louvois comme son ami : au contraire elle ne le regardoit que comme un ministre utile au Roi, un ministre qui étoit bien avec son maître sans qu'elle y eût contribué, et qui étoit bien dans son esprit avant elle. Mais M. de Seignelay, elle le regardoit comme sa créature : quoiqu'elle ne fût pas liée de droit fil avec lui, elle l'étoit par ses sœurs, madame de Beauvilliers et madame de Chevreuse. M. de Lauzun crut donc qu'il feroit un grand coup pour lui, et qui plairoit fort à madame de Maintenon, de tirer l'affaire d'Irlande des mains de M. de Louvois pour la mettre dans celles de M. de Seignelay. Il persuada si bien la reine d'Angleterre, que cela fut fait, et peut-être au grand contentement de M. de Louvois, qui ne pouvoit pas être généralement chargé de tout. Sa santé n'étoit pas aussi robuste qu'elle paroissoit ; il n'étoit jamais long-temps sans avoir des accès de fièvre, et ne savoit ce que c'étoit que de se ménager dans un temps comme celui-ci. M. de Seignelay avoit la marine ; et il paroissoit probable que comme tous les passages d'Irlande dépendoient de lui, le roi d'Angleterre seroit mieux servi. Ce n'est pas que sous la direction de M. de Louvois, qui fut, à la vérité, pendant peu de temps, il n'y eût une grande profusion de toutes les choses nécessaires ; et cela étoit allé si loin qu'elles ne purent pas toutes passer avec le roi d'Angleterre, ni avec la flotte qui suivit : il en demeura même quantité à Brest.

Il y avoit déjà long-temps que la Dauphine étoit malade et qu'elle ne voyoit presque personne. On n'avoit aucune foi à son mal ; cependant elle étoit enflée et maigrissoit fort. Les médecins ne lui faisoient rien du tout. A la fin de l'hiver, elle s'étoit mise entre les mains d'une femme qui lui avoit donné d'abord quelque soulagement, et qui en effet l'avoit fait désenfler ; mais cela étoit revenu : ensuite elle s'étoit remise encore une fois entre les mains des médecins. Enfin ils avouèrent leur ignorance. Madame la Dauphine voulut tâter des empiriques : on en consulta beaucoup. Enfin elle demanda au Roi la permission de se mettre entre les mains d'un prêtre normand dont le maréchal de Bellefond étoit entêté, et qui se donnoit pour un homme à divers secrets. Son premier métier avoit été, demeurant au collége de Navarre, d'apprendre à siffler à des linottes. Un de ses amis, souffleur de sa profession, lui laissa en mourant tous ses secrets, et le prêtre s'en servit heureusement : cela établit sa réputation. Il se trouva en Normandie auprès de chez le maréchal, qui est homme à s'entêter fort aisément. Il vanta le prêtre, et enfin lui établit une réputation d'habileté qu'il ne méritoit nullement. Ce fut l'homme dont madame la Dauphine se servit. Elle s'en trouva bien dans le commencement, et redevint ensuite dans le même état. Peu de gens se soucioient de cette princesse, parce qu'elle ne contribuoit ni à la fortune des personnes ni aux plaisirs de la cour. Il y avoit un temps assez considérable que M. de La Trémouille faisoit l'amoureux d'elle publiquement. Il étoit, à la vérité, parfaitement bien fait, mais d'une laideur choquante, et l'on peut dire non commune : on l'accusoit d'avoir l'esprit à l'avenant. On étoit accoutumé à le voir lorgner, que personne n'y faisoit la moindre attention, et l'on ne s'avisoit pas de faire le tort à madame la Dauphine de croire qu'elle l'aimât : cependant quelques gens osèrent à la fin le penser. Madame la Dauphine lui parloit, même plus souvent qu'à un autre, parce qu'il se présentoit plus souvent à elle. On n'a pu savoir si M. de La Trémouille avoit pris la liberté de lui découvrir sa passion un peu plus évidemment que par des lorgneries ; mais enfin la Dauphine lui fit dire par la d'Arpajon, sa dame d'honneur, de ne se plus présenter devant elle.

Cela se seroit passé entre eux trois, et peut-être Monseigneur, à qui madame la Dauphine pouvoit l'avoir dit, si M. de La Trémouille ne se fût avisé d'en aller porter sa plainte au Roi, qui lui répondit que madame la Dauphine étoit sage ; qu'elle avoit ses raisons pour cette défense ; et que peut-être le tort qu'elle avoit eu c'étoit de ne l'avoir pas faite plus tôt.

Dans ce temps-là il se passa une autre scène assez considérable à l'égard de madame la duchesse.

Elle étoit des plus jeunes et des plus éveillées, et rassembloit chez elle ce qu'il y avoit de plus jeunes femmes, à la tête desquelles étoit madame de Valentinois, fille de M. d'Armugnac, plus coquette elle toute seule que toutes les femmes du royaume ensemble.

Dès l'hiver il y avoit eu une grande affaire : M. de Marsan, de qui madame la duchesse s'étoit moquée pendant qu'il étoit amoureux de la cadette Gramont, s'avisa de lorgner madame la duchesse, à ce qu'on dit, pour se venger d'elle, et pour en faire un sacrifice à sa maîtresse. Madame la duchesse répondit aux lorgneries; M. de Marsan écrivit, madame la duchesse fit réponse. Ces sortes de vengeances avec une aussi jolie personne, et du rang de madame la duchesse, retombent bien souvent sur les maîtresses. Je crois que cela fût arrivé; car les deux meilleurs amis de M. de Marsan, qui étoient Comminges et Mailly, étoient amoureux chacun d'une fille de madame la duchesse : le premier, d'une mademoiselle de Doré, qu'il y avoit long-temps qui faisoit l'amour, et qui l'avoit fait avec le prince d'Harcourt avant que d'entrer chez madame la duchesse; l'autre, d'une mademoiselle de La Roche-Aynard. Elles étoient toutes deux favorites de madame la duchesse, et lièrent ce commerce. Il fut découvert : M. le prince s'en plaignit au Roi. Le Roi lui dit qu'il n'avoit qu'à faire ce qu'il voudroit; qu'il ne se mêloit plus de la conduite de madame la duchesse. Madame la duchesse fut bien grondée. Le Roi ne voulut pas lui en parler, mais il dit à madame de Maintenon de le faire. Madame de Maintenon en parla à madame la duchesse, qui se mit à lui rire au nez, et dit qu'elle n'avoit écrit que pour se moquer de M. de Marsan.

A cette affaire se mêla un autre incident. M. le prince, qui quand il veut savoir quelque chose y prend tous les soins imaginables, mit des gens en campagne pour savoir ce qui se passoit chez madame la duchesse. On lui vint rapporter que l'on avoit vu sortir de chez elle un homme qui se cachoit. M. le prince envoya quérir madame de Mareuil, qui étoit la dame d'honneur, pour savoir qui étoit cet homme : madame de Mareuil jura qu'il n'en étoit point entré, et que madame la duchesse avoit demeuré tout le jour seule dans son cabinet avec madame de Valentinois. On fit de grandes perquisitions ; enfin on trouva que c'étoit un peintre que madame de Valentinois avoit fait venir pour avoir un portrait en petit à donner, à ce qu'on dit, à M. de Barbezieux, qui étoit son amant. Elles furent grondées au dernier point; elles en fondirent en larmes, et l'on interdit à madame la duchesse tout commerce avec madame de Valentinois; mais elles se rejoignirent bientôt, et puis il n'en fut plus parlé.

III. C. D. M., T. VIII.

Tout cela demeura pendant quelque temps dans une assez bonne intelligence; mais peu après le départ de M. le duc pour l'armée il y eut une nouvelle scène, ou plutôt une continuation de la première. M. le prince en reparla au Roi, mais avec plus de chaleur. Enfin les filles furent chassées : mesdemoiselles de Doré et de La Roche-Aynard allèrent dans des couvens; mademoiselle de Paulmy demeura chez madame la princesse, et se maria peu de temps après. Le Roi ordonna que madame la duchesse seroit toujours avec madame la princesse; que quand elle iroit à Chantilly elle ne recevroit pas de visite dans son appartement. Rien de tout cela ne fut exécuté, hormis qu'elle n'eut plus la compagnie de ses filles.

Les armées étoient en campagne : celle de M. le maréchal d'Humières dans le pays ennemi; M. de Duras dans le pays de Mayence, avec de la cavalerie seulement, ayant laissé toute son infanterie dans les places, et surtout à Landau. La disposition de celle des ennemis étoit que M. de Bavière devoit être à la tête du haut Rhin; on donna de ce côté-là un corps de cavalerie à commander au comte de Choiseul; M. de Lorraine devoit occuper le Palatinat et l'électorat de Mayence; M. de Saxe devoit être dans le pays de Trèves et joindre M. de Lorraine quand il en auroit besoin; et M. de Brandebourg, avec les troupes de Munster et des troupes de Hollande, dans l'électorat de Cologne. L'Empereur avoit laissé M. de Bade en Hongrie, pour faire tête aux Turcs avec une armée médiocre.

L'électeur de Brandebourg fut le premier qui attaqua quelque chose. Il s'étoit déjà saisi de Neuss quand les troupes du Roi l'avoient abandonné. On avoit aussi retiré toutes les troupes françoises de Kayserswerth, et l'on y avoit laissé une garnison allemande. Ce fut à cette place, qui étoit mauvaise, que s'attaqua M. l'électeur de Brandebourg. Il ne fut que trois jours devant; le quatrième, la garnison allemande obligea Marconié, qui en étoit gouverneur et qui étoit François, de se rendre. Le Roi n'avoit plus de place où il y eût de ses troupes que Bonn. M. le cardinal de Furstemberg en étoit parti quand il avoit vu les troupes de M. l'électeur s'approcher du pays de Cologne, et étoit venu demeurer à Metz. Cependant M. l'électeur de Brandebourg, n'osant pas attaquer Bonn dans les règles avec son armée, se contenta de l'investir, et peu de temps après se résolut de la bombarder. M. de Lorraine étoit arrivé à Francfort, et tous les princes dont les troupes composoient l'armée qui devoit agir de ce côté-là

16

s'y étoient rendus. On y tenoit force conseils de guerre où l'on ne décidoit rien ; chacun parloit selon son intérêt : tous vouloient que l'on attaquât une place, mais chacun vouloit que ce fût celle qui étoit la plus près de ses Etats, et par conséquent celle qui les pouvoit le plus incommoder. La ville de Francfort vouloit absolument Mayence, et offroit une somme considérable, et de fournir tout ce qui seroit nécessaire pour les frais du siége. Cela étoit tentant ; mais M. de Lorraine n'y opinoit pas, parce qu'il avoit peur de risquer sa réputation : il savoit la quantité de troupes qu'il y avoit dans la place. Le marquis d'Huxelles avoit de la réputation, parce que M. de Louvois l'avoit élevé en très-peu de temps ; M. de Duras étoit en Alsace avec une armée considérable. Tout cela faisoit douter du succès du siége.

L'Espagne avoit une envie démesurée de voir des enfans à son roi. Peu de jours après que la Reine fut morte, on proposa au roi Catholique de se remarier, et on lui fit voir les portraits de l'infante de Portugal, de la princesse de Toscane, et de la troisième fille de l'électeur palatin, dont l'aînée avoit épousé l'Empereur et la seconde le roi de Portugal. On ne sait si ce fut le goût, dont il n'avoit guère, qui prévalut, ou les conseils de ses ministres, qui étoient l'écho de M. de Mansfeld, mais il choisit la fille de l'électeur palatin (1), qui étoit des trois la moins belle. On demanda des vaisseaux au roi de Portugal pour l'aller chercher. Le ministre du Roi obligea le roi de Portugal à n'en point donner. M. de Mansfeld fut choisi par le roi d'Espagne pour l'aller épouser. Il s'embarqua sur un vaisseau portugais, passa en Angleterre, vit le prince d'Orange comme roi (ce qu'avoient déjà fait l'ambassadeur d'Espagne et l'envoyé de l'Empereur), prit des ordres du prince d'Orange pour qu'on lui fournit en Hollande tous les vaisseaux qui seroient nécessaires pour la sûreté du passage de la Reine, et s'en alla à la cour de l'Empereur.

La flotte de la Méditerranée se mit en mer sous le commandement du chevalier de Tourville. L'on publioit que ce n'étoit que pour la Méditerranée : cependant il ouvrit ses ordres secrets, et trouva que c'étoit pour passer dans l'Océan, et venir à Brest joindre le reste de l'armée navale. Elle étoit composée de vingt-deux vaisseaux de guerre : il y en avoit beaucoup parmi qui ne pouvoient soutenir ni un combat ni l'effort d'une tourmente. On n'avoit voulu que paroître et mettre beaucoup de vaisseaux sur mer. La flotte fut long-temps à passer. On pressoit extrêmement l'armement de Brest ; on envoyoit courriers sur courriers au maréchal d'Estrées, qui étoit vice-amiral, et qui comptoit de commander toute cette flotte. Jamais la France n'en avoit mis une si nombreuse sur pied, et jamais elle n'avoit paru plus nécessaire. On savoit la jonction de beaucoup de vaisseaux hollandois avec les Anglois, et qu'ainsi ils ne manqueroient pas de mettre les premiers en mer. On avoit beau presser pour les nôtres, cela étoit inutile, parce qu'il manquoit une infinité de choses qu'il falloit qui vinssent de différens endroits, et l'on n'alloit pas commodément des ports de la Manche à ceux de l'Océan ; de manière que les Anglois nous tenoient une infinité de choses bloquées. On attendoit un gros vaisseau de Dunkerque, qu'on n'osa faire joindre. Nos matelots n'étoient pas en grand nombre ; la religion en avoit fait évader une infinité, et des meilleurs ; et il en falloit un furieux nombre. On fut donc obligé de prendre des bateliers de la rivière de Loire pour les remplacer, mais il falloit les dresser ; tout cela demandoit du temps, et à la cour on n'en vouloit pas donner. M. de Seignelay donna ses ordres pour que tout ce qui étoit nécessaire tâchât au moins d'arriver, et il partit de Versailles pour se rendre à Brest, où le maréchal d'Estrées le reçut fort bien, quoique dans le fond du cœur ils ne fussent nullement amis. Ils eurent une conférence sur la marine ; et dans la conférence M. de Seignelay lui donna une lettre du Roi qui lui marquoit qu'étant informé des desseins des ennemis, il le croyoit plus nécessaire à commander le long des côtes les troupes qu'il avoit, qu'à commander l'armée navale. La lettre étoit fort douce, mais il n'y avoit miel qui pût faire avaler un tel poison. Le maréchal sentit le dégoût de celui-ci aussi vivement qu'on le peut sentir. On lui avoit fait toujours et dans tous les temps commander les flottes ; il avoit toute l'expérience que l'on peut avoir ; il étoit revêtu d'une grande dignité, et on lui ôtoit sa fonction dans le temps qu'elle étoit la plus brillante, sous un fort mauvais prétexte, pour la donner à un homme dont la dignité, le mérite et la naissance étoient fort inférieurs au maréchal : mais celui à qui on la donnoit étoit un homme soumis, qui de tout temps avoit été des plaisirs de M. de Seignelay, et qui étoit le seul homme de la marine pour qui il eût une sorte de confiance et d'amitié. Le maréchal soutint ce coup avec douleur, mais sans bassesse, et partit pour aller donner ses ordres où le Roi lui ordonnoit.

---

(1) Marie-Anne de Neubourg.

M. de Seignelay cependant trancha du maître dans la marine, comme font tous les ministres du Roi chacun dans son district; donna des ordres signés Louis, et plus bas *Colbert*. Il étoit enfin général en tout, hors qu'il ne donnoit pas le mot; et même il en avoit et les habits et la mine. Dans sa pénible fonction il parla d'aller attaquer les ennemis jusque dans leurs ports, exagéra le peu de cas que le Roi faisoit des combats de mer qui s'étoient donnés jusqu'à lui, et dit qu'il prétendoit que ces combats fussent dorénavant plus décisifs, et que l'on allât d'abord à l'abordage. Il s'embarqua, demeura quelque temps embarqué, et fit faire de grandes provisions. En un mot il n'y eut personne qui n'eût cru qu'il alloit tout de bon commander l'armée. Quand on sut cette nouvelle à la cour, elle parut fort extraordinaire : tout le monde, grands et petits, s'y trouvoient intéressés, et il n'y avoit personne qui ne songeât que, puisque l'on faisoit un aussi grand tort à un homme de la dignité du maréchal d'Estrées, on devoit s'attendre à pis. M. de Seignelay s'ennuya bientôt sur son vaisseau. On n'avoit nulle nouvelle de la flotte de la Méditerranée. Cependant les ennemis parurent à la hauteur d'Ouessant, qui est une petite île à huit lieues de Brest, et parurent au nombre de soixante vaisseaux. On avoit de petits bâtimens de garde qui en vinrent avertir. Le maréchal d'Estrées s'en revint incessamment à Brest, parce que c'étoit la grande affaire. M. de Seignelay, qui n'avoit plus d'affaires, songea à ses plaisirs, joua gros jeu, fit l'amour aux dames de Brest, conserva peu le *decorum* de ministre, laissa promener les ennemis huit ou dix jours le long des côtes, et souffrit qu'il vînt une escadre de dix-huit ou vingt vaisseaux à demi-lieue de la côte et à quatre de Brest. Pendant ce temps-là pourtant le convoi qu'il attendoit des ports de la Manche arriva fort heureusement : il lui vint aussi des vaisseaux de Rochefort, chargés de ce qui manquoit pour la flotte; il lui vint des matelots de tous côtés : enfin cette flotte, à qui tout manquoit huit jours avant qu'il arrivât, mais à un tel point que les officiers ne vouloient pas même monter sur leurs vaisseaux, fut pourvue de tout au-delà de ce qu'il falloit.

Malgré cette heureuse réussite, et les plaisirs que prenoit M. de Seignelay, il ne laissoit pas d'avoir ses heures de chagrin. La flotte de Provence n'arrivoit pas; on avoit nouvelle qu'elle avoit passé à Cadix il y avoit bien du temps. Celle des ennemis étoit justement au passage pour arriver à Brest; on avoit envoyé au devant des vaisseaux qui ne revenoient pas. On lui rendoit aussi compte de l'inquiétude du Roi : elle augmentoit la sienne, d'autant plus qu'il avoit emporté l'armement du Roi à lui, et que tous les autres ministres n'en avoient point été d'avis. Il se lassa de voir continuellement cette escadre des ennemis s'avancer du côté de Brest; il en fit sortir une de dix vaisseaux de la rade, pour donner la chasse aux ennemis quand ils paroîtroient : cela leur fit tenir un peu bride en main. Le vent avoit toujours été assez bon aux ennemis : il changea un soir, et fut si violent qu'il les obligea de quitter Ouessant et de se retirer aux côtes d'Angleterre. Ce vent, qui leur étoit contraire, étoit bon à l'armée de Provence. Tourville, qu'il y avoit deux jours qui étoit à vingt lieues de Brest, et qui avoit su, par un petit bâtiment anglois qu'il avoit pris, que l'armée des ennemis étoit à la hauteur d'Ouessant, jugeant qu'ils n'avoient pas pu demeurer en cet endroit, fit donner toutes les voiles, et arriva dans l'endroit où se tenoit ordinairement leur escadre. Il y avoit vingt-quatre heures qu'ils s'en étoient retirés. Ainsi son arrivée fut due à un coup du Ciel; car il eût été obligé de s'en retourner, ou d'aller à Rochefort, si les ennemis eussent demeuré long-temps là. La joie de son arrivée fut grande à Brest, et encore plus grande à la cour, où l'on commençoit d'en désespérer.

On avoit déjà commencé à faire marcher en Flandre les troupes de Guienne; le maréchal de Lorges avoit eu aussi avis qu'on l'en tireroit bientôt. Il n'y avoit plus d'autres troupes qu'en Bretagne et en Normandie. Elles eurent aussi ordre de marcher en Flandre aussitôt que le courrier eut apporté la nouvelle de l'arrivée de M. de Tourville.

La chose du monde que l'on souhaitoit le plus en France, et qui nous étoit la plus importante dans la conjoncture présente, étoit la mort du Pape. On apprit qu'il étoit malade à l'extrémité. Lavardin, qui avoit été envoyé ambassadeur à Rome parce qu'on n'en avoit pas pu trouver d'autre qui y voulût aller, dans l'assurance où l'on étoit à peu près de ne pas réussir à une si pénible négociation, avoit été rappelé. Ce ministre s'étoit fort mal gouverné avec le cardinal d'Estrées, et avoit pris des engagemens tout contraires aux siens et à tous ceux que la France avoit. Avant que de partir de Paris, il avoit commencé à prendre des liaisons avec l'abbé Servien, qui avoit été envoyé par le Pape pour apporter la barette aux cardinaux nommés. L'abbé Servien étoit ennemi particulier du cardinal : il étoit François, mais établi à Rome depuis long-temps avec une charge chez le Pape, et vouloit faire sa fortune indépendamment de la France. Cet abbé donna à Lavardin des vues toutes contraires à celles qu'il devoit prendre, d'autant plus que l'intention du Roi et de M. de Croissy, secrétaire d'Etat des étrangers, étoit que l'ambassadeur ne fît rien que de concert avec le cardinal, qui étoit un homme d'un esprit supérieur, qui depuis long-temps étoit à Rome, qui outre cela y avoit fait beaucoup de voyages, et par conséquent connoissoit beaucoup mieux cette cour qu'un homme qui n'y faisoit que d'arriver. Dans toutes les affaires qui se rencontrèrent pendant l'ambassade de Lavardin, il jetoit la faute sur le cardinal d'Estrées; mais lui, plus sage et plus posé, ne donnoit des coups à Lavardin que quand ils pouvoient bien porter. On avoit donné à l'ambassadeur beaucoup d'officiers de marine et des gardes pour l'accompagner à Rome, afin qu'il ne lui arrivât rien. Il rendit tous ces gens-là malcontens de ses manières, de sa mauvaise chère, de son peu d'apparat; au lieu que le cardinal d'Estrées gagnoit le cœur à tous par ses manières honnêtes et par sa magnificence. Enfin, pendant deux ans et demi que Lavardin fut ambassadeur à Rome, il ne s'attira que beaucoup de brocards, dépensa bien de l'argent, ne parut guère, et ne réussit à aucune de ses négociations. Cela n'étoit pas bien étonnant, vu l'obstination du Pape et la haine qu'il portoit au Roi et à la nation, haine qui n'a que trop paru par la manière dont il a engagé toute l'Europe contre nous, et par le peu de secours qu'il voulut accorder au roi d'Angleterre, qui perdoit son royaume parce qu'il étoit trop zélé catholique. Ce roi, en partant de France, avoit envoyé M. Porter, homme de beaucoup d'esprit, pour tâcher de tirer du secours de Sa Sainteté, qui ne lui donna, pour tout réconfort, que des chapelets et des indulgences: choses fort peu nécessaires à d'autres qu'à des dévots consommés, et qui n'étoient d'aucune utilité pour reconquérir un royaume. Porter s'en revint fort peu édifié de Sa Sainteté, qui disoit envoyer à l'Empereur, pour faire la guerre contre les Turcs, un argent que l'Empereur employoit contre le Roi.

Quand on vit le peu de succès de l'ambassadeur dans ces affaires, la dépense furieuse qu'il faisoit au Roi, et le besoin qu'on avoit d'officiers, on lui envoya ordre de revenir. Le Pape ne se portoit pas bien. La reine de Suède, qui ne nous aimoit pas, et le cardinal Azolin, qui étoit ennemi déclaré de la France et avoit part à la confiance du Pape, étoient morts à peu de temps l'un de l'autre. Il y avoit eu, disoit-on, une prédiction sur leur mort, et l'on y joignoit aussi celle du Pape. Sa mauvaise santé et son âge, qui passoit quatre-vingts ans, étoient la plus sûre prédiction. Quelques gens ont cru que sa mort, que l'on prévoyoit prochaine, eut plus de part au rappel de Lavardin que son peu de progrès dans les négociations.

Dans toutes les petites affaires qui se passèrent en Flandre, les troupes du Roi, quoiqu'il y en eût beaucoup de nouvelles dans l'armée, avoient l'avantage sur celles des ennemis; mais ils en avoient un autre, qui étoit qu'il en désertoit un nombre infini des nôtres, et que des leurs il n'en désertoit point. L'affaire la plus considérable qu'il y eut fut un détachement où Saint-Gelais commandoit. On tomba sur une partie des gardes à cheval du roi d'Espagne aux Pays-Bas. Ils témoignèrent une bravoure extraordinaire et revinrent jusqu'à cinq fois à la charge: ils furent pourtant tous tués ou faits prisonniers. Comme la cavalerie des Espagnols n'étoit pas montée, les gouverneurs des places faisoient ce qu'ils pouvoient pour la monter à nos dépens, et envoyoient beaucoup de partis pour prendre des chevaux au fourrage. Il y en eut un d'assez insolent pour venir se mettre entre les gardes pour prendre des chevaux dès le soir à l'abreuvoir, et il fut assez indiscret pour tirer. Rien ne le pouvoit mieux faire découvrir: aussi le fut-il, et le bruit en vint aussitôt au quartier général que les gardes étoient attaqués. Tous les jeunes gens qui y étoient montèrent à cheval et poussèrent sans savoir ce que c'étoit: le prince de Rohan, fils de M. de Soubise, eut le genou cassé; Nogaret, un cheval tué sous lui et le bras un peu égratigné. Tout le parti fut sacrifié; il ne s'en sauva pas un seul. C'étoient là les grandes affaires du maréchal d'Humières, à cause des ordres qu'il avoit. Pour ce qui regardoit l'armée de M. de Duras, on n'y avoit point encore vu d'ennemis, et il n'y avoit eu que de la cavalerie rassemblée.

M. de Lorraine avoit envoyé à l'Empereur pour savoir s'il vouloit absolument que l'on assiégeât Mayence et lui en remontrer les inconvéniens. Il en reçut l'ordre et s'y disposa. La nouvelle vint à Versailles de cette résolution. La joie en fut grande; le Roi même et M. de Louvois dirent que si les ennemis avoient pris un conseil d'eux, ils n'auroient pas fait autre chose. Il y eut beaucoup de paris à la cour qu'ils attaqueroient ou qu'ils ne l'attaqueroient pas. Le maréchal de Bellefond, qui tient de l'extraordinaire en tout, paria encore, trois jours après que la nouvelle fut venue de l'ouverture de la tranchée, qu'ils ne l'attaqueroient pas. Mayence étoit un si grand événement que tout le monde avoit les yeux attachés dessus (1).

L'Empereur s'avança à Neubourg pour le mariage de la reine d'Espagne. Il devoit venir ensuite à Augsbourg pour tâcher de faire déclarer son fils roi des Romains, qui étoit déjà roi de Hongrie. Jamais il ne pouvoit prendre une plus belle occasion : toute l'Allemagne étoit dans ses intérêts, et protestans et catholiques, et c'étoit peut-être la seule fois que cela s'étoit ainsi rencontré ; et s'il y avoit un temps où le Roi ne pût lui apporter d'obstacle, c'étoit celui-là.

M. de Bavière se rendit à Mayence. M. de Lorraine y disposa ses attaques, et en fit trois, qui furent celle de l'Empire, celle des Saxons et celle des Bavarrois. L'armée n'étoit composée que de quarante mille hommes ; la quantité de troupes qu'il y avoit dans Mayence faisoit qu'ils étoient obligés de monter une tranchée très-forte, et leurs troupes en étoient fort fatiguées. Quand M. de Duras vit le siége en train, il commença à rassembler son armée, fit joindre la cavalerie et l'infanterie, passa le Rhin à Philisbourg, entra dans le Palatinat, et voulut occuper les postes que remplissoient des troupes de M. l'électeur de Bavière, commandées par M. de Serini, qui étoit son général. On en reprit d'abord quelques-uns, et l'on fut à Heidelberg, qui étoit l'endroit où il y en avoit davantage, ne doutant point qu'on ne l'emportât ; mais cela ne réussit point comme l'on avoit espéré. M. de Serini jeta beaucoup de troupes dedans et se retira dans les bois avec le reste. On voulut faire attaquer Heidelberg, mais l'on y trouva trop de résistance. M. de Duras jeta la faute de la non réussite sur Tessé, maréchal de camp, qui avoit eu l'ordre de l'évacuer et de la raser, disant qu'il l'avoit assuré que cette place ne pourroit être en un moindre état de défense. Il fallut s'en revenir avec sa courte honte. On prit et brûla un assez gros bourg où il y avoit beaucoup de troupes, et tous les châteaux qui étoient à portée d'incommoder l'Alsace pendant l'hiver. On fit environ quatre mille prisonniers dans toutes ces places et on les envoya en France, où ils furent dispersés dans les villes.

(1) Cette ville capitula le 8 septembre.

Dans le temps que l'on commença à parler du siége de Mayence par l'armée d'Allemagne, on eut peur que celle de Flandre n'attaquât Dinant, qui étoit une place de la dernière importance pour le Roi. On fit partir Guiscard, colonel de Normandie et brigadier, pour aller se jeter dedans avec ses deux bataillons. Il étoit très-brave garçon et avoit beaucoup de mérite ; mais six mois auparavant on ne le croyoit pas seulement digne d'être colonel de Normandie, et on lui avoit donné tous les dégoûts imaginables. Il paroissoit à la cour que l'on avoit envie de secourir Mayence : on en parloit beaucoup ; on disoit aussi que le Roi avoit permis à M. le maréchal d'Humières de donner bataille : de manière que tout le monde étoit fort éveillé sur les événemens. On ne doutoit point aussi de voir un combat naval ; de manière que tout étoit aussi en mouvement sur cela. On fut quelques jours à raccommoder les vaisseaux et à faire prendre de l'eau à ceux de Provence, en attendant que le vent fût bon pour sortir de Brest. Il y avoit des officiers qui devoient passer en Irlande. Gacé, qui étoit gouverneur du pays d'Aunis et de La Rochelle, avoit eu le dégoût que l'on y avoit envoyé, à la fin de l'hiver, La Trousse pour y commander. La Trousse se trouva extrêmement mal, et par conséquent dans l'impossibilité de servir. On y envoya Saint-Ruth prendre sa place : ce dégoût-là fut plus violent pour Gacé que le premier. Il demanda à aller servir en Irlande, et il fut lieutenant-général du roi d'Angleterre. Outre lui, le Roi envoya encore le marquis d'Escars, vieux brigadier, avec messieurs d'Hocquincourt, d'Amanse et de Saint-Pater, qui étoient de jeunes colonels. On fit appareiller un vaisseau pour les porter, et quand le vent fut bon la flotte mit à la voile. Le vaisseau destiné pour l'Irlande et une grande flûte destinée à porter les équipages se séparèrent de l'armée navale pour aller en Irlande ; mais la flotte, sur laquelle étoit M. de Seignelay, s'en alla descendre à Belle-Isle. Le vaisseau dont je viens de parler, destiné pour l'Irlande, fut attaqué par les Anglois à son retour à Belle-Isle, et le capitaine en fut tué.

Voilà à quoi se termina pour lors l'exploit de la plus formidable armée que le Roi eût jusqu'à présent mise sur mer.

FIN DES MÉMOIRES DE LA COUR DE FRANCE.

MÉMOIRES ET RÉFLEXIONS

SUR

LES PRINCIPAUX ÉVÉNEMENS

DU RÈGNE DE LOUIS XIV,

ET SUR

LE CARACTÈRE DE CEUX QUI Y ONT EU LA PRINCIPALE PART;

PAR LE MARQUIS DE LA FARE.

NOTICE

SUR

LA VIE DU MARQUIS DE LA FARE

ET SUR SES MÉMOIRES.

Le marquis de La Fare donna la première moitié de sa vie à la guerre, la seconde à la paresse et à la volupté. On serait presque étonné qu'il eût laissé des *Mémoires* s'ils étaient moins courts; mais on ne s'étonnera pas du moins des erreurs de jugement et des inexactitudes de fait dans lesquelles il est fort souvent tombé. Il y a dans son existence insouciante et paresseuse une excuse que je me hâte de faire valoir; car je serai plus sévère que ne l'ont été ses biographes avant moi.

Charles-Auguste, marquis de La Fare, naquit en 1644, au château de Valgorge, dans le Vivarais. On prétend que l'illustration de la maison dont il descendait date du commencement du xie siècle. Assurément elle est une des plus anciennes du Languedoc.

En 1662, le marquis de La Fare fut nommé mestre de camp du régiment de Languedoc que son père avait commandé, et présenté au Roi dans le mois de décembre. Il avait des manières distinguées, une figure agréable, un caractère doux et facile. On lui fit à la cour l'accueil le plus bienveillant; le Roi même montra quelque inclination pour lui; et « il eut, pour me servir de ses expressions, sans peine alors et sans les demander, toutes les petites distinctions et tous les agrémens que d'autres n'auroient pas eus même en les demandant. » Mais il ne fut ni assez sage, ni assez habile pour rendre durable l'impression qu'il avait faite sur l'esprit du Roi; et si sa fortune en souffrit, il ne dut s'en prendre qu'à lui seul.

Louis XIV devait, au printemps de 1664, envoyer à l'Empereur, alors en guerre avec les Turcs, un secours de six mille hommes, sous le commandement du comte de Coligny. Le marquis de La Fare fut des premiers à demander la permission de faire la campagne comme volontaire. Il se trouva au combat de Saint-Gothard où l'armée turque fut battue; et la paix étant faite, il revenait en France, quand à Vienne il fut blessé dans un duel où il servait de second à un de ses parents contre un autre de ses parents. La rigueur avec laquelle les édits du Roi étaient appliqués, fit qu'il rentra secrètement par le Languedoc où il pouvait plus aisément se cacher; mais, grâce à l'intervention des maréchaux de Gramont et de Villeroy, grâce aussi aux sollicitations de la duchesse de Montausier, l'affaire fut qualifiée de rencontre; et La Fare put reparaître à la cour au mois d'avril 1665.

A la fin de cette année, le Roi, formant la compagnie de gendarmes du Dauphin, choisit le marquis de La Fare pour lui en donner le guidon. « J'avoue, dit La Fare dans ses *Mémoires*, que jamais je n'ai été si aise, et que je crus être en faveur. » Il fit toutes les campagnes depuis 1665 jusqu'en 1677, tantôt en Flandre, et tantôt sur les bords du Rhin. Il combattit à Senef, sous le prince de Condé; à Mulhausen et à Turckeim, sous Turenne. Partout il fit preuve de courage, de sang-froid, de résolution, et aussi de ce coup-d'œil militaire qui fait les bons officiers. Il eut même la gloire d'avoir contribué puissamment à la victoire si sanglante de Senef. Il était alors sous-lieutenant des gendarmes-dauphin. Sa compagnie, qu'il commandait, resta pendant huit heures « exposée, dans un petit espace à la portée du pistolet, au feu de cinq pièces de canon qu'on chargeoit très souvent à la cartouche, et de l'infanterie que les ennemis avoient dans le bois. » « Cette position n'étoit pas bonne, dit-il; mais elle étoit nécessaire. » Le prince de Condé lui en témoigna sa satisfaction le lendemain, et au moment où la bataille était vigoureusement encore engagée.

Protégé du prince de Condé, traité avec une bienveillante familiarité par Turenne, aimé du duc de Luxembourg, La Fare pouvait se promettre une brillante fortune militaire s'il n'avait pas arrêté lui-même le cours de ses prospérités par la fierté qu'il affectait avec Louvois, et par l'imprudence de ses galanteries. Il avait prétendu pendant quelques jours à l'amour de madame de Montespan; mais il avait eu le bon sens de se retirer devant Louis XIV. Il ne voulut pas en faire autant pour Louvois. Il continua de rendre des soins très assidus à la maréchale de Rochefort, malgré la rivalité du terrible ministre. On disait que le chancelier Letellier, père de Louvois, n'avait pas été insensible aux charmes de la maréchale. « Bien des gens, écrit le marquis de

La Fare, ont attribué l'aversion du père et du fils pour moi à cette passion; car ils s'imaginoient tous deux que j'en étois amoureux et mieux traité que je ne l'étois effectivement. Il y avoit plus de coquetterie de ma part et de la sienne que de véritable attachement. » Ce n'était pas tout à fait ce qu'on pensait à la cour. Madame de Sévigné écrivait en effet à sa fille, sous la date du 19 mai 1673 : « Je suis dégoûtée de la passion de La Fare; elle est trop grande et trop esclave. Sa maîtresse ne répond pas au plus petit de ses sentimens : elle soupa chez Longueil et assista à une musique le soir même qu'il partit. Souper en compagnie quand son amant part et qu'il part pour l'armée, me paroît un crime capital. »

Quoi qu'il en soit, Louvois pardonna d'autant moins à La Fare cette *coquetterie* qui lui donnait de la jalousie et troublait ses amours, qu'il ne l'avait jamais vu se confondre dans la foule de ses courtisans et de ses flatteurs. En 1678, il lui refusa brutalement un avancement mérité et que justifiaient de nombreux exemples. « M. de Luxembourg, dit La Fare, ayant demandé que je fusse fait brigadier, attendu que plusieurs autres qui avoient moins de services que moi, étoient déjà maréchaux de camp, il me fut répondu sèchement par Louvois que j'avois raison, mais que cela ne serviroit de rien. Cette réponse brutale et sincère du ministre alors tout-puissant, qui me haïssoit depuis long-temps et à qui jamais je n'avois voulu faire ma cour, jointe au méchant état de mes affaires, à ma paresse et à l'amour que j'avois pour une femme qui le méritoit, tout cela me fit prendre le parti de me défaire de ma charge. »

La femme que le marquis de La Fare aimait alors, était madame de La Sablière dont le nom est inséparable de celui de Lafontaine. Leur liaison dura plus de sept ans. L'amour qui les unissait fut d'abord si vif, qu'ils n'avaient pas assez de douze heures par jour pour se voir et pour s'entretenir; moins d'une année après, c'était trop de sept ou huit heures; enfin, en 1680, le marquis de La Fare sacrifia sa maîtresse à la passion du jeu, et la quitta pour la bassette. Je ne puis résister au plaisir de citer l'admirable lettre par laquelle madame de Sévigné annonce à sa fille la fin de cet amour qui avait tant occupé le monde. « Vous me demandez ce qui a fait cette solution de continuité entre La Fare et madame de La Sablière; c'est la bassette : l'eussiez-vous cru? C'est sous ce nom que l'infidélité s'est déclarée; c'est pour cette prostituée de bassette qu'il a quitté cette religieuse adoration; le moment étoit venu que cette passion devoit cesser et passer même à un autre objet. Croiroit-on que ce fût un chemin pour le salut de quelqu'un que la bassette? Ah! c'est bien dit : il y a cinq cent mille routes qui nous y mènent. Madame de La Sablière regarda d'abord cette distraction, cette désertion; elle examina les mauvaises excuses, les raisons peu sincères, les prétextes, les justifications embarrassées, les conversations peu naturelles, les impatiences de sortir de chez elle, les voyages à Saint-Germain où il jouoit, les ennuis, les *ne savoir plus que dire*; enfin, quand elle eut bien observé cette éclipse qui se faisoit, et le corps étranger qui cachoit peu à peu cet amour si brillant, elle prit sa résolution. Je ne sais ce qu'elle lui a coûté; mais enfin sans querelle, sans reproche, sans éclat, sans le chasser, sans éclaircissemens, sans vouloir le confondre, elle s'est éclipsée elle-même; et sans avoir quitté sa maison où elle retourne encore quelquefois, sans avoir dit qu'elle renonceroit à tout, elle se trouve si bien aux Incurables, qu'elle y passe quasi toute sa vie, sentant avec plaisir que son mal n'est pas comme ceux des malades qu'elle sert. » — Cette rupture inattendue causa une grande sensation à la cour. Madame de Coulanges, qui ne pouvait la pardonner à La Fare, disait qu'il n'avait jamais été amoureux; que c'était tout simplement de la paresse, de la paresse, de la paresse, et qu'il n'allait chercher chez madame de La Sablière que la bonne compagnie. « Elle ne le saluoit plus parce qu'il l'avoit trompée. »

C'est au printemps de 1677 que La Fare vendit sa charge de sous-lieutenant des gendarmes-dauphin au marquis de Sévigné, moyennant la somme de 90,000 livres. Cependant au mois d'août suivant, quand on apprit à la cour que les ennemis avaient mis le siège devant Charleroi, il partit pour l'armée comme volontaire, au grand étonnement de tout le monde. Ce zèle inespéré ne lui rendit pas les bonnes grâces du Roi. Quand, en 1680, « il proposa d'être à M. le Dauphin, dit madame de Sévigné, il fut rudement repoussé. Le Roi ne peut souffrir ceux qui quittent le service. »

Le marquis de La Fare fut réduit à accepter la charge de capitaine des gardes du duc d'Orléans, charge qu'il exerça jusqu'à la fin de sa vie; et il prêta le serment entre les mains du Roi, le 27 novembre 1684.

Il épousa vers le même temps Louise, Jeanne de Luz de Ventelet, qui mourut le 23 décembre 1691, après sept ans environ de mariage. La mort de La Fare est indiquée dans le journal manuscrit de Dangeau à la date du 3 juin 1712. De ses deux fils, l'un fut maréchal de France, et l'autre évêque de Laon.

Le marquis de La Fare devint poète dans la fréquentation de l'abbé de Chaulieu, qui était comme lui de la société intime de MM. de Vendôme. Il fit des traductions qu'on ne lit plus depuis long-temps, et des vers légers, élégants et faciles qu'on lira tant qu'il y aura des hommes d'esprit et de goût. On trouve dans les poésies, peu nombreuses d'ailleurs de La Fare, des morceaux pleins de grace et de naturel, par exemple le charmant madrigal à madame de Caylus qui est son chef-d'œuvre. Il y a aussi de fort jolies choses dans l'ode sur *la Paresse*, à l'abbé de

Chaulieu. Il faut dire de ses vers ce qu'il en a dit lui-même dans ce dizain, si souvent répété :

> Présent de la seule nature,
> Amusement de mon loisir,
> Vers aisés par qui je m'assure
> Moins de gloire que de plaisir,
> Coulez, enfans de ma paresse.
> Mais si d'abord on vous caresse,
> Refusez-vous à ce bonheur :
> Dites, qu'échappés de ma veine,
> Par hasard, sans force et sans peine,
> Vous méritez peu cet honneur.

Les poésies de La Fare ont été publiées avec celles de l'abbé de Chaulieu ; elles ont aussi été imprimées séparément.

On ne sait pas précisément à quelle époque le marquis de La Fare a composé ses *Mémoires*; mais c'est sans aucun doute après avoir perdu tout espoir de fortune dans les armées et à la cour, et quitté le service. D'abord il y rend compte des motifs qui l'ont déterminé à vendre sa charge de sous-lieutenant des gendarmes-dauphin ; et puis on s'en aperçoit aisément au ton qui règne dans l'ensemble comme dans les détails de son livre. C'est évidemment l'ouvrage d'un homme qui croit avoir à se plaindre de tous, de ses rivaux, des ministres et du Roi.

Il n'est presque pas d'événements qu'il ne blâme par quelque côté. Ainsi, c'est *le malheur qui voulut* que le comte de Guiche proposât et exécutât ce fameux passage du Rhin qui a toujours été regardé comme un acte de la bravoure la plus heureuse dans sa témérité. Souvent ses observations critiques ne sont que des bruits semés par des intrigues de cour ; à l'entendre, ce furent les ministres qui firent la paix d'Aix-la-Chapelle pour enlever le Roi à l'ascendant qu'exerçait sur lui le maréchal de Turenne ; et si quatre ans plus tard, la guerre fut déclarée à la Hollande, c'était uniquement parce que le gazetier hollandais avait été trop insolent. La Fare ne se donne pas toujours la peine de savoir si les fautes qu'il relève avec aigreur ont réellement été commises. Il prétend qu'en 1690, après la bataille de Fleurus, la cour contraria les plans du maréchal de Luxembourg, et le contraignit de faire le siége de Charleroi, qui fut, dit-il, l'unique fruit de cette bataille ; et Charleroi, bombardée en 1692 par le maréchal de Boufflers, ne fut prise qu'en 1693 par le maréchal de Villeroi, après vingt-six jours de tranchée ouverte !

Les hommes ne sont guères plus épargnés. Turenne était trop *amateur de la faveur populaire*. Louis XIV porte la peine du ressentiment que le marquis de La Fare avait contre Louvois. Peu d'écrivains ont attaqué ce grand roi avec plus d'injustice, de violence et d'entêtement. On a dit qu'on pouvait comparer sous ce rapport le marquis de La Fare au duc de Saint-Simon ; et cela est vrai. Aussi sont-ils tous les deux suspects aux mêmes titres. La Fare ne néglige aucune occasion d'outrager la personne du Roi dont il dénature les actes et calomnie les intentions. Mais ce qu'il lui reproche pardessus tout, c'est de n'avoir pas su connaître les hommes et les employer suivant leurs mérites. Et en effet, le marquis de La Fare n'a jamais été même brigadier.

Grand seigneur lui-même, La Fare regrette le temps où les grands seigneurs avaient la principale autorité dans l'Etat et une action directe sur les affaires du gouvernement. Il se plaint amèrement de ce que les rois ne donnent plus aux courtisans une part dans l'administration du royaume et accordent leur confiance à des gens *de peu d'élévation*. Il faut le dire, il y a dans l'exposé de ses griefs une assez exacte appréciation de la politique de la royauté dans le XVIIe siècle. C'est en effet sous Henri IV que la monarchie, aristocratique pendant les règnes des derniers Valois, est devenue bourgeoise et populaire.

Les *Mémoires* du marquis de La Fare avaient été commencés sur un vaste plan et dans une pensée philosophique qui s'annonce avec une singulière emphase ; mais la paresse de l'auteur, et peut-être d'autres raisons qu'on ne connaît pas, ne lui ont pas permis de remplir toute l'étendue de son cadre. La Fare coupe court à la paix de Riswick sans qu'on puisse s'expliquer cette brusque interruption de son travail. C'est un ouvrage inachevé qui n'avait peut-être pas reçu la dernière main, même dans ce qui nous en a été conservé. Je vois dans cette circonstance un nouveau motif de ne le lire qu'avec la plus extrême réserve.

C'est en Hollande que devaient s'imprimer de pareils *Mémoires*. La première édition est en effet de Rotterdam, 1716, 2 vol. in-12. Deux autres éditions ont été publiées en 1740 et 1755. Elles sont en tout semblables à la première, sauf les notes qui y ont été ajoutées.

Nous en avons conservé quelques unes. On remarquera que le commentateur qui se montre ouvertement ennemi de la France, a pourtant été obligé de rétablir la vérité historique contre les inexactitudes du marquis de La Fare.

Un heureux hasard a permis à M. Monmerqué de corriger, d'après un bon manuscrit, les fautes des éditions précédentes dans la version adoptée pour la collection Petitot. Nous nous sommes conformés à ce nouveau texte dont la supériorité n'est pas contestable.

MOREAU.

AVERTISSEMENT

DE L'ÉDITEUR DE 1716.

On a vu depuis plusieurs années tant d'ouvrages faits à plaisir, et attribués à des personnes qui n'y avoient pas eu la moindre part, sous le titre de *Mémoires*, etc., qu'on a cru devoir avertir le public que ceux-ci ont été réellement écrits par un officier de distinction, qui n'est mort que depuis quelques années.

Quoiqu'il ait pris assez de précautions pour n'être pas connu, il sera difficile qu'il ne le soit pas, pour peu qu'on fasse attention à certaines particularités qu'il rapporte; c'est pourquoi on ne s'est fait aucun scrupule de le désigner par les lettres initiales de son nom.

Je ne dis rien à l'avantage de cet ouvrage; c'est au lecteur à en juger. Ceux qui haïssent la flatterie et qui aiment la liberté y verront avec plaisir que, dans tous les pays du monde, on trouve des personnes assez nobles, assez hardies pour penser librement, et même pour oser écrire la vérité aux dépens de tout ce qui en peut arriver.

Il paroît que l'auteur de ces Mémoires avoit dessein de nous mener jusqu'à la fin de la dernière guerre; mais il finit tout d'un coup à la paix de Riswick. Il a laissé quelques autres ouvrages qu'on donnera dans la suite au public, si l'on remarque que celui-ci soit de son goût.

MÉMOIRES
DU MARQUIS DE LA FARE.

INTRODUCTION.

C'est avec raison, ce me semble, que frère Jean disant au bon Pantagruel : *Nous autres moines, hélas! n'avons que notre vie en ce monde;* Pantagruel lui répondit : *Hé! que diable ont de plus les rois et les princes?* Chacun effectivement n'a qu'un certain nombre de jours; il n'est question que d'en faire un bon usage. Ainsi je ne veux point examiner physiquement la vie de l'homme et les causes de son peu de durée; je ne songe point à la prolonger. On pourroit vouloir la rendre plus innocente et meilleure par des préceptes de morale; mais je suis presque persuadé de leur inutilité, et je crois que chacun a dans soi les principes du bien et du mal qu'il fait, contre lesquels les conseils de la philosophie ont peu de pouvoir. Celui-là seul est capable d'en profiter, dont les dispositions se trouvent heureusement conformes à ces préceptes; et l'homme qui a des dispositions contraires agit contre la raison avec plus de plaisir que l'autre n'en a à lui obéir.

Quel est donc mon dessein? C'est de faire voir la vie des hommes comme dans un tableau. Il ne s'agit pas ici de ce que les hommes doivent penser et faire, il s'agit de ce qu'ils pensent, de ce qu'ils font et de ce qu'ils sont capables de faire, et d'en juger par ce qu'ils ont fait. Tous les livres ne sont que trop pleins d'idées; il est question de présenter des objets réels, où chacun puisse se reconnoître et reconnoître les autres : et peut-être arrivera-t-il que, mettant devant les yeux cette multitude de routes différentes que les hommes prennent pour arriver à leur bonheur, les plus simples et les plus droites seront suivies, sinon par la plus grande, au moins par la plus saine partie. C'est ce qui a fait dire que le livre du monde étoit le plus utile de tous les livres, parce que c'est le seul qui peut par expérience montrer le véritable chemin de la félicité, qui n'est et ne peut être autre que la vérité et la vertu.

CHAPITRE PREMIER.

Des principes généraux de la différence qui se trouve dans la vie et dans les pensées des hommes.

La première division qui se doit faire dans l'homme, c'est celle de l'esprit et du corps; mais laissant à part cette séparation, qui est peut-être plus difficile qu'on ne pense, et regardant l'homme comme un tout composé de ces deux parties, je crois voir en lui trois principes généraux de toutes ses actions, qui font trois genres de vie différens. Je le regarde comme agissant ou par son appétit purement naturel, ou par les passions que les objets excitent en lui, ou enfin par la raison, qui, à ce qu'on prétend, le distingue des autres animaux. Ces trois principes ont fait dès la naissance du monde, et font encore à présent, qu'il y a trois sortes de vie parmi les hommes.

La première, celle de ces nations que nous appelons barbares, qui ne songent qu'à satisfaire leurs appétits naturels, vie plus communément innocente que la nôtre. La seconde, celle de presque tout le monde, qui ne songe qu'à satisfaire ses passions, celui-ci son avarice, celui-là son ambition, et cet autre son ardeur pour les voluptés. La troisième vie est de ceux qui, sous le titre de philosophes ou de gens de bien, prétendent par la raison réformer les deux autres; et ceux-là sont en petit nombre, plus propres à la contemplation qu'à l'action, et à critiquer le monde qu'à le corriger.

Mais cette diversité de principes, qui a introduit dans la vie des hommes ces trois principales différences que je viens de remarquer, est non-seulement dans la nature humaine en général, mais dans chaque homme en particulier; de sorte qu'il n'y en a point qui ne pense tous les jours agir conformément ou à ses appétits naturels, ou à ses passions, ou à sa raison; et de là vient le peu d'uniformité qui se trouve dans la vie, et qu'on les voit, comme a dit un de nos poètes,

Aujourd'hui dans un casque et demain dans un froc,

donnant tout, tantôt à leurs appétits et à leurs passions, et tantôt à la raison, qui n'est plus raison dès qu'elle est outrée, et qui jette l'homme dans des égaremens aussi dangereux que ceux de ses passions; ce qui fait qu'il ne faut point s'étonner de cette bigarrure qui se trouve dans le monde, puisque la souveraine qui devroit y mettre l'ordre est souvent celle qui gâte tout par sa foiblesse et par son incertitude : en sorte qu'il seroit à souhaiter que les hommes suivissent plutôt leurs premiers mouvemens que leurs réflexions; car les bons feroient le bien plus sûrement, et les méchans seroient plus tôt et plus généralement reconnus.

Il y a trois autres principes moins généraux de la prodigieuse diversité qu'on voit dans les pensées et par conséquent dans la vie des hommes : le tempérament, la fortune, et l'habitude. Beaucoup de gens prétendent que c'est au tempérament qu'on doit attribuer toutes nos actions; que les véritables sources de la fortune de chacun sont dans son tempérament; que la vertu même n'a point d'autre fondement; et que cette prétendue liberté qu'on dit que nous avons de bien et de mal faire n'est qu'une chimère. Il semble que l'astrologie judiciaire favorise cette opinion; car s'il est vrai qu'après avoir bien observé le moment de la nativité d'un enfant, un habile astrologue peut prédire tout le tissu de sa vie, ce ne peut jamais être que parce que certaines conjonctions des astres forment un certain tempérament qui déterminant l'homme à certaines actions, celui qui connoît parfaitement ces conjonctions et leurs influences doit presque deviner ce qu'un homme fera par ce qu'il est capable de faire, et prévoir même par là les accidens qui lui doivent arriver. Mais laissant à part cette science frivole, et ne voulant pas aussi ravir tout d'un coup à l'homme sa liberté, disons seulement que si le tempérament ne fait pas tout, du moins il entre dans tout; qu'on est amoureux, qu'on est ambitieux, qu'on est vertueux et dévot même, chacun selon son tempérament; et c'est ce qui fait qu'il ne se trouve pas deux personnes qui soient rien de tout cela de la même manière. Passons à la fortune. Je crois qu'il n'y a personne qui n'ait senti par lui-même qu'on pense et qu'on agit différemment dans la bonne et la mauvaise fortune, dans les richesses et dans la pauvreté. De cela seul je crois qu'on peut conclure que les grands princes, les favoris, les ministres,

les gens extraordinairement riches, sont, comme pour ainsi dire, des gens d'une autre nature que le commun des hommes; et en vérité personne ne peut avoir quelque commerce avec eux sans s'en apercevoir. Il faut avouer aussi que non-seulement eux, mais tout le reste du monde, prend l'esprit de son état : le bourgeois et le laboureur, le soldat et le marchand, ont tous des idées différentes de la même chose; et ce que l'un fait sans scrupule, l'autre, pour quoi que ce pût être, ne voudroit y avoir pensé. Cette différence de sentimens va encore plus loin : chaque profession et chaque métier, le médecin et l'architecte, le menuisier et le cordonnier, ont chacun l'esprit particulier de leur profession, comme le jésuite, l'augustin et le cordelier ont celui de leur ordre; en sorte qu'un aveugle de bon sens, qui les entendroit sans les voir, ne devroit pas s'y méprendre. Il y a une autre espèce de gens qui prétendent s'accommoder avec toutes sortes d'esprits, et entrer dans les pensées de chacun comme si c'étoient les leurs propres : ce sont les courtisans et les flatteurs (j'entends par là tous ceux qui prétendent avoir l'esprit plus souple que les autres); mais ils sont tous marqués au même coin, aisés à reconnoître, et plus méprisables en ce qu'ils n'ont rien de vrai, et point de sentimens qui leur soient propres. C'est une troupe de vils et fades approbateurs, imitant bien plus souvent les choses mauvaises que les bonnes.

Le troisième principe de la diversité des pensées et des actions humaines, c'est l'habitude, principe sourd et lent, mais certain. On peut presque dire que chaque homme fait toujours la même chose, jusque là qu'il ne peut pas comprendre qu'on fasse autrement. J'ai vu des gens faire l'amour à la montre, et toujours à la même heure. Quelque chose de mauvais vient à plaire par l'habitude, et comme chacun envisage chaque chose sous différentes circonstances, il n'est pas étonnant qu'ils aient de différentes pensées. C'est aussi par le moyen de l'habitude que l'éducation a quelque pouvoir de changer les hommes; car, à force de les tourner toujours du même côté, on les plie pour ainsi dire comme des chevaux qu'on dresse. Tout ce que je viens de dire est si connu qu'il n'en faut pas parler davantage.

<><><>

CHAPITRE II.

Idée générale de ce siècle; son caractère et ses changemens.

Ces principes supposés, il est nécessaire non-seulement que les hommes en détail se conduisent différemment, mais aussi que l'esprit et le caractère de tous les siècles soient différens entre eux ; car la ressemblance qui se trouve dans les passions des hommes et dans les événemens qu'elles produisent n'empêche pas cette différence. Il seroit donc à souhaiter que dans chaque siècle il y eût des observateurs désintéressés des manières de faire de leur temps, de leurs changemens et de leurs causes ; car on auroit par là une expérience de tous les siècles, dont les hommes d'un esprit supérieur pourroient profiter. On me dira que l'histoire donne cette expérience : mais comme elle est plus chargée des événemens que des réflexions ; que d'ordinaire on n'y représente les hommes que tout-à-fait en beau ou tout-à-fait en laid ; qu'on y parle fort souvent de gens qu'on n'a que peu ou point connus, et que, par mille considérations différentes, un historien ne s'avise point de dire tout ce qu'il en pense, l'histoire ne peut nous donner cette expérience vraie et utile que je cherche, et vient à n'être plus qu'une compilation de faits arrangés selon l'ordre du temps, qui ne peut contribuer à faire ce tableau varié et raisonné de la vie humaine, qui est mon but. Je sais bien que je n'ai pas connu à fond tous les gens de mon temps ; mais je dirai au moins avec vérité et liberté tout ce que je pense de ceux que j'ai connus, et je vais commencer par donner une idée de l'esprit qui a régné en France pendant la vie du Roi, et des divers changemens arrivés sous ce règne.

Il faut pour cela prendre la chose d'un peu plus loin, et remarquer que le seizième siècle fut un siècle de trouble et de division. L'autorité royale fut souvent méprisée et presque éteinte ; les intrigues du cabinet, les guerres de la religion, l'esprit de Catherine de Médicis, le changement fréquent des rois et du gouvernement, la faveur et les grands établissemens que se disputèrent la maison de Montmorency et celle de Guise, donnèrent lieu à quantité de petites guerres qui recommencèrent souvent, à beaucoup d'intrigues, à des cruautés extraordinaires, et souvent à l'abus que les grands seigneurs firent de leur autorité. Comme il y avoit beaucoup de chemins différens pour la fortune, et des moyens de se faire valoir, l'esprit et la hardiesse personnelle furent d'un grand usage, et il fut permis d'avoir le cœur haut et de le sentir. Ce fut le siècle des grandes vertus et des grands vices, des grandes actions et des grands crimes. Après que celui qui fut commis en la personne d'Henri III eut laissé à Henri IV non pas un trône où il n'y eût qu'à monter, mais une couronne à conquérir, il éprouva pendant le reste de ce siècle tout ce que la rébellion lui pouvoit faire essuyer.

Ce fut au commencement de celui-ci qu'il se vit maître paisible de son royaume ; ce fut aussi là que commença l'esprit qui règne encore aujourd'hui. Henri IV, qui avoit vu de ses propres yeux les désordres du siècle précédent, et qui en connoissoit la cause, voulut y remédier ; et la première chose qu'il eut en vue fut l'abaissement des grands seigneurs. Mais comme on ne va point d'une extrémité à l'autre sans passer par un milieu, il commença seulement par ne leur donner plus de part au gouvernement ni à sa confiance, et choisit des gens qu'il crut fidèles et de peu d'élévation.

Le dévoûment aux volontés du prince commença à être un grand mérite et presque le seul : mais comme ce prince étoit juste, bon et sage, il tempéra toutes choses, de manière qu'il mourut fort regretté et adoré de ses peuples.

La reine Marie de Médicis, sa femme, fit ce qu'elle put pour maintenir l'autorité royale, et se servit du maréchal d'Ancre, honnête homme et libéral à ce que j'ai ouï dire à des gens de ce temps-là. Les courtisans commencèrent à devenir rampans auprès du favori ; et quoiqu'il eût des ennemis considérables, il ne périt que par la faveur naissante du jeune de Luynes, qui s'étoit insinué dans les bonnes grâces de Louis XIII.

Ce favori, quoique sans expérience pour la guerre et pour les affaires, se fit faire connétable. Il éleva ses parens et ses amis, et continua d'abaisser les grands seigneurs à qui pourtant il restoit encore de grands établissemens. Après sa mort, Louis XIII, à la persuasion de la Reine, sa mère, mit dans son conseil le cardinal de Richelieu, alors évêque de Luçon, qui s'en rendit bientôt le chef et le maître. Celui-ci, d'un esprit vaste et hautain, entreprit en même temps l'abaissement total des grands seigneurs, celui de la maison d'Autriche et la destruction des religionnaires, et s'il ne parvint pas à l'entière exécution de toutes ces entreprises, il leur donna de tels commencemens, que depuis nous en avons vu l'accomplissement. Ce fut pour lors que tout le monde prit l'esprit de servitude ; et les contradictions que ce cardinal eut de la part de la Reine, sa bienfaitrice, de la part de feu Monsieur, héritier présomptif de la couronne, de celle de M. Cinq-Mars, et des autres qui approchoient le Roi, ne lui ayant servi qu'à faire éclater ses vengeances et à abattre tout ce qu'il y avoit de plus grand, il vit tout le monde soumis. Il faut dire la vérité, qu'avec cette jalousie qu'il avoit de l'autorité royale et de la sienne, qu'il en croyoit inséparable, il aima et récompensa la vertu partout où elle ne lui fut pas contraire, et employa volontiers les gens de mérite ; ce qui fit qu'on songea à en avoir. Il mit, avant que de mourir, dans le conseil du Roi le cardinal Mazarin, étranger de beaucoup d'esprit, qui, peu de temps après la mort du feu Roi, et par l'amitié que la reine Anne d'Autriche eut pour lui, se trouva le maître des affaires et le chef du conseil pendant une longue minorité. Le souvenir de la persécution que le cardinal de Richelieu avoit fait souffrir à la reine Marie-Anne d'Autriche, à Monsieur et à tout ce qu'il y avoit de plus grand dans le royaume, fit que chacun pensa à se relever pendant cette minorité. Monsieur, qui prétendoit être le tuteur légitime de son neveu ; M. le prince de Condé, pour lors duc d'Enghien, qui venoit de gagner la bataille de Rocroy ; M. de Beaufort, qui étoit fort bien avec la Reine régente ; l'évêque de Beauvais (1), le duc de La Rochefoucault, créature de la Reine, et madame de Chevreuse, qu'on croyoit le mieux dans son esprit, voulant tous faire valoir leurs prétentions, aussi bien que beaucoup d'autres concurrens, gens de grandes espérances par l'appui de ceux que je viens de nommer, il étoit impossible qu'on ne vît naître de cette situation beaucoup de divisions, et que l'autorité royale ne souffrît une grande diminution pendant la longue minorité d'un jeune roi et la régence d'une reine opiniâtre, qui vouloit maintenir un étranger malgré les parlemens, les princes et presque tout le monde. Ce fut donc un temps de licence, d'intrigues de cour et de galanterie, que tout le temps de cette régence ; car la Reine elle-même étoit galante et les femmes avoient beaucoup de part aux affaires. Il arriva aussi que la guerre étrangère qu'on avoit avec les Espagnols et la guerre civile, formèrent de bons officiers, et que l'art de la guerre, qui s'étoit perfectionné par le grand Gustave, roi de Suède, fut porté jusqu'à nous par ses généraux après sa mort, et surtout par le duc de Weimar, de qui M. de Turenne l'apprit ; M. le prince, de son côté, ayant commencé la guerre avec Gassion, qui avoit servi Gustave, et étant d'ailleurs d'un génie admirable, se perfectionna en Allemagne dans les campagnes qu'il fit sous lui avec M. de Turenne contre les Mercy et les Tilly, généraux habiles qu'avoit pour lors l'Empereur. Mais ce qu'il y a à remarquer, c'est que tout le monde étoit séparé en gens de guerre et en gens de cour, et que pendant que les premiers étoient en campagne, ceux-ci faisoient la guerre dans le cabinet, à la réserve des principaux et de quelques autres au-dessous d'eux qui étoient de tous métiers. Il est aisé de comprendre comme quoi chacun alors par son industrie pouvoit contribuer à sa fortune et à celle des autres : aussi les gens que j'ai connus, restés de ce temps-là, étoient la plupart d'une ambition qui se montroit à leur première vue, ardens à entrer dans les intrigues, artificieux dans leurs discours, et tout cela avec de l'esprit et du courage. Je vais dire présentement comment les choses ont changé peu à peu.

Après que le cardinal Mazarin, homme d'un esprit souple et délié, que ses passions ne détournoient jamais de suivre son intérêt, se fut servi de son habileté, de la fermeté de la Reine, d'un reste de l'autorité royale qu'il sut faire valoir à propos pour obliger M. le prince à sortir de France, et pour terminer la guerre civile par le secours de M. de Turenne, le plus grand capitaine de son temps, il employa ce même général dans la guerre étrangère, et par ce moyen se vit en peu de campagnes redouté des ennemis de l'État, aussi bien que de ses ennemis particuliers. Ce cardinal jouit pendant quelques années du fruit de ses travaux, c'est-à-dire d'une autorité qui ne recevoit aucune contradiction ; car, quoique le Roi parvînt à un âge où il pouvoit prendre connoissance de ses affaires, les obligations qu'il lui avoit, l'habitude, la soumission à ses volontés, qu'il avoit contractée dès son enfance, et sa timidité naturelle, l'empêchèrent de se mêler des affaires pendant la vie du cardinal, et quoiqu'on ait dit qu'il commençoit à s'en lasser, je doute qu'il eût de long-temps secoué ce joug. Pendant les dernières années du ministère du cardinal, la cour lui fut entièrement soumise ; mais comme il avoit eu besoin de tout le monde, il ménagea le mieux qu'il put et les uns et les autres. Il promit beaucoup et ne tint guère, gouverna le monde plus par l'espérance que par la crainte : on lui fit faire à lui-même beaucoup de choses en le menaçant. Enfin ce fut un homme qui, avec une autorité suprême, compta un peu avec le genre humain. Du reste il eut des amis avec qui il vécut familièrement ; il introduisit les plaisirs et les jeux, et amollit par là les courages. Surtout, comme il avoit été fort embarrassé autrefois de se trouver sans argent quand il sortit de France, il ne songea pour lors qu'à en amasser, et fit une espèce de trafic de toutes les charges du royaume ; en un mot, il ne se fit plus rien

---

(1) Augustin Potier, évêque de Beauvais, premier aumônier d'Anne d'Autriche.

sans argent. D'un autre côté, M. Fouquet, surintendant des finances, ayant pour but d'occuper un jour la première place, et par défiance aussi du cardinal, avec qui l'abbé Fouquet son frère l'avoit brouillé, ne songea qu'à se faire des créatures, et répandit beaucoup d'argent dans la cour. Cela y mit de la magnificence et de la joie : les vieux courtisans et les plus considérables ne songèrent qu'à se maintenir dans la familiarité et les bonnes grâces du cardinal (ce qui leur donnoit une grande distinction); et les jeunes qu'à se divertir et à jouir des bienfaits de M. Fouquet. Quelques-uns s'attachèrent au jeune Roi et s'en trouvèrent bien dans la suite.

Le mariage et la paix furent enfin conclus en même temps (1). Feu Monsieur, oncle du Roi, mourut (2); Monsieur, frère du Roi, épousa la princesse d'Angleterre. La cour revint à Paris où l'on fit une superbe entrée à la Reine; et au printemps suivant le cardinal mourut à Vincennes (3) avec toute la fermeté possible, laissant une succession immense et une grande réputation. Jusques ici j'ai parlé par ouï dire : présentement je vais dire ce que j'ai vu.

[1661] Louis XIV, âgé d'environ vingt-trois ans, s'appliqua aux affaires avec beaucoup d'ardeur; et comme le cardinal dans les derniers temps l'avoit surtout mis en garde contre la familiarité des François, et ne lui avoit parlé que de maintenir son autorité, il en fut jaloux jusqu'à l'excès et commença à se moins communiquer. Cependant sa jeunesse, sa bonne mine, ses nouvelles amours, et particulièrement l'abondance qui régnoit encore dans le monde, jointes aux spectacles et aux fêtes, firent que la cour parut à Fontainebleau, pendant l'été de 1661, plus brillante et plus belle qu'elle n'avoit jamais été : et comme chacun dans le commencement d'un gouvernement nouveau est rempli d'espérance, qui est la plus agréable de toutes les passions, ce ne furent que festins, jeux et promenades perpétuelles, où un jeune Roi, après avoir choisi une maîtresse digne de lui, commençoit à jouir de la liberté et de la royauté; car jusque là il n'avoit su ce que c'étoit que l'un ni l'autre.

La perte de Fouquet, surintendant des finances, qui avoit été, à ce que l'on croit, résolue par le cardinal Mazarin, mais non pas du consentement de la Reine mère, qui avoit obligation à Fouquet, arriva sur la fin de cet été. La Reine mère l'abandonna à ses ennemis, à la persuasion de madame de Chevreuse, liée d'intérêt avec Colbert qui, après avoir eu toute la direction des affaires du cardinal et sa confiance, avoit été dès long-temps destiné par ce ministre pour la réformation des finances. Cette affaire fut ménagée avec secret et dissimulation de la part du Roi. Il fit beaucoup de caresses à Fouquet; et sous prétexte que cet homme avoit des liaisons considérables, et qu'il avoit fortifié Belle-Ile sur la côte de Bretagne, le Roi alla lui-même à Nantes pour l'y faire arrêter, comptant que sa présence empêcheroit que personne se pût soulever en faveur de ce ministre; ce qui parut puéril aux plus sensés, mais qui flatta le Roi, dans la pensée qu'il en acquerroit la réputation d'un prince résolu, prudent et dissimulé. Fouquet, dans l'appréhension qu'il avoit eue du cardinal, s'étoit voulu mettre en état de lui résister en s'acquérant des amis; et comme il étoit naturellement visionnaire, il crut en avoir un bien plus grand nombre qu'il n'en avoit réellement. Il en fit une liste : la moitié de la cour se trouva sur ses papiers et fut quelque temps dans une grande consternation. D'un autre côté, les gens d'affaires prévirent bien l'orage qui alloit fondre sur eux. Quelques-uns furent arrêtés en même temps que le ministre; d'autres se sauvèrent, comme Gourville, le plus habile de ses confidens, qui mit à couvert beaucoup de bien et se retira en Flandre. L'emprisonnement de Fouquet fut suivi de l'érection d'une chambre de justice; les prisons furent pleines de criminels et d'innocens : il parut qu'on en vouloit au fort et le foible du monde. Colbert, persuadé que le Roi étoit maître absolu de la vie et de tous les biens de ses sujets, le fit aller un jour au parlement pour en même temps se déclarer quitte et le premier créancier de tous ceux qui lui devoient. Le parlement n'eut pas la liberté d'examiner les édits : il fut dit que désormais il commenceroit par vérifier ceux que le Roi lui enverroit, et qu'après il pourroit faire ses remontrances; ce qui dans la suite lui fut encore retranché. On peut s'imaginer la tristesse, la crainte et l'abattement que toutes ces choses produisirent dans le public; et voilà où commença cette autorité prodigieuse du Roi, inouïe jusqu'à ce siècle, qui, après avoir été cause de grands biens et de grands maux, est parvenue à un tel excès, qu'elle est devenue à charge à elle-

---

(1) Le traité des Pyrénées fut signé le 7 novembre 1659, et le 3 juin 1660 le mariage du Roi fait par procureur à Fontarabie.

(2) Le 2 février 1660.

(3) Sa mort arriva le 9 mars 1661.

même. On peut donc dire que l'esprit de tout ce siècle-ci a été, du côté de la cour et des ministres, un dessein continuel de relever l'autorité royale jusqu'à la rendre despotique ; et du côté des peuples, une patience et une soumission parfaites, si l'on en excepte quelque temps pendant la régence.

Le Roi, à cette jalousie de son autorité, joignit la jalousie du gouvernement. Il eut peur sur toutes choses, parce qu'il avoit été gouverné, qu'on ne crût qu'il l'étoit encore ; et par là ses trois ministres, Le Tellier, Colbert et de Lyonne, en lui disant toujours qu'il faisoit tout et qu'il étoit le maître, éloignèrent de lui et ceux qui l'avoient servi, et ceux qui étoient capables de le bien servir. Ils le réduisirent, comme il ne parloit qu'à eux, à faire tout ce qu'ils vouloient, soit en accordant aujourd'hui une chose à l'un et demain à l'autre, soit en faisant ce qu'ils vouloient tous trois, quand il leur plaisoit de s'accorder.

On ne parla plus aux maréchaux de Villeroy, de Gramont et de Clérembault, ni à M. de Turenne, auxquels M. le cardinal avoit accoutumé de communiquer les affaires importantes. Monsieur, jeune et beau, et qui ne songeoit qu'à ses plaisirs, ne fut compté pour rien. La Reine même elle-même n'eut bientôt plus de part aux affaires : le Roi vécut sèchement avec elle, et elle se repentit souvent d'avoir consenti à la perte de Fouquet. Pour M. le prince, qui étoit depuis rentré en grâce et avoit beaucoup de choses à expier, il n'osa pas dire le moindre mot, porté d'ailleurs par son naturel à une souplesse excessive pour la cour. Cette soumission des premières têtes de l'Etat attira, comme on peut penser, celle de tout le reste du monde ; et l'habitude à l'esclavage ne faisant qu'augmenter, il parvint enfin au même excès que l'autorité.

Il faut convenir que dans les derniers temps cette autorité despotique du Roi, et la soumission parfaite de ses sujets, ont beaucoup servi à soutenir la guerre que la France a eue contre tant d'ennemis ; mais elle n'auroit point eu cette guerre sans l'abus continuel que le Roi et ses ministres firent de cette autorité, car ils s'en enivrèrent tellement, pour ainsi dire, qu'ils voulurent l'exercer sur toute l'Europe, et ne regardèrent plus ni foi ni traité. Et à l'égard du dedans du royaume, s'étant imaginé que tout leur étoit possible, ils crurent pouvoir réellement convertir seize cent mille huguenots en six mois, par des voies indignes et de la sainteté de notre religion et de l'humanité : ce qui fit concevoir aux étrangers que tous les ordres du royaume étant d'ailleurs opprimés et mécontens, ils pourroient aisément, se liguant tous ensemble, porter la guerre dans le cœur de l'Etat, et rendre leur condition meilleure qu'elle n'étoit ; que s'ils n'ont pas fait du mal, ils ont fait au moins assez de peur pour obtenir une partie de ce qu'ils souhaitoient ; car il faut avouer que, malgré l'ambition d'être les maîtres, et l'orgueil insupportable que de continuelles prospérités nous ont donné, un des caractères des François dans ce siècle a été la timidité, sans laquelle, malgré notre méchante conduite et les ligues de tant d'ennemis, nous étions encore les maîtres du monde, tant la nation françoise, au milieu de la bassesse de son esclavage, a conservé de force et de valeur.

CHAPITRE III.

Quelques réflexions sur ce qui a été dit et ce qui m'est arrivé depuis la fin de l'année 1662 jusqu'à la mort de la Reine mère, arrivée le 20 janvier 1666.

Il est aisé de recueillir de tout ce que je viens de dire, premièrement que tout ce qui a porté l'autorité royale au point où elle est, c'est l'abaissement qu'elle avoit souffert dans le siècle précédent et le désordre de la guerre civile ; tout de même que l'abus continuel qu'on fait et qu'on fera de cette même autorité produira dans la suite de nouveaux désordres à la première occasion ; car, comme dit Horace,

Dum vitant stulti vitia, in contraria currunt.

(Pendant que les fous évitent une extrémité, ils tombent dans une autre.)

Et cela est si vrai, que je me souviens d'avoir ouï dire au duc de La Rochefoucault, celui qui avoit été un des principaux acteurs de la dernière guerre civile, qu'il étoit impossible qu'un homme qui en avoit tâté comme lui voulût jamais s'y remettre, tant il y avoit de peines et d'extrémités à essuyer pour un homme qui faisoit la guerre à son Roi. Mais l'idée de ces peines venant à s'effacer peu à peu de la mémoire des hommes, et frappant peu l'esprit de ceux qui ne les ont point éprouvées, les mêmes passions et les mêmes occasions rengagent les hommes dans les mêmes inconvéniens. On peut remarquer en second lieu que, comme il n'y a rien sous le ciel qui ne soit sujet à quelque imperfection, cette autorité absolue, qui fait d'un côté la grandeur et la félicité du prince et contribue au maintien de l'Etat, fait souvent, d'un autre côté, la misère des peuples, l'avilissement de la nation et des plus nobles sujets, et affoiblit et énerve ce même Etat; car l'autorité despotique compatit peu avec les grands talens et les grandes vertus, la soumission aveugle, qui n'est pas le propre des grands génies, devenant pour lors la principale des qualités qui contribuent à la fortune des hommes. Aussi, quoique depuis trente ans il se soit fait de grandes choses en ce royaume, il ne s'y est point fait de grands hommes ni pour la guerre ni pour le ministère : non que les talens naturels aient manqué dans tout le monde, mais parce que la cour ne les a ni reconnus ni employés, qu'elle s'est piquée de ne jamais choisir ceux que le public honoroit de son choix, et qu'elle s'est opiniâtrée de tous les siens lorsqu'ils étoient mauvais. Les exemples en foule ne me manqueroient pas ici pour prouver ce que je dis; mais ils viendront dans la suite se présenter chacun dans son rang. Je vais présentement continuer la narration des principales choses qui se sont passées depuis la mort de la Reine mère, jusqu'à la paix conclue vers la fin de l'année dernière (1). Au reste, avant que de passer au récit des choses générales, comme je veux laisser une image de ma vie aussi bien que de celle des autres, je dirai ce qui m'est arrivé, d'autant plus volontiers que n'étant rien de fort considérable, on ne sauroit m'accuser de vanité.

[1662] J'entrai dans le monde à l'âge de dix-huit ans et fus présenté au Roi au mois de décembre 1662, l'année d'après la naissance du Dauphin, et celle où fut faite par Sa Majesté, au mois de janvier, la première promotion de chevaliers de l'ordre. Ma figure, qui n'étoit pas déplaisante, quoique je ne fusse pas du premier ordre des gens bien faits, mes manières, mon humeur et mon esprit, qui étoit doux, faisoient un tout qui plaisoit assez au monde, et peu de gens en y entrant ont été mieux reçus; à quoi contribua l'amitié que madame de Montausier me témoigna, fondée sur celle qu'elle avoit eue pour mon père, homme de mérite, dont le souvenir n'étoit pas encore éteint. J'oserois même dire que le Roi eut plutôt de l'inclination que de l'éloignement pour moi; mais j'ai reconnu dans la suite que cette impression étoit légère, bien que j'avoue sincèrement que j'ai contribué moi-même à l'effacer. Quoi qu'il en soit, j'eus sans peine pour lors, et sans les demander, toutes les petites distinctions et tous les agrémens que d'autres n'auroient pas eu, même en les demandant.

[1663] Le Roi fit, l'année 1663, un voyage à Marsal qui eut l'air de guerre, et n'en fut point une. Il revint avec la diligence qui convenoit à un homme amoureux; il passa une partie de l'automne à Vincennes où il dansa un ballet dont je fus avec la plupart des courtisans. [1664] En 1664 il envoya un secours de six mille hommes (savoir, quatre mille de pied et deux mille chevaux) à l'Empereur, dont M. de Coligny, qui avoit depuis peu quitté M. le prince, eut le commandement en qualité de lieutenant-général, et M. de La Feuillade sous lui comme maréchal de camp. Je fus des premiers, et je crois le premier qui m'avisai dès le mois de mars de demander la permission au Roi d'y aller volontaire; je me pressai de le faire parce que j'étois obligé d'aller chez moi en Languedoc, d'où il m'étoit plus court et plus aisé de passer en Allemagne par Lyon et par les Suisses, comme je fis effectivement. Arrivé à Donawert sur le Danube, je trouvai deux cents volontaires de la première qualité du royaume (2), qui alloient faire la même campagne avec une magnificence extraordinaire. Je ne parlerai point du combat de Saint-Gothard où les troupes du Roi se distinguèrent; après quoi la paix ayant été faite entre les Turcs et l'Empereur, nous revînmes tous à Vienne pour de là passer en France, les uns par l'Allemagne, les autres par l'Italie, qu'ils avoient envie de voir. Pour moi je fus malheureusement arrêté à Vienne par deux blessures que je reçus dans un combat particulier, où je servois un de mes parens contre un autre de mes parens, qui se battirent pour une querelle qu'avoient eue leurs pères. Dès que je fus guéri je me mis en chemin et vins par le golfe de Trieste droit à Venise; et de là je me rendis chez moi en Languedoc, non sans inquiétude, ne sachant comment la cour avoit pris notre combat, car les lois contre les duels étoient plus régulièrement observées que jamais. J'appris avec plaisir que les informations que j'avois fait faire avoient réussi, que l'affaire n'étoit point traitée de duel à mon égard, et que je pouvois revenir à la cour. Messieurs les maréchaux de Villeroy et

---

(1) Selon toute apparence la paix de Nimègue qui fut conclue en 1678.
(2) La noblesse de France montra une si grande ardeur pour aller combattre contre le Turc, que Louis XIV fut obligé de la modérer. Il régla, par un édit, le nombre des volontaires qui feroient la campagne.

(*Note de l'ancien éditeur.*)

de Gramont, et madame de Montausier, me servirent dans cette occasion. Enfin je me rendis à la cour, en ayant eu la permission au mois d'avril 1665.

A la fin de cette année, le Roi, formant une compagnie de gendarmes pour monseigneur le Dauphin, qui en avoit déjà une de chevau-légers, me choisit parmi toute la jeunesse de sa cour pour m'en donner le guidon. J'avoue que je n'ai jamais été si aise et que je crus être en faveur; mais je vis bientôt que je m'étois trompé. Après avoir remercié le Roi, je remerciai la Reine mère; car quoiqu'elle n'eût part à rien, on la remercioit de tout. Elle mourut peu après, c'est-à-dire le 20 janvier 1666.

CHAPITRE IV.

Les amours du Roi jusqu'à la mort de la Reine mère; la disgrâce du comte de Guiche, de madame la comtesse de Soissons et du marquis de Vardes, et la création des nouveaux ducs.

Je veux répéter ici que ce n'est point une histoire que j'écris, dont je sais quelle doit être l'exactitude, mais seulement une suite des principaux faits, avec les réflexions propres à donner l'idée de mon siècle et à faire comme un tableau de ce que j'ai vu, et de la vie des hommes que j'ai connus. Avant que de passer plus loin, il faut dire un mot des amours du Roi; car l'histoire de ses amours n'est pas une des moindres parties de son histoire, ni celle qui marque le moins son caractère. Mademoiselle de La Vallière n'étoit pas la première inclination qu'avoit eue le Roi : la première femme de chambre et favorite de sa mère, nommée la Beauvais, quoique vieille et borgnesse, avoit eu les premières de ses caresses.

Il avoit été amoureux de Marie de Mancini, nièce du cardinal, et l'auroit épousée si ce bon ministre l'avoit voulu : ce qu'il rejeta par crainte ou par vertu, et maria sa nièce au connétable Colonne. Il eut ensuite beaucoup d'inclination pour mademoiselle de La Mothe-Argencourt, demoiselle de Languedoc, fille de la Reine, des plus aimables, et qui dansoit mieux que personne à la cour. Celle-ci fut trahie par ses confidens Roussereau et Chamarante, tous deux émissaires du cardinal qui, sachant par ces gens-là tout ce que le Roi disoit à cette fille, le lui redisoit un moment après comme le sachant par d'autres voies, et lui faisoit comprendre qu'il falloit qu'elle eût un autre commerce. Et effectivement, voyant que le Roi s'éloignoit d'elle, elle se prit d'une violente passion pour le marquis de Richelieu; et cette passion la conduisit enfin dans le couvent des Filles de Sainte-Marie de Chaillot, où elle a passé sa vie sans être religieuse, après avoir donné à ce couvent vingt mille écus que le Roi lui donna. Le Roi eut ensuite un grand commerce avec Olympe de Mancini, comtesse de Soissons, qu'il alloit voir tous les jours, même depuis qu'il fut amoureux de mademoiselle de La Vallière. Ce commerce ne cessa que lorsqu'elle fut chassée de la cour par ses intrigues, que je vais expliquer.

Il faut savoir, pour les bien entendre, que mademoiselle de La Vallière étoit fille d'honneur de Madame, et que, dans le commencement que le Roi fut amoureux d'elle, Madame, princesse ambitieuse et coquette, s'imagina que c'étoit pour elle-même que le Roi avoit de l'inclination. Quoique je sois bien persuadé qu'elle n'eût pas voulu pousser cette affaire à bout, il est certain que la pensée lui en fit plaisir et donna quelque inquiétude à la Reine mère. Ainsi, quand Madame s'aperçut qu'elle avoit peu de part aux fréquentes visites du Roi, et qu'il se servoit pour ainsi dire de prétexte à La Vallière, elle conçut beaucoup de dépit contre lui et contre elle; et pour se dépiquer elle écouta favorablement le comte de Guiche, fils aîné du comte maréchal de Gramont, jeune homme bien fait, qui, à beaucoup d'esprit et de courage, joignoit encore plus d'audace. Dans le même temps la comtesse de Soissons, qui vit le Roi épris des charmes de La Vallière, se rendit à l'amour de Vardes, qui n'étoit plus dans sa première jeunesse, mais plus aimable encore par son esprit, par ses manières insinuantes et même par sa figure, que tous les jeunes gens. On a cru que ce fut par ordre du Roi qu'il s'attacha à la comtesse et que le Roi fut son confident. Ce qui est certain, c'est que cet habile courtisan fit ce qu'il fit plus par ambition que par amour, et fut aussi fâché que la comtesse et que Madame quand il vit que La Vallière possédoit seule le Roi. Ces quatre personnes donc, savoir : Madame et le comte de Guiche (comme un jeune étourdi, par complaisance pour elle), la comtesse de Soissons et de Vardes, formèrent le dessein de perdre La Vallière pour rester les maîtres de la cour. Ils s'imaginèrent que si par quelque moyen la jeune Reine pouvoit savoir le commerce du Roi avec La Vallière, elle éclateroit et feroit éclater la Reine mère; de manière que le Roi ne pourroit s'empêcher de se défaire de sa maîtresse. Ils écrivirent là-dessus une lettre, comme de la part du roi d'Espagne à sa fille, qui l'avertissoit des amours du Roi. Cette lettre fut composée par Vardes et traduite en espagnol par le comte de Guiche, qui se piquoit de savoir toutes sortes de langues. Pour l'espagnol, il est certain qu'il le savoit. La lettre arriva à bon port, et sans que personne se doutât pour lors d'où elle venoit. La jeune Reine, qui aimoit son mari passionnément, et d'autant plus qu'elle en avoit été véritablement aimée pendant la première année de son mariage, fut outrée de douleur. La Reine mère prit son parti : cela donna beaucoup de chagrin et d'inquiétude au Roi, mais ne lui fit pas quitter sa maîtresse. Toute sa mauvaise humeur tomba sur ceux qui avoient eu la hardiesse de l'attaquer par un endroit si sensible. Toutefois, loin de se douter d'où cela lui venoit, il appela Vardes pour qui il avoit une estime et inclination singulière, et consulta avec lui qui ce pourroit être qui avoit osé l'offenser. Vardes, adroitement et méchamment, détourna le soupçon sur madame de Navailles, dame d'honneur de la Reine, dont l'humeur austère avoit depuis peu déplu au Roi lorsqu'elle avoit fait griller toutes les avenues de chez les filles de la Reine, pour l'empêcher d'aller voir mademoiselle de La Mothe-Argencourt, pour qui il avoit eu quelque fantaisie, porté à cela par madame la comtesse de Soissons, qui avoit toujours pour but de se défaire de La Vallière. Madame de Navailles et son mari furent donc chassés sans qu'on dît pourquoi. Madame de Montausier, gouvernante des Enfans de France, fut faite dame d'honneur de la Reine, et la maréchale de La Mothe, gouvernante des Enfans. Il se passa ensuite un temps considérable sans que le Roi, quoi qu'il fît, pût avoir une connoissance certaine d'où étoient venus à la Reine les avis qu'on lui avoit donnés. Pendant ce temps-là Vardes étoit toujours l'homme de la cour le mieux avec son maître, et celui dont il cherchoit le plus l'approbation. Il arriva pour son malheur que le comte de Guiche ayant été chassé à cause de Madame, cette princesse forma quelque dessein sur Vardes, et voulut lui faire abandonner la comtesse de Soissons. Celle-ci sut retenir son amant, et, fière de ce succès, tint un jour à un ballet des discours sur cela qui outrèrent Madame. Cette querelle s'échauffant, Vardes, pour plaire à la comtesse, fit une imprudence qui ne se peut pardonner à un homme de son âge : c'est que, trouvant M. le chevalier de Lorraine, favori de Monsieur, auprès de mademoiselle de Fiennes, fille de Madame, il lui dit d'un ton moqueur : « Comment, Monsieur, un prince fait comme vous s'amuse-t-il aux soubrettes ? Les maîtresses ne sont pas trop bonnes pour vous. » Ce discours, que le chevalier de Lorraine dit à son ami le marquis de Villeroy, et qui peut-être fut entendu par d'autres, parvint bientôt jusqu'à Madame. Elle s'en plaignit au Roi ; on envoya Vardes à la Bastille. On crut d'abord que ce seroit pour quelques jours ; mais ses ennemis ayant aigri l'esprit de Madame, elle découvrit le secret de la lettre espagnole qu'ils avoient concertée ensemble. Le Roi fut d'autant plus irrité qu'il se voyoit trahi par ceux qu'il avoit le plus aimés, la comtesse de Soissons et Vardes. Il envoya celui-ci dans un cachot à la citadelle de Montpellier, et exila la comtesse dans le gouvernement de Champagne qu'avoit son mari. Vardes pouvoit, sans ce malheur, espérer d'être fait duc et pair avec quatorze autres que le Roi fit, dont le nombre fut bientôt augmenté de quatre autres. Le duc de Saint-Aignan fut des quatorze premiers ; il étoit le confident des amours du Roi : du reste comparable à don Quichotte, car il fit un beau jour assembler le parlement et toute la France pour faire entériner une grâce qu'il avoit obtenue pour avoir tué, il y avoit longtemps, cinq hommes lui tout seul ; si bien qu'un conseiller de la grand'chambre, à qui on demandoit son opinion, ne répondit autre chose, si ce n'est : « Cet acte gigantesque est certes merveilleux. » Cette recrue de ducs fut violente ; et dans la suite on en a tant fait, que le bon mot du cardinal Mazarin a été accompli, qui, pressé par plusieurs gens qui lui demandoient des brevets de duc, dit un jour : « Hé bien ! j'en ferai tant, qu'il sera ridicule de l'être, et ridicule de ne le pas être. » Tout ceci arriva devant la mort de la Reine mère. Voyons ce qui s'est passé depuis.

CHAPITRE V.

Les principales choses qui se sont passées depuis la mort de la Reine mère jusqu'à la deuxième année de la guerre de Hollande.

[1666] La mort d'Anne d'Autriche, mère du Roi, n'apporta aucun changement aux affaires, dont elle ne se mêloit plus ; mais elle en fit un grand dans la cour, qui dès ce jour-là commença à changer de face. Cette princesse, qui avoit connu tout le monde, et en avoit eu besoin, savoit parfaitement la naissance et le mérite de chacun, et se plaisoit à les distingner : fière et polie en même temps, elle savoit ce qui s'appelle tenir une cour mieux que personne du monde, et quoique vertueuse souffroit même avec plaisir cet air de galanterie qui doit y être pour la rendre agréable et y maintenir la politesse dont en ce temps-là tout le monde faisoit cas, mais qui depuis est devenue inutile, et peut-être même ridicule. On peut dire que les mœurs des hommes et des femmes sont changées entièrement. Quand je dis les mœurs, j'entends les façons de faire, puisque du reste les mêmes passions ont dans tous les temps produit les mêmes effets : mais, par exemple, il est certain que, comme les femmes paroissoient se respecter plus qu'à présent, on les respectoit aussi davantage. Le jeune homme le plus débauché ne buvoit point tous les jours jusqu'à s'enivrer; et quand il étoit ivre il alloit se coucher. On étoit plus délicat sur les plaisanteries qu'on faisoit les uns des autres ; la bonne compagnie étoit plus séparée de la mauvaise ; les gens qui entroient dans le monde avoient plus d'égards pour ceux qui avoient quelque acquis, et n'étoient pas si aisément admis en toutes sortes de compagnies. Comme il n'y eut plus de mérite que celui de faire assidument sa cour au Roi, et que du jour de la mort de la Reine mère il passa presque toute sa vie à la campagne, l'urbanité et la politesse des villes se retirèrent petit à petit de la cour; à quoi deux choses contribuèrent beaucoup : l'une, que le Roi ne voulut ni ne sut faire la distinction qu'il convient de faire des hommes ; l'autre, qu'ayant une humeur naturellement pédante et austère, il mit insensiblement les femmes sur le pied de n'oser parler aux hommes en public. Sans les rendre plus sages, il les rendit plus impolies ; et parce que la nature ne perd point ses droits, à la fin il les a rendues effrontées. Ses ministres, d'un côté, gens de peu de naissance, pour éloigner tout le monde des affaires, lui persuadèrent qu'il ne pouvoit faire de distinction entre les courtisans sans s'assujettir à mille égards, et affoiblir son autorité ; et ses maîtresses, de l'autre, déchirèrent toutes les femmes pour se faire valoir, et ne leur permirent pas un seul regard, pendant qu'elles faisoient des enfans tous les jours. Ces dames avoient pourtant mauvaise grâce de faire valoir au Roi leur fidélité ; car il les tenoit sous la clef et personne n'osoit les regarder. Après cette digression, continuons notre espèce d'histoire.

Le Roi, quoique mademoiselle de La Vallière fût toujours la sultane reine, ne laissa pas d'avoir envie de la princesse de Monaco, fille du maréchal de Gramont, dont Peguillain, son cousin, fameux depuis sous le nom de comte de Lauzun, avoit eu les bonnes grâces du temps qu'elle étoit fille et qu'il logeoit à l'hôtel de Gramont avec elle, où le maréchal le traitoit comme un de ses enfans. Il étoit encore fort amoureux d'elle, et déjà bien avec le Roi, à qui il parla sur le chapitre de madame de Monaco avec tant de hauteur et de fierté, qu'il fut mis en prison à la Bastille ; mais ce qui pouvoit le perdre fit sa fortune. Le Roi, qui se soucia peu de madame de Monaco, conçut pour lors une si grande opinion de Peguillain, qu'il en fit ce qu'on verra dans la suite. Il est vrai que celui-ci laissa croître sa barbe dans la prison ; et comme c'étoit un excellent comédien non encore reconnu, il persuada au Roi son désespoir et en même temps sa passion pour lui. Pendant que le Roi pensoit à madame de Monaco, madame de Montespan commençoit à penser à lui et eut l'adresse de faire deux choses en même temps : l'une, de donner à la Reine une opinion extraordinaire de sa vertu, en communiant devant elle tous les huit jours ; l'autre, de s'insinuer de manière dans les bonnes grâces de mademoiselle de La Vallière, qu'elle ne la quittoit plus : si bien qu'elle passoit sa vie avec le Roi, et faisoit ce qu'elle pouvoit pour lui plaire ; à quoi il n'étoit pas difficile de réussir avec beaucoup d'esprit, auprès de La Vallière qui en avoit peu.

L'été de l'année 1666 se passa de cette manière à Fontainebleau. Le comte de Saint-Pol, cadet du duc de Longueville, y fit sa première entrée à la cour au retour de ses voyages : jeune prince fort spirituel, et à l'âge de dix-sept ans, mûr, avisé et capable de tout, comme s'il en avoit eu trente. Il fut touché de la beauté et de l'esprit de madame de Montespan comme plusieurs autres, du nombre desquels je me mis fort imprudemment ; car cette femme, dans le dessein de faire voir à la Reine sa bonne conduite, et de persuader au Roi qu'elle ne songeoit qu'à lui, faisoit tous les jours quelques plaisanteries de ses amans au coucher de la Reine où étoit le Roi, et redisoit ce que chacun de nous lui avoit dit. J'en fus averti ; et comme je crus voir que le Roi avoit quelque dessein sur elle, je me retirai en bon ordre, et bientôt tous les autres firent de même.

[1667] L'hiver suivant, tout le monde ne douta plus qu'elle ne parvînt enfin à ce qu'elle poursuivoit depuis long-temps. Lauzun se mêla de ses affaires ; la médisance même a publié que madame de Montausier y étoit entrée. Quoi qu'il en soit, la passion du Roi pour elle éclata entièrement dans le voyage que la Reine fit en Flandre pendant la campagne de 1667.

Après avoir parlé d'amour, il est temps de parler de guerre. Celle-ci, fondée sur les droits de la Reine (1), fut entreprise avec des forces médiocres (2) ; mais la foiblesse des ennemis fut cause que le Roi prit quantité de villes (3), et en auroit pris davantage s'il n'eût par deux fois interrompu ses conquêtes pour venir revoir la Reine, ou pour mieux dire madame de Montespan. M. de Turenne, général de l'armée du Roi, voyant ce jeune prince exact et laborieux dans les fonctions militaires, crut qu'il lui alloit inspirer la passion qu'il avoit lui-même pour ce métier, et que par là, se rendant le maître de son esprit, il feroit repentir les ministres du peu de considération qu'ils avoient eu pour lui. Dans cette pensée il les traita avec assez de hauteur, comme aussi les plus vieux courtisans, gens, à dire vrai, indignes pour la plupart qu'on ait beaucoup d'égards pour eux. Cependant il devoit sans doute ménager davantage les uns et les autres ; car cela fut cause que le Roi ayant pris l'hiver suivant [1668] la Franche-Comté (4), les ministres se hâtèrent de faire conclure au printemps la paix d'Aix-la-Chapelle, par laquelle on rendit cette province aux Espagnols (5); et ils nous laissèrent, à peu de choses près, les places (6) que nous avions prises en Flandre. Ce qui autorisa les ministres à s'opiniâtrer pour la paix fut l'alliance que firent contre nous la Hollande, l'Angleterre et la Suède, qui n'étoient pourtant pas en état d'empêcher que nous ne fissions de grandes conquêtes et ne prissions peut-être la Flandre. Sur quoi il est à remarquer qu'il a toujours semblé dans ces derniers temps que nous ne faisions la guerre que par humeur et non par des raisons solides, et que nous concluions la paix quand nous étions las de la guerre, sans que rien nous y obligeât : ce qui a fait qu'après quantité de batailles gagnées et de villes prises, la France, sans que la fortune lui ait tourné le dos, se trouve au même état presque que quand elle a commencé la guerre, hormis qu'elle est plus épuisée et a plus d'ennemis ligués contre elle. L'oisiveté de la paix laissa le champ libre aux amours du Roi et à sa passion pour les bâtimens et pour les fontaines : il fit des dépenses immenses pour faire venir de l'eau à Versailles, où il n'y en avoit point ; il défit plusieurs fois ce qu'il avoit fait, et les peuples ne furent point soulagés pendant la paix, qui ne dura que jusqu'en l'année 1672.

[1672] On recommença donc la guerre, qui n'avoit d'autre but que l'abaissement de la Hollande, dont le gazetier avoit été trop insolent ; et d'autre fondement que l'envie que Louvois, secrétaire d'État de la guerre, fils de Le Tellier, conçut alors de se faire valoir et d'embarrasser Colbert leur ennemi, en l'obligeant de fournir des sommes immenses. Cette guerre s'entreprit d'abord de concert avec Charles II, roi d'Angleterre, qui avoit envie d'abaisser les Hollandois (7) ; en quoi il avoit plus de raison que nous, car il attaquoit les ennemis naturels

---

(1) Il s'agissoit des prétentions de cette princesse sur le Brabant, la Haute-Gueldre, le Luxembourg, Mons, Anvers, Cambray, Malines, Limbourg, Namur et la Franche-Comté. La disposition de la coutume de Brabant déclaroit dévolus aux enfans du premier mariage les biens du père survivant, à l'exclusion des enfans du second lit. Par ce droit de dévolu, Marie-Thérèse, sortie du premier mariage de Philippe IV avec Elisabeth de France, demandoit la succession à ces provinces. Le droit eût été constant si Marie-Thérèse n'eût pas renoncé à tous ses droits par son contrat de mariage ; mais on trouva des jurisconsultes qui décidèrent que cette renonciation étoit nulle, et la cour trouva leurs raisonnemens solides, quoiqu'à Madrid et à Vienne on s'efforçât d'en faire voir la foiblesse.

(*Note de l'ancien éditeur.*)

(2) L'armée qui marcha vers les Pays-Bas n'étoit pas si foible que le fait entendre notre auteur. Les historiens disent qu'elle étoit de vingt-deux régimens d'infanterie, qui faisoient près de quarante mille hommes, outre cinq mille chevaux sous les ordres du maréchal de Turenne, et cinq autres mille chevaux qui formoient l'escorte du Roi lorsqu'il se rendit sur la frontière pour commander l'armée en personne. (*Idem.*)

(3) Charleroi, Bergues-Saint-Vinox, Ath, Tournay, la citadelle de Courtray et Lille, tout cela fut pris : Furnes, Douay, le fort de Scarpe, la ville de Courtray et Oudenarde se rendirent, tant par l'espérance de conserver leurs privilèges que par la crainte des châtimens dont le Roi les menaçoit.

(*Note de l'ancien éditeur.*)

(4) Besançon et Gray furent pris, Salins et Dôle se rendirent, et cela en treize jours.

(*Idem.*)

(5) Deux choses engagèrent le Roi à rendre cette province : la ligue de l'Angleterre, de la Suède et de la Hollande, que les ministres surent faire valoir auprès de lui, et la crainte que l'on avoit que les Suisses ne voulussent pas permettre que cette province passât sous la domination des François.

(*Idem.*)

(6) Par le traité d'Aix-la-Chapelle, signé le 2 mai 1668, Charleroi, Binch, Ath, Douay, le fort de Scarpe, Tournay, Lille, Oudenarde, Armentières, Courtray, Bergues et Furnes, demeurèrent au Roi avec leurs bailliages, châtellenies, territoires, prévôtés et annexes.

(*Idem.*)

(7) Notre auteur auroit pu dire : *à qui le roi de France avoit fait venir l'envie d'abaisser les Hollandois.* Les sollicitations et intrigues furent employées pour mettre Charles II dans les intérêts de la France et pour le déterminer à prendre les armes.

(*Idem.*)

du commerce d'Angleterre, et pour nous nous attaquions des gens dont le commerce et l'alliance nous étoient avantageux.

Il falloit, pour pouvoir porter nos armées nombreuses jusqu'en Hollande, avoir des magasins sur le Bas-Rhin; il falloit pour cela gagner l'électeur de Cologne, ce qui fut fait par l'assistance de M. de Furstemberg, évêque de Strasbourg, qui gouvernoit ce prince. On donna beaucoup d'argent à cet évêque. Le comte de Chamilly, qui avoit long-temps servi sous M. le prince, et qui étoit pour lors lieutenant-général des armées du Roi, homme de courage, d'esprit et d'une ambition outrée, fut chargé de la négociation, et s'en acquitta si bien qu'elle fut conclue en peu de temps; mais, pour plaire au ministre, il écrivit au Roi qu'il n'y avoit que M. de Louvois lui-même qui pût y mettre la dernière main. Ce ministre partit pour Cologne, sûr de la réussite de l'affaire, et il eut le plaisir presque en arrivant de signer le traité par lequel l'électeur de Cologne livroit au Roi Neuss et Kaiserswerth, où l'on avoit déjà fait de grands magasins, et donnoit quartiers d'hiver à la gendarmerie et à quelque cavalerie légère. Je passai donc, avec la compagnie des gendarmes-dauphin, l'hiver de 1671 et 1672 dans des quartiers auprès de Cologne, d'où nous allions souvent à cette ville. J'y fis connoissance particulière avec le marquis de Grana, qui y étoit de la part de l'Empereur, et avec M. de Buonvisi, nonce du Pape, qui depuis a été cardinal; deux hommes d'esprit si j'en ai jamais vu, qui peu après nous suscitèrent beaucoup d'ennemis. Le marquis de Grana, depuis gouverneur des Pays-Bas, voulut être lui-même le témoin de nos premiers exploits.

Le Roi au printemps attaqua quatre places en même temps, et les prit toutes quatre en huit jours (1). L'épouvante se mit dans les troupes des ennemis, composées d'assez bons soldats, mais conduites par des officiers qui n'avoient jamais rien vu et qui étoient la plupart enfans ou parens des bourguemestres des villes de Hollande.

Après ces premières conquêtes, le Roi marcha droit à l'Yssel avec l'armée que commandoit M. le prince de Condé, et laissa la sienne à M. de Turenne, qui étoit à trois lieues derrière lui. Le malheur voulut que le comte de Guiche, lieutenant-général, amateur de choses extraordinaires, qui avoit vu en Pologne les Tartares passer des rivières à la nage, proposa de passer le Rhin au Tolhuys de la même manière. Il fit croire qu'il y avoit un gué où il n'y en avoit point: peu de gens se noyèrent, et il y en eut quelques-uns de tués dans ce passage par quelques escadrons qui étoient sur l'autre bord. M. le duc et M. de Longueville, après qu'on eut passé, s'avancèrent, et trouvant les ennemis entraînèrent M. le prince qui les suivoit avec peu de gens. Cela fut cause qu'ayant poussé quelques escadrons, ces seigneurs et plusieurs autres arrivèrent à une barrière défendue par un bataillon; qui pensa mettre les armes bas; mais comme quelqu'un cria: *Point de quartier!* ils firent leur décharge si à propos que M. de Longueville fut tué, M. de Marsillac blessé et M. le prince lui-même (2). Avant cela, Nogent, Guitry, Brouilly, Théobon et quelques autres avoient été tués, et le comte de La Salle, de Sault, Revel, Du Mesnil, blessés, presque tous volontaires dans cette occasion. Quoiqu'on fît ce qu'on vouloit, qui étoit de passer dans l'île de Betaw, la blessure de M. le prince ne laissa pas de déconcerter les desseins du reste de la campagne. M. de Turenne vint se mettre à la tête de l'armée que quitta M. le prince, et marcha droit à Arnheim, qui se rendit, quoique nous n'eussions pas passé la rivière. Le comte Du Plessis y fut tué d'un coup de canon. Le marquis de Rochefort fut détaché pour aller promptement se saisir de Muyden et se rendre maître des écluses. S'il l'eût fait, la Hollande étoit perdue, car on ne songeoit plus à Amsterdam qu'à en apporter les clefs au Roi; mais ce général, qui, quoique brave, redoutoit fort les événemens, ne marcha pas assez diligemment pour vouloir marcher avec trop de précaution, et laissa jeter des troupes dans Muyden (3), qui lâchèrent les écluses, et en inondant le pays le sauvèrent. Ce coup manqué, M. de Turenne alla prendre Nimègue et le fort de Schenk; le Roi prit Doësbourg; Monsieur prit Zutphen; ensuite on s'alla camper près d'Utrecht qui ouvrit ses portes. Pierre Grotius s'y rendit de la part des Etats avec des propositions raisonnables (4) qu'on ne

---

(1) Elles furent prises en six jours. Orsoy et Rimberg se rendirent au Roi, la première le 3 de juin, la seconde le 6. Le 4, M. le prince prit Wesel, et le 3 Burich s'étoit rendu à M. de Turenne. (*Note de l'ancien éditeur.*)

(2) Il fut blessé à la main; d'autres disent pourtant qu'il fut blessé de deux balles au bras. (*Idem.*)

(3) Cinq chevau-légers de la garnison que les François avoient mise dans Naarden trouvèrent moyen d'entrer dans Muyden. Ils y jetèrent une telle épouvante, qu'on envoya des députés à Amersfort pour proposer des articles; mais dans cet intervalle le comte Maurice de Nassau se jeta dans la place, pourvut à sa défense et sauva par là la Hollande. (*Note de l'ancien éditeur.*)

(4) La députation étoit composée de quatre personnes

voulut point écouter, et le roi d'Angleterre y envoya le duc de Buckingham pour être médiateur de la paix ; car il vouloit bien l'abaissement des Hollandois, mais non pas que nous nous rendissions maîtres de la Hollande, qui avoit été et qui étoit encore à deux doigts de sa perte. Pendant que l'on conféroit, les affaires changèrent entièrement de face en Hollande : messieurs de Witt furent assassinés dans une émeute populaire (1), par ordre, à ce qu'on croit, de M. le prince d'Orange leur ennemi, qui dès ce moment se mit à la tête de leurs affaires, releva le courage abattu de cette république, ne voulut plus entendre parler de paix, et fit bien voir, comme dit un de nos poètes, qu'

> .... Aux âmes bien nées
> La valeur n'attend pas le nombre des années.

Il fut déclaré stathouder comme ses pères ; et excepté la paix de Nimègue, que les Etats firent malgré lui, ils ne se sont pendant le reste de sa vie gouvernés que par ses conseils ou pour mieux dire par ses ordres. Toute négociation de paix rompue, le Roi s'en retourna en France, et laissa beaucoup de troupes en Hollande avec le duc de Luxembourg pour y commander. Il auroit pu sans peine tomber tout d'un coup sur la Flandre espagnole, dégarnie d'argent et de troupes, et s'en rendre le maître : il se contenta d'y passer en voyageur et de venir jouir à Versailles du fruit de ses exploits. Il avoit effectivement bien châtié les Hollandois et montré quelle étoit sa puissance ; mais il se trouva dans la suite qu'il n'avoit rien fait de décisif pour son Etat, quoiqu'il eût été en pouvoir de le faire. Il est impossible de passer cet endroit de notre histoire, qui a été la cause de tout ce qui est arrivé depuis, sans faire cette réflexion qu'un Etat ne doit jamais agir contre de certains intérêts fondamentaux, à moins qu'il ne soit résolu de pousser les choses à l'extrémité, et ne voie de l'apparence au renversement total de la puissance qu'il attaque. Nous n'avons jamais songé à prendre la Hollande, mais à la châtier : mauvais dessein, car nous avons imprimé la crainte et la haine dans le cœur de gens qui par leur intérêt propre étoient naturellement nos alliés, et nous l'y avons imprimée de manière qu'ils ont prodigué leurs biens et risqué leur liberté pour nous abattre ; nous avons été cause qu'ils se sont abandonnés à un chef qui les a aguerris ; et une république qui, en l'état où elle étoit, ne pouvoit jamais être fort redoutable pour nous, est devenue le plus puissant de nos ennemis, sans qui tous les autres n'étoient pas capables de nous résister. Il ne falloit donc, bien loin de les attaquer, songer qu'à les endormir ; et nous aurions fait dans l'Europe tout ce que nous aurions voulu.

Mais si l'entreprise de cette guerre a été vicieuse en son principe, nous avons encore plus manqué dans l'exécution ; car lorsque la fortune nous tendoit les bras, que toutes les places se rendoient, et que nous avions trente mille prisonniers de guerre, nous nous sommes arrêtés à chaque pas ; au lieu de marcher avec toute l'armée, ou une grande partie, à Muyden, qui étoit la grande affaire, on s'est contenté d'y envoyer Rochefort avec cinq cents chevaux, qui le manqua. Le Roi s'arrêta à prendre les places qui sont sur l'Yssel, pendant qu'il pouvoit pénétrer dans le cœur de la Hollande, qui n'étoit pas encore inondée ; il s'amusa à écouter des propositions de paix, quand il n'y avoit rien de bon à faire qu'à se rendre entièrement le maître du pays ; après quoi il l'auroit été bientôt de la Flandre espagnole. Chose aussi qu'il ne falloit pas faire, c'étoit de rendre comme on a fait vingt-sept mille soldats prisonniers pour deux écus pièce, et de s'en retourner dans le mois d'août avec l'élite de ses troupes. Je sais qu'on dira qu'il est bien aisé de parler après l'événement : mais quelle est la différence de l'habile ou du mal-

---

et Grotius étoit à la tête. Les députés se rendirent le 22 a l'armée du Roi qui étoit auprès d'Utrecht, et le 23 ils furent visités par MM. de Louvois et de Pomponne. Ces deux ministres leur dirent qu'ils écouteroient leurs propositions, pourvu qu'ils eussent un plein pouvoir pour traiter ; ensuite ils leur insinuèrent que le Roi non-seulement vouloit garder tout ce qu'il avoit pris, mais qu'il prétendoit encore être remboursé des frais de la guerre. Des conditions si dures obligèrent Grotius de retourner à La Haye. Le corps de la noblesse fut d'avis que l'on devoit donner aux députés un plein pouvoir pour traiter, à condition qu'il ne seroit touché ni à la liberté ni à la religion des Sept-Provinces. Cet avis ayant été suivi, Grotius retourna à l'armée : il offrit Maëstricht pour le rachat des places, et il alla jusqu'à offrir dix millions pour le remboursement des frais. Mais le Roi ayant voulu avoir beaucoup au-delà de ce qui étoit offert, la dernière résolution portée à La Haye y partagea les esprits : la plupart des villes de Hollande et les quatre provinces Gueldre, Hollande, Utrecht et Over-Yssel, vouloient qu'on envoyât un nouveau pouvoir pour traiter ; mais la ville d'Amsterdam et les provinces de Zélande, de Frise et de Groningue, s'y opposèrent fortement. (*Note de l'ancien éditeur.*)

(1) Les conditions onéreuses que le Roi prétendoit imposer aigrirent les esprits des peuples, déjà affligés de leurs pertes. Les partisans du prince d'Orange crièrent que MM. de Witt étoient la cause de ces malheurs et qu'ils agissoient de concert avec la France : c'en fut assez pour qu'on se portât aux derniers excès. Le 3 de juillet les deux frères furent inhumainement massacrés.

(*Idem.*)

habile, si ce n'est que l'un voit long-temps devant, et que l'autre ne voit qu'après? Il y avoit encore un autre parti à prendre après avoir manqué la Hollande : c'étoit de tomber avec toutes ses forces sur la Flandre espagnole. Ce parti n'étoit pas, je crois, généreux, mais peut-être étoit-il nécessaire en saine politique. Toutes ces fautes que je viens de remarquer ne nous ont pas été dans la suite si préjudiciables qu'elles pouvoient et devoient l'être, mais cependant nos ennemis en ont tiré de grands avantages : nous en avons perdu la domination de l'Europe, que nous avions acquise, et sommes parvenus par notre industrie, après avoir réuni tout le monde contre nous, à nous faire plus haïr et moins craindre.

Les conquêtes que le Roi avoit faites en Hollande, et la rapidité avec laquelle il les avoit faites, tirèrent comme d'un profond assoupissement tout le reste de l'Europe. Les Hollandois ni personne n'avoient pu penser que le Roi pût en trois mois conquérir la Hollande ; cependant cela avoit pensé arriver, faute d'avoir suivi les conseils de M. de Witt, pensionnaire de Hollande, et, par la supériorité de son génie, le maître de cette république. Cet habile homme avoit proposé aux Etats, avant que le Roi se pût mettre en campagne, d'attaquer Neuss et de brûler tous les magasins ; ce qui nous auroit mis hors d'état de leur porter la guerre. Les Etats, pour avoir négligé ce conseil, furent à deux doigts de leur perte, et il en coûta la vie à celui qui l'avoit donné, pour n'avoir pu le faire exécuter.

Le reste de l'année 1672 se passa en négociations entre l'Empereur et l'Espagne ; les princes d'Allemagne et la Hollande s'unirent sur la fin de 1673 pour nous mettre à la raison. Il n'y eut que le roi d'Angleterre qui ne voulut point nous déclarer la guerre jusqu'à la dernière extrémité, quoique le prince d'Orange et son parlement l'en pressassent incessamment, et que Madame, duchesse d'Orléans, sa sœur, qu'il aimoit tendrement, laquelle avoit commencé la liaison des deux rois, fût morte malheureusement dès l'année 1670, non sans soupçon de poison. A propos de quoi on ne peut s'empêcher de parler de ce qui donna occasion à ces soupçons ; et de quelques intrigues de la cour pendant les années de paix qui précédèrent la guerre de Hollande.

CHAPITRE VI.

Intrigues du dedans de la cour, et les changemens qui y sont arrivés depuis l'année 1667 jusqu'en 1672.

Madame Henriette Stuart, sœur de Charles II, roi d'Angleterre, petite-fille de France par sa mère, l'une des filles de Henri IV, avoit épousé, comme j'ai dit, Philippe de France, frère unique du Roi. Ce prince, jeune, beau, et qui aimoit les plaisirs, commença par être amoureux de sa femme qui, quoiqu'un peu bossue, avoit non-seulement dans l'esprit, mais même dans sa personne, tous les agrémens imaginables : mais comme ce prince n'étoit pas destiné à n'aimer que les femmes, la violence de cette passion dura peu ; et quoiqu'il ait eu toute sa vie beaucoup de commerce avec ce sexe, je doute qu'il en ait jamais eu d'autre.

De tout l'amour qu'il eut pour elle il ne lui resta bientôt que la jalousie. Il eut assez de sujet de l'exercer auprès d'une jeune princesse adorée de tout le monde, un peu coquette, et quoique vertueuse, à ce que je crois, bien aise pourtant d'être aimée. D'autre côté, cette princesse ambitieuse vouloit non-seulement gouverner son mari, mais toute la cour, si elle eût pu ; et trouva fort mauvais que, du côté du Roi, mademoiselle de La Vallière, sa maîtresse, et ensuite madame de Montespan, et, du côté de Monsieur, le chevalier de Lorraine, son nouveau favori, l'empêchassent de gouverner ni l'un ni l'autre.

L'évêque de Valence, premier aumônier de Monsieur, et madame de Saint-Chaumont, gouvernante de ses enfans, la firent agir fortement contre le chevalier de Lorraine, et, voyant qu'ils ne pouvoient le perdre auprès de Monsieur, le perdirent auprès du Roi par le moyen de Madame, aidée de M. de Turenne, qui, en cette occasion, fit un personnage tout extraordinaire pour un homme de son poids et de son caractère. Le Roi avoit confié à ce grand homme le dessein qu'il avoit d'abaisser les Hollandois et de leur faire la guerre. Ils jugèrent donc qu'il falloit, pour réussir dans ce dessein, y faire entrer Charles II, roi d'Angleterre, qui aimoit fort sa sœur. Milord Montaigu, ambassadeur de ce roi, qui étoit des amis de Madame et la vouloit faire valoir, persuada au Roi que personne n'étoit si capable de négocier cette affaire. Le Roi changea donc entièrement de conduite envers Madame, qu'il avoit si souvent négligée, et elle parut tout d'un coup la toute puissante de la cour. Il se fit une grande liaison contre elle et M. de Turenne qui, comme j'ai dit, avoit le secret de cette affaire. Il étoit tous les jours chez Madame et y voyoit la marquise de Coaquin, sœur de madame de Soubise, jeune personne, sinon des plus belles, au moins des plus piquantes, qui étoit pour lors comme favorite de Madame. Ni l'âge de ce grand capitaine, ni sa sagesse, ne l'empêchèrent pas d'en devenir amoureux ; et sa foiblesse alla jusqu'à lui faire part du secret de l'Etat. Monsieur, qui voyoit avec dépit que sa femme, dont il n'étoit pas content, acquéroit beaucoup de crédit dans l'esprit du Roi, se douta bien qu'elle ménageoit quelque affaire de conséquence ; mais ne pouvant pénétrer ce que c'étoit, le chevalier de Lorraine, son favori, le tira bientôt d'embarras. C'étoit le jeune homme de la cour le plus beau, le plus aimable et le plus spirituel. Il attaqua madame de Coaquin, et (il faut dire la vérité) la dame ne résista pas long-temps. Elle lui découvrit les desseins de Madame et le secret de l'Etat que M. de Turenne lui avoit confié. Monsieur éclata contre sa femme ; et se plaignant au Roi de la manière indigne dont on le traitoit, lui fit connoître qu'il savoit tout ce qu'on lui avoit voulu cacher. On ne fut pas long-temps à découvrir par où il l'avoit appris ; et la confusion de M. de Turenne fut extrême lorsque le Roi lui reprocha la foiblesse qu'il avoit eue pour madame de Coaquin. Il en a toute sa vie été si honteux, que M. le chevalier de Lorraine m'a conté que long-temps depuis, lorsqu'ils furent parfaitement raccommodés ensemble, ayant voulu parler à M. de Turenne de cette aventure, il lui répondit fort plaisamment, selon moi : « Nous en parlerons quand il vous plaira, Monsieur, pourvu que nous éteignions les bougies. » Depuis cette découverte, Monsieur traita fort mal sa femme : ils étoient ensemble sans se parler, et tout ce qui étoit du parti de l'un étoit en horreur à l'autre. De là le Roi prit prétexte de faire arrêter le chevalier de Lorraine, comme celui qui fomentoit leur mésintelligence. Il fut d'abord envoyé à Pierre-Encise, ensuite au château d'If. Le marquis de Villeroy, son ami, fut exilé à Lyon ; M. le comte de Marsan, son frère, le fut aussi. Monsieur, outré de colère, se retira à Villers-Cotterets et y mena Madame. M. Colbert y fut envoyé pour

le ramener ; et après quelques allées et venues, dans lesquelles on stipula que M. le chevalier de Lorraine sortiroit de prison et iroit à Rome, Monsieur revint à la cour, mais plus mécontent de sa femme que jamais. Elle fit ensuite un voyage en Flandre avec le Roi (1), et passa jusqu'en Angleterre, où elle conclut avec son frère le traité fait pour attaquer la Hollande. Le duc de Monmouth, fils naturel de Charles II, qui avoit fait, il n'y avoit pas long-temps, un voyage en France, l'homme le mieux fait qu'on pût voir, redoubla pendant ce voyage les jalousies de Monsieur ; mais Madame, qui étoit pour lors la médiatrice des deux rois, fort aimée de l'un par inclination, et fort sûre de l'autre parce qu'il avoit besoin d'elle, ne s'en embarrassa guère. Elle revint jouir à Saint-Cloud de la beauté de la saison et de la conversation de ses amis, comme M. de Turenne, M. le duc de La Rochefoucault, madame de La Fayette, Troisville et plusieurs autres. Quoique je ne fusse pas dans sa confidence, j'étois de ceux dont elle recevoit les soins et les assiduités avec le plus de bonté. En cet état florissant, après avoir pris quelques bains à la rivière, un jour après le diner, ayant bu un verre d'eau, elle sentit des douleurs cruelles qui ne la quittèrent point jusqu'à la nuit, qui fut la dernière pour elle. Elle mourut avec toute la fermeté et les sentiments de religion possibles. Il ne se pouvoit guère qu'on ne soupçonnât une telle mort de poison : cependant elle ne désunit point les deux rois, qui poursuivirent l'exécution de leurs desseins ; tant il est vrai que les rois ne pensent pas et ne se gouvernent pas comme les autres hommes. Cette princesse fut infiniment regrettée. Troisville, que je ramenai ce jour-là de Saint-Cloud, et que je retins à coucher avec moi pour ne le pas laisser en proie à sa douleur, en quitta le monde et prit le parti de la dévotion, qu'il a toujours soutenu depuis. Il est certain qu'en perdant cette princesse la cour perdit la seule personne de son rang qui étoit capable d'aimer et de distinguer le mérite ; et ce n'a été, depuis sa mort, que jeu, confusion et impolitesse.

Quelques années auparavant, s'étoit élevée à la cour la faveur du comte de Lauzun, autrefois Peguillain, cadet de Gascogne, de la maison de Caumont, le plus insolent petit homme qu'on eût vu depuis un siècle, qui, par le

---

(1) Il s'agit ici du voyage que Louis XIV fit sur la frontière au printemps de l'année 1670. Il étoit accompagné de la Reine, du Dauphin, du duc et de la duchesse d'Orléans, de la plupart des princes et des princesses du sang, et des grands de sa cour. Le but de ce voyage étoit de visiter les villes que l'Espagne venoit de lui céder, et de faire prendre possession à la Reine et au Dauphin des terres qui leur étoient échues par succession.

(*Note de l'ancien éditeur.*)

moyen de madame de Montespan, dont il étoit le confident, et par sa souplesse, son insinuation et son dévoûment, étoit devenu le maître de la cour, et tenoit tête à Louvois, le ministre le plus insolent qu'il y eût alors, car la faveur de Colbert commençoit à baisser. Celle de ce petit homme étoit à son plus haut point et lui fit concevoir le dessein d'épouser mademoiselle de Montpensier, cousine-germaine du Roi, fille de feu Gaston de France, duc d'Orléans, riche de six ou sept cent mille livres de rente, qui avoit pensé épouser le Roi et ensuite Monsieur, et avoit refusé des rois et des souverains. C'est ici où il faut avouer qu'il s'est passé des choses dans ce siècle plus singulières qu'en aucun autre, pour ne pas dire plus ridicules; car toute cette affaire le fut au dernier point. Mademoiselle devint passionnée pour Lauzun, autant, je crois, parce qu'il étoit favori du Roi, que par les qualités aimables qui étoient médiocres en lui et en petit nombre. Quoi qu'il en soit, il mena cette affaire adroitement et si loin, que tout le monde fut surpris lorsque M. le duc de Montausier et le maréchal d'Albret allèrent un jour demander au Roi Mademoiselle pour lui, non-seulement comme parens et amis de M. de Lauzun, mais comme députés pour ainsi dire de la noblesse de France, qui recevroit, disoient-ils, à grand honneur et à grande grâce que le Roi voulût permettre qu'un simple gentilhomme qualifié épousât une princesse de ce rang, alléguant plusieurs exemples de pareilles alliances dans les histoires passées. Le Roi, qui étoit déjà préparé et résolu de tout accorder à son favori, les reçut favorablement et consentit que Mademoiselle fît ce qu'il lui plairoit. Cette princesse, enivrée d'amour, et Lauzun enivré de vanité, crurent leur affaire sûre; et ce dernier fut assez sot pour différer ce mariage de quelques jours, afin de le faire dans toutes les formes et avec tout le faste que vouloit sa vanité, comme s'il eût épousé son égale. Pendant ce peu de temps, toute la maison royale, les ministres et toute la cour se soulevèrent contre ce mariage. La Reine mère, qui ne se mêloit de rien, parla au Roi fortement; Monsieur encore davantage; et M. le prince dit au Roi, quoique respectueusement, qu'il iroit à la messe du mariage du cadet Lauzun, et qu'il lui casseroit la tête en sortant d'un coup de pistolet. D'autre côté, l'archevêque de Paris différa, sous quelque prétexte, de leur donner les bans pour se marier, poussé à cela par Le Tellier et Louvois, ennemis déclarés de ce petit Gascon. Mais ce qui rompit entièrement l'affaire fut madame Scarron, femme de beaucoup d'esprit, que madame de Montespan avoit mise auprès des enfans qu'elle avoit eus du Roi, et qui étoit alors sa principale confidente. Madame Scarron, dis-je, fit voir à madame de Montespan l'orage qu'elle s'attiroit en soutenant Lauzun dans cette affaire; que la famille royale et le Roi lui-même lui reprocheroient le pas qu'elle lui faisoit faire. Enfin elle fit si bien que celle qui avoit fait cette affaire la rompit, et que Lauzun et Mademoiselle eurent, au bout de trois ou quatre jours, ordre de ne pas passer outre à leur mariage. Ce fut un coup de foudre qui renversa la fortune de Lauzun, et fit en même temps tomber Mademoiselle dans le mépris; car si ce mariage avoit paru extraordinaire dès qu'il fut publié, sitôt qu'il fut rompu il devint ridicule. Le Roi lui-même annonça à Mademoiselle qu'il n'y falloit plus penser, et offrit à Lauzun, pour le dédommager, tous les biens et toutes les dignités qu'il pouvoit lui donner : mais ce favori irrité n'en voulut point. Comme cette aventure fit beaucoup de bruit dans toute l'Europe, le Roi se crut obligé de faire une lettre circulaire à tous les ambassadeurs, qu'ils pussent montrer dans les cours où ils étoient. Elle expliquoit les raisons qu'il avoit eues de permettre d'abord et de défendre ensuite ce mariage. Quelques-uns ont dit que cette lettre partoit de la plume de Lyonne; d'autres ont assuré qu'il n'avoit fait que la copier sous le Roi. Quoi qu'il en soit, elle fut imprimée et envoyée partout, et mit le dernier comble au ridicule de cette affaire. Pour Lauzun, il fut si outré contre madame de Montespan, qu'il s'emporta aux dernières extrémités contre elle, même devant le Roi; si bien que dès ce moment cette femme jura sa perte, qui ne fut pas long-temps à arriver. Je me souviens qu'étant de retour de Languedoc, peu de jours après la rupture de ce mariage, je trouvai M. de Lauzun à Saint-Germain chez une de mes parentes avec qui il étoit fort bien, et après m'avoir demandé si je ne l'avois pas bien plaint dans le malheur qui lui étoit arrivé, il parla de madame de Montespan avec tant d'indignation et de mépris, et comme un homme qui se possédoit si peu, qu'étant retourné à Paris voir une femme des amies de M. de Lauzun, dont j'étois éperdument amoureux, je lui dis : « Votre ami Lauzun est un homme perdu, qui ne sera pas encore six mois à la cour.» En effet, au bout de trois ou quatre il fut arrêté à Saint-Germain et envoyé à la citadelle de Pignerol, dans un cachot où il a été plus de dix ans. Beaucoup de gens crurent que c'étoit pour avoir consommé son mariage avec Mademoiselle, malgré les défenses du Roi. La plupart ont pensé que le seul crédit de madame de Montespan, qui dit au Roi qu'elle ne se croyoit pas en sûreté de sa vie tant que Lauzun seroit en liberté, fut cause de son malheur; à quoi se joignirent les mauvais offices continuels de Louvois, son plus mortel ennemi, qui lui rendit sa prison la plus cruelle qu'on puisse s'imaginer.

Laissons cela pour parler de trois hommes qui dans ce temps-là portèrent leur fortune bien haut, en dépit des ministres. Le premier fut Bellefond, qui s'étoit attaché au Roi dès le temps du cardinal Mazarin, lorsque tout le monde négligeoit de faire sa cour à ce prince. Ce fut lui que le Roi chargea, sur la fin des jours du cardinal, de lui venir rendre un compte fidèle de l'état où il étoit, et à qui il demanda plusieurs fois : « En est-ce fait? » Bellefond étoit d'une ambition outrée et aimoit les routes particulières et détournées; il avoit de l'esprit et même assez profond, mais peu agréable et sujet à des imaginations creuses. Il étoit faux sur le courage, sur l'honneur et sur la dévotion, et n'avoit jamais rien fait à la guerre qui méritât une grande élévation : il étoit pourtant capable de bien penser. Le Roi eut d'abord une grande confiance en lui, et lui donna, à la mort de Vervins, la charge de premier maître d'hôtel qui, sans être des charges du premier rang, est une de celles qui donnent le plus d'accès auprès du Roi, et le plus d'agrément dans le public. Il la mit sur un très-bon pied, et outre cela continua de servir à la guerre si fort au gré du Roi, qu'il fut fait après la campagne de 1667 maréchal de France avec le marquis de Créqui et d'Humières, qui ne l'auroient peut-être pas été sitôt si l'on n'eût eu envie de donner le bâton à Bellefond. Il se soutint, tant qu'il demeura à la cour, contre Louvois qui n'étoit pas de ses amis; mais quand il fut une fois éloigné, Louvois le perdit. Dans la suite nous dirons comment.

Le second dont je veux parler est La Feuillade, fou de beaucoup d'esprit, continuellement occupé à faire sa cour, et l'homme le plus pénétrant qui y fût, mais qui souvent passoit le but. Celui-ci fit sa fortune par ses extravagances; et une des choses qui lui a le plus servi, ce fut de se brouiller alternativement avec tous les ministres.

M. Colbert fut pourtant de ses amis. Du reste il imagina des choses à quoi tout autre n'eût jamais pensé : il mena à ses dépens, en Candie, deux cents gentilshommes volontaires des meilleures maisons du royaume, dont l'un des principaux étoit M. le comte de Saint-Pol, cadet pour lors, et depuis duc de Longueville quand son frère fut tout-à-fait fou.

La Feuillade ne fit rien d'utile pour le salut de la place; mais il fit une vigoureuse sortie où il perdit une partie de son monde, et s'en revint. Il alla ensuite en Espagne avec le marquis de Béthune qui lui devoit servir de second; présenta le combat à Saint-Aunay, parce qu'il avoit parlé du Roi peu respectueusement. Saint-Aunay, goutteux et cassé, nia le fait et se moqua de lui. Cette aventure de don Quichotte ne laissa pas de plaire au Roi. Enfin il trouva moyen de se soutenir contre Lauzun et contre Louvois, et devint à la fin duc, maréchal de France, colonel des gardes et gouverneur du Dauphiné. En cet état il acheta l'hôtel de La Ferté après la mort du maréchal de ce nom, et en fit une place où il éleva une statue du Roi en bronze, qui est un des plus beaux ouvrages de ce temps. Il en avoit déjà fait faire une autre de marbre; et toutes ces marques de sa reconnoissance envers le Roi avoient beaucoup plu à ce prince. Pour moi, quoique la plupart des gens aient trouvé dans cela une ostentation folle, je ne saurois désapprouver qu'un courtisan, qui a reçu de grands bienfaits de son maître, laisse un pareil monument de sa reconnoissance, supposé qu'on admette des pensées vaines dans un prince sage et dans un sujet qui le seroit aussi.

Le troisième, qui a eu beaucoup de part à la faveur du Roi, et a mis à la fin de grands établissemens dans sa maison, c'est le prince de Marsillac, à présent de La Rochefoucault. Il avoit commencé pendant les guerres civiles par porter les armes contre le Roi, et s'étoit trouvé au combat de Saint-Antoine avec son père, l'homme de son temps le plus galant, le plus délié, le plus poli et l'un des principaux auteurs de ces dernières guerres civiles. Après qu'elles furent finies, son fils ne songea, par ses assiduités, qu'à effacer de l'esprit du Roi les méchantes impressions qu'il avoit conçues contre sa maison; et effectivement il y réussit, étant homme de mérite, poli et sage de bonne heure : caractère que le Roi a toujours aimé, quoiqu'il ait fait de grandes fortunes à bien des fous.

<><><>

CHAPITRE VII.

Suite des principaux événemens de la guerre et de la cour, depuis la fin de 1672 jusqu'à la fin de 1674.

Revenons à la guerre commencée en 1672,

d'abord contre la Hollande seule, mais qui devint dans peu celle de presque toute l'Europe. L'Empire, l'Empereur et l'Espagne avoient trop d'intérêt à soutenir cette république pour ne se pas mettre en campagne. Aussi le roi fut à peine revenu de ses fameuses expéditions, qu'il vit ces puissances se préparer à lui faire la guerre. Ses conquêtes pouvoient s'étendre dans la Hollande inondée et les Espagnols ne lui avoient point encore déclaré la guerre. Il crut avec raison ne pouvoir mieux faire, au commencement de l'année 1673, que de prendre Maëstricht pour s'assurer de ce côté-là une communication avec ce qu'il avoit pris en Hollande, n'en ayant que par Bonn et par le Rhin, qui pouvoit être aisément interrompue toutes les fois que les Allemands seroient assez forts pour aborder la ville de Cologne. On fit donc pendant l'hiver les préparatifs nécessaires pour ce siége, et pendant ce même hiver M. le duc de Luxembourg, qui commandoit en Hollande, voulut profiter des glaces pour pénétrer jusqu'au fond du pays; mais, après avoir emporté Woërden avec la dernière valeur, il ne put passer plus avant : le dégel l'en empêcha. D'autre côté, M. de Turenne, qui avoit pris des quartiers en Westphalie, y fit hiverner un corps de troupes considérable, fatigué d'une longue campagne et d'une saison très-rude : il le rétablit pourtant si parfaitement, qu'il en composa au printemps une très-belle armée. Les choses étant en cet état, on passa sans obstacle dans le pays espagnol; on investit Maëstricht, dont la circonvallation aussi bien que la réputation étoient grandes, et où il y avoit une forte garnison sous le commandement d'un nommé Fane (1), qui avoit autrefois acquis de la réputation à la défense de Valenciennes. Cette entreprise étoit effectivement digne du Roi; mais comme il n'y avoit point d'armée en campagne pour secourir la place, et que les fortifications n'en étoient pas revêtues, elle fut, après quelque action de vigueur de part et d'autre, emportée en treize jours de tranchée ouverte. Le Roi, selon sa coutume, se montra dans ce siége vigilant, exact et laborieux ; mais les excessives précautions que le faux zèle de Louvois et de quelques autres leur fit prendre pour la sûreté de sa personne, et qu'il souffrit, ne firent pas un fort bon effet chez une nation qui (follement si vous le voulez) fait gloire non-seulement de braver mais de rechercher les périls. Je sais que ce n'est pas là le personnage d'un roi ; mais quand il veut conduire les autres aux occasions, il ne doit pas paroître grossièrement les éviter, surtout s'il affecte la réputation de guerrier et de héros, qu'il sembloit ambitionner alors, et à laquelle il a depuis renoncé. Maëstricht pris, la campagne fut finie pour le Roi : il sépara ses troupes en plusieurs corps ; il en envoya dans le pays de Trèves, pour joindre M. de Turenne qui observoit les démarches de l'armée que M. de Montecuculli, généralissime de l'Empereur, assembloit en Bohême. Je fus de ces troupes et je joignis M. de Turenne au haut du Tauber à Marienthal, où il assembloit son armée dispersée dans des quartiers, pour marcher le lendemain au-devant de M. de Montecuculli dans les plaines de Rotenbourg, résolu de lui donner bataille. Il ne tint effectivement qu'à M. de Montecuculli de la donner ; mais il l'évita sagement et finement, son dessein étant de gagner le Rhin à quelque prix que ce fût. Il prit, à la vue de M. de Turenne, un poste sur le Mein, si avantageux, que ce général ne l'y put attaquer : il vit bien dès ce moment qu'il ne pouvoit empêcher M. de Montecuculli de gagner le bas du Rhin et de prendre Bonn, à moins qu'on y eût jeté une partie de l'infanterie nombreuse que le Roi avoit en Hollande. Cependant, soit par manque de prévoyance ou par malice, Louvois, ennemi déclaré de M. de Turenne, ne jeta point de troupes dans Bonn, laissa prendre cette place et en rejeta la faute sur ce maréchal, qui pourtant avoit dès long-temps averti le Roi et son conseil qu'il ne pouvoit conserver que le Haut-Rhin, et qu'il falloit se servir de la quantité de troupes qui étoient inutiles en Hollande pour conserver Bonn. Les courtisans, pour plaire au ministre, blâmèrent fort M. de Turenne ; et il en fut si piqué, qu'ayant trouvé M. le prince assez mécontent aussi de la conduite de Louvois, ils résolurent tous deux d'attaquer ce ministre insolent, et de dire au Roi ce qu'ils pensoient véritablement de lui, c'est-à-dire qu'il étoit capable, par son application et son activité, de servir à l'exécution des desseins de Sa Majesté, mais non pas de gouverner les armées de loin, comme il le prétendoit faire ; qu'il n'avoit ni assez de vue ni assez d'expérience pour cela, et étoit d'une férocité, d'un orgueil et d'une témérité capables de tout gâter. M. de Turenne, pendant l'hiver, poursuivit son dessein et parla effectivement au Roi sur le chapitre de son ministre favori, de la manière dont je viens de dire. Il fit plus : il dit à Louvois lui-même tout ce qu'il venoit de dire au Roi et le traita comme un écolier indigne de son poste. Pour M. le prince, il n'eut pas la force de seconder M. de Turenne ; ce qui fut cause que cette remontrance

(1) Ou Fariaux suivant les premières éditions.

n'eut point d'effet. L'ostentation même avec laquelle M. de Turenne, amateur de la gloire et de la faveur populaire, donna au public la conversation qu'il avoit eue avec le Roi, et le peu de ménagement qu'il avoit eu pour son ministre, déplurent à Sa Majesté, à qui le vieux Le Tellier, pendant qu'il faisoit des soumissions à M. de Turenne, ne manqua pas de faire remarquer tout ce qu'il y avoit à remarquer dans ce procédé.

[1674] Le Roi résolut, en 1674, d'entrer de bonne heure en campagne et de commencer par attaquer la Franche-Comté. M. de Turenne, informé de ses desseins (car il ne s'en formoit point sans lui), eut avis que M. le duc de Lorraine marchoit avec un corps de sept à huit mille hommes pour se jeter apparemment dans cette province. Il pria le Roi de le laisser partir dans le moment pour aller s'opposer aux desseins du duc de Lorraine; et étant arrivé sur les frontières de la Lorraine et de la Franche-Comté, il trouva moyen, en faisant faire beaucoup de mouvemens à un petit corps de cavalerie et de dragons qu'il avoit, de persuader M. le duc de Lorraine qu'il assembloit une grosse armée; ce qui empêcha ce duc d'entrer en Franche-Comté avec ses troupes : que s'il l'avoit fait, les desseins du Roi sur cette province étoient déconcertés. M. de Turenne ne se contenta pas du service qu'il venoit de rendre : ayant appris que le duc de Lorraine, après avoir manqué son dessein, se retiroit avec le corps qu'il avoit amené, il jugea si précisément de la route qu'il tiendroit et du temps qu'il emploieroit à faire sa marche, qu'il résolut d'assembler en passant tout ce qu'il pourroit de troupes dispersées dans ces quartiers jusqu'à Philisbourg, sûr, à ce qu'il disoit, de rencontrer le duc de Lorraine vers Zeinheim. L'effet fit voir qu'il raisonnoit juste. Il partit donc d'auprès de Bâle (M. le grand prieur de Vendôme, jeune prince vif et hardi, à ses côtés) et arriva avec toute la diligence possible à Philisbourg. Il fit passer sur le pont volant toutes les troupes qu'il avoit assemblées, à mesure qu'elles arrivèrent; il y joignit une partie de l'infanterie de cette place. Avec ce corps, qui étoit presque égal à celui du duc de Lorraine, il marcha droit à Zeinheim, où il avoit toujours prévu qu'il le rencontreroit. Il l'y trouva effectivement, mais il trouva aussi de grands obstacles à l'attaquer et à le vaincre; et quoique je n'aie pas entrepris de donner dans cet ouvrage des relations exactes de combats, et surtout de ceux que je n'ai point vus, cette action est pourtant si singulière, et j'en ai si bien appris les circonstances de ceux qui y étoient, que je crois en pouvoir donner une idée juste; et c'est pourquoi j'entreprends de la rapporter.

M. de Turenne, arrivant à Zeinheim, vit les troupes du duc de Lorraine qui se mettoient en bataille sur une petite hauteur de l'autre côté de la ville et d'un ruisseau, dans un terrain assez étroit pour qu'elles l'occupassent entièrement; le duc avoit aussi jeté quelques dragons dans Zeinheim, si bien qu'il falloit emporter la ville dont les murailles étoient en leur entier, et passer un ruisseau avant que de le pouvoir combattre. Notre général ne perdit point de temps et fit attaquer Zeinheim par son infanterie, qui l'emporta d'emblée. Il la posta ensuite dans des haies à droite et à gauche de l'autre côté du ruisseau, et commença à faire défiler sa cavalerie quatre à quatre par la porte de la ville, et à former d'abord une ligne de peu d'escadrons, couverte du feu de son infanterie. A mesure que sa cavalerie prenoit du terrain, son infanterie avançoit des deux côtés dans les haies pour la soutenir. Effectivement les ennemis, qui occupoient un plus grand front, étant venus la charger lorsqu'elle étoit à moitié passée, et même y ayant mis quelque désordre, elle se rallia sous le feu de l'infanterie qu'ils ne purent soutenir. Cependant le reste de nos troupes passoit toujours et formoit une seconde ligne; mais comme il falloit que la première s'avançât pour laisser du terrain à la seconde, le duc de Lorraine, en homme expérimenté, prit ce temps-là pour faire une seconde charge. La faute qu'avoit faite Saint-Abre, lieutenant-général, en débordant trop les haies, et laissant son flanc découvert devant un ennemi qui occupoit un plus grand front que lui, fit qu'une partie de cette ligne fut battue et lui tué. Mais l'affaire fut rétablie par la seconde ligne et par les bons ordres de M. de Turenne; et lorsqu'il vit toutes ses troupes passées, et qu'il les eût étendues de côté et d'autre, en sorte qu'il avoit un front égal à celui des ennemis, il mit l'épée à la main et chargea lui-même à la tête du régiment colonel, avec tant d'audace qu'il mit en fuite l'armée du duc de Lorraine et la poursuivit longtemps jusqu'à des bois et des défilés, où il en prit et en tua grand nombre. Ce fut la troisième action où se trouva M. le grand prieur de Vendôme, fort jeune encore, qui s'étoit trouvé enfant à la sortie de Candie, au passage du Rhin en 1672, et qui s'est signalé depuis en beaucoup d'autres batailles.

Cette victoire donna un heureux commencement à cette campagne, qui d'abord paroissoit devoir être funeste à la France, car jamais elle n'avoit eu jusque là tant d'ennemis à combattre, ni vu contre elle de si grosses armées : le dedans du royaume paroissoit mal disposé, la Guienne, la Normandie et la Bretagne étant prêtes à se révolter. Il faut avouer qu'en cette occasion on ne peut trop louer M. de Turenne, seul capable d'imaginer et d'exécuter une action pareille, laquelle il soutint de quatre autres combats pendant le reste de cette campagne, qui fut sa dernière. Il fut tué malheureusement d'un coup de canon au commencement de la campagne suivante, lorsqu'il étoit prêt à faire repasser les montagnes d'au-delà du Rhin à M. de Montecuculli.

Cette année 1674, le Roi marcha de bonne heure à la conquête de la Franche-Comté, qu'il prit tout entière en six semaines. Il envoya en Flandre M. le prince de Condé pour s'opposer aux desseins des ennemis qui assembloient une armée de plus de soixante mille hommes. Il faut remarquer qu'en même temps que le Roi prenoit la Franche-Comté, il avoit ordonné à M. le prince de Condé d'attaquer Valenciennes ou Mons, et disoit tous les jours à ses courtisans qu'au moment qu'il parloit une de ces deux places étoit investie : mais on peut dire qu'en cette occasion son général fut plus sage que lui; car n'ayant tout au plus que trente-deux ou trente-trois mille hommes, et sachant bien que M. le prince d'Orange alloit marcher à lui avec soixante mille, il ne songea qu'à choisir un poste où il pût l'attendre en sûreté, et d'où il pût déconcerter ses projets. Il se posta dans un camp naturellement retranché par le ruisseau de Pieton, qui est profond et difficile à passer. Il ne s'éloigna pas de Charleroi qui étoit à sa droite, d'où il tiroit ses vivres : le château de Troissigines étoit à la tête de son centre, et sa gauche s'étendoit toujours sur la hauteur, jusqu'à une demi-lieue du village de Senef, qui étoit dans le fond, sur le ruisseau du même nom. Il demeura quelque temps dans ce camp avant que les ennemis marchassent à lui. On sut enfin qu'ils s'approchoient au nombre de plus de soixante mille hommes : leur armée étoit composée des troupes de l'Empereur, commandées par le général de Souches, françois, mais qui étoit depuis long-temps au service de l'Empereur et de celles d'Espagne que commandoient Louvigny et le marquis d'Assentar. Le comte de Monterey y étoit, mais comme volontaire, parce que le prince d'Orange, stathouder et général de Hollande, commandoit le tout.

Cette grande armée, du double plus forte que la nôtre, n'osa l'attaquer dans le poste où elle étoit, mais vint la braver pour ainsi dire en se campant à Senef, tout près de notre gauche. Leur dessein, à ce qu'on dit, étoit d'aller assiéger Ath et de nous combattre si nous allions au secours de cette place. M. le prince attendit patiemment qu'ils décampassent ; et comme il fut averti qu'ils marchoient le premier d'août, il se posta avec les gardes du corps et quelques brigades de cavalerie et d'infanterie à sa gauche, avec diligence. Il les vit marcher long-temps, et il s'aperçut qu'à cause de la difficulté du terrain, plein de défilés et de bois, leur avant-garde et même leur corps de bataille étoient éloignés de leur arrière-garde qui étoit encore au village de Senef, pendant que leur tête étoit à Mons. Il résolut dans le moment de faire attaquer cette arrière-garde, conduite par le marquis d'Assentar, général de la cavalerie d'Espagne, qui couvroit le prince de Vaudemont avec trois mille chevaux ; et pendant qu'il faisoit passer aux gardes du corps le ruisseau pour charger cette cavalerie postée de l'autre côté, il fit attaquer par Montal, avec la brigade de Navarre, le village et l'église de Senef, où il y avoit quatorze ou quinze cents hommes de pied. Ils furent tous tués ou pris, et les trois mille chevaux bien battus : Montal eut la jambe cassée, d'Assentar fut tué. Cela fait, M. le prince de Condé détacha Fourille, mestre de camp général de la cavalerie, et lieutenant-général, pour charger l'escorte des bagages, s'en empara et suivit le reste de l'armée des ennemis qui étoient en désordre. Ils se rallièrent pourtant et se postèrent sur une hauteur appelée Saint-Nicolas, escarpée des deux côtés. Ils jetèrent leur infanterie dans des bois. M. le prince, qui ne vouloit pas lui donner le temps de s'y fortifier, fit attaquer cette infanterie par les premières brigades qui arrivèrent de la nôtre, et leur cavalerie par les gardes du corps, par les gendarmes et par les chevau-légers de la garde. La hauteur fut emportée et la plupart de l'infanterie hollandoise culbutée et tuée dans des ravines et des chemins creux qui étoient derrière elle. Jusque là on avoit tué six mille hommes aux ennemis, pris leur bagage, et fait quatre mille prisonniers, et nous n'avions perdu que fort peu de gens; et si M. le prince avoit pu avoir son infanterie ensemble dans ce moment, il défaisoit entièrement l'armée des ennemis : mais parce que l'infanterie de sa droite, qui auroit pu passer par le derrière de son camp, et tomber sur le flanc des ennemis si l'on avoit plus tôt pu découvrir par où ils marchoient ; parce que cette infanterie, dis-je, suivoit en colonne celle de la gauche, et passoit par des défilés et des chemins difficiles, elle arriva tard et essoufflée. M. le prince ne put pourtant pas lui donner le loisir de se mettre ensemble, car il voyoit revenir l'armée de l'Empereur, qui avoit eu l'avant-garde ce jour-là; et considérant que si elle étoit une fois postée dans le village du Fey, entourée de haies, de ravines et de houblonnières, il ne pourroit jamais l'en chasser, il fit attaquer le poste des ennemis par les régimens, à mesure qu'ils arrivoient. Cependant, quoique nos troupes le fissent avec la dernière valeur, on ne put l'emporter, et en cet endroit on perdit autant de monde qu'eux. Alors M. le prince fit poster sa cavalerie dans une petite plaine qui étoit à sa droite, et à la gauche du village du Fey, pour prendre leur derrière; et de crainte qu'un grand corps de cavalerie de l'Empereur qu'il vit sur sa droite, ne le prît en flanc, il donna ordre à M. de Luxembourg d'aller s'y opposer avec la brigade de la gendarmerie, pendant qu'il entroit avec le reste des gardes du corps et la brigade de Caylus dans la petite plaine qui étoit à la gauche du village du Fey. Il y trouva la cavalerie de l'Empereur déjà arrivée, et dont les gardes du corps rompirent la première ligne; mais la seconde les ramena. Il les fit soutenir par la brigade de Caylus qui les repoussa jusque par-delà une petite ravine qui aboutissoit d'un côté au village du Fey, où étoit le gros de leur infanterie, et de l'autre à un bois où ils en avoient aussi jeté. Cette ravine traversoit toute la petite plaine. Sur la crête ils avoient cinq pièces de canon, et le gros de leur cavalerie arrivoit pour soutenir ce poste, qui étoit le salut de leur armée; car si on les avoit chassés de là, on prenoit à revers toute leur infanterie qui combattoit contre la nôtre dans les houblonnières et dans le village du Fey. C'est là où M. le prince vit bien qu'il avoit besoin de troupes : il envoya Des Roches, son capitaine des gardes, pour faire marcher à lui ce qui suivoit M. de Luxembourg. Des Roches arriva à la tête de la compagnie des gendarmes de M. le Dauphin que je commandois, composée de deux gros escadrons, et me dit : « Ne suivez point M. de Luxembourg à la tête de votre brigade, et venez au secours de M. le prince qui va être défait et perdu si vous tardez. » J'avançai promptement avec mes escadrons, celui des chevau-légers-Dauphin et les gendarmes d'Anjou. Nous trouvâmes effectivement ce qui restoit des gardes du corps et la brigade de Caylus obligés de céder, et qui repassoient la ravine, mais en ordre. Nous marchâmes aux ennemis et nous les contînmes au-delà de la ravine, d'où ils se contentèrent de nous faire un grand feu de canon et de mousqueterie. M. le prince voulut dans cet instant faire jeter dans cette ravine les deux bataillons des gardes suisses, qui étoient les seuls qu'il avoit là. Ils en auroient fait infailliblement abandonner le bord aux ennemis, et par là déterminé l'affaire; mais ils ne firent que plier les épaules sans s'avancer, se laissant tuer comme des gens qui ont peur. M. le prince au désespoir, tout furieux qu'il étoit de son naturel, ne dit autre chose, sinon : « Il en faut chercher d'autres : ceux-là n'iront pas »; ce qui fait voir combien il étoit maître de lui dans les grandes occasions. Il avoit eu déjà deux chevaux tués sous lui, et en eut là un troisième. Le comte de Sault, pour lors maréchal de camp, nous fit mettre en bataille; et la cavalerie qui avoit chargé ayant passé dans nos intervalles, se mit derrière nous, et ensuite tout le reste de la cavalerie sur plusieurs lignes : après quoi n'y ayant point d'apparence, sans infanterie et sans canon, de forcer les ennemis qui en avoient en cet endroit, nous demeurâmes le reste du jour, qui nous parut très-long, exposés dans un petit espace à la portée du pistolet, au feu de cinq pièces de canon qu'on chargeoit très-souvent à cartouches, et de l'infanterie qu'ils avoient dans le bois. Cette situation n'étoit pas bonne, mais elle étoit nécessaire, parce qu'il y avoit peu d'apparence de repasser devant les ennemis ces défilés très-difficiles que nous avions passés pour venir là, non plus que d'abandonner notre infanterie qui combattoit contre celle des ennemis dans le village du Fey. La nuit vint enfin; et M. le prince, dont le courage ne se lassoit jamais, ordonna qu'on fît avancer des bataillons nouveaux et qu'on allât chercher du canon pour rattaquer les ennemis à la pointe du jour. Tous ceux qui entendirent cette proposition en frémirent, et il parut visiblement qu'il n'y avoit plus que lui qui eût envie de se battre encore : cependant on se préparoit à recommencer. M. le prince avoit mis pied à terre, et s'étoit jeté dans un petit fossé; la cavalerie avoit mis pied à terre aussi, et tout étoit dans un grand calme des deux côtés, quand sur les onze heures il se fit de part et d'autre une décharge terrible. Les ennemis dirent que nous l'avions commencée, et nous disions que c'étoit eux : quoi qu'il en soit, presque toute la cavalerie s'enfuit, et le comte de Lussan, premier écuyer de M. le prince, homme de grand courage, eut bien de la peine à le mettre à cheval. Dès qu'il y fut, il entendit sur la droite un bruit de timbales et de trompettes;

et y étant accouru, il trouva mon escadron en bon ordre, que je faisois marcher et avancer à un petit bouquet de bois qui étoit sur ma droite entre la ravine et moi, lequel j'avois remarqué le jour, et où dans ce désordre je voulois appuyer la droite de mon escadron, pour ne pouvoir pas être pris en flanc. Il fut fort aise de m'avoir trouvé; et après m'avoir donné plus de louanges que je ne méritois, il rallia ses troupes le mieux qu'il put. Cette épouvante qu'il avoit eue lui fit changer le dessein de rattaquer les ennemis à la pointe du jour, en celui de se retirer dans le moment : ce qu'il n'eut pas de peine à faire en bon ordre, car les ennemis, à ce que nous apprîmes ensuite, se retiroient dans le même temps vers Mons. Nous repassâmes donc sur le minuit ce défilé que nous avions passé pour venir dans la plaine où étoit la ravine, et reprîmes le chemin de notre camp, où nous arrivâmes entre huit et neuf heures du matin. Pour les ennemis, ils se retirèrent sous Mons, bien contens de n'avoir pas perdu toute leur armée, qui avoit été en grand danger. J'ai été bien aise de rapporter cette action, parce que c'est la plus grande où je me sois trouvé, et qu'elle a été contée fort différemment, non-seulement par des gens de parti différent, mais aussi par ceux du même parti. On blâma à la cour M. le prince d'avoir trop hasardé sur la fin de cette journée; mais pour moi j'ai toujours cru qu'il auroit manqué à l'Etat et à lui-même si, ayant vu jour à défaire entièrement cette grosse armée, il n'avoit pas tenté ce qu'il tenta. Ce qu'il y a de vrai et que les ennemis ne peuvent nier, c'est qu'il les mena toujours battant depuis Senef jusqu'au village du Fey, pendant une lieue et demie; qu'il prit leur bagage, leur tua huit mille hommes et leur en prit cinq mille avant que d'être arrivé à ce village; qu'ensuite il ne perdit pas plus qu'eux, et que cette journée déconcerta tellement les projets de cette armée, qui étoit de soixante mille hommes, qu'ils ne purent sur la fin de la campagne songer qu'au siége d'Oudenarde, qu'il leur fit lever : si bien qu'on peut mettre cette campagne au nombre des plus heureuses pour la France, et des plus glorieuses pour ce grand capitaine. La perte ne laissa pas d'être grande de notre côté; il y eut mille officiers de tués et plus de six mille soldats. Quant à celle des ennemis, elle fut beaucoup plus considérable; et le comte de Monterey, gouverneur des Pays-Bas, passant en France l'année d'après, dit que le lendemain de cette action l'armée des puissances alliées s'étoit trouvée plus foible de vingt mille hommes tués, pris ou qui avoient déserté.

Cette action fit l'effet de tous les grands combats, qui est de calmer pour quelque temps la fureur des deux partis. M. le prince d'Orange rétablit son armée sous Mons, et fit des préparatifs pour le siége d'Oudenarde; et M. le prince de Condé mit la sienne dans des quartiers de rafraîchissemens de l'autre côté de la Sambre, et disposa toutes choses pour, avec les troupes que le Roi lui envoya de la Franche-Comté et ce qu'il pouvoit tirer des places, être en état de tomber diligemment sur les ennemis, de quelque côté qu'ils voulussent poster leur armée. Et en effet, ayant appris qu'ils attaquoient Oudenarde, il y marcha avec tant d'ordre et de diligence, qu'après peu de jours de tranchée ouverte ils l'aperçurent tout d'un coup arriver avec son armée sur les hauteurs et levèrent le siége. L'armée d'Espagne auroit même été ce jour-là entièrement défaite, si le comte de Souches, par une contre-marche qu'il fit faire à l'armée de l'Empereur, à qui il fit occuper des hauteurs qui étoient sur notre gauche, n'avoit donné de l'inquiétude à M. le prince, qui appréhendoit d'être pris en flanc pendant qu'il tomberoit sur l'armée d'Espagne. La campagne finit en Flandre par cette action, où les ennemis, après s'être vus cette année-là forts de soixante-dix mille hommes, se retirèrent en quartier d'hiver sans avoir rien fait. La plus grande partie de notre armée s'y retira aussi; mais la gendarmerie, dont j'étois, et quelques brigades de cavalerie et d'infanterie, reçurent ordre de marcher en Allemagne sous le commandement du comte de Sault, pour fortifier l'armée de M. de Turenne qui venoit de donner aux Allemands la bataille de Zeinheim, et les avoit fait retirer sous Strasbourg, mais dont l'armée étoit si foible et la cavalerie, qui ne mangeoit que des feuilles, en si méchant état, que c'étoit un miracle qu'il pût tenir tête à l'armée des ennemis qui, après la jonction de l'électeur de Brandebourg qui la commandoit, se trouvoit de près de cinquante mille hommes.

Nous arrivâmes sur la Sarre vers la fin de novembre. M. de Turenne ne voulut pas que nous joignissions son armée, parce que, dans le dessein qu'il avoit de repasser dans la Lorraine pour aller rentrer dans l'Alsace par Béfort, il voulut nous laisser rétablir parfaitement, afin que nous pussions faire l'avant-garde de son armée et donner le temps aux troupes qu'il avoit avec lui de se refaire dans la Lorraine; et en vérité on ne peut trop admirer sa conduite et comme il finit cette campagne. Nous demeurâmes donc quelque temps sur la Sarre sous les ordres du comte de Sault, depuis duc de Lesdiguières, qui pendant ce séjour fit lever le siége d'un petit château appelé Bliescastel, attaqué par un corps de quatre ou cinq mille hommes des ennemis. Il étoit défendu par un capitaine gascon qui y avoit sa compagnie. Chose assez singulière! nous trouvâmes cet officier réduit à une telle extrémité, qu'il avoit déjà mangé deux de ses mulets, et étoit prêt à manger sa servante, morte par accident, que pour cet effet il avoit mise dans un saloir. Ce pauvre homme méritoit bien une récompense : cependant, comme sa compagnie périt presque entièrement dans ce château, qu'il étoit pauvre, et n'eut pas de quoi la remettre en bon état l'année d'après, il fut inhumainement cassé, tant Louvois, secrétaire d'Etat de la guerre, et ministre alors tout puissant, étoit injuste, dur et cruel. Après cette petite expédition, le comte de Sault fut appelé auprès de M. de Turenne par la maladie de son frère, le marquis de Ragny. Je l'accompagnai dans ce voyage, et nous eûmes la douleur de lui voir mourir un frère honnête homme, aimable et qu'il aimoit, et moi un ami très-cher et très-sociable (1). Pendant ce voyage, M. de Turenne, qui avoit beaucoup de bonté pour moi, quoique je fusse encore jeune, et qui m'en avoit donné des marques essentielles, me demanda comment je croyois que finiroit cette campagne. Après m'être excusé de lui dire mon sentiment, comme ne devant être d'aucun poids dans des choses de cette nature, à cause de mon peu d'expérience, et surtout auprès d'un homme comme lui; s'étant obstiné à vouloir que je lui dise ce que je pensois : « Je crois, dis-je, que vous empêcherez l'armée des ennemis de se séparer et d'hiverner dans le plat pays et les villages d'Alsace; mais il ne tiendra qu'à eux de mettre toute leur infanterie dans les grosses villes, comme Mulhausen, Colmar, Schelestadt et autres. La cour y est effectivement résolue ; car elle vous a mandé plusieurs fois, à ce qu'on dit, de séparer votre armée; qu'elle étoit parfaitement contente de ce que vous aviez fait, et qu'il étoit temps de mettre les troupes en quartier d'hiver et en repos. » Il me répondit : « La cour est quelquefois contente lorsqu'elle ne doit pas l'être, et ne l'est pas quand elle le doit. Pour moi, je vais au mieux que je m'imagine qu'on puisse faire; et fiez-vous à moi : il ne faut pas qu'il y ait un homme de guerre en repos en France tant qu'il y aura un Allemand au-deçà du Rhin en Alsace. Remettez seulement vos troupes en bon état : j'en ferai mon avant-garde. » Je vis aussi bien que tout le monde que nous allions encore avoir bien des affaires et une longue fin de campagne : mais chacun, persuadé de l'utilité et même de la nécessité qu'il y avoit à la prolonger, s'y disposa de bonne grâce. Quelque temps après que nous fûmes retournés sur la Sarre, où nos troupes étoient en quartier de rafraîchissement, M. le comte de Sault reçut ordre de M. de Turenne de le joindre avec le corps qu'il commandoit. M. de Turenne prit sa marche par la Lorraine, le long des montagnes jusqu'à Béfort. Les ennemis crurent qu'il s'étoit retiré pour faire entrer son armée en quartier d'hiver. Ils marchèrent au haut de l'Alsace, mirent des troupes dans Schelestadt, dans Colmar et dans Mulhausen, et postèrent aussi une partie de leur infanterie de l'autre côté de la rivière d'Ill. Pendant que nous marchions lentement, M. de Turenne laissa courre sa cavalerie dans la Lorraine : elle y fit un peu de désordre, mais elle s'y rétablit. L'intendant se plaignit souvent à M. de Turenne que le pays étoit au pillage : il ne répondit autre chose, si ce n'est qu'*il le feroit dire à l'ordre*, et ne fit pas grand cas de ses remontrances, parce qu'il étoit question de rétablir son armée. Je fus détaché pendant toute cette marche avec quatre cents chevaux que je commandois, sous le chevalier depuis marquis de Sourdis, pour lors brigadier; et jamais détachement ne fut plus fatigant, parce que nous marchions toujours à deux journées devant l'armée qui n'avoit de nouvelles que par nous, et qu'ainsi à la fin de décembre, pendant un hiver des plus rudes qu'on ait vu, nous passions toutes les nuits à cheval. Enfin l'armée arriva à Béfort : M. de Turenne y apprit la situation des ennemis, qui ne l'attendoient pas, et crut qu'avant qu'ils eussent rassemblé tous leurs quartiers il pourroit tomber sur la marche de quelques-uns d'eux, s'il s'avançoit diligemment avec la tête de son armée. Il ne se trompa pas : il arriva à la tête de la gendarmerie, un des derniers jours de décembre, sur le bord de la rivière d'Ill, avec quinze ou dix-huit cents chevaux, dans le temps que quatre mille chevaux des ennemis, rassemblés des quartiers qu'ils avoient de l'autre côté de cette rivière, marchoient avec tous les bagages à Mulhausen. Il ne balança pas un moment à les faire attaquer; et parce que M. de Bournonville (2) qui les commandoit, au lieu de faire face à des

---

(1) Charles-Nicolas de Créqui marquis de Ragny, colonel de cavalerie, mort le 28 novembre 1674.

(2) Le mauvais succès des armes des alliés en Allemagne fut presque tout rejeté sur ce général. L'électeur

gués qu'il y avoit à la rivière, mit sa droite à la rivière et sa gauche à la montagne, ayant une petite ravine devant lui; on passa ces deux gués, c'est-à-dire la gendarmerie à celui de la droite, et Sourdis, avec la cavalerie légère, à celui de la gauche dans le flanc des ennemis, dont il renversa quelques escadrons : en même temps les premières troupes de la gendarmerie s'étant formées, passèrent fièrement la petite ravine. Comme je me trouvai à la tête des Ecossois et des Anglois, qui ne faisoient qu'un escadron, j'eus le plaisir d'en voir battre trois des cuirassiers et des meilleurs régimens de l'Empereur, qui, après avoir fait leur décharge, d'assez près à la vérité, tournèrent tout d'un coup le dos et furent poursuivis jusqu'à Mulhausen. D'abord je m'en revins à ma troupe qui étoit derrière. J'y arrivai fort à propos, car je la trouvai prête à tomber sur d'autres escadrons des ennemis qui suivoient leur marche le long de la vallée. Un de ces escadrons étoit celui des chevau-légers du duc de Lorraine. Ces troupes firent en cette occasion mieux que celles de l'Empereur; et les chevau-légers de Bourgogne, que commandoit le comte de Broglio, n'ayant chargé que la droite et la tête de leur escadron, qui sort it du défilé; et l'ayant fait plier, la queue et la gauche du même escadron le reprirent en flanc et en queue : si bien que si je ne fusse arrivé avec la compagnie des gendarmes de M. le Dauphin, ils alloient être défaits. Mais nous poussâmes cet escadron et tous ceux qui étoient sortis du défilé après lui, jusque par-delà la montagne. Dans ce temps-là M. de Turenne apprit qu'un autre corps des ennemis, où il y avoit de l'infanterie, marchoit de l'autre côté de la montagne : il craignit que ce corps tombant sur lui ne nous trouvât en désordre, et il nous rallia derrière cette petite ravine dont j'ai parlé. Le comte de Lusignan, qui revenoit, avec une petite troupe de gendarmes anglois et écossois, de poursuivre les fuyards, se trouvant de l'autre côté de la ravine, y demeura quelque temps devant trois troupes des ennemis qui n'osèrent le charger. Je voulus passer la ravine pour aller à son secours avec mon escadron, mais M. de Turenne m'en empêcha; et à un moment de là le comte de Lusignan ayant été joint par deux petites troupes de cavalerie qui ve-

noient de Mulhausen, il marcha à ces trois gros escadrons des ennemis, qui ne l'attendirent point et prirent la fuite. M. *** étoit homme de qualité, bon et civil officier ; il fit des merveilles dans toute cette action : cependant il ne put parvenir à être brigadier, Louvois n'aimant à élever que les gens de peu ou les gens de condition qui se rendoient pour ainsi dire ses esclaves. Après ce combat, M. de Turenne continua sa marche droit à Colmar, où il avoit appris qu'étoit le rendez-vous de toute l'armée des ennemis, et laissa derrière trois cents de leurs dragons dans le château de Ruffach, comptant bien que ceux-là ne lui échapperoient pas quand il auroit chassé leur armée. Il arriva enfin, la surveille des Rois, à une demi-lieue de Colmar, où l'électeur de Brandebourg avoit ses vivres et ses munitions. Les ennemis avoient Colmar à leur gauche et Turckheim à leur droite; mais leur armée, quoique grande, ne pouvoit s'étendre qu'à une demi-lieue de Turckheim, où ils avoient jeté trois cents dragons. Du reste, toute leur tête étoit couverte du ruisseau de Turckheim, guéable en quelques endroits, mais non pas partout. Il y avoit des vignes et de grands échalas où l'infanterie avoit même peine à marcher. M. de Turenne, résolu d'attaquer les ennemis, donna ses ordres dès le soir ; et l'armée ayant campé en bataille, il se mit en marche la veille des Rois, au point du jour. Au lieu de marcher droit au ruisseau et à Colmar, il enfourna toute l'armée sur deux colonnes dans le vallon de Turckheim, comme s'il eût voulu grimper la montagne. Personne ne comprenoit rien à son dessein; car il sembloit prêter le flanc aux ennemis qui pouvoient passer le ruisseau, guéable, comme j'ai dit, en plusieurs endroits, et tomber sur lui avant qu'il fût en bataille. Cela m'inquiéta comme plusieurs autres, et comme je pouvois lui dire ce qui me venoit dans la tête, que j'étois sans conséquence, et, si j'ose le dire, dans son amitié, il me l'avoit permis. Je gagnai donc la tête de la colonne et je lui dis : « Je vous demande pardon, Monseigneur, si j'ose vous dire que nous sommes tous inquiets de la marche que vous nous faites faire, et de voir que nous allons du nez dans cette montagne, et que nous sommes tous les uns

---

de Brandebourg l'accusa de prévarication et de trahison, tant de vive voix que par écrit. Il lui reprocha d'avoir été toujours opposé aux avis les plus salutaires; d'avoir entrepris diverses choses de son chef, sans consulter personne; d'avoir donné des signaux aux ennemis pour leur faire connoître les mouvemens de l'armée; de ne s'être pas saisi de Turckeim, conformément aux lois de la

guerre; d'avoir envoyé, la veille que les alliés décampèrent de Blesheim, un trompette au maréchal de Turenne pour lui en donner avis. L'électeur de Brandebourg ne fut pas le seul à se plaindre de la conduite de M. de Bournonville : les généraux Dunewal et Caprara jurèrent de ne jamais porter les armes avec lui.

(*Note de l'ancien éditeur.*)

sur les autres dans cette vallée. » Il me dit : « Effectivement vous n'avez pas tort ; mais j'ai compris que l'armée des ennemis, qui a le ruisseau de Turckheim devant elle et Colmar à sa gauche, où sont ses vivres et ses munitions, ne se déposteroit point d'un bon poste où elle est pour tomber sur moi, et ne passeroit point le ruisseau ; que d'ailleurs elle n'abandonneroit pas Colmar où sont ses magasins, de peur que je ne me jetasse de ce côté-là, et ne m'en saisisse ; que pourtant elle n'étoit pas assez grande pour tenir Turckheim autrement que par un détachement ; et qu'ainsi me saisissant de ce poste, comme je vais tâcher de faire tout-à-l'heure, je me donnerai un passage dans leur flanc qui les obligera à retourner leur armée, et à me combattre dans un terrain égal aux uns et aux autres. » Dès ce moment il fit effectivement attaquer Turckheim où étoient trois cents dragons, et l'emporta. Mais comme le passage de Turckheim n'étoit qu'un défilé où l'on ne passoit tout au plus que quatre de front, et qu'il lui en falloit un plus considérable, il commença à faire jeter des ponts sur le ruisseau à une demi-lieue au-dessous de Turckheim, vis-à-vis d'un endroit où le vallon s'élargissoit du côté des ennemis aussi bien que du nôtre. Les ennemis s'y portèrent avec une grande partie de leur infanterie ; et la nôtre, qui peu avant la nuit fit quitter aux ennemis l'autre bord du ruisseau, livra un combat considérable aux ennemis qui s'étoient postés en cet endroit pour nous en défendre la descente. L'électeur de Brandebourg voyant M. de Turenne dans son flanc, prit le parti de se retirer pendant la nuit ; et nous vîmes au point du jour qu'ils avoient abandonné leur camp, et par conséquent l'Alsace, parce que de là à Strabourg il n'y avoit plus de subsistance, puisqu'ils avoient pendant long-temps mangé tout ce pays. M. de Turenne, content de les avoir déposés, fit observer leur marche par le comte de Roye sans les poursuivre, et peu de jours après reçut la nouvelle qu'ils avoient tous repassé le Rhin sur le pont de Strasbourg. Le vieux duc de Lorraine, méchant plaisant de son naturel, qui étoit demeuré à Strasbourg, se piqua du mauvais succès des armes des alliés, et dit qu'un prince par la grâce du Roi avoit fait repasser le Rhin à cinq princes par la grâce de Dieu, et cela sur le même pont où il avoit vu passer cette année soixante-dix mille Allemands armés pour la cause commune. C'est ainsi que finit cette campagne, la plus glorieuse, je crois, qu'ait jamais faite M. de Turenne, et sa dernière, car il fut tué au commencement de la campagne suivante. Je me suis étendu à la décrire, parce que j'ai toujours cru que ce fut celle qui avoit décidé du succès de cette guerre, qui ne finit qu'en septante-huit par la paix de Nimègue, la plus honorable que la France ait faite jusques alors.

Il ne faut pas oublier de parler de la mort du chevalier de Rohan, qui eut la tête tranchée au mois de novembre 1674 (1). Il a été le seul homme de qualité, jusqu'au jour que j'écris ceci, puni de mort sous le règne du Roi pour crime de lèse-majesté. Il étoit de l'illustre maison de Rohan qui, comme celle de Bouillon, a eu dans ces derniers temps le rang de prince en France. C'étoit l'homme de son temps le mieux fait, de la plus grande mine, et qui avoit les plus belles jambes. Cette particularité paroîtra peut-être petite et basse ; mais il ne faut pas mépriser les dons de la nature, pour petits qu'ils soient, quand on les a dans leur perfection. Au reste, c'étoit un composé de qualités contraires : il avoit quelquefois beaucoup d'esprit, et souvent peu ; sa bile échauffée lui fournissoit ce qu'on appelle de bons mots. Il étoit capable de hauteur, de fierté et d'une action de courage ; il l'étoit aussi de foiblesse et de mauvais procédé, comme il le fit voir dans une affaire qu'il eut avec M. le chevalier de Lorraine, qui valoit mieux que lui ; car il osa avancer qu'un jour étant à cheval il l'avoit frappé de sa canne, chose dont il s'est dédit après beaucoup de menteries avérées. Ce même chevalier de Rohan avoit eu autrefois un procédé avec le Roi, encore jeune, et sous la tutelle du cardinal, qui lui avoit donné de la réputation. Voici le fait en peu de mots :

On jouoit fort gros jeu chez le cardinal : le chevalier de Rohan, après avoir beaucoup perdu, se trouva devoir au Roi une grosse somme. On étoit convenu qu'on ne paieroit qu'en louis d'or ; et après en avoir compté au Roi sept ou huit cents, il lui compta deux cents pistoles d'Espagne ou environ. Le Roi ne voulut pas les recevoir, et dit qu'il falloit des louis. Alors le chevalier de Rohan prit brusquement les deux cents pistoles d'Espagne et les jeta par la fenêtre, disant : « Puisque Votre Majesté ne les veut pas, elles ne sont bonnes à rien. » Le Roi, piqué, se plaignit au cardinal de cette insolence ; et le cardinal, comme son gouverneur, lui dit : « Sire, le chevalier de Rohan a joué en roi, et vous en chevalier de Rohan. » Ce procédé donna du relief au chevalier de Rohan dans le public, et au Roi, malgré son orgueil et son amour-propre, une idée de ce

(1) Le 27.

chevalier, dont il auroit pu profiter s'il l'avoit su faire. Une marque que ce que je dis est vrai, c'est qu'après un grand déréglement, beaucoup d'extravagances, et un mépris de la cour marqué en plusieurs occasions, le Roi l'avoit encore agréé pour la charge de colonel des gardes, lorsqu'elle sortit de la maison de Gramont : grâce dont il ne sut pas profiter, et qui l'auroit garanti d'une mort tragique.

Cet homme tel que je viens de le dépeindre, perdu de dettes, mal à la cour, ne sachant où donner de la tête, et susceptible d'idées vastes, vaines et fausses, trouva un homme comme lui, hors qu'il avoit plus d'esprit et plus de courage pour affronter la mort. C'étoit La Truaumont, ancien officier, qui espéra, se servant du chevalier de Rohan comme d'un fantôme, faire une grande fortune en introduisant les Hollandois en Normandie, d'où il étoit, et où il avoit beaucoup d'habitudes. Le mécontentement des peuples, et la Guienne et la Bretagne prêtes à se soulever, le confirmèrent dans cette pensée. Ces messieurs se servirent d'un maître d'école hollandois (1) qui demeuroit au faubourg Saint-Antoine, pour avoir correspondance en Hollande ; et leur traité fut effectivement fait et ratifié. Les Hollandois embarquèrent des troupes sur leur flotte et ne s'éloignèrent pas beaucoup pendant cette campagne de Normandie, où on les devoit recevoir (2). Les Etats de Hollande étoient convenus, entre autres choses, que quand tous leurs préparatifs seroient faits, ils feroient mettre certaines nouvelles dans leurs gazettes ; et elles y furent mises. La Truaumont partit pour aller assembler ses amis en Normandie, mais sous un autre prétexte, ne leur ayant pas voulu découvrir tout-à-fait la trahison. Un de ses neveux, nommé le chevalier de Preault, avoit aussi engagé dans leur dessein madame de Villiers, autrement Bordeville, femme de qualité dont il étoit amoureux et aimé, qui avoit des terres en ce pays-là ; et M. le chevalier de Rohan étoit enfin sur le point de partir lui-même quand il fut arrêté et mené à la Bastille. Le Roi en même temps envoya Brissac, major de ses gardes, à Rouen, pour prendre La Truaumont. Celui-ci, sans s'émouvoir, dit à Brissac, son ancien ami : « Je m'en vais te suivre ; laisse-moi seulement, pour quelque nécessité, entrer dans mon cabinet. » Brissac sottement le laissa faire, et fut bien étonné de l'en voir sortir avec deux pistolets (3). Il appela les gardes qui étoient à la porte de la chambre, qui, au lieu seulement de le désarmer et de le prendre en vie, le tirèrent et blessèrent d'un coup dont il mourut le lendemain, avant que le premier président eût pu lui faire donner la question, et par conséquent sans rien avouer. Cet incident auroit pu dans la suite sauver la vie au chevalier de Rohan (4), si, après avoir tout nié à ses autres juges, il n'avoit pas sottement tout avoué à Bezons (5) qui lui arracha son secret en lui promettant sa grâce : action indigne d'un juge. Le maître d'école fut pendu, et le chevalier de Rohan eut la tête coupée avec le chevalier de Preault et madame de Villiers qui mourut plus constamment que le chevalier de Rohan même ; car il fut d'abord étonné, et montra quelque foiblesse dès qu'il put soupçonner quel seroit son sort : mais il se remit ensuite, et reçut la mort avec résignation et fermeté. Il avoit été fort bien venu des dames, et en dernier lieu de madame de Mazarin, nièce et héritière du cardinal Mazarin, la plus belle femme de l'Europe, et qui l'a été jusqu'à son dernier jour. Elle avoit quitté son mari pour le suivre. Que si la laideur du mari et la bonne mine de l'amant peuvent excuser une femme, elle étoit excusable. Il avoit aussi eu les bonnes grâces de madame de Thianges, sœur de madame de Montespan ; et on prétendoit qu'il avoit aimé madame de Montespan même. Quoiqu'elle n'eût pas répondu à sa passion, elle fut fort touchée de sa mort ; mais elle n'eut pas le courage de demander sa grâce. Le Roi, à ce que j'ai ouï dire, fut tenté de la lui donner de lui-même : Le Tellier et Louvois lui représentèrent que dans la conjoncture présente un exemple étoit nécessaire, et qu'il n'en pouvoit faire un grand à meilleur marché, puisque

---

(1) Il s'appeloit Van-den-Ende ; il s'étoit établi à Paris et demeuroit au faubourg Saint-Antoine, dans le quartier de Picpus. Il avoit fait divers voyages dans les Pays-Bas où s'étoit conclu le traité.
(*Note de l'ancien éditeur.*)
(2) Il étoit dit par le traité qu'on leur livreroit Quillebœuf, et ils promettoient cent mille écus au chevalier de Rohan. Un marchand de Londres avoit été chargé par le gouverneur des Pays-Bas espagnols de les lui faire toucher. (*Idem.*)
(3) La Truaumont, en sortant de son cabinet, déchargea un de ses pistolets sur le major ; mais il le manqua, et la balle alla blesser un garde du corps qui n'étoit pas éloigné. Le major, dans le temps qu'on le miroit, cria : *Tire!* pour faire voir qu'il n'avoit point peur. A ce mot, un des gardes croyant que son officier lui donnoit ordre de tirer, lâcha son mousqueton dans le corps de La Truaumont.
(*Note de l'ancien éditeur.*)
(4) En effet, on n'avoit point de preuves, point de témoins, point d'écrit signé de la main des accusés ; et les commissaires auroient été fort embarrassés si le chevalier de Rohan eût continué à nier. (*Idem.*)
(5) Conseiller d'Etat.

le chevalier de Rohan étoit d'une grande naissance, et cependant sans suite et sans amis, mal avec sa mère et avec tous ceux de sa famille, dont aucun n'osa se jeter aux pieds du Roi. Cela fut trouvé fort mauvais dans le public : on blâma fort sa mère et sa parenté, madame de Soubise, qui étoit en ce temps-là fort bien avec le Roi, à ce qu'on prétendoit, quoique leur commerce fût caché. Madame de Montespan, comme j'ai dit, maîtresse du Roi déclarée depuis long-temps, fut chargée du même blâme dans cette occasion ; et ce n'est pas la seule où elle ait montré un cœur dur, peu sensible à la pitié et à la reconnoissance. Je me suis peut-être trop étendu sur cette mort ; mais il m'a semblé que cet incident ne laissoit pas d'être propre à faire connoître en partie l'esprit de ce siècle.

CHAPITRE VIII.

Suite des événemens de la guerre et des intrigues de la cour, depuis la fin de 1675 jusqu'à la paix de Nimègue, faite en 1678.

[1675] Au commencement de l'année 1675, le Roi prit la résolution d'attaquer puissamment la Flandre ; et comme il ne pouvoit le faire sans retirer son armée de Hollande, à cause des grandes forces que l'Empereur portoit sur le Rhin, aussi bien que les Espagnols et les Hollandois en Flandre, il ordonna au maréchal de Bellefond, qui commandoit en Hollande, de mettre dans Grave les munitions de guerre et de bouche, et le canon des places qu'on abadonnoit, et de ramener son armée, dont Louvois lui avoit fait donner le commandement pour l'éloigner de la cour et pour l'exposer à tous les méchans offices qu'il trouveroit occasion de lui rendre ; car il est difficile qu'un ministre accrédité auprès de son maître ne trouve aisément moyen de nuire à un général éloigné, exposé non-seulement aux mauvais événemens, mais même à une sinistre interprétation de ce qu'il fait de bien. Ce maréchal, abondant en son sens, opiniâtre à l'excès, et incapable de se soumettre, donna bientôt lieu aux mauvais offices du ministre. Il résista long-temps aux ordres réitérés d'abandonner la Hollande : il prétendoit avoir de bonnes raisons de ne le pas faire, et que le Roi étoit mal conseillé. Cela étoit peut-être vrai : mais Louvois fit entendre au Roi qu'il déconcerteroit par là ses projets,

et que la première qualité d'un général étoit la soumission aveugle aux ordres de la cour. Sur cela, Bellefond fut traité de fou et même de coupable. Il obéit pourtant, mais trop tard, à ce qu'on prétendoit. Il arriva à Maëstricht par l'autre côté de la Meuse, en même temps que le Roi arrivoit avec son armée par celui-ci. Le général Spaar, qui avoit assemblé un corps pour tomber sur sa marche, s'étant trop approché de Maëstricht, parce qu'il ne croyoit pas que l'armée du Roi y dût arriver si tôt, fut poursuivi long-temps, et pensa être battu le jour même que nous arrivions près de Maëstricht. Ensuite on ordonna au maréchal de Bellefond de faire le siége de Navaigne (château assez fort, à deux lieues de Maëstricht), quoiqu'il fût déjà disgracié, qu'il le sût, et que tout le monde en fût imbu. Navaigne pris, il eut ordre de se retirer en Normandie dans ses terres ; et parce qu'à un dîner qu'il fit avec quelques courtisans chez le comte de Tallard, où j'étois, on le plaignit de son malheur, cela ayant été rapporté à Louvois, il en voulut faire un crime à tous tant que nous étions, et il y avoit déjà sept ou huit lettres de cachet écrites et prêtes à signer, pour nous exiler. Mais Saint-Pouange l'en empêcha avec bien de la peine, tant cet homme-là étoit intraitable, farouche et malfaisant. Quoique le maréchal de Bellefond soit depuis revenu à la cour ; qu'à la place de la charge de premier maître d'hôtel, qu'il fut obligé de vendre, le Roi dans la suite lui ait donné celle de premier écuyer de madame la Dauphine, et la survivance à son fils ; qu'il ait même commandé depuis l'armée de Catalogne, il n'est pourtant pas revenu dans la faveur du Roi, à qui il est souvent arrivé de s'entêter de certains hommes, et de s'en désabuser de même, sans beaucoup de sujet : caractère d'esprit dangereux dans un homme qui est le maître absolu de la vie et des fortunes de ses sujets.

Le reste de cette campagne ne fut pas heureux, à la prise de Limbourg près, dont M. le prince fit faire le siége par M. le duc son fils ; après quoi, les armées ne firent que s'observer en Flandre, sans rien entreprendre de part ni d'autre. En Allemagne, M. de Turenne passa le Rhin avec une petite armée que Louvois, son ennemi, laissa manquer de plusieurs choses nécessaires. Cela ne l'empêcha pas de gagner du terrain sur M. de Montecuculli, et de tâcher à lui faire repasser les montagnes, quoique Strasbourg fût pour lui. Les uns croient qu'il en seroit venu à bout, les autres que non. Quoi qu'il en soit, il joignit les ennemis à Sasbach ; et ayant trouvé M. de Montecuculli posté à l'autre côté d'un vallon étroit sur une hauteur, il occupa celle qui y étoit opposée, résolu de le combattre s'il étoit possible : mais les ennemis ayant occupé Sasbach, où étoit une tour à l'épreuve du canon, M. de Turenne, qui vouloit faire attaquer ce poste, passa au galop à la tête des troupes pour le reconnoître. Il eut à peine monté une petite hauteur, qu'il reçut un coup de canon dans le milieu du corps. Ce coup, avant que de le frapper, avoit emporté le bras à Saint-Hilaire, lieutenant-général de l'artillerie, qui étoit à ses côtés, dont le fils fondant en larmes de voir son père en cet état, le père lui dit, en lui montrant M. de Turenne étendu : « Ce n'est pas moi, mon fils, qu'il faut pleurer ; c'est cet homme dont la perte est irréparable. » Parole remarquable, qui fait voir combien le véritable mérite a de pouvoir sur les hommes véritablement vertueux. Ainsi finit, au comble de sa gloire, non-seulement le plus grand homme de guerre de ce siècle et de plusieurs autres, mais aussi le plus homme de bien et le meilleur citoyen ; et pour moi, j'avouerai que de tous les hommes que j'ai connus, c'est celui qui m'a paru approcher le plus de la perfection.

On ne peut s'imaginer la consternation que cette mort mit dans l'armée. On résolut de marcher en arrière et de repasser le Rhin ; mais personne ne voulut se charger de l'arrière-garde, emploi qui étoit épineux, à cause des chemins serrés et difficiles. On se retira la nuit avec beaucoup de désordre. M. de Montecuculli se porta sur notre arrière-garde ; et le marquis de Vaubrun, qui avoit été quelques jours auparavant dangereusement blessé d'un coup de mousquet au pied, monta à cheval pour prendre, comme le plus ancien lieutenant-général, le commandement de l'armée du Roi : ce qui causa de l'embarras ; car le comte de Lorges, neveu de M. de Turenne, qui se trouvoit le plus ancien après Vaubrun, et étoit estimé plus capable de commander, se trouva de jour, et prétendit avoir le commandement. Il étoit question de repasser le Rhin devant un ennemi plus fort, et devenu audacieux par la mort de M. de Turenne. En cet état Vaubrun avoit déjà fait passer la moitié de l'armée, lorsque le reste fut vivement attaqué par M. de Montecuculli d'un côté, et par le prince de Lorraine de l'autre. C'est là que nos troupes firent voir que la mort de leur général ne leur avoit point abattu le courage. Le comte de Lorges fit ce qu'on pouvoit attendre d'un digne capitaine. On fit revenir les troupes qui avoient repassé au-delà du Rhin. Vaubrun lui-même, le pied cassé et la jambe sur l'arçon, chargea à la tête des escadrons comme le plus brave homme du monde qu'il étoit, et y fut tué aussi avec plusieurs autres. Enfin notre armée fit si bien, que les ennemis ayant été repoussés, lui laissèrent repasser le Rhin paisiblement. Le duc de Vendôme, fort jeune alors, eut la cuisse percée d'un coup de mousquet à la tête de son régiment, et donna dans cette occasion des marques du courage et des talens qui lui ont fait commander depuis avec gloire les armées du Roi dans les conjonctures les plus difficiles. A peine avoit-on reçu à la cour la nouvelle de la mort de M. de Turenne, qu'on apprit que le maréchal de Créqui, regardé presque comme le seul qui pouvoit devenir capable de le remplacer, avoit perdu par sa faute une bataille auprès de Trèves, et par là laissoit toute la frontière de Champagne ouverte aux ennemis. Cet homme ambitieux crut beaucoup faire pour son avancement et pour sa gloire si, dans le temps que M. de Turenne venoit d'être tué, il pouvoit faire un échec au duc de Zell et au vieux duc de Lorraine, qui marchoient à lui avec une armée plus forte que la sienne. Dans cette pensée il les laissa passer au pont de Consarbruch en si grand nombre, que quand ils furent passés il le défirent entièrement. Il est vrai que l'aile droite, où étoit le maréchal, renversa plusieurs fois les ennemis ; mais sa gauche, commandée par le comte de La Marck, qui y fut tué, quoique postée très-avantageusement, ayant pris la fuite presque sans combattre, la droite fut enveloppée et presque toute l'infanterie perdue. Dans ce désordre, le maréchal de Créqui prit le parti d'un homme au-dessus des autres : il comprit que cette armée, qui étoit venue précisément pour tirer M. l'électeur de Trèves de l'oppression où il étoit, iroit sans doute assiéger Trèves, et il trouva le moyen de se jeter dedans pour défendre cette place. Il y auroit peut-être réussi, sans la lâcheté et la trahison d'une partie de l'infanterie, qui pour ainsi dire le livra prisonnier de guerre aux ennemis. Quoi qu'il en soit, il eut le plaisir de faire voir par cette action que dans la plus grande disgrâce il étoit capable de trouver de la ressource dans son courage, et qu'il ne s'abattoit pas dans les mauvais succès : vertu sublime qui se trouve en peu de capitaines, et peut seule faire leur éloge.

Après cette bataille perdue et M. de Turenne tué, le Roi, pour réparer sa perte, fit sept maréchaux de France (1) : ce qui fit dire à madame

(1) Savoir, le duc de Navailles, le comte de Schomberg, le duc de Duras, le duc de Vivonne, le duc de

Cornuel, femme d'esprit, âgée de quatre-vingts ans, et qui avoit toujours été en possession de dire de bons mots, que *le Roi avoit changé son louis d'or en louis de cinq sous*. Le duc de Duras, frère aîné du comte de Lorges, fut de ce nombre, et on l'envoya commander l'armée d'Alsace avant que M. le prince eût pu s'y rendre. Tout le monde fut surpris que le comte de Lorges, qui venoit de faire une très-grande et une très-belle action à Altenheim, ne fût pas fait maréchal de France comme les autres : mais il étoit mal avec Louvois, avec qui il se raccommoda pourtant, et ce raccommodement lui procura bientôt après cette dignité dont il étoit d'ailleurs très-digne.

Le marquis de Rochefort, capitaine des gardes du corps depuis quelques années, le seul des amis de Louvois pour qui il avoit une véritable considération, homme d'esprit et de courage, mais général timide, incertain et peu capable, fut fait maréchal de France à cette promotion. L'on ne sait si de son vivant Louvois n'étoit pas amoureux de sa femme; mais il est certain qu'il le fut après sa mort, et que cette passion dura autant que la vie de Louvois. On prétend que le vieux Le Tellier avoit aussi été amoureux d'elle dans les premiers temps de son mariage, et bien des gens ont attribué l'aversion du père et du fils pour moi à cette passion; car ils s'imaginèrent tous deux que j'étois amoureux et mieux traité que je ne l'étois effectivement. Il y avoit plus de coquetterie de ma part et de la sienne que de véritable attachement. Quoi qu'il en soit, ç'a été là l'écueil de ma fortune, et ce qui m'attira la persécution de Louvois, qui me contraignit enfin de quitter le service. Mais qu'on est rarement jeune et sage à la fois ! J'avoue que je ne l'ai pas été en cette occasion ni en bien d'autres. Avant la maréchale de Rochefort, Louvois avoit aimé éperdûment madame Du Fresnoy, femme d'un de ses commis, et la plus belle de son temps. Celle-ci, comme l'on dit, lui fit bien voir du pays, le traita comme un petit garçon, et lui fit faire bien des sottises; mais parce qu'il sut habilement faire entrer le Roi dans sa confidence, qui de son côté faisoit beaucoup de choses mal à propos pour madame de Montespan, bien que cet amour fît tort à Louvois, on fit pour cette femme une charge toute nouvelle en France, de dame du lit de la Reine, sur le modèle des dames du lit d'Angleterre : charge qui donnoit à madame Du Fresnoy toutes les entrées et les prérogatives des dames de la première qualité, mais ne l'empêchoit pas d'être la femme d'un commis et la fille d'un apothicaire. Je ne crois pas que cette digression soit inutile pour faire voir quelles ont été les mœurs et quelle a été la prostitution de ce siècle, que je mettrois encore dans un plus beau jour si je disois en détail, comme il est vrai, combien ce qu'il y avoit de plus grand de l'un et de l'autre sexe étoit appliqué à faire sa cour à cette femme, qui de son côté y répondoit avec toute l'insolence que donnent la beauté et la prospérité, jointes à une basse naissance et à fort peu d'esprit.

Pour en revenir aux affaires de la guerre, M. le prince alla sur la fin de la campagne prendre le commandement de l'armée d'Alsace, qu'il trouva retranchée dans un bon camp, mais en fort mauvais état. Il ne laissa pas, dès que M. de Montecuculli voulut faire le siège de Saverne et puis marcher à Hagueneau (1), de se porter sur lui et de l'empêcher de s'établir dans ces endroits; mais il prévit bien que s'il fortifioit le poste de Lauterbourg il pourroit, l'année d'après, attaquer Philisbourg sans qu'on le pût secourir. En effet, le maréchal de Rochefort, qui commanda pendant l'hiver dans la Lorraine et les Trois-Evêchés, ayant laissé établir les Allemands dans ce poste, il fut impossible l'année d'après au maréchal de Luxembourg, avec une grosse armée, de secourir Philisbourg, que le jeune duc de Lorraine prit à sa barbe. C'est ce qui dans la suite a causé bien des malheurs à la France, soit parce qu'il en a coûté bon pour le reprendre, soit que, l'ayant encore rendu à la paix de Riswick, nous nous sommes ôté toute entrée en Allemagne et tous moyens d'y soutenir nos alliés. Et c'est ici où il faut encore admirer le bon sens de M. de Turenne, qui a toujours regardé cette place comme la plus importante à l'Etat, et disoit qu'il valoit mieux perdre une province que Philisbourg. Après avoir pris Strasbourg, on a été dans d'autres

---

La Feuillade, le duc de Luxembourg, le marquis de Rochefort. (*Note de l'ancien éditeur.*)

(1) Tout ce détail n'est point exact. Après la mort de M. de Turenne, les Impériaux, qui s'étoient emparés en Alsace de Molshein, de Mutzig, d'Oberenzen, et ensuite d'Anlau en Lorraine, jetèrent les yeux sur Haguenau et marchèrent vers cette place, comme le dit notre auteur; mais ils firent plus : ils en formèrent le siège, que l'approche de M. le prince les engagea de lever après quatre jours de tranchée ouverte. Le dessein de Montecuculli étoit d'aller combattre M. le prince; mais ce grand général, qui ne s'étoit proposé que de secourir Haguenau, évita le combat. Ce ne fut qu'après avoir levé le siège d'Haguenau, et avoir observé quelque temps l'armée françoise, que Montecuculli marcha vers Saberne ou Saverne. (*Note de l'ancien éditeur.*)

sentimens; mais la défaite d'Hochstedt a bien fait voir depuis la différence qu'il y a de l'entrée que Strasbourg nous donne en Allemagne, à celle que donnoit Phllisbourg. Cependant cette place fut perdue par la faute du maréchal de Rochefort ou de Louvois; et je crois que le maréchal en mourut de regret. Il est vrai que la place se défendit autant qu'elle se pouvoit défendre, et Du Fay ne se rendit à la fin que par un ordre du Roi. Les Allemands employèrent à cette expédition toute la campagne de 1676; et dans cette même campagne M. le prince d'Orange, en Flandre, attaqua Maëstricht. Pendant ce siége, nous prîmes Aire (1) sous le commandement du maréchal d'Humières; après quoi il renvoya la plus grande partie de ses troupes au maréchal de Schomberg, et nous allâmes faire lever le siége de Maëstricht (2). Le prince d'Orange crut, en se postant au défilé des Cinq-Étoiles, d'embarrasser le maréchal de Schomberg dans sa retraite, et de le combattre avec avantage avant qu'il eût pu regagner Charleroy et nos places; mais le maréchal repassa fièrement la Méhaigne à sa vue, et la campagne finit peu de temps après.

Au commencement de cette même campagne, le Roi perdit la plus belle occasion qu'il ait jamais eue de gagner une bataille. Il s'étoit avancé jusqu'à Condé, pendant que Monsieur faisoit le siége de Bouchain. Le prince d'Orange crut qu'en passant promptement l'Escaut sous Valenciennes, il tomberoit sur Monsieur avant que le Roi pût le secourir; mais le Roi, averti à temps de son dessein et de sa marche, partit le soir de Condé et se trouva le lendemain avoir passé l'Escaut avant que toute l'armée des ennemis fût arrivée à Valenciennes. La faute que nous fîmes fut de nous camper le long de l'Escaut, pour la commodité de l'eau; car nous pouvions y mettre notre droite et notre gauche au bois de l'abbaye de Vigogne, et ainsi nous trouver prêts à la pointe du jour à marcher aux ennemis en bataille : au lieu qu'avant que notre gauche fût à la hauteur de notre droite, il se perdit beaucoup de temps; après quoi il fallut encore marcher en colonne jusqu'à la cense de Heurtebise, qui est à la portée du canon de Valenciennes, avant que de se mettre en bataille.

A mesure que nous nous y mettions, nous voyions arriver l'armée des ennemis (3) sur la hauteur de Valenciennes, laissant cette ville à sa gauche. Nous étions tout formés long-temps avant qu'ils fussent tous arrivés, parce que leur pont sur l'Escaut s'étoit rompu. Outre cela, il leur manquoit du terrain dans leur derrière pour la seconde ligne, n'y ayant que des creux et des ravines où ils ne pouvoient faire aucun mouvement, et notre gauche les débordoit. En cette situation, tous ceux qui connoissoient le pays ne doutoient point qu'ils ne fussent perdus, et que cette journée ne finît glorieusement la guerre. Le maréchal de Lorges dit au Roi qu'il s'engageoit à les mettre en désordre avec la seule brigade des gardes du corps : mais Louvois, aussi craintif qu'insolent, soit qu'il n'eût pas envie que la guerre finît si tôt, soit qu'il craignît effectivement pour la personne du Roi ou pour la sienne, qui dans le tumulte d'une bataille n'auroit pas été en sûreté, tant il avoit d'ennemis, fit si bien, que lorsque le Roi demanda au maréchal de Schomberg son avis, le maréchal répondit que, comme il étoit venu pour empêcher le prince d'Orange de secourir Bouchain, c'étoit un assez grand avantage de demeurer là et de le prendre à sa vue, sans se commettre à l'incertitude d'un événement (4). Le Roi depuis a témoigné du regret de n'avoir pas mieux profité de l'occasion que sa bonne fortune lui avoit présentée ce jour-là, quoiqu'il en ait manqué une plus belle, comme nous le dirons en son lieu.

[1677] L'année suivante 1677, il répara bien cette faute en se mettant en campagne dès le mois de mars, et prenant les trois plus considérables villes et places des Pays-Bas avant le temps ordinaire de l'ouverture de la campagne. Il commença par Valenciennes, où ses troupes,

---

(1) Le 31 de juillet, et dans six jours de siége.
(*Note de l'ancien éditeur.*)

(2) Ce siége fut levé le 27 du mois d'août, après quarante jours de tranchée ouverte. Le prince d'Orange y avoit été blessé et avoit perdu, dit-on, près de douze mille hommes. Il embarqua sur la Meuse trente pièces de canon, cinq cents blessés, quantité de munitions et de bagage. Tout cela tomba entre les mains des François.
(*Idem.*)

(3) Elle étoit composée des troupes hollandoises et espagnoles, faisant en tout près de cinquante mille hommes.
(*Idem.*)

(4) On prétend que lorsque le Roi demanda l'avis du conseil de guerre pour savoir s'il convenoit d'attaquer les ennemis, tous les maréchaux, à la réserve de M. de La Feuillade, jugèrent l'entreprise trop périlleuse, parce qu'on avoit donné le temps aux ennemis de se retrancher, et qu'il eût fallu forcer les retranchemens. Dans l'armée ennemie il y avoit eu pareillement divers avis par rapport au combat. Le prince d'Orange souhaitoit fort de se mesurer avec le roi de France; mais le duc de Villa-Hermosa, gouverneur des Pays-Bas, qui voyoit la Flandre perdue s'il venoit à être battu, ne crut pas devoir risquer le sort des Pays-Bas à l'événement d'une bataille.
(*Note de l'ancien éditeur.*)

qui venoient d'emporter une demi-lune, entrèrent par un pont-levis et par une fausse porte, et s'en rendirent les maîtres. Le Roi ne fut pas peu étonné lorsque le grand prieur, aide-de-camp de jour, qui avoit été des premiers à y entrer, lui vint apporter la nouvelle de la prise de cette place. Monsieur attaqua Saint-Omer, et le Roi Cambray : ces deux conquêtes ne furent pas si faciles. Le prince d'Orange marcha avec trente mille hommes au secours de Saint-Omer, mais Monsieur le battit bien à Cassel : après quoi le Roi fit à son aise le siége de la ville et de la citadelle de Cambray, et s'en retourna glorieusement à Versailles, non sans mal au cœur de ce que Monsieur avoit par dessus lui une bataille gagnée. On remarqua qu'après la prise de Cambray, étant venu voir Saint-Omer et Monsieur qui y étoit, il fut fort peu question de cette bataille dans leur conversation; qu'il n'eut pas la curiosité d'aller voir le lieu du combat, et ne fut apparemment pas trop content de ce que les peuples sur son chemin crioient : *vivent le Roi et Monsieur qui a gagné la bataille !* Aussi a-ce été et la première et la dernière de ce prince; car, comme il fut prédit dès-lors par des gens sensés, il ne s'est retrouvé de sa vie à la tête d'une armée. Cependant il étoit naturellement intrépide et affable sans bassesse, aimoit l'ordre, étoit capable d'arrangement, et de suivre un bon conseil. Il avoit assez de défauts pour qu'on soit obligé en conscience de rendre justice à ses bonnes qualités.

Les trois conquêtes dont je viens de parler firent penser sérieusement les Hollandois à la paix. On s'assembla à Nimègue (1), et l'on peut dire que ce fut là où le Roi parut le maître en Europe. Il pouvoit presque choisir entre l'asservir ou lui donner la paix, et il étoit au comble de sa gloire, dont il est bien tombé depuis pour avoir écouté et suivi de méchans conseils. Il préféra pour lors la paix à la guerre avec raison, car il la fit en maître. Mais parce que l'Angleterre commençoit à se mouvoir et à ne pouvoir consentir que toutes les conquêtes du Roi lui demeurassent par la paix, on résolut, au commencement de la campagne de 1678, d'aller prendre Gand; et il faut dire, à l'honneur de Louvois, que toutes les mesures pour cette importante conquête furent si bien prises et si bien exécutées (2) que ce grand coup réussit, et ensuite la prise d'Ypres : si bien que dès que Barillon, ambassadeur en Angleterre, eut le pouvoir d'offrir à Charles II de rendre Gand par le traité de paix, il fut bientôt conclu et signé à Nimègue. Par ce traité, le plus glorieux que la France ait peut-être jamais fait, le Roi se chargea de faire rendre à la Suède tout ce que l'électeur de Brandebourg lui avoit pris pendant cette guerre, où elle avoit été presque entièrement chassée de l'Allemagne. Et en effet, les armes du Roi la rétablirent dans tous ses Etats; ce qui donna le dernier lustre à cette glorieuse paix de Nimègue, que le Roi et les François peuvent regarder comme l'époque de leur grandeur, n'ayant rien fait depuis qui ne les ait conduits à leur ruine et à l'état pitoyable où ils sont tombés et tomberont, à moins, comme l'on dit, que Dieu ne s'en mêle.

Au reste, le prince d'Orange, qui ne pouvoit consentir à la paix, fit une chose qui découvrit bien son génie élevé et entreprenant. Il avoit la paix signée dans sa poche ; mais il la cacha à son armée et alla attaquer M. de Luxembourg sous Mons. Il pensa le battre ; mais ce général, qui ne s'y attendoit point, se défendit bien, et le lendemain la paix fut publiée.

En ce temps-là ce général ayant demandé que je fusse fait brigadier, attendu que plusieurs autres qui avoient moins de service que moi (comme le marquis de Broglio et son frère) étoient déjà maréchaux de camp, il me fut répondu sèchement par Louvois que j'avois raison, mais que cela ne serviroit de rien. Cette réponse brutale et sincère du ministre alors tout puissant, qui me haïssoit depuis long-temps, et à qui jamais je n'avois voulu faire ma cour, jointe au méchant état de mes affaires, à ma paresse et à l'amour que j'avois pour une femme qui le méritoit, tout cela me fit prendre le parti de me défaire de ma charge de sous-lieutenant des gendarmes de monseigneur le Dauphin, que j'avois presque toujours commandés depuis la création de ma compagnie, et je puis dire avec honneur. Je vendis

---

(1) Dès le 28 de novembre 1675, le roi avoit accepté Nimègue pour traiter de la paix, à condition que le prince Guillaume de Furstemberg seroit remis en liberté et qu'on restitueroit les cinquante mille écus que le marquis de Grana lui avoit fait enlever à Cologne.
(*Note de l'ancien éditeur.*)

(2) On usa, pour le siège de Gand, de la même ruse qu'on avoit employée pour celui de Maëstricht. Les troupes françoises parurent en vouloir à diverses places, et surtout à Ypres ; ce qui engagea le duc de Villa-Hermosa d'y envoyer une partie considérable de la garnison de Gand. C'étoit ce que le roi de France cherchoit. Aussitôt il fit investir Gand le premier de mars par dix mille chevaux ; il s'y rendit en personne le 4, et fit sommer le gouverneur, qui n'avoit que cinq cents hommes de garnison au plus. Sur le refus fait par le gouverneur, la tranchée fut ouverte la nuit du 5 au 6. Le 9, la ville capitula, et le 12 le gouverneur, qui s'étoit retiré dans le château, battit la chamade et obtint des conditions honorables. (*Note de l'ancien éditeur.*)

donc cette charge, avec la permission du Roi, quatre-vingt-dix mille livres au marquis de Sévigné, enseigne de la même compagnie. C'est ainsi que la haine de Louvois me fit quitter le service, parce que je m'imaginois que cet homme étoit immortel. Il le fit quitter à bien d'autres qui valoient bien mieux que moi, et entre autres au duc de Lesdiguières, un des plus grands seigneurs de France, et des plus capables de bien servir.

<><><>

CHAPITRE IX.

Ce qui se passa de plus considérable à la cour depuis la paix de Nimègue jusqu'à la guerre qui commença par le siége de Philisbourg, fait à la fin de l'année 1688.

On peut dire qu'après la paix de Nimègue la domination de la France étoit comme établie dans toute l'Europe, et que son Roi étoit devenu l'arbitre de tout dans cette partie de notre hémisphère. Son Etat avoit encore toutes ses forces et en alloit acquérir de nouvelles ; enfin son empire étoit devenu un mal inévitable aux autres nations : et si le Roi l'eût voulu, cet empire, de forcé qu'il étoit, fût devenu volontaire ; tous les peuples auroient consenti à le lui laisser, s'il avoit marqué de la modération et de l'équité, et qu'il eût paru vouloir entretenir de bonne foi la paix glorieuse qu'il venoit de faire. Tout le contraire est arrivé ; et, avant que d'en venir aux événemens, il faut en chercher la cause.

Le même esprit et le même dessein de supplanter Colbert, qui avoit poussé Louvois à faire entreprendre la guerre de Hollande, fit qu'il ne put se résoudre à entretenir exactement une paix qui rendoit en quelque façon son ministère inutile. Il connoissoit le génie de son maître, uniquement touché des services présens, et se souvenant peu des services passés, comme l'éprouva Colbert. Ainsi Louvois, homme excellent dans l'exécution, mais dont les vues n'étoient pas assez étendues pour le gouvernement d'un grand Etat, orgueilleux d'ailleurs et tyrannique, crut qu'il feroit impunément de nouvelles conquêtes pendant la paix sans que personne osât ni pût lui résister, et traita désormais avec tous les ministres étrangers aussi impérieusement, pour ne pas dire brutalement, qu'il traitoit avec les sujets du Roi.

Il commença donc par établir à Metz une chambre pour réunir à la couronne tout ce qui en avoit été démembré, et y cita plusieurs princes souverains (1). Ainsi il n'y eut presque plus personne qui pût compter de posséder son bien en repos ; ce qui fit dans la suite comprendre à toute l'Europe que, pour balancer cette puissance, il étoit nécessaire, pour la sûreté publique, que tout le monde se liguât contre elle.

Une autre cause de la décadence de ce royaume a été la manière dont on a songé à détruire la religion protestante en France. Le dessein même de la détruire n'étoit pas sensé ; car il faut remarquer que les princes et Etats protestans avoient toujours été pour nous contre la maison d'Autriche, et il ne falloit pas irriter les seuls vrais alliés que nous pouvions avoir. Que si nous voulions abaisser et petit à petit éteindre cette religion, cela se pouvoit faire doucement et à la longue, sans que personne se plaignît ; et c'étoit là le dessein du cardinal de Richelieu, qui n'a pas été suivi ; et on a dit que le jésuite La Chaise, confesseur du Roi, n'avoit pas lui-même été de l'avis des violences qu'on a faites. On dit que Le Tellier et Louvois ne vouloient pas la révocation de l'édit de Nantes, que les cagots poursuivoient ardemment. Cependant lorsque Le Tellier, comme chancelier, en signa la déclaration, il s'écria de joie, comme le bon homme Siméon : *Nunc dimittis servum tuum, Domine*. Et pour Louvois, quand il vit que l'affaire étoit entamée, il la poussa à l'extrémité et aux cruautés qui furent exercées, prétendant convertir en six mois seize cent mille personnes, par des traitemens indignes, comme je l'ai déjà dit, de la religion et de l'humanité. On en a le détail dans plusieurs livres de ce temps-là, ainsi il seroit inutile d'en parler ; mais il faut remarquer que toutes ces cruautés ont fait sor-

---

(1) Le chambre de Metz étoit établie pour réunir à la couronne tous les fiefs démembrés des trois évêchés : Metz, Toul et Verdun; et le conseil de Brisach devoit réunir pareillement à la couronne tout ce qui avoit dépendu en quelque temps que ce fût de la haute et de la basse Alsace, de la préfecture de Haguenau et des autres lieux cédés à la France. Par la on prétendoit ôter à l'électeur palatin la préfecture de Germersheim ; Lauterbourg à l'évêque de Spire ; le duché de Deux-Ponts au roi de Suède ; les comtés de Weldentz, de Hombourg et de Bitch aux princes palatins ; le comté de Saarbruk aux comtes de Nassau ; diverses terres aux comtes de Hanau et de Leiningen. Enfin on dépouilloit le duc de Montbéliard de sa capitale, sous prétexte que c'étoit un fief du duché de Bourgogne, et on prétendoit encore lui ôter plusieurs autres terres qui relevoient de l'Alsace.

(*Note de l'ancien éditeur.*)

tir du royaume huit cent mille personnes qui ont tous emporté le plus d'argent qu'ils ont pu : gens au reste sur qui rouloit une grande partie du commerce, parce que, n'étant plus admis dans les charges, ils étoient appliqués ou à des manufactures, ou à faire profiter leur argent; si bien que leur fuite a causé de très-grandes plaies à l'Etat. Les jalousies des ministres et le gouvernement des femmes, qui dans la suite se sont mêlées de tout, ont été funestes à ce royaume, qui à la fin s'est vu puissamment attaqué et en même temps dénué de bons conseils.

Cependant les affaires se soutinrent encore dans les premières années qui ont suivi la paix de Nimègue; mais nos injustices ont à la fin attiré la haine publique, et cette haine a été une des causes de nos malheurs.

Il faut aussi remarquer que, par cette paix de Nimègue, le Roi, dont l'autorité étoit sans bornes, s'en est servi pour tirer de ses peuples tout ce qu'il en pouvoit tirer pour le dépenser en bâtimens aussi mal conçus que peu utiles au public, et en fontaines qui, en s'éloignant de la nature à force d'être magnifiques, sont devenues ridicules. Imitateur des rois d'Asie, le seul esclavage lui plut; il négligea le mérite : ses ministres ne songèrent plus à lui dire la vérité, mais à le flatter et à lui plaire. Il rapporta tout à sa personne; rien ne se fit par rapport au bien de l'Etat. Son fils fut élevé dans une dépendance servile; il ne le forma point aux affaires; il ne donna sa confiance à aucun de ses généraux, et et n'eut point d'égard à leurs talens, mais à leur soumission; ce qui fit qu'il ne se forma point de grands hommes de guerre. D'autre côté, à la place des ministres habiles qu'il avoit, il adopta leurs enfans, jeunes, mal élevés, suffisans et corrompus par la fortune. Louvois pourtant et Seignelay se trouvèrent gens d'esprit et d'activité, mais non pas des ministres sensés et prévoyans. Le premier, méchant et sanguinaire, qui n'avoit en vue que son intérêt et l'ambition d'être le maître; d'une âme d'ailleurs peu élevée, mais tyrannique, ce qui lui attira l'aversion de tout le monde. Seignelay, d'un courage et d'un esprit plus élevés, mais emporté, fut cause que Louvois, de peur de déchoir, fit faire au Roi tout ce qui pouvoit lui attirer des guerres éternelles, afin qu'il eût toujours besoin de lui. Mais ce qui piqua le plus ce ministre, dont la rage a produit dans la suite de grands malheurs, fut la faveur de madame de Maintenon, qu'on appeloit auparavant madame Scarron, veuve d'un poëte burlesque, femme d'un esprit gracieux et insinuant, et qui avoit encore quelque reste de beauté. Il ne sera pas hors de propos de faire ici comme un abrégé de sa vie. Elle étoit petite-fille ou arrière-petite-fille du sieur d'Aubigné, qui avoit été en quelque considération à la cour de Henri IV, et qui avoit écrit l'histoire de ce roi. La mère du sieur d'Aubigné avoit eu quelque commerce avec Henri IV, et d'Aubigné pouvoit être bâtard de ce prince (1). Quoi qu'il en soit, son fils, père de la femme dont nous parlons, naquit sans biens et fut un homme d'assez mauvaises mœurs, qui passa une partie de sa vie dans les prisons. Là il devint amoureux de la fille du geôlier; et s'étant évadé par son secours, ils s'épousèrent et s'en allèrent en Canada, où naquit la personne dont il est question. Elle revint en France à l'âge de dix-sept à dix-huit ans, avec de la beauté, de la vivacité et de l'esprit, et fut obligée, par sa grande pauvreté, à être demoiselle de madame de Neuillant, mère de la duchesse de Navailles. Cette bonne femme, avare outre mesure, la fit servir à tout, jusque là qu'on dit que souvent, en l'absence de son cocher, elle lui faisoit panser ses chevaux. En cet état, ses amis ne pensèrent qu'à lui trouver un mari, quel qu'il fût. Scarron, homme de bonne maison de robe de Paris, de beaucoup d'esprit, comme il paroît par ses ouvrages, mais pauvre, et devenu cul-de-jatte, la trouva belle et spirituelle, et l'épousa. La bonne compagnie s'assembloit souvent chez lui avant qu'il fût marié. Sa femme ne l'écarta pas, et la compagnie devint encore meilleure dès qu'elle y fut. Cependant madame Scarron se gouverna honnêtement : on dit pourtant (et cela passe pour certain) que le marquis de Villarceaux, un des plus galans de son temps, fut amoureux d'elle et bien traité. Il avoit fort aimé auparavant mademoiselle de Lenclos, très-connue sous le nom de Ninon. Je n'ai point vu cette Ninon dans sa beauté; mais à l'âge de cinquante ans, et même jusques au-delà de soixante-dix, elle a eu des amans qui l'ont fort aimée, et les plus honnêtes gens de France pour amis. Jusqu'à quatre-vingt-sept elle fut recherchée encore par la meilleure compagnie de son temps. Elle est morte avec toute sa raison, et même avec l'agrément de son esprit, qui étoit le meilleur et le plus aimable que j'aie connu en aucune femme. Comme elle savoit bien qu'il n'est point d'amours éternelles, elle pardonna à madame Scarron de lui avoir enlevé Villarceaux, et fut de ses meilleures amies, jusque là qu'elles n'ont eu qu'un même lit pendant des

(1) D'Aubigné avoit environ quatre ans de plus que Henri IV. Sa mère mourut en le mettant au monde.

mois entiers. Après deux ans (1) de mariage, Scarron mourut; et la Reine mère continua à la veuve une pension de deux mille livres qu'elle donnoit au mari. Le maréchal d'Albret, son amant ou son ami, l'introduisit à l'hôtel d'Albret et à l'hôtel de Richelieu, où elle fit connoissance avec mademoiselle de Pons, depuis madame d'Heudicourt, dont le maréchal étoit devenu amoureux, et avec madame de Montespan, qui avoit épousé un proche parent du maréchal. Madame de Montespan devint maîtresse régnante; et lorsque M. le duc du Maine fut né, ayant songé à le faire élever en secret, elle commit son éducation à madame Scarron, à la persuasion de madame d'Heudicourt. Les autres enfans qui vinrent ensuite lui furent aussi confiés, et elle se trouva avoir beaucoup de goût et de talens pour leur éducation. Cependant elle essuya souvent la mauvaise humeur de madame de Montespan; on prétend même que le Roi a dit plusieurs fois à celle-ci : « Mais si elle vous déplaît, que ne la chassez-vous ? » Madame de Montespan s'est trouvée mal dans la suite de n'avoir pas suivi ce conseil, et elle a été dépostée et chassée de la cour par une personne plus vieille et moins belle qu'elle, et qu'elle avoit toujours regardée comme une soubrette. Voici comment cela arriva.

Les passions les plus grandes ne durent pas toujours, et peu même vont aussi loin qu'étoit allée celle du Roi pour madame de Montespan : cette passion avoit déjà treize ou quatorze ans d'ancienneté. Il n'avoit pas laissé d'honorer de ses faveurs madame de Monaco, madame de Soubise, madame de Ludres et plusieurs autres; mais madame de Montespan avoit toujours été regardée comme la sultane reine. Comme elle avoit un mari, le scandale fut plus grand, surtout lorsque ses enfans eurent été reconnus, et qu'elle les eut fait paroître publiquement à la cour; ce qui y attira aussi madame Scarron. Elle eut dès-lors plus de commerce avec le Roi, et s'entremit souvent entre sa maîtresse et lui. Dans ce commerce, madame Scarron sut persuader le Roi de son esprit et de sa vertu; si bien qu'à la première occasion elle se trouva avoir sa plus grande confiance. Le Roi, dans le fond, a toujours été un prince religieux et timoré. Il rencontra par hasard, un jour, le saint-sacrement que l'on portoit à Versailles à un de ses officiers. Il l'accompagna pour l'exemple jusque chez le mourant, et ce spectacle le toucha si fort, qu'à son retour il ne put s'empêcher de faire part à sa maîtresse du trouble de sa conscience. Elle dit qu'elle étoit aussi touchée de repentir, et ils résolurent de se séparer. L'évêque de Meaux fut appelé pour les aider dans ce dessein : la dame partit pour Paris, et l'évêque, après avoir eu plusieurs conférences avec le Roi, et après avoir fait durant huit jours plusieurs voyages à Paris, dans lesquels il porta sans le savoir des lettres qui ne parloient rien moins que de dévotion, fut bien étonné quand il la vit de retour à Versailles, et plus encore quand de ce raccommodement il vit naître M. le comte de Toulouse, le dernier des enfans que madame de Montespan a eus du Roi. Voilà la première atteinte que reçut la passion du Roi, qui commença à supporter impatiemment le joug impérieux de madame de Montespan, laquelle de son côté devint de méchante humeur dès qu'elle comprit que le Roi étoit capable de changer de sentimens pour elle.

Dès ce temps-là il eut besoin de l'entremise de madame Scarron, de ses conseils et des consolations que sa conversation douce et spirituelle lui donnoit. Il eut encore plus besoin d'elle quand il fut devenu amoureux de mademoiselle de Fontanges, demoiselle de bonne maison, depuis peu fille de Madame, d'une extrême beauté, mais hautaine et dépensière, qui fit vanité de l'amour que le Roi avoit pour elle, et dressa, comme on dit, autel contre autel. Madame de Montespan en pensa crever de dépit, et, comme une autre Médée, menaça le Roi de déchirer ses enfans à ses yeux. Pendant les fureurs de son ancienne maîtresse, il n'avoit de consolation que de madame Scarron, qui tous les jours faisoit des progrès dans son estime et dans ses bonnes grâces. A mesure que madame de Montespan s'éloignoit de son cœur par ses emportemens, l'autre s'en approchoit par ses complaisances. Le père de La Chaise même, son confesseur, lui fit moins de scrupule de l'amour de mademoiselle de Fontanges que du double adultère; ce qui fit dire fort plaisamment à madame de Montespan que le père de La Chaise *étoit une chaise de commodité*. Quoi qu'il en soit, bien que madame de Fontanges mourût fort peu de temps après qu'on l'eut fait duchesse, madame de Montespan ne posséda plus le cœur du Roi comme elle avoit fait, et dès ce temps-là madame Scarron y eut plus de part. Dès que madame de Montespan s'en aperçut, ce furent des rages inexprimables qui achevèrent de la perdre et d'établir sa rivale.

Tant que la Reine vécut, madame Scarron exigea du Roi de bien vivre avec elle, ne se

---

(1) Il faut lire sans doute après dix ans. M. Scarron se maria en 1651 et mourut en 1660, au mois de juin.
(*Note de l'ancien éditeur.*)

livra point tout-à-fait à lui, et le persuada en même temps de son attachement pour lui et de sa vertu : si bien qu'après la mort de la Reine le Roi n'alla plus chez madame de Montespan que par manière d'acquit, jusqu'à ce qu'outrée de voir sa faveur éteinte, elle prit le parti de se retirer de la cour. Ce fut un grand soulagement pour madame Scarron et pour le Roi, qui conserva à madame de Montespan une pension de mille louis d'or par mois. A peu près en ce temps-là madame Scarron ayant acheté la terre de Maintenon (1), en prit le nom et quitta celui de son premier mari, qui ne convenoit guère à l'élévation où elle étoit. Elle affecta aussi une grande piété, qui convenoit à son âge et à ses desseins; et ayant inspiré au Roi des sentimens de dévotion qu'elle avoit peut-être véritablement, elle fit tant, que, pour éviter le trouble de sa conscience, le Roi, à ce qu'on croit, l'épousa en secret. L'archevêque de Paris, Louis-Antoine de Noailles, moins scrupuleux que le Roi, mais bon courtisan ; le père de La Chaise son confesseur, et Louvois, furent témoins de ce mariage. Madame de Maintenon fut dès-lors maîtresse de la cour et eut la meilleure part au gouvernement; ce que Louvois souffrit impatiemment, lui qui étoit alors demeuré le maître par la mort de Colbert. Ce dernier ministre, le plus véritablement ministre d'Etat que nous ayons eu depuis les deux cardinaux de Richelieu et de Mazarin, qui avoit porté les revenus de l'autorité du Roi plus loin qu'il ne falloit pour le bien des peuples et pour celui du Roi même, s'en étant aperçu quoiqu'un peu tard, prit des mesures pour remettre toutes choses dans l'ordre; mais Louvois le traversa dans tous ses desseins : il donna des Mémoires contre lui sur les bâtimens, endroit sensible pour le Roi, dont Colbert reçut quelque rebuffade ; et l'on dit que le chagrin qu'il conçut de l'ingratitude de ce prince fut en partie cause de sa mort. Elle arriva presque en même temps que celle de la Reine ; et on a remarqué qu'étant à l'extrémité, on lui présenta une lettre du Roi qu'il ne voulut pas lire. Madame de Maintenon, pour tenir Louvois en crainte, se servit dans la suite du marquis de Seignelay, fils de Colbert, jeune homme spirituel, actif, ambitieux, magnifique, hautain, d'un esprit élevé, mais trop adonné à ses plaisirs, entre lesquels et les occupations de son ministère il partageoit son temps. Il étoit secrétaire d'Etat de la maison du Roi, et avoit le département de la marine, qu'il poussa au plus haut point où jamais elle eût été en France. Cela augmenta la jalousie et le dépit de Louvois contre madame de Maintenon : il ne pensa plus qu'à tout brouiller pour se rendre nécessaire, et à consommer des sommes infinies en construction de places, qui dans la suite se sont trouvées non-seulement inutiles, mais nuisibles. Il avoit fait que le Roi s'étoit saisi de Strasbourg sous de mauvais prétextes : il lui fit encore attaquer Luxembourg en pleine paix, ce qui irrita toute l'Europe. Seignelay, d'un autre côté, sur ce que les Génois avoient déplu au Roi, alla lui-même avec une grande flotte bombarder Gênes, et obligea cette république à envoyer son doge jusqu'à Versailles demander pardon au Roi, qui le reçut avec tout le faste et tout l'orgueil des rois d'Asie. Toutes ces expéditions, jointes aux dépenses excessives que le Roi faisoit et avoit faites en bâtimens et en fontaines, épuisèrent l'Etat. Il avoit bâti Clagny pour madame de Montespan, Marly pour madame de Fontanges, et fit bâtir Saint-Cyr pour madame de Maintenon ; tout cela avec des dépenses énormes. Louvois devint, par la mort de Colbert, surintendant des bâtimens ; de sorte que, aidé de Mansard, il fournissoit tous les jours au Roi de nouveaux dessins pour l'occuper pendant la paix. Seignelay employa de son côté des sommes considérables en construction de navires ; ce qui étoit au moins plus utile, mais donnoit beaucoup de jalousie aux Anglois et Hollandois. Tout cela, avec plusieurs choses que je dirai dans la suite, a réuni toute l'Europe contre nous ; et l'abus que nous avons fait de la paix, joint à une guerre que nous nous sommes attirée mal à propos, nous a mis hors d'état de soutenir celle qui étoit inévitable pour la succession d'Espagne.

Le Roi, pendant cette paix, maria en 1680 monseigneur le Dauphin avec la princesse de Bavière ; ce qui n'empêcha pas que, dans la guerre qui commença en 1688, son frère ne fût contre nous. Il maria aussi la fille aînée de Monsieur et d'Henriette d'Angleterre à Charles II, roi d'Espagne : elle n'eut point d'enfant, non plus que celle qui lui succéda. La fille cadette de Monsieur épousa le duc de Savoie, qui étant devenu depuis, par les mauvais traitemens qu'il reçut de Louvois, le plus cruel de nos ennemis, nous a fait autant et plus de mal qu'aucun autre. Mais c'étoit alors la mode en France de mépriser les princes étrangers : les maximes fondamentales d'un bon gouvernement passoient dans l'esprit des ministres et du Roi pour une idée ridicule ; il croyoit sa gloire particulière et son intérêt personnel séparables du

---

(1) Toute cette histoire de madame de Maintenon fourmille d'erreurs.

bien de l'Etat. C'est ce qui a attiré l'abaissement de l'un et de l'autre ; et nous allons voir par quels degrés cela est arrivé.

Tant que vécut Charles II, roi d'Angleterre, il fut lié avec le Roi d'amitié et d'intérêt ; mais il ne s'abandonna pas entièrement à sa conduite, et ne prit point ses maximes despotiques pour modèle de la sienne. De plus, quoique catholique dans le cœur, comme on prétend qu'il le fit voir à sa mort, il ne se déclara point tel et parut toujours protecteur de la religion anglicane : en sorte qu'encore qu'une partie de ses peuples fût peu contente de l'alliance qu'il avoit avec la France, ils ne crurent pourtant pas avoir assez de sujet de se plaindre de lui pour le pousser à bout. Il faut aussi remarquer qu'il étoit, comme la plupart des autres hommes, composé de qualités contraires, paresseux, voluptueux, nonchalant et ami du repos ; mais sensé, courageux, ferme, intrépide et capable d'agir quand il falloit : du reste, d'un aimable et facile accès. Il étoit bien aise que ses peuples fussent heureux ; et en effet l'Angleterre n'a jamais été plus riche et plus tranquille que depuis qu'il fut remonté sur le trône. Il avoit épousé la princesse de Portugal, dont il n'eut point d'enfans, et n'étoit jamais sans une maîtresse, des plus belles qu'il pût trouver. Madame, sa sœur, dans le voyage qu'elle fit à Douvres, au retour duquel elle mourut, mena avec elle mademoiselle de Keroual, jeune et jolie, qui lui plut assez pour qu'après la mort de Madame, son ambassadeur reçût un ordre de sa part pour la faire passer en Angleterre. Elle y fit la même figure que madame de Montespan en France, et encore plus considérable, en ce qu'il lui communiquoit toutes les affaires et que tous les ambassadeurs traitoient avec elle. Il lui donna bientôt des sommes immenses et le titre de duchesse de Portsmouth ; et elle ne contribua pas peu à la parfaite intelligence qui fut toujours entre les deux rois. Cependant elle ne put empêcher que Charles II ne donnât en mariage, au prince d'Orange, son neveu, la fille aînée du duc d'Yorck, son frère et son héritier présomptif. Ce duc l'avoit eue de son premier mariage avec la fille de milord Hyde, chancelier d'Angleterre. Le duc d'Yorck avoit eu envie, depuis la mort de sa première femme, de s'allier en France et d'épouser la fille du duc de Créqui ; mais le Roi, son frère, l'en empêcha, et peu après il épousa la princesse de Modène, dont il a eu un fils et une fille qui sont avec leur mère à présent réfugiés en France.

Tant que Charles II vécut, l'Angleterre jouit d'un profond repos et des richesses que le commerce lui apportoit. A sa mort (1) le duc d'Yorck, quoiqu'il se fût ouvertement déclaré catholique, fut, d'un commun consentement, proclamé roi d'Angleterre, d'Ecosse et d'Irlande ; et son règne auroit été aussi heureux, selon les apparences, que celui de son frère, si, à la persuasion de sa femme, et voulant suivre l'exemple et peut-être les conseils de notre Roi, il n'avoit entrepris contre la religion de son pays et contre les priviléges de son parlement. Le premier de ses sujets qui se révolta contre lui fut son neveu le duc de Monmouth, fils naturel du roi Charles II. Ce duc, l'homme du monde le mieux fait, perdit un combat, fut pris et mené à Londres où il eut la tête tranchée, aussi bien que milord Roussel qui l'avoit suivi dans sa révolte, laquelle ne fit qu'affermir l'autorité du roi Jacques. Ce fut alors qu'il n'appela presque plus aux charges et à sa faveur que ceux qu'il croyoit catholiques, du moins dans le cœur ; ce qui fut cause d'une commune conspiration de toute sa famille et sa nation contre lui, qu'il ne sut ni connoître, ni prévenir, ni surmonter. Il étoit pourtant homme de courage, mais de peu d'esprit et de peu de résolution. Comme le prince d'Orange étoit son neveu, son gendre, et jusqu'alors son héritier présomptif, il n'est pas extraordinaire que les Anglois se soient adressés à lui pour le maintien de leurs lois ; mais il est étonnant que Jacques n'en ait rien su, et que par sa fausse sécurité il ait trompé le roi de France qui recevoit tous les jours des avis que le prince d'Orange armoit une flotte en Hollande pour passer en Angleterre : à quoi le roi Jacques répondit toujours qu'il avoit une armée dont il étoit assuré, et que c'étoit plutôt aux côtes de France que le prince d'Orange en vouloit. Barillon, ambassadeur du Roi en Angleterre, trompé par milord Sunderland, ministre favori de Jacques, mais qui le trahissoit, aida quelque temps à tromper le Roi ; et l'on ne fut certain du dessein du prince d'Orange que lorsqu'il ne fut presque plus temps d'y apporter remède. Seignelay offrit pourtant au Roi d'armer quarante navires qui seroient prêts assez à temps pour empêcher la flotte hollandoise de passer : mais Louvois traita cela de ridicule et d'impossible, et persuada au Roi de faire une diversion. Si c'eût été en marchant à Cologne ou à Maëstricht, comme on le proposoit de la part du roi d'Angleterre, je ne crois pas que les Hollandois se fussent dégarnis de leurs troupes

(1) Il mourut le 16 de février 1685.
(*Note de l'ancien éditeur.*)

comme ils firent ; mais parce que monseigneur alla attaquer Philisbourg (ce qui mit aux champs toute l'Allemagne, et n'inquiéta point les Hollandois), le prince d'Orange, quoique d'abord rebuté par les vents, poursuivit son entreprise ; ce qui a été un coup mortel pour la monarchie françoise. Le conseil de Louvois en cette occasion fut le conseil intéressé d'un homme qui vouloit à quelque prix que ce fût attirer la guerre, parce qu'il sentoit sa faveur diminuer, et voyoit celle de Seignelay, protégé par madame de Maintenon, augmenter de jour en jour. Il eut effectivement le plaisir d'allumer la guerre ; mais il ne jouit pas long-temps de ce plaisir, non plus que de celui que lui avoit causé la mort de Seignelay, qui arriva seulement un an avant la sienne, non sans soupçon de poison. Et à propos de la mort de l'un et de l'autre, je ne puis m'empêcher de parler de la *chambre des poisons*, qui fut établie avec raison pour punir les coupables et arrêter les progrès de ce crime, qui augmentoient chaque jour : mais Louvois s'en servit pour ses vengeances et pour ses inimitiés particulières. On vit plusieurs personnes de la première qualité et innocentes, citées devant ce tribunal, la plupart assez légèrement.

Ce qui donna lieu à la première idée de ce crime, qui étoit alors commun en France, fut l'affaire de madame de Brinvilliers, fille du lieutenant civil d'Aubray, petite femme qui avoit été jolie et galante, mais qui depuis un certain temps visitoit les hôpitaux et faisoit la dévote. Elle étoit dans un commerce étroit avec un homme nommé Sainte-Croix, gascon qui vivoit d'industrie, et qui avoit été à la Bastille, où il avoit appris la composition des poisons d'un prisonnier italien : il se piquoit aussi de chimie. Cet homme travaillant avec Sainte-Croix à un poison violent et prompt, Sainte-Croix laissa tomber son masque de verre qui le garantissoit de la malignité du venin, et en mourut subitement. Lorsqu'on leva son scellé, on trouva une cassette que madame de Brinvilliers réclama avec empressement. La justice en ordonna l'ouverture, et les poisons s'y trouvèrent étiquetés, avec l'effet qu'ils devoient faire ; mais dès que la dame en eut avis, elle s'enfuit en Angleterre. On fit l'essai de ses poisons sur plusieurs animaux. Ainsi son crime fut avéré, et des Grais, exempt habile, mis en campagne pour la chercher. Il faut remarquer que dans le même temps, et même auparavant, l'archevêque de Paris avoit été averti, par les confesseurs des paroisses, que plusieurs personnes s'accusoient d'empoisonnement. Il étoit arrivé que bien des gens étoient morts de maladies lentes inconnues, entre autres le père et le frère de la Brinvilliers. Elle ne fut pas long-temps en Angleterre, où le roi Charles la faisoit chercher. A la fin on la prit à Liége et elle fut amenée à Paris où elle eut la tête tranchée, supplice trop doux pour elle. Mais comme sa famille étoit des plus puissantes de la robe, elle fut épargnée par ses juges, quoique convaincue d'avoir empoisonné non-seulement son père et son frère, mais même plusieurs pauvres à l'hôpital et plusieurs paysans à la campagne, dans la seule vue de faire l'essai de ses poisons. Dès qu'on fut sur ces voies, les soupçons et les indices de crimes semblables tombèrent sur d'autres gens : on en trouva qui en faisoient comme un commerce, entre autres la Vigoureux et la Voisin, qui, en disant la bonne aventure, avoient donné à plusieurs dames de quoi se défaire de leurs maris, et même de leurs amans, quand elles en étoient lasses. Comme la curiosité, naturelle au sexe, et même à plusieurs hommes, avoit amené chez ces femmes quelques gens de la première qualité qui n'avoient pourtant point songé à empoisonner personne, il étoit arrivé que des dames leur avoient fait des questions sur la vie du tiers et du quart, et même sur celle du Roi et de ses maîtresses. Cela donna un beau champ à Louvois, homme malin et haineux, pour perdre ceux à qui il en vouloit. D'ailleurs la comtesse de Soissons, ennemie de madame de Montespan, à qui elle avoit refusé de céder sa charge de surintendante de la Reine, fut assez légèrement, je crois, décrétée de prise de corps ; et parce qu'elle craignit la prison et l'artifice de ses ennemis, elle se retira en Flandre. Sa sœur, la duchesse de Bouillon, parut avec confiance et hauteur devant les juges, accompagnée de tous ses amis qui étoient en grand nombre, et ce qu'il y avoit de plus considérable. Cela déplut à la cour et fut cause de son premier exil. Le duc de Luxembourg, capitaine des gardes du corps, le même qui a gagné de grandes batailles, brouillé avec Louvois qui avoit été de ses amis, et accusé mal à propos pour avoir consulté un nommé Le Sage, alla se remettre prisonnier à la Bastille, et essuya la rigueur des juges qui le déclarèrent innocent. Il est vrai que sa trop grande curiosité, et son trop grand commerce avec les femmes, pouvoient avoir jeté quelques soupçons sur lui ; mais il ne méritoit pas l'affront qu'on lui fit. Il est étrange que Louvois, en cette occasion, ait poussé jusque la les premières têtes de l'Etat, sans que ni eux, ni leurs parens et enfans même s'en soient ressentis. Je ne sais s'il faut l'attribuer à l'autorité du Roi ou à la bassesse des grands seigneurs, qui a été excessive en ce siècle, aussi bien que le mépris que les ministres et le Roi ont fait de ce qu'il y avoit de plus grand dans l'Etat, à commencer par son frère et par les princes de son sang.

Dans le temps qui s'écoula entre la paix de Nimègue et le passage du prince d'Orange en Angleterre, l'Empereur fut vivement attaqué par les Turcs, dont le grand-visir mit le siége devant Vienne, et étoit sur le point de s'en rendre maître, lorsque le roi de Pologne Sobieski joignit ses forces à celles de l'Empereur, que commandoit le duc de Lorraine ; et tous deux ensemble firent lever le siége de Vienne, où les Turcs reçurent un grand échec. Ils furent encore poussés et battus en quelques autres occasions, et enfin à Barcan. Le roi de Pologne les étant allé attaquer avec ses seules troupes, fut un peu malmené, et alloit être environné et pris, si le duc de Lorraine n'étoit venu à son secours, qui le dégagea et battit les Turcs. Cette action et plusieurs autres acquirent à ce duc une grande réputation, qu'il soutint par la conquête de tout ce que les Turcs avoient pris en Hongrie, et par celle de Bude même. Le duc de Bavière, jeune prince valeureux et avide de gloire, l'accompagna dans ses dernières expéditions, et de son chef fit le siége de Belgrade, qu'il prit. Messieurs les princes de Conti, aussi braves et désireux de gloire que lui, allèrent, en qualité de volontaires dans l'armée de l'Empereur, faire leur première campagne, et se trouvèrent à la prise de Neuhausel, emporté d'assaut, et à la bataille de Gran. Le prince de Turenne (1) les y accompagna, et ils trouvèrent quelques volontaires françois de la première qualité, dont ils se firent une cour, entre autres le marquis de Lassay, bien moins jeune qu'eux, mais homme d'esprit et d'un grand courage, capable d'aller comme un second don Quichotte, en chevalier errant, chercher les aventures et les occasions de se signaler. Ils revinrent de ce voyage avec beaucoup de réputation. Ils se préparoient à retourner l'année suivante chercher la guerre en Hongrie, et même le Roi le leur avoit permis ; mais il se ravisa et révoqua cette permission. Ils partirent brusquement, et furent en Flandre et en Hollande devant qu'on pût les joindre pour leur dire la volonté du Roi. Ils y résistèrent longtemps, et aux remontrances réitérées que leur fit le grand prince de Condé, leur oncle ; mais Saintrailles, qui leur fut envoyé le dernier, les ramena (2). Ils avoient emmené avec eux le prince Eugène de Savoie leur cousin, pour lors âgé de seize à dix-sept ans, destiné par ses parens à l'Eglise, mais qui, se sentant propre pour autre chose, ne voulant pas suivre leur destination, avoit demandé au Roi une compagnie de cavalerie, qui lui fut refusée. Il se détermina donc à aller avec les princes du sang chercher la guerre en Hongrie ; mais lorsqu'ils revinrent en France, il leur sut fort bien dire que pour eux ils ne pouvoient s'empêcher d'obéir au Roi et de retourner en leur pays, où ils trouvoient un grand rang et de grands biens ; mais que, pour lui, il étoit résolu de chercher fortune. C'est ce même prince Eugène qu'on peut dire, au moment que j'écris ceci, le plus grand capitaine de l'Europe, qui a relevé la maison d'Autriche abattue, et qui a réduit la France à la misère où nous la voyons aujourd'hui.

Il arriva à ces princes pendant leur voyage une chose très-fâcheuse, et cela par l'indiscrétion de M. de Villeroy. Messieurs de La Roche-Guyon, de Liancourt et de Villeroy, jeunes gens de leurs amis, à qui le Roi avoit refusé la permission de les suivre dans ce voyage, leur écrivoient régulièrement. Le malheur voulut que M. le prince s'imaginât que messieurs ses neveux avoient un commerce en France qui les détournoit d'obéir au Roi. Il lui donna l'avis de faire arrêter le courrier qui alloit toutes les semaines les trouver, lequel se trouva chargé des lettres de ces jeunes messieurs. Ils parloient dans ces lettres en vrais étourdis, et y traitoient le Roi de gentilhomme campagnard, affainéanti auprès de sa vieille maîtresse, avec des termes si méprisans, que le Roi ne l'a jamais oublié, d'autant plus que ces messieurs étoient les enfans, l'un du duc de Villeroy en qui il avoit une pleine confiance, et les deux autres du duc de La Rochefoucault, qui étoit une espèce de favori. Il les exila tous trois et ne voulut point voir le prince de La Roche-sur-Yon à son retour, parce que c'étoit à lui que les lettres s'adressoient : quant au prince de Conti son gendre, il voulut bien croire qu'il avoit ignoré ce commerce. Cette aventure a fait beaucoup de tort au prince de La Roche-sur-Yon dans tout le reste de sa vie. Peu de temps après, il devint l'aîné de sa branche et prit le nom de Conti à

---

(1) C'étoit le fils aîné du duc de Bouillon.
(*Note de l'ancien éditeur.*)

(2) La lettre que le Roi écrivit étoit d'un style à les obliger de renoncer à leur dessein ; il y juroit, parole de roi, que s'ils ne revenoient incessamment, ils ne rentreroient jamais dans son royaume de son vivant.

(*Note de l'ancien éditeur.*)

la mort de son frère, qui ne laissoit point d'enfans de la fille du Roi. Ce second prince de Conti est mort dans le temps qu'il se flattoit de vaincre l'aversion du Roi pour lui, et que le bien de l'Etat et sa réputation l'alloient mettre à la tête des armées. Il marqua du courage et des talens pour la guerre dans les campagnes qu'il fit avec M. de Luxembourg. Il avoit beaucoup d'esprit, et l'avoit fort orné par la lecture; avec cela une humeur douce qui le rendoit de la plus aimable conversation qu'un homme puisse être. Sa réputation alla si loin, qu'à la mort de Sobieski il fut élu roi de Pologne par la plus grande partie des palatins de ce royaume; mais il lui fut reproché de n'avoir pas assez promptement et assez vivement soutenu son élection; et s'il l'avoit fait, il auroit été roi, et la Pologne en seroit plus heureuse qu'elle n'a été depuis. Il ne parut pas en cette occasion avoir l'ame aussi élevée qu'on se l'étoit imaginé; et une espèce d'ingratitude qu'il eut pour l'abbé de Polignac, ambassadeur du Roi, qui l'avoit pour ainsi dire placé sur le trône, le fit connoître pour un homme sans amitié et sans reconnoissance. Il passa aussi pour trop attaché à ses intérêts dans les affaires qu'il eut avec madame de Nemours, et, après la mort de cette princesse, avec ses héritiers, pour la principauté de Neuchâtel. C'étoit pourtant de tous les princes que j'ai connus un des plus parfaits. Quand il fut revenu à la cour, et après la mort de M. le prince, qui lui donna sa fille en mariage, et demanda avec la dernière instance au Roi, en mourant, de pardonner à son neveu, il s'attacha fort à monseigneur le Dauphin, et y réussit. Le duc de Vendôme étoit en ce temps-là comme favori de monseigneur, qui passoit tous les ans une quinzaine de jours à Anet à chasser le loup avec la jeunesse de la cour. Il s'y fit une cabale pour M. le prince de Conti, qui, dans la suite, contrebalança la faveur de M. de Vendôme.

D'abord les princes du sang furent assez unis avec M. de Vendôme et avec le grand prieur son frère; mais cette union ne dura pas longtemps. J'étois depuis quelques années des amis de M. de Vendôme, bien que je fusse de dix ans plus vieux que lui; j'étois aussi parfaitement uni d'amitié avec l'abbé de Chaulieu, pour lors leur favori et entièrement le maître de leurs affaires. Les choses étant en cet état, le Roi vint à être gravement malade d'une fistule, et se résolut enfin à l'opération pour ces maux-là, qui pour lors étoient moins communs qu'ils ne sont à présent. Cela fit avec raison craindre pour sa vie, et réveilla par conséquent les cabales auprès de monseigneur, qui devinrent encore plus vives quand, après cette opération, le Roi retomba malade d'un anthrax qui marquoit la corruption du sang, et pour lequel il lui fallut faire une opération plus rude et plus dangereuse que la première. Quoiqu'il fût effectivement en danger, il ne voulut pas qu'on le crût : ainsi cette maladie n'empêcha pas que, pour divertir monseigneur à Anet, M. de Vendôme, l'abbé de Chaulieu et moi, nous n'imaginassions de lui donner une fête, avec un opéra dont Campistron, poète toulousain aux gages de M. de Vendôme, fît les paroles, et Lully, notre ami à tous, fît la musique. Cette fête coûta cent mille livres à M. de Vendôme, qui n'en avoit pas plus qu'il ne lui en falloit; et comme M. le grand prieur, l'abbé de Chaulieu et moi avions chacun notre maîtresse à l'Opéra, le public malin dit que nous avions fait dépenser cent mille francs à M. de Vendôme pour nous divertir, nous et nos demoiselles : mais certainement nous avions de plus grandes vues que cela. Elles se sont évanouies dans la suite, toutes choses ayant bien changé de face, et rien n'étant arrivé de ce que nous nous imaginions alors avec quelque apparence.

M. le prince, devenu maître de Chantilly après la mort de son père, y donna aussi l'année d'après une fête à monseigneur en 1688, qui dura huit jours comme l'autre. M. le prince étoit l'homme du monde qui avoit le plus de talent pour imaginer tout ce qui pouvoit la rendre galante et magnifique : il n'y épargna rien et y réussit. Ce fut un des derniers jours de cette fête qu'arriva un courrier de la cour, qui apporta à monseigneur la liste des lieutenans-généraux et maréchaux de camp que le Roi avoit faits pour recommencer la guerre. M. de Vendôme reçut une lettre particulière de M. de Louvois, qui lui donnoit avis de sa promotion à ce grade; et quelques autres de ceux qui étoient de cette fête ayant été nommés aussi, partirent dès le lendemain ainsi que lui pour aller se préparer à recommencer la guerre, sur ce qu'il n'étoit plus douteux que le prince d'Orange vouloit passer en Angleterre. A peine monseigneur fut-il arrivé à Versailles, qu'on prépara tout pour le siège de Philisbourg. Il partit donc quelque temps après pour cette expédition (1). M. de Vendôme fut fort étonné de ne pas servir avec lui; et quand son frère le grand prieur demanda à y aller du moins comme volontaire, cela lui fut aigrement refusé; ce qui

---

(1) Philisbourg fut pris par M. le Dauphin après vingt jours de tranchée ouverte, et la capitulation fut signée le 30 d'octobre 1688. (*Note de l'ancien éditeur.*)

marqua que le Roi n'avoit pas peut-être été trop content de la fête d'Anet. Cependant M. de Vendôme, pour qui il avoit naturellement de l'inclination, regagna ses bonnes grâces ; mais M. le grand prieur son frère ne put y réussir. Il s'opiniâtra néanmoins à servir, et servit en Flandre avec M. de Luxembourg qui lui donna toute sa confiance, non sans raison, car il avoit assurément des talens pour la guerre. Voilà comme les choses se passèrent depuis la paix de Nimègue, qui avoit duré dix ans, jusqu'à la prise de Philisbourg, qui fut le signal d'une nouvelle guerre, dans laquelle la France, quoique presque toujours victorieuse, s'est pourtant si fort épuisée, que nous avons succombé dans celle que nous avons eu à soutenir pour la succession d'Espagne, comme la suite le fera voir.

CHAPITRE X.

Ce qui s'est passé de plus considérable à la guerre et à la cour depuis la paix de 1688, *jusqu'à la paix de Riswick en* 1697.

Le prince d'Orange, en passant en Angleterre, n'avoit peut-être pas tout-à-fait formé le dessein de détrôner le roi Jacques son oncle et son beau-père ; et ce n'étoit pas non plus à cette intention qu'il avoit appelé par la plus grande partie des seigneurs anglois, dont il avoit les signatures dans sa cassette : mais leur dessein étoit de réformer le gouvernement, assurer la religion, et contraindre le roi Jacques à entrer dans une ligue générale contre la France. Cependant le Roi fut dépossédé, et d'une manière peu usitée jusqu'alors ; car ce fut sans qu'il y eût un coup d'épée de donné, malgré la férocité des Anglois.

La flotte du prince, après avoir été tourmentée par les vents, n'aborda pas loin d'Exeter ; et il lui parut d'abord si peu de disposition dans les peuples à le bien recevoir, qu'on dit qu'il délibéra de s'en retourner. Il avoit pour général sous lui le maréchal de Schomberg, originaire allemand, capitaine très-capable et expérimenté, qui avoit, après la paix de 1660, soutenu le Portugal par deux batailles qu'il avoit gagnées, et qui venoit de quitter la France quand tous ceux de sa religion furent proscrits. La France perdit en lui un bon sujet, mais dont la fidélité étoit suspecte, parce qu'il avoit presque toujours entretenu commerce avec la Hollande et le prince d'Orange. Si en sa jeunesse il avoit servi le grand-oncle de ce prince, il aida fort le neveu dans cette entreprise. On croit pourtant qu'elle auroit échoué, si le roi Jacques, qui avoit une grosse armée, eût marché sans perdre de temps à Exeter. Mais comme les premiers de sa cour, ses ministres, le prince de Danemarck, et sa fille même, étoient du complot, il fut entièrement dénué de bons conseils, incapable d'ailleurs d'en prendre lui-même. Barillon, ambassadeur de France, reconnut alors, mais trop tard, qu'il avoit été trompé par Sunderland, et je crois qu'il en est mort de regret. Pendant qu'on délibéroit à Londres, ensuite à Windsor, et puis à l'armée, où le Roi s'étoit rendu, et dont il avoit donné le commandement au comte de Feversham, frère du duc de Duras et du maréchal de Lorges, le prince d'Orange avança avec son armée ; et à mesure qu'il avançoit les peuples se déclarèrent pour lui. Quand il fut à une certaine portée, le Roi fut bien étonné de se voir abandonné de son gendre, de sa fille et des principaux de sa cour, de plusieurs chefs de son armée et de quelques corps de ses troupes. Un des premiers qui le quitta fut milord Churchill[1], frère d'une personne dont ce prince avoit eu des enfans, et lequel il avoit élevé de peu à une assez grande fortune. Cependant la plus grande partie de son armée lui étoit encore fidèle, surtout les Irlandois ; et si à la place de chefs qui l'avoient quitté il en eût substitué d'autres sur-le-champ, et qu'il eût mené son armée au combat, il auroit pu faire courre la moitié du péril à son ennemi : mais il s'en retourna à Londres, inquiet du parti que prendroit cette ville, dont le prince d'Orange s'approcha. Dès qu'il en fut à portée, les lords Halifax, Nottingham et Godolfin, furent députés par le Roi même pour aller traiter avec ce prince : et certainement l'intention de ces seigneurs n'étoit pas tout-à-fait de détrôner le Roi, mais bien de le mettre en tutelle par le moyen de son neveu. La peur que la Reine fit à son mari pour son fils, jointe aux mauvais conseils qui lui furent peut-être inspirés par des amis cachés du prince d'Orange, lui firent prendre le parti, avant le retour des lords, de faire passer en France sa femme et son fils qui n'avoit que six à sept mois. Le comte de Lauzun, que sa bonne fortune fit trouver alors en Angleterre, se chargea de leur conduite, et ils arrivèrent à bon port. Le Roi lui-même, après avoir vu relever sa garde par une garde hollandoise, sans coup férir, s'échappa pour venir en France ;

---

(1) Connu depuis sous le nom de Marlborough.
(*Note de l'ancien éditeur.*)

mais il fut reconnu et arrêté sur le point de s'embarquer, et ramené à Londres avec de grands respects, où il fut reçu avec des acclamations et des cris de *vive le Roi!* Cependant il n'étoit plus en liberté; et quand le prince d'Orange vint à Londres, on lui déclara que, pour la sûreté de sa personne, il falloit qu'il se retirât. Et comme son gendre étoit bien aise qu'il prît le parti de passer en France, qui étoit le plus mauvais qu'il pût prendre, il fut mal gardé à Portsmouth (1), où on le conduisit; et il y a apparence qu'on le laissa tout exprès s'évader et passer en France, où il arriva au commencement de 1689, et y rejoignit sa femme et son fils.

Ce changement de domination en Angleterre, qui a fait que les intérêts et les maximes politiques ont changé entièrement, a été un coup mortel pour la France, qui avoit résisté jusque là aux forces de toute l'Europe, et remporté de grands avantages sur tous ses ennemis. L'union de la Hollande avec l'Angleterre, dont le prince d'Orange peu après devenu roi étoit le lien, nous a été fatale : cependant la France a encore eu de bons et grands succès, mais elle n'en a pas su profiter, comme nous le verrons dans la suite.

D'autre côté, l'Empereur qui avoit reconquis la Hongrie et aguerri ses armées, dont les généraux étoient devenus de grands capitaines, fut en état de nous porter la guerre. Le prince de Bade, qui avoit succédé au duc de Lorraine et gagné des batailles contre les Turcs, s'opposa à nos progrès en Allemagne; et le prince d'Orange, que nous appellerons désormais le roi Guillaume, repassa la mer tous les ans pour se mettre à la tête de ses armées et de celles de Hollande, et nous fit acheter bien cher les victoires que nous remportâmes sur lui.

Le Roi fit d'abord de grandes dépenses pour équiper une flotte et porter une armée en Irlande. Le roi Jacques y avoit encore des places et une partie des peuples pour lui. Lauzun, qui avoit gagné les bonnes grâces de la reine d'Angleterre, fut fait duc à sa prière. Il fut choisi par les deux rois pour commander l'armée sous Jacques. Cette guerre, dont Seignelay étoit le promoteur, parce qu'elle ne se pouvoit faire que par le moyen de la marine, ne fut pas du goût de Louvois, qui fit ce qu'il put pour la faire échouer. Mais le roi d'Angleterre s'aida encore plus mal qu'on ne l'aida; au lieu que le roi Guillaume ne perdit pas un moment pour se transporter en Irlande et en chasser Jacques qui, s'étant mal posté sur la Boyne, y fut battu et vit toutes ses forces dispersées. Le roi Jacques, Lauzun, les troupes et les généraux acquirent peu de l'honneur en cette rencontre, et plusieurs se rembarquèrent fort mal à propos, de même que le Roi et Lauzun. Le seul Boisselot, capitaine aux gardes françoises, se jeta dans Limerick et en sortit avec honneur, après avoir soutenu un long siége et fait périr une grande partie de l'armée du roi Guillaume. Le maréchal de Schomberg fut tué dans cette bataille de la Boyne, et Guillaume même eut avant le combat les épaules effleurées et mises tout en sang d'un boulet de canon ; mais il ne laissa pas de mettre ses troupes en bataille et de se trouver au combat : marque de son grand courage, car sa blessure étoit considérable et il fut obligé de s'absenter assez long-temps de son armée. Cela fit courir le bruit dans toute l'Europe qu'il étoit mort. On en avoit tant d'envie en France, que les peuples en firent d'eux-mêmes des feux de joie, qui ne furent pas assez tôt arrêtés par la cour, où les principaux ministres, et entr'autres Louvois, entretinrent quelque temps l'erreur commune par leurs discours. Le jour que ce bruit se répandit dans Paris, je revenois le soir de Sceaux avec le marquis de Seignelay; et nous fûmes bien surpris de trouver par toutes les rues des feux de joie, des princes d'Orange de paille qu'on jetoit dans le feu en buvant à la santé du Roi et en y faisant boire les passans qu'on arrêtoit malgré eux. Cette fête générale déplut fort à tous les gens sensés ; et je ne sais si le prince d'Orange a jamais reçu un plus grand éloge, ni qui marquât mieux la crainte que ses ennemis avoient de lui, que l'emportement de joie où les mettoit la croyance qu'ils avoient d'en être défaits. Ce qui est incroyable, c'est qu'on fut un mois entier sans savoir s'il étoit en vie ou non, tant la cour étoit bien avertie. L'année suivante, on fit encore passer un grand renfort en ce pays-là. Saint-Ruth en eut le commandement : il avoit de l'audace et du courage, mais peu d'expérience, et ne possédoit aucune des qualités civiles que doit avoir un homme qu'on met dans les pre-

---

(1) Toutes les relations disent que ce fut à Rochester qu'on le mena, et que ce fut de là qu'il se sauva avec le duc de Berwick son fils naturel. Ils arrivèrent à Ambleteuse le 4 de janvier 1689, et le 7 à Saint-Germain-en-Laye, où Louis XIV le reçut comme le plus fidèle de ses alliés, et lui assigna pour sa demeure ce même château, avec une pension qui le mettoit en état d'entretenir une cour. (*Note de l'ancien éditeur.*)
Cette version est conforme à celle des *Mémoires* de **Berwick**.

mières places. La maréchale de La Meilleraye, vieille folle, s'étoit entêtée de lui du vivant de son époux, dont il étoit page ; et après la mort du maréchal elle en fit son mari de conscience. Ce mariage, devenu à la mode, contribua beaucoup à la fortune de Saint-Ruth : le roi le fit lieutenant des gardes du corps, l'employa, le fit commander en Dauphiné, et enfin le fit passer en Irlande, comme un homme capable d'y rétablir les affaires ; en quoi l'on peut admirer les entêtemens que ce prince a pris fort légèrement souvent, pour des gens peu élevés par leur naissance et d'un mérite fort ordinaire. Saint-Ruth étoit un des moins mauvais qu'il a choisis de cette matière. Il joignit en Irlande milord Tirconel, qui y commandoit pour le roi Jacques ; et tous deux ensemble livrèrent la bataille à l'armée du roi Guillaume. Ils combattirent vaillamment, et l'on a prétendu que si Saint-Ruth n'avoit pas été emporté d'un coup de canon, la bataille auroit été gagnée ; mais elle fut perdue, et peu de temps après toute l'Irlande soumise au roi Guillaume. Dès qu'il fut débarrassé de la dépense et de l'inquiétude de cette guerre, il porta ses forces en Flandre : cependant la guerre ne s'y fit pas heureusement pour ses alliés et pour lui. Il est bien vrai que notre armée, sous la conduite du maréchal d'Humières, reçut un échec à Valcourt (1) ; et quoiqu'il ne fût pas de la dernière conséquence, Louvois tomba si rudement sur le corps du maréchal son ami, qu'il le détruisit dans l'esprit du Roi : en sorte que l'année d'après, le commandement de l'armée fut donné au maréchal duc de Luxembourg, ennemi mortel de Louvois, et étroitement lié avec Seignelay. Louvois s'attira ce déplaisir pour avoir perdu dans l'esprit du Roi le maréchal d'Humières son ami : ce qu'il n'avoit pas fait dans la vue que Luxembourg en profitât, mais seulement pour tenir l'autre plus soumis et plus dépendant. Ce ministre fut de même la dupe des mauvais offices qu'il rendit à Pomponne, secrétaire d'État des affaires étrangères, qu'il poussa jusqu'à le faire sortir du ministère et de sa charge, pour la faire tomber sur quelqu'une de ses créatures ; mais le Roi choisit pour cet emploi le marquis de Croissy, frère de Colbert ; ce qui fut un coup de poignard pour Louvois, qui voyoit cette maison se soutenir et s'élever malgré lui. Pomponne, après la mort de Louvois et de Croissy, rentra dans sa charge ; le marquis de Torcy eut la survivance en épousant la fille de Pomponne, et tous deux firent dès-lors cette charge conjointement. Elle est ainsi rentrée dans la maison de Colbert qui va, selon les apparences, devenir plus puissante que jamais ; au lieu que la famille de Louvois, ou pour mieux dire Le Tellier, est entièrement tombée, quoiqu'elle possède encore aujourd'hui des richesses immenses, mais sans faveur ni considération aucune.

[1690] En 1690, Louvois n'ayant pu empêcher le duc de Luxembourg de commander la principale armée en Flandre, trouva du moins le moyen d'en faire détacher une grande partie, pour composer une armée au maréchal d'Humières du côté de la mer. Il envoya cependant l'ordre positif au duc de Luxembourg, qui étoit entre la Sambre et la Meuse, de passer la Sambre ; ce qui exposoit ce général à un échec presqu'inévitable, si Waldeck, qui commandoit l'armée des alliés, eût été un chef aussi éveillé que lui. Mais, quoique expérimenté capitaine, il étoit peu entreprenant, et s'étoit trop arrêté à Fleurus, qui n'est qu'à deux ou trois lieues de la Sambre : la plus grande partie de l'armée du Roi se trouva passée avant qu'il se fût ébranlé pour s'opposer à son passage. La première cavalerie qu'il détacha pour cela fut rencontrée par la gendarmerie et poussée, après un grand combat assez vif, jusqu'à la vue de son camp. Waldeck avoit une grosse armée, placée dans un lieu avantageux ; mais le duc de Luxembourg, qui ne pouvoit éviter de repasser la Sambre devant les ennemis sans un combat, se prépara toute la nuit à les attaquer le lendemain. Le front de leur corps de bataille étoit couvert d'un ruisseau, de sorte qu'on ne pouvoit attaquer que leur gauche. En cet état, le grand prieur, qui étoit auprès du duc de Luxembourg, fit défiler et passer toute sa droite, qui tomba sur le flanc de la gauche pendant que notre gauche chargeoit leur droite : ce qui détermina le combat et mit leur cavalerie en déroute. Leur infanterie se rassembla pourtant et fit un grand feu. Le cheval du duc du Maine y fut tué sous lui, et auprès de lui Jussac son gouverneur, qui l'avoit été de M. de Vendôme. On a voulu reprocher depuis à M. de Luxembourg d'avoir séparé son armée à la vue des ennemis, qui auroient pu profiter de sa séparation ; mais comme le terrain étoit tel qu'ils ne pouvoient s'en apercevoir, je trouve au contraire que ce général méritoit beaucoup de louanges. Cette bataille, heureusement gagnée, a été la source de tous les autres bons succès qu'a eus la France pen-

---

(1) Le maréchal vouloit emporter ce château d'emblée, quoiqu'il fût défendu par un fossé et par une bonne garnison ; mais il fut repoussé, et perdit mille ou douze cents hommes. (*Note de l'ancien éditeur.*)

dant que dura cette guerre. Luxembourg vouloit marcher en avant, et profiter de cette victoire ; mais les ordres de la cour, ou pour mieux dire de Louvois, suspendirent son action, et on lui fit assiéger Charleroy (1), qui se défendit bien et assez long-temps pour que sa prise fût l'unique fruit de cette bataille, qui pouvoit avoir de plus grandes suites.

[1691] Pendant l'hiver, le Roi forma le dessein d'attaquer Mons ; et Louvois, ministre excellent pour disposer ces sortes d'entreprises par sa prévoyance et par son activité, lui fournit de bonne heure près de cent mille hommes et toutes les munitions, canons et provisions nécessaires pour former le siège de cette place (2) avant que les ennemis fussent assemblés. Je n'entrerai pas dans le détail de ce siège : je dirai seulement que le Roi, qui ne vouloit point qu'on le commît en rien, fut inquiet lorsqu'il sut que le roi Guillaume s'étoit avancé jusqu'à Hall avec quarante mille hommes ; et quoiqu'il n'y eût rien à craindre avec le nombre de troupes que le Roi avoit, le duc de Luxembourg fut détaché avec quatorze mille chevaux ou dragons, pour aller observer et retarder la marche du roi Guillaume. Quelques jours après, Mons capitula. Le Roi s'en retourna à Versailles et laissa le commandement de son armée à M. de Luxembourg. Cette conquête, qu'effectivement le Roi devoit aux soins de Louvois, contribua à le perdre dans son esprit : ses ennemis, soutenus par madame de Maintenon, firent croire au Roi que Louvois s'en attribuoit toute la gloire. Ainsi, lorsque ce ministre croyoit recevoir des éloges et des remercîmens de son maître, il s'aperçut qu'il s'éloignoit de lui et en conçut un dépit mortel, quoiqu'il n'eût plus de Seignelay pour objet de sa jalousie : ce ministre de la marine étoit mort en 1690, non sans soupçon de poison, qu'on croyoit venir de la part de Louvois, qui en beaucoup d'occasions exerça sur lui son autorité. Luxembourg en agit aussi fièrement avec Louvois. Il n'en fallut pas davantage pour outrer un homme orgueilleux et vindicatif, qui ne pardonnoit jamais : car, par exemple, il ne pardonna point à M. le grand prieur d'être allé droit au Roi, et non pas chez lui, lorsque ce prince vint porter la nouvelle du gain de la bataille de Fleurus, où il s'étoit distingué. Ce fut bien malgré Louvois que le Roi le fit maréchal de camp.

Comme ce ministre avoit maltraité tout le monde, dès que l'on put soupçonner que sa faveur baissoit, tout le monde l'attaqua. Une des choses qui lui fit plus de tort, ce fut le conseil qu'il avoit donné et fait exécuter de faire brûler Worms, Spire, Frankendal et tout le Bas-Palatinat, afin que les armées de l'Empereur et de l'Empire ne pussent subsister ni s'établir en deçà du Rhin. Quelques gens ont prétendu que cette barbarie étoit nécessaire en saine politique ; beaucoup d'autres n'en sont pas convenus. Quoi qu'il en soit, cette cruauté inspira de l'horreur à toute l'Europe contre le Roi et contre toute la nation. Le Roi s'en repentit et reprocha à Louvois ce qu'il lui avoit fait faire. La prise de Mayence en 1689 l'avoit aussi irrité contre Louvois : premièrement, sur ce que cette place avoit manqué de poudre, et puis parce que le marquis d'Huxelles, créature de Louvois, après avoir défendu son chemin couvert avec tout l'art et toute la valeur possibles, avoit rendu la place tout d'un coup, quoiqu'on crût qu'elle pourroit tenir encore quelque temps ; et cela pour avoir manqué de poudre, malgré les assurances que le ministre avoit données qu'il y en avoit plus qu'il n'en falloit, et de toutes autres choses abondamment ; ce qui ne s'étoit pas trouvé vrai. On reprochoit à Louvois la guerre avec le duc de Savoie, dont il fut doublement l'auteur, soit pour avoir établi à Turin un poste qui ne dépendoit pas du duc, soit pour avoir voulu forcer ce prince à livrer au Roi la citadelle de Turin, enfin pour avoir empêché d'arriver à la cour et de parler au Roi un seigneur piémontois qui lui venoit offrir la carte blanche, et qui étoit venu jusqu'à Orléans. Toutes ces choses l'avoient perdu dans l'esprit du Roi ; et le seul besoin qu'il croyoit avoir de cet homme en temps de guerre le soutenoit. Car d'ailleurs l'esprit de ce ministre farouche n'étoit pas capable de plier ; et un jour entre autres qu'il eut une dispute avec le Roi, sur ce que Sa Majesté lui dit qu'il paieroit cet ordre de sa tête, Louvois s'emporta jusqu'à jeter ses papiers sur la table du conseil, disant qu'il ne vouloit plus se mêler des affaires. Cette scène, après laquelle madame de Maintenon le raccom-

---

(1) Suivant ce que dit notre auteur, il sembleroit que cette ville fut assiégée et prise dans la même campagne, et par M. de Luxembourg. Cependant elle appartenoit encore aux Espagnols en 1693. Le marquis de Boufflers la bombarda le 19 et le 20 d'octobre 1692. L'année d'après, elle fut assiégée par le maréchal de Villeroy à qui elle se rendit après vingt-six jours de tranchée ouverte.

M. de Luxembourg couvrit le siége : ce fut toute la part qu'il eut à la prise de cette place.
(*Note de l'ancien éditeur.*)

(2) Mons fut assiégé le 25 de mars 1691, et la place capitula le 16 d'avril, après seize jours de tranchée ouverte. Le Roi faisoit le siége en personne.
(*Idem.*)

moda, se passa peu de temps avant la mort de Louvois, qui fut fort extraordinaire. Etant allé le matin pour travailler avec le Roi à son ordinaire, il se trouva mal et changea de visage. Le Roi remit à une autre fois les affaires ; et à peine Louvois eut-il le temps d'arriver chez lui, qu'il expira au moment qu'on lui ouvrit la veine. Sa mort fut, aussi bien que celle de Seignelay, soupçonnée de poison ; et on prétend qu'un pot d'eau, qui étoit toujours dans une petite armoire auprès de sa table, fut empoisonné. On a soupçonné le duc de Savoie d'avoir fait faire le coup par Seron, médecin de Louvois, qu'il avoit gagné.

On a dit de Louvois qu'il auroit fallu, ou qu'il ne fût point né, ou qu'il eût vécu plus long-temps, parce que s'il ne fût point né il n'auroit pas engagé l'Etat dans la guerre et dans les dépenses qui l'ont ruiné, et s'il eût vécu jusqu'à ce temps-ci, il avoit des talens propres à soutenir le poids des affaires. De tout ce que j'ai dit, on peut juger de lui et prononcer hardiment que c'étoit un homme capable de bien servir dans le ministère, mais non pas de gouverner. Le Roi ne parut en aucune façon le regretter, moitié par l'aversion qu'il avoit conçue pour lui, moitié par orgueil. Le même orgueil lui fit mettre en sa place le marquis de Barbezieux, second fils de Louvois, qui avoit eu la survivance de sa charge après que lui-même l'eut fait ôter au marquis de Courtenvaux son aîné, à cause de son incapacité.

Barbezieux avoit effectivement plus d'esprit que l'autre, mais pas plus de sagesse ni d'expérience. Cependant il fut bientôt le maître dans l'étendue de sa charge, comme les autres ministres l'étoient chacun dans la leur : car un des malheurs de ce règne a été le pouvoir que le Roi a donné à ses ministres dans chaque partie du gouvernement qui leur étoit commise, sans qu'aucun d'eux ait pensé au rapport que toutes les parties avoient entre elles, et celui qu'elles avoient au corps de l'Etat ; si bien que les plus sensés ont toujours souhaité un premier ministre. Mais la vanité du Roi, qui sortoit de la tutelle du cardinal Mazarin, n'a jamais pu le permettre ; et il a toujours regardé cela comme le plus grand malheur qui pût arriver à un prince. Il n'a pourtant pas moins été gouverné que les autres ; mais il a mieux aimé l'être par plusieurs que par un seul. Il a eu d'abord d'habiles ministres, qui l'ont moins mal conduit, et qui avoient pris quelque sorte d'empire sur lui.

A la fin il a pris des gens de peu d'esprit, dans la pensée qu'il les conduiroit, et feroit mieux reconnoître ses grands talens ; mais il a été encore gouverné par ceux qu'il vouloit gouverner, sans que les talens du prince aient pu prévaloir par dessus l'incapacité des ministres. Il s'est même cru obligé de les soutenir en tout et contre tous, et s'est souvent privé, pour l'amour d'eux, du secours de ceux de ses meilleurs sujets qui avoient le mieux mérité de lui. Le maréchal de Catinat, dans la guerre dont je parle, avoit eu le commandement de l'armée de Piémont : il y fit la guerre avec beaucoup de sagesse, de courage et de succès. Il gagna la bataille de Staffarde, et il ne tint pas à lui qu'on n'attaquât ensuite et qu'on ne prît Turin : mais les ordres réitérés de Louvois, son parent et son bienfaiteur, l'obligèrent malgré lui à faire faire dans l'arrière-saison (1) le siége de Coni par Bulonde, qui fut obligé de le lever. La capacité ni les bons services de M. de Catinat, qui à la fin l'avoient fait faire maréchal de France, ni la voix publique, n'ont pu empêcher que le Roi ne l'ait sacrifié à Chamillard.

A propos du siége de Coni, il faut que je rapporte ici un fait qui fait bien voir combien le moindre revers jetoit la consternation dans cette cour. Lorsque Louvois sut la levée du siége de Coni, il alla chez le Roi, pleurant et désespéré, lui porter cette nouvelle, dont il ne pouvoit se consoler. Le Roi dit alors sagement et fort bien : « Vous êtes abattu pour peu de chose ; on voit bien que vous êtes trop accoutumé à de bons succès. Pour moi, qui me souviens d'avoir vu les troupes espagnoles dans Paris, je ne m'abats pas si aisément. » Ce prince a eu depuis besoin de sa fermeté, lorsque les méchantes nouvelles sont arrivées coup sur coup de toutes parts. Voilà la dernière fois qu'il sera question de Louvois, si ce n'est pour remarquer le bien et le mal que ces temps-là et les événemens ont fait découvrir dans les maximes qu'il avoit établies. Cette même année 1691, le duc de Luxembourg, à la fin de la campagne, battit à Leuze la cavalerie des ennemis. M. le duc de Chartres, fils de Monsieur, âgé de seize ans, et qui faisoit alors sa première campagne, s'y trouva, aussi bien que M. le duc du Maine. Ce général eut grand soin qu'ils ne s'exposassent pas trop ; mais l'année suivante à Steinkerque, et depuis à Nerwinde, le duc de Chartres fit bien voir qu'il n'avoit pas tenu à lui qu'à Leuze il n'eût chargé à la tête des esca-

---

(1) Encore une erreur du genre de celle que j'ai relevée dans la Notice. Le siége de Coni fut commencé le 19 juin 1691, et ce fut l'approche du prince Eugène qui le fit lever.

drons, et montré la valeur qu'il a et qui le distingue autant que sa naissance des autres hommes. En l'année 1692, le Roi forma le dessein d'aller attaquer Namur, place la plus forte des Pays-Bas espagnols; et véritablement l'entreprise étoit digne de lui. Il prit la ville en huit jours de tranchée ouverte du côté du bas de la Meuse, à la faveur d'une hauteur qui alloit jusqu'à la portée de la plus grande partie des mousquets des remparts : si bien que le roi Guillaume n'eut pas le temps de venir au secours. Le Roi passa ensuite du côté de la citadelle, posta son armée depuis la Sambre jusqu'à la Meuse, et rétrécit ainsi la circonvallation. Cette citadelle passoit pour presque imprenable : aussi le siége en dura-t-il un mois entier, et les pluies continuelles pensèrent la sauver et firent périr une partie de l'armée du Roi. Le roi Guillaume assembla quatre-vingt mille hommes pour secourir cette place; mais le duc de Luxembourg l'empêcha d'aborder Namur, dont le château se rendit à la fin. Ainsi cette conquête eut un double agrément pour le Roi, l'un son importance, et l'autre qu'elle avoit été faite à la barbe du roi Guillaume. On auroit pu, dans le moment que la citadelle capitula, joindre l'armée de Luxembourg avec celle du Roi, qui se seroit trouvée d'un tiers plus forte que celle des ennemis, et les combattre dans les campagnes de Fleurus avec une cavalerie beaucoup plus nombreuse et meilleure que la leur; ou, s'ils s'étoient retirés sans combattre du côté de Bruxelles, charger et défaire leur arrière-garde, et les mettre ainsi en état de ne plus tenir la campagne. Je le dis dans le moment à Chamlay, qui avoit alors voix en chapitre : il trouva que j'avois raison. « Mais il faut voir, me répondit-il, ce qui convient à cet homme-ci. » Effectivement le Roi a toujours eu de la répugnance à se commettre à un grand événement : il a paru manquer de courage d'esprit, quoiqu'il ne manquât pas, je crois, de l'autre; et il a trop écouté les conseils prudens, lorsque de plus hardis l'auroient mis au-dessus de tout.

Cette même année 1692, le roi Guillaume, entreprenant de son naturel, et fâché d'avoir vu prendre Namur, attaqua à Steinkerque le duc de Luxembourg et pensa le battre, étant tombé avec toute l'armée sur l'aile droite de la nôtre, qui ne fut avertie que fort tard que l'armée ennemie venoit d'attaquer, et n'eut presque pas le temps de se mettre en état de la bien recevoir. Ce qui abusa le duc de Luxembourg, qui étoit un peu incommodé, fut une intelligence qu'il avoit avec un secrétaire du roi Guillaume; car cette intelligence ayant été découverte, on fit donner par ce secrétaire un faux avis à notre général que les ennemis viendroient faire ce jour-là un grand fourrage du côté de notre armée : si bien que lors même que nos partis l'assurèrent que l'armée tout entière des ennemis alloit tomber sur lui, il ne le put croire; et il fallut que la brigade de Bourbonnois, qui occupoit une hauteur à notre droite, fût attaquée, avant qu'il en fût persuadé. Il s'y porta diligemment et eut la douleur de voir cette brigade en désordre, et les ennemis maîtres de cette hauteur et de quelques pièces de canon que nous y avions. Il les fit attaquer une et deux fois, sans les chasser. A la troisième, s'étant mis avec M. de Chartres, M. le duc, M. le prince de Conti, M. de Vendôme, M. le grand prieur et les autres officiers généraux, à la tête de la brigade des gardes, qui marcha aux ennemis la baïonnette au bout du fusil et l'épée à la main, sans tirer, il les emporta et en fit un carnage horrible. On le poursuivit jusqu'au camp d'où ils étoient partis, et on leur prit beaucoup d'étendards et de drapeaux, et une partie du canon qu'ils avoient amené. Les ennemis firent une très-grande perte de leurs meilleures troupes; et la nôtre, quoique moindre, fut considérable.

Le prince de Turenne, fils aîné du duc de Bouillon, homme d'esprit et de courage, et d'une grande espérance, y fut tué, aussi bien que les marquis de Tilladet, de Bellefond et quantité d'autres officiers. M. le duc de Chartres fut blessé dans cette occasion, et après s'être fait panser légèrement revint au combat; ce qui lui fit beaucoup d'honneur, aussi bien qu'au marquis d'Arcis, son gouverneur, qui demanda avec opiniâtreté au duc de Luxembourg que ce prince vînt à cette action, quoiqu'il commandât la réserve, qui ne s'y trouva pas.

Le duc de Luxembourg envoya Albergotti, l'un de ses favoris, qui s'étoit distingué dans cette occasion, en porter la nouvelle au Roi. Albergotti, qui avoit fait une cabale avec le prince de Conti et avec le fils aîné du général pour le gouverner, et qui vouloit le brouiller avec messieurs de Vendôme et surtout avec le grand prieur, naguère son favori, ne parla que peu ou point d'eux dans le récit qu'il fit au Roi. Cependant ils avoient eu grande part au bon succès : il étoit certain que M. de Vendôme, par lui-même d'abord, et ensuite par son frère, avoit déterminé le duc de Luxembourg à ne pas abandonner la hauteur, et à la reprendre à quelque prix que ce fût; car d'abord ce général vouloit faire repasser à toute sa droite le ruisseau qui étoit derrière son camp ; et s'il l'avoit fait, il couroit risque d'être entièrement battu. Ces deux frères aussi avoient chargé à la tête des bataillons aussi vivement que personne, et M. de Vendôme avoit disposé la droite, où étoient des régimens de dragons qui firent merveille : si bien qu'au lieu d'être oubliés, ils devoient avoir une bonne part de la louange que méritoit cette action.

M. de Luxembourg même dit à M. de Vendôme qu'il lui devoit beaucoup et qu'il le publieroit. Cependant si nous n'avions pas su par nos lettres, l'abbé de Chaulieu et moi, qu'il y avoit eu un grand combat en Flandre, où M. de Vendôme avoit beaucoup de part, il n'eût pas été question d'eux, puisqu'étant arrivé à Versailles dans le temps que cette nouvelle venoit d'être rendue publique, Monsieur, qui venoit de chez le Roi, et qui savoit l'intérêt que je prenois à ces messieurs, me dit qu'ils n'y étoient pas. Mais je le désabusai, et tout le reste du monde fut aussi bientôt détrompé ; car l'abbé de Chaulieu s'étant trouvé chez M. le prince lorsqu'Albergotti lui rendit compte de cette action, comme il ne parloit point de messieurs de Vendôme, M. le prince lui demanda s'ils y étoient ; et Albergotti ne put s'empêcher de répondre oui fort succinctement. Peu de jours après, comme toutes les lettres de l'armée étoient pleines de leurs louanges, on vit bien qu'il y avoit de l'affectation à ce silence. Messieurs de Vendôme se plaignirent ouvertement de M. de Luxembourg, et furent brouillés avec lui jusqu'à sa mort, qu'il les envoya chercher, et leur redemanda leur amitié ; de quoi ils furent très-touchés l'un et l'autre. Ce n'est pas la première ni la dernière fois en ce siècle-ci qu'on n'a pas rendu justice à ceux qui s'étoient distingués dans les actions, et je m'imagine qu'il en a été de même dans tous les temps.

Ce combat, qui avoit beaucoup coûté aux deux partis, fit qu'on ne se chercha plus le reste de cette campagne. L'année suivante 1693, il parut que le Roi avoit de grands projets qui s'évanouirent tout à coup. On ne sait pourquoi ni comment le Roi, résolu, à ce qu'il parut, de pénétrer dans les pays ennemis, laissa Monsieur, son lieutenant général en France, avec sept ou huit mille hommes pour garder les côtes, qui étoient menacées par les Anglois. Il faut remarquer que cette année-là il y eut en France une grande disette de blé, qui, jointe à l'avarice de ceux qui en avoient provision, causa une espèce de famine, et le pain monta jusqu'à sept sous la livre. Monsieur, donc, répandoit de l'argent dans tous les chemins, depuis Paris jusqu'à Pontorson en Bretagne. M. le chevalier de Lorraine, le marquis d'Effiat et moi, qui étions avec lui dans son carrosse, avions chacun un sac de mille francs en pièces de trente sous ou en écus, dont il n'en restoit aucun à la fin de la journée. Cela acquit fort le cœur des peuples à ce prince, qui d'ailleurs étoit affable. Il attendoit avec impatience des nouvelles de l'expédition du Roi en Flandre, lorsqu'un courrier lui apporta celle du retour de Sa Majesté à Versailles. Il en fut surpris et fâché au dernier point et avec raison ; car le Roi se vit en état à Gembloux d'accabler le roi Guillaume, qui étoit à l'abbaye du Parc sous Louvain, qu'il n'osoit abandonner, et n'avoit que quarante mille hommes, lorsque le Roi pouvoit marcher à lui des deux côté de Bruxelles avec deux armées de soixante mille hommes chacune. Ce prince effectivement se croyoit perdu, dans le temps qu'il apprit que le Roi étoit parti pour Versailles, et envoyoit monseigneur en Allemagne avec une grande partie de ses forces. Cela lui parut si peu vraisemblable, qu'il a dit depuis qu'il avoit soupçonné l'Empereur et ses alliés d'avoir traité avec le Roi à son insu. Personne n'a jamais su l'auteur de ce conseil ; mais on a soupçonné qu'il venoit de madame de Maintenon, sur ce que le Roi avoit eu quelques accès de fièvre : et c'est bien là un vrai conseil de femme, que M. de Luxembourg et tous les autres ministres ont désavoué. Aussi cette retraite n'a pas fait honneur au Roi, qui depuis ne s'est point trouvé à la tête de ses armées, où cependant il avoit toujours été heureux. Ses armes prospérèrent encore le reste de cette campagne, sous les ordres de M. de Luxembourg. Ce général avoit envie de surprendre Liège ; mais les ennemis avoient fait des lignes très-fortes sous cette place, et y avoient laissé trente mille hommes pour les garder. Le duc de Luxembourg fit tous les apprêts nécessaires pour les attaquer ; mais le même jour qu'il avoit fait faire des fascines pour marcher à ces lignes, ayant eu avis que les ennemis, qui étoient plus foibles que lui, se retiroient vers Layette, il résolut de les suivre brusquement, et marcha toute la nuit, en sorte que le lendemain il arriva sur eux et les trouva campés au-delà de Layette. Comme il étoit tard, et que son arrière-garde n'étoit pas arrivée, il ne put les attaquer que le lendemain. La plupart des gens croyoient que le roi Guillaume feroit faire une grande quantité de ponts, et se trouveroit passé le lendemain ; mais il trouva son poste si bon, que, persuadé d'ailleurs que pour maintenir son crédit auprès des Anglois il falloit se battre, il ne songea qu'à faire toute la nuit un retranchement dans le front de son corps de bataille, à bien garnir et à fortifier deux villages qui fermoient les deux ailes. Les ordres du duc de Luxembourg ne furent pas d'abord ponctuellement exécutés : notre droite attaqua trop tôt leur gauche et ne put pénétrer dans leur village, qui aussi bien qu'une partie de leur ligne, étoit couvert d'un grand ravin; ce qui fit que les ennemis, se voyant en repos sur leur gauche, portèrent la plus grande partie de leurs forces au village de Nerwinde, qui étoit à leur droite. Nous nous en rendîmes maîtres d'abord; mais ils nous en chassèrent, et il y eut un temps où le prince de Conti, qui fit des merveilles dans ce combat, et le maréchal de Villeroy, furent d'avis de se retirer : mais le duc de Luxembourg ayant demandé à M. le duc ce qu'il en pensoit, ce prince répondit qu'il s'engageoit de reprendre le village de Nerwinde, si on vouloit lui donner dix bataillons frais; et effectivement il se mit, et le prince de Conti aussi, à la tête de la brigade des gardes, et ils emportèrent le village. Mais ce n'étoit encore rien de fait, si notre cavalerie, dont M. de Chartres étoit général, n'avoit passé le retranchement pour combattre celle des ennemis. Ainsi, dès que notre infanterie eut un peu abattu le haut du fossé, ce prince passa tout des premiers et chargea avec les premiers escadrons qui se formèrent : il renversa une et deux lignes des ennemis; il fut ramené par la troisième, et en danger d'être pris : mais, aidé de deux de ses domestiques, et ayant été obligé de tuer lui-même d'un coup d'épée un de ceux qui le poursuivoient, il regagna notre ligne, et, après l'avoir mise en ordre, il rechargea la cavalerie des ennemis, qu'il mit en désordre, et qui ne se rallia plus, non plus que leur infanterie. De sorte qu'on le jeta dans Layette où il en périt une grande quantité : si bien que de plus de quatre jours il n'y eut pas mille hommes ensemble de toute cette armée. Mais le duc de Luxembourg, faute de pain, à ce qu'il dit, ou bien de peur de finir la guerre, ne suivit pas la victoire comme il auroit pu faire. Il est vrai aussi que, quoique vainqueurs, notre perte étoit grande, aussi bien que la fatigue qu'avoit essuyée notre armée pendant quelques jours. Cette bataille fut des plus sanglantes; et si on en avoit profité, elle pouvoit être décisive. Mais nos généraux ont toujours si fort craint la cour, que la peur d'être perdus par de mauvais succès les a fait s'arrêter aux premiers avantages qu'ils ont remportés, sans songer à les pousser à bout ; et cela par cette malheureuse fantaisie de ne penser qu'à plaire au Roi et point à faire le bien de l'Etat : en quoi la plupart de nos généraux ont été presque aussi coupables que nos ministres.

Cette même année, le maréchal de Catinat gagna en Piémont la bataille de la Marsaille. S'il ne l'eût fait, il falloit qu'il repassât les monts : mais le duc de Savoie voulut profiter des grandes forces que l'Empereur lui avoit envoyées, et ne voulut pas éviter le combat que l'autre cherchoit. Le duc de Vendôme et le grand prieur, son frère, brouillés, comme j'ai dit, avec M. de Luxembourg, servirent cette année-là en Italie. Le premier, comme plus ancien général, commandoit la gauche de notre armée, et eut beaucoup de part au gain de la bataille, aussi bien que son frère qui commandoit la gauche de la seconde ligne et qui eut la cuisse percée. Le duc de Vendôme fut obligé, par la disposition des lieux, à charger avec la gendarmerie de gros bataillons, dont le feu extraordinaire la mit d'abord en désordre. Mais il la rallia au bout de cent pas; et quelques escadrons de la seconde ligne l'ayant jointe, il rechargea ces bataillons avec tant de promptitude et de vivacité, avant qu'ils fussent en état de soutenir une seconde attaque, qu'il emporta non-seulement la première mais la seconde ligne des ennemis, et se rejoignit au maréchal de Catinat, qui avoit trouvé moins de résistance et avoit défait leur droite; si bien que la victoire fut complète. Il y eut pourtant quelques-unes de nos troupes qui furent ramenées par quelques escadrons; mais ce désordre fut bientôt réparé, et ils furent poussés jusque dans les portes de Turin, où ils se retranchèrent après avoir rallié une partie de leur armée et principalement leur aile droite, qui n'avoit pu soutenir le feu de notre cavalerie (1). Cette victoire nous rendit maîtres de la plaine du Piémont, où M. de Catinat fit hiverner une grande partie des troupes du Roi. Ainsi je puis dire, en finissant cette petite relation, que cette campagne doit être mise au nombre de celles qui ont été fort glorieuses et fort avantageuses à la France : ce qui obligea le duc de Savoie à faire sa paix, qui attira ensuite celle de Riswick.

---

(1) Il demeura sur la place huit mille hommes des troupes du duc; tout son canon fut pris, avec cent six étendards ou drapeaux. La bataille se donna le 4 d'octobre 1693. (*Note de l'ancien éditeur*).

FIN DES MÉMOIRES DU MARQUIS DE LA FARE.

MÉMOIRES
DU MARÉCHAL DE BERWICK,

ÉCRITS PAR LUI-MÊME;

AVEC UNE SUITE ABRÉGÉE DEPUIS 1716 JUSQU'A SA MORT EN 1734;
PRÉCÉDÉS D'UNE ÉBAUCHE D'ÉLOGE HISTORIQUE PAR LE PRÉSIDENT DE MONTESQUIEU,
ET DE SON PORTRAIT PAR MILORD BOLINGBROKE.

NOTICE

SUR

LA VIE DU MARÉCHAL DE BERWICK

ET SUR SES MÉMOIRES.

Montesquieu a fait l'éloge et Bolingbroke le portrait du maréchal de Berwick. Ces deux morceaux ont toujours été publiés avec les *Mémoires*. Quoique l'un ait été écrit très rapidement, et que l'autre n'ait pas été fini, ils ne laissent pourtant que bien peu de choses à désirer. Je n'aurai donc pas ici à m'occuper de la vie, mais seulement des *Mémoires* du maréchal.

Le maréchal de Fitz-James, chef de la branche française, issue du maréchal de Berwick, avait songé à les donner au public dès l'année 1754. Il en avait communiqué le manuscrit à Montesquieu qui, après l'avoir lu, jugea qu'il fallait l'imprimer tel qu'il était, sans y rien changer, et qui consentit avec empressement à en être l'éditeur. Montesquieu avait connu le maréchal de Berwick pendant que celui-ci était gouverneur de la Guienne. Il avait alors vingt-sept ans, et venait de prendre possession de la charge de président à mortier au parlement de Bordeaux, qu'un de ses oncles lui avait cédée. Malgré la différence des âges, une sorte de conformité dans les caractères, et je ne sais quel instinct qui fait que les hommes supérieurs se devinent et se rapprochent, les avaient unis d'une amitié sincère qui dura jusqu'à la mort du maréchal. Malheureusement Montesquieu ne vécut pas assez pour remplir la mission qu'il avait acceptée ; la mort le surprit à son tour, n'ayant pas même terminé l'éloge historique qu'il se proposait de placer en tête des *Mémoires*.

Cet événement suspendit pour plusieurs années la réalisation des intentions du maréchal de Fitz-James. Enfin, en 1777, les *Mémoires* du maréchal de Berwick, ses papiers, sa correspondance, le travail incomplet mais précieux pourtant de Montesquieu, furent remis à l'abbé Hooke qui s'était chargé de la publication.

Le maréchal de Berwick s'était arrêté à l'année 1716. Il n'avait rien dit par conséquent ni de son gouvernement dans la Guienne, ni de la guerre de 1719 avec l'Espagne, ni de son commandement dans les provinces d'Auvergne, de Bourbonnais et de Limousin, pendant la peste de 1721, ni enfin de ses campagnes de 1733 et 1734 sur les bords du Rhin. L'abbé Hooke, à l'aide des matériaux qui lui avaient été communiqués, continua les *Mémoires* jusqu'à cette dernière année, où le maréchal fut tué d'un coup de canon devant Philisbourg qu'il assiégeait. Il ajouta au texte des notes et des pièces justificatives qui ne sont pas toutes d'un égal intérêt. C'est en cet état que parut en 1778 la première édition.

Pour en finir tout de suite avec la partie des *Mémoires* qui appartient à l'abbé Hooke, je dirai que, toujours exacte dans les faits, elle manque d'art dans la manière de les présenter, et qu'elle n'est peut-être pas assez développée, quoiqu'elle renferme tout ce qu'il est intéressant de connaître sur les dernières années du maréchal. Le style en est lâche, sans vie et sans couleur. L'abbé Hooke termine par un portrait du maréchal qu'il faut lire encore après les éloquentes pages de Bolingbroke et de Montesquieu.

La vie du maréchal de Berwick a été toute guerrière, depuis l'âge de quatorze ans où nous le voyons faire ses premières armes au siége de Bude sous le duc de Lorraine, jusqu'à l'année qui a été marquée par sa mort glorieuse sur le champ de bataille. Il a commandé successivement les armées des trois plus grandes puissances de l'Europe au XVIIᵉ siècle : la France, l'Espagne et l'Angleterre. Il avait à peine vingt ans quand il supporta seul tout le poids des affaires de Jacques II en Irlande, après la défaite de la Boyne ; sa belle et savante campagne de 1707 dans les royaumes de Castille et de Valence, campagne que couronna si heureusement la victoire d'Almanza, raffermit Philippe V sur le trône d'Espagne ; celles de 1709, 1710 et 1711 dans les Alpes, préservèrent nos provinces du Midi d'une invasion des armées impériales, commandées par le comte de Thaun et le duc de Savoie.

Les événements de la guerre, et cela est tout

simple, tiennent dans les *Mémoires* plus de place que les combinaisons ou les intrigues de la politique. Ce que le maréchal de Berwick sait le mieux et ce qu'il rapporte le plus volontiers, c'est ce qu'il a vu dans les camps, et dont il a été acteur ou témoin sur les champs de bataille. A partir de 1702, sa narration est plus abondante et plus précise tout ensemble. On s'aperçoit aisément qu'il n'écrit plus de souvenir et avec le seul secours de sa mémoire, mais sur les notes journalières qu'il avait prises. Le maréchal de Berwick ne raconte pas seulement les faits, il les juge tant qu'il sert sous les ordres d'autres généraux; et quand il commande en chef les armées, il les explique, il donne les raisons des plans qu'il a conçus dans le cabinet, et des modifications qu'il a dû y apporter sur le terrain. Ses observations critiques, qu'elles portent sur les opérations de ses supérieurs et de ses collègues ou sur les siennes propres, sont toujours de bonne foi. Il y a de la prudence et, si je puis le dire ainsi, de la modération jusque dans sa sévérité. A ceux qui prétendraient trouver quelque rapprochement entre son jugement sur la bataille de Villaviciosa et ses démêlés avec le duc de Vendôme pendant la campagne de 1708, je citerai la lettre écrite par Philippe V, du camp de Fuentès, le 11 décembre 1710, et que l'abbé Hooke a comprise dans les pièces justificatives :

« Nos deux lignes s'ébranlèrent pour charger les ennemis; et sur les trois heures et demie la bataille commença par l'aile droite de la cavalerie qui rompit entièrement leur gauche et la mit en déroute, tomba sur un de leurs bataillons qu'elle enfonça, et s'empara d'une batterie de canon qu'ils avoient à leur gauche. La nôtre chargea un moment après; et après plusieurs charges, et avoir poussé et été repoussée à diverses reprises, elle gagna les derrières de l'infanterie ennemie; et notre cavalerie de la droite, qui avoit défait les ennemis de son côté, se joignit à elle par le derrière de cette infanterie, pendant qu'elle combattoit avec beaucoup de vigueur avec la nôtre et la poussoit tout doucement, à la réserve de mes gardes wallonnes qui percèrent les deux lignes et le corps de réserve des ennemis, et poussèrent ceux qui étoient devant elles bien au-delà du champ de bataille, en faisant un très grand carnage. M. de Vendôme, voyant que notre centre plioit et que notre gauche de cavalerie n'entamoit pas la droite, crut qu'il falloit songer à se retirer vers Torrija, et donna l'ordre pour cela. Mais comme nous y allions avec une bonne partie des troupes, nous apprîmes que le marquis de Val de Cañas et Mahony avoient chargé l'infanterie et la cavalerie qu'ils avoient à leurs ordres et l'avoient fort maltraitée. Ce qui nous fit prendre sur le champ le parti de remarcher avec le reste de l'armée; et nous nous avançâmes sur les hauteurs de Brihuega où nous avons attendu le jour pour rentrer dans le champ de bataille. »

Quoique les *Mémoires* du maréchal de Berwick soient plus spécialement consacrés au récit des événements militaires auxquels il a pris une part active, on y trouve pourtant des renseignements très précieux sur les affaires de la politique. C'est un épisode fort important et jusqu'ici trop négligé de l'histoire du règne de Louis XIV que cette guerre des Camisards contre lesquels furent envoyés successivement trois maréchaux de France. Le maréchal de Berwick fut le dernier. Ses *Mémoires* contiennent les détails les plus intéressants sur les mœurs de ces sectaires révoltés, sur le caractère de l'insurrection et sur l'intervention secrète de l'Angleterre et de la Hollande.

C'est une indication bien curieuse que ces mots du maréchal de Berwick : « Si j'avois voulu agir comme d'autres qui, dès avant la mort du Roi, avoient fait leur marché avec monseigneur le duc d'Orléans, j'aurois peut-être été traité aussi avantageusement. » Les autres sont les grands seigneurs qui envahirent les conseils auxquels était attribuée la direction des affaires du royaume. Et en effet, le duc d'Orléans avait acheté la régence au prix de concessions énormes qu'avaient exigées les courtisans, et sous la condition de remettre le gouvernement et l'administration aux mains de la cour. J'ai déjà eu occasion de faire cette observation à propos d'un passage, fort peu remarqué jusqu'à présent, des *Mémoires* du maréchal de Gramont ; je la répète ici parce qu'il est étonnant qu'on n'ait pas tenu plus de compte de cette transaction déplorable, sur laquelle il nous reste cependant les irrécusables témoignages des hommes et des faits.

Le maréchal de Berwick aimait à observer les hommes. Etranger à toute espèce de cabale, n'ayant d'autre passion que la passion du devoir, il les a jugés avec calme, avec sincérité, avec justice. Les portraits qu'il nous a laissés du duc de Lauzun, du maréchal de Luxembourg, du ministre de la guerre Chamillart, du chancelier Voisin, du duc de Bourgogne, de Louis XIV, ne sont pas les pages les moins intéressantes de ses *Mémoires*. N'est-il pas remarquable qu'il commence celui de Louis XIV par ces paroles : « Il faut avouer que jamais prince n'a été moins connu que celui-ci. » Et puis il le venge des accusations de hauteur, de cruauté, de mauvaise foi que les protestants répandaient, que les mécontents répétaient contre ce prince, le plus véritablement Roi que nous offre l'histoire du monde moderne.

Le style des *Mémoires* est simple et naturel. La pensée, toujours juste, y est exprimée avec une élégance qui consiste moins dans l'arrangement que dans le choix des mots. Ce n'est pas de l'art, c'est une habitude de politesse et de bon goût qui tient à l'éducation, aux mœurs, aux manières, à la vie de l'homme de cour. Les faits sont présentés avec une netteté telle que jamais l'abondance ne nuit à la clarté du récit. Le maréchal a également repoussé les détails oiseux et les termes techniques qui rendent la lecture des Mémoires militaires si fatigante et si stérile.

J'ai dit que la première édition des *Mémoires du maréchal de Berwick* avait paru en 1778. Elle se composait de deux volumes in-12. Paris, chez Moutard, à l'hôtel de Cluny.

Les pièces justificatives du premier volume sont toutes relatives à l'histoire d'Angleterre. On y trouve une relation de la bataille de la Boyne par Jacques II, relation qui s'accorde parfaitement avec celle du maréchal; des portraits de Jacques, de Guillaume III et de Marlborough.

Celles du second volume sont, 1° de nombreux extraits de lettres de Louis XIV, du duc de Bourgogne, du duc de Vendôme, du duc de Berwick et de Chamillard pendant la campagne de 1708, en Flandre; 2° une très longue note sur les ouvertures que le duc de Marlborough fit au maréchal dans le cours de cette campagne pour parvenir à la paix; 3° un extrait de lettre de Philippe V sur la bataille de Villaviciosa. C'est celui que j'ai cité plus haut.

Dans son édition des *Mémoires*, qui est la seconde, Petitot a conservé presque toutes les notes de l'abbé Hooke et rejeté les pièces justificatives, à l'exception du portrait de Marlborough qu'il a reproduit en entier à la page 329.

L'abbé de Margon a publié de prétendus Mémoires du maréchal de Berwick, 2 vol. in-12. Lahaye, 1737, et Londres, 1738; mais ces Mémoires sont entièrement apocryphes. L'abbé Hooke dit que c'est une compilation informe, sans intérêt comme presque sans vérité.

MOREAU.

ÉBAUCHE
DE L'ÉLOGE HISTORIQUE
DU
MARÉCHAL DE BERWICK,

PAR LE PRÉSIDENT DE MONTESQUIEU.

Il naquit le 21 d'août 1670; il étoit fils de Jacques, duc d'Yorck, depuis roi d'Angleterre, et de la demoiselle Arabella Churchill : et telle fut l'étoile de cette maison de Churchill, qu'il en sortit deux hommes, dont l'un dans le même temps fut destiné à ébranler, et l'autre à soutenir les deux plus grandes monarchies de l'Europe.

Dès l'âge de sept ans il fut envoyé en France pour y faire ses études et ses exercices. Le duc d'Yorck étant parvenu à la couronne le 6 février 1685, il l'envoya l'année suivante en Hongrie ; il se trouva au siége de Bude.

Il alla passer l'hiver en Angleterre et le Roi le créa duc de Berwick. Il retourna au printemps en Hongrie, où l'Empereur lui donna une commission de colonel pour commander le régiment de cuirassiers de Taaff. Il fit la campagne de 1687, où le duc de Lorraine remporta la victoire de Mohatz ; et à son retour à Vienne l'Empereur le fit sergent général de bataille.

Ainsi c'est sous le grand duc de Lorraine que le duc de Berwick commença à se former ; et depuis sa vie fut en quelque façon toute militaire.

Il revint en Angleterre et le Roi lui donna le gouvernement de Portsmouth et de la province de Southampton. Il avoit déjà un régiment d'infanterie : on lui donna encore le régiment des gardes à cheval du comte d'Oxford. Ainsi, à l'âge de dix-sept ans, il se trouva dans cette situation, si flatteuse pour un homme qui a l'âme élevée, de voir le chemin de la gloire tout ouvert et la possibilité de faire de grandes choses.

En 1688, la révolution d'Angleterre arriva ; et, dans ce cercle de malheurs qui environnèrent le Roi tout à coup, le duc de Berwick fut chargé des affaires qui demandoient la plus grande confiance. Le Roi ayant jeté les yeux sur lui pour rassembler l'armée, ce fut une des trahisons des ministres de lui envoyer ces ordres trop tard, afin qu'un autre pût emmener l'armée au prince d'Orange. Le hasard lui fit rencontrer quatre régimens qu'on avoit voulu mener au prince d'Orange, et qu'il ramena à son poste. Il n'y eut point de mouvemens qu'il ne se donnât pour sauver Portsmouth, bloqué par mer et par terre, sans autre provision que ce que les ennemis fournissoient chaque jour, et que le Roi lui ordonna de rendre. Le Roi ayant pris le parti de se sauver en France, il fut du nombre des cinq personnes à qui il se confia et qui le suivirent ; et dès que le Roi fut débarqué, il l'envoya à Versailles pour demander un asile. Il avoit à peine dix-huit ans.

Presque toute l'Irlande ayant resté fidèle au roi Jacques, ce prince y passa au mois de mars 1689 ; et l'on vit une malheureuse guerre où la valeur ne manqua jamais et la conduite toujours. On peut dire de cette guerre d'Irlande qu'on la regarda à Londres comme l'œuvre du jour et comme l'affaire capitale de l'Angleterre ; et en France, comme une guerre d'affection particulière et de bienséance. Les Anglois, qui ne vouloient point avoir de guerre civile chez eux, assommèrent l'Irlande ; il paroît même que les officiers françois qu'on y envoya pensèrent comme ceux qui les y envoyoient : ils n'eurent que trois choses dans la tête, d'arriver, de se battre et de s'en retourner. Le temps a fait voir que les Anglois avoient mieux pensé que nous.

Le duc de Berwick se distingua dans quelques occasions particulières et fut fait lieutenant-général.

Milord Tirconel, ayant passé en France en

1690, laissa le commandement général du royaume au duc de Berwick. Il n'avoit que vingt ans, et sa conduite fit voir qu'il étoit l'homme de son siècle à qui le Ciel avoit accordé de meilleure heure la prudence. La perte de la bataille de la Boyne avoit abattu les forces irlandaises; le roi Guillaume avoit levé le siége de Limerick et étoit retourné en Angleterre; mais on n'en étoit guère mieux. Milord Churchill (1) débarqua tout à coup en Irlande avec huit mille hommes. Il falloit en même temps rendre ses progrès moins rapides, rétablir l'armée, dissiper les factions, réunir les esprits des Irlandois. Le duc de Berwick fit tout cela.

En 1691, le duc de Tirconel étant revenu en Irlande, le duc de Berwick repassa en France et suivit Louis XIV, comme volontaire, au siége de Mons. Il fit dans la même qualité la campagne de 1692 sous M. le maréchal de Luxembourg et se trouva à la bataille de Steinkerque. Il fut fait lieutenant-général en France l'année suivante, et il acquit beaucoup d'honneur à la bataille de Nerwinde où il fut pris. Les choses qui se dirent dans le monde à l'occasion de sa prise, n'ont pu avoir été imaginées que par des gens qui avoient la plus haute opinion de sa fermeté et de son courage. Il continua de servir en Flandre sous M. de Luxembourg et ensuite sous M. le maréchal de Villeroy.

En 1696, il fut envoyé secrètement en Angleterre pour conférer avec des seigneurs anglois qui avoient résolu de rétablir le Roi. Il avoit une assez mauvaise commission, qui étoit de déterminer ces seigneurs à agir contre le bon sens. Il ne réussit pas: il hâta son retour, parce qu'il apprit qu'il y avoit une conjuration formée contre la personne du roi Guillaume, et il ne vouloit point être mêlé dans cette entreprise. Je me souviens de lui avoir ouï dire qu'un homme l'avoit reconnu sur un certain air de famille et surtout par la longueur de ses doigts; que par bonheur cet homme étoit jacobite, et lui avoit dit: « Dieu vous bénisse dans toutes vos entreprises! » ce qui l'avoit remis de son embarras.

Le duc de Berwick perdit sa première femme au mois de juin 1698: il l'avoit épousée en 1695. Elle étoit fille du comte de Clanricard. Il en eut un fils qui naquit le 21 d'octobre 1696.

En 1699 il fit un voyage en Italie, et à son retour il épousa mademoiselle de Bulkeley, fille de madame de Bulkeley, dame d'honneur de la reine d'Angleterre, et de M. de Bulkeley, frère de milord Bulkeley.

(1) Depuis duc de Marlborough.

Après la mort de Charles II, roi d'Espagne, le roi Jacques envoya à Rome le duc de Berwick pour complimenter le Pape sur son élection, et lui offrir sa personne pour commander l'armée que la France le pressoit de lever pour maintenir la neutralité en Italie; et la cour de Saint-Germain offroit d'envoyer des troupes irlandoises. Le Pape jugea la besogne un peu trop forte pour lui, et le duc de Berwick s'en revint.

En 1701 il perdit le Roi, son père, et en 1702 il servit en Flandre sous le duc de Bourgogne et le maréchal de Boufflers; en 1703, au retour de la campagne, il se fit naturaliser François, du consentement de la cour de Saint-Germain.

En 1704, le Roi l'envoya en Espagne avec dix-huit bataillons et dix-neuf escadrons qu'il devoit commander; et à son arrivée le roi d'Espagne le déclara capitaine général de ses armées et le fit couvrir.

La cour d'Espagne étoit infestée par l'intrigue. Le gouvernement alloit très-mal, parce que tout le monde vouloit gouverner; tout dégénéroit en tracasseries, et un des principaux articles de sa mission étoit de les éclaircir. Tous les partis vouloient le gagner: il n'entra dans aucun; et, s'attachant uniquement aux succès des affaires, il ne regarda les intérêts particuliers que comme des intérêts particuliers. Il ne pensa ni à madame des Ursins, ni à Orry, ni à l'abbé d'Estrées, ni au goût de la Reine, ni au penchant du Roi; il ne pensa qu'à la monarchie.

Le duc de Berwick eut ordre de travailler au renvoi de madame des Ursins. Le Roi lui écrivit: « Dites au Roi mon petit-fils qu'il me doit cette complaisance. Servez-vous de toutes les raisons que vous pourrez imaginer pour le persuader; mais ne lui dites pas que je l'abandonnerai, car il ne le croiroit jamais. » Le roi d'Espagne consentit au renvoi.

Cette année 1704, le duc de Berwick sauva l'Espagne: il empêcha l'armée portugaise d'aller à Madrid. Son armée étoit plus foible des deux tiers; les ordres de la cour venoient coup sur coup de se retirer et de ne rien hasarder. Le duc de Berwick, qui vit l'Espagne perdue s'il obéissoit, hasarda sans cesse et disputa tout. L'armée portugaise se retira; M. le duc de Berwick en fit de même. A la fin de la campagne, le duc de Berwick reçut ordre de retourner en France. C'étoit une intrigue de cour, et il éprouva ce que tant d'autres avoient éprouvé avant lui, que de plaire à la cour est le plus grand service que l'on puisse rendre à la cour:

sans quoi toutes les œuvres, pour me servir du langage des théologiens, ne sont que des *œuvres mortes*.

En 1705, le duc de Berwick fut envoyé commander en Languedoc : cette même année il fit le siége de Nice et la prit.

En 1706, il fut fait maréchal de France et fut envoyé en Espagne pour commander l'armée contre le Portugal. Le roi d'Espagne avoit levé le siége de Barcelone et avoit été obligé de repasser par la France et de rentrer en Espagne par la Navarre.

J'ai dit qu'avant de quitter l'Espagne la première fois qu'il y servit, il l'avoit sauvée : il la sauva encore cette fois-ci. Je passe rapidement sur les choses que l'histoire est chargée de raconter : je dirai seulement que tout étoit perdu au commencement de la campagne, et que tout étoit sauvé à la fin. On peut voir, dans les lettres de madame de Maintenon à la princesse des Ursins, ce que l'on pensoit pour lors dans les deux cours : on formoit des souhaits et on n'avoit pas même d'espérances. M. le maréchal de Berwick vouloit que la Reine se retirât à son armée : des conseils timides l'en avoient empêchée. On vouloit qu'elle se retirât à Pampelune : M. le maréchal de Berwick fit voir que si l'on prenoit ce parti tout étoit perdu, parce que les Castillans se croiroient abandonnés. La Reine se retira donc à Burgos avec les conseils et le Roi arriva à la petite armée. Les Portugais vont à Madrid ; et le maréchal, par sa sagesse, sans livrer une seule bataille, fit vider la Castille aux ennemis et rencogna leur armée dans le royaume de Valence et l'Arragon : il les y conduisit marche par marche, comme un pasteur conduit des troupeaux. On peut dire que cette campagne fut plus glorieuse pour lui qu'aucune de celles qu'il a faites, parce que les avantages n'ayant point dépendu d'une bataille, sa capacité y parut tous les jours. Il fit plus de dix mille prisonniers ; et par cette campagne il prépara la seconde, plus célèbre encore par la bataille d'Almanza, la conquête du royaume de Valence, de l'Arragon et la prise de Lérida.

Ce fut en cette année 1707 que le roi d'Espagne donna au maréchal de Berwick les villes de Liria et de Xerica, avec la grandesse de la première classe ; ce qui lui procura un établissement plus grand encore pour son fils du premier lit, par le mariage avec dona Catharina de Portugal, héritière de la maison de Veraguas. M. le maréchal lui céda tout ce qu'il avoit en Espagne.

Dans le même temps Louis XIV lui donna le gouvernement du Limosin, de son propre et pur mouvement, sans qu'il le lui eût demandé.

Il faut que je parle de M. le duc d'Orléans ; et je le ferai avec d'autant plus de plaisir, que ce que je dirai ne peut servir qu'à combler de gloire l'un et l'autre.

M. le duc d'Orléans vint pour commander l'armée. Sa mauvaise destinée lui fit croire qu'il auroit le temps de passer par Madrid. M. le maréchal de Berwick lui envoya courrier sur courrier, pour lui dire qu'il seroit bientôt forcé à livrer la bataille : M. le duc d'Orléans se mit en chemin, vola, et n'arriva pas. Il y eut de courtisans qui voulurent persuader à ce prince que le maréchal de Berwick avoit été ravi de donner la bataille sans lui et de lui en ravir la gloire ; mais M. le duc d'Orléans connoissoit qu'il avoit une justice à rendre et c'est une chose qu'il savoit très-bien faire. Il ne se plaignit que de son malheur.

M. le duc d'Orléans, désespéré, désolé de retourner sans avoir rien fait, propose le siége de Lérida. M. le maréchal de Berwick, qui n'en étoit point du tout d'avis, exposa à M. le duc d'Orléans ses raisons avec force ; il proposa même de consulter la cour. Le siége de Lérida fut résolu. Dès ce moment M. le duc de Berwick ne vit plus d'obstacles : il savoit que si la prudence est la première de toutes les vertus avant que d'entreprendre, elle n'est que la seconde après que l'on a entrepris. Peut-être que s'il avoit lui-même imaginé ce siége, il auroit moins craint de le lever. M. le duc d'Orléans finit la campagne avec gloire ; et ce qui auroit infailliblement brouillé deux hommes communs ne fit qu'unir ces deux-ci ; et je me souviens d'avoir entendu dire au maréchal, que l'origine de la faveur qu'il avoit eue auprès de M. le duc d'Orléans étoit la campagne de 1707.

En 1708, M. le général de Berwick, d'abord destiné à commander l'armée du Dauphiné, fut envoyé sur le Rhin pour commander sous l'électeur de Bavière. Il avoit fait tomber un projet de M. Chamillard, dont l'incapacité consistoit surtout à ne point connoître son incapacité. Le prince Eugène ayant quitté l'Allemagne pour aller en Flandre, M. le maréchal de Berwick l'y suivit. Après la perte de la bataille d'Oudenarde, les ennemis firent le siége de Lille, et pour lors M. le maréchal de Berwick joignit son armée à celle de M. de Vendôme. Il fallut des miracles sans nombre pour nous faire perdre Lille. M. le duc de Vendôme étoit irrité contre M. le maréchal de Berwick, qui avoit fait difficulté de servir sous lui. Depuis ce temps, aucun avis de M. le maréchal de

Berwick ne fut accepté par M. le duc de Vendôme ; et son âme, si grande d'ailleurs, ne conserva plus qu'un ressentiment vif de l'espèce d'affront qu'il croyoit avoir reçu. M. le duc de Bourgogne et le Roi, toujours partagés entre des propositions contradictoires, ne savoient prendre d'autre parti que de déférer au sentiment de M. de Vendôme. Il fallut que le Roi envoyât à l'armée, pour concilier les généraux, un ministre qui n'avoit point d'yeux ; il fallut que cette maladie de la nature humaine, de ne pouvoir souffrir le bien lorsqu'il est fait par des gens que l'on n'aime pas, infestât pendant toute cette campagne le cœur et l'esprit de M. le duc de Vendôme ; il fallut qu'un lieutenant-général eût assez de faveur à la cour pour pouvoir faire à l'armée deux sottises l'une après l'autre qui seront mémorables dans tous les temps, sa défaite et sa capitulation ; il fallut que le siège de Bruxelles eût été rejeté d'abord, et qu'il eût été entrepris depuis ; que l'on résolût de garder en même temps l'Escaut et le canal, c'est-à-dire de ne garder rien. Enfin le procès entre ces deux grands hommes existe ; les lettres écrites par le Roi, par M. le duc de Bourgogne, par M. le duc de Vendôme, par M. le duc de Berwick, par M. de Chamillard, existent aussi. On verra qui des deux manqua de sang-froid, et j'oserois peut-être même dire de raison. A Dieu ne plaise que je veuille mettre en question les qualités éminentes de M. le duc de Vendôme ! si M. le maréchal de Berwick revenoit au monde, il en seroit fâché : mais je dirai dans cette occasion ce qu'Homère dit de Glaucus : *Jupiter ôta la prudence à Glaucus, et il changea un bouclier d'or contre un bouclier d'airain*. Ce bouclier d'or, M. de Vendôme avant cette campagne l'avoit toujours conservé, et il le retrouva depuis.

En 1709, M. le maréchal de Berwick fut envoyé pour couvrir les frontières de la Provence et du Dauphiné ; et quoique M. de Chamillard, qui affamoit tout, eût été déplacé, il n'y avoit ni argent, ni provisions de guerre et de bouche : il fit si bien qu'il en trouva. Je me souviens de lui avoir ouï dire que, dans sa détresse, il enleva une voiture d'argent qui alloit de Lyon au trésor royal ; et il disoit à M. d'Angervilliers, qui étoit son intendant dans ce temps, que dans la règle ils auroient mérité tous deux qu'on leur fît procès. M. Desmarets cria : il répondit qu'il falloit faire subsister une armée qui avoit le royaume à sauver.

M. le maréchal de Berwick imagina un plan de défense tel qu'il étoit impossible de pénétrer en France de quelque côté que ce fût, parce qu'il faisoit la corde et que le duc de Savoie étoit obligé de faire l'arc. Je me souviens qu'étant en Piémont, les officiers qui avoient servi dans ce temps-là donnoient cette raison comme les ayant toujours empêchés de pénétrer en France ; ils faisoient l'éloge du maréchal de Berwick, et je ne le savois pas.

M. le maréchal de Berwick, par ce plan de défense, se trouva en état de n'avoir besoin que d'une petite armée, et d'envoyer au Roi vingt bataillons : c'était un grand présent dans ce temps-là.

Il y auroit bien de la sottise à moi de juger de sa capacité pour la guerre, c'est-à-dire pour une chose que je ne puis entendre. Cependant, s'il m'étoit permis de me hasarder, je dirois que comme chaque grand homme, outre sa capacité générale, a encore un talent particulier dans lequel il excelle et qui fait sa vertu distinctive, je dirois que le talent particulier de M. le maréchal de Berwick étoit de faire une guerre défensive, de relever les choses désespérées et de bien connoître toutes les ressources que l'on peut avoir dans les malheurs. Il falloit bien qu'il sentît ses forces à cet égard : je lui ai souvent entendu dire que la chose qu'il avoit toute sa vie le plus souhaité, c'étoit d'avoir une bonne place à défendre.

La paix fut signée à Utrecht en 1713. Le Roi mourut le premier septembre 1715 : M. le duc d'Orléans fut régent du royaume. M. le maréchal de Berwick fut envoyé commander en Guienne. Me permettra-t-on de dire que ce fut un grand bonheur pour moi, puisque c'est là où je l'ai connu ?

Les tracasseries du cardinal Alberoni firent naître la guerre que M. le maréchal de Berwick fit sur les frontières d'Espagne. Le ministère ayant changé par la mort de M. le duc d'Orléans, on lui ôta le commandement de Guienne. Il partagea son temps entre la cour, Paris et sa maison de Fitz-James. Cela me donnera lieu de parler de l'homme privé et de donner, le plus courtement que je pourrai, son caractère.

Il n'a guère obtenu de grâces sur lesquelles il n'ait été prévenu : quand il s'agissoit de ses intérêts, il falloit tout lui dire... Son air froid, un peu sec, et même quelquefois un peu sévère, faisoit que quelquefois il auroit semblé un peu déplacé dans notre nation, si les grandes âmes et le mérite personnel avoient un pays.

Il ne savoit jamais dire de ces choses qu'on appelle de jolies choses. Il étoit surtout exempt de ces fautes sans nombre que commettent continuellement ceux qui s'aiment trop eux-mêmes.... Il prenoit presque toujours son parti de lui-même : s'il n'avoit pas trop bonne opinion de lui, il n'avoit pas non plus de méfiance ; il se regardoit et se connoissoit avec le même bon sens qu'il voyoit toutes les autres choses... Jamais personne n'a mieux su éviter les excès ou (si j'ose me servir de ce terme) les piéges des vertus : par exemple, il aimoit les ecclésiastiques, il s'accommodoit assez de la modestie de leur état ; il ne pouvoit souffrir d'en être gouverné, surtout s'ils passoient dans la moindre chose la ligne de leurs devoirs ; il exigeoit plus d'eux qu'ils n'auroient exigé de lui... Il étoit impossible de le voir et de ne pas aimer la vertu, tant on voyoit de tranquillité et de félicité dans son âme, surtout quand on la comparoit aux passions qui agitoient ses semblables.... J'ai vu de loin, dans les livres de Plutarque, ce qu'étoient les grands hommes : j'ai vu en lui de plus près ce qu'ils sont. Je ne connois que sa vie privée ; je n'ai point vu le héros, mais l'homme dont le héros est parti.... Il aimoit ses amis : sa manière étoit de rendre des services sans vous rien dire ; c'étoit une main invisible qui vous servoit.... Il avoit un grand fonds de religion. Jamais homme n'a mieux suivi ses lois de l'Evangile qui coûtent le plus aux gens du monde ; enfin jamais homme n'a tant pratiqué la religion et n'en a si peu parlé.... Il ne disoit jamais de mal de personne : aussi ne louoit-il jamais les gens qu'il ne croyoit pas dignes d'être loués.... Il haïssoit ces disputes qui, sous prétexte de la gloire de Dieu, ne sont que des disputes personnelles. Les malheurs du Roi son père lui avoient appris qu'on s'expose à faire de grandes fautes lorsqu'on a trop de crédulité pour les gens même dont le caractère est le plus respectable... Lorsqu'il fut nommé commandant en Guienne, la réputation de son sérieux nous effraya ; mais à peine y fut-il arrivé qu'il y fut aimé de tout le monde, et qu'il n'y a pas de lieu où ses grandes qualités aient été plus admirées...

Personne n'a donné un plus grand exemple du mépris que l'on doit faire de l'argent..... Il avoit une modestie dans toutes ses dépenses qui auroit dû le rendre très à son aise, car il ne dépensoit en aucune chose frivole ; cependant il étoit toujours arriéré, parce que, malgré sa frugalité naturelle, il dépensoit beaucoup. Dans ses commandemens, toutes les familles angloises ou irlandoises pauvres, qui avoient quelque relation avec quelqu'un de sa maison, avoient une espèce de droit de s'introduire chez lui ; et il est singulier que cet homme, qui savoit mettre un si grand ordre dans son armée, qui avoit tant de justesse dans ses projets, perdit tout cela quand il s'agissoit de ses intérêts particuliers.....

Il n'étoit point du nombre de ceux qui tantôt se plaignent des auteurs d'une disgrâce, tantôt cherchent à les flatter : il alloit à celui dont il avoit sujet de se plaindre, lui disoit les sentimens de son cœur ; après quoi il ne disoit rien...

Jamais rien n'a mieux représenté cet état où l'on sait que se trouva la France à la mort de M. de Turenne. Je me souviens du moment où cette nouvelle arriva : la consternation fut générale. Tous deux ils avoient laissé des desseins interrompus, tous les deux une armée en péril ; tous les deux finirent d'une mort qui intéresse plus que les morts communes ; tous les deux avoient ce mérite modeste pour lequel on aime à s'attendrir et que l'on aime à regretter.....

Il laissa une femme tendre qui a passé le reste de sa vie dans les regrets, et des enfans qui, par leur vertu, font mieux que moi l'éloge de leur père.

M. le maréchal de Berwick a écrit ses Mémoires, et, à cet égard, ce que j'ai dit dans l'*Esprit des Lois* sur la relation d'Hannon, je puis le dire ici : *C'est un beau morceau de l'antiquité que la relation d'Hannon : le même homme qui a exécuté a écrit ; il ne met aucune ostentation dans ses récits. Les grands capitaines écrivent leurs actions avec simplicité, parce qu'ils sont plus glorieux de ce qu'ils ont fait que de ce qu'ils ont dit.*

Les grands hommes sont plus soumis que les autres à un examen rigoureux de leur conduite : chacun aime à les appeler devant son petit tribunal. Les soldats romains ne faisoient-ils pas de sanglantes railleries autour du char de la victoire ? ils croyoient triompher même des triomphateurs. Mais c'est une belle chose pour le maréchal de Berwick, que les deux objections qu'on lui a faites ne soient uniquement fondées que sur son amour pour ses devoirs.

L'objection qu'on lui a faite de ce qu'il n'avoit pas été de l'expédition d'Ecosse, en 1715, n'est fondée que sur ce qu'on veut toujours regarder le maréchal de Berwick comme un homme sans patrie, et qu'on ne veut pas se mettre dans l'esprit qu'il étoit François. Devenu François du consentement de ses premiers maîtres, il suivit les ordres de Louis XIV, et ensuite ceux du régent de France. Il fallut faire taire son cœur et suivre les grands principes : il vit qu'il n'étoit plus à lui ; il vit qu'il n'étoit plus question de se déterminer sur ce qui étoit le bien convenable, mais sur ce qui étoit le bien nécessaire ; il sut qu'il seroit jugé, il méprisa les jugemens injustes. Ni la faveur populaire, ni la manière de penser de ceux qui pensent peu, ne le déterminèrent.

Les anciens qui ont traité des devoirs ne trouvent pas que la grande difficulté soit de les connoître, mais de choisir entre deux devoirs. Il suivit le devoir le plus fort, comme le destin. Ce sont des matières qu'on ne traite jamais que lorsqu'on est obligé de les traiter, parce qu'il n'y a rien dans le monde de plus respectable qu'un prince malheureux. Dépouillons la question : elle consiste à savoir si le prince, même rétabli, auroit été en droit de le rappeler. Tout ce que l'on peut dire de plus fort, c'est que la patrie n'abandonne jamais : mais cela même n'étoit pas le cas ; il étoit proscrit par sa patrie lorsqu'il se fit naturaliser. Grotius, Puffendorf, toutes les voix par lesquelles l'Europe a parlé, décidoient la question, et lui déclaroient qu'il étoit François et soumis aux lois de la France. La France avoit mis pour lors la paix pour fondement de son système politique. Quelle contradiction si un pair du royaume, un maréchal de France, un gouverneur de province, avoit désobéi à la défense de sortir du royaume, c'est-à-dire avoit désobéi réellement, pour paroître aux yeux des Anglois seuls n'avoir pas désobéi! En effet, le maréchal de Berwick étoit, par ses dignités mêmes, dans des circonstances particulières ; et on ne pouvoit guère distinguer sa présence en Ecosse d'avec une déclaration de guerre avec l'Angleterre. La France jugeoit qu'il n'étoit point de son intérêt que cette guerre se fît ; qu'il en résulteroit une guerre qui embraseroit toute l'Europe : comment pouvoit-il prendre sur lui le poids immense d'une démarche pareille? On peut dire même que s'il n'eût consulté que l'ambition, quelle plus grande ambition pouvoit-il avoir que le rétablissement de la maison de Stuart sur le trône d'Angleterre? On sait combien il aimoit ses enfans ; quelles délices pour son cœur s'il avoit pu prévoir un troisième établissement en Angleterre!

S'il avoit été consulté pour l'entreprise même dans les circonstances d'alors, il n'en auroit pas été d'avis ; il croyoit que ces sortes d'entreprises étoient de la nature de toutes les autres, qui doivent être réglées par la prudence ; et qu'en ce cas, une entreprise manquée a deux sortes de mauvais succès, le malheur présent, et une plus grande difficulté pour entreprendre de réussir à l'avenir.

PORTRAIT

DU MARÉCHAL DE BERWICK,

PAR MILORD BOLINGBROCKE ;

TIRÉ D'UNE FEUILLE EXTRAORDINAIRE DU CRAFTSMAN, DU 30 JUIN (VIEUX STYLE) 1734.

Les lettres de Paris nous apprennent que le maréchal de Berwick a été tué d'un coup de canon le matin du 12 juin (nouveau style), étant à la tranchée devant Philisbourg, où son intrépidité peu commune et sa vigilance ordinaire ne le portoient que trop souvent. Il étoit fils du feu roi Jacques II et de demoiselle Arabelle Churchill (qui a été depuis madame Godfrey), sœur du feu duc de Marlborough.

Sa patrie le perdit bientôt, n'ayant que dix-sept ans (1) lors de la dernière révolution; et la France, qui devint dès-lors son refuge, ne tardera pas sans doute à s'apercevoir que l'armée qu'il commandoit et le royaume entier le perdent trop tôt aujourd'hui. C'est véritablement une perte pour l'humanité, à laquelle on peut bien dire qu'il faisoit honneur, comme on l'a dit du grand Turenne.

Il a eu tant de part aux affaires de son temps, qu'il tiendra une grande place dans l'histoire de ce siècle; et sans doute que quelque bonne plume célébrera particulièrement une vie digne du meilleur écrivain. L'étendue de cette feuille ne me permet que de marquer quelques-uns des principaux traits d'un si excellent tableau.

Il se montra de bonne heure dans la profession qu'il a illustrée depuis. A l'âge de quatorze ans (2) il se trouva au siége de Bude, et fit deux campagnes en Hongrie, où il fut élevé au grade de général major. Depuis ce temps, l'Irlande, la Flandre, l'Espagne, la Savoie, l'Allemagne, ont été successivement le théâtre de ses grands talens pour la guerre. Il se signala dans les commandemens inférieurs durant la guerre de 1688; et lorsqu'il parvint à avoir le commandement en chef des armées (ce qui fut, si je ne me trompe, en 1702 (3), de dix-huit (4) campagnes qu'il a faites depuis, il n'y en a pas une qui n'ait été marquée par des succès extraor-dinaires, et cela dans des temps où la fortune sembloit avoir abandonné le parti dans lequel il étoit engagé, comme si la victoire, n'ayant que de l'indifférence pour les nations qui se faisoient la guerre, eût réservé ses faveurs pour les répandre uniquement sur deux hommes dans les veines desquels couloit le même sang, les ducs de Marlborough et de Berwick. Il avoit un talent particulier pour les siéges et pour ce qu'on appelle le détail d'une armée; mais les champs d'Almanza attestent que, si les occasions s'en étoient aussi souvent présentées, il n'auroit pas montré moins de capacité pour les batailles, sur lesquelles le commun des hommes, peut-être injustement, mesure la gloire des généraux, quoique le succès n'en soit souvent dû qu'à des événemens imprévus, et que ce ne soient que les grandes suites d'une victoire qui frappent les imaginations des hommes et enlèvent leur admiration. Il étoit particulièrement attentif à ménager la vie du soldat, soit en pourvoyant avec le plus grand soin à sa subsistance, soit en ne l'exposant qu'à des dangers inévitables, qu'on lui voyoit affronter le premier : il étoit avec cela très-exact à maintenir la discipline. En un mot, il fut généralement regardé comme l'égal des plus grands généraux de son temps ; et dans un pays de guerriers il vécut assez pour se voir reconnu le premier de tous. Ses talens ne se bornoient pas à cet unique genre de grandeur, il étoit également grand dans le gouvernement civil et dans le cabinet. L'honneur qu'il eut d'être admis aux plus importans conseils par Louis XIV et par le régent de France, les deux plus sages et les deux plus grands princes de leur temps, le prouve suffisamment, aussi bien que l'estime et l'affection générale que lui porte une grande province, la Guienne, dont il eut durant plusieurs années le

---

(1) Il en avoit dix-huit.
(2) Il en avoit quinze.

(3) 1704.
(4) De quinze.

commandement. Tout le monde sait que l'on doit à ses soins et aux sages mesures qu'il prit, que la peste qui menaçoit toute l'Europe ait été contenue dans le lieu où elle avoit pris naissance.

Il connoissoit très-bien les cours; mais il ne se servoit de cette connoissance que pour éviter de se laisser entraîner par les factieux, et pour se garantir des artifices et des trahisons de ce pays.

Pour en venir aux qualités de l'homme privé, le maréchal de Berwick étoit au-dessus de l'argent; et son désintéressement, déjà bien connu par nombre de traits, éclatera davantage quand le public sera instruit de plusieurs faits que sa modestie lui avoit fait celer. Il étoit exact observateur de la justice, et si fidèle ami de la vérité, qu'il avoit coutume de garder un profond silence sur les affaires dont l'importance demandoit le secret; et aucun motif d'intérêt ou autre ne pouvoit l'engager à violer la loi qu'il s'étoit prescrite à lui-même. Personne n'avoit plus d'humanité que lui : il étoit naturellement affable; et s'il ne le paroissoit pas au premier abord, cela ne provenoit que de la réserve que l'élévation de son rang lui avoit imposée, et de ce qu'il craignoit de se trop livrer à la familiarité d'une nation souvent portée à en abuser. Quand il ne traitoit point d'affaires, et qu'il se trouvoit parmi ses amis, il étoit familier et parfaitement à son aise. On a toujours remarqué en lui l'humeur la plus égale; ce qui sembloit être une qualité acquise, car il étoit naturellement vif et porté à la colère. Il fut dès sa jeunesse exempt des vices qui ne sont guère regardés comme des taches à cet âge et dans les personnes de sa profession. Son penchant pour la vertu le porta bientôt à la religion, et la religion à la piété, dans laquelle il persévéra inviolablement. Elle fut en lui si douce, qu'elle n'imposa jamais la moindre contrainte à ceux qui vivoient avec lui.

On s'attend peut-être que, pour rendre tout ce que je viens de dire plus croyable, je ferai mention de ses défauts; mais, dans le vrai, ils étoient si légers et si passagers, qu'on avoit peine à les apercevoir. Je suis sûr d'avoir omis plusieurs de ses vertus, et que ses plus grands ennemis, si tant est qu'il en eût, ne sauroient lui imputer aucun vice.

Pour reprendre en peu de mots son caractère, on peut dire de lui, avec quelques additions, ce qui a été dit de son grand'père le roi Charles Ier, qu'il étoit le fils le plus soumis, le meilleur père, le mari le plus tendre, l'ami le plus sincère, le maître le plus compatissant et le sujet le plus fidèle qui ait paru de son temps; et sa mémoire sera chère à tous ceux qui ont eu le bonheur de le bien connoître, comme du meilleur grand homme qui ait jamais existé.

Multis ille bonis flebilis occidit,
Nulli flebilior quàm mihi.

MÉMOIRES
DU MARÉCHAL DE BERWICK.

PREMIÈRE PARTIE.

[1670] Je naquis le 21 août 1670, et dès l'âge de sept ans je fus envoyé en France pour y être élevé dans la religion catholique, apostolique et romaine. Le père Gough, prêtre de l'Oratoire, à qui on avoit confié le soin de mon frère, depuis duc d'Albemarle, et de moi, nous mit à Juilly, collége de sa congrégation, où le duc de Monmouth, fils naturel de Charles II, avoit pareillement étudié. Ce bon homme étant mort, l'on nous ôta de là, et nous fûmes au collége du Plessis jusqu'en l'année 1684, que le duc d'Yorck voulant nous voir, nous passâmes en Angleterre. Le duc nous présenta au Roi, son frère, qui nous fît beaucoup de caresses, et offrit au duc de nous donner un titre; mais ce prince ne le voulut pas. Ainsi on nous renvoya en France achever nos études, et, par le conseil du père Peters, jésuite, on nous mit à La Flèche.

[1685] Charles II, roi de la Grande-Bretagne, étant mort le 6 février 1685 (vieux style), son frère, le duc d'Yorck, fut incontinent proclamé roi, sous le nom de Jacques II. Peu après, le duc de Monmouth débarqua dans l'ouest de l'Angleterre avec environ quatre-vingts personnes; et ayant été joint par un nombre assez considérable de gens de la populace, il eut la témérité de prendre le titre de roi, sous le faux prétexte que le roi Charles avoit épousé sa mère. Sa royauté ne fut pas de longue durée, car l'armée du Roi, commandée par le comte de Feversham, le défit à Sedgemore, au mois de juillet; il fut pris et eut la tête tranchée à Londres. L'on prétend que le prince d'Orange, qui songeoit dès ce temps-là à s'emparer de la couronne, l'avoit encouragé et assisté, sur la promesse qu'il lui fit que s'il venoit à bout du Roi, il proclameroit le prince et la princesse d'Orange. Dès que ce rebelle eut pris le titre de roi, le prince d'Orange offrit sa personne et des troupes au Roi, son oncle et son beau-père; mais les soupçons dont on vient de parler empêchèrent qu'on acceptât sa proposition.

Le comte d'Argyle avoit aussi débarqué en Ecosse et y avoit ramassé quelque monde; mais il fut bientôt battu et pris par le comte de Dumbarton, puis décapité à Edimbourg. [1686] Les troubles de la Grande-Bretagne étant pacifiés, le Roi me fit revenir de La Flèche et m'envoya à Paris pour y faire mes exercices pendant l'hiver. Au printemps je quittai l'Académie et m'en allai en Hongrie.

Le siége de Bude ayant été résolu dans le conseil de l'empereur Léopold Ier, et tout ce qui étoit nécessaire pour cette entreprise étant prêt, le 18 juin, les ducs de Lorraine et de Bavière, généraux de l'armée, investirent la ville des deux côtés du Danube; savoir, le premier du côté du midi, où est située Bude, et l'autre du côté du nord, où est la ville de Pest, séparée de Bude par le Danube. L'on travailla incontinent aux lignes de contrevallation; et dès qu'on eut construit les deux ponts de communication au-dessus et au-dessous de la ville, le duc de Lorraine rapprocha son armée du côté de la basse ville; et le duc de Bavière, ayant passé le Danube avec la sienne, se posta au-dessous de la ville, du côté du château, près d'une montagne appelée de Saint-Gérale. On avoit à peine commencé à tirer du canon contre la basse ville, que les Turcs l'abandonnèrent et y mirent le feu.

Vers le commencement de juillet on ouvrit la tranchée et l'on établit des batteries. Du côté de l'attaque du duc de Lorraine il y avoit une double enceinte séparée par un fossé très-profond; deux grosses tours joignoient et flanquoient les deux enceintes. Par le dehors, il n'y avoit ni fossé, ni ouvrage, ni chemin couvert. La brèche ayant été faite à la première enceinte, on y donna l'assaut; mais comme il y avoit peu de troupes commandées pour cette attaque, et que la brèche étoit assez difficile, on fut bientôt repoussé. L'on y perdit à la vérité peu de soldats, mais nombre de volontaires y furent tués et blessés; le duc de Vejar, grand d'Espagne, étoit du nombre des premiers. L'on attribua cet échec au feld-maréchal comte de Staremberg, qui avoit, en 1683, défendu Vienne contre les Turcs : il étoit créature du prince Hermann de Bade, président du conseil de guerre, lequel, haïssant mortellement le duc de Lorraine, le traversoit dans toutes ses entreprises. Par bonheur, peu de jours après cette attaque, Staremberg fut blessé et obligé de se faire transporter à Vienne. Ainsi le duc de Lorraine n'eut plus à l'armée d'ennemis domestiques qui pussent le traverser.

On rapprocha les batteries qu'on augmenta de plusieurs grosses pièces; mais toutefois les brèches ne se trouvèrent entièrement praticables que le 27 de juillet. Alors le duc de Lorraine ne voulant point tomber dans les inconvéniens du premier assaut, ordonna dix mille hommes pour l'attaque, et se transporta lui-même à la tête de la tranchée, afin de tout voir et d'être plus à portée de donner les ordres nécessaires. Les Turcs, de leur côté, qui ne pouvoient ignorer notre dessein, attendu le grand nombre de troupes qu'ils voyoient arriver à la tranchée, firent tous les préparatifs imaginables pour une vigoureuse résistance. L'attaque commença sur le midi et dura pendant six heures; jamais on ne vit plus de courage qu'il en parut ce jour-là de part et d'autre. Les chrétiens, malgré la grêle de balles, de flèches, de grenades, de pots et sacs à poudre, et douze mines ou fougasses, s'efforçoient de se loger; mais les Turcs les obligeoient de plier, lorsque le duc de Lorraine sortit de la tranchée l'épée à la main, et, ranimant par sa présence le courage des troupes presque rebutées, les ramena à la brèche, dont elles s'emparèrent et se logèrent sur la première enceinte; on fit aussi un logement sur la partie des deux tours qui joignoit la première enceinte. Les Turcs conservèrent la partie opposée par le moyen d'un retranchement considérable de poutres et de palissades qu'ils y avoient fait. L'on compte que les chrétiens eurent en cette occasion environ quinze cents hommes de tués et autant de blessés. Le duc de Lorraine y perdit un aide-de-camp sur lequel il s'appuyoit en montant à la brèche.

Le duc de Bavière attaqua en même temps une tour du château : il s'y logea; mais les Turcs ne laissèrent pas que de se maintenir dans le reste du château pendant tout le siège, sans que jamais on les en pût chasser.

L'on fit des batteries sur les deux tours et sur la courtine pour faire brèche à la seconde enceinte et miner les retranchemens des Turcs; et lorsqu'on crut que l'artillerie avoit fait son effet, l'on donna successivement deux assauts, où l'on fut toujours repoussé avec perte. L'on tenta, avec aussi peu de succès, de mettre le feu aux poutres et palissades dont étoit composé le retranchement des tours : à mesure que le bois commençoit à être consommé, les Turcs en remettoient d'autre. Enfin, ne sachant comment venir à bout d'entrer dans la place, on fit une nouvelle batterie sur la courtine, à la droite de l'attaque du duc de Lorraine. Le mur étoit foible de ce côté-là, et l'on n'y trouva qu'une seule enceinte. Ainsi en très-peu de jours la brèche fut faite; et, pour ne pas donner le temps aux Turcs de faire de nouveaux retranchemens, on résolut de donner l'assaut général; ce qui fut exécuté le 2 du mois de septembre. La résistance fut très-foible et la brèche emportée presqu'aussitôt qu'attaquée; le visir et le pacha furent tués sur la brèche, et tout ce qui se trouva dans la ville fut passé au fil de l'épée, excepté environ mille personnes de tout sexe. L'aga des janissaires, qui s'étoit sauvé au château, dont le duc de Bavière ne put jamais s'emparer, s'y rendit à discrétion avec cinq cents janissaires, le reste de douze mille qu'ils étoient au commencement du siège.

Pour ne pas interrompre la relation de ce qui regarde les différentes attaques, je n'ai point fait mention de ce qui se passoit en campagne : le voici en deux mots. Le grand visir s'avança avec quatre-vingt mille hommes pour tâcher de secourir la place, et vint camper sur une hauteur vis-à-vis de notre camp : il fit plusieurs tentatives par de petits détachemens; mais l'entrée d'un petit nombre de Turcs dans la place n'étoit pas suffisante : ainsi il résolut de faire un effort considérable. Pour cet effet il descendit un jour avec toute son armée dans une grande plaine entre les deux camps, comme s'il vouloit donner bataille. Notre armée sortit aussitôt des lignes pour le mieux recevoir; mais tout d'un coup, à la faveur de quelques fonds qui se trouvoient sur la gauche, il fit couler six mille janissaires et quatre mille spahis, lesquels, avec une diligence extrême, gagnèrent le haut d'une montagne fort près de nos lignes. Le duc de Lorraine n'eut que le temps d'envoyer le général Dunewald avec trente et un escadrons, pour s'opposer aux Turcs; car nos lignes étoient alors dégarnies. Dunewald arriva juste en même temps que les Infidèles, qui le chargèrent d'abord avec leur cavalerie : elle fut battue; après quoi il chargea l'infanterie qu'il dispersa, et en tua deux mille sur la place. Pendant cette action les deux armées étoient en halte, comme pour attendre l'événement de ce qui se passoit à la montagne. Dès que le duc de Lorraine eut appris le succès, il fit ébranler toute l'armée pour marcher à celle des Turcs ; mais ceux-ci voyant leur projet échoué, ne jugèrent pas à propos de hasarder la bataille : ainsi ils firent demi-tour à droite et se retirèrent au petit pas sur la montagne de leur ancien camp ; ce que voyant le duc de Lorraine, il fit halte et rentra aussi dans ses lignes ; car quand une fois les Turcs se retirent, il seroit non-seulement inutile, mais très-dangereux de les suivre, vu qu'on ne peut se flatter de les atteindre, et que pour peu que l'on dérange ses rangs, ils reviennent avec une telle précipitation et une telle furie, que les meilleures troupes courent risque d'en être culbutées.

Les Turcs, voyant que la place étoit prise, se retirèrent du côté d'Esseck, et le duc de Lorraine envoya un détachement qui se rendit maître de Segedin, par où finit la campagne.

Pendant le siège il arriva une chose remarquable : le magasin à poudre, qui étoit près du château, sauta en l'air, ruina partie du château, et fit une brèche très-considérable dans le rempart ; mais nous n'en pûmes profiter, attendu qu'elle se trouva du côté de la rivière, et qu'ainsi nous ne pouvions y arriver. Le bruit fut épouvantable : toutes les vitres à une lieue à la ronde furent cassées, et il y eut des pans de muraille d'une grosseur énorme jetés de l'autre côté du Danube. Je ne peux dire combien il y avoit de poudre ; mais la quantité en devoit être très-grande, car c'étoit le magasin de toute la Hongrie. Je n'ai jamais pu savoir comment le feu s'y étoit mis : il y en a qui prétendent que ce fut par le moyen d'un incendiaire que les chrétiens y avoient envoyé ; d'autres croient que ce fut un pur effet du hasard : au moins est-il certain que personne ne parut depuis pour en solliciter la récompense.

Le général Mercy, neveu de ce fameux général du même nom qui fut tué à Nordlingen, reçut durant le siège un coup de sabre à la tête, dont il mourut au bout de trois semaines, généralement regretté de tout le monde et surtout du duc de Lorraine, qui connoissoit sa valeur et ses talens pour la guerre. La campagne finie, je retournai en Angleterre.

[1687] Après avoir passé l'hiver à la cour de Londres, je fus créé duc de Berwick ; auparavant je ne m'appelois que M. Fitz-James. Je retournai au printemps en Hongrie. L'Empereur me donna une commission de colonel pour commander le régiment de Taaff : celui-ci étoit alors lieutenant général de cavalerie, homme de beaucoup d'esprit et le favori du duc de Lorraine. Il étoit Irlandois de naissance et frère du comte de Carlingford (1) ; il avoit été page de l'Empereur, et par son mérite avoit trouvé le moyen de se faire un établissement considérable à la cour de Vienne. Après la mort du duc de Lorraine il est toujours resté auprès des enfans de ce prince en qualité de leur gouverneur ; et quand, par la paix de Riswick, le Roi Très-Chrétien rendit la Lorraine, il y vint avec le jeune duc qui le fit son grand-maître et son premier ministre : il étoit de plus feld-maréchal de l'Empereur et chevalier de la Toison d'or. C'étoit un des seigneurs de l'Europe des plus agréables ; il possédoit parfaitement les belles-lettres et étoit grand homme de cabinet, mais peu estimé à la guerre. J'ai cru devoir parler de ce général Taaff, d'autant que le roi d'Angleterre m'avoit adressé à lui, et qu'il avoit la bonté de prendre soin de moi.

L'armée étant assemblée nous marchâmes sur la Drave, que la cour de Vienne avoit ordonné qu'on passât pour aller combattre les troupes campées sous Esseck. Le duc de Lorraine avoit inutilement représenté le ridicule de ce projet et le danger où l'on exposeroit l'armée. Les ordres étoient si précis qu'il y fallut obéir ; et il y a lieu de croire que les ennemis de ce prince avoient principalement en vue de le perdre. Quoi qu'il en soit, nous passâmes la Drave, après beaucoup de temps qu'il nous fallut employer tant pour faire les passages au travers d'une lieue de marais, que pour construire notre pont de bateaux. Nous marchâmes ensuite à l'armée turque, retranchée sous Esseck ; mais après avoir bien visité la situation et la force de leur camp, et après avoir perdu beaucoup de monde par le feu de leur artillerie, que nous essuyâmes pendant un jour et demi, nous jugeâmes qu'il n'étoit pas possible de les attaquer avec espérance de succès : ainsi nous repassâmes la Drave et vînmes camper sur le Danube, à Mohatz. De là nous résolûmes de marcher vers Cinq-Eglises, afin d'y trouver des vivres qui nous manquoient. Dès que les Turcs, qui avoient aussi repassé la Drave, nous virent en marche, ils nous attaquèrent. La bataille ne dura pas plus de deux heures : la cavalerie des Infidèles plia la première, et ensuite on attaqua leur infanterie qui d'abord fit assez de résistance ; mais enfin on les enfonça. On poursuivit les Turcs jusqu'au pont d'Esseck ; on leur tua dix mille hommes, sans compter ce qui se noya

(1) Il devint lui-même comte de Carlingford après la mort de son frère, tué à la bataille de la Boyne.
(*Note de l'abbé Hooke.*)

dans la Drave. L'on fit environ dix mille prisonniers ; toute leur artillerie et tout leur bagage furent pris. Notre perte ne fut pas considérable ; je ne crois pas qu'elle montât à dix mille hommes, tant tués que blessés. Le duc de Mantoue (1), qui étoit volontaire, ne courut pas grand risque ; car dès qu'il vit les Turcs s'avancer pour nous attaquer, il se retira sur la montagne de Harsan où nous avions placé notre bagage : à la vérité il y eut quelques momens de peur, car un corps de Tartares qui s'étoit coulé par notre droite venoit à toutes jambes pour tomber sur les bagages : mais heureusement pour le sérénissime duc, le général Taaff prit quelques escadrons de la seconde ligne, qu'il mit en potence pour les couvrir. Ainsi les Tartares s'en retournèrent.

Cette bataille fut donnée près de Mohatz, dans le même terrain où fut autrefois défait par les Turcs Louis, roi de Hongrie, qui y périt avec toute son armée.

Après cette victoire, l'armée passa le Danube et se rendit maîtresse de tout le plat pays de l'autre côté de ce fleuve, jusqu'en Transylvanie : après quoi finit la campagne, car le duc de Lorraine n'avoit aucuns préparatifs quelconques pour faire des siéges ; de manière que le profit de cette défaite se termina à peu de chose. L'Empereur, à mon retour à Vienne, me fit sergent général de bataille, c'est-à-dire maréchal de camp.

Il ne sera pas hors de propos de parler ici du caractère du duc de Lorraine, d'autant qu'il n'en sera plus question dans le reste de ces Mémoires, et qu'il ne seroit pas raisonnable d'omettre ce qui regarde un si grand homme. C'étoit un prince éminent par sa prudence, sa piété et sa valeur ; aussi habile qu'expérimenté dans le commandement des armées ; également incapable d'être enflé par la prospérité, comme d'être abattu par l'adversité ; toujours juste, toujours généreux, toujours affable. A la vérité, il avoit quelquefois des mouvemens vifs de colère ; mais dans l'instant la raison prenoit le dessus, et il en faisoit ses excuses. Sa droiture et sa probité ont paru lorsque, sans considérer ce qui pouvoit lui être personnellement avantageux, il s'opposa en 1688 à la guerre que l'Empereur méditoit contre la France, quoique ce fût l'unique moyen pour être rétabli dans ses Etats. Il représenta fortement qu'il falloit préférer le bien général de la chrétienté à des inimitiés particulières, et que si l'on vouloit employer toutes ses forces en Hongrie, il oseroit presque répondre de chasser les Turcs de l'Europe dans peu de campagnes. Son avis ne fut pas suivi, mais il n'en est pas moins louable. Il avoit épousé la veuve de Michel, roi de Pologne, et sœur de l'empereur Léopold, dont il a eu une nombreuse lignée. Il mourut au commencement de l'année 1690 (2).

Quand je retournai de Vienne en Angleterre, je passai par la Flandre espagnole, dont le marquis de Castanaga étoit gouverneur, homme de très-bonne mine, d'une conversation agréable, et qui vivoit avec plus de magnificence que plusieurs rois de l'Europe. Il me reçut avec tous les égards et toute la politesse imaginables ; et pendant quinze jours qu'il me retint à Bruxelles, ce ne furent que fêtes et divertissemens de toutes sortes. A mon retour, le Roi me donna le gouvernement de Portsmouth et de la province de Southampton, qu'il venoit d'ôter au lord Ganesborough. L'on m'avoit pendant l'été conféré le régiment d'infanterie du lord Ferrers, et l'hiver j'eus aussi le régiment des gardes à cheval du comte d'Oxford.

[1688] Je restai cette année en Angleterre pendant l'été. Le Roi fit un camp sur la bruyère de Hounslow, à dix milles de Londres. Nous y avions environ quatre mille hommes.

La Reine accoucha le 20 juin dans le palais Saint-James, d'un prince qui fut dans l'instant, selon les usages du royaume, créé prince de Galles. La Reine douairière, le chancelier, et tout ce qu'il y avoit de personnes considérables à la cour et à la ville, se trouvèrent dans la chambre de la Reine lors de sa naissance, le

---

(1) Ferdinand-Charles, fils de Charles III, duc de Mantoue, et d'Isabelle-Claire, fille de l'archiduc Léopold. Il a été le dernier de sa race, et après sa mort l'Empereur s'est emparé du duché de Mantoue. Il se rendit la fable de l'armée. On lit, dans la Vie du prince Eugène : « Pendant que ces choses se passoient (les premières escarmouches), le duc de Mantoue demanda au général Caprara quel étoit l'endroit où l'on pourroit le plus commodément voir le combat. Caprara lui montra le mont Harsan. Le duc s'y rendit au plus vite, et ne le quitta qu'après que la bataille fût finie. On en fit des railleries, et les soldats donnèrent à ce mont le nom de *Miroir de la valeur mantouane*, nom qu'il a conservé jusques aujourd'hui. » (*Note de l'abbé Hooke.*)

(2) Ce prince mourut à Welz, près de Lintz, le 17 avril 1690, âgé d'environ quarante-huit ans. Il écrivit en mourant à l'empereur Léopold son beau-frère, la lettre suivante :

« Sacrée Majesté, suivant vos ordres, je suis parti d'Inspruck pour me rendre à Vienne ; mais je suis arrêté ici par un plus grand maître : je vais lui rendre compte d'une vie que je vous avois consacrée tout entière. Souvenez-vous que je quitte une épouse qui vous touche, des enfans à qui je ne laisse que mon épée, et des sujets qui sont dans l'oppression.

(*Idem.*)

Roi ayant eu soin d'ordonner qu'on les avertît. La princesse de Danemarck, fille du Roi, étoit absente, et l'on croit qu'elle alla exprès aux eaux de Bath, afin de ne pas être à l'accouchement.

Le prince d'Orange envoya le comte de Quilestein faire au Roi ses complimens en forme : mais en même temps, très-fâché de se voir éloigné de la couronne par la naissance du prince, il employa partout des émissaires pour insinuer que cet enfant n'étoit pas né de la Reine, et que les catholiques l'avoient supposé, afin de donner au trône un héritier de leur religion. Il n'y eut sortes de mensonges, d'impostures, d'artifices dont on ne se servît pour tâcher de rendre cette calomnie probable, et le silence de la princesse de Danemarck sur cette matière étoit une augmentation de soupçons. Elle avoit d'autant plus de tort, qu'elle savoit mieux que personne la vérité de la grossesse de la Reine, ayant plusieurs fois mis la main sur le ventre nu de la Reine et senti l'enfant remuer. Il est vrai que, depuis la révolution, elle a écrit au Roi son père pour demander pardon de tout ce qu'elle avoit commis contre lui ; mais ce sont de vaines paroles qui n'ont point réparé les malheurs de sa famille.

Les motifs que je viens de marquer déterminèrent le prince d'Orange à envahir l'Angleterre ; mais il prit pour prétexte les prières de toute la nation, qui l'avoit, disoit-il, fait solliciter de venir sauver les lois, la religion et la liberté, du danger évident où elles étoient.

Sur les bruits de l'armement qui se faisoit en Hollande, le roi de France, persuadé que cela regardoit l'Angleterre, fit offrir au Roi et troupes et flottes ; mais ce prince, trompé par le comte de Sunderland, son premier ministre, répondit toujours que cet armement ne le regardoit pas, et qu'en tout cas il n'avoit besoin que de ses sujets pour se défendre. Le marquis d'Albeville, envoyé d'Angleterre en Hollande, écrivoit continuellement au comte de Sunderland pour informer le Roi des préparatifs que faisoit le prince d'Orange, et pour l'assurer que c'étoit pour une descente en Angleterre. Le comte, pour toute réponse, le traitoit de visionnaire. Enfin Albeville, lassé d'écrire en vain, et pénétré de zèle, passa lui-même la mer pour répéter au Roi, de bouche, tout ce qu'il avoit déjà mandé par lettres. Le comte le fit réprimander par le Roi d'être venu sans permission, et il eut ordre de s'en retourner incontinent. A la vérité, il eut la satisfaction de rendre compte au Roi de tout ce qu'il savoit ; mais on n'y fit pas toute l'attention convenable, quoique l'on ne pût plus disconvenir que le prince d'Orange n'eût dessein sur l'Angleterre.

Skelton, envoyé d'Angleterre en France, convaincu du danger où étoit le Roi son maître, avoit engagé le roi Très-Chrétien à déclarer aux Etats-généraux que s'ils faisoient aucun acte d'hostilité envers le roi de la Grande-Bretagne, il le regarderoit comme une déclaration de guerre contre lui : sur quoi, comme Skelton avoit agi en cela sans ordre, Sunderland le fit non-seulement rappeler, mais à son retour mettre à la Tour de Londres.

Le pape Innocent XI, l'Empereur et le roi d'Espagne étoient d'intelligence avec le prince d'Orange sur l'invasion préméditée : cela dans la vue d'obliger le roi d'Angleterre à renoncer à l'alliance qu'il avoit avec la France, et à se joindre à la ligue nouvellement faite à Ausbourg contre cette nation. Leur intention ne fut jamais pourtant de détrôner le roi d'Angleterre, et, pour preuve, don Pedro Ronquillo, ambassadeur d'Espagne à Londres, dans une audience particulière qu'il demanda exprès, fit entrevoir clairement au Roi que l'orage le menaçoit, mais en même temps l'assura, au nom de la maison d'Autriche, que s'il vouloit entrer dans la ligue il n'y auroit plus rien à craindre pour lui, et que tout l'effort se tourneroit contre la France. La réponse du Roi, quoique peu conforme à ce que la politique auroit peut-être pu exiger de lui dans les circonstances présentes, fut selon la droiture de son cœur et de sa conscience. Il assura l'ambassadeur qu'il avoit intention de vivre bien avec tout le monde, et de ne se départir jamais des règles de l'équité et de la justice ; que, par ces mêmes règles, il ne pouvoit rompre avec un prince son parent et son allié, de qui il n'avoit jamais reçu que des amitiés. Ronquillo le pressant fortement, et lui faisant envisager les malheurs où il alloit être exposé s'il persistoit dans cette résolution, le Roi lui répondit qu'il perdroit plutôt sa couronne que de jamais commettre une action injuste.

Le Roi Très-Chrétien, informé de la ligue faite contre lui et des desseins qu'avoit formés le prince d'Orange, crut qu'il devoit prendre des mesures d'avance contre ses ennemis, et surtout se garantir contre les entreprises des Allemands. Pour cet effet le Dauphin, au mois de novembre, assiégea Philisbourg dont il se rendit maître, et par là couvrit entièrement l'Alsace. Ce n'étoit pourtant pas ce qu'il y avoit de mieux à faire ; car si le Dauphin, au lieu d'aller sur le Rhin, eût attaqué Maëstricht, les Hollandois, alarmés de voir la guerre portée dans leur pays, n'auroient jamais permis au prince d'Orange de passer en Angleterre avec leurs troupes, en ayant besoin pour la défense de leurs propres frontières.

Au mois d'octobre, le prince d'Orange, ayant fait voile des côtes de Hollande, passa avec sa flotte à la vue de celle du Roi, mouillée au Boy-du-Nore, à l'embouchure de la Tamise. Plusieurs personnes ont cru que c'étoit par mauvaise volonté que milord Dartmouth, amiral de la flotte, ne suivit pas celle du prince d'Orange; mais j'ai su du chevalier Strickland, vice-amiral de Dartmouth, et très-honnête homme aussi bien que très-habile marin, que les vents ne permettoient pas à la flotte de pouvoir sortir d'où elle étoit, à cause de certains bancs de sable. Ce même Dartmouth a fait voir depuis qu'il étoit fidèle sujet, étant mort dans la Tour de Londres où le prince d'Orange, devenu roi, l'avoit enfermé, le soupçonnant avec raison d'être attaché à son véritable souverain. En effet, le Roi l'avoit comblé de faveurs: il l'avoit fait grand écuyer d'Angleterre et grand-maître de l'artillerie. Il avoit aussi été fait lord par le roi Charles, à sa recommandation.

Le Roi ayant eu avis que le prince d'Orange étoit débarqué à Torbay, dans l'Ouest de l'Angleterre, résolut de marcher à lui pour le combattre; et pour cet effet il ordonna que le rendez-vous général de l'armée seroit à Salisbury.

J'étois alors à Portsmouth, mon gouvernement, et j'y reçus ordre d'aller à Salisbury prendre le commandement des troupes qui s'y assembloient. Cependant milord Cornbury, fils aîné du comte de Clarendon, et par conséquent cousin-germain des princesses d'Orange et de Danemarck, y étoit arrivé le premier, et comme le plus ancien colonel, se trouva, par mon absence, commandant du quartier. Il voulut profiter de l'occasion pour mener au prince d'Orange les quatre régimens de cavalerie et de dragons qui y étoient. Le sieur de Blathwyt, secrétaire de la guerre, pour favoriser ce projet, avoit exprès différé pendant plusieurs jours de m'envoyer l'ordre du Roi. Cornbury donc, supposant avoir reçu des ordres de la cour pour s'approcher plus près des ennemis, se mit en marche; et craignant que je ne le joignisse, il marcha nuit et jour, faisant seulement quelquefois de petites haltes pour rafraîchir les chevaux. Le prince d'Orange, à qui il avoit donné avis de sa marche, envoya au devant de lui un gros détachement de cavalerie; et dès que Cornbury l'eut aperçu, il l'alla joindre avec quelques officiers à qui il avoit donné le mot: mais le gros des troupes se voyant surpris et trahi par les chefs, se retira au galop.

J'étois arrivé peu de jours auparavant à Salisbury, d'où ayant trouvé les troupes parties, je les suivis et arrivai à Warminster (je crois que c'est le nom du bourg) le soir de cette trahison. J'y fus réveillé vers le minuit par un grand bruit que j'entendis dans la rue; et ayant mis la tête à la fenêtre, je vis passer beaucoup de gens qui crioient: *Les ennemis!* Sur quoi je montai promptement à cheval; et étant sorti du bourg, je ralliai les fuyards, et ramenai à Salisbury les quatre régimens qui ne se trouvèrent diminués que d'environ cinquante cavaliers ou dragons, et d'une douzaine d'officiers.

Il est à remarquer que, malgré l'invitation et les promesses de nombre de seigneurs, le prince d'Orange fut pendant plus de quinze jours après être débarqué sans que personne l'allât joindre; de manière qu'il commença à craindre pour la réussite de son entreprise, et délibéra même dans son conseil s'il ne se rembarqueroit pas. Toutefois, s'étant déterminé d'attendre encore quelque temps, il vit avec plaisir arriver milord Colchester, lieutenant des gardes du corps du Roi; et peu de temps après l'aventure de milord Cornbury étant survenue, il ne songea plus qu'à profiter des mauvaises dispositions où étoit la nation contre le Roi.

Le Roi étant arrivé à Salisbury, avoit donné ses ordres pour que l'on se tînt prêt à marcher en avant; mais ayant appris qu'il y avoit nombre de malintentionnés dans l'armée, et qu'il étoit à craindre qu'en s'approchant de l'ennemi il ne se trouvât abandonné de la plupart, il prit le parti de retourner à Londres. Le prince Georges de Danemarck, les ducs de Grafton et d'Ormond, milord Churchill, et plusieurs autres, quittèrent le Roi et passèrent au prince d'Orange.

Le Roi me donna la compagnie des gardes du corps, vacante par la désertion du lord Churchill, mon oncle (1): le régiment des gardes

---

(1) Jean Churchill, frère d'Arabella Churchill, mère du maréchal de Berwick. De simple page, le roi Jacques II l'avoit élevé à la dignité de pair du royaume. Il devint un des plus grands capitaines de son siècle; il est connu dans l'histoire sous le nom de duc de Marlborough. Nous croyons devoir donner ici son portrait d'après un manuscrit inédit de 1702, et que l'on attribue au duc de Shrewsbury:

« Jean Churchill, duc de Marlborough, capitaine-général des troupes d'Angleterre, est fils du chevalier baronnet Vincent Churchill, d'une bonne famille. La passion du duc d'Yorck pour sa sœur (dont il eut le duc de Berwick et d'autres enfans) l'introduisit à la cour, où la beauté de sa personne et ses manières obligeantes gagnèrent tellement la duchesse de Cleveland, maîtresse de Charles II, qu'elle l'y établit solidement. Il

à cheval, que j'avois, fut donné au comte d'Arran, fils aîné du duc d'Hamilton.

Le Roi, en partant de Londres, avoit envoyé le prince de Galles à Portsmouth, pour y être plus en sûreté; et lorsqu'il résolut de retourner de Salisbury à Londres, il envoya ordre à milord Dover, capitaine des gardes du corps, qui accompagnoit le prince, de le mener en France; et pour cet effet signa l'ordre pour que milord Dartmouth, qui étoit mouillé avec la flotte à Spithead, passât le prince. Dartmouth refusa de le faire, disant qu'il falloit un ordre en forme du conseil pour le disculper envers la nation de hasarder l'héritier présomptif de la couronne hors du royaume; mais sa véritable raison étoit qu'il n'avoit plus que le nom d'amiral et qu'il craignoit que, si le prince étoit embarqué, la flotte, toute dévouée au prince d'Orange, ne le livrât aux ennemis. Ainsi le prince fut ramené à Londres où le Roi arriva pareillement.

Quoique je voulusse cacher les fautes qu'a commises milord Churchill, je ne puis passer sous silence une circonstance assez remarquable. Le Roi devoit de Salisbury aller dans mon carrosse visiter le quartier que commandoit le major général Kirck : un prodigieux saignement de nez, qui prit tout d'un coup au Roi, l'en empêcha, et l'on prétend que la partie étoit faite, et les mesures prises par Churchill et Kirck, pour livrer le Roi au prince d'Orange. Mais cet accident détourna le coup.

La princesse de Danemarck ayant su que le Roi revenoit de Salisbury et que son mari étoit passé aux ennemis, s'enfuit de Londres à Nottingham, accompagnée de l'évêque de Londres, de madame de Churchill et de madame de Berkley. Beaucoup de noblesse s'empressèrent de toutes parts à se rendre auprès d'elle, le tout

sous le prétexte que l'Eglise étoit en danger et que le Roi vouloit introduire le papisme et le pouvoir arbitraire. Il est vrai qu'en plusieurs occasions on avoit agi avec peut-être trop peu de circonspection, et que par là on avoit donné lieu à de fausses imaginations ; il est certain aussi qu'indépendamment du zèle indiscret de quelques catholiques, le comte de Sunderland y avoit plus contribué que personne ; et cela dans la vue de ruiner le Roi et de préparer les esprits pour les entreprises du prince d'Orange, qui l'avoit gagné depuis long-temps. Mais, quoi qu'il en soit, l'on peut assurer que, malgré quelques démarches irrégulières qu'on ne peut totalement excuser, beaucoup de ce qu'on disoit étoit outré et que la nation n'avoit jamais été si florissante que sous ce règne.

Le Roi se voyant trahi et abandonné par ses enfans et par ceux en qui il avoit le plus de confiance, crut que la voie de négociation convenoit mieux que celle des armes; mais qu'avant tout il falloit mettre la Reine et le prince en lieu de sûreté. Il les fit donc embarquer secrètement et conduire en France par messieurs de Lauzun et de Saint-Victor, deux François qui se trouvoient pour lors à Londres. Après cette démarche, il députa au prince d'Orange trois seigneurs, savoir, les comtes de Nottingham et de Godolfin, avec le marquis d'Halifax, chef de l'ambassade. Le prince d'Orange, pour toute réponse, dit qu'il alloit s'approcher de Londres afin d'être plus à portée de traiter; et en effet il continua sa marche à la tête de son armée. Sur quoi le Roi jugeant de la mauvaise volonté du prince d'Orange, et craignant d'être arrêté, prit le parti de se déguiser et de se sauver en France ; mais en chemin il fut arrêté par la populace auprès de Feversham; et ayant été obligé

---

accompagna le duc d'Yorck lorsqu'il fut envoyé en Ecosse, et fut fait lord sous le titre de lord Exmouth, et bientôt après baron d'Angleterre sous le titre de lord Churchill.

» A l'avènement du roi Jacques à la couronne, il continua d'être un de ses favoris, fut fait membre du conseil et major de l'armée. Mais le progrès rapide du papisme le choqua : son amour pour sa patrie contrebalança sa reconnoissance pour les faveurs du Roi Jacques, et le détacha de la personne de ce prince pour l'attacher aux intérêts de son pays ; ce qu'il marqua dans une lettre au Roi, où il justifia sa conduite, apportant les mêmes raisons que Brutus avoit autrefois employées contre César.

» Il contribua plus que personne à engager les officiers de l'armée dans la cause du prince d'Orange, et il fut fait, à l'avènement de ce prince au trône, comte de Marlborough et capitaine général de l'armée, dans lequel poste il servit quelques années avec l'affection générale des troupes. A l'occasion d'un différend survenu entre le Roi et lui, qui est encore un mystère pour le

public, il fut dépouillé de tous ses emplois : la princesse de Danemarck encourut la disgrâce du Roi et de la Reine sa sœur, pour avoir refusé de l'abandonner et la comtesse sa femme. Vers la fin du règne de Guillaume, il rentra en faveur, fut fait gouverneur du duc de Glocester, un des lords justiciers plénipotentiaires en Hollande.

» A l'avènement de la reine Anne, il fut fait capitaine-général de toutes les forces, duc et chevalier de l'ordre de la Jarretière.

» Il est grand et bel homme pour son âge; il a beaucoup de politesse et des manières très-engageantes; d'une présence d'esprit admirable, au point de n'être jamais troublé; d'une tête nette et d'un jugement sûr; hardi, jamais découragé faute de succès ; en toutes manières capable de devenir un grand homme, si les faveurs dont sa souveraine le comble n'enflent pas son orgueil et ne lui attirent pas le mépris de la noblesse et l'envie du peuple d'Angleterre. »

(*Note de l'abbé Hooke.*)

de se découvrir pour éviter leurs emportemens (car ils le prenoient pour un prêtre, aussi bien que le chevalier Hales, qui seul l'accompagnoit), il fut traité avec respect : ensuite il fit venir de Londres le comte de Feversham avec un détachement de gardes du corps et y retourna dans ses carrosses. En passant par la ville pour aller à Whitehall, le peuple s'empressoit en foule pour le voir et crioit *vive le Roi!* avec toutes les démonstrations de la plus grande joie. Le soir il y eut partout des illuminations.

Ces marques d'amitié des bourgeois de Londres déplurent au prince d'Orange, et il résolut d'éloigner le Roi, crainte que sa présence ne fût un obstacle à ses vastes desseins. En effet, le Roi lui ayant, aussitôt après son retour, envoyé un message à Windsor où il étoit arrivé, eut pour réponse que les affaires présentes requérant sa présence à Londres, il ne convenoit pas que le Roi s'y trouvât en même temps, et qu'ainsi Sa Majesté eût à choisir l'endroit où elle se voudroit retirer. Le Roi choisit la ville de Rochester. Pendant ce temps, les gardes bleues du prince d'Orange étoient venues prendre poste à Whitehall, et les gardes angloises eurent ordre de se retirer : à quoi le Roi lui ordonna d'obéir.

Le Roi, accompagné d'un détachement des gardes du corps du prince d'Orange, se rendit à Rochester par eau : j'y arrivai deux jours après, ayant un peu auparavant, par ordre du Roi, rendu au prince d'Orange la ville de Portsmouth. Il m'auroit été bien difficile, pour ne pas dire impossible, de défendre cette place ; car quoique je fusse assez assuré de ma garnison, consistant en deux mille cinq cents hommes de pied et cinq cents dragons, je n'avois aucun magasin de vivres et je ne pouvois en trouver, à cause que par mer j'étois bloqué par une flotte qui ne vouloit laisser entrer aucun bâtiment dans le port, et du côté de terre M. Norton, colonel du temps de Cromwell, ayant assemblé les milices du pays, s'étoit posté sur les hauteurs de Postdown, et par là barroit l'entrée et la sortie de la petite île de Portsmouth. J'avois été à bord de milord Dartmouth, pour lui représenter la nécessité où j'étois par rapport aux vivres, et l'importance de m'en faire avoir pour conserver la place : il me répondit, les larmes aux yeux, qu'il convenoit de tout ce que je lui disois, et que de son côté il n'y avoit rien qu'il ne fît pour le service du Roi, mais qu'il n'étoit pas plus maître de la flotte que moi, qu'il y étoit véritablement prisonnier, quoiqu'en apparence on vînt lui rendre les respects dus à un amiral, que c'étoit le chevalier Berry, son contre-amiral, qui étoit le maître ; et qu'ainsi tout ce qu'il pouvoit me conseiller de mieux, c'étoit de ne plus revenir à bord, crainte qu'on ne m'arrêtât. Je fus donc obligé de convenir avec Norton que je ne ferois aucun acte d'hostilité, pourvu qu'il permît que les paysans vinssent au marché à l'ordinaire, car nous ne vivions qu'au jour la journée. Le Roi avoit bien ordonné, en partant de Salisbury, qu'un vaisseau chargé de vivres qui étoit à Southampton vînt à Portsmouth, mais le chevalier Berry l'avoit saisi, sous prétexte que la flotte en manquoit.

J'arrivai le soir à Rochester, et le Roi me dit de rester à son coucher. Après qu'il fut déshabillé et que tout le monde fut congédié, il reprit ses habits, et sortant par une porte dérobée qui étoit dans sa chambre, il gagna le bord de l'eau et s'embarqua dans une grande chaloupe que Travagnon et Macdonnel, deux capitaines de vaisseau dont les navires étoient dans la rivière, lui avoient préparée. Il n'avoit avec lui que ses deux officiers, Hidolph, gentilhomme de la chambre, Labadye, valet de chambre, et moi. Nous débarquâmes la nuit d'après à Ambleteuse, d'où le Roi se rendit à Saint-Germain : la Reine et le prince de Galles y étoient arrivés quelques jours auparavant.

Le Roi m'avoit dépêché de Boulogne à Versailles pour donner part au Roi Très-Chrétien de son arrivée en France et lui demander retraite dans son royaume. J'en fus reçu avec toute la politesse et l'amitié imaginables, et il étoit aisé de voir par ses discours que son cœur parloit autant que sa langue.

[1689] Dès que le prince d'Orange apprit le départ du Roi et son arrivée en France, il convoqua une convention où assistèrent tous les grands du royaume et les députés des provinces et villes. Après de grands débats, il y fut à la fin conclu, à la pluralité des voix, que le Roi avoit abdiqué et qu'ainsi le trône étoit vacant.

Le Roi écrivit de Saint-Germain une lettre à la convention, pour lui expliquer les raisons qu'il avoit eues de se retirer en France, et lui défendre en même temps de procéder en rien contre ses intérêts ou son autorité. Mais on ne voulut pas recevoir sa lettre, et peu après on déféra la couronne, ou, pour mieux dire, on élut pour roi et reine d'Angleterre le prince et la princesse d'Orange.

Je ne prétends pas ici faire un long discours pour prouver l'irrégularité de tout ce qui se faisoit en Angleterre ; je dirai seulement qu'il n'a jamais été défendu, par aucune coutume ou loi, à un prince de sortir d'un de ses royaumes sans la permission de ses sujets, et qu'il est absurde d'avancer que par là il abdique, l'abdication étant une démission volontaire faite ou de bouche ou par écrit, ou du moins par un silence non forcé, après qu'on a été pressé de s'expliquer. Le Roi n'est tombé dans aucun de ces cas : il étoit prisonnier, et pour se tirer des mains de ses ennemis s'étoit sauvé où il avoit pu. De plus, il ne lui étoit pas possible d'aller joindre ses fidèles sujets en Ecosse ou en Irlande, que par la France, car toute l'Angleterre étant soulevée, il n'eût pu traverser tout ce royaume qu'avec un grand péril : mais quand même il auroit été vrai que le Roi eût abdiqué, la couronne se trouvoit, selon les lois fondamentales du royaume, *ipso facto*, dévolue à l'héritier immédiat, lequel n'étant alors qu'un enfant au berceau, ne pouvoit avoir commis aucun crime ni abdiqué. Le prince de Galles son fils avoit été reconnu pour tel par toute l'Europe, par toute la nation angloise et même par le prince d'Orange : ainsi le prince de Galles étoit roi ; et pour en reconnoître un autre il falloit prouver qu'il étoit un enfant supposé ; mais c'est ce qu'on n'a jamais osé entreprendre, attendu que nul prince n'est venu au monde en présence de tant de témoins que celui-ci, comme il fut prouvé en plein conseil et assemblée de notables un peu avant la descente du prince d'Orange. J'en pourrois parler savamment, car j'y étois ; et, malgré mon respect et mon dévouement pour le Roi, je n'aurois jamais pu donner les mains à une action si détestable que celle de vouloir supposer un enfant pour ôter la couronne aux véritables héritiers ; et après la mort du Roi je n'aurois pas continué à soutenir les intérêts d'un imposteur : l'honneur et la conscience ne me l'auroient pas permis.

J'ajouterai encore cette réflexion : le prince d'Orange, par sa déclaration, lorsqu'il passa en Angleterre, marquoit qu'il n'y venoit à autre intention que celle d'empêcher la ruine de l'Eglise anglicane et d'examiner la naissance du prince de Galles.

Quant au premier point, il l'a effectué en détrônant un Roi catholique ; mais en même temps il a renversé un des principaux articles de la religion anglicane, qui jusque là avoit fait gloire de soutenir l'obéissance passive. Quant au second, j'ai déjà dit que le prince d'Orange ne l'a jamais osé mettre sur le tapis, et il n'en avoit plus besoin puisqu'on l'avoit déclaré Roi : ses émissaires ont même souvent voulu avancer qu'il ne tenoit la couronne que par droit de conquête, à l'exemple de Guillaume-le-Conquérant.

Quoique la défection semblât être générale, il faut pourtant dire, à l'honneur de l'Eglise anglicane, que l'archevêque de Cantorbéry et six autres évêques ne voulurent jamais reconnoître d'autre roi que Jacques II ; et malgré ce que la convention venoit de faire pour le prince d'Orange et la princesse sa femme, ils continuèrent à prier Dieu publiquement pour le Roi. La réponse que l'archevêque fit faire à la princesse est digne d'être transmise à la postérité : dès qu'elle fut arrivée de Hollande à Whitehall, elle lui envoya un gentilhomme pour demander sa bénédiction. Il répondit : « Quand elle aura obtenu celle de son père, je lui donnerai volontiers la mienne. » Le prince d'Orange voyant la fermeté de ces prélats, les fit déposer. Ils donnèrent un bel exemple de fidélité inviolable à leur souverain ; car, plutôt que de rien faire qui y pût être contraire, ils se laissèrent dépouiller de leurs dignités et revenus, et ne vécurent plus que des aumônes qu'on leur faisoit.

Le comte de Tirconel, vice-roi d'Irlande, ayant rejeté les offres avantageuses qui lu avoient été faites par le prince d'Orange, et ayant par sa fermeté conservé dans l'obéissance toute l'Irlande, à l'exception du nord qui s'étoit déclaré pour la révolution, le Roi résolut de l'aller joindre et de mener avec lui des officiers généraux françois. M. de Rosen, lieutenant-général, lui fut donné pour commander l'armée sous Tirconel ; M. de Maumont, maréchal de camp, pour servir de lieutenant-général, et messieurs de Pusignan et Lery, brigadiers, pour être maréchaux de camp. Boisselot, capitaine aux gardes, fut envoyé pour être major général, et L'Estrade, enseigne des gardes du corps, pour être maréchal des logis de la cavalerie. Au mois de février, le Roi partit pour Brest où il m'avoit déjà envoyé, et où le Roi Très-Chrétien avoit fait équiper une escadre de trente vaisseaux de guerre, commandés par M. de Gabaret. Le Roi mit à la voile au premier bon vent, mais il fut obligé de rentrer dans le port, ayant été abordé et endommagé à la hauteur de Camaret par un autre vaisseau de guerre. Dès que le vaisseau fut radoubé nous remîmes à la voile, et nous arrivâmes à Kinsale le 17 mars. Tirconel vint au devant du Roi à Cork où il fut créé duc : il rendit compte de l'état des affaires et du nombre de troupes qu'il avoit levées. Les peuples montrèrent partout une joie extraordinaire, n'ayant jamais vu de Roi dans ce royaume depuis Henri II. Le Roi se rendit à Dublin où il convoqua un parlement, afin de trouver les fonds pour la guerre.

Avant l'arrivée du Roi, Tirconel avoit envoyé M. Richard Hamilton, lieutenant-général, avec quelques troupes, pour tâcher de réduire le nord : j'eus ordre aussi de m'y rendre pour servir sous lui en qualité de maréchal de camp. Après que je l'eus joint, nous nous avançâmes à Colraine, poste très-considérable que les rebelles abandonnèrent à notre approche, dans la crainte d'être coupés par un détachement qui avoit passé la rivière un peu au-dessus. De là nous marchâmes, le 15 avril, au pont de Clady, sur la rivière de Strabane, dont les rebelles, au nombre de dix mille, vouloient défendre le passage : il n'y avoit point de gué, et de l'autre côté du pont, qui étoit rompu, les ennemis avoient placé de l'infanterie dans un bon retranchement. Nous n'avions mené avec nous que trois cent cinquante hommes de pied et environ six cents chevaux; le reste de notre petite armée étoit resté près de Strabane. Notre infanterie s'approcha du pont rompu, et à coups de fusil chassa les ennemis de leur retranchement. Hamilton, jugeant à propos de profiter du désordre qui paroissoit parmi les rebelles, ordonna qu'on passât la rivière à la nage. Dans l'instant nous nous y jetâmes tous à cheval, et nous arrivâmes sur l'autre bord, avec perte seulement d'un officier et de deux cavaliers noyés : l'infanterie en même temps trouva moyen avec des planches de passer sur le pont, et s'étant saisie des retranchemens, se mit à tirer sur le gros des rebelles qui étoient en bataille à mi-côte, ce qui, joint à l'action hardie que nous venions de faire, jeta l'épouvante parmi eux, de manière qu'au lieu de venir nous charger au sortir de l'eau, ils s'enfuirent tous. Nous les poursuivîmes pendant cinq milles, mais il n'y eut pas moyen d'atteindre leur cavalerie; pour l'infanterie, nous en tuâmes environ quatre cents sur la place : le reste, à la faveur des marais, trouva moyen de se sauver. M. de Rosen, que le Roi Très-Chrétien avoit donné au Roi pour être son général, étoit arrivé à Strabane pendant l'action avec quelques troupes; et, voyant que les rebelles qui lui étoient opposés se retiroient, il passa pareillement la rivière à la nage, sans aucune opposition. Le Roi, qui s'étoit avancé vers cette frontière, ayant su la déroute, fut conseillé de s'approcher en personne de la ville de Londonderry, où les rebelles s'étoient retirés, ne doutant pas que sa présence ne les déterminât à se soumettre. En effet, ayant joint M. de Rosen, il se mit en marche par Saint-Johnstown, et arriva devant Londonderry sans en avertir Hamilton. Le malheur voulut que celui-ci ayant envoyé, aussitôt après notre action, sommer les habitans de se rendre, ils lui avoient répondu qu'ils enverroient des députés dans deux jours pour traiter; mais qu'ils demandoient que les troupes ne s'approchassent pas plus près de leur ville que Saint-Johnstown; ce qu'Hamilton leur promit. Voyant donc paroître le reste de l'armée devant leur ville, les rebelles s'imaginèrent que l'on vouloit les surprendre, et que la promesse de M. d'Hamilton n'avoit été que pour mieux en venir à bout; de manière que lorsque le Roi les fit sommer ils ne répondirent qu'à grands coups de canon : ainsi, comme nous n'avions rien de prêt pour un siége, nous nous retirâmes un peu en arrière, et le Roi s'en retourna à Dublin, afin de tâcher de former une armée suffisante pour opposer à celle que le prince d'Orange se préparoit à envoyer en Irlande, sous le commandement de M. de Schomberg. M. de Rosen avoit eu d'autant plus de tort de persuader au Roi de faire devant Londonderry la démarche que je viens de marquer, qu'il avoit su et approuvé l'accord de M. d'Hamilton. Le Roi en partant avoit laissé le commandement de l'armée à messieurs de Maumont et d'Hamilton, ayant amené avec lui M. de Rosen. Après le départ du Roi, nous résolûmes de nous approcher de Londonderry pour la bloquer, en attendant que nous pussions avoir ce qui étoit nécessaire pour le siége. Maumont, Hamilton, Pusignan et moi, nous nous avançâmes avec quatre cents hommes de pied, le régiment de cavalerie de Tirconel et celui de dragons de Dungan, faisant environ sept cents chevaux : nous prîmes nos quartiers près du fort de Cullmore, au-dessous de Derry (Londonderry), sur la même rivière. Le commandant de ce fort se rendit d'abord, quoique nous n'eussions pas de quoi le prendre.

Nous avions laissé à Saint-Johnstown trois bataillons et neuf escadrons; comme aussi à deux milles de Derry, du côté de Saint-Johnstown, quatre bataillons aux ordres du brigadier Ramsey. Le brigadier Wauchop étoit de l'autre côté de la rivière vis-à-vis de Derry, avec deux bataillons, quelque cavalerie et quelques petites pièces de campagne.

Nous avions envoyé ordre à Ramsey d'envoyer deux cents hommes de pied, sous les ordres du colonel Hamilton, occuper le village de Pennibom, à un mille de la ville du côté de Cullmore, à deux milles de notre quartier et à trois de celui de Ramsey. Les ennemis, qui virent passer cette petite troupe à la vue de la ville, sortirent dessus, au nombre de quinze cents fantassins et de trois cents chevaux. Le colonel Hamilton se posta dans les haies et maisons de Pennibom, et nous envoya avertir de venir promptement à son secours : malheureusement notre cavalerie étoit au fourrage, de manière que nous ne pûmes nous servir que d'une garde de quarante maîtres, avec lesquels nous allâmes au grand galop à Pennibom. Nous trouvâmes que l'infanterie des ennemis s'étoit mise en bataille vis-à-vis de la nôtre, et que leur cavalerie étoit à leur droite, sur l'Estran : nous formâmes dans l'instant notre cavalerie qui, par l'arrivée de quelques dragons, se trouva de deux troupes de quarante maîtres chacune ; nous chargeâmes la cavalerie ennemie que nous culbutâmes et que nous poursuivîmes le long de l'Estran jusque fort près de la place. L'infanterie ennemie voyant cette déroute, se retira, et nous ne les inquiétâmes que de loin par quelques coups de fusil. Notre perte ne fut pas considérable, quoiqu'en allant à la charge nous eussions essuyé tout le feu de l'infanterie ennemie. Maumont y fut tué, aussi bien que le major Taaff, frère du comte de Carlingford et du général Taaff, et six ou sept cavaliers ou dragons : de tout ce que nous étions, il n'y en eut pas un qui ne fût, ou lui-même ou son cheval blessé. Cette action arriva le 21 avril.

Crainte de nouvelle attaque, nous augmentâmes le poste de Pennibom jusqu'à cinq cents hommes de pied : toutefois, le 25, les ennemis sortirent vers les neuf heures du matin avec sept à huit mille hommes et nous attaquèrent vivement. Le combat dura toute la journée ; mais comme nous avions été chassés de toutes les haies, et réduits aux dernières maisons du village, nous courions risque d'être totalement battus, si Ramsey, à qui nous avions envoyé, ne fût arrivé vers les sept heures du soir avec ses troupes. Il commença d'abord par attaquer les rebelles par derrière ; ce qui les fit retirer avec précipitation dans la ville. Nous ne perdîmes pas beaucoup de monde dans cette action, quoique très-longue. Pusignan, maréchal de camp, y fut blessé et mourut peu de jours après ; Pointy, brigadier françois, y fut blessé ; mais il en guérit. Je reçus une grosse contusion à l'épine du dos, qui me fit grand mal : j'en fus quitte pour quelques incisions. C'est l'unique blessure que j'aie eue de ma vie.

Les ennemis continuèrent à faire des sorties considérables, et il ne se passoit pas de jour que nous n'eussions quelque action.

Comme on nous avoit mandé de Dublin qu'on nous envoyoit de l'artillerie, nous crûmes qu'il étoit à propos de prendre à l'avance les postes près de la ville qui pourroient en faciliter le siége. Pour cet effet, le 6 mai, Ramsey attaqua avec ses troupes un moulin à vent qui étoit sur une hauteur à demi-portée du canon de la place, derrière laquelle étoit un fond où il devoit se camper. Les ennemis se défendirent avec une grande bravoure ; et à la fin toute la ville étant sortie sur lui, il fut poussé et obligé de se retirer. Ramsey y fut tué avec environ deux cents hommes ; plusieurs officiers de distinction furent pris. Wauchop prit le commandement des troupes de Ramsey et résolut de tenter encore de s'emparer du moulin. Les ennemis, qui en voyoient la conséquence, l'avoient enveloppé d'un grand retranchement : nos troupes ne purent jamais le forcer et nous y perdîmes encore plusieurs officiers et au moins cent soldats.

Voyant l'opiniâtreté, le nombre et la bravoure des rebelles, nous rassemblâmes toutes nos troupes, consistant en douze bataillons et quinze ou seize escadrons. Nous nous campâmes vis-à-vis du front de la place, derrière un rideau à une bonne portée de carabine, et nous laissâmes de l'autre côté de la rivière les deux bataillons qui y étoient. Quelques jours après, arrivèrent six pièces de gros canon ; il y en avoit trente dans la ville. Nous n'avions en tout que cinq à six mille hommes ; les assiégés en avoient plus de dix mille, bien armés.

M. de Rosen arriva pareillement avec des ingénieurs et artilleurs françois pour commencer les attaques. Comme la besogne ne me plaisoit pas, non plus que le nouveau général, et que l'on avoit dessein d'envoyer un détachement pour observer les rebelles d'Inniskillin, dont le nombre s'augmentoit, j'en demandai le commandement et l'obtins. Je partis le 21 juin du camp avec quatre cents chevaux ou dragons, et me rendis à Cavanparck sur la rivière de Shabane : de là ayant appris qu'il y avoit à Donnegal trois cents rebelles qui faisoient des magasins, j'y marchai de nuit et les attaquai à la petite pointe du jour : ils y furent battus et contraints de se sauver dans le château. Je brûlai les magasins et la ville, et me retirai à mon camp avec quinze cents bœufs, vaches ou moutons.

Ayant été joint quelque temps après par un régiment de cavalerie, par un de dragons et par quatre bataillons venus de Dublin, je résolus de m'approcher d'Inniskillin, afin de mieux observer les mouvemens des rebelles. J'allai donc le 6 de juillet camper à Trelick, à neuf milles d'Inniskillin ; le 13 je m'avançai avec un détachement, pour reconnoître le pays et la ville. Les ennemis sortirent sur moi avec deux cents hommes de pied et cent chevaux : je les attaquai et poussai la cavalerie jusqu'aux retranchemens qu'ils avoient faits auprès de la ville, et même sous le feu du canon d'un fort qu'ils avoient bâti. Nous fîmes main basse sur l'infanterie, dont il ne s'échappa que cinq ou six hommes : nous prîmes un capitaine, un lieutenant et deux drapeaux.

Peu de temps après je fus fait lieutenant-général.

Le général Kirck étant arrivé avec une petite flotte dans le lac Foyle, où la rivière de Derry se décharge, M. de Rosen m'ordonna de revenir, tant pour être plus à portée de le renforcer, que pour m'opposer aux entreprises de Kirck. Etant donc revenu à Cavanparck, j'eus avis par M. de Rosen que Kirck avoit fait une descente à Ramulton avec huit cents fantassins : sur quoi je m'y transportai diligemment avec ma cavalerie et mes dragons, faisant pour lors douze cents chevaux. Je fis tâter l'infanterie ennemie par les dragons, mais il n'y eut pas moyen de la déposter, d'autant qu'elle étoit soutenue par des frégates qui tiroient continuellement sur nous. Ainsi l'affaire se passa en escarmouches toute la journée, et le lendemain je me retirai à Cavanparch.

Le 28 juillet, les vaisseaux ennemis remontèrent la rivière, malgré l'estacade que l'on avoit faite auprès du fort de Cullmore, et qui fut brisée par le premier bâtiment qui passa. M. de Rosen, voyant le secours entré dans la place, jugea à propos de lever le siége, d'autant que le Roi pouvoit avoir besoin de son armée pour faire tête à M. de Schomberg, qui étoit sur le point d'arriver en Irlande avec des forces considérables. L'armée décampa dans le commencement d'août et retourna du côté de Dublin. Le Roi avoit ordonné qu'on me donnât partie des troupes et l'artillerie, pour aller prendre Inniskillin ; mais Rosen n'y voulut point consentir, disant que je n'avois pas de quoi réussir dans cette expédition. Il est vrai que nous avions peu ou point de boulets pour notre canon, ni presque aucune sorte de munitions de guerre ; mais pourtant, comme le fort d'Inniskillin n'étoit que de terre, nous aurions pu l'emporter; de plus, la ville d'Inniskillin étoit ouverte : ainsi nous nous en serions emparés, et par là aurions peut-être obligé le fort à se rendre. Rosen me dit que s'il avoit trouvé l'affaire praticable, il y auroit été lui-même.

En revenant du nord, nous laissâmes une bonne garnison dans Charlemont. A peine fus-je arrivé à Dublin que le Roi, ayant eu avis que Schomberg étoit débarqué dans le nord, m'ordonna de m'y avancer avec mille hommes de pied et six cents chevaux ou dragons : il étoit question de retarder sa marche le plus qu'il se pourroit, afin de donner au Roi le temps de former une nouvelle armée, car celle qui venoit de Derry étoit réduite à peu de chose. Je me portai à Newry, où je restai pendant que Schomberg fit le siége de Cerick-Fergus ; en quoi nous lui eûmes grande obligation, car s'il eût marché tout droit en avant sans s'amuser, il seroit arrivé à Dublin avant que le Roi eût été en état de s'opposer à lui. Je fis travailler à Newry, publiant que je voulois défendre ce poste. En effet, Schomberg, ne s'imaginant point que j'osasse rester dans cet endroit avec si peu de troupes, ne douta point, ou que je n'eusse beaucoup de monde, ou que mon poste ne fût excellent. Etant donc venu avec son armée camper à deux milles de Newry, il vint me reconnoître avec quatorze escadrons. Je fis occuper tous les petits monticules (car le pays en étoit plein) par des vedettes, et me tins au milieu sur une hauteur avec deux troupes seulement, faisant jouer des fanfares par les trompettes. Cette contenance confirma Schomberg dans son opinion, et il se retira à son camp, jusqu'où je le suivis à une certaine distance. Il fit distribuer des munitions à son infanterie, dans l'intention de m'attaquer le lendemain avec toute son armée ; mais la nuit je me retirai à Dundalk, d'où deux jours après, par ordre, je me rendis à Drogheda. Le Roi y étoit arrivé, et par les soins du duc de Tirconel il avoit ramassé une armée de vingt-deux mille hommes assez mal armés : il résolut de se porter en avant ; et en effet nous marchâmes à Affane, à trois milles de Dundalk, où Schomberg étoit campé avec toute son armée, composée de vingt mille hommes. Peu de jours après, le Roi mit l'armée en bataille dans une plaine à la vue des ennemis, pour leur offrir le combat ; mais ils demeurèrent dans leur poste, et nous dans notre camp, jusqu'à la fin d'octobre, que nous nous retirâmes en quartiers d'hiver. Schomberg en fit autant et abandonna Dundalk, où, par les maladies que causoit le mauvais air, il avoit perdu la moitié de ses troupes. Nous y établîmes un quartier considérable, aux ordres d'un maréchal de camp.

M. de Rosen s'en retourna en France, à son grand contentement, aussi bien qu'à celui de tous les officiers de l'armée, qui ne pouvoient le souffrir. Il étoit de Livonie ; il avoit commencé à servir en France dans le régiment du vieux général Rosen. Son colonel lui trouvant du courage et de l'esprit, le fit officier, et enfin lui donna sa fille en mariage ; de là il trouva moyen de se pousser par les degrés, et parvint à être lieutenant-général, et ensuite mestre de camp général de la cavalerie françoise. C'étoit un excellent officier, fort brave et fort appliqué, très-propre pour être à la tête d'une aile, mais incapable de commander une armée, par la raison qu'il craignoit toujours les événemens ; et quoique très-civil dans la société et très-noble dans sa manière de vivre, il étoit fort sujet à se mettre en colère, et même à un tel point qu'il en devenoit furieux ; et alors il n'étoit plus capable de rien écouter que sa passion. Il fut fait maréchal de France en 1703 ; et voyant qu'on ne vouloit pas le mettre à la tête d'une armée, il se retira à une terre qu'il avoit en Alsace, et y mourut en 1714, âgé de quatre-vingt-sept ans.

M. d'Avaux, ambassadeur de France, fut aussi rappelé. Le Roi n'étoit pas content de ses manières hautes et peu respectueuses : c'étoit d'ailleurs un homme d'esprit, et qui avoit acquis de la réputation dans les différentes ambassades qu'il avoit eues.

À la prière de la reine d'Angleterre, le Roi Très-Chrétien envoya à sa place le duc de Lauzun, à qui il donna aussi le commandement des sept bataillons françois qu'il avoit résolu de faire passer en Irlande. Le Roi avoit demandé au Roi Très-Chrétien un secours de troupes, à cause que le prince d'Orange se préparoit à y venir en personne avec une armée considérable ; mais ce petit nombre n'étoit pas suffisant, et fut cause que le prince d'Orange en mena plus qu'il n'avoit d'abord projeté. Milord Montcassel passa en France sur les mêmes bâtimens qui avoient porté les troupes françoises, et y conduisit cinq régimens d'infanterie irlandoise, que le Roi envoyoit en échange des troupes qu'avoit emmenées le duc de Lauzun.

[1690] Vers le commencement de cette année, le Roi ayant eu avis que, dans la vue d'étendre ses quartiers, M. de Schomberg avoit détaché le brigadier Woosely pour se saisir de Belturbet, petit bourg dans un pays abondant et très-propre à son dessein, m'envoya de ces côtés-là avec quinze cents hommes de pied et deux cents chevaux, afin d'observer les ennemis et de les déloger s'il étoit possible. J'arrivai à Cavan, à cinq milles de Belturbet, le soir fort tard, et le temps étant fort mauvais : les troupes furent logées dans la ville. Je chargeai le brigadier Wauchop, qui y avoit commandé pendant l'hiver, du soin d'avoir des partis en campagne ; ce qu'il m'assura avoir déjà fait, et qu'il seroit averti du moindre mouvement des ennemis. Toutefois le lendemain, à la pointe du jour, nous fûmes fort surpris d'entendre crier aux armes : en effet, les ennemis ayant marché la nuit étoient déjà à la vue des postes avancés. Je fis incontinent monter mes troupes sur une hauteur à la droite de la ville, et les rangeai en bataille un peu en avant d'une espèce de fort de terre où nous avions une garnison. Le dessein des ennemis, qui ignoroient pareillement mon arrivée, étoit de s'emparer de cette hauteur et d'attaquer le fort ; mais ayant aperçu plus de troupes qu'une simple garnison, ils se mirent en bataille. Ils étoient au nombre de trois mille hommes de pied et de trois cents chevaux. Je marchai à eux, je les attaquai et les poussai de haies en haies jusqu'au penchant de la hauteur qu'ils commençoient déjà à descendre assez en désordre : mais malheureusement le brigadier Nugent et beaucoup d'officiers de son régiment ayant été blessés, et se retirant, une terreur panique saisit toutes mes troupes, et dans un instant, de vainqueurs nous devînmes vaincus. Toute mon infanterie s'enfuit dans le fort, sans qu'il me fût possible de la rallier au dehors. Les ennemis ne poursuivirent point ma cavalerie, qui se retira à douze milles en arrière : ils ne restèrent qu'une demi-heure sur le champ de bataille et se retirèrent à Belturbet. Dans cette occasion ils perdirent environ deux à trois cents hommes, et nous cinq cents. Je restai quelques jours à Cavan, pour y donner des ordres nécessaires à la sûreté de cette frontière, et puis je retournai à Dublin.

Le prince d'Orange débarqua au printemps dans le nord de l'Irlande ; sur quoi le Roi ayant rassemblé son armée s'avança au mois de juin à Dundalk. Les ennemis avoient quarante-cinq mille hommes, et nous n'étions que vingt-trois mille. Cette grande disproportion nous détermina à tâcher d'occuper quelque poste pour arrêter le prince d'Orange, ou du moins le combattre avec moins de désavantage. Il fut proposé de se camper sur les hauteurs au-delà de Dundalk, attendu que le pays étoit assez difficile ; mais comme les ennemis, en faisant un petit détour, pouvoient descendre dans la plaine derrière nous, il fut résolu de se placer derrière la rivière de Boyne, près de Drogheda. Le prince d'Orange nous suivit et se campa vis-à-vis de nous le 29 juin. Le lendemain, les ennemis partagèrent leur armée : le prince d'Orange, avec la moitié, remonta la rivière jusqu'à Slane, d'où ayant chassé deux régimens de dragons qui gardoient ce passage, il s'avança vers nous. Le Roi, qui vit cette manœuvre, marcha aussi de ce côté-là avec la plus grande partie de l'armée, et laissa, pour garder le passage d'Old-Bridge, huit bataillons aux ordres de M. d'Hamilton, lieutenant-général, et l'aile droite de cavalerie aux miens. Schomberg, qui étoit resté vis-à-vis de nous, attaqua Old-Bridge et s'en empara, malgré la résistance du régiment qui y étoit, et qui y perdit cent cinquante hommes tués sur la place ; sur quoi Hamilton descendit avec les sept autres bataillons pour rechasser les ennemis. Deux bataillons des gardes les enfoncèrent ; mais leur cavalerie ayant trouvé moyen de passer à un autre gué, et s'avançant pour tomber sur notre infanterie, j'y fis marcher notre cavalerie, ce qui donna le moyen à nos bataillons de se retirer ; mais aussi il fallut que nous commençassions un combat fort inégal, tant par le nombre d'escadrons que par le terrain qui étoit fort coupé, et où les ennemis avoient fait glisser de l'infanterie. Nous ne laissâmes pas de charger et recharger dix fois ; et à la fin les ennemis, étourdis de notre audace, firent halte : nous nous reformâmes devant eux, et puis nous nous remîmes en marche au petit pas pour aller joindre le Roi, lequel, après avoir mis l'armée en bataille pour charger le prince d'Orange, en fut empêché par un marais qui se trouva entre les deux armées : sur quoi, pour n'être pas enveloppé par cette partie des ennemis qui venoient de forcer le passage d'Old-Bridge, il fit marcher par la gauche pour gagner le ruisseau de Duleck. J'arrivai avec ma cavalerie justement comme les dernières troupes du Roi passoient le ruisseau ; mais celles du prince d'Orange, qui s'avançoient toujours, y arrivèrent presque en même temps ; de manière que je fus obligé de passer le défilé au grand galop et en confusion. Nous nous ralliâmes de l'autre côté, et toute notre armée s'y rangea en bataille. Les ennemis en firent autant vis-à-vis de nous, mais n'osèrent nous attaquer. Après quelque peu de temps, nous nous remîmes en marche et fûmes suivis par partie de l'armée ennemie : toutes les fois qu'à quelque défilé nous faisions halte, ils en faisoient de même, et je crois qu'ils étoient bien aises de nous faire un pont d'or. A la vérité cette inaction pouvoit venir de la mort de Schomberg qui avoit été tué dans la mêlée du côté d'Old-Bridge, dans une des charges que nous y fîmes ; et l'on peut, sans faire tort au prince d'Orange, assurer que Schomberg étoit meilleur général que lui. Quoi qu'il en soit, les ennemis nous laissèrent aller tranquillement. La nuit venue, nous reçûmes ordre de marcher à Dublin ; ce que nous fîmes le matin. De là le duc de Tirconel nous ordonna de gagner Limerick, qui en étoit au moins à soixante milles : chaque colonel fut chargé d'y conduire son régiment par où il jugeroit à propos ; ce qui fut exécuté sans qu'il y eût que fort peu de désordre commis dans le pays. Les François faisoient l'arrière-garde, commandée par M. de Surlaube, brigadier ; car tous les autres François avoient pris le chemin de Cork et de Kinsale, à dessein de s'embarquer. Le duc de Tirconel et le duc de Lauzun se rendirent aussi à Limerick. Le Roi ayant vu que, par le malheureux succès de la journée de la Boyne, il ne pouvoit conserver Dublin, crut qu'il convenoit mieux de laisser le commandement à Tirconel, et de s'en retourner en France, tant pour y solliciter des secours, que pour voir même s'il ne trouveroit pas jour à profiter de l'absence du prince d'Orange pour faire une entreprise sur l'Angleterre. L'occasion se trouvoit favorable, car le maréchal de Luxembourg avoit gagné en Flandre la bataille de Fleurus, et le comte de Tourville, qui venoit de battre les flottes ennemies, étoit actuellement à l'ancre aux Dunes ; de manière que le passage en Angleterre étant sans difficulté ni opposition, il y avoit lieu de présumer que le Roi pourroit aisément se rendre maître de ce royaume. Cela auroit aussi obligé le prince d'Orange à abandonner l'Irlande pour accourir au plus pressé : mais M. de Louvois, ministre de la guerre, qui, par opposition à M. de Seignelay, ministre de la marine, étoit contraire en tout au roi d'Angleterre, s'opposa si fortement à ce projet, que le Roi Très-Chrétien, persuadé par ses raisons, n'y voulut pas consentir.

Je reviens à l'Irlande. Dans le combat de la Boyne nous ne perdîmes qu'environ mille hommes, et il n'y eut que les troupes de M. d'Hamilton et les miennes qui combattirent : Hamilton y fut pris ; milord Dongan, le chevalier de Vaudray (1), le comte d'Hocquincourt, fils du maréchal du même nom, et milord Carlingford, y furent tués. La perte des ennemis n'y fut que très-médiocre : La Caillemotte, frère du marquis de Ruvigny, créé depuis vicomte de Galloway, fut tué au passage d'Old-Bridge ; Schomberg fut tué par un exempt et quelques gardes

(1) Il avoit été mon gouverneur. (*Note de l'auteur.*)

du corps, lesquels le prirent, à cause de son cordon bleu, pour le prince d'Orange.

Les ennemis furent plusieurs jours sans venir à Dublin ; ce qui fit courir le bruit en Flandre, et même dans toute l'Europe, que le prince d'Orange avoit été tué. Il est vrai que, la veille du combat de la Boyne, il avoit été frappé légèrement d'un coup de canon qui lui effleura le haut de l'épaule. A la fin les ennemis se mirent en marche, et de Dublin ils vinrent à Limerick. Le même jour qu'ils y parurent, les troupes françoises se retirèrent à Galloway. Nous laissâmes M. de Boisselot, françois, capitaine aux gardes du Roi Très-Chrétien et maréchal de camp, pour commander dans la ville avec toute notre infanterie irlandoise, qui montoit à environ vingt mille hommes, dont pourtant il n'y avoit pas plus de la moitié qui fût armée. Nous tînmes la campagne avec notre cavalerie, qui pouvoit faire trois mille cinq cents chevaux. Nous campâmes d'abord à cinq milles de Limerick, en deçà de la rivière de Shannon qui la traverse, afin de garder la communication libre avec la ville. Cela nous réussit parfaitement et jamais les ennemis n'osèrent tenter de l'investir de notre côté, ni même d'envoyer aucun parti en deçà de cette rivière, qui n'est guéable qu'en quelques endroits. La place n'avoit pour toute fortification qu'un mur non terrassé, avec quelques méchantes petites tours sans fossés. Nous avions fait une sorte de chemin couvert tout autour, et une espèce d'ouvrage à corne palissadé devers la grande porte ; mais les ennemis ne l'attaquèrent point par là : ils ouvrirent la tranchée au loin sur la gauche ; ils dressèrent des batteries, firent une brèche de cent toises et puis sommèrent la garnison de se rendre. Les Irlandois n'y voulurent point entendre ; de manière que le prince d'Orange fit donner l'assaut général par dix mille hommes. La tranchée n'étant qu'à deux toises des palissades et n'y ayant point de fossés, les ennemis furent sur le haut de la brèche avant que l'on eût l'alarme de l'attaque. La décharge d'une batterie que Boisselot avoit pratiquée en dedans les arrêta un peu ; mais bientôt ils descendirent dans la ville. Les troupes irlandoises s'avancèrent de tous côtés et ensuite chargèrent les ennemis avec tant de bravoure dans les rues, qu'ils les rechassèrent jusque sur le haut de la brèche où ils voulurent se loger. Le brigadier Talbot, qui se trouvoit alors dans l'ouvrage à corne avec cinq cents hommes, accourut par dehors le long du mur et les chargeant par derrière les chassa, et puis rentra par la brèche, où il se posta. Dans cette action les ennemis eurent deux mille hommes tués sur la place ; de notre côté il n'y en eut pas quatre cents.

Le prince d'Orange voyant le mauvais succès de cette attaque, et que l'élite de ses troupes y avoit péri, se détermina à lever le siége. Il publia en Europe que les pluies continuelles en avoient été la cause ; mais je peux certifier qu'il n'étoit pas tombé une goutte d'eau de plus d'un mois auparavant, et qu'il ne plut pas de trois semaines après.

Il ne restoit dans Limerick que cinquante barils de poudre lors de la levée du siége, et nous n'avions pas, dans toute la partie de l'Irlande qui nous étoit soumise, de quoi y en mettre encore autant.

J'avois proposé au duc de Tirconel, dès que les ennemis furent placés et établis devant Limerick, de passer le Shannon avec nos trois mille cinq cents chevaux, dans l'intention d'aller détruire tous les magasins qu'ils avoient sur leurs derrières, surtout à Dublin ; ce qui les auroit indubitablement obligés de décamper. Comme les villes de ce pays étoient tout ouvertes et sans défenses, j'étois moralement sûr de réussir dans mon projet ; et quant au retour qu'on m'objectoit devoir être difficile, la connoissance que j'avois du pays m'y avoit fait pourvoir ; car, outre l'avance que j'aurois eue sur les ennemis, je comptois gagner le nord et rentrer dans nos quartiers par Sligo. Le duc de Tirconel, devenu pesant et craintif, ne voulut point consentir à ma proposition, et peut-être y entra-t-il un peu de jalousie de sa part ; car comme il ne convenoit pas à sa dignité de vice-roi de devenir partisan, et que d'ailleurs il n'étoit pas d'un âge ni d'une taille à faire cette course, le tout auroit roulé sur moi.

Peu de temps après, ayant su qu'un grand convoi d'artillerie et de munitions de guerre alloit au camp devant Limerick, il détacha le brigadier Sarsfield, avec huit cents chevaux ou dragons, pour l'attaquer : celui-ci tomba dessus, battit l'escorte et brûla le convoi. Cette expédition pouvoit avoir été la cause du manque de poudre et de boulets où se trouvèrent les ennemis, et ce qui, joint à l'obstination et à la bravoure des Irlandois, détermina sans doute la retraite du prince d'Orange, qui repassa bientôt après en Angleterre.

Le duc de Tirconel crut qu'il étoit nécessaire qu'il allât en France pour y représenter le mauvais état des affaires, et faire sentir que, sans des secours très-considérables, on ne pouvoit soutenir l'Irlande. M. de Lauzun partit avec lui et ramena en même temps les troupes françoises.

Il ne sera pas hors de propos de parler ici de M. de Lauzun, d'autant qu'il n'en sera plus question dans ces Mémoires. Son caractère est aussi extraordinaire que sa vie a été romanesque. Il étoit né Gascon et d'une très-grande maison. Il trouva moyen de se pousser à la cour et d'y devenir favori du roi Louis XIV, qui le fit capitaine des gardes du corps et créa pour lui la charge de colonel général des dragons. Non-seulement il traita les ministres et les courtisans avec la dernière hauteur, mais il poussa ses prétentions jusqu'à ne vouloir pas se contenter d'épouser en secret Mademoiselle, fille de Monsieur (Gaston de France), à quoi le roi avoit consenti; il vouloit absolument qu'il lui fût permis de célébrer le mariage publiquement, avec pompe et en présence du Roi et de toute la famille royale. Les princes du sang firent leurs représentations, sur quoi le Roi lui défendit de plus songer à ce mariage : mais Lauzun, loin d'avoir pour son maître et son bienfaiteur les égards convenables, s'emporta jusqu'au point de reprocher au Roi son manque de parole, et même de casser son épée en sa présence, lui disant qu'il ne méritoit plus qu'il la tirât pour son service. Le Roi, malgré cette impertinence, lui offrit d'oublier le passé, et même de le faire duc, maréchal de France et gouverneur de province, pourvu qu'il voulût ne plus prétendre à Mademoiselle; mais il refusa tout : de manière que le Roi, irrité contre lui, le fit enfermer dans le château de Pignerol, où il a resté pendant nombre d'années, jusqu'à ce que Mademoiselle, qui l'avoit épousé secrètement, donna, pour le tirer de prison, à M. le duc du Maine la principauté de Dombes. Il passa ensuite en Angleterre, d'où en 1688 il revint en France avec la Reine et le prince de Galles, ainsi que je l'ai marqué ci-devant. Le Roi Très-Chrétien, à la prière de la Reine, le fit duc et lui redonna toutes les entrées qu'il avoit eues auparavant. Etant passé en Irlande à la tête des troupes auxiliaires, il y fit voir que si jamais il avoit su quelque chose du métier de la guerre, il l'avoit alors totalement oublié. Le jour de la Boyne, étant avec lui le matin, lorsque les ennemis passèrent la rivière à Slane, il me dit qu'il falloit les attaquer; mais, à force de chercher un champ de bataille, il donna le temps aux ennemis de déboucher et de se former dans la plaine; après quoi j'ai marqué qu'il ne fut plus possible de les charger. Il ne montra en Irlande ni capacité ni résolution, quoique d'ailleurs on assurât qu'il étoit très-brave de sa personne. Il avoit une sorte d'esprit qui ne consistoit pourtant qu'à tourner tout en ridicule, à s'ingérer partout, *à tirer les vers du nez et à donner des godens*. Il étoit noble dans ses manières, généreux et vivant très-honorablement. Il aimoit le gros jeu et jouoit très-noblement. Sa figure étoit fort mince, et l'on ne peut comprendre comment il a pu être un homme à bonnes fortunes. Après la mort de Mademoiselle, il s'est marié avec la fille du maréchal de Lorges, dont il n'eut pas d'enfans. Le roi d'Angleterre lui avoit donné la Jarretière.

Tirconel m'avoit laissé le commandement général du royaume en son absence : sur quoi ayant envie d'étendre mes quartiers au-delà de la rivière de Chanon, je passai au pont de Banaker avec toute ma cavalerie, sept bataillons et quatre pièces de canon. J'attaquai le château de Blir : mais, par la maladresse de mes canonniers qui ne purent jamais attraper le château, je me vis obligé de lever le siége; car le général Douglas ayant rassemblé un très-gros corps des ennemis, vint au secours, et je ne crus pas devoir hasarder une action avec des forces si inégales. Je me retirai donc à deux milles en arrière, dans un très-bon poste, d'où ensuite je repassai le Shannon.

Peu de temps après j'eus avis que milord Churchill avoit débarqué près de Kinsale avec huit mille hommes : il assiégea cette place, la prit en peu de jours et de là marcha à Cork. J'avois cependant ramassé sept à huit mille hommes, et je m'avançai du côté de Kilmalock pour tenter le secours; mais toutes les troupes ennemies de ce côté-là l'ayant joint, je me trouvai si inférieur en nombre que je me contentai de l'observer; et quand son expédition fut finie, nous nous retirâmes tous dans nos quartiers. Le duc de Grafton, fils du roi Charles II, vice-amiral d'Angleterre, qui étoit venu volontaire avec Churchill, fut tué à Cork.

Pour ne point interrompre les faits militaires, j'ai omis plusieurs particularités d'intrigues et de cabales que je vais ici présentement dire en deux mots.

Dès l'arrivée du Roi à Dublin, plusieurs Irlandois conçurent de la haine pour milord Melford, écossois, premier ministre et secrétaire d'Etat : le duc de Tirconel, qui voyoit avec peine le grand crédit de ce favori, contribua sous main à faire éclater les murmures publics, et enfin fit présenter au Roi un placet au nom de la nation irlandoise, pour demander l'éloignement de Melford. Le Roi, dans les circonstances présentes, ne crut pas pouvoir le refuser à une nation qui soutenoit si noblement ses intérêts et à laquelle il espéroit alors avoir l'obligation de son rétablissement sur le trône d'Angleterre. Melford fut donc envoyé en France et de là à Rome pour y résider auprès du Pape, comme ministre du Roi. Le chevalier Nagle, Irlandois et procureur général, eut, à la sollicitation de Tirconel, la charge de secrétaire d'Etat. C'étoit un très-honnête homme, de bon sens et très-habile dans son métier, mais nullement versé dans les affaires d'Etat. Le brigadier Luttrel avoit été un des principaux boute-feux dans toute cette affaire, et montra dans la suite de quoi il étoit capable; car, après la bataille de la Boyne, le duc de Tirconel étant redevenu vice-roi d'Irlande par la retraite du Roi, Luttrell ne cessa de parler contre Tirconel et d'exciter tout le monde contre lui : il sut si bien animer les principaux de la nation, qu'un jour Sarsfield me vint trouver de leur part, et après m'avoir fait promettre le secret, il me dit qu'étant convaincus de la perfidie de Tirconel, ils avoient résolu de l'arrêter, et qu'ainsi il me proposoit de leur part de prendre sur moi le commandement du royaume. Ma réponse fut courte : je lui dis que je m'étonnois qu'ils osassent me faire une telle proposition; que tout ce que l'on pouvoit faire contre le vice-roi étoit crime de lèse-majesté, et que par conséquent s'ils ne cessoient de cabaler je serois leur ennemi et en avertirois le Roi et Tirconel. Mon discours fit impression et empêcha l'exécution de leurs desseins. Après le départ de Tirconel pour la France, Sarsfield, Simon Luttrel, frere du brigadier et le brigadier Dorington, me vinrent trouver à Limerick de la part de l'assemblée générale de la nation, pour me dire qu'ils avoient lieu de soupçonner que Tirconel ne représenteroit pas suffisamment à la cour de France leurs besoins, et qu'ainsi ils me prioient de vouloir bien prendre des mesures pour le faire moi-même. Je leur répondis que je m'étonnois qu'ils osassent faire de pareilles assemblées sans ma permission; que je leur défendois d'en faire à l'avenir, et que le lendemain je leur ferois savoir mes intentions sur ce dont ils m'avoient parlé. En effet je convoquai chez moi tous les principaux seigneurs, tant ecclésiastiques que laïques, et tous les officiers militaires, jusqu'aux colonels inclus. Je leur fis un discours à peu près comme la veille; mais, pour montrer que je ne désirois que le bien, je dis que je voulois bien avoir la complaisance pour eux d'envoyer en France des personnes de leur goût, pour représenter au vrai leur état et leurs besoins : je proposai l'évêque de Cork, les deux frères Luttrell et le colonel Purcell. Tout le monde approuva dans l'instant mon choix, et dans peu de jours je fis partir mes députés : j'envoyai aussi le brigadier Maxwell, écossois, pour expliquer au Roi les raisons que j'avois eues pour faire cette députation, et pour le supplier de vouloir bien ne pas laisser revenir le brigadier Luttrell ni le colonel Purcell, les deux plus dangereux brouillons, que j'avois choisis exprès pour les éloigner. Ces messieurs étant à bord soupçonnèrent que Maxwell pouvoit être chargé d'instructions sur leur sujet, et proposèrent de le jeter dans la mer; mais ils en furent empêchés par l'évêque et l'aîné Luttrell : le premier étoit un prélat d'une piété distinguée; et le second, d'un esprit liant, m'a toujours paru un honnête homme. Malgré ce que Maxwell put représenter, le Roi permit à ces messieurs de retourner en Irlande. Tirconel y consentit, mais il eut dans la suite lieu de s'en repentir. Comme ils craignoient d'être mis en prison, ils firent insinuer au Roi que les Irlandois s'en prendroient à moi du traitement qu'on leur feroit, et ce fut cette considération qui détermina le Roi à leur permettre de s'en retourner en Irlande.

[1691] Pendant cet hiver il ne se passa rien de considérable, et je ne fus occupé que de la visite du pays et des postes, du rétablissement des troupes et de l'approvisionnement des magasins.

Vers le milieu de janvier le duc de Tirconel revint en Irlande; et le Roi ne voulant point me laisser dans un pays si plein de troubles, m'ordonna de repasser en France; ce que je fis au mois de février. A peine fus-je arrivé, que le Roi Très-Chrétien partit pour le siége de Mons : j'eus l'honneur de l'accompagner comme volontaire. Le Roi souhaitoit fort aussi d'y aller, mais on le fit prier sous main de ne le pas proposer. Dans ce même temps le prince d'Orange étoit à La Haye, où il y avoit un congrès de nombre de princes des plus considérables de la ligue, lesquels concertoient les moyens de pousser plus vigoureusement la guerre : cette entreprise, faite pour ainsi dire à leur barbe, les surprit et les mortifia. Le prince d'Orange assembla aussitôt son armée; mais comme elle étoit de beaucoup inférieure à la nôtre, il n'osa s'avancer que jusqu'à Notre-Dame de Hall. Le Roi Très-Chrétien délibéra avec ses généraux sur ce qu'il y avoit à faire en cas que les ennemis s'approchassent pour secourir la place : l'avis du maréchal de Luxembourg fut de rester dans ses lignes, et ce fut celui qui fut suivi.

Il dit pour raison que lorsqu'on n'a qu'une petite armée, et que par conséquent on ne peut être également en force dans tout le tour de la circonvallation, il vaut mieux, à l'approche de l'ennemi, sortir de ses lignes pour aller combattre ; mais que lorsqu'on a suffisamment de troupes pour être campé sur deux lignes tout autour de la place qu'on assiége, il vaut mieux profiter de l'avantage que donne un bon retranchement, d'autant que par là le siége n'est point interrompu ni ralenti.

Le siége ne dura que trois semaines de tranchée ouverte ; l'on y perdit peu de monde et il n'y eut que deux actions un peu remarquables, toutes deux à l'ouvrage à corne. L'envie de faire plaisir au comte de Boufflers, lieutenant-général, détermina M. de Vauban, chef des ingénieurs, à consentir qu'on fît l'attaque de cet ouvrage lorsqu'il étoit de tranchée. Je m'y trouvai : nous entrâmes dans l'ouvrage assez facilement, quoique la brèche ne fût pas encore fort bonne ; mais au bout d'un gros quart-d'heure, et avant que notre logement pût être en état, les ennemis sortirent sur nous et nous chassèrent ; Boufflers y fut blessé légèrement. Deux jours après, le canon ayant perfectionné la brèche, on s'y logea et on s'y maintint. Le prince de Bergues, gouverneur de la place, ayant demandé à capituler le 9 avril, obtint une capitulation très-honorable. Le Roi Très-Chrétien s'en retourna ensuite à Versailles et renvoya toutes les troupes dans leurs quartiers.

L'armée, commandée par le maréchal de Luxembourg, se rassembla au mois de mai et j'y servis en qualité de volontaire. Il n'y eut rien de considérable durant le cours de cette campagne ; tout se passa à s'observer et à consommer les fourrages. Vers le mois de septembre, le prince d'Orange quitta l'armée et en laissa le commandement au prince de Waldeck. Le 18 de septembre, M. de Luxembourg ayant appris que l'armée ennemie décampoit de Leuzn, s'y porta diligemment avec vingt et un escadrons de la maison du Roi et de la gendarmerie ; il ordonna à M. de Rosen de suivre avec trente autres escadrons ; il mena aussi trois régimens de dragons, commandés par le marquis d'Alègre, brigadier. En arrivant il trouva que l'armée ennemie avoit déjà passé le ruisseau de Lacatoire, et qu'il ne restoit que dix escadrons en deçà de l'eau, et quelques bataillons dans les censes de Lacatoire. Les ennemis, qui croyoient que les troupes qui paroissoient n'étoient que le détachement du marquis de Villars, maréchal-de-camp, firent repasser toute leur aile droite de cavalerie, qui faisoit leur arrière-garde, pour attaquer Villars ; mais voyant qu'ils s'étoient mépris, ils se mirent en bataille, la droite au ruisseau de Leuze, et la gauche à celui de Lacatoire. Ils avoient environ soixante-dix escadrons ; et le terrain se trouvant fort serré, ils furent obligés de se mettre sur trois lignes. Le maréchal de Luxembourg commença par jeter les dragons dans les haies, pour contenir et amuser l'infanterie ennemie ; puis ayant formé une première ligne et mis la gendarmerie en seconde, il donna ordre de charger. La première ligne des ennemis fit des merveilles, et nos troupes se mêlèrent ; mais enfin, après une vive résistance, les ennemis plièrent. Notre première ligne s'étant reformée, partie avec la gendarmerie et partie en seconde ligne, nous marchâmes à la seconde ligne des ennemis qui, dès qu'on fut près, firent leur décharge et s'enfuirent : ce que voyant leur troisième ligne, elle tourna le dos et s'en alla aussi. Nous ne poursuivîmes les ennemis que jusqu'au ruisseau, car toute leur armée, qui revenoit, se formoit à mesure de l'autre côté ; presque toute leur infanterie avoit été témoin de l'action. Les ennemis y eurent quinze cents hommes de tués sur la place. Notre perte ne monta qu'à quatre cents hommes ; mais nombre d'officiers principaux, Ogier, lieutenant-général, Neuchal, maréchal de camp, et Thoiras, brigadier, furent tués. M. de Rosen s'avançoit au petit pas pour nous joindre ; mais comme il étoit encore loin lorsque l'action finit, M. de Luxembourg lui envoya ordre de faire halte ; et, crainte que toute l'armée ennemie ne revînt sur nous, l'on se remit au plus tôt en marche, et l'on retourna le soir à Tournay : de là nous allâmes ensuite finir la campagne à Courtray.

Quoique je ne veuille mettre dans mes Mémoires que ce que j'ai vu, néanmoins, attendu que ce qui se passa cette année en Irlande regardoit le roi d'Angleterre, je crois devoir en faire mention.

A la prière du Roi, Sa Majesté Très-Chrétienne y avoit envoyé le sieur de Saint-Ruth, lieutenant-général, pour commander l'armée sous le vice-roi ; et il avoit avec lui messieurs d'Usson et chevalier de Tessé, maréchaux-de-camp.

Les armées étant assemblées, le sieur Ginckle, général des ennemis, marcha vis-à-vis d'Athlone, et s'étant emparé facilement d'un faubourg qui y étoit, résolut d'attaquer la place, la rivière de Shannon entre deux : projet d'autant plus chimérique que cette rivière est fort large, qu'il n'y avoit qu'un gué très-profond, près du pont, à passer environ six hommes de front, et que l'armée du Roi étoit campée à deux milles d'Athlone du même côté de la rivière, par conséquent à portée d'y envoyer tel nombre de troupes qu'il seroit nécessaire. Comme les fortifications de la place du côté de l'armée du

Roi n'étoient que de terre, l'on avoit proposé à Saint-Ruth de faire ouvrir les courtines, afin d'être en état d'y entrer en bataille s'il en étoit question ; mais il n'en fit rien : de manière que Ginckle ayant dressé des batteries sur le bord de la rivière, et ayant fait brèche à la muraille, il fit donner l'assaut. Maxwell, maréchal-de-camp de jour, qui s'y trouvoit alors commandant à son tour, eut beau avertir Saint-Ruth des préparatifs qu'il voyoit faire, et demander un renfort de troupes, n'ayant que deux bataillons de nouvelles troupes (car on y relevoit la garde comme dans une tranchée), on lui répondit que s'il avoit peur on y enverroit un autre officier-général. Les ennemis donc se jetèrent dans l'eau et attaquèrent la brèche, que nos troupes abandonnèrent après une décharge. Maxwell y fit ferme avec quelques officiers ; mais la plupart ayant été tués à ses côtés, il fut pris, et alors les ennemis coulèrent le long du rempart. Saint-Ruth entendant l'attaque et craignant quelque malheur, y envoya le major-général Jean Hamilton, avec deux brigades d'infanterie ; mais il étoit trop tard, car il trouva le rempart bordé des troupes ennemies, et ainsi il fut obligé de retourner au camp. Saint-Ruth décampa d'où il étoit et se retira à Aghrim : en quoi il fit encore une grande faute, car les ennemis, quoique maîtres d'Athlone, n'auroient pu en déboucher à cause d'un grand marais.

Quoique le vice-roi eût pour Saint-Ruth tous les égards imaginables, et qu'il le laissât le maître de tout faire, celui-ci étant naturellement fort vain, supportoit impatiemment d'avoir un supérieur à l'armée ; ainsi, se servant de ces mêmes brouillons dont j'ai parlé, il se mit à déclamer contre Tirconel, et fit tant qu'il l'obligea à quitter l'armée et à se retirer à Limerick ; après quoi, étant fâché et honteux du mauvais succès qu'il avoit eu à Athlone, il se détermina à combattre. Il eut bientôt ce qu'il souhaitoit ; car les ennemis, voyant que le débouché d'Athlone étoit libre, marchèrent droit à lui. Il étoit fort bien posté, ayant à quelque distance en avant un marais impraticable à la cavalerie, hors sur les chaussées qui le traversoient. Il eût pu aisément les empêcher de passer ; mais il avoit tant d'envie de batailler, qu'il répéta le même dicton du maréchal de Créqui : *Que plus il en passeroit, plus il en battroit ;* et cela lui réussit aussi de même. Les ennemis passèrent tous et se mirent en bataille sans être inquiétés ; alors il les attaqua. Son infanterie d'abord poussa celle des ennemis, mais bientôt elle fut ramenée à son tour ; ses deux ailes de cavalerie furent aussi battues ; sur quoi,

voulant aller chercher son corps de réserve, qui n'étoit composé que de six escadrons, il fut emporté d'un coup de canon, et l'armée du Roi ne songea plus qu'à se sauver. Plusieurs personnes ont publié que s'il n'avoit pas été tué il auroit gagné la bataille ; mais j'en fais juge le lecteur : lui auroit-il été possible, avec six escadrons, de rétablir une affaire déjà perdue ? Tout ce qu'il auroit pu faire, c'eût été de faciliter un peu la retraite ; ce que firent les officiers-généraux après sa mort. La perte du côté des ennemis fut très-considérable ; celle des Irlandois le fut aussi. Le débris de l'armée se retira partie à Galloway et partie à Limerick : la première place se rendit sans coup férir à l'approche des ennemis ; et quant à la seconde, comme c'étoit la seule dans toute l'Irlande qui restât sous l'obéissance du Roi, les ennemis la bloquèrent de toutes parts, et au mois de septembre le duc de Tirconel y mourut.

Vers la fin de l'année, les provisions manquant absolument, les Irlandois demandèrent à capituler. Le général ennemi offrit de leur restituer tous leurs biens et de leur permettre l'exercice de leur religion ainsi qu'ils l'avoient sous le règne de Charles II, à condition qu'ils missent bas les armes et s'en retournassent vivre chez eux tranquillement ; mais les Irlandois ne voulurent pas accepter ces conditions, et enfin il fut arrêté qu'il seroit permis à tous ceux qui étoient alors dans Limerick de retourner chez eux et de jouir de leurs biens, et qu'on fourniroit à ceux qui voudroient passer en France les vaisseaux suffisans. On eut grand tort de ne pas faire insérer dans les articles : *tous les Irlandois en général*, car les généraux ennemis auroient consenti à tout pour mettre fin à cette guerre ; mais l'imbécillité des députés que la garnison avoit chargés de la capitulation, et peut-être la crainte que cette proposition ne fût un obstacle au transport des troupes que quelques personnes, par des vues d'intérêt particulier, souhaitoient, fut cause que l'on n'en fit pas seulement mention. Nombre de seigneurs et d'officiers prisonniers en furent ruinés, car ils perdirent totalement leurs biens, sans être assurés de recouvrer leur liberté.

Pour finir ce qui regarde la guerre d'Irlande, il sera bon de dire ici quelque chose des principales personnes qui y ont eu part.

Richard Talbot, duc de Tirconel, étoit natif d'Irlande et de bonne maison ; il étoit d'une taille au-dessus de l'ordinaire ; il avoit une grande expérience des affaires du monde, ayant été de bonne heure dans la meilleure compagnie, et pourvu d'une charge honorable chez le duc d'Yorck. Ce prince, devenu roi, l'éleva à la dignité de comte ; et peu après, connoissant son zèle et son attachement, il le fit vice-roi d'Irlande. Il avoit un très-bon sens ; il étoit très-civil, mais infiniment vain et fort rusé. Quoiqu'il eût acquis de grands biens, on ne peut dire que ce fût par de mauvaises voies, car il n'a jamais paru avide d'argent. Il n'avoit point de génie pour la guerre, mais beaucoup de valeur. Sa fermeté conserva l'Irlande après l'invasion du prince d'Orange, et il refusa noblement toutes les offres qu'on lui fit pour se soumettre. Après la bataille de la Boyne, il baissa prodigieusement, étant devenu aussi irrésolu d'esprit que pesant de corps.

Patrice Sarsfield étoit né gentilhomme et avoit hérité de son frère aîné d'environ deux mille livres sterlings de rente. C'étoit un homme d'une taille prodigieuse, sans esprit, de très-bon naturel, et très-brave. Il avoit été enseigne en France dans le régiment de Monmouth, lieutenant des gardes du corps en Angleterre ; et quand le Roi passa en Irlande il y eut un régiment de cavalerie, et fut fait brigadier. L'aventure du convoi battu, dont j'ai parlé ci-devant, l'enfla tellement, qu'il se crut le plus grand général du monde. Henri Luttrel ne cessoit de lui tourner la tête et de le vanter partout, non par une véritable estime qu'il en eût, mais afin de le rendre populaire, et par là s'en servir à ses propres desseins. En effet, la plupart des Irlandois conçurent une telle opinion de lui, que le Roi, pour leur plaire, le créa comte de Lucan, et la prochaine promotion il fut fait maréchal de camp. Etant passé en France après la capitulation de Limerick, le Roi lui donna une compagnie des gardes du corps, et le Roi Très-Chrétien le fit maréchal de camp. Il fut tué en 1693, à la bataille de Nerwinde.

Henri Luttrel étoit gentilhomme irlandois, et avoit servi subalterne en France quelques campagnes. Il avoit beaucoup d'esprit, beaucoup de manége, beaucoup de courage, et étoit bon officier, capable de tout pour venir à bout de ses fins. Depuis la prise de Galloway, il fut soupçonné d'intelligence avec les ennemis, si bien que milord Lucan, son ami intime, l'arrêta à Limerick par ordre du duc de Tirconel. Après la capitulation, le prince d'Orange lui donna le bien de son frère aîné, et même une pension de deux mille écus. Il a été assassiné à Dublin en 1717 ; l'on n'a pu découvrir par qui.

[1692] Vers le commencement de cette année les troupes irlandoises arrivèrent de Limerick à Brest, au nombre d'environ vingt mille hommes. On les mit d'abord en quartiers dans la Bretagne, et le Roi y alla lui-même en faire la revue. Il en forma neuf régiments d'infanterie de deux bataillons chacun, deux de dragons à pied, deux de cavalerie et deux compagnies des gardes du corps, dont j'eus la première, et milord Lucan la seconde. Toutes ces troupes étoient à la commission du Roi, mais payées par les trésoriers de la cour de France.

Cet hiver, le Roi Très-Chrétien, convaincu que le plus court moyen de finir la guerre seroit de rétablir le Roi en Angleterre, et de plus, poussé à cette belle action par l'amitié qu'il avoit naturellement pour ce prince, donna ordre d'équiper une grande flotte, dont quarante-quatre vaisseaux s'armoient à Brest et trente-cinq à Toulon. Toutes les troupes irlandoises, avec quelques bataillons et quelques escadrons françois, furent disposées à portée de La Hogue et du Havre-de-Grâce, où se devoit faire l'embarquement ; et le Roi se rendit auprès de La Hogue à la fin d'avril.

Le rendez-vous de la flotte étoit, au mois de mai, à la hauteur d'Ouessant ; mais les vents contraires empêchèrent le comte d'Estrées, pendant six semaines, de sortir de la Méditerranée avec les vaisseaux de Toulon : de manière que le Roi Très-Chrétien, impatient d'exécuter son projet, envoya ordre au chevalier de Tourville, amiral de la flotte, d'entrer dans la Manche avec les vaisseaux de Brest, sans attendre l'escadre du comte d'Estrées, et de combattre les ennemis, forts ou foibles, s'il les trouvoit. Cet amiral, le plus habile homme de mer qu'il y eût en France, et peut-être même dans le monde entier, étoit piqué de ce que, la campagne précédente, on avoit voulu lui rendre de mauvais offices à la cour, et même l'accuser de ne pas aimer les batailles : ainsi il ne balança pas à exécuter l'ordre qu'il avoit reçu. Il entra dans la Manche avec ses quarante-quatre vaisseaux de ligne ; et ayant su que les flottes combinées d'Angleterre et de Hollande, au nombre de quatre-vingt-cinq vaisseaux de ligne, étoient à Spithead, il y fit voile. Les Hollandois le voyant venir à pleines voiles, et avec des forces si inférieures, craignirent d'abord quelque trahison et se tinrent au vent ; mais bientôt ils reconnurent la fausseté de leurs soupçons. Tourville attaqua vivement les Anglois ; le combat dura jusqu'à la nuit, et jamais action ne fut plus brillante, plus hardie ni plus glorieuse pour la marine françoise. Tourville, quoique environné d'ennemis, se battoit en lion, sans que les ennemis lui prissent aucun vaisseau, ni osassent l'entamer. Toutefois voyant qu'il ne pouvoit pas soutenir un combat si inégal, et qu'il avoit perdu beaucoup de monde, il crut que la prudence exigeoit qu'il se retirât la nuit vers les côtes de France ; ce qu'il exécuta, suivi de la flotte ennemie.

Nous avions entendu très-distinctement le combat, et le lendemain nous vîmes arriver sur nos côtes nombre de vaisseaux. Comme d'abord nous ne voyions que des pavillons françois, nous crûmes que notre flotte victorieuse venoit pour nous transporter en Angleterre ; mais notre joie fut courte, car bientôt nous découvrîmes les pavillons anglois, par où nous ne connûmes que trop que nos vaisseaux étoient poursuivis par les alliés.

Tourville espéroit avoir assez de marée pour passer le Ratz-Blanchart, et en effet partie de ses vaisseaux le passèrent : toutefois la marée manquant, il mouilla avec le reste à l'entrée ; mais les gros courans faisant chasser ses ancres, il fut obligé de couper ses câbles et de percer au travers de la ligne des ennemis, qui avoient pareillement mouillé auprès de lui. Quatre de ses vaisseaux des plus endommagés entrèrent à Cherbourg, où les ennemis quelques jours après les brûlèrent ; et lui, avec treize vaisseaux, entra dans la baie de La Hogue. Il s'y mit d'abord à l'ancre en ligne, le plus près de terre qu'il put, et ensuite vint trouver le roi d'Angleterre qui logeoit sur la côte, pour recevoir ses ordres et le consulter sur ce qu'il y avoit à faire.

Le maréchal de Bellefond, qui devoit être le général du débarquement, et tous les officiers généraux tant de terre que de mer, furent appelés au conseil. Tourville proposa tous les différens partis qu'il y avoit à prendre ; mais en même temps il fit voir que, selon les apparences, il n'y en avoit aucun qui pût sauver les vaisseaux, et qu'en cas que l'on voulût les défendre, tous ceux qui s'y trouveroient seroient infailliblement perdus, si les ennemis y mettoient le feu. Il fut donc résolu qu'on feroit échouer les vaisseaux après en avoir retiré tout ce que l'on pourroit, et qu'on tâcheroit par le moyen des chaloupes, dont nous avions nombre destinées pour le débarquement, d'empêcher qu'on y mit le feu. Les ennemis, qui étoient en bataille à l'entrée de la baie, détachèrent quelques vaisseaux de guerre pour canonner le fort de La Hogue et pour soutenir leurs chaloupes, qui s'avancèrent en bon ordre avec des brûlots : les nôtres voulurent aller au devant d'eux ; mais dès que l'on vint à la portée des coups de fusil, les ennemis, plus accoutumés et plus adroits que nos gens à ces sortes de manœuvres, les firent plier et regagner la terre ; après quoi ils s'emparèrent des vaisseaux qu'ils brûlèrent, ne les pouvant emmener.

Après cette malheureuse aventure, nous demeurâmes encore quelque temps sur la côte, jusqu'à ce que, par les ordres de la cour de France, l'on fît marcher les troupes pour aller grossir les armées sur les frontières. Alors le Roi retourna à Saint-Germain, et au mois de juin je pris le chemin de Flandre.

J'arrivai au camp devant Namur le lendemain que la place s'étoit rendue. Le prince d'Orange étoit venu avec son armée pour la secourir ; mais le maréchal de Luxembourg, qui commandoit l'armée d'observation, s'étant présenté sur la Méhaigne, les ennemis n'osèrent en tenter le passage. Namur pris, le Roi Très-Chrétien s'en retourna à Versailles.

Le prince d'Orange, fâché de n'avoir servi par sa présence qu'à donner un plus grand lustre à la conquête de Namur, résolut de chercher à combattre.

Après quelques camps et marches faites de part et d'autre, nous vînmes le premier du mois d'août camper à Steinkerque, près d'Enghien : et les ennemis auprès de Hall, à Tubize.

Le prince d'Orange ayant découvert qu'un secrétaire de l'électeur de Bavière donnoit avis au maréchal de Luxembourg de tout ce qui se passoit, voulut en profiter pour tâcher de surprendre notre armée. Il obligea cet homme à mander que le lendemain les ennemis devoient fourrager. En effet, comme on vint à la pointe du jour avertir M. de Luxembourg que les ennemis paroissoient, il n'y fit d'abord aucune attention : toutefois, sur les avis réitérés qu'on lui donna, il monta à cheval, et s'étant porté un peu en avant du camp, il vit les colonnes d'infanterie. Sur quoi d'abord il ordonna de faire repasser le ruisseau d'Enghien aux troupes qui étoient campées du côté d'où venoient les ennemis ; mais peu après il se détermina à ne faire aucun mouvement dans sa situation où il étoit, quoique le ruisseau coupât notre armée en deux, et qu'ainsi la communication n'en fût pas commode pour les mouvemens à faire dans une action générale. Il fit donc avancer des troupes, tant pour renforcer que pour soutenir celles qui étoient campées en avant : le tout fut exécuté avant onze heures du matin. Les ennemis arrivoient cependant en colonnes et se formoient ; mais à cause du pays très-coupé, ils ne purent être en bataille et leurs dispositions faites que vers une heure après midi : alors ils attaquèrent notre droite avec furie, et, malgré la résistance des troupes, ils nous chassèrent du terrain que nous occupions et se rendirent maîtres du canon. Il n'y eut qu'un bataillon d'Orléans qui se maintint toujours dans son terrain : la brigade de Poitier, qu'on fit avancer, s'arrêta tout court à une certaine portée des ennemis, mais toutefois ne s'enfuit pas. Sur cela M. de Luxembourg, qui voyoit l'importance d'un coup de vigueur pour rétablir l'affaire, fit venir la brigade des gardes, qui chargea l'épée à la main et culbuta tout ce qui se présenta. Plusieurs brigades qui étoient sur la droite et la gauche en firent de même; de manière que nous poussâmes les ennemis un grand quart de lieue jusque hors du bois, avec un prodigieux carnage. Notre troupe dorée, composée de monseigneur le duc d'Orléans, de messieurs les duc de Bourbon, prince de Conti, duc de Vendôme, grand prieur, et nombre d'autres, fut pendant toute l'action avec M. de Luxembourg, exposée au plus grand feu. La nuit approchant, on jugea à propos de ne pas pousser l'affaire davantage, quoique quelques-uns proposassent de profiter de l'occasion et d'attaquer les ennemis. M. de Luxembourg soutint que ce seroit perdre beaucoup de monde, sans pouvoir espérer d'avoir du jour suffisamment pour en faire une action décisive, d'autant que c'étoit un pays fort coupé et plein de haies. L'on perdit de part et d'autre, en deux heures de temps que dura le combat, plus de sept mille hommes tués sur le champ de bataille; et M. de Luxembourg assura n'avoir jamais vu une action aussi chaude.

L'on a dit communément dans le monde que nous fûmes surpris par le prince d'Orange : toutefois, par ce que j'ai raconté, l'on voit que M. de Luxembourg, trompé par la lettre de l'espion, ne se doutoit pas que les ennemis eussent intention de marcher à lui; mais cela ne conclut pas qu'il fut surpris : et en effet il n'est pas facile à une grande armée d'en surprendre une autre; car comme il faut nécessairement marcher de nuit et en colonnes, quand la tête paroît la queue est encore bien loin, et par conséquent on a tout le temps de prendre les armes et de faire les dispositions nécessaires pour recevoir l'ennemi.

Le prince d'Orange commit deux grandes fautes dans cette journée : la première, c'est qu'il auroit dû attaquer notre gauche en même temps que notre droite, n'étant pas dans l'ordre de s'imaginer battre une armée sur une pointe; la seconde, c'est de n'avoir pas fait soutenir par des troupes fraîches celles qui commencèrent 'attaque : s'il l'avoit fait, je ne sais ce qui en seroit arrivé. Mais l'on m'a assuré que pendant l'action ce prince resta fort loin, immobile et sans donner le moindre ordre, quoique les officiers généraux envoyassent à chaque instant lui demander du secours.

Le reste de cette campagne se passa tranquillement.

[1693] Je servis encore cette année en Flandre, en qualité de lieutenant-général, dans l'armée du maréchal de Luxembourg. Le Roi Très-Chrétien ayant projeté de se rendre maître de la Flandre, y avoit assemblé une armée prodigieuse, qu'il partagea en deux. Il en commandoit une, ayant sous lui le Dauphin et le maréchal de Boufflers. Le maréchal de Luxembourg étoit à la tête de l'autre. Nous marchâmes d'auprès de Mons et nous avançâmes à Gembloux, où étoit le quartier du Roi. On y resta quelques jours, pour y attendre, à ce que l'on croyoit, des convois; mais nous fûmes fort surpris quand tout à coup l'on déclara la résolution du Roi de s'en retourner à Versailles et d'envoyer le Dauphin en Allemagne avec une partie de l'armée. Le prince d'Orange, qui n'avoit au plus que cinquante mille hommes, s'étoit campé à l'abbaye du Parc, auprès de Louvain, pour nous observer et tâcher de couvrir Bruxelles; mais avec six-vingt mille hommes nous l'aurions attaqué et écrasé s'il avoit osé nous attendre; nous nous serions rendus maîtres de tout le pays; nous aurions pris Liége et même Maëstricht : rien ne pouvoit s'opposer à nos entreprises, et c'est ce qui rendoit la retraite du Roi d'autant plus incompréhensible. Ne pouvant y avoir de bonnes raisons, et même n'en ayant jamais pu apprendre ni des ministres ni des généraux, il faut conclure que Dieu ne vouloit pas l'exécution de tous ces beaux projets. Quelques gens ont voulu en rejeter la cause sur madame de Maintenon, laquelle avoit accompagné le Roi sur la frontière, où elle étoit restée : c'est ce que je ne puis pourtant ni affirmer ni nier (1).

La séparation des armées étant faite, nous marchâmes à Melder, qui n'étoit qu'à une lieue de l'armée ennemie. Nous la trouvâmes si bien postée, que nous ne crûmes pas à propos de l'y attaquer. Le maréchal de Luxembourg fit plusieurs marches et contre-marches pour tâcher d'attirer les ennemis sans que cela réussit d'abord. Il surprit à Tongres une trentaine d'escadrons que commandoit M. de Tilly; ensuite il

---

(1) Plusieurs Mémoires du temps nous apprennent que le Roi ne fit pas la campagne, parce qu'il tomba malade au Quesnoy.

vint camper à Vignamont, d'où il fit faire le siège d'Huy par le maréchal de Villeroy. Les ennemis, qui craignoient pour Liége, y avoient placé trente bataillons dans un bon camp retranché. Nous allâmes les reconnaître et nous eûmes ordre de faire des fascines, comme si nous eussions voulu les attaquer. Le prince d'Orange cependant étoit venu se camper entre les deux Gettes, à sept lieues de Vignamont, ne doutant pas d'être assez éloigné de nous pour n'avoir rien à craindre; en quoi il se trompa très-fort, car le maréchal de Luxembourg, dont le principal objet étoit de combattre, fit tout d'un coup une marche forcée et arriva avec toute sa cavalerie en présence des ennemis, le 28 juillet. L'infanterie ne put y arriver que très-tard, ainsi il fallut différer le combat jusqu'au lendemain 29 de juillet. Le prince d'Orange auroit pu la nuit se retirer de l'autre côté de la Gette, au moyen de nombre de ponts qu'il y avoit; mais les discours qu'on avoit tenus sur son compte la campagne précédente, le déterminèrent à la bataille, malgré la représentation de l'électeur de Bavière et des principaux de son armée. Il n'avoit que soixante-cinq bataillons et cent cinquante escadrons; nous avions quatre-vingt-seize bataillons et deux cent dix escadrons : il espéroit, par le moyen d'un retranchement, suppléer à notre supériorité. En effet, toute la nuit les ennemis travaillèrent si vivement, qu'à la pointe du jour leurs retranchemens étoient fort élevés. Leur flanc gauche étoit appuyé à un bon ruisseau, et la droite au village de Nerwinde, d'où il y avoit près d'un quart de lieue jusqu'à l'autre ruisseau; à la vérité le terrain y étoit coupé de haies, mais c'étoit toujours une grande faute de ne l'avoir occupé qu'avec un très-petit nombre de troupes : de manière que si nous les eussions tournées par là, la bataille auroit été décidée en peu de temps, attendu que nous aurions pris toute leur armée en flanc : mais nous fîmes en cela une faute aussi bien qu'eux.

M. de Luxembourg, ayant reconnu la situation des ennemis, fit sa disposition. Il ordonna à la droite de contenir seulement les ennemis sans attaquer, à cause qu'il y avoit de ce côté-là un ravin très-profond, difficile à passer. Il étendit au centre la plus grande partie de sa cavalerie et poussa sur la gauche le gros de son infanterie.

M. de Rubentel, M. de Montchevreuil, lieutenans-généraux, et moi, eûmes ordre de commencer l'attaque : savoir, Rubentel, avec deux brigades, les retranchemens à la droite de Nerwinde; Montchevreuil, avec le même nombre de troupes, à la gauche; et le village fut mon lot, avec deux autres brigades.

Ce village faisoit un ventre dans la plaine, de manière que comme nous marchions tous trois de front et que j'étois dans le centre, j'attaquai le premier : je poussai les ennemis et les chassai de haies en haies jusque dans la plaine, au bord de laquelle je me remis en bataille. Les troupes, qui devoient attaquer sur ma droite et ma gauche, au lieu de le faire jugèrent qu'ils essuieroient moins de feu en se jetant dans le village : ainsi tout à coup ils se trouvèrent derrière moi. Les ennemis, voyant cette mauvaise manœuvre, rentrèrent par la droite et la gauche dans le village : ce fut alors un feu terrible; la confusion se mit dans les quatre brigades que commandoient de Rubentel et de Montchevreuil, de manière qu'ils furent rechassés, et par là je me trouvai attaqué de tous côtés. Après avoir perdu un monde infini, mes troupes abandonnèrent pareillement la tête du village, et comme je tâchois de m'y maintenir, dans l'espérance que M. de Luxembourg, à qui j'avois envoyé, feroit avancer du secours, je me trouvai à la fin totalement coupé. Alors je voulus tâcher de me sauver par la plaine; et ayant ôté ma cocarde blanche, l'on me prenoit pour un officier des ennemis : malheureusement le brigadier Churchill, frère de milord Churchill, présentement duc de Marlborough, et mon oncle, passa auprès de moi et reconnut un seul aide de camp qui m'étoit resté; sur quoi, se doutant dans l'instant que j'y pourrois bien être, il vint à moi et me fit son prisonnier. Après nous être embrassés il me dit qu'il étoit obligé de me mener au prince d'Orange. Nous galopâmes long-temps sans le pouvoir trouver; à la fin nous le rencontrâmes fort éloigné de l'action, dans un fond où l'on ne voyoit ni amis ni ennemis. Ce prince me fit un compliment fort poli, à quoi je ne répondis que par une profonde révérence : après m'avoir considéré un moment, il remit son chapeau et moi le mien; puis il ordonna qu'on me menât à Lewe. J'ai raconté toutes ces circonstances à cause que dans le monde on les avoit tournées tout autrement et qu'on avoit fait sur cela des contes fort éloignés de la vérité.

Après ma prise, le maréchal de Luxembourg rattaqua et se rendit maître de la plus grande partie du village, d'où il pensa néanmoins être encore rechassé; mais enfin à force de troupes il vint à bout d'en chasser totalement les ennemis, et alors, moyennant le feu de notre infanterie, il fit entrer sa cavalerie dans les retranchemens. Après nombre de charges, les ennemis furent entièrement battus et mis en fuite. Le prince d'Orange et l'électeur de Bavière se retirèrent avec partie du débris à Tirlemont et Louvain. Le prince de Nassau, stathouder de Frise, les généraux Ginckle et Talmash, passèrent par Lewe et gagnèrent la Hagueland. Je marchai avec ces derniers jusqu'à Sichem, d'où l'on m'envoya à Malines et puis à Anvers.

Les ennemis perdirent à cette bataille près de vingt mille hommes et nous au moins huit mille. Montchevreuil, lieutenant-général, milord Lucan et Ligneville, maréchaux de camp, sept brigadiers de cavalerie et nombres d'autres officiers, furent tués de notre côté.

On ne doutoit pas qu'après une victoire si complète le maréchal de Luxembourg ne se rendît maître de tous les Pays-Bas; mais on fut surpris de voir qu'il ne fît aucun mouvement : il prétendoit n'être pas en état, faute de vivres, de pouvoir marcher en avant. Mais il étoit facile de répondre que le pays étoit plein de subsistances, et que la consternation étoit si grande, que s'il eût seulement fait avancer un corps considérable, on auroit de toutes parts apporté les clefs et des provisions. Bruxelles, Louvain, Malines, Lierre, n'attendoient que de le voir paroître, ou une semonce, pour se soumettre. Je puis l'assurer, car pendant que j'y étois l'on venoit me demander ma protection.

Cette inaction des François donna le temps au prince d'Orange de rassembler une armée, tant du débris de la sienne que d'un renfort d'Allemagne et des troupes de M. de Wirtemberg, qu'il fit revenir de Flandre. Avec cette armée il vint se poster auprès de Bruxelles; et M. de Luxembourg avec la sienne ne s'occupa, pendant le mois d'août, qu'à donner à ses troupes abondances de vivres et de fourrages dans le Brabant et le pays de Liège.

Après la bataille, M. de Luxembourg m'avoit répété, afin que, selon le cartel, on me renvoyât au bout de quinze jours; mais quoique de son côté il eût relâché sur leur parole tous les officiers généraux ennemis qui étoient prisonniers, toutefois on me gardoit à Anvers : sur quoi la fortune ayant voulu que le duc d'Ormont ne pût, à cause de ses blessures, profiter du congé comme les autres, M. de Luxembourg fit déclarer aux ennemis qu'il retiendroit ce duc jusqu'à ce qu'on m'eût renvoyé; il somma aussi le lieutenant-général Scravemore et le reste des officiers de revenir à Namur. Cela produisit son effet et je retournai joindre notre armée au camp de Nivelle. Le prince d'Orange avoit certainement dessein de m'envoyer prisonnier en Angleterre, où l'on m'auroit gardé étroitement à la Tour de Londres, quoique cela eût été contre toutes les règles de la guerre; car, quoiqu'il prétendît que j'étois son sujet, et par conséquent rebelle, il ne pouvoit me traiter comme tel du moment que je n'avois pas été pris sur les terres de son obéissance : nous étions sur les Etats du roi d'Espagne, et j'avois l'honneur de servir de lieutenant-général dans l'armée du Roi Très-Chrétien; ainsi le prince d'Orange ne pouvoit jamais y être regardé que comme auxiliaire.

Au mois de septembre, le maréchal de Luxembourg, pressé par les ordres de la cour, résolut d'attaquer Charleroi. Il vint pour cet effet se camper dans les plaines de Fleurus, et le maréchal de Villeroy fut détaché pour en faire le siège : M. de Vauban y arriva et en eut la direction. Après la tranchée ouverte, M. de Luxembourg me détacha avec dix-sept bataillons et quelque cavalerie pour aller camper auprès de Mons, non-seulement pour couvrir le pays, mais aussi dans la vue d'avoir une tête d'armée à portée de se rendre diligemment en Flandre, si les ennemis y vouloient marcher.

Charleroi fut pris dans un mois de temps, malgré la belle défense que fit M. de Castillo, depuis marquis de Villadarias; et nous allâmes finir notre campagne à Courtray.

[1694] Je servis en Flandre dans l'armée de monseigneur le Dauphin, qui avoit sous lui les maréchaux de Luxembourg, de Villeroy, de Joyeuse et de Boufflers. Mais le premier, par une distinction particulière, commandoit aux trois autres, lesquels prenoient le mot de lui chacun à son tour, comme nous le faisions d'eux. Nous passâmes la campagne à consommer les fourrages aux camps de Saint-Tron, de Tongres et de Vignamont; les ennemis en faisoient autant de leur côté.

Vers le mois de septembre, les ennemis ne craignant plus d'entreprise de notre part, vu la saison avancée, formèrent le dessein de profiter de la position où ils se trouvoient et de se porter en Flandre; ils n'avoient que seize lieues à faire pour gagner l'Escaut entre Tournay et Oudenarde; au lieu que, par le tour qu'il nous falloit faire, nous en avions le double : cela leur faisoit juger avec raison qu'y arrivant plus tôt que nous, ils forceroient aisément nos lignes de Comines, et se plaçant au milieu de notre pays, ils en tireroient de grosses subsistances et contributions. La confiance qu'ils avoient dans ce projet, qui ne pouvoit naturellement manquer de réussir, fut cause qu'il échoua; car, se croyant sûrs de leur fait, ils marchèrent fort lentement. Dès que nous apprîmes qu'ils avoient décampé, nous passâmes la Sambre auprès de Namur; nous la repassâmes à Mierbe-Poitrine, et par les marches les plus vives nous arrivâmes à Tournay avec toute notre infanterie ou du moins tous nos drapeaux, en même temps que les ennemis arrivoient à Port et Escanaffe, où ils avoient dessein de faire leurs ponts sur l'Escaut.

Monseigneur le Dauphin, qui avoit pris les devans avec la cavalerie et huit ou dix bataillons, avoit été joint au pont d'Espierre par M. de La Valette, lieutenant-général, qui commandoit dans les lignes avec une douzaine de bataillons. Il se mit en bataille à la vue des ennemis, et mit contre eux en batterie quelques pièces de campagne. La surprise du prince d'Orange, qui croyoit ne trouver que M. de La Valette, fut si grande, qu'il ne jugea pas à propos de rien hasarder ce jour-là. Le lendemain nous allions joindre monseigneur le Dauphin, qui n'étoit qu'à trois lieues de nous ; mais les ennemis s'étant remis en marche pour Oudenarde, nous allâmes camper à Courtray. Le prince d'Orange fit un détachement qui prit Huy; et ainsi finit cette campagne.

[1695] Cet hiver mourut le maréchal duc de Luxembourg (1), universellement regretté des gens de guerre. Jamais homme n'eut plus de courage, de vivacité, de prudence et d'habileté; jamais homme n'eut plus la confiance des troupes qui étoient à ses ordres : mais l'inaction dans laquelle on l'avoit vu rester après plusieurs de ses victoires l'a fait soupçonner de n'avoir point envie de finir la guerre, ne croyant pas pouvoir faire la même figure à la cour qu'à la tête de cent mille hommes. Quand il étoit question d'ennemis, nul général plus brillant que lui; mais du moment que l'action étoit finie il vouloit prendre ses aises, et paroissoit s'occuper plus de ses plaisirs que des opérations de la campagne. Sa figure étoit aussi extraordinaire que son humeur et sa conversation étoient agréables. Sa grande familiarité lui avoit attiré l'amitié des officiers; et son indulgence à ne point trop se soucier d'empêcher la maraude l'avoit fait adorer des soldats qui, de leur côté, se piquoient d'être toujours à leur devoir quand il avoit besoin de leurs bras.

Le maréchal de Villeroy fut nommé général de l'armée de Flandre à la place de M. de Luxembourg, et je servis avec lui. Notre armée étant inférieure à celle des ennemis, M. de Villeroy resta avec une partie derrière les lignes

(1) Le 4 janvier; il étoit âgé de soixante-sept ans.

de Comines; et le maréchal de Boufflers, avec le reste, derrière les lignes entre la Lys et l'Escaut. Le prince d'Orange laissa auprès d'Oudenarde l'électeur de Bavière avec moitié de son armée, et s'avança avec le reste à Rousselaer, à une lieue de Comines. Son intention étoit de de nous faire croire qu'il vouloit nous attaquer, afin que nous fissions rejoindre par Boufflers, et alors, par une contre-marche, de se porter diligemment sur Namur.

Lorsque le maréchal de Villeroy vit arriver le prince d'Orange à Rousselaer, il proposa au Roi de l'attaquer : ce qui se pouvoit exécuter facilement et avec apparence de succès; car pendant que nous l'aurions attaqué de front, le maréchal de Boufflers pouvoit, en une marche de nuit, passer la Lys auprès de Courtray et se trouver à la pointe du jour sur les derrières des ennemis. Le comte de La Mothe, qui étoit à Ypres avec un corps de troupes, devoit arriver en même temps sur leur droite, de manière qu'il y avoit apparence que nous les aurions écrasés dans ce trou, où ils s'étoient fort mal à propos enfournés, et d'où il ne s'en seroit échappé aucun s'ils eussent été battus.

La cour, persistant dans la résolution de demeurer sur la défensive, ne voulut point consentir à la proposition. Le prince d'Orange étant resté quelque temps à Rousselaer, décampa au mois de juin et se porta tout d'un coup devant Namur, qu'il avoit fait investir par le comte d'Athlone. Le maréchal de Boufflers eut toutefois le temps de s'y jeter avec quelques régiments de dragons. Nous restâmes avec l'armée entre Tournay et Courtray, jusqu'à ce que le siège fût entièrement formé; après quoi le prince de Vaudemont étant démeuré auprès de Deinse, avec trente bataillons et soixante escadrons pour nous observer, le maréchal de Villeroy résolut de l'attaquer. Pour cet effet nous marchâmes de nuit; et quoique nous eussions la Lys à passer et huit lieues à faire, nous arrivâmes sur lui presque avant qu'il en fût informé : on attaqua et prit deux bataillons prussiens qui se trouvèrent campés en avant. Le prince de Vaudemont ne jugeant pas la partie soutenable, se détermina à la retraite : elle lui eût été très-difficile, j'ose même dire impossible, d'autant que toute notre gauche étoit déjà arrivée sur son flanc droit et qu'avec l'infanterie j'étois déjà à mille pas des ennemis, derrière le village d'Arselle. J'avois détaché M. de Surville, brigadier, avec tous les grenadiers, et je le suivois avec quarante bataillons, quand tout à coup un ordre supérieur me fit faire halte, et par là les ennemis, que nous pouvions joindre et charger, nous échappèrent. La conséquence de les avoir battus auroit été la levée du siége, qu'ils n'auroient pu continuer; car, outre que nous serions devenus supérieurs en nombre, surtout lorsque les secours qui nous venoient d'Allemagne nous auroient joints, nous pouvions sans coup férir obliger le prince d'Orange à abandonner son entreprise, en nous mettant entre Bruxelles et Namur, et par là lui coupant les vivres.

Vaudemont retiré à Gand, nous fûmes attaquer Dixmude qui ne tint que peu de jours : la garnison, composée de huit bataillons, fut prisonnière. De là nous fûmes à Deinse, où il y avoit deux bataillons, qui se rendit sans résistance. Le commandant de la première de ces villes eut la tête coupée, et celui de la dernière fut cassé avec infamie : ce que tous deux méritoient, pour ne s'être pas défendus autant qu'ils le devoient.

Ces expéditions faites, nous marchâmes à Bruxelles, derrière laquelle ville le prince de Vaudemont se plaça. Le maréchal de Villeroy écrivit à l'électeur de Bavière, qui y étoit arrivé du camp devant Namur, pour lui faire savoir qu'il avoit ordre du Roi de bombarder cette capitale des Pays-Bas, en représailles de ce que la flotte des alliés faisoit sur les côtes de France; mais que si Son Altesse Electorale vouloit promettre qu'à l'avenir on ne feroit plus rien de pareil, il n'exécuteroit pas les ordres qu'il avoit. L'électeur fit d'abord réponse qu'il enverroit au prince d'Orange pour savoir ses volontés; mais comme le maréchal de Villeroy lui manda qu'il ne pouvoit accorder de délai et qu'il falloit sur-le-champ une réponse positive, l'électeur déclara qu'il n'étoit pas en son pouvoir de donner sa parole sur cette affaire : sur quoi, les batteries étant faites, nous bombardâmes la ville pendant deux fois vingt-quatre heures, et nous y jetâmes force boulets rouges. Jamais on ne vit un spectacle plus affreux, et rien ne ressembloit mieux à ce que l'on nous raconte de l'embrasement de Troie. On estime que le dommage causé par cet incendie montoit à vingt millions.

De Bruxelles, nous nous mîmes en marche pour tenter le secours de Namur, et ayant été joints par les détachemens venus d'Allemagne, nous allâmes par la grande chaussée.

Après avoir passé le défilé des Cinq-Etoiles, comme nous commencions à camper sur la Méhaigne, nous vîmes paroître de l'autre côté un gros corps de cavalerie. D'abord nous crûmes que ce pouvoit être l'armée d'observation du prince d'Orange, qui vouloit nous disputer le passage de la rivière; mais nous aperçûmes bientôt que cela n'étoit point suivi. C'étoit M. de La Forest qui venoit avec trente escadrons nous reconnoître. M. le maréchal de Villeroy prit tout ce qui se trouva de cavalerie dans le camp, car la plus grande partie étoit allée au fourrage; et passant à Boneff, il attaqua La Forest qui songeoit déjà à se retirer. Il fut poussé et suivi jusqu'auprès du camp ennemi, d'où il sortit beaucoup d'infanterie pour faciliter la retraite de La Forest : sur quoi nous jugeâmes aussi à propos de nous retirer à notre camp, crainte que toute l'armée ennemie ne sortît sur nous, ayant plus de deux lieues de chemin à faire. Nous ne fûmes pas suivis. Dans cette action nous ne perdîmes qu'une centaine d'hommes, et M. de La Forest en perdit au moins quatre cents.

Le lendemain nous allâmes reconnoître le camp des ennemis que nous trouvâmes de toutes parts bien postés et retranchés; de manière qu'il fut déterminé qu'on ne pouvoit les attaquer avec espérance de réussir. Nous ne restâmes que trois jours dans ce camp; car ayant appris que Namur s'étoit rendu, nous décampâmes aussitôt et regagnâmes nos frontières. A la fin d'octobre, les ennemis ayant commencé à se séparer pour entrer en quartiers d'hiver, nous en fîmes autant. Le maréchal de Boufflers avoit fait une belle défense, tant dans la ville que dans le château. Ce dernier étant entièrement ouvert, il soutint l'assaut général; et quoique les ennemis fussent déjà entrés dans la place, il les rechassa avec une perte considérable de leur part : mais à la fin, ne voyant plus d'espérance d'être secouru, et ne croyant pas qu'il fût raisonnable d'exposer à un second assaut la garnison fatiguée et diminuée considérablement, il demanda à capituler. Le prince d'Orange lui accorda volontiers toutes les conditions les plus honorables, telles que méritoient sa dignité, son mérite personnel et ce qu'il venoit de faire : mais après que la garnison fut sortie il fit arrêter le maréchal, sous prétexte que, contre le droit des gens, on retenoit les huit bataillons pris à Dixmude, au lieu de les renvoyer, selon le cartel, au bout de quinze jours après qu'ils eurent été réclamés. La vérité nous avions tort, et le tout venoit de la faute de M. de Montal, qui avoit fait la capitulation de Dixmude; car s'il y avoit stipulé le mot d'*à discrétion*, au lieu de celui de *prisonniers de guerre*, il n'y auroit eu aucune difficulté. Le maréchal de Boufflers fut mené à Maëstricht, où on le garda jusqu'à ce que le Roi eût promis de relâcher les susdits huit bataillons; sa détention lui donna occasion d'entamer quelques propositions de paix, qui, deux ans après, produisirent les conférences publiques qu'il tint avec milord Portland.

[1696] Le roi Jacques avoit sous main concerté un soulèvement en Angleterre, où il avoit fait passer nombre d'officiers : ses amis y avoient trouvé le moyen de lever deux mille chevaux bien équipés, et même enrégimentés, prêts à se mettre en campagne au premier ordre ; plusieurs personnes de la première distinction s'étoient aussi engagées dans l'affaire ; mais tous unanimement avoient résolu de ne point lever le masque qu'un corps de troupes n'eût premièrement débarqué dans l'île. Le Roi Très-Chrétien consentoit volontiers à le fournir ; mais il insistoit qu'avant de faire l'embarquement les Anglois prissent les armes, ne voulant point risquer ses troupes sans être sûr d'y trouver un parti pour les recevoir.

Ni les uns ni les autres ne voulant se relâcher de leurs résolutions, de si belles dispositions ne pouvoient rien produire : ce qui détermina le roi d'Angleterre à m'envoyer sur les lieux, pour tâcher de convaincre les Anglois de la sincérité des intentions de la cour de France, et les engager à prendre les armes sans attendre la descente, leur promettant que dans l'instant le marquis d'Harcourt, nommé général de cette expédition, feroit embarquer ses troupes. Je passai donc déguisé en Angleterre. Je me rendis à Londres, où j'eus plusieurs conversations avec quelques-uns des principaux seigneurs : mais j'eus beau leur dire tout ce que je pus imaginer de plus fort, et leur représenter la nécessité de ne pas perdre une si belle occasion, ils demeurèrent fermes à vouloir qu'avant que de se soulever le roi d'Angleterre mît pied à terre avec une armée. Pour dire la vérité, leurs raisons étoient bonnes ; car il étoit certain que dès que le prince d'Orange auroit vu la révolte, ou qu'il auroit eu avis du projet (ce qui ne pouvoit demeurer long-temps caché, attendu les préparatifs qu'il étoit nécessaire de faire pour le transport), il auroit dans l'instant mis une flotte en mer et auroit fait bloquer les ports de France ; au moyen de quoi les soulevés se trouvant obligés de combattre, avec leurs troupes levées à la hâte, contre une bonne armée composée de soldats aguerris et disciplinés, il étoit certain qu'ils auroient été bientôt écrasés.

Ne voyant pas d'apparence de pouvoir faire changer de sentiment à ces seigneurs, et ayant d'ailleurs été informé, pendant mon séjour à Londres, qu'il s'y tramoit une conspiration contre la personne du prince d'Orange, je crus que ma principale mission étant finie, je ne devois pas perdre de temps à regagner la France, pour ne point me trouver confondu avec les conjurés, dont le dessein me paroissoit difficile à exécuter. Je retournai par le même chemin que j'étois venu, et étant arrivé à une maison près de la mer, où je devois avoir nouvelles de mon bâtiment, je me couchai sur un banc et m'endormis. Au bout de deux heures je fus éveillé en sursaut par un grand bruit que j'entendis à la porte, et me levant je vis entrer nombre de soldats armés de fusils. J'avoue que d'abord ma surprise et mon inquiétude furent grandes, mais bientôt j'en fus quitte pour un peu de peur, car, à la lueur d'une lampe, je reconnus le maître de mon bâtiment qui, crainte d'accident, avoit par précaution mené avec lui une douzaine de matelots bien armés.

Je m'embarquai tout de suite, et j'arrivai à Calais en trois heures de temps.

Ayant de là pris le chemin de Saint-Germain, je rencontrai le roi d'Angleterre que la cour de France avoit fait partir un peu trop précipitamment, nonobstant ce dont on étoit convenu avec moi, savoir, qu'il ne bougeroit pas jusqu'à ce qu'il eût de mes nouvelles. Ce prince continua sa route pour Calais et m'envoya à Marly rendre compte de l'affaire dont j'étois chargé. Le Roi Très-Chrétien demeurant ferme dans sa première résolution de ne point faire d'embarquement jusqu'à ce qu'il eût appris un soulèvement formel en Angleterre, conclut que l'entreprise ne se feroit pas : toutefois, comme je lui fis part du projet qu'on m'avoit communiqué contre la personne du prince d'Orange, il ordonna que tout resteroit dans le même état, afin d'être prêt à passer en Angleterre, en cas que l'on eût la nouvelle que depuis mon départ il y fût arrivé quelque événement. Ainsi j'allai à Calais rejoindre le Roi : nous y apprîmes bientôt que la conspiration avoit été découverte, beaucoup de coupables arrêtés, et que tous les vaisseaux de guerre qui se trouvoient dans la Tamise avoient ordre de venir aux Dunes. La cour de France ne laissa pas de prier le roi d'Angleterre de rester encore quelque temps sur les côtes, quoiqu'il n'y eût plus de possibilité de rien entreprendre.

Il sera utile de dire en peu de mots ce qui regarde cette conspiration, que le prince d'Orange a voulu imputer à son beau-père et au Roi Très-Chrétien.

J'ai déjà dit qu'il y avoit deux mille chevaux de prêts à se mettre en campagne pour joindre le Roi à son arrivée. Le chevalier Fenwick, maréchal de camp, devoit se mettre à leur tête ; et on lui avoit envoyé de France nombre d'officiers pour qu'il s'en servît. Le chevalier Barkley, brigadier, lieutenant de ma compagnie des gardes du corps, qui étoit du nombre, se trouvant un jour au cabaret à Londres avec le sieur Porter, gentilhomme catholique, celui-ci lui dit que, pour faciliter le soulèvement prémédité, il avoit imaginé un projet qu'il croyoit devoir rendre la chose presque sûre. Il lui expliqua toutes les allées et venues du prince d'Orange, et dit qu'il se feroit fort, avec une cinquantaine d'hommes, de battre les gardes et de se saisir de sa personne. Barkley goûta la proposition; tout fut réglé entre eux, les hommes choisis, et le jour même pris pour l'exécution : de manière qu'ils ne doutoient plus de la réussite. Barkley, que je vis trois jours après mon arrivée à Londres, m'en fit confidence ; et quoique je ne trouvasse pas la chose aussi sûre qu'ils la faisoient, je ne crus pas être obligé en honneur de l'en détourner : mais Pendergras, un des conjurés, effrayé du danger, ou, pour mieux dire, dans la vue de la récompense, alla découvrir le tout à milord Portland. Ainsi cette affaire manqua précisément sur le point qu'elle alloit s'exécuter. Le prince d'Orange étoit prêt à sortir, ses carrosses arrivés; mais dans l'instant tout fut renvoyé, et les ordres furent donnés pour tâcher de saisir les coupables, dont on prit plusieurs qui furent condamnés et exécutés à mort. Porter, qui avoit tout imaginé et proposé, se voyant arrêté, et attiré sur la promesse du pardon, servit de témoin contre ses camarades et ses amis : tant il est vrai que la crainte de mourir peut quelquefois déterminer les gens, jusqu'alors honnêtes, à commettre des actions indignes.

Barkley se sauva; et si j'avois tardé plus long-temps à partir de Londres, j'aurois couru grand risque, car de tous côtés on arrêtoit les passans. Le chevalier Fenwick, qui ignoroit totalement la conspiration, fut arrêté; et quoiqu'il n'y eût pas de preuves suffisantes pour le convaincre d'avoir eu intention de se soulever, le parlement ne laissa pas de le condamner à mort, déclarant que cette manière de procès et de jugement ne pourroit servir d'exemple à l'avenir. La vérité est que le prince d'Orange avoit une haine personnelle contre Fenwick, et se servit de la disposition des esprits et de la conjoncture pour les déterminer, malgré les lois, à sacrifier cet homme à son ressentiment. La noblesse du comté de Lancastre fut plus heureuse; car, quoiqu'ils fussent tous dans le projet du soulèvement, et que pour cet effet ils eussent actuellement armé hommes et chevaux prêts à s'en servir, on ne put jamais les condamner, faute de témoins. Le Roi demeura environ six semaines à Calais ou à Boulogne, après quoi il retourna à Saint-Germain; et j'allai servir en Flandre, dans l'armée de M. le maréchal de Villeroy.

Il ne se passa rien de considérable pendant toute la campagne. On ne songea de part et d'autre qu'à subsister; et l'arrière-saison venue, on entra en quartiers d'hiver.

[1697] Je servis encore cette année dans l'armée de M. le maréchal de Villeroy. La paix ayant été faite en Italie, la cour en avoit fait venir toutes les troupes en Flandre, où elle en forma trois armées sous les ordres des maréchaux de Villeroy, de Boufflers et de Catinat. Les trois faisoient cent trente-trois bataillons et trois cent cinquante escadrons. Catinat fit le siège d'Ath : la défense en fut très-médiocre; de manière qu'il ne dura pas un mois. Après cette conquête, nos armées marchèrent en avant du côté de Ninove; mais le prince d'Orange, qui étoit beaucoup inférieur, demeura trois jours clos et couvert auprès de Bruxelles. Le maréchal de Boufflers eut plusieurs conférences avec milord Portland, et enfin la paix générale fut réglée; ce qui mit fin et à la campagne et à cette guerre. La prise de Barcelone par M. de Vendôme, au mois d'août, détermina les Espagnols à signer; et l'Empereur, qui, selon la coutume ordinaire de la cour de Vienne, ne se décidoit jamais qu'après ses alliés, accepta pareillement, après quelques contestations, les conditions que le prince d'Orange avoit réglées pour lui.

Le roi d'Angleterre eut la mortification de voir l'usurpateur reconnu pour roi; mais il ne s'en prenoit qu'à son mauvais sort et au besoin que la France avoit de la paix, sans en conserver aucun ressentiment contre le Roi Très-Chrétien, dont il avoit reçu tant de marques d'amitié. Par le traité de paix, il avoit été stipulé que le prince d'Orange paieroit régulièrement à la reine d'Angleterre son douaire : mais quand la France en demanda l'exécution, milord Portland soutint que le maréchal de Boufflers lui avoit promis qu'en faveur de cet article le roi d'Angleterre sortiroit de France. Boufflers avoua que Portland lui en avoit parlé, mais qu'il ne s'étoit engagé à rien. Quoi qu'il en soit, la France ne crut pas devoir recommencer la guerre pour ce douaire; et la Reine n'en a jamais rien touché.

L'on fit une grande réforme dans les troupes irlandoises, que l'on réduisit à huit régimens d'infanterie et un de cavalerie. Les gardes du corps furent réformés; et l'on me donna un régiment d'infanterie, dans lequel cent cinq gardes furent incorporés comme cadets, avec haute paie.

[1698] Ma femme, que j'avois épousée en 1695, mourut au mois de janvier de cette année. Elle étoit attaquée de la poitrine ; et je l'avois menée à Pezenas en Languedoc, dans l'espérance que l'air de ce pays pourroit rétablir sa santé. Elle étoit fille du comte de Clanricard, de l'ancienne et illustre famille des Bourke en Irlande (1).

[1699] Je fis un voyage en Italie pour mon plaisir uniquement : j'allai à Turin ; de là, par la Lombardie, à Venise ; et ensuite, par Lorrette, à Rome. Le cardinal de Bouillon, qui y étoit chargé des affaires de la France, me logea chez lui.

La duchesse de Bracciano, qui depuis a pris le nom de princesse des Ursins (2), étoit aussi alors à Rome, et j'allois tous les jours la voir, l'ayant connue en France. Elle étoit brouillée à outrance avec le cardinal de Bouillon ; j'en dirai en peu de mots l'origine, afin de faire voir que souvent les plus grandes querelles ne viennent que des sujets très-légers. Le duc de Bracciano étant mort, le cardinal, qui étoit fort ami de la duchesse, courut chez elle afin d'empêcher que la justice n'y pût mettre le scellé ; car c'est à Rome un privilége des cardinaux que les gens de justice ne peuvent entrer dans les maisons où ils sont. Madame de Bracciano fit servir un grand dîner dans son antichambre pour le cardinal, lequel n'en voulut pas, prétendant devoir manger avec elle au chevet de son lit. Elle eut beau représenter que, le corps de son mari étant encore dans la maison, ce serait contre la bienséance ; il s'en tint très-offensé, et le soir s'en retourna chez lui à jeun. Peu de jours après, madame de Bracciano voulut faire tendre ses appartemens de violet, ainsi qu'elle prétendoit qu'il étoit permis à la maison des Ursins, le cardinal, piqué de ce qui s'étoit passé auparavant, s'y opposa fortement, soutenant que c'étoit une distinction uniquement réservée aux cardinaux. L'affaire fut décidée en faveur de madame de Bracciano ; et depuis non-seulement ils ne se sont plus vus, mais ils ont cherché l'un et l'autre à se faire tout le mal possible.

Comme ami commun, je crus que je pourrois peut-être les raccommoder, d'autant qu'il n'y avoit réellement aucun sujet valable d'être ennemis irréconciliables. J'en parlai à l'abbé de La Trémouille, depuis cardinal, et frère de la duchesse. Il me témoigna que cela lui feroit grand plaisir, d'autant que, malgré la brouillerie de sa sœur, il ne laissoit pas que d'aller très-souvent chez le cardinal. Je n'eus pas grande peine à faire convenir les parties de se raccommoder et de se voir, à condition de n'entrer dans aucun éclaircissement. Il n'étoit donc plus question que de la première visite. Le cardinal, qui naturellement étoit l'homme du monde le plus glorieux, et qui se targuoit encore plus de sa naissance que de sa dignité, insista sur ce que la duchesse eût à lui faire la première visite. Malgré tout ce que je lui pus dire, l'assurant que je ne pouvois proposer pareille chose, que les démarches de civilité envers les dames ne tiroient jamais à conséquence, et que les hommes se faisoient honneur de commencer à leur égard, il n'en voulut point démordre, et je cessai de travailler davantage à leur réconciliation.

La duchesse, plus brouillée que jamais avec le cardinal, remua le ciel et la terre pour lui nuire ; et il n'y donna que trop d'occasion par sa conduite dans l'affaire de l'archevêque de Cambray, qu'il soutint hautement, quoique le Roi Très-Chrétien ne l'eût envoyé à Rome que pour en solliciter la condamnation. Le Roi, fâché de son procédé, y envoya le prince de Monaco à sa place et le rappela. Il ne voulut pas obéir, sous prétexte qu'étant absent de Rome, il perdroit le décanat du sacré collége, prêt à vaquer. Le Roi, irrité de sa désobéissance, lui fit faire son procès, fit saisir tous ses revenus, disposa de la charge de grand-aumônier de France, et lui ordonna de remettre le cordon de l'ordre. Mais comme tout le reste n'est pas de mon sujet, je n'en dirai pas davantage, sinon que la duchesse de Bracciano eut plus de part que personne à échauffer la cour contre le cardinal, qui ne cessa depuis de faire des folies. Au reste, son apologie a été imprimée ; on peut la consulter.

Ma curiosité ne me porta pas à aller à Naples ; ainsi, après avoir resté six semaines à Rome, je retournai en France par les Etats du grand-duc, par Gênes et par Turin.

[1700] Je me remariai au mois d'avril avec mademoiselle de Bulkeley, fille de madame de

---

(1) Il m'en reste un fils qui naquit le 21 octobre 1696, et à qui en 1716 j'ai cédé la duché de Liria en Espagne. Il s'est marié la même année à dona Catharina de Portugal, sœur et unique héritière du duc de Veraguas.
(*Note de l'auteur.*)

(2) Anne de La Trémouille, veuve du prince de Chalais, avoit épousé le duc de Bracciano, chef de la maison des Ursins.

Bulkeley, dame d'honneur de la reine d'Angleterre, et de M. Bulkeley, frère de milord Bulkeley. Je restai tranquille cette année.

Charles II, roi d'Espagne, mourut le premier du mois de novembre, et déclara par son testament le duc d'Anjou, second fils du Dauphin, son seul et unique héritier. Il avoit depuis long-temps consulté en secret la cour de Rome sur cette affaire; et ce fut de l'avis d'Innocent XII qu'il se détermina, espérant par là empêcher les guerres et conserver en son entier toute la monarchie d'Espagne; car il ne pouvoit s'imaginer que toute l'Europe réunie pût ou voulût même empêcher ou troubler cette succession, du moment que la France la soutiendroit; et d'autant plus que, par le choix qu'il faisoit d'un cadet de la maison de France, et par la dénomination des autres successeurs, en cas que celui-ci mourût sans enfans, il prévenoit la jonction des deux royaumes sous un seul chef.

Dès que l'ambassadeur d'Espagne eut reçu ordre de la régence de porter ce testament au Roi Très-Chrétien, il courut à Versailles, mais il fut bien surpris de n'avoir pour réponse qu'un *Je verrai*. En effet, le Roi balançoit fort sur le parti qu'il avoit à prendre, ou d'accepter le testament, ou de s'en tenir au traité de partage qu'il avoit peu auparavant conclu avec le roi Guillaume et la Hollande : le premier flattoit plus sa gloire et la tendresse d'un grand-père; mais le dernier étoit plus avantageux pour la France, attendu que, moyennant la cession de l'Espagne, des Indes, des Pays-Bas et du Milanais à l'archiduc, le Guipuscoa devoit appartenir à la France, et les royaumes de Naples et Sicile au duc d'Anjou et à ses héritiers. Enfin, après quelques jours de conseil, le Roi déclara à l'ambassadeur d'Espagne qu'il acceptoit le testament, et aussitôt le duc d'Anjou fut salué roi : tous les Etats de la monarchie d'Espagne le reconnurent, et ce nouveau monarque partit à la fin de l'année pour Madrid.

Les Hollandois faisoient difficulté de le reconnoître. Le Roi son grand-père, de concert avec l'électeur de Bavière, oncle du jeune roi, et gouverneur des Pays-Bas, fit entrer, à même heure et à même jour, les troupes de France dans toutes les places de Flandre, et se saisit des troupes hollandoises qui y étoient en garnison. Le Roi déclara en même temps qu'il les relâcheroit dès l'instant que les Etats-généraux reconnoîtroient le roi d'Espagne, ce qu'ils firent au plus tôt, aussi bien que le roi Guillaume : et alors le Roi fit relâcher les troupes hollandoises, faute des plus grandes, car par là il mettoit les ennemis en état de lui faire la guerre; au lieu que s'il les avoit gardées jusqu'à ce qu'il eût eu d'autres sûretés que des paroles, il auroit prévenu tout le sang que cette fameuse querelle a fait verser dans les quatre coins de l'Europe.

L'Empereur, qui avoit publiquement protesté contre le testament du feu roi d'Espagne, se préparoit à la guerre : il résolut de la commencer par l'Italie, dont la possession l'a toujours beaucoup plus flatté qu'aucune autre partie de l'Europe. Le Roi Très-Chrétien, pour s'opposer à ses desseins, envoya au secours du Milanois quarante bataillons et autant d'escadrons, commandés par le comte de Tessé, et le tout aux ordres du prince de Vaudemont, gouverneur du pays. Il engagea le duc de Savoie à joindre ses troupes avec celles des deux couronnes, dont il fut déclaré généralissime; il fit en même temps solliciter les princes d'Italie de faire entre eux une ligue pour le maintien de la tranquillité de leur patrie, contre tous ceux qui entreprendroient de la troubler. Dans ces entrefaites, le roi d'Angleterre (1) résolut de m'envoyer à Rome pour y faire un compliment au nouveau pape Clément XI, qui avoit succédé cette année à Innocent XII, et veiller à ses intérêts dans cette nouvelle scène des affaires de l'Europe. J'avois aussi ordre principalement d'offrir, de la part du roi d'Angleterre, mes services au Saint-Père, pour commander l'armée que la France le pressoit de lever; et le Roi Très-Chrétien souhaitant fort que mon offre fût acceptée, ordonna au cardinal de Janson de faire sur cela tout ce qu'il pourroit.

[1701] Je partis de Saint-Germain au mois de janvier, et me rendis d'abord à Turin où j'eus plusieurs conférences avec le duc de Savoie sur les affaires d'Angleterre. Le prince d'Orange venoit de proposer un acte au parlement pour exclure de la couronne tout catholique, et établir la succession dans la famille d'Hanovre. C'étoit un tort manifeste que l'on faisoit à plus de quarante princes dont le droit étoit antérieur, et la duchesse de Savoie étoit la première lésée, comme héritière immédiate de cette couronne après les enfans du roi d'Angleterre. Je représentai au duc de Savoie que son silence dans cette occasion pourroit être regardé comme un consentement, et qu'il ne pouvoit convenir ni à son honneur ni à ses intérêts d'acquiescer à un acte qui détruisoit les droits incontestables de sa famille. D'abord il me fit de grandes difficultés, tant sur ce qu'il s'attiroit

(1) Jacques II.

par là de très-puissans ennemis, que sur l'inutilité de la chose en soi-même : mais lui ayant représenté que le Roi Très-Chrétien approuveroit fort les démarches qu'il feroit sur cela, et que j'avois ordre de le lui dire de sa part, il consentit à ma proposition, et ordonna à son ministre à Londres de faire une protestation publique contre cet acte. En effet, ce ministre alla au parlement avec un notaire et en fit la signification. Cela n'empêcha pourtant pas l'acte de passer, et la princesse Sophie, douairière d'Hanovre, fut déclarée héritière de la couronne, en cas que le prince d'Orange et la princesse de Danemarck mourussent sans enfans.

De Turin j'allai à Modène, où j'eus plusieurs conversations avec le duc de ce nom sur les affaires présentes. Je lui fis voir le danger évident pour l'Italie, si la guerre s'y allumoit; car, outre les petits désordres et les dégâts inévitables, les petits souverains se trouveroient à la merci du vainqueur, quel qu'il fût, qu'ainsi il étoit de leur intérêt commun de s'unir ensemble pour tâcher de prévenir la guerre. A la fin, après lui avoir fait naître beaucoup de crainte, je l'engageai à me dire qu'il feroit ce que le Pape voudroit, et qu'il me prioit d'en assurer Sa Sainteté de sa part. De là je me rendis à Rome, où d'abord j'eus quelque difficulté sur le cérémonial, car je prétendois qu'on me donnât un tabouret à l'audience du Pape, ainsi qu'on l'avoit fait à feu M. de Turenne, et ainsi que le prétendoient les grands d'Espagne, à qui pour le moins je ne me croyois point inférieur. Après quinze jours de négociation, j'acceptai un *mezzo termine* : savoir, qu'après avoir fait mes génuflexions ordinaires et baisé la mule du Pape, il m'embrasseroit et, se levant de son fauteuil, il se promèneroit avec moi dans sa galerie et dans ses appartemens. A la première audience que j'eus, après l'avoir assuré du respect et du zèle du roi d'Angleterre pour le Saint-Siége, je lui dis que, pour en donner une preuve, ce prince m'avoit chargé de lui offrir mes services, et que même il trouveroit moyen de lui envoyer des troupes irlandoises. Le Pape me répondit par beaucoup de complimens et de marques de tendresse, mais il n'entra nullement dans la proposition que je lui fis. Il étoit timide et naturellement irrésolu; il voyoit bien la nécessité d'avoir des troupes, pour n'être pas exposé aux insultes des deux parties, mais il craignoit d'irriter l'Empereur, pour qui les Italiens ont toujours de grands égards : et quoiqu'on ne lui proposât pas de se déclarer contre ce prince, mais seulement contre l'agresseur, il ne voulut jamais prendre d'autre parti

que celui de lever quelques mauvais régimens, qui lui coûtèrent beaucoup d'argent, sans aucun profit. Il trouva même moyen, par cette conduite, de désobliger la France et l'Empire, et dans la suite de le payer bien cher. Il me dit plusieurs fois, en plaisantant, que les prêtres n'étoient guère capables de régler les affaires militaires; il me pria même de vouloir examiner si les deux généraux qu'il venoit de nommer étoient habiles : en effet, ces deux messieurs vinrent me trouver, et j'appris d'eux leurs services. Le premier se nommoit le comte Massimo, gouverneur du château Saint-Ange : il avoit autrefois servi en Flandre dans un emploi subalterne, mais depuis le siège de Dunkerque il s'étoit retiré en Italie. Le second étoit le comte Paulucci, frère du cardinal du même nom, qui ne put se vanter que d'avoir été capitaine de cavalerie pendant un an ou deux dans l'Etat de Milan, en temps de paix.

Le cardinal de Janson, qui étoit chargé des affaires de France à Rome, fit de son côté tout ce qu'il put pour déterminer le Pape, mais il n'en put jamais venir à bout. Après six semaines de séjour, j'appris que le roi d'Angleterre avoit eu une attaque d'apoplexie et qu'il devoit aller aux eaux de Bourbon, sur quoi je pris incontinent congé du Saint-Père, et m'en retournai en toute diligence en France.

Je trouvai le Roi un peu mieux et l'accompagnai à Bourbon; mais ces eaux, au lieu de lui faire du bien, lui ayant causé un crachement de sang, il fut obligé de les quitter et de regagner Saint-Germain.

La guerre paroissant inévitable en Italie, le Roi y envoya le maréchal de Catinat avec une augmentation de troupes, mais cela n'empêcha pas le prince Eugène, général de l'Empereur, d'y descendre par le Trentin, à la tête d'une armée de soixante mille hommes.

Tout étoit tranquille sur les frontières d'Alsace; mais comme les Hollandois faisoient de grands préparatifs en Flandre, le maréchal de Villeroy fut nommé pour commander sur la Sarre et la Moselle, et le maréchal de Boufflers fut envoyé en Flandre, où j'eus ordre d'aller servir. De part et d'autre on ne fit aucun acte d'hostilité, chacun ne songeoit qu'à voiturer du canon et des munitions de guerre dans les places, et à y faire des magasins de vivres : quand nos partis se rencontroient, les officiers se faisoient de grands complimens, car le Roi ne vouloit point absolument être l'agresseur.

Au commencement de septembre, le roi d'Angleterre eut encore une attaque; et je retournai au plus tôt à Saint-Germain, où je le trouvai dans un état désespéré. Les remèdes le tirèrent de la léthargie, mais sans donner plus d'espérance : il s'affoiblissoit à vue d'œil ; son bon sens et la connoissance lui restèrent presque jusqu'au dernier soupir. Il employa tout ce temps en prières et en méditations. Jamais on ne vit plus de patience, plus de tranquillité, plus de joie même lorsqu'il songeoit à la mort, ou qu'il en parloit. Il prit congé de la Reine avec une fermeté extraordinaire, et les pleurs de cette princesse désolée ne firent sur lui aucune impression, quoiqu'il l'aimât tendrement; tout ce qu'il lui dit pour retenir ses larmes fut : « Songez, Madame, que je vais être heureux à jamais. » Le Roi Très-Chrétien étant venu le voir, l'assura qu'il auroit pour son fils les mêmes égards que pour lui, et qu'il lui rendroit les mêmes honneurs. Le roi d'Angleterre le remercia en peu de mots des marques passées de son amitié, et de ce qu'il venoit de lui promettre ; puis l'ayant embrassé, le pria de ne pas rester plus longtemps dans un endroit si triste. Toute la cour de France vint aussi à Saint-Germain, et fut témoin de la piété et de la sainteté de ce héros chrétien. Le prince de Conti voulut y rester tout le temps, et m'avoua que cette mort le surprenoit et le touchoit infiniment. Il sembloit que Dieu vouloit qu'on n'en pût ignorer toutes les circonstances, car pendant tout le temps de sa maladie les portes de sa chambre ne furent plus gardées, de manière que tout le monde y entroit ; et comme ses rideaux furent toujours ouverts, on le voyoit dans son lit, où d'ordinaire il tenoit les yeux fermés, pour être plus recueilli. Enfin le 16 septembre, à trois heures après midi, il expira ; et dans l'instant nous allâmes chez le prince de Galles le saluer roi. Les rois de France et d'Espagne le reconnurent comme tel, et ce fut un des motifs dont le prince d'Orange se servit pour engager le parlement d'Angleterre dans la guerre contre les deux couronnes.

[1702] Vers le commencement de cette année, le prince d'Orange mourut (1) ; et la dernière chose qu'il fit avant que d'expirer, fut de signer l'acte d'abjuration du jeune roi d'Angleterre.

Quelque raison que j'aie pour ne point aimer la mémoire de ce prince, je ne puis pourtant lui refuser la qualité de grand homme, et, s'il n'avoit pas été usurpateur, celle de grand roi. Il avoit su dès sa jeunesse se rendre presque le maître de sa république, malgré le crédit et l'autorité des de Witt. Il avoit infiniment d'esprit, étoit habile politique, et ne se rebutoit jamais dans ses projets, quelque obstacle qui se présentât. Il étoit très-sévère, mais naturellement point cruel ; il étoit très-entreprenant, mais point général. On le soupçonnoit de n'avoir pas beaucoup de courage : toutefois on peut dire que du moins il étoit brave jusqu'au dégaîner. Son ambition a paru dans tous les manéges qu'il a faits pour détrôner un prince qui étoit son oncle et son beau-père ; et cela ne peut avoir réussi que par nombre de voies aussi opposées au devoir d'un honnête homme que contraires au christianisme.

Peu de temps après la paix de Riswick, le Roi Très-Chrétien avoit proposé au roi d'Angleterre que s'il vouloit laisser le prince d'Orange jouir tranquillement du royaume, il en assureroit la possession après sa mort au prince de Galles. La Reine, qui étoit présente à la conversation, ne donna pas au Roi son mari le temps de répondre, et dit qu'elle aimeroit mieux voir son fils mort que possesseur de la couronne au préjudice de son père : ainsi le Roi Très-Chrétien changea de discours. Il y a apparence que ce qu'il en disoit avoit été concerté avec le prince d'Orange, et ce fut, si je l'ose dire, une grande imprudence de refuser une pareille offre.

Dès que le prince d'Orange fut mort, la princesse de Danemarck (2) fut proclamée reine sans aucune opposition. Le roi Jacques se contenta de publier un manifeste par voie de protestation, pour établir ses droits contre ceux de la reine Anne sa sœur.

L'on trouvera le reste de ces mémoires plus détaillé, à cause que j'ai commencé cette année à écrire régulièrement tout ce qui se passoit.

Monseigneur le duc de Bourgogne fut nommé pour commander l'armée de Flandre, ayant sous lui le maréchal de Boufflers. J'eus ordre d'y servir, et me rendis à Bruxelles en même temps que ce prince. Nous y apprîmes que le maréchal de Boufflers ayant assemblé partie de l'armée de l'autre côté de la Meuse, avoit marché pour attaquer le comte de Tilly à Santen. Dès que les ennemis virent arriver l'armée de France, ils décampèrent avec précipitation et eurent le bonheur de faire leur retraite sans être en aucune façon inquiétés ni suivis. On blâma fort le maréchal, car il auroit pu aisément battre Tilly qui étoit de la moitié plus foible que lui. Il est facile d'imaginer quelle auroit été la conséquence d'un heureux succès au commencement de la campagne et de la guerre : outre que la levée du siège de Kayserswerth

---

(1) Le 9 mars, à l'âge de cinquante-deux ans.

(2) Anne, fille de Jacques II.

s'en seroit infailliblement ensuivie, cela auroit donné aux troupes de France une supériorité et une réputation infinies.

Ce coup manqué, et monseigneur le duc de Bourgogne arrivé à Santen avec quelques troupes d'augmentation, tout le monde s'attendoit avec raison que nous ne demeurerions pas les bras croisés, vu que partie de l'armée ennemie étoit occupée au siège de Kayserswerth de l'autre côté du Rhin, et que le reste étoit en trop petit nombre pour s'opposer à nos entreprises (car, pour ce qui étoit des troupes allemandes, elles ne pouvoient joindre les alliés de plus de six semaines); mais, par la timidité du maréchal, ou par une fatalité malheureuse, nous demeurâmes tranquilles à Santen pendant presque tout le siége de Kayserswerth. Il n'est pas fort difficile de dire quelles entreprises on auroit pu former : la commodité de la Meuse offroit d'un côté le siége de Grave, si l'on ne vouloit pas attaquer Maëstricht; Cologne étoit une ville en deçà du Rhin, sans autres fortifications qu'une simple muraille (la conquête en eût été aussi facile qu'utile et éclatante); Juliers se pouvoit attaquer et nous auroit été très-commode pour la communication de la Meuse au Rhin : outre cela, on auroit pu passer le Rhin, soit à Bonn ou près de Rhinberg, et marcher au secours de Kayserswerth. La seule objection qu'on eût pu faire à cette dernière proposition étoit que le Roi ne vouloit pas que les armées passassent le Rhin, crainte de donner un prétexte à l'Empire de se déclarer contre la France; mais pour les autres projets, il ne tenoit qu'à nous de les exécuter.

Le comte de Tallard étoit sur les bords du Rhin avec dix-huit bataillons et trente escadrons. Il eut ordre d'incommoder les ennemis dans leur siége et de rafraîchir la place de temps à autre, d'autant qu'elle n'étoit point investie de notre côté du Rhin, et par conséquent on y entroit par eau tant que l'on vouloit. Le comte de Nassau-Saarbruck, qui commandoit au siège avec dix-huit mille hommes, trouva beaucoup de difficultés, tant par rapport à la vigoureuse défense des assiégés que par rapport au mauvais temps. Il avoit ouvert la tranchée du côté du Rhin : la pluie inonda partie de sa tranchée et la garnison nettoya le reste; de manière qu'il fut obligé de recommencer de nouveau ses attaques. M. de Tallard mit quelques pièces de canon en batterie pour incommoder leur nouvelle tranchée; mais l'éloignement étoit trop grand pour faire beaucoup de mal.

Pendant que nous étions à Santen, l'on trouva moyen de faire sonder l'électeur de Brandebourg, qui se trouvoit alors à Wesel. On lui envoya plusieurs fois le sieur Bielk, colonel allemand; et l'électeur parut assez porté à faire un traité avec la France. Nous l'espérions d'autant plus qu'il avoit tout lieu d'être mécontent des Hollandois au sujet de la succession du prince d'Orange, et qu'il avoit fort à cœur de se faire reconnoître roi de Prusse, titre qu'il venoit de prendre du consentement de l'Empereur, mais que beaucoup de princes refusoient de lui donner. Nous comptions qu'en cas que le traité avec le Brandebourg réussît, il joindroit trente mille hommes de ses troupes avec l'électeur de Bavière, qui en avoit vingt-cinq mille; et que par là l'Empereur se trouvant fort embarrassé, et l'Empire n'osant prendre parti, nous passerions en même temps le Rhin, et, portant la guerre en Hollande, nous obligerions les Etats-généraux à demander la paix aux conditions qu'il nous plairoit. Ces vues étoient grandes, et il étoit fort raisonnable de les suivre; mais malheureusement l'électeur de Brandebourg n'agissoit pas de bonne foi, et dans les négociations il n'avoit d'autre but que celui de nous amuser pendant que nous étions dans son duché de Clèves, et par là nous obliger à avoir des ménagemens pour son pays. Nous lui fîmes offrir toutes les conquêtes que nous ferions sur le Rhin, sur le Wahal en Hollande, ou dans le pays de Juliers, laissant au Roi d'Espagne celles dont nous ferions la conquête en Flandre. Il parut être flatté de ces espérances, mais ne se détermina pas, avouant que s'il n'étoit question que des Hollandois il ne balanceroit pas; mais qu'à l'égard de l'Empereur il ne savoit comment manquer aux paroles données et aux traités faits avec lui, tant que ce monarque en exécuteroit de son côté toutes les conditions.

Pendant que tout ceci se passoit en allées et venues, le maréchal de Boufflers résolut d'attaquer le comte d'Athlone, général des Hollandois, qui se trouvoit campé à Clerebeck, derrière Clèves. Pour cet effet nous nous mîmes en marche le 18 de juin et allâmes à Nogernock, où l'on passa la nuit sans camper. Notre armée étoit composée de trente-sept bataillons et de cinquante-neuf escadrons, outre le corps de M. de Tallard, qui n'étoit plus que de dix bataillons et de trente escadrons, et celui de Caraman, qui avoit neuf bataillons et onze escadrons. Athlone n'avoit que vingt-sept bataillons et soixante-deux escadrons. Le marquis d'Allègre fut détaché avec quelque cavalerie pour reconnoître la situation des ennemis, et en les amusant nous donner le temps d'arriver sur eux. Ils ignoroient totalement notre marche, et s'imaginoient que c'étoit tout au plus un gros parti qui rôdoit ; mais le soir ils furent informés de la vérité par un courrier que leur dépêcha l'électeur de Brandebourg. Ils résolurent aussitôt de se retirer vers Grave, et décampèrent à huit heures du soir ; mais comme il y avoit des défilés pour sortir de leur camp, qu'il falloit que leurs troupes, leur artillerie et équipages passassent tous par le même chemin, et que c'étoit la nuit, leur marche fut lente et fort embarrassée.

Le marquis d'Alègre se trouva en présence à cinq heures du matin et fit ce qu'il put pour les amuser ; mais ils continuèrent toujours leur marche. A six heures, notre aile gauche arriva, et fut bientôt jointe au grand galop par l'aile droite. Les ennemis ne voyant pas possibilité à gagner Grave (car nous arrivions sur le flanc de leur marche), et ne trouvant d'autre retraite que Nimègue, ils en prirent le chemin, et avec une telle diligence que notre cavalerie ne put ni les arrêter ni les charger, d'autant que leur infanterie étoit mêlée avec leur cavalerie, et que notre infanterie n'étoit pas encore arrivée. Il n'y eut que cinq escadrons de battus par les régimens du Roi et de Duras, qui prirent un étendard, un lieutenant colonel et quelques cavaliers. De cette manière, les ennemis se retirèrent en bon ordre jusqu'à environ une portée de canon de Nimègue, où ils firent mine de tenir ferme, à l'abri de quelque infanterie qu'ils jetèrent dans des maisons et derrière des haies qui s'y trouvèrent. Notre cavalerie alors se mit en bataille ; et cependant les bataillons ennemis s'étant jetés dans le chemin couvert, leur cavalerie mit sur le glacis, la croupe des chevaux aux palissades : notre infanterie arriva, nous nous approchâmes d'eux à portée du mousquet et l'on auroit pu charger la cavalerie dans cet instant ; mais on ne le fit pas : j'en ignore la raison. L'on fit avancer du canon qui tira dessus sans qu'elle fît aucun mouvement ; mais enfin nos grenadiers s'étant approchés à la portée du pistolet, elle se débanda ; partie se jeta dans le chemin couvert comme elle put, et partie, en longeant le glacis, gagna les bords du Wahal, et par là entra dans la ville. Cependant le canon de la place tiroit sur nous et commençoit à nous incommoder beaucoup : ainsi on se retira hors de la portée. Nous eûmes environ trois cents hommes de tués ou de blessés. On jugea que la perte des ennemis montoit à mille. Nous prîmes deux cents charrettes d'artillerie, trois cents autres charrettes et mille chevaux.

Cette action, quoique peu considérable, ne laissa pas d'être aussi brillante que singulière ; car c'est une chose sans exemple qu'une armée en ait couru une autre pendant deux lieues, et l'ait culbutée dans le chemin couvert d'une place, presque sans coup férir. L'on s'étonnera peut-être qu'on ne les ait point chargés, ayant été si long-temps en présence ; mais les gens du métier comprendront aisément que dans un pays de plaine, sans fossé, ravine ni ruisseau, il n'est pas facile de joindre un ennemi qui a mille pas d'avance, que lorsqu'il arrive au défilé, et de plus notre infanterie n'étoit pas encore arrivée. A la vérité, si de Norguenow, où nous passâmes la nuit, nous nous étions mis en marche deux heures plus tôt, nous aurions trouvé l'armée ennemie sortant du défilé de Cranenbourg, et elle n'auroit pu nous gagner du pied, ni par conséquent éviter la bataille. Quelques personnes proposèrent d'attaquer l'armée ennemie dans le chemin couvert, attendu que de la place on n'oseroit tirer sur nous, crainte de tuer également amis et ennemis, et que si nous les y battions ils auroient tous été tués ou pris ; peut-être même que dans la confusion nous eussions entré pêle-mêle avec eux dans la place : mais on fut si long-temps à délibérer sur cette proposition, qu'il n'y eut plus moyen de l'exécuter ; car de pareils coups se doivent faire dans l'instant, et sans donner le temps à l'ennemi de se reconnoître.

Nos soldats se répandirent dans tout le pays, où ils trouvèrent un butin considérable ; car les habitans, se croyant en sûreté, n'avoient rien emporté.

Le lendemain 12, nous vînmes camper à Donsbruck, auprès de Clèves. Le comte de Tallard et Caraman, qui n'auroient pu arriver à temps si nous avions eu bataille, campèrent dans notre voisinage, et Athlone se plaça de l'autre côté du Wahal. Peu de jours après, Kayserswerth se rendit, après avoir fait une très-belle défense, et coûta beaucoup de monde aux ennemis. L'électeur de Brandebourg, qui étoit allé à La Haye, nous voyant encore plus avant dans son pays, nous fit sonder par deux gentilshommes qui se rendirent à Clèves, pour savoir si on étoit toujours dans l'intention de traiter avec lui, et qu'en ce cas il consentiroit à une neutralité. Quoique nous dussions avoir pour suspect tout ce qui venoit de sa part après ce qui s'étoit passé, on ne laissa pas de répondre affirmativement ; sur quoi les deux émissaires envoyèrent un courrier à La Haye, et eurent, par le retour, des lettres de créance. La cour de France envoya aussi un plein pouvoir à M. le maréchal de Boufflers ; mais tout cela n'aboutit à rien, car, dès qu'on tomboit d'accord de quelque article, l'électeur proposoit quelque chose de nouveau : aussi, ne cherchant qu'à nous amuser, il allongea la négociation jusqu'à ce que nous fussions sortis de son duché de Clèves, et alors il rompit tout-à-fait avec nous.

Les fourrages devenant rares, et voulant d'ailleurs être plus à portée d'observer les mouvemens des ennemis, qui se rassembloient derrière Nimègue, nous allâmes camper dans la plaine de Goch ; nous fîmes aussi faire deux ponts sur la Meuse, afin de fourrager de l'autre côté et de pouvoir passer s'il en étoit besoin.

Vers le 15 de juillet, M. de Marlborough, à qui les Hollandois avoient donné le commandement de leurs armées, ainsi qu'il l'avoit des troupes angloises, vint camper auprès de Grave, d'où le 26 il passa la Meuse ; sur quoi nous décampâmes de Goch, passâmes la Meuse à Ruremonde, et allâmes camper à Bray. Nous avions, par ordre de la cour, envoyé un détachement en Alsace ; de manière que, le comte de Tallard compris, et tous les autres corps ayant rejoint, nous n'avions que soixante-six bataillons et cent quatorze escadrons. Les ennemis avoient soixante-cinq bataillons et cent trente escadrons, outre une douzaine de bataillons et une vingtaine d'escadrons à portée de les joindre en vingt-quatre heures. De Bray nous nous avançâmes à Lonoven, d'où nous allâmes à Beringhen. M. de Marlborough proposa de marcher à nous en passant le défilé de Peer, moyennant quoi la bataille étoit inévitable sur les bruyères ; mais les députés des États-généraux n'y voulurent jamais consentir, non plus qu'à nous attaquer dans notre camp de Lonoven : ce qui fut fort heureux pour nous, car nous étions postés de manière que nous aurions été battus sans pouvoir nous remuer, notre gauche étant à l'air, et notre droite enfoncée dans un cul-de-sac entre deux ruisseaux.

Après avoir passé la Meuse, nous aurions dû rester du côté de Bray ou d'Ath, au lieu de nous aller promener dans les bruyères : par là nous aurions mis Ruremonde et le Brabant à couvert, d'autant que les ennemis ne pouvoient rien entreprendre ni sur l'un ni sur l'autre sans nous avoir auparavant battus ou chassés de là. Notre unique intention étoit donc d'empêcher les ennemis de tirer des convois de Bois-le-Duc, et par là les obliger de se rapprocher de leur pays, faute de vivres, parce que nous ne comptions pas qu'ils pussent en tirer suffisamment de Maëstricht. Ainsi nous allâmes camper à Rythouen, d'où je fus détaché avec six bataillons, six cents grenadiers, treize escadrons et douze pièces de canon, pour occuper Endouen, à deux lieues de notre gauche, sur la Domel. J'appris à mon arrivée qu'il étoit parti un convoi considérable de Bois-le-Duc, et je vis M. de Tilly qui venoit de l'armée des alliés pour aller à sa rencontre. Au lieu de faire passer le convoi par l'autre côté de la rivière d'Aa, il se campa à la franquette sur la bruyère à Geldrop, à cinq quarts de lieue de mon camp : il avoit environ trente escadrons et une douzaine de bataillons.

J'envoyai à dix heures du soir en avertir le maréchal de Boufflers, et lui proposai en même temps de me faire joindre par l'aile gauche de l'armée ; moyennant quoi nous pourrions, à la pointe du jour, tomber sur M. de Tilly. Le courrier ne rendit ma lettre qu'à quatre heures du matin, de manière que l'aile gauche ne put se mettre en marche qu'à six. Le maréchal me manda que monseigneur le duc de Bourgogne et lui seroient aussi de la partie, et que je pouvois toujours m'avancer avec mes troupes sur l'ennemi : ce que je fis aussitôt en passant la Domel et le ruisseau de Tongrelope, et me mis sur le bord de la bruyère à une petite demi-lieue de M. de Tilly. Le maréchal, étant arrivé, ne jugea pas à propos d'attaquer, craignant que l'armée ennemie ne vînt droit sur Endouen pendant que nous serions aux prises avec M. de Tilly, et ne coupât notre retraite ; mais cette appréhension étoit frivole, vu qu'il y avoit trois lieues de là à l'armée ennemie, et que nous aurions eu le temps de battre M. de Tilly, détruire le convoi et repasser la Tongrelope et la Domel, avant qu'il fût possible à M. de Marlborough d'arriver ; et quand même il auroit pu arriver, notre retraite se pouvoit faire en longeant de l'autre côté de la Tongrelope, et puis passant la Domel au-dessous d'Endouen. De plus, comme nous cherchions les occasions de batailler, il n'y avoit qu'à faire marcher toute l'armée ; et si l'ennemi s'avançoit, le combattre dans ces belles plaines. J'eus donc ordre de repasser la Tongrelope et de me mettre en bataille sur la bruyère, de l'autre côté du pont d'Endouen, ce que j'exécutai. Tilly se mit en marche et se plaça à couvert de l'Aa. L'armée ennemie ayant appris ce qui se passoit, se mit d'abord en mouvement pour venir au secours du convoi ; mais, sur la nouvelle de notre rétrogradation, elle rentra dans son camp, d'où quelques jours après elle alla à Peer. Nous prîmes le même chemin par la Bruyère ; et ayant su que M. de Marlborough se portoit vers Helectren, nous marchâmes à lui à dessein de l'attaquer. Dès qu'il nous vit paroître, il fit halte et se mit en bataille ; mais comme nous avions nombre de défilés à passer, il étoit près de quatre heures après midi avant que nous pussions également nous y mettre : ainsi, comme il ne nous restoit pas assez de jour pour reconnoître la situation des ennemis et les attaquer, le reste de la journée se passa en canonnade de part et d'autre. Nous eûmes une trentaine d'officiers et deux cents soldats de tués : les ennemis en perdirent, je crois, plus ; car leur droite étoit fort exposée et notre artillerie mieux servie que la leur. Le lendemain 24 août, dès la pointe du jour, monseigneur le duc de Bourgogne fit appeler tous les lieutenans-généraux pour savoir leur sentiment. Nous avions tous été la veille reconnoître la position des ennemis. Leur droite étoit appuyée à des haies, où ils avoient mis un très-gros corps d'infanterie et étoit couverte en avant par un ruisseau marécageux ; leur gauche étoit appuyée au ruisseau de Beringhem, et couverte par les censes de Sphippelback, qu'ils avoient pareillement farcies d'infanterie : leur front étoit sur une hauteur qui régnoit de la droite à la gauche ; et en avant, à la demi-portée du canon, se trouvoient plusieurs marais et flaques d'eau ; ce qui nous auroit obligés à défiler, et il ne nous auroit pas été facile de nous reformer si près de l'ennemi, qui pouvoit tomber en bataille sur nous.

Derrière leur armée se trouvoit le ruisseau d'Helectren, lequel étant bon, nous ne pouvions les tourner. Les choses ainsi reconnues et expliquées, tout le monde décida que le poste des ennemis étoit inattaquable ; et ainsi il fut décidé que ne pouvant, faute de pain et de fourrages, rester où nous étions, l'on se retireroit à l'entrée de la nuit par le même chemin par où nous étions venus ; ce qui fut exécuté sans que les ennemis nous inquiétassent. Le lendemain ils nous firent suivre par quelques troupes ; mais le tout se passa en escarmouches. L'armée de monseigneur le duc de Bourgogne étoit alors de soixante-dix bataillons et de cent quatorze escadrons ; celle des ennemis, de quatre-vingt-douze bataillons et de cent cinquante escadrons.

Le duc de Marlborough, après toutes ces marches et contre-marches, se trouvant entre nous et les places de la Gueldre, ne songea plus qu'à en faire la conquête. Il commença par le siége de Venloo ; sur quoi le duc de Bourgogne fit encore assembler les officiers généraux pour voir ce qu'il y avoit à faire. Il fut résolu qu'on ne pouvoit présentement s'opposer aux progrès des ennemis de ce côté-là ; et voici les raisons qu'on eut.

Pour secourir la Gueldre il falloit ou battre les ennemis ou arriver auprès des places : à l'égard du premier point, tout homme de guerre sait que ce n'est pas chose facile de battre des gens qui ont eu le temps de se placer et qui ont des postes excellens. Si l'on avoit voulu tourner les ennemis, ils n'auroient aussi qu'à se tourner par leur droite à couvert de la Nèze qui tombe dans la Meuse, entre Ruremonde et Venloo ; ou par leur gauche, s'appuyer au château de Stacken d'un côté et à des marais et bois de l'autre. A l'égard du second, savoir, d'arriver aux places de la Gueldre, il n'y avoit que deux chemins à prendre, celui de Ruremonde et de Steventwert, ou celui de Liége, pour y passer la Meuse, et se porter par l'autre côté. Pour ce qui étoit d'aller à Ruremonde ou Steventwert, les ennemis nous en barroient le chemin, par la position qu'ils avoient prise. Reste donc à aller à Liége : le tour étoit si grand, qu'il falloit presque autant de temps pour le faire que pour prendre Venloo ; mais quand même cela n'auroit pas été, dès que nous aurions eu passé la Meuse les ennemis en auroient fait autant et se seroient mis toujours entre nous et la place assiégée ; ou, s'ils eussent voulu, ils n'avoient qu'à quitter leurs entreprises sur la Gueldre et marcher droit à Bruxelles, Louvain et Malines, en un mot prendre tout le Brabant : de plus, nous étions si fort gênés par nos vivres, que nous ne pouvions nous en écarter sans courir risque de faire périr l'armée ; outre que les ennemis avoient vingt bataillons de plus que nous, et que chacun de leurs bataillons avoit au moins cent hommes de plus que les nôtres. Il fut donc déterminé que nous ne songerions pas au secours de la Gueldre, mais qu'on tâcheroit de faire quelque diversion en Flandre.

Pour cet effet, M. d'Usson, lieutenant-général, fut détaché avec quelques troupes pour aller joindre le marquis de Bedmar, gouverneur des armes dans les Pays-Bas. Celui-ci marcha à Hultz, et d'abord il se rendit maître de quelques redoutes ; mais le commandant de la place ayant lâché les eaux, il fallut abandonner l'entreprise. On auroit dû l'avoir prévu, et ne point exposer les troupes des deux couronnes à une retraite honteuse et précipitée. Il nous en coûta cinq cents hommes.

Le Roi, voyant le mauvais train que prenoit cette campagne, fit revenir de l'armée monseigneur le duc de Bourgogne, afin qu'il n'eût pas le déshonneur d'être uniquement spectateur des conquêtes de M. de Marlborough.

Les ennemis ayant ouvert la tranchée et fait

brèche au fort de Saint-Michel, le prirent d'assaut. Venloo se rendit au bout de dix jours de tranchée ouverte; Steventwert dura très-peu, et Ruremonde capitula le cinquième jour de tranchée. Nous nous étions avancés à Tongres pour observer les ennemis et faire semblant de vouloir les empêcher de s'avancer davantage. Le comte de Tallard avoit été détaché avec dix-sept bataillons et vingt-cinq escadrons, pour aller retirer de Bonn l'électeur de Cologne. Il le fit et laissa dans la place onze bataillons et quelques escadrons, aux ordres de M. d'Alègre. Ensuite l'électeur s'approcha de Cologne : cette ville, craignant le bombardement, fit un traité de neutralité et s'engagea à n'avoir que huit mille deux cents hommes de garnison, et cela seulement des troupes de Westphalie; à permettre le commerce et à chasser un officier qui avoit fait tirer du canon contre l'électeur. Pour montrer leur bonne foi, les magistrats firent dans l'instant sortir de la ville deux bataillons hollandois qui y étoient en garnison. De Cologne, Tallard marcha à Luxembourg, puis à Trèves, et prit ensuite Traërback. M. de Marlborough nous voyant si fermes et si peu d'humeur à nous opposer à ses entreprises, résolut de profiter du temps et de l'occasion, et proposa aux députés des Etats-généraux le siége de Liége. D'abord ils s'y opposèrent; car les Hollandois naturellement ne vouloient point d'action dont le sort pouvoit être douteux, sachant que les batailles décident des Etats et les peuvent dans un instant culbuter. Ils craignoient donc que, rassemblant toutes nos forces, nous ne vinssions les attaquer : mais Marlborough leur ayant fait voir clairement que le détachement que nous avions envoyé en Allemagne et celui de M. de Tallard, qui étoit allé sur la Moselle, nous avoient tellement affoiblis que nous n'oserions hasarder un combat, les députés enfin consentirent à l'entreprise.

Cependant le maréchal de Boufflers se trouvoit dans un embarras terrible : quoique brave de sa personne, il craignoit les ennemis; et d'un autre côté il savoit les discours qu'à la cour et à l'armée on tenoit sur son compte. Il n'avoit pas assez de troupes pour chercher à livrer bataille, n'ayant que soixante-deux bataillons et quatre-vingt-six escadrons; d'un autre côté, il ne lui étoit plus possible maintenant de couvrir Liége et le Brabant. Il falloit donc opter, et c'est ce qui l'affligeoit. En effet, quelque parti qu'il prît, il étoit toujours sûr de faire quelque perte considérable et par conséquent d'être blâmé : à la vérité, s'il avoit voulu prendre ses mesures dès qu'il eut abandonné la Gueldre, il auroit pu faire un bon camp retranché sous Liége, ainsi que les ennemis l'avoient pratiqué la dernière guerre; moyennant quoi, en y laissant trente ou trente-cinq bataillons, la place auroit été en sûreté : avec le reste, il se seroit tenu derrière les Gettes, ce qui auroit couvert le Brabant; mais il n'en avoit plus le temps : ainsi il se contenta de jeter huit bataillons dans les châteaux et citadelle de Liége. Le 13 octobre, les ennemis arrivèrent devant la ville qui leur ouvrit les portes; les batteries commencèrent à tirer le 20 contre la citadelle. Ils en attaquèrent le 23 le chemin couvert, et y trouvèrent si peu de résistance, que voyant une brèche faite au corps de la place et le fossé peu profond, ils montèrent à l'assaut et emportèrent la citadelle. Le sieur de Violaine, qui y commandoit, ne put jamais excuser sa négligence : il n'avoit fait aucune disposition et ne parut à la tête des troupes que lorsque les ennemis étoient déjà maîtres de la place. Dès que nous apprîmes cette triste nouvelle, nous rentrâmes dans nos lignes à Jandrin, mettant notre droite près de Boneff sur la Méhaigne et notre gauche au ruisseau de Josse.

La Chartreuse de Liége ne fit pas une plus longue défense que le reste. Dès que le canon commença à tirer, la garnison capitula; après quoi les ennemis ne songèrent plus qu'à se séparer, ce qu'ils firent dans les premiers jours de novembre, à notre grand contentement; car, dans le train où nous étions de laisser tout faire, ils n'auroient trouvé de notre part aucun obstacle à leurs entreprises. Notre armée fut aussi renvoyée dans les quartiers d'hiver.

Le maréchal de Villeroy, qui étoit prisonnier en Allemagne, revint cet hiver à la cour. Voici son aventure en peu de mots. Vers la fin de la campagne de 1701, le Roi, peu content de la conduite du maréchal de Catinat, l'avoit envoyé commander l'armée d'Italie sous les ordres du duc de Savoie, généralissime des deux couronnes. Il y donna le combat de Chiari, où nos troupes furent repoussées et très-malmenées; ensuite ayant mis pendant l'hiver son quartier général à Crémone, et cette ville ayant été surprise par le prince Eugène, il y fut pris et emmené en Allemagne. Jamais peut-être il n'est rien arrivé à la guerre de plus singulier : une armée surprend une ville, y prend le général; et toutefois les troupes qui s'y trouvent, quoique beaucoup inférieures en nombre, dispersées dans différens quartiers, sans chef et sans ordre, ont la fermeté de courir de toutes parts sur les ennemis et enfin de les rechasser totalement de la ville.

[1703] Le Roi, qui aimoit tendrement le maréchal de Villeroy, fit tant solliciter l'Empereur, que celui-ci le relâcha; et aussitôt il fut nommé pour général de l'armée de Flandre, ayant sous lui le maréchal de Boufflers, dont la cour n'étoit que médiocrement satisfaite. Je reservis encore dans cette armée.

Dès les premiers jours de mai les troupes commencèrent à s'assembler, et le septième nous campâmes en front de bandière à Tirlemont, avec cinquante bataillons et cent escadrons. Le dessein du maréchal de Villeroy étoit de tâcher de surprendre quelques quartiers des ennemis dispersés le long du Demer et du Jarre, et de profiter de l'absence du duc de Marlborough, qui dans ce temps-là faisoit le siége de Bonn.

Nous marchâmes le 9 mai par la grande chaussée, et investîmes tout à coup Tongres où il y avoit deux bataillons.

M. d'Owerkerque, général des Hollandois, qui commandoit dans l'absence de M. de Marlborough, ayant appris que nous nous assemblions, avoit résolu de venir se camper, avec ce qu'il pourroit ramasser de troupes, sur les hauteurs de Tongres, mettant sa gauche à la ville, et la droite tirant vers Hasselt, moyennant quoi il auroit été dans un poste excellent, et nous auroit barré l'entre-deux du Demer et du Jarre; mais notre diligence rompit ses mesures: ainsi il fut obligé de se camper auprès de Maëstricht, pendant que nous attaquâmes Tongres. Nous n'y observâmes pas grande cérémonie, la ville n'ayant pour toute défense qu'une muraille flanquée de quelques méchantes tours. On planta du canon qui tira le même jour. Le lendemain, comme il commençoit à y avoir brèche, la garnison se rendit à discrétion: nous y prîmes les équipages du duc de Wurtemberg, général des Danois, et du major général Herbo. Nous nous campâmes ensuite, la droite à Bédoé sur le Jarre, et la gauche sur les hauteurs tirant vers Hasselt, et nous laissâmes Borkloën derrière nous.

Le maréchal de Villeroy voulut ensuite faire une tentative sur les ennemis. Pour cet effet, nous fîmes une marche de nuit et arrivâmes le 14 à huit heures du matin en présence; nous les trouvâmes en bataille, la droite à Petersem, et la gauche à Maëstricht: mais peu de temps après, avant que notre infanterie fût arrivée, ils rehaussèrent leur droite. Nous reconnûmes leur situation pour voir la manière dont il faudroit faire les dispositions de la bataille; mais, après avoir bien examiné, nous jugeâmes que le poste étoit inattaquable. Leur droite étoit appuyée à Lonaken, village très-fort, situé sur une hauteur qui dominoit toute la plaine; et leur front étoit couvert par un chemin creux qui va de Lonaken à Maëstricht. Leur armée étoit de trente-cinq à quarante bataillons et d'environ soixante-dix escadrons. Le maréchal de Villeroy ayant trouvé les avis de messieurs les officiers généraux conformes aux siens, remarcha le même jour à son camp près de Tongres.

Le duc de Marlborough ayant pris Bonn, où le marquis d'Alègre fit une très-belle défense, revint joindre Owerkerque. Son armée se trouva composée de soixante-cinq bataillons et de cent vingt escadrons. Il passa le Jarre auprès de Maëstricht et se campa à Outem; sur quoi nous mîmes notre gauche près de Tongres et la droite vers le bois d'Hernous, nous étendant le long du Jarre. Les ennemis marchèrent ensuite par leur gauche, et nous par notre droite, et cette manœuvre dura le reste du mois. Mais, avant que de continuer à faire le détail de cette campagne, il est à propos de faire quelques raisonnemens sur les projets et desseins des ennemis. Ayant vu que l'année précédente nous nous étions opposés aussi foiblement qu'inutilement à leurs entreprises, et sachant d'ailleurs que pendant l'hiver nous avions envoyé sur le Rhin un nombre considérable de troupes, ils ne doutèrent pas que leur supériorité sur cette frontière ne fût si grande, qu'ils n'auroient qu'à se déterminer sur le choix des conquêtes; et sur ce pied, ils firent les préparatifs nécessaires pour l'exécution de leurs projets: dès que Bonn seroit pris, Anvers et Ostende devoient être les premières villes attaquées, la première au profit des Hollandois, et l'autre pour les Anglois, qui avoient fort insisté sur cela pendant l'hiver, et qui n'avoient même consenti au siège de Bonn qu'à cette condition. Ils étoient tous persuadés que nous ne pouvions mettre vingt mille hommes ensemble: aussi furent-ils bien surpris quand ils nous virent enlever Tongres, et leur présenter la bataille auprès de Maëstricht. Toutefois ils ne furent pas encore détrompés, s'imaginant à la vérité que nous avions plus de troupes qu'ils n'avoient cru, mais aussi, qu'excepté ce qu'ils voyoient, nous n'avions plus rien dans tout le pays. C'est sur ce principe que M. de Marlborough, dès qu'il fut arrivé, passa le Jarre, afin de nous attirer sur la Méhaigne, et par là nous éloigner de la Flandre, vers où il faisoit par les derrières filer des troupes, ne doutant point qu'en nous tenant de ce côté-ci en échec il ne pût sans obstacle faire exécuter les desseins projetés. Sa surprise fut des plus grandes quand il sut que le marquis de Bedmar assembloit un corps considérable près d'Anvers, et qu'on formoit encore deux camps près de Gand et de Bruges. Résolu de voir s'il ne nous embarrasseroit pas, il fit embarquer du canon à Maëstricht, comme pour attaquer Huy; il en fit autant à Berg-op-Zoom, et même en Hollande : il fit descendre des troupes par eau à Lillo, au Sas de Gand et à L'Ecluse, afin de nous donner jalousie pour toutes les places de Flandre. Mais voyant que rien ne nous ébranloit, il fut à son tour assez embarrassé ; car, d'un côté, il avoit fort envie de faire quelque chose et ne voyoit pas trop jour à le pouvoir; de l'autre côté, il étoit fort pressé par l'Empereur de lui envoyer un secours considérable, sans quoi ce prince déclaroit qu'il ne pouvoit résister aux François et Bavarois qui venoient se joindre au centre de l'Allemagne. Ce dernier motif le détermina à faire marcher au-delà du Rhin quelques troupes et à continuer de voir s'il pourroit nous entamer de quelque côté.

Il faut observer qu'outre les soixante-cinq bataillons et les cent vingt escadrons que les ennemis avoient dans leur camp, ils avoient une trentaine de bataillons et autant d'escadrons dispersés depuis Breda jusqu'à L'Ecluse, indépendamment de dix bataillons et quelque cavalerie qui bloquoient la ville de Gueldre. Nous avions alors dans notre armée soixante-trois bataillons et cent un escadrons; le marquis de Bedmar avoit à ses ordres, tant auprès d'Anvers que du côté de Gand, Bruges, Ostende et Damm, quarante bataillons et vingt-sept escadrons. Je ne comprends ni ce qui étoit dans nos garnisons, ni dans celles de nos ennemis.

Pour revenir aux mouvemens qui se firent de part et d'autre, le 9 juin, les ennemis remarchant par leur gauche, se vinrent camper la droite à Tinecourt, et la gauche près de Warfusé; sur quoi nous remontâmes par notre droite jusqu'au-delà des sources du Jarre, et nous nous plaçâmes dans l'entre-deux du Jarre et de la Méhaigne, afin de barrer le chemin aux ennemis : notre droite étoit près de Breff sur la Méhaigne et notre gauche à Drion sur le Jarre. Comme il n'y avoit plus de ruisseau qui séparât les deux armées, qui n'étoient éloignées que d'une lieue et demie, nous mîmes beaucoup d'infanterie dans Tourine, village situé très-avantageusement au centre de notre camp ; l'on fit aussi quelques redoutes le long de notre front et l'on retrancha Drion. Les ennemis ne jugèrent pas à propos de nous attaquer : ainsi il n'arriva aucune action considérable, seulement quelques petites escarmouches à l'occasion des fourrages que nous fîmes près de leur camp.

Le duc de Marlborough, qui voyoit qu'il ne pouvoit rien entreprendre de considérable qu'en déplaçant notre armée, ou du moins les différens corps que nous avions à portée de nos principales places, ordonna à M. de Cohorn de tenter une irruption dans le pays de Waës, afin d'y attirer le marquis de Bedmar, qui se tenoit campé sous Anvers. Si Bedmar quittoit son poste, Obdam, qui étoit avec un gros corps près de Lillo, auroit dans l'instant marché sur Anvers et se seroit placé derrière la Skene, Cohorn l'auroit joint en diligence et toute l'armée y auroit marché à tire d'aile. Selon les apparences, ayant leur dessein formé, ils y seroient arrivés avant nous, et en ce cas Anvers étoit perdu.

Cohorn fit quelques mouvemens et prit même quelques postes dans le pays de Waës.

Marlborough décampa le 27 juin, passa le Jarre au-dessus de Tongres, étendant sa droite vers Borckloën. Comme nous jugions qu'il avoit dessein de passer le Demer, nous nous portâmes entre Avesne et Lewes.

Les ennemis, le lendemain, s'étendirent à Bilsen; sur quoi nous nous rapprochâmes de Diest, afin de pouvoir nous placer derrière le ruisseau de Beneguen et barrer aux ennemis le chemin de Lierre et d'Anvers : mais comme nous vîmes que les ennemis n'avoient pas encore passé le Demer, et que nous apprîmes que M. d'Obdam étoit venu camper à Ekeren, à une lieue d'Anvers, en deçà de Dillo, le maréchal de Boufflers fut détaché avec trente escadrons, dont la moitié étoit de dragons, et trente compagnies de grenadiers, pour aller, conjointement avec le marquis de Bedmar, attaquer Obdam. Ce général ennemi ne fut en aucune façon averti de cette marche, de manière que la première nouvelle qu'il en eut fut lorsque ses gardes avancées lui annoncèrent l'arrivée de nos troupes sur eux : ce qui est encore fort surprenant, c'est que nos gens eurent toutes les peines du monde à trouver l'armée ennemie, quoiqu'on sût qu'elle étoit campée à Ekeren ; l'on fut très-long-temps à la chercher avant de la pouvoir découvrir, tout comme quand un piqueur cherche à détourner dans un bois un cerf ou un sanglier : ce qui fut cause qu'on n'arriva que vers les quatre heures après midi. D'abord notre cavalerie et nos dragons, qui avoient pris les devants, poussèrent quelques troupes ennemies jusqu'auprès de leur camp ; mais leur infanterie les fit retirer. La nôtre étant ensuite arrivée, on chassa les ennemis du village d'Ekeren, et alors ils ne songèrent plus qu'à se retirer à Lillo : cela ne se pouvoit que par une chaussée, à cause que tout le pays est coupé par des watergans, des fossés et des haies. On essaya d'inquiéter leur retraite; mais ils la firent en bon ordre et repoussèrent vivement ceux qui les approchoient. Quelques brigades de nos troupes, ayant chargé, furent battues à plate couture, et se retirèrent même en désordre dans les lignes d'Anvers. Durant que cela se passoit à la gauche, nos dragons et quelques bataillons s'étoient emparés d'un village qui se trouvoit vers le milieu de la digue, entre Ekeren et Lillo; de manière que si nos gens s'y étoient maintenus (chose très-facile, au moyen d'une coupure ou retranchement sur la digue qu'on auroit pu faire en un quart d'heure), les ennemis eussent été obligés de se rendre, n'y ayant point moyen de se sauver par ailleurs : mais ceux qui se trouvèrent chargés de cette commission ne firent rien du tout; en sorte que les ennemis, qui n'avoient d'autre ressource, attaquèrent avec tant de furie que nos gens leur laissèrent le passage libre. Quelques troupes les suivirent; mais le grand feu qu'ils firent, le bon ordre qu'ils observèrent, et la nuit, mirent fin au combat. Cependant la plus grande partie de nos gens croyoient avoir perdu la bataille; si bien que, durant l'obscurité, l'on se retira sur la bruyère, auprès de la cavalerie qui y étoit restée. Le jour venu, on envoya reconnoître; et comme l'on vit que les ennemis s'étoient entièrement retirés, on fit retourner les troupes sur le champ de bataille, avec un grand bruit de tambours, timbales et trompettes. L'on prit quatre pièces de canon, deux gros mortiers et quarante petits, toutes les munitions de guerre, tout le bagage, quelques drapeaux, et l'on fit environ huit à neuf cents prisonniers, avec la comtesse de Tilly, habillée en amazone, laquelle étoit venue ce jour-là dîner au camp. M. d'Obdam, général de cette armée, voyant qu'on marchoit pour l'attaquer, se crut si bien battu qu'il se sauva à toutes jambes à Berg-op-Zoom, où il annonça tout perdu. Le lieutenant-général Schulembourg resta avec les troupes et acquit par sa belle manœuvre autant de réputation que son chef en recueillit de honte. L'on ne put dire combien les ennemis perdirent de monde; mais de notre côté la perte montoit au moins à deux mille hommes.

Autre chose extraordinaire, c'est que, quoiqu'il n'y eût que neuf lieues de Diest à Ekeren, et que l'action se fût passée le 30, nous n'eûmes avis de cette affaire que le 2 de juillet.

L'on peut juger de l'inquiétude où nous étions tous, et surtout le maréchal de Villeroy, dont le fils aîné, lieutenant-général, étoit du détachement. Nous avions entendu le feu du combat; et le silence de M. le maréchal de Boufflers et du marquis de Bedmar, joint au rapport de quelques officiers blessés, nous faisoit avec raison appréhender quelque catastrophe.

Ayant appris que les ennemis avoient passé le Demer à Hasselt, et étoient venus camper à Beringhen, nous ne jugeâmes pas à propos, attendu le détachement que nous avions fait, de nous exposer en plaine : ainsi, au lieu d'aller à Beverlo, comme d'abord nous en avions eu intention, nous passâmes le Demer une demi-lieue au-dessous de Sickem, et allâmes le 1er de juillet nous camper auprès d'Arscot, derrière les lignes qui alloient d'Arscot à Lierre. Quelques jours après, le maréchal de Boufflers nous ayant rejoints, comme aussi quelques autres troupes du marquis de Bedmar, nous sortîmes de nos lignes afin de faire croire aux ennemis que nous ne demandions pas mieux que de nous battre; mais nous n'avions pourtant intention que de faire bonne contenance, de tâcher de différer la jonction des troupes de Cohorn avec celles d'Obdam (sans quoi nous étions bien assurés que le duc de Marlborough ne nous attaqueroit pas), et d'être toujours en situation de couvrir toutes nos places, tant en deçà qu'au-delà de l'Escaut. Après plusieurs marches et contre-marches faites de part et d'autre, enfin nous nous campâmes à Saint-Job, la droite à la Skene, et la gauche dans la plus belle plaine du monde.

Le 23, les ennemis vinrent camper à une lieue et demie de nous. L'après-dînée, le duc de Marlborough vint avec tous les officiers généraux pour nous reconnoître; sur quoi plusieurs personnes qui avoient déjà proposé au maréchal de Villeroy de se retirer dans ses lignes, le pressèrent de le faire dès le soir même, pour ne point s'exposer à y entrer trop précipitamment, manœuvre toujours dangereuse et peu honorable : mais le maréchal n'y voulut point consentir, alléguant pour raison qu'il falloit cacher le plus long-temps qu'on pourroit l'ordre qu'il avoit de ne point combattre; et qu'ainsi, tant que le camp de Lillo ne seroit pas à portée de joindre les ennemis, il falloit faire mine de les attendre de pied ferme, d'autant que lorsque nous verrions la jonction prête à se faire, et même les ennemis commencer à déboucher sur la bruyère, nous serions encore à temps de rentrer dans nos lignes, dont nous n'étions qu'à une lieue. Nous avions fait un si grand nombre d'ouvertures pour y arriver, que dans une heure do temps nous y aurions été. Le terrain étoit aussi très-favorable pour la retraite, y ayant force haies que nous aurions farcies d'infanterie, de manière que la cavalerie ennemie n'eût osé nous inquiéter ; et pour ce qui est de leur infanterie, elle ne pouvoit jamais arriver à temps, ayant une lieue et demie de bruyère à traverser : on se contenta donc de renvoyer les gros bagages. Le lendemain 24, nous apprîmes par nos partis que le camp de Lillo, fort de vingt-six bataillons et d'autant d'escadrons, ayant marché de nuit, étoit arrivé le matin à Capelle, à une lieue et demie de notre gauche ; nous entendîmes même le signal de son arrivée par un coup de canon qu'on y tira. Nous vîmes peu après l'armée ennemie commencer à déboucher sur la bruyère, auprès de Westwesel ; sur quoi nous nous mîmes en marche, et en moins de trois heures l'armée et les bagages furent dans nos lignes, sans qu'il parût personne à notre arrière-garde. Les ennemis campèrent la gauche à Wetwesel, et la droite en arrière de Capelle ; et nous la droite à Oleghem, et la gauche à Durem, avec soixante-six bataillons et cent six escadrons. M. de Guiscard fut envoyé de l'autre côté de l'Escaut, à Bork, avec dix-huit bataillons et dix escadrons, pour couvrir le fort Sainte-Marie et garder la digue de Calo, dans le pays de Waës.

Il seroit difficile de dire si les ennemis avoient véritablement intention de combattre. L'on peut dire qu'ils y auroient moins risqué que nous ; car s'ils eussent perdu la bataille, nous n'aurions pu attaquer que Liége, au lieu qu'en la gagnant ils nous auroient enlevé Anvers et tout le Brabant. Peut-être toutefois que, vu la répugnance qu'ont toujours eue les Etats-généraux à risquer une action décisive, le mouvement de M. de Marlborough n'étoit que pour se joindre à Cohorn, et de là s'étendre sur l'Escaut, afin de porter la guerre en Flandre où, à cause de leur infanterie, ils espéroient avoir plus beau jeu. Quoi qu'il en soit, dès que nous fûmes dans nos lignes, ils ne firent aucun mouvement de douze jours. Le maréchal de Villeroy, attentif à ne se point laisser gagner de marche d'aucun côté, et ayant pourvu à l'autre côté de l'Escaut par le corps de M. de Guiscard, me détacha avec trente-huit escadrons pour Lierre. Au commencement d'août, les ennemis, ne voyant aucune possibilité de pouvoir rien faire du côté de Flandre, remarchèrent vers la Meuse : nous les côtoyâmes toujours par dedans nos lignes, observant par nos allongemens d'être en état de ne pouvoir être devancés d'aucune part par une contre-marche ; car, quoiqu'ils publiassent qu'ils alloient assiéger Huy, et qu'ils avoient pour cela tous les préparatifs nécessaires, ils espéroient que, pour les en empêcher, nous irions nous placer à Vignamont ; auquel cas ils s'en seroient retournés en diligence pour attaquer nos lignes, et auroient tenté d'exécuter leurs premiers projets sur Anvers. Nous ne nous avançâmes donc qu'à mesure que les ennemis s'avançoient ; et ainsi, s'étant eux-mêmes campés à Vinamont, nous nous mîmes la droite à Vasiége sur la Méhaigne, et la gauche à Josse. Alors le siége de Huy se fit tout de bon, pendant lequel je fus détaché avec quinze bataillons et vingt-six escadrons, pour continuer nos lignes de Vasiége à la Meuse. M. de Tzerclaës fut envoyé dans le Condros pour contenir les ennemis de ce côté-là et être à portée de pousser des troupes sur la Moselle, en cas qu'ils y en fissent marcher après la prise d'Huy. Ce château se rendit le 25 août. Les ennemis vinrent ensuite se camper à Hannuye, à deux petites lieues de nous : ils nous reconnurent plusieurs fois ; mais ne jugeant pas à propos de nous attaquer, ils marchèrent à Saint-Tron, d'où ils envoyèrent vingt-cinq bataillons et quarante escadrons assiéger Limbourg.

M. de Pracontal eut ordre, avec dix-huit bataillons et quinze escadrons, de les observer, d'autant que dans ce temps-là le maréchal de Tallard, qui commandoit l'armée sur le Rhin, faisoit le siége de Landau ; et la cour avoit ordonné qu'en cas que les ennemis envoyassent un détachement de Flandre pour le Rhin, Pracontal y marcheroit aussi. Pour cet effet il se campa à Marche, dans les Ardennes ; la garnison de Limbourg fut obligée de se rendre prisonnière de guerre le 27 septembre. Le duc de Marlborough, qui y étoit allé lui-même, revint ensuite à Saint-Tron rejoindre son armée ; mais dans les premiers jours d'octobre il se retira à Tongres, et nous étendîmes notre armée à Diest et le long du Demer. Le reste du mois l'on ne songea, de part et d'autre, qu'à s'amuser, pour s'empêcher d'envoyer des troupes en Allemagne : nous fîmes même embarquer du canon à Namur, où les maréchaux se rendirent de leurs personnes pour y faire accroire que nous voulions rassiéger Huy. Mais enfin un détachement des ennemis étant parti pour aller au secours de Landau, et M. de Pracontal le côtoyant, notre campagne prit fin le 2 de novembre.

Au retour de l'armée je me fis naturaliser François, en ayant demandé et obtenu la permission du roi d'Angleterre.

SECONDE PARTIE.

[1704] Cet hiver, l'Empereur ayant, par le moyen des Anglois et des Hollandois, engagé le Portugal à se déclarer pour la ligue, résolut d'envoyer en Portugal son second fils, l'archiduc Charles, afin de tâcher d'exciter, par la présence de ce prince, les Espagnols à se déclarer contre Philippe V, d'autant que l'amirante de Castille, qui s'étoit retiré à Lisbonne, avoit assuré que la nation espagnole ne demandoit pas mieux, pour peu qu'elle fût soutenue. Sur ce principe, l'Empereur déclara l'archiduc roi d'Espagne, et le fit passer en Hollande, d'où il devoit aller en Portugal avec douze mille hommes de troupes angloises et hollandoises : sur quoi le Roi fit marcher en Espagne dix-huit bataillons et dix-neuf escadrons au secours de son petit-fils, et je fus nommé le général de ces troupes. Puységur, maréchal-de-camp, et qui avoit, depuis nombre d'années, fait la charge de maréchal-des-logis de l'armée en Flandre, fut envoyé à l'avance à Madrid, afin de faire les arrangemens pour tout ce qui regardoit la guerre. Après avoir réglé avec Orry les endroits où se devoient faire les magasins, et donné les instructions pour tous les préparatifs nécessaires, il alla visiter les frontières de Portugal, afin de pouvoir, à mon arrivée, me rendre un meilleur compte de toutes choses. Mais à son retour il se plaignit très-vivement de ce qu'Orry l'avoit trompé, n'ayant rien trouvé de ce qu'on lui avoit assuré être déjà dans les magasins. Sur cela grandes lettres furent écrites à Versailles. L'abbé d'Estrées, ambassadeur de France, ennemi juré de madame des Ursins, et par conséquent d'Orry, qui en étoit la créature et le conseil, se joignit à Puységur; le roi et la reine d'Espagne prirent le parti d'Orry: de manière que le Roi, ne sachant que croire, m'ordonna d'examiner cette affaire et de lui mander la vérité de ce que j'aurois découvert sur cela, aussi bien que sur toutes les autres brouilleries de la cour d'Espagne.

J'arrivai à Madrid le 15 février, où d'abord Sa Majesté Catholique me fit capitaine-général de ses armées. Je fis aussi la cérémonie de me couvrir, ayant été introduit à l'audience par le duc d'Arcos comme parrain, selon la coutume d'Espagne. Je commençai ensuite par examiner ce qui regardoit les magasins, comme ce qui m'importoit le plus. Toute la tracasserie entre Puységur et Orry ne venoit que d'un mot mal entendu; car Orry avoit dit à l'autre, en présence du roi d'Espagne, que les magasins seroient faits, et Puységur avoit cru qu'il l'avoit assuré qu'ils étoient faits. Orry faisoit voir clairement que, comme on n'avoit pu déterminer les endroits des différens emplacemens jusqu'à l'arrivée de Puységur, il n'avoit pas été possible, dans ce peu de temps, de faire les magasins marqués; et qu'ainsi, n'y ayant point de sa faute, il ne pouvoit avoir été assez sot pour vouloir, sans aucune nécessité ni intérêt, en imposer à un homme qui partoit dans l'instant pour aller sur les lieux en question, et qui, au bout de trois jours, en découvriroit la fausseté. Le roi d'Espagne, prince véridique, m'assura que ce qu'Orry disoit étoit la vérité.

Ce point éclairci, je voulus tâcher d'approfondir le sujet des animosités entre l'abbé d'Estrées et madame des Ursins. Voici, en peu de mots, ce que je découvris en être la première cause. Le cardinal d'Estrées, qui avoit été envoyé en Espagne, après le retour de Sa Majesté Catholique de sa campagne d'Italie, pour y être chargé des affaires de France, vouloit tout gouverner en premier ministre : madame des Ursins, camariéra-major de la Reine, aussi ambitieuse et hautaine que le cardinal, vouloit aussi, de son côté, être la maîtresse, ou du moins paroître l'être; ce qui ne tarda pas à refroidir l'amitié qu'ils avoient autrefois contractée à Rome. Orry, qu'on avoit envoyé de France pour travailler sous l'ambassadeur à l'arrangement des finances, crut que le caractère et la jalousie de ces deux rivaux lui pourroient fournir le moyen de s'ériger lui-même en ministre. Pour cet effet, comme il trouvoit plus d'accès pour la flatterie dans madame des Ursins, et que de plus celle-ci pouvoit être plus utile à ses projets, ayant la confiance de la Reine et tout pouvoir sur son esprit, il s'attacha totalement à elle et eut grand soin de lui faire remarquer les manières du cardinal, comme aussi de lui insinuer qu'il ne tenoit qu'à elle de gouverner entièrement cette monarchie; et que, pour lui, il travailleroit de toutes ses forces pour lui être de quelque utilité. Il n'est pas étonnant que de pareils discours fissent leur effet : ainsi ils concertèrent ensemble tout ce qu'il falloit faire pour éloigner le cardinal. A la sollicitation de la Reine, le Roi Catholique en écrivit à son grand-père avec tant d'instance, qu'il l'obtint.

L'abbé d'Estrées, neveu du cardinal, ayant forte envie de devenir ambassadeur, fit sa cour autant qu'il put à madame des Ursins, blâmant devant elle la conduite de son oncle; et enfin fit si bien, qu'à force de promettre qu'il ne feroit jamais que ce qu'il lui plairoit, et qu'il dépendroit totalement de ses volontés, elle engagea Sa Majesté Catholique d'écrire en France pour que l'abbé succédât au cardinal. Cela fut accordé, et en apparence le nouvel ambassadeur vivoit dans une parfaite intelligence avec elle; mais la princesse des Ursins ayant eu quelque soupçon que l'abbé n'agissoit pas de bonne foi, engagea le roi d'Espagne à faire prendre à la poste le paquet de l'ambassadeur pour M. de Torcy. Elle y trouva l'éclaircissement qu'elle cherchoit; car l'abbé y décrioit sa conduite et se lamentoit de la dissimulation qu'il étoit obligé d'avoir. Madame des Ursins, après avoir pris copie de cette lettre et avoir mis sur la marge de l'original ses réponses et ses réflexions, l'envoya elle-même par un courrier au Roi, et se plaignit hautement de la perfidie et des calomnies de l'abbé; mais aussi ce qu'elle venoit de faire déplut fort à la cour de France, qui considéroit cette action comme un attentat au droit des gens, les dépêches des ambassadeurs devant toujours être sacrées.

Il est aisé de croire qu'après cet éclat la haine entre les partis contendans, montée à un tel point, ne pouvoit être assouvie que par la destruction de l'un des deux. La princesse des Ursins avec Orry étoit soutenue de la Reine; l'abbé avoit pour lui M. de Torcy et la plupart des ministres de la cour de France et tout ce qu'il y avoit d'Espagnols mécontens du ministère de Madrid; Puységur s'étoit aussi joint à ce dernier, fâché de ce qu'Orry s'étoit justifié de l'accusation intentée contre lui. A mon arrivée chacun voulut tâcher de me mettre de son côté; la Reine ne dédaigna pas de m'en prier, mais je parlai si franchement sur tout cela et aux uns et aux autres, qu'ils virent bientôt que je n'entrerois pas dans leurs tracasseries, ayant d'ailleurs assez d'occupations importantes pour ne me point embarquer dans des discussions aussi désagréables qu'inutiles aux affaires dont j'étois principalement chargé. Je m'appliquai donc à régler tout ce qui pouvoit avoir rapport aux préparatifs pour l'ouverture de la campagne. Je dois cette justice à Orry qu'il n'omit rien de ce qu'il pouvoit croire nécessaire ou utile; car, quoique sans caractère quelconque, il se mêloit de tout et faisoit tout.

Le roi d'Espagne voulant commander son armée en personne, je le déterminai à partir de Madrid le 4 de mars, pour s'approcher de la frontière. Il est vrai qu'il n'y avoit encore rien de prêt pour l'ouverture de la campagne; mais comme l'abbé d'Estrées avoit ordre de la cour de presser le départ de Sa Majesté Catholique, je crus devoir le seconder du mieux que je pourrois. Le Roi, qui étoit très-irrité contre madame des Ursins, vouloit éloigner son petit-fils de la Reine, afin d'en obtenir plus aisément le renvoi de madame des Ursins. Je n'avois nulle part à ce dessein, et qui plus est je l'ignorois. J'accompagnai Sa Majesté Catholique jusqu'à Placencia, où il fut déterminé qu'il resteroit jusqu'à ce que je lui fisse savoir que tout étoit prêt, et que, pour presser les affaires, je me rendrois à Alcantara. Je ne fus pas long-temps sans être obligé de faire un tour à Placencia. L'abbé d'Estrées avoit reçu l'ordre de faire partir incontinent de Madrid la princesse des Ursins, et avoit pour cet effet une lettre à remettre au roi d'Espagne; mais comme l'on craignoit que l'abbé, pour qui ce prince avoit conçu une aversion étonnante, ne pût peut-être pas venir à bout tout seul de cette commission, j'eus ordre de l'appuyer s'il étoit nécessaire, et d'employer même les termes les plus forts pour engager Sa Majesté Catholique à consentir à la volonté du Roi. Nous chargeâmes le père d'Aubenton, confesseur de Sa Majesté Catholique, d'en faire premièrement l'ouverture à ce prince; et malgré toute sa tendresse pour la Reine, son amitié pour la princesse, il ne balança pas un instant à se conformer aux désirs du Roi. Ainsi l'abbé n'eut autre chose à faire qu'à donner sa lettre, et moi qu'à consoler le roi d'Espagne, qui étoit pénétré du chagrin que ressentiroit la Reine de cette aventure. J'écrivis à madame des Ursins pour lui témoigner la part que je prenois à son malheur, mais en même temps pour lui conseiller, comme son ami, d'obéir avec toute la promptitude et la soumission possibles; car, malgré le consentement de Sa Majesté Catholique, nous n'étions pas sûrs de ce que feroit la Reine, princesse d'une vivacité, d'une sensibilité et d'une hauteur infinies. Madame des Ursins ne balança pas sur le parti qu'elle avoit à prendre; et, pour montrer son obéissance, elle partit de Madrid dès le lendemain qu'elle eut reçu l'ordre. La Reine fut outrée de rage et de douleur; elle jetoit feu et flammes contre les ennemis de la princesse et contre ceux qu'elle croyoit avoir contribué à ce changement, ou même en avoir été bien aises, et l'on ne peut pas dire qu'elle eut tort, car ils n'avoient pas eu pour elle les égards ni le respect qui lui étoient dus. Rien n'étoit plus piquant, pour une reine qui se sentoit, que de se voir enlever une personne en qui elle avoit une entière confiance. Leurs Majestés Catholiques, irritées de ce que l'abbé d'Estrées venoit de faire, écrivirent si fortement au Roi contre lui, qu'ils obtinrent promesse qu'il seroit rappelé; et, en effet, le duc de Gramont fut nommé, mais il ne put arriver que dans le mois de juin. Ainsi l'abbé resta à l'armée jusqu'à ce temps-là.

Tous nos arrangemens faits, nous résolûmes d'ouvrir la campagne le premier jour de mai. Notre projet étoit que le roi d'Espagne entreroit en Portugal par la droite du Tage, et se rendroit maître de Salvatierra, Monsanto, Castel-Branco et de tout le pays jusqu'à Villaveilla ; qu'en même temps le prince de Tzerclaës, marchant par l'autre côté du Tage, prendroit Castel-de-Vide, Port-Alègre, et se rendroit à Missa pour communiquer avec nous par le moyen d'un pont de bateaux que nous devions faire à Villaveilla; que de là nous descendrions à Abrantès, d'où nous verrions ensuite le parti que nous aurions à prendre, cela dépendant des mouvemens que feroient les ennemis, de la position du pays que nous ne connoissions pas, et même de la saison, qu'on nous avoit assuré ne pas permettre de rester campés au-delà du mois de juin. Don Francisco Ronquillo, gouverneur des armes de la Vieille-Castille, et sous lui Joffreville, maréchal de camp françois, venoit aussi, pour faire diversion, d'entrer en Portugal du côté d'Almeida, avec quinze escadrons. Le roi d'Espagne s'étant rendu à Alcantara le 3 de mai, son armée se mit en marche le lendemain ; nous avions environ vingt-cinq bataillons et quarante escadrons. L'on investit Salvatierra, dont le gouverneur et la garnison composée de deux bataillons, se rendirent au bout de deux jours prisonniers de guerre : il nous en auroit fallu au moins douze s'ils eussent voulu se défendre; mais le Portugais, qui dès que nous parûmes tira force coups de canon, se rendit prisonnier de guerre dès que je le fis sommer au nom de Sa Majesté Catholique, en faisant même beaucoup d'excuses d'avoir tiré, ne sachant pas la présence de ce prince, envers qui il n'avoit garde de manquer de respect.

Les châteaux de Segura et de Rosmarinos se rendirent aussi de la même manière. Nous envoyâmes un détachement qui, au bout de trois jours, prit le château de Monsanto ; de là nous avançâmes à Castel-Branco qui ne se défendit que quatre jours. Il est assez surprenant que des endroits qui pouvoient faire quelque résistance se soumissent si facilement, tandis que les bourgs, les villages et tous les lieux ouverts par où nous passâmes, se défendirent et par là furent saccagés.

Il pensa nous arriver à Castel-Branco une aventure fâcheuse. Quelques François et Espagnols se querellèrent au sujet de quelque butin ; ils en vinrent aux mains et il y en eut plusieurs de tués de part et d'autre : les balles même vinrent dans un camp où le roi d'Espagne faisoit sa halte. J'accourus dans l'instant, et par bonheur j'en imposai si bien aux deux nations, que depuis ce temps il n'y eut rien de pareil.

Après la prise de Castel-Branco, ayant su que le général Fagel étoit campé avec deux bataillons hollandois à sept ou huit lieues de nous, à mi-côte de la Sierra-Estraja, auprès de Sourcira, nous détachâmes le marquis de Thouy, lieutenant-général, avec huit bataillons et quelques escadrons, pour tâcher de le surprendre.

Cela réussit à merveille, et les deux bataillons qui se croyoient en sûreté par leur position et par notre éloignement, furent à la pointe du jour enveloppés. Fagel se sauva tout seul ; mais le major général Veldren et tout le reste furent pris.

Le prince de Tzerclaës, loin d'exécuter de son côté ce dont nous étions convenus, étoit resté sur la frontière d'Estramadure, alléguant pour raison que le duc de Schomberg, général des Anglois, étant campé à Estremos avec un corps considérable, lui couperoit les vivres et toute communication avec notre pays.

Tzerclaës avoit pourtant douze bataillons, dont quatre françois et trente escadrons ; et Schomberg n'avoit en tout que trente compagnies de cavalerie. La timidité de Tzerclaës alla même à un tel point, qu'il fut plusieurs fois prêt de retourner sous Badajoz ; et il n'en fut empêché que par le chevalier d'Asfeld, maréchal de camp françois, que j'avois mis exprès auprès de lui. Voyant donc que, malgré les ordres réitérés du roi d'Espagne, il n'avançoit pas, nous fûmes obligés de passer le Tage à Villaveilla pour l'aller chercher. Nous laissâmes deux bataillons et quinze escadrons aux ordres de M. de Gaëtano, maréchal de camp espagnol. J'avois voulu y laisser M. de Thouy, lieutenant général françois ; mais il s'en excusa par l'espèce de manie qu'il avoit de ne jamais vouloir ce qu'on lui proposoit, s'imaginant toujours que c'étoit quelque ruse de ses ennemis, dont il croyoit sans raison avoir un grand nombre, pour l'éloigner ou pour lui jouer quelque pièce. Nous allâmes à Missa, et de là à Port-Alègre, où enfin le prince de Tzerclaës arriva en même temps que nous.

Cette place, qu'il avoit trouvée très-forte, et qui pour la prendre requéroit beaucoup d'artillerie, fut prise le lendemain de notre arrivée par le chevalier d'Asfeld en six heures de temps. On avoit pendant la nuit fait monter du canon sur une hauteur qu'on croyoit impraticable : de là on découvroit dans la ville et dans les ouvrages, de manière qu'après qu'on eut tiré quelque temps les ennemis abandonnèrent les ouvrages, dont nous étant emparés, la garnison composée de deux bataillons portugais et d'un anglois, se rendit prisonnière de guerre.

Pendant que nous étions occupés dans l'Alentejo, le marquis de Las-Minas, général des Portugais, avoit assemblé auprès d'Almeida dix-huit bataillons et autant d'escadrons. Il commença par piller le bourg de Guinaldo ; et de là traversant la Sierra-Estraja à Pena-Major, il attaqua Monsanto, qu'il reprit. Sur cela M. de Gaëtano, qui étoit campé à Castel-Branco, craignant qu'on ne lui coupât les vivres qu'il tiroit de la Zarza, et que même les ennemis n'attaquassent Salvatierra, se replia à Zarza, où se trouvoit M. de Ronquillo, lieutenant-général et gouverneur des armes de la Vieille-Castille, qui, sur la marche de Las-Minas, y étoit venu avec son petit corps. Me fiant très-peu au savoir-faire de ces généraux espagnols, j'envoyai M. de Joffreville en diligence pour les joindre : dès qu'il fut avec eux, il persuada à Ronquillo de marcher en avant sur les ennemis ; mais comme il étoit à propos de les reconnoître avant que de se trop engager, il laissa son infanterie, au nombre de huit bataillons, à un défilé et s'avança avec quinze escadrons. Il trouva toute l'armée portugaise qui marchoit à lui : ainsi, jugeant que la partie n'étoit pas égale il se retira. Les ennemis étoient si près, que cela ne se put faire qu'après avoir fait plusieurs charges ; mais il se comporta avec tant de prudence et de valeur, qu'il culbuta toujours ce qui se présenta, et enfin repassa le défilé. Ensuite il marcha sans être suivi jusqu'à Salvatierra, vers laquelle place il avoit mandé à son infanterie de prendre les devans. Il y arriva une aventure assez bizarre : comme il avoit plu, plusieurs cavaliers et fantassins de l'arrière-garde ayant déchargé leurs armes, l'infanterie, qui commençoit à camper auprès de la Zarza, s'imaginant que c'étoient les ennemis qui avoient battu la cavalerie, prit tout à coup l'épouvante et s'enfuit jusqu'à Alcantara. Les bagages furent pillés par ceux des soldats qui, moins saisis de peur, songèrent à profiter du désordre où étoit tout le monde. Le lendemain, toute cette infanterie, fort honteuse, revint à la Zarza rejoindre Ronquillo et Joffreville. J'avois détaché le marquis de Risbourg, maréchal de camp, avec trois bataillons et six escadrons, pour aller par Villaveilla et Castel-Branco, renforcer le corps de Ronquillo, et Joffreville lui avoit donné pour le rendez-vous de leur jonction le défilé que j'ai marqué ci-dessus. Risbourg ne sachant rien de l'affaire qui s'étoit passée, y arriva quelque temps après l'action et découvrit facilement que les troupes qu'il y voyoit n'étoient pas les nôtres. Il ne laissa pas de faire si bonne contenance, que les ennemis, aussi peu avertis de sa marche que lui de la leur, n'osèrent l'attaquer, ne sachant pas quelle étoit sa force ; ce qui donna le temps à Risbourg de se retirer à Castel-Branco, où je le joignis le lendemain avec huit bataillons et quatorze escadrons, ayant laissé le roi d'Espagne campé à Nissa avec le reste de l'armée.

Mon intention étoit d'aller au secours de Monsanto ; mais ayant appris qu'il étoit rendu, je voulois marcher au marquis de Las-Minas. Pour cet effet, j'avertis Ronquillo de se trouver avec ses troupes à Duero, afin de me joindre ; et le lendemain, ayant avec les miennes passé la rivière de Pont-Sul, j'y allai camper.

Les ennemis, qui ignoroient mon arrivée, marchèrent par l'autre côté du Pont-Sul sur le chemin de Castel-Branco, dans le dessein d'aller rompre notre pont sur le Tage. Ma jonction étant faite, je remarchai à la pointe du jour par le même chemin ; et ayant repassé le Pont-Sul, je campai près de Castel-Branco, avec intention de marcher le lendemain aux ennemis : mais ceux-ci, pour le coup, avertis que j'y étois avec un gros corps, se retirèrent dans l'instant vers la montagne et se placèrent sous Pena-Major. Voyant donc qu'il n'y avoit plus moyen de les attaquer, je laissai au comte d'Aguilar, lieutenant-général, le commandement de ce camp, et retournai de ma personne rejoindre Sa Majesté Catholique. Dans ce temps-là le marquis de Villadarias, capitaine général d'Andalousie, s'étoit approché de nous avec dix bataillons et quelques escadrons. Il eut ordre de faire le siège de Castel-de-Vide, et nous lui envoyâmes le chevalier d'Asfeld avec huit bataillons françois. La place de soi-même n'étoit pas bonne ; mais toutefois, comme outre l'enceinte de la ville il y avoit un bon et grand château, nous aurions eu de la peine à nous en rendre maîtres, tant par rapport à notre médiocre artillerie, mal fournie de tout, que par rapport aux chaleurs qui étoient devenues excessives. Mais par bonheur, au bout de quatre jours de siége, notre canon ayant commencé à égratigner la muraille, le gouverneur portugais demanda à capituler et envoya en otage un colonel portugais et un anglois. On leur proposa d'être prisonniers de guerre; sur quoi l'Anglois se mit à jurer et tempêter, disant qu'il n'y consentiroit jamais: mais nous trouvâmes moyen d'intimider le gouverneur, en l'assurant que s'il se défendoit nous passerions tous les hommes au fil de l'épée, tandis que les femmes se trouveroient nécessairement exposées à la brutalité des soldats; au lieu que, se rendant maintenant, nous laisserions à lui et aux officiers tous leurs équipages, et qu'on s'engageroit à empêcher tout pillage et désordre dans la ville.

Il consentit donc à se rendre prisonnier de guerre; et les Anglois n'y voulant point acquiescer, les Portugais nous introduisirent dans la ville. Sur cela les Anglois voulurent se saisir du château; mais le gouverneur, pour leur ôter le moyen de se défendre, avoit fait jeter dans le puits toute la poudre; en sorte que les Anglois furent contraints de subir le sort du reste de la garnison, qui consistoit en deux bataillons portugais et un anglois.

Pendant le siége de Castel-de-Vide, le duc de Gramont, nouvel ambassadeur, arriva au camp de Nissa, et l'abbé d'Estrées, deux jours après, prit congé de Sa Majesté Catholique, bien joyeux de sortir avec honneur d'un emploi où il ne recevoit que des dégoûts. Le Roi, quelque temps auparavant, lui avoit envoyé le cordon bleu, pour marque publique de la satisfaction qu'il avoit de lui: chose d'autant plus agréable, qu'il y avoit peu ou point d'exemple qu'on l'eût donné à un ecclésiastique qui n'étoit ni évêque ni cardinal.

Les chaleurs étant devenues si insupportables qu'il n'étoit plus possible de tenir la campagne, nous décampâmes de Nissa le premier de juillet, et retournâmes sur les terres d'Espagne pour prendre des quartiers de rafraîchissement.

Le Roi Catholique s'en retourna à Madrid, le prince de Tzerclaës à Badajoz, et le marquis de Villadarias, après avoir pris le château de Marveon, rasé Port-Alègre et Castel-de-Vide, reprit le chemin d'Andalousie: quant à moi, je me rendis à Ciudad-Rodrigo; et le comte d'Aguilar, après avoir rasé Castel-Branco, revint à Alcantara. La raison pourquoi nous fîmes raser toutes nos conquêtes, à la réserve de Marveon, de Salvatierra et de Segura, c'étoit le grand éloignement de ces places, la difficulté de les ravitailler, et le nombre de troupes qu'il auroit fallu pour les garder; ce qui auroit trop affoibli notre armée, déjà extrêmement diminuée par les maladies. Le marquis de Las-Minas voyant que nous avions séparé l'armée, marcha de Pena-Major pour se rendre à Almeida, et de là pareillement mettre ses troupes en quartier; mais comme pour la commodité du chemin il effleura notre frontière, cela m'obligea de rassembler les quartiers voisins, crainte qu'il n'eût dessein d'attaquer Ciudad-Rodrigo, qui n'avoit pour toute fortification qu'une simple muraille, et qui par conséquent auroit été pris avant que de pouvoir être secouru. Mais dès que les ennemis eurent passé le Coa et réparti leurs troupes, j'en fis autant des miennes, que j'étendis derrière Ciudad-Rodrigo, entre le Duero et la Sierra de Gata. Ainsi finit cette première campagne, dont le succès auroit dû être plus considérable; mais la timidité et l'imbécillité du prince de Tzerclaës nous fit perdre, ainsi que je l'ai dit, un mois tout entier de deux que nous avions, et par là nous empêcha d'aller jusqu'à Abrantès, à quatorze lieues au-dessous de Villaveilla, et à quatorze seulement de Lisbonne. Nous aurions pu nous y établir, y faire descendre notre pont, et peut-être même que, la seconde campagne, nous aurions pu aller jusqu'à Lisbonne; mais le retardement de l'exécution de ce projet donna le temps aux ennemis de s'accommoder dans les grandes montagnes qui séparent Villaveilla d'avec Abrantès.

Le duc de Schomberg ne fit pas un meilleur personnage, car il resta toujours les bras croisés à Estremos ou Elvas, sans jamais songer à nous inquiéter en rien, ni même à nous observer; de manière que, tant que nous fûmes dans l'Alentejo, nous ne vîmes pas un seul de ses partis: aussi fut-on en Angleterre si mécontent de lui, que le comte de Galloway fut envoyé pour commander à sa place.

La grande faute des généraux ennemis fut dans la disposition de leurs troupes avant l'ouverture de la campagne; car, au lieu de les mettre à portée de se pouvoir joindre en corps d'armée pour nous faire tête de quelque côté que nous allassions, ils les répartirent, partie d'un côté, partie de l'autre du Tage, sans avoir seulement eu la précaution de faire un pont de bateaux ni à Villaveilla ni à Abrantès, pour leur communication. C'est aussi ce qui nous détermina à marcher tout droit en avant le long du Tage, afin de profiter de leur mauvaise situation, et de les empêcher de se joindre du reste de la campagne. Cela nous réussit, et auroit peut-être causé la perte du Portugal si le prince de Tzerclaës eût exécuté ce dont nous étions convenus, et si nous n'avions manqué de beaucoup de choses essentielles pour une entreprise de cette nature. Nous fûmes toujours dans une grande disette de pain, dont quelques gens vouloient rejeter la faute sur Orry, sans trop se soucier d'examiner si c'étoit la sienne ou non. Pour moi, qui dois le mieux savoir qu'un autre, et qui n'ai jamais eu d'amis ni d'ennemis que par rapport au bien du service, je me crois obligé d'excuser Orry en partie; en voici la raison : Puységur, qu'on avoit envoyé dès le mois de décembre pour arranger les préparatifs de guerre, ayant réglé qu'on se serviroit de caissons à la manière de France, Orry en fit aussitôt faire le nombre suffisant; mais malheureusement il se trouva que dans le pays où nous fîmes la guerre, et dont Orry avoit moins le temps que Puységur de s'informer, les chemins étoient presque impraticables pour les voitures; en sorte que nombre de caissons se brisoient, et par conséquent le pain n'arrivoit jamais à temps ni en la quantité requise : de plus, comme nous étions fort avant en Portugal, et qu'il falloit que nos convois vinssent de loin, les chaleurs gâtoient une partie du pain : à la vérité il y avoit en cela beaucoup de la faute des commis, qui, pour gagner davantage en donnant plus de poids au pain, ne le cuisoient jamais assez; ce qui contribuoit à le faire gâter plus tôt. Orry ne pouvoit être lui-même partout à soigner toutes choses, et je lui dois cette justice qu'il n'épargnoit point ses peines pour remédier à tous ces malheurs; mais aussi ses ennemis faisoient de leur côté tout ce qu'ils pouvoient pour le faire échouer, au hasard de tout ce qui en pourroit arriver de fâcheux pour nos maîtres. Nous n'avions aussi que très-peu d'artillerie, et encore moins de munitions de guerre; de manière que si quelqu'une des places que nous prîmes eût voulu se défendre, je doute que nous eussions eu de quoi la prendre. Le manque d'orge pensa faire périr toute notre cavalerie espagnole; et nous autres étrangers en fûmes cause, pour n'avoir pas voulu croire les gens du pays, qui nous assuroient qu'il falloit nécessairement donner de l'orge aux chevaux d'Espagne, sans quoi ils périssoient. Nous étions accoutumés, dans les autres pays, à ne donner à la cavalerie que les fourrages que l'on trouvoit sur terre : cette expérience fit que dans la suite nous nous conformâmes à la manière espagnole. Notre cavalerie françoise diminua aussi des deux tiers par les chaleurs. J'établis mon quartier général à Salamanque, où j'appris la victoire de M. le comte de Toulouse dans la Méditerranée, sur la flotte combinée d'Angleterre et de Hollande. J'en fis la réjouissance, quoique intérieurement j'eusse une douleur vive, ayant su en même temps par un courrier de la cour que le maréchal de Tallard avoit été battu et pris à Hochstedt : nouvelle bien plus importante; car la première ne servoit qu'à retenir cette année les Catalans dans leur devoir et à donner de la réputation au comte de Toulouse, au lieu que la dernière nous chassoit totalement de l'Allemagne et nous ramenoit à défendre nos frontières d'Alsace.

Le prince de Darmstadt débarqua cet été à Gibraltar et s'empara de cette place, dont la garnison étoit très-foible et le gouverneur imbécille. Sur cela le duc de Gramont m'écrivit pour me représenter l'importance de reprendre cette place au plus tôt et pour me proposer d'y envoyer à cet effet un gros détachement. Je n'en jugeai pas comme lui, prévoyant que dans peu j'aurois toutes les forces du Portugal sur les bras; et ainsi, malgré tout ce qu'il m'écrivit par ordre du roi d'Espagne, je refusai net. En effet, j'avois eu des avis réitérés que les ennemis, informés du mauvais état où la mortalité des hommes et des bêtes nous avoit réduits, se préparoient à profiter de notre foiblesse, et qu'en conséquence ils rassembloient devers Coimbre et Aguarda toutes les troupes réglées du Portugal, ne laissant de l'autre côté du Tage que des milices. Leur projet étoit bon; car s'ils avoient voulu faire des efforts de l'autre côté du Tage, il ne leur auroit pas été facile de réussir en peu de temps : indépendamment des places qu'ils y auroient trouvées, comme Alcantara, Valencia, Marveon, Albukerque et Badajoz, ce côté-là étoit fort éloigné de Madrid, et même pour y aller il falloit traverser un pays fort aride, et ensuite passer le Tage. Ils auroient pareillement trouvé des places entre la Sierra de Gata et le Tage et de grandes difficultés pour les subsistances; ils auroient laissé Alcantara et notre armée derrière eux; au lieu qu'entre le Duero et la Sierra de Gata ils ne trouvoient que Ciudad-Rodrigo, ville sans défense, ainsi que je l'ai marqué ci-devant, et de là à Madrid il n'y avoit que cinquante lieues, tout bon pays, très-abondant et si ouvert, qu'il n'étoit guère possible d'arrêter un ennemi qu'avec des forces à peu près égales. Je savois pour certain que l'armée des ennemis seroit composée de trente-sept bataillons, dont dix étoient anglois ou hollandois, et de cinquante escadrons. Je n'avois à leur opposer que dix-huit bataillons françois réduits à rien, et trente-sept escadrons des plus foibles, sans compter cinq bataillons espagnols de garnison à Ciudad-Rodrigo, ne faisant que cinq cents hommes. Le reste des troupes espagnoles étoit en Estramadure aux ordres du prince de Tzerclaës, dont l'infanterie étoit si diminuée qu'il n'y avoit pas un bataillon qui passât cent hommes.

J'avertis la cour de Madrid des mouvemens des ennemis, de leurs projets et de la nécessité de m'envoyer au plus tôt une augmentation de troupes, afin d'arrêter l'ennemi, ou, si cela ne se pouvoit qu'en combattant, d'être en état de le faire avec un peu moins de désavantage.

Le prince de Tzerclaës, qui voyoit de son côté un grand mouvement, à cause des milices portugaises qui alloient remplacer les troupes réglées, écrivit fortement sur le danger où il étoit, disant que Badajoz alloit être assiégé et que toute l'Estramadure seroit perdue si on ne lui envoyoit du secours. Sur cela, on fit partir de Madrid les régimens des gardes, infanterie et cavalerie, pour l'aller joindre, et l'on m'ordonna de lui envoyer aussi de mes troupes. Non-seulement je refusai de le faire, mais j'écrivis que les appréhensions de ce général étoient chimériques, et que je pouvois donner pour certain que dans très-peu de temps le roi de Portugal et l'archiduc viendroient m'attaquer. L'on continua pourtant à ne faire nulle attention à toutes mes représentations ; à quoi Puységur, qui se trouvoit alors à Madrid, aida beaucoup, car il soutenoit que les ennemis ne pouvoient rassembler une armée suffisante pour se présenter devant moi. Ainsi je fus traité de visionnaire.

Cependant les Portugais continuoient leurs préparatifs à Almeida, et leurs troupes se rendirent de toutes parts à Aguarda. Les princes mêmes étoient arrivés à Coimbre avec les statues de saint Antoine de Padoue, et ils avoient déjà publié leur départ pour la frontière. Je récrivis encore si fortement, qu'à la fin on commença à croire que je pourrois peut-être avoir raison : ainsi l'on fit prendre la route de Salamanque aux gardes à cheval, et l'on envoya ordre au prince de Tzerclaës de faire avancer le marquis de Bay, lieutenant-général, avec quinze escadrons, auprès d'Alcantara, afin d'être à portée de marcher de son côté ou du mien, selon le besoin. Le premier de septembre, je me campai à Castras, à quatre lieues en arrière de Ciudad-Rodrigo, avec dix bataillons les plus éloignés : je plaçai à une lieue de moi, à San-Spiritus, la cavalerie espagnole, et ordonnai au reste des troupes d'être prêt à marcher au premier ordre. Le 13, j'eus avis que les ennemis commençoient à s'assembler sous Almeida : sur cela, ne doutant plus qu'ils ne se missent bientôt en mouvement, je me mis en marche dès le même soir avec la cavalerie pour aller me poster à Felices-el-Chico, qui n'est qu'à trois lieues d'Almeida et sur la rivière d'Agueda, dont j'avois résolu de disputer le passage. Cette rivière prenoit sa source dans la Sierra de Gata, devers Pedrosin, au milieu de montagnes difficiles et couvertes de bois ; de là elle couloit par des fonds dont les bords étoient assez escarpés et venoient en passant auprès de Ciudad-Rodrigo traverser toute la plaine en deçà de la Sierra de Gata, puis elle alloit se jeter dans le Duero : à la vérité il y avoit beaucoup de passages, et si peu d'eau durant l'été, qu'elle ne couloit presque plus ; mais les bords, comme j'ai déjà dit, étoient très escarpés en beaucoup d'endroits. Toute mon infanterie se rendit le lendemain à Felices-el-Chico, et je me fis joindre en peu de jours par la cavalerie françoise et par le marquis de Bay.

La cour de Madrid, avertie de ce qui se passoit sur la frontière, commença à avoir une si grande frayeur, qu'elle m'envoya ordre de rester sur la défensive, et surtout de ne point risquer une action. Je répondis qu'il falloit nécessairement défendre l'Agueda, ne connoissant point d'autre poste où je pusse arrêter les ennemis et les empêcher d'aller à Madrid. Sur cela l'on me récrivit encore qu'absolument l'on me défendoit une action, et qu'ainsi j'eusse à me retirer à mesure que les ennemis avanceroient. Malgré tous ces ordres si positifs du roi d'Espagne, je crus qu'il y alloit de sa couronne de n'en rien faire, et je résolus de défendre l'Agueda, au hasard de tout ce qui en pourroit arriver, étant convaincu que si je ne le faisois pas l'Espagne étoit perdue ; ainsi qu'il valoit mieux risquer la bataille avec quelque espérance de succès, que de tout abandonner et de tout perdre sans coup férir, manœuvre honteuse et infâme.

Vers la fin du mois les ennemis décampèrent d'auprès d'Almeida et se campèrent à une lieue de moi. Ayant reconnu mon poste, qu'ils trouvèrent inattaquable, ils longèrent par leur droite le long de la rivière, et j'en fis de même par ma gauche, campant toujours vis-à-vis d'eux. Au bout de quelques jours de marche, ils se campèrent à une petite lieue de Ciudad-Rodrigo. Auprès de cette ville la rivière faisoit un coude ou demi-cercle, et les ennemis s'étoient placés au centre de ce demi-cercle, également à portée de tenter les passages qui étoient au-dessus et au-dessous de la ville. Cette situation m'obligea de faire une manœuvre que la seule nécessité pouvoit excuser. Je séparai mon armée en deux, de manière qu'une moitié étoit éloignée de l'autre d'une grosse demi-lieue, la ville se trouvant dans l'entre-deux. Toutes les troupes que j'attendois m'ayant alors joint, j'avois six mille cinq cents hommes de pied et trois mille cinq cents chevaux; les ennemis avoient dix-huit mille hommes de pied bien effectifs, et cinq mille chevaux. Cette grande supériorité rendoit encore ma séparation plus dangereuse; mais c'étoit un parti forcé, et il n'y avoit pas moyen sans cela de disputer le passage de la rivière, mon unique ressource. De l'autre côté de la rivière, à moitié chemin du camp ennemi, il y avoit une hauteur qui régnoit fort loin, toujours parallèle à la rivière; nous l'occupions par nos gardes de cavalerie, de manière que les ennemis ne pouvoient reconnoître notre situation sans avoir auparavant chassé nos gens; et c'est ce qu'ils balançoient à faire, ne voyant pas ce qui étoit derrière pour les soutenir. Au bout de deux jours, comme je me promenois sur les hauteurs vis-à-vis de ma droite, je vis qu'environ deux mille fantassins et mille chevaux sortoient de la droite du camp ennemi pour aller vers les hauteurs devant notre gauche. Le marquis de Thouy, qui commandoit, ayant vu ce mouvement, fit avancer quelques troupes du piquet pour soutenir nos gardes; et comme je vis que les ennemis tâtonnoient fort, je m'ébranlai avec deux cents chevaux que j'avois menés avec moi. Pour les faire paroître plus en nombre, je les partageai en dix troupes, et longeai toujours la crête de la hauteur, comme si je voulois aller tomber sur le flanc des détachemens ennemis. Cela réussit; les généraux portugais firent halte et reprirent ensuite le chemin de leur camp.

Les ennemis résolurent de ne plus s'amuser à nous tâter par détachemens, mais de marcher avec toute l'armée : ainsi le 8 octobre ils décampèrent à la petite pointe du jour et se mirent en marche par leur droite vers notre gauche. Dès que je vis qu'ils se portoient tous de ce côté-là, j'y fis dans l'instant marcher ma droite. Voici ma disposition : comme l'on ne pouvoit, à moins de remonter près de trois lieues, traverser la rivière d'Agueda au-dessus de Ciudad-Rodrigo que fort près de l'abbaye de la Charité, où il y avoit un gué à passer six escadrons de front, j'appuyai la droite de mon infanterie à ce couvent et étendis le reste jusqu'à une petite maison, sur un terrain élevé qui dominoit la plaine par où les ennemis devoient déboucher en sortant du gué. A la gauche de cette maison, je mis sur deux lignes l'aile gauche de cavalerie, à l'exception de six escadrons que M. de Joffreville porta sur une hauteur plus encore à gauche, à dessein de tomber sur le flanc des ennemis dès qu'au sortir de l'eau ils voudroient se former. J'y plaçai aussi quatre pièces de canon, et le reste de mon artillerie étoit dispersé le long de notre front, dans les endroits d'où l'on découvroit mieux l'eau et la plaine. A la droite de l'abbaye je mis en bataille mon aile droite de cavalerie, et derrière le centre de l'infanterie je plaçai deux régimens de dragons.

Vers les neuf heures, nos gardes s'étant retirées des hauteurs de l'autre côté de la rivière, les ennemis s'y formèrent, ayant leur centre vis-à-vis du gué. Ils commencèrent ensuite à nous canonner; mais notre canon leur répondit si vivement que leur artillerie se tut au bout de deux heures. Ils firent descendre des détachemens soutenus de quelques bataillons, pour approcher de la rivière; mais notre canon les fit bientôt rebrousser chemin. Enfin, après nous avoir bien regardés, et vu que notre contenance n'étoit pas de gens qui voulussent les laisser passer impunément, ils se remirent en marche vers les trois heures après midi et retournèrent au camp d'où ils étoient partis le matin. A mesure qu'ils se retiroient, nos gardes reprenoient leurs anciens postes et notre droite retourna à son camp au-dessous de Ciudad-Rodrigo.

Pendant que les deux armées étoient en présence et se canonnoient, je reçus deux courriers : l'un m'apportoit la permission du roi d'Espagne de combattre, et l'autre l'ordre du Roi de m'en retourner en France dès que le maréchal de Tessé, nommé pour me succéder, seroit arrivé à Madrid, et que la campagne seroit finie. Un homme à qui je dis le contenu des lettres me conseilla de ne point balancer à aller attaquer les ennemis; mais je ne crus pas qu'en honneur et en conscience je pusse, pour une pique particulière, hasarder mal à propos l'affaire générale, et qu'il suffisoit pour ma gloire d'avoir fait échouer les grands projets des ennemis. J'expliquerai ci-après les raisons de mon rappel.

Les ennemis restèrent encore deux jours dans ce camp; mais comme ils y souffroient beaucoup faute de vivres, nos partis rôdant continuellement entre Almeida et leur armée, et que d'ailleurs, malgré toutes les belles promesses de l'amirante, ils ne voyoient pas un seul Espagnol passer de leur côté, ils résolurent de reprendre le chemin du Portugal; ce qu'ils exécutèrent le 12 octobre. Je m'avançai avec ma cavalerie, pour tâcher d'attaquer leur arrière-garde ; mais ils se retirèrent en si bon ordre qu'il ne nous fut pas possible de les entamer. Ils prirent leur route plus en arrière, afin de s'éloigner plus de nous et d'être moins inquiétés. En trois marches ils arrivèrent à Almeida, où ils demeurèrent jusqu'à la fin du mois, que les pluies continuelles étant survenues, ils se séparèrent entièrement ; sur quoi nous en fîmes autant.

Pendant tous ces mouvemens que je viens de raconter, les ennemis, pour faire diversion, avoient fait assembler à Castel-de-Vide toutes leurs milices : ils s'avancèrent même avec du canon à Valencia d'Alcantara, où ils mirent le siége. Dès que le roi de Portugal et l'archiduc se furent retirés d'auprès de nous, je fis partir en diligence le marquis de Bay avec quinze escadrons ; il arriva en peu de jours auprès de Valencia : sur quoi les Portugais levèrent au plus tôt le siége. Après cela je laissai le commandement de la frontière au marquis de Thouy, et je me rendis à Madrid pour y attendre l'arrivée du maréchal de Tessé.

Le roi d'Espagne fit la cérémonie de me donner la Toison d'or, dont il m'avoit honoré à la fin de la première campagne. Mon successeur étant arrivé le 10 à la cour de Madrid, j'en partis le 12 pour retourner en France.

Voici ce qui regarde le motif de mon rappel. Le duc de Gramont, en arrivant en Espagne, s'étoit mis en tête qu'il y devoit gouverner tout aussi despotiquement que les cardinaux de Richelieu et Mazarin l'avoient autrefois fait en France. Je ne m'opposai point à cela en ce qui regardoit le civil ; mais pour la guerre, je n'étois nullement d'humeur à l'en laisser le maître, croyant qu'il étoit raisonnable de me consulter en tout, et même d'en passer par mes décisions : de là il s'ensuivit que ce duc ordonnoit tout sans me le communiquer ni me consulter ; et moi, ferme dans mon principe, je refusois d'exécuter ce que je n'approuvois pas. J'avois toutefois l'attention de lui en expliquer les raisons par écrit, et je lui marquois très-fortement non-seulement le tort qu'il avoit de s'oublier à mon égard, mais aussi le préjudice qui pourroit en arriver au bien du service. Il est aisé de s'imaginer que cette conduite déplaisoit fort à l'ambassadeur : aussi ne voyant pas d'autre moyen pour réussir dans ses desseins, il résolut de tâcher de mettre un autre à ma place. Pour cet effet, il représenta vivement au roi d'Espagne que j'étois un homme extraordinaire, entêté, difficile à vivre, et ne voulant obéir aux ordres de Sa Majesté qu'autant qu'il me plaisoit ; qu'ainsi il falloit absolument se défaire de moi. Puységur, devant qui l'on tenoit tous ces discours, ne s'y opposa point, et je crois même qu'il n'auroit pas été fâché d'un changement, espérant que sous un autre général il auroit plus d'autorité et de crédit que sous moi. Le marquis de Rivas, secrétaire d'Etat, seconda aussi le duc de Gramont, mais par d'autres vues, car il y a grande apparence qu'il cherchoit un bouleversement général des affaires : sa conduite me le faisoit juger ainsi ; car si j'avois exécuté les ordres qu'on m'avoit donnés d'envoyer des troupes à Gibraltar et à Badajoz, je me serois trouvé totalement sans armée, et les ennemis auroient marché jusqu'à Madrid sans trouver le moindre obstacle.

Plusieurs autres ministres du conseil de Madrid vinrent à l'appui de la boule, peut-être autant par mauvaise volonté pour le service de Sa Majesté Catholique, que par l'aversion qu'ils ont toujours eue pour ceux qui leur tiennent tête, ou qui ne veulent pas faire aveuglément leurs volontés. A toutes les raisons qu'on avoit données au roi d'Espagne, on ajouta qu'il étoit du bien du service que le général fût maréchal de France, afin que les généraux espagnols ne fissent aucune difficulté de lui obéir : prétexte frivole, puisque le grade de capitaine général étant le premier en Espagne, étoit, par rapport à la guerre, égal à celui de maréchal de France. M. de Villa-d'Arias le soutint au maréchal de Tessé lorsqu'il alla pour commander au siége de Gibraltar. Le marquis de Bay en a fait de même envers moi en 1706.

Quoi qu'il en soit, si l'on avoit été content de moi, et qu'il ne m'eût manqué que le bâton de maréchal de France, rien n'étoit plus facile ; car lorsqu'on veut bien confier à un homme le commandement de ses armées (ce qui est l'essentiel de cette haute dignité), on ne doit pas se faire beaucoup prier pour joindre les titres même au pouvoir.

La reine d'Espagne agissoit contre moi par un autre motif ; elle espéroit que, par le moyen du maréchal de Tessé, qui étoit fort bien avec sa sœur, la duchesse de Bourgogne, elle pourroit obtenir le rappel de madame des Ursins, chose qu'elle n'espéroit pas que je voulusse tenter.

Enfin le roi d'Espagne, persécuté sur mon chapitre, écrivit au Roi, son grand-père, pour le prier de me révoquer et d'envoyer un maréchal de France, sans toutefois s'expliquer davantage. La lettre fut si pressante, que le Roi ne crut pas pouvoir refuser son petit-fils.

Quand le maréchal de Tessé, qui étoit fort de mes amis, fut arrivé à Madrid, il demanda naturellement à la Reine si elle n'avoit pas lieu d'être contente de la campagne que je venois de faire. Elle répondit que l'on m'estimoit fort, et que j'avois rendu de grands services. Il lui fit encore d'autres questions à mon sujet, auxquelles la Reine répondoit toujours d'une façon avantageuse pour moi ; sur quoi le maréchal lui dit : « Mais pourquoi donc l'avez-vous fait rappeler ? — Que voulez-vous que je vous dise, répondit cette princesse ? C'est un grand diable d'Anglois, sec, qui va toujours tout droit devant lui. »

Le duc de Gramont, en me faisant ôter le commandement de l'armée, avoit eu l'intention de faire mettre à ma place quelqu'un de ses amis dont il pût être le maître ; mais l'expédient qu'il avoit imaginé pour établir son pouvoir lui cassa le cou, car la Reine, qui ne l'aimoit point du tout, à cause des discours qu'il lui avoit tenus contre madame des Ursins, eut grand soin de faire envoyer un général tel qu'elle le souhaitoit : aussi, deux jours après l'arrivée du maréchal de Tessé, le duc de Gramont fut brouillé avec lui ; et Leurs Majestés Catholiques firent si bien qu'on le rappela. M. Amelot fut choisi de la main de madame des Ursins pour lui succéder. Elle retourna ensuite triomphante à Madrid, et y ramena Orry, que le duc de Gramont avoit fait congédier dès le mois de juillet.

A mon retour à Versailles, le Roi, après beaucoup de discours obligeans, me demanda pour quelle raison son petit-fils lui avoit écrit pour me faire ôter d'Espagne. Je répondis que puisque Sa Majesté ne le savoit pas, j'étois satisfaite ; car cela me prouvoit qu'elle n'étoit point mécontente de ma conduite.

[1705] L'on m'envoya commander en Languedoc à la place du maréchal de Villars, que le Roi destinoit pour l'armée de la Moselle. Je me rendis à Montpellier au mois de mars : j'y trouvai les affaires assez tranquilles en apparence ; mais pourtant dans le fond les huguenots ne respiroient qu'après des occasions de recommencer la révolte. Le maréchal de Montrevel, au moyen d'une véritable armée, les avoit battus en 1703 ; le maréchal de Villars, qui lui avoit succédé, avoit trouvé moyen, par la négociation, de désunir les chefs et de disperser les membres : mais le mal restoit toujours enraciné dans les cœurs ; de manière qu'il n'y avoit qu'une grande attention et une grande sévérité qui pussent empêcher le feu de se rallumer. Aidé des lumières et des conseils de M. de Basville, homme des plus sensés qu'il y eût en France, je m'appliquai à prévenir tout ce qui pouvoit causer des troubles, et je déclarai que je ne venois ni comme persécuteur ni comme missionnaire, mais dans la résolution de rendre justice également à tout le monde, de protéger tous ceux qui se comporteroient en fidèles sujets du Roi, et de punir avec la dernière rigueur ceux qui oseroient y contrevenir.

Le même jour que j'entrai dans la province, l'on prit un nommé Castanet, prédicant, lequel fut roué à Montpellier, convaincu de toutes sortes de crimes énormes, et non pour fait de religion, comme on a affecté de le publier dans les pays étrangers.

Au retour d'une tournée que je fis dans les Cévennes, étant un soir chez M. de Basville, intendant de la province, un espion nous vint avertir qu'il y avoit dans Montpellier nombre de chefs des camisards, lesquels y étoient venus à dessein de concerter un nouveau soulèvement. Nous fîmes ce que nous pûmes pour savoir de lui dans quelles maisons ils pouvoient être, pour les arrêter ; mais, malgré nos menaces et nos promesses, cet espion, fanatique lui-même, ne voulut jamais nous en dire davantage. Je fis donc assembler dans l'instant la milice bourgeoise de la ville, que l'on distribua dans tous les quartiers, et puis je fis faire la visite de toutes les maisons : je défendis que le lendemain on ouvrît les portes que je ne l'ordonnasse, bien résolu de ne point laisser échapper les camisards. Vers la pointe du jour, le lieutenant du prévôt trouva dans une chambre trois inconnus qui se mirent d'abord en défense, de manière qu'il y en eut un de tué ; les deux autres furent légèrement blessés. Un de ceux-ci, qui étoit Génevois, déserteur du régiment de Courten, suisse, me dit que si je voulois lui sauver la vie il me découvriroit tout ; et sur ce que je lui promis qu'en cas que ce qu'il savoit méritât cette grâce je la lui accorderois, il me raconta qu'ils étoient venus à Montpellier pour y exécuter un projet formé contre M. de Basville et moi, ce qui devoit être le signal de la révolte générale ; que tous les chefs des camisards étoient à Nismes pour y régler leurs affaires, et qu'ils avoient de toutes parts fait provision d'armes et de munitions : il offrit, de plus, de me montrer les maisons où ces gens-là se tenoient à Nismes. Ainsi je le fis partir en poste avec des gardes, pour s'y rendre plus diligemment. En effet, l'on y arrêta Ravanelle, Jonquet, Du Villar et beaucoup d'autres. M. de Basville et moi nous y arrivâmes peu d'heures après ; et sachant que Catinat étoit dans la ville, je fis tant de peur aux habitans, que celui chez qui il étoit l'obligea de sortir de sa maison, crainte d'être pendu, ainsi que je l'avois fait publier à son de trompe. Ce Catinat fut donc pris dans les rues ; et comme il demanda à me parler, on me l'amena. Il me dit qu'il souhaitoit de me voir en particulier, ayant quelque chose d'important à me communiquer. Je le fis entrer dans ma chambre, les mains liées derrière le dos, et alors je voulus savoir ce qu'il avoit à me dire : il me répondit que c'étoit pour m'avertir que la reine d'Angleterre, dont il avoit la commission, feroit au maréchal de Tallard, prisonnier à Nottingham, le même traitement que je lui ferois. On n'a peut-être jamais ouï parler d'une pareille effronterie : aussi le renvoyai-je sur le champ à M. de Basville qui, par une commission particulière de la cour, faisoit le procès à tous ces misérables.

Il y en eut environ une trentaine de convaincus et de mis à mort. Ravanelle et Catinat, qui avoient été grenadiers dans les troupes, furent brûlés vifs, à cause des sacriléges horribles qu'ils avoient commis. Villar et Jonquet furent roués : le premier étoit lieutenant de dragons, fils d'un médecin de Saint-Hippolyte, garçon bien fait, qui paroissoit avoir de l'esprit, et qui, à cause de la facilité qu'il avoit d'entrer chez nous, s'étoit chargé d'exécuter le projet formé contre M. de Basville et moi. Il l'avoua et sembloit même s'en faire gloire.

Pour montrer jusqu'où va le fanatisme, je dirai ce que ce Du Villar répondit à M. de Basville lorsqu'il le jugeoit : lui ayant été représenté qu'il étoit étonnant comment un homme comme lui s'étoit associé de si grands scélérats, il s'écria : « Ah ! Monsieur, plût à Dieu que j'eusse l'âme aussi belle qu'eux ! »

Je sais qu'en beaucoup de pays l'on a voulu noircir tout ce que nous avons fait contre ces gens-là ; mais je puis protester, en homme d'honneur, qu'il n'y a sortes de crimes dont les camisards ne fussent coupables : ils joignoient à la révolte, aux sacriléges, aux meurtres, aux vols et aux débordemens, des cruautés inouïes, jusqu'à faire griller des prêtres, éventrer des femmes grosses et rôtir les enfans. C'est aussi cette horrible conduite qui fut cause qu'il n'y eut jamais parmi eux que la lie du peuple : s'ils avoient vécu en chrétiens, et qu'ils se fussent seulement déclarés pour la liberté de conscience et la diminution des impôts, ils auroient engagé dans la révolte non-seulement tous les huguenots du Languedoc, dont on prétend que le nombre monte à deux cent mille, mais il y a apparence que la contagion se seroit communiquée aux provinces voisines ; et peut-être même que beaucoup de catholiques, ennuyés de payer les impôts, se seroient aussi joints à eux. Il est étonnant que les Anglois et les Hollandois, qui fomentoient sous main cette révolte, ne leur envoyassent pas des chefs capables de mieux conduire les affaires ou du moins ne leur donnassent pas de meilleurs avis.

Cette expédition faite à Nismes, nous retournâmes à Montpellier, où l'on avoit aussi arrêté plusieurs complices qui furent pareillement exécutés.

Nous trouvâmes, par les papiers pris sur les camisards et par leur confession, qu'il y avoit dans le canton de Berne deux cents fanatiques prêts à venir en Languedoc, et que Du Villar, dont j'ai ci-devant parlé, devoit être le chef de toute la révolte : nous découvrîmes aussi les marchands par qui se faisoient les remises d'argent, et ils furent pendus. Nous arrêtâmes dans la suite plusieurs gens qui couroient les champs et qui commettoient des désordres ; et, à force d'exécutions, en un mois de temps le calme fut rétabli : toutefois de temps en temps on voyoit paroître quelques bandes de camisards, qui étoient d'abord pris et dissipés par les troupes que j'avois dispersées par pelotons dans tous les endroits les plus dangereux.

Pendant cet été les ennemis se rendirent maîtres de la Catalogne ; mais ce fut moins par la force que par la défection des habitans et par la négligence des cours de Versailles et de Madrid. Rien n'étoit plus facile que l'empêcher, et l'on n'a reconnu que trop tard les conséquences de cette perte : pour la réparer il en a coûté aux deux couronnes un nombre infini d'hommes et bien de l'argent ; le roi d'Espagne même en a pensé être détrôné. La principale cause de ce malheur vint de ce que le ministre le plus accrédité, sur qui rouloient ces sortes d'affaires, n'avoit ni le talent de prévoir le mal, ni le sens d'y remédier : aussi, par son incapacité, a-t-il mis la France au bord du précipice, d'où elle ne s'est tirée que par miracle.

Pour revenir au fait présent, dès le mois de mai j'avertis M. de Chamillard des menées qui se formoient dans cette principauté par les émissaires de l'archiduc ; que même il y avoit déjà un commencement de révolte aux environs de Vic et que l'on y publioit hautement que ce prince devoit incessamment arriver sur la flotte angloise. En effet, j'avois eu avis qu'il s'étoit embarqué à Lisbonne avec dix-sept bataillons et quelque cavalerie. Je représentois que la perte de la Catalogne entraîneroit celle de l'Arragon et de Valence ; que le roi d'Espagne, se trouvant attaqué en même temps par le côté du Portugal, auroit de la peine à se soutenir, et seroit en grand danger d'être chassé de l'Espagne, ce qui finiroit honteusement une guerre que le Roi avoit si glorieusement soutenue jusqu'alors ; que, de plus, la Catalogne perdue, l'on seroit obligé d'envoyer un corps d'armée dans le Roussillon, pour couvrir cette frontière des incursions des ennemis, outre que les réfugiés pourroient tenter de faire par là une irruption en Languedoc. Je proposois pour remède que le Roi mît garnison françoise dans Roses et Gironne, et que pour cet effet l'on fît passer incontinent en Catalogne quelques bataillons et quelques régimens de dragons, afin de contenir les Catalans dans le devoir, et pouvoir, en cas de descente de la part de l'archiduc, former une armée de dix ou douze mille hommes pour s'opposer à ses entreprises : il étoit de plus nécessaire de soutenir M. de Velasco, vice-roi de Catalogne, sujet fidèle, mais homme de peu de courage. Il avoit à la vérité dans Barcelone quatre mille hommes de troupes réglées, mais il n'osoit en envoyer hors de la ville, crainte que les bourgeois, qu'il savoit être malintentionnés, ne se rendissent maîtres de la place. Ainsi la présence d'un corps françois y auroit suppléé, auroit encouragé les sujets fidèles et contenu les séditieux. Je fis voir que ma proposition se pourroit exécuter sans toucher aux armées que le Roi avoit sur différentes frontières ; car mon projet étoit que l'on prît en Provence quatre mille hommes des troupes de la marine, quatre bataillons de la comté de Nice, quatre du Languedoc et quatre du Roussillon ; on les auroit remplacés par les milices, lesquelles auroient suffi pour la garde du pays et des places, vu l'éloignement des ennemis, assez occupés ailleurs.

Nous avions trois régimens de dragons à portée de marcher avec nous et cent officiers irlandois réformés à cheval ; il y avoit à Perpignan un train d'artillerie en bon état, et M. Dupont d'Albaret, intendant de Roussillon, se chargeoit de me fournir tout le nécessaire pour les vivres : de manière qu'en trois semaines nous aurions été en état de former une armée capable d'écraser les Catalans rebelles et de faire tête à l'archiduc lorsqu'il auroit voulu débarquer. J'écrivis sur cela des lettres très-fortes et très-pressantes, j'envoyai même des courriers ; mais je ne pus jamais faire comprendre au ministre l'importance de l'affaire. A la fin, lassé de mes importunités, il me marqua que le Roi n'étoit pas assez puissant pour fournir une armée pour la défense de chaque province de la monarchie espagnole. Le beau raisonnement, quand je lui faisois voir qu'il s'agissoit de toute l'Espagne, et que, sans rien déranger ailleurs, le Roi n'avoit qu'à se servir des troupes qui étoient alors inutiles où elles se trouvoient et à portée des lieux menacés, qu'il étoit si important de mettre en sûreté !

L'on sera peut-être étonné de ce que je me mêlois d'une affaire qui ne me regardoit pas, et l'on croira volontiers que le motif d'être de quelque chose et à la tête d'une armée, étoit principalement ce qui me faisoit agir. Je ne puis nier que, peu content d'être oisif en Espagne dans un temps de guerre très-vive, j'aurois souhaité de me retrouver dans mon élément naturel ; mais le bien de la cause commune, que je voyois visiblement péricliter par les nouvelles que je recevois et par la connoissance que j'avois de l'Espagne, y avoit la plus grande part. Quoi qu'il en soit, la suite a fait voir que j'avois raison. La flotte angloise arriva devant Barcelonne le 22 août, au nombre de soixante-six vaisseaux de guerre, treize galiotes à bombes et cent bâtimens de transport. Sur cela je redoublai mes instances, d'autant qu'il n'étoit plus douteux que les ennemis n'en voulussent à la Catalogne, où il y avoit déjà huit à dix mille miquelets sous les armes pour l'archiduc, et qu'ainsi l'on ne pouvoit avoir aucune inquiétude pour Toulon. Les réponses furent toujours sur la négative. Je ne me rebutai pourtant pas d'abord, tant la chose me paroissoit de conséquence ; mais jamais M. de Chamillard ne voulut rien écouter, quoique les gouverneurs espagnols de toutes les places de Catalogne joignissent leurs représentations aux miennes : tout ce que je pus obtenir après maints courriers, fut un ordre à M. de Quinson, commandant en Roussillon, d'envoyer un secours d'hommes et de munitions au gouverneur de Roses : ce qui préserva cette place. Cependant l'archiduc avoit débarqué auprès de Barcelonne, dont il forma le siége. Velasco, qui craignoit encore plus le dedans que le dehors, se trouvoit fort embarrassé. Le château de Mont-Jouy pris, et les batteries dressées contre la ville, l'on fit le 4 octobre une espèce de capitulation, mais qui fut très-mal observée ; car les miquelets, profitant des pourparlers, entrèrent dans la place et ouvrirent les portes aux ennemis. Le prince de Darmstadt avoit été tué au Mont-Jouy, et milord Peterborough restoit seul général auprès de l'archiduc.

Barcelonne pris, non-seulement toute la Catalogne se déclara contre le roi d'Espagne, mais aussi le royaume de Valence. L'Arragon ne branla pas encore, craignant d'être châtié à cause du voisinage des troupes castillanes. Les places de Gironne, Lérida, Mequinença, Monçon, Tortose, Tarragone et Cardone, furent ou rendues de gré, ou surprises par les ennemis, n'y ayant que peu ou point de garnison.

Vers le milieu d'octobre, je reçus ordre du Roi d'aller faire le siége de Nice. Cette place étoit une des plus fortes qu'il y eût en Europe, c'étoit l'ouvrage de tous les ducs de Savoie, qui en avoient consécutivement augmenté les fortifications. M. de Chamillard n'avoit déterminé cette entreprise que pour se disculper d'avoir, par le vain projet du siége de Turin, qu'il vouloit faire faire à son gendre le duc de La Feuillade, sans toutefois avoir aucuns des préparatifs nécessaires, d'avoir, dis-je, par là empêché M. de Vendôme de rien entreprendre pendant cette campagne.

L'on ne me donna qu'une très-médiocre armée; et si je n'avois engagé M. de Vauvré, intendant de la marine à Toulon, et nommé pour être mon intendant à ce siége, à me donner le double d'artillerie de ce qui étoit porté dans l'ordre de la cour, je ne sais si j'aurois pu réussir. Je partis le 20 d'octobre et fus droit à Toulon, où je pressai le départ du chevalier de Bellefontaine qui devoit transporter par mer à Villefranche toute notre artillerie. Il y avoit pour la comté de Nice un traité de suspension d'armes qui devoit durer jusqu'au 30 du mois; et il étoit même stipulé qu'on s'avertiroit réciproquement dix jours d'avance en cas de rupture, ou qu'on ne voulût pas prolonger l'armistice. J'écrivis donc à M. Paratte, maréchal de camp, qui commandoit à Villefranche, pour qu'il en avertît le marquis de Caraïl, gouverneur de Nice. Le 31 je passai le Var et me rendis devant la place : mon armée étoit composée de quinze bataillons très-foibles et d'assez mauvaise qualité, outre un bataillon de la marine. Je n'avois pris avec moi que deux cents dragons, à cause de la rareté des fourrages. La garnison consistoit en trois régiments d'infanterie et trois compagnies de camisards, faisant en tout deux mille hommes. J'établis mon quartier à Simiers, tant à cause du voisinage de la ville, que parce que ce couvent se trouvoit au centre de la circonvallation, et que j'y étois plus à portée d'occuper le poste de la Trinité, par où les ennemis pouvoient venir au secours.

Les vents contraires empêchèrent notre flotte d'arriver; et les pluies continuelles grossirent tellement toutes les rivières, que je me trouvai pendant plusieurs jours entre le Var et le Paillon, sans pouvoir avoir commerce ni avec Antibes ni avec Villefranche. Enfin le temps s'étant remis au beau, Bellefontaine parut, et je fis toutes les dispositions nécessaires pour le siége. Il falloit commencer par la ville qui n'étoit pas forte; mais toutefois, comme il y avoit des bastions revêtus, je fus obligé d'y aller dans les formes. Le 4 au soir, je me saisis du couvent de Saint-Jean-Baptiste dans le faubourg, qui étoit fort près de l'endroit par où je voulois attaquer la ville. L'on commença aussitôt à travailler à une batterie de quatre pièces, et l'on fit des tranchées de communication nécessaires pour y aller en sûreté; mais le canon ne put y être placé que le 13 au soir : le 14 je fis sommer la ville. Le marquis de Senantes sortit, et la capitulation ayant été faite, la garnison monta au château et nous fîmes entrer des troupes dans la ville. Jusqu'alors les ennemis ne tiroient point sur nos gens, et je défendois qu'on tirât sur eux; car, faisant travailler à quelques batteries de canon et de mortiers contre le château, j'étois bien aise de le faire tranquillement. Le marquis de Senantes, fils du marquis de Caraïl, au bout de deux jours me revint trouver pour me déclarer, de la part de son père, que si dans l'instant je ne renouvelois l'armistice il alloit faire tirer sur nous. Je lui répondis que mon ordre n'étoit point d'entrer dans aucun traité, et qu'ainsi il pouvoit faire ce qu'il voudroit. Sur cela le feu commença de part et d'autre : il étoit même extraordinaire que le marquis de Caraïl eût tant tardé.

Je n'avois pu, avant la prise de la ville, bien reconnoître le château, ni me déterminer par où je l'attaquerois. Nous employâmes donc quelques jours à tout examiner avec le sieur Filey, maréchal de camp et ingénieur en chef.

La place avoit trois fronts : l'un du côté de la ville, un autre du côté de Simiers, et le troisième du côté de Montalban. Nous trouvâmes que celui de la ville se montroit le plus; mais il étoit difficile d'y conduire du canon et de le placer; de plus, les ouvrages étoient sur des rocs vifs cachés par une chemise de maçonnerie, sur lesquels le canon n'auroit rien fait. Le duc de Vendôme, qui pendant la dernière guerre avoit commandé dans la ville, étoit cependant pour cette attaque; celui de Simiers avoit pareillement ses difficultés par rapport à l'emplacement des batteries; mais il y avoit de plus une trop grande quantité d'ouvrages, une double enceinte, un fossé taillé dans le roc, double chemin couvert miné partout; ce qui, vu la saison et le peu de troupes que nous avions, qui ne faisoient que cinq mille hommes, auroit rendu cette attaque des plus longues et des plus douteuses. Le maréchal de Vauban vou-

24.

loit absolument que j'attaquasse le château par cet endroit : le Roi m'en avoit envoyé, par un courrier, le projet et le plan qu'il en avoit faits ; mais, par les raisons susdites, je ne le voulus pas. Le maréchal de Catinat, qui en 1691 l'avoit attaqué par là, ne l'auroit pas pris, si par bonheur une bombe n'eût fait sauter le magasin et détruit le puits.

Il ne restoit donc que l'attaque du côté de Montalban, que nous trouvions la seule praticable, tant à cause de la commodité d'y conduire du canon, que par le manque d'ouvrages que l'on avoit négligé d'y faire, dans la supposition que l'escarpement empêchoit d'y pouvoir monter.

Etant ainsi déterminés, nous commençâmes dès le 16 novembre à faire travailler à nos batteries : comme c'étoit par le canon que je comptois de réussir dans ce siége, je ne voulus point qu'aucune pièce tirât que toutes ne fussent prêtes pour tirer à la fois, afin d'éteindre plus promptement le feu des ennemis et d'ouvrir tellement la place qu'elle fût obligée de se rendre. Nous établîmes cinquante pièces de gros calibre pour battre en brèche du côté de Montalban, et vingt sur la hauteur de Saint-Charles pour battre le rempart à revers, outre seize mortiers. Les chiourmes des galères montèrent le canon de Villefranche jusqu'à la hauteur de Montalban, et de là le traînèrent dans les batteries. Le chevalier de Roanez, qui commandoit nos galères, se donna pour cela des soins continuels.

Nous ne fîmes point de tranchées réglées, mais seulement des boyaux pour conduire aux batteries. Pendant que nous y faisions travailler, les assiégés firent plusieurs sorties, dans lesquelles ils furent toujours repoussés avec perte. Le mauvais temps, le mauvais terrain et le peu de travailleurs que notre petite armée pouvoit fournir, furent cause que nos batteries ne purent commencer à tirer que le 8 de décembre. Ce fut alors un beau spectacle, car les ennemis répondirent par cinquante pièces de canon à nos soixante-dix et à nos seize mortiers : l'artillerie de part et d'autre tiroit comme la mousqueterie, et le bruit et la fumée étoient tels qu'on ne pouvoit ni voir ni s'entendre. Nous eûmes ce jour-là le sieur de Filey et un brigadier d'ingénieurs tués d'un même coup de canon.

La bonté de la maçonnerie et l'éloignement de nos batteries, qu'il n'avoit pas été possible de placer plus près que de deux à trois cents toises, à cause d'un grand fond qui se trouvoit au pied du glacis, retardèrent de beaucoup les brèches qui ne se trouvèrent en état que dans les premiers jours de janvier. J'avois trouvé moyen, quelque temps auparavant, de me rendre maître de l'ouvrage à corne qui couvroit le fond du côté de Simiers, et dont nos batteries avoient ouvert les branches, et par ce moyen je comptois de faire couler par le chemin couvert quelques détachemens pour monter à une des brèches, car nous en avions trois. [1706] J'avois résolu de donner l'assaut général le 6 au matin, et mes dispositions étoient faites ; mais le marquis de Carail, ne jugeant pas à propos de s'exposer à être emporté, fît battre la chamade le 4 au soir. La capitulation fut réglée dans l'instant, et le lendemain matin le régiment Dauphin prit possession d'une porte, ou, pour mieux dire, comme elle étoit si bouchée qu'on ne put l'ouvrir, il entra dans le château par la brèche. Nous accordâmes au marquis de Carail tous les honneurs de la guerre, et cela d'autant plus volontiers que j'avois grande impatience d'être maître de la place ; je savois que le duc de Savoie avoit déterminé de le secourir, et qu'actuellement le comte de Thaun étoit arrivé à Tende, en deçà des Alpes, à neuf lieues de Nice, avec trois mille hommes de troupes réglées et autant de milices ; mais dès qu'il sut la prise du château, il se retira en Piémont. J'envoyai le sieur de Grimaldi, brigadier, avec quelques bataillons, du côté de Jospel et de Breglia, et tout le comté se soumit ensuite. Je disposai les troupes en quartiers d'hiver et retournai en Languedoc, ayant laissé à M. de Paratte le commandement de Nice et du comté.

Nous ne perdîmes à ce siége que six cents hommes, et les ennemis environ autant. Nous y fîmes une prodigieuse consommation de poudre ; elle se montoit à près de sept cent milliers.

Le Roi avoit ordonné qu'on rasât totalement le château ; ce qui fut si bien exécuté, qu'il ne paroît plus qu'il y en ait jamais eu dans cet endroit. Nous trouvâmes dans la place près de cent pièces de canon et beaucoup de munitions de guerre.

Le Roi, imbu de l'opinion que l'escarpement rendoit l'approche inaccessible par le côté de Montalban, m'avoit mandé qu'il craignoit fort qu'après avoir perdu beaucoup de temps et consommé bien des munitions, je ne fusse obligé d'en revenir à l'attaque proposée par M. de Vauban. Pour faire voir que je ne m'étois point trompé, je montai à cheval avec cinquante officiers jusqu'au haut de la brèche.

Dès le commencement du siége j'avois représenté que la plus grande difficulté que je trouverois dans l'entreprise seroit le peu de troupes que j'avois, et qu'ainsi il me falloit nécessairement envoyer un renfort. Sur les instances que je fis, l'on ordonna au maréchal de Villars, qui commandoit sur le Rhin, de m'envoyer trente-deux compagnies de grenadiers; mais elles n'arrivèrent point à mon camp, ayant été arrêtées à Antibes pendant quelques jours par le mauvais temps.

A mon arrivée devant Nice, ayant visité le pays, je fis faire au-delà de mon camp des redoutes sur les hauteurs, afin de barrer l'entre-deux du Var et du Paillon : mon intention en les construisant n'étoit autre que de prévenir toute surprise et me donner le temps de rassembler mes troupes ; car, n'ayant qu'une très-petite armée et beaucoup de terrain à garder, j'étois foible de partout, et par conséquent hors d'état de résister à un corps considérable qui seroit tout d'un coup tombé sur moi. J'avois donc résolu, en cas de l'approche d'un secours, de ne laisser que ce qui auroit été nécessaire pour la garde des batteries, et de marcher avec le reste au-devant des ennemis, pour les combattre le plus diligemment que je pourrois. Il est étonnant que le duc de Savoie n'y ait pas songé d'abord, ayant, par le col de Tende, si peu de chemin à faire ; car, vu la situation des quartiers en Italie, l'expédition auroit été faite avant que le duc de Vendôme ou le duc de La Feuillade en eussent pu être informés, et sans même qu'ils pussent en aucune façon l'empêcher et m'être d'aucun secours.

Au mois de février 1706, le Roi me fit maréchal de France et m'ordonna en même temps de me rendre en Espagne pour y commander l'armée contre le Portugal. Le roi d'Espagne avoit résolu d'aller en personne faire le siége de Barcelone, et, pour cet effet, menoit avec lui les troupes françoises, hors quatre escadrons qu'il laissoit en Castille aux ordres de M. de Joffreville.

Le comte de Toulouse, amiral de France, devoit aussi se rendre devant Barcelone avec une escadre de vingt vaisseaux de ligne, et y porter toute l'artillerie et les munitions de guerre nécessaires pour le siége.

Le maréchal de Tessé n'approuvoit nullement ce projet, par bien des raisons. Il considéroit les difficultés qu'il y avoit à traverser cinquante lieues de pays ennemies, rempli de défilés, de montagnes, de rivières, et sans autre secours de vivres que ce que l'on mèneroit avec soi : l'incertitude de la mer pour fournir tout le nécessaire quand l'on seroit devant Barcelone, et l'apparence que la flotte combinée pourroit peut-être arriver au secours avant la prise de la place, le faisoit trembler pour la réussite d'une entreprise qui ne pouvoit échouer sans que l'on courût risque de perdre en un instant toute l'Espagne. L'armée que Sa Majesté Catholique pouvoit mener ne lui paroissoit pas assez considérable, n'y ayant que trente-huit bataillons et soixante escadrons ; de plus, il craignoit que, pendant l'éloignement du Roi et des troupes, les Portugais ne se servissent de l'occasion pour aller droit à Madrid et se rendre maîtres de toute la Castille. Malgré tout ce que le maréchal put dire, le roi d'Espagne demeura ferme dans sa résolution ; mais, pour obvier à ce dernier inconvénient, il pria le Roi son grand-père d'envoyer un général pour commander sur les frontières de Portugal.

Ce fut donc sur moi que le choix tomba. Dans la dépêche de M. de Chamillard il m'y faisoit une grande énumération des troupes espagnoles qui devoient composer mon armée, et me marquoit que le Roi alloit faire marcher quinze bataillons françois pour me joindre. J'ai pourtant appris depuis qu'il n'avoit jamais eu en pensée d'exécuter ce dernier article, et qu'il ne me l'avoit écrit que pour m'engager plus aisément au voyage d'Espagne. Dès que j'eus reçu le courrier de la cour, j'en dépêchai un à Madrid à M. Orry, pour lui dire que j'y serois incessamment ; mais que, pour ne pas perdre un temps précieux dans des conjonctures si importantes, je le priois de faire envoyer incontinent les ordres en Andalousie et en Galice pour faire marcher sur le Tage toutes les troupes qui ne seroient pas absolument nécessaires pour la garde des places ; de manière que, les trouvant dans le centre de la frontière, je pusse, à mon arrivée, en former une armée et faire tête aux Portugais.

Je partis de Montpellier le 27 de février et me rendis le 12 mars à Madrid, où je trouvai que M. Orry n'avoit rien exécuté de ce que je lui avois mandé, ne m'alléguant d'autre raison sinon qu'il m'attendoit avant d'envoyer aucun ordre. Cette faute pensa coûter cher ; car, les ennemis s'étant peu de temps après mis en campagne, il n'y eut plus moyen de rassembler aucune armée, et si j'avois eu affaire à des gens un peu entendus et vifs, l'Espagne étoit perdue.

Après avoir fait avec la reine d'Espagne les arrangemens convenables, je partis pour Badajoz, où j'arrivai le 27. Les ennemis, ayant assemblé leur armée qui consistoit en quarante-cinq bataillons et cinquante-six escadrons, étoient venus dès le 25 camper entre Elvas et

Campo-Major. Si les troupes d'Andalousie et de Galice m'avoient joint, j'aurois campé dès-lors sous Badajoz, dans un poste que je reconnus pouvoir être facilement mis hors d'insulte; mais le duc d'Icar, vice-roi de Galice, sous divers prétextes avoit gardé ses troupes; et le marquis de Villadarias, loin d'exécuter les ordres qu'il avoit reçus, avoit fait marcher les siennes du côté de Cadix, sous prétexte qu'il craignoit pour cette place, à cause de quelques vaisseaux ennemis qui y paroissoient. Il étoit clair que Villadarias ne pouvoit croire ce qu'il avançoit; car quelle apparence que, dans le temps que l'archiduc étoit menacé d'être attaqué dans Barcelone, il songeât à faire le siége de Cadix qui est une très-bonne place? De plus, l'armée portugaise n'y pouvoit aller qu'en pénétrant dans l'Andalousie; ce qu'elle ne pouvoit faire qu'après avoir pris Badajoz. C'étoit donc Badajoz qu'il falloit sauver, et pour cela il falloit avoir une armée.

Cette quantité de généraux indépendans dans l'étendue d'une même frontière étoit pernicieuse : chacun vouloit avoir une armée, et aucun ne pouvoit seul en avoir une assez considérable pour s'opposer aux entreprises d'un ennemi qui réunissoit ensemble toutes ses forces. J'ai aussi su depuis que les ordres envoyés de Madrid n'avoient point été assez positifs; car des ministres, quoique très-ignorans dans notre métier, vouloient pourtant toujours agir à leur tête; et c'est ce qui rendoit ma situation plus difficile, ayant autant à combattre Madrid que les ennemis.

Je retournai le lendemain, 28, camper à Talaverra, à trois lieues de Badajoz, avec vingt-sept escadrons pour toute armée. Je mandai au comte de Fiennes de me venir joindre le plus diligemment qu'il pourroit avec dix escadrons. Joffreville devoit suivre avec ce qu'il pourroit ramasser en Castille; mais cela se réduisit à trois escadrons de dragons.

Les ennemis, ayant marché par leur gauche, prirent la route d'Alcantara; sur quoi je marchai, par Caserès et Arroyo-del-Puerco, à Brocas, qui n'est qu'à trois lieues d'Alcantara, où je fis entrer huit bataillons, outre les deux qui y étoient déjà en garnison. Les ennemis, étant arrivés sur la rivière de Salar, ne crurent pas devoir s'aller placer devant Alcantara tant que je serois à Brocas : ainsi ils marchèrent à moi. Je fis d'abord bonne contenance; mais, voyant que toute leur armée y étoit, je songeai a la retraite. J'ordonnai à ma seconde ligne de s'aller poster de l'autre côté d'un grand ravin, à deux lieues de Brocas et moitié chemin d'Arroyo-del-Puerco; et avec la première je commençai à me retirer. Dès que les ennemis nous virent ébranler, ils s'avancèrent tous en bataille le plus diligemment qu'ils purent; mais nous étions déjà entrés dans la forêt avant que d'être atteints. Je formai plusieurs lignes dans le bois, à quelque distance les unes des autres : la première fut d'abord chargée et rompue par le grand nombre d'ennemis, mais elle se rallia bientôt et rechargea; il y eut ensuite nombre de charges, dans lesquelles nous avions quelquefois de l'avantage; mais comme nous ne songions qu'à nous retirer, le désordre se mit dans nos régimens qui s'en allèrent au grand galop. Les ennemis toutefois, étonnés de me voir choisir un bois pour donner un combat de cavalerie, ne s'avançoient qu'en ordre, ne doutant pas qu'il n'y eût de l'infanterie dans ce bois : cela, joint à la bonne contenance de quatre escadrons françois commandés par le comte de Fiennes, qui s'étoit formé en arrière des Espagnols, arrêta totalement les ennemis, qui n'osèrent s'avancer davantage.

Je ralliai ma cavalerie de l'autre côté du ravin, où j'avois ordonné à ma seconde ligne de se placer, mais où je ne la trouvai pas, car don Domingo Canal, maréchal de camp, qui la commandoit, n'avoit point compris l'ordre que je lui avois donné, et, au lieu de se former derrière le ravin, il s'étoit mis un quart de lieue plus bas, dans une prairie qui lui parut fort commode pour repaître. L'on peut aisément croire que, ne trouvant pas cette seconde ligne, mon embarras n'eût pas été petit si les ennemis m'avoient poussé avec vigueur. J'eus bien de la peine à découvrir où étoit Canal, et je ne le sus qu'après que les ennemis se furent tout-à-fait retirés à Brocas. Nous perdîmes à cette action environ une centaine d'hommes : je crois qu'il en coûta au moins autant aux ennemis, avec le comte de San-Vicente, officier général portugais.

Les ennemis firent ensuite le siége d'Alcantara, pendant lequel je restai à Arroyo-del-Puerco. La place en soi étoit très-mauvaise, n'y ayant ni fossé, ni chemin couvert, ni ouvrage extérieur : toutefois, comme elle avoit des bastions, que les assiégeans n'avoient que très-peu d'artillerie et fort peu d'expérience dans l'art militaire, elle eût pu tenir long-temps si le sieur Gasco, maréchal de camp, qui en étoit gouverneur, eût fait son devoir. Je lui avois marqué dans ses instructions qu'il devoit se défendre le plus long-temps qu'il pourroit; que quand il y auroit brèche, il eût à faire une capitulation honorable; que si les ennemis alors ne lui en vouloient pas accorder d'autre que de se rendre prisonnier de guerre, il eût à sortir avec sa garnison par l'autre côté du Tage. Il auroit pu facilement se faire un passage, car le corps ennemi qui y étoit ne consistoit qu'en deux régimens de cavalerie : la nature de ce pays, plein de broussailles et de ravins, étoit très-favorable à ce dessein, et il auroit pu pendant la nuit couler le long de la Lagon et remonter vers la Moraleja : la cavalerie ne pouvoit l'inquiéter par là, et avant que les ennemis eussent pu être avertis de sa marche et qu'ils eussent pu détacher de l'infanterie pour le suivre, il auroit eu au moins deux heures d'avance. S'il ne pouvoit exécuter ce que je viens de dire, je lui ordonnois positivement de soutenir l'assaut plutôt que de consentir à être prisonnier de guerre.

Il ne fit rien de ce que je lui marquois, il n'attendit pas même qu'il y eût brèche pour battre la chamade, et il se rendit prisonnier de guerre. Je m'étois avancé avec ma cavalerie à Las-Ventas, à quatre lieues d'Alcantara, pour faciliter la capitulation et tâcher de faire croire aux ennemis que je songeois à secourir la place; mais inutilement, car Gasco consentit à tout ce qu'ils voulurent sans le moindre débat et livra la place le 14 avril. Il ne donnoit pour excuses que l'envie de sauver au Roi la garnison, comme si, n'y ayant point de cartel, nous pouvions la ravoir quand nous voudrions. Dans la situation des affaires il valoit mieux courir le risque d'être emporté; car, au bout du compte, l'on ne pouvoit forcer par une petite brèche de dix toises au plus un corps de cinq mille hommes de pied sans qu'il en coûtât bien du monde, et cela auroit pu déranger ou retarder les autres projets des ennemis. Je ne voulus point répondre aux lettres que m'écrivit Gasco, ne convenant point d'avoir commerce avec un homme qui avoit manqué si essentiellement à son honneur, à son devoir, à son pays, à son Roi et à son général. J'avois été trompé dans l'opinion que j'avois conçue de lui dès la première campagne que j'avois commandée en Espagne, et je l'aurois préféré à tout ce qu'il y avoit d'officiers généraux espagnols.

Alcantara et sa garnison perdue dès l'entrée de la campagne me jetoit dans un furieux embarras, d'autant que, par la faute du conseil de Madrid et par la désobéissance des capitaines généraux, j'étois hors d'état de pouvoir opposer un corps suffisant aux ennemis, lesquels se trouvant alors à cheval sur le Tage, étoient maîtres de se porter où bon leur sembleroit, et par conséquent nous donnoient également jalousie de toutes parts, sans que d'aucun côté on pût leur résister. J'aurois donc souhaité qu'ils eussent pris le parti d'aller assiéger Badajoz, d'autant que cela les auroit éloignés de Madrid, les auroit peut-être occupés jusqu'aux grandes chaleurs, et auroit pu donner le temps d'arriver au secours que nous attendions de France après l'expédition de Catalogne.

La cour de Madrid, qui jusqu'alors sembloit ne rien appréhender et regardoit même ce que je mandois comme une crainte chimérique, ouvrit enfin les yeux sur le danger où elle étoit. Orry résolut de former dix bataillons de milices, et me proposa dès qu'il m'auroit joint de livrer bataille; mais cela ne suffisoit pas pour tenter fortune. Je crus donc qu'il valoit mieux disputer le terrain autant que l'on pourroit, jusqu'à ce que j'eusse un corps de bonnes troupes suffisant pour les grandes aventures.

Les ennemis passèrent le Tage à Alcantara le 20 avril; sur quoi je le passai aussi au pont Cardinal, ayant déjà fait prendre les devants à M. de Joffreville avec douze escadrons.

Comme j'appris que les ennemis venoient droit à Placencia où je m'étois campé, je ne doutai plus que leur dessein ne fût d'aller à Madrid : ainsi je dépêchai un courrier pour en avertir la reine d'Espagne, et lui représenter que si les ennemis continuoient leur marche, elle n'avoit point d'autre parti à prendre que celui de venir se mettre à notre tête. Les raisons que je lui donnois étoient qu'elle y seroit plus en sûreté, que sa présence contiendroit les troupes, animeroit les provinces éloignées et voisines à se maintenir dans leur devoir; au lieu que, se retirant ailleurs, elle sembleroit abandonner la partie, et que la plupart des peuples étant déjà saisis de peur, l'on verroit dans l'instant une révolution générale.

Je voulois qu'en même temps que la Reine viendroit me trouver elle écrivît des lettres circulaires pour exhorter tous les bons sujets de la venir joindre à son camp. Vu le génie de la nation et la singularité de l'action, il y avoit lieu de croire que de tous côtés un nombre infini de personnes seroient accourues sous l'étendard de cette princesse, dont les manières nobles et caressantes les auroient engagées à se sacrifier pour le maintien de la cause de son mari.

La princesse des Ursins et M. Amelot n'approuvèrent pas ma proposition, et l'endroit le plus éloigné du péril étoit celui qu'ils avoient résolu de préférer. Orry m'avoit aussi proposé de me faire joindre par les garnisons françoises de Pampelune, Fontarabie et Saint-Sébastien, mais je n'avois garde d'y donner les mains, car il étoit de la dernière importance de ne pas nous dessaisir de ces places, dont la perte auroit totalement bouché l'entrée aux secours que nous espérions de France.

Les ennemis continuèrent leur marche jusqu'à Placencia, d'où je me retirai, trois lieues en arrière, à la Massagona, sur la rivière de Tietar. J'y avois placé huit bataillons qui étoient mon unique infanterie, et j'avois fait retrancher les principaux gués, afin de faire croire aux ennemis que je voulois garder ce poste, et peut-être par là les obliger de prendre un autre chemin et ainsi gagner du temps : ce qui étoit ce que je cherchois. Les ennemis, après avoir resté trois jours à Placencia, vinrent droit à moi avec toute leur armée. Comme je les vis tout de bon songer à me chasser de là, je ne crus pas qu'il convint de hasarder une affaire, d'autant que la rivière étoit fort basse et mes retranchemens trop étendus : ainsi je fis marcher en arrière mon infanterie, je restai avec la cavalerie jusqu'à midi, et puis me retirai en bataille au travers des bois, car c'étoit le terrain qui me convenoit le mieux pour cacher ma foiblesse et mes manœuvres. Joffreville fit l'arrière-garde avec douze troupes de cavalerie, et par sa bonne contenance empêcha les ennemis, pendant une heure et demie, de passer la rivière, quoiqu'ils fissent un feu continuel de leur artillerie et de leur infanterie sur lui et sur un détachement de dragons qui gardoient les retranchemens. Dès qu'il se fut retiré, les ennemis passèrent et le suivirent pendant une demi-lieue sans oser le charger ; de manière que cela ne se passa en escarmouches. Leur armée se campa sur les bords de la rivière de notre côté, et y resta un jour entier. Le 3 mai ils s'avancèrent à Cassa-Texada, d'où je me retirai à leur approche, et le 4 ils campèrent à Almaras et moi auprès de la Peralada, à trois lieues de là.

La lenteur de la marche des ennemis provenoit de l'incertitude où ils étoient sur ce qu'ils avoient à faire : ils ignoroient aussi bien que nous ce qui se passoit à Barcelone, dont le roi d'Espagne faisoit le siège, car ils n'en pouvoient avoir des nouvelles que par mer, ce qui étoit très-long : et comme nous n'avions nulle communication par terre avec le camp de Sa Majesté Catholique, nous ne pouvions non plus en recevoir de lettres que par des bâtimens qui les portoient de la rade de Barcelonne à Collioure, et de là par Bayonne à Madrid. Les ennemis donc craignoient de s'avancer trop avant, de peur que, Barcelone pris, le roi d'Espagne ne revînt tout à coup avec toute son armée avant qu'ils en fussent informés, et qu'alors ayant tout le pays contre eux, ils n'eussent grande difficulté à regagner le Portugal ; ce qui les détermina à rester à Almaras quelque temps ; mais au bout de huit jours, n'ayant aucunes nouvelles, ils prirent le parti d'aller faire le siège de Ciudad-Rodrigo, qui ne pouvoit les occuper long-temps, et ensuite s'avancer à Salamanque, afin d'y attendre le succès de Barcelone. Ils décampèrent le 11 mai et reprirent le chemin de Placencia et de Coria, afin d'être plus à portée de leurs convois qu'ils tiroient de Portugal. Le 20, ils investirent Ciudad-Rodrigo. Cette ville (on ne peut l'appeler place) n'avoit ni dehors, ni fossé, ni chemin couvert, ni flancs ; une simple muraille en faisoit l'enceinte : toutefois, quoiqu'il n'y eût qu'un bataillon et quelques milices, elle se défendit jusqu'au 26 au soir et ne se rendit que la brèche faite : elle obtint même une capitulation honorable. Je m'étois tenu à Saint-Martin-del-Rio jusqu'après la prise de Ciudad-Rodrigo, ensuite de quoi je me repliai à Salamanque.

J'y appris le premier de juin, par un courrier de France, le malheureux dénouement du siège de Barcelone. Le roi d'Espagne, après avoir pris le Mont-Jouy, avoit conduit de ce côté-là ses attaques contre la ville, qu'il avoit battue pendant plusieurs jours ; mais avant que d'avoir fait une brèche suffisante, la flotte ennemie arriva : ainsi le comte de Toulouse, inférieur en nombre, étant obligé de se retirer à Toulon, il ne fut pas possible au roi d'Espagne de continuer le siège, attendu qu'il n'avoit plus de vivres, outre que la flotte portoit à l'archiduc un secours de douze bataillons. Il ne fut donc plus question que de savoir par où l'armée se retireroit. Les Espagnols vouloient que ce fût par le même chemin qu'on étoit venu ; mais le manque de vivres fit choisir le plus court pour arriver en pays ami, dont nous étions les maîtres : ainsi il fut déterminé qu'on gagneroit le Lampourdan, ce qui se pouvoit aisément en quatre ou cinq jours ; au lieu que, par Igualada et Lérida, il en falloit au moins dix avant que d'arriver en Arragon, outre que la fidélité des Arragonois étoit fort ébranlée, et que le pays par où il falloit passer étoit beaucoup plus difficile que l'autre, tant par les montagnes et défilés que pour le passage des rivières.

Sa Majesté Catholique décampa le 11 mai, et fut obligée d'abandonner toute sa grosse artillerie et ses munitions de guerre, n'ayant ni temps ni les bêtes nécessaires pour l'emmener : les malades et blessés restèrent pareillement. Il faut dire, à la louange de milord Peterborough, qui commandoit les troupes de l'archiduc, qu'il eut toute l'attention possible pour empêcher les miquelets de les égorger. Les ennemis suivirent les premiers jours l'armée du roi d'Espagne; mais dès qu'elle eut passé le Ter, se trouvant en sûreté et à portée des vivres, elle fit quelque séjour, en attendant les ordres de la cour. Le roi d'Espagne regagna le Roussillon pour se rendre par Bayonne à Madrid le plus diligemment qu'il pourroit ; et le chevalier d'Asfeld eut ordre de prendre les devans et de se rendre à Bayonne, afin d'y régler tout ce qu'il falloit, tant pour le passage de Sa Majesté Catholique que pour celui des troupes.

Dès que je fus informé de la résolution du roi d'Espagne de venir à Madrid, je dépêchai un courrier pour supplier la Reine de l'en détourner ; car, vu la situation des ennemis et notre foiblesse, il étoit impossible de les empêcher d'y aller : ainsi il me paroissoit que Sa Majesté Catholique devoit s'épargner la honte d'être obligée de s'enfuir de sa capitale huit jours après y être retournée. Je proposois que ce prince vînt en droiture à Burgos, où il se trouveroit plus à portée de rentrer en Castille si nous en étions chassés : sa présence y auroit animé les Castillans, et le bruit de son arrivée faisant peut-être croire aux ennemis que la tête des troupes arrivoit, ils auroient été bride en main ; ce qui étoit ce que nous devions principalement souhaiter. Je comptois de me replier sur le Douro et y rassembler le plus de troupes qu'il me seroit possible pour en défendre le passage aux ennemis : en tout cas, après les avoir amusés à mon ordinaire, je me serois retiré sur Burgos et Vittoria, jusqu'à ce que les trente bataillons et vingt escadrons françois qui devoient venir m'eussent joint. Je ne voulois nullement me retirer du côté de Pampelune, car c'étoit me mettre dans le coin de l'Espagne le plus reculé, d'où j'aurois eu de la peine à ressortir à cause du passage de l'Ebre, outre que nous y aurions eu plus de difficulté pour nos subsistances ; au lieu que par Burgos nous serions au centre de la Castille, dans le pays du monde le plus abondant.

Je mandai la même chose à M. d'Asfeld, afin qu'il en parlât au roi d'Espagne à son passage à Bayonne; mais le Roi avoit une telle impatience d'être avec la Reine, qu'il n'écoutoit rien et alloit toujours en avant. Il prit donc le chemin de Pampelune comme le plus court et se risqua sans escorte au travers de la Navarre, effleurant l'Arragon, qui s'étoit révolté dès que le siège de Barcelone eut été levé.

La Reine et son conseil ne lui avoient pas écrit comme je les en avois suppliés ; car, en dépit de mes avis, ils faisoient cent mille choses de leur tête, et d'ordinaire c'étoient des fautes auxquelles j'avois ensuite la peine de remédier.

Les ennemis eurent nouvelle de la levée du siège de Barcelone le même jour que moi. Milord Peterborough avoit dépêché un courrier par mer au marquis de Las-Minas et au comte de Galloway, pour leur en donner avis et leur faire savoir que l'archiduc alloit bientôt s'approcher de Madrid, où il comptoit que l'armée portugaise se rendroit aussi, afin de se joindre tous et de nous chasser totalement de l'Espagne.

Sur cela, le 3 juin, les ennemis se mirent en marche d'auprès de Ciudad-Rodrigo et arrivèrent le 6 à Salamanque ; je m'en étois retiré la veille, me tenant également à portée du chemin de Madrid et de celui de Vallalodid ; car il étoit encore incertain lequel ils prendroient. Le bruit de leur armée étoit pour le premier ; mais je craignois plus le second, attendu que par là ils nous chassoient de Madrid sans y aller, et que, par les contradictions que j'éprouvois de la part du ministère, je n'avois pas encore eu le temps de faire les arrangemens nécessaires pour la jonction des troupes derrière le Douro.

Le 12, les ennemis décampèrent de Salamanque et prirent le chemin de Penaranda : ainsi il n'y eut plus à douter qu'ils n'allassent à Madrid. L'on me proposa encore de défendre le passage de Guadarrama ; mais je n'y voulus point consentir, d'autant que l'on pouvoit passer partout à droite et à gauche, et qu'ainsi les ennemis se trouvant tout à coup derrière moi m'auroient ôté toute communication avec la France et Madrid ; et quand même j'aurois arrêté l'armée portugaise, l'archiduc arrivant par l'Arragon, je me serois trouvé entre ces deux armées sans ressource ni retraite. Je suppliai seulement la Reine d'ordonner que les troupes qu'on venoit de former à Madrid y campassent ; que M. de Las-Torres, qui arrivoit de Valence avec quinze escadrons et quelques bataillons, se mît à portée de nous joindre quand il en seroit besoin ; que Leurs Majestés Catholiques fussent prêtes à partir d'un moment à l'autre, et que l'on eût soin d'avoir à Guadalaxara et sur la route de Burgos des farines pour notre subsistance. Je renvoyai à Badajoz six bataillons, afin de ne pas laisser l'Estramadure totalement dégarnie : quant au peu d'infanterie qui me restoit, je la fis marcher vers Ségovie ; ensuite avec ma cavalerie je me retirai, à mesure que les ennemis avançoient. Sur ces entrefaites nous eûmes la triste nouvelle de la défaite du maréchal de Villeroy à Ramillies ; ce qui donna lieu au duc de Marlborough de se rendre maître sans coup férir de Bruxelles et de la plus grande partie de la Flandre.

Le 17 juin, les ennemis étant venus camper à la Bajos, je détachai Joffreville avec quinze escadrons pour aller par Ségovie au Puerto-del-Paular, afin d'observer ce qui pourroit se passer de ces côtés-là et empêcher que les ennemis ne pussent envoyer des partis sur le chemin que la Reine devoit tenir en allant à Burgos. J'ordonnai à mon infanterie de marcher de Ségovie à Somosierra sur le chemin de Madrid et à Aranda-de-Douro, où je comptois tenir ferme le plus long-temps que je pourrois ; et je mandai à M. de Las-Torres de nous attendre à Torrejon. Je passai avec le reste de ma cavalerie le Puerto-de-Guadarrama, que je fis garder par un détachement de dragons et de quatre compagnies de grenadiers, afin d'obliger les ennemis, que je connoissois pour gens de grande prudence, d'y venir en cérémonie. En effet, ils ne passèrent le Puerto que le 23 ; je m'étois retiré le 20 au Pardo, et le lendemain le roi d'Espagne me joignit à Funcaral, à deux lieues de Madrid. La Reine avoit pris la veille le chemin de Burgos, où elle se rendit sans être en aucune façon inquiétée.

Madame des Ursins et les courtisans qui se trouvoient avec elle firent tout ce qu'ils purent pour la faire aller à Pampelune ; mais M. Amelot et moi l'empêchâmes, en représentant au roi d'Espagne que si elle alloit en Navarre, ce seroit confirmer tout le monde dans la croyance que Leurs Majestés Catholiques avoient dessein de se retirer tout-à-fait en France ; au lieu que la Reine allant s'établir à Burgos avec les conseils, toutes choses reprendroient bientôt le train ordinaire et les peuples se rassureroient.

Nous allâmes le 22 camper à Torrejon, où M. de Las-Torres nous joignit : ainsi nous avions cinquante-cinq escadrons, y compris Joffreville, qui côtoyoit alors la Sierra pour couvrir la marche de la Reine et observer les ennemis ; j'avois aussi laissé le comte de Fiennes avec huit cents chevaux pour les amuser et faire la même manœuvre que j'avois faite jusque là, la présence du roi d'Espagne ne me le permettant plus.

Le 24, les ennemis arrivèrent à Las-Rosas, à quatre lieues de Madrid : le comte de Fiennes y eut quelques escarmouches avec leur avant-garde et se retira en très-bon ordre.

Le 25, ils campèrent auprès de Madrid : nous nous retirâmes à Alcala, de là à Guadalaxara et puis à Sopetran, afin de nous mettre hors de portée de pouvoir être surpris. Comme la désertion commençoit à se mettre dans la cavalerie espagnole et que les partisans de la maison d'Autriche avoient soin de publier que le roi d'Espagne vouloit abandonner la partie, Sa Majesté Catholique alla à la tête de ses troupes, qu'on avoit mises exprès en bataille : il les harangua, escadron par escadron, pour les assurer qu'il étoit résolu de rester en Castille, et qu'ainsi il espéroit qu'ils ne l'abandonneroient pas ; qu'il attendoit dans peu les troupes de France, et qu'alors il marcheroit aux ennemis pour les combattre. Ce discours fit son effet, et depuis ce jour la désertion cessa. En marchant à Sopetran, nous avions envoyé M. de Joffreville à Somosierra pour couvrir le pays de ce côté-là et nous procurer des subsistances. Nous étions sur ce point fort embarrassés, Orry n'ayant pris aucune mesure pour nous en procurer, quoique je lui en eusse écrit dans toutes mes lettres et qu'il n'eût point d'autre affaire à songer : mais, comme j'ai déjà dit, jamais il ne voulut seulement imaginer que les ennemis pussent venir à Madrid, et n'en convint que lorsqu'ils y furent.

Nous avions aussi un autre embarras auquel nous ne pouvions remédier que par le secours de la France, savoir le manque d'argent : ce qui nous détermina à faire partir Orry en poste pour Paris, afin d'y représenter nos besoins et de tâcher en même temps d'emprunter quelque argent sur les pierreries de la Reine qu'il porta avec lui. Ce fut M. Amelot qui m'en fit premièrement la proposition ; et d'abord je m'y opposai par la raison que je ne savois à qui m'adresser pour tous les détails, outre qu'il étoit le seul au fait des finances d'Espagne, dont il avoit toujours caché avec soin la connoissance à qui que ce fût : mais enfin la nécessité où nous étions et l'impossibilité de trouver des ressources ailleurs, me fit consentir à son voyage, à condition qu'il reviendroit au plus tôt. Dès que les Espagnols le virent parti, ils se mirent à se déchaîner si publiquement contre lui, que je me crus obligé de m'opposer autant à son retour que j'avois été contre son départ. En effet, il étoit de la justice et de la bonté de Sa Majesté Catholique d'avoir quelque complaisance pour le goût d'une nation qui venoit de lui donner des preuves si éclatantes de son attachement pour sa personne et à la fidélité de laquelle il étoit uniquement redevable de la conservation de sa couronne.

M. Amelot avoit eu de la peine à se rendre à

mes raisons, craignant de déplaire à la Reine et à madame des Ursins; mais enfin son bon sens et les discours qu'il entendoit tenir devant lui le déterminèrent, et nous écrivîmes conjointement en France pour qu'on y gardât Orry : j'envoyai à ce dernier et à la princesse des Ursins copie de ma dépêche au Roi, afin qu'ils vissent que je n'agissois point par des souterrains. La cour de France goûta nos raisons et Orry eut ordre de rester à Paris.

Orry étoit homme de beaucoup d'esprit, très-éloquent et d'un travail infini; mais il vouloit trop entreprendre, ce qui faisoit qu'il ne pouvoit trouver assez de temps pour finir aucune affaire : son imagination étoit si vive, qu'elle lui fournissoit des expédiens pour tout; mais aussi dès qu'il avoit projeté quelque chose, il s'imaginoit et assuroit hardiment qu'elle étoit faite : il excelloit principalement dans la connoissance et le maniement des finances; et je doute que personne y eût mieux réussi, s'il avoit travaillé sous un homme habile et posé qui lui eût fait tenir pied à boule et l'eût empêché de se mêler d'autre chose. Ses vues pour la politique et pour la guerre étoient presque toujours fausses; mais la bonne opinion qu'il avoit de lui-même les lui faisoit soutenir comme bonnes. Ses manières dures et le changement total qu'il avoit fait dans les coutumes d'Espagne, lui attirèrent la haine de toute la nation : ses ennemis l'accusoient d'avoir beaucoup volé; mais je lui dois cette justice d'assurer que, quoique je l'aie souvent ouï dire, personne ne m'a jamais pu citer un fait; s'il a pris, il l'a fait avec adresse.

Le marquis de Ribas, qui étoit secrétaire du despacho universal à la mort de Charles II, et qui avoit dressé et fait signer à ce prince le fameux testament par lequel il déclaroit le duc d'Anjou pour son successeur, étoit tombé depuis en disgrâce par cabales de cour; de manière qu'il resta à Madrid lorsque nous l'abandonnâmes, et même assista aux conseils convoqués au nom de l'archiduc.

Le marquis de Las-Minas et milord Galloway crurent qu'ils pourroient faire un usage merveilleux de ce ministre; ainsi ils lui proposèrent de donner une déclaration comme quoi le testament étoit supposé : mais, quoiqu'il eût manqué à la fidélité qu'il devoit à son Roi, il ne voulut jamais faire ce qu'ils lui demandoient, malgré toutes leurs promesses et toutes leurs menaces, alléguant qu'il avoit quitté le parti de Philippe V parce qu'on l'avoit chassé; mais qu'il ne pouvoit en honneur signer une pareille fausseté. Cette circonstance, connue de peu de personnes, est assez remarquable : aussi ce fut en cette considération que, lorsque nous retournâmes à Madrid, le roi d'Espagne se contenta de l'exiler dans sa terre à deux lieues de là, sans lui faire d'autre mal; même l'année d'après, à l'occasion de la naissance du prince des Asturies, il eut permission de reparoître à la cour.

Les ennemis restèrent auprès de Madrid jusqu'au 5 de juillet, c'est-à-dire jusqu'à ce qu'ils eussent nouvelles certaines de la marche de l'archiduc. Ce prince ne devoit partir de Barcelone que le 21 juin : d'abord il avoit résolu de passer par le royaume de Valence; mais la révolte de l'Arragon lui fit prendre le chemin de Saragosse. Les généraux ennemis, pour faciliter sa marche à Madrid, se campèrent sur le Carama auprès de Torrejon et avancèrent un petit corps à Alcala; sur quoi nous nous retirâmes à Xadraque. Nous avions alors en tout cinquante-cinq escadrons et dix-neuf bataillons espagnols : nous renvoyâmes partie de ces derniers à Siguenza et Atienza sur nos derrières, afin d'être plus libres dans nos mouvemens. L'Andalousie cependant faisoit des merveilles pour le roi d'Espagne; elle levoit quatre mille chevaux et quatorze mille hommes de pied : pareillement les peuples de la Vieille et Nouvelle-Castille envoyoient de tous côtés faire à Sa Majesté Catholique des protestations de leur zèle et de leur fidélité, l'assurant qu'au premier signal ils prendroient les armes et courroient sur les ennemis. En effet, ils assommoient tout ce qui s'écartoit de leur armée et ils arrêtoient tous les courriers : par ce moyen j'étois régulièrement instruit d'avance de tous leurs desseins. Les ennemis, en arrivant à Madrid, avoient envoyé un détachement à Tolède, où la Reine douairière fit proclamer roi l'archiduc son neveu et arbora son étendard au haut du palais; mais les habitans, au bout de quelques jours, prirent les armes, saisirent tout ce qu'il y avoit de gens affectionnés au parti contraire, arrachèrent l'étendard, proclamèrent Philippe V et mirent des gardes chez la Reine douairière, qu'ils traitèrent pourtant toujours avec respect, quoiqu'ils la tinssent prisonnière. Les peuples de la Manche se mirent en même temps en campagne et se saisirent des passages sur le Tage, afin d'empêcher que les ennemis ne pussent venir sur eux.

Les généraux voyant que les peuples leur étoient unanimement contraires, et qu'ils ne pouvoient se dire maîtres que du terrain où ils campoient, et craignant qu'à la fin notre armée grossissant et la leur diminuant, ils ne se trouvassent dans de grands embarras, écrivirent à

Lisbonne pour que les troupes portugaises de l'Alentejo eussent ordre de les venir joindre par le pont d'Almaraz ; mais la prise des courriers empêcha qu'on ne pût savoir en Portugal rien de positif sur l'état des affaires en Espagne, et par conséquent qu'on y pût prendre aucunes mesures. Nous apprîmes le 15 juillet, par des lettres interceptées du comte de Noyelles, des envoyés d'Angleterre et de Portugal au marquis de Las-Minas et à milord Galloway, que l'archiduc devoit arriver le 12 à Saragosse, où le comte de Noyelles étoit déjà ; nous apprîmes en même temps que, pour favoriser le passage de ce prince, les ennemis avoient marché à Guadalaxara : sur quoi ne voulant plus rien risquer jusqu'à l'arrivée de nos troupes, que j'attendois dans huit jours au plus tard, et dont on ne pouvoit plus empêcher la jonction, je priai le roi d'Espagne d'aller à Atienza et je me plaçai derrière l'Hénarès à Sirouetté, environ à une lieue de Xadraque, pour observer plus sûrement les mouvemens des ennemis et être même à portée de tomber par une marche forcée sur l'archiduc, s'il effleuroit de trop près la frontière de Castille. Toutes nos troupes françoises arrivèrent le 28 à Sirouetté ; en sorte que nous avions alors quarante-neuf bataillons et soixante-dix-huit escadrons : à la vérité nos trente bataillons françois n'avoient pas trois cents hommes chacun, l'un portant l'autre. Les ennemis, à cause des troupes qu'ils avoient laissées à Alcantara et à Ciudad-Rodrigo, n'avoient plus que quarante bataillons et cinquante-trois escadrons ; mais ils attendoient encore dix à douze bataillons et une vingtaine d'escadrons, qui leur devoient venir avec l'archiduc et milord Peterborough.

J'avois résolu de marcher le 29 en longeant l'Hénarès, pour me rendre dans la plaine de Marchamalo, afin de combattre les ennemis et de les obliger à quitter la Castille ; mais le même jour 29 nous commençâmes à voir la tête de leur armée qui venoit droit sur Xadraque : ce qui me détermina à rester à Sirouetté, attendu que, par la difficulté du pays et la proximité des ennemis, il auroit été dangereux de faire cette marche en plein jour. Ils furent long-temps sur les hauteurs avant que d'oser descendre dans la plaine de Xadraque où étoit le comte de Fiennes avec cinq cents chevaux ; et ce ne fut qu'avec de grandes précautions et après avoir tiré du canon sur lui, qu'ils s'y déterminèrent. A six heures du matin, le roi d'Espagne nous joignit, et vers les quatre heures du soir les ennemis, qui ignoroient totalement l'arrivée de nos troupes et croyoient n'avoir affaire qu'à notre cavalerie espagnole, firent les dispositions pour attaquer le pont sur l'Hénarès où nous avions mis quatre cents hommes d'infanterie. Pour cet effet, leurs dragons à pied et deux bataillons soutenus de six escadrons, descendirent en bataille vers la rivière ; mais, aux premiers coups de canon qu'on lâcha au milieu de ces troupes, elles se retirèrent en confusion. Le reste de la journée se passa en escarmouches et en canonnades, dont nous ne pouvions être que difficilement incommodés, à cause des hauteurs qui nous couvroient.

Le lendemain, les ennemis firent encore de grands mouvemens et voulurent se former en bataille sur la hauteur vis-à-vis de nous ; mais notre artillerie les fit bientôt retirer : ils avoient aussi fait couler quelque infanterie dans les haies proche du pont, que nos gens en chassèrent dans l'instant. Voyant que les ennemis balançoient sur le parti qu'ils avoient à prendre, je résolus de passer la nuit la rivière de Conomarez qui étoit sur notre droite, pour aller nous poster sur le flanc gauche des ennemis, entre Espinosa et Xadraque, et par là leur couper la communication avec Guadalaxara. J'allai donc reconnoître moi-même notre marche et j'avois déjà donné tous les ordres nécessaires pour un mouvement qui demandoit de grandes précautions, mais à l'entrée de la nuit, comme nous étions prêts à nous ébranler, j'appris que les ennemis avoient décampé. La crainte que nous ne gagnassions leurs derrières, ainsi que c'étoit notre dessein, les y détermina. Ils n'avoient appris la jonction des François qu'après être arrivés à Xadraque, et cela par nos déserteurs ; encore d'abord ils n'en vouloient rien croire et s'imaginoient que le grand nombre de tentes et la grande étendue de terrain que nous occupions, étoient une ruse de guerre pour leur faire accroire que nous avions beaucoup de monde. Il étoit pourtant étonnant que nos troupes étant venues par la Navarre et ayant longé la frontière d'Arragon pendant quarante lieues de pays, ils n'en eussent point été informés : cela ne donne pas une bien haute idée de la capacité ni de la prévoyance de leurs généraux.

Si, au lieu de s'amuser à Madrid à y faire proclamer l'archiduc et à y attendre de ses nouvelles ils eussent marché tout de suite après moi, ils m'auroient infailliblement chassé par delà l'Ebre avant l'arrivée des secours, et alors j'aurois eu bien de la peine à remarcher en avant, outre que l'archiduc et milord Peterborough auroient eu le temps de les joindre en toute sûreté.

Voyant donc que les ennemis avoient décampé, et la situation du pays ne permettant pas de les attaquer dans leur retraite, nous ne nous mîmes en marche que le lendemain 31 et fûmes camper à Espinosa. Les ennemis ne s'arrêtèrent pas qu'ils n'eussent passé l'Hénarès, entre Ita et Guadalaxara. Les partis que nous avions lâchés après eux, joints aux paysans, tuèrent plus de trois cents traîneurs et en prirent deux cents.

Le lendemain, premier du mois d'août, nous nous mîmes en marche un peu après minuit pour aller droit aux ennemis qui avoient campé la même nuit à Jonquera, à deux lieues de nous; mais, à cause d'un très-grand défilé, nous ne pûmes déboucher dans la plaine que vers les dix heures du matin. Les ennemis s'étoient mis en marche dès la pointe du jour pour aller à Marchamalo; leur camp étoit marqué et partie de leurs troupes y étoient déjà entrées.

Nous marchâmes sur quatre colonnes, ayant à l'avant-garde huit troupes de carabiniers soutenues de trois régimens de dragons que commandoit M. de Cilly, maréchal de camp. Les ennemis avoient laissé auprès de Jonquera six troupes de cavalerie pour faire l'arrière-garde : on lâcha sur eux à toutes jambes deux troupes de carabiniers qui les culbutèrent et en prirent ou tuèrent une cinquantaine. Dès que les ennemis virent que nous venions droit à eux, ils tirèrent un coup de canon pour avertir les fourrageurs et maraudeurs qu'ils alloient décamper; mais, n'osant s'aventurer au travers de la grande plaine, ils passèrent avec grande précipitation l'Hénarès et se campèrent sur les hauteurs de l'autre côté. Comme nous vîmes qu'il n'étoit pas possible de les joindre et que l'armée étoit fort fatiguée, tant à cause de la longueur de la marche qu'à cause du chaud excessif, nous campâmes ce jour-là à Fontanar, à une lieue de Guadalaxara, et le lendemain nous nous avançâmes à Marchamalo. Ayant reconnu que le poste des ennemis étoit excellent, d'autant que leur droite étoit appuyée à Guadalaxara, leur gauche à un grand ravin et qu'ils avoient devant eux l'Hénarès, dont les bords étoient très-escarpés, nous ne songeâmes qu'à nous placer de manière à leur couper le chemin de Madrid et en même temps assurer nos convois, qui ne nous pouvoient venir que d'Atienza : pour cet effet nous nous mîmes sur une seule ligne, la gauche tirant vers Fontanar et la droite près de la Loubera; ce qui faisoit deux lieues d'étendue.

Nous détachâmes après midi M. de Legal, lieutenant-général, avec mille cinq cents fantassins, mille cinq cents chevaux et trois pièces de douze pour aller s'emparer d'Alcala, à deux lieues de notre droite, et par où les ennemis pouvoient uniquement avoir communication avec Madrid. M. de Legal ne trouva aucune résistance à Alcala que les ennemis abandonnèrent à son approche pour se retirer à leur armée : il les suivit, et les ayant atteints, ils se jetèrent dans le château de San-Tolcas où, après quelques volées de canon lâchées de notre part, ils se rendirent prisonniers de guerre, au nombre de quatre cents fatassins et quarante chevaux. Un lieutenant-général portugais, nommé don Antonio Araouer, les commandoit. L'on prit aussi un grand convoi qui alloit à l'armée ennemie.

Le roi d'Espagne fit partir le même jour don Antonio Delvalle, pour aller avec huit cents chevaux prendre possession de Madrid; ce qu'il exécuta le 4 août, jour marqué pour l'arrivée de l'archiduc dans cette capitale. Environ trois à quatre cents hommes, officiers ou miquelets, voulurent se défendre dans le palais du Roi; mais, faute de vivres, au bout de deux jours ils se rendirent.

Les ennemis ignoroient si absolument et l'arrivée des secours de France et notre marche, que l'on prit nombre de seigneurs espagnols qui venoient à notre armée, la prenant pour celle de l'archiduc. On les envoya à Pampelune, aussi bien que les prisonniers qu'on avoit faits dans le palais.

Il est à remarquer que le marquis de Las-Minas avoit donné cinq cents pistoles pour faire nettoyer le palais, et en effet nous les y fîmes employer.

Nous trouvâmes les pontons des ennemis et beaucoup d'attirails de guerre et munitions de bouche, qu'ils avoient laissés à Madrid.

Les habitans de Ségovie, apprenant ce qui se passoit, prirent les armes et forcèrent la garnison portugaise qui étoit dans le château de se rendre. La capitulation portoit qu'elle sortiroit avec armes et seroit conduite en Portugal, à condition de ne point servir de six mois.

Les peuples de la partie de l'Estramadure entre le Tage et la Sierra-de-Gata se mirent sous les armes et reprirent la Moraleja et Coria. Ceux de Salamanque, après avoir proclamé Philippe V et mis en prison quelques Portugais et Castillans du parti de l'archiduc, avoient déterminé de tomber sur un grand convoi qui partoit de Ciudad-Rodrigo pour Madrid; mais les Portugais en étant avertis, ne le firent pas partir : toutefois, pour punir cette ville de son audace, ils assemblèrent un corps de quatre à cinq mille hommes et marchèrent quelque temps après à Salamanque, qui fut obligée d'ouvrir ses portes au bout de deux jours de siége, et de se racheter du pillage pour une somme de cinquante mille pistoles. Le 6, l'archiduc arriva au camp de Guadalaxara avec trois bataillons et six escadrons, et le lendemain milord Peterborough avec trois bataillons et dix escadrons. Le marquis de Bay, capitaine-général de l'Estramadure, y ayant laissé pour commandant le marquis de Risbourg, nous joignit avec un régiment de cavalerie.

Nous fûmes avertis que le 11 les ennemis devoient marcher le même soir et qu'ils avoient déjà envoyé leurs équipages sur une hauteur à une lieue derrière leur camp. En effet, à l'entrée de la nuit ils se mirent en mouvement; et comme il étoit important de gagner toujours les devans pour couvrir Madrid et Tolède et leur barrer le retour en Portugal, le chevalier d'Asfeld, lieutenant-général, fut détaché à onze heures du soir avec vingt-cinq escadrons, dix bataillons et dix pièces de campagne, pour se rendre diligemment à Alcala : il fut suivi le matin par le reste de l'armée. Les ennemis, qui marchèrent de nuit par un pays très-difficile, ne purent aller camper qu'entre Loranja et Aubité, sur la Tajuna. Le 13, nous allâmes à Torrejon et fîmes passer la Xarama à M. d'Asfeld, afin d'être à portée d'avoir plus promptement une tête sur le Tage; car je savois qu'ils vouloient tâcher de gagner Tolède avant nous, afin d'être les maîtres de communiquer avec le Portugal et même de se maintenir par ce moyen de l'autre côté du Tage.

Le 14, les ennemis allèrent se poster de l'autre côté de la Tajuna, la droite à Chinchon et la gauche à Colmenar ; sur quoi nous campâmes à Cien-Pocuelos, où l'on mit la gauche, et la droite s'étendoit devers le Tage au-dessous d'Aranjuez. J'envoyai un détachement de cavalerie et d'infanterie à ce dernier lieu, pour aider les manchegots, qui s'y étoient rendus au nombre de sept à huit cents, pour garder ce poste : il nous étoit nécessaire, tant pour avoir des nouvelles si les ennemis vouloient passer le Tage, que pour nous mettre toujours entre eux et Tolède.

Les ennemis se voyant, par nos mouvemens et manœuvres, dans l'impossibilité d'exécuter leur dessein, restèrent à Chinchon le plus longtemps qu'ils purent ; mais ce fut toujours avec grande incommodité, à cause que nos partis et les paysans infestoient tellement les environs de leur camp, que tout autant qu'il en sortoit c'étoit autant de pris : ce qui rendoit leur subsistance très-difficile et leur faisoit perdre beaucoup de monde.

J'avois, environ dix jours auparavant, détaché don Juan de Zereceda, colonel de cavalerie, avec cent cinquante cavaliers ou dragons, pour aller enlever un convoi qui venoit de Valence. Il le trouva à Guété, vingt lieues en arrière du camp des ennemis : il attaqua l'escorte, qui consistoit en cent cinquante fantassins et quarante maîtres; il en tua soixante-dix sur la place et prit le reste avec deux pièces de canon : il amena le tout au camp. L'équipage de milord Peterborough s'y trouva malheureusement et fut pillé.

Le général Windham, qui étoit en marche de Valence avec cinq ou six bataillons pour joindre l'archiduc, s'arrêta à Guété afin d'empêcher que nos partis n'y retournassent, et pour y préparer des vivres pour l'armée ennemie, qui dans peu seroit obligée de marcher de ces côtés-là. Milord Peterborough ne pouvant s'accommoder avec milord Galloway, qui ne vouloit pas lui céder l'honneur du commandement, étoit reparti du camp de Guadalaxara pour Valence, d'où ensuite il retourna en Angleterre.

Le sieur Cavaloty, lieutenant colonel, ayant avec deux cents chevaux tombé sur un fourrage des ennemis auprès de Fuente-Duegna, battit l'escorte, tua trois cents hommes sur la place, en prit deux cent soixante-dix et cinq cents chevaux. Le sieur Carillo, colonel de cavalerie, attaqua un poste de trois cents hommes que les ennemis avoient mis à un moulin sur le Tage, et les tua ou prit tous. Sur les mouvemens des Portugais du côté de Salamanque, on envoya le marquis de Bay dans la Vieille-Castille, avec deux bataillons et trois escadrons, auxquels se devoient joindre quatre bataillons de Badajoz et neuf escadrons.

Le roi d'Espagne, convaincu de la mauvaise conduite qu'avoit tenue la Reine douairière, crut qu'il ne convenoit pas à ses intérêts de la laisser en Espagne durant la guerre : ainsi il envoya à Tolède le duc d'Ossonne, capitaine des gardes du corps, avec un détachement, pour la mener à Bayonne. Elle en fut très-mortifiée ; elle auroit pourtant dû en être bien aise, puisque cela l'éloignoit des occasions de donner aucun soupçon et d'être à l'avenir inquiétée.

L'armée des ennemis décampa le 9 septembre et marcha à Fuente-Duegna, où ils passèrent le Tage; sur quoi nous allâmes camper auprès d'Aranjuez, partie du côté de la rivière et partie de l'autre, afin d'être également à portée de nous opposer aux ennemis, de quelque côté qu'ils voulussent aller. Le 10, ayant été averti qu'ils prenoient le chemin de Barrajas, nous nous avançâmes à Ocana. Le 11, je marchai à Santa-Cruz avec vingt bataillons et cinquante escadrons, afin de pouvoir diligenter la marche des ennemis, et tomber sur leur arrière-garde si l'occasion s'en présentoit; mais, au bruit de ma marche, ils allèrent se poster à Velez.

Comme je vis qu'ils s'éloignoient du chemin de Guété, et que de Velez ils pouvoient aller dans le royaume de Valence par un beau pays très-abondant sans passer à Cuença, ou même qu'ils pourroient, en longeant par leur gauche, tâcher de gagner la Guadiana, et essayer par là de s'établir une communication avec le Portugal, je résolus de leur barrer l'un et l'autre chemin. Pour cet effet, je marchai de Santa-Cruz à la Caveza, afin de prendre le dessus des ruisseaux qui couvroient leur camp, et de pouvoir me mettre sur leur flanc gauche. Je fis prier Sa Majesté Catholique de marcher aussi à la Caveza avec le reste de l'armée; ce qu'il fit: mais dès que les ennemis furent informés de nos mouvemens, ils ne voulurent pas risquer de nous attendre dans leur camp, où nous pouvions les attaquer avec grande aisance, n'y ayant plus de défilé ni ruisseau entre nous. Ainsi ils décampèrent précipitamment, et voulurent d'abord prendre la route de Salicès, qui étoit plus commode; mais comme ils virent, par la poussière de nos colonnes, que nous approchions, ils se replièrent tout court en arrière, et, passant une montagne très-difficile, ils reprirent le chemin de Cuença. Nous campâmes à Velez, et ils ne séjournèrent plus qu'ils n'eussent passé le Xucar, rivière très-considérable.

La marche que nous venions de faire nous avoit si éloignés de nos vivres, que nous étions fort embarrassés comment pouvoir aller plus en avant: toutefois il étoit nécessaire de ne point donner le temps aux ennemis de se reconnoître. Pour en mieux venir à bout, je crus qu'il falloit se débarrasser d'une foule de personnes qui nous étoient à charge, et qui nous auroient pu contraindre dans nos mouvemens: ainsi je suppliai le roi d'Espagne de s'en aller à Madrid, où d'ailleurs le bien des affaires demandoit sa présence.

Je me déterminai ensuite à une manœuvre assez singulière: ce fut de faire prendre à chaque brigade d'infanterie une route différente, et de leur donner rendez-vous à vingt-cinq lieues de là, auprès de la Roda; outre que par là les troupes trouvoient plus aisément de la subsistance qu'en marchant en corps d'armée, je dérobois aux ennemis la connoissance de mon projet, qui étoit de passer le Xucar au-dessous d'Alarcon, et de tâcher de les joindre dans la plaine avant qu'ils eussent gagné le Gabriel. Je détachai M. de Legal avec mille chevaux pour les serrer de plus près, et je suivis avec toute la cavalerie. Dès qu'ils eurent passé le Xucar, ils se crurent en sûreté; et voulant séjourner aux camps de Villa-Nueva et de Perale, je m'avançai à Picasso sur le Xucar, pour leur faire accroire que je n'avois d'objet que de les observer de loin: mais quand je vis que, par la supputation des marches, mon infanterie seroit un tel jour à la Roda, je m'y portai diligemment avec ma cavalerie, et de là je marchai sur le Xucar à Fuente-Santa, où j'avois donné rendez-vous à toute l'armée. Le 24 septembre au soir, nous passâmes la rivière et arrivâmes au grand jour à Quintanar, où nous sûmes par nos partis que les ennemis étoient en marche. En effet, étant instruits que nous passions le Xucar, ils avoient décampé et pris le chemin d'Iniesta, pour gagner le pont de Valdecona sur le Gabriel. Nous redoublâmes notre marche, et tous nos dragons se portèrent en diligence sur leur arrière-garde, qui étoit composée de vingt escadrons et dix bataillons; mais, malgré tout ce que nous pûmes faire, on ne put les arrêter dans la plaine, et ils eurent le temps de se mettre en bataille de l'autre côté d'Iniesta, où ils appuyèrent leur droite et s'étendirent sur une hauteur, ayant devant eux un ruisseau assez petit, mais difficile à passer pour la cavalerie. L'on culbuta quelques escadrons de l'arrière-garde, dont on tua ou prit environ quatre cents, comme aussi deux cents charrettes et plusieurs équipages. La marche que nous venions de faire étant de sept grandes lieues, sans eau et par un très-grand chaud, notre infanterie ne put arriver qu'à quatre heures du soir: je voulus alors longer le ruisseau par ma droite, afin de le passer au-dessous de la gauche des ennemis, où il étoit plus praticable; mais la nuit ne nous donna pas le temps d'exécuter notre projet: ainsi il fallut rester en bataille jusqu'au jour pour manœuvrer. Pendant la nuit, les ennemis se retirèrent par les montagnes au pont de Valdecagna, dont ils n'étoient éloignés que de deux lieues et demie, et passèrent le Gabriel à la pointe du jour. M. d'Auzeville, brigadier, les suivit avec mille chevaux, fit nombre de prisonniers et prit beaucoup de bagages.

N'y ayant plus d'espérance de joindre les ennemis, j'allai camper à Terrasson, sur le ruisseau de Quintanar, tant pour y trouver de l'eau et laisser reposer les troupes, que nos marches continuelles avoient extrêmement fatiguées, que pour être plus à portée d'arranger nos vivres, faire les dispositions pour le reste de la campagne, et voir ce que deviendroient les ennemis.

Ils avoient laissé dans Cuenca trois bataillons et un détachement de mille hommes de pied, avec un régiment de cavalerie. Je détachai M. de Hessy, lieutenant-général, avec sept bataillons, vingt-cinq compagnies de grenadiers, huit cents chevaux et trois pièces de douze (notre unique grosse artillerie), pour en faire le siége. J'envoyai aussi M. de Pons, lieutenant-général, avec cinq cents chevaux et un bataillon à Molina d'Arragon, pour couvrir la Castille de ce côté-là.

Les ennemis, craignant que nous ne trouvassions encore moyen de les aller chercher de l'autre côté du Gabriel, continuèrent leur marche dans le royaume de Valence, se contentant de laisser garnison dans Requena. Ainsi la Castille se trouva libre des troupes de l'archiduc, les Portugais s'étant retirés en même temps de Salamanque, sur l'approche du corps que Sa Majesté Catholique y avoit fait marcher.

N'y ayant plus rien à craindre pour le secours de Cuenca, à cause de la retraite des ennemis, je résolus de me porter du côté du royaume de Murcie, dont l'évêque me crioit vivement au secours. Les Anglois avoient pris dès le 4 septembre le château d'Alicante; ils s'étoient ensuite emparés d'Orihuela, et de là avoient marché à Murcie pour s'en rendre maîtres. Le manque de subsistances m'empêchant de marcher en corps d'armée, je fis avancer devers Villena M. de Joffreville avec dix bataillons et dix-huit escadrons; et je fis marcher en droiture à Murcie M. de Medinilla, maréchal de camp, avec quatre bataillons et neuf escadrons. Dès que les ennemis apprirent l'approche de ces troupes, ils levèrent le siége de Murcie et se retirèrent à Alicante. Medinilla ayant délivré l'évêque de Murcie, alla attaquer Orihuela, qu'il prit l'épée à la main, après quelques heures de résistance. Il n'y avoit point d'Anglois dedans; les seuls habitans, animés par les moines, la défendoient, quoiqu'il n'y eût aucune sorte de fortification, ni même de murailles tout autour: aussi la ville fut-elle pillée et quantité de peuple et de moines y périrent. Le gouverneur d'Alicante envoya deux cents hommes pour se jeter dans Orihuela, dont le château étoit assez bon; mais un détachement de notre cavalerie tomba dessus et les tua tous, hors quinze que l'on fit prisonniers.

Cuenca se rendit le 9 septembre, la garnison prisonnière de guerre: les sieurs de Humada, maréchal de camp espagnol, et de Palm, brigadier hollandois, commandoient dans la ville. L'armée ennemie, après être entrée dans le royaume de Valence, se porta devers la frontière de Castille, de l'autre côté de Xucar, afin d'empêcher que nous ne pénétrassions par là.

Ils se séparèrent en plusieurs corps et en différens endroits pour la commodité des subsistances, mais à portée de se rejoindre s'il en étoit besoin. Le principal quartier étoit Xativa où se tenoient les généraux.

Je m'avançai donc à Villena avec le gros de l'armée, et je poussai M. de Joffreville vers Elché, où les ennemis avoient mis garnison, afin de nous en rendre maîtres. Le colonel Bowles, anglois, qui étoit dans Elché avec quatre cents hommes de pied, quatre cents dragons, cent chevaux et nombre de paysans, refusa de se rendre à M. de Joffreville; mais y étant arrivé moi-même deux jours après, il se rendit prisonnier de guerre. Il en coûta fort cher à cette ville, des plus jolies et des plus riches qu'il y eût en Espagne: car, quoique malgré moi elle eût été en partie pillée, nous en tirâmes encore quatre-vingt mille sacs de blé et vingt mille pistoles en or.

Les ennemis étant totalement rencognés dans les montagnes de Valence, il étoit question de voir ce que nous pourrions entreprendre.

Le manque d'artillerie étoit le principal obstacle à des conquêtes: j'y avois pourtant pourvu autant qu'il dépendoit de moi et des foibles moyens de la cour d'Espagne. Dans cette vue, après avoir, par l'arrivée des secours de France, repris la supériorité sur les ennemis, j'avois fait donner les ordres pour que de Séville l'on nous envoyât quatre pièces de vingt-quatre. Elles furent long-temps en chemin, faute de chariots convenables et d'affûts; mais enfin, ayant avis qu'elles approchoient, et m'étant aussi arrivé quatre pièces de seize de Madrid, je me déterminai au siége de Carthagène, d'autant que je n'avois pas assez d'artillerie pour entreprendre celui d'Alicante.

Carthagène étoit une ville considérable par le nombre de ses habitans, par sa richesse et par la beauté de son port. De plus, se trouvant alors sur nos derrières, il étoit nécessaire de nous en rendre maîtres pour la sûreté du pays et de nos quartiers.

Il me fallut quelque temps pour nos préparatifs ; et même (chose assez singulière) je fus obligé de faire provision de seaux, par la raison que dans toute la plaine de Carthagène il n'y a point d'autre eau que des puits : de manière qu'il fallut faire distribuer tant de seaux par bataillons et escadrons, sans quoi l'armée n'auroit pu boire.

J'arrivai devant la place le 11 novembre : après l'avoir reconnue, je la trouvai entourée de murailles et bien flanquée, quoique sans fossé ni chemin couvert ; d'ailleurs pourvue d'une prodigieuse artillerie. Je fis d'abord occuper une hauteur qui étoit assez près de la place, et le 13 j'y fis mettre quelques pièces de huit ; mais elles furent bientôt réduites au silence par le gros feu des ennemis. Le soir, j'ouvris la tranchée ; et dès le lendemain, 14, nous travaillâmes aux batteries, qui se trouvèrent en état et tirèrent le 17 au matin. La brèche se fit très-aisément : ainsi la ville capitula le même soir. Je ne leur voulus accorder d'autres conditions que celle d'être prisonniers de guerre. Il y avoit dans la place deux bataillons valenciens, cent cinquante chevaux et trois mille paysans. Le sieur de Valère, maréchal de camp espagnol, y commandoit. Trois galères qui se trouvoient dans le port se sauvèrent la nuit. Nous trouvâmes dans la place soixante-quinze pièces de gros canon et trois mortiers. Pendant les six jours de siège, le feu de l'artillerie fut très-considérable ; nous ne perdîmes pourtant que deux cents hommes.

Cette expédition faite, et la saison étant fort avancée, je ne songeai plus qu'à séparer l'armée. Pour cet effet, j'établis dans Orihuela M. de Hessy, lieutenant-général, avec dix bataillons et huit escadrons, pour couvrir le royaume de Murcie. J'envoyai à Yecla M. d'Asfeld, lieutenant-général, avec quatre bataillons et quinze escadrons, pour y être à portée de Villena, contenir les ennemis et les empêcher d'inquiéter les quartiers que nous avions dans la Manche. Je fis aussi passer pareil nombre de troupes entre le Xucar et le Gabriel, pour la sûreté de ce côté-là de la Castille et pour assurer notre communication avec Molina d'Arragon. Le quartier-général fut mis à Albacette, à peu près dans le centre des quartiers et de la frontière ; après quoi je partis pour Madrid, où j'arrivai le 5 décembre.

Ainsi finit cette campagne des plus singulières par les différens événemens. Les commencemens nous avoient fait envisager une ruine totale des affaires ; mais les suites devinrent aussi utiles que glorieuses aux armes des deux couronnes. L'ennemi maître de Madrid, nulle armée pour l'arrêter, le Roi obligé de lever le siége de Barcelone et de se retirer en France ; tout cela sembloit décider du sort de l'Espagne ; et, sans contredit, si nos ennemis eussent su profiter de la conjoncture et pousser leur pointe, l'archiduc en auroit été roi, sans espérance de retour pour Sa Majesté Catholique : mais les fautes grossières que commirent ses généraux, jointes à la fidélité sans exemple des Castillans, nous donnèrent le temps et les moyens de reprendre le dessus et de rechasser les ennemis hors de la Castille.

Les deux armées firent, pour ainsi dire, le tour de l'Espagne : elles commencèrent la campagne près de Badajoz, et, après s'être promenées au travers des deux Castilles, la finirent aux royaumes de Valence et de Murcie, à cent cinquante lieues de là.

Nous fîmes quatre-vingt-cinq camps ; et quoique tout se passât sans action générale, nous en tirâmes autant d'avantage que si l'on eût gagné une bataille ; car, de compte fait, nous fîmes dix mille prisonniers.

Cette année fut remplie d'événemens malheureux pour la France et pour l'Espagne. La Flandre fut perdue par la bataille de Ramillies (1), l'Italie par celle de Turin (2), et l'Espagne par la levée du siége de Barcelone et par notre retraite de Madrid : nous fûmes les seuls qui eûmes le bonheur de nous relever de notre perte.

Je ne puis omettre une chose des plus bizarres et des plus incompréhensibles, concernant un officier général portugais. Etant au mois d'avril sur la frontière de Portugal, il m'écrivit par un paysan un billet, pour me dire que quoiqu'il ne fût pas connu de moi, il avoit tant de respect pour Sa Majesté Catholique, qu'il me donneroit avis de tout ce qui se passeroit. Ce message me surprit fort ; mais comme je crus que je ne courois point de risque en établissant un commerce avec cet homme, je lui répondis très-poliment, avec assurance de mon estime et de mon amitié : aussi fut-il très-exact à me mander à l'avance tous les différens mouvemens que les ennemis devoient faire, et cela

---

(1) Cette bataille fut livrée le 23 mai. Le maréchal de Villeroy commandoit l'armée françoise.

(*Note de l'abbé Hooke.*)

(2) Le maréchal de Marsin, qui commandoit l'armée sous le duc d'Orléans, y fut tué le 7 septembre.

(*Note de l'abbé Hooke.*)

me fut de grande utilité. Pendant que nous étions campés à Cien-Pocuelos, et les ennemis à Chinchon, il me fit dire qu'il avoit grande envie de me voir; qu'il le pourroit facilement quand il seroit de jour, sous prétexte de visiter les gardes; et que si je voulois lui envoyer quelque officier à un tel endroit, il s'y rendroit la nuit et viendroit me trouver chez moi. En effet, le tout s'exécuta selon qu'il l'avoit proposé, et j'eus avec lui une conversation de deux heures, dont je fus très-content, par le compte exact et détaillé qu'il me rendit de l'état des ennemis et de leurs desseins. En prenant congé de moi, il me pria de vouloir bien contribuer à le faire retourner bientôt en Portugal, et me dit que pour en venir à bout il feindroit d'être extrêmement mal le matin que les ennemis décamperoient et qu'il demanderoit à M. de Las-Minas la permission de rester; qu'il m'enverroit un trompette pour me prier de lui donner une garde; qu'ensuite, après s'être reposé quelque temps pour faire semblant de se remettre, je lui accorderois un congé pour aller en Portugal. Il joua sa comédie à merveille. M. de Las-Minas, qui l'alla voir, le trouva tout couvert de sang, qu'il disoit avoir vomi, et lui permit de m'envoyer demander une sauve-garde. J'accomplis tout ce dont nous étions convenus; et ce qui est risible, j'en fis l'hiver suivant l'échange contre un de nos officiers généraux, prisonnier en Portugal. Ce visionnaire avoit en tête qu'il servoit le roi son maître par ce beau manége; « car, disoit-il, il n'est point de son intérêt d'avoir la guerre avec l'Espagne: ainsi il faut que les mauvais succès lui ouvrent les yeux et lui fournissent un prétexte pour abandonner les alliés. » L'envie d'en parler avec les ministres de Lisbonne, la plupart ses parens, étoit une des principales raisons qui lui faisoient souhaiter si ardemment de retourner en Portugal.

Les Anglois avoient, cette même campagne, projeté de faire une descente en Guienne, et pour cet effet ils avoient embarqué à Portsmouth douze régimens d'infanterie et trois cents dragons montés : outre cela, ils avoient à bord un nombre suffisant d'officiers françois réfugiés pour former six régimens d'infanterie et quatre escadrons de dragons; de plus, ils avoient beaucoup d'armes, d'outils, de munitions de guerre, une grosse artillerie et une somme très-considérable d'argent : neuf bataillons et trois régimens de dragons étoient aussi campés à Cork, en Irlande, pour la même fin, et les vaisseaux de transport y étoient tout prêts. Le comte de Rivers étoit le général de cette expédition.

Toute cette flotte devoit venir vers l'entrée de la Garonne, et le débarquement se devoit faire entre Blaye et l'embouchure de la Charente. Ils devoient se saisir de Saintes, afin d'empêcher qu'on ne pût venir sur eux avant qu'ils eussent le temps de se fortifier, et afin de pouvoir plus facilement faire couler les réfugiés vers le Quercy et les Cévennes. Selon ce que ceux-ci feroient, l'armée se détermineroit; et le moins qu'ils se proposoient, c'étoit de brûler les vaisseaux à Rochefort. Si, par la révolte des peuples, ils trouvoient praticable de s'établir en Guienne, ils y auroient, pendant l'hiver, fait passer un nombre plus considérable de troupes, afin d'y avoir une armée suffisante pour s'y maintenir et faire la guerre.

J'ai cru devoir insérer dans ces Mémoires ce que je viens de rapporter, quoique hors de mon sujet, à cause que ce projet a été su de peu de personnes et que j'en ai appris le détail par un des ministres d'Angleterre sur qui tout avoit roulé.

Les vents contraires firent échouer ce projet : ainsi les troupes destinées pour cette expédition passèrent par mer au royaume de Valence.

Peu après mon retour à Madrid, nous y apprîmes que M. de Bay avoit surpris Alcantara, où il y avoit deux bataillons portugais. Cette nouvelle étoit de grande conséquence, par rapport à la frontière de Portugal.

Environ le même temps, M. de Pons, lieutenant-général, que j'avois mis pour commandant du côté de Molina d'Arragon, voulant se montrer homme entreprenant, se mit en campagne avec neuf escadrons, un bataillon de troupes réglées et quelques milices, et s'avança à Calamoche en Arragon : les ennemis, ayant rassemblé un corps de troupes, l'y surprirent et le battirent; il y perdit trois à quatre cents hommes : le sieur Grafton, brigadier, y fut pris.

Comme je craignis que M. de Pons, naturellement un peu étourdi, ne fît encore quelques fautes, j'y envoyai M. de Joffreville pour commander sur toute cette frontière, et je lui donnai quatre régimens de cavalerie d'augmentation.

[1707] Au commencement du mois de janvier, je reçus du Roi une longue dépêche sur les projets de la campagne.

Le duc de Noailles, qui cherchoit pratique, souhaitoit d'entrer par le Roussillon en Catalogne avec une armée pour y faire diversion et, dans la suite, me joindre s'il en étoit besoin; mais je trouvois que la première partie de sa proposition étoit dangereuse, par la raison que les ennemis, qui se seroient trouvés précisément entre le duc de Noailles et nous, n'avoient qu'à rassembler toutes leurs forces et attaquer celui des deux qu'ils auroient voulu, sans que l'autre pût ni le secourir, ni savoir même ce qui se passoit ; de manière que, s'ils venoient à battre l'une des deux armées, ils pouvoient après cela retomber sur l'autre.

La seconde partie de la proposition du duc de Noailles étoit, selon moi, impraticable, attendu que la communication qu'il prétendoit s'ouvrir par le Seu d'Urgel, le long de la Sègre, avoit nombre d'obstacles presque insurmontables, tant par la longueur du chemin que par la nature du pays, rempli de défilés, de précipices et de montagnes très-rudes.

Mon sentiment étoit qu'en fait de guerre il falloit aller au plus sûr, et par conséquent faire entrer par la Navarre les vingt-quatre bataillons et vingt-trois escadrons que le Roi destinoit pour renforcer l'armée d'Espagne. Ces troupes auroient été toujours à portée de nous joindre ou d'être jointes par nous ; chaque jour j'aurois de leurs nouvelles et je pourrois diriger leurs mouvemens selon qu'il me paroîtroit convenir.

Je voulois d'abord qu'elles fissent la conquête de l'Arragon ; après quoi, si l'ennemi se tenoit rencogné derrière les montagnes du royaume de Valence, j'aurois assiégé Lérida très-commodément, en faisant venir de Pampelune le canon et tout l'attirail nécessaire.

Si l'armée des ennemis passoit en Arragon pour s'opposer à nos entreprises, je m'y serois porté avec toutes nos troupes réunies ; s'ils entroient en Castille par Villena, ou en Murcie par Orihuela, je me serois opposé à eux avec la plus grande partie de l'armée ; mais j'aurois laissé de l'autre côté du Tage un corps suffisant pour soumettre l'Arragon et même la Valence si les ennemis s'en éloignoient trop.

Comme il n'étoit pas aisé d'expliquer bien clairement toutes choses par lettres, j'envoyai au Roi le marquis de Brancas, maréchal de camp, pour en rendre un compte plus détaillé.

Après avoir donné tous les ordres nécessaires pour les préparatifs de la campagne, j'allai moi-même à Molina pour y visiter le pays et fixer mes projets sur la connoissance que j'en aurois. Pendant ce voyage je reçus un courrier de France, au sujet de la proposition que le Roi me fit de faire passer en Espagne M. le duc d'Orléans à la tête de vingt-quatre bataillons et vingt-quatre escadrons, pour commander le corps du côté de la Navarre, si je le jugeois à propos.

Ce prince souhaitoit ardemment de se trouver à la tête d'une armée, afin de réparer le malheur qui lui étoit arrivé en Italie la campagne précédente : son courage et son ambition lui faisoient espérer qu'il en trouveroit des occasions, car il faisoit plus de cas de la vraie gloire que de la grandeur de sa naissance.

Je retournai donc au plus tôt à Madrid pour déterminer ma réponse de concert avec Leurs Majestés Catholiques, qui furent charmées d'apprendre qu'ils auroient leur oncle pour généralissime. Nous avions eu avis que les troupes aux ordres de milord Rivers, arrivées quelque temps auparavant à Lisbonne, en étoient reparties et qu'elles venoient à Alicante : cela nous obligea à faire une nouvelle répartition de nos forces pour les armées du Portugal et de la Castille. L'archiduc, après l'arrivée du secours, pouvoit avoir, dans l'étendue de la Catalogne, de l'Arragon et de la Valence, soixante-neuf bataillons et quatre-vingt-neuf escadrons ; nous ne pouvions lui opposer, à cause des garnisons qu'il falloit laisser pour la sûreté de Cadix et autres places, que cinquante-cinq bataillons et quatre-vingt-dix-neuf escadrons : ainsi je proposois que l'on nous fît joindre incessamment par quatorze des bataillons nouvellement destinés pour l'Espagne ; que les dix autres avec les vingt-trois escadrons s'assemblassent à Tudela, pour de là entrer en Arragon en même temps que nous commencerions nos mouvemens. Quant à la personne de M. le duc d'Orléans, je suppliois le Roi de l'envoyer en droiture me joindre, ne convenant pas que ce prince fût ailleurs qu'à la tête du gros de l'armée ; et j'assurois Sa Majesté que je n'omettrois rien pour contribuer à la gloire de son neveu et d'un petit-fils de France. Je suppliois surtout le Roi de vouloir bien, sans perte de temps, faire passer à Pampelune le plus d'artillerie et de munitions de guerre qu'il seroit possible, afin que si nous gagnions la bataille qui, selon toutes les apparences, se donneroit à l'ouverture de la campagne, nous fussions en état d'en profiter.

Il ne restoit aux ennemis, en Portugal, que douze bataillons et autant d'escadrons ; ainsi nous en donnâmes pareil nombre au marquis de Bay, pour leur faire tête.

Le Roi approuva tout ce que j'avois proposé ; et m'ayant laissé la nomination de l'officier général pour commander le corps qui devoit agir en Arragon, je me déterminai en faveur de M. de Legal, l'ancien lieutenant-général, d'autant que M. d'Arennes, qui marchoit avec ces troupes, étoit plus ancien que M. de Joffre-

25.

ville, sur qui naturellement j'aurois dû jeter les yeux, tant par rapport à son mérite personnel que parce qu'il commandoit déjà de ce côté-là.

La flotte angloise arriva à Alicante au commencement de février et y débarqua les troupes qu'elle avoit à bord; sur quoi les ennemis, qui se trouvoient trop resserrés dans leurs quartiers, s'étendirent à Elché, Elda, Novelda, et dans plusieurs autres endroits.

Comme j'appris qu'ils rassembloient toutes les voitures de l'Arragon et de Valence, et qu'il paroissoit par toutes leurs manœuvres qu'ils avoient dessein de se mettre bientôt en campagne, je partis de Madrid le 15 février pour me rendre sur la frontière. J'arrivai à Yecla le 23, et voyant que les ennemis étoient en grand mouvement, je fis rapprocher de San-Clemente les troupes qui étoient sur les derrières; et, afin d'être plus en état de rassembler toutes nos forces, je retirai d'Orihuela celles qui y étoient, me contentant de mettre un bataillon dans le château. Je ne laissois pas que d'être embarrassé, attendu que nos recrues n'étoient pas encore arrivées, que nos magasins n'étoient pas encore faits, et que les voitures pour le service des vivres nous manquoient. Je pressai tant que je pus le munitionnaire général, et je tâchai de ramasser dans le pays de quoi aider à suppléer à nos besoins.

Quelques bataillons ennemis voulurent entrer dans la Oya de Castalla; mais le chevalier d'Asfeld y ayant envoyé cinq cents hommes, ils rebroussèrent chemin : toutefois, comme cette vallée étoit très-commode, ils y marchèrent avec un corps de dix mille hommes et s'y établirent.

J'avois placé en avant le sieur de Zereceda avec son régiment de cavalerie, comme l'officier de l'armée le plus propre à me donner de bonnes nouvelles. Il eut avis qu'il devoit sortir d'Alicante un gros convoi pour les troupes qui étoient dans la Oya de Castella; sur quoi il s'alla embusquer à une demi-lieue d'Alicante avec quatre-vingts maîtres choisis. Au lieu du convoi il vit sortir de la ville un bataillon anglois, qu'il laissa approcher à cinquante pas de lui : s'apercevant alors que le bataillon marchoit en colonne et les armes en bandoulière, sans songer à lui qui se trouvoit caché dans un fond entouré d'arbres, il débusqua tout à coup et entra à toutes jambes au milieu du bataillon, qui n'eut le temps ni de se reconnoître ni de se former : il en tua cent et prit les autres quatre cents avec leurs équipages. Il n'eut que quatre cavaliers de tués ou blessés. Cette action étoit des plus hardies et des plus brillantes; mais aussi il prit si bien son temps et sut si bien profiter de la négligence des ennemis que l'on ne peut l'accuser d'avoir été téméraire. C'étoit le meilleur partisan qui fût peut-être en Europe, fort entreprenant, mais fort sage; il avoit de plus un talent merveilleux pour la connoissance du pays et pour les marches et autres mouvemens de guerre : je lui trouvai tant de bon sens, tant de capacité et tant de vues pour notre métier, que je le consultois en tout, et que souvent je me suis repenti de n'avoir pas suivi ses conseils. Je dois ajouter une circonstance qui fait voir le caractère de la nation espagnole. Le sieur Zereceda, dès qu'il eut fait son coup, détacha le sieur de Funbuena, capitaine dans son régiment, avec vingt cavaliers, pour aller aux portes d'Alicante observer ce qui en pourroit sortir et lui en donner avis; car, avec le peu de troupes qu'il avoit, il étoit fort embarrassé de ses prisonniers. Fumbuena lui manda que tout étoit tranquille et que l'occasion étoit si favorable que, s'il vouloit lui envoyer vingt cavaliers de plus, il se flattoit de prendre Alicante. Zereceda, en m'en rendant compte, me donnoit la raison de cette proposition : *Porque todo le parecia pauco por su gran valor* (1).

Dès les premiers jours d'avril les ennemis commencèrent à camper à Xativa, et le 8 toute leur armée vint camper à Fuente-la-Yguera, à quatre lieues d'Yecla; sur quoi je donnai les ordres pour faire assembler toutes nos troupes à Chinchilla, quatorze lieues en arrière d'Yecla. Le 12, les ennemis s'avancèrent à Yecla, d'où le chevalier d'Asfeld, que j'y avois laissé, me vint joindre à Montalègre, où j'étois campé avec une quarantaine d'escadrons. Les ennemis firent une marche de nuit pour nous y surprendre; mais nos troupes en ayant été averties à temps se retirèrent à Petrola et de là à Chinchilla, où j'étois résolu d'attendre de pied ferme, d'autant que c'étoit une belle plaine et que je comptois y être joint à temps par le gros des troupes.

Les ennemis s'étoient hâtés de se mettre en campagne, afin de tâcher d'en venir à une bataille avant l'arrivée des secours qui venoient de France; mais voyant qu'à mesure qu'ils avançoient nous reculions, ils crurent qu'il leur étoit inutile et même dangereux d'avancer d'avantage sans avoir préalablement pris Villena, et de plus qu'en l'attaquant cela me donneroit peut-être envie de marcher au secours et à eux par conséquent occasion de batailler. Ils

---

(1) Parce que sa grande valeur lui faisoit paroître tout facile.

remarchèrent donc le 16 de Montalègre et se campèrent le 18 devant Villena, où je n'avois laissé que deux cents hommes aux ordres du sieur Grossetête, capitaine dans Charolois. Le château avoit de bonnes murailles, flanquées par de grosses tours : les ennemis crurent que la ville s'étant rendue à leur arrivée, le château ne demandoit pas grande cérémonie ; mais le commandant les obligea à ouvrir la tranchée et à faire des batteries. Ainsi le siége traînoit en longueur.

Cependant toutes nos troupes étant arrivées à Chinchilla, je remarchai en avant le 18, et le 19 nous campâmes à Montalègre, où nous fûmes obligés, faute de vivres, de séjourner jusqu'au 23.

Comme je craignois pour Villena, je détachai deux mille cinq cents hommes de pied et quatre cents chevaux pour aller attaquer Ayora, à trois lieues de nous, afin d'échanger cette garnison contre celle de Villena, que je supposois devoir être prise. Le comte de Pinto, maréchal de camp, qui commandoit ce détachement, fut obligé de faire des batteries contre le château ; mais le 23, en arrivant à Almanza, ayant appris que le siége de Villena étoit levé, je ne doutai plus qu'ils ne vinssent à moi : ainsi je renvoyai en diligence chercher le détachement d'Ayora, qui ne rejoignit que le 25 au matin. En effet ce même jour, qui étoit le lendemain de Pâques, les ennemis parurent (1) en colonnes vers les huit heures du matin et se mirent en bataille vis-à-vis de nous dans la plaine entre Almanza et Caudetè : ils avoient mêlé cavalerie et infanrie ; pour nous, nous étions rangés sur deux lignes, à la manière ordinaire. Le canon de notre droite commença à tirer à trois heures; mais à peine eut-il tiré vingt volées que les ennemis ayant passé un grand ravin qui étoit devant leur gauche, occupèrent la hauteur où étoit cette batterie : sur quoi j'ordonnai que notre armée s'ébranlât pour charger. Le combat commença par la droite : notre cavalerie chargea la gauche des ennemis avec tant de valeur qu'elle la renversa ; mais l'infanterie ennemie fit un si grand feu sur nos gens qu'ils furent obligés de se retirer : toutefois notre cavalerie se rallia et rechargea encore celle des ennemis, qui s'étoit reformée à la faveur de son infanterie. A cette charge les ennemis furent encore culbutés ; mais le feu des bataillons contraignit derechef notre cavalerie à se retirer. Voyant qu'il seroit difficile sans infanterie de rien faire à cette droite, je fis avancer de la seconde ligne la brigade du Maine, que commandoit M. de Bulkeley : elle chargea l'infanterie ennemie et la défit entièrement ; notre cavalerie chargea en même temps, et alors la gauche des ennemis fut totalement mise en déroute.

Notre gauche, commandée par M. d'Avaray, avoit fait plusieurs charges ; mais quoiqu'elle eût gagné du terrain et qu'elle fût même soutenue de la brigade de la Sarre, elle n'avoit pu rompre les ennemis. Notre droite, après avoir tout battu devant elle, s'étant venu mettre en bataille sur le flanc gauche de la droite des ennemis, ils voulurent se retirer ; mais nous les serrâmes de si près que bientôt ils se débandèrent ; et se sauvant à bride abattue, leur infanterie fut toute taillée en pièces.

Les affaires n'avoient pas eu un pareil succès dans le centre, où les ennemis avoient battu le gros de notre infanterie ; et même deux de leurs bataillons ayant pénétré nos deux lignes, s'étoient avancés jusqu'aux murs d'Almanza. Don Joseph Amezaga, maréchal de logis de cavalerie, y accourut avec deux escadrons d'Ordenès Viejo, les chargea et les défit. Le reste de l'infanterie ennemie voyant que la nôtre se ralliait, qu'il y avoit des brigades qui n'avoient pas chargé, que leur aile gauche étoit abattue et que l'aile droite s'en alloit fort en désordre, voulut se retirer ; mais dans la retraite plusieurs bataillons furent chargés et taillés en pièces. Le comte de Dona, maréchal de camp, gagna une montagne couverte de bois avec treize bataillons ; et le lendemain matin, se voyant investi sans espérance de se pouvoir sauver, il se rendit prisonnier de guerre.

Cette victoire fut complète : les ennemis y eurent cinq mille hommes de tués ; on leur fit près de dix mille prisonniers ; on leur prit cent vingt drapeaux et étendards, toute leur artillerie et la plupart de leurs bagages, auxquels ils avoient fait prendre le matin la route de Fuente-la-Yguerra. Parmi les prisonniers il se trouva six maréchaux de camp, autant de brigadiers et vingt colonels. Milord Galloway, général des Anglois, y perdit un œil ; il devoit même être pris ; mais il trouva moyen de s'échapper. Notre perte en tout montoit environ à deux mille hommes. Les sieurs d'Avila, de Polasdron et de Sillery, brigadiers, y furent tués ; le duc de Sarno, maréchal de camp, et le marquis de Saint-Elme, brigadier, y furent blessés.

Le duc d'Orléans, qui s'étoit arrêté à la cour avant de partir, et qui, au lieu de venir en droiture à l'armée, ainsi que je le lui avois proposé, avoit voulu passer à Madrid pour y voir la

---

(1) L'armée ennemie avoit pour généraux le marquis de Las-Minas et lord Galloway. (*Note de l'abbé Hooke.*)

Reine sa nièce, arriva le jour même de la bataille à Albacette, à douze lieues d'Almanza, et nous joignit le lendemain 26. Son Altesse Royale, pour profiter de la victoire, prit la résolution d'entrer dans le royaume de Valence, de l'autre côté du Xucar, avec trente-sept bataillons et cinquante escadrons. M. d'Asfeld, avec treize bataillons et vingt-six escadrons, devoit marcher à Xativa, pour se rendre maître de tout le pays en deçà de cette rivière. Les troupes venant de France devoient entrer en Arragon et marcher droit à Saragosse; après quoi, selon le projet que j'avois fait l'hiver, nous devions entreprendre le siége de Lérida.

La difficulté des subsistances étoit notre plus grand embarras : ainsi il fallut quelques jours pour nous arranger ; mais comme nous n'avions plus d'ennemis à craindre, nous crûmes que nous pourrions fonder nos espérances sur les vivres que nous trouverions dans le pays où nous allions entrer, d'autant qu'il n'étoit pas possible d'en faire venir de Castille.

En conséquence, le 28 nous nous mîmes en marche; et après avoir passé le Xucar à Alcala-del-Rio, nous arrivâmes le 2 de mai devant Requena. La garnison, composée de deux bataillons, se rendit prisonnière de guerre.

Nous continuâmes notre marche pour entrer par Bunnol dans le royaume de Valence; sur quoi les ennemis se retirèrent, avec les débris de leur armée, du côté de Tortose. Dès que nous fûmes à Chesté à quatre lieues de Valence, nous fîmes sommer cette ville de se soumettre, afin d'éviter les malheurs d'un siége. Les magistrats envoyèrent des députés, qui prêtèrent obéissance le 8 ; et aussitôt nous y envoyâmes le sieur de Luallé, lieutenant général, avec dix bataillons et sept escadrons, pour en prendre possession. Tout le pays, à l'exemple de la capitale, s'empressa de venir se soumettre.

Son Altesse Royale, voyant qu'il n'y avoit plus de difficulté dans la conquête du royaume de Valence, repartit le 9 pour se rendre par Madrid en Navarre et se mettre à la tête de l'armée qu'y rassembloit le sieur de Legal. Le prince arriva à Tudela en peu de temps et se mit aussitôt en marche pour Saragosse. Le comte de La Puebla, lieutenant-général, qui y commandoit pour l'archiduc, se retira à son approche, et tout l'Arragon se soumit dans l'instant.

Je ne dois pas omettre une circonstance singulière. Le comte de La Puebla, pour tâcher de contenir les peuples le plus long-temps qu'il pourroit et par là retarder la marche du duc d'Orléans, fit accroire aux habitans de Saragosse que les bruits que l'on faisoit courir d'une nouvelle armée venant de Navarre étoient supposés et même que le camp qui paroissoit n'avoit rien de réel ; que ce n'étoit qu'un fantôme formé par art magique : sur quoi le clergé alla en procession sur le rempart, et de là, après beaucoup de prières, exorcisa les prétendus spectres que l'on voyoit. Il est étonnant que le peuple fût assez crédule pour donner dans une pareille imagination, dont il ne fut détrompé que le lendemain, lorsque les hussards de l'armée du duc d'Orléans ayant poussé vivement une garde de cavalerie de La Puebla jusqu'aux portes de la ville, y coupèrent plusieurs têtes. Alors la peur les saisit et les magistrats partirent au plus tôt pour se soumettre à Son Altesse Royale. Je n'aurois pas cru ce que je viens de raconter si je n'en avois été assuré à Saragosse même par tous les principaux de la ville.

Cependant, après avoir amassé quelques farines à Valence, je m'avançai devers l'Ebre avec trente bataillons et quarante escadrons, afin de pousser tout-à-fait les ennemis de l'autre côté de cette rivière, nettoyer totalement le royaume de Valence, et ensuite joindre monseigneur le duc d'Orléans. Le marquis de Las-Minas et le comte de Galloway se retiroient devant moi à mesure que j'avançois.

Je donnai au chevalier d'Asfeld le commandement général du royaume de Valence, et augmentai son corps de troupes jusqu'à vingt bataillons et trente-six escadrons, afin qu'il fût en état de soumettre tout le pays, et de faire tête aux ennemis s'ils vouloient y rentrer lorsque je serois passé en Arragon.

Enfin le 23 j'arrivai vis-à-vis de Tortose ; je chassai les ennemis d'un faubourg qu'ils occupoient en deçà de l'Ebre, et je donnai ordre pour qu'on attachât le mineur à un ouvrage qui couvroit le pont de bateaux, afin d'empêcher que les ennemis ne pussent repasser cette rivière et nous inquiéter. Ils défirent d'eux-mêmes le pont de bateaux ; mais l'ouvrage ne fut pris qu'après mon départ.

J'attendois l'arrivée du chevalier d'Asfeld avant que de quitter tout-à-fait le royaume de Valence; il avoit assiégé Xativa, dont les habitans, soutenus de six cents Anglois, se défendirent avec une opiniâtreté incroyable. L'on ne put jamais les engager à se rendre ; de manière que, la brèche faite, et nos troupes s'y étant logées, il fallut y mener du canon pour ruiner les retranchemens qu'ils avoient faits en arrière; il fallut même attaquer rue par rue, et maison par maison : ces enragés se défendoient partout avec une bravoure et une fermeté inouïes. Enfin, après quinze jours de siége et huit jours que nos troupes étoient dans la ville, on s'en rendit totalement maître, l'épée à la main. Nombre d'habitans furent tués, et surtout des moines : ce qui se put sauver se retira derrière une première enceinte du château. M. d'Asfeld fit mettre du canon en batterie pour y faire brèche ; sur quoi le commandant anglois demanda à capituler pour les habitans : mais comme on ne voulut point donner d'autres conditions que celle de se soumettre à la discrétion de Sa Majesté Catholique, l'Anglois se retira avec sa garnison dans l'enceinte intérieure du château, et les habitans mirent bas les armes.

Pour imprimer de la terreur et prévenir par un exemple sévère une pareille obstination, je fis totalement détruire la ville, n'en laissant uniquement que la principale église ; et je renvoyai en Castille tous les habitans, avec défense de jamais revenir dans leur pays. Le chevalier d'Asfeld, ensuite de cette expédition, laissa le sieur de Mahony, maréchal de camp, pour bloquer le château et soumettre ce qui étoit de l'autre côté du Xucar ; puis il se rendit en diligence au camp vis-à-vis de Tortose.

Alcira, poste important par son unique pont sur le Xucar, et le château de Xativa, se rendirent peu après, à condition que leur garnison seroit conduite en Catalogne.

Je n'avois pu me mettre en marche que le 29 mai, à cause des arrangemens de vivres, qu'il me falloit nécessairement tirer du pays, ne pouvant en faire venir de la Manche, où étoient nos magasins, à soixante lieues de moi.

Je traversai auprès de Cherta les montagnes qui séparent la Valence de l'Arragon, afin de remonter l'Ebre et de me joindre à monseigneur le duc d'Orléans. Les soumettans du pays et les miquelets se présentèrent derrière des coupures qu'ils avoient faites dans les endroits les plus difficiles ; mais nos grenadiers les mirent bientôt en fuite. Dès que nous eûmes forcé ces passages, toutes les villes des environs vinrent à l'obéissance, et j'appris que Son Altesse Royale s'étoit rendu maître de Sarragosse le 25 : sur quoi je fis plusieurs détachemens, tant pour donner de mes nouvelles à ce prince, que pour trouver des grains et ramasser des bateaux à Caspé, où je comptois passer l'Ebre. Les ennemis me côtoyèrent d'abord, la rivière entre deux ; et ensuite toute leur cavalerie alla se camper auprès de Lérida.

J'arrivai le 4 à Caspé, et le 6 juin je me rendis à Saragosse, au moyen de relais que j'avois fait mettre ; et après y avoir concerté toutes choses avec Son Altesse Royale, je retournai le 8 à Caspé.

Pour aller en avant il falloit s'assurer des vivres, et pour faire une entreprise il falloit du canon et des munitions de guerre : c'est ce qu'il n'étoit pas facile de régler ; car, malgré ce que j'avois écrit l'hiver à M. de Chamillard, l'on n'avoit point fait voiturer d'artillerie à Pampelune.

Monseigneur le duc d'Orléans donna tous les ordres possibles pour tâcher d'y remédier ; mais il n'y avoit pas moyen d'en avoir de longtemps : ainsi nous résolûmes de nous avancer toujours avec l'armée, afin d'éloigner l'ennemi et de bloquer Lérida, en attendant que nous en pussions former le siége. Son Altesse Royale se détermina aussi à faire passer en Castille dix bataillons françois aux ordres du marquis de Brancas, afin de mettre le marquis de Bay plus en état de reprendre Ciudad-Rodrigo et de pousser la guerre vivement en Portugal.

Le 11 et le 12 je passai l'Ebre dans les bateaux que j'avois accommodés exprès, et le 14 je campai à Candasnos, où monseigneur le duc d'Orléans me joignit le lendemain.

Nous marchâmes le 18 à Ballovar sur la Cinca, afin d'être en état de la passer dès qu'elle seroit guéable ; car la fonte des neiges l'avoit extrêmement grossie. Les ennemis étoient campés de l'autre côté de la rivière en plusieurs corps différens, vis-à-vis des principaux gués, sans aucune infanterie ; mais il fallut prendre patience. Ne pouvant faire de pont pour aller à eux, nous nous contentâmes de nous étendre depuis Fraga jusqu'à Estriché. Le sieur d'Arennes, lieutenant général, fut détaché pour assiéger la ville et château de Mequinença, qu'il prit au bout de quelques jours. Le château de Mirabet fut aussi obligé de se rendre aussi bien que celui de Monçon.

Le premier de juillet, M. de Legal, qui commandoit à Estriché, passa au gué vis-à-vis de son camp et chassa les ennemis, qui se retirèrent en grand désordre du côté de Lérida ; il fit quelques prisonniers. Nous passâmes en même temps la Cinca à Fraga, dont on se saisit ; après quoi on y rétablit le pont que les ennemis avoient brûlé.

Le sieur d'Arennes fit remonter la Sègre aux bateaux que nous avions dans l'Ebre ; et par ce moyen ayant passé ladite Sègre au-dessous de sa jonction avec la Cinca, il alla se camper à la Granja et établit un pont sur la Sègre, auprès de Scarpé. Les ennemis, qui comptoit se maintenir de l'autre côté, se replièrent sur Lérida ; mais comme nous y passâmes avec la plus grande partie de l'armée, ils ne jugèrent pas à propos de se laisser enfermer dans cette place.

et se retirèrent plus avant en Catalogne, nous abandonnant la plaine d'Urgel, d'où nous tirâmes des secours infinis, par la prodigieuse quantité de grains que nous y trouvâmes. Nous repassâmes ensuite la Sègre, afin d'être plus tranquilles pendant les grandes chaleurs, d'autant que nous ne pouvions de très-long-temps espérer d'avoir l'artillerie et les munitions nécessaires pour un siége. D'abord le quartier-général fut à Algoira; mais ensuite nous le transportâmes à Balaguer, où nous avions établi deux ponts sur la Sègre pour la commodité des fourrages. Nous laissâmes des troupes à Algoira, à Alcaras, à Fraga et à Monçon, pour la sûreté de notre communication avec l'Arragon.

Le chevalier d'Asfeld avoit assiégé Denia, ville située sur la mer; mais après avoir été repoussé par trois fois à l'assaut général qu'il avoit donné, il crut ne devoir pas s'opiniâtrer davantage et y faire périr ses troupes : ainsi le 20 de juillet il leva le siége, laissant seulement quelques troupes pour contenir la garnison de cette place.

Les généraux ennemis se plaignirent fort et menacèrent de représailles de la part du duc de Marlborough en Flandre, sur ce que nous fîmes faire un grand tour aux garnisons de Xativa et d'Alcira, composées de quinze cents hommes, au lieu de les faire passer par le plus court en Catalogne. Nous étions en droit de leur faire prendre tel chemin qu'il nous plaisoit, le contraire n'étant pas stipulé dans les capitulations; nous aurions même été en droit de les arrêter entièrement, car plusieurs officiers et soldats s'étoient jetés dans les montagnes de Valence et s'étoient joints aux miquelets, qui nous incommodoient fort; ce qui étoit contre toutes les règles de la guerre.

Le 18 août, je reçus ordre par un courrier du cabinet de me rendre diligemment en Provence, afin d'y servir sous monseigneur le duc de Bourgogne, qui devoit marcher au secours de Toulon que le duc de Savoie assiégeoit. Le maréchal de Tessé, qui commandoit sur cette frontière, étoit campé auprès de Toulon avec partie de son armée, et nous devions concerter les moyens de rechasser les ennemis dès que les secours, qui marchoient de tous côtés, seroient arrivés. Le sieur d'Arennes avoit été détaché, quelques jours auparavant, pour s'y rendre avec douze bataillons et autant d'escadrons. Je partis le 19 et fis toute la diligence possible, passant par Saragosse, Pampelune, Saint-Jean-Pied-de-Port, Pau et Toulouse. J'appris auprès de Béziers la levée du siége de Toulon. Ainsi,

après m'être reposé deux jours, les chaleurs étant excessives, je repris le chemin d'Espagne et rejoignis Son Altesse Royale auprès de Lérida dans le mois de septembre. Malgré tous les soins que ce prince s'étoit donnés pour tâcher de ramasser l'artillerie et toutes les choses nécessaires pour un siége, il manquoit presque de tout : toutefois il vouloit absolument attaquer Lérida, et vouloit même ouvrir la tranchée deux jours après mon arrivée. Sur les représentations que je lui fis, il différa jusqu'au retour des troupes du sieur d'Arennes et l'arrivée de six bataillons de Castille; car notre infanterie étoit si foible qu'elle n'auroit pu fournir à relever la tranchée et aux travailleurs. Outre le siége de la ville nous avions encore celui du château, excellent par sa situation : nous n'avions que quinze pièces de canon, fort peu de poudre et trois mille outils; de manière qu'il étoit à craindre qu'après avoir achevé de ruiner l'armée nous nous trouvassions sans Lérida, et sans avoir eu le temps d'accommoder notre frontière de Valence et d'Arragon. Néanmoins Son Altesse Royale, voulant absolument en courir tous les risques, nous ouvrîmes la tranchée à la ville la nuit du 2 au 3 d'octobre. Il y avoit du côté de notre attaque deux enceintes bastionnées, qui se joignoient pourtant à l'angle auprès de la rivière; il n'y avoit nulle part ni fossé, ni chemin couvert, ni ouvrage extérieur, hors une contre-garde qui couvroit l'angle où se joignoient les deux susdites enceintes. Nous dressâmes des batteries contre cet ouvrage, et ayant fait brèche, aussi bien qu'au corps de la place, nous y donnâmes l'assaut le 12 au soir. L'on s'y logea, malgré la vive résistance et le gros feu des assiégés. Rien ne pouvoit alors nous empêcher d'entrer dans la ville; mais je conclus à attendre au jour, crainte qu'il n'arrivât quelque désordre qui nous auroit pu faire perdre beaucoup de monde, et peut-être même courir le risque d'être rechassés, d'autant que vers le milieu de la ville il y avoit encore une enceinte. Pendant la nuit les ennemis attaquèrent plusieurs fois notre logement, mais ils furent toujours repoussés avec perte.

Le prince de Darmstadt, qui commandoit dans la place, fit une faute considérable dont nous ne profitâmes pas, n'en ayant pas été instruits : il avoit fait sortir toute sa garnison entre la ville et la Sègre, dans un chemin couvert qui protégeoit ce côté-là, d'où il faisoit faire un feu terrible sur nos gens. Si nous avions poussé en avant ou coulé le long du rempart, les ennemis se seroient trouvés pris comme dans un trébuchet et le château n'auroit pu tenir, n'y ayant que cinquante hommes de garde. Le sieur Wills, maréchal de camp anglois, ayant représenté au prince de Darmstadt le danger qu'ils couroient, sans pouvoir l'en convaincre, ramena ses troupes au château ; sur quoi l'Allemand fut obligé d'en faire de même des siennes. Le jour venu, nos troupes entrèrent dans la ville sans opposition ; et le pillage fut immense, car tout s'y étoit réfugié. Ce que le prince de Darmstadt fit à l'égard des habitans étoit chose inouïe : il auroit dû faire battre la chamade, pour tâcher d'obtenir quelques conditions pour eux et empêcher le sac.

Nous nous déterminâmes ensuite à attaquer le château par le côté de la campagne et nous nous contentâmes, du côté de la ville, d'établir des postes pour empêcher les sorties. L'on ouvrit la tranchée le 16 octobre ; les batteries tirèrent peu de jours après et le 11 novembre la place capitula.

Les ennemis avoient rassemblé une espèce d'armée à Tarraga, pour faire semblant de vouloir secourir Lérida ; sur quoi il y eut entre nous quelques constestations sur le parti qu'il y avoit à prendre. Son Altesse Royale vouloit laisser quelques troupes devant la place et marcher avec le reste aux ennemis pour les combattre ; mais je ne pouvois être de ce sentiment par bien des raisons : je soutenois que, selon toutes les apparences, les ennemis ne nous attendroient pas, et qu'ainsi il ne convenoit point, dans cette saison avancée, de perdre un instant de temps à pousser vigoureusement le siège ; que, de plus, l'on n'est jamais sûr de gagner une bataille ; que si nous la perdions, l'Espagne étoit perdue ; et que si nous la gagnions, nous n'en pouvions tirer d'autre profit que de prendre Lérida, attendu le manque de munitions de guerre et de bouche ; qu'ainsi, puisque nous étions maîtres de la ville, il valoit beaucoup mieux réunir toutes nos forces en deçà de la Sègre, que les ennemis auroient de la peine à passer ; après quoi nous serions toujours les maîtres, ou de nous maintenir dans notre camp qui étoit très-fort, ou d'en sortir pour combattre quand les ennemis seroient plus à portée de nous. Son Altesse Royale se rendit à mon avis et nous repassâmes la Sègre.

Les ennemis, peu de jours après, s'avancèrent à la Borjas, à trois lieues de nous, avec une vingtaine de bataillons et soixante-dix escadrons : ils vinrent même le premier de novembre avec toute leur cavalerie sur les hauteurs vis-à-vis de nous, pour nous reconnoître. Le sieur de Cerezeda, qui avoit été détaché le matin avec cent cinquante chevaux, les ayant rencontrés, fit si bien par ses manœuvres, qu'il attira à une demi-lieue du gros deux cents chevaux qui composoient leur avant-garde ; et retournant tout à coup sur eux, les chargea, les battit, en tua cinquante sur la place et en prit autant ; après quoi il se retira tout doucement devant eux jusqu'au camp.

Dès que les ennemis apprirent la prise de Lérida, ils se retirèrent à Cervera. Son Altesse Royale partit pour Madrid le 22 de novembre : elle auroit fort souhaité faire le siège de Tortose avant la fin de la campagne, mais cela étoit impossible. Je ne songeai donc plus qu'à établir et assurer les quartiers d'hiver : pour cet effet, je détachai M. d'Arennes pour aller assiéger Morella. Cette place, par sa situation, et vu notre manque d'artillerie, n'étoit pas facile à prendre ; je fus même obligé d'y aller faire un tour, l'affaire tirant en longueur : mais enfin, le 17 de décembre elle se rendit à M. d'Arennes.

Je chargeai M. d'Asfeld de la garde du royaume de Valence et de tout le pays entre la mer et les montagnes de Morella jusqu'à l'Ebre ; je laissai M. de Louvigny, maréchal de camp, à Lérida ; M. de Legal, lieutenant-général, à Saragosse, pour commander dans l'Arragon, et je me rendis ensuite à Madrid, pour y concerter avec Son Altesse Royale et les ministres d'Espagne les préparatifs pour la campagne prochaine. J'avois demandé permission au Roi d'aller pendant l'hiver faire un tour en France : Son Altesse Royale l'avoit aussi demandée pour elle, et cela nous fut accordée. Ainsi nous partîmes tous deux ; mais le roi d'Espagne, alarmé de se trouver sans général pendant l'hiver, envoya un courrier à Versailles, et par le retour j'eus ordre de rester : en même temps M. de Chamillard me marqua, par une lettre particulière, que le Roi avoit intention de m'employer ailleurs qu'en Espagne la campagne d'après. Je revins donc à Madrid, où je ne restai que quatre jours ; puis je pris la route de Valence, afin d'y visiter les quartiers à la frontière. Avant de me mettre en chemin, j'appris que le régiment de Louvigny, qu'on avoit placé, contre mon ordre, à Benavari en Ribagorza, avoit été enlevé par les ennemis. C'étoit dommage, car il étoit bien composé en officiers et soldats, tous Allemands.

Le roi d'Espagne me donna, incontinent après la bataille d'Almanza, les villes de Liria et de Xerica avec toutes leurs dépendances. Il les érigea en duché avec la grandesse de la première classe pour moi et mes descendans. Ces terres avoient été autrefois les apanages des seconds fils des rois d'Arragon. Le gouvernement de la province du Limosin étant venu à vaquer par la mort du comte d'Auvergne, le Roi me le donna dans l'instant, sans attendre que ni moi ni mes amis eussent seulement le temps de le demander.

Après avoir visité la frontière de Valence du côté de Tortose, où l'on avoit fait des lignes pour empêcher les irruptions des ennemis, je me rendis à Saragosse, où étoit le quartier-général ; de là j'allai à Lérida voir et ordonner des fortifications ; puis, ayant eu ordre de la cour de retourner en France dès que monseigneur le duc d'Orléans arriveroit, et cela sans prendre congé du roi d'Espagne, ni même l'en avertir d'avance, de peur qu'il ne voulût me retenir, je me rendis à Pampelune vers le milieu de février, sous prétexte d'aller au devant de Son Altesse Royale ; et le lendemain qu'il y arriva je partis pour Bayonne, me contentant d'écrire à Sa Majesté Catholique pour lui rendre compte des ordres que j'avois reçus. Je suis persuadé qu'on m'en a su fort mauvais gré à Madrid ; mais je n'avois point demandé l'ordre que je venois de recevoir, et je ne pouvois le communiquer sans manquer au secret que je devois au Roi.

[1708] A mon arrivée à Versailles, je fus nommé pour commander l'armée en Dauphiné, à la place du maréchal de Tessé ; mais peu après cela fut changé.

L'électeur de Bavière, depuis la perte de ses Etats par la bataille d'Hochstedt en 1704, faisoit sa résidence en Flandre, dont il étoit vicaire-général et gouverneur perpétuel ; et par conséquent il y commandoit l'armée des deux couronnes. Monseigneur le duc de Bourgogne demandant avec empressement de servir cette année, le Roi ne crut pas pouvoir lui refuser cette grâce, d'autant que le duc de Vendôme, qui commandoit en Flandre, le souhaitoit aussi, espérant sans doute d'être plus le maître sous un jeune prince sans expérience que sous l'électeur, qui avoit servi toute sa vie et même commandé les armées en chef depuis vingt-quatre années. Le Roi résolut donc d'envoyer le duc de Bourgogne en Flandre ; mais pour cela il falloit trouver des prétextes spécieux pour engager l'électeur à se transporter sur le Rhin.

M. de Chamillard fit un projet magnifique, qu'il crut praticable : il ne s'agissoit pas moins que de pénétrer en Allemagne avec une armée formidable, de faire soulever la Bavière et de se rendre maître de tout le pays entre Munich et l'Alsace, afin d'établir une communication assurée avec la France. Saint-Fremont, lieutenant-général, fut chargé d'aller faire goûter la proposition à l'électeur, qui dans l'instant l'accepta ; sur quoi monseigneur le duc de Bourgogne fut nommé pour la Flandre, avec M. le duc de Vendôme sous lui ; l'électeur pour le Rhin et moi sous ses ordres. Le maréchal de Villars, qui y commandoit alors, fut nommé à ma place pour le Dauphiné, à cause de l'incompatibilité qu'il y avoit entre l'électeur et lui.

Je ne sus rien du projet dont Saint-Fremont étoit chargé qu'après son retour de Compiègne, que le Roi lui ordonna de me le communiquer. Après l'avoir examiné à fond, je le trouvai impraticable en tout point : ainsi je crus qu'il falloit discuter l'affaire sérieusement avec le Roi, afin de ne me point attirer ensuite le blâme de ne l'avoir point exécuté. Je suppliai Sa Majesté que lorsque j'aurois l'honneur d'en raisonner avec elle, Saint-Fremont y fût présent, comme étant mieux instruit que personne tant du projet que du pays. Je menai donc Saint-Fremont avec moi dans le cabinet du Roi à Marly, et là nous eûmes une longue conversation, dans laquelle je fis voir clairement, de l'aveu même de Saint-Fremont, le ridicule du projet. Le Roi en fut si convaincu, qu'il me dit que j'avois raison et qu'il me laissoit le maître de faire ce que je jugerois le plus à propos pour son service. Il ajouta de plus avec un visage riant : « Chamillard croit en savoir beaucoup plus qu'aucun général ; mais il n'y entend rien du tout. » Ce discours me surprit d'autant plus que M. de Chamillard étoit le ministre favori et qui avoit toute la confiance du Roi. Je gardai sur cela le silence, mais je compris de là que le Roi connoissoit parfaitement l'insuffisance de son ministre : toutefois, durant le cours de cette campagne, il ne laissa pas que de se laisser aller à ses idées extraordinaires, ainsi qu'on le verra dans la suite.

Je partis au mois de mai pour Strasbourg et l'électeur y arriva quelques jours après. Notre armée étoit composée de soixante-quinze bataillons et de cent cinquante escadrons ; les ennemis en avoient davantage : cependant par leurs manœuvres ils faisoient voir qu'ils avoient dessein de garder la défensive sur cette frontière. La situation du pays rendoit ce projet très-facile ; car, par le moyen des lignes d'Etlingen, qui barroient depuis le Rhin jusqu'à la montagne, ils nous bouchoient absolument le passage, à moins que nous ne voulussions nous enfourner dans la Forêt noire : chose impraticable, vu les difficultés du pays et des subsistances. Il est vrai que quelques personnes croyoient qu'au lieu de recevoir pour ainsi dire la loi des ennemis, nous devions par nos manœuvres les retenir sur le Rhin, ou, s'ils s'en éloignoient, les obliger à revenir sur leurs pas pour la défense de l'Empire ; mais il n'étoit pas raisonnable de croire que le duc de Marlborough et le prince Eugène, qui avoient dès l'hiver concerté leurs projets, fussent assez malhabiles pour ne pas voir comme nous que, supposé que nous pussions forcer les lignes d'Etlingen, et que nous nous portassions sur le Necker, ils n'auroient rien d'essentiel à appréhender tant que leur armée ne perdroit pas une bataille ; car se tenant auprès de Philisbourg, à cheval sur le Rhin, il ne nous étoit pas possible de pénétrer plus avant, de prendre des établissemens fixes, ni d'assurer une communication libre avec notre pays, à moins que d'être infiniment supérieurs en nombre, et d'avoir pris d'avance de grandes mesures pour les voitures et autres choses nécessaires pour le service : ainsi il auroit fallu de nécessité revenir prendre des quartiers en Alsace. Ils auroient donc été fort aises de nous voir nous amuser à des opérations qui n'auroient été de nul autre avantage que celui de la sauve-garde pour le général ; pendant qu'à l'imitation de ce que M. de Marlborough fit en 1704, le prince Eugène se seroit porté diligemment en Flandre avec des forces considérables, pour y écraser l'armée du Roi et entamer la France de ce côté-là.

Je fis donc convenir l'électeur que nous ne pouvions songer quant à présent à percer dans l'Empire ; et qu'ainsi il falloit, en attendant une occasion favorable, chercher à subsister aux dépens du pays ennemi et à veiller à la conservation du nôtre.

L'électeur de Brunswick étoit leur généralissime et le prince Eugène commandoit sous lui.

Comme je savois que monseigneur le duc de Bourgogne avoit de grands desseins en Flandre, je crus devoir principalement avoir attention aux mouvemens des ennemis, afin de lui envoyer des troupes à mesure que les ennemis y en feroient passer : aussi dès la première nouvelle que nous eûmes que les ennemis en faisoient filer vers le Bas-Rhin, nous détachâmes M. de Saint-Fremont sur la Sarre et nous y formâmes, en différens camps, un corps de trente-cinq bataillons et de cinquante-deux escadrons. Cependant l'électeur de Brunswick se tint derrière les lignes et le prince Eugène se rendit à Mayence.

Nous avions passé le Rhin à Strasbourg et au Fort-Louis et nous étions pour lors campés à Lichtenau ; mais, sur l'avis de la marche du prince Eugène, nous repassâmes le Rhin et avec une partie de l'armée nous allâmes sur la Sarre. Pour y déterminer l'électeur, qui ne vouloit se dégarnir d'aucunes troupes, ni rester avec une petite armée, je lui faisois appréhender pour les places que nous avions de ce côté-là, comme aussi que les ennemis ne songeassent à pénétrer en France par la Lorraine ; mais ma véritable raison étoit que je ne voulois pas me laisser devancer en Flandre par le prince Eugène, dont je savois que c'étoit le dessein.

Nous laissâmes le comte Du Bourg, lieutenant-général, dans les lignes de la Loutre, avec trente bataillons et trente-sept escadrons, pour s'opposer à l'électeur de Brunswick. Enfin, après bien des marches et contre-marches de la part des ennemis et de la nôtre pendant un mois, nous apprîmes que le prince Eugène étoit parti de Coblentz pour la Flandre ; qu'il y avoit fait embarquer trente-six bataillons pour le suivre et que soixante-dix escadrons avoient aussi pris la même route par terre. Sur cela, ayant reçu les ordres du Roi par un courrier le 7 juillet, je me séparai de l'électeur à Remich sur la Moselle ; et il reprit le chemin d'Alsace avec beaucoup de chagrin, voyant qu'il y alloit rester les bras croisés.

J'emmenai avec moi trente-quatre bataillons et soixante-cinq escadrons. Pour faire plus de diligence, je marchai par brigade à travers les Ardennes.

Nous avions appris à Remich que nos troupes en Flandre avoient surpris Gand ; Bruges s'étoit rendu bientôt après : de manière que les affaires y avoient pris une heureuse face. Aussi c'est ce qui détermina le prince Eugène à diligenter la marche de ses troupes, afin de réparer par le gain d'une bataille la perte que les alliés venoient de faire.

Monseigneur le duc de Bourgogne avoit d'abord eu envie de faire le siége d'Oudenarde, ce qui auroit été le droit du jeu ; mais ensuite il changea de dessein et se détermina à celui de Menin. Pour cet effet, il envoya à Tournay et à Lille le sieur de Bernières, intendant, pour y faire les préparatifs nécessaires. Ce prince devoit se placer avec son armée entre la Lys et l'Escaut, vis-à-vis d'Oudenarde et s'y retrancher, pendant que le siége se feroit sous ses derrières par des détachemens. Je devois en même temps m'approcher de Mons, afin d'être également à portée de veiller à la sûreté des places de la Meuse et de la Sambre, aussi bien que de joindre la grande armée, si les ennemis se réunissoient pour secourir Menin. J'arrivai à Givet sur la Meuse le 11, et j'allai le même jour joindre à Florennes le corps de Saint-Fremont, qui faisoit mon avant-garde. Le 12, j'allai camper à La Bussière, sur la Sambre, où j'appris que le 11 il s'étoit donné un combat auprès d'Oudenarde. L'armée du Roi ayant passé l'Escaut à Gavre pour s'y venir camper, selon le projet ci-devant marqué, le duc de Marlborough avoit passé en même temps à Oudenarde et l'avoit attaqué.

M. de Bernières, qui m'avoit donné la nouvelle, me marquoit que les ennemis avoient remporté l'avantage et que notre armée se retiroit du côté de Gand fort en désordre. Quoique j'eusse résolu de séjourner le lendemain, à cause des grandes traites que nous avions faites, je crus qu'il étoit important, dans la conjoncture présente, de pousser promptement une tête à Mons. J'y fis donc marcher les vingt escadrons que j'avois avec moi ; je donnai aussi ordre que le reste de mes troupes prît la route de Valenciennes à mesure qu'elles arriveroient; et de ma personne j'allai en poste à Tournay, pour voir de plus près de quoi il étoit question. J'y trouvai force débris de l'armée, auxquels M. de Bernières fit donner la subsistance. Par la revue qui en fut faite, le nombre se montoit, tant à Tournay qu'à Lille et Ypres, à neuf mille et quelques soldats : les ennemis nous avoient fait pareil nombre de prisonniers. Mon infanterie ne pouvant arriver de quelques jours, et la frontière se trouvant totalement dégarnie, je répartis ces débris dans les trois susdites places et je fis en même temps avancer, des garnisons reculées, le peu de bataillons qui y étoient ; car M. de Vendôme, dans la vue d'être supérieur aux ennemis, avoit tout mené en campagne, ayant à peine laissé de quoi garder les portes. Je ne puis le blâmer entièrement, mais toutefois l'expérience avoit fait voir, dès 1706, que la perte d'une bataille avoit entraîné celle de la Flandre faute de garnisons.

L'armée de monseigneur le duc de Bourgogne s'étoit retirée à Lovendeghem, derrière le canal qui va de Gand à Bruges ; et les ennemis, après avoir séjourné quelques jours auprès d'Oudenarde, vinrent camper le 14 au pont d'Espierres, d'où le lendemain ils passèrent la Lys, forcèrent les lignes de Comines, qui n'étoient gardées que par une centaine de soldats, et se campèrent à Warwick.

Je me rendis le 14 à Lille, d'où, après avoir donné tous les ordres nécessaires, je m'en allai le 17 à Douay, pour y assembler mes troupes. J'eus soin de fournir de toutes sortes de munitions les places ; et à mesure que mon infanterie arrivoit je l'y distribuois, afin que, de quelque côté que l'ennemi se portât, il y pût trouver de la résistance.

Le prince Eugène, de sa personne, s'étoit trouvé au combat d'Oudenarde ; mais ses troupes, quoiqu'elles eussent plusieurs jours d'avance sur les miennes, n'arrivèrent pourtant en Flandre qu'après. Elles se tinrent dans le voisinage de Bruxelles et de Louvain, et n'en devoient partir que pour escorter un grand convoi qui se préparoit.

J'en avertis monseigneur le duc de Bourgogne et M. le duc de Vendôme ; je leur représentai la nécessité de battre ce convoi, ou du moins de l'empêcher de passer : je proposai pour cet effet qu'à jour nommé ils sortissent de Gand avec la plus grande partie de leur armée; que je passerois en même temps l'Escaut à Condé et que nous nous porterions tous sur la Dendre pour attaquer le convoi ou lui faire rebrousser chemin. M. de Vendôme ne voulut jamais y consentir, alléguant pour raison qu'il étoit bien posté à Gand ; que tant qu'il y seroit les ennemis n'oseroient rien entreprendre, et qu'ainsi il ne vouloit en aucune façon songer à se déplacer. Je savois toutefois que les ennemis avoient résolu de faire le siège de Lille ; et ils ne le pouvoient sans faire venir de Bruxelles l'artillerie et tout le reste de l'attirail nécessaire. Autre convoi plus considérable se préparoit : je proposai que l'on prît des mesures pour l'attaquer ; mais M. de Vendôme demeura toujours ferme dans son idée. Je ne laissai pas que de lui faire encore une proposition dont l'exécution auroit entièrement dérangé tous les desseins des ennemis, d'autant que nous aurions empêché la jonction de l'armée du prince Eugène avec celle du duc de Marlborough : ce fut que monseigneur le duc de Bourgogne partiroit le soir de Gand et viendroit le lendemain camper sur la hauteur d'Oudenarde du côté de Bruxelles et que je me rendrois en même temps de Mortagne à Potte et Escanaffe, où seroit la gauche de la grande armée. Cette situation réunissoit toutes nos forces, séparoit absolument celles des ennemis et empêchoit Marlborough de pouvoir regagner le Brabant et d'en rien tirer, à moins que de nous forcer derrière l'Escaut : chose moralement impossible, attendu que nous étions d'un tiers plus forts. Il ne pouvoit y avoir qu'une objection, savoir, que M. de Marlborough marcheroit à Bruges, où il arriveroit plus tôt que nous : à cela je répondois que notre droite étant fort près de Gand, nous y pouvions être assez tôt pour le secourir ; mais que le pire qui pourroit arriver, c'étoit de perdre Bruges : or la conservation du reste de nos places, après une bataille perdue, nous en devoit consoler. Bref, rien ne se fit, tous les convois et l'armée du prince Eugène passèrent; après quoi les ennemis investirent Lille. J'y avois mis vingt-trois bataillons et trois régimens de dragons. Le maréchal de Boufflers s'y étoit renfermé avec messieurs de Surville, de La Freselière et de Lée, lieutenans-généraux.

Voyant qu'on ne vouloit point se remuer, j'obtins qu'on m'envoyât le sieur Cheyladet, lieutenant-général, avec quarante et un escadrons, pour me mettre plus en état de couvrir notre pays et d'inquiéter les ennemis.

J'avois proposé à la cour, aussi bien qu'à monseigneur le duc de Bourgogne et à M. de Vendôme, de songer à faire une entreprise assez considérable ou pour obliger les ennemis à lever le siége, afin d'en empêcher l'exécution, ou pour nous dédommager de la perte de cette ville, si on nous laissoit faire. Je voulois que nous marchassions à Bruxelles, et que, nous rendant maîtres de tout le Brabant, nous établissions par là une communication libre et assurée avec Gand et Bruges. Cela ne fut point du goût de M. de Vendôme, qui vouloit qu'on allât attaquer les ennemis à leur siége, mais qu'on ne s'ébranlât qu'après que leurs batteries auroient commencé à tirer; car M. de Vendôme soutenoit toujours que les ennemis n'oseroient faire le siége et que le tout n'étoit qu'une feinte pour le déplacer de Gand.

Quelque rebuté que je dusse être du peu de cas que M. de Vendôme faisoit de mes avis, le désir de prévenir les malheurs dont nous étions menacés par le parti auquel on s'étoit déterminé, me fit encore hasarder une proposition. Je ne pouvois imaginer qu'ayant donné aux ennemis le temps de se placer, ou du moins de reconnoître la situation qu'ils prendroient, et qu'étant présentement aussi forts que nous, il nous fût possible de les attaquer. Du temps que les armées étoient petites, on pouvoit, par des marches dérobées, tomber tout d'un coup sur un quartier foible et secourir la place assiégée; mais il n'en étoit pas de même présentement, que l'on avoit en tête une armée de cent mille hommes, capable de barrer tout un pays et d'être de tous les côtés campée sur deux ou trois lignes.

M. de Marlborough étoit pour lors campé sur la Rone, de l'autre côté de l'Escaut, avec son armée. Le prince Eugène faisoit le siége de Lille avec soixante bataillons et quatre-vingts escadrons. Cette disposition des ennemis me parut favorable pour le projet que j'avois à proposer : c'étoit que monseigneur le duc de Bourgogne, passant l'Escaut à Gand, marchât droit à M. de Marlborough, comme s'il le vouloit combattre; qu'en même temps je partisse de derrière la Scarpe, où j'étois campé avec cent escadrons ; et qu'ayant rassemblé quarante bataillons tirés des garnisons (ce que je pouvois faire sans que les ennemis le pussent savoir), je marchasse droit au prince Eugène, dont j'attaquerois les lignes, qui n'étoient pas encore achevées.

La cour goûta tellement cette proposition, qu'elle m'envoya ordre de l'exécuter, si je le jugeois à propos; et j'avois déjà si bien pris mes mesures, que j'aurois été sur le prince Eugène avec mon armée avant qu'il eût pu savoir que j'en avois une. Mais M. de Vendôme, qui ne vouloit pas démordre de son idée de marcher tous ensemble, me fit envoyer un ordre positif de monseigneur le duc de Bourgogne pour l'aller joindre incontinent, nonobstant tout autre ordre du Roi. J'aurois pourtant pu ne pas obéir; mais la crainte qu'il n'arrivât quelque malheur à monseigneur le duc de Bourgogne, dont on n'auroit pas manqué de rejeter la faute sur moi, jointe à ce que je ne pouvois être sûr de battre le prince Eugène, me détermina à marcher pour joindre la grande armée, selon le rendez-vous qui m'avoit été donné.

Je rassemblai donc à Mons trente-cinq bataillons et quatre-vingt-dix-huit escadrons et j'en partis le 28 août, pour aller à Hérinnes, au-delà d'Enghien ; monseigneur le duc de Bourgogne arriva le même jour à Ninove : ainsi notre jonction devint sûre, nous trouvant tous deux couverts par le ruisseau de Viane. La cour avoit craint que nous ne trouvassions de grandes difficultés et que M. de Marlborough ne vînt m'attaquer dès que j'aurois eu passé l'Haine; mais celui-ci avoit son plan fait et ne vouloit risquer le hasard d'une action que dans les postes reconnus autour de Lille; il n'étoit même venu sur la Rone que pour la commodité des fourrages et pour être plus à portée de nous observer et d'avoir des nouvelles de Bruxelles. Dès qu'il vit que nous avions fait notre jonction, il repassa l'Escaut et se retira en dedans de la Marcq, près de Lille.

Le soir que j'arrivai au camp de monseigneur le duc de Bourgogne, je pris le mot de M. de Vendôme, le Roi me l'ayant ordonné par écrit; après quoi je restai sans autre fonction que d'être attaché à la personne du prince. J'avois fait mon possible pour ne pas venir en Flandre, par la raison que je ne croyois pas qu'un maréchal de France pût obéir à d'autres qu'à un prince du sang, et que je ne voulois pas qu'on me reprochâtd'avoir établi un pareil exemple : mais le Roi voulut absolument que je marchasse en Flandre; et quant à la difficulté de prendre le mot, il voulut que je le prisse une fois, par obéissance à ses volontés : il avoit même été si piqué de mon refus, qu'il avoit eu envie de faire partir de Paris les trois plus anciens maréchaux de France, pour aller prendre le mot de M. de Vendôme ; il en fut empêché par M. de Chamillard et madame de Maintenon. Il sembloit que M. de Vendôme devoit être fort content de la décision du Roi et que c'étoit à moi seul d'en être fâché : toutefois il ne put jamais me pardonner d'avoir osé mettre l'affaire en doute, et il n'y a sorte de dégoûts qu'il ne cherchât à me donner. Le 30 août, notre armée, composée de cent quarante bataillons et de deux cent cinquante escadrons, marcha à Lessines, le lendemain à Brac, le premier de septembre auprès de Tournay, et le 2 nous passâmes l'Escaut.

Il fut alors question de savoir par où l'on iroit attaquer les ennemis. Je proposai d'aller camper à trois quarts de lieue de Pont-à-Tressin, la gauche à peu près vers Cisoin et la droite vers les marais de Wishem, afin de voir si l'on pourroit tenter le passage de la Marcq en cet endroit et de faire des chemins par notre droite et notre gauche pour aller vers Pont-à-Marcq ou vers la Basse-Marcq, et par ce moyen tâcher de dérober quelques marches aux ennemis. M. de Vendôme fut d'avis de gagner au plus tôt le chemin de Douay, afin d'avoir le gros canon qu'il y avoit ordonné, et avec lequel il prétendoit ruiner et ouvrir les retranchemens des ennemis. Nous nous mîmes donc en marche le 3 et prîmes la route de Cisoin, d'où M. de Vendôme assuroit que nous pourrions remonter la Marcq par une belle plaine; mais dès que nous fûmes à une lieue et demie de Tournay, tous les gens du pays et paysans nous vinrent dire que ce chemin-là étoit très-difficile, coupé de bois et de marais ; ce qui obligea monseigneur le duc de Bourgogne de représenter à M. de Vendôme qu'il valoit mieux suivre le chemin d'Orchies que de se fourrer dans un pays si serré et si à portée des ennemis, qui, par les Ponts-à-Tressin et à Bouvines, pouvoient tomber sur notre arrière-garde. M. de Vendôme se fâcha d'abord et s'en prit à moi avec des expressions très-vives, auxquelles, par respect pour M. le duc de Bourgogne, je ne répliquai pas ; mais ayant ensuite lui-même parlé aux gens du pays, il changea son ordre de marche et nous prîmes le chemin d'Orchies où nous campâmes le soir.

Quelques personnes ont voulu débiter depuis que M. de Vendôme vouloit aller attaquer les ennemis par les Ponts-à-Tressin et à Bouvines, et que c'est moi qui l'empêchai : mais je puis assurer et prouver que, dans la dispute que nous eûmes ensemble, il ne fut question seulement que du chemin que l'on prendroit pour aller à Pont-à-Marcq, où M. de Vendôme avoit déterminé la marche; car, pour moi, j'avois toujours été d'avis d'aller droit au Pont-à-Tressin.

Le lendemain 4, nous allâmes à Mons-en-Puelle : en y arrivant nous découvrîmes l'armée ennemie qui arrivoit aussi dans la plaine entre Séclin et Lille, et qui étendoit sa droite vers Noyelles; sa gauche débordoit les marais de Fretin, à deux lieues de Mons-en-Puelle. Il fut résolu de camper le soir dans le terrain où nous étions et de faire seulement occuper Pont-à-Marcq, distant d'une petite lieue du camp ennemi, par quelques brigades d'infanterie. M. d'Artagnan, lieutenant-général, y marcha, et les postes que les ennemis y avoient se retirèrent à son approche. Nous fîmes aussi occuper les châteaux d'Attiches et de Lassessoir.

Le 5, nous allâmes sur les hauteurs d'Avelin et d'Attiches reconnoître la situation des ennemis. Les avis furent partagés : M. de Vendôme opinoit de les attaquer; mon sentiment étoit contraire au sien, sur ce que les ennemis se trouvant dans une belle plaine, où ils se pouvoient remuer commodément, nous ne pouvions aller à eux qu'en défilant au travers d'un bois et d'un pays fort coupé de haies, de manière que lorsque nous voudrions déboucher ils nous chargeroient avant que nous pussions nous former; de plus, la situation du terrain étoit telle que, quand même ils nous auroient laissé former, nous ne pouvions marcher ensuite en avant sans être pris en flanc par la droite et par la gauche. La raison en étoit claire; savoir, que le terrain entre la Haute-Deule et les marais de la Marcq, par où il falloit nécessairement passer, s'élargissoit toujours en allant aux ennemis.

Quoi qu'il en soit, M. de Vendôme continuant dans son sentiment, mais tombant d'accord qu'on ne pouvoit aller aux ennemis sans faire auparavant des chemins pour les colonnes, ordonna qu'on y travaillât dans l'instant : toutefois, malgré le grand nombre de travailleurs, ils ne purent être faits que le 7 au soir ; de manière que les ennemis ayant, de leur côté, commencé dès le 5 à se retrancher, il est aisé de juger que nous n'aurions pas été bons marchands de cette affaire, puisque leurs retranchemens furent finis et très-élevés le 7. Leur droite étoit appuyée aux marais de la Deule auprès de

Noyelles; leur centre étoit aux deux villages d'Entières, qui faisoit un ventre en avant; et leur gauche s'étendoit par delà Fretin.

Il est à remarquer que M. de Vendôme, en arrivant le 4 à Mons-en-Puelle, ne parla nullement d'attaquer les ennemis; et même il n'étoit pas possible ce jour-là de le pouvoir faire, car comme le pays étoit fort coupé, la marche avoit été très-lente et toutes les troupes n'arrivèrent que dans la nuit.

L'on visita encore la position des ennemis, et mon sentiment, aussi bien que celui de la plupart des officiers généraux, fut qu'on ne pouvoit, sans une perte presque assurée, les attaquer dans le poste qu'ils occupoient. M. de Vendôme soutint toujours que la chose étoit facile, et qu'il répondoit avec son gros canon de chasser les ennemis de leurs retranchemens, sans considérer que leur terrain étoit de beaucoup supérieur au nôtre. Monseigneur le duc de Bourgogne ne voulut pas décider par lui-même d'une matière si grave et si délicate; ainsi il prit le parti d'envoyer un courrier au Roi pour recevoir ses ordres : M. de Vendôme écrivit en même temps. La réponse fut qu'il falloit attaquer les ennemis, et que M. de Chamillard partoit pour venir à l'armée expliquer plus amplement les intentions de Sa Majesté. Jusque là il n'y avoit que peu ou point de temps perdu; car le courrier fut de retour le 8 au matin, et M. de Chamillard arriva le lendemain. Aussitôt l'on tint conseil, où assistèrent monseigneur le duc de Bourgogne, monseigneur le duc de Berri, qui étoit volontaire, M. de Vendôme, M. de Chamillard et moi. Le ministre déclara que le Roi vouloit absolument qu'au hasard de tout ce qui pourroit en arriver, nous attaquassions les ennemis. L'on ne songea donc plus qu'aux moyens de l'exécuter. Pour cet effet, nous passâmes tous les fonds et bois et nous campâmes de l'autre côté de la Marcq, à un quart de lieue du camp ennemi, notre droite à Ennevelin, et notre gauche à Phalempin : ni l'une ni l'autre n'étoit appuyée ni couverte par chose au monde. Nous reconnûmes les retranchemens dès le soir, et l'on crut qu'il falloit encore le faire le lendemain matin. Nous nous approchâmes à la portée du mousquet; notre canon cependant tiroit tout le jour sur les villages d'Entières, sans d'autre effet que d'obliger les ennemis à n'y laisser que quelques petits postes.

Le rapport que nous fîmes de la bonté du poste et des retranchemens ennemis, le sentiment unanime de presque toute l'armée, et ce que M. de Chamillard avoit vu par lui-même, joint à ce que M. de Vendôme tomboit d'accord que la chose étoit devenue impraticable; tout cela, dis-je, fit résoudre M. de Chamillard de suspendre toute résolution jusqu'au retour d'un courrier qu'il dépêcha au Roi. La réponse fut conforme à nos avis : ainsi l'on prit le parti de s'approcher de l'Escaut, pour tâcher d'empêcher qu'il ne passât plus de convois; car il étoit indubitable que, sans de nouveaux secours, les ennemis manqueroient de tout avant que de pouvoir se rendre maîtres de Lille. Nous ne laissâmes pas de rester encore trois jours à Pont-à-Marcq, sans que jamais j'en aie su la raison. Pendant ce séjour deux convois venus de Bruxelles passèrent tranquillement, quoique nous fussions informés de leur départ; et cela parce qu'on nous disoit, quand nous voulions en parler, qu'il n'étoit pas question de l'empêcher et que le Roi ne vouloit pas que l'on songeât à autre chose qu'à combattre les ennemis.

Le duc de Marlborough et le prince Eugène voyant la mauvaise position de notre armée, vouloient à toute force pendant la nuit abattre leurs retranchemens pour nous attaquer; mais par bonheur les députés des Etats-généraux n'y voulurent jamais consentir, alléguant que, puisqu'ils espéroient prendre Lille sans combattre, il ne falloit pas mettre l'affaire au hasard, surtout se trouvant si éloignés de chez eux, que la retraite, en cas de malheur, seroit très-difficile. Je suis persuadé que si ce projet eût été exécuté, nous aurions été battus à plate couture, d'autant que nos flancs étoient découverts et que nous n'avions pas assez de fond et de terrain pour nous pouvoir remuer.

Nous décampâmes le 14 septembre, et notre retraite s'étant faite en bon ordre, nous campâmes le même jour à Bersée. M. de Chamillard retourna à la cour. Le lendemain nous allâmes à Orques auprès de Tournay, et le 16 au matin nous passâmes l'Escaut. M. de Chemerault, lieutenant-général, fut détaché avec vingt-trois bataillons et quarante escadrons pour aller masquer Oudenarde : le reste de l'armée fut étendu depuis Berkem, Escanaffe, Potte et Hérinnes jusqu'au Saulsoy, où étoit le quartier-général. Comme on craignoit que les ennemis ne tirassent des convois d'Ostende, tout autre passage leur étant bouché, l'on ordonna au gouverneur de Nieuport de lâcher les eaux, afin d'inonder les bords du canal depuis Plassendal jusqu'à Nieuport, ce qui rendroit la marche des convois très-difficile.

Le comte de Bergueick, qui étoit surintendant des finances du roi d'Espagne en Flandre, et qui gouvernoit toutes les affaires de Sa Majesté Catholique en ce pays-là, voyant que la résolution étoit prise de se porter derrière l'Escaut, avoit projeté de surprendre Bruxelles, ou, si cela ne se pouvoit, de le prendre de vive force : il comptoit qu'il étoit possible d'en venir à bout en deux jours, attendu qu'il y avoit une très-foible garnison. Pour cet effet, dès le lendemain de notre arrivée au Saulsoy, l'on détacha dix bataillons espagnols, douze françois et quelque cavalerie, aux ordres du comte de La Mothe, lieutenant-général. Il s'approcha de Bruxelles ; mais comme les ennemis en ayant eu vent, y avoient fait entrer des troupes de celles qui étoient restées en garnison dans le Brabant, Bergueick jugea que l'affaire deviendroit trop sérieuse si on l'attaquoit de force et que cela nous détourneroit de l'objet principal qu'on s'étoit proposé de barrer les passages à tous les convois ; on venoit même d'être averti que l'on en préparoit un très-considérable au Sas-de-Gand, à l'Ecluse et à Ostende : ainsi il fit retourner le comte de La Mothe avec ses troupes derrière le canal entre Gand et Bruges. Le duc de Vendôme, qui avoit envie lui-même d'aller se mettre à la tête de ce corps, vouloit que l'on poursuivît le dessein du siége de Bruxelles, et ce ne fut qu'au bout de deux jours qu'on le détermina à n'y plus songer ; ce qui retarda de deux jours la marche des troupes du comte de La Mothe, et donna le temps à quatre ou cinq mille hommes nouvellement débarqués à Ostende, de se saisir du poste de l'Effingue et de le fortifier.

Le comte de Bergueick, qui vint ensuite à l'armée, me pressa si fort d'aller faire un tour du côté de Gand et de Bruges, que j'y consentis, dans la vue de pouvoir être plus en état de dire mon avis après avoir visité le pays. Je partis donc le 24 septembre, et en arrivant à Gand j'appris que les ennemis faisoient partir d'Ostende un grand convoi pour leur armée devant Lille ; sur quoi j'écrivis pour diligenter la marche des troupes qui revenoient d'auprès de Bruxelles, et je pris sur moi de faire venir deux régimens de dragons du camp du sieur de Chemerault afin de grossir le corps de La Mothe : je fis aussi partir la nuit les bataillons qui se trouvèrent arrivés. Le 25, j'allai à Bruges. Le 26, onze bataillons y arrivèrent avec une partie de la cavalerie et des dragons ; le reste devoit s'y rendre la nuit. Ainsi le comte de La Mothe m'ayant consulté (car je n'avois nulle autorité pour commander), résolut de marcher le lendemain vers le canal de l'Effingue et d'envoyer d'avance tous ses grenadiers se saisir d'Odembourg. Son corps d'armée consistoit en trente-quatre bataillons et soixante-trois escadrons, dont quarante-deux de dragons. La même nuit il eut avis que le duc de Marlborough marchoit en grande diligence à Rousselaer avec un corps très-considérable, afin de faciliter et assurer le passage du convoi. Sur cette nouvelle, qui paroissoit d'autant plus vraisemblable que la continuation ou la levée du siége de Lille sembloit dépendre de la sûreté de ce convoi, je conseillai au comte de La Mothe de s'avancer avec le gros de ses troupes seulement à moitié chemin d'Odembourg, dont il se saisiroit au plus tôt, et puis d'attendre des nouvelles plus positives par le retour de ses partis, afin de se décider ensuite en exécution des ordres qu'il avoit du duc de Vendôme, lequel lui mandoit d'attaquer les ennemis forts ou foibles. Il se mit en marche le 27 et je repris le chemin de Gand, d'où le lendemain je retournai joindre monseigneur le duc de Bourgogne. Le comte de Bergueick avoit, de Bruges, écrit par un courrier à ce prince de m'ordonner de prendre le commandement des troupes du comte de La Mothe ; mais par le retour je reçus une lettre par laquelle il me mandoit de me rendre au plus tôt auprès de lui.

Le détachement envoyé par le comte de La Mothe pour se saisir d'Odembourg avoit été prévenu par six cents hommes des ennemis et nos gens ne les y attaquèrent pas. Cependant le convoi étant sorti d'Ostende sans qu'on en eût de nouvelles (chose surprenante, car Plassendal n'en étoit qu'à une lieue), avoit passé à l'Effingue et de là à Slippe, continuant sa route par le dedans du Mordeick. M. le comte de La Mothe s'étant porté avec ses troupes sur le susdit Mordeick, y apprit que le convoi étoit déjà passé ; sur quoi il marcha droit sur Winendal pour tâcher de le joindre : il y trouva dix-huit bataillons et cinq cents chevaux ennemis qui s'étoient placés entre deux bois, dans un terrain fort étroit. Il mit aussitôt ses troupes en bataille, son infanterie sur quatre lignes, ses dragons derrière sur trois et la cavalerie encore plus en arrière sur deux lignes. Après avoir canonné pendant une demi-heure, il fit marcher son infanterie pour commencer l'attaque ; mais aux premières décharges que firent sur elle quelques bataillons ennemis postés à droite et à gauche dans les bois, elle plia, et il ne fut plus question de la pouvoir faire remarcher en avant : les dragons s'avancèrent un peu pour donner le temps à l'infanterie de se rallier, et essuyèrent un très-gros feu, dont ils eurent beaucoup de monde de tué. Pendant tout ce temps le convoi filoit toujours par les derrières, et la nuit étant survenue, le comte de La Mothe jugea à propos de se retirer vers Bruges, dans la crainte qu'avant le matin le duc de Marlborough n'arrivât sur lui avec des forces supérieures.

Jamais homme de guerre ne s'y prit si mal, car, au lieu de n'attaquer les ennemis que par le même front qu'ils occupoient, s'il leur avoit seulement opposé partie de ses troupes, et si avec le reste il avoit tourné l'un des bois, les ennemis étoient défaits et le convoi pris.

L'on ne pouvoit sur cela blâmer ni monseigneur le duc de Bourgogne ni le duc de Vendôme; car enfin, malgré le retardement qu'avoit causé l'affaire de Bruxelles, les troupes étoient arrivées à temps et étoient en assez grand nombre, si le comte de La Mothe eût su s'en servir.

Toutes les fautes qu'il commit étoient énormes : 1° de n'avoir pas vu lui-même si l'inondation avoit été faite selon les ordres donnés ; 2° ayant commandé depuis six ans dans ce pays, de n'avoir pas eu des gens affidés pour l'avertir dans le moment que le convoi sortoit d'Ostende ; 3° d'avoir fait une disposition si ridicule pour attaquer un ennemi qui lui étoit inférieur de plus de moitié. Mais il falloit principalement blâmer la cour, qui l'avoit placé dans un poste de cette importance : aussi est-ce le plus souvent ce qui cause les malheurs qui arrivent à la guerre ; l'on n'a pas assez d'attention à ne se servir que de gens capables et expérimentés, et d'ordinaire la préférence est donnée à ceux qui ont le plus de crédit et de faveur.

Le duc de Vendôme, fâché de ce qui venoit d'arriver, partit lui-même pour Bruges le 2 d'octobre, afin d'y disposer toutes choses de manière qu'il ne passât plus de convois à l'avenir. Dès qu'il y fut arrivé il rassembla toutes les troupes qui y étoient, faisant cinquante-un bataillons et soixante-trois escadrons, et se campa à droite au Mordeick et la gauche au canal qui va de Bruges à Plassendal, ayant son quartier à Odembourg, derrière le centre de la ligne : il envoya à Nieuport pour faire lâcher les eaux, lesquelles crûrent à un tel point que les bords de la digue qui va de l'Effingue depuis Steenbrug jusqu'à Ostende furent inondés.

Le duc de Marlborough, sachant la situation du camp du duc de Vendôme, marcha du camp de Ronques le 7, avec soixante bataillons et cent escadrons, à dessein de l'attaquer. Il arriva le même jour à Rousselaer, d'où le lendemain il marcha à Tourut. Le duc de Vendôme eut bien de la peine à se laisser persuader par les officiers généraux de se retirer du trou où il s'étoit mis ; car, en cas de malheur, il étoit impossible qu'un seul homme s'en sauvât, et il ne s'y détermina que sur ce que ces messieurs firent lâcher exprès les eaux, qui commençoient déjà à inonder son camp.

Le duc de Marlborough, instruit de la retraite du duc de Vendôme, retourna à Rousselaer : il fit visiter Odembourg et la digue de l'Effingue, pour voir s'il ne pourroit pas encore faire venir un convoi, mais comme le duc de Vendôme avoit mis dans le poldre nouveau quinze bataillons et deux régimens de dragons, sous le feu desquels il falloit nécessairement passer pour aller par la digue de l'Effingue, il ordonna qu'on rassemblât des bateaux, afin de faire venir par l'inondation les poudres et autres munitions nécessaires pour la continuation de leur siége. Le duc de Vendôme ramassa aussi nombre de bâteaux dont il fit une petite flotte. Le sieur de Langeron, lieutenant général de la marine, étant en même temps sorti de Nieuport avec force chaloupes et bateaux, on vint à bout d'empêcher la navigation des ennemis sur les inondations, mais ce ne fut qu'après qu'ils eurent fait passer cent cinquante milliers de poudre, de l'argent, de l'eau-de-vie et du sel, dont ils manquoient beaucoup.

Le duc de Vendôme, jugeant que l'unique moyen d'être en repos de ces côtés-là seroit de se rendre maître du poste de l'Effinge, y envoya le sieur de Puyguion, lieutenant-général. On ouvrit la tranchée sur la digue et l'on mit du canon en batterie ; mais comme la digue étoit fort étroite, on auroit eu bien de la peine à chasser les ennemis du village, qu'ils avoient bien retranché par la tête : ainsi le comte de La Mothe, qui s'y étoit aussi rendu de Bruges avec quelques troupes, fit une disposition pour l'attaquer de toute part. Le 25 octobre, les grenadiers et détachemens passèrent au travers des inondations et watergans, forcèrent le village par les derrières et y prirent tout ce qu'il y avoit de soldats, au nombre de douze cents, Anglois et Hollandois, et soixante officiers. On mit à l'Effingue quatre bataillons, qui eurent ordre de s'y bien fortifier, afin de pouvoir pendant l'hiver garder ce poste, absolument nécessaire pour la communication avec Bruges.

Pendant que l'on se préparoit à l'attaque de l'Effingue, le sieur d'Albergotti, lieutenant-général, avoit un jour pressé vivement monseigneur le duc de Bourgogne de passer l'Escaut et la Lys avec toute son armée, pour se joindre à Deinse au duc de Vendôme, et puis marcher tous ensemble pour attaquer le duc de Marlborough à Rousselaer. Cette proposition n'étoit point de mon goût par plusieurs raisons. Il nous falloit passer deux rivières sous la vue d'Oudenarde et puis faire neuf grandes lieues, le tout sans que Marlborough en fût averti, ce qui ne se pouvoit croire : si donc il nous attendoit de pied ferme, il étoit certain que son poste étoit bon, et, s'il ne l'étoit pas, il n'avoit qu'à se replier derrière la Lys, et par là il nous en barroit le retour et nous obligeoit, pour revenir derrière l'Escaut, à faire le tour par Gand. Il pouvoit aussi pendant cette marche trouver peut-être moyen de faire venir de nouveaux convois de Bruxelles : toutefois, ne voulant point que mon avis seul empêchât l'exécution du projet s'il étoit bon, je suppliai monseigneur le duc de Bourgogne d'en écrire au duc de Vendôme. Celui-ci fit réponse que la proposition ne valoit rien, alléguant à peu près les mêmes raisons que moi ; et, de peur que monseigneur le duc de Bourgogne ne voulût l'entreprendre, il envoya un courrier à la cour et attira du Roi une défense formelle d'exécuter ce projet. Peu de jours après, Albergotti fut envoyé à Bruges avec quelques bataillons de renfort : il ne manqua pas de faire la même proposition au duc de Vendôme, qui alors l'approuva et en écrivit à monseigneur le duc de Bourgogne. Ce prince lui répondit que, comme il ne lui donnoit pas de raisons pour détruire celles qu'il lui avoit alléguées auparavant, il ne croyoit pas qu'il dût présentement changer de sentiment. Le lendemain il arriva un courrier de la cour, avec ordre de faire tout ce que le duc de Vendôme proposeroit : ainsi on fit dans l'instant toutes les dispositions pour la marche et l'on avertit le duc de Vendôme que monseigneur le duc de Bourgogne seroit le 27 à Deinse. Le duc de Vendôme récrivit pour le supplier de n'y arriver que le 30, afin que, l'affaire de l'Effingue finie, il pût mener avec lui toutes les troupes : mais pendant cet intervalle nous apprîmes que le 22 le maréchal de Boufflers avoit battu la chamade pour la ville de Lille et s'étoit retiré dans la citadelle, ce qui mit fin au projet, et il fallut attendre de nouveaux ordres de la cour sur ce qu'il y avoit à faire.

Nous avions écrit continuellement, depuis notre retour auprès de Tournay, pour savoir les intentions du Roi, croyant qu'il convenoit de n'être pas embarrassé en cas que la place se rendît ; mais, nonobstant les différens projets que nous envoyâmes, jamais nous n'eûmes d'autre réponse, sinon qu'on ne pouvoit se résoudre à songer que Lille se perdroit et qu'il ne tenoit qu'à nous de l'empêcher, ou du moins d'en rendre la prise inutile aux ennemis.

Monseigneur le duc de Bourgogne et moi étions d'avis qu'il étoit impossible de barrer aux ennemis le passage du canal et de l'Escaut, et qu'ainsi il falloit songer uniquement à garder le premier, afin de conserver Gand et Bruges. Pour cet effet, nous voulions mettre derrière le canal un nombre de troupes capables de le défendre, et nous porter avec le reste de l'armée dans l'Artois pour couvrir la France et empêcher les ennemis de continuer à vivre à nos dépens. Nous fûmes confirmés dans notre sentiment par la nouvelle que nous eûmes qu'ils avoient mis à La Bassée treize bataillons et trente escadrons ; qu'ils y faisoient travailler à force pour la mettre en état de défense, et que de plus ils avoient poussé à Lens un gros corps de troupes.

Monseigneur le duc de Bourgogne, persuadé qu'il n'y avoit plus de temps à perdre pour se déterminer, envoya à Bruges le sieur de Contades, major-général de l'armée, pour représenter au duc de Vendôme les inconvéniens de notre situation et lui proposer notre idée ; mais le duc de Vendôme ne voulut ni écouter notre ambassadeur, ni lire le mémoire qu'il portoit : ainsi il fut obligé de revenir. Il rapporta pour toute réponse que le duc de Vendôme seroit aussi au Saulsoy le premier de novembre, et qu'alors il verroit le parti qu'il y auroit à prendre en suite des conférences que nous devions avoir avec le sieur de Chamillard. Le Roi, sachant que nos avis étoient partagés, le renvoyoit encore à l'armée, pour nous obliger à garder l'Escaut, et même il lui avoit ordonné, en cas qu'il nous trouvât en marche pour exécuter notre projet, de nous faire incontinent retourner d'où nous venions. Le sieur de Chamillard arriva le 31 octobre et le duc de Vendôme le lendemain.

Le 2 de novembre on tint conseil, où l'on débattit le parti à prendre. Le duc de Vendôme insista toujours qu'il falloit marcher au duc de Marlborough pour le combattre, ou que si cela ne se pouvoit, il falloit barrer aux ennemis tout chemin de retour, afin de les réduire à la nécessité de mourir de faim ou de demander la paix. Je soutenois que, comme il n'étoit pas possible que nous pussions empêcher les ennemis de se faire un passage en quelque endroit, attendu la prodigieuse étendue de pays qu'il nous falloit garder, il étoit nécessaire d'exécuter ce que nous avions proposé auparavant, afin de garder quelque chose. Je représentois aussi que si nous nous obstinions à rester dans la situation où nous étions alors, il nous arriveroit quelque catastrophe fâcheuse.

Le sieur de Chamillard, qui avoit le pouvoir de décider, détermina qu'on resteroit derrière l'Escaut et le canal jusqu'après la prise de la citadelle de Lille, ensuite de quoi on verroit ce qu'il y auroit à faire; que, pour défendre plus facilement l'Escaut, on feroit des digues pour faire regonfler la rivière et en inonder les bords depuis Gand jusqu'à Tournay. Le sieur de Chamlay, que le Roi avoit envoyé avec son ministre et moi, nous eûmes beau représenter que la chose étoit impossible, Chamillard conclut qu'elle étoit facile et l'on se mit en devoir de le faire; mais jamais l'on ne put parvenir qu'à former par-ci par-là quelques flaques d'eau.

M. de Chamillard repartit peu de jours après; et comme il avoit été témoin lui-même des vivacités du duc de Vendôme sur mon chapitre, il obtint la permission pour que je retournasse en Alsace : je l'en avois fort sollicité, d'autant que la jalousie du duc de Vendôme contre moi ne pouvoit être que très-préjudiciable au bien du service. Je reçus mon ordre le 14 novembre; je partis le 16, et le 22 j'arrivai à Strasbourg. J'avois ordre de ne point séparer l'armée du Rhin, jusqu'à ce que la campagne fût finie en Flandre.

Pendant que j'étois au Saulsoy, je reçus secrètement une lettre du duc de Marlborough, qui me marquoit que la conjoncture présente étoit très-propre pour entamer une négociation de paix; qu'il falloit en faire la proposition aux députés des Etats-généraux, au prince Eugène et à lui, Marlborough; qu'ils ne manqueroient pas de la lui communiquer et qu'il feroit tout de son mieux pour la faire accepter. Rien ne pouvoit être plus avantageux que cet avis du duc de Marlborough : cela nous ouvriroit une porte honorable pour finir une guerre onéreuse. J'en parlai à monseigneur le duc de Bourgogne et à M. de Chamillard, qui envoya aussitôt un courrier au Roi pour recevoir ses ordres sur la réponse. Le Roi les envoya à M. de Chamillard, qui, par un excès de politique, s'étoit imaginé que cette proposition de Marlborough ne provenoit que de la mauvaise situation où se trouvoit l'armée des alliés.

J'avoue que ce raisonnement me passoit; et, par la manière dont Marlborough m'avoit écrit, j'étois persuadé que la peur n'y avoit aucune part, mais seulement l'envie de finir une guerre dont toute l'Europe commençoit à se lasser. Il n'y avoit aucune apparence de mauvaise foi dans tout ce qu'il me mandoit; et il ne s'étoit adressé à moi que dans la vue de faire passer la négociation par mes mains, croyant que cela pourroit m'être utile. M. de Chamillard me dicta la réponse que je devois faire, et je la trouvai si extraordinaire, que je l'envoyai en françois, afin que le duc de Marlborough pût voir qu'elle ne venoit pas de moi. En effet, il en fut si choqué qu'on ne put retirer de cette ouverture aucun fruit pour la paix; je suis même persuadé que cela fut principalement cause de l'aversion que le duc de Marlborough montra toujours depuis pour la pacification.

Dès que je fus parti du Saulsoy, l'électeur de Bavière, qui étoit revenu à Mons depuis six semaines, forma, de l'avis du comte de Bergueick, le dessein de prendre Bruxelles. En effet, ayant rassemblé un corps de troupes, il y marcha et en fit le siège. Le duc de Marlborough et le prince Eugène se trouvant maîtres de la ville de Lille, et ne croyant pas avoir besoin de toute leur armée pour le siège de la citadelle, dont l'investissement étoit très-court et très-facile, résolurent de secourir Bruxelles. Ils marchèrent donc avec le gros de leurs troupes sur l'Escaut, et dans la nuit le passèrent, tant à Oudenarde que sur des ponts qu'ils firent sans trouver aucun obstacle, et même à l'insu de nos troupes qui bordoient cette rivière; de manière que le matin tous les différens corps qui y étoient répartis, voyant les ennemis marcher à eux, se replièrent en grand désordre sur le quartier-général au Saulsoy. Les ennemis continuèrent leur marche en toute diligence sur Bruxelles, et l'électeur fut obligé d'en lever le siège avec tant de précipitation, qu'il abandonna son canon, ses munitions de guerre et de bouche, tous ses blessés et malades. Monseigneur le duc de Bourgogne, avec le duc de Vendôme, se retira sous Douay. Les ennemis, après avoir exécuté leur projet, retournèrent auprès de Lille.

Le duc de Vendôme étoit si convaincu que les ennemis ne pouvoient forcer aucun passage ni sur l'Escaut ni sur le canal, qu'il avoit, la veille de l'esclandre, mandé à la cour que l'on fût en repos et qu'il en répondoit. Le Roi, apprenant le lendemain que le contraire étoit arrivé, et d'ailleurs ennuyé des mauvaises manœuvres de toute cette campagne, en fut si outré, qu'il envoya ordre à monseigneur le duc de Bourgogne et au duc de Vendôme de séparer incontinent l'armée et de s'en retourner de leurs personnes à Versailles. Le duc de Vendôme, qui connoissoit l'importance de conserver Gand, représenta au Roi que s'il lui vouloit permettre d'aller se camper derrière le canal avec le gros de l'armée, les ennemis seroient fort embarrassés pour remplir les magasins de Lille, attendu que, ne le pouvant que par terre de Bruxelles, ils avoient besoin de presque toute leur armée pour escorter les convois, à cause du voisinage de Gand ; de plus, qu'il leur falloit tout l'hiver pour cela : ce qui, joint à la mauvaise saison et aux mauvais chemins, ruineroit totalement leurs troupes, sans qu'ils pussent peut-être venir à bout d'y conduire tous les approvisionnemens nécessaires. Le Roi, malgré tout ce que put dire le duc de Vendôme, demeura ferme sur l'ordre qu'il avoit donné, et l'armée fut renvoyée en quartiers d'hiver, quoique la citadelle de Lille ne fût pas encore prise. Il est étonnant que le Roi, pendant la campagne, eût donné dans toutes les propositions extraordinaires du duc de Vendôme et qu'il s'obstinât alors à rejeter l'unique raisonnable qu'il eût faite.

Dès que le maréchal de Boufflers eut capitulé pour la citadelle de Lille, les ennemis, qui savoient les difficultés qu'ils auroient à voiturer par terre dans la ville les provisions nécessaires, résolurent de s'ouvrir la navigation des rivières, afin d'y pouvoir, sans fatigue ni dépense, conduire tout ce qu'ils voudroient. Pour cet effet ils marchèrent droit à Gand, ville qui, par sa situation, étoit la clef de toutes les rivières et de tous les canaux. Le comte de La Mothe y étoit avec trente-sept bataillons : au bout de quatre jours de tranchée ouverte, il battit la chamade et se rendit quoiqu'il n'y eût pas encore de batteries contre le corps de la place et que le chemin couvert n'eût pas été attaqué. Il donnoit pour excuse la crainte d'être obligé de se rendre prisonnier de guerre et de perdre par là une garnison dont on auroit besoin la campagne suivante pour former une armée. S'il n'avoit pas tout sacrifié à ce faux raisonnement politique, les ennemis auroient été obligés de lever le siége ; car la grande gelée commença le même soir qu'il se rendit, avec une telle force qu'il auroit été impossible de remuer la terre ni de rester campé.

Ainsi finit cette campagne, d'autant plus malheureuse qu'elle ne devoit pas l'être : il fallut, pour la rendre telle, que nous fissions sottises sur sottises ; et, malgré tout cela, si l'on n'avoit pas fait la dernière on auroit eu beau jeu l'année d'après.

Le maréchal de Boufflers s'acquit beaucoup de gloire par la défense de Lille : ce fut de son propre mouvement qu'il demanda à se jeter dans la capitale de son gouvernement. Aussi, à son retour à la cour, le Roi le fit pair de France, lui donna les entrées de premier gentilhomme de la chambre et la survivance de son gouvernement à son fils.

Je ne puis m'empêcher de faire remarquer ici qu'en quatre mois de temps je me suis trouvé commander les armées du Roi en Espagne, sur le Rhin, sur la Moselle et en Flandre, sans compter la patente que l'on m'avoit donnée pour le Dauphiné.

Je n'ai pas parlé de l'entreprise que le roi Jacques fit en Écosse au commencement de cette année, à cause que je n'y eus point de part ; je ne la sus même qu'après qu'elle eut éclaté. A la sollicitation de la plus grande partie de la noblesse écossoise, le Roi résolut d'y envoyer six mille hommes avec ce prince. Il s'étoit embarqué à Dunkerque ; mais les vents contraires l'ayant détenu dans ce port, les Anglois eurent le temps de mettre une flotte en mer : de manière qu'ils le suivirent de si près, qu'ils le joignirent à la hauteur de la rivière d'Edimbourg. Ne pouvant débarquer à leur vue, la flotte se dispersa, quelques-uns des vaisseaux furent pris et le prince regagna Dunkerque.

Cette affaire avoit été très-mal concertée du côté de la France, et cela par la mésintelligence et la jalousie de messieurs de Chamillard et de Pontchartrain, le premier, ministre de la guerre, et le dernier, ministre de la marine. L'on prétend aussi que si le chevalier de Forbin, qui commandoit l'escadre, avoit voulu risquer de perdre ses vaisseaux, le jeune Roi auroit pu mettre pied à terre ; car il ne tenoit qu'à lui d'entrer dans la rivière d'Edimbourg et d'y échouer, moyennant quoi les troupes auroient débarqué : à la vérité les Anglois auroient peut-être pu brûler les vaisseaux avant qu'on en eût retiré tous les attirails de guerre et toutes les munitions qui y étoient. Cette considération ne devoit pas être un obstacle ; car l'affaire essentielle étoit que le corps de troupes avec le jeune Roi fût débarqué. Toute l'Ecosse l'attendoit avec impatience, prête à prendre les armes en sa faveur ; de plus, l'Angleterre étoit alors entièrement dégarnie de troupes : de manière qu'il auroit pu sans obstacle s'avancer dans le nord où nombre de personnes considérables avoient promis de le joindre. Il y a même apparence que sa sœur la reine Anne, dans la crainte d'une guerre civile, auroit cherché à s'accommoder avec lui, moyennant quoi il auroit été sûr d'être rétabli sur le trône de ses ancêtres. La consternation étoit si grande à Londres, que la banque royale manqua de culbuter, tout le monde accourant pour retirer son argent : mais la nouvelle du mauvais succès de l'entreprise rétablit bientôt le crédit du gouvernement. Il n'y eut que le comte de Gacé à qui cette expédition fut heureuse : M. de Chamillard, son ami intime, l'avoit fait nommer général des troupes françoises, et il reçut à bord le brevet de maréchal de France (1). Les Ecossois m'avoient demandé avec instance; mais le Roi ne le voulut point, disant qu'il avoit besoin de moi ailleurs. C'étoit l'effet de l'intrigue de Chamillard pour le comte de Gacé.

Le roi Jacques fit ensuite la campagne *incognito* auprès de monseigneur le duc de Bourgogne, se trouva au combat d'Oudenarde où il montra beaucoup de valeur et de sang-froid et acquit par son affabilité l'amitié de tout le monde; car naturellement on se prévient en faveur des malheureux quand il n'y a pas eu de leur faute et que leur conduite d'ailleurs est bonne.

[1709] Le Roi fit au mois de mars une nouvelle destination pour les armées. Il nomma pour celle de Flandre monseigneur le Dauphin et le maréchal de Villars sous lui; celle du Rhin fut pour monseigneur le duc de Bourgogne et le maréchal d'Harcourt sous lui; celle des frontières du Piémont, composée de quatre-vingt-quatre bataillons et de trente escadrons, fut mon partage.

Je partis le 22 avril et arrivai à Grenoble le 26. Mon premier soin fut d'examiner l'état des magasins, et je trouvai que, loin d'en avoir pour la campagne, il n'y en avoit pas pour la subsistance journalière des troupes jusqu'à la fin de mai; sur quoi je dépêchai un courrier à la cour pour représenter les dangers où le manque de vivres nous alloit jeter, l'impossibilité de rassembler l'armée et par conséquent de nous opposer aux entreprises des ennemis, dont les préparatifs du côté de Suse étoient fort grands, et qu'ainsi il falloit incontinent y apporter du remède ou que je me trouverois dans la dure nécessité de mettre simplement dans chaque place un nombre de troupes proportionné aux vivres et de renvoyer le reste en France.

Comme pour toute réponse l'on me manda qu'on parleroit aux entrepreneurs et qu'on espéroit qu'ils trouveroient le moyen de ne nous pas laisser manquer, je crus que puisque la cour, nonobstant l'importance de l'affaire, sembloit nous abandonner, il falloit chercher soi-même des expédiens pour défendre cette frontière, la plus mauvaise du royaume et par où l'ennemi pouvoit en une campagne pénétrer en France. J'écrivis donc à tous les intendans voisins et éloignés ; je leur exposai notre triste état, leur en fis voir les conséquences et les

(1) Il prit le nom de Matignon.

conjurai de nous aider sans perdre de temps. Je fis moi-même un tour en Languedoc d'où, par le moyen de M. de Basville, intendant, je tirai quelques grains. J'envoyai le sieur de Mauroy, maréchal de camp, en Franche-Comté, Bourgogne et Champagne : il m'en apporta des blés qu'il fit descendre par la Saône. Je fis aussi des impositions en Savoie, Dauphiné et Provence, que je levai très-promptement par le moyen des officiers à qui j'en donnai la commission. M. Le Gendre, intendant de Montauban, quoiqu'il n'eût aucun ordre ni fonds, nous en envoya sur son simple crédit vingt mille quintaux. Enfin nous vînmes à bout de nous assurer des grains pour une partie de la campagne, en attendant la récolte ; mais comme, à cause de l'éloignement, il nous falloit beaucoup de temps pour qu'ils pussent être mis dans les différens emplacemens, nous ne pûmes jamais vivre qu'au jour la journée, toujours au hasard de manquer si le moindre accident arrivoit à nos voitures.

Le manque d'argent étoit encore un grand embarras : la cour ne nous envoyoit pas le moindre secours ; tout ce qu'elle pouvoit ramasser étoit aussitôt voituré en Flandre. Cela m'obligea à prendre d'autorité tout l'argent que je trouvai dans les recettes. M. Desmarets, contrôleur général des finances, m'en écrivit pour me représenter que cela étoit contre toutes sortes de règles ; mais je lui répondis qu'il l'étoit encore plus de laisser périr une armée qui barroit aux ennemis l'entrée de la France et il ne m'en parla plus. J'arrêtai aussi une voiture de cent mille écus qui alloit de Marseille à Paris : M. de Trudaine, intendant à Lyon, trouva moyen d'y emprunter autres cent mille écus et de cette manière je me mis un peu à l'aise.

Après avoir mis toutes choses dans le meilleur train qu'il m'étoit possible, je visitai la frontière.

Je commençai par le Haut-Dauphiné, d'où je m'en allai en Provence ; de là je revins en Savoie, puis en Tarentaise, d'où je retournai par la Maurienne à Briançon.

La connoissance que je venois de prendre du pays me détermina sur la manière de me placer pour la défense de cette frontière, savoir, depuis Antibes jusqu'au lac de Genève. Cette étendue étoit de plus de soixante lieues au travers des Alpes.

La défensive étoit difficile, vu qu'un ennemi qui se tenoit dans la plaine de Piémont et qui avoit son projet formé, se pouvoit tout d'un coup porter avec toutes ses forces du côté qu'il vouloit ; au lieu qu'incertains de ses desseins, nous étions obligés de nous séparer pour porter notre attention de tous côtés : ainsi il étoit vraisemblable que nous serions percés en quelque endroit, auquel cas les ennemis deviendroient les maîtres de ce qu'ils voudroient. J'imaginai un nouvel emplacement, par lequel je me trouvois à portée de tout et en état d'arriver partout avec toute l'armée, ou du moins avec des forces suffisantes pour barrer le passage aux ennemis.

Je me fis donc l'idée d'une ligne dont le centre avançoit, et la droite et la gauche étoient en arrière ; en sorte que je faisois toujours la corde et que les ennemis nécessairement faisoient l'arc.

Je pris Briançon pour le point fixe de ce centre où devoit être le gros de mes troupes, et d'où je devois les faire filer sur la droite ou sur la gauche, selon les mouvemens des ennemis. Ma ligne à droite passoit par la vallée de Barcelonette et tomboit de là par le col de la Caillolle dans la vallée d'Entraume où le Var prend sa source, et continuoit, en suivant cette rivière, jusqu'à son embouchure dans la Méditerranée, entre Saint-Laurent et Antibes. Pour assurer ma communication de ce côté-là, je fis faire à Tournoux, dans la vallée de Barcelonette, un camp retranché qui devoit me servir comme de magasin et de réservoir à troupes, en cas que les ennemis se portassent vers Coni ou le col de Tende. L'entrée par la vallée de Barcelonette étoit fort aisée, et de là les ennemis auroient pu, sans passer le col, aller à Seyne et sur la Durance, et se trouver par là tout d'un coup au milieu de notre pays. Ainsi j'étois bien aise d'être sûr de leur barrer cette porte, en faisant bien accommoder le poste de Tournoux, par où il falloit passer pour aller plus en avant.

Ma ligne à gauche passoit par le col du Galibier, tomboit à Valoire, de là à Saint-Jean-de-Maurienne, et puis à couvert de l'Arc jusqu'à son embouchure dans l'Isère, que je suivois jusqu'à Montmélian et Barraux où j'avois médité un camp retranché. Je ne comptois pas garder la Tarentaise ni le reste de la Savoie, à cause que ma ligne auroit été trop droite et que les ennemis auroient pu très-aisément par des contre-marches me percer quelque part; mais reculant ma ligne j'avois toujours le temps de les devancer. Pour assurer les navettes nécessaires, j'avois ma principale attention sur Valoire, poste excellent qui couvroit le Galibier, empêchoit les ennemis de descendre par la Maurienne plus bas que Saint-Michel, et par conséquent les rejetant nécessairement dans la Tarentaise s'ils vouloient aller en Savoie, me donnoit tout le temps d'y arriver avant eux et de me placer. J'étois bien sûr que tant que je ne laisserois aux ennemis de communication avec le Piémont que par le petit Saint-Bernard, ils ne pouvoient hiverner en Savoie, attendu que leurs subsistances viendroient de trop loin, et que de plus nous pouvions facilement, quand les neiges auroient bouché les passages, tomber sur eux avec un tel nombre de troupes qu'il plairoit au Roi de nous envoyer des autres frontières.

Comme de la conservation du point milieu de ma ligne dépendoit tout mon système, je crus qu'il falloit principalement s'en assurer : ainsi Briançon étant une très-mauvaise place commandée de partout, et sur laquelle je savois que le duc de Savoie avoit toujours la vue, je fis travailler à un camp retranché sur les hauteurs des têtes au-dessus de la ville. Cela se fit avec tant de diligence, qu'en un mois de temps il fut en état de défense. J'occupai aussi le Randouillet, autre hauteur qui commandoit aux têtes : dans la suite, à force de travailler, j'en fis un poste si excellent, que douze bataillons suffisoient pour sa défense contre toute une armée : le tout étoit bastionné avec chemin couvert, ouvrages extérieurs et cinquante pièces de canon. J'y fis aussi bâtir des maisons, et y conduisis de l'eau de fontaine ; car l'on ne pouvoit que difficilement en aller chercher dans la Durance, quoiqu'au pied du camp. Toutes ces dispositions faites, je me campai dans la vallée de Monestier, à deux lieues de Briançon, avec le gros de mon infanterie. Je mis cinq bataillons dans la vallée de Queyras, douze dans le camp de Tournoux et neuf en Provence ; je plaçai quatre bataillons à Valoire, quatre à Villars-Gondrin, auprès de Saint-Jean-de-Maurienne. J'en détachai aussi sept en Tarentaise avec toute ma cavalerie, aux ordres du sieur de Thouy, lieutenant-général, à qui j'ordonnai de faire bonne contenance ; mais de se replier sur Conflans et de là à Montmélian, si les ennemis marchoient à lui avec des forces supérieures.

Je suis entré dans un plus grand détail à cause que cette guerre étoit toute différente des autres, et que, sans tout ce que je viens de dire, on n'auroit pu la comprendre. Elle paroît d'abord extraordinaire et fort difficile ; mais je puis assurer qu'en suivant l'idée que je m'en suis faite, c'est la plus aisée. Il ne s'agit que d'être bien averti des mouvemens des ennemis et de faire ses navettes à propos : l'un et l'autre sont très-faciles ; car, par ma position, on voit venir l'ennemi de si loin, que l'on peut toujours arriver à temps, quand même il déroberoit quelques marches.

Il faut observer qu'en fait de guerre de montagne, quand on est maître des hauteurs l'on arrête son ennemi; et c'est ce que j'avois eu attention de ménager dans la ligne que je m'étois proposée.

Pour preuve que je croyois ma défensive bonne, la campagne d'après je donnai, de mon propre mouvement, vingt bataillons des quatre-vingt-quatre que j'avois, afin que le Roi pût en grossir ses armées ailleurs.

Au mois de mai il y eut un soulèvement causé par des fanatiques. Le duc de Roquelaure, lieutenant-général, qui commandoit en Languedoc, me demanda du secours. Je lui envoyai aussitôt quatre bataillons, qui attaquèrent les rebelles et les défirent; en sorte que le calme y fut rétabli incontinent après.

Vers le 12 de juin nous eûmes la nouvelle d'un changement dans le ministère : M. Voisin fut fait secrétaire d'Etat de la guerre, à la place de M. de Chamillard. La cause de la disgrâce de ce dernier venoit du déchaînement de tout le monde contre lui; de manière que le Roi, vu le bouleversement général des affaires, ne crut pas devoir le maintenir en place plus long-temps, malgré l'amitié personnelle qu'il avoit pour lui. Il faut avouer que c'étoit un bon homme, qui avoit de très-bonnes intentions; mais il avoit si peu de génie qu'il est étonnant comment le Roi, doué d'une profonde pénétration, avoit pu le choisir pour ministre, ou du moins le garder si long-temps, au hasard du tort qui en revenoit journellement à ses affaires. Il avoit une opinion merveilleuse de sa capacité, et disoit toujours, quand on commençoit à lui parler : *Je le sais*, quoiqu'il fût question de toute autre chose que de ce qu'il s'imaginoit. Il croyoit être général : aussi manda-t-il une fois au maréchal de Tessé que s'il étoit à la tête d'un corps de cinq à six mille chevaux, il ne seroit pas embarrassé de faire de belles manœuvres. La première connoissance que le Roi eut de lui fut à l'occasion du billard : il étoit un des meilleurs joueurs du royaume; et comme le Roi jouoit très-volontiers, cela lui donna lieu de venir souvent à la cour et d'être dans les parties du prince : par ce moyen il obtint une charge d'intendant des finances, et s'étant introduit dans la faveur de madame de Maintenon, il fut fait contrôleur-général lorsque M. de Pontchartrain devint chancelier. Peu après M. de Barbezieux, secrétaire d'Etat de la guerre, étant mort, on lui donna aussi cet emploi. Il n'est pas étonnant qu'il ne pût s'en bien acquitter, puisque messieurs Colbert et de Louvois, deux des plus grands ministres qu'il y ait eus en France, se trouvoient chacun assez chargé d'un seul de ces emplois. En 1708, ne sachant plus où il en étoit, il supplia le Roi de le décharger des finances qui furent données à M. Desmarets; et enfin, voyant qu'il n'y avoit pas moyen de le laisser plus long-temps en place sans risquer de tout perdre, le Roi lui accorda une grosse pension et donna sa charge à M. Voisin. Le marquis de Cany, fils de M. de Chamillard, avoit été reçu en survivance : il fut obligé de donner aussi sa démission. Il acheta le régiment de la Marine qui servoit en Dauphiné avec moi, et le joignit au plus tôt : il a continué à servir avec distinction, aimé des officiers de son régiment qui n'avoient pas coutume de se soucier de leur colonel, estimé de tout le monde par sa valeur, douceur et politesse; en un mot, il ne paroissoit pas en lui qu'il eût jamais été secrétaire d'Etat : aussi sa conduite lui attira toute sorte de considération. Il mourut de la petite vérole en 1716.

L'origine de la fortune de M. Voisin fut qu'étant intendant de Maubeuge pendant les siéges de Mons et de Namur, il eut occasion d'être connu de madame de Maintenon qui goûta fort sa femme; ce qui, joint à sa probité et à son application, fut cause que madame de Maintenon le chargea des affaires de Saint-Cyr et lui fit avoir une place de conseiller d'Etat. En 1714, le chancelier Pontchartrain ayant demandé à se retirer pour songer uniquement à son salut, M. Voisin fut fait chancelier et conserva toujours et la charge de ministre de la guerre et l'administration de Saint-Cyr : il mourut d'apoplexie au commencement de 1717. C'étoit un homme de sens, capable de grands détails, mais peu versé dans les affaires de politique : il étoit fort dur dans ses réponses, toutefois très-juste, et cherchoit avec soin à découvrir les gens de mérite pour les mettre en place; il étoit toujours appliqué à sa besogne, n'ayant nulle autre passion. Plusieurs qui l'ont connu à fond pensoient qu'il étoit l'homme du royaume le plus propre à être contrôleur général des finances.

Le maréchal de Villeroy, qui ne pouvoit souffrir Chamillard, m'envoya un courrier pour me donner avis de ce changement.

Vers le commencement de juillet, les ennemis ayant rassemblé le gros de leur infanterie dans le voisinage de Suse, firent travailler à accommoder les chemins du mont Cenis; le

11 ils passèrent les Alpes et se campèrent dans la Haute-Maurienne, entre l'Annebourg et Termignon : sur quoi je détachai M. de Cilly, lieutenant-général, avec deux brigades d'infanterie, pour aller à Valoire joindre le marquis de Broglie, maréchal de camp, qui y étoit déjà avec une autre brigade. Je fis aussi avancer tous les grenadiers de ces troupes à la Sourdière, poste excellent sur l'Arc, entre Saint-Michel et Saint-André, afin de barrer les passages à la gauche de l'Arc. Je fis rapprocher de Briançon les troupes que j'avois étendues sur ma droite.

Le comte de Thaun, feld-maréchal de l'Empereur, qui commandoit en chef l'armée des ennemis, s'avança ensuite entre Ausoy et Bourget et de là auprès de Saint-André. Un petit corps s'approcha en même temps du petit Saint-Bernard par les vallées d'Aoste ; et le sieur de Rebender, général des troupes du duc de Savoie, vint camper à Oulx avec dix-huit bataillons et quelques escadrons : le gros de leur cavalerie resta dans la plaine près Orbassan.

Je ne voulus pas faire d'autre mouvement jusqu'à ce que je visse plus clair dans le dessein des ennemis, étant bien sûr d'arriver toujours à temps, de quelque côté qu'il se portassent.

Le comte de Thaun, nous voyant résolus de ne point quitter les postes que nous occupions, jugea qu'il ne pouvoit pas descendre plus avant dans la Maurienne, ni trouver jour à nous déplacer d'auprès de Briançon, ce qui étoit son principal objet. Il se détermina donc à prendre le chemin de la Tarentaise pour pénétrer en Savoie. Pour cet effet il fit prendre les devans à six mille hommes par le col de la Vanoise et en même temps M. de Schulembourg descendit le petit Saint-Bernard.

Dès que je vis M. de Thaun déterminé, j'allongeai mes troupes par la Basse-Maurienne jusqu'à l'Isère, afin de passer cette rivière sur le pont de bateaux que j'avois fait construire à Freterive, de m'opposer aux ennemis de l'autre côté et de donner la main à M. de Thouy. L'instruction que j'avois donnée par écrit à ce dernier étoit de se replier derrière l'Arly à mesure qu'un ennemi supérieur s'avanceroit, et s'il en étoit chassé, de se retirer à Freterive, rejetant trois bataillons dans les montagnes de Tamières et cinq escadrons de dragons du côté de Faverges et d'Annecy, afin de mieux observer les mouvemens des ennemis, et les inquiéter sur leurs derrières s'ils continuoient à suivre l'Isère.

M. de Thouy, en conséquence de mes ordres, retira ses troupes de la tête de la Tarentaise, puis évacua Moustiers ; mais quand il arriva auprès de Conflans, au lieu de mettre l'Arly devant lui, il se plaça dans la plaine, entre la Roche-Sevin et Conflans. Les ennemis l'y attaquèrent le 28 juillet et il fut culbuté, tant à cause du nombre supérieur que par sa mauvaise disposition, ayant mis son infanterie en plaine et la cavalerie dans un marais : il eut pourtant le bonheur de ne perdre que deux cents cavaliers et environ trois ou quatre cents hommes de pied, et il se retira à Freterive où j'arrivai en même temps que lui avec la tête de l'armée. Je trouvai qu'il avoit oublié de faire occuper le col de Tamiers ; de manière que, de Conflans, les ennemis pouvoient gagner par là les hauteurs qui dominoient sur la plaine de Freterive : ainsi je me repliai au camp de Francin, mettant ma droite à la ville de Montméliant et ma gauche à la montagne, pour empêcher que les ennemis ne pussent y venir. J'envoyai le sieur de Bérenger, colonel d'infanterie, avec quatre cents hommes, occuper les Bauges ; je le fis suivre deux jours après par le sieur de Maulevrier, brigadier, avec douze cents hommes de renforts. Le sieur de Prades, brigadier, se retira du côté de Faverges avec deux régimens de dragons.

Les ennemis se campèrent en deçà de l'Arly dans la plaine de l'Hôpital, occupant le col de Tamiers, et puis firent venir toute leur cavalerie au nombre de soixante-dix escadrons.

Il sera curieux et même utile pour l'avenir que j'explique la position de mes troupes, d'autant qu'elle étoit aussi singulière que nouvelle et avantageuse. Ma principale attention étoit nonseulement de couvrir Barraux, mais de conserver une communication sûre avec le Haut-Dauphiné, de crainte que les ennemis, par des contre-marches, ne trouvassent le moyen de se mettre entre moi et Briançon que je ne pouvois plus secourir s'ils étoient une fois placés. Il étoit donc question de garder vingt-cinq lieues de montagnes ; car il y en avoit autant de Briançon à Montméliant. Je laissai à M. de Dillon vingt-deux bataillons pour la garde du camp des Têtes, de Queyras et de la vallée du Monestier ; trois bataillons à Valoire pour la garde du col du Galibier, qui étoit le point essentiel pour notre communication. Je mis trois bataillons à Saint-Jean-de-Maurienne, quatre à Saint-Etienne-de-Quines, quinze à Aiguebelle, cinq à Aiguebellette et autant d'escadrons près de l'embouchure de l'Arc dans l'Isère, et je me plaçai à Francin avec dix-neuf bataillons et vingt escadrons. Depuis Valoire jusqu'au pont de Montméliant tous ces différens corps étoient couverts de l'Arc ou de l'Isère et avoient ordre de tenir continuellement des partis sur les hauteurs pour observer les mouvemens des ennemis dans la Tarentaise ou du côté de Conflans : elles devoient marcher par leur droite ou par leur gauche, selon ce qu'ils verroient faire aux ennemis, sans attendre de mes nouvelles, afin de pouvoir se trouver en force, de quelque côté que l'ennemi voulût tenter de percer notre ligne. Rien n'étoit plus simple que toutes nos manœuvres ; et, à moins que de nous endormir, l'ennemi ne pouvoit nous prévenir nulle part, attendu qu'on voyoit tous les mouvemens qu'il faisoit et qu'il avoit toujours un cercle à faire dans le temps que nous coupions au court. Pour que nos navettes se fissent plus promptement j'avois fait des chemins partout.

Les ennemis poussèrent des détachemens par Faverges et près du lac d'Annecy, pour entrer dans les Bauges, sans quoi ils ne pouvoient nous déposter de Montméliant ; mais la bonne contenance de nos troupes fut cause qu'ils n'en firent pas même la tentative : toutefois, pour ne pas rester les bras croisés et pour tâcher par un dernier effort à nous déplacer, ils avancèrent toute leur cavalerie vers le Rhône. Ils avoient de plus un nouveau motif pour s'en approcher, savoir, de se mettre à portée de donner la main au baron de Mercy, lequel étoit entré dans la Haute-Alsace avec un corps d'armée ; et s'il réussissoit ils comptoient, au moyen de la communication qu'ils établiroient avec les troupes impériales en Franche-Comté et Alsace, de pouvoir hiverner en Savoie et par là d'être en état, la campagne d'après, de pousser en avant.

Les ennemis donc, pour ces raisons, firent d'abord attaquer le château d'Annecy où nous n'avions que soixante hommes : ils s'en rendirent aisément les maîtres et ensuite s'avancèrent jusqu'au Rhône.

M. de Prades, qui avoit alors huit escadrons de dragons, se retira à Seyssel ; et je lui envoyai six cents hommes de pied pour lui aider à défendre le Rhône conjointement avec les milices de Bugey et de Bresse, que j'avois fait convoquer. Je plaçai onze compagnies de grenadiers à La Chana, pour être à portée de joindre M. de Prades ; j'en mis cinq au Bourget avec cinq cents hommes de pied, et j'envoyai M. de Cilly, lieutenant-général, camper à Chambéry avec seize escadrons et cinq bataillons : de cette manière je me présentai de partout.

Les ennemis n'osoient trop s'affoiblir à Conflans, crainte que je n'y marchasse ; car ce poste leur étoit nécessaire pour se conserver la communication avec leur pays ; et si par hasard je m'en étois emparé, leur retraite en Piémont n'auroit pu se faire qu'en passant par la Suisse.

Pendant que nous étions tranquilles de part et d'autre à nous regarder, le général Rebender voulut faire quelque action d'éclat : pour cet effet il marcha de son camp auprès d'Exilles et vint sur le mont Genèvre, à dessein de mettre à contribution le val Després et surtout le bourg de La Vachette qui n'étoit éloigné que d'une demi-lieue de Briançon. M. Dillon, qui commandoit de ces côtés, voyant que Rebender étoit descendu du mont Genèvre sur La Vachette, y marcha avec deux bataillons et six compagnies de grenadiers qu'il posta derrière le bourg. Dès que les ennemis, après s'être mis en bataille, se furent ébranlés pour attaquer un mauvais retranchement de palissades qu'on y avoit fait, M. Dillon sortit sur eux par la droite et la gauche du bourg, et les chargea avec tant de bravoure qu'il les battit, en tua sept ou huit cents sur la place et fit quatre cents prisonniers. Rebender se retira tout au plus vite auprès d'Exilles, et ne montra plus le nez le reste de la campagne.

Nous apprîmes, peu de jours après, que le comte de Mercy avoit été attaqué en Haute-Alsace par M. le comte Du Bourg et battu à plate couture. Cette victoire fut très-complète ; les ennemis y eurent deux mille hommes de tués et autant de prisonniers. Ce succès détermina le comte de Thaun à s'en retourner en Piémont, ne voyant plus d'apparence de réussir dans aucun de ses desseins ; ce qu'il exécuta à la fin de septembre, partie par le col du petit Saint-Bernard et partie par le mont Cenis. Je remarchai en même temps par ma droite et regagnai Briançon, où il ne fut plus question que d'attendre que les mauvais temps fût venu, pour que l'on pût, sans danger pour la frontière, renvoyer les troupes en quartiers d'hiver.

Pendant que j'étois campé auprès de Briançon, je reçus ordre de me rendre en toute diligence à l'armée de Flandre. Il y avoit eu, quelque temps auparavant à Malplaquet, un combat très-sanglant, où le maréchal de Villars avoit reçu une blessure si grave au genou, qu'il ne pouvoit servir le reste de la campagne. Le maréchal de Boufflers, qui s'étoit trouvé au combat comme volontaire, quoique l'ancien du maréchal de Villars, prit alors le commandement de l'armée. Il étoit question de sauver Mons qu'ensuite de leur victoire les ennemis assiégèrent. Je partis le 11 octobre de Briançon ;

je passai par Versailles où je reçus les ordres du Roi ; et j'arrivai le 18 à l'armée auprès du Quesnoy. Le maréchal de Boufflers et moi visitâmes les approches du camp ennemi, pour voir s'il n'y auroit pas jour de tenter le secours de Mons : mais outre que la chose étoit presqu'impraticable par la position des ennemis, dont la droite étoit à la Haine, la gauche à la Sambre et le front couvert de bois et de ruisseaux, nous avions une autre difficulté insurmontable, savoir celle de notre subsistance. De notre camp il y avoit sept lieues à celui des ennemis ; ainsi il nous falloit deux jours pour y aller. Les directeurs des vivres, bien loin de pouvoir nous donner du pain d'avance, n'étoient pas même en état de faire le soir la distribution du pain qui étoit dû le matin. Cela nous détermina à ne songer qu'à empêcher les ennemis de faire d'autres conquêtes ; et pour cet effet je me rendis à Maubeuge avec cinquante bataillons et cent escadrons. Le maréchal de Boufflers resta campé entre Valenciennes et le Quesnoy avec le reste de l'armée, afin de couvrir ces deux places. Je travaillai de mon côté à un camp retranché sur les hauteurs de l'autre côté de la Sambre ; et dans peu de jours je le mis en si bon état, que je ne pouvois naturellement y être attaqué. Mons capitula le 20 octobre et les ennemis séparèrent leur armée dans les derniers jours du mois. Nous en fîmes autant, après quoi je retournai à la cour.

Le Roi érigea cet hiver la terre de Warthi en duché et pairie pour moi et mes héritiers mâles du second lit. Je fis changer le nom de Warthi en celui de Fitz-James.

[1710] Il n'y eut rien de changé dans le commandement des armées ; mais comme la campagne en Dauphiné commençoit toujours très-tard, le Roi, à la prière du maréchal de Villars, m'ordonna d'aller en Flandre pour le secours de Douay que les ennemis assiégeoient. Le maréchal de Montesquiou, qui avoit commandé l'hiver en ce pays-là, auroit aisément pu empêcher ce siége ; mais il fut si peu averti des mouvemens des ennemis, qu'il ne sut leur armée assemblée que lorsqu'elle passoit la Haute-Deule ; et au lieu de se retrancher sous Douay (chose très-facile), il se laissa surprendre à Vitry et n'eut le temps que de se retirer en désordre vers Arleu et de là à Cambray.

Dès le mois de mars M. Voisin m'avoit proposé de la part du Roi de commander l'armée de Flandre, jusqu'à ce que la blessure du maréchal de Villars lui permît de s'y rendre. J'y avois consenti, à condition de partir dans l'instant, afin de prendre les mesures convenables pour me choisir un poste, l'accommoder et rassembler l'armée au premier avis d'un mouvement de la part des ennemis ; car j'étois convaincu qu'avec ces précautions il étoit très-possible de garantir Douay et toutes les places depuis là jusqu'à la Sambre ; mais aussi je soutenois que si une fois les ennemis y étoient placés, on n'en pourroit plus secourir aucune, attendu que ces grosses armées barrent tout un pays. Depuis cette conversation avec M. Voisin, il ne m'en parla plus ; et je crois que cela vint partie par jalousie du maréchal de Villars, qui n'avoit point envie que je me trouvasse seul à la tête de l'armée, et partie par les faux avis que la cour recevoit de Flandre que les ennemis ne seroient pas en état de se mettre en campagne avant le mois de juin.

Je partis donc au mois de mai et me rendis à Cambray où le maréchal de Villars assembloit l'armée. Nous marchâmes à Arras ; et de là, ayant passé la Scarpe, nous nous portâmes sur les ennemis que nous trouvâmes bien retranchés, leur droite au marais de Lens et leur gauche à la Scarpe, vis-à-vis de Vitry. Après les avoir reconnus, nous tombâmes d'accord qu'il n'étoit pas possible de les y attaquer. Il auroit été tout aussi impraticable de passer le ruisseau de Lens et la Haute-Deule, d'autant qu'il nous falloit pour cela beaucoup de temps, et que les ennemis se retrouvant derrière la Scarpe, nous aurions encore moins pu les y forcer. Le côté de Vitry étoit pareillement si bien accommodé par des inondations et doubles retranchemens, qu'on ne pouvoit avec prudence imaginer de les y attaquer. L'on se détermina donc à ne plus songer qu'à empêcher les ennemis de faire d'autres conquêtes après la prise de Douay ; et en attendant l'on se rapprocha du mont Saint-Eloy pour la commodité des fourrages.

N'étant donc plus question de batailler si tôt, j'eus ordre d'aller promptement à mon poste naturel en Dauphiné, où les ennemis commençoient à faire quelques mouvemens.

J'arrivai à Chambéry le 22 juin et à Briançon le 27.

J'appris que l'armée du duc de Savoie s'assembloit dans la plaine de Piémont, aux environs d'Orbassan ; qu'il y avoit un corps de troupes du côté de la vallée de Stura ; que l'on voituroit à Coni et Demonte force munitions de guerre et de bouche, et qu'outre cela il y avoit à Suse de très-gros magasins. Je crus donc qu'il falloit se mettre en état de s'opposer aux desseins que les ennemis pourroient avoir du côté du Var ou de Barcelonette, sans toutefois perdre de vue le Haut-Dauphiné et la Savoie. Pour cet effet je fis la répartition suivante de nos troupes :

Je donnai à M. d'Artagnan, lieutenant-général, six bataillons et deux régiments de dragons pour la défense du Var; je mis à Seyne deux régiments de dragons; dans le camp de Tournoux en Barcelonette, dix bataillons; à Guillestre, où j'établis le quartier-général, douze bataillons; au camp de Rousse, en Queyras, sept bataillons; à Briançon, dix-neuf bataillons; à Saint-Michel en Maurienne, sept bataillons; et en Tarentaise, deux bataillons et vingt-sept escadrons.

Dans cette situation j'étois également à portée de tout, soit qu'il fallût par ma droite pousser des troupes sur le Var (à cette fin j'avois fait travailler à des chemins jusqu'à Brok où nous pouvions arriver de Tournoux en cinq jours de marche), soit qu'il fût question de soutenir la vallée de Barcelonette ou de me reporter par ma gauche en Queyras, à Briançon ou en Maurienne, si les ennemis marchoient vers le mont Genèvre ou passoient le mont Cenis.

Je ne craignois que pour Monaco; car cette place étant hors de la ligne que je m'étois formée, je ne pouvois en empêcher le siége : de plus, par la situation du pays, il n'étoit guère possible de la secourir, d'autant que les ennemis en pouvoient faire le siége avec vingt bataillons et nous observer avec cinquante.

L'armée des ennemis étoit composée de soixante-dix bataillons et soixante-dix escadrons, sans les garnisons : la nôtre de soixante-dix bataillons y compris toutes les garnisons, et trente et un escadrons.

Vers le 10 juillet, le gros de l'armée ennemie commença à défiler du côté de Coni et de Demonte. Je me contentai de pousser quelques bataillons à Colmars et de me camper moi-même sur le col de Vars. Je rapprochai de Briançon les bataillons de la Maurienne et fis marcher à Grenoble douze escadrons et dix à Monestier, afin qu'ils eussent moins de chemin à faire pour gagner le Var, sans pourtant encore s'éloigner de la Savoie.

Les ennemis, pour me jeter dans l'incertitude de leur véritable projet et me donner jalousie de partout, firent avancer à Oulx et puis à Salbetran M. de Rebender avec une douzaine de bataillons. M. de Schulembourg se présenta en même temps dans la vallée d'Aoste avec quatre bataillons et de la cavalerie : sur cela je marchai à Guillestre et poussai quelques bataillons vers Briançon et la Maurienne.

Enfin, vers le 21 juillet, le comte de Thaun, avec le gros de l'armée, passa le col de l'Argentière et entra dans la vallée de Barcelonette. Sur cela je marchai de Guillestre et me portai au château de Vars, poste excellent sur la montagne de même nom, qui barroit totalement l'entrée du Dauphiné, donnoit la main au camp de Tournoux, dont il n'étoit éloigné que de deux petites lieues et se pouvoit garder sûrement avec douze bataillons. Ma droite étoit aux ruines du vieux château et couverte par la rivière de Vars, laquelle coulant par des précipices impraticables jusqu'auprès de Guillestre, assuroit ma communication avec cette petite ville, d'où je tirois mes vivres. Ma gauche étoit à la grande montagne qui sépare la vallée de Sécrins d'avec celle de Vars.

J'envoyai le sieur de Charamande, lieutenant-général, avec quelques troupes, renforcer le camp de Tournoux, de manière qu'il y avoit quinze bataillons. Je campai au col de Vars une brigade d'infanterie et deux régiments de cavalerie ou dragons, pour mieux observer les ennemis.

Le comte de Thaun attaqua le château de l'Arche qui se trouvoit dans une petite plaine au débouché du col de l'Argentière : il s'en rendit maître en deux jours, et le 26 il vint camper à Fouliouse. Le 27, il fit descendre de gros détachemens sur Saint-Paul et le Catelet; sur quoi les troupes que j'avois placées au col de Vars se replièrent sur moi. Les ennemis occupèrent ensuite le Catelet et les hauteurs à côté du col de Vars, vis-à-vis de mon camp; ils avoient aussi fait avancer dans la vallée de Saint-Pierre et du Château-Dauphin quelques troupes et beaucoup de barbets : ce qui m'obligea à laisser à Guillestre une brigade d'infanterie, tant pour n'être point inquiété dans notre communication avec Briançon et Queyras, que pour renforcer le camp de Rousse en Queyras, s'il en étoit besoin, ou me joindre, n'y ayant du château de Vars à Guillestre que deux lieues. Je plaçai aussi auprès du mont Dauphin deux bataillons et onze escadrons; je fis venir de Provence à Colmars le sieur d'Artagnan avec trois bataillons et deux régiments de dragons, afin de tenir la communication libre de ce côté-là avec le camp de Tournoux, comme je faisois du mien.

Le général Rebender, pour nous donner jalousie et tâcher de nous déplacer, s'avança le 29 juillet sur le mont de Genèvre; mais comme nous ne fîmes sur cela aucun mouvement et que M. Dillon, que j'avois laissé au camp de Briançon, l'incommodoit fort par ses partis, il se retira bientôt à Sezanne où il fut joint par le baron de Saint-Remy et quelques bataillons.

Dans le même temps que les ennemis faisoient tous ces différens mouvemens, je reçus un courrier du duc de Roquelaure, commandant en Languedoc, pour me donner avis que deux mille hommes avoient débarqué auprès de Cette, dont ils s'étoient rendus maîtres; qu'ils s'étoient ensuite avancés à Agde, et qu'il y avoit à craindre que les malintentionnés ne se joignissent à eux si on ne les chassoit au plus tôt; qu'ainsi il me prioit de lui envoyer promptement des troupes. J'avois de tous les côtés tant d'affaires sur les bras, que je ne pus faire ce qu'il souhaitoit; et de plus, comme j'avois découvert les véritables projets des ennemis, j'étois sûr qu'en arrêtant le comte de Thaun sur cette frontière, j'empêcherois que la descente n'eût les effets que l'on s'étoit proposé. Voici le fait comme j'en avois rendu compte au Roi et dont j'avois été informé par différens endroits, même par lettres interceptées et par l'aveu de ceux qui y étoient engagés.

Les ennemis comptoient de se rendre maîtres de la vallée de Barcelonette; après quoi ils auroient fait venir toute leur cavalerie qu'ils avoient laissée exprès auprès de Coni : ils se seroient ensuite allongés par leur gauche sur la Durance, et après avoir passé cette rivière ils se seroient campés à Gap, en conservant leur communication avec le Piémont par le moyen des troupes qu'ils auroient postées au col de Pontis, de l'Echalette, des Orres et de Parpaillon; en même temps les malintentionnés et les nouveaux convertis du Dauphiné devoient se soulever et se joindre tous ensemble auprès de Dye, où ils avoient à cet effet fait passer plusieurs réfugiés et nombre d'armes.

La descente à Cette se devoit faire dans le même temps que les ennemis entreroient en Dauphiné; et les nouveaux convertis, à l'appui des troupes, devoient se soulever en Dauphiné et en Languedoc.

Les révoltés devoient se communiquer par le long de la Drôme et de la vallée de Crette et de là par le Vivarais. Les ennemis, dans cette situation, se seroient emparés par leurs derrières, sans coup férir, de Sisteron, Seyne et Digne, et nous auroient ainsi coupé la communication avec la Provence.

Quelques troupes que j'envoyai dans le Diois firent que personne n'osa remuer, et la position que j'avois prise rendoit l'exécution du projet des ennemis impraticable; mais aussi je ne pouvois secourir le duc de Roquelaure. Le duc de Noailles, qui commandoit en Roussillon et Lampourdan, se trouvant moins occupé et plus près, prit ce qu'il avoit de meilleures troupes et de plus ingambes et se transporta avec une extrême diligence en Languedoc; de sorte que le sieur de Seissan, qui commandoit les ennemis, ne voyant aucun soulèvement dans la province et craignant tout d'un coup d'être écrasé, regagna promptement ses vaisseaux.

Le comte de Thaun ne voyant plus moyen de pouvoir exécuter son projet, et se trouvant d'ailleurs fort incommodé par la multiplicité des gardes et des escortes de convois, résolut de regagner le Piémont; mais craignant que dès qu'il auroit repassé le col de l'Argentière nous ne nous portassions avec toutes nos forces sur le général Rebender, il détacha, le 12 août, huit bataillons pour le renforcer. Ces troupes passèrent par la vallée de Maurin, par le col Loup, de là dans la vallée du Château-Dauphin; et puis ayant passé par le col Laniel, elles entrèrent dans le haut de la vallée de Queyras. Cela me fit d'abord appréhender qu'elles n'eussent envie d'attaquer le camp de Rousse en Queyras, où j'avois laissé M. de Cadrieu, maréchal de camp, avec sept bataillons. La conservation de ce poste étoit très-importante, d'autant que je considérois Queyras comme le chemin couvert de Briançon : si les ennemis s'en étoient emparés, nous ne pouvions qu'avec danger et grosse escorte communiquer d'Embrun avec Briançon.

Le camp de Rousse, au-dessus du château de Queyras, quoique d'une grande étendue, étoit facile à garder, et j'étois sûr que si la tête ne tournoit pas à ceux qui y commandoient, nous aurions toujours le temps d'y arriver en force : la droite étoit sur une hauteur escarpée à pic ; le front étoit sur un rideau fort élevé, avec un ruisseau en avant; la gauche étoit appuyée à la grande montagne auprès du col d'Issoire : l'on y arrivoit par les derrières, sans être même vu par les ennemis. De Briançon par le col des Ayes, on pouvoit y être en cinq heures de marche; de Guillestre par le long du torrent de Guill, il ne falloit pareillement que cinq heures. Il y avoit de plus, entre ce dernier passage et celui des Ayes, deux autres cols pour entrer en Queyras.

Pour obvier à toute entreprise de la part des ennemis, je fis marcher cinq bataillons au col de Furfande, et j'en plaçai autant auprès de Guillestre.

Le 14 août, l'armée ennemie décampa de Fouliouse, reprenant le chemin de la vallée de Stura, par où elle étoit venue. J'avançai dans l'instant à Saint-Paul-sur-l'Ubaye avec douze bataillons, et je poussai à Barcelonette deux brigades du camp de Tournoux, afin d'être plus à portée de gagner le Var si les ennemis passoient le col de Tende et descendoient dans le comté de Nice : mais enfin, au bout de quelques jours, j'appris que les ennemis s'étoient rapprochés de Pignerol et que le corps qui étoit entré dans le haut de la Vallée de Queyras avoit continué son chemin par le col de la Maye et avoit joint à Oulx le général Rebender ; ainsi je remarchai à Briançon et remis toutes les troupes dans la même position où elles étoient au commencement de la campagne. Le comte de Thaun vint, le 28, camper au-dessus de Sezanne avec toute son armée; sur quoi j'avançai quelques brigades derrière La Vachette et renforçai mon camp auprès de Briançon de plusieurs troupes que je retirai de la vallée de Barcelonette.

Au mois d'octobre les deux armées se séparèrent pour entrer dans les quartiers d'hiver.

Vers la fin du mois d'août, l'archiduc défit totalement auprès de Saragosse l'armée du roi d'Espagne, qui s'y trouva. Sa Majesté Catholique se retira du côté de Burgos pour en rassembler les débris ; sur quoi le duc de Noailles demanda vivement qu'on lui donnât un gros corps de troupes, afin qu'il pût entrer en Catalogne, et par cette diversion obliger l'archiduc à revenir sur ses pas. Philippe V, dans l'embarras où il se trouvoit, m'avoit demandé pour général ; mais le Roi n'avoit pas voulu me retirer du commandement des frontières d'Italie. Dans cette circonstance je me crus en devoir, par la connoissance que j'avois de l'Espagne, de dire mon avis : il se trouvoit opposé à la proposition du duc de Noailles. Je représentai donc ce que je croyois qu'il convenoit de faire, et voici mon raisonnement. Rien ne pouvoit être plus avantageux à l'archiduc que l'idée d'une diversion en Catalogne par le Roussillon, d'autant que le comte de Staremberg, général de ce prince, auroit été charmé de voir l'armée de France attachée à un siége, afin d'avoir le temps de chasser totalement le roi d'Espagne hors de la Castille et de donner la main à l'armée de Portugal; après quoi il seroit revenu, avec toutes ses forces réunies, faire contre nous une guerre à l'ordinaire en Catalogne. Je soutenois donc que le seul moyen de sauver Sa Majesté Catholique étoit de faire entrer tout au plus tôt une armée par la Navarre, ce qui feroit une diversion réelle et efficace : car si le comte de Staremberg ne revenoit pas sur l'Ebre pour nous faire tête, nous aurions repris l'Arragon en aussi peu de temps qu'on l'avoit perdu, et au pis aller nous serions restés maîtres de tout le pays en deçà de l'Ebre, depuis Miranda-d'Ebro jusques à Lérida. Si Staremberg revenoit sur l'Ebre, sa jonction avec le Portugal devenoit presque impossible et le roi d'Espagne se pouvoit aisément soutenir de l'autre côté du Tage, retourner même à Madrid, former une nouvelle armée pendant l'hiver, et dans le printemps manœuvrer, de concert avec l'armée de France qui seroit en Navarre, pour rechasser les ennemis de l'Arragon. De plus, les Espagnols voyant qu'on songeoit sérieusement à soutenir Sa Majesté Catholique, auroient été par là encouragés à demeurer fidèles et à assister leur roi.

Non-seulement ce que je proposois étoit plus utile pour le roi d'Espagne, mais nous en tirions aussi un avantage certain pour la France ; car nous ne pouvions douter que, l'Espagne soumise, les ennemis ne revinssent par là avec toutes leurs forces attaquer nos frontières. Ainsi il valoit beaucoup mieux pour nous de faire la guerre sur l'Ebre, dans l'Arragon ou la Navarre, que sur la Bidassoa, aux portes de Bayonne ou dans le Roussillon.

Je voulois donc que M. le duc de Noailles marchât incontinent à Pampelune avec toutes ses troupes ; et comme l'arrière-saison approchoit, j'aurois détaché de mon armée dix bataillons et vingt escadrons pour rejoindre. Mon avis ne fut point suivi et l'on resta les bras croisés, en attendant qu'on eût fait les préparatifs pour le siége de Girone, auquel le duc de Noailles avoit déterminé la cour.

Au mois d'octobre j'eus ordre d'envoyer en Roussillon trente-quatre bataillons et trente et un escadrons. Toutefois le duc de Noailles ne put être en état qu'à la fin de décembre de se mettre en mouvement ; et peu s'en fallut qu'il n'échouât dans son entreprise, à cause des pluies continuelles qui le désolèrent. Par bonheur pour lui, les affaires du roi d'Espagne changèrent alors de face. Le duc de Vendôme commandoit l'armée, Philippe V ayant demandé ce général, sur le refus que Sa Majesté avoit fait de m'y envoyer. Le roi d'Espagne avoit trouvé moyen de ramasser une armée : il étoit remarché aux ennemis et leur avoit donné bataille à Villaviciosa. Quoique Staremberg eût eu l'avantage de cette journée, néanmoins la perte que celui-ci avoit faite la veille des troupes angloises dans Brihuega, au nombre de quatre mille hommes, jointe au manque total de vivres, l'obligea de se retirer avec une telle précipitation et un tel désordre, que son armée se trouva réduite à cinq ou six mille hommes de pied ou de cheval quand il rentra en Catalogne ; de manière qu'il ne put songer à secourir Girone et le duc de Noailles s'en rendit maître.

J'avois eu durant la campagne quelques négociations secrètes avec la cour de Turin : on sera peut-être curieux de les savoir. Vers le milieu du mois d'août, me trouvant en Barcelonette après la retraite du comte de Thaun, le sieur de Guerchois, maréchal de camp, qui commandoit d'ordinaire dans cette vallée, me dit qu'un nommé Arnaud, religieux, dont le duc de Savoie se servoit en beaucoup d'affaires, avoit parlé au nommé Laurent, procureur de la susdite vallée, au sujet de la guerre qui étoit entre le Roi et son Altesse Royale : il lui avoit donné à entendre que l'on pourroit aisément trouver les moyens de s'accommoder, et lui permit de le citer dans l'occasion. Je dis à M. Le Guerchois que le sieur Laurent pouvoit aller trouver le père Arnaud et assurer, en termes généraux, que de notre côté l'on seroit toujours enclin à écouter des propositions de paix. Je crus que tout cela n'étoit qu'un discours en l'air ; mais le 5 septembre le sieur Laurent me vint trouver auprès de Briançon et m'apporta une lettre du père Arnaud, qui marquoit que Son Altesse Royale écouteroit volontiers les propositions qu'on lui feroit, pourvu qu'il y pût trouver la sûreté de ses Etats et un dédommagement pour les places qu'on lui avoit rasées. Pour cela il demandoit que nous lui donnassions Briançon ou Barraux, Antibes et Monaco. Avant que de donner aucune réponse, j'écrivis à la cour et je reçus les instructions et les pouvoirs nécessaires ; après quoi j'envoyai au père Arnaud le mémoire suivant :

« Le Roi est si porté à s'accommoder avec Son Altesse Royale, qu'il m'a chargé d'entrer en négociation et m'a envoyé les pouvoirs nécessaires. Ainsi, pour abréger la matière et parvenir à une prompte conclusion, je prends la liberté de proposer à Son Altesse Royale de vouloir bien ordonner à quelque personne de confiance de s'aboucher avec moi, afin qu'informé des véritables intentions de Son Altesse Royale, je puisse faire les propositions convenables. En cas que Son Altesse Royale ne juge pas à propos de m'envoyer quelqu'un, je la supplie de vouloir bien me faire savoir par qui et comment elle souhaite que je traite l'affaire en question. En mon particulier, je regarderai comme le plus grand bonheur de ma vie de pouvoir contribuer à la réconciliation parfaite de Sa Majesté avec un prince à qui j'ai l'honneur d'appartenir de si près et pour qui j'ai un respect infini. »

Je fus pendant près de trois semaines sans avoir de réponse ; mais enfin, le 4 octobre, le sieur Laurent me vint trouver et me dit que le père Arnaud lui avoit vivement représenté que Son Altesse Royale ne pouvoit entrer en négociation avec la France, sans être sûre d'y trouver des avantages considérables. Il donnoit aussi à entendre qu'il conviendroit qu'il se fît une ligue avec les Vénitiens et les autres princes d'Italie : il offroit sa médiation pour la paix générale ; il proposoit, moyennant le traité, de demeurer neutre ou bien de ne point faire paroître au public qu'il fût d'accord avec la France, mais de rester en apparence uni avec les alliés et seulement de les empêcher de rien entreprendre de nos côtés. Tout cela me paroissoit d'un homme qui vouloit battre la campagne et tâcher de découvrir ce que nous lui offririons, afin de s'en faire un mérite auprès des alliés. La victoire que dans ce temps-là l'archiduc venoit de remporter en Espagne ne contribua peut-être pas peu à le tenir en suspens ; car l'on pouvoit naturellement supposer l'archiduc totalement maître de l'Espagne et par conséquent toute guerre finie dans ce pays-là. Aussi, sans la fidélité inouïe des Espagnols et la faute grossière que l'archiduc commit en ne s'emparant pas de la Navarre, contre l'avis du comte de Staremberg, le Roi Catholique eût été hors d'état de recevoir aucuns secours de France, et par conséquent eût été bientôt écrasé.

Quoique je n'espérasse pas grands succès de ma négociation, toutefois, comme la cour ne vouloit pas la rompre, j'écrivis la lettre suivante au duc de Savoie le 5 octobre :

« L'affaire dont il s'agit ne peut être traitée trop secrètement ; mais comme en même temps il est nécessaire, pour avancer matière, de commencer à mettre quelque chose en forme, j'ai cru qu'en vertu des pouvoirs que j'ai reçus du Roi, et vu la manière avantageuse dont Votre Altesse Royale s'est expliquée à mon égard, je devois préférer à toute autre voie celle de m'adresser en droiture à Votre Altesse Royale et de lui envoyer un mémoire, que je la supplie de vouloir bien faire apostiller. Vous n'y verrez point de figure de rhétorique, mais un discours simple, tel qu'il convient à un homme de mon métier. »

MÉMOIRE.

« Personne ne peut douter que le Roi ne souhaite de bonne foi la paix avec Son Altesse Royale, puisque l'intérêt de Sa Majesté s'y trouve : l'on a aussi lieu de croire que celui de Son Altesse Royale s'y trouvera pareillement. C'est dans cette vue que Sa Majesté m'a chargé de donner toutes les assurances nécessaires de son consentement à tout ce qu'on pourra raisonnablement lui demander.

» Comme Son Altesse Royale souhaite qu'on lui rende compte des avantages et secours qu'elle recevroit de Sa Majesté Très-Chrétienne, il est bon, avant de les expliquer, de faire les réflexions suivantes; après quoi Son Altesse Royale sera plus en état de juger de la solidité des offres de Sa Majesté Très-Chrétienne.

» Les prétentions de l'Empereur sur toute l'Italie, les maximes constantes du conseil de Vienne, et les chicanes que cette cour fait journellement à Son Altesse Royale pour éluder l'exécution de ses traités, toutes ces choses font juger que dès que l'Empereur sera débarrassé de la guerre avec la France, et qu'il n'aura plus besoin de Son Altesse Royale, non-seulement il ne sera plus question ni du Vigevénasque ni d'un équivalent, mais qu'il voudra encore ôter à Son Altesse Royale ce qu'il lui a déjà donné et le réduire au même état de soumission que les princes d'Italie. Son Altesse Royale, à la pénétration de laquelle rien n'échappe, sait bien qu'en ce cas elle ne pourra se défendre qu'avec ses propres forces; car il n'y aura plus de puissance en Europe ni à portée ni en volonté de la secourir. La France ne songera plus qu'à jouir de la paix et à se rétablir des maux causés par la guerre; l'Angleterre et la Hollande seront dans le même esprit, puisque ce sera leur intérêt, et ne voudront de longtemps se rembarquer dans une guerre, à moins qu'il ne s'agisse du commerce. Reste donc la maison d'Autriche, laquelle, suivant toujours les mêmes vues d'agrandissement données par Charles-Quint, ne manquera pas de tâcher de profiter de l'occasion; et comme Son Altesse Royale peut être le seul ou du moins le premier obstacle à ses vastes projets, ce sera par elle qu'elle voudra commencer.

» Son Altesse Royale sait mieux que personne les mesures qu'elle doit prendre pour prévenir de pareils inconvéniens; mais il paroît, à vue de pays, qu'il n'y en peut avoir de solides qu'en se liant avec la France. Voici donc en gros ce que le Roi offre :

» 1° La restitution, de part et d'autre, des Etats que l'on s'est pris depuis le commencement de cette guerre;

» 2° La cession entière des droits du roi d'Espagne sur l'Etat et duché de Milan, que Sa Majesté Catholique abandonne sans réserve à Son Altesse Royale pour lui et ses successeurs;

» 3° L'union des forces du Roi à celles de Son Altesse Royale, tant pour la conservation de la partie du Milanais qu'elle possède, que pour le recouvrement de l'autre partie de cet Etat que l'Empereur s'est réservée, et dont le roi d'Espagne, à qui de droit le tout appartient, aura fait la cession à Son Altesse Royale ;

» 4° Un parfait concert entre Sa Majesté Très-Chrétienne et Son Altesse Royale, tant pour la quantité que pour la qualité des secours qu'on lui fournira et dont on laissera le commandement absolu à Son Altesse Royale ;

» 5° Sa Majesté Très-Chrétienne donnera les subsides nécessaires, à proportion de ce que Son Altesse Royale recevroit des alliés. Cet article demande une plus ample explication et ne peut être entièrement fixé qu'on n'entre dans un plus grand détail ;

» 6° Sa Majesté Très-Chrétienne reconnoîtra Son Altesse Royale pour roi de Lombardie. »

Le sieur Laurent me revint trouver le 21 octobre, et me dit d'abord que le duc de Savoie avoit mandé au père Arnaud de rompre toute correspondance; mais que pourtant le sieur Lanfranc, secrétaire du cabinet de ce prince, avoit envoyé un long mémoire à ce père, afin de me le communiquer. Cette façon d'agir me surprit : toutefois, comme la cour ne vouloit pas rompre la négociation, je raisonnai à fond avec Laurent sur les matières qui y étoient contenues. 1° L'on vouloit que le Roi dédommageât le duc de Savoie de toutes les places qu'on lui avoit rasées; 2° que Son Altesse Royale retînt Exilles et Fenestrelle ; 3° qu'on mît garnison suisse dans Briançon et Barraux pour la sûreté de l'exécution du traité ; 4° qu'on donnât à Son Altesse Royale Monaco.

Sur le premier point, je répondis que c'étoit en considération des places qu'on avoit rasées que Sa Majesté Très-Chrétienne vouloit bien céder Exilles et Fenestrelle; que le second point étoit répondu par le premier; que, par rapport au troisième, Sa Majesté ne pouvoit en aucun cas consentir à mettre entre les mains d'aucuns étrangers deux places qui étoient les clés de son royaume; et qu'à l'égard du dernier article, le Roi ne pouvoit, ni en honneur ni en conscience, disposer d'un bien qui n'étoit pas à lui; que d'ailleurs si les affaires de Son Altesse Royale demandoient quelque secours d'argent, Sa Majesté Très-Chrétienne l'aideroit autant que ses propres finances lui pourroient permettre, sans toutefois s'engager à rien par un traité public.

Je renvoyai le sieur Laurent avec cette réponse, qu'il porta lui-même au sieur Lanfranc à Turin ; mais je ne pus en avoir la réponse qu'après mon retour à Saint-Germain : car ayant reçu les quartiers d'hiver, et les ennemis s'étant pareillement retirés, je séparai l'armée et m'en retournai à la cour dans les premiers jours de décembre.

[1711] Cet hiver, l'abbé Gautier vint à Versailles avec des propositions de paix de la part de l'Angleterre ; ce qui détermina le Roi à me faire mander au duc de Savoie que s'il avoit quelque chose à proposer, il falloit que cela fût par le canal de la reine d'Angleterre, sans laquelle la France étoit résolue de ne plus traiter avec aucune puissance. Je ne parlerai de la part que j'eus dans cette négociation qu'après avoir fini ce qui regarde mes campagnes ; je me contenterai seulement ici de dire un mot de l'abbé Gautier, dont la fortune a été des plus bizarres. Sa naissance étoit toute des plus ordinaires, et ses facultés à l'avenant, c'est-à-dire très-pauvre. Etant sacristain de la paroisse de Saint-Germain-en-Laye, son ambition fut de devenir un des clercs de la chapelle du château, qui peut valoir environ trois à quatre cents livres par an. L'abbé Du Vivier, maître de ladite chapelle, fâché de ce qu'il cherchoit ce petit emploi par un autre canal que le sien, ne parla pas avantageusement de lui au Roi ; si bien que d'autres gens qui y aspiroient se déchaînant contre lui, il prit le parti d'aller chercher fortune ailleurs. Il trouva moyen d'être un des chapelains du maréchal de Tallard, ambassadeur en Angleterre ; puis la guerre étant survenue, il se mit en la même qualité auprès du comte de Galas, ambassadeur de l'Empereur. Cela lui donna occasion de connoître la comtesse de Jersey, qui y alloit entendre la messe ; et comme le comte de Jersey, grand chambellan de la Reine, avec quelques autres, songeoient à culbuter le ministère de Godolfin et de Marlborough, et que cela ne se pouvoit qu'en faisant la paix avec la France, la comtesse indiqua Gautier à son mari, comme un homme dont on pourroit se servir sans soupçon. On lui parla et l'on s'en servit à porter des messages en France. La familiarité qu'il avoit chez le comte de Galas lui fournissant souvent le moyen d'avoir des passe-ports, il s'en acquitta avec esprit ; et enfin ce fut par lui uniquement que passa la négociation. Le comte d'Oxford, devenu premier ministre, le regardoit comme son homme de confiance ; M. de Torcy en faisoit de même : et il sut si bien profiter de la bonne opinion qu'on avoit de lui, qu'il se fit trente à quarante mille livres de rente, soit en pensions ou en abbayes.

Monseigneur le Dauphin mourut à Meudon, de la petite vérole, le 14 avril, âgé de cinquante ans : c'étoit un très-bon prince, d'un génie médiocre, toutefois sensé. Jamais roi n'eut un meilleur fils, toujours attentif à faire sa cour et à ne se mêler de rien, qu'autant qu'il plaisoit à son père.

Je partis au mois de mai pour me rendre en Dauphiné, et j'arrivai à Grenoble le premier de juin : après avoir donné tous les ordres nécessaires, je m'en allai en Provence afin de visiter moi-même les bords du Var, depuis son embouchure jusqu'à sa source ; après quoi je retombai en Barcelonette le 13 juin, et de là je me rendis à Briançon.

Les ennemis commençoient à s'assembler dans la plaine de Piémont, auprès d'Orbassan et de Vignon, et ils faisoient de grands préparatifs à Coni ; ce qui sembloit dénoter un dessein sur le comté de Nice ou sur la vallée de Barcelonette.

Pour être en état de m'opposer aux ennemis, de quelque côté qu'ils se portassent, j'allai camper à Guillestre avec vingt-quatre bataillons.

J'en plaçai dix dans le camp de Tournoux, quatre à Saint-Martin-d'Entraume près la source du Var, et quatre à Saint-Laurent-du-Var. Je répandis quinze escadrons depuis Gap jusqu'à Fréjus et sept le long du Rhône, devers Valence et Montélimart. Je laissai, tant à Briançon qu'en Queyras, quinze bataillons et cinq en Maurienne et en Tarentaise, avec sept escadrons. Dans cette position, par ma droite je pouvois arriver en cinq jours sur le Var, avec trente-six bataillons et vingt-deux escadrons ; ce qui étoit suffisant pour en défendre le passage, d'autant que les bords en sont difficiles et que de plus j'avois fait faire de bons retranchemens. Si les ennemis se portoient du côté de la Maurienne ou de la Tarentaise, par le moyen du Galibier, j'y aurois été trois jours plus tôt qu'eux, avec tel nombre de troupes qu'il m'auroit plu.

Dans les premiers jours de juillet, toute l'infanterie ennemie s'enfourna dans la vallée de Suse, à l'exception de deux bataillons qui restèrent dans celle de Stura ; leur cavalerie prit la route de la vallée d'Aoste et le duc de Savoie partit de Turin pour Suse ; sur quoi je fis remarcher par la gauche toutes nos troupes, laissant la droite au camp de Tournoux et la gauche à Valoire, afin d'être toujours en état de me présenter également de partout, si les ennemis faisoient quelques contre-marches. Enfin je n'eus plus lieu d'être en doute du projet du duc de Savoie ; car le 6 juillet, ayant passé le mont

Cenis, il campa à l'Annebourg avec partie de son armée; et le lendemain il s'avança à Termignon, d'où il détacha quatre mille hommes pour aller au col de la Vanoise, afin d'obliger nos troupes d'abandonner la Tarentaise et de pouvoir donner la main à ce qui devoit passer par le petit Saint-Bernard.

Je marchai à Valoire et poussai plusieurs bataillons à Saint-Jean-de-Maurienne, Aiguebelle et Montmélian, afin de faire la même manœuvre qu'en l'année 1709.

Le duc de Savoie ne croyant pas pouvoir forcer son chemin en Savoie par la Maurienne, suivit peu de jours après le détachement qu'il avoit envoyé par la Vanoise; et ayant continué sa marche par Moutiers, il passa l'Arly auprès de Conflans et se campa, la droite à Cheuron et la gauche à l'Isère. Je repris alors mon ancien camp de Montmélian; et au lieu d'un détachement de quinze cents hommes que j'avois tenu auparavant dans les Bauges, j'y envoyai six bataillons et deux cents dragons. Je laissai quelques bataillons pour la conservation de ma communication avec le Galabier par la Maurienne.

L'armée des ennemis étoit composée de cinquante-quatre bataillons et d'environ soixante escadrons; la nôtre, de quarante-quatre bataillons et vingt-quatre escadrons : j'entends ce qui étoit en deçà de ces montagnes dans le duché de Savoie ; car je n'y comprends pas ce que les ennemis avoient laissé pour garder leur camp retranché près d'Exilles et des autres postes, non plus que ce que, par la même raison, nous avions laissé auprès de Briançon, de Queyras, etc.

Notre cavalerie, qui, en se retirant de Conflans à Montmélian, avoit été suivie par quelques escadrons ennemis et des hussards, tomba en quelque désordre; mais à l'arrivée du sieur de Cilly, lieutenant-général, lequel y accourut, tout cessa et il y eut très-peu de perte. M. de Prades, brigadier, se retira à Seyssel avec un régiment de dragons, pour défendre le Rhône : je lui envoyai aussi un détachement d'infanterie.

Les ennemis ne pouvant me déposter de Montmélian qu'en se rendant maîtres des Bauges, et par-là des hauteurs qui dominoient mon camp, détachèrent le général Sumjungen, qui s'avança d'abord au Châtelard : le sieur de Maulevrier, qui étoit posté à l'abbaye d'Aillon, ne crut pas pouvoir s'y maintenir et se retira devers mon camp ; sur quoi les ennemis gagnèrent le col et les bois de la Linde, d'où je ne pouvois plus les empêcher de venir à La Thuile et sur les hauteurs de Montmélian. Ainsi, ne pouvant avec prudence rester plus long-temps dans mon camp, je me retirai le 21 juillet au matin et campai, le cul à des montagnes, sur le bord de la plaine, depuis Chapareillan jusqu'à Saint-Bardaux, à une demi-lieue de Chambéry, d'où j'eus soin d'évacuer tout ce que nous y avions de magasins.

Je restai un jour entier dans ce camp, pour faire voir aux ennemis que nous ne fuyions pas ; et le 23 j'allai prendre le camp de Barraux, à une lieue et demie de Montmélian.

Je l'avois reconnu deux ans auparavant, dans l'intention de le prendre alors si les ennemis s'étoient rendus maîtres des Bauges : ma droite étoit sur des hauteurs auprès de l'Isère, ma gauche à une chaîne de montagnes très-escarpées, au haut desquelles cependant j'avois un poste de deux cents hommes qu'il étoit impossible d'en chasser ; j'avois avec moi trente-cinq bataillons, et quoique le poste fût tout des plus excellens, je fis travailler en diligence à de bons retranchemens, afin d'être en état de faire de gros détachemens s'il en étoit besoin.

J'envoyai M. de Cilly, lieutenant-général, avec ma cavalerie et huit cents hommes de pied, derrière les Echelles, pour empêcher les ennemis de faire des courses du côté de Lyon ; je mis le sieur Cadrieu, maréchal de camp, auprès du château d'Entremont, avec quinze cents hommes de pied et quelques dragons, pour que les partis bleus ne pussent se glisser dans le voisinage de Grenoble et infester nos derrières.

La position où j'étois couvroit Barraux et Grenoble, et je conservois, par le moyen d'un pont que j'avois fait sur l'Isère à Pontcharra, ma communication avec la Maurienne et Briançon. Pour cet effet, j'avois placé vis-à-vis de Montmélian quatre bataillons et un régiment de dragons, afin d'observer les mouvemens des ennemis et d'empêcher qu'ils ne pussent refaire le pont que j'avois détruit en me retirant. Je mis deux bataillons à Aiguebelle, où commence l'entrée de la Maurienne : ils devoient tenir un détachement de cent hommes vis-à-vis de Freterive, et avoir continuellement des partis au-dessus de Conflans pour observer ce qui se passoit sur les derrières des ennemis. Comme l'Arc n'étoit point encore guéable, je me contentai d'ordonner des patrouilles et je laissai trois bataillons pour la garde de Saint-Jean et de Valoire. J'avois des chemins bien accommodés pour me porter diligemment de mon pont à Aiguebelle, à Saint-Jean et à La Grave ; moyennant quoi, j'étois sûr de ne point être surpris ni devancé par les ennemis, à moins que tous les commandans des troupes qui faisoient ma chaîne ne s'endormissent de concert.

Comme le camp de M. de Cilly n'étoit pas assez considérable pour arrêter les ennemis, s'ils y marchoient en force, j'envoyai ordre que les milices bourgeoises de Lyon montassent de grosses gardes au pont de la ville sur le Rhône, en attendant que les vingt-cinq escadrons qui avoient ordre de venir d'Alsace y fussent arrivés.

L'armée ennemie parut le 28 dans la plaine vis-à-vis de nous et se campa auprès du château des Marches, la droite près de l'abbaye de Miannes et la gauche auprès de Francin, à un quart de lieue en deçà de Montmélian : comme ils étoient obligés de suivre l'Isère, le canon que nous avions placé à La Chavane causa assez de mal à leurs colonnes. Les ennemis envoyèrent prendre possession de Chambéry et toute la cavalerie s'y campa.

Au bout de quelques jours, mes retranchemens étant finis, je détachai dix bataillons de notre camp pour la Croix-d'Aiguebelle et Aiguebelle, afin de n'avoir aucune inquiétude pour la Maurienne, d'autant que les rivières commençoient à devenir guéables.

Le 8 du mois de septembre, l'armée ennemie décampa du château des Marches et reprit la route de Saint-Pierre-d'Albigny et de Conflans, pour regagner ensuite le Piémont par le même chemin qu'ils étoient venus. J'avois calculé que, vu notre position et celle des ennemis, je pourrois arriver sur Exilles plusieurs jours avant eux, et qu'étant une fois placé, j'en ferois le siége sans craindre que la place pût être secourue : j'avois fait secrètement en conséquence toutes les dispositions ; et dès que je vis les ennemis en marche, sous prétexte de craindre pour ma ligne de la Maurienne, je poussai nombre de bataillons vers Aiguebelle et Saint-Jean. Voici mon arrangement :

Messieurs d'Asfeld et de Dillon devoient partir le 13 d'auprès de Briançon avec quatorze bataillons et un régiment de dragons et se trouver le 16 vis-à-vis du camp de Saint-Colomban, de l'autre côté de la Doire. M. de Broglie devoit partir en même temps de Saint-Martin-d'Arc avec douze bataillons, remonter la Haute-Maurienne, gagner le petit mont Cenis et s'emparer des Tétines et de La Touille, et se trouver ledit jour 16 au-dessous du camp de Saint-Colomban, donnant à connoître son arrivée par des fusées et des fumées. M. d'Asfeld devoit passer la Doire au-dessous de Chaumont, monter aux Ramals et par-là attaquer M. de La Roque, en même temps que M. de Broglie attaqueroit par les hauteurs.

Il n'étoit pas naturel de croire que le comte de La Roque voulût demeurer dans une si mauvaise situation, où il couroit risque d'être pris avec toutes ses troupes. Ainsi indubitablement il se seroit retiré devers Suse et nous aurions fait le siége d'Exilles ; mais la vivacité du marquis de Broglie, ou plutôt le désir de faire tout sans que d'autres y eussent part, fut cause que l'affaire échoua, dans le temps qu'elle avoit pour ainsi dire réussi.

Broglie, au lieu de régler ses marches selon que je lui avois marqué, et d'arriver le 16 à La Touille, y arriva le 15 à la pointe du jour : il reconnut les retranchemens des ennemis. Le 16 au matin, sans attendre de nouvelles de messieurs d'Asfeld et Dillon, il attaqua la redoute des Quatre-Dents. Quelques soldats et officiers y entrèrent ; mais comme les ennemis n'étoient point attaqués par les Ramals, d'Asfeld ne pouvant encore être arrivé, ils jetèrent toutes leurs troupes devers Broglie et l'obligèrent à cesser l'attaque, après lui avoir tué ou blessé cent soixante hommes : il se retira ensuite en Maurienne. S'il étoit resté jusqu'au lendemain, malgré son échec, tout réussissoit ; car M. d'Asfeld étoit arrivé le 16 au Puy de Pragelas, et s'étoit dans l'instant avancé au col d'Argueil vis-à-vis d'Exilles. Il avoit même avancé un gros détachement pour reconnoître les ennemis et faire les dispositions pour attaquer le lendemain. Le comte de La Roque, se voyant pressé par les manœuvres de M. d'Asfeld et ne sachant pas la retraite du marquis de Broglie, abandonna le 16 au soir ses retranchemens, jeta son canon dans le ruisseau, fit entrer trois cents hommes dans Exilles et se retira au-delà du ravin de Claret, près de Jaillon, afin d'y attendre les secours qui lui venoient de Savoie, ou du moins empêcher qu'on ne pût couper la communication entre lui et Suse. M. d'Asfeld n'ayant aucune nouvelle de Broglie, et sachant seulement, par le bruit des paysans, qu'il avoit attaqué et avoit été repoussé, ne crut pas devoir passer la Doire avec ses quatorze bataillons et se placer entre Exilles et Suse, crainte que le gros de l'armée des ennemis, qui revenoit à tire d'aile, ne lui tombât sur le corps. Il resta donc au-dessus de Chaumont jusqu'au 17, à cinq heures après midi, dans l'espérance qu'il apprendroit quelque chose de M. de Broglie ; mais voyant que le comte de La Roque, mieux informé de la retraite de Broglie, et renforcé de cinq ou six bataillons, rentroit dans le camp de Saint-Colomban, il se retira au Puy de Pragelas et ensuite au Cotte-Plane, mettant sa gauche à Oulx. Je le fis joindre par les troupes de M. de Broglie, et y arrivai moi-même le 25 septembre avec le reste de l'armée ; de manière que j'y avois cinquante bataillons et dix-sept escadrons. J'étendis ma droite dans la vallée de Pragelas.

Je peux dire que jamais projet n'avoit été mieux concerté et n'auroit été plus glorieux pour les armes du Roi, puisque, dans le temps que le duc de Savoie avoit compté nous en imposer par la supériorité de troupes, et même entamer la France, nous lui enlevions une place qui faisoit la sûreté de ses propres Etats au-delà des monts : nous aurions peut-être même pris Fenestrelle.

J'avois laissé M. de Cilly en Savoie avec sept bataillons et le reste de ma cavalerie. Les ennemis achevèrent le 26 de repasser le petit Saint-Bernard, et vers la fin du mois le corps de La Roque se trouva augmenté jusqu'à trente bataillons. Je restai dans ce camp jusqu'au 12 octobre, que je remarchai à Sézanne, d'où le 14 je repassai le mont Genèvre, et allai camper au pont de Servière, près de Briançon.

Je renvoyai quelques troupes en Savoie de celles qui y devoient hiverner ; et M. d'Asfeld prit aussi la route de la vallée de Barcelonette, avec celles qui étoient destinées pour la Provence. Il marcha aux barricades, au-delà du col de l'Argentière. Les ennemis, à son approche, les abandonnèrent et se retirèrent auprès de La Planche, où ils avoient des retranchemens gardés par deux bataillons et nombre de barbets. M. d'Asfeld les y fit attaquer ; et après un combat d'une heure et demie il les en chassa et les poursuivit jusqu'auprès de Démonte. Il amena ensuite de la vallée de Stura nombre d'otages pour la contribution, et reprit par la vallée de Barcelonette le chemin de Provence.

Le sieur Le Guerchois, maréchal de camp, étoit entré en même temps dans la vallée de Mayre, avoit forcé des retranchemens gardés par un bataillon et des paysans, et avoit pareillement ramené des otages. Le sieur de Cilly, lieutenant-général, devoit entrer dans la vallée d'Aoste avec seize bataillons et la cavalerie ; mais il tomba une si prodigieuse quantité de neige, qu'il fut obligé de mettre ses troupes en quartiers, sans rien entreprendre. A la fin du mois d'octobre je séparai totalement l'armée et arrivai à la cour au commencement de novembre.

Je ne puis omettre une aventure très-extraordinaire qui arriva à Lyon vers le mois de septembre : l'on avoit coutume de sonner une cloche pour avertir ceux qui étoient de l'autre côté du pont du Rhône que l'on alloit fermer les portes. Plus de trente mille personnes étoient à se promener : le sergent qui gardoit la porte sonna la cloche une heure plus tôt que de coutume ; sur quoi tout le monde s'empressa de rentrer. Le sergent, qui avoit ses vues, tint la barrière fermée pour attraper quelque argent ; de manière que la foule s'augmentant, ceux qui étoient les plus près de la barrière furent tellement pressés qu'il y en eut plus de mille d'étouffés ou grièvement blessés. Un carrosse et des chevaux qui s'y trouvèrent furent écrasés : en un mot, ce fut une chose affreuse que de voir les monceaux de corps entassés les uns sur les autres, et cela dans un instant. Le sergent fut arrêté ; on lui fit son procès, et il fut rompu vif.

[1712] Au mois de février, mourut madame la Dauphine ; six jours après, le Dauphin, son mari ; et au bout de trois semaines le nouveau petit Dauphin mourut aussi. Ils furent tous trois inhumés ensemble à Saint-Denis. La perte de monseigneur le Dauphin fut très-sensible à la France ; car elle envisageoit son règne futur comme devant être, sinon la fin, du moins l'adoucissement de ses misères. Il est certain que jamais prince ne joignit ensemble plus de religion et plus d'esprit : il sembloit que la nature avoit pris plaisir à le dédommager par-là d'avoir si mal partagé son corps qui étoit difforme. Il étoit d'un tempérament très-colère ; mais il étoit tellement venu à bout de se surmonter, qu'il n'en paroissoit plus rien au dehors. Il étoit fort enclin au plaisir ; mais sa piété lui défendit toujours les illicites et le porta à s'abstenir souvent des plus permis. Quoiqu'il aimât fort sa femme, elle ne le put jamais déranger de ses heures de prières et de lecture : sa charité étoit telle, qu'il se refusoit mille commodités pour donner aux pauvres. Il poussa si loin le pardon des injures et l'amour du prochain, qu'il risqua sa propre réputation plutôt que de parler contre des calomniateurs, et même de laisser paroître aucun mécontentement contre eux. Je l'ai vu recevoir ces personnes avec autant de politesse et d'amitié que si elles ne s'étoient jamais écartées des règles de la vérité et du respect qu'elles lui devoient. Quoique j'eusse l'honneur de sa confiance, il ne s'est jamais permis de me parler de leur mauvaise conduite, tant il étoit en garde contre tout ce qui pouvoit blesser la charité chrétienne : en un mot, il faisoit à Dieu un sacrifice continuel de toutes les traverses et mortifications qu'il essuyoit. Il avoit un très-bon sens et une grande pénétration, aimoit fort la lecture et la conversation des gens de mérite et instruits. En cela il avoit en vue de se rendre capable de bien gouverner pour faire le bonheur de ses peuples lorsqu'il seroit sur le trône; mais la divine Providence, soit pour récompenser ce héros chrétien, ou pour nous priver d'un prince dont nous n'étions pas dignes, le fit passer de cette vie mortelle à une éternité bienheureuse dans la fleur de son âge, n'ayant que trente ans lorsqu'il mourut.

L'âge avancé de Louis XIV et l'extrême enfance du Dauphin, qui n'avoit que deux ans, furent cause que beaucoup de personnes pressèrent fort le Roi de faire un testament et de nommer une régence, afin d'éviter les troubles qui sans cela pourroient arriver. Le Roi en parla à M. de Harlay qui avoit été premier président du parlement de Paris, homme d'une sagesse et d'une probité distinguées, et qui s'étoit démis volontairement. Il eut ordre de travailler à un projet qui pût être le plus conforme aux lois du royaume et au bien de l'Etat. M. de Harlay étant très-valétudinaire, se servit de son fils, conseiller d'Etat, pour rédiger par écrit toutes les pensées qui lui venoient. Celui-ci, qui avoit de l'esprit et beaucoup d'imagination, mais peu de solidité, établit pour principe fondamental que le roi d'Espagne, oncle du jeune Dauphin, devoit être son tuteur et régent du royaume; mais comme Sa Majesté Catholique ne pouvoit s'absenter de ses propres Etats, il nommoit le cardinal del Judice pour gouverner la France en son nom et sous son autorité. Il porta au Roi ce projet de la part de son père; mais on le trouva si extraordinaire, qu'à la seule lecture il fut mis de côté. M. de Harlay le fils ne laissa pourtant pas de s'imaginer que le Roi pourroit s'y conformer; et, afin de s'en faire un mérite auprès du roi d'Espagne, il s'en ouvrit au cardinal del Judice, lorsqu'en 1714 il vint en France de la part de Sa Majesté Catholique. Le Roi le sut et pensa l'envoyer à la Bastille. Le duc d'Orléans en fut aussi informé; mais il ne lui en a témoigné d'autre ressentiment que de ne lui pas donner de l'emploi dans le ministère.

Je retournai dans le mois de juin reprendre le commandement de l'armée du Dauphiné. Je commençai par visiter la Savoie et m'approchai de Genève avec quelques troupes, pour donner jalousie au canton de Berne, et par-là tâcher de le rendre plus traitable envers les autres cantons avec lesquels ils n'étoient pas d'accord; ensuite je me rendis à Briançon. Comme le traité de paix qu'on négocioit en Angleterre étoit fort avancé, le duc de Savoie n'avoit point fait cette campagne de projets contre nous; au contraire, de crainte des Allemands, il avoit mis la plupart de ses troupes en garnison : ainsi je crus qu'il convenoit de se porter avec l'armée de l'autre côté du mont Genèvre, tant pour vivre aux dépens du pays, que l'on devoit céder à ce prince, que pour épargner le nôtre. Je m'ébranlai le 11 juillet pour passer les Alpes, et le 12 je me campai au Sault-d'Oulx avec quarante et un bataillons et neuf escadrons de dragons, appuyant ma droite au duc dans la vallée de Pragelas et ma gauche à Oulx. Les ennemis mirent dans les retranchemens de Saint-Colomban dix-huit bataillons, cinq auprès de Fenestrelle, et le reste de leur armée fut répandu depuis Exilles jusqu'à Suse. Nous restâmes dans cette position jusqu'au 6 de septembre, que nous remarchâmes à Sezanne et le lendemain au Pont-de-Cervières.

J'aurois pu trouver à Oulx de la subsistance encore plus long-temps; mais j'avois projeté de faire par un autre côté une course dans la plaine de Piémont, et j'avois deux motifs en cela : l'un étoit qu'en cas que les ennemis se déplaçassent d'auprès d'Exilles pour courir après moi, je pourrois facilement, par une marche forcée, me retrouver en deux jours à portée d'investir cette place; l'autre, qu'au pis aller, si les ennemis ne faisoient point de mouvement, je leverois des contributions et ferois voir au Roi la facilité qu'il y avoit de percer au-delà des Alpes.

Le même jour que j'arrivai à Briançon, vingt escadrons y arrivèrent pareillement, au grand étonnement de notre infanterie et des gens du pays qui n'avoient jamais vu de camp de cavalerie.

Je me mis en marche le 8 septembre et passai par les cols des Ayes et d'Issoire dans la vallée de Queyras, d'où je détachai messieurs d'Arennes et de Cilly, lieutenans-généraux, avec ma cavalerie et dix bataillons. Le sieur de Cadrieu, maréchal de camp, qui marchoit devant avec cent dragons, vingt-cinq compagnies de grenadiers et autant de piquets, descendit par le col de Lagnel dans la vallée de Saint-Pierre, chassa quelques détachemens ennemis qui défendoient les retranchemens et camps à Saint-Pierre. Messieurs d'Arennes et de Cilly s'y avancèrent : le premier y resta avec les bataillons, et le dernier marcha avec la cavalerie et le détachement de M. de Cadrieu. Il laissa son infanterie à Venasco, sur le bord de la plaine de Piémont, où il entra avec la cavalerie : il trouva deux régimens de cavalerie des ennemis qu'il chargea et fit quelques prisonniers; mais le gros de la cavalerie ennemie s'étant mis en marche de ces côtés-là, il ne jugea pas à propos de poursuivre plus loin que Villa-Noveta, et se contenta d'envoyer force partis dans les bourgs et villages à la ronde, afin de prendre des otages pour la contribution : ils en ramenèrent beaucoup, et nous en tirâmes cinquante mille écus. Dans l'action qu'il eut, nous eûmes une quarantaine de cavaliers de tués et vingt de blessés. La perte des ennemis étoit plus grande.

Je m'étois avancé avec le gros de l'infanterie à La Chana, auprès du Château-Dauphin, et M. d'Asfeld avoit en même temps marché par le col de l'Argentière, forcé les barricades et mis Demonte à l'obéissance ; et ayant débouché dans la plaine de Coni, il y avoit ramassé beaucoup d'otages et étoit revenu ensuite dans la vallée de Barcelonette.

M. de Cilly, après être revenu à Venasco, envoya un gros détachement dans la vallée de Mayre, qui en ramena nombre d'otages. Un autre détachement descendit dans la vallée du Pô et y mit tout à contribution jusqu'à Barges.

Étant de retour au pont de Servières, je fis partir dix bataillons pour le Roussillon, où ils devoient être aux ordres du comte de Fiennes. La campagne finit vers les derniers jours d'octobre ; et ayant séparé l'armée, je retournai à Grenoble et de là à la cour.

Pendant cet été, les affaires en Flandre changèrent totalement de face : au commencement de la campagne, le prince Eugène y avoit attaqué le Quesnoy.

Pendant ce siége, milord Bolingbrocke étant venu en France pour finir le traité de paix, et ayant tout réglé, la reine d'Angleterre envoya ordre au duc d'Ormond, son général, de cesser tout acte d'hostilité. Ainsi, après la prise du Quesnoy, il déclara au prince Eugène les ordres qu'il avoit de la Reine et qu'il alloit faire publier l'armistice. Le reste des généraux, aussi bien que celui de l'Empereur, ne voulurent pas l'accepter : ainsi Ormond se retira avec ses troupes à Gand et envoya, selon l'article préliminaire, quelques bataillons prendre possession de Dunkerque. De toutes les troupes étrangères payées par la Reine, il n'y eut que celles de Holstein qui le suivirent : le reste refusa de lui obéir.

Le prince Eugène, pour montrer aux alliés qu'il étoit en état de pousser les conquêtes malgré l'abandon des Anglois, s'avança à Landrecies qu'il assiégea. Le maréchal de Villars eut ordre de tâcher de secourir la place : l'opération n'étoit pas facile ; mais heureusement, sur ce qu'il s'étoit approché de la Sambre, les ennemis en firent de même avec toutes leurs troupes, laissant seulement à Denain, sur l'Escaut, dix-huit bataillons et quelques escadrons pour conserver ce poste nécessaire pour la sûreté de leurs convois, car tout leur venoit de Douay et de Tournay. Le maréchal de Villars fit la nuit une contre-marche et se porta diligemment sur l'Escaut, y fit jeter des ponts, passa cette rivière et attaqua le corps campé à Denain, qu'il défit totalement (1). Le prince Eugène venoit au secours ; mais l'affaire se trouva finie avant qu'il pût arriver. Il voulut, de désespoir, faire attaquer les ponts de l'Escaut auprès de Denain : il perdit plus de mille hommes, et cela très-inutilement ; car, quand on lui auroit abandonné les ponts, il n'en auroit pas plus osé passer l'Escaut devant l'armée du Roi. Le prince Eugène, malgré cet échec, vouloit continuer son siége ; mais les députés des États-généraux l'obligèrent de le lever et de se retirer à Mons. Le maréchal de Villars prit Douay et ensuite Bouchain et le Quesnoy, ce qui détermina les Hollandois à ne plus refuser la paix que la France proposoit et que l'Angleterre approuvoit.

Après être revenu à la cour, j'eus ordre d'en repartir dès le mois de novembre. Le comte de Fiennes ayant marché avec six mille hommes pour secourir Gironne, que les ennemis tenoient bloquée, les trouva si bien postés à la Côte-Rouge, et de plus si supérieurs en nombre, qu'il se crut trop heureux de pouvoir regagner le Roussillon sans échec. Sur cela, le Roi craignant que, faute de vivres, Gironne ne se perdît, résolut de m'y envoyer avec une armée suffisante pour réussir. Je me rendis à Perpignan le 10 décembre, après m'être arrêté quelques jours à Montpellier pour concerter avec M. de Basville les secours dont j'avois besoin pour mon expédition et qu'il me fournit. Les troupes qui devoient composer mon armée venant d'Allemagne, du Dauphiné et de Provence, ne purent arriver que le 23 et le 26. Je campai en front de bandière au Boulou, avec trente-quatre bataillons, quarante-un escadrons et trente pièces de canon. La subsistance pour les hommes et pour les bêtes étoit très-difficile, attendu la saison, et qu'il nous falloit traverser quinze mortelles lieues de pays ennemi et difficile. Nous avions rassemblé une espèce de flotte qui devoit nous côtoyer, afin de nous fournir ce dont nous avions besoin ; mais l'on n'est jamais sûr de rien quand on dépend des vents.

Le 28, nous marchâmes du Boulou et passâmes les Pyrénées : nous allâmes camper à La Jonquières, premier village de Catalogne. Le 29, nous marchâmes à Figuières, où nous mîmes la droite et la gauche à Alfaro : nous séjournâmes le 30, afin de faire venir de Roses du pain et de l'avoine. Le 31, nous passâ-

(1) Le 24 juillet.

mes la Fluvia et nous campâmes à Armantera.

Le comte de Staremberg ayant appris que je venois au secours de Gironne, avoit fait marcher au blocus la plupart des troupes qui étoient en Catalogne et s'y étoit rendu lui-même : il avoit trente-six bataillons et trente-sept escadrons.

[1713] Je remarchai le 2 janvier d'Armentera et allai camper à Vergès sur le Ter, à trois lieues du camp des ennemis et à quatre de Gironne. Dès le soir je fis faire trois décharges de mon artillerie, afin de faire savoir mon arrivée au marquis de Brancas qui y commandoit. Comme je savois que le poste de la Côte-Rouge qu'occupoient les ennemis, étoit encore meilleur par la nature du terrain que par les retranchemens qu'ils y avoient faits, je crus qu'il ne falloit pas songer à les attaquer par là, quoique ce fût le plus commode pour y arriver, étant le grand chemin qui va en deçà du Ter à Gironne : si l'on vouloit se rejeter sur la droite, l'on tomboit dans de grandes montagnes où les ennemis auroient pu nous chicaner plus long-temps que nous n'aurions eu de vivres : ainsi je me déterminai à marcher au secours de la place par l'autre côté du Ter. Comme il falloit pour cela avoir quatre jours de pain, attendu que le tour étoit grand à cause des montagnes, je résolus d'attendre mon biscuit qui devoit venir débarquer à La Escala ; et cependant je feignis de n'avoir d'autres vues que d'attaquer la Côte-Rouge.

En arrivant au camp de Vergès, je fis passer le Ter à un détachement de six cents chevaux, afin d'éloigner les miquelets et quelques troupes de cavalerie qui y paroissoient, et j'avançai pareillement du côté de l'armée ennemie un détachement pour avoir des nouvelles.

Le comte de Staremberg se doutant bien que je prendrois le parti de passer le Ter, et craignant qu'en ce cas sa retraite pût se faire sans risque, décampa à l'entrée de la nuit et, quittant la Côte-Rouge, repassa le pont Mayor, d'où avant le jour il prit le chemin d'Hostalrich, abandonnant quelques pièces de canon et des munitions de guerre et de bouche. Je ne fus informé que le matin assez tard de cette marche : j'envoyai aussitôt M. de Cilly, lieutenant-général, avec deux brigades d'infanterie et tous mes dragons, pour occuper la Côte-Rouge et établir une communication avec Gironne. Je m'étendis ensuite sur une ligne depuis Vergès, en remontant le Ter, et restai en cette situation jusqu'à ce que j'eusse totalement ravitaillé la place, où il ne restoit plus aucune sorte de vivres; j'en changeai aussi la garnison qui paroissoit plus morte que vive.

Nous travaillâmes tant, que le 21 janvier l'approvisionnement de Gironne fut fini ; après quoi je décampai de Vergès et me retirai à Figuières, où je laissai le comte de Fiennes avec une vingtaine de bataillons et autant d'escadrons, afin de prendre des quartiers en Lampourdan. Je renvoyai le reste des troupes dans les différentes provinces d'où elles étoient venues, et puis je m'en retournai à la cour, où j'arrivai le 5 février 1713.

M. Voisin m'avoit proposé de raser Gironne après je l'avois secourue, sous prétexte d'épargner la dépense d'une garnison ; mais en effet c'étoit pour ôter aux Espagnols une place de plus sur notre frontière : je lui dis que je ne le pouvois exécuter sans un ordre exprès de la main du Roi. Quand j'en parlai à Sa Majesté je vis qu'elle le souhaitoit aussi, mais l'ordre que je demandois lui répugnoit, et je ne crus pas devoir m'exposer à l'indignation de Sa Majesté Catholique sans avoir mon excuse en bonne forme. Ainsi l'on ne m'en parla plus.

A mon arrivée je trouvai que les articles de paix étoient sur le point d'être réglés, et que l'on cédoit au duc de Savoie toutes les vallées au-delà du mont Genèvre, comme si elles n'étoient d'aucune valeur : je les connoissois trop bien pour ne pas me croire obligé de représenter au Roi qu'il ne convenoit pas d'abandonner un si grand et si bon pays sans tâcher au moins d'avoir quelque espèce d'équivalent. Je conseillai donc de demander la vallée de Barcelonette, qui nous étoit un grand avantage pour la facilité de nos navettes sur cette frontière, et pour défendre l'entrée de la Provence et du Dauphiné. Le Roi et les ministres n'avoient nulle envie de faire la proposition, de crainte que cela ne retardât la conclusion de la paix ; mais enfin j'insistai si fort qu'on y consentit. Le duc de Savoie, qui, de son côté, craignoit que s'il faisoit le difficile les autres alliés ne signassent sans lui, et qui de plus ne connoissoit pas l'importance de ce qu'on lui demandoit, ne fit aucune difficulté ; et de cette manière la France, en perdant Exilles et Fenestrelle, a gagné une vallée très-abondante et composée de douze communautés.

Enfin le 11 avril la paix fut signée à Utrecht, entre la France, l'Espagne, l'Angleterre, la Hollande, la Savoie, le Portugal et la Prusse ; mais l'Empereur et l'empire n'y entrèrent pas. La cour de Vienne a toujours eu la coutume de ne pas vouloir accéder aux différens traités en même temps que les autres couronnes, croyant par-là montrer la supériorité de sa grandeur et de sa puissance, quoique dans le fond elle ne puisse jamais soutenir long-temps seule la guerre.

Il n'y eut donc plus de guerre que sur le Rhin, où le maréchal de Villars commanda à la place du maréchal d'Harcourt, qui avoit eu une attaque d'apoplexie. D'abord il fit le siége de Landau, et puis celui de Fribourg, sans que le prince Eugène, qui étoit de beaucoup inférieur en nombre, et qui se tenoit clos et couvert derrière les lignes d'Etlingen, donnât le moindre signe de vie. L'armée du Roi étoit de deux cents bataillons et de trois cents escadrons. Sur la fin de la campagne les deux généraux eurent des conférences; et puis le congrès se tint l'hiver à Rastadt où la paix fut signée.

J'avois cédé au mois de mai mon régiment d'infanterie à mon fils aîné, afin qu'il pût servir la campagne avec plus d'agrément : il en avoit déjà fait deux avec moi.

L'Angleterre et la Hollande avoient fait un traité particulier pour l'évacuation de la Catalogne, signé le 14 mars 1713 ; et les plénipotentiaires de l'Empereur l'avoient ensuite signé. Il y étoit porté que les alliés retireroient toutes leurs troupes de cette province et la remettroient entre les mains du roi d'Espagne Philippe V. En effet, le comte de Staremberg remit Tarragone et Hostalrich, et au mois de décembre 1713 s'embarqua à Barcelone avec toutes ses troupes. Les peuples de cette ville, malgré les conseils de Staremberg et du cardinal de Sala, leur évêque, ne voulurent jamais se soumettre à Sa Majesté Catholique, à moins que préalablement on ne leur promît de leur conserver tous leurs priviléges. Ils résolurent donc de se défendre, et ordonnèrent au gouverneur de Cardonne, qui étoit Catalan, de ne point livrer cette place aux Espagnols, malgré l'ordre qu'en avoit donné Staremberg.

Par les termes du traité, Staremberg étoit non-seulement obligé d'évacuer, mais aussi de livrer à Sa Majesté Catholique toutes les places de Catalogne, et de ne se réserver que Barcelone ou Tarragone à son choix, lesquelles même en s'embarquant il devoit aussi livrer. A la vérité le sieur de Grimaldi, lieutenant-général espagnol, ayant été envoyé vers Staremberg pour concerter l'exécution du traité, en fit une espèce de nouveau, dans lequel il omit le terme de *livrer*; ce qui servit de prétexte à Staremberg pour ne pas obliger les Barcelonois à ouvrir leurs portes, ainsi qu'il l'auroit dû selon le traité signé en Hollande.

A mesure que les Impériaux se retirèrent, le duc de Popoli s'avança en Catalogne et fit sommer Barcelone de se soumettre; mais les habitans ne voulant rien écouter, l'armée de Sa Majesté Catholique s'avança auprès de la ville pour la bloquer, en attendant que l'on pût avoir l'attirail nécessaire pour le siége. L'Espagne en étoit dépourvue : ainsi le Roi ordonna qu'on fournît à Sa Majesté Catholique, de nos places et magasins, tout ce qu'elle demanderoit, et envoya le sieur Ducasse, lieutenant-général de marine, avec deux vaisseaux de ligne, pour commander la flotte espagnole destinée pour bloquer Barcelone par mer.

[1714] Au commencement de cette année mourut la reine d'Espagne (1), sur quoi le Roi résolut de m'envoyer à Madrid sous prétexte d'un compliment, mais en effet pour déterminer cette cour à ne plus différer de signer la paix avec la Hollande. Il s'agissoit d'une principauté en Flandre que le roi d'Espagne vouloit absolument donner à la princesse des Ursins. Les Anglois et les Hollandois, que cela ne regardoit pas, y avoient consenti ; mais l'Empereur, à qui la souveraineté des Pays-Bas étoit cédée, ne voulut jamais en entendre parler. Toutefois les Hollandois, qui se trouvoient alors maîtres de la Flandre, offroient de la mettre en possession de cette petite principauté; mais cela ne satisfit pas le roi d'Espagne, qui vouloit que, par le traité de paix, ils s'engageassent à l'y maintenir, ce que les Etats-généraux refusèrent : sur quoi Sa Majesté Catholique donna ordre à ses plénipotentiaires de ne pas signer la paix avec eux qu'à cette condition. Les Hollandois sommèrent le Roi de la parole qu'il leur avoit donnée, savoir : que le Roi son petit-fils feroit la paix avec eux aux conditions déjà réglées, dont la garantie de la principauté pour la princesse des Ursins n'avoit jamais été un article. Voilà donc le principal motif de mon voyage à Madrid. J'avois de plus ordre, en cas que le roi d'Espagne signât la paix, de concerter avec lui les moyens de réduire Barcelone et d'offrir une armée françoise, à condition toutefois qu'elle seroit commandée par un général du Roi.

Avant que de me faire partir on jugea à propos d'envoyer un courrier en Espagne. La surprise fut grande quand, par le retour, on apprit que Sa Majesté Catholique prioit son grand-père de ne me point envoyer à Madrid, mais de me faire aller en droiture à l'armée devant Barcelone, cette expédition lui étant plus nécessaire qu'un compliment de condoléance. Les ambassadeurs de Hollande firent en même temps de très-vives plaintes sur ce que Sa Majesté Ca-

---

(1) Marie-Louise de Savoie.

tholique les jouoit, et insistèrent toujours sur les engagemens que le Roi avoit pris avec eux : sur quoi non-seulement le Roi m'ordonna de ne point partir, mais écrivit au roi d'Espagne qu'il ne donneroit ni troupes, ni vaisseaux, ni aucun secours pour le siége de Barcelone, jusqu'à ce qu'il eût signé la paix avec la Hollande.

Trois mois s'écoulèrent sans réponse de Madrid. Orry, qui gouvernoit l'Espagne sous la princesse des Ursins, alla au camp devant Barcelone, afin de voir s'il étoit possible de faire ce siége sans le secours de la France; et en même temps le cardinal del Judice fut envoyé à Paris pour veiller à tout ce qui se passeroit, et tâcher d'empêcher le Roi de prendre des mesures contraires aux vues de Sa Majesté Catholique. Mais enfin Orry n'ayant point trouvé praticable de réussir sans les secours de la France, le roi d'Espagne, au mois de juin, écrivit par un courrier au Roi pour consentir à tout ce qu'il voudroit, et lui envoya les ordres nécessaires pour les plénipotentiaires espagnols à Utrecht : il pressa en même temps le Roi de me faire partir au plus tôt. Ainsi j'eus ordre de me rendre à Barcelone, et l'on fit mettre en marche les troupes françoises destinées pour cette expédition.

Je partis donc le 22 juin, et en passant à Narbonne je reçus un courrier de Sa Majesté Catholique avec la patente de généralissime et une instruction sur la manière dont je devois me conduire à l'égard des Barcelonois. Il y étoit marqué qu'en cas qu'ils demandassent à capituler avant l'ouverture de la tranchée, je ne m'engageasse qu'à de bons offices de ma part auprès de leur prince, pour avoir la vie sauve : mais si une fois j'avois commencé les travaux et les batteries, il m'étoit absolument défendu de les recevoir autrement qu'à discrétion. Cet ordre me parut si extraordinaire, si peu chrétien et si contraire même aux intérêts de Sa Majesté Catholique, que je dépêchai sur-le-champ au Roi son grand-père, pour savoir ses intentions : j'en eus pour réponse la liberté de faire ce que je jugerois à propos. J'écrivis aussi à Madrid pour représenter mes raisons ; mais tout ce que je pus en obtenir fut de promettre mes bons offices après l'ouverture de la tranchée et le canon en batterie. Je ne fus nullement surpris de ces sentimens de la cour de Madrid ; car, depuis l'avènement du roi Philippe V à la couronne, elle avoit toujours suivi des maximes de hauteur, et par-là s'étoit souvent trouvée à deux doigts du précipice, par les mécontentemens que cela causoit : jamais les ministres ne parloient que de la grandeur de ce monarque, de la justice de sa cause et de l'indignité de ceux qui osoient l'attaquer. Tous ceux qui s'étoient révoltés devoient être passés au fil de l'épée ; tous ceux qui ne prenoient pas parti contre son compétiteur devoient être traités en ennemis ; et ceux qui l'assistoient n'étoient censés que d'avoir fait leur devoir, sans que Sa Majesté Catholique leur en dût tenir le moindre compte. Si les ministres et les généraux du roi d'Espagne avoient tenu un langage plus modéré, ainsi qu'il sembloit que la prudence le demandât, Barcelone auroit capitulé d'abord après le départ des Impériaux ; mais comme Madrid et le duc de Popoli ne parloient publiquement que de sac et de corde, les peuples devinrent furieux et désespérés : à la vérité Popoli avoit une haine personnelle et bien fondée contre les Barcelonois, à cause des insultes qu'ils avoient faites à sa femme lorsque l'archiduc prit la ville en 1705.

J'arrivai au camp devant Barcelone le 7 juillet : le duc de Popoli me remit le commandement et partit trois jours après pour s'en retourner à Madrid.

Orry étoit à l'armée, et c'étoit à ma prière que le Roi avoit exigé de Sa Majesté Catholique qu'il y seroit. Incertain si les états qu'on m'avoit envoyés des préparatifs immenses pour le siége étoient conformes à la vérité, je voulois qu'Orry y fût présent, sachant bien que, le tenant auprès de moi, il n'ometroit rien pour me faire fournir ce dont je pourrois avoir besoin. Mais après avoir reconnu que nous avions de tout en abondance, et qu'il n'y avoit uniquement que l'argent qui pourroit nous manquer en cas d'un long siége, je consentis au départ d'Orry pour Madrid, d'autant qu'il n'y avoit que lui en Espagne qui pût trouver les fonds nécessaires.

Quelques jours avant de partir il m'avoit proposé de rester au service du roi d'Espagne après la prise de Barcelone : il m'assuroit que Sa Majesté Catholique me donneroit le commandement général de toutes ses armées ; que je serois de plus son vicaire-général dans la couronne d'Arragon, et que j'aurois des appointemens et pensions convenables. Je rejetai absolument la proposition, 1° parce qu'étant devenu François et officier de la couronne, il ne me convenoit pas d'admettre une telle pensée ; 2° je regardois tout établissement en Espagne comme chose fort en l'air et sujet continuellement aux caprices d'une cour de tout temps orageuse. Il ne laissa pas que de me presser encore, et me dit que la proposition en seroit faite au Roi par Sa Majesté Catholique, sans me commettre en rien. Je le refusai net, l'assurant qu'après les obligations que j'avois au Roi, son grand-père, je ne le quitterois jamais, à moins qu'il ne me chassât de son service.

L'armée étoit composée de cinquante bataillons françois et de vingt espagnols, et de cinquante et un escadrons : nous avions de plus quinze bataillons en Lampourdan ou à Gironne, et huit escadrons pour contenir le pays ; environ la valeur de quinze autres bataillons et de trente escadrons, répandus du côté de Tarragone, d'Igualada et de la plaine de Vic, pour contenir les miquelets.

La garnison de Barcelone étoit de seize mille hommes, partagés en plusieurs régimens, tant d'étrangers que de miquelets, et de la députation.

Je trouvai dans notre parc d'artillerie quatre-vingt-sept pièces de gros canon, dont vingt de trente-six et trente-trois mortiers ; plus de quinze cents milliers de poudre, et tout en profusion de ce que l'on peut imaginer pour un siége : ainsi il ne fut plus question que de voir par où nous attaquerions la place. Le côté du Mont-Jouy auroit été très-difficile, par rapport au canon que les ennemis auroient pu établir à mi-côte pour enfiler nos tranchées et les battre à revers, outre que par-là le glacis de la ville cachoit les bastions et que le fossé y est très-profond.

Le front qui regardoit les Capucins étoit non-seulement de cinq bastions, mais faisoit encore des angles rentrans, et nous aurions eu de la peine à avancer sous un si gros feu.

Je me déterminai donc au côté de la marine qui regarde le Besos, attendu que le front n'étoit que de trois bastions, dont les courtines élevées donnoient beaucoup de prise au canon, et que le fossé n'avoit que six pieds de profondeur. Les approches en étoient beaucoup plus faciles, par rapport à de petites buttes derrière lesquelles l'on pouvoit mettre plusieurs bataillons à couvert ; de plus, notre parc d'artillerie se trouvoit tout à portée, au lieu que partout ailleurs il nous auroit fallu un temps infini pour en transporter tout l'attirail. A la vérité le terrain étoit fort bas, et en cas de pluie il y auroit eu force boue ; mais la saison faisoit espérer un temps sec.

Le 12 juillet nous fîmes l'ouverture de la tranchée avec dix bataillons, dix compagnies de grenadiers d'augmentation et trois cents chevaux. La nuit étoit si courte, qu'on ne put étendre la parallèle aussi loin qu'on avoit résolu ; de manière que la gauche ne put être appuyée à la mer, selon ce qu'on avoit projeté.

Le lendemain, à une heure après midi, les rebelles firent de ce côté-là une sortie de quatre mille hommes de pied et de trois cents chevaux. Leur cavalerie coula le long de la mer jusqu'en arrière de notre parallèle, et tua quelques travailleurs ; leur infanterie s'avança aussi jusque sur le boyau : mais nos grenadiers et nos piquets y étant accourus, les repoussèrent vivement. Nos trois cents chevaux s'avancèrent en même temps à toutes jambes, chargèrent les ennemis, leur tuèrent soixante cavaliers sur la place, prirent un lieutenant-colonel, et les poursuivirent jusqu'aux palissades du chemin couvert. Environ six mille rebelles sortirent en même temps du chemin couvert et marchèrent en bataille à notre parallèle ; mais nos dix bataillons s'étant ébranlés de derrière le rideau, les obligèrent dans l'instant de rentrer dans la place avec très-grosse perte de leur côté. Nous n'eûmes dans cette action, qui fut longue et vive, qu'une cinquantaine de soldats tués ou blessés. Le mauvais succès de cette sortie rebuta la garnison, qui n'en fit plus de considérable le reste du siége.

J'avois oublié de dire que le 8 nous vîmes au large une flotte de cinquante voiles ; sur quoi le sieur de Bellefontaine, lieutenant-général, qui depuis la maladie du sieur Ducasse commandoit notre armée navale, mit à la voile pour aller à sa rencontre. La nuit survint avant qu'il pût la joindre ; et le lendemain cette flotte tâcha de percer dans Barcelone. Le sieur de Bellefontaine prit une vingtaine de bâtimens et une frégate ; mais trente bâtimens et trois frégates entrèrent dans le port : ils étoient chargés de vivres et venoient de Majorque.

Le 25 juillet nos batteries commencèrent à faire feu : il y avoit quatre-vingts pièces de canon ; elles tirèrent sur les bastions de Porte-Neuve, de Sainte-Claire et du Levant. Le 30, on fit le logement du chemin couvert avec fort peu de perte, attendu que les tranchées n'en étoient qu'à dix toises des angles saillans, et qu'il n'y avoit dedans aucunes traverses. Le lendemain les ennemis voulurent essayer d'en rechasser nos troupes ; mais ils furent repoussés avec perte.

Le marquis del Poal, homme de condition, catalan, qui se trouvoit dans les montagnes à la tête des miquelets, résolut de tenter le secours de la place. Pour cet effet il assembla du côté du Haut-Lauzane, neuf à dix mille hommes. Je me contentai de renforcer les sieurs de Bracamonte, de Montemar et de Gonzalès, qui se tenoient dans la plaine de Vic, avec ordre, dès qu'ils y trouveroient jour, d'attaquer les rebelles.

Le 12 août, y ayant brèche au bastion de

Sainte-Claire, et la mine sous l'angle flanqué du bastion de Porte-Neuve étant prête, je fis attaquer les deux susdits bastions. Nos gens y entrèrent d'abord sans résistance et travaillèrent au logement ; mais au bout d'une demi-heure les ennemis y revinrent et nous en chassèrent. Nous n'y eûmes pourtant qu'environ cent cinquante hommes de tués ou de blessés.

Le 13, à huit heures du soir, je fis rattaquer le bastion de Sainte-Claire : nos gens y entrèrent et s'y logèrent, quoique avec beaucoup de perte et de peine, à cause de la supériorité du rempart intérieur qui en fermoit la gorge. Le lendemain à midi, après que la tranchée eut été relevée, les assiégés ressortirent et rechassèrent nos troupes du bastion : nous eûmes dans cette affaire près de mille hommes tués ou blessés.

La vigoureuse résistance des ennemis me détermina de ne plus hasarder de pareilles attaques ; mais aussi il étoit difficile de savoir comment on pourroit autrement se rendre maître de la place. Nos ingénieurs, qui ne savoient que les règles ordinaires de l'art, ne voyoient plus qu'un étang, et pour toute ressource me proposèrent de donner un assaut général à une brèche de trente toises qu'il y avoit à la courtine, entre Porte-Neuve et Sainte-Claire. On voyoit bien que la tête devoit avoir tourné à quiconque pouvoit faire une pareille proposition ; car les flancs étoient dans leur entier, la brèche minée, et de plus il y avoit derrière un très-bon retranchement, outre deux coupures sur le rempart, aux deux côtés de la brèche. Enfin, après m'être bien promené et y avoir bien pensé, je me déterminai à ouvrir tellement le front de l'attaque, que l'on pût, pour ainsi dire, y entrer en bataille. Ainsi, sans m'exposer à de nouveaux échecs, j'allois sûrement en besogne : j'avançai donc quelques batteries et m'armai de patience contre tous les discours des officiers de l'armée, qui s'ennuyoient fort de la longueur du siége.

Pendant ce temps j'avois ordonné au sieur de Bracamonte de ravitailler le château de Bergues qui, faute de vivres, étoit sur le point de tomber entre les mains des rebelles. Il marcha pour cet effet avec six cents hommes de pied et cinq cents chevaux, et introduisit son convoi. Del Poal avoit résolu de l'attaquer à son retour, et s'étoit posté à un défilé avec trois mille hommes. Bracamonte l'attaqua, le battit et lui en tua trois cents sur la place. Deux autres corps de rebelles voulurent encore lui boucher le retour ; mais il les défit pareillement et leur tua aussi beaucoup de monde.

Del Poal, ayant après cela rassemblé jusqu'à douze mille hommes, descendit des grandes montagnes jusqu'à Olsa, à six lieues de notre camp. Je crus qu'il convenoit de ne pas laisser grossir la pelotte davantage, ni de les laisser approcher de nous. Pour cet effet je détachai le marquis d'Arpajon, maréchal de camp, avec quatre bataillons françois et deux cents chevaux, pour aller joindre près de Martorel le marquis de Thouy, capitaine général, qui pouvoit avoir environ douze cents hommes. Montemar et Gonzalès devoient marcher de leur côté et attaquer tous en même temps le corps des rebelles. Ceux-ci, enhardis par leur nombre, descendirent plus avant dans la plaine et vinrent à Terassa et Sabadelle, puis à Samanat : nos détachemens s'y portèrent. Le comte de Montemar y arriva le premier avec neuf cents hommes de pied et cinq cents chevaux, attaqua del Poal, le battit et le poursuivit jusqu'aux grandes montagnes, où tous les miquelets et soumettans se jetèrent, et ensuite retournèrent chez eux. Thouy et Gonzalès trouvèrent aussi de leur côté quelques gros de rebelles qu'ils défirent. Nous n'y eûmes pas vingt hommes de tués ou blessés : il en coûta aux rebelles plus de mille hommes tués ou pris.

Le sieur de Moragas, maréchal de camp de l'archiduc, étoit venu en même temps du côté de la plaine de Vic avec trois mille miquelets ; mais Bracamonte l'obligea de se retirer avec précipitation. Le marquis del Poal tâcha de rassembler encore du monde ; mais les soumettans ne voulurent pas s'aventurer : ainsi il ne put avoir qu'environ trois mille miquelets. Le comte de Montemar courut sus avec sa vivacité ordinaire, le joignit auprès de Montferrat, l'attaqua dans le plus haut des montagnes escarpées, le mit totalement en déroute, lui tua cent cinquante hommes sur la place, et en prit soixante que l'on fit pendre sur le champ. Del Poal reparut encore peu de jours après, et entra par surprise dans la ville de Maressa. Un petit bataillon espagnol qui y étoit se retira dans le réduit où il se défendit à merveille : toutefois il auroit été pris si le comte de Montemar n'y fût accouru. Les rebelles, dont il étoit la terreur, se retirèrent avec précipitation, abandonnant leurs blessés et leurs provisions.

Comme nos brèches avançoient fort, et que je comptois qu'elles seroient dans peu de jours en état de pouvoir donner l'assaut général, je crus devoir céder aux instances de tous les officiers généraux, qui me pressoient de faire sommer la place. Naturellement une telle démarche me répugnoit : toutefois, pour n'avoir point à me reprocher l'effusion de sang, j'ordonnai le 3 de septembre, au lieutenant-général de tranchée, de faire dire à ceux de la ville qu'ils eussent à m'envoyer des députés. Deux heures après qu'il leur eut signifié mon message, un officier parut sur une brèche pour demander si les députés devoient être militaires ou des habitans de la la ville : on lui répondit que cela nous étoit égal, pourvu que ce fussent gens en qui ils eussent confiance ; sur quoi l'officier dit que M. de Villaroel, qui étoit général des Barcelonois, n'avoit pas le pouvoir de donner réponse sur pareille matière, et qu'on alloit assembler les conseils pour délibérer.

Le 6 septembre, un officier ennemi demanda à parler au général de la tranchée. M. d'Asfeld, lieutenant-général, s'avança à la tête des sapes : alors cet officier lut à haute voix un papier qu'il tenoit à la main, dont le contenu étoit que les trois corps souverains de Barcelone s'étant assemblés en conseil, avoient résolu de ne faire ni écouter aucune proposition pour rendre la place. Ensuite l'officier dit à M. d'Asfeld : *Vostra Excellentia quiero algo mas?* (Votre Excellence souhaite-t-elle quelque chose de plus?) M. d'Asfeld ne daigna pas répondre et fit dans l'instant recommencer notre artillerie.

L'obstination de ces peuples étoit d'autant plus surprenante qu'il y avoit sept brèches au corps de la place, qu'il n'y avoit nulle possibilité de secours, et que même ils n'avoient plus de vivres. Ils voulurent faire sortir les femmes ; mais je défendis qu'on les laissât approcher, et j'ordonnai même qu'on tirât dessus.

Le roi d'Espagne, qui venoit de conclure son mariage avec la princesse de Parme, me donna ordre de faire partir incontinent huit gros vaisseaux pour aller à Gênes chercher la nouvelle Reine. Je ne jugeai pas à propos de le faire, d'autant que je savois qu'il y avoit à Majorque quarante bâtimens chargés de toutes sortes de provisions, prêts à mettre à la voile pour tâcher d'entrer dans Barcelone. Ainsi je différai le départ de cette escadre jusqu'à la prise de la place.

Enfin toutes les brèches étant très-praticables, et toutes les dispositions ayant été faites pour l'assaut général, les troupes destinées pour les différentes attaques partirent du camp le 10 septembre après la nuit fermée, et se placèrent en colonnes aux débouchés qu'on leur avoit marqués dans la tranchée : celles qui devoient être pour la réserve occupèrent le terrain qui leur étoit assigné à la queue.

M. de Dillon, qui étoit lieutenant général de tranchée, commandoit la droite de l'attaque, et M. de Cilly, qui le devoit relever le lendemain, fut chargé de la gauche.

Le 11, à la pointe du jour, le signal fut donné par une décharge de dix pièces de canon et de vingt mortiers ; toutes les troupes débouchèrent dans l'instant et montèrent à l'assaut : tout fut emporté avec peu de résistance, hors au bastion du levant, où les rebelles tinrent ferme, jusqu'à ce que M. de Cilly les eût fait attaquer par la gorge. Tout ce qui se trouva dans les trois bastions fut égorgé ; les retranchemens, qui tenoient depuis le bastion de Porte-Neuve jusqu'à la courtine, entre le bastion du midi et celui du levant, furent emportés avec la même rapidité : après quoi l'on s'étendit dans les églises, maisons et places voisines, afin de pouvoir ensuite se porter avec quelque ordre dans le reste de la ville.

Les chefs des rebelles ayant, sur le bruit de l'attaque, rassemblé toute la garnison, vinrent pour attaquer notre gauche ; mais ils la trouvèrent si bien postée, qu'ils se contentèrent d'y laisser quelques troupes pour se maintenir auprès du palais, et se portèrent avec le gros du côté du bastion de Saint-Pierre. Nos gens s'en étoient emparés, mais avoient négligé d'occuper le couvent des religieuses de Saint-Pierre, qui dominoit tout le rempart de ce côté-là ; de manière que les ennemis s'en étant saisis, ils firent de là un si gros feu sur ceux qui étoient sur le rempart et à la gorge du bastion, qu'il fallut l'abandonner. Les rebelles s'y avancèrent et tournèrent le canon : on remarcha à eux, on les rechassa plusieurs fois ; mais le couvent empêchoit que nos gens y pussent s'y maintenir, et il falloit aussitôt en revenir. Quoique j'eusse défendu qu'on n'entreprit rien de plus de ce côté-là, je ne pus de long-temps retenir l'ardeur indiscrète de quelques officiers généraux. A la fin j'y allai moi-même, et me restreignis à garder par ma droite le bastion de Porte-Neuve, en attendant que je fisse attaquer de nouveau le reste de la ville.

Le feu durant tout ce temps fut continuel et terrible, jusqu'à trois heures après midi que les ennemis rappellèrent. Ils m'envoyèrent trois députés pour capituler. Je leur répondis qu'il n'étoit plus temps ; que nous étions dans la ville, maîtres de tout passer au fil de l'épée, et qu'ainsi je n'écouterois point d'autres propositions de leur part que celles de se soumettre à la discrétion de Sa Majesté Catholique, et d'implorer sa clémence. Ils voulurent d'abord parler d'un ton fier ; mais voyant que cela ne leur réussissoit pas, ils voulurent m'engager à traiter avec eux, en me proposant la reddition de l'île de Majorque, à condition qu'on conserveroit aux uns et aux autres leurs priviléges. Je n'écoutai pas plus cette proposition que les autres ; et enfin les ayant renvoyés à la ville pour y faire connoître mes intentions, ils revinrent le lendemain matin et se soumirent à tout ce qu'il me plut d'ordonner. Je leur promis alors la vie, et même qu'il n'y auroit aucun pillage ; ce que je faisois pour conserver au roi d'Espagne une ville florissante et riche, dont il pouvoit par ce moyen tirer de grands secours dans la suite.

Je ne voulus pas ce jour-là faire occuper par nos troupes le reste de la ville, de crainte que la nuit arrivant avant que j'eusse pu tout arranger, le désordre et le pillage ne s'ensuivissent. Je jugeai donc à propos de cacher à tout le monde ce que je venois de conclure avec les députés, et je feignis de vouloir tout disposer pour l'attaque générale le lendemain. Je fis dire aux rebelles de bien garder leurs barricades et retranchemens : toutefois le soir je fis prendre possession du Mont-Jouy. Le 13 au matin les rebelles se retirèrent de tous leurs postes, et nos troupes ayant battu la générale marchèrent au travers des rues aux quartiers qui leur furent assignés, avec un tel ordre que pas un soldat ne s'écarta des rangs. Les habitants étoient dans leurs maisons, leurs boutiques et les rues, à voir passer nos troupes comme dans un temps de paix : chose peut-être incroyable qu'un si grand calme succédât dans l'instant à un si grand trouble, chose encore plus merveilleuse qu'une ville prise d'assaut ne fût pas pillée. L'on ne peut l'attribuer qu'à Dieu ; car tout le pouvoir des hommes n'auroit jamais pu contenir le soldat.

Cette action n'auroit pas coûté deux cents hommes, sans les manœuvres que l'on fit mal à propos du côté du bastion de Saint-Pierre. Nous eûmes près de deux mille hommes de tués ou de blessés ; la perte des rebelles ne monta pas à plus de six cents hommes ce jour-là.

Messieurs de Dillon et de Cilly firent tout ce qu'on peut attendre d'officiers de courage et de tête ; et il faut rendre cette justice à toutes les troupes en général, qu'elles s'y comportèrent avec beaucoup de valeur.

Nous eûmes durant ce siège dix mille hommes de tués ou de blessés : les habitants en eurent environ six mille.

Dès que Barcelone fut pris je fis marcher le comte de Montemar à Cardonne avec quelques bataillons, pour prendre possession de cette place, en vertu de l'ordre que j'en fis donner à la députation. Le gouverneur ouvrit ses portes à condition que ceux qui voudroient rester dans le pays auroient leur pardon et que ceux qui voudroient se retirer ailleurs avec leurs effets en auroient la permission. Le marquis del Poal et plusieurs autres s'y étoient jetés exprès, afin de jouir de la capitulation. La cour de Madrid ne fut pas contente de ce que je venois d'accorder à ceux qui étoient dans Cardonne ; mais je crus que, vu la bonté de la place dans un pays de difficile abord, et vu la saison avancée, il convenoit mieux au service de Sa Majesté Catholique de soumettre au plus tôt toute la Catalogne.

Dès que j'eus désarmé tous les habitants de Barcelone, j'abolis par un décret la députation et toute l'ancienne forme de gouvernement ; j'en établis un nouveau sous le nom d'administration et de junte, ordonnant que la police se feroit à l'avenir selon les lois de Castille. Le roi d'Espagne auroit souhaité que j'eusse resté quelque temps en Catalogne, afin de remettre toutes choses en bon ordre ; mais une pareille commission ne pouvoit me convenir, outre que ma santé étoit très-mauvaise, ayant eu souvent des accès de fièvre et avant et pendant le siège de Barcelone : j'étois de plus si épuisé des fatigues, que je n'avois plus la force de rien faire. Je suppliai donc le roi d'Espagne de nommer un commandant-général de la principauté ; et le choix tomba sur le prince de Tzerclaës qui commandoit alors en Arragon.

Je fis publier un ban, sur peine de mort, pour que tous les peuples de Catalogne eussent à remettre leurs armes, à l'exception des gentilshommes à qui je permettois d'en garder un certain nombre chez eux. Je donnai en même temps de si bons ordres aux commandans des différens quartiers, que la chose s'exécuta aussi exactement qu'il étoit possible : du moins personne n'osa en garder chez soi ; et s'ils ne les remettoient pas, ils avoient grand soin de les cacher dans quelques cavernes.

Croyant qu'il étoit nécessaire de faire un exemple des principaux boute-feux des Barcelonois, afin d'intimider ceux qui oseroient penser à exciter de nouveaux troubles, j'en envoyai vingt au château d'Alicante pour être enfermés toute leur vie : je fis aussi embarquer pour Gênes l'évêque d'Albarazin et deux cents prêtres ou religieux, avec défense à eux, sous peine de la vie, de jamais remettre le pied dans les terres de la domination de Sa Majesté Catholique.

Je renvoyai dans leurs habitations ordinaires tout le gros des bas-officiers et soldats catalans de la garnison, leur ayant auparavant fait prêter serment de fidélité. A l'égard des Castillans, Arragonois et Valenciens qui se trouvoient parmi eux, j'écrivis à Sa Majesté Catholique de vouloir bien les renvoyer aussi chez eux, ou les faire passer à Ceuta, pour y servir contre les Maures.

Après avoir réglé les quartiers d'hiver et fait partir vingt bataillons françois pour retourner dans le royaume, je remis le commandement de l'armée et du pays au chevalier d'Asfeld, en attendant l'arrivée de Tzerclaës. Je partis ensuite pour Madrid, passant par le royaume de Valence où j'étois bien aise de me faire rendre compte des terres que j'y avois.

J'arrivai à Madrid le 28 octobre et je repartis le 4 novembre pour m'en retourner en France. Sur mon chemin, à seize lieues de Madrid, le roi d'Espagne m'envoya Orry pour conférer avec moi sur l'expédition de Majorque, que ce prince vouloit absolument entreprendre. Le Roi, à qui il en avoit écrit, s'en remettoit entièrement à ma décision, tant sur le projet que sur le temps de l'exécution et sur le nombre de troupes nécessaires. Orry me pressa d'y aller moi-même; mais ne le pouvant à cause de ma santé, je nommai à ma place le chevalier d'Asfeld, dont je connoissois la capacité. Je réglai donc tout avec Orry et puis je continuai mon voyage. D'Asfeld conduisit l'affaire à merveille, et dès qu'il eut débarqué dans l'île de Majorque, Palma et tout le pays se soumit.

Après mon retour d'Espagne je repris la conduite des affaires du roi Jacques, dont je m'étois mêlé depuis 1708, et dont le siége de Barcelone m'avoit détourné pendant six mois; mais, pour les mieux faire comprendre, il est nécessaire de reprendre les choses de plus loin, n'ayant pas voulu jusqu'à présent interrompre la suite de ce qui regardoit les opérations militaires.

A la fin de 1710, l'abbé Gautier (1), dont la cour de France se servoit pour traiter en secret de la paix avec l'Angleterre, vint me trouver à Saint-Germain de la part du comte d'Oxford, nouvellement fait grand trésorier. Le marquis de Torcy me l'envoya et me marqua que je pouvois prendre confiance en lui. En effet, il me dit qu'il avoit ordre de me parler sur les affaires du roi Jacques et de concerter avec moi les moyens de parvenir à son rétablissement; mais qu'avant d'entrer en matière il avoit ordre d'exiger promesse 1° que personne à Saint-Germain n'en auroit connoissance, pas même la Reine;

2° que la reine Anne jouiroit tranquillement de la couronne sa vie durant, moyennant qu'elle en assurât la possession à son frère après sa mort; 3° que l'on donneroit les assurances suffisantes pour la conservation de la religion anglicane et des libertés du royaume. A tout cela il est facile de croire que je consentis volontiers; et je le lui fis confirmer par le roi Jacques à qui je le menai pour cet effet. Après ces préliminaires, nous entrâmes dans le détail des moyens de parvenir au but : mais l'abbé ne put, pour cette première fois, entrer dans un grand détail, attendu que le trésorier ne lui avoit pas encore bien expliqué ses intentions, et que même, préalablement à tout, il falloit que la paix fût conclue; sans quoi le ministère présent n'oseroit entamer une matière si délicate à ménager. Quoiqu'il me parût que l'un n'empêchoit pas l'autre, néanmoins, pour faire voir que nous ne voulions rien omettre, pour montrer notre bonne foi nous écrivîmes à tous les Jacobites de se joindre à la cour; ce qui ne contribua pas peu à rendre le parti de la Reine si supérieur dans la chambre basse, que tout s'y passa selon ses désirs.

Gautier me dit, avant de s'en retourner à Londres, que le comte d'Oxford lui ordonnoit de m'assurer que pendant cet été on enverroit le projet, et que si je n'étois pas à la cour on me le feroit tenir à l'armée, attendu que l'on ne vouloit se fier qu'à moi. Pour qu'on pût répondre au projet sans perte de temps, nous convînmes que le roi Jacques, sous prétexte de faire le tour de la France, se trouveroit au commencement d'août en Dauphiné où je devois commander l'armée et y demeureroit avec moi le plus qu'il pourroit. En effet, ce prince y vint; mais je ne reçus point les papiers en question, et jusqu'à l'hiver je n'en entendis plus parler : Gauthier seulement m'écrivit qu'il arriveroit bientôt avec des instructions satisfaisantes.

Gautier revenu en France, je crus qu'il me parleroit plus clair; mais il me dit seulement qu'il falloit encore avoir patience jusqu'à ce que l'on pût conclure totalement la paix; que le moindre vent des bonnes intentions de la reine Anne pour son frère donneroit matière aux wighs de s'écrier hautement contre la cour, et pourroit non-seulement détruire l'ouvrage nécessaire de la paix, mais encore causer peut-être un bouleversement dans le ministère et dans l'État; que de plus il falloit s'assurer de l'armée, ce qui ne se pouvoit que lorsque, la paix signée, on procéderoit à la réforme, et qu'alors il auroit attention à ne conserver que les officiers dont il seroit sûr.

Jusque là ce raisonnement paroissoit très-

---

(1) J'ai parlé ci-devant de l'abbé Gautier.
(*Note de l'auteur.*)

sage; mais la paix conclue et publiée et la réforme faite, le trésorier ne parla pas avec plus de clarté ni avec plus de précision, et différoit de jour à autre de régler l'armée, malgré les sollicitations du duc d'Ormond, avec lequel, à l'insu d'Oxford, j'étois en commerce de lettres.

Les Jacobites et autres bien intentionnés pressoient aussi continuellement Oxford de profiter du moment favorable; ils lui représentoient que jamais il n'y avoit eu une chambre basse plus favorablement disposée, et qu'ainsi il n'y avoit qu'à leur proposer la révocation des actes en faveur d'Hanovre, et qu'indubitablement elle passeroit. Sa réponse étoit qu'il falloit aller plus doucement en besogne; qu'il travailloit sérieusement à l'affaire et que l'on ne se mît point en peine.

De cette manière, Oxford nous amusoit, et il étoit difficile d'y remédier, car de rompre avec lui ç'auroit été détruire tout, vu qu'il avoit le pouvoir en main et gouvernoit absolument la reine Anne. Il fallut donc feindre de se fier à lui; mais nous ne laissions pas de travailler sous main avec le duc d'Ormond et nombre d'autres, afin de venir à bout de cette affaire par leur moyen, si Oxford nous manquoit.

Gautier étant revenu en 1713, après la paix de l'Angleterre, je le pressai très-vivement sur la lenteur, l'irrésolution et le froid du trésorier. Enfin, résolu de le mettre au pied du mur, après plusieurs propositions que je lui fis, je le chargeai d'en faire une qui me paroissoit facile, sûre et même l'unique, quoique d'abord elle semblât être un peu visionnaire. Je voulois que le roi Jacques se rendît secrètement et seul auprès de la Reine sa sœur; et qu'alors elle se rendît au parlement, qu'elle y expliquât le droit incontestable de son frère et la résolution où elle étoit de lui faire rendre ce qui lui appartenoit par les lois divines et humaines; mais qu'elle les assurât en même temps qu'elle avoit pris les mesures avec lui pour empêcher que la religion anglicane ne pût en aucune façon péricliter par une telle action; qu'il étoit réglé entre eux qu'elle jouiroit paisiblement de la couronne pendant sa vie et qu'elle l'élèveroit comme son fils; qu'elle passeroit tels actes qui seroient crus nécessaires pour la sûreté de leur religion et de leur liberté. Ensuite elle devoit sur-le-champ le produire en plein parlement et leur dire : « Messieurs, le voilà qui vous promet lui-même de tenir inviolablement tout ce que j'ai avancé et d'en jurer l'observation : ainsi je vous requiers de révoquer dans l'instant les actes faits contre lui et de le reconnoître dans ce moment pour mon héritier et votre maître futur, afin qu'il vous sache quelque gré d'avoir concouru avec moi à ce que votre conscience, votre devoir et votre bonheur vous devroient avoir déjà inspiré. » Cette démarche imprévue auroit tellement étourdi les factieux et charmé les bien intentionnés, qu'il n'y auroit certainement pas eu la moindre opposition; il n'y avoit pas lieu de douter que dans l'instant tout n'eût été fait selon les ordres de la Reine, car il n'y auroit eu personne qui n'eût été persuadé que la Reine avoit pris ses mesures pour se faire obéir : ainsi d'un côté la crainte du châtiment et de l'autre l'espérance de profiter d'un nouveau changement, auroient déterminé le parlement à rétablir dans l'instant toutes choses dans l'ordre naturel, selon les lois fondamentales de l'Etat. Gautier, bien instruit de cette proposition, partit de chez moi en Picardie pour l'Angleterre; mais, quoiqu'il m'écrivît régulièrement, jamais je ne pus tirer de lui aucune réponse sur cet article.

Enfin, voyant le temps s'écouler sans qu'il parût aucun plan de la part d'Oxford, et d'ailleurs apprenant que la santé de la reine Anne devenoit de jour en jour plus mauvaise, je soupçonnai plus que jamais que le trésorier nous trompoit, d'autant plus que je savois qu'il avoit écrit à l'électeur d'Hanovre et qu'il venoit de renvoyer à cette cour son cousin Harlay. Je m'ouvris donc de cela à M. de Torcy, ministre des affaires étrangères, et par qui passoit tout mon commerce avec Gautier et avec Oxford. Il tomba d'accord avec moi que la conduite du trésorier étoit fort extraordinaire, et nous résolûmes de lui écrire pour lui représenter que la reine Anne pouvoit manquer à toute heure, et qu'ainsi il étoit nécessaire qu'il nous fît savoir les mesures qu'il avoit prises en ce cas pour les intérêts du roi Jacques, aussi bien que les démarches que ce prince devoit faire. Sa réponse fut que si la Reine venoit à mourir, les affaires du roi Jacques et les leurs étoient perdues sans ressource. Jamais nous ne pûmes tirer autre chose de lui, ce qui prouvoit bien clairement sa fourberie; car, s'il avoit eu véritablement les intentions qu'il nous avoit déclarées, auroit-il été si long-temps sans songer aux moyens de les effectuer? auroit-il, pour l'amour de lui-même et du parti tory, négligé de se précautionner contre la rage des whigs, qu'il savoit ne vouloir jamais lui pardonner s'ils avoient une fois le pouvoir en main? Cette léthargie ne pouvoit venir de son manque de sens ou de courage : personne n'en avoit plus que lui; ainsi il étoit moralement certain que toutes les avances qu'il nous avoit faites jusqu'à présent n'avoient eu pour motif que son propre intérêt, afin de joindre les Jacobites aux torys et par-là se rendre le plus fort dans le parlement et y faire approuver la paix. Dès qu'il en fut venu à bout, il ne songea plus qu'à se ménager avec la cour d'Hanovre ; et quant au roi Jacques, il l'amusoit de temps en temps par quelque nouvelle proposition de changement de religion, ou du moins d'en faire semblant. La cour de France, aussi bien que nous, fut alors bien persuadée qu'Oxford nous jouoit ; mais comme elle avoit par son moyen fini son affaire principale, elle s'en consoloit aisément.

Pour moi, je sollicitai fortement le duc d'Ormond et plusieurs autres ; je les exhortai à se réveiller de leur assoupissement et à se précautionner contre les malheurs qui leur arriveroient si la Reine mouroit ; je leur fis envisager que leur intérêt particulier étoit le même que celui du roi Jacques ; qu'il n'y avoit plus à balancer pour eux ; qu'il falloit opter, ou d'être perdus eux et leur parti, ou de rétablir ce prince. Convaincus de ce que nous leurs mandions continuellement, ils s'évertuèrent, et par le moyen de madame Masham ils déterminèrent la Reine à renvoyer le grand trésorier, n'étant pas possible de conduire l'affaire à bien tant qu'il seroit en place. Elle congédia donc Oxford au commencement d'août 1714. Les autres ministres ne doutoient plus de pouvoir alors avancer leurs projets sans obstacle ; mais le malheur voulut qu'avant que le nouveau ministère eût seulement le temps de se reconnoître, tout espoir de réussir s'évanouit par la mort de la Reine, qui arriva le 12 août 1714, quatre jours après le déplacement du comte d'Oxford. L'électeur d'Hanovre fut dans l'instant proclamé roi, conformément à l'acte fait depuis la révolution, et par ses ordres tout fut changé.

J'étois pour lors en Catalogne, trop éloigné pour pouvoir ni agir ni même donner des conseils ; et quand j'aurois été à Paris, j'eusse été fort embarrassé, attendu la conjoncture présente des affaires. Ce n'étoit point notre faute si nous n'avions concerté aucun arrangement pour le cas qui venoit d'arriver ; et la France, quelque bonne volonté qu'elle eût, n'étoit point en état de risquer une nouvelle guerre pour soutenir les intérêts du jeune Roi. Nulles mesures n'avoient été prises et ne pouvoient même l'être de ce côté-ci de l'eau : c'étoit aux bien intentionnés en Angleterre à nous prescrire tout ce que nous devions faire ; et, n'étant point encore les maîtres absolus, ils n'avoient pas eu le temps de s'arranger.

Dès que le roi Jacques apprit la mort de sa sœur, il partit en poste de Bar en Lorraine, où depuis la paix d'Utrecht il faisoit sa résidence, et se rendit *incognito* à Paris pour y consulter la Reine sa mère et ses autres amis, bien résolu de passer ensuite dans l'île de la grande-Bretagne pour y revendiquer ses droits. La cour de France, avertie de cette démarche, lui envoya M. de Torcy, pour lui persuader de s'en retourner d'où il étoit venu ; et si les bonnes raisons ne prévaloient pas, il avoit ordre de lui déclarer qu'on ne pourroit se dispenser de l'y contraindre. Ainsi le roi Jacques ne recevant aucunes nouvelles consolantes de ses amis d'Angleterre, où tout étoit alors dans la consternation, et ne sachant pas même où il pourroit débarquer en sûreté, se détermina à regagner Bar.

Le roi Georges partit d'Hanovre au mois de septembre ou d'octobre et arriva à Londres où il fut reçu avec toutes les démonstrations possibles de joie. Il lui auroit été facile dans ces commencemens de concilier les esprits, ou du moins d'empêcher que leur animosité ne lui fît aucun tort. Pour cela il n'avoit qu'à éviter de se déclarer pour aucun parti, regarder tous les Anglois comme étant également ses sujets et ne distinguer que ceux qui auroient le plus de naissance et le plus d'attachement à sa personne : mais, prévenu par les whigs, il commença d'abord par ôter toutes les charges aux torys et cassa le parlement qui venoit de le reconnoître si unanimement. De là les torys prirent occasion de se récrier sur le danger de l'Église anglicane ; les ministres ne cessoient d'en parler dans les chaires ; et le peuple, animé par ces discours et sous main par les jacobites, commença à s'assembler de tous côtés, causant mille désordres et refusant d'obéir aux ordres du gouvernement. De plus, l'on ne cessoit de répandre dans le public des libelles diffamatoires contre le roi Georges, contre son fils et contre toute sa famille. A mon retour d'Espagne je trouvai que l'occasion paroissoit favorable pour les intérêts du roi Jacques ; et à cet effet nous envoyâmes des émissaires au duc d'Ormond et aux principaux seigneurs torys. L'argent fut répandu parmi les officiers réformés et nous ne négligeâmes rien de notre côté tant pour rendre odieux le roi Georges que pour gagner les cœurs de la nation. Ormond, Marr, etc., nous assuroient que jamais les peuples n'avoient été si bien disposés ; que de dix il y en avoit neuf contre Georges et par conséquent pour Jacques ; et qu'ainsi, pour peu qu'on voulût songer à une entreprise, il y avoit lieu d'être assuré de la réussite. Sur cela je proposai qu'on tombât d'accord d'un jour marqué pour faire un soulèvement général par tout le royaume et qu'on indiquât un endroit où le roi

Jacques pût se rendre. Nous étions sûrs des Ecossois qui s'étoient déjà pourvus d'armes et n'attendoient que le signal pour se déclarer. Mon projet étoit de profiter de la conjoncture présente, n'y ayant que fort peu de troupes réglées dans toute l'île; et je ne doutois pas que Georges, voyant le feu allumé aux quatre coins du royaume, ne se trouvât dans un si furieux embarras qu'il ne sauroit que devenir. J'étois de plus persuadé que notre dessein ne pourroit réussir que par une prompte révolution, c'est-à-dire qu'en trois semaines il falloit chasser Georges, ou que l'affaire seroit manquée, attendu que la France ne voulant donner aucun secours de troupes, et les seuls Anglois devant finir l'ouvrage, Georges se trouveroit en état d'écraser tout le parti de Jacques si on lui donnoit le temps de faire venir des troupes de Hollande et d'Allemagne; outre que Georges étant maître de toutes les places, il auroit sur les royalistes un avantage considérable, pour peu que l'affaire tirât en longueur. J'avois beau presser Ormond et les autres, ils me répondoient toujours que, malgré toute leur bonne volonté et la disposition favorable des esprits, ils ne pouvoient ni ne vouloient prendre les armes jusqu'à ce que le roi Jacques eût débarqué avec un corps de trois à quatre mille hommes. En vain je leur représentois par lettres et par des personnes envoyées exprès, que, quelques raisons que nous eussions pu dire à la cour de France, elle demeuroit ferme dans sa résolution de ne fournir aucuns secours publiquement, et qu'ainsi il ne falloit plus parler de troupes; leur réponse étoit toujours la même.

[1715] Au commencement de l'année 1715, milord Bolingbrocke, contre qui la chambre basse venoit d'intenter procès pour crime de haute trahison, en même temps que contre le duc d'Ormond et le comte d'Oxford, jugea à propos de ne pas s'exposer à l'animosité du parti et se sauva en France. A son arrivée à Paris je le vis en secret et il me confirma la bonne disposition des affaires en Angleterre; mais, ne croyant pas qu'il convînt encore qu'il se mêlât publiquement des affaires du jeune Roi, il se retira à Lyon d'où, après quelques mois, nos amis lui mandèrent qu'il eût à revenir à Paris: ce qu'il fit, et alors nous agîmes de concert en toutes choses. Le roi Jacques, qu'il avoit vu à Bar, lui avoit donné les sceaux de secrétaire d'Etat.

Cependant les désordres continuoient de toutes parts en Angleterre; et les peuples non-seulement crioient publiquement contre le gouvernement, mais s'émancipoient aussi en beaucoup d'endroits à parler en faveur du Prétendant; ce qui faisoit que nombre de personnes, tant à Saint-Germain qu'en Angleterre, pressoient continuellement de faire quelque entreprise et blâmoient l'indolence du roi Jacques. Sur cela j'écrivis un mémoire que j'envoyai à Bar par milord Bolingbrocke: il est à propos de l'insérer ici, il fera voir clairement l'état des affaires.

« Beaucoup de personnes blâment le roi d'Angleterre de ce qu'il ne veut pas hasarder sa personne dans la situation présente des affaires, et concluent que, cette conjoncture perdue, il n'en retrouvera jamais une si favorable, d'autant que Georges ne manquera pas de se procurer une bonne armée, moyennant quoi les torys seront écrasés ou forcés de se soumettre.

» Je tombe d'accord que d'abord ce raisonnement paroît juste; mais comme il ne convient pas à des gens sensés de dire leur avis, ou de décider, sans examiner auparavant le fond des affaires, je vais les expliquer en peu de mots, et puis je dirai franchement mon sentiment.

» Le Roi n'a point d'ami ni d'allié de qui il puisse espérer aucune assistance : ce n'est point faute d'avoir fait les pas nécessaires à cette fin, mais parce que d'ordinaire les princes ne s'intéressent point en faveur d'un autre qu'autant qu'ils y trouvent leur avantage particulier. Depuis vingt-six ans l'Europe a été engagée dans une guerre sanglante et onéreuse; ce qui a épuisé les bourses, ruiné le commerce et diminué même l'espèce des hommes : de manière que tout le monde, étant las de la guerre, ne tend qu'à vivre en paix, et il n'y a qu'une nécessité absolue qui puisse engager aucun prince à la rompre. Le roi Jacques ne peut donc compter que sur le secours de ses sujets pour le grand ouvrage de son rétablissement; voyons ce qu'il en peut attendre :

» Je commencerai par l'Ecosse qui, depuis la révolution, s'est toujours montrée attachée à la famille royale, et dont un assez grand nombre des principaux seigneurs ont actuellement pris des mesures pour se soulever dès qu'il leur sera ordonné. Ils s'engagent à mettre en campagne huit mille montagnards et dix mille fantassins des autres provinces; mais il leur manque des armes pour ces derniers : il leur faut aussi de l'argent pour le paiement de ces troupes, sans quoi ils ne pourroient les contenir; le pays seroit bientôt au pillage et l'armée même se dissiperoit. Ils ne peuvent au plus lever que mille chevaux ou dragons et même d'assez mauvaise qualité. Ils ont quelque espérance de pouvoir se saisir des châteaux d'Edimbourg, de Sterling et de Dumbarton ; mais la réussite de ces sortes de projets est toujours fort incertaine.

» Le gros de la nation angloise est si bien disposé, qu'on peut avancer hardiment que, de six, il y en a cinq pour le roi Jacques. A la vérité ce n'est point tant à cause de son droit incontestable qu'en haine de la race hanovrienne, et pour empêcher la ruine totale de l'Eglise et des libertés du royaume ; mais, quels qu'en soient les motifs, il est certain que nombre de seigneurs, d'ecclésiastiques et de gentilshommes ont donné des assurances de leurs bonnes intentions. Plusieurs des plus considérables, des plus accrédités et des meilleures têtes, se sont assemblés pour concerter les moyens de rétablir le Roi ; mais jusqu'à présent ils ont conclu que, sans le secours de quatre mille hommes au moins, de nombre d'armes et d'une grosse somme d'argent, il seroit téméraire et même impossible de commencer un soulèvement en sa faveur. Ils disent pour raison que, ne pouvant ramasser qu'une populace non armée et non disciplinée, les troupes réglées, quoique peu en nombre, seront pourtant suffisantes pour la dissiper dans l'instant qu'elle aura levé le masque. Ajoutez à cela, qu'il n'y a dans toute l'Angleterre aucunes armes que dans les magasins des places dont Georges est le maître.

» Le duc d'Ormond, milord Bolingbroke et plusieurs autres, ont agi auprès de la cour de France pour l'engager à donner le secours demandé : on n'a rien omis de ce qui la pouvoit persuader, mais on n'a pu en venir à bout ; de manière que le Roi ne peut présentement tabler que sur ce qu'il a trouvé moyen d'emprunter sur son propre crédit : le tout consiste en dix mille armes et cent mille écus. Je demande donc si un homme de sens peut conseiller au Roi d'aventurer tant sa personne que les biens et vies de ses amis, sur des préparatifs aussi minces, contre un prince qui est en possession, qui a de son côté les lois présentes, quoique injustes ; qui a actuellement une armée remplie de whigs, et qui de plus a des voisins puissans, ses alliés, dont il peut tirer le nombre qu'il voudra de troupes, outre ce qu'il peut faire venir de ses propres Etats.

» Le Roi n'a pas assez d'armes pour fournir à l'Ecosse et aux différens endroits de l'Angleterre qui en demandent ; il n'a point de places assez fortes où ses amis puissent s'assembler en sûreté ; et quand il auroit le temps de former une armée, il n'a pas de quoi ni l'armer ni la payer.

» Je conclus que le Roi doit se hasarder, mais non se précipiter dans une ruine certaine. S'il avoit une armée de montagnards, d'Ecossois et de populace angloise, il lui faudroit à la fin en venir à une bataille contre une armée de troupes réglées, et je crois qu'alors il courroit un assez grand risque : mais je ne vois pas qu'il puisse même espérer cette chance, car il n'y a jusqu'à présent aucun concert sur cela en Angleterre, ni même aucune envie d'agir sans un secours étranger. Est-il raisonnable, malgré cela, que le Roi parte ? et peut-on donner le terme de grandeur d'ame ou d'héroïsme à une démarche qui ne peut produire qu'un vain tumulte ? Les mêmes personnes qui maintenant l'accusent de timidité l'appelleroient téméraire et mal avisé quand il auroit échoué. En un mot, je ne puis jamais être d'avis qu'il parte jusqu'à ce que les personnes les plus considérables d'Angleterre lui aient promis de se trouver en tel temps, en tel lieu, pour l'y recevoir avec nombre d'amis ; car, de croire qu'avec les seuls Ecossois il puisse réussir dans son entreprise, c'est ce que je regarderai toujours comme une folie. »

Au mois de juillet, le père Calaghan, dominicain, homme d'ailleurs de bon sens, alla trouver le roi Jacques de la part du duc d'Ormond, pour lui dire de partir incontinent pour se rendre en Angleterre. Ce prince, sans consulter milord Bolingbrocke, ni la cour de France, ni moi, prit aussitôt la résolution de se mettre en chemin, et fixa au 30 de ce même mois son arrivée au Havre-de-Grâce, où il envoya sur-le-champ préparer un bâtiment, ayant mandé en même temps à Bolingbrocke de se trouver le jour marqué au rendez-vous. Celui-ci alla en donner avis à M. de Torcy, qui sur-le-champ, par ordre du Roi, m'écrivit par un courrier de me rendre en diligence à Marly. Y étant arrivé, le Roi me dit que le roi Jacques avoit pris brusquement une résolution qui lui paroissoit hasardée, et à laquelle il ne vouloit point consentir sans m'en savoir auparavant mon avis. Je lui représentai alors que je ne pouvois imaginer que le duc d'Ormond eût envoyé un tel message, attendu qu'il ne marquoit pas le lieu où le roi Jacques devoit débarquer, point totalement essentiel ; et qu'ainsi je croyois qu'il falloit nécessairement différer son départ jusqu'à ce que l'on eût d'autres nouvelles du duc d'Ormond sur cet article. Messieurs de Torcy et Bolingbroke eurent ordre d'écrire en conformité au roi Jacques. Environ huit jours après, arriva d'Angleterre un homme de condition envoyé par

Ormond, Marr et plusieurs autres, avec un mémoire en réponse à ceux que nous leur avions envoyés ci-devant : il contenoit à peu près les mêmes choses qu'ils nous avoient déjà mandées, savoir, que, sans un secours d'hommes, d'armes et d'argent, ils ne croyoient pas possible d'engager la nation à prendre les armes ; que toutefois, si le roi Jacques le leur ordonnoit positivement, ils le feroient ; mais que cela ne pouvoit être que vers le milieu du mois de septembre, temps auquel l'on comptoit que le parlement seroit prorogé, et chaque membre retourné dans sa province.

Peu de temps après, vers les premiers jours d'août, nous fûmes fort surpris d'apprendre que le duc d'Ormond étoit débarqué en France. Ce seigneur ayant été accusé de haute trahison, s'étoit retiré à Richemont, où il vivoit avec grande magnificence et tenoit table ouverte. Tout le monde y couroit en foule, car il étoit l'idole du parti tory et il sembloit y avoir levé l'étendard contre le roi Georges. Il nous avoit assuré par ses lettres qu'il étoit résolu d'y demeurer tant qu'il y pourroit être en sûreté ; qu'ensuite il se retireroit vers le nord ou l'ouest de l'Angleterre et se mettroit à la tête de ses amis et de nombre d'officiers réformés qu'il avoit à cet effet dispersés dans les provinces : il avoit même déjà disposé des relais de chevaux, afin de le faire plus diligemment lorsque le temps seroit venu. Il avoit de plus pratiqué des intelligences dans Plimouth, Bristol et Exeter dont il vouloit se saisir et en faire ses places d'armes. Il est certain que dans ce temps-là il étoit si généralement aimé, que s'il se fût déclaré ouvertement contre le roi Georges pour l'Eglise et les libertés de la nation, de toutes parts on seroit accouru à lui, et il se seroit trouvé à la tête d'un parti si considérable, que Georges eût été fort embarrassé, d'autant que les Ecossois se seroient en même temps soulevés, et que peut-être partie des troupes réglées auroit passé du côté d'Ormond. Mais pour exécuter un pareil projet il falloit un autre génie ; de si grands desseins ont besoin d'un héros, et c'est ce que le duc d'Ormond n'étoit pas ; car, quoique très-brave de sa personne, et depuis quelque temps bien intentionné, il n'avoit que très-peu de qualités nécessaires pour une telle entreprise, et fort peu de connoissance du métier de la guerre. La grande dépense qu'il faisoit, sa libéralité, son affabilité naturelle et sa naissance, lui avoient attiré l'amour et l'estime du peuple. Les torys, qui voyoient que dans la conjoncture présente il leur falloit un chef apparent, s'étoient tous réunis pour le suivre et le prôner ; mais dans un instant toutes les belles espérances qu'on avoit fondées sur lui s'évanouirent par sa retraite précipitée. Etant averti que le roi Georges avoit envoyé des gardes pour investir sa maison et l'arrêter, il se sauva vers les côtes et traversa la mer dans une chaloupe, sans laisser le moindre ordre pour ceux qui l'attendoient ailleurs.

Bolingbrocke et moi nous concertâmes avec lui toutes nos affaires, et nous fîmes de nouveau de fortes instances auprès de la cour de France pour en obtenir un secours d'hommes : mais, outre que le Roi Très-Chrétien, malgré toute sa bonne volonté, étoit ferme dans son premier principe, la retraite d'Ormond l'y confirmoit encore plus, n'étant pas raisonnable de croire que cet homme si aimé, et dont le crédit faisoit notre principale espérance, se fût retiré et eût abandonné la partie, si la nation eût été dans les dispositions que nous lui avions tant de fois représentées. Nous récrivîmes donc en Angleterre pour les presser de nouveau de ne plus insister sur un corps de troupes, mais de se déterminer à prendre les armes et qu'ils nous marquassent le temps et le lieu où l'on vouloit que le roi Jacques et Ormond se rendissent. Leur réponse fut toujours ambiguë.

La répugnance que j'avois trouvée avec raison dans les torys, jointe à la certitude où j'étois que la France ne se relâcheroit point de sa résolution, m'avoit déterminé quelques mois auparavant à m'adresser au roi de Suède, dont les intérêts sembloient directement opposés à ceux du roi Georges. Ce prince extraordinaire, après s'être, par des commencemens brillans, attiré le respect et l'attention de toute l'Europe, étoit tombé, par la perte de la bataille de Pultawa, dans un enchaînement de malheurs dont ses ennemis et ses voisins surent si bien profiter, qu'il se trouvoit alors presque entièrement dépouillé de ses Etats d'Allemagne. Chacun vouloit avoir part à ses dépouilles ; et, sans avoir égard ni aux traités passés, ni même aux garanties, on couroit sur lui de toutes parts. Loin de se laisser abattre par tant d'adversités, il sembloit au contraire en devenir plus fier et plus obstiné à rejeter toutes propositions de paix où il fût question de céder quelque province ou quelque place, résolu plutôt de périr que de se soumettre honteusement à la loi du vainqueur.

Le caractère de ce prince, dont les vues ne tendoient jamais qu'au grand, et son intérêt particulier, qu'il trouveroit à culbuter le roi Georges, me firent espérer qu'il donneroit les mains à l'exécution de nos projets, d'autant plus qu'il n'y avoit pas d'autre moyen apparent pour le tirer de la situation critique où il étoit. Je lui fis représenter les justes prétentions du roi Jacques, la gloire qu'il y auroit à rétablir un prince opprimé et les suites avantageuses qui ne pouvoient manquer de lui en revenir, sans compter la reconnoissance éternelle du roi d'Angleterre pour un si grand bienfait. L'affaire me paroissoit d'autant plus facile, que l'on ne soupçonnoit seulement pas que nous en eussions la pensée et qu'il y avoit actuellement sept à huit mille Suédois campés auprès de Gottenbourg : joignez à cela qu'il y avoit dans ce port nombre de vaisseaux de transport destinés à passer ces troupes à Stralsund, et que de Gottenbourg l'on pouvoit, d'un seul vent, faire voile en droiture en Écosse ou en Angleterre, le trajet n'en étant que de deux fois vingt-quatre heures.

Lorsque je proposai cette idée à la cour de France, on la regarda d'abord comme chimérique; mais après qu'on en eut parlé avec le baron de Spaar, ambassadeur de Suède, et qu'on vit qu'il ne s'éloignoit pas de l'approuver, on me permit de négocier. M. de Torcy et moi eûmes plusieurs conférences sur cela avec Spaar; et pour faciliter l'entreprise on convint que le Roi Très-Chrétien paieroit les arrérages de subsides dus au roi de Suède, et que le roi Jacques feroit donner incontinent cinquante mille écus pour les frais de l'embarquement. Sparr fit partir un courrier avec les dépêches pour son maître, et il envoya en même temps un officier en Hollande avec la remise des cinquante mille écus que je lui avois donnés, afin que si la réponse de Suède étoit favorable, l'on pût, sans perte de temps, faire passer cette somme à Gottenbourg. Malheureusement le roi de Suède se trouvoit alors dans Stralsund, assiégé par terre et par mer; de manière que le courrier fut un temps très-long avant que de pouvoir donner ses lettres. La réponse de ce prince fut en termes très-honnêtes; mais il disoit qu'il ne pouvoit, dans la situation de ses affaires, se défaire de ses troupes, dont il avoit tant de besoin pour défendre ses propres États, outre que le roi Georges ne s'étoit pas encore déclaré contre lui. Toutefois il assuroit le roi Jacques de son amitié, dont il lui donneroit des marques dans la suite.

Il est certain que le roi de Suède manqua une belle occasion d'avancer ses affaires, ou, pour mieux dire, de se tirer d'oppression; car, le roi Jacques une fois rétabli, il en auroit tiré des secours d'argent, d'hommes et de vaisseaux suffisans pour le remettre en état de reconquérir ce qu'il avoit perdu. Par les règles du bon sens, la révolution d'Angleterre étoit alors immanquable, moyennant un corps de troupes réglées pour soutenir les bien intentionnés. Le roi Georges étoit universellement haï et n'avoit que fort peu de troupes sur pied dans la Grande-Bretagne; mais le roi de Suède, qui songeoit alors à sauver Stralsund (en quoi il se flattoit mal à propos), n'eut personne auprès de lui pour lui faire voir l'utilité de notre projet et le faux des siens.

Il a voulu depuis, en 1716, entreprendre une descente en Angleterre, mais les affaires avoient totalement changé de face; et s'il l'avoit faite, il y a lieu de croire que, vu l'armée considérable que le roi Georges avoit en Angleterre et les secours que les Hollandois n'auroient pas manqué d'y envoyer, il auroit échoué.

Vers le 20 du mois d'août, le roi de France, Louis XIV, tomba malade et mourut le premier septembre 1715. Jamais homme ne montra plus de fermeté et moins de crainte de la mort, toujours soumis et résigné aux volontés de Dieu. Il donna tous les ordres qu'il crut nécessaires, et puis attendit tranquillement sa dernière heure. Il y avoit long-temps qu'il étoit occupé de ces réflexions sérieuses; et il avoit plusieurs fois dit à la reine d'Angleterre qu'il n'ignoroit pas qu'étant vieux il devoit bientôt mourir, et qu'ainsi il s'y préparoit tous les jours afin de n'être pas surpris. On avoit de lui une tout autre opinion dans le monde, car on s'imaginoit qu'il ne pouvoit souffrir qu'on lui parlât de la mort. Je sais pourtant ce que je viens de rapporter de la bouche même de la Reine, princesse très-véridique.

Il faut avouer que jamais prince n'a été si peu connu que celui-ci. Les protestans le faisoient passer en Europe pour un homme inaccessible, cruel et sans foi. J'ai eu l'honneur d'en avoir souvent audience et de le voir très-familièrement; et je puis assurer qu'il n'y avoit de fier en lui que l'apparence. Il étoit né avec un air de majesté qui en imposoit tellement à tout le monde, qu'on ne pouvoit en approcher sans être saisi de crainte et de respect; mais dès qu'on vouloit lui parler son visage se radoucissoit, et il avoit l'art de vous mettre dans l'instant en pleine liberté avec lui : il étoit l'homme de son royaume le plus poli; il savoit sa langue en perfection, et dans ses réponses il y mettoit tant de choses obligeantes, que s'il accordoit quelque chose on croyoit recevoir le double; et s'il refusoit, on ne pouvoit s'en plaindre. Depuis la monarchie vous ne trouverez pas de roi plus humain.

28.

Parmi les grands du royaume, hors le chevalier de Rohan, il n'y a eu aucun sang répandu de son règne; et même celui-ci ne perdit la vie que parce que personne n'eut ou l'amitié ou le courage de demander sa grâce; car le Roi, en allant et revenant de la messe le matin de l'exécution, se tourna de tous côtés pour voir si les parens ou les amis ne viendroient pas se jeter à ses pieds.

Je sais que, pour ce qui regarde sa bonne foi, on m'objectera tout ce qu'il a fait contre les traités; mais j'ose assurer qu'il n'en a jamais violé qu'on ne lui eût persuadé que ses ennemis y avoient premièrement donné atteinte; et, sans approuver ces infractions, quel est le prince, quelle est la nation qui puisse se vanter d'avoir toujours préféré la bonne foi et la justice à ses intérêts? Il n'est question que d'un peu plus ou un peu moins; car l'on peut avancer hardiment qu'il semble que la religion, l'équité et la parenté ne sont plus présentement des motifs qui fassent impression, et que, pour satisfaire son ambition et se procurer quelques avantages, l'on se croit tout permis.

Le lendemain de la mort du Roi, le duc d'Orléans se rendit au parlement avec tous les princes du sang et les pairs de France. L'on avoit placé aux avenues du palais deux mille hommes du régiment des gardes, afin d'empêcher qu'il n'y eût aucune émeute; de plus, presque tout ce qu'il y avoit d'officiers à Paris accompagnèrent le duc d'Orléans, à qui l'on avoit fait croire qu'il trouveroit des obstables à se faire déférer la régence. Son intention étoit de se déclarer régent si le parlement en faisoit difficulté, attendu qu'il prétendoit que, par sa naissance, le droit incontestable lui en étoit acquis. Dès qu'il fut à sa place dans la grand'chambre, il commença par prier messieurs les pairs de suspendre pour le présent les prétentions qu'ils avoient contre les présidens à mortier au sujet du bonnet, promettant que dans quinze jours il finiroit cette contestation: il avoit aussi exigé en particulier des princes du sang de ne point attaquer alors les princes légitimés, à qui le feu Roi avoit non-seulement accordé le rang, mais aussi la qualité de prince du sang et l'habilité de succéder à la couronne au défaut des véritables princes du sang. Le duc d'Orléans vouloit avec raison éviter que rien n'interrompît l'affaire de la régence, d'où dépendoit le repos et la tranquillité de l'Etat, aussi bien que son intérêt particulier. Les pairs consentirent à la demande du duc d'Orléans, et se contentèrent de faire lire tout haut par l'archevêque de Reims leur protestation contre tout ce qui s'étoit fait ou se feroit contre leurs droits.

Le duc d'Orléans fit ensuite une longue harangue, dans laquelle il représentoit que le Roi présentement régnant étant mineur, la régence lui appartenoit de droit, et qu'ainsi il demandoit que les gens du Roi parlassent et qu'on passât ensuite aux opinions. Il entra aussi dans un détail de la forme qu'il prétendoit donner au gouvernement, et finit par assurer que, pour montrer ses bonnes intentions pour le bien public et son estime pour le parlement, il leur feroit rendre la liberté des représentations que le feu Roi leur avoit ôtée depuis long-temps.

Son discours achevé, il fut résolu qu'avant de procéder sur aucune déclaration on feroit l'ouverture du testament que le feu Roi avoit déposé l'année d'auparavant. Le premier président et les gens du Roi l'allèrent chercher et on l'ouvrit devant l'assemblée: la lecture en fut ensuite faite. Il contenoit en substance qu'il y auroit un conseil de régence, composé du duc d'Orléans, des princes du sang qui auroient vingt-quatre ans accomplis, du chancelier, de quatre secrétaires d'Etat, du chef du conseil des finances, du contrôleur-général des finances, des maréchaux de Villeroy, de Villars, d'Huxelles, de Tallard et d'Harcourt. Tout s'y devoit déterminer à la pluralité des voix. Le commandement des troupes de la maison du Roi étoit donné au duc du Maine, sans aucune subordination à la régence: le maréchal de Villeroy étoit nommé gouverneur du Roi, messieurs de Saumery et de Joffreville sous-gouverneurs; mais le duc du Maine, et à son défaut son frère le comte de Toulouse, devoit avoir l'inspection et une autorité supérieure sur tout ce qui regardoit la personne et l'éducation du Roi. On lut ensuite le codicille, par où l'on auroit dû commencer: il contenoit peu de chose, hors que le jeune Roi devoit être présent au parlement lors de l'ouverture du testament; et qu'en attendant, le maréchal de Villeroy ordonneroit de tout ce qui regardoit la personne du jeune prince et commanderoit aux troupes de sa maison.

Le premier président eut grand soin d'avertir à plusieurs reprises le sieur de Dreux, conseiller au parlement, de lire le testament distinctement et à haute voix, car il disoit: « Voici notre loi. » L'on n'en jugea pourtant pas ainsi. Dès que la lecture en eut été faite, monseigneur le duc d'Orléans ayant seulement dit qu'il y avoit dans le testament plusieurs choses auxquelles en honneur il ne pouvoit consentir et qu'il s'en expliqueroit dans la suite, demanda qu'on procédât à opiner sur la régence, qu'il réclamoit comme son droit. Il fut aussitôt déclaré régent sans contradiction : il ne fut plus question du testament, et l'on procéda à régler plusieurs autres choses selon que le Régent le souhaitoit. Le duc du Maine et le comte de Toulouse, qui avoient, aussi bien que tous nous autres, donné leurs voix pour la régence, voulurent discuter l'article du commandement de la maison du Roi, mais personne ne se joignit à eux. Ainsi le duc du Maine, voyant qu'on lui ôtoit tout ce que le feu Roi avoit réglé en sa faveur, demanda en grâce qu'au moins on voulût, pour lui conserver son honneur, lui accorder quelque titre honorifique. Sur cela les gens du Roi proposèrent le nom de surintendant de l'éducation du Roi ; et la cour y consentit, avec la clause toutefois que cela ne lui donneroit aucune autorité sur les officiers de la maison du Roi ni sur les troupes, ayant été spécifié clairement que l'on ne reconnoissoit d'autorité supérieure dans le royaume que celle de monseigneur le duc d'Orléans, régent.

Le 12 du même mois, le Roi alla au parlement tenir un lit de justice, où tout ce qui avoit été réglé le 2 fut publié et enregistré.

Le duc d'Orléans commença sa régence par établir des conseils dans lesquels les affaires devoient passer, au lieu d'en laisser la disposition aux seuls ministres ; ce qui a certainement de grands inconvéniens : mais aussi il est à craindre que cette grande multitude de conseillers ne retardent les expéditions, et surtout dans la partie de la guerre, où, pour que les choses aillent bien, un seul homme doit être chargé du détail, après que les points ont été réglés dans le conseil. Quoi qu'il en soit, le Régent avoit promis d'en passer par la pluralité des voix dans les conseils, ne se réservant que le pouvoir de faire des grâces, par l'entière disposition des charges, emplois et bénéfices.

Le duc de Bourbon fut déclaré chef du conseil de régence ; le comte de Toulouse, chef du conseil de marine, ayant sous lui pour président le maréchal d'Estrées ; le maréchal de Villeroy, chef du conseil des finances, et le duc de Noailles, président ; le maréchal d'Huxelles, président du conseil des affaires étrangères ; le maréchal de Villars, président du conseil de la guerre ; le duc d'Antin, président du conseil des affaires du dedans du royaume ; et le cardinal de Noailles, président du conseil de conscience.

Le Régent me proposa d'être du conseil de guerre : mais comme la première place étoit prise, je ne crus pas qu'il me convînt, par toutes sortes de raisons, d'être en second sous mon camarade, d'autant que le reste du conseil étoit composé de lieutenans-généraux. Si j'avois voulu agir comme d'autres qui, dès avant la mort du Roi, avoient fait leur marché avec monseigneur le duc d'Orléans, j'aurois peut-être été traité aussi avantageusement ; mais, Dieu merci, je n'ai point à me reprocher d'avoir jamais voulu entrer en aucune cabale : j'ai toujours eu pour principe de m'attacher inviolablement au maître et à la justice ; c'est pour cela que j'avois toujours évité de rien écouter sur l'avenir. Toutefois, dès que le Roi fut sans espérance, je me déclarai pour le duc d'Orléans, le bon droit et l'intérêt de l'Etat s'y trouvant. Je pressai le Régent de me nommer de la régence ; mais il s'en excusa sur les ménagemens qu'il avoit à garder avec le roi Georges, et me dit qu'en attendant qu'il pût me placer dans ce poste et marquer l'estime qu'il avoit pour moi, il me donneroit quelque commandement considérable dans le royaume. J'avoue que ses raisons ne me satisfirent pas ; mais il fallut bien prendre patience.

Le comte de Stairs, ministre d'Angleterre, avoit, devant et après la mort du Roi, donné des assurances à monseigneur le duc d'Orléans de l'amitié de son maître ; et que s'il se trouvoit en France quelque opposition à ses justes droits, il l'assisteroit de toutes ses forces. Le Régent avoit écouté avec plaisir de pareils discours, et avoit aussi fait donner au roi Georges des assurances de l'envie qu'il auroit de lui plaire ; le tout dans la vue de se précautionner contre la cabale qu'il savoit être formée contre lui. En effet, il est certain que la plupart de ceux qui approchoient le feu Roi, à force de lui représenter le danger qu'il y auroit à craindre de la part du duc d'Orléans s'il avoit la puissance en main, l'avoient convaincu de la nécessité de prendre des mesures convenables pour l'empêcher. Sur cela, il avoit fait son testament, dicté par le chancelier Voisin, et l'on croit que le duc du Maine et autres des plus accrédités, n'avoient cessé de tourmenter le Roi jusqu'à ce qu'il l'eût mis en dépôt au parlement avec une déclaration. Je sais pourtant, par la reine d'Angleterre, combien peu le Roi croyoit que cela serviroit ; car cette princesse étant allée lui faire compliment sur l'action de prudence qu'il venoit de faire, il répondit en ces termes : « On a voulu absolument que je la fisse ; mais dès que je serai mort il n'en sera ni plus ni moins. »

Stairs ne cessa, dès que le duc d'Orléans fut reconnu régent, de faire sa cour assidûment ;

et sachant que le feu de rébellion étoit prêt à s'allumer dans l'île de la Grande-Bretagne, il pressa vivement le Régent d'empêcher que le Prétendant ne passât par la France pour s'y rendre. Mais comme le duc d'Orléans avoit appris que le roi Georges et les whigs ne cessoient de publier qu'ils ne prétendoient pas s'en tenir à la paix d'Utrecht, il voulut profiter de l'occasion pour en découvrir la vérité ; ainsi il répondit qu'il étoit prêt d'entrer dans les liaisons les plus étroites, pourvu que l'Angleterre donnât en même temps des assurances de sa résolution à s'en tenir au dernier traité de paix ; et que pour cet effet l'on fît une alliance défensive, où les Hollandois seroient invités d'entrer. Stairs répliqua que le meilleur moyen pour entamer une pareille négociation étoit de commencer par prendre ensemble des mesures contre le prétendant. Le Régent, voyant par cette réponse que Stairs ne cherchoit qu'à l'amuser, lui en fit aussi de très-vagues, et résolut non-seulement de ne point s'opposer aux desseins du roi Jacques, mais de l'aider même sous main en tout ce qu'il pourroit, sans que cela parût ; car, connoissant le mauvais état du royaume, il étoit dans l'intention d'éviter toute guerre. Toutefois Stairs ayant découvert que nous avions au Havre quelques vaisseaux chargés d'armes, et en ayant porté sa plainte, le Régent ne put se dispenser de faire arrêter lesdites armes ; ce qui fut d'un grand préjudice aux affaires du roi Jacques, qui ne pouvoit s'en procurer d'ailleurs pour envoyer où l'on en avoit besoin, tant à cause que l'argent lui manquoit, que par l'impossibilité d'acheter en aucun pays des armes sans la permission du souverain.

Le comte de Marr, qui avoit été secrétaire d'Etat pour l'Ecosse du temps de la reine Anne, et qui en avoit été dépossédé par Georges, reçut au mois de septembre un ordre secret du roi Jacques de s'en aller dans l'instant en Ecosse et d'y prendre les armes. Ni Bolingbrocke ni moi ne savions rien de ceci, quoique nous fussions ses principaux ministres, par qui toutes les correspondances d'Angleterre et tous les projets passoient ; ce qui ne faisoit rien augurer de bon, vu que sans nous il ne pouvoit y avoir rien de concerté. Quoi qu'il en soit, Marr partit par mer de Londres et mena avec lui M. d'Hamilton, lieutenant-général, homme qui avoit servi long-temps avec distinction en Hollande et en Flandre. Il débarqua dans le nord d'Ecosse ; et peu de jours après ayant rassemblé ses amis et vassaux, il proclama publiquement le roi Jacques, sommant tout bon sujet de se joindre à lui pour rétablir leur souverain légitime sur le trône de ses ancêtres et délivrer la nation de la tyrannie de Georges, duc de Brunswick, usurpateur de la monarchie. Un grand nombre de montagnards et de seigneurs considérables l'ayant joint, il marcha en avant et s'empara de la ville de Perth ; au moyen de quoi il se trouvoit maître de toute la partie d'Ecosse qui est au-delà de la rivière de Tay.

Quelques officiers avoient en même temps tenté de surprendre le château d'Edimbourg ; ce qui auroit rendu Marr maître de toute l'Ecosse et auroit obligé ses ennemis de quitter le poste de Sterling : mais ce projet manqua. Dès que le roi Georges apprit la révolte de Marr, il fit partir de Londres le duc d'Argyle qui, sans s'arrêter à Edimbourg, s'avança à Sterling avec ce qu'il put ramasser de troupes, dont le nombre ne montoit qu'à quinze cents hommes. Georges fit en même temps marcher quelques régimens d'Angleterre en Ecosse et donna ordre qu'on y en transportât plusieurs d'Irlande ; il envoya aussi demander aux Etats-généraux les six mille hommes qu'ils étoient tenus de donner, par les traités faits avec la feue Reine en faveur de la succession protestante.

Cependant Marr s'amusoit à former son armée et à régler toutes les affaires comme s'il avoit été sûr d'en avoir le temps nécessaire. S'il avoit marché en avant dès qu'il eut rassemblé huit ou dix mille hommes, il n'auroit certainement trouvé aucune opposition, et Argyle auroit été obligé d'abandonner l'Ecosse pour se retirer à Berwick. Alors il auroit pu mettre son armée en règle, convoquer un parlement et marcher sur les frontières, soit pour les défendre contre les troupes de Georges, ou pour s'avancer en Angleterre et y joindre les amis du roi Jacques, en cas qu'ils y formassent un parti, comme on avoit lieu de l'espérer : mais son peu de connoissance de la guerre lui fit manquer son coup, et il donna le temps aux troupes, qui marchoient de tous côtés, de joindre le duc d'Argyle. L'on peut avoir beaucoup d'esprit, beaucoup de courage personnel, être habile ministre, et toutefois n'avoir pas les talens requis pour une entreprise de cette nature. Il est certain que Marr ne les avoit pas ; et aussi il ne faut pas s'étonner s'il ne réussit pas. Après avoir tiré l'épée, il ne sut plus comment il falloit s'y prendre pour aller en avant, et par-là manqua l'occasion la plus favorable qui se fût présentée depuis la révolution de 1688.

Peu après que Marr se fut emparé de Perth, le sieur Forester, gentilhomme accrédité dans la province de Northumberland, les lords Derwentwater, Widrington et autres, y avoient pris les armes et proclamé le roi Jacques ; mais leur principale force ne consistant qu'en cavalerie, ils demandèrent à Marr un secours d'infanterie ; sur quoi celui-ci détacha le brigadier Mackintosh avec dix-huit cents montagnards pour les joindre. Mackintosh passa le Firth auprès d'Edimbourg, malgré quelques vaisseaux ennemis qui s'y trouvoient, et, au lieu de marcher par le plus court pour joindre Forester, il s'approcha d'Edimbourg. Le duc d'Argyle y accourut en diligence de Sterling, et Mackintosh se retira à un vieux fort ruiné, appelé Leith, distant d'un mille de la ville : il n'auroit pu s'y maintenir faute de vivres, si le duc d'Argyle n'eût été obligé de retourner promptement à Sterling, pour faire tête à Marr qui y marchoit. Mackintosh, sorti de ce mauvais pas où il s'étoit embarqué ridiculement, prit au plus tôt la route des frontières d'Angleterre ; et en chemin faisant il fut joint par les lords Kenmure, Nithisdale, etc., avec cinq cents chevaux de la partie méridionale d'Ecosse ; mais il perdit beaucoup de ses montagnards qui regagnèrent leur pays. Après qu'ils se furent tous joints à Forester, au lieu de marcher droit en Ecosse pour tomber sur Argyle d'un côté, pendant que Marr l'attaqueroit de l'autre (ce qui étoit l'unique bon parti à prendre), ils s'avancèrent dans le diocèse de Durham, ayant quelque espérance que la ville de Newcastle se déclareroit pour eux ; mais le général Carpenter les ayant prévenus et s'y étant posté avec un bataillon et quelques dragons, ils prirent le chemin de la province de Lancastre, où nombre de catholiques grossirent leur armée. Ils s'avancèrent jusqu'à Preston, comptant que les provinces voisines prendroient aussi les armes : mais le général Wills, que le roi Georges y avoit envoyé, ayant rassemblé quelqu'infanterie et plusieurs régimens de cavalerie et de dragons, marcha droit à eux et se trouva devant Preston avant qu'ils en eussent la moindre nouvelle. Ils se mirent en défense et même repoussèrent vivement les troupes dans les premières attaques ; de manière que, vu la supériorité de Forester et le peu de monde qu'avoit Wills, il y a apparence que celui-ci auroit été sinon battu, au moins obligé de se retirer : mais tout d'un coup la tête ayant tourné à Forester et à la plupart des principaux de leur parti, ils demandèrent à capituler. Les ennemis surent si bien les ménager qu'ils se soumirent à la discrétion du roi Georges, en se contentant de l'assurance que leur donna Wills d'employer ses bons offices en leur faveur. Forester avoit environ deux mille hommes avec lui, et Wills n'en avoit que mille au plus.

Cependant Marr, après s'être amusé longtemps à Perth, se mit en marche pour aller tenter le passage de la rivière de Tay, au-dessus de Sterling. Argyle, en étant averti, alla au devant de lui et ils se rencontrèrent à Auchtérader. L'armée du roi Jacques pouvoit être de neuf à dix mille hommes, et celle du roi Georges de trois à quatre mille.

D'abord Argyle rompit la gauche de Marr, et celui-ci battit à plate couture le reste de l'armée ennemie, dont il fit un assez grand carnage ; mais il ne les poursuivit pas et laissa Argyle, avec sa droite, se retirer en bon ordre à Sterling. Le lendemain, au lieu de profiter de son avantage, il remarcha à Perth : il donnoit pour raison qu'il manquoit de vivres, ses troupes les ayant jetés en allant au combat ; et que de plus les montagnards ne vouloient plus se battre. Il auroit pourtant dû chercher les moyens de les y engager ; car il lui étoit important de pousser sa pointe et de tout hasarder pour battre Argyle avant que les Hollandois l'eussent joint. Cette bataille se donna à peu près en même temps qu'arriva la triste aventure de Preston.

Marr ayant su que milord Sutherland, malgré l'engagement où il étoit, sur parole d'honneur, de ne plus remuer contre le roi Jacques, s'étoit de nouveau soulevé dans le nord et s'étoit même emparé d'Inverness, détacha les marquis de Huntley et de Séafort avec leurs vassaux, qui faisoient cinq à six mille, pour aller réduire Sutherland ; mais ces seigneurs, au lieu d'entrer d'abord en action, se laissèrent amuser par des négociations ; et même Huntley, à qui on offroit son pardon, l'accepta ; ce qui acheva de ruiner les affaires du roi Jacques. Séafort n'étoit pas assez fort de lui-même pour attaquer Sutherland : ainsi il se contenta de garder son pays, sans commettre d'hostilités.

Le roi Jacques, sur la nouvelle qu'il eut du soulèvement de Marr, partit au mois d'octobre de Bar, et se rendit *incognito* à Saint-Malo, où il fut retenu quelques jours par les vents contraires, pendant lequel temps ayant eu avis que les partisans de Georges s'étoient emparés de Dimstafnage, lieu dans les montagnes destiné pour sa descente, il prit le chemin de Dunkerque, où il s'embarqua, et mit pied à terre à Peterhead vers la fin de décembre. Jamais voyage ne fut plus long, car il se passa deux mois entiers depuis son départ de Lorraine jusqu'à son arrivée en Ecosse : aussi donna-t-il occasion à beaucoup de murmures parmi les Ecossois, et à beaucoup de mauvais discours parmi les autres; outre que le comte de Stairs, qui en fut à la fin informé, en porta sa plainte au Régent, demandant qu'on empêchât ce prince de traverser la France. Le Régent répondit que dès qu'on lui diroit où il pouvoit être, il y enverroit, pour le reconduire d'où il venoit ; mais qu'il n'étoit pas obligé d'être ni l'espion ni le prévôt du roi Georges. A quelques jours de là, Stairs assura le Régent que le Prétendant devoit arriver un tel jour à Châlons en Champagne; sur quoi Contades, major des gardes françoises, fut envoyé de ce côté-là pour tâcher de le trouver et le ramener à Bar : mais il n'eut garde de le rencontrer; car, outre qu'il y avoit déjà plusieurs jours qu'il étoit passé, il avoit pris une route détournée. A son retour, Contades fit de beaux contes à Stairs de tout ce qu'il avoit fait, dont celui-ci fit semblant d'être content, quoique dans le fond il jugeoit bien que le Régent n'avoit pas grande envie d'empêcher le passage du Prétendant, et que Contades n'avoit eu aucune envie de réussir dans sa commission.

Stairs avoit pareillement envoyé de tous côtés des émissaires pour tâcher de découvrir la marche du Prétendant; mais ce prince étoit si bien déguisé et marchoit si peu accompagné, qu'il n'en put jamais être informé que trop tard pour en faire usage.

L'on a dit aussi dans le monde que Stairs avoit employé des gens pour assassiner le roi Jacques : je dois cette justice à la vérité, qu'après avoir examiné à fond toutes les raisons qu'on alléguoit pour prouver cette accusation, je les ai toutes trouvées frivoles; et quoique Stairs fût un grand wigh, et par conséquent ennemi juré du parti jacobite, je le crois pourtant trop homme d'honneur pour avoir jamais eu une pareille pensée. Le duc de Marr, dont les intérêts étoient bien opposés à ceux de Stairs, en a toujours parlé de la même manière, et quand il dit du bien de son ennemi on doit l'en croire.

Le duc d'Ormond étoit parti de Paris à peu près en même temps que le roi Jacques de Bar : il s'étoit embarqué en Normandie avec une vingtaine d'officiers et vingt-cinq cavaliers du régiment de Nugent, qui se trouvoit pour lors en quartier de ce côté-là. Une tempête le força de relâcher ; puis, étant de nouveau retourné sur les côtes d'Angleterre, il revint sans oser y débarquer, ayant appris que le roi Georges, instruit par le colonel Maclaine des projets formés dans l'ouest, y avoit envoyé un corps de troupes et fait arrêter nombre de personnes. Ce Maclaine étoit l'homme de confiance dont le duc d'Ormond s'étoit servi pour conduire toutes ses pratiques ; c'étoit lui qui avoit concerté, avec les seigneurs les plus accrédités du pays, les mesures pour le soulèvement général, et qui s'étoit aussi accordé avec les officiers de la garnison de Plymouth sur la manière dont ils devoient se saisir de cette place. Georges commença par changer la garnison de Plymouth, fit entrer dans Bristol un régiment d'infanterie et fit toutes les dispositions convenables pour empêcher l'exécution des desseins d'Ormond. Cela ne lui fut pas difficile, en étant instruit à fond par Maclaine : de plus, milord Lansdown et le chevalier Windham, principaux arcs-boutans de toute cette affaire, ayant été découverts et arrêtés, il ne se trouva plus de chef capable de remédier à ce contre-temps, et tous les gentilshommes du pays effrayés, firent dire au duc d'Ormond qu'ils ne pourroient plus le joindre, selon qu'ils s'y étoient engagés.

Je ne puis m'empêcher de faire encore une observation sur le ridicule du projet d'Ormond. Quand il quitta Richemont, que ne s'en alloit-il tout droit dans l'ouest ? Ses amis étoient alors en liberté; ils étoient dans les meilleures dispositions du monde : il y avoit deux à trois cents officiers réformés qui l'attendoient, et Georges n'avoit aucunes troupes pour s'opposer à lui. Croyoit-il que de passer par la France lui donneroit un relief ? et ne devoit-il pas considérer qu'en fait de soulèvement il ne faut pas laisser refroidir les esprits; que chaque moment est précieux, et que celui qu'on perd ne peut plus se retrouver?

Le roi Jacques, en même temps qu'il donna ordre au duc d'Ormond de partir de Paris pour l'Angleterre, m'envoya aussi une commission et un ordre en forme pour me rendre en Ecosse et y prendre le commandement de l'armée. Comme je m'étois, du consentement de ce prince, fait naturaliser François; qu'ainsi j'étois devenu sujet du Roi Très-Chrétien; que j'étois de plus officier de la couronne de France, engagé par plusieurs sermens à ne sortir du royaume qu'avec permission par écrit, et que, loin de me le permettre en cette occasion, le feu Roi et le Régent me l'avoient expressément défendu, je ne crus pas qu'en honneur et en conscience je pusse déférer à l'ordre que j'avois reçu.

Milord Bolingbroke devoit rester à Paris pour veiller aux intérêts du roi Jacques, et tâcher de lui fournir tout ce dont il avoit besoin. L'affaire étoit d'autant plus difficile, que le Régent, malgré ses bonnes intentions, ne vouloit pas paroître ; il avoit chargé de ce soin M. Le Blanc et le petit Renault. Ces messieurs faisoient espérer à Bolingbrocke qu'ils lui donneroient des armes ; mais il eut beau les faire solliciter sous main (car ils n'osoient le voir eux-mêmes), jamais il n'en tira rien que de belles paroles ; et, pour dire la vérité, je crois que le Régent, commençant à avoir mauvaise opinion de cette entreprise, n'étoit pas trop porté à exécuter ce qu'il avoit fait espérer : de plus, parmi nos gens il y avoit des cabales qui ne contribuoient pas peu à faire échouer toutes choses. Bolingbrocke étoit haï des Irlandois, qui ne cessoient de crier contre lui ; le duc d'Ormond, homme foible, se laissa aller aux jalousies qu'on lui inspiroit, comme si Bolingbrocke n'avoit pas pour lui assez d'égards. La Reine, et ceux en qui elle avoit plus de confiance à Saint-Germain, étoient très-mécontens de ce qu'il ne les consultoit pas continuellement et de ce qu'il ne leur disoit pas régulièrement tout ce qu'il faisoit. Des femmes même à Paris, qui vouloient être ministres et qui avoient trouvé moyen par des souterrains de s'introduire auprès du duc d'Orléans, s'acharnèrent à décrier Bolingbrocke auprès de ce prince. En effet, je trouvai, dans plusieurs conversations que j'eus avec lui, qu'il étoit mécontent de Bolingbrocke ; et ce qui paroîtra plus extraordinaire, c'est que la seule raison qu'il m'en donna fut qu'il s'adressoit à ces femmes pour le tourmenter depuis le matin jusqu'au soir. Je l'assurai qu'il ne le faisoit que parce qu'il ne savoit par où pouvoir d'ailleurs parvenir à Son Altesse Royale. Sur cela il me dit qu'il eût à s'adresser au maréchal d'Huxelles et à nul autre ; moyennant quoi il l'écouteroit volontiers. Bolingbrocke dans l'instant rompit toute liaison avec ces femmes, lesquelles, déjà mal disposées en sa faveur, et irritées par le changement de sa conduite, se déchaînèrent contre lui. Le Régent même me le dit, et m'ordonna en même temps d'assurer Bolingbrocke qu'il étoit content de lui. Cependant rien ne se faisoit pour le roi Jacques de la part de la France, et tout aboutissoit à des espérances dont on ne voyoit nul effet.

Le Roi d'Espagne en agit avec plus de franchise ; car, sur la représentation que nous lui fîmes du besoin que le roi Jacques avoit d'une somme d'argent, il nous envoya cent mille écus en lingots d'or, que nous fîmes partir aussitôt avec mon fils, le chevalier Areskin et M. de Bulkeley ; mais tout sembloit conspirer pour ruiner nos projets : le vaisseau où ils étoient fit naufrage sur la côte d'Ecosse, et ils n'eurent que le temps de se sauver la nuit dans la chaloupe, sans pouvoir emporter les lingots qu'ils avoient cachés dans le fond du bâtiment.

J'ai déjà dit que, sur la représentation de Stairs, l'on avoit arrêté au Havre les armes qui y étoient embarquées : il nous restoit outre cela trois mille fusils, qui par bonheur étoient dans un vaisseau au bas de la Seine : nous voulions les envoyer en Ecosse, mais le duc d'Ormond, qui n'avoit en tête que son expédition d'Angleterre, les garda, en dépit que nous en eussions, de manière qu'ils n'ont jamais servi de rien.

Le roi Jacques, à son arrivée en Ecosse, y trouva les affaires dans un état déplorable. Son armée, que le duc de Marr, par ses lettres, avoit fait monter à seize mille hommes, ne consistoit plus qu'en quatre ou cinq mille, mal armés, mal en ordre et dépourvus de tout. Il ne laissa pas de se rendre à Perth, afin de voir ce que pourroit produire sa présence : il manda aux marquis de Huntley et de Séafort de le venir joindre ; mais le premier ayant déjà fait sa paix, s'excusa sur la mauvaise saison et sur ce qu'il ne pourroit de quelque temps rassembler ses vassaux, qui s'étoient retirés chez eux. Le second alléguoit les mêmes raisons, outre qu'il ne pouvoit laisser son pays exposé aux invasions de Sutherland. Le roi Jacques ne pouvant faire venir ces messieurs, leur envoya des officiers et de l'argent, afin de les maintenir dans ses intérêts.

[1716] Cependant Argyle, malgré la rigueur de la saison, faisoit tous les préparatifs nécessaires pour marcher en avant dès que les six mille Hollandois l'auroient joint : aussi avoit-il fait venir nombre de pionniers pour lui ouvrir les chemins au travers de la prodigieuse quantité de neige qui étoit tombée ; il avoit rassemblé tous les chariots du pays, pour porter non-seulement ses munitions de guerre et de bouche, mais aussi du bois et du charbon pour chauffer ses troupes ; il avoit un très-grand train d'artillerie, en un mot tout ce qu'il falloit tant pour sa subsistance que pour un gros siége. Il se mit en marche le 9 février d'auprès de Sterling, et campa le premier jour à Dumblain, le lendemain à Auchtérader, où s'étoit donnée la bataille, et le 11 il arriva à Tullibardinn, à huit milles de Perth. Cette dernière ville n'avoit d'autres fortifications qu'une simple muraille, et quoique Marr y eût fait travailler, le manque d'outils, de matériaux, d'argent et de gens entendus, joint au mauvais temps, avoit été cause que les fortifications étoient très-peu de chose. A la vérité il y avoit vis-à-vis un poste en soi-même très-bon, étant couvert par la rivière, qui est très-large, et qu'on ne peut passer à gué qu'à dix milles au-dessus, dans un pays de montagnes de difficile accès. Malheureusement le froid étoit si excessif que toutes les rivières étoient entièrement gelées, de manière que les ennemis la traversèrent comme s'il n'y avoit eu qu'une plaine. Cette raison, et le mauvais état de sa petite armée, inférieure de moitié à celle d'Argyle, déterminèrent le roi Jacques à quitter Perth. Il l'abandonna le 11 et se retira à Dundée, d'où il se rendit à Montrose avec une partie de ses troupes et envoya l'autre à Bréchin. Le chevalier Areskin, qui vint en France de sa part donner avis de cette démarche, me dit positivement que le Roi avoit dessein de se retirer vers le nord à mesure que les ennemis avanceroient, et qu'un peu en deçà d'Aberdeen il étoit résolu de tenir ferme, y ayant un poste excellent, que cinq cents hommes défendroient contre dix mille. La droite de ce poste étoit appuyée aux grandes montagnes et la gauche à la mer : un marais impraticable, que l'on ne pouvoit passer que sur une chaussée, couvroit tout le front. Mais deux jours après l'arrivée du chevalier Areskin, nous apprîmes que, sur l'approche d'Argyle, le roi Jacques avoit fait marcher ses troupes vers le nord ; qu'il s'étoit, de sa personne, embarqué avec Marr et quelques autres et qu'il étoit arrivé en France. Il laissa le commandement au général Gordon, lui ordonnant de tâcher d'obtenir de l'ennemi des conditions pour ceux qui étoient dans son parti. Il est naturel de croire que, dès que les montagnards et autres surent le départ de leur Roi, il ne fut plus question que de se disperser et de se cacher.

Ainsi finit dans un instant cette entreprise : tout le pays se soumit au duc d'Argyle, qui s'étoit avancé à Aberdeen, et ceux qui ne crurent pas pouvoir obtenir de pardon se retirèrent dans les îles, d'où ensuite ils passèrent en France. Mon fils et M. de Bulkeley, que le roi Jacques n'avoit pas emmenés avec lui, ne pouvant se résoudre à se cacher dans les montagnes comme d'autres, se hasardèrent à venir du nord d'Ecosse à Edimbourg. Personne ne les découvrit, et après avoir resté huit jours dans cette capitale, ils louèrent un bâtiment qui les débarqua en Hollande, d'où ils gagnèrent au plus tôt la France. Le Régent, à la sollicitation de milord Stairs, leur fit ôter leurs emplois, aussi bien qu'à tous ceux qui avoient été en Ecosse. En ôtant le régiment à mon fils on me le rendit.

L'on sera peut-être curieux de savoir pourquoi le roi Jacques revint si tôt d'Ecosse, et pourquoi, selon ce que nous avoit assuré le chevalier Areskin, il ne s'étoit pas retiré au poste en deçà d'Aberdeen : tout ce que j'en ai pu découvrir est que Marr lui avoit persuadé qu'il n'étoit plus possible de soutenir l'entreprise ; que ce seroit ruiner totalement ceux de son parti, et qu'ainsi il falloit, par sa retraite, leur donner lieu de faire un accommodement que sa présence rendoit impraticable. Il est vrai que cette réflexion auroit pu être faite avant le départ d'Areskin ; mais je suis convaincu que s'il y a eu une faute commise, elle n'est venue que de la trop grande déférence de ce jeune prince aux avis d'autrui.

Le Roi vint secrètement à Saint-Germain, où il demeura quelques jours : de là il en alla passer huit auprès de Neuilly, et fut ensuite à Châlons en Champagne, pour y attendre la réponse du duc de Lorraine. Ce prince faisoit quelques difficultés de lui permettre de revenir en Lorraine, à cause des égards qu'il se croyoit obligé d'avoir pour le roi Georges : il lui conseilla donc d'aller aux Deux-Ponts, l'assurant toutefois que si le roi de Suède ne l'y vouloit pas souffrir, il le recevroit dans ses Etats, au hasard de ce qui lui en pourroit arriver. Le roi Jacques, très-mécontent de cette réponse, aussi bien que de ce que le prince de Vaudemont lui conseilloit la même chose, s'en alla à Avignon, où les ducs d'Ormond, de Marr et nombre d'autres seigneurs se rendirent auprès de lui.

Pendant le séjour que le roi Jacques avoit fait auprès de Paris, il avoit congédié milord Bolingbrocke de la manière du monde la plus offensante. Il lui avoit fait, à son retour d'Ecosse, une réception très-gracieuse, et lui avoit témoigné une confiance entière ; enfin, après lui avoir donné ses ordres sur plusieurs choses dont il le chargeoit, et lui avoir surtout recommandé de se dépêcher de le suivre, il fit semblant de partir de la Malmaison pour Châlons ; mais au lieu de cela il s'en alla chez mademoiselle de La Chausseraye, auprès de Neuilly. Au bout de deux jours, il envoya le duc d'Ormond redemander les sceaux à milord Bolingbrocke, qui fut très-surpris d'un pareil message et les rendit sur-le-champ. Ce prince publia, pour raison de ce qu'il venoit de faire, que milord Bolingbrocke avoit totalement négligé d'envoyer en Ecosse aucun secours d'armes, d'argent, etc., et que cela étoit cause du mauvais succès de ses affaires. Les brouillons de Saint-Germain ajoutoient qu'il n'avoit tenu qu'à lui d'avoir du Régent toutes sortes de secours ; mais qu'il ne l'avoit pas voulu, afin de ruiner le Prétendant, qu'il trahissoit sous main : mais la véritable raison de sa disgrâce procédoit d'autres motifs ; l'on pourroit même croire que le roi Jacques, qui désiroit de se disculper de tout ce que la malice de ses ennemis pourroit inventer contre lui, n'étoit pas fâché qu'on rejetât tout sur Bolingbrocke. D'un autre côté, le duc d'Ormond avoit toujours été jaloux de Bolingbrocke, qu'il regardoit comme un génie supérieur, et par conséquent comme devant toujours avoir plus de crédit que lui. Mille petits politiques, qui ne trouvoient point leur compte avec un ministre aussi éclairé, et qui se croyoient assurés de tout faire et tout savoir si Ormond gouvernoit, ne cessoient d'animer ce dernier contre lui et de rendre ses moindres actions odieuses. Marr avoit aussi son intérêt particulier en vue : il vouloit faire croire au public que s'il avoit été secouru par Bolingbrocke, son entreprise auroit réussi ; il vouloit de plus être le seul ministre et tout gouverner ; et pour cela il falloit nécessairement éloigner Bolingbrocke ; car, connoissant le petit génie du duc d'Ormond, il ne craignoit pas de le trouver dans son chemin. Mademoiselle de La Chausseraye et plusieurs autres femmes que j'ai marqué ci-devant être fâchées contre Bolingbrocke à cause qu'il ne les consultoit plus, se joignirent au reste des assaillans ; et il y a apparence que les ministres de Saint-Germain, s'ils ne poussèrent pas à la roue, du moins ne s'opposèrent pas à ce renvoi. Il faudroit être dépourvu de tout bon sens pour ne pas voir la faute énorme que le roi Jacques faisoit en chassant le seul Anglois capable de manier ses affaires ; car, quoi qu'en puissent dire quelques personnes plus passionnées que sensées, de l'aveu de toute l'Angleterre, Bolingbrocke est un des plus habiles ministres qu'il y ait eus. Il est né avec des talens supérieurs, qui l'ont élevé, quoique très-jeune, aux plus hauts des emplois ; il étoit, de plus, très-accrédité parmi les chefs du parti tory, dont, pour ainsi dire, il étoit l'âme. N'étoit-ce pas la plus grande faute de se défaire d'un tel homme dans le temps où l'on en avoit le plus de besoin et où il ne convenoit pas de se faire de nouveaux ennemis ? Quand même il auroit failli, la prudence vouloit que l'on trouvât un moyen plus doux pour lui ôter le maniement des affaires, et il auroit été facile de le trouver : il n'y avoit qu'à lui insinuer qu'à cause de la froideur qui étoit entre lui et Ormond, il ne convenoit pas qu'ils fussent ensemble ; que, de plus, sa présence à Paris étoit nécessaire pour veiller de plus près à tout ce qui se passeroit. L'on pouvoit même lui faire dire avec franchise que, pour des raisons particulières, l'on ne croyoit pas devoir se servir de lui plus long-temps : je connois assez son humeur et son caractère pour assurer qu'il auroit demandé de lui-même à quitter. Mais de lui faire un affront public et de vouloir noircir sa réputation dans le monde, c'est une action incompréhensible : aussi a-t-elle ôté au roi Jacques beaucoup plus d'amis qu'il ne croit.

Comme j'ai été en partie témoin de ce que Bolingbrocke a fait pour le roi Jacques pendant qu'il s'est mêlé de ses affaires, je lui dois cette justice qu'il n'a rien omis de ce qu'il pouvoit faire : il a remué ciel et terre pour obtenir des secours, mais la cour de France l'a toujours amusé ; et quoiqu'il le vît et qu'il s'en plaignît, il n'y avoir pourtant point d'autre puissance à qui il pût s'adresser. De plus, les cabales dont j'ai déjà parlé le contrecarroient en tout. Le roi Jacques lui fit quelque temps après demander toutes les lettres qu'il lui avoit écrites, et il les rendit sur-le-champ, sans même en garder de copie. Le duc de Marr lui joua un assez vilain tour : il lui dit qu'étant accablé d'affaires, il n'avoit point gardé minutes de ses lettres ; qu'ainsi il le prioit de les lui prêter pour en prendre des copies. Bolingbrocke les donna, et il n'a jamais pu les ravoir.

Au mois d'avril, je fus nommé commandant en Guienne, à la place du maréchal de Montrevel, qui devoit aller en Alsace. La cause de ce changement venoit de ce que le duc d'Orléans étoit bien aise d'avoir en ce pays-là une personne sur qui il pût compter, d'autant qu'il n'avoit pas lieu de se fier à M. le duc du Maine, dont le second fils étoit gouverneur de cette province ; il avoit même, dans cette vue, eu intention de me donner aussi le commandement du Languedoc, et je devois faire ma résidence à Toulouse, qui se trouve au centre de ces deux provinces : mais je représentai que cela pourroit m'attirer des envieux, et de plus donner occasion à des raisonnemens qu'il valoit mieux éviter ; qu'en cas de besoin il seroit toujours assez à temps de m'envoyer la commission.

Le duc du Maine, fâché de ce que le duc d'Orléans m'avoit destiné pour la Guienne sans lui en avoir parlé auparavant, fit tout ce qu'il put pour l'empêcher ; et ne pouvant y réussir, il s'avisa, pour me donner une mortification, de faire insérer dans mes patentes : *Sous l'autorité de son fils le comte d'Eu.* Il prétendoit que c'étoit un privilége appartenant aux princes du sang. Dès que je le sus, je déclarai que s'il ne prouvoit cet usage, je n'accepterois pas l'emploi à ces conditions, ne voulant pas être le premier à faire une planche si contraire à la dignité de maréchal de France ; que nous savions fort bien la différence qu'il y avoit de nous à un prince du sang ; que nous leur rendrions toujours toutes sortes de respects ; mais qu'en fait de commandement nous ne pouvions obéir à aucun absent, qu'au Roi et au Régent. M. de La Vrillière, secrétaire d'Etat, me vint trouver de la part du duc d'Orléans, pour me montrer les exemples sur la prétention du duc du Maine, et pour me dire que Son Altesse Royale s'attendoit que je n'y ferois aucune difficulté. Je répondis que les exemples qu'il m'alléguoit faisoient pour moi ; et qu'ainsi j'aurois l'honneur d'en parler moi-même à Son Altesse Royale. En effet, j'allai au Palais-Royal et fis voir clairement au prince qu'on lui en avoit imposé. Toutefois comme le Régent, en quelque sorte, s'étoit engagé avec le duc du Maine dans cette affaire, il ne savoit plus comment en sortir : il fit agir le duc de Noailles et plusieurs autres pour me persuader de céder, mais je demeurai ferme dans ma résolution ; si bien que pendant deux mois je fus incertain de mon sort. A la fin, le Régent voyant que j'étois inébranlable, et d'ailleurs la plupart des maréchaux de France mes confrères prenant hautement mon parti, il fit refaire mes patentes à l'ordinaire et je partis au mois de juillet pour Bordeaux. Le maréchal de Montrevel auroit pu dès le premier jour finir la dispute, en montrant ses lettres-patentes renouvelées trois mois avant la mort du feu Roi et par conséquent depuis que les légitimés avoient eu le rang et le titre de princes du sang : mais, pour ne pas se brouiller avec le duc du Maine, il ne le dit qu'après la décision. Le marquis de La Vrillière, qui avoit expédié les patentes du maréchal de Montrevel, auroit aussi dû le dire au Régent ; mais l'envie de faire sa cour au duc du Maine lui fit taire la vérité et le fit passer en cette occasion par-dessus les devoirs de son emploi.

SUITE ABRÉGÉE DES MÉMOIRES,

D'APRÈS LES LETTRES DU MARÉCHAL DE BERWICK, ET PRINCIPALEMENT SA CORRESPONDANCE AVEC LES MINISTRES.

Le maréchal de Berwick avoit déjà fait à l'âge de quarante-quatre ans vingt-six campagnes et rempli une grande carrière. La longue guerre dont l'Europe sortoit l'avoit mis en occasion de faire connoître, à la tête des armées, ses talens pour un art qui en demande plus qu'aucun autre pour y exceller, l'art des héros, et cela pendant les dernières campagnes (toutes heureuses et glorieuses) où il avoit commandé : chose bien digne de remarque, principalement dans cette guerre malheureuse où la victoire, accoutumée autrefois à suivre constamment nos drapeaux, sembloit presque partout ailleurs les avoir abandonnés. Une autre carrière vint encore s'ouvrir au maréchal de Berwick.

Il arriva à Bordeaux au mois de juillet 1716 pour prendre le commandement de la province de Guienne. Le Régent, qui connoissoit tout son mérite et qui s'étoit proposé de l'employer utilement pour l'Etat, auroit voulu, comme on l'a déjà vu, ne pas borner les soins du maréchal au commandement de cette seule province. Il avoit dès 1705 fait voir en Languedoc, où il commanda dans un temps critique et difficile, qu'il n'étoit pas moins propre au gouvernement civil qu'au commandement des armées : les hommes de génie le sont presque à tout. Le Régent lui écrivoit, à son arrivée à Bordeaux : « Rien n'est difficile entre vos mains et je vous prie de compter toujours sur mon amitié. » Elle étoit fondée cette amitié sur l'estime et la confiance entière dont le prince honoroit le maréchal, par la connoissance qu'il avoit acquise par lui-même de sa probité et de ses talens dans la campagne d'Espagne, qu'ils avoient faite ensemble en 1707, occasion qui servit à les unir pour toujours. Le Régent n'avoit pas beaucoup de foi aux honnêtes gens ; mais il disoit que s'il y avoit un parfaitement honnête homme dans le monde, c'étoit le maréchal de Berwick.

[1717] Toutes les parties de l'administration étoient pendant la régence régies par des conseils qui donnoient aux commandans des provinces une correspondance fort multipliée : il suffit de lire celle du maréchal de Berwick pour être convaincu du cas infini que les différens personnages de ces conseils faisoient de sa personne. Plusieurs étoient liés avec lui par l'amitié ; tous lui accordoient la plus grande estime.

Quoique sa réputation de sévérité eût, avant son arrivée en Guienne, disposé la province et particulièrement la ville de Bordeaux, à redouter son administration, et que, dans tout le temps qu'il y commanda, il eût continuellement avec le parlement des discussions, cependant il fut bientôt connu et alors « il fut aimé de tout le monde, dit le président de Montesquieu ; et il n'y avoit point de lieu où ses grandes qualités aient été plus admirées. » La noblesse avoit en lui une confiance entière et souvent les gentilshommes le prenoient pour le juge de leurs différends.

Dans toutes ses discussions avec le parlement, il eut toujours raison : mais quoique le ministre décidât en toute occasion suivant ses vues, parce qu'elles se trouvoient toujours évidemment les meilleures, il employoit ensuite dans l'exécution des ordres du Roi tant de prudence et de modération, qu'il étoit impossible même aux officiers du parlement de ne pas reconnoître qu'il n'avoit mis dans les affaires aucun amour propre, et que celui de la justice, de l'ordre et du bien général l'avoit uniquement guidé. S'il se décidoit toujours par lui-même, c'est qu'il pensoit que celui qui étoit chargé des affaires, se trouvant plus intéressé qu'aucun autre au succès, devoit être par cette raison plus intéressé aussi à prendre le bon parti ; mais ce n'étoit qu'après avoir écouté ceux qui devoient l'être et qui étoient capables de l'éclairer et de l'instruire sur ce qu'il falloit savoir : aussi personne ne montroit ensuite plus de fermeté. Comme cette fermeté étoit le fruit de l'examen le plus approfondi, et qu'elle tendoit toujours au bien, jamais il n'y en eut de plus éloignée de l'opiniâtreté.

On n'entrera point dans le détail d'un grand nombre d'affaires peu intéressantes qui occupèrent le maréchal de Berwick : il suffit d'avoir montré ses principes dont il ne s'écartoit jamais dans l'application.

[1718] Le parlement de Bordeaux, au mois d'avril 1718, voulut user du droit de remontrances que le Régent avoit fait rendre à tous les parlemens par la déclaration du 15 septembre 1715. Il refusa d'enregistrer les lettres patentes accordées à l'hôpital général de Saint-André. Ses délibérations avoient été très-vives. On jugea qu'il s'étoit écarté des règles et des dispositions de la déclaration même qui l'avoit rétabli dans les fonctions qu'il exerçoit; il ne devoit en user, par cette déclaration (1), que sur les objets qui regardoient le bien public du royaume : celui dont il s'agissoit ne concernoit qu'une affaire particulière. M. d'Argenson, garde des sceaux, manda cependant au premier président et au procureur général que Son Altesse Royale vouloit bien recevoir les remontrances du parlement, mais à condition qu'elles seroient faites dans le délai prescrit par la même déclaration et sans députation. Cependant le président Le Breton avoit été nommé député et étoit parti pour la cour sans en demander la permission. Cette démarche, dont il ne pouvoit se dispenser, auroit en quelque sorte corrigé sa nomination irrégulière.

Le maréchal de Berwick se croit obligé de rendre compte à Son Altesse Royale de tout ce qui se passe : M. de La Vrillière, secrétaire d'Etat de la province, instruit de son côté le maréchal que M. le Régent est déterminé à n'avoir aucun égard aux représentations du parlement, qui lui paroissoient n'en point mériter; qu'il envoie à M. de Courson, intendant de la province, une lettre de cachet pour l'avocat général Dudon, par laquelle il est relégué à Auch. La cour le regardoit comme le plus répréhensible, pour s'être opposé aux lettres patentes avec plus de vivacité qu'aucun membre du parlement, contre le devoir de sa charge d'avocat pour le Roi (2), qui auroit dû plutôt le porter à les soutenir. M. d'Argenson, dans sa réponse au maréchal de Berwick sur cette affaire, finit par lui dire : « On ne doit pas présumer que cette compagnie prenne en cette occasion d'autre parti que celui de se conformer aux intentions de Son Altesse Royale; et Son Altesse Royale ne doute pas aussi que votre autorité et votre attention suivie, qui savent pourvoir aux moindres incidens, ne préviennent les suites de celui-ci. » M. le Régent marque de sa propre main au maréchal de Berwick : « J'ai donné des ordres très-précis pour arrêter l'exécution des délibérations du parlement à cet égard, et je pense comme vous qu'il est très-important de prévenir dès le commencement de pareilles entreprises. »

Le parlement, dit Pasquier quelque part, *est une bonne pièce dans l'Etat;* et l'on peut ajouter que ses remontrances sont d'un excellent usage : mais il doit s'en servir avec prudence et retenue; l'abus même en est dangereux, et le ministère ne peut trop y surveiller. C'est de cet abus qu'il faut entendre la lettre du Régent.

Le président Le Breton, arrivé à la cour, fut réprimandé par le garde des sceaux et eut ordre de s'en retourner à Bordeaux. La cour prit le parti d'envoyer des lettres de jussion : le maréchal de Berwick se trouva au parlement à leur lecture; il y opina à la soumission, mais en montrant en même temps un vif intérêt pour le parlement. Le Régent fut obéi; les lettres patentes en faveur de l'hôpital de Saint-André furent enregistrées purement et simplement et l'affaire finit. La lettre de cachet de l'avocat général Dudon fut révoquée à la prière du maréchal de Berwick; on fit passer l'ordre par ses mains : toute cette affaire avoit été conduite par ses avis. Le garde des sceaux lui marquoit : « Les ordres de Son Altesse Royale sont entièrement conformes à vos avis, où la prudence et le zèle du service du Roi paroissoient toujours. »

La France commençoit à peine à goûter les douceurs d'une paix dont elle avoit encore un extrême besoin, lorsque l'ambition du cardinal Alberoni, premier ministre d'Espagne, vint la troubler par les projets qu'il enfanta. Il vouloit faire rentrer cette puissance dans toutes les possessions qu'elle avoit cédées par le traité d'Utrecht. Déjà il s'étoit emparé de la Sardaigne : vingt-cinq à trente mille Espagnols étoient débarqués en Sicile pour en faire la conquête; il faisoit armer une flotte à Cadix; tout étoit en mouvement dans les ports du royaume.

On comprit dès 1718 que la France seroit forcée d'en venir à une rupture ouverte avec l'Espagne, et même d'y porter une guerre offensive, pour remplir les engagements qu'elle avoit pris avec ses nouveaux alliés l'Empereur, l'Angleterre et la Hollande, et pour obliger Philippe V à abandonner des projets qui n'alloient à rien moins qu'à troubler l'Europe entière et à causer de tous côtés des révolutions. La guerre ne fut pourtant déclarée qu'au mois de janvier 1719 : toute l'année précédente s'étoit passée à négocier avec le cardinal Alberoni, qui amusoit la France et l'Angleterre pour éloigner le moment de la rupture avec ces deux cours et se donner le temps de préparer tout ce dont il

---

(1) Lettre de M. d'Argenson, garde des sceaux, 10 avril 1718.   (*Note de l'abbé Hooke.*)

(2) Lettre de M. de La Vrillière, 10 avril 1718.   (*Note de l'abbé Hooke.*)

croyoit que dépendoit la réussite de ses projets. Il osoit se flatter d'ôter par ses intrigues et par des soulèvemens la régence au duc d'Orléans, de la faire donner à Philippe V, et de l'armer par là de toute la puissance de France : il entroit aussi dans ses vues d'opérer une révolution en Angleterre, d'y rétablir le roi Jacques sur le trône de ses pères et de s'en faire un allié en chassant son rival. Les autres instrumens dont il devoit se servir et qu'il comptoit mettre en œuvre étoient d'un côté le Turc, d'un autre le roi de Suède. On voit que tout l'édifice d'Alberoni n'étoit fondé que sur des espérances véritablement chimériques et sur le concours de plusieurs événemens peu vraisemblables, qu'il n'auroit pas dû se flatter pouvoir se procurer. Il eut cependant l'adresse de faire adopter au roi d'Espagne ses vastes projets aussi injustes que téméraires, quoique ce prince, avec de la singularité, eût naturellement le cœur droit et l'esprit juste.

Des lettres interceptées du prince de Cellamare, ambassadeur d'Espagne à la cour de France, et qui étoient écrites au cardinal Alberoni, découvrirent tout le complot. Le Régent prit sur-le-champ le parti de renvoyer l'ambassadeur et de le faire accompagner jusqu'à la frontière par un gentilhomme ordinaire du Roi. On fit imprimer les lettres interceptées : elles étoient trop claires pour laisser le moindre doute sur les menées du prince de Cellamare et du cardinal Alberoni. Le duc du Maine fut arrêté et envoyé au château de Dourlens; la duchesse du Maine à celui de Dijon ; et plusieurs personnes qui leur étoient attachées furent mises à la Bastille. Le prince de Dombes et le comte d'Eu eurent ordre de s'éloigner de la cour, et le cardinal de Polignac eut celui de se tenir à son abbaye d'Anchin. Il ne fut plus question que de s'occuper des préparatifs pour l'ouverture de la campagne.

Le maréchal de Berwick fut choisi pour commander l'armée, par la confiance singulière que le Régent prenoit en lui à tous égards : il étoit cependant un des François les plus affligés de cette guerre, quelque juste et forcée qu'elle fût de la part de la France. Outre les raisons communes à tout François, il s'en trouvoit pour lui de particulières : il avoit sauvé deux fois l'Espagne ; les bienfaits qu'il avoit reçus de Philippe V l'attachoient plus particulièrement à ce prince ; il devoit d'un autre côté de la reconnoissance au Régent, qui étoit attaqué personnellement dans cette guerre. Mais toutes ces considérations dans le maréchal de Berwick, cédoient toujours au devoir le plus fort : c'en étoit un pour lui indispensable, comme commandant alors en Guienne et sur les frontières d'Espagne, d'exécuter les ordres qu'il recevoit d'attaquer ce royaume, sans avoir été au devant de ces ordres. Un refus de servir eût été contre un devoir actuel dont il n'étoit point à temps de se soustraire, et d'un exemple dangereux qui eût même pu être regardé en quelque sorte comme criminel, s'il eût entraîné après lui un grand nombre d'imitateurs : il obéit donc parce qu'il devoit obéir.

Il avoit été mandé à la cour dès le mois de septembre pour faire les arrangemens de la campagne, et il étoit de retour depuis quelque temps à Bordeaux, lorsqu'il envoya ses plans et ses projets à Son Altesse Royale pour les arrêter définitivement et pour recevoir ses derniers ordres.

[1719] Personne n'avoit plus de capacité que le maréchal de Berwick pour embrasser à la fois tout un objet, quelque vaste qu'il fût. Il avoit employé ce talent dans les quatre campagnes défensives qu'il avoit faites sur la frontière d'Italie dans la guerre de la succession ; il eut encore occasion de le montrer cette année.

La frontière de France et d'Espagne présente une étendue de plus de cent lieues, depuis Bayonne jusqu'à Perpignan et Collioure. Comme il n'étoit pas possible d'attaquer à la fois l'Espagne dans tous les points d'une si grande étendue, en attaquant un côté il falloit pourvoir en même temps à la défense de tous les autres. Cet objet étoit d'autant plus essentiel qu'on avoit affaire à Alberoni, c'est-à-dire à un ennemi hardi et entreprenant jusqu'à l'excès. Le maréchal calcule donc ; il combine les forces des ennemis avec les siennes, les vues différentes qu'ils pourroient avoir, et les divers mouvemens qu'il leur seroit possible de faire ; et, sur toutes ces combinaisons, il forme ses plans d'attaque et de défense. On voit, par ses lettres et ses dépêches aux ministres, qu'il a tout prévu et tout disposé : il y indique d'avance tout ce qu'il fera dans la campagne, suivant les diverses circonstances où il se trouvera ; et les événemens parurent s'y conformer.

Le maréchal de Berwick auroit voulu pouvoir commencer l'offensive par le siège de Pampelune : de fortes raisons l'y déterminoient. Quel étoit en effet l'objet de la guerre contre l'Espagne ? c'étoit de tâcher de la ramener par la crainte : il falloit pour cela la convaincre que la France agissoit sérieusement contre elle, et sans nul égard pour la liaison du sang ; ce que le roi d'Espagne et son ministre ne vouloient pas se persuader. Rien n'étoit plus capable de les en convaincre que la prise de cette importante place, qui ouvroit à l'armée le chemin de Madrid ; d'ailleurs cette expédition la conduisoit dans un pays abondant en subsistances, et où l'on pouvoit la faire vivre pendant la campagne, et y prendre ensuite des quartiers d'hiver, au soulagement de nos finances. Enfin, comme cette offensive s'éloignoit moins du centre de la frontière, elle se combinoit mieux que toute autre avec la défensive qu'il falloit faire en même temps des autres côtés. L'entreprise ne put pas cependant s'exécuter ; les préparatifs pour un grand siége comme celui de Pampelune sont immenses, et la cour n'avoit pas donné assez à temps les ordres qui dépendoient d'elle. Tout n'auroit pu être prêt qu'à la fin de la campagne ; et il y auroit eu de trop grands inconvéniens à craindre si l'on avoit entrepris le siége si tard. On remit donc cette entreprise à la seconde campagne (qui heureusement n'eut pas lieu parce que la paix se fit dans l'intervalle), et l'on se détermina aux siéges de Fontarabie et de Saint-Sébastien.

Pendant ces expéditions, qui doivent se faire tout-à-fait à notre droite, on avoit à couvrir la Navarre, le Bearn et tout le reste de la frontière. Le maréchal avoit eu soin d'aller pendant l'hiver reconnoître par lui-même tous les passages : il chargea M. de Joffreville de cette défense, et lui donna pour cela quinze bataillons et vingt escadrons, qu'il répandit le long des Pyrénées, et qui étoient à portée de se réunir au premier ordre, et de se soutenir les uns les autres. L'objet de ce corps étoit d'arrêter dans quelque bon poste l'ennemi, s'il venoit à passer les montagnes avec des forces supérieures, et de donner le temps au maréchal de Berwick d'arriver avec des renforts suffisans pour lui faire rebrousser chemin.

Afin d'assurer davantage les différentes parties de cette défensive, M. de Bonas, maréchal de camp, fut chargé avec sept bataillons de s'emparer du château de Castel-Léon qui, quoique de la domination d'Espagne, se trouve du côté de la France au pied des Pyrénées. Il fut obligé d'y ouvrir la tranchée le 30 mai, de mettre son canon en batterie et de faire brèche. Il ne put s'en rendre maître que le 12 de juin.

Pendant ce temps-là l'armée s'étoit assemblée et portée vers le 15 mai à Irun, d'où elle investit Fontarabie. Le premier soin du maréchal de Berwick fut d'aller reconnoître la place, pour déterminer le côté par où il falloit l'attaquer et l'emplacement du parc d'artillerie. Cependant, comme le canon qu'on faisoit venir de Bayonne n'étoit pas suffisant pour le siége, et que celui qu'on tiroit de Bordeaux ne pouvoit arriver de quelques jours, la tranchée ne fut ouverte que le 27 au soir. Elle le fut très-près de la place, à la faveur d'un fond qui n'étoit éloigné du chemin couvert que de cent cinquante toises ; l'attaque fut dirigée contre le polygone que présentoient les bastions des Innocens et de la Reine : on travailla aussitôt aux batteries, mais elles ne commencèrent à tirer que le 5 de juin ; on avoit voulu attendre qu'elles fussent en état toutes à la fois, pour n'être démasquées et ne partir qu'ensemble, afin qu'elles pussent mieux se protéger entre elles et remplir leur plan d'attaque.

Quand les feux de l'artillerie de la place furent éteints, on s'occupa de faire brèche à la face gauche (par rapport aux assiégeans) du bastion de la Reine, à la courtine entre les deux bastions et à la face droite de la demi-lune ; on étendit le logement sur le chemin couvert, où l'on s'étoit déjà établi ; et la nuit du 15, les brèches étant belles, la demi-lune fut attaquée et emportée sur le champ sans grande résistance : le logement s'y fit d'une épaule à l'autre, mais il coûta assez cher ; environ cent cinquante hommes y périrent. On se mit tout de suite à travailler à la descente du fossé, et à perfectionner les débouchés pour donner l'assaut au corps de la place. Les ennemis ne l'attendirent point ; ils battirent la chamade le 17 : le maréchal de Berwick n'insista pas pour faire la garnison prisonnière de guerre ; le retard de la capitulation auroit prolongé le siége, et il étoit important, dans la situation où l'on se trouvoit, de n'être pas contraint dans ses mouvemens.

La garnison sortit le 18 avec les honneurs de la guerre, et fut conduite à Pampelune par Saint-Jean-Pied-de-Port. On fit entrer deux bataillons dans la place, et dès le lendemain on travailla à raser les travaux et à combler les tranchées : les décombres des brèches furent enlevés, les brèches bouchées par un fascinage et mises en état de défense.

Pendant le siége, le roi d'Espagne, accompagné de la Reine, s'étoit mis en mouvement de Pampelune, où il étoit arrivé le 11 de juin, annonçant qu'il marchoit dans l'intention de livrer bataille et de faire lever le siége. Don Blaise de Loya le mandoit au commandant de Fontarabie, dans une lettre qui fut interceptée. L'armée espagnole marcha en effet à San-Estevan, et le Roi se porta en personne le 16 au camp de Lessaca, à deux lieues et demie d'Irun; mais ayant appris le 17 que la place capituloit, il fit reprendre le 18 à ses équipages le chemin de San-Estevan et s'en retourna à Pampelune. Ce prince fut mal conseillé dans cette marche : il lui étoit peu glorieux d'être venu jusqu'à la vue de Fontarabie pour être témoin avec son armée de la capitulation, et de s'en retourner tout de suite à Pampelune.

Pour ne pas interrompre le récit du siége, on a différé jusqu'à présent de parler d'une action qui, quoique de peu d'importance en elle-même, mérite cependant d'être rapportée, à cause de la valeur qu'y montrèrent nos troupes. M. de Cadrieux avoit été envoyé, avec un corps en avant sur le chemin de Pampelune, pour éclairer les mouvemens des ennemis. On apprit que le même don Blaise de Loya qui commandoit en Guipuscoa, avoit rassemblé deux mille hommes de milice, qu'il avoit joints à six ou sept cents hommes de troupes réglées, et avec lesquels il s'étoit porté à Ernani, qui n'étoit qu'à deux lieues du poste de M. de Cadrieux. Le maréchal de Berwick, ne pouvant souffrir si près de lui ce petit corps des ennemis, fit partir M. de Cilly avec un assez gros détachement, pour marcher à don Blaise. Son avant-garde, commandée par M. de Verceil, suffit seule pour attaquer et chasser les troupes que don Blaise avoit mises dans un poste avancé. Nos gens les poursuivirent jusqu'à Ernani, y attaquèrent don Blaise lui-même, battirent les troupes réglées et dissipèrent les milices; de façon que l'on n'en entendit plus parler.

Les forces supérieures de l'armée françoise mettoient le maréchal de Berwick dans le cas de ne point craindre celle d'Espagne, pour ainsi dire, corps à corps : cependant la grande étendue de la frontière, où il falloit nécessairement agir offensivement, donnoit toujours quelque sorte de crainte pour le centre, entièrement dépourvu de places, toutes les fois qu'on vouloit faire quelque entreprise aux extrémités de la droite ou de la gauche, vis-à-vis un ennemi tel qu'Alberoni, dont la confiance dans tous ses projets étoit extrême. Il pouvoit se flatter de trouver en Guienne des malintentionnés comme il en avoit trouvé en Bretagne, prêts à joindre l'armée d'Espagne, si elle pouvoit par quelque endroit pénétrer en France; et on est obligé de convenir qu'il y avoit des mécontens dans le royaume. Le cardinal Alberoni étoit homme à tout hasarder, au risque de ce qui pourroit en arriver. On auroit sans peine fait repasser les Pyrénées à l'armée d'Espagne; mais dès qu'elle auroit paru plusieurs mécontens l'auroient jointe, et l'entrée du roi d'Espagne en France à la tête d'une armée étoit capable d'exciter de la fermentation dans les esprits par tout le royaume, et d'y causer un grand éclat; ce qu'il convenoit d'éviter. Il est vrai que le maréchal de Berwick avoit tout prévu et arrangé en conséquence ses marches et contre-marches; mais encore falloit-il des combinaisons justes. Si le succès eût dépendu du seul maréchal de Berwick, on auroit pu être tout-à-fait tranquille; mais un général ne peut pas être partout : ces grands mouvemens exigeoient le concours de plusieurs personnes qui ne pouvoient toutes mériter la même confiance. Ces réflexions portèrent le maréchal de Berwick à demander quelques bataillons et quelques escadrons de plus, qui lui furent accordés. Il disoit que, dans les circonstances où l'on se trouvoit, il ne falloit rien donner au hasard; qu'il étoit de la prudence d'assurer la besogne. On a vu, dans ses campagnes en Dauphiné et Provence, qu'il n'étoit pas homme à demander inutilement une augmentation de troupes, puisqu'il remit alors au roi Louis XIV, de son propre mouvement, vingt bataillons dont il crut pouvoir se passer pour la défensive qu'il avoit à faire et qui furent utilement employés pour renforcer les autres armées. Le roi d'Espagne, de son côté, avoit augmenté son armée de vingt-six escadrons; de façon qu'elle étoit alors composée de soixante-deux escadrons et de vingt et un bataillons.

Le maréchal de Berwick, dans le dessein de faire le siége de Saint-Sébastien et de continuer ses conquêtes, se porta en avant pour couvrir les convois et les préparatifs nécessaires pour cette entreprise. Ayant appris que le prince Pio s'étoit avancé à Tolosette avec un gros détachement, il fit marcher sur lui M. de Cilly avec trois régimens de dragons, deux cents chevaux, vingt-deux compagnies de grenadiers et autant de piquets. Ce général trouva sur son chemin trois cents dragons ennemis, qu'il poussa vivement, prit le commandant, deux capitaines et cinq ou six dragons, après en avoir tué plusieurs autres. En arrivant à Tolosette il tomba sur un poste avancé d'infanterie, qu'il fit attaquer : on tua vingt-cinq à trente hommes et l'on fit soixante prisonniers, entre lesquels se trouvoient trois officiers des gardes espagnoles et wallones. Le prince Pio s'étoit retiré le même jour de grand matin, prenant la route de Pampelune où ses troupes le suivirent.

Le maréchal vint le 30 juin camper devant Saint-Sébastien et en faire l'investissement, appuyant sa droite à la mer et sa gauche à la rivière de Guruméa qui passe à Astiaraga. L'armée d'Espagne, qui étoit campée à une lieue de Pampelune, sur le chemin de Tolosette, ne fit aucun mouvement : ainsi le maréchal de Berwick n'eut plus pour le moment qu'à s'occuper du siège.

Il se détermina à faire l'attaque le long de la rivière de Guruméa, à cause de la facilité que l'on avoit de faire des batteries de l'autre côté de la rivière, à environ deux cents toises du corps de la place, et par leur moyen d'ouvrir la muraille qui dans cette partie étoit sans flanc et avoit peu d'épaisseur. Il se trouvoit entre la place et la rivière un terrain assez considérable par où l'on pouvoit arriver à la brèche en débouchant de la droite de la tranchée, que l'on comptoit appuyer à la rivière. Cela n'empêchoit pas qu'on ne fût toujours obligé par la gauche d'attaquer de front l'ouvrage à corne qui flanquoit toute cette partie, mais seulement pour en éteindre les feux et en détruire les défenses. Ce plan d'attaque méritoit d'autant plus la préférence sur tout autre et en particulier sur l'attaque par l'ouvrage à corne, que cet ouvrage se trouvant fort enterré, ainsi que le corps de la place de ce côté-là, l'on ne pouvoit faire de brèche en aucun endroit qu'avec des batteries établies sur le chemin couvert. Il auroit donc fallu le prendre avant de pouvoir songer à la construction des batteries pour battre en brèche et ouvrir les ouvrages attaqués : on eût été assujetti à ce cérémonial pour le corps de la place comme pour l'ouvrage à corne.

Les grandes pluies avoient retardé les convois d'artillerie pour le siège, et par conséquent l'ouverture de la tranchée. Le beau temps étant revenu et ayant facilité l'arrivée des munitions nécessaires, la tranchée fut ouverte, la nuit du 19 au 20 de juillet, à deux cents toises du chemin couvert : la perte d'hommes fut peu considérable. On avoit déjà travaillé, de l'autre côté de la rivière, aux batteries de canon et de mortiers; on devoit dès le lendemain en établir d'autres dans les nouvelles parallèles, pour battre l'ouvrage à corne. Le tout fut exécuté et les batteries commencèrent à tirer le 25. On se logea, la nuit du 26 au 27, sur l'angle saillant du chemin couvert de la droite (par rapport aux assiégeans) : c'étoit le point principal qu'il falloit occuper pour pouvoir gagner et attaquer la brèche que l'on faisoit au corps de la place, par le moyen des batteries dressées de l'autre côté de la rivière. Comme elles tiroient au moins de cent quatre-vingts toises de distance, la brèche fut long-temps à faire : elle ne se trouva praticable que le premier août. Le gouverneur alors, craignant d'être emporté d'assaut, fit battre la chamade le même jour. Le maréchal de Berwick obligea la garnison d'entrer tout entière dans le château, dans la vue de la mettre plus à l'étroit, d'augmenter la consommation des subsistances et d'accélérer par là la reddition du château. On commença d'abord, pour parvenir à s'en rendre maître, par ouvrir quelques tranchées vis-à-vis de la place ; mais quand il fut question de les pousser en avant, on sentit bientôt toutes les difficultés de l'attaque. Le château étoit si élevé au-dessus de la ville et de tout le terrain qui l'environnoit, qu'il étoit presque impossible d'arriver par tranchées aux ouvrages, dont cependant on n'étoit éloigné que d'environ trente toises; outre cela on ne trouvoit point d'emplacement convenable pour les batteries de canon : le terrain étoit si bas qu'elles n'auroient pu faire aucun effet. On se trouvoit donc réduit aux batteries de bombes qui ne sont pas d'une grande ressource pour détruire les défenses et qui ne le sont d'aucune pour faire brèche : ce fut pourtant par elles qu'on se rendit maître du château. On fut obligé de faire des blindages pour pouvoir se maintenir dans les tranchées, parce que les ennemis y écrasoient les assiégeans de bombes, de grenades et de pierres qu'ils ne faisoient que rouler sur eux.

Pour réduire la place de vive force, il n'y avoit guère d'autres moyens que de se servir du mineur et de le pousser jusque sous le château; mais, pour peu qu'on vînt à rencontrer le rocher, c'eût été une affaire d'une longueur infinie. La seule ressource qui paroissoit rester étoit celle du blocus, et c'est aussi à quoi on fut contraint de se borner.

Cependant on continua toujours le bombardement pour tâcher de détruire toutes les habitations et ce que l'on pourroit des magasins. Ce moyen eut un succès qu'il n'étoit guère permis d'espérer : les bombes gâtèrent les vivres et désolèrent la garnison, au point qu'elle capitula le 19 d'août. Le maréchal de Berwick ne fit point de difficultés pour lui accorder les honneurs de la guerre, bien content d'en être débarrassé.

La flotte angloise, pendant le blocus, avoit pris sur son bord sept cent cinquante hommes de notre armée, avec lesquels elle fit voile vers Santona. Elle y débarqua nos troupes qui s'emparèrent de ce petit port après en avoir chassé sept cents hommes de milice espagnole : elles brûlèrent ensuite trois gros vaisseaux de guerre que l'on y construisoit, se rembarquèrent, et vinrent rejoindre l'armée, sans avoir perdu un seul homme.

Il ne restoit plus à faire que les siéges d'Urgel et de Roses, que l'on avoit projetés pour la fin de la campagne. En attendant les derniers ordres de Son Altesse Royale, le maréchal de Berwick fit longer ses troupes du côté de Navarreins et d'Oleron. Le roi d'Espagne étoit à Tudela avec son armée, et le prince Pio en avant de Pampelune : mais, sur l'allongement de nos troupes par notre gauche, Philippe V se détermina à faire un gros détachement de son armée pour la Catalogne, où d'ailleurs les peuples paroissoient disposés à la révolte; et il prit ensuite le chemin de Madrid. Son armée se replia sur Sanguesa et ne tarda pas à diriger sa marche sur la Catalogne, où elle voyoit que nous allions opérer.

Le maréchal de Berwick, ayant reçu les derniers ordres pour les expéditions du Lampourdan et de Cerdagne, détermina la marche des troupes par Mont-Louis et se proposa de les devancer pour être plus à portée de s'occuper de tous les préparatifs nécessaires. Il arriva au Mont-Louis le 11 septembre : le siége d'Urgel ne put se commencer aussitôt qu'on l'auroit souhaité parce que l'artillerie fut près de quinze jours à y être transportée du Mont-Louis à cause des mauvais chemins; elle n'y arriva que le 2 et le 4 d'octobre. M. de Bonas étoit en avant, campé à La Pobla, sur le Noguerra-Paillasso, avec dix bataillons et deux régimens de dragons : il occupoit les hauteurs, et son poste étoit si bon qu'il étoit inattaquable même par toute l'armée d'Espagne qui se trouvoit à Ager, à cinq ou six lieues de son camp. Les ennemis vinrent cependant attaquer nos arquebusiers de montagnes et les chassèrent du pont de Montagnane. M. de Bonas ne crut pas devoir souffrir cette insulte : il marcha avec dix compagnies de grenadiers, attaqua le détachement des ennemis et le battit; il se rendit maître ensuite de la Conque de Tremp, après avoir attaqué et chassé quatre cents hommes qu'ils avoient laissés sur la montagne de Mont-Sec.

Le siége du château d'Urgel n'étoit point encore achevé le 10 du mois d'octobre, lorsque le maréchal de Berwick, que l'expédition de Roses pressoit, en partit pour se rendre au Boulou où l'armée devoit être rassemblée le 17, et marcher tout de suite en Lampourdan et à Roses. Il avoit laissé M. de Coigny avec dix-sept bataillons pour suivre le siége, qui ne dura pas long-temps après son départ : il apprit en effet le 12 au Mont-Louis, par un officier qui lui avoit été dépêché, que le château d'Urgel s'étoit rendu et que la garnison étoit prisonnière de guerre. M. de Coigny se mit en marche le 13 avec onze bataillons pour joindre la grande armée, et laissa M. de Bonas pour garder la nouvelle conquête et le pays, avec neuf bataillons et deux cents arquebusiers.

Le maréchal de Berwick avoit obtenu pour les officiers de son armée, après les siéges qu'ils venoient de faire, des récompenses considérables; mais il crut en même temps, pour l'exemple, devoir faire punir d'une façon éclatante le sieur Champier. Cet officier avoit d'abord montré de la volonté et de l'intelligence : après la prise de Castel-Léon, le maréchal de Berwick pensa qu'il ne pouvoit pas mieux faire que de lui en donner le commandement; mais le sieur Champier ne tarda pas à abuser de son autorité dans ce poste de confiance. Il fit une course dans le pays, leva de l'argent et y enleva des grains à son profit; il eut l'indiscrétion ou l'impudence de faire part de ses exploits à M. de Bonas. Le maréchal, ayant la preuve du délit de la propre main du coupable, en instruisit le duc d'Orléans. Quoique la corruption dans les mœurs fût déjà très-grande, il restoit encore de la pudeur, et l'on n'osoit pas protéger le vice à découvert : un voleur impudent et reconnu ne trouvoit pas de protecteur. Le sieur Champier fut cassé sans retour, mis en prison dans la citadelle du Mont-Louis, et ensuite dans celle de Perpignan.

Toutes les troupes qui devoient composer l'armée destinée au siége de Roses, au nombre de quarante bataillons et de soixante escadrons, se trouvant rassemblées au Boulou, se mirent en marche le 22 d'octobre, et vinrent en deux jours camper à Castillon et faire par terre l'investissement de Roses; mais on ne pouvoit rien commencer des travaux du siége, à l'exception des fascines, que le convoi d'artillerie, de munitions de guerre et de bouche ne fût arrivé. C'étoit de la mer qu'on l'attendoit sur des tartanes qui devoient tout transporter à la plage, sous l'escorte de deux galères de France et de six vaisseaux de guerre, deux françois et quatre anglois.

Nos vaisseaux de guerre françois se montrèrent le 1er de novembre dans le golfe de Roses; mais le mauvais temps retenoit les tartanes : elles n'osoient se risquer et attendoient que la mer fût plus praticable. Etant devenue moins forte, une partie des tartanes arriva le 4 novembre dans la baie de Roses. Dès le lendemain, quoique la mer fût encore un peu grosse, on commença à débarquer l'artillerie et les munitions : on ne put ce jour-là mettre à terre que peu d'effets. Le lendemain la mer étoit si agitée que les chaloupes ne purent manœuvrer pour continuer le déchargement. Le 6 le vent augmenta à un tel point que nos tartanes, au nombre de vingt-huit, échouèrent; dix furent brisées, les autres submergées. L'on envoya du secours sur le champ pour tâcher de sauver ce que l'on pourroit des effets. Beaucoup de matelots périrent ; le reste des tartanes, au nombre de douze ou quinze, relâcha où il put sur la côte.

Ce désastre nous priva de la plus grande partie de ce qui étoit nécessaire pour le siége ; et, après l'examen qui en fut fait, on se trouva forcé de l'abandonner. La saison étoit si avancée qu'on ne songea plus qu'à séparer l'armée et à l'envoyer dans ses quartiers : elle décampa le 17 de Castillon, d'où chaque corps prit la route du quartier qui lui étoit assigné.

Le maréchal de Berwick resta quelques jours à Perpignan et partit le 27 pour se rendre à la cour.

La campagne qu'il venoit de faire avoit dû démontrer à Philippe V que la France agissoit franchement et de concert avec ses alliés, et sans ménagement pour l'Espagne ; que, par conséquent, il lui étoit impossible de continuer une guerre qu'il lui faudroit soutenir seul contre les grandes puissances qu'il attaquoit. En effet, l'Espagne se trouvoit dépourvue de tous les soutiens sur lesquels elle avoit compté. Le Turc avoit fait sa paix avec l'Empereur : elle perdoit par là une puissante diversion, et rien n'empêchoit plus l'Empereur de tourner toutes ses forces contre elle. Le roi de Suède, Charles XII, avoit été tué devant Frederickshals : la perte de ce prince ôtoit à l'Espagne l'espoir d'un appui qui étoit entré dans le calcul de ses projets. Les intrigues d'Alberoni pour exciter des troubles et des révolutions en France et en Angleterre avoient totalement échoué. Tous ces événemens ouvrirent enfin les yeux à Philippe V : il vit le précipice où la témérité de son ministre alloit le jeter. Pour s'en garantir, il forma des résolutions sages et pacifiques : une seule fut suffisante ; il renvoya son turbulent ministre et la paix se fit.

Le maréchal de Berwick, à qui l'on vouloit donner des marques de confiance et de satisfaction, fut mis au conseil de régence; mais on ne voulut point qu'il quittât le commandement de Guienne. Cet arrangement convenoit autant aux vues du duc d'Orléans, qui étoit fort aise d'avoir à la tête de cette grande province une personne sur qui il pût se reposer, qu'à la fortune du maréchal qui, n'étant pas riche, avoit besoin des appointemens de commandant pour soutenir son état. Il resta à la cour jusqu'au mois de juin qu'il se rendit à Bordeaux pour y reprendre les détails de l'administration de la province.

Le maréchal de Berwick avoit pour principe que dans tout Etat, quelle que fût sa forme, il falloit une autorité suprême et absolue, à laquelle chaque citoyen et chaque corps devoit être passivement soumis. Personne aussi ne respectoit plus cette autorité que lui, et quand il en étoit chargé ne la faisoit mieux respecter, parce qu'il ne la compromettoit point, ne l'employant jamais que suivant la justice. Sa droiture naturelle, son peu d'amour-propre, ses lumières, son grand discernement, l'empêchoient de s'en écarter : avec cela, s'il savoit soutenir la dignité du commandement et la portion d'autorité qui lui étoit confiée, il en connoissoit les bornes et ne les passoit jamais, étant particulièrement attentif à ne rien empiéter sur l'administration de la justice; car il n'ignoroit pas que son autorité et celle du parlement, toutes deux émanées du même principe, étoient différentes par leurs objets et indépendantes l'une de l'autre ; mais que de leur harmonie dépendoit l'ordre et le bien publics. Quand cette harmonie parut s'altérer, ce fut toujours contre la volonté du maréchal et malgré les soins qu'il se donnoit pour la maintenir ; aussi le chancelier d'Aguesseau lui écrivoit-il, dans l'affaire dont nous allons parler : « Je suis bien persuadé, Monsieur, que quand messieurs du parlement ne vivront pas bien avec vous, ce sera toujours leur faute. La justice règle chez vous l'usage de l'autorité. »

[1720] Au mois de septembre 1720, les jurats et les baillis des boulangers, mandés par le parlement de Bordeaux au sujet des blés et des farines, déclarent qu'il y en a dans la ville plus de deux mille boisseaux de gâtés. Le parlement nomme deux commissaires pour faire une visite dans Bordeaux : cette visite se fait avec beaucoup d'éclat, même dans les magasins du Roi ; c'étoit le lieu où il sembloit que des brouillons, sous prétexte du bien public, vouloient que l'on fît le plus de recherches. A leur instigation les commissaires eux-mêmes font jeter une quantité considérable de boisseaux de blé et de farine, sans trop d'examen et sans se concerter avec le maréchal de Berwick et l'intendant; ce qu'ils auroient dû faire pour toutes les choses d'administration, et principalement quand il s'agissoit de la destruction d'effets appartenant au Roi. Le maréchal, dans les affaires de cette importance, où le service du Roi et le bien public étoient également intéressés, alloit toujours au-devant de tout, sans faire attention au manque d'égards qu'on auroit dû avoir pour lui. Il fit donc proposer à messieurs du parlement de faire cacheter de leur sceau les sacs de blé et de farine qui pouvoient être gâtés, d'en rendre compte à la cour et d'attendre les ordres du Roi ; mais ce parti sage ne fut ni suivi ni écouté. La conduite du parlement ne pouvoit manquer d'être blâmée par le Régent et par le conseil : on y désapprouva surtout la vivacité et l'imprudence des deux commissaires dans l'exécution de l'arrêt, où ils avoient même paru chercher, par des propos indiscrets (1), à émouvoir le peuple. Ils eurent ordre de se rendre à la cour, à la suite du conseil, pour rendre compte de leur conduite. Le chancelier d'Aguesseau reproche au parlement, dans la lettre qu'il écrit à son premier président, de n'avoir pas suivi le sage tempérament proposé par le maréchal de Berwick. Il fut ordonné, de la part du Roi et du Régent (2), *de laisser entre les mains des jurats tout ce qui est de la police ordinaire, à la charge de l'appel au parlement; et que s'il survenoit de ces cas extraordinaires qui méritassent que cette compagnie y entrât par droit de police générale, elle en conférât, avant toutes choses, avec le maréchal de Berwick et l'intendant, même avant de nommer des commissaires.* Le parlement parut se soumettre et se conformer aux ordres du Roi, et il ne fut plus question de cette affaire.

Le ministre avoit suivi en tout les conseils et les avis du maréchal. M. d'Aguesseau, dans une lettre du 28 septembre, lui écrit : « Vous voyez aussi avec combien de déférence on entre ici dans vos vues ; et l'on ne sauroit rien faire de mieux pour le bien de la province dont le gouvernement vous est confié. » M. d'Aguesseau recevoit, en écrivant cette lettre, une nouvelle dépêche du maréchal de Berwick, par laquelle ce commandant marque qu'il change de sentiment à l'égard des lettres de réprimandes qu'il avoit demandées pour quatre officiers du parlement, trouvant cette compagnie revenue dans de si bonnes dispositions, que les lettres ne lui paroissoient plus nécessaires. M. d'Aguesseau ajoute de sa main, en *post-scriptum* : « J'en ai rendu compte ce matin à monseigneur le Régent qui approuve votre indulgence comme il a approuvé votre sévérité ; il se repose donc sur vous du soin de donner à ces quatre officiers les avis qu'ils méritent. Je ne puis mieux faire que de suivre son exemple, et je ne vous envoie point mes lettres, persuadé qu'on ne peut se tromper en suivant vos inspirations. » On devoit croire que le parlement seroit plus circonspect à l'avenir et qu'il mettroit moins de vivacité et plus de retenue dans sa conduite ; mais les compagnies les plus respectables, quand il est question des intérêts du corps, de ses prétentions et de son autorité, semblent oublier leur sagesse et leur prudence. L'amour-propre de celle-ci parut blessé en quelque sorte d'avoir eu le dessous ; et si elle en conserva du ressentiment, il ne tarda pas à se manifester.

[1721] Le 24 janvier 1721, le maréchal de Berwick se trouva forcé d'instruire M. d'Aguesseau d'une nouvelle affaire entre les officiers de la tournelle du parlement de Bordeaux et les jurats, à l'occasion de quelques laquais qu'il avoit fait emprisonner pour le trouble qu'ils avoient causé à la comédie et pour la rébellion contre la garde.

Cette affaire seroit sans doute peu digne en elle-même d'être rapportée si l'importance qu'on y mit ne la rendoit intéressante pour faire connoître l'esprit et les mœurs du temps, ainsi que la prudence et la modération constante du maréchal de Berwick. La tournelle mande les jurats et les reprend de ce qu'ils n'ont point procédé contre les auteurs du tumulte : ils répondent qu'il n'étoit point en leur pouvoir d'agir ; que les coupables ont été mis en prison par l'autorité du commandant, et qu'ils y restent sous la même autorité. Messieurs de la tournelle évoquent cependant l'affaire et ordonnent qu'il sera informé. Le maréchal, instruit de cette procédure, pour éviter toute querelle, fait dire aux jurats qu'ils n'ont qu'à lui redemander les coupables, qu'il ordonnera qu'ils leur soient livrés et à la justice. Les officiers de la tournelle n'adoptent point ce tempérament bien naturel et conforme aux ordonnances et à la raison ; ils refusèrent même de se soumettre au chancelier qui, de son côté, leur prescrivoit le même tempérament. Dans une lettre du 29 juin il marque au maréchal de Berwick : « Mais si la chambre de la tournelle ne profite pas mieux qu'elle a fait jusqu'ici des égards qu'on a eus pour elle, il faudra prendre d'autres voies pour terminer l'affaire des laquais et se passer d'un parlement qui s'oppose même à ce que l'on

---

(1) Lettres du chancelier d'Aguesseau et de M. de La Vrillière, 16 septembre 1720. (*Note de l'abbé Hooke.*)

(2) Lettre du chancelier d'Aguesseau, 16 septembre 1720. (*Note de l'abbé Hooke.*)

veut faire en sa faveur. Je ne puis, au surplus, que louer votre sagesse et souhaiter qu'elle trouve enfin des imitateurs dans le pays que vous habitez. » Le chancelier écrivit en même temps dans les mêmes termes au premier président. La fermeté de cette seconde lettre eut tout son effet, et l'affaire finit conformément au tempérament proposé par le maréchal.

La peste depuis long-temps affligeoit cruellement la ville de Marseille, où elle s'étoit d'abord communiquée. On s'en prenoit à la négligence ou à l'avidité des employés du lazaret : ils étoient accusés, au moins fortement soupçonnés, d'avoir, par la contrebande qu'ils faisoient, répandu dans la ville des marchandises infectées de ce mal contagieux qui avoit ensuite gagné la province. Les personnes qui étoient à la tête de l'administration de quelques autres provinces voisines y avoient laissé pénétrer la maladie, soit par indolence, soit par incapacité, soit par la liberté trop grande qu'ils avoient continué de laisser au commerce avec la province infectée, dans la crainte du tort qu'y apporteroit la gêne qu'on mettroit pour préserver le pays de la contagion.

On apprit à la cour que le mal avoit aussi gagné le Gévaudan : il n'étoit encore que suspecté dans la ville de Mende, mais il s'étoit manifesté avec violence à La Canourgue et aux villages des environs, frontières du Rouergue et de l'Auvergne. Le ministère, justement alarmé, crut qu'il ne pouvoit pas donner trop d'attention à garantir le royaume d'un fléau aussi cruel, et qu'il étoit nécessaire de prendre les moyens les plus prompts et les plus efficaces pour arrêter le mal et la contagion. Il falloit aller au plus sûr, et en même temps ne nuire au commerce que le moins qu'il seroit possible : cette balance n'étoit pas aisée à tenir. Le Régent jeta les yeux sur le maréchal de Berwick, comme sur la personne qu'il connoissoit la plus capable de se bien acquitter d'une commission aussi difficile et aussi importante. La santé du maréchal n'étoit pas bonne alors : à la veille de partir pour les eaux de Barèges il lui fallut dans ce moment se sacrifier pour le salut commun. Il se rendit donc tout de suite à Montauban afin de s'approcher des provinces infectées de la peste et d'être plus à portée de celles qu'il avoit à en préserver. On avoit joint, aux provinces de son commandement de Guienne, celles d'Auvergne, de Bourbonnois et de Limosin.

Les moyens qu'il proposa furent d'abord trouvés trop tranchans, quoiqu'ils fussent les seuls capables d'arrêter avec sûreté la contagion, comme on le reconnut par la suite : ils étoient combattus par ceux qui, ayant laissé communiquer le mal pour avoir trop donné aux considérations du commerce, ou peut-être, sous ce prétexte, pour avoir trop écouté des intérêts particuliers, avoient de la peine à avouer qu'ils s'étoient trompés. Leurs raisonnemens étoient plausibles : ils persuadèrent, au commencement, la plupart des membres du ministère.

Le chancelier d'Aguesseau, que le Régent avoit mis à la tête du conseil de santé établi pour la peste, ainsi que quelques autres des plus sensés de ce conseil, pensoient de même que le maréchal de Berwick, dont l'avis étoit de rompre toute communication avec les provinces pestiférées, comme le parti le plus sûr : c'étoit celui qu'il suivoit dans l'étendue de son commandement. Mais le plus grand nombre du conseil, ayant des vues différentes, l'emportoit, de façon qu'on agissoit sur d'autres principes dans les provinces qui n'étoient pas du commandement du maréchal de Berwick.

Tous les commandans des provinces attaquées ou menacées de la peste entretenoient une correspondance exacte avec le conseil de santé : ils ne pouvoient donc lui cacher le progrès de la maladie. Le danger, qui croissoit chaque jour, augmentoit la crainte : cette crainte ramena tous les esprits du conseil à des réflexions plus sérieuses ; chacun sentit alors que le maréchal de Berwick avoit mieux vu l'objet. Le Régent, en étant plus convaincu que personne, voulut que l'on suivît partout ses arrangemens : ses ordonnances furent approuvées et adoptées ; on se conforma à leurs dispositions dans un arrêt du conseil du Roi qui fut rendu et envoyé dans les provinces infectées et voisines de la peste, pour servir de réglement et être exactement observé. Le chancelier d'Aguesseau mandoit au maréchal : « Il y a long-temps que j'ai dit qu'il n'y avoit qu'à vous laisser faire et que nous serions bien gardés. »

Il ne suffisoit pas de faire des réglemens sages, il falloit encore les faire exécuter. La maladie continuoit toujours ses ravages en Languedoc et s'étendoit de plus en plus dans les différentes parties de cette province, tandis que l'Auvergne et le Rouergue, qui avoient pour ainsi dire à leur porte le mal contagieux, en étoient entièrement préservées par la sagesse des ordres du maréchal de Berwick, mais surtout par sa vigilance et l'activité de ses soins.

Son Altesse Royale, frappée de cette différence et des conséquences terribles qui en résultoient pour le royaume entier, prit le parti de confier au maréchal la conservation de toutes les provinces voisines de la peste. Elle lui fit mander par M. Le Blanc, secrétaire d'Etat de la guerre, de faire un plan général de ligne tel qu'il l'avoit déjà proposé; que Son Altesse Royale étoit résolue de le suivre et de lui donner exclusivement toute sa confiance pour l'exécution. En conséquence, les ordres nécessaires lui furent envoyés : cependant on lui recommanda d'abord de les tenir secrets jusqu'à leur exécution, à cause du duc de Roquelaure qui commandoit en Languedoc. Mais il étoit peu nécessaire de lui faire une pareille insinuation : l'esprit de réserve et de justice qu'il mettoit dans toutes les affaires l'avoit jusqu'alors empêché de se mêler en rien de la préservation du Languedoc, par égard pour le duc de Roquelaure; aussi falloit-il, dans cette occasion, plutôt exiger ses soins que les retenir. En effet, le Régent, reconnoissant ensuite que ses propres ménagemens, ainsi que la délicatesse du maréchal de Berwick, pouvoient tirer ici à conséquence, crut devoir prendre un parti plus ferme. « Vous êtes fort au-dessus du soupçon (lui écrit M. Le Blanc de la part de Son Altesse Royale) de vouloir empiéter sur le commandement de M. de Roquelaure; et cette crainte ne doit point être balancée avec le bien public qui a toujours fait votre principal objet. »

C'étoit prendre le maréchal par l'endroit le plus sensible et le plus capable de le résoudre : il sentit donc qu'il ne pouvoit par aucune considération se refuser aux demandes qu'on lui faisoit, puisqu'elles portoient sur des objets aussi intéressans pour tout le royaume. En conséquence, il se détermina à envoyer au Régent le plan qu'il avoit conçu d'une ligne gardée par des troupes, pour ôter toute communication entre les provinces qui n'étoient point atteintes du mal et les pays infectés ou seulement suspectés. Il y propose, pour subvenir aux besoins des provinces investies, que l'on ait attention d'envoyer de toutes parts toutes sortes de provisions qui seroient portées sur la ligne, pour être ensuite distribuées aux personnes qui les auroient demandées, mais sans communiquer avec elles; de façon que les effets seroient déposés, par ceux qui les apporteroient, dans l'intérieur de la ligne et dans un lieu marqué, et que les personnes pour qui ils seroient destinés n'en approcheroient pour les prendre que quand les autres se seroient retirées. Cette ligne s'appuyoit par sa droite à la Méditerranée, suivoit le canal de Languedoc jusqu'à Béziers, puis remontoit la rivière d'Orbe pour gagner le Rouergue (cette étendue pouvoit avoir dix à douze lieues); elle continuoit ensuite le long des frontières du Rouergue, de l'Auvergne et du Forez, et portoit par le Veley sa gauche au Rhône. Le maréchal propose aussi de donner les mêmes ordres de l'autre côté de cette rivière, pour défendre tout commerce et toute communication avec le Languedoc et la Provence; et quant aux besoins de ces deux provinces, d'y pourvoir par Lyon et le Dauphiné, au lieu du Vivarois.

Quoique le Régent eût marqué au maréchal de Berwick tout le désir qu'il avoit de le voir se charger du commandement entier de cette ligne, le maréchal proposa cependant au duc de Roquelaure de se concerter avec lui à Béziers, dans l'idée de lui laisser l'honneur du commandement dans la partie de la ligne qui se trouveroit en Languedoc. M. Le Blanc mandoit au maréchal : « Il est permis à peu de gens de penser avec autant d'élévation que vous faites en cette occasion. Son Altesse Royale a fort loué vos sentimens; mais elle vous connoît depuis trop long-temps pour en avoir été surprise. »

Cette affaire devenoit si sérieuse, que le Régent comprit que les moindres égards seroient déplacés lorsqu'ils pourroient nuire aux précautions nécessaires à prendre pour arrêter le mal : il voulut donc absolument que le maréchal de Berwick commandât encore dans le Forez et jusqu'au Rhône, dans le Velay et le Vivarois, qui faisoient partie du commandement de Languedoc.

Quoique le maréchal de Berwick fût l'homme du monde le plus ferme dans les principes qu'il avoit une fois adoptés après un mûr examen, il n'étoit rien moins qu'opiniâtre; il se relâchoit de sa sévérité quand il croyoit pouvoir le faire sans nuire au bien de la chose dont il étoit chargé. Il en donna une preuve en cette occasion : il crut qu'on pouvoit se relâcher sur la défense de toute communication qu'il avoit d'abord proposée, et y suppléer en choisissant Béziers pour le lieu seul où le commerce du Bas-Languedoc se pourroit faire avec le Haut-Languedoc, pourvu toutefois qu'on y établît une quarantaine de trente jours. Il fit part de son idée au Régent, et en conséquence le Roi rendit un arrêt de son conseil, conforme à ces nouveaux arrangemens.

Au milieu de tous ces soins, il eut un nouveau démêlé avec le parlement de Bordeaux : il avoit établi dans la ville un bureau de santé, conformément aux ordres du Roi, pour veiller à tout ce qui regardoit l'exécution de l'ordonnance qu'il avoit rendue pour préserver la province de la contagion. Le parlement se plaignit au chancelier de ce qu'aucun de ses membres n'avoit été admis à ce bureau. Le chancelier en écrivit au maréchal de Berwick : sa réponse est remarquable.

« Je n'ai pas cru, répond-il, devoir y nommer aucun officier du parlement, attendu qu'il m'a paru nécessaire d'éloigner tout retardement à la décision des affaires de cette nature. La conduite extraordinaire que ces messieurs ont souvent tenue m'a fait juger qu'ils étoient peu propres pour des assemblées où l'union, la concorde et l'expédition sont nécessaires ; et tant que j'aurai l'honneur de commander dans cette province, j'éviterai avec soin d'avoir aucun démêlé avec eux. Au lieu de vouloir entrer dans les affaires dont le Roi leur a ôté la connoissance, ils devroient s'appliquer à leur devoir principal, et par leur absence ne point laisser languir le palais où, faute de juges, les parties se consument. »

On prendroit une idée bien fausse du maréchal de Berwick si on le soupçonnoit d'avoir écrit cette lettre avec humeur et dans un esprit de critique. Il pensoit qu'il étoit de son devoir d'instruire le chef de la justice de ce qu'il pourroit y avoir à reprendre, et qui intéressoit l'ordre public, dans le parlement de la province dont le gouvernement lui avoit été confié. Telle étoit la pureté de ses intentions et de ses actions : tous ceux qui l'ont connu, sans aucune exception, n'en ont jamais douté.

Le chancelier, dans sa réponse à cette lettre, dit : « Il faut convenir qu'il auroit été très-difficile de se concerter sur ce point (avec messieurs du parlement)..... Au surplus, le succès que Dieu continue de donner à votre zèle et à votre vigilance pour la conservation du pays où vous commandez, est un bon garant non-seulement de la droiture de vos intentions, mais de la sagesse et de la fermeté de votre conduite : il n'y a donc qu'à vous laisser agir avec votre prudence ordinaire. »

La maladie contenue dans les pays infectés s'y éteignit avec le temps ; et, par les arrangemens et la vigilance du maréchal, elle ne se communiqua plus dans aucune des provinces voisines.

Tout le pays étant purifié, et les symptômes de la peste ne se montrant plus dans aucun endroit, le maréchal de Berwick crut pouvoir s'absenter de son commandement pour aller à Paris et à la cour vaquer à ses affaires particulières, que le soin des générales lui avoit fait négliger. Ayant obtenu un congé, il arriva à la cour dans le mois de juin 1722 : il continua de commander en Guienne jusqu'au commencement de 1724.

[1723] Le duc d'Orléans étant mort d'apoplexie le 2 décembre 1723, le duc de Bourbon alla sur-le-champ demander la place de premier ministre. Quoiqu'on eût eu le soin d'inspirer au jeune Roi des préventions contre cette place, cependant, dans l'embarras de sa réponse, il n'osa pas la lui refuser. A peine se fut-il mis à la tête des affaires, qu'on vit divers changemens arriver dans les différentes portions du gouvernement : on supprima entre autres choses tous les commandemens des provinces, et par conséquent celui de Guienne.

[1724 - 1732] Dans l'éloignement des affaires et dans l'espèce d'oisiveté où l'on avoit mis par là le maréchal de Berwick, il passoit la plus grande partie de son temps à sa campagne, et partageoit le reste entre la cour et la ville. Il vivoit à Fitz-James avec sa famille et un petit nombre d'amis, s'occupant de ses jardins : c'étoit lui-même qui les avoit plantés. Son ame sembloit s'y être peinte ; tout y étoit dans le grand et du meilleur goût. Une personne (1) qui en avoit beaucoup en ce genre, s'y promenant un jour, étoit dans l'admiration ; elle se demandoit où cet Anglois avoit pris tant de goût. On pouvoit lui répondre : *Dans sa façon d'envisager toujours les objets, et dans la justesse de son esprit.* On ne voyoit chez lui aucun faste ; il y menoit une vie uniforme et simple. Toutes ses heures étoient réglées et remplies : la lecture et la promenade faisoient ses principales occupations. Il jouoit peu, préférant la conversation qu'il avoit douce, aimable et variée : il avoit vu tant de choses, sa vie avoit toujours été occupée par les plus grandes affaires ; jusqu'alors il n'avoit point connu le repos. Son ame se trouvoit donc pour la première fois livrée, pour ainsi dire, à elle-même. Le tableau de sa vie passée, où dans ses actions il n'avoit jamais eu d'autre objet que le bien, mettoit dans cette ame juste tant de sérénité, qu'il étoit impossible à ceux qui vivoient avec lui dans l'intimité de n'y pas voir le bonheur. Cette vue invitoit à la vertu et la faisoit aimer bien plus sûrement que ne pourroient faire les discours et les écrits des moralistes les plus éloquens et les plus pathétiques.

[1733] Ce fut de cette vie paisible et heureuse qu'on vint le tirer en 1733, pour lui donner le commandement de l'armée qu'on rassembla sur le Rhin. Louis XV, ne pouvant en envoyer une en Pologne pour y soutenir, contre l'Empereur

(1) Le duc d'Antin, surintendant des bâtimens.

et la Russie, l'élection légitime de son beau-père, crut qu'il étoit également juste et glorieux de le venger des insultes qu'il éprouvoit de la part de ces deux puissances. Il attaqua l'Empereur sur le Rhin et en Italie, et les rois d'Espagne et de Sardaigne joignirent leurs armes aux siennes. L'Empereur réussit, à la vérité, à mettre sur le trône de Pologne l'électeur de Saxe; mais il lui en coûta les royaumes de Naples et de Sicile, et la France eut, pour récompense sa générosité, la Lorraine que Louis XIV, dans le temps même de ses plus grands triomphes, ne put jamais acquérir. Louis XV fit ce que son bisaïeul n'auroit pu entreprendre sans jeter l'alarme dans toute l'Europe et en soulever tous les princes contre lui : il attaqua l'Empereur et le vainquit. Les Anglois et les Hollandois, alliés naturels de ce prince, ne prirent aucune part à la querelle ; ils restèrent neutres et amis de Louis XV, qui dut cette neutralité et ses succès à la réputation de prince juste et pacifique qu'il s'étoit acquise pendant le ministère du cardinal de Fleury, et qu'il conserva dans le sein même de la victoire, par la modération avec laquelle il en usa.

Le maréchal de Berwick se rendit à Strasbourg au commencement de septembre ; il n'y avoit encore aucun préparatif de fait pour les opérations de la campagne ; le ministre étoit même dans l'incertitude sur les différentes entreprises auxquelles on pourroit se déterminer. L'Empire ne s'étoit pas encore déclaré pour l'Empereur ; on croyoit en devoir ménager les princes. On balançoit donc si on attaqueroit le Vieux-Brisach, qui appartenoit à l'Empereur, ou bien Kelh et Philisbourg, villes impériales. La cour avoit encore d'autres vues : elle auroit bien désiré pouvoir entreprendre le siége de Luxembourg, mais la saison se trouvoit trop avancée pour avoir le temps de faire tous les préparatifs qu'exige un siége de cette conséquence, et pour espérer de s'en rendre maître avant l'hiver. D'ailleurs le maréchal de Berwick préféroit à la prise de Luxembourg les conquêtes de Philisbourg et de Kelh, qui nous donnoient des passages sur le Rhin et des ouvertures pour attaquer plus sensiblement l'Empereur et l'Empire s'il venoit à se déclarer pour son chef, comme il fit, et pour se procurer en même temps dans un pays abondant les subsistances nécessaires et y vivre aux dépens des ennemis. On suivit l'avis du maréchal de Berwick.

Les préparatifs pour l'ouverture de la campagne et pour un siége tinrent beaucoup plus de temps que l'on ne comptoit. L'armée ne put passer le Rhin que le 13 d'octobre. Le lendemain, Kelh fut investi et la tranchée s'ouvrit le 20. Cependant le Roi fit déclarer à Ratisbonne que son intention étoit de bien vivre avec tous les princes du corps germanique qui ne prendroient point d'engagement contre ses intérêts ; que la nécessité seule le forçoit de s'emparer du fort de Kelh pour s'assurer un passage sur le Rhin autant dans la vue d'offrir plus efficacement son secours à l'Empire contre l'oppression de son chef, que d'attaquer l'Empereur, son ennemi. Le siége de Kelh ne fut pas long : on y employa la mécanique ordinaire et la place capitula le 29. La saison étoit trop avancée pour songer à d'autres conquêtes, et le siége de Philisbourg fut remis pour l'ouverture de la campagne prochaine.

[1734] On avoit présenté au maréchal de Berwick deux différens mémoires qui contenoient de prétendus projets pour couvrir la Champagne et empêcher que l'ennemi n'y levât des contributions ; mais la défense de cette province, suivant les plans proposés, auroit infiniment plus coûté au Roi et à la province, et auroit occasionné plus de vexations aux peuples que les contributions elles-mêmes. Le maréchal de Berwick les rejeta par ces raisons et par plusieurs autres : il étoit difficile de n'y pas soupçonner, dans ceux qui les proposoient, des vues particulières autres que celles du bien général. Il n'y eut de ce côté-là aucun acte d'hostilité de part ni d'autre, et l'on garda l'année suivante une neutralité réciproque pour le pays de Luxembourg et pour la Champagne. Le maréchal instruisit le Roi des arrangemens qu'il avoit faits pour se porter avec l'armée sur la Meuse, la Moselle et la Sarre, dans le cas que les ennemis voudroient nous y attaquer : mais, de toute cette première campagne, qui fut très-courte, il ne parut d'ennemi d'aucun côté. Sur la fin d'octobre on rétablit le pont du Fort-Louis et les fortifications de Schelingen ; on établit aussi un autre pont sur le Rhin à Huningue, pour s'y donner en Haute-Alsace un passage. L'armée repassa ce fleuve dans les premiers jours de novembre et alla prendre ses quartiers.

Le maréchal de Berwick s'étoit proposé d'ouvrir la campagne de très-bonne heure par le siége de Philisbourg. Ce nouveau passage assuré sur le Rhin, qu'il vouloit avant tout se donner, étoit la base de ses projets ; mais pour arriver devant cette place il falloit forcer les lignes d'Etlingen, que les ennemis avoient construites pendant l'hiver au-dessus de Philisbourg, et qui, en couvrant cette place, borroient le pays depuis ce fleuve jusqu'aux montagnes ; ou il falloit les rendre inutiles en passant le Rhin au-dessous. Ce projet ne pouvoit s'exécuter sans de grandes difficultés, si l'on ne prévenoit pas les ennemis en entrant en campagne avant qu'ils eussent rassemblé toutes leurs forces. D'ailleurs le siége demandoit d'être fait au commencement du printemps, ou d'être remis en automne, à cause des inondations du Rhin, que produit ordinairement en été la fonte des neiges et qui rendent le siége de cette place sinon impraticable, du moins très-difficile et dangereux dans cette saison. Le maréchal de Berwick partit donc à la fin de mars 1734 pour Strasbourg, où il arriva le 30 ; mais il ne trouva rien de prêt, soit que la cour eût trop tardé à donner des ordres, soit que leur exécution eût été négligée. Ce retard cependant sembloit n'être pas arrivé sans dessein et être le fruit de l'intrigue. Les chevaux pour l'artillerie et pour les vivres n'étoient point encore rendus à leur destination, ni même achetés pour le plus grand nombre, quoique M. d'Anglervilliers, secrétaire d'Etat de la guerre, eût assuré le maréchal qu'ils seroient rassemblés en Alsace au commencement d'avril, au nombre de dix-huit cents pour l'artillerie, sans compter les chevaux haut-le-pied et de cinq mille pour les vivres. Le maréchal de Berwick n'avoit cependant cessé tout l'hiver de presser les ministres sur les préparatifs de la campagne, leur mettant continuellement devant les yeux combien il étoit essentiel de ne pas perdre un moment, si l'on vouloit assurer le succès important de Philisbourg. Mais le malheur des cours est presque toujours de se laisser gouverner par des intrigans et des favoris, et de les écouter de préférence aux gens du mérite même le plus reconnu.

Quatorze années de commandement, toujours heureuses et toujours glorieuses, ne valurent pas au maréchal de Berwick une confiance entière du ministère pour les opérations de cette campagne. Le comte de Belle-Ile, depuis maréchal de France, avec la faveur eut le crédit de se faire écouter, et même de séduire par son enthousiasme et son ton d'assurance le cardinal de Fleury et les autres ministres, gens d'Eglise ou de robe, peu capables de juger sainement des projets de guerre. Il contrarioit ceux du maréchal de Berwick par les mémoires dont il ne cessoit d'inonder les cabinets des ministres, et où toutefois son propre intérêt paroissoit le plus souvent en première ligne, parce qu'il ne savoit pas le déguiser. Quoiqu'il montrât beaucoup plus d'ambition que de vrais talens, il faut convenir qu'il étoit capable des plus grands détails ; mais comme il outroit tout, il entroit si avant dans les plus petits, qu'il s'y noyoit lui-même : son ambition l'aveugloit dans presque toutes les affaires, parce qu'il les envisageoit avec des vues personnelles et intéressées ; sa tête, toujours bouillante, l'emportoit au-delà du vrai et dans la région sans bornes des chimères. Il mettoit une telle activité dans la poursuite de ses projets pour les faire adopter, qu'il entraînoit souvent les ministres presque malgré eux : cependant il ne put réussir cette fois-ci comme il auroit voulu. Il avoit, au mois de janvier de cette année, proposé sérieusement aux ministres de faire traverser toute l'Allemagne à l'armée, de la porter jusqu'en Saxe et en Bohême et même encore plus loin : il s'efforçoit en conséquence de détruire tous les autres plans de campagne, et il donna dans le même temps un mémoire contre le siége de Philisbourg. Le maréchal de Berwick désapprouvoit ces projets ; il regardoit comme une témérité de vouloir conduire une armée à plus de cent cinquante lieues des frontières, surtout sans communication assurée avec la France ; et il n'eut pas de peine à faire sentir au Roi toute l'absurdité du projet, en lui en expliquant les raisons. Le Roi le rappelle au maréchal de Berwick dans sa lettre du 8 de mai : « Il est certain, dit ce prince, que la conquête de Philisbourg est préférable à tout autre objet, par beaucoup de raisons qui vous sont connues aussi bien qu'à moi. » Le projet du comte de Belle-Ile fut donc rejeté. Il se réduisit alors à proposer le siége du château de Trarbach et obtint d'en être chargé. Dès-lors il fallut le faire avant tout, malgré les bonnes raisons du maréchal de Berwick, qui avoit fait voir qu'on devoit commencer par celui de Philisbourg. La cour eut lieu plus d'une fois de se repentir de n'avoir pas suivi en tout les plans plus réfléchis et plus justes du maréchal de Berwick, et d'avoir donné quelquefois la préférence à l'écolier sur le maître. Le comte de Belle-Ile, nouvellement fait lieutenant-général, n'avoit guère encore servi à la guerre que comme brigadier, sans que rien d'important eût jamais roulé sur lui.

M. d'Angervilliers, pour lever les difficultés que le maréchal objectoit contre le projet de remettre à l'été le siége de Philisbourg, lui mandoit dans sa lettre du 5 avril, qu'il y avoit eu peu de neige cette année, par conséquent qu'il n'y auroit pas d'inondation. Mais la saison et les élémens ne se prêtèrent pas aux désirs et aux volontés des ministres : les chaleurs furent fortes ; elles occasionnèrent dans les montagnes

Noires une fonte de neige extraordinaire, parce que les sommités en sont toujours couvertes, sans que la neige se trouve jamais entièrement épuisée, quelque grande qu'en soit la fonte. Le Rhin grossit et déborda cette année plus que de coutume ; mais la cour en avoit voulu courir les risques : le ministre avoit marqué au maréchal que le Roi désiroit infiniment le siége de Philisbourg malgré la saison de l'été, et qu'il seroit très-mortifié si cette entreprise ne pouvoit pas avoir lieu. Il fallut donc s'y résoudre. De ce moment, le maréchal de Berwick s'occupa tout entier à surmonter les obstacles que lui-même avoit prévus et annoncés et auxquels on pouvoit s'attendre.

On devoit compter que le prince Eugène auroit tout le temps de rassembler les forces de l'empereur et de l'empire avant la fin du siége, pour marcher à Philisbourg et essayer de nous y attaquer, ou pour chercher à nous attirer loin de la place assiégée par une diversion sur la Moselle ou sur le Haut-Rhin, afin de pouvoir nous y combattre avec toutes ses forces réunies, pendant que les nôtres seroient affoiblies par les troupes que nous aurions laissées au siége, et par une victoire nous obliger de le lever. Il falloit aussi pourvoir au cas de l'inondation du Rhin. Le maréchal de Berwick n'étoit jamais surpris par les événemens, parce que, dans les accidens qui pouvoient les accompagner, sa prévoyance active avoit toujours pourvu d'avance au remède. Il fit part au Roi de ses plans et de ses dispositions. Trente-cinq bataillons et vingt escadrons étoient destinés au siége : il formoit du reste de ses forces une armée d'observation de soixante-quinze ou quatre-vingts bataillons, avec de cent-vingt escadrons pour se porter partout et faire tête au prince Eugène, de quelque côté qu'il se présentât et qu'il agît. Il comptoit faire tracer des lignes de circonvallation autour de Philisbourg et les rendre inattaquables : elles devoient être bordées de cent bataillons, avec lesquels il étoit déterminé à recevoir le prince Eugène s'il y portoit toutes ses forces, comme il fit.

Quelques officiers généraux ne furent point d'avis d'attendre l'ennemi dans les lignes ; ils vouloient en sortir et aller au-devant du prince Eugène ; ils restèrent même dans l'inquiétude pendant tout le temps que dura le siége. Il faut pourtant convenir que le soldat n'eut jamais la moindre crainte ; qu'il paroissoit même désirer d'être attaqué, comptant sur son courage et se croyant en pleine sûreté dans une position qu'avoit choisie un général en qui il avoit toute confiance. Le maréchal de Berwick pensoit, ainsi que M. de Luxembourg, que des retranchemens où l'art n'avoit rien négligé et que leur peu d'étendue permettoit de garnir partout de deux lignes d'infanterie, n'étoient pas susceptibles d'être forcés. Il parut dans la suite que c'étoit également le sentiment du prince Eugène, puisqu'il n'osa jamais attaquer nos lignes, car, dans la situation où se trouvoit l'armée de France, et qu'il étoit permis de regarder comme critique, il n'auroit pas hésité à la combattre dans ses retranchemens s'il eût eu la moindre espérance de pouvoir les forcer.

Le maréchal de Berwick étoit si assuré de son opération, que, malgré cette prudence qui l'empêchoit de jamais rien promettre à la légère, il ne balança pas d'écrire au Roi du ton le plus affirmatif et comme un homme qui est sans inquiétude sur le succès du siége : « Quand nous serons devant la place, lui marque-t-il, nous chercherons à surmonter l'obstacle des eaux, soit en en diminuant le volume par les saignées, soit en conduisant nos tranchées par le moyen de nombre de fascines : le pire qui puisse arriver, c'est que nous soyons obligés de suspendre pendant quelque temps nos travaux, pour les reprendre ensuite avec plus de force dès que les eaux seront diminuées. En un mot, Sire, nous attendrons tranquillement, dans notre camp bien retranché, que les obstacles soient levés et nous prendrons Philisbourg, dussions-nous y rester jusqu'au mois d'octobre. »

Malgré ces assurances si positives, la cour éprouva bientôt après les plus vives alarmes : le maréchal de Berwick, sur qui elle se seroit entièrement reposée, n'existoit plus dans les momens critiques qui arrivèrent.

Revenons aux opérations du commencement de la campagne, que nous avons interrompues. Le maréchal de Berwick rassembla une partie de l'armée dans le mois d'avril et alla camper le 9 à Spire et à la Petite-Hollande, d'où il masquoit le débouché de Philisbourg : il étendit ses troupes à Franckendal et à Worms. Par ces mouvemens il donnoit aux ennemis de la jalousie sur le Bas-Rhin et les tenoit dans l'incertitude sur le parti que nous prendrions. L'armée, arrêtée dans ces opérations par le siége de Trarbach, où le comte de Belle-Ile ne put ouvrir la tranchée que la nuit du 25 au 26 de ce mois, resta dans cette position jusqu'à la fin d'avril. Alors elle se mit en marche et remonta le Rhin jusqu'au Fort-Louis, où elle passa cette rivière, et se porta tout de suite aux lignes d'Etlingen. Du moment que les ennemis furent instruits de notre marche, ils ne doutèrent plus qu'elle ne fût dirigée sur leurs lignes pour les attaquer, et ils y portèrent toutes leurs forces ; mais, malgré notre retard pour agir de ce côté-là, nous les avions encore prévenus. Ils n'avoient pu rassembler à la hâte qu'environ trente mille hommes commandés par le duc de Bevern. Ces lignes étoient faites avec beaucoup de soin ; elles avoient un bon fossé, des redans de distance en distance, qui se flanquoient les uns les autres, et un excellent parapet. Leur gauche se perdoit dans la montagne où elle étoit appuyée ; de là elles traversoient la plaine et alloient porter leur droite au Rhin, auprès de Mulberg. Quoique leur étendue fût au moins de quatre lieues, les princes des cercles du Bas-Rhin les regardoient comme une barrière capable de nous arrêter : cette considération avoit même été employée par les ministres de l'Empereur pour faire décider contre la France la diète de l'Empire comme elle avoit fait.

Le duc de Noailles, lieutenant général, et le comte de Saxe, maréchal de camp (depuis maréchaux de France), furent chargés de tourner les lignes par les montagnes ; ce qu'ils firent. Mais sur quoi comptoit le plus le maréchal de Berwick pour déterminer les ennemis à abandonner leurs lignes, c'étoit sur un corps de vingt mille hommes qu'il avoit laissé sous les ordres du marquis d'Asfeld auprès de Spire. Ce général, aussitôt qu'il apprendroit que les ennemis se seroient portés avec toutes leurs forces aux lignes pour les défendre contre la grande armée, devoit marcher à l'île de Neckerau, au-dessous de Philisbourg, pour y jeter un pont sur le Rhin et le passer; il en menoit un à sa suite sur des haquets. Par cette manœuvre, combinée avec les mouvemens de la grande armée, le maréchal de Berwick étoit assuré que, dès l'instant que les ennemis sauroient que M. d'Asfeld auroit passé le Rhin, et qu'il pourroit même être renforcé d'autant de troupes qu'il seroit nécessaire pour agir avec supériorité sur leurs derrières, ils n'auroient rien de plus pressé que d'abandonner les lignes et de se retirer. En effet, sur la nouvelle qu'ils eurent du passage du Rhin par M. d'Asfeld, ils firent leur retraite le même jour 4 mai, que nous tournâmes leurs lignes avec une telle diligence, que l'on ne put atteindre leur arrière-garde, au moins l'entamer. Ils se retirèrent sur Heilbronn, et ce fut pendant ces mouvemens que le prince Eugène joignit son armée. Trarbach venoit de se rendre au comte de Belle-Ile. Notre armée marcha des lignes à Bruxall, où M. d'Asfeld la rejoignit le 11 avec le corps qu'il commandoit.

M. d'Asfeld fut détaché le 13, avec trente bataillons et deux régimens de dragons, pour faire l'investissement de Philisbourg, où l'armée le suivit. La tranchée s'ouvrit du 3 au 4 de juin, et l'attaque fut dirigée le long du Rhin contre l'ouvrage à corne : on avoit fait attaquer quelques jours auparavant, par les Suisses, l'ouvrage qui couvroit le pont volant de Philisbourg à la rive gauche de l'autre côté du Rhin. La prise de ce dernier ouvrage procuroit le grand avantage d'établir à cette rive des batteries avec lesquelles on pouvoit prendre des revers et des enfilades sur les ouvrages de la place qui appuyoient au Rhin et les battre à ricochet. Voilà ce qui avoit déterminé en partie le maréchal de Berwick dans le choix de l'attaque le long de la rivière. C'étoit par le même côté que cette place, assiégée en 1688 par le Dauphin et M. de Vauban, avoit été prise. Des trois attaques que l'on fit alors, celle-ci eut le plus de succès.

Quelques officiers, à qui la médiocrité de talens et des idées peu justes font faire presque toujours de fausses applications des grands modèles, pourroient croire, sur l'exemple de M. de Vauban, que le maréchal de Berwick auroit dû également se déterminer à trois attaques; mais le maréchal, connu pour un des généraux les plus instruits de la partie du génie, étoit trop habile et trop réfléchi pour s'écarter sans de bonnes raisons d'un plan tracé par Vauban. Il lui étoit facile d'envisager que le prince Eugène, aussitôt qu'il auroit rassemblé toutes ses forces, pourroit marcher à Philisbourg pour chercher à attaquer les lignes; que, dans cette supposition, il étoit important de se borner à une seule attaque pour n'avoir point trois tranchées à garder et n'être pas obligé d'y employer un trop grand nombre de troupes, dont l'armée auroit été affoiblie devant le prince Eugène, s'il eût pris le parti d'attaquer les lignes. Le Dauphin et Vauban n'avoient pas en 1688 les mêmes raisons : ils ne craignoient point alors d'ennemi au dehors qui pût venir troubler le siège; d'ailleurs c'étoit à la fin du mois d'octobre qu'il se faisoit : les troupes n'avoient autre chose à faire, après l'expédition, que d'aller se reposer dans leurs quartiers d'hiver. Les trois attaques, dans ces circonstances, pouvoient être bien vues pour fatiguer la garnison et la rendre, en divisant ses forces, moins vigoureuse à chaque attaque. Il faut pourtant encore convenir que cette méthode n'est pas toujours sans inconvéniens ; elle augmente les travaux et la fatigue des assiégeans, et même beaucoup plus en proportion que ceux des assiégés. On pouvoit donc aussi penser qu'il est souvent expédient de mettre un peu plus de temps à un siége que de l'abréger, en excédant ses troupes de fatigues et en y causant par là des maladies qui détruisent l'armée. On sait que les travaux d'un siége sont immenses et qu'on les multiplie en multipliant les attaques. Le siége de Philisbourg en 1734 se faisoit au commencement de la campagne ; il falloit conserver le bon état de l'armée autant qu'il étoit possible vis-à-vis celle des ennemis, qui étoit toute fraîche, sortant de ses quartiers, et contre laquelle on auroit encore à agir après le siége pendant quatre mois de campagne.

Le maréchal de Berwick ne s'en rapportoit à personne de ce qu'il pouvoit voir et faire par lui-même : c'étoit lui proprement qui dirigeoit le siége. Il ne manquoit point de se rendre tous les jours de grand matin à la tranchée, où d'abord on lui rendoit compte du travail de la nuit : il se portoit ensuite à la tête de la sape pour connoître de ses propres yeux l'état des choses ; puis il régloit avec l'ingénieur en chef les travaux de la nuit suivante. Le 12 de juin, il se rendit comme à son ordinaire à la tranchée, alla visiter les sapes et monta sur la banquette, suivant son usage, pour tout observer. Une de nos batteries donnoit sur la crête de la sape où le maréchal de Berwick s'étoit arrêté : quelques soldats y avoient été tués par notre propre canon ; on y avoit même mis une sentinelle pour empêcher que personne ne s'arrêtât dans cet endroit et surtout ne montât sur la banquette. Soit que la sentinelle n'eût osé rien dire à son général, soit que le maréchal, emporté par son intrépidité naturelle, qui lui faisoit toujours trop mépriser le danger, n'eût pas fait assez d'attention à l'avertissement, ce fut ce même endroit qu'il choisit pour faire ses observations. Cette position le mettoit entre notre batterie et celle des ennemis qui lui étoit opposée ; elles tirèrent toutes les deux à la fois : un boulet emporta la tête du maréchal, sans que l'on ait jamais bien su de quel côté il étoit parti. Sa mort, bientôt répandue dans l'armée, y mit une consternation générale : parvenue à la cour, elle y jeta, ainsi que dans Paris, la même consternation, car il avoit la confiance de l'armée, du Roi, du ministère et des François. Les ennemis craignoient en lui un général qui avoit fait de grandes choses, et que le bonheur avoit toujours accompagné. A sa mort il laissoit l'armée dans une situation qui paroissoit critique à bien des gens : elle se trouvoit renfermée dans des lignes, autour d'une forte place au secours de laquelle le prince Eugène marchoit en grande hâte à la tête d'une armée formidable. Il emportoit avec lui le secret de ses projets : on savoit seulement qu'il en avoit de vastes. Malgré sa retenue ordinaire, il avoit, pendant l'expédition de Trarbach, laissé échapper son impatience du retard que lui causoit ce siége pour ses grandes opérations.

Le marquis d'Asfeld, qui, aussitôt après la mort du maréchal de Berwick, prit, comme le plus ancien lieutenant-général, le commandement de l'armée, resta constamment dans ses lignes vis-à-vis du prince Eugène. Il continua les opérations du siége malgré ce général et malgré les inondations du Rhin, et se rendit maître de Philisbourg le 18 juillet. La campagne se borna à cette conquête.

Quoique milord Bolingbrocke, dans ce qu'il dit du maréchal de Berwick, n'ait prétendu marquer que quelques-uns des principaux traits de son portrait, et que la mort ait empêché le président de Montesquieu d'achever celui qu'il avoit commencé, nous ne tenterons pas de le reprendre après ces deux grands peintres : qu'il nous soit permis seulement d'ajouter ici plusieurs traits qu'ils ont omis, laissant à une autre main, et plus habile, le soin de les recueillir tous pour en composer le tableau en entier.

On a vu le maréchal de Berwick, dans le long cours d'une vie laborieuse, faire des exploits mémorables ; mais il se montroit chaque fois tellement supérieur à ses propres actions, quelque grandes qu'elles fussent, qu'on le jugeoit toujours capable de plus grandes choses. On peut donc dire avec vérité qu'il avoit en lui encore plus de grandeur qu'il n'eut occasion d'en faire paroître, agissant toujours par la voie la plus simple et ne cherchant jamais à se faire valoir.

Le maréchal de Berwick avoit toutes les parties d'un homme de guerre : mais il seroit trop long d'entrer dans leur détail ; ce seroit faire en quelque sorte un traité de l'art de guerre. Tout militaire qui étudiera ses campagnes admirera dans leurs plans la justesse des vues, l'étendue des combinaisons et partout l'empreinte du génie : il ne trouvera pas dans leur exécution la moindre faute à relever ; il verra que les mesures étoient si bien prises, que le succès étoit presque toujours assuré d'avance. Aucun général n'eut un coup-d'œil plus perçant et plus sûr, soit dans une action pour apercevoir d'où dépend l'avantage et faire faire aux troupes les mouvemens décisifs qui entraînent la victoire, soit dans une campagne pour reconnoître et saisir des positions avantageuses qui en font le succès. Il s'entendoit mieux que personne à faire vivre une armée : on a vu les soins et les peines que son activité lui fit prendre et les ressources qu'il sut trouver, pour faire subsister la sienne en 1709, où l'on manquoit de tout ; mais on remarquoit principalement en lui son habileté singulière dans les arrangemens des subsistances et dans le choix judicieux de leurs emplacemens, d'où dépend souvent, par les conséquences qui en résultent, la réussite des campagnes. Les siennes ne manquent pas de cet éclat qui attire l'admiration des hommes ; mais il faut être du métier et les examiner de près pour en sentir tout le mérite : elles ont le caractère distinctif de tous les ouvrages des grands maîtres ; plus on s'y arrête, plus on les détaille et plus aussi on y découvre de perfection : elles ont pour la plupart des choses propres qui les distinguent de celles des autres généraux ; il est difficile de les parcourir sans trouver, pour ainsi dire, à chaque pas un trait particulier de génie qui les marque à son coin.

Combien d'exemples frappans, et qui prouvent ce que nous venons d'avancer, ne pourrions-nous pas tirer de ces Mémoires ? Il suffiroit de rappeler les quatre campagnes qu'il fit en Dauphiné : il y porta l'art de la défensive plus loin qu'aucun général ait peut-être jamais fait pour la défense de cette frontière. Le maréchal de Catinat avoit été chargé en 1692, dans le même pays, de la même guerre défensive ; mais il ne la soutint point avec une gloire égale à celle qu'il s'étoit précédemment acquise en Piémont dans la guerre offensive qu'il y avoit faite contre le duc de Savoie. On ne peut même s'empêcher de trouver bien de la différence dans la manière dont il défendit alors cette frontière et dans celle dont le maréchal de Berwick sut la défendre plusieurs années après. Le maréchal de Catinat étoit cependant supérieur en forces à son ennemi et le maréchal de Berwick toujours inférieur. M. de Catinat avoit, selon M. de Feuquières, une armée composée de cent bataillons et de cent quarante escadrons, répandus le long de la frontière : cependant, malgré ce nombre si considérable de troupes, malgré l'habileté si reconnue et la vigilance de M. de Catinat, le duc de Savoie, avec des forces fort inférieures en infanterie, vint à bout de pénétrer en France. Il prit Embrun par les derrières de notre armée ; et il se fût même étendu dans le Dauphiné sans la petite vérole qu'il eut à Embrun et dont il fut si mal, que son expédition demeura suspendue. De cet exemple et de plusieurs raisonnemens plausibles, M. de Feuquières conclut dans ses Mémoires qu'*il n'est pas possible, de ce côté-là,* *de soutenir une guerre défensive, exempte de quelques inconvéniens chaque année.*

Le maréchal de Villars ne réussit pas mieux que le maréchal de Catinat dans la défense de cette même frontière en 1708 : quoiqu'il eût aussi une armée supérieure en infanterie à celle du duc de Savoie, il ne put empêcher ce prince d'assiéger et de prendre Exilles et Fenestrelle, dont il fit même les garnisons prisonnières de guerre.

On peut donc regarder comme un plan sûr de défensive pour nos frontières d'Italie celui que le maréchal de Berwick envoya à Louis XIV en 1709. Ce fut, en effet, en suivant constamment le même plan pendant quatre campagnes de suite qu'il sut contenir le même duc de Savoie pendant tout ce temps et l'empêcher de pénétrer nulle part dans le royaume, malgré les projets qu'il en avoit formés, et cette fois-ci malgré la supériorité de son armée sur la nôtre, tant en infanterie qu'en cavalerie. Aussi ce prince, depuis roi de Sardaigne, bien fait sans doute pour apprécier les généraux et les campagnes de guerre, disoit, en parlant de celles que le maréchal de Berwick avoit faites contre lui, qu'il n'avoit jamais vu aussi bien manœuvrer, ni faire la guerre si savamment et si noblement.

Dans le dessein où l'on est de rapporter ce qui peut le mieux faire connoître toute l'étendue des talens du maréchal de Berwick pour la guerre, l'on ne doit pas omettre ici deux circonstances. Ce plan de défensive, le plus vaste peut-être et le plus difficile que l'on sache à imaginer, par l'étendue et la nature (1) du pays qu'il embrasse, et, une fois trouvé, le plus sûr et le plus facile dans l'exécution, fut le fruit d'une seule promenade que le maréchal fit d'un bout à l'autre de la frontière avant l'ouverture de la première campagne. La seconde circonstance, qui n'est pas moins digne de remarque, c'est que ce plan, qui par l'immensité de ses combinaisons paroît être un prodige de calcul, se trouva si bien rempli dès l'instant qu'il l'eut conçu, qu'il ne fut point obligé d'y changer la moindre chose dans la suite : il osa toujours assurer Louis XIV de la bonté et de la sûreté de son plan de défensive, dont le succès, répété chaque campagne vis-à-vis un général habile, faisoit la meilleure preuve que l'on pût en donner. L'expérience qu'il acquit pendant les quatre campagnes dont nous parlons lui fit même connoître qu'en suivant le plan de défensive qu'il

(1) Il avoit plus de soixante lieues d'étendue au travers des Alpes.

s'étoit fait, une armée de quarante-cinq bataillons et de vingt escadrons (1) devoit suffire pour défendre toute la frontière contre une armée de soixante à soixante-dix bataillons et de cinquante escadrons.

La différence de combinaison que l'on trouve entre le plan de défensive du maréchal de Berwick et ceux des autres généraux, dans le nombre de troupes que chacun d'eux exige, en raison de celles qu'il suppose aux ennemis pour l'offensive, a droit de surprendre. Le maréchal de Catinat avoit toujours demandé un tiers d'infanterie de plus que n'avoit l'ennemi, et le maréchal de Berwick s'étoit borné à un tiers de moins à la fin des quatre campagnes qu'il fit. Cette grande différence ne peut venir que de la façon toute neuve et supérieure dont le maréchal de Berwick a su voir et prendre cette défensive, qui avoit échappé aux plus grands généraux. M. de Feuquières connoissoit bien l'avantage que peut donner une position centrale, pour se porter à tous les points d'une circonférence qu'un ennemi peut attaquer, et pour l'y prévenir; mais il n'en trouva pas, comme le maréchal de Berwick, l'application pour la défensive de cette frontière dans le tracé d'une ligne telle que ce dernier sut imaginer, et dont la grande étendue étonne.

Ses campagnes d'Espagne peuvent également servir d'exemple et de modèle aux gens de guerre : il y fut alternativement sur l'offensive et sur la défensive. Il est plus qu'inutile de rapporter les manœuvres qu'il fit; il les a mieux rendues dans ses Mémoires qu'on ne feroit ici : on observera seulement qu'il y montra qu'il n'étoit jamais plus grand que dans les malheurs et lorsqu'on avoit perdu tout espoir; aussi étoit-il, dans les événemens imprévus et critiques, l'homme pour ainsi dire du moment, la ressource de la cour et des généraux même. On le fit partir d'Espagne au milieu de la campagne de 1707, pour se rendre en Provence auprès du duc de Bourgogne qui marchoit au secours de Toulon assiégé par le duc de Savoie. Après la bataille de Malplaquet en 1709, il reçut ordre de se rendre de Briançon où il venoit de finir sa campagne à l'armée de Flandre, que le maréchal de Boufflers commandoit depuis la blessure du maréchal de Villars. Louis XIV, à la prière du maréchal de Villars, voulut que le maréchal de Berwick allât en Flandre pour le secours de Douay. Il ne faisoit que d'arriver du Dauphiné à la cour à la fin de 1712, lorsqu'on le fit repartir sur-le-champ pour aller en Catalogne y dégager Gironne que le comte de Staremberg tenoit étroitement bloquée, et qui étoit aux abois.

Le maréchal de Berwick conservoit, dans le mouvement des opérations de guerre les plus difficiles, et même au milieu des actions les plus chaudes, une tranquillité d'ame et un sang-froid que produisent l'intrépidité naturelle et cette connoissance parfaite de l'art qui, en nous montrant tout ce qu'il y a à craindre de l'ennemi, nous instruit en même temps de ce qu'on peut lui opposer. Cette tranquillité d'ame venoit encore de la fermeté et du courage d'esprit qui met si fort le sage au-dessus des événemens, parce qu'il n'a jamais rien à se reprocher. Il eut dans toutes ses entreprises le bonheur qui accompagne presque toujours le grand homme, parce que sa grande capacité lui fait toujours voir et embrasser toutes les parties de son objet; que rien ne lui échappe; que la justesse de son esprit lui donne des combinaisons justes et lui fait toujours saisir le meilleur parti; qu'enfin l'activité qu'il met dans l'exécution et qui est le garant du succès, est encore guidée par la prudence.

Peu de personnes avoient autant servi que le maréchal de Berwick : il avoit fait durant sa vie vingt-neuf campagnes de guerre, dans quinze desquelles il avoit commandé les armées; il ne s'étoit cependant trouvé qu'à six batailles dont il n'y en avoit qu'une, celle d'Almanza, où il commandoit. On peut être surpris de ne voir qu'une bataille dans le très-grand nombre de campagnes où il s'est trouvé à la tête des armées, surtout avec la hardiesse qu'il a toujours fait paroître : lui-même en donne la solution. Il disoit qu'il falloit être deux pour se battre, et qu'un général ne devoit livrer de bataille que quand il ne savoit pas mieux faire, parce que l'événement en étoit toujours incertain et qu'il ne falloit pas mettre au hasard le succès d'une campagne, d'une guerre et même souvent le sort de l'Etat, lorsqu'on pouvoit également, par de bonnes dispositions et par des manœuvres habiles, remplir son objet sans risquer une bataille. Il ne les évitoit pourtant pas au point d'être taxé de timidité, parce que l'honneur des armes exige qu'on ne montre point de peur, qu'il plaçoit l'honneur au-dessus de tout, qu'il ne craignoit point les batailles (ce qu'il a bien montré dans les champs d'Almanza), et qu'enfin cette apparence de timidité dans le général auroit suffi pour la réaliser dans le soldat. Si donc on ne le vit point courir après les

---

(1) Voyez les Mémoires instructifs du maréchal de Berwick sur la Provence et le Dauphiné, au Dépôt de la guerre.

batailles trop souvent recherchées des héros, et s'il se mit au-dessus de l'éclat qu'elles répandent dans la vie des grands capitaines, ce fut, si on ose le dire, par un héroïsme supérieur. Il regardoit comme un devoir de ne pas faire verser le sang inutilement et de préférer toujours, dans la vue du bien général, une besogne assurée à la gloire particulière qu'il pouvoit se flatter de se procurer et de recueillir dans les batailles, où son habileté lui auroit donné communément tout l'avantage sur celui qu'il auroit eu à combattre.

Ce grand principe d'humanité le gouvernoit également dans les siéges. Il fut toujours très-soigneux d'y ménager la vie du soldat : il choisissoit de préférence la méthode d'aller pied à pied à la sape, pour conserver les hommes ; et il préféroit d'allonger la durée d'un siége de plusieurs jours, à des attaques vives et meurtrières qui l'auroient abrégé au prix d'un sang précieux.

Personne ne mettoit plus de dignité dans le commandement. Quoiqu'il fût taxé de sévérité, ceux qui l'ont bien connu disoient qu'il étoit plutôt exact que sévère, sans nulle pédanterie. Il n'étoit en effet sévère que par devoir, que quand il étoit chargé de le faire remplir aux autres ; mais toujours plus sévère pour lui-même que pour ceux qui lui étoient soumis. Cette exactitude tenoit aussi à l'amour de l'ordre et de la discipline qu'il avoit au suprême degré, connoissant toute l'importance et la nécessité de maintenir l'un et l'autre, principalement dans les armées. L'histoire dira qu'il savoit commander, mais elle pourra dire aussi qu'il savoit obéir, deux qualités assez rares à trouver à la fois dans la même personne. Elevé dans les principes d'une obéissance passive, il n'y eut jamais de sujet plus soumis à son prince et plus zélé pour son service. Cette soumission, dont il s'étoit fait un principe invariable, n'étoit pourtant ni basse ni aveugle; on le voyoit même d'une fermeté inébranlable, au point d'être accusé d'opiniâtreté vis-à-vis les ministres des plus grands princes dans les choses qui regardoient uniquement la guerre, parce qu'il supposoit que la raison devoit être évidemment de son côté sur des objets qu'il connoissoit mieux que ceux qui vouloient alors l'emporter sur lui.

C'est avec la même fermeté que dans certaines opérations de guerre il s'est aussi quelquefois écarté des décisions des maîtres de l'art lorsqu'il avoit une conviction forte et éclairée qu'ils s'étoient trompés. Il étoit trop instruit de toutes les parties qui appartiennent à la guerre et trop judicieux pour se laisser entraîner à cette confiance aveugle qu'inspirent leurs décisions au commun des hommes. N'ignorant pas que les gens les plus habiles peuvent quelquefois se tromper, il soumettoit tout à l'examen, sa propre opinion comme celle des autres, avec cette impartialité qui mène toujours à prendre le parti le meilleur quand on y joint la sagacité et l'esprit réfléchi qu'avoit le maréchal de Berwick. Il ne craignit donc point, au siége du château de Nice, dont il fut chargé en 1705, après avoir bien examiné et bien reconnu la place, de s'écarter de l'avis du maréchal de Vauban, dont Louis XIV l'avoit instruit, et d'attaquer cette forteresse par le côté même que Vauban avoit déclaré inattaquable. Le succès et les connoissances que l'on acquit par le siége prouvèrent que le maréchal de Berwick avoit mieux vu et mieux choisi le côté de l'attaque ; qu'il avoit aperçu ce qui étoit échappé aux gens de l'art, et que son génie le plaçoit quelquefois au-dessus des plus grands maîtres. Mais il mettoit tant de simplicité et si peu d'amour-propre dans ses oppositions aux sentiments qu'il combattoit, qu'il étoit difficile de s'en offenser.

Quoique la vie du maréchal de Berwick ne doive guère être regardée que comme celle d'un guerrier, cependant il a montré qu'il eût pu être aussi un habile politique. Il fut chargé pendant plusieurs années des affaires de Jacques III, connu sous le nom de chevalier de Saint-Georges. Son projet pour le rétablissement de ce prince en 1715, après la mort de la reine Anne, fait voir qu'il étoit capable de grandes vues dans ce genre, de saisir les circonstances qui n'avoient point frappé les autres et d'en profiter. Il démontre dans ses Mémoires l'infaillibilité du succès de l'entreprise dans les circonstances où l'on se trouvoit : il ne falloit qu'une parole du roi de Suède, qui lui eût été aussi utile à lui-même qu'au roi Jacques, et la révolution étoit faite en Angleterre.

Le maréchal de Berwick avoit de l'ambition ; mais cette passion, qui égare plus ou moins presque tous les hommes qui en sont atteints, ne l'a jamais écarté de la vertu. Il aimoit la gloire, mais il la cherchoit principalement dans la ligne du devoir : personne ne le connoissoit mieux que lui et ne l'a mieux rempli. Bien différent de ceux qui ne s'en acquittent que servilement et qui semblent craindre toujours d'en trop faire, il mesuroit l'étendue de ses devoirs sur ses facultés, persuadé que l'usage et le compte des talens qu'on peut avoir sont dus à Dieu, de qui on les tient ; à son roi, à la patrie, pour le service desquels ils sont donnés; à soi-même, pour le calme de sa conscience. On ne connoît point de moderne qui puisse, mieux que le maréchal de Berwick, rappeler les grands hommes de l'antiquité, particulièrement les Grecs. Leur étude principale étoit la morale, et ils mettoient leur gloire dans l'accomplissement des devoirs. Si Aristide, si Epaminondas, si Fabius, si Caton eussent paru dans notre misérable siècle, et qu'ils se fussent rencontrés dans les mêmes circonstances où s'est trouvé le maréchal de Berwick, ils eussent été ce qu'il fut dans toutes ses parties. Le sentiment intérieur d'une conscience éclairée, dont la pratique seule de la vertu conserve la droiture, fut son guide dans toutes ses actions. Héros chrétien, elles eurent pour terme la fin véritablement grande que la religion nous présente, seule capable de fixer et de remplir les désirs de l'homme. Attaché aux vrais et grands principes avec beaucoup d'élévation dans l'ame, sa conduite étoit simple; il n'avoit aucune ostentation; la modestie et la vérité ont toujours fait et marqué son caractère. Aussi réservé à ne louer que ceux qui le méritoient qu'attentif à ne dire du mal de personne, il ne parloit jamais de lui. Quoiqu'il fût impénétrable lorsqu'il falloit du secret, sa franchise et l'assurance où l'on étoit avec lui de n'être point trompé, lui attiroient cette confiance avec laquelle les difficultés les plus grandes s'aplanissent dans les affaires.

Jamais bon citoyen n'a porté plus loin que lui l'amour du bien public, et n'a eu de volonté plus décidée de bien faire ce dont il étoit chargé: c'étoit là comme sa passion dominante; et elle étoit si forte en lui, qu'il employoit de préférence la personne même qui avoit cherché à lui nuire, s'il croyoit pouvoir s'en servir plus utilement que d'aucun autre pour la réussite des affaires, paroissant alors avoir oublié les sujets de mécontentemens personnels qu'il pouvoit avoir, mais dont son ame avoit été peu affectée. C'est par cette conduite généreuse, vraiment noble et patriotique, qu'il se faisoit de véritables amis de gens qui, susceptibles de reconnoissance, et confus de leurs premiers sentimens injustes à son égard, devenoient les plus grands admirateurs de ses vertus, et lui étoient ensuite si attachés qu'ils se seroient sacrifiés pour lui.

Le maréchal de Berwick ne connoissoit pas l'intrigue; les intrigans mêmes paroissoient respecter sa vertu. Il étoit généralement connu pour un homme qui, dans les grandes affaires, ne se seroit jamais déterminé par les considérations d'un intérêt particulier, encore moins du sien propre, mais toujours par la vue du bien général. Aussi les actions que la nécessité des circonstances auroit rendues équivoques dans tout autre que dans lui, étoient toujours regardées du bon côté et favorablement interprétées du public, tant sa droiture étoit au-dessus du plus léger soupçon.

Le commandement des armées pendant quinze campagnes auroit pu enrichir le maréchal de Berwick; mais il vécut toujours dans le mépris ou plutôt dans l'oubli des richesses. Bon et tendre avec ses enfans, on trouvera peut-être qu'il étoit trop peu attaché à l'argent pour un père de famille: la vraie gloire et la vertu ne laissoient point de place dans son cœur pour cet attachement. Autant par goût que par principe il mettoit de la modestie dans ses dépenses, principalement dans celles qui regardoient sa personne: il vivoit cependant honorablement et quelquefois même avec magnificence quand les occasions l'exigeoient.

Aux qualités de bon citoyen, de bon ami, de bon père, le maréchal de Berwick joignoit encore celle de bon mari: il n'y en eut jamais de meilleur, de plus tendre, de plus complaisant, même de plus patient, mais toujours sans foiblesse. Il perdit sa première femme peu de temps après son mariage. Sa destinée sembloit être d'en avoir une pour la rendre heureuse. Il ne tarda pas à se remarier et fit le bonheur de sa seconde femme pendant trente-quatre ans qu'il vécut avec elle dans l'union la plus douce et la plus parfaite; mais elle passa dans la douleur les dix-sept années qu'elle lui survécut, n'ayant jamais pu se consoler de sa perte. La maréchale de Berwick étoit connue pour une femme forte et courageuse, et pour une femme d'esprit; son tendre attachement pour son mari ne tenoit donc pas à la foiblesse: l'impression peu commune que fit sa perte sur cette ame forte et sensible, et qui fut si profonde que le temps et l'absence de l'objet ne purent jamais ni l'effacer ni même l'affoiblir, prouve mieux que l'on ne pourroit faire les qualités aimables et essentielles du maréchal de Berwick.

Avec une figure noble, sa taille avantageuse, son air froid et sérieux, lui donnoient encore un air sévère qui inspiroit le respect et même une espèce de crainte à ceux qui l'abordoient et que leur rang ou leur emploi mettoit au-dessous de lui. Cet extérieur imposant couvroit beaucoup d'humanité et de douceur, avec une égalité d'humeur très-remarquable, soit en affaires, soit dans le commandement des armées ou des provinces, soit dans la société, qui le rendoit toujours maître de lui-même. La régularité qu'il mit de bonne heure dans ses mœurs fit voir qu'elle ne nuisoit point à la gaîté douce qui lui étoit naturelle : on la retrouva même toujours dans sa vie privée et familière, quoique cette décence que recommandent tant les anciens l'eût bientôt porté à se former un maintien grave qu'exige la représentation, et à s'en faire une habitude dans les grands emplois dont il fut chargé dès sa jeunesse. Hamilton, célèbre par ses jolies poésies, par ses contes pleins d'esprit et de goût, et par quelques autres ouvrages, étoit de la société du maréchal et n'en bougeoit : il y trouvoit l'agrément et le plaisir qu'il savoit si bien y porter lui-même. Il entretenoit un commerce de lettres avec le maréchal dans ses absences.

Le maréchal de Berwick parloit peu, à moins qu'on ne l'échauffât sur quelque matière qui lui plût : ce qu'il disoit étoit toujours bien dit et en peu de mots. Personne n'avoit des idées plus claires et ne les rendoit plus clairement. Il avoit beaucoup de sens et de justesse dans l'esprit, une grande sagacité pour saisir le vrai : ce que l'on reconnoît dans toutes ses actions et ses entreprises, et qu'on a vu dans ses Mémoires.

Il est peu de héros qui ne s'oublient dans des instans et qui ne laissent voir l'homme ; mais le maréchal de Berwick, sans avoir besoin d'art pour se cacher (il ne le connoissoit pas), ne montra de foiblesse dans aucun moment de sa vie à ceux qui l'approchoient de plus près. Il avoit sans doute des défauts, puisqu'il étoit homme ; cependant on ne lui en donne aucun, parce qu'il n'en avoit aucun de marqué. Tout ce que l'on pourroit dire, c'est que son tempérament l'auroit porté à la colère ; mais il sut si bien le corriger de très-bonne heure, que cette disposition naturelle ne fut peut-être aperçue que de quelques amis qui l'avoient beaucoup pratiqué.

En finissant de rapporter ces différens traits du maréchal de Berwick, on ne peut s'empêcher d'observer qu'il réunissoit en lui un assemblage assez remarquable et peut-être unique dans la même personne : il avoit commandé les armées de trois des premiers monarques de l'Europe, de France, d'Espagne et d'Angleterre ; il étoit revêtu, comme pair de France et d'Angleterre, et comme grand d'Espagne, de la première dignité de chacun de ces royaumes, et chacun de ces rois l'avoit honoré de son ordre.

FIN DES MÉMOIRES DU MARÉCHAL DE BERWICK.

SOUVENIRS
DE MADAME DE CAYLUS.

NOTICE

SUR

MADAME LA MARQUISE DE CAYLUS

ET SUR SES SOUVENIRS.

Marthe Marguerite de Villette de Murçay, marquise de Caylus, n'a pour recommandation auprès de la postérité que quelques pages écrites sans prétention et recueillies modestement sous le titre de *Souvenirs*. Née en 1673, dans la province du Poitou, elle descendait du célèbre Théodore Agrippa d'Aubigné, dont son grand-père avait épousé la fille. Son père, le marquis de Villette, officier de marine distingué par son mérite, et zélé protestant, était cousin-germain de madame de Maintenon, laquelle se trouvait ainsi tante de mademoiselle de Villette à la mode de Bretagne. Madame de Maintenon essaya d'abord de convertir le père, et ne réussit pas : voulant au moins convertir les enfants, elle procura au marquis une mission lointaine, donna l'ordre d'enlever mademoiselle de Villette et la conduisit à Saint-Germain. La jeune personne commença par pleurer beaucoup, mais le lendemain elle trouva la messe du Roi si belle, qu'elle consentit à se faire catholique, à condition qu'elle l'entendrait tous les jours et qu'on l'exempterait du fouet. « Ce fut là, dit-elle, toute la controverse qu'on employa et la seule abjuration que je fis. » A son retour, le marquis se plaignit vivement, ce qui n'empêcha pas madame de Maintenon de travailler à la conversion de ses deux fils, qui résistèrent plus long-temps que leur sœur. Enfin le marquis en vint lui-même à changer de religion, et, comme le Roi l'en félicitait, il lui répondit avec une franchise où l'on pourrait trouver de la flatterie, que c'était la seule occasion de sa vie dans laquelle il n'avait pas cherché à plaire à Sa Majesté.

Madame de Maintenon prodigua ses soins à l'éducation de celle qu'elle se plaisait à nommer sa nièce; mais ses exhortations, ses conseils eurent le même sort que ses calculs pour l'avenir de son élève. Elle ne fut pas heureuse dans le choix de l'époux qu'elle lui donna : elle l'avait refusée à à M. de Roquelaure, parce qu'elle la trouvait encore trop jeune, et à M. de Boufflers, comme à un parti trop élevé : elle l'accorda à Jean Anne de Tubières, marquis de Caylus : le mariage se fit en 1686, et alors mademoiselle de Villette avait à peine treize ans. On ne pouvait l'abandonner à elle-même au milieu des séductions de la cour et du monde; madame de Caylus passa donc une année à Paris, chez sa belle-mère, et l'année suivante elle fut placée à Versailles, sous la surveillance de madame de Montchevreuil, gouvernante des filles d'honneur de la Dauphine.

Les contemporains nous la peignent comme également douée des charmes de la figure et de l'esprit : « Jamais, dit Saint-Simon, un visage si spirituel, si touchant, si parlant; jamais une fraîcheur pareille; jamais tant de grâces, ni plus d'esprit; jamais tant de gaîté et d'amusements; jamais de créature plus séduisante. » L'abbé de Choisy dit les mêmes choses en d'autres termes : « Les Jeux et les Ris brilloient à l'envi autour d'elle; son esprit étoit encore plus aimable que son visage; on n'avoit pas le temps de respirer, ni de s'ennuyer quand elle étoit quelque part. » Par une singulière fatalité, le marquis de Caylus, livré de bonne heure à l'habitude des grossiers plaisirs, demeurait seul insensible aux brillantes qualités de sa femme, et ne cessait de l'affliger par le désordre de sa conduite. Madame de Caylus confiait ses peines à madame de Maintenon; mais on chercherait vainement dans les écrits laissés par elle, une seule ligne où fussent consignés les torts de son époux.

Quand Racine composa son *Esther* pour les demoiselles de Saint-Cyr, madame de Caylus était déjà mariée et ne devait pas avoir de rôle dans la pièce, mais elle assistait aux lectures que le poète faisait des morceaux de son ouvrage à mesure qu'il les écrivait, et elle les retenait par cœur. Un jour elle lui en récita des fragments, et Racine fut si charmé de sa mémoire, de sa déclamation, que bien que tous les rôles fussent distribués, il la supplia d'en accepter un; madame de Caylus n'y consentit pas, et alors Racine écrivit pour elle le prologue de la *Piété*. *Esther* fut représentée pour la première fois à Saint-Cyr, le 26 janvier 1689. Plus tard, madame de Caylus en joua successivement tous les rôles, et avec beaucoup de succès. « Toutes les Champmêlé du monde, dit l'abbé de Choisy, n'avoient point ces tons ravissans qu'elle laissoit échapper en déclamant. » Voltaire, qui avait pu l'entendre, assure qu'elle avait conservé la tradition de l'illustre auteur de *Phèdre* et d'*Athalie*.

Madame de Caylus se lia étroitement avec la duchesse de Bourbon, fille légitimée du Roi et de madame de Montespan. Madame de Maintenon l'avait avertie du danger, en lui disant : « Il ne faut rendre à ces gens-là que des respects et ne s'y jamais attacher; les fautes que madame la duchesse fera retomberont sur vous, et les choses raisonnables qu'on trouvera dans sa conduite, ne seront attribuées qu'à elle. » La sympathie des caractères et des esprits eut plus de force que ces conseils. « Mon goût l'emporta, dit madame de Caylus, je me livrai tout entière à madame la duchesse, et je m'en trouvai mal. » Dans l'intimité d'une princesse, digne héritière des Mortemart, madame de Caylus exerça librement son penchant à la raillerie. Madame de Maintenon, ayant suivi le Roi au siége de Namur, voulut que sa nièce allât passer à Saint-Germain auprès de madame de Montchevreuil le temps de son absence. « Il arriva, dit madame de Caylus, qu'un jour étant allée rendre une visite à madame la duchesse, je lui parlai de mon ennui, et lui fis sans doute des portraits vifs de madame de Montchevreuil et de sa dévotion, qui lui firent assez d'impression pour en écrire à madame de Bouzoles d'une manière qui me rendit auprès du Roi de mauvais offices.... On regarda ces plaisanteries... comme très criminelles; on y trouva de l'impiété, et elles disposèrent les esprits à recevoir les impressions désavantageuses qui me firent enfin quitter la cour pour quelque temps. » En recevant son ordre d'exil, on assure qu'elle s'écria : « On s'ennuie si fort dans ce pays-ci, que c'est être exilée que d'y vivre. »

Cette première disgrâce ne fut pas de longue durée : madame de Caylus revint à la cour, et ne se montra guères plus prudente. On conçoit tout ce que la position d'une femme jeune, belle, spirituelle, négligée de son mari, offrait de délicat; la malignité perça facilement le voile de ses relations avec le duc de Villeroy. Il fallut donc une seconde fois quitter Versailles et se retirer à Paris. Suivant Saint-Simon, madame de Caylus y mena l'existence la plus austère, entièrement vouée à la prière, aux bonnes œuvres, à la pénitence. Au mois de novembre 1704, son mari mourut sur les frontières de Flandre; on l'obligeait à tenir garnison pendant l'hiver pour qu'il n'approchât ni de la cour, ni de sa femme, et cet homme « blasé, hébété depuis plusieurs années, de vin et d'eau-de-vie, dit Saint-Simon, ne demandoit pas mieux, pourvu qu'il fût toujours ivre. »

Désormais madame de Caylus était libre, et ses fautes pouvaient sembler rachetées; mais elle avait pour directeur le père de la Tour, oratorien célèbre, suspect de jansénisme, ainsi que toute sa congrégation. Madame de Maintenon voulait que sa nièce changeât de directeur, moyennant quoi elle devait être rappelée, et la pension de 6,000 livres, dont elle jouissait, portée à 10,000. Après avoir long-temps résisté, madame de Caylus céda, et revint à la cour le 10 février 1707; elle se dédommagea de ses treize années de retraite, en recommençant sur nouveaux frais sa vie mondaine, en renouant toutes ses anciennes liaisons, et d'abord celle du duc de Villeroy. A la mort de Louis XIV, elle transporta sa demeure à Paris, et allait de temps en temps visiter madame de Maintenon à Saint-Cyr. Quand celle-ci eut cessé de vivre (15 avril 1719), le duc de Villeroy s'installa chez madame de Caylus : Saint-Simon dit « qu'il ne bougea plus de chez elle, et y soupoit tous les soirs en maître de *la case*, jusqu'à sa mort, dont il pensa mourir de douleur, quoique quelquefois las l'un de l'autre. » Parmi les hommes aimables et spirituels, dont la maison de madame de Caylus devint le rendez vous, on distingue le marquis de La Fare, qui fit pour elle ce madrigal célèbre :

M'abandonnant à la tristesse,
Sans espérance, sans désirs,
Je regrettois les sensibles plaisirs,
Dont la douceur enchanta ma jeunesse.
« Sont-ils perdus, disois-je, sans retour ?
Et n'es-tu pas cruel, amour,
Toi, que je fis dès mon enfance
Le maître de mes plus beaux jours,
D'en laisser terminer le cours
Par l'ennuyeuse indifférence ? »
Alors j'aperçus, dans les airs
L'enfant maître de l'univers,
Qui, plein d'une joie inhumaine,
Me dit en souriant : « Thyrsis, ne te plains plus,
Je vais mettre fin à ta peine,
Je te promets un regard de Caylus. »

Madame de Caylus mourut le 15 avril 1729, à l'âge de cinquante-six ans. Sur la fin de sa vie, elle rédigea ses *Souvenirs*, à la prière de son fils, qui s'est fait un nom comme antiquaire et auteur de plusieurs romans de chevalerie. On regrette que ce petit livre si curieux, si amusant, si riche en détails qu'on chercherait inutilement ailleurs, ne soit pas achevé. Voltaire en fut le premier éditeur : il y mit une préface et des notes, lorsque l'ouvrage parut en 1770, à Genève, mais sous la rubrique d'Amsterdam. M. Auger en donna une nouvelle édition, enrichie d'une notice, Paris, 1804, in-8o et in-12; M. Renouard en publia une autre en 1806.

« Cet éditeur, dit M. de Monmerqué dans une notice sur madame de Caylus, annonce dans son avertissement qu'il a collationné le texte des *Souvenirs* sur le manuscrit autographe que M. le comte de Caylus avoit donné à Marin, son ami, ancien censeur royal, dont il publie en même temps deux lettres relatives à l'ouvrage. Il sembleroit, d'après cet exposé, que cette édition devroit être considérée comme ayant fixé d'une manière invariable le texte des *Souvenirs* de madame de Caylus.

» Nous sommes cependant persuadé qu'aucune de ces éditions ne présente les *Souvenirs* d'une manière entièrement conforme au manuscrit de madame de Caylus. Il nous est démontré que le texte a été retouché dans sa totalité, sans qu'il soit possible de déterminer si ces corrections sont l'ouvrage du comte de Caylus, de Voltaire, ou de tout autre écrivain. On n'aura pas voulu laisser subsister des négligences de style, si naturelles cependant à une femme qui n'écrit que pour son fils.

» Voici sur quoi notre opinion se fonde :

» Nous avons sous les yeux les Mémoires inédits de mademoiselle d'Aumale, élève de Saint-Cyr, qui, depuis 1704 jusqu'en 1719, ne quitta point madame de Maintenon.

» Après la mort de cette femme célèbre, mademoiselle d'Aumale, inconsolable de sa perte, voua une sorte de culte à sa mémoire : elle s'attacha à réunir tous les matériaux propres à la faire connoître; elle fit faire des copies de ses lettres et d'une partie des pièces que l'on conservoit dans les archives de Saint-Cyr. Mademoiselle d'Aumale composa ensuite des *Mémoires pour servir à l'Histoire de Louis XIV et de madame de Maintenon*. Le but principal qu'elle s'est proposé dans cet ouvrage, a été que les demoiselles élevées dans la maison de Saint-Louis ne pussent jamais oublier ce qu'elles devoient à Louis XIV et à madame de Maintenon, fondateurs de ce bel établissement.

» Mademoiselle d'Aumale dit dans le cours de son livre que madame de Caylus, son amie, lui avoit donné ses *Souvenirs* entièrement écrits de sa main, et que ne pouvant dire mieux, elle a encadré dans son récit des morceaux entiers de l'ouvrage de madame de Caylus.

» Mademoiselle d'Aumale a en effet inséré dans ses Mémoires une grande partie des *Souvenirs* de madame de Caylus; elle a souvent pris le soin d'indiquer ces passages par des guillemets; quelquefois aussi elle a négligé cette précaution. Ces morceaux considérables sont, à n'en pas douter, le texte véritable des *Souvenirs* de madame de Caylus; on y retrouve toutes les négligences qui accompagnent nécessairement une composition faite sans peine, sans travail et sans recherche, par une femme qui n'a pas à redouter le grand jour de la publicité.

» Loin de nous de suspecter la bonne foi de l'éditeur de 1806 : il peut n'avoir pas bien connu le caractère de l'écriture de madame de Caylus ; il a suivi le texte qu'il a regardé comme authentique, que le temps avoit pour ainsi dire consacré, et que malgré nos doutes nous croyons devoir adopter nous-même.

» Nous avons cependant jeté dans les notes quelques passages du texte de mademoiselle d'Aumale, lorsqu'il nous a donné le moyen de faire disparoître d'évidentes altérations : nous avons aussi rétabli un passage qui avoit été retranché. Les copies des lettres de madame de Maintenon, que mademoiselle d'Aumale avoit rassemblées, nous ont aussi fourni des renseignemens dont nous avons usé avec sobriété. »

La présente édition des *Souvenirs* de madame de Caylus est entièrement conforme à celle dont M. Monmerqué traçoit le plan, comme on vient de le voir. On a conservé la préface de Voltaire, ainsi que plusieurs de ses notes, en les désignant par ces lettres A. N. (*ancienne note*).

Edouard MONNAIS.

PRÉFACE

DE L'ÉDITION DE JEAN ROBERT (1770),

PAR VOLTAIRE.

Cet ouvrage de madame de Caylus est un de ceux qui font le mieux connoître l'intérieur de la cour de Louis XIV. Plus le style en est simple et négligé, plus sa naïveté intéresse ; on y trouve le ton de la conversation : elle n'a point *tâché*, comme disoit M. le duc d'Antin. Elle étoit du nombre des femmes qui ont de l'esprit et du sentiment sans en affecter jamais. C'est grand dommage qu'elle ait eu si peu de souvenir, et qu'elle quitte le lecteur lorsqu'il s'attend qu'on lui parlera des dernières années de Louis XIV et de la régence. Peut-être même l'esprit philosophique qui règne aujourd'hui ne sera pas trop content de l'objet de ces Mémoires : on veut savoir quels ont été les sujets des guerres ; quelles ressources on avoit pour les finances ; comment la marine dépérit après avoir été portée au plus haut point où on l'eût jamais vue chez aucune nation ; à quelles extrémités Louis XIV fut réduit ; comment il soutint ses malheurs, et comment ils furent réparés ; dans quelle confusion son confesseur Le Tellier jeta la France, et quelle part madame de Maintenon put avoir à ces troubles intestins, aussi tristes et aussi honteux que ceux de la Fronde avoient été violens et ridicules. Mais tous ces objets ayant été presque épuisés dans l'Histoire du siècle de Louis XIV, on peut voir avec plaisir de petits détails qui font connoître plusieurs personnages dont on se souvient encore : ces particularités même servent, dans plus d'une occasion, à jeter de la lumière sur les grands événemens.

D'ordinaire les petits détails des cours, si chers aux contemporains, périssent avec la génération qui s'en est occupée ; mais il y a des époques et des cours dont tout est long-temps précieux. Le siècle d'Auguste fut de ce genre ; Louis XIV eut des jours aussi brillans, quoique sur un théâtre beaucoup moins vaste et moins élevé. Louis XIV ne commandoit qu'à une province de l'Empire d'Auguste ; mais la France acquit sous ce règne tant de réputation par les armes, par les lois, par de grands établissemens en tout genre, par les beaux arts, par les plaisirs même, que cet éclat se répand jusque sur les plus légères anecdotes d'une cour qui étoit regardée comme le modèle de toutes les cours, et dont la mémoire est toujours précieuse.

Tout ce que raconte madame la marquise de Caylus est vrai : on voit une femme qui parle toujours avec candeur. Ses Souvenirs serviront surtout à faire oublier cette foule de misérables écrits sur la cour de Louis XIV, dont l'Europe a été inondée par des auteurs faméliques qui n'avoient jamais connu ni cette cour ni Paris.

Madame de Caylus, nièce de madame de Maintenon, parle de ce qu'elle a entendu dire et de ce qu'elle a vu avec une vérité qui doit détruire à jamais toutes ces impostures imprimées, et surtout les prétendus Mémoires de madame de Maintenon, compilés par l'ignorance la plus grossière et par la fatuité la plus révoltante, écrits d'ailleurs de ce mauvais style des mauvais romans qui ne sont faits que pour les antichambres.

Que penser d'un homme qui insulte au hasard les plus grandes familles du royaume, en confondant perpétuellement les noms, les événemens ; qui vous dit d'un ton assuré que *M. de Maisons, premier président du parlement, avec plusieurs conseillers, n'attendoient qu'un mot du duc du Maine pour se déclarer contre la régence du duc d'Orléans*, tandis que M. de

Maisons, qui ne fut jamais premier président, avoit arrangé lui-même tout le plan de la régence;

Qui prétend que la princesse des Ursins, à l'âge de soixante et un ans, avoit inspiré à Philippe V, roi d'Espagne, une violente passion pour elle,

Qui ose avancer que *les articles secrets du traité de Rastadt excluoient Philippe V du trône*, comme s'il y avoit eu des articles secrets à Rastadt;

Qui a l'impudence d'affirmer que Monseigneur, fils de Louis XIV, *épousa mademoiselle Chouin*, et rappelle sur cette fausseté tous les contes absurdes imprimés chez les libraires de Hollande;

Qui, pour donner du crédit à ces contes, cite l'exemple d'Auguste, lequel, selon lui, étoit amoureux de Cléopâtre? C'est bien savoir l'histoire!

Voilà par quels gredins la plupart de nos histoires secrètes modernes ont été composées. Quand madame de Caylus n'auroit servi par ses Mémoires qu'à faire rentrer dans le néant les livres de ces misérables, elle auroit rendu un très-grand service aux honnêtes gens amateurs de la vérité.

SOUVENIRS

DE MADAME DE CAYLUS.

Le titre de Mémoires, quoique de toutes les façons d'écrire la plus simple et la plus libre, m'a cependant paru encore trop sérieux pour ce que j'ai à dire et pour la manière dont je le dis. J'écris des souvenirs sans ordre, sans exactitude et sans autre prétention que celle d'amuser mes amis, ou du moins de leur donner une preuve de ma complaisance : ils ont cru que je savois des choses particulières d'une cour que j'ai vue de près, et ils m'ont priée de les mettre par écrit. Je leur obéis : sûre de leur fidélité et de leur amitié, je ne puis craindre leur imprudence, et je m'expose volontiers à leur critique.

Je commencerai ces souvenirs par madame de Maintenon, dont l'esprit, le mérite et les bontés qu'elle eut pour moi, ne s'effaceront jamais de ma mémoire. Mais ni la prévention que donne l'éducation, ni les mouvemens de ma reconnoissance, ne me feront rien dire de contraire à la vérité.

Madame de Maintenon étoit petite-fille de Théodore-Agrippa d'Aubigné, élevé auprès de Henri IV dans la maison de Jeanne d'Albret, reine de Navarre, et connu surtout pas ses écrits et son zèle pour la religion protestante, mais plus recommandable encore par une sincérité dont il parle lui-même dans un manuscrit que j'ai vu de sa main, et dans lequel il dit que sa rude probité le rendoit peu propre auprès des grands.

Il eut l'honneur de suivre Henri IV dans toutes les guerres qu'il eut à soutenir, et se retira, après la conversion de ce prince, dans sa petite maison de Murçay, près de Niort en Poitou (1).

Le zèle d'Agrippa d'Aubigné pour sa religion et son attachement pour son maître, lui firent tenir un discours, après l'assassinat de Jean Châtel, qui lui fit beaucoup d'honneur dans le parti des huguenots : « Vous n'avez, dit-il à Henri IV, renié Jésus-Christ que de bouche, vous avez été blessé à la bouche; mais si vous le renoncez de cœur, vous serez blessé au cœur. »

M. d'Aubigné s'occupa dans sa retraite à écrire l'histoire universelle de son temps, et dans la préface de ce livre il donne à Henri IV une louange qui m'a toujours paru si propre à lui et si belle, que je ne puis m'empêcher de la rapporter ici. Il appelle Henri IV *le conquérant du sien ;* éloge qui renferme, ce me semble, en deux mots toute la justice de sa cause et toute la gloire des autres conquérans.

Théodore-Agrippa d'Aubigné, dont je parle, épousa Suzanne de Lezay, de la maison de Lusignan. Il eut de ce mariage un fils et deux filles : l'aînée épousa M. de Caumont Dadde, et l'autre M. de Villette, mon grand-père. Le fils fut malheureux et mérita ses malheurs par sa conduite. Il épousa, étant prisonnier dans le château Trompette de Bordeaux, Jeanne de Cardillac, fille de Pierre Cardillac, lieutenant de M. le duc d'Epernon, et gouverneur, sous ses ordres, de cette place. Sa femme ne l'abandonna jamais dans ses malheurs et accoucha dans la conciergerie de Niort, de Françoise d'Aubigné, depuis madame Scarron et ensuite madame de Maintenon.

Je me souviens d'avoir entendu raconter que madame d'Aubigné étant venue à Paris demander au cardinal de Richelieu la grâce de son mari (2), ce ministre avoit dit, en la quittant : « Elle seroit bien heureuse si je lui refusois ce qu'elle me demande. »

Il est aisé de croire qu'un tel homme n'avoit

---

(1) Il en fait la description dans le *Baron de Fœneste,* et c'est de lui-même qu'il parle sous le nom d'*Enay.*
(A. N.)

(2) Il fut accusé d'avoir fait de la fausse monnoie.
(A. N.)

pas beaucoup de religion, mais il est rare qu'il en parlât à sa fille et à un enfant; car j'ai ouï dire à madame de Maintenon que, la tenant entre ses bras, il lui disoit : « Est-il possible que vous, qui avez de l'esprit, puissiez croire tout ce qu'on vous apprend dans votre catéchisme ? »

Les mauvaises affaires que M. d'Aubigné s'étoit faites l'obligèrent à la fin de prendre un établissement en Amérique. Il y mena sa famille, qui consistoit en une femme, deux garçons et cette petite fille qui n'avoit, je crois, que dix-huit mois, et qui fut si malade dans le trajet, qu'on fut prêt à la jeter à la mer, la croyant morte.

M. d'Aubigné mourut à la Martinique à son second voyage (1), car je crois avoir entendu dire qu'il en avoit fait deux. Quoi qu'il en soit, madame d'Aubigné revint en France avec ses enfans : elle trouva leurs biens vendus et dissipés par les créanciers de leur père et par l'injustice de quelques-uns de ses parens. Ma grand'mère, sœur de leur père et femme de mérite, prit soin de cette famille malheureuse, et surtout de la petite fille qu'elle demanda à sa mère et qu'elle élevoit comme ses propres enfans; mais mon grand-père et ma grand'mère étant huguenots, madame de Neuillan, mère de la maréchale de Navailles et parente de M. d'Aubigné, demanda à la Reine mère un ordre pour retirer cette enfant de leurs mains.

Madame de Neuillan voulut faire par là sa cour à la Reine; mais son avarice la fit bientôt repentir de s'être chargée d'une demoiselle sans bien, et elle chercha à s'en défaire à quelque prix que ce fût. C'est dans ce dessein qu'elle l'amena à Paris et la mit dans un couvent où elle se fit catholique, après une longue résistance pour sa jeunesse, car je crois qu'elle n'avoit pas encore quatorze ans faits.

Je me souviens, à propos de cette conversion, d'avoir entendu dire à madame de Maintenon qu'étant convaincue sur les articles principaux de la religion, elle résistoit encore et ne vouloit se convertir qu'à condition qu'on ne l'obligeât pas de croire que sa tante, qui étoit morte, et qu'elle avoit vue vivre dans sa religion comme une sainte, fût damnée.

Après que madame de Neuillan eut fait mademoiselle d'Aubigné catholique, elle la maria au premier qui se présenta; et ce fut M. Scarron, trop connu par ses ouvrages pour que j'aie rien de nouveau à dire de lui.

Voilà donc Françoise d'Aubigné, à quatorze ans, dans la maison d'un homme de la figure et du caractère de M. Scarron, remplie de jeunes gens attirés par la liberté qui régnoit chez lui. C'est là cependant que cette jeune personne imprima, par ses manières honnêtes et modestes, tant de respect, qu'aucun n'osa jamais prononcer devant elle une parole à double entente, et qu'un de ces jeunes gens dit : « S'il falloit prendre des libertés avec la Reine ou avec madame Scarron, je ne balancerois pas, j'en prendrois plutôt avec la Reine. » Elle passoit ses carêmes à manger un hareng au bout de la table, et se retiroit aussitôt dans sa chambre, parce qu'elle avoit compris qu'une conduite moins exacte et moins austère, à l'âge où elle étoit, feroit que la licence de cette jeunesse n'auroit plus de frein et deviendroit préjudiciable à sa réputation. Ce n'est pas d'elle seule que je tiens ces particularités; je les tiens de mon père, de M. le marquis de Beuvron et de plusieurs autres qui vivoient dans la maison dans ce même temps.

Je me souviens d'avoir ouï raconter qu'étant un jour obligée d'aller parler à M. Fouquet, elle affecta d'y aller dans une si grande négligence, que ses amis étoient honteux de l'y mener. Tout le monde sait ce qu'étoit alors M. Fouquet, son foible pour les femmes, et combien les plus haut hupées et les mieux chaussées cherchoient à lui plaire.

Cette conduite, et la juste admiration qu'elle causa, parvinrent jusqu'à la Reine. Le baron de La Garde lui en parla le premier, et fut cause qu'à la mort de M. Scarron, cette princesse, touchée de la vertu et du malheur d'une fille de condition réduite à une si grande pauvreté, lui donna une pension de deux mille livres, avec laquelle madame Scarron se mit dans un couvent; et ce fut aux Hospitalières du faubourg Saint-Marceau. Avec cette modique pension on la vit toujours honnêtement et simplement vêtue. Ses habits n'étoient que d'étamine du Lude, du linge uni, mais bien chaussée et de beaux jupons; et sa pension, avec celle de sa femme de chambre et ses gages, suffisoient à sa dépense; elle avoit même encore de l'argent de reste, et n'a jamais passé de temps si heureux (2). Elle ne comprenoit pas, disoit-elle alors, qu'on pût appeler cette vie une vallée de larmes.

Le maréchal d'Albret, qu'elle avoit connu

---

(1) Il mourut au retour de son second voyage de la Martinique, dans un voyage qu'il fit à Orange. (A. N.)

(2) Le texte de ce passage semble altéré; nous préférons la variante suivante que M. Monmerqué a extraite des Mémoires de Mademoiselle d'Aumale :

« Avec sa pension de deux mille livres elle condui-

chez M. Scarron, l'avoit liée d'amitié avec sa femme : preuve certaine encore de la vertu qu'il avoit reconnue dans madame Scarron ; car les maris de ce temps-là, quelque galans qu'ils fussent, n'aimoient pas que leurs femmes en vissent d'autres dont la réputation eût été entamée.

Madame la maréchale d'Albret étoit une femme de mérite, sans esprit ; mais madame de Maintenon, dont le bon sens ne s'égara jamais, crut, dans un âge aussi peu avancé, qu'il valoit mieux s'ennuyer avec de telles femmes que de se divertir avec d'autres. La maréchale d'Albret la prit en si grande amitié, qu'elle fit son possible pour l'engager à venir demeurer chez elle, ce qu'elle refusa ; mais elle y alloit souvent dîner, et on l'y retenoit quelquefois à coucher.

Madame Scarron s'attiroit cette amitié par une grande complaisance et par une attention continuelle à lui plaire, à laquelle la maréchale étoit peu accoutumée ; et j'ai ouï dire que quand elles alloient à quelque spectacle, cette pauvre femme, qui n'entendoit rien aux choses qu'on représentoit, vouloit toujours avoir auprès d'elle madame Scarron pour qu'elle lui expliquât ce qu'elle voyoit elle-même devant ses yeux, et la détournoit ainsi de l'attention qu'elle auroit voulu donner aux pièces les plus intéressantes et les plus nouvelles.

C'est cette même maréchale d'Albret accusée, malgré sa dévotion et son mérite, d'aimer un peu trop le vin ; ce qui paroissoit d'autant plus extraordinaire en ce temps-là que les femmes n'en buvoient presque jamais, ou du moins ce n'étoit que de l'eau rougie. Je me souviens, à propos de la maréchale et de son goût pour le vin, d'avoir ouï raconter que, se regardant au miroir, et se trouvant le nez rouge, elle se dit à elle-même : « Mais où est-ce que j'ai pris ce nez-là ? » Et que M. de Matha de Bourdeille, qui étoit derrière elle, répondit, entre bas et haut : « Au buffet. »

Ce même Matha étoit un garçon d'esprit infiniment naturel, et par là de la meilleure compagnie du monde. Ce fut lui qui, voyant la maréchale d'Albret dans une grande affliction sur la mort ou de son père ou de son frère, et qui dans sa douleur ne vouloit point prendre de nourriture, lui dit : « Avez-vous résolu, Madame, de ne manger de votre vie ? S'il est ainsi, vous avez raison ; mais si vous avez à manger un jour, croyez-moi, il vaut autant manger tout-à-l'heure. » Ce discours là persuada ; elle se fit apporter un gigot de mouton. C'est lui encore à qui l'on demanda comment il pouvoit faire pour être si légèrement vêtu en hiver ; à quoi il répondit : « Je gèle de froid. »

Le maréchal d'Albret avoit deux parentes qui demeuroient avec madame sa femme, mademoiselle de Pons et mademoiselle de Martel, toutes deux aimables, mais de caractère différent. Ces deux filles ne s'aimoient pas et ne s'accordoient guère que sur le goût qu'elles avoient l'une et l'autre pour madame de Maintenon.

Madame de Montespan, parente aussi du maréchal d'Albret, se joignit à cette société, et c'est là qu'elle connut madame de Maintenon. Elles se plurent mutuellement et se trouvèrent l'une et l'autre autant d'esprit qu'elles en avoient en effet.

Madame de Maintenon avoit encore l'hôtel de Richelieu où elle alloit souvent, également désirée partout ; mais je parlerai ailleurs de M. de Richelieu.

C'est sans doute à peu près dans le même temps qu'une des princesses de Nemours devint reine de Portugal (1). Les amis de madame de Maintenon lui parlèrent si avantageusement d'elle, qu'elle eut envie de l'emmener et le lui fit proposer. Cette occasion paroissoit favorable pour l'état de sa fortune ; mais il étoit triste de quitter son pays et de renoncer à une vie pleine d'agrément. Elle fut quelque temps en balance, et bien affligée pendant la durée du combat que les raisons pour et contre excitoient en elle ; mais enfin son étoile l'emporta : elle refusa les offres de cette reine.

Je me souviens d'avoir ouï raconter encore que madame la princesse des Ursins, alors madame de Chalais, faisoit de fréquentes visites à l'hôtel d'Albret. Je lui ai entendu dire depuis à elle-même, parlant à madame de Maintenon, qu'elle souffroit impatiemment que le maréchal d'Albret et les autres seigneurs importans eussent toujours des secrets à lui dire pendant qu'on la laissoit avec la jeunesse, comme si elle

soit si bien ses affaires, qu'elle étoit toujours honnêtement vêtue, quoique fort simplement. Elle m'a dit elle-même que ses habits n'étoient que d'étamine du Lude, fort à la mode alors pour les personnes d'une médiocre fortune ; elle n'avoit que du linge uni ; elle étoit chaussée proprement et avoit de très-belles jupes. *Elle trouvoit moyen, sur ses deux mille livres, de s'entretenir ainsi que je viens de le dire, de payer sa pension, celle de sa femme de chambre et ses gages, ne brûloit que de la bougie, et avec cela avoit souvent de l'argent de reste au bout de l'année. Je n'ai jamais, me disoit-elle, passé de temps plus heureux.* »

(1) Le 25 juin 1666. (N. Éd.)

eût été incapable de parler sérieusement. Madame de Maintenon avouoit avec la même sincérité qu'elle ne s'ennuyoit pas moins de ces confidences que madame des Ursins envioit, et qu'elle auroit souvent voulu qu'on l'eût crue moins solide pour la laisser se divertir, et ne pas la contraindre à écouter les fréquens murmures et les projets des courtisans. Cet échantillon marque, ce me semble, la différence du caractère de ces deux femmes, qui depuis ont joué de si grands rôles ; car il faut avouer que madame de Maintenon n'étoit pas née pour les affaires : elle craignoit les intrigues par la droiture de son cœur, et elle étoit faite pour les délices de la société par l'agrément de son esprit. Mais, avant de raconter les suites qu'eurent les commencemens de connoissance entre madame de Maintenon et madame de Montespan, je dirai un mot de ma famille et de ce qui me regarde en particulier.

La paix étant faite (1), le Roi, tranquille et glorieux, crut qu'il ne manquoit à sa gloire que l'extirpation d'une hérésie qui avoit fait tant de ravages dans son royaume. Ce projet étoit grand et beau, et même politique, si on le considère indépendamment des moyens qu'on a pris pour l'exécuter. Les ministres et plusieurs évêques, pour faire leur cour, ont eu beaucoup de part à ces moyens, non-seulement en déterminant le Roi à en prendre de ceux qui n'étoient pas de son goût, mais en le trompant dans l'exécution de ceux qui avoient été résolus.

Mais il est bon de dire, pour rendre ma pensée plus claire, que M. de Louvois eut peur, voyant la paix faite, de laisser trop d'avantage sur lui aux autres ministres, et surtout à M. Colbert et à M. de Seignelay, son fils, et qu'il voulut, à quelque prix que ce fût, mêler du militaire dans un projet qui ne devoit être fondé que sur la charité et la douceur. Des évêques, gagnés par lui, abusèrent de ces paroles de l'Évangile : *Contraignez-les d'entrer*, et soutinrent qu'il falloit user de violence quand la douceur ne suffisoit pas, puisqu'après tout si cette violence ne faisoit pas de bons catholiques dans le temps présent, elle feroit au moins que les enfans des pères que l'on auroit ainsi forcés le deviendroient de bonne foi. D'un autre côté, M. de Louvois demanda au Roi la permission de faire passer dans les villes les plus huguenotes un régiment de dragons, l'assurant que la seule vue de ses troupes, sans qu'elles fissent rien de plus que de se montrer,

(1) La paix de Nimègue, 10 août 1678. (A. N.)

détermineroit les esprits à écouter plus volontiers la voix des pasteurs qu'on leur enverroit. Le Roi se rendit, contre ses propres lumières et contre son inclination naturelle, qui le portoit toujours à la douceur. On passa ses ordres, et on fit, à son insu, des cruautés qu'il auroit punies si elles étoient venues à sa connoissance ; car M. de Louvois se contentoit de lui dire chaque jour : « Tant de gens se sont convertis, comme je l'avois dit à Votre Majesté, à la seule vue de ses troupes. »

Le Roi étoit naturellement si vrai, qu'il n'imaginoit pas, quand il avoit donné sa confiance à quelqu'un, qu'il pût le tromper ; et les fautes qu'il a faites n'ont souvent eu pour fondement que cette opinion de probité pour des gens qui ne la méritoient pas.

Ces violences, et la manière militaire dont on fit les conversions dont je viens de parler, ne furent employées qu'après la cassation de l'édit de Nantes ; mais, avant qu'on en vînt là, le Roi fit de son mieux pour gagner par ses bienfaits les gens les plus considérables d'entre les huguenots ; et il avoit déclaré qu'aucun ne seroit admis dans les charges et n'avanceroit dans ses armées, soit de terre, soit de mer, que les catholiques.

Madame de Maintenon voulut, à son exemple, travailler à la conversion de sa propre famille ; mais comme elle ne crut pas pouvoir gagner mon père par l'espérance d'une grande fortune, ni convaincre son esprit par la force du raisonnement, elle prit la résolution, de concert avec M. de Seignelay, de lui faire faire un voyage de long cours sur mer, pour avoir du moins le loisir de disposer de ses enfans. J'avois deux frères qui, quoique fort jeunes, avoient fait plusieurs campagnes : l'aîné s'étoit trouvé, à huit ou neuf ans, à ce combat fameux de Messine où Ruyter fut tué, et il y reçut une légère blessure. La singularité du fait, et le courage que cet enfant avoit témoigné, le firent nommer enseigne après le combat.

La campagne finie, mon père vint à la cour et y amena mon frère. L'action qu'il avoit vue, et une jolie figure qu'il avoit en ce temps-là, lui attirèrent l'attention et les caresses de madame de Montespan et de toute la cour. Si mon père avoit voulu l'y laisser et se faire catholique, ils s'en seroient l'un et l'autre mieux trouvés par leur fortune ; mais mon père résista à toutes les offres qui lui furent faites et s'en retourna chez lui. Ainsi madame de Maintenon se trouva forcée, pour avoir la liberté de disposer de mon frère, de faire faire à mon père cette campagne dont je viens de parler, et de faire servir son fils avec M. de Château-Regnault, lui laissant seulement le cadet, qui n'étoit pas entré moins jeune dans la marine.

A peine mon père fut-il embarqué qu'une de ses sœurs, que ma mère avoit été voir à Niort, la pria de me laisser chez elle jusqu'au lendemain. Ma mère y consentit avec peine; car, quoiqu'elle fût catholique, elle n'étoit nullement dans la confidence des desseins qu'on avoit sur moi, parce qu'on la vouloit ménager par rapport à mon père. A peine ma mère fut-elle partie de Niort, que ma tante, accoutumée à changer de religion et qui venoit de se convertir pour la seconde ou la troisième fois, partit de son côté et m'emmena à Paris. Nous trouvâmes sur la route M. de Saint-Hermine, une de ses sœurs, et mademoiselle de Caumont, aussi étonnés qu'affligés de me voir. Pour moi, contente d'aller sans savoir où l'on me menoit, je n'étois étonnée ni affligée de rien; mais comme les autres étoient des personnes faites que madame de Maintenon avoit demandées à leurs parens, il avoit été décidé dans le conseil des huguenots qu'on ne pouvoit les lui refuser, puisqu'elle ne demandoit qu'à les voir, et qu'elle promettoit de ne les pas contraindre dans leur religion. On eut donc pour elle cette complaisance, d'autant plus volontiers qu'on n'avoit rien à craindre de leur légèreté; et en effet la résistance de ces jeunes personnes fut infiniment glorieuse au calvinisme.

Nous arrivâmes ensemble à Paris, où madame de Maintenon vint aussitôt me chercher et m'emmena seule à Saint-Germain. Je pleurai d'abord beaucoup; mais je trouvai le lendemain la messe du Roi si belle, que je consentis à me faire catholique, à condition que je l'entendrois tous les jours, et qu'on me garantiroit du fouet. C'est là toute la controverse qu'on employa et la seule abjuration que je fis.

M. de Château-Regnault eut ordre d'envoyer mon frère à la cour. Il y arriva presque aussitôt que moi et fit une plus longue résistance; mais enfin il se rendit: on le mit à l'académie et il quitta la marine. Mon père, surpris et affligé au retour de sa campagne, écrivit à madame de Maintenon des lettres pleines d'amertume et de reproches, et l'accusa d'ingratitude à l'égard de sa mère, tante de madame de Maintenon, d'injustice et de dureté par rapport à lui; mais comme elle étoit soutenue de l'autorité du Roi, il fallut céder à la force. On promit seulement à mon père de ne pas contraindre ses enfans, s'ils ne vouloient pas se faire catholiques.

Ils se convertirent l'un et l'autre; et, après leur académie et le temps qu'ils devoient être aux mousquetaires, on donna à l'aîné une charge de cornette des chevau-légers, qu'il vendit quand la guerre recommença, pour acheter le régiment Dauphin cavalerie; et au cadet le régiment de la Reine dragons, à la tête duquel il fut tué au combat de Steinkerque.

Pour moi on m'élevoit avec un soin dont on ne sauroit trop louer madame de Maintenon. Il ne se passoit rien à la cour sur quoi elle ne me fît faire des réflexions selon la portée de mon esprit, m'approuvant quand je pensois bien, me redressant quand je pensois mal. Ma journée étoit remplie par des maîtres, la lecture et des amusemens honnêtes et réglés; on cultivoit ma mémoire par des vers qu'on me faisoit apprendre par cœur, et la nécessité de rendre compte de ma lecture ou d'un sermon, si j'en avois entendu, me forçoit à y donner de l'attention. Il falloit encore que j'écrivisse tous les jours une lettre à quelqu'un de ma famille, ou à l'autre que je voulois choisir, et que je la portasse les soirs à madame de Maintenon, qui l'approuvoit ou la corrigeoit, selon qu'elle étoit bien ou mal; en un mot, elle n'oublioit rien de ce qui pouvoit former ma raison et cultiver mon esprit.

Si je suis entrée dans ce détail, ce n'est pas pour en tirer une vaine gloire, mais pour marquer, par des faits bien au-dessus des louanges, la conduite et le caractère de madame de Maintenon; et il est impossible, ce me semble, de faire réflexion au poste qu'elle occupoit, et au peu de loisir qu'elle avoit, sans admirer l'attention qu'elle donnoit à un enfant dont, après tout, elle n'étoit chargée que parce qu'elle l'avoit bien voulu.

Mon père, après avoir résisté non-seulement aux bontés mais aux promesses du Roi, et avoir compté pour rien de n'être pas fait chef d'escadre à son rang; après avoir résisté à l'éloquence de M. de Meaux, qu'il aimoit naturellement, s'embarqua de nouveau sur la mer et fit pendant cette campagne des réflexions qu'il n'avoit pas encore faites. L'évangile de l'ivraie et du bon grain lui parut alors clair contre le schisme; il vit que ce n'étoit pas aux hommes à les séparer. Ainsi convaincu, mais ne voulant tirer de sa conversion aucun mérite pour sa fortune, il fit à son retour son abjuration entre les mains de son curé, et perdit par là les récompenses temporelles qu'il en auroit pu attendre; si bien même qu'en venant après à la cour, le Roi lui ayant fait l'honneur de lui parler avec sa bonté ordinaire sur sa conversion, mon père répondit avec trop de sécheresse, que c'étoit la seule occasion de sa vie où il n'avoit point eu pour objet de plaire à Sa Majesté.

J'arrivai à Saint-Germain au mois de janvier 1681. La Reine vivoit ; monseigneur le Dauphin étoit marié depuis un an ; et madame de Maintenon, dans une faveur déclarée, paroissoit aussi bien avec la Reine qu'avec le Roi. Cette princesse attribuoit à la nouvelle favorite les bons procédés que le Roi avoit pour elle depuis quelque temps, et elle la regardoit avec raison sur un pied bien différent des autres.

Mais, avant de parler des choses que j'ai vues, il est bon de raconter celles que j'ai entendu dire.

J'ai pu voir madame de Fontanges ; mais, ou je ne l'ai pas vue, ou il ne m'en souvient pas. Je me souviens seulement d'avoir vu pendant quelque temps, à Saint-Germain, le Roi passer du château vieux au neuf pour l'aller voir tous les soirs : on disoit qu'elle étoit malade ; et en effet elle partit quelques mois après pour aller mourir à Port-Royal de Paris (1). Il courut beaucoup de bruits sur cette mort, au désavantage de madame de Montespan ; mais je suis convaincue qu'ils étoient sans fondement, et je crois, selon que je l'ai entendu dire à madame de Maintenon, que cette fille s'est tuée pour avoir voulu partir de Fontainebleau le même jour que le Roi, quoiqu'elle fût en travail et prête à accoucher. Elle fut toujours languissante depuis et mourut enfin peu regrettée.

Madame de Montespan n'auroit pas appréhendé la durée du crédit de madame de Fontanges ; elle auroit été bien sûre que le Roi seroit toujours revenu à elle, si elle n'avoit eu que cet obstacle. Son caractère, plus ambitieux que tendre, lui avoit fait souvent regarder avec indifférence les infidélités du Roi ; et comme elle agissoit quelquefois par dépit, elle avoit elle-même contribué à fortifier les commencemens du goût que le Roi avoit pris pour la beauté de madame de Fontanges. J'ai ouï dire qu'elle l'avoit fait venir chez elle et qu'elle n'avoit rien oublié pour la faire paroître plus belle aux yeux du Roi : elle y réussit et en fut fâchée ; mais la mort la délivra bientôt d'une rivale aussi dangereuse par la beauté que peu redoutable par l'esprit.

Madame de Fontanges joignoit à ce peu d'esprit des idées romanesques que l'éducation de la province et les louanges dues à sa beauté lui avoient inspirées ; et, dans la vérité, le Roi n'a jamais été attaché qu'à sa figure ; il étoit même honteux lorsqu'elle parloit et qu'ils n'é-

(1) Le 28 juin 1681.

toient pas tête à tête. On s'accoutume à la beauté, mais on ne s'accoutume point à la sottise tournée du côté du faux, surtout lorsqu'on vit en même temps avec des gens de l'esprit et du caractère de madame de Montespan, à qui les moindres ridicules n'échappoient pas, et qui savoit si bien les faire sentir aux autres, par ce tour unique à la maison de Mortemart. Cependant madame de Fontanges aima véritablement le Roi, et elle répondit un jour à madame de Maintenon, qui l'exhortoit à se guérir d'une passion qui ne pouvoit plus faire que son malheur : « Vous me parlez, lui dit-elle, de quitter une passion comme on parle de quitter un habit. »

Je me souviens aussi d'avoir souvent entendu parler de madame de La Vallière. On sait qu'elle a précédé madame de Montespan, et ce n'est pas l'histoire de chaque maîtresse que je prétends faire, je veux seulement écrire les faits qui me sont demeurés plus particulièrement dans l'esprit, soit que j'en aie été témoin, ou que je les aie entendu raconter par madame de Maintenon.

Le Roi prit donc de l'amour pour madame de Montespan dans le temps qu'il vivoit avec madame de La Vallière en maîtresse déclarée ; et madame de Montespan, en maîtresse peu délicate, vivoit avec elle : même table et presque même maison. Elle aima mieux d'abord qu'il en usât ainsi, soit qu'elle espérât par là abuser le public et son mari, soit qu'elle ne s'en souciât pas, ou que son orgueil lui fît plus goûter le plaisir de voir à tous les instans humilier sa rivale, que la délicatesse de sa passion ne la portoit à la crainte de ses charmes. Quoi qu'il en soit, c'est un fait certain. Mais un jour, fâchée contre le Roi pour quelque autre sujet (ce qui lui arrivoit souvent), elle se plaignit de cette communauté avec une amertume qu'elle ne sentoit pas : elle y trouvoit, disoit-elle, peu de délicatesse de la part du Roi. Ce prince, pour l'apaiser, répondit avec beaucoup de douceur et de tendresse, et finit par lui dire que cet établissement s'étoit fait insensiblement. « Insensiblement pour vous, reprit madame de Montespan, mais très-sensiblement pour moi. »

Le personnage singulier de madame de La Vallière pendant plus de deux ans mérite de n'être pas oublié. Tout le monde l'a su, tout le monde en a parlé ; mais comme il pourroit être du nombre de ces choses qui ne s'écrivent point et qu'on oublie, je veux en faire un article dans mes souvenirs.

Madame de La Vallière étoit née tendre et

vertueuse : elle aima le Roi et non la royauté. Le Roi cessa de l'aimer pour madame de Montespan. Si, à la première vue, ou du moins après des preuves certaines de cette nouvelle passion, elle s'étoit jetée dans les Carmélites, ce mouvement auroit été naturel et conforme à son caractère. Elle prit un autre parti et demeura non-seulement à la cour, mais même à la suite de sa rivale. Madame de Montespan, abusant de ses avantages, affectoit de se faire servir par elle, donnoit des louanges à son adresse, et assuroit qu'elle ne pouvoit être contente de son ajustement si elle n'y mettoit la dernière main. Madame de La Vallière s'y portoit, de son côté, avec tout le zèle d'une femme de chambre dont la fortune dépendroit des agrémens qu'elle prêteroit à sa maîtresse. Combien de dégoûts, de plaisanteries et de dénigremens n'eut-elle pas à essuyer pendant l'espace de deux ans qu'elle demeura ainsi à la cour, à la fin desquels elle vint prendre publiquement congé du Roi! Il la vit partir d'un œil sec pour aller aux Carmélites, où elle a vécu d'une manière aussi édifiante que touchante.

Elle disoit souvent à madame de Maintenon, avant de quitter la cour : « Quand j'aurai de la peine aux Carmélites, je me souviendrai de ce que ces gens-là m'ont fait souffrir » (en parlant du Roi et de madame de Montespan) ; ce qui marque que sa patience n'étoit pas tant un effet de son insensibilité qu'une épreuve peut-être mal entendue et téméraire : je laisse aux dévots à en juger. Il est certain que le style de la dévotion convenoit mieux à son esprit que celui de la cour, puisqu'elle a paru en avoir beaucoup de ce genre. Je l'ai vue dans les dernières années de sa vie, et je l'ai entendue, avec un son de voix qui alloit jusqu'au cœur, dire des choses admirables de son état et du bonheur dont elle jouissoit déjà, malgré l'austérité de sa pénitence.

Je me souviens d'avoir ouï raconter que feu M. l'évêque de Meaux, Bossuet, lui ayant annoncé la mort de M. le comte de Vermandois, son fils, elle avoit, par un mouvement naturel, répandu beaucoup de larmes ; mais que, revenant tout à coup à elle, elle dit à ce prélat : « C'est trop pleurer la mort d'un fils dont je n'ai pas encore assez pleuré la naissance. »

J'ai vu madame de Montespan aux Carmélites, bien des années après, et dans le temps qu'elle-même n'étoit plus à la cour, y venir chercher madame de La Vallière, devenue pour elle une espèce de directeur.

Mais mes souvenirs me rappellent à la cour, où madame de Maintenon jouoit un grand rôle auprès du Roi et auprès de la Reine. Elle avoit été faite dame d'atours de madame la dauphine de Bavière, et le Roi avoit acheté pour elle la terre de Maintenon, en 1674 ou 1675, dont il voulut qu'elle prît le nom (1).

Mais les commencemens de la faveur de madame de Maintenon ont tant de liaison et de rapport à madame de Montespan, que je ne puis parler de l'une sans me souvenir de l'autre. Il est donc nécessaire de dire un mot des commencemens de leur connoissance pour en raconter les suites.

Madame de Maintenon m'a dit souvent qu'elle avoit connu madame de Montespan chez le maréchal d'Albret, et qu'elle n'avoit point alors cette humeur qu'elle a fait paroître depuis, ajoutant que ses sentimens étoient honnêtes, sa conduite réglée et sa réputation bien établie.

Elle devint peu après dame du palais de la Reine par la faveur de Monsieur, et le Roi ne fit alors aucune attention à sa beauté : toute sa faveur se bornoit à sa maîtresse, qu'elle amusoit à son coucher, qui duroit long-temps, parce que la Reine s'étoit fait une habitude d'attendre toujours le Roi pour se mettre au lit. Cette princesse étoit si vertueuse, qu'elle n'imaginoit pas facilement que les autres femmes ne fussent pas aussi sages qu'elle ; et pour faire voir jusqu'à quel point alloit son innocence, quoique avec beaucoup de hauteur dans ses sentimens, il suffit de rappeler ici ce qu'elle dit à une carmélite qu'elle avoit priée de l'aider à faire son examen de conscience pour une confession générale qu'elle avoit dessein de faire. Cette religieuse lui demanda si en Espagne, dans sa jeunesse, avant d'être mariée, elle n'avoit point eu envie de plaire à quelques-uns des jeunes gens de la cour du Roi son père : « Oh! non, ma mère, dit-elle ; il n'y avoit point de roi. »

Mais enfin madame de Montespan plut au Roi ; elle en eut des enfans, et il fut question de les mettre entre les mains d'une personne qui sût et les bien élever et les bien cacher. Elle se souvint de madame de Maintenon, et elle crut qu'il n'y avoit personne qui en fût plus capable : elle lui en fit donc faire la proposition, à quoi madame de Maintenon répondit que pour les enfans de madame de Montespan, elle ne s'en chargeroit pas ; mais que si le Roi lui ordonnoit d'avoir soin des siens, elle lui obéiroit. Le Roi l'en pria et elle les prit avec elle.

Si ce fut pour madame de Maintenon le com-

(1) J'ai vu, dans une lettre écrite à M. d'Aubigné, que le Roi lui avoit ordonné de prendre le nom de Maintenon. (A. N.)

mencement d'une fortune singulière, ce fut aussi le commencement de ses peines et de sa contrainte. Il fallut s'éloigner de ses amis, renoncer aux plaisirs de la société, pour lesquels elle sembloit être née ; et il le fallut sans en pouvoir donner de bonnes raisons aux gens de sa connoissance. Cependant, comme il n'étoit pas possible de s'en éloigner tout d'un coup, pour remédier aux inconvéniens qui pouvoient arriver dans une aussi petite maison que la sienne, dans laquelle il étoit aisé de surprendre une nourrice, d'entendre crier un enfant, et tout le reste, elle prit pour prétexte la petite d'Heudicourt et la demanda à madame sa mère, qui la lui donna sans peine par l'amitié qui étoit entre elles, et par le goût qu'elle lui connoissoit pour les enfans. Cette petite fille fut depuis madame de Montgon (1), dame du palais de madame la dauphine de Savoie.

Je me souviens d'avoir ouï raconter beaucoup de particularités de ces temps-là qui ne méritent pas, je crois, d'être écrites, quoique le récit m'en ait infiniment amusée. Je n'en dirai qu'un mot.

On envoyoit chercher madame de Maintenon quand les premières douleurs pour accoucher prenoient à madame de Montespan. Elle emportoit l'enfant, le cachoit sous son écharpe, se cachoit elle-même sous un masque, et, prenant un fiacre, revenoit ainsi à Paris. Combien de frayeurs n'avoit-elle point que cet enfant ne criât ! Ces craintes se sont souvent renouvelées, puisque madame de Montespan a eu sept enfans du Roi.

Mais je me souviens d'avoir ouï raconter qu'elle fut si pénétrée de douleur au premier, que sa beauté s'en ressentit. Elle devint maigre, jaune, et si changée, qu'on ne la reconnoissoit pas. Loin d'être née débauchée, le caractère de madame de Montespan étoit naturellement éloigné de la galanterie et porté à la vertu. Son projet avoit été de gouverner le Roi par l'ascendant de son esprit : elle s'étoit flattée d'être maîtresse non-seulement de son propre goût, mais de la passion du Roi. Elle croyoit qu'elle lui feroit toujours désirer ce qu'elle avoit résolu de ne lui pas accorder : la suite fut plus naturelle. Elle se désespéra, comme je l'ai dit, à la première grossesse, se consola à la seconde et porta dans les autres l'impudence aussi loin qu'elle pouvoit aller. Cependant on cachoit avec le même soin les enfans dont elle paroissoit publiquement grosse.

(1) Mère de l'abbé de Montgon, auteur de Mémoires où le cardinal de Fleury est très dénigré. (A. N.)

Il arriva une fois que le feu prit à une poutre de la chambre de ses enfans, à Paris. Ce feu, qui n'avoit pas encore eu d'air, étoit comme endormi ; et madame de Maintenon, en prenant les mesures nécessaires sans faire de bruit, jugea cependant que ce feu pourroit s'allumer tout à coup, et de façon qu'il ne seroit pas possible de ne pas laisser entrer beaucoup de monde. Dans cette crainte, elle envoya en diligence à Saint-Germain pour demander à madame de Montespan ce qu'il faudroit qu'elle fît en pareil cas ; sur quoi elle dit pour toute réponse, à celui qu'on avoit envoyé : « J'en suis bien aise ; dites à madame Scarron que c'est une marque de bonheur pour ces enfans. »

L'aîné des enfans du Roi et de madame de Montespan mourut à l'âge de trois ans. Madame de Maintenon en fut touchée comme une mère tendre, et beaucoup plus que la véritable ; sur quoi le Roi dit, en parlant de madame de Maintenon : « Elle sait bien aimer ; il y auroit du plaisir à être aimé d'elle. »

Madame de Montespan eut cinq enfans de suite. Je ne sais s'ils furent reconnus tous ensemble ou séparément ; je sais seulement que, ne pouvant les faire légitimer sans nommer la mère, parce qu'il n'y avoit point eu d'exemple d'une pareille reconnoissance, pour qu'il y en eût on fit précéder celle des enfans du Roi par celle du bâtard du comte de Saint-Paul, fils de madame de Longueville, qui se trouvoit dans le même cas, puisqu'il étoit fils de la maréchale de La Ferté, et qu'elle l'avoit eu du vivant de son mari.

Le Roi fit ensuite reconnoître les siens, savoir, M. le duc du Maine, M. le comte du Vexin, mademoiselle de Nantes et mademoiselle de Tours ; l'aîné étoit mort sans être reconnu, et M. le comte de Toulouse et mademoiselle de Blois, depuis duchesse d'Orléans, n'étoient pas encore nés.

Madame de Maintenon alla à la cour avec ces enfans du Roi ; mais elle s'attacha particulièrement à M. le duc du Maine, dont l'esprit promettoit beaucoup. Heureux (je l'oserai dire) si l'usage, ou la fortune de madame de Maintenon, lui avoit permis de demeurer plus longtemps auprès de lui, et qu'elle eût pu achever son éducation comme elle l'avoit commencée ! Elle n'auroit rien ajouté à l'agrément de son esprit, mais elle lui auroit peut-être inspiré plus de force et de courage (j'entends celui de l'esprit), qualités si nécessaires aux hommes élevés au-dessus des autres. Il faut avouer aussi que la figure de M. le duc du Maine, sa timidité naturelle, et le goût du Roi (car il n'aimoit pas naturellement que ceux qu'il admettoit dans sa familiarité fussent infiniment répandus dans le grand monde), ont contribué à éloigner ce prince du commerce des hommes, dont il auroit fait les délices s'il en avoit été connu. La timidité rend les hommes farouches, quand ils se font surtout un devoir de ne la pas surmonter.

Le mariage de M. le duc du Maine mit le comble à ses malheureuses dispositions. Il épousa une princesse du sang, d'un caractère entièrement opposé au sien, aussi vive et entreprenante qu'il étoit doux et tranquille. Cette princesse abusa de sa douceur; elle secoua bientôt le joug qu'une éducation peut-être trop sévère lui avoit imposé; elle dédaigna de faire sa cour au Roi pour tenir la sienne à Sceaux, où par sa dépense elle ruina monsieur son mari, lequel approuvoit ou n'osoit s'opposer à ses volontés. Le Roi lui en parla, mais inutilement; et voyant enfin que ses représentations ne servoient qu'à faire souffrir intérieurement un fils qu'il aimoit, il prit le parti du silence, et le laissa croupir dans son aveuglement et sa foiblesse.

Je me souviens, à propos du mariage de M. le duc du Maine, que le Roi, qui pensoit toujours juste, auroit désiré que les princes légitimés ne se fussent jamais mariés. « Ces gens-là, disoit-il à madame de Maintenon, ne devroient jamais se marier. » Mais M. le duc du Maine ayant voulu l'être, cette même sagesse du Roi auroit fait du moins qu'il auroit choisi une fille d'une des grandes maisons du royaume, sans les persécutions de M. le prince, qui regardoit ces sortes d'alliances comme la fortune de la sienne. Je sais même que le Roi avoit eu dessein de choisir mademoiselle d'Uzès, et qu'il étoit sur le point de le déclarer, lorsque M. de Barbezieux vint lui faire part de son mariage avec elle; ce qui fit que le Roi n'y songea pas davantage. « Tout est conjecture dans cette vie, disoit le maréchal de Clérembault, et la destinée de mademoiselle d'Uzès en est une preuve. »

Le comte du Vexin mourut jeune et ne vécut que pour faire voir pas ses infirmités qu'il étoit heureux de mourir. Madame de Montespan ne haïssoit ni les remèdes ni les expériences; et j'ai ouï dire qu'on lui avoit fait treize cautères le long de l'épine du dos. On le destinoit à l'Eglise, et il possédoit déjà plusieurs grands bénéfices, entre lesquels étoit l'abbaye de Saint-Denis qui fut depuis donnée à la maison royale de Saint-Cyr.

Mademoiselle de Tours, leur sœur, mourut à peu près au même âge, de huit à neuf ans. La quatrième étoit mademoiselle de Nantes (1), dont j'aurai souvent occasion de parler dans mes Souvenirs. Je dirai seulement ici qu'on n'oublioit rien dans son éducation pour faire valoir les talens propres à plaire qu'elle avoit reçus de la nature. Elle répondit parfaitement à son éducation; mais ses grâces et ses charmes sont bien au-dessus de mes éloges. Ce n'est pourtant ni une taille sans défaut, ni ce qu'on appelle une beauté parfaite; ce n'est pas non plus, à ce que je crois, un esprit d'une étendue infinie : quoi qu'il en soit, elle a si bien tout ce qu'il faut pour plaire, qu'on ne juge de ce qui lui manque que lorsque la découverte de son cœur laisse la raison libre. Cette découverte devroit être aisée à faire, puisqu'elle ne s'est jamais piquée d'amitié : cependant la pente naturelle qu'on a à se flatter soi-même, et la séduction de ses agrémens est telle, qu'on ne l'en veut pas croire elle-même, et qu'on attend pour se désabuser une expérience personnelle qui ne manque guère.

Après ces cinq enfans, madame de Montespan fut quelque temps sans en avoir; et ce fut dans cet intervalle que se fit cette fameuse séparation et ce raccommodement si glorieux à M. l'évêque de Meaux, à madame de Montausier et à toutes les personnes de mérite et de vertu qui étoient alors à la cour.

La rupture se fit dans le temps d'un jubilé. Le Roi avoit un fonds de religion qui paroissoit même dans ses plus grands désordres avec les femmes; car il n'eut jamais que cette foiblesse. Il étoit né sage et si régulier dans sa conduite, qu'il ne manqua d'entendre la messe tous les jours que deux fois dans toute sa vie, et c'étoit à l'armée.

Les grandes fêtes lui causoient des remords, également troublé de ne pas faire ses dévotions, ou de les faire mal. Madame de Montespan avoit les mêmes sentimens, et ce n'étoit pas seulement pour se conformer à ceux du Roi qu'elle les faisoit paroître : elle avoit été parfaitement bien élevée par une mère d'une grande piété, et qui avoit jeté dans son cœur des semences de religion dès sa plus tendre enfance, dont elle ne se défit jamais. Elle les fit voir, comme le Roi, dans tous les temps; et je me souviens d'avoir ouï raconter que vivant avec le Roi de la façon dont je viens de parler, elle jeûnoit si austèrement les carêmes, qu'elle faisoit peser son pain.

Un jour la duchesse d'Uzès, étonnée de ses

(1) Depuis duchesse de Bourbon.

scrupules, ne put s'empêcher de lui en dire un mot. « Hé quoi ! Madame, reprit madame de Montespan, faut-il, parce que je fais un mal, faire tous les autres ? »

Enfin ce jubilé dont je viens de parler arriva. Ces deux amans, pressés par leur conscience, se séparèrent (1) de bonne foi, ou du moins ils le crurent. Madame de Montespan vint à Paris, visita les églises, jeûna, pria et pleura ses péchés ; le Roi, de son côté, fit tout ce qu'un bon chrétien doit faire. Le jubilé fini, gagné ou non gagné, il fut question de savoir si madame de Montespan reviendroit à la cour. « Pourquoi non, disoient ses parens et ses amis même les plus vertueux ? Madame de Montespan, par sa naissance et par sa charge, doit y être, elle peut y vivre aussi chrétiennement qu'ailleurs. » M. l'évêque de Meaux fut de cet avis (2). Il restoit cependant une difficulté : « Madame de Montespan, ajoutoit-on, paroîtra-t-elle devant le Roi sans préparation ? Il faudroit qu'ils se vissent avant que de se rencontrer en public, pour éviter les inconvéniens de la surprise. » Sur ce principe, il fut conclu que le Roi viendroit chez madame de Montespan ; mais, pour ne pas donner à la médisance le moindre sujet de mordre, on convint que des dames respectables, et les plus graves de la cour, seroient présentes à cette entrevue, et que le Roi ne verroit madame de Montespan qu'en leur compagnie. Le Roi vint donc chez madame de Montespan comme il avoit été décidé : mais insensiblement il la tira dans une fenêtre ; ils se parlèrent bas assez long-temps, pleurèrent et se dirent ce qu'on a accoutumé de dire en pareil cas ; ils firent ensuite une profonde révérence à ces vénérables matrones, passèrent dans une autre chambre ; et il en avint madame la duchesse d'Orléans et ensuite M. le comte de Toulouse.

Je ne puis me refuser de dire ici une pensée qui me vient dans l'esprit. Il me semble qu'on voit encore, dans le caractère, dans la physionomie et dans toute la personne de madame la duchesse d'Orléans, des traces de ce combat de l'amour et du jubilé.

Ces deux grossesses furent traitées avec beaucoup de mystère : on cacha ces deux derniers enfans avec soin. Un des deux naquit à Maintenon pendant une campagne du Roi, et madame de Montespan avec madame de Thianges y firent un assez long séjour ; mais madame de Maintenon ne fut pas chargée de ces derniers enfans comme elle l'avoit été des autres : M. de Louvois les fit élever à Paris dans une maison au bout de la rue de Vaugirard.

Je me souviens de les avoir vu reconnoître pendant que j'étois encore chez madame de Maintenon. Ils parurent à Versailles sans préparation. La beauté de M. le comte de Toulouse surprit et éblouit tous ceux qui le virent. Il n'en étoit pas de même de mademoiselle de Blois, car c'est ainsi qu'on l'appela jusqu'à son mariage. La flatterie a fait depuis que ses favorites l'entretenoient continuellement de sa grande beauté, langage qui devoit d'autant plus lui plaire qu'elle y étoit moins accoutumée.

Les figures avoient un grand pouvoir sur l'esprit de madame de Montespan, ou, pour mieux dire, elle comptoit infiniment sur l'impression qu'elles ont accoutumé de faire sur le commun des hommes et les effets qu'elles produisent. C'est sans doute par là qu'elle eut tant de peine à pardonner à mademoiselle de Blois d'être née aussi désagréable. Madame de Thianges, sœur de madame de Montespan, et dont je parlerai quelquefois, encore moins raisonnable sur ce point, ne pouvoit supporter que la portion du sang de Mortemart, que cet enfant avoit reçue dans ses veines, n'eût pas produit une machine parfaite. Ainsi mademoiselle de Blois passoit sa vie à s'entendre reprocher ses défauts ; et comme elle étoit naturellement timide et glorieuse, elle parloit peu et ne laissoit rien voir du côté de l'esprit qui pût les réparer. Le Roi en eut pitié, et c'est peut-être là l'origine des grands biens qu'il lui a faits et la première cause du rang où il la fit monter depuis.

Madame la duchesse d'Orléans ne laissoit pas d'avoir de la beauté, une belle peau, une belle gorge, de beaux bras et de belles mains, mais peu de proportion dans ses traits. Telle qu'elle étoit, madame de Thianges auroit dû avoir plus d'indulgence pour elle, puisqu'elle lui ressembloit beaucoup. Quant à l'esprit, il est certain que madame la duchesse d'Orléans en a, quoique à dire la vérité elle en ait peu montré dans sa conduite, par rapport à sa famille, depuis la mort du Roi.

Je reviens à madame de Maintenon qui vécut chez madame de Montespan avec M. le duc

---

(1) Cette séparation n'eut pas lieu pendant le jubilé, mais pendant la semaine sainte de l'année précédente (1675).

(2) *Il ignoroit donc, ainsi que les autres, que la fuite est le seul remède en pareil cas ?* Il paroît que cette réflexion se trouvoit dans le manuscrit de madame de Caylus. Voyez l'édition de M. Monmerqué.

du Maine, jusqu'au temps où elle le promena en différens endroits pour chercher du remède à sa jambe. Ce prince étoit né droit et bien fait, et le fut jusqu'à l'âge de trois ans, que les grosses dents lui percèrent, en lui causant des convulsions si terribles, qu'une de ses jambes se retira beaucoup plus que l'autre. On essaya en vain tous les remèdes de la faculté de Paris, après lesquels on le mena à Anvers pour le faire voir à un homme dont on vantoit le savoir et les remèdes ; mais comme on ne voulut pas que M. du Maine fût connu pour ce qu'il étoit, madame de Maintenon fit ce voyage sous le nom supposé d'une femme de condition du Poitou (1) qui menoit son fils à cet empirique, dont les remèdes étoient apparemment bien violens, puisqu'il allongea cette malheureuse jambe beaucoup plus que l'autre, sans la fortifier ; et les douleurs extrêmes que M. du Maine souffrit ne servirent qu'à la lui faire traîner comme nous voyons. Malgré ce mauvais succès, il ne laissa pas de faire encore deux voyages à Barèges, aussi inutilement que le reste. Connu en France pour être fils du Roi, il reçut, dans tous les lieux où il passa, des honneurs qu'on auroit à peine rendus au Dauphin.

Madame de Maintenon fut bien aise, en passant par le Poitou et la Saintonge, de revoir sa patrie, sa famille et ses connoissances. M. d'Aubigné, en ce temps-là gouverneur de Cognac, y reçut M. le duc du Maine avec une magnificence qui devoit lui plaire ; mais le plus grand plaisir qu'elle eut dans ces différens voyages fut de n'être pas à la cour. Elle en trouva encore un autre dans la conversation de M. Fagon, alors médecin de M. le duc du Maine : c'est-là que se forma entre eux cette estime et cette amitié qui ne se sont pas démenties. Plus M. Fagon vit madame de Maintenon de près, plus il admira sa vertu et goûta son esprit. Je le cite comme un bon juge du vrai mérite.

Au retour de ces voyages, la faveur de madame de Maintenon augmenta, et celle de madame de Montespan diminua avec la même rapidité. Son humeur s'en ressentit, et madame de Maintenon, qui vouloit encore la ménager, et qui sans doute ne prévoyoit pas jusqu'où sa faveur devoit la conduire, pensoit sérieusement à se retirer, ne désirant que la tranquillité et le repos de sa première vie. Je le sais, et pour le lui avoir entendu dire, et par des lettres que j'ai vues depuis sa mort, écrites de sa main et adressées à un docteur de Sorbonne, nommé l'abbé Gobelin, son confesseur ; mais son étoile singulière ne lui permit pas d'accomplir un projet si sensé : tout l'acheminoit au grand personnage que nous lui avons vu jouer depuis.

J'ai vu encore dans ces mêmes lettres qu'on avoit voulu la marier au vieux duc de Villars, pour s'en défaire peut-être plus honnêtement. Je rapporte ici la manière dont elle s'en explique elle-même avec son confesseur : « Madame de Montespan et madame de Richelieu travaillent présentement à un mariage pour moi, qui pourtant ne s'achèvera pas. C'est un duc assez malhonnête homme et fort gueux. Ce seroit une source d'embarras et de déplaisirs qu'il seroit imprudent de s'attirer ; j'en ai déjà assez (2) dans une condition singulière et enviée de tout le monde, sans aller en chercher dans un état qui fait le malheur des trois quarts du genre humain. »

Il faut avouer que le Roi, dans les premiers temps, eut plus d'éloignement que d'inclination pour madame de Maintenon ; mais cet éloignement n'étoit fondé que sur une espèce de crainte de son mérite, et sur ce qu'il la soupçonnoit d'avoir dans l'esprit le précieux de l'hôtel de Rambouillet, dont les hôtels d'Albret et de Richelieu, où elle avoit brillé, étoient une suite et une imitation, quoique avec des correctifs, et qu'il leur manquât un Voiture pour en faire passer à la postérité les plaisanteries et les amusemens.

On se moquoit à la cour de ces sociétés de gens oisifs, uniquement occupés à développer un sentiment et à juger d'un ouvrage d'esprit. Madame de Montespan elle-même, malgré le plaisir qu'elle avoit trouvé autrefois dans ces conversations, les tourna après en ridicule pour divertir le Roi.

L'éloignement de ce prince pour madame de Maintenon auroit paru plus naturel s'il eût été fondé sur ce qu'il savoit bien qu'elle condamnoit le scandale donné à toute la France par la manière dont il vivoit avec une femme mariée et enlevée à son mari. Elle lâchoit même souvent sur ce sujet des traits dont on ne devoit pas lui savoir gré, et tels que celui-ci. Elle dit un jour au Roi, à une revue de mousquetaires : « Que feriez-vous, Sire, si on vous disoit qu'un de ces jeunes gens vit publiquement avec la femme d'un autre, comme si elle étoit la sienne ? » Il est vrai que j'ignore le temps où

---

(1) Sous le nom de la marquise de Surgères. (M. Monmerqué, d'après les manuscrits de mademoiselle d'Aumale.)

(2) La singularité de sa condition et de son état venoit sans doute de ce qu'elle se trouvoit à la cour, et la veuve de Scarron, dont pourtant elle n'avoit jamais été la femme. (A. N.)

elle fit cette question, et qu'il est à présumer qu'elle se croyoit alors bien sûre de sa faveur; j'ignore aussi quelle fut la réponse du Roi : mais le discours est certain et il suffit pour faire voir quels ont été les sentimens et la conduite de madame de Maintenon à cet égard, d'autant plus qu'elle étoit encore dans ce temps-là chez madame de Montespan, auprès de ses enfans.

Cependant le Roi, si prévenu dans les commencemens contre madame de Maintenon, qu'il ne l'appeloit, d'un air de dénigrement, en parlant à madame de Montespan, que *votre bel esprit*, s'accoutuma à elle et comprit qu'il y avoit tant de plaisir à l'entretenir, qu'il exigea de sa maîtresse, par une délicatesse dont on ne l'eût peut-être pas cru capable, de ne lui plus parler les soirs quand il seroit sorti de sa chambre. Madame de Maintenon s'en aperçut; et voyant qu'on ne lui répondoit qu'un oui et qu'un non assez sec : « J'entends, dit-elle, ceci est un sacrifice. » Et comme elle se levoit, madame de Montespan l'arrêta, charmée qu'elle eût pénétré le mystère. La conversation n'en fut que plus vive après, et elles se dirent sans doute, dans un genre différent, l'équivalent de ce que Ninon avoit dit du billet de La Châtre (1).

On peut juger par cet échantillon que le Roi n'étoit pas incapable de délicatesse et que madame de Montespan n'étoit pas en droit de lui reprocher, comme elle lui reprocha une fois, de n'être point amoureux d'elle, mais de se croire seulement redevable au public d'être aimé de la plus belle femme de son royaume. Il est vrai que le Roi n'étoit point l'homme du monde le plus fidèle en amour, et qu'il a eu, pendant son commerce avec madame de Montespan, quelques autres aventures galantes dont elle se soucioit peu, et elle n'en parloit que par humeur ou pour se divertir.

Je ne sais pourtant si madame de Soubise lui fut aussi indifférente, quoiqu'elle parût ne s'en pas soucier. Madame de Montespan découvrit cette intrigue par l'affectation que madame de Soubise avoit de mettre certains pendans d'oreilles d'émeraudes les jours que M. de Soubise alloit à Paris. Sur cette idée, elle observa le Roi, le fit suivre, et il se trouva que c'étoit effectivement le signal du rendez-vous.

Madame de Soubise avoit un mari qui ne ressembloit pas à celui de madame de Montespan, et pour lequel il falloit avoir des ménagemens.

D'ailleurs madame de Soubise étoit trop solide pour s'arrêter à des délicatesses de sentiment que la force de son esprit ou la froideur de son tempérament lui faisoit regarder comme des foiblesses honteuses. Uniquement occupée des intérêts et de la grandeur de sa maison, tout ce qui ne s'opposoit pas à ses vues lui étoit indifférent.

Pour juger si madame de Soubise s'est conduite selon ces maximes, il suffit de considérer l'état présent de cette maison et de la comparer à ce qu'elle étoit quand elle y est entrée. A peine M. de Soubise avoit-il alors six mille livres de rente.

Madame de Soubise a soutenu son caractère et suivi les mêmes idées dans le mariage de monsieur son fils avec l'héritière de la maison de Ventadour, veuve du prince de Turenne, dernier mort. Les discours du public et la mauvaise conduite effective de la personne ne l'arrêtèrent pas; elle pensa ce que madame Cornuel en dit alors, que ce seroit un grand mariage dans un siècle.

Pour dire la vérité, je crois que madame de Soubise et madame de Montespan n'aimoient guère plus le Roi l'une que l'autre : toutes deux avoient de l'ambition, la première pour sa famille, la seconde pour elle-même. Madame de Soubise vouloit élever sa maison et l'enrichir; madame de Montespan vouloit gouverner et faire sentir son autorité. Mais je ne pousserai pas plus loin le parallèle; je dirai seulement que si l'on en excepte la beauté et la taille, qui pourtant n'étoient en madame de Soubise que comme un beau tableau ou une belle statue, elle ne devoit pas disputer un cœur avec madame de Montespan. Son esprit, uniquement porté aux affaires, rendoit sa conversation froide et plate; madame de Montespan, au contraire, rendoit agréables les matières les plus sérieuses et ennoblissoit les plus communes : aussi je crois que le Roi n'a jamais été fort amoureux de madame de Soubise, et que madame de Montespan auroit eu tort d'en être inquiète. Bien des gens ont cru M. le cardinal de Rohan fils du Roi; mais s'il y a eu un des enfans de madame de Soubise qui fût de lui, il est mort il y a long-temps.

Malgré ces infidélités du Roi, j'ai souvent entendu dire que madame de Montespan auroit toujours conservé du crédit sur son esprit si elle avoit eu moins d'humeur et si elle avoit moins compté sur l'ascendant qu'elle croyoit

---

(1) M. de La Châtre avoit exigé de mademoiselle de Lenclos un billet contenant la promesse de lui être fidèle pendant son absence; et étant avec un autre, dans le moment le plus vif elle s'écria : « Ah! le bon billet qu'a La Châtre! » (A. N.)

avoir. L'esprit qui ne nous apprend pas à vaincre votre humeur devient inutile quand il faut ramener les mêmes gens qu'elle a écartés ; et si les caractères doux souffrent plus long-temps que les autres, leur fuite est sans retour.

Le Roi trouva une grande différence dans l'humeur de madame de Maintenon ; il trouva une femme toujours modeste, toujours maîtresse d'elle-même, toujours raisonnable, et qui joignoit encore à des qualités si rares les agrémens de l'esprit et de la conversation. Mais elle eut à souffrir avant de s'être fait connoître. Il est aisé de juger qu'une femme dont l'humeur est plus forte que l'envie de plaire à son maître et à son amant ne ménage pas une amie qu'elle croit lui devoir être soumise. Il paroît même que la mauvaise humeur de madame de Montespan augmentoit à proportion de la raison et de la modératon qu'elle découvroit dans madame de Maintenon, et peut-être à mesure que le Roi revenoit des préventions qu'il avoit eues contre elle. Il étoit cependant bien difficile qu'on pût prévoir les suites qu'auroient un jour ces commencemens d'estime.

Je rapporterai ici quelques fragmens des lettres que madame de Maintenon écrivoit à l'abbé Gobelin : on y verra, mieux que je ne pourrois l'exprimer, et ce qu'elle eut à souffrir et quels étoient ses véritables sentimens. Il est vrai qu'il seroit à désirer que ces lettres fussent datées ; mais les choses marquent assez le temps où elles ont été écrites.

« Madame de Montespan et moi avons eu une conversation fort vive ; elle en a rendu compte au Roi à sa mode, et je vous avoue que j'aurai bien de la peine à demeurer dans un état où j'aurai tous les jours de pareilles aventures. Qu'il me seroit doux de me remettre en liberté ! J'ai eu mille fois envie d'être religieuse ; mais la peur de m'en repentir m'a fait passer par dessus des mouvemens que mille personnes auroient appelés vocation... Je ne saurois comprendre que la volonté de Dieu soit que je souffre de madame de Montespan. Elle est incapable d'amitié et je ne puis m'en passer ; elle ne sauroit trouver en moi les oppositions qu'elle y trouve sans me haïr ; elle me redonne au Roi comme il lui plaît et m'en fait perdre l'estime. Je suis avec lui sur le pied d'une bizarre qu'il faut ménager. » Dans une autre lettre : « Il se passe ici des choses terribles entre madame de Montespan et moi. Le Roi en fut hier témoin ; et ces procédés-là, joints aux maux continuels de ses enfans, me mettent dans un état que je ne pourrai long-temps soutenir. »

C'est apparemment à cette lettre qu'il faut rapporter ce que j'ai ouï raconter à madame de Maintenon qu'étant un jour avec madame de Montespan dans une crise la plus violente du monde, le Roi les surprit ; et les voyant toutes deux fort échauffées, il demanda ce qu'il y avoit. Madame de Maintenon prit la parole d'un grand sang froid et dit au Roi : « Si Votre Majesté veut passer dans cette autre chambre, j'aurai l'honneur de le lui apprendre. » Le Roi y alla ; madame de Maintenon le suivit et madame de Montespan demeura seule. Sa tranquillité en cette occasion paroît très-surprenante, et j'avoue que je ne la pourrois croire s'il m'étoit possible d'en douter.

Quand madame de Maintenon se vit tête à tête avec le Roi, elle ne dissimula rien ; elle peignit l'injustice et la dureté de madame de Montespan d'une manière vive et fit voir combien elle avoit lieu d'en appréhender les effets. Les choses qu'elle citoit n'étoient pas inconnues du Roi ; mais comme il aimoit encore madame de Montespan, il chercha à la justifier ; et pour faire voir qu'elle n'avoit pas l'âme si dure, il dit à madame de Maintenon : « Ne vous êtes-vous pas souvent aperçue que ses beaux yeux se remplissoient de larmes lorsqu'on lui raconte quelque action généreuse et touchante ? » Avec cette disposition il est à présumer, comme je l'ai dit, que si madame de Montespan eût voulu, elle auroit encore long-temps gouverné ce prince.

Cette conversation de madame de Maintenon avec le Roi fut suivie de plusieurs autres ; mais le mariage de Monseigneur fit trouver à madame de Maintenon, dans la maison de madame la Dauphine, une porte honorable pour se soustraire à la tyrannie de madame de Montespan.

Cependant, avant de quitter le chapitre des choses qui la regardent, la vérité m'oblige de convenir, d'après madame de Maintenon, que si madame de Montespan avoit des défauts, elle avoit aussi de grandes qualités. Sensible à la bonne gloire, elle laissoit à madame de Thianges, sa sœur, le soin de se prévaloir des avantages de la naissance et se moquoit souvent de son entêtement sur ce chapitre.

Mais puisque je parle de madame de Thianges, je dirai un mot des trois sœurs.

« Madame de Montespan, disoit M. l'abbé Têtu, parle comme une personne qui lit ; madame de Thianges comme une personne qui rêve et madame de Fontevrault comme une personne qui parle. » Il pouvoit avoir raison sur les deux autres ; mais il avoit tort sur madame de Montespan, dont l'éloquence étoit sans affectation.

Je n'ai point eu l'honneur de connoître madame l'abbesse de Fontevrault ; je sais seulement, par tous les gens qui l'ont connue, qu'on ne pouvoit rassembler dans la même personne plus de raison, plus d'esprit et plus de savoir : son savoir fut même un effet de sa raison. Religieuse sans vocation, elle chercha un amusement convenable à son état ; mais ni les sciences ni la lecture ne lui firent rien perdre de ce qu'elle avoit de naturel.

Madame de Thianges, folle sur deux chapitres, celui de sa personne et celui de sa naissance (1), d'ailleurs dénigrante et moqueuse, avoit pourtant une sorte d'esprit, beaucoup d'éloquence et rien de mauvais dans le cœur : elle condamnoit même souvent les injustices et la dureté de madame sa sœur, et j'ai ouï dire à madame de Maintenon qu'elle avoit trouvé en elle de la consolation dans leurs démêlés.

Il y auroit des contes à faire à l'infini sur les deux points de sa folie ; mais il suffit de dire, pour celle de sa maison, qu'elle n'en admettoit que deux en France, la sienne et celle de La Rochefoucault (2) ; et que si elle ne disputoit pas au Roi l'illustration, elle lui disputoit quelquefois l'ancienneté, parlant à lui-même. Quant à sa personne, elle se regardoit comme un chef-d'œuvre de la nature, non tant pour la beauté extérieure que pour la délicatesse des organes qui composoient sa machine ; et pour réunir les deux objets de sa folie, elle s'imaginoit que sa beauté et la perfection de son tempérament procédoient de la différence que la naissance avoit mise entre elle et le commun des hommes.

Madame de Thianges étoit l'aînée de plus de dix ans de madame de Montespan, et je ne sais comment il s'étoit pu faire qu'ayant été élevée par une mère aussi vertueuse qu'étoit madame la duchesse de Mortemart, elle eût été élevée avec autant de liberté (3). Je n'en serois pas étonnée de la part de M. le duc de Mortemart leur père qui, je crois, n'étoit pas fort scrupuleux, et dont j'ai entendu raconter plusieurs bons mots qui sont autant de preuves et de la mauvaise humeur de la femme et du libertinage du mari, tels que celui-ci : M. de Mortemart étant rentré fort tard à son ordinaire, sa femme qui l'attendoit lui dit : « D'où venez-vous ? passerez-vous ainsi votre vie avec des diables ? » A quoi M. de Mortemart répondit : « Je ne sais d'où je viens ; mais je sais que mes diables sont de meilleure humeur que votre bon ange. »

J'ai ouï dire au feu Roi que madame de Thianges s'échappoit souvent de chez elle pour le venir trouver, lorsqu'il déjeûnoit avec des gens de son âge. Elle se mettoit avec eux à table, en personne persuadée qu'on n'y vieillit point. Cette éducation ne devoit point contribuer à la faire bien marier : cependant elle épousa M. le marquis de Thianges, de la maison de Damas, et elle lui apporta en dot le dénigrement qu'elle avoit pour tout ce qui n'étoit pas de son sang ni dans son alliance ; et comme les terres de la maison de Thianges sont en Bourgogne où elle fit quelque séjour, l'ennui qu'elle y eut lui inspira une aversion pour tous les Bourguignons, qu'elle conserva jusqu'à la fin de ses jours ; en sorte que la plus grande injure qu'elle pouvoit dire à quelqu'un, étoit de l'appeler Bourguignon. Elle eut de ce mariage un fils et deux filles ; mais elle ne vit dans ce fils que cette province qu'elle détestoit, et dans sa fille aînée que sa propre personne, qu'elle adoroit. Elle la maria au duc de Nevers ; la cadette épousa le duc de Sforce et partit aussitôt après son mariage pour l'Italie, dont elle ne revint qu'après la décadence de la faveur de madame de Montespan. Je l'ai vue à son retour encore assez jeune pour juger de sa beauté ; mais elle n'avoit que de la blancheur, d'assez beaux yeux et un nez tombant dans une bouche fort vermeille, qui fit dire à M. de Vendôme qu'elle ressembloit à un perroquet qui mange une cerise.

Madame de Thianges n'avoit pas tort d'admirer madame de Nevers ; tout le monde l'admiroit avec elle : mais personne ne trouvoit qu'elle lui ressemblât, comme elle se l'imaginoit. Madame de Montespan fit ce qu'elle pouvoit pour inspirer au Roi du goût pour sa nièce ; mais il ne donna pas dans le piége, soit qu'on s'y prît d'une manière trop grossière, capable de le révolter, ou que sa beauté n'eût pas fait sur lui l'effet qu'elle produisoit sur tous ceux qui la regardoient.

Au défaut du Roi, madame de Nevers se con-

---

(1) *Variante :* Avoit pourtant de l'esprit et de l'élocution ; bonne et compatissante, quoique dénigrante et railleuse, elle condamnoit souvent les injustices et la dureté de sa sœur ; et j'ai ouï dire à madame de Maintenon qu'elle avoit trouvé dans madame de Thianges de la *conciliation* dans les démêlés qu'elle avoit avec madame de Montespan. (M. Monmerqué, d'après les manuscrits de mademoiselle d'Aumale.)

(2) Elle distinguoit la maison de La Rochefoucault des autres, en faveur des fréquentes alliances qu'elle avoit eues avec la maison de Rochechouart (A. N.)

(3) Le texte étoit altéré en cet endroit, ainsi que l'a fait observer M. Renouard dans l'édition de 1806. Nous le rétablissons d'après le texte de mademoiselle d'Aumale, qui confirme la conjecture de cet éditeur.

(*Note de M. Monmerqué.*)

tenta de M. le prince, qu'on appeloit en ce temps-là M. le duc. L'esprit, la galanterie et la magnificence, quand il étoit amoureux, réparoient en lui une figure qui tenoit plus du gnome que de l'homme. Il a marqué sa galanterie pour madame de Nevers par une infinité de traits; mais je ne parlerai que de celui-ci : M. de Nevers avoit accoutumé de partir pour Rome de la même manière dont on va souper à ce qu'on appelle aujourd'hui une guinguette, et on avoit vu madame de Nevers monter en carrosse, persuadée qu'elle alloit seulement se promener, entendre dire à son cocher : *A Rome!* Mais comme avec le temps elle connut mieux monsieur son mari et qu'elle se tenoit mieux sur ses gardes, elle découvrit qu'il étoit sur le point de lui faire faire encore le même voyage, et en avertit M. le prince, lequel, aussi fertile en inventions que magnifique lorsqu'il s'agissoit de satisfaire ses goûts, pensa par la connoissance qu'il avoit du génie et du caractère de M. de Nevers, qu'il falloit employer son talent et réveiller sa passion pour les vers. Il imagina donc de donner une fête à Monseigneur à Chantilly. Il la proposa, on l'accepta. Il alla trouver M. de Nevers et supposa avec lui un extrême embarras pour le choix du poëte qui feroit les paroles du divertissement, lui demandant en grâce de lui en trouver un et de le vouloir conduire; sur quoi M. de Nevers s'offrit lui-même, comme M. le prince l'avoit prévu. Enfin la fête se donna; elle coûta plus de cent mille écus ; et madame de Nevers n'alla point à Rome (1).

Pour terminer l'article des nièces de madame de Montespan, je parlerai succinctement de l'aînée des filles du maréchal de Vivone son frère, la seule qui ait paru à la cour du temps de sa faveur. Elle épousa le prince d'Elbœuf, par les soins et les représentations continuelles de madame de Maintenon, à qui elle fit pitié; car je ne sais par quelle fatalité madame sa tante eut tant de peine à l'établir. Rien cependant ne lui manquoit, beauté, esprit, agrémens ; et madame de Montespan, quoiqu'elle ne l'aimât pas, ne l'a jamais blâmée que sur ce qu'elle n'avoit pas, disoit-elle, l'air assez noble. Quant au duc d'Elbœuf, on sait l'usage qu'il a fait de sa grande naissance, d'un courage qui en étoit digne, d'une figure aimable et d'un esprit auquel il ne manquoit que de savoir mieux profiter de ces grands et rares avantages de la nature. Il a passé sa jeunesse à être le fléau de toutes les familles par ses mauvais procédés avec les femmes, et par se vanter souvent de faveurs qu'il n'avoit pas reçues. Comme il n'y avoit pas moyen de mettre dans son catalogue celles de madame sa femme, il semble qu'il ait voulu s'en dédommager par les discours qu'il en a tenus et par une conduite fort injuste à son égard.

Madame de Maintenon conserva avec le duc d'Elbœuf une liberté qu'elle avoit prise dans la maison de madame de Montespan, où on ne l'appeloit qu'en badinant que *le goujat*, pour marquer la vie qu'il menoit et la compagnie qu'il voyoit ; et elle lui a fait souvent des réprimandes aussi inutiles que bien reçues. Le Roi avoit du foible pour ce prince ; il lui parloit avec bonté, lui pardonnoit ses fautes et ne lui a presque jamais rien refusé de ce qu'il lui demandoit ; mais enfin madame n'a pas été heureuse et madame de Montespan ne l'a pas assez soutenue dans ses peines domestiques.

Je reviens au caractère de la tante, dont la dureté a paru dans des occasions où il est rare d'en montrer et plus singulier encore d'en tirer vanité. Un jour que le carrosse de madame de Montespan passa sur le corps d'un pauvre homme sur le pont de Saint-Germain, madame de Montausier, madame de Richelieu, madame de Maintenon et quelques autres qui étoient avec elle, en furent effrayées et saisies comme on l'est d'ordinaire en pareille occasion : la seule madame de Montespan ne s'en émut pas et elle reprocha même à ces dames leur foiblesse. « Si c'étoit, leur disoit-elle, un effet de la bonté de votre cœur et une véritable compassion, vous auriez le même sentiment en apprenant que cette aventure est arrivée loin comme près de vous. »

Elle joignoit à cette dureté de cœur une raillerie continuelle, [qui s'étendoit souvent même sur des personnes à qui elle devoit du respect. Il lui arrivoit souvent, par exemple, de plaisanter sur la Reine ; et quand elle trouvoit un bon mot à placer, elle ne l'épargnoit pas plus qu'une autre. Un jour, on vint dire au Roi que le carrosse dans lequel étoit la Reine avoit été tout rempli d'eau ; ce qui avoit assez effrayé cette princesse. Sur-le-champ madame de Montespan, présente à ce récit, dit avec un air moqueur : « Ah ! si nous l'avions su, nous aurions crié : *la Reine boit !* » Le Roi fut fort piqué de cette raillerie et il reprit à l'instant : « Souvenez-vous, Madame, qu'elle est votre maîtresse (2). »] Elle portoit des coups dangereux à

---

(1) M. le duc, pour entrer secrètement chez madame de Nevers, dont le mari étoit si jaloux, avoit acheté deux maisons contiguës à l'hôtel de Nevers. (A. N.)

(2) Nous avons retrouvé le passage compris entre des

ceux qui passoient sous ses fenêtres pendant qu'elle étoit avec le Roi. L'un étoit, disoit-elle, si ridicule, que ses meilleurs amis pouvoient s'en moquer sans manquer à la morale ; l'autre, qu'on disoit être honnête homme : « Oui, reprenoit-elle, il faut lui savoir gré de ce qu'il le veut être. » Un troisième ressembloit au valet de carreau ; ce qui donna même à ce dernier un si grand ridicule, qu'il lui a fallu depuis tout le manége d'un Manceau pour faire la fortune qu'il a faite ; car elle ne s'en tenoit pas à la critique de son ajustement, elle se moquoit aussi de ses phrases et n'avoit pas tort.

Ces choses peuvent passer pour des bagatelles, et elles le sont en effet entre des particuliers ; mais il n'en est pas de même quand il est question du maître. Ces bagatelles et ces traits satiriques reviennent dans des occasions importantes et décisives pour la conduite. En un mot, on ne paroissoit guère impunément sous les yeux de madame de Montespan ; et souvent un courtisan, satisfait de s'être montré, n'en a retiré qu'un mauvais office, dont il a été perdu sans en démêler la cause.

Mais, malgré ces défauts, madame de Montespan avoit des qualités peu communes, de la grandeur d'âme et de l'élévation dans l'esprit. Elle le fit voir dans les sujets qu'elle proposa au Roi pour l'éducation de Monseigneur : elle ne songea pas seulement au temps présent, mais à l'idée que la postérité auroit de cette éducation par le choix de ceux qui devoient y contribuer. Car, en effet, si on considère le mérite et la vertu de M. de Montausier, l'esprit et le savoir de M. de Meaux, quelle haute idée n'aura-t-on pas et du Roi qui a fait élever si dignement son fils, et du Dauphin, qu'on croira savant et habile parce qu'il le devoit être ?

On ignorera les détails qui nous ont fait connoître l'humeur de M. de Montausier et qui nous l'ont fait voir plus propre à rebuter un enfant tel que Monseigneur, né doux, paresseux et opiniâtre, qu'à lui inspirer les sentimens qu'il devoit avoir.

La manière rude avec laquelle on le forçoit d'étudier lui donna un si grand dégoût pour les livres, qu'il prit la résolution de n'en jamais ouvrir quand il seroit son maître. Il a tenu parole ; mais comme il étoit bien né et qu'il avoit un bon modèle devant les yeux dans la personne du Roi son père, qu'il admiroit et qu'il aimoit, son règne auroit été heureux et

crochets dans les manuscrits de mademoiselle d'Aumale.
(*Note de M. Monmerqué.*)

tranquille : je dis tranquille, parce que la paix étant faite et sachant bien que le Roi n'avoit pas envie de recommencer la guerre, il n'y auroit de lui-même pensé de long-temps et jamais qu'avec justice. Il auroit suivi le même plan de gouvernement ; nous n'aurions vu de changement que dans le lieu de son séjour, qu'il auroit, je crois, partagé entre Paris et Meudon.

Madame de Montespan, dans les mêmes vues de la gloire du Roi, fit choix de M. Racine et de M. Despréaux pour en écrire l'histoire. Si c'est une flatterie, on conviendra qu'elle n'est pas d'une femme commune, ni d'une maîtresse ordinaire.

Cependant madame de Montespan s'aperçut que le Roi lui échappoit, lorsque le mal étoit sans remède. Elle chercha à s'appuyer de M. de La Rochefoucauld, regardé comme une espèce de favori. Elle mit M. de Louvois dans ses intérêts, et voulut enfin regagner par l'intrigue ce qu'elle avoit perdu par son humeur et par l'opinion où elle avoit toujours été que celui dont l'esprit est supérieur doit gouverner celui qui en a moins. Mais à quoi sert cette prétendue supériorité quand les passions nous aveuglent et nous font prendre les plus mauvais partis ?

Le Roi ne savoit peut-être pas si bien discourir qu'elle, quoiqu'il parlât parfaitement bien. Il pensoit juste, s'exprimoit noblement ; et ses réponses les moins préparées renfermoient en peu de mots tout ce qu'il y avoit de mieux à dire selon les temps, les choses et les personnes. Il avoit, bien plus que sa maîtresse, l'esprit qui donne de l'avantage sur les autres. Jamais pressé de parler, il examinoit, il pénétroit les caractères et les pensées ; mais comme il étoit sage, et qu'il savoit combien les paroles des rois sont pesées, il renfermoit souvent en lui-même ce que sa pénétration lui avoit fait découvrir. S'il étoit question de parler de choses importantes, on voyoit les plus habiles et les plus éclairés étonnés de ses connoissances, persuadés qu'il en savoit plus qu'eux et charmés de la manière dont il s'exprimoit. S'il falloit badiner, s'il faisoit des plaisanteries, s'il daignoit faire un conte, c'étoit avec des grâces infinies, un tour noble et fin que je n'ai vu qu'à lui.

La principale vue de madame de Montespan, de M. de La Rochefoucauld et de M. de Louvois fut de perdre madame de Maintenon et d'en dégoûter le Roi. Mais ils s'y prirent trop tard ; l'estime et l'amitié qu'il avoit pour elle avoient déjà pris de trop fortes racines. Sa conduite étoit d'ailleurs trop bonne et ses sentimens trop purs pour donner le moindre prétexte à l'envie et à la calomnie.

J'ignore les détails de cette cabale, dont madame de Maintenon ne m'a parlé que très-légèrement, et seulement en personne qui sait oublier les injures, mais qui ne les ignore pas.

Si j'ai dit que M. de La Rochefoucauld étoit une espèce de favori, c'est que depuis la disgrâce de M. de Lauzun, causée par la manière insolente dont il parla au Roi après la rupture de son mariage avec Mademoiselle, ce prince avoit pris la résolution de n'en jamais avoir, c'est-à-dire de favori déclaré. Ainsi M. de La Rochefoucauld eut tous les avantages de la faveur par les bienfaits, et le Roi se garantit des inconvéniens attachés à cette qualité.

M. de Lauzun, peu content d'épouser Mademoiselle, voulut que le mariage se fît de couronne à couronne; et, par de longs et vains préparatifs, il donna le loisir à M. le prince d'agir et de faire révoquer la permission que le Roi lui avoit accordée. Pénétré de douleur, il ne garda plus de mesures et se fit conduire dans une longue et dure prison, par la manière dont il parla à son maître.

Sans cette folle vanité, le mariage se seroit fait; le Roi, avec le temps, auroit calmé M. le prince, et M. de Lauzun se seroit vu publiquement le mari de la petite-fille de Henri IV, refusée à tant de princes et de rois pour ne les pas rendre trop puissans : il se seroit vu cousin germain de son maître. Quelle fortune détruite en un moment par une gloire mal placée!

Peut-être aussi n'avoit-il plu à Mademoiselle que par ce même caractère audacieux, et pour avoir été le seul homme qui eût osé lui parler d'amour (1); mais comme cet événement est écrit partout, je ne m'y suis arrêtée que par sa singularité.

Mademoiselle, foible et sujette à des mouvemens violens qu'elle soutenoit mal, ne cacha pas sa douleur. Après la rupture de son mariage elle se mit au lit et reçut des visites comme une veuve désolée; et j'ai ouï dire à madame de Maintenon qu'elle s'écrioit dans son désespoir : « Il seroit-là! il seroit-là! » c'est-à-dire il seroit dans mon lit; car elle montroit la place vide.

On a prétendu mal à propos que M. de Lauzun avoit été bien avec madame de Montespan, avant qu'elle fût maîtresse du Roi : rien n'est plus faux, si j'en crois ce que madame de Maintenon m'en a souvent dit.

Par la suite des temps, Mademoiselle négocia avec madame de Montespan le retour de M. de Lauzun, et c'est à cette considération qu'elle fît une donation à M. le duc du Maine de la souveraineté de Dombes et du comté d'Eu : mais M. de Lauzun ne fit que saluer le Roi, et vécut ensuite à Paris jusqu'à la révolution d'Angleterre, dont je parlerai ailleurs.

Monseigneur fut marié en 1680; et madame de Maintenon, entrant en charge dans ce temps-là, n'eut plus rien à démêler avec madame de Montespan.

Elles ne se voyoient plus l'une chez l'autre; mais partout où elles se rencontroient elles se parloient, et avoient des conversations si vives et si cordiales en apparence, que qui les auroit vues sans être au fait des intrigues de la cour auroit cru qu'elles étoient les meilleures amies du monde.

Ces conversations rouloient sur les enfans du Roi, pour lesquels elles ont toujours agi de concert. L'habitude et le goût qu'elles avoient l'une et l'autre pour leur esprit faisoient aussi qu'elles avoient du plaisir à s'entretenir quand l'occasion s'en présentoit.

Je me souviens, à propos de ce goût indépendant de leurs procédés et de leurs mécontentemens, qu'elles se trouvèrent embarquées à faire un voyage de la cour dans le même carrosse et, je crois, tête à tête. Madame de Montespan prit la parole, et dit à madame de Maintenon : « Ne soyons pas la dupe de cette affaire-ci; causons comme si nous n'avions rien à démêler : bien entendu, ajouta-t-elle, que nous reprendrons nos démêlés au retour. » Madame de Maintenon accepta la proposition et elles se tinrent parole en tout.

Le Roi, avant de nommer madame de Maintenon seconde dame d'atours de madame la Dauphine, eut la politesse, pour madame la maréchale de Rochefort, de lui demander si cette compagne ne lui feroit point de peine, en l'assurant en même temps qu'elle ne se mêleroit pas de la garde-robe.

La conduite de madame de Maintenon ne démentit pas ces assurances : sa faveur occupoit tout son temps, et son caractère, encore plus que sa faveur, ne lui permettoit pas d'agir d'une autre manière.

Madame la duchesse de Richelieu fut faite dame d'honneur de madame la Dauphine : madame de Maintenon et même madame de Montespan, dans tous les temps, avoient inspiré au Roi une si grande considération pour elle, qu'il

---

(1) Par les Mémoires de Mademoiselle, il est manifeste que ce fut elle qui en parla la première. (A. N.)

ne voulut pas lui donner le dégoût d'avoir une surintendante au-dessus d'elle.

Il fit aussi M. de Richelieu chevalier d'honneur, pour lui faire plaisir. Voici, je crois, l'occasion de parler de l'hôtel de Richelieu, comme je l'ai promis.

Madame de Richelieu, sans bien, sans beauté, sans jeunesse et même sans beaucoup d'esprit, avoit épousé par son savoir faire, au grand étonnement de toute la cour et de la Reine mère, qui s'y opposa, l'héritier du cardinal de Richelieu, un homme revêtu des plus grandes dignités de l'Etat, parfaitement bien fait, et qui par son âge auroit pu être son fils; mais il étoit aisé de s'emparer de l'esprit de M. de Richelieu : avec de la douceur et des louanges sur sa figure, son esprit et son caractère, il n'y avoit rien qu'on ne pût obtenir de lui; il falloit seulement prendre garde à sa légèreté naturelle, car il s'engouoit et se dégoûtoit facilement. Madame de Maintenon m'a dit que ses amis s'apercevoient même de la place qu'ils avoient dans son cœur par celle que leurs portraits occupoient dans sa chambre. Au commencement d'une connoissance et d'une idée d'amitié, il faisoit aussitôt peindre ceux qu'il croyoit aimer, les mettoit au chevet de son lit, et peu à peu ils cédoient leurs places à d'autres, reculoient jusqu'à la porte, gagnoient l'antichambre et puis le grenier, et enfin il n'en étoit plus question.

Madame de Richelieu continua, après son mariage, à ménager les foiblesses et à supporter les caprices de monsieur son mari : elle le voyoit se ruiner à ses yeux par son jeu et sa dépense, sans jamais en faire paroître un instant de mauvaise humeur. L'un et l'autre avoient du goût pour les gens d'esprit, et ils rassembloient chez eux, comme le maréchal d'Albret, ce qu'il y avoit de meilleur à Paris en hommes et en femmes, et c'étoit à peu près les mêmes gens, excepté que l'abbé Têtu, intime ami de madame de Richelieu, dominoit à l'hôtel de Richelieu et s'en croyoit le Voiture. C'étoit un homme plein de son propre mérite, d'un savoir médiocre et d'un caractère à ne pas aimer la contradiction : aussi ne goûtoit-il pas le commerce des hommes; il aimoit mieux briller seul au milieu d'un cercle de dames, auxquelles il imposoit, ou qu'il flattoit plus ou moins, selon qu'elles lui plaisoient. Il faisoit des vers médiocres et son style étoit plein d'antithèses et de pointes.

Le commerce de l'abbé Têtu avec les femmes a nui à sa fortune, et le Roi n'a jamais pu se résoudre à le faire évêque. Je me souviens qu'un jour madame d'Heudicourt parla en sa faveur; et sur ce que le Roi lui dit qu'il n'étoit pas assez homme de bien pour conduire les autres, elle répondit : « Sire, il attend, pour le devenir, que Votre Majesté l'ait fait évêque. »

Madame de Coulanges, femme de celui qui a tant fait de chansons, augmentoit la bonne compagnie de l'hôtel de Richelieu. Elle avoit une figure et un esprit agréables, une conversation remplie de traits vifs et brillans; et ce style lui étoit si naturel, que l'abbé Gobelin dit, après une confession générale qu'elle lui avoit faite : « Chaque péché de cette dame est une épigramme. » Personne en effet, après madame de Cornuel, n'a plus dit de bons mots que madame de Coulanges.

M. de Barillon, amoureux de madame de Maintenon, mais maltraité comme amant et fort estimé comme ami, n'étoit pas ce qu'il y avoit de moins bon dans cette société. Je ne l'ai vu qu'au retour de son ambassade d'Angleterre, après laquelle il trouva madame de Maintenon au plus haut point de sa faveur; et comme il vit un jour le Roi et toute la cour empressés autour d'elle, il ne put s'empêcher de dire tout haut : « Avois-je grand tort? » Mais, piqué de ne la pouvoir aborder, il dit aussi un autre jour, sur le rire immodéré et le bruit que faisoient les dames qui étoient avec elle : « Comment une personne d'autant d'esprit et de goût peut-elle s'accommoder du rire et de la bavarderie d'une récréation du couvent, telle que me paroît la conversation de ces dames? » Ce discours, rapporté à madame de Maintenon, ne lui déplut pas : elle en sentit la vérité.

Le cardinal d'Estrées n'étoit pas moins amoureux dans ce temps dont je parle; et il a fait pour madame de Maintenon beaucoup de choses galantes qui, sans toucher son cœur, plaisoient à son esprit.

M. de Guilleragues, par la constance de son amour, son esprit et ses chansons, doit aussi trouver place dans le catalogue des adorateurs de madame de Maintenon : enfin je n'ai rien vu ni rien entendu dire de l'hôtel de Richelieu qui ne donnât également une haute opinion de sa vertu et de ses agrémens.

Mademoiselle de Pons, depuis madame d'Heudicourt, et mademoiselle d'Aumale, depuis madame la maréchale de Schomberg, avoient aussi leurs amans déclarés, sans que la réputation de cette dernière en ait reçu la moindre atteinte; et si l'on a parlé différemment de madame d'Heudicourt, c'est qu'on ne regardoit pas alors un amour déclaré, qui ne produisoit que des galanteries publiques, comme des affaires dont on se cache et dans lesquelles on apporte du mystère.

Madame de Schomberg étoit précieuse ; mademoiselle de Pons bizarre, naturelle, sans jugement, pleine d'imagination, toujours nouvelle et divertissante, telle enfin que madame de Maintenon m'a dit plus d'une fois : « Madame d'Heudicourt n'ouvre pas la bouche sans me faire rire ; cependant je ne me souviens pas, depuis que nous nous connoissons, de lui avoir entendu dire une chose que j'eusse voulu avoir dite (1). »

Il est temps de sortir de l'hôtel de Richelieu pour retourner à la cour et reprendre ce que j'avois commencé à dire de la maison de madame la Dauphine de Bavière, où madame de Maintenon eut beaucoup de part, tant au choix de madame la duchesse de Richelieu qu'à l'égard des autres charges. Cependant madame de Richelieu n'aima madame de Maintenon que dans la mauvaise fortune et dans le repos d'une vie oisive. La vue d'une faveur qu'elle croyoit mériter mieux qu'elle l'emporta sur le goût naturel, l'estime et la reconnoissance. La première place dans la confiance du Roi parut à ses yeux un vol qu'elle ne put pardonner à son ancienne amie ; mais, désespérant d'y parvenir, elle se tourna du côté de madame la Dauphine, et, par des craintes, des soupçons et mille fausses idées, elle contribua à l'éloignement que cette princesse eut pour le monde. Madame la Dauphine voyoit la nécessité d'être bien avec la favorite pour être bien avec le Roi son beau-père ; mais, la regardant en même temps comme une personne dangereuse dont il falloit se défier, elle se détermina à la retraite, où elle étoit naturellement portée, et ne découvrit qu'après la mort de madame de Richelieu, dans un éclaircissement qu'elle eut avec madame de Maintenon, la fausseté des choses qu'elle lui avoit dites. Etonnée de la voir aussi affligée, elle marqua sa surprise, et par l'enchaînement de la conversation elle mit au jour les mauvais procédés de cette infidèle amie.

Si cet éclaircissement fournit à madame de Maintenon un motif de consolation, elle ne put voir sans douleur combien elle avoit été abusée ; mais il produisit un changement favorable dans l'esprit de madame la Dauphine : elle songea dans ce moment à s'attacher plus étroitement madame de Maintenon ; elle lui proposa de remplir la place de madame de Richelieu et elle le demanda au Roi comme une chose qu'elle désiroit passionnément.

Le Roi avoit eu la même pensée, et ce fut son premier mouvement lorsqu'il apprit la mort de madame de Richelieu ; mais madame de Maintenon refusa constamment un honneur que sa modestie lui faisoit regarder comme au-dessus d'elle. C'est sans doute ce qu'elle veut dire dans une de ses lettres à M. d'Aubigné, que j'ai lue, et qui est encore à Saint-Cyr ; et comme je suis persuadée qu'on ne pourroit jamais la faire si bien parler qu'elle parle elle-même, je vais copier l'article de cette lettre, qui répond au sujet dont je parle :

« Je ne pourrois vous faire connétable quand je le voudrois ; et quand je le pourrois, je ne le voudrois pas. Je suis incapable de vouloir demander rien que de raisonnable à celui à qui je dois tout, et que je n'ai pas voulu qui fît pour moi-même une chose au-dessus de moi. Ce sont des sentimens dont vous pâtissez peut-être ; mais peut-être aussi que si je n'avois pas le fonds d'honneur qui les inspire, je ne serois pas où je suis. Quoi qu'il en soit, vous êtes heureux si vous êtes sage. »

Ce refus fit beaucoup de bruit à la cour : on y trouva plus de gloire que de modestie et j'avoue que mon enfance ne m'empêcha pas d'en porter le même jugement. Je me souviens que madame de Maintenon me fit venir, à son ordinaire, pour voir ce que je pensois ; elle me demanda si j'aimerois mieux être la nièce de la dame d'honneur, que la nièce d'une personne qui refuseroit de l'être. A quoi je répondis sans balancer que je trouvois celle qui refusoit infiniment au-dessus de l'autre ; et madame de Maintenon, contente de ma réponse, m'embrassa.

Il fallut donc choisir une autre dame d'honneur ; mais comme madame de Navailles avoit dégoûté le Roi de celles qui avoient de la fermeté et qui pouvoient être trop clairvoyantes, celles qui lui succédèrent, à l'exception de madame de Richelieu, le dégoûtèrent à leur tour de la douceur et du manque d'esprit. Il étoit cependant difficile de trouver, dans la même personne, titres, vertu, esprit, représentation ; et le nombre des duchesses, quelque grand qu'il soit, étant pourtant limité, le Roi fut embarrassé dans ce choix : madame de Maintenon essaya inutilement de le déterminer en faveur de madame la duchesse de Créqui, dame d'honneur de la feue Reine ; elle n'en tira que cette réponse : « Ah ! Madame, changeons au moins de sotte. » L'occasion lui parut alors trop favorable pour la duchesse d'Arpajon, son ancienne

---

(1) Madame de Caylus le répète plus loin : c'est une preuve de la négligence et de la simplicité dont elle écrivoit ses Mémoires, qui ne sont en effet que des souvenirs sans ordre. (A. N.)

amie, et sœur du marquis de Beuvron, auquel elle étoit bien aise de faire plaisir, pour ne la pas proposer. Le Roi l'accepta et madame d'Arpajon a parfaitement rempli l'idée qu'on avoit d'elle.

Madame de Maintenon plaça encore dans la maison de madame la Dauphine madame de Montchevreuil, femme de mérite, si l'on borne l'idée du mérite à n'avoir point de galanteries. C'étoit d'ailleurs une femme froide et sèche dans le commerce, d'une figure triste, d'un esprit au-dessous du médiocre et d'un zèle capable de dégoûter les plus dévots de la piété ; mais attachée à madame de Maintenon, à qui il convenoit de produire à la cour une ancienne amie, d'une réputation sans reproche, avec laquelle elle avoit vécu dans tous les temps, sûre et secrète jusqu'au mystère. J'ignore l'occasion et les commencemens de leur connoissance ; je sais seulement que madame de Maintenon a passé souvent dans sa jeunesse plusieurs mois de suite à Montchevreuil.

Je ne prétends pas dissimuler ce qui s'est dit sur M. de Villarceaux, parent et de même maison que madame de Montchevreuil. Si c'est par lui que cette liaison s'est formée, elle ne décide rien contre madame de Maintenon, puisqu'elle n'a jamais caché qu'il eût été de ses amis. Elle parla pour son fils et obtint le cordon bleu pour lui ? on voit même encore à Saint-Cyr une lettre écrite à madame de Villarceaux, où elle fait le détail de l'entrée du Roi à Paris après son mariage, dans laquelle elle parle de ce même M. de Villarceaux, et voici ce qu'elle en dit : « Je cherchai M. de Villarceaux ; mais il avoit un cheval si fougueux, qu'il étoit à vingt pas de moi avant que je le reconnusse : il me parut fort bien ; il étoit des moins magnifiques, mais des plus galamment vêtus. De plus il avoit un beau cheval qu'il manioit bien. Sa tête brune paroissoit fort aussi ; et l'on se récria sur lui quand il passa (1). »

Cependant, quelque persuadée que je sois de la vertu de madame de Maintenon, je ne ferois pas comme M. de Lassay qui, pour trop affirmer un jour que ce qu'on avoit dit sur ce sujet étoit faux, s'attira une question singulière de la part de madame sa femme, fille naturelle de M. le prince. Ennuyée de la longueur de la dispute et admirant comment monsieur son mari pouvoit être autant convaincu qu'il le paroissoit, elle lui dit d'un sang froid admirable :

« Comment faites-vous, Monsieur, pour être si sûr de ces choses-là ? » Pour moi, il me suffit d'être persuadée de la fausseté des bruits désavantageux qui ont couru et d'en avoir assez dit pour montrer que je ne les ignore pas.

Je reviens à madame de Montchevreuil pour laquelle toute la faveur et l'amitié de madame de Maintenon ne purent obtenir que la place de gouvernante des filles : c'étoit peu pour elle, mais on y attacha de grandes distinctions ; elle fut regardée comme une quatrième dame qui suivoit et servoit madame la Dauphine, au défaut des dames d'honneur et de la dame d'atours ; et la chambre, composée des plus grands noms du royaume, fut établie sur un pied différent de celle des filles de la Reine.

Le Roi, jeune et galant alors, avoit contribué aux choses peu exemplaires qui s'y étoient passées. On sait les démêlés qu'il eut avec madame de Navailles pour une fenêtre qu'elle fit boucher, et qu'elle suspendit par là certaines visites nocturnes que son austère vertu ne crut pas devoir tolérer. Elle dit en face au Roi qu'elle feroit sa charge et qu'elle ne souffriroit pas que la chambre des filles fût déshonorée ; sur quoi le Roi déclara qu'elle seroit à l'avenir dans la dépendance de madame la comtesse de Soissons, sur-intendante. Madame de Navailles soutint toujours ses droits avec la même fermeté et s'attira enfin une disgrâce honorable que monsieur son mari voulut partager avec elle.

Ainsi le Roi, instruit par sa propre expérience et corrigé par les années, n'oublia rien de ce qui pouvoit mettre les filles d'honneur de madame la Dauphine sur un bon pied. Voici les noms et à peu près le caractère des six premières.

Mademoiselle de Laval avoit un grand air, une belle taille, un visage agréable et dansoit parfaitement bien. On prétend qu'elle plut au Roi ; je ne sais ce qui en est. Il la maria avec M. de Roquelaure, et le fit du à brevet, comme l'avoit été monsieur son père.

Les premières vues de M. de Roquelaure n'avoient pas été pour mademoiselle de Laval. La faveur de madame de Maintenon, qu'on voyoit augmenter chaque jour, le fit penser à moi ; mais il me demanda inutilement : madame de Maintenon répondit que j'étois un enfant qu'elle ne songeroit pas si tôt à établir, et qu'il feroit bien d'épouser mademoiselle de Laval. M. de Roquelaure, surpris de ce discours, ne put

---

(1) Nous avons rétabli le texte de cette lettre d'après les manuscrits de mademoiselle d'Aumale, qui en contiennent plusieurs copies. M. de Renouard, dernier éditeur, a cru devoir lire *sa veste brune*, au lieu de *sa tête brune* ; ce qui altéroit gravement le sens.

(*Note de M. Monmerqué.*)

s'empêcher de dire : « Pourrois-je l'épouser avec les bruits qui courent ? qui m'assurera qu'ils sont sans fondement ? — Moi, reprit madame de Maintenon ; je vois les choses de près et je n'ai point d'intérêt à vous tromper. » Il la crut, le mariage se fit ; et le public, moins crédule, tint plusieurs discours et en fit tenir à M. de Roquelaure de peu convenables. On fit aussi des chansons, comme on ne manque jamais d'en faire à Paris sur tous les événemens.

Mademoiselle de Biron n'étoit pas jeune : on disoit qu'elle avoit été belle, mais il n'y paroissoit plus. Ne pouvant donc faire usage d'une beauté passée, elle se tourna du côté de l'intrigue, à quoi son esprit étoit naturellement porté. Elle tira le secret de ses compagnes, se rendit nécessaire à Monseigneur et obtint par là de la cour de quoi se marier.

Mademoiselle de Goutaut, sa sœur, avoit de la beauté, peu d'esprit, mais une si grande douceur, et tant d'égalité d'humeur, qu'elle s'est toujours fait aimer et honorer de tous ceux qui l'ont connue. Le Roi la maria au marquis d'Urfé, qu'il fit menin de Monseigneur.

Mademoiselle de Tonnerre n'étoit pas belle, mais bien faite, folle et malheureuse. M. de Rhodes, grand-maître des cérémonies, encore plus fou qu'elle dans ce temps-là, en devint amoureux, et fit des extravagances si publiques pour elle, qu'il la fit chasser de la cour. Madame de Richelieu, par un faux air d'austérité qui devenoit à la mode depuis la dévotion du Roi, l'emmena à Paris d'une manière peu convenable, et qui ne fut approuvée de personne ; elle la mit dans un carrosse de suite avec des femmes de chambre.

Mademoiselle de Rambures avoit le style de la famille de Nogent, dont étoit madame sa mère ; vive, hardie, et avec l'esprit qu'il faut pour plaire aux hommes sans être belle. Elle attaqua le Roi et ne lui déplut pas, c'est-à-dire assez pour lui adresser plutôt la parole qu'à une autre. Elle en voulut ensuite à Monseigneur et elle réussit dans ce dernier projet : madame la Dauphine s'en désespéra ; mais elle ne devoit s'en prendre qu'à elle-même et à ses façons d'agir.

Mademoiselle de Jarnac, laide et malsaine, ne tiendra pas beaucoup de place dans mes Souvenirs. Elle vécut peu et tristement ; elle avoit, disoit-on, un bon teint pour éclairer sa laideur.

Mademoiselle de Lowenstein, depuis madame de Dangeau, entra fille d'honneur à la place de mademoiselle de Laval ; et comme j'aurai souvent occasion de parler d'elle, il est bon de donner ici une légère idée de sa personne et de son caractère. On sait qu'elle est de la maison palatine : un de ses ancêtres, pour n'avoir épousé qu'une simple demoiselle, perdit son rang (1), et sa postérité n'a plus été regardée comme des princes souverains ; mais messieurs de Lowenstein ont toujours porté le nom et les armes de la maison palatine et ont été depuis comtes de l'Empire et alliés aux plus grandes maisons de l'Allemagne.

M. le cardinal de Furstemberg, après une longue et dure prison qu'il s'attira par son attachement à la France, vint s'y établir, et amena à la cour mademoiselle de Lowenstein, sa nièce, celle même dont je parle, dont la beauté, jointe à une taille de nymphe, qu'un ruban couleur de feu qu'elle portoit comme les hommes portent le cordon bleu, parce qu'elle étoit chanoinesse, relevoit encore. Mais sa sagesse et sa vertu y causèrent une plus juste admiration.

Cependant cette haute naissance, cette figure charmante et une vertu si rare, n'ont trouvé que M. de Dangeau capable d'en connoître le prix. Il étoit veuf et n'avoit qu'une fille de son premier mariage ; d'ailleurs la charge de chevalier d'honneur de madame la Dauphine, qu'il avoit achetée de M. de Richelieu, menin de Monseigneur, et un bien considérable, lui donnoient tous les agrémens qu'on peut avoir à la cour. La signature de son contrat de mariage causa d'abord quelques désagrémens à madame sa femme. Madame la Dauphine, surprise qu'elle s'appelât comme elle, voulut faire rayer son véritable nom ; Madame entra dans ses sentimens : mais on leur fit voir si clairement qu'elle étoit en droit de le porter, que ces princesses n'eurent plus rien à dire ; et même Madame a toujours rendu depuis à madame Dangeau ce qui étoit dû à sa naissance et à son mérite, et elle a eu pour elle toute l'amitié dont elle étoit capable.

Madame la Dauphine étoit non-seulement laide, mais si choquante, que Sanguin, envoyé par le Roi en Bavière dans le temps qu'on traitoit son mariage, ne put s'empêcher de dire au Roi, au retour : « Sire, sauvez le premier coup d'œil. » Cependant Monseigneur l'aima, et peut-être n'auroit aimé qu'elle si la mauvaise humeur et l'ennui qu'elle lui causa ne l'avoient forcé à chercher des consolations et des amusemens ailleurs.

Le Roi, par une condescendance dont il se repentit, avoit laissé auprès de madame la Dau-

(1) Il ne perdit point son rang de prince ; mais ses enfans n'en purent jouir, faute d'un diplôme de l'Empereur. (A. N.)

phine une femme de chambre allemande élevée avec elle, et à peu près du même âge : cette fille, nommée Bessola, sans avoir rien de mauvais, fit beaucoup de mal à sa maîtresse et beaucoup de peine au Roi. Elle fut cause que madame la Dauphine, par la liberté qu'elle eut de l'entretenir et de parler allemand avec elle, se dégoûta de toute autre conversation et ne s'accoutuma jamais à ce pays-ci. Peut-être que les bonnes qualités de cette princesse y contribuèrent : ennemie de la médisance et de la moquerie, elle ne pouvoit supporter ni comprendre la raillerie et la malignité du style de la cour, d'autant moins qu'elle n'en entendoit pas les finesses. En effet, j'ai vu les étrangers, ceux même dont l'esprit paroissoit le plus tourné aux manières françoises, quelquefois déconcertés par notre ironie continuelle ; et madame la dauphine de Savoie, que nous avions eue enfant, n'a jamais pu s'y accoutumer : elle disoit assez souvent à madame de Maintenon, qu'elle appeloit sa tante par un badinage plein d'amitié : « Ma tante, on se moque de tout ici. »

Enfin les bonnes et les mauvaises qualités de madame la dauphine de Bavière, mais surtout son attachement pour Bessola, lui donnèrent un goût pour la retraite peu convenable aux premiers rangs. Le Roi fit de vains efforts pour l'en retirer : il lui proposa de marier cette fille à un homme de qualité, afin qu'elle pût être comme les autres dames, manger avec elle quand l'occasion se présenteroit et la suivre dans ses carrosses ; mais la Dauphine, par une délicatesse ridicule, répondit qu'elle ne pouvoit y consentir, parce que le cœur de Bessola seroit partagé.

Cependant le Roi, soutenu des conseils de madame de Maintenon, et porté par lui-même à n'être plus renfermé comme il l'avoit été avec ses maîtresses, ne se rebuta pas : il crut, à force de bons traitemens, par le tour galant et noble dont il accompagnoit ses bontés, ramener l'esprit de madame la Dauphine et l'obliger à tenir une cour. Je me souviens d'avoir ouï raconter, et de l'avoir encore vu, qu'il alloit quelquefois chez elle, suivi de ce qu'il y avoit de plus rare en bijoux et en étoffes, dont elle prenoit ce qu'elle vouloit ; le reste composoit plusieurs lots que les filles d'honneur et les dames qui se trouvoient présentes tiroient au sort, ou bien elles avoient l'honneur de les jouer avec elle et même avec le Roi. Pendant que le hoca fut à la mode, et avant que le Roi, par sa sagesse, eût défendu un jeu aussi dangereux, il le tenoit chez madame la Dauphine ; mais il payoit, quand il perdoit, autant de louis que les particuliers mettoient de petites pièces.

Des façons d'agir si aimables, et dont toute autre belle-fille auroit été enchantée, furent inutiles pour madame la Dauphine ; et elle y répondit si mal, que le Roi, rebuté, la laissa dans la solitude où elle vouloit être et toute la cour l'abandonna avec lui.

Elle passoit sa vie renfermée dans de petits cabinets derrière son appartement, sans vue et sans air ; ce qui, joint à son humeur naturellement mélancolique, lui donna des vapeurs. Ces vapeurs, prises pour des maladies effectives, lui firent faire des remèdes violens ; et enfin ces remèdes, beaucoup plus que ses maux, lui causèrent la mort, après qu'elle nous eut donné trois princes (1). Elle mourut, persuadée que sa dernière couche lui avoit donné la mort, et elle dit, en donnant sa bénédiction à M. le duc de Berri :

Ah ! mon fils, que tes jours coûtent cher à ta mère !
(*Androm.*, de RACINE.)

Il est aisé de comprendre qu'un jeune prince tel qu'étoit Monseigneur alors avoit dû s'ennuyer infiniment entre madame sa femme et la Bessola, d'autant plus qu'elles se parloient toujours allemand (langue qu'il n'entendoit pas), sans faire aucune attention à lui. Il résista cependant, par l'amitié qu'il avoit pour madame la Dauphine ; mais, poussé à bout, il chercha à s'amuser chez madame la princesse de Conti, fille du Roi et de madame de La Vallière. Il y trouva d'abord de la complaisance et du plaisir parmi la jeunesse qui l'environnoit : ainsi il laissa madame la Dauphine jouir paisiblement de la conversation de son Allemande. Elle s'en affligea quand elle vit le mal sans remède et s'en prit mal à propos à madame la princesse de Conti. Son aigreur pour elle et les plaintes qu'elle fit souvent à Monseigneur, ne produisirent que de mauvais effets. Si nos princes sont doux, ils sont opiniâtres ; et s'ils échappent une fois, leur fuite est sans retour. Madame de Maintenon l'avoit prévu et en avoit averti inutilement madame la Dauphine.

Monseigneur, ainsi rebuté, ne se contenta pas d'aller, comme je l'ai dit, chez madame la princesse de Conti ; il s'amusa aussi avec les filles

---

(1) La dauphine de Bavière ne manquoit ni de goût ni de sensibilité ; mais sa santé toujours mauvaise la rendoit incapable de société. On lui contestoit ses maux ; elle disoit : « Il faudra que je meure pour me justifier. » Et ses maux empiroient par le chagrin d'être laide dans une cour où la beauté étoit nécessaire. (A. N.)

d'honneur de madame la Dauphine, et devint amoureux de mademoiselle de Rambures : mais le Roi, instruit par sa propre expérience et voulant prévenir les désordres que l'amour et l'exemple de Monseigneur causeroient infailliblement dans la chambre des filles, prit la résolution de la marier. Plusieurs partis se présentèrent, dont elle ne voulut point. M. de Polignac fut le seul avec lequel elle crut ne pas perdre sa liberté ; c'étoit le seul aussi que le Roi ne vouloit pas, à cause de madame la vicomtesse de Polignac sa mère, qu'il avoit trouvée mêlée dans les affaires de madame la comtesse de Soissons et qu'il avoit exilée dans le même temps. Le refus du Roi ne rebuta pas mademoiselle de Rambures : elle l'assura qu'elle savoit mieux que lui ce qu'il lui falloit, et qu'en un mot M. de Polignac lui convenoit. Le Roi, piqué, répondit qu'elle étoit la maîtresse de se marier à qui elle voudroit ; mais qu'elle ne devoit pas compter, en épousant malgré lui M. de Polignac, de vivre à la cour. Elle tint bon, se maria et vint à Paris. Je laisse à juger si M. de Polignac a justifié le discernement de sa première femme.

Il est, je crois, à propos de parler présentement de madame la princesse de Conti, fille du Roi, de cette princesse belle comme madame de Fontanges, agréable comme sa mère, avec la taille et l'air du Roi son père, et auprès de laquelle les plus belles et les mieux faites n'étoient pas regardées. Il ne faut pas s'étonner que le bruit de sa beauté se soit répandu jusqu'à Maroc où son portrait fut porté (1). Cependant le plus grand éclat de madame la princesse de Conti n'a duré que jusqu'à sa petite vérole, qu'elle eut à dix-sept ou dix-huit ans ; elle lui prit à Fontainebleau et elle la donna à monsieur son mari, qui en mourut dans le temps qu'on le croyoit hors d'affaire et qu'il le croyoit si bien lui-même qu'il expira en badinant avec madame sa femme et ses amis.

On ne peut nier que la coquetterie de madame la princesse de Conti ne fût extrême. Son esprit est médiocre et son humeur capable de gâter d'excellentes qualités qui sont réellement en elle. Elle est bonne amie, généreuse et a rendu de grands services aux personnes pour lesquelles elle a eu de la bonté ; mais plusieurs se sont crues dispensées d'en conserver de la reconnoissance, par cette humeur qui les leur faisoit trop acheter. Il faut excepter de ce nombre les princesses de Lorraine, mademoiselle de Lillebonne et mademoiselle de Commercy : j'ai vu de trop près la fidélité de leur attachement et la persévérance inébranlable de leur reconnoissance.

Je ne sais si l'humeur de madame la princesse de Conti contribuoit à révolter les conquêtes que sa beauté lui faisoit faire, ou par quelle fatalité elle eut aussi peu d'amans fidèles que d'amis reconnoissans; mais il est certain qu'elle n'en conserva pas, et ce qui se passa entre elle et mademoiselle Chouin est aussi humiliant que singulier.

Mademoiselle Chouin étoit une fille à elle, d'une laideur à se faire remarquer, d'un esprit propre à briller dans une antichambre et capable seulement de faire le récit des choses qu'elle avoit vues. C'est par ces récits qu'elle plut à sa maîtresse et ce qui lui attira sa confiance. Cependant cette même mademoiselle Chouin enleva à la plus belle princesse du monde le cœur de M. de Clermont-Chate, en ce temps-là officier des gardes.

Il est vrai qu'ils pensoient à s'épouser ; et sans doute qu'ils avoient compté, par la suite des temps, non-seulement d'y faire consentir madame la princesse de Conti, mais d'obtenir par elle et par Monseigneur des grâces de la cour, dont ils auroient eu grand besoin. L'imprudence d'un courrier pendant une campagne déconcerta leurs projets et découvrit à madame la princesse de Conti, de la plus cruelle manière, qu'elle étoit trompée par son amant et par sa favorite. Le courrier de M. de Luxembourg remit à M. de Barbezieux toutes les lettres qu'il avoit : ce ministre se chargea de les faire rendre, mais il porta le paquet au Roi. On peut aisément juger de l'effet qu'il produisit et de la douleur de madame la princesse de Conti. Mademoiselle Chouin fut chassée, M. de Clermont exilé et on lui ôta son bâton d'exempt.

Nous retrouverons ailleurs mademoiselle Chouin et on la verra jouer par la suite un meilleur et plus grand rôle.

Madame la princesse de Conti donna l'exemple aux autres filles naturelles du Roi d'épouser des princes du sang. Madame de Montespan,

(1) Cela est très-vrai : l'ambassadeur de Maroc, en recevant le portrait du Roi, demanda celui de la princesse sa fille. Comme elle eut le malheur d'essuyer beaucoup d'infidélités de ses amans, Périgny fit ce couplet pour elle :

Pourquoi refusez-vous l'hommage glorieux
D'un roi qui vous attend, et qui vous croira belle ?
Puisque l'Hymen à Maroc vous appelle,
Partez : c'est peut-être en ces lieux
Qu'il vous garde un amant fidèle.
(A. N.)

persuadée que le mariage de la fille de madame de La Vallière seroit le modèle et le premier degré de l'élévation de ses propres enfans, contribua à celui-ci de tous ses soins. Le grand Condé, de son côté, ce héros incomparable, regarda cette alliance comme un avantage considérable pour sa maison. Il crut effacer par là l'impression que le souvenir du passé auroit laissé de désavantageux contre lui dans l'esprit du Roi. M. le prince son fils, encore plus attaché à la cour, n'oublia rien pour témoigner sa joie et il marqua dans cette occasion, comme dans toutes les autres de sa vie, le zèle et la bassesse d'un courtisan qui voudroit faire sa fortune. J'oserai même assurer, et par ce que j'ai vu, et par ce que j'ai appris de gens bien informés, que le Roi n'auroit jamais pensé à élever si haut ses bâtards, sans les empressemens que ces deux princes de Condé avoient témoignés pour s'unir à lui par ces sortes de mariages.

Messieurs les princes de Conti avoient été élevés avec monseigneur le Dauphin et dans les premières années de leur vie, par une mère d'une vertu exemplaire. Ils avoient tous deux de l'esprit et étoient fort instruits ; mais le gendre du Roi, gauche dans toutes ses actions, n'étoit goûté de personne par l'envie qu'il eut toujours de paroître ce qu'il n'étoit pas. Le second, avec toutes les connoissances et l'esprit qu'on peut avoir, n'en montroit qu'autant qu'il convenoit à ceux à qui il parloit : simple et naturel, profond et solide, frivole même quand il falloit le paroître, il plaisoit à tout le monde ; et comme il passoit pour être un peu vicieux, on disoit de lui ce qu'on a dit de César.

M. le prince de Conti l'aîné, pour faire l'homme dégagé et montrer qu'il n'avoit pas la foiblesse d'être jaloux, amenoit chez madame sa femme les jeunes gens de la cour les plus éveillés et les mieux faits. Cette conduite, comme on peut le croire, fournit une ample matière à des histoires dont je ne parlerai que quand l'occasion s'en présentera et lorsque je les croirai propres à éclaircir les faits que j'aurai à raconter.

Je vais présentement parler de la mort de la reine Marie-Thérèse d'Autriche. Elle mourut en peu de jours (1) d'une maladie qu'on ne crut pas d'abord considérable ; mais une saignée faite mal à propos fit rentrer l'humeur d'un clou dont à peine s'étoit-on aperçu. Cette princesse perdit la vie dans le temps que les années et la piété du Roi la lui rendoient heureuse. Il avoit pour elle des attentions auxquelles elle n'étoit pas accoutumée : il la voyoit plus souvent et cherchoit à l'amuser ; et comme elle attribuoit cet heureux changement à madame de Maintenon, elle l'aima et lui donna toutes les marques de considération qu'elle pouvoit imaginer : je me souviens même qu'elle me faisoit l'honneur de me caresser toutes les fois que j'avois celui de paroître devant elle. Mais cette pauvre princesse avoit tant de crainte du Roi et une si grande timidité naturelle, qu'elle n'osoit lui parler ni s'exposer au tête-à-tête avec lui.

J'ai ouï dire à madame de Maintenon qu'un jour le Roi ayant envoyé chercher la Reine, la Reine, pour ne pas paroître seule en sa présence, voulut qu'elle la suivit ; mais elle ne fit que la conduire jusqu'à la porte de la chambre, où elle prit la liberté de la pousser pour la faire entrer, et remarqua un si grand tremblement dans toute sa personne, que ses mains mêmes trembloient de timidité.

C'étoit un effet de la passion vive qu'elle avoit toujours eue pour le Roi son mari et que les maîtresses avoient rendue si long-temps malheureuse. Il falloit aussi que le confesseur de cette princesse n'eût point d'esprit et ne fût qu'un cagot, ignorant des véritables devoirs de chaque état. J'en juge par une lettre de madame de Maintenon à l'abbé Gobelin, où elle lui dit : « Je suis ravie que le monde loue ce que fait le Roi. Si la Reine avoit un directeur comme vous, il n'y a point de bien qu'on ne dût espérer de l'union de la famille royale ; mais on eut toutes les peines du monde, sur la *médianoche*, à persuader son confesseur qui la conduit par un chemin plus propre, selon moi, à une carmélite qu'à une reine (2). »

Enfin, soit par la faute du confesseur, soit par la timidité de la Reine, ou par la violence, comme je l'ai dit, d'une passion si long-temps malheureuse, il faut avouer qu'elle n'avoit rien en elle de ce qui pouvoit la faire aimer, et qu'au contraire le Roi avoit en lui toutes les qualités les plus propres à plaire, sans être capable d'aimer beaucoup. Presque toutes les femmes lui avoient plu, excepté la sienne, dont il exerça la vertu par ses galanteries ; car d'ailleurs le Roi n'a jamais manqué à la considération qu'il devoit à la Reine et a toujours eu pour elle des égards qui l'auroient rendue heureuse, si quelque chose avoit pu la dédommager de la perte d'un cœur qu'elle croyoit lui être dû.

---

(1) Le 30 juillet 1683. (A. N.)
(2) Lettre à l'abbé Gobelin, du 2 juin 1682. Le passage est rétabli d'après les manuscrits de mademoiselle d'Aumale. (*Note de M. Monmerqué.*)

Entre toutes les maîtresses du Roi, madame de Montespan est celle qui fit le plus de peine à la Reine tant par la durée de cette passion et le peu de ménagement qu'elle eut pour elle, que par les anciennes bontés de cette princesse. Madame de Montespan avoit été dame du palais par le crédit de Monsieur, et elle fut quelque temps à la cour sans que le Roi fît attention ni à sa beauté, ni aux agrémens de son esprit. Sa faveur se bornoit à la Reine qu'elle divertissoit à son coucher pendant qu'elle attendoit le Roi : car il est bon de remarquer que la Reine ne se couchoit jamais, à quelque heure que ce fût, qu'il ne fût rentré chez elle ; et malgré tant de galanteries, le Roi n'a jamais découché d'avec la Reine.

Elle aimoit alors madame de Montespan, parce qu'elle la regardoit comme une honnête femme, attachée à ses devoirs et à son mari. Ainsi sa surprise fut égale à sa douleur quand elle la trouva dans la suite si différente de l'idée qu'elle en avoit eue. Le chagrin de la Reine ne fut pas adouci par la conduite et les procédés de madame de Montespan, d'autant plus que ceux de M. de Montespan obligèrent le Roi, pour retenir sa maîtresse à la cour et pour lui donner des distinctions sans qu'elle les partageât avec lui, de la faire surintendante de la maison de la Reine.

Je sais peu le détail de ce qui se passa alors au sujet de M. de Montespan ; tout ce que j'en puis dire, c'est qu'on le regardoit comme un malhonnête homme et un fou. Il n'avoit tenu qu'à lui d'emmener sa femme ; et le Roi, quelque amoureux qu'il fût, auroit été incapable dans les commencemens d'employer son autorité contre celle d'un mari. Mais M. de Montespan, bien loin d'user de la sienne, ne songea d'abord qu'à profiter de l'occasion pour son intérêt et sa fortune ; et ce qu'il fit ensuite ne fut que par dépit de ce qu'on ne lui accordoit pas ce qu'il vouloit. Le Roi se piqua à son tour ; et, pour empêcher madame de Montespan d'être exposée à ses caprices, il la fit surintendante de la maison de la Reine, laissant faire en province à ce misérable Gascon toutes ses extravagances (1).

J'ai trouvé, dans les lettres de madame de Maintenon à l'abbé Gobelin, qu'il y avoit eu une séparation en forme au châtelet de Paris entre M. et madame de Montespan. Madame de Maintenon en parle par rapport à la sûreté d'une fondation que madame de Montespan vouloit faire aux Hospitalières. On voit encore par là qu'elle a dans tous les temps été occupée de bonnes œuvres.

La mort de la Reine ne donna à la cour qu'un spectacle touchant. Le Roi fut plus attendri qu'affligé ; mais comme l'attendrissement produit les mêmes effets, et que tout paroît considérable dans les grands, la cour fut en peine de sa douleur. Celle de madame de Maintenon, que je voyois de près, me parut sincère et fondée sur l'estime et la reconnoissance. Je ne dirai pas la même chose des larmes de madame de Montespan, que je me souviens d'avoir vue entrer chez madame de Maintenon sans que je puisse dire pourquoi ni comment. Tout ce que je sais, c'est qu'elle pleuroit beaucoup et qu'il paroissoit un trouble dans toutes ses actions fondé sur celui de son esprit, et peut-être sur la crainte de retomber entre les mains de monsieur son mari.

La Reine expirée, madame de Maintenon voulut revenir chez elle ; mais M. de La Rochefoucault la prit par le bras et la poussa chez le Roi, en lui disant : « Ce n'est pas le temps de quitter le Roi, il a besoin de vous. » Ce mouvement ne pouvoit être dans M. de La Rochefoucault qu'un effet de son zèle et de son attachement pour son maître, où l'intérêt de madame de Maintenon n'avoit assurément point de part. Elle ne fut qu'un moment avec le Roi et revint aussitôt dans son appartement, conduite par M. de Louvois qui l'exhortoit d'aller chez madame la Dauphine pour l'empêcher de suivre le Roi à Saint-Cloud, et lui persuader de garder le lit parce qu'elle étoit grosse et qu'elle avoit été saignée. « Le Roi n'a pas besoin, disoit M. de Louvois, de ces démonstrations d'amitié, et l'État a besoin d'un prince. »

Le Roi alla à Saint-Cloud où il demeura depuis le vendredi que la Reine mourut, jusqu'au lundi, qu'il en partit pour aller à Fontainebleau ; et le temps où madame la Dauphine étoit obligée de garder le lit pour sa grossesse se trouvant expiré, elle alla joindre le Roi et fit le voyage avec lui. Madame de Maintenon la suivit et parut aux yeux du Roi dans un si grand deuil, avec un air si affligé, que lui, dont la douleur étoit passée, ne put s'empêcher de lui en faire quelques plaisanteries ; à quoi je ne jurerois pas qu'elle ne répondît en elle-même comme le maréchal Gramont à madame Hérault (2).

---

(1) Il se fit faire un carrosse de deuil, dont les pommeaux étoient des cornes. (A. N.)

(2) Madame Hérault avoit soin de la ménagerie, et dans son espèce étoit bien à la cour. Elle perdit son mari, et le maréchal de Gramont, toujours courtisan, prit un air triste pour lui témoigner la part qu'il prenoit à sa

Pendant le voyage de Fontainebleau dont je parle, la faveur de madame de Maintenon parvint au plus haut degré. Elle changea le plan de sa vie ; et je crois qu'elle eut pour principale règle de faire le contraire de ce qu'elle avoit vu chez madame de Montespan.

Mesdames de Chevreuse et de Beauvilliers, avec lesquelles elle se lia d'une étroite amitié, avoient le mérite auprès d'elle de n'avoir jamais fait leur cour à madame de Montespan, malgré l'alliance que M. Colbert leur père avoit faite de sa troisième fille avec le duc de Mortemart son neveu. Ce mariage coûta au Roi quatorze cent mille livres : huit cent mille livres pour les dettes de la maison de Mortemart, et six cent mille pour la dot de mademoiselle Colbert. Cependant, ni cette alliance, ni le goût que ces dames avoient naturellement pour la cour, ne purent les déterminer à faire la leur à madame de Montespan : elles crurent que madame de Maintenon leur ouvrit une porte honnête pour se rapprocher du Roi, et elles en profitèrent avec une joie d'autant plus grande qu'elles s'en voyoient plus éloignées par la mort de la Reine, dont elles étoient dames du palais. Cette liaison devint intime en peu de temps et dura jusqu'à la disgrâce de M. de Cambray ; mais je réserve à parler ailleurs et de cette disgrâce, et de la faveur de M. de Cambray, auquel ces dames furent si attachées.

Si mesdames de Chevreuse et de Beauvilliers recherchèrent l'amitié de madame de Maintenon, elle ne fut pas fâchée de son côté de faire voir au Roi, par leur empressement, la différence que des personnes de mérite mettoient entre madame de Montespan et elle.

A ces dames se joignirent madame de Montchevreuil, madame la princesse d'Harcourt et madame la comtesse de Gramont. M. de Brancas, chevalier d'honneur de la Reine, fameux par ses distractions, et ami intime de madame de Maintenon, étoit le père de madame la princesse d'Harcourt, que madame de Maintenon avoit mariée, et à laquelle elle s'est toujours intéressée, par ces raisons nécessaires à dire pour la justifier d'une amitié qu'on lui a toujours reprochée ; à quoi il faut ajouter que madame de Maintenon n'a jamais su les histoires qu'on en a faites, et qu'elle n'a vu dans madame la princesse d'Harcourt que ses malheurs domestiques et sa piété apparente.

Madame la comtesse de Gramont avoit pour elle le goût et l'habitude du Roi ; car madame de Maintenon la trouvoit plus agréable qu'aimable. Il faut avouer aussi qu'elle étoit souvent Anglaise insupportable, quelquefois flatteuse, dénigrante, hautaine et rampante ; enfin, malgré les apparences, il n'y avoit de stable en elle que sa mine, que rien ne pouvoit abaisser, quoiqu'elle se piquât de fermeté dans ses sentiments et de constance dans ses amitiés. Il est vrai aussi qu'elle faisoit toujours paroître beaucoup d'esprit dans les différentes formes que son humeur et ses desseins lui faisoient prendre. Madame de Maintenon joignoit, à l'envie de plaire au Roi en attirant chez elle madame la comtesse de Gramont, le motif de la soutenir dans la piété, et d'aider autant qu'il lui étoit possible une conversion fondée sur celle de Du Charmel. C'étoit un gentilhomme lorrain, connu à la cour par le gros jeu qu'il jouoit : il étoit riche et heureux ; ainsi il faisoit beaucoup de dépense et étoit à la mode à la cour ; mais il la quitta brusquement et se retira à l'Institution, sur une vision qu'il crut avoir eue ; et la même grâce, par un contre-coup heureux, toucha aussi madame la comtesse de Gramont. Peut-être que l'inégalité qu'elle a fait paroître dans sa conduite et dont j'ai été témoin, étoit fondée sur le combat qui se passoit continuellement en elle entre sa raison et ses inclinations ; car il faut avouer qu'elle n'avoit rien qui tendît à la piété.

Je crois qu'il n'est pas hors de propos de parler ici de madame d'Heudicourt, quoiqu'elle ne fût pas encore revenue à la cour dans ce temps dont je parle ; elle y revint peu après. Comme elle est une des plus singulières personnes que j'y aie vues, et qu'une infinité de circonstances la rappelleront souvent à ma mémoire, il est bon de la faire connoître.

Madame d'Heudicourt étoit cette même mademoiselle de Pons, parente du maréchal d'Albret, et dont la chronique scandaleuse prétend qu'il auroit été amoureux, amie de madame de Maintenon et de madame de Montespan jusqu'à sa disgrâce. Il est certain que sa fortune ne répondoit pas à sa naissance, et qu'elle n'auroit pu venir en ce pays-ci sans le maréchal d'Albret, ni avec bienséance, sans madame sa femme, à laquelle il étoit aisé d'en faire accroire. Elle parut donc à la cour avec elle, et elle ne put y paroître sans que sa beauté et ses

douleur ; mais comme elle répondit à son compliment : « Hélas ! le pauvre homme a bien fait de mourir, » le maréchal répliqua : « Le prenez-vous par-là, madame Hérault ? Ma foi, je ne m'en soucie pas plus que vous. » Cette réponse a passé depuis en proverbe à la cour.
(*Note de madame de Caylus.*)

agrémens y fissent du bruit. Le Roi ne la vit pas avec indifférence, et balança même quelque temps entre madame de La Vallière et elle; mais les amies de madame la maréchale d'Albret, poussées peut-être par le maréchal, lui représentèrent qu'il ne falloit pas laisser plus long-temps cette jeune personne à la cour, où elle étoit sur le point de se perdre à ses yeux, et qu'elle en partageroit la honte, puisque c'étoit elle qui l'y avoit amenée. Sur ces remontrances, la maréchale la ramena brusquement à Paris, sur le prétexte d'une maladie supposée du maréchal d'Albret.

Madame d'Heudicourt n'étoit pas mauvaise à entendre sur cette circonstance de sa vie, surtout quand elle en parloit au Roi même, scène dont j'ai été souvent témoin. Elle ne lui cachoit pas combien sa douleur fut grande quand elle trouva le maréchal d'Albret en bonne santé, et qu'elle reconnut le sujet pour lequel on avoit supposé cette maladie. Ce fut en vain qu'elle retourna, après le voyage de Fontainebleau, à la cour: la place étoit prise par madame de La Vallière.

Madame d'Heudicourt, vieille fille, sans bien, quoique avec une grande naissance, se trouva heureuse d'épouser le marquis d'Heudicourt, et madame de Maintenon, son amie (1), y contribua de tous ses soins. Amie aussi de madame de Montespan, elle vécut avec elle à la cour jusqu'à sa disgrâce, dont je ne puis raconter les circonstances, parce que je ne les sais que confusément. Je sais seulement qu'elle rouloit sur des lettres de galanterie écrites à M. de Béthune, ambassadeur en Pologne, homme aimable et de bonne compagnie; car, quoique je ne l'aie jamais vu, je m'imagine le connoître parfaitement à force d'en avoir entendu parler à ses amis, lesquels se sont presque tous trouvés des miens.

Sans doute qu'il y avoit plus que de la galanterie dans les lettres de madame d'Heudicourt à M. de Béthune; et il n'y a pas d'apparence que le Roi et madame de Montespan eussent été si sévères sur leur découverte d'une intrigue où il n'y auroit eu que de l'amour. Selon toutes les apparences, madame d'Heudicourt rendoit compte de ce qui se passoit de plus particulier à la cour. Je sais encore que madame de Maintenon dit au Roi que, pour cesser de voir et pour abandonner son amie, il falloit qu'on lui fît voir ses torts d'une manière convaincante. On lui montra ces lettres dont je parle,

et elle cessa alors de la voir. Madame d'Heudicourt partit après pour s'en aller à Heudicourt, où elle a demeuré plusieurs années, et où le chagrin la rendit si malade, qu'elle fut plusieurs fois à l'extrémité. Une chose bien particulière qui lui arriva dans une de ses maladies, c'est qu'elle se démit le pied dans son lit; et comme on ne s'en aperçut pas, elle demeura boiteuse; et cette femme si droite et si délibérée, ne pouvoit plus marcher quand elle revint à la cour.

Je ne l'ai vue qu'à son retour, si changée qu'on ne pouvoit pas imaginer qu'elle eût été belle. Elle y fut quelque temps sans voir madame de Maintenon, mais elle m'envoyoit assez souvent chez elle, parce que j'avois l'honneur d'être sa parente; elle me témoignoit mille amitiés.

Insensiblement tout s'efface. Le Roi rendit à madame de Maintenon la parole qu'elle lui avoit donnée de ne jamais voir madame d'Heudicourt; et elle la vit à la fin avec autant d'intimité que si elles n'avoient jamais été séparées. Pour moi je trouvois madame de Maintenon heureuse d'être en commerce avec une personne d'aussi bonne compagnie, naturelle, d'une imagination si vive et si singulière, qu'elle trouvoit toujours moyen d'amuser et de plaire. Cependant, en divertissant madame de Maintenon, elle ne s'attiroit pas son estime, puisque je lui ai souvent entendu dire: « Je ris des choses que dit madame d'Heudicourt, il m'est impossible de résister à ses plaisanteries; mais je ne me souviens pas de lui avoir jamais rien entendu dire que je voulusse avoir dit. »

Je n'ai rien à ajouter à ce que j'ai déjà dit de madame de Montchevreuil, si ce n'est qu'elle fut la confidente des choses particulières qui se passèrent après la mort de la Reine, et qu'elle seule en eut le secret (2).

Pendant le voyage de Fontainebleau qui suivit la mort de la Reine, je vis tant d'agitation dans l'esprit de madame de Maintenon, que j'ai jugé depuis, en la rappelant à ma mémoire, qu'elle étoit causée par une incertitude violente de son état, de ses pensées, de ses craintes et de ses espérances; en un mot, son cœur n'étoit pas libre et son esprit fort agité. Pour cacher ses divers mouvemens, et pour justifier les larmes que son domestique et moi lui voyions quelquefois répandre, elle se plaignoit de vapeurs, et elle alloit, disoit-elle, chercher à respirer dans la forêt de Fontainebleau avec la seule madame

---

(1) Alors madame Scarron. (A. N.)

(2) Ce secret est le mariage de Louis XIV avec madame de Maintenon. (A. N.)

de Montchevreuil ; elle y alloit même quelquefois à des heures indues. Enfin les vapeurs passèrent, le calme succéda à l'agitation, et ce fut à la fin de ce même voyage.

Je me garderai bien de pénétrer un mystère respectable pour moi par tant de raisons ; je nommerai seulement ceux qui vraisemblablement ont été dans le secret. Ce sont M. Harlay, en ce temps-là archevêque de Paris, M. et madame de Montchevreuil, Bontemps et une femme de madame de Maintenon, fille aussi capable que qui que ce soit de garder un secret et dont les sentimens étoient fort au-dessus de son état.

J'ai vu, depuis la mort de madame de Maintenon, des lettres d'elle gardées à Saint-Cyr, qu'elle écrivoit à ce même abbé Gobelin que j'ai déjà cité. Dans les premières on voit une femme dégoûtée de la cour, et qui ne cherche qu'une occasion honnête de la quitter ; dans les autres, qui sont écrites après la mort de la Reine, cette même femme ne délibère plus, le devoir est pour elle marqué et indispensable d'y demeurer ; et, dans ces temps différens, la piété est toujours la même (1).

C'est dans ce temps que madame de Maintenon s'amusa à former insensiblement et par degrés la maison royale de Saint-Louis : mais il est bon, je crois, d'en raconter l'histoire en détail.

Madame de Maintenon avoit un goût et un talent particulier pour l'éducation de la jeunesse. L'élévation de ses sentimens et la pauvreté où elle s'étoit vue réduite, lui inspiroient surtout une grande pitié pour la pauvre noblesse ; en sorte qu'entre tous les biens qu'elle a pu faire dans sa faveur, elle a préféré les gentilshommes aux autres ; et je l'ai vue toujours choquée de ce qu'excepté certains grands noms, on confondoit trop à la cour la noblesse avec la bourgeoisie.

Elle connut à Montchevreuil une ursuline dont le couvent avoit été ruiné, et qui peut-être n'en avoit pas été fâchée, car je crois que cette fille n'avoit pas une grande vocation. Quoi qu'il en soit, elle fit tant de pitié à madame de Maintenon, qu'elle s'en souvint dans sa fortune et loua pour elle une maison. On lui donna des pensionnaires, dont le nombre augmenta à proportion de ses revenus. Trois autres religieuses se joignirent à madame de Brinon (car c'est le nom de cette fille dont je parle), et cette communauté s'établit d'abord à Montmorency, ensuite à Ruel ; mais le Roi ayant quitté Saint-Germain pour Versailles, et agrandi son parc, plusieurs maisons s'y trouvèrent renfermées, entre lesquelles étoit Noisy-le-Sec. Madame de Maintenon le demanda au Roi pour y mettre madame de Brinon avec sa communauté. C'est là qu'elle eut la pensée de l'établissement de Saint-Cyr : elle la communiqua au Roi ; et, bien loin de trouver en lui de la contradiction, il s'y porta avec une ardeur digne de la grandeur de son âme. Cet édifice, superbe par l'étendue des bâtimens, fut élevé en moins d'une année et en état de recevoir deux cent cinquante demoiselles, trente-six dames pour les gouverner et tout ce qu'il faut pour servir une communauté aussi nombreuse. Si je dis des dames et non religieuses en parlant de celles qui devoient être à la tête de cette maison, c'est que la première idée avoit été d'en faire des espèces de chanoinesses qui n'auroient pas fait de vœux solennels ; mais comme on y trouva des inconvéniens, il fut résolu, quelque temps après la translation de Noisy à Saint-Cyr, d'en faire de véritables religieuses : on leur donna des constitutions et l'on fit un mélange de l'ordre des ursulines avec celui des filles de Sainte-Marie.

On sait que, pour entrer à Saint-Cyr, il faut faire également preuve de noblesse et de pauvreté ; et s'il s'y glisse quelquefois des abus dans un de ces deux points, ce n'est ni la faute des fondateurs, ni celle des dames religieuses de cette maison. Le généalogiste du Roi fait les preuves de la noblesse, l'évêque et l'intendant de la province certifient la pauvreté : si donc ils se laissent tromper, ou qu'ils le veuillent bien être, c'est que tout est corruptible et que la prévoyance humaine ne peut empêcher les abus qui se glisseront toujours dans les établissemens les plus solides et les plus parfaits.

Les louanges qu'on donneroit à celui-ci seroient foibles et inutiles : il parlera, autant qu'il durera, infiniment mieux à l'avantage de ses fondateurs qu'on ne pourroit faire par tous les éloges, et il fera toujours désirer que les rois successeurs de Louis XIV soient non-seulement dans la volonté de maintenir un établissement si nécessaire à la noblesse, mais de le multiplier, s'il est possible, quand une longue et heureuse paix le leur permettra.

Quel avantage n'est-ce point pour une famille aussi pauvre que noble, et pour un vieux militaire criblé de coups, après s'être ruiné dans le service, de voir revenir chez lui une fille bien élevée, sans qu'il lui en ait rien coûté pendant

---

(1) Et l'abbé Gobelin l'encourage par ses lettres et ne lui parle plus qu'avec un profond respect ; et l'abbé de Fénelon, précepteur des Enfans de France, ne la nomme plus qu'Esther. (A. N.)

treize années qu'elle a pu demeurer à Saint-Cyr, apportant même encore un millier d'écus qui contribuent à la marier ou à la faire vivre en province? Mais ce n'est là que le moindre objet de cet établissement : celui de l'éducation que cette demoiselle a reçue et qu'elle répand ensuite dans une famille nombreuse, est vraiment digne des vues, des sentimens et de l'esprit de madame de Maintenon.

Madame de Brinon présida, dans les commencemens de cet établissement, à tous les réglemens qui furent faits, et l'on croyoit qu'elle étoit nécessaire pour les maintenir : mais comme elle en étoit encore plus persuadée que les autres, elle se laissa si fort emporter par son caractère naturellement impérieux, que madame de Maintenon se repentit de s'être donné à elle-même une supérieure aussi hautaine. Elle renvoya donc cette fille dans le temps qu'on la croyoit au comble de la faveur; car les gens de la cour, qui la regardoient comme une seconde favorite, la ménagoient, lui écrivoient et la venoient quelquefois voir; chose qui ne plut pas encore à madame de Maintenon. Enfin, pendant un voyage de Fontainebleau, elle eut ordre de sortir de Saint-Cyr et d'aller dans tel lieu qui lui conviendroit, avec une pension honnête.

De tous les gens qui la connoissoient, qui lui faisoient la cour auparavant, et à qui elle avoit fait plaisir, il ne se trouva que madame la duchesse de Brunswick qui la voulût bien recevoir. Elle la garda chez elle jusqu'à ce qu'elle eût écrit à madame sa tante, princesse palatine, en ce temps-là abbesse de Montbuisson, qui voulut bien la recevoir. Madame la duchesse de Brunswick lui fit l'honneur de l'y mener elle-même; et elle fut non-seulement bien reçue, mais bien traitée jusqu'au dernier moment de sa vie.

Madame de Maintenon, qui a toujours estimé et respecté madame la duchesse de Brunswick, respectable par tant d'autres endroits, lui sut le meilleur gré du monde de son procédé en cette occasion.

Madame de Brinon aimoit les vers et la comédie; et, au défaut de pièces de Corneille et de Racine qu'elle n'osoit faire jouer, elle en composoit de détestables, à la vérité; mais c'est cependant à elle et à son goût pour le théâtre, qu'on doit les deux belles pièces que Racine a faites pour Saint-Cyr. Madame de Brinon avoit de l'esprit et une facilité incroyable d'écrire et de parler; car elle faisoit aussi des espèces de sermons fort éloquens, et, tous les dimanches après la messe, elle expliquoit l'évangile comme auroit pu faire M. Le Tourneur.

Mais je reviens à l'origine de la tragédie dans Saint-Cyr. Madame de Maintenon voulut voir une des pièces de madame de Brinon : elle la trouva telle qu'elle étoit, c'est-à-dire si mauvaise, qu'elle la pria de n'en plus faire jouer de semblables, et de prendre plutôt quelques belles pièces de Corneille ou de Racine, choisissant seulement celles où il y auroit le moins d'amour. Ces petites filles représentèrent *Cinna* assez passablement pour des enfans qui n'avoient été formées au théâtre que par une vieille religieuse. Elles jouèrent ensuite *Andromaque;* et, soit que les actrices en fussent mieux choisies ou qu'elles commençassent à prendre des airs de la cour, dont elles ne laissoient pas de voir de temps en temps ce qu'il y avoit de meilleur, cette pièce ne fut que trop bien représentée au gré de madame de Maintenon, et elle lui fit appréhender que cet amusement ne leur insinuât des sentimens opposés à ceux qu'elle vouloit leur inspirer (1). Cependant, comme elle étoit persuadée que ces sortes d'amusemens sont bons à la jeunesse, qu'ils donnent de la grâce, apprennent à mieux prononcer et cultivent la mémoire (car elle n'oublioit rien de tout ce qui peut contribuer à l'éducation de ces demoiselles, dont elle se croyoit avec raison particulièrement chargée), elle écrivit à M. Racine, après la représentation d'*Andromaque* : « Nos petites filles viennent de jouer *Andromaque*, et l'ont si bien jouée qu'elles ne la joueront plus, ni aucune de vos pièces. » Elle le pria, dans cette même lettre, de lui faire dans ses momens de loisir quelque espèce de poème moral ou historique dont l'amour fût entièrement banni, et dans lequel il ne crût pas que sa réputation fût intéressée, puisqu'il demeuroit enseveli dans Saint-Cyr; ajoutant qu'il ne lui importoit que cet ouvrage fût contre les règles, pourvu qu'il contribuât aux vues qu'elle avoit de divertir les demoiselles de Saint-Cyr en les instruisant.

Cette lettre jeta Racine dans une grande agitation. Il vouloit plaire à madame de Maintenon : le refus étoit impossible à un courtisan, et la commission délicate pour un homme qui

---

(1) Il n'est pas étonnant que de jeunes filles de qualité, élevées si près de la cour, aient mieux joué *Andromaque*, où il y a quatre personnages amoureux, que *Cinna*, dans lequel l'amour n'est pas traité fort naturellement, et n'étale guère que des sentimens exagérés et des expressions un peu ampoulées : d'ailleurs une conspiration de Romains n'est pas trop faite pour des filles françoises. (A. N.)

comme lui avoit une grande réputation à soutenir, et qui, s'il avoit renoncé à travailler pour les comédiens, ne vouloit pas du moins détruire l'opinion que ses ouvrages avoient donnée de lui. Despréaux, qu'il alla consulter, décida brusquement pour la négative : ce n'étoit pas le compte de Racine. Enfin, après un peu de réflexion, il trouva dans le sujet d'*Esther* tout ce qu'il falloit pour plaire à la cour. Despréaux lui-même en fut enchanté et l'exhorta à travailler avec autant de zèle qu'il en avoit eu pour l'en détourner. Racine ne fut pas long-temps sans porter à madame de Maintenon non-seulement le plan de sa pièce (car il avoit accoutumé de les faire en prose, scène par scène, avant d'en faire les vers), mais même le premier acte tout fait. Madame de Maintenon en fut charmée, et sa modestie ne put l'empêcher de trouver dans le caractère d'Esther et dans quelques circonstanses de ce sujet, des choses flatteuses pour elle. La Vasthi avoit ses applications (1) ; Aman avoit de grands traits de ressemblance (2). Indépendamment de ces idées, l'histoire d'Esther convenoit parfaitement à Saint-Cyr. Les chœurs, que Racine, à l'imitation des Grecs, avoit toujours eu en vue de remettre sur la scène, se trouvoient placés naturellement dans *Esther*, et il étoit ravi d'avoir eu cette occasion de les faire connoître et d'en donner le goût. Enfin je crois que, si l'on fait attention au lieu, au temps et aux circonstances, on trouvera que Racine n'a pas moins marqué d'esprit dans cette occasion que dans d'autres ouvrages plus beaux en eux-mêmes.

Esther fut représentée un an après la résolution que madame de Maintenon avoit prise de ne plus laisser jouer de pièces profanes à Saint-Cyr. Elle eut un si grand succès, que le souvenir n'en est pas encore effacé. Jusque là il n'avoit point été question de moi et on n'imaginoit pas que je dusse y représenter un rôle; mais, me trouvant présente aux récits que M. Racine venoit faire à madame de Maintenon de chaque scène à mesure qu'il les composoit, j'en retenois des vers ; et comme j'en récitai un jour à M. Racine, il en fut si content, qu'il demanda en grâce à madame de Maintenon de m'ordonner de faire un personnage ; ce qu'elle fit : mais je n'en voulus point de ceux qu'on avoit déjà destinés ; ce qui l'obligea de faire pour moi le prologue de *la Piété*. Cependant, ayant appris à force de les entendre tous les autres rôles, je les jouai successivement, à mesure qu'une des actrices se trouvoit incommodée : car on représenta *Esther* tout l'hiver ; et cette pièce, qui devoit être renfermée dans Saint-Cyr, fut vue plusieurs fois du Roi et de toute sa cour, toujours avec le même applaudissement (3).

Ce grand succès mit Racine en goût ; il vou-

---

(1) Madame de Maintenon, dans une de ses lettres, dit, en parlant de madame de Montespan : « Après la fameuse disgrâce de l'altière Vasthi, dont je remplis la place. » (A. N.)

(2) M. de Louvois avoit même dit à madame de Maintenon, dans le temps d'un démêlé qu'il eut avec le Roi, les mêmes paroles d'Aman lorsqu'il parle d'Assuérus : *Il sait qu'il me doit tout*. (A. N.)

(3) On cadençoit alors les vers dans la déclamation ; c'étoit une espèce de mélopée : et en effet les vers exigent qu'on les récite autrement que la prose. Comme, depuis Racine, il n'y eut presque plus d'harmonie dans les vers raboteux et barbares qu'on mit jusqu'à nos jours sur le théâtre, les comédiens s'habituèrent insensiblement à réciter les vers comme de la prose ; quelques-uns poussèrent ce mauvais goût jusqu'à parler du ton dont on lit la gazette ; et peu, jusqu'au sieur Le Kain, ont mêlé le pathétique et le sublime au naturel. Madame de Caylus est la dernière qui ait conservé la déclamation de Racine. Elle récitoit admirablement la première scène d'Esther : elle disoit que madame de Maintenon la lisoit aussi d'une manière fort touchante. Au reste, *Esther* n'est pas une tragédie ; c'est une histoire de l'ancien Testament mise en scène. Toute la cour en fit des applications : elles se trouvent détaillées dans une chanson du baron de Breteuil, qui fut faite en 1689 :

Racine, cet homme excellent,
Dans l'antiquité si savant,
Des Grecs imitant les ouvrages,

Nous peint sous des noms empruntés
Les plus illustres personnages
Qu'Apollon ait jamais chantés.

Sous le nom d'Aman le cruel,
Louvois est peint au naturel ;
Et de Vasthi la décadence
Nous retrace un tableau vivant
De ce qu'a vu la cour de France
A la chute de Montespan.

La persécution des Juifs
De nos huguenots fugitifs
Est une vive ressemblance ;
Et l'Esther qui règne aujourd'hui
Descend des rois dont la puissance
Fut leur asyle et leur appui.

Cette Esther, qui tient à nos rois,
Ainsi que la Juive autrefois,
Eprouva d'affreuses misères ;
Mais, plus dure que l'autre Esther,
Pour chasser le dieu de ses pères
Elle prend la flamme et le fer.

Pourquoi donc, comme Assuérus,
Mon roi, si rempli de vertus,
N'a-t-il pas calmé sa colère ?
Je vais vous le dire en deux mots :
Les Juifs n'eurent jamais affaire
Aux jésuites et aux dévots.

(A. N.)

lut composer une autre pièce; et le sujet d'*A-thalie*, c'est-à-dire la mort de cette reine et la reconnoissance de Joas, lui parut le plus beau de tous ceux qu'il pouvoit tirer de l'Ecriture sainte. Il y travailla sans perdre de temps; et l'hiver d'après cette nouvelle pièce se trouva en état d'être représentée. Mais madame de Maintenon reçut de tous côtés tant d'avis et tant de représentations des dévots, qui agissoient en cela de bonne foi, et de la part des poëtes jaloux de la gloire de Racine, qui, non contens de faire parler les gens de bien, écrivirent plusieurs lettres anonymes, qu'ils empêchèrent enfin *Athalie* d'être représentée sur le théâtre. On disoit à madame de Maintenon qu'il étoit honteux à elle d'exposer sur le théâtre des demoiselles rassemblées de toutes les parties du royaume pour recevoir une éducation chrétienne, et que c'étoit mal répondre à l'idée que l'établissement de Saint-Cyr avoit fait concevoir. J'avois part aussi à ces discours, et on trouvoit encore qu'il étoit fort indécent à elle de me faire voir sur un théâtre à toute la cour.

Le lieu, le sujet des pièces et la manière dont les spectateurs s'étoient introduits dans Saint-Cyr, devoient justifier madame de Maintenon, et elle auroit pu ne pas s'embarrasser de discours qui n'étoient fondés que sur l'envie et la malignité; mais elle pensa différemment et arrêta ces spectacles dans le temps que tout étoit prêt pour jouer *Athalie*. Elle fit seulement venir à Versailles, une fois ou deux, les actrices pour jouer dans sa chambre, devant le Roi, avec leurs habits ordinaires. Cette pièce est si belle, que l'action n'en parut pas refroidie : il me semble même qu'elle produisit alors (1) plus d'effet qu'elle n'en a produit sur le théâtre de Paris où je crois que M. Racine auroit été fâché de la voir aussi défigurée qu'elle m'a paru l'être par une Josabet fardée, par une Athalie outrée, et par un grand prêtre plus ressemblant aux capucinades du petit père Honoré qu'à la majesté d'un prophète divin (2). Il faut ajouter encore que les chœurs, qui manquoient aux représentations faites à Paris, ajoutoient une grande beauté à la pièce, et que les spectateurs, mêlés et confondus avec les acteurs, refroidissent in-

finiment l'action (3); mais, malgré ces défauts et ces inconvéniens, elle a été admirée et elle le sera toujours.

On fit après, à l'envi de M. Racine, plusieurs pièces pour Saint-Cyr; mais elles y sont ensevelies : il n'y a que la seule *Judith*, pièce que M. l'abbé Têtu fit faire par Boyer, et à laquelle il travailla lui-même, qui fut jouée sur le théâtre de Paris avec le succès marqué dans l'épigramme de M. Racine :

A sa Judith Boyer par aventure, etc.

Mais je laisse Saint-Cyr et le théâtre pour revenir à madame de Montespan qui demeura encore à la cour quelques années, dévorée d'ambition et de scrupules, et qui força enfin le Roi à lui faire dire, par M. l'évêque de Meaux, qu'elle feroit bien pour elle et pour lui de se retirer. Elle demeura quelque temps à Clagny où je la voyois assez souvent avec madame la duchesse; et comme elle venoit aussi la voir à Versailles pendant le siège de Mons, où les princesses ne suivirent pas le Roi, on disoit que madame de Montespan étoit comme ces âmes malheureuses qui reviennent dans les lieux qu'elles ont habités expier leurs fautes. Effectivement on ne reconnut à cette conduite ni son esprit ni la grandeur d'âme dont j'ai parlé ailleurs; et même, pendant les dernières années qu'elle demeura à la cour, elle n'y étoit que comme la gouvernante de mademoiselle de Blois. Il est vrai qu'elle se dépiquoit de ses dégoûts par des traits pleins de sel et des plaisanteries amères.

Je me souviens de l'avoir vue venir chez madame de Maintenon un jour de l'assemblée des pauvres; car madame de Maintenon avoit introduit chez elle ces assemblées au commencement de chaque mois, où les dames apportoient leurs aumônes, et madame de Montespan comme les autres. Elle arriva un jour avant que cette assemblée commençât; et comme elle remarqua dans l'antichambre le curé, les sœurs grises et tout l'appareil de la dévotion que madame de Maintenon professoit, elle lui dit en l'abordant : « Savez-vous, Madame, comme votre antichambre est merveilleusement parée pour votre oraison funèbre ? » Madame de Maintenon, sensi-

---

(1) Cela n'est pas vrai; elle fut très-dénigrée, les cabales la firent tomber : Racine étoit trop grand; on l'écrasa. (A. N.)

(2) La Josabet fardée étoit la Duclos qui chantoit trop son rôle; l'Athalie outrée étoit la Desmares qui n'avoit pas encore acquis la perfection du tragique; le Joad capucin étoit Beaubourg qui jouoit en démoniaque avec une voix aigre (A. N.)

(3) Cette barbarie insupportable, dont madame de Caylus se plaint avec tant de raison, ne subsiste plus,

grâce à la générosité singulière de M. le comte de Lauraguais, qui a donné une somme considérable pour réformer le théâtre : c'est à lui seul qu'on doit la décence et la beauté du costume qui règnent aujourd'hui sur la scène françoise. Rien ne doit affoiblir les témoignages de la reconnoissance qu'on lui doit : il faut espérer qu'il se trouvera des âmes assez nobles pour imiter son exemple. On peut faire un fonds moyennant lequel les spectateurs seront assis au parterre comme on l'est dans le reste de l'Europe. (A. N.)

ble à l'esprit et fort indifférente au sentiment qui faisoit parler madame de Montespan, se divertissoit de ses bons mots et étoit la première à raconter ceux qui tomboient sur elle.

Les enfans légitimés du Roi ne perdirent rien à l'absence de madame de Montespan : je suis même convaincue que madame de Maintenon les a mieux servis qu'elle n'auroit fait elle-même; et je paroîtrai d'autant plus croyable en ce point, que j'avouerai franchement qu'il me semble que madame de Maintenon a poussé trop loin son amitié pour eux, non qu'elle n'ait pensé, comme toute la France, que le Roi, dans les derniers temps, les a voulu trop élever; mais il n'étoit plus possible alors d'arrêter ses bienfaits, d'autant plus que la vieillesse et les malheurs domestiques du Roi l'avoient rendu plus foible et madame la duchesse du Maine plus entreprenante. J'expliquerai plus au long ce que je pense sur cette matière, quand je raconterai ce qui s'est passé dans les dernières années de la vie de Louis XIV.

M. de Clermont-Chate, en ce temps-là officier des gardes, ne déplut pas à madame la princesse de Conti, dont il parut amoureux; mais il la trompa pour cette même mademoiselle Chouin dont j'ai déjà parlé. Son infidélité et sa fausseté furent découvertes par un paquet de lettres que M. de Clermont avoit confié à un courrier de M. de Luxembourg pendant une campagne. Ce courrier portant à M. de Barbezieux les lettres du général, il lui demanda s'il n'avoit point d'autres lettres pour la cour; à quoi il répondit qu'il n'avoit qu'un paquet pour mademoiselle Chouin, qu'il avoit promis de lui remettre à elle-même. M. de Barbezieux prit le paquet, l'ouvrit et le porta au Roi : on vit dans ces lettres le sacrifice dont je viens de parler; et le Roi, en les rendant à madame la princesse de Conti, augmenta sa douleur et sa honte. Mademoiselle Chouin fut chassée de la cour et se retira à Paris, où elle entretint toujours les bontés que Monseigneur avoit pour elle. Il la voyoit secrètement, d'abord à Choisy, maison de campagne qu'il avoit achetée de Mademoiselle, et ensuite à Meudon. Ces entrevues ont été long-temps secrètes; mais à la fin, en y admettant tantôt une personne, tantôt une autre, elles devinrent publiques, quoique mademoiselle Chouin fût presque toujours enfermée dans une chambre quand elle étoit à Meudon. On se fit une grande affaire à la cour d'être admis dans le particulier de Monseigneur et de mademoiselle Chouin : madame la Dauphine même, belle-fille de Monseigneur, le regarda comme une faveur; et enfin le Roi lui-même et madame de Maintenon la virent quelque temps avant la mort de Monseigneur. Ils allèrent dîner à Meudon; et après le dîner, où elle n'étoit pas, ils allèrent seuls avec la Dauphine dans l'entresol de Monseigneur, où elle étoit.

La liberté de mes Souvenirs me fait revenir à M. le comte de Vermandois, fils du Roi et de madame de La Vallière, prince bien fait et de grande espérance. Il mourut de maladie à l'armée, à sa première campagne; et le Roi donna son bien, dont il héritoit, à madame la princesse de Conti sa sœur, et sa charge d'amiral à M. le comte de Toulouse, le dernier des enfans du Roi et de madame de Montespan.

Mademoiselle de Nantes, sa sœur, épousa M. le duc de Bourbon; comme elle n'avoit que douze ans accomplis; on ne les mit ensemble que quelques années après. Ce mariage se fit à Versailles dans le grand appartement du Roi, où il y eut une illumination et toute la magnificence dont on sait que le Roi étoit capable. Le grand Condé et son fils n'oublièrent rien pour témoigner leur joie, comme ils n'avoient rien oublié pour faire réussir ce mariage.

Madame la duchesse eut la petite vérole à Fontainebleau, dans le temps de sa plus grande beauté. Jamais on n'a rien vu de si aimable ni de si brillant qu'elle parut la veille que cette maladie lui prit : il est vrai que ceux qui l'ont vue depuis ont eu peine à croire qu'elle lui eût rien fait perdre de ses agrémens. Quoi qu'il en soit, elle courut risque de perdre encore plus que la beauté, et sa vie fut dans un grand péril. Le grand Condé, alarmé, partit de Chantilly avec la goutte, pour se renfermer avec elle et venir lui rendre tous les soins non-seulement d'un père tendre, mais d'une garde zélée. Le Roi, au bruit de l'extrémité de madame la duchesse, voulut l'aller voir; mais M. le prince se mit au travers de la porte pour l'empêcher d'entrer, et il se fit là un combat entre l'amour paternel et le zèle d'un courtisan, bien glorieux pour madame la duchesse. Le Roi fut le plus fort et passa outre, malgré la résistance de M. le prince.

Madame la duchesse revint à la vie : le Roi alla à Versailles, et M. le prince demeura constamment auprès de sa belle petite-fille. Le changement de vie, les veilles et la fatigue, dans un corps aussi exténué que le sien, lui causèrent la mort peu de temps après.

M. le prince de Conti profita des dernières années de la vie de ce héros, heureux dans sa disgrâce d'employer d'une manière aussi avantageuse un temps qu'il auroit perdu à la cour.

Mais je ne crois pas déplaire à ceux qui par hasard liront un jour mes Souvenirs, de leur raconter ce que je sais de messieurs les princes de Conti, et surtout de ce dernier, dont l'esprit, la valeur, les agrémens et les mœurs ont fait dire de lui ce que l'on avoit dit de Jules-César.

La paix dont jouissoit la France ennuya ces princes; ils demandèrent au Roi la permission d'aller en Hongrie : le Roi, bien loin d'être choqué de cette proposition, leur en sut gré et consentit d'abord à leur départ; mais, à leur exemple, toute la jeunesse vint demander la même grâce, et insensiblement tout ce qu'il y avoit de meilleur en France et par la naissance et par le courage auroit abandonné le royaume pour aller servir un prince son ennemi naturel, si M. de Louvois n'en avoit fait voir les conséquences, et si le Roi n'avoit pas révoqué la permission qu'il avoit donnée trop légèrement. Cependant messieurs les princes de Conti ne cédèrent qu'en apparence à ces derniers ordres : ils partirent secrètement avec M. le prince de Turenne et M. le prince Eugène de Savoie (1). Plusieurs autres devoient les suivre à mesure qu'ils trouveroient les moyens de s'échapper; mais leur dessein fut découvert par un page de ces princes qu'ils avoient envoyé à Paris, et qui s'en retournoit chargé de lettres de leurs amis. M. de Louvois en fut averti, et on arrêta le page comme il étoit sur le point de sortir du royaume. On prit (et M. de Louvois apporta au Roi) ces lettres parmi lesquelles il eut la douleur d'en trouver de madame la princesse de Conti sa fille, remplies des traits les plus satiriques contre lui et contre madame de Maintenon. Celles de messieurs de La Rochefoucauld et de quelques autres étoient dans le même goût; mais il y en avoit qui se contentoient de quelques traits d'impiété et de libertinage : telle étoit la lettre du marquis d'Alincourt, depuis duc de Villeroy; sur quoi le vieux maréchal de Villeroy, son grand-père, qui vivoit encore, dit : « Au moins mon petit-fils n'a parlé que de Dieu ; il pardonne, mais les hommes ne pardonnent point. » Le Roi exila toute cette jeunesse.

Madame la princesse de Conti en fut quitte pour la peur et la honte de paroître tous les jours devant son père et son roi justement irrité, et d'avoir recours à une femme qu'elle avoit outragée pour obtenir son pardon. Madame de Maintenon lui parla avec beaucoup de force, non pas sur ce qui la regardoit, car elle ne croyoit pas, avec raison, que ce fût elle à qui l'on eût manqué ; mais en disant des vérités dures à madame la princesse de Conti, elle n'oublioit rien pour adoucir le Roi ; et comme il étoit naturellement bon et qu'il aimoit tendrement sa fille, il lui pardonna. Cependant son cœur étant véritablement blessé, il faut avouer que sa tendresse pour elle n'a jamais été la même depuis, d'autant plus qu'il trouvoit journellement bien des choses à redire dans sa conduite.

Messieurs les princes de Conti revinrent après la défaite des Turcs : l'aîné mourut peu de temps après, comme je l'ai dit, de la petite vérole (2), et l'autre fut exilé à Chantilly. Pour madame la princesse de Conti, elle ne perdit à sa petite vérole qu'un mari qu'elle ne regretta pas : d'ailleurs, veuve à dix-huit ans, princesse du sang et aussi riche que belle, elle eut de quoi se consoler. On a dit qu'elle avoit beaucoup plu à monsieur son beau-frère ; et comme il étoit lui-même fort aimable, il est vraisemblable qu'il lui plut aussi (3).

Le grand Condé demanda en mourant, au Roi, le retour à la cour de M. le prince de Conti, qu'il obtint; et ce prince épousa peu de temps après mademoiselle de Bourbon, mariage que ce prince avoit infiniment désiré. M. le prince de Conti, qui, comme je l'ai déjà dit, avoit été élevé avec Monseigneur, fut toujours parfaitement bien avec lui ; et il y a beaucoup d'apparence que, s'il avoit été le maître, ce prince auroit eu part au gouvernement.

Je me mariai en 1686. On fit M. de Caylus menin de Monseigneur; et comme j'étois extrêmement jeune, puisque je n'avois pas encore

---

(1) Madame de Caylus se trompe : le prince Eugène de Savoie étoit déjà passé au service de l'Empereur et avoit un régiment. (Voyez les Mémoires de La Fare.)
(2) Le 9 novembre 1685.
(3) Il lui plut très-fort. M. le duc lui envoya un jour un sonnet, dans lequel il comparoit madame la princesse de Conti, sa belle-sœur, à Vénus. Le prince de Conti répliqua par ces vers, aussi malins que charmans :

Adressez mieux votre sonnet :
De la déesse de Cythère
Votre épouse est ici le plus digne portrait,
Et si semblable en tout, que le dieu de la guerre,
La voyant dans vos bras, entreroit en courroux.
Mais ce n'est pas la première aventure
Où d'un Condé Mars eût été jaloux.
Adieu, grand prince, heureux époux !
Vos vers semblent faits par Voiture
Pour la Vénus que vous avez chez vous.

Le Voiture de M. le duc étoit le duc de Nevers.
La malignité de la réponse consiste dans ces mots : *Si semblable en tout*. C'étoit comparer le mari à Vulcain.
(A. N.)

tout-à-fait treize ans, madame de Maintenon ne voulut pas que je fusse encore établie à la cour. Je vins donc demeurer à Paris chez ma belle-mère ; mais on me donna en 1687 un appartement à Versailles et madame de Maintenon pria madame de Montchevreuil, son amie, de veiller sur ma conduite.

Je m'attachai, malgré les remontrances de madame de Maintenon, à madame la duchesse. Elle eut beau me dire qu'il ne falloit rendre à ces gens-là que des respects et ne s'y jamais attacher, que les fautes que madame la duchesse feroit retomberoient sur moi et que les choses raisonnables qu'on trouveroit dans sa conduite ne seroient attribuées qu'à elle, je ne crus pas madame de Maintenon : mon goût l'emporta ; je me livrai tout entière à madame la duchesse et je m'en trouvai mal.

La guerre commença en 1688 par le siége de Philisbourg et le roi d'Angleterre fut chassé de son trône l'hiver d'après. La reine d'Angleterre se sauva la première avec le prince de Galles son fils, et la fortune singulière de Lauzun fit qu'il se trouva précisément en Angleterre dans ce temps-là. On lui sut gré ici d'avoir contribué à une fuite à laquelle le prince d'Orange n'auroit eu garde de s'opposer. Le Roi cependant l'en récompensa comme d'un grand service rendu aux deux couronnes. A la prière du roi et de la reine d'Angleterre, il le fit duc et lui permit de revenir à la cour où il n'avoit paru qu'une fois après sa prison. M. le prince, en le voyant revenir, dit que c'étoit une bombe qui tomboit sur tous les courtisans.

Si le prince d'Orange n'avoit pas été fâché de voir partir d'Angleterre la Reine et le prince de Galles, il fut encore plus soulagé d'être défait de son beau-père.

Le Roi les vint recevoir avec toute la politesse d'un seigneur particulier qui sait bien vivre, et il a eu la même conduite avec eux jusqu'au dernier moment de sa vie.

M. de Montchevreuil étoit gouverneur de Saint-Germain; et comme je quittois peu madame de Montchevreuil, je voyois avec elle cette cour de près : il ne faut donc pas s'étonner si, ayant vu croître le prince de Galles, naître la princesse sa sœur et reçu beaucoup d'honnêtetés du roi et de la reine d'Angleterre, je suis demeurée jacobite, malgré les grands changemens qui sont arrivés en ce pays-ci par rapport à cette cause.

La reine d'Angleterre s'étoit fait haïr, disoit-on, par sa hauteur, autant que par la religion qu'elle professoit en Italienne, c'est-à-dire qu'elle y ajoutoit une infinité de petites pratiques inutiles partout et beaucoup plus mal placées en Angleterre. Cette princesse avoit pourtant de l'esprit et de bonnes qualités, qui lui attirèrent de la part de madame de Maintenon une estime et un attachement qui n'ont fini qu'avec leurs vies.

Il est vrai que madame de Maintenon souffroit impatiemment le peu de secret qu'ils gardoient dans leurs affaires : car on n'a jamais fait de projet pour leur rétablissement qu'il n'ait été aussitôt su en Angleterre qu'imaginé à Versailles ; mais ce n'étoit pas la faute de ces malheureuses majestés : ils étoient environnés à Saint-Germain de gens qui les trahissoient, jusqu'à une femme de la Reine et pour laquelle elle avoit une bonté particulière, qui prenoit dans ses poches les lettres que le Roi ou madame de Maintenon lui écrivoient, les copioit pendant que la Reine dormoit et les envoyoit en Angleterre. Cette femme s'appeloit madame Strickland, mère d'un petit abbé Strickland qui dans ces derniers temps, digne héritier de madame sa mère, a prétendu au cardinalat par son manége.

Je ne parlerai point de la guerre, ni des différens succès qu'elle eut, plus ou moins heureux pour la France et toujours glorieux pour les armes du Roi ; ces choses se trouvent écrites partout : une femme, et surtout de l'âge dont j'étois, tourne ses plus grandes attentions sur des bagatelles.

Le Roi alla lui-même faire le siége de Mons en 1691 : les princesses demeurèrent à Versailles et madame de Maintenon à Saint-Cyr, dans une si grande solitude qu'elle ne vouloit pas même que j'y allasse. Je demeurai à Versailles avec les princesses ; et comme il n'y avoit point d'hommes, nous y étions dans une grande liberté. Madame la princesse de Conti et madame la duchesse avoient chacune leurs amies différentes, et comme elles ne s'aimoient pas, leurs cours étoient fort séparées. C'est-là que madame la duchesse fit voir cette humeur heureuse et aimable par laquelle elle contribuoit elle-même à son amusement et à celui des autres. Elle imagina de faire un roman et de transporter les caractères et les mœurs du temps présent sous les noms de la cour d'Auguste. Celui de Julie avoit par lui-même assez de rapport avec madame la princesse de Conti, à ne le prendre que suivant les idées qu'Ovide en donne et non pas dans la débauche rapportée par les historiens ; mais il est aisé de comprendre que ce canevas n'étoit pas mal choisi et avec assez de malignité. Nous ne laissions pas d'y avoir tous nos épisodes, mais en beau, au moins pour celles qui étoient de la cour de madame la duchesse. Cet ouvrage ne fut qu'ébauché et nous amusa, et c'étoit tout ce que nous en voulions.

Pendant une autre campagne, les dames suivirent le Roi en partie, c'est-à-dire madame la duchesse d'Orléans, madame la princesse de Conti et madame de Maintenon. Madame la duchesse ne suivit pas, parce qu'elle étoit grosse : elle demeura à Versailles ; et quoique je le fusse aussi (ce qui m'empêcha de suivre madame de Maintenon), on ne me permit pas de demeurer avec elle. Madame de Maintenon m'envoya avec madame de Montchevreuil à Saint-Germain, où je m'ennuyai comme on peut croire. Il arriva qu'un jour, étant allée rendre une visite à madame la duchesse, je lui parlai de mon ennui et lui fis sans doute des portraits vifs de madame de Montchevreuil et de sa dévotion, qui lui firent assez d'impression pour en écrire à madame de Bouzoles, d'une manière qui me rendit auprès du Roi beaucoup de mauvais offices. Le Roi fut curieux de voir sur quoi leur commerce pouvoit rouler ; et malheureusement cet article, qui me regardoit, tomba ainsi entre ses mains. On regarda ces plaisanteries, qui m'avoient paru innocentes, comme très-criminelles ; on y trouva de l'impiété et elles disposèrent les esprits à recevoir les impressions désavantageuses qui me firent enfin quitter la cour pour quelque temps. Ainsi madame de Maintenon avoit eu raison de m'avertir qu'il n'y avoit rien de bon à gagner avec ces gens-là.

Ces choses se passèrent pendant le siège de Namur (1), et les dames qui suivirent le Roi s'arrêtèrent à Dinant. Ce fut aussi dans cette même année que se donna le combat de Steinkerque (2), où je perdis un de mes frères à la tête du régiment de la Reine dragons. Le Roi vint à Versailles après la prise de Namur.

Les hivers ne se ressentoient point de la guerre : la cour étoit aussi nombreuse que jamais, magnifique et occupée de ses plaisirs, tandis que madame de Maintenon bornoit les siens à Saint-Cyr et à perfectionner cet ouvrage.

Le Roi fit le mariage de M. le duc d'Orléans avec mademoiselle de Blois. Feu Monsieur y donna les mains, non-seulement sans peine, mais avec joie. Madame tint quelque discours mal à propos, puisqu'elle savoit bien qu'ils étoient inutiles. Il est vrai qu'il seroit à désirer pour la gloire du Roi, comme je l'ai déjà dit, qu'il n'eût pas fait prendre une telle alliance à son propre neveu et à un prince aussi près de la couronne ; mais les autres mariages avoient servi de degré à celui-ci.

Je me souviens qu'on disoit déjà que M. le duc d'Orléans étoit amoureux de madame la duchesse ; j'en dis un mot en badinant à mademoiselle de Blois, et elle me répondit d'une façon qui me surprit, avec son ton de *lendore* : « Je ne me soucie pas qu'il m'aime ; je me soucie qu'il m'épouse. » Elle a eu ce contentement.

Feu Monsieur avoit eu envie de préférer madame la princesse de Conti, fille du Roi, veuve depuis plusieurs années, à mademoiselle de Blois ; et je crois que le Roi y auroit consenti si elle l'avoit voulu : mais elle dit à Monsieur qu'elle préféroit la liberté à tout. Cependant elle fut très-fâchée de voir sa cadette de tant d'années passer si loin devant elle. Mais je dois dire à la louange de madame la duchesse, qu'elle ne fut pas sensible à ce petit désagrément qui la touchoit pourtant de plus près ; et je lui ai entendu dire que puisqu'il falloit que quelqu'un eût un rang au-dessus d'elle, elle aimoit mieux que ce fût sa sœur qu'une autre. Elle étoit d'autant plus louable d'avoir ces sentimens, qu'elle n'avoit qu'une médiocre tendresse pour sa sœur. Il est vrai qu'elles se réchauffèrent quelques années après et que leur union parut intime ; mais les communes favorites, par la suite des temps, les brouillèrent d'une manière irréconciliable ; et j'aurai occasion plus d'une fois de parler de cette brouillerie, à laquelle il faut attribuer beaucoup de nos malheurs.

Il faudroit, pour faire le portrait de M. le duc d'Orléans, un singulier et terrible pinceau. De tout ce que nous avons vu en lui et de tout ce qu'il a voulu paroître, il n'y avoit de réel que l'esprit, dont en effet il avoit beaucoup, c'est-à-dire une conception aisée, une grande pénétration, beaucoup de discernement, de la mémoire et de l'éloquence. Malheureusement son caractère tourné au mal lui avoit fait croire que la vertu n'est qu'un vain nom, et que le monde étant partagé entre des sots et des gens d'esprit, la vertu et la morale étoient le partage des sots et que les gens d'esprit affectoient seulement, par rapport à leurs vues, d'en paroître avoir selon qu'il leur convenoit. Ce prince avoit été parfaitement bien élevé ; et comme dans sa jeunesse les qualités de son esprit couvroient les défauts de son cœur, on avoit conçu de grandes espérances de lui. Je me souviens que madame de Maintenon, instruite par ceux qui prenoient soin de son éducation,

(1) En 1692.   (2) Le 3 août.

se réjouissoit de ce qu'on verroit paroître dans la personne de M. le duc de Chartres (car c'est ainsi qu'il s'est appelé jusqu'à la mort de Monsieur) un prince plein de mérite et capable par son exemple de faire goûter à la cour la vertu et l'esprit. Mais à peine (1) M. le duc de Chartres fut-il marié et maître de soi, qu'on le vit adopter des goûts qu'il n'avoit pas : il courtisa toutes les femmes, et la liberté qu'il se donna dans ses actions et dans ses propos, souleva bientôt les dévots qui fondoient sur lui de grandes espérances.

M. le duc du Maine se maria dans le même temps et épousa, comme je l'ai dit, une fille de M. le prince. L'aînée avoit épousé M. le prince de Conti, cadet de celui qui mourut de la petite vérole, et madame la duchesse du Maine n'étoit pas l'aînée de celle qui restoit à marier; cependant on la préféra à sa sœur, sur ce qu'elle avoit peut-être une ligne de plus : peut-on marquer plus sensiblement et même plus bassement qu'on se sent honoré d'une alliance? Mademoiselle de Condé, aînée de madame du Maine, ressentit vivement cet affront et elle en a conservé le souvenir jusqu'à la fin de ses jours. J'avoue qu'on lui avoit fait tort et que si elle étoit un tant soit peu plus petite, elle étoit beaucoup mieux faite, d'un esprit plus doux, et plus raisonnable (2). Quoi qu'il en soit de l'une et de l'autre, madame la duchesse, portée à se moquer, appeloit ses belles-sœurs les poupées du sang; et quand le mariage fut déclaré, elle redoubla ses plaisanteries avec monsieur son frère (M. le duc) d'une façon qui les a par la suite brouillées très-sérieusement. C'est encore une des causes d'une dissension dans la famille royale, dont les effets ont été funestes.

A peine madame du Maine fut-elle mariée, qu'elle se moqua de tout ce que M. le prince lui put dire, dédaigna de suivre les exemples de madame la princesse et les conseils de madame de Maintenon : ainsi s'étant rendue bientôt incorrigible, on la laissa en liberté faire tout ce qu'elle voulut. La contrainte qu'il falloit avoir à la cour l'ennuya : elle alla à Sceaux jouer la comédie (3) et faire tout ce qu'on a entendu dire des nuits blanches (4) et tout le reste. M. le duc son frère, pendant un temps, prit un très-grand goût pour elle : les vers et les pièces d'éloquence volèrent entre eux ; les chansons contre eux volèrent aussi. L'abbé de Chaulieu et M. de La Fare, Malézieux et l'abbé Genest, secondoient le goût que M. le duc avoit pour la poésie : enfin le frère et la sœur se brouillèrent, au grand contentement, je crois, de madame la duchesse.

M. le duc avoit de grandes qualités, de l'esprit et de la valeur au suprême degré ; il aimoit le roi et l'Etat. Bien loin d'avoir cet intérêt sordide qu'on a toujours reproché aux Condé, il étoit juste et désintéressé, et il en donna des marques après la mort de M. le prince son père, quand il fut en possession du gouvernement de Bourgogne. M. le prince exigeoit de cette province une somme d'argent considérable, indépendante des droits de son gouvernement ; et M. le duc son fils, en prenant sa place, la remit généreusement à la province. Ce prince ne laissoit pas d'avoir des défauts : il étoit brutal ; et quant à son esprit, les meilleures choses qu'il avoit pensées devenoient ennuyeuses à force de le lui entendre redire. Il aimoit la bonne compagnie, mais il n'y arrivoit pas toujours à propos. On ne peut pas, en apparence, être moins fait pour l'amour qu'il l'étoit ; cependant il se donnoit à tout moment comme un homme à bonnes fortunes. Il aimoit madame sa femme plus qu'aucune de celles dont il vouloit qu'on le crût bien traité, et cependant il affectoit beaucoup d'indifférence pour elle : il en étoit excessivement jaloux et ne vouloit pas le paroître. Quoi qu'il en soit, l'Etat et madame la duchesse ont fait une perte irréparable à sa mort. Ses défauts n'étoient aperçus que de ceux qui avoient l'honneur de le voir familièrement ; et ses bonnes qualités auroient été d'une grande ressource à la France à la mort de Louis XIV, dont il étoit plus estimé qu'aimé,

---

(1) A la place de ce paragraphe, qui est conforme au manuscrit, on lit dans plusieurs éditions ce qui suit :
« Mais à peine M. le duc fut-il marié et maître de lui, qu'on le vit adopter des goûts qu'il n'avoit pas, s'enivrer sans aimer le vin, galant sans amour et même sans galanterie : mais comme ces mauvaises qualités n'avoient pas encore paru au point où nous les avons vues depuis, on dit qu'il ressembloit au feu prince de Conti. Nous verrons par la suite qu'il a bien passé ce modèle. »
(*Note de M. Renouard.*)

(2) Elle épousa depuis M. le duc de Vendôme et n'en eut point d'enfans. (A. N.)

(3) Elle l'aimoit beaucoup et la jouoit fort mal. On la vit sur le même théâtre avec Baron : c'étoit un singulier contraste ; mais sa cour étoit charmante, on s'y divertissoit autant qu'on s'ennuyoit alors à Versailles ; elle animoit tous les plaisirs par son esprit, par son imagination, par ses fantaisies : on ne pouvoit pas ruiner son mari plus gaiement. (A. N.)

(4) Ces nuits blanches étoient des fêtes que lui donnoient tous ceux qui avoient l'honneur de vivre avec elle. On faisoit une loterie des vingt-quatre lettres de l'alphabet ; l'O qui tiroit le C donnoit une comédie, l'O exigeoit un petit opéra, le B un ballet. Cela n'est pas aussi ridicule que le prétend madame de Caylus, qui étoit un peu brouillée avec elle. (A. N.)

parce qu'en effet il étoit plus estimable qu'aimable.

M. le prince de Conti étoit le contraire. Quoiqu'il eût de grandes qualités, bien de la valeur et beaucoup d'esprit, cependant on peut dire qu'il étoit plus aimable qu'estimable. Il n'avoit jamais que l'esprit qui convenoit avec ceux avec qui il étoit ; tout le monde se croyoit à sa portée ; jamais, je ne dis pas un prince, mais aucun homme n'a eu au même degré que lui le talent de lui plaire : d'ailleurs il étoit foible pour la cour autant qu'avec madame sa femme. On dit qu'il étoit intéressé : je n'en sais rien ; je sais seulement que l'état de sa fortune ne lui permettoit pas de paroître fort généreux. Sa figure n'avoit rien de régulier ; il étoit grand sans être bien fait, maladroit avec de la grâce, un visage agréable : ce qui formoit un tout plein d'agrémens et de charmes, à quoi l'esprit et le caractère contribuoient. M. le duc ne l'aimoit pas ni naturellement ni surnaturellement, par l'amour qu'il eut pour madame la duchesse ; cependant il le copioit et vouloit souvent qu'on crût qu'il avoit imaginé les mêmes choses que lui.

M. le prince de Conti, jusqu'à la passion qu'il eut pour madame la duchesse, n'avoit pas paru capable d'en avoir de bien sérieuses. Il avoit eu plusieurs affaires galantes et avoit fait voir plus de coquetterie que d'amour ; mais il en eut un violent pour madame la duchesse. Peut-être que le rapport d'agrémens qu'on trouvoit en eux et la crainte des personnes intéressées, ont contribué à faire naître cette passion : il est certain du moins que les soupçons de M. le prince, les précautions de madame la princesse et l'inquiétude de M. le duc, l'ont prévenue. Il y avoit long-temps que madame la duchesse étoit mariée et que sa beauté faisoit du bruit dans le monde, sans que M. le prince de Conti parût y faire attention ; quelques personnes même s'y étoient attachées particulièrement : mais aucune ne lui a plu, si on excepte le comte de Mailly, dont je ne répondrois pas, quoique je n'aie rien vu, en passant ma vie avec elle, qui pût autoriser les bruits qui ont couru. Je l'ai bien vu amoureux ; j'en ai parlé quelquefois en badinant, et madame la duchesse me répondoit sur le même ton. Madame de Maintenon en a souvent parlé, et en ma présence, à M. de Mailly ; mais il se tiroit des réprimandes qu'elle lui faisoit par des plaisanteries, qui réussissoient presque toujours avec madame de Maintenon quand elles étoient faites avec esprit. Lassé pourtant des discours qu'on tenoit, et craignant enfin qu'ils ne revinssent au Roi, il fit semblant d'être amoureux d'une autre femme. Ce prétexte réussit assez pour alarmer la famille de cette femme ; et comme c'étoient des gens bien à la cour, ils vinrent prier madame de Maintenon d'empêcher le comte de Mailly de continuer les airs qu'il se donnoit à l'égard de leur fille : c'étoit tout ce que vouloit le comte de Mailly ; et il ne manqua pas de dire à madame de Maintenon que si elle le grondoit sur cette femme, il falloit au moins qu'elle fût en repos sur l'autre. Quoi qu'il en soit, et le prétexte et la réalité prirent fin.

M. le prince de Conti ouvrit les yeux sur les charmes de madame la duchesse, à force de s'entendre dire de ne la pas regarder : il l'aima passionnément ; et si de son côté elle a aimé quelque chose, c'est assurément lui, quoi qu'il soit arrivé depuis.

On prétend (et ce n'est pas je crois sans raison) que ce prince, qui n'avoit été jusque là sensible qu'à la gloire ou à son plaisir, le fut assez aux charmes de madame la duchesse pour lui sacrifier une couronne.

On sait qu'il fut appelé par un parti en Pologne, et on prétend qu'il auroit été unanimement déclaré Roi s'il l'avoit voulu, et si son amour pour madame la duchesse n'avoit pas ralenti son ambition. Je crois pourtant que beaucoup d'autres choses ont contribué au mauvais succès de son voyage en Pologne ; mais comme on croyoit ici, dans le temps qu'il partit, l'affaire certaine et qu'il étoit persuadé de ne jamais revenir en France, les adieux furent aussi tendres et aussi tristes entre madame la duchesse et lui qu'on peut se l'imaginer.

Ils avoient un confident contre lequel la jalousie et la véhémence de M. le duc ne pouvoient rien : ce confident étoit M. le Dauphin, et je crois qu'ils n'en ont jamais eu d'autre. Cette affaire a été menée avec une sagesse et une conduite si admirables, qu'ils n'ont jamais pu donner aucune prise sur eux ; si bien que madame la princesse fut réduite à convenir avec madame sa belle-fille qu'elle n'avoit d'autres raisons de soupçonner cette galanterie que parce que M. le prince de Conti et elle paroissoient faits l'un pour l'autre.

M. le prince de Conti ne goûta pas long-temps le dédommagement qu'il trouvoit dans sa passion au défaut d'une couronne. Son tempérament foible le fit, presque aussitôt après son retour, tomber dans une maladie de langueur qui termina enfin sa vie trois ou quatre ans après, infiniment regretté de toute la France, de Monseigneur et de sa maîtresse.

Elle eut besoin de la force qu'elle a naturellement sur elle-même pour cacher à M. le duc sa douleur. Elle y réussit d'autant plus, je crois, qu'il étoit si soulagé de n'avoir plus un tel rival ni un tel concurrent, qu'il ne se soucia d'examiner ni le passé ni le fond du cœur.

Madame la duchesse vécut comme un ange avec lui; elle fit même que l'éloignement de Monseigneur pour la personne de M. le duc diminua. Il paroissoit s'accoutumer à lui; et il y auroit été fort bien par la suite, si une mort prompte ne l'avoit enlevé dans le temps qu'il etoit, comme je l'ai déjà dit, le plus nécessaire à la France et à sa maison et à madame sa femme. Elle en parut infiniment affligée et je crois que c'étoit de bonne foi : elle n'avoit que de l'ambition dans la tête et dans le cœur depuis la mort de M. le prince de Conti, et M. le duc avoit toutes les qualités propres à lui faire concevoir de grandes espérances de ce côté-là. Il étoit impossible, de quelque façon que la famille royale se pût tourner, que M. le duc n'eût pas joué un grand rôle, madame la duchesse gouvernant alors Monseigneur et M. le duc ayant de son côté tout le courage et toute la capacité nécessaires pour commander les armées et même pour gouverner l'Etat.

La faveur de madame la duchesse auprès de Monseigneur redoubla après cette mort. Il étoit continuellement chez elle, et l'envie que M. le duc de Berri avoit de lui plaire faisoit aussi qu'il s'y trouvoit souvent avec lui; et comme madame la duchesse mit dans le monde, dans ce même temps, les princesses ses filles, et que par conséquent elles étoient souvent avec Monseigneur et M. le duc de Berri, on jugea que madame la duchesse avoit dessein de faire le mariage de mademoiselle de Bourbon avec M. le duc de Berri, ou du moins on se servit de cette raison pour presser celui de mademoiselle d'Orléans avec ce prince.

Il faut avouer ici que madame de Maintenon entra dans cette crainte, et que son amitié pour madame la duchesse de Bourgogne lui fit appréhender le grand crédit de madame la duchesse. Elle ne put imaginer sans une peine extrême que madame la duchesse de Bourgogne se verroit un jour abandonnée, et que toute la cour seroit aux pieds de madame la duchesse pour plaire à Monseigneur : elle voyoit dans madame la duchesse une conformité de caractère, de vues et d'humeur entre elle et madame de Montespan, qui la détermina entièrement pour le côté d'Orléans. Mais je me souviens que je n'ai pas encore dit un mot de madame la duchesse de Bourgogne.

On sait que cette princesse n'avoit que dix à onze ans quand elle vint en France. Sa grande jeunesse et les prières de madame la duchesse de Savoie sa mère, firent que madame de Maintenon en prit un soin particulier; ou, pour mieux dire, l'intérêt du Roi et celui de toute la France l'engagèrent encore plus à donner tous ses soins pour achever l'éducation que madame la duchesse de Savoie avoit si bien commencée; car il faut dire la vérité, et je l'ai souvent entendu dire à madame de Maintenon, qu'on ne peut avoir été mieux élevée que l'avoit été cette princesse. « Nous n'aurions fait, disoit-elle, que la gâter ici, si les bonnes qualités qui sont en elles y avoient été moins fortement imprimées. » Madame de Maintenon se mit donc en possession de la princesse de Savoie dès qu'elle arriva ici; et elle, soit par esprit ou par sentiment, déféra entièrement à ses avis. Elle fut jusqu'à son mariage et quelque temps encore après, fort séparée des princesses et du reste de la cour. Madame de Maintenon la formoit sous les yeux du Roi : elle l'environna autant qu'il lui fut possible de personnes de mérite ; elle lui donna pour dame d'honneur madame la duchesse Du Lude; pour dame d'atours, madame la comtesse de Mailly; et les dames du palais étoient choisies entre ce qu'il y avoit de meilleur ou du moins regardé comme tel par madame de Maintenon.

La duchesse Du Lude avoit de la dignité dans l'extérieur et une déférence à l'égard de madame de Maintenon qui lui tenoit lieu d'esprit. On n'avoit voulu dans cette place qu'une représentation ; c'est aussi tout ce qu'elle avoit et elle ne faisoit rien sans en rendre compte. Les princesses, qui virent qu'on éloignoit madame la duchesse de Bourgogne de leur commerce, n'en surent pas bon gré à madame de Maintenon, et surtout madame la duchesse, qui dans le fond ne l'aimoit pas, moins par rapport à madame de Montespan, que parce qu'elle avoit voulu autrefois lui donner des avis et qu'elle l'avoit souvent blâmée dans sa conduite; mais, dans le fond, c'étoit plus pour la rendre telle qu'il convenoit au Roi, que pour tout autre motif. Mais comme on ne se rend pas justice, elle l'accusoit d'une chose dont pourtant madame de Maintenon l'avoit bien avertie et qu'il n'avoit tenu qu'à elle de prévenir. Il est vrai qu'ayant pensé, peut-être assez à propos, que son exemple et ses discours pouvoient être dangereux et gâter en un instant tout ce qu'elle auroit fait avec beaucoup de peines et de temps auprès de madame la duchesse de Bourgogne, madame de Maintenon fit en sorte qu'elle ne vit guère madame la duchesse et qu'elle ne lui parlât jamais en particulier. Elle ne craignoit pas de même madame la duchesse d'Orléans, dont l'esprit étoit moins porté à la raillerie, et qui s'étoit plus ménagée avec madame de Maintenon. D'ailleurs madame la Dauphine et madame de Maintenon étoient entourées de femmes attachées à madame la duchesse d'Orléans, qui la faisoient valoir et qui relevoient avec malignité tout ce que faisoit et disoit madame la duchesse, et lui attribuoient même souvent des choses à quoi elle n'avoit pas pensé.

J'ai ouï dire à madame la duchesse, dans le temps de la déclaration du mariage de M. le duc de Berri, qu'elle n'avoit jamais parlé à Monseigneur de lui faire épouser mademoiselle de Bourbon; et véritablement Monseigneur étoit peu propre à recevoir de pareilles propositions et à entrer dans un projet qu'il n'auroit pas confié au Roi. Madame la duchesse, qui le connoissoit, se seroit bien gardée de lui laisser seulement croire qu'elle en eût la pensée : peut-être imaginoit-elle que, le Roi étant vieux, il pourroit arriver que, M. le duc de Berri n'étant pas marié, il lui seroit alors facile de déterminer le choix de Monseigneur en faveur d'une de ses filles; mais à coup sûr elle ne lui auroit jamais, en attendant, confié cette pensée. A dire la vérité, quoique la fille de M. le duc d'Orléans dût passer devant une fille d'une branche cadette, il n'étoit pas naturel et convenable, après ce qui s'étoit passé en Espagne, d'allier la maison d'Orléans à un prince aussi près de la couronne et frère du roi d'Espagne.

Il eût été à désirer, ou que le Roi n'eût point marié M. le duc de Berri (ce qui ne pressoit pas), ou qu'il eût fait un autre choix. Il ne lui falloit ni une fille de madame la duchesse, ni une fille de madame la duchesse d'Orléans, par la bâtardise des mères; mais il falloit encore moins prendre la fille d'un homme qui au moins avoit eu des intelligences avec les ennemis de la couronne d'Espagne dans le temps qu'il y commandoit les armées, pour conserver cette couronne à Philippe V. Je laisse même à part tout ce qui s'est dit et du poison, et de la conduite qu'il tenoit dans ce pays-là : ses traités avec l'Angleterre étoient suffisant pour qu'on fît avec justice le procès à ce prince; et c'étoit une assez grande clémence au Roi de lui avoir pardonné, sans avoir voulu l'approcher de plus près de sa personne par cette alliance: mais enfin la destinée de la France fit qu'il pensa autrement. Ce roi si sage consentit à un mariage dont il eut lieu de se repentir; Monseigneur y donna les mains par cette déférence qu'il eut toujours aux volontés du Roi, et de si bonne grâce qu'il ne parut pas même en être fâché. Madame la Dauphine en fut ravie : elle regardoit ce mariage comme son ouvrage, et elle croyoit qu'il assureroit le repos et l'agrément de sa vie après la mort du Roi; mais à peine fut-il conclu qu'elle eut lieu de s'en repentir.

Madame la duchesse de Berri ne se contraignit plus, et il est bien plus étonnant qu'avec son caractère et son tempérament elle eût pu prendre autant sur elle qu'elle y prit pendant les deux années qui précédèrent son mariage, qu'il l'est qu'étant parvenue à ce qu'elle désiroit, elle dédaignât de se contraindre après. Elle se montra donc, dès le lendemain de ses noces, telle qu'elle étoit, c'est-à-dire une autre reine de Navarre pour les mœurs; à quoi elle ajoutoit le goût du vin et une ambition que les personnes fort dissolues n'ont ordinairement pas. Mais il faut avouer qu'elle avoit été élevée d'une manière bien propre à porter ses mauvaises qualités aussi loin qu'elles pouvoient aller. Monsieur son père avoit eu pour elle, dès sa naissance, une amitié singulière; et, à mesure qu'elle avançoit en âge, il lui confioit ses goûts et la rendoit témoin de ses actions. Elle le voyoit avec ses maîtresses; il la faisoit souvent venir en tiers entre madame d'Argenton et lui; et comme il avoit le goût de la peinture, il peignit lui-même sa fille toute nue. Malgré cette éducation, elle sut si bien se contraindre deux ans avant son mariage, qu'on ne parloit à madame la Dauphine et à madame de Maintenon que de sa retenue; et madame la duchesse d'Orléans, qui désiroit ardemment ce mariage, et qui vit bien qu'il ne réussiroit pas tant que cette princesse demeureroit à Paris ou à Saint-Cloud entre les mains de son père, la fit venir à Versailles sous ses yeux. Là, cette jeune princesse, qui comprit que sa fortune dépendoit de sa conduite, en eut une si bonne, qu'on ne s'apercevoit pas de ses mauvaises inclinations; et même, quelque temps avant que de venir à Versailles, dès l'âge de douze ans, elle pensa qu'elle avoit trop de disposition à engraisser, et que si elle continuoit sa manière de vivre ce pourroit être un obstacle aux vues qu'on avoit pour elle : cette idée lui fit prendre la résolution de ne guère manger, de peu dormir et de faire beaucoup d'exercice, quoiqu'elle fût naturellement gourmande et paresseuse. On ne peut disconvenir qu'une fille capable à cet âge d'une pareille résolution, par le seul motif d'ambition et sans qu'elle y fût portée par l'autorité des gens qui en avoient sur elle, devoit être un jour bien dangereuse. Mais quand elle fut une fois mariée, elle crut que rien ne valoit la peine qu'elle se contraignît : aussi s'enivra-t-elle avec monsieur son père deux jours après son mariage, dans un souper qu'il donna à madame la Dauphine à Saint-Cloud, aux yeux de cette princesse, de madame sa mère et de M. le duc de Berri. Non contens d'avoir beaucoup bu à table, ils allèrent s'achever avec des liqueurs dans un petit cabinet, et madame la Dauphine fut bien honteuse d'avoir à la ramener dans cet état à Versailles. Je ne dirai point comment elle manifesta ses autres inclinations ; il suffit de dire qu'elle ne tarda pas à les faire connoître. Je passerai de là à l'histoire des pendans d'oreilles, qui firent tant de bruit, et qui, si on en croit la commune opinion, eurent des suites si funestes.

Madame la duchesse d'Orléans avoit des pendans d'oreilles très-beaux, que feu Monsieur avoit eus de la Reine mère ; M. le duc d'Orléans les lui prit pour les donner à madame la duchesse de Berri. La manière et la chose devoient lui être désagréables ; mais elle eut tort, les connoissant tous deux, d'en faire tant de bruit. Elle se plaignit, elle pleura, elle en parla au Roi, qui gronda madame la duchesse de Berri. Madame la Dauphine entra, pour son malheur, dans cette querelle, et prit parti pour madame la duchesse d'Orléans.

Depuis ce moment, madame la duchesse de Bourgogne et madame la duchesse de Berri ne furent plus ensemble de la même manière ; car il faut avouer que, dans les commencemens du mariage, la première ne regardoit pas l'autre comme sa belle-sœur, mais comme sa propre fille. Elle lui donnoit des conseils, et elle l'avoit voulu former, comme elle-même l'avoit été, d'une manière propre à plaire au Roi ; sentimens et dispositions bien rares non-seulement dans une princesse, mais dans une femme ordinaire.

Madame la Dauphine ne l'étoit pas ; et si cette princesse avoit des défauts et des foiblesses, elle avoit aussi de grandes qualités, et il faut avouer que son commerce étoit charmant. Le public a de la peine à concevoir que les princes agissent simplement et naturellement, parce qu'il ne les voit pas d'assez près pour en bien juger, et parce que le merveilleux qu'il cherche toujours ne se trouve pas dans une conduite simple et dans des sentimens réglés. On a donc mieux aimé croire que madame la Dauphine ressembloit à monsieur son père, et qu'elle étoit, dès l'âge de onze ans qu'elle vint en France, aussi fine et aussi politique que lui, affectant pour le Roi et madame de Maintenon une tendresse qu'elle n'avoit pas. Pour moi, qui ai eu l'honneur de la voir de près, j'en juge autrement ; et je l'ai vue pleurer de si bonne foi sur le grand âge de ces deux personnes, qu'elle croyoit avec raison devoir mourir devant elle, que je ne puis douter de sa tendresse pour le Roi (1). Mais madame la Dauphine étoit jeune, elle étoit femme et naturellement coquette ; ce qui suffit pour faire comprendre qu'il y avoit journellement dans sa conduite beaucoup de petites choses qu'elle auroit voulu cacher : ce n'est pas là être fausse. Je ne dois pas même céler, pour sa justification, qu'il y a bien de ces petites fautes où elle s'est laissée entraîner par les autres, et que le plus grand défaut que je lui aie connu étoit d'être trop facile et de laisser prendre trop d'empire aux jeunes personnes qui l'approchoient ; ce qui l'a jetée dans quelques inconvéniens qui ont pu faire quelque tort à sa réputation.

On a parlé de deux hommes pour lesquels on a prétendu qu'elle avoit eu du goût : le premier étoit un fou (2), et elle étoit un enfant quand il alla en Espagne, où il fit aussi l'amoureux de la reine d'Espagne (3), sœur de madame la duchesse de Bourgogne.

Je ne l'ai pas connu, parce que je n'étois pas à la cour dans ce temps-là ; mais j'en sais assez pour dire que les passions étoient en lui des folies, et par les excès où elles le portoient, et par les moyens qu'il employoit. Cependant, comme il avoit de l'esprit, il a ébloui pendant un temps les gens les plus sages. Madame de Maintenon n'a pas même été exempte d'avoir quelque bonne opinion de lui ; ce qui a paru par des audiences particulières qu'elle a bien voulu lui donner quelquefois. Madame de Maulevrier, fille du maréchal de Tessé, qui fut bien avec madame la Dauphine jusqu'à la mort de son mari, s'est brouillée avec cette princesse pour n'avoir pas voulu, à ce qu'on dit, lui rendre ses lettres, mais, dans la vérité, pour avoir, je crois, répandu ce bruit-là sans fondement. Quoi qu'il

---

(1) Ici s'arrête l'édition de 1770.
(2) On voit bien que c'est de M. de Maulevrier que je veux parler ; et la manière dont il s'est tué justifie assez ce que j'en ai dit : il se jeta par une fenêtre. (Cette note paroît être de madame de Caylus.)

(3) La reine d'Espagne lui avoit écrit quelquefois. Chaque mot de la lettre étoit enfermé dans une boule de de hoca ; le paquet étoit adressé à l'abbé de Caumartin, depuis évêque de Blois. (Cette note paroît être aussi de madame de Caylus.)

en soit, il est certain qu'elle a toujours été mal avec elle depuis, quoiqu'elle fût fille du premier écuyer de cette princesse, et d'un homme dont le Roi s'étoit servi pour travailler à son mariage.

Nangis est le second pour lequel madame la Dauphine a eu du goût. Je ne parlerai pas de celui-là comme j'ai parlé de l'autre, et j'avouerai que je le crois comme le public : la seule chose dont je doute, c'est que cette affaire soit allée aussi loin qu'on le croit, et je suis convaincue que cette intrigue s'est passée en regards et en quelques lettres tout au plus. Je me le persuade par deux raisons : l'une, que madame la Dauphine étoit trop gardée, et l'autre, que Nangis étoit trop amoureux d'une autre femme qui l'observoit de près, et qui m'a dit à moi-même que, dans le temps qu'on soupçonnoit qu'il pouvoit être avec madame la Dauphine, elle étoit bien assurée du contraire, puisqu'il étoit avec elle.

FIN DES SOUVENIRS DE MADAME DE CAYLUS.

MÉMOIRES
DU MARQUIS DE TORCY,

POUR SERVIR A L'HISTOIRE

DES NÉGOCIATIONS,

DEPUIS

LE TRAITÉ DE RISWICK JUSQU'A LA PAIX D'UTRECHT.

NOTICE

SUR

LA VIE DU MARQUIS DE TORCY

ET SUR SES MÉMOIRES.

Jean-Baptiste Colbert, marquis de Torcy, Croissy, Sablé, Bois-Dauphin, comte de La Barre, etc., né à Paris le 14 septembre 1665, était le quatrième secrétaire-d'Etat que fournit à Louis XIV la famille du grand Colbert. Il se montra digne de cette illustre origine et mérita qu'on dit de lui qu'il avait été l'un des meilleurs ministres qu'ait eus la France. Par une exception bien rare assurément, les quatre Colbert ont déployé dans l'exercice de leurs fonctions les qualités les plus élevées et les plus précieuses. La postérité a recueilli leurs noms comme un riche héritage. Qu'importe après cela qu'ils soient descendus d'une noble famille d'Ecosse, ou que, plus modestement, ils aient appartenu à la bourgeoisie française? Je ne me sens guère le besoin de rechercher s'il est vrai que leur auteur ait fait à Reims le commerce de draps et que le grand Colbert lui-même ait commencé par être commis dans les bureaux de Cenami et Masserani, banquiers du cardinal Mazarin, ou s'ils pouvaient avec quelque fondement faire remonter leur généalogie jusqu'à la race royale d'Ecosse, comme l'a pensé Ménage. Ils disaient que, vers 1281, je ne sais quel Colbert était venu des régions écossaises s'établir en France. Il existe en effet un bill du parlement britannique, en date du 29 juillet 1681, confirmé en 1687 par des lettres-patentes de Jacques II, qui cite quatre barons de Castelhill comme aïeux communs des Colbert d'Ecosse et de France, qui ont d'ailleurs les mêmes armes. Mais je ne sais pas quelle confiance mérite cet acte; et l'illustration de la naissance n'ajouterait rien à l'illustration du patriotisme et du talent qu'ils se sont acquise glorieusement par leurs services.

Le marquis de Croissy, frère de Colbert, après avoir été successivement conseiller-d'Etat, président du conseil d'Alsace, président au parlement de Metz, intendant de justice, président à mortier au parlement de Paris, plénipotentiaire pour le traité d'Aix-la-Chapelle, fut nommé à l'ambassade d'Angleterre dans le courant de l'année 1673. Il mena ses enfants à Londres. Torcy, qui était l'aîné de ses fils, avait de huit à neuf ans; il se fit remarquer par ses heureuses dispositions et aimer par son caractère plein de bonté et de douceur. Les seigneurs anglais qui le connurent enfant, cultivèrent plus tard son amitié; et ces relations bienveillantes lui furent utiles dans son ministère, mais surtout pour l'ouverture des négociations qui mirent fin à la guerre de la succession d'Espagne.

Il revint à Paris avec son père et fut placé, en 1675, au collége de La Marche, pendant que le marquis de Croissy assistait, en qualité de plénipotentiaire, au congrès de Nimègue. Les progrès de ses études furent si rapides qu'il put soutenir une thèse de philosophie avant d'avoir atteint sa quinzième année. Louis XIV avait accepté la dédicace de cet acte scolastique; il voulut bien le recevoir des mains de Torcy qu'il combla de caresses. Charles Lebrun, le peintre des batailles d'Alexandre et de la galerie de Versailles, en avait fait le dessin, qui passe pour une de ses allégories les plus ingénieuses.

A la fin de 1678, les intrigues de Colbert et de Louvois amenèrent enfin la disgrâce de Pomponne, que le premier fit remplacer aux affaires étrangères par le marquis de Croissy.

Lorsque Torcy fut sorti du collége, son père songea à l'initier au secret des affaires et à le former aux difficiles et laborieuses fonctions de secrétaire-d'Etat, dont il se promettait déjà d'obtenir pour lui la survivance. D'abord il le prit auprès de lui, livra à son examen les anciennes dépêches dans les affaires terminées, et lui fit étudier la marche des négociations, guidant avec un soin paternel sa jeune intelligence à travers ce labyrinthe de mémoires, de notes et de protocoles. En même temps il lui enseignait par l'histoire comment la politique influe sur la prospérité et la grandeur des Etats et jusque sur l'existence même des nations. Quand Torcy se fut ainsi rompu par la théorie aux travaux et aux habitudes de la diplomatie, le marquis de Croissy jugea qu'il fallait le mettre en face des affaires et compléter son éducation par les voyages. Il voulait qu'il connût l'Europe, ses princes, ses ministres, ses hommes d'État, comme il connaissait la France et ceux qui présidaient à ses destinées.

En 1684 une occasion se présenta. Le roi de Portugal, Alphonse-Henri, détrôné en 1667 et retenu prisonnier depuis cette époque, venait de mourir ; son frère, Pierre II, qui s'était emparé du gouvernement et n'avait osé jusqu'alors prendre que le titre de régent du royaume, avait enfin ceint la couronne, objet de son ambition. Il s'agissait de le complimenter au nom de Louis XIV. Torcy fut chargé de cette facile mission. Il n'avait encore que dix-neuf ans. Il resta environ neuf mois en Portugal sans qu'aucun incident ne vînt éprouver ses talents et son caractère. Il était à Lisbonne quand il reçut ordre de se rendre en Danemarck auprès de Christiern V. Cette fois quelques difficultés se présentaient ; et il allait avoir besoin tout ensemble de fermeté, de prudence et de modération. Christiern soutenait le principe de l'égalité des couronnes, qui avait si vainement occupé les plénipotentiaires au congrès de Nimègue. Il avait en conséquence déclaré qu'il recevrait les ambassadeurs de France, assis et couvert, comme les rois de France recevaient les ambassadeurs de Danemarck, ce qui était contraire à l'usage. Louis XIV refusait de consentir à ce caprice du monarque danois. Torcy dut s'arrêter à Hambourg en attendant que le marquis de Villars, envoyé extraordinaire à la cour de Copenhague, eût trouvé une solution à cette question inattendue. Il ne partit donc qu'après qu'il eut été convenu que Christiern ferait un voyage en Norwège et qu'il y recevrait l'ambassadeur suivant l'ancien cérémonial, c'est-à-dire debout et découvert. Mais il est facile de comprendre que trop de présomption de la part de Torcy eût aisément blessé le roi de Danemarck, comme trop de faiblesse eût bientôt fait revivre toutes ses prétentions. Les choses se passèrent à la satisfaction des deux parties. Christiern fit au jeune ambassadeur le plus gracieux accueil, et, de son côté, Torcy se concilia l'estime du prince et de la cour par la gravité et la modestie à la fois de son maintien. C'est seulement après avoir reçu son audience de congé qu'il suivit le Roi à Copenhague. Il y séjourna quelque temps, mais sans caractère officiel ; puis, de là, il passa en Suède, en Allemagne, traversa le Tyrol, visita toute l'Italie et s'arrêta particulièrement à Rome et à Naples. Ce voyage avait encore pour but d'ajouter à ses connaissances et de mûrir par l'expérience les fruits de ses études. Le marquis de Croissy avait recommandé à nos ambassadeurs dans tous les pays de présenter son fils dans les cours près desquelles ils étaient accrédités, de lui faire connaître les affaires en cours de négociation, de l'instruire de la politique des rois et des intérêts des nations, et surtout de le mettre en rapport avec les personnages qui exerçaient une influence sérieuse sur les cabinets. De retour en France en 1686, Torcy fut envoyé à Londres l'année suivante pour y complimenter le roi et la reine d'Angleterre au sujet de la mort de la duchesse de Modène, belle-mère de Jacques II. Il profita de cette circonstance pour renouer amitié avec les personnes qui l'avaient si gracieusement accueilli dans son enfance.

C'est après avoir rempli cette mission qu'il commença à prendre une part active à la gestion des affaires. Son père le chargea de préparer les instructions et les dépêches des ambassadeurs. Le conclave de 1689 ramena une seconde fois Torcy dans la ville de Rome. Le Sacré Collège devait s'assembler pour élire un successeur au pape Innocent XI, mort le 12 août de la même année. Torcy partit avec les cardinaux français et le duc de Chaulnes, ambassadeur de France auprès du Saint-Siége. Il suivit avec le plus vif intérêt les opérations du conclave dont il voulait pénétrer les mystères, et il s'efforça de se rendre un compte exact de l'esprit de la cour de Rome. A son retour Louis XIV le fit venir dans son cabinet et l'interrogea sur ce qu'il avait vu, sur ce qui lui avait paru digne de l'attention d'un homme d'Etat. Torcy répondit avec autant de netteté et de précision que de justesse. Ses observations, pleines de finesse et de sagacité, plurent au Roi, qui lui en témoigna avec bonté toute sa satisfaction.

La survivance de la charge de secrétaire-d'Etat lui avait été accordée pendant son voyage de Rome. Le marquis de Croissy était fort tourmenté par de violentes attaques de goutte, et on pouvait craindre qu'il ne résistât pas long-temps à cette douloureuse maladie. Torcy, qui avait repris sa place auprès de lui, se trouva ainsi plus activement occupé de l'expédition des affaires. Toutefois il n'eut la signature que pendant les campagnes de 1691 et 1692, où il suivit Louis XIV avec le titre et pour y exercer les fonctions de sa charge.

Pompone, rappelé à la cour et dans le conseil après la mort de Louvois, était allé offrir son amitié au marquis de Croissy qui l'avait acceptée ; et dès-lors la plus cordiale intimité n'avait cessé de régner entre ces deux hommes si bien faits pour se comprendre : exemple touchant d'une générosité simple et vraie, et qui ne fait pas moins d'honneur à l'un qu'à l'autre, à Croissy qui ne se sentait point de défiance au fond du cœur, qu'à Pompone qui avait étouffé tous ses ressentiments. Louis XIV, qui voyait cette liaison avec plaisir, qui l'avait provoquée même, voulut resserrer l'union des deux familles par un mariage. Il ne pouvait pas rendre à Pompone le ministère dont il avait donné la survivance à Torcy ; mais il considérait l'alliance projetée et comme une sorte de réparation de la disgrâce dont cet ancien ministre avait été injustement frappé, et comme un moyen de concilier les droits de Torcy avec l'intérêt de son service. Les arrangements étaient à peu près terminés quand le marquis de Croissy mourut d'une attaque de goutte, le 28 juillet 1696. Cet événement ne fit que hâter le mariage que le Roi ordonna de célébrer sans aucun délai. Torcy épousa Catherine-Félicité-Arnauld de Pompone le 13 août de la même année.

Il s'était préparé à la vie publique par les plus sérieuses et les plus fortes études : son noviciat avait été large et complet. Peu d'hommes étaient plus profondément instruits de l'état des affaires en Europe, avaient une connaissance plus précise des négociations et en jugeaient avec plus de maturité. Mais il n'avait que vingt-quatre ans; et quoiqu'il en eût passé huit à se former aux devoirs et aux travaux de sa charge, Louis XIV le trouva trop jeune encore pour lui faire porter seul tout le fardeau de la politique de la France vis-à-vis des puissances étrangères. Torcy fut donc secrétaire-d'État, mais il n'eut point entrée au conseil; il fit les dépêches, mais sous la direction de Pompone qui rapportait les affaires et prenait les ordres. Il ne donna point d'audiences aux ambassadeurs; il y assista simplement. En 1698 il entra au conseil, mais pendant le temps seulement qu'on y traitait les affaires de son département; il se retirait après les rapports. Enfin il y fut définitivement admis après la mort de Pompone; il restait seul chargé des affaires étrangères.

Il ne sera pas inutile de faire connaître l'homme d'État sous la direction duquel Louis XIV avait placé son jeune ministre. Cela complétera le tableau de l'éducation par laquelle, dans le grand siècle, on préparait les jeunes gens aux affaires publiques, et en même temps montrera avec quel soin le Roi veillait à la direction de son gouvernement. J'emprunterai le portrait de Pompone à Saint-Simon, qu'on n'accuse pas de flatterie et dont la plume avait tant de peine à écrire un mot de louange pour ses contemporains : « C'étoit, dit-il, un homme excellent par un sens droit, juste, exquis, qui pesoit tout, faisoit tout avec maturité et sans lenteur; d'une modestie, modération, simplicité de moyens admirables, et de la plus solide et plus éclairée piété; ses yeux montroient de la douceur et de l'esprit; toute sa physionomie de la sagesse et de la candeur; une dextérité, un art, un talent singulier à prendre ses avantages en traitant; une finesse, une souplesse sans ruse, qui savoit parvenir à ses fins sans irriter ; et avec cela une fermeté et, quand il le falloit, une hauteur à soutenir l'intérêt de l'État et la grandeur de la couronne que rien ne pouvoit entamer. Avec toutes ces qualités il se fit aimer de tous les ministres étrangers comme il l'avoit été dans tous les pays où il avoit négocié. Poli, obligeant et jamais ministre qu'en traitant, il se fit adorer à la cour où il mena une vie égale, unie et toujours éloignée du luxe et de l'épargne; ne connoissant de délassement de son grand travail qu'avec sa famille, ses amis et ses livres. »

De nos jours on refusera de croire à ces soins qu'on prenait de l'éducation d'un secrétaire-d'État, à cette lenteur prudente avec laquelle on l'initiait aux affaires, à ces précautions dont on entourait sa jeune expérience. Il m'a paru intéressant d'en donner un exemple remarquable dans un des ministres les plus distingués qu'ait eus la France, et au moment de la plus grande gloire de Louis XIV, de la plus grande prospérité du pays.

Torcy fut appelé à remplacer son père dans la charge de trésorier de l'ordre du Saint-Esprit. Par une exception qu'il faut signaler, il eut l'autorisation de porter les insignes de l'ordre, et il prêta serment plusieurs mois avant l'expédition de ses provisions.

Louis XIV, dans son testament, avait nommé Torcy membre du conseil de régence, qu'il instituait par le même acte pour gouverner pendant la minorité de son petit-fils. Le duc d'Orléans maintint cette nomination après que le testament eut été cassé. Duclos cite Torcy parmi ceux qui assistèrent au conseil où les princes légitimés furent réduits à leur rang de pairie; mais il ne fait pas connaître l'avis qu'il dut ouvrir dans une circonstance si grave. Dès le commencement de la régence les affaires furent dirigées par les conseils que forma le duc d'Orléans en exécution des engagements qu'il avait pris avec les principaux seigneurs de la cour. Ce n'était pas seulement une nouvelle forme de gouvernement, c'était aussi une politique nouvelle. Torcy se défit de sa charge de secrétaire-d'État. Pour le dédommager le Régent fit ériger en charge la surintendance des postes dont il avait hérité par la mort du marquis de Pompone, son beau-père. L'édit ne fut pas enregistré sans difficulté; mais le duc d'Orléans, qui estimait les talents et la vertu de Torcy, tint bon contre le parlement. Il voulait garder auprès de lui l'habile ministre du grand Roi. La surintendance des postes donnait à Torcy le privilège de travailler directement avec le Régent, qui profita de cette circonstance pour lui confier le soin de sa correspondance avec les cabinets étrangers.

Mais tant de faveur devait porter ombrage à la cour débauchée et vénale du duc d'Orléans. On savait que Torcy, fidèle aux traditions du gouvernement de Louis XIV, blâmait la politique de la régence et qu'il en exprimait franchement sa pensée dans les conférences fréquentes qu'il avait avec le prince. Au mois de novembre 1721, Dubois, qui voulait avoir le secret de la poste, suivant l'expression de Duclos, s'empara de la surintendance.

A la majorité de Louis XV les conseils furent supprimés; et de ce moment Torcy n'exerça plus aucune fonction publique. Il avait à peine cinquante-huit ans. Mais le gouvernement et la cour avaient trop changé depuis la mort de Louis XIV pour qu'ils pussent s'accommoder d'un homme dont les principes et les mœurs avaient conservé la même sévérité. Torcy, d'ailleurs, s'était toujours tenu éloigné de toute intrigue, de toute cabale; son ambition n'était pas de s'élever, mais de servir. Plein de simplicité et de modestie, il croyait aisément que le Roi ne manquerait jamais de ministres plus habiles que lui. Il rentra dans la vie privée avec le même calme et la même dignité qu'il avait montrés dans l'exercice des plus hautes charges de l'Etat. Cette épreuve, si souvent fatale aux hommes publics, fit voir que Torcy avait une valeur personnelle qui n'avait besoin de rien emprunter au prestige des honneurs. Il sut garder dans sa retraite l'affection de ses amis, l'estime de la cour et le respect de tous.

Torcy, dans sa jeunesse, avait cherché du délassement à ses travaux politiques dans la culture des lettres, et peu d'hommes possédaient une connaissance plus étendue et plus éclairée de la littérature. Doué de la mémoire la plus heureuse, il s'était rendu familiers les chefs-d'œuvre de notre langue aussi bien que ceux des langues grecque et latine. Plus tard et dans les loisirs laborieux de son ministère, il s'adonna à l'étude des sciences avec le même succès. En 1718, l'Académie des sciences l'appela à remplacer Fagon, l'un de ses membres honoraires. Torcy habitait ordinairement la campagne; mais quand il venait à Paris il ne manquait jamais d'assister aux séances. C'est lui qui présida et qui porta la parole le jour où Louis XV honora l'Académie de sa présence.

Il ne fut pas embarrassé des heures que lui laissait son éloignement des affaires publiques; il les donna toutes aux sciences et aux lettres. Il régla si bien l'emploi de son temps qu'il ne connut jamais l'ennui, ordinaire maladie des ministres disgraciés. Au mois de juin 1746 il fut paralysé de la moitié du corps à la suite d'une attaque de goutte. On le transporta à Bourbonne pour essayer de combattre le mal qui faisait de rapides progrès ; mais tous les remèdes furent inutiles, et il revint mourir à Paris, le 2 septembre de la même année, à l'âge de quatre-vingt-un ans.

Saint-Simon a fait en peu de mots l'éloge le plus complet du marquis de Torcy. « Il étoit bon et ferme, dit-il ; il avoit tous les talens pour se faire aimer, toutes les qualités pour se faire respecter et craindre. » Duclos raconte une anecdote qui montre jusqu'où Torcy, quand il le fallait, pouvait porter l'énergie : « Croyant pouvoir abuser du caractère doux et poli du ministre, Stairs (ambassadeur d'Angleterre) s'échappa un jour devant lui en propos sur le Roi. Torcy lui dit froidement : — Monsieur l'ambassadeur, tant que vos insolences n'ont regardé que moi, je les ai passées pour le bien de la paix; mais si jamais en me parlant vous vous écartez du respect qui est dû au Roi, je vous ferai jeter par les fenêtres. Stairs se tut et, de ce moment, fut plus réservé. » En 1732, M. de Clérembault, généalogiste des ordres du Roi, demanda à Torcy l'énumération de ses services pour les consigner sur ses registres. Torcy donna l'état des services de sa famille, disant que, *pour lui*, *il n'en savoit aucun*. Le ministre et l'homme sont tout entiers dans ce jugement de Saint-Simon et dans ces deux anecdotes.

Torcy eut un fils, le marquis de Croissy, qui fut lieutenant-général, et trois filles, dont l'aînée épousa le marquis d'Ancezune ; la seconde, le marquis Du Plessis-Châtillon ; et la troisième, le comte de Mailly d'Haucourt.

Les *Mémoires* du marquis de Torcy sont l'histoire complète et détaillée des négociations qu'il a été chargé de suivre pendant son ministère, c'est-à-dire de 1698 à 1714. Ils se divisent en quatre parties : la première est consacrée à l'exposé des faits relatifs au traité de partage de la succession d'Espagne et au testament de Charles II ; la seconde à la relation des conférences de Moërdick, de Bodgrave, de La Haye et de Gertruydemberg, en 1709 et 1710 ; la troisième comprend le détail des négociations avec l'Angleterre pendant les années 1710 et 1711 ; la quatrième, enfin, l'histoire du traité d'Utrecht, 1713, et de celui de Rastadt, 1714.

On ne sait pas précisément à quelle époque ces *Mémoires* ont été composés. Voici pourtant un passage d'où on peut induire, ce me semble, que Torcy ne s'en est occupé que dans le temps où il était éloigné des affaires publiques : « Il étoit peu vraisemblable alors qu'après tant d'efforts que la France avoit faits pour maintenir un prince de la maison royale sur le trône où Dieu l'avoit placé, cette même France, liguée avec ses anciens ennemis, tourneroit ses armes contre le prince qu'elle avoit soutenu au prix de tant de travaux et de tant de sang répandu; que ceux qui devoient s'intéresser le plus à la gloire de leur maître et à la splendeur de sa maison regretteroient de ne plus voir celle d'Autriche régner en Espagne et regarderoient comme un malheur que cette couronne, la seconde de l'Europe, fût demeurée dans la maison royale de France. Des temps peu éloignés nous ont fait voir ces contrariétés. » Quand Torcy écrivait ces lignes, les déplorables résultats du quadruple traité, 1718-19, étaient accomplis. Nous avions contribué à affaiblir la monarchie espagnole, notre alliée naturelle, et à détruire sa marine au profit de l'Angleterre.

Torcy a voulu redresser ce qu'il appelle avec indulgence les *erreurs des compilateurs occupés du désir de plaire aux ennemis de la France*; mais il ne croyait pas que le moment fût encore venu « de montrer la vérité au public », et il s'était borné « à préparer et laisser à ses enfans des Mémoires qui pussent apprendre à la postérité les choses dont il étoit particulièrement instruit. »

Il n'appartenait en effet à personne plus qu'à lui de faire l'histoire des négociations et des traités qui se rattachent à l'affaire si importante de la succession d'Espagne ; car personne n'y a eu une plus grande part. On reconnaît bien vite, en lisant ses *Mémoires*, qu'ils sont sortis de la même main qui a rédigé les instructions des ambassadeurs, qu'ils sont l'œuvre de la même intelligence qui a présidé au travail de ces grandes et pénibles transactions. Non seulement Torcy ne néglige aucun fait important; mais il s'appesantit à dessein sur des détails qui nous paraîtraient moins dignes d'attention aujourd'hui, tant il a à cœur de rectifier toutes les idées, de détruire tous les mensonges, de porter la conviction dans tous les esprits. Je dois pourtant noter une circonstance qui ne ressort pas assez de son récit : c'est que les relations personnelles qu'il entretenait à la cour d'Angleterre ont été le moyen par lequel se sont engagées les négociations qui ont rompu la grande alliance des puissances européennes contre la France; en sorte qu'il a été véritablement, suivant l'expression d'un de ses biographes, le premier auteur de la pacification générale de l'Europe.

Loin de s'attribuer tout l'honneur du traité, Torcy semble s'oublier lui-même au milieu des immenses événements qu'il raconte, des grands intérêts et des passions ardentes qui s'agitent dans son récit. Il ne se désigne le plus souvent que par ces mots : *Le ministre chargé alors des affaires étrangères*. Quelquefois cependant il se nomme, mais sans affectation, sans orgueil, avec une modestie, au contraire, une simplicité que la foi donne aux esprits droits et aux cœurs sincères.

C'est à Dieu qu'il rapporte le bonheur des événements et le succès des négociations, à Dieu dont la sagesse des hommes n'a été que le docile instrument. « Dieu, dit-il quelque part, connoît les pensées des sages du monde et sait combien elles sont vaines. Sa seule puissance avoit placé Philippe V sur le trône d'Espagne; elle seule pouvoit l'y maintenir. Les hommes n'avoient pas conduit ce grand événement ; celui de la paix ne devoit pas être attribué à leur habileté; mais avant que d'accorder cette paix à la France, que Dieu, par sa bonté, a toujours protégée, le moment devoit en être précédé par les humiliations d'un grand Roi. Sa résignation satisfit à la justice divine ; et le Dieu de miséricorde regarda favorablement le monarque et ses peuples : il inspira une nouvelle ardeur aux François toujours pleins de zèle pour la gloire de leur maître. La patience de la nation, dans les traverses qu'elle eut encore à souffrir, égale sa valeur connue. »

On peut croire à la sincérité d'un homme dont la piété s'épanche en d'aussi nobles accents. Aussi n'a-t-on jamais contesté l'exactitude des faits avancés par Torcy; et ses *Mémoires* sont au nombre des documents les plus intéressants à la fois et les plus vrais que l'on puisse consulter sur l'histoire du grand siècle. J'ajouterai qu'ils se font remarquer par la clarté, la noblesse et l'élégance du style. C'est tout ensemble le langage poli de la cour et le langage net et précis des affaires.

Les *Mémoires* du marquis de Torcy ont été publiés pour la première fois en 1756. Ils n'ont été réimprimés que pour la collection Petitot. Le premier éditeur y a joint, sur les opérations militaires de 1701 à 1712, des notes convenables qui ont été conservées.

Je ne parlerai pas d'une *Relation de la fontaine sans fond de Sablé, en Anjou*, que la *Biographie universelle* attribue à tort au marquis de Torcy. Cette relation a été en effet présentée par Torcy à l'Académie des sciences ; mais elle est de l'abbé Auvé.

MOREAU.

MÉMOIRES
DU MARQUIS DE TORCY.

PREMIÈRE PARTIE.

Affaires d'Espagne. — Etat de Charles II et de son royaume avant et après la paix de Nimègue, avant et après la paix de Riswick. — Négociations pour la succession d'Espagne. — Traité de partage de la monarchie espagnole, fait avec l'Angleterre et la Hollande. — Mort du prince électoral de Bavière. — Nouveau traité de partage occasioné par cette mort. — L'Empereur est invité et refuse d'y souscrire. — Troubles en Espagne à l'occasion du partage. — Charles II change plusieurs fois de résolution. — Il meurt, et laisse un testament en faveur du duc d'Anjou. — Le Roi accepte le testament. — Ses progrès. — Ligue appelée la *grande alliance*, et guerre contre Louis XIV. — Succès des alliés; pertes de la France. — Premières démarches pour la paix. — Le Roi charge de ses ordres le président Rouillé, et lui donne ses instructions avant que de l'envoyer en Hollande.

Si le public doit savoir gré à ceux dont le travail pénible rassemble depuis quelques années les traités, actes et mémoires qui, vers la fin du dernier siècle et le commencement du siècle présent, ont donné à l'Europe une face nouvelle, la reconnoissance due à leurs soins seroit encore plus juste si, plus diligens à rechercher la vérité, plus heureux à la découvrir, ces compilateurs eussent écarté de leurs ouvrages le mensonge, qu'ils ont si souvent employé pour lier en forme d'histoire les pièces vraies, avec un grand nombre de fausses insérées dans leurs livres.

Plus occupés du désir de plaire aux ennemis de la France, ils ont semé l'erreur non-seulement chez les étrangers, mais aussi dans le royaume; en sorte que le grand nombre de ceux qui se piquent de politique et d'une connoissance particulière de l'intérêt des princes, sont persuadés que le testament du roi d'Espagne Charles II, source d'une longue et sanglante guerre, a été conçu à Versailles, accepté et exécuté à Madrid par les intrigues secrètement liées avec le cardinal Porto-Carrero, ainsi qu'avec d'autres ministres gagnés, comme on le suppose, par l'or que le marquis d'Harcourt, créé depuis pair et maréchal de France, avoit abondamment répandu pendant le cours de son ambassade.

Ceux qui aiment la vérité souhaitent qu'elle ne demeure pas ensevelie dans les ténèbres; et si le moment de la montrer au public n'est pas encore arrivé, il est toujours temps que ceux qui en sont particulièrement instruits préparent et laissent à leurs enfans les Mémoires qui pourront un jour apprendre à la postérité comment tant d'Etats ont changé de maîtres; comment l'union des principales puissances de l'Europe liguées contre la France a été dissipée, et par quel miracle Dieu, protégeant cette couronne, a voulu anéantir les desseins de ses ennemis, dans le temps où le succès de leurs armes les avoit aveuglés au point de rejeter la paix que Louis XIV demandoit aux conditions mêmes les plus dures.

Les traités signés à Utrecht mirent fin à ses malheurs; et Dieu couronna la fermeté chrétienne de ce Roi en maintenant sur le trône d'Espagne Philippe V son petits-fils, malgré les efforts d'une ligue formidable et les succès inouïs dont l'alliance de tant de princes avoit été suivie.

L'exposition simple de la vérité fera voir les merveilles de la Providence et prouvera qu'elle seule a conduit et soutenu le prince qu'elle avoit destiné de toute éternité à régner sur l'Espagne, sans le secours d'intrigues formées et de négociations conduites de la part des hommes, dans la vue d'engager le roi Catholique à se choisir un successeur.

Charles II (1), roi d'Espagne, étoit d'une constitution foible, naturellement mélancolique, prompt, colère, mais timide. Il avoit depuis sa naissance causé par ses maladies de fréquentes alarmes à ses sujets. Toute application

(1) Fils de Philippe IV; il lui succéda en 1665, à l'âge de quatre ans.

aux affaires lui étoit insupportable ; et la Reine sa mère (1), sœur de l'empereur Léopold, régente du royaume, s'étoit servie du prétexte de ménager une santé si précieuse, pour conserver l'autorité dont elle jouissoit. Ainsi le Roi son fils demeuroit dans une profonde ignorance et de ses affaires et même des Etats de sa couronne : à peine connoissoit-il quelles étoient les places qui lui appartenoient hors du continent d'Espagne.

Don Juan d'Autriche (2) sut enlever à la Reine le pouvoir dont elle étoit si jalouse ; mais il suivit comme elle le même principe, en tenant le Roi son maître dans une dépendance entière.

Les premiers ministres après don Juan imitèrent son exemple : ils eurent soin de cacher à Charles le véritable état de son royaume. Toutefois il ne put ignorer les pertes que la rapidité des conquêtes du Roi lui causoit chaque année, pendant que l'Espagne, liguée avec l'Empereur, l'Empire et la Hollande, étoit en guerre avec la France.

Le roi d'Espagne, fatigué d'apprendre continuellement de fâcheuses nouvelles, reçut enfin comme un bien la paix signée à Nimègue (3), quoique glorieuse pour la France ; et la regardant comme une assurance de repos, il résolut de ne la troubler jamais.

Son mariage (4) avec la princesse Marie-Louise (5), fille du duc d'Orléans, parut être le sceau des traités nouvellement conclus. La nouvelle Reine n'étoit nullement avide de gouverner. Elle vivoit encore, quand le Roi apprit en 1685, temps où toute la guerre étoit suspendue par une trêve de vingt ans signée l'année précédente à Ratisbonne, que l'Empereur (6) demandoit au roi d'Espagne la souveraineté des Pays-Bas pour l'archiduchesse sa fille (7), nouvellement mariée à l'électeur de Bavière (8). Le roi de France persuadé que cette disposition, si elle se faisoit, seroit une infraction à la trêve, donna ordre au marquis de Feuquières, son ambassadeur à Madrid, de le déclarer au Roi Catholique.

La crainte d'une rupture alarma ce prince et son conseil. La réponse donnée à l'ambassadeur de France traitoit de chimère la disposition supposée des Pays-Bas, et renouveloit les assurances d'un désir très-sincère de la part de S. M. Catholique de conserver la paix et de son éloignement de toute résolution capable de déplaire au Roi.

[1687] La cour de Vienne, moins pacifique que celle de Madrid, tenta deux ans après d'engager le roi d'Espagne à recevoir à sa cour l'archiduc (9), second fils de l'Empereur, pour le faire élever sous ses yeux comme héritier présomptif de sa couronne.

Le Roi, informé de cette nouvelle tentative, écrivit au marquis de Feuquières de remettre entre les mains du roi d'Espagne, et dans une audience secrète, l'écrit que S. M. avoit fait dresser et qu'elle envoyoit à son ambassadeur.

Cet écrit contenoit que, supposé que ce prince, suivant de mauvais conseils, renversât l'ordre de la succession, le Roi ne pourroit en ce cas se dispenser de faire ce qui conviendroit pour conserver les droits de M. le Dauphin, et de regarder comme infraction à la paix ce qui seroit fait en faveur du fils de l'Empereur.

La réponse fut rendue en termes généraux ; mais le roi d'Espagne permit à la Reine de dire à l'ambassadeur qu'il ne nommeroit de successeur que lorsqu'il recevroit le saint viatique, et de l'avertir en même temps de ne pas croire les bruits qu'on répandroit au sujet de la succession, mais de s'en éclaircir avant que d'ajouter foi à ce que pourroit dire le public mal informé.

[1689] Deux ans après, et lorsque le comte de Rebenac avoit succédé au marquis de Feuquières, son père, dans l'ambassade d'Espagne, la Reine, selon l'opinion commune, devint la victime du louable dessein qu'elle avoit de conserver la paix entre la France et l'Espagne. Elle mourut dans le moment que l'Angleterre et la Hollande, unies avec l'Empereur, entraînoient cette couronne dans la guerre contre la France. La mort précipitée de la reine d'Espagne excita de violens soupçons ; le comte de Mansfeld, ambassadeur de l'Empereur, et le comte d'Oropeza, soupçonnés l'un et l'autre d'avoir été les auteurs et les instrumens de cette malheureuse politique, prirent peu de soin de s'en justifier.

La trêve de vingt ans, signée en l'année 1684, avoit été rompue en 1688, à l'occasion de l'invasion du trône d'Angleterre, usurpé par Guillaume de Nassau, prince d'Orange, sur le roi

---

(1) Marie-Anne d'Autriche, femme de Philippe IV, morte en 1696.
(2) Fils naturel de Philippe IV, mort en 1679.
(3) En 1678.
(4) En 1679.
(5) Morte en 1689.
(6) Léopold.
(7) Marie-Antoinette, morte en 1726.
(8) Maximilien-Emmanuel.
(9) Charles ; il disputa en effet plus tard la couronne d'Espagne à Philippe V.

Jacques II son beau-père, aussi bien qu'au sujet de la coadjutorerie de Cologne, discutée entre le cardinal de Furstemberg et le prince Clément de Bavière, frère de l'électeur ; et la guerre duroit encore, lorsque le roi d'Espagne épousa en secondes noces la sœur de l'impératrice, fille du duc de Neubourg (1), devenu depuis électeur palatin. Elle connut le caractère de son mari et sut s'emparer de son esprit, par conséquent disposer de tout en Espagne. Sensible à la flatterie aussi bien qu'à la douceur de la vengeance, elle distribuoit à son gré les récompenses et les peines ; elle méprisoit la nation espagnole et ne le déguisoit pas : ainsi elle étoit crainte et nullement aimée. Le comte de Melgar, amirante héréditaire de Castille, parvint à gagner sa confiance ; et par ce moyen il acquit l'autorité de premier ministre, sans en avoir le titre. La Reine avoit de plus un conseil secret, composé d'une Allemande nommée Berleps et d'un capucin, l'un et l'autre venus d'Allemagne avec cette princesse.

[1697] La paix conclue en l'année 1697 (2) mit fin aux nouvelles fâcheuses que le roi d'Espagne recevoit fréquemment de la perte de quelqu'une de ses places. La perte de Barcelone lui fut plus sensible qu'aucune autre, parce que cette ville, capitale de la Catalogne et située dans le continent de l'Espagne, lui étoit plus connue que les villes de Flandre, dont il ignoroit l'importance, au point de croire que Mons appartenoit au roi d'Angleterre, et de le plaindre lorsque le Roi fit la conquête de cette province.

La paix étoit alors d'autant plus nécessaire à l'Espagne, que ce royaume étoit dépourvu de troupes, de vaisseaux, d'argent et de conseils. Les grands, divisés entre eux, ambitieux, sans crédit et sans autorité, attendoient un changement, qu'ils envisageoient comme prochain. La monarchie d'Espagne ne se soutenoit plus que par son propre poids, et tant d'Etats dont elle étoit composée étoient l'objet de l'ambition des principales puissances de l'Europe.

Le Dauphin, fils unique du Roi, devoit, suivant les lois, hériter seul de ces grands Etats. La feue reine Marie-Thérèse sa mère, fille aînée de Philippe IV, roi d'Espagne, avoit le droit indubitable de succéder à la couronne au défaut des mâles ; et le seul motif de contester ce droit étoit la jalousie, jointe à la crainte que les autres souverains de l'Europe avoient conçue de la puissance de la France. L'intérêt commun d'en empêcher l'agrandissement les unissoit depuis long-temps, et dans cette vue ils soutenoient que la feue Reine étoit valablement exclue de la succession du Roi son père, tant par la renonciation qu'elle avoit faite à ses droits par son contrat de mariage, que par le testament de ce prince.

Cet acte appeloit, à l'exclusion de la reine Marie-Thérèse, les descendans de Marguerite sa cadette, née d'un second lit, et mariée à l'Empereur Léopold. Il étoit né de ce mariage une seule fille, que l'électeur de Bavière avoit épousée : ainsi cette princesse auroit eu droit, et le prince électoral son fils après elle, de recueillir toute la succession d'Espagne au défaut de Charles II mourant sans enfans, si le testament de Philippe IV eût été valable. Mais l'Empereur n'admettoit pas le prétendu droit de l'électrice sa fille : il vouloit conserver la monarchie d'Espagne dans sa maison, faire en sorte que l'archiduc son second fils en obtînt la couronne, et, comme il l'avoit déjà tenté, que le roi Catholique le fît venir à Madrid pour l'élever auprès de lui comme son successeur et le seul héritier de toute sa monarchie.

La nouvelle reine d'Espagne, sœur de l'Impératrice, entroit vivement dans les vues de l'Empereur ; elle employoit tout son crédit à favoriser les intérêts de son neveu. Mais la reine mère d'Espagne vivoit encore ; et, plus touchée des intérêts du prince électoral son arrière-petit-fils que de ceux de l'archiduc son neveu, elle contrarioit fortement les sollicitations pressantes de la Reine sa belle-fille.

L'obstacle parut levé, lorsque la reine mère d'Espagne mourut au mois de mai 1696 ; mais les représentations de cette princesse avoient fait une telle impression sur l'esprit du Roi son fils, que l'Empereur comprit qu'il seroit bien difficile de les effacer et qu'il avoit besoin d'un ministre habile pour y réussir. Comme il se confioit à la prudence du vieux comte d'Harrach, un des principaux ministres de son conseil, et son grand écuyer, il le choisit et le nomma son ambassadeur en Espagne, et désigna le jeune comte d'Harrach son fils pour lui succéder dans la même ambassade.

Le premier point de sa commission étoit la révocation d'un testament que le roi d'Espagne avoit fait en faveur du prince de Bavière, pendant la vie et à la sollicitation de la Reine mère. Harrach réussit à l'égard du premier article, et la Reine l'aida de son crédit sur l'esprit du Roi son mari. Ce prince déchira le testament et résista aux instances que lui faisoit le cardinal Porto-Carrero d'assembler les Etats

---

(1) Marie-Anne de Neubourg, morte en 1740.

(2) A Riswick.

du royaume pour décider sûrement et valablement sur un point si important à la monarchie.

Le ministre de l'Empereur ne fut pas si heureux dans le second point de sa mission. Le roi d'Espagne ne pouvoit se résoudre à nommer son successeur, encore moins à le faire venir à Madrid : enfin, pressé et fatigué par les instances importunes de la Reine, il lui promit d'appeler l'archiduc en Espagne, si l'Empereur envoyoit en même temps dix à douze mille hommes de ses troupes pour défendre la Catalogne.

On obtint ce consentement du Roi Catholique en 1696, année qui précéda celle de la paix. Ainsi la guerre, qui duroit encore, favorisoit les sollicitations de l'Empereur; mais son conseil, prompt à former des projets, lent à les exécuter, apporta des difficultés continuelles à l'exécution des désirs de ce prince. Les fonds manquoient, soit pour l'envoi, soit pour la subsistance des troupes : les ministres de l'Empereur prétendoient que le roi d'Espagne devoit y suppléer. Ses finances ne le permettoient pas, et ce prince croyoit faire assez pour l'Empereur d'assurer à l'archiduc la possession de ses Etats, sans faire encore les frais d'une expédition dont l'Empereur et son fils devoient recueillir tout le fruit.

La paix signée à Riswick apporta un nouvel obstacle au transport des troupes de l'Empereur en Espagne. Il falloit des vaisseaux : l'Angleterre et la Hollande les auroient fournis pendant la guerre; mais la paix changeoit l'état des affaires, et c'étoit contrevenir aux traités que d'appuyer les prétentions de l'Empereur sur la succession d'Espagne. Ainsi la Reine et le comte d'Harrach lui conseillèrent de se contenter, dans le moment présent, d'obtenir pour l'archiduc le gouvernement perpétuel du Milanois, et d'envoyer par intervalles quelques troupes en petit nombre, comme simples recrues nécessaires aux troupes impériales demeurées en Catalogne après la signature des traités. Ces troupes auroient suffi, quoique foibles, pour soutenir le parti de la maison d'Autriche lorsque le roi d'Espagne, dont la fin ne pouvoit être éloignée, auroit cessé de vivre.

L'électeur de Bavière se flattoit aussi d'avoir des partisans en Espagne; et, persuadé qu'il pouvoit regarder l'amirante comme en étant le chef, quoique dévoué à la Reine, il lui avoit confié ses pouvoirs, comme il en avoit pareillement donné au cardinal Porto-Carrero pour agir au nom du prince son fils, et faire l'un et l'autre les démarches qu'ils jugeroient nécessaires lors de l'ouverture de la succession.

L'électeur avoit aussi demandé au roi de France sa protection, et supplié Sa Majesté de l'instruire de ses intentions sur les Etats dépendant de la monarchie d'Espagne qu'elle jugeroit à propos de se réserver.

Le Roi, sans rejeter ces avances, répondit que la guerre interrompant depuis neuf ans toute liaison entre la France et l'Espagne, il étoit nécessaire, avant que de former aucun projet, que Sa Majesté s'instruisît particulièrement de l'état des forces du royaume, et de plus que l'électeur lui fît connoître la qualité et la force du parti qu'il croyoit avoir en Espagne; qu'elle enverroit incessamment un ambassadeur à Madrid, et jugeroit par ses relations de ce qu'il seroit à propos de faire en cas de mort du Roi Catholique, événement qu'on pouvoit croire éloigné, la santé de ce prince paroissant bien rétablie.

Le marquis d'Harcourt, nommé à l'ambassade d'Espagne, partit pour Madrid au mois de décembre 1697, instruit par Sa Majesté de tout ce qu'elle avoit appris par des avis fidèles de l'état de cette cour. Le Roi lui recommanda particulièrement de pénétrer autant qu'il seroit possible la disposition des grands et du peuple au sujet de la succession, de découvrir les mesures secrètes et les démarches des ministres de l'Empereur et de les traverser.

La même vigilance lui étoit recommandée pour éclaircir quel étoit le parti que l'électeur de Bavière se promettoit. L'Empereur et ce prince étoient jusqu'alors les deux seuls qui s'étoient déclarés prétendans à la succession : le Roi n'avoit fait aucune démarche depuis la paix pour soutenir le droit de M. le Dauphin; mais la justice parloit en sa faveur, et le parti des princes de France, encore inconnu à Sa Majesté, et sans qu'elle l'eût cultivé, étoit le plus fort et le plus nombreux.

Le public décidoit que la renonciation de la feue Reine Marie-Thérèse, quand même elle seroit valable, ne pouvoit obliger les enfans qui n'existoient pas au temps d'un acte que l'autorité paternelle avoit exigé; que puisqu'un mineur peut dans sa majorité revenir contre les dispositions faites à son préjudice pendant qu'il étoit en tutelle, la même faculté, à plus forte raison, étoit réservée nécessairement aux enfans privés, par quelque acte que ce pût être, d'une succession légitime.

Les grâces accordées aux Allemands, préférés aux Espagnols par le crédit de la Reine, augmentèrent chaque jour la haine que la nation avoit pour eux : les peuples, accablés d'impôts, fatigués d'un gouvernement étranger, espéroient qu'un prince françois établissant chez eux une juste domination affermiroit la paix et ramèneroit l'abondance ; mais chacun jugeoit que cette paix ne pourroit subsister si le roi d'Espagne, cédant aux pressantes instances de la Reine sa femme, appeloit à Madrid l'archiduc, soutenu d'un corps de troupes allemandes, et le déclaroit héritier de toute la monarchie.

Louis XIV se proposoit, pour objet principal, de conserver la paix nouvellement rétablie et de s'opposer à toute disposition capable de la troubler : il falloit donc savoir quelles étaient véritablement les intentions du roi d'Espagne, avant que de prescrire au nouvel ambassadeur les démarches qu'il avoit à faire. Ainsi Sa Majesté vouloit attendre les éclaircissemens qu'il lui donneroit, avant que de décider lequel des deux partis conviendroit le mieux à ses intérêts aussi bien qu'au repos de l'Europe, ou de traiter avec l'Empereur, ou bien avec l'électeur de Bavière, du partage des États dépendant de la couronne d'Espagne.

L'Empereur, moins touché du bien public, réitéroit ses instances en faveur de l'archiduc : Harrach représentoit vivement qu'il y avoit déjà long-temps que la résolution étoit prise dans le conseil du roi d'Espagne de faire passer en Catalogne, aux dépens de ce prince, un corps de troupes impériales pour la sûreté de cette province. Il en sollicitoit l'exécution et demandoit avec le même empressement que l'archiduc fût appelé à Madrid et reconnu présomptif héritier de la monarchie d'Espagne, et qu'on donnât dès le moment à ce prince, pour gage de cette reconnoissance, la propriété souveraine du duché de Milan.

Le crédit de la reine d'Espagne ne put obtenir ce que l'Empereur désiroit : elle et, par son ordre, l'amirante de Castille répondirent à l'ambassadeur que la paix étant faite avec la France, la résolution prise pendant la guerre de faire passer et subsister en Catalogne un corps de troupes impériales aux dépens de l'Espagne étoit inutile dans un temps de tranquillité ; que d'ailleurs l'exécution en seroit impossible, l'état des finances ne permettant pas de faire les dépenses nécessaires, soit pour entretenir les troupes de l'Empereur en Catalogne, soit pour les y transporter ; que les frais pour l'un et pour l'autre devoient être aux dépens de ce prince, intéressé particulièrement à conserver dans sa maison la couronne d'Espagne ; que la dépense monteroit peut-être à un million par an, objet qui n'étoit pas à comparer avec l'avantage que l'Empereur se proposoit d'en tirer. Il étoit de plus à considérer que la France regarderoit comme infraction au dernier traité l'envoi d'un corps de troupes allemandes en Catalogne, fait en pleine paix sans nécessité apparente, dont le véritable motif seroit facile à pénétrer. En vain le comte d'Harrach représenta que les dépenses que causoit à son maître la guerre qu'il soutenoit en Hongrie contre les Turcs, et le mauvais état de ses finances, ne lui permettoient pas de payer les troupes qu'il enverroit en Espagne : l'épuisement n'étoit pas moindre à Madrid qu'à Vienne, et l'Angleterre ni la Hollande n'auroient pas prêté leurs vaisseaux.

Le Roi fut averti des demandes du comte d'Harrach avant l'arrivée du marquis d'Harcourt à Madrid : comme elles devoient être vraisemblablement renouvelées, Sa Majesté voulut que son ambassadeur fît connoître, par toutes les voies qu'il jugeroit à propos, qu'elle regarderoit comme une rupture toute disposition que le roi d'Espagne pourroit faire au préjudice de ses héritiers légitimes.

Le roi de Portugal osa se faire l'honneur de se mettre de ce nombre. On dit alors qu'il y fut excité par le comte d'Oropeza, descendant de la maison de Bragance, mais avant que le droit à la couronne de Portugal fût entré dans cette maison ; il se flattoit que s'il étoit possible que le roi de Portugal parvînt à celle d'Espagne, il pourroit lui-même monter sur le trône que ce prince laisseroit vacant.

Le marquis d'Harcourt arrivé à Madrid ne fut pas long-temps à connoître l'intérieur du royaume d'Espagne. Il sut que le désordre et la dissipation régnoient également et dans l'Etat et chez les grands : il en rendit compte au Roi ; et jugeant que l'argent distribué à propos seroit un moyen sûr de fortifier le parti de la France, il proposa à Sa Majesté de lui faire remettre les sommes qu'elle y voudroit employer, pour les répandre selon les occasions. Il ajouta que si elle faisoit faire à ses troupes quelques mouvemens sur la frontière d'Espagne et des préparatifs suffisans pour donner lieu de craindre le siège de Barcelone, ces dispositions fortifieroient l'impression que les présens secrets sagement ménagés auroient déjà faite.

Si les politiques modernes avoient eu connoissance de cette lettre, ils en auroient conclu encore plus hardiment que les principaux de la cour d'Espagne avoient été gagnés par l'or de la France : ils auroient cité comme une preuve sans réplique la proposition faite à Sa Majesté par son ambassadeur ; mais ils auroient ignoré et vraisemblablement ils n'eussent pas dit que le Roi ne jugea pas à propos de faire des dépenses que le crédit absolu de la Reine rendroit inutiles; cette princesse étant non-seulement autorisée par le pouvoir qu'elle avoit sur l'esprit du Roi son mari, mais encore appuyée sur le reste des troupes allemandes demeurées en Catalogne sous le commandement du prince de Darmstadt, vice-roi de cette province.

L'ambassadeur de France trouva peu d'accueil à Madrid; il y demeura long-temps sans être admis à l'audience du roi d'Espagne, obsédé par la Reine. Elle travailloit assidûment pour les intérêts de l'Empereur, quoique souvent mécontente et se plaignant avec raison de ce prince.

Les conseillers d'Etat et les principaux personnages de la cour de Madrid se conformèrent au peu d'empressement que le Roi leur maître témoignoit à donner audience à l'ambassadeur. Ils évitèrent long-temps de le voir; mais la voix de la cour n'étoit pas celle de la nation : les peuples étoient depuis long-temps persuadés que l'Espagne ne seroit heureuse que lorsqu'un prince de France gouverneroit, et qu'il éteindroit toutes causes de guerre entre les deux nations. Ce vœu général n'étoit d'ailleurs soutenu ni de forces ni de moyens nécessaires pour l'accomplir. Les Allemands étoient maîtres de la Catalogne, et le prince de Darmstadt se maintenoit dans sa vice-royauté par l'autorité de la Reine. [1698] Le roi d'Espagne tomba malade au mois de mars 1698; on commençoit à désespérer de sa vie. La nouvelle en étant portée en Catalogne, le vice-roi changea tous les commandans de tous les postes principaux; il en retira les officiers espagnols, qu'il remplaça par des Allemands, et paya les troupes de cette nation sans faire part du paiement aux troupes espagnoles. La province députa vers le roi d'Espagne; mais les plaintes furent inutiles : les Allemands demeurèrent maîtres de la Catalogne. La crainte de subir le joug de leur domination, et l'expérience que l'Espagne en avoit faite depuis quelques années, augmentoient le parti de la France; mais ce parti étant sans chefs et sans forces, personne n'osoit encore s'ouvrir à son ambassadeur.

Vers la fin du mois de mars, il fit sa première visite au cardinal Porto-Carrero, autant honoré par son mérite, reconnu du Roi son maître et du public, que par sa dignité d'archevêque de Tolède, de primat d'Espagne et de conseiller d'Etat. Le cardinal assura le marquis d'Harcourt de son profond respect pour le Roi; il y ajouta : *et de son attachement;* mais les termes furent généraux. Il s'expliqua un peu plus précisément quelques jours après, lorsqu'il rendit la visite à l'ambassadeur. « Nous pourrons, lui dit-il, parler d'affaires quelque jour : mon devoir m'oblige à regarder premièrement le service de Dieu, celui de mon maître ensuite, et celui du Roi votre maître est immédiatement après l'un et l'autre. »

Le marquis de l'Orbalbacès, de la maison de Spinola, conseiller d'Etat, auparavant ambassadeur à la paix de Nimègue, ensuite en France pour le premier mariage du Roi son maître, parla le premier au marquis d'Harcourt, et continua dans la suite à parler encore plus confidemment que tout autre ministre. Il instruisit l'ambassadeur des erreurs de la Reine dans la conduite qu'elle tenoit, l'assura que le crédit de cette princesse diminuoit considérablement; qu'elle s'étoit attiré la haine publique, et que cette haine augmentoit tous les jours; que les ministres étoient divisés. Balbacès lui en apprit plusieurs particularités, aussi bien que de l'intérieur du conseil d'Espagne.

Peu à peu d'autres grands ou officiers principaux virent Harcourt, et chacun d'eux fit quelque confidence à peu près semblable à celle de Balbacès : tous désiroient un prince de France pour succéder au Roi leur maître, espérant qu'il maintiendroit la monarchie d'Espagne en son entier, sans souffrir le moindre démembrement des Etats dont elle étoit composée. C'étoit à cette condition que l'ancienne antipathie entre les deux nations cesseroit; que le Roi, donnant un des princes ses enfans à l'Espagne, la délivreroit du joug des Allemands, et deviendroit son protecteur sans changer le gouvernement du royaume, et sans penser à le réduire en province, ainsi que le publioient les ennemis de la France et de Sa Majesté.

Le marquis d'Harcourt détruisit en peu de temps la crainte que l'on avoit en Espagne d'un tel changement de gouvernement, si jamais un prince de France y régnoit. Il étoit plus difficile de prouver que le Roi seul maintiendroit dans la dépendance de la couronne d'Espagne tous les Etats soumis à cette monarchie : elle étoit alors incapable de les conserver et de se défendre par elle-même, épuisée d'argent, dénuée de troupes et de vaisseaux; c'étoit un corps sans âme que la France devoit animer et soutenir à ses dépens dans l'ancien et le nouveau Monde, et, s'il étoit possible, la mettre en état d'agir si elle en étoit encore temps, lorsque la France elle-même se seroit épuisée pour la faire revivre; car il étoit hors de doute que le reste de l'Europe, jalouse de la puissance du Roi, alarmée de la voir encore augmenter, rassembleroit ses forces pour traverser l'union de l'une et de l'autre couronne. La ligue séparée par le traité de Riswick se réuniroit encore, et les mêmes puissances joindroient leurs forces et combattroient pour la maison d'Autriche. Alors le penchant des peuples actuellement favorable à la France s'évanouiroit, ou, s'il subsistoit, il deviendroit non-seulement inutile, mais de plus il seroit presque impossible au Roi d'en profiter.

Ainsi dès l'année précédente Sa Majesté avoit pris le parti de préférer le repos de ses peuples et la gloire d'affermir celui de l'Europe, à celle de faire entrer dans la famille royale une couronne son ennemie, depuis qu'elle étoit possédée par la maison d'Autriche. Le Roi aimoit mieux se contenter de quelque partie de la monarchie d'Espagne, pour tenir lieu à M. le Dauphin de ses droits légitimes, que de s'engager à maintenir dans la même union les différens Etats dépendant de ce royaume.

M. le Dauphin, soumis pendant tout le cours de sa vie aux décisions du Roi son père, avoit consenti sans peine à la résolution que Sa Majesté jugeoit convenir le plus au bien du royaume et de l'Europe entière.

L'idée de partager la monarchie d'Espagne, si le roi Charles II mouroit sans enfans, n'étoit pas une idée nouvelle: le foible tempérament de ce prince, ses maladies fréquentes, donnèrent lieu de former un pareil projet dès l'année 1668. Le Roi convint du partage avec l'empereur Léopold par un traité signé à Vienne et déposé entre les mains du grand duc de Toscane, pour le garder secrètement jusqu'à l'événement de la succession du roi Catholique.

Ce traité, sans effet depuis l'année 1668, servit d'exemple et de modèle aux précautions à prendre pour conserver la paix dans l'Europe. Il est vrai que les circonstances étoient différentes: l'état de la famille de l'Empereur étoit changé. Ce prince, trente ans auparavant, n'avoit point de fils; il en avoit deux lors de la conclusion de la paix signée à Riswick; et l'ambition de la maison d'Autriche ne pouvoit être satisfaite, si la succession de Charles ne passoit tout entière au second de ces princes.

Comme il étoit inutile de traiter alors avec la cour de Vienne pour un partage, le Roi jugea plus à propos d'entrer pour cet effet en négociation avec le roi d'Angleterre Guillaume III, dont le crédit, tout puissant en Hollande, entraîneroit certainement les Etats-généraux des Provinces-Unies à suivre son exemple.

Vers la fin de l'été de 1697, les traités de la paix générale étant prêts à signer à Riswick, et les armées encore en campagne, le maréchal de Boufflers eut, à la vue de l'une et de l'autre armée, quatre conférences avec le comte de Portland, né Hollandois, confident intime du roi d'Angleterre, dont il avoit été page. On a faussement publié que le partage de la succession d'Espagne avoit été réglé entre eux dans les conférences; il n'en fut pas question: elles roulèrent sur trois articles.

Le roi Guillaume demandoit par le premier que ses ennemis ne reçussent ni secours ni assistance de la part de la France. Il spécifioit particulièrement le roi Jacques II, son beau-père; et, pour plus grande sûreté, Portland insistoit à faire sortir de France ce prince infortuné, et à l'obliger à porter ses malheurs soit à Rome, soit en tel autre lieu de l'univers qu'il lui plairoit de choisir.

Le maréchal de Boufflers demandoit de la part du Roi d'insérer dans le traité de paix qu'il seroit accordé une amnistie générale aux Anglois qui avoient suivi le roi Jacques en France, et de plus la restitution de leurs biens: condition que le comte de Portland rejeta, sous prétexte que le Roi son maître ne seroit pas en sûreté en Angleterre s'il consentoit à l'accorder.

Le troisième article agité dans ces conférences regardoit la ville d'Orange. Le maréchal de Boufflers demandoit que l'entrée et toute habitation dans cette ville fussent interdites aux sujets du Roi, qui prévoyoit que les nouveaux convertis, attachés encore à leurs premières erreurs, accourroient des provinces dont Orange est environné et s'établiroient dans cette ville s'ils en avoient la liberté.

Portland soutint que l'interdiction demandée seroit contraire à la prétendue souveraineté d'Orange: toutefois il convint que le Roi son maître donneroit secrètement parole d'empêcher tout sujet du Roi de s'établir à Orange sans la permission de Sa Majesté.

Les conférences roulèrent sur ces différens articles.

Après la paix, le comte de Portland vint en France en qualité d'ambassadeur extraordinaire du Roi son maître. Il dit en arrivant qu'il ne s'étoit pas attendu à trouver encore le roi Jacques à Saint-Germain; il s'en plaignit au Roi même dans une audience particulière, comme d'une contravention à la parole que le maréchal de Boufflers lui avoit donnée. Le roi d'Angleterre n'approuva pas la précipitation de son ambassadeur. Ce ministre ne s'étoit pas borné à demander la sortie du roi Jacques; il prétendoit encore que le Roi fit sortir de son royaume le duc de Berwick et plusieurs autres Anglois soupçonnés en Angleterre d'avoir été complices dans une conspiration qu'on supposoit formée contre la personne du roi Guillaume et nouvellement découverte.

Portland, désavoué par le Roi son maître, s'excusa sur les premiers ordres qu'il en avoit reçus. Il protesta que, suivant les intentions de ce prince, il désiroit ardemment de travailler à l'établissement de l'intelligence parfaite que le roi d'Angleterre souhaitoit de former et d'entretenir avec Sa Majesté, persuadé que cette union, nécessaire au bien de l'Europe, l'étoit par conséquent au maintien de la paix.

L'événement le plus capable de la troubler étoit la mort du roi d'Espagne : il y avoit lieu de le prévoir comme prochain, les maladies de ce prince étant fréquentes, et sa foiblesse telle, que chaque rechute paroissoit mortelle. Le roi Guillaume, prince habile et éclairé, ne pouvoit s'aveugler sur la révolution que ce grand événement produiroit en Europe : il connoissoit par conséquent la nécessité de prendre des mesures justes et à temps, pour prévenir le renouvellement d'une guerre générale. Son ambassadeur assuroit que ce prince vouloit mériter l'amitié du Roi ; et cet ambassadeur possédant la confiance de son maître, il n'y avoit pas lieu de douter qu'il n'eût été choisi pour une commission importante plutôt qu'un Anglois, dont la fidélité eût été moins éprouvée et plus suspecte.

Ces circonstances, jointes au désir sincère de maintenir la paix, déterminèrent le Roi à proposer au roi d'Angleterre un partage de la monarchie d'Espagne, à peu près dans l'esprit de celui que Sa Majesté avoit fait avec l'empereur Léopold en l'année 1668.

Le prince d'Orange, devenu roi d'Angleterre sous le nom de Guillaume III, avoit été l'oracle de la ligue formée contre la France pendant la dernière guerre. Il disposoit souverainement des résolutions de la république de Hollande ; et, quoique contredit en Angleterre, où il avoit été appelé et reçu dix ans auparavant comme le libérateur de la nation, il pouvoit s'assurer qu'elle ne s'opposeroit pas aux mesures qu'il prendroit pour conserver la paix, dont la décision, ainsi que celle de la guerre, est au pouvoir des rois d'Angleterre, nonobstant les bornes que les lois du pays prescrivent à l'autorité royale.

Les deux ministres (1) que le Roi chargea de conférer avec le comte de Portland eurent ordre de lui proposer un traité entre Sa Majesté et le roi de la Grande-Bretagne, pour régler le partage à faire de la monarchie d'Espagne sur le modèle du traité éventuel fait entre le Roi et l'Empereur en l'année 1668. Comme il ignoroit les intentions du Roi son maître sur une proposition toute nouvelle et d'une telle importance, il demanda le temps de lui dépêcher un courrier et de recevoir ses ordres, persuadé cependant que ce prince recevroit le projet que Sa Majesté vouloit bien lui confier comme une preuve certaine du désir que le Roi lui avoit déjà témoigné de conserver la paix.

On étoit alors au mois de mars de l'année 1698. Le comte de Tallard, depuis maréchal et pair de France, que le Roi avoit nommé ambassadeur extraordinaire auprès du roi d'Angleterre, partit pour se rendre à Londres, instruit de la proposition faite au comte de Portland et chargé d'informer Sa Majesté de la réponse du roi de la Grande-Bretagne. A peine étoit-il arrivé, que le comte de Portland reçut cette réponse. Elle portoit que le Roi son maître ne s'étoit pas attendu à la proposition faite à son ambassadeur. Ce prince lui ordonnoit d'assurer le Roi qu'il contribueroit de tout son pouvoir à maintenir la paix ; qu'il voyoit clairement que Sa Majesté vouloit sincèrement conserver la tranquillité de l'Europe ; que lui-même désiroit ardemment de concourir à de si louables desseins, et surtout qu'elle fût satisfaite de la conduite qu'il tiendroit ; qu'il souhaitoit comme elle qu'on pût trouver les moyens de prévenir la guerre que l'événement de la mort du roi d'Espagne étoit capable de renouveler. Au reste, il n'en proposoit aucun, ne sachant ni ce que le Roi pensoit, ni ceux qui conviendroient à Sa Majesté. Il se remettoit donc à la connoissance qu'elle voudroit bien lui en donner et promettoit d'en dire son sentiment, aussi bien que des mesures à prendre de concert pour assurer le repos public.

Portland rendit compte au Roi, dans une audience particulière, des ordres qu'il avoit reçus. Il assura Sa Majesté que le roi d'Angleterre garderoit sous un profond secret la proposition qu'elle avoit bien voulu lui confier ; il ajouta qu'il se flattoit de réussir mieux que tout autre à cette importante négociation, connoissant particulièrement les sentimens de son maître.

Après une réponse obligeante et pour le prince et pour l'ambassadeur, le Roi le remit à ce qu'il lui feroit savoir par ses ministres.

Ils lui dirent quelques jours après que Sa Majesté, ayant bien examiné l'état de l'Europe, convenoit que la réunion de l'Espagne et des États dépendant de cette couronne, soit à la France, soit sous la domination de l'Empereur,

---

(1) Pomponne et Torcy.

alarmeroit généralement tous les autres Etats ; que ce n'étoit pas aussi sa vue de les unir, en sorte que la France et l'Espagne ne fissent désormais qu'une même monarchie ; mais qu'il étoit juste de conserver les droits de l'héritier légitime. M. le Dauphin l'étoit suivant les lois ; mais il lui suffisoit que son droit fût reconnu, et sitôt qu'il le seroit il le céderoit sans peine au plus jeune de ses fils, remettant ce prince entre les mains des Espagnols, pour l'élever et le former suivant leurs maximes. Ainsi la monarchie de France et celle d'Espagne demeureroient toujours distinctes et séparées.

Comme il falloit aussi faire cesser l'inquiétude que les Anglois et les Hollandois conservoient du voisinage des Pays-Bas, si ces provinces passoient au pouvoir d'un prince de France, le Roi proposoit de les donner en souveraineté à l'électeur de Bavière, dont les forces et la puissance ne pouvoient faire ombrage à ces deux nations.

Le comte de Portland demanda que ces propositions lui fussent données par écrit, afin de les envoyer à Londres, persuadé cependant, quoiqu'il n'eût aucun ordre et ne pût parler de lui-même, que le Roi son maître, ni les autres princes et Etats de l'Europe, ne conviendroient de laisser recueillir par un prince de France la succession d'Espagne ; que l'union de l'une et de l'autre monarchie seroit toujours à leurs yeux un objet formidable, et que nulle précaution ne calmeroit une crainte si juste, quelque condition que le Roi voulût offrir pour dissiper les alarmes que ces liaisons étroites entre la France et l'Espagne causeroient indubitablement.

Portland n'admettoit pas plus le projet de disposer des Pays-Bas en faveur de l'électeur de Bavière ; car il ne s'agissoit pas de rassurer les Hollandois contre les entreprises du souverain de ces provinces : ils désiroient au contraire que celui qui les posséderoit eût assez de forces pour compter sur lui comme sur le rempart et la barrière des Provinces-Unies ; et pour donner cette sûreté l'électeur étoit trop foible. Portland dit que, dans la vue de favoriser ce prince et d'empêcher l'augmentation de la puissance de l'Empereur, on pourroit de concert reconnoître le prince électoral de Bavière et le placer sur le trône d'Espagne, à l'exclusion de l'archiduc ; proposition qu'il accompagna de protestations nouvelles de parler de lui-même et sans être instruit des intentions de son maître. Ce prince vouloit peut-être, avant que de s'engager, savoir certainement quelle étoit la disposition de la cour d'Espagne et de la nation.

L'intérêt du Roi étoit au contraire d'être instruit au plus tôt de ce qu'il devoit attendre et du roi d'Angleterre et de la république de Hollande. Le temps perdu dans une négociation incertaine pouvoit changer la disposition présente de l'Espagne ; et si l'ambassadeur de France à Madrid négligeoit de la cultiver, il agissoit et faisoit plus pour l'Empereur que les ministres et les partisans de la maison d'Autriche, soutenus du crédit de la Reine, n'avoient obtenu jusqu'alors. La guerre étoit inévitable si l'archiduc obtenoit du Roi Catholique de le reconnoître héritier présomptif de tous ses Etats. Quand même tous les souverains de l'Europe, accoutumés à voir sans alarmes les deux branches de la maison d'Autriche régner en Espagne et dans l'Empire, auroient vu sans crainte la puissance de Charles-Quint partagée entre les deux fils de l'Empereur, il n'eût été ni de l'intérêt ni de l'honneur de la France de souffrir que la succession d'Espagne fût enlevée tout entière aux enfans de son roi, à qui elle appartenoit légitimement : il falloit reprendre les armes et le Roi se seroit vu forcé de renoncer au plaisir de faire jouir ses sujets d'un repos qu'ils n'avoient connu que par intervalles, toujours de peu de durée. Sa Majesté perdoit ainsi le fruit de la paix de Riswick, qu'on peut dire précipitée par le seul motif de soulager le royaume et de récompenser le zèle et l'inviolable fidélité des peuples, objet que le Roi avoit préféré aux avantages que la situation présente des affaires lui promettoit, s'il eût voulu soutenir par les armes les prétentions que ses ennemis n'étoient plus en état de lui disputer.

Le comte de Portland affectoit d'ignorer les intentions de son maître : ainsi le comte de Tallard eut ordre de presser ce prince de s'expliquer.

Le roi d'Angleterre répondit à l'ambassadeur de France que, suivant l'opinion commune, la renonciation de la feue reine Marie-Thérèse étoit bonne : « mais ce ne seront pas, dit-il, les avocats qui décideront une telle question ; il est bien à craindre que l'épée n'y soit nécessairement employée. » Il assura qu'il désiroit le maintien de la paix ; qu'il y contribueroit de tout son pouvoir, son âge étant désormais pour lui une forte raison de souhaiter le repos ; qu'il devoit en même temps préférer à toute autre considération l'intérêt de l'Angleterre et celui de la république de Hollande. Il ne nia pas d'être entré, au commencement de la dernière guerre, en quelques propositions de traité avec l'Empereur au sujet de la succession d'Espagne ; mais, sans en expliquer le détail, il dit qu'il croyoit très-à-propos d'accorder au duc de Bavière les Pays-Bas, augmentés de quelques places que le Roi lui céderoit pour fortifier la barrière et rassurer ainsi les États-généraux des Provinces-Unies.

On pouvoit, selon sa pensée, donner l'Espagne et les Indes à l'un des princes, fils de M. le Dauphin; les États d'Italie à l'archiduc; convenir enfin du traité de commerce avec l'Angleterre et la Hollande, et donner à l'une et à l'autre des places de sûreté pour négocier dans la Méditerranée, ainsi qu'aux Indes occidentales.

Tallard rendit compte au Roi, le 11 avril 1698, de la réponse que le roi d'Angleterre lui avoit faite. La suite de la négociation commencée en France lui fut remise pour la continuer et la terminer à Londres. Le succès en étoit incertain, et par conséquent il auroit été contre la prudence d'abandonner les dispositions que le marquis d'Harcourt trouvoit en Espagne en faveur des princes de la famille royale. L'intention du Roi n'étoit pas d'en abuser pendant que Sa Majesté traitoit dans un esprit différent avec le roi d'Angleterre, mais il étoit de sa sagesse de les cultiver; en sorte que si la négociation de Londres ne réussissoit pas, il dépendît d'elle de prendre tel parti qu'elle jugeroit le plus convenable au bien de son royaume. Dans cette vue, elle eut soin d'avertir régulièrement le marquis d'Harcourt des circonstances et des suites de la négociation du comte de Tallard.

La reine d'Espagne et ceux des ministres qu'elle protégeoit le plus ne pensoient pas, à l'égard des princes de France, comme le commun de la nation, et le crédit de cette princesse éloignoit du Roi Catholique ceux qui pouvoient lui inspirer des sentimens favorables à ses héritiers légitimes. Le marquis d'Harcourt le reconnut dès le commencement de son ambassade, par les délais affectés de l'admettre à l'audience particulière du roi d'Espagne. Elle lui fut refusée pendant plus de trois mois, sous prétexte de la mauvaise santé de ce prince, quoique cette raison n'eût jamais exclu de l'audience du Roi Catholique ni de celle de la Reine les deux ambassadeurs de l'Empereur. Enfin, après plus de trois mois de séjour à Madrid, le marquis d'Harcourt obtint, vers la fin du mois d'avril, cette audience particulière qu'il avoit jusqu'alors sollicitée. On avoit pris soin de disposer le lieu où le roi d'Espagne le reçut de manière que l'ambassadeur ne pût juger, en voyant ce prince, de l'état de sa santé : la chambre n'étoit éclairée que de deux bougies et le Roi placé de sorte qu'à peine on pouvoit distinguer son visage. Sa réponse au compliment de l'ambassadeur fut très-courte et l'audience finit presque aussitôt qu'elle fut commencée.

Il n'est guère vraisemblable qu'un ministre éclairé tel que le marquis d'Harcourt eût choisi le moment de cette audience ténébreuse pour suggérer au roi d'Espagne et l'engager à signer un acte qui n'auroit dû voir la lumière qu'après la mort de ce prince. Il faut cependant convenir que Charles II n'avoit alors aucun éloignement pour la France; et le marquis d'Harcourt croyoit que, s'il eût été maître de suivre ses sentimens, même son inclination, il auroit pris une confiance entière en l'amitié du Roi : mais il n'osoit le faire paroître, retenu par la crainte extrême de l'humeur aigre et emportée de la Reine sa femme.

L'impression que cette crainte faisoit sur son esprit parut quelque temps après, dans une occasion importante à l'Espagne. Les Maures d'Afrique assiégeoient Ceuta. Le roi d'Espagne manquoit non-seulement de troupes, mais de vaisseaux pour transporter le peu de secours qu'il pouvoit y envoyer : Louis XIV lui fit offrir les troupes et les vaisseaux dont il auroit besoin. Il s'agissoit non-seulement de conserver Ceuta, mais de plus Oran; par conséquent d'empêcher la prise des deux places dont la conquête facilitoit aux Maures un retour en Espagne.

Le Roi Catholique, touché de la générosité de Sa Majesté, vouloit accepter une offre applaudie de toute l'Espagne. Les contradictions de la Reine retardèrent long-temps la réponse que le marquis d'Harcourt sollicitoit : enfin cette princesse, soutenant de son autorité les instances des deux ministres de l'Empereur, obligea le Roi son mari à refuser sous de vains prétextes les secours que la France lui proposoit libéralement. Un tel refus étoit absolument contraire à l'avis du plus grand nombre et de la plus saine partie du conseil d'État; mais nul ne résistoit aux volontés souveraines et décisives de la Reine, crainte et nullement aimée. L'aversion de toute domination allemande étoit égale, et les Espagnols en général ne méprisoient pas moins ceux des ministres qui paroissoient avoir le plus de part à la confiance de la Reine.

Le marquis d'Harcourt informoit exactement le Roi de l'état de la cour d'Espagne et du sentiment presque général de la nation; mais en même temps il ne laissoit pas ignorer à Sa Majesté les difficultés qu'elle trouveroit à profiter de la disposition des peuples en faveur d'un des princes ses petits-fils. Elle ne devoit y faire de fondement qu'autant qu'elle se croiroit en état de soutenir seule avec ses propres forces la monarchie d'Espagne en son entier, sans le moindre démembrement. Les Espagnols, trop foibles pour contribuer à leur propre défense, auroient changé de sentimens et seroient devenus comme autrefois ennemis de la France, sitôt qu'elle auroit consenti à quelque partage des Etats dépendant de la couronne d'Espagne.

Ces avis sages et conformes aux réflexions que le Roi avoit faites avant que d'entamer la négociation d'Angleterre, confirmèrent Sa Majesté dans le parti qu'elle avoit pris de traiter du partage de la succession d'Espagne, comme le moyen le plus capable de maintenir le repos de l'Europe. Le roi de la Grande-Bretagne, sûr de son autorité dans les Provinces-Unies, se chargea de les faire entrer dans le traité; et le comte de Tallard suivit ce prince lorsqu'il passa en Hollande.

Pendant l'incertitude du succès de la négociation, le marquis d'Harcourt, instruit exactement de ce qui se passoit à Londres, régloit sa conduite à Madrid suivant les avis et les ordres qu'il recevoit de Sa Majesté. Il ménageoit ceux dont les bonnes intentions lui étoient connues, mais il ne prenoit avec eux aucun engagement, son unique objet étant d'empêcher qu'ils n'eussent recours à l'Empereur s'ils cessoient d'espérer que la France voulût les secourir suivant leurs desirs, c'est-à-dire maintenir la monarchie d'Espagne en son entier et sans démembrement.

Cependant le parti des princes de la famille royale grossissoit tous les jours. La conduite des deux comtes d'Arrach contribuoit à le fortifier : leurs instances importunes les rendoient odieux au roi d'Espagne; les discours qu'ils tenoient et les intrigues secrètes et nocturnes ne déplaisoient pas moins à la Reine leur protectrice. Le comte d'Harrach le père, prêt à partir pour retourner à Vienne au mois de juillet, fit avant son départ trois propositions au roi d'Espagne également pressantes et toutes trois également désagréables à ce prince. La première de mettre ordre à sa succession et de la régler au plus tôt pour le bien de sa monarchie; la seconde d'accorder à l'archiduc le gouvernement du Milanois, confié au prince de Vaudemont; la troisième de renouveler avec ses anciens alliés les traités que l'Empereur jugeoit nécessaires pour la garantie de celui de Riswick.

Le roi d'Espagne ne daigna pas répondre à la première proposition, ayant horreur de toutes celles qu'on auroit pu lui faire au sujet de sa succession. Il rejeta la demande du gouvernement de Milan en faveur de l'archiduc. Quant aux traités d'union et de garantie de celui de Riswick, il fit répondre que dans la situation présente des affaires, ces précautions étoient inutiles.

Cette dernière demande du vieux comte d'Harrack déplut au conseil d'Etat autant qu'elle avoit été désagréable au Roi Catholique.

Harrach avoit demandé que le conseil n'eût aucune connoissance des instances qu'il avoit faites à ce prince, et particulièrement qu'elles ne fussent pas connues du cardinal Porto-Carrero son commissaire, tous les conseillers d'Etat lui étant suspects, à l'exception du seul comte d'Oropeza.

Les deux comtes d'Harrach, le père et le fils, ne ménagèrent pas plus la Reine leur protectrice, dévouée jusqu'alors aux intérêts de la maison d'Autriche. L'Empereur, excité par ses deux ambassadeurs, lui écrivit des lettres si remplies de reproches et si dures, qu'elle se plaignit amèrement et de l'ingratitude de ce prince, et du malheureux sort qui l'avoit entraînée à se faire détester de toute l'Espagne, sans autre sujet, selon elle, que d'avoir témoigné trop de zèle pour les intérêts de la famille impériale.

La plus grande partie du conseil jugeoit nécessaire d'assembler les Etats, et plusieurs des principaux se croyoient obligés en honneur et en conscience de représenter au Roi leur maitre la nécessité d'en convoquer l'assemblée et d'y régler, pour le bien de ses peuples, l'ordre de sa succession.

Le cardinal Porto-Carrero, très-réservé jusqu'alors, s'ouvrit plus confidemment au marquis d'Harcourt : il lui dit qu'après avoir examiné scrupuleusement ce qui convenoit au service de Dieu, au bien de la patrie, aussi bien que de l'équité, il avoit résolu de prendre le parti de la famille royale de France; que jusqu'à la mort il seroit inébranlable dans sa résolution, conforme aux sentimens de ce qu'il y avoit de plus considérable en Espagne; qu'on pouvoit même dire que c'étoit celui de toute la nation, si l'on en exceptoit cinq ou six brouillons, appuyés par une Reine envoyée de Dieu pour punir l'Espagne; que leur crédit tomberoit dans l'instant que le roi Charles cesseroit de vivre.

Cette princesse commençoit à reconnoître le mauvais parti qu'elle avoit pris et suivi jusqu'alors; elle désiroit de faire oublier en France sa conduite passée et de la réparer. Elle affecta premièrement de recevoir et de traiter le marquis d'Harcourt avec une distinction particulière; elle lui fit quelques présens, y joignant des discours et des marques d'affection qui excitèrent la jalousie de la comtesse d'Harrach, femme du nouvel ambassadeur de l'Empereur.

Ces légères démonstrations eurent des suites plus dignes d'attention : l'amirante de Castille, ministre confident de la Reine, fut chargé par elle de lier une correspondance secrète avec le marquis d'Harcourt ; le père Cienfuegos, jésuite et depuis cardinal, fit les premières ouvertures de cette nouvelle intelligence. L'amirante rendit ensuite plusieurs visites à l'ambassadeur de France : il lui fit entendre qu'il avoit trop négligé la Reine ; qu'il auroit dû profiter de plusieurs avances faites de la part de cette princesse ; et quoiqu'elle ne lui eût pas été nommée, qu'il avoit pu comprendre qu'on parloit par son ordre.

L'amirante joignit à ce discours beaucoup de protestations de son zèle pour les intérêts du Roi et des princes ses enfans : il assura qu'il n'avoit rien oublié pour engager la Reine à persuader au Roi Catholique de choisir l'un d'eux pour son successeur ; il ajouta quelques conseils sur la conduite que l'ambassadeur devoit tenir pour déterminer absolument la Reine à regarder désormais comme son propre intérêt celui de la France. S'il suivoit ces conseils, disoit l'amirante, l'effet en seroit infaillible.

Le marquis d'Harcourt connoissoit parfaitement le caractère de ce ministre : il ne douta pas que sa vue principale et le motif de tant d'offres de services, ne fût l'espérance de l'amuser et de le tromper. Quand même il n'auroit pas eu ce juste soupçon de tant d'avances qu'il n'avoit ni recherchées ni attendues, les ordres du Roi l'obligeoient d'éluder ces sortes de propositions.

La négociation avec l'Angleterre et la Hollande approchoit de sa conclusion ; et le marquis d'Harcourt, prévoyant le désagrément du poste d'ambassadeur de France à Madrid lorsque le traité de partage éclateroit, avoit déjà supplié le Roi de lui accorder son congé et réitéré ses instances pour l'obtenir. Il n'auroit pas insisté sur son rappel, si le roi d'Espagne eût effectivement adopté ce testament qu'on a supposé que la France avoit suggéré, et même si l'ambassadeur eût ajouté foi aux paroles de l'amirante, qui ne cessoit de l'assurer qu'il savoit certainement que la Reine, quoiqu'elle ne lui eût pas confié son secret, désiroit uniquement que le Roi voulût appeler à Madrid un des princes de France, le déclarer héritier de toute sa monarchie et prendre les mesures nécessaires pour lui assurer, après Sa Majesté Catholique, la possession de tous les Etats dépendant de sa couronne, sans la moindre division.

L'amirante rendoit de fréquentes visites au marquis d'Harcourt, et lui demandoit souvent quel usage il avoit fait de leurs conversations : l'ambassadeur répondoit simplement qu'il en avoit informé le Roi, dont il attendoit les ordres. Il pria cependant l'amirante de l'instruire des intentions de la Reine et de ce qu'elle désiroit pour ses propres avantages. Cet article ne fut pas éclairci ; Harcourt n'eut aucune curiosité de l'approfondir, sachant que la conclusion du traité avec l'Angleterre et la Hollande étoit prochaine.

Il fut en effet signé à La Haye le 11 octobre 1698. Le comte de Tallard et le comte de Briord, ambassadeurs du Roi, le premier auprès du roi d'Angleterre, l'autre auprès des Etats-généraux, le signèrent tous deux avec les ministres de ce prince et ceux de la république de Hollande, munis des pouvoirs de leurs maîtres.

Le traité régloit le partage à faire, en cas de mort du roi d'Espagne, des Etats dépendant de sa couronne : précaution jugée nécessaire pour maintenir le repos de l'Europe.

Selon ce partage, M. le Dauphin devoit avoir les royaumes de Naples et de Sicile, les places dépendantes de la couronne d'Espagne situées sur les côtes de Toscane, le marquisat de Final et la province de Guipuscoa.

Le prince électoral de Bavière, fils de l'électeur, étoit désigné pour régner sur l'Espagne et les Indes ; les Pays-Bas devoient aussi lui appartenir.

La souveraineté du Milanois formoit le partage de l'archiduc, second fils de l'Empereur.

Le prince électoral, dans un âge encore tendre, pouvoit mourir avant son père : cet événement avoit été prévu et le traité portoit que s'il arrivoit l'électeur seroit substitué à son fils.

Le Roi et ses alliés s'engagèrent réciproquement à garder le secret du traité pendant la vie du Roi Catholique : condition aussi nécessaire que l'exécution en étoit difficile ; car il falloit, pour maintenir la paix, objet principal de l'alliance, contenter l'Empereur en bornant cependant ses vues qu'il étendoit sur la succession totale du roi d'Espagne. Le moyen de les modérer étoit de lui montrer une ligue puissante, formée pour arrêter son ambition s'il ne se contentoit des avantages stipulés pour sa maison. Il étoit donc nécessaire de l'instruire des conditions du traité pour lui persuader d'y souscrire ; mais l'usage qu'il feroit de la connoissance qu'on lui en donneroit étoit incertain et dangereux, puisque, s'il refusoit de l'accepter, il se feroit auprès du roi d'Espagne un mérite de son refus. Le roi Catholique et ses sujets, également irrités du projet de partage, n'auroient espéré de secours que de l'Empereur : ainsi la haine des Espagnols contre les Allemands se seroit tournée contre la France, et l'électeur de Bavière auroit été pour eux un appui trop foible pour en attendre aucune assistance; peut-être même que le Pape et les princes d'Italie, craignant la puissance de la France, n'auroient pas hésité à se déclarer pour l'Empereur. Ainsi le danger étoit égal, soit de communiquer, soit de cacher à la cour de Vienne la convention faite pour le partage.

Le roi d'Angleterre, persuadé de son crédit sur l'esprit de l'Empereur, se chargea de l'engager à consentir au traité et à le signer.

Le marquis d'Harcourt, louant la sagesse du Roi dans le parti que Sa Majesté avoit pris de conclure une alliance si conforme à ses véritables intérêts, y joignit ses réflexions ; et, prévoyant le mouvement violent que la publicité du traité exciteroit à Madrid, il renouvela ses instances pour obtenir son rappel dans une conjoncture où son séjour à la cour d'Espagne devenoit absolument inutile, puisqu'un ministre du second ordre, même un simple secrétaire, suffiroit pour le peu d'affaires qu'il y auroit désormais à traiter. Il étoit trop éclairé pour demander avec tant d'empressement la permission de retourner en France, si le roi d'Espagne eût signé secrètement un testament suggéré, dont l'ambassadeur auroit négocié et obtenu la souscription.

Le Roi lui permit de répandre le bruit de la demande qu'il avoit faite de son congé et de laisser croire que, l'obtenant bientôt, Sa Majesté chargeroit du soin de ses affaires ou Blécourt ou Digulville, anciens officiers que le marquis d'Harcourt avoit menés avec lui à Madrid.

Plus il évita dès-lors les avances que lui faisoient les grands et d'autres personnes de toute condition, plus il éprouva d'empressement de leur part à le rechercher : mais les ordres du Roi régloient la conduite qu'il devoit tenir depuis que les ratifications du traité de partage avoient été échangées au commencement du mois de novembre, et la seule utilité qu'il pouvoit retirer du nouvel empressement de la nation espagnole se réduisoit, suivant les intentions de Sa Majesté, à prévenir que l'Espagne, n'espérant rien de la part de la France, n'eût enfin recours à l'Empereur.

La santé du roi d'Espagne dépérissoit; ses maladies, plus fréquentes et plus dangereuses qu'elles ne l'étoient précédemment, augmentoient les inquiétudes de ses sujets et l'incertitude sur le choix du successeur que ce prince nommeroit. Enfin le bruit se répandoit que ce choix étoit fait il y avoit déjà deux ans ; que certainement Charles avoit alors signé un testament dont les dispositions étoient encore inconnues ; que la Reine les ignoroit elle-même, quelque tentative qu'elle eût faite pour les pénétrer. On disoit en même temps que le cardinal Porto-Carrero en étoit dépositaire.

Le marquis d'Harcourt ne pouvoit en savoir plus certainement la vérité qu'en s'adressant à ce cardinal. Il lui fit demander si ce testament existoit. Porto-Carrero répondit qu'il avoit été entre ses mains, avec serment de sa part d'en garder le secret tant que le Roi son maître vivroit ; mais qu'il ne subsistoit plus, que la Reine avoit eu le crédit de porter le Roi Catholique à le brûler et à appeler un des fils de l'Empereur à la succession totale de ses États ; que l'acte en étoit entre les mains de cette princesse et la déclaroit régente de toute la monarchie lors de la mort du Roi son mari.

Porto-Carrero prévoyoit qu'il y auroit de grands désordres à Madrid; mais que le parti de la France qu'il regardoit comme celui de la raison et de la justice, seroit certainement le parti le plus fort, tant du côté du clergé et des seigneurs, que de la plus grande partie de la nation.

Cette dernière disposition du roi d'Espagne fut encore changée quelque temps après. Il étoit difficile que le secret du traité de partage fût long-temps observé ainsi qu'il avoit été stipulé : une telle convention intéressoit trop de peuples et trop de négociations avoient été employées à la former, pour être long-temps ignorée. Les premiers avis de la conclusion parvinrent à Madrid par la Hollande. A cette nouvelle, le roi d'Espagne convoqua tous les conseillers d'Etat ; il tint un conseil extraordinaire qui dura trois heures : il en résulta que ce prince fit un testament, et par ce dernier acte il institua le prince électoral de Bavière son héritier universel. Lorsque l'électeur en reçut la nouvelle, le comte de Tallard passoit à Bruxelles et venoit à Paris rendre compte au Roi de la négociation du traité fait avec le roi d'Angleterre. L'électeur, qu'il vit à son passage, lui confia la disposition que le Roi Catholique venoit de faire en faveur du prince électoral et le pria de dire au Roi et d'assurer Sa Majesté qu'il donneroit tous les actes qu'elle jugeroit nécessaires pour s'engager à l'exécution du traité de partage, nonobstant la disposition que le Roi Catholique faisoit par ce dernier testament.

C'étoit un foible engagement que la parole et la bonne volonté de l'électeur : son fils étoit mineur ; et lorsqu'il auroit atteint l'âge de majorité il auroit été maître de désavouer tout engagement pris à son préjudice. Il parut donc nécessaire au Roi et pareillement au roi d'Angleterre de retour à Londres, que l'ambassadeur de France à Madrid se plaignît de la disposition faite en faveur du prince électoral. C'étoit l'approuver que de garder le silence, accoutumer les Espagnols à croire que la dernière disposition du Roi leur maître maintiendroit la paix dans son royaume et l'union dans ses Etats; que la France en étoit contente, puisqu'elle ne s'en plaignoit pas, et qu'ils n'auroient pas à craindre la vengeance impuissante de l'Empereur.

Il convenoit, pour l'exécution du traité de partage, d'effacer ces idées : ainsi le Roi fit dresser un mémoire que le marquis d'Harcourt devoit présenter au roi d'Espagne dans une audience particulière qu'il demanderoit pour cet effet. Ce mémoire, sans contenir de menaces, s'expliquoit assez pour laisser entrevoir que le Roi ne pourroit voir ni souffrir tranquillement aucune injustice faite aux droits de M. le Dauphin.

Le marquis d'Harcourt eut ordre de remettre la copie de ce mémoire au cardinal de Cordoue, son commissaire, et de le communiquer ensuite aux autres conseillers d'Etat : ces démarches faites, il devoit garder le silence. La conjoncture étoit trop importante pour laisser au marquis d'Harcourt la liberté d'user de la permission que le Roi lui avoit donnée de revenir en France : elle fut donc suspendue et le marquis d'Harcourt obligé de prolonger encore son séjour à Madrid et de garder le secret du traité de partage ; car il paroissoit nécessaire d'en différer l'aveu jusqu'à ce qu'on sût quelle seroit la résolution de l'Empereur lorsqu'il seroit informé de la dernière disposition du roi d'Espagne.

La conduite du comte d'Harrach ne fut pas si mesurée : à peine sut-il le testament du roi d'Espagne, qu'il s'en plaignit comme d'un outrage fait à l'Empereur au préjudice de toute la maison d'Autriche. Il en fit des reproches peu respectueux à la Reine, dans une audience qu'il obtint d'elle avec beaucoup de peine. Cette princesse voulut bien convenir qu'il s'étoit tenu un conseil extraordinaire en présence du Roi son mari ; qu'elle savoit même que la question importante de la succession y avoit été agitée : mais elle prétendit et soutint qu'elle en ignoroit la décision ; que le Roi lui avoit seulement dit que les bruits répandus dans le public étoient faux.

Malgré ces protestations, on savoit que la Reine n'avoit pas oublié ni négligé son propre intérêt en travaillant à ceux du prince électoral de Bavière, secondé de l'amirante. L'une et l'autre avoient engagé le roi d'Espagne à déclarer la Reine régente du royaume, si le prince de Bavière étoit encore mineur lorsque la succession s'ouvriroit. La junte, ou conseil pour le gouvernement, devoit être composée du cardinal Porto-Carrero, des deux présidens de Castille et d'Arragon, de l'inquisiteur général, d'un conseiller d'Etat et d'un grand d'Espagne. Après la régence, la Reine auroit choisi pour sa résidence telle ville d'Espagne qu'il lui plairoit ; et le revenu dont elle jouiroit devoit être de huit cent mille écus.

L'opinion commune de Madrid étoit que l'électeur de Bavière, pour obtenir ce testament, avoit distribué vingt-cinq mille pistoles, dont la Berleps avoit touché la meilleure partie. D'autres, se croyant mieux informés, pensoient que l'amirante, persuadé qu'il ne devoit rien espérer ni de la part du Roi ni de celle de l'Empereur, avoit déterminé la Reine à favoriser, contre son goût, les intérêts de la maison de Bavière.

Le roi d'Espagne, toujours infirme, gardoit le silence; mais, sensible à l'état où il laisseroit son royaume, et prévoyant les guerres que sa succession exciteroit, il avoit consulté secrètement les théologiens et les jurisconsultes, et demandé si les lois divines et humaines lui permettoient de disposer de sa couronne. Tous unanimement avoient répondu qu'il n'étoit pas maître de faire tort à ses héritiers, et de changer les constitutions du royaume sans le consentement des Etats généraux.

[1699] Au commencement de l'année 1699, les principales puissances de l'Europe concouroient à l'élévation de la maison de Bavière : la France, l'Angleterre, la Hollande, de concert, destinoient au prince électoral, encore enfant, l'Espagne et les Indes, et s'accordoient à laisser à son père la souveraineté des Pays-Bas. L'électeur souscrivit pour son fils en bas âge au partage du reste de la monarchie d'Espagne, spécifié par le traité de La Haye : en même temps à peu près le roi d'Espagne appeloit ce jeune prince à sa succession. Qui n'auroit pensé que nulle cause de guerre ne troubleroit de long-temps le repos dont l'Europe jouissoit alors ? Mais en vain la prudence humaine forme des projets, s'ils ne sont conformes aux desseins de Dieu, maître de donner la paix, de créer la guerre et de disposer des événemens. La sagesse des conseils de ces princes ne put prévenir l'incendie dont l'Europe devoit être généralement embrasée, ni épargner le sang versé pendant une longue suite d'années.

Le prince de Bavière mourut à Bruxelles le 8 février 1699. Plusieurs discours furent tenus sur la cause véritable de sa mort : l'électeur, vivement touché de la perte de son fils, ne l'attribua pas simplement à la maladie qui l'avoit enlevé, il publia ses soupçons, soulagement inutile à sa juste douleur; et le traité de partage s'anéantit.

Il auroit dépendu du Roi, libre alors de tout engagement, de s'en tenir à ce prétendu testament suggéré, si véritablement il eût existé : mais cette disposition étant absolument fausse, Sa Majesté ordonna au comte de Tallard de savoir du roi d'Angleterre ce qu'il pensoit depuis l'événement fatal qui détruisoit la principale condition du traité de partage, et de proposer à ce prince un nouveau traité sur le modèle du précédent qui ne pouvoit plus subsister.

Le roi d'Angleterre avoit déjà pensé à renouveler les premiers engagemens, au moment qu'il apprit la mort du prince électoral; il avoit ordonné à son ministre en France de s'informer des intentions du Roi sur le changement que cette mort inopinée apportoit aux mesures prises pour la conservation du repos de l'Europe : il entra dans la proposition que lui fit le comte de Tallard de laisser à l'archiduc l'Espagne et les Indes, d'ajouter le Milanois au partage destiné à M. le Dauphin ; et quant aux Pays-Bas, d'en disposer de manière que l'Angleterre et la Hollande n'eussent ni jalousie ni inquiétude de ce qui seroit réglé de concert sur ce dernier article.

Pendant que la nouvelle négociation commençoit en France et en Angleterre, le Roi apprit que, suivant ses ordres, le marquis d'Harcourt avoit remis au roi d'Espagne le mémoire envoyé par Sa Majesté au sujet du dernier testament fait en faveur du prince électoral de Bavière. La réponse en étoit simplement qu'il ne falloit pas croire tous les bruits que le public se plaisoit à répandre.

L'ambassadeur de France, peu satisfait d'une réponse si vague, avoit, suivant les ordres du Roi, distribué des copies du même mémoire, applaudi du public et particulièrement du cardinal Porto-Carrero : non-seulement ce ministre le trouvoit convenable à la conjoncture présente, mais il prévoyoit encore avec plaisir l'embarras que la démarche de l'ambassadeur de France causeroit aux malintentionnés, surtout aux comtes d'Oropeza et d'Aguilar, aussi bien qu'à l'amirante. A cette occasion, le cardinal renouvela les assurances de son respect pour le Roi et de sa fidélité : sentimens, dit-il, fondés sur l'honneur, la conscience, la justice, l'intérêt de la patrie ; et par ces mêmes motifs il désiroit que le Roi son maître voulût assembler les Etats de ses royaumes.

La réponse verbale que le roi d'Espagne avoit faite au marquis d'Harcourt fut suivie, quelques jours après son audience, d'une nouvelle réponse par écrit, en termes aussi généraux que la première. Elle contenoit que ce prince n'avoit donné aucune atteinte à la paix ; qu'il n'étoit pas moins zélé ni moins empressé que le Roi Très-Chrétien à la conserver inviolablement; d'ailleurs que la bonté divine lui ayant rendu la santé, il ne se croyoit pas obligé de prendre des résolutions anticipées ; qu'il espéroit donc être encore long-temps en état de répondre aux marques de l'amitié de Sa Majesté Très-Chrétienne.

La disposition faite en faveur du prince électoral de Bavière étoit constante : l'électeur son père en avoit informé le Roi. Ce jeune prince n'étant plus, il étoit inutile d'éclaircir une vérité qui n'étoit pas douteuse. Le Roi ordonna seulement à son ambassadeur de dire que, sans approfondir un fait connu de toute l'Europe, il suffisoit que le roi d'Espagne donnât ses soins à la conservation de la paix, et que, son âge et sa santé éloignant toute pensée de se nommer un successeur, il voulût rejeter toute proposition contraire aux lois et coutumes de sa monarchie.

Ce discours, que le marquis d'Harcourt avoit ordre de faire au Roi Catholique, devoit être accompagné d'assurances de l'amitié du Roi, jointes au désir de voir que Dieu voulût exaucer les vœux des Espagnols, en accordant au Roi leur maître la postérité qu'ils désiroient. C'étoit dans le même sens que l'ambassadeur avoit ordre de parler aux conseillers d'Etat, et d'y mêler quelques termes capables de faire soupçonner et craindre le ressentiment de la France, s'il étoit encore excité par quelque injuste disposition, semblable à celle que le Roi Catholique avoit faite en faveur du prince de Bavière : ordres et précautions bien inutiles, nuisibles même aux intérêts du Roi, si le roi d'Espagne eût véritablement signé un testament suggéré en faveur d'un prince de France.

La division régnoit dans le conseil d'Espagne. La cour étoit plus agitée que jamais : la disette des grains excitoit le peuple contre le gouvernement ; et, comme il arrive ordinairement dans les villes capitales, Madrid étoit plus soulevé qu'aucune autre partie du royaume. On attribuoit la rareté des grains et le défaut de subsistance au peu de précaution du comte d'Oropeza, président de Castille : contraint de se réfugier dans sa maison pour éviter la fureur de la populace, il n'osoit plus en sortir. Le roi d'Espagne se vit obligé de l'exiler, autant pour le mettre en sûreté que pour le punir de la négligence dont il étoit accusé. Lui seul formoit le parti qu'on prétendoit favoriser les vues chimériques du roi de Portugal à la succession d'Espagne.

L'amirante de Castille, nonobstant la protection de la Reine, eut le même sort que le comte d'Oropeza : il fut exilé de la cour, avec défense d'approcher de Madrid de plus de trente lieues. Les intrigues du comte d'Harrach contribuèrent à cette disgrâce. La Reine reprocha à cet ambassadeur ses manœuvres souterraines et ses conférences nocturnes avec les ennemis de son autorité : il répondit fièrement à ses reproches, sans rien changer à sa conduite précédente.

Les troubles de la cour excitoient encore l'empressement que les peuples témoignoient pour un prince de la famille royale de France, persuadés qu'ils ne seroient heureux que lorsque la succession à la couronne d'Espagne lui seroit assurée. L'opinion commune fut confirmée, lorsqu'on ne douta plus des traités signés dès l'année précédente à La Haye, et que le bruit se répandit à la fin de juillet 1699 que ce traité, annulé par le décès du prince électoral de Bavière, étoit déjà renouvelé ou le seroit incessamment.

Le roi d'Espagne en reçut la nouvelle par le courrier que lui dépêcha son ambassadeur à La Haye : il doutoit seulement si l'Empereur entroit dans les projets de partage. Ce second traité n'étoit pas encore signé, mais les conditions du partage étoient réglées. L'avis qu'on en reçut à Madrid donna lieu à différens raisonnemens et produisit deux effets. L'opinion la plus généralement répandue étoit qu'il falloit regarder ce traité comme un artifice de la France, employé pour intimider les Espagnols et leur faire envisager la division de la monarchie évidente et certaine si l'archiduc étoit appelé à la couronne : on disoit que l'unique moyen d'empêcher la séparation de tant d'Etats et de les conserver sous la puissance d'un même souverain, étoit d'en assurer la possession à l'un des princes de la famille royale de France ; que ce seul parti convenoit à l'Espagne ; qu'elle devoit le prendre, quand ce ne seroit que pour se venger du roi Guillaume et des Hollandois, et punir leur perfidie. La voix presque générale étoit que, sans perdre un moment, on devoit dépêcher en France un conseiller d'Etat, le charger d'obtenir du Roi d'envoyer incessamment à Madrid le duc d'Anjou ; et dans l'intervalle de son arrivée faire une ligue offensive et défensive avec la France et l'Espagne, pour conserver l'intégrité de la monarchie dans toutes ses parties. Déjà le marquis de Los-Balbacès disoit qu'il s'offriroit pour cette commission nonobstant son âge avancé, s'il avoit les jambes assez bonnes pour faire encore le voyage de Paris. Il nommoit le comte de Monterey comme très-propre à se charger d'une telle commission et capable de l'exécuter heureusement en quatre jours.

Le roi d'Espagne, que ses maladies plus fréquentes et plus dangereuses conduisoient peu à peu aux portes du tombeau, pensoit plus sérieusement que jamais à ce qu'il devoit faire pour le bien de ses sujets, lorsqu'il sut que réellement la France, jointe à d'autres puissances de l'Europe, avoit pris et prenoit encore des mesures pour partager après lui ses Etats.

Le marquis de Castel-dos-Rios, catalan, qu'il avoit nommé son ambassadeur en France, étoit encore en Espagne. Il eut ordre de partir au plus tôt et de se rendre incessamment à Paris. A son arrivée, il devoit demander une audience au Roi, représenter à Sa Majesté que le Roi Catholique, informé des différentes négociations traitées en Angleterre et en Hollande, ne pouvoit voir sans surprise que pendant qu'il vivoit encore on voulût régler quel seroit après sa mort le sort de sa monarchie, et, par une convention sans exemple, partager les différens Etats soumis à sa couronne ; qu'il espéroit non-seulement que le Roi n'entreroit pas dans un pareil traité, mais aussi qu'il s'y opposeroit, d'autant plus que Sa Majesté Catholique l'assuroit qu'elle n'avoit pris nul engagement au sujet de sa succession avec quelque prince que ce fût, et qu'elle lui donnoit sa parole de rejeter toute proposition contraire aux intérêts de la France. L'ambassadeur devoit ajouter que la moindre demande que son maître pouvoit faire, et qu'il faisoit effectivement, étoit qu'on le laissât jouir en repos de ses Etats pendant le reste de sa vie. Il se plaignoit principalement de la perfidie des Anglois et des Hollandois.

L'ambassadeur d'Espagne n'étoit pas encore arrivé en France, lorsque Sa Majesté, de concert avec le roi d'Angleterre, jugea nécessaire de donner part au Roi Catholique des mesures prises entre les alliés pour conserver la paix, si malheureusement ce prince ne laissoit après lui nulle postérité. Le marquis d'Harcourt, chargé de confirmer au roi d'Espagne ce qu'il savoit déjà par la voix publique, devoit l'inviter à souscrire aux conditions du traité.

Le Roi invita pareillement l'Empereur d'en accepter les conditions. Le marquis de Villars, que ses services à la guerre élevèrent depuis au commandement des armées de Sa Majesté, ainsi qu'aux plus hautes dignités du royaume, étoit alors à Vienne envoyé extraordinaire du Roi. Il y avoit eu lieu de juger, par quelques discours du comte de Kinski, premier ministre de l'Empereur, que ce prince ne s'éloigneroit pas de traiter avec le Roi d'un partage de la succession d'Espagne et d'en régler les conditions avant la mort de Charles II. Le marquis de Villars rendit compte à Sa Majesté de ces discours; mais ils étoient très-généraux et on ne pouvoit les regarder que comme de simples souhaits d'un ministre instruit du véritable intérêt de son maître, toutefois sans être autorisé au point de négocier et de convenir des conditions d'un traité. On examinoit alors avec le roi d'Angleterre et la Hollande par quels moyens on pouvoit assurer la paix et prévenir une guerre générale presque infaillible à l'ouverture, regardée comme imminente, de la succession d'Espagne. Le premier traité de partage, renversé depuis par le décès du prince électoral de Bavière, approchoit de sa conclusion. Le Roi, ne jugeant pas qu'il fût de sa prudence d'abandonner les mesures sages que Sa Majesté avoit prises, et de se laisser éblouir par les discours d'un ministre qui ne parloit pas même au nom de l'Empereur, écrivit seulement au marquis de Villars, lequel il n'avoit pas encore instruit de la négociation prête à finir avec l'Angleterre et la Hollande, d'écouter les propositions soit du comte de Kinski, soit des autres ministres; d'en rendre compte à Sa Majesté et d'attendre tranquillement ses ordres. Ce prince savoit que dans ce même temps l'Empereur, aidé du crédit de la reine d'Espagne, agissoit vivement, par ses ambassadeurs à Madrid, pour engager le Roi Catholique à déclarer l'archiduc son héritier, à l'appeler auprès de lui en cette qualité et à recevoir, pour soutenir les prétentions de ce jeune prince, un corps suffisant de troupes impériales.

Le comte de Kinski mourut, et les autres ministres ne tinrent pas les mêmes discours qu'il avoit tenus. Le marquis de Villars ne put douter des dispositions du conseil de Vienne, lorsque l'année suivante le Roi lui commanda, par sa dépêche du 6 mai 1700, de faire part à l'Empereur du second traité de partage, signé le même mois de mai entre le Roi, le roi d'Angleterre et les Etats-généraux des Provinces-Unies des Pays-Bas. Sa Majesté ordonnoit à son ministre à Vienne d'inviter l'Empereur à souscrire aux dispositions faites entre elle et ses alliés, jugées nécessaires pour conserver la paix et garantir l'Europe de l'embrasement général que produiroit une guerre inévitable. Villars devoit demander une réponse prompte et décisive et l'envoyer à Sa Majesté dès le moment qu'il l'auroit reçue. Les ordres envoyés à Vienne furent aussi communiqués par ordre du Roi au comte de Sinzendorff, envoyé de l'Empereur auprès de Sa Majesté.

Les circonstances de ces faits, qui n'arrivèrent que l'année suivante 1700, sont rapportées avant le temps, parce qu'il est nécessaire de faire voir qu'il n'a pas été au choix du Roi de convenir d'un partage avec l'Empereur, plutôt que de traiter avec le roi Guillaume d'Angleterre et les Etats-généraux. Ce n'est pas la seule fausseté que l'ignorance ait répandue à l'occasion de la succession d'Espagne et le seul mensonge qui se soit établi au préjudice de la vérité. En vain le marquis de Villars pressa l'Empereur et ses ministres de répondre décisivement à l'invitation que le Roi avoit faite à ce prince: cette réponse étoit différée de jour en jour et toujours sous des prétextes frivoles. Quelquefois les ministres impériaux insistoient sur un changement des principales conditions du traité: l'Empereur ne pouvoit supporter, disoient-ils, de se voir exclu de la possession du Milanois, par conséquent de l'Italie; il vouloit y conserver au moins l'Etat de Milan; il demandoit le secret du consentement qu'il donneroit au partage, surtout qu'il fût absolument caché à la cour de Madrid; en échange du Milanois, il offroit au Roi les Pays-Bas espagnols: propositions captieuses, avancées seulement pour exciter la défiance des alliés de Sa Majesté, qui n'auroient jamais consenti à cet échange, et par conséquent pour rompre l'intelligence nécessaire à l'exécution du traité.

Ainsi ces ministres espéroient gagner un temps utile et nécessaire pour exciter des mouvemens à Madrid, et grossir pendant le trouble le nombre des partisans que la maison d'Autriche pouvoit avoir en Espagne. Enfin le Roi Catholique dépérissant tous les jours et laissant peu d'espérance de vivre encore long-temps, l'Empereur, pressé de s'expliquer, fit remettre au marquis de Villars, au commencement du mois de mai, sa réponse. Elle contenoit un refus positif d'entrer dans le partage. Mais alors toute décision de la cour de Vienne étoit inutile, et le testament du roi d'Espagne, reçu à Versailles avec la nouvelle de sa mort, changea la face des affaires, comme on le verra en reprenant la suite de ces Mémoires et de la négociation continuée pendant le reste de l'année 1699 et le cours de 1700.

L'incertitude des résolutions que prendroit l'Empereur avoit servi de prétexte au long retardement de la conclusion parfaite du nouveau traité : le roi d'Angleterre et les Etats-généraux en différoient la signature, espérant, disoit-on, persuader à l'Empereur d'entrer dans les mêmes engagemens.

Pendant ces délais, le Roi voulut savoir ce que pensoit le marquis d'Harcourt du projet de communiquer au roi d'Espagne les mesures prises pour assurer par un partage la tranquillité générale de l'Europe, et Sa Majesté lui commanda au mois de juillet de lui en écrire son sentiment.

Les lettres de cet ambassadeur avoient exposé fidèlement la foiblesse de l'Espagne : il avoit toujours exactement représenté à Sa Majesté qu'elle ne devoit faire aucun fond sur le désir presque général que la nation témoignoit de voir un prince de France appelé à la succession du roi Charles ; que cette bonne volonté seroit impuissante, l'Espagne n'étant pas en état de la soutenir. Il avoit loué, par cette même raison, la sage résolution que le Roi avoit prise de traiter avec le roi d'Angleterre et la république de Hollande, et regardé la convention faite pour un partage comme le seul parti convenable et nécessaire pour conserver la paix. Toutefois, sans changer de sentiment, il répondit qu'il croyoit que rien ne seroit plus contraire au succès du traité que de le communiquer au roi d'Espagne et à son conseil ; que la proposition d'y souscrire seroit également odieuse au souverain et aux sujets, depuis le premier jusqu'au dernier ; que les Espagnols considéroient la division de la monarchie d'Espagne comme le plus grand mal qui pouvoit leur arriver, soit par la perte de l'établissement qu'ils avoient dans toutes ses parties, ou les vice-royautés et commandemens qu'ils espéroient, soit par l'honneur et la réputation de la nation. « Tout cela, écrivoit Harcourt, les réunira dans cette extrémité pour s'y opposer, du moins autant que leurs forces le permettront ; et cette déclaration peut au moins leur donner le temps de se précautionner contre la prise de possession et en rendre l'exécution plus difficile ; et comme les Etats qui sont échus en partage à Votre Majesté sont ceux qui sont plus difficiles à occuper, tant par leur situation maritime que par leur éloignement et l'abondance des peuples ayant le temps devant eux pour prendre leur parti, les choses en deviennent plus épineuses, sans que je puisse envisager le profit qui peut revenir à Votre Majesté de cette déclaration. D'ailleurs Sa Majesté Catholique aura lieu de se plaindre que, sans lui avoir jamais parlé de sa succession, on en ait fait le partage avec les autres puissances qui y sont entrées ; et qu'après avoir affecté de répandre que les motifs qui avoient empêché de lui parler de succession étoient pour ne point lui donner la moindre inquiétude, et pour ne pas avancer la fin de ses jours, on verra tout d'un coup le contraire, en lui signifiant le partage qu'on a fait. En effet, s'il vient à mourir dans une saison où on ne puisse tenir la mer, et qu'on soit obligé de remettre au printemps la partie, Votre Majesté jugera qu'ils auront du temps pour prendre leurs mesures ; et s'il vit jusqu'au printemps, cette déclaration leur donnera tout le temps nécessaire pour se précautionner. »

Le marquis d'Harcourt, prévoyant les mouvemens qui arriveroient à la mort du roi d'Espagne, s'en expliquoit ainsi à la fin de sa lettre : « Ce prince n'aura pas plutôt les yeux fermés qu'il y aura une confusion générale excitée par la division des grands, le mécontentement général des peuples et la misère à laquelle ils sont réduits par la cherté de toutes choses ; et s'il n'y a point de justice ni de police à présent, on en doit encore moins attendre dans cet événement. Le général des peuples est tellement porté en faveur de la France, qu'il y a beaucoup d'apparence qu'ils viendront à moi, aussi bien que ceux plus élevés en rang qui n'ont osé parler jusqu'à présent, surtout s'ils ne savent rien du traité. On donnera les ordres pour assembler les cours, et j'espère que, sur toutes choses, Votre Majesté aura la bonté de me donner ses ordres positifs, ou de demeurer ici jusqu'à ce qu'elle m'ordonne d'en sortir, ou de m'en tirer sous le prétexte d'aller recevoir ses ordres pour assister aux cours, ne voyant point qu'il reste rien à faire dans cette occasion à un ambassadeur de Votre Majesté pour ses intérêts. »

Le dernier article de la lettre portoit : « Le roi d'Espagne retomba plus mal que jamais jeudi dernier au soir ; vendredi et samedi il fut très-mal ; le dimanche il a commencé à être mieux ; avant-hier et hier il s'est levé quelques heures : mais tout le monde est persuadé que cela recommencera bientôt et qu'on ne peut espérer ni se promettre qu'il se rétablisse. »

Ces considérations solides auroient été déplacées et ne pouvoient être représentées par un ministre aussi éclairé que l'étoit le marquis d'Harcourt, si l'habileté de sa négociation à Madrid eût engagé le roi d'Espagne à signer un testament suggéré ; car en ce cas il lui auroit suffi de rappeler au Roi ce qu'il avoit obtenu en conséquence des ordres de Sa Majesté, s'il avoit été possible qu'elle eût oublié un point si important et apparemment désiré.

La fausse politique établit qu'il est quelquefois nécessaire qu'un prince trompe son ambassadeur : mais en cette occasion le Roi auroit agi directement contre ses intérêts s'il eût eu moins de confiance dans le zèle et les lumières du marquis d'Harcourt que n'en avoient ceux des Espagnols qui pouvoient lui faciliter le succès de sa négociation.

Quand même on pourroit supposer que Sa Majesté eût employé quelque négociateur obscur auprès du Roi Catholique, et dérobé à son ambassadeur la connoissance d'un point si important, il ne convenoit point à son service (on peut ajouter à son honneur et à la reconnoissance due en ce cas au roi d'Espagne) d'affliger sans sujet un prince mourant dont la bonne volonté n'auroit plus été douteuse, et de lui signifier, hors de propos et contre toute raison, un traité directement contraire au testament que Sa Majesté auroit ménagé secrètement et par des voies souterraines et inconnues.

Après avoir examiné les observations du marquis d'Harcourt, elle suspendit par sa dépêche du 16 août l'ordre qu'elle lui avoit donné de communiquer au roi d'Espagne le projet de partage et de l'inviter d'y souscrire ; mais elle différoit seulement à dessein d'attendre encore quelque temps une réponse décisive de l'Empereur, ce prince donnant lieu d'espérer qu'il accepteroit enfin les dispositions faites en sa faveur. Alors, selon les termes de cette dépêche, « il n'y aura plus d'inconvénient à communiquer en Espagne un projet devenu public. Les Espagnols, sans force et sans gouvernement, ne peuvent empêcher seuls l'exécution d'un traité que j'aurois fait avec l'Empereur, l'Angleterre et la Hollande, lorsque toutes ces puissances seront également intéressées au succès des mesures prises pour le repos de l'Europe. Quand même les Espagnols seroient en état de traverser ce dessein, ils ne pourroient avoir recours qu'à l'Empereur, engagé à se contenter du partage destiné à l'archiduc : par conséquent si la nouvelle de ce traité les alarme, comme il n'y a pas lieu d'en douter, l'effet qu'elle produira ne peut nuire à mes intérêts, puisque l'Empereur n'en tire aucun avantage, et qu'au contraire les peuples de cette monarchie conclueront, comme vous voyez qu'ils font jusqu'à présent, que le choix de l'archiduc leur apporteroit une guerre certaine ; que ce prince seroit trop foible pour la soutenir ; qu'il lui seroit impossible de conserver la monarchie entière contre ma puissance secondée de celle des Anglois et des Hollandois ; et que, quand même il y pourroit résister, l'Espagne ne doit pas se le promettre, puisque l'Empereur consentiroit au partage.

» Il est certain que dans cette disposition les plaintes des peuples doivent être plutôt contre l'Empereur que contre moi. Je n'en ai donné aucun sujet au roi d'Espagne ; j'ai évité de parler de succession et je n'ai pas voulu l'inquiéter pendant sa vie ; mais je ne fais rien à son préjudice lorsque je prends des mesures pour assurer après sa mort le repos de l'Europe ; je cède même, dans cette vue, la plus grande partie des droits de mon fils. Le Roi Catholique pourroit avoir lieu de se plaindre s'il avoit paru disposé à rendre justice à ses héritiers légitimes, à faire un testament en faveur de mon fils ou de mes petits-fils ; mais, au lieu de cette disposition, il n'a été question depuis la paix que du prince électoral de Bavière, et sitôt qu'il a été mort je n'ai entendu parler que des intrigues des ministres de l'Empereur à Madrid pour y faire appeler l'archiduc et le faire reconnoître successeur de toute la monarchie.

» Il est vrai que les peuples ont paru désirer que, si le Roi leur maître venoit à mourir, la justice fût rendue aux légitimes héritiers ; mais ce ne sont que de simples vœux sans effet, et je n'ai pas vu la moindre démarche en faveur de mon fils ou de mes petits-fils pendant que l'ambassadeur de l'Empereur avoit le crédit de changer le conseil du roi d'Espagne, de faire éloigner les ministres qui avoient le plus de part à la confiance de ce prince, et de donner une nouvelle forme au gouvernement lorsqu'il ne le croyoit pas assez favorable aux intentions de son maître.

» On ne doit pas être surpris que, dans cette conjoncture, j'aie cherché d'autres voies pour assurer le repos de l'Europe, qui auroit été certainement troublé, soit que le roi d'Espagne eût vécu et qu'il eût déclaré l'archiduc son successeur, soit qu'il fût mort sans faire de testament.

» Toutes ces raisons, dont vous pourrez vous servir dans l'occasion, me persuadent que les plaintes des peuples ne peuvent regarder que l'Empereur. Vous n'avez point accusé le roi d'Espagne par de vaines propositions; il n'a voulu prendre aucune mesure avec moi, je les ai prises avec d'autres puissances; et, sans lui faire d'instances fâcheuses sur la succession, j'ai réglé les choses de manière qu'un tel événement ne puisse altérer le repos de la chrétienté. Ainsi je ne vois pas quels reproches ce prince et ses sujets peuvent vous faire, s'il vit encore assez pour lui communiquer le traité; et s'il n'est publié qu'après la mort du Roi Catholique, les reproches s'adresseroient bien plutôt à l'ambassadeur de l'Empereur qu'à vous. Mais je suis persuadé que des peuples, prêts à passer sous la domination de l'archiduc, respecteroient l'ambassadeur de l'Empereur : à plus forte raison la crainte de ma puissance, la conduite que vous avez tenue, enfin les engagemens que l'honneur auroit pris avec moi, suffiroient pour faire observer à votre égard le respect dû à votre caractère.

» Les mesures que les Espagnols pourroient prendre pour empêcher l'exécution du traité seroient bien inutiles, si l'Empereur souscrit aux engagemens qui lui sont proposés, et ce seroit en vain qu'ils voudroient conserver des Etats que celui qui doit être leur maître s'engageroit de céder à mon fils. Vous jugez bien que si l'Empereur refuse d'entrer dans le projet de partage, il en fera savoir toutes les conditions au Roi Catholique, et qu'il seroit pour lors inutile de lui donner d'autre communication.

« L'incertitude où je suis encore du parti que l'Empereur prendra est cause que je ne puis donner d'ordre bien précis sur la conduite que vous auriez à tenir si le roi d'Espagne venoit à mourir. Si le traité étoit signé vous n'auriez alors qu'à vous joindre à l'ambassadeur de l'Empereur, aux envoyés d'Angleterre et de Hollande; déclarer aux Etats et au conseil, si les Etats n'étoient pas assemblés, les conditions du partage; faire valoir qu'il étoit nécessaire, pour le maintien de la paix, qu'il assure une longue tranquillité à l'Espagne : et comme je me mettrois en possession des Etats destinés à mon fils en même temps que l'archiduc passeroit en Espagne, il n'y auroit nulle autre négociation à faire et vous reviendriez auprès de moi.

» Mais s'il arrive que Dieu dispose du Roi Catholique avant que l'Empereur ait accepté le traité, ou que le temps auquel il doit être signé, fixé au 25 septembre, soit expiré, vous n'aurez en ce cas d'autre parti à prendre que de recevoir favorablement ceux qui viendront vous faire des propositions, et leur dire que vous m'en rendrez compte; que je les écouterai avec plaisir; qu'il faut en même temps qu'ils fassent connoître les moyens qu'ils ont de marquer par les effets leur bonne volonté. Vous m'en avertiriez et j'aurois certainement le temps de vous envoyer mes ordres avant que les Etats fussent assemblés. J'ai examiné s'il convenoit de vous rappeler dès à présent de votre ambassade, ou de vous y laisser encore quelques mois; j'ai considéré d'un côté les inconvéniens de vous laisser exposé aux mouvemens du peuple, et peut-être hors d'état de conserver la dignité de votre caractère; d'un autre côté le préjudice que recevroit le bien de mon service si je vous rappelois présentement.

» Pendant la vie du roi d'Espagne je ne vois nul danger. Si ce prince meurt, et que l'Empereur ait signé le traité, le comte d'Harrach sera plus exposé que vous. Je suis cependant persuadé que vous pourriez aisément vous soutenir réciproquement l'un et l'autre.

» Si l'Empereur n'a pas signé, la considération des peuples pour vous en sera plus grande encore : ils verront qu'en appelant l'archiduc ils n'éviteront pas le partage; qu'ils seront obligés de soutenir une guerre très-désavantageuse avec des forces inférieures aux miennes, et qu'au lieu d'attendre du secours de l'Angleterre et de la Hollande, ces deux puissances se joindront à moi. Ainsi, bien loin de craindre que le peuple manque de respect à votre égard, vous verrez augmenter son empressement à demander mon assistance, comme la seule ressource de la monarchie d'Espagne.

» Ces raisons m'ont fait conclure qu'en vous laissant à Madrid il n'y avoit à craindre aucune insulte de la part du peuple; qu'il y auroit en même temps de grands inconvéniens à vous en retirer.

» La raison la plus forte pour déterminer l'Empereur à consentir au traité sera l'opinion d'un parti considérable que je puis avoir en Espagne, et que ceux qui le composent peuvent traverser toutes les mesures qu'il prendroit pour faire déclarer l'archiduc successeur du Roi Catholique. Je ne puis vous rappeler sans donner un juste sujet de croire que je connois moi-même le peu de fond que je dois faire sur ce parti; que je l'abandonne; que l'Empereur n'en doit rien craindre; qu'il perdroit par conséquent, en traitant avec moi, tous les Etats qui composent le partage de mon fils; que l'archiduc enfin sera maître de toute la monarchie, s'il attend ce que les peuples feront en sa faveur.

» Il est certain que jusqu'à présent le roi d'Angleterre et les Etats-généraux ont eu la même opinion du parti que j'ai en Espagne : il ne convient pas qu'ils la perdent.

» Vous connoissez assez l'importance de ces considérations pour n'avoir pas regret à quelques mois que mon service demande que vous demeuriez encore à Madrid. »

S'il y eût eu quelque réalité au testament secret qu'on suppose apparemment que le roi d'Espagne avoit fait à l'insu du marquis d'Harcourt, les ordres contenus dans la dépêche du 16 août auroient été directement contraires aux intérêts du Roi : il ne l'étoit pas moins de prolonger le séjour à Madrid d'un ambassadeur à qui le Roi, son maître, auroit caché un point si capital de sa négociation. Il eût en vain acquis l'estime des Espagnols pendant le cours de son ambassade : la défiance si marquée de Sa Majesté suffisoit seule pour le décréditer au moment où il importoit le plus de faire connoître la confiance entière qu'il méritoit et dont elle l'avoit toujours honoré. On laisse, à quiconque aura le sens commun, à juger par la dépêche du 16 août si la connoissance que le Roi avoit du zèle et des lumières de son ambassadeur recevoit la moindre altération.

Le partage divulgué excitoit la vigilance du conseil d'Espagne; et, depuis les ordres donnés au marquis de Castel-dos-Rios de se rendre incessamment à Paris, le roi d'Espagne jugea nécessaire de calmer l'inquiétude que l'ambassadeur de France pouvoit avoir au sujet des bruits répandus dans Madrid de quelques dispositions encore inconnues en faveur de l'archiduc.

Le cardinal de Cordoue, nommé commissaire pour traiter avec le marquis d'Harcourt, inséra, à la fin d'un mémoire qu'il eut occasion de lui envoyer, qu'on ne devoit pas croire que Sa Majesté Catholique songeât si peu au bien de ses sujets, que, si elle venoit à mourir sans postérité, elle ne laissât pas les choses disposées avec la réflexion due pour maintenir le repos public selon la justice. Le cardinal ajoutoit que l'ambassadeur pouvoit s'assurer et assurer le Roi, son maître, qu'il ne se traitoit aucune résolution touchant le point important de la succession.

Pareilles assurances avoient été données au marquis d'Harcourt dans le temps même que le roi d'Espagne appeloit, par un testament, le prince électoral de Bavière pour succéder à sa couronne. La mémoire d'un fait si récent ôtoit toute créance à de telles protestations.

Harcourt ne se défioit pas moins de la bonne foi du roi d'Angleterre. Il avoit exposé ses soupçons au Roi ; mais Sa Majesté, dont les intentions étoient droites, jugeoit par sa droiture de celle de ses alliés. Il paroissoit jusqu'alors que le roi Guillaume regardoit comme son affaire propre de conduire à une heureuse fin la négociation commencée à Vienne. Heinsius, pensionnaire de Hollande, dépendant absolument de ce prince, témoignoit un égal empressement d'achever cet ouvrage ; et l'envoyé de Hollande avoit reçu des ordres bien précis de faire tous ses efforts pour engager l'Empereur à souscrire au partage.

Malgré ces apparences de bonne foi, rien n'avançoit, et chaque jour il survenoit quelque difficulté nouvelle à la consommation du traité, soit de la part des Anglois, et sous le prétexte des oppositions du parlement, soit de la part de l'Empereur. Ce traité devoit être signé le 25 septembre : déjà le mois d'octobre étoit avancé et la signature se différoit. Le prétexte des délais étoit toujours l'espérance que les alliés de la France conservoient d'amener enfin l'Empereur à contracter le même engagement : dès-lors on pouvoit croire que leur objet principal étoit d'affoiblir le parti de la France en Espagne, faisant voir à ceux qui le composoient qu'elle méprisoit et rejetoit leur bonne volonté et ne désiroit que la division de leur monarchie. Le Roi persista cependant à croire que ses alliés vouloient sincèrement satisfaire à leurs engagemens.

Enfin l'Empereur répondit, et le Roi apprit, à la fin d'octobre, qu'il rejetoit toute convention de partage. Vers le même temps, l'ambassadeur d'Espagne arrivé à Paris demanda et eut du Roi une audience particulière : il avoit ordre de son maître de se plaindre des mesures prises pendant sa vie pour partager les Etats de ce prince après sa mort. Le Roi répondit qu'il seroit fâché d'avoir donné aucun sujet de plainte légitime au Roi, son frère, Sa Majesté n'ayant rien plus à cœur que la conservation de ce prince, sa bonne santé, et de voir naître de lui une postérité nombreuse (sentimens également fondés sur l'estime personnelle et les liens du sang); que c'étoit aussi par ces mêmes raisons qu'elle avoit facilité et pressé la conclusion des derniers traités de paix, sa vue principale étant d'entretenir à l'avenir, sans obstacle, une union parfaite et réciproque avec le Roi Catholique, telle et si solide, que rien ne fût capable de la troubler.

Les ministres d'Espagne, dans les principales cours de l'Europe, eurent ordre d'y porter des plaintes à peu près semblables : elles furent plus vives en Angleterre et en Hollande, mais également vaines en tous lieux; et la foiblesse de l'Espagne ne permettoit pas à son Roi de se ressentir du traitement dont il croyoit à propos de se plaindre. Toute ressource manquoit également dans son royaume; l'administration ne réparoit pas le défaut d'argent et de forces : la division régnoit également dans le conseil et dans la cour. La Reine, jusqu'alors maîtresse absolue de toutes les dispositions à faire, doutoit dans cette confusion du parti qu'elle avoit à prendre. Le comte d'Harrach, lié avec ses ennemis, traversoit souvent les vues de cette princesse. Il la contraignit, par ses intrigues secrètes, à congédier la Berleps, sa favorite, quoique depuis qu'elle étoit en Espagne elle eût incessamment travaillé à servir l'Empereur.

Cette favorite, renvoyée en Allemagne, voulut, avant que de partir de Madrid, avoir une conversation secrète avec le marquis d'Harcourt : elle ne l'entretint que des sujets que la Reine avoit d'être mécontente du comte d'Harrach. La Berleps personnellement n'étoit pas moins irritée : ainsi, joignant son intérêt à celui de sa maîtresse, elle dit que toutes deux regardoient les Harrach, le père et le fils, comme leurs plus mortels ennemis. « Le père, dit-elle, pendant qu'il étoit à Madrid, et le fils marchant sur ses traces, ont toujours été à la tête des partis formés contre la Reine : ils n'ont cessé de condamner sa conduite et la mienne. Le fils est présentement le chef de ces assemblées nocturnes de gens conjurés pour séparer le Roi d'avec la Reine : en même temps on me renvoie en Allemagne. Harrach, lié avec Monterey et Léganès, incite le peuple à la révolte; et ce digne ambassadeur, le plus grand ennemi de la Reine, aussi bien que son père, non content du mal qu'il a fait à Madrid, a de plus peint ma maîtresse des plus noires couleurs à la cour de Vienne. Il imite parfaitement son père, qui dit un jour au prince de Darmstadt qu'il n'y avoit pour les reines, quand elles demeurent veuves et sans enfans, que deux chemins, l'un du couvent des *Descalcas Reales*, l'autre de l'Escurial. »

Le second traité de partage n'étoit pas encore fini au commencement de décembre. Harcourt, à qui la foi du roi d'Angleterre et des Hollandois étoit toujours suspecte, estimoit que le Roi devoit profiter des sujets que la Reine avoit d'être mécontente de la cour de Vienne, et proposer des avantages à cette princesse, pour l'engager à se détacher absolument du parti de l'Empereur. Il observa cependant que quand même elle persuaderoit à son mari de faire en faveur d'un prince de France un testament semblable à celui qu'il avoit fait précédemment en faveur du feu prince de Bavière, une telle disposition n'auroit de valeur qu'autant qu'elle seroit admise par les Etats des royaumes de Castille et d'Arragon; mais que la proposition de les assembler seroit insupportable au roi d'Espagne, qui depuis long-temps avoit pris la résolution de ne les convoquer de sa vie, et que la Reine et ceux qui avoient le plus de crédit et le plus d'accès à la cour, se croiroient également intéressés à s'opposer à cette convocation.

Quoique le Roi ne voulût pas encore soupçonner la droiture du roi d'Angleterre, ni même la foi douteuse des Hollandois, les délais qu'ils apportoient à la signature du traité étoient si affectés, que Sa Majesté jugea qu'il étoit de sa prudence d'ordonner au marquis d'Harcourt de ménager la voie que la Berleps lui avoit ouverte, en sorte qu'il eût un moyen de traiter avec la reine d'Espagne, si quelque accident imprévu empêchoit la conclusion d'un nouveau traité de partage.

[1700] Dans le temps de cette incertitude, la santé du roi d'Espagne devint si mauvaise, qu'on douta de sa vie au commencement de janvier 1700. La conversation du marquis d'Harcourt avec la Berleps n'avoit eu aucune suite; par conséquent nulle mesure prise avec la Reine. Ainsi nulle apparence que le roi d'Espagne fît quelque disposition favorable à la France, et le Roi n'étoit pas sûr de la bonne foi de ses alliés.

La signature du second traité de partage calma ces soupçons. Elle se fit à Londres le 13 mai 1700. Le même traité fut signé à La Haye, par les députés des Etats-généraux, le 25 du même mois de la même année. L'Empereur persista dans le refus d'y entrer.

Le partage de M. le Dauphin devoit être composé des royaumes de Naples et de Sicile, des places construites sur la côte de Toscane, des îles situées dans cette mer et de la province de Guipuscoa, conformément au premier traité : le second ajoutoit à ce partage les duchés de Lorraine et de Bar. Le duc de Lorraine convenoit de les céder et de recevoir en échange le duché de Milan.

Si l'Empereur souscrivoit au traité, il étoit spécifié que l'archiduc auroit pour son partage l'Espagne, les Indes, les Pays-Bas. Un article séparé portoit que l'Empereur auroit le temps de trois mois pour délibérer; que s'il n'acceptoit pas le partage à l'expiration de ce terme, les alliés conviendroient entre eux du prince qu'ils jugeroient à propos de substituer à l'archiduc : article d'autant plus important, que la cour de Vienne, lente à se déterminer, prolongeroit sa décision s'il y avoit lieu d'espérer quelque avantage de sa lenteur, aussi bien que des événemens imprévus et capables de changer les mesures prises pour le maintien du repos de l'Europe.

La conclusion du nouveau traité mit fin à toute espèce de négociation à Madrid. Ainsi le Roi voulut bien accorder, aux instances pressantes du marquis d'Harcourt, la permission de revenir en France, qu'il sollicitoit depuis long-temps. Blécourt, ancien officier d'infanterie, plus capable de commander un bataillon et de le mener à la charge, que de négocier, fut chargé des affaires peu considérables qu'il y auroit désormais à traiter à la cour d'Espagne.

Le bruit se répandit, peu avant la signature du traité de partage, de quelques dispositions incertaines, mais favorables à l'archiduc. L'opinion commune étoit que le roi d'Espagne l'avoit appelé à sa succession. Le marquis d'Harcourt, encore à Madrid, en demanda l'éclaircissement à Ubilla, secrétaire de la dépêche *universale*. Il parut embarrassé, et son embarras augmenta les soupçons que l'ambassadeur de France n'auroit pas eus, s'il eût obtenu pendant le cours de son ambassade ce testament que les écrivains de Hollande prétendent qu'il avoit négocié ou plutôt acheté en faveur du duc d'Anjou.

Les bruits au sujet de l'archiduc se fortifioient, en sorte que les plus considérables personnages de la cour d'Espagne doutoient de ce qu'ils en devoient croire. Le comte d'Oropeza, encore exilé, fit prier le marquis d'Harcourt de lui faire part de ce qu'il savoit d'une telle disposition : il assuroit qu'elle seroit absolument contraire à son avis, persuadé qu'un prince de France, choisi pour successeur, conviendroit seul au bien de l'Espagne.

Les doutes n'étoient pas encore éclaircis lorsque le marquis d'Harcourt prit ses audiences de congé du roi et de la reine d'Espagne. Un plus long séjour à Madrid devenant inutile au service du Roi, Harcourt en partit le 20 de mai. Le conseil d'Espagne travailloit alors à trouver des fonds pour lever et entretenir de nouvelles troupes. On ne doutoit plus que ces préparatifs ne se fissent à dessein de soutenir les dispositions faites en faveur de l'archiduc : le public en jugeoit par les conférences longues et secrètes que don Francisco Melos, nommé à l'ambassade de Vienne, avoit souvent avec le roi et la reine d'Espagne, et par l'ordre qu'il eut de se rendre incessamment à son emploi. Il l'avoit obtenu par le crédit de l'amirante son protecteur, préférablement à Castel-dos-Rios. Les affaires à traiter à la cour de Vienne paroissoient les plus importantes : elles furent confiées à Melos, dévoué à l'amirante ; et Castel-dos-Rios fut nommé pour aller en France, comme à une ambassade où il ne se présentoit aucune occasion de négocier et nulle affaire de conséquence à traiter. La commission donnée à Castel-dos-Rios lui produisit l'année suivante la grandesse et depuis la vice-royauté des Indes. Melos, attaché aux intérêts de l'Empereur, reçut peu de récompense de son zèle et se vit obligé de renoncer à sa patrie. Ainsi la Providence se joue des projets que forme l'ambition, et fait réussir ou renverse comme il lui plaît les desseins que les hommes croient avoir concertés avec sagesse et conduits avec le plus de prudence.

Harcourt partoit, lorsque le Roi fit part à l'Empereur du traité de partage, l'invitant d'y souscrire. Sa Majesté donna ordre de le communiquer à l'ambassadeur d'Espagne, avec la même invitation pour le Roi son maître. Elle voulut que Blécourt répondît seulement, lorsqu'on lui en parleroit à Madrid, qu'on ne devoit pas s'étonner en Espagne si elle avoit pris les précautions nécessaires pour prévenir le préjudice dont les héritiers légitimes du roi d'Espagne étoient menacés, et maintenir le repos de l'Europe, puisque le roi d'Espagne n'avoit laissé apercevoir depuis la paix aucune disposition favorable, soit à l'égard de M. le Dauphin, soit envers ses enfans ; que toutes ses vues au contraire s'étoient portées, ou sur le feu prince électoral de Bavière, ou sur l'archiduc.

Blécourt rendit compte au Roi des différens mouvemens que la nouvelle du second traité de partage produisit à Madrid : il écrivit que la Reine, transportée de colère, avoit marqué son extrême agitation aux dépens des meubles de son appartement ; que le conseil s'étoit assemblé le lendemain ; qu'on avoit dépêché des exprès à l'amirante, aux comtes d'Oropeza et de Monterey, tous trois exilés, et demandé leurs avis dans une conjoncture si importante ; que le peuple étoit affligé et craignoit de tomber sous la domination des Allemands ; que les Arragonois disoient qu'au défaut du Roi régnant encore, ils choisiroient tel successeur qui conviendroit au royaume d'Arragon.

On disoit communément que le Roi avoit pris sagement son parti, et prudemment fait de traiter pour un partage ; mais la haine générale retomboit sur les Anglois et les Hollandois.

Le comte d'Harrach, employant à contretemps le style hautain et fanfaron de la cour de Vienne, publioit que son maître perdroit plutôt l'Empire que de souffrir le tort qu'on prétendoit lui faire ; qu'à quelque prix que ce fût il devoit s'en venger.

Le cardinal Porto-Carrero, retiré à Tolède depuis quelque mois, reçut ordre du Roi son maître de se rendre incessamment à Madrid. Il obéit, mais déclara qu'il n'entreroit point au conseil, voyant avec douleur arriver ce qu'il avoit si souvent prédit. Il entra cependant : on délibéra, les avis furent différens et le conseil se sépara sans rien conclure.

La confusion étoit générale : nulle ressource dans le royaume. On proposa de rappeler les exilés, de former un petit conseil, composé seulement de quatre ou cinq personnes. Le peuple de Madrid, loin de murmurer contre la France, redoubloit ses vœux pour un prince de la famille royale. Les conseillers d'Etat, à l'exception du vieux comte d'Aguilar, s'exprimoient comme le peuple. La Reine, encore favorable aux intérêts de l'Empereur, nonobstant les sujets qu'elle avoit de s'en plaindre, pria le Roi son mari de suspendre toute résolution jusqu'à ce qu'il eût quelque réponse de Vienne.

Ce prince gardoit le silence, et cependant consultoit, soit dans l'intérieur de son royaume, soit au dehors, ceux qu'il croyoit les plus capables de lui donner des conseils conformes à la justice, au bien de ses sujets, et par conséquent de mettre en repos sa conscience. Il s'étoit adressé déjà à différens théologiens et jurisconsultes en Espagne, à Naples, et à différens évêques ; il voulut encore consulter l'évêque de Covença, fils naturel de Philippe IV, et l'archevêque de Saragosse. Les avis furent uniformes : aucun ne mit en doute que les princes de France n'eussent droit de lui succéder. Ce ne fut pas assez pour calmer l'agitation d'un monarque prêt de rendre compte à Dieu de sa conduite.

Blécourt apprit que ce prince avoit dépêché un courrier à Rome au commencement du mois de juin précédent ; qu'il en attendoit le retour avec beaucoup d'impatience. On ignoroit à Madrid le motif de l'expédition : le Roi l'apprit par le cardinal Janson, chargé des affaires de Sa Majesté auprès du Pape.

Charles second, non content des consultations qu'il avoit faites en Espagne, voulut encore consulter le chef de l'Eglise. Le cardinal Pignatelli, napolitain, élu pape sous le nom d'Innocent XII, en l'année 1692 occupoit encore le Saint-Siége. Le roi d'Espagne lui écrivit de sa main, lui représenta le péril où le traité de partage exposoit la religion, ne doutant pas que les Anglois et les Hollandois n'eussent quelque part au démembrement de sa monarchie. Il se plaignoit amèrement d'un projet de partage de ses Etats, réglé pendant qu'il étoit encore au monde ; il représentoit les malheurs qu'une telle entreprise causeroit à l'Europe, les guerres inévitables qu'elle susciteroit, les désastres que le Saint-Siège en particulier auroit à craindre. La lettre finissoit en informant Sa Sainteté des instances que le conseil d'Espagne faisoit à Sa Majesté Catholique d'appeler à sa succession un des fils cadets du Dauphin, comme l'unique moyen de préserver ses peuples des maux qu'ils auroient à craindre lorsqu'il plairoit à Dieu de le retirer de ce monde. Il demandoit au Pape ses conseils sur un point si capital, et ses prières, résolu de sacrifier sa propre volonté au bien comme au repos de ses royaumes.

La lettre écrite le 18 juin 1700, fut adressée au duc d'Uceda, ambassadeur d'Espagne à Rome. Le Roi son maître lui écrivit aussi de sa main, et lui commanda de remettre secrètement au Pape celle qu'il lui adressoit pour Sa Sainteté, dont il joignit la copie, imposant à son ambassadeur de la tenir très-secrète. Uride en avertit le cardinal Janson et le Roi en fut promptement informé.

Le Pape voulut, sur une affaire si importante, avoir l'avis de quelques cardinaux. Il en assembla trois, distingués par le mérite, la vertu et la capacité : l'un étoit Spada, nommé autrefois nonce en France et qui depuis avoit été secrétaire ; l'autre, le cardinal Albano, qui succéda peu de mois après à Innocent XII, et prit le nom de Clément XI ; le troisième fut le cardinal Spinola-San-Cesareo. La consultation étant faite, Sa Sainteté répondit au roi d'Espagne, donna les louanges dues à sa piété, à son zèle pour la religion et le bien de ses royaumes, et conclut qu'il ne devoit pas s'écarter de l'avis de son conseil royal, fondé sur le principe nécessaire d'assurer l'union et la conservation entière de sa monarchie.

L'avis positif et certain que le Roi reçut par le cardinal Janson ne laissoit plus lieu de douter des intentions du roi d'Espagne, favorables à l'un des princes de France. Toutefois Sa Majesté persista dans la résolution de s'en tenir aux engagemens qu'elle avoit pris et renouvelés par le second traité, quelque sujet qu'elle eût de douter de la bonne foi de ses alliés, que le retardement, les difficultés continuelles, la répugnance à convenir des mesures nécessaires pour l'exécution du traité, rendoient chaque jour plus suspects. Le Roi savoit encore que l'affection des peuples d'Espagne pour un prince de sa famille augmentoit et n'étoit plus cachée. Le cardinal Porto-Carrero faisoit gloire de ses sentimens : il étoit convenu avec Blécourt de l'avertir de tout ce qui pourroit contribuer au succès si avantageux à l'Espagne. Peu de gens songeoient alors à servir l'Empereur : dans ce petit nombre on comptoit le marquis de Léganès et le secrétaire Ubilla.

Nonobstant l'alliance des Provinces-Unies avec la France, le résident de Hollande à Madrid, exclu de toute fonction publique à cause d'une querelle personnelle, avoit pendant la nuit de fréquentes conférences dans la rue avec Léganès. Il n'y avoit plus de ministre d'Angleterre à la cour d'Espagne : ainsi Blécourt étoit seul à tenir tête à l'ambassadeur de l'Empereur.

Au mois de juillet, Harrach offrit au roi d'Espagne vingt mille hommes de troupes impériales pour la garde du Milanois, autant pour Naples, autant pour la Sicile : vaines promesses dont l'accomplissement étoit impossible ; à peine furent-elles écoutées. Il s'aperçut qu'elles devenoient un sujet de dérision : il changea de style, et pour affoiblir le parti de France il répandit que le Roi s'étoit clairement expliqué ; que si la monarchie d'Espagne lui étoit offerte pour l'un des princes ses petits-fils, Sa Majesté la refuseroit. Il assura que Blécourt l'avoit dit positivement, en conséquence des ordres qu'il avoit reçus de le déclarer.

Un tel discours, quoique faux, ne laissa pas de faire impression sur l'esprit du roi d'Espagne. Il avoit promis à Porto-Carrero d'appeler un prince de France à sa succession : le cardinal le pressant d'exécuter sa résolution, il répondit que son honneur seroit blessé si le roi de France refusoit de consentir à son choix. En même temps il renouvela ses exhortations à l'Empereur pour le détourner d'accepter aucune proposition de partage ; il donna à ses ordre aux vices-rois de Naples et de Sicile, ainsi qu'au gouverneur de Milan, de recevoir dans ses différens Etats les troupes que l'Empereur se proposoit d'y envoyer. Toutefois l'ambassadeur d'Espagne en France assuroit que le Roi son maître n'avoit pas nommé de successeur.

Les instances importantes et assidues de la reine d'Espagne produisoient ces contradictions dans la conduite du Roi Catholique, affoibli par ses fréquentes maladies, et sentant les approches de la mort, quoique pendant le mois d'août sa santé parût meilleure qu'à l'ordinaire.

Harrach, profitant de sa foiblesse, obtint qu'il ne consulteroit plus son conseil : mais peu de jours après, ce prince dit au duc de Medina-Sidonia qu'il vouloit suivre l'avis de ce même conseil, et nommer un prince de France pour succéder à sa couronne ; qu'il ne pouvoit au reste se résoudre à l'appeler en Espagne.

Depuis cette confidence, Sidonia pressa Blécourt plus que jamais de lui dire si le Roi accepteroit le total de la succession d'Espagne pour un des princes ses petits-fils, la disposition du Roi Catholique n'étant plus douteuse au moment qu'il seroit sûr qu'elle ne seroit pas rejetée.

Castel-dos-Rios, en France, eut ordre de s'informer bien précisément des intentions du Roi.

Tous les sentimens en Espagne se réunissoient : le clergé, le conseil d'Etat, les gens de loi, tous reconnoissoient les droits du Dauphin et souhaitoient de voir un de ses fils assuré de régner. On espéroit à Madrid que le roi d'Angleterre manqueroit à ses engagemens : c'étoit un bien désiré de toute la nation ; la conduite du résident de Hollande donnoit lieu de s'en flatter : sa correspondance avec le marquis de Léganès continuoit, et souvent il conféroit avec l'ambassadeur de l'Empereur, quoiqu'il assurât Blécourt du contraire.

Harrach ne perdit pas courage : il espéroit encore un changement ; et, malgré les sujets de mécontentement que sa conduite, ses discours, ses relations à l'Empereur, avoient causés à la Reine, il fondoit ses espérances nonseulement sur le crédit, mais de plus sur la bonne foi de cette princesse. Elle obtint en effet un ordre adressé aux conseillers d'Etat de s'assembler, pour faire entendre de la part du Roi leur maître que la partialité qu'ils témoignoient pour un prince de France lui déplaisoit. Cette déclaration faite, sept d'entr'eux confirmèrent plus fortement encore l'avis qu'ils avoient donné en faveur de l'un des fils du Dauphin.

Une maladie nouvelle réduisit le roi d'Espagne à l'extrémité vers la fin de septembre : il reçut les derniers sacremens de l'Eglise. On soit sourdement qu'il avoit confirmé son testament fait en faveur de l'archiduc, déclaré la Reine régente et formé un conseil.

Les discours changèrent au commencement d'octobre. Blécourt écrivit au Roi que, suivant les bruits de Madrid, un des fils du Dauphin étoit appelé à la couronne d'Espagne ; que le cardinal Porto-Carrero avoit constamment et utilement travaillé pour un prince de France ; qu'il avoit empêché qu'un testament contraire, extorqué par la Reine, ne fût exécuté.

L'événement prévu depuis long-temps arriva. Charles II, monarque souverain de tant d'Etats, mourut le premier novembre de l'année 1700, et sa mort causa bientôt après l'embrasement général de toute l'Europe.

Par son testament, signé le 2 octobre précédent, il reconnut le droit de l'infante Marie-Thérèse sa sœur, reine de France et mère du Dauphin, et celui de la reine Anne sa tante, par conséquent celui du Dauphin, qui devoit être son unique héritier, conformément aux lois de ses royaumes : mais, pour éviter l'alarme que l'Europe concevroit de l'union de tant d'Etats à la monarchie de France, dont le Dauphin étoit le seul héritier présomptif, Charles appeloit à sa succession le duc d'Anjou, second fils du Dauphin, et le nommoit héritier de tous ses royaumes et seigneuries, sans en excepter aucune partie et sans démembrement. Il ordonnoit à tous ses sujets et vassaux de le reconnoître pour leur Roi et seigneur naturel ; il vouloit que jusqu'à l'arrivée de ce prince à Madrid, et même jusqu'à sa majorité, le royaume fût gouverné par un conseil de régence ou junte, dont il nomma les sujets, et la Reine à la tête de ce conseil.

Immédiatement après la mort du roi d'Espagne, la junte écrivit au Roi pour lui donner part de cet événement ; et l'ambassadeur d'Espagne eut ordre de remettre à Sa Majesté le testament et la lettre signée de la Reine et des conseillers qui composoient la junte.

Comme on doutoit à Madrid si le Roi accepteroit les dernières propositions du Roi Catholique, dans cette incertitude la junte ordonnoit à Castel-dos-Rios, en cas de refus de la part de Sa Majesté, de faire incessamment passer à Vienne le même courrier envoyé de Madrid, l'intention du feu Roi ayant été de déférer sa succession entière à l'archiduc, si sa disposition n'étoit pas acceptée en France.

Le Roi étoit alors à Fontainebleau. A l'arrivée du courrier, l'ambassadeur d'Espagne communiqua les ordres qu'il venoit de recevoir à celui des ministres à qui le Roi confioit le département des affaires étrangères, et demanda une audience particulière à Sa Majesté. Avant que d'en fixer l'heure, elle voulut entendre les avis de son conseil et décider de la résolution qu'elle auroit à prendre sur un événement peu attendu, mais si important à la famille royale, au bien du royaume, au repos général de l'Europe.

Le conseil étoit composé de M. le Dauphin, principalement intéressé à la disposition faite par le roi d'Espagne ; du comte de Pontchartrain, chancelier de France ; du duc de Beauvilliers, chef du conseil des finances, gouverneur des princes enfans de France, et du marquis de Torcy, secrétaire d'Etat, ayant le département des affaires étrangères.

Il étoit plus aisé de prévoir que de prévenir les suites de la décision dont il s'agissoit. Le Roi s'étoit engagé à rejeter toute disposition que le roi d'Espagne pourroit faire de sa monarchie en faveur d'un prince de France, à quelque titre que l'acte en seroit fait : testament, donation, toute forme que ce fût, souffroit une exclusion. Sa Majesté, contrevenant à ses engagemens, s'attiroit le reproche de violer la parole sacrée des rois ; et encore, en y manquant, la guerre étoit inévitable. L'objet principal que le Roi s'étoit proposé, en pressant la conclusion de la paix signée à Riswick, avoit été de laisser à ses peuples le temps de se rétablir après une longue suite de guerres : lorsqu'ils commençoient à peine à jouir de quelque repos, ils se verroient encore obligés de soutenir le poids d'une nouvelle guerre qui deviendroit incessamment universelle, puisqu'il n'y avoit pas lieu de se flatter que les princes voisins de la France, alarmés de sa puissance, souffrissent tranquillement que son autorité s'étendît à donner des lois, sous le nom de son petit-fils, aux Etats soumis à la couronne d'Espagne dans l'ancien et le nouveau Monde.

D'un autre côté il y avoit à considérer que si le Roi refusoit d'accepter les dispositions du testament, ce même acte transféroit la succession totale à l'archiduc. Le même courrier dépêché en France passoit à Vienne. La nation espagnole n'auroit pas hésité à reconnoître pour son roi le second fils de l'Empereur : la maison d'Autriche réunissoit encore entre le père et le fils la puissance de Charles-Quint, autrefois si fatale à la France. La paix conclue à Riswick n'en étoit pas plus assurée ; le traité de partage ne suffisoit plus pour la maintenir.

L'Empereur avoit refusé opiniâtrement de souscrire à ce traité dans le temps qu'il avoit lieu de craindre l'effet des liaisons de la France avec l'Angleterre et la Hollande. Ses alarmes étoient dissipées par les avis secrets que les ministres de ces deux puissances avoient confiés à ceux de la cour de Vienne : nuls préparatifs de leur part ne donnoient à ce prince le moindre lieu de croire que le roi Guillaume et la république de Hollande eussent intention de soutenir par les armes la disposition faite des Etats de la couronne d'Espagne. L'Empereur, pleinement rassuré, n'auroit pas accepté ce qu'il avoit refusé lorsqu'il avoit eu le plus sujet d'être alarmé.

Le Roi, n'acceptant pas le testament, n'avoit de parti à prendre que d'abandonner totalement la succession d'Espagne, ou de faire la guerre pour conquérir la part que le traité de partage assignoit à la France.

Un abandon général privoit les princes ses enfans de leurs droits légitimes reconnus par le roi Charles, par la nation espagnole, et enrichissoit à leurs dépens la maison d'Autriche, si ennemie de celle de France, que l'Empereur avoit mieux aimé s'exposer à tout perdre, que de consentir à partager avec elle cette grande succession.

Si le Roi se déterminoit à la guerre pour maintenir les engagemens pris avec l'Angleterre et la Hollande, il étoit indubitable qu'il seroit obligé d'en soutenir seul tout le poids; mais de plus on devoit s'attendre que, peu de temps après qu'elle seroit commencée, ces alliés infidèles s'uniroient aux ennemis de Sa Majesté et s'opposeroient à l'exécution de ce même traité dont elle auroit craint de violer les engagemens.

La guerre étoit nécessaire pour les soutenir : elle étoit onéreuse à la France, mais de plus elle étoit injuste. Quelle raison pour la déclarer à l'Espagne ? à quel titre s'emparer d'une partie de ses États ? quel tort son dernier maître avoit-il fait à la France en reconnoissant un de ses princes pour son héritier universel ? et quelle injure lui faisoit la nation espagnole de se soumettre et se conformer aux volontés équitables de son Roi ? Elle se donnoit sans réserve : la France, en la rejetant, l'auroit regardée comme ennemie, sans autre raison que de croire qu'il convenoit mieux à ses intérêts de s'emparer d'une partie des Etats de l'Espagne, sans autre droit que celui d'un traité dont les alliés avoient déjà violé les conditions essentielles.

Si la guerre étoit inévitable, il falloit la faire pour soutenir le parti le plus juste ; et certainement c'étoit celui du testament, puisque le roi d'Espagne rappeloit ses héritiers naturels à sa succession, dont ils avoient été injustement exclus par ses prédécesseurs.

Il y avoit lieu de croire que, malgré le désordre des finances d'Espagne, cette monarchie ne seroit pas encore hors d'état d'aider la France à s'opposer à la division de ses Etats : l'Espagne livroit pour la défense de fortes places, des ports dont la situation facilitoit le commerce de la France, et pouvoit ruiner celui de ses ennemis. On pouvoit se flatter que les Indes ne seroient pas d'un médiocre secours.

Le secrétaire d'Etat appuya de toutes ces raisons l'avis qu'il ouvrit dans le conseil d'accepter le testament ; le duc de Beauvilliers, qui parla ensuite, conclut à s'en tenir au traité de partage, persuadé que la guerre, suite nécessaire de l'acceptation, causeroit la ruine de la France. Le chancelier reprit en détail les différens avantages qu'il y avoit à se promettre de l'un ou de l'autre parti ; il les exposa clairement et réciproquement ; il fit la récapitulation des inconvéniens que chacun de ces partis entraînoit nécessairement : en sorte que, n'osant prononcer sur une question si importante, dont la décision seroit ou louée ou blâmée généralement, suivant l'événement, il conclut que le Roi seul, plus éclairé que ses ministres, pouvoit connoître et décider, suivant les lumières de Sa Majesté, ce qui convenoit le mieux à sa gloire, à sa famille royale, au bien de son royaume et de ses sujets.

Monseigneur le Dauphin parla peu, et sans hésiter il conclut à l'acceptation du testament, plus touché de voir son second fils régner sur toute la monarchie d'Espagne, que d'être lui-même souverain des royaumes de Naples et de Sicile.

Le Roi décida et voulut que la résolution qu'il prit d'accepter le testament fût tenue secrète pendant quelques jours.

Les écrivains des derniers temps ont avancé faussement que madame de Maintenon avoit assisté à ce conseil et qu'elle avoit donné son avis.

L'ambassadeur d'Espagne, admis ensuite à l'audience particulière que le Roi lui donna dans son cabinet, eut l'honneur de remettre à Sa Majesté le testament du feu roi d'Espagne, avec la lettre de la junte, signée de la Reine douairière et des ministres dont ce conseil étoit composé.

Le Roi lui confia la résolution qu'il avoit prise : comme elle ne devoit être déclarée que lorsque le Roi seroit de retour à Versailles, il lui recommanda le secret pendant peu de jours encore ; et, pour ne pas retarder le renvoi du courrier venu de Madrid, il fit remettre dès le lendemain à l'ambassadeur la lettre qu'il écrivit à la junte.

La résolution que le Roi prit d'accepter le testament, devenue publique, excita dans l'Europe l'agitation qu'on avoit prévue. La couronne d'Espagne transférée dans la maison de France étoit un des plus grands événemens qui fût arrivé depuis plusieurs siècles et le plus capable de renouveler incessamment une guerre générale. Le Roi cependant désiroit de conserver la paix, et pour y parvenir il eut soin de faire des alliances au dehors de son royaume, pendant qu'au dedans il donnoit ses ordres pour opposer des forces suffisantes aux puissances qui se déclareroient contre Sa Majesté et contre le Roi son petit-fils. Il traita donc avec le roi de Portugal, avec le duc de Savoie et avec celui de Mantoue, qui remit aux troupes du Roi la garde de la ville de Mantoue.

Il eut pour ses alliés en Allemagne les ducs de Brunswick-Wolfenbuttel, de Saxe-Gotha et l'évêque de Munster. L'électeur de Saxe, roi de Pologne, étoit prêt à entrer aussi dans la même alliance, lorsque les dispositions de l'Europe changèrent.

Le plus fidèle et le plus puissant des alliés du Roi dans l'Empire fut l'électeur de Bavière, alors gouverneur des Pays-Bas espagnols. Il engagea dans les mêmes liaisons l'électeur de Cologne, son frère. Ces deux princes, oncles du roi Philippe V, se dévouèrent à soutenir son droit; et, malgré la perte de leurs Etats et de leurs dignités, ils persistèrent avec fermeté dans le parti qu'ils avoient pris comme le plus juste.

Le roi de la Grande-Bretagne et les Etats-généraux des Provinces-Unies, aussi blessés de l'infraction du traité de partage que s'ils en avoient fidèlement observé les engagemens, balancèrent cependant sur le parti qu'ils prendroient. Après des plaintes amères, les Hollandois, pour les intérêts de leur commerce, reconnurent le roi d'Espagne. Incertains des alliés et des moyens qu'ils auroient pour soutenir une nouvelle guerre dans le temps qu'ils avoient le plus de besoin de repos, ils entretinrent pendant le cours de l'année suivante une négociation frauduleuse, qui ne cessa que lorsque la crainte et la jalousie des forces et du nouveau pouvoir de la France unirent enfin le roi d'Angleterre et la république de Hollande avec la maison d'Autriche, et qu'en vue de soutenir ses intérêts, le fameux traité nommé *de la grande alliance* fut signé à La Haye le 7 septembre 1701, par les ministres de l'Empereur, du roi de la Grande-Bretagne et des Etats-généraux des Provinces-Unies.

Déjà la guerre étoit allumée en Italie. Le prince de Vaudemont, gouverneur du Milanois, avoit obéi aux dernières volontés du feu roi Charles II, ainsi que les autres gouverneurs de tous les Etats soumis à la monarchie d'Espagne. Selon la demande du prince de Vaudemont, le Roi avoit envoyé un corps de troupes pour la défense du duché de Milan. Sa Majesté fit passer ensuite dans cet Etat une forte armée, dont le duc de Savoie fut déclaré généralissime; l'Empereur, de son côté, fit entrer son armée en Italie. Si la bonne foi du prince qui commandoit l'armée françoise eût égalé sa valeur, la France et l'Espagne auroient eu lieu de se promettre de cette guerre les succès les plus heureux.

L'Empereur se soutint seul pendant la première année (1). Le traité signé à La Haye l'assuroit qu'il seroit bientôt secouru; mais, pour ressentir l'effet des promesses du roi Guillaume, il falloit que le parlement d'Angleterre concourût à l'accomplissement des engagemens que ce prince avoit pris.

Il est rare que la nation angloise pense unanimement. L'aigreur étoit alors très-vive entre les deux partis des wighs et des torys. Le roi de la Grande-Bretagne favorisoit les premiers et leur confioit les charges et les emplois principaux : il étoit sûr de leurs suffrages dans le parlement, mais il ne l'étoit pas de déterminer à la guerre une nation fatiguée du poids de la guerre précédente, et qui ressentoit le préjudice que son commerce en avoit souffert. On auroit peut-être représenté vainement à ceux sur qui tombe le fardeau des subsides que l'Europe étoit en danger de se voir incessamment opprimée, si le juste désir de maintenir sa liberté ne réunissoit les princes et les Etats intéressés à s'opposer aux vastes desseins du Roi. L'ancien fantôme de la monarchie universelle touchoit moins les Anglois que l'horreur des taxes qu'ils seroient obligés de payer en cas d'une guerre nouvelle.

[1701] Mais l'événement de la mort du roi d'Angleterre Jacques II, et surtout la résolution que le Roi prit de reconnoître le prince de Galles en qualité de roi de la Grande-Bretagne, changea les dispositions qu'une grande partie de la nation témoignoit à conserver la paix : les sentimens des différens partis se réunirent. Tous les Anglois unanimement regardoient comme une offense mortelle de la part de la France qu'elle prétendît s'attribuer le droit de leur donner un Roi, au préjudice de celui qu'ils avoient eux-mêmes appelé et reconnu depuis plusieurs années.

Le roi d'Angleterre profita de cette disposition commune; et, dans la harangue qu'il fit au parlement, il traita la reconnoissance du prince

---

(1) En 1701, le prince Eugène força le poste de Carpi et resta maître de tout le pays entre l'Adige et l'Adda. Catinat fut obligé de se retirer. L'armée françoise, commandée par le duc de Savoie, Catinat et le maréchal de Villeroy, éprouva un nouvel échec au combat de Chiari livré le premier septembre.

de Galles non-seulement comme la plus grande indignité que l'on pouvoit faire à sa personne et à la nation, mais encore comme un acte intéressant également la religion protestante, la tranquillité présente et future, et le bonheur de l'Angleterre.

Le roi Guillaume n'oublia pas d'exagérer le péril où le commerce de l'Angleterre dans ses branches principales étoit exposé, par l'union de l'Espagne et de la France.

Ce prince, flattant ainsi le génie des Anglois, reçut de la part des deux chambres des assurances d'indignation contre la France, de zèle pour le maintien du repos et de la liberté de l'Angleterre aussi bien que de toute l'Europe, et de l'empressement à soutenir les droits de la maison d'Autriche, comme le seul moyen d'établir solidement la tranquillité commune.

Il obtint aussi les subsides nécessaires pour commencer et soutenir une guerre qu'il avoit représentée et que la nation vouloit regarder comme indispensable, résolue de ne point faire de paix jusqu'à ce qu'elle eût reçu satisfaction de la grande indignité qui lui avoit été faite par la reconnoissance du prétendu prince de Galles.

Pour soutenir cette guerre, les communes résolurent qu'il seroit levé et entretenu quarante mille hommes pour la part que le roi de la Grande-Bretagne devoit contribuer dans la grande alliance, et quarante mille matelots pour la flotte. Ce prince demanda de plus dix mille hommes, qui lui furent accordés, pour un débarquement.

Pendant que tant d'ennemis s'assembloient contre la France, elle recevoit peu de secours de l'Espagne affoiblie depuis long-temps, et qu'il falloit soutenir par des dépenses immenses, mais nécessaires pour la conservation des différentes parties d'une monarchie mal gouvernée depuis une longue suite d'années.

[1703] Les commencemens de la guerre furent heureux pour la France, et la campagne de 1703 lui fut glorieuse en Allemagne (1). Brisach se rendit à monseigneur le duc de Bourgogne; le maréchal de Tallard prit ensuite Landau, et défit près de Spire l'armée des ennemis, commandée par le prince de Hesse-Cassel, devenu depuis roi de Suède.

[1704] La face des affaires changea l'année suivante (2) : le succès malheureux de la bataille d'Hochstedt força l'électeur de Bavière à

---

(1) Voici quelles furent les principales opérations de la guerre pendant les années 1702 et 1703 : en 1702, les Impériaux entrèrent dans le duché de la Mirandole; le prince Eugène surprit Crémone et en fut chassé le même jour premier février; le maréchal de Villeroy y fut fait prisonnier. M. de Vendôme, le 24 mai, fit lever le siége de Mantoue au prince Eugène, et défit le 26 juillet le général Visconti à Santa-Vittoria. Albergotti s'empara de Reggio et de Modène. Les deux partis s'attribuèrent le gain de la bataille de Luzara, donnée le 15 août. M. de Vendôme prit Luzara et Guastalla. En Flandre, les ennemis prirent Venloo le 23 septembre, Ruremonde le 8 octobre, et la citadelle de Liége le 23 du même mois. En Allemagne, M. de Blainville rendit Kaiserswerth le 13 juin; l'électeur de Bavière surprit Ulm le 8 septembre; M. de Melac rendit Landau le 11 septembre; M. de Villars prit Neubourg le 11 octobre et défit l'armée impériale à Fredelinghen. Le prince Frédéric de Brandebourg leva le siége de Rhinberg le 20 octobre; le comte de Tallard prit Trèves le 25 octobre, la ville et le château de Trarbach le 6 novembre. Nos troupes entrèrent dans Nancy le 3 décembre. Le comte de Château-Regnault fut entièrement défait le 22 octobre par le duc d'Ormond dans le port de Vigo, où il avoit conduit les galions du Mexique.

En 1703, les ennemis reprirent Rhinberg le 9 février. Le maréchal de Tallard fit lever le siége de Trarbach le 25 février; le maréchal de Villars s'empara d'Offembourg, de Radstadt et des redoutes que les ennemis avoient sur le Danube; il prit le fort de Kelh le 9 mars. L'Electeur se rendit maître de Neubourg sur le Danube le 3 février; il battit les ennemis à Passaw le 11 mars, et à Burglengenfeld le 28; s'empara de Ratisbonne le 8 avril, et fut joint le 11 mai à Dutlingen par le maréchal de Villars. L'Electeur prit Kuffstein le 18 juin et Inspruck le 26; M. de Vendôme força le passage des montagnes à l'entrée du Trentin le 26 juillet; M. de Vaubecourt prit Barsello le 27 juillet; M. de Legal mit en déroute, le 30 juillet, un détachement du prince de Baden; le maréchal et l'Electeur défirent entièrement à Hochstedt le comte de Stirun le 20 septembre. Dans les Pays-Bas, le maréchal de Villeroy força Tongres le 10 mai; Marlborough prit Bonn le 15 mai, et Huy le 26 juin. Les François eurent l'avantage au combat d'Eketen, donné le 30 juin. Les ennemis prirent Limbourg le 27 septembre, et la ville de Gueldre le 17 décembre. M. de Vendôme battit le général Visconti, le duc de Bourgogne prit le Vieux-Brisach le 6 septembre. Le prince de Hesse fut vaincu par le maréchal de Tallard, qui prit ensuite Landau; les Impériaux se saisirent de Bamberg le 30 novembre. Les flottes angloise et hollandoise furent battues plusieurs fois par les vaisseaux françois.

(2) Dans le cours de cette année 1704, le roi d'Espagne eut d'abord quelques succès contre le roi de Portugal, qui le repoussa ensuite. La flotte angloise s'empara de Gibraltar le 4 août. M. de Vendôme se rendit maître des états du duc de Modène qui s'étoit joint à l'Empereur. Les Impériaux s'emparèrent des états du duc de La Mirandole qui traitoit avec la France. Le grand Prieur de Vendôme prit Revère le 10 avril; M. de La Feuillade prit le château de Suse le 12 juin. Il s'étoit emparé sur la fin de l'année précédente de toute la Savoie, excepté de Montmélian. Les François prirent encore en Italie Verceil le 20 juillet, la ville d'Yvrée et Sansauo. En Allemagne, l'électeur prit Passaw le 9 janvier, et Marlborough Donawerth le 2 juillet. La bataille d'Hochstedt se donna le 13 août : le prince Eugène et Marlborough y remportèrent une victoire complète sur les armées de France et de Bavière; M. de Tallard fut fait prisonnier. Les ennemis gagnèrent plus de quatre-vingts lieues de pays; ils prirent le

repasser le Rhin avec l'armée du Roi, dont il avoit le commandement. Son pays devint la proie des ennemis.

Ce prince, revenu dans les Pays-Bas, dont il étoit vicaire-général pour le roi d'Espagne, ne fut pas plus heureux deux ans après à Ramillies [1706], et la fatale déroute de l'armée du Roi, arrivée au mois de mai 1706, livra les Pays-Bas aux ennemis de la France et de l'Espagne (1).

Ce ne fut pas encore la fin des malheurs. Le siège de Turin, mal entrepris, mal conduit, donna le temps au prince Eugène de voler au secours du duc de Savoie; l'armée du Roi, forcée dans ses lignes, se retira en Dauphiné. On consentit aux conditions d'une capitulation dressée par le prince Eugène pour ramener en France ce qui restoit en Italie de troupes victorieuses de celles de l'Empereur, dans une bataille que le comte de Médavi gagna sur les Impériaux commandés par le prince de Hesse-Cassel, dans le temps qu'on capituloit pour assurer la sortie de ces troupes hors de l'Italie, abandonnée à l'armée de l'Empereur.

Le roi d'Espagne n'étoit pas plus heureux : l'arrivée d'une flotte angloise devant Barcelone l'avoit obligé de lever avec précipitation le siège de cette place, où l'archiduc s'étoit enfermé. Nul passage ne se trouvant libre au roi d'Espagne pour retourner dans son royaume, il fut obligé d'y rentrer par la France.

[1708] Le Roi soutenoit avec fermeté tant d'événemens si différens du bonheur dont ses armes étoient autrefois accompagnées. Il y eut quelque lueur flatteuse du retour de cette ancienne prospérité, lorsqu'au commencement de de la campagne de 1708 (2), monseigneur le duc de Bourgogne, commandant l'armée de Sa Majesté, surprit la ville de Gand : mais l'espérance de progrès heureux pendant le cours de cette campagne s'évanouit à la fatale journée d'Oudenarde, aussi malheureuse que mal concertée, funeste effet de la jalousie entre les courtisans d'un jeune prince et le général qui commandoit l'armée sous ses ordres.

Cet événement fit perdre à l'Espagne ce qu'elle possédoit encore dans les Pays-Bas, à l'exception seulement de Luxembourg, de Mons et de Nieuport. Il auroit de plus entraîné la France à subir les conditions les plus dures pour obtenir une paix devenue nécessaire, si Dieu, protégeant le Roi, n'eût, après l'avoir humilié, aveuglé ses ennemis.

Quoique son courage parût à toute épreuve,

23 novembre Landau, Trarbach le 19 novembre, et Trèves le 29 octobre.

L'année suivante 1705, en Italie, les François prirent Villefranche le 7 février et le château le 3 avril, La Mirandole le 11 mai, Chivas le 28 juillet. Le champ de bataille resta aux François dans le combat de Cassano, donné le 16 août. Nous primes Soncino le 23 octobre, et les ennemis prirent Montmélian le 11 décembre. En Espagne, le maréchal de Tessé fut obligé de lever le siège de Gibraltar; et les Portugais prirent en mai Salvaterra, Valencia, Alcantara et Albuquerque. Gironne se déclara pour l'archiduc le 4 octobre; Barcelone se rendit à ce prince le 9 octobre. Le maréchal de Villars força les lignes de Weissembourg le 3 juillet; Hombourg se rendit au marquis de Conflans. Le prince de Bade força les lignes de Haguenau le 28 septembre, et entra le 5 octobre dans la ville. En Flandre, les ennemis forcèrent les lignes de Vignemont et prirent Tillemont et Leuve. L'Electeur prit Diest le 25 novembre.

(1) Pendant la campagne de 1706 on perdit en Espagne Villaréal le 8 janvier, Alcantara le 16 avril. On leva le siège de Barcelone le 12 mai ; la Catalogne fut ouverte à l'archiduc. Les Portugais prirent Ciudad-Rodrigo et Albuquerque; les ennemis s'emparèrent de Carthagène le 30 juin, de Salamanque le 8 juillet, allèrent à Madrid et y proclamèrent roi l'archiduc. Ils prirent Alicante le 4 septembre; on reprit sur eux Carthagène le 18 novembre. Les îles d'Yvica et de Majorque se rendirent à l'archiduc; on reprit Alcantara sur les Portugais le 14 décembre. En Flandre, la bataille de Ramillies, livrée le 23 mai, et fatale à la France, nous fit perdre Louvain, Bruxelles, Malines, Lierres, Bruges, Gand, Anvers, Oudenarde, Ostende, Menin, Ath, etc. En Italie, nous prîmes d'abord le château de Nice le 4 janvier, et nous gagnâmes la bataille de Calcinato le 19 avril; mais ensuite nous levâmes le siège de Turin le 7 septembre; nos lignes furent forcées par le prince Charles, et nous perdîmes le Modénois, le Mantouan, le Milanois, le Piémont, enfin le royaume de Naples. En Allemagne, nous eûmes quelques avantages; nous prîmes Drusenheim le 2 mai, Haguenau le 11 mai, et l'île du Marquisat le 30 juillet.

(2) En 1707, nos troupes évacuèrent toute la Lombardie. Les ennemis prirent Capoue le 2 juillet, Naples le 8, enfin tout le reste du royaume; Gaëte le 30 septembre; le château de Suse le 13 octobre, et Orbitello le 21 décembre. M. le maréchal de Berwick gagna la bataille d'Almanza le 25 avril, et nous prîmes Requena le 3 mai, Valence et les autres villes de ce royaume; Saragosse le 25 mai, Serpa le 26 mai, Alcira le 10 juin, Mequinença le 7 juillet, Mouçon le 7 août, Puycerda et toute la Cerdagne; Ciudad-Rodrigo le 4 octobre, la ville de Lérida le 13 octobre, et le château le 12 novembre. Les ennemis levèrent le siège de Toulon le 22 août. Le maréchal de Villars surprit les lignes de Stolophen le 22 mai, s'empara du duché de Wurtemberg, et leva des contributions jusques au-delà du Danube; prit Schorndorf, battit le général Jancess, le fit prisonnier; mais l'électeur de Hanovre le força de repasser le Rhin. Sur mer, nous eûmes plusieurs avantages.

Dans l'année 1708, nous prîmes Gand, Bruges et Plassendal. Dans le combat d'Oudenarde, les ennemis eurent l'avantage le 11 juillet. Ils assiégèrent Lille le 22 août et la prirent le 23 octobre, et la citadelle le 8 décembre. Les alliés reprirent Gand le 30 décembre; les Anglois s'emparèrent de la Sardaigne le 15 août, et du Port-Mahon le 29 septembre. Le duc de Savoie prit les forts d'Exilles, de Fenestrelle et de La Pérouze. En Espagne, nous eûmes quelques succès.

il sentoit intérieurement la juste douleur que lui causoit la prolongation d'une guerre dont le poids accabloit ses sujets. Plus touché de leurs maux que de sa propre gloire, il avoit employé, pour les terminer, différens moyens d'entamer une négociation.

L'opinion commune étoit que la seule voie de parvenir à la paix étoit de s'adresser à la Hollande. C'étoit la route suivie depuis 1706. Déjà plusieurs propositions d'accommodement avoient été faites à cette république. Le temps des succès favorables est le temps de présenter la paix ; mais elle n'est pas écoutée si elle n'est appuyée de la victoire.

Les tentatives faites après tant d'événemens sinistres produisirent pour toute réponse que les Hollandois, inséparablement attachés à leurs alliés, exigeoient comme condition préliminaire, comme base des traités à faire, que l'Espagne et les Etats dépendant de cette monarchie, dans l'ancien comme dans le nouveau Monde, appartiendroient à la maison d'Autriche ; que la république de Hollande, toujours inquiète des desseins de la France, auroit dans les Pays-Bas une barrière suffisante pour sa sûreté et pour calmer les justes alarmes ; que le commerce de ses sujets avec la France seroit assuré et les avantages accordés à Riswick sur cet article augmentés. Ces conditions préliminaires réglées, on pouvoit ensuite négocier sur les autres conditions de la paix.

Ces impérieuses demandes étoient soutenues par les discours des ennemis de la France. Leur langage ordinaire étoit qu'on devoit se défier de ses artifices, être en garde contre sa séduction ; qu'une paix solide, telle que l'Europe devoit la désirer pour assurer son repos et sa liberté, ne seroit jamais du goût des François, ni le véritable objet du Roi leur maître ; qu'il n'en avoit d'autre que de diviser une ligue puissante, dont l'union entre les parties dont elle étoit composée faisoit la force principale. Encore quelques années de guerre, disoit-on, et la France si formidable ne sera plus à craindre.

Ces discours, et la dureté des conditions prétendues par les ennemis, paroissoient à bien des gens en France autant de suppositions répandues pour abuser les peuples et faire supporter patiemment les maux de la guerre ; mais enfin la vérité se fit connoître. Le comte de Bergueick, intendant des Pays-Bas pour le roi d'Espagne, avoit entamé après la bataille de Ramillies une espèce de négociation avec Wanderdussen, pensionnaire de la ville de Tergow. Le Roi l'avoit approuvé ; et le président Rouillé, chargé pour lors des ordres de Sa Majesté auprès de l'électeur de Bavière, avoit été admis au secret. On le communiqua au sieur Hannequin, échevin de Rotterdam, dont les bonnes intentions pour la paix avoient paru en d'autres occasions, principalement à la paix conclue à Riswick. Il eut ordre d'instruire le pensionnaire de Hollande des conditions que le Roi consentiroit d'accorder pour terminer la guerre.

On pouvoit croire alors que les événemens de l'année 1706 décideroient du partage à faire, pour le repos de l'Europe, entre le roi Philippe et l'archiduc.

Le premier, contraint de sortir du royaume d'Espagne, tenoit encore sous son obéissance les royaumes de Naples et de Sicile : on jugeoit qu'il pourroit se contenter de les conserver avec les autres Etats de la couronne d'Espagne en Italie et laisser l'Espagne à l'archiduc, qui pour lors en étoit possesseur. Les malheurs de la guerre autorisoient ce partage.

Il ne fut plus à propos l'année suivante. Les troupes de l'Empereur, entrées dans le royaume de Naples, s'en emparèrent aisément, pendant qu'en Espagne la bataille d'Almanza, gagnée par le duc de Berwick, remit sous l'obéissance du roi légitime toutes les provinces de ce royaume, à l'exception de la Catalogne.

Le roi Philippe ne possédoit plus du côté de l'Italie que la Sicile et les places situées sur la côte de Toscane. Ainsi le plan pour la paix, conforme à l'état des affaires en 1706, ne convenoit plus en 1707 : mais ce prince, maître des Indes occidentales, pouvoit accorder aux Hollandois de grands avantages pour leur commerce, et peut-être supérieurs à ceux qu'ils auroient obtenus de la maison d'Autriche. Un intérêt si sensible paroissoit un moyen propre à les porter à la paix.

Le sieur Ménager, député pour la ville de Rouen au conseil de commerce, bien instruit de ce qui regardoit le commerce des Indes occidentales, avoit formé un projet suivant les connoissances que son séjour en Espagne lui avoient acquises, et prétendoit qu'il étoit facile, en suivant ses idées, d'assurer, sans préjudice de l'Espagne, et de concert avec elle, le commerce de toutes les nations de l'Europe au nouveau Monde. Le Roi goûta ce projet ; et comme Ménager eut occasion d'aller à La Haye pour des affaires particulières, Sa Majesté lui permit de communiquer son projet à quelques-uns des principaux de la république de Hollande.

Il le fit voir au pensionnaire Heinsius, au baron de Duywenworden et à Wanderdussen ;

mais quand même ils auroient jugé favorablement, et qu'ils auroient cru du bien de leur patrie de travailler à le faire accepter, les disgrâces de la campagne de 1708 auroient détruit toute espérance de paix.

Cependant le rétablissement en devenoit chaque jour plus nécessaire à la France. Le Roi, père de ses sujets, se croyoit plus obligé à leur procurer le repos qu'à continuer au prix de leur sang des efforts inutiles pour maintenir le Roi son petit-fils sur le trône d'Espagne. L'Etat, épuisé par des dépenses désormais insoutenables, ne pouvoit réparer tant de malheureux événemens que par la paix; et la plus prompte étoit la meilleure.

Le plan proposé pour le commerce par Ménager auroit pu servir d'introduction à la négociation; mais il ne fut pas écouté dès qu'il parut que pour base il établiroit la condition de laisser au roi Philippe V la couronne d'Espagne et les Indes. Il fallut tenter d'autres voies.

Environ deux ans auparavant, un résident du duc de Holstein-Gottorp auprès des Etats-généraux, vint à Versailles de son pur mouvement et sans aucune mission. Il se présenta au ministre du Roi chargé du département des affaires étrangères et offrit ses soins pour faire passer secrètement, par des voies non suspectes, telles propositions que Sa Majesté jugeroit à propos pour avancer la paix. Sa bonne volonté fut louée; mais, avant que d'en faire usage, le Roi voulut qu'en le renvoyant à La Haye on lui dît seulement de faire savoir au pensionnaire que Sa Majesté consentoit à traiter sur le fondement des conditions que ses ennemis qualifioient de préliminaires; qu'il étoit nécessaire de convenir d'un lieu où l'on pût conférer secrètement et d'envoyer un passe-port pour la sûreté du ministre que le Roi chargeroit de ses ordres.

On convint avec ce résident, nommé Pettekum, d'entretenir avec lui la correspondance que demandoient le bien des affaires et son zèle pour la paix. Il repartit pour La Haye et s'acquittoit des commissions dont il avoit été chargé, lorsque le comte de Bergueick vint de Mons à Versailles vers la fin du mois de janvier 1709, et rendit compte au Roi des instructions secrètes que le Roi Catholique lui avoit envoyées, avec un ordre de les communiquer à Sa Majesté.

Ces instructions, écrites de la main de ce prince, contenoient un ample pouvoir d'offrir aux Hollandois toutes les conditions qu'ils demanderoient pour la sûreté de leur commerce. Il en informa Heinsius et Wanderdussen; et la réponse commune de l'un et de l'autre fut portée sur-le-champ à Mons par un nommé Lamberg, qu'ils y envoyèrent. Elle contenoit que les propositions que Bergueick auroit à faire seroient écoutées, s'il avoit pouvoir d'offrir l'Espagne et les Indes pour les céder à la maison d'Autriche, comme condition fondamentale et nécessaire de la paix.

Un ministre du roi d'Espagne ne pouvoit pas suivre une négociation dont le premier article auroit été de consentir à détrôner son maître. Bergueick se retrancha sur les avantages que les Hollandois trouveroient pour leur commerce en traitant avec le roi d'Espagne, et dit à Lamberg qu'actuellement il venoit de recevoir de ce prince le pouvoir d'entamer avec la République une négociation secrète; qu'il en enverroit la copie à Wanderdussen; que, pour agir de concert dans une affaire si importante, il étoit nécessaire de se parler avec une confiance égale et réciproque des deux côtés; qu'il se rendroit en tel lieu qui lui seroit indiqué pour conférer, et qu'enfin les propositions qu'il feroit pour le commerce des sujets de la République seroient si sûres et si avantageuses, que ses ministres ne balanceroient pas à les accepter. Il reçut pour réponse un mémoire écrit de la main de Wanderdussen, contenant ces mots:

« Le comte de Burgueick saura qu'à moins qu'on ne fasse les mêmes offres faites ci-devant des Espagnes et des Indes, du Milanois et des Pays-Bas, et ce qui a été ajouté, comme aussi un traité favorable de commerce, on ne pourra parler confidemment sur les autres articles préliminaires. »

Ces conditions si dures étoient à peu près les mêmes que Pettekum avoit portées en Hollande, comme devant servir de fondement à la paix générale. Il avoit écrit depuis son arrivée à la Haye qu'il reviendroit incessamment à Versailles pour y rendre compte de sa mission; mais tel étoit l'état des affaires au commencement de l'année 1709 (1), que tous les momens étoient à ménager pour parvenir à la paix. Il paroissoit essentiel de lier pour cet effet des conférences, d'en convenir à quelque prix que ce

---

(1) On a vu plus haut les pertes que nous fîmes en 1708. Dans l'année 1709, les ennemis prirent Tournay le 29 juillet, et la citadelle le 3 septembre. Le 11 septembre, se donna la bataille de Malplaquet, la plus meurtrière de toute cette guerre: le champ de bataille resta aux ennemis. Ils prirent Mons le 26 octobre. Le comte Du Bourg sauva l'Alsace en battant le comte de Mercy à Ottmarsheim le 26 août. En Espagne, nous prîmes quelques villes, et remportâmes quelques avantages peu considérables.

fût, et de rendre inutiles avant l'ouverture de la campagne les détours et les artifices que les ennemis mettoient en usage pour éloigner et dissiper toute apparence de négociation.

Ainsi, sans attendre le retour prochain de Pettekum, le Roi commanda à celui de ses ministres qui avoit le département des affaires étrangères, d'écrire directement à Wanderdussen que Sa Majesté ayant vu le mémoire écrit de sa main, consentoit, pour le bien de la paix, à traiter aux conditions demandées pour servir de base à la négociation. Elles étoient toutes répétées exactement; et moyennant le consentement donné à ces préliminaires, la lettre finissoit par la demande d'un passe-port, tant pour la personne que le Roi chargeroit de ses ordres, que pour le comte de Bergueick.

Il y avoit lieu de croire que les Hollandois, insistant opiniâtrement sur la cession absolue de la monarchie d'Espagne comme condition fondamentale de la paix, refuseroient d'admettre aux conférences un ministre du roi Philippe. Ce refus indubitable de leur part n'avoit pas échappé aux lumières de Sa Majesté; mais son intention étoit de faciliter au moins à Bergueick quelque conférence secrète et particulière avec les députés que la République auroit choisis, en sorte que seul avec eux il eût le moyen de faire des offres capables de toucher les Provinces-Unies et de les engager, pour l'intérêt même de leurs sujets, à maintenir le roi d'Espagne sur le trône où Dieu l'avoit placé.

Pettekum apporta la réponse de Wanderdussen au ministre qui lui avoit écrit de l'ordre exprès de Sa Majesté. Il envoya le passe-port pour la sûreté du plénipotentiaire qu'elle choisiroit. Le Pensionnaire demandoit qu'il se rendît à Anvers, à dessein de le faire ensuite approcher de La Haye; car il croyoit plus à propos de tenir les conférences dans un lieu dépendant de la province de Hollande, que dans le Brabant : il considéroit que les ordres seroient plus promptement donnés, à cause de la proximité de La Haye, les difficultés aplanies; que l'État enfin seroit plus maître de la négociation et d'y employer plus aisément un de ses membres.

La réponse de Wanderdussen à Bergueick, apportée aussi par Pettekum, étoit un refus du passe-port demandé : elle contenoit que, pour la sûreté du secret des conférences, il y falloit simplement admettre le plénipotentiaire de France.

Le temps de la campagne approchoit; à peine restoit-il trois mois avant son ouverture; et lorsqu'elle seroit commencée, la négociation ou se romproit ou le succès en deviendroit plus difficile.

Le Roi délibéra sur le choix du sujet à qui Sa Majesté confieroit ses instructions et ses pouvoirs pour une commission si importante au bien de son royaume. Entre différens sujets, elle choisit le sieur Voisin, alors conseiller-d'État : il avoit été intendant à Maubeuge; et pendant que le Roi assiégeoit Namur l'année 1692, Voisin et sa femme avoient eu l'art et le bonheur de plaire à madame de Maintenon, demeurée à Dinant.

Lorsqu'il apprit par le secrétaire-d'état pour les affaires étrangères, la distinction dont le Roi l'honoroit, loin de regarder ce choix comme une grâce, il jugea que c'étoit un fardeau trop pesant pour lui, et dans le même instant il prit le parti de refuser. Il s'excusa d'abord sur son incapacité, dit avec agitation qu'il n'avoit jamais manié d'affaires politiques; élevant ensuite le ton avec un mouvement de colère : « Je suis, dit-il, si las de m'entendre nommer par le public chaque fois qu'il vaque quelque place considérable, et de n'en obtenir aucune, que je ne veux pas me charger d'une telle commission, dont je ne pourrois attendre que peines et désagrémens. »

En vain le secrétaire-d'État voulut relever les marques d'estime et de confiance que le Roi lui donnoit, l'importance de l'emploi et la qualité du service qu'il rendroit à Sa Majesté et au royaume en travaillant à une paix si nécessaire, le tort au contraire qu'il se feroit s'il refusoit de répondre à un choix si honorable; ces discours furent inutiles. Le sieur Voisin, comme guidé par la fortune qu'il avoit à sa porte et ne l'attendoit pas en Hollande, finit en disant : « Je saurai bien me dégager, n'en soyez pas en peine; je ne crains pas que le Roi m'en sache mauvais gré. » Il sortit en même temps, alla à Saint-Cyr; et le lendemain le Roi nomma le sieur Rouillé, président au grand conseil, pour aller en Hollande conférer avec les députés des États-généraux, et travailler avec eux au rétablissement de la paix générale.

Rouillé avoit été ambassadeur en Portugal, et depuis chargé des ordres du Roi auprès de l'électeur de Bavière, lorsque ce prince retourna dans les Pays-Bas, après la fatale bataille d'Hochstedt. Pendant son séjour auprès de l'électeur, il avoit entamé un commencement de négociation avec ce même Wanderdussen, désigné pour conférer avec le plénipotentiaire que le Roi enverroit : ainsi la matière n'étoit à son égard ni nouvelle ni étrangère.

Les instructions qu'il reçut de Sa Majesté

écartoient toutes les difficultés que pour l'ordinaire les négociateurs trouvent ou suscitent à l'ouverture d'une négociation. Comme il n'y avoit point de temps à perdre, elle lui prescrivit d'admettre les pouvoirs dont les députés de la république de Hollande seroient revêtus, sans s'arrêter à discuter scrupuleusement leur validité. Elle voulut qu'il ne s'étendît pas en longs discours pour prouver qu'elle désiroit sincèrement le rétablissement du repos de l'Europe. La preuve la plus complète de la sincérité de ses intentions, étoit l'ordre qu'elle lui donnoit de déclarer, dès la première conférence, qu'elle consentoit d'abandonner pour le bien de la paix l'Espagne, les Indes, le Milanois, les Pays-Bays; d'accorder à la Hollande des traitemens favorables pour son commerce et la sûreté d'une barrière en Flandre.

Le sort des armes, toujours incertain, renverse aisément les négociations de paix, quand même elles sont les plus avancées : celle dont il s'agissoit alors étoit appuyée sur de foibles fondemens ; elle n'étoit pas même encore commencée.

La campagne étoit prête à s'ouvrir et ses premiers événemens pouvoient détruire toute espérance de paix : le moyen le plus sûr d'éviter de nouveaux malheurs où l'Europe se verroit plongée étoit de conclure promptement et de prévenir le temps où les armées seroient assemblées. Le Roi convenoit déjà des plus grandes conditions de la paix, consentant à celles que les Hollandois nommoient préliminaires. On pouvoit régler en général les autres conditions des traités, marquer un temps pour donner la forme aux articles et cependant suspendre les hostilités. Le président Rouillé eut ordre de le proposer aux députés qui seroient nommés pour entrer avec lui en conférence et d'insister sur la nécessité de prendre ce parti, si l'on vouloit sincèrement établir le repos général.

Les royaumes de Naples et de Sicile n'avoient jamais été compris dans le nombre des cessions exigées pour la paix : une partie si modique de la succession d'Espagne ne devoit pas être disputée au roi Philippe pour tenir lieu d'un léger dédommagement de tant de grands Etats qu'il seroit obligé d'abandonner. Les Anglois seuls affectoient de craindre qu'un prince de la maison de France demeurât possesseur de ces deux royaumes, maître par conséquent d'interrompre le commerce d'Angleterre au Levant et dans la Méditerranée : mais cette crainte ne frappoit pas les Hollandois, et jusqu'alors ils ne s'étoient pas opposés à l'idée d'un dédommagement si peu proportionné à ce que le Roi sacrifioit au public. On pouvoit donc croire qu'ils en appuieroient la proposition et de plus qu'ils ne seroient pas contraires à la demande que Rouillé devoit faire pour augmenter un partage si médiocre.

Ainsi le Roi voulut que la Sardaigne fût ajoutée aux royaumes de Naples et de Sicile, avec les places que l'Espagne possédoit sur les côtes de Toscane. Sa Majesté n'avoit pas seulement en vue l'intérêt particulier du Roi son petit-fils, mais celui de toute l'Europe ; car il convenoit à son repos que le prince qui régneroit sur les Deux-Siciles fût assez puissant pour se maintenir dans sa nouvelle domination, car il auroit eu tout à craindre des desseins ambitieux de la maison d'Autriche, soutenue d'un grand nombre de partisans qui s'étoient déclarés hautement pour elle dans la dernière révolution du royaume de Naples.

L'archiduc, devenant roi d'Espagne, auroit entretenu facilement des intelligences secrètes à Naples et en Sicile ; mais de plus il lui auroit été aisé d'y faire passer promptement des secours de troupes, s'il fût demeuré maître de la Sardaigne. Au reste, le point principal étoit de faire la paix : chaque jour en augmentoit la nécessité pressante ; sa conclusion étoit le premier objet que le Roi se proposoit. Quelque désir que Sa Majesté eût d'adoucir la condition du Roi son petit-fils, elle ne vouloit pas retarder par de vaines contestations un ouvrage qu'il étoit si important de terminer promptement. Elle permit donc au sieur Rouillé de se désister, quand il le jugeroit à propos, de la demande qu'il avoit faite de la Sardaigne et des places de Toscane; mais ce désistement devoit être suivant les degrés qu'elle lui prescrivit : le premier, d'abandonner la Sardaigne et de garder les places de Toscane fortifiées ; le second, de raser les fortifications de ces places et de laisser les lieux au roi Philippe ; le troisième, de céder les places au grand duc de Toscane, ou fortifiées ou démolies.

Le Roi désiroit si sincèrement la paix, et sa bonne foi étoit si pure, que Sa Majesté prescrivit particulièrement à Rouillé de supprimer dans les conférences toute expression capable de laisser croire qu'il eût dessein de fomenter la jalousie que la république de Hollande commençoit à concevoir des desseins secrets de la cour de Vienne ; et véritablement cette République tenoit depuis long-temps une conduite directement contraire à ses anciennes maximes. La plus inviolable pour elle étoit autrefois de faire en sorte que la balance fût égale entre les principales puissances de l'Europe : elle s'en étoit tellement écartée, qu'elle employoit maintenant ses richesses et les épuisoit pour faire pencher cette balance, ou plutôt l'entraîner, en faveur de la maison d'Autriche.

Ces réflexions si justes paroissoient inutiles dans un temps où la passion unissoit les ennemis de la France : ce qu'on pouvoit dire pour éclairer les moins échauffés eût été regardé comme un artifice pour diviser les alliés. La bonne foi, la sincérité étoient les guides que le négociateur devoit se proposer dans l'exécution des ordres du Roi. Mais l'une et l'autre étoient réciproquement nécessaires de la part des Hollandois ; et puisqu'ils traitoient pour leurs alliés aussi bien que pour eux-mêmes, l'équité et le bien de la paix demandoient également qu'ils prissent les précautions convenables et sûres pour établir et maintenir le roi Philippe dans la possession tranquille de cette espèce de dédommagement, dont il seroit obligé de se contenter.

Il n'y avoit pas lieu de douter que l'agitation ne devînt extrême en Espagne, qu'elle produisît même une révolution totale, lorsque les sujets du Roi Catholique, jusqu'alors inébranlables dans leur fidélité, apprendroient que ce prince consentiroit ou seroit forcé de les abandonner ; que l'archiduc régneroit sur eux, et que ce prince, actuellement à la tête d'une armée en Catalogne, seroit maître d'exercer telle vengeance qu'il lui plairoit sur la plus grande partie d'un royaume dont les habitans, de tous états, avoient constamment refusé de le reconnoître pour souverain dans le temps de ses plus grandes prospérités.

Il étoit donc essentiel de faire expliquer les Hollandois, bien clairement et sans ambiguïté, sur les moyens qu'ils emploieroient pour obliger l'Empereur à retirer ses troupes du royaume de Naples. La Sicile étoit encore au pouvoir du roi d'Espagne et on devoit leur demander ce qu'ils feroient pour mettre le roi de Naples en possession de cet Etat, au même moment qu'il céderoit le grand nombre d'autres Etats dont il étoit encore le maître. Cette espèce d'échange de part et d'autre devoit marcher d'un pas égal : la bonne foi le demandoit ; et le Roi consentant, pour le bien de la paix, à tant de conditions si dures, il étoit juste que l'exécution des articles concernant le Roi son petit-fils fût assurée.

Ainsi le président Rouillé avoit ordre de presser vivement le député qui traiteroit avec lui d'expliquer nettement l'intention de ses maîtres sur un point si essentiel, dont la conclusion et le maintien de la paix dépendoient.

Si le député lui demandoit de quel avis il seroit lui-même, et ce qu'il penseroit sur les mesures convenables pour assurer le dédommagement du roi Philippe et l'exécution du traité, le Roi permettoit en ce cas à Rouillé de proposer que la république de Hollande agît auprès de l'Empereur pour l'engager à retirer ses troupes de Naples et de toute l'étendue de ce royaume, pour être relevées par les troupes hollandoises, à qui la garde en seroit confiée jusqu'à ce que l'Etat fût remis paisiblement et sans troubles entre les mains du roi Philippe ; que les navires de la République serviroient au transport des troupes ; qu'elle deviendroit ainsi et demeureroit dépositaire de ce royaume jusqu'à l'accomplissement de la paix ; qu'une autre escadre hollandoise serviroit au passage du roi d'Espagne, soit pour Naples, soit pour la Sicile ; et que si les Anglois témoignoient quelque jalousie de la préférence accordée aux Hollandois, on pourroit joindre encore une escadre d'Angleterre à celle de Hollande ; que lorsque les conditions du traité seroient réglées, le Roi feroit son affaire de persuader au Roi son petit-fils d'y souscrire ; qu'en cas de refus Sa Majesté rappelleroit les troupes françoises qui servoient alors en Espagne.

Elle n'avoit pas oublié l'intérêt des particuliers distingués par leur attachement fidèle au Roi Catholique.

Rouillé devoit aussi stipuler que les biens, honneurs, dignités, que ce prince avoit accordés tant à ses sujets qu'aux étrangers, leur seroient conservés.

Ces conditions regardoient moins la république de Hollande que ses alliés. L'avantage direct dont elle étoit le plus frappée étoit celui qu'elle pouvoit espérer pour son commerce : elle n'étoit pas moins sensible à la sûreté de cette prétendue barrière qu'elle demandoit dans les Pays-Bas. Le commerce est le fondement de sa puissance : elle ne s'est élevée que par le soin que ses peuples ont apporté à le cultiver, par leur application et leur industrie à l'augmenter. Il languit pendant la guerre. Il s'affoiblissoit plus que jamais depuis que les Hollandois, engagés dans la ligue formée contre la France, en soutenoient les plus grandes dépenses, sans en retirer la moindre utilité.

Leurs alliés étoient leurs ennemis secrets. La nation angloise, attentive à profiter de toute conjoncture d'étendre son commerce sur les ruines de celui des autres nations, ne perdoit aucune occasion de faire essuyer aux Hollandois son injustice et ses vexations. La République étoit cependant prévenue de la fausse opinion que son commerce périroit si Philippe V, petit-fils de France, demeuroit paisible possesseur de l'Espagne et des Indes. Persuadée qu'une séparation prématurée de ses alliés seroit pour elle plus fatale que leur mauvaise foi, elle regardoit comme une règle dont elle ne devoit pas s'écarter sa constance à persister dans les engagemens qu'elle avoit pris, jusqu'à ce que la ligue eût obtenu, de concert et par de communs efforts, une paix conforme à ses idées.

On n'ignoroit pas cependant en Hollande les dispositions du Roi à favoriser par le traité de paix le commerce des Hollandois. Ménager, par ordre de Sa Majesté, en avoit instruit le pensionnaire Heinsius, le baron de Duywenworden et Wanderdussen. Ils savoient qu'en considération de la paix le Roi accorderoit le renouvellement du traité de commerce tel qu'il avoit été signé à Riswick, par conséquent l'exemption pour les vaisseaux hollandois de payer le droit de cinquante sous par tonneau; le tarif de 1644, la suppression des arrêts postérieurs et celle du tarif de 1669.

Lorsque Ménager leur offrit ces conditions, elles leur parurent si avantageuses, ils comprirent si bien qu'en les obtenant la condition des négocians hollandois deviendroit supérieure pour le commerce à celle des autres nations, sans en excepter les François, que plutôt que de perdre de tels avantages, ces ministres de la République ne contredirent jamais la proposition que Ménager leur fit d'excepter de la révocation des arrêts postérieurs au tarif de 1664 douze espèces de marchandises, dont le débit, s'il étoit permis dans le royaume, y feroit tomber les manufactures, l'industrie et la navigation de Sa Majesté.

Le gouvernement de Hollande, instruit des intentions du Roi sur l'article du commerce, ne s'étoit pas encore expliqué sur le second article, qui ne lui tenoit pas moins à cœur. C'étoit cette barrière dont ses ministres parloient continuellement et qu'ils regardoient comme essentielle pour la sûreté de la République, sans avoir dit encore de quelle manière ils demandoient qu'elle fût formée. Selon eux, l'Etat avoit tout à craindre de la puissance de Sa Majesté; ses alarmes ne cesseroient jamais; il seroit perpétuellement agité si les conditions de la paix ne le mettoient à couvert du ressentiment et des surprises de la France.

C'est donc par une barrière forte et suffisante qu'il pouvoit espérer de jouir à l'avenir d'une heureuse tranquillité: il falloit deviner quel étoit le plan des Hollandois et ce qu'ils désiroient pour composer cette fameuse barrière. Ils gardoient encore le silence sur les circonstances d'une condition si précieuse pour eux, demandée avec tant d'instances et dont la paix dépendoit.

Le billet écrit de la main de Wanderdussen, qui donnoit lieu à l'ouverture des conférences, marquoit après ces mots: *les Pays-Bas espagnols*, les mots suivans: *et ce qui a été ajouté*; mais l'addition étoit obscure, et de la part des Hollandois l'explication n'en avoit pas encore été donnée.

Le président Rouillé eut ordre de la demander et de savoir de Wanderdussen ce qu'il entendoit par ces termes: *et ce qui a été ajouté*; de le presser enfin de déclarer nettement quelle destination ses maîtres prétendoient faire des Pays-Bas espagnols. Il étoit nécessaire d'en instruire le Roi avant que de convenir du règlement de la barrière. La France avoit trop d'intérêt au sort des Pays-Bas pour ignorer celui que ses ennemis destinoient à ces provinces; la Hollande elle-même n'étoit pas moins intéressée à le faire connoître à Sa Majesté; car enfin les temps devoient changer: l'animosité que la guerre inspiroit devoit cesser par la paix et par la liaison que le commerce forme entre les nations. L'accroissement de puissance que les Provinces-Unies s'efforçoient de procurer à la maison d'Autriche pouvoit leur devenir suspect un jour, peut-être même fatal. Elles ne demandoient maintenant ni barrière ni sûreté pour se mettre à couvert des desseins de l'Empereur qui s'agrandissoit aux dépens de la République: mais pouvoit-elle s'assurer que, lorsqu'il auroit réuni par les assistances qu'elle lui donnoit tous les Etats qu'elle travailloit à faire entrer dans sa branche, la reconnoissance prévalût sur la tentation que ce prince auroit peut-être d'y joindre encore les autres Etats autrefois dépendant de la couronne d'Espagne? Si ce cas arrivoit, en vain la Hollande auroit-elle recours à la France: tant de précautions prises pour lui fermer l'entrée des Pays-Bas, pendant que celle des Provinces-Unies demeuroit ouverte à l'Empereur, priveroient la République des secours d'une couronne dont l'ancienne alliance a tant contribué à sa liberté, aussi bien qu'à son élévation.

Le Roi permit au président Rouillé d'insinuer ces réflexions si simples et si naturelles: elles devoient naître de la question même qu'il auroit faite, sans qu'il parût de sa part ni affectation ni dessein de semer la division entre les ennemis de Sa Majesté.

Les Etats-généraux, autant qu'on le pouvoit

croire, réservoient pour eux la Gueldre espagnole, comme un dédommagement très-léger des dépenses immenses qu'ils avoient faites pour soutenir la guerre. Une telle prétention auroit été à discuter entre l'Empereur et la république de Hollande. Le seul intérêt du Roi devoit être celui de la religion et de la conserver dans la Gueldre, si cette province passoit sous la domination des Hollandois.

Les discours que leurs ministres avoient tenus en diverses occasions donnoient lieu de croire qu'ils demanderoient au Roi, pour former leur barrière, les villes d'Ypres, de Menin, de Tournay, de Condé et de Maubeuge ; que ce seroit à ce prix qu'ils mettroient la restitution de Lille et de sa châtellenie, qu'on vouloit regarder comme indubitable.

De telles prétentions paroissoient excessives ; mais la paix étant nécessaire, tout ce qu'on pouvoit espérer étoit de les modérer et de proposer des tempéramens capables d'amener à des conditions moins dures des ennemis persuadés qu'ils pouvoient obtenir tout ce qu'ils demanderoient et qu'ils devoient profiter de leur bonne fortune. Ainsi le Roi permit au président Rouillé de proposer l'échange d'Ypres et de Menin avec la place et le duché de Luxembourg, plus éloignés des pays appartenant aux États-généraux que ne le sont Ypres et Menin. Cette proposition devoit calmer leur inquiétude, et ces deux places, que le Roi donneroit en échange, fortifieroient leur barrière.

Sa Majesté se seroit contentée que Luxembourg lui fût remis, les fortifications démolies, si, moyennant ce tempérament, la proposition de l'échange étoit acceptée : mais il y avoit lieu de croire que Rouillé trouveroit beaucoup de difficulté à la faire passer, l'éloignement pour la paix de la part des ennemis étant tel, qu'ils trouveroient à acquérir Ypres et Menin avec leurs dépendances au prix d'une place dont le revenu ne pouvoit être en nulle comparaison avec celui des deux villes que Sa Majesté leur céderoit.

Mais enfin si la proposition de l'échange, quelque avantageuse qu'elle fût aux Hollandois et à celui à qui les Pays-Bas seroient destinés, n'étoit pas acceptée, le Roi permettroit à Rouillé de s'en désister et de convenir en ce cas que les villes d'Ypres et de Menin seroient cédées pour la paix, sans autre dédommagement que la restitution de Lille.

La république de Hollande, autrefois humiliée, faisoit la fonction d'arbitre des puissances de l'Europe : il sembloit qu'elle eût droit de disposer à son gré de leurs États, d'en réserver pour elle telle partie qui pouvoit lui convenir et de distribuer le reste suivant sa volonté. Le degré d'honneur où ses alliés l'avoient élevée l'aveugloit. Son empressement pour eux, son animosité contre la France, étoit la règle de sa conduite et le motif de ses démarches : elle oublioit que la paix ne peut être solide si les conditions n'en sont équitables ; que ce n'est pas seulement au moment présent qu'on doit faire attention quand il s'agit de traiter d'une paix générale ; que ces traités deviennent des lois ; qu'il est de la prudence comme de l'intérêt des souverains d'en examiner les conséquences, de porter leurs vues dans l'avenir, de se représenter et de prévoir les événemens qui peuvent arriver dans la suite des années.

Au moyen de telles et semblables réflexions, les Hollandois pouvoient penser que l'empereur Léopold n'avoit alors que deux fils, nul autre héritier ; qu'un de ces princes pouvoit mourir sans enfans pour lui succéder ; que toute la puissance de la maison d'Autriche seroit alors sur une même tête. Ils ne pouvoient souffrir l'idée de voir deux princes de la maison de France régner sur la France et sur l'Espagne : que n'avoient-ils pas à craindre si jamais les États et les droits divisés des deux branches de la maison d'Autriche se trouvoient dans la même main ?

C'étoit pour prévenir les fâcheuses conséquences et le mal que l'Europe en devoit craindre, que le Roi auroit souhaité d'assurer au moins par la paix la liberté et le repos de l'Italie. Pour y parvenir, il eût été nécessaire d'obliger les Allemands à repasser les monts : il convenoit de plus de disposer des pays que les armées de l'Empereur occupoient dans cette partie de l'Europe. Le Milanois, dont ce prince étoit en possession, auroit été donné avec le duché de Mantoue à la république de Venise, si l'état pressant des affaires eût permis de négocier long-temps et avec un avantage égal.

Sa Majesté auroit consenti, quoique à regret, de laisser au duc de Savoie la partie du duché de Milan dont ses perfidies avoient été récompensées et se seroit contentée de retirer de ses mains Exilles et Fenestrelle ; mais si le sort des armes eût été assez favorable à la France pour autoriser le Roi à stipuler les conditions de paix plus à son gré que celles que ses ennemis vouloient lui imposer, Sa Majesté auroit disposé du duché de Milan et de Mantoue en faveur de l'électeur de Bavière, son allié fidèle.

Tels projets, dans la situation où les affaires se trouvoient alors, étoient idées vaines dont il n'y avoit pas lieu de se promettre le moindre effet. A peine pouvoit-on se flatter d'obtenir, en faveur des deux électeurs de Cologne et de Bavière, fidèles alliés l'un et l'autre de la France et de l'Espagne, une restitution pleine et entière des Etats qu'ils avoient perdus, aussi bien que la jouissance des dignités dont ils avoient été privés injustement par l'autorité despotique que l'Empereur s'attribuoit dans les délibérations de l'Empire, au préjudice de la liberté et des droits du corps germanique. Cette restitution et ce rétablissement parfait de la maison de Bavière étoit un des articles de l'instruction donnée au sieur Rouillé que le Roi lui recommandoit plus expressément.

Le traité de Riswich devoit être vraisemblablement la règle de celui qui seroit conclu avec l'Empereur et l'Empire. Il n'étoit arrivé depuis sa conclusion aucun changement aux affaires qui regardoient l'Allemagne ; par conséquent il sembloit qu'on pouvoit s'assurer que dans la négociation il ne seroit pas seulement question de Strasbourg que le Roi avoit acheté en quelque sorte, cédant, pour le garder, Brisach, Fribourg et Philisbourg.

Si quelques autres articles de moindre importance concernant l'Allemagne étoient agités, Rouillé, suivant ses ordres, proposeroit d'en remettre la discussion aux conférences publiques qu'il seroit nécessaire de former et de tenir sitôt que les conditions qualifiées de préliminaires auroient été réglées avec les Hollandois.

Celles de la paix à faire avec l'Angleterre étoient comprises dans le nombre des préliminaires.

La première consistoit à reconnoître, en qualité de reine de la Grande-Bretagne, la princesse qui en occupoit alors le trône (1), et que la France ne traitoit encore que de princesse de Danemarck.

On demandoit, en second lieu, que le Roi reconnût comme valables les réglemens faits par le parlement d'Angleterre pour établir dans la ligne protestante la succession à la couronne de la Grande-Bretagne. Sa Majesté prévoyait que les Anglois, feignant de craindre que le séjour du roi Jacques en France ne devînt un jour un sujet de nouveaux troubles en Angleterre, lui demanderoient d'obliger ce prince à sortir du royaume. Elle jugeoit enfin que les partisans de la guerre, trouvant leur intérêt personnel à sa continuation, auroient peut-être assez de crédit pour faire demander au nom de la nation que Dunkerque lui fût cédée, comme condition nécessaire à la paix.

En d'autres temps il eût été vraisemblable que les Hollandois, quoique liés intimement avec les Anglois, se seroient opposés, pour leur intérêt propre, à l'effet d'une telle demande ; mais alors la passion contre la France étoit telle, que toute demande formée pour diminuer sa puissance étoit regardée comme juste et nécessaire au salut de l'Europe.

Le duc de Marlborough, Heinsius, pensionnaire de Hollande, unis étroitement avec le prince Eugène, étoient alors comme les triumvirs de la ligue. Les deux généraux avoient eu le bonheur de gagner des batailles et de réussir dans leurs entreprises les plus importantes ; le Pensionnaire, attaché au feu roi Guillaume, placé par ce prince dans le poste de premier ministre des Etats-généraux, avoit été dépositaire de ses secrets et conservoit encore l'autorité qu'il en avoit reçue. Tous trois paroissoient intéressés personnellement à s'opposer à la paix.

Marlborough avoit cependant laissé croire qu'il verroit sans peine commencer et finir heureusement une négociation, pour parvenir à la conclure. Il avoit écouté tranquillement quelques propositions propres à flatter le désir dominant qui le possédoit d'acquérir et d'amasser des richesses sans bornes. Son crédit à la cour d'Angleterre, sourdement attaqué, étoit ébranlé : une partie de la nation se lassoit de voir si long-temps l'autorité partagée entre Marlborough et le grand trésorier Godolfin, son ami intime et son allié. Leurs ennemis agissoient pour les perdre, par des parties secrètes, dans l'esprit de leur souveraine : elle commençoit à souffrir impatiemment la domination du général de ses armées. Sa situation incertaine, mais cependant encore cachée, pouvoit faire croire à ceux qui en étoient instruits qu'il ne seroit pas fâché de recevoir de la part de la France une récompense proportionnée au mérite qu'il s'acquerroit envers elle, s'il contribuoit par ses soins et son industrie à la délivrer des horreurs d'une guerre malheureuse.

L'état du pensionnaire de Hollande étoit différent : autorisé dans sa république, il n'avoit à craindre ni desseins secrets ni cabales pour le déplacer d'un poste qu'il occupoit à la satisfaction de ses maîtres et dans lequel il se conduisoit avec modération. Il y avoit donc lieu de juger que, songeant principalement à l'intérêt de sa patrie, il désireroit la fin d'une guerre dont il sentoit toute la pesanteur. Jusqu'alors les Provinces-Unies en portoient le poids principal : l'Empereur seul en recueilloit le fruit. Il

---

(1) La reine Anne qui avoit succédé en 1702 à Guillaume III.

étoit vraisemblable qu'un ministre éclairé, zélé pour son pays, tel qu'on vouloit croire Hensius, travailleroit sincèrement à le délivrer d'une guerre onéreuse, dont un allié qu'il auroit lieu de craindre quelque jour tiroit presque tout l'avantage : enfin on désiroit ardemment en France la prompte conclusion d'une paix devenue nécessaire. On se flattoit donc que celui qui auroit le plus de part à ce grand ouvrage contribueroit sincèrement à sa perfection.

Sur ce même principe, on ne doutoit pas que Wanderdussen, considéré comme le protecteur des conférences proposées, ne fît voir dans le cours de la négociation un esprit de paix et les sentimens d'un bon républicain, souffrant impatiemment la domination que les Anglois s'étoient attribuée pendant le règne du roi Guillaume, et qu'ils conservoient encore depuis sa mort dans les délibérations de la République.

Ces idées, jointes au conditions que le Roi consentoit d'accorder, ne laissoient presque pas douter du succès de la négociation : on se persuadoit que si elle ne conduisoit pas à une paix aussi prompte qu'elle étoit désirée, il dépendroit au moins de Sa Majesté de suspendre les hostilités. Elle auroit, en ce cas, fixé le terme de la suspension jusqu'au 25 mai.

DEUXIÈME PARTIE.

Premières conférences pour la paix tenues à Moërdick. — Premières propositions des députés hollandois. — Réponses du Roi à ces propositions. — Conférences à Voërden. — Conférences tenues dans un yacht, auprès du village de Bodgrave. — On discute plusieurs articles préliminaires. — Obstacles pour la paix. — Offres du Roi rendues inutiles par la mauvaise foi et l'orgueil des Hollandois. — Quelles étoient ces offres; quelles étoient les demandes des Hollandois. — Suite des conférences. — Le Roi propose de nouvelles conditions plus avantageuses à la Hollande et aux alliés. — On y répond par des prétentions encore plus outrées. — Etat malheureux de la France. — Le Roi fait de nouveaux sacrifices pour la paix. — Les Hollandois en deviennent plus injustes et plus intraitables. — Le Roi envoie M. de Torcy, ministre chargé des affaires étrangères, à La Haye, pour y négocier la paix et faire un dernier effort. — Lettre qui sert d'instruction à ce ministre. — M. de Torcy arrive à La Haye. — Caractère du pensionnaire Heinsius. — M. de Torcy rend compte au Roi, dans plusieurs lettres, des différentes conférences, de l'état de la négociation, des difficultés que les députés hollandois opposent à la paix, des offres qu'il a faites au nom de Sa Majesté, des propositions révoltantes, des demandes outrées des alliés, de l'arrivée de M. de Marlborough, de l'état de la négociation à son arrivée, des conférences tenues avec Marlborough et avec le prince Eugène, des prétentions de l'un et de l'autre. — Les conférences paroissent rompues. — On les renoue sans succès. — Les alliés présentent tous les jours de nouveaux obstacles à la paix. — Articles préliminaires donnés par Hensius. — Observations sur ces articles; réponses à ces observations. — M. de Torcy revient en France et laisse M. Rouillé à La Haye. — Le Roi rejette les articles préliminaires renfermant des propositions aussi absurdes qu'injustes. — Sa Majesté rappelle le président Rouillé et lui écrit les motifs qu'elle a de refuser les préliminaires. — Différentes dépêches du Roi à M. de Torcy, au sujet des conférences de La Haye. — Lettre de Sa Majesté aux gouverneurs de ses provinces.

Le président Rouillé partit le 5 de mars. Il vit en chemin le comte de Bergueick, suivant l'ordre que le Roi lui en avoit donné. Ils conférèrent ensemble le 8 du même mois à Hall. Bergueick lui communiqua ses pensées sur les intérêts du roi d'Espagne, lui fit part des connoissances qu'il avoit de l'état présent de la Hollande, enfin de ce qu'il pouvoit savoir du caractère de ceux qu'on jugeoit à peu près que l'État choisiroit pour traiter des conditions de la paix générale.

Cette entrevue ne demeura pas long-temps secrète : le passage de Rouillé dans les Pays-Bas développa bientôt le mystère. Il devoit apprendre en arrivant à Anvers dans quel lieu de la domination hollandoise il auroit à se rendre pour les conférences : il n'y reçut aucun des avis promis pour régler sa marche. Enfin, le 15 de mars, Pettekum l'instruisit, par une lettre datée du 14, que le 17 du même mois il trouveroit dans un village nommé Streydensaas, vis-à-vis du Moërdick, deux personnes dont lui-même ignoroit le nom : il recommanda seulement plus fortement que jamais le secret de cette première démarche.

Les mesures prises furent ponctuellement observées. Le président Rouillé et deux députés de Hollande se trouvèrent précisément au lieu et au jour fixés. Les députés étoient Buys, pensionnaire de la ville d'Amsterdam, et Wanderdussen, pensionnaire de Tergow : le premier, attaché à l'Angleterre, porté pour la guerre, obscur dans ses longs discours, plus propre à susciter des difficultés qu'à les aplanir ; le second paroissoit plus facile, mieux intentionné, mais si soumis à son collègue, qu'il sembloit n'oser ouvrir la bouche en présence d'un supérieur toujours attentif à ne le pas laisser seul avec le président Rouillé.

Il eut au même lieu trois conférences avec ces députés. Le commencement annonçoit la paix ; rien de plus mesuré, de plus pacifique que les expressions des députés : ils louèrent et remercièrent Rouillé de son empressement à se rendre en Hollande, d'y venir en temps de guerre, sous la simple assurance d'un passeport expédié sous un autre nom que le sien ; car en effet le passeport étoit sous le nom du sieur Voisin. Ils ajoutèrent que la crainte, en ce cas, auroit été d'autant mieux fondée, que quelques jours auparavant le comte d'Albemale, commandant à Bruxelles, avoit disposé un parti pour l'enlever ; que la chose auroit été exécutée, si le conseil d'un homme sage n'eût fait révoquer l'ordre déjà donné.

Le président Rouillé fit voir aux députés le pouvoir dont le Roi l'avoit honoré : ils trouvèrent qu'il étoit aussi ample qu'ils pouvoient le désirer. La communication de leurs pouvoirs devoit être réciproque : ils avouèrent que leurs maîtres ne leur en avoient point donné. Pour raison, ils alléguèrent la nécessité inévitable de communiquer, pour les faire expédier, le secret des conférences aux députés de toutes les provinces. Rouillé reçut l'excuse et l'admit comme bonne, suivant l'ordre contenu dans son instruction Les honnêtetés réciproques continuèrent, de même que les assurances de part et d'autre de bonne foi, d'égal désir de parvenir au rétablissement d'une paix heureuse et solide. Elle devoit être fondée sur les conditions contenues dans la réponse faite au mémoire de la main de Wanderdussen. Un tel préliminaire laissoit peu d'additions à faire au traité.

Le président Rouillé le croyoit, et avoit lieu de le croire. Toute la France auroit pensé de même, si les conditions que le Roi accordoit eussent alors été connues ; mais on ignoroit encore à quel point se portoit l'animosité des ennemis de la France. Enivrés du succès de leurs armes, trop instruits du triste état où elle étoit réduite, ils comptoient pénétrer dans le cœur du royaume. Leurs peuples, flattés des avantages de chaque campagne, s'accoutumoient à regarder comme un fardeau léger les impositions dont la quantité les épuisoit : ils se croyoient dédommagés des dépenses de la guerre par l'honneur et le profit que les deux généraux de l'Empereur et de l'Angleterre en remportoit. Les députés n'osoient leur déplaire, non plus qu'au Pensionnaire, lié intimement avec l'un et l'autre.

Lorsqu'il fut donc question de l'écrit de Wauderdussen, les députés répondirent qu'il contenoit véritablement les points les plus essentiels et les premiers à examiner ; mais qu'il y avoit encore d'autres points qui n'étoient pas moins importans. Ils demandèrent si le Roi avoit un pouvoir du roi d'Espagne, et dirent que ce seroit une indigne condescendance de la part de leurs maîtres s'ils se contentoient et s'ils engageoient leurs alliés à se contenter de la parole que Sa Majesté leur donneroit d'obliger son petit-fils à ratifier ce qu'elle auroit stipulé pour lui, et dont elle auroit promis au nom de ce prince l'accomplissement parfait.

S'agissoit-il de le détrôner, nulle sûreté ne leur paroissoit suffisante ; mais s'il étoit question de lui donner le moindre dédommagement de la cession de tant de grands États, les députés de Hollande offroient seulement les offices de leurs maîtres auprès de ces mêmes alliés dont la satisfaction totale leur étoit si chère, et promettoient de solliciter leur consentement à laisser au roi Philippe les royaumes de Naples et de Sicile. La proposition d'y ajouter la Sardaigne ne fut pas écoutée ; la demande des places de Toscane, même démolies, fut pareillement rejetée, et celle de les laisser au grand duc de Toscane eut le même sort. C'étoit perdre du temps inutilement que de prétendre aucun dédommagement. L'intention de l'Empereur et de l'Angleterre, que les députés déclarèrent précisément, étoit de ne pas laisser la moindre partie de la succession d'Espagne entre les mains du roi Philippe. Après cette déclaration, ils eurent le front de se plaindre que ce prince eût depuis peu fait reconnoître le prince des Asturies, son fils, en qualité de son successeur à la couronne, et prétendirent que cette démarche apportoit un nouvel obstacle à la paix.

Le président Rouillé ne trouva pas plus de facilités de leur part lorsqu'il fut question de l'Empereur et de l'Empire : il proposa le rétablissement du traité de Riswick comme l'unique demande raisonnable que le corps germanique et son chef pouvoient faire et espérer que le Roi leur accorderoit. Les députés répondirent qu'ils étoient peu instruits des affaires de l'Allemagne : toutefois qu'ils en savoient assez pour dire qu'il n'étoit plus question du traité de Riswick, mais de celui de Munster, qu'il falloit rétablir, non suivant le sens que les François donnoient à plusieurs de ses articles, mais selon que les Allemands l'entendoient.

Les conditions de l'Angleterre étoient la reconnoissance de la reine Anne ; celle de sa succession, réglée par le parlement en faveur de la ligne protestante ; la restitution totale des conquêtes que les armées du Roi avoient faites en Amérique sur les Anglois pendant la guerre ; l'engagement que le Roi prendroit de faire sortir de France le roi Jacques d'Angleterre.

Ils ne laissèrent pas au sieur Rouillé la satisfaction de croire que les Anglois se borneroient à ces demandes : les députés lui annoncèrent que cette nation demanderoit encore, dans la suite de la négociation, que la ville de Dunkerque, dans l'état où elle étoit alors, fût cédée à la couronne de la Grande-Bretagne ; et par avance ils firent valoir l'obligation que la France auroit à la République, si elle pouvoit porter les Anglois à se contenter que Dunkerque leur fût donnée, les fortifications démolies.

Les réponses du président Rouillé furent inutiles, aussi bien que ses observations sur l'injustice de ces différens articles. Les ennemis de la France se croyoient au point de lui donner la loi ; les Hollandois, également animés contre elle, étoient les interprètes fidèles de leurs alliés.

Les députés demandèrent l'exécution des traités faits avec le roi de Portugal pour engager ce prince dans ce qu'ils appeloient la grande alliance : ils vouloient que le Roi promît de se conformer aux conditions de ces traités sans être instruit de ce qu'ils contenoient, ni des avantages que le roi de Portugal avoit obtenus en récompense de son ingratitude envers la France.

Comme ils s'étoient chargés de l'intérêt de tous leurs alliés, ils demandèrent pour l'électeur de Brandebourg que le Roi reconnût le nouveau titre de roi de Prusse, que cet électeur s'étoit donné. Cette condition n'étoit pas au nombre des préliminaires ; mais les députés la traitoient de condition essentielle, et demandèrent de plus que ce prince ne reçût de la part de la France aucun trouble dans sa nouvelle possession des comtés de Neufchâtel et de Valangin.

La perfidie du duc de Savoie avoit été trop utile à ses alliés pour négliger de leur part les intérêts de ce prince. Les députés demandèrent pour lui la restitution de la Savoie et du comté de Nice, et la demandèrent impérieusement, comme condition hors de doute, et que le Roi ne pouvoit seulement disputer s'il vouloit la paix. Ils ajoutèrent que Sa Majesté promît de laisser jouir paisiblement ce prince de tous les avantages qu'il avoit obtenus de ses alliés en récompense de ses bons services.

A cette occasion, Rouillé voulut parler d'Exilles et de Fenestrelle, dont le Roi prétendoit la restitution. Les députés lui fermèrent la bouche et déclarèrent qu'ils ne pouvoient entendre à une telle proposition ; que les alliés étoient engagés à maintenir le duc de Savoie dans les pays et places qu'il pourroit occuper, soit en Provence, soit en Dauphiné ; que ce seroit de leur part contrevenir au traité que de contribuer à le priver par la paix de deux places dont la conservation lui étoit si importante.

Il n'avoit pas encore été question des conditions que la République demanderoit pour elle. Les ministres qu'elle employoit à la conférence avoient voulu faire voir que l'intérêt de ses alliés ne lui étoit pas moins cher que les siens propres. Après avoir fait précéder les articles qui regardoient chacun d'eux en particulier, ils exposèrent les prétentions des Etats-généraux.

La première étoit le rétablissement et l'exécution pleine et entière du tarif de 1664, sans nulle exception de marchandises. Ils répondirent aux objections de Rouillé que trois ans auparavant la promesse leur en avoit été faite, par ordre du Roi, par le marquis d'Alègre.

Persuadés du triste état de la France, confirmés dans leur opinion par les offres étonnantes qu'elle faisoit pour acheter la paix, ils feignoient encore de craindre ses forces ; et, sous prétexte d'assurer leur frontière, ils répétoient sans cesse le terme favori de barrière, qu'ils demandoient comme nécessaire, et l'étendoient depuis la mer jusqu'à la Meuse. Non-seulement il y comprenoit Lille, bien résolus de ne la rendre jamais ; mais, non contens de Menin et d'Ypres, que le Roi consentoit à leur céder, ils prétendoient encore que la cession de Furnes, de Condé, de Tournay et de Maubeuge y fût ajoutée.

En échange de ces énormes prétentions, ils laissèrent entrevoir une foible lueur d'espérance que leurs maîtres pourroient consentir à la restitution de Lille ; que même ils ne s'éloigneroient pas d'employer leurs offices en faveur des électeurs de Cologne et de Bavière, exceptant toutefois, à l'égard de l'électeur de Bavière, le rétablissement du rang de premier électeur, que l'électeur palatin conserveroit, aussi bien que le Haut-Palatinat et le comté de Cham.

La principauté de Mindenheim, donnée par l'Empereur, sans droit et de sa propre autorité, au duc de Marlborough, étoit pareillement réservée.

Les Etats-généraux vouloient avoir dans Bonn, la citadelle, dans Liége et Hudy, des garnisons de leurs troupes et à leur solde, si ces conditions pour eux et leurs alliés étoient accordées. Ils demandoient de plus, que nul des Etats dépendant de la monarchie d'Espagne ne revînt jamais à la France, sous quelque prétexte que ce fût et à quelque titre que ce pût être.

Enfin ces précautions ne suffisant pas encore à leur gré, ils vouloient que si la proposition de laisser Naples et la Sicile au roi Philippe, qu'ils avoient durement rejetée, étoit cependant accordée par leurs alliés, elle ne le seroit qu'à condition que les deux royaumes retourneroient sous la domination d'Autriche, au défaut de la ligne directe de ce prince ; qu'en considération de ce dédommagement il renonceroit à toute prétention sur quelque partie que ce fût de la monarchie d'Espagne.

Non-seulement les députés rejetèrent toute proposition de disposer des duchés de Milan et de Mantoue au préjudice de l'Empereur et de sa maison, mais de plus ils laissèrent entendre que peut-être les alliés demanderoient pour le duc de Lorraine les villes de Toul et de Verdun.

Ils firent valoir à Rouillé, comme une marque de confiance et d'intention sincère de leur part, l'avis qu'ils lui donnèrent des sollicitations que l'Angleterre, jointe aux princes protestans, faisoit alors aux Provinces-Unies, d'insister de concert pour procurer aux réfugiés françois la liberté de retourner en France et d'en faire la demande comme condition essentielle à la paix.

Les députés l'assurèrent en même temps que leurs maîtres ne feroient pas au Roi une demande si désagréable à Sa Majesté, qu'ils la supplieroient seulement de permettre aux François naturalisés en Hollande, de jouir des priviléges qu'elle et les rois, ses prédécesseurs, avoient accordés aux sujets de la République.

Les points traités dans cette conférence étoient proprement une ébauche pour parvenir à traiter la paix, en commençant une négociation réglée avec toutes les parties intéressées à la guerre. Le premier pas à faire étoit d'engager les alliés à souscrire aux préliminaires dont le président Rouillé conviendroit avec les ministres hollandois. Il voulut savoir d'eux quelles mesures ils avoient prises pour cet effet : ils répondirent que sitôt que le Roi auroit décidé et fait savoir ses intentions sur tous les points contestés, il en seroit conféré avec les ministres d'Angleterre; que ces deux puissances étant satisfaites, elles conviendroient ensemble des moyens de réduire leurs alliés, la République ne voulant agir que de concert avec l'Angleterre.

Le nom de paix présente l'idée d'un état si heureux, que quiconque s'y oppose directement est regardé comme ennemi du bonheur et de la tranquillité publique : ceux qui se plaisent le plus aux horreurs de la guerre dissimulent leurs sentimens et veulent qu'on les croie pacifiques. Les députés ne pouvoient s'écarter des ordres qu'ils avoient reçus; mais, soit vérité, soit feinte, toutes leurs expressions marquèrent un désir ardent de voir au plus tôt naître un heureux fruit des conférences.

Ils prièrent instamment Rouillé de les instruire des réponses du Roi, et s'il les attendroit en Hollande, ou s'il iroit lui-même en France les recevoir de Sa Majesté. Il en avoit eu la pensée, et dans les conférences il l'avoit donné à connoître ; mais il fit réflexion qu'un voyage à la cour et son retour subit en Hollande ne demeureroient pas secrets; que ce seroit faire un éclat inutile et dangereux, et donner lieu à de nouvelles difficultés lorsqu'il s'agiroit de renouer les conférences.

Il promit donc aux députés de répondre de sa part à l'empressement qu'ils lui témoignoient d'être instruits des intentions du Roi. Ils convinrent que sitôt qu'il en seroit informé il les avertiroit ; que sans perdre un instant ils lui marqueroient le lieu où ils pourroient se revoir, et que de son côté il s'y rendroit avec la même ponctualité.

Les députés lui dirent de plus que lorsque leurs maîtres auroient appris la dernière résolution de Sa Majesté, ils députeroient en Angleterre pour en faire part à cette cour. Selon eux, il étoit à souhaiter que Marlborough fût encore à Londres. Ils jugeoient que son absence causeroit de nouveaux retardemens, parce que nulle résolution dans une affaire si importante ne seroit prise sans en avoir auparavant son avis. Il n'étoit pas d'ailleurs de la bienséance que les Etats, ayant à faire des propositions de paix, attendissent le temps où ce général ne seroit plus auprès de la Reine, sa maîtresse ; mais ils ajoutèrent qu'il seroit nécessaire que le député choisi pour aller en Angleterre de la part de l'Etat eût un écrit signé du président Rouillé, contenant les articles préliminaires dont le Roi lui auroit commandé de convenir, suivant le pouvoir que Sa Majesté lui avoit donné. Cet écrit devoit servir à donner créance à ce que diroit le député : il auroit ordre de le lire seulement à la reine d'Angleterre et au duc de Marlborough, et défense de le laisser sortir de ses mains.

Enfin ils demandèrent comme dernière condition, que celle de reconnoître la dignité électorale accordée depuis quelques années au duc de Hanovre fût insérée et mise au nombre des articles préliminaires.

Pendant la conférence, quelques commissaires de Zélande passèrent où elle se tenoit : ils y reconnurent Buys et Wanderdussen et ne se crurent pas obligés à garder le secret de cette découverte. On commençoit déjà à le pénétrer : plusieurs envoyés, résidant à La Haye de la part des princes engagés dans la ligue, élevèrent leurs voix et se plaignirent hautement de ces démarches obscures, dont on déroboit la connoissance à leurs maîtres. L'envoyé du duc de Savoie ne se contenta pas de s'en plaindre au Pensionnaire ; il mit encore un espion à la suite du président Rouillé, pour être exactement informé de tous ses mouvemens.

Les envoyés de Portugal et de Brandebourg secondèrent l'ardeur de celui de Savoie. Le résident de l'Empereur, aussi vif que les autres ministres des alliés, étoit mieux instruit ; et même avant l'ouverture des conférences il avoit eu connoissance des offres que le président Rouillé devoit faire aux députés de la République. Ainsi toutes les puissances engagées dans la guerre contre la France attaquoient unanimement une négociation que les Hollandois soutenoient foiblement et qu'ils n'osoient même avouer.

On espéroit cependant en France parvenir à la paix ; elle étoit nécessaire et désirée, et c'étoit la seule raison qu'il y eût alors de se flatter qu'elle pourroit enfin se conclure : car il parut assez, par le compte que le président Rouillé rendit au Roi de ce qui s'étoit passé dans la première conférence, qu'on ne devoit attendre de la part des Hollandois que mauvaise volonté ; et que si leurs intentions étoient bonnes, ils manquoient absolument de pouvoir et de crédit auprès de leurs alliés pour les engager à concourir à la paix.

Le Roi la désiroit si sincèrement, que la relation du président Rouillé ne fut pas capable de le rebuter. Il avoit lieu d'être irrité de la mauvaise foi des Hollandois, du désaveu qu'un de leurs députés avoit fait de ce que l'autre convenoit d'avoir écrit de sa main, autorisé de ses supérieurs, et que Sa Majesté avoit bien voulu regarder et accorder comme le fondement de la négociation qu'il s'agissoit d'entamer.

Sa Majesté n'étoit pas moins blessée de cet amas de prétentions exorbitantes que les Hollandois produisoient en faveur de leurs alliés, et des avantages excessifs que la république de Hollande demandoit, soit pour son commerce, soit pour former cette prétendue barrière qu'elle exigeoit sous prétexte de sa sûreté.

Toutefois la paix étoit si souhaitée, que le Roi voulut, malgré ses propres lumières, entrevoir encore dans un procédé si irrégulier, et remarquer avec quelque satisfaction, l'empressement que les députés avoient témoigné de reprendre les conférences.

Sa Majesté fit attention au désir qu'ils avoient fait paroître de prévenir par une prompte conclusion l'ouverture de la campagne ; elle interpréta favorablement les discours qu'ils avoient tenus sur différens articles principaux. Ses ordres à Rouillé furent d'engager au plus tôt une conférence nouvelle ; d'essayer de réduire les préliminaires aux seuls articles compris et spécifiés dans l'écrit de Wunderdussen ; de retrancher, s'il étoit possible, toutes les autres demandes, et d'en réserver la discussion à l'assemblée qu'il seroit nécessaire de former pour y traiter de la paix générale. Elle renouvela la permission qu'elle lui avoit donnée de l'engager à produire le consentement que le roi d'Espagne donneroit à renoncer en faveur de l'archiduc à la couronne d'Espagne, aussi bien qu'aux Etats de cette monarchie dans l'ancien et le nouveau Monde. Elle se désistoit aussi de la proposition d'ajouter la Sardaigne et les places de Toscane aux deux royaumes de Naples et de Sicile, dont elle se contenteroit pour le dédommagement du Roi, son petit-fils.

Quant à la barrière, Sa Majesté consentit d'ajouter Ypres et Menin, avec leurs dépendances, aux places déjà promises aux Hollandois pour la sûreté prétendue de leur frontière.

Les avantages promis pour le commerce leur étoient confirmés ; et quant à l'exception des douze espèces de marchandises, Rouillé eut ordre de dire que lorsque cette matière auroit été examinée et discutée en détail, le Roi conviendroit aisément d'accorder aux Hollandois leurs demandes raisonnables, autant qu'elles ne porteroient pas un préjudice essentiel au commerce de ses propres sujets.

Sa Majesté consentit à reconnoître la princesse Anne en qualité de reine de la Grande-Bretagne et à rétablir le traité fait à Riswick avec cette couronne. Le Roi s'engageoit pareillement à laisser subsister, sans trouble de sa part, l'ordre de la succession tel qu'il étoit établi par les actes du parlement d'Angleterre.

Quant aux conquêtes faites dans le cours de la guerre soit de la part de la France sur les Anglois, soit de la part de cette nation sur quelques pays de la domination du Roi, Sa Majesté jugeoit que de part et d'autre la restitution fût réciproque. Elle jugeoit pareillement que les traités conclus à Riswick avec l'Empereur et l'Empire devoient être rétablis.

C'étoit beaucoup faire que de convenir des conditions principales des traités à faire avec tant de princes et d'Etats différens, pendant le peu de temps qui restoit encore depuis la fin du mois de mars jusqu'à l'ouverture de la campagne. Il falloit nécessairement remettre aux conférences qui se tiendroient pour la paix générale, le détail et la décision des difficultés que la suite et l'explication de tant de prétentions entraîneroient.

Il importoit cependant infiniment au bien de la paix, jusqu'à ce que le lieu de l'assemblée fût fixé, d'entretenir une négociation vive pendant même que les armées agiroient, si les hostilités n'étoient pas suspendues.

Le Roi, par cette raison, loua Rouillé d'avoir bien jugé des intentions de Sa Majesté, et connu le péril d'interrompre les conférences difficiles à renouer, si déférant aux instances des deux députés, il eût pris le parti de revenir auprès d'elle recevoir de nouveaux ordres plutôt que de les attendre comme il les attendoit à Anvers.

Elle lui renouvela ceux qu'elle lui avoit déjà

donnés de demeurer dans les terres de la république de Hollande aussi long-temps qu'il lui seroit permis d'y séjourner; et s'il étoit obligé d'en sortir, Sa Majesté vouloit qu'en ce cas il attendît dans une de ses places frontières ce qu'elle lui feroit savoir de ses intentions.

L'opinion commune étoit alors qu'on ne pouvoit parvenir à la paix que par les offices et l'intervention des Hollandois : on eût dit qu'ils étoient les gardiens de son temple, que la clé en étoit entre leurs mains, et que l'entrée en seroit interdite à ceux qu'ils refuseroient d'y introduire. On jugeoit donc qu'il étoit de la prudence de prendre garde de les aliéner, quoique leur mauvaise foi fût évidente et que le Roi l'eût clairement pénétrée. L'écrit de Wanderdussen avoit été le premier fondement de la négociation : c'étoit sur les demandes qu'il contenoit que les conférences avoient été commencées. Pas un seul mot de cet écrit ne laissoit connoître que les Hollandois demanderoient que le Roi produisît un pouvoir du roi d'Espagne pour accorder en son nom, les conditions exigées par les alliés : on savoit au contraire que ce prince les avoit en horreur. Ce qui dépendoit du Roi étoit d'en assurer l'exécution. Sa Majesté s'y engageoit, pendant que la Hollande se borneroit à de simples offices de peu de poids pour disposer ses alliés à la paix. Il dépendoit cependant de cette république de s'expliquer à leur égard de manière qu'elle les détermineroit à finir une guerre qu'ils ne pouvoient continuer sans secours.

Les députés, pour justifier leurs maîtres, prétendoient qu'il n'étoit pas au pouvoir de la République de disposer du bien d'autrui; qu'elle s'en feroit un scrupule très-justement fondé. Mais ce faux scrupule s'évanouissoit lorsqu'il étoit question de procurer très-injustement à ces mêmes alliés des États qui ne devoient pas leur appartenir, d'en dépouiller les possesseurs légitimes et d'embraser l'Europe pour soutenir l'iniquité de leurs prétentions.

Le Roi se contentoit de peu lorsqu'il proposoit de laisser au Roi son petit-fils les royaumes de Naples et de Sicile, comme un dédommagement très-médiocre de la perte de tant de grands Etats que ce prince seroit forcé de sacrifier au bien de la paix ; mais il falloit au moins lui assurer la possession d'un partage si disproportionné.

Comme les députés avoient évité d'entrer sur cette matière dans aucun détail, le Roi voulut que le président Rouillé la remît sur le tapis, à la première conférence qu'ils auroient ensemble.

Sa Majesté lui écrivit de proposer de joindre une escadre de ses navires à celle de Hollande, qui transporteroit le Roi Catholique, soit à Naples soit en Sicile. Elle jugeoit aussi nécessaire que son arrivée dans ces royaumes fût précédée par un corps de troupes au service des États-généraux, en tel nombre qu'on en conviendroit.

Le Roi jugeoit assez favorablement de la prudence de la République, pour croire qu'elle ne s'étoit pas engagée de procurer à l'Empereur le rétablissement pur et simple du traité de Munster, en la manière que les Allemands prétendoient l'interpréter. Sa Majesté prescrivit au sieur Rouillé d'éloigner autant qu'il lui seroit possible la condition demandée par l'Angleterre d'obliger le roi Jacques à sortir du royaume.

Les conférences étant commencées pour y traiter sur le pied des demandes contenues dans l'écrit de Wanderdussen, il y avoit lieu de croire qu'il ne s'agiroit que des articles spécifiés dans ce même écrit : toutefois les députés de Hollande, sortant des bornes du premier plan, s'étoient étendus sur l'intérêt des princes engagés dans la ligue ; ils en avoient fait de nouveaux articles de prétentions et de demandes, qui devoient dans l'ordre être renvoyés et remis à la négociation générale de la paix. Le Roi n'étoit pas obligé de s'expliquer sur ces différentes questions : Sa Majesté voulut bien cependant y répondre.

Ainsi Rouillé eut ordre de déclarer que, sur les instances faites en faveur du roi de Portugal, elle ne s'opposeroit pas aux libéralités que la maison d'Autriche exerceroit à son égard.

Les temps n'étoient pas encore bien éloignés où l'on n'auroit pas prévu que cette maison deviendroit la bienfaitrice de celle de Bragance, et que les Hollandois emploieroient leurs pressans offices pour l'intérêt du Portugal : mais les maximes changent. Autrefois les princes de la maison d'Autriche avoient regardé le grand-père et le père du jeune roi de Portugal comme sujets révoltés : son grand-oncle étoit mort dans les prisons du roi d'Espagne après y avoir long-temps langui. Ce jeune prince avoit oublié les secours de la France et les injures de la maison d'Autriche, où peut-être n'étoit pas instruit de ce qui s'étoit passé avant sa naissance.

Les députés de la République avoient aussi demandé que les intérêts de l'électeur de Brandebourg fussent compris dans les articles préliminaires. Le Roi voulut que Rouillé répondît que Sa Majesté ne regardoit pas ce prince comme étant au nombre de ses ennemis : qu'à la vérité ses troupes servoient dans leurs armées, mais comme mercenaires, étant à leur solde; que s'il y avoit d'ailleurs à régler quelque prétention de sa part, il convenoit de la remettre aux conférences à tenir pour la paix générale; qu'on ne pouvoit exiger de Sa Majesté de garantir à cet électeur la possession paisible des comtés de Neuchâtel et de Valangin; que ce seroit transiger des droits des prétendans, bien fondés à se plaindre de l'usurpation que l'électeur avoit faite d'un bien que chacun d'eux lui disputoit. Le Roi consentit à promettre sur cet article que Sa Majesté n'useroit d'aucune voie de fait pour troubler l'électeur de Brandebourg dans la possession de ses comtés.

L'érection d'un neuvième électorat en faveur du duc de Hanovre, le droit de garnison dans Rhinfeld, étoient, ainsi que les instances en faveur de l'électeur de Brandebourg, affaires absolument étrangères aux préliminaires, par conséquent à remettre aux conférences générales de la paix.

Sa Majesté consentit même à remettre à ces conférences le rétablissement des deux électeurs de la maison de Bavière dans leurs États et dignités. Ce n'étoit pas de sa part indifférence à l'égard de ces princes; elle étoit très-sensible à leurs avantages et jugeoit son honneur intéressé à les protéger, mais elle croyoit que les esprits seroient moins aigris quand de toutes parts on seroit convenu de s'assembler pour traiter de bonne foi la paix générale; que les deux électeurs trouveroient des amis et les feroient agir utilement; et que la réunion étant prochaine, il seroit plus facile de proposer et de faire agréer les expédiens capables d'aplanir les difficultés que l'animosité de parti entretenoit et augmentoit pendant la continuation de la guerre.

Sa Majesté confirma l'ordre qu'elle avoit donné d'insister sur la restitution d'Exilles et de Fenestrelle, qu'elle demandoit au duc de Savoie. Elle refusa d'acquiescer à la demande que les Hollandois avoient faite de Tournay, Condé et Maubeuge, pour la sûreté de leur barrière : et, pour faire cesser la répétition de ces instances déplaisantes, le Roi permit au président Rouillé d'offrir Furnes avec ses dépendances, les fortifications de cette place étant auparavant rasées. Il pouvoit même la céder fortifiée, si cette condescendance suffisoit pour faire cesser toute autre demande de la part des Hollandois, et les contenter sur l'article de la barrière. Furnes fortifiée étoit cependant très-utile à conserver pour la sûreté de Dunkerque; et son territoire, aussi abondant que celui des châtellenies d'Ypres et de Menin, produisoit un revenu très-considérable.

Il n'y avoit pas lieu de faire attention aux discours que Wanderdussen avait tenus au sujet de la députation que ses maîtres se proposoient de faire en Angleterre pour informer la princesse Anne des intentions du Roi pour avancer la paix : le duc de Marlborough en avoit été parfaitement instruit avant que de passer à Londres. Il étoit cependant inutile de s'opposer à ce que les Etats-généraux jugeroient à propos; et l'envoi d'un député de leur part en Angleterre étoit absolument indifférent à Sa Majesté; mais il n'étoit pas indifférent pour son service de donner, en cas de cette mission, l'écrit que Wanderdussen avoit demandé par avance au président Rouillé. Ces sortes d'écrits multipliés multiplioient aussi les embarras; et les députés de Hollande avoient mauvaise grâce d'exiger tant d'éclaircissemens, tant de sûretés redoublées, quand ils ne donnoient pas même de pouvoir aux députés qu'ils avoient choisis pour traiter de la paix.

Les ordres du Roi finissoient en répétant bien clairement celui de ne rien omettre de la part de Rouillé pour établir son séjour dans quelque ville de Hollande, afin d'entretenir toujours la négociation, le Roi jugeant nécessaire de la continuer et de maintenir les conférences jusqu'à ce qu'elles pussent conduire à la paix. Ce séjour pouvoit lui ouvrir les moyens de faire connoître aux vrais républicains, zélés pour le bien de leur patrie, toutes les avances que le Roi faisoit pour la paix, dont apparemment les partisans de la guerre ne leur donnoient pas connoissance, et leur cachoient pareillement les conditions avantageuses et peu attendues que Sa Majesté offroit à la République, et pour son commerce, et pour dissiper de sa part tout sujet d'alarmes.

Les amis et ennemis de la France furent également alarmés au premier bruit des conférences : les uns craignoient d'être abandonnés et sacrifiés aux besoins pressans du royaume, les autres appréhendoient une division prochaine entre les principales puissances dont la ligue étoit composée.

Quelques villes de la domination du Roi furent effrayées des bruits répandus qu'elles passeroient bientôt sous la domination des ennemis : la ville de Thionville entre autres, alarmée de ce qu'on disoit que le Roi la cédoit au duc de Lorraine, écrivit que, se jetant aux pieds de Sa Majesté, elle la supplioit de ne pas obliger des sujets fidèles à reconnoître un autre maître.

D'autre part, les ministres résidant à La

Haye, de la part des princes de l'Empire, élevèrent leurs plaintes sitôt qu'ils surent qu'il s'étoit tenu des conférences pour y parler de paix. Ils déclarèrent que leurs maîtres ne consentiroient jamais à traiter, si la France n'offroit pour préliminaires le parfait rétablissement du traité de Munster. Le prince Eugène, alors à Bruxelles, parloit comme eux : il y ajoutoit les menaces de porter la désolation dans le sein de la France dès l'ouverture de la campagne.

Cadogoan, le confident et regardé comme le bras droit de Marlborough, enchérissoit encore sur les plaintes et les menaces des Allemands : il se plaignit de la part de l'Angleterre au Pensionnaire, et prétendit que Rouillé s'étoit vanté d'être déjà d'accord avec les Etats-généraux. Cadogoan souffla le feu, excitant ce qu'il y avoit de ministres étrangers à La Haye à veiller attentivement et à s'opposer à l'ouverture de toute conférence. Enfin rien ne fut oublié de la part des partisans de la guerre pour allumer plus que jamais son flambeau, regardant comme un malheur si la négociation de la paix demeuroit entre les mains des Hollandois, et si, devenus maîtres de la conduire, ils cessoient de dépendre des deux généraux intéressés l'un et l'autre à la traverser.

Cependant les conférences recommencèrent aussitôt que le président Rouillé eut averti Buys et Wanderdussen, ainsi qu'ils en étoient convenus en se séparant, qu'il avoit reçu les réponses du Roi. Ces deux députés le prièrent de se rendre à Voërden.

Il ne manqua pas de s'y trouver le 12 avril. Il y reçut un billet de Wanderdussen, contenant que son collègue et lui jugeoient à propos de ne pas aller jusqu'à la ville, dans la crainte d'être découverts ; qu'ils le prioient, pour conserver encore le reste du secret des conférences, de faire une lieue de chemin, et qu'ils l'attendoient dans un yacht sur le canal. Il s'y rendit : la satisfaction de se revoir parut égale de part et d'autre, et dans ce même lieu ils eurent ensemble quatre conférences.

Le président Rouillé ménagea ses pouvoirs, et fit valoir prudemment la complaisance que le Roi vouloit bien avoir de se désister, pour le bien de la paix, de la proposition faite au nom de Sa Majesté d'ajouter la Sardaigne au dédommagement demandé pour le Roi son petit-fils. Ce désistement ne fit nulle impression sur les députés. Rouillé y joignit l'abandon des places de Toscane en faveur de la maison d'Autriche.

Les députés ne furent pas plus touchés de cette augmentation. Leur objet principal étoit toujours de fortifier cette barrière, qu'ils croyoient ne pouvoir être jamais assez sûre ni assez étendue : elle étoit, dans leur esprit, un rempart absolument nécessaire pour arrêter les entreprises de la France. Ils vouloient conserver l'importante ville de Lille, conquise la campagne précédente par les armées confédérées.

Le président Rouillé avoit ordre d'insister sur la restitution de cette ville, capitale de la Flandre françoise, fortifiée considérablement et enrichie depuis qu'elle étoit sous la domination de Sa Majesté. Il ne lui étoit pas permis de se relâcher sur un article si essentiel ; et la paix ne pouvoit être faite, si Lille, avec ses dépendances, n'étoit rendue à la France.

Il offrit, suivant le pouvoir qu'il en avoit reçu en dernier lieu, un équivalent pour obtenir cette restitution. Il proposa donc de céder Furnes avec ses dépendances, les fortifications démolies.

Ces offres faites, il demanda que les conditions préliminaires fussent réduites aux seuls articles contenus dans l'écrit de Wanderdussen, fondement des conférences. Le temps de cette dernière fut employé à contester sur ces différentes matières.

Buys se piquoit d'éloquence. Il en fit usage dans la deuxième conférence ; et pendant qu'elle dura on lui laissa le plaisir de combattre et de rejeter les propositions de Rouillé.

Il se retira au village de Bodgrave. La mémoire des François y étoit très-désagréablement conservée. Les députés se logèrent dans une maison aux environs, et vinrent le lendemain le prendre et le mener à leur yacht.

La troisième conférence y fut tenue. On y convint d'énoncer dans les préliminaires la cession de l'Espagne, en sorte qu'elle comprendroit toutes les parties de cette monarchie, à l'exception des royaumes de Naples et de Sicile, sans spécifier en particulier chacun des autres Etats.

Le président Rouillé avoit proposé d'admettre Ménager aux conférences, pour examiner avec lui quelles étoient les exceptions au tarif de 1664 qu'il prétendoit être avantageuses au commerce réciproque de la France et de la Hollande. Les députés refusèrent de l'écouter. « Il viendra, dirent-ils, entêté de son idée ; et, sans entrer dans les vues générales, il ne songera qu'à la soutenir, au risque de faire échouer l'affaire principale. » Ils déclarèrent nettement que la république de Hollande n'accepteroit aucune proposition à son préjudice ; que si le projet dont il s'agissoit étoit véritablement avantageux pour elle, s'il étoit utile au bien réciproque du commerce, Ménager pourroit en dresser un mémoire et l'envoyer ; que l'Etat n'avoit pas besoin que personne vînt l'éclairer sur son propre intérêt ; qu'un mémoire introduiroit les pensées de l'auteur aussi clairement que s'il venoit lui-même les expliquer.

L'article de la barrière, le plus sensible de tous aux Hollandois, anima la conversation. Buys s'étoit attribué la parole et suscitoit plus de difficultés qu'il ne vouloit en aplanir : souvent il parloit indiscrètement. Son collègue gardoit le silence. Buys avança et soutint que le moindre fruit que sa république pouvoit recueillir des succès passés et à venir de ses armées étoit d'établir une barrière si forte, que désormais le pays de sa domination se vît à l'abri des insultes de la France. Il ajouta que le Roi devoit être moins sensible à la perte des places qu'il céderoit, que reconnoissant de la conservation que la paix lui assureroit du reste de ses conquêtes. Sa Majesté, selon lui, en auroit l'obligation entière aux Provinces-Unies ; et si plusieurs personnages du gouvernement en étoient crus, au lieu de chercher les moyens de favoriser la France, elles appuieroient le projet unanimement formé par les alliés de la réduire au traité des Pyrénées. Il prétendoit aussi faire valoir la modération de ses maîtres dans le temps même qu'ils étoient le plus enivrés des avantages inespérés de la ligue, qu'ils croyoient déjà voir incessamment ses armées aux portes de Paris, et que les partisans de la guerre ne cessoient de crier et de persuader, à des peuples aveuglés par les succès, que le moment étoit arrivé d'imposer au Roi les conditions les plus dures.

Le président Rouillé crut démêler, au travers de l'abondance des paroles animées de Buys, que la cession de Furnes fortifiée pourroit entrer en quelque compensation. Il jugea cependant que le moment n'étoit pas encore venu de s'en expliquer.

On passa donc au dédommagement à donner au roi d'Espagne. Les députés avouèrent que, sans l'aveu de l'Angleterre, ils ne pouvoient promettre que les royaumes de Naples et de Sicile seroient laissés à ce prince, que ce seroit beaucoup si les Anglois consentoient à lui laisser le seul royaume de Naples. Ainsi les Hollandois, servilement soumis à l'Angleterre, remettoient à sa décision et à celle de l'Empereur une condition essentielle de la paix ; par conséquent la laissoient incertaine, dans un temps où le Roi faisoit l'honneur à leur République de s'adresser à elle pour faciliter le rétablissement de la paix générale.

Les députés dirent qu'ils feroient à leurs supérieurs le rapport de la demande faite pour le dédommagement du roi d'Espagne : celle de rétablir le traité de Munster en son entier fut renouvelée de leur part en faveur de l'Empereur et de l'Empire. Ce n'étoit cependant qu'un simple office, et les députés convinrent que leurs maîtres n'étoient nullement engagés à proposer, encore moins à soutenir, une idée si capable de rompre toute négociation. Ils demandèrent que le Roi voulût bien user de termes plus affirmatifs que ceux dont il s'étoit servi en consentant de reconnoître l'ordre à la succession d'Angleterre, tel que les actes du parlement l'avoient établi en faveur de la ligne protestante ; insistant en même temps sur la nécessité d'obliger le roi Jacques à sortir de France. Ils qualifioient toutes leurs demandes de conditions essentielles sans lesquelles la paix ne se pouvoit faire, et prétendoient qu'elle seroit impossible tant que ce prince feroit son séjour dans le royaume ; que la sûreté de l'Angleterre, ainsi que celle de la Hollande, dépendoient de sa sortie ; que les démarches de l'un et de l'autre Etat seroient uniformes et ne démentiroient pas leur étroite union ; que le seul adoucissement à la dureté de cet article seroit de n'en pas faire une condition expresse du traité, mais de s'en rapporter à ce que le Roi jugeroit à propos de faire pour l'accomplir.

La réponse de Sa Majesté sur l'article du roi de Portugal les satisfit.

Comme elle consentoit à reconnoître l'électeur de Brandebourg en la qualité qu'il s'étoit donnée de roi de Prusse, ils demandèrent qu'elle voulût bien y ajouter en termes exprès qu'elle le laisseroit jouir paisiblement des comtés de Neuchâtel et de Valangin, sans préjudice des droits des prétendans.

Ils n'avoient, dirent-ils, aucun pouvoir sur l'article d'Exilles et de Fenestrelle.

La dernière de leurs demandes fut en faveur du duc de Hanovre ; et, suivant leur usage, ils prétendirent, comme condition préliminaire et essentielle à la paix, que le Roi promît de reconnoître le neuvième électorat érigé quelques années auparavant en faveur de ce prince. Pour l'obtenir, ils offrirent de comprendre aussi dans les préliminaires les intérêts des deux électeurs de Cologne et de Bavière, et s'avancèrent jusqu'à dire que puisque les ennemis du Roi y comprenoient leurs alliés, Sa Majesté n'avoit pas moins de droit d'y comprendre aussi les siens. Cette offre fut accompagnée de protestations de leur part du désir que la République avoit très-sincèrement d'aider les deux électeurs de ses plus pressans offices. Ils ajoutèrent qu'ils espéroient que Sa Majesté lui tiendroit compte de sa bonne volonté et de ses démarches en faveur de ces princes.

Rouillé avoit eu le loisir de connoître le peu de poids de telles paroles : il ne laissa pas ignorer aux députés que la promesse de simples offices en faveur de la maison de Bavière n'étoit pas une satisfaction assez complète pour engager le Roi à savoir beaucoup de gré à leurs maîtres de leurs intentions.

La quatrième conférence, tenue le 4 avril, fut employée seulement à récapituler ce qui s'étoit dit de part et d'autre dans les trois précédentes.

Les conditions que le Roi consentoit d'accorder aux Hollandois, soit pour leur commerce, soit pour la sûreté de la barrière, étoient pour eux si avantageuses, si supérieures avec ce qu'ils pouvoient espérer de leur union avec tant de princes ligués contre la France, qu'il y avoit lieu de croire qu'une république prudente ne laisseroit pas perdre une occasion si favorable d'obtenir pleinement ce qu'elle pouvoit désirer. Rouillé jugeoit cependant qu'elle ne seroit pas contente encore de tant de condescendance, et qu'elle n'abandonneroit pas la demande de Tournay et de Condé; principalement si le Roi persistoit à prétendre que la ville de Lille lui fût rendue avec sa châtellenie et ses dépendances.

Les députés hollandois employés aux conférences n'avoient pas montré un caractère facile à manier et propre à fournir des expédiens pour aplanir les difficultés. Buys sembloit en être le père : Wanderdussen gardoit le silence ; et lorsqu'il se croyoit obligé de le rompre, il ne parloit que pour appuyer les hauteurs de son collègue, soutenir ses demandes injustes et fortifier ses refus. Tous deux, quand les bonnes raisons ou les prétextes manquoient, s'échappoient, en déclarant que leurs pouvoirs n'étoient pas suffisans, ou bien qu'ils n'étoient pas instruits des intentions de leurs alliés.

Tout négociateur souhaite et espère de réussir. Rouillé le désiroit avec raison et s'en flattoit sans apparence. Son espérance étoit fondée sur la satisfaction que les députés témoignoient de voir chez eux un ministre du Roi, et sur l'empressement qu'ils avoient d'être diligemment informés des réponses de Sa Majesté.

Ils demandoient au commencement que le secret des conférences fût exactement observé. Ils virent sans peine qu'il avoit pénétré, et que le public en avoit une pleine connoissance. Le détail en étoit cependant ignoré : les députés en rendoient un compte direct au seul Pensionnaire, qui communiquoit ce qu'il jugeoit à propos à ceux du gouvernement qu'il trouvoit bon d'en instruire; mais il n'en laissoit ignorer aucune circonstance au duc de Marlborough.

Après la conférence du 4 avril, Rouillé prit le parti de fixer son séjour à Bodgrave, village éloigné de La Haye de dix lieues seulement. Il choisit ce lieu de concert avec les députés : ils l'avoient laissé maître d'aller soit à Voërden, soit à Gonde, et témoigné de l'impatience de le revoir incessamment. Lorsqu'ils se séparèrent, Wanderdussen lui tendit la main sans que son collègue, un peu éloigné, l'aperçut. Il dit à Rouillé qu'il pouvoit lui donner de ses nouvelles à Gonde. C'étoit la seule fois que Wanderdussen eût parlé hors de la présence de Buys. La suite de la négociation fit voir que cette démonstration ne couvroit aucun mystère.

L'empressement que les deux députés témoignoient d'être promptement informé des résolutions et des réponses du Roi avoit engagé Rouillé à leur demander un passe-port des Etats pour le courrier qu'il enverroit à Sa Majesté. Ils s'excusèrent de le proposer, parce que ce seroit à l'assemblée de ces mêmes Etats qu'il seroit nécessaire de s'adresser : le secret par conséquent ne pourroit être gardé. Par cette raison, ils lui conseilloient de confier ses dépêches à la poste ordinaire de La Haye. Ils l'assurèrent d'une entière sûreté, également pour ce qu'il écriroit et pour les lettres qu'il recevroit.

Après le départ des députés, Pettekum, résident du duc de Holstein, se rendit à Bodgrave. Il y avoit déjà quelque temps, comme on l'a dit, qu'il s'étoit ingéré de lui-même à faire des propositions pour parvenir à la paix générale. Quoique la négociation fût conduite par une autre voie, il voulut suivre son objet, flatté de l'honneur et vraisemblablement du profit qu'il avoit lieu d'espérer, s'il pouvoit avoir part à cet important ouvrage. Le président Rouillé n'apprit de lui rien de considérable. Pettekum écrivit en France au ministre, dont il étoit connu, que le voyage qu'il avoit fait à Bodgrave n'étoit pas à l'insu, mais du consentement du Pensionnaire, affligé du rapport que les députés avoient fait des dernières conférences, et des bornes que Sa Majesté donnoit à ses nouvelles offres, qu'elle réduisoit à céder Furnes les fortifications démolies; qu'il commençoit à douter qu'elle voulût la paix bien sincèrement.

Heinsius étoit à ménager, non-seulement par

son crédit dans la République, par la confiance qu'il s'étoit acquise auprès des alliés, mais encore par la droiture de ses intentions, sa bonne foi et le désir de voir la paix solidement rétablie, si l'on en vouloit croire celui qu'il avoit chargé de parler de sa part. Il conseilloit de presser la négociation; de ne pas, disoit-il, amuser le tapis, mais de parler net, et de faire des offres telles que le Pensionnaire eût lieu de les faire valoir aux alliés, déchaînés contre toute proposition de paix, et travaillant unanimement à persuader à l'Etat de renvoyer Rouillé incessamment.

Le prince Eugène et le duc de Marlborough étoient attendus à La Haye. En leur absence, les ministres d'un ordre inférieur animoient les peuples à faire la guerre encore une campagne; et la France n'étoit pas même, selon eux, en état de la soutenir. Elle étoit, disoient-ils, aux abois; il falloit profiter de sa foiblesse, sans lui laisser le temps de respirer; craindre et empêcher qu'elle ne rétablit ses forces au point de faire trembler encore ses voisins. L'envoyé de Lorraine secondoit le grand nombre des partisans de la guerre.

Marlborough contenta bientôt l'impatience qu'ils avoient de le voir à La Haye. Il y arriva, parfaitement instruit de ce qui s'étoit passé dans les conférences. Il avoit consenti, avant que de s'embarquer pour l'Angleterre, à laisser le président Rouillé en Hollande, persuadé que rien ne se feroit sans son aveu, et qu'il seroit maître de retarder et de rompre comme il lui plairoit le progrès de la négociation. Il auroit donc fait inutilement un personnage odieux en s'opposant ouvertement au repos général de l'Europe, qu'il dépendoit de lui d'empêcher secrètement.

Il jugea pour lors que le temps étoit venu de rompre les conférences. Il ne s'étoit pas attendu aux facilités que le Roi apportoit à la paix: elles lui donnèrent lieu de craindre l'effet de l'impression qu'elles devoient faire sur des peuples fatigués d'une guerre longue et sanglante dont la maison d'Autriche et les deux généraux retiroient tout l'avantage, pendant que son poids accabloit les Provinces-Unies.

Ces réflexions l'obligèrent à déclarer, immédiatement après son arrivée à La Haye, que les conférences déplaisoient infiniment à la cour d'Angleterre, qu'il avoit ordre de prier les Etats-généraux de les rompre et de renvoyer Rouillé, si la France, se bornant aux seules offres qu'elle avoit faites, ne les étendoit pas en faveur de l'Empereur et de l'Angleterre.

Le prince Eugène fit en même temps une déclaration pareille; et de plus il demanda, comme préliminaire indispensable, que la monarchie d'Espagne fût totalement cédée à la maison d'Autriche, sans la moindre distraction d'aucun Etat dépendant de cette couronne; et encore le rétablissement pur et simple du traité de Munster.

Au bruit des premières conférences, le marquis del Borgo, envoyé du duc de Savoie, avoit dépêché son secrétaire pour en informer ce prince. Il avoit présenté aux Etats-généraux un mémoire conçu en termes très-forts, leur demandant de n'entendre à aucune proposition de paix sans la participation du duc son maître.

Tant de mouvemens et de batteries contre la paix pouvoient rassurer le duc de Marlborough, dont le crédit par lui-même étoit puissant dans les délibérations des Etats-généraux.

Il n'étoit pas cependant sans inquiétude. Plus les offres du Roi étoient considérables, plus il craignoit l'impression qu'elles pouvoient faire, aussi bien que les réflexions des bons républicains sur le dangereux voisinage d'une puissance dont l'agrandissement seroit quelque jour fatal aux Provinces-Unies. Il travailla donc à rendre suspectes ces mêmes offres, et se flatta de persuader qu'elles n'étoient pas sincères; qu'enfin Rouillé n'avoit été envoyé en Hollande que pour amuser les alliés et les tromper.

Pour mieux établir cette défiance il entreprit de la répandre par ce même Pettekum qui s'honoroit de passer pour un agent secret de la France.

Le duc de Marlborough lui donna comme une vérité constante ces idées malignes sur la commission de Rouillé, et peut-être réussit-il à lui persuader que l'état des conférences étoit une preuve évidente des secrètes intentions du Roi, et que les propositions faites de la part de Sa Majesté pouvoient passer pour autant de marques du mépris qu'elle faisoit de l'Empereur et de l'Angleterre. « Au reste, disoit-il, la France se trompe si elle croit faire la paix malgré ces deux puissances et si elle se flatte que la Hollande puisse arracher par force leur consentement. Il faut, pour obtenir la paix, que la satisfaction de tous les alliés soit complète, Rouillé renvoyé et les négociations secrètes interrompues. »

Le Pensionnaire jugea pour lors qu'il étoit temps de communiquer aux Etats de la province de Hollande le secret des conférences dont il ne les avoit pas encore informés. Il chargea les députés des autres provinces d'en faire part à leurs supérieurs. Il étoit de son intérêt personnel de laisser croire qu'il désiroit la paix : il rejeta toute la haine des difficultés sur l'opposition de l'Angleterre, et celle de Marlborough en particulier.

Un François de la religion prétendue réformée, réfugié en Hollande, nommé Amirault, vint alors d'Amsterdam, où il étoit établi, trouver le président Rouillé, et l'assura que toute la province de Hollande, particulièrement la ville d'Amsterdam, désiroit ardemment la paix ; que Buys, député aux conférences et premier pensionnaire de cette ville, étoit méprisé de ses concitoyens ; que toute la confiance étoit en Bassecourt, second pensionnaire, homme sage et pacifique.

L'opposition des alliés à la paix étoit cependant unanime et si forte que le Roi, reconnoissant chaque jour et ressentant la nécessité de mettre fin à la guerre, voulut encore flatter les Hollandois, en leur accordant de nouveaux avantages pour le commerce. Ainsi Sa Majesté permit au président Rouillé de promettre qu'elle rétabliroit en leur faveur le tarif de 1664, sans restriction et sans exception d'aucune espèce de marchandises. Quant à la barrière, Rouillé devoit, sans différer plus long-temps, déclarer que Furnes seroit donnée avec ses fortifications.

Elle lui permit de plus de céder Condé, si cette condition dure étoit indispensable. Le Roi connoissoit parfaitement que la sûreté de son royaume du côté des Pays-Bas demandoit que Sa Majesté conservât Condé et Tournay ; qu'elle ne devoit pas être moins attentive à garder une barrière que les Etats-généraux étoient ardens à la demander, sous prétexte de la sûreté de leur Etat ; mais la nécessité de faire la paix étoit une raison encore plus pressante, et dans les circonstances présentes c'étoit beaucoup faire que de conserver Tournay en sacrifiant Condé.

La bonne foi, fondement des négociations heureuses, étoit peu observée de la part des Hollandois. Les conférences avoient été établies à condition que les articles préliminaires qu'ils avoient demandés seroient la base du traité : le Roi l'avoit accordé. Sa Majesté avoit de plus consenti aux demandes faites pour l'avantage du commerce des sujets de la République. Ses députés, à chaque conférence, formoient quelque nouvelle demande, sous prétexte de la barrière. A chaque réponse du Roi, ils obtenoient quelque cession nouvelle. Eux, au contraire, rejetoient toute proposition convenable et nécessaire pour avancer la paix. En vain Rouillé les exhortoit à persuader leurs alliés de finir une guerre longue et onéreuse à toutes les parties, de leur déclarer qu'en cas de refus la République les abandonneroit et songeroit à son propre intérêt ; les députés ne laissoient attendre de sa part que des offices vagues et impuissans.

Le Roi promettoit que la couronne d'Espagne seroit cédée à la maison d'Autriche avec les Etats en dépendant. Les royaumes de Naples et de Sicile en étoient seuls exceptés et réservés pour dédommager foiblement le roi d'Espagne : à peine les Hollandois vouloient-ils promettre des offices généraux pour faire admettre une proposition si modérée.

Sa Majesté avoit permis au président Rouillé de confier le secret de ses intentions aux deux députés, quoiqu'ils n'eussent produit aucun pouvoir de leurs maîtres pour traiter. Ils n'avoient pas songé à réparer ce défaut essentiel depuis qu'il n'y avoit plus de mystère aux conférences ni de raison pour les tenir secrètes : ce n'étoit que par le bruit public qu'on savoit que le Pensionnaire avoit enfin donné part à l'Etat des offres faites par Sa Majesté, si avantageuses pour les Hollandois, que l'opinion commune étoit que le mieux seroit de les envoyer directement au président de semaine, obligé par les lois de l'Etat à rendre compte des mémoires qu'il reçoit pendant son exercice. Il étoit vraisemblable que la passion des Anglois n'auroit pas eu en ce cas assez de pouvoir en Hollande pour l'emporter sur l'intérêt de la République.

Malgré tant de sujets que Sa Majesté avoit de se plaindre de la conduite irrégulière du gouvernement de Hollande, elle avoit bien voulu que la voie des conférences ne fût pas encore interrompue, quoique persuadée qu'il eût été plus utile que les amis de la paix et du bien de leur pays eussent été parfaitement instruits des conditions qu'elle vouloit bien accorder pour l'un et pour l'autre. Ils auroient apparemment fait des réflexions sérieuses sur le changement que peuvent apporter les événemens de la guerre, tellement incertains que la République perdroit peut-être en une journée tous les avantages que le Roi lui avoit accordés pour la paix ; par conséquent le fruit de tant de dépenses faites jusqu'alors pour le seul intérêt de l'agrandissement de ses alliés.

Si ces réflexions étoient encore assez puissantes pour persuader aux Hollandois de prévenir l'ouverture imminente de la campagne, et de proposer une suspension d'armes si la paix ne pouvoit se conclure, le président Rouillé avoit pouvoir non seulement d'y consentir, mais même de la proposer, pour donner le temps de traiter à loisir et sans craindre les variations que le sort des armes pouvoit apporter aux conditions accordées.

Pour en faire une énumération nouvelle, le Roi promettoit aux Hollandois de rétablir le traité de commerce fait à Riswick ; de les faire jouir du tarif de 1669, sauf à convenir de gré à gré des exceptions à faire pour le bien réciproque du commerce entre la France et les Provinces-Unies. Quant à la barrière, Sa Majesté cédoit Ypres et sa châtellenie, Menin avec ses dépendances, Furnes fortifiée et ses dépendances.

Elle permit de plus au président Rouillé d'ajouter encore, à tant de places données au bien de la paix, Condé, même Maubeuge, si ces nouvelles cessions, jointes à tant d'autres, produisoient une heureuse conclusion et conservoient Tournay sous la domination de la France.

Les conditions pour la maison d'Autriche étoient de lui laisser la monarchie d'Espagne et les États dépendant de cette couronne, réservant seulement les royaumes de Naples et de Sicile pour dédommager le roi Philippe.

La demande d'interpréter et de restreindre le traité de Munster étoit insoutenable ; la proposition même de le rétablir étoit inutile, puisque ce traité, servant de base à ceux de Nimègue et de Riswick, étoit censé rétabli lorsqu'il n'étoit pas dérogé à ces deux derniers que la paix confirmeroit.

La proposition de laisser l'électeur de Brandebourg jouir tranquillement des comtés de Neuchâtel et de Valangin, sans préjudice du droit des prétendans, étoit acceptée.

Celle de laisser Exilles et Fenestrelle au duc de Savoie faisoit avec raison beaucoup de peine à Sa Majesté, ses ennemis voulant l'obliger à récompenser l'infidélité de ce prince dans le temps qu'ils n'écoutoient pas seulement les justes demandes des électeurs de Cologne et de Bavière, ses alliés fidèles, et que les Hollandois n'osoient interposer que de simples offices pour le rétablissement de ces deux princes dans leurs dignités.

Le Roi renouvela les ordres précis déjà donnés au président Rouillé d'insister fortement sur le rétablissement parfait des électeurs, aussi bien que sur la restitution totale des meubles, pierreries, et généralement de tous les effets qui leur avoient été enlevés pendant la guerre.

Quant à l'Angleterre, Sa Majesté offroit de rétablir le traité de paix qu'elle avoit conclu avec cette couronne à Riswick : elle promettoit de ne troubler directement ni indirectement le repos de la Grande-Bretagne, non plus que la disposition faite par acte du parlement pour établir l'ordre de succession aux trois royaumes.

Elle voulut que sur cet article Rouillé sût des deux députés quels seroient les termes dont leurs maîtres useroient pour s'engager à maintenir cette forme de succession établie, contre toute justice, par les actes du parlement d'Angleterre, car enfin rien ne paroissoit moins solide et moins stable qu'un pareil réglement. L'inconstance et la légèreté de la nation angloise sont connues ; elle change souvent d'idées : un parlement détruit, selon les conjonctures, ce qu'un autre avoit précédemment jugé nécessaire au bien du royaume. Il étoit à propos de savoir ce que feroient les Hollandois si la nation angloise, changeant quelque jour de maximes, refusoit de reconnoître pour son Roi un prince d'Allemagne reconnu pour héritier présomptif de la couronne par les actes du parlement; et si, pour soutenir son droit, la Hollande s'embarrasseroit d'envoyer et de transporter ses troupes en Angleterre.

La répugnance du Roi étoit extrême à s'obliger de faire sortir de France le roi Jacques. Le président Rouillé eut ordre d'employer encore toutes les fortes raisons que le Roi lui fournit pour combattre cette demande odieuse. Elle promit de ne l'aider d'aucun secours après la conclusion de la paix, et voulut que Rouillé, parlant comme de lui-même aux députés, essayât de savoir si leurs maîtres donneroient à ce prince infortuné un asile sûr à La Haye, et de quelle manière il y seroit pourvu à sa subsistance. Enfin elle jugea qu'il pouvoit convenir à son service que Rouillé obtînt des passe-ports des États, pour la sûreté des courriers qu'il enverroit ; qu'il envoyât même de ces passe-ports pour en faire usage, si l'état des affaires demandoit que le Roi voulût dépêcher quelqu'un pour lui porter un ordre verbal.

Sa Majesté n'avoit pas regardé comme démonstration purement indifférente celle que Wanderdussen avoit faite en sortant de la dernière conférence : tout est à remarquer dans un pays où l'on croit qu'il est permis de recevoir, sans se déshonorer, la récompense d'un important service. Il étoit à propos de pénétrer si le second député de Hollande avoit eu véritablement cette pensée : le Roi permettoit en ce cas à Rouillé non-seulement de flatter ses espérances, mais encore de l'assurer de la récompense, s'il pouvoit porter sa République à se séparer de ses alliés, à faire une paix particulière et à couvenir d'une suspension d'armes jusqu'à ce que la paix devint générale.

Plusieurs raisons pressantes obligeoient les Hollandois à la désirer. Le poids de la guerre devenoit tous les jours plus pesant pour eux, l'argent plus rare, le crédit de l'Etat étoit épuisé et les fonds de la guerre très-difficiles à trouver. Cette situation embarrassante ne se pouvoit déguiser. D'un côté, l'embarras de continuer la guerre étoit grand : d'un autre côté, le Roi apportoit à la paix des facilités inespérées. On eût dit que le choix de l'un ou de l'autre parti étoit aisé à faire : ceux même qui désiroient de prolonger la guerre n'osoient l'avouer et se portoient pour pacifiques. Ils disoient, avec les vrais républicains, que les Anglois avoient pris un tel empire sur le gouvernement de l'Etat, que leurs décisions étoient des lois ; et qu'ils n'avoient d'objet que de porter les choses à la dernière extrémité.

Wanderdussen proposa une entrevue secrète dans sa maison de campagne au président Rouillé. Il lui fit la peinture de la situation de la République ; il ajouta, pour le mieux persuader de sa sincérité, qu'il lui révéleroit un secret important : et tout de suite il lui dit que le Pensionnaire avoit à la cour de France des correspondans fidèles et bien informés qui l'instruisoient bien régulièrement des plus secrètes délibérations du conseil, des expéditions qui se faisoient dans les bureaux des ministres, aussi bien que dans le cabinet du comte de Bergueick. « Le Pensionnaire, dit-il, sait le contenu des dépêches que vous avez écrites depuis que vous êtes en Hollande ; le portrait que vous avez fait des deux députés choisis pour traiter avec vous ; on sait à Turin ce qui a été proposé et dit de part et d'autre au sujet des royaumes de Naples et de Sicile. Comment voulez-vous que la négociation réussisse, lorsque tant de puissances intéressées à la traverser sont instruites jusqu'aux moindres circonstances du compte que vous en rendez et des ordres que vous recevez? »

Wanderdussen parloit peut-être de bonne foi ; peut-être aussi cette confidence étoit-elle un artifice pour engager Rouillé à lui découvrir l'étendue de ses pouvoirs et à se rendre plus facile qu'il ne s'étoit montré jusqu'alors.

« Jusqu'aux gazettes à la main, continua Wanderdussen, tout découvre l'état de la France, la misère affreuse de ses provinces : il n'est plus temps de biaiser ; le salut du royaume dépend de la paix, et d'une paix prompte, qui prévienne l'ouverture de la campagne. S'il est permis aux armées d'agir, les prétentions des alliés n'auront plus de bornes : en vain les bons républicains gémiront des malheurs de la France ; ils ne seront plus maîtres de les arrêter comme il conviendroit peut-être à l'intérêt de l'Etat. Ils connoissent parfaitement et voient avec douleur l'avantage que les Anglois prennent sur la République ; la France seule pourroit la soutenir en cas d'une rupture presque inévitable entre les deux nations : ainsi les bien intentionnés voudroient la ménager et la préserver de sa ruine. »

Cette exposition faite, Wanderdussen conclut de son discours que le parti des pacifiques, favorable à la France, étant le plus foible en Hollande, elle devoit le mettre en état de gagner la supériorité. Il y avoit, selon lui, deux moyens principaux d'y parvenir : l'un, d'accorder à la République les avantages demandés pour son commerce ; l'autre, la sûreté de la barrière.

A l'égard du commerce, il n'y avoit rien à retrancher aux demandes déjà faites par les députés ; quant à la barrière, il convint que l'intérêt des Etats-généraux devoit les porter à réduire leurs prétentions ; que les bons républicains étoient assez persuadés que l'entretien d'un grand nombre de garnisons n'étoit déjà que trop onéreux à l'Etat : mais il falloit que la négociation plût à tous les membres, et le seul moyen de la faire agréer unanimement étoit de la suivre sur le pied qu'elle avoit été proposée.

« Engageons, dit-il, les conférences publiques : ou trouvera peut-être, dans la suite d'une négociation générale, les expédiens convenables pour modérer les demandes faites au sujet de la barrière. C'est aussi dans la vue de faciliter l'ouverture de ces conférences que les bien intentionnés désirent que la satisfaction des alliés soit comprise dans les préliminaires. Ne traitez pas de dureté de la part des pacifiques la voie qu'ils vous ouvrent pour parvenir à la paix : s'ils tenoient une conduite différente, ils seroient non-seulement soupçonnés mais accusés de favoriser la France et de précipiter la paix à la veille d'une campagne dont la République et ses alliés doivent attendre les plus grands avantages. »

C'est ainsi que Wanderdussen essayoit de gagner la confiance du président Rouillé, et de l'engager non-seulement à lui découvrir le fond de ses pouvoirs, mais encore à lui savoir bon gré de ce qui s'étoit passé jusqu'alors dans les conférences ; même du peu de bonne foi que son collègue et lui avoient fait paroître et dans leur désaveu et dans leurs demandes.

Il voulut persuader au sieur Rouillé que le

Pensionnaire étant le premier mobile de la paix, employoit au succès de ce grand ouvrage tous ceux dont il connoissoit les bonnes intentions, et qu'il croyoit capables d'aider les siennes ; qu'il étoit donc nécessaire que le Roi lui mît en main des armes suffisantes pour imposer silence aux partisans de la guerre ; qu'alors la fermeté ne lui manqueroit pas. Wanderdussen assura qu'on devoit aussi compter sur la sienne et sur les conseils salutaires qu'il donnoit à ce ministre, dont il prétendoit avoir la confiance.

Après cette entrevue, Pettekum vint à Bodgrave presser le président Rouillé de ne pas perdre un moment pour finir son ouvrage. Il lui dit qu'il falloit absolument accorder à la République, sans le moindre délai, toutes les demandes que ses députés avoient faites ; que c'étoit le seul moyen de faciliter les vues du Pensionnaire, tendantes toutes à la paix ; que plus Rouillé différeroit, plus il donneroit de poids aux manœuvres du prince Eugène et du duc de Marlborough ; que le premier étoit allé à Amsterdam à dessein de séduire le gouvernement de cette ville, inclinée à la paix ; que Marlborough insistoit au nom de l'Angleterre sur toutes les conditions demandées, sans admettre la moindre restriction.

Pettekum avoit peut-être bonne intention et disoit ce qu'il pensoit ; peut-être aussi vouloit-il se faire un mérite en Hollande et auprès des alliés de cette république.

Quoi qu'il en soit, les ordres du Roi étant arrivés pendant qu'il étoit à Bodgrave, le président Rouillé le chargea de le dire au Pensionnaire, et de lui proposer qu'on reprît les conférences le 21 avril.

Les deux députés se rendirent le même jour à Bodgrave et dirent à Rouillé qu'ils venoient savoir ce qu'il avoit de nouveau à leur communiquer. Il les pria de l'instruire auparavant de l'usage qu'ils avoient fait de ses dernières propositions, de l'effet qu'elles avoient produit et de ce qu'il devoit attendre des dispositions de leurs maîtres : explication nécessaire, puisqu'il n'avoit reçu jusqu'alors que de foibles promesses d'offices vagues de la part de la République, en échange des assurances solides et réelles qu'il avoit données au nom du Roi.

Les députés répondirent par une simple répétition de ce qu'ils avoient dit dans les conférences précédentes pour justifier la bonne foi de leurs maîtres et prouver qu'ils ne pouvoient offrir que leurs offices : encore étoit-il nécessaire que le Roi mît la République en état de se faire écouter non-seulement de ses alliés, mais de ses propres membres, dont le nombre de ceux qui s'opposoient à la paix étoit infiniment supérieur à celui de quelques bien intentionnés admis aux affaires secrètes, qui la désiroient sincèrement ; mais que la bonne volonté des pacifiques seroit inutile, tant que le Roi ne leur donneroit pas le moyen de faire valoir leur avis comme le plus conforme au bien de l'Etat.

Les députés témoignèrent qu'ils étoient affligés du peu d'ouverture de Sa Majesté dans un temps critique où l'intérêt de la France la pressoit de ménager les momens qu'elle perdoit, pendant que le prince Eugène et Marlborough, les ministres des alliés en Hollande, employoient utilement tous les instans à traverser toute négociation de paix.

Les députés se plaignirent encore à Rouillé de la défiance que lui-même témoignoit de la droiture des Etats-généraux, d'autant plus injustement que rien ne prouvoit plus évidemment leur sincérité que les démarches qu'ils faisoient pour terminer une guerre dont les événemens leur étoient si favorables et que l'état de leurs affaires permettoit de continuer encore long-temps.

Le président Rouillé rappela toutes les facilités que le Roi avoit apportées à la paix, comme preuves incontestables et du désir que Sa Majesté avoit de la rétablir, et de la confiance qu'elle prenoit à la sincérité de leurs maîtres. A ces conditions il ajouta celles que Sa Majesté lui permettoit encore de leur accorder, savoir le tarif de 1664, la cession de Furnes avec ses fortifications ; et comme il vit que ces avantages ne produisoient aucun effet, il y joignit encore la promesse de céder Condé.

Il réserva le pouvoir qu'il avoit de céder Maubeuge, persuadé que la proposition n'en seroit pas plus heureuse. Les députés lui donnèrent lieu de le croire ; car ils répondirent, sur l'offre de Condé, qu'apparemment il n'avoit pas rendu un compte exact et fidèle des dernières conférences, ou bien que Sa Majesté ne désiroit pas la paix, puisqu'elle offroit si peu pour la conclure, après que de leur part ils s'étoient expliqués non-seulement comme les plus modérés des alliés, mais encore des membres de la République ; qu'il étoit temps de mettre fin aux lenteurs d'une négociation infructueuse ; que si elle étoit plus long-temps prolongée, les partisans de la guerre, gens emportés, prendroient la supériorité sur les bien intentionnés et ajouteroient aux conditions demandées le rétablissement du traité des Pyrénées.

La conférence tenue le matin finit après cette déclaration. Ils dînèrent ensemble, et pendant le repas les députés réitérèrent souvent les protestations du désir qu'ils avoient de parvenir à l'heureuse conclusion d'une bonne paix, également souhaitée de ceux qui, pensant comme eux, avoient partagé leurs peines et les avoient aidés à faire modérer les conditions préliminaires au point où elles étoient enfin réduites. Ils prétendoient que la France leur sût gré de lui tendre la main pour la préserver de l'abyme où elle tomberoit si elle laissoit perdre une occasion qu'elle ne retrouveroit plus, à moins que, contre toute apparence, le sort des armes ne vînt à changer.

Le dîner fini, tous trois rentrèrent en conférence. Les députés hollandois l'ouvrirent par la récapitulation de toutes les conditions nommées préliminaires, qu'ils demandoient comme absolument nécessaires à la paix. Ils déclarèrent qu'il ne suffisoit pas, pour la sûreté de la barrière, que le Roi consentît d'ajouter à ses offres Ypres, Menin et Condé; qu'il falloit encore y joindre Tournay et Maubeuge. Qu'à l'égard des alliés, l'Empereur et l'Empire vouloient que le traité de Munster fût rétabli; qu'il étoit donc indispensable d'accorder cette condition.

Celle de laisser au duc de Savoie généralement tout ce qu'il avoit occupé en Dauphiné n'étoit pas moins essentielle à la paix : les Hollandois s'honoroient et se faisoient une loi d'obtenir en faveur de leurs alliés tous les avantages que la République pouvoit leur procurer par une négociation dont ils s'étoient reposés sur elle. Il sembloit en même temps que ce fût un sujet de satisfaction pour elle de faire éprouver aux alliés de la France la douleur et le repentir des liaisons qu'ils avoient prises avec elle et avec l'Espagne; car enfin les députés s'expliquèrent décisivement sur les intérêts des électeurs de Cologne et de Bavière : ils refusèrent de les comprendre dans ces mêmes préliminaires, où pas un des alliés de leurs maîtres n'étoit oublié. Ils dirent de plus que si l'électeur de Bavière étoit rétabli dans ses Etats, ce seroit à condition de laisser à l'électeur palatin le Haut-Palatinat, dont l'Empereur lui avoit donné l'investiture et le premier rang dans le collège électoral; qu'à l'égard de l'électeur de Cologne, il seroit obligé de recevoir garnison hollandoise dans la citadelle de Liége, dans Huy et Bonn. Ils protestèrent que jamais les alliés ne consentiroient à laisser au roi Philippe la moindre partie de la monarchie d'Espagne, soit comme dédommagement, soit à quelque titre qu'elle fût demandée.

Ils quittèrent alors le style et le personnage de négociateurs; et, comme revêtus de l'autorité des consuls de l'ancienne Rome, ils prononcèrent que le sort des armes décideroit des conditions de la paix : ainsi que le roi d'Espagne ne devoit pas se flatter d'obtenir le plus modique dédommagement de cette monarchie; que les deux électeurs ne seroient écoutés que dans une assemblée générale, lorsqu'il s'en feroit une pour la paix; que si ces princes pouvoient alors obtenir la restitution de leurs Etats, la grâce ne leur en seroit accordée que par la protection de la Hollande et de l'Angleterre; et que le meilleur conseil à donner à l'un et à l'autre étoit de se concilier, en ménageant avec soin ces deux puissances.

Les députés signifièrent à Rouillé que c'étoit leur dernier mot. « Nous sommes bien fâchés, ajoutèrent-ils, que vous ne l'ayez pas compris dès les premières conférences, ou bien que vous n'en ayez pas suffisamment instruit le Roi votre maître. »

Le président Rouillé, étonné de la hauteur et de la mauvaise foi des négociateurs, autant que de la dureté nouvelle des conditions, dit qu'au moins il regardoit la restitution de Lille et de sa châtellenie comme accordée. « Il est vrai, répondirent-ils, que vous l'avez toujours supposé, mais nous ne l'avons jamais pensé; vous avez mal interprété nos intentions : nous vous avons laissé croire ce qu'il vous a plu. Lille, au commencement d'avril, étoit encore en mauvais état; les François le savoient, nous avions lieu de craindre qu'ils n'eussent dessein d'en profiter : il étoit de la prudence de vous laisser croire qu'elle vous seroit rendue par la paix; vous vous en êtes flatté. Lille est présentement en sûreté; ne comptez plus sur la restitution. »

Ils se savoient bon gré d'un pareil artifice; et ce fut à peu près du même ton que, lorsque Rouillé les fit souvenir qu'ils avoient promis que les Etats-généraux emploieroient leurs offices pour conserver au roi d'Espagne les Deux-Siciles, ils se récrièrent sur le terme de *promis*, comme supposant un engagement qu'ils nièrent, et prétendirent qu'ils avoient dit simplement que l'intention de la République étoit de contribuer autant qu'il seroit possible à conserver au roi Philippe le titre de roi, dont il étoit revêtu. Ainsi la sincérité des députés parut seulement dans l'aveu qu'ils firent de la supercherie dont ils avoient usé au sujet de la restitution de Lille; d'ailleurs ils ne se mirent pas en peine de justifier la différence énorme entre les préliminaires proposés par l'un d'eux comme fondement de la négociation et les conditions maintenant exigées par les ennemis de la France pour commencer à traiter de la paix.

Elle s'éloignoit à chaque conférence ; et la seule ressource pour prévenir les nouveaux obstacles que les événemens de la guerre apporteroient encore à sa conclusion auroit été de convenir, avant la campagne, d'une suspension d'armes. Le président Rouillé vouloit en tenter la proposition ; mais les députés ne lui laissèrent pas la moindre ouverture pour en parler, et véritablement ils avoient moins de liberté dans cette conférence que dans les précédentes.

Le prince Eugène, le duc de Marlborough, les ministres des alliés, tous rassemblés à La Haye, avoient eu le temps d'agir. L'autorité des deux généraux, la confiance que leurs succès inspiroient, les discours des ministres subalternes, augmentoient le désir presque général de continuer la guerre et l'espérance de faire des conquêtes faciles sur un royaume qu'on représentoit comme accablé de ses pertes.

Buys et Wauderdussen, avant que de se rendre à la dernière conférence, avoient été obligés d'aller chez le prince Eugène et le duc de Marlborough. Il n'y avoit pas lieu de douter qu'ils n'eussent reçu de l'un et de l'autre des ordres peu favorables à la paix : ils les avoient fidèlement exécutés.

Le président Rouillé n'avoit que trop sujet de se plaindre non-seulement de leurs variations et de leurs nouvelles demandes, mais encore du désaveu des points dont il paroissoit qu'on étoit convenu dans les conférences précédentes. Il chargea Pettekum de porter ses justes plaintes au Pensionnaire : pour toute réponse, ce ministre dit qu'il ignoroit les expressions dont les députés s'étoient servis ; que quant au fond, certainement ils n'avoient pas excédé leurs ordres ; que même ils les avoient modérés lorsqu'ils avoient vu que le sieur Rouillé prenoit feu sur l'exposition qu'ils en avoient faite; qu'il s'y prenoit mal pour parvenir à la paix. « Allez le trouver encore, dit-il à Pettekum ; dites-lui de ma part, comme un conseil que je lui donne en ami, de ne pas chicaner sur la barrière. Exhortez-le d'écrire au Roi son maître en termes bien précis ; et s'il n'a pas d'instructions suffisantes, de lui demander instamment des pouvoirs plus amples, enfin de faire en sorte que les Etats-généraux soient contens. »

Le Pensionnaire confirma généralement les décisions des députés sur tous les autres articles ; il dit qu'ils avoient parlé conformément à leurs instructions.

Pettekum alla chez le duc de Marlborough et découvrit sans beaucoup de pénétration qu'il étoit le premier mobile des discours tenus par le Pensionnaire : toutefois Marlborough, suivant son caractère, protesta faussement qu'il désiroit la paix et contribueroit de tout son pouvoir à son heureuse conclusion ; que la France avoit tort de la retarder ; que son intérêt étoit d'y concourir et d'accorder au plus tôt les conditions demandées. Pettekum répondit qu'elles étoient si dures, que vraisemblablement le Roi romproit plutôt la négociation que de les admettre. « Tant pis pour la France, reprit Marlborough ; car la campagne une fois commencée, les choses iront plus loin que le Roi ne pense. »

Pettekum partit pour Bodgrave, instruisit Rouillé de ce qu'il avoit fait et de ce qui lui avoit été dit. De retour à La Haye, il vit encore Marlborough et lui dit qu'il croyoit que le Roi rappelleroit Rouillé, si les alliés persistoient à refuser la restitution de Lille à Sa Majesté et les Deux-Siciles pour le dédommagement du roi d'Espagne. « Jamais, dit Marlborough, les alliés ne se dédiront de leurs demandes préliminaires. »

La veille de ce même jour, il avoit conféré avec les députés de l'Etat et demandé que toute condition de paix fût rejetée si la monarchie d'Espagne n'étoit totalement restituée et Dunkerque démoli.

C'est ce que Pettekum apprit du Pensionnaire. Ce ministre lui dit en même temps qu'il voyoit avec douleur la paix encore éloignée par les prétentions des alliés ; qu'il n'étoit pas moins touché du peu de sincérité qu'il attribuoit à la France et de l'obstacle qu'elle mettoit elle-même à son propre bien, refusant de s'expliquer sur la barrière, comme elle auroit dû le faire pour engager les Etats-généraux à désirer la paix et se les rendre favorables.

Le duc de Marlborough s'embarqua sur la fin du mois d'avril pour l'Angleterre. Il répandit que des raisons particulières et personnelles l'obligeoient d'y retourner : il n'attendit pas même que le vent fût bon pour son passage.

L'opinion commune étoit que le principal motif de ce voyage ne pouvoit être que le dessein formé de rompre toute négociation de paix, car on ignoroit encore les mouvemens secrets de l'Angleterre : on disoit aussi que s'il ne réussissoit pas à rompre la négociation, il ramèneroit seulement avec lui quelques personnes affidées et dans sa dépendance, qu'il laisseroit à La Haye pour y traverser toute négociation pendant le cours de la campagne.

Il n'y avoit plus lieu d'espérer aucun fruit des conférences tenues jusqu'alors en Hollande.

Le président Rouillé attendoit chaque jour l'ordre que le Roi lui enverroit de se retirer; et le seul service qu'il se crût encore en état de rendre à Sa Majesté étoit de pénétrer, s'il étoit possible, la véritable cause de la conduite étonnante de l'Etat et de ses députés. Wanderdussen avoit affecté un désir ardent de la paix : il étoit convenu avec le comte de Bergueick du plan pour y parvenir et de l'établissement des conférences. Il ne refusa pas celles que Rouillé lui demanda et convint avec lui d'une entrevue secrète. Ils se virent donc encore. Wanderdussen attribua principalement aux ministres du duc de Savoie, dirigés par Marlborough, la prétention totale de la monarchie d'Espagne, sans réserve, en faveur du roi Philippe.

Le parti modéré n'étoit plus le maître des délibérations ; le Pensionnaire et les autres bien intentionnés pour la paix étoient forcés de céder au torrent. Marlborough et le prince Eugène dominoient, soutenus du grand nombre des partisans de la guerre : « malheur, dit Wanderdussen, qui ne seroit pas arrivé, si pendant qu'ils étoient absens de La Haye les conditions demandées dans les premières conférences eussent été accordées. » Le retour de l'un et de l'autre en Hollande avoit fortifié les cabales et causé l'ordre que les députés avoient reçu de prétendre que toute la monarchie d'Espagne fût cédée sans démembrement. S'ils avoient gardé le silence sur une condition si dure, ce n'étoit que par ménagement pour le sieur Rouillé. « Vous parûtes, lui dit Wanderdussen, si vif, si échauffé sur les réponses que nous vous fîmes sur d'autres articles dont jusqu'alors nous avions parlé moins décisivement, que nous crûmes vous devoir épargner un nouveau sujet de vous irriter et peut-être avec raison. Nous l'avons avoué à nos supérieurs et nous en avons été blâmés. »

Le président Rouillé répondit qu'une telle variation étoit si extraordinaire, qu'il ne pourroit se résoudre à la croire que lorsqu'elle lui seroit annoncée formellement par la voie jusqu'alors établie des conférences ; que s'il en usoit autrement, il donneroit lieu de penser que les Etats-généraux n'auroient jamais eu intention de traiter sincèrement et de bonne foi; que leur dessein secret étoit d'amuser leurs peuples et de trouver ensuite quelque mauvais prétexte de rompre une trompeuse négociation.

Wanderdussen convint que Rouillé auroit lieu de le croire, quoiqu'il n'y eût rien de plus opposé aux vues sincères des bien intentionnés ; qu'il falloit les plaindre, et que pour les justifier il auroit été nécessaire de découvrir la situation présente du gouvernement, mystère qu'il n'étoit pas permis à un républicain de révéler ; qu'il pouvoit dire en général que ceux dont la prudence avoit causé l'ouverture des conférences étoient maintenant censurés, suspects et même exposés.

Rouillé conclut de ces confidences, vraies ou fausses, que le seul parti qu'il y eût à prendre étoit de retourner en France sitôt qu'il auroit reçu l'ordre du Roi, qu'il attendoit pour son départ.

Le député le conjura de ne pas désespérer, mais d'attendre les changemens que le temps, la patience et la bonne conduite des bien intentionnés pourroient produire. « Comme il y a, dit-il, beaucoup de vivacité dans les délibérations, il y a tout aussi peu de stabilité. On a déjà refusé au duc de Marlborough de comprendre dans les préliminaires la condition de démolir les fortifications et les ouvrages de Dunkerque : il faut cependant compter que la prétention des Anglois sur cet article sera soutenue vivement lorsqu'on s'assemblera pour la paix. »

Le président Rouillé essaya, mais inutilement, d'insinuer qu'il seroit à propos de suspendre les hostilités. Wanderdussen répondit qu'il étoit impossible de s'opposer aux volontés du prince Eugène et de Marlborough, trop intéressés l'un et l'autre à commencer la campagne pour en différer l'ouverture ; que l'Etat ne pouvoit que prendre des précautions sages pour modérer leur vivacité ; choisir pour cet effet les députés qui seroient envoyés à l'armée, plus disposés à considérer le bien public et faire ce qu'il demanderoit, qu'à céder à la complaisance qu'ils auroient pour les généraux.

Wanderdussen souhaitoit obtenir deux passeports pour des vaisseaux. Cette légère grâce, demandée dans le moment de la séparation, donna lieu au président Rouillé de lui faire espérer qu'il lui seroit facile d'en obtenir de plus grandes, si ses soins réussissoient enfin à conduire à la conclusion d'une bonne paix.

Il restoit peu d'espérance d'y parvenir après ces derniers éclaircissemens. Ils ne laissoient pas lieu de douter que la république de Hollande, assujettie aux volontés de ses alliés, n'eût perdu volontairement le pouvoir de décider et de prendre le parti le plus conforme à ses véritables intérêts. Une soumission totale à ses prétendus amis l'entraînoit à croire que le temps étoit venu d'accabler la France, de profiter de ses pertes et de la réduire en tel état qu'elle ne feroit plus trembler ses voisins, comme il étoit arrivé si fréquemment depuis que le Roi régnoit.

Il est vrai qu'elle étoit alors affligée de plusieurs maux : la famine imminente se joignoit à ceux de la guerre ; le froid excessif, succédant subitement au dégel au commencement du mois de janvier, avoit fait périr les grains semés ; le printemps paroissoit, sans laisser voir aucune apparence de production des biens de la terre : on ne prévoyoit que malheurs de tous côtés. Les discours étoient aussi tristes que les sujets de raisonnemens : on enchérissoit encore sur le mauvais état du royaume ; et ce que chacun en disoit, vrai ou faux, passoit dans les pays étrangers. Il est certain qu'une guerre soutenue pendant huit ans contre la plus grande partie des puissances de l'Europe avoit extrêmement affoibli les provinces : les nouvelles que les étrangers en recevoient persuadoient sans peine qu'elles étoient épuisées d'hommes et d'argent. Chaque jour les ressources et le crédit, pour trouver de nouveaux fonds, périssoient ; les armées du Roi, autrefois victorieuses, avoient été forcées, après des batailles sanglantes, d'abandonner les pays où elles étoient entrées comme triomphantes.

L'Allemagne, les Pays-Bas, le Piémont avoient été le théâtre de leurs désastres. Les ennemis du Roi, accoutumés à rendre les places assiégées presque aussitôt que le siége en étoit formé, s'étoient rendus maîtres à leur tour des places de la domination de Sa Majesté : ils menaçoient de pénétrer dans le cœur de la France. Elle n'étoit pas en état de regarder comme vaines des menaces si nouvelles et si peu vraisemblables lorsque la guerre avoit commencé. Le Roi donnoit alors ses ordres sur les bords du Danube, du Tage et du Pô : on n'auroit pas cru qu'après quelques années il eût été réduit à défendre l'intérieur de son royaume, même obligé d'examiner s'il pourroit demeurer en sûreté dans le lieu de son séjour ordinaire.

Quoique le courage des troupes eût été éprouvé en toutes occasions, même les plus malheureuses, on doutoit si elles résisteroient au défaut de paiement et de subsistance.

La seule ressource étoit donc celle de la paix, désirée et demandée comme le salut du royaume. Mais ce désir ardent, fondé sur une nécessité évidente, augmentoit l'aliénation des ennemis et fournissoit à leur haine autant de raisons nouvelles de frapper et d'accabler la France, en continuant une guerre qu'elle ne pouvoit plus soutenir : c'étoit la source de tant de prétentions qualifiées de préliminaires nécessaires, des variations des négociateurs hollandois soumis à leurs alliés, des demandes nouvelles qu'ils avoient faites à chaque conférence, du désaveu fait de leur part, dans les dernières, des mêmes points dont ils étoient convenus dans les précédentes.

Le cours d'un règne heureux n'avoit été traversé, pendant une longue suite d'années, d'aucun revers de fortune. Le Roi ressentit d'autant plus vivement les calamités, qu'il ne les avoit pas éprouvées depuis qu'il gouvernoit par lui-même un royaume florissant. C'étoit un terrible sujet d'humiliation, pour un monarque accoutumé à vaincre, loué sur ses victoires, ses triomphes, sa modération lorsqu'il donnoit la paix et qu'il en prescrivoit les lois, de se voir alors obligé à la demander à ses ennemis ; leur offrir inutilement pour l'obtenir la restitution d'une partie de ses conquêtes, celle de la monarchie d'Espagne, l'abandon de ses alliés, et forcé de s'adresser, pour faire accepter de telles offres, à cette même République dont il avoit conquis les principales provinces en l'année 1672, et rejeté les soumissions lorsqu'elle le supplioit de lui accorder la paix à telles conditions qu'il lui plairoit de dicter.

Le Roi soutenoit un changement si sensible avec la fermeté d'un héros et la soumission parfaite d'un chrétien aux ordres de la Providence ; moins touché de ses peines intérieures que de la souffrance de ses peuples, toujours occupé des moyens de la soulager et de terminer la guerre. A peine s'apercevoit-on qu'il se fit quelques violences pour cacher au public ses sentiments : ils étoient en effet si peu connus, que c'étoit alors une opinion assez commune que, plus sensible à sa gloire qu'aux maux de son royaume, il préféroit au bien de la paix la conservation de quelques places qu'il avoit conquises en personne ; que s'il pouvoit se résoudre à les céder, il auroit la paix, et qu'elle dépendoit du sacrifice de ces mêmes places.

Quelques-uns de ceux qui approchoient le plus près de Sa Majesté n'étoient pas exempts de former ces injustes soupçons : il se glissèrent même dans son conseil, composé pour lors de monseigneur le Dauphin, de monseigneur le duc de Bourgogne et de cinq ministres, savoir, du sieur de Pontchartrain, chancelier de France ; du duc de Beauvilliers, chef du conseil des finances, qui avoit été gouverneur des princes enfans de France ; du marquis de Torcy, secrétaire d'Etat, ayant le département des affaires étrangères ; du sieur Chamillard, secrétaire d'Etat, chargé des affaires de la guerre ; et du sieur Desmarets, contrôleur général des finances.

La relation des dernières conférences, lue au

conseil, dissipa toute espérance de paix. On en sentit encore plus la nécessité de l'obtenir, quelque prix qu'elle pût coûter.

Le duc de Beauvilliers, prenant la parole, employa les plus fortes raisons pour représenter à quel point cette paix qui fuyoit étoit nécessaire; à quelles extrémités le Roi et le royaume se trouveroient réduits, si malheureusement on laissoit échapper l'occasion de la conclure. Il s'étendit en termes pathétiques et touchans sur les suites funestes d'une guerre qu'il seroit désormais impossible de soutenir; il fit envisager, et clairement, le personnage affreux que le Roi seroit peut-être forcé de faire pour contenter ses ennemis et recevoir d'eux les conditions qu'ils jugeroient à propos de lui imposer.

Le chancelier enchérit encore sur cette cruelle peinture; et tous deux, s'adressant au ministre de la guerre comme à celui des finances, le pressèrent de dire à Sa Majesté, en ministres fidèles, s'ils croyoient, connoissant particulièrement l'état des troupes et des finances, qu'il lui fût possible de soutenir les dépenses, et prudent de s'exposer aux hasards de la campagne.

Une scène si triste seroit difficile à décrire, quand même il seroit permis de révéler le secret de ce qu'elle eut de plus touchant.

Le Roi éprouva pour lors que l'état d'un monarque maître absolu d'un grand royaume n'est pas toujours l'état le plus heureux et le plus à souhaiter : il sentit que s'il étoit au-dessus des autres hommes, il étoit aussi exposé à de plus grands revers; que plus on est élevé plus l'infortune est sensible, et que c'est pour un prince un sujet de douleur aussi vive que légitime de se voir attaqué de tous côtés, sans avoir les moyens ni de soutenir la guerre ni de faire la paix.

Dieu vouloit l'humilier avant que de réprimer et de châtier l'orgueil de ses ennemis. Le Roi, soumis aux ordres de la Providence, consentit à de nouveaux sacrifices; et, sans pénétrer encore s'ils suffiroient, il écrivit au président Rouillé de reprendre les conférences.

Sa Majesté lui commanda de faire connoître aux deux députés qu'elle ne pouvoit considérer comme une négociation réglée des conversations vaines, où le temps se perdoit inutilement en discours équivoques de la part des Hollandois, en demandes nouvelles, sans être jamais contens de celles qui leur avoient été précédemment accordées et cachant avec soin le fond inépuisable de leurs prétentions et de celles de leurs alliés.

Rouillé eut ordre d'en demander une explication claire et précise; mais, de quelque manière que les députés répondissent, il devoit user de patience et ne pas rompre; au contraire, déclarer nettement, comme il en avoit le pouvoir, que Sa Majesté consentoit à céder Maubeuge. Elle lui permit d'y ajouter Tournay après quelque résistance, et lui ordonna de penser surtout que le point principal étoit de conclure la paix avant l'ouverture de la campagne.

Rouillé eut ordre de faire tous ses efforts pour obtenir la restitution de Lille et de tâcher d'y parvenir en offrant un équivalent. Sa Majesté lui permettoit en ce cas de consentir à la démolition des fortifications de Dunkerque, même à combler son port, pourvu que, conservant Tournay, Lille fût rendu. Enfin Sa Majesté consentoit à donner Tournay, aussi bien qu'à laisser Lille entre les mains des ennemis, si cette nouvelle condescendance de sa part produisoit la paix.

Dans la même vue de cette paix si nécessaire, le Roi consentit à rétablir le traité de Munster, suivant les demandes de l'Empereur et de l'Empire, avec la seule clause de démolir les fortifications faites à Strasbourg par ses ordres, et de remettre cette ville au même état où elle étoit avant que de passer sous la domination de Sa Majesté. Elle se contentoit du seul royaume de Naples, sans la Sicile, pour le dédommagement du Roi, son petit-fils; elle consentoit à remettre aux conférences de la paix les intérêts des électeurs de Cologne et de Bavière. Enfin elle promettoit que le roi Jacques sortiroit de France, à condition que sa sûreté et sa subsistance seroient établies et assurées par le traité de paix.

La dépêche contenant ces ordres fut lue et écoutée avec une douleur égale dans le conseil tenu le 28 avril. La fermeté du Roi ne se démentit pas un instant : sa dernière résolution étoit prise. Touché vivement de l'état de son royaume, rien ne lui coûtoit plus pour rendre la paix à ses peuples.

Jusqu'alors on ignoroit à quel prix les ennemis mettroient enfin un bien si nécessaire à la France : on ne découvroit de leurs desseins que celui de perpétuer la guerre et de ruiner le royaume. Plus Sa Majesté amplifioit ses offres, plus ils se montroient intraitables et plus ils augmentoient leurs prétentions. Il étoit d'une extrême importance de pénétrer le fond de leurs intentions, particulièrement celles des Etats-généraux. Une négociation prolongée décrioit encore les affaires et l'état de la France et pouvoit achever de décourager les peuples : il convenoit, pour les ranimer, de les instruire des offres que le Roi avoit faites pour acheter le repos de ses sujets ; de leur faire connoître dans toute son étendue la passion des ennemis de la nation françoise, leur mauvaise foi dans la manière de traiter ; d'exposer à des peuples fidèles, zélés pour la gloire de leur maître et de la patrie, ce qui s'étoit passé dans la négociation, et de plus ce qu'il seroit possible d'apprendre encore avec certitude du plan que les puissances liguées contre la France se seroient formé. La connoissance de leurs projets n'étoit pas moins nécessaire pour en prévenir l'effet et prendre de justes mesures pour les rendre inutiles.

Quoique les conférences tenues depuis deux mois eussent été inutiles, le Roi jugea qu'il ne falloit pas rompre toute négociation dans une conjoncture où le besoin d'avoir la paix étoit si pressant ; mais il n'y avoit plus lieu de l'espérer des conférences de Bodgrave. Il s'en étoit tenu quatre dans cet espace de temps : elles avoient seulement appris que les Hollandois, soit volontairement, soit déférant à la supériorité de leurs alliés, ne travailleroient ni utilement ni sincèrement à la paix. On étoit à la fin du mois d'avril et l'ouverture de la campagne n'étoit retardée que par le dérangement de la saison. Il restoit si peu de temps pour négocier, qu'à peine le président Rouillé pourroit-il conférer avec les députés et faire usage des nouveaux pouvoirs que le Roi lui confioit ; et s'il étoit obligé de demander quelque instruction nouvelle, le courrier qu'il dépêcheroit n'auroit pas le loisir de les lui reporter avant que les armées fussent assemblées. La crise étoit telle, qu'il étoit à souhaiter, pour le bien des affaires, que le négociateur eût été assez particulièrement instruit de leur état véritable pour prendre sur lui de passer ses pouvoirs, s'il trouvoit un moment heureux, mais inespéré, de conclure.

Ces réflexions, aisées à faire, engagèrent le ministre chargé des affaires étrangères à s'offrir au Roi pour aller en Hollande reconnoître s'il restoit encore quelque voie de travailler avec succès au rétablissement de la paix. Si toute espérance en étoit perdue, la sienne étoit de pénétrer autant qu'il lui seroit possible les secrets desseins des ennemis, peut-être de les engager à les révéler eux-mêmes. Ce n'étoit pas qu'il y eût le moindre reproche à faire au président Rouillé : il avoit conduit avec beaucoup de sagesse une négociation infructueuse, ménagé avec prudence les ordres que Sa Majesté lui avoit confiés, et, sans épuiser ses pouvoirs, laissé suffisamment connoître aux députés que leurs maîtres obtiendroient d'elle une grande partie des avantages qu'ils demandoient, soit pour le commerce, soit sous prétexte de la sûreté de la barrière : mais il s'agissoit de presser la négociation, puisque le Roi ne la vouloit pas rompre, et de savoir avant la campagne ce qu'on pouvoit attendre de sa continuation. Le secrétaire d'Etat, instruit particulièrement des intentions du Roi, de la situation où se trouvoit le royaume et de ce qui s'étoit passé dans le cours de la négociation, pouvoit profiter, sans attendre de nouveaux ordres, des momens de conclure, s'il s'en présentoit un seul favorable à la paix.

Sa Majesté goûta la proposition que lui fit son ministre, demeuré seul auprès d'elle après que les autres ministres furent sortis du cabinet où le conseil se tenoit ordinairement. Elle ne voulut pas cependant décider encore : elle remit la décision au lendemain, jour que se rassembleroit le conseil.

Une telle commission n'étoit exempte ni de péril pour celui qui l'avoit proposée, ni de peines et de déplaisirs qu'elle pouvoit lui causer pour l'avenir.

A l'égard du péril, il falloit traverser le pays ennemi dans un temps où les troupes des alliés commençoient à se mettre en mouvement, arriver et séjourner à La Haye, où régnoient la haine et la fureur contre la France ; et, pour sûreté du voyage et du séjour, se contenter d'un simple passe-port du nombre de ceux que le président Rouillé avoit obtenus sans nom, parce qu'ils étoient demandés pour de simples courriers.

Le sieur Rouillé lui-même, muni d'un passeport en bonne forme, attendu pour les conférences, avoit été près d'être enlevé par les ordres du comte d'Albemale ; à plus forte raison celui qui n'avoit d'autre assurance que celle d'un passe-port très-susceptible de contestations, pouvoit craindre que la validité n'en fût pas reconnue, tout au moins qu'il ne demeurât lui-même arrêté pendant une longue dispute.

Quant aux déplaisirs dont cette commission seroit la source, il prévoyoit que, réussissant, la paix si désirée, à quelque prix qu'elle fût achetée, ne seroit conclue qu'à des conditions peu honorables ; qu'un tel traité deviendroit pour lui et pour sa mémoire un prétexte de reproches et un sujet de déshonneur ; qu'on le mettroit au nombre de ces traités malheureux que la France a été forcée d'accepter après les plus grands désastres. Le souvenir des maux qu'on ne ressent plus s'efface aisément ; plus les temps s'éloignent, plus les événemens passés deviennent inconnus : mais la postérité se croit en droit de condamner les sacrifices dont elle ignore quelle a été la fatale nécessité. Celui qui dans son temps a signé un traité peu honorable, mais nécessaire, est mis au rang des négociateurs infortunés et regardé comme l'instrument de la honte de sa nation.

Une autre espèce de honte paroissoit attachée au désagrément de ne pas réussir. Les offres du Roi étoient telles, qu'on imputeroit au négociateur la faute d'avoir manqué à conclure une paix désirée si ardemment de toute la France.

Ces considérations avoient cédé à l'espérance dont il se sentit secrètement flatté de rendre un service important au Roi, son maître, son bienfaiteur, celui de sa famille, et de contribuer soit à quelque heureux changement des affaires, soit à pénétrer les desseins des ennemis.

La proposition du voyage, exposée par le Roi dans le conseil tenu le lendemain, 29 avril, fut louée et approuvée unanimement. La dépêche destinée pour le président Rouillé servit d'instruction. Elle étoit conçue en ces termes :

« A Versailles, ce 29 avril 1709.

» M. le président Rouillé, j'attendois avec impatience l'effet des ordres que je vous ai donnés par ma dépêche du 15 de ce mois, et j'avois lieu de croire qu'ils suffiroient pour obliger les députés de Hollande à convenir enfin avec vous des principales conditions de la paix, lorsque j'ai vu le contraire par la lettre que vous m'avez écrite le 24 et dont vous aviez chargé votre secrétaire. J'ai trouvé, dans la relation que vous me faites de votre dernière conférence, plus d'éloignement que jamais à la conclusion d'un traité; je dirois même plus de mauvaise foi, si je n'attribuois à la crainte que les Hollandois ont de leurs alliés, principalement des Anglois, le désaveu que les députés font présentement des mêmes conditions dont ils étoient convenus avec vous dans vos deux premières conférences. J'avois lieu de croire, suivant le compte que vous m'aviez rendu de la seconde, que la seule difficulté rouloit sur Tournay et sur Condé; en sorte que, sacrifiant cette dernière place et Maubeuge au lieu de Tournay, les Hollandois devoient être satisfaits de la barrière que je leur assurois.

» Je comptois qu'ils ne formeroient plus d'incidens sur les royaumes de Naples et de Sicile, les députés vous ayant eux-mêmes proposé les termes dont il conviendroit d'user pour réserver ces deux royaumes en faveur du Roi mon petit-fils. Enfin ils insistoient si mollement sur la prétention de rétablir le traité de Munster, qu'il paroissoit que leurs maîtres n'appuyoient cette demande injuste, après deux traités solennels, que par complaisance pour leurs alliés.

» Comme je vois cependant que, nonobstant le dernier état où vous en étiez demeuré avec les députés de Hollande, ils contestent présentement tous les points dont il sembloit qu'ils étoient d'accord avec vous; qu'ils veulent à peine laisser le royaume de Naples au Roi mon petit-fils; qu'ils insistent sur le rétablissement du traité de Munster, et qu'ils nient même d'avoir consenti à me restituer Lille et sa châtellenie, je ne puis avoir bonne opinion de l'issue d'une négociation où chaque député se dédit dans une conférence de ce dont ils étoient convenus dans la précédente; et jusqu'à ce qu'il y ait plus de solidité et plus de suite, on doit s'attendre que non-seulement cinq semaines, mais encore plusieurs mois, s'écouleront inutilement.

» Le billet du sieur Wanderdussen, dont il est fait mention dans l'instruction que je vous ai donnée, et dont je vous envoie encore la copie, promettoit une négociation plus prompte et plus sincère. Il spécifie, comme vous le verrez encore, l'offre des Espagnes, des Indes, du Milanois et des Pays-Bas espagnols; et, passant sous silence les royaumes de Naples et de Sicile, il laisse assez entendre que l'intention de la république de Hollande étoit de réserver l'un et l'autre pour le Roi mon petit-fils.

» Les termes de ce qui a été ajouté aux Pays-Bas espagnols sont relatifs aux propositions faites de ma part en 1706 : elles comprenoient uniquement Ypres et Menin, et j'y ajoute présentement Furnes fortifiée, Condé et Maubeuge. Je donne donc bien plus que le sieur Wanderdussen ne demandoit dans le billet qui a servi de fondement à la négociation présente. Si les prétentions des Hollandois ont augmenté à mesure qu'ils ont aperçu des facilités et de l'empressement de ma part à conclure la paix, il seroit de la prudence de tenir présentement une route opposée, et de leur faire voir que s'ils prennent une entière confiance en leurs forces et en celles de leurs alliés, je me confie avec encore plus de raison en l'assistance divine : mais comme le moyen de l'obtenir est de contribuer autant qu'il peut dépendre de moi au rétablissement du repos de la chrétienté, je veux étendre le sacrifice que j'ai déjà commencé bien au-delà des bornes que je m'étois proposées.

» Avant de vous en expliquer, il sera nécessaire de reprendre avec les députés de Hollande ce qui s'est déjà passé dans les conférences, et de leur faire voir les inconvéniens d'une négociation où l'une des deux parties ne se déclarant jamais positivement sur ses prétentions, les augmente à mesure que vous faites un pas pour les satisfaire.

» Il faudra rappeler le billet du sieur Wanderdussen, faire voir que je vous ai donné les ordres nécessaires pour contenter les Hollandois sur tous les points qu'il contenoit. Vous demanderez ensuite que puisque tant d'avances que vous avez faites ont été jusqu'à présent inutiles, et que celles que vous pourriez faire encore tourneroient vraisemblablement contre mon service, on vous délivre au moins un plan raisonnable des prétentions des Hollandois et de leurs alliés; car il est impossible de regarder comme tel celui dont les députés se sont expliqués dans la dernière conférence et dont vous me rendez compte.

» Vous attendrez leur réponse; mais, soit qu'elle vous contente, soit que vous receviez d'eux de nouveaux refus, vous userez de la même patience que vous avez témoignée jusqu'à présent; et quand ils auront parlé, mon intention est que vous ajoutiez Maubeuge aux offres que vous avez déjà faites, quoique je vous eusse ordonné de réserver cette place pour la dernière extrémité et seulement en cas qu'elle servît à la décision de la paix.

» Si cette place ne suffit pas pour la conclure, et si les députés de Hollande insistent encore pour obtenir Tournay, vous emploierez toute votre adresse et tous vos efforts pour conserver une ville si importante, et que je regarde toujours comme étant de l'ancien domaine de ma couronne; mais enfin je veux que vous vous relâchiez aussi sur cet article, plutôt que de perdre la conjoncture de terminer la guerre avant l'ouverture de la campagne.

» Après tant de condescendance de ma part, j'avois lieu de croire que les Hollandois ne persisteroient plus à garder Lille et sa châtellenie; mais l'aveu que les députés vous ont fait de l'artifice dont ils ont usé avec vous à cette occasion me fait douter des intentions de leurs maîtres, jusqu'à ce qu'elles soient bien précisément expliquées. Je m'attends donc à de nouveaux combats que vous aurez à livrer pour que Lille et sa châtellenie me soient restituées, et vous ne devez rien oublier pour y réussir; car il est si essentiel pour mon service de les retirer des mains de mes ennemis, que si vous ne pouvez y parvenir sans donner un équivalent, je consentirai pour cet effet (et vous jugerez avec quel regret) à démolir les fortifications de Dunkerque, que je garderai rasé, et à combler son port.

» Vous n'userez qu'à la dernière extrémité de cet étrange expédient. S'il arrive même que vous soyez forcé de le proposer pour recouvrer Lille, faites en sorte qu'il serve aussi pour sauver Tournay. Enfin réduisez-vous à retirer Lille, si la proposition que vous ferez de la démolition de Dunkerque ne suffit pas pour me conserver Tournay et pour obliger mes ennemis à me rendre Lille; et à la dernière extrémité désistez-vous aussi de Lille, plutôt que de ne pas conclure.

» Vous serez étonné, en lisant cette dépêche, des ordres qu'elle contient, si différens de ceux que je vous ai donnés jusqu'à présent, et que je croyois encore trop étendus; mais je me suis toujours soumis à la volonté divine, et les maux dont il lui plaît d'affliger mon royaume ne me permettent plus de douter du sacrifice qu'il demande que je lui fasse de tout ce qui pouvoit m'être le plus sensible.

» J'oublie donc aussi ma gloire et mes intérêts sur l'article qui regarde le rétablissement des traités de Westphalie. Insistez le plus que vous pourrez sur l'exécution de celui de Riswick; faites voir, selon vos instructions précédentes, la difficulté de revenir présentement à ceux de Westphalie; exposez que leur interprétation sera une nouvelle source de questions, de disputes et peut-être de guerre. Mais après avoir épuisé toutes les bonnes et solides raisons que vous pouvez employer, si elles sont inutiles, consentez à passer cet article; observez en même temps que Strasbourg, retournant en conséquence à son premier état de ville impériale, voisine des terres de la maison d'Autriche, subira bientôt la domination de l'Empereur: ainsi ce prince auroit une forteresse redoutable pour l'Alsace.

» Vous savez avec quelle peine j'ai consenti à céder l'Espagne; vous pouvez juger de celle que j'aurai à réduire encore le partage du Roi mon petit-fils au seul royaume de Naples. La Sicile est le seul État d'Italie qui lui soit demeuré fidèle: s'il le perd, je ne puis le croire en sûreté au milieu des Napolitains, révoltés contre lui pendant qu'il étoit encore maître de l'Espagne. Les revenus du royaume de Naples ne suffiront pas, à beaucoup près, pour soutenir la dignité royale: pressez donc et insistez pour obliger les députés de Hollande à maintenir ce qu'ils vous ont promis. Vous avez demandé d'abord la Sardaigne et les places de Toscane, pour les joindre aux Deux-Siciles; ils ne se sont récriés que sur cette addition. Quand je m'en suis désisté, ils vous ont fourni les termes qui devoient exprimer la réserve de Naples et de Sicile : qu'ils réfléchissent sur ce qu'ils diroient si vous leur proposiez une variation pareille à celles que vous essuyez de leur part. J'accorde à mes ennemis des avantages assez grands pour réserver au moins ces deux royaumes en faveur du Roi mon petit-fils ; mais, après avoir expliqué le motif de tant de cessions que je vous permets de faire pour conclure la paix, j'y ajouterai encore celle de la Sicile, si elle est absolument nécessaire pour terminer la guerre,

» J'ai peine à croire que les Hollandois s'attachent à m'offenser personnellement, en me demandant de laisser au duc de Savoie ce qu'il occupe en Dauphiné. A la vérité, je regarderois cette opiniâtreté comme une insulte de leur part et comme l'effet d'une résolution déterminée de continuer la guerre : ainsi je croirois inutile de prolonger une négociation que les malintentionnés auroient eu le crédit de faire échouer par une aussi foible considération. Je ne change donc en rien les ordres que je vous ai donnés sur l'article du duc de Savoie, savoir de retirer Exilles et Fenestrelle, et tout ce qui est du Dauphiné. Et quant à ceux que cette dépêche contient, mon intention est que vous employiez toute votre habileté à ne vous en ouvrir que par degrés, que vous ayez une extrême attention à ne les pas épuiser, comptant que vous me rendrez un service considérable, et que je vous saurai un gré particulier de ce que vous réserverez des pouvoirs que je vous donne.

» Les conditions que les Hollandois veulent prescrire aux électeurs de Cologne et de Bavière sont si dures, qu'il vaudroit peut-être mieux les remettre aux conférences publiques que de les régler comme articles préliminaires. La raison est que lorsqu'il y aura des ministres aasemblés pour la paix, ces princes pourront soutenir leurs droits ; et qu'à moins, voyant les difficultés qu'on oppose à leur rétablissement, ils ne se plaindront pas que je les aie oubliés.

» S'il est impossible d'obtenir la restitution du Haut Palatinat en faveur de l'électeur de Bavière, il faudroit au moins stipuler pour lui que cette province et la dignité de premier électeur retourneroient dans sa branche lorsque celle de Neubourg seroit éteinte : mais vous jugez bien que, consentant à des conditions plus importantes et plus essentielles pour moi, je ne différerai pas la paix sur les demandes que les Hollandois font à l'égard des deux électeurs de Cologne et de Bavière.

» Il me reste à vous marquer que le roi d'Angleterre est résolu à me demander de sortir de mon royaume après la paix, pourvu que sa subsistance soit assurée et qu'on lui propose un lieu où il puisse demeurer en sûreté. Je ne vois pas que les députés de Hollande aient répondu à ce que je vous avois marqué sur cet article.

» Voilà quelles sont mes intentions : il est de votre prudence de les bien ménager, et de vous servir si utilement des moyens que je vous confie, que vous parveniez à conclure la paix, devenue nécessaire à mon royaume. » (Les choses n'étoient pas en état de proposer une suspension d'armes.) « Sur ce, etc. »

Cette dépêche, signée Louis, contre-signée COLBERT, ayant été lue au conseil, le Roi ajouta et écrivit de sa main les lignes suivantes, signées par Sa Majesté : « J'approuve ce qui est contenu dans cette dépêche, et mon intention est que Torcy l'exécute. »

Les momens étoient précieux. Le Roi demanda à Torcy quand il pourroit partir : il répondit qu'un jour lui suffiroit pour les dispositions qu'il auroit à faire indispensablement. Il partit en effet de Paris le soir du premier mai, jour que le Roi alloit coucher à Marly.

Un voyage entrepris par pur zèle, qui ne présentoit d'ailleurs que des objets désagréables, peut-être même périlleux, ne laissa pas, quand il fut su, d'exciter l'envie, et de donner lieu à des discours très-opposés aux véritables motifs qui engageoient à l'entreprendre. Des gens au-dessus du commun des courtisans attribuèrent au ministres des vues qu'il n'avoit jamais eues ; et, sans témoigner aucun désir de lui nuire, ils interprétèrent ses intentions, et en ne les rendant pas suspectes ils essayèrent de persuader qu'une pareille démarche étoit aussi contraire au service qu'à la gloire du Roi ; qu'il ne convenoit pas qu'un de ses ministres allât demander en suppliant la paix à ses ennemis.

Dieu bénit le voyage, sa providence en écarta les traverses : nul incident, nulle rencontre fâcheuse, ne l'embarrassèrent ; point de parti ennemi, nul interrogatoire de la part des commandans des places frontières, amies et ennemies. Tout concouroit à ouvrir le secret de la marche. Il étoit à craindre qu'il ne fût découvert à Bruxelles. Pour en éviter le passage, il falloit prendre un chemin détourné : les postillons dirent qu'il leur étoit défendu, sous de rigoureuses peines, de conduire les courriers par toute autre voie que par la ville. Ce même jour, les portes en étoient fermées par ordre du prince Eugène, qui faisoit une revue dans l'enceinte de ses murailles. La nécessité força les gens de la poste au détour qu'on leur auroit proposé inutilement. A Anvers, on demanda à voir les passeports : le sieur d'Osembray en montra un qu'il avoit obtenu sous son nom, pour aller en Hollande régler quelques affaires qui regardoient les postes.

Torcy s'arrêta quelques heures à Rotterdam pour y faire voir au correspondant de Tourton, nommé Sincerf, les lettres de crédit qu'il avoit à tirer sur lui, et s'informer en même temps de quelle manière en arrivant à La Haye il pourroit voir le Pensionnaire et l'entretenir secrètement. Sincerf étoit honnête homme : ce secret d'ailleurs ne pouvoit demeurer long-temps caché, et par conséquent il n'y avoit aucun risque de se découvrir à un homme dont l'entremise étoit nécessaire pour arriver à La Haye sans bruit et descendre chez le Pensionnaire. Le banquier s'offrit pour conducteur et sur-le-champ fit mettre deux chevaux à son carrosse. Torcy et lui arrivèrent ensemble à La Haye le 6 mai, vers les sept heures du soir. Ils descendirent à la porte de ce ministre de la République. Sincerf fut admis aussitôt à lui parler. Torcy attendit dans une espèce de salle ou cabinet la réponse que Sincerf devoit lui apporter.

Heinsius parut bientôt; et Sincerf s'étant retiré, le ministre du Roi remit le pouvoir que Sa Majesté lui avoit confié entre les mains du Pensionnaire. Celui-ci témoigna sa surprise, lorsqu'en lisant il apprit que Sa Majesté envoyoit un de ses ministres en Hollande pour conférer avec lui sur les moyens de conclure une paix ferme et stable.

Heinsius, conseiller pensionnaire de la province de Hollande, avoit été placé dans ce poste par la protection du prince d'Orange, depuis roi d'Angleterre. Ce prince, persuadé de son zèle et de son attachement à sa personne et à sa maison, prenoit en lui une confiance entière. Il l'avoit envoyé en France pour les affaires de la principauté d'Orange après la paix de Nimègue, et, dans l'exercice de cette commission, Heinsius avoit essuyé la mauvaise humeur d'un ministre plus accoutumé à parler durement aux officiers de guerre qu'à traiter avec les étrangers : il n'avoit pas oublié que le ministre l'avoit menacé de le faire mettre à la Bastille.

Il étoit consommé dans les affaires, dont il avoit une longue expérience : intimement lié avec le prince Eugène et le duc de Marlborough, ils formoient ensemble les projets, régloient le temps de l'exécution ; ils en dirigeoient la manière et les moyens ; ils étoient comme l'âme de la ligue : mais le Pensionnaire n'étoit accusé ni de se complaire assez dans la considération que lui donnoit la continuation de la guerre pour la vouloir prolonger, ni d'aucune vue d'intérêt personnel. Son extérieur étoit simple : nul faste dans sa maison ; son domestique, composé d'un secrétaire, d'un cocher, d'un laquais, d'une servante, n'indiquoit pas le crédit d'un premier ministre. Les appointemens qu'il recevoit de la République étoient de vingt-quatre mille florins, la plus grande partie comme garde du sceau.

Son abord étoit froid, il n'avoit rien de rude; sa conversation polie. Il s'échauffoit rarement dans la dispute.

Les traités, soit de partage, soit de la grande alliance, avoient passé par ses mains : il étoit donc instruit des affaires principales qui avoient précédé la guerre, de ce qui s'étoit passé depuis qu'elle étoit allumée, par conséquent très-capable de connoître et de faciliter, s'il le vouloit, les voies qui pouvoient conduire à la paix. On verra l'usage qu'il fit de ses lumières par la relation des conférences tenues à La Haye. Avant que de la donner, il paroit à propos d'exposer le plan que Torcy s'étoit proposé.

Il supposoit que les conditions qu'il avoit le pouvoir d'accorder seroient ou acceptées ou refusées. Si elles étoient acceptées, la paix en seroit le fruit; le Roi la désiroit uniquement : ainsi ses intentions seroient accomplies.

Si les offres, ménagées par degré, étoient rejetées, Sa Majesté auroit donné des preuves incontestables d'un désir très-sincère de sa part de sacrifier sa gloire et ses intérêts à la pacification générale de l'Europe ; et cependant elle ne seroit point engagée, parce que son ministre déclareroit et ne cesseroit de répéter que toute offre seroit nulle, si celles qu'il auroit faites de la part du Roi ne produisoient la paix.

La connoissance des véritables sentimens du Roi, nécessaire à donner en France aussi bien que dans les pays étrangers, n'étoit pas encore le seul ni le principal avantage que le ministre de Sa Majesté se proposoit de retirer de son voyage : il espéroit, comme il a été dit, et regardoit comme un service essentiel, de pénétrer le fond des intentions des ennemis absolument ignorées des François, et de tant de nations engagées aveuglément à porter le poids d'une guerre infructueuse et seulement utile à agrandir la maison d'Autriche.

Il suivit ce plan pendant le cours de la négociation rapportée dans les dépêches suivantes, écrites au Roi. Sa Majesté avoit approuvé qu'elles fussent adressées au duc de Beauvilliers, pour lui en faire la lecture dans son conseil.

Première lettre au Roi.

« A La Haye, le 7 mai 1709.

» Depuis hier, Sire, que je suis arrivé ici, j'ai vu deux fois le Pensionnaire. Je descendis chez lui en descendant dans la ville. Je me fis présenter par un marchand correspondant de Tourton, qui m'avoit amené de Rotterdam dans son carrosse. Je crus cette voie plus secrète encore que celle du sieur Pettekum, et cette première conférence dura depuis sept heures jusqu'à neuf heures et demie.

» Après les premiers complimens nous entrâmes bientôt en matière, quoique le Pensionnaire me dît toujours que, n'étant point autorisé pour traiter, et que les Etats ayant nommé deux commissaires pour traiter avec M. Rouillé, c'étoit à eux et non pas à lui, simple officier de province de Hollande, à parler sur les matières de la paix ; que si je voulois cependant lui faire quelque proposition, il en rendroit compte ; et qu'il croyoit qu'on l'autoriseroit à m'entendre. Cette réserve, qu'il ne me fut pas difficile de combattre par de fortes raisons, ne nous empêcha pas, Sire, d'agiter généralement toutes les matières comprises sous le nom d'articles préliminaires ; et, parlant avec une apparente ouverture, je me plaignis d'une manière à ne lui pas donner lieu de s'offenser de toutes les variations que Votre Majesté avoit remarquées dans les demandes que messieurs Buys et Wanderdussen avoient faites à M. le président Rouillé.

» Ce point fut le principal de cette conférence, car il donna lieu au Pensionnaire de rappeler les temps passés, de reprendre les projets que la République avoit faits depuis plusieurs années, et le conseil que le feu roi Guillaume lui avoit donné autrefois pour sa sûreté, pour me prouver que la prétention de conserver Lille n'étoit point une nouvelle idée ; que cette place étoit plus nécessaire qu'aucune autre pour la solidité de la barrière ; et que si les Provinces-Unies n'avoient pas été en état jusqu'à présent d'obtenir qu'elle y fût comprise, il étoit aujourd'hui de leur prudence de profiter d'une conjoncture singulière et inespérée, qui mettoit entre leurs mains une ville qu'ils avoient déjà demandée avant la paix de Riswick, mais alors inutilement, à cause de la supériorité des armes de Votre Majesté. Nous parlâmes de toutes les places que les Hollandois demandoient présentement pour la sûreté de cette prétendue barrière ; nous les regardâmes ensemble sur la carte. Enfin, Sire, je n'oubliai rien pour combattre ses prétentions, et pour lui faire voir que Furnes, Ypres, Menin et Condé, suffisoient pour la sûreté de la barrière. Je ne m'étendis pas davantage, parce que le Pensionnaire me disoit toujours qu'il n'étoit pas autorisé, et qu'il rendroit compte aux Etats de Hollande des propositions que je lui ferois. Il ne convenoit pas de les prodiguer sans en espérer aucun fruit ; et je voulois aussi savoir ce qu'il pensoit sur les autres articles nommés préliminaires, avant que de faire de plus grandes avances. Nous passâmes à celui de l'Espagne. Je le trouvai ferme à soutenir que ses maîtres, étant engagés par des traités avec leurs alliés, ne pouvoient s'écarter des conditions dont ils étoient convenus ensemble ; que la monarchie d'Espagne devoit être conservée en son entier, et la couronne transférée dans la maison d'Autriche sans aucun démembrement ; qu'il falloit satisfaire à cette parole, et que les Hollandois auroient mauvaise grâce de proposer à leurs alliés de se relâcher, lorsque l'état florissant de leurs affaires passoit de bien loin leurs espérances. Il étala leurs forces, les succès qu'ils avoient lieu d'attendre de la campagne prochaine ; et lorsque je lui fis voir, par les exemples précédens, combien les événemens étoient incertains, et qu'il étoit de la prudence d'un état comme celui de Hollande de ne pas se remettre toujours à des succès douteux, il me dit que le bonheur précédent avoit tellement élevé le courage des peuples, que bien des gens murmuroient des conditions dont les députés s'étoient expliqués à M. Rouillé, presque tout le monde étant persuadé qu'il falloit profiter autrement du bonheur de la République.

» Je trouvai la même résistance sur tous les autres articles : un refus constant de laisser les royaumes de Naples et de Sicile au roi d'Espagne ; nulle condescendance à la proposition de Naples ou de la seule Sicile, les traités avec les alliés étant toujours l'excuse qu'il m'alléguoit pour ne rien démembrer de la couronne d'Espagne.

» La satisfaction de l'Empereur et de l'Empire fut demandée de sa part avec autant de précision ; et cette satisfaction ne se réduisit pas au traité de Munster tel qu'il est, mais tel qu'il devroit être pour la sûreté des princes et Etats de l'Empire. Ainsi l'on demande que Strasbourg redevienne ville impériale ; mais on ne veut rendre à Votre Majesté ni Philisbourg, ni même Landau.

» Je ne vous ennuierai pas de tout ce que je crus devoir dire pour combattre l'injustice de ces prétentions. J'ose assurer Votre Majesté que je n'oubliai rien, et qu'il me semble que la justice de la cause me fournissoit une foule de raisons incontestables, si j'avois eu affaire à gens moins prévenus du bon état de leurs affaires et de ce qu'ils devoient espérer d'une campagne dont les préparatifs sont déjà faits; car il me fut inutile de laisser entrevoir la crainte que la Hollande devoit elle-même avoir des succès de ses alliés poussés trop loin.

» On regarde comme un effet de modération de ne pas demander la paix des Pyrénées, et l'on croit l'obtenir aisément si la campagne commence. Je ne me pressai donc pas, Sire, voyant l'inutilité de mes raisons, de faire aucune offre au Pensionnaire, parce qu'il n'étoit pas autorisé à les accepter. Je lui dis au contraire qu'il ne serviroit de rien qu'il prît la peine d'informer les Etats de Hollande de mon arrivée, et de recevoir d'eux aucun ordre sur mon sujet lorsqu'ils s'assembleront vendredi prochain; que je prévoyois que ceux qu'ils lui donneroient ne produiroient qu'une négociation traînante, et que les affaires dont Votre Majesté veut bien me confier le soin ne me permettroient pas de demeurer si long-temps éloigné d'elle pour faire le métier de négociateur; qu'elle m'avoit commandé de m'adresser directement à lui, soit pour terminer l'ouvrage de la paix, soit pour être éclairci des intentions des Etats-généraux; que le premier point ne pouvant s'accomplir, j'avois au moins les lumières que je désirois sur le second, et qu'il ne me restoit qu'à m'en retourner incessamment auprès de Votre Majesté.

» Le Pensionnaire me parut plus vif pour me retenir qu'il ne l'avoit été pour entrer en matière: il me dit que quoiqu'il ne fût pas autorisé, il pouvoit y suppléer en appelant chez lui messieurs Buys et Wanderdussen, autorisés à traiter. Je le refusai, et lui dis que Votre Majesté m'avoit expressément commandé de m'adresser uniquement à lui, et que je ne commencerois pas une négociation dans les formes lorsqu'il ne s'agissoit que d'en terminer une déjà commencée. Il insista, me représentant qu'au moins ces messieurs m'instruiroient de ce qui s'étoit passé avec M. Rouillé. J'hésitai encore, quoique j'eusse résolu d'accepter la conférence, parce que c'étoit le seul moyen de m'ouvrir sur les ordres que j'ai; et comme le Pensionnaire devoit en être, j'accomplissois, ce me semble, les intentions de Votre Majesté. Il m'étoit d'ailleurs impossible de l'obliger à fermer sa porte à des gens qu'il auroit voulu admettre.

» Nous convînmes donc de nous assembler aujourd'hui à neuf heures du matin chez le Pensionnaire. Les mêmes matières de la veille ont été agitées jusqu'à deux heures après midi. M. Buys a rendu la conversation encore plus vive; mais cependant les disputes n'ont rien eu d'offensant, et je souhaiterois, Sire, que l'essentiel répondît aux procédés. Mais, pour informer Votre Majesté en peu de mots de l'état de l'affaire, j'aurai l'honneur de lui dire qu'ils demandent pour former la barrière les mêmes places dont ils se sont déjà expliqués, savoir Lille, Tournay et Maubeuge, pour joindre à celles que M. Rouillé est convenu de leur abandonner.

» Sur l'article de l'Espagne, ils demandent la monarchie entière.

» Ils prétendent, pour la satisfaction de l'Empereur et de l'Empire, que Strasbourg soit rétabli en la qualité de ville impériale, sans donner aucun équivalent à Votre Majesté de toutes les cessions qu'ils exigent d'elle.

» J'hésitois à m'expliquer sur les offres que Votre Majesté m'avoit commandé de faire, voyant tant d'éloignement dans les articles qui ne regardent pas la barrière; car c'est celui que j'ai traité le premier, et j'ai vu par différentes observations que, malgré la force des engagemens que ces messieurs objectent toujours en faveur de leurs alliés, cet article de la barrière, si important, déterminera vraisemblablement les Hollandois à faire la paix. Je me suis donc ouvert sur Maubeuge: l'offre en a été reçue comme d'une petite partie de ce que les Hollandois prétendent, mais non comme une sûreté suffisante. Je n'ai pas été plus loin, en disant qu'il étoit inutile de convenir sur l'article de la barrière, si l'on m'arrêtoit ensuite sur les autres. J'ai déclaré que la paix ne pouvoit se faire si les royaumes de Naples et de Sicile n'étoient conservés au roi d'Espagne.

» Quand je pourrois me souvenir assez précisément, Sire, de tout ce qui a été dit sur ce sujet, pour le rapporter fidèlement à Votre Majesté, je ne ferois que la fatiguer d'un récit très-inutile. Tout se réduit à ce que le Pensionnaire prétend que les Hollandois sont engagés par leurs traités à procurer à l'archiduc la monarchie d'Espagne en son entier; qu'ils ne peuvent donc, sans manquer à leur parole, en stipuler le moindre démembrement; qu'ils savent d'ailleurs que les Anglois s'y opposent, à cause de leur commerce du Levant. J'ai combattu cette dernière raison en le faisant souvenir que le roi Guillaume, à qui elle avoit déjà été représentée lors du traité de partage, avoit répondu que l'Angleterre auroit toujours les ports de Gênes et de Livourne, si celui de Messine lui étoit fermé pour son commerce. Il a répliqué que ce prince avoit bien changé de sentiment depuis que ce même motif du commerce des Anglois au Levant l'avoit obligé de stipuler dans la suite avec Votre Majesté l'échange des royaumes de Naples et de Sicile avec les Etats du duc de Savoie ; et qu'enfin on avoit vu les reproches que la nation angloise, irritée contre les ministres qui avoient signé le traité de partage, leur en avoit faits depuis dans le parlement. Le Pensionnaire et les sieurs Buys et Wanderdussen, impatiens de revenir à l'article de la barrière, ont quitté celui de Naples et de Sicile, pour me demander ce que Votre Majesté vouloit donc faire pour les Hollandois. Après avoir évité long-temps de m'expliquer, comme de chose inutile, puisqu'ils ne vouloient pas céder sur Naples et sur la Sicile, j'ai cru, Sire, qu'il falloit enfin leur faire voir ce qu'ils perdroient, si l'amour excessif de l'intérêt de leurs alliés les empêchoit de profiter des favorables dispositions de Votre Majesté. Je leur ai donc dit que s'ils me vouloient restituer ou Maubeuge que je venois de leur céder, ou Condé, ils auroient Tournay. Je crois m'être aperçu que la proposition de Tournay commençoit à produire un bon effet; car ils s'attendent bien que je me désisterai de la prétention de retirer Condé ou Maubeuge pour équivalent. Il m'a paru depuis plus de vivacité dans les instances qu'ils m'ont faites de ne me pas impatienter et d'attendre ici le duc de Marlborough, qui doit ou qu'on croit y revenir d'Angleterre dans deux jours. Ils sont bien aises que l'article de Naples et de Sicile soit discuté avec lui, parce que les Anglois y sont principalement intéressés. Je crois voir aussi qu'ils ne sont pas fâchés que l'article Dunkerque, qui me paroît leur être assez indifférent, soit réglé avec milord Marlborough. Enfin, Sire, je crois qu'ils ne sont véritablement touchés que de l'article de leur barrière ; mais ils n'en insistent pas moins fortement sur les autres, et c'est moins par affection pour leurs alliés dont ils ressentent les manquemens à leur égard, que par la crainte qu'ils auroient de ne les plus retrouver dans une occasion pressante si la République les abandonnoit, quand ils la croient en état d'accomplir les promesses qu'elle leur a faites en traitant avec eux. Je n'ai pas eu peine, Sire, à témoigner une extrême impatience de retourner auprès de Votre Majesté, et beaucoup de regret de perdre ici mon temps inutilement, voyant les difficultés qu'ils me disoient insurmontables sur un article tel que celui de Naples et de Sicile, dont je ne pouvois me désister après qu'eux-mêmes en étoient convenus. Ils ont nié ce consentement: nous avons long-temps disputé sur ce fait, et toujours ils ont prétendu qu'ils avoient seulement dit que l'article de Naples et de Sicile pourroit se réserver, pour en traiter dans les conférences publiques pour la paix. J'omettrai, Sire, tout ce que j'ai dit pour relever l'injustice d'une pareille proposition et l'absurdité de laisser l'état du roi d'Espagne incertain, pendant que Votre Majesté accorderoit de sa part des conditions telles que celles qu'elle veut bien donner pour la paix. Je n'ai point demandé de nouvelles conférences, mais eux-mêmes m'en ont proposé une pour demain au matin ; et n'étant ici, Sire, que pour presser et parler, j'accepterai avec plaisir toutes celles qu'ils voudront que nous ayons ensemble, jusqu'à ce que, les voyant inutiles, je parte pour me rendre auprès de Votre Majesté. J'ai cependant résolu d'attendre milord Marlborough, s'il n'y a point de retardement à son retour; car il me paroît que, dans la disposition où sont les affaires, il en déterminera le sort, et qu'il y a des moyens de le faire décider à la paix. Si mon séjour ici pouvoit y contribuer, je n'aurois nul regret au temps que je me propose d'y demeurer, et que je pousserai, s'il est possible, jusqu'à la fin de la semaine prochaine. Alors j'aurai vu sûrement ce que je puis attendre des offres que j'aurai faites en conséquence des ordres de Votre Majesté. J'ai constamment insisté sur la restitution de Lille. Il y a telles facilités que Votre Majesté m'a permises, que je n'emploierai que lorsqu'elles détermineront l'affaire : je me suis même expliqué aujourd'hui (et ces messieurs eux-mêmes l'ont trouvé bon), que tout ce que je leur disois, aussi bien que les offres de M. Rouillé, seroit nul, si la négociation venoit à se rompre.

» Je leur ai demandé la permission pour M. Rouillé de venir ici : ils y ont témoigné quelque peine, croyant que son arrivée et la mienne causeroient trop de jalousie à leurs alliés. Je n'ai pas insisté ; j'ai même été bien aise du soin qu'ils ont de cacher encore cette négociation, et je leur ai promis de me cacher moi-même autant qu'ils le souhaiteroient. Je doute que je le puisse encore long-temps : il me paroît même étonnant d'être arrivé dans un lieu tel que La Haye, rempli de ministres étrangers attentifs à la moindre ombre de négociation, et d'avoir eu deux conférences avec le Pensionnaire et avec deux députés de l'Etat, sans que depuis vingt-quatre heures personne n'en ait rien su que Pettekum, à qui je l'ai dit, et le marchand correspondant de Tourton, qui me conduisit hier chez le Pensionnaire. Cette voie me parut plus mystérieuse encore que celle d'arriver ici par les voitures publiques, et de me faire mener par Pettekum, que j'aurois eu peine à trouver. Il m'a paru, Sire, que le Pensionnaire étoit bien aise du secret de mon voyage. Il en avoit eu cependant quelques avis de Bruxelles, mais il n'y ajoutoit pas foi ; et ces avis lui avoient été donnés par Jaupin, directeur de la poste de cette ville, qui avoit pénétré ce secret, quoique j'eusse évité de passer à Bruxelles.

» Après la conférence de demain, j'aurai l'honneur d'informer Votre Majesté des contestations réciproques et des termes où nous en serons demeurés, et je lui dépêcherai un courrier pour cet effet, quoique je n'attende point d'elle de nouveaux ordres, et que je l'aie déclaré plusieurs fois au Pensionnaire.

» Quoique je n'informe pas Votre Majesté en détail de tout ce que j'ai dit sur l'article de Naples et de Sicile, j'ose la supplier de croire que je n'ai rien oublié pour faire voir que Votre Majesté ne pouvoit, quand même elle le voudroit, obliger le roi d'Espagne à céder tous ses Etats ; et que, n'ayant plus à perdre que la vie, il aimeroit infiniment mieux la risquer en demeurant en Espagne, que de la conserver en descendant du trône sans le moindre partage.

» Parmi plusieurs mauvaises raisons, qui sont plus puissantes que les bonnes lorsqu'elles sont employées par les gens qui ont la force en main, Buys m'a cité l'exemple du roi Auguste, qui a cédé la Pologne pour conserver la Saxe. Je lui ai dit que j'avois ce même exemple incessamment devant les yeux, et que le sort de ses deux ministres, enfermés par son ordre après la signature d'un traité désavantageux, devoit retenir ceux qui étoient chargés d'aussi mauvaises commissions.

» Il a été parlé de l'article du commerce, de celui du neuvième électorat, de l'affaire de Neuchâtel, de l'accommodement fait entre les princes de Hesse pour la possession de Rhinfeld. Votre Majesté avoit déjà donné ses ordres sur tous ces points ; aucun n'a fait difficulté.

» Orange, ni les gens de la religion prétendue réformée, n'ont pas seulement été nommés. Je ne vois nul changement que je puisse espérer à l'égard de l'électeur de Bavière et de celui de Cologne.

» J'ai toujours traité l'article de Savoie comme une offense personnelle qu'il paroissoit qu'on vouloit faire faire à Votre Majesté, M. le duc de Savoie étant d'ailleurs suffisamment dédommagé des places dont il prétend faire valoir la démolition comme une raison d'insister sur un dédommagement. J'ai expliqué à ces messieurs ce qu'il retiroit présentement de la partie du Milanois qu'ils lui ont fait céder ; et cette augmentation d'Etats qu'ils lui ont procurée m'a servi d'argument pour leur faire voir que les engagemens, dont ils me parloient sans cesse comme d'une loi inviolable pour eux, ne les avoient pas empêchés de démembrer la monarchie d'Espagne, puisqu'ils donnoient au duc de Savoie des provinces de cette couronne, comme ils en donnoient aussi d'un autre côté au roi de Portugal.

» J'aurai demain un nouveau compte à rendre à Votre Majesté, la dépêche d'aujourd'hui contenant ce qui s'est passé de plus essentiel dans les deux conférences. »

Le ministre du Roi n'avoit reçu aucun ordre de Sa Majesté de proposer qu'il fût permis au président Rouillé de venir à La Haye : mais, dans une affaire aussi importante que celle dont il étoit chargé, il avoit besoin de secours. Celui qui croit que ses lumières suffisent pour connoître sûrement et choisir infailliblement le parti qu'il doit prendre a des connoissances bien bornées ; il voit souvent sa présomption punie par les fautes qu'il commet, et qu'il auroit évitées s'il eût eu le conseil d'un homme sage. Une idée bonne, examinée et débattue entre deux personnes unies par le même désir de réussir, en devient meilleure : si l'un n'aperçoit pas le défaut du projet qu'il a formé, l'autre le découvre ; tous deux de concert le rectifient. Les contradictions éclairent quand elles naissent du désir réciproque de chercher le bien et de le trouver.

Le ministre du Roi éprouva non-seulement l'utilité des conseils du président Rouillé, mais encore son secours dans les longues conférences où un seul n'auroit pu soutenir le travail de répondre aux discours de ceux qui furent admis à ces conférences, de réfuter leurs objections et de faire voir l'injustice de ces prétentions.

Lettre à M. le duc de Beauvilliers.

« Vous verrez, Monsieur, par la lettre que j'ai l'honneur de vous adresser pour le Roi, l'état où sont ici les affaires dont j'ai été chargé. Il faut donc, je vous assure, me rappeler souvent les idées que j'avois en partant pour me fortifier contre tout ce que j'entends, et pour soutenir avec patience toutes les humiliations qu'il faut que j'essuie. Le sacrifice me paroissoit grand lorsque j'ai reçu les ordres de Sa Majesté pour ce voyage : je suis bien éloigné d'en trouver les peines adoucies ; et ce que j'éprouve sur les lieux passe encore ce que j'envisageois seulement dans l'éloignement.

» J'ai retenu mon courrier jusqu'à demain, afin de pouvoir joindre à ma lettre le récit de la conférence de ce soir. Si dans les autres j'ai été trop vite ou trop lentement, c'est au Roi d'en juger, lui exposant les raisons de ma conduite. J'ai cru qu'il ne falloit ni se jeter à la tête, ni laisser trop long-temps les Hollandois dans l'incertitude des avantages qu'ils demandent opiniâtrement, et que Sa Majesté veut bien leur accorder, afin qu'étant excités par des conditions aussi grandes, ils puissent à leur tour presser M. de Marlborough.

» Les Etats de Hollande s'assemblent demain extraordinairement. Le Pensionnaire y rendra compte de mon voyage et des propositions, et ce sera vraisemblablement mardi prochain qu'on aura la réponse des villes. Je compte très-peu sur Melos : je le verrai cependant. Tourton, qui est venu ici, me paroît plus estimé ; il retourne demain à Amsterdam.

» Le Pensionnaire me dit hier qu'il se croyoit lui-même la cause innocente du bruit qui s'est répandu de mon voyage avant qu'il ait été résolu ; que M. Rouillé lui avoit fait dire par Pettekum que je demandois un passe-port en blanc, afin de s'en servir s'il en étoit besoin ; que sur cette exposition, qu'il entendoit dans le sens que M. Rouillé l'avoit fait faire par Pettekum, un des membres des Etats avoit compris que je devois effectivement venir ici, et l'avoit dit ; et que cette nouvelle avoit couru, quoique personne ne la crût. En effet, bien des gens doutent encore que je sois à La Haye ; je vous assure que j'en doute presque moi-même, et que j'attends avec beaucoup d'impatience le moment d'en sortir : mais comptez, Monsieur, que ce ne sera que lorsqu'il n'y aura plus rien à faire, et que je verrai la campagne prête à s'ouvrir. Ainsi je passerai plutôt ici le mois entier que de partir tant que je verrai la moindre espérance. Je vous supplie de me renvoyer incessamment mon courrier, moins pour les ordres (car je n'en attends plus) que parce que, lui parti, il ne me reste qu'un valet de chambre ; et je lui ai même dit de m'en envoyer un autre dans le moment qu'il arrivera à Versailles.

» Du 7 mai. »

Suite de la lettre au Roi.

« 8 Mai 1709.

» J'ai trouvé dans la conférence de ce matin les mêmes difficultés que dans les deux précédentes : une égale opposition à laisser au roi d'Espagne les royaumes de Naples et de Sicile ; mêmes instances sur la restitution de Strasbourg, aussi bien que sur la démolition du Fort-Louis, dont il n'avoit pas encore été parlé. Ces messieurs soutiennent cependant que chaque proposition nouvelle qu'ils avancent a été déjà faite à M. Rouillé ; qu'ils sont obligés par leurs traités à veiller aux intérêts de leurs alliés, à procurer une barrière à l'Empire ; et qu'il n'y en aura point tant que Votre Majesté, dont ils affectent en certaines occasions de relever la puissance, aura sur le Rhin des places et une ville aussi importante que Strasbourg. Je disois hier au Pensionnaire que j'étois étonné de voir le zèle de la République pour les Etats de l'Empire, après avoir vu les lettres fulminantes qu'elle leur écrit tous les ans pour se plaindre de leur nonchalance. Il me dit, et il me l'a répété encore aujourd'hui, qu'on distinguoit fort ici les cercles de Souabe et de Franconie des autres Etats de l'Empire, et que les alliés devoient tant à ces deux cercles, qu'il étoit nécessaire d'assurer leur état en les délivrant, suivant les traités, de la juste crainte que Strasbourg leur causoit ; que la demande n'étoit pas nouvelle, la même place ayant déjà été comprise dans les préliminaires de la paix de Riswick. Il est convenu, de ce que je lui ai dit, que Votre Majesté auroit conservé, en la rendant, Philisbourg, Brisach et Fribourg ; et j'ai ajouté qu'à ces mêmes conditions j'oserois lui conseiller de rendre Strasbourg.

» Ce point, bien moins sensible pour les Hollandois que celui de la barrière des Pays-Bas, a été laissé ; et M. Buys a remis sur le tapis l'état où nous en étions demeurés hier sur cette barrière. J'ai vu, Sire, que ma dernière proposition n'avoit fait aucune impression, que l'affaire languissoit, et que, soutenant pendant trois conférences un point que je ne pouvois emporter, je perdois inutilement un temps précieux, et dont il falloit profiter pour faire connoître aux Hollandois, avant le retour de M. de Marlborough, les avantages qu'ils trouveroient à la paix. J'ai donc, après une heure de dispute, abandonné Tournay, sans retenir aucune des deux places dont je demandois une pour la cession de Tournay. Enfin j'ai jugé qu'il étoit temps de céder aussi sur Lille, étant impossible d'engager les Hollandois à procurer la paix s'ils n'étoient contens sur leur barrière. Le consentement que j'ai donné à ce fâcheux article a été ménagé par degrés, et j'ose assurer Votre Majesté que je n'ai cédé que lorsque j'ai vu la rupture certaine et imminente, si je ne contentois pas absolument ceux qui doivent donner le principal mouvement à l'affaire. Si elle finit, je n'aurai point passé les ordres de Votre Majesté; et s'il est impossible de la conclure, les offres que j'ai faites demeurent nulles. J'avois dessein de les prolonger plus long-temps; mais je pouvois perdre un moment favorable, et je ne découvrois aucun fruit à le risquer.

» Les Hollandois, contens, presseront plus vivement M. de Marlborough à son retour : s'ils n'avoient pas satisfaction sur leur barrière, je les trouverois encore plus ardens à soutenir les intérêts de leurs alliés. J'ai parlé très-décisivement sur les autres articles en contestation; j'ai déclaré, sur celui de Naples et de Sicile, que tout raisonnement étoit inutile; que Votre Majesté vouloit ce partage pour le Roi son petit-fils, qu'elle m'avoit donné ses ordres, et que le pouvoir qu'elle m'avoit confié étoit pour les exécuter et non pour les passer.

» J'ai parlé de même sur l'article du duc de Savoie, et j'ai dit à peu près la même chose sur Strasbourg; j'ai refusé la démolition de Dunkerque. S'il est question de s'en relâcher, comme je n'en puis douter, mon projet est d'attendre l'arrivée de M. de Marlborough pour m'en expliquer alors à lui-même; car de cette manière les Anglois et les Hollandois étant contens, ils emporteront facilement la balance, et l'opposition des autres alliés ne pourroit empêcher la paix.

» On parle diversement ici sur les sentimens du public sur sa conclusion : si j'en crois le Pensionnaire et messieurs Buys et Wanderdussen, les dépenses pour la campagne étant faites, il y a peu de gens qui ne veuillent en voir la décision. On ne craint point les suites des progrès des alliés : on dit que l'Angleterre ne veut point faire de conquêtes en France, que la maison d'Autriche est trop foible pour appréhender ses entreprises; qu'ainsi les succès de la campagne ne sauroient être trop avantageux; qu'ils produiront le traité des Pyrénées, et que jusqu'à ce que la France soit renfermée dans ses anciennes bornes, sa puissance sera toujours formidable, car on élève ou l'on abaisse la puissance de Votre Majesté selon qu'il convient à ceux qui veulent appuyer leurs différens raisonnemens. S'agit-il d'obtenir des Etats et des places? la France est la seule puissance unie en elle-même que le reste de l'Europe doive craindre, et par conséquent ses ennemis doivent prendre contre elle des précautions assurées pour l'avenir. Faut-il persuader de consentir à des demandes excessives? on dit qu'il est de la sagesse de la France de considérer sa foiblesse présente, la force de ses ennemis, et de ne pas s'exposer aux affreuses suites d'un événement malheureux.

» Je fais connoître, Sire, qu'on se trompe ici et sur la puissance et sur la prétendue foiblesse de la France; que l'une est certainement diminuée par une longue suite de guerres contre toute l'Europe; qu'il faut bien des années pour faire respirer les peuples, et que rien ne le prouve davantage que les offres que Votre Majesté veut bien faire pour la paix, puisque, en d'autres conjonctures, elle n'auroit jamais consenti à de pareils sacrifices; que ses ennemis n'auroient même osé les lui demander; mais je dis qu'on ne se trompe pas moins quand on croit la France assez abattue pour subir des conditions honteuses, plutôt que de s'exposer aux hasards d'une campagne; que les mêmes François qui disent et qui écrivent pendant l'hiver qu'il faut faire la paix à quelque prix que ce soit feront peut-être changer entièrement la face des affaires, si l'on en vient à une bataille, que le sort en est entre les mains de Dieu; que ce ne seroit pas la première fois qu'il auroit jeté au feu les verges dont il se sert pour châtier les nations, et que si les Hollandois font réflexion sur la campagne dernière, ils conviendront qu'ils ont tremblé plusieurs fois pendant le siége de Lille. Ceux qui souhaitent la paix disent tous qu'il faut qu'elle soit solide, et que pour la rendre telle il faut premièrement une barrière; mais je crains qu'ils n'y joignent encore la monarchie entière d'Espagne.

» Il ne me revient rien de bon des propositions d'Amsterdam : véritablement je n'en ai point encore de relation bien sûre. Je croirai peu celles de Melos, quoique je le fasse avertir de venir ici. J'ai dit ce matin au Pensionnaire que je ne doutois pas qu'il y vînt aussitôt qu'il apprendroit mon arrivée. Ses démarches attirent peu d'attention : il est, ce me semble, regardé comme un homme qui aime à faire croire qu'il a des connoissances et des accès que véritablement il n'a pas.

» Buys a traité dans la conférence de ce matin l'article des religionnaires françois qui sont actuellement retenus sur les galères de Votre Majesté : il a demandé leur liberté, et le Pensionnaire celle de quatre ministres enfermés en

38.

France en différens châteaux. Sans allonger encore ma lettre pour vous informer, Sire, de mes réponses, j'ose vous assurer qu'il ne sera plus parlé de cet article.

» Celui du roi d'Angleterre fut traité hier, et remis à l'arrivée de M. de Marlborough. La proposition d'établir à La Haye le séjour de ce prince effraya le Pensionnaire et les deux autres.

» Ils m'ont proposé une nouvelle conférence pour demain au soir : je l'ai acceptée, et nous serons ensemble à sept heures. Le lendemain, le Pensionnaire rendra compte aux Etats de Hollande de tout ce que nous avons dit jusqu'à présent. Cette démarche est bonne, le succès et l'arrivée prochaine de M. de Marlborough m'éclairciront, avant qu'il soit peu de jours, de ce que je dois attendre de mon voyage : je ne puis encore en faire de jugement certain. Les honnêtetés continuent de la part de ceux avec qui je traite, mais sans aucune démonstration hors de la maison du Pensionnaire. Je ne suis sorti de la mienne que pour aller chez lui ; et je continuerai, tant qu'il voudra, de me tenir caché, quoique la nouvelle de mon arrivée soit présentement répandue, et celle de mon passage aux environs de Bruxelles mise dans les gazettes.

» Il m'a dit aujourd'hui qu'il ne tenoit qu'à moi de faire venir ici M. Rouillé ; qu'il le prie seulement d'y demeurer le plus secrètement qu'il lui sera possible. Je compte qu'il y sera demain au soir, et que je profiterai du secours de ses bons conseils pour mieux exécuter les ordres de Votre Majesté. Je ne la fatiguerai pas plus long-temps par des assurances superflues d'un zèle égal à mon devoir, à ma respectueuse reconnoissance et à la profonde vénération avec laquelle je suis, etc. »

« 9 Mai.

» Je sors, Sire, de la quatrième conférence, où les mêmes matières traitées dans les précédentes l'ont encore été, et les prétentions des Hollandois en faveur de leurs alliés soutenues avec la même vivacité par le sieur Buys, qui fait toujours la fonction d'orateur. Toutefois, malgré son opiniâtreté sur les articles d'Exilles, de Fenestrelle et de Strasbourg, je commence à croire que mon voyage ne sera pas inutile. On mollit, ce me semble, sur l'article de Naples et de Sicile ; on témoigne de l'empressement à me retenir chaque fois que je dis que je n'ai qu'à partir, puisque j'ai épuisé mes pouvoirs, et que mes propositions n'étant point acceptées, je suis éclairci des intentions de la République.

» Le Pensionnaire a fait beaucoup plus d'instance qu'à l'ordinaire à ce que je lui ai dit du changement qu'une bataille donnée, comme elle le seroit, au commencement de la campagne apporteroit aux conditions dont je me suis expliqué : il m'a demandé, dans la suite du discours, de quel moyen l'on pourroit user pour empêcher les armées d'agir. Je lui ai répondu qu'il savoit mieux que moi les mesures qu'il devoit prendre pour cet effet, et nous sommes presque convenus que, lorsque M. de Marlborough en seroit d'accord, ils s'embarrasseroient médiocrement des plaintes des alliés. On l'attend ici lundi prochain ; au moins l'on sait qu'il doit s'embarquer samedi, et sa venue est regardée comme devant décider.

» Le Pensionnaire m'a dit que la réponse des Etats de Hollande seroit prompte ; qu'aussitôt qu'il l'auroit, il me feroit avertir. Ce sera vraisemblablement demain au soir pour après-demain. Je lui ai demandé si je pouvois mener M. Rouillé aux conférences : il y a consenti sans peine et de bonne grâce. Enfin, Sire, je dirois que je crois une apparence plus rivière, s'il étoit possible de se réjouir de conclure au prix qu'il doit en coûter à Votre Majesté.

» J'apprends que les manéges de M. le duc de Lorraine ne sont pas cessés. Le Pensionnaire ne me l'a pas caché ; mais je n'en sais pas assez les particularités pour en rendre un compte exact à Votre Majesté : elle saura d'ailleurs que l'ordre pour l'assemblée de l'armée ennemie est donné pour le 28 de ce mois. »

« A La Haye, le 12 mai 1709.

» Le Pensionnaire a fait rapport de nos conférences aux Etats de Hollande : il en a rendu compte aux Etats-généraux par la voie des députés aux affaires secrètes ; enfin il en a donné part aux ministres des alliés de sa République. Il nous le dit, à M. le président Rouillé et à moi, dans la conférence que nous eûmes le 11 de ce mois avec lui et avec les sieurs Buys et Wanderdussen. Il nous fit entendre, sans l'exprimer bien précisément, que les Etats de Hollande étoient contens pour eux-mêmes des conditions que Votre Majesté vouloit bien leur accorder ; mais il ajouta qu'ils ne le pouvoient être du refus constant que j'avois fait à l'égard des demandes de leurs alliés. Il s'étendit sur les obligations des traités ; il reprit, ce qu'il m'avoit déjà dit, que les Hollandois ne pouvoient se dispenser d'y satisfaire pleinement lorsque l'état florissant de leurs affaires ne leur permettoit pas d'alléguer aucune excuse valable pour se relâcher de leurs engagemens.

» Je combattis ce raisonnement, Sire, en lui répétant plusieurs des mêmes raisons que j'avois employées dans les conférences précédentes ; j'y ajoutai ce que je crus de plus fort pour faire comprendre que la satisfaction que leurs alliés obtenoient étoit infiniment plus grande qu'ils n'osoient l'espérer en commençant la guerre. J'aurois persuadé des gens qui n'auroient cherché que la justice ; mais il fallut soutenir de nouveaux combats de la part du sieur Buys. Il prit la parole et défendit avec plus de véhémence que jamais la prétention du duc de Savoie sur Exilles et Fenestrelle. Le Pensionnaire l'appuyoit de temps en temps, toujours sur le fondement de leurs traités et sur la nécessité de procurer une barrière à un allié qui, s'étant sacrifié pour eux, devoit, après ce qu'il a fait, craindre un ressentiment implacable de la part de Votre Majesté. Enfin ces messieurs continuèrent d'employer les motifs du bon état de leurs affaires et de l'appréhension qu'ils ont eux et leurs alliés de la puissance de Votre Majesté.

» La conclusion de tous leurs discours étoit qu'il falloit profiter de la situation présente pour vivre en sûreté à l'avenir ; que si leurs alliés n'avoient, aussi bien qu'eux, des barrières suffisantes, ils seroient attaqués aussitôt que la France auroit repris ses forces, et qu'il étoit de la prudence de garantir l'Europe d'une nouvelle guerre.

» Ces propositions générales, aisées à renverser, ne demeurèrent pas sans réponse de notre part : mais aussitôt que nous les détruisions le sieur Buys, à son ordinaire, abandonnoit la matière agitée pour sauter à un autre article.

» C'est ainsi qu'il en a usé depuis que je traite avec lui. Il passa donc sans conclure de l'article du duc de Savoie à celui des royaumes de Naples et de Sicile. M. le président Rouillé étoit le meilleur témoin que je puisse employer pour me plaindre des variations que Votre Majesté avoit remarquées dans le procédé que les députés de Hollande avoient eu en cette occasion. Je le laissai donc parler ; mais les faits éclaircis, nous ne fûmes pas plus avancés. Mêmes instances de la part de ces messieurs pour obtenir que le sort des royaumes de Naples et de Sicile ne seroit décidé que dans les conférences solennelles pour la paix, et même instance de notre côté à soutenir qu'il étoit absurde de prétendre que l'état du Roi Catholique demeureroit incertain pendant que celui de l'archiduc seroit réglé, que les Hollandois seroient contens de leur barrière et que les Anglois jouiroient de la plus grande partie de leurs demandes.

» Au milieu de cette contestation très-vive, Buys nous demanda si Votre Majesté avoit par écrit le consentement du roi d'Espagne pour acquiescer aux royaumes de Naples et de Sicile, au lieu de l'Espagne et des autres dépendances de la monarchie espagnole. Nous lui répondîmes que vous étiez bien éloigné, Sire, d'avoir proposé au Roi Catholique d'accorder prématurément un pareil consentement ; que Votre Majesté s'étoit contentée de lui faire connoître les partis qu'elle seroit peut-être obligée de prendre pour le bien de la paix ; mais qu'il étoit impossible d'obtenir son aveu d'un échange que les Hollandois contestoient encore avec tant d'opiniâtreté, quoique la négociation eût été entamée sur ce fondement. Buys reprit que ce manque de pouvoir étoit une *défectuosité* ; qu'en vain nous traiterions ici sur les autres conditions, si nous n'étions pas autorisés sur la principale, et qu'il seroit impossible de prendre des mesures justes pour empêcher l'ouverture de la campagne. Ce qu'il exagéra pour lors de la supériorité de leurs troupes, de leur confiance, de leur ardeur et des grands avantages qu'ils attendoient, seroit infini et très-ennuyeux à rapporter. Je dirai seulement qu'ayant déjà remarqué en d'autres occasions qu'il vouloit profiter du désir extrême qu'il croyoit que nous avions d'éviter la campagne, je lui fis connoître encore qu'il seroit plus glorieux et plus avantageux pour la France de faire la paix aux conditions du traité des Pyrénées après une bataille perdue, que de l'acheter présentement aux conditions que les Hollandois demandoient pour leurs alliés.

» Quant au consentement du roi d'Espagne, nous leur dîmes, M. Rouillé et moi, que nous avions lieu d'être surpris de cette nouvelle demande, puisqu'un moment auparavant ils nous assuroient que Votre Majesté n'avoit qu'à parler ; et que la déférence du Roi son petit-fils pour ses volontés étoit telle, qu'il céderoit sans peine toute sa monarchie aussitôt que Votre Majesté lui diroit qu'il le devroit faire ; que, puisque la simple parole de Votre Majesté leur suffisoit lorsqu'il étoit question de faire abandonner au Roi Catholique toute la monarchie d'Espagne, cette même parole devoit être encore plus forte quand vous procuriez, Sire, au Roi votre petit-fils une espèce de dédommagement des Etats qu'il abandonneroit. M. Rouillé fit souvenir les sieurs Buys et Wanderdussen qu'ils lui avoient tous deux fait la même demande dans leur première conférence; que dans la seconde il les avoit assurés que Votre Majesté se faisoit fort du consentement du Roi Catholique; qu'ils avoient été contens de cette promesse; qu'ils étoient par conséquent mal fondés à renouveler présentement une difficulté aplanie de leur propre consentement.

» Nous proposâmes cependant de convenir par un article du traité que le roi d'Espagne auroit trois mois pour délibérer; qu'au bout de ce terme il seroit déchu de toute prétention de partage, s'il refusoit d'accepter celui dont on seroit demeuré d'accord. Ils objectèrent tous trois de concert que cet intervalle consommeroit tout le temps de la campagne, et que cependant leurs armées, dont ils attendoient des effets surprenans, demeureroient inutiles. Enfin je n'ai pas encore vu tant d'opiniâtreté ni tant d'envie que Buys en a marqué de faire naître de nouvelles difficultés. Votre Majesté aura la bonté d'examiner si elle croit devoir faire présentement quelque démarche auprès du roi d'Espagne pour lever ce dernier embarras et pour avoir son consentement conditionnel, en sorte qu'on puisse le produire quand il en sera temps. Nous soutiendrons cependant que le temps de l'exiger n'est pas encore venu et que ces messieurs ne sont pas en droit de nous faire pareille instance quand, de leur côté, ils ne nous apportent aucun consentement, ni de l'Empereur ni de l'archiduc, sur les conditions qui regardent la maison d'Autriche.

» Après beaucoup de disputes sans conclusion, le Pensionnaire reprit avec beaucoup de sagesse et de flegme les points que nous avions agités. Il dit que les disputes étoient inutiles; qu'on ne se persuaderoit de part et d'autre ni contre les ordres des maîtres ni contre leurs intérêts; que nous étions instruits, M. Rouillé et moi, de leurs engagemens et des égards qu'ils devoient avoir pour leurs alliés; la République n'étant point autorisée à traiter pour eux; qu'il nous prioit d'examiner jusqu'à quel point nous pourrions encore nous relâcher, comme eux de leur côté feroient des réflexions sérieuses sur les propositions que nous leur aurions faites et sur celles que nous refusions de passer.

» Ils comptent que nous réservons d'acquiescer à la démolition de Dunkerque pour céder encore cet article à M. de Marlborough; ils ne se relâchent point de celui de Strasbourg : quant à l'Alsace, il me semble qu'il n'y a que le public et ceux qui veulent la guerre qui en parlent. Les intentions du Pensionnaire me paroissent bonnes et sa manière de négocier fort droite. Il proposa d'avertir M. le prince Eugène de se rendre ici, afin que les principales parties intéressées à la guerre pussent en quelque façon se parler; il conclut ensuite qu'il valoit mieux attendre l'arrivée de M. de Marlborough. Comme ils seront ici tous deux dans le courant de la semaine, je saurai vraisemblablement à quoi m'en tenir avant qu'elle se passe, et j'espère pouvoir partir d'ici au commencement de l'autre semaine : Dieu veuille que ce soit de manière que Votre Majesté puisse être contente de mon voyage!

» Les envoyés de Suède, de Danemarck et de Lorraine m'ont rendu visite. J'ai parlé au dernier des bruits que j'ai trouvés répandus au sujet du dédommagement du Montferrat, qu'il demande, à ce qu'on assure, aux dépens de Votre Majesté. On m'avoit dit encore depuis peu de jours qu'il prétendoit obtenir pour cet effet les Trois-Evêchés et le gouvernement perpétuel de l'Alsace, rendue par la paix à la maison d'Autriche. Il s'est fort défendu de ces suppositions, que je traitois moi-même de chimères en lui parlant; il m'a dit qu'il sollicitoit à la vérité, comme Votre Majesté le sait, un dédommagement du Montferrat pour son maître, mais sans spécifier aucun Etat, proposant seulement le duché de Mantoue, comme celui dont l'Empereur disposeroit présentement le plus aisément.

» Au reste, je l'ai trouvé assez instruit du plan de cette République et de ses alliés pour la paix; et ce qu'il m'en a dit se rapporte à ce que le Pensionnaire et les deux autres m'ont répété plusieurs fois dans nos conférences.

» Ce plan est de satisfaire à leur traité avec l'Empereur, en procurant à l'archiduc, comme ils y sont obligés, tous les Etats d'Italie; de satisfaire aux propres intérêts de la Hollande et à ceux de l'Angleterre, en obtenant l'Espagne et les Indes pour le même prince; d'accomplir leurs traités avec le roi de Portugal et avec le duc de Savoie, en s'opposant à tout démembrement de la monarchie espagnole, hors ceux dont ils sont convenus avec ces deux princes; de former une barrière qu'ils prétendent nécessaire pour l'Empire, en insistant sur la cession de Strasbourg. Et le même envoyé de Lorraine assure que l'électeur de Brandebourg et les cantons protestans pressent aussi pour demander la cession de l'Alsace et de la Franche-Comté, comme une barrière pour eux. Enfin, Sire, on n'entend parler que de barrière, terme si inconnu dans les anciennes négociations, que le Pensionnaire avouoit hier qu'ils avoient été fort embarrassés à l'exprimer en latin dans leurs derniers traités.

» Toutes les nations paroissent conjurées contre Votre Majesté et se font un titre de la frayeur qu'elles affectent de sa puissance, pour s'enrichir à ses dépens dans une conjoncture qu'elles croient favorable à leurs prétentions.

» Le prince Eugène est arrivé. »

« Le 14 mai.

» L'animosité augmente et les lettres qu'on reçoit de France excitent les peuples à faire encore une campagne, dont ils attendent de grands succès. Un homme, que j'aurai l'honneur de nommer à Votre Majesté lorsque je me servirai d'une voie plus sûre que celle de la poste, nous fit avertir avant-hier, M. Rouillé et moi, que nous n'avions pas un moment à perdre si nous voulions conclure; que les esprits s'aigrissoient et que la forme présente du gouvernement étoit telle, que le nombre, et non le meilleur parti, décidoit des plus importantes affaires. Nous crûmes qu'il vouloit nous effrayer, et nous résolûmes d'attendre l'arrivée de M. de Marlborough.

» Le lendemain, qui étoit hier, nous parlâmes chacun séparément au même homme. Ses intentions nous parurent si bonnes et le détail qu'il fit de ce gouvernement nous persuada tellement de la solidité de ses raisons, que je crus devoir prévenir l'arrivée de M. de Marlborough pour parler au Pensionnaire. J'allai chez lui dès le soir même et le trouvai seul. Je lui confiai les derniers ordres que Votre Majesté m'a donnés, lui faisant voir en même temps qu'il étoit impossible que Votre Majesté pût se désister de demander un partage pour le roi d'Espagne, et qu'il n'y en avoit point de plus simple et de plus naturel que celui des royaumes de Naples et de Sicile.

» Cet article et celui de Fenestrelle et d'Exilles furent contestés comme dans les autres conférences; et le Pensionnaire conclut en disant qu'il falloit nécessairement attendre M. de Marlborough, dont l'arrivée ici n'étoit retardée que par le vent contraire. Il me dit qu'il avoit trouvé le prince Eugène fort raisonnable sur le sujet de la paix. Le bruit d'une négociation est le motif du voyage qu'il a fait ici. Le Pensionnaire avoit voulu le détourner d'y venir, mais le prince Eugène lui a dit qu'il avoit promis à M. de Marlborough de s'y trouver lorsque ce dernier reviendroit d'Angleterre, qu'il avoit prévenu ce terme de quelques jours, et qu'il l'avoit fait d'autant plus aisément que tous les ordres sont donnés pour la campagne et que son absence ne peut y causer aucun préjudice. Le Pensionnaire me dit qu'il iroit aujourd'hui voir M. le prince Eugène; que demain nous nous parlerions encore le Pensionnaire et moi; et que M. de Marlborough arrivant, on pourroit bien avancer les affaires dans le reste de la semaine.

» Je suis honteux, Sire, qu'elles ne le soient pas davantage, après avoir employé tous les moyens que Votre Majesté m'avoit donnés pour les terminer. J'étois persuadé qu'avec de pareilles armes je surmonterois la difficulté constante que je trouve sur le partage du roi d'Espagne ; mais, au lieu d'entrer dans la justice de mes raisons sur cet article, on me répond que Votre Majesté peut donner un autre établissement au Roi son petit-fils ; et quand je demande quel est cet autre établissement, on me propose, comme un expédient sans réplique, de démembrer la Franche-Comté et de la donner en souveraineté au Roi Catholique.

» Ce que je souffre, Sire, de ces sortes de propositions intéresse peu le service de Votre Majesté ; mais je puis l'assurer que jusqu'à présent la patience ne m'a point échappé et que je la conserverai jusqu'à ce que je parte d'ici, la croyant nécessaire pour l'exécution de vos ordres. Comme ils seront accomplis, soit que les affaires soient portées à une conclusion, soit que je voie clairement qu'il soit impossible que la paix prévienne la campagne, je compte partir au plus tard la semaine de Pentecôte ; et quoique j'espère me rendre en quatre jours auprès de Votre Majesté, je lui dépêcherai cependant un courrier après que j'aurai parlé à M. de Marlborough, afin de l'informer plus promptement de l'état où seront les affaires.

» Je suis avec un profond respect, etc. »

A M. le duc de Beauvilliers.

« A La Haye, le 14 mai 1709

« Vous verrez, monsieur, par la lettre que j'écris aujourd'hui au Roi, que la dispute est présentement réduite principalement au partage pour le roi d'Espagne et à la restitution d'Exilles et de Fenestrelle. Ce sont deux points que je ne doutois pas d'emporter, ayant cédé sur tous les autres; mais ne le pouvant faire sur ces derniers, je compte presque de m'en retourner après un voyage et un séjour ici très-inutiles pour le service du Roi. L'idée qu'on a en Hollande de notre mauvais état fait d'étranges effets ; et ceux que la guerre fait souffrir dans ce pays oublient leurs peines, dans l'espérance qu'ils ont d'accabler la France, qu'ils croient ne pouvoir trop abaisser pour assurer leur propre repos.

» Quelque désir que j'aie de recevoir des lettres de la France, n'en ayant point eu depuis que je suis parti, je voudrois, aux dépens de ma propre satisfaction, qu'il ne vînt ici aucune nouvelle pendant huit jours : celles que l'on écrit suscitent de nouveaux obstacles à la conclusion de la paix.

» Les idées qu'on nous a tant données de parti de républicains et de bien intentionnés sont bien différentes sur les lieux de ce qu'on en croit de loin. Il est présentement impossible d'établir des règles certaines pour agir auprès d'un gouvernement composé d'un nombre infini de gens qui se croient et veulent être les maîtres; ils sont en grande partie nouveaux dans les affaires et suivent des impressions anciennes qui font beaucoup d'effet dans les temps présens.

» L'arrivée de M. de Marlborough décidera de mon départ, que je ne compte pas retarder au-delà du commencement de la semaine prochaine. »

Les soupçons de l'infidélité de la poste avoient obligé Torcy de différer à nommer dans sa dépêche Wanderdussen, auteur des avis secrets donnés au sujet de l'aigreur des esprits et de l'opposition presque générale, à la paix. Il avoit dépeint la forme du gouvernement telle que le nombre, non le parti le plus sage, décidoit des plus importantes affaires : toutefois ses protestations de sincérité et de bonnes intentions ne dissipoient pas la méfiance que naturellement on a des avis donnés par un ennemi; il n'étoit que trop vraisemblable que l'objet de Wanderdussen étoit de découvrir le fond des intentions du Roi, en intimidant ceux qui négocioient de la part de Sa Majesté. Ils répondirent de concert à Tourton, françois de la religion prétendue réformée, établi en Hollande, détaché vers eux par Wanderdussen, qu'ils n'avoient rien à dire au-delà de ce qu'ils avoient déclaré au Pensionnaire.

Wanderdussen, sans se rebuter, se trouva le lendemain chez le baron de Duywenworden, qui les avoit invités à dîner dans une maison de campagne auprès de La Haye, appartenante au comte de Portland son beau-père.

Wanderdussen, sous prétexte de promenade, les entretint l'un et l'autre séparément à différentes reprises. Il reprit et répéta les mêmes avis que Tourton de sa part lui avoit donnés la veille; il y ajouta des circonstances particulières.

Selon lui, la voix et le désir unanime du public s'accordoient à faire une campagne dont les fonds et les préparatifs étoient faits. On ne cessoit de répandre que la France étoit réduite à la dernière extrémité; les lettres de Paris et des provinces du royaume confirmoient cette nouvelle chaque ordinaire : on en concluoit, que si les Hollandois savoient profiter d'une telle conjoncture, ils n'auroient plus rien à craindre; que si, la négligeant, ils manquoient à leurs engagemens envers leurs alliés, la perte de la République étoit inévitable.

Wanderdussen insistoit donc sur la nécessité pressante de s'expliquer promptement; car il n'en seroit plus temps avant qu'il fût peu de jours. Les changemens étoient prochains; on demandoit alors Valenciennes et Cambray, pour les comprendre dans la barrière.

Plusieurs proposoient déjà le traité des Pyrénées; encore croyoient-ils se modérer. Le traité même, imprimé depuis peu de jours en flamand, se débitoit dans les maisons, sans qu'on sût par quel ordre ni de quelle part.

« Ce seroit se tromper, disoit Wanderdussen, que de compter sur le crédit de quelques particuliers de la province de Hollande bien intentionnés pour la paix et la désirant comme utile et même nécessaire au bien de l'Etat : la résolution de cette province, la principale de toutes, dépend de plus de cinq cents personnes, la plupart conduites par la prévention, gens regardant la France comme réduite aux abois, et tellement animés par le souvenir des temps passés, que sans raisonner ils concluoient qu'il falloit achever d'accabler cette ennemie puissante.

» Je suis, disoit Wanderdussen, le seul dans ma ville porté pour la paix, et j'ai à combattre vingt-huit personnes qui m'égalent en crédit : mon séjour à La Haye empêche qu'elles ne délibèrent sur les dernières propositions, et certainement elles ne seroient pas contentes des conditions qui regardent les alliés. Quant à l'article de la barrière, on se croit en état d'en obtenir une infiniment plus considérable que celle que vous offrez; et les lettres de la France font de si tristes descriptions de l'état du royaume, que si vous différez encore quelques jours, les Provinces-Unies formeront de nouvelles prétentions.

» Pourquoi et par quelle raison, demandoit Wanderdussen, attendre à s'expliquer que Marlborough soit arrivé? Le temps en est incertain; peut-être se passera-t-il quinze jours avant qu'il puisse faire le trajet d'Angleterre en

Hollande : d'ailleurs il apportera de nouvelles difficultés à la paix, au lieu d'aplanir les anciennes. »

Il conseilloit donc, se vantant d'être homme d'honneur et d'aimer son pays, de parler clairement au Pensionnaire, de prévenir Marlborough et de croire qu'il étoit de la dernière importance de finir promptement ; « car enfin, disoit-il, les bien intentionnés seront forcés de céder au torrent, et d'ailleurs ils sont hors d'état de s'opposer à leurs alliés. Comment, en effet, résister à soixante-dix et même près de quatre-vingt mille hommes de troupes étrangères actuellement dans les Pays-Bays ? »

Ces représentations, fondées sur la vérité et conformes aux avis que T*** et R*** recevoient de différens endroits, firent sur l'un et l'autre une égale impression.

Il est des conjonctures où la prudence veut qu'on essaie de gagner du temps ; il en est d'autres où tous les momens sont précieux.

L'état de la France empiroit de jour en jour : la famine y régnoit, les finances étoient épuisées, et les ressources pour les rétablir étoient taries ; on doutoit du courage des troupes quand les moyens de subsister leur manquoient. L'ouverture de la campagne étoit cependant très-prochaine : le mois de mai approchoit de sa fin. Comment espérer de terminer heureusement une négociation si importante dans un si court intervalle ? Il falloit donc se réduire à faire connoître à toute l'Europe la sincérité des intentions du Roi, le désir véritable qu'il avoit de rétablir la paix, pendant que ses ennemis n'épargnoient aucun moyen pour en traverser la conclusion. Pour cet effet, il étoit nécessaire que les facilités que Sa Majesté apportoit à finir la guerre devinssent publiques.

Wanderdussen avoit insisté sur la démolition de Dunkerque, comme une condition essentielle à la satisfaction des Anglois. Torcy lui confia que cette demande, quoique dure, n'empêcheroit pas de conclure. Wanderdussen le pria de le déclarer au Pensionnaire. « Mais vous m'avez tous deux conseillé, reprit Torcy, d'attendre pour le dire l'arrivée du duc de Marlborough : je suivrai cependant votre dernier avis et parlerai en conformité au Pensionnaire. »

La démolition des fortifications de Dunkerque n'étoit pas la seule prétention des Anglois : ils demandoient encore que le port fût comblé. « Les Hollandois, dit Torcy, pourront un jour se repentir d'avoir appuyé les demandes de l'Angleterre. » Wanderdussen en convint : il avoua même que sa République craignoit l'autorité que cette couronne s'étoit acquise en Hollande. Cet article débattu, on passa ensuite à celui de Strasbourg.

Indépendamment des droits acquis au Roi sur Strasbourg par la cession de l'Alsace, cette ville avoit été cédée expressément à Sa Majesté par le dernier traité de paix, et cette augmentation de droit étoit comme achetée par un échange onéreux. Il n'y avoit donc nulle équité, pas même une ombre, à demander qu'elle fût rendue à l'Empire à titre de restitution. Mais la justice est mal écoutée où l'injustice tient lieu de raison.

Wanderdussen proposa de chercher des expédiens ; Torcy résista : il ouvrit ensuite celui de démolir les fortifications de Strasbourg. Wanderdussen, sans y consentir, demanda si ce ne seroit pas un expédient de mettre dans la ville une garnison suisse. La proposition ne fut pas rejetée.

La question sur l'état à laisser au roi d'Espagne fut inutilement agitée.

Wanderdussen assura que Buys, député avec lui, désiroit sincèrement la paix : son intérêt l'y portoit, espérant qu'après sa conclusion il seroit nommé ambassadeur en France. Il le fut en effet par le traité d'Utrecht ; et pendant le cours de son ambassade il fut si touché des qualités qu'il reconnut dans la personne du Roi, que lorsque la mort enleva ce monarque, la douleur de l'ambassadeur de Hollande fit honte à l'ingratitude de plusieurs sujets de Sa Majesté, comblés de ses bienfaits.

Ces conversations finies, Torcy, de retour à La Haye, alla chez le Pensionnaire, et le trouvant seul, s'ouvrit à lui du consentement que le Roi donneroit à démolir les fortifications et à combler le port de Dunkerque. Ainsi les Anglois devoient être contens et la négociation pouvoit s'avancer sans attendre inutilement l'arrivée du duc de Marlborough, contrariée par les vents, par conséquent incertaine. On pouvoit aussi examiner les deux expédiens agités avec Wanderdussen au sujet de Strasbourg.

« Ces articles, répondit le Pensionnaire, pourroient faire une partie de la satisfaction des alliés, mais elle ne seroit pas complète. Les traités engagent la République à la procurer parfaite : elle doit s'acquitter de ses obligations avant que de déposer les armes. Il n'est pas permis de penser autrement, lorsque les affaires de la grande alliance sont en si bon état. A la vérité les Anglois auroient satisfaction sur la plus grande partie de leurs demandes, mais ils ne l'auroient pas sur toutes. » Et pour le prouver, il ajouta que le parlement avoit présenté une adresse l'année dernière pour ne pas faire la paix sans conserver Naples et Sicile, unis à la monarchie d'Espagne; que jamais la nation angloise ne consentiroit à laisser ces deux royaumes au pouvoir d'un prince de France; que les Hollandois ne pouvoient y consentir aussi, puisqu'ils étoient intéressés à l'empêcher, et par la raison de leur commerce du Levant commun avec les Anglois, et par les obligations de leurs alliances; qu'ils avoient promis à l'Empereur de la maintenir dans la possession de tous les Etats d'Italie, et qu'ils ne pouvoient manquer à de telles promesses, ni le contraindre par force à céder le royaume de Naples, dont il étoit en possession.

Torcy répondit que ce n'étoit pas la première fois qu'on lui avoit fait l'objection frivole des adresses du parlement d'Angleterre; que personne n'ignoroit qu'elles n'étoient pas des lois; et que si elles donnoient occasion d'en faire, ces lois ne servoient pas de règles aux traités et n'avoient de force tout au plus que dans l'étendue de la monarchie angloise.

On promet beaucoup quand il est question de former des alliances : il faut éblouir ceux qu'on veut engager et les attirer par l'appât des avantages qu'on sait leur présenter. Mais les guerres ne sont pas éternelles; après un certain temps la paix est désirée, et pour l'obtenir il faut ordinairement se relâcher de quelques-uns, souvent de tous les avantages qu'on s'étoit promis mutuellement en prenant les armes. Les Hollandois en obtenoient de si considérables par les offres que le Roi leur avoit faites, qu'il y avoit lieu d'être étonné de l'opposition qu'ils apportoient à la condition d'un partage pour le roi d'Espagne et de leur opiniâtreté à le priver généralement de toute souveraineté lorsqu'ils vouloient le forcer à se dépouiller, pour le bien de la paix, de la monarchie d'Espagne et des Indes.

C'est ce que Torcy essaya de faire comprendre au Pensionnaire, lui faisant voir en même temps que l'Empereur profitoit assez des événemens de la guerre et des secours de ses alliés pour se désister, en considération de la paix, du royaume de Naples, et le laisser joint à la Sicile, que le roi Philippe possédoit encore.

Le Pensionnaire persistant à se retrancher sur l'obligation des traités et sur la nécessité d'attendre l'arrivée du duc de Marlborough pour régler l'article des royaumes de Naples et de Sicile, aussi bien que celui du roi d'Angleterre, Torcy convint de cette espèce de surséance. Il restoit à parler de l'article de Strasbourg : Heinsius demanda quel usage il pouvoit faire des expédiens proposés. Son dessein étant d'en parler au prince Eugène; soit vérité, soit feinte, il demanda au ministre du Roi ce qu'il en pensoit. Ils convinrent tous deux que le Pensionnaire communiqueroit au prince Eugène ces expédiens, comme proposés par un tiers qu'il ne pouvoit ni ne vouloit nommer; que s'ils étoient approuvés, ils aplaniroient peut-être les difficultés que la France apportoit à la restitution de Strasbourg.

Le Pensionnaire promit de parler en ce sens au prince Eugène, et d'aller chez lui le lendemain.

Il assura que, quoique ce général eût fait la guerre heureusement, il ne paroissoit pas animé à la continuer; mais qu'au contraire il y avoit lieu de le trouver très-raisonnable.

Le Pensionnaire s'engagea de dire à Torcy quelle seroit la réponse du prince Eugène, le lendemain de la visite qu'il comptoit lui rendre.

Pendant cet intervalle, Torcy reçut encore des avis d'Amsterdam et de Rotterdam des sentimens de ces villes et de la province de Hollande au sujet de la paix. Ces avis s'accordoient à faire voir que ceux qu'on pouvoit regarder comme les mieux intentionnés, principalement dans les villes d'Amsterdam et de Rotterdam, étoient persuadés que la paix seroit impossible si la France y attachoit la condition de laisser au roi d'Espagne les royaumes de Naples et de Sicile. C'étoit le même esprit de tous côtés; et les ennemis de la France, persuadés qu'elle étoit réduite à la dernière extrémité, se croyoient en droit de tout demander et sûrs de tout obtenir.

Sur ce fondement, le Pensionnaire avoit proposé d'ériger la Franche-Comté en royaume, pour en composer un partage à donner au roi d'Espagne. D'autres que ce ministre vouloient regarder comme réalité cette idée chimérique; on ne révoquoit pas en doute qu'il ne fût de la justice de soutenir toutes les demandes que feroit le duc de Savoie.

L'État lui avoit promis de lui garantir ce qu'il occuperoit en Dauphiné et en Provence. S'il s'étoit rendu maître de ces deux provinces, les Hollandois se seroient crus engagés à le maintenir dans la possession de l'une et de l'autre, et en même temps assez puissans pour conserver à leur allié un tel agrandissement.

La dépêche écrite au Roi le 16 mai, informoit Sa Majesté de la conférence tenue le 15 du même mois avec le Pensionnaire.

Lettre au Roi.

« A La Haye, le 16 mai 1709.

» La conversation, Sire, que j'eus hier avec le Pensionnaire ne me fournit point encore de matière pour dépêcher un courrier à Votre Majesté ; car on attend l'arrivée de M. le duc de Marlborough, et jusqu'à ce qu'il soit ici, rien ne sera décidé sur les propositions que j'ai faites. La dernière a été de démolir les fortifications de Strasbourg. Le Pensionnaire me dit hier qu'il en avoit parlé à M. le prince Eugène comme d'un expédient pour laisser cette place à Votre Majesté, sans donner aucun ombrage à l'Empire ; que sa réponse avoit été qu'il ne pouvoit décider sur ces sortes d'affaires sans consulter M. de Marlborough ; qu'il croyoit cependant que la démolition des fortifications de Strasbourg n'assureroit pas l'Allemagne, Votre Majesté ayant encore d'autres forteresses sur le Rhin. Le Pensionnaire appuya cette réflexion, et soutint que le Rhin seul devoit servir de barrière entre la France et l'Empire ; qu'autrement Votre Majesté ayant toujours une entrée libre en Allemagne, les Etats voisins craindroient continuellement sa puissance.

» Je me plaignis, Sire, de cette nouvelle prétention et de la facilité qu'on avoit ici à soutenir toutes les demandes que les ennemis de Votre Majesté s'avisoient de former sous le vain nom de barrière nécessaire. Je lui fis voir qu'il étoit inouï de vouloir ôter à Votre Majesté le droit d'avoir des forteresses pour la sûreté de son royaume, principalement quand l'Empereur tenoit, au lieu de l'Empire, une garnison dans Philisbourg ; que tout ce qu'on pouvoit demander à Votre Majesté étoit de démolir les ponts qu'elle avoit sur le Rhin, et qu'elle vouloit bien y consentir, ainsi qu'elle avoit fait au traité de Riswick.

» Je rappelai à cette occasion l'extrême différence que j'avois trouvée en arrivant ici entre le plan que cette République établissoit présentement, et le projet dont ses députés s'étoient expliqués à M. Rouillé ; que lorsque j'étois parti d'auprès de Votre Majesté, elle regardoit la réserve des royaumes de Naples et de Sicile pour le Roi, son petits-fils, comme une condition réglée, et que depuis que j'étois ici, les contestations se fortifioient tous les jours sur cet article.

» Le Pensionnaire voulut encore justifier les députés de l'Etat ; mais l'éclaircissement étoit inutile, se réduisant aux mêmes raisons rebattues tant de fois. Il soutint cependant, avec autant de force qu'à l'ordinaire, les prétentions des alliés sur toute la monarchie d'Espagne, et demeura ferme à dire que les Hollandois ne pouvoient se relâcher de leurs engagemens.

» Le terme de barrière s'étend si loin, qu'il me dit que les royaumes de Naples et de Sicile étoient une barrière nécessaire pour le Tyrol.

» Il est difficile de conclure lorsqu'on raisonne sur de pareils principes. Le Pensionnaire me dit que je traiterois peut-être plus facilement, peut-être même plus indépendamment des Hollandois, avec M. le prince Eugène et M. de Marlborough. Je répondis que le but de mon voyage regardant principalement sa République, j'aurois mieux aimé traiter sans eux avec lui et avec les députés de l'Etat. Il reprit encore la même raison tant de fois alléguée de leurs engagemens avec leurs alliés ; il ajouta qu'il étoit bien fâcheux que l'on eût commencé si tard la négociation.

» Il est presque inutile de rapporter à Votre Majesté ce que le Pensionnaire me répéta comme une nouvelle proposition, celle d'ériger la Franche-Comté en royaume, et de le donner au roi d'Espagne pour dédommagement. Quoiqu'un pareil projet, proposé sérieusement, irrite, je lui répondis, sans colère apparente, que si les provinces réunies à la couronne pouvoient être démembrées, Votre Majesté n'auroit besoin ni de l'avis ni du consentement de ses ennemis pour en disposer en faveur des princes, ses enfans, comme elle le jugeroit à propos. Il insista sur l'extrême désir que l'Empereur avoit de conserver tous les Etats d'Italie, et sur l'obstacle invincible que les Hollandois trouveroient à le dépouiller du royaume de Naples au préjudice de leurs engagemens. Nous parlâmes à cette occasion des intérêts de la maison d'Autriche par rapport à la conservation de la dignité impériale, de ses anciennes vues sur l'Italie, enfin des vexations exercées par les troupes allemandes pendant l'hiver dernier sur les Etats du Pape et des princes de Lombardie. Le Pensionnaire avoua sans peine que la Hollande avoit condamné cette conduite, moins à la vérité par compassion pour les princes d'Italie que parce qu'on craignoit ici que l'Empereur, engagé dans une nouvelle guerre, ne fût plus maître d'envoyer ses troupes en Piémont pour l'ouverture de la campagne ; qu'il avoit cependant promis qu'elles y seroient à temps, et qu'en effet il avoit tenu parole.

» Il paroît cependant, dit le Pensionnaire, qu'on ne craint pas beaucoup en France les efforts de M. le duc de Savoie. » Je lui dis que

M. le duc de Berwick ayant une bonne armée, pourroit facilement les rendre inutiles ; que, selon les apparences, Votre Majesté auroit la supériorité en Allemagne et en Catalogne; qu'ainsi toutes les espérances de ses ennemis se réduiroient du côté des Pays-Bas. Il me dit que les forces des alliés étoient aussi très-grandes de ce côté, et qu'ils avoient lieu d'en attendre de grands succès.

» Je ne rapporte point à Votre Majesté plusieurs circonstances inutiles de cette conversation ; mais en parlant de la situation présente des affaires de l'Europe, et portant nos vues sur l'avenir, le Pensionnaire convint avec moi que la maison d'Autriche, réduite à deux princes, pouvoit aisément finir; que M. le duc de Savoie deviendroit roi d'Espagne ; et je lui dis même plusieurs circonstances qui prouvent que ce prince en avoit toujours eu la pensée et l'espérance. Je lui demandai si l'on seroit bien content en Hollande d'avoir un pareil voisin maître des Pays-Bas catholiques : il me dit que, quoique cette idée fût éloignée, il y auroit en ce cas des guerres entre la France et l'Espagne qui donneroient aux Provinces-Unies les moyens de se conserver, si elles prenoient bien leur parti.

» J'eus occasion, dans cette conférence, de lui dire que les embarras que nous trouvions à la paix seroient bientôt levés, si l'on vouloit laisser l'Europe en l'état où elle est présentement; que le roi d'Espagne pourroit aisément abandonner la Sicile; et que la maison d'Autriche, acquérant tous les Etats d'Italie, seroit satisfaite. Le Pensionnaire vouloit me parler des projets qu'on avoit proposés pour assurer en ce cas le commerce des Indes ; mais les idées en étant un peu effacées, il ne distinguoit pas bien la proposition que le comte de Bergueick avoit faite de celle dont le sieur Ménager étoit l'auteur. Il me dit que l'exécution d'un pareil plan étoit impossible, louant d'ailleurs le comte de Bergueick.

» Tout ce que j'apprends, Sire, est conforme à ce que le Pensionnaire et les députés de l'Etat nous ont dit à M. le président Rouillé et à moi, ensemble et séparément. L'idée de la paix est bien reçue ici et fait plaisir aux peuples, que les taxes et les impositions font souffrir ; mais ils n'en souffrent pas assez pour finir la guerre, en manquant aux moindres des engagemens qu'ils ont pris avec leurs alliés. Ils croient que leur honneur et leur sûreté dépendent de la manière dont ils satisferont à leurs traités.

» On est ici persuadé que le partage de la monarchie d'Espagne est impossible dans l'exécution ; et quoique les Hollandois craignent moins que les Anglois de voir les royaumes de Naples et de Sicile possédés par un prince de France, il paroît cependant qu'ils se laissent entraîner par le torrent et qu'ils aiment mieux penser comme les Anglois que de les contredire.

» Melos est venu ici : il m'a parlé comme tous ceux que j'avois vus avant son arrivée. Je l'ai questionné sur ces républicains et ces bien intentionnés dont ses lettres sont ordinairement remplies : ce ne sont que des noms ; tout s'évanouit lorsqu'on veut en approfondir la réalité. Enfin, Sire, je serois déjà parti, si je ne croyois absolument nécessaire d'attendre ici M. de Marlborough. Je ne crois pas le trouver plus facile que ceux à qui j'ai parlé jusqu'à présent ; mais au moins je n'aurai rien laissé qui n'ait été tenté, et Votre Majesté sera éclaircie des véritables intentions de ses ennemis. »

Le ministre du Roi avoit lieu de craindre que Sa Majesté, mécontente de tant de condescendance pour le Pensionnaire, de déférence aux insinuations des députés de la République, de frayeur des avis peut-être mal fondés des dispositions de la province de Hollande, et particulièrement des villes d'Amsterdam et de Rotterdam, ne lui fît de justes reproches de s'être trop pressé de découvrir le fond des pouvoirs qu'elle lui avoit confiés ; mais il fut rassuré par la dépêche qu'il reçut, datée du 14 mai. Non-seulement le Roi approuvoit sa conduite à La Haye et le compte qu'il avoit rendu à Sa Majesté des premières conférences, mais elle ajoutoit encore de nouvelles facilités à l'exécution des ordres qu'elle lui avoit donnés. Elle consentoit à prescrire un terme de trois mois, par exemple, pour laisser au roi d'Espagne le loisir de délibérer pendant cet espace de temps s'il accepteroit ou s'il refuseroit le dédommagement qui lui seroit proposé, dont il seroit absolument privé s'il laissoit passer ce terme fatal sans s'expliquer, son silence étant regardé comme un refus.

En ce cas, le Roi retireroit ses troupes actuellement en Espagne et refuseroit à l'avenir tout secours au Roi son petit-fils. De tous les engagemens que les ennemis pourroient demander au sujet de l'Espagne, Sa Majesté avoit résolu de n'en refuser aucun, si ce n'étoit d'employer ses forces ou d'accorder passage à celles de ses ennemis, pour détrôner le Roi Catholique.

Elle souhaitoit que si la nécessité pressante de faire la paix la forçoit à se désister de toute demande de dédommagement en faveur du roi Philippe, il fût possible d'obtenir au moins de cette extrême condescendance la conservation de Dunkerque et de Strasbourg, celle au moins de l'une de ces deux villes; qu'il ne fût plus parlé de rétablir le traité de Munster suivant le sens des Allemands.

Pour leur ôter tout ombrage, le Roi consentoit à démolir le Fort-Louis, aussi bien qu'à rendre Brisach, si l'on obtenoit à cette condition de conserver Strasbourg et Landau fortifiés.

L'état des affaires étoit une raison pressante de tenter toutes sortes de voies pour parvenir promptement à la paix. Ainsi ce n'étoit pas un déshonneur d'essayer si le duc de Marlborough, intéressé à continuer la guerre, ne seroit pas encore plus sensible à l'intérêt que le Roi lui feroit trouver de contribuer à la paix.

S'il en étoit assez touché pour y donner ses soins et son crédit, et s'il réussissoit à conserver les royaumes de Naples et de Sicile, même le seul royaume de Naples, pour dédommager le roi Philippe de la cession de tant de grands États, la récompense que le Roi consentoit de lui donner devoit être de deux millions de livres.

Au défaut de ce dédommagement, Sa Majesté proposoit d'accorder la même récompense si Dunkerque lui étoit conservé avec son port et ses fortifications; la même encore si Dunkerque étant refusé, Strasbourg demeuroit à la France, rendant le fort de Kelh à l'Empire. De ces trois alternatives, celle que le Roi préféroit étoit le dédommagement demandé pour le roi d'Espagne.

L'offre de la récompense devoit augmenter à proportion du service : elle auroit été de trois millions, si le dédommagement du Roi Catholique étant accordé, le Roi eût aussi conservé Dunkerque ou Strasbourg et Landau, cédant de sa part le fort de Kelh et Brisach. Enfin Sa Majesté étendit jusqu'à quatre millions le pouvoir qu'elle donnoit à son ministre de faire des offres à Marlborough, si moyennant une telle promesse il procuroit au roi d'Espagne les deux royaumes de Naples et de Sicile pour son dédommagement, et si Dunkerque, Strasbourg et Landau demeuroient à la France.

Tout prince souverain présumoit alors qu'il étoit en droit de former contre elle des prétentions : il se seroit cru déshonoré s'il n'avoit rien exigé au préjudice de la couronne.

Le duc de Lorraine parut au rang des prétendans : il demandoit un équivalent pour Longwy que le Roi avoit fait fortifier, et sollicitoit les alliés de comprendre sa demande dans les conditions préliminaires de la paix. Jamais Sa Majesté ne lui avoit refusé cet équivalent, qu'elle trouvoit juste de lui accorder : il ne s'agissoit que de régler comment il seroit composé. C'étoit une convention particulière à faire, indépendante absolument des conditions de la paix générale; mais ce prince espéroit que si elle étoit comprise dans les préliminaires, il pourroit obtenir la ville de Toul et le Toulois pour former cet équivalent, aussi bien que la liberté, qu'il n'avoit pas, de fortifier Nancy ou quelque autre poste en Lorraine. C'est ce que le Roi lui auroit constamment refusé.

Il prétendoit encore l'indemnité de ses droits sur la partie du Montferrat que l'Empereur avoit donnée au duc de Savoie; et, comme héritier du feu duc de Mantoue, la possession de Charleville.

Le Roi n'étoit point tenu des faits de la maison d'Autriche : c'étoit à la cour de Vienne que le duc de Lorraine devoit porter ses plaintes et demander l'indemnité du tort que l'Empereur pouvoit lui avoir fait en disposant du Montferrat.

Quant à Charleville; il y avoit plusieurs prétendans à cette partie du duché de Mantoue : les voies de droit étoient également ouvertes à tous, et Sa Majesté laissoit à tous la liberté de soutenir leurs droits.

Ses ordres sur l'article de la barrière portoient qu'en cédant Lille il falloit distraire de ses dépendances les châtellenies de Douay et Orchies et proposer une suspension d'armes s'il y avoit quelque disposition à la paix.

Chaque jour la conclusion en étoit plus désirée. La dépêche du Roi, du 22 mai, apporta l'ordre de céder Exilles et Fenestrelle, s'il étoit impossible sans cette condition de convenir des préliminaires.

Avant que Torcy reçût ce dernier ordre, le duc de Marlborough arriva de Londres à La Haye. La négociation devint alors plus vive, les conférences furent plus fréquentes; et si la sincérité de la part des ennemis eût répondu à celle de Sa Majesté, les ministres employés a traiter la paix ne se seroient pas séparés sans la conclure. Dieu, par sa bonté, ne permit pas qu'elle se fît au désavantage de la maison royale et de la France. Les lettres suivantes expliqueront les circonstances et la fin des conférences.

Lettre au Roi.

« Du 22 mai 1709.

» La négociation dont Votre Majesté nous a chargés M. Rouillé et moi languissoit : le Pensionnaire et le prince Eugène attendoient également le duc de Marlborough, avant que de répondre aux offres que j'avois faites. Il arriva ici le 18 au matin; et depuis, Sire, le mouvement a été si grand, que je me suis vu contraint de différer d'écrire à Votre Majesté, ne pouvant l'informer que très incertainement du succès qu'auroient nos propositions. Nous voyons depuis hier qu'elles seront inutiles, et qu'après avoir contenté les Anglois et les Hollandois sur toutes les demandes qui intéressent ces deux nations, elles aimeront mieux rompre que de modérer les prétentions que l'Empereur forme tant en son nom qu'en celui de l'Empire, et de cesser d'insister sur la cession des places et des lieux que M. le duc de Savoie occupe en Dauphiné. Comme une affaire si importante m'oblige à rendre à Votre Majesté un compte plus particulier de ce qui s'est passé de principal depuis cinq jours, j'aurai l'honneur de lui faire savoir qu'aussitôt que le duc de Marlborough fut arrivé, je priai le sieur Pettekum de lui demander quand je pourrois le voir. Après qu'il eut consulté le Pensionnaire, et enveloppé de beaucoup d'excuses et de complimens la liberté qu'il prenoit de me marquer une heure, et de ne pas prévenir ma visite, j'allai chez lui l'après-dînée. Si je rapportois à Votre Majesté toutes les protestations qu'il me fit de son profond respect et de son attachement pour elle et du désir qu'il a de mériter un jour sa protection, je remplirois ma lettre de choses moins essentielles que celles dont je dois lui rendre compte. Ses discours sont fleuris : je remarquai dans ceux qu'il me tint beaucoup d'art à nommer M. le duc de Berwick et M. le marquis d'Alègre. Je m'en servis, Sire, pour lui faire connoître, dans la suite de la conversation, que j'étois informé de toutes les particularités de leur commerce avec lui et que vos sentimens n'étoient point changés. Il rougit et passa aux propositions faites pour la paix. Le Pensionnaire l'avoit informé le matin de toutes les circonstances que M. de Marlborough n'avoit pu savoir depuis son départ de Londres. Je croyois qu'il n'auroit rien à demander pour l'Angleterre, étant instruit des offres que j'avois faites à l'égard de Dunkerque ; mais il me dit qu'il avoit un ordre exprès de la princesse Anne d'insister particulièrement sur la restitution de Terre-Neuve ; que cet article intéressoit si vivement toute la nation, que ce seroit faire un plaisir personnel à sa maîtresse que de le régler comme article préliminaire.

» Je lui avouai que les instructions de Votre Majesté nous manquoient sur ce point ; que véritablement j'étois persuadé qu'il ne romproit pas la paix, et qu'on pourroit aisément le régler, ou par des échanges, ou par des restitutions réciproques de la part de l'Angleterre. Il a conduit ici avec lui milord Townsend, destiné pour assister de la part de l'Angleterre aux négociations de la paix.

» M. de Marlborough me dit que nous parlerions plus en détail avec lui sur l'affaire de Terre-Neuve ; il ajouta que ce même lord avoit des ordres au sujet du roi d'Angleterre, qu'il nomma prince de Galles. Il témoigna une extrême envie de pouvoir le servir, comme le fils d'un roi, pour qui, m'a-t-il dit depuis, il auroit voulu donner son sang et sa vie ; qu'il croyoit qu'il étoit de son intérêt de sortir de France : et quand je demandai en quel pays il se retireroit et comment il y subsisteroit, il convint sur le premier article que ce prince seroit le maître de choisir le lieu où il voudroit établir son séjour ; qu'il y jouiroit d'une pleine sûreté et entière liberté d'aller où il jugeroit à propos.

» L'article de la subsistance reçut plus de difficulté. Je lui proposai l'expédient du douaire de la Reine : il m'expliqua les obstacles que les lois d'Angleterre apporteroient au paiement de cette somme ; il me pria cependant d'insister fortement sur cet article, lorsque lui et milord Townsend m'en parleroient dans les conférences que nous aurions ensemble. « J'ai, dit-il, un surveillant en sa personne, quoique ce soit un fort honnête homme que j'ai fait choisir, et qui est du parti des whigs : je dois en sa présence parler comme un Anglois opiniâtre ; mais je souhaite de tout mon cœur pouvoir servir le prince de Galles, et que vos instances m'en donnent les moyens. »

» Il me fit beaucoup de confidences de cette espèce, et toutes pour appuyer les raisons qu'il avoit de résister à ce que je lui proposois. Il s'étendit avec ce même air de confiance sur l'extravagance de sa nation, si folle, dit-il, qu'elle ne met point de bornes à ses idées ; qu'elle croit qu'il est de son intérêt et qu'elle est en état de ruiner la France, quoique les gens sages, mais qui ne sont pas les maîtres, soient persuadés comme moi qu'il est temps de faire une bonne paix.

» Après de pareils discours, je n'avois pas lieu, Sire, d'attendre beaucoup de complaisance de sa part sur un partage pour le roi d'Espagne. Ainsi je disputai vainement pour l'obliger d'en convenir : je proposai successivement Naples, ensuite la Sicile ; je rebattis toutes les mêmes raisons dites tant de fois au Pensionnaire et aux députés de cette République.

» J'avois reçu la veille les derniers ordres de

Votre Majesté, par le courrier qu'elle m'a renvoyé le 14 de ce mois. Le temps de conclure et de prévenir la campagne me paroissoit pressant : ainsi je crus qu'il n'y avoit plus à différer de me servir de la permission que Votre Majesté me donnoit d'abandonner également toutes les parties de la monarchie d'Espagne. M. de Marlborough m'assura que c'étoit l'unique moyen de faire la paix, dont il continua de témoigner un extrême désir, ne songeant désormais, dit-il, qu'à vivre en repos, et regardant uniquement la main de Dieu dans les avantages surprenans que les alliés avoient eus pendant cette guerre.

» C'étoit à cette main toute puissante qu'il attribuoit leur union si étonnante, que huit nations dont leur armée est composée pensent et agissent comme un seul homme. Et, continuant avec la même modestie apparente, il me dit que si l'on faisoit la campagne, ils ne seroient pas en peine de subsistances, et que leur flotte leur apporteroit des grains qui seroient débarqués à Abbeville.

» Je ne fatiguerai point Votre Majesté en lui rapportant mes réponses. Il me proposa de voir le prince Eugène, logé avec lui dans la maison de milord Albemale. Il étoit sorti : je remis la visite au lendemain ; et, suivant ce que nous avions dit M. de Marlborough et moi, j'allai chez le Pensionnaire. Je lui déclarai le nouveau sacrifice que Votre Majesté vouloit bien faire en abandonnant, pour le bien de la paix, la réserve qu'elle avoit faite jusqu'à présent des royaumes de Naples et de Sicile pour le partage du Roi son petit-fils. Je lui fis voir l'importance de finir : j'eus lieu de croire qu'il le désiroit sincèrement, car il me parla lui-même de la nécessité dont il étoit de prévenir par une suspension les événemens de la campagne ; et jusqu'alors il avoit été très éloigné de cette proposition.

» Je ne le trouvai cependant pas plus docile sur l'article du duc de Savoie : il me tint les discours ordinaires sur l'obligation des traités, et représenta si vivement l'acharnement de toutes les villes de Hollande à maintenir les promesses faites à ce prince, que j'eus lieu de douter qu'il fût possible dans la suite de vaincre la résistance que nous avions trouvée sur cette injuste prétention. Il parla de l'Alsace, mais plus foiblement qu'à l'ordinaire, et faisant assez voir que la conclusion ne seroit pas éloignée s'il en étoit le maître : mais la république de Hollande s'est mise dans une espèce de servitude de la part de ses alliés.

Nous convînmes que nous pourrions avoir une conférence chez lui le lundi avec M. le duc de Marlborough et avec le prince Eugène, et que de part et d'autre on chercheroit de bonne foi les moyens de conclure.

» Je crus devoir rendre visite à M. le prince Eugène avant le jour de la conférence. M. de Marlborough, qui me l'avoit proposé, me conduisit à son appartement. Comme la conversation ne roula que sur des matières générales, je n'en rendrai pas compte à Votre Majesté. L'un et l'autre sont venus me voir depuis, et M. de Townsend avec eux.

» La conférence proposée fut tenue le 20 de ce mois chez le Pensionnaire. Il l'ouvrit par la récapitulation des points dont M. Rouillé, qui étoit présent, et moi nous étions convenus avec lui depuis notre arrivée à La Haye ; il ajouta, sur l'article de l'abandon de l'Espagne, que le roi de Portugal demandoit la confirmation d'un traité fait avec Votre Majesté au sujet de la rivière des Amazones. M. Rouillé étoit en état plus que personne de répondre à cette prétention nouvelle, ayant fait le traité ; mais la question parut si peu essentielle, que l'on convint aisément de la remettre aux conférences générales de la paix, et le Pensionnaire en fit lui-même la proposition.

» Les deux ministres d'Angleterre expliquèrent les prétentions de cette couronne. Les principales difficultés étoient levées ; les seules qui restoient regardoient la sortie du roi de la Grande-Bretagne hors de France, sa subsistance et l'article de Terre-Neuve.

» Ils convinrent, sur la première, que ce prince, qu'ils nommèrent toujours prince de Galles, choisiroit comme il lui plairoit le lieu de sa retraite, et qu'il y jouiroit d'une entière liberté et d'une parfaite sûreté pour sa personne.

» Milord Townsend expliqua, plus particulièrement encore que M. de Marlborough n'avoit fait, les difficultés que les lois d'Angleterre apportoient au paiement du douaire de la Reine. Ils se rendirent enfin à la proposition que je leur fis, ou de laisser le roi d'Angleterre en France comme il y avoit été jusqu'à présent, ou de pourvoir à sa subsistance par tel moyen qu'on jugeroit convenable, si la nation insistoit à le faire passer dans un autre pays.

» Je proposai l'amnistie pour les Anglois qui ont suivi le feu Roi son père. L'opposition fut médiocre ; mais on convint de remettre cette question aux conférences de la paix, la discussion en étant trop embarrassante et trop peu importante aux affaires d'Etat pour la comprendre dans les préliminaires. M. de Marlborough ajouta que si l'on régloit l'intérêt des particuliers, il avoit ordre de parler en faveur du duc de Richmont, et de soutenir la prétention du duc d'Hamilton sur le duché de Châtellerault.

» Ils insistèrent sur la restitution de Terre-Neuve. Nos réponses furent conformes à ce que j'avois déjà dit sur cet article à M. de Marlborough, après avoir toutefois fait comprendre l'importance de la pêche de Terre-Neuve pour former et pour exercer un grand nombre de matelots en France. Nous convînmes que cet article n'empêcheroit point la conclusion de la paix. Ils dirent qu'ils avoient ordre de demander que lorsqu'elle seroit faite on nommât des commissaires pour finir l'affaire de la baie d'Hudson : nous y consentîmes.

» Enfin, Sire, l'Angleterre et la Hollande étant satisfaites, nous avions lieu de croire que les prétentions formées sous le nom de l'Empire ne seroient pas ici d'un assez grand poids pour empêcher un bien aussi nécessaire à toute l'Europe que celui de la paix.

» M. le prince Eugène dit aussi, en commençant son discours, que nous avions pris nos avantages en favorisant les Anglois et les Hollandois, pour les engager dans nos intérêts ; mais, malgré cette réflexion, il demanda non-seulement la restitution de Strasbourg, mais encore celle de toute l'Alsace. Le prétexte commun et rebattu tant de fois de pourvoir à la sûreté de l'Empire, et de borner pour toujours les desseins de la France, servit de fondement à cette prétention. Il distingua l'Empereur comme chef de la maison d'Autriche et comme chef de l'Empire : il convint que sa maison pouvoit être satisfaite des offres faites par Votre Majesté, mais en même temps que l'Empereur devoit en demander davantage comme chef de l'Empire, puisqu'il étoit obligé de pourvoir en cette qualité à la sûreté de ses membres. Ce fut sur ce principe que roula une dispute vive, quoique les termes fussent mesurés de part et d'autre. Le prince Eugène confondit toujours la destination qu'il prétendoit faire de l'Alsace : tantôt l'Empereur devoit la posséder comme avant le traité de Munster, tantôt il sembloit incliner à remettre les dix villes en liberté, et à faire une disposition du landgraviat d'Alsace, qu'il n'expliquoit pas. Les anciennes contestations sur l'autorité de landgrave et sur la préfecture des dix villes revinrent sur le tapis. Enfin tant de questions furent agitées sans en résoudre aucune, que, las de parler, chacun se tut de part et d'autre.

» Après un assez long silence, le sieur Buys, présent à la conférence aussi bien que Wanderdussen, reprit, avec le ton d'orateur qui lui est ordinaire, qu'il faudroit passer à l'article du duc de Savoie. Je m'y opposai, comme étant inutile de chercher un nouveau sujet de contestation quand nous étions arrêtés pour un point essentiel. Deux heures sonnèrent, et la conférence finit. Nous demeurâmes encore, M. Rouillé et moi, avec le Pensionnaire et les députés de Hollande. Je le priai de nous faire expédier des passeports pour notre retour. Il parut sincèrement touché du peu de succès de la conférence. Il nous pressa plus vivement qu'à l'ordinaire de différer notre départ ; enfin il ajouta une proposition assez embrouillée de partager le différend sur l'Alsace, et que Votre Majesté voulût bien se contenter des droits que le traité de Munster lui donnoit comme landgrave et comme préfet des dix villes, sans exercer une autorité aussi pleine que celle dont elle étoit en possession. Nous étions si éloignés, que je crus inutile d'ajouter encore la cession de Strasbourg à tant d'autres que je me reprochois d'avoir faites, et dont je craignois de m'être expliqué trop légèrement.

» Wanderdussen vint le soir chez Pettekum, à dessein de lui parler : c'est lui que j'ai cité à Votre Majesté dans ma lettre du 14, et que je n'ai osé nommer parce que cette lettre devoit être portée par la poste ordinaire. Il me dit que nous perdions trop de temps ; que l'animosité augmentoit tous les jours ; que les Etats de Hollande, qui devoient s'assembler le lendemain, seroient encore plus turbulens qu'à l'ordinaire, et que le plus grand nombre se porteroit à la continuation de la guerre. Il gémit sur la foiblesse et l'incapacité du gouvernement présent ; il m'en rapporta plusieurs particularités ; il fit des pronostics sur les desseins des Anglois pour l'avenir ; enfin il me parla avec tant de sincérité, qu'ayant éprouvé déjà qu'il souhaitoit véritablement la paix, je lui dis que mon dernier pouvoir s'étendoit à remettre Strasbourg à l'Empire, pour devenir comme autrefois ville impériale ; mais que je n'avois pas voulu prodiguer cette offre dans la conférence du matin, voyant bien, par tous les raisonnemens que j'avois entendus, que cette nouvelle condescendance de Votre Majesté seroit aussi inutile que les précédentes. Il avoua que j'avois eu raison. Nous examinâmes cependant, M. Rouillé et moi, la résolution que nous devions prendre pour le service de Votre Majesté ; et voyant clairement qu'il étoit impossible de conclure aux conditions immenses que nous avions offertes, nous prîmes le parti d'épuiser les pouvoirs de Votre Majesté, et d'offrir encore Strasbourg pour être rétabli sur le pied de ville impériale. Nous convînmes avec le sieur Wanderdussen que M. Rouillé et moi nous irions le lendemain au matin chez le Pensionnaire pour lui déclarer les dernières intentions de Votre Majesté.

» L'offre de Strasbourg ne satisfit pas entièrement le Pensionnaire, moins par rapport à lui-même, car je suis persuadé qu'il désire la paix et qu'il aperçoit nos bonnes raisons, quoique tout le monde soit ici bien aveuglé par la passion; mais il jugea vraisemblablement que cette dernière offre ne contenteroit pas encore les alliés de sa République, et nous voyons que ces mêmes alliés sont en quelque façon devenus les maîtres de la Hollande. Le Pensionnaire me dit donc qu'il falloit laisser Strasbourg fortifié en l'état où il est présentement : nous contestâmes, et les raisons ne nous manquoient pas. J'étois en peine, Sire, des pouvoirs de Votre Majesté; car il falloit donner une grande extension à ceux qu'elle m'a fait l'honneur de me confier, et j'avois lieu de douter qu'ils me permissent de consentir à céder en même temps Strasbourg et le fort de Kehl, tous deux fortifiés comme ils le sont présentement. Toutefois le moment pressoit; et j'avoue à Votre Majesté que, prenant sur moi de passer au-delà des bornes qu'elle m'avoit prescrites, je n'étois pas sans quelque crainte que cette nouvelle proposition ne conduisît, comme elle le devoit, à une entière conclusion.

» Le Pensionnaire me fit voir cependant que nous en étions encore éloignés, insistant plus que jamais sur l'engagement de ses maîtres avec le duc de Savoie, et sur la nécessité où ils se trouvent, en vertu de leur traité, de procurer à ce prince la conservation d'Exilles et de Fenestrelle, de Chaumont et de la vallée de Pragelas, en sorte que le mont Genèvre serve désormais de barrière entre la France et son pays.

» Le Pensionnaire nous communiqua, et M. de Marlborough me le montra plus particulièrement ensuite, que M. le duc de Savoie prétend, en vertu de son traité, que ses alliés a outent encore à ce qu'il possède Briançon, Mont-Dauphin, le fort Barraux et Monaco.

» Enfin le Pensionnaire conclut qu'il iroit sur-le-champ trouver M. de Marlborough; qu'il lui communiqueroit l'offre de Strasbourg, et que le soir nous nous assemblerions comme la veille.

» En sortant, on me vint dire que M. de Marlborough avoit envoyé chez moi, à dessein de me rendre visite : j'envoyai le prier de m'attendre chez lui à midi. La conversation commença de sa part par les mêmes protestations qu'il m'avoit faites la première fois que je l'avois vu seul : il répéta ce qu'il m'avoit déjà dit du désir qu'il a de mériter la protection de Votre Majesté après la paix. J'avois peu d'envie, Sire, de le flatter d'aucune espérance, ne recevant aucun secours de sa part. Je lui tins cependant les discours que je crus propres à conserver les idées qu'il avoit formées, sans m'engager à rien de positif. Il est vrai que lorsque je parlois de ses intérêts particuliers il rougissoit et paroissoit vouloir détourner la conversation. Il me dit que le prince Eugène étoit fort embarrassé, ayant à satisfaire les princes de l'Empire sur la restitution de l'Alsace. Les raisons ne me manquèrent pas pour leur faire connoître que l'Empire étoit un vain nom qu'on employoit pour autoriser une injuste prétention, et que la plupart de ces princes seroient un jour bien fâchés de voir l'Alsace détachée de la couronne, principalement si jamais elle retournoit sous le pouvoir de la maison d'Autriche.

» La conférence qui se tint le soir chez le Pensionnaire ressembla fort à celle de la veille. La même question de l'Alsace y étant agitée, les discours furent à peu près les mêmes. M. le prince Eugène s'échauffant, avança que l'Empereur avoit un juste titre de prétendre présentement une province qu'il avoit été obligé de céder par le traité de Munster, et que la force et le bon état des affaires étoient des raisons suffisantes pour revenir contre les traités onéreux. Je demandai au Pensionnaire et à ceux dont l'assemblée étoit composée, s'ils convenoient de cette maxime, et si nous devions l'établir pour fondement de la paix dont il étoit question. M. le prince Eugène voulut expliquer ce qu'il avoit avancé; et quoiqu'il en parlât bien, ses raisons furent très-foibles. Il ne convint pas plus que la veille de l'état qu'il prétendoit donner à l'Alsace : il dit seulement, sans se désister de la prétention pour l'Empereur, qu'elle pourroit servir au dédommagement que M. le duc de Lorraine demandoit et que l'Empereur lui avoit promis pour le Monferrat. Il se plaignit du retardement que Votre Majesté avoit apporté jusqu'à présent à donner un équivalent pour la prévôté de Longwy. Enfin, Sire, on épouse ici la querelle de tous ceux qui forment quelque prétention contre Votre Majesté : alliés ou non ils sont amis, pourvu qu'ils aient un sujet de se plaindre. Je crois présentement pouvoir dire à Votre Majesté que, suivant les discours que le Pensionnaire, M. le prince Eugène et M. le duc de Marlborough m'ont tenus depuis que je suis ici, il est très-nécessaire de veiller aux desseins de M. le duc de Lorraine, dont les intentions et les démarches sont certainement très-mauvaises.

» La conférence finit sans aucun fruit. Le Pensionnaire en parut affligé. Nous demeurâmes quelque temps avec lui, M. Rouillé et moi. Il nous pria tous deux de chercher des expédiens pour se rapprocher : nous lui fîmes voir qu'il n'étoit plus en notre pouvoir d'y contribuer, sitôt qu'on nous demandoit l'Alsace. Il revint encore à la proposition de réduire les droits de Votre Majesté sur le pied du traité de Munster ; mais en même temps il voudroit laisser à l'Empereur la ville de Landau, celle de Brisach et le Fort-Louis. Nous ne pouvons, Sire, leur faire comprendre que les frontières de votre royaume ne doivent pas être découvertes, pendant qu'on laisseroit aux princes voisins les moyens d'y pénétrer ; qu'étant aussi jaloux qu'ils le sont d'avoir pour eux et de procurer des barrières à leurs alliés, il est de la raison de laisser au moins à Votre Majesté celles qu'elle a présentement.

» Leur unique réponse, qu'ils ont répétée sans cesse depuis le commencement de cette triste négociation, est que Votre Majesté, puissante comme elle est, n'a rien à craindre de ses voisins ; que l'Alsace n'est pas une province de France, que c'est un pays de conquête : d'où ils tirent la fausse conséquence que Votre Majesté peut l'abandonner sans peine, ou tout au moins la tenir sur le pied du traité de Munster rectifié, terme inventé par Buys.

» Leur opiniâtreté, Sire, est encore au moins aussi insupportable sur l'article de M. le duc de Savoie. La province de Hollande s'y intéresse si vivement, qu'il faudroit que les armes de Votre Majesté eussent remporté des avantages surprenans pour l'obliger à s'en désister. Le Pensionnaire, désirant concilier les esprits pour la paix, rendit compte hier aux Etats de cette province de la bataille que les Portugais ont perdue, avant que de faire son rapport de nos dernières propositions. Malgré cette préparation, il y eut des voix pour contribuer encore à une augmentation de troupes, si elle étoit nécessaire pour continuer la guerre.

» Comme nous voyons, Sire, que Dieu se réserve de la terminer, et que ce moment n'est pas encore venu, nous comptons partir d'ici, M. Rouillé et moi, demain au soir ou après demain : un plus long séjour y seroit désormais inutile. Le prince Eugène retourne demain à Bruxelles, et M. de Marlborough part samedi :

quand ils ne seront plus ici, toute négociation cessera. Nous verrons encore ce soir le Pensionnaire, pour lui dire adieu.

» Si la paix eût dépendu seulement de l'article de M. le duc de Savoie, et s'il eût été possible de convenir d'une suspension d'armes moyennant le consentement de Votre Majesté aux demandes de ce prince, j'ose avouer, Sire, que j'aurois pris sur moi de laisser ici M. le président Rouillé, et de lui dire d'attendre de nouveaux ordres sur le compte que j'aurois eu l'honneur de rendre moi-même à Votre Majesté de la situation des affaires : mais voyant que rien ne finit ici, et qu'à mesure que nous accordons on nous fait de nouvelles demandes, toute apparence de négociation me paraît aussi inutile que contraire à la dignité de Votre Majesté. Je suis bien fâché de n'avoir pas mieux répondu à la satisfaction qu'elle a bien voulu témoigner de ma conduite, par la dépêche dont elle m'a honoré. Quoique les dispositions que nous avons trouvées, les demandes qu'on nous a faites et les réponses que nous avons reçues, semblent me justifier, je ne puis cependant croire qu'il n'y ait pas de ma faute de n'avoir pas réussi, ayant des pouvoirs aussi amples que ceux dont il a plu à Votre Majesté de m'honorer. Ainsi j'ose la supplier de pardonner avec sa bonté ordinaire à mon incapacité, et de considérer seulement mon zèle et mon empressement à obéir à ses ordres. J'espère cependant que la manière dont je les ai exécutés ne sera pas entièrement inutile à Votre Majesté ; que ses sujets et ses ennemis seront également convaincus qu'il n'a tenu à elle de les faire jouir de la paix ; que les offres qu'elle a faites produiront des changemens favorables dans les esprits, et que le sacrifice que Votre Majesté vouloit faire attirera sur ses armes la bénédiction de Dieu, si nécessaire au véritable bien de la Chrétienté. Je n'ai point fait de mystère des propositions que nous avons faites M. Rouillé et moi ; j'ai cru qu'il convenoit au service de Votre Majesté qu'elles devinssent publiques : ainsi ceux qui contribuent le plus aux frais de la guerre connoîtront qu'ils ne fournissent à tant de dépenses que pour satisfaire l'ambition immodérée de leurs alliés, et que cette même ambition peut faire perdre à leur République les grands avantages qu'elle étoit sur le point d'obtenir ; car nous avons déclaré plusieurs fois, et nous le déclarerons encore ce soir, que toutes nos offres sont nulles aussitôt qu'elles ne sont pas reçues et qu'on nous laisse partir sans conclure.

» Je suis avec un très-profond respect, etc. »

« A La Haye, le 22 mai 1709.

» Je comptois, Sire, lorsque j'ai écrit ce matin la lettre que j'ai l'honneur d'envoyer à Votre Majesté, que nous partirions demain M. Rouillé et moi ; mais lorsque nous avons été ce soir chez le Pensionnaire pour lui dire adieu, il nous a dit que les affaires étoient présentement trop avancées pour nous séparer sans conclure. Toutefois il n'en a pas facilité les moyens : la même contestation subsiste sur l'article de M. le duc de Savoie et sur celui de l'Alsace. Il prétend cependant faire l'office de médiateur à l'égard du second article ; mais le seul expédient qu'il propose est de laisser à Votre Majesté les droits spécifiés par le traité de Munster, c'est-à-dire ceux dont les princes de la maison d'Autriche jouissoient en qualité de landgraves d'Alsace et de préfets des dix villes, et de faire démolir, en exécution du même traité, les forteresses bâties sur les bords du Rhin depuis Bâle jusqu'à Philisbourg. C'est en vain que nous avons opposé à cette prétention la raison de dire que les Hollandois n'avoient aucun intérêt ni à la démolition de ces forteresses, ni à la restitution des prétendus priviléges des dix villes ; qu'ils n'avoient jamais promis à leurs alliés de former et d'appuyer une pareille proposition ; qu'elle n'est point demandée par les parties intéressées, et que les garans de la paix de Westphalie ne font aucune plainte sur ce sujet. Nous avons inutilement répété qu'il falloit que Votre Majesté eût des forteresses en Alsace, pour garantir cette province de l'invasion de ceux qui la voudroient attaquer ; qu'on ne pouvoit demander le rétablissement du traité de Westphalie pour une partie, et en retrancher celle qui donnoit à Votre Majesté la ville de Brisach et le droit de garnison dans Philisbourg. La réponse ordinaire est qu'aucune puissance n'osera jamais attaquer Votre Majesté ; que ses propres forces la mettront toujours à couvert, et qu'il est nécessaire de contenter l'Empire pour conclure la paix. La réplique de notre part étoit aisée, nos pouvoirs ne nous permettant pas d'accorder les conditions que le Pensionnaire nous demandoit. Nous l'avons dit ; mais cependant, Sire, nous n'avons pas refusé la déférence qu'il nous a proposée pour demain au matin chez lui, avec le prince Eugène, le duc de Marlborough et les deux députés de l'Etat.

» En voici le plan : on lira un mémoire que M. le président Rouillé a dressé, contenant tous les articles dont nous sommes d'accord ; chacun y fera ses remarques, en sorte que l'on conviendra de tout successivement. On examinera ensuite les moyens de régler la suspension d'armes, afin de prévenir les événemens de la campagne ; et comme il restera deux articles que nous ne pouvons passer, savoir celui de M. le duc de Savoie et celui de l'Alsace, nous promettons d'envoyer un courrier à Votre Majesté pour savoir incessamment ses intentions sur l'un et sur l'autre. Ainsi la suspension aura lieu, ou bien les actions de guerre commenceront, lorsque Votre Majesté aura déclaré sa volonté.

» Si ce plan est suivi, je partirai d'ici immédiatement après le nouveau courrier que nous dépêcherons ; et M. Rouillé en attendra le retour, pour recevoir les ordres de Votre Majesté.

» Je passe ceux qu'elle m'a donnés, en différant de rompre toute négociation sur deux articles qu'elle étoit bien éloignée d'accorder : ainsi je dois rendre compte à Votre Majesté des raisons qui m'ont déterminé à cette condescendance.

» Nous avons considéré, M. Rouillé et moi, que l'état des armées de Votre Majesté et celui des grains dans le royaume étoit ou meilleur qu'on ne le dit, ou malheureusement aussi mauvais que le publient toutes les lettres qu'on reçoit ici de France. Dans le premier cas, Votre Majesté n'étant point engagée par la facilité que nous aurons eue d'aller au-delà de ses ordres, en sera quitte pour désavouer des ministres imprudens, qu'une vaine crainte aura portés trop loin ; et quoique le malheur d'être désapprouvés d'elle fût très-grand pour nous, il n'est pas à comparer avec celui dont le royaume seroit menacé, si l'état en étant tel que les ennemis de Votre Majesté le publient, la paix venoit à se rompre par le simple refus que nous aurions fait de vous demander des ordres.

» Le temps nécessaire pour les envoyer ne porte d'ailleurs aucun préjudice aux affaires de Votre Majesté : ses ordres pour la campagne n'en seront pas moins exécutés ; et le retardement, s'il y en a quelqu'un, sera plutôt nuisible à ses ennemis qu'à elle-même, car ce reste de négociation retient encore leurs généraux. Comparant donc, Sire, d'un côté l'utilité et de l'autre les inconvéniens qu'il y auroit de refuser absolument les propositions du Pensionnaire, j'ai cru que l'avantage seroit entièrement pour Votre Majesté, sans lui causer le moindre embarras ni le moindre engagement ; et que s'il y avoit du mal, il ne tomberoit que sur moi. J'espère rendre compte à Votre Majesté, avant la fin de la semaine, de l'état fixe où je laisserai ici les affaires; et je suivrai immédiatement le second courrier que je compte lui dépêcher. Le départ de M. le prince Eugène est différé, à cause de deux conférences que nous devons avoir demain le matin et le soir. »

La lettre écrite au Roi le 22 mai contenoit un détail exact de tout ce qui s'étoit dit d'essentiel, soit dans les visites que Torcy avoit faites au duc de Marlborough, et dans celles qu'il en avoit reçues, soit dans les conférences qui s'étoient tenues chez le Pensionnaire, depuis que ce général étoit arrivé à La Haye. La politesse régnoit dans ses discours: il n'omettoit aucune occasion de parler de son respect pour le Roi, même de son attachement à la personne de Sa Majesté. C'étoit en France, et sous M. de Turenne, qu'il avoit appris le métier de la guerre: il vouloit persuader qu'il en conservoit une éternelle reconnoissance. Ses expressions étoient accompagnées de protestations de sincérité démentie par les effets, de probité appuyée de sermens sur son honneur, sa conscience, et notamment souvent le nom de Dieu. Il l'appeloit à témoin de la vérité de ses intentions. On étoit tenté de lui dire : « Pourquoi ta bouche profane ose-t-elle citer ma loi ? » Il ne citoit en effet les merveilles de la Providence, lui attribuant tous les événemens de la guerre, que pour en conclure que la France ne devoit pas perdre un moment pour faire la paix; que son salut dépendoit de finir incessamment la guerre, à quelque prix qu'il lui fût possible de la terminer.

Ce principe établi, il en tiroit la conséquence que c'étoit un retardement périlleux pour le royaume de s'attacher à de vaines disputes pour obtenir une espèce de dédommagement en faveur du roi Philippe; que le génie des Anglois étoit sur ce point unanime; que jamais la nation ne consentiroit à laisser Naples et la Sicile entre les mains d'un prince de France, pas un seul de ces deux royaumes; qu'aucun ministre d'Angleterre n'oseroit en écouter la proposition, encore moins l'appuyer. Il avouoit cependant que sa nation avoit besoin de repos; mais il gardoit le silence sur les mouvemens intérieurs dont elle étoit agitée. Les suites qu'il en devoit prévoir le menaçoient d'une décadence dont il n'étoit pas éloigné, malgré les succès heureux de ses campagnes.

C'étoit aussi pour se maintenir et pour soutenir ses amis qu'il étoit passé en Angleterre. Il dit à Torcy qu'il avoit fait ce voyage pour ses affaires particulières; qu'il ne l'auroit pas entrepris, et qu'il seroit demeuré en Hollande s'il eût su que le ministre du Roi dût y venir. Il se plaignit obligeamment de n'en avoir pas été averti, comme il pouvoit l'être facilement, si le duc de Berwick eût été chargé de l'en instruire.

Outre l'affectation qui parut de sa part à nommer le duc de Berwick, il marqua beaucoup de tendresse pour un neveu digne de l'estime et de l'amitié de ceux qui le connoissoient.

La conversation donna lieu de parler de choses étrangères à la négociation. Marlborough dit, à l'occasion de la campagne précédente, qu'il n'avoit jamais compris comment il étoit entré dans l'esprit des généraux françois de garder pendant l'espace de trente lieues les bords de l'Escaut, et de se flatter qu'ils empêcheroient quatre-vingt mille hommes de le passer en quelque endroit de cet espace de son cours.

La conférence étant indiquée chez le Pensionnaire pour le 23 mai, Torcy et Rouillé s'y rendirent ensemble à neuf heures du matin. Le prince Eugène, Marlborough et Townsend arrivèrent peu de temps après, aussi bien que Buys et Wanderdussen. Le Pensionnaire exposa l'expédient qu'il avoit proposé à l'égard de l'Alsace: le prince Eugène répondit que, s'agissant de l'intérêt de l'Empire, il n'étoit pas partie capable pour en traiter; qu'il n'étoit que le ministre de l'Empereur et non de l'Empire; qu'il ne vouloit pas prendre d'engagemens sans être autorisé à les contracter, ni s'attirer les plaintes des princes de l'Empire, dont les ministres à La Haye commençoient même à faire du bruit. Il parla de l'arrivée de Stadion, envoyé par l'électeur de Mayence, et au nom des quatre cercles du Haut et Bas-Rhin, de Franconie et de Souabe.

On lut à cette occasion une longue lettre écrite en leur nom à la princesse de Danemarck, pleine d'invectives contre la France, et concluant à ce que les bornes du royaume fussent réduites à la Meuse. Après cette lecture, on reprit le même discours. Torcy répéta ce qu'il avoit déjà dit, que ses pouvoirs étoient finis; que tout ce qu'il feroit désormais seroit d'écouter les demandes qu'on lui feroit et d'en rendre compte au Roi, mais seulement pour en donner connoissance à Sa Majesté, et persuadé qu'elle ne les accepteroit pas de la nature dont elles étoient.

Il y eut plusieurs petites conférences entre les ministres alliés : enfin le fruit qu'elles produisirent fut de proposer que le Roi garderoit l'Alsace sur le pied du traité de Munster, à l'exception de Brisach, qui seroit remis à l'Empereur; que toutes les forteresses bâties par la France contre le sens littéral de ce traité seroient démolies.

Torcy écrivit l'article comme ils le voulurent, leur disant toujours qu'il passoit ses pouvoirs ; qu'il pouvoit seulement l'envoyer à Sa Majesté, mais en les avertissant que s'ils vouloient la paix, il y falloit apporter plus de facilité.

On parla des deux électeurs de Cologne et de Bavière. Le prince Eugène dit qu'il ne pouvoit pas, après le ban, signer un acte où ils seroient traités d'électeurs; qu'il falloit remettre à traiter de leurs intérêts aux conférences de la paix. L'article fut écrit pour l'envoyer au Roi.

Après beaucoup de discours, les François laissèrent aux alliés un projet des articles convenus, pour l'examiner et y faire leurs observations.

On convint de se rassembler le soir, et d'en raisonner, pour y donner la dernière main. Il fut dit enfin que sitôt qu'on seroit d'accord de tout, on parleroit des mesures à prendre pour la cessation des armes; qu'ensuite on enverroit au Roi, par un courrier, les articles que Torcy et Rouillé refusoient de passer ; que si Sa Majesté les accordoit, la suspension auroit son effet ; que si elle les rejetoit, les armées agiroient.

Pendant les intervalles des conférences, M. de Marlborough et le prince Eugène s'entretinrent avec Torcy, et l'instruisirent de différentes circonstances de leurs campagnes, aussi bien que des fautes des généraux françois, le tout sans aucun air de fanfaronnade. Le prince Eugène demanda qui seroit choisi par le Roi pour la paix et pour régler la suspension. « Il faut, dit-il, quelqu'un de bien sage et qui ne gâte pas les affaires par des hauteurs à contre-temps. » Il parla du maréchal de Villars comme peu propre pour une telle commission. Le maréchal de Boufflers fut nommé, comme d'un caractère sage et convenable, aussi bien que le maréchal d'Huxelles.

Enfin, après beaucoup de discours inutiles, on se sépara jusqu'à six heures du soir, que tous se rassemblèrent chez le Pensionnaire. Ils avoient examiné le projet dressé par M. Rouillé, et le Pensionnaire avoit écrit ses observations.

La première étoit sur la sûreté de la cession de l'Espagne, et cet article, qui étoit le premier, fut violemment contesté. Ils prétendoient que le Roi, déclarant simplement qu'il abandonneroit le roi d'Espagne et qu'il retireroit les troupes françoises, ne s'engageoit à rien, pendant qu'il jouiroit d'ailleurs du bénéfice de la paix, et qu'avant qu'elle ne fût établie il profiteroit de la suspension; qu'il n'étoit pas juste que la France finît la guerre pour elle, pendant que l'Empereur et ses alliés auroient encore à combattre pour mettre l'archiduc en possession de son partage; que la tranquillité devoit être commune et s'étendre également à toutes les nations. Au milieu de ces disputes, ils n'oublièrent pas de citer les secours envoyés en Portugal après le traité des Pyrénées, et conclurent qu'il étoit impossible de rien faire de solide sans une assurance précise, positive et réelle que le roi Philippe V sortiroit d'Espagne immédiatement après qu'on seroit d'accord sur tous les points du traité.

Torcy et Rouillé répondirent que le moyen le plus sûr de l'obliger à se retirer étoit de rappeler les troupes françoises; que, ne tirant d'autres secours que des finances et des armées d'Espagne, il ne se soutiendroit pas long-temps; que les Espagnols deviendroient bientôt ses plus grands ennemis, qu'ils passeroient en foule à l'archiduc. Torcy ajouta que M. de Marlborough lui avoit dit qu'il comptoit cette guerre pour rien. M. de Marlboroug répondit que cela étoit vrai; que cependant il étoit nécessaire de la finir en même temps que les autres et qu'il falloit chercher quelque expédient. Torcy fit voir qu'il étoit impossible d'obliger le Roi à faire la guerre au Roi son petit-fils pour le détrôner. Marlborough en convenoit, et suggéroit même des pensées pour tourner l'article de manière que, sans engager Sa Majesté à faire la guerre à l'Espagne, il parût qu'elle vouloit effectivement que la cession eût lieu. Le ministre du Roi applaudit à tout : il commença même à écrire dans le sens que proposoit Marlborough ; mais à peine l'article étoit dressé que Marlborough le désavouoit.

Le prince Eugène demanda si le Roi voudroit laisser passer une armée au milieu de son royaume, pour faire la guerre à l'Espagne. Cette proposition ne fut appuyée de personne. Enfin tout ce temps se passa en vains raisonnemens, en disputes et en conférences particulières entre les alliés.

Marlborough compara ces conférences aux comités dans les séances du parlement d'Angleterre. A neuf heures du soir le prince Eugène et les Anglois sortirent; Torcy et Rouillé demeurèrent avec le Pensionnaire, Wanderdussen et Buys. On parla pour lors avec plus d'ordre, quoique les discours de Buys fissent perdre bien du temps. On parcourut les autres articles du projet. Le Pensionnaire avoit écrit ses observations : il les lut, mais la principale difficulté rouloit toujours sur l'article d'Espagne et sur les moyens d'assurer l'exécution des traités. Ils disoient que leur but principal, en commençant la guerre, avoit été d'empêcher qu'un prince de France ne pût régner en Espagne; qu'il arriveroit que la paix se feroit, et que ce même prince demeureroit sur le trône; en sorte qu'ils seroient encore obligés de continuer la guerre contre lui lorsque la France seroit en paix : qu'il falloit donc leur donner des sûretés.

Ce fut inutilement que ceux qui agissoient pour le Roi répétèrent qu'il n'y avoit pas de plus grande sûreté, et que le Roi ne pouvoit en donner d'autres que le rappel de ses troupes; qu'on ne se trouveroit pas arrêté par cette difficulté si l'on eût voulu laisser un partage au Roi Catholique, parce qu'alors le Roi se seroit fait fort de la cession de l'Espagne. Ils revenoient toujours à demander cette sûreté. Enfin, après quelques entretiens que le Pensionnaire eut avec les deux autres députés, il proposa de remettre des places en Espagne aux troupes de l'archiduc, et d'en remettre aux Hollandois dans les Pays-Bas, pour gage de l'exécution du traité de la part du roi Philippe. Il demanda trois places en Espagne et trois dans les Pays-Bas.

On lui répliqua que quand même Sa Majesté pourroit consentir à une pareille proposition, dont elle seroit certainement bien éloignée, il ne dépendroit pas d'elle de l'exécuter; que ses troupes n'étoient qu'auxiliaires dans les places d'Espagne; que d'ailleurs elles étoient présentement en campagne et non dans les places; et qu'en les rappelant, comme elle vouloit bien le promettre, les places tomberoient naturellement entre les mains de l'archiduc.

Le Pensionnaire et les deux autres députés insistèrent sur le peu de sûreté qu'ils trouveroient dans l'exécution du traité; que l'amnistie leur feroit perdre les avantages qu'ils avoient lieu d'attendre de l'ouverture de la campagne, et qu'il falloit au moins qu'en vertu de cette amnistie le Roi les mît en possession des places qu'ils devoient avoir pour leur barrière.

La réponse à cette prétention fut que jamais une suspension d'armes seule n'avoit produit l'effet entier du traité; qu'il falloit qu'il fût ratifié de part et d'autre avant que d'avoir son exécution. Le Pensionnaire répliqua que, de leur part, ils pouvoient convertir en traité définitif les articles dont on conviendroit; qu'une résolution de l'Etat sur ces articles signés avoient dans leur République la force de ratification; que M. de Marlborough auroit incessamment la ratification d'Angleterre, sitôt que M. de Townsend et lui auroient signé; que le prince Eugène signeroit aussi pour l'Empereur, mais que la ratification seroit un peu lente à venir; qu'à l'égard de l'Empire, il avouoit qu'il ne pouvoit promettre la même facilité; mais que l'Empire seul ne feroit pas la guerre quand les alliés voudroient la terminer. Il parla de M. le duc de Savoie comme en étant sûr.

Moyennant cet engagement, le Pensionnaire dit que la paix se trouveroit faite, au lieu de l'amnistie, et qu'en même temps il faudroit aussi que le Roi donnât des places en otage aux Hollandois pour la sûreté de la cessation de la guerre en Espagne; qu'elles seroient rendues à Sa Majesté aussitôt que le Roi Catholique reviendroit en France. Ces places étoient Valenciennes, Cambray, Saint-Omer, qu'à la vérité il ne demanda pas expressément, mais qu'il cita par exemple. « Et Péronne, ajouta Torcy. » En sorte que le Pensionnaire, reconnoissant le ridicule de sa position, ne put lui-même garder son sérieux.

Au milieu de ces prétentions irritantes, M. Rouillé crut qu'on pouvoit venir à un plan qui assureroit véritablement la paix, parce que la Hollande, l'Angleterre et l'Empereur étant d'accord, il n'y auroit plus d'ennemis. Il le comprit mieux que Torcy, qui avoua qu'après cinq heures de conférences et de disputes sa tête n'étoit plus assez forte pour comprendre ce qu'on disoit encore.

Il étoit onze heures du soir quand ce reste d'assemblée se sépara et sortit de chez le Pensionnaire. Il n'y avoit alors, de la part des François, que de tristes raisonnemens à faire sur l'énormité des demandes qu'on leur faisoit chaque jour et sur les nouvelles qu'on affectoit de publier de l'état de la France.

Ils retournèrent chez le Pensionnaire le lendemain 24, à neuf heures du matin. Torcy avoit dressé un projet sur la manière dont on pourroit convenir des articles qui regarderoient le roi d'Espagne. Il le fit voir à Heinsius. Les expressions les plus fortes étoient employées pour ôter tout soupçon que le Roi voulût aider le Roi son petit-fils; mais il fallut encore essuyer bien des contradictions et de plus avoir la complaisance de faire une infinité d'additions, suivant les différentes propositions que faisoient le Pensionnaire et Buys, l'un et l'autre ensemble, ou alternativement; ils changeoient d'avis sitôt que leurs observations étoient écrites.

La principale difficulté de leur part rouloit

toujours sur l'article de l'Espagne : ils répétoient sans cesse qu'ils n'avoient entrepris la guerre que pour empêcher l'union de cette monarchie avec celle de la France, comme elle étoit effectivement formée depuis qu'un prince de France régnoit en Espagne ; qu'il falloit donc en traitant qu'ils fussent assurés de l'exécution de ce qu'on leur promettoit ; que le rappel des troupes ni les termes du traité ne suffisoient pas, tant que le Roi ne se porteroit pas pour garant de l'exécution ; qu'ils auroient la guerre pendant que la France jouiroit de la paix, et qu'il y auroit de leur part trop d'imprudence de ne pas finir en même temps tous les sujets de querelles.

En vain on répondoit qu'il seroit impossible au roi d'Espagne de soutenir cette guerre lorsqu'il n'auroit plus le secours du Roi ; que Marlborough avoit dit lui-même que les alliés n'en seroient point embarrassés : le Pensionnaire et les deux autres n'en convenoient pas, non plus que du sentiment de Marlborough et du prince Eugène sur cet article ; ils insistoient au contraire à demander des places de sûreté et d'otage, disoient-ils, de l'exécution de ce qu'on leur promettoit. Voici quel étoit leur raisonnement : « Ou le roi d'Espagne se soumettra aux conseils du Roi son grand-père (ce que nous croyons qu'il fera), ou bien il voudra se maintenir en possession du trône. Au premier cas, il ne coûtera rien au Roi de nous donner des places en otage, puisqu'elles seront remises aussitôt après l'accomplissement du traité ; au second cas, il faut qu'il paroisse clairement à tout le monde, aux Espagnols même, que le Roi agit de bonne foi et qu'il ne veut effectivement secourir directement ni indirectement le Roi son petit-fils, puisqu'il donne des places pour gage de sa parole. »

Ils demeurèrent fermes sur cet article, quoi qu'on pût dire pour les convaincre de l'injustice d'une telle prétention, que le Roi ne passeroit jamais, et qui d'ailleurs étoit offensante pour Sa Majesté, puisque c'étoit douter de sa parole dans le temps qu'ils vouloient de leur part qu'elle prît une extrême confiance en leur bonne foi, au-delà même des bornes ordinaires des traités ; car ils demandoient que, lorsqu'on seroit convenu de la suspension, le Roi leur fît remettre immédiatement après une des places qui devoit servir à former la barrière en Flandre ; que successivement on leur remît toutes les places, et que Dunkerque fût démoli et le port comblé avant le traité définitif. Le seul engagement qu'ils proposoient de leur part et de celle de l'Angleterre étoit de continuer l'armistice après que ces conditions auroient été accomplies.

La raison, pour appuyer une proposition si étrange et si nouvelle, étoit qu'on ne pouvoit avoir de long temps des réponses certaines de l'Empire ni de ratification de l'Empereur : on ne les persuadoit pas qu'il étoit impossible de traiter à des conditions si injustes et si inouïes. Le président Rouillé voulut même essayer de concilier toute la dureté de leurs propositions avec ce qu'on pouvoit faire pour avancer non-seulement la suspension d'armes, mais la paix. Il en dressa un projet qu'ils combattirent. Enfin on se sépara, après être convenu qu'ils communiqueroient aux deux généraux l'état de l'affaire et les articles projetés, et que si le soir il y avoit assez de temps, on pourroit conférer encore ensemble dans la même journée.

Torcy et Rouillé reçurent à huit heures du soir un messager du Pensionnaire pour retourner chez lui. Le sentiment de Torcy étoit que puisque la négociation faisoit si peu de progrès, qu'il paroissoit de la part des ennemis tant d'injustice, tant d'acharnement à profiter du mauvais état où l'on croyoit la France, tant d'avidité de tirer avantage du besoin que le royaume avoit d'obtenir une paix nécessaire, ou tout au moins une suspension d'armes, il falloit, autant pour le service du Roi que pour la décharge particulière des négociateurs, tâcher de tirer du Pensionnaire un projet par écrit des articles que les alliés exigeoient. Rouillé fut du même avis. Heinsius dit à l'un et à l'autre qu'il avoit conféré avec les deux généraux ; qu'ils étoient assez contens de la forme des articles dressés à l'égard de l'Espagne ; mais qu'il falloit une sûreté pour l'exécution et promettre nécessairement des places pour servir de gage que le Roi Catholique sortiroit de ce royaume. Il dit ensuite que Marlborough s'étoit opposé à l'expression de rétablir le commerce des Indes comme il étoit sous le règne du feu roi Charles II, et conformément aux lois d'Espagne ; qu'il demandoit que cet article fût seulement exclusif pour les François, suivant le traité de la grande alliance.

On ne manqua pas de répondre que ce changement injuste, s'il avoit lieu, n'intéresseroit pas moins la Hollande qu'il intéresseroit la France ; que la seule proposition découvriroit les vues secrètes des Anglois. Le Pensionnaire, loin d'en témoigner la moindre inquiétude, reprit indifféremment que les Hollandois avoient assez peu d'intérêt au commerce des Indes occidentales. « Pourquoi donc, lui demanda Torcy, insistez-vous avec tant d'opiniâtreté à donner à la maison d'Autriche la monarchie de ce Nouveau-Monde, qui n'intéresse votre commerce que médiocrement? »

La réplique générale étoit la prétendue nécessité de borner, pour le bien de l'Europe, la trop grande puissance de la France. Cette maxime, adoptée par ses ennemis, servoit de fondement à l'iniquité de toutes leurs prétentions.

Toutefois Buys, scandalisé de l'observation faite par Marlborough et du changement que les Anglois se proposoient d'introduire, parla en flamand aux deux autres députés avec beaucoup d'agitation, et laissa échapper ces deux mots françois : *Pot aux roses*. Torcy, qui les remarqua, crut qu'il y avoit lieu de juger que le député de Hollande étoit avec raison très-mécontent des intentions cachées de l'Angleterre. Il n'en disconvint pas; il soutint que ce seroit l'affaire de la République de démêler avec l'Angleterre cette condition du traité. Comme il s'agissoit alors de plusieurs demandes nouvelles qui excédoient les pouvoirs que le Roi avoit confiés à ceux que Sa Majesté avoit instruits de ses intentions, Torcy représenta que l'amas de tant de prétentions nouvelles exciteroit seulement des disputes inutiles, dont la conclusion seroit impossible; que même, s'il y avoit quelques moyens de les terminer, il seroit nécessaire de les examiner plus à loisir et plus tranquillement que le peu de temps, et peut-être même la chaleur des conférences, ne le permettoient. C'étoit le moment de proposer aux ministres des alliés de renfermer toutes leurs demandes dans un plan de traité que le Pensionnaire prendroit la peine de dresser. Torcy le proposa donc, et dit que lorsque le plan lui auroit été communiqué et à Rouillé, ils y feroient leurs observations de la même manière que le Pensionnaire avoit fait les siennes sur les projets qu'ils avoient remis entre ses mains.

Torcy vit avec plaisir que la proposition étoit acceptée : le Pensionnaire promit de travailler incessamment à l'ouvrage et de le communiquer quand il seroit achevé. On se promit de part et d'autre beaucoup de sincérité et de bonne foi, soit dans l'exposition des demandes, soit dans les observations dont elles seroient la matière.

Plusieurs traits des conférences précédentes donnoient lieu de juger que l'union de la république de Hollande avec l'Angleterre n'avoit pas éteint la jalousie entre les deux nations, mais elle parut encore plus dans cette dernière conférence; en sorte que le Pensionnaire et les deux autres députés s'efforcèrent en quelque façon à persuader à Torcy que la République désiroit sincèrement de former après la paix une union étroite avec Sa Majesté. Torcy répondit qu'avec des intentions si conformes à leur intérêt, ils devroient mieux ménager ceux du Roi ; qu'ils y étoient d'autant plus obligés que son ministre leur avoit fait connoître dès les premières conférences que Sa Majesté vouloit aussi, de sa part, donner à l'avenir aux Provinces-Unies des marques de son affection.

Après quelques discussions sur différentes matières, entre autres sur les desseins du duc de Savoie, on remit les principales au plan que le Pensionnaire devoit dresser et aux observations à faire ensuite sur chaque article.

Le 25 mai, Marlborough et Townsend vinrent ensemble le matin chez Torcy. Le président Rouillé s'y trouva. Les ministres d'Angleterre dirent que, désirant tous deux de faire plaisir au Roi Jacques, instruits comme ils l'étoient du génie de leur nation, Townsend avoit pensé que l'alternative proposée au sujet de l'éloignement de ce prince, quoiqu'elle fût juste, seroit refusée; qu'on s'en tiendroit, de la part de l'Angleterre, à demander purement et simplement qu'il sortît de France. Ils jugeoient qu'il seroit plus avantageux pour lui de convenir simplement de sa retraite par les articles préliminaires, et de spécifier par le même article que la manière en seroit réglée aux conférences de la paix. Après quelques objections le projet de l'article fut dressé de concert dans les termes suivans :

« Le roi d'Angleterre ayant désiré de sortir hors du royaume de France, et prévenu la demande que la princesse Anne de Danemarck, sa sœur, et la nation angloise en ont faite, se retirera en tel pays et de telle manière qu'il sera convenu par le prochain traité de paix générale, tant sur sa retraite que sur ce qui regarde sa personne. »

La visite finie, Marlborough, sortant de la chambre, dit à Torcy en particulier, qu'il souhaitoit de lui parler le lendemain matin ; que Sinzendorff, qu'il avoit vu pendant trois heures, faisoit fort le difficile.

Le prince Eugène, Sinzendorff et Marlborough allèrent chez le Pensionnaire à cinq heures du soir. Buys et Wanderdussen y étoient. La conférence fut longue; dix heures étoient passées qu'elle duroit encore. Pettekum vint avertir Torcy qu'il avoit appris dans la ville que les instructions de Sinzendorff étoient entièrement différentes de celles du prince Eugène; que l'Empereur demandoit présentement la Franche-Comté et la Bourgogne. Pettekum se chargea d'aller le lendemain matin chez le Pensionnaire pour l'avertir que Torcy ne pouvoit plus retarder son départ, et pour savoir ce qu'il avoit encore à lui faire dire.

Le comte de Portland étoit alors à La Haye. Son état ne ressembloit en rien à l'éclat où il avoit paru en France lorsqu'après la paix conclue à Riswick, le roi Guillaume l'envoya au Roi avec le titre de son ambassadeur extraordinaire, et que les premières propositions du traité de partage furent concertées avec lui.

Le dépérissement de sa santé avoit suivi la perte de la faveur dont il avoit joui long-temps pendant la vie de ce prince. Différentes attaques d'apoplexie non seulement l'avoient appesanti, mais ne lui laissoient plus la facilité de s'énoncer, quand même il eût encore été capable de se mêler d'affaires importantes : ceux qui les gouvernoient alors auroient eu soin de l'en tenir éloigné; car il arrive souvent, lorsque le maître n'est plus, que c'est une cause d'exclusion que d'avoir eu part à sa confiance et à l'administration de ses affaires.

Portland étoit déjà venu chez Torcy : il lui rendit une seconde visite le 26 mai, et, sous prétexte de s'intéresser au bien de la France, il le pressa de s'expliquer clairement, de donner des sûretés valables de l'exécution du traité, enfin de conclure sans perte de temps. Il parla comme un émissaire de Marlborough, mais qui n'étoit pas admis à sa confidence.

Pettekum apporta la réponse du Pensionnaire. Il s'excusoit de n'avoir pas encore envoyé son mémoire, qu'il n'avoit pu dresser à cause de la longue conférence que Sinzendorff avoit eue avec lui la veille : elle avoit duré jusqu'à onze heures du soir. Le Pensionnaire prétendoit que le prince Eugène, Marlborough et lui, avoient eu bien de la peine à mettre Sinzendorff au fait. Il devoit retourner encore chez Heinsius et lui porter ses observations. Le mémoire promis seroit envoyé et suivi d'une conférence. Le prince Eugène différoit encore son départ.

Ce qui se passa depuis le 26 mai jusqu'au 28 du même mois est rapporté dans la dépêche écrite au Roi, de même date, et envoyée de Rotterdam par un courrier.

Lettre au Roi.

« A Rotterdam, le 28 mai 1709.

« Lorsque j'eus l'honneur, Sire, de vous rendre compte, le 13 de ce mois, de l'état de la négociation que Votre Majesté a bien voulu me confier, je comptois lui dépêcher incessamment un autre courrier pour l'informer d'une résolution précise, soit pour la paix, soit pour la continuation de la guerre ; mais les affaires se traitent lentement lorsqu'il faut les agiter en des conférences composées de plusieurs ministres qui croient servir leurs maîtres en avançant chaque jour quelque nouvelle prétention.

» Celle de la démolition des places d'Alsace, celle du duc de Savoie, où Exilles, Fenestrelle, Chaumont et la vallée de Pragelas formoient la principale difficulté, quand j'eus l'honneur d'écrire à Votre Majesté ; et j'avois déclaré que je ne signerois point ces articles, vos ordres y étant absolument contraires. La conférence du 23 au matin ne produisit nulle facilité nouvelle, quoique nous eussions lieu de remarquer, de la part de ceux à qui nous avons affaire, plus d'envie de conclure que jusqu'alors ils n'en avoient témoigné. M. le prince Eugène sembloit lever de son côté tous les petits embarras qui pouvoient éloigner la paix, étant d'ailleurs très-ferme sur les articles essentiels. Cependant tout se passoit en disputes; le moyen de les faire cesser et de fixer l'état de la question, étoit de mettre par écrit les articles compris sous le titre de préliminaires, et de laisser à chacun la liberté de les examiner et d'y faire ses remarques.

» M. Rouillé dressa ce mémoire ; et l'ayant remis au Pensionnaire, tous convinrent qu'ils l'examineroient ensemble. Le soir nous nous rassemblâmes chez le Pensionnaire : les disputes y furent plus vives et l'on conclut moins que jamais. La difficulté qu'on avoit faite sur l'exécution du traité se renouvela : on nous objecta que l'article le plus essentiel étoit celui de l'abandon de l'Espagne et des Indes ; que c'étoit pour en obtenir la possession en faveur de l'archiduc que la république de Hollande et ses alliés faisoient la guerre ; que cependant on leur proposoit de faire la paix lorsqu'ils avoient tout à espérer de la campagne prochaine, sans les assurer qu'ils parviendroient au but qu'ils s'étoient proposé ; que la France jouiroit seule de la paix, et qu'ils auroient encore la guerre à soutenir en Espagne.

» Nous répondîmes qu'elle ne seroit ni longue ni difficile, Votre Majesté retirant ses troupes, et les seules forces d'Espagne ne suffisant pas pour maintenir le Roi Catholique quand même la nation lui demeureroit constamment attachée. Ce fut, Sire, sur ces deux principes opposés que nous disputâmes très-long-temps, sans nous persuader de part ni d'autre. Dans cette contestation, M. le prince Eugène demanda si Votre Majesté laisseroit le passage libre à leurs troupes pour entrer en Espagne, en traversant la France : d'autres prétendoient que Votre Majesté devoit joindre ses forces à celles des alliés pour finir la guerre d'Espagne. Enfin, Sire, il n'y eut plus que demandes et propositions extraordinaires, dont il nous étoit impossible d'admettre aucune.

» Nous n'eûmes pas plus de satisfaction à traiter la même matière avec le Pensionnaire et avec Buys et Wanderdussen, après que le prince Eugène et les Anglois furent sortis. Nous trouvâmes en eux une crainte plus vive de voir la guerre continuer en Espagne après que la France seroit en paix. On ne manqua pas de nous citer l'exemple des secours donnés au Portugal après le traité des Pyrénées, et de rejeter tout ce que nous pûmes dire de la sûreté de la parole de Votre Majesté lorsqu'elle auroit promis de ne plus assister l'Espagne directement ni indirectement : on vouloit des sûretés réelles, et pour cet effet le Pensionnaire demandoit que Votre Majesté remît aux États-généraux six places, comme pour servir d'otage de l'exécution de la paix en Espagne. Il en proposa trois dans ce royaume et trois dans les Pays-Bas : ces dernières étoient Cambray, Valenciennes et Saint-Omer, disant qu'elles seroient rendues fidèlement à Votre Majesté sitôt que le traité auroit eu son entière exécution.

» Nous sortîmes, persuadés que nous ne devions plus compter de conclure. Alors, Sire, il me parut que la seule utilité que je devois me proposer de mon voyage étoit de savoir au moins distinctement et à quelles conditions précises les ennemis de Votre Majesté consentiroient à la paix. Je crus que le seul moyen de l'en informer étoit de demander au Pensionnaire de nous donner un projet de traité, puisqu'aussi bien nous lui avions remis de notre part un plan général d'articles préliminaires. Je lui fis cette proposition : il l'accepta, comme désirant sincèrement de trouver le moyen de conclure. Le vendredi après dîner, le samedi et le dimanche se passèrent sans qu'il nous rendît de réponse. Il travailloit au plan que nous lui avions demandé et le dressoit de concert avec messieurs de Marlborough, le prince Eugène et M. de Sinzendorff, nouvellement arrivé à La Haye pour intervenir de la part de l'Empereur aux conférences de la paix.

» Ce long silence m'empêcha d'envoyer à Votre Majesté un courrier ainsi que je me l'étois proposé, ne pouvant lui rien écrire de considérable ni de certain jusqu'à la première conférence. Enfin, Sire, nous l'eûmes hier matin chez le Pensionnaire. Il étoit seul avec les sieurs Buys et Wanderdussen ; aucun des ministres de cette République n'y assistoit. Il nous communiqua son mémoire. Nous ne découvrîmes que trop aisément, à la première lecture qu'il en fit, tout ce que ce projet contenoit de dur et de contraire aux ordres que nous avions de Votre Majesté, aussi bien que d'embarrassant dans l'exécution, qui n'étoit point sûre, quand même Votre Majesté consentiroit aux conditions qu'on veut exiger d'elle. Cependant je demandai au Pensionnaire le temps de faire nos observations comme il avoit fait les siennes ; et pour ne pas perdre un moment dans une conjoncture pressante par l'ouverture imminente de la campagne, nous convînmes que nous retournerions chez lui le soir à six heures. Nous n'eûmes donc, Sire, qu'un intervalle fort court pour faire des remarques qui auroient demandé plusieurs jours ; et Votre Majesté ne s'en apercevra que trop lorsqu'elle entendra la lecture de celles que j'ai l'honneur de lui envoyer : mais quand elles auroient été meilleures, l'utilité n'en eût pas été plus grande, ayant affaire à des gens persuadés qu'ils peuvent donner la loi et que toutes les nouvelles qu'on leur écrit de France sont véritables. Votre Majesté en verra l'effet par le projet qu'ils nous ont remis et par les réponses qu'ils ont faites à nos observations. Ils comptent cependant que ces articles sont ceux de la paix ; que Votre Majesté acceptera toutes les conditions qu'ils contiennent : et sur ce fondement, les mesures sont déjà prises pour avoir incessamment les ratifications de l'Angleterre et de la Hollande, afin que rien ne retarde l'exécution de ces mêmes articles.

» Si j'avois eu le pouvoir de les signer, j'aurois rompu la négociation, plutôt que d'engager Votre Majesté à de telles conditions, qui ne lui donnent, à mon sens, aucune sûreté suffisante de la paix, quoiqu'on exige celle de l'évacuation de ses places : mais voyant, Sire, qu'on ne demandoit aucun engagement de sa part jusqu'à ce que je sois de retour auprès d'elle, j'ai cru qu'il étoit de son service de lui faire pleinement connoître les prétentions de ses ennemis et de la laisser en état de décider sur la manière dont elle voudra leur répondre. J'ai donc pris le parti de laisser M. Rouillé à La Haye, où il demeurera jusqu'à ce que Votre Majesté lui donne ses ordres. J'ai promis qu'il les recevroit le 4, ou tout au plus tard le 5 du mois prochain. C'est le seul engagement que j'aie pris. M. le prince Eugène m'a promis que jusqu'au 4 il ne feroit aucune entreprise ; mais il ne m'a point demandé d'engagement réciproque de la part de M. le maréchal de Villars et je n'aurois pas pu le lui donner.

» Votre Majesté est donc entièrement libre de rejeter absolument ces conditions, comme j'espère que l'état de ses affaires le lui permettra ; ou de les accepter, si malheureusement elle croit devoir finir la guerre à quelque prix que ce soit, comme ses ennemis s'en flattent et le publient.

» Dans le premier cas, l'inconvénient de laisser M. Rouillé à La Haye quelques jours après moi ne sera, ce me semble, d'aucun préjudice à Votre Majesté ; et, dans le second cas, il seroit très-nécessaire d'avoir sur les lieux un homme autorisé à signer des articles qui sont proprement le traité de paix. Voilà, Sire, les raisons qui nous ont déterminés, M. Rouillé et moi. J'espère avoir l'honneur d'en rendre un compte plus particulier, à la fin de cette semaine, à Votre Majesté, étant parti ce soir de La Haye pour retourner auprès d'elle. J'ose lui dire par avance que si elle rejette, comme je l'espère, les articles que j'ai l'honneur de lui envoyer, il est de son service qu'elle rompe sur les demandes qu'on lui a faites à l'égard de l'Alsace et en faveur de M. duc de Savoie, plutôt que sur aucun article qui regarderoit indirectement l'Espagne ; car on a mis ici dans l'esprit de la nation, que Votre Majesté n'a jamais eu dessein d'abandonner cette couronne et les Indes, et qu'elle vouloit seulement procurer la paix à son royaume, laissant à ses ennemis la dépense et l'embarras d'une guerre en Espagne, que Votre Majesté soutiendroit aisément par des assistances secrètes.

» J'aurois évité Mons à mon retour, s'il m'eût été possible de le faire sans donner à M. l'électeur de Bavière un juste sujet de croire et de se plaindre qu'il étoit abandonné. Comme il n'y a rien de signé, je crois qu'il est bon de l'instruire de la forte opposition qu'il trouvera de la part des ennemis de Votre Majesté et du peu de secours qu'il doit attendre de la part des Hollandois, dont il croyoit les dispositions favorables pour lui.

Les bonnes raisons ne peuvent présentement les persuader ; et si malheureusement les succès de la campagne répondoient à ce qu'ils en attendent eux et leurs alliés, il n'y auroit plus de bornes aux demandes injustes des uns et des autres.

» Je suis avec un très-profond respect, Sire, de Votre Majesté le très-humble, très-obéissant et très-fidèle sujet et serviteur. »

ARTICLES PRÉLIMINAIRES
POUR SERVIR
AUX TRAITÉS DE LA PAIX GÉNÉRALE.

Projet desdits articles, donné par M. le Pensionnaire.

ARTICLE PREMIER.

On procédera incessamment à faire une bonne, ferme et durable paix, confédération et perpétuelle alliance et amitié entre Sa Majesté Impériale, comme aussi entre tous et chacun des alliés de Sa Majesté Impériale, et principalement le royaume de la Grande-Bretagne et les seigneurs États-généraux des Provinces-Unies, d'une part ; et de l'autre entre Sa Majesté Très-Chrétienne. Et comme les conjonctures présentes n'ont pas permis que Sa Majesté Impériale ait préalablement pu recevoir l'agrément et consentement de l'Empire sur tout ce qui le regarde dans plusieurs articles contenus dans ces préliminaires, elle tâchera d'obtenir ledit consentement le plus tôt qu'il se pourra, selon l'usage établi dans l'Empire.

Observation sur ledit article.

Le traité comprend l'Empereur et chacun des alliés : cependant ceux du Roi en sont exclus ; ce qui est contraire à la forme ordinaire des traités, l'inclusion des alliés devant être réciproque.

L'Empereur tâchera seulement d'obtenir le consentement de l'Empire le plus tôt qu'il se pourra. Un engagement aussi foible ne suffit pas : Sa Majesté Impériale doit promettre et se faire fort de ce consentement comme une condition nécessaire et préalable à l'exécution des articles auxquels le Roi voudra bien s'obliger à l'égard de l'Empire.

Arrêté dudit article, de la manière qu'il doit être signé.

On procédera incessamment à faire une bonne, ferme et durable paix, confédération et perpétuelle alliance et amitié, entre Sa Majesté Impériale, comme aussi entre tous et chacun des alliés de Sa Majesté Impériale, et principalement le royaume de la Grande-Bretagne et les seigneurs États-Généraux des Provinces-Unies, d'une part ; et de l'autre entre Sa Majesté Très-Chrétienne et ses alliés. Et comme les conjonctures présentes n'ont pas permis que Sa Majesté Impériale ait préalablement pu recevoir l'agrément et consentement de l'Empire sur tout ce qui le regarde dans plusieurs articles contenus dans ces préliminaires, elle tâchera d'obtenir, suivant l'usage établi dans l'Empire, le plus tôt qu'il se pourra, le consentement et la ratification dudit Empire, avant l'exécution des articles qui regardent particulièrement l'Empire.

ART. II.

Et pour parvenir à ce but tout salutaire au plus

tôt et en jouir dès à présent autant qu'il sera possible, on est convenu de quelques articles préliminaires, tant pour servir aux traités de la paix générale que pour être mis en exécution lors de la conclusion desdits articles.

Observation sur ledit article.

Il est dit qu'on est convenu de quelques articles préliminaires : l'expression n'est pas suffisante, puisque les articles contenus dans ce projet renferment tous les préliminaires. Il seroit donc nécessaire d'user de ces termes : *Qu'on est convenu des articles préliminaires qui doivent servir de fondement aux traités de la paix générale.*

Arrêté dudit article, de la manière qu'il doit être signé.

Et pour parvenir au but tant salutaire au plus tôt, et en jouir dès à présent autant qu'il sera possible, on est convenu des articles préliminaires qui doivent servir de fondement aux traités de la paix générale.

ART. III.

Premièrement, en considération et en conséquence de ladite bonne paix et réunion sincère de toutes parts, le Roi Très-Chrétien reconnoîtra dès à présent, publiquement et authentiquement, comme aussi après dans les traités de paix à faire, le roi Charles III en qualité de roi d'Espagne, des Indes, de Naples et de Sicile, et généralement de tous les Etats dépendant et compris sous le nom de la monarchie d'Espagne, en quelque partie du monde qu'ils soient situés, à la réserve de ce qui doit être donné à la couronne de Portugal et au duc de Savoie, suivant les traités faits entre les hauts alliés ; et de la barrière que le roi Charles III doit faire tenir auxdits seigneurs Etats-généraux dans les Pays-Bas, selon la teneur de la grande alliance de l'année 1701 et de ce qui sera dit ci-après au haut quartier de Gueldre et des conventions à faire avec ledit roi Charles III, sans en rien excepter davantage ; ainsi et avec tous les droits que le feu roi d'Espagne Charles II l'a possédée ou dû posséder, tant pour lui que pour ses hoirs, héritiers et successeurs, selon la disposition testamentaire de Philippe IV, et les pactes établis et reçus dans la sérénissime maison d'Autriche.

Observation sur ledit article.

Il faudroit ajouter : *Et être mis en exécution après l'échange des ratifications desdits articles.*

ART. IV.

Et d'autant que le duc d'Anjou est présentement en possession d'une grande partie des royaumes d'Espagne, des côtes de Toscane, des Indes et d'une partie des Pays-Bas, il a été réciproquement convenu que, pour assurer l'exécution desdits articles et des traités à faire, on achèvera lesdits traités dans le temps de deux mois, à commencer du premier du mois de juin prochain s'il est possible, pendant lequel terme Sa Majesté Très-Chrétienne fera en sorte que le royaume de Sicile soit remis à Sa Majesté Charles III ; et ledit duc sortira en pleine sûreté et en liberté de l'étendue des royaumes d'Espagne, avec son épouse, les princes ses enfans, leurs effets, et généralement toutes les personnes qui les voudront suivre ; en sorte que si ledit terme finit sans que le duc d'Anjou consente à l'exécution de la présente convention, le Roi Très-Chrétien et les princes et Etats stipulans prendront de concert les mesures convenables pour en assurer l'entier effet, et que toute l'Europe, par l'accomplissement desdits traités de paix, jouisse incessamment d'une parfaite tranquillité.

ART. V.

Pour avancer l'établissement, Sa Majesté Très-Chrétienne retirera, dans le terme desdits deux mois, les troupes et les officiers qu'elle a présentement en Espagne, et aussi ceux qui se trouvent dans le royaume de Sicile, aussi bien que dans les autres lieux, pays et Etats dépendant de ladite monarchie en Europe et des Indes, aussitôt qu'il sera possible ; promettant, en foi et parole de roi, de n'envoyer désormais au duc d'Anjou, s'il refuse d'y acquiescer, ni à ses adhérens, aucun secours, soit de troupes, artillerie, amunitions de guerre ou d'argent, directement ou indirectement.

ART. VI.

La monarchie d'Espagne demeurera dans son entier dans la maison d'Autriche, de la manière qu'il a été dit ci-dessus ; et celle de Bourbon exclue à perpétuité, sans qu'aucune de ses parties puisse jamais être démembrée, ni ladite couronne, en tout ni en partie, être unie à celle de France, ni qu'un seul et même roi, ni un prince de la maison de France, en devînt le souverain de quelque manière que ce soit, par testament, appel, successions, conventions matrimoniales, dons, ventes, contrats ou autres voies telles qu'elles puissent être ; ni que le prince qui régnera en France, ni un prince de la maison de France, puisse jamais régner aussi en Espagne ni acquérir dans l'étendue de ladite monarchie aucune ville, fort, place ou pays, dans aucune partie d'icelle, principalement dans les Pays-Bas, en vertu d'aucuns dons, ventes, échanges, conventions matrimoniales, hérédité, appel, succession par testament ou *ab intestat*, en quelque sorte et manière que ce puisse être, tant pour lui que pour les princes ses enfans, frères, leurs héritiers et descendans, que pour aucuns princes de la maison de France.

Observation sur ledit article.

L'excès des prétentions affoiblit souvent ce qu'on veut rendre le plus solide. L'exclusion donnée à tous les princes de la maison de France est trop générale pour subsister toujours, principalement quand on laisse aux princes de la maison d'Autriche une entière liberté de réunir en la seule et même personne tous les royaumes, états et dignités qu'ils pourront acquérir par quelques voies et en quelque manière que ce soit.

L'inconvénient ne seroit pas moindre pour l'Europe de voir un prince de la maison d'Autriche élevé à un trop haut degré de puissance, que d'y voir parvenir un prince de la maison de France.

La crainte de l'union de cette couronne à celle d'Espagne sur la même tête a été le motif des renonciations précédentes : il suffiroit par conséquent de prendre les précautions nécessaires pour l'empêcher, et pour cet effet d'étendre tout au plus l'exclusion aux enfans et frères du prince qui régneroit en France, ainsi qu'il avoit été proposé ; mais il seroit nécessaire de supprimer la clause injurieuse qu'on veut mettre aujourd'hui pour exclure ses héritiers, descendans et princes de sa maison qui ne seroient pas rois. Enfin il faudroit prévenir le même sujet d'alarmes à l'égard de la maison d'Autriche, et stipuler que celui qui seroit roi d'Espagne ne pourroit devenir empereur, roi de Bohême, de Hongrie, archiduc d'Autriche, ni posséder aucuns des États héréditaires en Allemagne.

Arrêté dudit article, de la manière qu'il doit être signé.

La monarchie d'Espagne demeurera en son entier dans la maison d'Autriche, de la manière qu'il a été dit ci-dessus, sans qu'aucunes de ses parties puissent jamais en être démembrées, ni ladite monarchie, en tout ni en partie, être unie à celle de France, ni qu'un seul et même roi, ni un prince de la maison de France, en devint le souverain de quelque manière que ce soit, par testament, appel, successions, conventions matrimoniales, dons, ventes, contrats ou autres voies, telles qu'elles puissent être ; ni que le prince qui régnera en France, ni un prince de la maison de France, puisse jamais aussi régner en Espagne, ni acquérir dans ladite monarchie aucune ville, fort, place ou pays, dans aucune partie d'icelle, principalement dans les Pays-Bas, en vertu d'aucuns dons, ventes, échanges, conventions matrimoniales, hérédité, appel, succession par testament ou *ab intestat*, en quelque sorte et manière que ce puisse être, tant pour lui que pour les princes ses enfans et frères, leurs héritiers et descendans.

ART. VII.

Spécialement que la France ne pourra jamais se rendre maîtresse des Indes espagnoles, ni envoyer des vaisseaux pour y exercer le commerce, directement ou indirectement, sous quelque prétexte que ce soit.

Observation sur ledit article.

L'interdiction du commerce indirect de la France est contraire à ce qui s'est pratiqué depuis que les Espagnols en sont maîtres ; ils ne peuvent même se passer des marchandises de France. Ainsi, après avoir dit que les François n'y pourront exercer directement le commerce, il faudroit ajouter : *Mais à cet égard, les choses seront remises sur le même pied qu'elles étoient sous le règne du feu roi Charles II*.

Arrêté dudit article, de la manière qu'il doit être signé.

Spécialement que la France ne pourra jamais se rendre maîtresse des Indes, ni envoyer des vaisseaux pour y exercer le commerce, sous quelque prétexte que ce soit.

ART. VIII.

Sa Majesté Très-Chrétienne, voulant donner des marques certaines du dessein qu'elle a de maintenir une paix ferme et stable et faire cesser tout ombrage de ses desseins, consent de remettre à Sa Majesté Impériale et à l'Empire la ville et la citadelle de Strasbourg dans l'état où elle se trouve présentement, avec le fort de Kelh et ses dépendances et appartenances, situées des deux côtés du Rhin, sans aucune répétition de frais ou dépenses sous quelque prétexte que ce soit, avec le canon, artillerie et amunitions de guerre qui s'y trouvent, sans aucune réserve, pour être rétablie dans le rang, prérogatives et priviléges de la ville impériale, dont elle jouissoit avant que d'être sous la domination de Sa Majesté Très-Chrétienne ; laquelle ville de Strasbourg et fort seront rendus et évacués d'abord que quelqu'un comparoîtra aux portes de ladite ville et fort muni d'un plein pouvoir de Sa Majesté Impériale et de l'Empire, selon la forme accoutumée, pour en prendre possession.

Observation sur ledit article.

Il y a vraisemblablement de grands magasins dans Strasbourg ; il ne seroit pas juste d'obliger le Roi à les abandonner : cet article demande donc une exception. Il suffiroit de rendre l'artillerie et les munitions qui appartenoient à la ville quand Sa Majesté en a pris possession, ou bien leur valeur. L'évacuation d'une ville aussi importante et des forts qui en dépendent ne peut se faire au moment qu'il comparoîtra quelqu'un aux portes avec un simple pouvoir de l'Empereur ; il faudroit donc convenir d'un temps certain, et on ne peut le régler que du jour que l'Empereur et l'Empire auront donné les ratifications du traité.

La religion catholique, apostolique et romaine doit être conservée dans Strasbourg, ainsi qu'elle y est présentement exercée ; l'évêque et le chapitre maintenus dans tous leurs droits spirituels et temporels, prérogatives, prééminences et privilèges dont les prédécesseurs dudit évêque et dudit chapitre ont joui dans l'Empire, tant en deçà qu'au-delà du Rhin.

Arrêté dudit article, de la manière qu'il doit être signé.

Sa Majesté Très-Chrétienne, voulant donner des marques certaines du dessein qu'elle a de maintenir une paix ferme et stable, et faire cesser tout ombrage de ses desseins, consent à donner à Sa Majesté Impériale et à l'Empire la ville et citadelle de Strasbourg dans l'état où elle se trouve présentement, avec le fort de Kelh et ses dépendances et appartenances situées des deux côtés du Rhin, sans aucune répétition de frais ou dépenses, sous quelque prétexte que ce soit, avec cent pièces de canon de bronze de différens calibres, savoir, cinquante pièces de 24 et douze livres de balles, et cinquante pièces de 8 et quatre livres de balles, et les munitions à proportion, pour être rétablie dans le rang, prérogatives et privilèges de ville impériale, dont elle jouissoit avant que d'être sous la domination de Sa Majesté Très-Chrétienne ; laquelle ville de Strasbourg et fort seront rendus et évacués aussitôt après les ratifications de l'Empereur et de l'Empire, qui seront échangées à La Haye, et qu'il comparoîtra aux portes de ladite ville et fort quelqu'un muni d'un plein pouvoir de Sa Majesté Impériale et de l'Empire, selon la forme accoutumée, pour en prendre possession.

ART. IX.

Que la ville de Brisach avec son territoire soient évacués par Sa Majesté Très-Chrétienne et remise par elle à Sa Majesté Impériale et à la maison d'Autriche, avec tout le canon, artillerie et amunitions de guerre qui s'y trouvent, à la fin de juin au plus tard, pour en jouir désormais en toute propriété, ainsi que Sa Majesté Impériale en a joui ou dû jouir en exécution du traité de paix conclu à Riswick.

Observation sur ledit article.

Cet article est un de ceux que nous ne pouvons passer, les ordres du Roi étant positifs d'obtenir la ville de Landau pour consentir à la restitution de Brisach.
Dans les articles signés par les ministres alliés, il est ajouté : *Avec les canons, artillerie et munitions de guerre qui s'y trouvent.*

ART. X.

Sa Majesté Très-Chrétienne possédera désormais l'Alsace, dans le sens littéral du traité de Westphalie ; en sorte qu'elle se contentera du droit de préfecture sur les dix villes impériales de ladite Alsace, sans néanmoins étendre lesdits droits au préjudice des prérogatives, droits et privilèges qui leur compètent, comme aux autres villes libres de l'Empire, pour en jouir, aussi bien que des prérogatives, revenus et domaines, ainsi que Sadite Majesté en a dû jouir lors de la conclusion desdits traités ; devant aussi être remises les fortifications desdites villes au même état qu'elles étoient alors, excepté toutefois la ville de Landau, dont la possession et propriété appartiendra toujours à Sa Majesté Impériale et à l'Empire, avec faculté de démolir ladite place, s'il est ainsi jugé à propos par l'Empereur et l'Empire.

Observation sur ledit article.

Nous avons déclaré que nous n'avions point de pouvoirs sur cet article aussi bien que sur le suivant.

ART. XI.

Qu'en conséquence desdits traités de Westphalie, Sadite Majesté Très-Chrétienne fera démolir dans le temps convenu, à ses dépens, les forteresses qu'elle a présentement sur le Rhin, depuis Bâle jusqu'à Philisbourg, nommément Huningue, le Neuf-Brisach et le Fort-Louis, avec tous les ouvrages dépendant dudit fort tant en deçà qu'au-delà du Rhin, sans qu'à jamais on puisse les rétablir.

ART. XII.

Que la ville et la forteresse de Rhinfeld, avec ce qui en dépend, demeurera au landgrave de Hesse-Cassel, jusqu'à ce qu'il sera satisfait de ses prétentions sur ladite ville et forteresse.

Observation sur ledit article.

Le différend entre les deux landgraves de Hesse-Cassel et de Rhinfeld est une affaire domestique qui regarde l'Empire ; il est par conséquent inutile d'en parler dans les articles préliminaires.

Arrêté dudit article, de la manière qu'il doit être signé.

Que la ville et forteresse de Rhinfeld, avec ce qui en dépend, demeurera au landgrave de Hesse-Cassel, jusqu'à ce qu'il en sera autrement convenu.

ART. XIII.

La reine de la Grande-Bretagne et les seigneurs Etats-généraux soutenant que la clause insérée dans l'article 4 du traité de Riswick, touchant la religion, est contre la teneur de la paix de Westphalie et que conséquemment elle devoit être révoquée, il a été trouvé bon que cette affaire soit remise à la négociation de la paix générale.

ART. XIV.

Quant à la Grande-Bretagne, Sa Majesté

Très-Chrétienne reconnoîtra dès à présent, dans la négociation des traités de paix à faire, la reine de la Grande-Bretagne en cette qualité.

Observation sur ledit article.

On est d'accord sur les trois articles suivans Il sera seulement nécessaire d'ajouter, à celui qui regarde la restitution de Terre-Neuve, qu'elle sera faite aux conditions dont il sera convenu lors de la conclusion du traité général de la paix.

ART. XV.

Sadite Majesté reconnoîtra aussi la succession à la couronne de la Grande-Bretagne dans la ligne protestante, ainsi qu'elle est établie par les actes du parlement de la Grande-Bretagne.

ART. XVI.

Le roi Très-Chrétien cédera à la couronne de la Grande-Bretagne ce que la France possède dans l'île de Terre-Neuve; et on restituera de la part de la reine de la Grande-Bretagne, aussi bien que de la part de Sa Majesté Très-Chrétienne, tous les pays, îles, forteresses et colonies que les armes de l'un et de l'autre côté ont occupés depuis la présente guerre, en quelque lieu des Indes qu'ils soient situés.

ART. XVII.

Sadite Majesté promet de faire raser toutes les fortifications de la ville de Dunkerque, du port et des ribangs qui en pouvoient dépendre, à ses dépens, et d'en faire combler et ruiner entièrement le port dans le temps de deux mois; le tout à la satisfaction de la reine de la Grande-Bretagne et des seigneurs Etats-généraux des Provinces-Unies, sans qu'il soit permis de rétablir les fortifications, ou de rendre ce port navigable à jamais, directement ou indirectement.

Observation sur ledit article.

Le temps marqué par cet article ne suffiroit pas pour démolir des ouvrages aussi considérables que ceux de Dunkerque : il faudroit convenir d'examiner de bonne foi, avec les commissaires nommés par l'Angleterre et par messieurs les Etats-Généraux, le temps nécessaire pour raser les ouvrages et combler le port, à condition qu'on y travailleroit, sans perdre un instant, immédiatement après l'échange des ratifications du traité.

Arrêté dudit article, de la manière qu'il doit être signé.

Sadite Majesté promet de raser toutes les fortifications de la ville de Dunkerque, du port, et des ribangs qui en pouvoient dépendre, à ses dépens, sans exception; en sorte que la moitié desdites fortifications soit rasée et la moitié du port comblée dans l'espace de deux mois, et l'autre moitié des fortifications rasée, aussi bien que l'autre moitié du port comblée dans l'espace de deux autres mois; le tout à la satisfaction de la reine de la Grande-Bretagne et des Etats-Généraux des Provinces-Unies, etc.

ART. XVIII.

On se tiendra, à l'égard de la personne qui prétend être roi de la Grande-Bretagne, à l'alternative proposée, suivant laquelle il sortira de France pour se retirer en tel pays de l'Europe que bon lui semblera et y jouir d'une entière sûreté et liberté, recevant de la Grande-Bretagne la somme dont on conviendra pour la subsistance ; ou bien, en cas de refus de la part de la Grande-Bretagne, de payer ladite somme, il demeurera en France comme il y a été jusqu'à présent.

Observation sur ledit article.

La personne qui prétend être roi de la Grande-Bretagne ayant désiré de sortir du royaume de France, et prévenu la demande que la reine de la Grande-Bretagne et la nation britannique ont faite, etc.

Arrêté dudit article, de la manière qu'il doit être signé.

La personne qui prétend être roi d'Angleterre ayant désiré de sortir du royaume de France, et prévenu la demande que la reine de la Grande-Bretage et la nation britannique ont faite, se retirera en tel pays et de telle manière que, par le prochain traité de paix générale, il sera convenu sur les moyens de ladite retraite.

ART. XIX.

Dans la négociation générale des traités à faire, on tâchera de convenir d'un traité de commerce avec la Grande-Bretagne.

Observation sur ledit article.

On convient de cet article aussi bien que des deux suivans.

ART. XX.

A l'égard du roi de Portugal, Sa Majesté Très-Chrétienne consentira qu'il jouisse de tous les avantages établis en sa faveur par les traités faits entre lui et ses alliés.

ART. XXI.

Sa Majesté reconnoîtra le roi de Prusse en cette qualité et promettra de ne le point troubler dans la possession de la principauté de Neuchâtel et du comté de Valangin.

ART. XXII.

Et quant aux seigneurs Etats-généraux, Sa Majesté leur cédera, dans les termes les plus précis qu'il conviendra, les places de Furnes et de Furnemback, le fort de Kenock, y compris Menin avec Saverge, Ypres avec ses châtellenies, Lille avec sa châtellenie, Tournay, Condé et Maubeuge avec toutes leurs dépendances, le tout en l'état que sont à présent lesdites places, et spécialement avec le canon, artillerie et amunitions de guerre qui s'y trouvent, pour aussi servir, avec le reste des Pays-Bas espagnols, auxdits seigneurs Etats-généraux de barrière, et pour en pouvoir convenir avec ledit roi Charles selon la teneur de ladite grande alliance, tant à l'égard de la garnison que lesdits seigneurs Etats-généraux y tiendront, que de toutes les autres choses dans les Pays-Bas espagnols, et particulièrement pour avoir en toute propriété et souveraineté le haut quartier de Gueldre, selon l'article 52 du traité de Munster de l'an 1646, comme de temps en temps ils le trouveront à propos.

Observation sur ledit article.

Il faut premièrement éclaircir s'il est vrai que le fort de Kenock est compris dans le Furnemback.
Ypres doit être exprimé avec sa châtellenie, et non pas avec ses châtellenies. Enfin il faut distinguer de la châtellenie de Lille, Douay et sa gouvernance, aussi bien qu'Orchies et ce qui en peut dépendre, afin qu'il n'y ait à l'avenir aucune contestation sur cet article.

Arrêté dudit article, de la manière qu'il doit être signé.

Et quant aux seigneurs Etats-généraux, Sa Majesté leur cédera, dans les termes les plus précis qu'il conviendra, les places de Furnes et le Furnembach, le fort de la Kenock, y compris Menin avec Saverge, Ypres avec sa châtellenie et ses dépendances, qui seront désormais Bailleul, Warneton, Comines, Wervich, Poperingue, et ce qui dépend des lieux ci-dessus exprimés, la ville et châtellenie de Cassel demeurant à Sa Majesté Très-Chrétienne, Lille avec sa châtellenie, à l'exception de Douay et son gouvernement, Tournay, Condé et Maubeuge avec toutes leurs dépendances, le tout en l'état que sont à présent lesdites places, et spécialement avec le canon, l'artillerie et amunitions de guerre qui s'y trouvent, pour aussi servir avec le reste des Pays-Bas espagnols, auxdits seigneurs Etats-généraux de barrière, et pour en pouvoir convenir avec ledit roi Charles selon la teneur de la grande alliance, tant à l'égard de la garnison que lesdits Etats-généraux y tiendront, que de toutes les autres choses dans les Pays-Bas espagnols, et particulièrement pour en avoir en toute propriété et souveraineté le haut quartier de Gueldre, selon le 52ᵉ article du traité de Munster de l'an 1649, comme de temps en temps ils le trouveront à propos; bien entendu que s'il y a un magasin général à Tournay, on conviendra de la quantité et qualité d'artillerie et munitions qui seront laissées dans ladite place.

ART. XXIII.

Sa Majesté Très-Chrétienne rendra aussi toutes les villes, forts et places qu'elle aura occupés dans les Pays-Bas espagnols dans l'état qu'ils sont présentement, avec le canon, artillerie et amunitions de guerre, et les évacuera dans le temps qui sera réglé ; le tout sous condition expresse que la religion catholique sera maintenue dans toutes lesdites places rendues, et les lieux en dépendant, de la même manière qu'elle y est établie, hormis que les garnisons de l'Etat pourront exercer leur propre religion tant dans les places cédées pour l'augmentation de la barrière, que dans les places du Pays-Bas espagnol rendues.

Observation sur ledit article.

Il y a dans ces places des commandans et des troupes du roi d'Espagne; l'électeur de Bavière en a le commandement général, et le Roi n'en étant pas le maître, ne peut s'engager qu'à retirer des garnisons composées de ses propres troupes et les officiers qui les commandent.

Arrêté dudit article, de la manière qu'il doit être signé.

Sa Majesté Très-Chrétienne rendra aussi toutes les villes, forts et places qu'elle aura occupés dans les Pays-Bas espagnols, dans l'état qu'ils sont présentement, avec leur canon, artillerie et amunitions de guerre ; bien entendu que si depuis que les troupes du Roi Très-Chrétien sont entrées dans Namur, il s'est fait quelques magasins ou amas d'artillerie et de munitions dans la ville ou château autres que pour leur défense, ils seront retirés par les officiers de Sa Majesté Très-Chrétienne, de concert avec ceux des Etats-généraux, dans le temps de l'évacuation, laquelle ne pourra être retardée pour raison de ce, mais sera faite dans le temps qui sera réglé ; le tout sous condition expresse que la religion catholique sera maintenue dans toutes lesdites places rendues et lieux en dépendant, de la même manière qu'elle y est établie, hormis que les garnisons de l'Etat pourront exercer leur propre religion tant dans les places cédées pour l'augmentation de la barrière, que dans les places rendues.

ART. XXIV.

Et afin que cette convention puisse sortir son plein effet, Sa Majesté Très-Chrétienne promet de ne faire sortir dès à présent ni canon, ni artillerie, ni amunitions de guerre, des villes et forts qui devront être rendus et cédés en vertu de ces articles.

Observation sur ledit article.

Sa Majesté a fait mettre dans les places d'Espagne et dans les siennes plus d'artillerie et plus de munitions pour leur défense qu'il n'y en a ordinairement : il ne seroit pas juste que Sa Majesté soit obligée d'en laisser présentement la même quantité pour être remise avec les places.

ART. XXV.

Sa Majesté accordera auxdits Etats-généraux, touchant leur commerce, ce qui est stipulé par le traité de Riswick, le tarif de 1664, la suppression des tarifs faits depuis la révocation de tous les édits, déclarations et arrêts postérieurs contraires audit tarif de 1665, et aussi l'annulation du tarif fait entre la France et lesdits seigneurs Etats-généraux le 29 mai 1699; de sorte qu'il n'aura lieu à leur égard que le tarif de 1664, ensemble l'exception de cinquante sous par tonneau sur les vaisseaux hollandois trafiquant dans les ports de France.

Observation sur ledit article.

On proposera les expédiens convenables pour lever de gré à gré les difficultés qui pourroient embarrasser le commerce entre les François et les Hollandois, et l'on en conviendra à l'amiable lors de la conclusion de la paix.

ART. XXVI.

Sa Majesté reconnoîtra, lors de la signature des traités de paix, le neuvième électorat érigé en faveur de l'électeur d'Hanovre.

Observation sur ledit article.

Le Roi consent à cet article, aussi bien qu'au suivant.

ART. XXVII.

Le duc de Savoie sera remis en possession du duché de Savoie, du comté de Nice et de tous les lieux et pays qui lui appartiennent héréditairement, et que les armes de Sa Majesté auront occupés pendant le cours de la présente guerre, sans aucune réserve; consentant d'ailleurs que Son Altesse Royale jouisse de tous les pays, Etats et places qui lui ont été cédés par l'Empereur et ses alliés.

ART. XXVIII.

Que le Roi cédera à M. le duc de Savoie la propriété et souveraineté des villes d'Exilles et de Fenestrelle et Chaumont, occupées présentement par les armes de Son Altesse Royale, aussi bien que la vallée de Pragelas, comme aussi de tout ce qui est en deçà des monts Genèvre et autres; en sorte que désormais lesdits monts servent de barrière et de limites entre le royaume de France et la principauté de Piémont.

Observation sur ledit article.

Cette condition est absolument contraire aux ordres précis que le Roi nous a donnés.

ART. XXIX.

Quant aux ci-devant électeurs de Cologne et de Bavière, leurs demandes et prétentions seront remises à Sa Majesté Impériale et à l'Empire, pour qu'on en puisse parler aux traités de paix; et les dispositions et décrets de Sa Majesté Impériale et de l'Empire, faits et émanés durant cette guerre, seront soutenus à l'égard de Son Altesse Electorale Palatine, qui restera dans la possession du Haut-Palatinat du comté de Cham, et dans le rang et dignité, tout de même comme il en a été investi par Sa Majesté Impériale, comme aussi à l'égard de ce qui a été fait en faveur de la ville impériale de Donawerth, et autres dispositions de cette nature. Et pour ce qui regarde les garnisons qui se trouvent ou se trouveront ci-après de la part des seigneurs Etats-généraux, dans la ville de Huy, la citadelle de Liége et de la ville de Bonn, elles y resteront, jusqu'à ce qu'on en soit convenu autrement avec Sa Majesté Impériale et l'Empire.

Observation sur ledit article.

Ce seroit soumettre les électeurs de Cologne et de Bavière au jugement de leurs parties que d'accepter pour eux cet article. Suivant sa disposition, il ne seroit parlé de leurs intérêts que lorsque le Roi ne seroit plus en état de les soutenir. Sa Majesté ayant évacué ou rasé toutes les places qu'on lui demande en exécution du traité. Il est donc nécessaire qu'il soit donné une assurance du rétablissement desdits deux électeurs, puisqu'on peut comprendre dans les articles préliminaires la confirmation de ce qui a été fait en faveur de l'électeur palatin et de la ville de Donawerth, et puisqu'on veut stipuler que messieurs des Etats-généraux auront droit de garnison dans les places de l'évêché de Liége et de l'électorat de Cologne.

Arrêté dudit article, de la manière qu'il doit être signé.

Quant aux ci-devant électeurs de Cologne et de Bavière, leurs demandes et prétentions seront remises à la négociation des traités de la paix; et les dispositions et décrets de Sa Majesté Impériale et de l'Empire, etc.

ART. XXX.

Et pour faire cesser tous les doutes sur l'exécution desdits articles, et en avancer l'exécution, dont dépend le rétablissement du repos général, et de la confiance et amitié réciproquement.

ART. XXXI.

L'on promet que l'Empereur, la reine de la Grande-Bretagne et lesdits seigneurs Etats-généraux se contenteront de ce qui leur est accordé respectivement ci-dessus, et que dans la négociation de la paix générale ils ne prétendront pas d'autres conditions que celles qu'ils coucheront dans un catalogue ou liste séparée.

Observation sur ledit article.

Pour la sûreté des présens articles, il est nécessaire de stipuler que les princes nommés se contenteront des pays, places et territoires qui leur sont accordés respectivement par lesdits articles; que, dans la négociation de la paix générale, ils ne prétendront pas d'autres conditions à cet égard; qu'ils n'agiteront que les points dont il sera fait un état et liste séparés, se contentant de les appuyer de manière que la discussion desdits points ne puisse en aucun cas faire cesser l'amnistie.

Arrêté dudit article, de la manière qu'il doit être signé.

On promet que les demandes ultérieures que l'Empereur, la reine de la Grande-Bretagne et lesdits seigneurs Etats-généraux pourront faire dans la négociation de la paix générale, aussi bien que le Roi Très-Chrétien, ne pourront interrompre l'amnistie dont il sera parlé ci-après.

ART. XXXII.

Pour l'Empire, les quatre cercles associés, le roi de Prusse, le duc de Savoie et autres alliés, comme aussi le duc de Lorraine, il leur sera libre, outre ce qui leur est accordé ci-dessus, de faire dans ladite assemblée générale telles demandes qu'ils trouveront convenir.

Observation sur ledit article.

Il est nécessaire aussi d'exprimer dans cet article que les puissances nommées ne prétendront pour leurs alliés d'autres places ni plus grande étendue de pays que ce qui est convenu par les présens articles, et qu'en aucun cas elles ne prendront les armes pour raison des demandes que leurs alliés pourroient former lorsqu'on traitera la paix générale. Le duc de Lorraine n'étant point en guerre ne doit pas seulement être nommé; il suffira qu'il soit compris dans l'énumération générale que chaque partie intéressée à la guerre fera, lors de la conclusion de la paix, des princes qu'elle souhaitera d'y faire participer.

Arrêté dudit article, de la manière qu'il doit être signé.

Pour l'Empire, les cercles associés, le roi de Portugal, le roi de Prusse, le duc de Lorraine et autres alliés, il leur sera libre, etc.

ART. XXXIII.

La négociation générale se terminera, s'il est possible, dans le temps des deux mois, comme ci-dessus.

Observation sur ledit article.

L'on convient que la négociation générale ne se peut terminer trop promptement.

ART. XXXIV.

Et afin que ladite négociation se puisse d'autant mieux faire dans le terme desdits deux mois, et que sur l'exécution desdits articles la paix s'en puisse suivre immédiatement, il a été accordé qu'il y aura une cessation d'armes de toutes les hautes parties qui sont en guerre, à commencer partout, lorsque la conclusion desdits articles pourra venir à la connoissance desdites hautes parties présentement en guerre.

Observation sur ledit article.

Suivant la disposition de ces articles, le Roi se trouveroit exposé à voir recommencer la guerre après que Sa Majesté auroit remis ou rasé un grand nombre de places très-considérable; car il est dit que si la monarchie d'Espagne est rendue ou cédée à l'Archiduc, ainsi qu'il est stipulé par ces articles, la cessation d'armes continuera jusqu'à la conclusion et ratification des traités de paix à faire. Il est donc certain que si le roi d'Espagne ne souscrit pas aux traités, et si contre toute apparence il peut soutenir la guerre, le Roi aura rendu et démoli ses places sans avoir la paix ni la suspension d'armes, et que la guerre recommenceroit avec un entier désavantage pour Sa Majesté, les frontières de son royaume étant entièrement découvertes. Il faut donc conclure que la simple signature de ces articles ne suffit pas pour en assurer l'exécution; que les ratifications de toutes les parties seront nécessaires, et que ce ne sera qu'après qu'elles seront échangées dans les termes convenus que les places seront évacuées ou rasées.

ART. XXXV.

Le Roi Très-Chrétien, pour donner des preuves de son désir et inclination pour terminer cette sanglante guerre dès à présent, promet, aussitôt la conclusion et ratification desdits articles, d'évacuer, comme ci-dessus, aux Pays-Bas les villes de Namur, Mons et Charleroy, devant le 15 de juin prochain; Luxembourg, Condé, Tournay et Maubeuge, quinze jours après; et devant le 15 de juillet les villes de Nieuport, Furnes, fort de la Kenock et Ypres, comme aussi la ville et citadelle de Strasbourg, avec le fort de Kelh; et, devant l'expiration de ces deux mois, raser et combler, comme ci-dessus est convenu, les fortifications et port de Dunkerque.

Arrêté dudit article, de la manière qu'il doit être signé.

Le Roi Très-Chrétien, pour donner des preuves de

son désir et inclination pour terminer cette sanglante guerre dès à présent, promet, aussitôt la conclusion et ratification desdits articles, d'évacuer, comme ci-dessus, aux Pays-Bas les villes de Namur, Mons et Charleroy, devant le 15 juin prochain; Luxembourg, Condé, Tournay et Maubeuge, quinze jours après; et devant le 15 de juillet les villes de Nieuport, Furnes, fort de la Kenock et Ypres; et devant l'expiration de ces deux mois, de raser et combler, comme ci-dessus est convenu, les fortifications et port de Dunkerque; se rapportant, à l'égard de Strasbourg et du fort de Kelh, à ce qui est rapporté par l'article VIII.

ART. XXXVI.

Sa Majesté Très-Chrétienne promet de remettre au temps de ladite conclusion, et devant l'expiration des deux mois après, d'exécuter tout ce qui a été accordé ci-devant à l'égard des autres alliés.

ART. XXXVII.

Et en cas que le Roi Très-Chrétien exécute tout ce qui a été dit ci-dessus, et que la monarchie d'Espagne soit rendue et cédée au roi Charles III, comme il est accordé par ces articles, dans le terme stipulé, on a accordé que la cessation d'armes entre les armées des hautes parties en guerre, continuera jusqu'à la conclusion et la ratification des traités de paix à faire.

ART. XXXVIII.

Tout ceci servira de base et de fondement des traités de paix à faire, dont on fera l'exécution dans les formes les plus amples qu'on a accoutumé de faire dans les traités de paix, tant à l'égard des cessions, successions, renonciations, dépendances et annexes, évacuation du canon, artillerie, amunitions de guerre, galères, chiourmes, sans frais ni dépens, et de semblables choses.

ART. XXXIX.

Les ratifications des articles préliminaires ci-dessus seront fournies et échangées de la part du Roi Très-Chrétien, de la reine de la Grande-Bretagne, et des seigneurs Etats-généraux, avant le 15 juin prochain; et de la part de l'Empereur dans le 1ᵉʳ juillet suivant; et de celle de l'Espagne le plus tôt qu'il sera possible; et, aussitôt après la délivrance des ratifications de la reine de la Grande-Bretagne et des seigneurs Etats-généraux, on procédera à l'exécution de ce qui est stipulé touchant l'évacuation des places que Sa Majesté Très-Chrétienne doit rendre et céder aux Pays-Bas, comme aussi touchant la démolition de la ville de Dunkerque et comblement du port, et de tout ce qui est accordé auxdites puissances. La même exécution aura lieu pour ce qui est stipulé en faveur de l'Empereur et du roi Charles III; et après la ratification de Sa Majesté Impériale, et pour ce qui touche l'Empire, l'on exécutera ce qui le regarde après que la ratification dudit Empire sera échangée. Quant aux autres alliés, les articles qui les regardent seront exécutés après qu'ils auront acquiescé, signé et ratifié lesdits articles.

ART. XL.

Et, pour avancer la conclusion des traités de paix générale, il a été convenu que le 25 du mois de juin prochain, le congrès commencera en ce lieu de La Haye; et tous les rois, princes et Etats, alliés et autres, seront invités d'y envoyer leurs ministres plénipotentiaires. Et pour prévenir toutes difficultés et embarras sur le cérémonial, et avancer d'autant plus la conclusion de la paix générale, ceux des ministres qui auront le caractère d'ambassadeur ne le déclareront que le jour de la signature des traités pour ladite paix.

Ainsi fait et convenu et signé par les plénipotentiaires de Sa Majesté Impériale, de Sa Majesté la reine de la Grande-Bretagne, et des seigneurs Etats-généraux des Provinces-Unies, avec les plénipotentiaires de Sa Majesté Très-Chrétienne.

Le Roi connut parfaitement que, sous le nom d'articles de paix, ses ennemis ne lui proposoient que des conditions inadmissibles d'une trève captieuse de deux mois, dont ils profiteroient pour se mettre en possession des places principales de la frontière de Flandre, persuadés qu'ils en demeureroient maîtres, puisqu'il seroit impossible d'exécuter le traité de paix définitif dans l'espace de temps fixé pour l'accomplir. Ainsi Sa Majesté ne balança pas sur le seul parti qu'elle eût à prendre non-seulement pour sa gloire, mais aussi pour le bien de son royaume. Elle différa cependant de faire savoir ses intentions et d'envoyer ses derniers ordres au président Rouillé, jusqu'à ce que Torcy, de retour auprès d'elle, lui eût rendu compte de plusieurs circonstances qu'il pourroit avoir omises dans les lettres qu'il avoit eu l'honneur de lui écrire.

Il vit à Mons l'électeur de Bavière, très-inquiet de l'issue des conférences de La Haye. Il désabusa ce prince de l'espérance dont il s'étoit vainement flatté d'être soutenu par les Hollan-

40.

dois, et calma la crainte que l'électeur avoit que le Roi ne vînt enfin à l'abandonner. Il ne lui céla pas que le nombre de ses ennemis étoit grand et puissant dans l'Empire.

Il continua sa route pour Douay, où le maréchal de Villars assembloit l'armée. Le bien du service demandoit qu'il fût instruit de l'état d'une négociation dont l'incertitude avoit suspendu jusqu'alors l'ouverture de la campagne. On étoit au premier de juin. Le maréchal, surpris des demandes des ennemis, persuadé que le Roi n'accepteroit pas leurs propositions, plein de confiance en la valeur et la bonne volonté des troupes, le pria d'en assurer Sa Majesté. « Quant à la subsistance de l'armée, j'ai, dit-il, du blé pour le cours du mois où nous entrons ; quand il n'y en aura plus, il faut espérer que la Providence nous fera trouver moyen de subsister. »

Le Roi, pleinement instruit des intentions de ses ennemis, rappela le président Rouillé ; Sa Majesté voulut aussi que Torcy satisfît à la parole qu'il avoit donnée au prince Eugène, et que, suivant l'engagement qu'il en avoit pris, il lui écrivit à Bruxelles pour l'avertir avant le 4 du mois de la résolution qu'elle prenoit de rejeter le projet du Pensionnaire.

La dépêche du Roi au président Rouillé contient ses justes motifs de décision.

Dépêche du Roi à M. le président Rouillé.

« Du 2 juin 1709.

» Monsieur le président Rouillé, j'ai voulu entendre le compte que Torcy devoit me rendre de son voyage à La Haye, avant que de prendre ma dernière résolution sur les conditions nommées préliminaires, et contenues dans le projet que le Pensionnaire de Hollande a dressé, de concert avec les ministres des alliés de cette République.

» Leur fermeté à soutenir de pareilles prétentions semble contredire les assurances qu'ils vous ont données du désir qu'ils ont de travailler de bonne foi au rétablissement du repos public. J'avois lieu de croire que, voulant sincèrement l'avancer, ils se désisteroient enfin des instances pressantes qu'ils vous ont faites pour obtenir la démolition de toutes les forteresses que j'ai fait construire en Alsace, et qu'ils se contenteroient à traiter sur les intérêts des électeurs de Cologne et de Bavière, puisque dans ces mêmes préliminaires il est fait mention de ces deux princes, pour confirmer les dispositions faites ou à faire à leur préjudice ; mais je vois qu'au lieu de se rapprocher de cette égalité nécessaire lorsqu'il s'agit de prendre des engagemens réciproques, la république de Hollande et ses alliés s'en éloignent encore davantage dans le principal article du traité qu'ils proposent ; car ils promettent seulement une cessation d'armes pendant deux mois, pour le prix des places qu'ils exigent que je cède immédiatement après l'échange des ratifications de ces articles préliminaires, leur dessein étant de recommencer la guerre si je ne puis alors obtenir du roi d'Espagne de renoncer au trône, condition qu'ils regardent comme absolument nécessaire pour assurer l'entière exécution de la paix.

» Si je pouvois céder sur les deux premiers articles, je ne le ferois qu'en considération de mes peuples, et dans la seule vue de leur procurer le repos qu'ils ont raison de souhaiter, après plusieurs années d'une guerre aussi onéreuse que celle que je soutiens : mais, en acceptant le projet dressé à La Haye, je serois bien éloigné du but que je me propose ; car en cédant et démolissant mes places avant que mes ennemis eussent pris aucun engagement réel avec moi, je leur donnerois de nouveaux avantages pour me faire plus commodément la guerre, et je me priverois volontairement des moyens que j'ai de résister à leurs efforts. Ainsi mes sujets n'en seroient que plus exposés à de nouvelles entreprises, et par conséquent que plus malheureux ; car il m'est impossible de répondre du consentement du Roi mon petits-fils lorsqu'il s'agit de renoncer à une couronne : il est aussi que je promette de me joindre à mes ennemis pour agir contre une nation qui n'auroit à mon égard d'autre démérite que d'être fidèle à son Roi légitime. Il paroît cependant que, si je l'abandonne, ceux qui lui sont attachés céderont aux conjonctures, et que la guerre d'Espagne finira bientôt lorsque j'en aurai retiré mes troupes : mais c'est le seul engagement qu'on puisse me demander, et je crois tout faire en le promettant. Je l'exécuterai de bonne foi si vous pouvez encore à cette condition conclure le traité ; mais si mes ennemis persistent à demander des conditions qu'il n'est pas en mon pouvoir de tenir quand je pourrois me résoudre à les promettre, le public jugera facilement ne veulent point de paix, parce qu'ils se confient en la force de leurs armes, et que leur unique dessein est de tenter de nouveaux événemens. Dieu peut les rendre aussi funestes pour eux que les précédens leur ont été favorables.

» Il ne seroit pas cependant de la prudence de consentir à une perte certaine, telle que seroit celle des places que je céderois ou que je ferois démolir, pour acheter une apparence de repos pendant deux mois, et dans la seule vue d'éviter pendant un intervalle aussi court les malheurs incertains que mes ennemis veulent me faire envisager. Je sais que la répétition des bonnes raisons que vous avez employées ne les persuadera pas à la veille d'une campagne prête à s'ouvrir et dont ils attendent de grands succès : mon intention est cependant qu'aussitôt que vous aurez reçu ma lettre, vous informiez le pensionnaire de Hollande de ce que je vous écris. Vous pouvez même le lui faire voir si vous le jugez nécessaire ; et si vous n'attendez aucun changement, vous partirez de La Haye, lui déclarant auparavant, comme vous avez déjà fait, que je révoque et regarde désormais comme nulles toutes les offres faites de ma part, soit aux Etats-généraux des Provinces-Unies, soit à leurs alliés, puisqu'elles ne peuvent rétablir suivant mes intentions une bonne et solide paix, si nécessaire au bien général de la chrétienté. Vous parlerez de même au duc de Marlborough, s'il est encore à La Haye.

» Sur ce je prie Dieu, etc. »

Le président Rouillé exécuta ponctuellement les ordres du Roi, et partit de La Haye, après avoir déclaré nulles les offres que Sa Majesté avoit faites pour faciliter la conclusion de la paix.

Elle étoit désirée si ardemment en France, que quelques personnes distinguées par un mérite supérieur, par de grandes actions et par des emplois élevés, désapprouvèrent, sans avoir vu les préliminaires, le refus qu'on avoit fait de les signer. Leur jugement étoit fondé sur l'extrême besoin que le royaume avoit de la paix.

La même considération avoit tellement frappé le président Rouillé, que lorsque le Pensionnaire remit le projet des préliminaires, Rouillé inclinoit à les signer. « Vous savez, dit-il à Torcy, quel étoit l'état des affaires quand vous êtes venu en Hollande : votre voyage en est une preuve. Si vous partez sans conclure, quelque onéreuse que soit la paix, jugez et soyez sûr du découragement de toute la nation. »

Dieu permit que Torcy espérât mieux ; mais à son retour il prit la liberté de proposer au Roi de relever le courage de ses fidèles sujets, et de leur donner une marque de sa bonté pour eux en les instruisant des facilités presque incroyables que Sa Majesté avoit inutilement apportées à la paix, et de l'opposition opiniâtre de ses ennemis.

La lettre qu'elle écrivit pour cet effet aux gouverneurs des provinces de son royaume fit connoître au public qu'elle n'avoit rien omis pour procurer la paix à des peuples dont elle se regardoit comme le père, et qui ne lui étoient pas moins chers que ses enfans.

Les fabricateurs des préliminaires crurent aussi qu'il étoit de l'intérêt commun non seulement de les publier, mais encore de les signer, comme un engagement que les puissances unies renouveloient réciproquement entre elles. Ils les obligeoient ainsi à continuer la guerre jusqu'à ce que la France fût forcée de souscrire aux conditions qu'ils prétendoient lui imposer.

Le prince Eugène sut bien remarquer qu'elle demeuroit libre pendant que ses ennemis resserroient les nœuds de leur alliance, et renonçoient à toutes les voies de se délivrer par une paix équitable du poids d'une guerre très-onéreuse. Il le dit au duc de Marlborough.

Le pensionnaire de Hollande essuya de quelques-uns de ses compatriotes des reproches à peu près semblables.

On se plaignit, en Angleterre comme en Hollande, des ministres qui laissoient échapper une occasion peu espérée de faire la paix à des conditions dont l'une et l'autre de ces deux puissances étoient contentes, et les ennemis personnels de Marlborough surent profiter à son désavantage de sa complaisance à préférer les intérêts de l'Empereur au bien de sa patrie.

Ce prince ne fut pas plus satisfait de la conduite de ses alliés : ils avoient, selon lui, donné trop peu d'attention à la sûreté de la barrière de l'Empire ; les intérêts du duc de Lorraine avoient été trop négligés ; enfin les ministres impériaux à La Haye avoient souffert une espèce de violence pour consentir à signer les préliminaires que ceux de France refusoient d'accepter ; d'où l'on conclut à Vienne que le contrat n'étoit pas obligatoire de part et d'autre.

Dieu connoît les pensées des sages du monde et sait combien elles sont vaines. Sa seule puissance avoit placé Philippe V sur le trône d'Espagne ; elle seule pouvoit l'y maintenir : les hommes n'avoient pas conduit ce grand événement. Celui de la paix ne devoit pas être attribué à leur habileté ; mais, avant que d'accorder cette paix à la France, que Dieu par sa bonté a toujours protégée, le moment devoit en être précédé par les humiliations d'un grand Roi. Sa résignation satisfit à la justice divine, et le Dieu de miséricorde regarda favorablement le monarque et ses peuples ; il inspira une nouvelle ardeur aux François, toujours pleins de zèle pour la gloire de leur maître. La patience de la nation dans les traverses qu'elle eut encore à souffrir égala sa valeur connue.

Le gouvernement vint à changer en Angleterre : le duc de Marlborough, et ceux qui, liés avec lui, dominoient dans ce royaume, furent congédiés ; l'administration de l'Etat confiée à des ministres éclairés, plus occupés que leurs prédécesseurs du bien véritable de la nation. Ils connurent l'erreur et le préjudice de la continuation d'une guerre infructueuse, proposèrent secrètement de la terminer par une paix équitable, et enlevèrent aux Hollandois la négociation dont ils se croyoient en possession.

Enfin l'Angleterre, se séparant de ses alliés défaits ensuite à Denain, eut la gloire de contribuer à rendre à l'Europe une paix heureuse et solide, avantageuse à la France par la restitution des principales places qu'elle avoit perdues pendant le cours de la guerre, par la conservation de celles que le Roi offroit trois ans auparavant, glorieuse pour le maintien d'un prince de la famille royale sur le trône d'Espagne, nécessaire par la perte fatale que le royaume fit, quatre ans après cette triste négociation et deux ans après la paix, du plus grand des Rois qui jusqu'alors en eût porté la couronne. La suite de ces Mémoires expliquera les circonstances principales de cet ouvrage de la Providence, précédé de tribulations qu'il falloit encore essuyer avant que de ressentir l'effet admirable de la toute-puissance et de la bonté divine.

Dépêche du Roi à M. le marquis de Torcy.

« A Marly, le 14 mai 1709.

» J'ai reçu la dépêche que vous m'avez écrite, commencée le 7 de ce mois et continuée le 8 et le 9. Je remarque, par le compte que vous me rendez des conférences que vous avez eues en particulier avec le pensionnaire Heinsius, et ensuite avec lui et les sieurs Buys et Wanderdussen, que les Etats-généraux, flattés de leurs succès, étendent encore leurs prétentions au-delà de ce que vous avez ajouté par mes ordres aux offres qui leur avoient déjà été faites de ma part, et qu'ils n'opposent aux solides raisons que vous avez employées contre leurs demandes, pour eux ou pour leurs alliés, que les prétextes d'une vaine crainte ou la nécessité de remplir les engagemens qu'ils prétendent avoir pris : mais comme on ne peut espérer de parvenir à la prompte conclusion d'une paix devenue absolument nécessaire à mon royaume qu'en déterminant les Hollandois par la vue de leurs intérêts particuliers, je ne puis qu'approuver la conduite sage que vous avez tenue dans vos conférences. Vous n'avez rien oublié pour surmonter les difficultés considérables que vous y avez trouvées, et je ne remarque pas moins votre sagesse lorsque je vois qu'après avoir usé avec modération des pouvoirs que je vous ai confiés tant que vous avez pu espérer que la solidité de vos raisons persuaderoit ceux qui traitent avec vous, vous avez enfin pris le parti, dans votre troisième conférence, d'augmenter par degrés les motifs qui doivent porter les Hollandois à finir la guerre : mais, en promettant de fortifier encore leur barrière des villes de Tournay et de Lille avec sa châtellenie, sans réserver aucun équivalent, vous devez observer que les châtellenies d'Orchies et de Douay, qui sont des dépendances de Lille, ne doivent point être comprises dans cette cession. J'ai lieu de croire que les Etats-généraux seront touchés de ces offres ; et il étoit nécessaire de les faire avant le temps de leur assemblée, pour ôter toutes sortes de prétextes à ceux qui désirent encore la continuation de la guerre, de faire rejeter des propositions moins avantageuses à leur République : et afin de vous donner les moyens de lever les autres difficultés qui restent encore sur les articles que vous avez déjà traités, je veux encore expliquer et même étendre les ordres que je vous ai déjà confiés.

» L'extrait que je fais joindre à cette dépêche de la lettre que le sieur Amelot m'a écrite le 30 avril, vous instruira des démarches que le Roi mon petit-fils a cru devoir faire pour s'assurer des sentimens de ceux qui entrent dans ses conseils, et de ceux qui tiennent le premier rang entre la noblesse d'Espagne. Il est aisé de prévoir les suites des engagemens qu'il a pris de leur remettre l'administration des affaires principales de son royaume ; et quand ils seroient capables de montrer autant de fermeté et de courage qu'ils lui ont témoigné de zèle en cette occasion, son Etat, épuisé d'hommes et de toutes ressources, ne lui fournira pas les moyens de soutenir long-temps la guerre, lorsque mes troupes abandonneront sa défense. Cette disposition ne change rien aux ordres que je vous ai confiés ; et, soit que vous puissiez obtenir pour lui les royaumes de Naples et de Sicile, ou celui de Naples seulement, je consentirai de stipuler un terme fixe, comme de trois mois, dans lequel le roi d'Espagne sera tenu d'accepter ce qui lui sera réservé, et qu'il en sera déchu s'il laisse expirer ce terme. Je veux bien que vous promettiez encore qu'en cas qu'il refuse d'accepter le partage qui sera réglé pour lui, il en sera déchu s'il laisse expirer ce terme, et que non seulement je retirerai celles de mes troupes qui servent en Espagne, mais encore que je cesserai de lui donner aucun secours par mer ni par terre, pas même aucune somme d'argent pour sa défense ; mais aussi je ne puis jamais, ni en aucun cas, prendre l'engagement d'employer mes forces pour détrôner le Roi mon petit-fils, ni de donner des passages par mes Etats aux troupes que les Hollandois ou leurs alliés voudroient faire entrer en Espagne.

» Quoiqu'il semble qu'il n'y ait rien à désirer à l'étendue du sacrifice que je fais pour procurer à mes peuples le repos dont ils ont un pressant besoin, je veux bien encore y en ajouter un nouveau. S'il est absolument impossible de déterminer les Anglois à consentir de laisser les royaumes de Naples et de Sicile, ou le premier seulement, au Roi mon petit-fils, et si les dernières résolutions des Hollandois pour la paix dépendoient de celles de cette nation, je veux bien enfin consentir encore, à toute extrémité, de ne réserver aucun Etat au Roi mon petit-fils, et promettre aussi de ne lui donner aucune assistance pour défense de la manière que je viens de vous l'expliquer, et aussi sans m'engager à employer mes forces contre lui, ni à donner des passages à celles des alliés sur mes terres ; et je remets à votre prudence de ne vous déclarer, tant sur la promesse que je ferois de ne point secourir le roi d'Espagne, que sur le refus que je ferois d'aider à le dépouiller de ses Etats, que lorsque vous le jugerez à propos. Je suis persuadé que si vous étiez obligé de céder même l'article de Naples aux instances des Anglois, vous n'oublieriez rien pour en tirer avantage, aussi bien que de la cession de la Sicile, et pour vous servir de ce moyen, soit pour conserver Dunkerque et Strasbourg, ou l'une de ses deux places, soit pour faire cesser la prétention injuste formée par les Hollandois de ne vouloir exécuter du traité de Westphalie, dont ils demandent le rétablissement, que les articles contraires aux intérêts de ma couronne : mais je ne regarde point les vues que je vous explique comme un équivalent absolument nécessaire du nouveau sacrifice que je fais, et je vous permets d'épuiser toute l'étendue des pouvoirs que je vous ai déjà donnés, et d'y ajouter cette nouvelle extension, s'il est nécessaire de le faire pour prévenir l'ouverture de la campagne.

» La demande qui vous a été faite du Fort-Louis est encore une de ces prétentions ajoutées successivement, et à mesure que le bruit de l'épuisement de mes peuples est répandu. Je compte que vous n'oublierez rien pour me conserver cette forteresse, en rasant les ouvrages de la tête du pont vers l'Empire. Si cependant l'on insistoit sur cet article, et que vous pussiez, en consentant de raser cette place, conserver Strasbourg et la ville de Landau fortifiés, en rendant Brisach, je vous permets de le promettre encore.

» Je ne doute pas que l'électeur palatin n'emploie toutes sortes de moyens pour empêcher que Landau fortifié ne me soit remis : mais si les Hollandois vouloient soutenir toutes les prétentions de leurs alliés, fondées comme celle-là sur la seule convenance, il faudroit se préparer à faire long-temps la guerre.

» Je ne doute pas que vous ne profitiez des occasions que vous aurez de voir le duc de Marlborough, pour lui faire connoître que j'ai été informé des démarches qu'il a faites pour empêcher les progrès des conférences pour la paix, et même pour les faire rompre ; que j'en ai été d'autant plus surpris que j'avois lieu de croire, après les assurances qu'il en avoit données, qu'il vouloit y contribuer, et que je serai bien aise qu'il s'attire par sa conduite la récompense que je lui ai fait promettre : et, pour vous mettre en état de vous en expliquer encore plus clairement avec lui, je veux bien que vous lui donniez une parole précise que je lui ferai remettre deux millions de livres s'il peut contribuer par ses offices à me faire obtenir l'une des conditions suivantes : la réserve de Naples et de la Sicile pour le Roi mon petit-fils, ou enfin pour la réserve de Naples seule à toute extrémité. Je lui ferois la même gratification pour Dunkerque conservé sous mon obéissance, avec son port et ses fortifications, sans la réserve de Naples ni de la Sicile ; même gratification pour la simple conservation de Strasbourg, le fort de Kelh excepté, que je rendrai à l'Empire dans l'état où il étoit lorsque j'en ai fait la première fois la conquête, ou enfin dans celui où il s'est trouvé lorsqu'il a été remis sous mon obéissance, et aussi sans réserver Naples ni la Sicile ; mais, de tous ces différens partis, la réserve de Naples est celle que je préférerois.

» Je consentirois à porter cette gratification à trois millions s'il contribuoit à la réserve de Naples et à me faire conserver Dunkerque aussi fortifié et avec son port. Si j'étois obligé de céder sur l'article de Dunkerque, je lui donnerois la même somme, en procurant la réserve de Naples et la conservation de Strasbourg de la manière que je viens de l'expliquer, et Landau fortifié, en remettant Brisach; ou bien encore s'il me procuroit la conservation de Strasbourg et de Dunkerque, l'un et l'autre dans l'état où ils se trouvent. En dernier lieu, je veux bien que vous offriez au duc de Marlborough jusqu'à quatre millions s'il me facilitoit les moyens d'obtenir Naples et la Sicile pour le Roi mon petit-fils, et de conserver Dunkerque fortifié et son port, et Strasbourg et Landau, de la manière qu'il est expliqué; ou encore la même somme, quand la Sicile seroit exceptée de ce dernier article.

» Il est encore nécessaire de vous expliquer que si le traité étoit une fois signé avec les réserves pour le roi d'Espagne, et que ce prince en fût déchu pour n'avoir pas accepté dans le temps qui seroit prescrit, ce changement n'en auroit aucun dans ce que vous auriez promis au duc de Marlborough. Il me reste encore à vous donner mes ordres à l'égard du duc de Lorraine. Ce prince s'est expliqué clairement au sieur de Saint-Contest de ses prétentions; et vous verrez, par la copie que je fais joindre à cette dépêche d'une lettre que ce dernier vous a écrite depuis votre départ, la manière dont il l'a fait. Vous devez éviter, autant que vous le pourrez, de faire entrer dans les préliminaires dont il est présentement question les articles qui regardent le duc de Lorraine; mais si vous étiez obligé de le faire, vous refuseriez absolument de consentir à la permission qu'il voudroit obtenir de fortifier Nancy ou quelque autre place. Cet article ne seroit pas moins contraire aux traités qui ont décidé à cet égard qu'il le pourroit devenir à mes intérêts.

» Je consentirois à donner même dès à présent un équivalent de la ville et de la prevôté de Longwy; mais je ne puis admettre en aucune manière la proposition de donner pour cet équivalent la ville de Toul et le Toulois. L'indemnité que ce prince peut prétendre pour le Montferrat ne peut me regarder en aucune manière, et il n'en doit pas être question, non plus que de la prétendue souveraineté de Charleville. J'ai laissé les voies ouvertes à tous les prétendans pour soutenir leurs droits sur cette terre; mais si les Hollandois insistent sur ce dernier article, vous jugez bien que cette souveraineté n'est pas un objet qui doit vous empêcher de conclure, après tout ce que je fais pour la paix.

» Enfin, si les moyens que je vous donne pour avancer l'important ouvrage de la paix vous mettent en état d'en régler les préliminaires, mon intention est que vous proposiez positivement une suspension d'armes. Ce qui restera à régler pour consommer ce grand ouvrage en sera plus facile lorsque le tumulte des armes sera cessé, et les Hollandois, satisfaits dans tous leurs intérêts, doivent la désirer eux-mêmes. Il ne peut leur convenir d'abandonner au sort des armes des avantages acquis et considérables, et je vois que le Pensionnaire vous en a lui-même fait l'ouverture.

» La princesse d'Epinoy m'a demandé avec instance de vous recommander ses intérêts; et quoiqu'il ne doive pas être question de ceux des particuliers dans ce dont vous êtes présentement chargé de ma part, j'ai bien voulu cependant, par la considération que j'ai pour elle, vous marquer que si vous trouvez quelque occasion de lui rendre quelques bons offices, j'approuverai les démarches que vous ferez en sa faveur.

» Sur ce, je prie Dieu qu'il vous ait, M. le marquis de Torcy, en sa sainte garde.

» Ecrit à Marly, le 14 de mai 1709. *Signé* LOUIS; et plus bas, CHAMILLARD. »

« 17 Mai 1709.

» M. le marquis de Torcy, je viens d'apprendre par le duc d'Albe la nouvelle d'un avantage assez considérable remporté par le marquis de Bay sur l'armée portugaise. J'ai voulu vous en informer et vous confirmer en même temps les ordres que je vous ai donnés par le retour de votre courrier, dépêché le 14 de ce mois.

» Sur ce, je prie Dieu qu'il vous ait, M. le marquis de Torcy, en sa sainte garde. *Signé* LOUIS; et plus bas, CHAMILLARD. »

« 22 Mai 1709.

» M. le marquis de Torcy, vous savez qu'il m'est revenu depuis quelque temps divers avis des mesures que l'électeur de Bavière prenoit avec mes ennemis pour faire son accommodement, en entrant avec eux dans des engagemens aussi contraires à ceux qu'il a pris avec moi qu'ils le seroient à mes intérêts. Ces mêmes avis viennent de m'être confirmés par une voie assez sûre pour ne me plus laisser aucun lieu de douter de ses desseins; et vous jugerez de l'importance dont il est pour ma service, dans la conjoncture présente, d'empêcher qu'il ne fasse cette démarche, ou au moins d'en suspendre l'exécution. C'est aussi pour cette raison que je dépêche l'exprès qui sera chargé de cette lettre, pour vous informer de l'avis que j'ai reçu, et pour vous marquer que comme l'électeur de Bavière n'a pu entamer cette négociation que dans la vue de rentrer dans la possession de ses Etats, et d'acquérir encore de nouveaux avantages par le sacrifice qu'il feroit à mes ennemis de tout ce qui seroit en son pouvoir, l'on ne peut aussi espérer d'en empêcher l'exécution qu'en lui donnant lieu de croire que je veux contribuer à son entier rétablissement, et même aux vues qu'il peut avoir pour son agrandissement. Mon intention est donc que lorsque vous aurez reçu cette lettre vous voyiez le ministre de l'électeur de Bavière, qui est à La Haye; que, sans lui donner lieu de connoître que vous soyez instruit des intentions de son maître, vous lui disiez que j'ai encore renouvelé les ordres que je vous avois déjà donnés, de ne rien oublier pour les avantages de l'électeur son maître, et d'examiner si vous pourriez par toutes sortes de moyens lui procurer une entière restitution de ses Etats et d'autres avantages encore, soit par la conservation du gouvernement général des Pays-Bas, soit par l'acquisition du duché de Mantoue ou par celle du royaume de Sardaigne; enfin vous ajouterez à tout ce que je vous marque tout ce que vous croirez qui sera propre à détourner l'électeur de Bavière de manquer à ses engagemens, ou au moins tout ce qui pourra retarder la conclusion de la négociation qu'il a commencée avec mes ennemis, et que j'ai lieu de croire qu'il a déjà fort avancée.

» J'ai vu par votre lettre du 16, arrivée hier, combien vous avez insisté suivant mes ordres sur la restitution d'Exilles et de Fenestrelle, et l'obstacle que vous y trouvez toujours. Vous savez combien j'aurois de répugnance à consentir que le duc de Savoie conservât, par un traité de paix, les deux châteaux qui sont de l'ancien domaine de mon royaume. Ainsi je suis persuadé que vous n'oublierez rien encore pour obtenir cette restitution ; mais si les Anglois et les Hollandois se servoient toujours du prétexte de la nécessité où ils sont de remplir entièrement les engagemens qu'ils ont pris avec leurs alliés ; que par cette seule raison ils refusassent de convenir des préliminaires d'un traité, et que sa conclusion dépendît absolument de cet article, j'ai déjà fait un si grand sacrifice pour rendre le repos à mes peuples, que je ne voudrois pas en perdre le fruit par cette seule considération : ainsi je vous permets de céder les châteaux d'Exilles et de Fenestrelle, s'il est impossible de convenir des préliminaires dont vous traitez sans cette nouvelle condescendance, et si cette seule considération en empêchoit la conclusion.

» Je vous ai déjà donné mes ordres par rapport à la prétendue souveraineté de Charleville; j'y ajouterai seulement que si vous étiez obligé de convenir dans les articles préliminaires de remettre cette principauté au duc de Lorraine, vous devez employer vos soins pour conserver, à ceux de mes sujets qui ont des prétentions sur cette terre, leurs hypothèques, et pour engager le duc de Lorraine à se charger de les indemniser. Cette condition ne doit cependant point empêcher ni retarder la conclusion de l'affaire importante dont vous êtes chargé.

» Sur ce, etc. *Signé* Louis ; et contresigné Chamillard. »

« 30 Mai.

» M. le marquis de Torcy, la lettre que vous m'avez écrite le 22 et le 23 de ce mois m'a été apportée par le courrier que vous m'avez dépêché. Le compte exact que vous me rendez des conférences que vous aviez eues avec le prince Eugène et le duc de Marlborough, le pensionnaire Heinsius et les députés des Etats-généraux, soit ensemble ou séparément, m'a fait connoître les difficultés extrêmes que vous avez trouvées sur des points qui ne devoient pas être soutenus de la part de mes ennemis; et je vois en même temps que quoique vous n'ayez rien oublié pour faire connoître combien leurs prétentions sont éloignées de la justice, après ce que je veux bien faire pour rétablir la tranquillité dont l'Europe a un si grand besoin, vos raisons solides et ménagées avec votre sagesse ordinaire, n'avoient pas pu vaincre les obstacles que la passion ou l'intérêt des particuliers apportoient encore à un si grand bien : enfin l'addition de votre lettre me donne lieu de croire que le Pensionnaire et ceux qui ont la principale autorité en Hollande, connoissant toute l'étendue des avantages considérables qui ont été offerts de ma part, n'étoient plus retenus que par leurs égards pour des alliés qui se sont mis en droit de faire dépendre les résolutions de leur république de leurs volontés, et que le premier ministre du gouvernement de Hollande vous avoit engagé à différer encore votre départ, pour donner la dernière main à cet important ouvrage dans une conférence où l'on devoit régler tous les articles préliminaires qui en doivent faire la matière. Comme elle devoit se tenir le 23, que vous comptiez me dépêcher aussitôt un exprès pour m'informer du succès qu'elle devoit avoir, et qu'il ne m'est rien venu depuis de votre part, j'aurois lieu de craindre que votre courrier n'eût été arrêté en chemin, si je ne jugeois aussi que vous aurez été obligé de discuter jusqu'aux termes des différens articles que vous aurez eu à rédiger, et qu'ayant à négocier avec des ministres remplis de difficultés, cette discussion peut avoir été longue. J'ai voulu cependant vous avertir par cet exprès, si vous êtes encore en Hollande, que je n'ai point eu de vos lettres depuis celle dont je vous accuse la réception, afin que si vous m'aviez dépêché un courrier et qu'il eût été enlevé dans son passage, vous pussiez me renvoyer le duplicata des expéditions dont il auroit été chargé.

» Vous devez avoir appris, par une lettre qui vous a été écrite par l'ordinaire le 23, que j'avois fait partir un courrier le 22; et je ne doute pas de votre inquiétude, ne le voyant point arriver. Il n'y avoit point ici de passe-port pour assurer son passage, et j'avois fait adresser ma lettre pour vous au comte de Bergueick, croyant qu'il seroit en état de vous l'envoyer avec sûreté. Comme il n'avoit point aussi de passe-port, et qu'il a cru ne devoir pas risquer de la laisser intercepter, il l'a renvoyée, et c'est celle que vous trouverez dans ce paquet. Vous verrez, par l'un des articles qu'elle contient, que j'avois prévenu ce que vous m'avez marqué de l'obstacle invincible que vous avez trouvé à faire désister ceux qui traitent avec vous sur le point des châteaux d'Exilles et de Fenestrelle, et que, cédant à la nécessité extrême que mes peuples ont de la paix, j'avois levé encore cet obstacle, qui est l'un des deux qui restoient à régler, en vous permettant de céder sur ce point, s'il étoit impossible de finir autrement l'affaire dont vous êtes chargé, et si cette nouvelle condescendance vous mettoit en état de conclure. Il sera de votre prudence, si vous êtes encore à La Haye lorsque ce courrier arrivera, d'examiner si vous devez vous servir de cette nouvelle extension des ordres que je vous ai confiés aussitôt que cette lettre vous sera parvenue; et vous n'en devez faire aucune difficulté, si vous pouviez, en cédant sur cet article, terminer celui de l'Alsace en me laissant la possession entière de cette province, et rendant, selon vos offres, Strasbourg et le fort de Kehl fortifiés.

» Enfin, si la cession des deux châteaux d'Exilles et de Fenestrelle ne vous mettoit point en état de lever les difficultés qui regardent l'Alsace, dont vous connoissez toute la conséquence, je crois qu'il sera plus à propos de différer de les céder, jusqu'à ce qu'étant instruit, par le compte que vous me rendrez, de l'état où sont demeurées les choses à cet égard, je puisse donner mes ordres au président Rouillé sur ce qui restera à régler, en cas que vous ayez suivi la résolution que vous aviez prise de partir immédiatement après l'expédition du courrier qui doit m'apporter le résultat que j'attends de vos dernières conférences. Je ne doute pas que vous n'y ayez employé vos connoissances et toute votre habileté, pour faire voir l'injustice de la demande que l'on me fait de raser les forteresses que j'ai en Alsace, sous prétexte de la prétendue ratification d'un traité que l'Empire a toujours regardé comme la base de sa sûreté et de sa liberté. Vous savez que ce traité s'explique bien clairement qu'il ne sera élevé aucune forteresse sur le bord du Rhin entre Bâle et Philisbourg, seulement du côté de l'Allemagne : il n'y a aucune équivoque sur ce point; il n'en a même jamais été mention lorsqu'il a été question d'expliquer l'étendue de mes droits sur l'Alsace. Ainsi c'est une prétention aussi mal fondée qu'elle est opiniâtrement soutenue; et si elle avoit lieu, je ne pourrois m'assurer la possession de l'Alsace, qui m'a été cédée de concert avec toutes les puissances de l'Empire : cette province, séparée presque de toutes parts de mes Etats, pourroit être bientôt envahie par l'Empereur, s'il conservoit sur cette frontière les forteresses considérables qui demeureront en son pouvoir pendant qu'il ne me resteroit point de places d'armes, et que l'on me priveroit des moyens de tenir en sûreté dans cette province un corps capable de la défendre, si elle étoit attaquée. Je compte que vous aurez employé toutes ces raisons; mais comme l'expérience fait voir que l'équité n'est pas la règle des prétentions de mes ennemis dans les demandes qu'ils ont faites, je remets, comme je vous l'ai déjà marqué, à expliquer plus particulièrement mes intentions à cet égard lorsque j'aurai reçu la dépêche que j'attends de vous. Enfin le courrier que j'ai fait partir aujourd'hui a ordre de vous remettre ma lettre sur la route si vous êtes en chemin pour revenir, afin que vous puissiez, après qu'elle sera déchiffrée, écrire au président Rouillé, par ce même courrier, ce que vous jugerez qu'il devra savoir de mes intentions, suivant le dernier état où les affaires seront demeurées lors de votre départ et en attendant les ordres que je lui donnerai sur la dépêche que j'attends de vous à tout moment.

» Sur ce, etc. *Signé* LOUIS; et contresigné CHAMILLARD. »

Lettre du Roi aux gouverneurs des provinces de son royaume.

« Monsieur, l'espérance d'une paix prochaine étoit si généralement répandue dans mon royaume, que je crois devoir, à la fidélité que mes peuples m'ont témoignée pendant le cours de mon règne, la consolation de les informer des raisons qui empêchent encore qu'ils ne jouissent du repos que j'avois dessein de leur procurer.

J'aurois accepté, pour le rétablir, des conditions bien opposées à la sûreté de mes provinces frontières; mais plus j'ai témoigné de facilité et d'envie de dissiper les ombrages que mes ennemis affectent de conserver de ma puissance et de mes desseins, plus ils ont multiplié leurs prétentions; en sorte qu'ajoutant par degrés de nouvelles demandes aux premières, et se servant ou du nom du duc de Savoie, ou du prétexte de l'intérêt des princes de l'Empire, ils m'ont également fait voir que leur intention étoit seulement d'accroître aux dépens de ma couronne les Etats voisins de la France et de s'ouvrir des voies faciles pour pénétrer dans l'intérieur de mon royaume toutes les fois qu'il conviendroit à leurs intérêts de commencer une nouvelle guerre. Celle que je soutiens et que je voulois finir ne seroit pas même cessée quand j'aurois consenti aux propositions qu'ils m'ont faites; car ils fixoient à deux mois le temps où je devois de ma part exécuter le traité, et pendant cet intervalle ils prétendoient m'obliger à leur livrer les places qu'ils me demandoient dans les Pays-Bas et dans l'Alsace et à raser celles dont ils demandoient la démolition. Ils refusoient de prendre de leur côté d'autre engagement que de faire cesser tous actes d'hostilités jusqu'au premier du mois d'août, se réservant la liberté d'agir alors par la voie des armes si le roi d'Espagne, mon petit-fils, persistoit dans la résolution de défendre la couronne que Dieu lui a donnée et de périr plutôt que d'abandonner des peuples fidèles qui depuis neuf ans le reconnoissent pour leur roi légitime. Une telle suspension, plus dangereuse que la guerre, éloignoit la paix plutôt que d'en avancer la conclusion, car il étoit non-seulement nécessaire de continuer la même dépense pour l'entretien de mes armées, mais, le terme de la suspension d'armes expiré, mes ennemis m'auroient attaqué avec les nouveaux avantages qu'ils auroient tirés des places où je les aurois moi-même introduits, en même temps que j'aurois démoli celles qui servent de remparts à quelques-unes de mes provinces frontières. Je passe sous silence les insinuations qu'ils m'ont faites de joindre mes forces à celles de la ligue et de contraindre le Roi mon petit-fils à descendre du trône, s'il ne consentoit pas volontairement à vivre désormais sans Etats et à se réduire à la simple condition d'un particulier. Il est contre l'humanité de croire qu'ils aient seulement eu la pensée de m'engager à former avec eux une pareille alliance : mais, quoique ma tendresse pour mes peuples ne soit pas moins vive que celle que j'ai pour mes propres enfans ; quoique je partage tous les maux que la guerre fait souffrir à des sujets aussi fidèles, et que j'aie fait voir à toute l'Europe que je désirois sincèrement de les faire jouir de la paix, je suis persuadé qu'ils s'opposeroient eux-mêmes à la recevoir à des conditions également contraires à la justice et à l'honneur du nom françois.

» Mon intention est donc que tous ceux qui, depuis tant d'années, me donnent des marques de leur zèle, en contribuant de leurs peines, de leurs biens et de leur sang à soutenir une guerre aussi pesante, connoissent que le seul prix que mes ennemis prétendoient mettre aux offres que j'ai bien voulu leur faire, étoit celui d'une suspension d'armes, dont le terme, borné à l'espace de deux mois, leur procuroit des avantages plus considérables qu'ils ne peuvent en espérer de la confiance qu'ils ont en leurs troupes. Comme je mets la mienne en la protection de Dieu, et que j'espère que la pureté de mes intentions attirera sa bénédiction sur mes armes, je veux que mes peuples, dans l'étendue de votre gouvernement, sachent de vous qu'ils jouiroient de la paix s'il eût dépendu seulement de ma volonté de leur procurer un bien qu'ils désirent avec raison, mais qu'il faut acquérir par de nouveaux efforts, puisque les conditions immenses que j'aurois accordées sont inutiles pour le rétablissement de la tranquillité publique. *Signé* Louis ; contresigné Colbert. »

CONFÉRENCES DE GERTRUYDEMBERG.

Le Roi fait encore des démarches auprès de la Hollande pour obtenir la paix. — Il envoie M. le maréchal d'Huxelles et M. l'abbé de Polignac en Hollande pour négocier. — Instructions données à ces plénipotentiaires. — Sa Majesté accorde tous les articles préliminaires, excepté le quatrième et le trente-septième, concernant la cession de l'Espagne. — Premières conférences tenues dans un yacht auprès de Moërdick. — Conférences de Gertruydemberg. — Les députés se rendent toujours plus difficiles. — Leurs prétentions augmentent avec la facilité du Roi à céder. — Ils veulent, entre autres articles, que Sa Majesté fasse la guerre à son petit-fils le roi d'Espagne, pour le détrôner. — Variations des députés. — Triste situation de la France. — Le Roi fait un dernier effort : il cède l'Alsace, plusieurs places en Flandre, et offre même de fournir des subsides pour faire la guerre au roi d'Espagne. — Toutes ces offres sont rendues inutiles par l'orgueil des ennemis. — Quelles étoient les conditions qu'ils vouloient imposer. — Le Roi en est indigné ; il écrit à ses plénipotentiaires. — Les conférences sont rompues. — Etat de la France et de l'Espagne.

[1710] Les ennemis de la France avoient enfin révélé le secret de leurs vastes prétentions : elles n'étoient plus douteuses depuis que les ministres de l'Empereur, de l'Angleterre et des Provinces-Unies avoient signé l'écrit dressé par le pensionnaire de Hollande, contenant les articles préliminaires qu'ils établissoient comme la base et le fondement nécessaires de la paix. On ne pouvoit plus dire avec la moindre apparence de vérité que sa conclusion dépendit uniquement de la volonté du Roi, et que cette paix, si désirée en France, seroit bientôt signée, si Sa Majesté consentoit à sacrifier quelques places dont la conservation lui étoit chère, parce qu'elles étoient le fruit de ses conquêtes.

Les conférences tenues à La Haye au mois de mai 1709 avoient clairement fait voir que rien ne coûtoit au Roi pour rendre la paix à ses peuples ; que ses ennemis, au contraire, profitoient de sa condescendance pour s'animer mutuellement à continuer la guerre.

Les articles préliminaires devinrent pour eux un nouveau lien et comme une loi nouvelle qu'ils s'imposèrent pour fortifier les obstacles qu'ils apportoient au rétablissement de la tranquillité générale. Plus Sa Majesté souhaitoit de la rendre à ses peuples, plus ils témoignoient de zèle pour son service, et d'ardeur pour soutenir sa gloire et celle de la nation : mais la fidélité des sujets augmentoit encore le désir que le souverain avoit de mettre fin à leurs maux ; et, pour y parvenir à quelque prix que ce fût, Sa Majesté acceptoit toutes les conditions contenues dans les préliminaires, à l'exception seulement de celles qu'il n'étoit pas en son pouvoir d'exécuter.

C'étoit précisément sur ces conditions, impossibles dans leur exécution, que les ennemis de la France et de la paix insistoient avec plus d'opiniâtreté. Fiers de leurs succès, persuadés que rien ne pouvoit résister à leurs armes, ils prétendoient que si ces conditions, dont l'effet ne dépendoit pas du Roi, n'étoient pas pleinement exécutées dans l'espace de deux mois, ce terme expiré, toute suspension d'armes cesseroit. Ils se proposoient d'agir alors avec d'autant plus d'avantage qu'ils seroient en possession des places fortes que, suivant les préliminaires, le Roi auroit fait remettre entre leurs mains, comme otages, disoient-ils, de sa parole royale.

Les deux articles dont ils demandoient l'effet réel dans le terme fatal de deux mois, étoient le quatrième et le trente-septième des préliminaires.

Le quatrième article portoit que, pour assurer l'exécution des traités à consommer dans ce terme de deux mois, le Roi feroit en sorte que le royaume de Sicile, possédé alors par le roi d'Espagne son petit-fils, seroit remis à l'archiduc, qualifié par le même article de *Roi Catholique;* et que le roi Philippe, nommé seulement *duc d'Anjou*, sortiroit dans ce même espace de temps, lui et sa famille, de tous les Etats dépendant de la monarchie d'Espagne.

L'article 37 faisoit dépendre la paix de l'exécution de l'article 4 : c'étoit seulement, au cas que ce quatrième article eût son entier effet, la monarchie d'Espagne étant rendue et cédée à l'archiduc, que la cessation d'armes seroit prolongée jusqu'à la conclusion et ratification des traités de paix.

Il étoit alors également impossible au Roi de disposer et de la Sicile et de l'Espagne. Sa Majesté n'avoit pas un seul homme en Sicile ; elle avoit retiré d'Espagne toutes ses troupes, persuadée que, cessant de secourir le Roi son petit-fils, elle prouveroit le désir sincère qu'elle avoit de faciliter la paix. Dans la même vue de donner des preuves incontestables de sa sincérité, elle offroit de s'engager à refuser désormais tout secours au roi d'Espagne ; elle promettoit de donner de tels ordres et si sévèrement exécutés, que ce prince ne recevroit à l'avenir aucune assistance directe ni indirecte de la part de la France.

Tout autre engagement étoit inutile, parce qu'il auroit été impossible d'y satisfaire.

Le roi d'Espagne soutenoit alors la guerre avec ses propres forces. Ses sujets fidèles lui témoignèrent autant d'attachement que d'éloignement pour la domination de l'archiduc.

La proposition de renoncer à sa couronne, de sortir de son royaume, et de fixer pour cet effet un terme de deux mois, n'étoit pas moins absurde qu'il étoit impossible de le forcer à prendre une résolution si contraire à son honneur : mais la raison la meilleure ne persuade pas ceux dont l'intérêt est de ne la pas écouter.

La direction des conseils de la ligue, le commandement des armées, étoient de puissans motifs pour éloigner de toute apparence de paix soit les ministres, soit les généraux qui étoient à la tête des affaires et trouvoient leur avantage particulier à la continuation de la guerre. Ils insistoient sur une renonciation qu'ils savoient certainement que le roi d'Espagne ne feroit jamais à la couronne dont il étoit en possession.

Il avoit déclaré plusieurs fois qu'il perdroit plutôt la vie que d'abandonner le trône où Dieu l'avoit placé ; et parce que les ennemis de la paix étoient également instruits de la résolution de ce prince et de sa fermeté, ils persistoient avec plus d'opiniâtreté à demander, comme nécessaire à la paix, une condition qu'ils étoient sûrs de ne pas obtenir.

Dans le même esprit, ils avoient rejeté durement toute proposition de former une espèce de dédommagement capable d'engager le roi d'Espagne à se sacrifier, en l'acceptant, au repos de tant de nations accablées du poids d'une longue et sanglante guerre.

Les avantages que les alliés remportèrent pendant la campagne de l'année 1709 (1) augmentèrent encore les souffrances de leurs peuples ; et si cette campagne releva la gloire de la nation françoise, par les preuves qu'elle donna de sa valeur et de sa patience dans une année de famine, la nécessité de faire la paix n'en devint que plus pressante.

Les ennemis prirent Menin et Tournay ; ils eurent à la journée de Malplaquet l'honneur de demeurer maîtres du champ de bataille, mais ils l'achetèrent chèrement. Les Hollandois y perdirent leur meilleure infanterie ; et la prise de Mons ne leur fut pas assez utile pour les consoler de cette perte, ni pour la réparer.

Les dommages que la guerre causoit de part et d'autre devoient être de puissans motifs pour faciliter la conclusion de la paix.

Le Roi n'avoit jamais perdu le désir de contribuer de tout son pouvoir à son rétablissement ; et, nonobstant le mouvement des armées, on entretenoit toujours en Hollande, par ordre de Sa Majesté, quelque correspondance, soit pour en recevoir des avis, soit aussi pour profiter des momens où l'on pourroit renouer encore quelque négociation plus heureuse que les précédentes.

Ces voies indirectes, et qui n'étoient pas exemptes de soupçon, furent employées pour faire savoir au pensionnaire de Hollande que Sa Majesté consentiroit à remettre aux États-généraux des Provinces-Unies, comme en dépôt, trois de ses places qu'elle choisiroit et qu'ils garderoient jusqu'à ce que la cession de la monarchie d'Espagne eût son entier effet. Cette offre nouvelle fut inutile : le pensionnaire de Hollande répondit que véritablement le dépôt offert étoit nécessaire, mais qu'il ne suffisoit pas pour assurer que le traité de paix auroit son effet ; que le roi d'Espagne ne se croiroit pas obligé à renoncer à sa couronne pour dégager et faire restituer au Roi son grand-père trois places déposées pour sûreté et comme

(1) Voyez la note de la page 556.

otages de la bonne foi de la France ; enfin que si le Roi perdoit ces places, faute d'exécution de sa promesse, il gagneroit encore beaucoup en maintenant à ce prix le Roi son petit-fils sur le trône d'Espagne.

Pettekum reparut sur la scène : il s'étoit flatté d'une forte récompense lorsque de lui-même il s'étoit ingéré à travailler à la paix générale ; il ne voulut pas perdre l'objet de ses désirs et le fruit de ses peines. Il continua d'écrire en France lorsque toute négociation paroissoit rompue, et de se donner en Hollande comme instruit des intentions du Roi.

Le Pensionnaire étoit cependant l'oracle qu'il consultoit. Conduit par ce ministre, après avoir reçu ses ordres, ceux du prince Eugène et de Marlborough, Pettekum se rendit à Versailles, chargé simplement d'écouter les propositions qui lui seroient faites pour établir de nouvelles conférences, et traiter sur les articles 4 et 37 des préliminaires, les deux seuls qu'on croyoit arrêter la conclusion de la paix.

En effet, le Roi la désiroit si sincèrement que, nonobstant la rigueur des conditions contenues dans les articles préliminaires dressés à La Haye, Sa Majesté avoit déclaré qu'elle les accepteroit, s'il étoit possible de convenir de quelque tempérament à l'égard de ces deux articles.

On étoit alors au commencement de l'hiver ; la saison suspendoit toute action de guerre et laissoit aussi un libre cours à la négociation. Le consentement que le Roi donnoit aux préliminaires, à l'exception de deux seuls articles, aplanissoit beaucoup de difficultés ; en sorte qu'il y avoit sujet d'espérer qu'au lieu de préliminaires, de suspension d'armes, on pourroit avant le printemps signer la paix définitivement, si la bonne foi régnoit de part et d'autre.

Mais les ennemis de la France envenimèrent la condescendance du Roi à leurs énormes demandes, et, pour la tourner en poison, ils répandirent que Sa Majesté ne se montreroit pas si facile, si elle ne savoit qu'en acquiesçant à tant d'articles elle ne prenoit réellement aucun engagement, parce que la cause principale de la guerre subsistoit toujours ; qu'elle ne pouvoit cesser que lorsque le roi d'Espagne renonceroit effectivement à sa couronne et sortiroit des états de cette monarchie ; qu'il paroissoit clairement que l'intention secrète du Roi avoit toujours été, et qu'elle étoit encore, de le maintenir sur le trône, malgré les efforts de tant de nations unies pour le forcer d'en descendre ; qu'il étoit de l'intérêt commun de veiller et d'agir unanimement pour empêcher que ces vues cachées ne réussissent, comme il arriveroit peut-être si l'on se laissoit endormir par des négociations vaines, dont la prolongation n'auroit d'autre objet que de profiter, de la part de la France, de quelque conjoncture favorable de diviser les alliés, ainsi que ses ministres l'espéroient des troubles présens dont le nord de l'Europe étoit agité.

Ces discours, semés pour entretenir l'esprit de guerre et l'opposition à la paix, n'empêchèrent pas le Pensionnaire, qui peut-être les fomentoit, de charger Pettekum de dire que si véritablement le Roi consentoit à la signature des préliminaires, on ouvriroit encore de nouvelles conférences pour y traiter principalement de l'article 37, dont l'explication seroit aussi celle de l'article 4, par la liaison qu'ils avoient l'un avec l'autre. En ce cas, il enverroit les passe-ports des Etats pour les plénipotentiaires qu'il plairoit au Roi de nommer, et les conférences se tiendroient secrètement au Moërdick.

La précaution du secret étoit aussi inutile que difficile à observer. Ce n'étoit pas avec les Hollandois seuls que le Roi vouloit traiter, c'étoit avec toutes les puissances ennemies. Il ne s'agissoit ni d'une paix particulière ni de conditions inconnues : elles étoient publiques, puisque les préliminaires, signés par les principaux ministres des alliés et donnés comme une loi de la paix, étoient entre les mains de tout le monde, quand même on auroit voulu faire mystère des conférences proposées. Le passage du Moërdick, si fréquenté, n'étoit pas un lieu propre pour les cacher et pour tromper la vigilance de tant de ministres étrangers résidant à La Haye, principalement attentifs à toutes les démarches qui pouvoient tendre à renouer une négociation. Comme on vouloit attribuer encore au Pensionnaire de bonnes intentions pour la paix et supposer qu'il désiroit sa conclusion, le Roi témoigna qu'il désireroit qu'elle fût traitée à La Haye, ou dans quelque ville de la province de Hollande, préférablement à tout autre lieu, Sa Majesté voulant croire que l'assistance du Pensionnaire aux conférences abrégeroit les longueurs et contribueroit à résoudre plus promptement beaucoup de difficultés.

Elle accepta l'offre des passe-ports et nomma le maréchal d'Huxelles et l'abbé de Polignac pour traiter de la paix, en qualité de ses plénipotentiaires. Le lieu des conférences fut fixé à Gertruydemberg, et le point principal de la négociation, même l'unique, se réduisoit à convenir des moyens d'exécuter l'article 37, par conséquent l'article 4 : tous les autres articles des préliminaires étant accordés, il y avoit lieu de prévoir qu'un consentement verbal que les plénipotentiaires donneroient aux préliminaires, à l'exception seule des articles 4 et 37, ne contenteroit pas des négociateurs dont la défiance étoit excessive, occupés à former des difficultés plutôt qu'à les aplanir, et persuadés que quelque sûreté qu'on leur offrît, elle ne seroit jamais suffisante.

Il n'étoit donc que trop vraisemblable que les députés de la République exigeroient des plénipotentiaires de signer avant toutes choses les articles que le Roi leur permettoit d'accorder.

Depuis les premières ouvertures pour la paix, une expérience suivie avoit souvent fait connoître l'attention des ennemis du Roi à tendre des pièges à sa bonne foi et à abuser du désir sincère qui portoit Sa Majesté à rendre au plus tôt la paix à ses peuples. Elle jugeoit donc que sitôt qu'elle auroit permis à ses plénipotentiaires de signer les préliminaires, avant que d'être convenus de l'explication à donner aux deux articles exceptés, les députés de Hollande ne manqueroient pas de prétendre que les articles signés seroient exécutés, par conséquent les places accordées comme otages livrées entre les mains des Hollandois ; et qu'alors eux et leurs alliés emploieroient des prétextes, peut-être déjà préparés, pour recommencer la guerre.

Cette raison si forte de refuser toute signature avant que d'être d'accord sur l'article 37, céda cependant à la fatale nécessité de faire la paix, nécessité supérieure à toute autre considération. Ainsi le Roi, permettant à ses plénipotentiaires de signer les préliminaires s'ils y étoient forcés, à l'exception des deux articles, leur prescrivit seulement d'engager les députés hollandois à convenir d'un article secret qu'ils signeroient aussi, et qui porteroit que si leurs alliés prétendoient donner plus d'étendue aux préliminaires sous prétexte d'explication après qu'ils auroient été signés, ces explications ne seroient jamais une cause de reprendre les armes.

Telle étoit alors la triste situation de la France, que son salut paroissoit dépendre de l'acceptation des conditions les plus dures, si l'on pouvoit enfin en espérer la paix.

L'unique obstacle à sa conclusion étoit, comme on a vu, la cession de la monarchie d'Espagne. Toutes les difficultés se réduisoient à celle de trouver des expédiens capables de la lever. Le premier que le Roi avoit proposé étoit de former un partage suffisant pour déterminer le Roi Catholique à céder la couronne d'Espagne. On se flattoit, nonobstant les déclarations que ce prince avoit faites, que peut-être on réussiroit à lui persuader qu'il seroit plus avantageux pour lui de se contenter de la possession paisible d'une couronne moins considérable que celle d'Espagne, que de s'exposer au risque de perdre le reste de sa monarchie.

S'il rejetoit une telle proposition, le Roi s'engageoit à lui refuser tout secours, de quelque espèce que ce fût. Sa Majesté promettoit, de plus, d'imposer des peines très-sévères à ceux de ses sujets, officiers ou soldats, qui passeroient au service d'Espagne; et si quelqu'un d'eux étoit admis dans les armées du Roi Catholique, elle s'obligeoit à regarder cette admission comme un sujet de rupture.

Elle offroit de remettre, pour sûreté de sa parole, quatre de ses places entre les mains des Hollandois; elle se réservoit d'en faire le choix dans les Pays-Bas et consentoit à les laisser aux Etats-généraux en dépôt comme otages jusqu'à la fin de la guerre d'Espagne.

Ces places auroient été Bergues, Douay, Charlemont et Aire : mais l'objet des ennemis étoit alors que le Roi promît d'unir ses forces à celles qu'ils emploieroient pour contraindre le roi d'Espagne à renoncer à sa couronne, proposition qu'on ne croyoit pas que Sa Majesté pût jamais écouter.

Outre le dépôt de ces quatre places, le Roi, admettant les préliminaires, eût remis encore aux Hollandois, à la signature de la paix définitive, celles qui devoient former leur barrière prétendue : il eût fait raser Dunkerque et les places fortes de l'Alsace.

Si Sa Majesté, comme ses ennemis le publioient, eût voulu les tromper par une feinte négociation, dans la vue de profiter de leur crédulité pour conserver le Roi son petit-fils sur le trône d'Espagne, elle se seroit bien abusée, et de sa part il y auroit eu peu de prudence de fortifier des ennemis éclairés, que l'excès de confiance ne pouvoit aveugler.

Enfin les plénipotentiaires avoient pouvoir de proposer le royaume de Navarre pour tenir lieu au roi d'Espagne de tout le reste de sa monarchie; mais ils en devoient réserver la proposition, ne la faire qu'à l'extrémité et seulement lorsqu'on auroit rejeté tout tempérament sur les deux articles contestés.

Le poids de la guerre, toujours onéreux aux peuples, inspiroit à ceux de Hollande le désir de la paix; et, sur ce fondement, Pettekum assuroit hardiment que les ministres que le Roi enverroit aux conférences trouveroient ceux des Etats-généraux mieux disposés qu'ils ne l'avoient paru jusqu'alors, à laisser un partage convenable au Roi Catholique.

On espéroit quelque changement en Angleterre, dont les suites seroient favorables à la paix.

Quelques princes de l'Empire se plaignoient des alliés. La guerre continuoit dans le Nord et ses événemens pouvoient changer la face de l'Europe. Toute apparence de sortir du danger flatte, et plus on désire d'en être délivré, plus on croit cette apparence bien fondée : on aimoit donc à prévoir que la nouvelle négociation, quoique dure sur les conditions, ne seroit pas infructueuse par rapport à la paix.

L'instruction du Roi à ses plénipotentiaires les préparoit à la patience. Ils furent avertis qu'elle seroit souvent mise à l'épreuve; mais la paix étoit nécessaire, et rien ne le prouvoit si évidemment que les ordres et les pouvoirs que Sa Majesté leur confioit.

Elle n'oublia pas les intérêts des deux électeurs : ses ordres en leur faveur furent précis, et d'autant plus à propos qu'il s'agissoit non d'articles préliminaires, mais d'un traité de paix définitif.

Le maréchal d'Huxelles et l'abbé de Polignac, instruits des intentions du Roi, arrivèrent au Moërdick le 9 mai 1710. Un messager de l'Etat les y attendoit : il avoit ordre de leur dire que Buys et Wanderdussen, députés aux conférences, étoient près de ce lieu dans un yacht; qu'ils se rendroient au logement des plénipotentiaires, si peut-être eux-mêmes n'aimoient mieux conférer dans le yacht : ce que les députés laissoient à leur décision.

Le maréchal d'Huxelles et l'abbé de Polignac choisirent le second parti. Ils s'embarquoient dans une chaloupe pour se rendre au bord du bâtiment des députés, quand Buys et Wanderdussen abordèrent et descendirent à terre pour les recevoir. Ils se rembarquèrent avec les plénipotentiaires et entrèrent ensemble dans le yacht. Il étoit accompagné de deux autres bâtimens pareils, l'un destiné pour les plénipotentiaires, l'autre pour leurs domestiques. Les députés laissèrent encore à leur choix, ou d'habiter ces bâtimens, ou de prendre des logemens à Gertruydemberg. L'habitation sur terre fut préférée; car, outre la commodité du logement, les ministres du Roi soupçonnèrent qu'on ne leur proposoit la demeure sur l'eau que dans la vue de les éloigner de tout commerce et de toute correspondance.

Le premier jour seulement, l'abbé de Polignac passa la nuit dans le yacht; et le maréchal d'Huxelles, sous prétexte d'incommodité, alla coucher au Moërdick.

La première conférence qu'ils eurent avec les députés dura trois heures. Ils éprouvèrent à quel point la patience que le Roi leur avoit recommandée étoit nécessaire. Au lieu de tempérament pour modérer la rigueur de l'article 37, Buys, s'attribuant la parole, commença par établir les droits de la maison d'Autriche sur tous les Etats de la monarchie d'Espagne ; il soutint longuement qu'elle appartenoit dans sa totalité à l'archiduc seul.

Le Roi, par conséquent, selon cette jurisprudence, ne pouvoit en justice, non plus qu'en conscience, retenir ce bien et le donner à son petit-fils. La loi vouloit que celui qui avoit causé le dommage fût obligé de le réparer. Les alliés étoient donc bien fondés à demander que le roi Philippe, injuste détempteur de la couronne d'Espagne, fût obligé, de concert avec eux, à la restituer à l'archiduc. « Rien de plus juste, ajoutoit Buys, rien de plus naturel que de pousser la guerre contre la France jusqu'à ce qu'elle ait forcé, par de communs efforts avec les alliés, le roi Philippe (qu'il nommoit seulement *duc d'Anjou*) à descendre d'un trône qu'il occupe injustement ; rien en même temps de plus contraire à toute équité que de prétendre en faveur de ce prince le moindre dédommagement d'une monarchie dont nulle partie ne doit lui appartenir. »

Les plénipotentiaires répondirent vainement à ce torrent de paroles ; ils citèrent inutilement l'exemple du feu roi d'Angleterre, dont la mémoire étoit si respectée en Hollande ; celui des Etats-généraux, dont les députés présens étoient les ministres. Ce prince et la république de Hollande avoient reconnu le droit du roi d'Espagne et sa possession ; on n'étoit pas même éloigné d'entrer en accommodement avant la guerre. Mais, sans rappeler un temps passé, la question présente ne rouloit plus sur un droit incontestable selon les lois : il s'agissoit actuellement de lever l'obstacle que l'article 37 des préliminaires apportoit à la paix, et de convenir des expédiens qu'on pourroit employer pour en rendre l'exécution possible.

Buys reprit vivement qu'il n'étoit plus question de l'article 37, puisque le Roi convenoit de l'article 4, ainsi que des autres préliminaires. Il appuyoit ce faux argument sur ce que la substance de l'article 37 étoit renfermée dans l'article 4 ; d'où il tiroit la conséquence que le Roi, acceptant l'article 4, acceptoit aussi le trente-septième : mais le principe étant faux, la conclusion ne pouvoit être vraie.

Buys soutenoit cependant que c'étoit uniquement à cette condition que ses maîtres avoient consenti aux nouvelles conférences et donné des passe-ports aux plénipotentiaires ; qu'il n'y avoit plus à régler entre eux que la forme et le temps d'exécuter les conditions, dont il supposoit qu'on étoit de part et d'autre entièrement d'accord. « Quant à la forme, le Roi, disoit-il, ne peut satisfaire à ses engagemens qu'en unissant ses forces à celles des alliés, pour contraindre son petit-fils à sortir d'Espagne : à la première menace il prendra certainement le parti d'obéir. A l'égard du temps, on en conviendra facilement quand on sera d'accord sur la forme et qu'on agira de concert. »

Wanderdussen approuvoit en silence le plaidoyer de son collègue. On a dit qu'un des plénipotentiaires, persuadé de la bonne foi des Hollandois, prévenu en faveur de Buys, dont il estimoit la candeur et la franchise, ne s'éloignoit pas d'avouer que ce député plaidoit bien, et qu'il établissoit incontestablement le droit de l'archiduc sur toute la monarchie d'Espagne.

Quoi qu'il en soit, les plénipotentiaires n'eurent pas le don de persuasion : l'offre de quatre places de sûreté dans les Pays-Bas françois ne fit pas la moindre impression. Ils essayèrent de faire valoir le rappel des troupes que le Roi avoit en Espagne, déjà exécuté : ce qu'ils dirent sur ce sujet n'eut pas plus d'effet, et les députés ne firent pas plus de cas de la défense générale que le Roi venoit de faire à ses sujets d'entrer au service d'Espagne.

Les députés répondirent, à l'offre des quatre places, qu'elles étoient demandées, non au choix du Roi, mais telles que les alliés voudroient les choisir ; qu'un tel dépôt seroit bien un gage de la parole de Sa Majesté, mais qu'il n'assureroit pas la cession réelle de l'Espagne, unique objet de tant de traités, de dépenses et d'efforts de la part des alliés ; que la retraite totale des troupes françoises ne termineroit pas la guerre en Espagne ; que le Roi Catholique se défendroit long-temps encore par ses propres forces, et que si les François lui manquoient, il prendroit à son service des Irlandois, des Suisses, des Allemands ; enfin qu'il disputeroit se couronne : de manière que cette guerre nouvelle épuiseroit les alliés, pendant que la France en repos jouiroit tranquillement de la paix. Le point de politique que les ministres des alliés observoient particulièrement, étoit de supposer et d'attribuer au Roi de secondes intentions, lorsque Sa Majesté offroit beaucoup au-delà de ce que ses ennemis pouvoient espérer. Leur industrie consistoit à entretenir la défiance des peuples et à leur persuader que l'unique but de la France étoit de les tromper.

C'étoit, selon eux, à ce dessein que le Roi avoit fait venir dans son royaume les troupes qu'il avoit en Espagne. Il vouloit, en les rappelant, se mettre en état de répondre aux alliés que nulle place du Roi son petit-fils n'étoit en son pouvoir; il espéroit éluder la demande qu'ils avoient déjà faite de trois places de sûreté en Espagne, ainsi qu'ils en demandoient trois en Flandre.

Buys reprocha ce rappel aux plénipotentiaires, et s'en plaignit comme d'un nouvel obstacle à la conclusion de la paix. Il fondoit son raisonnement sur ce que les troupes du Roi, rentrées en France, fortifieroient ses armées en Flandre, en Allemagne, en Dauphiné. Il disoit que le roi d'Espagne, sans secours, contraint de se défendre par ses propres forces, redoubleroit ses efforts, et trouveroit peut-être dans la nécessité des ressources inespérées.

L'idée du Pensionnaire, dirent les députés, étoit, en demandant trois places en Espagne au choix des alliés, d'épargner au Roi le désagrément de faire la guerre au Roi son petit-fils; car en les accordant la conquête d'Espagne devenoit facile et la guerre n'auroit pas duré long-temps. Il ne restoit à ces députés que d'insister sur la récompense que l'attention du Pensionnaire méritoit de Sa Majesté.

Ils insinuèrent, sans s'engager, que les trois places en Espagne étant cédées avec trois autres dans les Pays-Bas au choix des alliés, leurs maîtres tâcheroient d'obtenir le consentement des alliés à la paix, après que celui des villes et des provinces de Hollande auroit été accordé.

Nul autre expédient n'étoit à proposer sur l'article 37. Les députés en renouvelèrent la déclaration formelle : s'ils ne disoient rien de nouveau, c'est que les propositions des plénipotentiaires ne sont pas, dirent-ils, plus nouvelles.

Buys et Wanderdussen traitèrent de chimère la proposition renouvelée d'un partage que le roi d'Espagne : il suffisoit qu'elle eût été rejetée l'année précédente aux conférences de La Haye.

La première tenue dans le yacht étant finie, on passa dans un autre bâtiment aussi sur l'eau. Les plénipotentiaires y soupèrent avec les députés; et pendant qu'ils étoient à table un courrier venu de La Haye apporta des lettres à ces derniers. Ils les lurent sans s'expliquer de ce qu'elles contenoient. Ils proposèrent le lendemain aux plénipotentiaires d'aller à Gertruydemberg, dont le séjour seroit plus commode et leur conviendroit mieux que l'habitation des yachts : les plénipotentiaires y consentirent; mais cette attention des députés ne produisit pas le moindre adoucissement dans la seconde conférence. Il parut même inutile de s'efforcer de part et d'autre à trouver un tempérament sur l'article 37, considéré comme le seul des préliminaires qui renfermoit des difficultés regardées jusqu'alors comme insurmontables : ce n'étoit pas le seul obstacle à la paix.

Buys déclara qu'il y en avoit encore d'autres à surmonter après que les préliminaires seroient signés, et que ses maîtres se réservoient la faculté de former alors des demandes qu'il nomma *ultérieures*.

Il tut ce qu'elles contiendroient, et dit seulement que l'une d'entre elles seroit au sujet de la principauté d'Orange et des biens dépendant de cette succession.

Wanderdussen, plus humain que son collègue, voulut bien confier aux plénipotentiaires, mais sous une espèce de secret, que l'état comprendroit dans les demandes ultérieures Valenciennes, Douay et Cassel; que, de plus, il prétendroit un dédommagement des frais que les sièges de Tournay et de Mons lui avoient causés.

Ainsi les demandes faites en 1709 aux conférences de La Haye ne suffisoient plus pour satisfaire les Hollandois. On pouvoit donc juger du succès qu'auroit la négociation. Le public en étoit si persuadé, qu'on offroit communément à La Haye le pari de trois contre un sur l'inutilité des conférences.

Toutefois les députés assurèrent et voulurent persuader que les intentions de leurs maîtres étoient pacifiques; ils protestoient de leur zèle particulier pour la paix. La preuve en étoit, selon eux, que jusqu'alors ils n'avoient pas encore parlé de la nécessité de signer les préliminaires : conditions cependant nécessaires, dont les malintentionnés exigeoient l'accomplissement avant que de convenir d'aucun tempérament sur l'article 37.

Les plénipotentiaires, peu contens des premières conférences, louèrent, dans le compte qu'ils en rendirent au Roi, le traitement personnel qu'ils avoient reçu et la commodité des logemens préparés pour eux à Gertruydemberg; mais ils prédirent que la négociation ne seroit pas heureuse. Les discours des députés de la République ne permettoient pas d'en juger autrement : ils avoient dit nettement que les alliés exigeoient, comme condition essentielle de la paix, que le Roi unît ses forces aux leurs, pour obliger conjointement le roi d'Espagne à renoncer à sa couronne, s'il résistoit à l'abandonner volontairement. Toutefois la même proposition, hasardée l'année précédente dans les conférences de La Haye, y parut si odieuse, que le prince Eugène et le duc de Marlborough nièrent qu'elle eût jamais été faite. Elle fut renouvelée aux conférences de Gertruydemberg, et de plus les députés annoncèrent qu'ils y ajouteroient ces demandes ultérieures qu'ils vouloient tenir suspendues, sans en expliquer aucunes, que dans le temps et de la manière que la République le jugeroit à propos.

Malgré tant d'obstacles qu'elle formoit à la paix, ses alliés souffroient impatiemment la continuation de toute apparence de négociation, quoique persuadés qu'ils seroient toujours maîtres des décisions et qu'il ne se prendroit aucune résolution qu'ils ne l'eussent approuvée.

Mais la seule que les chefs de la ligue approuvoient étoit de continuer la guerre et de faire [de nouveaux efforts pour accabler la France. Ils ne cessoient de répandre qu'il falloit se défier continuellement de ses artifices et n'oublièrent rien pour empêcher que la sincérité des intentions du Roi ne fût connue et ne fît sur les peuples une impression trop vive.

C'étoit principalement dans cette vue qu'ils avoient fixé le lieu des conférences loin de La Haye, dans une petite ville fermée, où qui que ce soit ne pouvoit entrer, encore moins parler aux plénipotentiaires, sans que l'Etat en eût aussitôt avis.

Il étoit d'ailleurs aisé de laisser de longs intervalles d'une conférence à l'autre, et, sans affectation apparente, de faire écouler inutilement le temps de la campagne : ce qui seroit arrivé plus difficilement si les plénipotentiaires, étant admis à La Haye, comme ils le demandèrent par ordre du Roi, eussent eu la liberté de conférer avec le pensionnaire de Hollande et les députés de l'Etat aussi souvent que le bien des affaires et l'avancement de la négociation l'eussent exigé.

Les députés, partis de Gertruydemberg le 10 mars, y retournèrent le 21, excités par les plaintes que les plénipotentiaires firent d'un si long silence lorsqu'il s'agissoit d'une affaire qui demandoit plus d'empressement.

Buys étoit chargé de répondre à la proposition de transférer les conférences à La Haye, ou tout au moins dans quelque ville voisine, telle que Delft, Rotterdam ou quelque autre à peu près à la même distance. Il dit donc qu'avant que de changer de lieu il étoit nécessaire de s'accorder sur l'article 37 et de signer les préliminaires ; qu'après cette signature essentielle on pourroit s'assembler à La Haye pour y signer la paix lorsqu'on seroit convenu de toutes les autres conditions.

En vain les plénipotentiaires répliquèrent que ces conditions intéressoient toutes les puissances liguées contre la France ; qu'il étoit donc nécessaire d'en conférer avec leurs ministres, de savoir quelles étoient les prétentions de leurs maîtres, de chercher les moyens d'en aplanir les difficultés et de se concilier ; qu'on y réussiroit plus facilement à La Haye, où ils se trouveroient tous assemblés, qu'en aucun autre lieu, principalement aussi éloigné que Gertruydemberg, où non seulement toute entrevue avec les ministres des alliés étoit interdite, mais de plus les conférences établies avec les députés de l'Etat s'y tenoient si rarement que les longs intervalles faisoient perdre un temps précieux qu'on emploieroit utilement au progrès de la négociation, si toutes les parties intéressées se trouvoient rassemblées dans le même lieu, principalement à La Haye, résidence des Etats-généraux.

Les députés déclarèrent qu'ils avoient l'ordre de leurs maîtres, qu'il n'étoit pas en leur pouvoir d'y contrevenir ; que de plus le nœud de la négociation étoit de convenir de l'exécution de l'article 37, par conséquent de l'article 4 qu'il renfermoit.

«Pour y parvenir, dirent les plénipotentiaires, il est absolument nécessaire de former un partage au roi d'Espagne. Comment l'engager autrement à renoncer à tous les Etats de sa monarchie? S'il y a quelque moyen de le résoudre à ce parti extrême, c'est en lui représentant d'un côté l'état déplorable où il se trouvera réduit lorsque, privé des secours de la France, il sera obligé de soutenir seul les efforts de tant d'ennemis puissans réunis contre lui ; d'un autre côté, le bonheur de sortir d'une situation si fâcheuse et de posséder en paix un royaume moins grand à la vérité et moins considérable que celui d'Espagne, mais dont il jouiroit tranquillement, de l'aveu de tant de nations que son consentement à la paix auroit désarmées. »

Ils proposèrent ensuite de composer cette nouvelle monarchie des deux royaumes de Naples et de Sicile, et des places que l'Espagne possède sur les côtes de Toscane.

Les députés se récrièrent sur une telle proposition. L'Empereur étoit maître de Naples ; ses alliés ne pouvoient ni ne devoient s'engager à l'en déposséder.

Quant à la Sicile, les Anglois ni la ville

d'Amsterdam ne consentiroient jamais à la laisser entre les mains d'un prince de la maison de France.

Enfin, dès l'année précédente, le président Rouillé avoit déclaré que le Roi se désistoit des places de Toscane : ils conclurent que les alliés s'opposeroient constamment à la demande d'un tel partage. Les plénipotentiaires crurent entrevoir pour la première fois qu'un partage moins considérable ne seroit peut-être pas refusé : plusieurs avis, soit de La Haye, soit d'Amsterdam, fortifioient cette légère espérance. Ils offrirent donc de retrancher le royaume de Sicile de la proposition qu'ils avoient faite, et tentèrent de faire valoir, comme attention du Roi aux intérêts de la province de Hollande, et surtout de la ville d'Amsterdam, la complaisance que Sa Majesté avoit d'employer ses offices pour persuader au Roi son petit-fils de se contenter du royaume de Naples, avec la Sardaigne et les places de la côte de Toscane. Les députés en rejetèrent encore la proposition.

Les alliés ne vouloient pas qu'un prince petit-fils du Roi devînt, si puissant dans le voisinage de la France : ils disoient qu'il pourroit aisément obtenir des secours, s'emparer des Etats d'Italie, et par ces degrés remonter sur le trône d'Espagne; que c'étoit ainsi que le roi Auguste étoit remonté sur le trône de Pologne.

Les plénipotentiaires substituèrent aux alternatives rejetées celle de laisser au roi d'Espagne le seul royaume d'Arragon; ils y trouvèrent encore plus d'opposition.

L'Arragon étoit continent d'Espagne, la nation la même; par conséquent le possesseur de cette couronne avoit encore plus de facilité de revenir contre les dispositions d'un traité de paix.

L'idée d'engager quelqu'un des princes de l'Europe à remettre ses Etats au roi d'Espagne, et recevoir en échange ceux que les alliés refusoient de laisser à Sa Majesté Catholique, fut rejetée comme chimère; enfin nulle proposition de dédommagement n'étant admise, les plénipotentiaires pressèrent Buys et Wanderdussen de déclarer au moins quel étoit le partage que les alliés se proposoient de laisser au roi Philippe. Les députés répondirent que si jamais il en étoit accordé quelqu'un pour le bien de la paix, un tel partage ne pourroit être que bien petit.

Les représentations réitérées des plénipotentiaires furent aussi vaines que l'avoient été les premières. Buys rompit la conférence et sortit avec Wanderdussen, remettant à conférer encore après qu'on auroit dîné.

Le repas fini, les plénipotentiaires et les députés se rassemblèrent : Buys ouvrit la conférence, et, laissant en suspens la question du partage, il demanda quelles seroient les mesures que le Roi prendroit pour en assurer l'effet si les alliés consentoient à l'accorder. Ils répondirent que le Roi fixeroit un terme au roi d'Espagne pour déclarer s'il acceptoit la disposition qui seroit faite à son égard; qu'en cas de refus ou de silence au-delà du terme fixé, ce prince seroit déchu du partage stipulé en sa faveur; qu'alors le Roi s'engageroit non seulement à ne lui donner aucun secours directement ni indirectement, mais encore à regarder comme cause de rupture si ce prince recevoit à son service aucun François, au préjudice des défenses sévères que Sa Majesté feroit à tous ses sujets de prendre parti dans les armées d'Espagne.

Les députés, peu satisfaits de cette offre, demandèrent un engagement plus précis, et tel que le roi Philippe se vît forcé à s'en tenir au partage que les alliés consentiroient de lui laisser : ils prétendirent donc que le Roi promît formellement, clairement et sans équivoque, d'agir hostilement contre le Roi son petit-fils, s'il refusoit le partage qu'ils fixeroient; qu'en ce cas Sa Majesté uniroit ses forces à celles de la ligue pour contraindre ce prince à sortir d'Espagne et à se contenter de la portion qu'on lui auroit assignée pour son dédommagement. Nul traité sans cette condition, nul expédient pour en adoucir la rigueur.

Cette conférence, aussi peu utile que les précédentes, confirma les plénipotentiaires dans la pensée que le but des députés étoit de les engager à demander simplement la Sicile pour tout dédommagement : alors Buys et Wanderdussen se seroient seulement chargés d'en faire le rapport, et peut-être (chose douteuse) seroient-ils revenus déclarer dans une nouvelle conférence qu'on accordoit à la France ce qu'elle auroit demandé, à condition toutefois d'un engagement précis et positif de faire la guerre au roi d'Espagne s'il refusoit le partage réglé et demandé pour lui par le Roi son grand-père. Si le Roi refusoit de prendre cet odieux engagement, les Hollandois et leurs alliés auroient la satisfaction de faire retomber la haine de la continuation d'une guerre onéreuse sur Sa Majesté et sur le refus qu'elle auroit fait d'accorder les sûretés nécessaires pour la solidité d'un traité de paix.

Deux autres conférences tenues à Gertruy-

41.

demberg ne furent pas plus heureuses. Les mêmes demandes et les mêmes réponses à peu près s'y répétèrent, sans oublier les demandes ultérieures que les députés se réservoient à expliquer quand il en seroit temps. Ils dirent seulement que la République demanderoit pour elle, et sans préjudice des autres prétentions des alliés, Valenciennes, Douay, la gouvernance de Cassel et le dédommagement des frais que les siéges de Mons et de Tournay avoient coûtés à l'Etat.

Ils laissèrent entendre que l'archiduc auroit lieu d'exiger un dédommagement du partage, quoique médiocre, qu'il laisseroit au roi Philippe ; que les héritiers du feu roi Guillaume d'Angleterre insisteroient sur la restitution de la principauté d'Orange.

L'intérêt des François de la religion prétendue réformée, réfugiés en Hollande, ne fut pas oublié. Il étoit juste, dirent les députés, d'accorder à ceux qui seroient naturalisés Hollandois la liberté de commercer en France.

Les plénipotentiaires rendirent compte au Roi, le 24 mars, de l'état d'une négociation si peu satisfaisante : ils le supplièrent en même temps de leur envoyer ses ordres et des instructions nouvelles sur quatre questions principales.

La première, si Sa Majesté leur commandoit de se contenter simplement du royaume de Sicile, et de le demander comme un dédommagement suffisant, la première fois qu'ils en conféreroient encore avec les députés de Hollande.

2° Quelle assurance ils donneroient que le Roi Catholique accepteroit un dédommagement si peu proportionné aux Etats dont les ennemis exigeoient la cession.

3° Supposé qu'il fût possible de convenir de ces deux articles, les plénipotentiaires demandoient s'ils devoient en ce cas signer les préliminaires sans être éclaircis de la qualité des demandes ultérieures.

4° Enfin s'ils insisteroient sur une garantie certaine de la paix après que les préliminaires seroient exécutés, ou s'ils consentiroient à signer sans avoir cette garantie.

Le Roi loua la prudence de ces plénipotentiaires, et approuva qu'ils n'eussent pas demandé la Sicile comme un dédommagement suffisant pour les autres Etats de la monarchie d'Espagne. Outre l'inégalité de ce qu'ils appeloient échange, on ne pouvoit en donner le nom à cette portion médiocre, qu'il n'étoit pas même en leur pouvoir d'offrir, car ils n'étoient pas maîtres de la Sicile ; le Roi Catholique la possédoit encore, et lui seul avoit droit d'en disposer.

Le Roi observa, dans la conduite et les discours des députés de Hollande, la même méthode qu'ils avoient suivie depuis qu'il étoit question de traiter. Toute leur attention étoit de rejeter sur la France ce que la rupture des négociations de paix auroit d'odieux. C'étoit le but et la cause de leurs discours ambigus, de leur étude continuelle à déguiser leurs véritables intentions, à se laisser deviner pour demander ensuite au-delà de ce qu'ils espéroient obtenir. Ils croyoient que, par de tels artifices, ils conduiroient les plénipotentiaires à leur faire toujours de nouvelles offres, et qu'enfin le Roi se contenteroit d'un partage moindre peut-être que les alliés n'étoient résolus de l'accorder.

Le Roi répondit à la seconde question qu'il ne consentiroit jamais à forcer le Roi son petit-fils à recevoir pour dédommagement le royaume de Sicile, avec des conditions si contraires à toute équité ; que les événemens d'une guerre forcée, quand même ils seroient malheureux, étoient à préférer à une fausse paix dont la vaine apparence ne pouvoit l'assurer de conserver long-temps le peu que ses ennemis lui auroient laissé sous le nom de dédommagement.

Que toutefois, si la Sicile étoit offerte, le Roi, pour le bien de la paix, conseilleroit au Roi son petit-fils de se contenter de cette partie très modique de tant d'Etats, plutôt que de risquer de perdre le tout ; mais Sa Majesté promettoit seulement de simples conseils, non ses forces, pour persuader le Roi Catholique. Elle consentoit cependant à lui fixer un temps pour déclarer sa volonté, et de plus à donner ses ordres si précisément que ce prince ne pût désormais recevoir de secours de France, directement ni indirectement.

3° Si le Roi permettoit à ses plénipotentiaires de signer les préliminaires, c'étoit uniquement pour faire la paix. On ne pouvoit dire qu'elle fût conclue lorsqu'il resteroit encore des articles essentiels à débattre, et que, sous le nom de demandes ultérieures, les alliés se réserveroient la faculté de former plusieurs prétentions nouvelles, dont une seule étoit capable de renverser tout l'ouvrage, comme on en pouvoit juger par l'échantillon que les députés avoient laissé échapper de quelques-unes de ces demandes. Ils ne pouvoient donc insister avec raison, non plus qu'avec équité, sur la prétention de faire admettre ces demandes si elles n'étoient auparavant expliquées et accordées avant la signature des préliminaires.

4° Lorsqu'on seroit d'accord, et que tout obstacle à la paix seroit surmonté, le Roi étoit bien fondé à demander que la république de Hollande garantît le traité : elle ne devoit pas le refuser et n'avoit rien à craindre si elle étoit sûre de ses alliés et qu'elle agît de bonne foi. Si au contraire elle se trouvoit dans d'autres dispositions, la prudence ne permettoit pas à Sa Majesté de se livrer à des ennemis cachés et de les mettre en état de l'attaquer avec les nouveaux avantages qu'ils auroient obtenus d'elle par la signature d'une paix simulée. Si les Hollandois garantissoient la paix, le Roi entreroit aussi dans la garantie générale du repos de l'Europe.

Quoiqu'il n'y eût pas lieu d'attendre que les conférences continuées eussent un succès heureux, le Roi réitéra les ordres qu'il avoit déjà donnés plusieurs fois de faire en sorte que lorsqu'elles se romproient, la rupture ne pût en être imputée à Sa Majesté.

Le maréchal d'Huxelles et l'abbé de Polignac avertirent le pensionnaire de Hollande qu'ils avoient reçu les réponses du Roi. Les députés retournèrent aussitôt à Gertruydemberg, et les conférences y recommencèrent le 7 avril. Ils demandèrent quel étoit le contenu de ces réponses, et les plénipotentiaires répondirent qu'ils avoient ordre de leur demander à eux-mêmes quelle étoit enfin la résolution de leurs maîtres sur le dédommagement à donner au roi d'Espagne et sur la sûreté de la paix.

Au lieu de répondre précisément sur une condition si essentielle, les deux députés rendirent compte des prétendus reproches que la proposition de dédommagement et de partage leur avoit attirés de la part des ministres de l'Empereur à La Haye. Ils accusoient Buys et Wanderdussen d'avoir changé l'ordre de la négociation, en consentant à traiter d'un partage lorsqu'il n'étoit question que de régler l'article 37, et, suivant l'article 4, de convenir des moyens d'assurer la cession pleine, entière et totale de la monarchie d'Espagne.

Les plénipotentiaires rappelèrent ce qui s'étoit passé dans les conférences précédentes. Le simple récit faisoit voir qu'ils avoient toujours déclaré nettement qu'il étoit impossible de conclure la paix, si le roi d'Espagne n'obtenoit une espèce de dédommagement de toutes les cessions que les alliés exigeoient de sa part; qu'on laissoit à leur choix celui qu'ils aimeroient le mieux sur les différens projets proposés pour un partage; qu'au refus de faire ce choix, ils devoient au moins expliquer clairement leurs intentions sur la paix, puisqu'elle en dépendoit; que cependant jusqu'alors ils les avoient tenues cachées.

Les députés répétèrent ce qu'ils avoient dit dans les conférences précédentes : nulle réplique nouvelle de leur part. Pour conclusion ils dirent qu'ils étoient venus simplement pour apprendre quelles étoient les offres du Roi; que de leur part ils n'avoient pouvoir de rien offrir. « Si la France, dirent-ils, demande un partage raisonnable, nos maîtres feront leurs efforts pour engager leurs alliés à l'accorder; mais nous devons vous avertir que ce partage ne sera point admis si vous ne le demandez très-médiocre et si le Roi ne promet formellement d'obliger de gré ou de force le Roi son petit-fils à l'accepter. »

Les plénipotentiaires ne doutoient pas des intentions du Roi : ses derniers ordres étoient clairs et précis. Ils savoient que Sa Majesté rejetteroit toute proposition d'employer ses forces à contraindre le Roi Catholique de se contenter du partage que ses ennemis lui prescrivoient. Il étoit en même temps évident qu'un refus absolu serviroit de prétexte à rompre les conférences et la négociation que Sa Majesté jugeoit encore à propos d'entretenir; que les partisans de la guerre s'élèveroient à leur ordinaire contre la bonne foi de la France, continueroient avec plus de succès les déclamations si rebattues de la nécessité de se précautionner contre ses artifices. Ces discours usés faisoient toujours quelque impression nouvelle, et les plénipotentiaires avoient lieu de croire qu'ils se conformeroient aux intentions du Roi, en évitant de donner aux peuples de Hollande lieu de rejeter sur la France la haine des difficultés insurmontables que ses ennemis apportoient à la conclusion de la paix. Ils crurent pénétrer qu'elle dépendoit de l'acceptation de la Sicile, et que, l'acceptant pour le dédommagement du roi d'Espagne, ce partage médiocre mettroit peut-être fin à la guerre; mais, se flattant d'obtenir quelque augmentation, ils demandèrent que le royaume de Naples, joint à la Sicile, fût aussi laissé au roi d'Espagne. Ils représentèrent que la sûreté de ce prince en dépendoit; que la liberté de l'Italie et la solidité de la paix n'y étoient pas moins intéressées; que cette union des deux royaumes de Naples et de Sicile étoit absolument nécessaire pour maintenir l'équilibre de l'Europe.

Les députés, à leur ordinaire, demeurèrent inflexibles. Ils étoient obligés de s'en tenir précisément aux ordres qu'ils avoient reçus; et, faute de bonnes raisons pour justifier leurs maîtres, ils alléguèrent l'amitié de la République pour l'Empereur, ses alliances avec ce prince, et rejetèrent tout autre équivalent en faveur du roi d'Espagne que celui du seul royaume de Sicile, avec la condition expresse de l'engagement que le Roi prendroit de forcer le Roi son petit-fils à s'en contenter.

Jamais négociation de paix n'avoit eu plus besoin de l'interposition des offices d'un médiateur que la négociation dont il s'agissoit alors. Tous les souverains de l'Europe étoient intéressés à sa pacification. Celui qui auroit exercé sans partialité cette fonction honorable auroit également travaillé pour le bien général et pour sa propre gloire, en même temps qu'il auroit aplani les difficultés que les prétentions réciproques des parties engagées dans la guerre rendoient insurmontables.

Les députés rejetèrent la proposition de choisir des médiateurs; ils renouvelèrent la proposition de se réserver ces demandes ultérieures, qu'ils ne vouloient déclarer qu'après que les préliminaires auroient été signés. « A quoi bon, dirent-ils, traiter plus long-temps? Toute négociation est inutile si le Roi ne se détermine et ne promet d'unir ses forces à celles de ses ennemis pour contraindre son petit-fils de renoncer à sa couronne. »

Ces discours répétés annonçoient une rupture prochaine; les plénipotentiaires tâchoient de l'éviter, selon les ordres qu'ils en avoient reçus encore en dernier lieu : mais enfin tant de patience de la part de Sa Majesté étoit inutile; sa condescendance augmentoit la fierté de ses ennemis: ils devenoient plus difficiles à mesure qu'elle apportoit de nouvelles facilités à la paix. Il ne restoit plus que de publier le consentement qu'elle avoit donné à leurs demandes, dont l'injustice, connue aux conférences de La Haye, étoit encore augmentée l'année précédente : alors le Roi ne voulut pas admettre le projet des articles préliminaires comme base et fondement de la paix.

En 1710, à l'occasion des conférences tenues à Gertruydemberg, Sa Majesté excepta seulement de ce projet les articles 4 et 37 : elle consentoit même d'exécuter, avant que la paix fût signée, les conditions les plus dures d'un plan dressé par ses ennemis, telles que l'étoient celles de remettre entre leurs mains les places qu'ils exigeoient, pour les posséder dès-lors en propriété; de leur en confier quatre pour gages et comme otages de sa parole; d'en démolir d'autres, sous prétexte de l'ombrage et de la crainte qu'elles inspiroient à ces mêmes alliés, qui prétendoient donner la loi et dictoient les conditions d'un traité qu'ils n'avoient pas intention de conclure. Les demandes ultérieures, qu'ils se réservoient de produire quand ils le jugeroient à propos, prouvoient le dessein formé de se garder un prétexte de rompre toute négociation, quand elle paroîtroit le plus avancée et le plus près d'une heureuse conclusion.

Ils ne cessoient cependant de vanter leur bonne foi; ils auroient voulu qu'on eût fermé les yeux sur l'inexécution totale du traité que l'empereur Joseph avoit fait et signé avec l'électrice de Bavière; qu'on eût oublié les engagemens secrets que le duc de Savoie, lié avec la France au commencement de la guerre, avoit pris alors avec l'empereur Léopold; que, remontant à des temps plus éloignés, le souvenir des infidélités des Hollandois dans leurs alliances fût totalement effacé. Ces reproches inutiles ne convenoient pas à la pacification de l'Europe que le Roi se proposoit uniquement et ne pouvoit se promettre tant que la liberté de former des demandes ultérieures laisseroit aux inventeurs de cette prétention nouvelle le prétexte de prolonger la guerre.

Il y avoit lieu d'espérer, lorsque le maréchal d'Huxelles et l'abbé de Polignac se rendirent en Hollande, que le temps d'entrer en campagne étant éloigné, ils pourroient avant son ouverture avancer considérablement la négociation. Toutefois on étoit au 15 d'avril, et jusqu'alors elle n'avoit pas fait le moindre progrès; au contraire, toute apparence de paix s'évanouissoit; on ne parloit de tous côtés que de guerre. Les ennemis se préparoient à faire le siège de Douay au commencement de la campagne : le roi d'Espagne assembloit ses troupes, et, plein de confiance en la fidélité et l'affection de ses sujets, il s'assuroit de résister seul, et par ses propres forces, aux efforts de ses ennemis. Ses troupes étoient exactement payées; il trouvoit dans son royaume des ressources qu'il jugeoit suffisantes pour soutenir encore long-temps la guerre. La conduite que tenoit la France pour parvenir à la paix lui paroissoit trop molle; il traitoit de désir effréné l'empressement qu'elle témoignoit de finir la guerre. Enfin, persuadé qu'elle sacrifieroit à cet objet unique les intérêts de l'Espagne, il voulut tenter des voies plus directes de traiter avec la Hollande.

Le duc d'Albe étoit alors son ambassadeur en France : le Roi Catholique lui confia ses pouvoirs, aussi bien qu'au comte de Bergueick, pour lier, s'il étoit possible, une négociation particulière avec la république de Hollande. Il ne vouloit pas cependant traiter à l'insu de la France, et les ministres d'Espagne eurent ordre d'instruire Sa Majesté du commencement de la négociation ; mais sitôt qu'elle fut entamée, ils gardèrent le secret de son progrès : à la vérité ils n'eurent pas lieu de s'en glorifier, ni Bergueick de l'avoir proposée. Il s'étoit flatté et ne doutoit presque pas de trouver les Hollandois accessibles et prêts à l'écouter avec plaisir dès qu'il s'agiroit de négocier avec l'Espagne et séparément de la France.

Cette tentative inutile n'altéra ni ne refroidit les sentimens du Roi à l'égard du Roi Catholique. L'armée que ce prince avoit sur pied pouvoit suffire pour défendre les provinces de son royaume ; mais elle manquoit d'un général.

Le duc de Vendôme ne commandoit plus les armées du Roi. Sa réputation étoit grande et bien établie ; le roi d'Espagne avoit été témoin de sa conduite en Lombardie : il demanda au Roi un général si capable de commander ses armées. Sa Majesté différa d'accorder au duc de Vendôme la permission de passer en Espagne tant qu'elle eut lieu de croire qu'on pourroit enfin convenir des conditions onéreuses de la paix ; mais chaque jour ces lueurs se dissipoient : les ennemis pressoient les préparatifs de la campagne, leurs projets étoient publics, et le siége qu'ils avoient résolu d'entreprendre n'étoit plus un secret. Tout ménagement de la part de la France étoit inutile ; et comme on ne devoit plus songer qu'à se garantir de leurs efforts, le Roi permit au duc de Vendôme d'accepter le commandement que le Roi Catholique lui destinoit et de passer en Espagne pour se mettre à la tête des armées de ce prince.

Sa Majesté avertit ses plénipotentiaires de la permission qu'elle avoit donnée au duc de Vendôme ; en sorte que si de la part de la Hollande ils en recevoient quelques plaintes, quoique mal fondées, ils répondissent qu'une négociation traînante, dont le succès étoit très-incertain, ne devoit pas empêcher Sa Majesté d'accorder un général au Roi son petit-fils, puisque cette même négociation n'empêchoit pas ses ennemis d'entrer de bonne heure en campagne et de déclarer les places qu'ils prétendoient assiéger.

Les conférences de Gertruydemberg se ralentissoient ; il sembloit que les Hollandois voulussent copier celles qui s'étoient tenues aussi inutilement à Bodgrave l'année 1709. Après quelques conférences, où rien n'étoit décidé, les députés retournoient à La Haye ; ils n'en revenoient que lorsque les plénipotentiaires avertissoient le Pensionnaire qu'ils avoient reçu les réponses du Roi sur l'état de cette prétendue négociation. Elle demeura sans mouvement depuis le 9 avril jusqu'au 28 du même mois. Les plénipotentiaires écrivirent alors à Heinsius, et Buys et Wanderdussen revinrent à Gertruydemberg.

Avant leur arrivée, le maréchal d'Huxelles et l'abbé de Polignac avoient reçu différens avis, confirmés aussi par Pettekum, de quelque disposition des alliés à leur accorder les îles de Sicile et de Sardaigne, et les places de la côte de Toscane, si le Roi se contentoit d'un tel partage pour le dédommagement du roi d'Espagne. On ajoutoit que les ministres de l'Empereur et le duc de Marlboroug non-seulement s'opposoient à ce projet, mais qu'ils mettoient tout en usage pour engager à la continuation de la guerre les provinces qui témoignoient le plus de disposition à la paix.

Soit qu'ils eussent réussi, soit que les avis donnés fussent mal fondés, rien ne pouvoit être moins pacifique qu'un long discours de Buys lors de la première conférence tenue à son retour de La Haye, après la répétition de ce qu'il avoit dit tant de fois depuis le commencement de la négociation des conférences qu'il étoit inutile de traiter, et que ses maîtres prendroient enfin leur parti si le Roi insistoit à prendre des médiateurs, s'il demandoit l'explication des demandes ultérieures, la garantie de la trève, jusqu'à la signature de la paix définitive, le royaume de Naples et les places de la côte de Toscane, pour composer le dédommagement à donner au roi d'Espagne.

Ces conditions n'étoient pas la seule loi que les Hollandois se croyoient alors en droit d'imposer ; ils en ajoutèrent une encore plus dure, et Buys protesta que toute condescendance, toute offre de la part de la France seroit inutile ; qu'on ne l'écouteroit pas même, si le Roi ne donnoit sa parole positive de forcer le Roi Catholique à se contenter du partage que les alliés consentiroient de lui laisser.

Dieu destinoit un plus grand héritage aux descendans de saint Louis et endurcissoit le cœur de leurs ennemis. En vain les plénipotentiaires réfutèrent toutes les parties du discours de Buys : il étoit inutile d'en faire voir l'absurdité et même de persuader un homme qui n'avoit pas le pouvoir de s'écarter des ordres de ses maîtres. Ainsi la conférence finit comme les précédentes, sans décision, sans s'approcher, et donna lieu à de nouvelles difficultés insurmontables.

On auroit cru que les députés avoient quelque intention de les aplanir dans une seconde conférence tenue le lendemain ; car ils laissèrent entendre (Buys portant toujours la parole) que les alliés n'étoient pas absolument éloignés de laiser la Sicile et la Sardaigne au roi d'Espagne, mais ils attachoient à cette condescendance la condition barbare que le Roi contraindroit ce prince à sortir d'Espagne, soit de gré, soit de force.

Les plénipotentiaires, instruits des résolutions de Sa Majesté sur cette clause fatale, ne pressèrent plus les députés de s'expliquer clairement sur le partage. On disputa de part et d'autre, et sans se concilier, sur la nécessité de spécifier les demandes ultérieures, de garantir jusqu'à la paix la cessation d'armes, quand les préliminaires seroient signés. C'étoit occuper le temps sans l'employer utilement. Enfin les députés se levèrent assez brusquement, et, finissant la conférence, ils annoncèrent qu'elle seroit la dernière. Ils (*les plénipotentiaires*) dirent cependant que la simple parole des députés ne suffisoit pas pour les obliger à se retirer; qu'il étoit nécessaire que le Pensionnaire leur apprît, par une lettre qu'il leur écriroit, la résolution des Etats-généraux sur la rupture de la négociation. Ils suivoient les intentions du Roi, en demandant une preuve incontestable du refus que les ennemis faisoient de traiter et de leur opposition à la paix, dont le retardement ne pourroit être imputé à Sa Majesté. Attentifs à l'exécution de ses ordres, ils comptoient protester, lorsqu'ils répondroient au Pensionnaire, que le Roi se tenoit quitte et dégagé de toutes ses offres pour la paix et de toutes les conditions contenues dans les articles préliminaires.

L'opposition des ennemis à la paix étoit évidente. La continuation des conférences devenoit inutile; les députés de Hollande s'étoient toujours bornés à proposer simplement une trêve qu'ils prétendoient faire acheter chèrement, sans en garantir la sûreté ni le temps qu'elle dureroit : ils réservoient à leurs maîtres les prétextes et le pouvoir de la rompre quand il leur plairoit. Les demandes ultérieures non expliquées auroient suffi pour former tels obstacles qu'ils jugeroient à propos à la conclusion d'une paix définitive. Comme il n'y avoit plus lieu de se flatter d'y parvenir, on ne pouvoit aussi se proposer d'autre utilité, de tant d'offres inutilement faites, que l'avantage de faire connoître à toutes les nations amies et ennemies que le Roi n'oublieroit rien pour pacifier l'Europe et terminer une guerre sanglante et onéreuse à tant de peuples.

Sa Majesté approuva donc la conduite de ses plénipotentiaires et le parti qu'ils avoient pris de ne pas recevoir encore la dernière déclaration des députés de Hollande comme une rupture absolue des conférences. Il en falloit une déclaration plus formelle et qu'elle parût faite de la part des Etats-généraux. Le public les regardoit comme les dépositaires de la paix ; il sembloit qu'elle se tînt cachée dans les marais de la Hollande et qu'il dépendît des Provinces-Unies de faire part à l'univers d'un trésor si précieux.

La situation intérieure de l'Angleterre commençoit cependant à mériter une attention sérieuse : l'esprit de division régnoit dans ce royaume et pouvoit influer sur la paix au dehors ; mais la prévention sans fondement en faveur des Hollandois détournoit toute pensée, toute réflexion sur ce qui se passoit en Angleterre ; on disoit au contraire que s'il y avoit véritablement quelque agitation intérieure, elle intéressoit encore plus particulièrement à la continuation de la guerre le seul homme qui se voyoit à la tête de sa nation et revêtu de toute l'autorité de sa souveraine pendant que les armées étoient en campagne.

Celle du Roi s'assembloit en Flandre, en état de s'opposer aux entreprises des ennemis. L'événement d'une bataille, dont la décision est entre les mains du Dieu des armées, pouvoit changer totalement la face des affaires.

Le Roi voulut prévenir ces événemens et faire connoître encore qu'il ne négligeoit rien pour le rétablissement de la paix : il ordonna donc à ses plénipotentiaires d'écrire au pensionnaire de Hollande, et de lui demander de renvoyer les députés pour les instruire, dans une nouvelle conférence, des derniers ordres de Sa Majesté. Ils consistoient à dire qu'étant informée par ses deux plénipotentiaires d'une rupture prochaine des conférences, elle vouloit qu'ils sussent, avant que de quitter la Hollande, quelle démarche la République s'étoit proposé de faire pour la paix ; quelles étoient véritablement ses intentions; que les députés avoient toujours tenues dans l'obscurité sans la moindre proposition, pour faciliter une heureuse conclusion ; qu'ils avoient au contraire enveloppé leurs réponses de difficultés nouvelles, principalement sur l'article essentiel du partage nécessaire à laisser au roi d'Espagne, sans jamais parler clairement que pour rejeter toute proposition; que lorsqu'ils avoient laissé entendre qu'on pourroit consentir à former ce partage, ils ne s'étoient expliqués que vaguement et jamais précisément sur les Etats dont il seroit composé, ajoutant toujours la condition que le Roi obligeroit le Roi Catholique de consentir à ce qui seroit réglé en sa faveur.

Les plénipotentiaires devoient presser les députés de s'expliquer enfin nettement sur la nature de ce partage, comme le seul moyen de lever la difficulté des articles 4 et 37. Si les députés offroient les royaumes de Sicile et de Sardaigne, et s'il étoit impossible que les places de Toscane y fussent ajoutées, le Roi, malgré la disproportion d'un tel dédommagement pour tenir lieu de la couronne d'Espagne et des Indes, consentoit encore à l'accepter, pourvu que, pour persuader le roi d'Espagne, on trouvât quelque moyen moins odieux que celui d'obliger un père à s'armer contre son fils. Il seroit inutile de rappeler le souvenir de l'état où le royaume étoit alors, de retracer une triste peinture de l'épuisement de ses provinces : toute ressource sembloit tarie ; l'expérience et l'habileté du ministre chargé de l'administration des finances ne pouvoit suffire encore long-temps à trouver les fonds nécessaires aux dépenses d'une guerre où la grande partie des puissances de l'Europe étoit liguée pour accabler la France. Le Roi, accoutumé à donner la loi à ses ennemis, soutenoit avec fermeté le changement de ces temps heureux où la victoire paroissoit attachée à ses armes ; mais son courage ne diminuoit pas la compassion qu'il avoit des souffrances de ses peuples. Ses offres pour la paix devenoient inutiles ; elles avoient au contraire augmenté l'animosité et l'espérance en même temps des princes alliés contre la France : ils se flattoient de la réduire en tel état que désormais il ne seroit plus en son pouvoir de les faire trembler.

Rien ne faisoit mieux connoître à quel point le Roi, sans s'abattre, étoit cependant pénétré de cette situation si différente des temps précédens, que la résolution qu'il prit d'acheter enfin la paix, non-seulement à prix d'argent, mais à des conditions encore plus fâcheuses, persuadé que les sommes qu'il donneroit seroient utilement employées s'il acquéroit cette paix si nécessaire, soit par un tel moyen, soit en y ajoutant un plus grand sacrifice.

Il voulut donc que ses plénipotentiaires, avant que de se retirer, offrissent aux députés des subsides que Sa Majesté paieroit aux alliés si, le roi d'Espagne refusant le partage dont on seroit convenu, ils étoient obligés, après la paix faite avec la France, de continuer contre lui la guerre en Espagne. Une telle proposition devoit être faite à discrétion, et seulement, s'il étoit possible, lorsqu'ils se croiroient sûrs du succès, et que par quelques discours antérieurs ils auroient pénétré ce que les députés en penseroient.

S'il y avoit donc quelque apparence que cette proposition nouvelle réussît mieux que tant d'autres précédentes, il étoit nécessaire de convenir que, la paix se faisant, les troupes seroient également et réciproquement réformées, tant de la part du Roi que de celle des alliés ; car il n'auroit pas été juste que Sa Majesté, remettant entre leurs mains les places qu'elle céderoit en conséquence du traité de paix, se vît obligée, pour fournir à la dépense des subsides, de diminuer le nombre de ses troupes, pendant que celles des alliés demeureroient toutes sur pied, sans diminution.

Une telle négociation n'avoit rien que de dur et de pénible, et de la part du maître qui donnoit les ordres, et de celle de ses ministres chargés de les exécuter. Le Roi voulut bien entrer dans la peine des plénipotentiaires ; mais il leur prescrivit la patience, et de ne se pas rebuter d'une négociation fastidieuse à la vérité, mais plus difficile à renouer après une rupture qu'à prolonger pendant qu'elle subsistoit encore.

L'explication des demandes ultérieures étoit si nécessaire, que le Roi renouvela l'ordre d'insister sur cet article comme absolument essentiel.

Tant de prévoyance étoit inutile : le parti de la guerre prévaloit en Hollande ; en vain quelques gens sensés connoissoient et s'exposoient même à représenter qu'il ne convenoit pas à l'intérêt de la République de travailler à ruiner la France ; que si la puissance de cette couronne étoit à craindre, il arriveroit un temps où les Provinces-Unies regretteroient peut-être sa foiblesse. Ils regardoient comme un mal prochain l'agrandissement du commerce de l'Angleterre, que la guerre favorisoit aux dépens de celui de Hollande ; sa continuation les menaçoit du rétablissement des charges possédées autrefois par les princes d'Orange, et par conséquent de l'anéantissement de la République et de la perte de sa liberté : mais le crédit des ministres de l'Empereur et de l'Angleterre à La Haye, soutenus par les clameurs des autres ministres des princes alliés, l'emportoit sur ces sages réflexions. Ainsi le comte de Sinzendorff et Townsend pressant vivement le Pensionnaire, l'obligèrent d'ordonner à Pettekum d'écrire aux plénipotentiaires qu'on avoit jugé inutile de renvoyer les députés à Gertruydemberg pour y continuer les conférences, puisque le Roi ne faisoit point d'autres propositions que celles qui avoient déjà été faites.

Les passe-ports des États-généraux furent joints à cette lettre, et le paquet fut porté par un exprès.

Les plénipotentiaires délibérèrent s'ils partiroient ; mais ils jugèrent plus à propos de différer et d'attendre pendant quelques jours les ordres qu'ils recevroient peut-être de Sa Majesté. Ils répondirent à Pettekum qu'ils étoient bien fâchés de voir que, malgré toutes les avances que le Roi avoit faites pour la paix, on étoit déterminé à la refuser; que puisque ces messieurs jugeoient à propos de rompre la négociation, ils alloient se disposer à partir.

Ils suivirent cependant la résolution qu'ils avoient prise, et reçurent peu de jours après les ordres du Roi au sujet de la lettre que Pettekum leur avoit écrite. Sa Majesté louoit leur prudence et le parti qu'ils avoient pris de ne pas déférer à la lettre d'un particulier étranger en Hollande, sans charge dans cette République, sans autorité et sans pouvoir de traiter sur aucun point de la négociation. On ne pouvoit donc regarder une façon si bizarre et si singulière de congédier les ministres d'un grand Roi et revêtus de ses pouvoirs, que comme un artifice pour les engager à se retirer et donner lieu aux ennemis de leur attribuer la rupture des conférences; car autrement ils n'auroient pas reçu comme une décision la simple lettre d'un homme tel que Pettekum, qui ne marquoit pas même qu'il eût ordre de leur faire une déclaration trop importante pour leur être signifiée par d'autres que par le Pensionnaire, ou par les députés employés jusqu'alors par la République aux conférences tenues pour la négociation de la paix.

Les discours rebattus depuis long-temps en Hollande étoient que la France avoit proposé et renoué les conférences à dessein seulement de gagner du temps, de suspendre s'il étoit possible les hostilités, d'arrêter par ce moyen les progrès des alliés, enfin de les tromper.

Rien n'auroit mieux prouvé la fausseté de pareils discours que les ordres suivis que le Roi avoit donnés à ses plénipotentiaires, et particulièrement ceux qui contenoit sa dernière dépêche. Sa Majesté y ajouta que si ses dernières instructions ne produisoient aucun effet, si les députés ne revenoient pas conférer, ou si, retournant à Gertruydemberg, ils refusoient à l'ordinaire les éclaircissemens que les plénipotentiaires persistoient à leur demander, soit pour le partage à laisser au roi d'Espagne, soit sur la nécessité de l'engager à s'en contenter, en tous ces cas leur séjour en Hollande étant non-seulement inutile, mais peu décent, Sa Majesté vouloit qu'ils en partissent, différant cependant ce départ encore assez pour avoir le temps de lui dépêcher un courrier et de recevoir ses réponses. Elle supportoit depuis si long-temps l'indigne procédé de ses ennemis, et particulièrement depuis l'ouverture des conférences de Gertruydemberg, que ses ministres pouvoient bien demeurer encore en ce lieu quelques jours de plus, pour mieux faire connoître qu'ils n'étoient pas cause de la rupture d'une négociation qui eût moins duré et n'eût pas même été commencée si le Roi n'eût consulté que sa gloire personnelle.

Ces derniers ordres n'étoient pas encore arrivés lorsque les plénipotentiaires, ayant reçu la lettre de Pettekum, écrivirent au Pensionnaire qu'ils avoient appris par cette lettre que les conférences étoient rompues; qu'en même temps un courrier leur avoit remis les passe-ports de l'Etat, pour la sûreté de leur retour en France; qu'ils étoient bien fâchés d'avoir inutilement travaillé pour le rétablissement du repos public; que toutes les avances que le Roi avoient faites pour parvenir à un si grand bien étant inutiles, ils déclaroient que Sa Majesté revoquoit tout consentement donné aux préliminaires en traitant sur l'article 37, et tout engagement à cet égard absolument rompu.

Quelle que fût alors la soumission des Hollandois aux volontés de l'Empereur et de l'Angleterre, ceux qui étoient à la tête des affaires de la République jugèrent qu'il ne lui convenoit pas, non plus qu'à leur intérêt personnel, d'attirer sur elle et sur eux-mêmes les reproches odieux de rompre les conférences. Leur objet avoit toujours été d'en rejeter la haine sur la France, comme si elle eût été cause des prétentions impossibles à exécuter que les alliés formoient, et de ces demandes ultérieures que les Hollandois se réservoient, sans vouloir les expliquer. On résolut donc, pour éblouir les peuples, de renvoyer encore les députés à Gertruydemberg. Les alliés n'avoient rien à craindre d'une nouvelle conférence : toutefois les ministres de l'Empereur et de l'Angleterre s'en alarmèrent; ils en parlèrent vivement au Pensionnaire, et lorsqu'ils virent qu'ils s'opposoient inutilement à la résolution de l'Etat, Sinzendorff prétendit assister à ces conférences qu'il ne pouvoit empêcher. Les envoyés de Savoie et de Brandebourg formèrent la même prétention; le dernier menaça, et dit que son maître retireroit les troupes qu'il donnoit aux alliés, s'il n'étoit informé directement par son ministre de toutes les circonstances de la négociation que la Hollande vouloit encore entretenir.

Malgré ces instances et ces menaces, Buys et Wanderdussen partirent, arrivèrent seuls à Gertruydemberg et renouèrent les conférences : ils dirent qu'ils venoient écouter et apprendre les propositions nouvelles que les plénipotentiaires avoient à leur faire; mais, ni de la part de la République ni de ses alliés, ils n'en firent aucune sur le partage à laisser au roi d'Espagne : ils supposèrent qu'ils s'étoient suffisamment fait entendre dans les conférences précédentes. Les plénipotentiaires répondirent que les députés à leur tour devoient aussi les entendre suffisamment, puisqu'ils se relâchoient de la demande du royaume de Naples pour faire partie du dédommagement du Roi Catholique.

« Puisqu'on s'entend de part et d'autre, répliquèrent les députés, il faut que vous renonciez à toutes prétentions sur les places de Toscane ; car il ne convient pas au bien de l'Europe qu'un prince de la maison de France ait un pied dans le continent de l'Italie. »

Ils firent espérer que ce désistement engageroit leurs maîtres à rendre service au roi Philippe auprès de leurs alliés ; qu'ils essaieroient de lui faire obtenir la Sicile et la Sardaigne, et (ce qu'ils n'avoient pas encore prononcé) qu'ils espéroient d'y réussir : mais ils ajoutaient la condition essentielle et capitale que, pour obtenir ce partage, il falloit que l'archiduc fût mis réellement en possession de l'Espagne et des Indes. « Déclarez donc, dirent-ils, à quoi le Roi s'oblige pour assurer la restitution effective de la monarchie d'Espagne. — A telles conditions que vous voudrez, répondirent les plénipotentiaires, excepté celle de faire la guerre directement au Roi son petit-fils. »

Les députés répliquèrent qu'il n'y avoit que deux voies pour obliger les hommes à faire ce qu'on leur demandoit : celle de la persuasion et celle de la contrainte. Si la première ne réussit pas, il faut nécessairement employer la seconde ou désespérer absolument de la paix.

Il fut inutile aux plénipotentiaires de représenter la barbarie d'une proposition si odieuse. Les députés maintinrent qu'il n'y avoit d'autre expédient pour la paix que de fixer au roi d'Espagne un terme de deux mois pour accepter le partage qu'on lui proposoit ; que, s'il persistoit à le refuser, il en seroit privé sans retour après l'expiration du terme ; qu'alors le Roi seroit obligé d'unir ses forces à celles des alliés pour le chasser non seulement d'Espagne, mais de tous les États dépendant de cette monarchie.

La contestation recommença et fut si vive que les plénipotentiaires ne trouvèrent ni le lieu ni le moment de placer à propos l'offre des subsides que le Roi consentoit de payer aux alliés pour la guerre d'Espagne. Cette offre eût été d'autant plus inutile, que les députés, insistant sur une condition, selon eux, essentiellement nécessaire à la paix, ne promettoient, de la part de leurs maîtres, ni sûreté ni garantie de la trêve qui devoit précéder le traité ; ils ne s'ouvroient pas davantage sur les demandes ultérieures, source des prétentions et des difficultés nouvelles, lorsqu'on se croyoit d'accord sur les articles principaux. On commençoit à pénétrer quelques-unes de ces demandes ultérieures.

Celles de l'empereur en faveur du duc de Lorraine devoient être que le Roi satisfît à l'équivalent promis à ce prince pour Longwy ; mais de plus, le Montferrat ayant été donné, à son préjudice, au duc de Savoie, le conseil de Vienne n'imaginoit point d'autre moyen de dédommager le duc de Lorraine que de lui procurer l'Alsace ; et pour cet effet il prétendoit obliger Sa Majesté à lui céder cette province. Comme elle croyoit son honneur engagé à rétablir les électeurs de Cologne et de Bavière dans leurs États et dignités, et faire lever le ban de l'Empire prononcé si injustement contre eux, on faisoit dépendre de la cession de l'Alsace le rétablissement de l'un et de l'autre de ces deux princes ; encore la cour de Vienne vouloit-elle mettre des restrictions à la restitution à faire à l'électeur de Bavière, car elle prétendoit que celle du Haut-Palatinat n'y seroit point comprise, non plus que le rang de premier électeur ; que l'électeur palatin conserveroit le Haut-Palatinat et le rang de premier électeur pendant sa vie ; que le prince Charles, son frère, en jouiroit après lui, et que ce ne seroit que lorsque ces deux princes cesseroient de vivre que l'un et l'autre retourneroient à la branche de Bavière.

A ces demandes on auroit ajouté celle que l'électeur de Mayence avoit faite l'année précédente en son nom, comme au nom de plusieurs autres princes de l'Empire : ils prétendoient que le Roi cédât, à titre de restitution, les Trois-Évêchés, pour être réunis au corps germanique. Une telle prétention, traitée de visionnaire aux conférences de La Haye, devenoit légitime à celles de Gertruydemberg, parce qu'il n'y avoit alors aucune demande qui ne parût juste et raisonnable quand elle étoit au préjudice de la France. C'étoit assez qu'elle pût diminuer la puissance du Roi pour être adoptée et inscrite par ses ennemis au catalogue des demandes ultérieures.

On auroit eu peine à croire dans ces circonstances qu'il viendroit un temps où les Hollandois, si attentifs à abaisser la puissance de la France, si prompts à se prêter à la haine de leurs ennemis, reconnoîtroient avec douleur qu'elle étoit trop affoiblie, et l'exciteroit à reprendre les armes, de concert avec la République, contre ces mêmes alliés à qui elle étoit pour lors totalement dévouée.

Il étoit aussi peu vraisemblable qu'après tant d'efforts que la France avoit faits pour maintenir un prince de la maison royale sur le trône où Dieu l'avoit placé, cette même France, liguée avec ses anciens ennemis, tourneroit ses armes contre le prince qu'elle avoit soutenu au prix de tant de travaux et de tant de sang répandu; enfin que ceux qui devoient s'intéresser le plus à la gloire de leur maître et à la splendeur de sa maison, regretteroient de ne plus voir celle d'Autriche régner en Espagne et regarderoient comme un malheur que cette couronne, la seconde de l'Europe, fût demeurée dans la maison royale de France.

Des temps peu éloignés ont fait voir ces contrariétés. Comme elles n'ont point de rapport à la négociation de Gertruydemberg, qu'elles ont suivi de quelques années, on reprendra la relation des conférences.

Les plénipotentiaires jugèrent donc que, se taisant sur l'offre des subsides, dont ils ne pouvoient espérer aucun bon effet, la négociation n'avanceroit pas davantage quand ils se désisteroient des places de Toscane qu'ils avoient demandées pour augmenter le partage du roi d'Espagne : et la conférence finissant, ils déclarèrent que, puisque les alliés refusoient d'assurer la continuation de la trêve jusqu'à la parfaite conclusion de la paix, le Roi ne pouvoit aussi s'engager à répondre pour le roi d'Espagne que ce prince abandonneroit sa couronne et se contenteroit d'un médiocre partage.

La cession réelle de la monarchie d'Espagne étoit cependant le nœud de la négociation. Les Hollandois et leurs alliés n'admettoient d'autre expédient que d'obliger le Roi à faire la guerre seul et à ses dépens pour contraindre, par la force de ses armes, le Roi son petit-fils à renoncer à sa couronne. Cette idée, que le prince Eugène avoit désavouée l'année précédente, et traitée d'artifice inventé par la France pour abuser le public et persuader que les ministres des alliés étoient les ennemis déclarés de la paix, cette même idée étoit non seulement devenue réelle, mais soutenue comme la base et le fondement nécessaire d'une paix solide.

Le Roi ne pouvoit promettre ce qu'il étoit hors de son pouvoir d'exécuter, et Sa Majesté savoit parfaitement que la voie de persuasion proposée par l'un des députés ne produiroit nul effet et ne feroit pas la moindre impression sur l'esprit du roi d'Espagne.

La voie de contrainte faisoit horreur. Il falloit cependant céder à la nécessité; et comme elle étoit extrême, Sa Majesté, sensible aux maux de ses peuples, et préférant leur soulagement à toute autre considération, voulut encore tenter si les restes d'une négociation expirante produiroient enfin quelque bon effet, s'il seroit possible d'obliger ses ennemis à déclarer les prétentions qu'ils tenoient cachées sous le nom de demandes ultérieures, et de convenir des sûretés qu'ils donneroient pour la cessation des hostilités jusqu'à la signature d'une paix solide.

Ainsi les nouveaux ordres qu'elle envoya à ses plénipotentiaires, après avoir reçu la relation de la dernière conférence, les autorisèrent à déclarer en son nom qu'elle feroit tous ses efforts pour persuader au roi d'Espagne de se contenter de régner sur les îles de Sardaigne et de Sicile, et de céder, pour le bien de la paix, la monarchie d'Espagne et les autres États soumis à cette couronne. En cas de refus, Sa Majesté consentoit de payer telle somme d'argent dont on conviendroit pour faciliter aux alliés les moyens de continuer et d'achever la guerre en Espagne.

Les plénipotentiaires devoient insister en ce cas sur une réforme réciproque de troupes, tant de la part du Roi que de celle de ses ennemis. Enfin si ces offres étoient rejetées, ils devoient presser encore vivement les députés de s'expliquer clairement sur la manière dont leurs maîtres supposoient que le Roi uniroit ses forces à celles des alliés (si Sa Majesté pouvoit jamais condescendre à une telle union), pour contraindre le Roi son petit-fils à renoncer à sa couronne. Il étoit en même temps essentiel de savoir encore nettement et précisément quelles étoient les demandes ultérieures réservées et tenues jusqu'alors dans une obscurité absolument contraire au rétablissement du repos public. Outre ce qu'on avoit déjà pénétré de ces demandes, on commençoit à dire que les Hollandois se proposoient d'y ajouter celle d'une entière liberté aux réfugiés françois de rentrer dans le royaume et dans la possession des biens qu'ils avoient abandonnés.

Des députés avoient demandé qu'il fût fixé un temps au roi d'Espagne pour accepter le partage que les alliés lui laisseroient, et ce terme n'auroit été que de deux mois. Le Roi avertit ses plénipotentiaires de ne pas disputer pour obtenir une prolongation d'autant plus inutile que, si le roi Philippe refusoit un partage dans le premier moment qu'il lui seroit proposé, rien ne seroit capable de le faire changer de résolution; que son refus prouveroit qu'il auroit jugé plus avantageux pour lui et pour les princes ses enfans de rejeter hautement toute espèce de dédommagement et de partage, que de transiger de ses droits légitimes à des conditions que la crainte seule pouvoit faire écouter.

Ces derniers ordres reçus depuis le retour des députés à La Haye, les plénipotentiaires demandèrent encore au Pensionnaire de les renvoyer à Gertruydemberg. Aussitôt le comte de Sinzendorff renouvela les mêmes instances qu'il avoit précédemment faites pour assister à cette dernière conférence.

Le Pensionnaire, soutenu de Wanderdussen, essaya inutilement de l'en dissuader. Sinzendorff, avant que de renoncer à sa prétention, voulut savoir ce que le prince Eugène en pensoit, et lui dépêcha un courrier pour en avoir son avis.

Cependant les députés partis de La Haye arrivèrent à Gertruydemberg le 15 du même mois de juin; ils ne différèrent pas d'entrer en conférence, mais cette dernière ne fut pas plus heureuse que tant d'autres dont elle avoit été précédée.

Les plénipotentiaires les pressèrent d'expliquer clairement le partage que les alliés se proposoient de laisser au roi d'Espagne. « Retranchez, dirent les députés, les places de Toscane du partage que vous avez demandé, et voyez ce qui reste. La République tâchera de l'obtenir de ses alliés, aussitôt que le Roi aura donné les sûretés valables et nécessaires de la cession de la monarchie d'Espagne et des Indes. »

Ainsi le même point de la difficulté principale subsistoit, la même question des sûretés que le Roi donneroit étoit continuellement rebattue, et ce n'étoit qu'à condition de ces sûretés réelles que les députés laissoient entrevoir quelque facilité de la part de leurs maîtres et de leurs alliés à laisser au roi d'Espagne la Sicile et la Sardaigne.

Les plénipotentiaires ne pouvoient aussi répondre que les mêmes choses qu'ils avoient répétées tant de fois dans toutes les conférences au sujet de ces sûretés prétendues, dont la demande opiniâtre formoit un obstacle invincible à la paix. Les députés dirent que si elles leur étoient données, ils parleroient plus affirmativement. Les plénipotentiaires ne cessèrent de représenter qu'il étoit impossible au Roi de promettre ce qu'il n'étoit pas en son pouvoir d'accomplir, si ce n'étoit peut-être à deux conditions : l'une, que les alliés offriroient et garantiroient tous ensemble au roi Philippe les royaumes de Sicile et de Sardaigne, pour le dédommager de la cession de l'Espagne et des Indes, qu'ils exigeoient; la seconde condition, qu'ils donneroient pareillement tous ensemble garantie et sûreté pleine et entière de la conclusion parfaite de la paix, après que le terme fixé pour la suspension d'armes seroit expiré.

Ce terme n'étoit que de deux mois; c'étoit le terme que fixoient les alliés au roi d'Espagne pour se déterminer sur le partage offert. Les plénipotentiaires se flattoient qu'il seroit prolongé jusqu'à trois mois; mais cette question étoit la moins importante : la difficulté essentielle rouloit toujours sur ces sûretés réelles, regardées comme impossibles de la part du Roi, et demandées comme essentielles de la part de ses ennemis.

Les députés n'en admettoient point d'autres que la jonction des troupes de Sa Majesté à celles des alliés, pour forcer le roi d'Espagne à renoncer à sa couronne sans le moindre dédommagement, s'il n'acceptoit celui qui lui étoit offert, et ne le déclaroit dans le terme de deux mois.

Les plénipotentiaires, bien instruits des intentions du Roi et de la juste horreur qu'il avoit de déclarer la guerre au Roi son petit-fils, rejetèrent encore une telle proposition, et se défendirent par les préliminaires mêmes, aucun de ces articles que l'esprit de haine contre la France avoit dictés n'exigeant une condition si barbare. L'objet même des conférences actuelles avoit été de chercher quelque expédient capable de conduire à la même fin et d'exclure la voie des armes : ils soutinrent que ce n'étoit pas aux alliés à la prescrire comme une loi absolue, et à lui donner une préférence injuste sur tout autre moyen, lorsqu'on étoit assemblé pour en chercher de plus doux. D'ailleurs quelles difficultés ne trouveroit-on pas dans une union si étrange? comment des nations, ennemies depuis tant d'années, agiroient-elles de concert? Les députés interrompirent le détail de ces difficultés, et dirent qu'il falloit remettre aux généraux des armées le soin d'écarter tous ces embarras et de remédier à ceux qui surviendroient dans le cours de la guerre.

« Pous les prévenir, dirent les plénipotentiaires, ne seroit-il pas mieux que le Roi fournît les sommes dont on conviendroit pour vous aider à soutenir les dépenses de cette guerre ? » La pensée ne déplut pas aux députés, mais ils n'avoient point d'ordre. Ils se réduisirent donc à demander quelle seroit à peu près la somme que le Roi donneroit par mois, et quelle sûreté pour le paiement.

Les plénipotentiaires s'excusèrent à leur tour

de proposer une somme fixe sans en avoir d'ordre, et sur un expédient dont ils n'avoient parlé que suivant leur propre idée. Ils ajoutèrent cependant qu'ils étoient persuadés que le Roi pourroit l'approuver, surtout si les députés les instruisoient de la somme à peu près que leurs maîtres pourroient prétendre.

Comme les mêmes ordres étoient nécessaires sur la quantité ainsi que sur l'acceptation de la somme, les députés promirent seulement qu'ils tâcheroient d'apporter, lorsqu'ils reviendroient de La Haye, quelque instruction sur cette offre nouvelle; que, suivant leur pensée, le Roi devoit faire la principale dépense d'une guerre dont il étoit le principal acteur, car il étoit responsable du tort fait à la maison d'Autriche, chargé par conséquent plus qu'aucune autre puissance de lui procurer la restitution de la monarchie d'Espagne.

On étoit en usage d'exiger du Roi des sûretés de toutes ses promesses; tout Hollandois n'auroit eu garde de négliger celle des paiemens que le Roi offriroit. Les plénipotentiaires dirent que les plus forts banquiers de Paris et d'Amsterdam en seroient caution; mais ce n'étoit pas assez: les députés observèrent que ces banquiers pourroient mourir, que d'ailleurs leur caution ne suffisoit pas pour assurer le paiement exact de sommes si considérables; ils ne jugèrent de sûreté valable que celle des gages: en conséquence ils demandèrent, sans se désister de la caution des banquiers, que le Roi remît encore quatre de ses places en otages entre les mains de la République.

La contestation sur cet article fut inutile, et de part et d'autre ne persuada personne, non plus que la proposition que firent les plénipotentiaires d'une réforme réciproque lorsqu'on seroit d'accord sur tous les articles.

Ils ne purent obtenir d'éclaircissement sur les demandes ultérieures: ce qu'ils en dirent donna seulement lieu aux députés de les avertir que la République demanderoit un dédommagement des dépenses faites et à faire pour le siége de Douay, nouvellement entrepris; qu'elle insisteroit pour obtenir en faveur des réfugiés françois naturalisés en Hollande la liberté de commercer en France, comme ils commerçoient dans les pays soumis à la domination des Etats-généraux.

Le duc de Lorraine, compris dans le nombre des alliés, devoit avoir un dédommagement du Montferrat; l'Empereur lui avoit promis de l'en indemniser lorsqu'il avoit disposé de cet Etat en faveur du duc de Savoie au préjudice du duc de Lorraine, et ce dédommagement étoit l'Alsace. Sans cette condition, le Roi ne devoit point obtenir le rétablissement des électeurs de Bavière et de Cologne.

Ce premier aveu de quelques-unes des demandes ultérieures suffisoit pour juger que la permission que les plénipotentiaires avoient reçue de se désister des places de Toscane, dans le partage à composer pour le roi d'Espagne, ne produiroit nul effet: aussi n'en firent-ils aucun usage, et de part et d'autre on garda le silence sur cet article.

Cette conférence infructueuse, ainsi que tant d'autres, étant finie, les députés partirent le 17 juin, et promirent de revenir à Gertruydemberg sitôt que les plénipotentiaires auroient reçu du Roi de nouveaux ordres.

L'état intérieur de la Hollande soutenoit mal les discours de ses ministres et l'iniquité de leurs prétentions. L'Angleterre ne souffroit pas moins que les Provinces-Unies de la continuation d'une guerre si longue et si onéreuse. Le Roi étoit instruit de l'état des deux nations, mais leur misère ne soulageoit ni ne diminuoit la souffrance de ses sujets. La paix si nécessaire ne pouvoit être trop promptement rendue au royaume: Sa Majesté donna donc une nouvelle étendue aux pouvoirs qu'elle avoit confiés à ses plénipotentiaires.

Ils avoient proposé comme une simple pensée, et comme un expédient que leur seule réflexion produisoit, l'engagement que le Roi pourroit prendre de payer par mois aux alliés, en forme de subsides, une somme dont on conviendroit, pour les aider à soutenir la guerre d'Espagne. Sa Majesté voulut, pour dernière tentative, que cette extrême proposition se fît encore en son nom. La seule modération remise à la prudence des plénipotentiaires consistoit à faire par degrés l'offre de cet étrange paiement.

Elle devoit être d'abord de cinq cent mille francs par mois, somme équivalente à peu près à celle que coûtoit à Sa Majesté l'entretien de ses troupes en Espagne pendant qu'elles avoient servi dans ce royaume. Elle autorisoit les plénipotentiaires à porter l'offre jusqu'à un million de livres par mois, si la somme de cinq cent mille livres n'étoit pas acceptée. Ils devoient fixer le commencement des paiemens à l'expiration du terme qui seroit marqué au roi d'Espagne pour délibérer et se résoudre sur le parti qui lui seroit proposé. Quant aux sûretés, elles auroient été telles que les alliés n'auroient pu avec raison en demander de meilleures: si toutefois ils ne s'en contentoient pas encore, le Roi consentoit à confier comme en dépôt et comme otages, entre les mains des Hollandois, trois places que Sa Majesté choisiroit, même quatre, pour assurance de l'effet ponctuel de sa parole.

L'Alsace comprise dans le nombre des demandes ultérieures étoit le comble du sacrifice. Le Roi consentit encore à la céder, à condition qu'il ne seroit plus question des demandes ultérieures, et que les deux électeurs seroient pleinement rétablis dans leurs biens, Etats et dignités; que ce seroit à ce prix que Sa Majesté fermeroit les yeux sur l'indigne procédé du duc de Lorraine, et sur les dispositions que les alliés pourroient faire en sa faveur. Elle laissoit aussi à leur liberté de réserver en ce cas à l'électeur palatin la jouissance pendant sa vie du Haut-Palatinat, ainsi que du rang de premier électeur, à condition que l'un et l'autre, après la mort de ce prince, retourneroient à l'électeur de Bavière.

Tant de facilités au-delà de ce qu'on pouvoit attendre de l'extrême désir que le Roi avoit de conclure la paix, ne furent pas les dernières qu'il permit à ses plénipotentiaires d'apporter à la perfection d'un ouvrage si difficile : Sa Majesté leur donna pouvoir d'ajouter encore à ses offres celle de céder Valenciennes, s'il étoit possible de supprimer à cette condition et de faire cesser absolument toutes demandes ultérieures ; mais en même temps elle réitéra très-expressément l'ordre précis qu'elle leur avoit déjà donné plus d'une fois de rejeter toute demande que ses ennemis renouvelleroient en faveur des prétendus réformés, réfugiés soit en Hollande soit dans les autres pays étrangers.

On apprit en même temps que la duchesse de Marlborough, dame d'honneur de la reine d'Angleterre, avoit été disgraciée. Le duc de Marlborough en donna lui-même la nouvelle au duc de Berwick son neveu. Cette disgrâce fut le premier effet des agitations intérieures de l'Angleterre et des intrigues secrètes de cette cour : la conséquence qu'on en tiroit le plus communément étoit que le crédit du mari ne subsisteroit pas long-temps après la ruine de celui de sa femme, et que si Marlborough subissoit le même sort, la paix en deviendroit plus facile. Ceux qui se croyoient plus clairvoyans raisonnoient autrement et jugeoient qu'un tel changement, loin de faciliter la paix, susciteroit encore de nouveaux obstacles à sa conclusion. Ils fondoient leurs conjectures sur l'intérêt que Marlborough avoit de prolonger la guerre comme le seul moyen de se rendre nécessaire et de conserver ses charges et son autorité, violemment attaquée par les personnes qui avoient alors le plus d'accès auprès de la reine de la Grande-Bretagne.

Pettekum, toujours ardent à faire un personnage dans la négociation de la paix, envoyé pour lors par le pensionnaire de Hollande, arriva le 22 juin à Gertruydemberg, avant que les plénipotentiaires eussent reçu les derniers ordres de Sa Majesté. Il étoit porteur d'un écrit dicté, disoit-il, mais non signé par le Pensionnaire, contenant que la proposition qu'ils avoient faite de contribuer par des subsides aux frais de la guerre à continuer en Espagne, avoit été long-temps agitée à La Haye et enfin rejetée. Pettekum ajouta de lui-même qu'on avoit considéré que si les alliés l'acceptoient, ils demeureroient engagés dans la guerre jusqu'à ce qu'ils eussent conquis la monarchie d'Espagne ; que la France seule jouiroit de la paix ; qu'elle rétabliroit ses forces pendant que les alliés, trompés par l'avantage apparent des sommes dont on seroit convenu, achèveroient réellement de s'épuiser.

On s'écartoit ainsi de l'esprit des préliminaires qu'on devoit regarder comme règle inviolable de la négociation. Selon ces articles, les ennemis communs de la France et de l'Espagne devoient, en signant la paix, entrer en possession de l'Espagne et des Indes. Les frais et l'embarras d'une guerre onéreuse ne les regardant plus, c'étoit au Roi à se charger seul de ce fardeau, s'il vouloit avoir la paix. Ils ne laissoient donc à Sa Majesté que le choix de la voie qu'elle voudroit employer (la persuasion ou la force) pour obliger le roi d'Espagne à renoncer à une couronne qu'ils ne vouloient pas avoir la peine de conquérir. L'espace de deux mois étoit le temps qu'ils fixoient au Roi pour terminer cet ouvrage ; et la suspension d'armes auroit fini, si dans ce temps il n'étoit totalement accompli.

Les ministres de l'Empereur et de l'Angleterre publioient que la France, toujours artificieuse, ne s'expliquoit qu'obscurément ; que si les intentions du Roi étoient sincères, ses ministres parleroient plus clairement. On tenoit ces discours, et les peuples mal informés y ajoutoient foi, dans le temps que les plénipotentiaires faisoient inutilement les plus grandes avances, et ne pouvoient arracher des députés de la République une seule réponse précise aux offres avantageuses de Sa Majesté.

Plusieurs avis confirmoient les discours de Pettekum, en sorte que la vérité n'en paroissoit pas douteuse. Mais rien n'étoit plus irrégulier que la forme de rompre les conférences établies pour traiter de la paix générale de l'Europe et de renvoyer les ministres d'un grand roi, sans user d'autre voie, pour leur déclarer cette rupture, que de la faire signifier verbalement par un étranger indépendant de la république de Hollande, agent d'un prince d'Allemagne, qui de plus n'étoit autorisé d'aucun ordre des Etats-généraux, ni même d'une simple lettre du Pensionnaire, ni de sa signature, pour confirmer au moins l'écrit qu'il présentoit.

Quoique la volonté de continuer la guerre et de rejeter sur le Roi la rupture des conférences parût évidemment déterminée de la part de ses ennemis, Sa Majesté persévéroit encore à prolonger ces conférences, dont l'événement n'étoit plus douteux. Elle avoit plus d'une fois recommandé à ses plénipotentiaires de s'armer de patience : elle voulut leur en donner l'exemple jusqu'à la fin de cette triste négociation. Ainsi, pour dernier ordre, le Roi leur commanda d'écrire aux députés, pour savoir d'eux quel usage ils avoient fait de la proposition des subsides offerts dans la dernière conférence pour soutenir la guerre d'Espagne. Les plénipotentiaires déclarèrent par la même lettre qu'ils ne pouvoient recevoir, comme réponse légitime, celle que Pettekum prétendoit leur avoir apportée de la part du Pensionnaire, également irrégulière et dans la substance et dans la forme; qu'ils demandoient, au défaut d'une réponse précise, telle et dans la forme qu'elle leur étoit due, de savoir au moins si les conférences étoient rompues : question d'autant plus nécessaire à éclaircir que les mensonges ne coûtoient rien aux ennemis de la paix pour tromper les peuples et leur faire croire que la seule vue du Roi étoit de gagner du temps, dans l'espérance de quelque événement favorable dont il profiteroit pour maintenir son petit-fils sur le trône d'Espagne; que c'étoit l'unique objet de tant d'offres spécieuses dont les alliés avoient habilement démêlé l'artifice, et qu'ils avoient prudemment rejetées, parce qu'ils seroient demeurés seuls chargés du poids de la guerre, pendant que la France s'en seroit affranchie.

Toute apparence de paix disparoissant, il étoit de l'intérêt du Roi que la vérité fût connue; que les Provinces-Unies, aussi bien que les nations engagées dans la guerre, apprissent de quel côté se formoient tant d'obstacles à la conclusion de la paix. C'étoit une des principales raisons qui avoient porté le Roi à renouveler souvent à ses plénipotentiaires l'ordre de prolonger leur séjour en Hollande le plus qu'il seroit possible. Sa Majesté étoit persuadée qu'il convenoit mieux d'entretenir une négociation languissante, de supporter la hauteur, l'injustice, la mauvaise foi des négociateurs et de leurs maîtres, que de rompre tout reste de négociation, comme le désiroient les partisans de la guerre. Toute apparence de traiter leur déplaisoit d'autant plus qu'ils craignoient les justes reproches des amateurs de la paix, et les efforts qu'ils feroient pour la favoriser lorsque le temps approcheroit de dresser et de présenter aux provinces un nouvel état de guerre. Ils craignoient de plus les divisions intérieures de l'Angleterre et l'effet qu'elles pourroient enfin produire.

Pendant ce reste de négociation, le roi d'Espagne avoit si clairement fait connoître ses intentions, qu'il n'y avoit plus lieu de croire qu'il voulût jamais abandonner l'Espagne, quelque partage qu'on lui offrît pour renoncer à sa couronne : il étoit donc inutile de disputer sur le plus ou le moins de dédommagement qu'on lui proposeroit. Ainsi le Roi, confirmant l'ordre qu'il avoit donné à ses plénipotentiaires d'offrir des subsides pour la guerre d'Espagne, leur commanda de plus de cesser toute dispute sur le partage, même à se désister des royaumes de Sicile et de Sardaigne.

Ces derniers ordres étoient contenus dans la dépêche du 23 juin. Sitôt qu'ils l'eurent reçue, ils avertirent le Pensionnaire que Sa Majesté les avoit nouvellement instruits de ses intentions et demandèrent que les députés revinssent à Gertruydemberg, afin de se communiquer réciproquement et les réponses du Roi et la résolution de l'Etat sur la dernière conférence.

La lettre des plénipotentiaires étoit du 2 juillet : ils passèrent plusieurs jours sans savoir quel parti on prendroit à La Haye. Celui de renouer les conférences étoit directement contraire à l'intérêt de ceux qui gouvernoient encore l'Angleterre; l'autorité absolue qu'ils avoient dans ce royaume depuis plusieurs années leur échappoit : le seul moyen de la retenir étoit de prolonger la guerre. Leurs ennemis domestiques en attribuoient la continuation à la passion que ces chefs du gouvernement avoient de se maintenir utilement dans l'administration des finances et dans le commandement des armées. Le parti des torys, jusqu'alors inférieur, avoit déjà porté des accusations contre quelques-uns des whigs placés dans les principaux emplois : elles avoient eu leur effet et produit des changemens dans les charges; mais on ne les regardoit encore que comme le prélude de révolutions plus considérables : c'étoit cependant une lueur, un commencement d'espérance, que ces divisions intestines serviroient à la pacification de l'Europe.

La république de Hollande, intéressée plus

qu'aucune autre puissance à la désirer, s'épuisoit pour complaire à ses alliés, et, par une fausse politique, laissoit échapper l'occasion (qu'elle ne retrouveroit jamais) de faire en sorte qu'en arrachant au Roi ses conquêtes et la couronne d'Espagne à son petit-fils, Sa Majesté sût gré aux Hollandois d'avoir travaillé et réussi à la conclusion de la paix générale.

Heinsius, soutenu du duc de Marlborough et du prince Eugène, avoit eu la facilité d'aveugler ses maîtres et le crédit de les engager dans une fausse route. Ils ne devoient, suivant ses conseils, entendre à aucun traité, si l'Espagne et les Indes n'étoient auparavant cédées, et non seulement cédées, mais livrées à la maison d'Autriche. Il soutenoit que les conférences tenues à Bodgrave, à La Haye, enfin à Gertruydemberg, avoient été établies et ouvertes sur ce fondement; que la République ne devoit jamais se désister d'un tel préliminaire, *à moins*, comme il disoit, *que tout ne fût perdu*.

Nonobstant ces dispositions et tant d'obstacles à renouer les conférences, vivement combattues par les partisans de la guerre, on vit arriver les députés à Gertruydemberg le 13 juillet. Ils remirent aux plénipotentiaires une lettre du Pensionnaire, écrite en termes généraux; ils dirent qu'ils venoient apprendre les intentions du Roi sur la commission dont Pettekum s'étoit acquitté au nom de tous les alliés.

Les plénipotentiaires répondirent que Pettekum leur avoit remis un mémoire très-obscur, dont ils demandoient l'explication, aussi bien que celle des intentions de la république de Hollande. Ils demandèrent aussi la réponse à la proposition qu'ils avoient faite dans la dernière conférence.

On se plaignit de part et d'autre du silence obstiné qu'on observoit réciproquement sur des points essentiels, dont l'éclaircissement étoit absolument nécessaire pour le progrès de la négociation.

Après ces plaintes réciproques, les députés élevèrent la voix parlèrent avec la même suffisance que si leurs maîtres, vainqueurs de l'univers, eussent dicté les conditions de paix. Il sembloit qu'ils eussent le pouvoir de prescrire un terme de peu de momens, pour laisser le choix ou d'accepter les lois qu'ils imposeroient, ou de se précipiter, en les refusant, dans une ruine inévitable.

« La volonté des alliés, dirent-ils, est que le Roi se charge ou de persuader au roi d'Espagne, ou de le contraindre lui seul et par ses seules forces, de renoncer à toute sa monarchie. » (Ils rejetèrent toute proposition de les aider à faire la guerre au roi Philippe.) « L'argent ni la jonction des troupes françoises ne leur conviennent pas : l'exécution du traité est la seule sûreté qu'ils exigent, et qu'il soit satisfait à tous les articles préliminaires dans l'espace de deux mois. Ce terme expiré, la trève est rompue; la guerre recommencera, quand même de la part du Roi les autres conditions préliminaires auroient été pleinement accomplies. »

A ce prix, Buys, qui portoit la parole, dit que ses maîtres lui permettoient de parler positivement du partage qu'on laisseroit au roi d'Espagne; et de plus, qu'ils faciliteroient les demandes ultérieures dont on pourroit convenir avant de signer les préliminaires. Enfin Buys et Wanderdussen laissèrent entendre que les alliés accorderoient, comme grâce, de permettre aux troupes à leur solde, en Catalogne comme en Portugal, de se joindre et d'agir avec les troupes françoises pour conquérir l'Espagne pendant les deux mois de la trève, et remettre ce royaume et les Indes au pouvoir de la maison d'Autriche.

Il étoit aisé, mais inutile, de répondre : les ordres donnés aux députés étoient si précis qu'ils ne pouvoient s'en écarter; les discours concis, les expressions, jusqu'au ton et à la prononciation, tout leur étoit prescrit. Toute raison à leur opposer étoit vaine et superflue : nul autre parti ne restoit à prendre aux plénipotentiaires que celui de la patience, difficile à conserver en pareille conjoncture; mais il étoit plus à propos de se taire que de rompre les conférences.

Les députés, prêts à se séparer, leur dirent que la République leur accordoit quinze jours au plus pour attendre à Gertruydemberg la réponse du Roi; que lorsqu'elle seroit arrivée, ils auroient encore ensemble une nouvelle conférence; que ce seroit la dernière, la République ni ses alliés ne jugeant pas à propos de souffrir qu'elles fussent plus long-temps continuées.

Un tel avertissement, précédé du discours que Buys avoit tenu, accompagné des conditions que les alliés prétendoient imposer, étoit de leur part une rupture réelle et véritable de toute négociation : mais pour mieux faire sentir leur opposition à toutes conditions équitables, il est bon de reprendre et de rassembler toutes les prétentions dont ils composoient le projet de la fausse paix, qui seule pouvoit leur plaire.

Ils exigeoient donc, comme base du traité, que le Roi, le souscrivant, prît l'engagement formel d'employer ses forces seules et sans secours, à contraindre le roi d'Espagne de renoncer à sa couronne ; que la guerre qu'il lui feroit pour le dépouiller en faveur de la maison d'Autriche fût terminée dans l'espace de deux mois ; et que dans ce terme le roi Philippe fût dépossédé de l'Espagne et des Indes.

L'offre de leur payer des subsides, de partager les frais de la guerre, d'assurer la réalité des paiemens, ne les pouvoit toucher. Ils rejetèrent toute proposition de joindre leurs troupes à celles de France ; ils chargeoient le Roi de conquérir l'Espagne, pour la remettre avec les Indes à l'archiduc, et prétendoient demeurer simples spectateurs de la guerre entre le grand-père et le petit-fils ; ils persistoient à déclarer que le terme de deux mois étant expiré, si l'Espagne n'étoit pas réduite, alors la trève cesseroit ; qu'ils reprendroient les armes, quoique la France eût satisfait aux articles préliminaires, le principal étant celui de la restitution de l'Espagne.

Le seul adoucissement, selon eux, à ces conditions inouïes, étoit la promesse d'expliquer positivement, avant que de signer, quel partage ils laisseroient au roi Philippe. Les Hollandois s'engageoient de leur part à faciliter les moyens de convenir des demandes ultérieures ; ils laissoient entrevoir que peut-être ils pourroient ménager auprès des alliés de permettre que leurs troupes en Catalogne et en Portugal se joignissent à celles du Roi, pour conquérir l'Espagne et les Indes pendant les deux mois de la trève.

C'étoit à ce prix seulement, comme la relation des conférences le fait voir, que le Roi pouvoit acheter une ombre fausse de paix : et encore, pour dissiper tout sujet d'équivoque, les députés ajoutèrent qu'il étoit vrai que la République et ses alliés avoient proposé d'unir leurs forces à celles de la France pour mettre l'archiduc en possession de l'Espagne et des Indes ; « mais, dirent-ils, les choses sont changées : il n'est plus question d'un tel concert, et de la part de nos maîtres nous désavouons la proposition. Il ne s'agit plus de chercher des expédiens : l'unique moyen d'avoir la paix est que les alliés reçoivent des mains du Roi l'Espagne et les Indes. Ce n'est point à eux à s'embarrasser des moyens ; il suffit qu'ils consentent à laisser au roi Philippe le partage qu'ils lui assigneront : ils s'en expliqueront quand ils le jugeront à propos. »

La négociation étant ainsi rompue, le Roi donna ordre à ses plénipotentiaires, sur le compte qu'ils lui rendirent de la dernière conférence, d'écrire au Pensionnaire qu'il étoit inutile de leur donner quinze jours pour être instruits des intentions de Sa Majesté ; qu'elle n'avoit que trop fait connoître qu'elle consentoit à toutes les conditions qui dépendoient d'elle pour faciliter la paix, mais qu'il lui étoit impossible de s'engager à celles dont l'exécution étoit hors de son pouvoir ; que les alliés prouvoient, en les exigeant, qu'ils n'avoient dessein que de rompre toute négociation ; que Sa Majesté, se confiant en la protection de Dieu, qui sait quand il lui plaît humilier ceux qu'une prospérité inespérée élève, laisseroit au jugement de l'Europe, sans en excepter ni les sujets de la république de Hollande, ni ceux du royaume d'Angleterre, à reconnoître les auteurs de la durée d'une guerre si longue et si sanglante ; qu'il suffiroit, pour décider de quel côté la guerre étoit véritablement désirée, de considérer les avances que Sa Majesté avoit faites, le consentement qu'elle donnoit aux propositions les plus dures, les engagemens qu'elle offroit de prendre pour assurer la paix et faire cesser les défiances injustes de ses ennemis ; et de réfléchir ensuite sur la persévérance de leurs ministres à taire les intentions de leurs maîtres, l'attention qu'ils avoient toujours eue d'envelopper le peu qu'ils en découvroient de tant d'obscurités, qu'il étoit impossible de faire aucun fonds sur les discours étudiés : de manière qu'il paroissoit clairement que leur unique vue étoit de réserver des prétextes de former de nouvelles prétentions à mesure qu'ils obtiendroient leurs premières demandes, et de varier, ou suivant les événemens de la guerre, ou suivant les facilités que le Roi apporteroit encore à la paix ; que l'année dernière ils regardoient comme une injure et comme une supposition pour les rendre odieux, qu'on leur eût imputé d'avoir proposé, dans les conférences tenues à La Haye, l'union des forces de Sa Majesté à celles des alliés, pour déposséder le roi d'Espagne ; que cependant depuis, et principalement aux conférences de Gertruydemberg, ils en avoient non-seulement adopté la proposition, mais de plus ils avoient soutenu que sans cette condition il étoit impossible de faire la paix, ajoutant encore que s'ils avoient parlé plus modérément au commencement de cette dernière négociation, ils avoient eu tort ; qu'à l'avenir ils répareroient la mauvaise honte qu'ils se reprochoient et seroient moins retenus ; que la déclaration faite en dernier lieu par les députés étant une rupture formelle des conférences, les plénipotentiaires déclareroient qu'il étoit inutile de les laisser encore quinze jours à Gertruydemberg, et que la République faisant dépendre la pacification de l'Europe d'une condition impossible à exécuter, ce seroit en vain qu'on passeroit des années entières à négocier en Hollande, qu'ils ne prétendoient pas lui persuader de continuer une négociation qu'elle vouloit rompre; que véritablement le Roi désiroit ardemment de rendre le repos à ses peuples; mais qu'il seroit moins fâcheux à des sujets fidèles, et moins difficile, de soutenir la guerre contre les mêmes ennemis que Sa Majesté combattoit depuis dix ans, que d'en augmenter le nombre en y ajoutant le Roi son petit-fils; que quand même la tendresse paternelle ne s'y opposeroit pas, il seroit contre toute prudence de s'engager témérairement à faire en deux mois la conquête de l'Espagne et des Indes, avec certitude que, ce terme expiré sans y réussir, Sa Majesté trouveroit encore les mêmes ennemis armés contre elle, et de plus fortifiés par la possession des places qu'elle auroit remises entre leurs mains.

Il étoit nécessaire que la vérité fût connue en Hollande et dans les autres pays étrangers : ainsi les plénipotentiaires eurent ordre de répandre, dans Amsterdam et dans les autres villes des Provinces-Unies, des copies de cette lettre, après qu'ils l'auroient écrite et envoyée au Pensionnaire; ils devoient aussi attendre sa réponse avant que de partir.

Ils la reçurent promptement : elle étoit datée du 23 juillet et se rapportoit à celle de l'Etat qu'ils reçurent par la lettre que les députés étoient chargés de leur écrire. L'une et l'autre, de même date, arrivèrent en même temps. Les députés témoignoient seulement, en termes mesurés, le regret qu'ils avoient de n'avoir pu réussir, nonobstant les soins et la peine qu'ils avoient prise.

On publia le même jour 23 juillet à La Haye, un acte contenant la résolution des Etats-généraux sur la lettre que les plénipotentiaires avoient écrite au pensionnaire Heinsius. L'acte portoit en substance que cette lettre ayant été communiquée aux ministres des alliés résidant à La Haye, suivant le concert observé jusqu'alors, ils avoient jugé que puisque lesdits sieurs plénipotentiaires rejettent par leurs réponses les propositions qu'on leur a faites et déclarent qu'il est inutile de conférer plus long-temps sur lesdites propositions, il ne reste plus de la part des hauts alliés que d'acquiescer à cette rupture et de ne plus continuer les conférences tant que les ennemis demeureront dans ces sentimens, puisque, dans les dispositions où les ennemis se trouvent, les conférences ne pourroient être d'aucun fruit, et que, bien loin d'acheminer les affaires à la paix et à l'union, comme ç'a toujours été le but de l'Etat et de ses alliés, elles ne pourroient que donner occasion à des aigreurs.

Par le même acte, Buys et Wanderdussen étoient requis et autorisés de donner connoissance par écrit de la présente résolution auxdits sieurs plénipotentiaires, mais sans entrer dans aucune discussion à l'égard de la lettre que lesdits sieurs plénipotentiaires ont écrite, quoiqu'il fût très-aisé de la réfuter solidement, tant à l'égard de la matière que des expressions qu'on y emploie.

La discussion où les ministres de la République ne vouloient pas entrer parut quatre jours après dans un extrait imprimé des résolutions des Etats-généraux. Cet acte étoit une espèce de manifeste pour justifier la conduite de ceux qui traversoient la paix, et persuader que la vue seule du bien de l'Etat avoit dirigé les conférences de Gertruydemberg. La fin de l'écrit répondoit aux plaintes que les plénipotentiaires avoient faites du procédé tenu à leur égard, au mépris de leur caractère ; des libelles injurieux, remplis de faussetés et de calomnies, imprimés et distribués pendant leur séjour à Gertruydemberg, afin de mettre de l'aigreur dans les esprits, qu'on travailloit à concilier. Ils observoient, sans toutefois s'en plaindre, que, contre la foi publique et au préjudice de ce qu'ils avoient pu dire et souvent réitérer, on avoit ouvert toutes les lettres qu'ils avoient reçues ou écrites; qu'on avoit empêché que qui que ce soit ne vînt leur rendre visite dans leur espèce de prison, par la raison que ce qu'on craignoit le plus étoit qu'ils ne découvrissent des vérités qu'on vouloit tenir cachées, et qu'on ne pouvoit pas cependant leur reprocher d'avoir tenté la moindre pratique contraire au droit des gens, qu'on violoit à leur égard.

Le gouvernement de Hollande tâcha de faire croire que ces plaintes étoient mal fondées; mais il les auroit prévenues s'il eût consenti à la proposition que le Roi avoit faite et que les plénipotentiaires réitérèrent les conférences à La Haye. C'étoit le lieu où se trouvoient les ministres de toutes les puissances intéressées à la guerre, le centre où se portoient alors les affaires les plus importantes de l'Europe : les négociations par conséquent se conduisoient et se décidoient plus promptement que dans un lieu tel que Gertruydemberg, incommode pour le séjour et assez éloigné de La Haye pour consommer inutilement beaucoup de temps dans les voyages que les députés étoient obligés de faire pour venir conférer. Il est à croire que les plénipotentiaires auroient trouvé plus de politesse à La Haye que dans une petite ville habitée principalement par des pêcheurs, qu'on auroit eu honte de manquer à la considération due à leur caractère, à leur condition et à leurs personnes ; et que, mécontens de la manière de négocier, ils n'auroient pas eu lieu de se plaindre encore des traitemens personnels, ainsi que ceux qui les avoient précédés en 1709 ne s'en plaignirent pas et n'en eurent pas sujet.

Toute apparence de négociation étant évanouie, le maréchal d'Huxelles et l'abbé de Polignac partirent de Gertruydemberg le 25 juillet et revinrent en France, sans attendre que les quinze jours qu'on leur donnoit pour demeurer en Hollande fussent expirés.

Les écrits répandus pour justifier la conduite des Etats-généraux dans la négociation de la paix et la rupture des conférences, l'approbation des puissances alliées, et principalement celle d'Angleterre, n'entraînèrent pas les Provinces-Unies à louer toutes unanimement le parti de continuer la guerre. Outre la pesanteur d'un fardeau difficile à supporter encore longtemps, les desseins de l'Angleterre leur devenoient suspects ; on commençoit à croire que les Anglois espéroient profiter de l'épuisement de la Hollande pour dominer sur cette République ; mais les événemens de la campagne de 1710 (1) fortifièrent encore les clameurs de ceux qui vouloient la guerre, et qui ne cessoient de dire qu'il falloit profiter de la conjoncture heureuse d'abattre la puissance formidable de la France ; qu'il étoit de l'intérêt commun de la mettre pour jamais hors d'état d'alarmer le reste de l'Europe, d'attenter à sa liberté ; et qu'enfin les alliés, loin de ralentir leurs efforts, devoient les redoubler et s'unir encore plus étroitement pour la destruction d'un ennemi toujours à craindre s'il avoit le temps de respirer et de reprendre ses forces.

Ils prirent encore pendant cette campagne les villes de Douay, de Béthune, d'Aire et de Saint-Venant.

Leurs progrès furent plus grands en Espagne, où le comte de Staremberg commandoit l'armée de l'archiduc. Il obligea le roi d'Espagne à lever le siège de Balaguer, défit la cavalerie espagnole à Almenara près de Lérida, et le 20 août gagna près de Saragosse une bataille, dont les suites funestes donnèrent lieu de croire que le roi Philippe, après sa défaite, ne régneroit pas encore long-temps en Espagne.

Il reparut cependant à Madrid, mais pour peu de jours ; et, pressé par les ennemis, il en sortit pour rejoindre en Navarre les débris de son armée. La reine d'Espagne sortit aussi de cette capitale, emmenant avec elle le prince des Asturies, son fils unique.

L'archiduc, ne trouvant nulle opposition, se fit reconnoître roi d'Espagne à Madrid aussi bien qu'à Tolède.

La guerre d'Espagne, que les Hollandois dépeignoient comme difficile, dont les Etats-généraux et leurs alliés refusoient de s'embarrasser, et qu'ils demandoient cependant de voir terminée dans l'espace de deux mois, finissoit dans un terme plus court : cette monarchie étant alors presque réduite au pouvoir des ennemis, le principal obstacle étoit levé et nulle autre difficulté ne paroissoit s'opposer à la conclusion de la paix.

Tel étoit l'état des affaires de la France et de l'Espagne et telle la prospérité de leurs ennemis communs, à la fin du mois d'août 1710.

---

(1) Dans cette année, en Espagne, la bataille de Saragosse, gagnée par M. de Staremberg, fut bien funeste à Philippe V. L'archiduc fit de grands progrès ; mais M. de Vendôme releva ensuite l'espérance du roi d'Espagne, poursuivit ses ennemis et changea la situation des affaires. En Flandre les alliés prirent Douay le 25 juin, Béthune le 26 août, Saint-Venant le 29 septembre, Aire le 9 novembre. Une flotte ennemie fit une descente au port de Cette : cette troupe fut repoussée.

TROISIÈME PARTIE.

Etat de l'Espagne. — Succès de M. de Vendôme. — Etat de l'Angleterre. — Révolution dans le ministère d'Angleterre. — Causes de cette révolution. — Origine de la négociation entre la France et l'Angleterre. — L'abbé Gautier et Prior sont envoyés successivement en France. — Premières propositions pour la paix. — Mort de l'Empereur Joseph. — M. Ménager part pour Londres, en qualité de ministre plénipotentiaire. — Ses instructions. — Conférences avec les ministres de la reine Anne. — Difficultés. — Nouvelles propositions; nouveaux obstacles. — On se rapproche; on signe de part et d'autre des articles préliminaires. — Bonne foi du plénipotentiaire de France et des ministres anglois. — M. le maréchal de Tallard est relâché sur sa parole. — La Reine envoie M. Stafford en Hollande, pour préparer les Hollandois à la paix générale. — Confiance, bonne intelligence établie et soutenue entre la reine Anne et le Roi et entre les ministres des deux couronnes. — Inquiétude des alliés au sujet de cette négociation. — Les Hollandois députent Buys en Angleterre pour susciter des troubles et retarder l'ouvrage de la pacification. — Etat de l'Angleterre. — Manéges de Buys, des ministres des alliés et des ennemis du gouvernement. — Caractère du comte de Galas, ministre de l'archiduc. — Sa conduite. — Ses projets odieux découverts et punis. — Intrigues de Buys. — La Reine adresse un mémoire à Louis XIV. — Réponse du Roi aux objets de ce mémoire. — On aplanit toutes les difficultés qui pourroient survenir. — Complot formé contre le ministère d'Angleterre. — Nouveau parlement. — Le Roi donne des instructions au maréchal d'Huxelles, à l'abbé de Polignac et à M. Ménager, nommés plénipotentiaires pour la paix d'Utrecht.

La rupture des conférences de Gertruydemberg avoit dissipé toute apparence de paix. Les progrès des ennemis, depuis l'ouverture de la campagne jusqu'à la fin du mois d'août, ne laissoient plus d'espérance de voir finir heureusement une guerre que la France soutenoit si difficilement : nuls moyens pour elle de traiter à des conditions qu'il fût en son pouvoir d'accomplir. Il étoit impossible de persuader au roi d'Espagne de descendre volontairement du trône où Dieu l'avoit placé ; il ne l'étoit pas moins de l'en arracher par la force dans l'espace de deux mois, quand même le Roi se fût soumis à cet injuste engagement. Le mauvais état des affaires de Philippe n'affoiblissoit pas son courage : la reine d'Espagne n'en avoit pas moins que le Roi son époux ; et, plutôt que de céder à l'adversité, l'un et l'autre, obligés d'abandonner la capitale de leurs Etats, avoient unanimement résolu de s'embarquer et de transférer, s'ils y étoient forcés, leur séjour et le siége de la monarchie espagnole aux Indes occidentales.

Qui eût dit alors que les prospérités de cette alliance si formidable des ennemis de la France et de l'Espagne étoient à leur dernier période ; que l'Etre souverain qui fixe des limites a la mer et calme quand il lui plaît l'impétuosité de ses flots, arrêteroit incessamment le torrent de tant de victoires ; que deux ans ne s'écouleroient pas encore, et qu'avant ce terme ces guerriers si fiers, si énivrés de leurs succès, confondus alors dans leurs desseins, restitueroient au Roi les plus importantes des places qu'ils lui avoient enlevées ; qu'il ne seroit plus question de leur part ni d'en exiger en otage pour sûreté de la parole inviolable d'un grand roi, ni de proposer, comme base et règle invariable d'un traité, des préliminaires odieux, inventés et soutenus par les ennemis de la paix et de toute voie de conciliation ; que la mémoire en seroit abolie ; que ce seroit faire grâce aux Hollandois que d'oublier la hauteur des discours que leurs députés avoient tenus dans ces conférences si captieuses de leur part, où ils n'avoient parlé clairement que pour armer le père contre le fils ; que, malgré les efforts de la ligue et les avantages qu'elle avoit remportés, le petit-fils de saint Louis, choisi par la Providence pour régner en Espagne, demeureroit affermi sur son trône, reconnu monarque et possesseur légitime de l'Espagne et des Indes par un nombre d'ennemis qui ne recueilleroient, de tant d'années d'une guerre sanglante, que l'accablement des dettes contractées pour soutenir leurs vastes desseins ?

Ces révolutions si peu attendues, si peu apparentes au mois d'août 1710, devoient être l'œuvre du doigt de Dieu : les hommes ne pouvoient se flatter que leur industrie ou leur vaine sagesse dussent préparer et conduire de si grands changemens ; mais qui les auroit annoncés eût passé pour visionnaire.

Le premier événement heureux pour la France et pour l'Espagne fut la victoire que le Roi Catholique, à la tête de son armée que le duc de Vendôme commandoit sous ses ordres, remporta sur celle de l'archiduc, commandée par le comte de Staremberg, un des meilleurs et des plus fameux généraux de l'Empereur. La bataille se donna dans la province d'Estramadure, auprès de la ville de Brihuega, au mois de novembre 1710.

L'archiduc, retourné pour lors en Catalogne, avoit quitté son armée par le défaut de subsistances, et elle n'étoit pas assez nombreuse pour s'étendre dans les parties de l'Espagne où elle auroit trouvé des vivres. En vain les envoyés d'Angleterre et de Hollande à Lisbonne avoient pressé le roi de Portugal d'envoyer à l'armée trois mille hommes de pied et mille chevaux ; ils avoient été refusés : ce prince craignoit pour son pays et jugeoit à propos de garder ses troupes pour la défense de ses frontières. Par la même raison il ne voulut pas faire marcher, comme ces ministres le demandoient, les troupes portugaises qui étoient à la solde de ces deux puissances. Ainsi l'armée des alliés manquant et de vivres et de troupes en assez grand nombre pour faire des détachemens, la nécessité de subsister obligea Stanhope, soit raison, soit prétexte, à s'enfermer dans Brihuega avec le corps de troupes angloises qu'il commandoit. Il y fut assiégé par le duc de Vendôme le 8 de novembre, et forcé le 10 du même mois de se rendre prisonnier de guerre avec huit bataillons et autant d'escadrons anglois, dans le temps que Staremberg arrivoit pour le secourir, et la veille de la bataille.

Les succès imprévus du roi d'Espagne prouvoient à ses ennemis qu'il ne seroit pas aussi facile qu'ils se le figuroient de le déposséder de ses Etats. La fidélité de la plus grande partie de ses sujets en étoit encore une preuve évidente : quoique son compétiteur eût été reconnu à Madrid, à Tolède, en d'autres villes ouvertes et sans défense, il n'en étoit pas plus désiré de la nation espagnole. Ainsi chaque jour il devenoit plus difficile aux ennemis du roi Philippe de le faire descendre du trône dont il étoit possesseur. Le poids d'une guerre onéreuse, soutenue depuis tant d'années, augmentoit à mesure que les moyens diminuoient d'en continuer les dépenses ; on pouvoit croire que la nécessité de faire la paix l'emporteroit enfin sur l'animosité de tant de nations conjurées contre la France ; mais la voie des armes n'étoit pas celle que la Providence divine avoit désignée pour calmer l'Europe. Les Hollandois avoient laissé échapper les occasions de contribuer à sa tranquillité : l'honneur en étoit réservé à l'Angleterre.

La nation angloise, aussi animée et peut-être plus qu'aucune autre, à s'opposer à la puissance de la France, plus persuadée qu'il étoit essentiel à ses intérêts de ne pas souffrir qu'un prince de France se maintînt dans la possession de la moindre partie de la monarchie espagnole, étoit encore intérieurement plus agitée par la passion des deux factions qui la partageoient, principalement depuis la révolution arrivée en l'année 1688, et l'avènement du prince d'Orange à la couronne de la Grande-Bretagne.

Une de ces factions étoit celle des torys, l'autre celle des wighs. Il seroit inutile de rechercher l'origine assez incertaine de ces noms de parti : il suffit de savoir que sous le nom de torys on entendoit les zélateurs de l'Eglise anglicane, opposés non-seulement aux catholiques, mais à différentes sectes souffertes en Angleterre et comprises sous la dénomination de non-conformistes ; on les regardoit de plus comme partisans de l'autorité suprême des rois et du pouvoir despotique. Les wighs au contraire, dont la religion, s'ils en ont une, est presbytérienne, penchoient pour le gouvernement républicain et se déclaroient ennemis du pouvoir arbitraire et de l'autorité sans bornes. Ils avoient eu la part principale à la dernière révolution et avoient le plus aidé le prince d'Orange à monter au trône de la Grande-Bretagne : aussi les avoit-il placés dans les principaux emplois ; et le plus grand nombre des membres du parlement étant wighs, la supériorité des suffrages étoit comme assurée à ce parti. Il avoit conservé ces avantages depuis que la reine Anne régnoit ; et le duc de Marlborough, très-occupé de sa propre élévation, avoit abandonné le parti des torys et embrassé celui des wighs.

Le comte de Godolfin, grand trésorier d'Angleterre, uni à Marlborough et par l'intérêt de sa fortune et par le mariage de leurs enfans, étoit du parti des wighs. L'un commandoit les armées avec autant d'autorité que de réputation ; l'autre étoit maître des finances et les gouvernoit très-habilement. L'un et l'autre se soutenoient mutuellement, en sorte qu'il étoit difficile de les attaquer et de réussir. Ce n'étoit cependant qu'en leur faisant perdre la confiance de la Reine que les torys pouvoient se flatter d'affoiblir leurs antagonistes ; et ce n'étoit pas encore assez, il falloit faire dissoudre le parlement où les wighs étoient si supérieurs et en convoquer un nouveau.

Quelques ministres prédicans, dont le plus renommé fut le docteur Sachewrel, soit suscités, soit de leur pur mouvement, donnèrent par leurs sermons le premier commencement à cet ouvrage. On les accusa, particulièrement Sachewrel, qui avoit prêché devant la Reine dans l'église de Saint-Paul, d'avoir attaqué la dernière révolution et la tolérance ; insinué que l'Eglise anglicane étoit en grand danger sous le règne présent ; enfin que l'administration de cette princesse dans les affaires ecclésiastiques et civiles tendoit à la ruine du gouvernement.

Sachewrel avoit dit qu'il se trouvoit de faux frères parmi les personnes distinguées par leur caractère et par leurs emplois dans l'Eglise et dans l'Etat.

Quelques propositions avancées sur l'obéissance passive émurent beaucoup les esprits des Anglois, peu disposés à la soumission. Sachewrel fut poursuivi vivement et interdit pour trois ans, après de longues contestations dans le parlement, en présence de la Reine. On condamna les deux sermons qu'il avoit prêchés à être brûlés par la main du bourreau : quelques autres, composés à peu près dans le même esprit, et prêchés dans les provinces, eurent le même sort en différens lieux de l'Angleterre.

Quoique Sachewrel eût attaqué le droit de la reine Anne à la couronne et son administration, elle fut moins blessée de ses sermons qu'irritée de l'ardeur des wighs à faire condamner toute opposition enseignant aux peuples l'obéissance que les sujets doivent à leur souverain. Elle ouvrit les yeux sur le danger où jusqu'alors elle s'étoit exposée, livrant son autorité à des gens toujours attentifs à diminuer, même à anéantir celle des rois. Les ennemis des wighs profitèrent des dispositions de cette princesse. Elle proroge le parlement ; et bientôt après elle fit des changemens considérables dans les charges de l'Etat et de la cour.

Le comte de Sunderland, secrétaire d'Etat, gendre de Marlborough et fils de Sunderland, qui, dans la même charge, avoit indignement abusé de la confiance du roi Jacques et trahi son maître, fut congédié et sa charge donnée au vicomte de Dartmouth, dont le père, commandant la flotte de ce malheureux prince au temps de la révolte, ne lui avoit pas été plus fidèle que son ministre. Les amis de Sunderland eurent soin de répandre qu'il s'étoit volontairement démis de sa charge, prévoyant le précipice où de mauvais conseils entraîneroient la Reine, sa maîtresse.

Les directeurs de la banque, ou wighs, ou excités par ce puissant parti, représentèrent que le changement de ministres causoit un préjudice considérable au crédit, si nécessaire à conserver dans les conjonctures présentes. On suscita quelques communautés, et elles présentèrent des adresses à la Reine conçues dans le même esprit.

L'alarme ne fut pas moins vive, mais peut-être plus générale et plus sincère, en Hollande, où les conférences se tenoient encore à Gertruydemberg.

Pour calmer les esprits, la reine de la Grande-Bretagne déclara premièrement en Angleterre, ensuite elle chargea Townsend, son ambassadeur en Hollande, de déclarer qu'elle ne feroit pas d'autres changemens dans son conseil que ceux qu'elle venoit de faire. Il eut ordre d'ajouter à ces assurances que rien ne seroit capable d'altérer la confiance qu'elle prenoit en la fidélité et capacité du duc de Marlborough.

Les conférences pour la paix se rompirent à la fin du mois de juin, et le 19 août Godolfin fut privé de la charge de grand trésorier. La Reine nomma pour l'exercer cinq commissaires, dont le comte Pawlet étoit le premier ; les quatre autres furent Harley, Mansel, Paget et Benson ; mais Harley, qui les avoit choisis, bien sûr qu'aucun d'eux ne le contrediroit, se pouvoit dire dès-lors grand trésorier d'Angleterre. Il étoit homme d'esprit, connoissant parfaitement son pays et le génie de sa nation, bien instruit des lois, des conditions du royaume, et des manéges à pratiquer dans les séances des parlemens. Il avoit été orateur de la chambre des communes, et gardoit au fond de son cœur un ardent désir de se venger de Marlborough qui lui avoit fait ôter la charge de secrétaire d'Etat. L'esprit de parti ne dominoit point en lui : tantôt wigh, tantôt tory, la voie qu'il préféroit étoit celle qui pouvoit le conduire le plus sûrement à la fortune. Il espéra en trouver la route s'il pouvoit s'insinuer dans la confiance de la Reine.

Elle en avoit une particulière alors en une de ses femmes, nommée Hill : la duchesse de Marlborough, de qui elle étoit parente, l'avoit fait entrer au service de cette princesse. La Hill sut plaire à sa maîtresse, et se voyant aimée, profita de l'imprudence de sa bienfaitrice, qui perdit, par ses hauteurs, sa fierté, son manque de respect, son ingratitude envers sa souveraine, la faveur dont elle avoit été long-temps en pleine possession. La duchesse de Marlborough fut disgraciée : sa parente, loin d'employer ses soins pour apaiser la Reine, applaudit à son juste courroux ; et, conseillée par Harley, son ami, elle aigrit encore la colère de sa maîtresse contre le mari aussi bien que contre la femme. Elle étoit animée par son propre ressentiment contre le duc de Marlborough. Elle avoit un frère officier dans les troupes ; on dit qu'il s'étoit distingué à la bataille d'Almanza : sa sœur demanda pour lui le régiment qu'avoit eu le comte d'Essex. La Reine vouloit accorder la demande, mais elle se vit contrainte de céder à l'opposition opiniâtre de Marlborough ; et, pour combler la mesure, Sunderland, encore alors secrétaire d'Etat, mit inutilement toute son industrie en usage pour engager la chambre des communes à demander à la Reine d'éloigner de sa personne cette femme, mariée alors à Mashan (il n'étoit pas encore lord Mashan).

Harley avoit habilement profité de ces circonstances si favorables pour irriter la Reine et perdre, par le moyen de la favorite, ceux dont il vouloit se venger. Il déploroit avec la Mashan le sort de cette princesse. « Elle n'auroit pas dû, disoit-il, s'attendre à l'ingratitude de gens qu'elle avoit élevés au comble du pouvoir et des honneurs, et la meilleure des souveraines ne devoit pas croire que, loin de reconnoître ses bienfaits, ces ingrats emploieroient à la contrarier l'autorité dont elle les avoit revêtus... Il semble, disoit-il, qu'une seule famille règne en Angleterre : elle dispose non-seulement des charges et des emplois, mais des fonds publics. Un seul homme est maître de l'armée, de la flotte et des impôts que les peuples paient avec tant de peine pour l'entretien des troupes et de la marine. Les bons Anglois en gémissent ; ils plaignent une reine digne par ses qualités personnelles, non-seulement de leurs respects, mais de toute leur affection, et qui la posséderoit totalement si, conservant son autorité, elle ne la livroit pas sans réserve à un sujet véritablement heureux à la guerre, mais encore plus attentif à accumuler par toutes sortes de voies des richesses immenses, que touché du bien solide de l'Etat. »

Car enfin on ne voyoit pas jusqu'alors quel avantage l'Angleterre retiroit de ces victoires du duc de Marlborough si célébrées. Le commerce de la nation dépérissoit tous les jours, les finances s'épuisoient, les dettes de l'Etat augmentoient, et bientôt les taxes ne seroient plus payées. On éloignoit cependant la fin d'une guerre infructueuse au royaume, à charge aux peuples, mais utile au général, maître de la continuer tant qu'il espéreroit de s'enrichir en la prolongeant, et que son crédit seroit soutenu en Angleterre par un parti puissant, dont le principal objet étoit de borner l'autorité des rois.

Ces conversations, répétées à la Reine par la Mashan, introduisirent Harley à des audiences particulières que cette princesse lui donna secrètement. Elle avoit bonne opinion de sa capacité : il acquit bientôt sa confiance dans ces entretiens secrets, et sut persuader que, sujet fidèle, il ne parloit que selon la vérité et comme le demandoit le service de sa souveraine ; qu'elle avoit un extrême intérêt de savoir que la meilleure partie d'une nation libre, telle que la nation angloise, ne souffroit pas sans indignation de voir entre les mains de deux hommes le pouvoir excessif dont Marlborough et Godolfin, encore alors grand trésorier, s'étoient emparés ; que deux familles seules amassoient des richesses immenses, pendant que toute l'Angleterre gémissoit sous le poids des taxes.

On prétend qu'il découvrit à la Reine que les sermons du docteur Sachewrel étoient l'ouvrage des torys ; qu'ils avoient eu, en le suscitant, deux points de vue : l'un d'engager les wighs à déclarer publiquement leurs sentimens, toujours opposés à l'autorité royale ; l'autre, de forcer Godolfin à rendre compte de son administration. C'étoit le motif des propositions de l'obéissance passive et du mauvais gouvernement, traités dans ces sermons.

La Reine avoit été présente aux débats qu'ils causèrent dans le parlement ; elle avoit entendu les discours emportés des wighs contre les prérogatives royales. Harley ne pouvoit rien ajouter de plus fort pour les perdre dans l'esprit de sa maîtresse : il suffisoit de les rappeler à sa mémoire.

Quant au point du sermon qui regardoit le gouvernement, Harley assura la Reine que jamais les torys n'avoient eu la pensée d'attaquer son administration, mais seulement celle des finances, gouvernées par Godolfin ; qu'il avoit été agité dans la chambre des communes de lui demander ses comptes et de les examiner ; que le crédit supérieur des wighs avoit empêché que cette résolution ne fût prise. Au reste, Godolfin en avoit été si effrayé, qu'il s'étoit figuré que sa seule ressource, pour éviter un tel péril, étoit de détourner sur quelque autre objet l'attention du parlement. Les sermons de Sachewrel et de quelques autres avoient fourni très à propos l'amusement dont Godolfin s'étoit proposé d'occuper les deux chambres ; c'étoit, selon Harley, tant de bruit, tant d'appareil, tant d'éclat pour faire condamner un prédicateur ignorant et proscrire de mauvais discours, dont la mémoire se seroit perdue dans le moment qu'ils avoient été prononcés, s'ils n'eussent pas attaqué l'administration des finances. Mais Godolfin, si habile, si prudent, s'étoit égaré dans la voie qu'il avoit prise pour éviter le naufrage : sa ruse lui avoit mal réussi ; car, rendant fameuse la cause de Sachewrel, il en étoit arrivé qu'une Reine si éclairée, si sage, avoit elle-même entendu les wighs soutenir avec âcreté leurs maximes pernicieuses, et se déclarer en sa présence ennemis de son autorité.

Cette princesse étoit témoin et juge en même temps de la vérité des discours que lui tenoit Harley ; elle pouvoit les soupçonner de calomnies inventées par le désir d'une vengeance particulière : elle comprit la nécessité de changer de ministres, de retirer des mains des wighs l'autorité que sa facilité trop grande leur avoit laissé usurper, et de se servir des conseils de Harley dans les changemens que demandoient le bien de ses Etats et la conservation de son pouvoir et de sa dignité. C'étoit donc en suivant ces avis qu'au mois d'août la reine Anne ôta la charge de grand trésorier d'Angleterre à Godolfin, et qu'elle en commit l'exercice à cinq commissaires.

La destitution de Sommers, président du conseil, suivit celle du grand trésorier. Le comte de Rochester, oncle de la Reine, eut la place de Sommer.

Boy, le secrétaire-d'état, collègue de Sunderland, prévint le sort dont il se crut menacé, et remit sa charge volontairement. Elle fut donnée à Saint-Jean, secrétaire des guerres, capable par la beauté de son génie et la vivacité de son esprit très-orné, d'exercer les plus grands emplois. On ne lui connoissoit aucune liaison avec Harley ; il paroissoit plutôt en avoir avec Marlborough : mais, sans dépendre de cet homme, alors maître de l'Angleterre, Saint-Jean ne dépendoit que de la Reine sa maîtresse, et son principal objet étoit le service et la gloire de cette princesse.

Le duc de Devonshire perdit la charge de grand-maître de la maison : elle fut donnée au duc de Buckingham.

Le comte de Warton, vice-roi d'Irlande, le comte d'Oxford, premier commissaire de l'amirauté, auparavant connu sous le nom de l'amiral Russel, remirent leurs commissions. Enfin les proclamations furent publiées pour dissoudre le parlement, en assembler un nouveau et faire l'élection des seize pairs d'Ecosse qui devoient y assister.

Tant et de si rudes coups portés aux wighs ne se firent pas moins sentir en Hollande qu'en Angleterre. On doutoit plus à La Haye que la reine de la Grande-Bretagne, changeant son conseil, n'eût aussi changé ses maximes. En vain son ambassadeur assuroit qu'en choisissant de nouveaux ministres elle conservoit les mêmes sentimens pour la cause commune et la même confiance pour le duc de Marlborough : ni les paroles de Townsend, ni les lettres de la Reine sa maîtresse aux Etats-généraux, ne calmoient l'inquiétude et la crainte de ses alliés. Les ministres de Hollande, coupables envers leur République d'avoir laissé perdre tant d'occasions favorables de lui procurer l'honneur de pacifier l'Europe, publioient, pour éviter les reproches que méritoit leur conduite, que la France se tromperoit si elle se flattoit de profiter des changemens arrivés dans le gouvernement d'Angleterre. Ils faisoient répandre le bruit que le nouveau ministère seroit plus ferme que l'ancien, sur les conditions avantageuses qu'il demanderoit en faveur des alliés. La promesse positive que la reine d'Angleterre avoit faite de renvoyer incessamment le duc de Marlborough en Hollande, étoit donnée comme une preuve des bonnes intentions de cette princesse.

C'étoit en effet continuer à ce général l'autorité dangereuse qu'il avoit sur les troupes, que de lui laisser encore le commandement des armées : mais il étoit difficile de l'en priver ; sa réputation étoit trop bien établie, et nulle faute capitale ne lui étoit encore imputée. Nul officier général en Angleterre ne possédoit les mêmes talens et n'auroit eu comme lui la confiance des alliés.

Les nouveaux ministres limitèrent son autorité ; mais cette marque assez inutile de mauvaise volonté lui faisoit voir en même temps qu'il étoit craint et qu'on ne pouvoit se passer de ses services. Il étoit irrité des traitemens faits à sa femme, à ses alliés, à ses amis, et de voir leurs ennemis choisis pour les remplacer dans leurs charges. On l'irritoit encore en lui retranchant une partie du pouvoir qu'il avoit exercé les années précédentes, et cependant il en conservoit assez pour se venger. L'unique moyen de le réduire au rang des autres sujets étoit de faire la paix. Les wighs en avoient fortement traversé la conclusion. Il sembloit que la Hollande se fût emparée des négociations pour les faire échouer, et que l'Angleterre se fût fermé les voies de traiter : il falloit en trouver alors quelqu'une assez sûre pour faire connoître secrètement au Roi l'état de l'Angleterre, les dispositions de la reine Anne et de son conseil ; et cette voie devoit être si obscure, qu'il n'y eut lieu ni de la pénétrer, ni même d'en avoir le moindre soupçon.

Pendant l'ambassade du maréchal de Tallard auprès du roi Guillaume, un prêtre nommé Gautier, fils d'un marchand établi à Saint-Germain-en-Laye, passa en Angleterre. Il disoit la messe dans la chapelle de l'ambassadeur et s'introduisit chez le comte de Jersey, qui avoit été ambassadeur en France après la paix de Riswick, et dont la femme étoit catholique : il y fit particulièrement connoissance avec

Prior, autrefois secrétaire de l'ambassade de Jersey, et auparavant de celle du comte de Portland. Gautier s'instruisit des affaires d'Angleterre; en sorte que le maréchal de Tallard, obligé, par la rupture entre la France et l'Angleterre, de revenir auprès du Roi, jugea que cet ecclésiastique seroit assez bien informé pour donner de temps en temps des nouvelles de ce qu'il verroit et apprendroit de plus important pour le service de Sa Majesté. Il lui recommanda de prolonger son séjour à Londres aussi long-temps qu'il lui seroit permis d'y demeurer, d'observer sagement les événemens, d'en rendre compte en France au ministre chargé des affaires étrangères, mais de le faire avec la discrétion nécessaire, pour n'être pas regardé en Angleterre et accusé comme espion : ainsi, d'écrire rarement et de manière qu'il ne pût s'attirer un ordre de sortir du royaume, ou quelque autre traitement encore plus fâcheux.

Les ordres laissés par le maréchal de Tallard furent ponctuellement suivis. Gautier écrivoit très-rarement et ne donna aucun avis important pendant le cours de la guerre. Aussi son séjour à Londres n'excita nul soupçon; il eut la liberté entière d'y demeurer ; et la chapelle de l'ambassadeur de France ne subsistant plus, il alloit dire la messe dans la chapelle du comte de Galas, reconnu à Londres en qualité d'ambassadeur de l'archiduc comme roi d'Espagne.

Le comte de Jersey, lié avec les nouveaux ministres, proposa Gautier comme l'homme de confiance, en même temps obscur, tel qu'on le désiroit, pour envoyer en France. La proposition fut agréée, et Jersey commis pour instruire Gautier, mais verbalement et sans lui rien donner par écrit.

L'instruction consistoit à faire savoir au Roi que les nouveaux ministres, à qui la reine de la Grande-Bretagne avoit confié le soin de ses affaires, souhaitoient la paix et la croyoient nécessaire au bien du royaume d'Angleterre; qu'il ne dépendoit pas d'eux d'ouvrir une négociation particulière avec la France, étant obligés pour leur propre conservation de garder de grands ménagemens; qu'il étoit donc nécessaire que le Roi fît proposer encore aux Hollandois de renouer les conférences pour la paix générale; que lorsqu'elles seroient ouvertes, les ambassadeurs que l'Angleterre nommeroit pour y assister auroient des ordres si précis, qu'il ne seroit plus permis à la république de Hollande d'en traverser la conclusion.

[1711] L'abbé Gautier, arrivé à Nieuport le 15 janvier, avertit le secrétaire d'Etat de son passage et des facilités qu'il avoit trouvées, de la part de l'officier commandant pour le Roi dans la place, pour se rendre sûrement et promptement à Paris. Il écrivit qu'il descendroit à la maison des pères de l'Oratoire de la rue Saint-Honoré ; qu'il y attendroit les ordres qui régleroient sa conduite et se donneroit seulement à connoître sous le nom de Delorme au supérieur de la maison.

L'arrivée de Gautier suivit de près l'avis qu'il en avoit donné. Il se rendit le soir à Versailles à l'appartement du ministre, qui ne le connoissoit que par les lettres qu'il en avoit reçues assez rarement. « Voulez-vous, lui dit-il, la paix ? Je viens vous apporter les moyens de la traiter et de conclure indépendamment des Hollandois, indignes des bontés du Roi et de l'honneur qu'il leur a fait tant de fois de s'adresser à eux pour pacifier l'Europe. »

Interroger alors un ministre de Sa Majesté s'il souhaitoit la paix, c'étoit demander à un malade attaqué d'une longue et dangereuse maladie s'il en veut guérir. Comme il y a cependant des charlatans de toute espèce, il étoit de la prudence de suspendre une espérance trop flatteuse, et d'apprendre, avant que de la former, quelle étoit la mission de l'abbé Gautier, et quels moyens il prétendoit employer pour y réussir.

Il rendit compte, et de l'état du gouvernement présent de l'Angleterre, et de la manière dont il avoit été envoyé. Quant aux moyens d'entamer une négociation et de la conduire à une heureuse fin : « Donnez-moi, dit-il, une lettre pour milord Jersey; écrivez-lui simplement que vous avez été bien aise d'apprendre de moi qu'il étoit en bonne santé; que vous m'avez chargé de le remercier de son souvenir et de lui faire vos complimens. Cette lettre seule sera mon passe-port et mon pouvoir pour écouter les propositions qu'on vous fera. Je retournerai à Londres et vous les rapporterai avant qu'il soit peu. »

La paix étoit aussi nécessaire, aussi désirée qu'elle étoit peu attendue : toute négociation en Hollande n'avoit produit de la part des ennemis que plus d'éloignement, que plus d'animosité, plus d'opiniâtreté à continuer la guerre. L'Angleterre, plus encore qu'aucune autre puissance, en avoit jusqu'alors soufflé le feu : les nouveaux ministres de cette couronne tenoient un langage totalement différent de celui de leurs prédécesseurs; et les avances qu'ils feroient devoient être d'autant moins suspectes, qu'il étoit de leur intérêt personnel que la guerre, soutien du crédit de leurs ennemis, finît incessamment.

On ne demandoit au Roi aucune espèce, pas même l'ombre, du moindre engagement. Gautier avoit ordre de se contenter d'une simple lettre de compliment ; elle devoit suffire pour faire connoître que la proposition générale dont il étoit chargé avoit été reçue favorablement : et véritablement elle le devoit être dans une conjoncture où les Hollandois se vantoient que bientôt le Roi offriroit aux alliés des conditions plus avantageuses pour eux que ne l'étoient celles qu'ils avoient rejetées. Ils amusoient les peuples de ces fausses espérances pour endormir leurs maux et rendre plus léger le poids d'une guerre pressante dont la fin ne se pouvoit prévoir.

La paix ne devoit pas être l'ouvrage des hommes : Dieu s'étoit réservé les moyens et les momens de la rendre à l'Europe. Il permit que les plus éclairés du conseil, blessés des discours qu'on tenoit en Hollande, opinèrent à renvoyer Gautier en Angleterre, sans admettre le peu de propositions dont il étoit chargé. Ils dirent qu'il seroit contre la dignité du Roi de rechercher encore les Hollandois et de leur proposer de nouvelles conférences, après tant de procédés indignes de leur part, principalement en dernier lieu à Gertruydemberg ; et que rien n'autoriseroit davantage leurs pronostics et les bruits qu'ils répandoient que la France, hors d'état de faire une campagne, céderoit enfin et consentiroit à toutes les conditions que les alliés exigeroient d'elle.

Ces réflexions étoient sages ; mais la paix étoit encore plus nécessaire que dans les temps où le Roi consentoit aux plus grands sacrifices pour l'obtenir. On auroit alors donné beaucoup pour détacher l'Angleterre de ses alliés ; un présent considérable fait à Marlborough eût été utilement employé : ce qu'on auroit acheté bien cher dans ces temps difficiles s'offroit de soi-même, sans qu'il en coûtât rien au Roi ni au royaume. Le gouvernement d'Angleterre faisoit les avances, et, sans prétendre le moindre engagement de la part de Sa Majesté, il se contentoit d'une simple lettre de compliment d'un de ses ministres. Torcy, vivement touché de la contradiction du conseil, fondée sur l'avantage que les Hollandois s'attribueroient si le Roi demandoit de nouvelles conférences en Hollande, proposa, pour concilier les avis du conseil et le sien, de répondre à Gautier et de le charger de dire aux ministres de la reine de la Grande-Bretagne que le Roi, justement irrité de la conduite des Etats-généraux, ne vouloit plus entendre parler de la paix par la voie de la Hollande ; mais qu'il en traiteroit avec plaisir par l'entremise de l'Angleterre.

Quant à la lettre de compliment demandée par le comte de Jersey, elle étoit nécessaire pour entamer une négociation ; et comme elle ne portoit aucun engagement, il ne paroissoit aucun inconvénient à l'écrire, mais beaucoup à la refuser.

Le Roi approuva cet avis, commanda à Torcy d'écrire la lettre et de la remettre à l'abbé Gautier.

Il partit ; et, peu de jours après être arrivé à Londres, il écrivit que puisque le Roi avoit de si justes raisons de ne pas renouer une négociation avec la Hollande, ni par le canal de cette République, les ministres d'Angleterre demandoient que Sa Majesté voulût bien leur communiquer les propositions qu'elle feroit pour la paix générale, lesquelles ils enverroient en Hollande, leur dessein étant de commencer une négociation de concert et commune avec leurs alliés : mais ils espéroient que les offres que Sa Majesté feroit, par l'entremise de l'Angleterre, ne seroient pas moins avantageuses que celles qu'elle avoit faites en dernier lieu aux conférences de Gertruydemberg, et que, pour l'honneur de l'Angleterre, elle ne proposeroit pas des conditions inférieures aux précédentes.

L'état des affaires d'Espagne étoit alors absolument changé : elles avoient pris une nouvelle face depuis la victoire que le roi Philippe avoit remportée sur l'armée de l'archiduc. Les Espagnols étoient persuadés que leurs forces seules suffisoient pour la défense de ce royaume : en vain le Roi auroit promis d'en assurer la possession à l'archiduc, l'exécution d'une telle promesse étoit devenue impossible. On répondit seulement, de la part de Sa Majesté, que, rebutée de s'adresser aux Hollandois, elle proposoit à la reine de la Grande-Bretagne de convenir d'une assemblée de ministres de toutes les puissances engagées dans la guerre et d'ouvrir avant la campagne les conférences, pour y régler les conditions d'une paix générale et définitive.

Gautier revint peu de jours après à Versailles : il rapporta que la proposition faite par ordre du Roi avoit paru trop générale au conseil d'Angleterre. Il étoit chargé d'insister sur des conditions plus particulières et rédigées dans un tel détail, que les ministres anglois eussent lieu de les communiquer en Hollande, comme propres à servir de base au traité de la paix générale. Ils désiroient un écrit plus précis. Les circonstances dont Gautier rendit compte auroient suffi pour dissiper tout soupçon de la bonne foi de ceux qui le renvoyoient, quand même leur intérêt personnel n'auroit pas confirmé leur sincérité.

Le Roi fit dresser un mémoire tel que les ministres anglois le demandoient. L'abbé Gautier, chargé de le porter à Londres, partit le 28 avril pour y retourner.

Le conseil d'Angleterre, content des propositions, ne perdit pas un moment à faire passer le mémoire en Hollande. Comme il espéroit que l'Angleterre trouveroit ses avantages particuliers à la paix et qu'elle seroit récompensée des soins qu'elle vouloit prendre pour la procurer, les ministres anglois recommandèrent à Gautier de savoir quelle seroit la sûreté réelle que le Roi, suivant sa parole, donneroit à la nation pour exercer son commerce en Espagne, aux Indes et dans les ports de la Méditerranée. L'objet de ces ministres étoit d'obtenir pour sûreté quelques places aux Indes et dans le continent de l'Espagne, Gibraltar ou la Corogne; enfin le Port-Mahon dans la Méditerranée. Gautier, occupé du désir de réussir dans une négociation si importante, appuyoit les demandes de l'Angleterre; et, pour en faciliter l'effet, il assura que le Roi auroit lieu d'être content des Anglois dans le cours de la négociation, principalement lorsqu'il s'agiroit de régler la barrière des Pays-Bas.

Sa Majesté avoit donné part au roi d'Espagne des premières ouvertures faites par l'Angleterre : elle voulut savoir les intentions de ce prince au sujet des places que les Anglois demanderoient à l'Espagne pour la sûreté de leur commerce. Le duc de Vendôme, chargé par elle d'en faire la question, l'avoit assurée que, s'il étoit nécessaire, le Roi Catholique céderoit aux Anglois, pour le bien de la paix, Gibraltar et Port-Mahon.

Le Roi, ménageant les intérêts du Roi son petit-fils, réserva la cession de Port-Mahon, et permit à l'abbé Gautier d'assurer les ministres d'Angleterre que Gibraltar seroit cédé à cette couronne.

Le conseil d'Angleterre ne s'étoit expliqué que généralement sur le commerce des Indes, et par conséquent le Roi n'avoit pas jugé à propos de s'informer encore des intentions du roi d'Espagne sur un article très-délicat à traiter et très-sensible à la nation espagnole. Gautier eut ordre de dire que le roi d'Espagne étoit disposé à favoriser l'Angleterre, si elle contribuoit au rétablissement de la tranquillité publique; que le Roi, de son côté, agiroit fortement pour engager ce prince à donner à ses ministres, aux conférences de la paix, des ordres très-précis sur l'article du commerce des Indes, et tels que les Anglois auroient lieu d'en être satisfaits.

Pendant que la Reine et son conseil attendoient la réponse de la Hollande au mémoire contenant les propositions du Roi pour la paix, le bruit se répandit à Londres que cette République faisoit en France quelque tentative secrète pour renouer une négociation et enlever à l'Angleterre l'honneur et l'avantage de celle que les ministres de cette couronne avoient entamée. Il y avoit peu de temps encore qu'ils avoient demandé, comme une introduction à négocier la paix, que le Roi voulût proposer aux Etats-généraux de nouvelles conférences ; mais alors, persuadés qu'il étoit de l'intérêt de l'Angleterre de ne laisser dépendre d'aucune autre puissance la fin ou la continuation de la guerre, ils supplièrent le Roi, supposé que les Hollandois eussent véritablement fait quelques avances, de répondre nettement qu'il ne vouloit rien écouter de leur part après en avoir essuyé tant de demandes extravagantes et souffert patiemment la manière indigne dont ils avoient traité ses ministres; qu'il n'étoit plus temps de reprendre avec cette République des négociations infructueuses; que Sa Majesté, actuellement engagée avec l'Angleterre, tiendroit fidèlement la parole qu'elle avoit donnée de traiter la paix générale de concert avec cette couronne.

L'inquiétude des ministres d'Angleterre n'étoit pas sans fondement; car, en même temps que l'abbé Gautier en rendit compte, Pettekum, l'organe du pensionnaire de Hollande, écrivit que si le Roi vouloit reprendre la négociation de la paix de concert avec la reine de la Grande-Bretagne, il auroit certainement lieu d'être content des Hollandois.

Ainsi, par un heureux changement, les deux puissances les plus opposées jusqu'alors au rétablissement de la tranquillité publique, concouroient à ce grand ouvrage et s'envioient l'une à l'autre l'honneur de contribuer à sa perfection.

Le Roi fit répondre à la proposition de Pettekum dans le sens et selon les termes que Gautier avoit proposés.

On reçut enfin en Angleterre la réponse des Etats-généraux. Ils portèrent qu'ils désiroient infiniment de contribuer à la conclusion d'une paix générale, définitive et durable ; que la République étoit prête à se joindre pour cet effet à la reine de la Grande-Bretagne : mais les propositions de la France étant encore trop générales, il étoit à souhaiter que cette couronne voulût s'expliquer plus particulièrement, et faire part du plan qu'elle trouveroit le plus propre pour assurer l'intérêt des puissances alliées et pour établir le repos de l'Europe; après quoi on pourroit entrer dans une négociation plus étroite.

La négociation se ralentit. Les principaux ministres de la reine de la Grande-Bretagne étoient alors occupés à réussir dans les vues qu'ils avoient pour leur propre élévation. Harley vouloit être pair et grand trésorier du royaume : il avoit la principale confiance de sa maîtresse, mais en même temps ses ennemis lui suscitoient de puissans obstacles. L'affaire de la paix, moins importante pour lui, languit jusqu'à ce qu'il eût enfin obtenu ce qu'il désiroit, la charge de grand trésorier et le titre de comte d'Oxford.

Cette charge étoit encore un nouvel aiguillon pour le presser de travailler vivement à la paix. L'état des finances ne permettoit pas de soutenir la guerre plus long-temps; l'espèce manquoit. Les wighs, ses ennemis, intéressés à le décréditer, y réussiroient d'autant plus aisément que les fonds étoient entre leurs mains. Il falloit de plus, pour la sûreté du grand trésorier, que la paix fût honorable à l'Angleterre, car autrement l'ancien ministère seroit regretté, comblé de louanges; le nouveau seroit au contraire chargé d'opprobres, en même temps exposé à la fureur du peuple.

Le duc de Shrewsbury et le comte de Jersey étoient unis par les mêmes raisons au grand trésorier : intéressés comme lui à presser la négociation, ils conseillèrent à la Reine leur maîtresse non-seulement d'envoyer en France l'abbé Gautier, mais de le faire accompagner dans son voyage par un de ses sujets, homme d'esprit et fidèle, en qui elle pût prendre confiance. Ils lui proposèrent Prior, déjà connu en France, où il avoit passé quelques années secrétaire des ambassades des comtes de Portland et de Jersey. Prior, persécuté par les wighs, étoit attaché au parti supérieur alors, et particulièrement au grand trésorier : il étoit renommé en Angleterre par ses poésies; mais sa principale qualité, dans les conjonctures présentes, étoit de souhaiter véritablement la paix. On lui donna cependant peu de moyens pour la traiter, les pouvoirs qu'il reçut furent si limités, que son esprit et ses bonnes intentions devenoient également inutiles. Il devoit seulement communiquer les demandes de l'Angleterre, qualifiées de conditions préliminaires, suivant la méthode introduite par les Hollandois et leurs alliés, de donner, contre l'usage ordinaire, le simple titre de préliminaires aux articles essentiels des traités. Cette communication faite, Prior devoit écouter la réponse et la rapporter à Londres; mais, avant que de parler, il lui étoit prescrit de s'informer et de savoir positivement si le roi d'Espagne consentoit à traiter, et s'il en avoit donné le pouvoir en son nom au Roi son grand-père.

Prior, arrivé secrètement à Fontainebleau, exécuta ponctuellement les ordres de la Reine sa maîtresse. On l'assura positivement que le Roi avoit entre ses mains le pouvoir du roi d'Espagne : alors il communiqua les prétentions de l'Angleterre, demandant une réponse précise et décisive avant que d'entrer en négociation.

Le mémoire contenant ces prétentions étoit divisé en deux parties : la première regardoit les intérêts des alliés de l'Angleterre; la seconde, les avantages que cette couronne prétendoit obtenir pour elle-même.

Elle demandoit en faveur de ses alliés l'établissement d'une barrière aux Pays-Bas, si désirée par les Hollandois, et si nécessaire pour dissiper leur inquiétude et calmer leurs frayeurs, la sûreté du commerce de cette nation. Du côté du Rhin, une barrière pour l'Empire; que les prétentions de tous les alliés, en conséquence et en exécution des traités, seroient réglées et terminées à la satisfaction commune; que les places prises sur le duc de Savoie lui seroient rendues; que de plus on lui donneroit telles autres places en Italie, dont la cession lui auroit été promise par les traités faits entre ce prince et ses alliés.

Les demandes particulières pour l'Angleterre consistoient à reconnoître non-seulement la reine Anne, mais encore la succession à la couronne dans la ligne protestante, ainsi qu'elle étoit établie par les actes du parlement; la démolition des fortifications et autres ouvrages de Dunkerque et le port comblé; un nouveau traité de commerce, et que le roi d'Espagne consentît à céder à la couronne d'Angleterre Gibraltar et Port-Mahon. De plus, la traite des nègres en Amérique, dont une compagnie françoise étoit alors en possession. Les Anglois y ajoutoient la demande de quelques places dans le Nouveau-Monde, pour y rafraîchir les esclaves nègres qu'ils y transporteroient.

Ils demandoient encore l'assurance d'être traités en Espagne aussi favorablement qu'aucune autre nation, et que les avantages accordés, ou qui le seroient à l'avenir à la nation la plus favorisée, fussent communs à la nation angloise ; que la France les mît en possession de l'île de Terre-Neuve, de la baie et des détroits d'Hudson, soit à titre de restitution, soit de cession. Quant aux places dont l'Angleterre et la France se trouveroient en possession dans l'Amérique septentrionale lors de la ratification des traités, elles en conserveroient réciproquement la jouissance.

Le secret de ces demandes étoit particulièrement recommandé, et ne devoit être révélé que du consentement réciproque des parties contractantes.

Ces conditions étoient précédées de trois autres, spécifiées comme essentielles à la paix : la sûreté que les couronnes de France et d'Espagne ne seroient jamais réunies et placées sur une même tête ; la satisfaction de tous les alliés, le rétablissement et le maintien du commerce.

Les Anglois auroient ruiné celui des François et des autres nations de l'Europe, si les avantages qu'ils prétendoient obtenir leur eussent été accordés. On couroit risque cependant de rompre la négociation à peine commencée, en refusant sèchement des demandes dont les conséquences, et le préjudice qu'elles causeroient si elles étoient admises, n'étoient que trop manifestes : il convenoit donc de traiter en détail sur la meilleure partie de ces prétentions. La négociation aplanit souvent les difficultés ; elles disparoissent quand le désir de finir est sincère, et que de part et d'autre il est égal. Prior avoit de bonnes intentions, mais ses pouvoirs le bornoient à écouter simplement ce que le Roi feroit répondre à ses propositions. Il disoit de plus, que Sa Majesté seroit contente de l'Angleterre dans le cours de la négociation ; qu'elle pouvoit s'en assurer ; que la Reine sa maîtresse l'assuroit aussi que le service qu'elle rendoit à la maison royale de France, en maintenant le roi Philippe sur le trône d'Espagne, méritoit des distinctions avantageuses pour elle et pour le royaume de la Grande-Bretagne.

Comme on pouvoit douter de la sincérité de Prior lorsqu'il s'excusoit sur le peu de liberté que lui laissoit la commission secrète qu'il avoit reçue en partant de Londres, il se crut obligé de la faire voir au secrétaire d'État. Elle contenoit ces mots :

« Le sieur Prior est pleinement instruit et autorisé de communiquer à la France nos demandes préliminaires, et de nous en rapporter les réponses. »

Ce peu de lignes étoit signé de la main de la reine de la Grande-Bretagne, *A. R.*

Dès-lors cette princesse abandonna ces préliminaires odieux, ces prétentions de forcer un roi à renoncer à sa couronne, à la céder purement et simplement à son compétiteur ; ces idées barbares d'armer l'aïeul contre son petit-fils. Dieu, qui tient entre ses mains le cœur des rois, comme il est le maître de leur sort, avoit mis fin aux disgrâces du roi d'Espagne, et amolli le cœur de la reine de la Grande-Bretagne ; mais elle vouloit encore que son changement produisît de trop grands avantages à ses sujets.

Gibraltar et Port-Mahon, dont elle demandoit la cession pour assurer leur commerce en Espagne et dans la Méditerranée, ne lui paroissoient pas une récompense suffisante de ce qu'elle feroit pour procurer la paix : il falloit encore y ajouter quatre places dans les Indes occidentales, demandées sous le même prétexte d'assurer le commerce que l'Angleterre faisoit et prétendoit faire en Amérique.

Prior connoissoit parfaitement ce qu'une pareille proposition renfermoit de dureté. Il essaya donc de persuader que les ministres d'Angleterre étoient bien éloignés de songer à ruiner le commerce des autres nations aux Indes espagnoles ; que l'intention de la Reine sa maîtresse étoit simplement d'obtenir des établissemens, non des places fortifiées, dans cette partie du monde ; qu'elle se contentoit que le roi d'Espagne consentît d'en assigner aux Anglois deux au nord et deux autres au sud. « Cette concession, disoit Prior, loin de nuire à la France, sera pour elle un exemple favorable pour obtenir aussi de pareils établissemens. Il coûtera peu au Roi Catholique de les accorder à l'une et à l'autre nation dans la grande étendue des terres soumises à la monarchie d'Espagne, depuis la Californie jusqu'au détroit de Magellan. Enfin l'Angleterre a contracté des dettes immenses pour soutenir la guerre ; elle en est accablée : il faut bien qu'elle trouve quelque moyen d'en acquitter une partie. Elle n'a de ressource que celle des avantages que la paix lui produira pour son commerce en Amérique. Le roi d'Espagne doit considérer ce que la reine de la Grande-Bretagne fait perdre à la nation en travaillant pour lui. » Cette princesse étoit assurée d'obtenir de l'archiduc toutes ces conditions. Il s'étoit de plus engagé, par des traités secrets, à donner aux Anglois la faculté d'entrer dans tous les ports d'Espagne et des Indes, avec la même liberté dont jouissent les Castillans. Il devoit exempter la nation angloise de payer les droits de San-Lucar, de Cadix et Séville. « N'est-il point juste, ajoutoit Prior, de dédommager nos négocians de la perte qu'ils souffriront si la Reine renonce à de tels engagemens? »

On promet aisément à des associés dont on attend de grands secours, de partager avec eux les profits que produira leur assistance. Les promesses aux dépens de l'Espagne ne coûtoient rien à l'archiduc; mais on pouvoit dire que c'étoit la peau de l'ours. L'état des affaires du roi Philippe devenoit meilleur de jour en jour; il s'affermissoit sur son trône. Celles de l'archiduc, au contraire, dépérissoient; la guerre d'Espagne étoit onéreuse à ses alliés : ils se le reprochoient réciproquement, ils l'abandonnoient; et leur tiédeur à le secourir paroissoit augmenter depuis la mort du chef de la maison d'Autriche. Il y avoit environ trois mois que la petite vérole avoit emporté l'empereur Joseph, décédé à Vienne le 17 du mois d'avril. Il n'avoit laissé que deux filles : ainsi l'archiduc étoit alors le seul prince héritier des Etats de sa maison. Quelque zèle que ses alliés eussent pour ses intérêts, quelle que fût leur animosité contre la France, il étoit naturel que leurs sentimens se ralentissent, s'ils faisoient réflexion à l'excès de puissance où ce prince seroit élevé s'ils contribuoient, par la continuation de leur assistance, à poser sur sa tête la couronne impériale, celle d'Espagne, des Indes, de Naples et de Sicile, et à réunir sous son pouvoir tant d'autres grands Etats partagés jusqu'alors entre les deux branches de la maison d'Autriche. La crainte de voir un jour les couronnes de France et d'Espagne réunies sur la même tête avoit formé la grande alliance; tant de princes ligués pour le prétexte spécieux de s'opposer à l'oppression commune dont ils vouloient se croire menacés, n'avoient pas moins à craindre l'excessive puissance du seul prince qui restoit dans la maison d'Autriche.

Ainsi l'Angleterre travailloit pour elle aussi bien que pour le reste de l'Europe, en contribuant à maintenir par une bonne paix le roi Philippe sur le trône d'Espagne; la Reine ne perdoit rien en abandonnant sans peine les promesses frivoles que l'archiduc lui avoit faites et qu'il ne seroit jamais en état d'exécuter; les seules promesses réelles étoient celles du roi Philippe, alors assez puissant pour se maintenir dans la possession de l'Espagne et des Indes, dont la Providence divine lui avoit donné et conservé la monarchie. Enfin, si ce n'étoit de peur de déplaire à cette princesse, dont les intentions admirables pour la paix ne pouvoient être assez louées, on auroit pu dire que l'Angleterre n'avoit pas à se vanter du service qu'elle rendroit au roi Philippe, assez puissant alors pour défendre heureusement ses Etats contre les efforts de ses ennemis; que toutefois ce prince reconnoissant vouloit répondre aux sentimens pacifiques de la Grande-Bretagne, et, par considération de la part principale qu'elle auroit à la paix, traiter la nation angloise plus favorablement que toute autre nation ; qu'il désiroit que cette paix fût solide, et qu'elle ne le seroit pas si les Anglois obtenoient des avantages si considérables, que tout autre commerce que celui de l'Angleterre en seroit absolument ruiné.

Prior ne répliqua rien à ces réponses : il dit seulement qu'il avoit ordre d'en demander une à ses propositions et de la reporter en Angleterre; que ses pouvoirs ne lui permettoient ni de chercher des tempéramens, ni de traiter sur des matières si importantes. Il insista donc sur une réponse précise par écrit, et contenant, soit un consentement, soit un refus positif à ces demandes.

L'un et l'autre étoient également dangereux à lui accorder. Le consentement ruinoit le commerce des François, celui des autres nations de l'Europe; et vraisemblablement le roi d'Espagne eût jugé que le bien de son royaume ne lui permettoit pas d'acquiescer aux conditions que le Roi auroit accordées. Un refus absolu rompoit toute négociation et fermoit la voie que la Providence avoit ouverte à la paix.

Le Roi jugea que le seul moyen d'écarter l'un et l'autre de ces inconvéniens étoit de porter la négociation à Londres; et puisque Prior n'étoit pas autorisé à traiter en France, il parut à Sa Majesté qu'un homme bien instruit des avantages que la nation angloise recevroit du roi d'Espagne réussiroit à les faire comprendre aux ministres de la Grande-Bretagne, en traitant directement avec le conseil et sous les yeux de leur maîtresse; qu'il pourroit aplanir plusieurs difficultés qui s'évanouissent dans le cours d'une négociation commencée de bonne foi et conduite avec un désir sincère et réciproque de conclure. D'ailleurs les décisions en seroient plus promptes; elles ne dépendroient pas de l'arrivée incertaine des courriers, assujettis aux vents et aux flots de la mer. Le succès confirma les judicieuses réflexions et la sagesse de ces résolutions.

Cette importante négociation demandoit un sujet capable de la conduire avec autant de lumières que de prudence.

On a parlé dans les précédens Mémoires de Ménager, député pour la ville de Rouen au conseil du commerce : il étoit très instruit de celui des Indes, et depuis quelques jours il avoit fait voir aux ministres de Sa Majesté ce qu'il avoit rassemblé sur cet article, si essentiel à la négociation dont il s'agissoit. Il fut proposé et choisi comme capable de s'acquitter de cette importante commission. Il ne s'agissoit que de la sûreté de son passage et de l'agrément de la reine de la Grande-Bretagne, que le temps ne permettoit pas de demander : mais le ministre qui traitoit avec Prior avoit eu la précaution de savoir de lui, quelques jours auparavant, si la Reine sa maîtresse agréeroit qu'il conduisît à Londres un homme de confiance que le Roi jugeroit peut-être à propos d'envoyer, pour éclaircir avec les ministres de cette princesse plusieurs difficultés qu'il ne seroit pas impossible de surmonter.

Prior répondit qu'il n'avoit ni permission ni défense sur un article dont il n'avoit pas été question; qu'il se croyoit en liberté d'exécuter ce que le Roi jugeroit à propos, persuadé que quiconque iroit de sa part à Londres y seroit bien reçu.

Ménager, averti de se tenir prêt, fut incessamment instruit et des demandes de l'Angleterre et des intentions du Roi sur chaque article.

On demandoit de la part de cette couronne non que le Roi reconnût le droit de la Reine, on supposoit que cette reconnoissance étoit comme faite dès le moment que la négociation de la paix se transféroit à Londres; mais la reconnoissance dont les Anglois étoient le plus touchés, et qu'ils demandoient instamment, étoit celle de l'ordre établi par le parlement pour la succession au trône de la Grande-Bretagne; un nouveau traité de commerce; la condition réciproque, entre la France et l'Angleterre, que l'une et l'autre nation garderoient et posséderoient tous les pays, domaines et territoires dont elles se trouveroient en possession dans l'Amérique septentrionale, lorsque le traité de paix ratifié, et les ratifications échangées, seroit publié dans les parties du Nouveau-Monde; la cession de Gibraltar et du Port-Mahon de la part du roi d'Espagne; que ce prince, après la conclusion du traité, accorderoit aux Anglois les avantages, droits, privilèges dont les François, ou toute autre nation la plus favorisée, avoient joui ou pourroient jouir dans le commerce avec l'Espagne; que la traite des nègres, alors entre les mains d'une compagnie françoise, seroit donnée aux deux compagnies angloises d'Afrique, et qu'il seroit assigné aux intéressés des places en Amérique où ils pourroient rafraîchir et vendre les nègres qu'ils y transporteroient; que ces places seroient spécifiées et nommées dans le traité de paix.

Au reste, la première de toutes les demandes de l'Angleterre étoit celle de la démolition des fortifications de Dunkerque. Cet article étoit réservé, pour le régler lorsqu'on seroit d'accord sur toutes les autres conditions du traité.

Le secret de la négociation étoit expressément demandé par les ministres d'Angleterre : ils jugeoient absolument nécessaire de cacher aux Hollandois les avantages que la nation angloise obtiendroit pour son commerce. Le Roi vouloit en effet la favoriser et récompenser ainsi les démarches que feroit l'Angleterre, soit pour les intérêts du roi d'Espagne, soit pour le rétablissement d'une paix juste, raisonnable et solide.

Comme on ne doutoit pas, dans le conseil d'Angleterre, que le Roi signant la paix ne reconnût la reine Anne comme souveraine des trois royaumes de la Grande-Bretagne, on ne doutoit pas non plus en France que cette princesse ne reconnût le roi Philippe en qualité de seul possesseur légitime de la monarchie d'Espagne; qu'elle ne promît en conséquence d'employer ses soins et son pouvoir pour obliger ses alliés à le reconnoître en la même qualité. Toutefois elle ne s'en étoit pas encore expliquée, et jusqu'alors le silence de sa part étoit égal sur les autres conditions qui regardoient la France.

Celles que le Roi offroit à l'égard de la paix à faire avec l'Empereur et l'Empire se bornoient à rétablir le traité fait à Riswick en 1697; mais Sa Majesté demandoit, comme condition essentielle, le rétablissement des électeurs de Cologne et de Bavière dans leurs Etats, honneurs et dignités; elle prétendoit pour elle-même la restitution des villes de Lille, de Tournay, d'Aire, de Béthune et de Douay.

Ces conditions, si différentes des préliminaires proposés par le pensionnaire de Hollande, adoptés et soutenus comme fondement nécessaire de la paix, formèrent l'instruction donnée à Ménager. Le Roi l'autorisa de plus à promettre que Sa Majesté obtiendroit du roi d'Espagne de transférer aux Anglois le privilège qu'il avoit quelques années auparavant accordé à une compagnie françoise pour le transport des nègres en Amérique, aussi bien que d'assigner des places dans cette partie du monde pour y rafraîchir et vendre ces esclaves.

Sa Majesté se faisoit fort d'obtenir aussi du Roi Catholique, en faveur des marchands anglois, l'exemption des droits imposés dans les ports d'Espagne et des Indes, et la promesse de faire jouir ces négocians des mêmes avantages, droits et privilèges dont toute autre nation jouissoit ou pourroit jouir à l'avenir dans l'étendue de la monarchie d'Espagne.

Ménager connoissoit l'importance de conserver à l'Espagne Gibraltar et Port-Mahon, que le Roi Catholique consentoit de sacrifier au bien de la paix : ainsi l'instruction remettoit à la prudence du négociateur de disputer sur l'un et l'autre de ces deux articles, autant que la contestation de sa part ne romproit pas la négociation ; et s'il étoit obligé de se rendre, il devoit essayer de retirer quelque avantage de la complaisance dont le Roi lui permettoit d'user, suivant le pouvoir qu'il en avoit du roi d'Espagne. Il étoit ordonné à Ménager de promettre qu'il seroit fait un traité de commerce, ainsi que Prior l'avoit demandé, et, suivant les expressions contenues dans son mémoire, *de la manière la plus juste et la plus raisonnable.*

Un article très-important pour la France étoit celui de l'île de Terre-Neuve, dont les Anglois demandoient la cession, aussi bien que de la baie et du détroit d'Hudson. Ils proposoient en même temps que l'une et l'autre nation demeureroient en possession des pays qu'elles posséderoient au moment de la publication de la paix.

Le commerce de France étoit très-intéressé à cette demande : elle n'intéressoit pas moins la marine, l'entretien des matelots et la navigation. Ménager, parfaitement instruit de toutes les conséquences, devoit user avec prudence du pouvoir que le Roi lui confioit de se rendre aux instances des Anglois lorsqu'il le jugeroit nécessaire pour faciliter la paix. Alors il pouvoit céder Plaisance et l'île de Terre-Neuve, mais avec des conditions : la première, que les sujets du Roi continueroient à faire la pêche des morues et à les sécher, ainsi qu'il s'étoit pratiqué jusqu'alors, dans la partie de Terre-Neuve dite du Petit-Nord ; que les Anglois renonceroient à toute prétention sur les îles du Cap-Breton et de Sainte-Marie ; que le Port-Royal et ce qui dépendoit de l'Acadie seroient restitués au Roi.

On avoit alors formé à Londres le projet de s'emparer de Québec. L'Angleterre avoit armé une forte escadre, embarqué des troupes commandées par le chevalier Hill, frère de la favorite, et cause principale de sa haine contre Marlborough. On se flattoit à Londres d'un succès heureux de cette entreprise, et déjà les ministres d'Angleterre prétendoient, si elle réussissoit, que Québec fût cédé à cette couronne ; mais le succès ne répondit pas à leur attente : l'escadre fut dissipée et la prétention s'évanouit.

De toutes celles que l'Angleterre formoit, aucune ne lui tenoit plus à cœur que la démolition des fortifications de Dunkerque. Le Roi désiroit, de son côté, conserver les ouvrages qu'il avoit fait construire soit pour la défense de cette place, soit pour assurer l'entrée de son port ; mais la paix étoit nécessaire et le succès de la négociation paroissoit dépendre de la complaisance que Sa Majesté auroit pour l'Angleterre. S'il falloit lui sacrifier les fortifications et le port de Dunkerque, on devoit au moins essayer de tirer quelque avantage du consentement que le Roi donneroit aux instances pressantes de la reine d'Angleterre.

Les pouvoirs bornés de Prior ne permettoient pas de traiter avec lui des conditions que le Roi pouvoit prétendre, comme équivalent de la démolition des ouvrages construits soit à la ville, soit au port de Dunkerque. On convint seulement que cet article seroit réservé, pour le traiter en Angleterre le dernier de tous ; et cependant Ménager fut instruit par avance et en détail de tous les équivalens qu'il auroit à proposer lorsqu'il s'agiroit de traiter de cette démolition. Ils consistoient à demander la restitution des places que le Roi avoit perdues en Flandre, principalement de Lille et de Tournay. Le Roi donnoit pouvoir à Ménager d'offrir d'autres places en échange, si l'état de la négociation le demandoit : il lui étoit prescrit d'user de ses pouvoirs avec prudence et par degrés. Il seroit inutile de spécifier ce qu'on verra dans la suite de la négociation, terminée par les traités de paix conclus à Utrecht.

L'instruction donnée à Ménager étoit pour lui seul ; et l'abbé Gautier, encore moins Prior, ne devoient avoir connoissance d'aucun des articles qu'elle contenoit. Il étoit d'ailleurs nécessaire que Ménager suivît leur conseil pour s'introduire auprès des ministres de la reine d'Angleterre et entrer en conférence avec ceux qu'elle nommeroit pour traiter. Les discours de Prior donnoient lieu de croire qu'elle choisiroit le comte d'Oxford, grand trésorier, regardé pour lors comme premier ministre, le duc de Shrewsbury, le comte de Jersey et le secrétaire d'Etat Saint-Jean, qu'elle estimoit à cause de son esprit, de ses lumières, de son zèle et de son attachement pour elle, aussi bien que de ses intentions droites pour le bien de l'Etat, par conséquent pour la paix, et qu'elle préféroit par ces raisons au vicomte Darmouth, aussi secrétaire d'Etat, dont le département comprenoit les affaires de France.

Ménager et ses deux camarades de voyage arrivèrent heureusement à Londres le 18 août 1711. Le lendemain, Prior rendit compte à la

Reine de l'arrivée du négociateur que le Roi avoit jugé à propos d'envoyer en Angleterre. Cette princesse en apprit la nouvelle avec plaisir ; et le soir même Prior vint par son ordre en assurer Ménager. Il ajouta qu'elle regrettoit seulement d'être obligée de garder le secret d'un voyage qui lui étoit très-agréable, et, par la nécessité de le cacher, de trouver un obstacle à le traiter comme elle désiroit, et conformément à la dignité de celui qui l'envoyoit en Angleterre. Les assurances que Prior donna de la part de la Reine sa maîtresse furent accompagnées de complimens dont il étoit chargé par les comtes d'Oxford, de Jersey, le duc de Shrewsbury et les deux secrétaires d'Etat, tous nommés commissaires pour entrer avec lui en conférence. Prior devoit être compris dans la même commission : son soin particulier avoit été d'ébaucher les matières principales avant l'ouverture des conférences. Elle étoit fixée à la semaine suivante ; mais avant que de conférer, la Reine demandoit une réponse par écrit au mémoire que Prior avoit remis au ministre du Roi à Fontainebleau.

La demande étoit embarrassante et le danger paroissoit égal à Ménager d'y satisfaire ou de la refuser. Il ne connoissoit ni les intentions ni le caractère des commissaires nommés pour conférer avec lui : ils pouvoient faire un mauvais usage de l'écrit qu'ils demandoient ; ils auroient été maîtres, quand ils l'auroient eu entre les mains, d'y faire des observations très-contraires au succès de la négociation : peut-être se seroient-ils prévalus contre ce que Ménager avoit à proposer, et de plus lui-même n'auroit plus eu la liberté de faire les réserves qu'il jugeroit nécessaires et de ne s'expliquer que par degrés.

Un refus de sa part n'étoit pas moins dangereux : il auroit donné de justes soupçons de sa bonne foi avant que la négociation fût commencée, avant même que d'avoir vu les ministres nommés pour les conférences. Les demandes de la reine d'Angleterre avoient été exposées dans un mémoire écrit et remis par Prior à l'un des ministres du Roi : si Ménager n'en usoit pas de même à l'égard de la réponse de Sa Majesté, il donnoit lieu de croire que ce procédé différent cachoit quelque artifice dont le conseil de la Reine devoit se défier.

Ces considérations de part et d'autre bien pesées, Ménager prit le sage parti de dresser le mémoire qui lui étoit demandé. Il le divisa en deux parties : il traitoit dans la première l'intérêt et les demandes particulières de l'Angleterre ; la seconde expliquoit ce que le Roi prétendoit pour son royaume, ses sujets, pour le Roi son petit-fils et les alliés de la France et de l'Espagne.

A l'égard de l'Angleterre, le Roi convenoit de reconnoître la reine Anne en qualité de reine de la Grande-Bretagne, de reconnoître aussi la succession à cette couronne de la manière que les actes du parlement d'Angleterre l'avoient établie et réglée en faveur de la ligne protestante.

Sa Majesté approuvoit la résolution que le roi d'Espagne avoit prise de céder aux Anglois, en considération de la paix, Gibraltar et le Port-Mahon, aussi bien que de leur accorder le privilège dont les François jouissoient alors de transporter les nègres de la côte de Guinée en Amérique.

La nation angloise devoit jouir dans les pays de la domination d'Espagne de tous les avantages accordés, ou qui le seroient, à la nation la plus favorisée.

Le Roi, de sa part, cédoit à l'Angleterre l'île de Terre-Neuve. Les conditions en étoient spécifiées conformément à l'instruction de Sa Majesté donnée à Ménager : elle promettoit et demandoit le secret, si nécessaire à garder au commencement de cette importante négociation.

La seconde partie du mémoire contenoit les demandes que le Roi faisoit de son côté à la reine de la Grande-Bretagne : la première étoit que cette princesse promît non-seulement de reconnoître le roi Philippe en qualité de légitime roi d'Espagne, mais de plus de travailler sincèrement et de tout son pouvoir à le faire reconnoître par ses alliés en la même qualité de monarque d'Espagne et des Indes ; que l'Angleterre concourût au rétablissement du traité de Riswick en ce qui regarde la frontière entre la France et les Pays-Bas, aussi bien que les limites avec l'Allemagne ; le rétablissement des électeurs de Bavière et de Cologne, mis injustement au ban de l'Empire, dans les Etats, honneurs et dignités dont ils avoient été privés ; la restitution de leurs effets, la réparation des pertes que l'un et l'autre avoient souffertes ; enfin un dédommagement en faveur de l'électeur de Bavière, dont la souveraineté des Pays-Bas lui tiendroit lieu.

Les restitutions à faire aux princes d'Italie demandoient trop de discussions pour traiter cet article dans les conférences de Londres. Il étoit proposé par le mémoire de le remettre aux conférences de la paix générale : alors on auroit examiné et en même temps réglé les mesures à prendre pour assurer la liberté et la tranquillité de l'Italie, toutefois sans déroger aux dispositions à faire en faveur du duc de Savoie.

Il ne restoit à répondre qu'à l'article des places que les Anglois demandoient au roi d'Espagne dans les Indes occidentales, pour la facilité et la sûreté de leur commerce en Amérique : prétention d'autant plus difficile à rejeter, qu'elle intéressoit personnellement le grand trésorier, auteur du nouvel établissement de la compagnie du Sud. Ménager n'oublia rien pour persuader à Prior que les commissaires ne devoient pas insister sur une condition qu'ils n'obtiendroient jamais du roi d'Espagne. Il joignit à ses réponses par écrit un mémoire contenant un plan de commerce conforme à l'intérêt commun de toutes les nations de l'Europe. Il laissoit entendre que ce plan étant suivi, le Roi pourroit encore obtenir du roi d'Espagne quelque avantage particulier en faveur des marchandises du cru et des fabriques d'Angleterre.

Les deux mémoires plurent à la reine d'Angleterre aussi bien qu'à ses ministres. Elle avoit déclaré le 25 août, à son conseil, qu'une personne revêtue des pouvoirs du Roi et chargée de proposition de paix, étoit actuellement à Londres ; qu'elle avoit jugé à propos de savoir quelles étoient ces propositions et nommé pour les entendre les deux secrétaires d'État joints avec Prior ; que l'ouvrage seroit consommé avec le comte d'Oxford et le duc de Shrewsbury.

Elle donna ses ordres en même temps pour adoucir, autant qu'il seroit possible, l'ennui que Ménager devoit souffrir vraisemblablement de se tenir encore quelque temps enfermé et caché aux yeux du public. Elle voulut de plus le défrayer pendant le séjour qu'il feroit à à Londres, et l'abbé Gautier en eut la commission.

La première conférence s'ouvrit le 26 août, chez le comte de Jersey : il fut permis à l'abbé Gautier d'y assister. Elle dura quatre heures et rien n'y fut décidé. Ménager exposa et fit valoir les avantages que les Anglois, par l'interposition du Roi, obtiendroient pour le commerce de la nation en Amérique. Il fut écouté avec plaisir ; mais lorsqu'il voulut ensuite expliquer les conditions que Sa Majesté demandoit pour elle et ses alliés, on lui répondit qu'il ne s'agissoit dans le moment présent que des intérêts de l'Angleterre ; que ceux du Roi et de ses alliés seroient traités aux conférences de la paix générale. Ménager répliqua vainement : on lui dit plus sèchement encore qu'une telle discussion demandoit trop de temps et qu'il falloit finir.

Le désir de finir promptement de la part des ministres d'Angleterre, adoucissoit en quelque sorte la sécheresse de la réponse. Prior confirma le lendemain les bonnes dispositions du conseil; il ajouta de plus que le Roi ne risquoit rien et qu'il seroit content.

Le 28 août, le secrétaire d'État Saint-Jean se rendit le matin chez Ménager. Il venoit de la part de la Reine, et dit, par ordre de cette princesse, qu'elle étoit surprise que Ménager eût proposé d'entrer dans le détail des conditions qui regardoient l'intérêt du Roi, en commençant une négociation qui ne devoit rouler uniquement que sur l'intérêt particulier de l'Angleterre. Ce ministre le pria de lui déclarer s'il étoit autorisé à convenir des avantages qui regardoient seulement la nation angloise. Ménager avoit déjà dit qu'il en avoit le pouvoir : il le redit encore à Saint-Jean, et de plus qu'il étoit autorisé à traiter des conditions que Sa Majesté désiroit réciproquement pour elle-même et pour ses alliés.

Craignant cependant d'être congédié s'il résistoit, il déclara qu'il étoit prêt de se conformer aux intentions de la Reine ; que si cette princesse vouloit, il présenteroit un projet de convention à faire uniquement entre la France et l'Angleterre, dont les conditions regarderoient seulement l'intérêt des sujets de l'un et de l'autre royaume ; qu'il l'enverroit au Roi pour recevoir au plus tôt de nouveaux ordres de Sa Majesté.

Saint-Jean, revenu le soir du même jour, dit que l'expédient proposé ne convenoit pas ; que le meilleur parti que Ménager eût à prendre étoit de retourner en France pour exposer lui-même l'état des affaires et recevoir les nouveaux ordres qu'il prétendoit demander par ses lettres. « Je partirois, répondit-il, s'il m'étoit permis de m'en retourner sans en avoir reçu du Roi un ordre positif. Je vous prie donc de me faire donner une barque pour le passage d'un courrier que je vais envoyer en France : la dépêche que je lui remettrai informera le Roi des intentions de la Reine, conformément à ce que vous m'en dites de sa part. » Saint-Jean, satisfait de la réponse, pria Ménager de différer l'expédition du courrier, et surtout de ne rien écrire par la poste ordinaire, qui partoit le même jour.

Le lendemain 29, les deux secrétaires d'État allèrent chez Prior à dessein d'y parler à Ménager. Ils le trouvèrent et lui dirent que la Reine ne jugeoit pas à propos et ne vouloit pas qu'il partît; qu'elle avoit donné ordre de préparer le bâtiment qu'il demandoit pour faire passer le courrier qu'il enverroit en France.

43.

L'expédition fut cependant retardée jusqu'au 8 de septembre, et pendant cet intervalle on l'exhortoit à la patience, en l'assurant qu'on travailloit assidûment à lever les difficultés de la négociation.

Les ministres le firent avertir le 3 septembre de se trouver le soir à la conférence qui se tiendroit chez le comte de Jersey. D'Oxford, Saint-Jean et Prior s'y rendirent ; Ménager y conduisit l'abbé Gautier. Lorsqu'ils furent assemblés, Saint-Jean, possédant mieux la langue françoise et plus éloquent que Darmouth son collègue, prit la parole. Il voulut prouver que dans le moment présent il ne s'agissoit que de convenir des avantages que la paix procuroit à l'Angleterre ; il assura que sitôt qu'on en seroit d'accord, la Reine sa maîtresse donneroit toute son attention aux intérêts de la France ; que cette princesse avoit commandé de préparer un paquebot pour servir au passage du courrier que Ménager enverroit à Calais ; mais qu'il falloit auparavant reprendre les points contestés, et sur chaque article donner des réponses précises. Ménager le promit.

Les ministres anglois demandèrent pour première condition la démolition totale des ouvrages que le Roi avoit fait construire à Dunkerque, tant sur terre que sur mer. En vain Ménager essaya-t-il de les réduire à se contenter de la destruction du risban et des forts de la marine : ils furent inflexibles. Les fortifications d'une telle place causoient trop de jalousie à l'Angleterre pour les laisser subsister. Il fallut donc se rendre ; mais en cédant, Ménager, suivant les ordres du Roi, demanda le prix de la complaisance que Sa Majesté auroit pour la reine de la Grande-Bretagne ; il consistoit à procurer lors de la paix un équivalent pour la démolition de tous les ouvrages construits pour la défense de Dunkerque et la sûreté de son port. Ménager proposa pour équivalent la restitution des villes de Lille et de Tournay.

Les ministres assurèrent que l'intention de la Reine leur maîtresse étoit véritablement de faire donner un dédommagement au Roi. Quant à la qualité, ils dirent qu'il étoit alors impossible de la déterminer.

Après l'article de Dunkerque, on traita celui des sûretés réelles que les Anglois demandoient pour le commerce de la nation en Amérique. Les ministres prétendoient que la seule que le roi d'Espagne pourroit donner, étoit d'assigner et de livrer à l'Angleterre des places aux Indes occidentales, ainsi que Prior s'en étoit expliqué à Fontainebleau.

Ménager déclara qu'il ne falloit pas espérer que le roi d'Espagne admît jamais une telle prétention. « Quel sera donc, dirent-ils, l'avantage que nous obtiendrons pour notre commerce ? — Ce sera, répondit Ménager, l'exemption des droits de Cadix et des Indes sur les marchandises du cru et fabrique d'Angleterre. »

Ils demandèrent si cet avantage seroit accordé seulement à la nation angloise, ou si les autres nations en jouiroient pareillement. « Je sais, dit Ménager, que lorsque j'étois à Madrid le roi d'Espagne avoit intention de lever au moins quinze pour cent de droits sur les marchandises tant à Cadix que dans les Indes, et d'y assujettir également toutes les nations. »

Saint-Jean demanda si les François ne jouissoient pas de la même exemption que le Roi Catholique accorderoit aux Anglois. Ménager répondit que ce prince ne s'en étoit pas expliqué ; mais il prouva, par le détail de toutes les prérogatives dont jouissoient les négocians d'Angleterre, ajoutant encore à cette exemption le transport des nègres, que la nation angloise seroit plus favorisée dans son commerce que toute autre nation de l'Europe.

Les preuves qu'il en donna n'eurent pas le pouvoir de persuader les ministres : ils revinrent à demander quelles seroient les sûretés de la jouissance qu'il prétendoit tant faire valoir. Il proposa de faire jurer la convention dans l'assemblée des États de Castille. « Telles assemblées, reprit le comte d'Oxford, *sunt magni nominis umbræ.* »

« Voulez-vous, dit Ménager, que la garde de Cadix soit confiée aux Suisses ? — L'expédient, répondirent les ministres, seroit excellent pour les officiers et les soldats de la nation helvétique : il ne convient pas à l'Angleterre. »

Il offrit donc le port Mahon pour sûreté. « A la bonne heure, dirent-ils, pour la sûreté du commerce de la Méditerranée ; mais quel rapport le Port-Mahon a-t-il avec l'Amérique ? »

Saint-Jean continua d'insister sur la nécessité d'accorder à l'Angleterre des places aux Indes occidentales pour la sûreté de son commerce. Il se réduisit cependant à demander, comme un dédommagement du refus que faisoit le roi d'Espagne, qu'il consentît au moins à donner aux Anglois la traite des nègres pendant trente ans. Le terme étoit long : toutefois Ménager dit qu'il étoit persuadé que le Roi emploieroit ses puissans offices pour procurer aux Anglois ce nouvel avantage.

Saint-Jean vouloit quelque chose de plus, comme il s'en expliqua, réservant cependant à le spécifier par un mémoire qu'il dresseroit au sujet des différentes questions agitées dans la conférence.

En vain Ménager essaya d'y faire entrer les intérêts des électeurs de Cologne et de Bavière : la réponse déjà faite fut répétée, et cet article remis aux conférences générales de la paix.

Le mémoire que Saint-Jean avoit promis étant dressé, il l'apporta et le remit à Ménager dans une nouvelle conférence tenue chez Prior le 9 septembre. C'étoit une répétition de toutes les demandes faites par l'Angleterre.

La reine de la Grande-Bretagne voyoit avec plaisir que le Roi consentit à plusieurs articles de ses prétentions, mais elle excluoit tous ceux qui regardoient la France, l'Espagne et leurs alliés : le temps d'en traiter n'étoit pas encore venu : il falloit attendre l'ouverture des conférences à tenir pour la paix générale. Les Anglois ne remettoient pas à ce terme, peut-être éloigné, l'effet des promesses que Ménager leur avoit faites ; ils vouloient jouir de la récompense avant que d'avoir rendu le service, surtout être exempts des droits de Cadix et des Indes, avantage que Ménager estimoit être de quinze pour cent de profit.

La négociation n'avançoit pas, et le succès en auroit paru douteux, si l'intérêt personnel des ministres n'eût été d'abréger les difficultés et de conclure au plus tôt : mais un autre intérêt au moins aussi pressant les retenoit.

La vue de l'avenir doit toujours être présente dans un pays sujet aux révolutions. La nation angloise se persuade qu'elle ne doit point imputer à ses rois ce qu'elle regarde comme fautes essentielles dans le gouvernement, mais qu'elles sont uniquement l'effet des mauvais conseils ; que ceux qui les ont donnés sont les seuls coupables, qu'ils doivent par conséquent porter la peine de leur malversation.

L'état des affaires d'Angleterre pouvoit changer d'un jour à l'autre. La sûreté de ses ministres, en traitant séparément des alliés de cette couronne, ne pouvoit être, s'il y en avoit quelqu'une pour eux, que d'obtenir par la paix des avantages tels que la considération du bien qu'ils auroient procuré à la nation les garantît, s'il étoit possible, des funestes effets d'une révolution, et les mît à couvert de la vengeance de leurs ennemis. Ces réflexions n'éteignirent pas en eux le désir de surmonter les obstacles qui s'opposoient à la paix.

On parla du lieu où s'assembleroient pour la traiter les ministres de toutes les puissances intéressées à la guerre présente ; on convint que les conférences se tiendroient plus commodément à La Haye qu'en tout autre endroit. Déjà le comte de Jersey étoit désigné pour y assister comme premier plénipotentiaire de la reine de la Grande-Bretagne. Il y avoit lieu de croire que ses intentions pour la paix étant excellentes, il s'acquitteroit parfaitement de cette importante commission ; mais la mort l'enleva subitement, lorsque la prolongation de sa vie paroissoit le plus nécessaire.

Après que le mémoire dressé par Saint-Jean eut été remis entre les mains de Ménager, on jugea qu'il étoit à propos de le confier à l'abbé Gautier pour le porter à Versailles, et rendre un compte exact de ce qui s'étoit passé, et dont il étoit parfaitement instruit et dont il pouvoit parler comme témoin. La Reine voulut qu'il fût accompagné d'un messager d'Etat, précaution nécessaire pour le préserver de la perquisition des commis des douanes. Ménager en avoit éprouvé la nécessité en arrivant en Angleterre, et ce ne fut pas sans peine que Prior le délivra pour lors de leurs mains avides.

Gautier, arrivé à Versailles, exposa sa commission. Elle n'étoit pas telle qu'on avoit lieu de se le promettre ; car il paroissoit juste que puisque le Roi s'engageoit à procurer à l'Angleterre des avantages considérables, l'engagement envers Sa Majesté fût réciproque de la part de la reine de la Grande-Bretagne. On ne pouvoit cependant douter de la sincérité des ministres de cette princesse, intéressés personnellement à la paix, s'ils vouloient conserver non-seulement leur fortune, mais de plus leurs têtes.

Le Roi voulut bien considérer leur situation périlleuse, entrer dans leurs peines, et, pour les aider, se relâcher de ce qu'il pouvoit prétendre et soutenir équitablement. Sa Majesté donna ses ordres pour dresser un mémoire qui servît de réponse à chaque article de celui des ministres d'Angleterre, en même temps d'instruction à Ménager, persuadé que la reine d'Angleterre et ses ministres recevroient avec autant de reconnoissance que de plaisir ces nouvelles preuves d'un désir bien véritable de procurer à cette princesse la gloire de contribuer à la pacification de l'Europe. Ce mémoire, signé du Roi, autorisoit Ménager à consentir qu'on remît aux conférences générales de la paix l'équivalent que Sa Majesté demandoit pour la démolition des ouvrages de Dunkerque. Elle approuvoit les conditions demandées par les Anglois, pour tenir lieu des places que le roi d'Espagne ne pouvoit accorder dans les Indes.

Le Roi avoit déjà consenti de céder à l'Angleterre, dans l'Amérique septentrionale, Plaisance et l'île de Terre-Neuve ; mais il renouvela les ordres donnés à Ménager, de persister a réserver aux François la liberté de pêcher et de sécher les morues dans la partie du Petit-Nord.

Sa Majesté demandoit une renonciation formelle, de la part de l'Angleterre, à toute prétention sur les îles du Cap-Breton, de Saint-Pierre et de Sainte-Marie. Elle se réservoit la faculté de faire dans ces îles les établissemens qu'elle jugeroit à propos.

Ménager devoit insister sur la restitution de Port-Royal et de toutes les dépendances de l'Acadie; et comme il étoit encore incertain si les Anglois avoient réussi dans leur entreprise de Québec, le Roi demandoit, en cas de succès de leur part, que cette ville lui fût restituée avec les dépendances du Canada.

Sa Majesté donna ordre à Ménager d'ajouter à la cession de Terre-Neuve celle de la baie et du détroit d'Hudson; et, pour faire voir à la reine de la Grande-Bretagne et à ses ministres le désir qu'elle avoit de faciliter le succès de leurs bonnes intentions, elle permit à Ménager, et par une clause particulière et séparée du mémoire, de remettre à la négociation générale de la paix toute discussion sur l'article de l'Amérique septentrionale.

Le pouvoir donné à Ménager lorsqu'il partit pour l'Angleterre, l'autorisoit à traiter et à négocier avec les ministres de tous les princes et Etats en guerre contre Sa Majesté.

Les commissaires de la reine de la Grande-Bretagne avoient demandé que ce pouvoir fût restreint, puisqu'il ne s'agissoit à Londres que de traiter avec l'Angleterre seule. Le Roi consentit à leur demande : le pouvoir fut changé, et celui que le Roi envoya à Ménager fut dressé conformément au désir des Anglois.

Ils avoient prévenu les intentions du Roi en rejetant la proposition de confier à des troupes suisses la garde de Cadix; Sa Majesté avoit aussi des raisons particulières et secrètes de ne pas approuver le plan proposé par Ménager pour le commerce des Indes : elle lui fit écrire de laisser absolument tomber l'une et l'autre de ces propositions.

Le secrétaire d'Etat Saint-Jean avoit demandé en général les conditions que le Roi offriroit pour la paix à faire avec tous les ennemis de la France. L'intention de la reine de la Grande-Bretagne étoit de faire passer ce mémoire en Hollande; il fut joint aux nouvelles instructions données à Ménager, et remis à l'abbé Gautier. C'étoit le même que le Roi avoit fait remettre à Prior lorsqu'il partit de Fontainebleau, à l'exception du préambule et de l'offre générale d'une barrière pour l'Empire, insérée dans le quatrième article, aux mêmes termes que Saint-Jean l'avoit demandé.

Ménager eut ordre de remettre aux ministres de la Grande-Bretagne le mémoire contenant ces propositions générales, et de le signer s'ils le désiroient.

Ils avoient pensé que La Haye seroit un lieu propre pour traiter la paix; Ménager le pensoit comme eux. Le Roi en jugea différemment, et remarqua l'inconvénient qu'il y auroit à traiter la paix en présence et sous les yeux du Pensionnaire, lié avec le duc de Marlborough, intéressés l'un et l'autre, principalement le dernier, à prolonger la guerre, et toujours opposés à la paix, dont le Pensionnaire, auteur des préliminaires, éloigneroit la conclusion de tout son pouvoir; et que peut-être il y réussiroit s'il étoit nommé, comme il le seroit apparemment, un des plénipotentiaires de la République.

L'exclusion de La Haye n'empêchoit pas qu'on ne choisît quelque autre ville des Provinces-Unies. Utrecht, Arnheim, Nimègue, toutes ces villes pouvoient convenir, ou toute autre que la reine de la Grande-Bretagne agréeroit, puisqu'elle rejetoit Aix-la-Chapelle et Liége; mais le choix à faire pour le lieu de l'assemblée n'étoit pas un point assez important pour le retarder d'un moment, et différer par conséquent la négociation sérieuse de la paix. Il suffisoit donc de représenter l'inconvénient qu'il y auroit de la traiter à La Haye; et si la reine d'Angleterre n'en étoit pas touchée, Ménager avoit ordre de ne pas insister et de se conformer à ce qu'elle penseroit.

Comme il voyoit approcher la fin de sa commission, et que selon toute apparence elle se termineroit heureusement, il avoit demandé les ordres du Roi sur la conduite qu'il auroit à tenir avant son départ à l'égard de la personne de la Reine. Il avoit traité avec les ministres de cette princesse en conséquence des pouvoirs dont ils étoient revêtus : il les avoit donc reconnus comme ministres de la souveraine des royaumes de la Grande-Bretagne, autorisés par elle à conférer avec lui sur l'affaire la plus importante qu'il y eût alors en Europe, puisqu'il s'agissoit de sa pacification générale. La négociation de part et d'autre avoit été conduite avec une égale bonne foi et un désir égal de la terminer heureusement. Il étoit difficile, dans ces circonstances, qu'il partît de Londres sans se présenter à une princesse dont les intentions n'étoient plus douteuses; mais par les effets se montroient telles que le Roi pouvoit le désirer. Ménager n'osa pas cependant demander une audience sans en avoir un ordre exprès de Sa Majesté, qui jusqu'alors n'avoit pas reconnu la reine Anne en qualité de reine d'Angleterre.

L'ordre lui fut envoyé, ou plutôt la permission, de prendre congé de la Reine, si ses ministres témoignoient le désir, ou s'il croyoit lui-même ne pouvoir s'en dispenser avec bienséance.

L'abbé Gautier, chargé du nouveau mémoire et des instructions du Roi pour Ménager, arriva le 23 septembre à Londres. Prior en avertit le comte d'Oxford. Les ministres commis par la Reine revinrent de Windsor ; et cependant Ménager, accompagné de l'abbé Gautier, se rendit le même jour à huit heures du soir chez le grand trésorier. La réception exprima mieux que les paroles la joie que ce ministre ressentoit des réponses du Roi, dont il n'avoit encore qu'une connoissance générale. Le grand trésorier retint Ménager à souper avec lui familièrement. Après que les domestiques furent retirés, le comte d'Oxford lui dit qu'il en usoit avec lui comme avec son ami ; qu'il regardoit le Roi comme le bon allié de l'Angleterre. Il but à la santé de Sa Majesté, à celle de monseigneur le Dauphin, enfin de ses ministres.

On parla du lieu où se tiendroient les conférences pour la paix. Ménager fit observer l'inconvénient de les tenir à La Haye. « Le Roi, dit Oxford, sera content sur cet article et sur le reste. » Il convint que les délais seroient pernicieux pour la négociation, et promit une conférence pour le lendemain.

Les ministres que la Reine en avoit chargés se rendirent en effet chez Prior le 30 septembre, à neuf heures du soir. Ils s'enfermèrent dans un cabinet, et Ménager arrivant, attendit assez long-temps avant que de pouvoir leur parler. Lorsqu'il fut introduit, il remarqua sur leurs visages beaucoup d'altération : le duc de Shrewsbury particulièrement lui parut le plus agité. Toutefois la réception de leur part fut non-seulement polie, mais remplie de marques de satisfaction.

La conférence ouverte, Ménager dit que, nonobstant la peine que le Roi pouvoit justement ressentir du refus que l'Angleterre faisoit de prendre le moindre engagement sur aucun des points qui regardoient les intérêts de la France, Sa Majesté s'étoit cependant déterminée à satisfaire l'Angleterre sur la plus grande partie des demandes de cette couronne. Il fit voir le nouveau pouvoir qu'il avoit reçu pour signer, comme préliminaires, les réponses du Roi à ses demandes.

Le duc de Shrewsbury lut le pouvoir, et le relut plusieurs fois. Ménager crut remarquer qu'il le lisoit avec l'attention d'un homme qui désiroit d'y trouver quelque difficulté et quelque sujet de contestation ; mais s'il en avoit la pensée il n'en eut pas la satisfaction ; on ne trouva rien à redire au pouvoir. On passa donc à lire les réponses.

Les ministres d'Angleterre paroissoient toujours également agités, surtout Shrewsbury. Ménager ne pouvoit en deviner la cause, encore moins quelle en seroit la fin.

Cette cause étoit en partie la timidité naturelle du duc de Shrewsbury. Il connoissoit son pays et le péril où sont exposés les ministres du souverain, soit que le règne change, soit que le crédit et l'autorité passent d'un parti à l'autre. Plus il étoit éclairé, plus la prévoyance craintive de l'avenir faisoit d'impression sur son esprit : elle l'entraîna même, malgré la douceur de son caractère, à parler durement à Ménager dans une des conférences. Shrewsbury désiroit cependant la paix autant qu'aucun des autres ministres ; tous étoient frappés de la crainte d'un temps qui peut-être ne seroit pas éloigné, et, nonobstant leurs bonnes intentions, la réflexion les retenoit, à l'exception de Saint-Jean. Il lut tout haut les pièces que Ménager venoit de remettre ; il donnoit à chaque article des marques d'approbation.

La lecture achevée, ce qu'il y eut de dispute roula seulement sur les articles concernant l'Amérique. Les Anglois contestèrent la faculté que le Roi, cédant l'île de Terre-Neuve, réservoit à ses sujets de pêcher et de sécher les morues sur la côte de cette île.

Les autres articles de cession réciproque dans cette partie du monde furent aussi débattus. Enfin les difficultés sur cet article se réduisirent à la seule prétention que les Anglois formèrent d'un dédommagement de la dépense que l'expédition sur le Canada coûteroit à l'Angleterre. Les dernières nouvelles qu'ils en avoient apprises par les lettres du chevalier Hill, commandant de l'escadre angloise, portoient qu'il étoit entré dans le fleuve de Saint-Laurent ; mais le succès de l'entreprise étoit encore incertain.

On ne décida rien sur cet article, moins intéressant pour l'Angleterre que pour le frère de la favorite ; et cette considération, plus que toute autre, excitoit l'attention des ministres.

Ménager, fixé par les instructions que le Roi lui avoit envoyées, représenta qu'il ne pouvoit s'avancer au-delà des ordres qu'il avoit reçus ; qu'il prévoyoit cependant avec douleur le préjudice que la négociation souffriroit, s'il étoit contraint, avant de la finir, de retourner en France.

Les Anglois proposèrent de remettre aux conférences de la paix générale les questions actuellement agitées. Ménager répondit qu'il falloit donc y remettre la condition de trente années de jouissance du transport des nègres et la cession de l'île de Saint-Christophe.

Les Anglois répondirent qu'on y songeroit et le prièrent de confier à Saint-Jean les copies du nouveau pouvoir, du mémoire du Roi et de celui des propositions générales pour la paix, afin de faire voir ces différentes pièces à la Reine leur maîtresse.

Le silence régna quelque temps. Saint-Jean le rompit et dit qu'il étoit proscrit, par un acte du parlement, que qui que ce soit en Angleterre ne pourroit être autorisé à traiter avec un prince qui recevroit le Prétendant dans ses Etats. Aucun point traité dans la conférence ne donnoit lieu à cette réflexion : aussi n'étoit-elle pas faite sur-le-champ; elle étoit une des deux causes de la contestation que les ministres avoient eue entre eux dans le cabinet de Prior et de l'agitation que Ménager remarqua sur leurs visages lorsqu'ils commencèrent à conférer. Un tel scrupule de leur part ne pouvoit être prévu, et Ménager n'étoit pas préparé pour y répondre. Il ne parut pas cependant embarrassé de ce nouvel incident : « Il y a, dit-il, sept ou huit mois qu'on traite de bonne foi les moyens de parvenir à la paix. Vous avez donné un mémoire de vos prétentions. Les réponses du Roi sont sincères, et j'ai reçu de Sa Majesté un nouveau pouvoir, tel et dans les termes que vous avez demandés. Vous me faites présentement une difficulté toute nouvelle : vous savez qu'il est impossible que je sois instruit pour y répondre, puisqu'elle ne fait que de naître et qu'elle n'a été imaginée qu'en ce moment. Je dirai seulement qu'elle est prématurée; car il ne s'agit pas actuellement d'un traité, mais simplement des préliminaires. Vous donnerez à vos plénipotentiaires tels ordres qu'il vous plaira quand il sera question de la paix : peut-être alors n'aurez-vous plus la même inquiétude que vous témoignez aujourd'hui. Le chevalier de Saint-Georges voyage présentement dans les différentes provinces de France : qui peut dire où il se trouvera, s'il sera encore dans le royaume, ou s'il aura passé dans quelque autre Etat quand les conférences pour la paix seront ouvertes? »

L'observation parut bonne; les ministres y applaudirent unanimement, et promirent que la Reine leur maîtresse feroit expédier incessamment le pouvoir d'accepter les offres du Roi en faveur de la Grande-Bretagne.

La crainte de ces ministres pouvoit paroître frivole à qui n'auroit pas connu la constitution de l'Angleterre et le danger continuel où sont exposés ceux qui ont en main l'administration des principales affaires de l'Etat. Ces mêmes ministres l'éprouvèrent lorsque, peu d'années après, le duc de Hanovre monta sur le trône de la Grande-Bretagne. Leurs ennemis, en crédit auprès du nouveau souverain, et ne respirant que la vengeance, persécutèrent ceux que la Reine Anne avoit employés à la pacification de l'Europe; et quelques-uns d'entre eux n'eurent d'autre récompense, du bien qu'ils procurèrent à leur patrie, que d'en être bannis et traités comme criminels. On les accusa de transaction secrète en faveur du Prétendant, dont il n'avoit été parlé de leur part que pour demander qu'il fût obligé de sortir de France, comme condition essentielle à la paix. Faute de preuve d'une accusation si grave à l'égard de l'Angleterre, les délateurs furent obligés de dire que, dans la recherche qu'ils avoient faite des lettres et papiers dont ils étoient demeurés les maîtres, les preuves des négociations secrètes en faveur du Prétendant manquoient, et, suivant les expressions du comité secret, ne se sont pas trouvées dans le grand nombre des volumes, livres et papiers qu'ils ont visités et examinés.

Ménager, invité de se rendre chez Prior le 4 octobre, y trouva Saint-Jean, accompagné d'un commissaire des plantations angloises en Amérique, nommé Moore. Il s'agissoit d'aplanir quelques difficultés sur les termes dont on useroit pour exprimer la permission d'introduire des nègres dans les ports de l'Amérique, aussi bien que de savoir en quoi consistoit l'exemption des droits de quinze pour cent, que Ménager promettoit pour les marchandises angloises portées en Espagne, et qu'il faisoit valoir comme un avantage très-considérable pour la nation. Enfin la condition de démolir les fortifications de Dunkerque et d'en combler le port n'étoit pas, à leur sens, suffisamment expliquée.

Saint-Jean, dont les intentions pour la paix étoient admirables, concourut à surmonter ces difficultés. Il voyoit avec douleur qu'une négociation si importante couroit risque de se rompre par de légers soupçons, formés à l'occasion de quelques termes qui sembloient équivoques.

Ménager lui fit observer que les réponses du Roi étoient précises, et telles que les ministres d'Angleterre les avoient demandées; qu'elles n'étoient ni douteuses ni équivoques, et qu'il suffisoit de les relire attentivement pour dissiper tout ombrage. Il réitéra les assurances qu'il avoit déjà données, que le Roi procureroit à la compagnie de l'*Assiento* les mêmes prérogatives dont la compagnie françoise avoit joui jusqu'alors.

La contestation s'échauffa sur la faculté que le Roi réservoit à ses sujets de pêcher et de sécher les morues sur la côte de Terre-Neuve. Ménager soutint que le Roi ne pouvoit abandonner cette réserve; mais il promit que Sa Majesté consentiroit à porter aux conférences générales de la paix la discussion des autres difficultés.

Le séjour du roi Jacques en France revint encore sur le tapis, et Saint-Jean traita cet article comme formant un obstacle insurmontable à la paix : il se plaignit même du refus que le Roi faisoit de consentir, en traitant à Londres, à la même condition qu'il avoit accordée en conséquence des préliminaires dressés à La Haye par le pensionnaire de Hollande en 1709.

Ménager fit voir que la négociation présente étoit infiniment plus avantageuse à l'Angleterre que ne l'avoit été le projet de 1709, les intérêts de la nation angloise ayant été pour lors abandonnés. Il renouvela la proposition qu'il avoit déjà faite, de remettre aux conférences de la paix l'article du lieu où le roi Jacques établiroit son séjour. Au reste, il appuya fortement sur l'intérêt particulier qui devoit obliger les ministres d'Angleterre à finir au plus tôt la négociation ; et pour cet effet il exhorta Saint-Jean à s'en tenir aux réponses du Roi, suffisantes pour contenter la reine d'Angleterre, comme elle en avoit effectivement paru satisfaite. « S'il faut, dit-il, que je retourne en France, vous exposez la négociation non-seulement à de fâcheux délais, mais encore à une fin malheureuse. Cela est d'autant plus à craindre, que depuis quelques jours la Reine a confié son secret au duc de Buckingham, au lord Pawlet et à l'évêque de Bristol : chacun d'eux, pour faire valoir sa pénétration, a proposé des changemens et des additions ; c'en est assez pour causer de nouveaux embarras. »

Ces agitations se calmèrent ; et dès le lendemain de la seconde conférence, Saint-Jean, de retour de Windsor à Londres, fit avertir Ménager qu'il l'attendoit chez Prior. L'orage étoit dissipé ; une sérénité parfaite succédoit à la tempête. La Reine avec son conseil avoit résolu de ne pas s'arrêter aux observations faites sur quelques termes jugés ambigus dans la réponse du Roi. Le secrétaire d'Etat dit que l'amour de la paix l'avoit emporté, dans l'esprit de sa maîtresse, sur toute autre considération ; elle ne souhaitoit plus d'autre changement que celui du terme d'*Amérique septentrionale*, et se réduisoit à demander que cette partie de l'Amérique fût désignée par l'expression d'*Amérique sur la mer du Nord*.

La difficulté de laisser aux François le droit de pêcher et de sécher sur les côtes de Terre-Neuve étoit levée ; la Reine y consentoit. Ménager étoit trop sage pour contester le changement de terme que cette princesse désiroit : ainsi la satisfaction fut égale de sa part et de celle de Saint-Jean.

Cette princesse avoit donné ordre d'expédier un pouvoir à ses commissaires pour les autoriser à traiter dans les formes. Le projet étoit d'expliquer clairement et précisément, par une convention particulière, les conditions réciproquement accordées. Ménager, depuis qu'il étoit à Londres, avoit éprouvé les variations du conseil d'Angleterre : il savoit, par sa propre expérience, que les résolutions prises la veille étoient souvent détruites le lendemain. Il craignit donc les nouveaux embarras que quelques expressions insérées dans cette convention pourroient produire ; et, pour éviter tout sujet de contestation, il fit observer à Saint-Jean que la convention seroit peut-être une source de nouvelles disputes ; « et de plus, dit-il, elle est absolument inutile. Le Roi seul s'engage et la Reine accepte simplement ce qu'il promet en faveur de la Grande-Bretagne. Il suffit donc que je signe, en vertu du pouvoir que j'en ai reçu, les conditions accordées à la demande de cette princesse : elle signera de sa part qu'elle les accepte, et vous me donnerez ce consentement signé d'elle sur un double du mémoire que je vous ai délivré. Observez aussi que mon pouvoir est borné à signer l'engagement que le Roi veut bien prendre. »

Saint-Jean, satisfait de la réponse de Ménager, ajouta qu'il falloit encore guérir les scrupules du conseil et calmer son inquiétude au sujet des obscurités qu'il croyoit remarquer dans quelques articles des réponses du Roi. Ménager promit de spécifier bien clairement que lorsqu'il seroit question de traiter de la paix générale, les conditions que le Roi accordoit à l'Angleterre seroient rédigées dans la forme ordinaire des traités ; qu'elles seroient expliquées de la manière la plus intelligible, à la satisfaction commune des couronnes de France et de la Grande-Bretagne.

Le secrétaire d'Etat, content de ces assurances, prit le mémoire de Ménager. Il lui dit qu'il falloit aller tous deux ensemble à Windsor; qu'il l'y mèneroit et le présenteroit à la Reine sa maîtresse; que ce seroit de la bouche de cette princesse qu'il apprendroit ses sentimens et qu'il jugeroit par ses expressions de la sincérité de ses désirs pour la paix; qu'ils étoient si vifs et qu'elle les avoit fait connoître si clairement à son conseil, que tous ceux qui le composent avoient cessé de faire ou remontrances ou difficultés capables d'en traverser l'exécution. Il ajouta que la Reine avoit témoigné une satisfaction singulière des termes obligeans pour elle que le Roi avoit bien voulu employer dans les préambules de ses réponses.

Ces discours devoient bannir toute défiance et dissiper toute inquiétude des variations du conseil d'Angleterre. Toutefois Ménager avoit eu raison de les craindre : l'événement fit voir qu'il ne s'étoit pas trompé, et que la négociation se romproit peut-être lorsqu'elle paroissoit le plus près d'une heureuse conclusion.

Prior vint chez lui, le matin du 6 octobre, lui dire, de la part des ministres, que l'article de Terre-Neuve ne pouvoit être accepté dans la forme dont ils étoient convenus la veille. Les représentations des marchands de Londres avoient causé ce changement, disoit Prior : ils y trouvoient, selon lui, des termes équivoques et très-contraires à l'intérêt de leur commerce. Il proposa donc de remettre le tout aux conférences de la paix. En vain Ménager offrit de supprimer les termes capables d'inspirer le moindre soupçon. L'expression la plus simple étoit de spécifier que la liberté seroit réservée aux François de pêcher et de sécher sur les côtes de l'île de Terre-Neuve : la vraie difficulté de la part du conseil d'Angleterre ne résidoit pas dans les expressions.

Un changement si subit et si peu attendu avoit une cause secrète. Prior ne l'approuvoit pas : il avoua que l'incertitude du succès qu'auroit l'entreprise des Anglois sur le Canada étoit le véritable motif de ces retardemens inopinés; que si le projet de s'emparer de Québec réussissoit, la pêche de Terre-Neuve seroit absolument interdite aux François. « A ces conditions, reprit Ménager, l'Angleterre déclare qu'elle ne veut point de paix, car elle doit compter que le Roi continuera la guerre plutôt que de céder sur un point si capital. » Il fit voir quelle en étoit l'importance et le peu d'intérêt que les Anglois avoient de s'opposer à la décision de la Reine et de son conseil, puisque l'Angleterre possédoit trois fois plus d'étendue de mer et de terrain qu'il n'en falloit pour pêcher et sécher. « Vous êtes, dit-il, gens d'honneur; vous m'avez donné votre parole, j'en demande l'exécution. La fantaisie de quelques marchands, suscités peut-être par les ennemis du gouvernement, ne doit pas prévaloir sur la promesse de la Reine. » Prior promit de faire un rapport fidèle de tout ce que Ménager lui avoit dit : il ne pouvoit rien faire de plus.

Il s'étoit passé peu d'heures depuis leur séparation, lorsque Prior vint annoncer à Ménager que les ministres consentoient enfin à laisser aux François cette réserve si contestée de pêcher et de sécher les morues à la côte de Terre-Neuve. Mais toute difficulté sur le projet d'articles n'étoit pas encore levée; au contraire on en formoit de nouvelles : elles ne regardoient pas l'Angleterre, mais ses alliés. La Reine souhaitoit les satisfaire autant qu'il seroit possible, et surtout éviter les reproches et les déclamations qu'elle prévoyoit de la part des Hollandois.

Le 7 octobre, Prior apporta le projet des changemens que les ministres souhaitoient que Ménager voulût faire aux articles qu'il avoit remis entre leurs mains. Ils demandoient, à l'égard du premier, que toute mention du testament du feu roi d'Espagne Charles second fût supprimée; d'ajouter au second article ces mots : *Sans excepter aucune des parties intéressées dans la guerre; et que le commerce sera rétabli à l'avantage de la Grande-Bretagne, de la Hollande et des autres nations;* de supprimer les termes employés dans l'article quatrième, au sujet de la barrière à laisser à l'Empire, et d'y substituer les expressions suivantes : *Le Roi consent qu'il soit formé à l'Empire et à la maison d'Autriche une barrière sûre et convenable*, etc.

Les ministres de la Reine demandoient encore que les conditions que le Roi accorderoit au duc de Savoie seroient comprises dans un article à part et séparé du traité; que l'engagement de reconnoître la reine de la Grande-Bretagne, la succession à cette couronne établie dans la ligne protestante, enfin la démolition de Dunkerque, seroient particulièrement spécifiés.

Ménager, autorisé à signer les articles dont on étoit convenu réciproquement, répondit à Prior qu'il n'avoit pas le pouvoir d'y rien changer, et que la variation du conseil étoit étonnante au moment où il ne s'agissoit plus que de signer des articles discutés et réciproquement accordés. Prior en donna de mauvaises raisons : « On trouvera, dit-il, de la part de la Hollande une répugnance extrême à l'ouverture des conférences : il faut éviter toute expression capable d'exciter le moindre soupçon et susceptible de la moindre glose. Dans cette vue, on vous demande quelques changemens légers, et qu'on ne peut dire contraires aux intentions du Roi. Si vous les refusez, vous apporterez un obstacle à la paix, également désirée de la France et de l'Angleterre. Quand on vous propose de faire un article séparé en faveur du duc de Savoie, le motif de cette proposition est d'éviter les plaintes des alliés, que les Hollandois ne manqueroient pas d'envenimer; car il est aisé de juger que le Portugal, les électeurs de Brandebourg et d'Hanovre, et plus encore la république de Hollande, ne se tairoient pas si l'Angleterre gardoit le silence à leur égard, pendant qu'elle soutiendroit vivement les intérêts du duc de Savoie. Nous devons, pour le bien de la paix, éviter le reproche de partialité en faveur de nos alliés, et de négligence envers les autres parties intéressées comme nous dans la même cause. »

Prior soutint qu'il étoit essentiel d'expliquer bien clairement que le Roi reconnoîtroit le titre de la reine de la Grande-Bretagne; car autrement les ennemis du gouvernement, dont le nombre est grand, répandroient que c'est faire injure à la nation que d'omettre une condition absolument nécessaire à la paix. « Peut-être, diroient-ils encore, que cette omission prouve la conclusion secrète d'un traité déjà fait, dont la première condition est vraisemblablement que le Roi reconnoîtra cette princesse comme reine des trois royaumes. »

Il poursuivit son discours; et, pour justifier la demande expresse de la démolition de Dunkerque, qu'on vouloit insérer dans les articles préliminaires, il dit que c'étoit rendre service au Roi que de le demander, et qu'il étoit de l'intérêt de Sa Majesté de l'accorder; que c'étoit sur cet unique fondement qu'on pourroit exiger et arracher des Hollandois le dédommagement de cette démolition; qu'il étoit important de leur annoncer de bonne heure qu'ils seroient chargés de fournir cet équivalent et de les instruire de la cause.

Ménager, persuadé qu'il ne pouvoit franchir les bornes du pouvoir que le Roi lui avoit confié, offrit de passer en France et d'en rapporter incessamment la réponse: l'offre fut rejetée. La conjoncture étoit pressante, et l'état des affaires ne permettoit pas de perdre un seul instant. Il est vrai qu'il n'y avoit pas lieu d'espérer plus de succès d'un simple projet de propositions non signées, tel qu'on l'enverroit en Hollande: c'étoit l'exposer inutilement à la censure des alliés, révoltés contre toute proposition de paix, et de plus informés qu'elle se traitoit actuellement à Londres. Prior représenta que ce seroit donner aux Hollandois un vaste champ de verbaliser et d'éluder l'ouverture des conférences générales.

Les ministres d'Angleterre avoient laissé perdre le moment de faire leurs observations et leurs demandes nouvelles: s'ils s'en étoient expliqués avant que l'abbé Gautier partît pour aller en France, il en eût rapporté la réponse, et Ménager ne se seroit pas trouvé dans l'embarras ou de refuser ce qu'ils désiroient, ou d'agir sans ordre et de passer ses pouvoirs. C'est ce qu'il répondit, et Prior l'exhorta à se servir de celui qu'il avoit nouvellement reçu. Ménager le pria de faire attention que ce nouveau pouvoir étoit moins étendu que le premier; qu'il étoit restreint en conséquence des instances même des Anglois; qu'ils avoient trouvé le premier trop général, et que, selon leur demande, le Roi avoit bien voulu en envoyer un second plus particulier, plus spécial, qui n'autorisoit qu'à signer les seuls articles qui regardoient l'Angleterre.

Il offrit encore de les signer, de partir immédiatement après, et promit que dans huit jours la reine de la Grande-Bretagne seroit satisfaite. Prior continua de s'opposer, et plus fortement encore, au départ de Ménager. Le péril des délais étoit pressant: les Hollandois avoient nommé le pensionnaire d'Amsterdam (Buys) pour passer en Angleterre, il falloit nécessairement le prévenir. Prior le représentant à Ménager, lui dit que la Reine avoit donné ordre d'écrire à Buys de différer son voyage; qu'elle avoit fait dire au comte de Stafford, son ambassadeur en Hollande, alors à Londres, de retourner incessamment à La Haye; qu'il étoit chargé de propositions qui seroient agréables aux Provinces-Unies comme elles l'étoient aussi à cette princesse. « Si vous persistez, dit-il, dans vos refus, nous ne signerons rien. Dieu sait quand se fera la paix. » Ses instances furent inutiles, Ménager ne se rendit pas.

L'abbé Gautier lui apprit le lendemain que Prior, qu'il venoit de voir, accablé d'un chagrin mortel, lui avoit dit que la négociation étoit au point de se rompre. Il en sentit les conséquences, et, pour empêcher la rupture, il dressa promptement un nouveau projet, conforme, quant à la substance, aux ordres qu'il avoit reçus, mais disposé, quant aux expressions, suivant le génie des Anglois. Toutefois il suivit scrupuleusement celles que le Roi lui avoit prescrites au sujet de la reconnoissance de la reine Anne et de la démolition de Dunkerque.

Ce nouveau projet rétablit la bonne intelligence; on se promit de part et d'autre de signer le lendemain. L'intention de la Reine étoit de faire expédier des lettres, scellées du grand sceau d'Angleterre, pour autoriser les deux secrétaires d'Etat, conjointement avec Prior, à traiter comme ses plénipotentiaires avec Ménager, revêtu des pouvoirs du Roi, et pour signer les actes dont ils conviendroient. On supposoit que cette formalité étoit nécessaire pour garantir les négociateurs anglois des recherches qu'ils avoient lieu de craindre à l'avenir, et d'être accusés un jour d'avoir traité avec les ennemis de la Grande-Bretagne sans pouvoir légitime, sans même que l'ordre de la Reine, qu'ils feroient voir, eût été contresigné. Ce raisonnement étoit mal fondé, un ordre verbal du souverain suffit pour autoriser un secrétaire d'Etat qui parle et traite au nom de son maître : mais les ennemis des ministres ne pensoient qu'à susciter des difficultés capables de traverser la négociation, ou tout au moins d'en retarder le succès. Ils empêchèrent donc que cet acte, scellé du grand sceau, ne fût expédié. La mauvaise santé de la Reine leur faisoit espérer que le temps viendroit, et qu'il n'étoit pas encore bien éloigné, où non-seulement ils renverseroient le ministère présent, mais de plus ils se vengeroient de ceux qui le composoient. Les deux secrétaires d'Etat reçurent seulement un ordre par écrit, et signé de la Reine leur maîtresse, adressé à l'un et à l'autre, de signer les articles convenus. En vertu de cet ordre, ils signèrent le 8 octobre trois actes avec Ménager.

Le premier, écrit sur deux colonnes, contenoit d'un côté les conditions que demandoit l'Angleterre, et de l'autre les réponses du Roi. Les deux secrétaires d'Etat déclarèrent au bas de l'acte que c'étoit en vertu d'un ordre exprès de la Reine leur maîtresse qu'ils acceptoient lesdits articles comme articles préliminaires. Le second acte regardoit le duc de Savoie, article demandé avec tant d'instance par les ministres de la Grande-Bretagne.

Les articles proposés par la France pour parvenir à la paix générale étoient compris dans le troisième acte. Ainsi de part et d'autre on convint du premier fondement d'une paix équitable, bien différente de ces préliminaires odieux que le démon de la discorde sembloit avoir enfantés.

Jusqu'alors il n'avoit pas été proposé à Ménager de le présenter à la reine d'Angleterre. Après la signature, et lorsque les ministres du conseil se furent retirés, Prior l'avertit, de la part du secrétaire d'Etat Saint-Jean, de se rendre le lendemain à Windsor. Il n'y manqua pas. Saint-Jean le conduisit en secret à l'appartement de la Reine à huit heures du soir : ils y montèrent par un escalier derobé, sans rencontrer personne que deux gardes, et dans l'antichambre une femme dans la confidence de cette princesse.

La réception que la Reine fit à Ménager fut gracieuse. Elle le chargea de faire ses complimens au Roi, de l'assurer qu'elle n'oublieroit rien pour avancer la conclusion de la paix générale. Elle dit ensuite : « Je n'aime point la guerre, et je contribuerai en tout ce qui dépendra de moi pour la faire finir au plus tôt. Je souhaite bien de vivre avec un roi à qui je suis tant alliée par la proximité du sang, et j'espère que les liens de notre union se fortifieront de plus en plus entre nous et nos sujets après la paix, par une correspondance et une amitié parfaite. »

Le même secret observé pour introduire Ménager à l'audience de la Reine le fut encore lorsqu'il en sortit. La même femme de chambre étoit au dehors du cabinet ; il retrouva les deux mêmes gardes. Il soupa chez Saint-Jean, vit le lendemain le château de Windsor, et partit pour Londres avec Prior, qui l'avertit de ne pas retourner pendant qu'il étoit à la cour chez le secrétaire d'Etat, parce que les espions que les wighs entretenoient autour de la Reine étoient sans nombre. C'étoit avec raison que les ministres, admis alors à la confidence de cette princesse, craignoient les temps à venir, et jugeoient de la nécessité d'user de beaucoup de prudence et de circonspection. Ils en connurent l'importance en 1714, lorsque le duc de Hanovre monta sur le trône d'Angleterre, en vertu de ce fameux acte d'établissement dans la ligne protestante.

Ménager, de retour à Londres, alla le soir du 13 novembre avec Gautier chez Prior. Il y trouva le comte d'Oxford : ce ministre lui dit que la Reine étoit très-contente des conditions accordées de part et d'autre. Il assura qu'elle désiroit sincèrement la paix, et même ardemment ; qu'elle étoit persuadée que le Roi ne la souhaitoit pas moins sincèrement, et, se servant d'une citation latine, il dit : *Ex duabus igitur gentibus faciamus unam gentem amicissimam.* Il ajouta que Buys étoit près d'arriver, nonobstant ce que la Reine avoit fait dire pour le retenir en Hollande. « Je ne suis pas fâché, dit Oxford, qu'il apprenne de la bouche même de la Reine à quel point elle désire la paix : elle exprimera ses sentimens avec une fermeté qui ne permettra pas de douter de sa résolution. Je m'en rapporte à ce que M. de

Saint-Jean, que vous allez voir ici, vous en dira : il doit aussi vous instruire des mesures prises pour ouvrir les conférences. Enfin assurez le Roi que Sa Majesté sera contente de nous, et nous espérons qu'elle voudra bien aussi nous rendre satisfaits. »

Le grand trésorier étant sorti, Saint-Jean, qui venoit d'entrer, dit à Ménager que le comte de Stafford, ambassadeur d'Angleterre en Hollande, avoit pris congé de la Reine pour retourner à son poste ; qu'il seroit en mer en deux jours au plus tard, et qu'immédiatement après son arrivée à La Haye il communiqueroit au pensionnaire de Hollande les propositions générales de la France pour la paix ; qu'il lui diroit que la Reine les trouvoit raisonnables ; que la résolution étoit prise d'exclure toute ville de la province de Hollande pour y tenir les conférences ; qu'on proposoit donc Nimègue, Utrecht, Liége, Aix-la-Chapelle, pour choisir entre ces villes celle où l'on établiroit le lieu de l'assemblée des ministres plénipotentiaires.

Saint-Jean apprit à Ménager que la Reine avoit déjà désigné les siens. « Le premier, dit-il, est Robinson, évêque de Bristol, garde du sceau privé : c'est un bon anglican, bon négociateur, honnête homme, flegmatique ; il a résidé pendant trente-deux ans dans les cours du Nord, et pacifié les troubles entre la Suède et le Danemarck. Le second est le comte de Stafford, actuellement ambassadeur en Hollande : c'est un seigneur propre à brusquer une entreprise comme un colonel de dragons ; il exécutera vivement les ordres de la Reine. Prior sera le troisième plénipotentiaire. Je ne vous dis rien de son caractère et de ses intentions ; vous le connoissez et il est connu en France. J'aurai soin de dresser les ordres qui leur seront envoyés. Cessez un moment d'être ministre de France, soyez simplement témoin de notre bonne foi et du désir sincère que nous avons de la paix ; faites-en le rapport fidèle à votre cour lorsque vous y retournerez ; mais observez que nous ne pouvons nous départir des bienséances à l'égard de nos alliés. Nous en remplissons une en faisant partir en même temps que Stafford le comte de Rivers, expressément pour assurer le duc de Hanovre que nous voulons maintenir la succession dans la ligne protestante.

» Nous ne pouvons aussi nous dispenser de faire en sorte que la Hollande et que l'Empire obtiennent une barrière sûre et raisonnable, telle que le Roi a bien voulu la promettre.

» Un troisième point que nous avons fort à cœur est la possession et la jouissance des avantages stipulés pour l'Angleterre par les articles que le Roi nous a accordés.

» Plutôt que de céder sur ces trois points, il faudroit nous résoudre à voir ce pays misérablement désolé pour subvenir aux frais de la continuation de la guerre ; mais nous espérons que ce qui a été promis sera ponctuellement exécuté. Il est donc nécessaire que la France soit ferme et facile : ferme pour tenir tête aux Hollandois s'ils contestent les avantages promis à l'Angleterre, facile sur certains articles qu'il conviendra d'accorder pour le bien de la paix. »

Ménager se récria sur cette facilité, persuadé que les Hollandois en abuseroient comme ils avoient déjà fait tant de fois. « Ils sont avertis, répondit Saint-Jean : nous leur avons déclaré et souvent répété qu'après les dépenses excessives que l'Angleterre a faites, elle se croit en droit de former et de fixer leur barrière prétendue. Il n'est pas de notre intérêt qu'elle soit ni si étendue ni si forte. Enfin éloignons et supprimons tout détour ordinairement attaché aux négociations ; allons au but. Il est question de faire la paix et de la faire promptement et d'éviter les frais d'une nouvelle campagne. Nous sommes assurés de notre parlement : il agira de concert avec la Reine. Elle a commandé au comte de Stafford de demander aux États-généraux les passe-ports nécessaires pour les plénipotentiaires que le Roi nommera, et de les envoyer en France par un courrier exprès. »

Les adieux faits, Saint-Jean apprit à Ménager que cette princesse avoit donné ordre de faire embarquer un messager d'État dans le bâtiment destiné à le porter à Calais ; qu'elle avoit jugé cette précaution nécessaire pour éviter les contre-temps ; que ce même messager attendroit à Calais les réponses du Roi pour les apporter à Londres.

Après que Saint-Jean fut sorti, Prior, demeuré seul avec Ménager, fit l'éloge du grand trésorier : il loua son zèle pour la paix, sa fermeté, la manière intrépide dont il avoit soutenu et combattu les contradictions du conseil et déterminé la résolution de la Reine au point d'imposer silence à quiconque auroit osé contredire ses sentiments. Enfin il assura que cette princesse en désiroit si véritablement la conclusion, qu'elle proposeroit Douvres ou même Londres pour y tenir les conférences, si les Hollandois étoient assez mal conseillés pour former de mauvaises difficultés.

Le grand trésorier et Saint-Jean ne se contentèrent pas des assurances verbales qu'ils avoient données à Ménager de la sincérité des intentions de la Reine : ils répétèrent encore les mêmes protestations dans les lettres qu'ils écrivirent, à l'occasion de son retour en France, au ministre du Roi chargé des affaires étrangères. Ils entretinrent depuis secrètement ensemble une correspondance directe pendant le cours de la négociation de la paix à Utrecht. Le grand trésorier prévoyoit que cette correspondance en temps de guerre lui seroit peut-être un jour imputée comme un crime; en sorte qu'il ne voulut pas que Ménager fût instruit de la lettre qu'il avoit écrite. Il la remit à l'abbé Gautier, et le chargea très-expressément de demander de sa part que le Roi seul en eût connoissance.

Ce ministre, dont le crédit étoit alors au plus haut degré auprès de la Reine sa maîtresse, obtint, comme un plaisir qu'elle feroit au Roi, d'accorder au maréchal de Tallard la permission d'aller en France et d'y séjourner sur sa parole pendant quatre mois, pour donner ordre à ses affaires domestiques.

Il avoit été conduit prisonnier en Angleterre après la malheureuse bataille d'Hochstedt. La ville de Nottingham lui fut donnée pour prison. Il y jouissoit de la seule liberté de se promener et de chasser aux environs de cette ville, obligé cependant d'y retourner coucher : il étoit d'ailleurs observé de si près qu'il sentoit toute l'étendue de sa captivité. Plusieurs officiers pris à la même occasion et transportés en Angleterre, avoient obtenu la permission de passer en France et d'y demeurer sur leur parole. Le duc de Marlborough s'étoit presque engagé en 1709, lors des conférences de La Haye, de procurer la même grâce au maréchal de Tallard; mais après la rupture de ces conférences infructueuses, le gouvernement d'Angleterre continua d'user à son égard de la même rigueur. On craignoit son esprit, sa pénétration, et que, malgré les précautions prises pour lui ôter toute connoissance de l'état de l'Angleterre, il ne fût trop bien instruit de l'intérieur de ce royaume : plus on le croyoit capable d'entamer et de conduire une négociation secrète, plus on eut d'attention et de sévérité à lui retrancher les moyens d'y parvenir.

Il faut pardonner à ceux qui, touchés du vraisemblable, ignorant le vrai, ont répandu dans leurs Mémoires imprimés que le maréchal de Tallard, pendant sa prison en Angleterre, avoit fait les premières ouvertures de la paix : ce n'est pas la seule fausseté donnée pour vérité. L'abbé Gautier eut l'honneur de porter les premières paroles de la paix, et l'on doit à sa mémoire la justice de louer sa sagesse, sa discrétion, les bons avis qu'il donna pendant le cours de la négociation, sans abuser de la confiance des ministres d'Angleterre.

A peine Ménager étoit-il parti de Londres qu'on y reçut la nouvelle du désastre de l'escadre angloise envoyée à la conquête du Canada. Le succès de cette expédition paroissoit si sûr à ceux du conseil de la Reine qui furent employés aux conférences, qu'ils ne se désistèrent jamais de la prétention de conserver Québec, persuadés que les Anglois en étoient alors en possession. Leur attente fut trompée : le chevalier Hill perdit sept vaisseaux de charge, avec vingt-cinq compagnies des meilleures troupes de celles qu'il avoit sous son commandement. Ainsi finit cette difficulté sur la possession de Québec.

Le comte de Stafford, qui partit pour la Hollande à peu près en même temps que Ménager retournoit en France, eut ordre de communiquer au Pensionnaire l'état de la négociation commencée à Londres, de l'informer de ce qui s'étoit passé entre les ministres de la Reine et Ménager; d'expliquer les raisons qui jusqu'alors avoient empêché cette princesse d'en faire part aux Etats-généraux; enfin il devoit dire que si elle s'étoit contentée de stipuler des conditions générales pour ses alliés, c'étoit uniquement par la seule considération de ne pas s'ingérer à décider de leurs intérêts et de leurs prétentions, et dans la vue de leur laisser l'entière liberté d'en traiter eux-mêmes aux conférences de la paix ; que son intention étoit d'agir de concert avec ces mêmes alliés, sans ombre de séparation ; et que, pour éviter tout soupçon de leur part, elle avoit refusé de traiter la paix générale en Angleterre.

Stafford devoit assurer le Pensionnaire que la Reine sa maîtresse n'avoit stipulé en faveur de ses sujets aucun avantage au préjudice des Hollandois; que nulle offre de la part de la France ne l'engageroit à faire la paix, si elle n'obtenoit par le traité la république de Hollande fût satisfaite sur les articles de la barrière, du commerce et sur ses autres prétentions; que tant d'égards, joints à tout ce que l'Angleterre avoit fait pendant le cours de la guerre, justifieroient suffisamment la reine de la Grande-Bretagne, quand même elle croiroit de sa prudence de régler l'intérêt de ses sujets comme le premier point avant tous les autres articles de la négociation ; que toutefois elle vouloit bien représenter seulement qu'elle pourroit justement se plaindre d'un procédé très-inégal de la part des Hollandois, s'ils continuoient à témoigner une injuste inquiétude de sa bonne foi et de sa conduite ; que s'ils s'en rapportoient à son avis, elle leur conseilleroit de modérer leurs prétentions sur l'article de la barrière, et de composer pour en obtenir une partie raisonnable et suffisante pour la sûreté de l'Etat, plutôt que d'insister opiniâtrement sur le tout; qu'elle donneroit le même conseil aux Impériaux, soit à tels autres des alliés qui rappelleroient incessamment les préliminaires dressés en 1709, et rejeteroient toute proposition différente de ces articles; que si les Hollandois, fortement attachés à les soutenir, aimoient mieux continuer la guerre que de les abandonner, elle déclaroit que l'Angleterre n'étoit plus en état de soutenir un fardeau dont le poids, inégalement porté par les alliés, l'accabloit, pendant que de tous côtés ils se relâchoient de leurs engagemens; qu'elle leur donnoit à choisir, ou de fournir régulièrement leur contingent, soit en troupes, soit en vaisseaux, ou de faire la paix.

Entre les villes que le Roi proposoit pour la traiter, la reine d'Angleterre avoit choisi Utrecht. Le comte de Stafford devoit en informer le Pensionnaire, le presser de déterminer ses maîtres à consentir au même choix, et à lui remettre les passe-ports pour les plénipotentiaires que le Roi nommeroit; en sorte que les conférences s'ouvrissent le 12 janvier de l'année suivante 1712.

La reine d'Angleterre avoit donné ordre à son ambassadeur d'envoyer ces passe-ports à Versailles sitôt qu'ils auroient été remis entre ses mains; car alors la confiance, si nécessaire à l'accomplissement d'un ouvrage aussi important que celui de la paix, étoit réciproquement établie entre les ministres de France et ceux d'Angleterre. Elle déplaisoit infiniment aux ennemis de toute union, particulièrement à ceux qui avoient en Hollande le plus de part à l'administration de la République: ils étoient peu disposés à faciliter l'envoi des passe-ports aussi diligemment que la reine de la Grande-Bretagne s'en étoit flattée; mais ce retardement suspendoit seulement l'ouverture des conférences et ne rompoit pas la négociation. On voulut en Hollande profiter, s'il étoit possible, de l'intervalle qu'il laissoit, pour essayer de jeter la défiance entre la France et l'Angleterre et rompre entre elles toute intelligence. On répandit et l'on fit passer le bruit à Londres qu'il étoit question de renouer une négociation secrète entre la France et la Hollande, le Roi connoissant parfaitement que cette voie étoit la seule qui devoit conduire à la paix.

Les ministres anglois en eurent quelque inquiétude; mais elle fut dissipée par les ordres envoyés à l'abbé Gautier. Il étoit demeuré à Londres seul chargé de la négociation depuis le départ de Ménager. Sa Majesté lui fit écrire d'assurer de sa part Oxford et Saint-Jean que tant d'artifices mis en usage de la part des ennemis communs, étoient incapables d'ébranler sa fermeté; qu'elle persistoit dans ses sentimens, seuls convenables au bien général de l'Europe; qu'elle s'assuroit par cette raison d'une égale fermeté de la part de la Reine et de la Grande-Bretagne. Gautier, rappelant la conduite que les Etats-généraux avoient tenue dans les négociations précédentes, n'eut pas de peine à faire voir qu'ils ne méritoient pas que le Roi eût pour eux la moindre complaisance, et que ce seroit beaucoup faire que de leur accorder les avantages que le bien de la paix ne permettoit pas de refuser aux instances que la reine de la Grande-Bretagne feroit en leur faveur.

Il fit convenir ces ministres que c'étoit de la part des alliés que le Roi devoit recevoir un équivalent de la démolition de Dunkerque, proportionné au préjudice que la France souffriroit de cette importante démolition, uniquement accordée aux instances de cette princesse, et comme la preuve la plus essentielle de l'amitié du Roi pour elle. Cet équivalent déjà traité devoit être composé des places spécifiées en Flandre, dont les ennemis s'étoient rendus maîtres pendant la guerre.

Comme il ne restoit plus, dans les articles que Ménager avoit signés à Londres, que quelques difficultés légères au sujet des termes d'*Amérique sur la mer du Nord*, Gautier, suivant l'ordre qu'il en avoit, promit aux deux ministres anglois que ces termes seroient expliqués à leur satisfaction: il les assura l'un et l'autre de la confiance que le Roi prenoit en la droiture de leurs intentions, et confirma ces assurances par les lettres qu'il avoit reçues pour eux du secrétaire d'Etat, écrites par ordre de Sa Majesté. Ainsi les articles signés à Londres par Ménager furent tous approuvés; et sa négociation, recevant sa dernière perfection, servit de plan aux instructions que le Roi donna peu de temps après à ses plénipotentiaires pour la paix générale.

L'ouverture des conférences indiquées à Utrecht paroissoit prochaine, car elle étoit fixée au 12 de janvier, et l'on étoit alors à la fin du mois de novembre 1711. Mais la république de Hollande, ou pour mieux dire ceux de ce gouvernement qui désiroient la continuation de la guerre, avoient peine à changer de sentiment; c'étoit abandonner l'état où ils se croyoient élevés depuis quelques années d'arbitres de l'Europe, de maîtres de disposer des royaumes et d'imposer des lois aux plus grands monarques : l'intérêt et la passion soutenoient ces idées flatteuses. Les préliminaires de 1709, ouvrage du pensionnaire Heinsius, étoient regardés comme une règle dont les Etats-généraux ne pouvoient s'écarter sans risquer la ruine de leur pays, et l'assujétissement de toute l'Europe à la puissance de la maison de France. Les discours ordinaires à La Haye rouloient communément sur la nécessité de faire de nouveaux efforts et de continuer la guerre plus vivement que jamais. On s'élevoit contre la conduite du nouveau ministère d'Angleterre, traitée hautement de perfidie ; on vouloit prévoir, et tout au moins faire croire aux peuples, que la plus saine partie de la nation angloise forceroit les traîtres à renoncer à toute négociation de la paix. Buys, envoyé en Angleterre, étoit regardé comme une ressource ; on espéroit tout de ses pratiques secrètes, de ses manéges souterrains, encore plus que de ses discours.

La principale commission de ce député étoit de souffler le feu à Londres, et, par quelque voie que ce fût, de faire en sorte que le nouveau ministère fût changé. Il étoit si persuadé qu'il y réussiroit, que, croyant facilement ce qu'il désiroit avec ardeur, il avoit dit avant son départ que sitôt qu'il auroit entretenu la reine d'Angleterre en particulier dans son cabinet, elle ne laisseroit en place aucun de ses nouveaux ministres.

Le Roi, bien informé de ce qui se disoit à La Haye, leur fit communiquer les avis qu'il en recevoit et demander quelle résolution prendroit la reine leur maîtresse si les Etats-généraux persistoient à refuser ou à prolonger l'expédition demandée (1) par l'ambassadeur d'Angleterre.

L'expédient pour les punir, en cas de leur opiniâtreté à retarder les conférences, étoit de les ouvrir seulement entre les plénipotentiaires du Roi et ceux de la Reine d'Angleterre ; d'y régler de concert tous les articles de la paix générale, et de priver les Hollandois de l'autorité qu'ils prétendoient s'attribuer de régler le destin de l'Europe. Le Roi offroit de faire passer ses plénipotentiaires en Angleterre, si la reine de la Grande-Bretagne le désiroit. Sa Majesté offroit de plus que, lorsque toutes les conditions de la paix auroient été réglées dans ces conférences particulières, les Anglois jouiroient dès le même instant de toutes les prérogatives stipulées en faveur de la nation angloise,

(1) Celle des passe-ports.

suivant la convention que Ménager en avoit signée.

Vers le même temps, le comte de Peterborough passant à Francfort, dit que l'Angleterre ne penseroit pas à la paix, si l'Empereur vouloit envoyer sur les bords du Rhin ou dans les Pays-Bas une partie de troupes qu'il avoit en Hongrie. On connoissoit le caractère de Peterborough et la fertilité de son imagination, que la vérité ne contraignoit jamais. Il vouloit paroître instruit des secrets qu'on prenoit soin de lui cacher, et faire croire que la reine d'Angleterre et ses ministres ne se déterminoient que de concert avec lui et suivant son avis. Son discours ne causoit ni inquiétude ni soupçon de la bonne foi des ministres de cette princesse : le Roi en fit seulement avertir le comte d'Oxford. La correspondance des lettres, établie entre les ministres de part et d'autre, s'entretenoit avec plus de liberté et moins de ménagement depuis la signature des articles convenus. Ménager avoit rapporté de Londres des passeports pour la sûreté des bâtimens qui portoient les courriers de Calais à Douvres et revenoient ensuite de Douvres à Calais.

Comme il pouvoit cependant arriver que le comte d'Oxford et Saint-Jean, plutôt que de s'expliquer par de longues dépêches, aimeroient quelquefois mieux instruire l'abbé Gautier de leurs intentions et l'envoyer en France rendre compte de ce qu'ils lui avoient dit, le Roi lui avoit commandé de se conformer à ce qu'ils jugeroient à propos de lui prescrire et de partir sitôt qu'ils le désireroient.

Ils ne différèrent pas à le prier de faire un nouveau voyage à Versailles, de se charger d'un mémoire qu'ils lui confièrent et d'en rapporter la réponse.

Ce mémoire contenoit les éclaircissemens que le Roi avoit demandés à la Reine d'Angleterre, soit au sujet des démarches qu'elle avoit faites en Hollande et de ce qu'elle pensoit des sentimens des Etats-généraux, soit à l'égard des intentions de cette princesse et de ce qu'elle jugeoit à propos de faire pour fléchir l'indocilité de la république de Hollande et ramener les esprits à des sentimens plus pacifiques. Il étoit spécifié que le comte de Stafford, arrivant à La Haye, avoit proposé d'ouvrir incessamment les conférences ; que la réponse de l'Etat avoit été que les propositions de la France, communiquées par la reine de la Grande-Bretagne, n'étoient pas suffisantes ; que l'Etat ne pouvoit s'avancer avant que de savoir l'effet que produiroient les remontrances que Buys avoit ordre de faire à cette princesse.

Ces prétendues remontrances étoient faites : l'objet en étoit d'exposer à la Reine que la République, prête à concourir à la paix générale, estimoit cependant que c'étoit trop risquer que d'ouvrir les conférences avant que les articles proposés par la France fussent expliqués plus particulièrement et rendus plus spécifiques.

Le mémoire ajoutoit que la Reine, malgré ces représentations, persistoit constamment dans les conférences, sur le fondement des articles signés à Londres. Elle avoit donc répondu décisivement à Buys que ces articles contenoient généralement toutes les prétentions que les alliés pouvoient raisonnablement former, et que, jugeant qu'ils étoient spécifiques et suffisans, elle reiteroit les ordres qu'elle avoit donnés au comte de Stafford de presser l'ouverture des conférences, aussi bien que le choix de la ville où l'on s'assembleroit, et l'expédition des passe-ports pour les plénipotentiaires de France. Elle demandoit au reste, comme un moyen qu'elle croyoit nécessaire pour avancer le succès de ses bonnes intentions, que le Roi voulût bien l'aider, en lui confiant son secret sur les intérêts particuliers de chacun des alliés : son but étoit d'user de cette connoissance pour les faire entrer plus facilement dans la négociation générale. Elle espéroit s'en servir utilement et réussir à l'avantage du bien public.

Elle souhaitoit donc que le Roi lui permît d'assurer les Hollandois, sans crainte d'en être désavouée, que Sa Majesté, en considération de la paix, rétabliroit en leur faveur le tarif de 1664, et qu'ils auroient une barrière telle que le Roi voudroit bien en confier le projet à la Reine. Cette princesse demandoit le pouvoir de promettre aussi, au nom du Roi, une barrière au duc de Savoie du côté de la France, sans préjudice des avantages que Leurs Majestés de concert lui procureroient du côté de l'Italie.

Ce prince étoit l'allié chéri de l'Angleterre et celui que le ministère avoit le plus à cœur de favoriser. On étoit persuadé que si la république de Hollande et le duc de Savoie agissoient de concert avec la Reine pour faciliter la paix, il seroit aisé d'en aplanir bientôt les plus grandes difficultés et de surmonter tout obstacle à sa conclusion.

Le mémoire ajoutoit, à la nécessité de satisfaire ces principaux alliés, celle de contenter aussi l'électeur de Brandebourg et le duc de Hanovre, de reconnoître les qualités que l'un avoit prise de roi de Prusse, l'autre d'électeur, qu'il s'étoit fait accorder par l'Empereur.

L'unique intention de la reine d'Angleterre, en demandant au Roi de telles marques de confiance, étoit d'employer les moyens qu'elle savoit être les plus sûrs pour abréger toute longueur de négociation : comme elle étoit persuadée que ses intentions en ce point s'accordoient parfaitement avec celles du Roi, elle l'étoit aussi qu'il ne seroit pas en peine de sa discrétion, dont elle renouveloit les protestations et promettoit de réserver pour elle seule les confidences que le Roi voudroit bien lui faire, assurant qu'elle n'en useroit que pour le bien de la paix, si justement désirée de part et d'autre.

Ce mémoire, remis à l'abbé Gautier, fut accompagné des lettres que les deux ministres lui confièrent. Le comte d'Oxford, dans la sienne, se rapportoit au mémoire, principalement à ce que diroit celui qui s'en étoit chargé : il assuroit que la Reine sa maîtresse persisteroit constamment dans la résolution qu'elle avoit prise de faire tout ce qui dépendroit d'elle pour avoir une paix bonne et solide ; en sorte que ni les artifices des étrangers ni la passion domestique ne seroient capables de la faire changer de sentiment. « Elle s'en est, ajoutoit-il, expliquée à Buys, se remettant à la réponse finale que le comte de Stafford devoit rendre de sa part en Hollande. J'ose ajouter (*termes du grand trésorier*) que quelques difficultés qu'y trouvent les serviteurs, vous les verrez d'une fermeté et constance à faire accomplir les résolutions et la piété de leur reine. »

Oxford assuroit que la Reine sa maîtresse avoit été très-sensible à l'offre que le Roi lui avoit faite d'envoyer ses plénipotentiaires en Angleterre pour y traiter la paix. Il jugeoit cependant que les propositions contenues dans le mémoire dont l'abbé Gautier étoit porteur, produiroient plus certainement l'effet que Sa Majesté désiroit et que les conférences s'ouvriroient sans délai. A son égard il feroit très-mal sa cour à la Reine, s'il ne faisoit tout ce qui dépendroit de son pouvoir pour cultiver l'amitié et la bonne correspondance dont dépendoient la liberté et le repos de l'Europe.

Les termes de la lettre que Saint-Jean écrivit à l'occasion du départ de Gautier n'étoient ni moins forts ni moins expressifs que ceux du comte d'Oxford : il se rapportoit comme lui au mémoire dont Gautier étoit chargé, aussi bien qu'à la relation qu'il feroit de l'état où se trouvoit l'affaire importante de la paix. Il assuroit de la sincérité de la Reine sa maîtresse et n'oublioit rien pour mettre en tout leur jour les preuves qu'elle en avoit données jusqu'alors.

Saint-Jean convenoit qu'en Angleterre comme ailleurs les malintentionnés travailloient de tout leur pouvoir à semer et entretenir la défiance : toutefois, selon lui, on ne devoit pas être en peine de leurs efforts, puisqu'il ne dépendoit que du Roi de les rendre inutiles : il disoit que ce seroit le fruit des éclaircissemens demandés à Sa Majesté et qu'elle avoit bien voulu promettre ; qu'ils dissiperoient les nuages, et que les ministres de la Reine useroient de ses lumières avec tant de retenue, que si le Roi vouloit comme autrefois offrir un plan de préliminaires spécifiques, la Reine ne voudroit jamais le communiquer à ses alliés. Ainsi les éclaircissemens que Gautier devoit apporter à Londres étoient d'autant plus désirés, que lorsqu'ils seroient arrivés Saint-Jean répondoit que le parlement, prêt à s'assembler, se porteroit à la paix autant qu'il s'étoit jamais porté à la guerre.

La sincérité de ce ministre, déjà connue, ne laissoit pas lieu de douter qu'il n'écrivît ce qu'il pensoit en effet des dispositions de la nation angloise ; mais quoique la paix fût désirée en Angleterre, le crédit de ceux qui la traversoient n'étoit pas encore anéanti ; leur intérêt particulier les animoit autant que leur passion contre le nouveau ministère qu'ils espéroient renverser s'ils parvenoient à prolonger la guerre.

Buys et les autres ministres des alliés fondoient leurs espérances sur cette animosité des wighs contre les nouveaux ministres.

Le premier, avant que de partir de La Haye, s'étoit vanté que la Reine ne résisteroit pas un moment à ses éloquentes représentations. L'événement avoit trompé ses espérances, et c'étoit de la bouche même de cette princesse qu'il avoit entendu qu'elle vouloit la paix et voir au plus tôt cesser les oppositions que les Hollandois formoient encore à l'ouverture des conférences. Il n'avoit pas été plus content des réponses du grand trésorier, principal ministre, conformes à la déclaration de la Reine sa maîtresse. Buys étoit encore mal satisfait que le grand trésorier lui eût reproché que depuis cinq ans la république de Hollande manquoit à ses engagemens et ne satisfaisoit point à la part qu'elle étoit obligée de fournir, suivant le traité de la grande alliance. A ce reproche Oxford avoit ajouté une question embarrassante et fâcheuse : « Vos maîtres, dit-il à Buys, sont-ils en état de réparer le passé et de satisfaire désormais à leurs engagemens ? »

La vanité du ministre hollandois avoit succombé à cette question. Forcé par la vérité, il avoit avoué qu'il étoit impossible à sa République de remplir désormais ses obligations : ainsi, désespérant de persuader par la raison, qui n'est bonne qu'autant qu'elle est soutenue par la vérité, il eut recours à d'autres moyens, et se confirma dans la pensée qu'il ne réussiroit qu'en se livrant absolument aux wighs et se liant étroitement avec les ministres étrangers mécontens du gouvernement.

Un des principaux étoit alors le comte de Galas, ministre de l'Empereur, mais admis et reconnu à la cour d'Angleterre sous le titre d'ambassadeur de l'archiduc, comme roi d'Espagne. Il passoit pour homme sage et pour un des plus éclairés de ceux que la cour de Vienne employoit dans les pays étrangers. Le séjour qu'il avoit fait à Londres suffisoit pour connoître l'esprit du gouvernement, le crédit et le caractère de ceux qui avoient le plus de part à l'administration des principales affaires, et le génie de la nation. Toutefois il se trompa : mais il est nécessaire, pour connoître ses erreurs, de remonter à l'année 1710, et d'exposer de quelle manière se conduisit ce ministre dont on vantoit la prudence et les lumières.

Galas, accoutumé à voir toute l'autorité entre les mains des wighs, crut toujours que leur crédit étoit inébranlable ; en sorte que lorsqu'on l'avertit cette même année de la destitution prochaine de Sunderland et de celle de Godolfin, dont elle seroit suivie, il n'ajouta foi à ces avis qu'après que l'événement les eût vérifiés. Il traita de même la fausse prédiction l'avertissement qu'on lui donna de la dissolution prochaine du parlement et de la convocation d'un nouveau dont les membres dépendroient de la cour et du nouveau ministère.

Enfin, prévenu que l'Angleterre, animée à la continuation de la guerre plus que nul autre des alliés, ne se désisteroit jamais de ses engagemens, il ne put se persuader qu'elle changeât de maximes, quand même les torys, directement opposés à celles des wighs, se maintiendroient possesseurs paisibles du ministère. Il ne pouvoit croire aussi que la faveur de la Reine fût suffisante pour les y placer et les y conserver. Il voyoit le parti contraire encore maître des grandes charges et de l'argent du royaume : il jugeoit que c'étoient de fortes entraves dont il seroit bien difficile à cette princesse de se dégager, nonobstant son inclination pour les torys et les leçons qu'elle recevoit d'Harley dans les conférences secrètes qu'il avoit avec elle. Galas dédaigna les manèges d'un homme qu'il appeloit indigne et de basse fortune.

Plusieurs wighs, ainsi que Galas, regardoient comme sans fondement les bruits d'un changement total et prochain : ils étoient cependant top importans pour les négliger absolument. Il fut donc résolu entre eux que, pour dissiper l'orage qui grossissoit, les ministres des alliés résidant à la cour d'Angleterre demanderoient tous à leurs maîtres des ordres précis de représenter vivement à la Reine qu'elle ne pouvoit changer ses ministres sans faire un tort considérable à la cause commune.

Le comte Maffei étoit alors à Londres en qualité d'envoyé du duc de Savoie. Ministre d'un prince habile, il n'étoit pas moins fin, moins adroit que son maître : il avoit été longtemps employé en la même qualité d'envoyé auprès du feu roi Guillaume. Son expérience et la connoissance particulière qu'il avoit du génie des Anglois suffisoient pour lui faire comprendre qu'il n'étoit et ne devoit être du goût d'aucun prince, ni de son service, ni du bien de son Etat, que le choix ou l'exclusion de ses ministres dépendît de l'affection ou de la haine, bien ou mal fondée, d'une puissance étrangère. Maffei, suivant ses lumières, refusa donc d'entrer dans l'association proposée.

Les changemens se firent ainsi qu'il a été précédemment rapporté : alors Galas, persuadé que la Reine ne résisteroit pas à ses représentations, obtint une audience de cette princesse, et lui parla avec tant de vivacité, que les nouveaux ministres, qu'il attaquoit personnellement, auroient dès-lors demandé à l'Empereur de désavouer son indiscrétion et de le rappeler, s'ils eussent cru être assez affermis pour hasarder une pareille démarche.

Galas jugea qu'ils ne lui pardonneroient pas celle qu'il avoit faite ; et quoiqu'il pût interpréter favorablement la réponse gracieuse qu'il reçut de cette princesse, il supplia l'archiduc de lui accorder son congé et le gouvernement de Limbourg, comme un prétexte honorable de cacher la cause véritable de son rappel. Il obtint l'un et l'autre, et le comte de Kinski fut nommé pour lui succéder en Angleterre. Un tel changement ne convenoit pas aux wighs : ils avoient plus d'un dessein. Les représentations faites ne suffisoient pas : ils croyoient le séjour de Galas à Londres nécessaire à l'accomplissement parfait de leurs projets. Ils s'adressèrent donc au prince Eugène, lui représentèrent les suites fatales du rappel de cet ambassadeur dans une conjoncture si critique : ils déclarèrent que, comme ils avoient confiance entière en Galas, il étoit de l'intérêt de l'Empereur de le laisser en Angleterre. Ils obtinrent donc qu'il demeureroit à Londres jusqu'à nouvel ordre.

L'empereur Joseph vivoit encore. Le roi d'Espagne avoit perdu la bataille de Saragosse, et l'on croyoit que l'archiduc ne trouveroit plus d'obstacle capable d'arrêter ses progrès. Galas, persuadé que ce prince recueilleroit incessamment le fruit de sa victoire, voulut sonder si cet événement, si décisif en apparence, n'inspireroit pas à Harley des sentimens plus favorables à la maison d'Autriche. Il fut content des paroles du ministre anglois, mais si mal satisfait de la réalité, qu'il écrivit à Vienne que Harley étoit un fourbe, ennemi dans le fond de la cour impériale. Il crut cependant qu'il étoit à propos de le ménager aussi bien que les nouveaux ministres, puisqu'il ne pouvoit parvenir à les détruire. Comme il n'en perdoit pas encore l'espérance, ces ménagemens furent portés si loin, qu'ils alarmèrent les wighs, au point que Marlborough et Godolfin vinrent ensemble trouver Galas et lui demander raison d'un tel changement de conduite et de ses égards pour des gens d'un jour qui ne seroient jamais ses amis, gens uniquement occupés de leurs intérêts sordides, prêts à sacrifier la cause commune à la France lorsqu'ils se croiroient assez affermis pour lever le masque et cesser de feindre un reste d'attachement aux puissances confédérées ; car il n'y avoit pas lieu de douter, selon eux, que les nouveaux ministres n'eussent déjà lié une correspondance secrète avec la France. Mais ils n'en étoient pas encore au but qu'ils se proposoient : avant qu'ils y parvinssent on pourroit mettre de terribles obstacles au succès de leurs desseins.

Les promesses de deux hommes illustres tels que Marlborough et Godolfin ranimèrent Galas et l'excitèrent à faire tout ce que son devoir, la justice, dirent-ils, et la saine politique, demandoient de lui pour appuyer tout ce que les amis de son maître entreprendroient pour le bien commun de la grande alliance. Il s'engagea plus étroitement que jamais avec les wighs, entra dans leurs projets et promit tout, avec d'autant plus de facilité qu'il avoit reconnu beaucoup de froideur pour lui de la part des nouveaux ministres, bien instruits de ses liaisons particulières avec le parti contraire à la cour.

Il fut donc question de dresser des projets pour la continuation de la guerre. Galas promit de présenter au nom de l'Empereur ceux que Marlborough et Godolfin lui remettroient. Ils devoient être si plausibles, la facilité des succès si clairement démontrée, que les nouveaux ministres n'oseroient les contredire ; et s'ils avoient le front de s'y opposer, une telle résistance à des moyens certains et évidens de reduire la France feroit tomber la haine générale de la nation angloise sur les mauvais conseillers de la Reine.

Leurs ennemis, pour les rendre odieux, supposoient une négociation qui n'étoit pas encore entamée ; car elle ne le fut, et les premières paroles très-générales ne furent portées par l'abbé Gautier, qu'au mois de janvier 1711 : on étoit alors vers la fin de l'année 1710. Aussi les ministres anglois, qui désiroient la paix, instruits que quelques-uns des alliés ne la désiroient et n'en avoient pas moins de besoin que l'Angleterre, craignoient que quelqu'un d'eux ne prévînt la Reine, leur maîtresse, et n'obtînt, par un empressement intéressé, la récompense que le Roi ne refuseroit pas à celui qui se détacheroit le premier de l'alliance commune.

Le duc de Savoie, le mieux traité de tous, étoit le plus suspect à la cour de Vienne. Plus elle lui avoit accordé d'avantages, pressée par l'Angleterre et par la Hollande, plus elle soupçonnoit sa bonne foi et les démarches secrètes qu'il feroit peut-être pour obtenir, par des traités contraires, que les conditions qu'il avoit arrachées de l'Empereur lui fussent confirmées. Galas avoit un ordre particulier d'observer très-exactement les pas de Maffei et les propositions qu'il pourroit faire à la cour d'Angleterre.

Tous les alliés devenoient suspects à la cour de Vienne, persuadée que leur vue principale étoit d'obtenir des traitemens favorables à proportion de leur empressement à se détacher de la grande alliance. La défiance n'étoit pas moindre à l'égard du roi de Portugal que du duc de Savoie, et Galas ne cessoit d'écrire à Vienne qu'il y avoit une négociation secrète entre la France et l'Angleterre. Il n'en étoit cependant pas question, et l'abbé Gautier n'avoit pas encore été envoyé en France. Malgré ces défiances, il ne découvrit ni les premiers voyages de Gautier, ni celui que Prior fit à Fontainebleau au mois de juillet 1711.

L'agitation du ministre allemand convenoit aux wighs ; ils n'oublioient rien pour l'entretenir. Le comte de Stafford eut permission en 1710 de passer de Hollande en Angleterre pour ses affaires particulières. Ce fut pour Galas un nouveau sujet d'inquiétude : il ne douta pas que Stafford, sous prétexte de ses affaires particulières, ne fût venu à Londres pour y recevoir les instructions secrètes et verbales que les nouveaux ministres lui donneroient pour un traité de paix à faire séparément avec la France. Enfin il assura positivement les ministres de l'Empereur à Vienne et en Hollande, que c'étoit de concert avec la France que les Anglois formoient une entreprise sur le Canada, qu'il supposoit cédé à l'Angleterre par un article du traité de paix.

Ces avis, si mal fondés, étoient ordinairement accompagnés de déclamations outrées contre la perfidie de l'Angleterre. Ceux qu'il accabloit des noms les plus odieux étoient le comte d'Oxford et Saint-Jean ; et, selon lui, ce qu'on pouvoit penser de plus favorable pour eux se réduisoit à croire que s'ils ne trahissoient pas leur patrie, ils étoient au moins très-inférieurs à leurs prédécesseurs, puisqu'ils se sentoient accablés du poids d'une guerre que les autres avoient soutenue avec gloire pendant le cours de leur ministère.

Les libelles composés à Londres étoient ramassés avec soin et envoyés en Hollande et en Allemagne, où ils étoient imprimés.

Les premières propositions de paix étoient faites, et la négociation réellement entamée, lorsque l'empereur Joseph mourut au mois d'avril 1711. Cet événement imprévu déconcerta les projets de guerre, mais sans changer l'animosité de ses partisans. Galas se préparoit à faire sur le papier une longue énumération des forces de son nouveau maître ; mais son projet ne fut pas approuvé du comte de Sinzendorff, qu'il avoit consulté avant que de présenter à la reine d'Angleterre l'état prétendu des troupes de l'archiduc, montant, selon lui, à quatre-vingt mille hommes.

Il crut devoir changer de conduite à l'égard du conseil d'Angleterre, principalement dans une conjoncture où l'archiduc avoit besoin de l'assistance de la reine de la Grande-Bretagne et de ses alliés pour obtenir la dignité impériale.

Ce prince étoit alors dans l'embarras du parti qu'il prendroit, ou de passer en Allemagne, ou de continuer encore son séjour à Barcelone. Le premier parti convenoit à l'intérêt pressant qu'il avoit de se faire élire empereur. L'Impératrice, sa mère, régente des pays héréditaires de la maison d'Autriche et le conseil de Vienne, le sollicitoient de se rendre au plus tôt dans ses Etats et de laisser l'archiduchesse, sa femme, à Barcelone. Tous craignoient le succès des négociations que la France ne manqueroit pas de faire pour l'exclure d'une dignité devenue comme héréditaire dans sa maison.

L'archiduc, persuadé que c'étoit renoncer à l'Espagne que d'en sortir lorsque l'état des affaires de son compétiteur étoit infiniment supérieur aux siennes, ne pouvoit se résoudre à lui laisser le prix de la guerre et celui de la victoire, en lui abandonnant l'Espagne pour obtenir la couronne impériale. Il remit cependant à la décision de la reine d'Angleterre le parti qu'il auroit à prendre, et son ambassadeur chercha pour lors à se réconcilier avec les ministres. C'étoit à peu près dans le temps que Prior, envoyé en France, en revenoit, conduisant avec lui Ménager et l'abbé Gautier.

Le grand trésorier jugea qu'en ce moment il ne convenoit pas d'irriter Galas. L'affabilité toute nouvelle du ministre anglois trompa l'ambassadeur et le séduisit au point qu'il assura son maître que l'esprit du ministère étoit entièrement changé; qu'il n'étoit plus question de paix avec la France; que le trésorier commençoit à parler de faire une autre campagne. Enfin Galas, désavouant tout ce qu'il avoit précédemment écrit, et toujours mal informé, s'excusoit de l'avis qu'il avoit donné d'un traité secret avec la France, et se justifioit sur ce que son devoir l'obligeoit de rendre compte de ce qu'il entendoit dire. Il se vit bientôt dans la nécessité de faire une apologie différente. Les conférences de Ménager avec les ministres d'Angleterre, les conditions proposées et convenues, ne demeurèrent pas long-temps secrètes : il fallut alors prendre un autre ton. Galas protesta que son maître mourroit l'épée à la main plutôt que d'abandonner ses prétentions sur l'Espagne et de se contenter de la partie de l'Italie dont il étoit actuellement en possession. Galas ne trouvoit d'autre parti à prendre pour l'archiduc que de protester et contre la paix, et contre toute assemblée à former, et pour la traiter et pour la conclure. Ainsi les protestations étant son unique ressource, il vouloit que le duc d'Hanovre en fît une; que les autres princes de l'Empire suivissent son exemple : et si ces démarches étoient sans effet, il pensoit que le temps qu'il falloit gagner pourroit au moins produire des incidens capables de changer la face des affaires en Angleterre.

Un des incidens qui devoit arriver comme imprévu étoit depuis quelque temps médité par les ennemis du gouvernement. L'événement en étoit fixé au mois de novembre, et le ministre de l'archiduc l'attendoit comme un de ces cas merveilleux produits par les ressorts d'une politique raffinée. L'exécution, concertée dès le mois de mai précédent, s'étoit trouvée alors impossible. Elle devoit se faire le jour qu'on observeroit à Londres la ridicule cérémonie de promener en pompe dans les rues de la ville, et de brûler ensuite l'effigie du Pape; espèce de fête qui rassemble des gens de toute espèce, toujours prêts à exciter les désordres, le pillage et la sédition. A cette occasion, les mécontens se proposoient de soulever le peuple et d'attribuer à sa fureur les moyens qu'elle leur prêteroit de se venger cruellement de leurs ennemis et de renverser le gouvernement.

Pendant que Galas se flattoit de ses espérances, il reçut du bureau de la secrétairie d'Etat les articles signés entre Ménager et les deux secrétaires d'Etat d'Angleterre. Si ces articles l'irritèrent, il ne fut pas moins irrité de la manière dont les ministres anglois les lui communiquèrent, enveloppés d'une simple feuille de papier, sans lui marquer verbalement ni par écrit de quelle part ils lui étoient envoyés. Il les fit imprimer et crut se venger. L'imprimeur, menacé de la prison, déclara qu'il les avoit reçus de Galas avec ordre de les imprimer. Alors les ministres se crurent dispensés de toutes mesures à son égard, et représentèrent à la Reine leur maîtresse qu'il étoit de son service de faire sortir au plus tôt de son royaume un homme qui abusoit de son caractère pour y tramer des pratiques criminelles.

La Reine eut peine à se rendre à leurs instances. Elle considéroit Galas et l'estimoit homme d'honneur : d'ailleurs elle croyoit que ce seroit une espèce d'affront fait à l'archiduc, et comme une rupture de faire ainsi sortir d'Angleterre le ministre de ce prince. « Peut-être, dit-elle, est-il faussement accusé de plusieurs faits graves dont il n'est pas coupable. »

Saint-Jean l'éclaircit et prouva que les accusations étoient fondées sur la vérité. La Reine ordonna donc d'interdire sa cour à Galas, de lui déclarer que ses ministres n'auroient désormais avec lui nulle communication et d'en avertir l'archiduc.

En exécution de l'ordre de la Reine, le maître des cérémonies, faisant en Angleterre la fonction d'introducteur des ambassadeurs, lui déclara que la Reine, offensée de sa mauvaise conduite, vouloit qu'il s'abstînt de paroître à la cour et de faire aucune fonction de ministère public, puisqu'elle ne le regardoit plus comme en ayant le caractère. Il demanda s'il pouvoit savoir les motifs de cette sévérité et ce qu'il avoit fait pour la mériter : l'introducteur répondit qu'on auroit soin d'en informer son maître.

Ces faits précédèrent l'arrivée de Gautier à Versailles. Il rendit compte et des circonstances dont il étoit instruit et de ce qu'il savoit de l'état présent de l'Angleterre.

Buys, traité à cette cour plus favorablement que Galas, n'y faisoit pas de plus grands progrès : la reine d'Angleterre lui avoit déclaré qu'elle vouloit la paix et qu'on ouvrît incessamment les conférences pour y travailler sérieusement. Ce n'étoit ni l'objet du voyage de

Buys, ni le succès qu'il s'en étoit promis : il s'étoit flatté de rompre absolument toute négociation, ou, s'il ne pouvoit y parvenir, d'employer tant de voies pour détruire le nouveau ministère, qu'en le renversant il parviendroit au moins à prolonger la guerre. On ne parloit à La Haye que de la continuer plus vivement que jamais. Les déclamations contre les ministres de la reine Anne étoient sans bornes : on les décrioit comme traîtres à la patrie aussi bien qu'à ses alliés, comme gens corrompus par l'argent de la France ; et Buys à Londres n'en parloit ni plus discrètement, ni avec plus de vérité. Tous les mécontens, soit wighs, soit étrangers, étoient reçus chez lui ; il prenoit soin de les y attirer et remplissoit parfaitement la mission principale qu'il avoit reçue de souffler le feu et de tout entreprendre, soit pour ruiner les nouveaux ministres, soit pour rétablir leurs adversaires en possession du gouvernement. Sa liaison intime et principale étoit Bothmar, envoyé du duc d'Hanovre.

Ce prince, alors héritier présomptif de la couronne d'Angleterre, regardoit le parti des wighs comme l'appui principal de la succession établie dans la ligne protestante, dont le premier fruit devoit être en sa faveur et celle de sa maison.

Les wighs, de leur part, attendoient impatiemment son règne, comme le moment où, devenus supérieurs à leurs ennemis, ils reprendroient sans contradiction toute l'autorité que les torys leur avoient enlevée. Mais l'union, les démarches et les instances des ministres étrangers ne suffisoient pas pour procurer ce changement avant que le duc d'Hanovre parvînt à la couronne d'Angleterre ; cet instant désiré dépendoit de la vie de la Reine, et par conséquent il étoit incertain : il falloit donc, pendant qu'elle régnoit encore, donner plus de poids aux représentations faites jusqu'alors inutilement. Le parti contraire au gouvernement imagina, pour les appuyer, d'appeler à Londres un général fameux par les services signalés qu'il avoit rendus aux alliés pendant le cours de la guerre. Ils invitèrent donc le prince Eugène et le pressèrent de venir à leur secours. Le duc de Marlborough lui persuada de passer incessamment à Londres. Bothmar crut lui préparer les voies en présentant, au nom du duc d'Hanovre, un mémoire à la reine de la Grande-Bretagne pour la détourner de toute négociation avec la France séparément de ses alliés, et sur d'autres fondemens que celui des préliminaires proposés en 1709.

Dieu, maître de la durée comme des événemens de la guerre, ainsi que du retour de la paix, avoit fixé le terme de l'une et de l'autre. Il approchoit, et les hommes en vain se seroient opposés à l'ordre souverain de la Providence. Tant de manéges pour empêcher le rétablissement de la tranquillité publique ne servirent qu'à désunir les alliés : à mesure que la défiance entre eux s'introduisoit, la confiance au contraire s'établissoit et se fortifioit entre les ministres de France et d'Angleterre. Oxford, grand trésorier, et Saint-Jean, secrétaire-d'Etat, étoient particulièrement chargés du détail et de la conduite de la négociation.

L'abbé Gautier, porteur des paroles réciproques, ne fut pas retenu long-temps à Versailles : le Roi lui fit remettre un mémoire servant de réponse aux questions faites par les ministres anglois et contenant les éclaircissemens demandés au nom de la Reine leur maîtresse. Il pouvoit servir de canevas aux instructions que le Roi se proposoit de donner à ses plénipotentiaires pour la paix. C'étoit par conséquent une preuve incontestable de la confiance singulière que Sa Majesté prenoit en la sincérité de la reine de la Grande-Bretagne ; et véritablement cette princesse n'étoit plus regardée comme ennemie, mais comme une amie discrète, prudente, sûre, à qui l'on pouvoit s'ouvrir sans crainte et comme incapable de trahir le secret, dont elle savoit cependant faire usage par degrés et suivant que les conjonctures le demandoient.

Les principaux articles du mémoire portoient que le Roi consentiroit en premier lieu à donner aux Hollandois une barrière suffisante pour assurer la tranquillité de leur pays, aussi bien qu'à rétablir le commerce à leur avantage, si de leur part ils concouroient de bonne foi au rétablissement de la paix.

En second lieu, il étoit dit qu'avant que de régler cette barrière il étoit nécessaire de s'accorder sur la destination des Pays-Bas et de régler à quel prince ils appartiendroient.

Le roi d'Espagne avoit cédé ces provinces à l'électeur de Bavière. Le Roi demandoit l'exécution d'un traité que lui-même avoit signé. Sa Majesté consentoit cependant, pour calmer toute inquiétude de la part des Hollandois, qu'ils eussent le droit de mettre et de tenir dans les places fortes des Pays-Bas des garnisons qui seroient payées et entretenues aux dépens du pays ; ils auroient ainsi une double barrière, suffisante pour calmer raisonnablement toute crainte de la France. Dans cette vue, le Roi consentoit à laisser aux Etats-généraux Menin et Saverge, d'y ajouter encore Ypres et sa châtellenie, Furnes et le Furnembach.

Troisièmement, le Roi demandoit, pour l'équivalent de ces places, que les villes d'Aire, de Béthune, de Saint-Venant, de Bouchain, de Douay et leurs dépendances, lui fussent rendues.

Quatrièmement, Sa Majesté confirmoit à l'égard de l'Angleterre la promesse de faire démolir tous les ouvrages des fortifications de Dunkerque, tant sur terre que sur mer. Elle spécifioit pour équivalent la restitution qu'elle demandoit des villes de Lille et de Tournay avec leurs dépendances.

Le Roi confia cependant à la reine de la Grande-Bretagne qu'il se contenteroit de la restitution de la ville et de la citadelle de Lille avec ses dépendances, et se désisteroit de celle de Tournay, plutôt que de retarder la paix en insistant opiniâtrement sur cette restitution.

Cinquièmement, une condition que le Roi avoit fort à cœur étoit celle du rétablissement de l'électeur de Bavière dans tous ses Etats, rang et dignités, avec la restitution parfaite de ce qui lui avoit été enlevé d'artillerie, meubles, pierreries, et généralement de tous ses effets.

Le Roi jugeoit que s'il étoit impossible d'obtenir en faveur de ce prince une restitution si juste, peut-être pourroit-on le porter à céder ses Etats et sa dignité d'électeur au prince son fils, lui donnant en même temps en mariage l'archiduchesse, fille aînée du défunt empereur Joseph, à condition toutefois que l'Electeur auroit pour lui-même la souveraineté des Pays-Bas et s'en contenteroit en échange de la Bavière, laissant aux Hollandois la garde des places fortes et le pays chargé de l'entretien des garnisons.

D'autres équivalens proposés en faveur de l'électeur de Bavière n'ont servi qu'à faire voir l'extrême attention que le Roi donnoit aux intérêts d'un allié fidèle, dépouillé de ses Etats injustement, et contre les constitutions de l'Empire, en haine de son attachement à la juste cause de Sa Majesté et du roi d'Espagne son petit-fils.

Comme il y avoit lieu de croire que si les Hollandois agissoient de bonne foi et de concert avec l'Angleterre, ils auroient beaucoup de crédit sur le reste de leurs alliés pour le règlement des conditions de la paix, Sa Majesté voulut encore engager la république de Hollande, par l'appât de son commerce, à seconder les demandes de l'électeur de Bavière. Le Roi promit pour cet effet d'accorder aux Hollandois le tarif de 1664 et l'exemption si désirée du paiement de cinquante sous par tonneau, s'ils contribuoient à procurer à ce prince une des conditions proposées en sa faveur. Au défaut de ces offices et du succès, le Roi se bornoit à leur accorder le tarif de 1699.

L'engagement que Ménager avoit pris et signé en faveur du duc de Savoie étoit confirmé : le Roi déclaroit de plus que, loin de s'opposer à l'agrandissement de ce prince en Italie, il croiroit du bien de cette partie de l'Europe qu'il unît encore le reste du Milanois à ce qu'il possédoit déjà de ce duché.

Sa Majesté voulut bien confier à la reine de la Grande-Bretagne et à ses ministres qu'en ce cas elle consentiroit sans peine à le reconnoître en qualité de roi de Lombardie. Elle insistoit sur la restitution d'Exilles et de Fenestrelle. Comme elle s'expliquoit sur les prétentions de tous ses ennemis, elle déclara par le même mémoire qu'elle ne feroit aucune difficulté de reconnoître en la personne de l'électeur de Brandebourg la qualité qu'il s'étoit attribuée de roi de Prusse ; qu'elle en useroit de même à l'égard du neuvième électorat créé par l'Empereur en faveur du duc d'Hanovre : elle remettoit seulement l'un et l'autre traitement à la signature de la paix.

L'archiduc, revenu d'Espagne et passé par l'Italie dans ses Etats héréditaires, avoit été élu empereur. Il fut couronné à Francfort le 22 décembre : ainsi la cérémonie du couronnement n'étoit pas encore faite lorsque le mémoire fut remis à l'abbé Gautier. Le Roi voulut bien cependant s'engager à reconnoître lors de la paix ce prince en qualité d'Empereur. Les autres conditions à son égard furent de lui rendre et à l'Empire le fort de Kelh, de raser ceux de Strasbourg construits sur le Rhin, de démolir les fortifications vis-à-vis Huningue, et généralement toutes celles qui étoient bâties ou élevées au-delà de ce fleuve.

La restitution de Brisach à l'Empereur étoit promise ; le Fort-Mortier conservé à la France, si ce prince s'engageoit réciproquement à rendre au Roi Landau, ainsi qu'à rétablir dans leurs Etats et dignités les électeurs de Cologne et de Bavière.

Ces différens articles répondoient à chacune des questions faites au nom de la reine de la Grande-Bretagne. Ses ministres avoient demandé de sa part d'être instruits des intentions du Roi sur les conditions de la paix générale : ils avoient envoyé l'abbé Gautier pour obtenir et rapporter en Angleterre les éclaircissemens nécessaires pour la règle de leur conduite, et Sa Majesté ne doutoit pas qu'ils ne fissent un bon usage de ce qu'elle voudroit bien leur communiquer de ses secrets. Elle ne leur en fit aucun de ses desseins, et le mémoire remis à Gautier les informoit distinctement des points principaux qui composeroient l'instruction qu'elle se proposoit de donner aux plénipotentiaires qu'elle enverroit aux conférences d'Utrecht.

Il n'étoit pas nécessaire de faire observer à l'abbé Gautier, fort au fait de cette négociation, à quel point la Reine et ses ministres devoient être touchés de la confiance dont le Roi leur donnoit des preuves si certaines : comme elle seroit bien remarquée de leur part, il eut ordre de leur dire que le Roi ne doutoit ni d'une confiance réciproque de la part de cette princesse, ni de leur discrétion à faire un usage prudent, et par degrés, de la connoissance qui leur étoit donnée. Comme il n'avoit à rendre compte de son voyage et des ordres qu'il avoit rapportés qu'au grand trésorier et à Saint-Jean, ils étoient aussi les seuls qu'il dût assurer et de l'estime du Roi et de sa confiance dans une affaire si importante. Prior, dont le zèle pour la paix et le bien de sa patrie s'étoit distingué, ne devoit pas être oublié. Il étoit particulièrement nécessaire de leur faire entendre que s'ils trouvoient quelque obscurité soit dans les réponses dont il étoit porteur, soit dans celles qui leur seroient faites dans le cours de la négociation, ils seroient promptement éclaircis et les difficultés aplanies, en se communiquant réciproquement et de bonne foi les doutes qu'on pourroit avoir de part et d'autre, doutes aisés à naître quand les négociateurs ne peuvent ni se voir ni se parler, et qu'à peine se trouve-t-il un agent pour porter les paroles.

On avoit entamé par ordre du Roi quelques négociations en Allemagne, avant que de pouvoir juger du progrès et des suites qu'auroit la négociation d'Angleterre. Le Roi, ferme dans la résolution d'agir d'un parfait accord avec la reine de la Grande-Bretagne, voulut que l'abbé Gautier dît aux ministres de cette princesse que ces négociations seroient suspendues si elle ne jugeoit utile au bien de la paix de les continuer et même de concourir à les conclure.

Enfin Sa Majesté voulut entrer dans toutes les vues de la reine de la Grande-Bretagne, en instruisant directement le duc de Savoie de l'article que Ménager avoit signé à Londres en faveur de ce prince et qu'elle avoit approuvé. Elle fit donc adresser au marquis de Saint-Thomas, alors principal ministre du duc de Savoie, la copie de cet article. Outre le paiement des frais du voyage de Gautier, le Roi récompensa ses peines par une gratification de six mille livres.

Peu de jours après son départ pour l'Angleterre, le comte de Stafford écrivit que les passeports des Etats-généraux pour les plénipotentiaires de France étoient enfin expédiés. On avoit compté en Angleterre qu'ils seroient remis à l'ambassadeur de cette couronne pour être envoyés au Roi ; mais l'Etat voulut apparemment s'en faire un mérite auprès de la reine de la Grande-Bretagne, et Buys fut chargé de les présenter à cette princesse : il eut ordre en même temps de savoir d'elle-même ses intentions sur l'ouverture des conférences et de remettre à sa décision le choix de la ville où elles se tiendroient.

Stafford souhaitoit La Haye préférablement à tout autre lieu : le Roi avoit exclu La Haye, et la reine d'Angleterre étoit entrée dans les justes raisons de cette exclusion, fondées principalement sur ce que le pensionnaire Heinsius seroit vraisemblablement nommé pour un des plénipotentiaires de la République, si la paix se traitoit à La Haye. Son crédit étoit connu aussi bien que ses sentimens et son attachement aux articles préliminaires dont il étoit l'auteur. Les conférences se tenant ailleurs qu'à La Haye où le Pensionnaire est retenu par ses fonctions, il ne pouvoit remplir celle de plénipotentiaire et s'absenter du lieu où réside le conseil de l'Etat.

Le Roi se souvenoit encore que lors de la paix de Riswick ses ambassadeurs, relégués à Delft, ignoroient souvent ce qui se passoit à La Haye entre les ministres des alliés : l'intention du gouvernement de Hollande auroit été de priver encore les plénipotentiaires de toute connoissance utile au bien de la négociation.

Le comte de Stafford fut désapprouvé en Angleterre d'avoir insisté sur le choix de La Haye; mais il agissoit si vivement pour avancer la paix, et suivoit si exactement les instructions de la Reine sa maîtresse, qu'il étoit juste en quelque sorte d'excuser ses instances, fondées apparemment sur l'intérêt personnel qu'il trouvoit à demeurer dans un lieu où sa maison étoit établie, et d'éviter la peine et la dépense de se transporter dans une autre ville : considérations légères en comparaison des affaires publiques, mais souvent plus puissantes sur les hommes que le bien des Etats et le succès des affaires importantes dont ils sont chargés.

L'abbé Gautier, de retour à Londres le 26 novembre, informa les deux ministres des intentions du Roi, contenues dans le mémoire que

Sa Majesté lui avoit fait remettre. Ils témoignèrent l'un et l'autre une égale satisfaction des réponses précises données à toutes les questions faites au nom de la Reine leur maîtresse. Cette princesse n'en fut pas moins contente lorsqu'ils lui en rendirent compte. Oxford et Saint-Jean l'écrivirent tous deux en France au ministre du Roi : Oxford l'assura qu'ils faisoient tout ce qui étoit en leur pouvoir pour achever l'affaire tant désirée de part et d'autre ; que la Reine avoit vu avec beaucoup de plaisir, par le dernier mémoire, la grande confiance que le Roi avoit en elle ; qu'elle en feroit un bon usage pour engager plusieurs princes de l'alliance à régler leurs intérêts avant l'ouverture des conférences, particulièrement les Hollandois ; que la Reine vouloit absolument finir l'ouvrage de la paix, nonobstant beaucoup de difficultés qu'elle trouvoit, tant de la part d'une partie de ses sujets, que de quelques-uns de ses alliés ; qu'elle étoit ferme et constante dans sa résolution ; qu'elle se promettoit que le Roi feroit en sorte que les difficultés ordinaires de traiter seroient abrégées, comme elle donneroit aussi des ordres précis à ses ministres de terminer sans perdre de temps les points les plus essentiels ; en sorte que la paix fût arrêtée avant l'ouverture des conférences, et qu'il n'y eût désormais ni obstacles à craindre à sa conclusion, ni dépenses nouvelles à faire pour la continuation de la guerre.

Ce ne fut donc pas sans raison que les Anglois dirent depuis, pendant l'assemblée des plénipotentiaires, que la paix ne se feroit pas à Utrecht, mais qu'elle étoit déjà faite à Londres et à Versailles.

Buys avoit remis entre les mains de la reine d'Angleterre les passe-ports pour les plénipotentiaires de France. Le grand trésorier en donnoit avis par la même lettre : il ajoutoit que les Hollandois convenoient que l'ouverture des conférences se feroit à Utrecht le 12 janvier de l'année suivante 1712 ; il renouveloit enfin les louanges dues à la bonne foi de la France, dont il avoit vu des preuves évidentes depuis le commencement de la négociation ; il exhortoit à continuer d'en user avec la même candeur, comme un moyen sûr et unique de rendre inutiles la malice et les artifices des malintentionnés, dont les armes principales étoient de répandre des soupçons de la sincérité de la France, et de publier qu'il falloit bien se garder d'ajouter foi aux feintes assurances qu'elle donnoit pour engager l'Angleterre à traiter avec elle. Il falloit donc faire connoître la malignité des ennemis de la paix et dissiper l'erreur pour avancer la négociation.

La bonne foi n'étoit pas moindre de la part du secrétaire-d'Etat Saint-Jean que de celle du grand trésorier. Il regardoit la paix comme nécessaire à sa patrie et comme un bien solide qu'il étoit de son zèle et de la fidélité d'un bon citoyen de lui procurer. Il persista dans les mêmes sentiments pendant tout le cours de la négociation et suivit ponctuellement les intentions de la Reine sa maîtresse : ce fut par son ordre qu'il écrivit en même temps que le comte d'Oxford au ministre du Roi, pour l'avertir du jour que les conférences devoient s'ouvrir à Utrecht, suivant la convention faite entre la reine d'Angleterre et les Etats-généraux. Suivant cette convention, les ministres employés à traiter la paix seroient revêtus du simple titre de plénipotentiaires et ne prendroient le caractère d'ambassadeurs que le jour même qu'elle seroit signée ; les intérêts de l'Espagne et ceux de la maison de Bavière seroient réglés avant que les ministres de ces puissances fussent admis aux conférences.

Les instances importunes et pressantes de Buys avoient arraché le consentement de la reine d'Angleterre à cette exclusion des ministres d'Espagne et de Bavière : elle n'étoit demandée que pour un temps, et le prétexte pour l'obtenir étoit qu'il seroit impossible d'envoyer des passe-ports pour les ministres de ces puissances avant que les qualités de leurs maîtres fussent reconnues, et que ce seroit retarder par là le commencement d'une négociation dont il étoit de la dernière importance de presser l'ouverture et d'avancer le progrès. D'ailleurs il étoit peu nécessaire, pour régler les intérêts de l'Espagne et de la maison de Bavière, que lorsqu'ils seroient discutés leurs ministres y fussent présens.

Buys, opiniâtre dans ses demandes, et bien aise de retarder l'ouverture des conférences, faisoit dépendre la délivrance des passe-ports de la réponse que le Roi feroit à l'article de l'admission des ministres d'Espagne et de Bavière. La difficulté étoit mauvaise et paroissoit telle aux deux ministres de la Reine ; mais ils désiroient écarter toutes celles qui pourroient empêcher ou retarder l'ouverture des conférences. Leurs bonnes intentions étoient si parfaitement connues, le Roi si persuadé qu'il étoit important de les aider à conduire l'ouvrage de la paix à une heureuse fin, qu'il n'y avoit presque pas lieu de douter que Sa Majesté ne voulût bien encore faciliter l'envoi des passe-ports, en consentant, par considération pour la reine d'Angleterre, à commencer les conférences avant que les ministres d'Espagne et de la maison de Bavière y fussent admis.

Pendant qu'on attendoit à Londres la réponse du Roi sur cet article, l'abbé Gautier écrivit le 4 décembre que la reine d'Angleterre ne vouloit pas absolument faire les frais d'une nouvelle campagne ; qu'elle ne permettroit pas au duc de Marlborough de repasser en Hollande, et qu'on lui préparoit à Londres, pendant la tenue du parlement prochain, des affaires sérieuses qu'il auroit peine à démêler.

Quant à la paix, les Hollandois, le duc de Savoie et l'électeur de Brandebourg, soumis aux sentimens de la reine de la Grande-Bretagne, avoient remis leurs intérêts entre ses mains.

Ses ministres ne témoignoient nulle inquiétude de la résistance de l'Empereur. Ils n'étoient pas si tranquilles sur ce que pensoit le duc d'Hanovre, considéré et craint comme héritier présomptif de la couronne d'Angleterre. Bothmar, son envoyé à Londres, et Buys, étroitement liés ensemble, ne cessoient de fomenter sous main le feu de la révolte et de la sédition : la seule différence de leur conduite consistoit en ce que les Hollandois s'étant conformés aux volontés de la reine d'Angleterre, Buys cachoit ses démarches, qu'il croyoit secrètes, et affectoit dans ses discours un désir sincère pour la paix ; mais il avoit secrètement travaillé à la composition de ce mémoire sans mesure, que Bothmar avoit remis de la part de son maître à l'un des secrétaires d'Etat d'Angleterre.

On ne déclamoit pas moins en Hollande contre la conduite de cette couronne : les principaux de la République, comme le peuple, se reprochoient la complaisance de l'Etat pour le ministère d'Angleterre. On se disoit que trop de facilité, trop de condescendance avoient inspiré à l'Angleterre du mépris pour l'Etat ; qu'il n'auroit pas dû chercher à soutenir sa considération par de lâches soumissions, mais par son courage ; que la France, tant de fois vaincue pendant le cours de la guerre, devenoit enfin victorieuse par la négociation, par des traités honteux pour les alliés, et par son bonheur d'avoir fait tomber le ministère anglois dans le piége qu'elle lui avoit tendu. Mais les ennemis les plus dangereux de ce ministère supprimoient les plaintes vaines et s'abstenoient de discours inutiles ; ils cherchoient d'autres moyens de traverser le gouvernement. On prétend que le pensionnaire de Hollande, avant l'envoi des passe-ports, avoit promis à l'empereur de mettre tout en œuvre pour en empêcher l'expédition ; qu'en cette occasion son crédit n'avoit pas répondu à sa mauvaise volonté.

Les ennemis domestiques persistoient dans le dessein d'exciter à Londres un soulèvement ; et si le projet formé depuis long-temps ne réussissoit pas, ils y substituoient l'espérance de réussir plus heureusement dans les mesures secrètes prises avec la cour de Vienne et les Etats-généraux, pour se saisir de toutes les troupes angloises alors en garnison dans les places des Pays-Bas.

Le Roi, informé de ces différens complots, voulut que Gautier fît part aux deux ministres d'Angleterre des avis que Sa Majesté en avoit reçus. Ils ne leur furent pas absolument nouveaux, et la vérité en étoit confirmée par la conduite que le comte de Galas tenoit depuis la déclaration qu'il avoit reçue de la part de la reine d'Angleterre, et depuis son interdiction de toute relation avec les ministres de cette princesse. Il avoit témoigné dans ce moment toute l'impatience qu'il devoit naturellement avoir de quitter une cour où il recevoit un affront public ; mais au lieu de presser son départ il le différoit et demeuroit à Londres, sous le prétexte frivole d'attendre l'arrivée d'une flotte de Rotterdam pour passer en Hollande. Le motif véritable de ce retardement étoit le désir et l'espérance de voir le succès de cette procession, dont les whigs outrés comptoient profiter pour exciter dans Londres une sédition, dont les suites ne se borneroient peut-être pas à la simple destruction du ministère.

L'événement d'un tel projet étant très incertain, Galas pressa le voyage du prince Eugène à Londres, comme une dernière ressource pour empêcher la paix que les ministres désiroient si ardemment.

« Nos amis, écrivoit-il à Sinzendorff alors à La Haye, pressent fort qu'on envoie quelque personne de distinction pour prendre ma place. Ils sont tous, et particulièrement milord Sunderland, d'avis que personne n'y seroit si propre que le prince, qui est d'une si grande réputation et d'un caractère si populaire, que le ministère n'osera ni le mépriser ni lui faire aucun affront. »

Déjà les mesures étoient prises avec les principaux du parti opposé à la cour, pour marcher avec un nombreux cortége au devant du prince Eugène lorsqu'il arriveroit, et lui former une entrée éclatante dans Londres. Plus de mille hommes à cheval, prêts à se trouver à son débarquement, devoient le suivre et entrer avec lui dans la ville ; et le jour de cette entrée militaire étoit concerté de manière qu'il se trouveroit le même que celui de la ridicule cérémonie de brûler l'effigie du pape : en sorte que les deux troupes s'unissant exécuteroient le complot qu'on prétendoit être approuvé par un grand nombre des seigneurs alors assemblés en parlement.

L'intérêt du duc d'Hanovre étoit regardé comme inséparable de ceux des wighs et de l'Empereur : ainsi la présence de Bothmar étoit particulièrement désirée de ceux du même parti. Les ministres de la reine de la Grande Bretagne, avertis à temps de ces complots, en dissipèrent les préparatifs : le comte de Stafford eut ordre de détourner le prince Eugène, actuellement en Hollande, de passer en Angleterre. Les représentations de Stafford ne rompirent pas un voyage prémédité et concerté depuis long-temps ; mais elles en retardèrent l'exécution assez pour donner lieu à des changemens et affoiblir le parti des ennemis de la paix.

Plus ce nom de paix se rendoit agréable à la nation, fatiguée du poids d'une longue guerre infructueuse à l'Angleterre, utile seulement à la maison d'Autriche, plus le parti opposé à la cour s'étudioit à donner de fausses couleurs aux intentions des ministres. Les wighs, entre autres Sunderland et Halifax, regardés comme à la tête du parti, s'efforçoient de persuader au peuple que la vue principale du ministère étoit de rétablir sur le trône de la Grande-Bretagne le prince qu'ils désignoient sous le nom de Prétendant. La Reine, selon eux, étoit séduite ; et le peuple le seroit incessamment, si ces pratiques pernicieuses n'étoient au plus tôt arrêtées. Le moyen de les faire tomber étoit d'en révéler le secret et de le publier incessamment en Hollande et en Angleterre ; mais de plus il falloit encore, sans perdre de temps, faire passer à Londres le duc d'Hanovre ou son fils. L'établissement de la succession dans la ligne protestante seroit autrement en péril, et cette succession d'autant plus menacée, que la santé de la Reine devenoit chaque jour plus incertaine et son tempérament ruiné : elle ne soutenoit sa vie que par des cordiaux et les remèdes violens que lui donnoient ses médecins. On ajoutoit que l'arrivée du prince héritier présomptif de la couronne et son séjour à Londres, dissiperoient les trames secrètes en faveur du Prétendant et maintiendroient l'ordre de la succession ; que ce seroit alors le temps de travailler à la paix et de ménager, de concert avec tous les alliés, un traité juste et raisonnable.

La reine d'Angleterre, instruite, ainsi que ses ministres, du secret des wighs, de leurs complots, de l'appui qu'ils trouvoient de la part de l'Empereur et de ses alliés, en désiroit encore avec plus d'empressement de terminer heureusement la négociation commencée avec la France. Le Roi n'omettoit rien de sa part pour en faciliter la conclusion : ainsi Sa Majesté consentit à toutes les demandes que cette princesse lui avoit faites en dernier lieu.

La seule qui pouvoit souffrir quelque difficulté, parce que Buys y attachoit la délivrance des passe-ports, étoit d'ouvrir les conférences sans attendre l'arrivée des ministres d'Espagne, de Cologne et de Bavière, et de traiter, avant qu'ils y fussent admis, des intérêts de leurs maîtres : mais au fond cette condition, demandée instamment par la reine d'Angleterre, ne portoit aucun préjudice à ces princes ; leurs intérêts, entre les mains du Roi, devoient être mieux soutenus que par leurs ministres. D'ailleurs ceux d'Espagne encore à Madrid, n'auroient pu se rendre en Hollande au jour marqué pour commencer à conférer.

Le Roi consentit que ce fût le 12 janvier de l'année suivante, 1712, ainsi que la reine de la Grande-Bretagne l'avoit proposé ; qu'il ne parût d'autres titres que ceux des plénipotentiaires, et que ces ministres ne prissent celui d'ambassadeur que le jour et dans le moment de la signature des traités.

Les dispositions réciproques des souverains paroissoient dans les lettres que les ministres s'écrivoient de part et d'autre ; la cordialité y régnoit. On avoit autrefois laissé entrevoir au duc de Marlborough, s'il contribuoit à la paix, une récompense de la nature de celles dont il étoit ordinairement le plus touché ; mais dans la négociation actuelle il ne fut jamais question d'autre récompense que de procurer la paix de l'Europe, ni d'autre intérêt que celui de l'Etat. Si de la part de la France on prit soin d'employer toujours les termes les plus capables de plaire à la Reine, non seulement ils étoient dus à son sexe, mais son zèle pour la paix, la sincérité de ses ministres, méritoient les louanges qu'il est juste d'accorder à la bonne foi, qui ne règne pas toujours entre les négociateurs. Plusieurs, au contraire, se persuadent faussement que l'artifice et le mensonge sont de grands traits de politique.

L'abbé Gautier, simple prêtre, sans faste, sans le moindre embarras de cérémonial, étoit tellement du goût du grand trésorier, que lorsque le Roi eut quelque dessein et fît proposer d'envoyer en Angleterre un agent d'un caractère plus relevé, ce ministre demanda instamment que Sa Majesté voulût bien laisser à Gautier le soin d'exécuter ses ordres. En effet il s'acquittoit exactement de ceux qu'il recevoit, les expliquoit nettement, et n'étoit pas moins exact dans le compte qu'il rendoit des réponses des ministres d'Angleterre, des commissions qu'ils lui donnoient, des connoissances qu'il pouvoit avoir de l'état de ce royaume et des dispositions de la nation. S'il falloit passer la mer et venir rendre un compte verbal de quelque commission importante, l'expliquer plus en détail que les lettres ne le comportoient, il ne plaignoit pas sa peine : tout lui étoit aisé lorsqu'il s'agissoit du service.

Le parlement d'Angleterre étant assemblé, la Reine s'y rendit le 18 décembre 1711. Elle y déclara qu'elle avoit jugé à propos de mettre fin à une guerre qui coûtoit à la nation tant de sang et de trésors, et de la terminer par une paix honorable et avantageuse. Une telle déclaration fut diversement reçue : les wighs, dans la chambre des seigneurs, s'élevèrent avec fureur contre tout traité de paix dont la condition principale ne porteroit pas la restitution totale de la monarchie d'Espagne et des Indes en faveur de l'Empereur ou de sa maison.

La question de la paix fut agitée long-temps dans la chambre des communes; et le parti pacifique, après de longs débats, demeura supérieur de cent vingt-six voix. La supériorité ne lui manqua que d'une seule voix dans la chambre haute, malgré tout l'emportement des wighs.

Marlborough et ses adhérens avoient gagné par argent jusqu'aux domestiques de la Reine, et huit d'entre eux furent du nombre de ceux qui votèrent contre les intentions de cette princesse.

Cette corruption, bien vérifiée, auroit été, suivant les lois d'Angleterre, un crime de haute trahison, et les partisans de la cour ne parloient alors que de la justice qu'il y auroit de faire trancher la tête au corrupteur.

On attribuoit encore aux pratiques secrètes de Buys l'opposition que la reine d'Angleterre avoit trouvée dans un parlement dont ces ministres se croyoient assurés. Buys donnoit au moins lieu de croire qu'il attendoit et regardoit même comme prochain quelque événement capable de renverser toutes les mesures prises pour la paix : les passe-ports des Etats-généraux, qu'il avoit reçus depuis long-temps, étoient encore entre ses mains, quoiqu'il eût ordre de les remettre à la Reine. Il n'avoit plus de prétexte de les retenir depuis que le Roi avoit levé toute difficulté sur l'admission des ministres d'Espagne et de Bavière. Enfin, tant de détours étant inutiles, et le mouvement excité dans la chambre haute ne produisant pas l'effet que le ministre hollandois en avoit espéré, il comprit qu'il n'avoit d'autre parti à prendre que celui de délivrer au secrétaire-d'Etat Saint-Jean ces passe-ports qu'il avoit si précieusement gardés comme un moyen de retarder l'ouverture des conférences qui devoient conduire à la paix générale.

Le secrétaire-d'Etat ne perdit pas de temps à envoyer ces passe-ports en France : il y joignit des assurances nouvelles que les artifices des ennemis de la paix seroient inutiles, et que les difficultés qu'ils avoient suscitées seroient bientôt aplanies par les soins et la fermeté de la Reine sa maîtresse, constante et inébranlable dans la résolution qu'elle avoit prise de ne rien oublier pour achever l'ouvrage important de la pacification générale.

Cette princesse marquoit en toute occasion à quel point elle étoit satisfaite de connoître que les sentimens du Roi et les siens étoient uniformes. Oxford et Saint-Jean tenoient les mêmes discours; le grand trésorier promettoit que les effets vérifieroient ses promesses, et assuroit que le temps n'en étoit pas encore éloigné.

Toutefois le parlement ne se conformoit pas encore aux volontés de la Reine : la chambre des seigneurs étoit divisée. La prudence et les ménagemens étoient nécessaires pour profiter de cette division. Le Roi, connoissant l'importance de ne rien précipiter dans ces conjonctures, auroit plutôt retenu qu'excité l'empressement des ministres d'Angleterre, soit pour la paix, soit pour frapper les coups qu'ils avoient dessein de porter à ceux qui s'opposoient le plus hautement aux volontés de la Reine. Les plus menacés alors étoient les ducs de Marlborough et de Sommerset.

Ces vengeances particulières et domestiques, plus ou moins tardives, étoient assez indifférentes à la consommation de l'important ouvrage de la paix : on pouvoit s'en rapporter aux ministres d'Angleterre de la qualité et du temps de la punition des ennemis de la Reine leur maîtresse. On se contenta donc d'écrire simplement à Saint-Jean que les passe-ports qu'il avoit envoyés étoient arrivés; que le maréchal d'Huxelles, l'abbé de Polignac et Ménager, nommés par le Roi ses plénipotentiaires, partiroient incessamment, bien instruits de ce qui s'étoit passé dans les négociations précédentes. D'ailleurs la prudence des ministres d'Angleterre et la connoissance qu'ils avoient de leurs propres intérêts n'étant pas douteuses, il eût été inutile, peut-être même dangereux, de leur insinuer ce qu'ils auroient à faire, soit pour prévenir les desseins de leurs ennemis, soit pour s'en garantir. Les plénipotentiaires avoient déjà reçu les instructions du Roi, dressées sur le plan des articles précédemment communiqués à la reine d'Angleterre; car il n'étoit plus question depuis long-temps de ces odieux préliminaires inventés et demandés par les ennemis de la paix pour opposer un obstacle invincible à sa conclusion; il ne s'agissoit plus, comme aux conférences de Gertruydemberg, de découvrir quelque expédient aussi injuste qu'impossible, pour forcer, dans l'espace de deux mois, le Roi Catholique à renoncer à la monarchie d'Espagne et des Indes: toute réserve follement prétendue de demandes ultérieures et tenues secrètes étoit abolie; la négociation devoit être conduite dans l'ordre ordinaire des traités, et le Roi rentroit dans la possession que les Hollandois s'étoient attribuée de régler les conditions de la paix et de décider du destin de l'Europe.

Ainsi l'état des affaires étant changé, le Roi voulut que les places principales qu'il avoit perdues en Flandre pendant le cours de la guerre lui fussent restituées, comme il s'en étoit expliqué à la reine d'Angleterre.

On a vu, dans les articles confiés à cette princesse, l'attention que le Roi donnoit aux intérêts des électeurs de Cologne et de Bavière. L'ordre exprès de travailler au rétablissement de l'un et de l'autre dans leurs États, et d'obtenir en leur faveur la réparation des dommages qu'ils avoient soufferts, fut encore renouvelé aux plénipotentiaires; et comme Sa Majesté comptoit qu'agissant de concert avec ceux d'Angleterre, une telle union contribueroit infiniment à l'avancement de la paix, elle leur commanda d'établir et de fortifier autant qu'il dépendroit d'eux cette bonne intelligence, de faire même en sorte s'il étoit possible, dans le cours de la négociation, que les Anglois devinssent insensiblement médiateurs, et qu'ils en fissent les fonctions sans en avoir le titre. Enfin il étoit à propos que les Hollandois connussent qu'ils seroient en partie redevables à l'intercession de la reine d'Angleterre des avantages qu'ils obtiendroient par le traité, la conduite qu'ils avoient tenue ne méritant de la part du Roi aucune grâce, mais au contraire un long souvenir de l'orgueil et de l'injustice d'une République que la prospérité avoit éblouie au point de se méconnoître.

QUATRIÈME PARTIE.

Les plénipotentiaires de France, d'Angleterre et de Hollande arrivent à Utrecht; mais les affaires se traitent toujours entre la France et l'Angleterre. — État de ce dernier royaume. — Le prince Eugène passe à Londres pour détruire le nouveau ministère et s'opposer à la paix. — Le duc de Marlborough est déposé de ses charges et accusé de péculat. — Le prince Eugène tâche d'arrêter la négociation. — Projets violens des ennemis du ministère. — Le prince Eugène quitte l'Angleterre. — État de la négociation d'Utrecht. — Mort de M. le Dauphin, de M. le duc de Bourgogne devenu dauphin, de madame la Dauphine son épouse, et du duc de Bretagne. — Ces malheurs retardent le succès de la négociation. — Obstacles levés. — Suspension d'armes entre la France et l'Angleterre. — Convention entre les deux couronnes. — M. de Bolingbrocke vient en France. — On arrête une suspension d'armes par terre et par mer. — État des conférences d'Utrecht. — Le Roi demande aux Hollandois et en obtient satisfaction d'une insulte faite à un de ses ministres. — Après bien des obstacles et des difficultés, les ministres respectifs d'Angleterre, de France et de Hollande signent le traité de paix. — Cette paix devient enfin générale entre toutes les puissances belligérantes. — Réflexions de l'auteur de ces Mémoires, et comparaison de ce traité avec les préliminaires donnés par Heinsius.

[1712] Le retardement que Buys avoit apporté à l'envoi des passe-ports retarda nécessairement le départ des plénipotentiaires, par conséquent leur arrivée à Utrecht, où ils se rendirent enfin le 19 janvier 1712. Buys, de retour d'Angleterre, et nommé par la province de Hollande pour assister aux conférences de la paix, les avoit précédés de quelques jours. Ses intentions n'étoient pas encore changées ni favorables à la paix : il n'avoit été chargé jusqu'alors que d'en traverser la négociation, et de susciter à son progrès tous les obstacles qu'il pourroit y former. Il l'avoit tenté sans succès en Angleterre, et s'étoit conduit avec si peu de ménagement, que lorsqu'à la veille de son départ il prit congé de tout le conseil assemblé, le grand trésorier, répondant à son compliment, lui reprocha qu'il étoit venu à Londres, et s'y étoit comporté pendant son séjour non comme un ministre d'une puissance amie, mais comme un incendiaire envoyé pour mettre tout en feu ; que ses manéges, qu'il croyoit secrets, étoient parfaitement connus ; que la Reine étoit instruite exactement de ses liaisons avec ceux dont les intentions étoient justement suspectes à Sa Majesté Britannique, bien informée de leur opposition à son gouvernement ; qu'elle avoit su jusqu'aux moindres discours que ses amis et lui avoient tenus. « Vous étiez encore hier au soir, ajouta le trésorier, dans une telle maison. » Il la nomma, aussi bien que ceux qui y étoient assemblés ; il raconta ce que chacun avoit dit, et le récit fut si véritable que Buys n'osa contredire la vérité ni répondre. Après cette conviction, le grand trésorier lui dit : « Tenez, voilà une bourse de mille pistoles dont la Reine vous fait présent. »

Ainsi se firent les adieux. Après l'arrivée de Buys en Hollande, le bruit se répandit que les Etats-généraux vouloient employer des moyens plus sûrs que les représentations inutiles qu'ils avoient faites à la reine d'Angleterre, et qu'actuellement ils armoient une flotte destinée à porter dans ce royaume le duc d'Hanovre, suivi d'un corps considérable de ses propres troupes. On annonçoit déjà en Hollande qu'on verroit dans peu renouveler une scène pareille à celle de 1668, et vraisemblablement plus sanglante.

Les gens sensés concluoient de ces discours qu'il y avoit lieu d'admirer la modération des ministres d'Angleterre, autant que de s'étonner de leur patience à l'égard des ennemis déclarés de la Reine et de son gouvernement.

On avoit publié que ces ministres seroient incessamment dépouillés de leurs charges : aucun d'eux cependant n'en étoit encore privé. Ils ne ménageoient rien, et ceux qu'ils attaquoient usoient de ménagement à leur égard. « Pourquoi, disoit-on, offenser à demi, et, quand on a la puissance en main, laisser à ceux qu'on offense les moyens de nuire et de se venger ? »

Le Roi voulut que l'abbé Gautier fût instruit de ces raisonnemens, sans lui prescrire cependant d'exciter des ministres sages et prudens, tels que ceux de la reine de la Grande-Bretagne, à prendre d'autre parti que celui qu'ils jugeroient convenir à leur sûreté, à leur conservation et au bon état des affaires présentes.

Rien n'y convenoit mieux que de mettre une prompte fin à la guerre, appui principal du crédit de leurs adversaires. C'étoit aussi à dessein de travailler sérieusement à la paix, et d'en avancer la conclusion, que le comte d'Oxford et Saint-Jean avoient toujours eu intention de joindre Prior à l'évêque de Bristol et au comte de Stafford, et de le faire nommer troisième plénipotentiaire de la reine de la Grande-Bretagne. Ils y trouvèrent apparemment des obstacles qu'ils n'osèrent franchir, et la place demeura vacante.

Les plénipotentiaires du Roi comptoient s'ouvrir principalement à Prior. A son défaut, ils demandèrent à Sa Majesté auquel des deux ministres anglois ils pourroient plus sûrement s'expliquer. Elle leur indiqua l'évêque de Bristol, quoique contente de la conduite qu'avoit tenue Stafford, particulièrement au sujet de l'expédition des passe-ports des Etats-généraux, si long-temps différée.

Après qu'ils eurent été délivrés, il parut que les Hollandois vouloient faire oublier tant de délais apportés de leur part à l'ouverture des conférences, et réparer en quelque façon leurs mauvais procédés par les honneurs qu'ils firent rendre aux plénipotentiaires du Roi dans les villes de leur passage où la République tenoit des garnisons. Il n'en fut pas usé de même à Bruxelles, non plus qu'à Anvers : les commandans pour l'Empereur dans l'une et l'autre de ces villes, s'excusèrent de faire tirer le canon, sous prétexte que leur maître ne vouloit avoir aucune part à la négociation de la paix; que ses officiers par conséquent ne pouvoient reconnoître par une démonstration publique les ministres françois destinés à la traiter.

Le prince Eugène, résolu de tenter l'impossible pour la traverser, étoit déjà parti pour l'Angleterre, autorisé à faire les dépenses qu'il jugeroit à propos, et muni de lettres de crédit pour y satisfaire. Les sommes qu'il devoit répandre auroient été bien employées s'il renversoit le nouveau ministère et ses projets : il espéroit y réussir lorsqu'il arriva à Londres le 16 janvier 1712. La reine d'Angleterre avoit auparavant mis en délibération dans son conseil de quelle manière il conviendroit de le recevoir : on avoit décidé de remplir à son égard tout ce qu'exigeoit la considération due au souverain qui l'envoyoit, et de plus celle que méritoient particulièrement la naissance, les services et la réputation du prince Eugène ; mais, en même temps qu'on satisferoit à tous ces points, il fut résolu de faire observer ses démarches de si près et si exactement, qu'il n'eût pas la moindre liberté de former ou de fomenter des cabales dans la ville de Londres : car enfin la Reine ni son conseil n'ignoroient pas les grandes espérances que les wighs fondoient sur la présence du prince Eugène et sur le séjour qu'il feroit à Londres ; ils se flattoient que, libéral et populaire, il useroit, selon leurs vœux et leur direction, des moyens et des talens qu'il avoit pour mettre en mouvement une populace naturellement inquiète. Ils comptoient de plus que les propositions qu'il feroit à la Reine aussi bien qu'au parlement seroient si avantageuses à la nation que les nouveaux ministres n'auroient pas le front de les rejeter.

Elles devoient consister à laisser les Anglois maîtres absolus du commerce de l'Espagne et de l'Amérique, et encore à faire entrer dans la grande alliance le roi de Danemarck et le czar de Moscovie. Ces propositions étant admises malgré le nouveau ministère, le duc d'Hanovre, soutenu par les alliés, devoit passer en Angleterre. Le grand trésorier, cessant de ménager les ennemis de la Reine et les siens, prévint l'arrivée du prince Eugène. Il n'étoit pas encore à Londres que le duc de Marlborough fut enfin déposé de toutes ses charges, et accusé du crime de péculat dans le même lieu où depuis dix ans il recevoit, au nom de la nation, des remercîmens et des éloges au retour de chaque campagne. On lui reprocha les sommes immenses qu'il avoit prises et retenues à son profit sur la solde des troupes étrangères, les présens qu'il avoit reçus ou plutôt exigés des munitionnaires de l'armée. Un seul article de ces accusations de concussion montoit à quatre cent vingt mille livres sterling. Il répondit en vain que le feu roi Guillaume avoit attribué au commandant général de l'armée le droit de retenir sur les troupes étrangères les sommes que ce prince avoit lui-même réglées et destinées à entretenir les correspondances secrètes. Marlborough soutint qu'il n'avoit rien exigé au-delà de ce qui étoit porté, confirmé par un ordre de la Reine donné au mois de juillet 1702. Nonobstant ses défenses, la Reine déclara qu'elle avoit jugé à propos de priver le duc de Marlborough de tous les emplois dont il étoit revêtu, afin de laisser à l'examen d'une affaire si importante un cours exempt de toute partialité et totalement libre.

La chambre des communes, d'où partoient les années précédentes les plus grands applaudissemens donnés à la conduite de ce général, décida qu'en acceptant des présens annuels des munitionnaires de l'armée de Flandre, il avoit fait chose *illégitime et insoutenable ;* qu'il devoit en rendre compte, aussi bien que des sommes retenues sur la paie des troupes étrangères.

Le grand trésorier avoit eu dessein de porter plus loin sa vengeance ; mais en Angleterre les retours sont à craindre lorsque la fortune vient à changer. Cette réflexion sauva la vie à son ennemi. On soupçonna cependant Oxford d'avoir usé de ménagement à l'égard de Marlborough, dans le dessein seulement de le gagner et de le faire entrer dans le projet de la paix.

Le duc d'Ormond fut nommé commandant général des forces de terre de la Grande-Bretagne et la Reine créa douze nouveaux pairs, pour être assurée de la supériorité des suffrages dans la chambre des seigneurs.

Le prince Eugène étant arrivé à Londres après tant de changemens, Marlborough eut raison de lui reprocher d'avoir trop différé son voyage, qui peut-être auroit été utile six semaines ou un mois plus tôt. « Ce retardement, dit Marlborough, est un malheureux effet de la gravité autrichienne, si souvent fatale aux intérêts de l'auguste maison. Nos amis, il y a un mois, avoient la supériorité dans la chambre des seigneurs : ils auroient sans peine fait mettre à la Tour trois ou quatre des principaux du parti contraire ; les places vacantes eussent été remplies à leur gré et la guerre continuée sur l'ancien pied. La création des nouveaux pairs et l'arrivée de ceux d'Ecosse ont changé la face des affaires : il faut présentement recourir à des moyens plus violens. On peut cependant espérer encore ; car au fond il ne s'agit que de déplacer trois ou quatre personnes, et le trésorier, qui, possédant la confiance d'une femme simple, la gouverne comme il le veut. Ces changemens faits, tout reprendra son premier ordre : la flotte, l'armée, la maison de la Reine, sont composées d'honnêtes gens pour nous. Le grand ministre a fait son possible pour nous diffamer : il a si bien réussi, que nous ne pouvons suivre notre dessein avec le même air de popularité qu'auparavant. »

La conclusion du discours fut de conseiller au prince Eugène de se comporter avec beaucoup de modération, de ne rien demander que de raisonnable, de gagner par tous les moyens possibles la bonne opinion du ministère et de faire en sorte de l'engager, aussi bien que la chambre des communes, à donner de puissans secours pour la campagne prochaine, particulièrement pour la guerre d'Espagne.

Déjà le prince Eugène avoit eu de la Reine une courte audience le soir du 17 janvier, le lendemain de son arrivée à Londres. L'accueil avoit été très-froid de la part de cette princesse ; peu de discours et nulle affaire traitée. Le prince Eugène rendit ensuite visite au grand trésorier. Ce ministre, sans lui parler d'affaires, affecta seulement de lui marquer son respect, dans la vue principalement d'ôter au parti opposé la satisfaction de lui reprocher d'avoir manqué à ce qui étoit dû à l'Empereur et au prince chargé de ses ordres.

Le prince Eugène les exposa par écrit en différens mémoires qu'il remit aux ministres de la reine d'Angleterre, dont il reçut de même les réponses par écrit. Ils contenoient premièrement les assurances du déplaisir que l'Empereur avoit eu d'apprendre que la Reine eût été mécontente de la conduite du comte de Galas ; secondement, le prince Eugène se déclaroit autorisé à convenir avec les ministres d'Angleterre de quelque expédient propre à faire intervenir ceux de l'Empereur aux conférences de la paix, Sa Majesté Impériale ne pouvant regarder comme fondement de traités les préliminaires proposés par la France ; troisièmement, le prince Eugène donna la copie d'un état qu'il avoit déjà remis au comte de Stafford, des forces que l'Empereur feroit agir la campagne prochaine. Il observoit et faisoit valoir l'omission faite dans cet état des Espagnols, Italiens et Grisons, servant en Catalogne et ailleurs, dont l'Empereur offroit d'augmenter le nombre.

Le prince Eugène demanda que ce qui regardoit la guerre d'Espagne fût discuté à Londres entre les ministres d'Angleterre et lui, ayant expressément amené pour cet effet le comte de La Corsana.

La reine d'Angleterre, répondant à ces différens mémoires, observa qu'il étoit contraire à l'intérêt commun des alliés de faire paroître entre eux ou jalousie ou division lorsqu'il s'agissoit de la paix ; qu'une affaire si importante ne demandoit pas une union moindre que celle qu'ils avoient heureusement entretenue pendant le cours de la guerre. Cette princesse déclaroit qu'elle avoit regardé les articles proposés par la France comme des offres générales faites pour engager tous les confédérés à traiter, puisqu'ils contenoient tout ce qu'ils pouvoient demander.

Après une courte récapitulation de tout ce que l'Angleterre avoit contribué pour le soutien de la guerre, particulièrement de celle d'Espagne, la Reine se plaignoit du peu que l'Empereur avoit fait pour soi-même, pour ses intérêts personnels et pour ceux de sa maison. S'il faisoit valoir le nombre de ses troupes employées dans les garnisons de Lombardie et des royaumes de Naples et de Sicile, la Reine prétendoit avoir le même droit de compter dans la liste des siennes celles qu'elle employoit dans les royaumes d'Angleterre, d'Ecosse et d'Irlande, et dans les colonies angloises de l'Amérique.

Le nombre de troupes dont le prince Eugène avoit fait l'énumération coûtoit peu à l'Empereur : non seulement il recueilloit seul tout le fruit de la guerre, mais de plus le secrétaire d'Etat Saint-Jean démontra que, pendant que les alliés de ce prince soutenoient toutes les dépenses d'une guerre infructueuse pour eux, l'Empereur n'augmentoit réellement que d'un seul régiment de cavalerie les troupes qu'il étoit obligé d'entretenir ordinairement pour la défense de ses Etats.

Le prince Eugène voulut en vain contredire cette supputation; mais le dénombrement fait en détail des troupes impériales prouva qu'elle étoit juste et fondée sur la vérité.

Il n'étoit pas nécessaire d'être aussi clairvoyant que l'étoit le prince Eugène, d'avoir autant d'expérience des grandes affaires, pour apercevoir que son séjour à Londres ennuyoit beaucoup la reine d'Angleterre, et déplaisoit encore davantage à ses ministres : il en avoit des preuves indubitables dans toutes les réponses faites aux mémoires qu'il avoit présentés. Les reproches faits aux alliés de l'Angleterre ne laissoient pas douter que la Reine ne préférât le repos de son royaume et l'avantage de ses sujets à la continuation d'une alliance infructueuse et très-onéreuse à la Grande-Bretagne. Il ne pouvoit douter que le gouvernement ne fût instruit des pratiques secrètes et des cabales qu'il entretenoit : les mortifications particulières qu'il avoit reçues en différentes occasions en faisoient foi. Il suffit de rapporter celle que la cour lui donna au sujet du repas que le maire et les officiers de la ville de Londres lui préparoient. Pour le rendre plus magnifique, ils s'étoient joints à la compagnie des négocians en Silésie, qui devoit aussi contribuer aux frais du festin. Tout étant disposé pour la fête, un officier de la ville, ou de lui-même ou suscité, représenta qu'il croyoit nécessaire avant l'invitation de savoir si elle seroit agréable à la Reine. La représentation parut juste. La ville députa deux de ses conseillers au vicomte de Darmouth, secrétaire d'Etat, pour savoir de lui ce qu'il en pensoit. Il écrivit le lendemain au maire de Londres, que les seigneurs du conseil s'étoient informés si les députés de la ville avoient leur message par écrit; qu'on avoit répondu qu'ils n'avoient ni ordre ni résolution par écrit; qu'ils venoient sur une minute prise à la cour des aldermans, dont ils n'avoient point de copie. Sur ce rapport, la Reine avoit commandé aux seigneurs de son conseil de faire savoir aux députés de la ville qu'elle ne vouloit pas répondre à un message qui ne lui étoit pas porté avec le même respect que cette ville avoit toujours rendu aux rois ses prédécesseurs.

Le prince Eugène connoissoit donc en toutes occasions importantes, ou moins considérables, qu'il n'auroit de son voyage d'autre satisfaction que celle d'avoir été témoin de l'acharnement du parti opposé à la cour comme à la paix; mais en même temps il avoit vu les efforts inutiles de ce parti, inférieur à celui du nouveau ministère, et trop foible pour garantir le duc de Marlborough des accusations portées contre lui dans le parlement, de la privation de ses charges, et pour préserver de la prison Robert Walpole, un des wighs les plus emportés dans la chambre des communes, envoyé à la Tour pour crime de péculat.

Malgré tant d'obstacles au dessein du prince Eugène et les avertissemens qu'il reçut plusieurs fois que le yacht préparé par ordre de la Reine pour le reporter en Hollande étoit prêt à faire voile quand il lui plairoit de s'embarquer, il ne pouvoit encore se résoudre à partir, après avoir passé près de deux mois à Londres aussi désagréablement qu'inutilement. Il vouloit, avant que d'abandonner totalement le projet de détruire le nouveau ministère, tenter toutes sortes de voies d'y réussir, bien résolu de ne pas épargner la force et la violence pour emporter ce qu'il ne pouvoit obtenir par de simples représentations.

Il consulta principalement le duc de Marlborough et Bothmar, et voulut savoir de l'un et de l'autre ce qu'ils jugeoient le plus à propos de faire pour l'intérêt commun des alliés. Marlborough, comparant l'état présent de l'Angleterre à celui où se trouvoit ce royaume en 1688, dit qu'il falloit aux maux présens les mêmes remèdes que le prince d'Orange et la nation avoient pour lors employés. Bothmar soutint au contraire qu'ils étoient impraticables, et fonda son raisonnement sur ce que le corps de la nation n'étoit nullement disposé à favoriser une révolution. « Ainsi le mauvais succès d'une pareille entreprise chargera, disoit-il, de la haine publique les auteurs d'un projet malheureux. »

Marlborough assuroit au contraire que la nation se soucieroit très-peu de trois têtes, reste du parti de Cromwell, et que les torys particulièrement seroient encore plus indifférens à leur perte : mais, pour concilier les deux opinions, Marlborough proposa d'employer une bande de gens sans aveu, de les encourager à courir de nuit dans les rues, et, sous prétexte de bouffonnerie, d'insulter les passans; enfin d'augmenter peu à peu la licence et de commettre d'un jour à l'autre de plus grands désordres. Il prétendoit que lorsque le peuple et les habitans de Londres seroient accoutumés aux insultes de ces coureurs de nuit, il ne seroit pas difficile de faire assassiner telles personnes dont on jugeroit à propos de se défaire et d'en rejeter le crime sur cette bande licencieuse.

On a fait honneur au prince Eugène d'avoir rejeté un projet si odieux ; mais la proposition plus hardie qu'on lui attribue étoit encore plus à détester : elle consistoit, si l'on en croyoit des gens peut-être mal informés, à mettre le feu en différens quartiers de la ville de Londres, choisissant pour cet effet le temps où la garde de la Reine seroit commandée par un officier affidé. Marlborough, à la tête d'un nombre de gens armés, devoit survenir dans le moment que l'incendie causeroit le plus de désordre, et se saisir de la Tour, enfin de la personne de la Reine, qu'on auroit obligée alors de casser le parlement, d'en convoquer un nouveau pour examiner librement les correspondances et négociations liées avec la France, et punir à la dernière rigueur ceux qui les auroient entretenues.

Quoi qu'il en soit de ces différentes propositions, il est certain que les idées du prince Eugène, de Marlborough et de Bothmar, furent soumises à l'avis de Sommers, de Cowper et d'Halifax, principaux whigs ; mais ils refusèrent de s'expliquer, encore plus d'approuver aucun de ces projets. Ils dirent qu'ils s'étoient rendus peu agréables au peuple en poursuivant Sachewrel, quoique par une voie juridique ; que c'en étoit assez pour les instruire de ce qu'ils avoient à craindre de la haine et de la vengeance publique, s'ils se rendoient complices d'entreprises sanglantes et de haute trahison ; que le parti le plus sage, le seul selon les lois, étoit d'accuser les mauvais conseillers et de procéder contre eux par les formes ordinaires. Bothmar, selon leur avis, devoit présenter un second mémoire plus clair, plus précis que le premier, et contenant des plaintes amères contre le gouvernement, dont les maximes et la conduite tendoient à mettre la nation en esclavage. Bothmar avoit consenti jusqu'alors à toute proposition qui intéressoit seulement les Anglois : il refusa d'acquiescer à celle que lui seul se trouveroit chargé d'exécuter. Il dit qu'il iroit de sa tête de présenter un tel mémoire sans en avoir reçu l'ordre de son maître ; que sa complaisance ne pouvoit aller qu'à composer un écrit anonyme, où il inséreroit tout ce qu'il auroit fait entrer dans le mémoire, le feroit imprimer en Hollande et publier en Angleterre.

Cette offre rejetée, fut depuis désapprouvée par le pensionnaire de Hollande, persuadé que ces sortes de libelles ne servoient qu'à agrandir la brèche. Le comte de Sinzendorff conseilla même au prince Eugène de prendre si bien ses mesures, que si quelqu'un de ses projets étoit admis, il en prévînt l'exécution en sortant auparavant du royaume d'Angleterre ; et seulement de ménager sa retraite de manière à ne pas mécontenter les whigs.

La dernière ressource du prince Eugène se réduisoit à persuader à l'Empereur de donner au duc d'Hanovre le gouvernement des Pays-Bas, avec le commandement général de l'armée, et de faire en même temps passer le prince son fils en Angleterre.

Marlborough et Godolfin ne furent pas plus favorables à cette nouvelle proposition qu'à tant d'autres précédemment rejetées. « Les torys, dirent-ils, sans en excepter aucun, sont ennemis de cette famille : si le prince d'Hanovre arrivoit à Londres pendant qu'ils sont en possession du gouvernement, les mouvemens de sa présence ne finiroient que par l'abrogation de l'acte de succession, peut-être même par une guerre aussi fatale à l'Angleterre que celle des deux maisons d'Yorck et de Lancastre. »

Un motif plus pressant engageoit le duc de Marlborough à s'opposer à ce nouveau projet. Le crédit de ses ennemis en Angleterre augmentoit, le sien étoit tombé ; en sorte qu'il avoit encore à craindre de plus grands revers. Il vouloit, pour les éviter, se soustraire à la dépendance du gouvernement et se mettre à couvert de ses variations. L'empereur lui avoit donné, des dépouilles de l'électeur de Bavière, une terre dans l'Empire ; il y avoit ajouté le rang de prince : mais un tel établissement lui assuroit seulement une retraite tranquille et ne contentoit pas son ambition. Il se flatta de la satisfaire s'il pouvoit obtenir le commandement des troupes impériales dans les Pays-Bas catholiques, avec le titre de vicaire général de l'Empereur dans ces provinces. Il étoit donc très-éloigné d'approuver un projet qui donneroit l'un et l'autre au duc d'Hanovre. Cependant le prince Eugène, piqué de tant de difficultés sans aucun expédient, ne put s'empêcher de dire qu'il voyoit que les whigs n'étoient pas plus amis que les torys de la maison d'Hanovre, mais qu'ils étoient ennemis de tout gouvernement royal et ne désiroient qu'une république. Il les avertit qu'il savoit de bonne part qu'à l'ouverture de la campagne il y auroit une suspension d'armes entre les armées de France et d'Angleterre ; que, pour gage de cette cessation d'hostilités, la France remettroit quelque ville considérable entre les mains des Anglois. On résolut dès lors unanimement de travailler de manière que les troupes étrangères à la solde de l'Angleterre désobéissent aux ordres de la Reine, en sorte que cette désobéissance déconcertât les mesures prises avec la France.

Les ministres d'Angleterre reçurent cependant plusieurs avis de complots, ou vrais ou supposés, et surtout de prendre garde au jour de la naissance de la Reine. Ces avis, peut-être mal fondés, firent assez d'impression pour faire annoncer dans la gazette de Londres que celui qui les avoit donnés, s'il se découvroit, seroit récompensé de son zèle et de sa fidélité.

On prit d'ailleurs de plus grandes précautions pour la sûreté de la Reine et pour prévenir tout danger. Sa garde fut doublée; on ferma plusieurs portes du palais de Saint-James, et dans les environs on posta différentes gardes à cheval. On en donna même une au prince Eugène pour l'accompagner pendant toute cette journée, sous prétexte de le garantir des insultes du peuple. Enfin son départ pour la Hollande calma tant d'agitations.

Les ministres, supérieurs alors à leurs adversaires, continuoient d'assurer que les cabales formées ou entretenues par le prince Eugène pendant le séjour qu'il avoit fait à Londres, ses instances, ses représentations, n'empêcheroient pas l'accomplissement de l'ouvrage de la paix. Toutefois dans le même temps le Roi apprit que Buys, dont la conduite avoit paru si odieuse au gouvernement d'Angleterre, avoit signé, avant que de partir de Londres, un traité d'alliance entre cette couronne et sa république. L'inquiétude que ce renouvellement d'amitié pouvoit causer fut dissipée par les assurances données au Roi qu'il n'étoit question ni de conditions nouvelles ni d'engagemens secrets; que la Reine, par un nouveau témoignage d'affection envers les Hollandois, avoit eu simplement intention de les désabuser de l'opinion dont ils étoient faussement prévenus qu'elle eût signé un traité secret avec la France. Elle espéroit qu'une telle complaisance de sa part les rendroit plus dociles et les disposeroit à suivre ses sentimens au sujet de la paix générale. La Reine désiroit la conclure avant le temps d'assembler les armées, et que la signature des traités prévint l'ouverture de la campagne. L'évêque de Bristol et le comte de Stafford avoient ordre d'y travailler de tout leur pouvoir; mais le moyen nécessaire pour réussir à ce grand ouvrage leur manquoit totalement; ils ignoroient les intentions de la Reine leur maîtresse sur l'article d'Espagne, la première des conditions fondamentales du traité de paix. Le secret en étoit réservé au seul Prior, qu'on attendoit alors en Hollande en qualité de troisième plénipotentiaire d'Angleterre. Gautier devoit y passer avec lui; et, dans l'attente d'un troisième collègue, les deux plénipotentiaires anglois, loin de s'ouvrir à ceux de France, parloient encore comme ennemis: ils suivoient à la lettre les ordres qu'ils avoient reçus; leurs instructions étoient les garans de leur conduite. Il est dangereux d'en tenir une différente dans un pays de variations, où, suivant la supériorité des partis, on est jugé digne ou de récompense ou de punition: incertitude malheureuse que les plénipotentiaires de France n'avoient point à craindre, obéissant au Roi seul, n'ayant à plaire qu'à lui, et sûrs d'y réussir en exécutant ponctuellement les ordres clairs et précis que Sa Majesté leur donnoit, sans réserve de secret.

Comme ils souffroient avec quelque impatience le froid des Anglois, le Roi voulut bien plus d'une fois entrer dans leurs peines, et les exhorter, pour le bien de la négociation dont ils étoient chargés, à ramener à eux les plénipotentiaires d'Angleterre, en opposant à leur froideur beaucoup de cordialité et de désir d'agir de concert, ainsi que la reine d'Angleterre et ses ministres l'avoient souvent demandé.

Les conférences pour la paix générale s'étoient enfin ouvertes à Utrecht le 29 janvier 1712. Il n'y avoit alors aucun sujet pour la France de s'inquiéter des prétentions chimériques des Hollandois ni de leurs alliés: on devoit plutôt croire qu'avant qu'il fût peu, cette grande alliance se soumettroit totalement aux conditions de paix que la reine de la Grande-Bretagne jugeoit équitables. Mais, malgré les apparences flatteuses d'une tranquillité prochaine, la guerre, ni les peines personnelles du Roi, n'étoient pas encore à leur fin. Il en avoit éprouvé de toute espèce: celles de l'état d'un monarque auparavant victorieux, accoutumé à donner la loi, réduit par les mauvais succès de la guerre à se rapprocher des conditions injustes que des ennemis orgueilleux exigeoient, avoient été augmentées par les afflictions domestiques, dont nulle élévation ne peut garantir, et que les plus grands rois éprouvent comme le moindre de leurs sujets. La mort avoit enlevé, au mois d'avril de l'année précédente 1711, Louis, dauphin de France, fils unique du Roi, et père du roi d'Espagne. Père tendre et fils obéissant, il avoit vu sans jalousie son fils monter sur un des premiers trônes de l'Europe, et craignoit le jour où, selon le cours de la nature, lui-même occuperoit celui de France. Attaché tendrement au Roi son père, occupé de lui plaire, il étoit content, à l'âge de cinquante ans, de lui obéir comme le premier de ses sujets: sa bonté lui attiroit l'amour de tous les François, et sa valeur connue lui en avoit acquis l'estime. Le Roi, vivement touché d'une telle perte, avoit délibéré s'il feroit prendre le titre de Dauphin au duc de Bourgogne : le nom et les honneurs n'en sont dus qu'au fils aîné du monarque régnant. Un des ministres consultés représenta que le duc de Bourgogne étoit devenu l'héritier nécessaire; que nul autre ne surviendroit qui lui fît perdre son droit; qu'on ne pouvoit donc lui refuser un titre et des traitemens que personne ne lui disputeroit. Les autres ministres furent du même avis, et les peuples applaudirent aux honneurs déférés justement au duc de Bourgogne, prince dont les vertus méritoient leurs respects et leur admiration.

Un auteur célèbre remarque l'infortune qui sembloit attachée à la personne des princes que les Romains chérissoient : une mort prématurée les enlevoit souvent à l'affection du peuple. Le duc de Bourgogne, alors dauphin, eut le même sort : il mourut le 18 février de l'année 1712, après avoir survécu de six jours seulement à la dauphine Marie-Adélaïde de Savoie son épouse, qu'une mort également précipitée venoit d'arracher le 12 du même mois à toute la tendresse du Roi, méritée par l'attention sans contrainte que cette princesse avoit eue à lui plaire depuis qu'elle étoit arrivée en France, à la fin de l'année 1696, âgée pour lors de près de onze ans. Elevée sous ses yeux, elle en étoit aimée, ainsi que les personnes d'un âge avancé aiment ordinairement les enfans dont l'éducation leur a été confiée ou qui a été faite sous leurs yeux. Elle fut donc regrettée sensiblement du Roi; et la cour, dont elle faisoit l'ornement, partagea sincèrement la juste douleur de Sa Majesté.

Ces événemens funestes furent suivis de près de la mort du duc de Bretagne, fils aîné du dernier Dauphin, à qui le titre en avoit été donné depuis la mort de son père. Il n'avoit que cinq ans, lorsqu'une maladie mortelle, inconnue aux médecins, le mit au tombeau le 8 mars 1712, et le même convoi porta les trois corps à Saint-Denis.

De trois princes que le duc de Bourgogne avoit eus de son mariage, le duc d'Anjou restoit seul, plus malade en apparence que celui qui venoit de mourir. Dieu réservoit cette lampe prête à s'éteindre, et vouloit la conserver pour continuer, dans la ligne directe de la famille royale, la succession que peu de temps auparavant on regardoit comme solidement établie.

Les malheurs de la France relevèrent le courage des ennemis de la paix et refroidirent les instances des plénipotentiaires d'Angleterre à Utrecht. Jusqu'alors les Hollandois s'étoient comportés comme forcés à consentir aux conférences, et persuadés qu'ils ne devoient concourir à la paix qu'aux conditions spécifiées par les préliminaires de 1709 : ils faisoient voir en toute occasion leur animosité, et s'opposoient vivement à tout ce qu'ils croyoient convenir aux intérêts du Roi. L'esprit de guerre, plutôt que celui de conciliation, régnoit dans les Sept-Provinces, et vraisemblablement ne devoit changer que lorsque l'Angleterre s'expliqueroit avec plus de fermeté, et que ses plénipotentiaires parleroient plus clairement et plus haut qu'ils ne s'étoient encore expliqués.

Ceux de France désiroient ardemment l'arrivé de Prior, persuadés que les ordres dont il seroit chargé de la part de la reine d'Angleterre, pourroient seuls ranimer l'inaction de ses ministres. Le maréchal d'Huxelles, soupçonneux, prévenu en faveur des Hollandois malgré leur conduite, craignoit, disoit-il, l'esprit anglois; et portant à l'égard de l'Angleterre la défiance au-delà de ses justes bornes, il vouloit cependant que, pour détacher cette couronne de ses alliés, le Roi consentît généralement à toutes les conditions qu'elle demanderoit, à l'exception seulement de celles qui lui donneroient quelque entrée dans le royaume.

Mais ce n'étoit pas sur les seuls intérêts de l'Angleterre que ses plénipotentiaires insistoient : leurs sollicitations n'étoient pas moins vives en faveur du duc de Savoie, du roi de Portugal et de l'électeur de Brandebourg. Enfin, sous prétexte des ordres qu'ils avoient reçus en faveur de ces princes, il y avoit lieu de croire que leur intention étoit d'embrouiller la négociation plutôt que de presser son heureuse conclusion.

Gautier étoit attendu à Utrecht comme l'ange de la paix : il y devoit accompagner Prior, instruit du secret de la reine de la Grande-Bretagne, qu'elle n'avoit confié ni à l'évêque de Bristol ni au comte de Stafford. Un tel secours manqua aux plénipotentiaires de France dans le temps qu'ils le croyoient le plus nécessaire et l'attendoient avec le plus d'impatience. Les protecteurs de Prior n'osèrent le faire nommer troisième plénipotentiaire, ou peut-être ne le voulurent pas, lorsqu'ils virent le changement que la mort fatale des princes de France apporteroit à la négociation. La reine d'Angleterre en désiroit toujours la conclusion; il étoit de l'intérêt de ses ministres de mettre fin à la guerre : mais l'Angleterre et ses alliés concouroient à vouloir de nouvelles précautions pour assurer solidement la paix, et pour empêcher à jamais l'union des couronnes de France et d'Espagne sur la tête d'un même prince. Tous craignoient ou feignoient de craindre qu'elle ne devînt inévitable, si dans la conjoncture de la paix on ne prenoit de sages précautions pour prévenir un événement capable d'opprimer la liberté de l'Europe.

Harley, cousin du grand trésorier, fut envoyé à Utrecht, chargé des ordres secrets de la reine d'Angleterre. Les ministres de cette princesse assurèrent l'abbé Gautier que sa commission étoit de proposer différentes alternatives, dont il seroit aisé de former de concert un plan capable de contenter les alliés de la Grande-Bretagne, et de les porter à se désister de tant de prétentions injustes : on ajouta même que Harley avoit pouvoir de traiter avec les plénipotentiaires de France, indépendamment de ceux d'Angleterre. Le Roi ne crut pas cette dernière circonstance; car il n'étoit pas vraisemblable qu'un particulier sans caractère osât traiter secrètement sans la participation des plénipotentiaires dans le même lieu où ils étoient assemblés pour la paix, principalement dans un temps où l'animosité régnoit en Angleterre entre deux partis puissans, et que le gouvernement étoit assez incertain pour donner lieu d'un jour à l'autre à quelque grand changement. Enfin rien n'avançoit, et les conférences avec les ministres anglois à Utrecht se terminoient en disputes sur les intérêts des alliés.

On étoit cependant sur le point d'en convenir de part et d'autre, lorsque dans une conférence où les Anglois s'étoient rapprochés et donnoient lieu d'espérer un accord parfait, ils s'arrêtèrent; et après avoir parlé secrètement l'un avec l'autre, ils déclarèrent aux plénipotentiaires de France que Harley, arrivé de Londres le 2 avril, leur avoit apporté des ordres capables de tout rompre, si le Roi rejetoit une demande qui intéressoit toutes les puissances de l'Europe; que cette demande avoit été déjà faite à Sa Majesté par un mémoire dont l'abbé Gautier étoit porteur.

Les ministres d'Angleterre l'avoient en effet dépêché en France le 23 mars, et lui avoient remis ce mémoire, dont le rapport du comité secret suppose que Prior étoit chargé. Il contenoit les raisons que toute l'Europe auroit lieu de craindre pour sa liberté, si le même prince, actuellement roi d'Espagne, réunissoit encore un jour sur sa tête la couronne de France; que le péril n'étoit plus imaginaire depuis la mort des deux derniers dauphins, le roi Philippe se trouvant héritier si prochain de la couronne; que l'unique moyen de calmer cette alarme commune étoit donc que ce prince consentît à renoncer purement et simplement aux droits de sa naissance, et à les céder au duc de Berri son frère; que sans cet expédient la paix devenoit impossible, et que les Anglois et leurs alliés ne consentiroient jamais à la conclure.

Les plénipotentiaires d'Angleterre, surpris que ceux de France n'eussent pas encore reçu les ordres du Roi sur un article si important, soupçonnèrent quelque artifice de leur part à dessein de différer de répondre; mais Gautier, arrivé à Utrecht le 4 avril, savoit avant son départ de Versailles que le Roi avoit fait écrire à Saint-Jean que la demande de la renonciation étoit contre les lois du royaume, et qu'en même temps il avoit lui-même écrit au Roi son petit-fils, pour savoir ses intentions sur le nouvel obstacle qu'on opposoit à la paix.

Gautier instruisit donc les plénipotentiaires de France et ceux d'Angleterre de la raison qui retardoit l'arrivée des ordres de Sa Majesté. La matière étoit assez importante pour se donner le temps de délibérer sur la décision. Le Roi, maître de son Etat, ne l'est pas d'en changer les lois fondamentales : le déclarer, étoit renoncer à tout traité de paix; le déguiser, étoit une ruse inutile et directement contraire à la bonne foi dont on avoit usé dans tout le cours de la négociation.

L'avis de suivre la même méthode, conforme à la droiture des sentimens du Roi, prévalut. Sa Majesté avoit donc commandé au secrétaire d'Etat qui correspondoit avec Saint-Jean, de lui écrire que tout engagement contraire à ses lois ne seroit jamais solide, et de lui faire connoître quelle étoit la règle inviolable de la succession à la couronne.

Les termes employés autrefois par un fameux magistrat (Jérôme Bignon, avocat général) servirent à répondre au secrétaire d'Etat d'Angleterre. La lettre portoit que la renonciation demandée seroit nulle et invalide suivant les lois fondamentales du royaume, selon lesquelles le prince qui est le plus proche de la couronne en est héritier de toute nécessité; que c'est un héritage qu'il ne reçoit ni du Roi son prédécesseur ni du peuple, mais en vertu de la loi; de sorte que lorsqu'un roi vient à mourir, l'autre lui succède immédiatement sans demander le consentement de personne; qu'il succède non comme héritier, mais comme le maître du royaume dont la seigneurie lui appartient; non par choix, mais seulement par le droit de sa naissance; qu'il n'est obligé de sa couronne ni à la volonté de son prédécesseur, ni à aucun édit, ni à aucun décret, ni à la libéralité de qui que ce soit;

qu'il ne l'est qu'à la loi ; cette loi est estimée l'ouvrage de celui qui a établi les monarchies, et qu'on tient en France qu'il n'y a que Dieu qui puisse l'abolir, par conséquent qu'il n'y a aucune renonciation qui puisse la détruire ; et que si le roi d'Espagne renonçoit à son droit pour l'amour de la paix, et pour obéir au Roi son grand-père, ce seroit se tromper, et bâtir sur le sable, que de recevoir une telle renonciation comme un expédient suffisant pour prévenir le mal qu'on se proposoit d'éviter.

Le Roi prévit, lorsque le dernier Dauphin mourut, les nouveaux obstacles que la perte des princes apporteroit à la paix ; et Sa Majesté jugea que les événemens funestes arrivés si subitement dans la famille royale, serviroient à ses ennemis de prétexte spécieux pour exiger des conditions capables d'éloigner toute conciliation. Il le fit sentir au roi d'Espagne par la lettre qu'il lui écrivit le 11 mars, pour lui donner part de la mort du dernier Dauphin ; et lorsque les ministres d'Angleterre demandèrent la renonciation du roi d'Espagne au droit de sa naissance, comme condition absolument nécessaire à la paix, le Roi écrivit encore à ce prince, le 9 avril, que cette demande, qui touchoit personnellement Sa Majesté Catholique, étoit de ces délibérations où l'on devoit prendre conseil de soi-même, et décider ; qu'elle devoit donc examiner et bien peser ce que Bonnac, alors son envoyé extraordinaire auprès d'elle, lui feroit considérer. Le Roi l'exhortoit à réfléchir sur l'état et la situation des affaires d'Espagne, à se consulter elle-même, à résoudre et à faire savoir au plus tôt sa résolution, tous les momens étant précieux dans la conjoncture présente.

La paix demeuroit suspendue en attendant cette décision. L'arrivée de Harley à Utrecht en avoit comme fixé la négociation, loin de lui donner le mouvement qu'on avoit toujours espéré des ordres qu'il devoit apporter. Depuis son arrivée, les plénipotentiaires d'Angleterre, plus réservés que jamais à l'égard de ceux de France, soutenoient encore avec plus de vivacité les intérêts et les prétentions de leurs alliés. Intérieurement l'évêque de Bristol et le comte de Stafford désiroient la paix : ils le témoignoient par leurs discours. Ils savoient que la reine d'Angleterre et ses ministres avoient de fortes raisons de souhaiter qu'elle fût promptement conclue ; mais les derniers ordres qu'ils avoient reçus par Harley leur lioient les mains : non-seulement ils n'osoient passer ces ordres, mais à peine osoient-ils user de leurs pouvoirs, très-bornés. La crainte des changemens si fréquens en Angleterre, celle des recherches de la conduite des ministres, soit au dehors, soit au dedans du royaume, les frappoit : à chaque pas ils avoient devant les yeux que leurs têtes répondroient de leurs démarches ; que le secret des négociations devenoit public ; qu'on voyoit tous les jours, imprimés en Hollande, des mémoires où les négociateurs qui s'étoient entendus avec la France étoient nommés.

En cas de changement de gouvernement, ils pensoient que les ordres de la Reine et de ses ministres ne seroient plus pour eux des garans suffisans de leur conduite ; qu'on leur imputeroit comme crime de les avoir exécutés. C'étoit ce qu'ils répondoient quand les plénipotentiaires de France citoient les articles signés à Londres comme règle à suivre à Utrecht, et se plaignoient des changemens et des additions que les Anglois y vouloient faire.

Harley, loin de les rassurer, ne paroissoit être à Utrecht que pour augmenter leurs alarmes : il s'étoit absenté plusieurs fois pour aller à La Haye ; il ne facilitoit en rien la négociation. Ce concert secret qu'il devoit avoir avec les plénipotentiaires de France n'étoit qu'une vaine idée sans réalité, dont le projet paroissoit inventé seulement pour amuser Gautier ; et depuis que Harley étoit arrivé à Utrecht, il ne les avoit ni visités ni vus. La reine d'Angleterre continuoit cependant de témoigner un désir sincère de la paix, elle pressoit le Roi de prévenir les événemens de la campagne ; ce qui devenoit tous les jours plus difficile, principalement depuis que cette princesse avoit fait dépendre la pacification de l'Europe de la renonciation qu'elle demandoit au roi d'Espagne.

Ce que le Roi pouvoit faire alors étoit de le presser de s'expliquer. Sa Majesté réitéra donc ses avertissemens par la lettre qu'elle écrivit au Roi Catholique le 18 avril. Après avoir marqué à ce prince que les instances de l'Angleterre pour la renonciation étoient chaque jour plus pressantes, Sa Majesté ajoutoit : « La nécessité de la paix augmente aussi chaque jour ; et les moyens de soutenir la guerre étant épuisés, je me verrai enfin obligé de traiter à des conditions également désagréables et pour moi et pour Votre Majesté, si elle ne prévient cette extrémité en prenant incessamment son parti sur le compte que le sieur de Bonnac lui rendra de ces affaires. Il vous dira ce que je pense dans une conjoncture si difficile et qui exclut tout raisonnement.

» Comme je compte sur la tendresse que vous avez pour moi et pour votre maison, je m'attends que vous suivrez le conseil qu'il faut nécessairement que je vous donne, et qui n'est point contraire à l'amitié véritable que j'ai pour vous. »

Ce conseil étoit celui de conserver la possession actuelle de l'Espagne et des Indes, et d'accorder à l'opiniâtreté des Anglois de renoncer à la succession incertaine de la couronne de France, condition dont ils se contentoient, persuadés qu'ils sauroient bien en assurer l'effet.

« Nous voulons croire, écrivoit Saint-Jean dans sa réponse à Torcy, que vous tenez en France qu'il n'y a que Dieu seul qui puisse abolir la loi sur laquelle votre droit de succession est fondé; mais vous nous permettrez aussi de croire en Angleterre qu'un prince puisse se départir de ses droits par une cession volontaire, et que celui en faveur de qui il auroit fait la renonciation, pourroit être soutenu avec justice dans ses prétentions par les puissances qui en auroient garanti le traité. » Il concluoit : « Enfin la Reine m'ordonne de vous dire que cet article est de si grande conséquence, tant à son égard qu'à celui de toute l'Europe, pour le siècle présent et pour la postérité, qu'elle ne peut consentir à continuer la négociation de la paix, à moins qu'on n'accepte l'expédient qu'elle a proposé, ou un autre qui soit également solide. »

Le roi d'Espagne avoit réglé, quelque temps avant qu'il fût question de la paix, l'ordre de la succession à sa couronne. Le réglement accepté et publié dans l'assemblée des cortès ou états des royaumes de Castille et d'Arragon, registré dans tous les conseils, pouvoit dissiper la crainte de l'union des couronnes de France et d'Espagne, directement contraire aux mœurs, à l'inclination, par conséquent aux vœux de l'une et de l'autre nation, très-éloignées de souhaiter de vivre sous les lois d'un seul et même maître. On avoit donc proposé à Saint-Jean de s'en tenir à ce réglement : mais il répondit qu'une telle assurance ne suffisoit pas; que la Reine sa maîtresse avoit fait pour la paix ce que nulle autre puissance n'auroit pu faire; qu'elle avoit agi, se confiant absolument en la parole que le Roi lui avoit donnée de consentir à toutes les mesures qui seroient jugées nécessaires pour empêcher à jamais une réunion si fatale à toute l'Europe; qu'elle ne voyoit d'expédient solide et de moyen sûr d'y réussir, que la renonciation du roi d'Espagne, qu'elle avoit demandée; que ce seroit en effet bâtir sur le sable que d'omettre les précautions nécessaires pour prévenir un mal tel que celui dont il s'agissoit et si apparent. La Reine, ajoutoit Saint-Jean, envoyoit à ses plénipotentiaires à Utrecht des ordres conformes à ce que cette lettre contenoit. Il ne refusoit pas cependant de chercher réciproquement, et de travailler de concert à trouver, s'il étoit possible, quelque autre expédient pour achever et assurer solidement l'ouvrage de la paix.

Comme la décision dépendoit de la réponse du roi d'Espagne, la négociation languissoit à Utrecht. Les plénipotentiaires, de part et d'autre, étoient arrêtés jusqu'à ce que ce prince se fût expliqué. Ceux d'Angleterre proposèrent aux plénipotentiaires de France d'employer le temps de cette suspension à lever de concert, autant qu'il seroit possible, les autres difficultés moins essentielles qui s'opposoient encore à la paix. Ils étoient réciproquement instruits les uns des intentions du Roi, les autres de celles de la Reine leur maîtresse. Ils convinrent de s'assembler chez l'évêque de Bristol, sous prétexte d'y travailler simplement au traité de commerce entre la France et l'Angleterre. Il parut aux Anglois qu'un tel prétexte suffiroit pour dissiper la jalousie que leurs alliés auroient vraisemblablement de ces conférences particulières. Elles réussirent, et de part et d'autre les difficultés s'aplanirent au point qu'il s'en falloit peu que le traité entre la France et l'Angleterre n'eût été en état d'être signé suivant les désirs de la reine de la Grande-Bretagne, si la condition de la renonciation demandée comme essentielle n'eût formé jusqu'alors un obstacle invincible à toute conclusion.

On travailloit sincèrement en France et en Angleterre à chercher quelque expédient qui tînt lieu, s'il étoit possible, d'une condition si fâcheuse pour le roi d'Espagne : les secrétaires d'Etat, de part et d'autre, se communiquoient réciproquement leurs pensées. Le Roi n'avoit aucun agent à Londres, ni la reine d'Angleterre personne en France pour exécuter ses ordres. L'abbé Gautier étoit encore à Utrecht : Sa Majesté l'en rappela, pour l'envoyer en Angleterre. Il continua d'y servir avec intelligence et fidèlement.

L'incertitude de la réponse du roi d'Espagne arrêtoit cependant toute négociation. Le Roi jugea que ce seroit la remettre en mouvement que de confier à la reine d'Angleterre que si le Roi, son petit-fils, ne se soumettoit pas à la nécessité de renoncer aux droits de sa naissance, Sa Majesté prendroit, de concert avec cette princesse, les mesures nécessaires pour le déterminer et assurer à l'Europe une paix déjà si avancée. On pouvoit donc regarder comme difficulté déjà levée celle qui s'opposoit le plus à sa conclusion : mais tant d'ennemis la traversoient, qu'on devoit s'attendre qu'à mesure qu'une difficulté s'aplaniroit il en naîtroit d'autres, suscitées de la part de ceux qui n'avoient en vue que de rompre les conférences. C'est ce que le Roi fit écrire à Saint-Jean, pour en informer la reine de la Grande-Bretagne.

A ces réflexions, on ajouta que le meilleur moyen de renverser les desseins des ennemis de la paix, seroit que, sans perdre de temps, la Reine fît proposer à ses alliés une suspension d'armes, puisque ce seroit dissiper les espérances qu'ils fondoient sur les événemens de la campagne.

La réponse que fit Saint-Jean, par ordre de la Reine, sa maîtresse, renouvela les assurances si souvent données du véritable désir qu'elle avoit de contribuer à la pacification générale, et surtout de l'assurer solidement. Il ajouta que cette princesse souhaitoit une paix raisonnable pour la France. Ce fut aussi dans la vue de la rendre moins désagréable au roi d'Espagne qu'elle fit ajouter, à la demande de la renonciation, une proposition alternative, laissant au choix de ce prince, ou de renoncer aux droits de sa naissance et de conserver la monarchie d'Espagne et des Indes, ou de renoncer à la monarchie d'Espagne et des Indes; de conserver ses droits à la succession de France, et de recevoir en échange de la couronne d'Espagne, le royaume de Sicile, dont il étoit actuellement en possession, celui de Naples, les Etats du duc de Savoie, le Montferrat et le Mantouan, à condition que lui ou quelqu'un de ses descendans parvenoit un jour à la couronne de France, tous ces Etats échangés seroient réunis à la même couronne, à l'exception seulement de la Sicile, dont la maison d'Autriche seroit mise en possession. Suivant ce projet, le duc de Savoie, en échange de ses Etats, recevroit la couronne d'Espagne et des Indes.

Un choix si important fut remis, comme il étoit juste, à la décision du roi d'Espagne; mais, de quelque manière qu'il répondît, le Roi renouvela sa parole à la reine d'Angleterre de faire la paix sous l'une ou l'autre des deux conditions alternatives qu'elle avoit proposées.

On savoit déjà, par la réponse du roi d'Espagne à la première lettre du Roi, que ce prince préféroit la possession de sa couronne à la conservation des droits de sa naissance, et qu'il renonçoit à toute espérance de succession, plutôt que d'abandonner le trône où Dieu l'avoit placé. Il ne restoit donc que de savoir ce qu'il penseroit sur l'échange : proposition toute nouvelle, et qui jusqu'alors n'avoit pas été seulement imaginée.

Le Roi n'oublia rien pour la rendre spécieuse et l'orner, pour ainsi dire, de toutes les réflexions capables d'éblouir et de toucher vivement le roi d'Espagne. Bonnac étoit chargé de lui rendre compte de l'échange projeté par la reine d'Angleterre, et de lui remettre la lettre que le Roi lui écrivoit de sa main.

« Je vous avoue (ce sont les termes de Sa Majesté) que, nonobstant la disproportion des Etats, j'ai été sensiblement touché de penser que vous continueriez de régner ; que je pourrois toujours vous regarder comme mon successeur, et que votre situation vous permettroit de venir de temps en temps auprès de moi. Jugez en effet du plaisir que je me ferois de pouvoir me reposer sur vous pour l'avenir, d'être assuré que si le Dauphin vit, je laisserois en votre personne un régent accoutumé à commander, capable de maintenir l'ordre dans mon royaume et d'en étouffer les cabales ! Que si cet enfant vient à mourir, comme sa complexion foible ne donne que trop sujet de le croire, vous recueillerez ma succession suivant l'ordre de votre naissance ; que j'aurois la consolation de laisser à mes peuples un roi vertueux capable de leur commander, et qui, me succédant, réuniroit à sa couronne des Etats aussi considérables que la Savoie, le Piémont et le Montferrat ! Je suis flatté de cette idée, mais principalement de la douceur que je me proposerois de passer avec vous et avec la Reine une partie du reste de ma vie, et de vous instruire moi-même de l'état de mes affaires, que je n'imagine rien de comparable au plaisir que vous me ferez si vous acceptez ce nouveau projet.

» Si la reconnoissance et la tendresse pour vos sujets sont pour vous des motifs pressans de demeurer avec eux, je puis dire que vous me devez les mêmes sentimens ; vous les devez à votre maison, à votre patrie, avant que de les devoir à l'Espagne. Je vous en demande l'effet : je regarderai comme le plus grand bonheur de ma vie que vous preniez la résolution de vous rapprocher de moi et de conserver des droits que vous regretterez un jour inutilement si vous les abandonnez.

» Je suis cependant engagé à traiter sur le fondement que vous y renoncerez pour conserver seulement l'Espagne et les Indes, si Votre Majesté rejette la proposition de l'échange avec le duc de Savoie ; et ce que je puis faire, est de vous laisser encore le choix, la nécessité de conclure la paix devenant tous les jours plus pressante. »

La lettre du Roi l'étoit assez pour prouver encore à quel point il désiroit de faciliter tout expédient propre à lever le grand obstacle qui s'opposoit alors à la conclusion de la paix ; mais cette lettre n'ébranla pas la fermeté du roi d'Espagne : avant que de la recevoir, il avoit déjà répondu au Roi, son grand-père, que sa résolution étoit prise ; qu'il renonceroit à tous droits de succession à la couronne de France plutôt que d'abandonner celle d'Espagne. Toutefois, avant que de réitérer la même déclaration et de s'expliquer décisivement sur l'échange nouvellement proposé par la reine d'Angleterre, il voulut consulter celui par qui règnent les rois. Après avoir communié, il fit venir Bonnac, lui dit que son choix étoit fait ; que rien ne seroit capable de lui faire abandonner la couronne que Dieu lui avoit donnée, et lui remit sa réponse à la lettre qu'il avoit reçue du Roi.

Cette réponse commençoit par les remercîmens dus au Roi de tant de marques d'amitié contenues dans ses deux dernières lettres du 16 et du 18 mai. Il continuoit : « L'idée que Votre Majesté me met devant les yeux de pouvoir me retrouver auprès d'elle seroit bien flatteuse pour moi, si je croyois pouvoir embrasser le nouveau parti que l'Angleterre me propose ; mais trop de raisons s'y opposent pour que je puisse l'accepter. Il me semble qu'il est bien plus avantageux qu'une branche de notre maison règne en Espagne, que de mettre cette couronne sur la tête d'un prince de l'amitié duquel elle ne pourroit s'assurer ; et cet avantage me paroît bien plus considérable que de réunir un jour à la France la Savoie, le Piémont et le Montferrat. Je crois donc vous marquer mieux ma tendresse, et à vos sujets aussi, en me tenant à la résolution que j'ai déjà prise, qu'en suivant le nouveau plan projeté par l'Angleterre : je donne par là également la paix à la France ; je lui assure pour alliée une monarchie qui sans cela pourroit un jour, jointe aux ennemis, lui faire beaucoup de peine ; et je suis en même temps le parti qui me paroît le plus convenable à ma gloire et au bien de mes sujets, qui ont si fort contribué, par leur attachement et leur zèle, à me maintenir la couronne sur la tête. »

Il n'est peut-être pas hors de propos de remarquer que, dans le temps que le roi d'Espagne sacrifioit au bien de la paix la propriété du royaume de Naples, du duché de Milan, des Pays-Bas ; que, dans la vue de la tranquillité publique, il cédoit à ses ennemis des Etats si considérables ; que de plus le même motif l'engageoit à renoncer à jamais, pour lui et pour ses descendans, au droit incontestable que sa naissance lui donnoit à la succession de la couronne de France ; dans ce même temps la princesse des Ursins, entêtée d'une folle ambition, abusoit du crédit qu'elle s'étoit acquis sur l'esprit de la Reine, et par conséquent du roi Catholique, pour exiger que du débris de la monarchie d'Espagne il fût détaché quelque partie dans les Pays-Bas ou ailleurs, qu'on érigeroit en sa faveur en souveraineté indépendante : fantôme dont la vanité ne laissa pas de retarder réellement la signature des traités de paix entre le roi d'Espagne, l'Angleterre et la Hollande.

Les plénipotentiaires anglois attendoient impatiemment quelle seroit la réponse du roi d'Espagne : ceux de France, au moins aussi ennuyés de perdre le temps inutilement, écrivirent au Roi que la reine d'Angleterre venoit d'envoyer ordre au comte de Stafford de passer incessamment à Londres pour y recevoir ses dernières instructions, l'intention de cette princesse étant de le mettre, aussi bien que l'évêque de Bristol, en état de conclure et de signer la paix sitôt que la réponse du roi d'Espagne seroit arrivée.

La cause de cet ordre étoit, selon ce que disoit Stafford, que le parlement s'impatientoit de voir traîner la négociation ; qu'il étoit à craindre que les membres les mieux intentionnés, se retirant et se dispersant dans les provinces, ceux qui leur étoient opposés ne devinssent les maîtres des séances et des délibérations, en sorte que le ministère seroit en danger de voir ses projets renversés par quelque événement imprévu ; qu'en un mot, il étoit temps de finir ; qu'il espéroit apprendre à Londres la résolution et la réponse du roi Philippe, dont l'incertitude et la longue attente nuisoient infiniment au bien des affaires. Pour abréger tout délai, Stafford pria les plénipotentiaires d'obtenir pendant son absence des ordres décisifs du Roi sur les points qui restoient encore indécis, en sorte qu'à son retour il n'y eût plus à disputer, mais à conclure. Lorsqu'ils seroient d'accord, les plénipotentiaires d'Angleterre devoient proposer aux alliés une suspension d'armes. Stafford croyoit qu'ils y consentiroient difficilement, à cause de la haute opinion qu'ils avoient de leurs forces en Flandre. Il proposa, comme un moyen de surmonter cet obstacle, que le Roi permît d'offrir aux Hollandois de remettre entre leurs mains, comme otage, quelqu'une des places que Sa Majesté vouloit bien céder dans les Pays-Bas.

Les plénipotentiaires jugèrent parfaitement qu'un tel expédient ne convenoit nullement, et, sans attendre d'ordre, ils en rejetèrent la proposition.

On s'inquiétoit moins à Londres qu'à Utrecht du retardement des réponses de Madrid. La reine d'Angleterre et ses ministres, convaincus de la bonne foi du Roi, dont ils avoient eu des preuves dans tout le cours de la négociation, comprenoient qu'il étoit impossible à Sa Majesté de décider sûrement sur les propositions faites au roi d'Espagne, sans savoir de lui-même ce qu'il en pensoit et quel parti il vouloit choisir. Ainsi le dessein de cette princesse étoit de retenir Stafford auprès d'elle jusqu'à l'arrivée de cette réponse, si nécessaire à la conclusion de la paix : elle devoit le renvoyer alors à Utrecht avec ses dernières instructions. Gautier, informé de tout, devoit passer en même temps en France; et le concert entre les plénipotentiaires de France et d'Angleterre devoit être si bien établi, qu'ils n'auroient plus entre eux de sujet de dispute, et ne se trouveroient pas dans la triste nécessité d'opposer instruction à instruction. C'est ce que le Roi fit savoir à ses plénipotentiaires par sa dépêche du 25 mai.

Il les avertit que les Anglois ne seroient pas alors embarrassés de proposer une suspension d'armes, et qu'il seroit assez inutile de chercher des expédiens pour disposer leurs alliés à l'accepter. « C'en seroit un pernicieux, ajoutoit Sa Majesté, que d'offrir aux Hollandois des places en otage : le temps n'est plus de flatter leur orgueil, et désormais il faut, en traitant avec eux de bonne foi, que ce soit avec la dignité qui me convient. » Style différent de celui des conférences de La Haye et de Gertruydemberg.

Le Roi leur recommandoit encore de ne pas craindre qu'une fermeté bien placée fût capable de déranger la négociation, crainte qui ne frappe que trop ceux qui veulent avoir l'honneur de signer un traité, et qui regarderoient comme un malheur si la gloire leur en étoit enlevée.

Les Anglois insistoient à conserver Tournay à leurs alliés, et prétendoient de plus obtenir Condé. Le Roi, regardant ces instances comme démonstrations extérieures qu'ils croyoient devoir à leurs alliés, écrivit à ses plénipotentiaires de ne faire aucun usage du pouvoir qu'il leur avoit donné de se relâcher sur cet article et sur quelques autres, toute condescendance étant inutile jusqu'à ce que le Roi d'Espagne eût déclaré ses intentions et son choix; qu'alors seulement Sa Majesté seroit en état de juger du fruit qu'elle retireroit de sa complaisance pour les demandes de l'Angleterre.

Enfin le courrier qu'on attendoit de Madrid, porteur de la réponse du roi d'Espagne, arriva au commencement du mois de juin. La décision de ce prince levoit le principal obstacle à la paix. On ne perdit pas un moment, suivant les ordres du Roi, à le faire savoir à Saint-Jean, pour en informer la reine d'Angleterre : on lui marquoit en même temps que Sa Majesté s'attendoit à voir incessamment lever, de la part de cette princesse, toutes les autres difficultés, et faire les déclarations qu'elle avoit promises. La première et la plus pressante étoit celle d'une suspension d'armes, ou générale, ou seulement entre les armées des Pays-Bas, jusqu'à la conclusion de la paix.

Cette lettre étoit à peine écrite et le courrier parti, qu'il en arriva une de Saint-Jean, avec un mémoire dressé par ordre de la reine d'Angleterre. Il contenoit sept articles.

Les cinq premiers regardoient les cessions demandées par l'Angleterre dans l'Amérique septentrionale; les deux derniers, le traité de commerce à faire entre la France et l'Angleterre, ouvrage dont la discussion exigeroit vraisemblablement plus de temps que la conjoncture présente ne permettoit d'y employer. On proposoit donc de le remettre à des commissaires qui seroient nommés de part et d'autre, pour y travailler à Londres après la conclusion de la paix.

L'article suivant portoit qu'il ne seroit accordé, de la part de la France et de celle d'Angleterre, ni prérogative ni privilége à nulle nation, qui ne fût aussi communiqué de part et d'autre aux François et aux Anglois.

Le mémoire finissoit par le consentement que la reine d'Angleterre donnoit à la suspension d'armes pendant deux mois seulement, à deux conditions : la première, que dans cet espace de temps l'article qui regardoit la réunion des deux monarchies de France et d'Espagne seroit entièrement et ponctuellement exécuté; à la seconde, que le Roi retireroit la garnison de Dunkerque, et que les troupes angloises entreroient dans cette ville le jour que la suspension auroit lieu; qu'elles y demeureroient jusqu'à ce que les États-généraux consentissent à donner au Roi un équivalent à sa satisfaction pour la démolition des ouvrages que Sa Majesté s'obligeoit de faire raser, comme aussi de combler le port et de détruire les écluses.

A ces demandes, le Roi répondit sur les articles concernant l'Amérique septentrionale, à peu près comme la reine d'Angleterre le souhaitoit : il y eut seulement quelques observations faites et des propositions d'échange. Les deux conditions demandées au sujet du traité de commerce furent accordées.

Quant à la suspension d'armes, le terme de deux mois proposé par la reine d'Angleterre se seroit écoulé si promptement, que ç'auroit été donner aux ennemis de la paix une nouvelle espérance d'interrompre les conférences avant la fin de la campagne. Le Roi jugeoit donc nécessaire de prolonger jusqu'à quatre mois la suspension dont on conviendroit.

La proposition de confier Dunkerque aux Anglois étoit dure, la guerre subsistant, et nulle convention n'étant encore faite pour la suspension d'armes. Une telle demande fut le sujet d'une importante délibération; les avis dans le conseil furent partagés : mais il falloit finir, et cette condescendance étoit encore nécessaire. La reine d'Angleterre et ses ministres avoient marqué dans le cours de la négociation beaucoup de bonne foi et le désir de la paix : le Roi décida qu'il falloit encore s'y abandonner, et que la défiance lorsqu'on étoit près de conclure seroit très-mal placée. Sa Majesté voulut seulement qu'on fît une tentative pour essayer de faire changer ou d'adoucir, s'il étoit possible, une demande regardée comme suspecte.

Ainsi, suivant ses ordres, la réponse à cet article du mémoire portoit que la bonne foi et la confiance réciproques ayant commencé et conduit la négociation, il convenoit de bannir jusqu'à l'apparence de défiance, quand de part et d'autre on approchoit du but qu'on s'étoit proposé. Le Roi laissoit donc au jugement de la reine d'Angleterre si ce n'étoit pas une demande désobligeante que celle de mettre une garnison angloise dans Dunkerque pendant la suspension d'armes, et si le public ne croiroit pas que cette princesse doutoit de l'exactitude du Roi à s'acquitter de sa parole. Elle avoit donné tant de preuves de ses sentimens, qu'il n'y avoit pas lieu de soupçonner qu'elle eût une telle pensée : aussi le Roi, se fondant sur son amitié nonobstant la continuation de la guerre, se persuadoit qu'elle n'insisteroit pas sur une demande non-seulement inutile, mais capable peut-être de produire un effet contraire à ses propres intentions; car elle avoit seulement en vue d'obliger les Hollandois à donner un équivalent pour la démolition des fortifications de Dunkerque, et ce n'étoit ni les presser ni les menacer, de façon à vaincre leur obstination, que de leur déclarer que les troupes angloises garderoient Dunkerque jusqu'à ce que les Etats-généraux eussent donné un équivalent à la satisfaction du Roi : c'étoit au contraire les encourager à former de nouveaux obstacles à la paix, dans le moment où il s'agissoit de trouver et d'employer les moyens de les rendre plus dociles.

La restitution de Tournay étoit l'équivalent que le Roi demandoit pour combler le port de Dunkerque et détruire les écluses. En renouvelant la promesse déjà faite, Sa Majesté fit observer que la destruction des écluses causeroit la ruine du pays des environs; qu'amis et ennemis en souffriroient un égal dommage. Elle laissoit à la Reine à le considérer et confirmoit cependant la convention faite au sujet de Dunkerque, moyennant la restitution de Tournay et ses dépendances.

Quant à l'introduction d'une garnison hollandoise dans Cambray, proposée par la reine de la Grande-Bretagne pour y demeurer pendant le temps de la suspension d'armes, le Roi en rejeta la proposition, et fit répondre qu'à cette condition il refuseroit non-seulement la suspension, mais de plus il romproit toute négociation, plutôt que d'admettre une clause si contraire à son honneur et au bien de son royaume.

Comme on venoit d'apprendre que les ennemis avoient dessein d'assiéger le Quesnoy, la même réponse contenoit que le Roi ne pouvoit croire que cette entreprise eût l'approbation de la reine d'Angleterre, et qu'elle permît à ses troupes de servir à un siége dont l'événement pourroit produire encore de nouveaux engagemens, qu'il étoit de la prudence de Saint-Jean de prévenir.

Il répondit que, quoique le Roi n'eût pas acquiescé aux demandes de la Reine comme elle s'y attendoit, elle ne laisseroit pas de se rendre au parlement le jour même qu'il écrivoit; qu'elle y feroit toutes les déclarations nécessaires pour porter la nation à la paix et en obtenir les suffrages d'un consentement unanime; qu'elle ne parleroit pas encore de la suspension, mais qu'elle avoit pris sa résolution : elle insistoit sur la nécessité de consommer le point de la renonciation comme le principal de la négociation, et si capital, que cette princesse aimeroit mieux se départir de toutes les autres conventions que de laisser cet article en suspens. « Si le Roi, ajoutoit Saint-Jean, consent aux demandes que la Reine a faites comme condition de la suspension, vous n'aurez qu'à signer l'acte et l'envoyer au duc d'Ormond : il prendra possession de Dunkerque, et déclarera aux alliés qu'il a ordre de ne plus agir contre la France. »

Suivant la même lettre, le comte de Stafford étoit parti pour retourner à Utrecht, et ses instructions affranchiroient les plénipotentiaires anglois des mesures qu'ils avoient jusqu'alors observées à l'égard des plénipotentiaires alliés; en sorte que rien ne les empêcheroit à l'avenir de se joindre à ceux de France, et de donner des lois à qui refuseroit de se soumettre à des conditions de paix justes et raisonnables.

La reine d'Angleterre, constante dans la résolution qu'elle avoit prise de contribuer de tout son pouvoir à la pacification de l'Europe, se rendit au parlement le 17 de juin, ainsi que Saint-Jean l'avoit écrit, et communiqua aux deux chambres, suivant sa promesse, l'état où elle avoit conduit la négociation de la paix. Elle eut soin d'observer, en commençant sa harangue, que c'étoit une prérogative incontestable de la couronne de faire la paix et la guerre, et par conséquent le seul effet de la confiance qu'elle prenoit en son parlement étoit la communication qu'elle lui avoit promise et qu'elle venoit lui donner des conditions proposées pour la paix générale.

Après avoir protesté que rien ne pouvoit la détourner de suivre en premier lieu le véritable intérêt de ses royaumes, et de procurer ensuite à ses alliés ce qui leur étoit dû en conséquence des traités, elle dit qu'elle avoit pris un soin particulier d'assurer dans la maison d'Hanovre la succession protestante aux royaumes de la Grande-Bretagne, établie par les lois; qu'elle avoit stipulé, pour plus de sûreté, que la personne qui a prétendu troubler cet établissement sortît des pays dépendant de la couronne de France. Elle fit valoir ses soins pour prévenir et empêcher à jamais l'union des couronnes de France et d'Espagne sur la tête du même prince, et pour obtenir les renonciations dont elle fit le détail: elle parla des cessions avantageuses que la France faisoit à l'Angleterre dans l'Amérique; des avantages qu'elle se promettoit pour le commerce de la nation angloise; de la démolition de Dunkerque; de l'espérance presque certaine d'obtenir Gibraltar, toute l'île de Minorque et le Port-Mahon; de la promesse d'accorder aux Anglois le privilége de fournir pendant trente années les nègres dans les Indes espagnoles, prérogative connue sous le nom d'*assiento*.

Après l'énumération des avantages obtenus en faveur de ses sujets, la Reine expliqua ce qu'elle prétendoit faire pour ses alliés, ajoutant que les conditions contenues dans le projet formé pour leurs intérêts, dont elle donnoit part à son parlement, étoit une affaire à régler aux conférences d'Utrecht.

La harangue de la reine d'Angleterre fut reçue avec applaudissement, et les différentes adresses présentées ensuite à cette princesse marquèrent la reconnoissance de la nation, et la satisfaction de la fin d'une guerre dont le poids étoit depuis long-temps si onéreux et si inutile à l'Angleterre. Les wighs cependant ne perdirent pas courage; et, malgré le concours presque universel à la paix, quelques membres de la chambre haute osèrent protester contre plusieurs articles de cette harangue; mais cette protestation fut effacée, aussi bien qu'une antérieure faite aussi par quelques membres de la même chambre contre les ordres donnés au duc d'Ormond.

Ces ordres, contenus dans la première instruction qu'il avoit reçue en partant de Londres, portoient que la Reine étoit d'avis que les troupes qui étoient à son service en Flandre, tant de ses sujets qu'étrangers, devoient être toutes sous les ordres de son général; qu'il pouvoit y avoir eu autrefois des raisons d'en user autrement, mais qu'il y en avoit alors de très-fortes de prendre une voie contraire, et que peut-être ces raisons deviendroient de jour en jour plus pressantes; qu'il pourroit même en survenir de concevoir de la jalousie du prince Eugène. Ainsi le duc d'Ormond avoit ordre de n'être pas trop prompt pendant quelque temps à s'engager à une action, à moins qu'il ne vît un avantage apparent et considérable: il pouvoit prendre pour prétexte d'attendre les troupes allemandes, afin de leur donner part à la gloire s'il y avoit une action.

Le duc d'Ormond connut toute la difficulté d'exécuter de tels ordres et de cacher le véritable motif de la conduite qu'il tiendroit: il prévit les suites désagréables du refus qu'il seroit obligé de faire s'il falloit employer les troupes de la Reine sa maîtresse, soit à quelque siège, soit à quelque action, si le prince Eugène vouloit entreprendre l'un ou l'autre, et qu'il s'attendît à l'assistance ordinaire des troupes de la reine d'Angleterre. Il écrivit à Saint-Jean qu'il obéiroit ponctuellement aux ordres de la Reine; qu'il en garderoit le secret autant qu'il seroit possible, et feroit même en sorte qu'on ne pourroit soupçonner la cause de la conduite qu'il tiendroit; mais qu'il seroit bien difficile d'empêcher qu'elle ne fût bientôt pénétrée, et qu'il auroit peine à déguiser les raisons secrètes qui l'obligeroient de s'opposer aux desseins du prince Eugène, soit qu'il voulût donner bataille, soit qu'il fît le siège du Quesnoy. Comme le bruit commençoit à se répandre que son dessein étoit de faire l'un ou l'autre, il demandoit de nouveaux éclaircissemens sur les instructions qui lui avoient été remises avant son passage en Hollande.

La reine d'Angleterre venoit de donner une nouvelle marque de la satisfaction qu'elle avoit de son secrétaire d'Etat, en le créant pair d'Angleterre sous le titre de vicomte de Bolingbrocke. Il exhorta le duc d'Ormond à suivre exactement les ordres qu'il avoit reçus de la Reine sa maîtresse, sans se mettre en peine ni des instances pressantes du prince Eugène, ni des clameurs affectées et industrieuses des députés des Etats-généraux, dont cette princesse n'étoit nullement embarrassée.

En effet, bien loin d'avoir égard aux reproches des Etats-généraux contenus dans une lettre très-vive qu'ils lui avoient écrite, ni de faire attention à une lettre que le duc d'Ormond avoit reçue de leurs députés à l'armée, pleine de représentations offensantes sur le refus qu'il faisoit de concourir aux desseins du prince Eugène, cette princesse ne songea plus qu'à disposer le plan de la suspension d'armes, en sorte que l'acte en fût incessamment signé.

Ce plan étoit signé du vicomte de Bolingbrocke. Le Roi y fit quelques changemens, et commanda au secrétaire d'Etat chargé de cette négociation de signer réciproquement les réponses de Sa Majesté.

Le plan contenoit quatre articles : le premier prolongeoit jusqu'à trois et même quatre mois s'il étoit nécessaire, la suspension d'armes que la reine d'Angleterre avoit proposée seulement pour deux mois. Le second article spécifioit les renonciations à faire pendant la suspension, tant par le roi d'Espagne à la couronne de France, que par les princes de la famille royale de France à la couronne d'Espagne. On demandoit, de la part de l'Angleterre, que la renonciation du Roi Catholique fût ratifiée par les Etats du royaume de France de la manière la plus solennelle. L'autorité que les étrangers attribuent aux Etats étant inconnue en France, le Roi changea cette clause : il promit seulement qu'il accepteroit la renonciation du Roi son petit-fils; qu'elle seroit ensuite publiée par son ordre et registrée dans tous les parlemens du royaume de la manière la plus solennelle; que de plus les lettres patentes que Sa Majesté avoit accordées à ce prince, au mois de décembre 1700, pour conserver ses droits à la couronne, nonobstant son absence hors du royaume, seroient rayées des registres du parlement, et, du consentement du Roi Catholique, abolies et annulées.

Il étoit porté par le troisième article, que la garnison françoise sortiroit de Dunkerque et que les troupes angloises y entreroient le jour que la suspension d'armes auroit lieu; que la place demeureroit entre les mains de la reine d'Angleterre jusqu'à la décision de l'équivalent que les Hollandois donneroient pour la démolition des fortifications et des écluses et la destruction du port de cette ville.

La reine d'Angleterre s'engageoit par l'article quatrième à ne point interrompre le gouvernement civil de Dunkerque, à permettre une entrée libre dans le port non-seulement aux navires du Roi, mais encore à tous vaisseaux marchands ; à laisser enfin le plein exercice de leurs fonctions à tous les officiers chargés du soin des magasins, tant de terre que de mer.

L'embarras du duc d'Ormond augmenta lorsque les armées entrèrent en campagne. Le maréchal de Villars se pressa de lui faire savoir qu'il avoit reçu l'ordre du Roi et la permission de la reine d'Angleterre de lui écrire. Le duc d'Ormond répondit que la Reine sa maîtresse lui avoit donné les mêmes ordres ; qu'il ne manqueroit pas de les suivre très-exactement.

Ils ne pouvoient demeurer long-temps secrets. Le prince Eugène, informé de la situation de l'armée françoise, crut pouvoir l'attaquer avec avantage : il résolut de n'en pas perdre l'occasion, et fit part au duc d'Ormond du projet qu'il avoit formé, persuadé, ou feignant de l'être, que les troupes angloises ne feroient nulle difficulté de marcher comme à l'ordinaire avec celles des alliés pour combattre l'ennemi commun.

Il eût été difficile au duc d'Ormond d'alléguer des raisons même spécieuses de s'en dispenser, tant que le concert entre la France et l'Angleterre devoit demeurer secret : il ne pouvoit cependant faire agir les troupes qu'il commandoit sans contrevenir aux ordres précis qu'il avoit reçus. Il prit, pour prétexte d'éluder les instances du prince Eugène, le départ imprévu du comte de Stafford, appelé en Angleterre par la Reine dans une conjoncture où il n'avoit pas lieu de s'attendre à recevoir un tel ordre. Le duc d'Ormond supposoit que Stafford n'étant pas encore de retour en Hollande, il s'agissoit apparemment de quelque affaire de la dernière importance, dont il comptoit être éclairci avant que cinq ou six jours ne fussent passés.

Il demanda donc au prince Eugène, aussi bien qu'aux autres officiers, de différer toute entreprise pendant un délai si court, et de lui laisser le temps de recevoir les lettres qu'il attendoit incessamment.

La vérité étoit facile à pénétrer ; mais elle ne fut pas long-temps cachée. L'évêque de Bristol, demeuré seul plénipotentiaire à Utrecht pendant l'absence de Stafford, eut ordre de déclarer aux ministres des alliés que la reine d'Angleterre jugeoit à propos de convenir avec le Roi d'une suspension d'armes et qu'elle en avoit donné part à son parlement. Dès-lors l'évêque de Bristol cessa d'user, à l'égard des plénipotentiaires de France, de la même réserve qu'il avoit observée envers eux depuis qu'ils étoient ensemble à Utrecht : il leur communiqua les ordres qu'il avoit reçus et ce qu'il se proposoit de dire le même jour aux ministres des alliés ; il demanda si de la part de la France il n'y avoit rien de particulier à lui confier sur l'article de la suspension, la reine d'Angleterre ne s'en étant expliquée qu'en termes généraux dans sa harangue au parlement.

Les plénipotentiaires répondirent que s'il étoit interrogé sur cet article, il pourroit assurer que la harangue de cette princesse contenoit mot à mot la réponse du Roi ; que les alliés n'en devoient pas espérer d'autre, et qu'il n'étoit pas permis aux plénipotentiaires de Sa Majesté d'y rien ajouter.

L'évêque de Bristol, satisfait de cet éclaircissement, promit qu'après le retour du comte de Stafford on travailleroit de concert sur le plan dont la reine de la Grande-Bretagne étoit convenue. Il en donna part ensuite aux ministres des alliés. Ils l'écoutèrent sans répondre : aucun d'eux ne savoit les intentions de ses maîtres sur un événement imprévu ; tous craignirent également, mais par différens motifs, ou de découvrir mal propos ce qu'ils pensoient, ou de s'engager plus qu'ils ne devoient et qu'ils n'en avoient le pouvoir.

L'intelligence étant bien établie entre les plénipotentiaires du Roi et l'évêque de Bristol, ils l'informèrent du consentement que Sa Majesté donnoit à l'entrée des troupes angloises dans Dunkerque. Une telle preuve de sa confiance en la parole de la reine de la Grande-Bretagne fut reçue par les plénipotentiaires d'Angleterre comme une assurance certaine de la suspension, dont il ne douta plus de voir incessamment l'effet.

Le prince Eugène avoit formé le siége du Quesnoy le 8 juin ; il ne dura pas long-temps : la place se rendit après une molle défense ; la garnison fut faite prisonnière de guerre. Ce prompt succès releva le courage des ennemis, abattu principalement en Hollande par la nouvelle du refus que le duc d'Ormond avoit fait au prince Eugène de lui donner aucune assistance pour le siège de Landrecies, qu'il se proposoit d'entreprendre.

On ne doutoit pas que toutes les troupes à la solde de l'Angleterre ne suivissent les Anglois : on prévoyoit tristement que le maréchal de Villars profiteroit d'une occasion si favorable d'attaquer le prince Eugène ; et, quelque entreprise qu'il eût dessein de faire après la prise du Quesnoy, tout paroissoit à craindre pour l'Etat. Dans cette fatale conjoncture, les plénipotentiaires hollandois reprochèrent à l'évêque de Bristol le procédé odieux du ministère d'Angleterre : ils se croyoient exposés déjà à se trouver incessamment sans armée ; ils exagéroient le malheur de leur situation ; et, mêlant à l'abattement d'esprit le désir de la vengeance, ils prétendirent faire craindre non-seulement tout ce qu'on penseroit et diroit contre la gloire de la reine d'Angleterre, mais peut-être ce qu'on feroit au préjudice de cette princesse, s'il y avoit un combat dont l'événement ne pourroit être que funeste aux alliés. Ainsi ces ennemis de la paix, occupés peu de jours auparavant à trouver les moyens de la traverser, ceux qui rejetoient toute suspension d'armes, persuadés qu'elle raviroit la victoire d'entre leurs mains, que la cessation des hostilités les priveroit de l'avantage qu'ils se promettoient de pénétrer incessamment dans le cœur de la France ; ces mêmes politiques, qui dans leurs idées voyoient déjà leurs armées aux portes de Paris, trembloient pour leur propre pays, parce que la reine d'Angleterre, lasse d'une guerre onéreuse, avoit déclaré qu'elle vouloit la paix, et parce que les troupes angloises, en petit nombre, s'étoient séparées de la grande armée des alliés.

On apprit bientôt en Hollande que les commandans particuliers des troupes d'Hanovre, de Brandebourg et autres étrangers à la solde de l'Angleterre, à l'exception d'un bataillon, de quatre escadrons d'Holstein et deux escadrons du régiment de dragons de Walef du pays de Liége, avoient refusé de suivre le duc d'Ormond s'ils n'en recevoient l'ordre exprès de leurs maîtres.

Cette dissension entre les troupes commandées par le duc d'Ormond calma la crainte que la diminution d'une partie si considérable de l'armée des alliés avoit causée en Hollande lorsqu'on en reçut la première nouvelle ; mais la consolation des ennemis du Roi étoit pour Sa Majesté un sujet légitime de se plaindre et de se croire dégagée de la parole qu'elle avoit donnée de laisser entrer les Anglois dans Dunkerque. Elle savoit, par un état que le vicomte de Bolingbrocke avoit signé, que les troupes de la reine d'Angleterre composoient soixante et cinq bataillons et quatre-vingt-quatorze escadrons. Ce n'étoit plus, de la part de cette princesse, accomplir la condition principale de la suspension que de réduire ce nombre considérable de troupes à celles qui étoient demeurées sous les ordres du duc d'Ormond.

On étoit convenu de plus que la suspension seroit générale entre les armées actuellement dans les Pays-Bas, et cependant il n'étoit question alors que d'une suspension particulière entre l'armée du Roi et les seules troupes angloises.

Le Roi n'auroit pas cependant relevé ce nouveau sujet de plainte ; il se seroit contenté d'une suspension particulière avec l'Angleterre, si toutes les troupes à la solde de cette couronne étoient demeurées unies et si elles eussent fait ensemble le même mouvement : mais leur séparation imprévue altéroit tellement l'utilité que Sa Majesté et la reine de la Grande-Bretagne s'étoient proposée de la suspension, que le Roi jugea nécessaire de suspendre les ordres donnés pour admettre les troupes angloises dans Dunkerque. Sa Majesté fit en même temps écrire au vicomte de Bolingbrocke et demander par lui à la Reine sa maîtresse l'accomplissement de sa parole, comme le Roi vouloit réciproquement accomplir la sienne, ses ordres étant déjà donnés pour y satisfaire avec la dernière exactitude.

Bolingbrocke répondit que cette princesse voyoit avec un déplaisir sensible que les ennemis de la paix trouvoient toujours les moyens d'en retarder la conclusion ; que la Reine étoit bien résolue de ne se pas rebuter par les obstacles, mais au contraire de travailler d'accord avec le Roi à rétablir la tranquillité publique ; qu'elle ne doutoit pas qu'au moyen de cette union l'on ne fît avorter ce dernier effort de ceux qui voudroient acheter leurs avantages ou satisfaire leur ressentiment particulier au prix de la prolongation des misères de la guerre.

Il marquoit ensuite qu'il venoit de parler, par ordre de la Reine, aux ministres résidant à Londres, de la part des princes dont les troupes servoient à la solde de l'Angleterre ; qu'il leur avoit déclaré qu'elle regarderoit la conduite des officiers qui les commandoient comme déclarations de leurs maîtres ou pour ou contre elle, et que s'ils persistoient à se séparer des troupes angloises, elle cesseroit aussi de payer la solde à leurs troupes ; qu'il étoit temps de se résoudre ; que le courrier qu'on alloit dépêcher à l'armée porteroit les lettres qu'ils jugeroient à propos d'écrire à leurs généraux ; et que le duc d'Ormond recevroit par ce même courrier non-seulement l'ordre de faire les mêmes déclarations, mais de les exécuter.

Suivant la lettre de Bolingbrocke, l'ordre précis donné au duc d'Ormond, si les troupes étrangères persistoient à l'abandonner, étoit de quitter l'armée avec les troupes angloises et celles qui voudroient se joindre aux Anglois, et de déclarer que la Reine ne vouloit plus agir ni payer ceux qui agiroient contre la France ; qu'après les égards qu'elle avoit eus pour les alliés, le traitement qu'elle recevoit de leur part la justifieroit devant Dieu et devant les hommes, et lui laissoit la liberté de continuer la négociation soit à Utrecht, soit ailleurs, sans se mettre en peine du concours ou du refus de ses alliés.

Ainsi Bolingbrocke promettoit, au nom de la reine de la Grande-Bretagne, que si le Roi remettoit entre les mains de cette princesse la ville, citadelle et forts de Dunkerque, sans en être détourné par la séparation des troupes étrangères payées par l'Angleterre, elle ne feroit en ce cas aucune difficulté de conclure sa paix particulière, laissant aux autres puissances un temps pour se soumettre aux conditions du plan dont elle conviendroit avec le Roi. « Vous voyez, concluoit Bolingbrocke, que la paix est entre les mains du Roi. Si toute l'armée du duc d'Ormond consent à la suspension d'armes, le premier projet dont nous sommes convenus aura son effet : si elle n'y consent pas, les troupes angloises se sépareront de celles des alliés, et les étrangères pourront s'adresser aux Etats-généraux pour leur subsistance, lesquels, loin de pouvoir subvenir à cette nouvelle charge, ne sont pas en état de continuer celles qu'ils ont déjà sur les bras. En un mot, la Grande-Bretagne se retirera du théâtre de la guerre et n'y laissera que des puissances qui sont trop foibles pour faire tête à la France ; de sorte que la paix pourra être conclue entre les deux couronnes en peu de semaines. Voilà, Monsieur, les propositions que la Reine m'ordonne de vous faire ; et elle croit que le Roi Très-Chrétien y trouvera aussi bien son compte que dans le premier plan. Si le Roi accepte ces propositions, la Reine juge qu'il sera à propos, pour le bien des deux nations, de travailler incessamment à une suspension d'armes générale par mer et par terre entre la Grande-Bretagne et la France ; ensuite de celle qui sera établie dans les Pays-Bas. »

Le vicomte de Bolingbrocke marquoit à la fin de sa lettre beaucoup d'impatience d'apprendre la réponse du Roi, et convenoit que tous les momens étoient précieux. Il ajoutoit : « Vous dépêcherez en même temps, s'il vous plaît, un courrier au duc d'Ormond, afin qu'il sache ce qu'il doit faire. Si vous lui signifiez que le Roi a donné ordre à l'officier qui commande à Dunkerque d'y laisser entrer les troupes de la Reine, ce seigneur fera immédiatement ce que je viens de vous dire, et Sa Majesté enverra quelques régimens d'ici pour en prendre possession. On évitera de cette manière plusieurs obstacles qu'on pourroit faire naître si cela se faisoit par un détachement tiré de l'armée du duc d'Ormond, comme on avoit eu dessein de le faire. »

Bolingbrocke donnoit avis qu'après sa lettre écrite, la Reine avoit pris la résolution d'envoyer Stafford à l'armée, et qu'il partiroit le lendemain au soir 21 juin ou le jour suivant.

L'objet principal que le Roi s'étoit proposé en traitant directement avec l'Angleterre étoit de parvenir par cette voie à la paix générale de l'Europe : elle étoit infaillible lorsque la reine de la Grande-Bretagne se sépareroit des puissances que l'animosité contre la France excitoit à continuer la guerre. Elle s'engageoit à cette séparation : ainsi le plus ou le moins de troupes qu'elle retiroit du service de ses alliés ne devoit pas empêcher la paix particulière qu'elle offroit et qui conduisoit nécessairement à la paix générale. Le Roi voulut donc qu'on écrivît au vicomte de Bolingbrocke, et que, rappelant tous les points essentiels de sa lettre, on lui répondît que les raisons qu'il avoit simplement exprimées avoient déterminé Sa Majesté à laisser entrer les troupes de la Reine dans Dunkerque; que le courrier chargé de cet ordre partoit pour le porter au maréchal de Villars, et que le duc d'Ormond en recevroit l'avis le lendemain de cette lettre, écrite le 5 juillet.

Le Roi consentoit également à la proposition de convenir immédiatement après d'une suspension de toutes hostilités par mer et par terre entre la France et l'Angleterre, persuadé que les peuples qui avoient si long-temps soutenu le fardeau et les misères de la guerre ne pouvoient goûter trop tôt les douceurs de la paix.

Pendant que du côté de l'Angleterre tout se préparoit à la paix, dont la suspension d'armes étoit le prélude, rien n'étoit omis en Hollande pour traverser l'une et l'autre. La séparation des troupes étrangères du corps d'armée commandée par le duc d'Ormond avoit ranimé l'espérance des partisans de la guerre : ils se flattoient de quelque changement en Angleterre, et le jugeoient d'autant plus apparent que le duc d'Ormond n'avoit fait encore aucun mouvement; qu'il avoit au contraire suspendu la marche du détachement destiné à remplacer la garnison de Dunkerque. Ils espérèrent que la reine d'Angleterre, hors d'état d'accomplir ce qu'elle avoit promis à la France, laisseroit enfin aux alliés le temps et la liberté de renverser les projets d'une paix aussi odieuse que fatale à la grande alliance.

Les wighs d'Angleterre ne cessoient d'écrire pour enflammer encore ceux qui pensoient comme eux en Hollande. Les lettres de Londres promettoient un nouveau parlement favorable à la cause commune, par conséquent un changement infaillible et total des dispositions faites jusqu'alors par le gouvernement actuel.

Le comte de Sinzendorff renchérissoit sur ces flatteuses promesses, et, confirmant toutes celles des wighs, il y ajoutoit que quand même elles seroient sans effet pendant un certain temps, les forces réunies de l'Empereur, de l'Empire et de la Hollande suffiroient pour soutenir une guerre défensive jusqu'au moment où la révolution, certaine selon lui, éclateroit en faveur du duc d'Hanovre et changeroit le gouvernement d'Angleterre, au point que les hostilités contre la France recommenceroient plus fortement que jamais. Le prince Eugène qualifioit de trahison la suspension désirée et proposée par la reine d'Angleterre : on lui donnoit communément ce même nom dans les provinces qui composent la république de Hollande. Leurs députés et ceux des villes, assemblés à La Haye, conféroient souvent, mais sans rien conclure. L'animosité augmentoit seulement à mesure que se découvroit l'impuissance de la satisfaire.

Le duc d'Ormond avoit suspendu la marche des troupes demeurées sous son commandement, par la seule raison qu'il attendoit le comte de Stafford et les nouvelles instructions qu'il lui apporteroit d'Angleterre. L'ordre que Stafford avoit reçu de la Reine de passer directement à l'armée avoit été changé au moment de son départ de Londres, et, suivant une nouvelle disposition, il s'étoit rendu à La Haye pour y représenter aux Etats-généraux quelles seroient pour eux les suites fâcheuses du refus qu'ils faisoient de la suspension d'armes.

Il s'étoit acquitté très-exactement d'une commission dont il connoissoit toute l'importance. Ses représentations, faites avec autant de force que de franchise, étoient fondées sur une vérité si évidente, qu'il étoit difficile d'y répliquer : aussi ceux qui représentoient le corps des Etats se montrèrent plus civils et plus dociles à son égard qu'ils ne l'avoient été jusqu'à ce jour; et comme il étoit près de partir pour aller trouver le duc d'Ormond, ils le prièrent de différer seulement de vingt-quatre heures. Pendant cet intervalle ils dépêchèrent un courrier à leurs députés à l'armée et demandèrent au prince Eugène de suspendre tout mouvement au moins pendant six jours.

Ces démarches, tendantes en apparence à la paix, étoient l'effet de la foiblesse de l'Etat, non de l'inclination de ceux qui le gouvernoient, toujours également éloignés de concourir au repos de l'Europe et de se désister des conditions préliminaires, dont ils voyoient avec douleur qu'ils étoient forcés de perdre toute espérance.

L'évêque de Bristol, venu à La Haye pour y voir le comte de Stafford, apprit de lui les ordres qu'il avoit reçus en partant de Londres et comment il les avoit exécutés. Les Etats l'avoient assuré qu'ils lui rendroient incessamment une réponse définitive; ils s'étoient excusés du retardement, sur la nécessité d'attendre la résolution des provinces : prétexte ordinaire que le gouvernement de Hollande emploie lorsqu'il croit de son intérêt de gagner du temps, mais règle dont il sait s'affranchir quand il convient à la République d'accepter ou de conclure des traités qu'elle croit utiles et avantageux. Ainsi le pensionnaire Heinsius se vantoit, en 1709, que le traité dit *de la grande alliance* avoit été conclu et signé en vingt-quatre heures, terme trop court pour consulter les provinces et les villes, et pour en obtenir le consentement.

Le plénipotentiaire d'Angleterre, de retour à Utrecht, informa ceux du Roi de ce qu'il avoit appris du comte de Stafford. Ils lui communiquèrent réciproquement les copies de la lettre écrite par le vicomte de Bolingbrocke au sujet de la séparation des troupes à la solde de l'Angleterre, de l'admission des Anglois dans Dunkerque, et de la réponse faite par ordre de Sa Majesté à tous les points contenus dans cette lettre. L'évêque de Bristol, très-content de l'une et de l'autre, convint que la manière dont le Roi tranchoit toutes les difficultés de la négociation particulière entre la France et l'Angleterre, étoit le moyen le plus sûr de forcer enfin la résistance des ennemis de la paix.

Elle s'approchoit cette paix. Les troupes angloises avoient été reçues dans Dunkerque le 19 juillet et leur entrée dans cette place causa de nouvelles alarmes aux Hollandois; ils craignirent que le Roi ne prît la résolution de céder Dunkerque fortifié à l'Angleterre, s'ils persistoient dans le refus opiniâtre de la suspension d'armes et de la paix. Ils ne pouvoient cependant se résoudre encore à convenir ni de l'une ni de l'autre.

L'évêque de Bristol fit un nouveau voyage à La Haye avec aussi peu de fruit que le précédent. Il revint à Utrecht sans avoir reçu de réponse, convaincu plus que jamais, par cette nouvelle expérience, que l'intention des Etats-généraux étoit uniquement de temporiser et de gagner la fin de la campagne. En effet, le pensionnaire de Hollande continuoit d'employer intrigues et crédit pour empêcher la paix; il s'efforçoit de persuader, à ceux qui la désiroient, que la conduite qu'il tenoit étoit la voie la plus sûre pour obtenir des conditions avantageuses : il animoit ceux du parti contraire, en les assurant qu'il trouveroit des ressources connues de lui seul pour continuer la guerre sans l'assistance de l'Angleterre. Ses partisans dans les provinces agissoient vivement pour les détourner de consentir à la suspension; ils répandoient qu'une telle proposition étoit un piége tendu pour arrêter le progrès de leurs armes; que l'Angleterre cachoit les points principaux, qui regardoient l'étendue et la sûreté de la barrière de l'Etat, si nécessaire et si désirée; que le même secret s'observoit à leur égard sur l'article du commerce. « Il vaut mieux, concluoient-ils, faire la guerre éternellement que de la finir par l'ordre des Anglois, ou traiter la paix par leur médiation. S'il faut recevoir la loi après tant d'avantages remportés, on la recevra moins dure de la part du Roi que de tels alliés : il n'est pas impossible de réparer avec beaucoup d'économie la brèche que la défection de l'Angleterre fait à la grande alliance; mais il est cruel que la France, après tant de désastres dans le cours de douze années, triomphe par la négociation et remporte le prix et l'honneur d'une guerre si glorieuse pour nous, soutenue avec tant de dépense de notre part et tant de sang répandu. »

La prise du Quesnoy suivie du siége de Landrecies, l'espérance qui subsistoit encore de pénétrer incessamment dans le cœur de la France, donnoient du poids à ces discours; et c'étoit en vain que les plénipotentiaires d'Angleterre pressoient la réponse définitive promise de la part de la République, on trouvoit moyen d'éluder leurs instances.

Les raisonnemens mélancoliques qu'on faisoit en France servoient au dessein du Pensionnaire. L'impatience de la paix augmentoit chaque jour : on s'en expliquoit scandaleusement; on attribuoit au Roi trop peu d'empressement pour la conclure, et l'on censuroit cette prétendue négligence : gens de tous états auroient voulu qu'il fléchît devant les Hollandois et leurs alliés. A mesure que la négociation avançoit, la crainte de manquer le moment de la conclure devenoit plus vive, et frappoit davantage ceux même qui étoient le plus particulièrement instruits de son état.

Le premier des trois plénipotentiaires du Roi à Utrecht, prévenu, malgré son expérience, en faveur de la bonne foi des Hollandois, plus encore de la confiance qu'ils avoient en sa candeur, ne pouvoit se résoudre à les regarder comme les plus grands ennemis et de la France et de la paix. Il s'étoit persuadé qu'on négligeoit trop la république de Hollande : il se servit même de voies indirectes pour faire parvenir aux oreilles du Roi cette réflexion timide ; il y ajouta qu'on devoit attribuer le conseil pernicieux de traiter par la voie de l'Angleterre, au ressentiment particulier du ministre employé en 1709 aux conférences de La Haye, aussi bien qu'au désir secret qu'il conservoit apparemment de se venger d'avoir seulement rapporté de son voyage ces fameux préliminaires que le Roi se trouvoit maintenant en état de rejeter. Ainsi, sans réfléchir et se dire que l'anéantissement de ces injustes conditions étoit dû à l'heureux succès de la négociation faite avec l'Angleterre, ce plénipotentiaire écrivoit secrètement à ses amis à la cour qu'on avoit pris une mauvaise route, et que jamais on ne parviendroit à la paix par le moyen des Anglois. Peut-être étoit-il blessé de les entendre dire que la paix ne se traitoit pas à Utrecht entre les plénipotentiaires de la France et de la Grande-Bretagne, mais à Versailles et à Londres, par la correspondance de lettres établie réciproquement entre les ministres de l'une et de l'autre couronne. Ces représentations indirectes, colorées du prétexte de zèle pour le service, ne furent pas capables de détourner le Roi de la route que Sa Majesté avoit prise et dont elle voyoit chaque jour l'utilité. Comme il convenoit d'y ramener le premier plénipotentiaire, elle écrivit dans la dépêche commune à tous trois, et leur commanda d'éviter désormais toute démonstration d'empressement pour la paix, ces démarches étant plus capables de l'éloigner que d'en faciliter la prompte conclusion : elle leur prescrivit, et surtout à l'égard des Hollandois, d'attendre que cette république fît les premiers pas pour se rapprocher. En ce cas, le Roi vouloit bien ne pas rejeter les avances que cet Etat pourroit faire ; mais il ne convenoit plus à son service de rechercher une nation devenue plus fière à proportion des avantages que Sa Majesté lui avoit offerts.

La séparation de l'Angleterre du reste des alliés n'étoit pas un événement aussi indifférent pour les Hollandois, qu'ils feignoient de le croire et affectoient de le publier. Les troupes angloises étant reçues dans Dunkerque, et la cessation d'hostilités entre les troupes de France et d'Angleterre en Flandre étant publiée dans l'une et l'autre armée, le Roi fit écrire au vicomte de Bolingbrocke que Sa Majesté, ayant satisfait ponctuellement à ses engagemens, s'attendoit que la reine d'Angleterre s'acquitteroit aussi de la promesse que Bolingbroke avoit faite au nom de cette princesse, et que rien ne retarderoit la conclusion d'une paix particulière entre la France et l'Angleterre ; que tout obstacle étoit levé, puisque les conditions du traité avec l'Angleterre étoient toutes réglées ; qu'à l'égard de la paix générale, le Roi avoit confié ses intentions à la reine d'Angleterre, et que cette princesse les avoit approuvées.

On proposoit en même temps à Bolingbrocke de convenir d'une suspension de toutes hostilités par mer ; en sorte que pendant qu'elle dureroit il ne seroit permis de transporter en Portugal, non plus qu'en Catalogne, ni dans aucun lieu où la guerre se feroit encore, troupes, munitions ni provisions, de quelque espèce que ce pût être.

Ces propositions étoient l'effet et la suite d'une véritable suspension d'armes : elles étoient justes, et furent acceptées. A cette occasion, Bolingbrocke fit, de la part de la Reine sa maîtresse, une demande dont il n'avoit pas été question jusqu'alors : il représenta que, de tous les alliés dont cette princesse pouvoit avoir à cœur les intérêts et les justes prétentions, il n'y en avoit aucun qu'elle désirât de favoriser autant que le duc de Savoie ; que ce seroit même un moyen d'attirer ce prince dans les engagemens déjà pris, et de lui faire comprendre qu'il n'avoit rien à craindre des insultes des Impériaux lorsqu'il seroit protégé par la France et l'Angleterre. Elle se proposoit donc de lui faire donner le royaume de Sicile. Bolingbrocke ajoutoit : « Et c'est une chose dont elle ne sauroit se désister. »

Les ennemis de son gouvernement, et personnellement de Bolingbrocke, publièrent après la mort de cette princesse, et sous le règne du duc d'Hanovre, que la demande du royaume de Sicile pour le duc de Savoie avoit été faite sans sa participation ; qu'il en parut très-agité lorsque le comte de Peterborough lui en apprit la première nouvelle ; que dans ce moment il répondit qu'il n'étoit pas assez avide d'un vain titre de roi pour sacrifier des intérêts réels à l'ambition mal placée d'obtenir cette nouvelle dignité ; qu'au reste rien ne lui paroissoit plus extraordinaire que de laisser à un prince battu par ses ennemis le prix si long-temps disputé, prix que le parlement d'Angleterre avoit si souvent reconnu et déclaré être le juste et principal motif de la guerre.

Cette demande imprévue en faveur du duc de Savoie causa de nouveaux embarras à la négociation de la paix : une telle prétention fit d'autant plus de peine au Roi, que l'intention de Sa Majesté avoit toujours été d'engager le roi d'Espagne à céder le royaume de Sicile à l'électeur de Bavière, pour le dédommager des pertes que sa fidélité dans ses engagemens lui avoit causées, et de celles que peut-être il souffriroit encore par le traité de paix, dont les conditions étoient douteuses. Il est certain que pendant le cours de la négociation le Roi n'avoit jamais distingué ses propres intérêts de ceux de l'électeur de Bavière : ils lui avoient été également chers ; et sa Majesté, attentive au rétablissement parfait de ce prince, et de l'électeur de Cologne son frère, avoit donné et souvent renouvelé des ordres très-précis à ses plénipotentiaires de considérer ce qui regardoit la maison de Bavière comme un des points principaux de leur négociation.

Les Hollandois continuoient de susciter à son heureuse conclusion toutes les difficultés qu'il dépendoit d'eux d'y faire naître. La réponse qu'ils avoient si long-temps promise aux plénipotentiaires d'Angleterre ne paroissoit pas encore : il falloit, pour les déterminer à s'expliquer, quelque événement décisif. Il arriva, et les ennemis de la paix éprouvèrent enfin que la séparation de l'Angleterre n'étoit pas indifférente à la prospérité des armes de cette alliance formidable.

Le comte d'Albemale commandoit à Denain un corps détaché de l'armée du prince Eugène : son camp étoit bien retranché ; il occupoit ce poste principalement pour garder pendant le siége de Landrecies toutes les provisions nécessaires pour la grande armée : elles étoient rassemblées dans les magasins faits à Marchiennes. Les maréchaux de Villars et de Montesquiou l'attaquèrent le 24 de juillet, forcèrent les retranchemens, défirent entièrement les troupes qui les défendoient, et se rendirent maîtres de Marchiennes et des magasins. Albemale fut fait prisonnier, et plusieurs officiers généraux des ennemis périrent dans cette journée. Les François attribuèrent ce grand événement à la valeur de la nation, aussi bien qu'à la bonne disposition que les maréchaux de Villars et de Montesquiou avoit faite pour l'attaque. Les Anglois des deux partis dirent également, mais par des motifs opposés, que la séparation des troupes angloises avoit causé la défaite des alliés. On jugea de part et d'autre que la paix en seroit la suite immanquable ; ceux qui la craignoient s'en élevèrent encore davantage contre les négociations : elles étoient, selon eux, l'origine d'un si grand changement. L'erreur étoit égale de tous côtés. La valeur ou la politique se glorifieroient mal à propos des succès qui ne dépendent pas des hommes. Le Dieu des armées, maître de la victoire, la donne suivant sa volonté ; il élève les humbles, abaisse les superbes, soutient et protége ceux qui mettent en lui leur confiance, et punit l'orgueil des nations qui s'appuient sur leurs forces et se figurent que rien n'est capable d'y résister.

Il étoit important aux intérêts de l'Empereur d'entretenir en Hollande les partisans de la guerre dans la haute opinion qu'ils avoient de la puissance de l'Etat et de celle de leurs alliés : ainsi le prince Eugène eut soin de répandre que la défaite de Denain ne dérangeroit pas ses projets ; qu'il continueroit le siége de Landrecies ; qu'après avoir pris cette place il pénétreroit en France, ravageroit la Picardie, la Champagne, donneroit bataille, la gagneroit, et se feroit voir victorieux aux portes de Paris.

Ces bravades convenoient peu à la réputation d'un général dont le vrai mérite connu étoit hors de toute contestation. Toutefois Sinzendorff et le Pensionnaire ne laissèrent pas de les faire valoir, dans l'espérance qu'elles ranimeroient ceux que l'action de Denain avoit abattus. Ainsi leurs émissaires, dans la ville d'Amsterdam, travaillèrent à persuader que ce malheureux événement seroit bientôt et facilement réparé ; qu'il falloit s'unir plus que jamais, montrer une fermeté nouvelle, et ne pas donner à la France lieu de croire qu'un accident fâcheux fût capable de consterner et de désunir des alliés qui pendant une longue guerre avoient eu jusqu'à ce jour des succès toujours heureux.

Le Roi avoit jugé, même avant la journée de Denain, que toute exhortation à discontinuer la guerre seroit mal reçue et peu écoutée dans les Provinces-Unies, si les Anglois, séparés de l'armée du prince Eugène, ne s'assuroient des villes de Gand et de Bruges. Sa Majesté en fit avertir le duc d'Ormond : le comte de Stafford lui avoit déjà donné le même conseil. Il s'assura de Bruges, se rendit maître de la citadelle de Gand et des portes de la ville, et se mit en état de ne craindre aucune surprise de la part d'un bataillon hollandois et d'un autre bataillon wallon en garnison dans la même ville.

Tant de contre-temps que les alliés essuyoient affoiblirent les grandes espérances dont le prince Eugène et le Pensionnaire les avoient flattés. La levée du siége de Landrecies acheva de détruire la confiance donnée aux promesses et du général et du ministre.

Toutefois le moment heureux et si désiré du retour de la paix n'étoit pas arrivé ; elle devoit souffrir encore de nouveaux retardemens par la manière décisive dont la reine d'Angleterre demandoit la cession du royaume de Sicile en faveur du duc de Savoie. La dernière lettre du vicomte de Bolingbrocke finissoit par une espèce de menace, plus capable d'exciter l'aigreur dans la négociation que d'en faciliter la conclusion. Le Roi ne voulut pas cependant qu'il parût dans la réponse que Sa Majesté fût blessée de la déclaration que le ministre de la reine de la Grande-Bretagne faisoit, que la suspension générale de toutes hostilités par mer et par terre n'auroit lieu qu'autant que le Roi consentiroit à la condition demandée ; mais Sa Majesté commanda qu'on répondît aux instances de Bolingbrocke qu'elle avoit jusqu'alors accordé toutes les conditions désirées par la reine d'Angleterre ; que cette princesse, témoignant souhaiter la paix, n'avoit cependant donné de sa part aucune assurance de ce qu'elle feroit pour en avancer la conclusion ; que les Anglois étoient actuellement dans Dunkerque, et que les portes leur en avoient été ouvertes, quoique les troupes étrangères à la solde de l'Angleterre eussent suivi le prince Eugène ; que, nonobstant la complaisance du Roi et son exactitude scrupuleuse à s'acquitter de sa parole, la Reine n'avoit pas encore accompli l'engagement qu'elle avoit pris de procurer, entre les armées actuellement en Flandre, une suspension générale ; qu'elle donnoit lieu de penser et de dire que, malgré l'ingratitude de ses alliés, elle étoit uniquement occupée de leur procurer des conditions avantageuses. Le Roi, désirant aussi le dédommagement de l'électeur de Bavière, offroit de consentir à la demande de la Grande-Bretagne en faveur du duc de Savoie, si cette princesse travailloit et faisoit en sorte que l'électeur fût maintenu dans la souveraineté des Pays-Bas que le roi d'Espagne lui avoit cédée.

On attendoit la réponse du vicomte de Bolingbrocke. Il écrivit qu'il l'apporteroit lui-même ; que la Reine sa maîtresse lui avoit commandé de passer en France ; qu'il s'y rendroit incessamment et conduiroit avec lui Prior et l'abbé Gautier. Le Roi suspendit jusqu'à l'arrivée de ce ministre toute décision sur le projet de la paix particulière à faire avec l'Angleterre.

Les instructions données à Bolingbrocke, secrètes alors, devinrent publiques deux ans après, lorsque le duc d'Hanovre, succédant à la reine Anne en conséquence de l'acte du parlement, monta sur le trône de la Grande-Bretagne. Comme il étoit persuadé que les principaux ministres du règne précédent avoient agi contre ses intérêts en conduisant la négociation de la paix, qu'ils avoient d'autres vues encore plus à son préjudice et favorables au roi Jacques, il établit une commission qu'il chargea de rechercher avec la dernière rigueur la conduite du comte d'Oxford et du vicomte de Bolingbrocke. Robert Walpole fut nommé pour examiner les papiers de l'un et de l'autre, principalement ceux de la secrétairerie d'Etat du département de Bolingbrocke.

Ce censeur n'avoit pas oublié que son opposition déclarée à la paix, et ses cabales pour exciter les communes à la traverser, avoient été la cause de sa prison à la Tour sous le dernier gouvernement. Il trouvoit l'occasion de s'en venger, de plaire en même temps à son nouveau maître, d'acquérir la confiance d'un prince paresseux et nullement instruit des affaires de son nouveau royaume. Il profita d'une conjoncture si favorable, répandit dans ce rapport, imprimé depuis, tout le venin que lui fournirent la passion et l'esprit de vengeance ; il s'insinua de plus dans l'esprit du roi Georges, de façon que non-seulement il acquit sa confiance et conserva sa faveur pendant le règne de ce prince, mais, par un exemple rare en tout pays, et peut-être unique en Angleterre, il jouit du même credit et de la même autorité sous le règne du fils, quoique l'un et l'autre de ces princes eussent toujours été contraires en sentimens, et le fils haïssant ce que le père favorisoit.

Le rapport imprimé de Walpole a publié les instructions que reçut Bolingbrocke.

Le premier point étoit de témoigner au Roi le déplaisir que la reine de la Grande-Bretagne ressentoit des difficultés et du retardement d'une négociation qu'elle croyoit prête à conclure. Il devoit dire que, pleinement instruit des intentions de cette princesse, elle avoit aussi jugé à propos de l'autoriser à traiter et à régler les conditions capables d'aplanir toutes les difficultés apportées à la suspension d'armes.

La Reine lui prescrivoit d'y ajouter les assurances d'un désir sincère de sa part de rétablir une intelligence parfaite entre les nations. Il devoit tenir à peu près les mêmes discours aux ministres du Roi ; et, les assurant du pouvoir qu'il avoit de conclure la suspension d'hostilités par mer et par terre entre la France, l'Espagne et l'Angleterre, il lui étoit permis d'en fixer la durée à deux, trois ou quatre mois, de l'étendre même jusqu'à la conclusion de la paix : mais ce pouvoir étoit attaché à la condition fatale d'obtenir le royaume de Sicile, demandé pour le duc de Savoie ; et de plus, que la reine d'Angleterre prétendoit qu'autant qu'il seroit possible on réglât la forme des différentes renonciations à faire réciproquement aux successions des couronnes de France et d'Espagne.

Elle avoit insisté sur l'étendue d'une barrière que le duc de Savoie prétendoit ; car alors il n'y avoit point de prince engagé dans l'alliance contre la France qui ne se crût en droit d'en prétendre quelque démembrement, sous prétexte d'assurer ses frontières contre les entreprises de cette couronne. La reine de la Grande-Bretagne, sans insister sur cette prétendue barrière, ordonnoit seulement à Bolingbrocke de ne rien accorder au préjudice de la liberté qu'elle vouloit laisser au duc de Savoie de négocier lui-même les avantages qu'il pourroit obtenir.

Elle témoignoit une attention particulière aux intérêts de ce prince ; et comme le point principal pour lui étoit le droit de succéder à la couronne d'Espagne, au défaut du roi Philippe et de ses descendans, la Reine recommandoit à son ministre de faire expliquer cet article bien clairement, et de le rédiger, autant qu'il seroit possible, dans les mêmes termes du mémoire présenté par le comte Maffei.

L'acte de cession de la Sicile, ceux de la succession à la couronne d'Espagne en faveur du duc de Savoie, devoient être, suivant l'instruction, dressés en même temps que ceux des renonciations réciproques du Roi Catholique et des princes de France aux successions de l'une et de l'autre couronne.

L'intention de la reine d'Angleterre étoit que le royaume de Sicile fût remis au duc de Savoie incessamment, et sans attendre la conclusion de la paix générale. Elle consentoit cependant que la possession qu'il en prendroit fût différée jusqu'à la paix de l'Angleterre avec la France et l'Espagne.

Elle approuvoit aussi que son ministre consentît, s'il étoit nécessaire, à prévenir, par un article secret, le dessein que le duc de Savoie pourroit former d'échanger la Sicile contre quelque autre État contigu aux siens ; ce qui ne conviendroit ni aux intentions de cette princesse, ni à l'intérêt de ses royaumes.

A l'égard des renonciations, Bolingbrocke devoit les concerter de manière qu'elles ne souffrissent ni délais ni disputes lorsque ceux que la Reine nommeroit pour en être témoins arriveroient en France et en Espagne.

Le Roi souhaitant ardemment d'obtenir des conditions avantageuses pour l'électeur de Bavière, la Reine déclaroit qu'elle consentiroit volontiers au rétablissement de ce prince dans ses États d'Allemagne, à la réserve du Haut-Palatinat et du rang de premier électeur, que l'électeur palatin conserveroit ; au reste, que celui de Bavière, étant en possession de Namur, Luxembourg, Charleroi et Nieuport, pourroit s'en servir pour obtenir en échange quelque chose de plus lors du traité de la paix générale. Elle approuvoit que le royaume de Sardaigne fût accordé à ce prince, pour lui tenir lieu d'équivalent de ces quatre places,

Bolingbrocke devoit surtout éviter tous nouveaux engagemens, et par cette raison déclarer et répéter que la Reine sa maîtresse vouloit bien entrer dans la garantie commune pour assurer la disposition de l'Europe, telle que la paix générale la régleroit ; mais qu'elle ne vouloit stipuler aucune condition capable de l'engager dans une nouvelle guerre, principalement contre ses vieux alliés ; car il suffisoit à la France que leur conduite eût persuadé cette princesse qu'il étoit raisonnable, juste et même nécessaire de terminer de sa part la guerre présente.

Ces points étant réglés, Bolingbrocke devoit traiter des intérêts particuliers de la Grande-Bretagne, et tâcher de faire expliquer le plus avantageusement qu'il seroit possible les articles qui paroîtroient douteux.

Il devoit faire aussi tous ses efforts pour découvrir les dernières intentions de la France sur les différentes parties du plan de la paix générale. La Reine jugeoit que le traité entre la France et l'Angleterre étant conclu, il seroit à propos de fixer un temps aux alliés pour convenir aussi de leurs traités particuliers. Elle promettoit d'employer ses offices pour concilier les différends qui s'opposeroient à la paix générale ; mais elle ne prétendoit pas leur imposer comme loi le plan offert par la France, ni les priver de la liberté de travailler eux-mêmes à obtenir de meilleures conditions.

La convention pour la suspension d'armes étant conclue, Bolingbrocke devoit envoyer les ordres dont il étoit chargé au commandant de la flotte angloise dans la Méditerranée, à celui des troupes de la même nation en Catalogne, et à l'envoyé d'Angleterre à Gênes. Il concerteroit aussi avec les ministres du Roi les moyens de retirer en toute sûreté les troupes impériales de Catalogne, aussi bien que les portugaises, si l'Empereur et le roi de Portugal le jugeoient à propos.

La résolution que la reine de la Grande-Bretagne prit d'envoyer en France un de ses principaux ministres, devoit prouver à ses alliés qu'elle persistoit constamment dans la volonté de conclure une paix particulière, s'ils continuoient à refuser de concourir avec elle à la paix générale. Ils soupçonnoient même que le traité secret en étoit déjà signé, lorsque la nouvelle imprévue du voyage que le vicomte de Bolingbrocke devoit faire parvint en Hollande.

La conclusion d'un tel traité auroit depuis long-temps précédé, même empêché, la commission dont ce ministre fut chargé, si ses avis eussent été suivis. Il avoit conseillé à la Reine sa maîtresse de préférer une paix particulière à la suspension d'armes, et d'assurer au plus tôt à ses sujets la jouissance de toutes les conditions dont le Roi étoit convenu en faveur de l'Angleterre. C'étoit le moyen de trancher toutes les difficultés que les ennemis de la paix suscitoient à la simple cessation des hostilités. L'exemple de l'Angleterre auroit été bientôt suivi, et l'on pouvoit s'assurer que les rois de Portugal et de Prusse, le duc de Savoie, et les Hollandois même, ne prendroient pas le mauvais parti de demeurer engagés dans une guerre dont l'Angleterre se seroit retirée, et que le reste des alliés, sans moyens et sans forces pour la soutenir, ne la continueroient pas long-temps.

Le conseil donné par Bolingbrocke fut contredit par le grand trésorier, trop attentif à ménager le duc d'Hanovre, et craignant sa vengeance lorsqu'il seroit assis sur le trône d'Angleterre. On résolut de s'en tenir au projet d'une suspension. Elle causa beaucoup d'embarras, qu'on auroit évités par une paix définitive entre la France et l'Angleterre. La reine de la Grande-Bretagne, dont les infirmités augmentoient, auroit eu le loisir de pourvoir avant sa mort au repos de son royaume, aussi bien qu'à la sûreté de ses ministres, dont elle avoit été fidèlement servie.

Les Hollandois commençoient enfin à connoître que la guerre étoit insoutenable si l'Angleterre se détachoit de la grande alliance. L'événement de Denain, la levée du siége de Landrecies, tous les projets du prince Eugène évanouis, détruisoient l'espérance dont il avoit entretenu leur opposition opiniâtre à la paix.

Ils ouvrirent les yeux, et leurs ministres s'humilièrent à des démarches très-contraires à la fierté que le succès des armes de la ligue avoit inspirée aux Etats-généraux. Les plénipotentiaires à Utrecht allèrent trouver ceux de la Grande-Bretagne, et les prièrent d'employer leurs bons offices pour renouer avec les plénipotentiaires de France les conférences depuis long-temps interrompues. La cause de l'interruption étoit la prétention formée par les députés de Hollande de ne recevoir que par écrit les réponses des plénipotentiaires de France. Les Hollandois se désistèrent de cette prétention, et les ministres du Roi consentirent à reprendre les conférences, pourvu que la harangue de la reine d'Angleterre, faite à son parlement, servît de plan au traité de paix, moyennant les restrictions qu'ils répétèrent, suivant les ordres que le Roi leur en avoit donnés.

Sa Majesté vouloit, en premier lieu, que Lille lui fût restitué comme équivalent de la démolition de Dunkerque; elle déclaroit que Tournay, Condé et Maubeuge étoient les trois villes qu'elle exceptoit du nombre de celles que les Hollandois demandoient en 1709 sous le nom et le prétexte de barrière. La restitution de toutes les places prises sur la France depuis la même année 1709 étoit une des conditions que le Roi leur imposoit.

Les intérêts de l'électeur de Bavière n'étoient pas oubliés, et formoient un des points principaux de ces restrictions.

Les ministres des alliés, alors à La Haye, accoururent à Utrecht dès qu'ils surent que ceux de Hollande avoient fait la démarche humiliante de recourir à l'intercession des ministres d'Angleterre pour renouer les conférences. Le comte de Sinzendorff renouvela ses exhortations et ses promesses, pour ranimer le courage abattu des Hollandois. Il assura que le prince Eugène marchoit au maréchal de Villars; qu'il donneroit bataille; que la victoire, qu'il étoit sûr de remporter, changeroit en un instant la face des affaires; qu'il étoit de la sagesse comme de l'intérêt de la République de temporiser; qu'elle ne risquoit rien en suspendant les conférences; que le prétexte dont ses plénipotentiaires de Hollande devoient se servir pour les différer, quoiqu'ils eussent sollicité pour les rouvrir, étoit de dire et de prétendre que c'étoit aux François à demander qu'elles fussent renouées.

Sinzendorff persuada : il obtint des plénipotentiaires de la République qu'ils apporteroient de nouvelles difficultés à l'ouverture de ces conférences, qu'ils avoient désirées. Elles furent donc retardées : un incident, qui sera expliqué dans la suite, prolongea ce retardement, et laissa dans l'inaction les plénipotentiaires assemblés à Utrecht.

Le vicomte de Bolingbrocke étoit cependant arrivé à Paris vers la fin du mois d'août. Torcy s'y rendit de Fontainebleau, et trouva chez la marquise de Croissy, sa mère, le ministre d'Angleterre. Elle l'avoit invité à loger chez elle pendant le séjour qu'il feroit en France. Ils ne perdirent point de temps à conférer sur les points principaux de l'instruction que la reine d'Angleterre avoit donnée à son ministre; et, suivant les ordres que Torcy avoit reçus du Roi, ils convinrent que le duc de Savoie et ses descendans seroient appelés à la monarchie d'Espagne, au défaut du roi Philippe et de ses descendans; que la substitution en seroit insérée dans l'acte que le roi d'Espagne donneroit de sa renonciation à ses droits, et aux droits de ses descendans à la couronne de France ; que la même substitution seroit pareillement insérée dans les actes que signeroient les ducs de Berri et d'Orléans, contenant la renonciation à leurs droits sur la succession à la monarchie d'Espagne; que la renonciation du Roi Catholique seroit enregistrée dans les parlemens du royaume. Il seroit spécifié dans le même acte, que ce prince consentoit et demandoit que le Roi fît retirer des archives du parlement de Paris les lettres que Sa Majesté fît expédier au mois de décembre 1700, pour conserver au Roi son petit-fils les droits de sa naissance, nonobstant son absence et sa demeure hors du royaume, et que ces lettres seroient annulées.

Les renonciations des ducs de Berri et d'Orléans devoient être admises réciproquement par les cortès, ou Etats de Castille et d'Arragon, et ces formalités accomplies le plus tôt qu'il seroit possible ; en sorte que le duc d'Hamilton, que la Reine avoit désigné son ambassadeur en France, lui rendît compte au plus tôt de l'enregistrement de la renonciation du Roi Catholique, et que le comte d'Elexington, destiné pour ambassadeur à la cour de Madrid, fût pareillement témoin de l'admission que les Etats d'Espagne feroient des renonciations des ducs de Berri et d'Orléans.

A l'égard de la cession de la Sicile, le Roi avoit jugé qu'en favorisant le duc de Savoie il falloit éviter de lui faire perdre l'avantage que la reine d'Angleterre souhaitoit de lui procurer. Une déclaration prématurée pouvoit soulever en faveur de la maison d'Autriche les peuples de ce royaume, naturellement inquiets et portés à la révolte.

On convint donc, suivant les intentions de Sa Majesté, que, sitôt que le ministre de la reine d'Angleterre seroit arrivé à Madrid, le roi d'Espagne signeroit un article secret contenant la promesse de céder la Sicile au duc de Savoie, soit par le traité de la paix générale avec toutes les puissances actuellement en guerre, soit par un traité particulier entre la France, l'Espagne, l'Angleterre et la Savoie; que le Roi Catholique s'engageroit par le même article à laisser au duc de Savoie la possession du royaume de Sicile après l'échange des ratifications, avec la clause qu'il ne pourroit jamais échanger ni aliéner cette île pour quelque cause et sous quelque prétexte que ce pût être.

Il ne fut pas aussi aisé de convenir sur l'article de la barrière à laisser au duc de Savoie. Le vicomte de Bolingbrocke déclaroit que la Reine sa maîtresse ne demandoit pas l'agrandissement des domaines de ce prince du côté de la France, mais seulement sa sûreté ; que le Roi avoit promis celle de tous les alliés de l'Angleterre en général ; que Sa Majesté s'étoit donc engagée à l'accorder au duc de Savoie.

On répondit à cet argument captieux, que c'étoit couvrir du nom et du prétexte de sûreté ce qui étoit un véritable agrandissement aux dépens comme au préjudice de la France ; que le Roi faisoit beaucoup de consentir, en considération de la reine d'Angleterre, à laisser au duc de Savoie Exilles, Fenestrelle et la vallée de Pragelas ; que c'étoit aussi tout ce que Sa Majesté pouvoit accorder aux instances de cette princesse.

Le refus étoit juste, et Bolingbrocke étoit autorisé à se relâcher de cette dernière demande. Comme il ne vouloit pas laisser pénétrer l'étendue de son pouvoir, il feignit de chercher des termes pour débarrasser, dit-il, avec honneur la Reine sa maîtresse des instances du duc de Savoie. Il dit enfin que, comme elle ne pouvoit prendre sur elle de décider au préjudice de son allié, il falloit remettre cet article aux plénipotentiaires assemblés à Utrecht.

La contestation fut d'autant plus vive sur l'article du rétablissement et du dédommagement de l'électeur de Bavière, que ce prince, ayant appris l'arrivée prochaine du vicomte de Bolingbrocke, étoit venu à Paris pour veiller lui-même à ses intérêts. Il espéroit que le royaume de Sicile lui seroit cédé en dédommagement des pertes que la guerre lui avoit causées : l'intention du Roi étoit effectivement de lui procurer cette couronne. Ce fut une triste commission que celle d'annoncer à l'électeur que la paix devenoit impossible si Sa Majesté persistoit à refuser aux instances de la reine d'Angleterre de consentir à la cession que le roi d'Espagne vouloit bien faire de cette île en faveur du duc de Savoie. Il y avoit encore lieu d'espérer qu'il seroit plus aisé de procurer à l'électeur le royaume de Sardaigne ; mais il obtint dans la suite, par la paix conclue avec l'Empereur et l'Empire, des conditions pour lui plus convenables et plus heureuses, puisqu'il fut rétabli dans tous ses Etats et ses dignités, ainsi que l'électeur de Cologne, son frère.

La convention sur tous les articles agités étant faite et réglée entre les deux secrétaires d'Etat de France et d'Angleterre, ils demeurèrent d'accord de signer à Fontainebleau, après que Bolingbrocke auroit été admis à l'audience du Roi, le traité de suspension d'armes par mer et par terre, pendant quatre mois, entre la France et la Grande-Bretagne.

Ils partirent ensemble de Paris pour se rendre auprès du Roi qui étoit informé déjà, par une lettre que Torcy eut l'honneur de lui écrire, que tout étoit réglé suivant ses ordres. Sa Majesté voulut marquer la satisfaction qu'elle avoit d'agir désormais de concert avec la reine d'Angleterre, et d'établir avec cette princesse la bonne intelligence qui devoit rendre le repos à l'Europe. Pour traiter donc son ministre avec distinction, le Roi lui fit préparer un appartement dans la partie du château de Fontainebleau qu'on nomme la Conciergerie, et dès le lendemain Sa Majesté lui donna dans son cabinet une audience particulière. Le vicomte de Bolingbrocke s'acquitta de la commission dont la Reine sa maîtresse l'avoit chargé avec autant de grâce que de noblesse et de respect en même temps pour la personne du Roi. Il auroit acquis dès ce moment l'estime de Sa Majesté s'il ne l'avoit déjà méritée et obtenue par la conduite qu'il avoit tenue pendant le cours de la négociation.

Le Roi, qui joignoit à ses rares qualités celle de s'expliquer mieux que prince du monde, lui répondit en termes choisis, non recherchés, mais persuasifs, et l'assura de son estime et de son affection pour la reine de la Grande-Bretagne. Il témoigna la satisfaction qu'il avoit de voir la paix approcher de sa conclusion par les soins de cette princesse, comme il avoit fait de son côté tout ce qui dépendoit de son pouvoir pour la faciliter. Il dit qu'il espéroit que tant d'oppositions formées à son rétablissement seroient vaines, et que Dieu ne permettroit pas que les ennemis du repos public eussent longtemps encore la liberté de donner des lois contraires au bonheur de tant de nations. Sa Majesté assura Bolingbrocke qu'elle tiendroit exactement tout ce qu'elle avoit promis, et que le succès de ses armes n'apporteroit aucun changement aux conditions dont elle s'étoit contentée.

L'audience finie, les deux secrétaires-d'Etat relurent et examinèrent le projet qu'ils avoient dressé pour une suspension d'armes.

Le traité, mis au net, fut signé le même jour. Cet acte et ceux des renonciations sont imprimés en tant d'ouvrages et de recueils différens, qu'il seroit inutile de les rapporter dans ces Mémoires. La suspension d'armes étoit pour quatre mois ; le terme en expiroit vers la fin de décembre, et pour lors elle fut prolongée.

Le vicomte de Bolingbrocke ne plut pas moins aux courtisans qu'il avoit eu le bonheur de plaire au Roi. La cour de France ne lui fut point étrangère, comme lui-même ne parut pas étranger : on s'empressa de lui en faire les honneurs ; et quoique l'exemple du Roi soit ordinairement le modèle de l'accueil que reçoit un étranger, Bolingbrocke ne dut pas moins celui qu'il reçut aux qualités de sa personne qu'aux sentimens que le Roi fit paroître à son égard. Il partit peu de jours après, plein de zèle et de courage, pour achever heureusement l'ouvrage commencé et conduit à un tel point que, peu de temps après, le cardinal de Polignac écrivoit d'Utrecht : « Nous prenons la figure que les Hollandois avoient à Gertruydemberg, et ils prennent la nôtre : c'est une revanche complète. Le comte de Sinzendorff sent bien vivement sa décadence. »

En effet, vers le mois d'octobre les armées du Roi ayant repris Douay, les Hollandois redoublèrent leurs instances pour renouer les conférences d'Utrecht, interrompues par l'incident arrivé au mois de septembre précédent, et qu'il est temps d'expliquer.

Quelques jours après le combat de Denain, le comte de Rectheren, député de la province d'Over-Yssel, prétendit que, passant en carrosse devant la porte de Ménager, les laquais de ce plénipotentiaire avoient insulté les siens par des grimaces et des gestes indécens. Il envoya son secrétaire porter ses plaintes à leur maître, et lui demander satisfaction d'une telle offense, ajoutant qu'il seroit autrement obligé de se la faire lui-même.

Ménager répondit par écrit que, quoiqu'il ne fût question que de querelle de laquais, il étoit très éloigné d'approuver que les siens fissent quelque insulte à d'autres domestiques, principalement à ceux de Rectheren ; qu'il étoit prêt de lui remettre les laquais que ce député avoit vus commettre ces indécences, ou même que ses gens prouveroient en être les auteurs.

Rectheren étoit allé à La Haye lorsque la réponse fut portée chez lui et remise en son absence à Moërmann, un de ses collègues.

A son retour il renvoya son secrétaire demander à Ménager satisfaction de l'offense dont il s'étoit plaint. Ménager lui fit porter la même réponse qu'il avoit déjà faite, et Rectheren avoua qu'il n'avoit vu ni les grimaces ni les gestes indécens dont il se prétendoit offensé; « mais il conviendroit, dit-il, qu'il eût la liberté d'envoyer dans la maison de Ménager reconnoître ceux dont il croyoit avoir lieu de se plaindre. »

Quelques jours après, Ménager et Rectheren se trouvèrent avec d'autres plénipotentiaires des Provinces-Unies à la promenade publique du Mail d'Utrecht. Après quelques civilités réciproques, Rectheren dit au plénipotentiaire de France qu'il attendoit toujours la satisfaction qu'il lui avoit demandée. Ménager s'en rapporta à la réponse qu'il avoit déjà faite, et ajouta que ses laquais désavouoient tout ce que les autres leur imputoient.

Rectheren insista sur la perquisition qu'il prétendoit faire dans la maison de Ménager; et, sur le refus que fit ce dernier d'accorder une permission qui rendroit les accusateurs juges des accusés, Rectheren répliqua : « Le maître et les valets se feront donc justice? Je suis revêtu du caractère d'un souverain aussi bien que vous, et je ne suis pas homme à recevoir des insultes. » Après ce discours il parla hollandois à quelques domestiques qui le suivoient.

Quelques momens après les laquais de Ménager arrivèrent, se plaignant que ceux de Rectheren les avoient surpris par derrière, frappés sur le visage et menacés de coups de couteau. Rectheren, en prenant la parole, dit tout haut : « Toutes les fois qu'ils le feront je les récompenserai; et s'ils ne le faisoient pas, je les chasserois. »

Ses collègues tâchèrent d'excuser un tel emportement, et ne le pouvant, ils nièrent les discours que Rectheren avoit tenus, quoique plusieurs députés des provinces les eussent entendus. Tous souhaitoient que cette malheureuse affaire fût traitée de simple querelle de valets : ils prièrent les plénipotentiaires de France de s'en remettre pour l'accommoder aux plénipotentiaires d'Angleterre, sans en écrire au Roi ou s'en plaindre aux Etats-généraux.

L'intervention des plénipotentiaires d'Angleterre ne fut pas refusée; mais ceux de France, sans rien promettre sur le fond de l'affaire, persistèrent à demander une satisfaction et rejetèrent l'excuse que les collègues de Rectheren alléguoient en sa faveur. Ils prétendoient le justifier sur ce qu'il étoit ivre lorsqu'il avoit parlé et agi avec tant de violence et de brutalité.

Il faut convenir qu'en toute autre conjoncture une querelle de valets n'auroit pas mérité l'attention sérieuse des plénipotentiaires, encore moins celle du Roi, et qu'on auroit pu accorder à Rectheren la grâce de le croire ivre, ainsi que le demandoient ses collègues; mais alors il étoit nécessaire non-seulement d'abaisser l'orgueil des Hollandois, mais encore de suspendre les conférences d'Utrecht, jusqu'à ce que toutes choses fussent entièrement concertées avec la reine de la Grande-Bretagne. Le Roi voulut donc condescendre aux représentations de Ménager et croire que Rectheren avoit cherché un prétexte de plainte et de querelle, flatté de l'espoir que l'éclat qu'il feroit engageroit Sa Majesté à rompre les conférences. C'étoit l'objet des vœux du Pensionnaire, de ses partisans et des ministres de la maison d'Autriche. Rectheren étoit du nombre par reconnoissance et par intérêt. L'Empereur l'avoit fait comte; et cette grâce légère s'unissoit à l'intérêt plus solide de conserver à ses frères les emplois lucratifs qu'ils avoient dans l'armée, la paix devant les en priver. Il ne cessoit donc d'en détourner la province dont il étoit député : c'est ce que Ménager représentoit.

Sans approfondir la solidité de ces réflexions, il convenoit de retarder les conférences (et ce différend en étoit une raison plausible) jusqu'à ce que le Roi eût obtenu une réparation convenable de l'offense faite à l'un de ses plénipotentiaires. Sa Majesté donna ordre à tous trois de dire aux Anglois, à qui seuls ils devoient répondre, que son intention étoit que les Etats-généraux eussent à déclarer si Rectheren avoit suivi leurs ordres en autorisant la violence de ses domestiques et s'expliquant ensuite dans les termes dont il avoit usé; ou s'il avoit seulement écouté sa passion, excité par les ministres de la maison d'Autriche.

S'il avoit obéi à ses maîtres, il falloit en conclure que toute sûreté pour les plénipotentiaires de France étoit bannie de la ville d'Utrecht; s'il n'avoit eu pour guides que son emportement et son intérêt particulier, les Etats-généraux devoient désavouer hautement et publiquement l'indigne procédé d'un ministre qui abusoit de leur confiance.

Le Roi prescrivit les conditions du désaveu : la principale étoit de rappeler Rectheren et de nommer en sa place un autre député.

Les Hollandois, devenus plus dociles, consentirent à la restitution de Lille. Les plénipotentiaires du Roi parurent peu touchés de cette condescendance forcée et mortifièrent la République par leur silence. La résolution qu'elle avoit prise sur cet article donnoit lieu de croire qu'en insistant fortement sur la restitution de Tournay, on pourroit également l'obtenir. L'assistance de l'Angleterre étoit nécessaire ; mais, loin de trouver du secours de la part de ses ministres, l'opposition qu'ils y apportèrent égala celle des Etats-généraux. La soumission des Hollandois changeoit en leur faveur l'esprit des ministres de la reine d'Angleterre. Bolingbrocke, étant encore en France, avoit dit que si ces ennemis de la paix revenoient à la raison, s'ils imploroient la protection de la reine d'Angleterre, ce changement de leur part feroit cesser l'animosité de la nation angloise, ainsi que le désir qu'elle témoignoit de se venger de leur opiniâtreté ; qu'ainsi il seroit très-difficile à la Reine de faire accepter toutes les conditions du plan que le Roi avoit envoyé ; que le seul moyen de les obtenir étoit de presser la conclusion d'une paix particulière et de faire au plus tôt enregistrer les renonciations, parce que la paix en dépendoit ; qu'immédiatement après l'accomplissement de cette condition essentielle, la reine de la Grande-Bretagne déclareroit à ses alliés qu'elle ne pouvoit obtenir d'autre plan que celui que le Roi avoit proposé ; que ce seroit donc à eux à décider s'ils l'accepteroient ; qu'ils auroient trois mois pour en délibérer ; mais, ce terme passé, le Roi ne seroit plus tenu d'accorder les conditions proposées.

L'événement vérifia ce que Bolingbrocke avoit dit avant son départ. A peine savoit-on à Londres que le comte de Stafford y revenoit, apportant le consentement des Hollandois à la paix, que leur docilité nouvelle changea la disposition du conseil d'Angleterre. Le Roi insistoit vivement sur la restitution que Sa Majesté demandoit de Tournay et de ses dépendances ; les Hollandois y résistoient et soutenoient que cette place étoit absolument nécessaire à la sûreté de leur barrière. Quoique la reine d'Angleterre eût appuyé leurs représentations, on avoit lieu d'espérer qu'irritée de leur opposition à la paix, elle consentiroit à la juste prétention du Roi ; mais elle ne put résister aux instances pressantes de ses ministres. Tous de concert écrivirent à Prior, alors en France, chargé des affaires d'Angleterre, qu'ils attendoient de la générosité du Roi et du désir qu'il témoignoit de rendre le repos à l'Europe, qu'il ne retarderoit pas le bonheur de tant de peuples, en insistant sur la restitution d'une place véritablement nécessaire aux Hollandois pour former la barrière des Pays-Bas ; que la Reine s'efforceroit en vain de la faire rendre à la France ; qu'en vain aussi cette princesse compromettroit son autorité ; qu'elle s'attireroit seulement des reproches de la nation angloise, portée pour les Hollandois, persuadée qu'ils se mettoient à la raison, et que leur demande équitable ne pouvoit être contredite que par des ministres corrompus et vendus à la France.

En effet, le public leur imputoit d'être cause des succès des armes du Roi pendant la dernière campagne. Les discours ordinaires étoient qu'on devoit attribuer à leur conduite la journée de Denain, la réduction de Douay, celle du Quesnoy et de Bouchain ; que leur précipitation à prendre avec la France des engagemens prématurés l'excitoit à demander des conditions qu'elle n'auroit jamais exigées si l'Angleterre, se conduisant plus honorablement, eût traité de concert avec ses alliés. Toutes les lettres d'Angleterre portoient que le parti des Hollandois à Londres y grossissoit tous les jours ; que ceux qui étoient les plus animés contre eux pendant qu'ils s'opposoient à la paix, parloient en leur faveur depuis que le traité ne dépendoit plus que d'une seule place nécessaire à la sûreté de leur barrière ; ceux dont les bonnes intentions n'étoient pas douteuses, ne cessoient de représenter que le Roi donnoit à ses ennemis des armes contre la Reine et ses ministres, en refusant d'avoir égard aux instances de cette princesse sur Tournay ; que l'ouvrage de la paix, conduit avec tant de peine, seroit incessamment renversé, au moment où il ne dépendoit que du Roi de le consommer heureusement.

Une dernière raison de finir étoit l'état véritable de la santé de la reine Anne, tel qu'il y avoit lieu de craindre une mort précipitée ; et si ce malheur arrivoit, non-seulement les ministres d'Angleterre seroient sacrifiés à la vengeance de leurs ennemis, mais toute négociation de paix seroit absolument rompue.

Une raison infiniment plus pressante que le Roi réservoit peut-être en lui-même, qui causoit la douleur de ses ministres, mais dont il ne convenoit pas de s'expliquer, étoit le dépérissement de sa propre santé, qui, joint à son âge avancé, donnoit lieu de tout craindre et de prévoir les malheurs d'une minorité, si le moment en arrivoit pendant que le royaume se trouveroit engagé dans une guerre sanglante dont il ne pouvoit plus soutenir le poids.

Ces différentes considérations décidèrent du sort de Tournay. Le Roi prit la résolution d'abandonner la demande qu'il en avoit faite, et qu'il pouvoit soutenir encore, même avec quelque lueur d'espérance d'en obtenir enfin la restitution.

Sa Majesté jugea cependant qu'elle pouvoit mettre quelques conditions à ce désistement, si désiré de l'Angleterre et des Etats-généraux. Elles furent, en premier lieu, que la paix seroit le seul fruit de l'abandon de Tournay ; que les Hollandois renonceroient à toute autre demande à faire de leur part, sous prétexte d'augmentation de barrière; qu'ils se contenteroient de jouir du tarif de 1664, avec l'exception des quatre espèces déjà spécifiées; que l'Angleterre et les Etats-généraux s'uniroient pour procurer à l'électeur de Bavière non-seulement la Sardaigne, mais encore la souveraineté des provinces de Luxembourg et Namur, dont il étoit déjà en possession, et de celles de Limbourg et du comté de Hainaut, ou tout au moins la conservation de Luxembourg et de Namur; que les prétentions du roi de Portugal et du duc de Savoie ne feroient plus d'obstacles à la paix; que celles de la maison d'Autriche et de l'Empire pour la barrière du Rhin ne seroient désormais appuyées ni de la part de l'Angleterre ni de celle de la Hollande.

Prior, instruit des intentions de Sa Majesté, partit pour aller à Londres en informer la Reine sa maîtresse et lui porter en même temps une lettre de la main du Roi, dont le principal article regardoit les intérêts du duc de Bavière.

Il s'acquitta de sa commission et revint au mois de décembre 1712 avec les réponses de la reine d'Angleterre aux conditions proposées par le Roi, comme une espèce de dédommagement du consentement que Sa Majesté donnoit à se désister de la restitution de Tournay.

Il dit, sur le premier article, que la Reine sa maîtresse n'oublioit rien pour lever les difficultés de la négociation; que ses plénipotentiaires à Utrecht avoient parlé aux Etats-généraux avec toute la force nécessaire pour les obliger à signer incessamment la paix de concert avec cette princesse; qu'elle vouloit la conclure, quand même les alliés refuseroient d'y souscrire; que jusqu'à présent elle n'avoit pas cru devoir entrer dans les intérêts de l'électeur de Bavière, et favoriser au préjudice de ses alliés un prince qu'elle ne pouvoit regarder encore que comme ennemi ; mais que depuis qu'elle avoit vu que le Roi s'intéressoit particulièrement aux avantages de l'électeur, et que ce seroit faire plaisir à Sa Majesté que d'y contribuer, la Reine avoit ordonné à ses plénipotentiaires à Utrecht d'établir, comme condition de la paix, que la Sardaigne seroit cédée à l'électeur de Bavière, pour le dédommager, par l'acquisition d'un royaume et de la dignité royale, de la perte du Haut-Palatinat et du rang de premier électeur, qu'il seroit impossible de lui restituer.

La Reine prétendoit se conformer à la proposition que le Roi lui-même en avoit faite, et que le dédommagement étoit d'autant plus avantageux que le Haut-Palatinat et le premier rang dans le collége électoral reviendroient à l'électeur ou bien à ses descendans après la mort de l'électeur palatin et du prince Charles son frère, en sorte qu'il auroit acquis la Sardaigne et le titre de roi, sans préjudice pour lui ou pour sa postérité ; qu'en attendant qu'il fût mis en possession de la Sardaigne, il garderoit ce qu'il possédoit alors dans les Pays-Bas, mais avec garnison hollandoise ; car il ne falloit pas se figurer que les Hollandois crussent leur barrière assurée, s'il y avoit d'autres troupes que celles de la République dans les places dont l'électeur seroit le maître ; et si ce prince se défioit des intentions des Etats-généraux, la Reine offroit d'en être garante; que c'étoit tout ce qu'elle pouvoit faire en sa faveur, à la considération du Roi ; que jusqu'alors elle n'avoit promis que de laisser agir les plénipotentiaires de France pour les intérêts de l'électeur ; que désormais ceux de la Grande-Bretagne agiroient aussi et traiteroient son dédommagement comme condition essentielle et nécessaire à la paix.

La reine d'Angleterre observoit en même temps que l'électeur de Bavière devoit porter ses vues sur de nouvelles augmentations d'Etats et de dignités, la situation présente de la maison d'Autriche donnant à ce prince lieu de tout espérer pour l'avenir.

Prior étoit chargé d'un nouveau mémoire présenté à la Reine sa maîtresse par l'envoyé de Savoie auprès d'elle. C'étoit encore un renouvellement d'instance pour une augmentation de barrière : mais Prior déclara que c'étoit un simple office dont la Reine n'avoit pu se dispenser et dont elle n'attendoit nul effet. Il ignoroit qu'elle eût donné aucun ordre à ses plénipotentiaires sur les prétentions visionnaires du roi de Portugal, et sur les demandes aussi mal fondées de l'électeur de Brandebourg, sous prétexte d'une compensation pour Orange. Il ne croyoit pas que la Reine eût la moindre intention de favoriser cet électeur, dont elle n'avoit pas sujet d'être contente.

L'intérêt particulier de l'Angleterre étoit celui du commerce. Prior, instruit des conditions qui pouvoient convenir à sa nation, représenta qu'il étoit nécessaire de régler au moins les articles généraux d'un traité de commerce avant la conclusion de la paix ; qu'à l'égard des difficultés particulières, on pourroit en remettre la discussion à des commissaires après la signature des traités.

Il étoit pareillement autorisé à traiter sur les limites de l'Amérique septentrionale ; et s'il plaisoit au Roi, ces deux articles pouvoient être réglés en peu de temps.

Les discussions sur la pêche de Terre-Neuve, sur l'île du Cap-Breton, pourroient être également terminées, soit par Prior, soit entre les plénipotentiaires de France et d'Angleterre à Utrecht, soit avec le duc de Shrewsbury, que la Reine avoit nommé son ambassadeur en France pour remplacer le duc d'Hamilton, péri misérablement dans un combat singulier contre le lord Mohon.

On a attribué la cause de ce duel à l'animosité réciproque qu'un procès entre eux avoit excitée ; mais l'opinion commune étoit que les wighs, et principalement le duc de Marlborough, étoient les auteurs secrets de la querelle et du combat. Le duc d'Hamilton tomba sur son ennemi après lui avoir porté un coup mortel. Un officier irlandois, nommé Makarteney, second de Mohon, voyant Hamilton tombé, lui perça le cœur d'un coup d'épée. Peu de jours après, Marlborough partit de Londres pour aller s'embarquer à Douvres et passer à Ostende.

Ce fut donc après la mort du duc d'Hamilton, et pendant que Prior étoit encore à la cour d'Angleterre, que la Reine choisit et nomma le duc de Shrewsbury pour l'envoyer en France en qualité de son ambassadeur extraordinaire. Il étoit au fait de tout ce qui s'étoit passé de plus intime et de plus secret dans la négociation entre la France et l'Angleterre, depuis son commencement jusqu'au point de perfection dont elle approchoit alors. On pouvoit s'assurer que loin d'en prolonger la consommation, il la presseroit autant qu'il seroit en son pouvoir. Le caractère de son esprit et son expérience dans les affaires donnoient un juste lieu de croire qu'il réussiroit. Un peu trop de timidité étoit le seul défaut qu'on lui reprochoit : il auroit été à souhaiter qu'il eût meilleure opinion de lui-même, et telle que ceux qui le connoissoient avoient et devoient avoir de son mérite et de ses talens.

Avant son arrivée à Paris, le duc d'Aumont, que le Roi avoit honoré du caractère de son ambassadeur extraordinaire et du collier de ses ordres, étoit parti pour l'Angleterre.

L'un et l'autre ambassadeur pouvoient se promettre un heureux succès de leur ambassade. La commission principale du duc de Shrewsbury consistoit à voir enregistrer les renonciations réciproques du roi d'Espagne à la succession de France, et des ducs de Berri et d'Orléans à celle d'Espagne. Shrewsbury devoit être le témoin de l'accomplissement de cette condition essentielle de la paix.

Il restoit peu à négocier en Angleterre depuis que le Roi s'étoit désisté de la restitution de Tournay. Pendant que Sa Majesté insistoit pour l'obtenir, on murmuroit en France de sa fermeté ; et bien des gens, persuadés de leurs propres lumières, traitoient d'opiniâtreté insensée la constance à demander une place que certainement la France n'obtiendroit jamais par la négociation. « Quelle comparaison, disoient-ils, entre Tournay et la paix ; et ne vaut-il pas mieux abandonner une ville que de manquer à conclure cette paix si nécessaire au salut du royaume ? » Après l'abandon de Tournay, ces mêmes politiques murmurèrent encore plus, et traitèrent de foiblesse de laisser aux ennemis une place si nécessaire à la sûreté de la frontière. Les affaires d'un Etat seroient mal gouvernées si le souverain, trop sensible aux discours du public, les écoutoit comme la règle de sa conduite. Il doit souvent se boucher les oreilles s'il veut éviter les écueils d'une navigation dangereuse : le but où il s'est proposé de parvenir est l'objet qu'il doit toujours avoir en vue, sans s'écarter de sa route, ni se laisser endormir par le chant des sirènes, ou déférer au murmure des matelots.

Si le Roi, plein de sagesse, eût écouté quelques avis secrets que, sous prétexte de zèle, on lui donna lorsque le vicomte de Bolingbrocke vint à sa cour, il auroit regardé comme espion le ministre qui contribua le plus au rétablissement du repos de l'Europe, et le plus touché de la réception favorable dont Sa Majesté l'avoit honoré. Il témoigna sa reconnoissance, et servit en même temps utilement la Reine sa maîtresse et sa patrie, dans le reste de la négociation.

[1713] Les principales difficultés en étant aplanies, et le duc de Shrewsbury ayant assisté à l'enregistrement des renonciations, l'honneur de conclure et de signer les traités de paix fut laissé au maréchal d'Huxelles et à Ménager, seuls plénipotentiaires du Roi depuis que l'abbé de Polignac, créé cardinal, étoit retourné en France au mois de février 1713, sa nouvelle dignité, dont la déclaration avoit été suspendue quelque temps, ne lui permettant plus de garder la place de second plénipotentiaire. Il avoit auparavant assisté à la satisfaction que les députés hollandois firent aux plénipotentiaires du Roi, telle que Sa Majesté l'avoit demandée, du ridicule procédé de Rectheren à l'égard de Ménager. Trois de ces députés dînèrent chez le maréchal d'Huxelles, et dirent aux plénipotentiaires de France, en présence d'une compagnie nombreuse, qu'ils les assuroient, au nom des Etats-généraux, que Rectheren n'avoit jamais reçu de ses maîtres aucun ordre qui pût autoriser la conduite qu'il avoit tenue ; que les mêmes Etats la désapprouvoient, et seroient très-fâchés que Sa Majesté pût croire qu'ils enssent eu intention de manquer au respect qui lui étoit dû; que la commission de Rectheren cesseroit, et que, suivant la constitution du gouvernement, Leurs Hautes Puissances écriroient aux Etats de la province d'Over-Yssel de nommer un autre plénipotentiaire.

Après avoir exposé comment la négociation faite avec l'Angleterre prépara et assura les voies à la paix générale, il seroit inutile de continuer le récit de ce qui se passa aux conférences d'Utrecht, jusqu'au 11 d'avril de la même année 1713. Les traités furent alors signés entre la France, l'Angleterre et les Etats-généraux des Provinces-Unies, le Portugal, le duc de Savoie et l'électeur de Brandebourg, aux conditions que le Roi avoit réglées, comme on le peut voir dans les exemplaires imprimés de ces traités. Il dépendoit du roi d'Espagne de conclure en même temps la paix avec ces différentes puissances. Toutes consentoient à le reconnoître monarque légitime de l'Espagne et des Indes ; mais l'ambition de la princesse des Ursins suspendit jusqu'à l'année suivante la fin d'un ouvrage si important. Elle vouloit être souveraine : l'Angleterre ni les Etats-généraux ne s'y opposoient plus ; et les plénipotentiaires d'Espagne, voulant lui plaire, insistoient sur une condition que le Roi leur maître traitoit de condition essentielle.

Il fallut enfin l'abandonner, la résistance de l'Empereur ne laissant aucune espérance d'obtenir qu'il consentît jamais au moindre démembrement de quelque partie que ce fût des Pays-Bas.

Enfin le Roi persuada au Roi son petit-fils d'avoir plus d'égard au repos de ses peuples qu'à l'entêtement d'une femme; qu'il pouvoit lui accorder d'autres grâces, mais qu'il ne devoit pas, au préjudice de tant de sujets fidèles, suspendre pour elle la conclusion des traités. Ils ne furent signés à Utrecht que l'année 1714, et il ne resta plus d'ennemis à l'Espagne que l'Empereur et l'Empire.

Si l'on compare la paix d'Utrecht avec les préliminaires proposés par le pensionnaire Heinsius en 1709, suivis des demandes encore plus dures que les députés des Etats-généraux firent dans les conférences tenues à Gertruydemberg en 1710 ; si le souvenir n'est pas effacé de l'état où se trouvoit le royaume dans les années 1708, 1709 et 1710, et si l'on se rappelle les fatales batailles d'Hochstedt en 1704, de Ramillies et de Turin en 1706, la journée d'Oudenarde en 1708, celle de Malplaquet en 1709, tant de disgrâces suivies de la perte de places importantes, ces malheureuses époques ne prouveront que trop le peu que cette paix coûta à la France en comparaison de ce qu'elle avoit perdu et de l'état du royaume ; peut-être même pourroit-on dire les avantages inespérés qu'elle retira de l'opiniâtreté de ses ennemis à lui imposer des conditions injustes, dont l'exécution étoit impossible. Le Roi céda véritablement des villes considérables et bien fortifiées, Tournay, Ypres, Menin, Furnes et leurs dépendances; mais deux de ces places n'étoient plus en son pouvoir, les ennemis en étoient maîtres, et, dans le temps de leur prospérité, les Hollandois prétendoient les obtenir par la paix pour leur servir de barrière ; et, n'étant pas encore satisfaits, ils demandoient d'autres places dans les Pays-Bas, comme ils en demandoient en Espagne pour otages, disoient-ils, de la parole que le Roi leur donneroit ; et ils exigeoient qu'il fît la guerre, seul et à ses dépens, au Roi son petit-fils, et qu'il le forçât, dans l'espace de deux mois, à renoncer à la monarchie d'Espagne et des Indes, se réservant de plus les demandes ultérieures qu'ils feroient lorsque toutes ces conditions auroient été accomplies. A l'exemple des Hollandois, chacun de leurs alliés demandoit, sous prétexte de barrière, quelque démembrement de la France.

La paix d'Utrecht rendit au Roi Lille et ses dépendances, Aire, Béthune et Saint-Venant. Il seroit à souhaiter qu'elle n'eût pas coûté la démolition des fortifications de Dunkerque ; mais sans cette triste condition il étoit impossible de détacher l'Angleterre de ses alliés, et la paix ne se pouvoit faire si le Roi ne trouvoit moyen de rompre les liaisons de cette couronne avec tant d'ennemis de la France.

Le duc de Savoie, favorisé particulièrement de la reine de la Grande-Bretagne, obtint, en considération des instances de cette princesse, de conserver les forts d'Exilles et de Fenestrelle, dont il s'étoit emparé, et la vallée de Pragelas.

Mais la monarchie d'Espagne, l'objet et le prix d'une guerre sanglante pendant douze ans, fut conservée dans la maison royale, et le droit des descendans de saint Louis, reconnu de tant de puissances et de nations conjurées pour forcer le roi Philippe à descendre du trône où Dieu l'avoit placé.

L'Empereur prolongea la guerre jusqu'à l'année 1714; mais hors d'état de la soutenir, il signa, et l'Empire après lui, les conditions de paix que le Roi dicta, plus conformes à sa modération qu'à l'état triomphant de ses affaires.

« Nous louons l'antiquité, dit un ancien auteur; nous en recherchons les faits et leurs circonstances, peu curieux de savoir ce qui s'est passé de nos jours. » Que ceux qui s'en instruiront par la lecture de ces Mémoires disent, avec le législateur du peuple de Dieu : « Reconnaissons aujourd'hui ce que nos enfans, peut-être nous-mêmes, nous n'avons point assez reconnu, les châtimens du Seigneur notre Dieu, ses merveilles, sa main toute puissante, son bras étendu, ses signes, ses œuvres prodigieuses. »

FIN DES MÉMOIRES DU MARQUIS DE TORCY.

www.ingramcontent.com/pod-product-compliance
Lightning Source LLC
Chambersburg PA
CBHW071701300426
44115CB00010B/1282